Cambridge Learner's Dictionary

English–Russian

CAMBRIDGE UNIVERSITY PRESS
Cambridge, New York, Melbourne, Madrid, Cape Town,
Singapore, São Paulo, Delhi, Tokyo, Mexico City

Cambridge University Press
The Edinburgh Building, Cambridge CB2 8RU, UK

http://dictionary.cambridge.org
Information on this title: www.cambridge.org/9780521181976

First published 2011

Printed in India by Replika Press Pvt. Ltd

A catalogue record for this publication is available from the British Library

ISBN 978-052-118197- 6 Paperback with CD-ROM

Cambridge Learner's Dictionary English-Russian

Кембриджский учебный англо-русский словарь

Главный выпускающий редактор
Stella O'Shea

Редактор
Natalia Uvarova

Редактор-разработчик
Helen Waterhouse

Перевод
Olga Gasparova
Olga Sands

Разработка CD-ROMa
Gosia Adamczyk

Системное управление
Dominic Glennon
Daniel Perrett

Объяснение типичных ошибок
Diane Nicholls

Международный координатор
Cambridge International Corpus
Ann Fiddes

Корректура
Liz Potter
Judith Willis
Olga Sands

Оформление
Boag Associates
Claire Parson

Оформление обложки
Andrew Oliver

Верстка
Data Standards Limited

Производство
Clive Rumble
Chris Williams

Иллюстрации
David Shenton
Corinne Burrows
Ray Burrows
Eikon Illustrators Ltd
Oxford Designers and Illustrators

Иллюстрации на обложке
BL Images Ltd/Alamy
Sean Locke/iStock
Yuri Arcurs/Shutterstock

Содержание

Введение

Перед вами новый словарь, созданный специально для российских учащихся. Он основан на известном словаре Cambridge Learner's Dictionary и включает, наряду с объяснениями и примерами на английском языке, перевод всех слов на русский язык, список наиболее часто употребляемых русских слов и их перевод на английский язык,

а также специальные рамки "Типичная ошибка", в которых приводятся ошибки, наиболее часто встречающиеся у русскоговорящих учащихся.

Точные пояснения
Все определения в словаре написаны на понятном английском языке, и каждое слово сопровождается переводом на русский язык.

Примеры
27 000 примеров иллюстрируют употребление слов в естественном контексте.

Грамматика
Информация по грамматике поможет вам избежать ошибок в употреблении слов и конструкций английского языка.

Слова-партнеры
Для естественного общения важно знать, как слова сочетаются друг с другом. Слова-партнеры, т.е. слова, которые часто употребляются вместе (например, a good buy, a big decision) выделены в примерах, их также можно найти в рамках "Слова-партнеры".

Как сказать по-другому
Специальные рамки "Другие способы сказать" предлагают альтернативные слова и фразы для более точного и ясного выражения мысли.

Типичные ошибки
Cambridge Learner Corpus – это база данных, включающая 40 млн. слов из кембриджских экзаменационных работ. С помощью этой базы данных были выявлены наиболее типичные ошибки русскоговорящих учащихся. Эта информация представлена в 50 рамках "Типичная ошибка".

Список русских слов
Словарь включает перевод на английский язык и примеры употребления 1000 наиболее часто употребляемых русских слов. Это поможет вам при составлении текстов на английском языке.

Самостоятельное обучение
В середине словаря находятся 59 дополнительных страниц с обучающими заданиями на разные темы, например: фразовые глаголы, грамматика, язык Интернета и т.д. Здесь также содержится 16 цветных страниц с фотографиями и рисунками, которые помогут вам освоить новые слова и увеличить словарный запас.

Cambridge International Corpus (=Кембриджская международная языковая база)
Cambridge International Corpus – это база данных, включающая почти 2 млрд. слов устной и письменной речи. Информация собирается из разных источников, например, из газет и журналов, художественной литературы, Интернета, телевизионных программ и разговоров людей. Эта языковая база данных предоставляет актуальную информацию о современном английском языке. И именно на ней основан данный словарь.

Уровни по шкале “English Profile”

В словаре вы увидите обозначения A1, A2, B1 и B2. Это уровни по шкале “English Profile”. Они показывают, какие слова учащиеся должны знать на разных этапах овладения языком. Слова уровня A1 – базовые слова и изучаются в первую очередь, за ними следуют слова уровней A2, B1 и B2. Эти уровни соотносятся с “Common European Framework” (=Европейская шкала языковых компетенций). Вы можете ориентироваться на эти уровни для выбора лексики на каждом этапе изучения языка. Словарь соответствует уровням A2 – B2 “Common European Framework” (=Европейская шкала языковых компетенций).

CD-ROM

CD-ROM содержит все слова, словосочетания и примеры, имеющиеся в печатной версии словаря. Электронная версия дополнительно содержит: словарь синонимов (“SMART Thesaurus”), который предлагает удобный поиск синонимов часто употребляемых слов и помогает мгновенно найти точные эквиваленты интересующей вас лексики. При помощи функции воспроизведения можно прослушивать британский и американский варианты произношения слов словаря. При помощи CD-ROMa можно выполнять различные интерактивные упражнения, искать слова, объединенные одной темой и т.д. При работе с другими программами на компьютере можно воспользоваться мини-версией словаря (Экспресс-поиск = “QUICK find”).

Желаем успеха в изучении английского языка с Cambridge Learner’s Dictionary!

Посетите наш сайт
http://dictionary.cambridge.org

Как пользоваться словарем

Поиск слова

Каждая словарная статья начинается со слова в начальной форме.

language /ˈlæŋgwɪdʒ/ **noun 1** [U] B1 communication between people, usually using words **язык, речь** *She has done research into how children acquire language.* **2** [C] A1 a type of communication used by the people of a particular country **язык** *How many **languages** do you **speak**?* **3** [U] words of a particular type, especially the words used by people in a particular job **язык, стиль** *legal language* ◦ *the language of business* **4** [C, U] a system of instructions that is used to write computer programs **язык программирования** → See also **body language**, **modern languages**, **second language**, **sign language**

Понятия, состоящие из двух слов, приведены в алфавитном порядке. Символ ударения (ˌ) показывает, какую часть слова нужно произносить более четко.

ˈlanguage laˌboratory UK (US **ˈlanguage ˌlaboratory**) **noun** [C] a room in a college or school where you can use equipment to help you practise listening to and speaking a foreign language **лингафонный кабинет**

Если возможен другой вариант написания слова, он приводится вот так.

dialogue (also US **dialog**) /ˈdaɪəlɒg/ **noun** [C, U] **1** B2 the talking in a book, play, or film **диалог** **2** a formal discussion between countries or groups of people **переговоры**

Слова с одинаковым написанием, но принадлежащие к разным частям речи (например, существительное и глагол), приведены в отдельных словарных статьях.

interface[1] /ˈɪntəfeɪs/ **noun** [C] **1** a connection between two pieces of electronic equipment, or between a person and a computer **интерфейс** *a simple **user interface*** **2** a situation, way, or place where two things can come together and have an effect on each other **стык, область взаимодействия** *the **interface between** technology and tradition*

interface[2] /ˈɪntəˌfeɪs/ **verb** [I, T] to communicate with people or electronic equipment, or to make people or electronic equipment communicate **связывать(ся)** *We use email to **interface with** our customers.*

В конце словарной статьи даны слова, которые можно образовать от основного слова словарной статьи. Если это слово образовано не по правилам или о его значении трудно догадаться, то это слово сопровождает отдельное объяснение. Смотрите также параграф "Префиксы и суффиксы слов" на странице 1026.

fluent /ˈfluːənt/ **adjective 1** B2 able to use a language naturally without stopping or making mistakes **свободно говорящий** *She is* ***fluent in*** *six languages.* **2** B2 produced or done in a smooth, natural style **свободный, беглый** *Hendrik speaks fluent English.* • **fluency** /ˈfluːənsi/ **noun** [U] B2 **свободная речь, беглость** • **fluently** **adverb** B2 **свободно, бегло**

Объяснение помет в словарной статье

Если слово имеет несколько значений, то самое часто употребляемое значение дано сначала.

Уровни по шкале "English Profile" указывают, какие слова и фразы соответствуют каждому из уровней "Common European Framework" (=Европейская шкала языковых компетенций).

Примеры в словарных статьях основаны на "Cambridge International Corpus" (=Кембриджская международная языковая база). Они показывают типичные случаи употребления данного слова.

voice[1] /vɔɪs/ **noun 1** [C] B1 the sounds that you make when you speak or sing **голос** *I could hear voices in the next room.* ◦ *Jessie has a beautiful singing voice.* ◦ *Could you please* ***keep your voices down*** *(= speak more quietly)?* ◦ *He* ***raised his voice*** *(= spoke more loudly) so that everyone could hear.* **2 lose your voice** B2 to become unable to speak, often because of an illness **потерять голос** *She had a bad cold and was losing her voice.* **3** [C] someone's opinion about a particular subject **мнение** *The programme gives people the opportunity to make their voices heard.* **4** [no plural] someone who expresses the opinions or wishes of a group of people **голос** *It's important that students have a voice on the committee.* → See also **the passive voice**

После каждого слова указана часть речи, к которой оно принадлежит (например, noun, verb, adj). Список частей речи смотрите на внутренней стороне лицевой обложки словаря.

Грамматические пометы указывают, в какой конструкции слово должно употребляться. Объяснение грамматических помет смотрите на с. xiii.

say[1] /seɪ/ **verb** [T] (**says**, past tense and past participle **said**) **1** A1 to speak words **говорить, сказать** *"I'd like to go home," she said.* ◦ *I couldn't hear what they were saying.* ◦ *How do you say this word?* **2** B1 to tell someone about a fact, thought, or opinion **сообщать, высказывать мнение** [+ question word] *Did she say where she was going?* ◦ [+ (that)] *The jury said that he was guilty.* **3** B1 to give information in writing, numbers, or signs **показывать, говорить(ся)** *My watch says one o'clock.* ◦ *What do the papers say about the election?* **4 say sth to yourself** to think something but not speak **подумать про себя** *"I hope she likes me," he said to himself.*

Для обозначения произношения слова использован Международный фонетический алфавит. Список всех фонетических символов смотрите на внутренней стороне задней обложки словаря. Объяснение более трудных фонетических символов смотрите внизу каждой страницы словаря. Объяснение некоторых общих правил произношения смотрите на странице xvi.

Если форма какого-либо слова образована не по правилам, это четко указано в словаре. Список неправильных глаголов смотрите на странице 1023. Правила образования форм правильных глаголов смотрите на странице 1021.

speak /spi:k/ **verb** (past tense **spoke**, past participle **spoken**) **1** [I] A1 to say something using your voice **говорить** *to speak loudly/quietly* ◦ *There was complete silence – nobody spoke.* **2 speak to sb** mainly UK (mainly US **speak with sb**) A1 to talk to someone **говорить с кем-либо** *Could I speak to Mr Davis, please?* ◦ *Have you spoken with your new neighbors yet?* **3 speak about/of sth** to talk about something **говорить о чем-либо** *He refused to speak about the matter in public.* **4 speak English/French/German, etc** A1 to be able to communicate in English/French/German, etc **говорить по-английски/по-французски/по-немецки и т. д.** *Do you speak English?* **5** [I] to make a speech to a large group of people **выступать с речью** *She was invited to speak at a conference in Madrid.*

Данная помета указывает, что слово используется в британском английском. Объяснение помет британского и американского английского смотрите на с. xv.

Данные пометы указывают на стилистическую принадлежность слова. Объяснение стилистических помет смотрите на странице xv.

chat[1] /tʃæt/ **verb** [I] (present participle **chatting**, past tense and past participle **chatted**) A2 to talk with someone in a friendly and informal way **болтать, непринужденно беседовать** *I wanted to* ***chat to*** *you* ***about*** *the party on Saturday.*

PHRASAL VERB **chat sb up** UK informal to talk to someone in a way that shows them that you are sexually attracted to them **заигрывать с кем-либо**

Дополнительная информация о слове

Перекрестные ссылки указывают, где можно найти относящуюся к данному слову информацию (антонимы, иллюстрации, обучающая информация, идиомы).

lamp /læmp/ **noun** [C] A2 a piece of equipment that produces light **лампа** *a table lamp* ◦ *an oil lamp* → See **The Living Room** on page Centre 4

Слова, часто употребляемые в определенном сочетании (коллокации/слова-партнеры), в примерах выделены жирным шрифтом.

communicate /kəˈmjuːnɪkeɪt/ **verb** [I, T] **1** B1 to share information with others by speaking, writing, moving your body, or using other signals **общаться, сообщать, передавать** *We can now **communicate** instantly **with** people on the other side of the world.* **2** B2 to talk about your thoughts and feelings, and help other people to understand them **общаться** *He can't **communicate with** his parents.*

Если слово употребляется в составе устойчивого выражения, то это выражение дано перед определением слова и выделено жирным шрифтом.

Фразовые глаголы следуют в алфавитном порядке после основных значений глагола.

spell[1] /spel/ **verb** (past tense and past participle **spelled**, also UK **spelt**) **1** [T] A2 to write down or tell someone the letters which are used to make a word **произносить или писать слово по буквам** *How do you spell that?* ◦ *Her name's spelt S-I-A-N.* **2** [I] If you can spell, you know how to write the words of a language correctly. **писать орфографически правильно** *My grammar's all right, but I can't spell.* **3 spell disaster/trouble, etc** If something spells disaster, trouble, etc, you think it will cause something bad to happen in the future. **влечь за собой беду/проблемы и т. д.** *The new regulations could spell disaster for small businesses.*

PHRASAL VERB **spell sth out** to explain something in a very clear way with details **разъяснять что-либо** *They sent me a letter, **spelling out the details** of the agreement.*

Если слово может употребляться в составе идиомы, то идиома дана в конце словарной статьи и выделена жирным шрифтом.

message[1] /ˈmesɪdʒ/ **noun** [C] **1** A1 a piece of written or spoken information which one person gives to another **сообщение, записка** *Did you **get** my **message**?* ◦ *I **left** her several **messages**, but she hasn't returned my call.* **2** B2 the most important idea of a film, book, etc **идейное содержание, основная мысль** *The book conveys a complex message.*

IDIOM **get the message** informal to understand what someone wants you to do by their actions **понять, осознать** *Don't return any of his calls – he'll soon get the message and leave you alone.*

В словарных определениях используется очень простой и понятный язык. Значение более сложных слов, использованных в определении, объясняется в скобках.

express[1] /ɪkˈspres/ **verb** [T] B2 to show what you think or how you feel using words or actions **выражать** *I'm simply expressing my opinion.* ◦ [often reflexive] *You're not expressing yourself (= saying what you mean) very clearly.*

Информация в рамках

В рамках с таким символом даны слова, которые часто употребляются вместе с определенным словом. Эти сочетания слов называют "коллокации" и "слова-партнеры". В словаре более 1000 рамок, иллюстрирующих сочетаемость слов.

ˈ**text** ˌ**message** noun [C] A2 a written message, sent from one mobile phone to another текстовое сообщение, отправляемое с мобильного телефона
• **text messaging** noun [U] отправка текстовых сообщений с мобильного телефона

Слова-партнеры к text message

get/send a text message • a text message **saying** sth • a text message **from/to** sb

В рамках с таким символом приведены синонимы (=слова с таким же или похожим значением) часто употреблямых слов. В словаре 80 рамок со словами-синонимами.

Другие способы сказать happy

Человека, который выглядит довольным и счастливым, можно охарактеризовать как **cheerful**.

*She's always very **cheerful**.*

Если кто-то счастлив в результате какого-то события, то можно сказать, что он **pleased** или **glad**; а если очень счастлив, то можно сказать **delighted**.

*He was **pleased** that she had come back.*
*I was so **glad** to see her.*
*They are **delighted** with their new car.*

Если кто-то очень счастлив и взволнован, то такое состояние можно описать как **ecstatic** или **elated**.

*The new president was greeted by an **ecstatic** crowd.*
*We were **elated** at the news.*

Информация в рамках под заглавием "Типичная ошибка" основана на "Cambridge Learner Corpus" (=Кембриджская учебная языковая база). Работа с этим материалом поможет вам избежать типичных ошибок в употреблении и написании слов.

Типичная ошибка: call

Запомните: когда **call** выступает в роли глагола, который означает "звонить по телефону", после него не может быть предлога.

Правильно говорить **call someone**, а не 'call to someone'.

~~Please call to Mr Black and postpone our meeting.~~
Please call Mr Black and postpone our meeting.

Принятые в словаре обозначения

Грамматические пометы

Если слово (какое-то из его значений) может употребляться только в одной форме, то эта форма дана в начале словарной статьи (перед определением данного значения слова). Пометы с указанием формы или конструкции, являющейся типичной, но не единственной для данного слова, даны рядом с примерами употребления слова.

Существительные

C	исчисляемое существительное	pencil, friend, house
U	неисчисляемое существительное, не может употребляться во множественном числе	water, advice, health
C, U	существительное, которое может быть как исчисляемым, так и неисчисляемым	ability, quantity, exercise ▶ *You should take some* ***exercise****.* ▶ *I do my* ***exercises*** *every morning.*
▶	Смотрите также параграф “Исчисляемые и неисчисляемые существительные” на странице Центр 20	
group	существительное обозначает группу людей или предметов и может употребляться с глаголом в единственном или во множественном числе	government, class, team ▶ *The French* ***team are*** *European champions.* ▶ *His* ***team is*** *top of the league.*
plural	существительное употребляется только во множественном числе; употребляется с глаголом во множественном числе	trousers, scissors, pliers
no plural	существительное, перед которым может стоять артикль a/an, но которое не имеет формы множественного числа	rush, vicious circle, wait ▶ *Sorry, I'm in* ***a rush****.*
usually plural	существительное обычно употребляется во множественном числе	statistics, resources, regulations
usually singular	существительное обычно употребляется в единственном числе	mess, range, world

Глаголы

I	глагол непереходный, не может иметь при себе прямого дополнения	sleep, glance, fall ▶ *Anna's* ***sleeping****.*
T	глагол переходный, должен иметь при себе прямое дополнение	cure, hit, catch ▶ *Fiona* ***hit*** *her* ***sister****.*
I, T	глагол, который может быть как переходным, так и непереходным	sing, explain, drive ▶ *I always* ***sing*** *in the bath.* ▶ *He* ***sang*** *a* ***song****.*
+ two objects	двухобъектный переходный глагол	give, send, lend ▶ *She* ***gave*** *me the* ***keys****.*

often passive	глагол часто употребляется в пассивном залоге	allow ▸ *Smoking* ***is*** *not* ***allowed*** *in the restaurant.*
often reflexive	глагол часто является возвратным (употребляется с возвратным местоимением: myself, yourself, herself и т.д.)	defend ▸ *He can* ***defend*** *him****self****.*

Если глагол (или какое-либо из его значений) **всегда** употребляется в **пассивном залоге** (например, *inundate, demote, affiliate*) или **всегда** является **возвратным** (например, *brace, ingratiate, steel*), то тогда грамматическая конструкция дана в начале словарной статьи.

Некоторые глаголы (или какие-либо из их значений) **всегда имеют после себя определенное наречие или предлог** (например, *creep, flick, trickle*). Эти наречия или предлоги даны в начале словарной статьи или перед определением данного значения.

▸ Смотрите также параграф “Модели управления глаголов” на странице Центр 27

Прилагательные

always before noun	адъективное определение, употребляется только перед существительным	major, basic, staunch ▸ *a* ***staunch*** *supporter*
never before noun	предикативное прилагательное, употребляется после глаголов **be, seem, feel**	afraid, ready, done ▸ *She's* ***afraid*** *of water.*
always after noun	прилагательное должно следовать сразу за существительным	galore, proper, incarnate ▸ *the devil* ***incarnate***

Другие грамматические конструкции

В приведенных ниже конструкциях могут употребляться существительные, прилагательные и глаголы

+ that	за словом должно следовать придаточное предложение, начинающееся с **that**; слово **that** должно присутствовать в конструкции	boast, assertion, evident ▸ *It was* ***evident*** *from her voice* ***that*** *she was upset.*
+ (that)	за словом должно следовать придаточное предложение, начинающееся с **that**; слово **that** употреблять не обязательно	hope, amazed, doubt ▸ *I* ***hope that*** *the bus won't be late.* ▸ *I* ***hope*** *the bus won't be late.*
+ doing sth	за словом должен следовать глагол на *-ing*	enjoy, busy, difficulty ▸ *I* ***enjoy going*** *to the beach.*
+ to do sth	за словом должен следовать инфинитив глагола	confidence, careful, decide ▸ *I didn't have the confidence to speak up.*
+ for/of, etc + doing sth	за словом должен следовать предлог (например, *of/for*), а затем-глагол на *-ing*	apologize, idea, guilty ▸ *She* ***apologized for being*** *late.*
+ question word	за словом должно следовать вопросительное слово	ask, certain, clue ▸ *I'm not* ***certain who*** *to ask.*
used in questions and negatives	слово употребляется в вопросительных и отрицательных предложениях	mind, much, yet ▸ *Do you mind if I come in?* ▸ *I haven't seen him yet.*

Стилистические пометы

informal	слово или выражение употребляется в устной речи или в неформальном общении со знакомыми и друзьями; обычно не употребляется в более серьезных письменных текстах	brainy, freebie, goalie
formal	слово или выражение употребляется в серьезных письменных текстах, а также в официальном и деловом общении	examination, moreover, purchase
very informal	слово или выражение употребляется в общении с хорошо знакомыми людьми; не употребляется на письме. Некоторые слова из этой группы могут восприниматься как оскорбительные; такие случаи отмечены в соответствующей словарной статье.	prat, barf, crap
spoken	написание разговорного варианта слова	yeah, hey, eh
humorous	слово или выражение употребляется в шутливом значении или с целью вызвать смех	couch potato, snail mail
literary	слово или выражение употребляется в литературных произведениях; обычно не употребляется в устном общении	beloved, slumber, weep
old-fashioned	слово или выражение не употребляется в современном английском языке; может встречаться в литературных произведениях, в речи людей старшего поколения или употребляется в шутливом значении	gramophone, spectacles, farewell
trademark	товарный знак (=название товара, выпускаемого одной компанией); товарный знак может использоваться и как нарицательное существительное	Coke, Hoover, Sellotape

Пометы британского и американского английского

Написание слов в словарных определениях и примерах соответствует нормам орфографии британского английского. Однако, если существует американский вариант написания какого-либо слова, он приведен в начале словарной статьи этого слова, наряду с британским вариантом.

UK	слово употребляется только в британском английском	pavement, petrol station
US	слово употребляется только в американском английском	sidewalk, gas station
mainly UK	как правило, слово употребляется в британском английском, но может употребляться и в американском английском	lecturer, rubbish, nightdress
mainly US	как правило, слово употребляется в американском английском, но может употребляться и в британском английском	movie, apartment, semester
also UK	в британском английском также может употребляться другое слово	truck (*also UK* lorry)
also US	в американском английском также может употребляться другое слово	railway (*also US* railroad)

► Смотрите также параграф “Британский и американский английский” на странице Центр 38

Произношение

Для фонетической транскрипции слов в словаре использован Международный фонетический алфавит. Список всех фонетических символов приведен на внутренней стороне задней обложки словаря.

Многие фонетические символы (например, /p/, /s/, /k/ и др.) выглядят так же, как и буквы, которые они обозначают. Объяснения более трудных фонетических символов даны внизу каждой страницы словаря.

В тех случаях, где даны два варианта фонетической транскрипции, на первом месте стоит наиболее употребимый вариант, но второй вариант используется тоже достаточно часто.

Британское и американское произношение

Почти все слова приведены с одним вариантом произношения, который употребляется в британском и американском английском. Существуют также некоторые правила произношения, которые не указаны рядом с каждым словом.
Вот основные правила:

1. В американском английском в таких словах как **hard** и **teacher** звук **r** произносится, тогда как в британском английском в таком положении **r** не произносится.
2. В американском английском **t** и **tt** произносятся мягко, почти как звук /d/.

Если между британским и американским вариантами произношения какого-либо слова имеется значительное различие, то в начале словарной статьи даны оба варианта произношения. Перед транскрипцией американского произношения стоит символ Ⓤⓢ, например: **schedule** /ˈʃedju:l Ⓤⓢ ˈskedu:l/

Ударение в словах

Символ ударения указывает, какую часть слова нужно выделять при произношении.

Символ /ˈ/ указывает на основное ударение в слове. К примеру, в слове **picture** /ˈpɪktʃəʳ/ нужно делать ударение на первый слог, а в слове **deny** /dɪˈnaɪ/ – на второй слог.

/ˌ/ указывает на дополнительное ударение в слове. К примеру, в слове **submarine** /ˌsʌbməˈri:n/ основное ударение падает на последний слог, но первый слог также нужно произносить слегка подчеркнуто.

В составных понятиях (=понятия, состоящие из двух и более отдельных слов) ударение обозначено. К примеру, в **deˌsigner ˈbaby** основное ударение падает на первый слог второго слова, но второй слог первого слова также нужно произносить слегка подчеркнуто.

Ударные и безударные формы некоторых слов

Некоторые общеупотребительные слова (например: and, them, of) имеют ударную и безударную формы. Безударная форма употребляется чаще.

К примеру, в предложении *'I saw them leave.'* используется безударная форма /ðəm/.

Ударную форму употребляют, если хотят подчеркнуть это слово. К примеру, в предложении '*They said they saw me, but I didn't see them.*' используется ударная форма /ðem/.

Общие правила образования форм слов

Если форма какого-либо слова (множественное число, прошедшее время и т.д.) образуется не по правилам, то эта форма приведена в начале соответствующей словарной статьи. Смотрите далее общие правила образования форм слов.

Существительные

У многих существительных множественное число образуется путем прибавления буквы **-s:**
▸ *chair, chairs* *plate, plates*

У существительных, оканчивающихся на **-s, -ss, -ch, -x** и **-z,** множественное число образуется путем прибавления **-es:**
▸ *mass, masses* *match, matches*

Существительные, оканчивающиеся в единственном числе на согласную (например, m, t, p) + -y, образуют множественное число заменой y на i и прибавлением **-es:**
▸ *baby, babies* *university, universities*

Прилагательные

Сравнительную степень прилагательного используют, чтобы показать, что один одушевленный/неодушевленный предмет обладает каким-то качеством в большей степени, чем другой. Сравнительная степень образуется либо прибавлением к прилагательному суффикса **-er**, либо при помощи слова **more**, которое ставится перед прилагательным.

Превосходную степень прилагательного используют, чтобы показать, что один одушевленный/неодушевленный предмет обладает каким-то качеством в большей степени, чем все другие предметы, обладающие тем же качеством. Превосходная степень образуется либо прибавлением к прилагательному суффикса **-est**, либо при помощи слова **most**, которое ставится перед прилагательным.

Односложные прилагательные образуют сравнительную степень при помощи суффикса **-er**, а превосходную степень при помощи суффикса **-est:**
▸ *small, smaller, smallest*

Все двусложные прилагательные могут образовывать степени сравнения при помощи слов **more** и **most:**
▸ *complex, more complex, most complex*

Некоторые двусложные прилагательные также могут образовывать степени сравнения при помощи суффиксов **-er** и **-est:**

- прилагательные, оканчивающиеся на **-y** или **-ow:**
  ▸ *happy, noisy, shallow*
- прилагательные, оканчивающиеся на **-le:**
  ▸ *able, noble, simple*
- некоторые другие часто употребляемые прилагательные:
  ▸ *common, cruel, handsome, pleasant, polite, quiet, solid, wicked*

Все прилагательные, состоящие из трех и более слогов, образуют степени сравнения при помощи слов **more** и **most:**
▸ *beautiful, more beautiful, most beautiful*

Если слово оканчивается на букву **–e**, то при образовании степеней сравнения при помощи суффиксов **–er** и **–est** буква **e** опускается, и в сравнительной и превосходной степенях будет только одна буква e:
▸ *pale, paler, palest*

В прилагательных, оканчивающихся на **–y**, в сравнительной и превосходной степенях **y** меняется на **i** перед прибавлением **–er** или **–est**:
▸ *happy, happier, happiest*

Глаголы

Правильные глаголы изменяются следующим образом:

в 3-м лице ед.ч. простого настоящего времени к основе глагола прибавляется буква **-s** (если глагол оканчивается на **-s, -ss, -ch, -x** или **-z**, то к нему прибавляется **–es**),

причастие настоящего времени образуется путем прибавления к основе глагола суффикса **–ing**,

форма прошедшего времени и причастие прошедшего времени образуются путем прибавления к основе глагола суффикса **–ed**:
▸ *pack, packs, packing, packed*

Если основа глагола оканчивается на **-e**, то при образовании причастия настоящего времени, формы прошедшего времени и причастия прошедшего времени буква **e** опускается:
▸ *hate, hates, hating, hated*

Если основа глагола оканчивается на **-y**, то в 3-м лице ед.ч. простого настоящего времени буква y опускается перед прибавлением **-ies**; при образовании формы прошедшего времени и причастия прошедшего времени перед прибавлением **-ied** буква **y** также опускается:
▸ *cry, cries, crying, cried*

A, a /eɪ/ the first letter of the alphabet **1-я буква алфавита**

> **!** Типичная ошибка: **a or the?**
>
> **Внимание!** Используйте правильное слово.
>
> Перед существительным, означающим конкретный предмет, который известен или уже упоминался ранее, а также если этот предмет является единственным в своем роде, используйте артикль **the**, а не 'a' или 'an'.
>
> ~~*The hotel is in a centre of London.*~~
>
> *The hotel is in the centre of London.*

> **!** Типичная ошибка: **a or an?**
>
> **Внимание!** Используйте правильное слово.
>
> Артикль **a** употребляется со словами, начинающимися с согласной буквы.
>
> ***a** car, **a** teacher, **a** school*
>
> Со словами, начинающимися с гласной буквы (*a, e, i, o,* или *u*) или с гласного звука, употребляется **an**.
>
> ***an** orange, **an** elephant, **an** hour*

a (also **an**) strong /eɪ/ weak /ə/ **determiner 1** (A1) used before a noun to refer to a single thing or person but not a particular thing or person or not one that you have referred to before **неопределенный артикль** *I need a new car.* ◦ *I saw a woman speaking to him.* **2** (A1) one **один** *a hundred dollars* ◦ *a dozen eggs* **3** (A1) every or each **любой/все равно какой (употребляется перед исчисл. сущ. в ед. числе)** *A child needs love.* ◦ *Take one tablet three times a (= each) day.* **4** (A1) used to say what type of thing or person something or someone is **употребляется перед названием категории объекта** *It's a guinea pig.* ◦ *She's a doctor.* **5** (A2) used before some action nouns when referring to one example of the action **употребляется перед некоторыми отглагольными существительными, когда речь идет об однократном действии** *I'm just going to have a wash.* ◦ *Take a look at this.* **6** (A2) used before the first of two nouns that are often used together **употребляется перед первым из двух существительных, которые часто употребляются вместе** *a cup and saucer* **7** (A2) used before some phrases saying how much of something there is **употребляется с некоторыми квантификаторами (little, few, good many, great many)** *a few days* ◦ *a bit of sugar* **8** used before a person's name when referring to someone you do not know **употребляется перед именем незнакомого человека** *There's a Ms Leeming to see you.*

a- /eɪ/ **prefix** not, without **а-, не-, без-** *atypical* ◦ *amoral*

aback /əˈbæk/ **adverb be taken aback** to be very surprised or shocked **быть ошеломленным, захваченным врасплох** *I was rather taken aback by her honesty.*

abacus /ˈæbəkəs/ **noun** [C] a square object with small balls on wires, used for counting **счеты**

abandon /əˈbændən/ **verb** [T] **1** (B2) to leave someone or something somewhere, sometimes not returning to get them **покидать, оставлять** *They were **forced to abandon** the car.* **2** to stop doing something before it is finished, or to stop following a plan, idea, etc **отказываться (от чего-либо.), прекращать (что-либо, делать что-либо.)** *The match was abandoned because of rain.*

• **abandoned adjective** (B2) **покинутый, оставленный** • **abandonment noun** [U] **оставление, уход**

> Слова-партнеры к **abandon**
>
> **be forced to** abandon **sth** • abandon **an attempt/effort/idea/plan/search**

abate /əˈbeɪt/ **verb** [I] formal to become less strong **уменьшаться, ослабевать, утихать** *By the weekend, the storms had abated.*

abattoir /ˈæbətwɑːʳ/ **noun** [C] UK (UK/US **slaughterhouse**) a place where animals are killed for meat **скотобойня**

abbey /ˈæbi/ **noun** [C] a group of buildings that is a home for monks or nuns (= religious men or women who live separately from other people) **монастырь, аббатство**

abbreviate /əˈbriːvieɪt/ **verb** [T] to make a word or phrase shorter **сокращать, урезать (текст, слово)** *The word 'street' is often **abbreviated to** 'St'.*

abbreviation /əˌbriːviˈeɪʃᵊn/ **noun** [C] a shorter form of a word or phrase, especially used in writing **сокращение** *A doctor is often called a 'GP', an **abbreviation for** 'general practitioner'.*

abdicate /ˈæbdɪkeɪt/ **verb 1** [I] If a king or queen abdicates, they choose to stop being king or queen. **отрекаться от престола 2 abdicate responsibility** formal to decide not to be responsible for something any more **отказываться от обязанностей**

• **abdication** /ˌæbdɪˈkeɪʃᵊn/ **noun** [C, U] **отречение от престола**

abdomen /ˈæbdəmən/ **noun** [C] formal the lower part of a person or animal's body, containing the stomach and other organs **брюшная полость, живот**

A

- **abdominal** /æbˈdɒmɪnᵊl/ **adjective** to do with the abdomen **брюшной, относящийся к животу** *abdominal pains*

abduct /əbˈdʌkt/ **verb** [T] to take someone away illegally **похищать** *He was abducted by a terrorist group.*

- **abduction** /əbˈdʌkʃᵊn/ **noun** [C, U] **похищение**

aberration /ˌæbəˈreɪʃᵊn/ **noun** [C] formal a temporary change from what usually happens **отклонение, аберрация**

abhor /əbˈhɔːʳ/ **verb** [T] (present participle **abhorring**, past tense and past participle **abhorred**) formal to hate something or someone very much **ненавидеть, не выносить**

- **abhorrence** /əbˈhɒrᵊns/ **noun** [U] formal **отвращение, омерзение, ненависть**

abhorrent /əbˈhɒrənt/ **adjective** formal morally very bad **отвратительный, гнусный, мерзкий** *an abhorrent crime*

abide /əˈbaɪd/ **verb can't abide sb/sth** to strongly dislike someone or something **не мочь выносить, терпеть (что-либо.)** *I can't abide rudeness.*

PHRASAL VERB **abide by sth** to obey a rule **следовать (чему-либо), действовать в соответствии (с чем-либо.)** *Staff who refused to* ***abide by*** *the* ***rules*** *were fired.*

abiding /əˈbaɪdɪŋ/ **adjective** [always before noun] An abiding feeling or memory is one that you have for a long time. **постоянный, неизменный** *My* ***abiding memory*** *is of him watering his plants in the garden.* → See also **law-abiding**

ability /əˈbɪləti/ **noun** [C, U] (B1) the physical or mental skill or qualities that you need to do something **способность, умение (что-либо делать)** *athletic/academic ability* ◦ [+ to do sth] *He* ***had the ability*** *to explain things clearly.* ◦ *The report questions the technical ability of the staff.* → Opposite **inability** → Compare **disability**

> Слова-партнеры к **ability**
>
> **have/lack/possess** ability • **innate/remarkable/uncanny** ability

abject /ˈæbdʒekt/ **adjective 1 abject misery/poverty/terror, etc** when someone is extremely unhappy, poor, afraid, etc **большое несчастье/крайняя нищета/дикий ужас и т. д. 2** showing that you are very ashamed of what you have done **жалкий, презренный, униженный** *an* ***abject apology***

ablaze /əˈbleɪz/ **adjective** [never before noun] burning strongly **пылающий**

able /ˈeɪbl/ **adjective 1 be able to do sth** (A2) to have the ability to do something or the possibility of doing something **быть в состоянии, мочь** *He'll be able to help you.* → Opposite **be unable to do sth 2** clever or good at doing something **способный** *She's a very* ***able student.***

- **ably** **adverb** **умело** *Robson,* ***ably assisted*** *by Anderson, has completely rebuilt the team.*

able-bodied /ˌeɪblˈbɒdɪd/ **adjective** having all the physical abilities that most people have **здоровый**

abnormal /æbˈnɔːmᵊl/ **adjective** different from what is normal or usual, in a way which is strange or dangerous **ненормальный** *abnormal behaviour/weather* ◦ *They found* ***abnormal levels*** *of lead in the water.*

- **abnormally** **adverb** **ненормально** ***abnormally high*** *temperatures*

abnormality /ˌæbnɔːˈmæləti/ **noun** [C, U] something abnormal, usually in the body **аномалия** *a* ***genetic abnormality***

aboard /əˈbɔːd/ **adverb, preposition** on or onto a plane, ship, bus, or train **на борту, на борт** *Welcome aboard flight BA109 to Paris.*

abode /əˈbəʊd/ **noun** [C] formal a home **жилище**

abolish /əˈbɒlɪʃ/ **verb** [T] (B2) to officially end something, especially a law or system **отменять** *National Service was abolished in Britain in 1962.*

- **abolition** /ˌæbəˈlɪʃᵊn/ **noun** [U] **отмена** *the abolition of slavery*

abominable /əˈbɒmɪnəbl/ **adjective** extremely bad **отвратительный** *abominable behaviour*

- **abominably** **adverb** **отвратительно**

Aboriginal /ˌæbəˈrɪdʒᵊnᵊl/ **adjective** relating or belonging to the original race of people who lived in Australia **коренной (относящийся к коренному населению Австралии)**

- **Aborigine** /ˌæbəˈrɪdʒᵊni/ **noun** [C] an Aboriginal person **абориген**

abort /əˈbɔːt/ **verb** [T] **1** to stop a process before it has finished **останавливать** *The take-off was aborted due to bad weather.* **2** to end a pregnancy that is not wanted using a medical operation **делать аборт**

abortion /əˈbɔːʃᵊn/ **noun** [C, U] a medical operation to end a pregnancy when the baby is still too small to live **аборт** *She* ***had*** *an* ***abortion.***

abortive /əˈbɔːtɪv/ **adjective** [always before noun] An abortive attempt or plan fails before it is complete. **неудавшийся**

the ABO system /ˌeɪbiːˈəʊsɪstəm/ **noun** the system that divides human blood into four main groups called A, B, AB, and O **система определения группы крови**

abound /əˈbaʊnd/ **verb** [I] formal to exist in large numbers **существовать в большом количестве** ***Rumours abound*** *about a possible change of leadership.*

about[1] /əˈbaʊt/ **preposition 1** (A1) relating to a particular subject or person **о, об** *a book about the Spanish Civil War* ◦ *What was she talking about?* **2** UK (US **around**) (B2) to or in different parts of a place, often without purpose or order **по** *We heard someone moving about the garden.*

A

3 what/how about ...? **a** used to make a suggestion **как насчет ...?** *How about France for a holiday?* **b** B1 used to ask for someone's opinion on a particular subject **а как насчет ...?** *What about Ann – is she nice?*

about² /ə'baʊt/ **adverb 1** A1 used before a number or amount to mean approximately **приблизительно, около** *It happened about two months ago.* **2** UK (US **around**) B2 to or in different parts of a place, often without purpose or order **кругом, повсюду** *She's always leaving her clothes lying about.* **3** UK informal (US **around**) If someone or something is about, they are near to the place where you are now. **рядом, поблизости** *Is Kate about?* **4 be about to do sth** B2 to be going to do something very soon **собираться сделать что-либо** *I stopped her just as she was about to leave.*

above¹ /ə'bʌv/ **adverb, preposition 1** A1 in or to a higher position than something else **над, наверху** *There's a mirror above the washbasin.* ◦ *I could hear music coming from the room above.* **2** A2 more than an amount or level **выше, свыше** *It says on the box it's for children aged three and above.* ◦ *Rates of pay are above average.* **3** in a more important or advanced position than someone else **выше** *Sally's a grade above me.* **4** too good or important for something **выше, вне** *No one is above suspicion in this matter.* **5 above all** B1 most importantly **прежде всего** *Above all, I'd like to thank everyone.*

above² /ə'bʌv/ **adjective, adverb** B1 higher on the same page **вышеизложенный** *the above diagram* ◦ *the address shown above*

a,bove 'board **adjective** [never before noun] honest and legal **честный** *We hired a lawyer to make sure the agreement was all above board.*

abrasive /ə'breɪsɪv/ **adjective 1** An abrasive substance is rough and can be used for rubbing surfaces, to make them clean or smooth. **абразивный 2** speaking or behaving in a rude and unpleasant way **грубый** *an abrasive manner*

abreast /ə'brest/ **adverb 1 keep (sb) abreast of sth** to make sure you or someone else knows about the most recent changes in a subject or situation **держать в курсе** *I'll keep you abreast of any developments.* **2 two/three/four, etc abreast** If people who are moving are two/three, etc abreast, that number of people are next to each other, side by side. **по двое/трое/четверо и т. д. в ряд** *They were cycling four abreast, completely blocking the road.*

abridged /ə'brɪdʒd/ **adjective** An abridged book or other piece of writing has been made shorter. **сокращенный** → Opposite **unabridged**
• **abridge** /ə'brɪdʒ/ **verb** [T] **сокращать**

abroad /ə'brɔːd/ **adverb** B1 in or to a foreign country **за границей, за границу** *He **goes abroad** a lot with his job.*

> **Слова-партнеры к abroad**
> go/live/travel/work abroad • a **holiday/trip** abroad

abrupt /ə'brʌpt/ **adjective 1** sudden and not expected **внезапный** *Our conversation came to an **abrupt end**.* **2** dealing with people in a quick way that is unfriendly or rude **резкий** *She has a rather **abrupt manner**.*
• **abruptly adverb внезапно**

abscess /'æbses/ **noun** [C] a painful, swollen area on the body which contains a yellow liquid **нарыв**

abscond /əb'skɒnd/ **verb** [I] formal to leave somewhere suddenly without permission because you want to escape, or because you have stolen something **бежать, скрываться**

absence /'æbsᵊns/ **noun 1** [C, U] B2 a time when you are not in a particular place **отсутствие** *Lisa will be acting as manager **in Phil's absence** (= while Phil is not here).* ◦ *A large number of **absences from** work are caused by back problems.* **2** [U] B2 when something does not exist **отсутствие** ***In the absence of** any proof, it is impossible to accuse her.*

> **Слова-партнеры к absence**
> a **lengthy/long/prolonged** absence • an absence **from** sth • **during/in** sb's absence

absent /'æbsᵊnt/ **adjective** B1 not in the place where you are expected to be, especially at school or work **отсутствующий** *He has been **absent from** school all week.*

absentee /,æbsᵊn'tiː/ **noun** [C] someone who is not in a place where they should be **отсутствующий**
• **absenteeism noun** [U] when someone is often absent from work or school **частое отсутствие**

absently /'æbsəntli/ **adverb** without thinking about what you are doing **рассеянно** *He stared absently at the television screen.*

absent-minded /,æbsᵊnt'maɪndɪd/ **adjective** often forgetting things **рассеянный**
• **absent-mindedly adverb рассеянно** • **absent-mindedness noun** [U] **рассеянность**

absolute /'æbsəluːt/ **adjective** [always before noun] **1** B2 complete **абсолютный, полный** *absolute power/control* ◦ *The party was an absolute disaster.* **2** definite **несомненный** *There was no **absolute proof** of fraud.*

absolutely /,æbsə'luːtli/ **adverb 1** B1 completely **совершенно** *The food was absolutely delicious.* ◦ *There's absolutely nothing (= nothing at all) left.* **2 Absolutely.** used to strongly agree with someone **безусловно** *"Do you think it helped his career?" "Absolutely."* **3 Absolutely not.** used to strongly disagree with someone or to agree with something negative **конечно нет!** *"Are you suggesting that we should just ignore the problem?" "No, absolutely not."*

absolve /əb'zɒlv/ **verb** [T] formal to formally say

that someone is not guilty of something, or to forgive someone **оправдывать, прощать**

absorb /əbˈzɔːb/ **verb** [T] **1** B2 If a substance absorbs a liquid, it takes it in through its surface and holds it. **впитывать** *The fabric absorbs all the moisture, keeping your skin dry.* **2 be absorbed in sth** B2 to give all your attention to something that you are doing **быть поглощенным** *Simon was so absorbed in his computer game, he didn't notice me come in.* **3** to understand and remember facts that you read or hear **усваивать** *It's hard to* ***absorb*** *so much* ***information.*** **4** B2 If something is absorbed into something else, it becomes part of it. **поглощать, всасывать** *The drug is quickly* ***absorbed into*** *the bloodstream.*

absorbent /əbˈzɔːbənt/ **adjective** An absorbent substance can take liquids in through its surface and hold them. **впитывающий**

absorbing /əbˈzɔːbɪŋ/ **adjective** very interesting **захватывающий** *an absorbing book/game*

abstain /əbˈsteɪn/ **verb** [I] **1** formal to not do something that you enjoy because it is bad or unhealthy **воздерживаться** *The doctor suggested that he* ***abstain from*** *alcohol.* **2** to choose not to vote for or against something **воздерживаться при голосовании** *63 members voted in favour, 39 opposed and 5 abstained.*

• **abstention** /əbˈstenʃən/ **noun** [C, U] **воздержание**

abstinence /ˈæbstɪnəns/ **noun** [U] formal when you do not do something that you enjoy because it is bad or unhealthy **воздержание**

abstract /ˈæbstrækt/ **adjective 1** B2 relating to ideas and not real things **абстрактный** *an* ***abstract concept*** **2** B2 Abstract art involves shapes and colours and not images of real things or people. **абстрактный**

absurd /əbˈzɜːd/ **adjective** B2 very silly **нелепый** *an absurd situation/suggestion*

• **absurdity noun** [C, U] **нелепость** • **absurdly adverb нелепо**

abundance /əˈbʌndəns/ **noun** [U, no plural] formal a lot of something **изобилие** *an abundance of flowers* ◦ *There was food* ***in abundance*** *(= a lot of food).*

abundant /əˈbʌndənt/ **adjective** existing in large quantities **обильный** *an* ***abundant supply*** *of food*

• **abundantly adverb обильно**

abuse[1] /əˈbjuːs/ **noun 1** [C, U] B2 when something is used for the wrong purpose in a way that is harmful or morally wrong **злоупотребление** ***drug/alcohol abuse*** ◦ *abuse of public money* **2** [U] B2 violent, cruel treatment of someone **насилие, жестокое обращение** ***child abuse*** ◦ ***sexual abuse*** **3** [U] rude and offensive words said to another person **ругань, брань** *Rival fans shouted abuse at each other.*

abuse[2] /əˈbjuːz/ **verb** [T] **1** to treat someone cruelly and violently **совершать насилие, жестоко обращаться** *He was* ***physically abused*** *by his alcoholic father.* **2** to use something for the wrong purpose in a way that is harmful or morally wrong **злоупотреблять** *to abuse alcohol* **3** to say rude and offensive words to someone **оскорблять** *The crowd started abusing him.*

• **abuser noun** [C] **совершающий насилие, злоупотребляющий чем-либо**

abusive /əˈbjuːsɪv/ **adjective** saying rude and offensive words to someone **оскорбительный** *an abusive phone call*

abysmal /əˈbɪzməl/ **adjective** very bad, especially of bad quality **ужасающий** *the team's* ***abysmal performance*** *last season*

• **abysmally adverb ужасающе**

abyss /əˈbɪs/ **noun** [C] **1** a very bad situation which will not improve **бездна** [usually singular] *The country is sinking into an* ***abyss of*** *violence and bloodshed.* **2** literary a very deep hole **бездна**

abyssal /əˈbɪsəl/ **adjective** found at the bottom of deep oceans (= big seas) **глубинный, глубоководный**

AC /ˌeɪˈsiː/ **noun** [U] abbreviation for alternating current: electrical current which regularly changes the direction in which it moves **переменный ток** → Compare **DC**

.ac /dɒtˈæk/ internet abbreviation for academic institution: used in some internet addresses for organizations such as universities **научное учреждение (употребляется в электронных адресах университетов)**

academia /ˌækəˈdiːmiə/ **noun** [U] the people and organizations, especially universities, involved in studying **академический мир**

academic[1] /ˌækəˈdemɪk/ **adjective 1** B2 related to education, schools, universities, etc **учебный** ***academic ability/standards*** ◦ *It's the start of the* ***academic year.*** **2** related to subjects which involve thinking and studying and not technical or practical skills **академичный, чисто теоретический** ***academic subjects*** **3** clever and good at studying **интеллектуальный** **4** If what someone says is academic, it has no purpose because it relates to a situation that does not exist. **пустой разговор** *The whole discussion is academic since management won't even listen to us.*

• **academically adverb научно, чисто теоретически**

academic[2] /ˌækəˈdemɪk/ **noun** [C] someone who teaches at a university or college, or is paid to study there **преподаватель вуза**

academy /əˈkædəmi/ **noun** [C] **1** a college which teaches people the skills needed for a particular job **академия** *a military academy* **2** an organization whose purpose is to encourage and develop an art, science, language, etc **академия** *the Royal Academy of Music*

accelerate /əkˈseləreɪt/ **verb 1** [I] to start to

drive faster **ускорять** **2** [I, T] to start to happen more quickly, or to make something start to happen more quickly **ускоряться** *Inflation is likely to accelerate this year.*
• **acceleration** /əkˌseləˈreɪʃən/ **noun** [U] **ускорение**

accelerator /əkˈseləreɪtər/ **noun** [C] (also US **gas pedal**) the part of a car which you push with your foot to make it go faster **акселератор** → See **Car** on page Centre 7

accent /ˈæksənt/ **noun** [C] **1** B1 the way in which someone pronounces words, influenced by the country or area they come from, or their social class **акцент** *an American accent* ◦ *a French accent* **2** B2 a mark above a letter to show you how to pronounce it, for example (â) and (é) **знак ударения** **3** the word or part of a word that you emphasize when you are speaking **ударение** *In the word 'impossible' the **accent** is **on** the second syllable.* **4 the accent on sth** particular importance or attention that you give to something **отличительная черта** *a wonderful menu with the accent on fresh fish*

> **Слова-партнеры к accent**
> **have/speak with** a [local/northern/strong, etc] accent • **lose your accent** • a **heavy/strong/thick** accent

accentuate /əkˈsentʃueɪt/ **verb** [T] to emphasize something so that people notice it **выделять, подчеркивать** *make-up to accentuate the eyes*

accept /əkˈsept/ **verb** **1** [I, T] B1 to agree to take something that is offered to you **принимать** *to **accept an invitation/offer*** ◦ *He won't accept advice from anyone.* **2** [T] B2 to admit that something is true, often something unpleasant **признавать** [+ (that)] *He refuses to accept that he's made a mistake.* **3** [T] B2 to allow someone to join an organization or become part of a group **принимать** *She's been accepted by two universities.* **4 accept responsibility/blame** B2 to admit that you caused something bad that happened **признавать ответственность/обвинение** *The company has now accepted responsibility for the accident.* **5** [T] to understand that you cannot change a very sad or unpleasant situation **смиряться** *The hardest part is **accepting the fact** that you'll never see that person again.*

acceptable /əkˈseptəbl/ **adjective** **1** B1 good enough **приемлемый** *work of an **acceptable standard*** ◦ *We still hope to find a solution which is **acceptable to** both sides.* **2** allowed or approved of **приемлемый** *Smoking is less and less **socially acceptable**.* → Opposite **unacceptable**
• **acceptability** /əkˌseptəˈbɪləti/ **noun** [U] **приемлемость**

acceptance /əkˈseptəns/ **noun** [C, U] when you accept something **принятие** *his **acceptance of** the award* ◦ *There is a growing **public acceptance of** alternative medicine.*

> **Слова-партнеры к acceptance**
> sb/sth **gains/wins** acceptance • **general/growing/grudging/public** acceptance • acceptance **of** sth

accepted /əkˈseptɪd/ **adjective** agreed or approved by most people **общепринятый** *an accepted spelling*

access¹ /ˈækses/ **noun** [U] **1** B1 when you have the right or opportunity to use or see something **доступ** *I don't **have access to** that kind of information.* ◦ *Do you have Internet access?* **2** B1 the way in which you can enter a place or get to a place **подход** *The only **access to** the village is by boat.*

access² /ˈækses/ **verb** [T] B2 to find or see information, especially using a computer **получить доступ** *You can access the files over the Internet.*

accessible /əkˈsesəbl/ **adjective** **1** B2 easy to find or reach **доступный** *Information such as this is freely **accessible to** the public.* ◦ *The hotel is in a quiet but easily accessible part of the resort.* → Opposite **inaccessible** **2** easy to understand **доступный** *They are attempting to make opera **accessible to** a wider audience.*
• **accessibility** /əkˌsesəˈbɪləti/ **noun** [U] **доступность**

accessory /əkˈsesəri/ **noun** [C] **1** something extra which is not necessary but is attractive or useful **аксессуар** [usually plural] *bathroom accessories* ◦ *computer accessories* **2** formal someone who helps a criminal to commit a crime **соучастник** *an **accessory to** murder*

ˈaccess proˌvider **noun** [C] a company that makes you able to use the Internet, so that you can use email and see or show documents **интернет-провайдер**

accident /ˈæksɪdənt/ **noun** [C] **1** A2 something bad which happens that is not intended and which causes injury or damage **несчастный случай** *a **car/traffic accident*** ◦ *She **had an accident** in the kitchen.* ◦ *I didn't mean to spill his drink. It was an accident.* **2 by accident** B1 without being intended **случайно** *I deleted the wrong file by accident.*

> **Слова-партнеры к accident**
> **have/be involved in** an accident • an accident **happens/occurs** • a **fatal/serious/tragic** accident • [killed, paralyzed, etc] **in** an accident • a **car/traffic** accident

accidental /ˌæksɪˈdentəl/ **adjective** B2 not intended **случайный** *accidental damage*
• **accidentally adverb** B2 **случайно** *She accidentally knocked over a glass of red wine.*

accident-prone /ˈæksɪdəntˌprəʊn/ **adjective** Someone who is accident-prone often has accidents. **часто попадающий в несчастные случаи**

acclaim /əˈkleɪm/ **noun** [U] praise from a lot

A

of people признание *international/critical acclaim*

acclaimed /əˈkleɪmd/ **adjective** praised by a lot of people знаменитый *the acclaimed singer and songwriter*

acclimatize (also UK **-ise**) /əˈklaɪmətaɪz/ **verb** [I, T] to start to feel happy with the weather, the way of life, etc in a new place, or to make someone do this акклиматизироваться

• **acclimatization** /əˌklaɪmətaɪˈzeɪʃᵊn/ **noun** [U] акклиматизация

accolade /ˈækəleɪd/ **noun** [C] formal a prize or praise given to someone because they are very good at something восхваление

accommodate /əˈkɒmədeɪt/ **verb** [T] **1** to have enough space somewhere for a number of things or people вмещать *We need more roads to accommodate the increase in traffic.* **2** to do what someone wants, often by providing them with something удовлетворять потребность *He requires special equipment and, where possible, we've accommodated those needs.* **3** to provide someone with a place to live or stay предоставлять жилье *The athletes will be accommodated in a special Olympic village.*

accommodating /əˈkɒmədeɪtɪŋ/ **adjective** willing to change your plans in order to help people услужливый

accommodation /əˌkɒməˈdeɪʃᵊn/ **noun** [U] (B1) (also US **accommodations** [plural]) a place where you live or stay жилье ***rented accommodation*** ◦ *The price includes travel and accommodation.*

> **!** Типичная ошибка: **accommodation**
>
> **Внимание!** Проверьте написание. **Accommodation** – одно из 10 слов, при написании которых русскоязычные студенты наиболее часто допускают ошибки. Запомните: нужно писать 'cc' и 'mm'.

accompaniment /əˈkʌmpᵊnɪmənt/ **noun 1** [C] formal something that is nice to eat or drink with a particular food or drink гарнир, что-либо, подаваемое с определенной едой или напитком *salmon with an accompaniment of green salad* **2** [C, U] music that is played with the main instrument or with a singing voice аккомпанемент *a song with piano accompaniment*

accompany /əˈkʌmpəni/ **verb** [T] **1** formal (B1) to go somewhere with someone сопровождать *We accompanied her back to her hotel.* **2** (B1) to happen or exist at the same time as something else сопровождать(ся) *The teachers' book is accompanied by a DVD.* **3** to play a musical instrument with someone else who is playing or singing аккомпанировать

accomplice /əˈkʌmplɪs/ **noun** [C] someone who helps a criminal to commit a crime сообщник

accomplish /əˈkʌmplɪʃ/ **verb** [T] to succeed in doing something good выполнять *I feel as if I've accomplished nothing all day.*

accomplished /əˈkʌmplɪʃt/ **adjective** having a lot of skill in art, music, writing, etc искусный *an accomplished musician/painter*

accomplishment /əˈkʌmplɪʃmənt/ **noun 1** [U] when you succeed in doing something good достижение *Finishing the course gave me a great sense of accomplishment.* **2** [C] formal a skill in art, music, writing, etc умение, достоинство

accord¹ /əˈkɔːd/ **noun 1 of your own accord** If you do something of your own accord, you choose to do it and no one else forces you. по собственному желанию *Luckily, she left of her own accord.* **2** [C] an official agreement, especially between countries соглашение *a peace/trade accord*

accord² /əˈkɔːd/ **verb** [T] formal to treat someone specially, usually by showing respect оказывать уважение *the respect accorded to doctors*

accordance /əˈkɔːdᵊns/ **noun** formal **in accordance with sth** agreeing with a rule, law, or wish в соответствии с *Both companies have insisted that they were acting in accordance with the law.*

accordingly /əˈkɔːdɪŋli/ **adverb** in a way that is suitable соответственно *We'll wait until we hear the decision and **act accordingly**.*

according to /əˈkɔːdɪŋtuː/ **preposition 1** (B1) as said by someone or shown by something согласно *According to our records, she was absent last Friday.* **2** (B2) based on a particular system or plan в соответствии с *Children are allocated to schools according to the area in which they live.*

accordion /əˈkɔːdiən/ **noun** [C] a musical instrument with a folding centre part and keyboards at both ends, which you play by pushing the two ends together аккордеон

accost /əˈkɒst/ **verb** [T] If someone you do not know accosts you, they move towards you and start talking to you in an unfriendly way. нападать (словесно)

account¹ /əˈkaʊnt/ **noun** [C] **1** (B2) a written or spoken description of something that has happened отчет *They **gave** conflicting **accounts** of the events.* **2** (also **bank account**) (B1) an arrangement with a bank to keep your money there and to let you take it out when you need to счет *I paid the money into my account.* **3** an agreement with a shop or company that allows you to buy things and pay for them later счет **4 take sth into account; take account of sth** (B2) to consider something when judging a situation учитывать *You have to take into account the fact that he is less experienced when judging his performance.* **5 on account of sth** formal (B2) because of something по причине *He doesn't drink alcohol on account of his health.* **6 by all accounts** as said by a lot of people по общему мнению *The party was, by all accounts, a great success.* **7 on my account** just for or because of me из-за меня *Please don't change your plans on my account.* **8 on no account; not on any**

account UK not for any reason or in any situation **ни в коем случае** *On no account must these records be changed.* → See also **checking account**, **current account**, **deposit account**

> **Слова-партнеры к account**
>
> 1. give an account of sth • a brief/detailed/ full account • an eye-witness/first-hand account • an account of sth
> 2. close/open an account • have an account with [name of bank] • a joint/personal/ savings account • an account holder/ number

account² /ə'kaʊnt/ **verb**

PHRASAL VERB **account for sth 1** to be part of a total number of something **составлять** *Oil accounts for 40% of Norway's exports.* **2** to be the reason for something, or to explain the reason for something **объяснять** *She was asked to account for the missing money.*

accountable /ə'kaʊntəbl/ **adjective** [never before noun] having to be responsible for what you do and able to explain your actions **ответственный** *Hospitals must be held **accountable for** their mistakes.* ◦ *Politicians should be **accountable to** the public that elects them.* → Opposite **unaccountable**

• **accountability** /əˌkaʊntə'bɪləti/ **noun** [U] **ответственность**

accountancy /ə'kaʊntənsi/ **noun** [U] UK (US **accounting**) the job of being an accountant **бухгалтерия**

accountant /ə'kaʊntənt/ **noun** [C] B1 someone whose job is to keep or examine the financial records of a company or organization **бухгалтер**

accounts /ə'kaʊnts/ **noun** [plural] an official record of all the money a company or organization has received or paid **отчетность, баланс**

accreditation /əˌkredɪ'teɪʃən/ **noun** [U] official approval of an organization **аккредитация**

• **accredited** /ə'kredɪtɪd/ **adjective** officially approved **аккредитованный**

accumulate /ə'kju:mjəleɪt/ **verb** [I, T] to increase in amount over a period of time, or to make something increase over a period of time **накапливать(ся)** *The chemicals accumulate in your body.*

• **accumulation** /əˌkju:mjə'leɪʃən/ **noun** [U] **накопление**

accuracy /'ækjərəsi/ **noun** [U] B2 how correct or exact something is **точность** *The new system should help to improve the accuracy of weather forecasts.*

accurate /'ækjərət/ **adjective** B1 correct or exact **точный** ***accurate information/measurements*** ◦ *She was able to give police a fairly **accurate description** of the man.* → Opposite **inaccurate**

• **accurately adverb** B1 **точно**

accusation /ˌækjʊ'zeɪʃən/ **noun** [C] when you say that someone has done something bad **обвинение** *He **made** a number of **accusations against** his former colleagues.*

> **Слова-партнеры к accusation**
>
> make an accusation • deny/dismiss/face/ reject an accusation • a false/wild accusation • accusations of sth • an accusation against sb • an accusation by/from sb

accuse /ə'kju:z/ **verb** [T] B2 to say that someone has done something bad **обвинять** *He was falsely **accused of** murder.* ◦ [+ of + doing sth] *She accused Andrew of lying to her.*

• **accuser noun** [C] **обвинитель**

the accused /ə'kju:zd/ **noun** formal the person or people who are accused of a crime in a court of law **обвиняемый**

accusing /ə'kju:zɪŋ/ **adjective** showing that you think someone is responsible for something bad **укоризненный** *Why are you giving me that **accusing look**?*

• **accusingly adverb укоризненно** *She looked at me accusingly.*

accustom /ə'kʌstəm/ **verb**

PHRASAL VERB **accustom yourself to sth/doing sth** to experience something often enough for it to seem normal to you **привыкать**

accustomed /ə'kʌstəmd/ **adjective accustomed to sth/doing sth** If you are accustomed to something, you have experienced it often enough for it to seem normal to you. **привыкший** *I've worked nights for years now so I've **grown accustomed to** it.*

ace¹ /eɪs/ **noun** [C] **1** a playing card with one symbol on it, that has the highest or lowest value in many games **туз 2** when the first shot by a tennis player is too good for the other player to hit back **подача навылет**

ace² /eɪs/ **adjective** informal very good **первоклассный**

ache¹ /eɪk/ **noun** [C] B1 a feeling of pain over an area of your body which continues for a long time **боль** *There's a **dull ache** in my right shoulder.* → See also **stomach ache**

ache² /eɪk/ **verb** [I] B2 If a part of your body aches, it is painful. **болеть** *My legs ache after all that exercise.*

achieve /ə'tʃi:v/ **verb** [T] B1 to succeed in doing something good, usually by working hard **достигать** *I've achieved my ambition* ◦ *I've been working all day but I feel I've achieved nothing.*

• **achievable adjective** possible to achieve **достижимый** ***achievable goals*** • **achiever noun** [C] **человек, добивающийся своего** *He's from a family of **high achievers** (= very successful people).*

achievement /ə'tʃi:vmənt/ **noun 1** [C] B1 something good that you achieve **достижение** *This*

A

film is his ***greatest achievement*** *to date.* **2** [U] when you succeed in doing something good, usually by working hard **успех** *You get such* ***a sense of achievement*** *when you finish the course.*

> Слова-партнеры к **achievement**
>
> a **great/notable/outstanding/remarkable** achievement • sb's **crowning** achievement • a **sense of** achievement

acid[1] /ˈæsɪd/ **noun** [C, U] B2 one of several liquid substances with a pH of less than 7 which react with other substances, often burning or dissolving them **кислота** *hydrochloric acid*

acid[2] /ˈæsɪd/ **adjective 1** (also **acidic** /əˈsɪdɪk/) containing acid, or having similar qualities to an acid **кислый** *acid soil ◦ an acid smell/taste* **2 acid remark/comment, etc** an unkind remark that criticizes someone **язвительное замечание/едкий комментарий и т. д.**

ˌacid ˈrain noun [U] rain that contains chemicals from pollution and damages plants, etc **кислотный дождь**

acknowledge /əkˈnɒlɪdʒ/ **verb** [T] **1** to accept that something is true or exists **признавать** [+ (that)] *He acknowledged that there was a problem.* **2** to tell someone, usually in a letter, that you have received something they sent you **подтверждать** *Send a letter acknowledging receipt of his application.* **3** to let someone know that you have seen them, usually by saying hello **приветствовать** *She didn't even acknowledge my presence.*

> Слова-партнеры к **acknowledge**
>
> be **generally/widely/universally** acknowledged • acknowledge sb/sth **as/to be** sth

acknowledgement (also **acknowledgment**) /əkˈnɒlɪdʒmənt/ **noun 1** [C, U] when you accept that something is true or exists **признание** *There was no acknowledgement of the extent of the problem.* **2** [C] a letter telling you that someone has received something that you sent them **подтверждение 3** [C] something written at the front of a book by the author to thank people who have helped them **благодарность** [usually plural] *His name appears in the acknowledgements.*

acne /ˈækni/ **noun** [U] a skin problem that young people often have that causes spots on the face **угревая сыпь**

acorn /ˈeɪkɔːn/ **noun** [C] an oval nut which grows on oak trees **желудь**

acorn

acoustic /əˈkuːstɪk/ **adjective 1** [always before noun] An acoustic musical instrument does not use electricity. **акустический** *an* ***acoustic guitar*** **2** relating to sound and hearing **звуковой, слуховой**

acoustics /əˈkuːstɪks/ **noun** [plural] the way in which the shape of a room affects the quality of sound **акустика** *The acoustics of the hall were terrible.*

acquaintance /əˈkweɪntᵊns/ **noun** [C] someone who you know but do not know well **знакомый** *He's just a* ***business acquaintance.***

acquainted /əˈkweɪntɪd/ **adjective** [never before noun] formal **1** If you are acquainted with someone, you have met them but do not know them well. **знакомый** *We're already acquainted – we met at Elaine's party.* **2 be acquainted with sth** to know about something **быть знакомым с** *I'm afraid I'm not yet acquainted with the system.*

acquiesce /ˌækwiˈes/ **verb** [I] formal to agree to something, often when you do not want to **неохотно соглашаться**

• **acquiescence noun** [U] formal **неохотное согласие**

acquire /əˈkwaɪəʳ/ **verb** [T] **1** B2 to get something **приобретать** *I managed to acquire a copy of the report.* **2** B2 to learn something **усваивать** *to* ***acquire knowledge/skills***

acquisition /ˌækwɪˈzɪʃᵊn/ **noun 1** [U] the process of learning or getting something **усвоение** *children's acquisition of language* **2** [C] something that you get, usually by buying it **приобретение** *And the hat – is that a* ***recent acquisition****?*

acquit /əˈkwɪt/ **verb** [T] (present participle **acquitting**, past tense and past participle **acquitted**) If someone is acquitted of a crime, a court of law decides that they are not guilty. **оправдывать** [often passive] *Both men were* ***acquitted of*** *murder.*

acquittal /əˈkwɪtᵊl/ **noun** [C, U] when a court of law decides that someone is not guilty of a crime **оправдание**

acre /ˈeɪkəʳ/ **noun** [C] a unit for measuring area, equal to 4047 square metres **акр**

acrid /ˈækrɪd/ **adjective** An acrid smell is unpleasant and causes a burning feeling in your throat. **едкий**

acrimonious /ˌækrɪˈməʊniəs/ **adjective** involving a lot of anger, disagreement, and bad feelings **исполненный злобы** *an* ***acrimonious divorce***

• **acrimony** /ˈækrɪməni/ **noun** [U] angry, bad feelings between people **злоба**

acrobat /ˈækrəbæt/ **noun** [C] someone who entertains people by performing difficult physical acts, such as walking on a wire high above the ground **акробат**

• **acrobatic** /ˌækrəˈbætɪk/ **adjective акробатический** • **acrobatics** /ˌækrəˈbætɪks/ **noun** [plural] the actions of an acrobat **акробатика**

acronym /ˈækrəʊnɪm/ **noun** [C] a word made from the first letters of other words **акроним** *AIDS is the acronym for 'acquired immune deficiency syndrome'.*

across /əˈkrɒs/ **adverb, preposition 1** A2 from one side of something to the other **через** *I was walking across the road. ◦ They've built a new bridge across the river.* **2** A2 on the opposite side

A

of **на той стороне** *There's a library just across the street.* **3** used after a measurement to show how wide something is **в поперечнике** *The window measures two metres across.*

acrylic /əˈkrɪlɪk/ **noun 1** [U] a type of cloth or plastic produced by chemical processes **акриловое волокно, акриловая смола 2** [C, U] a type of paint **акриловая краска**
• **acrylic adjective акриловый** *acrylic paints*

act[1] /ækt/ **verb 1** [I] B1 to behave in a particular way **вести себя** *to act responsibly* ◦ *Jeff's been acting strangely recently.* ◦ *Stop **acting like** a child!* **2** [I] B2 to do something, especially in order to solve a problem **действовать** *We have to act now to stop the spread of this disease.* **3** [I, T] B1 to perform in a play or film **играть (роль)** *He's acted in a number of successful Hollywood films.*

PHRASAL VERBS **act as sth 1** B2 to do a particular job, especially one you do not normally do **выступать в роли кого-либо** *He was asked to act as an adviser on the project.* **2** to have a particular effect **действовать как** *Caffeine acts as a stimulant.* • **act sth out** to perform the actions and words of a situation or story **разыгрывать (сцену)** *The children acted out a verse from their favourite poem.* • **act up** If someone, especially a child, acts up, they behave badly. **капризничать**

act[2] /ækt/ **noun 1** [C] B2 something that someone does **акт, поступок** *an **act of** terrorism/kindness* **2** [C] a law made by a government **закон** *an act of Congress/Parliament* **3** [C] B1 one of the parts a play is divided into **акт (пьесы)** *Her character doesn't appear until Act 2.* **4** [C] one or several performers who perform for a short while in a show **номер (программы)** *a comedy **double act*** **5** [no plural] behaviour which hides your real feelings or intentions **притворство** *Was she really upset or was that just an act?* **6 in the act (of doing sth)** doing something wrong **на месте преступления** *I caught him in the act of opening one of my letters.*

IDIOMS **get your act together** informal to organize your activities so that you can make progress **быть более собранным** • **get in on the act** informal to become involved in something successful that someone else has started **пристроиться**

> **Слова-партнеры к act**
> an act of sth • **commit** an act • a **barbaric/cowardly** act • a **criminal/terrorist** act

acting[1] /ˈæktɪŋ/ **adjective acting chairman/director, etc** someone who does a job for a short time while the person who usually does it is not there **исполняющий обязанности председателя/директора и т. д.**

acting[2] /ˈæktɪŋ/ **noun** [U] the job of performing in plays and films **игра, работа актера** *He's trying to get into acting.*

action /ˈækʃən/ **noun 1** [C, U] B2 something that you do **действие** *She has to accept the consequences of her actions.* ◦ *We must **take action** (= do something) before the problem gets worse.* ◦ *So what do you think is the best **course of action** (= way of dealing with the situation)?* ◦ *It was the first time I'd seen firemen **in action** (= doing a particular activity).* **2** [U] B1 things which are happening, especially exciting or important things **захватывающее действие** *He likes films with a lot of action.* → Opposite **inaction 3 out of action** damaged or hurt and not able to operate or play sports **вышедший из строя/игры** *They've got three players out of action.* **4 legal action** a legal process in a court **иск, судебное дело** *They are planning to **take legal action against** the company.* **5** [U] fighting in a war **боевые действия** *He was killed **in action** (= while fighting).* **6** [no plural] a movement or natural process **воздействие** *The rocks are smoothed by the action of water.* → See also **industrial action**, be all **talk**[2] (and no action)

action-packed /ˈækʃənˌpækt/ **adjective** An action-packed film or story has a lot of exciting events. **приключенческий**

ˌaction ˈreplay noun [C] UK (US **instant replay**) when part of a film of a sporting event is shown again, often more slowly **повтор (часто в замедленном темпе)**

activate /ˈæktɪveɪt/ **verb** [T] to make something start working **приводить в действие** *The alarm can be activated by a laser beam.*

active /ˈæktɪv/ **adjective 1** B2 very involved in an organization or planned activity **активный** *He played an **active role** in the campaign.* **2** B1 doing a lot of things, or moving around a lot **энергичный, деятельный** *Even at the age of 80 she's still very active.* **3** B1 An active verb or sentence is one in which the subject of the verb is the person or thing doing the action. For example 'Andy drove the car.' is an active sentence. **действительный залог** → Compare **passive 4** An active volcano could throw out rocks, fire, etc at any time. **действующий**

actively /ˈæktɪvli/ **adverb** B2 in a way that causes something to happen **активно** *He **actively encourages** me to spend money.*

activist /ˈæktɪvɪst/ **noun** [C] someone who tries to cause social or political change **активист** *a **political activist***
• **activism noun** [U] **активная общественная деятельность**

activity /ækˈtɪvəti/ **noun 1** [C] A2 something which you do for enjoyment, especially an organized event **занятие** *The centre offers a range of activities, such as cycling, swimming, and tennis.* **2** [C, U] B2 the work of a group or organization to achieve an aim **деятельность** ***criminal/terrorist activities*** **3** [U] B2 when a lot of things are happening or people are moving around **оживление** *There was a sudden **flurry of activity** (= short period of activity) at the back of the hall.* → Opposite **inactivity**

> **Слова-партнеры к activity**
>
> **do/perform** an activity • **frantic/strenuous** activity • **outdoor/leisure** activity • **a flurry** of activity

actor /ˈæktəʳ/ **noun** [C] A2 someone, especially a man, whose job is to perform in plays and films **актер**

actress /ˈæktrəs/ **noun** [C] a woman whose job is to perform in plays and films **актриса**

actual /ˈæktʃuəl/ **adjective 1** B2 real, not guessed or imagined **фактический** *We were expecting about fifty people, though the **actual number** was a lot higher.* **2 in actual fact** UK B2 really **фактически** *It was due to start at ten, but in actual fact, it didn't begin until nearly eleven.*

actually /ˈæktʃuəli/ **adverb 1** A2 used when you are saying what is the truth of a situation **в действительности** *He didn't actually say anything important.* **2** B1 used when you are saying something surprising **на самом деле** *She sounds English but she's actually Spanish.* ◦ *Did you actually meet the president?* **3** mainly UK B2 used when you are disagreeing with someone or saying no to a request **вообще-то** *"You didn't tell me." "Actually, I did."* ◦ *"Do you mind if I smoke?" "Actually, I'd rather you didn't."*

acumen /ˈækjʊmən/ **noun** [U] the ability to make good judgments and decisions **прозорливость** ***business/political acumen***

acupuncture /ˈækjʊpʌŋktʃəʳ/ **noun** [U] a way of treating pain or illness by putting thin needles into different parts of the body **иглоукалывание**

acute /əˈkjuːt/ **adjective 1** An acute problem or negative feeling is extreme. **острый** *There's an **acute shortage** of medical staff.* ◦ ***acute pain*** ◦ *acute anxiety* **2** An acute angle is less than 90 degrees. **острый 3** quick to notice or understand things **острый, тонкий** *an acute mind* ◦ *Dogs rely on their acute sense of smell.*

acutely /əˈkjuːtli/ **adverb** very strongly **остро** *I was **acutely aware** of how Alex felt about the situation.*

AD /ˌeɪˈdiː/ abbreviation for Anno Domini: used to show that a particular year came after the birth of Christ **н. э. (нашей эры)** *1066 AD*

ad /æd/ **noun** [C] B1 an advertisement **реклама** → See also **classified ad**

adamant /ˈædəmənt/ **adjective** very sure of what you think and not willing to change your opinion **непреклонный** [+ (that)] *They are adamant that they have not broken any rules.*
• **adamantly adverb непреклонно**

Adam's apple /ˌædəmzˈæpl/ **noun** [C] the lump in a man's throat that you can see moving up and down when he speaks or swallows **кадык**

adapt /əˈdæpt/ **verb 1** [I] B2 to change your behaviour so that it is suitable for a new situation **приспосабливаться** *It takes time to **adapt to** a new working environment.* **2** [T] B2 to change something so that it is suitable for a different use or situation **адаптировать** *Courses have to be **adapted for** different markets.* **3** [T] to change a book or play so that it can be made into a film or television programme **инсценировать** *Both novels have been **adapted for** television.*

adaptable /əˈdæptəbl/ **adjective** able to change to suit different situations or uses **приспосабливающийся**
• **adaptability** /əˌdæptəˈbɪləti/ **noun** [U] **адаптируемость**

adaptation /ˌædæpˈteɪʃᵊn/ **noun 1** [C] a film, television programme, or play which has been made from a book **инсценировка 2** [C, U] the process or act of changing to suit a new situation **адаптация** *Evolution occurs as a result of **adaptation to** new environments.*

adapter (also **adaptor**) /əˈdæptəʳ/ **noun** [C] something that is used for connecting two or more pieces of electrical equipment to an electrical supply **адаптер, переходное устройство**

add /æd/ **verb 1** [T] A2 to put something with something else **добавлять** ***Add** the eggs **to** the cream.* **2** [I, T] to increase an amount or level **добавлять** *Then there's the service charge which **adds** another ten percent **to** the bill.* **3** [T] B1 to say another thing **добавлять** [+ that] *She said she liked him but added that he was difficult to work with.* **4** [T] A2 to put two or more numbers or amounts together to get a total **складывать** → See also add **insult**[2] to injury

PHRASAL VERBS **add (sth) up** B1 to put numbers together in order to reach a total **складывать** *When you add up everything we've spent, it's cost well over £200.* • **not add up** informal If something does not add up, you cannot believe it is true. **концы с концами не сходятся** *She gave me an explanation but somehow it doesn't add up.*

adder /ˈædəʳ/ **noun** [C] a small poisonous snake **гадюка**

addict /ˈædɪkt/ **noun** [C] **1** B2 someone who cannot stop taking a drug **наркоман** *a **heroin/drug addict*** **2** informal someone who likes something very much and does it or has it very often **помешанный на чем-либо** *a TV/computer game addict*

addicted /əˈdɪktɪd/ **adjective 1** not able to stop taking a drug **находящийся в зависимости от наркотиков** *He later became **addicted to** heroin.* **2** informal liking something very much and doing or having it too often **не могущий обходиться без чего-либо** *He's **addicted to** chocolate/football.*

addiction /əˈdɪkʃᵊn/ **noun** [C, U] B2 when you

cannot stop doing or taking something because you are addicted to it **зависимость**

> **Слова-партнеры к addiction**
>
> fight/have/suffer from an addiction • alcohol/drug/gambling addiction • addiction to sth

addictive /ə'dɪktɪv/ **adjective** If something is addictive, it makes you want more of it so that you become addicted. **вырабатывающий привыкание** *Tobacco is* ***highly addictive***.

addition /ə'dɪʃᵊn/ **noun** **1 in addition (to sth)** (B1) added to what already exists or happens, or more than you already do or have **в дополнение** *In addition to teaching, she works as a nurse in the holidays.* **2** [U] (B2) the process of adding numbers or amounts together in order to get a total **сложение** **3** [C] (B2) a new or extra thing which is added to something **дополнение** *Defender Matt Smith is the latest* ***addition to*** *the team.*

additional /ə'dɪʃᵊnᵊl/ **adjective** (B2) extra to what already exists **дополнительный** *We plan to take on an additional ten employees over the next year.*

• **additionally adverb** (B2) **дополнительно**

additive /'ædɪtɪv/ **noun** [C] a chemical which is added to food in order to make it taste or look better or to keep it fresh **добавка**

add-on /'ædɒn/ **noun** [C] a piece of equipment that can be connected to a computer to give it an extra use **устройство, подсоединяемое к компьютеру и позволяющее расширить его возможности**

address[1] /ə'dres/ (US) /'ædres/ **noun** [C] **1** (A1) the details of where a building is, including the building number, road name, town, etc **адрес** **2** (A1) a series of letters, signs, or numbers used to send email to someone or to reach a page of information on the Internet **адрес** *an* ***email/web address*** **3** a formal speech to a group of people **речь, обращение** → See also **forwarding address**, **public address system**

> **Слова-партнеры к address**
>
> give sb your address • your business/home/work address • a change of address

address[2] /ə'dres/ **verb** [T] **1** to write a name or address on an envelope or parcel **адресовать** *A parcel arrived* ***addressed to*** *Emma.* **2** to deal with a problem **браться за** *We have to* ***address*** *the* ***issue/problem*** *before it gets worse.* **3** formal to speak to someone, or to give a speech to an audience **выступать с речью** *Today she will be addressing a major conference in London.* **4 address sb as sth** formal to give someone a particular name or title when you speak or write to them **обращаться как-либо к кому-либо** *Do you think I should address him as 'Mr Benson' or 'Albert'?*

a'ddress ˌbook **noun** [C] (US **'address ˌbook**) **1** a computer document that keeps a list of names and email addresses **электронная адресная книга** **2** a book in which you keep a list of names and addresses **записная книжка для адресов**

adept /æ'dept/ **adjective** good at doing something difficult **сведущий** *She's very* ***adept at*** *dealing with the media.*

adequate /'ædɪkwət/ **adjective** **1** (B2) enough **достаточный** *I didn't have* ***adequate time*** *to prepare.* **2** (B2) good enough, but not very good **достаточный** *The sound quality isn't exceptional but it's* ***adequate for*** *everyday use.* → Opposite **inadequate**

• **adequately adverb** (B2) **достаточно хорошо** *Make sure you are adequately equipped for the journey.*

adhere /əd'hɪəʳ/ **verb** [I] formal to stick to a surface **прилипать**

PHRASAL VERB **adhere to sth** to obey a rule or principle **придерживаться** *We always adhere strictly to the guidelines.*

adherence /əd'hɪərᵊns/ **noun** [U] formal when someone obeys a set of rules or principles **приверженность**

• **adherent noun** [C] formal someone who obeys a particular set of rules, principles, etc **приверженец**

adhesive /əd'hi:sɪv/ **noun** [C] a substance used for sticking things together **клей**

• **adhesive adjective клейкий**

ad hoc /ˌæd'hɒk/ **adjective** not regular or planned, but happening only when necessary **по мере необходимости** *We meet* ***on an ad hoc basis***.

adjacent /ə'dʒeɪsᵊnt/ **adjective** formal If two things are adjacent, they are next to each other. **примыкающий** *The fire started in an adjacent building.* ◦ *They live in a house* ***adjacent to*** *the railway.*

adjective /'ædʒɪktɪv/ **noun** [C] (A2) a word that describes a noun or pronoun. The words 'big', 'boring', 'purple', and 'obvious' are all adjectives. **прилагательное**

• **adjectival** /ˌædʒɪk'taɪvᵊl/ **adjective** containing or used like an adjective **адъективный** *an adjectival phrase*

adjoining /ə'dʒɔɪnɪŋ/ **adjective** next to and joined to something **примыкающий** *an* ***adjoining room***

adjourn /ə'dʒɜ:n/ **verb** [I, T] formal to stop a meeting, especially a legal process, for a period of time or until a later date **откладывать** *The judge* ***adjourned the case*** *until March 31.*

• **adjournment noun** [C] **отсрочка**

adjudicate /ə'dʒu:dɪkeɪt/ **verb** [I, T] formal to make an official judgment or decision about a competition or disagreement **выносить решение** *Occasionally, he has to* ***adjudicate on*** *a pensions matter.*

• **adjudication** /əˌdʒu:dɪ'keɪʃᵊn/ **noun** [U] **выне-**

A

сение решения • **adjudicator** noun [C] третейский судья

adjust /əˈdʒʌst/ **verb 1** [T] B2 to change something slightly so that it works better, fits better, or is more suitable **регулировать, подгонять** *You can adjust the heat using this switch here.* ◦ *The figures need to be adjusted for inflation.* **2** [I] B2 to change the way you behave or think in order to suit a new situation **приспосабливаться** *They found it hard* ***adjusting to*** *life in a new country.*

adjustable /əˈdʒʌstəbl/ **adjective** able to be changed slightly in order to suit different people or situations **регулируемый** *an adjustable seat*

adjustment /əˈdʒʌstmənt/ **noun** [C, U] B2 a slight change that you make to something so that it works better, fits better, or is more suitable **регулировка, подгонка** *We've* ***made*** *a few* ***adjustments to*** *the schedule.*

ad lib /ˌædˈlɪb/ **verb** [I, T] to speak in public without having planned what to say **говорить экспромтом** *I had no script so I had to ad lib.*

admin /ˈædmɪn/ **noun** [U] UK short for administration **администрация**

administer /ədˈmɪnɪstəʳ/ **verb** [T] **1** to organize or arrange something **управлять, вести дела** *The fund is administered by the Economic Development Agency.* **2** formal to give medicine or medical help to someone **оказывать медицинскую помощь** *to administer first aid*

administration /ədˌmɪnɪˈstreɪʃᵊn/ **noun 1** [U] the work of organizing and arranging the operation of something, such as a company **управление делами** *The job involves a lot of administration.* **2** [C] mainly US the President and politicians who govern a country at a particular time, or a period of government **правительство** *the Bush administration*

administrative /ədˈmɪnɪstrətɪv/ **adjective** relating to the organization and management of something **административный** *The work is largely administrative.*

administrator /ədˈmɪnɪstreɪtəʳ/ **noun** [C] someone who helps to manage an organization **администратор**

admirable /ˈædmᵊrəbl/ **adjective** If something is admirable, you respect or approve of it. **достойный восхищения** *He has many* ***admirable qualities.***

• **admirably adverb восхитительно**

admiral /ˈædmᵊrəl/ **noun** [C] an officer of very high rank in the navy **адмирал**

admiration /ˌædməˈreɪʃᵊn/ **noun** [U] B2 when you admire someone or something **восхищение** *My* ***admiration for*** *him grows daily.*

> **Слова-партнеры к admiration**
>
> express/feel/have admiration • **enormous/great/grudging/profound** admiration • admiration for sb

admire /ədˈmaɪəʳ/ **verb** [T] **1** B2 to respect or approve of someone or something **восхищаться** *You have to* ***admire*** *him* ***for*** *being so determined.* **2** B1 to look at something or someone, thinking how attractive they are **восхищаться** *We stood for a few minutes, admiring the view.*

• **admirer noun** [C] **поклонник**

admissible /ədˈmɪsəbl/ **adjective** formal allowed or acceptable, especially in a court of law **допустимый** *admissible evidence*

admission /ədˈmɪʃᵊn/ **noun 1** [U] B1 the money that you pay to enter a place **плата за вход** *Art exhibition – admission free.* **2** [C] when you agree that you did something bad, or that something bad is true **признание** *She is,* ***by her own admission****, lazy.* ◦ *His departure was seen by many as an* ***admission of*** *guilt.* **3** [C, U] B2 when someone is given permission to enter somewhere or to become a member of a club, university, etc **прием** *She's applied for* ***admission to*** *law school.*

admit /ədˈmɪt/ **verb** (present participle **admitting**, past tense and past participle **admitted**) **1** [I, T] B1 to agree that you did something bad, or that something bad is true **признавать(ся)** [+ doing sth] *Both men admitted taking illegal drugs.* ◦ [+ to + doing sth] *She* ***admitted to*** *stealing the keys.* ◦ *I was wrong – I admit it.* ◦ [+ (that)] *He finally admitted that he couldn't cope.* **2** [T] to allow someone to enter somewhere, especially to take someone who is ill into hospital **принимать, впускать** UK *to be* ***admitted to*** *hospital*/US *to be* ***admitted to*** *the hospital* ◦ *It says on the ticket 'admits 2'.*

> **Другие способы сказать admit**
>
> Когда признают истинность какого-то неприятного факта, то иногда используют глаголы **accept** и **acknowledge**.
>
> *I* ***accept*** *that things should have been done differently.*
>
> *He refuses to* ***acknowledge*** *the problem.*
>
> Если человек признается в совершении дурного поступка, то обычно используется глагол **confess**:
>
> *Rawlinson finally* ***confessed*** *to the murder.*
>
> При признании в совершении дурного поступка также используются фразовые глаголы **own up** и (*разговорный*) **fess up**, а также идиома **come clean**.
>
> *I decided to* ***come clean*** *about the broken vase.*
>
> *Come on,* ***own up*** *– who's eaten the last sandwich?*

admittance /ədˈmɪtᵊns/ **noun** [U] permission to enter a place **доступ**

admittedly /ədˈmɪtɪdli/ **adverb** B2 used when you are agreeing that something is true although you do not want to **надо признаться**

Admittedly I was partly to blame but it wasn't all my fault.

admonish /əd'mɒnɪʃ/ **verb** [T] formal to gently tell someone that they have done something wrong **журить**

ado /ə'duː/ **noun without further/more ado** without waiting any more **без дальнейшего промедления**

adolescence /ˌædəl'esəns/ **noun** [U] the period of time in someone's life between being a child and an adult **юность**

adolescent /ˌædəl'esənt/ **noun** [C] a young person who is between being a child and an adult **подросток**
• **adolescent adjective подростковый, юношеский**

adopt /ə'dɒpt/ **verb 1** [I, T] (B2) to legally become the parents of someone else's child **усыновлять 2** [T] (B2) to accept or start using something new **перенимать** *We've **adopted** a new **approach**.*
• **adopted adjective** (B2) **приемный** *an adopted son* • **adoption** /ə'dɒpʃən/ **noun** [C, U] (B2) **усыновление, перенимание**

adorable /ə'dɔːrəbl/ **adjective** very attractive, often because of being small **прелестный** *an adorable little boy*

adore /ə'dɔːr/ **verb** [T] **1** to love someone and have a very good opinion of them **обожать** *Sarah adored her father.* **2** to like something very much **обожать** *I adore travelling.*
• **adoration** /ˌædə'reɪʃən/ **noun** [U] **обожание**

adorn /ə'dɔːn/ **verb** [T] formal to decorate something **украшать** *The room was **adorned with** flowers.*
• **adornment noun** [C, U] **украшение**

adrenalin (also **adrenaline**) /ə'drenəlɪn/ **noun** [U] a substance that your body produces when you are angry, excited, or frightened which makes your heart beat faster **адреналин**

adrift /ə'drɪft/ **adjective 1** [never before noun] If a boat is adrift, it floats around in the water and is not tied to anything. **плывущий по течению 2 come adrift** to become loose and not joined to anything **расшатываться, отрываться** *A few bricks in the garden wall had come adrift.*

adulation /ˌædjʊ'leɪʃən/ **noun** [U] great praise and admiration for someone, often which they do not deserve **лесть**

adult[1] /'ædʌlt/, /ə'dʌlt/ **noun** [C] (A1) a person or animal that has finished growing and is not now a child **взрослый**

adult[2] /'ædʌlt/, /ə'dʌlt/ **adjective 1** having finished growing **взрослый** *an adult male rat* **2** [always before noun] (A2) for or relating to adults **для взрослых** ***adult education*** ◦ *adult life* **3** Adult books, films, etc show naked people or sexual acts and are not for children. **для взрослых**

adultery /ə'dʌltəri/ **noun** [U] sex between a married person and someone who is not their husband or wife **супружеская неверность**
• **adulterous adjective нарушающий супружескую верность**

adulthood /'ædʌlthʊd/ (US) /ə'dʌlthʊd/ **noun** [U] the part of your life when you are an adult **взрослая жизнь**

advance[1] /əd'vɑːns/ **noun 1 in advance** (B1) before a particular time **заранее** *You need to book your ticket at least 14 days in advance.* **2** [C, U] (B2) new discoveries and inventions **прогресс** ***technological/scientific advances*** **3** [C] a payment given to someone before work has been completed, or before the usual time **аванс** **4** [C] a movement forward, especially by an army **наступление**

> **Слова-партнеры к advance**
>
> medical/scientific/technological advances • a major advance • advances in sth

advance[2] /əd'vɑːns/ **verb 1** [I, T] to develop or progress, or to make something develop or progress **продвигать(ся)** *He moved to New York with hopes of **advancing** his **career**.* **2** [I] to move forward to a new position, especially while fighting **наступать** *Rebel soldiers **advanced on** the capital.*

advance[3] /əd'vɑːns/ **adjective** [always before noun] happening or ready before an event **предварительный** ***advance planning/warning*** ◦ *an **advance booking***

advanced /əd'vɑːnst/ **adjective 1** (B1) having developed or progressed to a late stage **развитой, прогрессивный** ***advanced technology*** ◦ *The disease was at an **advanced stage**.* **2** (A2) at a higher, more difficult level **высший, продвинутый** *an advanced English course*

advancement /əd'vɑːnsmənt/ **noun** [C, U] progress **прогресс, продвижение** ***career advancement*** ◦ ***technological advancements***

advances /əd'vɑːnsɪz/ **noun sb's advances** things that someone says and does to try to start a sexual relationship with someone **заигрывание**

advantage /əd'vɑːntɪdʒ/ **noun** [C, U] **1** (B1) something good about a situation that helps you **преимущество** *One of the **advantages of** living in town is having the shops so near.* **2** (B2) something that will help you to succeed **преимущество** *These new routes will give the airline a considerable **advantage over** its competitors.* ◦ *If we could start early it would be **to our advantage** (= help us to succeed).* → Opposite **disadvantage** **3 take advantage of sth** (B1) to use the good things in a situation **воспользоваться чемлибо** *I thought I'd take advantage of the sports facilities while I'm here.* **4 take advantage of sb/sth** (B2) to treat someone badly in order to get what you want **злоупотреблять**

A

Слова-партнеры к advantage

a **big/enormous/main/major** advantage • an **unfair** advantage • **take** advantage **of sth** • the advantage **of** sth

advantageous /ˌædvənˈteɪdʒəs/ **adjective** helping to make you more successful **выгодный**

advent /ˈædvent/ **noun 1 the advent of sth** the start or arrival of something new **появление** *the advent of the Internet* **2 Advent** the religious period before Christmas in the Christian year **Рождественский пост**

adventure /ədˈventʃəʳ/ **noun** [C, U] A2 an exciting and sometimes dangerous experience **приключение** *It's a film about the adventures of two friends travelling across Africa.*

• **adventurer noun** [C] **искатель приключений**

Слова-партнеры к adventure

have an adventure • **be looking for** adventure • **a big/exciting** adventure • an adventure **holiday/playground**

adventurous /ədˈventʃᵊrəs/ **adjective 1** B2 willing to try new and often difficult things **смелый** *I'm trying to be more adventurous with my cooking.* **2** exciting and often dangerous **полный приключений** *He led an adventurous life.*

adverb /ˈædvɜ:b/ **noun** [C] A2 a word that describes or gives more information about a verb, adjective, phrase, or other adverb. In the sentences 'He ate quickly.' and 'It was extremely good.', 'quickly' and 'extremely' are both adverbs. **наречие**

adversary /ˈædvəsᵊri/ **noun** [C] formal someone who you are fighting or competing against **противник**

adverse /ˈædvɜ:s/ **adjective** formal **1 adverse conditions/effects/impact** things that cause problems or danger **неблагоприятные условия/последствия/вредное воздействие** *adverse weather conditions* ◦ *Pollution levels like these will certainly have an adverse effect on health.* **2 adverse comment/publicity/reaction, etc** something negative that is said or written about someone or something **неблагоприятный комментарий/отзыв/враждебная реакция и т. д.**

• **adversely adverb неблагоприятно**

adversity /ədˈvɜ:səti/ **noun** [C, U] formal an extremely difficult situation **трудность, напасть** *She showed a great deal of courage* ***in adversity.***

advert /ˈædvɜ:t/ **noun** [C] UK B1 an advertisement **рекламное объявление**

advertise /ˈædvətaɪz/ **verb 1** [I, T] B1 to tell people about a product or service, for example in newspapers or on television, in order to persuade them to buy it **рекламировать** *Companies are not allowed to advertise cigarettes on television any more.* **2** [I] B1 to put information in a newspaper or on the Internet, asking for someone or something that you need **давать объявление** *The university is* ***advertising for*** *administrative staff.*

• **advertiser noun** [C] a company that advertises things **рекламодатель**

advertisement /ədˈvɜ:tɪsmənt/ (US) /ˌædvərˈtaɪzmənt/ **noun** [C] A2 a picture, short film, song, etc which tries to persuade people to buy a product or service **реклама** *a newspaper/television advertisement*

Типичная ошибка: advertisement

Внимание! Проверьте написание.

Advertisement – одно из 10 слов, при написании которых русскоязычные студенты наиболее часто допускают ошибки. Запомните: нужно писать 'e' после 's'.

advertising /ˈædvətaɪzɪŋ/ **noun** [U] B2 the business of trying to persuade people to buy products or services **рекламный бизнес** ***an advertising agency***

advice /ədˈvaɪs/ **noun** [U] A2 suggestions about what you think someone should do or how they should do something **совет** *She* ***asked*** *me* ***for advice*** *about writing a book.* ◦ *There's a booklet* ***giving advice on*** *how to set up your own club.* ◦ *I* ***took*** *your* ***advice*** *(= did what you suggested) and went home early.* ◦ *Can I give you a* ***piece of advice****?*

Слова-партнеры к advice

ask for/give/offer/provide/seek advice • **take sb's** advice • **bad/conflicting/expert/good** advice • advice **on/about** sth • **a piece of** advice

advisable /ədˈvaɪzəbl/ **adjective** [never before noun] If something is advisable, it will avoid problems if you do it. **целесообразный** *It is advisable to book seats at least a week in advance.*

advise /ədˈvaɪz/ **verb 1** [I, T] B1 to make a suggestion about what you think someone should do or how they should do something **советовать** [+ to do sth] *His doctor advised him to take time off work.* ◦ *They* ***advise*** *the government* ***on*** *environmental matters.* ◦ *The government is* ***advising against*** *travelling in the area.* ◦ [+ that] *They're advising that children be kept out of the sun altogether.* **2** [T] formal to give someone official information about something **извещать** *They were* ***advised of*** *their rights.*

adviser (also **advisor**) /ədˈvaɪzəʳ/ **noun** [C] someone whose job is to give advice about a subject **советник, консультант** *a* ***financial adviser***

advisory[1] /ədˈvaɪzᵊri/ **adjective advisory committee/panel/board, etc** a group of people whose purpose is to give advice **совещательный комитет/орган/совещательная комиссия и т. д.**

advisory[2] /ədˈvaɪzᵊri/ **noun** [C] US an official

announcement that contains advice, information, or a warning **информационное сообщение** [usually plural] ***weather/travel advisories***

advocate[1] /ˈædvəkeɪt/ **verb** [T] to express support for a particular idea or way of doing things **поддерживать** *I certainly wouldn't advocate the use of violence.*
• **advocacy** /ˈædvəkəsi/ **noun** [U] when someone advocates something **поддержка**

advocate[2] /ˈædvəkət/ **noun** [C] **1** someone who supports a particular idea or way of doing things **сторонник** *He has always been **an advocate of** stricter gun controls.* **2** UK a lawyer who defends someone in court **адвокат**

A&E /ˌeɪəndˈiː/ **noun** [C, U] UK (US **emergency room**) abbreviation for Accident and Emergency: the part of a hospital where people go when they are injured or ill and need treatment quickly **отделение неотложной помощи в больнице**

aerial[1] /ˈeəriəl/ **noun** [C] UK (US **antenna**) a piece of metal that is used for receiving television or radio signals **антенна** → See **Car** on page Centre 7

aerial[2] /ˈeəriəl/ **adjective** [always before noun] in or from the air, especially from an aircraft **аэро-** *an aerial photograph/view*

aerobic /eəˈrəʊbɪk/ **adjective 1** Aerobic exercise is intended to make your heart stronger. **аэробный 2** needing or using oxygen **аэробный**

aerobics /eəˈrəʊbɪks/ **noun** [U] physical exercises that you do to music, especially in a class **аэробика** *She goes to aerobics (= to aerobics classes).*

aerodynamic /ˌeərəʊdaɪˈnæmɪk/ **adjective** having a shape that moves quickly through the air **аэродинамический**
• **aerodynamics noun** [U] the study of how objects move through the air **аэродинамика**

aeroplane *UK*, airplane *US*

aeroplane /ˈeərəpleɪn/ **noun** [C] UK (US **airplane**) A2 a vehicle that flies and has an engine and wings **самолет**

aerosol /ˈeərəsɒl/ **noun** [C] a metal container that forces a liquid out in small drops when you press a button **аэрозоль**

aerospace /ˈeərəʊspeɪs/ **noun** [U] the design and production of aircraft **авиакосмическая промышленность**

aerosol

aesthetic (also US **esthetic**) /esˈθetɪk/ **adjective** relating to beauty and the way something looks **эстетический** *the **aesthetic appeal** of cats*
• **aesthetically adverb эстетично**

aesthetics (also US **esthetics**) /esˈθetɪks/ **noun** [U] the study of beauty, especially in art **эстетика**

AFAIK internet abbreviation for as far as I know: used when you believe that something is true, but you are not completely certain **насколько мне известно (используется в интернет-общении)**

afar /əˈfɑːʳ/ **adverb** literary **from afar** from a long distance **издалека** *He had admired her from afar.*

affable /ˈæfəbl/ **adjective** pleasant and friendly **приветливый**

affair /əˈfeəʳ/ **noun 1** [C] B2 a situation or set of related events, especially bad ones **дело, ситуация** *The government's handling of the affair has been widely criticized.* **2** [C] B2 a sexual relationship between two people when one or both of them is married to someone else **роман, связь** *He's been **having an affair** with a woman at work.* **3 be sb's affair** If something is your affair, it is private and you do not want anyone else to be involved or know about it. **быть чьим-либо личным делом** → See also **love affair**

affairs /əˈfeəz/ **noun** [plural] situations or subjects that involve you **дела** *He refused to discuss his financial affairs.* → See also **current affairs, state of affairs**

affect /əˈfekt/ **verb** [T] **1** B2 to influence someone or something, or cause them to change **влиять, затрагивать** *It's a disease which affects many older people.* **2** B2 to cause a strong emotion, especially sadness **волновать, трогать** [often passive] *I was deeply affected by the film.* → See Note **effect**

affectation /ˌæfekˈteɪʃən/ **noun** [C, U] a way of speaking or behaving that is not natural to someone **притворство, искусственность**

affected /əˈfektɪd/ **adjective** behaving or speaking in a way that is not natural or sincere **показной, притворный**

affection /əˈfekʃən/ **noun** [C, U] B2 a feeling of liking or loving someone **привязанность** *Ann's **affection for** her grandfather was obvious.*

> **Слова-партнеры к affection**
> show affection • affection for sb • a **display/show of** affection

affectionate /əˈfekʃənət/ **adjective** showing

that you like or love someone **ласковый** *an affectionate little girl* ◦ *He's very affectionate.*

• **affectionately** adverb **ласково**

affiliate /ə'fɪlieɪt/ **verb be affiliated to/with sth** to be officially connected to, or a member of, a larger organization **быть филиалом, отделением** *a college affiliated to the University of London*

• **affiliation** /əˌfɪli'eɪʃən/ **noun** [C, U] **присоединение**

affinity /ə'fɪnəti/ **noun 1** [no plural] a feeling that you like and understand someone or something **близость, духовное родство** *She seems to have a natural **affinity for/with** water.* **2** [C, U] a similarity **сходство** *There are **affinities between** this poem and some of his earlier work.*

affirm /ə'fɜːm/ **verb** [T] formal to say that something is true **подтверждать** *He gave a speech affirming the government's commitment to education.*

• **affirmation** /ˌæfə'meɪʃən/ **noun** [C, U] **подтверждение**

affirmative /ə'fɜːmətɪv/ **adjective** formal In language, an affirmative word or phrase expresses the meaning 'yes'. **утвердительный** *an **affirmative answer***

affix /'æfɪks/ **noun** [C] a group of letters that you add to the beginning or the end of a word to make another word. In the word 'non-alcoholic', 'non-' is an affix. **аффикс** → Compare **prefix**, **suffix**

afflict /ə'flɪkt/ **verb** [T] formal If an illness or problem afflicts you, it makes you suffer. **поражать** [often passive] *a country afflicted by civil war*

• **affliction** /ə'flɪkʃən/ **noun** [C, U] something that makes you suffer **горе, болезнь**

affluent /'æfluənt/ **adjective** having a lot of money **богатый** *affluent families/neighbourhoods*

• **affluence** /'æfluəns/ **noun** [U] **богатство**

afford /ə'fɔːd/ **verb** [T] **1 can afford** (B1) to have enough money to buy something or enough time to do something **позволять себе** *I can't afford a new computer.* ◦ [+ to do sth] *Can we afford to go away?* ◦ *I'd love to come out but I **can't afford the time**.* **2 can afford to do sth** If you can afford to do something, it is possible for you to do it without causing problems. **позволять себе** *We can't afford to take that risk.*

affordable /ə'fɔːdəbl/ **adjective** cheap enough for most people **доступный** ***affordable housing/prices***

affront /ə'frʌnt/ **noun** [C] something that is offensive or insulting to someone **оскорбление** *He regarded the comments as an **affront to** his dignity.*

afield /ə'fiːld/ **adverb** mainly UK **far/further afield** away from the place where you are **далеко, дальше** *We hired a car so we could travel further afield.*

afloat /ə'fləʊt/ **adjective 1** floating on water **плавающий на поверхности воды 2 stay afloat** to have enough money to continue a business **оставаться на плаву** *Many small businesses are struggling to stay afloat.*

afoot /ə'fʊt/ **adjective** [never before noun] being planned, or happening now **находящийся в процессе подготовки** *There are **plans afoot** to launch a new radio station.*

afraid /ə'freɪd/ **adjective** [never before noun] **1 I'm afraid** (A2) used to politely tell someone bad news or to politely disagree with someone **боюсь, что ...** *We haven't got any tickets left, I'm afraid.* ◦ [+ (that)] *I'm afraid that I've broken your vase.* **2** (A2) frightened **боящийся** *She's **afraid of** water.* **3** (B1) worried that something bad might happen **обеспокоенный** [+ (that)] *Many people are afraid that they might lose their jobs.* ◦ [+ of + doing sth] *He was **afraid of** upsetting Clare.*

> **Другие способы сказать afraid**
>
> Прилагательные **scared** и **frightened** часто употребляются вместо **afraid**.
>
> *He's **frightened** that the other children will laugh at him.*
>
> *Gerry has always been **scared** of heights.*
>
> Если кто-либо чрезвычайно напуган, то можно употребить прилагательные **petrified**, **terrified** и **panic-stricken** или разговорное выражение **scared to death**.
>
> *I'm **terrified** of flying.*
>
> *She was **panic-stricken** when her little boy disappeared.*
>
> *He's **scared to death** of having the operation.*
>
> Если страх вызван беспокойством о чем-либо, то можно использовать прилагательные **anxious**, **concerned**, **nervous** или **worried**.
>
> *I'm **worried** that something will go wrong.*
>
> *All this waiting is making me feel **anxious**.*
>
> Если кто-то боится того, что может произойти в будущем, то можно использовать прилагательные **apprehensive** или **uneasy**.
>
> *He's a bit **apprehensive** about living away from home.*

afresh /ə'freʃ/ **adverb** If you do something afresh, you do it again in a different way. **снова** *Juan tore up the letter he was writing and **started afresh**.*

African /'æfrɪkən/ **adjective** relating or belonging to Africa **африканский** *African art/music*

• **African noun** [C] someone from Africa **африканец**

African-American /ˌæfrɪkənə'merɪkən/ **adjective** (also **Afro-American** /ˌæfrəʊə'merɪkən/) relating or belonging to American people whose families came from Africa in the past

афроамериканский *the African-American community*

• **African-American** (also **Afro-American**) **noun** [C] **афроамериканец** *a 25-year-old African-American*

Afro-Caribbean /ˌæfrəʊkærɪˈbiːən/ **adjective** UK relating to people from the Caribbean whose families originally came from Africa **афрокарибский** *Afro-Caribbean art/music*

after¹ /ˈɑːftəʳ/ **preposition 1** (A1) when a time or event has happened **после** *We went swimming after lunch.* ◦ *Let's get the shopping.* ***After that****, we can have coffee.* **2** (A2) following in order **после** *H comes after G in the alphabet.* **3** US (UK/US **past**) used to say how many minutes past the hour it is **столько-то минут следующего часа** *It's five after three.* **4** (B2) because of something that happened **после** *I'll never trust her again after what she did to me.* **5** (B2) despite **после, несмотря на** *I can't believe he was so unpleasant after you gave him so much help.* **6** (B1) following someone or something **за** *We ran after him, but he escaped.* **7 after 5 minutes/2 weeks, etc** when five minutes, two weeks, etc have passed **через 5 минут/2 недели и т. д.** **8 day after day/year after year, etc** (B1) continuing for a long time, or happening many times **день за днем/год за годом и т. д.** *I'm bored with going to school day after day.* **9** used when giving someone or something the same name as another person or thing **в честь** *It was called the Biko building, after the famous South African.* **10 after all a** used to say that something happened or was true although you did not expect it to happen or be true **все-таки** *Helen couldn't come to the party after all.* **b** (B1) used to add information that shows that what you have just said is true **в конце концов** *You can't expect to be perfect – after all, it was only your first lesson.* **11 be after sth** informal to be trying to get something **искать** *What type of job are you after?* **12 be after sb** informal to be looking for someone **разыскивать** *The police are after him.*

after² /ˈɑːftəʳ/ **conjunction** (B1) at a later time than something else happens **после того как** *We arrived after the game had started.* ◦ *After further discussion, we decided to call the police.*

after³ /ˈɑːftəʳ/ **adverb** (A2) later than someone or something else **позже** *He had the operation on Monday and I saw him the day after.*

aftermath /ˈɑːftəmɑːθ/ **noun** [no plural] a situation that is the result of an accident, crime, or other violent event **последствия** *There are calls for tighter airport security* ***in the aftermath of*** *last week's bombing.*

> Слова-партнеры к **aftermath**
>
> **in the aftermath of** sth • the **immediate** aftermath

afternoon /ˌɑːftəˈnuːn/ **noun 1** (A1) [C, U] the time between the middle of the day, and the evening **вторая половина дня** *I played tennis on Saturday afternoon.* ◦ *The train arrives at 3 o'clock in the afternoon.* ◦ *What are you doing* ***this afternoon*** *(= today in the afternoon)?* **2 (Good) afternoon.** (A1) used to say hello to someone in the afternoon **добрый день**

aftershave /ˈɑːftəʃeɪv/ **noun** [C, U] a liquid with a pleasant smell that men put on their faces after shaving (= removing hair) **лосьон после бритья**

aftertaste /ˈɑːftəteɪst/ **noun** [C] the taste that a food or drink leaves in your mouth when you have swallowed it **привкус** [usually singular] *a bitter/sweet aftertaste*

afterthought /ˈɑːftəθɔːt/ **noun** [C] something that you say or do later **запоздалая мысль** [usually singular] *She only asked me to the party* ***as an afterthought.***

afterwards /ˈɑːftəwədz/ **adverb** (also US **afterward**) (A2) at a later time, after something else has happened **потом** *I did my homework and went swimming afterwards.*

again /əˈgen/ **adverb 1** (A1) once more **опять** *I'll ask her again.* ◦ *I'll see you again next week.* **2** (A2) as before **снова** *Get some rest and you'll soon be well again.* **3 again and again** (B1) many times **снова и снова** *He played the same song again and again.* **4 all over again** (B2) repeated from the beginning **заново** *We had to start all over again.* **5 then/there again** used when adding a fact to something you have just said **с другой стороны** *I failed my history test – but then again, I didn't do much studying for it.*

against /əˈgenst/ **preposition 1** (B2) disagreeing with a plan or activity **против** *Andrew wants to change offices but I'm against it.* ◦ *There were 70 votes for the new proposal and 30 against.* **2** (A2) competing with or opposing someone or something **против** *Liverpool is playing against AC Milan.* ◦ *the fight against racism* **3** (A2) touching something **у, к, по, о** *Push the bed against the wall.* **4** protecting you from something bad **от** *Fresh fruit in the diet may protect against cancer.* **5** (B1) in the opposite direction to the way something is moving **против** *I was cycling against the wind.* **6 against the law/the rules** (B2) forbidden by a law or by rules **противозаконно** *It's against the law to leave young children alone in the house.* **7 against sb's advice/wishes, etc** If you do something against someone's advice, wishes, etc, you do it although they have said you should not or must not. **вопреки чьему-либо совету/желанию и т. д.** *He flew there against his doctor's advice.* **8 have sth against sb/sth** to have a reason not to like someone or something **иметь что-либо против кого-либо/чего-либо** *I've got nothing against him personally, I just don't think he's the right man for the job.*

age¹ /eɪdʒ/ **noun 1** [C, U] (A1) the number of years that someone has lived, or that something has existed **возраст** *The show appeals to people of all ages.* ◦ *She left India* ***at the age of*** *12.* ◦ *Children*

A

under 10 ***years of age*** *must be accompanied by an adult.* → See Note **year** **2** [C] B1 a period of history **период, эпоха** *the Ice Age* ◦ *We're living in* ***the age of*** *electronic communication.* **3** [U] when something is old **возраст, старость** *Some wines improve* ***with age.*** **4** **under age** too young to do something legally **несовершеннолетний** → See also **the Middle Ages**, **old age**

> **Слова-партнеры к age**
> reach the age of [18/60/75, etc] • at/from the age of [8/12/60, etc] • [8/25/70, etc] years of age • at sb's age • an age **limit**

age² /eɪdʒ/ **verb** [I, T] (present participle UK **ageing**, present participle US **aging**, past tense and past participle **aged**) to become older or to make someone seem older **стареть, старить** *Dad has aged a lot recently.*

aged¹ /eɪdʒd/ **adjective** A2 having a particular age **-летний, в возрасте стольких-то лет** *They have one daughter, aged three.* → See also **middle-aged**

aged² /ˈeɪdʒɪd/ **adjective** old **старый, престарелый** *an aged dog* ◦ *improved health care for the aged*

ˈage ˌgroup **noun** [C] people of a particular age **возрастная группа** *job training for people in the 16-24 age group*

ageing¹ UK (US **aging**) /ˈeɪdʒɪŋ/ **adjective** becoming older **стареющий** *an ageing population*

ageing² UK (US **aging**) /ˈeɪdʒɪŋ/ **noun** [U] the process of becoming older **старение** *the ageing process*

ˈage ˌlimit **noun** [C] the age at which a person is allowed or not allowed to do something **ограничение по возрасту** *Eighteen is the legal age limit for buying alcohol.*

agency /ˈeɪdʒᵊnsi/ **noun** [C] **1** B1 a business that provides a service **агентство** *an advertising agency* **2** an international organization or government department **агентство** *an international development agency* → See also **travel agency**

agenda /əˈdʒendə/ **noun** [C] **1** a list of subjects that people will discuss at a meeting **повестка дня** *There are several items* ***on the agenda.*** **2** important subjects that have to be dealt with **повестка дня** *The issue of rail safety is back* ***on the*** *political* ***agenda.***

> **Слова-партнеры к agenda**
> set (= decide) the agenda • be **off/on** the agenda • be at the **top of/high on** the agenda • the agenda **for** sth

agent /ˈeɪdʒᵊnt/ **noun** [C] **1** B2 someone whose job is to deal with business for someone else **агент** *a literary agent* **2** (also **secret agent**) B2 someone who tries to find out secret information, especially about another country **агент** → See also **estate agent**, **real estate agent**, **travel agent**

ages /ˈeɪdʒɪz/ **noun** [plural] informal B1 a very long time **очень долго** *I've been waiting here* ***for ages.*** ◦ *It* ***takes ages*** *to cook.*

aggravate /ˈæɡrəveɪt/ **verb** [T] **1** to make a situation or condition worse **ухудшать** *His comments only* ***aggravated*** *the* ***problem.*** **2** to annoy someone **раздражать** *She's starting to really aggravate me.*

• **aggravating** adjective **усугубляющий, раздражающий** • **aggravation** /ˌæɡrəˈveɪʃᵊn/ noun [C, U] **что-либо, вызывающее раздражение**

aggregate /ˈæɡrɪɡət/ **noun** [C, U] a total **совокупность, целое** UK *Liverpool won 2-0* ***on aggregate*** *(= in total).*

aggression /əˈɡreʃᵊn/ **noun** [U] angry or violent behaviour towards someone **агрессия** *an act of aggression*

aggressive /əˈɡresɪv/ **adjective** **1** B2 behaving in an angry and violent way towards another person **агрессивный** *aggressive behaviour* **2** using forceful methods and determined to succeed **напористый** *an aggressive marketing campaign*

• **aggressively** adverb B2 **агрессивно, напористо**

aggressor /əˈɡresəʳ/ **noun** [C] someone who starts a fight or war with someone else **агрессор**

aggrieved /əˈɡriːvd/ **adjective** upset or angry because someone has treated you unfairly **оскорбленный**

aghast /əˈɡɑːst/ **adjective** [never before noun] very shocked **в ужасе** *She looked at him aghast.*

agile /ˈædʒaɪl/ US /ˈædʒᵊl/ **adjective** **1** able to move your whole body easily and quickly **подвижный, ловкий** **2** able to think quickly in an intelligent way **сообразительный** *an agile mind*

• **agility** /əˈdʒɪləti/ noun [U] **проворство, ловкость**

aging /ˈeɪdʒɪŋ/ **noun, adjective** US spelling of ageing **стареющий, старение**

agitate /ˈædʒɪteɪt/ **verb** [I] to argue strongly about something in order to achieve social or political changes **агитировать** *They continued to* ***agitate for*** *changes to the legal system.*

• **agitator** noun [C] **агитатор**

agitated /ˈædʒɪteɪtɪd/ **adjective** very anxious or upset **взволнованный** *He seemed agitated, as if something was worrying him.*

• **agitation** /ˌædʒɪˈteɪʃᵊn/ noun [U] **волнение**

AGM /ˌeɪdʒiːˈem/ **noun** [C] UK (US **annual meeting**) abbreviation for Annual General Meeting: a meeting that happens once every year in which an organization discusses the past year's activities and chooses the people who will be in charge of the organization **общее ежегодное собрание**

agnostic /æɡˈnɒstɪk/ **noun** [C] someone who

believes that we cannot know if God exists or not **агностик**

• **agnostic** adjective **агностический**

ago /əˈgəʊ/ adverb **ten minutes/six years/a long time ago** A2 used to refer to a time in the past **десять минут/шесть лет/много лет тому назад** *They moved to London ten years ago.*

agonize (also UK **-ise**) /ˈægənaɪz/ **verb** [I] to spend a lot of time worrying about a decision **мучиться** *Lee **agonized over** what to buy his girlfriend.*

agonizing (also UK **-ising**) /ˈægənaɪzɪŋ/ **adjective** causing you a lot of pain or worry **мучительный** *an agonizing choice*

agony /ˈægəni/ **noun** [C, U] extreme suffering, either physical or mental **агония** *She lay on the bed **in agony**.*

ˈagony ˌaunt **noun** [C] UK someone who gives advice on personal problems, in a newspaper or magazine **ведущий колонки советов читателям**

agree /əˈgriː/ **verb** (present participle **agreeing**, past tense and past participle **agreed**) **1** [I, T] A2 to have the same opinion as someone **соглашаться** *I **agree with** you.* ◦ *"She's definitely the right person for the job." "I agree."* ◦ [+ (that)] *We all agreed that mistakes had been made.* ◦ *We **agree about** most things.* **2** [I] B2 to say you will do something that someone asks you to do **соглашаться** [+ to do sth] *She agreed to help him.* → See Note **accept** **3** [I, T] B1 to decide something with someone **договориться** *We couldn't **agree on** what to buy.* ◦ [+ to do sth] *They agreed to meet on Sunday.* ◦ [+ (that)] *We agreed that they would deliver the sofa in the morning.* **4** [I] If two descriptions agree, they are the same. **сходиться, быть одинаковыми** → Opposite **disagree**

PHRASAL VERB **agree with sth** B2 to think that something is morally acceptable **одобрять** *I don't agree with hunting.*

agreeable /əˈgriːəbl/ **adjective** formal **1** pleasant or nice **приятный** *an agreeable young man* → Opposite **disagreeable** **2 be agreeable to sth** to be willing to do or accept something **соглашаться на что-либо** *If Harvey is agreeable to the proposal, we'll go ahead.*

• **agreeably** adverb **приятно**

agreement /əˈgriːmənt/ **noun** **1** [C] B2 a promise or decision made between two or more people **соглашение** *an international agreement* ◦ *It was difficult to **reach an agreement**.* **2** [U] B2 when people have the same opinion as each other **согласие** *Not everyone was **in agreement**.* → Opposite **disagreement**

> Слова-партнеры к **agreement**
> reach/sign an agreement • a draft/written agreement • an agreement between sb

agriculture /ˈægrɪkʌltʃəʳ/ **noun** [U] B2 the work and methods of growing crops and looking after animals which are then used for food **сельское хозяйство**

• **agricultural** /ˌægrɪˈkʌltʃərəl/ **adjective** **сельскохозяйственный**

agritourism /ˌægrɪˈtʊərɪzm/ **noun** [U] the business of providing holidays for people on farms or in the countryside **агротуризм**

aground /əˈgraʊnd/ **adverb** **run aground** If a ship runs aground, it cannot move because the water is not deep enough. **сесть на мель**

ah /ɑː/ **exclamation** **1** used to show sympathy or to show pleasure at seeing a baby or attractive animal **ах!** *Ah, you poor thing!* ◦ *Ah, look at that little kitten!* **2** used to show that you have just understood something **а!** *Ah, now I see what you're saying!*

aha /əˈhɑː/ **exclamation** used when you suddenly understand or find something **ага!** *Aha! That's where I left my keys!*

ahead /əˈhed/ **adjective, adverb** **1** B1 in front **впереди, вперед** *The road ahead is very busy.* ◦ *Rick walked **ahead of** us.* **2** B1 in the future **впереди** *She has a difficult time **ahead of** her.* **3** B2 having more points than someone else in a competition **опережающий, впереди** *Barcelona was ahead after ten minutes.* **4** making more progress than someone or something else **опережающий, впереди** *Sue is **ahead of** everyone else in French.* **5 go ahead** informal B2 used to allow someone to do something **да, пожалуйста (в ответ на чью-либо просьбу)** *"Can I use your phone?" "Sure, go ahead."* **6 ahead of time/schedule** before the time that was planned **досрочно** *We finished the project ahead of schedule.* → See also be one **step**[1] ahead (of sb), be streets (**street**) ahead (of sb/sth), be ahead of your **time**[1]

-aholic /-əˈhɒlɪk/ **suffix** unable to stop doing or taking something **не способный перестать что-либо делать или употреблять (как компонент сложных слов)** *chocaholic* (= *someone who cannot stop eating chocolate*)

aid[1] /eɪd/ **noun** **1** [U] money, food, or equipment that is given to help a country or group of people **помощь** *Emergency aid was sent to the flood victims.* ◦ *aid workers* **2 in aid of sb/sth** UK in order to collect money for a group of people who need it **в помощь кому-либо/чему-либо** *a concert in aid of famine relief* **3 with the aid of sth** using something to help you **при помощи чего-либо** *She can walk with the aid of a stick.* **4 come/go to sb's aid** to go to someone and help them **приходить кому-либо на помощь** *Luckily a policeman came to my aid.* **5** [C] a piece of equipment that helps you to do something **приспособление, пособие** *teaching aids such as books and videos* → See also **Band-Aid**, **first aid**, **visual aid**

aid[2] /eɪd/ **verb** formal **1** [T] to help someone **помогать** **2 aid and abet (sb)** in law, to help

A

someone do something that is illegal **подстрекать и содействовать**

aide /eɪd/ **noun** [C] someone whose job is to help someone important, especially in the government **помощник** *a former aide to the President*

AIDS, Aids /eɪdz/ **noun** [U] abbreviation for acquired immune deficiency syndrome: a serious disease that destroys the body's ability to fight infection **СПИД** → Compare **HIV**

ailing /ˈeɪlɪŋ/ **adjective** weak or ill **больной, в плохом состоянии** *an ailing company/economy*

ailment /ˈeɪlmənt/ **noun** [C] an illness **недомогание** *Treat **minor ailments** yourself.*

aim[1] /eɪm/ **noun 1** (B1) [C] the purpose of doing something, and what you hope to achieve **цель** *The **aim of** the film was to make people laugh.* ◦ [+ of + doing sth] *He went to Paris **with the aim** of improving his French.* **2 sb's aim** someone's ability to hit an object by throwing something or shooting at something **меткость 3 take aim** to point a weapon towards someone or something **целиться**

> **Слова-партнеры к aim**
>
> **achieve** your aim • sb's/sth's **main/ultimate** aim • **the aim of** sth • **with the aim of** doing sth

aim[2] /eɪm/ **verb 1 aim for/at sth; aim to do sth** (B1) to intend to achieve something **ставить целью, нацеливаться на что-либо** *I aim to arrive at three o'clock.* ◦ *We're aiming for a 10% increase in sales.* **2 be aimed at sb** (B2) to be intended to influence or affect a particular person or group **быть направленным на кого-либо** *advertising aimed at students* **3 be aimed at doing sth** to be intended to achieve a particular thing **иметь целью** *a plan aimed at reducing traffic* **4** [I, T] to point a weapon towards someone or something **целиться** *He **aimed** the gun **at** the lion.*

aimless /ˈeɪmləs/ **adjective** with no purpose **бесцельный**
• **aimlessly adverb бесцельно**

ain't /eɪnt/ informal short for am not, is not, are not, have not, or has not. This word is not considered correct by most people. **сокращ. от am not, is not, are not, have not, has not**

air[1] /eəʳ/ **noun 1** [U] (A2) the mixture of gases around the Earth which we breathe **воздух** *air pollution* ◦ *He went outside to get some **fresh air** (= clean, cool air).* **2 the air** (B2) the space above and around things **пространство, воздух** *He fired his gun into the air.* **3** [U] (A2) travel in an aircraft **по воздуху** *I like travelling **by air**.* ◦ *air safety* **4** [no plural] a particular appearance or quality **вид, манера** *He has **an air of** authority.* **5 be on air** to be broadcasting on television or radio **быть в эфире**

IDIOMS **clear the air** If an argument or discussion clears the air, people feel less angry or upset after it. **разряжать обстановку • disappear/vanish into thin air** to suddenly disappear in a mysterious way **бесследно исчезнуть • be up in the air** If something is up in the air, no decision has been made. **быть в подвешенном состоянии** *Our plans for the summer are still up in the air.*

→ See also a **breath** of fresh air, **mid-air**

air[2] /eəʳ/ **verb 1** [T] to broadcast something on radio or television **передавать в эфир, транслировать 2 air your opinions/views, etc** to say what your opinions are **высказывать свое мнение** *The meeting will give everyone a chance to air their views.* **3** [T] to make a room smell better by opening a door or window **проветривать 4** [I, T] If clothes air, or if you air them, you hang them up with a lot of air around them. **сушить(ся)**

airbag /ˈeəbæg/ **noun** [C] a bag in the front of a car that protects people in an accident by filling with air **воздушная подушка безопасности** *passenger/twin airbags*

airbase /ˈeəbeɪs/ **noun** [C] a military airport **авиабаза**

airborne /ˈeəbɔːn/ **adjective** moving in, or carried by the air **находящийся в воздухе, перевозимый по воздуху, воздушно-десантный** *airborne troops* ◦ *an airborne virus*

ˈair ˌcon noun [U] UK abbreviation for air conditioning **сокращ. от air conditioning**

ˈair conˌditioner noun [C] a machine that keeps the air cool in a building or a car **кондиционер**

ˈair conˌditioning noun [U] (B1) a system that keeps the air cool in a building or car **кондиционирование воздуха**
• **air-conditioned** /ˈeəkənˌdɪʃənd/ **adjective** having air conditioning **с кондиционированием** *an air-conditioned office*

aircraft /ˈeəkrɑːft/ **noun** [C] (plural **aircraft**) (B2) a vehicle that can fly **самолет**

ˈaircraft ˌcarrier noun [C] a ship on which aircraft can take off and land **авианосец**

airfare /ˈeəfeəʳ/ **noun** [C] the cost of a ticket to fly somewhere **стоимость авиабилета**

airfield /ˈeəfiːld/ **noun** [C] a place where small or military aircraft can take off and land **аэродром**

ˈair ˌforce noun [C] (B1) the part of a country's military organization that uses aircraft to fight wars **военно-воздушные силы**

ˈair hoˌstess noun [C] UK (UK/US **flight attendant**) someone whose job is to serve passengers on an aircraft and to make sure that safety rules are obeyed **стюардесса**

ˈairing ˌcupboard noun [C] UK a warm cupboard where you keep sheets, clean clothes, etc **сушильный шкаф**

airless /ˈeələs/ **adjective** An airless room does not have enough fresh air. **душный**

airlift /ˈeəlɪft/ **noun** [C] when people or things

are moved by aircraft because it is too difficult or too slow to travel by road **воздушная перевозка** *an airlift of medical supplies*
• **airlift verb** [T] **перевозить по воздуху** [often passive] *Three small children were airlifted to safety.*

airline /ˈeəlaɪn/ **noun** [C] **B1** a company that provides regular flights to places **авиакомпания**

airliner /ˈeəlaɪnəʳ/ **noun** [C] a large plane for carrying people **пассажирский самолет**

airmail /ˈeəmeɪl/ **noun** [U] the sending of letters or parcels by plane **авиапочта** *an airmail letter*

airman /ˈeəmən/ **noun** [C] (plural **airmen**) a man who flies an aircraft in a country's air force **военный летчик**

airplane /ˈeəpleɪn/ **noun** [C] US (UK **aeroplane**) a vehicle that flies and has an engine and wings **самолет** → See picture at **aeroplane**

airport /ˈeəpɔːt/ **noun** [C] **A2** a place where planes take off and land, with buildings for passengers to wait in **аэропорт**

ˈ**air** ˌ**raid noun** [C] an attack by military planes **воздушный налет**

airspace /ˈeəspeɪs/ **noun** [U] the sky above a country that belongs to that country **воздушное пространство**

airstrike /ˈeəstraɪk/ **noun** [C] an attack by military planes **воздушный налет**

airtight /ˈeətaɪt/ **adjective** An airtight container does not allow air in or out. **герметичный**

ˌ**air traffic con**ˈ**troller noun** [C] the person in an airport who tells pilots when to take off and land their aircraft **авиационный диспетчер**

airy /ˈeəri/ **adjective** An airy room or building is pleasant because it has a lot of space and air. **просторный**

aisle

aisle /aɪl/ **noun** [C] a passage between the lines of seats or goods in a plane, church, supermarket, etc **проход**

ajar /əˈdʒɑːʳ/ **adjective** [never before noun] If a door is ajar, it is slightly open. **приоткрытый**

aka /ˌeɪkeɪˈeɪ/ **adverb** abbreviation for also known as: used when giving the name that a person is generally known by, after giving their real name **известный также как** *Peter Parker, aka Spider-man*

akin /əˈkɪn/ **adjective** formal **be akin to sth** to be similar to something **схожий**

à la carte /ˌæləˈkɑːt/ **adjective, adverb** choosing food as separate items from a menu (= list of food), not as a meal with a fixed price **заказ из порционных блюд**

alacrity /əˈlækrəti/ **noun** [U] formal If you do something with alacrity, you do it in a very quick and willing way. **готовность**

alarm[1] /əˈlɑːm/ **noun 1** [C] **B1** a loud noise that warns you of danger **сигнализация** *a fire alarm ◦ to **set off** an **alarm*** **2** [C] (also **alarm clock**) **B1** a clock that makes a noise to wake you **будильник 3** [U] a sudden feeling of fear or worry that something bad might happen **тревога** *There's no need for alarm – it is completely safe.*

IDIOM **raise the alarm** to warn someone of a dangerous situation **поднимать тревогу** *Her parents raised the alarm when she failed to return home.*

→ See also **burglar alarm**, **false alarm**

> **Слова-партнеры к alarm**
>
> an alarm **goes off/sounds** • **set off/trigger** an alarm • a **burglar/fire/smoke** alarm • a **car** alarm • an alarm **system**

alarm[2] /əˈlɑːm/ **verb** [T] to make someone worried or frightened **тревожить** *I don't want to alarm you but he really should be here by now.*

aˈ**larm** ˌ**clock noun** [C] **A2** a clock that makes a noise to wake you **будильник** *I've **set the alarm clock** for six.*

alarm clock

alarmed /əˈlɑːmd/ **adjective** worried or frightened by something **встревоженный** *I was a bit **alarmed at** the number of people in the audience.*

alarming /əˈlɑːmɪŋ/ **adjective** making you feel worried or frightened **тревожный** *alarming news*

alas /əˈlæs/ **exclamation** literary used to show sadness **увы**

albeit /ɔːlˈbiːɪt/ **conjunction** formal although **хотя** *He tried, albeit without success.*

albino /ælˈbiːnəʊ/ (US) /ælˈbaɪnəʊ/ **noun** [C] a person or animal with white skin, white hair or fur, and pink eyes **альбинос**

album /ˈælbəm/ **noun** [C] **1** **A2** several songs or pieces of music on a CD, a record, etc **альбом** **2** **A2** a book in which you keep photographs, stamps, etc **альбом**

alcohol /ˈælkəhɒl/ **noun** [U] **1** **A2** drinks such as wine and beer that can make you drunk

A

алкоголь **2** a liquid that has no colour and is in drinks that make you drunk **спирт**

alcoholic¹ /ˌælkəˈhɒlɪk/ **noun** [C] someone who regularly drinks too much alcohol and cannot stop the habit **алкоголик**

alcoholic² /ˌælkəˈhɒlɪk/ **adjective 1** B1 containing alcohol **алкогольный** *alcoholic drinks* **2** [always before noun] regularly drinking too much alcohol and unable to stop the habit **страдающий алкоголизмом** *She lived with her alcoholic father.*

alcoholism /ˈælkəhɒlɪzᵊm/ **noun** [U] the condition of being an alcoholic **алкоголизм**

alcove /ˈælkəʊv/ **noun** [C] a part of a wall in a room that is further back than the rest of the wall **ниша**

ale /eɪl/ **noun** [C, U] a type of beer **эль**

alert¹ /əˈlɜːt/ **adjective** quick to notice and react to things around you **бдительный** *A young dog should be alert and playful.* ◦ *Teachers need to be* ***alert to*** *sudden changes in students' behaviour.*
• **alertness noun** [U] **бдительность**

alert² /əˈlɜːt/ **verb** [T] to warn someone of a possibly dangerous situation **предупреждать** *Six hours later she still wasn't home so they alerted the police.*

alert³ /əˈlɜːt/ **noun 1** [C] a warning about a possibly dangerous situation **тревога** *a* ***bomb alert*** **2 be on full/red alert** to be expecting problems and ready to deal with them **быть в состоянии боевой готовности** *Police in the region were on full alert against further attacks.*

ˈA ˌlevel noun [C] in England and Wales, an exam taken at the age of eighteen, or the qualification itself **выпускные экзамены в школе (дающие право на поступление в университет)**

algae /ˈældʒiː/ **noun** [U, group] a plant with no stem or leaves that grows in or near water **водоросли**

algebra /ˈældʒɪbrə/ **noun** [U] a type of mathematics in which numbers and amounts are shown by letters and symbols **алгебра**

alias¹ /ˈeɪliəs/ **noun** [C] a false name, especially one used by a criminal **кличка**

alias² /ˈeɪliəs/ **preposition** used when giving the name that a person is generally known by, after giving their real name **известный как** *Grace Kelly, alias Princess Grace of Monaco*

alibi /ˈælɪbaɪ/ **noun** [C] proof that someone was not in the place where a crime happened and so cannot be guilty **алиби**

alien¹ /ˈeɪliən/ **adjective 1** strange and not familiar **чуждый** *The custom was totally* ***alien to*** *her.* **2** [always before noun] relating to creatures from another planet **инопланетный** *an alien spacecraft*

alien² /ˈeɪliən/ **noun** [C] **1** a creature from another planet **инопланетянин 2** formal someone who does not legally belong to the country where they live or work **нелегал**

alienate /ˈeɪliəneɪt/ **verb** [T] **1** to make someone stop supporting and liking you **отталкивать** *The government's comments have alienated many teachers.* **2** to make someone feel that they are different and do not belong to a group **отдалять, отталкивать** *Disagreements can* ***alienate*** *teenagers* ***from*** *their families.*
• **alienation** /ˌeɪliəˈneɪʃᵊn/ **noun** [U] **отталкивание, отчуждение**

alight¹ /əˈlaɪt/ **adjective** [never before noun] mainly UK burning **зажженный** *Vandals* ***set*** *the car* ***alight*** *(= made it burn).*

alight² /əˈlaɪt/ **verb** [I] formal to get out of a bus, train, etc **выходить** *He* ***alighted from*** *the taxi.*

align /əˈlaɪn/ **verb 1** [T] to put things in an exact line or make them parallel **располагать по одной линии или параллельно 2 align yourself with sb; be aligned with sb** to support the opinions of a political group, country, etc **присоединяться** *Many voters are not aligned with any party.*
• **alignment noun** [C, U] **выравнивание по линии, формирование блока**

alike¹ /əˈlaɪk/ **adjective** [never before noun] B1 similar **похожий** *The children look so alike.*

alike² /əˈlaɪk/ **adverb 1** B2 in a similar way **похоже** *We think alike.* **2** B2 used to say that two people or groups are included **в равной степени** *It is a disease which affects men and women alike.*

alimony /ˈælɪməni/ **noun** [U] money that someone must pay regularly to their wife or husband after the marriage has ended **алименты**

alive /əˈlaɪv/ **adjective** [never before noun] **1** B1 living, not dead **живой** *Are your grandparents* ***still alive****?* **2** full of activity and excitement **оживленный** *The bar was* ***alive with*** *the sound of laughter.* ◦ *The city* ***comes alive*** *at night.* **3** continuing to exist **в живых** *Local people are fighting to* ***keep*** *the language* ***alive****.*

IDIOM **be alive and kicking/well** to continue to be popular or successful **жив и здоров** *Despite rumours to the contrary, feminism is alive and kicking.*

all¹ /ɔːl/ **pronoun, determiner 1** A1 every person or thing in a group **все, всё** *We were all dancing.* ◦ *I've watched* ***all of*** *the programmes in the series.* **2** A2 the whole amount of something **весь, вся, всё, все** *Who's eaten all the cake?* ◦ *He spends* ***all of*** *his money on clothes.* **3** A1 the whole of a period of time **весь, вся, всё** *all week/month/year* ◦ *He's been studying all day.* **4** B1 the only thing **всё, единственное** *All I remember is waking up in hospital.* **5 at all** B1 in any way **совсем, как-нибудь** *He hasn't changed at all.* ◦ UK *Can I help at all?* **6 in all** B2 in total **всего** *There were twenty people at the meeting in all.*

all² /ɔːl/ **adverb 1** A2 completely or very **весь,**

вся, совершенно *You're all wet!* ◦ *I'm all excited now.* **2 all over a** (A2) in every place **везде, повсюду** *Lee has travelled all over the world.* **b** finished **все закончено** *It was all over very quickly.* **3 2/5/8, etc all** (B1) used to say that two players or teams have the same number of points in a game **2: 2/5: 5/8: 8 и т. д. (равный счет в игре)** *It was 3 all at half time.* **4 all along** (B2) from the beginning of a period of time **с самого начала** *I said all along that it was a mistake.* **5 all but** almost **почти** *The film was all but over by the time we arrived.* **6 all the better/easier/more exciting, etc** much better, easier, etc **еще лучше/легче/интереснее и т. д.** *The journey was all the more dangerous because of the bad weather.* **7 all in all** (B2) considering everything **в целом** *All in all, I think she did well.*

Allah /'ælə/ **noun** the name of God for Muslims **Аллах**

allay /ə'leɪ/ **verb** formal **allay sb's concerns/fears/suspicions, etc** to make someone feel less worried or frightened, etc **унимать тревогу/страх/подозрения и т. д.** *I tried to allay his fears about the interview.*

allegation /ˌælɪ'geɪʃᵊn/ **noun** [C] when you say that someone has done something wrong or illegal, without proof that this is true **необоснованное обвинение** ***allegations of** corruption* ◦ [+ that] *He **denied allegations** that he had cheated.*

> **Слова-партнеры к allegation**
>
> make/deny/face/investigate an allegation • a serious allegation • an allegation of sth • an allegation against sb

allege /ə'ledʒ/ **verb** [T] to say that someone has done something wrong or illegal, but not prove it **голословно обвинять** [often passive] *The teacher is alleged to have hit a student.* ◦ [+ (that)] *He alleges that Bates attacked him.*

alleged /ə'ledʒd/ **adjective** [always before noun] believed to be true, but not proved **мнимый** *an alleged attack*
• **allegedly** /ə'ledʒɪdli/ **adverb** **якобы** *He was arrested for allegedly stealing a car.*

allegiance /ə'li:dʒᵊns/ **noun** [U] loyalty and support **верность** *To become a citizen, you have to **pledge/swear allegiance to** (= say you will be loyal to) the United States.*

allegory /'ælɪgəri/ **noun** [C, U] a story, poem, or painting that has a hidden meaning, especially a moral one **аллегория**
• **allegorical** /ˌælɪ'gɒrɪkəl/ **adjective** **аллегорический**

allergic /ə'lɜ:dʒɪk/ **adjective 1** [never before noun] having an allergy **страдающий аллергией** *I'm **allergic to** eggs.* **2** [always before noun] caused by an allergy **аллергический** *an **allergic reaction***

allergy /'ælədʒi/ **noun** [C] a medical condition in which your body reacts badly to something that you eat, breathe, or touch **аллергия** *an **allergy to** dogs*

alleviate /ə'li:vieɪt/ **verb** [T] to make problems or suffering less extreme **облегчать** *She's been given some tablets to **alleviate** the **pain**.*
• **alleviation** /əˌli:vi'eɪʃᵊn/ **noun** [U] **облегчение**

alley /'æli/ **noun** [C] (also **alleyway** /'æliweɪ/) a narrow road between buildings **узкая улица**

IDIOM **be right up sb's alley** US informal (UK **be right up sb's street**) to be exactly the type of thing that someone knows about or likes to do **быть по чьей-либо части**

alliance /ə'laɪəns/ **noun** [C] an agreement between countries or political parties to work together to achieve something **союз** *an **alliance between** France and Britain*

> **Слова-партнеры к alliance**
>
> form an alliance • an alliance between sb and sb • an alliance with sb • in alliance with sb

allied /'ælaɪd/ **adjective 1** [always before noun] joined by a formal agreement **союзный** *the allied powers* **2 be allied to/with sth** to be related to something **быть связанным с чем-либо** *a group closely allied with the Green Party*

alligator /'ælɪgeɪtəʳ/ **noun** [C] a big reptile with a long mouth and sharp teeth, that lives in lakes and rivers **аллигатор**

alligator

all-night /'ɔ:lnaɪt/ **adjective** lasting all night **продолжающийся всю ночь** *Tom was tired after his **all-night party**.*

allocate /'æləkeɪt/ **verb** [T] to give some time, money, space, etc to be used for a particular purpose **выделять** *The government has promised to **allocate** extra money **for** health care.* ◦ *More police time should be **allocated to** crime prevention.*

allocation /ˌælə'keɪʃᵊn/ **noun 1** [C] an amount of money, time, space, etc that is allocated **ассигнование 2** [U] when money, time, space, etc is allocated **выделение (денег, времени и т. д.)** *the allocation of money*

allot /ə'lɒt/ **verb** [T] (present participle **allotting**, past tense and past participle **allotted**) to give someone a particular amount of something **отводить, выделять** [often passive] *They were allotted seats on the front row.*

allotment /ə'lɒtmənt/ **noun 1** [C] in Britain, a small area of land that people rent and grow vegetables and flowers on **земельный участок**

2 [C, U] the process of sharing something, or the amount that you get **распределение, доля**

all-out /ˈɔːlˌaʊt/ **adjective** [always before noun] complete and with as much effort as possible **изнурительный** *an all-out battle/effort*

allow /əˈlaʊ/ **verb** [T] **1** (B1) to give someone permission for something **разрешать** [often passive] *Smoking is not allowed in the restaurant.* ◦ [+ to do sth] *You are not allowed to use calculators in the exam.* ◦ [+ two objects] *Patients are not allowed visitors after nine o'clock.* **2** to not prevent something from happening **допускать** [+ to do sth] *They have allowed the problem to get worse.* **3** to make it possible for someone to do something **позволять** [+ to do sth] *The extra money will allow me to upgrade my computer.* **4** to plan to use a particular amount of money, time, etc for something **выделять** *Allow three hours for the whole journey.*

PHRASAL VERB **allow for sth** to consider or include something when you are making plans **учитывать** *The journey should take two hours, allowing for delays.*

allowance /əˈlaʊəns/ **noun** [C] **1** money that you are given regularly, especially to pay for a particular thing **выплата, пособие** *a clothing allowance* **2** an amount of something that you are allowed **допустимое количество** *The luggage allowance is 25 kilos.* **3 make allowances for sb/sth** to remember that someone has a disadvantage which is not their fault when you are judging their behaviour or work **учитывать, делать скидку** *They made allowances for the fact that he was ill.*

alloy /ˈælɔɪ/ **noun** [C] a metal that is a mixture of two or more metals **сплав**

ˌall ˈright¹ (also **alright**) **adjective** [never before noun], **adverb 1** (B1) good enough, although not very good **приемлемый, приемлемо** *The hotel wasn't brilliant but it was all right.* ◦ *It's a cheap wine but it tastes all right.* **2** (A2) safe or well **благополучный, в порядке** *I'm all right thanks. How are you?* ◦ *Did you get home all right last night?* **3 that's all right a** used as an answer when someone thanks you **пожалуйста** *"Thanks for cleaning the kitchen." "That's all right."* **b** (A2) something you say when someone says sorry to show that you are not angry **ничего!** *"I'm sorry – I forgot all about it." "That's all right."*

ˌall ˈright² (also **alright**) **exclamation** (A1) used to agree to a suggestion or request **ладно!** *"How about going out for dinner?" "All right."*

all-time /ˌɔːlˈtaɪm/ **adjective** [always before noun] If something is at an all-time best/high/low, etc, it is the best/highest/lowest, etc it has ever been. **придает следующему за ним слову значение 'непревзойденный, самый' (напр., лучший, худший)**

allude /əˈluːd/ **verb**

PHRASAL VERB **allude to sb/sth** formal to refer to someone or something but not directly **намекать**

allure /əˈljʊəʳ/ **noun** [U] an attractive or exciting quality **обаяние, очарование** *the allure of the city*
• **alluring adjective** attractive or exciting **обаятельный, привлекательный** *an alluring image*

allusion /əˈluːʒən/ **noun** [C, U] formal when you refer to someone or something but not directly **намек** *a play full of* ***allusions to*** *Shakespeare*

ally¹ /ˈælaɪ/ **noun** [C] **1** someone who supports you, especially when other people are against you **союзник 2** a country that has agreed to help another country, especially in a war **союзник**

ally² /əˈlaɪ/ **verb**

PHRASAL VERB **ally yourself to/with sb** to join someone and support them **вступать в союз**

almighty /ɔːlˈmaɪti/ **adjective 1** [always before noun] very strong or forceful **очень сильный** *All of a sudden I heard an almighty bang in the kitchen.* **2** having the power to do everything, like a god **всемогущий** ***Almighty God***

almond /ˈɑːmənd/ **noun** [C, U] a flat, oval nut, often used in cooking **миндаль**

almost /ˈɔːlməʊst/ **adverb 1** (A2) If something almost happens, it does not happen but it is very close to happening. **почти** *I almost missed the bus.* **2 almost always/everyone/half, etc** not always/everyone/half, etc but very close to it **почти всегда/каждый/половина и т. д.** *He's almost always late.*

alone /əˈləʊn/ **adjective, adverb 1** [never before noun] (A2) without other people **одинокий, один** *She lives alone.* **2** [always after noun] used to emphasize that only one person or thing is involved **только** *Last year alone the company made a million dollars.* **3 leave sb alone** (B2) to stop talking to someone or annoying them **оставлять кого-либо в покое** *Leave him alone, he's tired.* **4 leave sth alone** to stop touching something **оставлять что-либо в покое** *Leave your hair alone!* → See also **let alone**

along¹ /əˈlɒŋ/ **preposition 1** (A2) from one part of a road, river, etc to another **вдоль, по** *a romantic walk along the beach* **2** (B1) in a line next to something long **вдоль** *a row of new houses along the river* **3** at a particular place on a road, river, etc **вдоль, по** *Somewhere along this road there's a garage.*

along² /əˈlɒŋ/ **adverb 1** (B1) forward **вперед** *We were just walking along, chatting.* **2 be/come along** to arrive somewhere **приходить** *You wait ages for a bus and then three come along at once.* **3 bring/take sb along** (B1) to take someone with you to a place **приводить с собой кого-либо** *She asked if she could bring some friends along to* *the party.* **4 along with sb/sth** B2 in addition to someone or something else **вместе с, наряду с** *California along with Florida is probably the most popular American holiday destination.*

alongside /əˌlɒŋˈsaɪd/ **adverb, preposition** **1** next to someone or something **рядом с** *A car pulled up alongside ours.* **2** together with someone **бок о бок** *She enjoyed **working alongside** such famous actors.*

aloof /əˈluːf/ **adjective** **1** not friendly, especially because you think you are better than other people **отчужденный** *He seems arrogant and aloof.* **2** not involved in something **в стороне** *He tried to remain **aloof from** family arguments.*

aloud /əˈlaʊd/ **adverb** B1 in a way that other people can hear **вслух** *to **laugh aloud*** ◦ *The author **read aloud** from his new book.*

alphabet /ˈælfəbet/ **noun** [C] B1 a set of letters used for writing a language **алфавит** *The English alphabet starts at A and ends at Z.*

alphabetical /ˌælfəˈbetɪkᵊl/ **adjective** B2 arranged in the same order as the letters of the alphabet **алфавитный** *Put the names **in alphabetical order**.*

• **alphabetically adverb в алфавитном порядке**

alpine /ˈælpaɪn/ **adjective** [always before noun] existing in, or relating to high mountains **горный** *an alpine village*

already /ɔːlˈredi/ **adverb** **1** A2 before now, or before a particular time in the past **уже** *I've already told him.* ◦ *By the time we arrived, he'd already left.* **2** B1 used to say that something has happened earlier than you expected **уже** *I'm already full and I've only eaten one course.*

alright /ɔːlˈraɪt/ **adjective, adverb, exclamation** another spelling of all right **см. all right**

also /ˈɔːlsəʊ/ **adverb** A1 in addition **также** *She speaks French and also a little Spanish.* ◦ *The book also has a chapter on grammar.*

altar /ˈɔːltəʳ/ **noun** [C] a table used for religious ceremonies, especially in a Christian church **алтарь**

alter /ˈɔːltəʳ/ **verb** [I, T] B2 to change, or to make someone or something change **изменять(ся)** *We've had to alter our plans.*

alteration /ˌɔːltᵊrˈeɪʃᵊn/ **noun** [C, U] a change, or the process of changing something **изменение** *We've **made** a few **alterations to** the kitchen.*

> **Слова-партнеры к alteration**
>
> make alterations (to) sth • a **major/minor/slight** alteration • an alteration **in/to** sth

alternate¹ /ɔːlˈtɜːnət/ **adjective** **1 alternate days/weeks/years, etc** one out of every two days, weeks, years, etc **каждый второй день/год/каждая вторая неделя и т. д.** *I work alternate Saturdays.* **2** with first one thing, then another thing, and then the first thing again, etc **чередующийся** *a dessert with alternate layers of chocolate and cream* **3** [always before noun] US An alternate plan, method, etc is one that you can use if you do not want to use another one. **запасной**

• **alternately adverb попеременно**

alternate² /ˈɔːltəneɪt/ **verb** **1** [I] If two things alternate, one thing happens, then the other thing happens, then the first thing happens again, etc. **чередоваться** *She **alternates between** cheerfulness and deep despair.* **2 alternate sth with sth** to use or do one thing then another thing and then the first thing again, etc **чередовать что-либо с чем-либо** *They alternate classical pieces with more modern works.*

• **alternating adjective чередующийся** *alternating moods of anger and sadness*

alternative¹ /ɔːlˈtɜːnətɪv/ **noun** [C] B2 one of two or more things that you can choose between **альтернатива** *It's a low-fat **alternative to** butter.* ◦ *After the public protests the government **had no alternative** but to change its policy.*

alternative² /ɔːlˈtɜːnətɪv/ **adjective** [always before noun] **1** (also US **alternate**) B2 An alternative plan, method, etc is one that you can use if you do not want to use another one. **альтернативный** *We can make **alternative arrangements** if necessary.* **2** B2 different to what is usual or traditional **альтернативный, нетрадиционный** ***alternative comedy*** ◦ *an alternative lifestyle*

alternatively /ɔːlˈtɜːnətɪvli/ **adverb** B2 used to give a second possibility **или же** *We could go there by train or, alternatively, I could drive us.*

alˌternative ˈmedicine noun [U] any way of trying to make an illness better that uses medicines or methods that are not normally used in Western medicine **нетрадиционная медицина**

although /ɔːlˈðəʊ/ **conjunction** **1** B1 despite the fact that **хотя** *She walked home by herself, although she knew it was dangerous.* **2** B1 but **хотя, но** *He's coming this evening, although I don't know exactly when.*

altitude /ˈæltɪtjuːd/ **noun** [C, U] the height of something above sea level **высота** *flying at an altitude of 8000 metres*

alto /ˈæltəʊ/ **noun** [C] a woman or boy with a low singing voice **альт (голос)**

altogether /ˌɔːltəˈgeðəʳ/ **adverb** **1** B2 completely **совсем** *The train slowed down and then stopped altogether.* ◦ *I'm **not altogether** sure about the idea.* **2** B1 in total **всего** *There were twenty people there altogether.* **3** B2 when you consider everything **в целом** *Altogether, I'd say the party was a great success.*

aluminium /ˌæljəˈmɪniəm/ **noun** [U] UK (US **aluminum** /əˈluːmɪnəm/) B2 a light, silver-coloured metal used for making containers, cooking equipment, and aircraft parts (symbol Al) **алюминий** *aluminium cans/foil*

A

Другие способы сказать always

Слово **always** в значении 'снова и снова' можно заменить словами **constantly, continually** и **forever** или выражениями **time after time** и **all the time**.

*He's **constantly/forever** losing his keys.*

*I'm fed up with you making excuses **all the time**.*

В более официальном стиле слово **always** можно заменить на **invariably**, особенно если речь идет о чем-то неприятном.

*The train is **invariably** late.*

Устойчивое выражение **without fail** используется, если речь идет о действии, которое выполняют постоянно, даже несмотря на возникающие трудности.

*He visited her every Sunday **without fail**.*

always /ˈɔːlweɪz/ **adverb 1** (A1) every time, or at all times **всегда** *I always walk to work.* **2** (A2) at all times in the past **всегда** *We've always lived here.* **3** (A2) forever **всегда** *I will always remember you.* **4** (B2) again and again, usually in an annoying way **вечно** [+ doing sth] *He's always losing his keys.* **5 can/could always do sth** (B1) used to suggest something **всегда можешь/мог бы** *You can always stay with us if you miss your train.*

Alzheimer's (disease) /ˈæltshaɪməzdɪˌziːz/ **noun** [U] a brain disease mainly of old people which makes a person forget things and stops them from thinking clearly **болезнь Альцгеймера**

a.m. (also **am**) /ˌeɪˈem/ (A1) used to refer to a time between 12 o'clock in the night and 12 o'clock in the day **до полудня** *We're open from 9 a.m. to 5 p.m. daily.*

am strong /æm/ weak /əm/, /m/ present simple I of be **1-е л. ед. ч. наст. вр. гл. be**

amalgamate /əˈmælɡəmeɪt/ **verb** [I, T] If two or more organizations amalgamate, they join to become one, and if you amalgamate them, you make them do this. **объединять(ся), сливать(ся)** *a decision to **amalgamate with** another school*

• **amalgamation** /əˌmælɡəˈmeɪʃən/ **noun** [C, U] **объединение, слияние**

amass /əˈmæs/ **verb** [T] formal to get a lot of money or information over a period of time **накапливать** *He **amassed a fortune** in the diamond trade.*

amateur[1] /ˈæmətəʳ/ **adjective** doing something as a hobby and not as your job **любительский** *an amateur photographer*

amateur[2] /ˈæmətəʳ/ **noun** [C] **1** someone who does something as a hobby and not as their job **любитель 2** someone who is not good at what they do **дилетант** *I won't be giving them any more work – they're a bunch of amateurs.*

amateurish /ˈæmətərɪʃ/ (US) /ˌæməˈtɜːrɪʃ/ **adjective** done without skill or attention **дилетантский**

amaze /əˈmeɪz/ **verb** [T] to make someone very surprised **изумлять** *It amazes me how much energy that woman has.*

amazed /əˈmeɪzd/ **adjective** (B1) extremely surprised **изумленный** *I was **amazed at** the price.* ◦ [+ (that)] *I was amazed that Paul recognized me.*

amazement /əˈmeɪzmənt/ **noun** [U] (B2) extreme surprise **изумление** *Jana looked at him **in amazement**.* ◦ ***To his amazement** they offered him the job.*

amazing /əˈmeɪzɪŋ/ **adjective** (B1) very surprising **удивительный** [+ question word] *It's amazing how many people can't read.*

• **amazingly adverb** (B1) **потрясающе**

ambassador /æmˈbæsədəʳ/ **noun** [C] (B2) the main official sent by the government of a country to represent it in another country **посол** *the French ambassador to Britain*

amber /ˈæmbəʳ/ **noun** [U] **1** a colour between yellow and orange **янтарный цвет 2** a hard, clear, yellowish-brown substance, used for making jewellery **янтарь**

• **amber adjective желтый, янтарный** *an amber traffic light*

ambience (also **ambiance**) /ˈæmbiəns/ **noun** [U, no plural] the qualities of a place and the way it makes you feel **атмосфера** *Lighting adds a lot to the ambience of a room.*

ambiguity /ˌæmbɪˈɡjuːəti/ **noun** [C, U] when something has more than one possible meaning **двусмысленность** *Legal documents must be free of ambiguity.*

ambiguous /æmˈbɪɡjuəs/ **adjective** having more than one possible meaning **двусмысленный** *an ambiguous statement*

• **ambiguously adverb двусмысленно**

ambition /æmˈbɪʃən/ **noun 1** [C] (B1) something you want to achieve in your life **цель** *My ambition is to retire at forty.* **2** [U] (B2) a strong feeling that you want to be successful or powerful **целеустремленность** *My sister always had more ambition than me.*

Слова-партнеры к ambition

have an ambition • **achieve/fulfil/realize** an ambition • a **burning/lifelong** ambition

ambitious /æmˈbɪʃəs/ **adjective 1** (B2) wanting to be successful or powerful **целеустремленный** *an ambitious young lawyer* **2** (B2) An ambitious plan will need a lot of work and will be difficult to achieve. **грандиозный** *This is our most ambitious project so far.*

ambivalent /æmˈbɪvələnt/ **adjective** having two different feelings about something **имеющий двойственное чувство, колеблющийся** *He was **ambivalent about** moving to London.*

• **ambivalence** /æmˈbɪvələns/ **noun** [U] **двойственность отношения**

amble /ˈæmbl/ **verb amble along/around/through, etc** to walk somewhere in a slow and relaxed way **идти неторопливым шагом вдоль/по/через и т. д.** *We ambled home across the fields.*

ambulance /ˈæmbjələns/ **noun** [C] A2 a vehicle that takes people to hospital when they are ill or hurt **машина скорой помощи**

ambush

ambush /ˈæmbʊʃ/ **verb** [T] to attack a person or vehicle after hiding somewhere and waiting for them to arrive **нападать из засады** [often passive] *The bus was ambushed by a gang of youths.*
• **ambush noun** [C] **засада** *Two policemen were killed in a terrorist ambush.*

ameliorate /əˈmiːliəreɪt/ **verb** [T] formal to make a problem or bad situation better **улучшать**

amen /ˌɑːˈmen/ **exclamation** something that Christians say at the end of a prayer **аминь**

amenable /əˈmiːnəbl/ **adjective** willing to do or accept something **сговорчивый** *She may be more* ***amenable to*** *the idea now.*

amend /əˈmend/ **verb** [T] to slightly change the words of a document **вносить изменения** [often passive] *The contract has now been amended.*

amendment /əˈmendmənt/ **noun** [C, U] a change in the words of a document, or the process of doing this **поправка** *to* ***make*** *an* ***amendment to*** *the human rights law*

amends /əˈmendz/ **noun make amends** to do something nice for someone to show that you are sorry for something that you have done **заглаживать вину** *I want to* ***make amends for*** *the worry I've caused you.*

amenity /əˈmiːnəti/ (US) /əˈmenəti/ **noun** [C] a building, piece of equipment, or service that is provided for people's comfort or enjoyment **удобства** [usually plural] *The campsite's amenities include a pool and three restaurants.*

American /əˈmerɪkən/ **adjective 1** relating to the United States of America **американский** *an American accent* **2 North/South American** relating to one or more of the countries of North/South America **североамериканский/южноамериканский**
• **American noun** [C] someone who comes from the United States of America **американец** → See also **Native American**

A͵merican ˈfootball noun [U] UK (US **football**) a game for two teams of eleven players in which each team tries to kick, run with, or throw an oval ball across the opposing team's goal line **американский футбол** → See **Sports 2** on page Centre 15

A͵merican ˈIndian adjective relating or belonging to the original race of people who lived in North America **индейский**
• **American Indian noun** [C] **американский индеец**

amiable /ˈeɪmiəbl/ **adjective** pleasant and friendly **любезный** *an amiable young man*
• **amiably adverb любезно**

amicable /ˈæmɪkəbl/ **adjective** formal done in a friendly way, without arguments **дружелюбный** *an amicable agreement/divorce*
• **amicably adverb дружелюбно**

amid /əˈmɪd/ **preposition** (also **amidst** /əˈmɪdst/) **1** while something else is happening **среди, во время** *Security was increased* ***amid fears*** *of further terrorist attacks.* **2** among **посреди** *a village set amid the hills*

amiss[1] /əˈmɪs/ **adjective** [never before noun] If something is amiss, there is something wrong. **неладный** *I knew something was amiss when he didn't answer the door.*

amiss[2] /əˈmɪs/ **adverb 1 would not go amiss** UK If something would not go amiss, it would be useful or nice in a particular situation. **быть кстати** *A cup of coffee wouldn't go amiss.* **2 take it amiss** UK to feel upset by what someone says or does **расстраиваться** *I think she might take it amiss if I left early.*

ammonia /əˈməʊniə/ **noun** [U] a liquid or gas with a strong smell, used in substances for cleaning things (formula NH_3) **аммиак**

ammunition /ˌæmjəˈnɪʃən/ **noun** [U] **1** a supply of bullets and bombs to be fired from guns **боеприпасы 2** facts that you can use to criticize someone **компромат**

amnesia /æmˈniːʒə/ **noun** [U] a medical condition that makes you forget things **амнезия**

amnesty /ˈæmnəsti/ **noun 1** [C, U] a time when a government allows political prisoners to go free **амнистия 2** [C] a time when people can give weapons or drugs to the police, or admit that they have done something illegal, without being punished **амнистия**

among /əˈmʌŋ/ **preposition** (also **amongst** /əˈmʌŋst/) **1** A2 in the middle of something **в, среди** *He disappeared among the crowd.* **2** A2 in a particular group **среди, между собой** *The decision will not be popular among students.* ◦ *I'm going to give you a minute to talk* ***amongst yourselves*** *(= talk to each other).* **3** to be one of a small group **один из** *He is among the top five tennis players in the country.* **4** to each one in a group **между** *She divided the cake among the children.*

amoral /ˌeɪˈmɒrəl/ **adjective** not caring if what you are doing is morally wrong **аморальный** *an amoral person/act*

amorous /ˈæmᵊrəs/ **adjective** full of love and sexual excitement **любовный** *amorous adventures*

amount¹ /əˈmaʊnt/ **noun** [C] B1 how much there is of something **количество** *The project will take a huge* ***amount of*** *time and money.*

> **!** Типичная ошибка: **amount of or number of?**
>
> **Внимание!** Используйте выражение **amount of** только с неисчисляемыми существительными (например: money/traffic/information).
>
> *There is a large amount of traffic in the city centre.*
>
> С исчисляемыми существительными во множественном числе употребляйте выражение **number of**.
>
> ~~*The hall was too small for such a large amount of people.*~~
>
> *The hall was too small for such a large number of people.*

amount² /əˈmaʊnt/ **verb**

PHRASAL VERB **amount to sth 1** to be the same as something, or to have the same effect as something **быть равносильным чему-либо** *He gave what amounted to an apology on behalf of the company.* **2** to have a particular total **составлять сумму** *goods amounting to $800*

amp /æmp/ **noun** [C] (also **ampere** /ˈæmpeəʳ/) a unit for measuring the strength of an electric current **ампер**

ample /ˈæmpl/ **adjective 1** enough, or more than enough **более чем достаточный** *She's had* ***ample time*** *to get the work done.* **2** large **обширный, обильный** *her ample bosom*
• **amply adverb более чем достаточно**

amplifier /ˈæmplɪfaɪəʳ/ **noun** [C] a piece of electronic equipment that makes sounds louder **усилитель**

amplify /ˈæmplɪfaɪ/ **verb** [T] **1** to make a sound louder using electronic equipment **усиливать 2** formal to make a feeling or opinion stronger or clearer **усиливать**
• **amplification** /ˌæmplɪfɪˈkeɪʃᵊn/ **noun** [U] **усиление**

amputate /ˈæmpjəteɪt/ **verb** [I, T] to cut off someone's leg, arm, finger, etc in a medical operation **ампутировать** *His leg was amputated at the knee.*
• **amputation** /ˌæmpjəˈteɪʃᵊn/ **noun** [C, U] **ампутация**

amuse /əˈmjuːz/ **verb** [T] **1** B2 to make someone smile or laugh **развлекать, смешить** *I took him an article that I thought might amuse him.* **2** B2 to keep someone interested and help them to have an enjoyable time **развлекать** [often reflexive] *I bought a magazine to amuse myself while I was on the train.*

amused /əˈmjuːzd/ **adjective 1** B2 showing that you think something is funny **веселый, радостный** *an amused smile* ◦ *She was very* ***amused by/at*** *your comments.* **2 keep sb amused** B2 to keep someone interested and help them to have an enjoyable time **развлекать** *How do you keep an eight-year-old boy amused?*

amusement /əˈmjuːzmənt/ **noun 1** [U] B2 the feeling that you have when something makes you smile or laugh **удовольствие, радость** *I watched the performance* ***with*** *great* ***amusement****.* ◦ ***To our amusement*** *the tent collapsed on top of them.* **2** [C, U] B2 an enjoyable way of spending your time **развлечение** *I play the piano but just* ***for*** *my own* ***amusement****.*

aˈmusement ˌpark noun [C] a large park where you can ride on exciting machines **парк аттракционов**

amusing /əˈmjuːzɪŋ/ **adjective** B1 making you laugh or smile **забавный** *an amusing letter*

an strong /æn/ weak /ᵊn/ **determiner** A1 used instead of 'a' when the next word starts with a vowel sound **неопределенный артикль** *an apple* ◦ *an hour* → See Note **a**

anaemia UK (US **anemia**) /əˈniːmiə/ **noun** [U] a medical condition in which your blood does not contain enough red cells **анемия**
• **anaemic** UK (US **anemic**) /əˈniːmɪk/ **adjective анемичный**

anaesthetic UK (US **anesthetic**) /ˌænəsˈθetɪk/ **noun** [C, U] a drug that makes you unable to feel pain during an operation **анестезирующее средство** *The operation is done* ***under anaesthetic*** *(= using anaesthetic).* → See also **general anaesthetic**, **local anaesthetic**

anaesthetist UK (US **anesthetist**) /əˈniːsθətɪst/ (US) /əˈnesθətɪst/ **noun** [C] a doctor in a hospital who gives anaesthetics to people **анестезиолог**

anaesthetize /əˈniːsθətaɪz/ **verb** [T] UK (US **anesthetize** /əˈnesθətaɪz/) to give someone drugs that make them unable to feel pain **анестезировать, обезболивать**

anagram /ˈænəgræm/ **noun** [C] a word or phrase made by putting the letters of another word or phrase in a different order **анаграмма** *'Team' is an anagram of 'meat'.*

anal /ˈeɪnᵊl/ **adjective** relating to the anus (= hole where solid waste comes out of the body) **анальный**

analogous /əˈnæləgəs/ **adjective** formal similar in some ways **аналогичный** *It's often said that life is* ***analogous to*** *a journey.*

analogy /əˈnælədʒi/ **noun** [C, U] a comparison that shows how two things are similar **аналогия** *She* ***draws an analogy between*** *life's events and a game of chance.*

analyse UK (US **analyze**) /ˈænᵊlaɪz/ **verb** [T] B2 to examine the details of something carefully, in order to understand or explain it **анализировать** *to analyse information* ◦ *Blood samples were analysed in the laboratory.*

A

analysis /əˈnæləsɪs/ **noun** [C, U] (plural **analyses** /əˈnæləsiːz/) B2 the process of analysing something **анализ** *a **detailed analysis*** ◦ *A sample of soil was sent **for analysis**.*

> **Слова-партнеры к analysis**
> do an analysis • a detailed analysis • an analysis of sth • send sth for analysis

analyst /ˈænəlɪst/ **noun** [C] B2 someone whose job is to examine the details of a situation carefully, and give their opinion about it **аналитик** *a **financial/political analyst***

analytical /ˌænəlˈɪtɪkəl/ **adjective** (also **analytic**) examining the details of something carefully, in order to understand or explain it **аналитический** *analytical skills* ◦ *an **analytical mind***

analyze /ˈænəlaɪz/ **verb** [T] US spelling of analyse **анализировать**

anarchist /ˈænəkɪst/ **noun** [C] someone who thinks that society should not be controlled by a government and laws **анархист**

anarchy /ˈænəki/ **noun** [U] when there is no law or government, or when people ignore them **анархия**
• **anarchic** /ænˈɑːkɪk/ **adjective анархический**

anatomy /əˈnætəmi/ **noun 1** [U] the scientific study of the body and how its parts are arranged **анатомия 2** [C] the body of a person or living thing **анатомия** [usually singular] *the female anatomy*
• **anatomical** /ˌænəˈtɒmɪkəl/ **adjective анатомический**

ancestor /ˈænsestəʳ/ **noun** [C] B2 a relative who lived a long time ago **предок** *My ancestors came from Ireland.*
• **ancestral** /ænˈsestrəl/ **adjective наследственный**

ancestry /ˈænsestri/ **noun** [C, U] your relatives who lived a long time ago, or the origin of your family **род, происхождение** *Americans of Japanese ancestry*

anchor¹ /ˈæŋkəʳ/ **noun** [C] **1** a heavy, metal object that is dropped into water to stop a boat from moving **якорь 2** US someone who reads the news and announcements on a television or radio programme **ведущий теле- или радиопередачи**

anchor

anchor² /ˈæŋkəʳ/ **verb 1** [I, T] to stop a boat from moving by dropping a heavy metal object into the water **ставить на якорь 2** [T] to make something or someone stay in one position by fastening them firmly **закреплять** *We anchored ourselves to the rocks with a rope.* **3** [T] US to read the news or announcements on television or radio as your job **вести теле- или радиопередачу**

ancient /ˈeɪnʃənt/ **adjective 1** [always before noun] B1 from a long time ago **древний, старинный** *ancient Greece/Rome* ◦ *an ancient building* **2** humorous very old **древний** *This computer is ancient.*

and strong /ænd/ weak /ənd/, /ən/ **conjunction 1** A1 used to join two words or two parts of a sentence **и, а** *tea and coffee* ◦ *We were tired and hungry.* **2** A1 used to say that one thing happens after another thing **и** *I got dressed and had my breakfast.* **3** so **и, так что** *The car wouldn't start and I had to get a taxi.* **4** mainly UK A2 used instead of 'to' after some verbs, such as 'try' and 'go' **и (употребляется вместо to перед инфинитивом)** *Try and eat something.* **5** A1 used when saying or adding numbers **и, плюс** *It cost a hundred and twenty pounds.* ◦ UK *Two and three equals five.* **6** B1 used between two words that are the same to make their meaning stronger **и** *The sound grew louder and louder.*

> **Типичная ошибка: and**
> **Запомните:** для соединения двух слов или двух частей предложения нужно употреблять союз **and**.
> ~~*My favourite sports are volleyball, skiing.*~~
> *My favourite sports are volleyball and skiing.*

anecdote /ˈænɪkdəʊt/ **noun** [C] a short story that you tell someone about something that happened to you or someone else **история, байка** *a speech full of anecdotes*
• **anecdotal** /ˌænɪkˈdəʊtəl/ **adjective** consisting of things that people have said, and not facts **голословный, не подтвержденный фактами** ***anecdotal evidence***

anemia /əˈniːmiə/ **noun** [U] US spelling of anaemia (= a medical condition in which your blood does not contain enough red cells) **анемия**

anemic /əˈniːmɪk/ **adjective** US spelling of anaemic (= having anemia) **анемичный**

anesthetic /ˌænəsˈθetɪk/ **noun** [C, U] US spelling of anaesthetic (= a drug that makes you unable to feel pain during an operation) **анестезирующее средство**

anesthetist /əˈnesθətɪst/ **noun** [C] US spelling of anaesthetist (= a doctor who gives anaesthetics to people) **анестезиолог**

anew /əˈnjuː/ **adverb** literary If you do something anew, you do it again in a different way. **заново** *Moving to another city gave me the chance to **start anew**.*

angel

angel /ˈeɪndʒəl/ **noun** [C] **1** B1 a spiritual creature like a human with wings, who some

people believe lives with God in heaven **ангел** **2** a very good, kind person **ангел, добрейшее существо** *Be an angel and get me a drink.*

• **angelic** /æn'dʒelɪk/ **adjective** very beautiful or good **ангельский** *an angelic child*

anger[1] /'æŋgəʳ/ **noun** [U] B2 a strong feeling against someone who has behaved badly, making you want to shout at them or hurt them **гнев** *public anger at the terrorist killings* ◦ ***anger at/over*** sth ◦ *He never once raised his voice **in anger**.*

> **Слова-партнеры к anger**
>
> **express/show** anger • **be trembling with** anger • **in** anger • **public** anger • **mounting/growing** anger • anger **at/over** sth

anger[2] /'æŋgəʳ/ **verb** [T] to make someone angry **злить** [often passive] *Students were angered by the college's decision.*

angle[1] /'æŋgl/ **noun** [C] **1** a space between two lines or surfaces that meet at one point, which you measure in degrees **угол** *an angle of 90 degrees* **2 at an angle** not horizontal or vertical, but sloping **под углом** *He wore his hat at an angle.* **3** the way you think about a situation **точка зрения** *Try looking at the problem **from** my **angle**.* **4** the direction from which you look at something **угол зрения** *This is the same building photographed **from** different **angles**.* → See also **right angle**

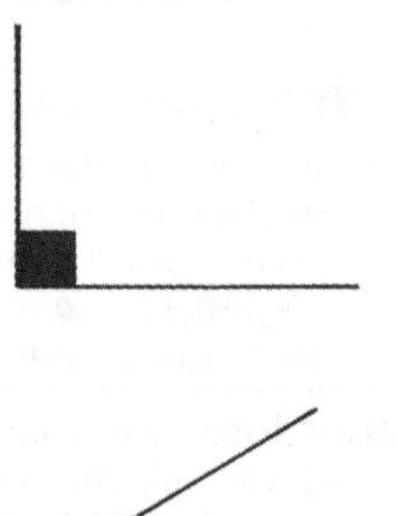

angle[2] /'æŋgl/ **verb** [T] to aim or turn something in a direction that is not horizontal or vertical **размещать/направлять под углом** *She angled a shot into the corner of the court.*

PHRASAL VERB **be angling for sth** to try to get something without asking for it in a direct way **закидывать удочку, зондировать почву** *Is he angling for an invitation?*

angler /'æŋgləʳ/ **noun** [C] someone who catches fish as a hobby or sport **рыболов**

Anglican /'æŋglɪkən/ **adjective** belonging or relating to the Church of England (= the official church in England) **англиканский**

• **Anglican noun** [C] **человек, принадлежащий к англиканской церкви**

angling /'æŋglɪŋ/ **noun** [U] the sport or hobby of catching fish **спортивное рыболовство**

Anglo- /æŋgləʊ-/ **prefix** of or connected with Britain or England **англо-** *Anglo-Indian, Anglo-Saxon*

angry /'æŋgri/ **adjective** A2 having a strong feeling against someone who has behaved badly, making you want to shout at them or hurt them **сердитый** *He's really **angry at/with** me for upsetting Sophie.* ◦ *I don't understand what he's **angry about**.*

• **angrily adverb** B1 **сердито**

> **Другие способы сказать angry**
>
> Если кто-то рассержен или недоволен, то его можно охарактеризовать как **annoyed** или **irritated**.
>
> *He was a bit **annoyed** with her for being late.*
>
> *I was **irritated** that he didn't thank me.*
>
> Если кто-то очень рассержен, то его можно охарактеризовать как **furious**, **irate** или **livid**.
>
> *My boss was **furious** with me.*
>
> *Hundreds of **irate** passengers have complained to the airline.*
>
> Если вы сердитесь на ребенка, то ваше состояние можно описать словом **cross**.
>
> *I'm **cross** with you for not telling me where you were going.*
>
> Выражение **up in arms** используется, когда люди рассержены чем-то, что они считают несправедливым.
>
> *Local people are **up in arms** over plans to close the local swimming pool.*
>
> Если кто-то испытывает неожиданный и сильный прилив злости, то можно употребить разговорное выражение **go crazy/mad**.
>
> *Dad **went crazy/mad** when he found out we'd broken the window.*

angst /æŋst/ **noun** [U] a strong feeling of worry and unhappiness **тоска** *teenage angst*

anguish /'æŋgwɪʃ/ **noun** [U] extreme suffering, especially mental suffering **страдание, мука** *It's the anguish of knowing that I can do nothing to help.*

• **anguished adjective** [always before noun] **страдающий** *anguished parents*

angular /'æŋgjʊləʳ/ **adjective** An angular shape or object has a lot of straight lines and sharp points. **угловатый** *an angular face*

animal[1] /'ænɪməl/ **noun** [C] **1** A1 something that lives and moves but is not a person, bird, fish, or insect **животное** *a wild animal* ◦ *She's a real animal lover.* **2** B2 anything that lives and moves, including people, birds, etc **живое существо** *Are humans the only animals to use language?* **3** informal a very cruel and violent person **зверь**

animal[2] /'ænɪməl/ **adjective** [always before noun] Animal qualities and feelings relate to your basic physical needs. **животный** *animal passion*

animate /'ænɪmət/ **adjective** formal alive **живой, одушевленный** → Opposite **inanimate**

A

animated /ˈænɪmeɪtɪd/ **adjective 1** showing a lot of interest and excitement **оживленный** *an animated conversation* **2** An animated film is one in which drawings and models seem to move. **мультипликационный**

animation /ˌænɪˈmeɪʃᵊn/ **noun 1** [U] interest and excitement **воодушевление** *She spoke with great animation.* **2** [C, U] an animated film, or the process of making animated films **мультфильм, мультипликация** ***computer animation***

animosity /ˌænɪˈmɒsəti/ **noun** [C, U] when someone hates or feels angry towards someone else **враждебность, злоба** *There is no* ***animosity between*** *the two teams.*

ankle /ˈæŋkl/ **noun** [C] B1 the part of your leg that is just above your foot **щиколотка** → See **The Body** on page Centre 13

annex[1] /əˈneks/ **verb** [T] to start to rule or control an area or country next to your own **присоединять**
• **annexation** /ˌænekˈseɪʃᵊn/ **noun** [C, U] **присоединение**

annex[2] (also UK **annexe**) /ˈæneks/ **noun** [C] a building that is joined to a larger one **пристройка**

annihilate /əˈnaɪəleɪt/ **verb** [T] **1** to destroy something completely **уничтожать** *a city annihilated by an atomic bomb* **2** informal to defeat someone very easily **уничтожать**
• **annihilation** /əˌnaɪəˈleɪʃᵊn/ **noun** [U] **уничтожение**

anniversary /ˌænɪˈvɜːsᵊri/ **noun** [C] B1 a date on which you remember or celebrate something that happened on that date one or more years ago **годовщина** *a* ***wedding anniversary*** ◦ ***the*** *40th* ***anniversary of*** *Kennedy's death* → See also **silver wedding anniversary**

> **Слова-партнеры к anniversary**
> the [10th/50th/500th, etc] anniversary of sth • commemorate/mark an anniversary • sb's wedding anniversary • anniversary celebrations

announce /əˈnaʊns/ **verb** [T] B1 to tell people about something officially or with force or confidence **объявлять, заявлять** *The company has* ***announced plans*** *to open six new stores.* ◦ [+ (that)] *Halfway through dinner, he announced that he was going out.*

> **Слова-партнеры к announcement**
> make an announcement • a formal/official/public announcement • an announcement about/on sth • an announcement by/from sb

announcement /əˈnaʊnsmənt/ **noun 1** [C] B1 something that someone says officially, giving information about something **заявление** *The Prime Minister* ***made*** *an unexpected* ***announcement*** *this morning.* **2** [no plural] when someone announces something **заявление, объявление**

announcer /əˈnaʊnsəʳ/ **noun** [C] someone who introduces programmes on the radio or television **диктор**

annoy /əˈnɔɪ/ **verb** [T] B1 to make someone slightly angry **раздражать, беспокоить** *He's always late and it's starting to annoy me.*

annoyance /əˈnɔɪəns/ **noun** [U] the feeling of being annoyed **раздражение** *He kept losing his keys,* ***much to the annoyance of*** (= which annoyed) *his wife.*

annoyed /əˈnɔɪd/ **adjective** B1 slightly angry **раздраженный** *I was a bit* ***annoyed with/at*** *Kathy for not coming.*

annoying /əˈnɔɪɪŋ/ **adjective** B1 making you feel annoyed **неприятный, раздражающий** *an annoying habit/cough*

annual[1] /ˈænjuəl/ **adjective 1** B1 happening or produced once a year **ежегодный** *an* ***annual meeting/report*** **2** measured over a period of one year **годовой** *annual rainfall*
• **annually adverb** B2 **ежегодно**

annual[2] /ˈænjuəl/ **noun** [C] **1** a plant which grows, produces seed, and dies within one year **однолетнее растение 2** a book produced every year containing new information about the same subject **ежегодник**

annulment /əˈnʌlmənt/ **noun** [C, U] formal when a court says officially that a marriage or agreement does not now exist and was never legal **аннулирование**

anomaly /əˈnɒməli/ **noun** [C] formal something that is unusual or that does not seem right **аномалия** *There are some anomalies in the data.*

anonymity /ˌænəˈnɪməti/ **noun** [U] when someone's name is not given or known **анонимность** *She agreed to speak to a journalist but* ***requested anonymity.***

anonymous /əˈnɒnɪməs/ **adjective** not giving a name **анонимный** *an anonymous phone call* ◦ *The winner has asked to* ***remain anonymous.***
• **anonymously adverb анонимно**

anorak /ˈænᵊræk/ **noun** [C] UK **1** a jacket with a hood (= part that covers your head) that protects you from rain and cold **анорак 2** humorous a boring person who is too interested in the details of a hobby and who is not good in social situations **человек, помешанный на чем-либо**

anorexia /ˌænᵊrˈeksiə/ **noun** [U] (also **anorexia nervosa** /ænᵊrˈeksiənɜːˈvəʊsə/) a mental illness in which someone refuses to eat and becomes very thin **анорексия**

anorexic /ˌænᵊrˈeksɪk/ **adjective** having the illness anorexia **страдающий анорексией**
• **anorexic noun** [C] **анорексик**

another /əˈnʌðəʳ/ **pronoun, determiner 1** A2 one more person or thing, or an additional amount **еще один** *Would you like another piece of cake?* ◦ *We can fit another person in my car.*

2 A2 a different person or thing **другой** *I'm going to look for another job.* ◦ *This one's slightly damaged – I'll get you another.*

answer[1] /ˈɑːnsəʳ/ **verb 1** [I, T] A1 to speak or write back to someone who has asked you a question or spoken to you **отвечать** *I asked when she was leaving but she didn't answer.* ◦ *I must answer his letter.* **2** [I, T] A2 to open the door when someone has knocked on it or rung a bell **открывать дверь** *I knocked several times but no one answered.* **3** [I, T] A2 to pick up the telephone receiver (= part that you hold to your ear) when it rings **брать трубку (телефона)** *Could someone **answer the phone**?* **4** [T] B1 to write or say something as a reply to a question in a test or competition **отвечать**

PHRASAL VERBS **answer (sb) back** If a child answers back, they reply rudely to an adult. **грубить** • **answer for sth 1** to be responsible for something, or punished for something **отвечать за что-либо** *Do you think parents should have to answer for their children's behaviour?* **2 have a lot to answer for** to be the main cause of something bad which has happened **нести ответственность** *"Why is violent crime on the increase?" " Well, I think television has a lot to answer for."*

answer[2] /ˈɑːnsəʳ/ **noun** [C] **1** A1 what you say or write back to someone who has asked you a question or spoken to you **ответ** *I asked him if he was going but I didn't hear his answer.* ◦ *Please **give** me your **answer** by next week.* **2** A2 when someone answers the telephone or the door **ответ** [usually singular] *I rang the bell but there was no answer.* **3** B1 a way of solving a problem **решение** *It's a difficult situation and I don't know what the answer is.* **4** A2 the correct number or information given as a reply to a question in a test or competition **ответ** *Did you get the **answer to** Question 6?*

> **Слова-партнеры к answer**
>
> get/give/know/provide an answer • a correct/simple/wrong answer • the answer to sth

answerphone /ˈɑːnsəfəʊn/ **noun** [C] UK (UK/US **answering machine**) a machine that records your message if you telephone someone and they do not answer **автоответчик** *I left a message on her answerphone.*

ant /ænt/ **noun** [C] B1 a small, black or red insect that lives in groups on the ground **муравей** → See picture at **insect**

antagonism /ænˈtægᵊnɪzᵊm/ **noun** [U] feelings of strong disagreement or hate **вражда** *There's a history of **antagonism between** the two teams.*

antagonistic /ænˌtægᵊnˈɪstɪk/ **adjective** strongly disagreeing with someone or something **враждебный** *He's **antagonistic towards** critics.*

antagonize (also UK **-ise**) /ænˈtægᵊnaɪz/ **verb** [T] to make someone angry or unfriendly towards you **настраивать против себя** *He's antagonized colleagues by making changes without discussing them.*

the Antarctic /ænˈtɑːktɪk/ **noun** the very cold area around the South Pole **Антарктика**
• **Antarctic adjective** [always before noun] **антарктический** *Antarctic wildlife*

antelope /ˈæntɪləʊp/ **noun** [C] an animal like a large deer with long horns **антилопа**

antenatal /ˌæntiˈneɪtᵊl/ **adjective** [always before noun] UK (US **prenatal**) relating to pregnant women before their babies are born **предродовой** *an **antenatal class***

antenna /ænˈtenə/ **noun** [C] **1** (plural **antennae**) one of two long, thin parts on the head of an insect or sea creature, used for feeling things **усик, щупальце** **2** (plural **antennae, antennas**) US (UK **aerial**) a piece of metal that is used for receiving television or radio signals **антенна** → See **Car** on page Centre 7

anthem /ˈænθəm/ **noun** [C] a song chosen by a country or organization to be sung on special occasions **гимн** → See also **national anthem**

anthology /ænˈθɒlədʒi/ **noun** [C] a book which includes stories or poems written by different people **антология**

anthropology /ˌænθrəˈpɒlədʒi/ **noun** [U] the scientific study of human development and society or different societies **антропология**
• **anthropologist** /ˌænθrəˈpɒlədʒɪst/ **noun** [C] **антрополог** • **anthropological** /ˌænθrəpəˈlɒdʒɪkᵊl/ **adjective антропологический**

anti- /ænti-/ (US) /æntaɪ/ **prefix 1** opposed to or against **анти-, противо-** *anti-terrorist laws, anti-American protesters* **2** opposite of or preventing **анти-, противо-** *anti-clockwise movement, anti-lock brakes, anti-depressant drugs* → Compare **pro-**

antibiotic /ˌæntibaɪˈɒtɪk/ (US) /ˌæntaɪ-/ **noun** [C] a medicine which cures infections by destroying harmful bacteria **антибиотик** [usually plural] *He is **on antibiotics** for an ear infection.*

antibody /ˈæntiˌbɒdi/ **noun** [C] a substance produced in your blood to fight disease **антитело**

anticipate /ænˈtɪsɪpeɪt/ **verb** [T] to expect something, or to prepare for something before it happens **предвидеть** *to **anticipate** a **problem*** ◦ [+ that] *We anticipate that prices will fall next year.*

anticipation /ænˌtɪsɪˈpeɪʃᵊn/ **noun 1** [U] when you are waiting for something to happen, usually with excitement **ожидание, предвкушение** *The children were breathless **with anticipation**.* **2 in anticipation (of)** in preparation for something happening **в ожидании** *She's even decorated the spare room in anticipation of your visit.*

anticlimax /ˌæntiˈklaɪmæks/ (US) /ˌæntaɪ-/ **noun** [C, U] a disappointing experience, often one that you thought would be exciting before it happened or one that comes after a more exciting experience **разочарование** *After so much preparation, the party was a bit of an anticlimax.*

anti-clockwise /ˌænti'klɒkwaɪz/ **adjective, adverb** UK (US **counterclockwise**) in the opposite direction to the way the hands (= parts that point to the numbers) of a clock move **против часовой стрелки** *Turn the knob anti-clockwise.* → See picture at **clockwise**

antics /'æntɪks/ **noun** [plural] unusual or bad behaviour that entertains or annoys people **выходки** *He's well known for his antics on and off the tennis court.*

anti-depressant /ˌæntidɪ'presᵊnt/ Ⓤⓢ /ˌæntaɪ-/ **noun** [C] a medicine for people who are depressed (= severely unhappy) **антидепрессант**

antidote /'æntidəʊt/ **noun** [C] **1 antidote to sth** an activity that stops something bad from harming you **средство против чего-либо** *Exercise is the **best antidote** to stress.* **2** a substance that stops another substance from damaging your body **противоядие** *a deadly poison with no antidote*

anti-oxidant /ˌænti'ɒksɪdənt/ Ⓤⓢ /ˌæntaɪ-/ **noun** [C] **1** a substance that slows down the rate at which something decays because of oxidization (= combining with oxygen) **противоокислитель 2** a substance, for example a vitamin in food, that protects your body from damage **антиоксидант**

antipathy /æn'tɪpəθi/ **noun** [U] formal a strong feeling of dislike for someone **антипатия** *He is a private man with a deep **antipathy to/towards** the press.*

antiperspirant /ˌænti'pɜːspᵊrənt/ Ⓤⓢ /ˌæntaɪ-/ **noun** [C, U] a substance that prevents you from becoming wet under your arms when you are hot **антиперспирант**

antiquated /'æntɪkweɪtɪd/ **adjective** very old and not modern enough **устарелый** *an antiquated system*

antique /æn'tiːk/ **noun** [C] Ⓑ1 an object that is old, and often rare or beautiful **антиквариат** *His home is full of **valuable antiques**.* ◦ *an **antique shop***

• **antique adjective** Ⓑ1 **антикварный** *antique furniture/china*

antiquity /æn'tɪkwəti/ **noun 1** [U] formal the ancient past **античность** *the writers of antiquity* **2** [C] an ancient object **реликвия** [usually plural] *priceless Egyptian antiquities*

anti-Semitism /ˌænti'semɪtɪzᵊm/ Ⓤⓢ /ˌæntaɪ-/ **noun** [U] when someone hates Jewish people, or treats them in a cruel or unfair way **антисемитизм**

• **anti-Semitic** /ˌæntɪsɪ'mɪtɪk/ **adjective антисемитский**

antiseptic /ˌænti'septɪk/ **noun** [C, U] a substance that you put on an injury to prevent infection **антисептик**

• **antiseptic adjective антисептический** *antiseptic cream*

anti-social /ˌænti'səʊʃᵊl/ Ⓤⓢ /ˌæntaɪ-/ **adjective 1** Anti-social behaviour harms or upsets the people around you. **антиобщественный** *Increasingly, smoking is regarded as an anti-social habit.* **2** An anti-social person does not like being with other people. **необщительный**

anti-spam /ˌænti'spæm/ Ⓤⓢ /ˌæntaɪ-/ **adjective** [always before noun] used to stop people sending or receiving emails that are not wanted, especially advertisements **(направленный) против нежелательной почты** *anti-spam legislation*

anti-terrorist /ˌænti'terᵊrɪst/ Ⓤⓢ /ˌæntaɪ-/ **adjective** intended to prevent or reduce terrorism (= the use of violence for political purposes) **(направленный) против терроризма** ***anti-terrorist laws/legislation***

antithesis /æn'tɪθəsɪs/ **noun** [C] (plural **antitheses** /æn'tɪθəsiːz/) formal the exact opposite **противоположность** [usually singular] *She is slim and shy – **the antithesis of** her sister.*

anti-virus /ˌænti'vaɪərəs/ Ⓤⓢ /ˌæntaɪ-/ **adjective** [always before noun] produced and used to protect the main memory of a computer against infection by a virus **антивирусный** *anti-virus software/programs*

antler /'æntləʳ/ **noun** [C] a horn that looks like branches on the head of a male deer **олений рог**

anus /'eɪnəs/ **noun** [C] a hole where solid waste comes out of the body **анус**

anxiety /æŋ'zaɪəti/ **noun** [C, U] Ⓑ2 the feeling of being very worried **беспокойство** *That explains his **anxiety about** her health.*

> Слова-партнеры к **anxiety**
> a cause/source of anxiety • feelings/levels of anxiety • anxiety about/over sth

anxious /'æŋkʃəs/ **adjective 1** Ⓑ1 worried and nervous **волнующийся** *She's very **anxious about** her exams.* **2** Ⓑ2 wanting to do something or wanting something to happen **стремящийся** [+ to do sth] *He's anxious to get home.* ◦ [+ that] *I was anxious that no one else should know.*

• **anxiously adverb** Ⓑ2 **беспокойно** *We **waited anxiously** by the phone.*

any[1] strong /'eni/ weak /əni/ **pronoun, determiner 1** Ⓐ1 used in questions and negatives to mean 'some' **сколько-нибудь, нисколько, никто, ничто** *Is there any of that lemon cake left?* ◦ *I haven't seen any of his films.* ◦ *I asked Andrew for some change but he hasn't got any.* → See Note **some 2** Ⓐ1 one of or each of a particular kind of person or thing when it is not important which **любой** *Any advice that you can give me* *would be greatly appreciated. ◦ Any of those shirts would be fine.*

any² strong /ˈeni/ weak /əni/ **adverb** B1 used in questions and negatives to emphasize a comparative adjective or adverb **сколько-нибудь, нисколько, ничуть** *Do you feel any better? ◦ I can't walk any faster. ◦ She couldn't wait **any longer**.*

anybody /ˈeniˌbɒdi/ **pronoun** another word for anyone **кто-нибудь, каждый**

anyhow /ˈenihaʊ/ **adverb** (also **anyway**) **1** B2 used to give a more important reason for something that you are saying **все равно** *I don't need a car and I can't afford one anyhow.* **2** B2 despite that **все же** *He hates carrots but he ate them anyhow.* **3** B2 used when you are returning to an earlier subject **так или иначе** *Anyhow, as I said, I'll be away next week.* **4** used when you want to slightly change something that you have just said **по крайней мере** *Boys aren't horrible – not all of them anyhow!*

ˌany ˈmore (also **anymore**) **adverb** A2 If you do not do something or something does not happen any more, you have stopped doing it or it does not now happen. **больше** *This coat doesn't fit me any more.*

anyone /ˈeniwʌn/ **pronoun** (also **anybody**) **1** A2 used in questions and negatives to mean 'a person or people' **кто-нибудь** *I didn't know anyone at the party. ◦ Does **anyone else** (= another person/other people) want to come?* **2** B1 any person or any people **каждый** *Anyone can go – you don't have to be invited.*

anyplace /ˈenipleɪs/ **adverb** US anywhere **где-нибудь, куда-нибудь, нигде**

anything /ˈeniθɪŋ/ **pronoun** **1** A1 used in questions and negatives to mean 'something' **что-нибудь, ничего** *I haven't got anything to wear. ◦ Was there **anything else** (= another thing) you wanted to say?* **2** A1 any object, event, or situation **все что угодно** *We can do anything you like. ◦ Tom will eat anything.* **3 anything like** B2 used in questions and negatives to mean 'at all similar to' **похож** *Does he look anything like his brother?*

anyway /ˈeniweɪ/ **adverb** (also **anyhow**) (also US spoken **anyways**) **1** B1 used to give a more important reason for something that you are saying **все равно** *We can drive you to the station – we go that way anyway.* **2** A2 despite that **все же** *He hates carrots but he ate them anyway.* **3** A2 used when you are returning to an earlier subject **так или иначе** *Anyway, as I said, I'll be away next week.* **4** used when you want to slightly change something that you have just said **по крайней мере** *Boys aren't horrible – not all of them anyway!*

anywhere /ˈeniweəʳ/ **adverb** (also US **anyplace**) **1** A2 in or to any place **где-нибудь, куда-нибудь, нигде** *Just sit anywhere. ◦ I couldn't find a post office anywhere.* **2** A2 used in questions and negatives to mean 'a place' **где-нибудь, куда-нибудь, негде** *He doesn't have anywhere to stay. ◦ Is there **anywhere else** you'd like to visit while you're here?* **3 anywhere near sth** used in questions and negatives to mean 'close to being or doing something' **далеко не** *The house isn't anywhere near ready.*

IDIOM **not get anywhere** informal B2 to not make any progress **ничего не добиться** *I tried discussing the problem with her but I didn't get anywhere.*

apart /əˈpɑːt/ **adverb** **1** B1 separated by a space or period of time **врозь, через** *Stand with your feet wide apart. ◦ Our kids were born just eighteen months apart.* **2** B2 into separate, smaller pieces **на части** *My jacket is **coming/falling apart**.* **3 apart from a** B1 except for **за исключением** *Apart from Jodie, who hurt her leg, all the children were fine.* **b** B1 in addition to **помимо** *He works a ten-hour day and that's apart from the work he does at the weekend.*

apartheid /əˈpɑːtaɪt/ **noun** [U] in the past in South Africa, a political system in which white people had power over black people and made them live separately **апартеид**

apartment /əˈpɑːtmənt/ **noun** [C] mainly US A2 a set of rooms for someone to live in on one level of a building or house **квартира**

aˈpartment ˌbuilding **noun** [C] US a building which is divided into apartments **многоквартирный дом**

apathetic /ˌæpəˈθetɪk/ **adjective** not interested in anything or willing to change things **равнодушный** *Young people today are so apathetic about politics.*

apathy /ˈæpəθi/ **noun** [U] when someone is not interested in anything or willing to change things **равнодушие**

ape /eɪp/ **noun** [C] a hairy animal like a monkey but with no tail and long arms **обезьяна**

ape

aperitif /əˌperəˈtiːf/ **noun** [C] a small alcoholic drink before a meal **аперитив**

aperture /ˈæpətʃəʳ/ **noun** [C] a small hole, especially one that allows light into a camera **отверстие**

apex /ˈeɪpeks/ **noun** [C] the highest part of a shape **вершина** *the apex of a pyramid*

apiece /əˈpiːs/ **adverb** each **каждый** *Dolls from this period sell for £300 apiece.*

the apocalypse /əˈpɒkəlɪps/ **noun** in some religions, the final destruction of the world **апокалипсис**

apocalyptic /əˌpɒkəˈlɪptɪk/ **adjective** showing or describing the destruction of the world

апокалипсический *an apocalyptic vision of the future*

apologetic /əˌpɒləˈdʒetɪk/ **adjective** showing or saying that you are sorry about something **извиняющийся** *an apologetic smile* ◦ *She was very **apologetic about** missing the meeting.*

apologize (also UK **-ise**) /əˈpɒlədʒaɪz/ **verb** [I] B1 to tell someone that you are sorry about something you have done **извиняться** *The bank **apologized for** the error.* ◦ *The pilot **apologized to** passengers for the delay.*

apology /əˈpɒlədʒi/ **noun** [C, U] B1 something you say or write to say that you are sorry about something you have done **извинение** *I have an **apology** to **make** to you – I opened your letter by mistake.* ◦ *a letter of apology*

> **Слова-партнеры к apology**
>
> **demand/make/owe sb/receive** an apology • **accept** sb's apology • **make no apology for** (doing) sth • a **formal/full/public** apology • an apology **for** sth • an apology **to** sb

apostle /əˈpɒsl/ **noun** [C] one of the twelve men chosen by Jesus Christ to teach people about Christianity **апостол**

apostrophe /əˈpɒstrəfi/ **noun** [C] **1** B2 a mark (') used to show that letters or numbers are absent **апостроф** *I'm (= I am) hungry.* ◦ *I graduated in '98 (= 1998).* **2** B2 a punctuation mark (') used before the letter 's' to show that something belongs to someone or something **апостроф** *I drove my brother's car.* → See Study Page **Punctuation** on page Centre 33

appal /əˈpɔːl/ **verb** [T] UK (US **appall**) (present participle **appalling**, past tense and past participle **appalled**) to make someone extremely shocked or upset **приводить в ужас** *The amount of violence on television appals me.* ◦ *We were **appalled at/by** her behaviour.*
• **appalled adjective потрясенный**

appalling /əˈpɔːlɪŋ/ **adjective** **1** shocking and very unpleasant **ужасающий** *Many live in appalling conditions.* ◦ *appalling injuries* **2** very bad **ужасный** *appalling behaviour/weather*
• **appallingly adverb ужасно**

apparatus /ˌæpərˈeɪtəs/ US /ˌæpəˈrætəs/ **noun** [C, U] (plural **apparatus**, **apparatuses**) a set of equipment or tools used for a particular purpose **аппаратура** *The diver wore breathing apparatus.*

apparel /əˈpærəl/ **noun** [U] mainly US clothes **одежда** *children's/women's apparel*

apparent /əˈpærənt/ **adjective** **1** B2 obvious or easy to notice **очевидный, видимый** [+ that] *It soon became apparent that she had lost interest in the project.* ◦ *Suddenly, **for no apparent reason** (= without a reason), he started screaming and shouting.* **2** [always before noun] seeming to exist or be true **явный** *I was a little surprised by her apparent lack of interest.*

apparently /əˈpærəntli/ **adverb** **1** B2 used to say that you have read or been told something although you are not certain it is true **говорят, что ...** *Apparently it's going to rain today.* **2** B2 used to say that something seems to be true, although it is not certain **на первый взгляд** *There were two apparently unrelated deaths.*

apparition /ˌæpərˈɪʃən/ **noun** [C] literary a ghost **призрак**

appeal[1] /əˈpiːl/ **noun** **1** [C] when a lot of people are asked to give money, information, or help **призыв** *The appeal raised over £2 million for AIDS research.* **2** [U] B2 the quality in someone or something that makes them attractive or enjoyable **привлекательность** *I've never understood the appeal of skiing.* **3** [C] a request to a court of law to change a previous legal decision **апелляция** *He won his **appeal against** his jail sentence.*

> **Слова-партнеры к appeal**
>
> **issue/launch/make** an appeal • an appeal **for** sth

appeal[2] /əˈpiːl/ **verb** [I] **1** to strongly request something, often publicly **обращаться с призывом** *The police have **appealed for** more information.* ◦ *They **appealed to** the commission to keep the hospital open.* **2** B2 to attract or interest someone **привлекать** *Cycling has never **appealed to** me.* **3** to formally ask someone to change an official or legal decision **апеллировать** *He is **appealing against** a ten-year prison sentence.*

appealing /əˈpiːlɪŋ/ **adjective** attractive or interesting **привлекательный** *The idea of living in Paris is very appealing.*
• **appealingly adverb обаятельно**

appear /əˈpɪər/ **verb** [I] **1** B1 to seem to be a particular thing or have a particular quality **казаться** *He appeared calm and relaxed.* ◦ *She **appeared to be** crying.* ◦ [+ (that)] ***It appears** that we were wrong about him.* **2** B1 to start to be seen **появляться** *He suddenly appeared in the doorway.* ◦ *Then a bright light appeared in the sky.* → Opposite **disappear** **3** B2 to start to exist or become available **появляться** *Laptop computers first appeared in the 1990s.* ◦ *The story appeared in all the major newspapers.* **4 appear in/at/on, etc** B1 to perform in a film, play, etc, or be seen in public **появляться в (фильме, пьесе)/на (публике)** *She appears briefly in the new Bond film.*

appearance /əˈpɪərəns/ **noun** **1** [C] B2 an occasion when someone appears in public **появление** *a television/**public appearance*** ◦ *He **made** two **appearances** during his brief visit.* **2** [no plural] B1 the way a person or thing looks **внешность** *She's very concerned with her appearance.* **3** [no plural] when you arrive somewhere or can be seen somewhere **появление** *Her appearance at the party was a surprise.* → Opposite **disappearance** **4** [no plural] B2 when something starts to exist or becomes available

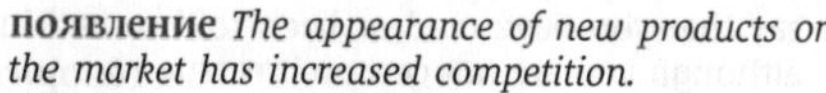

A

появление *The appearance of new products on the market has increased competition.*

appease /ə'pi:z/ **verb** [T] to avoid more arguments by doing what someone wants **умиротворять**

• **appeasement noun** [U] **умиротворение**

appendicitis /əˌpendɪ'saɪtɪs/ **noun** [U] an illness in which your appendix becomes larger than usual and painful **аппендицит**

appendix /ə'pendɪks/ **noun** [C] **1** (plural **appendixes**) a small tube-shaped part inside the body below the stomach, attached to the large intestine **аппендикс 2** (plural **appendices**) a separate part at the end of a book, article, etc which contains extra information **приложение**

appetite /'æpɪtaɪt/ **noun 1** [C, U] the feeling that makes you want to eat **аппетит** *All that walking has* ***given*** *me an* ***appetite.*** **2 an appetite for sth** when you want something very much **жажда** *his appetite for adventure* **3 whet sb's appetite** to make someone want more of something **возбуждать аппетит**

> Слова-партнеры к **appetite**
>
> **give sb /have** an appetite • **lose** your appetite • a **good/healthy/huge** appetite • **loss of** appetite

appetizer /'æpɪtaɪzəʳ/ **noun** [C] US (UK **starter**) something that you eat as the first part of a meal **закуска**

appetizing (also UK **-ising**) /'æpɪtaɪzɪŋ/ **adjective** If food is appetizing, it looks or smells as if it will taste good. **аппетитный**

applaud /ə'plɔ:d/ **verb 1** [I, T] to clap your hands to show that you have enjoyed a performance, talk, etc **аплодировать** *The audience applauded loudly.* **2** [T] formal to approve of or admire something **приветствовать** *Most people will surely applaud the decision.*

applause /ə'plɔ:z/ **noun** [U] when people make a noise by clapping their hands to show they have enjoyed or approve of something **аплодисменты** *There was loud applause at the end of her speech.*

apple /'æpl/ **noun** [C] A1 a hard, round fruit with a green or red skin **яблоко** → See **Fruits and Vegetables** on page Centre 10 → See also **Adam's apple**

apple

applet /'æplət/ **noun** [C] a small computer program that is automatically copied on to a computer when you look at a document that needs this program to make it work **апплет, прикладная мини-программа**

appliance /ə'plaɪəns/ **noun** [C] a piece of electrical equipment with a particular purpose in the home **бытовой прибор** *fridges, radios, and other* ***electrical appliances***

applicable /ə'plɪkəbl/ **adjective** affecting or relating to a person or situation **применимый** *This law is only* ***applicable to*** *people living in Europe.*

applicant /'æplɪkənt/ **noun** [C] someone who asks for something officially, often by writing **претендент** *There were over fifty* ***applicants for*** *the job.*

application /ˌæplɪ'keɪʃən/ **noun 1** [C] B1 an official request for something, usually in writing **заявление** *an* ***application for*** *a bank loan* **2** [C, U] a way in which something can be used for a particular purpose **применение** *This technology has many practical applications.* **3** [C] B2 a computer program designed for a particular purpose **прикладная компьютерная программа**

appli'cation ˌform noun [C] a form that you use to officially ask for something, for example a job **бланк заявления**

applied /ə'plaɪd/ **adjective applied mathematics/science, etc** mathematics, science, or another subject which is studied for a practical use **прикладная математика/наука и т. д.**

apply /ə'plaɪ/ **verb 1** [I] B1 to ask officially for something, often by writing **подавать заявление** *I've* ***applied for*** *a job.* ◦ *He has* ***applied to*** *several companies.* **2** [I] B2 to affect or relate to a particular person or situation **применять(ся)** *This law only* ***applies to*** *married people.* **3** [T] to use something in a particular situation **применять** *The same method can be* ***applied to*** *other situations.* **4** [T] to spread a substance on a surface **накладывать (грим и т. д.)** *Apply the cream daily until the symptoms disappear.* **5 apply yourself** to work hard **выкладываться** *If he doesn't apply himself, he'll never pass his exams.*

appoint /ə'pɔɪnt/ **verb** [T] to officially choose someone for a job **назначать** *He was* ***appointed as*** *company director last year.*

appointed /ə'pɔɪntɪd/ **adjective appointed date/time/place, etc** the date, time, place, etc that has been chosen for something to happen **назначенная дата/условленное место/время и т. д.**

appointment /ə'pɔɪntmənt/ **noun 1** [C] A2 a time you have arranged to meet someone or go somewhere **прием, встреча** *a doctor's/dental appointment* ◦ *I* ***made*** *an* ***appointment*** *with my hairdresser for next Monday.* **2** [C, U] when you officially choose someone for an important job, or the job itself **назначение** *the appointment of three new teachers*

> Слова-партнеры к **appointment**
>
> **have/make** an appointment • **cancel/keep/miss** an appointment • an appointment **with** sb

apportion /ə'pɔ:ʃən/ **verb** [T] formal **1** to choose how much of something a person or each person should have **распределять** **2 apportion blame/responsibility** to say who was responsible for something bad that happened **разделять вину/ответственность**

appraisal /əˈpreɪzəl/ **noun** [C, U] **1** when you examine someone or something and judge how good or successful they are **оценка** *a critical appraisal* **2** a meeting where the manager of an employee talks to them about the quality of their work **оценка выполнения работы сотрудником** *an appraisal scheme*

appraise /əˈpreɪz/ **verb** [T] to examine something and judge it **оценивать** *We need to stop and appraise the situation.*

appreciable /əˈpriːʃəbl/ **adjective** formal large or important enough to be noticed **существенный** *There's an* ***appreciable difference*** *in temperatures between the two regions.*

appreciate /əˈpriːʃieɪt/ **verb** **1** [T] **B2** to understand how good something or someone is and be able to enjoy them **ценить** *There's no point buying him expensive wines – he doesn't appreciate them.* **2** [T] **B2** to feel grateful for something **быть признательным** *I'd really appreciate your help.* **3** [T] to understand something about a situation, especially that it is complicated or difficult **понимать** [+ (that)] *I appreciate that it is a difficult decision for you to make.* **4** [I] formal to increase in value **повышаться в цене** *Houses and antiques generally appreciate with time.*

appreciation /əˌpriːʃiˈeɪʃən/ **noun** [U] **1** **B2** when you understand how good something or someone is and are able to enjoy them **тонкое восприятие** *His* ***appreciation of*** *art increased as he grew older.* **2** when you feel grateful for something **признательность** *To show our appreciation, we've bought you a little gift.* **3** when you understand something about a situation, especially that it is complicated or difficult **понимание** *He has no* ***appreciation of*** *the size of the problem.* **4** formal an increase in value **повышение ценности**

appreciative /əˈpriːʃiətɪv/ **adjective** showing that you understand how good something is, or are grateful for something **признательный** *an appreciative audience*
• **appreciatively** **adverb** **признательно, благодарно**

apprehend /ˌæprɪˈhend/ **verb** [T] formal If the police apprehend someone, they catch them and take them away to ask them about a crime which they might have committed. **задерживать**

apprehension /ˌæprɪˈhenʃən/ **noun** [U] an anxious feeling about something that you are going to do **волнение** *It's normal to feel a little apprehension before starting a new job.*

apprehensive /ˌæprɪˈhensɪv/ **adjective** feeling anxious about something that you are going to do **испытывающий тревогу** *He's a bit* ***apprehensive about*** *living away from home.*

apprentice /əˈprentɪs/ **noun** [C] a person who is learning a job by working for someone who already has skills and experience **ученик**

apprenticeship /əˈprentɪʃɪp/ **noun** [C, U] when someone learns the skills needed to do a job by working for someone who already has skills and experience **ученичество**

approach[1] /əˈprəʊtʃ/ **noun** **1** [C] **B2** a way of doing something **подход** *Liam has a different* ***approach to*** *the problem.* ◦ *We've decided to* ***adopt/take*** *a new* ***approach.*** **2** [C] when you speak or write to someone, often asking to buy something or offering them work **обращение** **3** [U] **B2** when something or someone gets nearer, in distance or time **приближение** *the approach of winter* **4** [C] a path or route that leads to a place **подступ**

approach[2] /əˈprəʊtʃ/ **verb** **1** [I, T] **B1** to come close in distance or time **приближаться** *The train now approaching platform 2 is the 5.35 to London, Kings Cross.* ◦ *Christmas is fast approaching.* **2** [T] **B2** to deal with something **браться, взяться** *I'm not sure how to approach the problem.* **3** [T] to speak or write to someone, often asking to buy something or offering them work **обращаться** *She's been approached by a modelling agency.*

approachable /əˈprəʊtʃəbl/ **adjective** friendly and easy to talk to **доступный**

appropriate[1] /əˈprəʊpriət/ **adjective** **B2** suitable or right for a particular situation or person **подходящий** *Is this film* ***appropriate for*** *young children?* → Opposite **inappropriate**
• **appropriately** **adverb** **B2** **соответствующим образом** *appropriately dressed*

appropriate[2] /əˈprəʊprieɪt/ **verb** [T] formal to take or steal something **присваивать**
• **appropriation** /əˌprəʊpriˈeɪʃən/ **noun** [U] **незаконное присвоение, кража**

approval /əˈpruːvəl/ **noun** [U] **1** **B2** when you think that something or someone is good or right **одобрение** *I don't need his approval.* → Opposite **disapproval** **2** **B2** official permission **утверждение** *The project has now* ***received approval*** *from the government.*

> Слова-партнеры к **approval**
>
> gain/get/win/receive/seek approval • formal/full approval • approval for sth

approve /əˈpruːv/ **verb** **1** [T] **B1** to allow or officially agree to something **утверждать** *The council has* ***approved plans*** *for a new shopping centre.* **2** [I] **B2** to think that something is good or right **одобрять** *I don't* ***approve of*** *smoking.* → Opposite **disapprove**

approving /əˈpruːvɪŋ/ **adjective** showing that you think something is good or right **одобрительный** *an approving smile* → Opposite **disapproving**
• **approvingly** **adverb** **одобряюще**

approx written abbreviation for approximately **приблизительно**

approximate¹ /ə'prɒksɪmət/ **adjective** B2 not completely accurate but close **приблизительный** *Do you have an approximate idea of when he's arriving?*

approximate² /ə'prɒksɪmeɪt/ **verb** [T] (also **approximate to**) to be almost the same as something **приближаться**
• **approximation** /əˌprɒksɪ'meɪʃən/ **noun** [C, U] **приближение**

approximately /ə'prɒksɪmətli/ **adverb** B1 close to a particular number or time although not exactly that number or time **приблизительно** *The college has approximately 700 students.*

Apr written abbreviation for April **апрель**

apricot /'eɪprɪkɒt/ **noun** [C] a small, soft, orange fruit **абрикос**

April /'eɪprəl/ **noun** [C, U] (written abbreviation **Apr**) A1 the fourth month of the year **апрель**

ˌApril 'Fool's Day noun 1 April, a day when people play tricks on people, then say 'April fool!' **1 апреля**

apron /'eɪprən/ **noun** [C] a piece of clothing you wear when cooking to keep your clothes clean **фартук**

apt /æpt/ **adjective** **1** suitable for a particular situation **уместный** *an **apt description*** **2 be apt to do sth** to often do something **быть склонным** *He's apt to forget his keys.*
• **aptly adverb уместно**

aptitude /'æptɪtjuːd/ **noun** [C, U] a natural skill or an ability to do something well **склонность** *He has an **aptitude for** learning languages.* ◦ *an **aptitude test***

> Слова-партнеры к **aptitude**
> have/show an aptitude for (doing) sth • a natural aptitude • an aptitude test

aquarium /ə'kweəriəm/ **noun** [C] **1** a building where fish and other water animals are kept for people to visit **аквариум** **2** a glass container filled with water that fish are kept in **аквариум**

Aquarius /ə'kweəriəs/ **noun** [C, U] the sign of the zodiac which relates to the period of 21 January – 19 February, or a person born during this period **Водолей** → See picture at **zodiac**

aquatic /ə'kwætɪk/ **adjective** living or growing in water, or related to water **водный, водяной** *aquatic animals*

Arab /'ærəb/ **adjective** relating or belonging to the people of the Middle East or North Africa whose families came from Arabia in the past **арабский** *Arab countries*
• **Arab noun** [C] an Arab person **араб**

Arabic /'ærəbɪk/ **noun** [U] the language used by Arab peoples **арабский язык**
• **Arabic adjective арабский**

arable /'ærəbl/ **adjective** suitable for or used for growing crops **пахотный** *arable land/farming*

arbiter /'ɑːbɪtəʳ/ **noun** [C] **1** someone who judges what is right or helps to solve an argument **арбитр** **2 arbiter of fashion/style/taste, etc** someone who decides what is beautiful or stylish **законодатель моды/стиля/вкуса и т. д.**

arbitrary /'ɑːbɪtrəri/ **adjective** not based on a system or principles and often seeming unfair **произвольный** *an **arbitrary decision***
• **arbitrarily** /ˌɑːbɪ'treərəli/ **adverb произвольно**

arbitrate /'ɑːbɪtreɪt/ **verb** [I, T] to officially help to solve an argument between two people or groups **выносить третейское решение**
• **arbitrator noun** [C] **третейский судья**

arbitration /ˌɑːbɪ'treɪʃən/ **noun** [U] the process of solving an argument between people by helping them to agree to an acceptable solution **третейский суд**

arc /ɑːk/ **noun** [C] a curved line that looks like part of a circle **дуга**

arcade /ɑː'keɪd/ **noun** [C] **1** a place where you can pay to play games on machines **галерея игровых автоматов** *an amusement arcade* **2** a passage, especially between shops, that is covered by a roof **пассаж (с магазинами)** *a shopping arcade*

arch

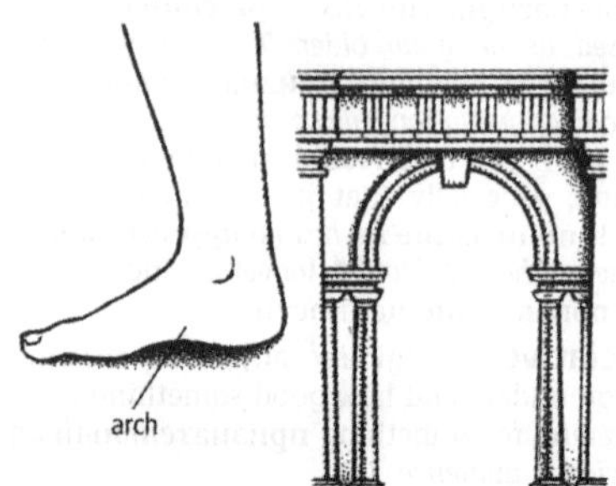

arch¹ /ɑːtʃ/ **noun** [C] **1** a curved structure that usually supports something, for example a bridge or wall **арка** **2** the curved, middle part of your foot that does not touch the ground **свод стопы**

arch² /ɑːtʃ/ **verb** [I, T] to be a curved shape or make something become a curved shape **возвышаться сводом, изгибать дугой** *The bridge arched over the river.*

archaeologist (also US **archeologist**) /ˌɑːki'ɒlədʒɪst/ **noun** [C] someone who studies archaeology **археолог**

archaeology (also US **archeology**) /ˌɑːki'ɒlədʒi/ **noun** [U] the study of ancient cultures by

looking for and examining their buildings, tools, and other objects **археология**
• **archaeological** (also US **archeological**) /ˌɑːkiəˈlɒdʒɪkəl/ **adjective археологический**

archaic /ɑːˈkeɪɪk/ **adjective** very old and often not suitable for today **устарелый** *an archaic law*

archbishop /ˌɑːtʃˈbɪʃəp/ **noun** [C] a priest of the highest rank in some Christian churches, responsible for a very large area **архиепископ** *Archbishop Desmond Tutu*

archeologist /ˌɑːkiˈɒlədʒɪst/ **noun** [C] another US spelling of archaeologist **археолог**

archeology /ˌɑːkiˈɒlədʒi/ **noun** [U] another US spelling of archaeology **археология**

archery /ˈɑːtʃəri/ **noun** [U] a sport in which you shoot arrows **стрельба из лука**

architect /ˈɑːkɪtekt/ **noun** [C] (B1) someone who designs buildings **архитектор**

architecture /ˈɑːkɪtektʃər/ **noun** [U] **1** (B1) the design and style of buildings **архитектура** ***modern architecture*** **2** (B1) the skill of designing buildings **архитектура**
• **architectural** /ˌɑːkɪˈtektʃərəl/ **adjective архитектурный**

archive¹ /ˈɑːkaɪv/ **noun** [C] **1** a collection of historical documents that provides information about the past, or a place where they are kept **архив** *the national archives* **2** a place on a computer used to store information or documents that you do not need to use often **архив**

archive² /ˈɑːkaɪv/ **verb** [T] to store paper or electronic documents in an archive **архивировать, помещать в архив**

the Arctic /ˈɑːktɪk/ **noun** the very cold area around the North Pole **Арктика**
• **Arctic adjective арктический** *Arctic temperatures*

ardent /ˈɑːdənt/ **adjective** [always before noun] enthusiastic or showing strong feelings **страстный, ревностный** *an* ***ardent supporter*** *of Arsenal*
• **ardently adverb страстно**

> **Слова-партнеры к ardent**
> an ardent admirer/fan/supporter

arduous /ˈɑːdjuəs/ **adjective** needing a lot of effort to do **трудный** *an* ***arduous journey/task***

are strong /ɑːr/ weak /ər/ present simple you/we/they of be **2-е л. ед. ч. и мн. ч. наст. вр. гл. be**

area /ˈeəriə/ **noun 1** [C] (A2) a region of a country or city **район** *an industrial area ◦ a mountainous area ◦ the London area* **2** [C] (B1) a part of a building or piece of land used for a particular purpose **площадка, место** *a* ***play/picnic area*** **3** [C] (B2) a part of a subject or activity **область** *Software is not really my area of expertise.* **4** [C, U] the size of a flat surface calculated by multiplying its width by its length **площадь** → See also **catchment area, no-go area**

area ˌcode noun [C] a set of numbers used at the beginning of all the telephone numbers in a particular area **телефонный код**

arena /əˈriːnə/ **noun 1** [C] a flat area with seats around where you can watch sports and other entertainments **арена** *an Olympic/sports arena* **2 in the political/public, etc arena** involved in politics/the government, etc **на политическом/общественном и т. д. поприще**

aren't /ɑːnt/ **1** short for are not **сокращ. от are not** *We aren't going to the party.* **2 aren't I?** short for am I not? **сокращ. от am I not?** *I am invited, aren't I?*

arguable /ˈɑːgjuəbl/ **adjective 1 It is arguable that** it is possibly true that **можно утверждать, что ...** *It is arguable that the government has failed in this respect.* **2** If something is arguable, it is not certain if it is true. **спорный** ***It is arguable whether*** *this method would even have succeeded.*

arguably /ˈɑːgjuəbli/ **adverb** possibly **возможно** *He's arguably the greatest footballer in the world.*

argue /ˈɑːgjuː/ **verb** (present participle **arguing**, past tense and past participle **argued**) **1** [I] (B1) to speak angrily to someone, telling them that you disagree with them **спорить** *My parents are always* ***arguing about*** *money. ◦ Kids, will you stop* ***arguing with*** *each other?* **2** [I, T] (B2) to give reasons to support or oppose an idea, action, etc **приводить доводы** [+ that] *He argued that cuts in military spending were necessary. ◦ She* ***argued for/against*** *tax cuts.*

argument /ˈɑːgjəmənt/ **noun** [C] **1** (B1) an angry discussion with someone in which you both disagree **спор** *They* ***had*** *an* ***argument*** *about who should do the cleaning.* **2** (B2) a reason or reasons why you support or oppose an idea, action, etc **довод** *There are many* ***arguments for/against*** *nuclear energy.*

> **Слова-партнеры к argument**
> have an argument • an argument about/over sth • a heated/violent argument

argumentative /ˌɑːgjəˈmentətɪv/ **adjective** often arguing or wanting to argue **любящий поспорить**

aria /ˈɑːriə/ **noun** [C] a song that one person sings in an opera **ария**

arid /ˈærɪd/ **adjective** very dry and without enough rain for plants **засушливый** *an arid region/climate*

Aries /ˈeəriːz/ **noun** [C, U] the sign of the zodiac which relates to the period of 21 March – 20 April, or a person born during this period **Овен** → See picture at **zodiac**

arise /əˈraɪz/ **verb** [I] (past tense **arose**, past participle **arisen**) **1** If a problem arises, it starts to happen. **возникать** *The whole problem* ***arose from*** *a lack of communication.* **2** literary to get up, usually from a bed **вставать (с постели)**

aristocracy /ˌærɪˈstɒkrəsi/ **noun** [group] the

highest social class, usually in countries which have or had a royal family **аристократия**

aristocrat /ˈærɪstəkræt/ **noun** [C] a member of the highest social class **аристократ**
• **aristocratic** /ˌærɪstəˈkrætɪk/ **adjective аристократический** *an aristocratic family*

arithmetic /əˈrɪθmətɪk/ **noun** [U] when you calculate numbers, for example by multiplying or adding **арифметика**

arm¹ /ɑːm/ **noun 1** [C] **A1** the long part at each side of the human body, ending in a hand **рука** *He put his arms around her.* ◦ *She was standing with her arms folded (= with one arm crossed over the other).* → See **The Body** on page Centre 13 **2 arm in arm** with your arm gently supporting or being supported by someone else's arm **под руку 3** [C] the part of a piece of clothing that you put your arm in **рукав 4** [C] the part of a chair where your arm rests **подлокотник**

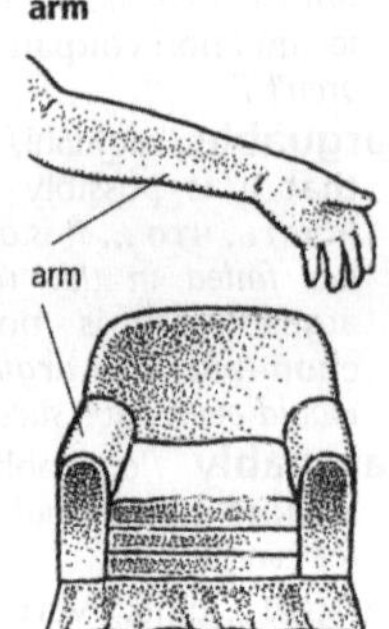

IDIOM **twist sb's arm** informal to persuade someone to do something **выкручивать руки**

→ See also **arms**

arm² /ɑːm/ **verb** [T] to give weapons to someone **вооружать** *The terrorists had **armed** themselves **with** automatic rifles.* → Opposite **disarm**

armaments /ˈɑːməmənts/ **noun** [plural] military weapons and equipment **вооружение** *nuclear armaments*

armband /ˈɑːmbænd/ **noun 1** [C] a strip of material worn around your upper arm **нарукавная повязка** *a black/reflective armband* **2 armbands** UK two plastic tubes that you fill with air and wear round the top of your arms when you are learning to swim **нарукавники для обучения плаванию**

armchair /ˈɑːmˌtʃeəʳ/ **noun** [C] **A2** a comfortable chair with sides that support your arms **кресло** → See **The Living Room** on page Centre 4

armed /ɑːmd/ **adjective 1 B2** carrying or using weapons **вооруженный** ***armed guards/police*** ◦ *an **armed robbery** (= robbery where guns are used)* → Opposite **unarmed 2 armed with sth** carrying or knowing something that will be useful **вооруженный чем-либо** *I like to go to a meeting armed with the relevant facts.*

the ˌarmed ˈforces noun [plural] (also **the ˌarmed ˈservices**) a country's military forces, for example the army and the navy **вооруженные силы**

armful /ˈɑːmfʊl/ **noun** [C] the amount that you can carry in your arms **охапка** *an armful of books*

armistice /ˈɑːmɪstɪs/ **noun** [C] an agreement to stop fighting that is made between two countries **перемирие**

armour UK (US **armor**) /ˈɑːməʳ/ **noun** [U] metal clothing which soldiers wore in the past to protect them when fighting **доспехи** *a suit of armour*

armoured UK (US **armored**) /ˈɑːməd/ **adjective** covered with a protective layer of metal **бронированный** *an armoured vehicle*

armpit /ˈɑːmpɪt/ **noun** [C] the part of your body under your arm, where your arm meets your shoulder **подмышка** → See **The Body** on page Centre 13

arms /ɑːmz/ **noun** [plural] weapons **оружие** *the sale of arms*

IDIOM **be up in arms** to be very upset and angry about something **быть возмущенным** *Local residents are up in arms over plans to close the swimming pool.*

army /ˈɑːmi/ **noun** [C] **1 B1** a military force that fights wars on the ground **армия** *the British Army* **2** a group of people that is organized to do the same job **армия** *an army of cleaners/helpers*

> **Слова-партнеры к army**
> join the army • be in the army

aroma /əˈrəʊmə/ **noun** [C] a nice smell that usually comes from food or drink **аромат** *the aroma of freshly baked bread*
• **aromatic** /ˌærəʊˈmætɪk/ **adjective** having a nice smell **душистый** ***aromatic herbs***

aromatherapy /əˌrəʊməˈθerəpi/ **noun** [U] a way of making a person who is ill better by rubbing pleasant-smelling oils into the skin or allowing them to smell the oils **ароматерапия**

arose /əˈrəʊz/ past tense of arise **прош. вр. гл. arise**

around /əˈraʊnd/ **adverb, preposition 1** (also UK **round**) **A2** on all sides of something **вокруг** *They sat around the table.* **2** (also UK **round**) **B1** to the opposite direction **назад** *He turned around and looked at her.* **3** (also UK **round**) **A2** in a circular movement **по кругу** *This lever turns the wheels around.* **4** (also UK **round**) along the outside of something, not through it **вокруг** *You have to walk around the house to get to the garden.* **5** (also UK **round**) **A2** to or in different parts of a place **по** *I spent a year travelling around Australia.* **6** (also UK **round**) **B1** from one place or person to another **по, по кругу** *She passed a plate of biscuits around.* **7 B2** here, or near this place **поблизости** *Is Roger around?* **8** present or available **употребляется с гл. be в значении 'существовать'** *Mobile phones have been around for years now.* **9 A2** used before a number or amount to mean 'approximately' **приблизительно** *around four o'clock* ◦ *around twenty thousand pounds* → See also throw your **weight** around

arousal /ə'raʊzᵊl/ **noun** [U] when someone is sexually excited **возбуждение**

arouse /ə'raʊz/ **verb** [T] **1** to make someone have a particular feeling or reaction **вызывать, возбуждать** *It's a subject which has **aroused** a lot of **interest**.* **2** to make someone sexually excited **возбуждать**

arrange /ə'reɪndʒ/ **verb** [T] **1** B1 to make the necessary plans and preparations for something to happen **устраивать, договариваться** *to arrange a meeting* ◦ *I'll **arrange for** a car to come and pick you up.* ◦ [+ to do sth] *We've arranged to visit the house on Saturday afternoon.* **2** B2 to put objects in a particular order or position **располагать в определенном порядке** *The books are arranged alphabetically by author.*

arrangement /ə'reɪndʒmənt/ **noun** **1** [C] B1 plans for how something will happen **приготовления** [usually plural] *We're meeting tomorrow to discuss **arrangements for** the competition.* ◦ [+ to do sth] *I've **made arrangements** to go home this weekend.* **2** [C, U] B2 an agreement between two people or groups **договоренность** *We have an arrangement whereby we share the childcare.* ◦ *Viewing is **by** prior **arrangement**.* **3** [C] B2 a group of objects in a particular order or position **композиция** *a flower arrangement*

> Слова-партнеры к **arrangement**
>
> have/make an arrangement • arrangements for sth • **alternative/necessary** arrangements

array /ə'reɪ/ **noun** [C] a large number of different things **множество** [usually singular] *There is **a** vast **array of** books on the subject.*

arrears /ə'rɪəz/ **noun** [plural] money that is owed and should have been paid before **задолженность** *mortgage/rent arrears* ◦ *He **is** already **in arrears** with the rent.*

arrest¹ /ə'rest/ **verb** [T] B1 If the police arrest someone, they take them away to ask them about a crime which they might have committed. **арестовывать** *He was **arrested for** possession of illegal drugs.*

arrest

arrest² /ə'rest/ **noun** [C, U] B2 when the police take someone away to ask them about a crime which they might have committed **арест** *Police **made** 20 **arrests** at yesterday's demonstration.* ◦ *He's **under arrest** (= has been arrested).* → See also **house arrest**

> Слова-партнеры к **arrest**
>
> make an arrest • resist arrest • be under arrest • the arrest of sb • an arrest for [murder/drugs offences, etc]

arrival /ə'raɪvᵊl/ **noun** **1** [U] B1 when someone or something arrives somewhere **прибытие** *He first met Panos soon after his arrival in Greece.* ◦ *There was a car waiting for him **on arrival**.* **2** [U] when something new is discovered or created or becomes available **появление** *The town grew rapidly with **the arrival of** the railway.* **3** [C] a new thing or person that has arrived **вновь прибывший** *Two teachers were there to greet the **new arrivals**.*

arrive /ə'raɪv/ **verb** [I] **1** A2 to get to a place **прибывать** *When he first **arrived in** New York, he didn't speak a word of English.* ◦ *We were the last to **arrive at** the station.* ◦ *A letter arrived for you this morning.* **2 arrive at an answer/decision/conclusion, etc** to find an answer to a problem or make a decision after a lot of discussion **прийти к ответу/решению/заключению и т. д.** *We didn't arrive at any firm conclusions.* **3** to happen or start to exist **начинаться** *Summer had finally arrived.*

arrogant /'ærəgənt/ **adjective** B2 believing that you are better or more important than other people **высокомерный** *I found him arrogant and rude.*
• **arrogance** /'ærəgəns/ **noun** [U] **высокомерие**
• **arrogantly adverb высокомерно**

arrow /'ærəʊ/ **noun** [C] **1** B2 a symbol used on signs to show a direction **стрелка** **2** B2 a long, thin stick with a sharp point at one end which is fired from a bow (= curved piece of wood with a tight string fixed at both ends) **стрела**

arrow

arrow

arse /ɑːs/ **noun** [C] UK very informal (US **ass**) a person's bottom **задница**

arsenal /'ɑːsᵊnᵊl/ **noun** [C] a large collection of weapons **арсенал**

arsenic /'ɑːsᵊnɪk/ **noun** [U] a chemical element that is a very strong poison (symbol As) **мышьяк**

arson /'ɑːsᵊn/ **noun** [U] the crime of intentionally burning something, such as a building **поджог**
• **arsonist noun** [C] someone who commits arson **поджигатель**

art /ɑːt/ **noun** **1** [U] A2 the making or study of paintings, drawings, etc or the objects created **искусство** *fine/modern art* ◦ *an **art exhibition/gallery*** **2** [C, U] a skill in a particular activity **мастерство** *the art of conversation* → See also **martial art, work of art**

artefact UK (US **artifact**) /'ɑːtɪfækt/ **noun** [C] an object, especially something very old of historical interest **артефакт**

artery /'ɑːtᵊri/ **noun** [C] **1** one of the tubes in

your body that carries blood from your heart **артерия** **2** an important route for traffic **магистраль**

artful /ˈɑːtfəl/ **adjective** [always before noun] showing skill **искусный** *an artful use of colour*
• **artfully adverb искусно**

arthritis /ɑːˈθraɪtɪs/ **noun** [U] an illness which causes the parts of the body where bones meet to become painful and often big **артрит**
• **arthritic** /ɑːˈθrɪtɪk/ **adjective артритический** *an arthritic hip/knee*

artichoke /ˈɑːtɪtʃəʊk/ **noun** [C, U] a round, green vegetable with thick, pointed leaves covering the outside **артишок**

article /ˈɑːtɪkl/ **noun** [C] **1** B1 a piece of writing in a magazine, newspaper, etc **статья** **2** an object, especially one of many **предмет** *an* ***article of clothing****/furniture* **3** B1 in grammar, used to mean the words 'the', 'a', or 'an' **артикль** → See also **definite article**, **indefinite article**

articulate[1] /ɑːˈtɪkjələt/ **adjective** able to express ideas and feelings clearly in words **умеющий хорошо выражать свои мысли** *She's an intelligent and highly articulate young woman.* → Opposite **inarticulate**

articulate[2] /ɑːˈtɪkjəleɪt/ **verb** [T] formal to express ideas or feelings in words **высказывать** *He articulates the views and concerns of the local community.*
• **articulation** /ɑːˌtɪkjəˈleɪʃən/ **noun** [U] **формулирование**

articulated /ɑːˈtɪkjəleɪtɪd/ **adjective** [always before noun] mainly UK An articulated vehicle is long and has two parts which are joined together to help it turn corners. **с прицепом** *an* ***articulated lorry***

artifact /ˈɑːtɪfækt/ **noun** [C] US spelling of artefact **артефакт**

artificial /ˌɑːtɪˈfɪʃəl/ **adjective** **1** B2 not natural, but made by people **искусственный** *an artificial flower/lake* ◦ *an artificial heart* **2** not sincere **притворный**
• **artificially adverb** B2 **искусственно**

ˌartificial inˈtelligence UK (US **artiˌficial inˈtelligence**) **noun** [U] the study and development of computer systems which do jobs that previously needed human intelligence **искусственный интеллект**

artillery /ɑːˈtɪləri/ **noun** [U] large guns, especially those fixed on wheels used by an army **артиллерия**

artisan /ˌɑːtɪˈzæn/ (US) /ˈɑːrtəzən/ **noun** [C] old-fashioned someone who does skilled work with their hands **ремесленник**

artist /ˈɑːtɪst/ **noun** [C] A2 someone who creates art, especially paintings and drawings **художник**

artistic /ɑːˈtɪstɪk/ **adjective** **1** B2 showing skill and imagination in creating things, especially in painting, drawing, etc **художественный** *artistic talent* **2** [always before noun] B2 relating to art **художественный** *the artistic director of the theatre*
• **artistically adverb мастерски**

artistry /ˈɑːtɪstri/ **noun** [U] great skill in creating or performing something, such as in writing, music, sport, etc **мастерство**

arts /ɑːts/ **noun** **1** [plural] (also US **liberal arts**) subjects of study which are not science, such as history, languages, etc **гуманитарные науки** *an arts subject/degree* **2** **the arts** B2 activities such as painting, music, film, dance, and literature **искусство** *public interest in the arts* → See also **the performing arts**

artwork /ˈɑːtwɜːk/ **noun** [U] the pictures or patterns in a book, magazine, CD cover, etc **художественное оформление**

arty /ˈɑːti/ **adjective** (also US **artsy** /ˈɑːtsi/) knowing a lot about art, or wanting to appear as if you do **эстет**

as strong /æz/ weak /əz/ **preposition, conjunction** **1** **as ... as** A2 used to compare two things, people, amounts, etc **так же как, столько же как** *He's not as tall as his brother.* ◦ *She earns three times as much as I do.* **2** B1 used to describe two things happening at the same time or something happening at a particular time **когда, в то время как, по мере того как** *He was shot in the back as he tried to escape.* ◦ *I think your opinions change as you get older.* **3** A1 used to describe the purpose, job, or appearance of something or someone **в качестве** *She* ***works as*** *a waitress.* ◦ *It could be* ***used as*** *evidence against him.* **4** B1 in the same way **как** *This year, as in previous years, tickets sold very quickly.* **5** used to describe the way in which people see or think of something or someone **как** *Most people think of nursing as a female occupation.* **6** A2 because **потому что, поскольку** *You can go first as you're the oldest.* **7** **as if/as though** B2 used to describe how a situation seems to be **как будто** *It looks as if it might rain.* **8** **as for** B2 used to talk about how another person or thing is affected by something **что касается** *I was pleased. As for Emily, well, who cares what she thinks.* **9** **as from/as of** formal starting from a particular time, date, etc **начиная с** *The new conditions are effective as of 15 May.* **10** **as to** formal about **относительно** *There's no decision as to when the work might start.*

asap /ˌeɪeseɪˈpiː/ abbreviation for as soon as possible **как можно скорее**

asbestos /æsˈbestɒs/ **noun** [U] a soft grey-white material which does not burn easily, once used in building **асбест**

Asbo (also **ASBO**) /ˈæzbəʊ/ UK abbreviation for anti-social behaviour order: an official order that a person must stop doing something bad or they might go to prison **судебная отметка об антиобщественном поведении**

ascend /əˈsend/ **verb** [I, T] formal to move up or to a higher position **восходить**

ascendancy (also **ascendency**) /ə'sendənsi/ **noun** [U] formal a position of power, strength, or success **восхождение** ***in the ascendancy***

ascending /ə'sendɪŋ/ **adjective** [always before noun] starting with the lowest or smallest and becoming greater or higher **восходящий** *They announced the results* ***in ascending order****.*

ascent /ə'sent/ **noun 1** [C] when someone climbs or moves up **подъем** *his first ascent of the mountain* **2** [no plural] when someone starts to become successful **продвижение** *The book describes his rapid ascent from truck driver to film star.* **3** [C] a path or road which goes up a hill or mountain **подъем** *a steep ascent*

ascertain /ˌæsə'teɪn/ **verb** [T] formal to discover something **выяснять** [+ question word] *We are still trying to ascertain whether the fire was started deliberately.*

ascribe /ə'skraɪb/ **verb**

PHRASAL VERB **ascribe sth to sth** formal to say that something is caused by something else **относить за счет чего-либо, приписывать** *She ascribes her success to hard work.*

ash /æʃ/ **noun 1** [U] the soft, grey powder which remains when something has burnt **пепел** *cigarette ash* **2** [C] a forest tree **ясень**

ashamed /ə'ʃeɪmd/ **adjective 1** B1 feeling guilty or embarrassed about something you have done **стыдиться** *You've got nothing to be* ***ashamed of****.* ◦ [+ to do sth] *He was ashamed to admit his mistake.* **2 be ashamed of sb** B2 to be angry and disappointed with a family member or friend because they have behaved badly **стыдиться за кого-либо** *He was so rude to Phil – I was ashamed of him.*

ashes /'æʃɪz/ **noun sb's ashes** the powder that remains when a dead person's body has been burnt **прах** ***scatter*** *her* ***ashes***

ashore /ə'ʃɔːʳ/ **adverb** onto land from the sea, a river, a lake, etc **к берегу** *We swam ashore.*

ashtray /'æʃˌtreɪ/ **noun** [C] a small, open container used to put cigarette ash and finished cigarettes in **пепельница**

Asian /'eɪʒᵊn/ **adjective** relating or belonging to Asia **азиатский** *Asian culture*
• **Asian noun** [C] someone from Asia **азиат**

aside[1] /ə'saɪd/ **adverb 1** B2 in a direction to one side **в сторону** *I gave her a plate of food but she pushed it aside.* **2** B2 If you put or set something aside, you do not use it now, but keep it to use later. **в сторону, на потом** *We've put some money aside to pay for the children's education.* **3 aside from** B2 except for **кроме**

aside[2] /ə'saɪd/ **noun** [C] something which you say quietly so that not everyone can hear it, often something funny **слова, сказанные в сторону**

ask /ɑːsk/ **verb 1** [I, T] A1 to say something to someone as a question which you want them to answer **спрашивать, задавать вопрос** [+ two objects] *Can I* ***ask*** *you a few* ***questions****?* ◦ *I* ***asked*** *him* ***about*** *his hobbies.* ◦ [+ question word] *I asked why the plane was so late.* → See Note **question** **2** [I, T] B1 to say something to someone because you want them to give you something **просить** *He's* ***asked for*** *a bike for his birthday.* **3** [I, T] B1 to say something to someone because you want them to do something **просить** [+ to do sth] *They've asked me to look after their dog while they're away.* **4** [T] A2 to invite someone to do something **приглашать** *She* ***asked*** *him* ***out*** *to lunch the next day.* **5** [I, T] B1 to say something to someone because you want to know if you can do something **просить разрешения** *Bruce asked if he could stay with us for a few days.* ◦ [+ to do sth] *She asked to leave early.* **6** [T] to want a particular amount of money for something which you sell **назначать цену** *How much are you* ***asking for*** *it?* **7 ask yourself sth** to think about something carefully **спрашивать себя** *You've got to ask yourself whether it's what you really want.* **8 ask for it/trouble** informal to behave in a way that is likely to make something unpleasant happen to you or to cause you problems **напрашиваться на неприятности** *Drinking and driving is asking for trouble.* **9 don't ask me** informal B2 used to tell someone that you do not know the answer to a question and that you are surprised they have asked you **откуда я знаю!** *Don't ask me why you left your last job!* **10 you may well ask** said to someone who has asked you a question that would be difficult or interesting to answer **Вы, конечно, можете задать такой вопрос...**

askew /ə'skjuː/ **adjective** [never before noun] not straight **косой, кривой** *The picture was slightly askew.*

> **Другие способы сказать asleep**
>
> Если кто-то засыпает, о нем можно сказать, что он **fall asleep**.
>
> *I* ***fell asleep*** *in front of the TV.*
>
> Если кто-то крепко спит, можно сказать, что он **fast asleep**.
>
> *You were* ***fast asleep*** *by the time I came to bed.*
>
> Глаголы **doze** и **snooze**, а также выражение **have/take a nap** означают 'спать недолго или в течение дня'.
>
> *She's always* ***dozing*** *in front of the TV.*
> *Granddad was* ***snoozing*** *in his chair.*
> *Oliver is really tired so he's just* ***taking a nap****.*
>
> Фразовые глаголы **doze off** и (*разговорный*) **nod off** означают 'засыпать, особенно в течение дня'.
>
> *I must have* ***nodded off*** *after lunch.*
> *She* ***dozed off*** *during the lecture.*

asleep /ə'sliːp/ **adjective 1 be asleep** B1 to be sleeping **спать** *The children are asleep.* ◦ *I was* ***fast/sound asleep*** (= *sleeping deeply*). **2 fall**

A

asleep B1 to start sleeping **засыпать** *He fell asleep in front of the TV.*

asparagus /əˈspærəgəs/ **noun** [U] a vegetable consisting of a long, green stem with a pointed end **спаржа**

aspect /ˈæspekt/ **noun 1** [C] B2 one part of a situation, problem, subject, etc **аспект** *His illness affects almost every aspect of his life.* **2** [U, C] the form of a verb which shows how the meaning of a verb is considered in relation to time **вид (глагола)**

asphalt /ˈæsfælt/ **noun** [U] a hard, black substance used to make roads and paths **асфальт**

asphyxiate /əsˈfɪksieɪt/ **verb be asphyxiated** to die because you cannot breathe **задохнуться**
• **asphyxiation** /əsˌfɪksiˈeɪʃən/ **noun** [U] **удушье**

aspiration /ˌæspərˈeɪʃən/ **noun** [C, U] something you hope to achieve **стремление** *The story is about the lives and aspirations of the Irish working classes.*

> Слова-партнеры к **aspiration**
>
> have aspirations to do sth/of doing sth • **high** aspirations • **dreams/hopes and** aspirations • aspirations **for** sth

aspire /əˈspaɪər/ **verb aspire to sth; aspire to do sth** to hope to achieve something **стремиться** *He has never aspired to a position of power.*

aspirin /ˈæspərɪn/ **noun** [C, U] (plural **aspirin**, **aspirins**) B1 a common drug used to reduce pain and fever **аспирин**

aspiring /əˈspaɪərɪŋ/ **adjective an aspiring actor/politician/writer, etc** someone who is trying to become a successful actor/politician/writer, etc **начинающий актер/политик/писатель и т. д.**

ass /æs/ **noun** [C] **1** US very informal (UK **arse**) a person's bottom **задница 2** informal a stupid person **тупица 3** old-fashioned a donkey (= animal like a small horse) **осел**

assailant /əˈseɪlənt/ **noun** [C] formal a person who attacks someone **нападавший**

assassin /əˈsæsɪn/ **noun** [C] a person who kills someone important or famous, often for money **(наемный) убийца**

assassinate /əˈsæsɪneɪt/ **verb** [T] to kill someone important or famous **убивать (по политическим мотивам)**
• **assassination** /əˌsæsɪˈneɪʃən/ **noun** [C, U] **убийство (по политическим мотивам)**

assault /əˈsɔːlt/ **noun** [C, U] an attack **нападение** *an **assault on** a police officer* ◦ ***sexual assault***
• **assault verb** [T] **нападать**

assemble /əˈsembl/ **verb 1** [I, T] to join other people somewhere to make a group, or to bring people together into a group **собирать(ся) (в группу)** *They assembled in the meeting room after lunch.* **2** [T] to build something by joining parts together **собирать (из частей)**

assembly /əˈsembli/ **noun 1** [C, U] UK a regular meeting of all the students and teachers at a school **собрание** *morning assembly* **2** [C] a group of people, such as a government, who meet to make decisions, laws, etc **собрание, ассамблея** *the national assembly* **3** [U] when you build something by joining parts together **сборка**

assent /əˈsent/ **noun** [U] formal agreement or approval **согласие, утверждение** *Has she **given** her **assent**?*
• **assent verb** [I] formal to agree to something **соглашаться**

assert /əˈsɜːt/ **verb 1 assert yourself** to behave or speak in a strong, confident way **вести себя уверенно** *She has to learn to assert herself.* **2 assert your authority/control/independence, etc** to do something to show other people that you have power **отстаивать свое положение/свою позицию/независимость и т. д. 3** [T] formal to say that something is certainly true **утверждать** [+ that] *He **asserts that** she stole money from him.*

assertion /əˈsɜːʃən/ **noun** [C, U] formal when you say that something is certainly true **утверждение** [+ that] *I don't agree with his assertion that men are safer drivers than women.*

assertive /əˈsɜːtɪv/ **adjective** behaving or speaking in a strong, confident way **уверенный в себе** *You need to be much more assertive.*
• **assertively adverb уверенно** • **assertiveness noun** [U] **самоуверенность**

assess /əˈses/ **verb** [T] B2 to make a judgment about the quality, size, value, etc of something **оценивать** *The tests are designed to assess a child's reading skills.*
• **assessment noun** [C, U] B2 **оценка**

asset /ˈæset/ **noun** [C] **1** a person, skill, or quality which is useful or helps you to succeed **достояние, что-либо ценное** *He'll be a great **asset to** the team.* **2** something which a person or company owns which has a value **имущество** [usually plural] *The company has $70 billion in assets.*

assiduous /əˈsɪdjuəs/ **adjective** formal showing a lot of effort and determination **усердный**
• **assiduously adverb усердно**

assign /əˈsaɪn/ **verb** [T] to give someone a particular job or responsibility **поручать** [+ two objects] *UN troops were assigned the task of rebuilding the hospital.* ◦ [often passive] *The case has been **assigned to** our most senior officer.*

PHRASAL VERB **assign sb to sth** to give someone a particular job or place to work **назначать** [often passive] *Which police officer has been assigned to this case?*

assignment /əˈsaɪnmənt/ **noun** [C, U] a piece of work or job that you are given to do **задание, назначение** *a written assignment* ◦ *He's **on assignment** in Brazil.*

assimilate /əˈsɪmɪleɪt/ **verb** formal **1** [T] to

A

understand and remember new information **усваивать** **2** [I, T] to become part of a group, society, etc, or to make someone or something become part of a group, society, etc **ассимилировать(ся)** *The refugees have now **assimilated into** the local community.*

• **assimilation** /əˌsɪmɪˈleɪʃᵊn/ **noun** [U] **усвоение, ассимиляция**

assist /əˈsɪst/ **verb** [I, T] B2 to help **помогать** *The army arrived to **assist in** the search.* ◦ *He's **assisting** the police **with** their investigation.*

assistance /əˈsɪstᵊns/ **noun** [U] formal B2 help **помощь** *financial/medical assistance* ◦ *Can I **be of** any **assistance**? (= Can I help you?)*

assistant /əˈsɪstᵊnt/ **noun** [C] **1** B1 someone whose job is to help a person who has a more important job **помощник** *an administrative assistant* ◦ *assistant manager* **2 a sales/shop assistant** mainly UK A2 someone who helps customers in a shop **продавец**

associate[1] /əˈsəʊsieɪt/ **verb** [T] to relate two things, people, etc in your mind **связывать** *Most people **associate** this brand **with** good quality.*

PHRASAL VERBS **associate with sb** formal to spend time with someone **общаться** • **be associated with sth** B2 to be related to something or caused by something **быть связанным с чем-либо** *There are many risks associated with smoking.*

associate[2] /əˈsəʊsiət/ **noun** [C] someone who you know because of work or business **коллега** *She's a business associate of mine.*

associate[3] /əˈsəʊsiət/ **adjective** **associate director/editor/producer, etc** someone in a slightly less important position than the main person **заместитель режиссера/редактора/продюсера и т. д.**

association /əˌsəʊsiˈeɪʃᵊn/ **noun** **1** [C] B2 an organization of people with the same interests or with a particular purpose **ассоциация** *the Football Association* **2** [C, U] a connection or relationship between two things or people **связь** **3 in association with** working together with **совместно с** *The event was organized in association with the Sports Council.* → See also **savings and loan association**

assorted /əˈsɔːtɪd/ **adjective** of different types **продаваемый в наборе** *a box of assorted chocolates*

assortment /əˈsɔːtmənt/ **noun** [C] a group of different types of something **набор** *an assortment of vegetables*

assuage /əˈsweɪdʒ/ **verb** [T] formal to make unpleasant feelings less strong **успокаивать** *The government tried to assuage the public's fears.*

assume /əˈsjuːm/ **verb** [T] **1** B2 to think that something is likely to be true, although you have no proof **предполагать** [+ (that)] *Everything was quiet when I got home so I assumed that you had gone out.* **2 assume control/power/responsibility, etc** to take a position of control/power/responsibility, etc **брать на себя управление/руководство/ответственность и т. д.** *He has assumed the role of spokesman for the group.* **3 assume an air/expression, etc** formal to pretend to have a feeling that you do not have **притворяться, напускать на себя** **4 assume a false identity/name, etc** to pretend to be someone else **принимать чужое обличье/вымышленное имя и т. д.** *an assumed name*

assumption /əˈsʌmʃᵊn/ **noun** **1** [C] something that you think is true without having any proof **предположение** *People tend to **make assumptions about** you when you have a disability.* ◦ *These calculations are based **on the assumption that** prices will continue to rise.* **2 the assumption of power/responsibility, etc** when someone takes a position of power/responsibility, etc **принятие на себя руководства/ответственности и т. д.**

> Слова-партнеры к **assumption**
>
> make an assumption • be based on an assumption • a basic/common/false/underlying assumption • do sth under the assumption that • an assumption about sth

assurance /əˈʃʊərᵊns/ **noun** **1** [C] a promise **заверение** [+ that] *He **gave** us an **assurance** that it would not happen again.* **2** [U] confidence **уверенность** *He spoke with calm assurance.*

assure /əˈʃɔːʳ/ **verb** [T] **1** B2 to tell someone that something is certainly true, especially so that they do not worry **заверять** [+ (that)] *She assured them that she would be all right.* **2** to make something certain to happen **обеспечивать** *This loan should assure the company's future.*

assured /əˈʃʊəd/ **adjective** **1** showing skill and confidence **уверенный** *an assured performance* **2 be assured of sth** to be certain to get or achieve something in the future **обеспеченный** *They are now assured of a place in the final.* → See also **self-assured**

asterisk /ˈæstᵊrɪsk/ **noun** [C] a written symbol in the shape of a star (*), often used to mark a particular word, phrase, etc **звездочка, знак сноски**

asthma /ˈæsmə/ **noun** [U] an illness which makes it difficult to breathe **астма** *She had an asthma attack.*

• **asthmatic** /æsˈmætɪk/ **adjective** **больной астмой** *an asthmatic child*

astonish /əˈstɒnɪʃ/ **verb** [T] to make someone very surprised **удивлять** *Her quick recovery has astonished doctors.*

astonished /əˈstɒnɪʃt/ **adjective** B2 very surprised **удивленный** *He was **astonished at** her behaviour.*

astonishing /əˈstɒnɪʃɪŋ/ **adjective** B2 very

surprising удивительный *It's astonishing that so many people believed his story.*
• **astonishingly adverb** удивительно

astonishment /əˈstɒnɪʃmənt/ **noun** [U] B2 extreme surprise удивление *The others stared at him* ***in astonishment.*** ◦ ***To my astonishment,*** *he started laughing.*

astound /əˈstaʊnd/ **verb** [T] to make someone very surprised изумлять *The speed of her recovery has astounded doctors.*

astounded /əˈstaʊndɪd/ **adjective** very surprised изумленный *I'm* ***astounded at/by*** *these prices.*

astounding /əˈstaʊndɪŋ/ **adjective** very surprising поразительный *an astounding success*
• **astoundingly adverb** поразительно

astray /əˈstreɪ/ **adverb 1 go astray** to get lost or go in the wrong direction заблудиться *One of my bags went astray at the airport.* **2 lead sb astray** to encourage someone to do bad things that they should not do сбить кого-либо с пути истинного *He was led astray by his friends.*

astride /əˈstraɪd/ **adverb** If you sit or stand astride something, you have one foot on each side of it. верхом

astro- /æstrəʊ-/ **prefix** relating to stars or outer space звёздный/космический/астрономический (как компонент сложных слов) *astronomer* ◦ *astrophysics*

astrology /əˈstrɒlədʒi/ **noun** [U] the study of the positions and movements of stars and planets to say how they might influence people's lives астрология
• **astrologer noun** [C] someone who studies astrology астролог • **astrological** /ˌæstrəˈlɒdʒɪkəl/ **adjective** астрологический

astronaut /ˈæstrənɔːt/ **noun** [C] someone who travels into space космонавт

astronaut

astronomical /ˌæstrəˈnɒmɪkəl/ **adjective 1** An astronomical amount is extremely large. огромный ***astronomical prices*** **2** relating to astronomy астрономический
• **astronomically adverb** чрезвычайно

astronomy /əˈstrɒnəmi/ **noun** [U] the scientific study of stars and planets астрономия
• **astronomer noun** [C] a scientist who studies astronomy астроном

astute /əˈstjuːt/ **adjective** good at judging situations and making decisions which give you an advantage проницательный *an astute businesswoman* ◦ *politically astute*
• **astutely adverb** проницательно

asylum /əˈsaɪləm/ **noun 1** [U] when someone is allowed to stay somewhere because they are escaping danger in another country убежище **2** [C] old-fashioned a hospital for people with a mental illness психиатрическая больница → See also **political asylum**

aˈsylum ˌseeker noun [C] someone who leaves their country to escape from danger, and tries to get permission to live in another country соискатель статуса беженца

asymmetrical /ˌeɪsɪˈmetrɪkəl/ **adjective** not being exactly the same shape and size on both sides асимметричный
• **asymmetry** /eɪˈsɪmɪtri/ **noun** [U] асимметрия

at strong /æt/ weak /ət/ **preposition 1** A1 used to show the place or position of something or someone в, на, у, за *We met at the station.* ◦ *She's at the library.* **2** A1 used to show the time something happens в, на, по *The meeting starts at three.* **3** A1 towards or in the direction of на, в, к *She threw the ball at him.* ◦ *He's always shouting at the children.* **4** B1 used after an adjective to show a person's ability to do something в, по, к *He's good at making friends.* **5** A2 used to show the cause of something, especially a feeling на, при, по *We were surprised at the news.* **6** B2 used to show the price, speed, level, etc of something с, при, по *He denied driving at 120 miles per hour.* **7** used to show a state or activity за, на *a country at war* **8** A1 the @ symbol, used in email addresses to separate the name of a person, department, etc from the name of the organization or company собака (интернетовский символ)

ate /eɪt/, /et/ past tense of eat прош. вр. гл. eat

atheist /ˈeɪθiɪst/ **noun** [C] someone who believes that there is no god атеист
• **atheism noun** [U] атеизм

athlete /ˈæθliːt/ **noun** [C] B1 someone who is very good at a sport and who competes with others in organized events спортсмен

athletic /æθˈletɪk/ **adjective 1** B2 strong, healthy, and good at sports атлетический **2** [always before noun] relating to athletes or to the sport of athletics спортивный, атлетический

athletics /æθˈletɪks/ **noun** [U] UK (US **track and field**) B1 the sports which include running, jumping, and throwing легкая атлетика → See **Sports 1** on page Centre 14

-athon /-əθɒn/ **suffix** an event or activity that lasts a long time, usually to collect money for charity долгое и утомительное мероприятие (как компонент сложных слов) *a walkathon (= a long walk)*

atlas /ˈætləs/ **noun** [C] a book of maps атлас *a* ***road atlas*** ◦ *a world atlas*

ATM /ˌeɪtiːˈem/ **noun** [C] mainly US abbreviation for automated teller machine: a machine that you get money from using a plastic card банкомат

atmosphere /ˈætməsfɪəʳ/ **noun 1** [no plural] B1 the feeling which exists in a place or situation обстановка *a* ***relaxed atmosphere*** **2 the atmosphere** B2 the layer of gases around the Earth атмосфера **3** [no plural] (B2) the air inside a room or other place **воздух** *a smoky atmosphere*

> **Слова-партнеры к atmosphere**
> create an atmosphere • an atmosphere of [fear/trust, etc] • a **family/friendly/relaxed** atmosphere

atmospheric /ˌætməsˈferɪk/ **adjective 1** [always before noun] relating to the air or to the atmosphere **атмосферный** ***atmospheric conditions*** **2** creating a special feeling, such as mystery or romance **создающий особое настроение** ***atmospheric music/lighting***

atom /ˈætəm/ **noun** [C] (B2) the smallest unit that an element can be divided into **атом**

atomic /əˈtɒmɪk/ **adjective 1** [always before noun] relating to atoms **атомный** *an atomic particle* **2** (B2) using the energy created when an atom is divided **атомный** ***atomic power/weapons***

aˌtomic ˈbomb **noun** [C] (also **ˈatom ˌbomb**) a very powerful bomb which uses the energy created when an atom is divided **атомная бомба**

aˌtomic ˈenergy **noun** [U] energy which is produced by dividing atoms **атомная энергия**

atop /əˈtɒp/ **preposition** US on the top of **наверху**

atrium /ˈeɪtriəm/ **noun** [C] (plural **atriums** or **atria**) a large, central room with a glass roof in an office building, restaurant, etc **атриум**

atrocious /əˈtrəʊʃəs/ **adjective 1** extremely bad **чудовищный** *atrocious weather* **2** violent and shocking **зверский** *an atrocious crime*

atrocity /əˈtrɒsəti/ **noun** [C, U] when someone does something extremely violent and shocking **зверство** *Soldiers have been* ***committing atrocities against*** *civilians.*

attach /əˈtætʃ/ **verb** [T] **1** (B1) to join or fix one thing to another **прикреплять, присоединять** *She* ***attached*** *a photograph* ***to*** *her letter.* **2 attach importance/value, etc to sb/sth** to think that someone or something has importance/value, etc **придавать значение/значимость и т. д.** *You attach too much importance to money.* **3** to include something as part of something else **включать, прилагать** *There were too many conditions* ***attached to*** *the deal.* → See also **no strings (attached) 4** (B1) to add an attachment (= computer file) to an email message **прикреплять (файл к электронному сообщению)**

attached /əˈtætʃt/ **adjective be attached to sb/sth** to like someone or something very much **быть привязанным к кому-либо/чему-либо** *I've become rather attached to my old car.*

attachment /əˈtætʃmənt/ **noun 1** [C, U] a feeling of love or strong connection to someone or something **привязанность** *I wasn't aware of any* ***romantic attachments.*** **2** [C] (B2) a computer file which is sent together with an email message **прилагаемый файл** *I wasn't able to* ***open*** *that* ***attachment.*** **3** [C] (B2) an extra part which can be added to a piece of equipment **дополнительное приспособление** *There's a special attachment for cleaning in the corners.*

attack¹ /əˈtæk/ **noun 1** [C, U] (B1) a violent act intended to hurt or damage someone or something **нападение** *a terrorist* ***attack on*** *the capital* **2** [C, U] when you say something to strongly criticize someone or something **нападки** *a scathing* ***attack on*** *the president* **3** [C] a sudden, short illness **приступ** *a nasty* ***attack of*** *flu* **4** [C, U] in games such as football, when the players in a team try to score points, goals, etc **атака** → See also **counter-attack**

> **Слова-партнеры к attack**
> **launch/mount** an attack • be **under** attack • a **bomb/terrorist** attack • an attack **on** sb/sth • **launch/mount** an attack • be/come **under** attack • a **personal/scathing** attack • an attack **on** sb/sth

attack² /əˈtæk/ **verb 1** [I, T] (B1) to use violence to hurt or damage someone or something **нападать** *He was attacked and seriously injured by a gang of youths.* **2** [T] to strongly criticize someone or something **критиковать** *She attacked the government's new education policy.* **3** [T] If a disease, chemical, etc attacks someone or something, it damages them. **поражать** *The virus attacks the central nervous system.* **4** [I, T] If players in a team attack, they move forward to try to score points, goals, etc. **атаковать**

attacker /əˈtækəʳ/ **noun** [C] a person who uses violence to hurt someone **нападавший** *The police think she must have known her attackers.*

attain /əˈteɪn/ **verb** [T] to achieve something, especially after a lot of work **достигать** *She's attained a high level of fitness.*

• **attainable adjective** possible to achieve **достижимый** • **attainment noun** [C, U] when you achieve something **достижение**

attempt¹ /əˈtempt/ **noun** [C] **1** (B2) when you try to do something **попытка** *This is his second* ***attempt at*** *the exam.* ◦ [+ to do sth] *They closed the road* ***in an attempt*** *to reduce traffic in the city.* ◦ *She* ***made no attempt*** *(= did not try) to be sociable.* **2 an attempt on sb's life** when someone tries to kill someone **покушение на чью-либо жизнь**

> **Слова-партнеры к attempt**
> make an attempt • a **successful/unsuccessful** attempt • an attempt at sth/doing sth • **in** an attempt to do sth

attempt² /əˈtempt/ **verb** [T] (B1) to try to do something, especially something difficult **пытаться** [+ to do sth] *He attempted to escape through a window.*

attempted /əˈtemptɪd/ **adjective attempted murder/robbery, etc** when someone tries to commit a crime but does not succeed **поку-**

шение на убийство/попытка ограбления и т. д.

attend /əˈtend/ **verb** [I, T] formal **1** (B1) to go to an event **присутствовать** *to attend a concert/meeting* **2 attend a church/school, etc** (B1) to go regularly to a particular church/school, etc **посещать**

> **Другие способы сказать attend**
>
> Глагол **attend** часто заменяют на **come/go to.**
>
> *How many people **came to** the meeting?*
>
> *He **goes to** church regularly.*
>
> Глагол **make** может использоваться, если человек объясняет, сможет он или нет присутствовать на каком-то мероприятии.
>
> *I'm afraid I can't **make** the meeting this afternoon (= I will not be able to attend).*
>
> Также может использоваться выражение **make it**, которое означает "успешно добраться до места, несмотря на возникшие трудности".
>
> *The traffic was so bad we only just **made it** in time for the start of the film.*

PHRASAL VERB **attend to sb/sth** formal to deal with something or help someone **уделять внимание**

attendance /əˈtendᵊns/ **noun** **1** [C, U] the number of people who go to an event, meeting, etc **посещаемость** *falling attendance* **2** [C, U] when you go somewhere such as a church, school, etc regularly **посещение** *His attendance at school is very poor.* **3 in attendance** formal present at an event **присутствовать, сопровождать** *They have doctors in attendance at every match.*

attendant /əˈtendᵊnt/ **noun** [C] someone whose job is to help the public in a particular place **обслуживающее лицо** *a parking attendant* → See also **flight attendant**

> **Слова-партнеры к attention**
>
> **pay attention (to sth/sb)** • **give sth attention** • **have/hold/keep** sb's attention • **careful/full/special/undivided** attention

attention /əˈtenʃᵊn/ **noun** [U] **1** (B1) when you watch, listen to, or think about something carefully or with interest **внимание** *Ladies and gentlemen, could I **have your attention**, please?* **2 pay attention (to sth)** (B1) to watch, listen to, or think about something carefully or with interest **уделять внимание** *You weren't paying attention to what I was saying.* **3 bring/draw (sb's) attention to sth/sb** (B2) to make someone notice something or someone **обращать чье-либо внимание на что-либо** *If I could just draw your attention to the second paragraph.* **4 attract/get (sb's) attention** (B2) to make someone notice you **привлекать внимание** *I waved at him to get his attention.* **5** treatment to deal with a problem **уход** *medical attention* ◦ *This old engine needs a lot of attention.*

attentive /əˈtentɪv/ **adjective** listening or watching carefully and showing that you are interested **внимательный** *an attentive student*
• **attentively adverb внимательно**

attest /əˈtest/ **verb** [I, T] formal to show or prove that something is true **удостоверять**

attic /ˈætɪk/ **noun** [C] a room at the top of a house under the roof **чердак**

attire /əˈtaɪəʳ/ **noun** [U] old-fashioned the clothes that you wear **облачение**
• **attired adjective** dressed in a particular way **одетый** *suitably attired*

attitude /ˈætɪtjuːd/ **noun** [C, U] (B1) how you think or feel about something and how this makes you behave **отношение** *a **positive attitude*** ◦ *He has a very bad **attitude to/towards** work.*

> **Слова-партнеры к attitude**
>
> **have/take** a [positive/responsible, etc] attitude • a **casual/hostile/negative/positive** attitude • (sb's) attitude **to/towards** sth/sb

attorney /əˈtɜːni/ **noun** [C] US a lawyer **адвокат** *a defense attorney* → See Note **lawyer** → See also **district attorney**

attract /əˈtrækt/ **verb** [T] **1** (B1) to make people come to a place or do a particular thing by being interesting, enjoyable, etc **привлекать** *The castle attracts more than 300,000 visitors a year.* ◦ *We need to **attract** more science graduates **to** teaching.* **2 attract attention/interest, etc** (B1) to cause people to pay attention/be interested, etc **привлекать внимание/вызывать интерес и т. д.** **3 be attracted to sb** (B2) to like someone, especially sexually, because of the way they look or behave **быть увлеченным кем-либо** *I was attracted to him straight away.* **4** If something attracts a substance or object, it causes it to move towards it. **притягивать** *Magnets attract metal.*

attraction /əˈtrækʃᵊn/ **noun 1** [C] (B1) something that makes people come to a place or want to do a particular thing **привлекательность, достопримечательность** *a **tourist attraction*** ◦ *The opportunity to travel is one of the main **attractions of** this job.* **2** [U] when you like someone, especially sexually, because of the way they look or behave **влечение** *physical attraction*

> **Слова-партнеры к attraction**
>
> an added/ a big/ the main/ a major/ the star attraction • a **tourist** attraction • the attraction of sth • an attraction for sb

attractive /əˈtræktɪv/ **adjective 1** (A2) beautiful or pleasant to look at **привлекательный** *an attractive woman* ◦ *I **find** him very **attractive**.* **2** (B2) interesting or useful **привлекательный** *We want to make the club **attractive to** a wider range of people.* → Opposite **unattractive**

A

• **attractively** adverb **привлекательно** • **attractiveness** noun [U] **привлекательность**

Другие способы сказать attractive

Прилагательные **beautiful** и **lovely** часто используются вместо **attractive** для описания людей или предметов.

*His wife is very **beautiful**.*

*We drove through some really **beautiful/lovely** countryside.*

*You look **lovely**!*

Если человек привлекателен, можно сказать, что он **good-looking**. Для описания мужчин также используется прилагательное **handsome**, а для описания женщин – **pretty**.

*He's certainly very **good-looking**.*

*Your daughter is very **pretty**.*

Если кто-то очень привлекателен, то о нем/о ней можно сказать **gorgeous** или **stunning**.

*You look **gorgeous** in that dress!*

*Her daughter is absolutely **stunning**.*

Что-то очень привлекательное можно описать прилагательными **breathtaking**, **exquisite**, **stunning** или **gorgeous**.

*The views from the window were **breathtaking**.*

*These hand-made decorations are **exquisite**.*

Если человек или вещь привлекательны по причине своего небольшого размера, их можно описать как **cute** или **sweet**.

*He's got a really **cute** baby brother.*

*Look at that kitten – isn't she **sweet**?*

Если что-то выглядит привлекательным и стильным, для его описания можно использовать прилагательные **stylish** и **chic**.

*He took me to a very **chic** restaurant.*

*Their house is very **stylish**.*

attributable /əˈtrɪbjətəbl/ **adjective attributable to sth** caused by something **объясняться чем-либо, быть причиной чего-либо** *A lot of crime is attributable to the use of drugs.*

attribute[1] /əˈtrɪbjuːt/ **verb**

PHRASAL VERBS **attribute sth to sth** to say that something is caused by something else **объяснять что-либо чем-либо** *He attributes his success to hard work.* • **attribute sth to sb** to say that someone wrote, said, or made something **приписывать авторство** *This drawing has been attributed to Picasso.*

attribute[2] /ˈætrɪbjuːt/ **noun** [C] a quality or characteristic that someone or something has **отличительная черта** *Her hair is her best attribute.*

attributive /əˈtrɪbjətɪv/ **adjective** An attributive adjective comes before the noun it describes. **атрибутивный** → Compare **predicative**

aubergine /ˈəʊbəʒiːn/ **noun** [C, U] UK (US **eggplant**) B2 an oval, purple vegetable that is white inside **баклажан** → See **Fruits and Vegetables** on page Centre 10

auburn /ˈɔːbən/ **adjective** Auburn hair is red-brown. **темно-рыжий**

auction /ˈɔːkʃən/ **noun** [C, U] a sale in which things are sold to the person who offers the most money **аукцион**

• **auction** (also **auction off**) **verb** [T] to sell something at an auction **продавать с аукциона**

auctioneer /ˌɔːkʃənˈɪəʳ/ **noun** [C] the person who is in charge of an auction **аукционист**

audacity /ɔːˈdæsəti/ **noun** [U] showing too much confidence in your behaviour in a way that other people find shocking or rude **наглость** *And then he **had the audacity to** blame me for his mistake!*

• **audacious** /ɔːˈdeɪʃəs/ **adjective наглый**

audible /ˈɔːdəbl/ **adjective** If something is audible, you can hear it. **слышный** *His voice was barely audible.* → Opposite **inaudible**

• **audibly** adverb **слышно**

audience /ˈɔːdiəns/ **noun 1** [group] B1 the people who sit and watch a performance at a theatre, cinema, etc **публика** *There were a lot of children **in the audience**.* **2** [group] B2 the type of people who watch a particular TV show, read a particular book, etc **аудитория** *This magazine is aimed at a teenage audience.* **3** [C] formal a formal meeting with an important person **аудиенция** *an **audience with** the Queen*

Слова-партнеры к audience

1. be in the audience • a **member** of the audience
2. **reach** an audience • sth's **target** audience • a **wide** audience

audio /ˈɔːdiəʊ/ **adjective** relating to the recording or playing of sound **аудио-** *audio equipment*

audio- /ɔːdiəʊ-/ **prefix** relating to hearing or sound **аудио-, слуховой/акустический (как компонент сложных слов)** *audiotape*

audit /ˈɔːdɪt/ **noun** [C] when an independent person examines all the financial records of a company to produce a report **аудит**

• **audit** verb [T] **проверять отчетность** • **auditor** noun [C] **аудитор**

audition /ɔːˈdɪʃən/ **noun** [C] when someone does a short performance to try to get a job as an actor, singer, etc **прослушивание**

• **audition** verb [I] **проходить пробу**

auditorium /ˌɔːdɪˈtɔːriəm/ **noun** [C] the part of a theatre, hall, etc where people sit to watch a performance **зрительный зал**

Aug written abbreviation for August **август**

augment /ɔːgˈment/ **verb** [T] formal to increase the size or value of something by adding something to it **увеличивать**

A

August /ˈɔːgəst/ **noun** [C, U] (written abbreviation **Aug**) A1 the eighth month of the year **август**

aunt /ɑːnt/ **noun** [C] (also **auntie, aunty** /ˈɑːnti/) A2 the sister of your mother or father, or the wife of your uncle **тетя** → See also **agony aunt**

au pair /ˌəʊˈpeəʳ/ **noun** [C] a young person who goes to live with a family in another country and looks after their children, does work in their house, etc **няня**

aura /ˈɔːrə/ **noun** [C] a feeling which a person or place seems to have **аура** *an aura of mystery*

aural /ˈɔːrəl/ **adjective** relating to hearing **слуховой**

auspices /ˈɔːspɪsɪz/ **noun under the auspices of sb/sth** formal with the help or support of a person or organization **под покровительством, при содействии** *The conference was held under the auspices of the Red Cross.*

auspicious /ɔːˈspɪʃəs/ **adjective** If an event or time is auspicious, it makes you believe that something will be successful in the future. **благоприятный** *an auspicious start*

austere /ɒsˈtɪəʳ/ **adjective 1** plain, simple, and without unnecessary decorations or luxuries **простой** *an austere room* **2** strict or severe **суровый** *an austere woman*
• **austerity** /ɒsˈterəti/ **noun** [U] **суровость**

authentic /ɔːˈθentɪk/ **adjective** If something is authentic, it is real, true, or what people say it is. **подлинный** *authentic Italian food*
• **authentically adverb достоверно** • **authenticity** /ˌɔːθenˈtɪsəti/ **noun** [U] **подлинность**

author /ˈɔːθəʳ/ **noun** [C] B1 someone who writes a book, article, etc **автор** *a popular author of children's fiction*

authoritarian /ˌɔːθɒrɪˈteəriən/ **adjective** very strict and not allowing people freedom to do what they want **авторитарный** *an authoritarian leader/regime*

authoritative /ɔːˈθɒrɪtətɪv/ **adjective 1** An authoritative book, report, etc is respected and considered to be accurate. **авторитетный** *an authoritative guide* **2** confident and seeming to be in control of a situation **повелительный, властный** *an authoritative manner/voice*

authority /ɔːˈθɒrəti/ **noun 1** [U] B2 the official power to make decisions or to control other people **власть** *a* ***position of authority*** ◦ [+ to do sth] *The investigators have the authority to examine all the company's records.* ◦ *We need the support of someone* ***in authority.*** **2** [C] an official group or government department with power to control particular public services **власти** *the local housing authority* **3** [U] the quality of being confident and being able to control people **авторитет** *She has an* ***air of authority.*** **4 an authority on sth** someone who has a lot of knowledge about a particular subject **авторитет** *She is an authority on seventeenth-century English literature.* → See also **local authority**

authorize (also UK **-ise**) /ˈɔːθəraɪz/ **verb** [T] **1** to give official permission for something **санкционировать 2 be authorized to do sth** to be officially allowed to do something **быть уполномоченным** *Only managers are authorized to sign expense forms.*
• **authorization** /ˌɔːθəraɪˈzeɪʃən/ **noun** [U] **санкционирование**

autistic /ɔːˈtɪstɪk/ **adjective** Autistic children have a mental illness which causes problems with communicating and forming relationships. **больной аутизмом**
• **autism** /ˈɔːtɪzəm/ **noun** [U] **аутизм**

auto /ˈɔːtəʊ/ **adjective** US relating to cars **автомобильный** *the auto industry*

auto- /ɔːtəʊ-/ **prefix 1** operating without being controlled by humans **авто-** *autopilot (= a computer that directs an aircraft)* **2** self **само-** *an autobiography (= a book that someone writes about their own life)*

autobiography /ˌɔːtəʊbaɪˈɒgrəfi/ **noun** [C] a book written by someone about their own life **автобиография**
• **autobiographical** /ˌɔːtəʊbaɪəʊˈgræfɪkəl/ **adjective автобиографический**

autograph /ˈɔːtəgrɑːf/ **noun** [C] a famous person's name, written by that person **автограф**
• **autograph verb** [T] **давать автограф** *an autographed photo*

automate /ˈɔːtəmeɪt/ **verb** [T] to control something using machines and not people **автоматизировать**
• **automated adjective автоматизированный** *a fully automated system* • **automation** /ˌɔːtəˈmeɪʃən/ **noun** [U] **автоматизация**

automatic[1] /ˌɔːtəˈmætɪk/ **adjective 1** B2 An automatic machine works by itself or with little human control. **автоматический** *automatic doors* **2** certain to happen as part of the normal process or system **автоматический** *You get an automatic promotion after two years.* **3** done as a natural reaction without thinking **непроизвольный** *My automatic response was to pull my hand away.*
• **automatically adverb** B2 **автоматически**

automatic[2] /ˌɔːtəˈmætɪk/ **noun** [C] a car in which you do not have to change the gears (= parts that control how fast the wheels turn) **машина с автоматической коробкой передач**

automobile /ˈɔːtəməʊbiːl/ **noun** [C] US a car **автомобиль** *the automobile industry*

automotive /ˌɔːtəˈməʊtɪv/ **adjective** [always before noun] relating to cars and car production **автомобильный** *the automotive industry*

autonomous /ɔːˈtɒnəməs/ **adjective** independent and having the power to make your own decisions **независимый, автономный** *an autonomous region/state*

autonomy /ɔːˈtɒnəmi/ **noun** [U] the right of a

country or group of people to govern itself **автономия** *Local councils need more autonomy.*

autopsy /ˈɔːtɒpsi/ **noun** [C] a medical examination of a dead body to discover the exact cause of death **вскрытие трупа**

autumn /ˈɔːtəm/ **noun** [C, U] (also US **fall**) A2 the season of the year between summer and winter, when leaves fall from the trees **осень** *I'm starting a new job **in the autumn**. ◦ autumn leaves*

• **autumnal** /ɔːˈtʌmnəl/ **adjective** typical of autumn **осенний**

auxiliary /ɔːgˈzɪliəri/ **adjective** providing extra help or support **дополнительный** *an auxiliary nurse*

auˌxiliary ˈverb noun [C] a verb which is used with another verb to form tenses, negatives, and questions. In English the auxiliary verbs are 'be', 'have', and 'do'. **вспомогательный глагол**

avail /əˈveɪl/ **noun to no avail** without success, especially after a lot of effort **безрезультатно** *She sent more than 50 letters, but to no avail.*

available /əˈveɪləbl/ **adjective 1** A2 If something is available, you can use it or get it. **доступный, имеющийся в продаже** *This information is available free on the Internet. ◦ The new drug is not yet **available to** the public.* **2** A2 If someone is available, they are not busy and so are able to do something. **способный уделить время** *No one from the company was available to comment on the accident.* → Opposite **unavailable**

• **availability** /əˌveɪləˈbɪləti/ **noun** [U] B2 **доступность, наличие**

> Слова-партнеры к **available**
>
> be/become available • make sth available • easily/freely/readily/widely available • be available to sb

avalanche /ˈævəlɑːnʃ/ **noun** [C] **1** when a large amount of snow falls down the side of a mountain **лавина** **2 an avalanche of sth** a sudden, large amount of something, usually more than you can deal with **лавина, поток** *an avalanche of mail*

avalanche

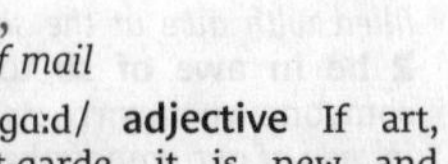

avant-garde /ˌævɒŋˈgɑːd/ **adjective** If art, music, etc, is avant-garde, it is new and unusual in style. **авангардистский**

avarice /ˈævərɪs/ **noun** [U] formal a strong feeling that you want a lot of money and possessions **алчность**

avatar /ˈævətɑːr/ **noun** [C] an electronic image of a person that represents the computer user, especially in games **аватар, электронный образ, используемый пользователем компьютера, особенно в играх**

Ave written abbreviation for avenue **авеню** *132, Gainsborough Ave*

avenge /əˈvendʒ/ **verb** [T] literary to punish someone for doing something bad to you, your family, etc **мстить** *He swore he would avenge his brother's death.*

avenue /ˈævənjuː/ **noun** [C] **1** (written abbreviation **Ave**) a wide road in a town or city, often with trees along it **авеню 2** a possible way of doing or achieving something **путь, средство** *We have exhausted all other avenues of treatment.*

average[1] /ˈævərɪdʒ/ **adjective 1** B2 usual and like the most common type **средний, обычный** *an average person ◦ an average day* **2** [always before noun] B1 An average amount is calculated by adding some amounts together and then dividing by the number of amounts. **средний** *an average age/temperature* **3** not excellent, although not bad **посредственный** *The food was pretty average.*

average[2] /ˈævərɪdʒ/ **noun 1** [C] B1 an amount calculated by adding some amounts together and then dividing by the number of amounts **среднее число** *They work an average of 30.5 hours per week.* **2** [C, U] B1 the usual or typical amount **среднее число** *well above/below average* **3 on average** B2 usually, or based on an average **в среднем** *Female workers earn, on average, a third less than men.*

average[3] /ˈævərɪdʒ/ **verb** [T] to reach a particular amount as an average **достигать в среднем** *He averages about 20 points a game.*

averse /əˈvɜːs/ **adjective 1 not be averse to sth** UK humorous to be happy or willing to do or have something **быть не против** *She's not averse to the occasional glass of champagne.* **2 be averse to sth** formal to strongly dislike something **питать отвращение к чему-либо**

aversion /əˈvɜːʒən/ **noun an aversion to sth** when you strongly dislike something **отвращение к чему-либо**

avert /əˈvɜːt/ **verb 1 avert a crisis/disaster/war, etc** to prevent something bad from happening **предотвращать кризис/бедствие/войну и т. д. 2 avert your eyes/face/gaze** to turn your head away so that you do not see something **отводить глаза/отворачивать лицо/отводить взгляд**

avian flu /ˌeɪviənˈfluː/ **noun** [U] bird flu: an illness that kills birds and can sometimes pass from birds to people **птичий грипп**

aviary /ˈeɪviəri/ **noun** [C] a large cage for birds **вольер**

aviation /ˌeɪviˈeɪʃən/ **noun** [U] flying aircraft or producing aircraft **авиация** *the aviation industry*

avid /ˈævɪd/ **adjective** very interested and enthusiastic **делающий что-либо увлеченно, запоем** *an avid reader*

• **avidly adverb увлеченно**

avocado /ˌævəˈkɑːdəʊ/ **noun** [C, U] a dark green,

oval fruit which is pale green inside and is not sweet **авокадо**

avoid /ə'vɔɪd/ **verb** [T] **1** B1 to stay away from a person, place, situation, etc **избегать** *Try to avoid the city centre.* **2** B2 to prevent something from happening **избегать** *Book early to avoid disappointment.* **3** **avoid doing sth** B2 to intentionally not do something **уклоняться** *She managed to avoid answering my question.*

• **avoidable** **adjective** possible to avoid **не неизбежный** → Opposite **unavoidable** • **avoidance** **noun** [U] when you avoid something **избежание**

await /ə'weɪt/ **verb** [T] formal **1** to wait for something **ждать** *We are awaiting the results of the tests.* **2** If something awaits you, you will experience it in the future. **ожидать** *A surprise awaits her when she gets home.*

awake[1] /ə'weɪk/ **adjective** **1** **be/lie/stay, etc awake** B1 to not be sleeping **бодрствовать, не спать** *Is Tom awake yet?* ◦ *The noise from the party* ***kept*** *me* ***awake*** *all night.* **2** **be wide awake** to be completely awake **совершенно очнувшийся от сна**

awake[2] /ə'weɪk/ **verb** [I, T] (past tense **awoke**, past participle **awoken**) literary to wake up, or make someone wake up **просыпаться, будить**

awaken /ə'weɪkᵊn/ **verb** **1** [T] formal to cause an emotion, feeling, etc **пробуждать** *The song awakened painful memories.* **2** [I, T] literary to wake up, or make someone wake up **просыпаться, будить**

awakening /ə'weɪkənɪŋ/ **noun** [no plural] when you start to be aware of something or feel something **пробуждение**

IDIOM **a rude awakening** If you have a rude awakening, you have a shock when you discover the truth about a situation. **глубокое разочарование**

award[1] /ə'wɔːd/ **noun** [C] **1** B2 a prize given to someone for something they have achieved **награда** *the* ***award for*** *best actress* ◦ *to* ***receive/win*** *an* ***award*** **2** money given to someone because of a legal decision **премия**

> **Слова-партнеры к award**
>
> present/receive/win an award • an award for sth • an awards ceremony • an award winner

award[2] /ə'wɔːd/ **verb** [T] B2 to officially give someone something such as a prize or an amount of money **присуждать, награждать** [+ two objects, often passive] *He was awarded the Nobel Prize for Physics.*

aware /ə'weəʳ/ **adjective** **1** **be aware of/that** B2 to know about something **сознавать** *Are you aware of the risks involved?* ◦ *She was* ***well aware*** *that he was married.* → Opposite **unaware** **2** interested in and knowing a lot about a particular subject **осведомленный** ***politically/*** *socially* ***aware***

awareness /ə'weənəs/ **noun** [U] when you know about something **осведомленность, информированность** *Environmental awareness is increasing all the time.*

> **Слова-партнеры к awareness**
>
> create/increase/raise awareness • a greater/growing/heightened/increased awareness • public awareness • an awareness about/of sth • an awareness among [parents/students, etc]

awash /ə'wɒʃ/ **adjective** **be awash with sth** UK (US **be awash in sth**) to have a lot of something, often too much **быть заваленным чем-либо** *The sport is awash with money.*

away[1] /ə'weɪ/ **adverb** **1** A2 to or in a different place or situation **от, прочь** *Go away and leave me alone.* ◦ *We'd like to move* ***away from*** *the town centre.* **2** A2 at a particular distance from a place **на каком-либо расстоянии** *The nearest town was ten miles away.* ◦ *How far away is the station?* **3** A2 not at the place where someone usually lives or works **указывает на отсутствие кого-либо дома или на работе** *Shirley's feeding the cat while we're away.* **4** B1 into a usual or safe place **на свое место** *Can you put everything away when you've finished?* **5** **two weeks/five hours, etc away** B1 at a particular time in the future **через две недели/пять часов и т. д.** *My exam's only a week away now.* **6** used after a verb to mean 'continuously or repeatedly' **непрерывно** *Chris was hammering away in the garden all day.* **7** B2 gradually disappearing until almost or completely gone **постепенно (исчезать, стихать и т. д.)** *The snow has melted away.* **8** UK If a sports team is playing away, the game is at the place where the other team usually plays. **не на своем поле** → See also take your **breath** away, give the **game**[1] away

away[2] /ə'weɪ/ **adjective** [always before noun] UK In sports, an away game is played at the place where the other team usually plays. **не на своем поле**

awe /ɔː/ **noun** [U] **1** a feeling of great respect and sometimes fear **благоговение, трепет** *I was filled with awe at the sheer size of the building.* **2** **be in awe of sb** to feel great respect for someone **трепетать** *As children we were rather in awe of our grandfather.*

awe-inspiring /'ɔːɪnspaɪərɪŋ/ **adjective** causing people to feel great respect or admiration **внушающий благоговение**

awesome /'ɔːsəm/ **adjective** very great, large, or special and making you feel respect and sometimes fear **повергающий в трепет** *an awesome challenge/responsibility* ◦ *The scenery was awesome.*

awful /'ɔːfᵊl/ **adjective** **1** B1 very bad, of low

quality, or unpleasant **ужасный** *an awful place* ◦ *The film was absolutely awful.* **2 an awful lot (of sth)** informal B2 a large amount **огромное количество** *It cost an awful lot of money.*

awfully /ˈɔːfəli/ **adverb** very **ужасно** *awfully difficult/good*

awhile /əˈwaɪl/ **adverb** US for a short time **недолго** *Let's **wait awhile** and see what happens.*

awkward /ˈɔːkwəd/ **adjective 1** B2 difficult or causing problems **неудобный, затруднительный** *an awkward customer* ◦ *an awkward question* **2** B2 embarrassing and not relaxed **неловкий** *an awkward pause/silence* ◦ *I'm in an awkward situation.* **3** moving in a way that is not attractive **неуклюжий** *His movements were slow and awkward.*

• **awkwardly adverb неудобно, неловко** • **awkwardness noun** [U] **неловкость**

awoke /əˈwəʊk/ past tense of awake **прош. вр. гл. awake**

awoken /əˈwəʊkən/ past participle of awake **прич. прош. вр. от гл. awake**

awry /əˈraɪ/ **adverb go awry** to not happen in the correct way **идти наперекосяк** *Suddenly everything started to go awry.*

axe¹ (also US **ax**) /æks/ **noun** [C] a tool consisting of a wooden handle with a sharp piece of metal at one end, used for cutting trees or wood **топор**

axe² (also US **ax**) /æks/ **verb** [T] to get rid of something or someone suddenly **сокращать** *The company has announced plans to **axe** 500 jobs.*

axes /ˈæksiːz/ plural of axis **мн. ч. сущ. axis**

axis /ˈæksɪs/ **noun** [C] (plural **axes** /ˈæksiːz/) **1** an imaginary, central line around which an object turns **ось 2** a line at the side or bottom of a graph (= picture showing measurements) **ось**

axle /ˈæksl/ **noun** [C] a long metal bar which connects two wheels on a vehicle **ось**

aye /aɪ/ **exclamation** informal yes, used especially in Scotland and the North of England **да**

B

B, b /biː/ the second letter of the alphabet **2-я буква алфавита**

BA /biːˈeɪ/ **noun** [C] abbreviation for Bachelor of Arts: a university or college qualification in an arts (= not science) subject which usually takes 3 or 4 years of study **бакалавр гуманитарных наук**

baa /bɑː/ **noun** [C] the sound that a sheep makes **блеяние**

babble /ˈbæbl/ **verb** [I] to talk quickly in a way which is confused, silly, or has no meaning **лепетать, бормотать**
• **babble noun** [U] **лепет, бормотание** *the babble of voices*

babe /beɪb/ **noun** [C] **1** very informal a young, attractive woman **красотка 2** literary a baby **дитя**

baby /ˈbeɪbi/ **noun** [C] **1** A1 a very young child **младенец, малыш** *a baby girl/boy* ◦ *baby clothes* ◦ *Liz has* ***had a baby***. ◦ *Maria's* ***expecting a baby*** *(= she is pregnant)*. **2** A2 a very young animal **детеныш** *a baby bird*

> **Слова-партнеры к baby**
> **have/be expecting/give birth to** a baby • a baby **is born** • a **new/newborn** baby

ˈ**baby** ˌ**boom noun** [C] a time when a lot of babies are born in a particular area **взрыв рождаемости** *the postwar baby boom*

ˈ**baby** ˌ**carriage noun** [C] US a small vehicle with four wheels for carrying a baby **коляска**

babyish /ˈbeɪbiɪʃ/ **adjective** Babyish behaviour is silly, like the behaviour of a young child. **ребяческий**

babysit /ˈbeɪbisɪt/ **verb** [I, T] (present participle **babysitting**, past tense and past participle **babysat**) B1 to look after children while their parents are not at home **сидеть с (чужими) детьми**
• **babysitter noun** [C] B1 **няня** *We'd like to come, but we can't get a babysitter.* • **babysitting noun** [U] **работа няни**

bachelor /ˈbætʃᵊləʳ/ **noun** [C] **1** a man who is not married **холостяк 2 Bachelor of Arts/Science/Education, etc** a university or college qualification which usually takes 3 or 4 years of study, or a person who has this qualification **бакалавр гуманитарных/естественных/педагогических и т. д. наук**

back[1] /bæk/ **adverb 1** A1 where someone or something was before **обратно** *When do you go back to college?* ◦ *I put it back in the cupboard.* **2** B1 in a direction behind you **назад** *Anna stepped back.* ◦ *Flint leaned back in his chair.* **3** A2 as a reply or reaction to something **в ответ** UK *to ring back/* US *to call back* ◦ *I signalled to her and she waved back.* **4** B1 to the state something or someone was in before **снова** *Hopefully things will* ***get back to normal*** *again now.* ◦ *I'm sure we can* ***put*** *it* ***back together*** *again (= repair it).* ◦ *Try to go back to sleep.* **5** B2 at or to an earlier time **(много лет) назад** *We first met* ***back in*** *1973.* ◦ *Looking back, I think we did the right thing.* **6** B2 in a direction away from something **в сторону, в стороне от** *He pulled back the curtain.* **7 back and forth** (also UK **backwards and forwards**) in one direction, then the opposite way, then in the original direction again many times **взад и вперед** *He has to travel back and forth between London and Paris every week.*

back[2] /bæk/ **noun** [C] **1** A2 the part of something that is furthest from the front or in the opposite direction to the front **оборотная сторона, задняя часть** *He wrote his number down on the back of an envelope.* ◦ *I always keep a blanket in the back of the car.* **2** A2 the part of your body from your shoulders to your bottom **спина** *back injuries/pain* ◦ *He was lying on his back.* → See **The Body** on page Centre 13 **3** the part of a seat that you lean against when you are sitting **спинка** *the back of a chair* **4 back to front** UK with the back part of something where the front should be **задом наперед** *You've got your trousers on back to front.* **5 in back of** US behind **за, позади** *They sat in back of us on the plane.*

IDIOMS **at/in the back of your mind** If you have a thought or idea at the back of your mind, you are always thinking about it. **в голове, в подсознании** • **behind sb's back** If you do something behind someone's back, you do it without them knowing, often in an unfair way. **за чьей-либо спиной** *Have they been saying things about me behind my back?* • **be glad/happy, etc to see the back of sb/sth** UK to be pleased when someone leaves or something ends because you did not like them **радоваться чьему-либо уходу или избавлению от чего-либо/кого-либо** • **be on sb's back** to remind someone again and again to do something, or to criticize someone in an annoying way **надоедать** • **turn your back on sb/sth** to decide to stop having contact with someone or something, or to refuse to help someone **порвать с кем-либо/чем-либо** *She turned her back on Hollywood and went to live in Florida.*

→ See also a **pat[2]** on the back, be (like) **water[1]** off a duck's back

back[3] /bæk/ **verb 1** [T] to give support or help to a person, plan, or idea **поддерживать** *He backed Mr Clark in the recent election.* **2** [T] to risk money by saying that you think a horse, team, etc will win a race, game, or competition in order to win more money if they do **ставить (на кого-либо/что-либо)** *Many people are backing Holyfield to win the fight.* **3 back (sth) away/into/out, etc** to move backwards or drive backwards **отступать, ехать задним ходом** *She saw he had a gun and backed away.*

PHRASAL VERBS **back away** to show that you do not support a plan or idea any more and do not want to be involved with it **отступаться** *The government has backed away from plans to increase taxes.* • **back down** to admit that you were wrong, or agree not to do something **идти на попятный** *The council **backed down over** rent increases.* • **back off 1** B2 to move away from someone, usually because you are afraid **пятиться** *I saw the knife and backed off.* **2** mainly US to stop supporting a plan **отступать** *The president has **backed off from** a threat to expel UN soldiers.* • **back out** B2 to decide not to do something you had planned or agreed to do **передумать** *Nigel backed out at the last minute, so we had a spare ticket.* • **back sb up 1** B2 to support or help someone **поддерживать кого-либо** *My family backed me up in my fight for compensation.* **2** to say that someone is telling the truth **подтверждать чьи-либо слова** *Honestly, that's exactly what happened – Claire'll back me up.* • **back sth up 1** to prove that something is true **подтверждать** [often passive] *His claims are backed up by recent research.* **2** B2 to make an extra copy of computer information **делать запасную копию** • **back (sth) up** to drive backwards **давать задний ход**

back[4] /bæk/ **adjective 1** A2 [always before noun] at or near the back of something **задний** *back door/garden/page* ◦ *I put it in the back pocket of my jeans.* **2 back road/street** a very small road or street that goes behind or between buildings **отдаленная дорога/глухая улица** → See also put sth on the back **burner**

backache /ˈbækeɪk/ **noun** [C, U] B1 a pain in your back **боль в спине**

backbench /ˌbækˈbentʃ/ **adjective** UK **a backbench MP/politician, etc** a member of the government who does not have an important position **рядовой член парламента/политик и т. д.**

• **backbencher** noun [C] a backbench politician **заднескамеечник**

the backbenches /ˌbækˈbentʃɪz/ **noun** [plural] UK the place where backbench politicians sit **задняя скамья, место в тени** *He prefers to remain **on the backbenches**.*

backboard /ˈbækbɔːd/ **noun** [C] in basketball (= a sport), a board behind the metal ring that you have to throw the ball through to score **баскетбольный щит** → See **Sports 2** on page Centre 15

backbone /ˈbækbəʊn/ **noun** [C] **1** the main or strongest part of something **главная опора** *The car industry remains **the backbone of** the area's economy.* **2** the line of bones down the centre of your back **позвоночник**

backdrop /ˈbækdrɒp/ **noun** [C] **1** the situation that an event happens in **фон** [usually singular] *The attack took place **against a backdrop of** rising tensions between the two communities.* **2** the painted cloth at the back of a stage in a theatre **задник**

backer /ˈbækər/ **noun** [C] someone who supports a person or plan, especially by giving them money **спонсор**

backfire /ˌbækˈfaɪər/ **verb** [I] If something that you do backfires, it has the opposite result of what you wanted. **приводить к обратным результатам**

background /ˈbækgraʊnd/ **noun 1** [no plural] B2 Sounds in the background are not the main sounds you can hear. **задний план, фон** ***background music/noise*** ◦ *I could hear a baby crying **in the background**.* **2** [C] B1 a person's education, family, and experience of life **происхождение** *She **came from** a middle-class **background**.* **3** [C, U] B2 the parts at the back of a picture, view, etc which are not the main things you look at **задний план** *gold stars **on** a black **background*** **4** [C] B2 the situation that an event happens in, or things which have happened in the past which affect it **фон** [usually singular] *The talks are taking place **against a background of** economic uncertainty.* **5 in the background** If a person stays in the background, they try not to be noticed. **в тени, на заднем плане**

> Слова-партнеры к **background**
>
> come from a [poor/different, etc] background • sb's **family** background

backhand /ˈbækhænd/ **noun** [C] when you hit a ball with your arm across your body, in sports such as tennis **бекхенд, удар слева/тыльной стороной руки**

backing /ˈbækɪŋ/ **noun** [U] support, especially money, for a person or plan **поддержка, финансирование** *financial backing* ◦ *The proposal has the full backing of the government.*

backlash /ˈbæklæʃ/ **noun** [C] when people react against an idea which was previously popular **обратная реакция** [usually singular] *a **backlash against** the royal family*

backlog /ˈbæklɒg/ **noun** [C] work that should have been done earlier **не выполненная в срок работа**

backpack

backpack /ˈbækpæk/ **noun** [C] B1 a bag that you carry on your back **рюкзак** → See picture at **luggage**

• **backpacking** noun [U] B1 **туристический поход** *to **go***

B

backpacking • **backpacker** noun [C] B1 **турист**

backside /ˌbækˈsaɪd/ US /ˈbækˌsaɪd/ **noun** [C] informal the part of your body that you sit on **зад**

backslash /ˈbækslæʃ/ **noun** [C] the symbol '\', used in computer programs → Compare **forward slash**

backstage /ˌbækˈsteɪdʒ/ **adverb** in the area behind the stage in a theatre where performers get ready **за кулисами**

backstroke /ˈbækstrəʊk/ **noun** [U] a style of swimming on your back **плавание на спине**

back-to-back /ˌbæktəˈbæk/ **adjective, adverb** **1** If two people or things are back-to-back, their backs are touching or facing each other. **спиной к спине** *They stood back-to-back.* **2** If two things happen back-to-back, one happens after the other without a pause. **один за другим** *back-to-back interviews*

backtrack /ˈbæktræk/ **verb** [I] to say that you did not mean something you said earlier **отказываться от своих слов** *The government has **backtracked on** its promises.*

backup /ˈbækʌp/ **noun** **1** [C, U] B2 extra help, support, or equipment which is available if you need it **поддержка** *Medical staff are on call to **provide backup** in case of an emergency.* **2** [C] B2 an extra copy of computer information **запасная копия** *to **make a backup***

backward /ˈbækwəd/ **adjective** **1** [always before noun] in the direction behind you **назад** *a **backward glance*** **2** less developed or slower to develop than normal **отсталый** *a backward country*

backwards /ˈbækwədz/ **adverb** (also **backward**) **1** B1 towards the direction behind you **назад** *She took a couple of steps backwards.* **2** towards an earlier time or an earlier stage of development **в обратном направлении** *Let's start with your most recent job and **work backwards**.* **3** in the opposite order to what is usual **наоборот** *"Erehwon" is "nowhere" spelled backwards.* **4** (also UK **back to front**) with the part that is usually at the front at the back **задом наперед** *You've got your skirt on backwards.* **5 backwards and forwards** UK (UK/US **back and forth**) in one direction then the opposite way and back again many times **взад и вперед** *I have to drive backwards and forwards between here and Ipswich every day.*

IDIOM **bend over backwards** to try extremely hard to help or to please someone **лезть из кожи вон** [+ to do sth] *She bent over backwards to help him.*

backyard /ˌbækˈjɑːd/ **noun** [C] US the area behind a house **задний двор**

bacon /ˈbeɪkᵊn/ **noun** [U] B1 meat from a pig cut into long thin slices **бекон**

bacteria /bækˈtɪəriə/ **noun** [plural] very small living things that sometimes cause disease **бактерия**

• **bacterial** **adjective** made from or caused by bacteria **бактериальный** ***bacterial infections***

bad /bæd/ **adjective** (**worse**, **worst**) **1** A1 not pleasant **плохой** ***bad weather*** ◦ ***bad news*** ◦ *My phone bill was even worse than I'd expected.* ◦ *He's in a bad mood today.* **2** A2 of low quality **плохой** *bad behaviour* ◦ *The service was really bad.* ◦ *He's always been **bad at** maths.* **3** B1 very serious or severe **серьезный** *a bad injury* ◦ *the worst flooding for years* **4** B1 not lucky, not convenient, or not happening how you would like **неудачный, неблагоприятный** *It was just **bad luck** that she heard us.* ◦ *Is this a bad time to ask?* **5 not bad** A2 satisfactory **неплохо** *"There are about 10 people in a group." "Oh well, that's not bad."* ◦ *That's **not bad for** such a small company.* **6 be bad for sb/sth** A2 to be harmful for someone or something **быть вредным для кого-либо/чего-либо** *Looking at a computer screen for too long can be bad for your eyes.* **7 feel bad about sth/doing sth** B1 to feel guilty or sorry about something that has happened **переживать** *I felt bad about letting her down.* **8 too bad a** B1 mainly US informal used to say that you are sorry about a situation **как жаль!** *"He didn't get the job." "Oh, that's too bad."* **b** used to say that nothing can be done to change a situation **ничего не поделаешь!** *I know you don't want to go but it's too bad, we have to.* **9** B1 evil **порочный** *She's a really bad person.* **10** B2 Bad food is not fresh and cannot be eaten. **испорченный** **11** [always before noun] If you have a bad arm, leg, heart, etc, there is something wrong with it and it is painful. **больной** → See also bad **blood**, be in sb's good/bad books (**book**[1])

baddie /ˈbædi/ **noun** [C] mainly UK informal a bad person in a film, book, etc **злодей**

bade /bæd/ past tense of **bid** **прош. вр. гл. bid**

badge /bædʒ/ **noun** [C] **1** B2 a piece of plastic, metal, etc which you wear on your clothes showing your name or the organization you work for **карточка на одежде с именем человека и названием организации, где он работает** **2** UK (US **button**) B2 a piece of plastic, metal, etc with words or pictures on it that you wear on your clothes for decoration **значок**

badger /ˈbædʒəʳ/ **noun** [C] a wild animal with thick black and white fur that lives under the ground and comes out at night **барсук**

badly /ˈbædli/ **adverb** (**worse**, **worst**) **1** A2 very seriously **сильно** *badly damaged/injured* **2** B2 in a way that is of low quality or in an unpleasant way **плохо** *to behave badly* ◦ *They played badly in the first half.*

badminton /ˈbædmɪntən/ **noun** [U] A2 a sport for two or four people in which you hit a shuttlecock (= a light object with feathers) over a net **бадминтон**

bad-tempered /ˌbædˈtempəd/ **adjective** B2 a bad-tempered person gets angry or annoyed easily **раздражительный, вздорный** *Sam's been bad-tempered recently, is something worrying him?*

baffle /ˈbæfl/ **verb** [T] If something baffles you, you cannot understand it at all. **озадачивать** [often passive] *The police were baffled by his disappearance.*

bag[1] /bæg/ **noun** [C] **1** (A1) a container made of paper, plastic, etc, used for carrying things **пакет** *a paper/plastic bag* ◦ *He **packed** his **bags** and left.* **2** (also **handbag**) mainly UK a bag with handles in which a woman carries her money, keys, etc **сумка** **3** the amount a bag contains **содержимое пакета** *It doesn't weigh more than a couple of bags of sugar.* **4 bags of sth** mainly UK informal a large amount of something **множество, масса, полным-полно** *There's bags of room.* **5 bags** Bags under your eyes are areas of loose or dark skin. **мешки (под глазами)** → See also **carrier bag**, let the **cat** out of the bag, **shoulder bag**, **sleeping bag**, **tote bag**

bag[2] /bæg/ **verb** [T] (present participle **bagging**, past tense and past participle **bagged**) informal to get something, especially before other people have a chance to take it **захватывать, занимать** *Bag us some decent seats.*

bagel /ˈbeɪgəl/ **noun** [C] a type of bread made in the shape of a ring **бублик** → See picture at **bread**

baggage /ˈbægɪdʒ/ **noun** [U] **1** (B1) all the cases and bags that you take with you when you travel **багаж** *baggage reclaim* **2** feelings and experiences from the past that influence how you think and behave now **опыт** *emotional baggage*

baggy /ˈbægi/ **adjective** Baggy clothes are big and loose. **мешковатый**

bagpipes /ˈbægpaɪps/ **noun** [plural] a Scottish musical instrument that is played by blowing air into a bag and forcing it through pipes **волынка**

baguette /bægˈet/ **noun** [C] a French-style loaf of bread that is long and thin and white **длинный французский хлеб, багет** *a ham and cheese baguette*

bail[1] /beɪl/ **noun** [U] when money is paid to a court so that someone can be released from prison until their trial **залог** *He was **released on bail**.* ◦ *She was **granted bail**.*

bail[2] /beɪl/ **verb be bailed** If someone is bailed until a particular time, they can leave prison until then if they pay money to the court. **быть освобожденным под залог**

PHRASAL VERB **bail sb out 1** to help a person or organization by giving them money **спасать кого-либо от банкротства** *Companies can't expect the government to keep bailing them out.* **2** to pay money to a court so that someone can be released from prison until their trial **вносить залог за кого-либо**

bailiff /ˈbeɪlɪf/ **noun** [C] **1** UK someone whose job is to take away things people own when they owe money **судебный исполнитель** **2** US someone whose job is to guard prisoners in a court **судебный пристав**

bailout /ˈbeɪlaʊt/ **noun** [C] mainly US when a company is given money to solve its financial problems **финансовая помощь для спасения фирмы**

bait[1] /beɪt/ **noun** [U, no plural] **1** food that is used to try to attract fish or animals so that you can catch them **наживка** **2** something that you use to persuade someone to do something **приманка, соблазн**

bait[2] /beɪt/ **verb** [T] **1** to put food in or on something to try to catch fish or animals **ловить на приманку** *a mouse trap baited with cheese* **2** to try to make someone angry by laughing at them or criticizing them **изводить, дразнить**

bake /beɪk/ **verb** [I, T] (A2) to cook something such as bread or a cake with dry heat in an oven **печь** *a baked apple* → See picture at **cook**

ˌbaked ˈbeans noun [plural] beans cooked in a tomato (= soft, round, red fruit used like a vegetable) sauce and sold in tins (= metal containers) **консервированная фасоль в томатном соусе**

ˌbaked poˈtato noun [C] a potato baked and served with the skin (= outer layer) still on **печеная картошка**

baker /ˈbeɪkər/ **noun** [C] (B1) someone who makes and sells bread, cakes, etc **пекарь** *Can you call at **the baker's** and get a loaf of bread?*

bakery /ˈbeɪkəri/ **noun** [C] (B2) a shop where you can buy bread, cakes, etc **булочная**

baking /ˈbeɪkɪŋ/ **adjective** informal Baking weather is very hot. **жаркий**

balance[1] /ˈbæləns/ **noun 1** [U] (B2) when the weight of someone or something is spread in such a way that they do not fall over **равновесие** *I **lost my balance** and fell off the bike.* ◦ *The force of the explosion threw him **off balance** (= it was difficult for him to stay standing).* **2** [U, no plural] (B2) when the correct amount of importance is given to each thing so that a situation is successful **равновесие** *We* *hope to* ***strike a balance between*** *police powers and the protection of citizens.* → Opposite **imbalance** **3** [U] when you consider all the facts in a fair way **взвешенность** *I felt his report lacked balance.* **4 on balance** B2 used to give your opinion after you have considered all the facts about something **по зрелом размышлении** *On balance, I'd prefer a woman dentist to a man.* **5** [C] B2 the amount of money that you still have to pay, or that you have left to use **баланс** [usually singular] *I always pay off the balance on my credit card each month.*

IDIOM **be/hang in the balance** If something hangs in the balance, nobody knows if it will continue to exist in the future or what will happen to it. **висеть на волоске** *After a bad year, Judd's career hung in the balance.*

Слова-партнеры к balance

1. **keep/lose** your balance • **knock/throw** sb **off** balance • sb's **sense of** balance
2. **find/maintain/strike** a balance • **redress** the balance • a **delicate** balance • a balance **between** sth and sth

balance² /ˈbæləns/ **verb 1** [I, T] B2 to be in a position where you will not fall to either side, or to put something in this position **сохранять равновесие, приводить в равновесие** *She was trying to balance a book on her head.* **2** [T] B2 to give the correct amount of importance to each thing so that a situation is successful **уравновешивать** *I struggle to balance work and family commitments.* **3 balance the books/budget** to make sure that you do not spend more money than you get **подводить баланс**

PHRASAL VERB **balance sth against sth** to compare the advantages and disadvantages of something **взвешивать за и против** *The ecological effects of the factory need to be balanced against the employment it provides.*

balanced /ˈbælənst/ **adjective 1** B2 considering all the facts in a fair way **сбалансированный** *a balanced discussion of his work* **2 a balanced diet/meal** B2 a healthy mixture of different kinds of food **рациональная диета/пища** → See also **well-balanced**

ˌbalance of ˈpayments noun [no plural] mainly UK the difference between how much a country pays to other countries and how much it gets paid by other countries **платежный баланс**

ˌbalance of ˈpower noun [no plural] the way in which power is divided between different people or groups **равновесие сил** *maintaining the balance of power in the European Union*

ˈbalance ˌsheet noun [C] a document that shows what a company has earned and what it has spent **балансовый отчет**

balcony /ˈbælkəni/ **noun** [C] **1** B1 a small area joined to the wall outside a room on a high level where you can stand or sit **балкон** **2** the seats in an upper area of a theatre **балкон (в театре)**

bald /bɔːld/ **adjective**

bald

1 B1 with little or no hair **лысый** *John started to* ***go bald*** *at an early age.* ◦ *I've got a* ***bald patch/spot****.* **2** [always before noun] Bald facts or ways of saying things are very clear and are not intended to comfort you. **голый, неприкрашенный**

• **baldness noun** [U] **облысение, прямота**

balding /ˈbɔːldɪŋ/ **adjective** becoming bald **лысеющий**

baldly /ˈbɔːldli/ **adverb** If you say something baldly, you say it in a very clear way which may upset the person you are speaking to. **открыто, прямо** *"I don't love you any more," he said baldly.*

bale /beɪl/ **noun** [C] a large amount of something such as paper, cloth, or hay (= dried grass), that is tied together so that it can be stored or moved **тюк**

baleful /ˈbeɪlfəl/ **adjective** formal evil or angry **злобный, мрачный** *a baleful look*

balk (also UK **baulk**) /bɔːlk/ US /bɔːk/ **verb** [I] to not want to do something that is unpleasant or difficult **упираться** *Most people* ***balk at*** *paying these kind of prices for clothes.*

ball

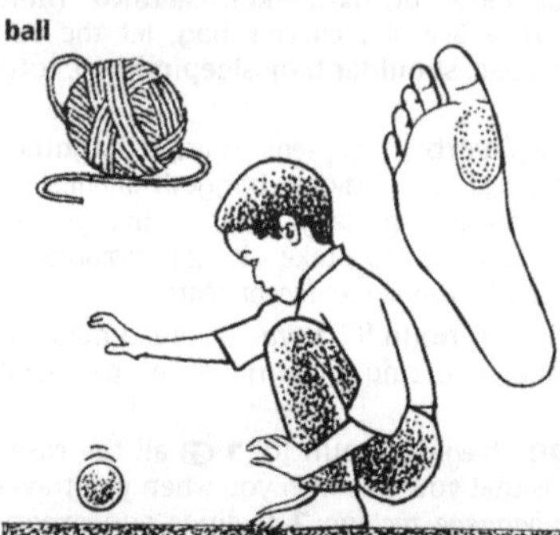

ball /bɔːl/ **noun 1** [C] A1 a round object that you throw, kick, or hit in a game, or something with this shape **мяч** *a tennis ball* ◦ *a ball of string* **2** [C] a large formal occasion where people dance **бал** **3 have a ball** informal to enjoy yourself very much **веселиться вовсю**

IDIOMS **be on the ball** informal to be quick to understand and react to things **быть расторопным** • **set/start the ball rolling** to begin an activity that involves a group of people **начинать дело** *I've started the ball rolling by setting up a series of meetings.*

→ See also **ball game, crystal ball**

B

ballad /ˈbæləd/ **noun** [C] a song that tells a story, especially about love **баллада**

ballerina /ˌbæləˈriːnə/ **noun** [C] a female ballet dancer **балерина**

ballet /ˈbæleɪ/ US /bælˈeɪ/ **noun** **1** [U] B1 a type of dancing that is done in a theatre and tells a story, usually with music **балет** **2** [C] a particular story or performance of ballet dancing **балет** **3** [C] a group of ballet dancers who work together **балетная труппа** *the Royal Ballet*

ˈball ˌgame **noun** [C] US a game of baseball (= where teams hit a ball and run round four fixed points), basketball (= where teams throw a ball through a high net), or American football **бейсбол, баскетбол, американский футбол**

IDIOM **a whole new ball game** (also **a different ball game**) informal a completely different situation from how things were before **совсем другое дело** *We'd been climbing in Scotland, but the Himalayas were a whole new ball game.*

ballistic /bəˈlɪstɪk/ **adjective**

IDIOM **go ballistic** informal to suddenly become very angry **выходить из себя**

balloon

hot-air balloon

balloon¹ /bəˈluːn/ **noun** [C] A2 a small coloured rubber bag that you fill with air to play with or to use as a decoration **воздушный шар** *Could you help me to **blow up** some **balloons**?* → See also **hot-air balloon**

balloon² /bəˈluːn/ **verb** [I] to suddenly become much larger **раздуваться, становиться больше** *I ballooned to 14 stone when I had my second baby.*

ballot¹ /ˈbælət/ **noun** [C, U] a secret written vote **тайное голосование, избирательный бюллетень** *to **hold a ballot*** ◦ *She was the only candidate **on the ballot** (= available to vote for).* ◦ UK ***ballot papers*** ◦ *a **ballot box** (= box where votes are collected)*

> **Слова-партнеры к ballot**
>
> hold a ballot • a ballot on sth • be on a ballot • ballot papers • a ballot box

ballot² /ˈbælət/ **verb** [T] mainly UK to ask people to vote in a ballot so that you can find out their opinion about something **проводить голосование** *In July he will **ballot** his members **on** how they want to proceed.*

ballpark /ˈbɔːlpɑːk/ **noun** **1** [C] US a place where baseball (= game where teams hit a ball and run round four fixed points) is played and watched **бейсбольный стадион** **2** **ballpark estimate/figure** a number or amount that is not exact but should be near the correct number or amount **примерная оценка/цифра** *$3 million would be a ballpark figure for sales next year.*

ballpoint pen /ˌbɔːlpɔɪntˈpen/ **noun** [C] a pen with a very small ball in the end that rolls ink onto the paper **шариковая ручка**

ballroom /ˈbɔːlruːm/ **noun** [C] a large room where dances are held **бальный зал**

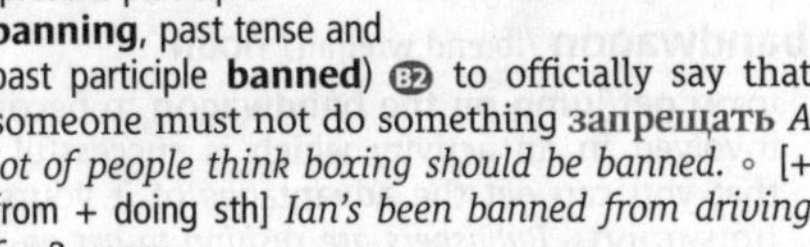
bamboo

bamboo /bæmˈbuː/ **noun** [C, U] a tall plant with hard hollow stems, often used for making furniture **бамбук**

ban¹ /bæn/ **verb** [T] (present participle **banning**, past tense and past participle **banned**) B2 to officially say that someone must not do something **запрещать** *A lot of people think boxing should be banned.* ◦ [+ from + doing sth] *Ian's been banned from driving for 2 years.*

ban² /bæn/ **noun** [C] B2 an official rule that people must not do or use something **запрет** *There is a **ban on** developing land around the city.*

> **Слова-партнеры к ban**
>
> impose/introduce/lift a ban • a blanket/complete/outright/total ban • a ban on (doing) sth

banal /bəˈnɑːl/ **adjective** ordinary and not exciting **банальный** *banal pop songs*

banana /bəˈnɑːnə/ **noun** [C, U] A1 a long, curved fruit with a yellow skin **банан** → See **Fruits and Vegetables** on page Centre 10

band¹ /bænd/ **noun** [C] **1** A1 a group of musicians who play modern music together **группа, оркестр** *a jazz band* **2** a line of a different colour or design **полоса** *The band of lighter coloured soil marks the position of the fort.* **3** a piece of material put around something **тесьма, лента, повязка** *an **elastic band*** **4** a group of people who do something together **группа** *the Cathedral's band of regular worshippers* **5** UK one of the groups that something is divided into **группа** *the 20-25 age band* → See also **elastic band, rubber band**

band² /bænd/ **verb**

PHRASAL VERB **band together** to work with other people in order to achieve something **объединяться** *Companies banded together to keep prices high.* → Opposite **disband**

B

bandage¹ /ˈbændɪdʒ/ **noun** [C] B1 a long piece of soft cloth that you tie around an injured part of the body **бинт**

bandage

bandage² /ˈbændɪdʒ/ **verb** [T] to put a bandage around a wound or injury **перевязывать**

Band-Aid /ˈbændeɪd/ **noun** [C] US trademark (UK **plaster**) a small piece of cloth or plastic that sticks to your skin to cover and protect a small wound **пластырь**

B&B /ˌbiːənˈbiː/ **noun** [C] abbreviation for bed and breakfast **маленькая гостиница (часто семейный бизнес)**

bandit /ˈbændɪt/ **noun** [C] a thief who attacks people who are travelling in a wild place **разбойник, бандит**

bandwagon /ˈbændˌwægən/ **noun**

IDIOM **get/jump on the bandwagon** to become involved in an activity which is successful so that you can get the advantages of it yourself **примкнуть** *Publishers are rushing to get on the CD-ROM bandwagon.*

bandwidth /ˈbændwɪtθ/ **noun** [usually singular] the amount of information per second that can move between computers connected by a telephone wire **пропускная способность**

bang¹ /bæŋ/ **noun** [C] **1** B2 a sudden loud noise **грохот** *The door slammed with a deafening bang.* **2** when you suddenly hit part of your body on something hard **сильный удар** *a nasty bang on the head*

IDIOMS **go out with a bang** informal If someone or something goes out with a bang, they stop existing or doing something in an exciting way. **лопнуть (о предприятии, деле)** • **more bang for your buck(s)** US informal the best result for the smallest effort **наибольшая отдача при наименьших затратах**

bang² /bæŋ/ **verb** [I, T] **1** B2 to make a loud noise, especially by hitting something against something hard **хлопать, грохотать** *We heard the door bang.* ◦ *Ben banged his fist on the desk.* **2** to hit part of your body against something hard **ударять(ся)** *Ted fell and banged his head.* → See also be banging your **head¹** against a brick wall

bang³ /bæŋ/ **adverb** UK informal exactly **как раз, прямо** *The books were piled up* ***slap bang*** *in the middle of the kitchen table.* ◦ *The curtain rose* ***bang on time.***

banger /ˈbæŋəʳ/ **noun** [C] UK informal **1** an old car that is in a bad condition **драндулет** **2** a sausage (= tube of meat and spices) **сосиска**

bangle /ˈbæŋgl/ **noun** [C] a circle of stiff plastic, metal, etc that people wear around the arm as jewellery **браслет**

bangs /bæŋz/ **noun** [plural] US (UK **fringe** [C]) hair that is cut short and straight at the top of someone's face **челка**

banish /ˈbænɪʃ/ **verb** [T] **1** to send someone away from a place, often as a punishment **изгонять, ссылать** [often passive] *He was* ***banished to*** *a remote Alaskan island.* **2** to make yourself stop thinking about something or feeling a particular way **отгонять, избавляться** *Banish winter blues with a holiday in the sun!*

banister /ˈbænɪstəʳ/ **noun** [C] a long piece of wood that you can hold as you go up or down stairs **перила**

banjo /ˈbændʒəʊ/ **noun** [C] a musical instrument like a guitar with a round body **банджо**

bank¹ /bæŋk/ **noun** [C] **1** A1 an organization or place where you can borrow money, save money, etc **банк** *Most banks are reluctant to lend money to new businesses.* **2** B1 the land along the side of a river **берег** *We found a shady spot on the river bank.* **3** a place where a supply of something can be kept until it is needed **банк** *a blood bank* **4** a large pile of snow, sand, or soil **занос, нанос** → See also **bottle bank**, **merchant bank**, **piggy bank**

bank² /bæŋk/ **verb** **1** [I, T] to put or keep money in a bank **держать деньги в банке** *to bank a cheque* ◦ *Who do you* ***bank with?*** ◦ *I* ***bank at*** *the First National Bank.* **2** [I] When a plane banks, it flies with one wing higher than the other when turning. **накреняться**

PHRASAL VERB **bank on sb/sth** to depend on someone doing something or something happening **рассчитывать, полагаться на кого-либо/что-либо** *Chrissie might arrive on time, but I wouldn't bank on it.*

ˈbank aˌccount **noun** [C] B1 an arrangement with a bank to keep your money there and take it out when you need to **счет в банке**

banker /ˈbæŋkəʳ/ **noun** [C] B2 someone who has an important job in a bank **банкир**

ˌbank ˈholiday **noun** [C] UK an official holiday when all banks and most shops and offices are closed **праздничный день** *Spring bank holiday*

banking /ˈbæŋkɪŋ/ **noun** [U] B2 the business of operating a bank **банковское дело**

banknote /ˈbæŋknəʊt/ **noun** [C] mainly UK (US **bill**) a piece of paper money **банкнота**

bankrupt¹ /ˈbæŋkrʌpt/ **adjective** unable to continue in business because you cannot pay your debts **обанкротившийся** *He* ***went bankrupt*** *after only a year in business.*

bankrupt² /ˈbæŋkrʌpt/ **verb** [T] to make someone bankrupt **разорять**

bankruptcy /ˈbæŋkrəptsi/ **noun** [C, U] when a

person or organization becomes bankrupt **банкротство** *Factories that continue to make losses could soon face bankruptcy.*

ˈbank ˌstatement noun [C] a piece of paper that shows how much money you have put into your bank account and how much you have taken out **баланс банковского счета (на определенную дату)**

banner /ˈbænəʳ/ **noun** [C] a long piece of cloth, often stretched between poles, with words or a sign written on it **знамя**

ˈbanner ˌad noun [C] an advertisement that appears across the top of a page on the Internet **рекламный баннер для веб-сайта**

banquet /ˈbæŋkwɪt/ **noun** [C] a large formal dinner for a lot of people **банкет**

banter /ˈbæntəʳ/ **noun** [U] conversation which is funny and not serious **шутливая беседа**

baptism /ˈbæptɪzᵊm/ **noun** [C, U] a Christian ceremony in which water is put on someone to show that they are a member of the Church **крещение**

Baptist /ˈbæptɪst/ **adjective** belonging or relating to a Christian group which only believes in baptism for people who are old enough to understand what it means **баптистский** *the Baptist Church*
• **Baptist noun** [C] **баптист**

baptize (also UK **-ise**) /bæpˈtaɪz/ (US) /ˈbæptaɪz/ **verb** [T] to perform a baptism ceremony for someone **крестить**

bar¹ /bɑːʳ/ **noun 1** [C] (A1) a place where alcoholic drinks are sold and drunk, or the area behind the person serving the drinks **бар** *I met him in a bar in Soho.* **2** [C] (B1) a small block of something solid **кусок, плитка, слиток** *a chocolate bar* ◦ *gold bars* → See **Pieces and Quantities** on page Centre 1 **3** [C] (B2) a long, thin piece of metal or wood **перекладина, решетка** *There were bars on the downstairs windows.* **4** [C] UK something that prevents you doing something or having something **преграда** *Lack of money should not be **a bar to** a good education.* **5** [C] one of the short, equal groups of notes that a piece of music is divided into **такт** *The band played the first few bars.* **6 the bar** lawyers (= people whose job is to know about the law and deal with legal situations) thought of as a group **коллегия адвокатов** *Haughey was **called to the bar** (= became a lawyer) in 1949.*

IDIOM **behind bars** in prison **за решеткой**

bar² /bɑːʳ/ **verb** [T] (present participle **barring**, past tense and past participle **barred**) **1** to officially prevent someone doing something or going somewhere, or to prevent something happening **запрещать** [+ from + doing sth] *The court barred him from contacting his former wife.* **2** to stop someone going into a place **загораживать** *A line of policemen barred the entrance to the camp.* **3** to close and lock a door or gate **запирать**

bar³ /bɑːʳ/ **preposition 1** except **за исключением** *I've read all her books, **bar one**.* **2 bar none** used to emphasize that someone or something is the best **без всяких исключений** *the best suspense writer going, bar none*

barbarian /bɑːˈbeəriən/ **noun** [C] someone who behaves in a way which shows they are not well educated and do not care about the feelings of others **варвар**

barbaric /bɑːˈbærɪk/ **adjective** violent and cruel **варварский** *a barbaric act of violence*
• **barbarically adverb варварски**

barbecue¹ /ˈbɑːbɪkjuː/ **noun** [C] **1** (A2) a party at which you cook food over a fire outdoors **барбекю 2** (A2) a metal frame for cooking food over a fire outdoors **барбекю**

barbecue

barbecue² /ˈbɑːbɪkjuː/ **verb** [I, T] (present participle **barbecuing**, past tense and past participle **barbecued**) (B1) to cook food on a barbecue **жарить на открытом огне** *barbecued chicken wings*

barbed wire /ˌbɑːbdˈwaɪəʳ/ **noun** [U] strong wire with short, sharp points on it to keep people out of a place **колючая проволока** *a barbed wire fence*

barbed wire

barber /ˈbɑːbəʳ/ **noun** [C] someone whose job is to cut men's hair **мужской парикмахер** *Dad goes to **the barber's** (= the barber's shop) once a month.*

ˈbar ˌcode noun [C] a row of black lines on something you buy, that a computer reads to find the price **штрих-код**

bare¹ /beəʳ/ **adjective 1** (B2) not covered by clothes **голый, босой** *a bare chest* ◦ *She ran out into the road **in her bare feet**.* **2** (B2) not covered by anything **голый, неприкрытый** *bare floorboards* **3** empty **пустой** *a bare room* ◦ *The cupboard was bare.* **4** including only the smallest amount that you need of something **минимальный, скудный** *The report just gave us the barest facts about the accident.* ◦ *Tony's salary only covers **the bare essentials** for the family.*
→ See also with your bare hands (**hand¹**)

bare² /beəʳ/ **verb** [T] to take away the thing that is covering something so that it can be seen **обнажать, скалить** *He bared his chest.* ◦ *The dog bared its teeth.*

barefoot /beəˈfʊt/ **adjective, adverb** not wearing any shoes or socks **босой** *They ran barefoot along the wet beach.*

barely /ˈbeəli/ **adverb** (B2) only just **едва** *He was barely alive when they found him.*

B

barf /bɑːf/ **verb** [I] US very informal to vomit **блевать**
• **barf noun** [U] **блевотина**

bargain¹ /ˈbɑːgɪn/ **noun** **1** [C] B2 something that is sold for less than its usual price or its real value **выгодная покупка** *At $8.95, it's a bargain.* **2** [C] when you agree to something someone else wants so that they will agree to something you want **сделка, соглашение** *They were prepared to **strike a bargain** to avoid more fighting.* **3 into the bargain** mainly UK as well as everything else **в придачу** *Caffeine has no good effects on health and is mildly addictive into the bargain.*

> **Слова-партнеры к bargain**
> get/pick up/snap up a bargain • a bargain price • bargain **hunting**

bargain² /ˈbɑːgɪn/ **verb** [I] to try to make someone agree to something better for you **торговаться** *Do not hesitate to **bargain over** the price.*

PHRASAL VERB **bargain for/on sth** to expect or be prepared for something **ожидать чего-либо** *We hadn't bargained on such a long wait.* ◦ *The stormy weather proved to be **more than** anybody **bargained for**.*

barge¹ /bɑːdʒ/ **noun** [C] a long, narrow boat with a flat bottom that is used to carry goods **баржа**

barge² /bɑːdʒ/ **verb** informal **barge past/through/ahead, etc** to walk somewhere quickly, pushing people or things out of the way **проталкиваться мимо/ сквозь/вперед и т. д.** *Fred barged through the crowd.*

PHRASAL VERB **barge in/barge into sth** to walk into a room quickly and without being invited **вваливаться**

baritone /ˈbærɪtəʊn/ **noun** [C] a man who sings in a voice that is quite low **баритон**

bark¹ /bɑːk/ **noun** **1** [U] the hard substance that covers the surface of a tree **кора** **2** [C] the sound that a dog makes **лай**

bark² /bɑːk/ **verb** **1** [I] B2 If a dog barks, it makes loud, short sounds. **лаять** **2** [I, T] to say something loudly and quickly **рявкать** *I'm sorry, I had no right to bark at you like that.*

barley /ˈbɑːli/ **noun** [U] a type of grain used for making food and alcoholic drinks **ячмень**

barmaid /ˈbɑːmeɪd/ **noun** [C] UK (US **bartender**) a woman who serves drinks in a bar **официантка в баре**

barman /ˈbɑːmən/ **noun** [C] (plural **barmen**) UK (US **bartender**) B1 a man who serves drinks in a bar **бармен**

bar mitzvah /ˌbɑːˈmɪtsvə/ **noun** [usually singular] a religious ceremony for a Jewish boy when he reaches the age of 13 **религиозная церемония для еврейских мальчиков по достижении 13 лет**

barmy /ˈbɑːmi/ **adjective** UK informal crazy or silly **идиотский, сумасшедший** *What a barmy idea!*

barn /bɑːn/ **noun** [C] a large building on a farm where crops or animals can be kept **амбар, хлев**

barometer /bəˈrɒmɪtəʳ/ **noun** [C] **1** a way of showing what people think or what the quality of something is **показатель** *Car sales are viewed as **a barometer of** consumer confidence.* **2** a piece of equipment that measures air pressure (= the force of the air) and shows when the weather will change **барометр**

baron /ˈbærᵊn/ **noun** [C] **1** a man of high social rank in the UK and other parts of Europe **барон** **2** a man who owns or controls a lot of a particular industry **магнат** *a wealthy media baron*

baroness /ˈbærᵊnes/ **noun** [C] a woman of the same rank as a baron or married to a baron, or a title given to a woman in the UK who has earned official respect **баронесса** *Baroness Thatcher*

baroque /bəˈrɒk/ **adjective** relating to the style of art, building, and music that was popular in Europe in the 17th and early 18th century, and which had a lot of decoration **в стиле барокко**

barracks /ˈbærəks/ **noun** [C] (plural **barracks**) a group of buildings where soldiers live **казарма**

barrage /ˈbærɑːdʒ/ (US) /bəˈrɑːdʒ/ **noun** **1 a barrage of sth** a lot of questions, complaints, or criticisms **поток, град** *He faced a barrage of questions about his decision to leave the show.* **2** [C] a continuous attack with several big guns **огневой вал**

barrel /ˈbærᵊl/ **noun** [C] **1** a large, round container for storing liquids such as oil or wine **бочка** **2** the tube in a gun that the bullet shoots out of **ствол (ружья)**

barrel

barren /ˈbærᵊn/ **adjective** **1** Land that is barren does not produce crops. **бесплодный** **2** old-fashioned A woman who is barren cannot have children. **бесплодный**
• **barrenness noun** [U] **бесплодность**

barricade¹ /ˌbærɪˈkeɪd/ **noun** [C] something that is quickly put across a road or entrance to prevent people from going past **заграждение, баррикада**

barricade² /ˌbærɪˈkeɪd/ **verb** [T] to build a barricade somewhere **баррикадировать** [often reflexive] *They barricaded themselves in the building (= built a barricade so that nobody could get to them).*

barrier /ˈbæriəʳ/ **noun** [C] **1** B2 a type of fence that prevents people from going into an area **барьер, ограждение** *Police erected barriers to hold back the crowd.* **2** B2 something that prevents people from doing what they want to do барьер, препятствие *Shyness is a big barrier to making friends.* → See also **crash barrier**

> **Слова-партнеры к barrier**
> act as/be/create/serve as a barrier to sth • break through/overcome/remove a barrier • the biggest/the main/a major barrier • [age/size, etc] is no barrier to sth

barring /ˈbɑːrɪŋ/ **preposition** if something does not happen **если не** *We should arrive at about five o'clock, barring accidents.*

barrister /ˈbærɪstəʳ/ **noun** [C] in the UK, a lawyer (= someone whose job is to know about the law and deal with legal situations) who can work in the highest courts **барристер** → See Note **lawyer**

barrow /ˈbærəʊ/ UK (UK/US **wheelbarrow**) a big, open container with a wheel at the front and handles that is used to move things, especially around in a garden **тачка**

bartender /ˈbɑːˌtendəʳ/ **noun** [C] US (UK **barman/barmaid**) someone who serves drinks in a bar **бармен**

barter /ˈbɑːtəʳ/ **verb** [I, T] to exchange goods or services for other goods or services, without using money **совершать бартерную сделку**

base[1] /beɪs/ **noun** [C] **1** B2 the bottom part of something, or the part something rests on **основание** *I felt a sharp pain at the base of my thumb.* **2** the most important part of something, from which other things can develop **основа** *a solid economic base* **3** B2 the main place where a person lives or works, or from where they do things **опорный пункт** *Keswick is an excellent base for exploring the Lake District.* **4** B2 a place where people in the army or navy live and work **база** *an American Air Force base* **5** the place where the main work of an organization is done **главный офис** *The company's European base is in Frankfurt.* **6** the main substance in a mixture **основа** *paints with an oil base* **7** one of the four places in baseball that a player must run to in order to win a point **база (в бейсболе)** **8** a chemical substance with a pH (= measure of how acid something is) of more than 7 **основа** **9** a number that is used as the most important unit in a system of counting **основание (логарифма, степени, системы счисления)** *The binary system of counting uses base 2.*

IDIOMS **be off base** US informal to be wrong **быть ошибочным** *In 1893, many of the forecasts about 1993 were way off base.* • **touch/cover all the bases** mainly US to deal with every part of a situation or activity **ничего не оставлять без внимания**

base[2] /beɪs/ **verb be based at/in, etc** B2 If you are based at/in, etc a particular place, that is the main place where you live or work. **базироваться** *The company is based in Geneva.*

PHRASAL VERB **base sth on/upon sth** B1 If you base something on facts or ideas, you use those facts or ideas to develop it. **класть в основу** *Her latest TV serial is based on a true story.*

baseball /ˈbeɪsbɔːl/ **noun** **1** [U] A2 a game in which two teams try to win points by hitting a ball and running around four fixed points **бейсбол** **2** [C] A2 the ball used in this game **бейсбольный мяч** → See **Sports 2** on page Centre 15

ˈbaseball ˌcap noun [C] a type of hat with a long flat piece at the front to protect the eyes from the sun **бейсбольная кепка** → See **Clothes** on page Centre 9

ˈbase ˌcamp noun [C] the place from which people go to climb mountains **базовый лагерь**

basement /ˈbeɪsmənt/ **noun** [C] B2 a room or set of rooms that is below ground level in a building **подвал**

bases /ˈbeɪsiːz/ plural of basis **мн. ч. сущ. basis**

bash[1] /bæʃ/ **verb** [T] informal **1** to hit someone or something hard **сильно ударять** *I bashed my arm on the car door as I got out.* **2** **immigrant-bashing/lawyer-bashing/union-bashing, etc** when particular groups are criticized strongly and unfairly **нападки на иммигрантов/юристов/профсоюзы**

bash[2] /bæʃ/ **noun** [C] informal **1** a party **гулянка** **2** a hard hit on something **сильный удар** *a bash on the nose* **3** **have a bash (at sth)** UK informal to try to do something **делать попытку** *I've never been water-skiing but I'd love to have a bash at it.*

bashful /ˈbæʃfəl/ **adjective** shy and easily embarrassed **застенчивый**
• **bashfully adverb застенчиво**

basic /ˈbeɪsɪk/ **adjective** **1** [always before noun] B1 being the main or most important part of something **основной** *basic ideas/principles* **2** B1 including or providing only the things that are most necessary **основной, существенный** *basic training/services/skills* **3** B1 very simple, with nothing special added **элементарный** *My software is pretty basic.*

basically /ˈbeɪsɪkəli/ **adverb** **1** B2 in the most important ways **по существу** *Frazier's films are basically documentaries.* ◦ *The two PCs are basically the same.* **2** used to introduce a short explanation about something **в сущности** *Basically, what he's saying is that we need more time.*

the basics /ˈbeɪsɪks/ **noun** B2 the most important facts, skills, or needs **основы** *the basics of computer technology*

basil /ˈbæzəl/ US /ˈbeɪzəl/ **noun** [U] a herb with a sweet smell **базилик**

basin /ˈbeɪsən/ **noun** [C] **1** mainly UK a bowl for liquids or food **миска, таз** *a basin of water* **2** UK

(UK/US **sink**) B1 the bowl that is fixed to the wall in a bathroom, where you can wash your hands and face **раковина** **3** a low area of land from which water flows into a river **бассейн**

basis /ˈbeɪsɪs/ **noun** [C] (plural **bases** /ˈbeɪsiːz/) **1 on a daily/monthly/regular, etc basis** B2 how often something happens or is done **ежедневно/ ежемесячно/регулярно и т. д.** *Meetings are held on a weekly basis.* **2 on a commercial/full-time/percentage, etc basis** B2 the way something happens or is organized **на какой-либо основе (работать на коммерческой основе/полный рабочий день/за процент и т. д.)** *We will consider claims for asylum on a case by case basis.* **3** the reason for something **основание, причина** *Marks are awarded* ***on the basis of*** *progress and performance.* ◦ *There is no legal basis for his claim.* **4** a situation, fact, or idea from which something can develop **основа** *Dani's essay can serve as* ***a basis for*** *our discussion.*

bask /bɑːsk/ **verb** [I] to sit or lie in a place that is warm **греться** *Seals basked on the rocks.*

PHRASAL VERB **bask in sth** to enjoy the way other people admire you **наслаждаться** *They basked in the glory victory had brought them.*

basket /ˈbɑːskɪt/ **noun** [C] **1** B1 a container with a handle made of thin pieces of wood, wire, plastic, etc **корзина** *a shopping basket* **2** when a player throws the ball through the net in basketball **корзина** → See also **wastepaper basket**

basketball /ˈbɑːskɪtbɔːl/ **noun 1** [U] A1 a game in which two teams try to win points by throwing a ball through a high net **баскетбол** **2** [C] A1 the large ball used in the game of basketball **баскетбольный мяч** → See **Sports 2** on page Centre 15

bass /beɪs/ **noun 1** [C] a man who sings with a very low voice **бас** **2** [U] the lower half of the set of musical notes **бас** **3** [C, U] (also **double bass**) a large, wooden musical instrument with four strings that you play while standing up or sitting on a high chair **контрабас** **4** [C, U] (also ˌ**bass guiˈtar**) an electric guitar that makes a low sound **бас-гитара**

bassoon /bəˈsuːn/ **noun** [C] a long, wooden musical instrument that you blow through to make a low sound **фагот**

bastard /ˈbɑːstəd/ **noun** [C] **1** an offensive word for a man you do not like **ублюдок** **2** old-fashioned an offensive word for a child whose parents are not married **ублюдок**

bastion /ˈbæstiən/ **noun** [C] a place, organization, etc where particular ideas or ways of doing things are protected **оплот** *the last bastion of male chauvinism*

bat¹ /bæt/ **noun** [C] **1** A2 a piece of wood used to hit the ball in some sports **бита** **2** B1 a small animal like a mouse with wings that flies at night **летучая мышь**

bat² /bæt/ **verb** [I] (present participle **batting**, past tense and past participle **batted**) to try to hit a ball with a bat **бить битой по мячу** *Rimmer batted well for Oxford.* → See also not bat an **eyelid**

batch /bætʃ/ **noun** [C] a group of things or people that are dealt with at the same time or are similar in type **партия, группа** *the university's first* ***batch of*** *students* ◦ *Fry the aubergines in batches.*

bath¹ /bɑːθ/ **noun** [C] **1** UK (US **bathtub**) A1 the container that you sit or lie in to wash your body **ванна** → See **The Bathroom** on page Centre 3 **2** A1 when you wash your body in a bath, or the water in the bath **ванна** [usually singular] *I'll just* ***have a*** *quick* ***bath***. ◦ UK *She* ***ran*** *herself* ***a bath*** *(= filled a bath with water).*

bath

bath² /bɑːθ/ **verb** [I, T] UK to wash yourself or someone else in a bath **мыть(ся) в ванне** *Emma usually baths the kids about seven o'clock.*

bathe /beɪð/ **verb 1** [I, T] to wash yourself or someone else in a bath **мыть(ся) в ванне** *As a rule, I bathe every day.* **2** [T] to wash part of someone's body, often because it is hurt **промывать** *Bathe your eye with cool salty water.* **3** [I] old-fashioned to swim **купаться** **4 be bathed in light** to look attractive in a beautiful light **быть залитым светом** *The mountain was bathed in red-gold light from the setting sun.*

ˈ**bathing** ˌ**suit noun** [C] a piece of clothing that you wear to swim in **купальник**

bathrobe /ˈbɑːθrəʊb/ **noun** [C] a soft coat that you wear before or after a bath **халат**

bathroom /ˈbɑːθruːm/ **noun** [C] **1** A1 a room with a bath, sink (= bowl for washing), and often a toilet **ванная** → See **The Bathroom** on page Centre 3 **2 go to the bathroom** US to use the toilet **идти в туалет**

bathtub /ˈbɑːθtʌb/ **noun** [C] US (UK **bath**) the container that you sit or lie in to wash your body **ванна** → See **The Bathroom** on page Centre 3

bat mitzvah /ˌbætˈmɪtsvə/ **noun** [usually singular] a religious ceremony for a Jewish girl when she reaches the age of 12 or 13 **религиозная церемония для еврейских девочек по достижении 12-13 лет**

baton /ˈbætᵊn/ (US) /bəˈtɑːn/ **noun** [C] **1** a thin stick used to control the rhythm of a group of musicians **дирижерская палочка** **2** a thick stick that a police officer uses as a weapon **дубинка** **3** a stick that a runner passes to the next person in a race **эстафета**

batsman /ˈbætsmən/ **noun** [C] (plural **batsmen**) UK the person who is trying to hit the ball in cricket игрок с битой → See **Sports 2** on page Centre 15

battalion /bəˈtæliən/ **noun** [C] a large group of soldiers made from several smaller groups **батальон**

batter¹ /ˈbætəʳ/ **noun 1** [U] a mixture of flour, milk, and often eggs used to make cakes and pancakes (= thin fried cakes), and to cover fish, etc before it is fried **жидкое тесто 2** [C] the person who is trying to hit the ball in baseball **игрок с битой** → See **Sports 2** on page Centre 15

batter² /ˈbætəʳ/ **verb** [I, T] to hit someone or something repeatedly very hard **колотить, вышибать** *If you don't open up we'll* ***batter*** *the door* ***down****.* ◦ *Waves* ***battered against*** *the rocks.*

battered /ˈbætəd/ **adjective** old and not in very good condition **потрепанный** *a battered copy of her favourite novel*

battering /ˈbætərɪŋ/ **noun** [C] when someone or something is hit repeatedly, criticized strongly, or damaged badly **избиение, град ударов** [usually singular] *The prime minister has* ***taken*** *quite* ***a battering*** *this week.*

battery /ˈbætᵊri/ **noun 1** [C] (A2) an object that provides electricity for things such as radios, toys, or cars **батарейка, аккумулятор** *My car has got* ***a flat battery*** *(= one that has no electricity left).* **2** [U] formal the crime of hitting someone **избиение** *assault and battery*

battery

battle¹ /ˈbætl/ **noun 1** [C, U] (B1) a fight between two armies in a war **битва** *the Battle of Waterloo* ◦ *Her grandfather was killed* ***in battle*** *(= while fighting).* **2** [C] when two people or groups compete against each other or have an argument about something **борьба** *a* ***battle for*** *control in the boardroom* **3** [C] (B2) a fight against something that is hurting or destroying you **борьба** *a long battle against cancer*

IDIOM **fight a losing battle** to try hard to do something when there is no chance that you will succeed **вести безнадежную борьбу** *I try to control what my children watch on TV, but I think I'm fighting a losing battle.*

Слова-партнеры к battle

face/fight/lose/win a battle • a **bitter/long-running/uphill** battle • a **legal** battle • a battle **for** sth • a battle **with** sb **/between** sb **and** sb

battle² /ˈbætl/ **verb** [I] to try very hard to do something that is difficult **бороться, сражаться** *Both teams* ***are battling for*** *a place in the Premier League.* ◦ *Throughout the campaign Johnson was* ***battling against*** *severe health problems.*

baulk /bɔːk/, /bɔːlk/ **verb** [I] UK (UK/US **balk**) to not want to do something that is unpleasant or difficult **упираться** *Most people would* ***baulk at*** *paying these kinds of prices for clothes.*

bawl /bɔːl/ **verb** [I, T] informal to shout or cry loudly **вопить**

bay /beɪ/ **noun 1** [C] (B1) an area of coast where the land curves in **залив** *a sandy bay* **2** [C] a part of a building or place that is used for a particular purpose **отсек, помещение, пространство** *a parking bay* **3 keep/hold sth at bay** to prevent something unpleasant from coming near you or from happening **не подпускать** *Gunmen kept police at bay for almost four hours.*

bayonet /ˈbeɪənət/ **noun** [C] a knife that is fastened onto the end of a long gun **штык**

bazaar /bəˈzɑːʳ/ **noun** [C] **1** a market in Eastern countries **базар 2** a sale where goods are sold to raise money for a school, church, etc **благотворительный базар**

B&B /ˌbiːənˈbiː/ **noun** [C] abbreviation for bed and breakfast (= a small hotel or private house where you pay for a room to sleep in for the night and a meal in the morning) **гостиница, где предоставляются ночлег и завтрак**

BBC /ˌbiːbiːˈsiː/ **noun** abbreviation for British Broadcasting Corporation: one of the main television and radio companies in the United Kingdom **Би-би-си** *a cookery programme on BBC2*

BC /biːˈsiː/ abbreviation for Before Christ: used to show that a particular year came before the birth of Christ **до н. э. (нашей эры)** *331 BC*

be¹ strong /biː/ weak /bi/, /bɪ/ **verb** (present participle **being**, past tense **was**, past participle **been**) **1** (A1) used to describe or give information about someone or something **глагол-связка быть** *I'm sixteen.* ◦ *I'm Andy.* ◦ *Her mother is a teacher.* ◦ *He's German.* ◦ *They were very upset.* ◦ *He was very ill last year.* ◦ *I'm sorry I'm late.* ◦ *They've been unlucky.* ◦ *Be quiet!* **2 there is/there are/there was, etc** (A1) used to show that someone or something exists **быть, иметься** *There were about fifty people at the party.* ◦ *Is there a bank near here?* **3** (A1) used to show the position of someone or something **быть, находиться** *It's been in the cupboard for months.* ◦ *She's in the kitchen.* **4 it is/it was, etc** used to give a fact or your opinion about something **гл. be, употребленный в начале безличного предложения** *It's not surprising that she left him.* ◦ *It's a good idea to keep a spare key somewhere safe.*

be² strong /biː/ weak /bi/, /bɪ/ **auxiliary verb 1** (A2) used with the present participle of other verbs to describe actions that are or were still continuing **вспом. гл. для образования форм времен группы Continuous** *Where are you going?* ◦ *How long have you been sitting there?* ◦ *He was standing by the window.* ◦ *He's working at the moment.* **2** (A2) used with the present participle of other verbs, and sometimes

B

after a modal verb, to describe actions that will happen in the future **вспом. гл. для образования временной формы со значением будущего** *I'm going to France next week.* ◦ *I'll be coming back on Tuesday.* **3** A2 used with the past participle of other verbs to form the passive **вспом. гл. для образования форм пассивного залога** *He was injured in a car crash.* ◦ *The results will be announced next week.* **4** used in conditional sentences to say what might happen **вспом. гл. для образования некоторых форм сослагательного наклонения** *If he were to offer me the job, I'd take it.* **5** used to say that someone must or should do something **вспом. гл. со значением 'должен, обязан'** *You are not to see him again.* **6** formal used to show that something has been organized **вспом. гл. со значением предварительной договоренности** *They are to stay with us when they arrive.*

beach /biːtʃ/ **noun** [C] A1 an area of sand or rocks next to the sea **пляж**

> **Слова-партнеры к beach**
>
> on the beach • a **sandy** beach • a beach **house**

beacon /ˈbiːkᵊn/ **noun** [C] a light on a hill or in a tower that warns people of something or is a signal or guide **сигнальный огонь, маяк**

bead /biːd/ **noun** [C] **1** a small, round ball of glass, plastic, or wood that is used for making jewellery **бусина** *a necklace of coloured glass beads* **2** a small drop of liquid on a surface **капля** *beads of sweat*

beak /biːk/ **noun** [C] the hard part of a bird's mouth **клюв**

beaker /ˈbiːkəʳ/ **noun** [C] UK a tall cup without a handle, usually made of plastic **мензурка**

beam¹ /biːm/ **noun** [C] **1** B2 a line of light shining from something **луч** *a laser beam* → See picture at **light 2** a long, thick piece of wood, metal, or concrete that is used to support weight in a building or other structure **балка 3** UK a big smile **лучезарная улыбка**

beam² /biːm/ **verb 1** [I] to smile very happily **сиять улыбкой** *The baby* ***beamed at*** *me.* **2** [T] to send a television or radio signal **передавать, транслировать** [often passive] *The match was beamed live by satellite around the world.* **3** [I] If the sun or the moon beams, it shines brightly. **сиять**

beamer /ˈbiːməʳ/ **noun** [C] a data projector: a machine that allows you to show words or images on a screen or wall **видеопроектор**

bean /biːn/ **noun** [C] **1** A2 a seed of some climbing plants, that is used as food **боб** *soya beans* **2** A2 a seed case of some climbing plants that is eaten as a vegetable **фасоль** *green beans* **3** a plant seed used to make coffee and chocolate **бобы** *coffee beans* → See also **baked beans**, **runner bean**

bean curd /ˈbiːnkɜːd/ **noun** [U] tofu (= a soft, pale food made from the soya bean plant) **соевый творог**

bear¹ /beəʳ/ **verb** [T] (past tense **bore**, past participle **borne**) **1** B2 to accept someone or something unpleasant **терпеть** *She* ***couldn't bear*** *the thought of him suffering.* ◦ *I like her, but I* ***can't bear*** *her friends.* ◦ [+ to do sth] *How can you bear to watch?* ◦ *The pain was too much to bear.* **2 bear a resemblance/relation, etc to sb/sth** to be similar to someone or something **быть похожим на/иметь отношение к** *He bears a striking resemblance to his father.* **3** formal to carry something **нести** *He came in, bearing a tray of drinks.* **4** to support the weight of something **выдерживать** *I don't think that chair will bear his weight.* **5 bear the responsibility/cost, etc** to accept that you are responsible for something, you should pay for something, etc **нести ответственность/расходы и т. д.** *He must bear some responsibility for the appalling conditions in the prison.* **6** to continue to have a bad feeling towards someone **таить** *They were rude to her in the past, but she's not the kind of woman who* ***bears grudges*** (= continues to be angry). **7** formal to give birth to a child **рожать** *She has been told that she will never bear children.* **8** to have or show a particular name, picture, or symbol **носить** *The shop bore his family name.* **9 bear left/right** to turn left or right **поворачивать налево/направо** *Bear right at the next set of traffic lights.* → See also bear **fruit**, **grin** and bear it

PHRASAL VERBS **bear sb/sth out** to prove that someone is right or that something is true **подтверждать** *The facts do not bear out his claims.* • **bear with sb** to be patient and wait while someone does something **потерпеть, подождать** *If you'll bear with me a moment, I'll just find your details.*

bear² /beəʳ/ **noun** [C] A2 a large, strong, wild animal with thick fur **медведь** → See also **polar bear**, **teddy bear**

bearable /ˈbeərəbl/ **adjective** If an unpleasant situation is bearable, you can accept or deal with it. **терпимый** *Having her there* ***made*** *life at home more* ***bearable*** *for me.* → Opposite **unbearable**

beard /bɪəd/ **noun** [C] A1 the hair that grows on a man's chin (= the bottom of his face) **борода**

• **bearded adjective** with a beard **бородатый**

bearer /ˈbeərəʳ/ **noun** [C] a person who brings or carries something **тот, кто несет или приносит что-либо** *I am sorry to be **the bearer of** bad news.*

bearing /ˈbeərɪŋ/ **noun have a bearing on sth** to have an influence on something or a relationship to something **оказывать влияние** *What you decide now could have a considerable bearing on your future.*

bearings /ˈbeərɪŋz/ **noun 1 get/find your bearings a** to find out where you are **определять местонахождение** *She looked at the sun to find her bearings.* **b** to become confident in a new situation **ориентироваться** *When you start a new job, it can take some time to get your bearings.* **2 lose your bearings** to become confused about where you are **терять ориентацию**

beast /biːst/ **noun** [C] **1** formal an animal, especially a large or wild one **зверь 2** old-fashioned an annoying or cruel person **зверь**

beastly /ˈbiːstli/ **adjective** old-fashioned unkind or unpleasant **гадкий, противный**

beat¹ /biːt/ **verb** (past tense **beat**, past participle **beaten**, also US **beat**) **1** [T] (B1) to defeat someone in a competition **побеждать** *Our team beat Germany 3-1.* **2** [I, T] (B2) to hit a person or animal hard many times **избивать** *She beat the dog with a stick.* ◦ *She was beaten to death.* **3** [I, T] to hit against something hard, making a continuous or regular sound **бить, колотить** *soldiers beating drums* ◦ *Rain beat against the windows.* **4** [T] to get rid of something bad **побеждать, справляться** *I'm determined to beat this illness.* **5** [I] (B1) When your heart beats, it makes regular movements and sounds. **биться** *By the time the doctor arrived, his heart had stopped beating.* **6** [T] to be better than something **быть лучше** [+ doing sth] *Being at the youth club beats sitting at home.* **7 you can't beat sth** used to emphasize that something is best **тебе не превзойти** *You can't beat Pedro's for a great pizza.* **8 take a lot of/some, etc beating** to be so good or enjoyable that it is hard to find anything better **нет ничего лучше** *This ice cream takes some beating.* **9** [T] to mix food using hard, quick movements **взбивать** *Beat the egg whites until they are stiff.* → See also beat about the **bush**, beat/knock the (living) **daylights** out of sb, off the beaten **track¹**

IDIOM **It beats me** informal something that you say when you do not understand a situation or someone's behaviour **понятия не имею** *It beats me why she goes out with him.*

PHRASAL VERBS **beat down** If the sun beats down, it is very hot and bright. **палить (о солнце)** • **beat sb down** UK to persuade someone to charge you less for something **сбивать цену** • **beat sb/sth off** to manage to defeat someone who is attacking you **отбиваться** • **beat sb to sth** to do something before someone else does it **опережать кого-либо в чем-либо** *I was going to ask her to the party, but you beat me to it.* • **beat sb up** (B2) to attack someone by hitting or kicking them many times **избивать** *He beat up one of the other prisoners.*

beat² /biːt/ **noun** [C] **1** (B2) a regular sound that is made by your heart or by something hitting a surface **биение, бой** *a heart beat* ◦ *the beat of a drum* **2** (B2) the main rhythm of a piece of music **ритм** *loud music with a repetitive beat* **3** the area of a town or city that a police officer walks around regularly **район патрулирования** *Having more police officers **on the beat** (= walking around their beat) should help to reduce crime.*

beating /ˈbiːtɪŋ/ **noun 1** [C] when someone hits another person hard many times **битье, избиение 2 take a beating** to be defeated, criticized, or damaged **терпеть поражение** *Our team took a severe beating in the tournament.*

beautician /bjuːˈtɪʃən/ **noun** [C] someone whose job is to improve people's appearance by treatments to their hair, skin, etc **косметолог**

beautiful /ˈbjuːtɪfəl/ **adjective 1** (A1) very attractive **красивый** *a beautiful woman* ◦ *beautiful scenery* **2** (A1) very pleasant **прекрасный** *beautiful music* ◦ *It's a beautiful day (= the sun is shining).*

• **beautifully adverb** (B1) **красиво** *a beautifully illustrated book* ◦ *She sings beautifully.*

> **Другие способы сказать beautiful**
>
> Если мужчина или женщина красив/красива, то можно сказать, что он/она **attractive** или **good-looking**. Для описания мужчины также используют прилагательное **handsome**, а для описания женщины – прилагательное **pretty**.
>
> *Her husband is really **good-looking**.*
> *Your daughter is very **pretty**.*
>
> Если женщина очень красива, то можно сказать, что она **gorgeous** или **stunning**.
>
> *You look **gorgeous** in that dress!*
> *I think she's **stunning**.*
>
> Прилагательные **breathtaking**, **lovely** и **gorgeous** часто употребляются для описания очень красивого ландшафта.
>
> *The views from the window were **breathtaking**.*
> *We drove through some **gorgeous** countryside.*
>
> Прилагательное **exquisite** иногда употребляют для описания очень красивых и изящных предметов.
>
> *They do the most **exquisite** hand-made decorations.*

beauty /ˈbjuːti/ **noun 1** [U] (B1) the quality of being beautiful **красота** *The whole area is famous for its **natural beauty**.* ◦ *a beauty*

B

contest (= *competition to find the most beautiful woman*) **2 the beauty of sth** the quality that makes something especially good or attractive **прелесть** *The beauty of the plan is that it won't cost anything.* **3 a beauty product/treatment** a product or treatment to make you more beautiful **косметическое средство/косметическая процедура 4** [C] informal something that is an excellent example of its type **лучший образец** *That last goal was a beauty.* **5** [C] old-fashioned a beautiful woman **красавица**

> Слова-партнеры к **beauty**
>
> **great/sheer/stunning** beauty • **natural** beauty • beauty **products**

ˈbeauty ˌsalon noun [C] (also US **ˈbeauty ˌparlor**) a place where you can have beauty treatments **косметический салон**

ˈbeauty ˌspot noun [C] **1** UK a place in the countryside that is very beautiful **живописное место 2** a small dark mark on someone's face **родинка**

beaver /ˈbiːvər/ noun [C] an animal with brown fur, a long, flat tail, and sharp teeth, which builds dams (= walls made of pieces of wood) across rivers **бобр**

became /bɪˈkeɪm/ past tense of become **прош. вр. гл. become**

> Типичная ошибка: **because or because of?**
>
> **Внимание!** Используйте правильное слово.
>
> **Because** – это союз, он используется перед придаточным предложением причины. После этого союза никогда не употребляется 'of'.
>
> **Because of** – предлог и всегда употребляется перед существительным или словосочетанием, включающим существительное.
>
> Когда хотят сказать о причине чего-либо, то перед придаточным предложением используют **because**, а не 'because of'.
>
> *~~I was late because of there was a traffic jam~~*
>
> *I was late because there was a traffic jam.*

because /bɪˈkɒz/, /bɪˈkəz/ conjunction **A1** used to give a reason for something **потому что** *I phoned because I needed to talk to you.* ◦ *I can't come out tonight because I've got too much homework.*

> Типичная ошибка: **because**
>
> **Внимание!** Проверьте написание.
>
> **Because** – одно из 10 слов, при написании которых русскоязычные студенты наиболее часто допускают ошибки.
>
> Запомните: нужно писать **au**, а не 'ou'.

because of /bɪˈkɒzəv/, /bɪˈkəzəv/ preposition **B1** as a result of someone or something **из-за** *We got into all this trouble because of you.*

beck /bek/ noun

IDIOM **be at sb's beck and call** to be always ready and willing to do what someone wants **быть у кого-либо на побегушках**

beckon /ˈbekᵊn/ verb **1** [I, T] to move your hand, head, etc to show someone that you would like them to come nearer **подзывать** *She **beckoned** to the waiter.* **2** [I] to seem very likely to happen **выглядеть вероятным** *A career as a lead guitarist beckoned.* **3** [I] If a place beckons, it is very attractive to you, and you want to go there. **манить** *The bright lights of London beckoned.*

become /bɪˈkʌm/ verb (past tense **became**, past participle **become**) **1 become available/rich/a writer, etc A2** to begin to be something **становиться доступным/богатым/писателем и т. д.** *They became great friends.* ◦ *She wants to become a teacher when she leaves school.* ◦ *This style of skirt is becoming fashionable.* **2 what/whatever became of sb/sth** something you say when you want to know what has happened to someone **что сталось с ...?** *Whatever became of your friend Harry?*

bed /bed/ noun **1** [C, U] **A1** a piece of furniture that you sleep on **кровать, постель** *a **single/double bed*** ◦ *What time did you **go to bed** last night?* ◦ *She was lying **in bed** when I arrived.* ◦ *He had only just **got out of bed**.* ◦ *Have you **made the bed** (= tidied the bed after you have slept in it)?* **2** [C] a piece of ground that is used for growing plants, especially flowers **клумба, грядка** *a flower bed* **3** [C] the ground at the bottom of the sea, a river, etc **русло, дно** *the sea bed* → See also **bunk beds**

> Слова-партнеры к **bed**
>
> **go to** bed • **be in/lie in/be tucked up in** bed • **get into/get out of** bed • **make the** bed • **be on the** bed • **share a** bed • **a double/single** bed

ˌbed and ˈbreakfast noun [C] (also **B&B**) a small hotel or private house where you pay for a room to sleep in for the night and a meal in the morning **гостиница, где предоставляются ночлег и завтрак**

bedclothes /ˈbedkləʊðz/ noun [plural] the sheets and other pieces of cloth that cover you and keep you warm in bed **постельное белье**

bedding /ˈbedɪŋ/ noun [U] **1** the sheets and other pieces of cloth that cover you and keep you warm in bed **постельное белье 2** material such as hay (= dried grass) that animals sleep on **подстилка**

bedraggled /bɪˈdrægld/ adjective untidy, and often wet and dirty **испачканный**

bedrock /ˈbedrɒk/ noun [U] formal a situation, idea, or principle that provides a strong base for

B

something **основа** *Family life is the bedrock of a stable society.*

bedroom /ˈbedruːm/ **noun** [C] A1 a room used for sleeping in **спальня**

bedside /ˈbedsaɪd/ **noun** [no plural] **1** the area at the side of a bed **у постели, прикроватный** *He was* ***at her bedside*** *in the hospital.* ◦ *a* ***bedside table/lamp*** **2 bedside manner** a doctor's ability to make the people they are treating feel comfortable **умение обращаться с больными** *My surgeon has a wonderful bedside manner.*

bedsit /ˈbedsɪt/ **noun** [C] UK a rented room where you live, sleep, and cook your meals **жилая комната (спальня, гостиная и кухня одновременно)**

bedspread /ˈbedspred/ **noun** [C] a cloth cover that is put over a bed **покрывало**

bedtime /ˈbedtaɪm/ **noun** [C, U] the time that you usually go to bed **время ложиться спать**

bee /biː/ **noun** [C] B1 a flying insect that has a yellow and black body and makes honey (= sweet, sticky food) **пчела** *the queen bee*

beech /biːtʃ/ **noun** [C, U] a large tree with a smooth grey trunk (= main, vertical part) that produces small nuts **бук**

beef¹ /biːf/ **noun** [U] B1 the meat of a cow **говядина** *roast beef* → See also **ground beef**

beef² /biːf/ **verb**

PHRASAL VERB **beef sth up** to make something stronger or more important **укреплять** *The company wants to beef up its sales force by employing new graduates.*

beefburger /ˈbiːfˌbɜːgəʳ/ **noun** [C] UK (UK/US **hamburger**) very small pieces of meat that are pressed together into a round flat shape, cooked, and eaten between bread **гамбургер**

beehive /ˈbiːhaɪv/ **noun** [C] (also **hive**) a special container where people keep bees **улей**

been /biːn/, /bɪn/ **verb have been to** to have gone to a place and come back **бывать** *Have you ever been to Thailand?* → See also **be**

beep /biːp/ **verb 1** [I] If a machine beeps, it makes a short, high noise. **гудеть, издавать гудок 2** [I, T] If a car horn (= part you press to make a warning sound) beeps or if you beep it, it makes a loud noise. **сигналить** *Beep the horn to let me know that you're here.*
• **beep noun** [C] **гудок**

beeper /ˈbiːpəʳ/ **noun** [C] (also UK **bleeper**) a small piece of electronic equipment that you carry which makes a short high sound when someone wants to talk to you **сигнальное устройство**

beer /bɪəʳ/ **noun** [C, U] A1 an alcoholic drink made from grain, or a glass or container of this drink **пиво** *a pint of beer*

beet /biːt/ **noun** [C, U] US (UK **beetroot**) a round, dark red vegetable, that is usually cooked and eaten cold **свекла**

beetle /ˈbiːtl/ **noun** [C] an insect with a hard, usually black, shiny body **жук**

beetroot /ˈbiːtruːt/ **noun** [C, U] UK (US **beet**) a round, dark red vegetable, that is usually cooked and eaten cold **свекла**

befall /bɪˈfɔːl/ **verb** [T] (past tense **befell**, past participle **befallen**) formal If something bad befalls you, it happens to you. **случаться, приключаться** *A dreadful misfortune has befallen the family.*

befit /bɪˈfɪt/ **verb** [T] (present participle **befitting**, past tense and past participle **befitted**) formal to be suitable or right for someone or something **приличествовать** *He was given a huge welcome,* ***as befits*** *such a hero.*

before¹ /bɪˈfɔːʳ/ **preposition 1** A1 earlier than something or someone **до, перед, раньше, прежде** *a week before Christmas* ◦ *She arrived before me.* ◦ [+ doing sth] *Think hard before accepting the offer.* **2** B1 in a position in front of someone or something **перед** *I've never performed this before an audience.* ◦ *He stood before her, shaking.* **3** A1 at a place that you arrive at first when travelling towards another place **перед** *The hospital is just before the bridge.* **4** B1 in front of someone or something in an order or a list **раньше, перед** *P comes before Q in the alphabet.* **5** treated as more important than someone or something **перед, впереди, прежде** *They always* ***put*** *the children's needs* ***before*** *their own.* **6** being formally examined or considered by a group **перед** *He appeared before the court dressed in jeans.*

before² /bɪˈfɔːʳ/ **conjunction 1** A2 earlier than the time when something happens **прежде, раньше** *He was a teacher before he became famous.* ◦ *Before I could warn him, he had fallen.* **2** B1 in order to avoid something bad happening **прежде** *Put that stick down before you hurt someone.* **3** B1 until **прежде, до того как** *It took a few moments before I realized that he was lying.*

before³ /bɪˈfɔːʳ/ **adverb** A2 at an earlier time, or on a previous occasion **раньше** *I've never seen her before.* ◦ *We had spoken on the phone a few days before.*

beforehand /bɪˈfɔːhænd/ **adverb** before a particular time or event **заранее** *Did you know beforehand what they had planned to do?*

befriend /bɪˈfrend/ **verb** [T] formal to be friendly to someone, especially someone who needs support or help **относиться дружески**

beg /beg/ **verb** (present participle **begging**, past tense and past participle **begged**) **1** [I] B2 to ask someone for food or money, because you do not have any **просить милостыню** *Young children were begging on the streets.* **2** [I, T] B2 to make a very strong and urgent request **умолять** *She* ***begged*** *him* ***for*** *help.* ◦ [+ to do sth] *I begged her not to go.* → See also I beg your **pardon²**.

B

began /bɪˈgæn/ past tense of begin **прош. вр. гл. begin**

beggar /ˈbegəʳ/ **noun** [C] a poor person who lives by asking other people for money and food **нищий, живущий подаянием**

begin /bɪˈgɪn/ **verb** (present participle **beginning**, past tense **began**, past participle **begun**) **1** [I, T] A2 to start to do something **начинать** [+ to do sth] *The children began to cry.* ◦ [+ doing sth] *Have they begun building the wall yet?* ◦ *She began her career as a journalist on a local newspaper.* **2** [I] A1 to start to happen **начинаться** *What time does the film begin?* **3 begin with sth** B1 to have something at the start **начинаться с чего-либо** *Local phone numbers begin with 1223.* **4 to begin with a** B1 at the start of a situation **сначала** *To begin with, the two girls got on well.* **b** B2 used to give the first important reason for something **прежде всего** *To begin with, we can't leave the children alone.*

beginner /bɪˈgɪnəʳ/ **noun** [C] A2 someone who is starting to do or learn something for the first time **начинающий** *I'm a **complete beginner** at yoga.*

beginning /bɪˈgɪnɪŋ/ **noun** [C] A2 the first part of something or the start of something **начало** [usually singular] *We met **at the beginning of** 1998.* ◦ *Things went well **in the beginning**.*

begrudge /bɪˈgrʌdʒ/ **verb** [T] **1** to feel upset because someone has something that you would like **завидовать** [+ two objects] *I don't begrudge him his success.* **2** to feel upset because you have to spend money on something or spend time doing something **жалеть** *They begrudge every penny that they have to spend on him.*

beguile /bɪˈgaɪl/ **verb** [T] formal to attract someone very much, sometimes in order to deceive them **обманывать** [often passive] *I can see how people are beguiled by his charm.* ◦ *a beguiling smile*

begun /bɪˈgʌn/ past participle of begin **прич. прош вр. от гл. begin**

behalf /bɪˈhɑːf/ **noun on sb's behalf** B2 If you do something on someone's behalf, you do it for them or instead of them. **от чьего-либо имени** *We are campaigning on behalf of thousands of refugees.* ◦ *Will you accept the prize on my behalf?*

behave /bɪˈheɪv/ **verb** [I] **1** B1 to do or say things in a particular way **вести себя** *to behave badly/stupidly* ◦ *They are behaving like children.* **2** (also **behave yourself**) B1 to be polite and not make a situation difficult **вести себя хорошо** *Try to behave.* ◦ *The children can only come if they promise to behave themselves.* → Opposite **misbehave**

-behaved /bɪˈheɪvd/ **suffix** used after a word describing how someone behaves **ведущий себя (каким-либо образом)** *a badly-behaved child* → See also **well-behaved**

behaviour UK (US **behavior**) /bɪˈheɪvjəʳ/ **noun** [U] B1 the way that you behave **поведение** ***good/bad behaviour*** ◦ *Did you notice anything odd about his behaviour?*

> Слова-партнеры к **behaviour**
>
> **anti-social/bad/disruptive/good/normal behaviour**

behavioural UK (US **behavioral**) /bɪˈheɪvjərəl/ **adjective** relating to behaviour **поведенческий** *behavioural changes/problems*

behead /bɪˈhed/ **verb** [T] to cut someone's head off **обезглавливать**

beheld /bɪˈheld/ past of behold **прош. вр. и прич. прош. вр. от гл. behold**

behind[1] /bɪˈhaɪnd/ **preposition 1** A1 at or to the back of someone or something **за, позади** *Close the door behind you.* ◦ *The pub is behind the train station.* **2** B1 slower or less successful than someone or something **позади** *Our team is 3 points behind the winners.* ◦ *The building work is already **behind schedule** (= late).* **3** causing something, or responsible for something **(крыться) за** *What was the reason behind her decision to leave?* **4** B1 giving your help or support to someone **(быть) за** *The group is 100 percent behind her.* **5** If a bad experience or your own bad behaviour is behind you, it does not exist or affect your life now. **позади, в прошлом** *He's **put** his criminal past **behind** him.*

behind[2] /bɪˈhaɪnd/ **adverb 1** A2 at or to the back of someone or something **сзади, назад** *Somebody grabbed me from behind.* **2** slower or later than someone else, or than you should be **запаздывать** *She's behind with the rent (= is late to pay it).* **3** A2 in the place where someone or something was before **оставлять, оставаться** *You go on ahead. I'll **stay behind** and tidy up.* ◦ *When we got to the restaurant, I realized that I had **left** my purse **behind**.*

behind[3] /bɪˈhaɪnd/ **noun** [C] informal the part of your body that you sit on **зад**

behold /bɪˈhəʊld/ **verb** [T] (past tense and past participle **beheld**) literary to see something **смотреть**

beige /beɪʒ/ **noun** [U] a pale brown colour **цвет беж**

• **beige adjective** → See **Colours** on page Centre 12 **бежевый**

being[1] /ˈbiːɪŋ/ **noun 1** [C] a living person or imaginary creature **существо** *human beings* **2 come into being** to start to exist **вступать в силу, возникать** *The new law comes into being next month.* → See also **well-being**

being[2] /ˈbiːɪŋ/ present participle of be **прич. наст. вр. от гл. be**

belated /bɪˈleɪtɪd/ **adjective** coming late, or later than expected **запоздалый** *a **belated attempt** to win votes*

• **belatedly adverb запоздало** *Supermarkets have belatedly realized the purchasing power of mothers.*

belch[1] /beltʃ/ **verb** **1** [I] to make a sudden noise as air from your stomach comes out through your mouth **рыгать** **2** [T] (also **belch out**) to produce a lot of smoke, fire, gas, etc **выбрасывать, извергать** *tall chimneys belching smoke*

belch[2] /beltʃ/ **noun** [C] the noise you make when you belch **отрыжка**

beleaguered /bɪˈliːɡəd/ **adjective** formal having a lot of problems **многострадальный, преследуемый несчастьями** *the beleaguered farming industry*

belfry /ˈbelfri/ **noun** [C] the tower of a church where the bells are hung **колокольня**

belie /bɪˈlaɪ/ **verb** [T] (present participle **belying**, past tense and past participle **belied**) formal to give a wrong idea about something **давать неверное представление** *His shy manner belied his very sharp mind.*

belief /bɪˈliːf/ **noun** **1** [U, no plural] B2 when you believe that something is true or real **мнение, убеждение** *It is a **widely-held belief** that smoking helps you lose weight.* ◦ *She married him **in the belief that** he would change.* → Opposite **disbelief** **2** [C, U] B2 an idea that you are certain is true **верование, убеждение** ***religious/political beliefs*** **3** [U, no plural] the feeling that someone or something is effective or right **вера** *a **belief in** social justice* **4** **beyond belief** B2 too bad, good, difficult, etc to be real **невероятный** *The evil of this man is beyond belief.*

> Слова-партнеры к **belief**
>
> a firm/mistaken/sincere/strong/widespread/widely-held belief • have/hold a belief • a belief in sth • in the belief that

believable /bɪˈliːvəbl/ **adjective** If something is believable, you can believe that it could be true or real. **правдоподобный** → Opposite **unbelievable**

believe /bɪˈliːv/ **verb** **1** [T] A2 to think that something is true, or that what someone says is true **считать, верить** [+ (that)] *They believe that their health has suffered because of the chemicals.* ◦ *Do you believe him?* → Opposite **disbelieve** **2** [T] A2 to think something, without being completely sure **предполагать** *The murderer is believed to be in his thirties.* **3** [I] to have religious beliefs **верить** **4** **not believe your eyes/ears** B1 to be very surprised when you see someone or something, or when you hear what someone says **не верить своим глазам/ушам** *I couldn't believe my ears when Dan said they were getting married.* **5** **believe it or not** B1 used to say that something is true although it seems surprising **как ни странно** *He even remembered my birthday, believe it or not.*

PHRASAL VERBS **believe in sth** B1 to be certain that something exists **верить во что-либо** *I believe in life after death.* • **believe in sth/doing sth** B2 to be confident that something is effective or right **считать правильным** *He believes in saying what he thinks.*

believer /bɪˈliːvər/ **noun** [C] **1** a person who has a religious belief **верующий** **2** **a firm/great/strong, etc believer in sth/doing sth** someone who has confidence in a particular idea or way of doing things **стойкий/верный/убежденный и т. д. сторонник** *She's a firm believer in freedom of speech.*

belittle /bɪˈlɪtl/ **verb** [T] formal to say that someone or something is not very important or not very good **преуменьшать**

bell

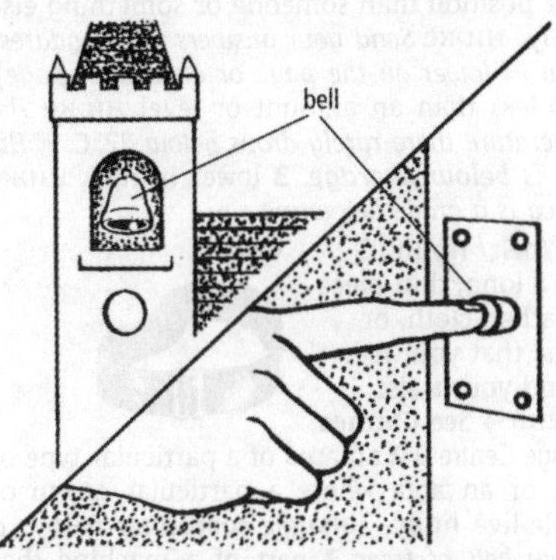

bell /bel/ **noun** [C] **1** B2 a hollow, metal object, shaped like a cup, that makes a ringing sound when you hit it **колокол** *the sound of church bells ringing* **2** B1 an electrical object that makes a ringing sound when you press a switch **звонок** *Please **ring the bell** for attention.*

IDIOMS **give sb a bell** UK informal to telephone someone **звонить кому-либо** • **ring a bell** If a word, especially a name, rings a bell, you think you have heard it before. **казаться знакомым**

belligerent /bəˈlɪdʒərənt/ **adjective** wanting to fight or argue **воинственный**

bellow /ˈbeləʊ/ **verb** [I, T] to shout something in a loud voice **вопить**
• **bellow noun** [C] **вопль**

belly /ˈbeli/ **noun** [C] informal your stomach (= organ where food is digested), or the front part of your body between your chest and your legs **живот**

ˈbelly ˌbutton **noun** [C] informal the small, round, and usually hollow place on your stomach, where you were connected to your mother before birth **пупок**

belong /bɪˈlɒŋ/ **verb** **1** **belong in/on/there, etc** B2 to be in the right place **быть на своем месте** *That chair belongs in the dining room.* **2** B2 [I] to feel happy and comfortable in a place or with a group of people **быть своим** *I never felt that I belonged there.*

PHRASAL VERBS **belong to sb** A2 If something belongs to you, you own it. **принадлежать** *This necklace belonged to my grandmother.* • **belong to sth** B1 to be a member of a group or organization **быть членом** *We belong to the same youth club.*

belongings /bɪˈlɒŋɪŋz/ **noun** [plural] B2 the things that you own **вещи, пожитки** *I took a few* ***personal belongings*** *with me.*

beloved /bɪˈlʌvɪd/ **adjective** literary very much loved **любимый** *in memory of our beloved son*

below /bɪˈləʊ/ **adverb, preposition 1** A1 in a lower position than someone or something else **внизу, ниже** *Send your answers to the address below (= lower on the page or on a later page).* **2** B1 less than an amount or level **ниже** *The temperature there rarely drops below 22°C.* ◦ *His work is* ***below average.*** **3** lower in rank **ниже** *Monica is a grade below me.*

belt[1] /belt/ **noun** [C] **1** A2 a long, thin piece of leather, cloth, or plastic that you wear around your waist **ремень** → See **Clothes** on page Centre 9 **2** an area of a particular type of land, or an area where a particular group of people live **пояс, зона** *the* ***commuter belt*** ◦ *a narrow belt of trees* **3** part of a machine that moves in a circle to carry objects or to make a machine work **приводной ремень** *The car needs a new fan belt.*

belt

IDIOMS **have sth under your belt** to have already achieved, learnt, or done something important **иметь на своем счету** *At 18, she already has several victories under her belt.* • **tighten your belt** to try to spend less money **затянуть потуже пояс**

→ See also **conveyor belt**, **green belt**, **safety belt**, **seat belt**

belt[2] /belt/ **verb** informal **1 belt along/down/through, etc** UK to move very fast **мчаться** *He came belting down the street.* **2** [T] to hit someone or something very hard **сильно ударить, треснуть**

PHRASAL VERBS **belt sth out** to sing something very loudly **распевать во все горло** • **belt up** UK informal used to tell someone to stop talking or making a noise **заткнись!** *Just belt up, would you? I'm trying to concentrate.*

belying /bɪˈlaɪɪŋ/ present participle of belie **прич. наст. вр. от гл. belie**

bemused /bɪˈmjuːzd/ **adjective** slightly confused **озадаченный** *He seemed* ***bemused by*** *all the attention.*

bench /benʃ/ **noun** [C] **1** B2 a long seat for two or more people, usually made of wood or metal **скамейка** *a park bench* **2 the bench a** in some sports, a place where players sit when they are not playing **скамья запасных b** a judge in court, or judges as a group **судья, судьи** *Please address your comments to the bench.*

benchmark /ˈbenʃmɑːk/ **noun** [C] a level of quality with which other things of the same type can be compared **эталон** *Her performance set a new* ***benchmark for*** *ballet dancing.*

bend[1] /bend/ **verb** [I, T] (past tense and past participle **bent**) **1** B2 to move your body or part of your body so that it is not straight **сгибать(ся)** *He was* ***bending over*** *to tie his shoelaces.* ◦ *Bend your knees when lifting heavy objects.* **2** B2 to become curved, or to make something become curved **изгибаться** *The trees were bending in the wind.* ◦ *The road bent sharply to the left.* → See also bend over **backwards**, bend/stretch the rules (**rule**[1])

bend[2] /bend/ **noun** [C] B2 a curved part of something **поворот** *a bend in the road/river*

IDIOM **drive/send sb round the bend** informal to make someone very angry, especially by continuing to do something annoying **выводить кого-либо из себя**

→ See also **hairpin bend**

Слова-партнеры к **bend**
a sharp/tight bend • a bend in sth

beneath /bɪˈniːθ/ **adverb, preposition 1** B1 under something, or in a lower position than something **под, внизу** *He hid the letter beneath a pile of papers.* ◦ *She looked out of the window at the children playing beneath.* **2** If someone or something is beneath you, you think they are not good enough for you. **ниже, недостойно** *He thinks housework is beneath him.*

benefactor /ˈbenɪfæktəʳ/ **noun** [C] someone who gives money to help an organization or person **благотворитель**

beneficial /ˌbenɪˈfɪʃəl/ **adjective** B2 helpful or useful **полезный** *Exercise is* ***beneficial to*** *almost everyone.*

beneficiary /ˌbenɪˈfɪʃəri/ **noun** [C] formal someone who receives money, help, etc from something or someone else **лицо, к выгоде которого что-либо происходит** *They were the* ***beneficiaries of*** *free education.*

benefit[1] /ˈbenɪfɪt/ **noun** [C, U] **1** B1 something that helps you or gives you an advantage **привилегия, преимущество** *I've* ***had the benefit of*** *a happy childhood.* **2** money that the government gives to people who are ill, poor, not working, etc **пособие** *unemployment benefit* **3 for sb's benefit** in order to help someone **ради кого-либо** *We bought the piano for the children's benefit.*

IDIOM **give sb the benefit of the doubt** to choose to believe what someone tells you even though it may be wrong or a lie **принимать на веру**

→ See also **child benefit**, **fringe benefit**

> Слова-партнеры к **benefit**
>
> **enjoy/have/offer/reap** benefits • [the draw-backs/risks, etc] **outweigh** the benefits • **great/long-term/maximum/potential/tangible** benefit • **of** benefit **to sb**

benefit² /ˈbenɪfɪt/ **verb** (present participle **benefiting**, past tense and past participle **benefited**) **1** [I] B2 to be helped by something **выигрывать, извлекать пользу** *The film **benefited from** the excellent acting by its stars.* **2** [T] to help someone **помогать, приносить пользу** *The charity supports activities that directly benefit children.*

benevolent /bɪˈnevᵊlənt/ **adjective** formal kind, generous, and helpful **доброжелательный** • **benevolence** /bɪˈnevᵊləns/ **noun** [U] **доброжелательность**

benign /bɪˈnaɪn/ **adjective 1** not likely to kill you **доброкачественный** *a benign tumour* **2** kind, or not intending to harm anyone **милосердный** *a benign ruler*

bent¹ /bent/ **adjective 1** curved and not now straight or flat **изогнутый** *The metal bars were bent and twisted.* **2 bent on sth/doing sth** determined to do something or get something **быть решительно настроенным на что-либо** *Both parties are bent on destroying each other's chances of winning.* **3** UK informal not honest **продажный** *a bent policeman*

bent² /bent/ past of bend **прош. вр. и прич. прош. вр. от гл. bend**

bequeath /bɪˈkwiːð/ **verb** [+ two objects] formal to formally arrange to give someone something after you die **завещать** *He **bequeathed** his art collection **to** the city of Glasgow.*

bequest /bɪˈkwest/ **noun** [C] formal money or property that you have arranged for someone to get after you die **наследство**

berate /bɪˈreɪt/ **verb** [T] formal to speak angrily to someone **ругать** *She **berated** him **for** being late.*

bereaved /bɪˈriːvd/ **adjective** If you have been bereaved, someone you loved has died. **потерявший близкого человека** *bereaved parents* ◦ *The minister spoke quietly with **the bereaved**.* • **bereavement** **noun** [C, U] formal **тяжелая утрата**

bereft /bɪˈreft/ **adjective** formal **1 bereft of sth** completely without something **лишенный чего-либо** *They were bereft of new ideas.* **2** [never before noun] alone and extremely sad **опустошенный** *She was left bereft by his death.*

beret /ˈbereɪ/ US /bəˈreɪ/ **noun** [C] a round, flat hat made of soft material **берет**

berry /ˈberi/ **noun** [C] B2 a small, round fruit on some plants and trees **ягода**

berserk /bəˈzɜːk/ **adjective go berserk** informal to become extremely angry or violent **впасть в исступление**

berth /bɜːθ/ **noun** [C] **1** a bed on a boat or train **койка** **2** a place for a boat to stay in a port **причал**

beset /bɪˈset/ **verb** [T] formal If problems beset you, they cause you continuing difficulties. **преследовать** [often passive] *The project has been **beset by problems** from the start.*

beside /bɪˈsaɪd/ **preposition 1** A2 next to someone or something, or very near them **рядом** *She knelt beside his bed.* **2 be beside yourself (with sth)** to experience a powerful emotion **быть вне себя** *He was beside himself with rage.*

besides¹ /bɪˈsaɪdz/ **preposition** B1 in addition to something or someone **кроме** *Do you play any other sports besides football?*

besides² /bɪˈsaɪdz/ **adverb 1** B1 used to give another reason for something **кроме того** *She won't mind if you're late – besides, it's not your fault.* **2** B1 in addition to **помимо того** *Besides looking after the children, she also runs a successful business.*

besiege /bɪˈsiːdʒ/ **verb 1 be besieged by/with sb** to have lots of people asking you questions or making demands **быть осажденным** *The president was besieged by reporters.* **2 be besieged by/with sth** to receive many demands or criticisms **быть осажденным** *The radio station was besieged with calls from angry listeners.* **3** [T] to surround a place with an army in order to attack it **осаждать**

best¹ /best/ **adjective** A1 superlative of **good**: better than any other **самый лучший** *She's one of our best students.* ◦ *Give her my **best wishes**.* ◦ *Susie's my **best friend** (= the friend I like more than any other).* ◦ *What's the best way to get to Manchester from here?* → See also **second best**, the best/greatest **thing** since sliced bread

best² /best/ **adverb 1** A1 superlative of **well**: most, or more than any other **больше всего** *Which of the songs did you like best?* **2** B1 in the most suitable or satisfactory way **лучше всего** *I sleep best with the windows open.*

best³ /best/ **noun 1 the best** B1 someone or something that is better than any other **лучший из** *He's the best of the new players.* **2 at best** used to show that the most positive way of considering something is still not good **в лучшем случае** *At best, only 50 per cent of babies born at 24 weeks will survive.* **3 at his/its, etc best** B1 at the highest level of achievement or quality **в наилучшем виде** *The article is an example of journalism at its best.* **4 do/try your best** B1 to make the greatest effort possible **делать все возможное** *I did my best to persuade him.* **5 bring out the best in sb** to cause someone's best qualities to show **выявлять лучшее в ком-либо** **6 make the best of sth** B2 to try to be positive about a situation you do not like but cannot change **извлекать все, что можно** *Our hotel room is rather small, but we'll just have to make the best of it.* **7 for the best** If something is for the best, it

B

seems unpleasant now, but will improve a situation in the future. **к лучшему** *Divorce is always painful, but it really was for the best.* **8 at the best of times** used to show that something is not good when it is the best it can be **и в лучшие-то времена** *He's not exactly patient at the best of times.*

IDIOM **have the best of both worlds** to have the advantages of two different situations **совмещать лучшие черты двух различных ситуаций** *Living in the country and working in the city you have the best of both worlds.*

ˌbest ˈman noun [no plural] a man who stands next to the man who is getting married at the marriage ceremony and helps him **шафер**

bestow /bɪˈstəʊ/ **verb** [T] formal to give someone an important present or a public reward for their achievements **присуждать** *He won the Nobel Peace Prize, an honour also* ***bestowed on*** *his colleague.*

bestseller /ˌbestˈseləʳ/ **noun** [C] B2 a very popular book that many people have bought **бестселлер**

• **best-selling adjective** [always before noun] **популярный** *best-selling authors*

bet¹ /bet/ **verb** [I, T] (present participle **betting**, past tense and past participle **bet**) **1** to risk money on the result of a game, competition, etc **ставить, держать пари** *He lost all his money* ***betting on*** *horses.* ◦ [+ two objects + (that)] *I bet him a dollar that I was right.* **2 I bet** informal B1 something that you say to show that you believe that something is true or will happen **я убежден** [+ (that)] *I bet that he's forgotten my birthday again.* **3 You bet!** mainly US informal used to say that you will do something with enthusiasm **еще бы!** *"Are you going to Pam's party?" "You bet!"*

bet² /bet/ **noun** [C] **1** when you risk money on the result of a game, competition, etc **пари, ставка** *She* ***won*** *her* ***bet.*** ◦ *He* ***put*** *a* ***bet on*** *Manchester United winning on Saturday.* **2 a good bet** something that would be useful, clever, or enjoyable to do **правильное решение** *Putting your savings in a high-interest account would be a good bet.* **3 your best bet** the best decision or choice **самое правильное решение** *Your best bet in terms of value would be the Regent Hotel.*

IDIOMS **hedge your bets** to avoid choosing one particular thing or action when it is not certain which is the right choice **колебаться в выборе, не браться предсказать исход** *Journalists are hedging their bets on the likely outcome of the election.* • **a safe bet** something that you are certain will happen **надежный вариант, правильный выбор** *Wheeler is a safe bet for a place on the team.*

Слова-партнеры к bet

have/place a bet (on) sth • put a bet on sth • lose/win a bet

betray /bɪˈtreɪ/ **verb** [T] **1** B2 to behave in a dishonest or cruel way to someone who trusts you **предавать** *When I heard what he had said about me, I felt betrayed.* **2** If you betray your country or an organization, you give secret information to its enemies or to other organizations. **предавать 3** to show an emotion that you were trying to hide **выдавать** *Her face was calm, but her hands betrayed her nervousness.*

betrayal /bɪˈtreɪəl/ **noun** [C, U] when you betray someone **предательство** *a betrayal of trust*

better¹ /ˈbetəʳ/ **adjective 1** A1 comparative of **good**: of a higher quality, more effective, or more enjoyable than something or someone else **лучший** *Jeff's been offered a better job in the States.* ◦ *The sales figures were* ***better than*** *expected.* ◦ *Her English has* ***got*** *a lot* ***better*** *(= improved) recently.* **2** A1 healthy, or less ill than before **лучше (себя чувствовать)** *I feel much better.* ◦ *I hope you* ***get better*** *soon.* **3 the bigger/brighter/hotter, etc the better** used to say that the bigger, brighter, hotter, etc something is, the more pleased you will be **чем больше/ярче/теплее и т. д., тем лучше**

better² /ˈbetəʳ/ **adverb 1** A1 comparative of **well**: to a greater degree, or in a more successful or effective way **лучше** *I'd like to get to know you better.* ◦ *Helen did much* ***better than*** *me in the exam.* **2 he/you, etc had better do sth** A2 used in order to say what you think someone should do **он/ты и т. д. бы лучше ...** *You'd better hurry or you'll miss the train.* **3 know better** to have enough experience not to do something stupid or something that will not achieve anything **быть умнее, не быть дураком** *I thought she'd listen to me – I should have known better.*

better³ /ˈbetəʳ/ **noun 1 for the better** If a situation changes for the better, it improves. **к лучшему** *Their relationship has changed for the better.* **2 get the better of sb** If a feeling gets the better of you, it becomes too strong to control. **одолевать** *Curiosity finally got the better of her and she opened the letter.*

better⁴ /ˈbetəʳ/ **verb** [T] to do something better than it has been done before **улучшать** *He bettered his previous best time for a marathon.*

ˌbetter ˈoff adjective [never before noun] **1** richer **богаче** *We're a lot better off now that Jane's started work again.* **2** in a better situation **лучше** *Simon's such an idiot – you'd be better off without him.* **3 you're better off doing sth** used to give advice **тебе лучше ...** *You're better off getting a taxi.*

between¹ /bɪˈtwiːn/ **preposition 1** A1 in the space that separates two places, people, or things **между** *The town lies halfway between Florence and Rome.* ◦ *A narrow path runs between the two houses.* **2** A1 in the period of time that separates two events or times **с ... до, между** *The shop is closed for lunch between 12.30 and 1.30.* **3** A1 involving two or more groups of people **между** *Tonight's game is between the*

New Orleans Saints and the Los Angeles Rams. **4** (A2) used to show the largest and smallest amount or level of something **от ... до** *Between 50 and 100 people will lose their jobs.* **5** (A2) connecting two or more places or things **между** *There is a regular train service between Glasgow and Edinburgh.* **6** (A2) separating two or more things or people **между** *the gap between rich and poor* ◦ *What's the **difference between** these two cameras?* **7** (B1) shared by a particular number of people **на, между** *We drank two bottles of wine between four of us.* **8** (A2) If something is between two amounts, it is larger than the first amount but smaller than the second. **от ... до** *The temperature will be between 20 and 25 degrees today.* **9** If you choose between two things, you choose one thing or the other. **из, между**

between² /bɪˈtwiːn/ **adverb** (also **in between**) **1** (B1) in the space that separates two places, people, or things **между** *The wood is in neat piles with newspaper placed between.* **2** (B1) in the period of time that separates two events or times **в промежутке** *There's a train at 6.15 and one at 10.30 but nothing in between.*

beverage /ˈbevᵊrɪdʒ/ **noun** [C] formal a drink **напиток**

beware /bɪˈweəʳ/ **verb** [I] used in order to warn someone to be careful **остерегаться** ***Beware of*** *the dog.* ◦ [+ of + doing sth] *You should beware of spending too long in the sun.*

bewildered /bɪˈwɪldəd/ **adjective** very confused and not sure what to do **сбитый с толку** *She looked bewildered.*

• **bewilderment noun** [U] **замешательство** *He stared at me **in bewilderment**.*

bewildering /bɪˈwɪldᵊrɪŋ/ **adjective** making you feel confused **сбивающий с толку** *There was a bewildering range of subjects to choose from.*

bewitch /bɪˈwɪtʃ/ **verb** [T] If someone or something bewitches you, you find them extremely attractive and interesting. **очаровывать, пленять** *a bewitching smile*

beyond¹ /biˈjɒnd/ **preposition 1** (B1) on the other side of something **за** *Our house is just beyond the bridge.* **2** (B1) continuing after a particular time or date **за, после** *A lot of people now live beyond the age of 80.* **3 beyond belief/repair/recognition, etc** (B2) impossible to believe/repair/recognize, etc **невероятный/не подлежащий ремонту/неузнаваемый и т. д.** *Steven had changed beyond all recognition.* **4** informal If something is beyond you, you cannot understand it. **выше чьего-либо понимания** *It's beyond me why anyone would want to buy that house.* **5** except for **кроме** *She said very little beyond the occasional 'yes' and 'no'.* **6** involving or affecting other things or people than the ones you have talked about **кроме** *You should try to develop interests beyond the family.*

beyond² /biˈjɒnd/ **adverb 1** (B2) on the other side of something **за** *From the top of the hill, we could see our house and the woods beyond.* **2** (B2) continuing after a particular time or date **далее** *The strike looks set to continue into March and beyond.*

bhangra /ˈbæŋgrə/ **noun** [U] a type of pop music based on traditional music from North India and Pakistan **стиль поп-музыки, основанный на традиционной музыке Северной Индии и Пакистана**

bi- /baɪ-/ **prefix** two **дву(х)-** *bilingual (= speaking two languages)* ◦ *bimonthly (= happening twice in a month or once every two months)*

biannual /baɪˈænjuəl/ **adjective** happening twice a year **происходящий два раза в год** → Compare **biennial**

bias /ˈbaɪəs/ **noun** [C, U] when you support or oppose someone or something in an unfair way because you are influenced by your personal opinions **предубеждение, пристрастие** *a **bias towards/against** private education* ◦ *The news channel has been accused of **bias in favour of** the government.*

biased /ˈbaɪəst/ **adjective** showing unfair support for or opposition to someone or something because of your personal opinions **предубежденный** *to be **biased against/towards** younger workers*

bib /bɪb/ **noun** [C] a piece of cloth or plastic that is worn by young children when they are eating in order to stop their clothes getting dirty **детский нагрудник**

bible /ˈbaɪbl/ **noun 1 the Bible** the holy book of the Christian and Jewish religions **Библия 2** [C] a copy of this book **экземпляр Библии 3** [C] a book or magazine that gives important information and advice about a particular subject **настольная книга** *'Vogue' was regarded as the fashion student's bible.*

biblical /ˈbɪblɪkᵊl/ **adjective** relating to the Bible **библейский**

bibliography /ˌbɪbliˈɒgrəfi/ **noun** [C] a list of books and articles on a particular subject **библиография**

bicentenary /ˌbaɪsenˈtiːnᵊri/ (US) /baɪˈsentᵊneri/ **noun** [C] UK (US **bicentennial** /ˌbaɪsenˈteniəl/) the day or year that is 200 years after an important event **двухсотлетие** *the bicentenary of Schubert's birth* ◦ *bicentennial celebrations*

biceps /ˈbaɪseps/ **noun** [C] (plural **biceps**) the large muscle at the front of your upper arm **бицепс**

bicker /ˈbɪkəʳ/ **verb** [I] to argue about something that is not very important **препираться** *They were **bickering over** which channel to watch.*

bicycle /ˈbaɪsɪkl/ **noun** [C] (A2) a vehicle with two wheels that you sit on and move by turning the two

bicycle

B

pedals (= parts you press with your feet) велосипед → See **Sports 2** on page Centre 15

> **Слова-партнеры к bicycle**
> ride a bicycle • be on a bicycle • a bicycle helmet

bid¹ /bɪd/ **noun** [C] **1** an attempt to achieve something **попытка** *a successful* ***bid for*** *re-election* ◦ [+ to do sth] *The council has banned cars from the city centre* ***in a bid*** *to reduce pollution.* **2** an offer to pay a particular amount of money for something **предложение цены** *I made a* ***bid*** *of $150* ***for*** *the painting.* **3** an offer to do work for someone for a particular amount of money **подряд** *We put in a* ***bid for*** *the stadium contract.*

> **Слова-партнеры к bid**
> launch/mount a bid • in a (desperate) bid to do sth • a bid for sth

bid² /bɪd/ **verb** (present participle **bidding**, past tense and past participle **bid**) **1** [I, T] to offer to pay an amount of money for something **предлагать цену** *They* ***bid*** *$500 million* ***for*** *the company.* **2 bid for sth; bid to do sth** to try to do or obtain something **делать заявку на получение чего-либо** *Five firms have bid for the contract.*

bid³ /bɪd/ **verb** (present participle **bidding**, past tense and past participle **bid**, **bade**, past participle **bid**, **bidden**) **bid sb farewell/goodbye/good night, etc** literary to say goodbye, good night, etc **прощаться** *She bade her guests good night.*

bidder /ˈbɪdəʳ/ **noun** [C] someone who offers to pay a particular amount of money for something **лицо, предлагающее определенную цену** *The house will be sold to* ***the highest bidder*** *(= the person who offers to pay the most).*

bidding /ˈbɪdɪŋ/ **noun** [U] **1** when people offer to pay a particular amount of money for something **предложение цены, торги** **2 do sb's bidding** literary to do what someone tells you to do **исполнять чье-либо приказание**

bidet /ˈbiːdeɪ/ Ⓤⓢ /bɪˈdeɪ/ **noun** [C] a small low bath that a person uses to wash their bottom and sex organs **биде**

biennial /baɪˈeniəl/ **adjective** happening every two years **происходящий раз в два года** → Compare **biannual**

big¹ /bɪg/ **adjective** (**bigger**, **biggest**) **1** (A1) large in size or amount **большой** *I come from a big family.* ◦ *We're looking for a bigger house.* **2** (A2) important or serious **важный, серьезный** *Tonight's big game is between Real Madrid and Manchester United.* ◦ *Buying that car was a big mistake.* **3 your big brother/sister** informal (A2) your older brother/sister **старший** **4** informal successful or popular **популярный** *The programme's been* ***a big hit*** *(= very popular) with young children.* **5 make it big** informal to become very successful or famous **преуспевать**

big² /bɪg/ **verb**

PHRASAL VERB **big sth/sb up** [T] informal to praise someone or something a lot, sometimes more than they deserve **восхвалять**

ˌbig ˈbusiness noun [U] **1** an activity that makes a lot of money **доходное дело** *Football has become big business.* **2** large, powerful businesses **большой бизнес**

bigot /ˈbɪgət/ **noun** [C] a bigoted person **фанатик**

bigoted /ˈbɪgətɪd/ **adjective** A bigoted person has very strong, unfair opinions and refuses to consider different opinions. **фанатичный**
• **bigotry** /ˈbɪgətri/ **noun** [U] when someone is bigoted **фанатичность**

big-ticket /ˈbɪgˌtɪkɪt/ **adjective** [always before noun] US Big-ticket items are expensive things to buy, such as cars or furniture. **дорогостоящий**

bike /baɪk/ **noun** [C] informal **1** (A2) short for bicycle **велосипед** **2** (B1) short for motorbike/motorcycle (= a vehicle with two wheels and an engine) **мотоцикл**

biker /ˈbaɪkəʳ/ **noun** [C] someone who rides a motorbike (= vehicle with two wheels and an engine) **мотоциклист**

bikini /bɪˈkiːni/ **noun** [C] (B2) a piece of clothing with two parts that women wear for swimming **бикини** → See **Clothes** on page Centre 9

bikini

bilateral /baɪˈlætᵊrᵊl/ **adjective** involving two groups or countries **двусторонний** *bilateral talks/agreements/trade*

bile /baɪl/ **noun** [U] a bitter liquid made and stored in the body that helps to digest fat **желчь**

bilingual /baɪˈlɪŋgwᵊl/ **adjective** using or able to speak two languages **двуязычный** *a bilingual dictionary* ◦ *She's bilingual.*

bill¹ /bɪl/ **noun** [C] **1** (A2) a piece of paper that tells you how much you must pay for something you have bought or for a service you have used **счет** *Have you* ***paid the*** *electricity* ***bill?*** **2** a written plan for a law **законопроект** *Parliament will vote today on whether to pass the reform bill.* **3** US (UK **note**) a piece of paper money **банкнот** *a five-dollar bill* **4** UK what is on at a cinema or theatre **программа** **5** a bird's beak **клюв**

> **Слова-партнеры к bill**
> pay/settle a bill • a bill comes to [£100/$500, etc] • a bill for sth • an electricity/gas/phone bill

bill² /bɪl/ **verb** **1 be billed as sth** to be advertised with a particular description **быть объявлен-**

ным как ... *The film was billed as a romantic comedy.* **2** [T] to give or send someone a bill asking for money that they owe for a product or service **выставлять счет** *He **billed** us **for** the materials.*

billboard /ˈbɪlbɔːd/ **noun** [C] (also UK **hoarding**) a large board used for advertising, especially by the side of a road **рекламный щит**

billfold /ˈbɪlfəʊld/ **noun** [C] US (UK/US **wallet**) a small, flat container for carrying paper money and credit cards (= plastic cards used for paying with) **бумажник**

billiards /ˈbɪliədz/ **noun** [U] a game in which two people try to hit coloured balls into holes around the edge of a table using long, thin sticks **бильярд**

billing /ˈbɪlɪŋ/ **noun** [U] **1** when people are sent letters to ask for payments **выставление счета** **2 star/top billing** when a particular performer is shown as the most important person in a performance **главный исполнитель**

billion /ˈbɪliən/ (B2) the number 1,000,000,000 **миллиард**

billow /ˈbɪləʊ/ **verb** [I] to be moved and spread out by a current of air **разноситься, валить (о дыме и т. д.)** *Smoke **billowed out** of the building.*

bimbo /ˈbɪmbəʊ/ **noun** [C] very informal a young woman who is attractive but not intelligent **фифочка**

bin /bɪn/ **noun** [C] **1** UK (US **trash can**) (B1) a container that is used to put waste in **мусорное ведро** *a **rubbish/wastepaper bin*** ◦ *I threw it in the bin.* → See **The Office** on page Centre 5 **2** a container for storing things **емкость** *a storage bin*

binary /ˈbaɪnᵊri/ **adjective** The binary system expresses numbers using only 1 and 0, and is especially used for computers. **двоичный**

bind[1] /baɪnd/ **verb** [T] (past tense and past participle **bound**) **1** to tie something together with string, rope, etc **связывать** *His hands were bound behind his back.* **2** to force someone to keep a promise **обязывать** *His contract **binds** him **to** working a six-day week.* **3** to unite people **объединять** *Culture and language **bind** people **together**.* **4** to fasten together pages to make a book **переплетать (книгу)**

bind[2] /baɪnd/ **noun** [no plural] informal **1** a difficult or unpleasant situation **тупик, переплет** *a financial bind* **2** UK a job which uses a lot of your time **неприятная обязанность** *Cleaning the bathroom is a bind.*

binder /ˈbaɪndəʳ/ **noun** [C] a strong cover for holding together pieces of paper **папка**

binding /ˈbaɪndɪŋ/ **adjective** A binding agreement, promise, etc cannot be broken or changed. **обязывающий** *It's a **legally binding** contract.*

binge[1] /bɪndʒ/ **noun** [C] when you eat or drink too much or spend too much money in shops **кутеж, выпивка, трата денег**

binge[2] /bɪndʒ/ **verb** [I] (present participle **bingeing** or **binging**) to eat too much food at one time **объедаться** *I've been **bingeing on** chocolate.*

ˈbinge ˌdrinking **noun** [U] when someone drinks too much alcohol on one occasion **чрезмерное употребление алкоголя**
• **ˈbinge ˌdrinker** **noun** [C] **человек, злоупотребляющий алкоголем**

bingo /ˈbɪŋgəʊ/ **noun** [U] a game in which people mark numbers on a card as they are called, and the person whose numbers are called first is the winner **бинго**

binoculars /bɪˈnɒkjələz/ **noun** [plural] a piece of equipment for looking at things that are far away, made from two tubes with glass at the ends **бинокль** *a **pair of binoculars***

binoculars

bio- /baɪəʊ-/ **prefix** relating to living things or human life **био-** *biodiversity* ◦ *bioethics*

biochemical /ˌbaɪəʊˈkemɪkᵊl/ **adjective** relating to the chemistry of living things **биохимический**

biochemistry /ˌbaɪəʊˈkemɪstri/ **noun** [U] the study of the chemistry of living things such as plants, animals, or people **биохимия**
• **biochemist** **noun** [C] a scientist who studies biochemistry **биохимик**

biodegradable /ˌbaɪəʊdɪˈgreɪdəbl/ **adjective** Biodegradable substances decay naturally without damaging the environment. **разлагаемый**

biodiesel /ˈbaɪəʊˌdiːzl/ **noun** [U] fuel used in the engines of some vehicles that is made from vegetable oil or animal fat **биодизель**

bioethanol /ˌbaɪəʊˈeθənɒl/ **noun** [U] fuel used in the engines of some vehicles that is partly made from ethanol (= a chemical that comes from sugar) **биоэтанол**

biofuel /ˈbaɪəʊˌfjʊəl/ **noun** [U] fuel produced from plant material **биологическое топливо**

biographer /baɪˈɒgrəfəʳ/ **noun** [C] someone who writes the story of a particular person's life **биограф**

biography /baɪˈɒgrəfi/ **noun** [C] (B1) the story of a person's life written by another person **биография**
• **biographical** /ˌbaɪəʊˈgræfɪkəl/ **adjective** about someone's life **биографический** *biographical information*

biological /ˌbaɪəˈlɒdʒɪkᵊl/ **adjective** **1** (B2) relating to the study of living things such as plants and animals **биологический** *biological sciences* **2** using living things or poisons made from living things **биологический** *biological weapons*

B

• **biologically** adverb биологически

biology /baɪˈɒlədʒi/ **noun** [U] A2 the study of living things **биология**
• **biologist** noun [C] a scientist who studies biology **биолог**

biometric /ˌbaɪəʊˈmetrɪk/ **adjective** using a person's characteristics, e.g. their voice or the pattern of their eyes, to prove who they are **биометрический**

biopsy /ˈbaɪɒpsi/ **noun** [C] when a small number of cells are taken from a part of the body and examined to see if there is a disease **биопсия**

biotechnology /ˌbaɪəʊtekˈnɒlədʒi/ **noun** [U] the use of living cells and bacteria in chemical processes, especially in the food and medical industries **биотехнология**

bioterrorism /ˌbaɪəʊˈterərɪzᵊm/ **noun** [U] when people use living things, such as bacteria, to hurt other people for political reasons **биотерроризм**
• **bioterrorist** noun [C] **биотеррорист**

bipartisan /baɪˈpɑːtɪzæn/ **adjective** involving two political parties **двухпартийный** *a bipartisan agreement*

birch /bɜːtʃ/ **noun** [C, U] a tree that has thin, smooth branches **береза**

bird /bɜːd/ **noun** [C] A1 an animal that has wings and feathers and is usually able to fly **птица**

ˈ**bird** ˌ**flu** noun [U] (also **avian flu**) an illness that kills birds and can sometimes pass from birds to people **птичий грипп**

birdie /ˈbɜːdi/ **noun** [C] US (UK **shuttlecock**) a small object with feathers that is used like a ball in badminton (= a sport like tennis) **волан (в бадминтоне)**

ˌ**bird of** ˈ**prey** noun [C] (plural **birds of prey**) a large bird that kills smaller animals for food **хищная птица**

bird-watching /ˈbɜːdˌwɒtʃɪŋ/ **noun** [U] the hobby of looking at birds **изучение птиц в естественных условиях**

biro /ˈbaɪərəʊ/ **noun** [C, U] UK trademark a type of pen that has a very small metal ball at its end and a thin tube of ink inside **шариковая ручка**

birth /bɜːθ/ **noun 1 give birth** B2 When a woman or an animal gives birth, she produces a baby from her body. **рожать** *She gave birth to twins.* **2** [C, U] B1 the time when a baby is born **роды, рождение** *a difficult birth ◦ Write your* ***date of birth*** *(= the date when you were born) here.* **3** [U] literary the beginning of something **начало** ***the birth of*** *modern science* **4 American/Italian, etc by birth** born in a particular place or having parents with a particular nationality **американец/итальянец и т. д. по происхождению**

ˈ**birth cer**ˌ**tificate** noun [C] an official document that records when and where a person was born **свидетельство о рождении**

ˈ**birth con**ˌ**trol** noun [U] methods of limiting the number of children you have **противозачаточное средство**

birthday /ˈbɜːθdeɪ/ **noun** [C] A1 the day on which someone was born, or the same date each year **день рождения** *She is* ***celebrating*** *her seventieth* ***birthday***. *◦* ***Happy Birthday!*** *◦ a* ***birthday cake/party***

> Слова-партнеры к **birthday**
>
> celebrate your birthday • **on** sb's [1st/50th/100th, etc] birthday • a birthday **cake/card/party/present**

birthmark /ˈbɜːθmɑːk/ **noun** [C] a mark on someone's skin that has been there since they were born **родимое пятно**

birthplace /ˈbɜːθpleɪs/ **noun** [C] the place where someone was born **место рождения**

ˈ**birth** ˌ**rate** noun [C] a measurement of the number of babies born in a particular period **рождаемость**

biscuit /ˈbɪskɪt/ **noun** [C] **1** UK (US **cookie**) A1 a thin, flat cake that is dry and usually sweet **печенье** → See **Food** on page Centre 11 **2** US a small, soft, round type of bread **бисквит**

bisexual /baɪˈsekʃuəl/ **adjective** sexually attracted to both men and women **бисексуальный**

bishop /ˈbɪʃəp/ **noun** [C] a priest of high rank in some Christian churches **епископ** *the Bishop of Oxford*

bison /ˈbaɪsᵊn/ **noun** [C] (plural **bison**) a large, wild animal similar to a cow with long hair **бизон**

bistro /ˈbiːstrəʊ/ **noun** [C] an informal place to eat or drink, in a French style **бистро**

bit[1] /bɪt/ **noun 1** [C] A2 a small amount or piece of something **кусочек, небольшое количество** *I wrote it down on a bit of paper. ◦ There's a little bit more pasta left. ◦ My favourite bit of the film is right at the end. ◦ The books are falling* ***to bits*** *(= into separate parts).* **2 a bit a** A2 slightly **немного** *It's a bit cold in here. ◦ It was a bit too expensive.* **b** B2 informal a short time **короткое время** *I'll see you* ***in a bit***. *◦ She lived in Italy* ***for a bit***. **3 a bit of a change/fool/problem, etc** a change, fool (= stupid person), problem, etc, but not an important or serious one **небольшое разнообразие/дурачок/небольшая проблема и т. д.** *I am a bit of a romantic. ◦ It was a bit of a shock.* **4 quite a bit** informal B1 a lot **довольно много** *He does quite a bit of travelling. ◦ She is quite a bit older than him.* **5 a bit much** informal more than is fair, or more than you can deal with **слишком** *It's a bit much to expect me to tidy up their mess.* **6 bit by bit** gradually **мало-помалу** *She saved up the money, bit by bit.* **7 every bit as** used to emphasize that one thing is equally good, important, etc as something else **так же, настолько же** *The gardens are every bit as impressive as the castle itself.* **8 bits and pieces** small things or jobs which are not connected or not very important мелочи *We've packed most of it up now, there are just a few bits and pieces left.* **9** [C] a unit of information in a computer **бит** **10** [C] a piece of metal which goes in the mouth of a horse to control it **удила**

bit² /bɪt/ past tense of bite **прош. вр. гл. bite**

bitch¹ /bɪtʃ/ **noun** [C] **1** very informal an offensive name for an unpleasant woman **стерва** **2** a female dog **сука**

bitch² /bɪtʃ/ **verb** [I] very informal to talk in an unkind way about people **ворчать** *She's always **bitching about** her boss.*

bitchy /ˈbɪtʃi/ **adjective** If someone is bitchy, they are unkind about other people. **стервозный** *a bitchy comment*

bite¹ /baɪt/ **verb** (past tense **bit**, past participle **bitten**) **1** [I, T] B1 to cut something using your teeth **кусать, грызть** *She **bit into** an apple.* ◦ *He bites his fingernails.* ◦ *He was bitten by a dog.* **2** [I] to begin to have a bad effect **кусаться (о ценах)** *Higher mortgage rates are beginning to bite.* → See also bite the **bullet**, bite the **dust¹**

IDIOM **come back to bite you** If a problem will come back to bite you, it will cause more trouble for you in the future if you do not solve it now. **о проблеме, которая вызовет больше хлопот в будущем, если ее не разрешить сейчас**

bite² /baɪt/ **noun** **1** [C] B2 a piece taken from food when you bite it **кусок (пищи)** *She **took a bite** from her pizza.* **2** [C] B2 an injury caused when an animal or insect bites you **укус** *mosquito bites* **3 a bite** a small meal **закуска** *I just want to grab a bite to eat.*

biting /ˈbaɪtɪŋ/ **adjective** A biting wind or biting cold is extremely cold and hurts your skin. **пронизывающий**

bitmap /ˈbɪtmæp/ **noun** [C] a computer image formed from many small points on the screen **битовое отображение**

bitten /ˈbɪtən/ past participle of bite **прич. прош. вр. от гл. bite**

bitter¹ /ˈbɪtəʳ/ **adjective** **1** B2 angry and upset because of something bad which has happened that you cannot forget **разочарованный, обиженный** *I feel very **bitter about** my childhood.* **2** B2 full of hate or anger **злой, ожесточенный** *a bitter argument/dispute* **3** B1 having a strong, sour, usually unpleasant taste **горький** **4** B2 extremely cold **резкий** *a bitter wind* **5 to/until the bitter end** until something is completely finished, usually something unpleasant **до самого конца** *He was determined to stay right to the bitter end.* **6** B2 making you feel very disappointed **горький** *Losing the championship was a bitter disappointment.*
• **bitterness noun** [U] **горечь**

bitter² /ˈbɪtəʳ/ **noun** [U] UK a type of beer with a bitter taste **горькое пиво**

bitterly /ˈbɪtəli/ **adverb** **1** in a way which shows strong negative emotion such as anger or disappointment **горько, сильно** *We were **bitterly disappointed** about the decision.* **2** If it is bitterly cold, the weather is extremely and unpleasantly cold. **ужасно, очень**

bizarre /bɪˈzɑːʳ/ **adjective** B2 very strange and surprising **эксцентричный** *bizarre behaviour*
• **bizarrely adverb эксцентрично**

black¹ /blæk/ **adjective** **1** A1 being the colour of coal or of the sky on a very dark night **черный** *a black jacket* → See **Colours** on page Centre 12 **2** A2 Someone who is black has the dark skin typical of people from Africa. **чернокожий** *black athletes/Americans* **3** relating to black people **негритянский** *the black community* **4** Black tea or coffee has no milk or cream added to it. **черный** **5** funny about unpleasant or frightening subjects **черный** *black comedy* **6** angry **злобный** *He gave her a black look.* **7** If your situation or future is black, it is very bad. **мрачный**

IDIOMS **black and blue** covered with bruises (= marks on your skin from being hit) **в синяках** • **black and white** very clear or simple **однозначный** *The issue of nuclear weapons is not black and white.*

• **blackness noun** [U] → See also **jet-black**, **pitch-black** **чернота**

black² /blæk/ **noun** **1** [C, U] A2 the colour of coal or of the sky on a very dark night **черный цвет** *She always dresses **in black** (= in black clothes).* → See **Colours** on page Centre 12 **2** [C] a black person **негр** **3 in the black** If your bank account is in the black, it contains some money. **иметь деньги на счету**

IDIOM **in black and white** **a** printed in a book, newspaper, or official document **черным по белому** *Look at the contract – it's all there in black and white.* **b** using or seeing no colours, but only black, white, and grey **черно-белый** *I saw the original film in black and white.*

→ See also **jet-black**

black³ /blæk/ **verb**

PHRASAL VERB **black out** informal to suddenly become unconscious **потерять сознание**

BlackBerry /ˈblækbəri/ **noun** [C] trademark a computer with no wires that fits in your hand and that you can use for documents, email and Internet access **марка смартфонов**
• **BlackBerry verb** [I] to use a BlackBerry **использовать Блэкберри**

blackberry /ˈblækbəri/ **noun** [C] a small, soft, dark purple fruit with seeds **ежевика**

blackbird /ˈblækbɜːd/ **noun** [C] a bird with black feathers and a yellow beak **дрозд**

blackboard /ˈblækbɔːd/ **noun** [C] (also US **chalkboard**) A2 a large board with a dark surface that teachers write on with chalk (= soft, white rock) **классная доска** → See **The Classroom** on page Centre 6

B

ˌblack ˈbox noun [C] a small machine on an aircraft that people use to discover the reason for an aircraft accident **черный ящик на борту самолета**

blackcurrant /ˌblækˈkʌrᵊnt/ **noun** [C] UK a very small, round, sour, dark purple fruit **черная смородина** *blackcurrant juice/jelly*

blacken /ˈblækᵊn/ **verb 1** [I, T] to become black or to make something become black **чернеть, делать черным** *Storm clouds blackened the sky.* **2** [T] If you blacken someone's name, you say bad things about them. **чернить, клеветать**

ˌblack ˈeye noun [C] an eye that has a dark circle around it because it has been hit **подбитый глаз**

ˌblack ˈhole noun [C] an area in outer space that sucks material and light into it from which they cannot escape **черная дыра**

blacklist /ˈblæklɪst/ **verb** [T] to include someone on a list of people you think are bad or you will not deal with **вносить в черный список** [often passive] *He was blacklisted by the banks and credit card companies.*

ˌblack ˈmagic noun [U] magic used for evil **черная магия**

blackmail /ˈblækmeɪl/ **noun** [U] when someone forces you to do something, or to pay them money, by saying they will tell another person something that you want to keep secret **шантаж**

• **blackmail** verb [T] **шантажировать** [+ into + doing sth] *They used the photographs to blackmail her into spying for them.* • **blackmailer** noun [C] **шантажист**

ˌblack ˈmarket noun [C] illegal trading of goods that are not allowed to be bought and sold or that there are not enough of for everyone who wants them **черный рынок** *the black market in heroin*

blackout /ˈblækaʊt/ **noun** [C] **1** when someone suddenly becomes unconscious **потеря сознания 2** when information is kept from people **утаивание информации** [usually singular] *a **media/news blackout*** **3** a failure in the supply of electricity **временное отключение электричества 4** a period during a war when no lights must show at night **светомаскировка**

blacksmith /ˈblæksmɪθ/ **noun** [C] someone whose job is to make things from metal, especially shoes for horses **кузнец**

bladder /ˈblædəʳ/ **noun** [C] the organ where waste liquid is stored before it leaves your body **мочевой пузырь** → See also **gall bladder**

blade /bleɪd/ **noun** [C] **1** (B2) the flat, sharp, metal part of a knife, tool, or weapon **лезвие 2** a long, narrow leaf of grass or a similar plant **травинка** *a **blade of grass*** → See also **razor blade, shoulder blade**

blame¹ /bleɪm/ **verb** [T] **1** (B1) to say or think that someone or something is responsible for something bad which has happened **винить** *Many people **blame** him **for** Tony's death.* ◦ *Poor housing **is to blame** for many of their health problems.* ◦ *They apologized for the delay and **blamed** it **on** technical problems.* **2 I don't blame him/them/you, etc** used to say that you understand and accept the reason for what someone is doing **я его/их/тебя и т. д. понимаю** *"I think I'll go home early." "I don't blame you – you look really tired."*

blame² /bleɪm/ **noun** [U] (B2) when people say that someone or something is responsible for something bad **вина** *The manager should **take the blame for** the team's defeat.* ◦ *They **put the blame on** faulty equipment.*

> **Слова-партнеры к blame**
>
> **apportion** blame • **get/shoulder/take** the blame **for sth** • **lay/put** the blame **on sth**

blameless /ˈbleɪmləs/ **adjective** not responsible for anything bad **невиновный** *They concluded that Lucy was entirely blameless.*

bland /blænd/ **adjective 1** not interesting or exciting **невыразительный** *bland statements* **2** If food is bland, it does not have much taste. **безвкусный**

blank¹ /blæŋk/ **adjective 1** (B1) with no writing, pictures, or sound **чистый, незаполненный** *a **blank page*** ◦ *a blank tape* ◦ *The space for the date was **left blank**.* **2 go blank** If your mind goes blank, you suddenly cannot remember or think of something. **не мочь сообразить 3** showing no feeling or understanding **пустой, бессмысленный** *a **blank expression*** → See also **point-blank**

blank² /blæŋk/ **noun** [C] an empty space on a piece of paper or form where information can be given **пропуск, пробел** *Just **fill in** the **blanks**.*

IDIOM **draw a blank** to be unable to get information, think of something, or achieve something **ни к чему не приводить** *All their investigations have drawn a blank so far.*

ˌblank ˈcheque UK (mainly US **ˌblank ˈcheck**) **noun** [C] If you give someone a blank cheque, you allow them as much money as they want or need to do something. **незаполненный чек**

blanket¹ /ˈblæŋkɪt/ **noun** [C] **1** (A2) a thick, warm cover that you sleep under **одеяло 2** a thick layer of something **покров, слой** *a blanket of cloud/snow*

blanket² /ˈblæŋkɪt/ **adjective** [always before noun] including or affecting everything **общий, всеобъемлющий** *a blanket ban*

blanket³ /ˈblæŋkɪt/ **verb** [T] to completely cover something **покрывать** *The ground was blanketed with snow.*

blankly /ˈblæŋkli/ **adverb** without showing any emotion or understanding **тупо, безучастно** *She just stared at me blankly.*

blare /bleəʳ/ **verb** [I] (also **blare out**) to make a very loud noise **греметь** *There was* ***music*** ***blaring*** *from his room.*

blasphemy /ˈblæsfəmi/ **noun** [U] something which you say or do that shows you do not respect God or a religion **богохульство**
• **blasphemous** /ˈblæsfəməs/ **adjective** expressing blasphemy **богохульный**

blast[1] /blɑːst/ **noun 1** [C] an explosion **взрыв** *a* ***bomb blast*** **2** [C] a sudden strong movement of air **порыв, поток** *a blast of cold air/heat* **3 full blast** If something is happening or working full blast, it is at its loudest, strongest, or fastest level. **на полную мощность** *The heating was on full blast.* **4** [C] a sudden loud noise **резкий звук** *a blast on the trumpet* **5** [no plural] US very informal an exciting and enjoyable experience **класс! блеск!** *Eric's party was a blast.*

blast[2] /blɑːst/ **verb 1** [I, T] (also **blast out**) to make a very loud noise **орать** *rock music blasting from a stereo* **2** [I, T] to move through something or to hit something with force **пробивать, ударять** *Dixon blasted the ball past the goalkeeper.* **3** [T] to break through rock using explosives **пробивать, подрывать** *They blasted a hole in the rock face.* **4** [T] to destroy a person or place with guns or bombs **взрывать**

PHRASAL VERB **blast off** When a spacecraft blasts off, it leaves the ground to go into space. **стартовать, взлетать**

blast[3] /blɑːst/ **exclamation** UK used when you are annoyed at something **черт!** *Blast! I forgot the keys.*

blast-off /ˈblɑːstɒf/ **noun** [U] when a spacecraft leaves the ground **старт**

blatant /ˈbleɪtᵊnt/ **adjective** very obvious, with no attempt to be honest or behave well **вопиющий** ***blatant lies****/racism*
• **blatantly adverb вопиюще**

> **Слова-партнеры к blatant**
> a blatant **attempt** to do sth • a blatant **disregard for** sth • a blatant **lie**

blaze[1] /bleɪz/ **verb** [I] to burn or shine very brightly or strongly **гореть, сиять** *The sun blazed down on the dry countryside.*

blaze[2] /bleɪz/ **noun** [C] **1** a large, strong fire **пламя, пожар** *The blaze started in the hall.* **2 a blaze of colour/lights etc** very bright colour, lights, etc **яркий цвет/свет и т. д.** *The tulips provided a blaze of colour outside her window.* **3 a blaze of glory/publicity** a lot of public attention for a short time **вспышка славы/популярности**

blazer /ˈbleɪzəʳ/ **noun** [C] a type of jacket, often worn as part of a school uniform **блейзер**

blazing /ˈbleɪzɪŋ/ **adjective** [always before noun] **1** very hot **пылающий** *a blazing log fire* **2** UK very angry **жестокий** *a* ***blazing row***

bleach[1] /bliːtʃ/ **noun** [U] a strong chemical used for cleaning things or removing colour from things **отбеливающее вещество**

bleach[2] /bliːtʃ/ **verb** [T] to remove the colour from something or make it lighter using chemicals **отбеливать, обесцвечивать** *She's bleached her hair.*

bleak /bliːk/ **adjective 1** If a situation is bleak, there is little or no hope for the future. **мрачный** *The future is looking bleak for small clubs struggling with debts.* **2** If a place is bleak, it is cold, empty, and not attractive. **унылый** *a bleak landscape*
• **bleakness noun** [U] **мрачность, унылость**

bleary /ˈblɪəri/ **adjective** If you have bleary eyes, you cannot see clearly because you are tired or have just woken up. **затуманенный**

bleat /bliːt/ **verb** [I] **1** to make the noise of a sheep or goat **блеять 2** to speak or complain in a weak and annoying way **ныть** *She keeps bleating about her lack of money.*
• **bleat noun** [C] **блеяние, нытье**

bled /bled/ past of bleed **прош. вр. и прич. прош. вр. от гл. bleed**

bleed /bliːd/ **verb** [I] (past tense and past participle **bled**) (B1) to have blood coming from a place in your body **кровоточить**
• **bleeding noun** [U] **кровотечение** *Try to stop the bleeding.*

bleep /bliːp/ **noun** [C] a short, high electronic noise **писк**
• **bleep verb** [I] **пищать**

bleeper /ˈbliːpəʳ/ **noun** [C] UK (UK/US **beeper**) a small piece of electronic equipment which you carry that makes a sound when someone wants to speak to you **сигнальное устройство**

blemish /ˈblemɪʃ/ **noun** [C] a mark which spoils the appearance of someone or something **изъян**

blend[1] /blend/ **verb 1** [T] to mix two or more things together completely **смешивать** *Blend the ingredients into a smooth paste.* **2** [I, T] to combine two or more things **сочетать** *The team blends new, young players with more mature, experienced ones.*

PHRASAL VERB **blend in** If something or someone blends in, they look or seem the same as the people or things around them and so are not easily noticed. **сливаться**

blend[2] /blend/ **noun** [C] a combination of two or more things **смесь** *Their music is a blend of jazz and African rhythms.*

blender /ˈblendəʳ/ **noun** [C] an electric machine for making soft foods into a smooth liquid **миксер** → See **The Kitchen** on page Centre 2

bless /bles/ **verb** [T] **1** to ask God to help or protect someone or something, or to make it holy **благословлять** *The priest blessed their marriage.* **2 be blessed with sth** to be lucky enough to have something good **иметь дар, быть осчастливленным** *He's blessed with a*

B

wonderful singing voice. **3 Bless you!** something you say when someone sneezes будь здоров! **4 bless her/him/them, etc** informal used to show your affection for the person you are talking about храни ее/его/их и т. д. господь! *Peter, bless him, slept all the way through it.*

blessed /ˈblesɪd/ **adjective** [always before noun] **1** pleasant and wanted very much долгожданный, счастливый *The rain was a* ***blessed relief.*** **2** holy святой *the Blessed Virgin Mary*

blessing /ˈblesɪŋ/ **noun 1** [C] something which is lucky or makes you happy счастье, благо *It is a blessing that no one was hurt.* **2** [U] approval that someone gives to a plan or action благословение *Mr Newton has* ***given*** *his* ***blessing*** *for the plan.* **3** [C, U] protection or help from God, or a prayer to ask for this милость божья, молитва

IDIOMS **a blessing in disguise** something that has a good effect, although at first it seemed that it would be bad неприятность, обернувшаяся благом • **a mixed blessing** something which has both good and bad effects что-либо, имеющее и положительные, и отрицательные стороны

blew /bluː/ past tense of blow прош. вр. гл. blow

blight /blaɪt/ **noun** [no plural] something which has a very bad effect on something, often for a long time то, что портит жизнь, рушит планы *the blight of poverty/unemployment* ◦ *He became* ***a blight on*** *their lives.*

• **blight verb** [T] to cause damage to or have a bad effect on something разрушать *Injury has blighted his career.*

blind¹ /blaɪnd/ **adjective 1** (B1) not able to see слепой *She* ***went blind*** *after an accident.* ◦ *This project provides guide dogs for* ***the blind.*** **2 be blind to sth** to not notice something, or not want to notice something не видеть, не замечать *Drivers who speed are often blind to the risks they cause.* **3 blind panic/rage/trust, etc** an extremely strong feeling that makes you do things without thinking слепой страх/слепая ярость/вера и т. д. **4 a blind corner/bend** UK a bend or corner on a road that is dangerous because you cannot see cars coming around it слепой поворот

• **blindness noun** [U] слепота → See also **colourblind**, turn a blind **eye¹** (to sth)

blind² /blaɪnd/ **verb 1** [T] to make someone blind, either for always or for a short time ослеплять [often passive] *I was blinded by the car headlights.* **2 blind sb to sth** to make someone unable to understand the truth about someone or something ослеплять *Love blinded her to all his faults.*

blind³ /blaɪnd/ **noun** [C] a cover that you pull down over a window штора → See also **venetian blind**

ˌblind ˈdate noun [C] a romantic meeting between a man and a woman who have not met before свидание с незнакомым человеком

blindfold /ˈblaɪndfəʊld/ **noun** [C] a piece of cloth that you put over someone's eyes so they cannot see повязка на глазах

• **blindfold verb** [T] to put a blindfold on someone завязывать глаза

blinding /ˈblaɪndɪŋ/ **adjective 1** A blinding light is extremely bright. ослепительный **2** A blinding headache (= pain in the head) is extremely painful. чертовский, проклятый

blindly /ˈblaɪndli/ **adverb 1** not able to see or not noticing what is around you на ощупь *Carly reached blindly for the light switch.* **2** not thinking about what you are doing машинально *They just blindly followed orders.*

ˈblind ˌspot noun [C] **1** a difficulty in accepting or understanding a particular thing слабое место *She has a complete blind spot where relations with the press are concerned.* **2** the part of the road just behind you, that you cannot see when you are driving участок плохой обзорности, "мертвая точка"

blink /blɪŋk/ **verb 1** [I, T] (B2) to open and close both of your eyes quickly моргать **2** [I] If a light blinks, it goes on and off quickly. мигать

• **blink noun** [C] мгновение

blinkered /ˈblɪŋkəd/ **adjective** not willing to consider new or different ideas ограниченный, зашоренный *a* ***blinkered attitude***

blip /blɪp/ **noun** [C] **1** a small, temporary, and usually negative change from what usually happens временное явление (обычно негативное) *The rise in unemployment may just be a blip.* **2** a small spot of light on an electronic screen, sometimes with a short, high sound сигнал (на экране)

bliss /blɪs/ **noun** [U] complete happiness блаженство *My idea of bliss is lying on a sunny beach.*

• **blissful adjective** making you feel very happy блаженный *a blissful childhood* • **blissfully adverb** блаженно *She seemed* ***blissfully unaware*** *of the chaos she had caused.*

blister¹ /ˈblɪstəʳ/ **noun** [C] a painful, raised area of skin with liquid inside, that you get if your skin has been rubbed or burned, or a similar area on a painted surface волдырь

blister² /ˈblɪstəʳ/ **verb** [I, T] to get or cause blisters покрываться волдырями, вызывать волдыри

blistering /ˈblɪstᵊrɪŋ/ **adjective 1** using very strong criticism гневный, разъяренный *a* ***blistering attack*** **2** extremely hot обжигающий *blistering sunshine* **3** extremely fast стремительный *The economy has grown at a blistering pace.*

blithely /ˈblaɪðli/ **adverb** without thinking about what might happen беспечно *People* *were **blithely ignoring** warnings not to swim in the river.*

blitz[1] /blɪts/ **noun 1** [C] a lot of activity to achieve something in a short time **приступ активности** *We had a cleaning blitz before my parents came home.* **2 the Blitz** bomb attacks on British cities during the Second World War **бомбежка**

blitz[2] /blɪts/ **verb** [T] **1** to defeat someone or something completely **громить 2** to drop bombs on something **бомбить**

blizzard /ˈblɪzəd/ **noun** [C] a storm with strong winds and snow **метель**

bloated /ˈbləʊtɪd/ **adjective 1** swollen because of air or liquid inside **раздутый, набухший 2** feeling uncomfortable because you have eaten too much **объевшийся**

blob /blɒb/ **noun** [C] a small amount of a thick liquid **капля** *a blob of cream/glue* → See **Pieces and Quantities** on page Centre 1

bloc /blɒk/ **noun** [C] a group of countries with similar political ideas, who work together **блок** *the communist bloc*

block

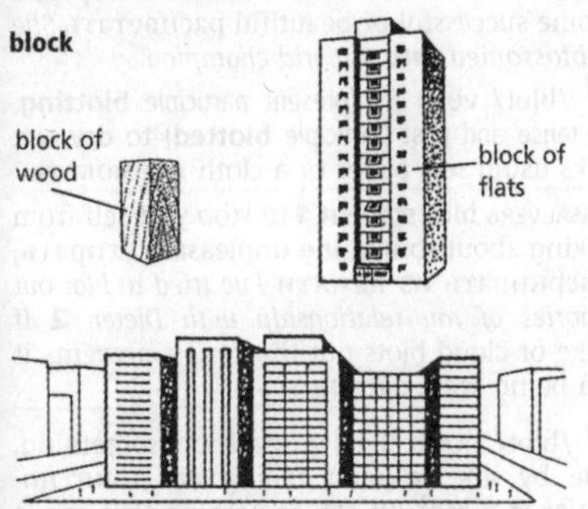

block[1] /blɒk/ **noun** [C] **1** B2 a solid piece of something, usually in the shape of a square or rectangle **глыба, чурбан** *a block of ice/stone/wood* **2** US B1 the distance along a street from where one road crosses it to the place where the next road crosses it **квартал** *They only live two blocks away from the school.* **3** B1 a large building containing many apartments or offices **многоквартирный дом, офисное здание** UK *a **block of flats*** **4** a square group of buildings or houses with roads on each side **(жилой) квартал** *Omar took the dog for a walk **round the block**.* **5** If you have a block about something, you cannot understand it or remember it. **неспособность понять или вспомнить** *I had a complete **mental block** about his name.* **6** something that makes it difficult to move or make progress **преграда 7** an amount or group of something that is considered together **группа, ряд (однородных предметов)** *This block of seats is reserved.* → See also be a **chip**[1] off the old block, **stumbling block, tower block**

block[2] /blɒk/ **verb** [T] **1** (also **block up**) B2 to prevent anyone or anything from passing through a place **загораживать, засорять** *A fallen tree blocked the road.* ◦ *The sink is blocked up.* ◦ *a blocked drain* **2** to stop something from happening or making progress **блокировать, приостанавливать** *The council's blocked plans for a new supermarket.* **3** to be between someone and the thing they are looking at, so that they cannot see **заслонять** *A pillar was blocking my view.*

PHRASAL VERBS **block sth off** to close a road, path, or entrance so that people cannot use it **перекрывать** *Police blocked off the road where the body was found.* • **block sth out 1** to try to stop yourself thinking about something unpleasant **вычеркивать из памяти** *I've blocked out memories of the accident.* **2** to stop light or noise passing through something **отражать** *Most sunscreens block out UVB radiation.*

blockade /blɒkˈeɪd/ **noun** [C] when a government or soldiers stop goods or people from entering or leaving a place **блокада, запрет** *The government **imposed a blockade on** oil trading.*
• **blockade verb** [T] **блокировать**

blockage /ˈblɒkɪdʒ/ **noun** [C] something that stops something else passing through **закупорка** *His death was caused by a blockage in his arteries.*

blockbuster /ˈblɒkˌbʌstəʳ/ **noun** [C] informal a book, film, etc that is very popular and successful **блокбастер** *a new blockbuster movie*

ˌblock ˈcapitals noun [plural] letters in the form A, B, C, not a, b, c **заглавные буквы**

blog /blɒg/ **noun** [C] (also **weblog**) B1 a record of your thoughts that you put on the Internet for other people to read **блог, виртуальный дневник** → See Study Page **The Web and the Internet** on page Centre 36
• **blog verb** [I] B1 **вести блог** • **blogger** /ˈblɒgəʳ/ **noun** [C] B1 a person who writes or reads a blog **блоггер**

bloke /bləʊk/ **noun** [C] UK informal a man **парень** *Jake's a nice bloke.*

blonde[1] (also **blond**) /blɒnd/ **adjective 1** A2 Blonde hair is pale yellow. **белокурый 2** A2 Someone who is blonde has pale yellow hair. **белокурый**

blonde[2] (also **blond**) /blɒnd/ **noun** [C] someone, especially a woman, who has pale yellow hair **блондин, блондинка**

blood /blʌd/ **noun** [U] **1** A2 the red liquid that flows around your body **кровь** *a **blood test/sample*** **2** the family or place that you come from **кровь** *I've got some Spanish blood in me.* **3 be in your blood** If something is in your blood, you and other people in your family are

B

interested in it or good at it. **быть в крови** *Sailing is in my blood.*

IDIOMS **bad blood** feelings of hate between people because of things that have happened in the past **враждебность** • **in cold blood** in a cruel way, without showing any emotion **хладнокровно** *He shot three policemen in cold blood.* • **new blood** new people in an organization who will provide new ideas and energy **свежая струя**

→ See also your own **flesh** and blood

Слова-партнеры к blood

donate/give blood (= allow blood to be taken from your body for someone else's body) • **a drop/pool/trickle of** blood • **a** blood **test**

bloodbath /ˈblʌdbɑːθ/ **noun** [no plural] an extremely violent event in which many people are killed **кровавая баня**

blood-curdling /ˈblʌdˌkɜːdlɪŋ/ **adjective** extremely frightening **леденящий кровь** *a **blood-curdling scream***

ˈblood ˌdonor noun [C] someone who gives some of their blood for ill people who need it **донор**

ˈblood ˌgroup noun [C] UK (UK/US **blood type**) one of the groups that human blood is divided into **группа крови**

bloodless /ˈblʌdləs/ **adjective** achieved without killing or violence **бескровный** *a bloodless coup*

ˈblood ˌpressure noun [U] the force with which blood flows around your body **кровяное давление** ***high/low blood pressure***

bloodshed /ˈblʌdʃed/ **noun** [U] when people are killed or injured in fighting **кровопролитие** *Peace talks have failed to end the bloodshed in the region.*

bloodshot /ˈblʌdʃɒt/ **adjective** Bloodshot eyes are red in the part that should be white. **налитый кровью**

ˈblood ˌsport noun [C] a sport in which animals are killed **спорт или зрелище, в котором убивают животных**

bloodstained /ˈblʌdsteɪnd/ **adjective** Something that is bloodstained has blood on it. **запачканный кровью**

bloodstream /ˈblʌdstriːm/ **noun** [no plural] the flow of blood around your body **кровь, кровоток**

bloodthirsty /ˈblʌdˌθɜːsti/ **adjective** enjoying using or watching violence **кровожадный**

ˈblood transˌfusion noun [C] when blood is put into someone's body **переливание крови**

ˈblood ˌtype noun [C] (also UK **blood group**) one of the groups that human blood is divided into **группа крови**

ˈblood ˌvessel noun [C] one of the small tubes that blood flows through in your body **кровеносный сосуд**

bloody[1] /ˈblʌdi/ **adjective 1** (B2) covered in blood **окровавленный** *bloody hands* **2** violent and involving a lot of blood and injuries **кровопролитный** *a bloody war*

bloody[2] /ˈblʌdi/ **adjective, adverb** UK very informal used to show anger or to emphasize what you are saying in a slightly rude way **чертов, чертовски** *I can't find my bloody keys.* ◦ *We were bloody lucky to win.*

bloom[1] /bluːm/ **noun 1** [C] a flower **цветок** *beautiful, pink blooms* **2 in bloom** with flowers that are open **в цвету** *In June the roses are in bloom.*

bloom[2] /bluːm/ **verb** [I] **1** If a plant blooms, its flowers open. **цвести 2** to develop and become successful, happy, or healthy **расцветать** *Their romance bloomed while they were in Paris.*

blossom[1] /ˈblɒsəm/ **noun** [C, U] a small flower, or the small flowers on a tree or plant **цветок** *cherry blossom*

blossom[2] /ˈblɒsəm/ **verb** [I] **1** If a tree blossoms, it produces flowers. **цвести 2** to develop and become successful or beautiful **расцветать** *She has **blossomed into** a world champion.*

blot[1] /blɒt/ **verb** [T] (present participle **blotting**, past tense and past participle **blotted**) to dry wet marks using soft paper or a cloth **промокать**

PHRASAL VERB **blot sth out 1** to stop yourself from thinking about something unpleasant **стирать, вычеркивать из памяти** *I've tried to blot out memories of my relationship with Dieter.* **2** If smoke or cloud blots out the sun, it prevents it from being seen. **заслонять**

blot[2] /blɒt/ **noun 1** [C] a mark on something, made by ink or paint falling on it **пятно, клякса 2 a blot on sth** something that spoils something else **пятно** *The financial scandal was a blot on his reputation.*

blotch /blɒtʃ/ **noun** [C] a mark on something, especially your skin **покраснение**
• **blotchy** (also **blotched**) **adjective** having blotches **прыщавый, покрытый пятнами**

ˈblotting ˌpaper noun [U] thick paper used for drying wet ink **промокательная бумага**

blouse /blaʊz/ (US) /blaʊs/ **noun** [C] a piece of clothing like a shirt that women wear **блузка**

blow[1] /bləʊ/ **verb** (past tense **blew**, past participle **blown**) **1** [I] (B1) If the wind blows, it moves and makes currents of air. **дуть (о ветре)** *A cool sea breeze was blowing.* **2** [I] (B1) to force air out through your mouth **дуть** *She blew on her coffee before taking a sip.* **3 blow sth down/across/off, etc** (B1) If the wind blows something somewhere, it makes it move in that direction. **нести ветром** *The storm blew trees across the road.* **4** [I] to move in the wind **развеваться, раскачиваться** *branches blowing in the breeze* **5** [I, T] (B1) to make a sound by forcing air out of your mouth and through an instrument **играть на духовом инструменте** *Ann blew a few* *notes on the trumpet.* **6** [T] to make shapes out of something by blowing it **надувать** *to blow bubbles* **7** [T] informal to spend a lot of money quickly and without considering it seriously **транжирить** *Lou **blew** all her prize money **on** a diamond necklace.* **8 blow it/your chance(s)** informal If you blow it or blow your chance, you lose an opportunity to do something by doing or saying the wrong thing. **упускать шанс** *Tom blew his chances of getting the job by arriving late for the interview.* **9 blow your nose** B1 to clear your nose by forcing air through it into a handkerchief (= piece of cloth or soft paper) **сморкаться** **10** [I, T] If a piece of electrical equipment blows, it suddenly stops working because the electric current is too strong. **перегорать** → See also blow your **mind**[1], blow/get sth out of **proportion**

PHRASAL VERBS **blow sb away** mainly US informal to surprise or please someone very much **поражать** *a movie that will blow you away* • **blow (sth) out** B1 If a flame blows out, or if you blow it out, it stops burning because you or the wind have blown it. **гаснуть, задувать** • **blow over** If a storm or an argument blows over, it ends. **проходить, миновать** • **blow (sb, sth) up** B1 to destroy something or kill someone with a bomb, or to be destroyed by a bomb **взрывать** *Terrorists blew up an office building in the city.* • **blow sth up** B2 to fill something with air **надувать** *blow up a balloon* • **blow up 1** If a storm or an argument blows up, it starts suddenly. **возникать, разыгрываться** **2** informal to suddenly become very angry **выходить из себя**

blow[2] /bləʊ/ **noun** [C] **1** a shock or disappointment **удар** *Losing his job was a terrible **blow to** him.* **2** a hard hit with a hand or heavy object **удар** *He suffered serious **blows to** the head during the attack.* **3** when you blow something or blow into an instrument or other object **звук духового инструмента или свистка** *a blow on the whistle*

IDIOM **come to blows** to fight or argue **драться, спорить до хрипоты**

blow-by-blow /ˌbləʊbaɪˈbləʊ/ **adjective a blow-by-blow account/description** a description of an event that gives all the details in the exact order that they happened **подробный отчет/подробное описание**

blow-dry /ˈbləʊdraɪ/ **verb** [T] to dry your hair in a particular style using a hairdryer (= electrical equipment for drying hair) **сушить феном** • **blow-dry noun** [no plural] **высушивание феном** *I had a cut and blow-dry.*

blown /ˈbləʊn/ past participle of blow **прич. прош. вр. от гл. blow**

blowout /ˈbləʊaʊt/ **noun** [C] **1** when a tyre suddenly explodes while a vehicle is still moving **прокол шины** **2** informal an expensive meal or a big party **кутеж, шикарная вечеринка** **3** US informal when one team or player beats another easily in a sport **разгром (в спорте)**

bludgeon /ˈblʌdʒən/ **verb** [T] to hit someone several times with a heavy object **бить** [often passive] *She was bludgeoned to death with a hammer.*

blue[1] /bluː/ **adjective** **1** A1 being the same colour as the sky when there are no clouds **голубой, синий** *a dark blue jacket* → See **Colours** on page Centre 12 **2** informal sad **грустный** **3** about sex **непристойный** *a blue joke/movie* → See also **black**[1] and blue, once in a blue **moon**

blue[2] /bluː/ **noun** [C, U] A2 the colour of the sky when there are no clouds **голубизна, синева** → See **Colours** on page Centre 12

IDIOM **out of the blue** If something happens out of the blue, you did not expect it. **внезапно, неожиданно** *One day, completely out of the blue, I had a letter from her.*

bluebell /ˈbluːbel/ **noun** [C] a plant with small, blue flowers shaped like bells **колокольчик**

blueberry /ˈbluːbəri/ **noun** [C] a small, sweet, dark blue fruit that grows on bushes **черника**

blue-chip /ˌbluːˈtʃɪp/ **adjective** [always before noun] A blue-chip company or investment is considered certain to make a profit. **прибыльный**

blue-collar /ˌbluːˈkɒləʳ/ **adjective** [always before noun] A blue-collar worker does physical work, especially in a factory. **рабочий**

blueprint /ˈbluːprɪnt/ **noun** [C] a plan that shows how someone will design, build, or achieve something **проект** *a blueprint for political reform*

blues /bluːz/ **noun** [plural] **1** a type of slow, sad music that was developed by African-Americans **блюз** *jazz and blues* **2 have/get the blues** informal to feel or become sad **грустить**

Bluetooth /ˈbluːtuːθ/ **noun** [U] trademark a technology that allows equipment such as computers and mobile phones to connect with no wires or cables **Блутуф, технология беспроводной связи для ПК и мобильного телефона** *a Bluetooth headset*

bluff[1] /blʌf/ **verb** [I, T] to pretend you will do something or that you have knowledge, in order to force someone to do something **блефовать** *He won't really leave her – he's only bluffing.*

bluff[2] /blʌf/ **noun** [C] an attempt to bluff **блеф**

IDIOM **call sb's bluff** to tell someone to do the thing they say they will do, because you do not think they will do it **заставить кого-либо раскрыть карты, разоблачить чей-либо маневр**

blunder[1] /ˈblʌndəʳ/ **noun** [C] a serious and often stupid mistake **промах** *a series of financial blunders*

blunder[2] /ˈblʌndəʳ/ **verb** **1** [I] to make a serious mistake допускать промах **2 blunder around/into, etc** to move somewhere in a heavy way, as if you cannot see well двигаться ощупью *He blundered around, looking for the light switch.*

blunt[1] /blʌnt/ **adjective** **1** not sharp тупой *a blunt knife* **2** saying exactly what you think without caring about people's feelings прямой, резкий *a blunt letter*
• **bluntness noun** [U] резкость

blunt[2] /blʌnt/ **verb** [T] **1** to make a feeling less strong ослаблять, притуплять *Mario's comments blunted everyone's enthusiasm.* **2** to make something less sharp затуплять

bluntly /ˈblʌntli/ **adverb** saying exactly what you think without caring about people's feelings резко

blur[1] /blɜːʳ/ **verb** [I, T] (present participle **blurring**, past tense and past participle **blurred**) **1** to make the difference between two things less clear, or to make it difficult to see the exact truth about something стирать различия *a book that blurs the distinction between reality and fiction* **2** to become difficult to see clearly, or to make something become difficult to see clearly делать(ся) неясным *soft sunlight that blurred the edges of the mountains*

blur[2] /blɜːʳ/ **noun** [no plural] something that you cannot see or remember clearly что-либо неясное *The accident happened so quickly that it's all a blur.*

blurb /blɜːb/ **noun** [C] a short description to advertise a product, especially a book рекламный текст (на обложке)

blurred /blɜːd/ **adjective** **1** (also **blurry** /ˈblɜːri/) not clear неясный *a blurred photograph* ◦ *blurred memories* **2** If your sight is blurred, you cannot see clearly. затуманенный *blurred vision*

blurt /blɜːt/ **verb** [T] (also **blurt out**) to say something suddenly and without thinking, especially because you are excited or nervous выпалить *"Will you marry me?" he blurted.*

blush /blʌʃ/ **verb** [I] B2 If you blush, your face becomes red, especially because you are embarrassed. краснеть *He* ***blushed with*** *shame.*
• **blush noun** [C] смущение

blusher /ˈblʌʃəʳ/ **noun** [U] UK (US **blush**) red powder or cream that women put on their faces in order to make them more attractive румяна
→ See picture at **make up**

bluster /ˈblʌstəʳ/ **verb** [I, T] to speak in a loud and angry way, often with little effect неистовствовать, бушевать
• **bluster noun** [U] пустые угрозы

blustery /ˈblʌstəri/ **adjective** very windy бурный, ветреный *a cold, blustery day*

boar /bɔːʳ/ **noun** [C] **1** a male pig боров **2** (also **wild boar**) a wild pig кабан

board[1] /bɔːd/ **noun** **1** [C] a long, thin, flat piece of wood доска *He nailed some boards across the broken window.* **2** [C] B1 a flat piece of wood, plastic, etc used for a particular purpose доска *an* ***ironing board*** ◦ *a* ***chopping board*** **3** [C] A2 a piece of wood, plastic, etc on a wall, where information can be put доска объявлений *Have you seen the poster on the board?* **4** [C] A1 a surface on the wall of a school room that the teacher writes on классная доска *Copy down the sentences from the board.* **5** [C] A2 a piece of wood, cardboard, etc for playing games on доска (для настольной игры) *a chess board* **6** [group] a group of people who officially control a company or organization, or a particular type of business activity правление *The board approved the sales plan.* ◦ *the Gas/Tourist Board* **7 on board** B1 on a boat, train, aircraft, etc на борту **8** [U] B2 meals that are provided when you stay in a hotel питание *bed and board* ◦ *How much is a single room with* ***full board*** *(= all meals)?*

IDIOM **across the board** affecting everyone or every part of something повсеместно *Jobs are likely to be lost across the board.*

→ See also **bulletin board**, **diving board**, **drawing board**, **full board**, **half board**, **ironing board**

board[2] /bɔːd/ **verb** **1** [I, T] B1 to get on a bus, boat, aircraft, etc садиться (на автобус/корабль/в самолет) *He boarded the train to London.* **2** [I] If an aircraft, train, etc is boarding, passengers are getting onto it. идти (о посадке)

PHRASAL VERB **board sth up** to cover a door or window with wooden boards заколачивать досками

boarder /ˈbɔːdəʳ/ **noun** [C] **1** UK a student who lives at school школьник интерната **2** US (UK **lodger**) someone who pays for a place to sleep and meals in someone else's house постоялец

3 someone who goes snowboarding (= sport where you stand on a board to move over snow) **сноубордист**

ˈboard ˌgame **noun** [C] (A2) a game such as chess that is played on a board **настольная игра**

ˈboarding ˌhouse **noun** [C] a house where you pay for a room and meals **пансион**

ˈboarding ˌpass **noun** [C] (also **ˈboarding ˌcard**) a piece of paper you must show to get on an aircraft **посадочный талон**

ˈboarding ˌschool **noun** [C] a school where students live and study **школа-интернат**

boardroom /ˈbɔːdruːm/ **noun** [C] a room where the people who control a company or organization have meetings **зал заседаний**

boast[1] /bəʊst/ **verb** **1** [I, T] (B2) to talk with too much pride about what you have done or what you own **хвастаться** *I wish she would stop* ***boasting about*** *her exam results.* ◦ [+ that] *Liam boasted that he owned two sports cars.* **2** [T] If a place boasts something good, it has it. **славиться** *New York boasts some of the best museums in the world.*

boast[2] /bəʊst/ **noun** [C] something you are proud of and like to tell people about **предмет гордости**

boastful /ˈbəʊstfəl/ **adjective** talking with too much pride **хвастливый** *boastful remarks*

boat /bəʊt/ **noun** [C] (A1) a vehicle for travelling on water **судно, лодка, корабль** *a fishing boat*

IDIOMS **be in the same boat** to be in the same unpleasant situation as other people **быть в одинаковом положении** *She complains that she doesn't have enough money, but we're all in the same boat.* • **miss the boat** to be too late to get what you want **упустить возможность** *I'm afraid you've missed the boat. All the tickets have been sold.* • **push the boat out** UK to spend a lot of money, especially when you are celebrating **кутить** • **rock the boat** to do or say something that changes a situation in a way that causes problems **возмущать спокойствие, нарушать покой**

→ See also **rowing boat**

bob /bɒb/ **verb** [I] (present participle **bobbing**, past tense and past participle **bobbed**) to move up and down quickly and gently **качаться** *boats bobbing in the harbour*

bobby /ˈbɒbi/ **noun** [C] UK informal old-fashioned a police officer **полицейский**

ˈbobby ˌpin **noun** [C] US (UK **hairgrip**) a small, thin piece of metal, used to fasten a woman's hair in position **заколка для волос**

bode /bəʊd/ **verb** literary **bode ill/well** to be a bad or good sign for the future **предвещать дурной/счастливый исход** *These religious differences do not bode well for their marriage.*

bodily[1] /ˈbɒdɪli/ **adjective** [always before noun] relating to a person's body **физический** ***bodily strength***

bodily[2] /ˈbɒdɪli/ **adverb** If you move someone bodily, you lift or push them. **физически** *He carried her bodily out of the room.*

body /ˈbɒdi/ **noun** **1** [C] (A1) the whole physical structure of a person or animal **тело** *the* ***human body*** → See **The Body** on page Centre 13 **2** [C] (A2) a dead person **труп** *Police found the body in a field.* **3** [C] (B1) the main part of a person or animal's body, not the head, arms, or legs **туловище** *a dog with a thin body and short legs* **4** [group] an official group of people who work together **орган** *the sport's regulatory body* **5** [no plural] the main part of something **основная часть** *The body of the book is about his childhood.* **6** [no plural] a large amount of information **масса, большое количество** *a body of research into AIDS* **7** [C] the main part of a vehicle **корпус** *The body of the ship was not damaged.*

bodybuilding /ˈbɒdibɪldɪŋ/ **noun** [U] doing exercises with heavy weights to make your muscles big **культуризм**
• **bodybuilder** **noun** [C] **культурист**

bodyguard /ˈbɒdigɑːd/ **noun** [C] someone whose job is to protect someone **телохранитель**

ˈbody ˌlanguage **noun** [U] the way you move your body, that shows people what you are feeling **жестикуляция и мимика**

bog[1] /bɒg/ **noun** [C, U] an area of soft, wet ground **болото**

bog[2] /bɒg/ **verb** (present participle **bogging**, past tense and past participle **bogged**)

PHRASAL VERB **be bogged down** to become so involved in something that you cannot do anything else **увязать** *Try not to get too bogged down in details.*

boggle /ˈbɒgl/ **verb** **the mind boggles** UK (US **it boggles the mind**) something you say if something is difficult for you to accept, imagine, or understand **уму непостижимо** *The mind boggles at the stupidity of some people.* → See also **mind-boggling**

bogus /ˈbəʊgəs/ **adjective** pretending to be real **фальшивый** *a bogus doctor* ◦ *bogus documents*

bohemian /bəʊˈhiːmiən/ **adjective** typical of artists, musicians, etc, who live in a more informal way than most people **богемный**

boil[1] /bɔɪl/ **verb** [I, T] **1** (A2) If a liquid boils, or if you boil it, it reaches the temperature where bubbles rise up in it and it produces steam. **кипеть, кипятить** *boiling water* **2** (B1) If a container of liquid boils, or if you boil it, the liquid inside it reaches the temperature where bubbles rise up in it and it produces steam. **кипеть, кипятить** *I've boiled the kettle.* **3** (B1) to cook food in water that is boiling **варить** *Boil the pasta for 10 minutes.* → See picture at **cook**

PHRASAL VERBS **boil down to sth** If a situation or problem boils down to something, that is the main reason for it. **сводиться к чему-либо**

B

The problem boils down to one thing – lack of money. • **boil over 1** If a liquid that is being heated boils over, it flows over the side of the pan. **убегать через край 2** If a difficult situation or bad emotion boils over, it cannot be controlled any more and people start to argue or fight. **выходить из-под контроля**

boil² /bɔɪl/ **noun 1 bring sth to the boil** to heat something until it starts to produce bubbles and steam **доводить до кипения** *Bring the water to the boil, then add the rice.* **2** [C] a red swollen area on the skin that is infected **нарыв**

boiler /ˈbɔɪləʳ/ **noun** [C] a piece of equipment that provides hot water for a house **бойлер**

boiling /ˈbɔɪlɪŋ/ **adjective** (also ˌ**boiling ˈhot**) B2 very hot **очень горячий, жаркий** *It's boiling in here!*

ˈ**boiling** ˌ**point noun** [C] the temperature that a liquid boils at **температура кипения**

boisterous /ˈbɔɪstᵊrəs/ **adjective** noisy and full of energy **шумливый** *a boisterous child*
• **boisterously adverb шумливо**

bold¹ /bəʊld/ **adjective 1** B2 not frightened of taking risks **храбрый** *It was a **bold decision** to go and live abroad.* **2** B1 strong in colour or shape **смелый (о цвете и т. д.)** ***bold colours*** ◦ *a **bold design*** **3** Words that are printed in bold letters are darker and thicker than normal words. **жирный (шрифт)**
• **boldly adverb** B2 **храбро** • **boldness noun** [U] **храбрость**

> Слова-партнеры к **bold**
> a bold **decision/move/plan/step**

bold² /bəʊld/ **noun** [U] a style of printing in which the letters are darker and thicker than usual **жирный (шрифт)**

bollard /ˈbɒlɑːd/ **noun** [C] UK a short thick post in a road, used to stop cars driving somewhere **столб, препятствующий проезду автомобиля**

bolster /ˈbəʊlstəʳ/ **verb** [T] to make something stronger by supporting or encouraging it **укреплять** *Strong sales are bolstering the economy.*

bolt¹ /bəʊlt/ **noun** [C] **1** a metal bar that you push across a door or window to lock it **засов 2** a small piece of metal that is used with a nut (= metal piece with a hole in the middle) to fasten pieces of wood or metal together **болт** → See picture at **tool** → See also the nuts (**nut**) and bolts

bolt² /bəʊlt/ **verb** [T] **1** to fasten two things together with a bolt **скреплять болтами** *The seats in the cinema were bolted to the floor.* **2** to lock a door or window with a bolt **запирать на засов 3 bolt down/out/through, etc** to move suddenly and quickly **бросаться вон/вперед** *The cat bolted out of the door when it saw the dog.* **4** (also **bolt down**) to eat something very quickly **заглатывать пищу**

ˌ**bolt** ˈ**upright adverb** sitting or standing with your back very straight **прямо, вытянувшись в струнку**

bomb¹ /bɒm/ **noun** [C] B1 a weapon that explodes and causes damage **бомба** *The bomb destroyed several office buildings in the city.* → See also **atomic bomb**

> Слова-партнеры к **bomb**
> **plant** a bomb • a bomb **explodes/goes off** • a bomb **attack/blast** • a bomb **scare/threat/warning**

bomb² /bɒm/ **verb 1** B1 [T] to attack a place using bombs **бомбить** *The factories were bombed during the war.* **2 bomb along/down/through, etc** UK informal to move very quickly **мчаться, нестись** *A car came bombing down the road.*

bombard /bɒmˈbɑːd/ **verb** [T] to continuously attack a place using guns and bombs **бомбардировать**
• **bombardment noun** [C, U] **бомбардировка** *an **aerial bombardment***

PHRASAL VERB **bombard sb with sth** to give someone too much information, ask them too many questions, etc **забрасывать, засыпать кого-либо чем-либо**

bomber /ˈbɒməʳ/ **noun** [C] **1** an aircraft that drops bombs **бомбардировщик 2** B2 someone who puts a bomb somewhere **человек, который подкладывает бомбу**

bombshell /ˈbɒmʃel/ **noun** [C] informal a piece of usually bad news that surprises you very much **невероятная новость** *He **dropped a bombshell** by announcing that he was quitting the sport.*

bona fide /ˌbəʊnəˈfaɪdi/ **adjective** real and honest **честный** *Make sure you are dealing with a bona fide company.*

bonanza /bəˈnænzə/ **noun** [C] a situation in which many people are successful and get a lot of money **золотое дно** *The Internet is a bonanza for the computer industry.*

bond¹ /bɒnd/ **noun** [C] **1** B2 an interest, experience, or feeling that makes two people feel connected **узы, связь** *A love of opera **created a bond between** them.* **2** an official document from a government or company to show that you have given them money that they will pay back with a certain amount of extra money **долговое обязательство**

> Слова-партнеры к **bond**
> **create/forge/form/strengthen** a bond • a **close** bond • a bond **with sb/between sb and sb**

bond² /bɒnd/ **verb 1** [I, T] If two things bond, they stick together, or if you bond them, you make them stick together. **скреплять** *This glue*

B

bonds wood and metal in seconds. **2** [I] to develop a strong relationship with someone **сближаться** *Physical contact helps a mother* ***bond with*** *her baby.*

bondage /ˈbɒndɪdʒ/ **noun** [U] when someone is completely controlled by something or is a slave (= owned by the person they work for) **рабство, кабала**

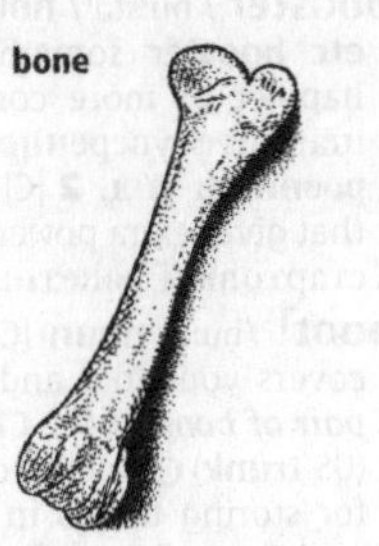

bone¹ /bəʊn/ **noun** [C, U] B1 one of the hard pieces that make the structure inside a person or animal **кость** *He broke a bone in his hand.*

IDIOMS **a bone of contention** something that people argue about **яблоко раздора** • **have a bone to pick with sb** informal to want to talk to someone because you are annoyed about something they have done **иметь претензии, разбираться с кем-либо** • **make no bones about sth/doing sth** to say what you think or feel, without being embarrassed **высказываться без стеснения** *She made no bones about her reluctance to work with me.*

bone² /bəʊn/ **verb** [T] to remove the bones from meat or fish **вынимать кости**

ˌbone ˌmarrow noun [U] the soft substance inside bones **костный мозг**

bonfire /ˈbɒnfaɪəʳ/ **noun** [C] a large fire outside, often used for burning waste **костер**

bonkers /ˈbɒŋkəz/ **adjective** informal crazy **чокнутый**

bonnet /ˈbɒnɪt/ **noun** [C] **1** UK (US **hood**) the metal cover of a car's engine **капот** → See **Car** on page Centre 7 **2** a hat that you tie under your face **капор**

bonus /ˈbəʊnəs/ **noun** [C] **1** B2 an extra amount of money that you are given, especially because you have worked hard **премия, бонус** *All employees received a bonus of £500.* **2** B2 another pleasant thing in addition to something you were expecting **дополнительный плюс** *The sunny weather was an* ***added bonus****.*

bony /ˈbəʊni/ **adjective** very thin, so that you can see or feel bones **костлявый** *bony elbows*

boo /buː/ **verb** [I, T] (present participle **booing**, past tense and past participle **booed**) to shout the word "boo" to show that you do not like a speech, performance, etc **освистывать**
• **boo noun** [C] **фу! (восклицание неодобрения)**

boob /buːb/ **noun** [C] informal **1** a woman's breast **сиська** **2** a silly mistake **ляпсус**

booby prize /ˈbuːbiˌpraɪz/ **noun** [C] a prize that you get if you finish last in a competition **приз отстающего**

booby trap /ˈbuːbiˌtræp/ **noun** [C] something dangerous, especially a bomb, that is hidden somewhere that looks safe **(мина)ловушка**
• **booby-trap verb** [T] **устраивать (мину-)ловушку** [often passive] *His car was booby-trapped.*

book¹ /bʊk/ **noun** **1** [C] A1 a set of pages fastened together in a cover for people to read **книга** *a book about animals* **2 a book of stamps/tickets, etc** a set of stamps, tickets, etc that are fastened together inside a cover **книжечка** **3** [C] a set of pages fastened together in a cover and used for writing on **записная книжка** *an* ***address book***

IDIOMS **do sth by the book** to do something exactly as the rules tell you **действовать по правилам** • **be in sb's good/bad books** UK informal If you are in someone's good books, they are pleased with you, and if you are in their bad books, they are angry with you. **быть у кого-либо на хорошем/плохом счету**

→ See also **cookery book**, take a **leaf¹** out of sb's book, **phone book**, **reference book**

book² /bʊk/ **verb** **1** [I, T] A2 to arrange to use or do something at a particular time in the future **бронировать** *to book a ticket/hotel room* ◦ *We've booked a trip to Spain for next month.* ◦ *Sorry, the hotel is* ***fully booked*** (= has no more rooms). **2** [T] to officially accuse someone of a crime **заводить дело** *Detectives* ***booked*** *him* ***for*** *resisting arrest.* **3** [T] UK If a sports official books you, they write an official record of something you have done wrong. **штрафовать (в спорте)** *The referee* ***booked*** *two players* ***for*** *fighting during the game.*

PHRASAL VERBS **book in/book into sth** UK to say that you have arrived when you get to a hotel **регистрироваться** • **book sb in/book sb into sth** mainly UK B1 to arrange for someone to stay at a hotel **заказывать для кого-либо номер в гостинице**

bookcase /ˈbʊkkeɪs/ **noun** [C] A2 a piece of furniture with shelves for putting books on **книжный шкаф** → See **The Living Room** on page Centre 4

ˈbook ˌclub noun [C] a group of people who meet regularly to talk about books they have read **клуб книголюбов**

bookie /ˈbʊki/ **noun** [C] informal someone whose job is to take and pay out money that people risk trying to guess the result of horse races, sports events, etc **букмекер**

booking /ˈbʊkɪŋ/ **noun** [C, U] mainly UK B1 an arrangement you make to have a hotel room, tickets, etc at a particular time in the future **бронирование** ***advance booking***

> Слова-партнеры к **booking**
>
> **accept/cancel/make/take** a booking • **an advance** booking • a booking **for** sth • a booking **fee/form**

B

bookkeeping /ˈbʊkˌkiːpɪŋ/ **noun** [U] recording the money that an organization or business spends and receives **бухгалтерия**
• **bookkeeper noun** [C] **бухгалтер**

booklet /ˈbʊklət/ **noun** [C] B2 a small, thin book that contains information **брошюра** *The tourist office has booklets about the area.*

bookmaker /ˈbʊkˌmeɪkəʳ/ **noun** [C] a bookie **букмекер**

bookmark[1] /ˈbʊkmɑːk/ **noun** [C] **1** something you put in a book so you can find the page you want **закладка** **2** B2 an address on the Internet that you record so that you can quickly find something again **закладка** *Add this website to your bookmarks.*

bookmark[2] /ˈbʊkmɑːk/ **verb** [T] B2 to make a record of the address of an Internet document in your computer so that you can find it again easily **делать закладку**

books /bʊks/ **noun** [plural] the written financial records of a business or organization **бухгалтерские книги**

bookseller /ˈbʊkˌseləʳ/ **noun** [C] a person or company that sells books **книготорговец, книготоргующая организация**

bookshelf /ˈbʊkʃelf/ **noun** [C] (plural **bookshelves**) A2 a shelf for holding books **книжная полка**

bookshop /ˈbʊkʃɒp/ **noun** [C] UK (US **bookstore** /ˈbʊkstɔːʳ/) A2 a shop that sells books **книжный магазин**

bookworm /ˈbʊkwɜːm/ **noun** [C] informal someone who enjoys reading very much **книжный червь**

boom[1] /buːm/ **noun** [C] **1** a period when there is a big increase in sales or profits **бум** *an **economic boom** ◦ The 1990's saw a **boom in** computer sales.* **2** a loud, deep sound **гул, рокот**
→ See also **baby boom**

boom[2] /buːm/ **verb** [I] **1** If something is booming, it is increasing or becoming more successful or popular very quickly. **быстро расти** *House prices are booming.* **2** to make a loud, deep sound, or to speak in a loud, deep voice **рокотать, говорить низким голосом**

boomerang /ˈbuːmᵊræŋ/ **noun** [C] a curved piece of wood that comes back to you when you throw it **бумеранг**

boon /buːn/ **noun** [C] something helpful that improves your life **благо** [usually singular] *Microwaves are a boon for busy people.*

> Слова-партнеры к **boost**
>
> **give** sb/sth a boost • **receive** a boost • a **huge/major/massive/much-needed** boost • a **confidence/morale** boost • a boost **to** sth • a boost **for** sb

boost[1] /buːst/ **noun** [C] B2 something that makes you feel more confident and happy, or that helps something increase or improve **поддержка** *Increased tourism was a major **boost to** the local economy.*

boost[2] /buːst/ **verb** [T] B2 to increase or improve something **повышать** *Getting the job has **boosted** my **confidence**.*

booster /ˈbuːstəʳ/ **noun** **1 a confidence/morale, etc booster** something that makes you feel happier or more confident **что-либо, повышающее уверенность/улучшающее настроение и т. д.** **2** [C] an engine on a spacecraft that gives extra power for the first part of a flight **стартовый ракетный двигатель**

boot[1] /buːt/ **noun** [C] **1** A2 a strong shoe that covers your foot and part of your leg **сапог** *a **pair of boots*** → See **Clothes** on page Centre 9 **2** UK (US **trunk**) B1 a closed space at the back of a car for storing things in **багажник** → See **Car** on page Centre 7 **3 get/be given the boot** informal to be told that you must leave your job **быть уволенным**

IDIOM **too big for your boots** UK (US **too big for your britches**) behaving as if you are more important or more clever than you really are **чересчур возомнивший о себе**

→ See also **car boot sale**

boot[2] /buːt/ **verb** [T] informal to kick someone or something **пинать**

PHRASAL VERB **boot sb out** informal to make someone leave a place or job **увольнять**

bootcut /ˈbuːtkʌt/ **adjective** bootleg **расклешенный**

booth /buːð/ **noun** [C] a small area that is separated from a larger public area, especially used for doing something privately **кабина** *a telephone booth*

bootleg /ˈbuːtleg/ **adjective** (also **bootcut**) Bootleg trousers are wider at the bottom than at the knee. **расклешенный**
• **bootlegs noun** [plural] **расклешенные брюки**

booty /ˈbuːti/ **noun** [U] valuable things stolen by thieves or by an army in a war **награбленное добро, трофеи**

booze[1] /buːz/ **noun** [U] informal alcoholic drinks **выпивка**

booze[2] /buːz/ **verb** [I] informal to drink alcohol **выпивать**

> Слова-партнеры к **border**
>
> **cross** the border • **across/on/over** the border • the border **between** [France and Spain/ Switzerland and Italy, etc] • [Germany's/ Syria's, etc] border **with** [France/Lebanon, etc] • the [French/Mexican, etc] **side** of the border • border **controls/guards**

border[1] /ˈbɔːdəʳ/ **noun** [C] **1** B1 the line that separates two countries or states **граница** *the **border between** France and Spain ◦ We **crossed the border** from Canada into the US.* **2** a strip around the edge of something for decoration **кайма, бордюр** *white plates with a blue border*

border² /ˈbɔːdəʳ/ **verb** [T] **1** to form a line around the edge of something **окаймлять** [often passive] *The fields are bordered by tall trees.* **2** to have a border with another country **граничить** [often passive] *Spain is bordered by France and Portugal.*

PHRASAL VERB **border on sth** to almost be a more extreme thing **граничить** *Her anger bordered on aggression.*

borderline¹ /ˈbɔːdəlaɪn/ **adjective** If something or someone is borderline, it is not clear if they are good enough or if they will succeed. **спорный, сомнительный** ***Borderline** cases should take the exam again.*

borderline² /ˈbɔːdəlaɪn/ **noun** [no plural] the point where one feeling, quality, level, etc ends and another one begins **граница** *My work was **on the borderline between** two grades.*

bore¹ /bɔːʳ/ **verb 1** [T] to make someone feel bored **надоесть, наскучить** *His war stories really bore me.* **2** [I, T] to make a hole in something hard with a tool **сверлить**

bore² /bɔːʳ/ **noun 1** [C] someone who talks too much about things that are not interesting **зануда 2** [no plural] a situation or job that annoys you because it causes difficulties or is not interesting **занудство, незадача** *It's a real bore not having a car.*

bore³ /bɔːʳ/ past tense of bear **прош. вр. гл. bear**

bored /bɔːd/ **adjective** A1 feeling tired and unhappy because something is not interesting or because you have nothing to do **скучающий, чувствующий, что что-либо смертельно надоело** *I'm **bored with** doing homework.* ◦ *We were **bored stiff** (= extremely bored) in her lessons.*

• **boredom** /ˈbɔːdəm/ **noun** [U] when you are bored **скука** *I nearly died of boredom.*

boring /ˈbɔːrɪŋ/ **adjective** A1 not interesting or exciting **скучный** *a boring job* ◦ *The film was so boring, I fell asleep.*

born¹ /bɔːn/ **verb be born a** A2 When a person or animal is born, they come out of their mother's body and start to exist. **рождаться** *She was born in London in 1973.* ◦ *an American-born writer (= born in America)* **b** If an idea is born, it starts to exist. **рождаться**

born² /bɔːn/ **adjective a born actor/leader/teacher, etc** someone who has a natural ability to act, lead, teach, etc **прирожденный актер/лидер/учитель и т. д.**

born-again /ˌbɔːnəˈgen/ **adjective a born-again Christian** someone who has become a very enthusiastic member of the Christian religion **утвердившийся в вере**

borne /bɔːn/ past participle of bear **прич. прош. вр. от гл. bear**

> **Другие способы сказать boring**
>
> Прилагательное **bland** обычно используется для описания пищи.
>
> *This sauce is really **bland**, it doesn't taste of anything.*
>
> Если фильм, пьеса и т.п. или человек скучны, их можно охарактеризовать как **dull**.
>
> *I find her writing a bit **dull**.*
>
> Слово **monotonous** используется для описания чего-то, что воспринимают на слух.
>
> *The teacher had a really **monotonous** voice and I almost fell asleep.*
>
> Слово **tedious** может использоваться для описания какого-то действия.
>
> *You have to fill in various forms, which is a bit **tedious**.*
>
> О слишком длинной и скучной речи или тексте можно сказать, что они **long-winded**.
>
> *He gave this really **long-winded** explanation about why he'd changed his mind.*

borough /ˈbʌrə/ (US) /ˈbɜːrəʊ/ **noun** [C] a town or part of a city **городок, район города**

borrow /ˈbɒrəʊ/ **verb 1** [T] A2 to use something that belongs to someone else and give it back later **занимать, одалживать** *Can I borrow a pen please?* ◦ *I **borrowed** the book **from** my sister.* **2** [I, T] to take money from a bank or financial organization and pay it back over a period of time **брать заем 3** [T] to take and use a word or idea **заимствовать** *The English word 'rucksack' **is borrowed from** German.*

borrower /ˈbɒrəʊəʳ/ **noun** [C] someone who borrows money **заемщик**

bosom /ˈbʊzəm/ **noun 1** [C] a woman's breasts **грудь 2 a bosom buddy/pal, etc** a very good friend **закадычный друг**

boss¹ /bɒs/ **noun** [C] A2 someone who is responsible for employees and tells them what to do **начальник** *I'll ask my boss if I can leave work early tomorrow.*

boss² /bɒs/ **verb** [T] (also **boss about/around**) to tell someone what they should do all the time **командовать** *My older brother is always bossing me about.*

bossy /ˈbɒsi/ **adjective** B2 always telling other people what to do **любящий командовать**

• **bossiness noun** [U] **властность**

botanist /ˈbɒtənɪst/ **noun** [C] someone who studies plants **ботаник**

botany /ˈbɒtəni/ **noun** [U] the scientific study of plants **ботаника**

• **botanical** /bəˈtænɪkəl/ **adjective** (also **botanic** /bəˈtænɪk/) relating to botany **ботанический**

botch /bɒtʃ/ **verb** [T] (also **botch up**) to spoil something by doing it badly **заваливать, портить дело** *a botched robbery*

B

both /bəʊθ/ **pronoun, determiner, quantifier** **1** A1 used to talk about two people or things **оба, и тот и другой** *The children both have red hair.* ◦ ***Both of*** *my sisters are teachers.* ◦ *Would you like cream, ice cream, or both?* **2 both... and...** used to emphasize that you are talking about two people or things **и ... и** *Both Jack and his wife are keen chess players.* → See also have the **best**^{3} of both worlds

bother^1 /ˈbɒðəʳ/ **verb** **1** [T] A2 to annoy someone by trying to get their attention when they do not want to see you or talk to you **беспокоить** *Sorry to bother you, but could you spare any change?* **2** [T] B2 to make someone feel worried or upset **волновать** *Living on my own doesn't bother me at all.* **3** [I, T] B2 to make the effort to do something **побеспокоиться, потрудиться** [+ doing sth] *Don't bother making the bed – I'll do it later.* ◦ [+ to do sth] *He didn't even bother to call.* **4 can't be bothered** informal If you can't be bothered to do something, you are too lazy or tired to do it. **лениться что-либо делать** [+ to do sth] *I can't be bothered to iron my clothes.* **5 not bothered** UK informal If you are not bothered about something, it is not important to you and does not worry you. **все равно** *"Do you want tea or coffee?" "Either, I'm not bothered."*

bother^2 /ˈbɒðəʳ/ **noun** [U] trouble or problems **проблема** *"Are you sure you don't mind taking me?" "No,* ***it's no bother****, really!"*

bothered /ˈbɒðəd/ **adjective** [never before noun] B2 If you are bothered about something, it is important to you and you are worried about it. **обеспокоенный** *He's very* ***bothered about*** *what other people think.*

Botox /ˈbəʊtɒks/ **noun** [U] trademark Botulinum Toxin: a drug used in a person's face to make it look smooth and young **лекарственный препарат, используемый в косметологии для омоложения и удаления морщин**
• **Botox verb** [T] **применять Ботокс**

bottle^1 /ˈbɒtl/ **noun** [C] A2 a container for liquids, usually made of glass or plastic, with a narrow top **бутылка** *an empty bottle* ◦ *a bottle of wine* → See also **hot-water bottle**

bottle^2 /ˈbɒtl/ **verb** [T] to put liquid into a bottle **разливать по бутылкам** [often passive] *This wine was bottled in France.* ◦ *bottled beer/water*

PHRASAL VERB **bottle sth up** to not allow yourself to show or talk about your feelings **сдерживать, скрывать**

ˈbottle ˌbank noun [C] UK a large container outside, where you can put empty bottles so that the glass can be used again **мусорный контейнер для стекла**

bottleneck /ˈbɒtlnek/ **noun** [C] **1** something that causes a process to happen more slowly than it should **препятствие, узкое место** **2** a narrow part of a road where traffic moves slowly **узкий проезд, сужение на дороге**

bottom^1 /ˈbɒtəm/ **noun** **1** [C] A1 the lowest part of something **нижняя часть, низ** [usually singular] *Click on the icon* ***at the bottom of*** *the page.* **2** [C] A2 the flat surface on the lowest side of something **дно, днище** [usually singular] *There was a price tag on* ***the bottom of*** *the box.* **3** [no plural] A2 the lowest position in a group, organization, etc **худший, "хвост"** *He got bad exam marks and is* ***at the bottom of*** *the class.* **4** [no plural] B1 the ground under a river, lake, or sea **дно (реки, озера, моря)** *Divers found the wreck on* ***the bottom of*** *the ocean.* **5** [no plural] B1 the part of a road or area of land that is furthest from where you are **конец** *Go to the bottom of the road and turn left.* **6** [C] B1 the part of your body that you sit on **зад** **7 be at the bottom of sth** to be the cause of a problem or situation **быть причиной чего-либо** **8 get to the bottom of sth** to discover the truth about a situation **добираться до сути** → See also **rock bottom**, from **top**^{1} to bottom

bottom^2 /ˈbɒtəm/ **adjective** [always before noun] in the lowest position **нижний** *the bottom drawer*

bottomless /ˈbɒtəmləs/ **adjective** **a bottomless pit** a supply, especially of money, that has no limit **неиссякаемый источник**

the ˌbottom ˈline noun the most important fact in a situation **самое главное** *The bottom line is that if you don't work, you'll fail the test.*

bough /baʊ/ **noun** [C] literary a large branch on a tree **сук, ветвь**

bought /bɔːt/ past of buy **прош. вр. и прич. прош. вр. от гл. buy**

boulder /ˈbəʊldəʳ/ **noun** [C] a very large rock **валун**

boulevard /ˈbuːləvɑːd/ **noun** [C] a wide road in a city, usually with trees along it **бульвар**

bounce^1 /baʊns/ **verb** **1** [I, T] B2 to hit a surface and then move quickly away, or to make something do this **отскакивать** *The ball bounced high into the air.* **2** [I] to jump up and down several times on a soft surface **подпрыгивать** *The children loved bouncing on the bed.* **3 bounce along/around/into, etc** to move somewhere in a happy and energetic way **нестись, врываться** *Sarah bounced into the room with a big smile on her face.* **4** [I, T] If a cheque (= piece of printed paper you write on to pay for things) bounces, or a bank bounces it, the bank will not pay it because there is not enough money in the account. **быть неоплаченным из-за отсутствия средств на счету**

PHRASAL VERB **bounce back** **1** to be successful or happy again after a failure, disappointment, etc **оправиться, прийти в норму** *After a terrible start the team bounced back and won the game.* **2** If an email bounces back, it is returned to you because the address is not correct or there is a computer problem. **не отправляться, возвращаться к отправителю (об электронном сообщении)**

bounce² /baʊns/ **noun** [C, U] when something bounces, or the quality that makes something able to bounce **скачок, упругость**

bouncer /ˈbaʊnsəʳ/ **noun** [C] someone whose job is to stand at the door of a bar, party, etc and keep out people who are not wanted **вышибала**

bouncy /ˈbaʊnsi/ **adjective 1** happy and full of energy **бодрый** *She's very bouncy and confident.* **2** able to bounce **пружинистый** *bouncy balls*

bound¹ /baʊnd/ **adjective 1 bound to do sth** B2 certain to do something, or certain to happen **непременный, обязательный** *You're bound to feel nervous before your driving test.* **2 bound up with sth** closely connected with something **тесно связанный с чем-либо** *A country's culture is bound up with its language and history.* **3** [never before noun] having a moral or legal duty to do something **обязанный** *The witness was **bound by** an oath to tell the truth.* **4** [never before noun] travelling towards a particular place **направляющийся** *He was on a train **bound for** Berlin.*

bound² /baʊnd/ **verb bound across/down/into, etc** to move quickly with large steps or jumps **прыгать, бросаться** *Guy bounded across the room to answer the phone.*

bound³ /baʊnd/ **noun** [C] a big jump **прыжок, скачок** → See also by/in leaps (**leap²**) and bounds

bound⁴ /baʊnd/ past of bind **прош. вр. и прич. прош. вр. от гл. bind**

boundary /ˈbaʊndᵊri/ **noun** [C] **1** a line that divides two areas or forms an edge around an area **граница** *The mountains mark the **boundary between** the two countries.* **2** a limit **предел** *Such violence is beyond the boundaries of civilized conduct.*

boundless /ˈbaʊndləs/ **adjective** having no limit **безграничный** *He has **boundless energy/enthusiasm**.*

bounds /baʊndz/ **noun 1** [plural] legal or social limits **граница, предел** *They have overstepped **the bounds of** good taste.* **2 out of bounds** If a place is out of bounds, you are not allowed to go there. **вход воспрещен** *The staff room is out of bounds to students.*

bounty /ˈbaʊnti/ **noun 1** [C, U] a large or generous amount of something **щедрость, множество 2** [C] an amount of money paid as a reward **поощрительная премия**

bouquet /bʊˈkeɪ/ **noun** [C] flowers that are tied together in an attractive way **букет**

bourbon /ˈbɜːbən/ **noun** [C, U] a type of American whisky (= strong alcoholic drink) **бурбон**

bourgeois /ˈbɔːʒwɑː/ **adjective** typical of middle class people who are too interested in money and correct social behaviour **буржуазный** *bourgeois values*

• **the bourgeoisie** /ˌbɔːʒwɑːˈziː/ **noun** [group] the middle class, that owns most of society's money **буржуазия**

bout /baʊt/ **noun** [C] **1** a short period of activity or illness **приступ** *a bout of depression* **2** a fight in boxing **встреча по боксу**

boutique /buːˈtiːk/ **noun** [C] a small shop that sells fashionable clothes **бутик**

bovine /ˈbəʊvaɪn/ **adjective** relating to cows **коровий**

bow¹ /baʊ/ **verb** [I, T] to bend your head or body forward in order to show respect or to thank an audience **склонять, кланяться** *The actors all bowed after the performance.* ◦ *We **bowed** our **heads** in prayer.*

PHRASAL VERBS **bow out** to leave a job or stop doing an activity, usually after a long time **уйти со сцены** *He **bowed out of** politics at the age of 70.* • **bow to sth/sb** to do what someone else wants you to do **уступать, покоряться чему-либо/кому-либо** *The government are refusing to **bow to** public **pressure**.*

bow² /baʊ/ **noun** [C] **1** when you bow **поклон** *The actors came back on stage and **took a bow**.* **2** the front part of a ship **нос (корабля)**

bow³ /bəʊ/ **noun** [C] **1** B2 a knot with two curved parts and two loose ends, that is used to tie shoes or as decoration **бант 2** a long, thin piece of wood with hair stretched between the ends, used to play some musical instruments **смычок 3** B2 a piece of curved wood with string fixed to both ends, used for shooting arrows **лук (оружие)**

bowel /baʊəl/ **noun** [C] the long tube that carries solid waste from your stomach out of your body **кишка, кишечник** [usually plural] *He's got trouble with his bowels.*

bowl¹ /bəʊl/ **noun** [C] A2 a round, deep dish used for holding soup and other food **миска, чаша** *a bowl of rice/soup*

bowl² /bəʊl/ **verb** [I, T] **1** to roll a ball along a surface as part of a game **катить шар (в игре) 2** in cricket, to throw a ball to the person who has to hit it **подавать мяч (в крикете)**

bowler /ˈbəʊləʳ/ **noun** [C] in cricket, the player who throws the ball so someone can hit it **боулер** → See **Sports 2** on page Centre 15

ˌbowler ˈhat noun [C] UK (US **derby**) a round, hard, black hat worn by men, especially in the past **котелок (шляпа)**

bowling /ˈbəʊlɪŋ/ **noun** [U] a game in which you roll a large ball along a wooden track in order to knock down bottle-shaped objects **боулинг**

bowls /bəʊlz/ **noun** [U] UK a game in which you roll large balls as close as possible to a smaller ball **игра в шары**

ˌbow ˈtie noun [C] a piece of cloth around the neck in the shape of a bow that men sometimes wear, especially at formal events **галстук-бабочка**

box¹ /bɒks/ **noun 1** [C] A1 a square or rectan-

B

gular container **коробка** *a cardboard box* ◦ *a box of chocolates/matches* → See picture at **container** **2** [C] Ⓐ2 a small square on a page that gives you information or where you write information **квадратик** *Tick the box if you would like more details.* **3** [C] a small area of a theatre, court, etc that is separate from where other people are sitting **ложа** **4 the box** informal the television **ящик (телевизор)** *What's* ***on the box*** *tonight?* → See also **phone box**, **post box**, **witness box**

box² /bɒks/ **verb** **1** [I, T] to do the sport of boxing **боксировать** **2** [T] (also **box up**) to put something in a box **складывать в коробку** *We boxed up the old books.*

PHRASAL VERB **box sb/sth in** to move so close to someone or something that they cannot move **зажимать** [often passive] *When I returned I found that my car had been boxed in.*

boxer /ˈbɒksəʳ/ **noun** [C] someone who does the sport of boxing **боксер**

boxers /ˈbɒksəz/ **noun** [plural] (also ˈ**boxer** ˌ**shorts**) loose underwear worn by men **мужские трусы** → See **Clothes** on page Centre 9

boxing /ˈbɒksɪŋ/ **noun** [U] Ⓑ1 a sport in which two people hit each other while wearing big, leather gloves (= pieces of clothing for your hands) **бокс** → See **Sports 1** on page Centre 14

ˈ**Boxing** ˌ**Day** **noun** [C, U] 26 December, a public holiday in Britain and Canada **второй день Рождества**

ˈ**box** ˌ**office** **noun** [C] the place in a theatre, cinema, etc where you buy tickets **касса**

boy¹ /bɔɪ/ **noun** **1** Ⓐ1 [C] a male child or young man **мальчик** *We've got three children – a boy and two girls.* **2 the boys** informal a group of male friends **компания друзей (мужчин)** *Steve's gone out with the boys.*

boy² /bɔɪ/ **exclamation** (also **oh boy**) used when you are excited or pleased **здорово!** *Boy, that was good!*

ˈ**boy** ˌ**band** **noun** [C] a pop music group made up of young men who sing and dance **поп-группа, состоящая из молодых мужчин**

boycott /ˈbɔɪkɒt/ **noun** [C] when someone refuses to buy, use, or do something because they do not approve of it **бойкот** *Environmental groups have called for a* ***boycott of*** *the company's products.*
• **boycott** **verb** [T] **бойкотировать** *Several countries boycotted the international peace talks.*

boyfriend /ˈbɔɪfrend/ **noun** [C] Ⓐ2 a man or boy who someone is having a romantic relationship with **возлюбленный**

boyhood /ˈbɔɪhʊd/ **noun** [U] the part of a male's life when they are a boy **мальчишеский возраст**

boyish /ˈbɔɪɪʃ/ **adjective** like a boy **мальчишеский** *boyish charm*

ˌ**Boy** ˈ**Scout** UK (US ˈ**Boy** ˌ**Scout**) **noun** [C] a boy who belongs to an organization that teaches boys practical skills **бойскаут**

bra /brɑː/ **noun** [C] Ⓑ2 a piece of woman's underwear that supports the breasts **бюстгальтер** → See **Clothes** on page Centre 9

brace¹ /breɪs/ **verb** **brace yourself** to prepare for something difficult or unpleasant **собираться с духом** *I* ***braced myself for*** *bad news.*

brace² /breɪs/ **noun** [C] **1** something that supports or holds something in the correct position **корсет** *He wore a neck brace for months after the accident.* **2** a wire object that some children wear to make their teeth straight **скобка (для исправления зубов)**

bracelet /ˈbreɪslət/ **noun** [C] Ⓑ1 a piece of jewellery that you wear around your wrist **браслет** → See picture at **jewellery**

braces /ˈbreɪsɪz/ **noun** [plural] UK (US **suspenders**) two straps fixed to a pair of trousers that go over your shoulders and stop the trousers from falling down **подтяжки**

bracing /breɪsɪŋ/ **adjective** Bracing weather or a bracing activity makes you feel cold but healthy and full of energy. **бодрящий** *bracing sea air* ◦ *a bracing walk*

bracket¹ /ˈbrækɪt/ **noun** [C] **1** a group of people whose ages, taxes, etc are between two limits **группа, категория** *Most heart attack victims are in the 45-65 age bracket.* **2** a piece of metal, wood, etc, that is fixed to a wall to support something, especially a shelf **кронштейн**

bracket² /ˈbrækɪt/ **verb** [T] **1** to put curved lines ( ) around words, phrases, numbers, etc to make them separate **заключать в скобки** **2** to consider two or more people or things to be similar **ставить в один ряд** [often passive] *Canadian accents are often* ***bracketed with*** *American accents.*

brackets /ˈbrækɪts/ **noun** [plural] (also **parentheses**) UK Ⓑ2 two curved lines ( ) used around extra information or information that should be considered as separate from the main part **скобки**

brag /bræg/ **verb** [I] (present participle **bragging**, past tense and past participle **bragged**) to talk with too much pride about what you have done or what you own **хвастаться** *He's always* ***bragging about*** *how much money he earns.*

braid¹ /breɪd/ **noun** **1** [C] US (UK **plait**) a single piece of hair made by twisting three thinner pieces over and under each other **коса** **2** [U] a thin piece of cloth or twisted threads used for decorating clothes **тесьма**

braid² /breɪd/ **verb** [T] US (UK **plait**) to twist three pieces of hair over and under each other **заплетать в косу**

braille /breɪl/ **noun** [U] a system of printing for blind people, using raised patterns that they read by touching **шрифт Брайля**

brain /breɪn/ **noun**

brain

1 [C] A2 the organ inside your head that controls your thoughts, feelings, and movements **мозг** *brain damage* **2** [C] informal an extremely intelligent person **голова, мозги** [usually plural] *This university attracts some of the **best brains** in the country.* **3 brains** intelligence **ум** *He has brains and good looks.* **4 have sth on the brain** informal to think or talk about something all the time **помешаться на чем-либо** *You've got football on the brain!* **5 the brains behind sth** informal the person who has planned and organized something successful **мозг, организатор** *Anthony is the brains behind the project.*

brainchild /ˈbreɪntʃaɪld/ **noun the brainchild of sb** someone's new and clever idea or invention **детище** *The project is the brainchild of a Japanese designer.*

brainstorm /ˈbreɪnstɔːm/ **noun** [C] US (UK **brainwave**) a sudden, clever idea **блестящая идея**

brainstorming /ˈbreɪnˌstɔːmɪŋ/ **noun** [U] when a group of people meet to develop new ideas **коллективное обсуждение** *a **brainstorming session***

brainwash /ˈbreɪnwɒʃ/ **verb** [T] to make someone believe something by telling them that it is true many times **промывать мозги** [+ into + doing sth] *Advertising often brainwashes people into buying things they do not really need.*
• **brainwashing noun** [U] **промывание мозгов**

brainwave /ˈbreɪnweɪv/ **noun** [C] UK (US **brainstorm**) a sudden, clever idea **блестящая идея, неожиданно пришедшая в голову**

brainy /ˈbreɪni/ **adjective** informal clever **умный**

brake¹ /breɪk/ **noun** [C] **1** B1 the part of a vehicle that makes it stop or go more slowly **тормоз** **2** something that stops or slows the progress of something **тормоз** *High inflation has **put the brakes on** economic growth.*

> **Слова-партнеры к brake**
>
> apply/hit/slam on the brakes • the brakes fail

brake² /breɪk/ **verb** [I] B1 to make a vehicle stop or move more slowly, using its brake **тормозить**

ˈ**brake** ˌ**pedal noun** [C] the part of a car which you push with your foot to make it go more slowly **педаль тормоза** → See **Car** on page Centre 7

branch¹ /brɑːnʃ/ **noun** [C] **1** B1 one of the many parts of a tree that grows out from its trunk (= main, vertical part) **ветка** → See picture at **tree** **2** B1 one of several shops, offices, etc that are part of a company or organization **филиал, отделение** *a bank with branches all over the country* **3** B2 a part of a subject **отрасль** *Neurology is a branch of medicine.*

branch² /brɑːnʃ/ **verb** [I] (also **branch off**) If a road, path, etc branches, it separates into two or more roads, paths, etc. **разветвляться**

PHRASAL VERB **branch out** to start to do something different from what you usually do, especially in your job **заняться новым делом** *After working in publishing, she **branched out into** journalism.*

brand¹ /brænd/ **noun** [C] **1** B2 a product that is made by a particular company **марка** *Which brand of toothpaste do you use?* **2** a particular type of something **разновидность** *a team that plays a distinctive brand of football*

brand² /brænd/ **verb** [T] **1** to describe someone or something in a way that makes them seem bad **клеймить** *The media branded him a liar.* **2** to burn a mark on an animal to show who owns it **ставить клеймо**

brandish /ˈbrændɪʃ/ **verb** [T] to wave something in the air, especially a weapon **размахивать** *He came running into the room, brandishing a gun.*

ˈ**brand** ˌ**name noun** [C] the special name that a company gives to a product **торговая марка**

ˌ**brand** ˈ**new adjective** B1 completely new **совершенно новый**

brandy /ˈbrændi/ **noun** [C, U] a strong alcoholic drink made from wine **бренди, коньяк**

brash /bræʃ/ **adjective** too confident **нахальный, дерзкий** *a brash young businessman*

brass /brɑːs/ **noun** [U] **1** a shiny yellow metal **латунь** *a door with a brass handle* **2** the group of musical instruments made from brass **духовые инструменты** *a brass band*

brat /bræt/ **noun** [C] a child who behaves badly **щенок, сопляк** *a spoilt brat*

bravado /brəˈvɑːdəʊ/ **noun** [U] behaviour that is intended to make people admire you for your bravery and confidence **бравада**

brave¹ /breɪv/ **adjective** B1 showing no fear of dangerous or difficult situations **храбрый** *He died after a brave fight against cancer.*
• **bravely adverb** B1 **храбро**

brave² /breɪv/ **verb** [T] to deal with a dangerous or unpleasant situation in a brave way **пренебрегать, бросать вызов** *Crowds braved the cold weather to watch the game.*

bravery /ˈbreɪvᵊri/ **noun** [U] B2 when someone is brave **храбрость**

bravo /brɑːˈvəʊ/ **exclamation** something you shout to show that you approve of something, for example a performance **браво!**

brawl /brɔːl/ **noun** [C] a noisy fight, usually in public **драка** *a drunken brawl in a bar*
• **brawl verb** [I] **драться**

brazen /ˈbreɪzᵊn/ **adjective** not feeling at all

ashamed about your bad behaviour **бесстыдный** *a brazen cheat*

• **brazenly** adverb **бесстыдно**

BRB internet abbreviation for be right back: used when you stop taking part in a discussion on the Internet **я скоро вернусь (используется при временном прекращении общения в интернет-форуме)**

breach¹ /briːtʃ/ **noun 1** [C, U] when someone breaks a rule, agreement, or law **нарушение** *a policy that is **in breach of** international law* ◦ *He was sued for **breach of** contract.* **2** [C] formal a serious disagreement between two groups, countries, etc **разрыв отношений**

> Слова-партнеры к **breach**
>
> (a) breach of sth • be **in breach of** sth • a **flagrant** breach of sth

breach² /briːtʃ/ **verb** [T] to break a rule, law, or agreement **нарушать**

bread

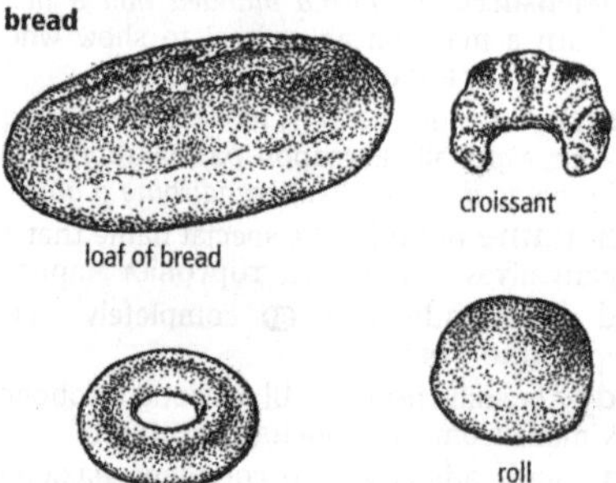

bread /bred/ **noun** [U] Ⓐ1 a basic food made by mixing and baking flour, water, and sometimes yeast (= substance that makes it rise) **хлеб** *a **slice of bread*** ◦ *a **loaf of white bread*** → See also the best/greatest **thing** since sliced bread

breadcrumbs /ˈbredkrʌmz/ **noun** [plural] very small pieces of dry bread, used in cooking **панировочные сухари**

breadth /bretθ/ **noun** [U, no plural] **1** the distance from one side of something to the other side **ширина** *a swimming pool with a breadth of 10 metres and a length of 50 metres* **2 sb's breadth of experience/knowledge/interest, etc** the great number of different things that someone has done, knows, is interested in, etc **обширность опыта/знаний/интересов и т. д.** → See also the **length** and breadth of sth

breadwinner /ˈbredˌwɪnəʳ/ **noun** [C] the person who earns the money in a family **кормилец**

break¹ /breɪk/ **verb** (past tense **broke**, past participle **broken**) **1** [I, T] Ⓐ2 to separate into two or more pieces, or to make something separate into two or more pieces **ломать(ся), разбивать(ся)** *The vase fell on the floor and broke.* ◦ *They had to break a window to get in.* **2 break your arm/leg, etc** Ⓐ2 to damage a bone in your

break

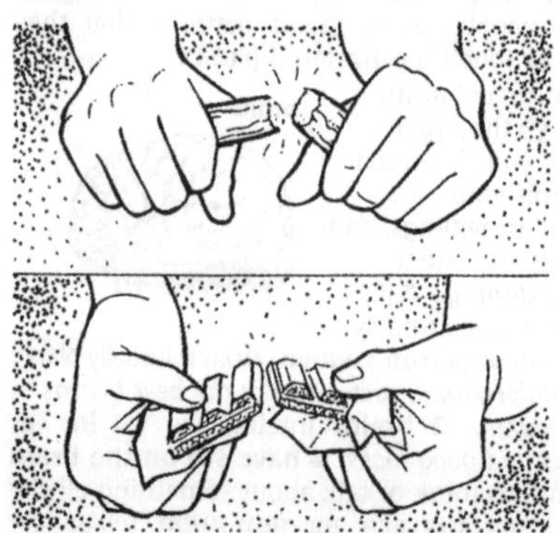

arm/leg, etc **ломать руку/ногу и т. д.** *Carolyn broke her leg in a skiing accident.* **3** [I, T] Ⓐ2 If you break a machine, object, etc, or if it breaks, it stops working because it is damaged. **ломать(ся)** *Who broke the video?* **4 break an agreement/promise/rule, etc** Ⓑ2 to not do what you should do according to an agreement/promise/rule, etc **нарушать соглашение/обещание/правило и т. д.** *Police stopped him for breaking the speed limit.* **5 break the law** Ⓑ2 to do something illegal **нарушать закон** **6 break the news to sb** to tell someone about something unpleasant that has happened **сообщать новость** **7 break the silence** Ⓑ2 to make a noise, speak, etc and end a period of silence **нарушать тишину** *The silence was broken by a sudden knock at the door.* **8 break a habit/routine, etc** to stop doing something that you usually do **отказываться от привычки** **9 break a record** Ⓑ2 to do something faster, better, etc than anyone else **бить рекорд** *He broke the world record for the 200m.* **10** [I, T] Ⓑ1 to stop the activity you are doing to have a short rest **делать перерыв** *Let's **break for** five minutes and have a drink.* **11** [I, T] If news or a story breaks, or if someone breaks it, it becomes known by the public for the first time. **становиться известным** **12** [I] UK If the weather breaks, it changes suddenly, and usually becomes worse. **портиться (о погоде)** **13** [I] When a boy's voice breaks, it becomes deeper and sounds like a man's voice. **ломаться (о голосе)** **14** [I] When a wave breaks, it reaches its highest point as it moves towards the land, and then becomes flat and white. **разбиваться** **15** [I] If a storm breaks, it starts suddenly. **разразиться (о буре)** **16 break free/loose** to suddenly escape or become separate from something **сбегать, освобождаться** **17 dawn/day breaks** When dawn (= early morning)/day breaks, the sky becomes lighter because the sun is rising. **рассветать** → See also **break new ground**, **break sb's heart**, **break the ice**, **break the mould**, **break ranks**

PHRASAL VERBS **break away 1** to suddenly leave or escape from someone who is holding you **убегать, освобождаться 2** to stop being part of a group because you disagree with them **откалываться, отделяться** *Some members broke away to form a new political party.* • **break down 1** B1 If a machine or vehicle breaks down, it stops working. **ломаться** *My car broke down on the way to work.* **2** If a system, relationship, or discussion breaks down, it fails because there is a problem or disagreement. **разрушаться** *Their marriage broke down after only two years.* **3** to become very upset and start crying **терять самообладание** • **break sth down** to divide something into smaller, simpler parts **разбивать** • **break in** B1 to get into a building or car using force, usually to steal something **вламываться** • **break sth in** to wear something new, usually shoes, for short periods of time to make them more comfortable **разнашивать** • **break into sth 1** B1 to get into a building or car using force, usually to steal something **вламываться 2** to suddenly start doing something **разразиться (аплодисментами и т. д.)** *The crowd broke into a cheer when he came on stage.* • **break (sth) off** to separate a part from a larger piece, or to become separate from something **отламывать(ся)** *He broke off a piece of chocolate.* • **break off** B2 to suddenly stop speaking or doing something **замолкать, внезапно прерываться** *She broke off in the middle of a sentence.* • **break sth off** B2 to end a relationship **расторгать** *She **broke off the engagement** just two weeks before the wedding.* • **break out 1** B2 If a fire, war, disease, etc breaks out, it starts suddenly. **вспыхивать** *A fight broke out among the crowd.* **2** to escape from prison **сбегать** *to break out of jail* **3 break out in a rash/sweat, etc** to suddenly have spots or sweat (= salty liquid) appear on your skin **покрываться сыпью/потом и т. д.** • **break through sth** B2 to force your way through something that is holding you back **прорываться** *Protesters broke through the barriers.* • **break (sth) up** to divide into many pieces, or to divide something into many pieces **делить** *The company has been broken up and sold.* • **break up 1** B1 If people break up, they stop having a relationship or stop working together. **порвать отношения** *He's just **broken up with** his girlfriend.* **2** UK B1 When schools or colleges break up, the classes end and the holidays begin. **закрываться на каникулы**

break[2] /breɪk/ **noun** [C] **1** A2 when you stop an activity for a short time, usually to rest or to eat **перерыв** *a **coffee/tea break*** ◦ ***Take a break** and come back after lunch.* **2** B1 a holiday or period of time away from work, school, etc **выходные дни** *the spring break* ◦ *a **weekend break** to Paris* **3** a lucky opportunity **шанс** *His **big break** came when he was offered a part in a TV series.* ◦ *Meeting Tom was my **lucky break**.* **4** B1 where something has separated in an accident **трещина, перелом** *a break in the bone* **5 a break with sth** when you end a relationship, connection, or way of doing something **разрыв, отход** *a break with tradition*

breakable /ˈbreɪkəbl/ **adjective** B2 able to break easily **хрупкий** *a breakable vase*

breakage /ˈbreɪkɪdʒ/ **noun** [C, U] when something has been broken **поломка** *The delivery company must pay for any breakages.*

breakaway /ˈbreɪkəweɪ/ **adjective a breakaway group/republic/region, etc** a group/region, etc that has separated itself from a larger group or region because of a disagreement **отколовшаяся группа/республика/отколовшийся регион и т. д.**

breakdown /ˈbreɪkdaʊn/ **noun** [C] **1** (also **nervous breakdown**) B2 a short period of mental illness when people are too ill to continue with their normal lives **нервный срыв** *to **have a breakdown*** **2** when something such as communication or a relationship fails or ends **срыв** *a breakdown in the peace talks* **3** a short explanation of the details of something **анализ, краткое описание** *I need a breakdown of the costs involved.* **4** B2 when a vehicle or machine stops working for a period of time **поломка**

breakfast /ˈbrekfəst/ **noun** [C] A1 the food you eat in the morning after you wake up **завтрак** *She had breakfast in bed this morning.*
• **breakfast verb** [I] → See also **bed and breakfast**, **continental breakfast**, **English breakfast** **завтракать**

break-in /ˈbreɪkɪn/ **noun** [C] when someone forces their way into a building or car, usually to steal something **взлом, вторжение** *There has been another break-in at the office.*

ˈbreaking ˌpoint noun [U] when a situation has become so bad that it cannot continue **предел** *Things had become so bad at work they'd almost **reached breaking point**.*

breakneck /ˈbreɪknek/ **adjective breakneck speed/growth, etc** dangerously fast speed/growth, etc **головокружительная скорость/головокружительный рост и т. д.**

breakout /ˈbreɪkaʊt/ **noun** [C] an escape, usually from prison **побег**

breakthrough /ˈbreɪkθruː/ **noun** [C] B2 an important discovery or development that helps solve a problem **прорыв** *a **major breakthrough in** the fight against cancer*

> Слова-партнеры к **breakthrough**
>
> **make/provide** a breakthrough • a breakthrough **comes** • a **big/crucial/major/real** breakthrough • a **medical/scientific** breakthrough • a breakthrough **in** sth

break-up /ˈbreɪkʌp/ **noun** [C] **1** when a close relationship ends **разрыв (отношений)** *He* *moved away after the break-up of his marriage.* **2** when a country, group, etc separates into several smaller parts **распад**

breast /brest/ **noun 1** [C] B1 one of the two soft, round parts on a woman's chest **грудь 2** [C, U] the front part of a bird's body, or the meat from this area **грудка** *chicken breast*

breast-feed /ˈbrestfi:d/ **verb** [I, T] (past tense and past participle **breast-fed**) If a woman breast-feeds, she gives a baby milk from her breast. **кормить грудью**

• **breast-feeding noun** [U] **кормление грудью**

breaststroke /ˈbreststrəʊk/ **noun** [U] a way of swimming in which you push your arms forward and then to the side, while you kick your legs backwards **брасс**

breath /breθ/ **noun 1** [U] B1 the air that comes out of your lungs **дыхание, запах изо рта** *His breath smells of garlic.* **2** [C] B2 when air goes into or out of your lungs **вдох, выдох** *She **took a deep breath** before she started.* **3 be out of breath** B2 to be breathing quickly because you have been running, walking fast, etc **запыхаться 4 catch your breath; get your breath back** to rest for a short time until you can breathe regularly again **отдышаться, перевести дыхание 5 under your breath** If you say something under your breath, you say it very quietly so that other people cannot hear it. **еле слышно 6 hold your breath** B2 to keep air in your lungs and not let it out **задерживать дыхание** *How long can you hold your breath under water?* **7 don't hold your breath** humorous something that you say in order to tell someone that an event is not likely to happen **что вряд ли! не надейся!** *He said he'd phone, but don't hold your breath.*

IDIOMS **a breath of fresh air** someone or something that is new, different, and exciting **свежая струя** • **take your breath away** B2 If something takes your breath away, you feel surprise and admiration because it is so beautiful or exciting. **захватывать дух** *The view from the window took my breath away.* • **with bated breath** in an excited or anxious way **затаив дыхание** *I waited with bated breath as the results were read out.*

breathalyser /ˈbreθəlaɪzəʳ/ **noun** [C] UK a piece of equipment that tests your breath to measure how much alcohol you have had **алкогольно-респираторная трубка**

• **breathalyse verb** [T] UK to measure the alcohol in someone's body using a breathalyser **проверять на наличие алкоголя в организме**

breathe /bri:ð/ **verb** [I, T] B1 to take air into and out of your lungs **дышать** ***breathe in/out*** ◦ ***breathe deeply*** → See also be breathing down sb's **neck**, not breathe a **word**

breather /ˈbri:ðəʳ/ **noun** [C] informal a short rest **передышка** *If you start to feel tired, **take a breather**.*

breathing /ˈbri:ðɪŋ/ **noun** [U] when you take air into and out of your lungs **дыхание** *The doctor listened to my breathing.*

ˈbreathing ˌspace noun [U] an opportunity to stop, relax, or think about things **передышка**

breathless /ˈbreθləs/ **adjective** not able to breathe enough **запыхавшийся**

• **breathlessly adverb запыхавшись**

breathtaking /ˈbreθˌteɪkɪŋ/ **adjective** B2 very beautiful or surprising **поразительный, захватывающий** ***breathtaking views***

• **breathtakingly adverb поразительно, захватывающе**

bred /bred/ past of breed **прош. вр. и прич. прош. вр. от гл. breed**

breed[1] /bri:d/ **noun** [C] **1** B2 a type of dog, sheep, pig, etc **порода** *a rare breed of cattle* **2** a type of person or thing **тип** *a **new breed** of bank*

breed[2] /bri:d/ **verb** (past tense and past participle **bred** /bred/) **1** [I] If animals breed, they produce young animals. **размножаться 2 breed chickens/horses/rabbits, etc** B2 to keep animals in order to produce young animals **разводить цыплят/лошадей/кроликов и т. д. 3 breed contempt/ignorance, etc** to cause something to develop, especially something bad **порождать презрение/ невежество и т. д.**

breeder /ˈbri:dəʳ/ **noun** [C] someone who keeps animals in order to produce young animals **коневод/собаковод/ животновод** *a dog/ horse breeder*

breeding /ˈbri:dɪŋ/ **noun** [U] **1** when animals produce young animals **размножение** *the **breeding season*** **2** when someone keeps animals in order to produce young animals **разведение животных** *horse breeding*

ˈbreeding ˌground noun [C] **1** a place where something develops quickly, especially something bad **очаг, рассадник** *This estate is **a breeding ground for** crime.* **2** a place where animals breed **животноводческая ферма**

breeze[1] /bri:z/ **noun** [C] B1 a gentle wind **ветерок** *a cool breeze*

breeze[2] /bri:z/ **verb** informal **breeze along/into/through, etc** to move somewhere quickly in a confident way and without worrying **идти беззаботным и уверенным шагом**

breezy /ˈbri:zi/ **adjective 1** with a slight wind **свежий** *a cool, breezy day* **2** happy, confident, and enthusiastic **жизнерадостный** *a cheerful, breezy style*

• **breezily adverb жизнерадостно**

brethren /ˈbreðrən/ **noun** [plural] members of an organized group, especially a religious group of men **братия**

brevity /ˈbrevəti/ **noun** [U] formal **1** when speech or writing is short and contains few words **краткость 2** when something lasts for a short time **быстротечность**

brew[1] /bru:/ **verb 1** [T] to make beer **варить**

пиво **2** [I, T] If you brew tea or coffee, you make it by adding hot water, and if it brews, it gradually develops flavour in hot water. **заваривать** **3 be brewing** If something bad is brewing, it is beginning to develop. **назревать** *There is a row brewing over the plans.*

brew² /bruː/ **noun** [C] informal a drink made by brewing, such as beer or tea **заваренный напиток**

brewer /ˈbruːəʳ/ **noun** [C] a person or organization that makes beer **пивовар**

brewery /ˈbruːəri/ **noun** [C] a company that makes beer **пивоварня**

bribe /braɪb/ **noun** [C] money or a present given to someone so that they will do something for you, usually something dishonest **взятка** *The politician was accused of **accepting bribes** from businessmen.*

• **bribe verb** [T] **давать взятку** [+ to do sth] *He was bribed to give false evidence at the trial.*

> Слова-партнеры к **bribe**
>
> accept/take a bribe • offer sb /pay a bribe • a cash bribe

bribery /ˈbraɪbəri/ **noun** [U] when someone is offered money or a present so that they will do something, usually something dishonest **взяточничество** ***bribery and corruption***

bric-a-brac /ˈbrɪkəˌbræk/ **noun** [U] a collection of small, decorative objects that have little value **безделушки**

brick /brɪk/ **noun** [C] B2 a small, hard, rectangular block used for building walls, houses, etc **кирпич** *a **brick wall*** → See also be banging your **head¹** against a brick wall

brick

bricklayer /ˈbrɪkˌleɪəʳ/ **noun** [C] someone whose job is to build houses, walls, etc with bricks **каменщик**

bridal /ˈbraɪdəl/ **adjective** [always before noun] relating to a woman who is getting married, or relating to a wedding **свадебный** *a bridal gown*

bride /braɪd/ **noun** [C] B1 a woman who is getting married **невеста** *the **bride and groom***

bridegroom /ˈbraɪdgruːm/ **noun** [C] (also **groom**) a man who is getting married **жених**

bridesmaid /ˈbraɪdzmeɪd/ **noun** [C] a woman or girl who helps the bride on her wedding day **подружка невесты**

bridge¹ /brɪdʒ/ **noun 1** [C] A2 a structure that is built over a river, road, etc so that people or vehicles can go across it **мост** *to go across/over a bridge ◦ Brooklyn Bridge* **2** [C] something that connects two groups, organizations, etc and improves the relationship between them **мост** *After the war they tried to **build bridges** with neighbouring countries.* **3 the bridge of your nose** the hard part of your nose between your eyes **переносица** **4 the bridge** the raised area of a ship where the controls are **капитанский мостик** **5** [U] a card game for four players **бридж**

bridge

IDIOM **I'll/We'll cross that bridge when I/we come to it.** something you say when you do not intend to worry about a possible problem now, but will deal with it if or when it happens **Я/мы решу/решим эту проблему, когда она возникнет.**

bridge² /brɪdʒ/ **verb bridge the gap/gulf, etc** to make the difference between two things smaller **преодолеть разрыв** *This course is designed to **bridge the gap between** school and work.*

bridle /ˈbraɪdl/ **noun** [C] a set of straps that you put on a horse's head to control it **уздечка**

brief¹ /briːf/ **adjective 1** B1 lasting only for a short time **краткий** *a brief visit* **2** B1 using only a few words **краткий** *a brief description/statement* **3 in brief** B2 using only a few words **вкратце** *world news in brief*

• **briefly adverb** B1 **кратко** *They discussed the matter briefly.*

brief² /briːf/ **verb** [T] to give someone instructions or information **инструктировать, информировать** [often passive] *At the meeting reporters were **briefed on** the plans.*

brief³ /briːf/ **noun** [C] a set of instructions or information **инструкция, информация** [+ to do sth] *My brief was to improve the image of the city.*

briefcase /ˈbriːfkeɪs/ **noun** [C] a flat, rectangular case with a handle for carrying documents, books, etc **портфель** → See picture at **bag**

briefing /ˈbriːfɪŋ/ **noun** [C, U] a meeting when people are given instructions or information **брифинг** *a **press briefing***

briefs /briːfs/ **noun** [plural] underwear that you wear on your bottom **трусы** *a pair of briefs* → See **Clothes** on page Centre 9

brigade /brɪˈgeɪd/ **noun** [C] **1** a large group of soldiers **бригада (армейское соединение)** **2** UK humorous a group of people with a particular characteristic or interest **группа** *the anti-smoking brigade* → See also **fire brigade**

brigadier /ˌbrɪgəˈdɪəʳ/ **noun** [C] a British army

officer of high rank **бригадир (в армии Великобритании)**

bright /braɪt/ **adjective 1** A2 having a strong, light colour **яркий** *bright yellow/blue* **2** B1 full of light or shining strongly **светлый, яркий** *bright sunshine* **3** B2 intelligent **способный, сообразительный** *He's a bright boy.* **4** B2 happy or full of hope **веселый, живой** *She's always so bright and cheerful.*

• **brightly adverb** B2 **ярко** ***brightly coloured*** *flowers* • **brightness noun** [U] **яркость**

brighten /ˈbraɪtᵊn/ **verb** [I, T] (also **brighten up**) **1** to become lighter or more colourful, or to make something become lighter or more colourful **оживлять** *A picture or two would brighten up the room.* **2** to become happier, or to make someone become happier **оживляться** *She brightened up when she saw him.*

brilliant /ˈbrɪliənt/ **adjective 1** UK A2 very good **отличный** *We saw a brilliant film.* **2** B1 extremely clever **блестящий** *a brilliant scholar* **3** B1 full of light or colour **яркий** *The sky was a brilliant blue.*

• **brilliantly adverb** B2 **блестяще** • **brilliance** /ˈbrɪliəns/ **noun** [U] **блеск**

brim[1] /brɪm/ **verb** (present participle **brimming**, past tense and past participle **brimmed**) **be brimming with sth** to be full of something **быть переполненным чем-либо** *Her eyes were brimming with tears.*

brim[2] /brɪm/ **noun** [C] **1** the flat part around the bottom of a hat **поля (шляпы) 2** the top edge of a container **край** *He **filled** my glass **to the brim**.*

brine /braɪn/ **noun** [U] salty water, often used for keeping food from decaying **рассол** *olives in brine*

bring /brɪŋ/ **verb** [T] (past tense and past participle **brought**) **1** A2 to take someone or something with you when you go somewhere **приносить** *Did you bring an umbrella with you?* ◦ [+ two objects] *He brought me some flowers.* **2 bring happiness/peace/shame, etc** B1 to cause happiness/peace/shame, etc **приносить счастье/мир/позор и т. д.** *Money does not always bring happiness.* **3 cannot bring yourself to do sth** to not be willing to do something because it is so unpleasant **не мочь себя заставить сделать что-либо** *He couldn't bring himself to talk to her.* → See also bring sb/sth to their knees (**knee**), bring sth to **light**[1]

PHRASAL VERBS **bring sth about** to make something happen **порождать** *The Internet has **brought about** big **changes** in the way we work.* • **bring sth back 1** A2 to return from somewhere with something **приносить** [+ two objects] *Can you bring me back some milk from the shop, please?* **2** to make someone think about something from the past **напоминать** *The photos **brought back memories**.* • **bring sb down** to cause someone in a position of power to lose their job **свергать** *This scandal could **bring down** the **government**.* • **bring sth down** to reduce the level of something **снижать** *to **bring down prices*** • **bring sth forward** to change the date or time of an event so that it happens earlier than planned **переносить на более ранний срок** *I've brought forward the meeting to this week.* • **bring sth in 1** to introduce something new, usually a product or a law **вводить в действие, выпускать** *New safety regulations were brought in last year.* **2** to earn or make money **приносить доход** *The film has brought in millions of dollars.* • **bring sb in** to ask someone to do a particular job **привлекать кого-либо к чему-либо** *We need to bring in an expert to sort out this problem.* • **bring sth off** to succeed in doing something difficult **успешно справиться** *How did he manage to bring that off?* • **bring sth on** to make something happen, usually something bad **вызывать что-либо** [often passive] *Headaches are often brought on by stress.* • **bring sth out 1** B2 to produce something to sell to the public **выпускать (о продукции)** *They have just brought out a new, smaller phone.* **2** to make a particular quality or detail noticeable **подчеркивать** *Salt can help to bring out the flavour of food.* • **bring sb together** to cause people to be friendly with each other **сближать** *The disaster brought the community closer together.* • **bring sb up** B1 to look after a child and teach them until they are old enough to look after themselves **воспитывать** *She was brought up by her grandparents.* • **bring sth up 1** B2 to start to talk about a particular subject **поднимать (вопрос и т. д.)** *There are several points I'd like to bring up at tomorrow's meeting.* **2** UK to vomit something **стошнить**

brink /brɪŋk/ **noun be on the brink of sth** to be in a situation where something bad is going to happen very soon **быть на грани чего-либо** *The two countries are on the brink of war.*

brisk /brɪsk/ **adjective** quick and energetic **оживленный** *a **brisk walk***

• **briskly adverb оживленно**

bristle[1] /ˈbrɪsl/ **verb** [I] to show that you are annoyed about something **ощетиниваться** *She **bristled at** the suggestion that it was her fault.*

bristle[2] /ˈbrɪsl/ **noun** [C, U] a short, stiff hair **щетина**

• **bristly adjective щетинистый**

Brit /brɪt/ **noun** [C] informal someone who comes from Great Britain **британец**

British[1] /ˈbrɪtɪʃ/ **adjective** relating to Great Britain or the United Kingdom **британский**

British[2] /ˈbrɪtɪʃ/ **noun the British** [plural] the people of Great Britain or the United Kingdom **британцы**

Briton /ˈbrɪtᵊn/ **noun** [C] someone who comes from Great Britain **британец**

brittle /ˈbrɪtl/ **adjective** hard but able to be broken easily **хрупкий** *brittle bones*

broach /brəʊtʃ/ **verb broach an idea/subject/topic, etc** to begin to talk about something, usually something difficult or embarrassing **затрагивать идею/предмет/тему и т. д.** *I don't know how to broach the subject of money with him.*

broad /brɔːd/ **adjective 1** B1 wide **широкий** ***broad shoulders*** ◦ *a broad smile* **2 a broad range/variety, etc** B1 a group that includes many different things or people **широкий выбор/широкое разнообразие и т. д.** *a broad range of subjects* **3 a broad outline/picture, etc** a general description, without detail **общее описание/общая картина и т. д.** *This is just a broad outline of the proposal.* **4** A broad accent (= way of speaking from a region) is very noticeable. **сильный 5 in broad daylight** during the day when it is light and people can see **средь бела дня** *He was attacked in broad daylight.*

broadband /ˈbrɔːdbænd/ **noun** [U] B2 a system that allows large amounts of information to be sent very quickly between computers or other electronic equipment **система, позволяющая быстро отправлять и принимать информацию большого объема с компьютера и на компьютер**

broadcast¹ /ˈbrɔːdkɑːst/ **noun** [C] a television or radio programme **теле- или радиопередача** *a news broadcast*

• **broadcast adjective** [always before noun] relating to television or radio **телевизионный, радиовещательный** *broadcast news*

broadcast² /ˈbrɔːdkɑːst/ **verb** [I, T] (past tense and past participle **broadcast**, also US **broadcasted**) B2 to send out a programme on television or radio **передавать в эфире** [often passive] *The concert will be* ***broadcast live*** *next week.*

• **broadcaster noun** [C] someone who speaks on radio or television as a job **диктор** • **broadcasting noun** [U] **теле- или радиовещание**

broaden /ˈbrɔːdᵊn/ **verb** [I, T] **1** to increase or make something increase and include more things or people **расширять** *We need to broaden the range of services that we offer.* ◦ *Travel* ***broadens your mind****.* **2** to become wider or make something become wider **расширяться, расплываться** *Her smile broadened and she began to laugh.*

broadly /ˈbrɔːdli/ **adverb** in a general way and not including everything or everyone **в общих чертах** *The plans have been broadly accepted.*

> **Слова-партнеры к broadly**
>
> broadly **in line with/similar** • broadly **welcome sth**

broadsheet /ˈbrɔːdʃiːt/ **noun** [C] UK a large newspaper, usually considered to be more serious than smaller newspapers **солидная газета**

broccoli /ˈbrɒkəli/ **noun** [U] B1 a green vegetable with a thick stem **брокколи**

brochure /ˈbrəʊʃəʳ/ US /brəʊˈʃʊr/ **noun** [C] B1 a thin book with pictures and information, usually advertising something **брошюра** *a* ***holiday/travel brochure***

broil /brɔɪl/ **verb** [T] US (UK/US **grill**) to cook food using direct heat **жарить на огне**

broiler /ˈbrɔɪləʳ/ **noun** [C] US (UK/US **grill**) a piece of equipment used for cooking food under direct heat **жаровня**

broke¹ /brəʊk/ **adjective** informal **1 be broke** to not have any money **быть на мели 2 go broke** to lose all your money and have to end your business **разоряться**

broke² /brəʊk/ past tense of break **прош. вр. гл. break**

broken¹ /ˈbrəʊkən/ **adjective 1** A2 damaged and separated into pieces **разбитый** *broken glass* → Opposite **unbroken 2 a broken arm/leg, etc** A2 an arm/leg, etc with a damaged bone **сломанная рука/нога и т. д. 3** A2 If a machine or piece of equipment is broken, it is not working. **сломанный** *The video's broken.* **4 a broken heart** B2 when you are very sad because someone you love has ended a relationship with you **разбитое сердце 5 a broken home** a family in which the parents do not now live together **распавшаяся семья 6 a broken promise** a promise that has not been kept **нарушенное обещание 7 broken English/Spanish, etc** English/Spanish, etc that is spoken slowly and has a lot of mistakes in it **ломаный английский/испанский и т. д.**

> **Другие способы сказать broken**
>
> Когда говорят о сломанном (не работающем как полагается) оборудовании, то используют прилагательные **dead, defunct** или разговорное **bust** (*Великобритания*).
>
> *You won't be able to watch the match, the telly's* ***bust****.*
>
> *The phone's* ***dead****, there must be a problem with the line.*
>
> Если не работает какое-то оборудование, находящееся в общественном пользовании, то можно сказать, что оно **out of order**.
>
> *The coffee machine was* ***out of order****.*
>
> В неформальной ситуации о сломанном оборудовании можно сказать: **have had it** и **give up the ghost**.
>
> *The kettle's* ***had it****, you'll have to boil a pan of water.*
>
> *I can't give you a lift – my car's* ***given up the ghost****.*

broken² /ˈbrəʊkən/ past participle of break **прич. прош. вр. от гл. break**

broken-down /ˌbrəʊkənˈdaʊn/ **adjective** not

working or in bad condition **сломанный** *a broken-down vehicle*

B

broken-hearted /ˌbrəʊkənˈhɑːtɪd/ **adjective** very sad because someone you love has ended a relationship with you **с разбитым сердцем**

broker[1] /ˈbrəʊkəʳ/ **noun** [C] **1** (also **stockbroker**) someone whose job is to buy and sell shares (= equal parts of a company's total value) **брокер 2 an insurance/mortgage, etc broker** someone who makes other people's financial arrangements for them **страховой/ипотечный и т. д. агент**

broker[2] /ˈbrəʊkəʳ/ **verb** [T] to arrange an agreement **посредничать** *The peace deal was brokered by the US.*

bronchitis /brɒŋˈkaɪtɪs/ **noun** [U] an illness in your lungs which makes you cough and have problems breathing **бронхит**

bronze[1] /brɒnz/ **noun 1** [U] a shiny orange-brown metal **бронза 2** [U] an orange-brown colour **цвет бронзы 3** [C] a bronze medal (= a small, round disc given to someone for finishing third in a competition) **бронза (медаль)** *He won a bronze in the 200m.*

bronze[2] /brɒnz/ **adjective 1** made of bronze **бронзовый** *a bronze statue* **2** being the colour of bronze **цвета бронзы**

ˌbronze ˈmedal **noun** [C] a small, round disc given to someone for finishing third in a race or competition **бронзовая медаль**

brooch /brəʊtʃ/ **noun** [C] a piece of jewellery for women which is fastened onto clothes with a pin **брошь** *a diamond brooch*

brood[1] /bruːd/ **noun** [C] a family of young birds or animals, all born at the same time **выводок**

brood[2] /bruːd/ **verb** [I] to think for a long time about things that make you sad or angry **размышлять с грустью** *I wish he'd stop* ***brooding about*** *the past.*

brook /brʊk/ **noun** [C] a small stream **ручей**

broom /bruːm/ **noun** [C] a brush with a long handle used for cleaning the floor **метла** → See picture at **brush**

broth /brɒθ/ **noun** [U] soup, usually made with meat **бульон** *chicken broth*

brothel /ˈbrɒθəl/ **noun** [C] a building where prostitutes (= people who have sex for money) work **бордель**

brother /ˈbrʌðəʳ/ **noun** [C] **1** (A1) a boy or man who has the same parents as you **брат** *an older/younger brother* ◦ *my big/little brother* **2** a man who is a member of the same race, religious group, organization, etc **собрат 3** (also **Brother**) a monk (= man who lives in a male religious group) **брат (монах)** *Brother Paul*

brotherhood /ˈbrʌðəhʊd/ **noun 1** [C] a group of men who have the same purpose or religious beliefs **братство 2** [U] friendship and loyalty, like the relationship between brothers **братство**

brother-in-law /ˈbrʌðərɪnlɔː/ **noun** [C] (plural **brothers-in-law**) (B2) the man married to your sister, or the brother of your husband or wife **зять, деверь, шурин**

brotherly /ˈbrʌðəli/ **adjective** [always before noun] relating to or typical of brothers **братский** *brotherly love*

brought /brɔːt/ past of bring **прош. вр. и прич. прош. вр. от гл. bring**

brow /braʊ/ **noun** [C] **1** the front part of your head between your eyes and your hair **бровь, лоб** *He wiped the sweat from his brow.* **2 brow of a hill/slope** UK the top part of a hill or slope **гребень, кромка**

brown /braʊn/ **adjective 1** (A1) being the same colour as chocolate or soil **коричневый** *a brown leather bag* ◦ *dark brown hair/eyes* → See **Colours** on page Centre 12 **2** having darker skin because you have been in the sun **загорелый** • **brown noun** [C, U] (A2) the colour brown **коричневый цвет**

brownfield /ˈbraʊnfiːld/ **adjective** UK describes land that was used for industry and where new buildings can be built **о земле, использованной ранее в промышленных целях, с потенциалом последующего использования** *a brownfield site* → Compare **greenfield**

brownie /ˈbraʊni/ **noun** [C] a small, square cake made with chocolate and nuts **шоколадное пирожное с орехами**

browse /braʊz/ **verb 1** [I, T] (B2) to look at information on the Internet **просматривать** *to browse the Internet/Web* **2** [I] (B2) to read a book, magazine, etc in a relaxed way and not in detail **просматривать** *She* ***browsed through*** *some travel brochures looking for ideas.* **3** [I] to walk around a shop and look at things without buying anything **разглядывать товары (в магазине)** *I love* ***browsing around*** *bookshops.*

browser /ˈbraʊzəʳ/ **noun** [C] **1** (B2) a computer program which allows you to look at pages on the Internet **браузер/навигатор 2** someone who browses **покупатель, разглядывающий товары (в магазине)**

bruise /bruːz/ **noun** [C] (B2) a dark area on your skin where you have been hurt **синяк** *He suffered* ***cuts and bruises*** *after falling off his bike.* • **bruise verb** [T] to cause someone or something to have a bruise **ушибать, ставить синяк** [often passive] *He was badly bruised in the accident.* • **bruising noun** [U] **кровоподтеки**

brunette /bruːˈnet/ **noun** [C] a white woman with dark brown hair **брюнетка**

brunt /brʌnt/ **noun bear/feel/take the brunt of sth** to experience the worst part of something **выдерживать/ чувствовать/брать на себя основной удар** *He took the brunt of the criticism.*

brush[1] /brʌʃ/ **noun 1** [C] (A2) an object made of short, thin pieces of plastic, wire, etc fixed to a handle and used to tidy hair, to clean, to paint, etc **щетка** *a stiff wire brush* **2** [no plural] the

action of using a brush **чистка, расчесывание** *I need to **give my hair a quick brush**.* **3 the brush of sth** when something touches you lightly **легкое прикосновение** *She felt the brush of his lips against her cheek.* **4 a brush with sth** when you experience something, or almost experience something, especially something unpleasant **столкновение с чем-либо** *a brush with death*

brush² /brʌʃ/ **verb** [T] **1** (A2) to use a brush to clean or tidy something **чистить, расчесывать** *to **brush your hair/teeth*** **2 brush sth away/off, etc** (B2) to move something somewhere using a brush or your hand **счищать** *He brushed the snow off his coat.* **3 brush against/past sb/sth** (B2) to lightly touch someone or something as you move past **слегка прикасаться** *He brushed past me as he went up the stairs.*

PHRASAL VERBS **brush sth aside/off** to refuse to think about something seriously **отмахиваться от чего-либо** *He brushed aside her suggestion.* • **brush up (on) sth** to improve your skills in something **освежать, восстанавливать знания** *I'm trying to brush up on my French before I go to Paris.*

brush-off /ˈbrʌʃɒf/ **noun** informal **give sb the brush-off** to be unfriendly to someone by not talking to them **игнорировать**

brusque /bruːsk/ (US) /brʌsk/ **adjective** dealing with people in a quick way that is unfriendly or rude **резкий** *a **brusque manner***
• **brusquely adverb резко**

brussel sprout /ˌbrʌsəlˈspraʊt/ (US) /ˈbrʌsəlˌspraʊt/ **noun** [C] a small, green vegetable which is round and made of leaves **брюссельская капуста**

brutal /ˈbruːtəl/ **adjective** very violent or cruel **зверский** *a **brutal murder***
• **brutally adverb зверски** *brutally murdered* ◦ ***brutally honest*** • **brutality** /bruːˈtæləti/ **noun** [C, U] **зверство**

brute¹ /bruːt/ **noun** [C] someone who behaves in a very violent and cruel way **жестокий человек**
• **brutish** /ˈbruːtɪʃ/ **adjective** like a brute **зверский**

brute² /bruːt/ **adjective brute force/strength** great force or strength **грубая сила**

BSc /ˌbiːesˈsiː/ **noun** [C] UK (US **BS** /biːˈes/) abbreviation for Bachelor of Science: a university or college qualification in a science subject which usually takes 3 or 4 years of study **бакалавр естественных наук** *He has a BSc in computer science.*

BSE /ˌbiːesˈiː/ **noun** [U] abbreviation for bovine spongiform encephalopathy: a disease that kills cows by destroying their brains **коровье бешенство**

BTW internet abbreviation for by the way: used when you write some extra information that may or may not be related to what is being discussed **между прочим (используется в интернет-общении при введении дополнительной информации)**

bubble¹ /ˈbʌbl/ **noun** [C] a ball of air or gas with liquid around it **пузырь** *an air bubble*

bubble² /ˈbʌbl/ **verb** [I] **1** If a liquid bubbles, balls of air or gas rise to its surface. **кипеть** *The soup was bubbling on the stove.* **2 bubble (over) with confidence/enthusiasm, etc** to be full of a positive emotion or quality **быть переполненным самоуверенностью/энтузиазмом и т. д.**

ˈbubble ˌgum noun [U] a sweet that you chew and blow into a bubble **жевательная резинка**

bubbly /ˈbʌbli/ **adjective 1** happy and enthusiastic **бодрый** *a bubbly personality* **2** full of bubbles **пузырчатый**

buck¹ /bʌk/ **noun** [C] **1** US informal a dollar (= US unit of money) **доллар** *It cost me twenty bucks to get a new bike lock.* **2** a male rabbit or deer **самец кролика или оленя**

IDIOM **pass the buck** to blame someone or to make them responsible for a problem that you should deal with yourself **сваливать вину/ответственность на кого-либо**

buck² /bʌk/ **verb** [I] If a horse bucks, it kicks its back legs into the air. **взбрыкивать**

bucket

bucket /ˈbʌkɪt/ **noun** [C] (B1) a round, open container with a handle used for carrying liquids **ведро** *a bucket of water*

buckle¹ /ˈbʌkl/ **noun** [C] a metal object used to fasten the ends of a belt or strap **пряжка** *a silver buckle*

B

buckle² /ˈbʌkl/ **verb** **1** [I, T] to fasten a belt or strap with a buckle **застегивать пряжку** **2** [I, T] to bend, or to cause something to bend because of too much weight, heat, etc **сгибать(ся), подкоситься** *His* ***legs buckled*** *as he reached the finishing line.* **3** [I] to suffer and stop working effectively because of too many problems or too much work **сгибаться, ломаться (о человеке)**

PHRASAL VERB **buckle down** to start working hard **приниматься за дело** *I must* ***buckle down to*** *some work this afternoon.*

bud /bʌd/ **noun** [C] a part of a plant that develops into a leaf or a flower **почка, бутон** *In spring the trees are covered in buds.*

IDIOM **nip sth in the bud** to stop a small problem from getting worse by stopping it soon after it starts **пресечь в корне**

→ See also **taste buds**

Buddha /ˈbʊdə/ (US) /ˈbuːdə/ **noun** the Indian holy man on whose life and teachings Buddhism is based **Будда**

Buddhism /ˈbʊdɪzᵊm/ (US) /ˈbuːdɪzᵊm/ **noun** [U] a religion based on the teachings of Buddha **буддизм**

Buddhist /ˈbʊdɪst/ (US) /ˈbuːdɪst/ **noun** [C] someone who believes in Buddhism **буддист**
• **Buddhist adjective буддистский** *a Buddhist temple*

budding /ˈbʌdɪŋ/ **adjective** [always before noun] starting to develop well **расцветающий** *a* ***budding romance***

buddy /ˈbʌdi/ **noun** [C] informal a friend **приятель** *my best buddy*

budge /bʌdʒ/ **verb** [I, T] **1** If something will not budge, or you cannot budge it, it will not move. **сдвигаться, поддаваться** *I've tried to open the window, but it won't budge.* **2** If someone will not budge, or you cannot budge them, they will not change their opinion. **уступать**

budgerigar /ˈbʌdʒᵊrɪgɑːʳ/ **noun** [C] UK a budgie **волнистый попугайчик**

budget¹ /ˈbʌdʒɪt/ **noun** [C] **1** a plan that shows how much money you have and how you will spend it **бюджет** **2** (B2) the amount of money you have for something **бюджет** *an* ***annual budget*** *of £30 million* **3 the Budget** in the UK, when the government officially tells the public about its plans for taxes and spending **бюджет**
• **budgetary adjective** [always before noun] relating to a budget **бюджетный**

> **Слова-партнеры к budget**
>
> have a budget of [£30 000/$5000, etc] • be on a tight budget (= not have much money) • the budget for sth

budget² /ˈbʌdʒɪt/ **verb** [I, T] to plan how much money you will spend on something **предусматривать в бюджете** *An extra £20 million has been* ***budgeted for*** *schools this year.*

budget³ /ˈbʌdʒɪt/ **adjective** **a budget hotel/price, etc** (B2) a very cheap hotel, price, etc **дешевая гостиница/низкая цена и т. д.**

budgie /ˈbʌdʒi/ **noun** [C] UK a small, brightly coloured bird often kept as a pet **волнистый попугайчик**

buff¹ /bʌf/ **noun** [C] **a computer/film/wine, etc buff** someone who knows a lot about computers/films/wine, etc **человек, разбирающийся в компьютерах/фильмах/винах и т. д.**

buff² /bʌf/ **adjective** informal If someone's body is buff, it looks strong and attractive, as if they have had a lot of exercise **накачанный**

buffalo /ˈbʌfᵊləʊ/ **noun** [C] (plural **buffaloes**, **buffalo**) a large, wild animal, like a cow with horns **буйвол** *a herd of wild buffalo*

buffer /ˈbʌfəʳ/ **noun** [C] something that helps protect someone or something from harm **буфер, защита** *I have some money saved to act as* ***a buffer against*** *unexpected bills.*

ˈbuffer ˌzone noun [C] an area created to separate two countries that are fighting **буферная зона**

buffet¹ /ˈbʊfeɪ/ (US) /bəˈfeɪ/ **noun** [C] a meal in which dishes of food are arranged on a table and you serve yourself **шведский стол** *a cold buffet* ◦ *a buffet lunch*

buffet² /ˈbʌfɪt/ **verb** [T] If something is buffeted by the weather, sea, etc, it is hit repeatedly and with force. **ударять** [often passive] *The little boat was buffeted by the waves.*

ˈbuffet ˌcar noun [C] UK the part of a train where you can buy something to eat or drink **вагон-ресторан**

buffoon /bəˈfuːn/ **noun** [C] old-fashioned someone who does silly things **шут**

bug¹ /bʌg/ **noun** [C] **1** (B2) a bacteria or virus, or the illness that it causes **инфекция, вирус** *a* ***flu/stomach bug*** **2** (B2) a mistake in a computer program **компьютерный вирус** *This program is full of bugs.* **3** (B1) a small insect **букашка, жук** **4** a small, electronic piece of equipment used to secretly listen to people talking **жучок (для тайного прослушивания)** **5 be bitten by the bug/get the bug** informal to develop a strong interest or enthusiasm for a particular activity **помешаться на чем-либо** *He's been bitten by the tennis bug.*

bug² /bʌg/ **verb** [T] (present participle **bugging**, past tense and past participle **bugged**) **1** to hide a piece of equipment somewhere in order to secretly listen to people talking **устанавливать жучок (для прослушивания)** [often passive] *Their hotel room had been bugged.* **2** informal to annoy someone **приставать, надоедать** *He's been bugging me all morning.*

buggy /ˈbʌgi/ **noun** [C] **1** UK (US **stroller**) a chair on wheels which is used to move small children **коляска** **2** a vehicle with two wheels that is pulled by a horse, especially in the past **кабриолет**

B

bugle /ˈbjuːɡl/ **noun** [C] a small, metal musical instrument that you play by blowing into it **горн**

build¹ /bɪld/ **verb** (past tense and past participle **built**) **1** [I, T] A2 to make something by putting materials and parts together **строить** *build a house/wall* ◦ *The bridge* ***is built of*** *steel and aluminium.* **2** [T] to create and develop something over a long time **создавать** *They have built a solid friendship over the years.*

PHRASAL VERBS **build sth into sth** to make something a part of something else **встраивать** *There are video screens built into the back of the seats.* • **build on sth** to use a success or achievement as a base from which to achieve more success **основывать(ся)** • **build (sth) up** to increase or develop, or to make something increase or develop **увеличивать(ся), укреплять(ся)** *Traffic usually builds up in the late afternoon.*

build² /bɪld/ **noun** [C, U] the size and shape of a person's body **телосложение** *He's of medium build with short brown hair.*

builder /ˈbɪldəʳ/ **noun** [C] B1 someone who makes or repairs buildings as a job **строитель**

building /ˈbɪldɪŋ/ **noun 1** [C] A2 a structure with walls and a roof, such as a house, school, etc **здание** *an office building* **2** [U] the activity of putting together materials and parts to make structures **строительство** *building materials* → See also **apartment building**

ˈ**building soˌciety** noun [C] UK (US **savings and loan association**) an organization similar to a bank which lends you money to buy a house **инвестиционно-строительное общество, ипотечный банк**

build-up /ˈbɪldʌp/ **noun** [singular] **1** when something slowly increases **усиление, увеличение** *the build-up of traffic* **2 the build-up to sth** UK the period of preparation before something happens **подготовка к чему-либо** *There was a lot of excitement in the build-up to the Olympics.*

built /bɪlt/ past of build **прош. вр. и прич. прош. вр. от гл. build**

built-in /ˌbɪltˈɪn/ **adjective** [always before noun] included as part of the main structure of something **встроенный** *a computer with a built-in modem*

built-up /ˌbɪltˈʌp/ **adjective** a built-up area has a lot of buildings **застроенный**

bulb /bʌlb/ **noun** [C] **1** (also **light bulb**) B1 a glass object containing a wire which produces light from electricity **лампочка** *an electric light bulb* **2** a round root that some plants grow from **луковица** *daffodil bulbs*

bulbous /ˈbʌlbəs/ **adjective** large and round in an unattractive way **выпуклый, нос картошкой** *a* ***bulbous nose***

bulge¹ /bʌldʒ/ **verb** [I] to look larger and rounder or fuller than normal **быть набитым** *Her bags were* ***bulging with*** *shopping.*

bulge² /bʌldʒ/ **noun** [C] a round, raised area on a surface **выпуклость**

bulimia /bʊˈlɪmiə/ **noun** [U] a mental illness in which someone eats too much and then forces themselves to vomit **булимия**

• **bulimic noun** [C], **adjective страдающий булимией**

bulk /bʌlk/ **noun 1 in bulk** in large amounts **оптом** *to buy in bulk* **2 the bulk of sth** the largest part or most of something **основная часть** *He spends the bulk of his money on rent.* **3** [no plural] the large size of something or someone **масса**

bulky /ˈbʌlki/ **adjective** too big and taking up too much space **объемистый**

bull /bʊl/ **noun** [C] B1 a male cow **бык** → See also be like a red **rag** to a bull

bulldog /ˈbʊldɒɡ/ **noun** [C] a short, strong dog with a large head and neck **бульдог**

bulldozer /ˈbʊlˌdəʊzəʳ/ **noun** [C] a heavy vehicle used to destroy buildings and make the ground flat **бульдозер**

• **bulldoze verb** [T] **расчищать бульдозером**

bullet /ˈbʊlɪt/ **noun** [C] B2 a small, metal object that is fired from a gun **пуля** *a* ***bullet wound***

IDIOM **bite the bullet** to make yourself do something or accept something difficult or unpleasant **сцепить зубы, делать что-либо через силу**

> **Слова-партнеры к bullet**
>
> fire a bullet • a bullet **flies/lodges** swh • a **hail of** bullets • a bullet **hole/wound**

bulletin /ˈbʊlətɪn/ **noun** [C] **1** a short news programme on television or radio **сводка новостей** *the evening* ***news bulletin*** **2** a regular newspaper or report containing news about an organization **бюллетень, периодическое издание**

ˈ**bulletin ˌboard** noun [C] US (UK **noticeboard**) a board on a wall where you put advertisements and announcements **доска объявлений** → See **The Classroom** on page Centre 6

ˈ**bullet ˌ(point)** noun [C] a small black circle used in writing to show separate items on a list **пункт маркированного списка**

bulletproof /ˈbʊlɪtpruːf/ **adjective** made of material that a bullet cannot go through **пуленепробиваемый** ***bulletproof vests***

bullion /ˈbʊliən/ **noun** [U] blocks of gold or silver **слиток**

bullock /ˈbʊlək/ **noun** [C] a young bull (= male cow) **бычок**

bully¹ /ˈbʊli/ **verb** [T] to intentionally frighten someone who is smaller or weaker than you **запугивать** *He was bullied at school by some* *older boys.* ◦ [+ into + doing sth] *She was bullied into leaving.*

• **bullying noun** [U] **запугивание** *Bullying is a problem in many schools.*

bully² /ˈbʊli/ **noun** [C] someone who intentionally frightens a person who is smaller or weaker than them **задира, обидчик**

bum¹ /bʌm/ **noun** [C] informal **1** UK your bottom **зад 2** US someone who has no home and no money **бомж**

bum² /bʌm/ **verb** [T] (present participle **bumming**, past tense and past participle **bummed**) very informal to ask someone for something, such as money or cigarettes, without intending to pay for them **стрелять (деньги, сигарету)** *Hey, could I bum a cigarette?*

PHRASAL VERBS **bum around** informal to spend time being lazy and doing very little **бездельничать** • **bum around sth** informal to travel to different places and not do any work **бродяжничать**

bumbag /ˈbʌmbæg/ **noun** [C] UK (US **fanny pack**) a small bag fixed to a belt that you wear around your waist **поясная сумка**

bumblebee /ˈbʌmblbiː/ **noun** [C] a large, hairy bee (= flying insect) **шмель**

bumbling /ˈbʌmblɪŋ/ **adjective** [always before noun] confused and showing no skill **неуклюжий** *a* ***bumbling idiot***

bummer /ˈbʌməʳ/ **noun a bummer** informal something unpleasant or annoying **дрянь, гадость** *That last exam was a real bummer.*

bump¹ /bʌmp/ **verb 1** (B2) [T] to hurt part of your body by hitting it against something hard **ударять(ся)** *I bumped my head on the door.* **2 bump into/against sth** (B2) to hit your body, your car, etc against something by accident **налетать на что-либо** *He kept falling over and bumping into things.* **3 bump along/over sth** to move in a vehicle over a surface that is not smooth **трястись (в транспорте)** *The bus bumped along the country road.*

PHRASAL VERBS **bump into sb** informal to meet someone you know when you have not planned to meet them **натыкаться на кого-либо** *I bumped into an old school friend in town today.* • **bump sb off** informal to murder someone **убить, грохнуть**

bump² /bʌmp/ **noun** [C] **1** a round, raised area on a surface **ухаб** *My bike hit a bump in the road.* **2** a raised area on your body where it has been hurt by hitting something hard **шишка (от удара)** *a nasty bump on the head* **3** when something hits something hard **глухой удар** *I heard a bump upstairs.*

bumper¹ /ˈbʌmpəʳ/ **noun** [C] (B2) a bar fixed along the front or back of a vehicle to protect it in an accident **бампер** *a front/rear bumper*

bumper² /ˈbʌmpəʳ/ **adjective** [always before noun] bigger or better than usual **небывалый, невиданный** *a* ***bumper year***

ˈbumper ˌsticker noun [C] a sign that you stick on a car, often with a funny message on it **наклейка на машине**

bumpy /ˈbʌmpi/ **adjective 1** A bumpy road or surface is not smooth but has raised areas on it. **ухабистый 2** A bumpy journey is uncomfortable because the vehicle moves around a lot. **тряский 3** full of problems or sudden changes **полный сложностей** *We had a* ***bumpy start****.*

bun /bʌn/ **noun** [C] **1** UK (B2) a small, round cake **булочка** *an iced bun* **2** (B2) a small, round piece of bread **булочка** *a hamburger/hot cross bun* **3** a hairstyle in which the hair is arranged in a small, round shape on the back of the head **пучок (волос)**

bunch¹ /bʌnʃ/ **noun 1** [C] (B1) a number of things of the same type which are joined or held together **связка, пучок, букет** *He handed me a* ***bunch of flowers.*** → See **Pieces and Quantities** on page Centre 1 **2** [C] informal (B1) a group of people **компания (людей)** [usually singular] *His friends are a nice bunch.* **3 a bunch of sth** US informal a large amount or number of something **множество** *There's a whole bunch of places I'd like to visit.*

> **Слова-партнеры к bunch**
> a bunch of **bananas/flowers/grapes/keys**

bunch² /bʌnʃ/ **verb**

PHRASAL VERBS **bunch (sb/sth) together/up** to move close together so that you make a tight group, or to make someone or something do this **сбиваться, собирать в кучу** [often passive] *We were all bunched up at the back of the room.* • **bunch (sth) up** If material bunches up, or if someone bunches it up, it moves into tight folds. **сборить** [often passive] *My shirt's all bunched up at the back.*

bunches /ˈbʌntʃɪz/ **noun** [plural] UK a hairstyle in which the hair is tied together in two parts, one on each side of the head **хвостики (волос)**

bundle¹ /ˈbʌndl/ **noun 1** [C] a number of things that are tied together **пачка, узел** *a bundle of letters/clothes* **2 a bundle of energy/nerves** informal a very energetic or nervous person **клубок энергии/нервов**

bundle² /ˈbʌndl/ **verb 1 bundle sb into/out of/through sth** to push or carry someone somewhere quickly and roughly **заталкивать, вытаскивать** *He was bundled into the back of a car and driven away.* **2** to include an extra computer program or other product with something you sell **добавлять компьютерную программу или другой продукт к продаваемому товару**

PHRASAL VERBS **bundle sth up** to tie a number of things together **связывать** • **bundle (sb) up** to put warm clothes on yourself or someone else **укутывать(ся)**

bung /bʌŋ/ **verb bung sth in/on, etc** UK informal

to put something somewhere in a quick, careless way **засовывать** *Shall I bung a chicken in the oven for dinner?*

PHRASAL VERB **bung sth up** UK informal to cause something to be blocked so that it does not work in the way it should **засорять** [often passive] *The toilet was bunged up with paper.*

bungalow /ˈbʌŋgələʊ/ **noun** [C] a house that has all its rooms on the ground floor **бунгало**

bungee jumping /ˈbʌndʒiˌdʒʌmpɪŋ/ **noun** [U] (also **bungy jumping**) the sport of jumping from a very high place while tied to a long elastic rope, so that the rope pulls you back before you hit the ground **прыжки с моста, скалы и т.п. с помощью эластичного троса**

bungle /ˈbʌŋgl/ **verb** [T] to do something wrong in a very careless or stupid way **заваливать (дело)** *a bungled robbery*
• **bungling noun** [U] **неумелая работа**

bunk /bʌŋk/ **noun** [C] a narrow bed in a ship, train, etc **койка**

ˈ**bunk** ˌ**beds noun** [plural] two beds fixed together with one on top of the other **двухъярусная кровать**

bunker /ˈbʌŋkər/ **noun** [C] **1** an underground room where people go to be protected, especially from bombs **бункер 2** in golf, a hollow area filled with sand **яма**

bunny /ˈbʌni/ **noun** [C] (also ˈ**bunny** ˌ**rabbit**) a child's word for 'rabbit' **кролик**

buoy[1] /bɔɪ/ **noun** [C] a floating object used in water to mark dangerous areas for boats **буй**

buoy[2] /bɔɪ/ **verb be buoyed (up) by sth** to feel happy or confident because of something **быть приободренным чем-либо** *The team was buoyed up by their win last week.*

buoyant /ˈbɔɪənt/ **adjective 1** happy and confident **жизнерадостный** *in a* ***buoyant mood*** **2** successful or making a profit **процветающий** *a* ***buoyant economy*** **3** floating or able to float **плавучий**
• **buoyancy** /ˈbɔɪənsi/ **noun** [U] **плавучесть, жизнерадостность**

burden /ˈbɜːdən/ **noun** [C] something difficult or unpleasant that you have to deal with or worry about **обуза** *the* ***burden of*** *responsibility ◦ I'd hate to* ***be a burden to*** *you when I'm older.*
• **burden verb** [T] to give someone something difficult or unpleasant to deal with or worry about **обременять** *Sorry to* ***burden*** *you* ***with*** *my problems.* • **burdensome adjective обременительный**

> Слова-партнеры к **burden**
>
> be/become a burden on/to sb • carry the burden of sth • ease/lighten/share the burden • a heavy burden • the burden of (doing) sth

bureau /ˈbjʊərəʊ/ **noun** [C] (plural **bureaux**, US **bureaus**) **1** a department or office **бюро 2** UK a piece of furniture with drawers and a sloping top used for writing **бюро 3** US (UK **chest of drawers**) a piece of furniture with drawers for keeping clothes in **комод**

bureaucracy /bjʊəˈrɒkrəsi/ **noun 1** [U] complicated rules and processes used by an organization, especially when they do not seem necessary **бюрократия** *government bureaucracy* **2** [C, U] a government or organization in which there are a lot of officials in a lot of departments **бюрократия**
• **bureaucrat** /ˈbjʊərəʊkræt/ **noun** [C] someone working in a bureaucracy **бюрократ** • **bureaucratic** /ˌbjʊərəʊˈkrætɪk/ **adjective бюрократический**

burgeoning /ˈbɜːdʒənɪŋ/ **adjective** growing very quickly **быстрорастущий** *a burgeoning population*

burger /ˈbɜːgər/ **noun** [C] (A2) a flat, round piece of food, usually made of meat, that is fried and served between pieces of bread **гамбургер** *burger and fries ◦ a veggie burger*

burglar /ˈbɜːglər/ **noun** [C] (B2) someone who gets into buildings illegally and steals things **грабитель**

ˈ**burglar** aˌ**larm noun** [C] something that makes a noise if someone tries to get into a building illegally **сигнализация**

burglarize /ˈbɜːgləraɪz/ **verb** US burgle **грабить**

burglary /ˈbɜːgləri/ **noun** [C, U] (B2) when someone gets into a building illegally and steals things **ограбление со взломом**

burgle /ˈbɜːgl/ **verb** [T] UK (US **burglarize**) to get into a building illegally and steal things **грабить** [often passive] *They've been burgled twice recently.*

burial /ˈberiəl/ **noun** [C, U] when a dead body is put into the ground **похороны**

burly /ˈbɜːli/ **adjective** A burly man is large and strong. **дюжий**

burn[1] /bɜːn/ **verb** (past tense and past participle **burnt**, **burned**) **1** [I, T] (B1) to destroy something with fire, or to be destroyed by fire **жечь, гореть** *I burnt all his letters. ◦ The factory burned to the ground. ◦ He dropped his cigarette and* ***burnt a hole in*** *his jacket.* **2** [I] (B1) to produce flames **гореть** *The fire's burning well.* **3** [I, T] If you burn something that you are cooking, you cook it too much and if something you are cooking burns, it cooks too much. **подгорать** *Check the pizza – I think it's burning!* **4 burn yourself/your fingers, etc** (B1) to be hurt by fire or heat **обжигать(ся)** *He burned his hand on the kettle.* **5** [T] (also **burn up**) to use fuel to produce heat or energy **сжигать** *to burn calories/fuel* **6** [T] to copy music, information or images onto a CD **записывать файлы на компакт-диск** *He's* ***burnt*** *all his favourite records* ***onto*** *a CD.* **7** [I] to be very hot or sore **пылать** *Her cheeks were burning.* **8 burn with anger/hatred, etc** to feel an emotion very strongly **пылать злостью/ненавистью и т. д.**

PHRASAL VERBS **burn (sth) down** B2 to destroy something, especially a building, by fire, or to be destroyed by fire **сжигать, сгорать** *Their house burnt down while they were away on holiday.* • **burn out** If a fire burns out, it stops producing flames because nothing remains that can burn. **угасать** • **burn out** B2 to become ill or very tired from working too hard **исчерпать, дойти до предела** *If Olivia keeps working late every night, she will burn out.* • **burn (sth) up** to destroy something completely, or to be destroyed completely by fire or heat **сжигать, сгорать дотла** *The satellite will burn up when it enters the atmosphere.*

burn² /bɜːn/ **noun** [C] a place where fire or heat has damaged or hurt something **ожог** *She has a nasty burn on her arm.*

burner /ˈbɜːnəʳ/ **noun** [C] a piece of equipment used to burn or heat something **горелка**

IDIOM **put sth on the back burner** to not deal with something now, but intend to deal with it at a later time **откладывать на время**

burning /ˈbɜːnɪŋ/ **adjective 1** very hot **обжигающий** *the burning heat of the midday sun* **2 burning ambition/desire, etc** a very strong need to do something **неистовое стремление/жгучее желание и т. д.** **3 a burning issue/question** a subject or question that must be dealt with or answered quickly **насущный вопрос**

burnout /ˈbɜːnaʊt/ **noun** [U] US extreme tiredness, usually caused by working too much **истощение физических и духовных сил**

burnt¹ /bɜːnt/ **adjective** destroyed or made black by fire or heat **подгоревший, сгоревший** *burnt toast*

burnt² /bɜːnt/ past of burn **прош. вр. и прич. прош. вр. от гл. burn**

burnt-out /ˌbɜːntˈaʊt/ **adjective** (also **burned-out** /bɜːndˈaʊt/) **1** A burnt-out car or building has been almost completely destroyed by fire. **сгоревший** **2** informal tired and without enthusiasm because you have worked too hard **вымотанный** *a burnt-out teacher*

burp /bɜːp/ **verb** [I] to let air from your stomach come out of your mouth in a noisy way **рыгать**
• **burp noun** [C] **рыгание**

burrow¹ /ˈbʌrəʊ/ **verb** [I] When an animal burrows, it digs a hole or passage in the ground to live in. **рыть нору** *There are rabbits burrowing under the building.*

burrow² /ˈbʌrəʊ/ **noun** [C] a hole or passage in the ground dug by an animal to live in **нора**

burst¹ /bɜːst/ **verb** (past tense and past participle **burst**) **1** B2 [I, T] If a container bursts, or if you burst it, it breaks suddenly, so that what is inside it comes out. **лопаться, прорываться** *A water pipe burst and flooded the cellar.* **2 burst in/out/through, etc** B2 to move somewhere suddenly and forcefully **врываться** *Three masked men burst into the shop.* **3 burst into flames** to suddenly start burning **вспыхивать** **4 burst into laughter/tears, etc** B2 to suddenly start laughing/crying, etc **расхохотаться/расплакаться и т. д.** *She burst into tears and ran away.* **5 burst open** to open suddenly and with force **распахиваться (о двери и т. д.)** **6 be bursting with confidence/joy, etc** to be full of an emotion or quality **быть переполненным уверенностью/ радостью и т. д.** *She was bursting with pride.* **7 be bursting to do sth** informal to want to do something very much **сгорать от нетерпения сделать что-либо** *I was bursting to tell him about the party.*

PHRASAL VERB **burst out 1** B2 to suddenly say something loudly **воскликнуть** *'Don't go!' he burst out.* **2 burst out laughing/crying** B2 to suddenly start laughing/crying **расхохотаться/расплакаться** *I walked in and everyone burst out laughing.*

burst² /bɜːst/ **noun 1 a burst of sth** a sudden large amount of noise, activity, etc **вспышка, взрыв** *a burst of applause/laughter* **2** [C] when something breaks open and what is inside it comes out **разрыв**

bury /ˈberi/ **verb** [T] **1** B1 to put a dead body into the ground **хоронить** [often passive] *He was buried next to his wife.* **2** B1 to hide something in the ground or under something **погребать** *buried treasure* ◦ [often passive] *Two climbers were buried in the snow.* **3 bury your face/head in sth** to move your face/head somewhere where it is hidden **прятать лицо/голову** *She buried her face in her hands.* **4 bury yourself in sth** to give all your attention to something **погружаться с головой (в работу и т. д.)** *He buried himself in his work.* → See also bury the **hatchet**

bus /bʌs/ **noun** [C] (plural **buses**) A1 a large vehicle that carries passengers by road, usually along a fixed route **автобус** *a school bus* ◦ *I'll go home **by bus**.*
• **bus verb** [T] (present participle UK **bussing**, past tense and past participle **bussed**, present participle US **busing**, past tense and past participle **bused**) to take a group of people somewhere in a bus **везти на автобусе** → See picture at **vehicle**

Слова-партнеры к **bus**

catch a bus • miss the bus • on a bus • by bus • a bus route

bush /bʊʃ/ **noun 1** B2 [C] a short, thick plant with a lot of branches **куст** *a rose bush* ◦ *There was someone hiding in the bushes.* **2 the bush** wild parts of Australia or Africa where very few people live **буш**

IDIOM **beat about the bush** to avoid talking about something difficult or embarrassing **ходить вокруг да около**

bush

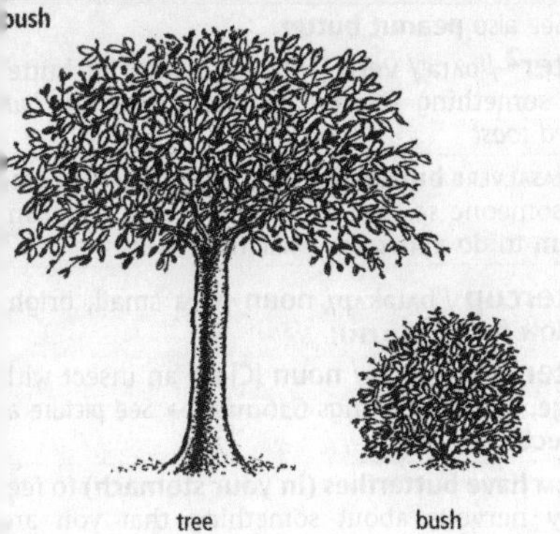

bushy /ˈbʊʃi/ **adjective** If hair or a plant is bushy, it has grown very thick. **густой** *bushy eyebrows*

busily /ˈbɪzɪli/ **adverb** in a busy, active way **энергично, деловито** *He was busily writing notes.*

business /ˈbɪznɪs/ **noun 1** [U] A1 the buying and selling of goods or services **бизнес** *The shop closed last year, but now they're back **in business**. ◦ We **do** a lot of **business with** China. ◦ His company has **gone out of business** (= failed).* **2** [C] A2 an organization that sells goods or services **компания** *My uncle **runs a** small decorating **business**.* **3** [U] B1 work that you do to earn money **работа, дело** *She's in Vienna **on business** (= working).* **4 a nasty/strange, etc business** an unpleasant/strange, etc situation **темное/странное и т. д. дело 5 be sb's (own) business** to be something private that other people do not need to know **быть чьим-либо личным делом 6 be none of sb's business** B2 If something is none of someone's business, they do not need to know about it, although they want to, because it does not affect them. **не мое/твое/его и т. д. дело 7 mind your own business** used to tell someone in a rude way that you do not want them to ask about something private **не лезь не в свое дело!** → See also **big business**, **show business**

> Слова-партнеры к **business**
>
> be **in** business • **do** business **with** sb • **go into** business • **go out of** business

business ˌclass noun [U] a more expensive way of travelling by aircraft in which you sit in a separate part of the aircraft and are given better service **бизнес-класс (в самолете)**
• **business class adjective**, **adverb в бизнес-классе**

businesslike /ˈbɪznɪslaɪk/ **adjective** working in a serious and effective way **деловой** *a businesslike manner*

businessman, businesswoman /ˈbɪznɪsmən/, /ˈbɪznɪsˌwʊmən/ **noun** [C] (plural **businessmen, businesswomen**) A2 someone who works in business, usually in a high position in a company **бизнесмен**

busk /bʌsk/ **verb** [I] UK to perform music in a public place to get money from people walking past **давать представление на улицах**
• **busker noun** [C] **уличный музыкант**

ˈbus ˌstation noun [C] (also UK **coach station**) A2 a building where a bus starts or ends its journey **автобусный вокзал**

ˈbus ˌstop noun [C] A2 a place where buses stop to let passengers get on or off **автобусная остановка** *I saw her waiting at the bus stop.*

bust¹ /bʌst/ **verb** [T] (past tense and past participle **bust**, US **busted**) informal **1** to break or damage something **взломать** *The cops had to bust the door down to get in.* **2** If the police bust someone, they catch them and accuse them of a crime. **арестовывать** [often passive] *He was busted for selling drugs.*

bust² /bʌst/ **noun** [C] **1** a woman's breasts, or their size in relation to clothing **бюст** *a 36-inch bust* **2** a model of someone's head and shoulders **бюст** *a bronze bust of the Queen* **3 a drug bust** when the police catch people selling or using illegal drugs **полицейская облава на наркоторговцев**

bust³ /bʌst/ **adjective 1 go bust** If a business goes bust, it stops trading because it does not have enough money. **разоряться** *His **company went bust**, leaving huge debts.* **2** UK informal (US **busted** /ˈbʌstɪd/) broken **сломанный** *My phone's bust – can I use yours?*

bustle¹ /ˈbʌsl/ **verb 1 bustle about/around/in, etc** to move around and do things in a quick, busy way **сновать, суетиться** *There were lots of shoppers bustling about.* **2 bustle with sth** to be full of people or activity **бурлить** *The town centre was bustling with people.*

bustle² /ˈbʌsl/ **noun** [U] people and activity **суета** *We left the bustle of the city behind us.*

bustling /ˈbʌslɪŋ/ **adjective** full of people and activity **оживленный** *a bustling city/street*

bust-up /ˈbʌstʌp/ **noun** [C] UK informal a serious disagreement **скандал, ссора** *He left home after a big bust-up with his dad.*

busy¹ /ˈbɪzi/ **adjective 1** A2 If you are busy, you are working hard, or giving your attention to a particular activity. **занятой, занятый** *Mum was busy in the kitchen.* ◦ [+ doing sth] *I was busy mowing the lawn. ◦ I've got plenty of jobs to **keep** you **busy**. ◦ He was **too busy** talking **to** notice us come in.* **2** A2 A busy place is full of activity or people. **оживленный** *a busy restaurant/road* **3** A2 In a busy period you have a lot of things to do. **загруженный** *I've had a very busy week.* **4** US (UK **engaged**) If a telephone line is busy, someone is using it. **занятый**

busy² /ˈbɪzi/ **verb busy yourself** to spend time working or doing something **заниматься** *We busied ourselves in the kitchen preparing dinner.*

but¹ strong /bʌt/ weak /bət/ **conjunction 1** A1

B

used to introduce something new that you say, especially something which is different or the opposite from what you have just said **но** *I'd drive you there, but I haven't got my car.* ◦ *The tickets were expensive, but the kids really enjoyed it.* **2** used before you say why something did not happen or is not true **но** *I was going to go to his party, but I was ill.* **3** used to show that you are surprised about what someone has just said **но** *'Tim is leaving.' 'But why?'* **4** used to connect 'excuse me' or 'I'm sorry' with what you say next **но** *Excuse me, but would you mind shutting the door?*

but² strong /bʌt/ weak /bət/ **preposition** B1 except **кроме** *Everyone but Andrew knows.* ◦ *Can you buy me a sandwich? Anything but ham.* ◦ *This is the* ***last*** *programme* ***but one*** *(= the programme before the last).*

but³ strong /bʌt/ weak /bət/ **adverb** formal only **лишь** *We can but try.*

butcher¹ /ˈbʊtʃəʳ/ **noun** [C] B1 someone who prepares and sells meat **мясник**

butcher² /ˈbʊtʃəʳ/ **verb** [T] **1** to kill someone in a very violent way **безжалостно убивать** **2** to cut an animal into pieces of meat **разделывать тушу**

butcher's /ˈbʊtʃəz/ **noun** [C] UK (US ˈ**butcher** ˌ**shop**) a shop that prepares and sells meat **мясной магазин** *I went to the butcher's to buy some sausages.*

butler /ˈbʌtləʳ/ **noun** [C] a man who opens the door, serves dinner, etc in a large house as a job **дворецкий**

butt¹ /bʌt/ **noun** **1** [C] US informal your bottom **задница** *He just sits on his butt all day long.* **2** [C] the end of a cigarette that is left after it is smoked **окурок** *There were* ***cigarette butts*** *all over the floor.* **3** [C] the end of the handle of a gun **приклад** *the butt of a rifle* **4 a head butt** when you hit someone with the top, front part of your head **удар головой**

IDIOM **kick sb's butt** US informal to punish someone or defeat someone with a lot of force **надавать по заднице**

butt² /bʌt/ **verb** [T] to hit something with the top, front part of your head **ударять головой** *He butted me in the stomach.*

PHRASAL VERB **butt in** to interrupt or join in a conversation or activity when the other people do not want you to **вмешиваться** *The interviewer kept butting in and wouldn't let me answer the question.*

butter¹ /ˈbʌtəʳ/ **noun** [U] A1 a soft, pale yellow food made from cream that you put on bread and use in cooking **масло** → See **Food** on page Centre 11

IDIOM **butter wouldn't melt in sb's mouth** used to say that someone looks as if they would never do anything wrong **выглядеть тихоней**

→ See also **peanut butter**

butter² /ˈbʌtəʳ/ **verb** [T] to put a layer of butter on something **намазывать маслом** *hot buttered toast*

PHRASAL VERB **butter sb up** informal to be very nice to someone so that they will do what you want them to do **льстить, умасливать**

buttercup /ˈbʌtəkʌp/ **noun** [C] a small, bright yellow flower **лютик**

butterfly /ˈbʌtəflaɪ/ **noun** [C] B1 an insect with large, patterned wings **бабочка** → See picture at **insect**

IDIOM **have butterflies (in your stomach)** to feel very nervous about something that you are going to do **мутит от страха**

buttock /ˈbʌtək/ **noun** [C] one of the two sides of your bottom **ягодица**

button¹ /ˈbʌtᵊn/ **noun** [C] **1** B1 a small, round object that you push through a hole to fasten clothing **пуговица** *to* ***do up/undo*** *your* ***buttons*** **2** B1 a switch that you press to control a piece of equipment **кнопка** *Press the play button to listen to your recording.* → See also **belly button**

button² /ˈbʌtᵊn/ **verb** [T] (also **button up**) to fasten a piece of clothing with buttons **застегивать на пуговицы** *Jack buttoned up his jacket.* → Opposite **unbutton**

buttonhole /ˈbʌtᵊnhəʊl/ **noun** [C] **1** a hole that you push a button through on a piece of clothing **петлица** **2** UK a flower worn on a jacket or coat for a special occasion **бутоньерка**

buxom /ˈbʌksəm/ **adjective** A buxom woman has large breasts. **полногрудый**

buy¹ /baɪ/ **verb** [T] (past tense and past participle **bought**) A1 to get something by paying money for it **покупать** *I went to the shop to buy some milk.* ◦ *They* ***bought*** *their house* ***for*** *£14,000.* ◦ [+ two objects] *He bought me a camera for my birthday.*

> **!** Типичная ошибка: **by or buy?**
>
> **Внимание!** Используйте правильное слово.
>
> Эти два слова могут казаться похожими, но их написание различно и они имеют совершенно разные значения.
>
> Если вы имеете в виду "приобрести что-то за деньги", то пишите **buy**, а не 'by'.
>
> ~~*My parents advised me to by a computer.*~~
>
> *My parents advised me to buy a computer.*

PHRASAL VERBS **buy into sth** to believe in something **попасться на удочку, купиться** *I don't buy into all that dieting nonsense.* • **buy sb/sth out** to buy part of a company or building from someone else so that you own all of it **выкупать долю** • **buy sth up** to quickly buy a lot of something, often all that is available **скупать**

buy² /baɪ/ **noun a good buy** when you buy something good for a cheap price **удачная покупка** *This coat was a really good buy.*

buyer /ˈbaɪəʳ/ **noun** [C] B1 someone who buys something **покупатель**

buyout /ˈbaɪaʊt/ **noun** [C] when a group of people buy the company that they work for **выкуп (своей компании)**

buzz¹ /bʌz/ **noun 1** [no plural] informal a feeling of excitement, energy, or pleasure **оживление** *He **gets a** real **buzz from** going to the gym.* **2** [C] a continuous sound like a bee makes **жужжание**

buzz² /bʌz/ **verb** [I] **1** to make a continuous sound like a bee **жужжать** *I can hear something buzzing.* **2** to be full of activity or excitement **гудеть** *The crowd was **buzzing with** excitement.* **3 buzz about/around, etc** to move around in a quick and busy way **сновать, суетиться**

buzzer /ˈbʌzəʳ/ **noun** [C] a piece of electronic equipment that makes a long sound as a signal **гудок** *to **press** the **buzzer***

buzzword /ˈbʌzwɜːd/ **noun** [C] a word or expression that has become fashionable, usually in a particular subject or group of people **модное словечко** *a new political buzzword*

by¹ strong /baɪ/ weak /bɪ/, /bə/ **preposition 1** A2 used to show the person or thing that does something **указывает на деятеля, передается твор. падежом, реже род. падежом** *She was examined by a doctor.* ◦ *a painting by Van Gogh* **2** A2 through doing or using something **указывет на средство, передается твор. падежом** *Can I pay by cheque?* ◦ *We'll get there by car.* ◦ [+ doing sth] *Open the file by clicking on the icon.* **3** B2 holding a particular part of someone or something **за** *She grabbed me by the arm.* **4** B1 near or next to something or someone **рядом, у, около** *I'll meet you by the post office.* ◦ *A small child stood by her side.* **5** A2 not later than a particular time or date **к** *Applications have to be in by the 31st.* **6** according to **по** *By law you must be eighteen to purchase alcohol.* **7** past **мимо** *He sped by me on a motorcycle.* **8** used to show measurements or amounts **на, за** *twelve by ten metres of floor space* ◦ *Interest rates have been increased by 0.25%.* ◦ *I'm paid by the hour.* **9 by accident/chance/mistake, etc** B1 as a result of an accident/chance/mistake, etc **по случайности/ошибке и т. д.** *I went to the wrong room by mistake.* **10 by day/night** during the day/night **днем/ночью** **11 day by day/little by little/one by one, etc** used in particular phrases to mean 'gradually' or 'in units of' **день ото дня/понемногу/по одному** *Day by day he grew stronger.*

by² /baɪ/ **adverb** past **мимо** *A motorcycle sped by.*

bye /baɪ/ **exclamation** (also **bye-bye**) A1 goodbye **пока!** *Bye, see you tomorrow.*

by-election /ˈbaɪɪˌlekʃᵊn/ **noun** [C] an election in the UK to choose a new member of parliament for an area because the old one has left or died **дополнительные выборы**

bygone /ˈbaɪgɒn/ **adjective** literary **bygone age/days/era, etc** a time in the past **прошлый век/прошлые дни/прошлая эпоха и т. д.**

bygones /ˈbaɪgɒnz/ **noun let bygones be bygones** something that you say to tell someone to forget about the unpleasant things in the past **забудем прошлое, что было, то прошло**

bypass¹ /ˈbaɪpɑːs/ **noun** [C] **1** a road that goes around a town and not through it **окружная дорога** **2** a medical operation to make blood flow along a different route and avoid a damaged part of the heart **шунтирование** *a **coronary/heart bypass***

bypass² /ˈbaɪpɑːs/ **verb** [T] **1** to go around a place or thing and not through it **объезжать** *I was hoping to bypass the city centre.* **2** to avoid dealing with someone or something by dealing directly with someone or something else **обращаться напрямую к кому-либо/чему-либо** *They bypassed him and went straight to his manager.*

by-product /ˈbaɪˌprɒdʌkt/ **noun** [C] something that is produced when you are making or doing something else **побочный продукт** *Carbon monoxide is a by-product of burning.*

bystander /ˈbaɪˌstændəʳ/ **noun** [C] someone who is near the place where an event happens, but not directly involved in it **прохожий** *The gunman began firing at **innocent bystanders**.*

byte /baɪt/ **noun** [C] a unit for measuring the amount of information a computer can store, equal to 8 bits (= smallest unit of computer information) **байт**

C

C, c /siː/ the third letter of the alphabet **3-я буква алфавита**

C written abbreviation for Celsius or centigrade: measurements of temperature **по Цельсию** *30°C*

c. written abbreviation for circa (= used before a number or date to show that it is not exact) **около** *c. 1900*

cab /kæb/ **noun** [C] **1** informal (B1) a taxi (= car that you pay to travel in) **такси** *We **took a cab** to the theatre.* ◦ *a cab driver* **2** the front part of a truck where the driver sits **кабина водителя**

cabaret /ˈkæbəreɪ/ **noun** [C, U] when someone entertains people with songs, jokes, etc in a bar or restaurant **кабаре** *He's appearing **in cabaret** at the Cafe Royal.*

cabbage /ˈkæbɪdʒ/ **noun** [C, U] (B1) a large, round vegetable that consists of a lot of thick leaves **капуста**

cabbie /ˈkæbi/ **noun** [C] informal someone who drives a taxi (= car that you pay to travel in) **таксист**

cabin /ˈkæbɪn/ **noun** [C] **1** a small, simple house made of wood **хижина** *a log cabin* **2** a small room to sleep in on a ship **каюта** **3** (B1) the area where passengers sit on an aircraft **салон самолета**

ˈcabin ˌcrew noun [C] the people on an aircraft who take care of the passengers as their job **часть экипажа самолета, занятая обслуживанием пассажиров**

cabinet /ˈkæbɪnət/ **noun** **1 the Cabinet** a group of people in a government who are chosen by and who advise the highest leader **кабинет (министров)** *a **Cabinet minister/member*** **2** (B2) [C] a cupboard with shelves or drawers to store or show things in **шкафчик, комод** *a **bathroom/medicine cabinet*** → See also **filing cabinet**

cable /ˈkeɪbl/ **noun** **1** [C, U] (B2) a wire covered by plastic that carries electricity, telephone signals, etc **кабель** *overhead **power cables*** **2** [C, U] thick wire twisted into a rope **канат** **3** [U] (B1) the system of sending television programmes or telephone signals along wires under the ground **кабельное телевидение** ***cable TV*** ◦ *This channel is only available **on cable**.*

ˈcable ˌcar noun [C] a vehicle that hangs from thick cables and carries people up hills and mountains **фуникулер**

ˌcable (TˈV) noun [U] (also **ˌcable ˈtelevision**) a system of sending television pictures and sound along wires buried under the ground **кабельное (телевидение)**

cache /kæʃ/ **noun** [C] a secret supply of something **тайник** *a **cache of weapons***

cachet /ˈkæʃeɪ/ (US) /kæʃˈeɪ/ **noun** [U] when something is admired or respected **престиж, признание**

cacophony /kəˈkɒfəni/ **noun** [no plural] a loud, unpleasant mixture of sounds **какофония**

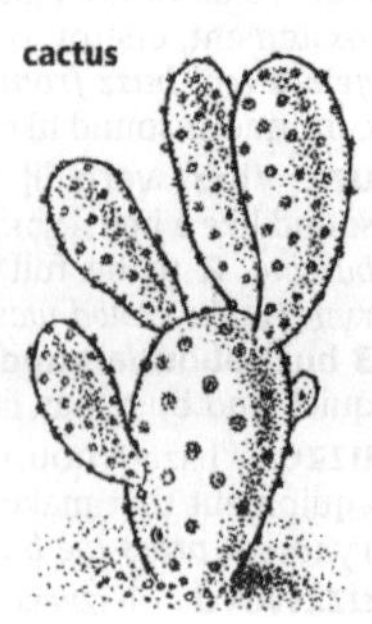

cactus /ˈkæktəs/ **noun** [C] (plural **cacti** /ˈkæktaɪ/, **cactuses**) a plant with thick leaves for storing water and often sharp points that grows in deserts **кактус**

CAD /kæd/ **noun** [U] computer-aided design: the use of computers to design objects **автоматизированное проектирование**

caddie /ˈkædi/ **noun** [C] someone who carries the equipment for someone playing golf **кадди** → See **Sports 2** on page Centre 15

• **caddie verb** [I] (present participle **caddying**, past tense and past participle **caddied**) to be a caddie for someone **подносить клюшки для игроков в гольф**

cadet /kəˈdet/ **noun** [C] a young person who is training to be in a military organization, the police, etc **кадет** *an **army cadet***

caesarean (also US **cesarean**) /sɪˈzeəriən/ **noun** [C] an operation in which a baby is taken out of a woman through a cut in the front of her body **кесарево сечение**

café (also **cafe**) /ˈkæfeɪ/ (US) /kæˈfeɪ/ **noun** [C] (A1) a small restaurant where you can buy drinks and small meals **кафе**

cafeteria /ˌkæfəˈtɪəriə/ **noun** [C] a restaurant where you collect and pay for your food and drink before you eat it **столовая** *a school cafeteria*

caffeine /ˈkæfiːn/ **noun** [U] a chemical in coffee, tea, etc that makes you feel more awake **кофеин**

cage /keɪdʒ/ **noun** [C] (B1) a container made of wire or metal bars used for keeping birds or animals in **клетка** *a bird cage* → See also **rib cage**

cagey /ˈkeɪdʒi/ **adjective** If someone is cagey, they are not very willing to give information, and you may think they are not honest. **скрытный** *He's very **cagey about** his past.*

cajole /kəˈdʒəʊl/ **verb** [I, T] to persuade someone

to do something by being friendly or by promising them something **уговаривать, улещивать** [+ into + doing sth] *She cajoled me into helping with the dinner.*

cake /keɪk/ **noun** [C, U] A1 a sweet food made from flour, butter, sugar, and eggs mixed together and baked **торт, пирог** *a chocolate/fruit cake* ◦ *a **piece/slice of cake*** ◦ *to bake/make a cake* → See **Food** on page Centre 11

IDIOM **have your cake and eat it** to have or do two things that it is usually impossible to have or do at the same time **один пирог два раза не съешь, нельзя совместить несовместимое**

→ See also the **icing** on the cake, be a **piece**[1] of cake

caked /keɪkt/ **adjective be caked in/with sth** to be covered with a thick, dry layer of something **быть заляпанным чем-либо** *His boots were caked in mud.*

calamity /kəˈlæməti/ **noun** [C] a sudden, bad event that causes a lot of damage or unhappiness **бедствие, большое несчастье**

calcium /ˈkælsiəm/ **noun** [U] a chemical element in teeth, bones, and chalk (= a soft, white rock) (symbol Ca) **кальций**

calculate /ˈkælkjəleɪt/ **verb 1** B2 [T] to discover an amount or number using mathematics **вычислять** *to calculate a cost/percentage* **2 be calculated to do sth** to be intended to have a particular effect **быть сделанным с расчетом** *His comments were calculated to embarrass the prime minister.*

calculated /ˈkælkjəleɪtɪd/ **adjective** based on careful thought or planning, not on emotion **обдуманный** *a **calculated risk/decision***

calculating /ˈkælkjəleɪtɪŋ/ **adjective** Calculating people try to get what they want by thinking carefully and without emotion, and not caring about other people. **расчетливый** *a cold, calculating criminal*

calculation /ˌkælkjəˈleɪʃᵊn/ **noun 1** [C, U] B2 when you use mathematics to discover a number or amount **вычисление, подсчет** *I **did** some quick **calculations** to see if I could afford to buy it.* **2** [U] when someone thinks very carefully about something without any emotion **обдумывание**

> **Слова-партнеры к calculation**
>
> do/perform a calculation • a **complex/precise/quick/rough** calculation

calculator /ˈkælkjəleɪtəʳ/ **noun** [C] B1 an electronic device that you use to do mathematical calculations **калькулятор** *a **pocket calculator***

calendar /ˈkæləndəʳ/ **noun 1** A2 [C] something that shows all the days, weeks, and months of the year **календарь 2 the Christian/Jewish/Western, etc calendar** the system used to measure and arrange the days, weeks, months and special events of the year according to Christian/Jewish/Western, etc tradition **христианское/ еврейское/западное и т. д. летосчисление 3 the political/school/sporting, etc calendar** the events that are arranged during the year for a particular activity or organization **календарь политической/ школьной/спортивной и т. д. жизни**

calf /kɑːf/ **noun** [C] (plural **calves** /kɑːvz/) **1** B1 a young cow **теленок 2** the back of your leg below your knee **икра (ноги)** → See **The Body** on page Centre 13

calibre UK (US **caliber**) /ˈkælɪbəʳ/ **noun** [U] **1** the quality or level of ability of someone or something **уровень** *The calibre of applicants was very high.* **2** the measurement across the inside of a gun, or across a bullet **калибр**

CALL /kɔːl/ abbreviation for computer aided language learning: a way of learning languages using computers **изучение иностранного языка при помощи компьютера**

call[1] /kɔːl/ **noun 1** [C] (also **phone call**) A2 when you use the telephone **телефонный звонок** ***Give me a call** at the weekend.* ◦ *I **got a call** from Sue this morning.* **2 a call for sth** a demand for something to happen **требование, призыв** *a call for action/peace* **3** [C] a short visit **визит** *I thought I'd **pay** Gary **a call**.* **4** [C] B1 when someone shouts something **крик 5** [C] a sound made by a bird or other animal **крик 6 sb's call** informal when someone can decide something **чье-либо решение** *I don't mind what we do – it's your call.* **7 call for sth** when people want or need a particular thing **необходимость** *There's not much call for interior designers round here.* **8 be on call** to be ready to go to work if you are needed, as part of your job **быть готовым выйти на работу по первому требованию**

IDIOM **a close call** when something you do not want to happen nearly happens **рискованное положение, на волосок от гибели**

→ See also be at sb's **beck** and call, **wake-up call**

> **Слова-партнеры к call**
>
> make/get/take a call • **give** sb a call • a call from/to sb

call[2] /kɔːl/ **verb 1 be called sth** A1 to have a particular name **называться** *a man called John* ◦ *What's your dog called?* ◦ *Their latest record is called "Ecstasy".* **2** [+ two objects] B1 to give someone or something a particular name **называть** *I want to call the baby Alex.* **3** [+ two objects] B2 to describe someone or something in a particular way **называть** *She called him a liar.* **4** [T] B2 to ask someone to come somewhere **вызывать, приглашать** *She called me into her office.* **5** [I, T] (also **call out**) B1 to shout or say something in a loud voice **кричать** *I thought I heard someone calling my name.* **6** [I, T] A2 to telephone someone **звонить по телефону** *He called me every night while he was away.* ◦ *Has* *anyone called the police?* → See Note **phone 7** [I] (also **call by/in/round**) UK to visit someone for a short time **заходить, навещать** *John called round earlier.* **8 call an election/meeting, etc** to arrange for an election/meeting, etc to happen **назначать выборы/совещание и т. д.** *The chairman has called an emergency meeting.* → See also **call sb's bluff**, **call it a day**

> **!** Типичная ошибка: **call**
>
> Запомните: когда **call** выступает в роли глагола, который означает "звонить по телефону", после него не может быть предлога.
>
> Правильно говорить **call someone**, а не 'call to someone'.
>
> ~~*Please call to Mr Black and postpone our meeting.*~~
>
> *Please call Mr Black and postpone our meeting.*

PHRASAL VERBS **call back** UK B2 to go back to a place in order to see someone or collect something **возвращаться** *I'll call back later to pick up the books.* • **call (sb) back** A2 to telephone someone again, or to telephone someone who telephoned you earlier **перезванивать** *I can't talk now – I'll call you back in ten minutes.* • **call for sth 1** to demand that something happens **требовать** *to call for a ban on guns* **2** to need or deserve a particular action or quality **требоваться, быть нужным, уместным** *You passed your test? This calls for a celebration!* • **call for sb** B1 to go to a place in order to collect someone **заходить, заезжать за кем-либо** *I'll call for you at eight.* • **call sth off 1** B2 to decide that a planned event or activity will not happen because it is not possible, useful, or wanted now **отменять** *The game has been called off because of the weather.* **2** to decide to stop an activity **прекращать** *Police have called off the search.* • **call on sb to do sth** to ask someone in a formal way to do something **призывать кого-либо что-либо сделать** *He called on the rebels to stop fighting.* • **call (sb) up** mainly US to telephone someone **звонить по телефону** *My dad called me up to tell me the good news.* • **call sth up** B2 to find and show information on a computer screen **выводить на дисплей** *I'll just call up your account details.* • **be called up** to be ordered to join a military organization or asked to join an official team **быть призванным на военную службу** *He was called up soon after the war started.*

ˈcall ˌcentre noun [C] UK a place where people use telephones to provide information to customers, or to sell goods or services **телефонный информационный центр**

caller /ˈkɔːləʳ/ noun [C] **1** someone who makes a telephone call **человек, звонящий по телефону** *an anonymous caller* **2** mainly UK someone who visits for a short time **посетитель**

call-in /ˈkɔːlɪn/ noun [C] US (UK **phone-in**) a television or radio programme in which the public can ask questions or give opinions over the telephone **программа ответов на вопросы зрителей или слушателей**

calling /ˈkɔːlɪŋ/ noun [C] a strong feeling that you should do a particular type of work **призвание** *She found her true calling in teaching.*

callous /ˈkæləs/ **adjective** cruel and not caring about other people **жестокий, бездушный** *a callous remark*
• **callously adverb жестоко, бездушно**

calm[1] /kɑːm/ **adjective 1** B1 relaxed and not worried, frightened, or excited **спокойный** *a calm voice/manner ◦ Try to* ***stay calm*** *– the doctor will be here soon.* **2** B1 If the sea is calm, it is still and has no large waves. **спокойный 3** B1 If the weather is calm, there are no storms or wind. **тихий**
• **calmness** noun [U] **спокойствие**

calm[2] /kɑːm/ **noun** [U] when people or conditions are calm **спокойствие**

calm[3] /kɑːm/ **verb** [T] to make someone stop feeling upset, angry, or excited **успокаивать** *The police tried to calm the crowd. ◦ a calming effect*

PHRASAL VERB **calm (sb) down** B2 to stop feeling upset, angry, or excited, or to make someone stop feeling this way **успокаивать(ся)** *Calm down and tell me what's wrong.*

calmly /ˈkɑːmli/ **adverb** B2 in a relaxed way **спокойно** *He spoke slowly and calmly.*

calorie /ˈkælᵊri/ noun [C] a unit for measuring the amount of energy food provides **калория** *I try to eat about 2000 calories a day.*

calves /kɑːvz/ plural of calf **мн. ч. сущ. calf**

camaraderie /ˌkæməˈrɑːdᵊri/ noun [U] special friendship felt by people who work together or experience something together **дух товарищества**

camcorder /ˈkæmˌkɔːdəʳ/ noun [C] a camera that you can hold in your hand and that takes moving pictures **видеокамера**

came /keɪm/ past tense of come **прош. вр. гл. come**

camel /ˈkæmᵊl/ noun [C] B1 a large animal that lives in the desert and has one or two humps (= raised parts on its back) **верблюд**

camel

cameo /ˈkæmiəʊ/ noun [C] when someone famous appears for a short time in a film or play **эпизодическая роль, сыгранная известным актером** *a cameo role*

camera /ˈkæmᵊrə/ noun [C] A1 a piece of equipment used to take photographs or to make films **фотоаппарат, телекамера** *a digital camera ◦ a television camera*

cameraman /ˈkæmᵊrəmæn/ **noun** [C] (plural **cameramen**) someone who operates a television camera or film camera as their job **теле-/кинооператор**

camisole /ˈkæmɪsəʊl/ **noun** [C] a piece of women's underwear for the top half of the body, with thin straps that go over the shoulders **женское нижнее белье для торса, с тонкими лямками на плечах** *a lace camisole* → See **Clothes** on page Centre 9

camouflage /ˈkæməflɑːʒ/ **noun** [U] when the colour or pattern on something is similar to the area around it making it difficult to see **маскировка** *a camouflage jacket*
• **camouflage verb** [T] **маскировать**

camp[1] /kæmp/ **noun 1** B1 [C] an area where people stay in tents for a short time, usually for a holiday **туристический лагерь 2 an army/prison/refugee, etc camp** B2 an area containing temporary buildings or tents used for soldiers/prisoners/refugees (= people forced to leave their home), etc **военный лагерь/ лагерь для военнопленных или заключенных/ лагерь для беженцев и т. д.** → See also **base camp**, **concentration camp**

camp[2] /kæmp/ **verb** [I] (also **camp out**) A2 to stay in a tent or temporary shelter **разбивать лагерь** *We camped on the beach for two nights.*

campaign[1] /kæmˈpeɪn/ **noun** [C] **1** a series of organized activities or events intended to achieve a result **кампания** *an* ***advertising/election campaign*** **2** a series of military attacks **кампания, операция** *a bombing campaign*

> **Слова-партнеры к campaign**
> **launch/mount/run** a campaign • a campaign **against/for** sth • an **advertising/election** campaign

campaign[2] /kæmˈpeɪn/ **verb** [I] to organize a series of activities to try to achieve something **проводить кампанию, агитировать** *to* ***campaign against/for*** *something*
• **campaigner noun** [C] **участник кампании** *an animal rights campaigner*

camper /ˈkæmpəʳ/ **noun** [C] **1** someone who stays in a tent on holiday **турист, живущий в палатке 2** (also ˈ**camper** ˌ**van**) a vehicle containing a bed, kitchen equipment, etc that you can live in **жилой автофургон**

camping /ˈkæmpɪŋ/ **noun** [U] A2 when you stay in a tent for a holiday **кемпинг** *We're* ***going camping*** *in France this summer. ◦ a camping trip*

campsite /ˈkæmpsaɪt/ **noun** [C] (also US **campground** /ˈkæmpgraʊnd/) B1 an area where people can stay in tents for a holiday **туристический лагерь**

campus /ˈkæmpəs/ **noun** [C, U] B2 the land and buildings belonging to a college or university **территория университета** *I lived* ***on campus*** *in my first year.*

can[1] strong /kæn/ weak /kən/, /kn/ **modal verb** (past tense and past participle **could**) **1** A1 to be able to do something **мочь, уметь** *We can't pay the rent. ◦ Can you drive?* **2** A1 to be allowed to do something **мочь, иметь разрешение** *You can't park here. ◦ Can I go now?* **3** A1 used to ask someone to do or provide something **мочь** *Can you tell her to meet me outside? ◦ Can I have a drink of water?* **4** A1 used to politely offer to do something **мочь** *Can I carry those bags for you?* **5** A2 used to talk about what is possible **мочь** *You can buy stamps from the shop on the corner. ◦ Smoking can cause cancer.* **6** B2 used to talk about how someone often behaves or what something is often like **мочь** *She can be really rude at times.* **7** B1 used to show surprise or lack of belief **мочь** *You can't possibly be hungry already! ◦ Can you believe it?* → See Study Page **Modal verbs** on page Centre 22

can[2] /kæn/ **noun** [C] A2 a closed, metal container for food or liquids **(консервная) банка** *a can of soup/beans ◦ a can of paint* → See picture at **container**

IDIOM **a can of worms** a situation which causes a lot of trouble for you when you start to deal with it **куча неприятностей**

→ See also **trash can**, **watering can**

can[3] /kæn/ **verb** [T] (present participle **canning**, past tense and past participle **canned**) to put food or drink into metal containers in a factory **консервировать** *canned tomatoes*

Canadian /kəˈneɪdiən/ **adjective** relating to Canada **канадский**
• **Canadian noun** [C] someone who comes from Canada **канадец**

canal /kəˈnæl/ **noun** [C] B1 an artificial river built for boats to travel along or to take water where it is needed **канал**

canary /kəˈneəri/ **noun** [C] a small, yellow bird that sings **канарейка**

cancel /ˈkænsᵊl/ **verb** [T] (present participle UK **cancelling**, past tense and past participle **cancelled**, present participle US **canceling**, past tense and past participle **canceled**) **1** B1 to say that an organized event will not now happen **отменять** [often passive] *The meeting has been cancelled.* **2** to stop an order for goods or services that you do not now want **отменять**

PHRASAL VERB **cancel sth out** If something cancels out another thing, it stops it from having any effect. **нейтрализовать, свести на нет**

cancellation /ˌkænsᵊlˈeɪʃᵊn/ **noun** [C, U] when someone decides that an event will not now happen or stops an order for something **отмена** *a last-minute cancellation*

Cancer /ˈkænsəʳ/ **noun** [C, U] the sign of the zodiac which relates to the period of 22 June –

C

22 July, or a person born during this period **Рак** → See picture at **zodiac**

cancer /ˈkænsəʳ/ **noun** [C, U] B1 a serious disease that is caused when cells in the body grow in a way that is uncontrolled and not normal **рак (болезнь)** ***breast/lung cancer*** ◦ *His wife died of cancer.*
• **cancerous adjective раковый** *a cancerous growth*

> **Слова-партнеры к cancer**
>
> get/have cancer • **breast/lung/prostate/skin** cancer • cancer **of the** [liver/stomach, etc] • cancer **patients/sufferers** • cancer **research/ treatment**

candid /ˈkændɪd/ **adjective** honest, especially about something that is unpleasant or embarrassing **откровенный** *She was very candid about her personal life in the interview.*
• **candidly adverb откровенно**

candidacy /ˈkændɪdəsi/ **noun** [U] when someone is a candidate in an election **кандидатура**

candidate /ˈkændɪdət/ **noun** [C] **1** B2 one of the people taking part in an election or trying to get a job **кандидат** *a presidential candidate* **2** UK B1 someone who is taking an exam **человек, сдающий экзамен**

candle /ˈkændl/ **noun** [C] B1 a stick of wax with string going through it that you burn to produce light **свеча** → See **The Living Room** on page Centre 4

candle

candlelight /ˈkændl-laɪt/ **noun** [U] light produced by a candle **свет свечи**

candlestick /ˈkændlstɪk/ **noun** [C] an object that holds a candle **подсвечник**

can-do /ˈkænˌduː/ **adjective** informal determined to deal with problems and achieve results **полный готовности** *I really admire her* ***can-do attitude.***

candour UK (US **candor**) /ˈkændəʳ/ **noun** [U] when you speak honestly, especially about something that is unpleasant or embarrassing **откровенность**

candy /ˈkændi/ **noun** [C, U] US a small piece of sweet food made from sugar, chocolate, etc **конфета** *a box of candy* ◦ *a candy bar*

cane[1] /keɪn/ **noun 1** [C, U] the long, hard, hollow stem of some plants, sometimes used to make furniture **лоза, стебель кустарника 2** [C] a long stick used by people to help them walk **трость 3** [C] UK a long stick used in the past to hit children at school **палка**

cane[2] /keɪn/ **verb** [T] UK to hit someone, especially a school student, with a stick as a punishment **бить палкой**

canine[1] /ˈkeɪnaɪn/ **adjective** relating to dogs **собачий**

canine[2] /ˈkeɪnaɪn/ **noun** [C] one of four pointed teeth in a person's mouth **клык** → Compare **incisor, molar**

canister /ˈkænɪstəʳ/ **noun** [C] a metal container for gases or dry things **канистра** *a gas canister*

cannabis /ˈkænəbɪs/ **noun** [U] mainly UK (mainly US **marijuana**) a drug that some people smoke for pleasure and that is illegal in many countries **конопля**

canned /kænd/ **adjective** (also UK **tinned**) B2 Canned food is sold in metal containers. **консервированный**

cannibal /ˈkænɪbəl/ **noun** [C] someone who eats human flesh **людоед**
• **cannibalism noun** [U] **людоедство**

cannon /ˈkænən/ **noun** [C] a very large gun, in the past one that was on wheels **пушка**

cannot /ˈkænɒt/ **modal verb** A1 the negative form of 'can' **отриц. форма наст. вр. гл. can** *I cannot predict what will happen.*

> **Типичная ошибка: cannot**
>
> Слово **cannot** всегда пишется слитно. Правильное написание – **cannot**, а не 'can not'.
>
> ~~*I'm sorry but I can not attend the meeting.*~~
> *I'm sorry but I cannot attend the meeting.*

canny /ˈkæni/ **adjective** clever and able to think quickly, especially about money or business **ловкий, умелый** *a canny businessman*

canoe /kəˈnuː/ **noun** [C] a small, narrow boat with pointed ends that you move using a paddle (= stick with a wide, flat part) **каноэ**

canoe

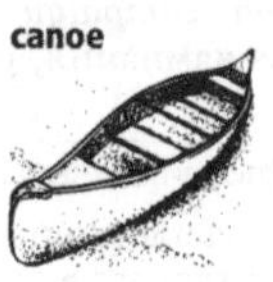

• **canoeing noun** [U] the activity of travelling in a canoe **гребля на каноэ**

canon /ˈkænən/ **noun** [C] a Christian priest who works in a cathedral (= large, important church) **каноник** *the Canon of Westminster*

ˈ**can ˌopener noun** [C] (also UK **tin opener**) a piece of kitchen equipment for opening metal food containers **консервный нож** → See **The Kitchen** on page Centre 2

canopy /ˈkænəpi/ **noun** [C] a cover or type of roof for protection or decoration **навес, тент**

can't /kɑːnt/ **modal verb 1** short for cannot **сокращ. от cannot** *I can't find my keys.* **2** used to suggest that someone should do something **разве нельзя (сделать что-либо)?** *Can't you ask Jonathan to help?*

canteen /kænˈtiːn/ **noun** [C] B1 a restaurant in an office, factory, or school **столовая**

canter /ˈkæntəʳ/ **verb** [I] When a horse canters, it runs quite fast. **бежать легким галопом**
• **canter noun** [no plural] **легкий галоп**

canvas /ˈkænvəs/ **noun** **1** [U] strong cloth used for making sails, tents, etc **парусина** **2** [C] a piece of canvas used for a painting **холст**

canvass /ˈkænvəs/ **verb** **1** [I, T] to try to persuade people to vote for someone in an election **собирать голоса, агитировать** *He's* ***canvassing for*** *the Labour party.* **2** [T] to ask people their opinion about something **проводить опрос** *The study* ***canvassed*** *the* ***views*** *of over 9000 people.*

canyon /ˈkænjən/ **noun** [C] a deep valley with very steep sides **каньон, ущелье**

cap[1] /kæp/ **noun** [C] **1** (A2) a hat with a flat, curved part at the front **кепка, фуражка** *a baseball cap* → See **Clothes** on page Centre 9 **2** a small lid that covers the top or end of something **колпачок** → See also **skull cap**

cap[2] /kæp/ **verb** [T] (present participle **capping**, past tense and past participle **capped**) **1** to be the last and the best or worst event in a series of events **завершать, венчать** *The party capped a wonderful week.* **2** to put a limit on an amount of money that can be borrowed, charged, etc **устанавливать лимит, ограничивать** [often passive] *The interest rate has been capped at 5%.* **3** to cover the top of something **покрывать, увенчивать** [often passive] *The mountains were capped with snow.*

capability /ˌkeɪpəˈbɪləti/ **noun** [C, U] the ability or power to do something **способность** [+ to do sth] *Both players have the capability to win this match.*

capable /ˈkeɪpəbl/ **adjective** **1** (B2) able to do things effectively and achieve results **способный** *She's a very capable young woman.* **2 capable of sth/doing sth** (B2) having the ability or qualities to be able to do something **способный на что-либо** *She was capable of great cruelty.* → Opposite **incapable**

capacity /kəˈpæsəti/ **noun** **1** [C, U] (B2) the largest amount or number that a container, building, etc can hold **вместимость** *The restaurant has* ***a capacity of*** *about 200.* ◦ *The stadium was* ***filled to capacity*** *(= completely full).* **2** [U] the amount that a factory or machine can produce **производительность** *The factory is operating* ***at full capacity*** *(= producing as much as possible).* **3** [C] (B2) the ability to do, experience, or understand something **способность** *She has a great* ***capacity for*** *love.* **4** [C] a position or job **должность** *He attended over 100 events last year* ***in his capacity as*** *mayor.*

cape /keɪp/ **noun** [C] **1** a loose coat without any sleeves that is fastened at the neck **накидка** **2** a large area of land that goes out into the sea **мыс**

caper /ˈkeɪpəʳ/ **noun** [C] something that is done as a joke, or intended to entertain people **шутка** *His new movie is a* ***comic caper.***

capillary /kəˈpɪləri/ (US) /ˈkæpəleri/ **noun** [C] a very thin tube that carries blood around the body, connecting arteries to veins **капилляр**

capital[1] /ˈkæpɪtəl/ **noun** **1** [C] (A2) the most important city in a country or state, where the government is based **столица** *Paris is the capital of France.* **2** [U] an amount of money that you can use to start a business or to make more money **капитал** **3** [C] (also ˌ**capital ˈletter**) (A2) a large letter of the alphabet used at the beginning of sentences and names **прописная буква** → See Study Page **Punctuation** on page Centre 33 → See also **block capitals**

capital[2] /ˈkæpɪtəl/ **adjective** **a capital crime/offence** a crime that can be punished by death **тяжкое преступление, караемое смертью**

capitalism /ˈkæpɪtəlɪzəm/ **noun** [U] a political and economic system in which industry is owned privately for profit and not by the state **капитализм**

capitalist /ˈkæpɪtəlɪst/ **noun** [C] someone who supports capitalism **капиталист**
• **capitalist adjective капиталистический** *a capitalist society*

capitalize (also UK **-ise**) /ˈkæpɪtəlaɪz/ **verb** [T] to write something using capital letters, or starting with a capital letter **писать прописными буквами**

PHRASAL VERB **capitalize on sth** to use a situation to achieve something good for yourself **извлекать выгоду из чего-либо** *He failed to capitalize on his earlier success.*

ˌ**capital ˈpunishment** **noun** [U] when someone is killed by the state for committing a serious crime **смертная казнь**

capitulate /kəˈpɪtjʊleɪt/ **verb** [I] to stop disagreeing or fighting with someone and agree to what they want **капитулировать**
• **capitulation** /kəˌpɪtjʊˈleɪʃən/ **noun** [C, U] **капитуляция**

cappuccino /ˌkæpʊˈtʃiːnəʊ/ **noun** [C, U] coffee made with milk that has been heated with steam to produce a lot of small bubbles **кофе капуччино**

capricious /kəˈprɪʃəs/ **adjective** likely to suddenly change your ideas or behaviour **капризный, непостоянный**

Capricorn /ˈkæprɪkɔːn/ **noun** [C, U] the sign of the zodiac which relates to the period of 23 December – 20 January, or a person born during this period **Козерог** → See picture at **zodiac**

capsize /kæpˈsaɪz/ **verb** [I, T] If a boat capsizes, or if it is capsized, it turns over in the water. **опрокидываться**

capsule /ˈkæpsjuːl/ **noun** [C] **1** a small container with medicine inside that you swallow **капсула** **2** the part of a spacecraft that people live in **отсек, капсула**

captain[1] /ˈkæptɪn/ **noun** [C] **1** (B2) the person in control of a ship or aircraft **капитан** **2** an officer of middle rank in the army, navy, or air force **капитан** **3** (B1) the leader of a team **капитан**

captain[2] /ˈkæptɪn/ **verb** [T] to be the captain of a team, ship, or aircraft **быть капитаном** *He has captained the England cricket team three times.*

captaincy /ˈkæptɪnsi/ **noun** [U] when someone is the captain of a team **должность капитана**

C

caption /ˈkæpʃən/ **noun** [C] words written under a picture to explain it **подпись под иллюстрацией**

captivate /ˈkæptɪveɪt/ **verb** [T] to interest or attract someone very much **пленять, очаровывать** *She captivated film audiences with her beauty and charm.*

• **captivating adjective пленительный, очаровательный** *a captivating performance*

captive[1] /ˈkæptɪv/ **adjective 1** A captive person or animal is being kept somewhere and is not allowed to leave. **плененный, содержащийся в неволе 2 a captive audience/market** a group of people who have to watch something or have to buy something because they do not have a choice **слушатели/зрители/покупатели поневоле 3 hold/take sb captive** to keep someone as a prisoner, or make someone a prisoner **держать в плену/захватывать в плен**

captive[2] /ˈkæptɪv/ **noun** [C] someone who is kept as a prisoner **пленник**

captivity /kæpˈtɪvəti/ **noun** [U] when a person or animal is kept somewhere and is not allowed to leave **плен, неволя** *lion cubs born* ***in captivity***

capture[1] /ˈkæptʃəʳ/ **verb** [T] **1** B2 to catch someone and make them your prisoner **захватывать в плен** *Two soldiers were captured by the enemy.* **2** B2 to get control of a place with force **захватывать** *Rebel troops have captured the city.* **3** to succeed in getting something when you are competing against other people **завоевывать** *The Green Party has captured 12% of the vote.* **4** B2 to show or describe something successfully using words or pictures **передавать, показывать** *His book really captures the spirit of the place.* **5 capture sb/sth on camera/film, etc** B2 to record someone or something on camera/film, etc **запечатлеть кого-либо/что-либо на фотографии/пленке и т. д. 6 capture sb's attention/imagination** to make someone very interested or excited **приковывать внимание/овладевать воображением** *The campaign has really captured the public's imagination.* **7 capture sb's heart** to make someone love you **завоевывать чье-либо сердце** *She captured the hearts of the nation.*

capture[2] /ˈkæptʃəʳ/ **noun** [U] **1** C1 when someone is caught and made a prisoner **взятие в плен** *He shot himself to avoid capture.* **2** when someone gets control of a place with force **захват, взятие силой** *the capture of the city by foreign troops*

car /kɑːʳ/ **noun** [C] **1** A1 a vehicle with an engine, four wheels, and seats for a small number of passengers **машина, автомобиль** *She goes to work* ***by car.*** ◦ *Where did you* ***park*** *your* ***car?*** → See **Car** on page Centre 7 **2** US a part of a train in which passengers sit, eat, sleep, etc **вагон** *the dining car* → See also **buffet car**, **cable car**, **estate car**, **sports car**

> **Слова-партнеры к car**
>
> **drive/park/start** a car • a car **breaks down** • by car • a car **accident/crash** • a car **driver**

caramel /ˈkærəməl/ **noun** [C, U] sugar that has been heated until it turns brown and that is used to add colour and flavour to food, or a sweet made from sugar, milk, and butter **карамель**

carat (also US **karat**) /ˈkærət/ **noun** [C] a unit for measuring how pure gold is, or how much jewels (= valuable stones) weigh **карат** *22 carat gold*

caravan /ˈkærəvæn/ **noun** [C] **1** UK a vehicle which people can live in on holiday and which is pulled by a car **жилой автофургон** *a* ***caravan site*** **2** a group of people with animals or vehicles who travel together across a desert **караван**

carbohydrate /ˌkɑːbəʊˈhaɪdreɪt/ **noun** [C, U] a substance in food such as sugar, potatoes, etc that gives your body energy **углевод**

carbon /ˈkɑːbən/ **noun** [U] B2 a chemical element present in all animals and plants and in coal and oil (symbol C) **углерод**

carbonated /ˈkɑːbəneɪtɪd/ **adjective** Carbonated drinks contain a lot of small bubbles. **газированный**

ˈcarbon ˌcapture noun [U] a way of catching the carbon produced by machines so that it is not released into the air

ˌcarbon ˈcopy noun [C] **1** a copy of a written document that is made using carbon paper (= thin paper covered in carbon) **копия через копирку 2** an exact copy of something **точная копия** *He's a* ***carbon copy of*** *his father.*

ˈcarbon ˌcredits noun [plural] a system that allows organizations the right to produce a certain amount of carbon, and allows them to buy or sell those rights **квоты на выброс углерода**

carbon dioxide /ˌkɑːbəndaɪˈɒksaɪd/ **noun** [U] B2 a gas that is produced when people and animals breathe out, or when carbon is burned (formula CO_2) **углекислый газ**

ˈcarbon eˌmissions noun [plural] carbon dioxide and carbon monoxide made by things such as factories or cars that burn carbon and cause pollution **выбросы углерода**

carbon monoxide /ˌkɑːbənməˈnɒksaɪd/ **noun** [U] B2 a poisonous gas that is produced by burning some types of fuel, especially petrol (= fuel for cars) (formula CO) **угарный газ**

ˌcarbon ˈneutral adjective not producing carbon emissions **с нулевым показателем выбросов углерода** *a carbon-neutral fuel/home/lifestyle*

ˌcarbon offˈsetting noun [U] trying to stop the

damage caused by activities that produce carbon by doing other things to reduce it, such as planting trees **компенсация выбросов углерода**

ˌcarbon ˌpaper noun [U] thin paper that is covered on one side with carbon (= a black substance) and is used for making copies of written documents **копировальная бумага**

ˌcarbon ˈtax noun [C] a tax on oil, coal and other things which produce greenhouse gases (= gases that harm the air around the Earth) **налог на выбросы углерода**

ˌcar ˈboot sale noun [C] UK an event where people sell things they no longer want from the backs of their cars **распродажа вещей с машины**

carburettor UK (US **carburetor**) /ˌkɑːbəˈretər/ (US) /ˈkɑːbəreɪtər/ **noun** [C] the part of an engine that mixes fuel and air which are then burned to provide power **карбюратор**

carcass /ˈkɑːkəs/ **noun** [C] the body of a dead animal **туша**

carcinogen /kɑːˈsɪnədʒən/ **noun** [C] a substance that can cause cancer (= a disease when cells in your body grow in an uncontrolled way) **канцерогенное вещество**

• **carcinogenic** /ˌkɑːsɪnəʊˈdʒenɪk/ **adjective** **канцерогенный** *carcinogenic chemicals*

card /kɑːd/ **noun 1** [C] (A2) a folded piece of stiff paper with a picture on the front and a message inside that you send to someone on a special occasion **открытка** *a **birthday card*** **2** [C] (B1) a piece of stiff paper or plastic that has information printed on it **карточка, карта** *a library card* **3** [C] (also **playing card**) (A2) one of a set of 52 pieces of stiff paper with numbers and pictures used for playing games **карта (игральная)**UK *a pack of cards*/US *a deck of cards* ◦ *We spent the evening **playing cards** (= playing games using cards).* **4** [U] UK thick, stiff paper **ватман** **5** [C] a postcard (= card with a picture on one side that you send without an envelope) **почтовая открытка** **6** [C] (B1) a part inside a computer which controls how the computer operates **карта, адаптер** *a graphics/sound card*

IDIOMS **be on the cards** UK (US **be in the cards**) to be likely to happen **быть предназначенным судьбой** *Do you think marriage is on the cards?* • **put/lay your cards on the table** to tell someone honestly what you think or plan to do **раскрывать свои карты**

→ See also **cash card**, **charge card**, **Christmas card**, **credit card**, **debit card**, **phone card**, **smart card**, **swipe card**, **trump card**, **wild card**

cardboard /ˈkɑːdbɔːd/ **noun** [U] (B2) thick, stiff paper that is used for making boxes **картон**

cardiac /ˈkɑːdiæk/ **adjective** [always before noun] relating to the heart **сердечный** *cardiac surgery* ◦ ***cardiac arrest*** *(= when the heart stops beating)*

cardigan /ˈkɑːdɪgən/ **noun** [C] (B2) a piece of clothing, often made of wool, that covers the top part of your body and fastens at the front **кардиган** → See **Clothes** on page Centre 8

cardinal[1] /ˈkɑːdɪnəl/ **noun** [C] a priest with a high rank in the Catholic Church **кардинал** *Cardinal Basil Hume*

cardinal[2] /ˈkɑːdɪnəl/ **adjective** [always before noun] formal extremely important or serious **основной, главный** *One of the **cardinal rules** of business is know what your customer wants.*

ˌcardinal ˈnumber noun [C] (also **cardinal**) a number such as 1, 2, 3, etc that shows the quantity of something **количественное числительное**

care[1] /keər/ **verb 1** [I, T] (B1) to think that something is important and to feel interested in it or worried about it **заботиться, волноваться** *He **cares** deeply **about** the environment.* ◦ [+ question word] *I don't care how long it takes – just get the job done.* **2** [I] (B1) to love someone **любить** *Your parents are only doing this because they **care about** you.* ◦ *I knew that Amy still **cared for** me.* **3 I/he, etc couldn't care less** informal used to emphasize that someone is not interested in or worried about something or someone **мне/ему и т. д. совершенно безразлично** [+ question word] *I couldn't care less what people think.* **4 Who cares?** informal (B2) used to emphasize that you do not think something is important **какая разница?** *"Manchester United will be in the final if they win this match." "Who cares?"* **5 Would you care for sth/to do sth?** formal used to ask someone if they want something or want to do something **не хотите ли ...?** *Would you care for a drink?* ◦ *Would you care to join us for dinner?*

PHRASAL VERBS **care for sb/sth** (B1) to look after someone or something, especially someone who is young, old, or ill **заботиться, ухаживать** *The children are being cared for by a relative.* • **not care for sth/sb** formal to not like something or someone **не любить что-либо/кого-либо** *I don't care for shellfish.*

care[2] /keər/ **noun 1** [U] (B2) the process of looking after something or someone, especially someone who is young, old, or ill **забота, уход** *skin/hair care* ◦ *A small baby requires constant care.* **2** [U] (B1) If you do something with care, you give a lot of attention to it so that you do not make a mistake or damage anything. **тщательность, осторожность** *She planned the trip with great care.* ◦ *Fragile – please handle with care.* **3 take care** to give a lot of attention to what you are doing so that you do not have an accident or make a mistake **быть осторожным** *The roads are very icy so take care when you drive home.* **4 Take care!** informal (A2) used when saying goodbye to someone **счастливо!** *See you soon, Bob – take care!* **5** [C] a feeling of worry **забота, тревога** *He was sixteen years old and **didn't have a care in the world*** *(= had no* *worries*). **6 in care** UK Children who are in care are looked after by government organizations because their parents cannot look after them. **быть на воспитании в приюте** *She was* ***put/taken into care*** *at the age of twelve.* **7 take care of sb/sth** B1 to look after someone or something **присматривать за кем-либо/чем-либо** *My parents are going to take care of the house while we're away.* **8 take care of sth/doing sth** to be responsible for dealing with something **заниматься чем-либо, позаботиться о чем-либо** *I did the cooking while Guy took care of the washing up.* → See also **intensive care**

> **Слова-партнеры к care**
>
> take care of sb • need/provide/receive care • constant/long-term care • in/under sb's care

career¹ /kəˈrɪəʳ/ **noun** [C] **1** B1 a job that you do for a long period of your life and that gives you the chance to move to a higher position and earn more money **карьера** *a successful career in marketing* **2** the time that you spend doing a particular job **карьера** *She began her acting career in TV commercials.*

> **Слова-партнеры к career**
>
> begin/embark on/launch a career • follow/pursue a career • a career in sth • a career change • career opportunities/prospects

career² /kəˈrɪəʳ/ **verb career down/into/off, etc** UK to move quickly and in an uncontrolled way **нестись, мчаться по/в/от и т. д.** *The train careered off a bridge and plunged into the river.*

carefree /ˈkeəfriː/ **adjective** without any worries or problems **беззаботный, беспечный** *a carefree childhood*

> **Другие способы сказать careful**
>
> Если кто-то осторожен и старается избегать опасности и риск, его можно описать как **cautious**.
>
> *She's a very* ***cautious*** *driver.*
>
> Выражение **play (it) safe** также означает 'быть осторожным во избежание риска'.
>
> *I think I'll* ***play it safe*** *and get the earlier train.*
>
> Если какое-то действие выполняется очень осторожно, с большим вниманием к деталям, то для его описания можно использовать прилагательные **meticulous**, **methodical** и **painstaking**.
>
> *This book is the result of years of* ***meticulous/painstaking*** *research.*

careful /ˈkeəfəl/ **adjective** A2 giving a lot of attention to what you are doing so that you do not have an accident, make a mistake, or damage something **осторожный, тщательный** *careful planning/consideration* ◦ ***Be careful,*** *Michael – that knife's very sharp.* ◦ [+ to do sth] *We were careful to avoid the midday sun.*

• **carefully adverb** A2 **осторожно, тщательно** *a carefully prepared speech*

caregiver /ˈkeəˌɡɪvəʳ/ **noun** [C] US (UK **carer**) someone who looks after a person who is young, old, or ill **сиделка**

careless /ˈkeələs/ **adjective** B1 not giving enough attention to what you are doing **неосторожный, невнимательный** *It was very* ***careless of*** *you to forget your passport.* ◦ *He was fined £250 for* ***careless driving****.*

• **carelessly adverb** B2 **неосторожно, невнимательно** • **carelessness noun** [U] B2 **неосторожность, невнимательность**

carer /ˈkeərəʳ/ **noun** [C] UK (US **caregiver**) someone who looks after a person who is young, old, or ill **сиделка**

caress /kəˈres/ **verb** [T] to touch someone in a gentle way that shows that you love them **ласкать**

• **caress noun** [C] **ласка**

caretaker /ˈkeəˌteɪkəʳ/ **noun** [C] **1** UK someone whose job is to look after a large building, such as a school **смотритель, сторож** **2** US someone who looks after a person who is young, old, or ill **сиделка**

cargo /ˈkɑːɡəʊ/ **noun** [C, U] (plural **cargoes**) goods that are carried in a vehicle **груз** *a cargo of oil* ◦ *a cargo ship/plane*

caricature /ˈkærɪkətʃʊəʳ/ **noun** [C] a funny drawing or description of someone, especially someone famous, which makes part of their appearance or character more noticeable than it really is **карикатура**

• **caricature verb** [T] **высмеивать**

caring /ˈkeərɪŋ/ **adjective** B2 kind and supporting other people **заботливый** *She's a very caring person.*

carjacking /ˈkɑːˌdʒækɪŋ/ **noun** [C, U] the crime of attacking someone who is driving and stealing their car **угон машины с нападением на водителя**

• **carjacker noun** [C] someone who commits the crime of carjacking **угонщик машины**

carnage /ˈkɑːnɪdʒ/ **noun** [U] formal when a lot of people are violently killed or injured **резня, бойня**

carnation /kɑːˈneɪʃən/ **noun** [C] a small flower with a sweet smell that is usually white, pink, or red **гвоздика**

carnival /ˈkɑːnɪvəl/ **noun** [C] **1** B2 a public celebration where people wear special clothes and dance and play music in the roads **карнавал** **2** US a place of outside entertainment where there are machines you can ride on and games that can be played for prizes **парк развлечений**

carnivore /ˈkɑːnɪvɔːʳ/ **noun** [C] an animal that eats meat **плотоядное животное** → Compare **herbivore**

• **carnivorous** /kɑːˈnɪvərəs/ **adjective** eating meat **плотоядный**

carol /ˈkærᵊl/ **noun** [C] (also **Christmas carol**) a song that people sing at Christmas **рождественский гимн**

carousel /ˌkærəˈsel/ **noun** [C] **1** a moving strip where passengers collect their bags at an airport **вращающееся устройство для выдачи багажа авиапассажирам 2** mainly US a machine that goes round and round and has toy animals or cars for children to ride on **карусель**

carp[1] /kɑːp/ **noun** [C, U] (plural **carp**) a large fish that lives in lakes and rivers, or the meat of this fish **карп**

carp[2] /kɑːp/ **verb** [I] to complain continually about things that are not important **ворчать, брюзжать** *He's always **carping about** how badly organized the office is.*

ˈcar ˌpark noun [C] UK (US **parking lot**) A2 a place where vehicles can be parked **стоянка автомашин**

carpenter /ˈkɑːpᵊntəʳ/ **noun** [C] a person whose job is making and repairing wooden objects **плотник**

carpentry /ˈkɑːpᵊntri/ **noun** [U] making and repairing wooden objects **плотницкие работы**

carpet /ˈkɑːpɪt/ **noun 1** A2 [C, U] thick material for covering floors, often made of wool **ковер** *a new living room carpet* ◦ UK *fitted carpets* (= *carpets that cover floors from wall to wall*) **2 a carpet of sth** a thick layer of something that covers the ground **слой** *a carpet of snow*

• **carpet verb** [T] to put carpet on the floor of a room **застилать ковром** *The stairs were carpeted.* → See also **the red carpet**

carriage /ˈkærɪdʒ/ **noun 1** [C] UK one of the separate parts of a train where the passengers sit **вагон** *The front carriage of the train is for first-class passengers only.* **2** [C] a vehicle with wheels that is pulled by a horse **карета 3** [U] UK the cost of transporting goods **стоимость доставки** → See also **baby carriage**

carriageway /ˈkærɪdʒweɪ/ **noun** [C] UK one of the two sides of a motorway or main road **проезжая часть дороги** *the southbound carriageway* → See also **dual carriageway**

carrier /ˈkæriəʳ/ **noun** [C] **1** a person, vehicle, or machine that transports things from one place to another **курьер, транспортное средство 2** a person who has a disease that they can give to other people without suffering from it themselves **переносчик возбудителя болезни 3** a company that operates aircraft **авиакомпания** → See also **aircraft carrier, letter carrier**

ˈcarrier ˌbag noun [C] UK a large paper or plastic bag with handles that you are given in a shop to carry the things you have bought **бумажный или полиэтиленовый пакет** → See picture at **bag**

carrot /ˈkærət/ **noun 1** [C, U] A2 an orange-coloured vegetable that is long and thin and grows in the ground **морковь** → See **Fruits and Vegetables** on page Centre 10 **2** [C] informal something that is offered to someone in order to encourage them to do something **приманка**

IDIOM **carrot and stick** If you use a carrot-and-stick method, you offer someone rewards if they do something and say you will punish them if they do not. **кнут и пряник**

carry /ˈkæri/ **verb 1** [T] A1 to hold something or someone with your hands, arms, or on your back and take them from one place to another **нести** *He was carrying my bags.* **2** [T] B2 to move someone or something from one place to another **нести, везти** *The plane was carrying 30 passengers.* ◦ *Strong currents carried them out to sea.* **3** [T] B1 to have something with you in a pocket, bag, etc **носить с собой** *She still carries his photo in her purse.* **4** [T] B2 to have a disease that you might give to someone else **переносить, быть переносчиком** *Mosquitoes carry malaria and other infectious diseases.* **5** [T] to have something as a part or a result of something **содержать, влечь за собой** *All cigarette advertising must carry a government health warning.* ◦ *Murder still carries the death penalty there.* **6** [I] If a sound or someone's voice carries, it can be heard a long way away. **доноситься (о звуке), быть слышным 7** [T] B2 to support the weight of something **выдерживать (вес)** *Is the ice thick enough to **carry my weight**?* **8** [T] to put a number into another column when adding numbers **переносить (цифру в другой разряд) 9** [T] to develop something in a particular way **доводить что-либо до определенного состояния** *She carried her diet to extremes.* **10 be carried** to be formally accepted by people voting at a meeting **быть принятым при голосовании** *The **motion was carried** by 210 votes to 160.* → See also **carry weight**

PHRASAL VERBS **be carried away** B2 to be so excited about something that you do not control what you say or do **увлекаться, не контролировать себя** *There's far too much food – I'm afraid I got a bit carried away.* • **carry sth off** to succeed in doing or achieving something difficult **справляться с чем-либо** *It's not an easy part to act but he carried it off brilliantly.* • **carry on** B1 to continue doing something **продолжать** [+ doing sth] *The doctors have warned him but he just carries on drinking.* ◦ ***Carry on with** your work while I'm gone.* • **carry out sth** B1 to do or complete something, especially something that you have said you would do or that you have been told to do **выполнять, исполнять** *I was only **carrying out orders**.*

carryall /ˈkæriɔːl/ **noun** [C] US (UK **holdall**) a large bag for carrying clothes **большая дорожная сумка** → See picture at **luggage**

C

cart¹ /kɑːt/ **noun** [C] **1** a vehicle with two or four wheels that is pulled by an animal and used for carrying goods **телега, повозка** **2** US (UK **trolley**) a metal structure on wheels that is used for carrying things **ручная тележка** → See picture at **trolley** → See also **go-cart**

cart² /kɑːt/ **verb** informal **cart sb/sth around/away/off, etc** to take someone or something somewhere **возить, носить/увозить, уносить**

carte blanche /ˌkɑːtˈblɑːnʃ/ **noun** [U] complete freedom to do what you want **карт-бланш** [+ to do sth] *She was **given carte blanche** to make whatever changes she wanted.*

cartel /kɑːˈtel/ **noun** [C] a group of companies who join together to control prices and limit competition **картель**

cartilage /ˈkɑːtɪlɪdʒ/ **noun** [C, U] a strong elastic substance found where two bones connect in the human body **хрящ**

carton /ˈkɑːtən/ **noun** [C] a container for food and drink that is made from strong, stiff paper or plastic **картонная коробка** *a carton of milk/fruit juice* → See picture at **container**

cartoon

cartoon /kɑːˈtuːn/ **noun** [C] **1** A2 a film made using characters that are drawn and not real **мультфильм** *Mickey Mouse and other famous **cartoon characters*** **2** A2 a funny drawing, especially in a newspaper or magazine **карикатура**

• **cartoonist noun** [C] someone whose job is to draw cartoons **художник-мультипликатор/карикатурист**

cartridge /ˈkɑːtrɪdʒ/ **noun** [C] **1** a small container that is used in a larger piece of equipment and can be easily replaced **картридж** *an ink cartridge* **2** a tube containing an explosive substance and a bullet for use in a gun **патрон**

carve /kɑːv/ **verb** [I, T] **1** to make an object, a shape, or a pattern by cutting wood, stone, etc **вырезать** *The statue was **carved out of** stone.* ◦ *They had **carved** their initials **into** the tree.* **2** to cut a large piece of cooked meat into smaller pieces **резать** **3 carve (out) a niche/career/role, etc for yourself** to be successful in a particular job or activity **найти свою нишу/сделать себе карьеру/добиться для себя роли и т. д.**

PHRASAL VERB **carve sth up** to divide something into smaller parts, in a way that people do not approve of **делить, дробить** *The countryside has been carved up and sold to property developers.*

carving /ˈkɑːvɪŋ/ **noun** **1** [C] an object or a pattern that has been carved **резная работа, резное изображение** **2** [U] the activity of carving an object or pattern **резьба** *wood carving*

cascade /kæsˈkeɪd/ **verb** [I] to fall quickly and in large amounts **низвергаться, ниспадать** *Water cascaded from the rocks above.*

• **cascade noun** [C] literary a large amount of something, especially something falling or hanging **каскад** *a cascade of golden hair*

case /keɪs/ **noun** **1** [C] B1 a particular situation or example of something **случай** *People were imprisoned, and, **in some cases**, killed for their beliefs.* ◦ *We usually ask for references, but in your case it will not be necessary.* ◦ *The whole film is based on **a case of** mistaken identity.* **2** [C] B2 something that is decided in a court of law **судебное дело** *a libel/criminal/divorce case* ◦ *He lost his case.* **3** [C] B2 a crime that police are trying to solve **судебное дело** *a murder case* ◦ *Police in the town have investigated 50 **cases of** burglary in the past month.* **4** [C] an illness, or somebody with an illness **случай заболевания, больной** *4,000 new **cases of** the disease are diagnosed every year.* **5 be the case** B1 to be true **это как раз тот случай, относиться к данному случаю** *Bad diet can cause tiredness, but I don't think that's the case here.* **6** [C] facts or reasons that prove a particular opinion **доводы, аргументы** [usually singular] *There is **a strong case for/against** bringing in the new legislation.* ◦ mainly UK *He **put the case for** more funding very convincingly.* **7** [C] A2 a container for storing or protecting something **коробка, пенал, портсигар, витрина** *a pencil case* ◦ *a cigarette case* **8** [C] UK A2 another word for suitcase (= a rectangular bag or container with a handle which you use for carrying clothes in when you are travelling) **чемодан** **9 (just) in case** B1 because something might happen, or might have happened **на всякий случай** *I don't think that it's going to rain, but I'll bring a raincoat just in case.* **10 in any case** B2 used to give another reason for something that you are saying, or that you have done **в любом случае** *I don't want to go skiing and, in any case, I can't afford it.* **11 in that case/in which case** B2 because that is the situation/if that is the situation **в таком случае** *"Peter's coming tonight." "Oh, in that case, I'll stay in."* **12 be a case of doing sth** to be necessary to do something **необходимо сделать что-либо** *We know that we're right.*

It's just a case of proving it. **13 in case of sth** formal (B1) when something happens, or in preparation for when something happens **на случай чего-либо** *We keep a bucket of water backstage, in case of fire.* **14** [C] any of the various types to which a noun can belong, depending on what it is doing in the sentence, usually shown by a particular ending **падеж**

IDIOMS **a case in point** a good example of something **хороший тому пример** *Supermarkets often charge too much for goods. Bananas are a case in point.* • **be/get on sb's case** informal to criticize someone in an annoying way because of something that they have done **придираться** *She's always on my case about something.* • **be on the case** UK informal to be doing what needs to be done **заниматься делом**

→ See also **lower case**, **upper case**

ˌcase ˈhistory noun [C] a record of what happens to a particular person **описание единичного случая** *The study used case histories from 500 teenage boys.*

ˈcase ˌstudy noun [C] a report about a particular person or thing, to show an example of a general principle **исследование на конкретном примере**

cash[1] /kæʃ/ **noun** [U] **1** (A2) money in the form of coins or notes (= paper money) **наличные деньги** *I'm taking £50* ***in cash.*** ◦ *Are you* ***paying*** *by cheque or* ***cash****?* **2** informal (B1) money in any form **деньги** *She's a bit short of cash at the moment.* ◦ *a cash prize* → See also **e-cash**, **hard cash**

> **Слова-партнеры к cash**
>
> pay (in) cash • [£50/$100, etc] in cash • a cash machine • cash payments

cash[2] /kæʃ/ **verb cash a cheque** to exchange a cheque (= piece of paper printed by a bank and used to pay for things) for coins or paper money **обналичивать чек**

PHRASAL VERB **cash in on sth** to get money or another advantage from an event or a situation, often in an unfair way **извлекать (финансовую) выгоду из чего-либо** *Her family have been accused of cashing in on her death.*

cashback /ˈkæʃbæk/ **noun** [U] UK money that you can take from your bank account when you pay in a shop with a bank card **получение наличных денег с банковского счета при оплате товара дебетовой карточкой в магазине** *£50 cashback*

ˈcash ˌcard noun [C] UK a plastic card that you use to get money from a machine **платежная карта**

ˈcash ˌcrop noun [C] a crop that is grown to be sold **сельскохозяйственная культура, выращиваемая на продажу**

ˈcash ˌdesk noun [C] UK the place in a shop where you pay for the things that you buy **касса**

cashew /ˈkæʃuː/, /kəˈʃuː/ **noun** [C] (also **ˈcashew ˌnut**) a curved nut that you can eat **кешью**

cashflow /ˈkæʃfləʊ/ **noun** [U] the movement of money in and out of a business or bank account **движение денег**

cashier /kæʃˈɪəʳ/ **noun** [C] someone whose job is to receive and pay out money in a shop, bank, etc **кассир**

ˈcash maˌchine noun [C] (also UK **cashpoint**) a machine, usually in a wall outside a bank, that you can get money from using a plastic card **банкомат**

cashmere /ˈkæʃmɪəʳ/ (US) /ˈkæʒmɪr/ **noun** [U] a type of very soft, expensive wool **кашемир**

cashpoint /ˈkæʃpɔɪnt/ **noun** [C] UK (UK/US **cash machine**) (B1) a machine, usually in a wall outside a bank, that you can get money from using a plastic card **банкомат**

ˈcash ˌregister noun [C] a machine that is used in shops for keeping money in, and for recording everything that is sold **касса**

casino /kəˈsiːnəʊ/ **noun** [C] a place where card games and other games of risk are played for money **казино**

cask /kɑːsk/ **noun** [C] a strong, round, wooden container that is used for storing alcoholic drinks **бочка**

casket /ˈkɑːskɪt/ **noun** [C] **1** UK a small, decorated box that is used for keeping valuable objects **шкатулка** **2** US (UK/US **coffin**) a box in which a dead body is buried **гроб**

casserole /ˈkæsərəʊl/ **noun 1** [C, U] a mixture of meat or beans with liquid and vegetables cooked for a long time in the oven **запеканка из мяса или бобов с овощами** **2** [C] (also **ˈcasserole ˌdish**) a large, heavy container with a lid, that is used for cooking casseroles **керамическая кастрюля с крышкой**

cassette /kəˈset/ **noun** [C] a flat, plastic case containing a long piece of magnetic material that is used to record and play sound or pictures **кассета (для магнитофонной или видеозаписи)** *a video cassette*

caˈssette ˌplayer noun [C] a machine that plays cassettes of music or sound **магнитофон**

caˈssette reˌcorder noun [C] a machine that is used for playing cassettes of music or sound and for recording music or sound onto cassettes **магнитофон**

cast[1] /kɑːst/ **verb** [T] (past tense and past participle **cast**) **1** (B2) to choose an actor for a particular part in a film or play **давать или получать роль** [often passive] *Why am I always* ***cast as*** *the villain?* **2** literary to throw something **бросать** **3** literary to send light or shadow (= dark shapes) in a particular direction **отбрасывать** *The moon cast a white light into the room.* **4 cast doubt/suspicion on sb/sth** to make people feel less sure about or have less trust in someone or something **подвергать сомнению/подозревать кого-либо/что-либо** *A leading scientist*

C

has cast doubts on government claims that the drug is safe. **5 cast a/your vote** to vote **голосовать** **6 cast a spell on sb a** to seem to use magic to attract someone **околдовывать** *The city had cast a spell on me and I never wanted to leave.* **b** to use magic to make something happen to someone **околдовывать** **7** to make an object by pouring hot metal into a container of a particular shape **отливать** → See also cast/run your/an **eye**[1] over sth, cast/shed **light**[1] on sth, cast a **pall**[2] over sth, cast a **shadow**[1] over sth

PHRASAL VERB **cast off** If a boat casts off, it leaves. **отчаливать**

cast[2] /kɑːst/ **noun** **1** [group] B2 all the actors in a film or play **актерский состав** *The cast are in rehearsal at the moment.* **2** [C] a hard cover used to keep a broken bone in the correct position until it gets better **гипс**

> Слова-партнеры к **cast**
>
> [a play/film, etc] **features** a cast • the cast **includes** sb • the cast **of** sth • a **member** of the cast

castaway /ˈkɑːstəweɪ/ **noun** [C] someone who is left on an island, or in a place where there are few or no other people, after their ship has sunk **потерпевший кораблекрушение**

caste /kɑːst/ **noun** [C, U] a system of dividing Hindu society into social groups, or one of these groups **каста** *the caste system*

castigate /ˈkæstɪgeɪt/ **verb** [T] formal to criticize someone severely **жестоко критиковать**

cast-iron /ˈkɑːstˌaɪən/ **adjective** **1** [always before noun] able to be trusted completely, or impossible to doubt **непоколебимый, твердый** *I need a cast-iron guarantee that the work will be finished on time.* **2** made of cast iron **чугунный**

ˌcast ˈiron **noun** [U] a type of very hard iron **чугун**

castle /ˈkɑːsl/ **noun** [C] A2 a large, strong building with towers and high walls, that was built in the past to protect the people inside from being attacked **замок**

castle

cast-off /ˈkɑːstɒf/ **noun** [C] a piece of clothing or other item that you give to someone because you do not want it any more **обноски, старье** [usually plural] *This dress is another of my sister's cast-offs.*

castrate /kæsˈtreɪt/ US /ˈkæstreɪt/ **verb** [T] to remove the testicles (= organs that produce sperm) of a man or male animal **кастрировать** • **castration** /kæsˈtreɪʃən/ **noun** [U] **кастрация**

casual /ˈkæʒjuəl/ **adjective** **1** [always before noun] B2 not planned, or without particular meaning or importance **случайный** *a casual remark/acquaintance/meeting* **2** relaxed and not seeming very interested in someone or something **небрежный, безразличный** *a casual manner/approach* ◦ *She's much too casual about her work.* **3** B1 Casual clothing is comfortable and not suitable for formal occasions. **повседневный** **4** [always before noun] mainly UK Casual work is not regular or fixed. **временный** ***casual labour/workers***

casually /ˈkæʒjuəli/ **adverb** **1** B2 in a relaxed way, or not seeming to be interested in someone or something **небрежно, безразлично** *I asked as casually as I could if she was going to be at the party.* **2** B2 If you dress casually, you do not dress in a formal way. **неофициально**

casualty /ˈkæʒjuəlti/ **noun** **1** [C] someone who is injured or killed in an accident or war **пострадавший, раненый, убитый** *Both sides in the conflict have promised to try to avoid civilian casualties.* **2** [C] someone or something that is badly affected by something that happens **пострадавший, понесший урон** *The health service has been the biggest* ***casualty of*** *government cuts.* **3** [U] UK (US **emergency room**) the part of a hospital where people go when they have been injured or have urgent illnesses so that they can be treated immediately **отделение скорой помощи**

cat /kæt/ **noun** [C] **1** A1 a small animal with fur, four legs, and a tail that is kept as a pet **кот, кошка** **2** a large, wild animal that is related to the cat, such as the lion **животное семейства кошачьих**

IDIOM **let the cat out of the bag** to tell people secret information, often without intending to **проговориться**

cataclysmic /ˌkætəˈklɪzmɪk/ **adjective** sudden, shocking, and violent **катастрофический** ***cataclysmic changes/events***

catalogue[1] (also US **catalog**) /ˈkætəlɒg/ **noun** [C] **1** B2 a book with a list of all the goods that you can buy from a shop, or of all the books, paintings, etc that you can find in a place **каталог** *a clothing catalogue* **2 a catalogue of disasters/errors/failures, etc** a series of bad events **череда бедствий/ошибок/неудач и т. д.**

catalogue[2] (present participle **cataloguing**, past tense and past participle **catalogued**) (also US **catalog**) /ˈkætəlɒg/ **verb** [T] to make a list of things, especially in order to put it in a catalogue **включать в каталог**

catalyst /ˈkætəlɪst/ **noun** [C] **1** someone or something that causes change **катализатор** *Recent riots and suicides have acted as* ***a catalyst for change*** *in the prison system.* **2** a substance that makes a chemical reaction happen more quickly **катализатор**

catapult¹ /ˈkætəpʌlt/ **verb 1 catapult sb/sth into/out/through, etc** to make someone or something move through the air very quickly and with great force **с силой выбрасывать** [often passive] *When the two cars collided, he was catapulted out of his seat.* **2 catapult sb to stardom/into the lead, etc** to make someone suddenly very famous/successful, etc **раскручивать кого-либо, делать знаменитым**

catapult² /ˈkætəpʌlt/ **noun** [C] UK (US **slingshot**) a Y-shaped object with a piece of elastic used by children to shoot small stones **рогатка**

cataract /ˈkætərækt/ **noun** [C] an area of someone's eye with a disease that gradually prevents them from seeing correctly **катаракта**

catarrh /kəˈtɑːʳ/ **noun** [U] UK the thick substance that is produced in your nose and throat when you have a cold **катар**

catastrophe /kəˈtæstrəfi/ **noun** [C, U] an extremely bad event that causes a lot of suffering or destruction **катастрофа** *After the drought, the country is facing environmental catastrophe.*

catastrophic /ˌkætəˈstrɒfɪk/ **adjective** causing a lot of suffering or destruction **катастрофический**

catch¹ /kætʃ/ **verb** (past tense and past participle **caught**) **1** [T] Ⓐ1 to stop someone or something that is moving through the air by getting hold of it **ловить, поймать** *Try to catch the ball.* ◦ *She fell backwards but he caught her in his arms.* **2** [T] Ⓑ1 to find and stop a person or animal who is trying to escape **ловить, поймать** *He ran after his attacker but couldn't catch him.* ◦ *Did you catch many fish today?* **3** [T] If the police catch a criminal, they find them and take them away. **задерживать, захватывать** *These terrorists must be caught.* **4** [T] Ⓐ2 to get an illness or disease **заразиться, заболеть** *I think I've caught a cold.* **5** [T] Ⓐ1 to get on a bus, train, etc in order to travel somewhere **садиться (на автобус, поезд)** *You can catch the bus from the top of the hill.* **6** [T] Ⓑ2 to discover someone who is doing something wrong or something secret **поймать, застать** [+ doing sth] *I caught her listening outside the door.* ◦ informal *You* ***won't catch me*** *wearing (= I never wear) a tie.* **7** [I, T] to stick somewhere, or to make something stick somewhere **зацепить(ся), защемить** *My dress caught on the door handle as I was leaving.* **8** [T] to collect something that is falling **собирать** *I used a bucket to catch the drips.* **9** [T] to manage to be in time to see or do something **успевать** *I only caught the end of the programme.* **10** [T] to hear or understand something correctly **расслышать, уловить** *I'm sorry. I didn't catch your name.* **11 catch fire** Ⓑ1 to start burning **загораться** **12 be/get caught** to be unable to avoid something unpleasant **попадать, не суметь избежать** *I got caught in the rain.* **13 catch the sun** UK to burn your skin in the sun **обгорать на солнце** *You've caught the sun on your shoulders.* **14 catch sight of sth** to see something suddenly, often only for a short time **увидеть мельком** *He caught sight of himself in the mirror.* **15** [T] UK to hit something or someone **ударять, задевать** *The ball flew across the garden, and caught me on the chin.* → See also catch sb's **eye¹**, catch sb off **guard¹**

PHRASAL VERBS **catch on 1** to become popular **привиться, становиться модным** *I wonder if the game will* ***catch on with*** *young people?* **2** informal to understand something, especially after a long time **понять, уловить смысл** *It took him a while to* ***catch on to*** *what we meant.* • **catch sb out** UK to trick someone so that they make a mistake **подловить на чем-либо, провести** • **catch (sb/sth) up 1** Ⓑ2 to reach someone or something that is in front of you, by going faster than them **догонять** *We soon* ***caught up with*** *the car in front.* **2** Ⓑ1 to reach the same level or quality as someone or something else **догонять** *She's doing extra work to* ***catch up with*** *the rest of the class.* • **catch up** Ⓑ2 to learn or discuss the most recent news **наверстывать, быть в курсе** *Let's meet for a chat – I need to* ***catch up on*** *all the gossip.* • **catch up on/with sth** Ⓑ2 to do something that you did not have time to do earlier **наверстывать** *After the exams, I need to catch up on some sleep.* • **catch up with sb** If something bad that you have done or that has been happening to you catches up with you, it begins to cause problems for you. **сказываться, давать о себе знать** *I can feel the stress of the last few weeks beginning to catch up with me.* • **be/get caught up in sth** to become involved in a situation, often without wanting to **быть втянутым во что-либо** *How did the paper get caught up in a legal dispute?*

catch² /kætʃ/ **noun** [C] **1** when someone catches something that is moving through the air **бросок, захват** *a brilliant catch* **2** the amount of fish that someone has caught **улов 3** a hidden problem or difficulty with something **подвох** *He's offering us a free flight? There must be a catch.* **4** a part on something that fastens it and keeps it closed **застежка, задвижка** *a* ***safety catch***

Catch-22 /ˌkætʃtwentiˈtuː/ **noun** [C] an impossible situation: you cannot do one thing until you have done another thing, but you cannot do the other thing until you have done the first thing **неразрешимая ситуация, при которой одно действие невозможно сделать, предварительно не сделав другое действие, которое, в свою очередь, не может быть выполнено без первого действия** *a* ***Catch-22 situation***

catching /ˈkætʃɪŋ/ **adjective** [never before noun] If an illness or a mood is catching, other people can get it from you. **заразный, заразительный**

catchment area /ˈkætʃməntˌeəriə/ **noun** [C] UK the area around a school or a hospital, where most of the students or patients come from район, обслуживаемый школой, больницей

catchphrase /ˈkætʃfreɪz/ **noun** [C] a phrase which is often repeated by a particular organization or person, and becomes connected with them **лозунг, броская фраза**

catchy /ˈkætʃi/ **adjective** A catchy song, tune, or phrase is easy to remember. **легко запоминающийся**

categorical /ˌkætəˈgɒrɪkəl/ **adjective** If someone is categorical about what they say, they say it with force and are completely certain about it. **категорический** *a* ***categorical*** ***assurance/denial***

• **categorically** adverb **категорически** *They have* ***denied categorically*** *that they were involved in the conspiracy.*

categorize (also UK **-ise**) /ˈkætəgəraɪz/ **verb** [T] to divide people or things into groups of similar types **классифицировать** *The books are categorized according to subject.*

category /ˈkætəgəri/ **noun** [C] B2 a group of people or things of a similar type **категория** *Our customers* ***fall into*** *two main* ***categories****: retired people and housewives.*

cater /ˈkeɪtər/ **verb** [I, T] to provide and often serve food and drinks for a particular event **поставлять провизию и обслуживать гостей какого-либо мероприятия** *How many are we* ***catering for*** *at the wedding reception?*

PHRASAL VERBS **cater for sb/sth** mainly UK to provide what is wanted or needed by a particular group of people **обслуживать, быть предназначенным для кого-либо/чего-либо** *The club caters for children between the ages of 4 and 12.* • **cater to sb/sth** to give people exactly what they want, usually something that people think is wrong **потворствовать, угождать** *This legislation simply caters to unacceptable racist opinions.*

caterer /ˈkeɪtərər/ **noun** [C] a person or company that provides food and drinks for particular events, or for an organization **поставщик провизии и напитков для каких-либо мероприятий**

catering /ˈkeɪtərɪŋ/ **noun** [U] B2 providing food and drinks for people **поставка провизии и напитков** *Who* ***did the catering*** *for the party?*

caterpillar

caterpillar /ˈkætəpɪlər/ **noun** [C] a small, long animal with many legs that eats leaves **гусеница**

cathartic /kəˈθɑːtɪk/ **adjective** A cathartic experience or event helps you to express and get rid of strong emotions. **очистительный**

cathedral /kəˈθiːdrəl/ **noun** [C] A2 the largest and most important church in a particular area **собор**

Catholic /ˈkæθəlɪk/ **adjective** (also **Roman Catholic**) belonging or relating to the part of the Christian religion that has the Pope (= a very important priest) as its leader **католический** *a Catholic priest/school*

• **Catholic** noun [C] **католик** *I think he's a Catholic.*

the ˌCatholic ˈChurch **noun** the Catholic religion and all the people who believe in it **католическая церковь**

Catholicism /kəˈθɒlɪsɪzəm/ **noun** [U] (also **Roman Caˈtholicism**) the beliefs of the Catholic religion **католицизм**

catsup /ˈkætsəp/ **noun** [U] another US spelling of ketchup (= a thick, red sauce that is eaten cold with food) **кетчуп**

cattle /ˈkætl/ **noun** [plural] B1 male and female cows, kept on a farm for their milk and meat **крупный рогатый скот**

catty /ˈkæti/ **adjective** informal intending to hurt someone by saying unkind things **язвительный, злобный** *catty remarks*

catwalk /ˈkætwɔːk/ **noun** [C] the narrow, raised path that people walk along in a fashion show **подиум**

Caucasian /kɔːˈkeɪʒən/ **adjective** belonging to a race of people with white or pale skin **европеоидный**

• **Caucasian** noun [C] a Caucasian person **человек, принадлежащий к европеоидной расе**

caught /kɔːt/ past of catch **прош. вр. и прич. прош. вр. от гл. catch**

cauldron /ˈkɔːldrən/ **noun** [C] literary a large, round metal pot that is used for cooking over a fire **котел**

cauliflower /ˈkɒlɪˌflaʊər/ **noun** [C, U] a large, round, white vegetable with thick, green leaves around the outside **цветная капуста** → See **Fruits and Vegetables** on page Centre 10

cause[1] /kɔːz/ **noun 1** [C] B2 someone or something that makes something happen **причина** *The police are still trying to* ***establish the cause of*** *the fire.* ◦ *She died of* ***natural causes.*** **2** [U] a reason to feel something or to behave in a particular way **повод, основание** *He's never given me any* ***cause for*** *concern.* **3** [C] a principle or aim that a group of people support or fight for **дело** *The money will all go to a* ***good cause.***

> Слова-партнеры к **cause**
> a common/leading/probable/root cause • discover/establish/identify the cause of sth • the main cause

cause[2] /kɔːz/ **verb** [T] B2 to make something

happen **причинять, быть причиной** *The hurricane caused widespread damage.* ◦ *Most heart attacks are* ***caused by*** *blood clots.* ◦ [+ two objects] *I hope the children haven't caused you too much trouble.* ◦ [+ to do sth] *What caused the washing machine to blow up?*

causeway /ˈkɔːzweɪ/ **noun** [C] a raised path or road over a wet area **насыпь**

caustic /ˈkɔːstɪk/ **adjective 1** A caustic remark is extremely unkind and intended to upset or criticize someone. **язвительный 2** Caustic chemicals can burn things. **едкий**

caution[1] /ˈkɔːʃən/ **noun 1** [U] great care and attention not to take risks or get into danger **осторожность, осмотрительность** *Travellers have been advised to* ***exercise*** *great* ***caution*** *when passing through the region.* ◦ *I would* ***treat*** *anything he says* ***with*** *extreme* ***caution*** *(= not be too quick to believe it).* **2** [C] UK when a police officer or other person in authority warns you that you will be punished if you do something bad again **предостережение, предупреждение**

IDIOM **throw caution to the wind** to take a risk **рисковать**

→ See also err on the **side**[1] of caution

> **Слова-партнеры к caution**
>
> **advise/exercise/urge caution • extreme/great caution • do sth with caution • caution in doing sth**

caution[2] /ˈkɔːʃən/ **verb 1** [I, T] formal to warn someone of something **предостерегать** [often passive] *They were* ***cautioned against*** *buying shares in the company.* **2** [T] UK If police caution people, they are given a spoken warning that they will be punished next time. **предостерегать, предупреждать**

cautionary /ˈkɔːʃənəri/ **adjective** intended to warn or advise someone **назидательный, поучительный** *a* ***cautionary tale***

cautious /ˈkɔːʃəs/ **adjective** (B2) taking care to avoid risks or danger **осторожный, осмотрительный** *She is cautious about lending money to anyone.*

• **cautiously adverb осторожно, предусмотрительно**

cavalier /ˌkævəlˈɪəʳ/ **adjective** formal without caring about other people or about a dangerous or serious situation **бесцеремонный, высокомерный** *a* ***cavalier attitude***

the cavalry /ˈkævəlri/ **noun** [U, group] soldiers who fight on horses **кавалерия**

cave[1] /keɪv/ **noun** [C] (B1) a large hole in the side of a cliff (= straight, high rock next to the sea), mountain, or under the ground **пещера**

cave[2] /keɪv/ **verb**

PHRASAL VERB **cave in 1** If a ceiling, roof, or other structure caves in, it breaks and falls into the space below. **обрушиваться 2** to agree to something that you were against before, after someone has persuaded you or made you afraid **уступать, сдаваться** *The company has finally* ***caved in to*** *the demands of the unions.*

caveat /ˈkæviæt/ **noun** [C] formal something you say which warns that there is a limit on a general announcement made earlier **клаузула, оговорка**

cavern /ˈkævən/ **noun** [C] a large cave **пещера**

caviar (also **caviare**) /ˈkæviɑːʳ/ **noun** [U] the eggs of a large fish, eaten as a food and usually very expensive **икра (пища)**

cavity /ˈkævəti/ **noun** [C] **1** a hole or a space inside something solid or between two surfaces **полость 2** a hole in a tooth **дупло (в зубе)**

cavort /kəˈvɔːt/ **verb** [I] to jump, dance, or move about in an excited way **скакать, прыгать**

cc /ˌsiːˈsiː/ **1** abbreviation for carbon copy: used on a letter or email to show that you are sending a copy to other people **копия 2** abbreviation for cubic centimetre: a unit for measuring the volume of something **кубический сантиметр** *a 750cc motorcycle*

CCTV /ˌsiːsiːtiːˈviː/ **noun** [U] abbreviation for closed circuit television: a system of television cameras filming in shops and public places so that people can watch and protect those places **система скрытого, охранного видеонаблюдения** *CCTV cameras*

CD /ˌsiːˈdiː/ **noun** [C] (A1) abbreviation for compact disc: a small disc on which music or information is recorded **компакт-диск** → See **The Office** on page Centre 5

ˌCˈD ˌburner noun [C] a machine that can record information onto a CD **устройство для записи на компакт-диски**

ˌCˈD ˌplayer noun [C] (A1) a machine that is used for playing music CDs **проигрыватель компакт-дисков**

CD-R /ˌsiːdiːˈɑːʳ/ **noun** [C] abbreviation for compact disc recordable: an empty compact disc for recording information only once using special computer equipment **компакт-диск для однократной записи данных**

CD-ROM /ˌsiːdiːˈrɒm/ **noun** [C] (B1) abbreviation for compact disc read-only memory: a CD that holds large amounts of information that can be read by a computer **компьютерный компакт-диск**

CD-RW /ˌsiːdiːɑːˈdʌbljuː/ **noun** [C] abbreviation for compact disc rewritable: an empty compact disc for recording and changing information using special computer equipment **компакт-диск для многократной записи данных**

ˌCˈD ˌwriter noun [C] a CD burner **устройство для записи на компакт-диски**

cease /siːs/ **verb** [I, T] formal (B2) to stop **прекращать** [+ doing sth] *He ordered his men to cease firing.* ◦ [+ to do sth] *Her behaviour never ceases to amaze me.*

C

ceasefire /ˈsiːsfaɪəʳ/ **noun** [C] an agreement between two armies or groups to stop fighting **прекращение огня**

ceaseless /ˈsiːsləs/ **adjective** formal continuous **беспрерывный** *the ceaseless movement of the sea*

• **ceaselessly adverb беспрерывно**

cedar /ˈsiːdəʳ/ **noun** [C, U] a tall, evergreen (= with leaves that do not fall off in winter) tree, or the red wood of this tree **кедр**

cede /siːd/ **verb** [T] formal to give something such as land or power to another country or person, especially because you are forced to **уступать, сдавать**

ceiling /ˈsiːlɪŋ/ **noun** [C] **1** A2 the surface of a room which you can see when you look above you **потолок 2** a limit on the amount that can be paid for something **предел** *They have set a **ceiling on** pay rises.*

celeb /sɪˈleb/ **noun** [C] informal a celebrity (= famous person) **знаменитость, известный человек**

celebrate /ˈseləbreɪt/ **verb** [I, T] B1 to do something enjoyable because it is a special day, or because something good has happened **праздновать** *Do you celebrate Christmas in your country?*

celebrated /ˈseləbreɪtɪd/ **adjective** famous for a special ability or quality **знаменитый, славящийся чем-либо** *She is **celebrated for** her wit.*

celebration /ˌseləˈbreɪʃᵊn/ **noun** [C, U] B1 when you celebrate a special day or event **празднование** *Let's buy some champagne **in celebration of** her safe arrival.* ◦ *You've passed? This **calls for a celebration**.*

> Слова-партнеры к **celebration**
>
> **anniversary/birthday/New Year** celebrations • **be a cause for** celebration • sth **calls for** a celebration • a celebration **to mark/of** sth • **in** celebration **of** sth

celebratory /ˌseləˈbreɪtᵊri/ (US) /ˈseləbrətɔːri/ **adjective** done to celebrate something or wanting to celebrate something **праздничный** *a celebratory dinner* ◦ *in a **celebratory mood***

celebrity /səˈlebrəti/ **noun** [C] B1 a famous person **знаменитость**

celery /ˈselᵊri/ **noun** [U] a vegetable with long, pale green stems, often eaten in salads **сельдерей** → See **Fruits and Vegetables** on page Centre 10

celestial /səˈlestiəl/ **adjective** literary relating to heaven or the sky **небесный**

celibate /ˈseləbət/ **adjective** Someone who is celibate does not have sex. **человек, не имеющий интимных отношений**

• **celibacy** /ˈseləbəsi/ **noun** [U] when you do not have sex **воздержание**

cell /sel/ **noun** [C] **1** B2 the smallest living part of an animal or a plant **клетка** *brain/cancer cells* **2** B2 a small room in a prison or police station where a prisoner is kept **камера**

cellar /ˈseləʳ/ **noun** [C] B2 a room under the floor of a building **подвал** → See also **salt cellar**

cellist /ˈtʃelɪst/ **noun** [C] someone who plays the cello **виолончелист**

cello /ˈtʃeləʊ/ **noun** [C] B2 a large, wooden musical instrument with four strings that you hold between your knees to play **виолончель**

Cellophane /ˈseləfeɪn/ **noun** [U] trademark thin, transparent material that is used for wrapping goods, especially flowers and food **целлофан**

cell phone /ˈselfəʊn/ **noun** [C] (also **cellular phone**) US a mobile phone **мобильный телефон**

cellular /ˈseljələʳ/ **adjective 1** relating to animal or plant cells **клеточный** *cellular damage* **2** [always before noun] relating to cellular phones **сотовый** *cellular companies/communications*

cellulite /ˈseljəlaɪt/ **noun** [U] fat that looks like small lumps below the skin, especially on the upper legs **целлюлит** *I can't seem to get rid of my cellulite.*

cellulose /ˈseljələʊs/ **noun** [U] a substance in plants that is used to make some paper and plastics **целлюлоза**

Celsius /ˈselsiəs/ **noun** [U] (written abbreviation **C**) a measurement of temperature in which water freezes at 0° and boils at 100° **шкала Цельсия**

Celtic /ˈkeltɪk/ **adjective** relating to the people of Ireland, Scotland, and Wales **кельтский** *Celtic art/music*

cement[1] /sɪˈment/ **noun** [U] a grey powder used in building which is mixed with water and sand or stones to make a hard substance **цемент**

cement[2] /sɪˈment/ **verb** [T] **1** to make something such as a relationship, a belief, or a position stronger **скреплять** *It was the holiday that really cemented our friendship.* **2** (also **cement over**) to cover something with cement **цементировать**

cemetery /ˈsemətri/ **noun** [C] B2 a place where dead people are buried **кладбище**

censor /ˈsensəʳ/ **verb** [T] to examine books, documents, or films and remove parts of them that are offensive or not allowed by rules **подвергать цензуре** [often passive] *The book was heavily censored before publication.*

• **censor noun** [C] **цензор**

censorship /ˈsensəʃɪp/ **noun** [U] when a book, film, newspaper, or other information is censored **цензура** *political/state censorship*

censure /ˈsensjəʳ/ **verb** [T] formal to criticize someone formally for something that they have done **осуждать, порицать**

• **censure noun** [U] formal **осуждение, порицание**

census /ˈsensəs/ **noun** [C] when people in a

country are officially counted and information is taken about them **перепись населения**

cent /sent/ **noun** [C] A2 a coin or unit of money with a value of 1⁄100 of a dollar (= US unit of money) or euro (the European unit of money); ¢ **цент** *The newspaper costs sixty-five cents.*

centenary /sen'tiːnəri/ US /'sentəneri/ **noun** [C] (also US **centennial** /sen'teniəl/) the day or year that is 100 years after an important event **столетие** *This year, there will be many concerts to mark **the centenary of** the composer's death.*

center /'sentəʳ/ **noun, verb** US spelling of centre **см. centre**

centerpiece /'sentəpiːs/ **noun** [C] US spelling of centrepiece **см. centrepiece**

centi-, cent- /senti-/, /sent-/ **prefix** hundred **сто-, санти-** *a centimetre ◦ a century*

centigrade /'sentɪgreɪd/ **noun** [U] (written abbreviation **C**) a measurement of temperature in which water freezes at 0° and boils at 100° **шкала Цельсия**

centilitre /'sentɪˌliːtəʳ/ **noun** [C] UK (US **centiliter**) (written abbreviation **cl**) a unit for measuring liquid, equal to 0.01 litres **сантилитр**

centimetre UK (US **centimeter**) (written abbreviation **cm**) /'sentɪˌmiːtəʳ/ **noun** [C] A2 a unit for measuring length, equal to 0.01 metres **сантиметр**

central /'sentrəl/ **adjective 1** B1 in or near the centre of a place or object **центральный, расположенный в центре** *central Africa/America ◦ The roof is supported by a central column.* **2** [always before noun] controlled or organized in one main place **центральный** *central authorities/government ◦ the US central bank* **3** main or most important **основной, ведущий** *a central character/figure ◦ Her role is **central to** the film.* **4** in the main part of a town or city **расположенный в центре**
• **centrally adverb в центре, из центра**

ˌcentral ˈheating noun [U] B1 a system of heating a building by warming air or water in one place and carrying it to different rooms in pipes **центральное отопление**

centralize (also UK **-ise**) /'sentrəlaɪz/ **verb** [T] If a country or organization is centralized, it is controlled from one place. **централизовать** [often passive] *centralized control/government*
• **centralization** /ˌsentrəlaɪ'zeɪʃən/ **noun** [U] **централизация**

centre¹ UK (US **center**) /'sentəʳ/ **noun 1** [C] A2 the middle point or part of something **центр** *She stood **in the centre** of the room. ◦ Cars are not allowed in the **town centre**.* **2** [C] A2 a place or a building used for a particular activity **центр** *a **health/advice centre** ◦ a **centre for** the homeless* **3** [C] a place where a lot of a particular activity or business takes place **центр** *an industrial centre* **4** [no plural] (also **the centre**) a political position with opinions that are not extreme **центр** *His political views are left of centre.* **5 be the centre of attention** to receive more attention than anyone or anything else **быть в центре внимания** → See also **community centre**, **garden centre**, **shopping centre**

centre² UK (US **center**) /'sentəʳ/ **verb** [T] to put something in the middle of an area **помещать в центре**

PHRASAL VERB **centre around/on sb/sth** to have someone or something as the main part of a discussion or activity **сосредоточивать(ся), концентрировать(ся)** *The dispute centres on racial issues.*

ˌcentre of ˈgravity noun [C] (plural **centres of gravity**) the point in an object where its weight is balanced **центр тяжести**

centrepiece UK (US **centerpiece**) /'sentəpiːs/ **noun** [C] **1** the most important or attractive part of something **ключевой пункт, "гвоздь"** *The employment programme is **the centrepiece of** the government's economic strategy.* **2** a decoration that is put in the middle of a dinner table **украшение в центре стола**

century /'senʃəri/ **noun** [C] A2 a period of 100 years, especially used in giving dates **век** *the twentieth century*

> **Слова-партнеры к century**
> in the [17th/21st, etc] century • the early/mid/late [15th/19th, etc] century • the turn of the century (= the time around the end of one century and the beginning of the next)

CEO /ˌsiːiː'əʊ/ **noun** [C] abbreviation for chief executive officer: the person with the most important job in a company **главный исполнительный директор**

ceramics /sə'ræmɪks/ **noun** [plural] objects that are made by shaping and heating clay **керамика**
• **ceramic adjective** made by shaping and heating clay **керамический** *a ceramic pot*

cereal /'sɪəriəl/ **noun** [C, U] **1** a plant that is grown to produce grain for food **злак** *cereal crops* **2** A2 a food that is made from grain and eaten with milk, especially in the morning **хлопья (пища)** ***breakfast cereals*** → See **Food** on page Centre 11

cerebral /'serəbrəl/ **adjective** formal **1** Cerebral films, books, etc need a lot of thought to understand them, and cerebral people think a lot. **интеллектуальный 2** [always before noun] relating to the brain **мозговой** *cerebral arteries*

ceremonial /ˌserɪ'məʊniəl/ **adjective** relating to a ceremony **парадный, строго официальный**
• **ceremonially adverb парадно, строго официально**

ceremony /'serɪməni/ **noun 1** [C] B1 a formal event that is performed on important social or religious occasions **церемония** *a **wedding/***

marriage ceremony ◦ *an* ***award ceremony*** **2** [U] formal behaviour, words, and actions that are part of a ceremony **формальности, этикет**

C

> Слова-партнеры к **ceremony**
> **attend/hold** a ceremony • **at** a ceremony • an **award/marriage/wedding** ceremony

certain /ˈsɜːtᵊn/ **adjective 1** [never before noun] B1 completely sure of something, or knowing without doubt that something is true **уверенный, убежденный** [+ (that)] *I feel absolutely certain that you're doing the right thing.* ◦ [+ question word] *Nobody was certain how the accident had happened.* ◦ *He was quite* ***certain about/of*** *the thief's identity.* → Opposite **uncertain 2 know/say for certain** to know something without doubt **знать/говорить наверняка** *We don't know for certain whether she's coming.* **3** B1 sure to happen, to do something, or to be true **несомненный** [+ (that)] *It now looks certain that she will resign.* ◦ [+ to do sth] *She is certain to do well in the exams.* ◦ *How can we* ***make certain that*** (= do something to be sure that) *she sees the note?* **4** [always before noun] B1 used to refer to a particular person or thing without naming or describing them exactly **определенный, некоторый** *The museum is only open at certain times of the day.* **5 a certain** B2 used before a noun to mean existing, but difficult to describe the exact quality or amount **некий, некоторого рода** *He's got a certain charm.* **6 certain of** formal used to refer to some of a group of people or things **некоторые из** *Certain of you already know the news.*

certainly /ˈsɜːtənli/ **adverb 1** A2 used to emphasize something and show that there is no doubt about it **непременно, безусловно** *Their team certainly deserved to win.* ◦ *"Are your parents paying for dinner?" "I certainly hope so."* ◦ *"Do you regret what you said?"* ***"Certainly not!"*** **2** A2 used to agree to a request **конечно!** *"Could you pass the salt, please?" "Certainly."*

certainty /ˈsɜːtᵊnti/ **noun 1** [U] B2 when you are completely sure about something **уверенность** *I can't say* ***with*** *any* ***certainty*** *what time she left.* **2** [C] something that is very likely to happen or cannot be doubted **несомненный факт, неизбежность** *There are no absolute certainties in life.*

certificate /səˈtɪfɪkət/ **noun** [C] B1 an official document that gives details to show that something is true **свидетельство, сертификат** *a* ***death/marriage certificate*** ◦ *an* ***exam certificate*** → See also **birth certificate**

certify /ˈsɜːtɪfaɪ/ **verb** [T] **1** formal to say in a formal or official way that something is true or correct **удостоверять, подтверждать** [+ (that)] *I certify that the information I have given is true.* ◦ *She was* ***certified dead*** *on arrival at the hospital.* **2** to give someone a certificate to say that they have completed a course of study **выдавать сертификат, диплом** *a certified accountant* **3** to say officially that someone has a mental illness **удостоверять невменяемость, объявлять сумасшедшим**

certitude /ˈsɜːtɪtjuːd/ **noun** [U] formal when you feel certain about something **уверенность**

cervix /ˈsɜːvɪks/ **noun** [C] the narrow entrance to a woman's womb **шейка матки**
• **cervical** /səˈvaɪkᵊl/, /ˈsɜːvɪkᵊl/ **adjective относящийся к шейке матки** *cervical cancer*

cesarean /sɪˈzeəriən/ **noun** [C] US spelling of caesarean **кесарево сечение**

cessation /sesˈeɪʃᵊn/ **noun** [C, U] formal when something, especially violence, stops **прекращение** *the cessation of hostilities*

cf used in writing when you want the reader to make a comparison between the subject being discussed and something else **сравните!**

CFC /ˌsiːefˈsiː/ **noun** [C] abbreviation for chlorofluorocarbon: a type of gas used in some fridges (= containers for keeping food cold) and aerosols (= containers for making liquids come out in small drops), which damages the layer of gases around the Earth **фторхлористый углерод**

chafe /tʃeɪf/ **verb 1** [I] to feel angry because of rules and limits **раздражаться** *He* ***chafed against/at*** *the narrow academic approach of his school.* **2** [I, T] to make part of the body painful by rubbing, or to become painful because of being rubbed **натирать, стирать (ногу)**

chagrin /ˈʃægrɪn/ US /ʃəˈgrɪn/ **noun** [U] anger or disappointment caused by something that does not happen the way you wanted it **огорчение, досада** ***To*** *his parents'* ***chagrin***, *he had no intention of becoming a lawyer.*

chain

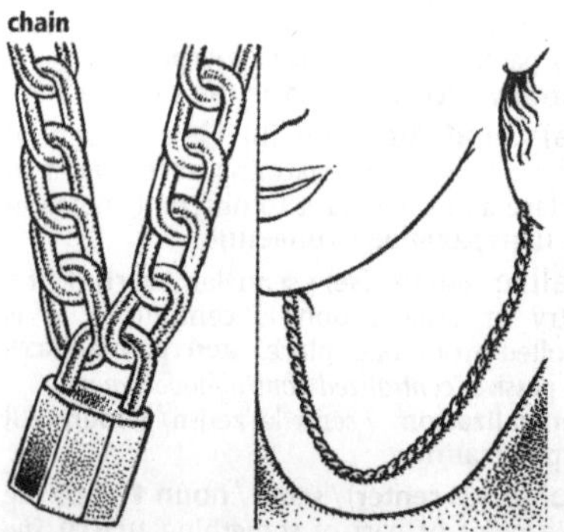

chain¹ /tʃeɪn/ **noun 1** [C, U] A2 a line of metal rings connected together **цепь** *a bicycle chain* ◦ *She wore a gold chain around her neck.* ◦ *The hostages were kept* ***in chains.*** **2** [C] B1 a number of similar shops, restaurants, etc owned by the same company **сеть** *a chain of hotels/supermarkets* **3** [C] B2 a series of things that happen one after the other **цепь** *His arrival set off a surprising* ***chain of events.***

chain[2] /tʃeɪn/ **verb** [T] (also **chain up**) to fasten someone or something to someone or something else using a chain **прикреплять цепью, держать на цепи** *I **chained** my bike **to** a lamppost.* ◦ *You shouldn't keep a dog **chained up** like that.*

ˌchain reˈaction noun [C] a series of events where each one causes the next one to happen **цепная реакция**

chain-smoke /ˈtʃeɪnsməʊk/ **verb** [I, T] to smoke cigarettes one after another **курить одну сигарету за другой**
• **chain smoker noun** [C] **человек, который курит одну сигарету за другой**

ˈchain ˌstore noun [C] one of a group of similar shops owned by the same company **один из сети магазинов**

chair[1] /tʃeəʳ/ **noun** [C] **1** A1 a seat for one person, with a back, usually four legs, and sometimes two arms **стул** → See **The Office** on page Centre 5 **2** someone who controls a meeting or organization **председательствующий** [usually singular] *All questions should be addressed to the chair.* **3** a very important position in a university department, or the person who has this position **кафедра, заведующий кафедрой** → See also **the electric chair**

chair[2] /tʃeəʳ/ **verb** [T] to control a meeting or organization **председательствовать** *I've been asked to chair the committee.*

chairman, chairwoman /ˈtʃeəmən/, /ˈtʃeəˌwʊmən/ **noun** [C] (plural **chairmen**, **chairwomen**) a man/woman who controls a meeting, company, or other organization **председатель**

chairperson /ˈtʃeəˌpɜːsᵊn/ **noun** [C] someone who controls a meeting, company, or other organization **председатель**

chalet /ˈʃæleɪ/ (US) /ʃælˈeɪ/ **noun** [C] a small wooden house, often in a mountain area, or for people who are on holiday **шале**

chalk[1] /tʃɔːk/ **noun 1** [U] a type of soft, white rock **мел 2** [C, U] a small stick of chalk that is used for writing and drawing **мел** *a piece of chalk* → See **The Classroom** on page Centre 6

IDIOM **be like chalk and cheese** UK If two people are like chalk and cheese, they are completely different from each other. **не иметь ничего общего**

chalk[2] /tʃɔːk/ **verb** [T] UK to write something with a piece of chalk **писать мелом**

PHRASAL VERB **chalk sth up** to achieve something **записывать на свой счет, достигать** *She's chalked up five goals this season.*

chalkboard /ˈtʃɔːkbɔːd/ **noun** [C] US (UK/US **blackboard**) a large board with a dark surface that teachers write on with chalk **классная доска**

chalky /ˈtʃɔːki/ **adjective** made of chalk, or similar to chalk **меловой, белый как мел**

challenge[1] /ˈtʃælɪndʒ/ **noun 1** [C, U] B1 something that is difficult and that tests someone's ability or determination **испытание, сложная задача** *Finding a decision that pleases everyone is the **challenge** which now **faces** the committee.* **2** [C] an invitation to compete in a game or a fight **вызов (на состязание)** *I'm sure Paul will race you. He never refuses a challenge.* **3** [C] an expression of disagreement with ideas, rules, or someone's authority **постановка под сомнение, оспаривание** *a **challenge to** the authority of the President*

> **Слова-партнеры к challenge**
>
> face/pose/present/relish a challenge • a big/formidable/serious/tough challenge

challenge[2] /ˈtʃælɪndʒ/ **verb** [T] **1** B2 to express disagreement with ideas, rules, or someone's authority **ставить под сомнение, оспаривать** *The election results are being challenged.* **2** to invite someone to compete in a game or fight **вызывать (на состязание)** *He **challenged** Smith **to** a fight.*

challenger /ˈtʃæləndʒəʳ/ **noun** [C] someone who competes in a game, competition, or election, often to win a position that someone else has **претендент** *There are five **challengers for** the title.*

challenging /ˈtʃæləndʒɪŋ/ **adjective** B1 difficult to do in a way that tests your ability or determination **трудный, требующий напряжения** *This has been a challenging time for us all.*

chamber /ˈtʃeɪmbəʳ/ **noun** [C] **1** a room used for an official or special purpose **палата, зал** *a debating chamber* ◦ *a burial chamber* **2** one of the groups that a parliament is divided into **палата** *the **upper/lower chamber*** **3** a closed space in a machine or in your body **камера, полость** *the left chamber of the heart* → See also **gas chamber**

chambermaid /ˈtʃeɪmbəmeɪd/ **noun** [C] a woman whose job is to clean and tidy hotel bedrooms **горничная**

ˈchamber ˌmusic noun [U] music that is written for a small group of musicians **камерная музыка**

ˌchamber of ˈcommerce noun [C] (plural **chambers of commerce**) an organization of business people who work together to improve business in their local area **торговая палата**

champ /tʃæmp/ **noun** [C] informal short for champion **чемпион**

champagne /ʃæmˈpeɪn/ **noun** [U] A2 French white wine with lots of bubbles in it which people often drink to celebrate something **шампанское**

champagne

champion[1] /ˈtʃæmpiən/ **noun** [C] **1** B1 a person, animal, or team that wins a competition

чемпион *a boxing champion* ◦ *the* ***world champions*** **2** someone who supports, defends, or fights for a person, belief, or principle **защитник, поборник** *a* ***champion of*** *human rights* → See also **reigning champion**

C

champion² /ˈtʃæmpiən/ **verb** [T] to support, defend, or fight for a person, belief, or principle **защищать, отстаивать** *She* ***championed the cause*** *of free speech.*

championship /ˈtʃæmpiənʃɪp/ **noun** [C] **1** B1 a competition to find the best team or player in a particular game or sport **чемпионат** *The* ***world championship*** *will be held in this country next year.* **2** the position of being a champion **звание чемпиона** *She is current holder of our tennis championship.*

chance¹ /tʃɑːns/ **noun 1** [C, U] B1 the possibility that something will happen **шанс** [+ (that)] *There's a chance that she'll still be there.* ◦ *She has little* ***chance of*** *passing the exam.* ◦ *Is there* ***any chance of*** *a drink?* **2** [C] B1 the opportunity to do something **возможность** [+ to do sth] *I didn't* ***get a chance*** *to speak to you at the party.* ◦ *I hope you've* ***had the chance*** *to look around the exhibition.* ◦ ***Give*** *me* ***a chance*** *to prove that I can do the work.* ◦ *Going on a world cruise is* ***the chance of a lifetime*** (= *an opportunity which only comes once in your life*). **3** [U] B1 when something happens because of luck, or without being planned **случайность, удача** *I saw her* ***by chance*** *in the shop.* **4** [C] B2 a risk **риск** *I'm delivering my work by hand. I'm not* ***taking*** *any* ***chances***. **5 by any chance** used to ask in a polite way whether something is possible or true **случайно** *You're not Spanish by any chance, are you?* **6 stand a chance** to have a chance of success or of achieving something **иметь шанс** *He stands a good chance of winning the election.* **7 chances are** it is likely **скорее всего** [+ (that)] *Chances are that he'll refuse.* **8 No chance!/ Not a chance!** used to emphasize that there is no possibility of something happening **никаких шансов** *"Do you think she'd go out with me?" "No chance!"*

IDIOM **fat chance** informal used to say that you do not think that something is likely to happen **вряд ли** *"Do you think we'll win?" "Fat chance."*

→ See also **off-chance**, **outside chance**

> **Слова-партнеры к chance**
>
> a chance **of** sth • a **fifty-fifty** chance • a **fair/good/slim** chance

chance² /tʃɑːns/ **verb** [T] informal to take a risk by doing something **рисковать**

chance³ /tʃɑːns/ **adjective** [always before noun] A chance event is not planned or expected. **случайный** *a chance meeting*

chancellor /ˈtʃɑːnsələʳ/ **noun** [C] **1** the leader of the government in some countries **канцлер** *the German chancellor* **2** the person with the highest position in some universities **ректор 3** (also ˌ**Chancellor of the Exˈchequer**) UK the person in the British government who makes decisions about taxes and government spending **министр финансов (в Великобритании)**

chandelier /ˌʃændəˈlɪəʳ/ **noun** [C] a large light that hangs from the ceiling and is made of many small lights or candles and small pieces of glass **люстра**

> **Другие способы сказать change**
>
> Глагол **alter** может использоваться вместо глагола **change**.
>
> *We've had to* ***alter*** *our plans.*
>
> Если вы часто изменяете способ выполнения какого-то дествия, то уместно использовать глагол **vary**.
>
> *Try to* ***vary*** *the children's diet a little.*
>
> Если изменяют назначение или внешний вид чего-либо, то можно использовать глагол **convert** или фразовый глагол **turn into**:
>
> *We're going to* ***convert*** *the spare bedroom into an office.*
>
> *There are plans to* ***turn*** *his latest book* ***into*** *a film.*
>
> Если кто-то начинает регулярно использовать что-то новое вместо чего-то, что использовал прежде, то можно использовать глагол **switch**.
>
> *We've* ***switched*** *over to low fat milk.*
>
> *Jack has just* ***switched*** *jobs.*

change¹ /tʃeɪndʒ/ **verb 1** [I, T] A2 to become different, or to make someone or something become different **изменять(ся)** *I hadn't seen her for twenty years, but she hadn't changed a bit.* ◦ *The course changed my life.* ◦ *She's* ***changed from*** *being a happy, healthy child* ***to*** *being ill all the time.* **2** [I, T] A1 to stop having or using one thing, and start having or using another **менять** *The doctor has recommended changing my diet.* ◦ *I'll have to ask them if they can change the time of my interview.* **3** [I, T] A2 to take off your clothes and put on different ones **переодеваться** *He* ***changed out of*** *his school uniform* ***into*** *jeans and a T-shirt.* ◦ *Is there somewhere I can* ***get changed***? **4** [I, T] A2 to get off a bus, plane, etc and catch another, in order to continue a journey **делать пересадку** *I have to change trains at Bristol.* **5** [T] UK B1 to take something you have bought back to a shop and exchange it for something else **обменивать** *If the dress doesn't fit, can I* ***change*** *it* ***for*** *a smaller one?* **6** [T] A2 to get or give someone money in exchange for money of a different type **обменивать, разменивать** *Where can I change my dollars?* ◦ *Can you* ***change*** *a £20 note* ***for*** *two tens?* **7** [T] to take dirty sheets off a bed and put on clean ones **перестилать (белье)** *to change the bed/sheets* **8** [T] to put a clean nappy (= thick cloth worn on a baby's bottom) on a baby **пере-**

пеленать → See also **chop**[1] and change, change hands (**hand**[1]), change your **tune**[1]

PHRASAL VERBS **change sth around/round** to move objects such as furniture into different positions **переставлять** • **change over** UK to stop using or having one thing and start using or having something else **переходить с одного на другое** *We've just* ***changed over from*** *gas central heating* ***to*** *electric.*

change[2] /tʃeɪndʒ/ **noun** **1** [C, U] (A2) when something becomes different, or the result of something becoming different **изменение, перемена** *We need to* ***make*** *a few* ***changes to*** *the design.* ◦ *There is no* ***change in*** *the patient's condition (= the illness has not got better or worse).* ◦ *How can we* ***bring about*** *social* ***change****?* **2** [C, U] (A2) when you stop having or using one thing and start having or using another **смена, перемена** *This country needs a* ***change of*** *government.* ◦ *I've notified the school of our* ***change of address.*** **3** [C] (B1) something that you enjoy because it is a new experience **разнообразие** [usually singular] *Going abroad for our anniversary would* ***make a*** *lovely* ***change.*** ◦ *It's nice to eat together as a family* ***for a change.*** **4** [U] (A2) the money that you get back when you pay more for something than it costs **сдача** *There's your receipt and £3 change.* **5** [U] (A2) coins, not paper money **мелочь, мелкие деньги** *Have you got any change for the parking meter?* ◦ *Have you got change for £5 (= can you give me £5 in coins in return for paper money)?* **6 a change of clothes** (A2) a set of clean clothes that you can put on if you need to take off the ones you are wearing **смена одежды**

IDIOM **a change of heart** If you have a change of heart, you change your opinion or feelings about something. **изменение мнения, перемена чувств**

→ See also **small change**

> Слова-партнеры к **change**
>
> bring about/implement/make/undergo change • change occurs/takes place • a big/dramatic/fundamental/major/radical/sweeping change • change in/to sth

changeable /ˈtʃeɪndʒəbl/ **adjective** often changing, or likely to change **изменчивый, непостоянный**

changeover /ˈtʃeɪndʒˌəʊvəʳ/ **noun** [C] a change from one system or situation to another **переход, замена** [usually singular] *the* ***changeover from*** *the old computer system to the new one*

changing ˌroom **noun** [C] UK a room in a shop where you can try clothes, or a room where you change into clothes to do sport **примерочная, раздевалка**

channel[1] /ˈtʃænəl/ **noun** **1** [C] (A2) a television or radio station (= broadcasting company) **канал** **2** [C] a long, narrow passage for water or other liquids to flow along **канал** *an irrigation channel* **3** [C] a way of communicating with people or getting something done **путь, источник, канал** *a* ***channel of communication*** **4 the Channel** (also **the ˌEnglish ˈChannel**) the narrow area of water between England and France **Ла-Манш** **5** a part of a river or sea that is deep and wide enough for ships to travel along **фарватер** *a navigable channel*

channel[2] /ˈtʃænəl/ **verb** [T] (present participle UK **channelling**, past tense and past participle **channelled**, present participle US **channeling**, past tense and past participle **channeled**) **1** to direct water along a particular route **пускать, направлять (воду)** *The waste water is channelled through this pipe.* **2** to use money or energy for a particular purpose **направлять** *We've* ***channelled*** *all our resources* ***into*** *this project.*

the ˌChannel ˈTunnel **noun** the three long passages under the English Channel between England and France **туннель под проливом Ла-Манш между Англией и Францией**

chant[1] /tʃɑːnt/ **verb** [I, T] **1** to repeat or sing a word or phrase many times, often shouting **скандировать** *The demonstrators* ***chanted*** *anti-racist* ***slogans.*** **2** to sing a religious song or prayer using a very simple tune **распевать (религиозные гимны)**

chant[2] /tʃɑːnt/ **noun** [C] **1** a word or phrase that is repeated many times **скандирование** **2** a religious song or prayer that is sung using a very simple tune **церковное песнопение**

Chanukah /ˈhɑːnəkə/ **noun** [C, U] Hanukkah **Ханука (еврейский праздник)**

chaos /ˈkeɪɒs/ **noun** [U] (B2) a situation where there is no order at all and everyone is confused **хаос** *The country's at war and everything is* ***in chaos.***

> Слова-партнеры к **chaos**
>
> **cause** chaos • **descend into/be thrown into** chaos • **be in** chaos • **total/utter** chaos

chaotic /keɪˈɒtɪk/ **adjective** in a state of chaos **хаотичный** *a chaotic situation*

chap /tʃæp/ **noun** [C] UK informal a man **парень, малый**

chapel /ˈtʃæpəl/ **noun** [C] a small church, or a room used as a church in a building **часовня**

chaperone[1] (also **chaperon**) /ˈʃæpərəʊn/ **noun** [C] an older person who goes somewhere with a younger person in order to make sure they behave well, especially a woman in the past who went with a younger woman who was not married **провожатый при молодой особе**

chaperone[2] (also **chaperon**) /ˈʃæpərəʊn/ **verb** [T] to go somewhere with someone as their chaperone **сопровождать**

chaplain /ˈtʃæplɪn/ **noun** [C] a priest in the army, a school, a hospital, or a prison **священник**

chapter /ˈtʃæptəʳ/ **noun** [C] **1** B1 one of the parts that a book is divided into **глава** **2** a period of time when something happens in history or in someone's life **страница истории** *an interesting* ***chapter in*** *Spanish history*

C

character /ˈkærəktəʳ/ **noun** **1** [C, U] B1 the combination of qualities and personality that makes one person or thing different from others **характер** *It's* ***not in her character*** *to be jealous* (= *she would not usually be jealous*). ◦ *It would be very* ***out of character*** (= *not typical*) *of her to lie.* ◦ *The character of the village has changed since the road was built.* **2** [C] B1 a person in a book, film, etc **персонаж** *a cartoon character* **3** [U] B2 qualities that are interesting or unusual **характерная особенность** *a hotel of character* **4** [C] informal a particular kind of person **тип, личность** *an unpleasant character* **5** [C] an interesting or funny person whose behaviour is different from most people's **оригинал, чудак** *Your granny's a* ***real character.*** **6** [C] a letter, sign, or number that you use when you are writing or printing **буква, знак, цифра, иероглиф** *Chinese characters*

> Слова-партнеры к **character**
>
> a **colourful/lovable/shady/strong/unsavoury** character • a **real** character

characteristic¹ /ˌkærəktəˈrɪstɪk/ **noun** [C] B2 a typical or obvious quality that makes one person or thing different from others **черта, особенность** *a national characteristic* ◦ *Does he have any distinguishing physical characteristics?*

characteristic² /ˌkærəktəˈrɪstɪk/ **adjective** typical of someone or something **характерный** *Grey stone is* ***characteristic of*** *buildings in that area.* → Opposite **uncharacteristic**
• **characteristically adverb** **характерно**

characterization (also UK **-isation**) /ˌkærəktᵊraɪˈzeɪʃᵊn/ **noun** [U] the way that people are described in a play, book, etc **создание образа**

characterize (also UK **-ise**) /ˈkærəktᵊraɪz/ **verb** [T] **1** to be typical of someone or something **отличаться** [often passive] *Her behaviour in class has been characterized by rudeness and laziness.* **2** to describe or show someone or something in a particular way **описывать, характеризовать** *Historians have* ***characterized*** *the age* ***as*** *a period of great change.*

charade /ʃəˈrɑːd/ US /ʃəˈreɪd/ **noun** [C] a situation which is clearly false, but where people behave as if it is true or serious **фарс** *The interview was just a charade.*

charcoal /ˈtʃɑːkəʊl/ **noun** [U] a hard, black substance that is produced by burning wood without much air, and that is used as fuel or for drawing **древесный уголь**

charge¹ /tʃɑːdʒ/ **noun** **1** [C, U] B1 the amount of money that you have to pay for something, especially for an activity or a service **цена, плата** *bank charges* ◦ *There's no* ***charge for*** *children under 14.* ◦ *He repaired the computer* ***free of charge*** (= *it did not cost anything*). **2 be in charge** B1 to be the person who has control of or is responsible for someone or something **руководить, отвечать за что-либо** *She's* ***in charge of*** *a team of 20 people.* ◦ *Who's in charge of organizing the music for the party?* **3 take charge** B2 to take control of or make yourself responsible for something **брать на себя руководство или ответственность** *I was happy to let her take charge of paying all the bills.* **4** [C] B2 a formal police statement saying that someone is accused of a crime **обвинение** *to* ***bring/press charges*** ◦ *She was* ***arrested on charges of*** *theft and forgery.* **5** [C] when you accuse someone of something **обвинение** *This is a* ***serious charge*** *to make against your colleagues.* **6** [C, U] the amount of electricity that an electrical device has in it or that a substance has in it **заряд** **7** [C] an attack in which people or animals run forward suddenly **нападение** **8 reverse the charges** UK (US **call collect**) to make a telephone call that is paid for by the person who receives it **звонить за счет принимающего звонок** → See also **service charge**

> Слова-партнеры к **charge**
>
> **make** a charge • **at no extra/free of/without** charge • a charge **for** sth • a charge **of** [£10/$12, etc] • a **small** charge

charge² /tʃɑːdʒ/ **verb** **1** [I, T] B1 to ask someone to pay an amount of money for something, especially for an activity or a service **назначать, запрашивать плату** [+ two objects] *They are going to charge motorists a tax to drive into the city centre.* ◦ *How much do you* ***charge for*** *delivery?* **2** [T] B2 If the police charge someone, they accuse them officially of a crime. **предъявлять обвинение** [often passive] *He was* ***charged with*** *assault.* **3** [I, T] B2 to attack someone or something by moving forward quickly **нападать** *The bull looked as if it was about to charge.* **4 charge around/into/through, etc** to run from one place to another **носиться, бегать** *The children charged around the house.* **5** [I, T] B2 to put electricity into something **заряжать**

ˈcharge ˌcard **noun** [C] a small plastic card that allows you to buy something and pay for it at a particular date in the future **кредитная карта**

charged /tʃɑːdʒd/ **adjective** A situation or a subject that is charged causes strong feelings or arguments. **острый, крайний** *a* ***highly charged debate***

chariot /ˈtʃæriət/ **noun** [C] a vehicle with two wheels that was used in races and fights in ancient times and was pulled by a horse **колесница**

charisma /kəˈrɪzmə/ **noun** [U] a natural power which some people have to influence or attract people **харизма, притягательная сила**

• **charismatic** /ˌkærɪzˈmætɪk/ **adjective** **харизматический, притягательный**

charitable /ˈtʃærɪtəbl/ **adjective 1** [always before noun] A charitable event, activity, or organization gives money, food, or help to people who need it. **благотворительный 2** kind, and not judging other people in a severe way **милосердный, доброжелательный**

• **charitably adverb милосердно, доброжелательно**

Слова-партнеры к charity

donate/give sth to charity • [money, etc] goes to charity • do sth for charity • a charity for [homeless people/sick children, etc] • a charity **event** (= an event to raise money for a charity)

charity /ˈtʃærɪti/ **noun 1** [C, U] B1 an official organization that gives money, food, or help to people who need it **благотворительная организация** *The raffle will raise money* ***for charity.*** ◦ *A percentage of the company's profits* ***go to charity.*** **2** [U] B1 money, food, or other help that is given to people **благотворительность, подаяние** *I won't* ***accept charity.*** **3** [U] kindness towards other people **милосердие** *an act of charity*

ˈ**charity** ˌ**shop noun** [C] UK (US **thrift shop**) a shop which sells goods given by the public, especially clothes, to make money for a particular charity **магазин, торгующий пожертвованными вещами, чтобы собрать деньги на благотворительность**

charlatan /ˈʃɑːlətᵊn/ **noun** [C] someone who pretends to have skills or knowledge that they do not have **шарлатан**

charm¹ /tʃɑːm/ **noun 1** [C, U] B2 a quality that makes you like someone or something **обаяние, шарм** *The building had a certain charm.* **2** [C] an object that you keep or wear because you believe that it is lucky **талисман, амулет** *a* ***lucky charm***

charm² /tʃɑːm/ **verb** [T] to attract someone or persuade someone to do something because of your charm **очаровывать** [often passive] *We were charmed by his boyish manner.*

charmed /tʃɑːmd/ **adjective** very lucky, or managing to avoid danger **удачливый, заколдованный** *The young boy had led* ***a charmed life.***

charmer /ˈtʃɑːməʳ/ **noun** [C] informal someone who knows how to be charming in order to attract people or persuade them to do things **обаятельный человек**

charming /ˈtʃɑːmɪŋ/ **adjective** B1 pleasant or attractive **обаятельный, очаровательный** *a charming smile/place*

• **charmingly adverb обаятельно, очаровательно**

charred /tʃɑːd/ **adjective** black from having been burned **обугленный** *charred wreckage*

chart¹ /tʃɑːt/ **noun 1** [C] B2 a drawing which shows information in a simple way, often using lines and curves to show amounts **схема, план** *a sales chart* **2 the charts** B2 an official list of the most popular songs each week **список наиболее популярных песен 3** [C] a map of the sea or the sky **морская или аэронавигационная карта**

chart² /tʃɑːt/ **verb** [T] **1** to watch and record information about something over a period of time **делать обзор** *The documentary* ***charted*** *the* ***progress*** *of the war.* **2** to make a map of an area of land, sea, or sky **наносить на карту, составлять карту**

charter¹ /ˈtʃɑːtəʳ/ **noun** [C] a formal, written description of the principles, activities, and purpose of an organization **устав**

charter² /ˈtʃɑːtəʳ/ **verb** [T] to rent a vehicle, especially an aircraft **фрахтовать** *The holiday company chartered a plane to fly us all home.*

charter³ /ˈtʃɑːtəʳ/ **adjective a charter flight/ company/plane, etc** using aircraft paid for by travel companies for their customers **чартерный рейс/ чартерная авиакомпания/чартерный самолет**

chartered /ˈtʃɑːtəd/ **adjective** [always before noun] UK having the necessary qualifications to work in a particular profession **дипломированный** *a* ***chartered accountant/surveyor***

chase

chase¹ /tʃeɪs/ **verb 1** [I, T] B2 to run after someone or something in order to catch them **гнаться, преследовать** *The dog was chasing a rabbit.* **2 chase sb/sth away/off/out, etc** to run after a person or animal to make them leave a place **отгонять, прогонять кого-либо/что-либо** *I chased the cat away.* **3** [T] UK to try very hard to get something **гоняться, пытаться заполучить** *There are hundreds of graduates* ***chasing*** *very few* ***jobs.***

chase² /tʃeɪs/ **noun 1** [C] when you go after someone or something quickly in order to catch them **погоня, преследование** *a high speed car chase* **2 give chase** to go after someone or something quickly in order to catch them **гнаться**

chasm /ˈkæzᵊm/ **noun** [C] **1** a long, deep, narrow hole in rock or ice **расселина, ущелье 2** a very large difference between two opinions or two groups of people **глубокое расхождение**

chassis /ˈʃæsi/ **noun** [C] (plural **chassis** /ˈʃæsiz/) the structure of a vehicle that the outer metal is fixed on to **шасси**

C

chaste /tʃeɪst/ **adjective** not having had sex, or without sexual thoughts or intentions **целомудренный, платонический** *a chaste relationship*

chasten /ˈtʃeɪsᵊn/ **verb** [T] formal to make someone feel ashamed by making them understand that they have failed or done something wrong **пристыдить, наказать** [often passive] *The team were chastened by their defeat.*
• **chastening adjective карательный**

chastise /tʃæsˈtaɪz/ **verb** [T] formal to criticize or punish someone **критиковать, наказывать**

chastity /ˈtʃæstəti/ **noun** [U] when someone does not have sex **целомудрие, непорочность**

chat[1] /tʃæt/ **verb** [I] (present participle **chatting**, past tense and past participle **chatted**) A2 to talk with someone in a friendly and informal way **болтать, непринужденно беседовать** *I wanted to **chat to** you **about** the party on Saturday.*

PHRASAL VERB **chat sb up** UK informal to talk to someone in a way that shows them that you are sexually attracted to them **заигрывать с кем-либо**

chat[2] /tʃæt/ **noun** [C, U] A2 a friendly, informal conversation **непринужденный разговор**

> **Слова-партнеры к chat**
>
> have a chat • a chat **about** sth • a good/little/long/quick chat • a chat **with** sb

chateau /ˈʃætəʊ/ US /ʃæˈtəʊ/ **noun** [C] (plural **chateaux**) a large house or castle in France **замок**

ˈ**chat ˌroom noun** [C] a place on the Internet where you can have discussions with other people **чат**

ˈ**chat ˌshow noun** [C] UK (US **talk show**) B1 a television or radio programme where people are asked questions about themselves **ток-шоу**

chatter /ˈtʃætəʳ/ **verb** [I] **1** to talk for a long time about things that are not important **болтать** **2** If your teeth chatter, they knock together because you are cold or frightened. **стучать зубами**
• **chatter noun** [U] **болтовня**

chatty /ˈtʃæti/ **adjective 1** liking to talk **болтливый, разговорчивый 2** A piece of writing that is chatty has a friendly and informal style. **непринужденный, живо написанный** *a chatty letter/style*

chauffeur /ˈʃəʊfəʳ/ US /ʃəʊˈfɜːr/ **noun** [C] someone whose job is to drive a car for someone else **шофер**
• **chauffeur verb** [T] **возить**

chauvinist /ˈʃəʊvənɪst/ **noun** [C] **1** (also **male chauvinist**) a man who believes that men are better or more important than women **мужской шовинист 2** someone who believes that their country or race is better or more important than other countries or races **расист**
• **chauvinism noun** [U] the beliefs and behaviour of chauvinists **шовинизм**

chav /tʃæv/ **noun** [C] UK informal a young person who dresses in cheap clothes and jewellery that are intended to look expensive, and who does not look clever **молодой человек или девушка, который/-ая носит дешевую одежду и вульгарные украшения**

> **Другие способы сказать cheap**
>
> О чем-то недорогом по цене и доступном для большинства людей можно сказать **affordable**, **inexpensive** или **reasonable**.
>
> *There's very little **affordable** housing around here.*
> *They sell **inexpensive** children's clothes.*
> *I thought the food was very **reasonable**.*
>
> Прилагательное **cut-price** может использоваться, когда что-то стоит дешевле обычного.
>
> *We managed to get **cut-price** tickets the day before the show.*
>
> Оборудование, которое недорого в использовании, часто характеризуют как **economical**.
>
> *I need a car that's reliable and **economical**.*

cheap[1] /tʃiːp/ **adjective 1** A1 not expensive, or costing less than usual **дешевый** *I got a cheap flight to Spain at the last minute.* ◦ *It will be a lot cheaper to go by bus.* **2** A1 where you have to pay less than usual or less than you expect **дешевый, недорогой** *Are there any cheap restaurants around here?* **3** low in price and quality **дешевый** *cheap perfume* **4** US not willing to spend money **скупой**

cheap[2] /tʃiːp/ **adverb** informal **1** for a low price **дешево** *You'll **get** the table **cheap** if you buy the chairs too.* **2 be going cheap** UK to be offered for sale for less money than is usual **продаваться со скидкой 3 not come cheap** to be expensive **не может быть дешевым** *Good carpets don't come cheap.*

cheaply /ˈtʃiːpli/ **adverb** for a low price **дешево** *You can buy some goods more cheaply in America.*

cheat[1] /tʃiːt/ **verb** [I, T] B2 to behave in a way that is not honest or fair in order to win something or to get something **жульничать, пользоваться шпаргалками** *She was caught* UK ***cheating in** her French exam*/US ***cheating on** her French exam.* ◦ *He **cheats at** cards.*

PHRASAL VERBS **cheat on sb** B2 to have a secret sexual relationship with someone who is not your usual sexual partner **изменять (супругу)**
• **cheat sb out of sth** to get something that

belongs to someone else by deceiving them **обманом лишать кого-либо чего-либо**

cheat[2] /tʃiːt/ **noun** [C] **1** someone who cheats **мошенник, обманщик 2** special instructions or information which someone can use to help them play a computer game more effectively **специальные инструкции, которые можно использовать для более эффективного ведения компьютерной игры**

check[1] /tʃek/ **verb 1** [I, T] A2 to examine something in order to make sure that it is correct or the way it should be **проверять** [+ (that)] *I went to check that I'd locked the door.* ◦ *Have you **checked** your **facts**?* ◦ *I knelt down beside the body and **checked for** a pulse.* **2** [I, T] B1 to find out about something **выяснять** [+ question word] *I'll check whether Peter knows about the party.* **3** [I] B2 to ask someone for permission to do something **просить разрешения** *I'd like to stay overnight, but I need to **check with** my parents.* **4** [T] to stop something bad from increasing or continuing **останавливать, сдерживать** *The government needs to find a way to check rising inflation.* **5** [T] US (UK **tick**) to put a mark by an answer to show that it is correct, or by an item on a list to show that you have dealt with it **отмечать галочкой 6** [T] US to leave your coat, bags, or other possessions temporarily in someone's care **сдавать вещи (в багаж, камеру хранения и т. д.)** → See also **double-check**

PHRASAL VERBS **check in 1** B1 to go to the desk at an airport in order to say that you have arrived and to get the number of your seat **регистрироваться (в аэропорту)** *We have to check in three hours before the flight leaves.* **2** B1 to go to the desk at a hotel in order to say that you have arrived, and to get the key to your room **регистрироваться (в гостинице)** • **check sth off** US (UK **tick sth off**) to put a mark next to a name or an item on a list to show that it is correct, or that it has been dealt with **отмечать галочкой** • **check (up) on sb/sth** to try to discover how something is progressing or whether someone is doing what they should be doing **проверять, контролировать** *My boss is always checking up on me.* • **check out** B1 to leave a hotel after paying your bill **выехать из гостиницы** • **check sth out 1** informal to examine something or get more information about it in order to be certain that it is true, safe, or suitable **проверять** *We'll need to check out his story.* **2** informal to go to a place in order to see what it is like **испытывать, выяснять** *Let's check out that new dance club.* **3** mainly US to borrow books from a library **получать книги по абонементу в библиотеке**

check[2] /tʃek/ **noun 1** [C] B1 an examination of something in order to make sure that it is correct or the way it should be **проверка** ***We do safety checks on** all our equipment.* **2** [C] US spelling of cheque (= a piece of paper printed by a bank that you use to pay for things) **чек 3** [C] US (UK **bill**) a list that you are given in a restaurant showing how much your meal costs **счет 4** [C] US (UK **tick**) a mark (✓) that shows that an answer is correct, or that you have dealt with something on a list **галочка 5** [C, U] a pattern of squares of different colours **клетка (рисунок ткани) 6 hold/keep sth in check** to control something that could increase too quickly or become too large or powerful **контролировать** *We need to keep our spending in check.* → See also **rain check**

> Слова-партнеры к **check**
>
> do/make a check • a rigorous check • a final/last-minute/random/routine check • safety/security checks • a check of/on sth

checkbook /ˈtʃekbʊk/ **noun** [C] US spelling of chequebook (= a book of papers printed by a bank that you use to pay for things) **чековая книжка**

checked /tʃekt/ **adjective** with a pattern of squares of different colours **клетчатый** *a checked shirt/tablecloth*

checkers /ˈtʃekəz/ **noun** [U] US (UK **draughts**) a game that two people play by moving flat, round objects around on a board of black and white squares **шашки**

check in

check-in /ˈtʃekɪn/ **noun** [C] B1 the place at an airport where you go to say that you have arrived for your flight, or the act of going to the check-in to say that you have arrived for your flight **стойка регистрации** ***a check-in counter/desk***

ˈ**checking acˌcount noun** [C] US (UK **current account**) a bank account which you can take money out of at any time **текущий счет**

checklist /ˈtʃeklɪst/ **noun** [C] a list of things that you should think about, or that you must do **список, перечень**

checkmate /ˈtʃekmeɪt/ **noun** [U] the final position in the game of chess when your king

C

cannot escape and you have lost the game **мат (в шахматах)**

checkout /ˈtʃekaʊt/ **noun** [C] **1** B1 (also US ˈ**checkout** ˌ**counter**) the place in a large shop, especially a food shop, where you pay for your goods **касса** *a supermarket checkout* **2** B1 the place on an Internet website where you order and pay for things **страница оплаты покупок (в интернет-магазине)** *After you've chosen what you want, click here to go to checkout.*

checkpoint /ˈtʃekpɔɪnt/ **noun** [C] a place where people and vehicles are stopped and examined **контрольно-пропускной пункт** *a military/police checkpoint*

check-up /ˈtʃekʌp/ **noun** [C] a general medical examination to see if you are healthy **медицинское обследование** *I'm going to the doctor for a check-up.*

cheddar /ˈtʃedəʳ/ **noun** [U] a type of hard, yellow cheese **чеддер**

cheek /tʃiːk/ **noun 1** [C] B1 the soft part of your face below your eye **щека** *Tears ran down his cheeks.* → See **The Body** on page Centre 13 **2** [U, no plural] mainly UK rude behaviour that shows that you do not respect someone **наглость, нахальство** [+ to do sth] *She **had the cheek to** ask me to pay for her!*

cheekbone /ˈtʃiːkbəʊn/ **noun** [C] one of the two bones below your eyes **скула**

cheeky /ˈtʃiːki/ **adjective** UK B2 slightly rude or behaving without respect, but often in a funny way **наглый, нахальный** *He's got such a **cheeky grin**.*
• **cheekily adverb нагло, нахально**

cheer¹ /tʃɪəʳ/ **verb 1** B2 [I, T] to shout loudly in order to show your approval or to encourage someone **приветствовать, ободрять (возгласами)** *The crowd stood up and cheered at the end of the concert.* **2 be cheered by sth** to feel happier or encouraged because of something **быть ободренным чем-либо**

PHRASAL VERBS **cheer sb on** to shout loudly in order to encourage someone in a competition **подбадривать (возгласами)** • **cheer (sb) up** B2 to stop feeling sad, or to make someone feel happier **бодриться, подбадривать** *Cheer up. It's not the end of the world.* • **cheer sth up** to make a place look brighter or more attractive **оживлять (интерьер)**

cheer² /tʃɪəʳ/ **noun** [C] a shout of approval or encouragement **одобрительный возглас**

cheerful /ˈtʃɪəfəl/ **adjective 1** B1 happy **веселый** *I'm not feeling very cheerful today.* **2** B2 bright and pleasant to look at **радостный** *a bright and cheerful room*
• **cheerfully adverb** B2 **весело, радостно** • **cheerfulness noun** [U] **радостное настроение**

cheering¹ /ˈtʃɪərɪŋ/ **noun** [U] shouts of encouragement and approval **одобрительные возгласы**

cheering² /ˈtʃɪərɪŋ/ **adjective** Something cheering encourages you and makes you feel happier. **радостный, ободряющий** *We received some cheering news.*

cheerleader /ˈtʃɪəˌliːdəʳ/ **noun** [C] a girl, especially in the United States, who leads the crowd in shouting encouragement to a team who are playing a sport **капитан болельщиков**

cheers /tʃɪəz/ **exclamation 1** B1 something friendly that you say before you start to drink alcohol with someone **будем здоровы! 2** UK informal B2 thank you **спасибо**

cheery /ˈtʃɪəri/ **adjective** bright and happy **веселый, бодрый** *a **cheery wave/smile***
• **cheerily adverb весело, бодро**

cheese /tʃiːz/ **noun** [C, U] A1 a food that is made from milk, is usually white or yellow, and can be either hard or soft **сыр** *a cheese sandwich* → See **Food** on page Centre 11

IDIOM **Say cheese!** something that you say to make someone smile when you are taking their photograph **улыбнитесь! (при фотографировании)**

→ See also be like **chalk¹** and cheese, **cottage cheese**, **cream cheese**

cheesecake /ˈtʃiːzkeɪk/ **noun** [C, U] a sweet cake made with soft, white cheese on a biscuit base **творожный пирог**

cheesy /ˈtʃiːzi/ **adjective** informal **1** not fashionable and of low quality **дрянной, никуда не годный** *cheesy music* **2 a cheesy grin** a wide smile that is not always sincere **показная улыбка**

cheetah /ˈtʃiːtə/ **noun** [C] a large, wild cat that has black spots and can run very fast **гепард**

chef /ʃef/ **noun** [C] A2 someone who is the main cook (= person who cooks) in a hotel or a restaurant **шеф-повар**

chemical¹ /ˈkemɪkəl/ **adjective** B2 relating to chemistry or chemicals **химический** *a chemical reaction* ◦ *chemical weapons*
• **chemically adverb химически**

chemical² /ˈkemɪkəl/ **noun** [C] B2 a basic substance that is used in chemistry or produced by chemistry **химикат, химический продукт**

chemist /ˈkemɪst/ **noun** [C] **1** UK (US **pharmacist**) A2 someone whose job is to prepare and sell drugs in a shop **аптекарь 2** B1 a scientist who does work involving chemistry **химик**

chemistry /ˈkemɪstri/ **noun** [U] A2 the scientific study of substances and how they change when they combine **химия**

chemist's /ˈkemɪsts/ **noun** [C] UK (US **drugstore**) A2 a shop where you can buy drugs, soap, beauty products, etc **аптека**

chemotherapy /ˌkiːməʊˈθerəpi/ **noun** [U] (also **chemo**) the treatment of a disease using chemicals **химиотерапия** *Chemotherapy is often used to treat cancer.*

cheque UK (US **check**) /tʃek/ **noun** [C] A2 a piece of paper printed by a bank that you use to pay for things **чек** *a* ***cheque for*** *£1500* ◦ *Are you* ***paying by cheque****?* → See also **blank cheque**, **traveller's cheque**

> **Слова-партнеры к cheque**
> pay by cheque • a cheque bounces • write a cheque • a cheque for [£50/£200, etc]

chequebook UK (US **checkbook**) /ˈtʃekbʊk/ **noun** [C] a book of cheques **чековая книжка**

ˈcheque ˌcard noun [C] a small plastic card from your bank which you show when you write a cheque **пластиковая банковская карта, которую предъявляют при оплате покупки чеком**

cherish /ˈtʃerɪʃ/ **verb** [T] **1** to love someone or something very much and take care of them **нежно любить** **2** If you cherish an idea, hope, memory, etc, it is very important to you. **лелеять**

cherry /ˈtʃeri/ **noun** [C] B2 a small, round red or black fruit with a large seed inside **вишня**

cherub /ˈtʃerəb/ **noun** [C] a small child with a beautiful, round face and wings who appears in religious paintings **херувим**

chess /tʃes/ **noun** [U] A2 a game that two people play by moving differently shaped pieces around a board of black and white squares **шахматы** *a* ***chess set***

chest /tʃest/ **noun** [C] **1** B2 the front of your body between your neck and your waist **грудь, грудная клетка** *a hairy chest* ◦ *chest pains* → See **The Body** on page Centre 13 **2** a strong, usually wooden, container with a lid, used for keeping things in **сундук** *a treasure chest*

IDIOM **get sth off your chest** informal to tell someone about something that you have been worried or angry about for a long time **облегчить душу**

chestnut /ˈtʃesnʌt/ **noun 1** [C] a nut that has a shiny, red-brown surface and is white inside, or the tree that produces these nuts **каштан** *roasted chestnuts* **2** [C, U] a dark red-brown colour **каштановый цвет** → See also **horse chestnut**

ˌchest of ˈdrawers noun [C] UK (US **bureau**) B1 a piece of furniture with drawers for keeping clothes in **комод**

chew /tʃuː/ **verb** [I, T] **1** B2 to crush food between your teeth before you swallow it **жевать** **2** B2 to repeatedly bite something without swallowing it **пережевывать** *to chew gum*

PHRASAL VERB **chew sth over** to think carefully about something, or to discuss it **обдумывать, обсуждать**

ˈchewing ˌgum noun [U] B1 a sweet substance that you chew but do not swallow **жевательная резинка**

chewy /ˈtʃuːi/ **adjective** Chewy food needs to be chewed a lot before you can swallow it. **жесткий, требующий разжевывания**

chic /ʃiːk/ **adjective** fashionable and attractive **модный, изысканный** *a chic restaurant*

chick /tʃɪk/ **noun** [C] a baby bird, especially a baby chicken **цыпленок, птенец**

chicken[1] /ˈtʃɪkɪn/ **noun 1** [C] A2 a bird kept on a farm for its meat and eggs **курица** **2** [U] A2 the meat of a chicken **куриное мясо** *a chicken sandwich*

chicken[2] /ˈtʃɪkɪn/ **verb**

PHRASAL VERB **chicken out** informal to decide not to do something because you are too nervous **струсить**

ˈchicken ˌpox noun [U] a children's disease that causes a fever and red spots on the skin **ветряная оспа**

ˈchick ˌflick noun [C] humorous a film about romantic relationships or other subjects that interest women **фильм о романтических взаимоотношениях или на другие темы, интересные женщинам**

ˈchick ˌlit noun [U] humorous books about romantic relationships or other subjects that interest women **книги о романтических взаимоотношениях или на другие темы, интересные женщинам**

chief[1] /tʃiːf/ **adjective** [always before noun] **1** B2 most important **основной, важнейший** *The wonderful weather was our* ***chief reason*** *for coming here.* **2** B2 highest in rank **старший, главный** *chief economic adviser to the government*

chief[2] /tʃiːf/ **noun** [C] **1** B2 the leader of a group of people **вождь** *tribal chiefs* **2** B2 a person who controls other people in an organization **начальник, глава** *police chiefs*

ˌchief exˈecutive noun [C] (also **chief executive officer**) the person with the most important job in a company **главный исполнительный директор**

chiefly /ˈtʃiːfli/ **adverb** mainly **главным образом** *magazines intended chiefly for teenagers*

chieftain /ˈtʃiːftən/ **noun** [C] the leader of a tribe (= group of people with the same language and customs) **вождь**

chiffon /ˈʃɪfɒn/ (US) /ʃɪˈfɑːn/ **noun** [U] a soft, thin cloth used for making women's clothes **шифон**

child /tʃaɪld/ **noun** [C] (plural **children**) **1** A1 a young person who is not yet an adult **ребенок** *an eight-year-old child* ◦ *How many children are there in your class?* **2** A1 someone's son or daughter, also when they are adults **ребенок** *Both our children have grown up and moved away.* → See also **only child**

ˈchild aˌbuse noun [U] when adults treat children in a cruel or violent way **жестокое обращение с детьми**

ˌchild ˈbenefit noun [U] money that the British

government pays every week to families with children **пособие, выплачиваемое семьям с детьми**

childbirth /ˈtʃaɪldbɜːθ/ **noun** [U] the process during which a baby is born **роды** *His mother died* ***in childbirth***.

childcare /ˈtʃaɪldkeəʳ/ **noun** [U] when someone looks after children while their parents are working **присмотр за детьми, когда родители на работе**

childhood /ˈtʃaɪldhʊd/ **noun** [C, U] B1 the part of your life when you are a child **детство**

> **Слова-партнеры к childhood**
>
> **spend** your childhood swh/doing sth • **early** childhood • **in** (sb's) childhood • **a happy/lonely/unhappy** childhood • **a childhood friend/sb's childhood sweetheart** • **childhood memories**

childish /ˈtʃaɪldɪʃ/ **adjective 1** B2 Childish behaviour is silly, like that of a small child. **ребячливый, инфантильный** *Don't be so childish!* **2** B2 typical of a child **детский** *childish handwriting*
• **childishly adverb инфантильно, по-детски**
• **childishness noun** [U] **инфантильность**

childless /ˈtʃaɪldləs/ **adjective** A childless person has no children. **бездетный**

childlike /ˈtʃaɪldlaɪk/ **adjective** Childlike people are like children in some ways, such as trusting people or behaving in a natural way. **по-детски непосредственный**

childminder /ˈtʃaɪldˌmaɪndəʳ/ **noun** [C] UK someone whose job is to look after children while their parents are working **воспитательница, няня**

children /ˈtʃɪldrən/ plural of child **мн. ч. сущ. child**

ˈchild supˌport noun [U] money that someone gives the mother or father of their children when they do not live with them **алименты на ребенка**

chili /ˈtʃɪli/ **noun** US spelling of chilli **блюдо с острым соусом**

chill[1] /tʃɪl/ **verb** [I, T] to become cold, or to make someone or something become cold **мерзнуть, охлаждать** *Chill the wine before serving.*

PHRASAL VERB **chill out** informal to relax completely, or not allow things to upset you **успокаиваться** *Chill out, Dad – if we miss this train there's always another one.*

chill[2] /tʃɪl/ **noun 1** [no plural] a cold feeling **холод** *There is a definite chill in the air.* **2** [C] a sudden frightened feeling **дрожь, озноб** *The scream* ***sent a chill down my spine***. **3** [C] UK a cold (= common illness that makes you sneeze) that is not very bad **простуда**

chilli (plural **chillies**) UK (US **chili**) /ˈtʃɪli/ **noun 1** [C, U] A2 a small, thin, red or green vegetable that tastes very hot **красный острый перец** *chilli powder* **2** [U] a spicy dish of beans, meat, and chillies **блюдо с острым соусом**

chilling /ˈtʃɪlɪŋ/ **adjective** very frightening **страшный** *a chilling tale*

chilly /ˈtʃɪli/ **adjective 1** unpleasantly cold **прохладный, промозглый** *a chilly evening* **2** unfriendly **холодный, ледяной** *He gave me a chilly look.*

chime /tʃaɪm/ **verb** [I, T] If a bell or clock chimes, it rings. **звонить, бить (о часах, колоколе)**
• **chime noun** [C] **звон, бой (часов)**

PHRASAL VERB **chime in** to suddenly say something in order to add your opinion to a conversation **вмешиваться, встревать в разговор** *"Quite right too!" Tony chimed in.*

chimney /ˈtʃɪmni/ **noun** [C] B2 a wide pipe that allows smoke from a fire to go out through the roof **труба**

chimney

ˈchimney ˌsweep noun [C] someone whose job is to clean inside a chimney, using long brushes **трубочист**

chimpanzee /ˌtʃɪmpənˈziː/ **noun** [C] (informal **chimp** /tʃɪmp/) an African animal like a large monkey **шимпанзе**

chin /tʃɪn/ **noun** [C] B1 the bottom part of your face, below your mouth **подбородок** → See **The Body** on page Centre 13

china /ˈtʃaɪnə/ **noun** [U] **1** the hard substance that plates, cups, bowls, etc are made from **фарфор** *a china teapot* **2** cups, plates, bowls, etc that are made from china **фарфоровая посуда**

chink /tʃɪŋk/ **noun** [C] **1** a small, narrow opening in something **щель, трещина 2** a short ringing sound that is made when glass or metal objects touch each other **звон, звяканье**

chip[1] /tʃɪp/ **noun** [C] **1** UK (US **french fry**) A1 a long, thin piece of potato that is cooked in oil **ломтик жареного картофеля** [usually plural] *fish and chips* → See **Food** on page Centre 11 **2** US (UK **crisp**) a very thin, dry, fried slice of potato **чипсы** [usually plural] *barbecue-flavoured potato chips* → See **Food** on page Centre 11 **3** B2 a microchip (= very small part of a computer that stores information) **чип, микросхема 4** a small piece that has broken off something **щепка, осколок, обломок** *wood chips* **5** a place where a small piece has broken off something **щербинка, зазубрина** *This cup has a chip in it.*

IDIOMS **be a chip off the old block** informal to be very similar to your mother or father **быть в отца/мать** • **have a chip on your shoulder** informal to blame other people for something bad that has happened to you and continue to feel angry about it **носить груз обид, обвинять других в своих бедах** *She's always had a real chip on her shoulder because she didn't go to university.*

chip[2] /tʃɪp/ **verb** [T] (present participle **chipping**, past tense and past participle **chipped**) to break a small piece off something **отламывать, отбивать край** *Henman may have chipped a bone in his wrist.* ◦ *a chipped plate*

PHRASAL VERBS **chip in** informal to interrupt a conversation in order to say something **вмешиваться в разговор** *I'll start and you can all **chip in with** your comments.* • **chip in (sth)** If several people chip in, they each give money to buy something together. **скидываться, сбрасываться (о деньгах)** *We all chipped in to buy our teacher a present.*

chip and ˈPIN **noun** [U] a way to pay for goods and services using a bank card (= a small plastic card that allows you to buy things) and a secret number **оплата пластиковой картой с вводом ПИН-кода**

chiropodist /kɪˈrɒpədɪst/ **noun** [C] UK (US **podiatrist**) someone whose job is to treat problems with people's feet **ортопед**

chirp /tʃɜːp/ **verb** [I] If birds or insects chirp, they make short, high sounds. **чирикать, стрекотать**

• **chirp** noun [C] **чириканье, стрекотание**

chirpy /ˈtʃɜːpi/ **adjective** UK informal happy and active **оживленный** *Why's Ben so chirpy this morning?*

chisel /ˈtʃɪzᵊl/ **noun** [C] a tool with a sharp end that you use for cutting and shaping wood or stone **стамеска, резец** → See picture at **tool**

chivalrous /ˈʃɪvᵊlrəs/ **adjective** A chivalrous man behaves very politely towards women. **благородный, рыцарский**

• **chivalry** noun [U] polite behaviour towards women **благородство, рыцарство**

chives /tʃaɪvz/ **noun** [plural] a plant with long, thin leaves used in cooking to give a flavour similar to onions **шнитт-лук**

chlorine /ˈklɔːriːn/ **noun** [U] a gas with a strong smell, used to make water safe to drink and swim in (symbol Cl) **хлор**

chocolate /ˈtʃɒkᵊlət/ **noun** **1** [U] (A1) a sweet, brown food that is usually sold in a block **шоколад** *a bar of chocolate* ◦ *milk chocolate* ◦ *a chocolate cake* **2** [C] (A1) a small piece of sweet food covered in chocolate **шоколадная конфета** *a box of chocolates* **3** [C, U] (A2) a sweet drink made with chocolate and hot milk **горячий шоколад**

choice[1] /tʃɔɪs/ **noun** **1** [U, no plural] (B1) when you can choose between two or more things **выбор** *If I **had a choice**, I'd give up work.* ◦ *He **had no choice** but to accept their offer.* ◦ *I'm single **by choice** (= because I want to be).* **2** [C] (B1) the decision to choose one thing or person and not someone or something else **выбор** *In the past women had to **make a choice between** a career or marriage.* **3** [U, no plural] (B1) the things or people you can choose from **выбор, ассортимент** *The dress is available in a **choice of** colours.* ◦ *The evening menu offers **a wide choice of** dishes.* **4** [C] (B1) the person or thing that someone has chosen **выбор** [usually singular] *Harvard was not his **first choice**.* ◦ *The winner got £1000 to give to the charity **of her choice**.* → See also **multiple choice**

> Слова-партнеры к **choice**
>
> have/make a choice • give/offer sb a choice • a good/informed/obvious/popular/stark/wide/wrong choice • a choice between sth • by choice • have (no) choice

choice[2] /tʃɔɪs/ **adjective** [always before noun] of very good quality **отборный** *the choicest cuts of meat*

choir /kwaɪəʳ/ **noun** [group] (B2) a group of people who sing together **хор** *a school/church choir*

choke[1] /tʃəʊk/ **verb** **1** [I, T] If you choke, or if something chokes you, you stop breathing because something is blocking your throat. **подавиться, поперхнуться** *Children can **choke on** peanuts.* **2** [T] (also **choke up**) to fill something such as a road or pipe so that nothing can pass through **забивать, закупоривать** [often passive] *The roads were choked with traffic.*

PHRASAL VERBS **choke sth back** to try not to show how angry or upset you are **подавлять (чувства, рыдания)** *She ran to the door, choking back the tears.* • **choke (sb) up** to become unable to speak because you are starting to cry **давиться слезами** *I can't watch that movie without choking up.*

choke[2] /tʃəʊk/ **noun** [C] a piece of equipment that controls the amount of air going into a car engine **дроссель**

cholera /ˈkɒlᵊrə/ **noun** [U] a serious disease that affects the stomach and bowels, usually caused by dirty water or food **холера**

cholesterol /kəˈlestᵊrɒl/ **noun** [U] a type of fat in your body that can cause heart disease if you have too much **холестерин**

choose /tʃuːz/ **verb** (past tense **chose**, past participle **chosen**) **1** (A1) [I, T] to decide which thing you want **выбирать** *I helped my sister choose a name for her baby.* ◦ *They have to **choose between** earning a living or getting an education.* ◦ *There were lots of books to **choose from**.* ◦ [+ question word] *How did you choose which school to go to?* ◦ *Adam was **chosen as** team captain.* **2 choose to do sth** (B1) to decide to do something **решать** *Manuela chose to take a job in Paris.*

C

Типичная ошибка: choose

Внимание! Проверьте написание окончаний глагола.

Многие русскоязычные студенты делают ошибки при употреблении слова **choose** в прошедшем времени и в форме на **-ing**.

Форма прошедшего времени – **chose**, а не 'choosed' или 'chosed'.

Форма причастия прошедшего времени – **chosen**.

Форма на **-ing** – **choosing**.

Другие способы сказать choose

Глаголы **pick** и **select** обычно употребляют, когда речь идет о хорошо обдуманном выборе.

He's been ***picked*** *for the school football team.*

We've ***selected*** *three candidates.*

В более неформальных ситуациях можно использовать фразовые глаголы **go for**, **opt for** или **decide on**.

I've ***decided on*** *blue walls for the bathroom.*

I think I'll ***go for*** *the chocolate cake.*

Mike's ***opted for*** *early retirement.*

Глаголы **opt** и **decide** также можно использовать, когда принимают решение о совершении какого-либо действия.

Most people ***opt*** *to have the operation.*

I've ***decided*** *to take the job.*

choosy /ˈtʃuːzi/ **adjective** difficult to please because of being very exact about what you like **привередливый, разборчивый** *a choosy customer*

chop

chop¹ /tʃɒp/ **verb** [T] (present participle **chopping**, past tense and past participle **chopped**) (also **chop up**) B2 to cut something into small pieces **нарезать, шинковать** *Chop an onion finely.*

IDIOM **chop and change** UK informal to keep changing your opinions, activities, or job **постоянно менять**

PHRASAL VERBS **chop sth down** to cut through something to make it fall down **срубать** • **chop sth off** to cut off part of something with a sharp tool **отрубать**

chop² /tʃɒp/ **noun** [C] **1** a flat piece of meat with a bone in it **отбивная** *a lamb chop* **2** a quick, hard hit with a sharp tool or with the side of your hand **удар**

chopper /ˈtʃɒpəʳ/ **noun** [C] **1** informal a helicopter (= aircraft with turning parts on top) **вертолет** **2** a heavy tool with a sharp edge for cutting wood, meat, etc **колун, нож (мясника)**

choppy /ˈtʃɒpi/ **adjective** Choppy water has a lot of small waves. **покрытый рябью**

chopsticks /ˈtʃɒpstɪks/ **noun** [plural] thin sticks used for eating food in East Asia **палочки для еды**

choral /ˈkɔːrᵊl/ **adjective** Choral music is written for a choir (= group of people who sing). **хоровой**

chord /kɔːd/ **noun** [C] two or more musical notes that are played at the same time **аккорд**

IDIOM **strike a chord (with sb)** If something strikes a chord with you, you like it or are interested in it because it is connected with your own life or opinions. **задевать чувствительную струнку**

→ See also **vocal cords**

chore /tʃɔːʳ/ **noun** [C] a boring job that you must do **скучное, неприятное дело** *I find cooking a real chore.*

choreograph /ˈkɒriəgrɑːf/ **verb** [T] **1** to arrange an event or series of events carefully **тщательно организовывать** *a carefully choreographed publicity stunt* **2** to design the dances for a performance **ставить балет**
• **choreographer** /ˌkɒriˈɒgrəfəʳ/ **noun** [C] **хореограф**

choreography /ˌkɒriˈɒgrəfi/ **noun** [U] the process of designing dances for a performance **хореография**

chorus¹ /ˈkɔːrəs/ **noun** **1** [C] the part of a song that is repeated several times **припев** **2** [group] a large group of people who sing together **хор** **3** [group] a group of dancers and singers in a show who do not have the main parts **кордебалет, хор** **4 a chorus of approval/demands/protest, etc** something that a lot of people say at the same time **взрыв одобрения/ требований/протестов и т. д.**

chorus² /ˈkɔːrəs/ **verb** [T] UK If two or more people chorus something, they say it at the same time. **говорить хором**

chose /tʃəʊz/ past tense of choose **прош. вр. гл. choose**

chosen /ˈtʃəʊzən/ past participle of choose **прич. прош. вр. от гл. choose**

Christ /kraɪst/ **noun** (also **Jesus Christ**) the Jewish holy man believed by Christians to be the Son of God, and on whose life and teachings Christianity is based **Христос**

christen /ˈkrɪsᵊn/ **verb** [T] to give a baby a name at a Christian ceremony and make them a member of the Christian Church **крестить** [often passive] *She's being christened in June.*

christening /ˈkrɪsᵊnɪŋ/ **noun** [C] a ceremony where someone is christened **крещение**

Christian /ˈkrɪstʃən/ **noun** [C] someone who believes in Christianity **христианин**
• **Christian adjective христианский**

Christianity /ˌkrɪstiˈænəti/ **noun** [U] a religion based on belief in God and the life and teachings of Jesus Christ, and on the Bible **христианство**

ˈChristian ˌname noun [C] your first name, not your family name **имя**

Christmas /ˈkrɪsməs/ **noun** [C, U] the Christian period of celebration around 25 December, when Christians celebrate the birth of Jesus Christ and people give each other presents, or the day itself **Рождество** *We're going to my mother's for Christmas.* ∘ ***Merry Christmas!*** ∘ *Christmas dinner* → See also **Father Christmas**

ˈChristmas ˌcard noun [C] a decorated card that you send to someone at Christmas **рождественская поздравительная открытка**

ˌChristmas ˈcarol UK (US **ˈChristmas ˌcarol**) noun [C] a song that people sing at Christmas **рождественский гимн**

ˌChristmas ˈcracker noun [C] a coloured paper tube with a small toy inside, that people in the UK pull open at Christmas **рождественская хлопушка**

ˌChristmas ˈDay noun [C, U] 25 December, the day on which Christians celebrate the birth of Jesus Christ **Рождество**

ˌChristmas ˈEve noun [C, U] the day before Christmas Day **сочельник**

ˈChristmas ˌtree noun [C] a real or artificial tree that people decorate inside their home for Christmas **рождественская елка**

chrome /krəʊm/ **noun** [U] a hard, shiny metal that is used to cover objects **хром** *chrome bath taps*

chromosome /ˈkrəʊməsəʊm/ **noun** [C] the part of a cell found in the nucleus, that controls what an animal or plant is like **хромосома**

chronic /ˈkrɒnɪk/ **adjective** A chronic illness or problem continues for a long time. **хронический** *a chronic shortage of nurses* ∘ *chronic back pain*
• **chronically** adverb **хронически**

chronicle[1] /ˈkrɒnɪkl/ **noun** [C] a written record of things that happened in the past **хроника, летопись**

chronicle[2] /ˈkrɒnɪkl/ **verb** [T] to make a record of something, or give details of something **вести хронику событий** *The book chronicles his life as an actor.*

chronological /ˌkrɒnəˈlɒdʒɪkᵊl/ **adjective** arranged in the order in which events happened **хронологический**
• **chronologically** adverb **хронологически**

chubby /ˈtʃʌbi/ **adjective** pleasantly fat **пухлый** *the baby's chubby legs*

chuck /tʃʌk/ **verb** [T] informal to throw something **бросать, швырять** *Don't just chuck your coat on the floor!*

PHRASAL VERBS **chuck sth away/out** informal to throw something away **выбрасывать** *I chucked out all my old clothes.* • **chuck sth in** UK informal to stop doing something because it is boring **забрасывать, прекращать что-либо** • **chuck sb out** informal to force someone to leave a place **выгонять, выставлять** *Pierre was chucked out of school for starting a fight.*

chuckle /ˈtʃʌkl/ **verb** [I] to laugh quietly **хихикать**
• **chuckle** noun [C] **хихиканье**

chug /tʃʌg/ **verb** (present participle **chugging**, past tense and past participle **chugged**) **chug across/along/up, etc** If a vehicle chugs somewhere, it moves slowly, making a low, regular noise with its engine. **двигаться с пыхтением** *a boat chugging across the lake*

chum /tʃʌm/ **noun** [C] informal a friend **приятель**
• **chummy** adjective friendly **приятельский**

chunk /tʃʌŋk/ **noun** [C] **1** a large piece of something **ломоть, большой кусок** *a chunk of cheese* → See **Pieces and Quantities** on page Centre 1 **2** a large part of something **большая часть чего-либо** *I spend a big* ***chunk of*** *my money on clothes.*

chunky /ˈtʃʌŋki/ **adjective 1** A chunky person is short and heavy. **коренастый 2** big, thick, and heavy **громоздкий** *chunky shoes*

church /tʃɜːtʃ/ **noun 1** [C, U] (A2) a building where Christians go to worship God **церковь** *We used to* ***go to church*** *every Sunday morning.* **2** [C] (also **Church**) one of the different groups that make up the Christian religion **церковь** *the Anglican Church* → See also **the Catholic Church**

> Слова-партнеры к **church**
> go to church • in church • a church service

churchgoer /ˈtʃɜːtʃˌgəʊəʳ/ **noun** [C] someone who goes to church regularly **человек, усердно посещающий церковь**

churchyard /ˈtʃɜːtʃjɑːd/ **noun** [C] the land around a church, often where people are buried **погост, кладбище (при церкви)**

churn[1] /tʃɜːn/ **verb 1** [T] (also **churn up**) to mix something, especially liquids, with great force **вспенивать, взбалтывать** *The sea was churned up by heavy winds.* **2** [I] If your stomach is churning, you feel sick, usually because you are nervous. **мутить, чувство-**

вать тошноту **3** [T] to mix milk until it becomes butter **сбивать (масло)**

PHRASAL VERB **churn sth out** informal to produce large quantities of something very quickly **выпускать потоком (продукцию)**

C

churn² /tʃɜːn/ **noun** [C] **1** a container that you fill with milk and mix to make butter **маслобойка** **2** UK a tall metal container for storing and transporting milk **бидон**

chute /ʃuːt/ **noun** [C] **1** a long thin structure that people or things can slide down **желоб** *a water chute* **2** informal short for parachute **парашют**

chutney /ˈtʃʌtni/ **noun** [U] a mixture of fruit, vegetables, sugar, and vinegar that you eat with meat or cheese **чатни (приправа)**

the CIA /ˌsiːaɪˈeɪ/ **noun** abbreviation for Central Intelligence Agency: the department of the US government that collects secret information about people and organizations **ЦРУ**

the CID /ˌsiːaɪˈdiː/ **noun** abbreviation for Criminal Investigation Department: the part of the British police force that deals with serious crimes **департамент уголовного розыска**

cider /ˈsaɪdəʳ/ **noun** [C, U] **1** UK a drink made from apples that contains alcohol **сидр** **2** US a drink made from apples that contains no alcohol **яблочный сок**

cigar /sɪˈɡɑːʳ/ **noun** [C] a thick tube made from rolled tobacco leaves, that people smoke **сигара**

cigarette /ˌsɪɡərˈet/ **noun** [C] (A2) a thin tube of paper filled with tobacco, that people smoke **сигарета**

cilantro /sɪˈlæntrəʊ/ **noun** [U] US (UK/US **coriander**) a herb that is used in cooking **кинза**

cinder /ˈsɪndəʳ/ **noun** [C] a small piece of coal, wood, etc that has been burned **тлеющие угли**

cinema /ˈsɪnəmə/ **noun** **1** [C] UK (US **movie theater**) (A1) a building where you go to watch films **кинотеатр** **2** [U] the art or business of making films **кинематограф** *an article about French cinema*

cinnamon /ˈsɪnəmən/ **noun** [U] a brown spice that is used in cooking **корица**

circa /ˈsɜːkə/ **preposition** (written abbreviation **c.**) formal used before a date to show that something happened at about that time **около** *Gainsborough's painting 'The Cottage Door' (circa 1780)*

circle¹ /ˈsɜːkl/ **noun** **1** [C] (A2) a round, flat shape like the letter O, or a group of people or things arranged in this shape **круг** *We all sat on the floor **in a circle**.* → See picture at **shape** **2** [C] (B2) a group of people with family, work, or social connections **круг** *a close circle of friends* ◦ *It's a technical term used in medical circles.* **3 the circle** UK the seats in the upper area of a theatre **ярус** → See also **inner circle**, **traffic circle**, **vicious circle**

circle² /ˈsɜːkl/ **verb** **1** [I, T] to move in a circle, often around something **кружиться** *Birds circled above the trees.* **2** [T] to draw a circle around something **обводить кружком** *Circle the answer you think is correct.*

circuit /ˈsɜːkɪt/ **noun** [C] **1** a path, route, or sports track that is shaped like a circle **круговая дорожка, круг** **2** a complete circle that an electric current travels around **цепь, контур** **3** a regular series of places or events that people involved in a particular activity go to **турне, цикл** [usually singular] *the tennis circuit* → See also **short-circuit**

circular¹ /ˈsɜːkjələʳ/ **adjective** **1** (B2) shaped like a circle **круглый** *a circular rug* **2** A circular journey takes you around in a circle, back to the place where you started. **круговой** *a circular walk*

circular² /ˈsɜːkjələʳ/ **noun** [C] a letter or advertisement that is sent to a lot of people at the same time **циркулярное письмо, рекламный проспект**

circulate /ˈsɜːkjəleɪt/ **verb** **1** [I] If information circulates, a lot of people hear about it. **распространяться, циркулировать** *Rumours are **circulating** that the mayor is going to resign.* **2** [T] to give or send information to a group of people **распространять, рассылать** *A copy of the report was circulated to each director.* **3** [I, T] to move around or through something, or to make something move around or through something **циркулировать, вращаться** *Hot water circulates through the pipes.*

circulation /ˌsɜːkjəˈleɪʃᵊn/ **noun** **1** [U] the movement of blood around your body **кровообращение** *Exercise improves your circulation.* **2** [U] when something such as information, money, or goods pass from one person to another **обращение (денег), передача (информации)** *Police have warned there are a lot of fake £50 notes **in circulation**.* **3** [no plural] the number of copies of a newspaper or magazine that are sold each day, week, etc **тираж**

circumcise /ˈsɜːkəmsaɪz/ **verb** [T] to cut off the skin at the end of a boy's or man's penis, or cut off part of a girl's sex organs **совершать обрезание**

• **circumcision** /ˌsɜːkəmˈsɪʒᵊn/ **noun** [C, U] when someone is circumcised **обрезание**

circumference /səˈkʌmfᵊrᵊns/ **noun** [C, U] the distance around the edge of a circle or round object **окружность** *The lake is 250km **in circumference**.*

circumspect /ˈsɜːkəmspekt/ **adjective** formal careful about things you do or say **действующий с оглядкой, обдуманно**

circumstances /ˈsɜːkəmstænsɪz/ **noun** [plural] **1** (B2) facts or events that make a situation the way it is **обстоятельства** *I think they coped very well **under the circumstances**.* ◦ *We oppose capital punishment **in/under** any **circumstances**.* **2 under no circumstances** used to say that something must never happen **ни при каких обстоятельствах** *Under no circumstances should you approach the man.*

C

Слова-партнеры к circumstances

in/under [any/certain/difficult/normal, etc] circumstances • **in/under the circumstances** • the circumstances **of/surrounding** sth • **exceptional/normal/unforeseen** circumstances

circumstantial /ˌsɜːkəmˈstænʃəl/ **adjective circumstantial evidence** information about a crime that makes you believe that something is true, but does not prove it **косвенные доказательства/улики**

circumvent /ˌsɜːkəmˈvent/ **verb** [T] formal to find a way of avoiding something, especially a law or rule **обходить (закон)**

circus /ˈsɜːkəs/ **noun** [C] B1 a show in which a group of people and animals perform in a large tent **цирк**

cistern /ˈsɪstən/ **noun** [C] a large container to store water, especially one that supplies water to a toilet **бак, бачок** → See **The Bathroom** on page Centre 3

citadel /ˈsɪtədəl/ **noun** [C] a strong castle that was used in the past to protect people when their city was attacked **цитадель, крепость**

cite /saɪt/ **verb** [T] formal **1** to mention something as an example or proof of something else **ссылаться, приводить пример** *The doctor cited the case of a woman who had died after taking the drug.* **2** US to order someone to go to court because they have done something wrong **вызывать в суд** [often passive] *A local farmer was **cited for** breaking environmental standards.*

citizen /ˈsɪtɪzən/ **noun** [C] **1** B2 someone who lives in a particular town or city **житель** *the **citizens of** Berlin* **2** B2 someone who has a legal right to live in a particular country **гражданин** *My husband became a British citizen in 1984.* → See also **senior citizen**

Слова-партнеры к citizen

a citizen **of** [Paris/Tokyo, etc] • your **fellow** citizens • **decent/law-abiding** citizens

citizenship /ˈsɪtɪzənʃɪp/ **noun** [U] the legal right to be a citizen of a particular country **гражданство** *British/French citizenship*

citrus fruit /ˈsɪtrəsˌfruːt/ **noun** [C, U] an orange, lemon, or similar fruit **цитрус**

city /ˈsɪti/ **noun 1** A1 [C] a large town **город** *the city of Boston* ◦ *the **city centre*** **2 the City** UK the part of London where the large financial organizations have their offices **Сити** → See also **inner city**

civic /ˈsɪvɪk/ **adjective** [always before noun] relating to a city or town and the people who live there **общественный, городской** *civic leaders* ◦ *The opera house was a source of great **civic pride** (= people in the city were proud of it).*

civil /ˈsɪvəl/ **adjective 1** [always before noun] relating to the ordinary people or things in a country and not to military or religious organizations **гражданский, штатский** *They married in a **civil ceremony**.* **2** [always before noun] relating to private arguments between people and not criminal cases **гражданский** *a **civil court*** **3** polite in a formal way **вежливый** *He and his ex-wife can't even have a civil conversation.*

ˌcivil engiˈneering noun [U] the planning and building of roads, bridges, and public buildings **гражданское строительство**

civilian /sɪˈvɪliən/ **noun** [C] someone who is not a member of a military organization or the police **штатский, гражданское лицо**

civility /sɪˈvɪləti/ **noun** [U] polite behaviour **вежливость**

civilization (also UK **-isation**) /ˌsɪvəlaɪˈzeɪʃən/ **noun 1** [C, U] B2 human society with its developed social organizations, or the culture and way of life of a society at a particular period of time **цивилизация** *ancient civilizations* ◦ *Nuclear war could mean the end of civilization.* **2** [U] when people have an advanced and comfortable way of life **цивилизация** *modern civilization*

civilize (also UK **-ise**) /ˈsɪvəlaɪz/ **verb** [T] to educate a society so that it becomes more advanced and organized **цивилизовать**

civilized (also UK **-ised**) /ˈsɪvəlaɪzd/ **adjective 1** A civilized society is advanced and has well-developed laws and customs. **цивилизованный** *A fair justice system is an important part of **civilized society**.* **2** polite and calm **цивилизованный** *Let's discuss this in a civilized manner.*

ˌcivil ˈliberties noun [plural] the freedom people have to do, think, and say what they want **гражданские свободы**

ˌcivil ˈpartnership noun [C, U] in Britain, a legal relationship between two people of the same sex, which gives them the same rights as people who are married **(в Великобритании) официально зарегистрированный однополый брак (дает те же права, что и традиционный брак)**

ˌcivil ˈrights noun [plural] the rights that everyone in a country has **гражданские права**

ˌcivil ˈservant noun [C] someone who works in the Civil Service **государственный служащий**

the ˌCivil ˈService noun the government departments and the people who work in them **государственная служба**

ˌcivil ˈwar noun [C, U] a war between groups of people who live in the same country **гражданская война**

cl written abbreviation for centilitre (= a unit for measuring liquid) **сантилитр** *a 75 cl bottle of wine*

clad /klæd/ **adjective** literary covered or dressed

in something **одетый** *He came to the door clad only in a towel.*

claim[1] /kleɪm/ **verb 1** [T] B2 to say that something is true, although you have not proved it **заявлять, утверждать** [+ (that)] *She claimed that the dog attacked her.* ◦ [+ to do sth] *He claims to have seen a ghost.* **2 claim credit/responsibility/success, etc** to say that you have done or achieved something **заявлять о (победе), брать ответственность (за что-либо)** *No one has claimed responsibility for yesterday's bomb attack.* → Opposite **disclaim 3** [I, T] B2 to ask for something because it belongs to you or you have the right to have it **требовать что-либо** *She claimed $2,500 in travel expenses.* ◦ *If no one claims the watch, then you can keep it.* **4** [T] If an accident, war, etc claims lives, people are killed because of it. **уносить (об аварии, войне)** *The floods claimed over 200 lives.*

claim[2] /kleɪm/ **noun** [C] **1** B2 when someone says that something is true, although it has not been proved **заявление, претензия** [+ (that)] *She **rejected claims** that she had lied.* **2** B2 an official demand for something you think you have a right to **требование, иск** *a **claim for** compensation* **3** a right to have something **право, претензия** *You don't have any **claim to** the land.* **4 lay claim to sth** formal to say that something is yours or that you have done something **претендовать на что-либо**

IDIOM **sb's/sth's claim to fame** a reason why someone or something is known **чья-либо претензия на знаменитость** *My main claim to fame is meeting the President.*

> **Слова-партнеры к claim**
> make a claim • deny/dismiss/reject a claim • a false claim • a claim by sb

clam[1] /klæm/ **noun** [C] a small sea creature with a shell in two parts, that you can eat **морской моллюск**

clam[2] /klæm/ **verb** (present participle **clamming**, past tense and past participle **clammed**)

PHRASAL VERB **clam up** informal to suddenly stop talking, usually because you are embarrassed or nervous **терять дар речи**

clamber /ˈklæmbəʳ/ **verb clamber into/over/up, etc** to climb somewhere with difficulty, especially using your hands and feet **карабкаться, взбираться** *The children clambered into the boat.*

clammy /ˈklæmi/ **adjective** unpleasantly wet and sticky **холодный и влажный** *clammy hands*

clamour[1] UK (US **clamor**) /ˈklæməʳ/ **verb clamour for sth; clamour to do sth** to ask for something continuously in a loud or angry way **шумно требовать чего-либо** *Fans were clamouring for their autographs.*

clamour[2] UK (US **clamor**) /ˈklæməʳ/ **noun** [no plural] **1** a demand for something, or a complaint about something that is made by a lot of people **шумные требования, громкие жалобы** *the **public's clamour** for organic food* **2** a loud, continuous noise made by people talking or shouting **шум, гул** *We heard the clamour of voices in the street outside.*

clamp[1] /klæmp/ **noun** [C] **1** a piece of equipment that is used for holding things together tightly **зажим 2** UK a metal cover that is put on the wheel of a car so you cannot move it if you have parked in an illegal place **устройство для блокировки колес**

clamp[2] /klæmp/ **verb 1 clamp sth around/over/to, etc** to put something in a particular position and hold it there tightly **прижимать, зажимать** *He clamped his hand over her mouth.* **2 clamp sth onto/to/together, etc** to fasten two things together using a clamp **соединять, используя зажим 3** [T] UK to fasten a metal cover on the wheel of a car to stop it moving because it has been parked in an illegal place **ставить устройство для блокировки колес**

PHRASAL VERB **clamp down** to do something strict to try to stop or limit an activity **принимать строгие меры** *Local police have **clamped down on** teenage drinking.*

clampdown /ˈklæmpdaʊn/ **noun** [C] a strict attempt to stop or limit an activity **строгие меры против чего-либо** [usually singular] *a **clampdown on** inner city pollution*

clan /klæn/ **noun** [C] a large group of families who are all related to each other, especially in Scotland **клан, род**

clandestine /klænˈdestɪn/ **adjective** formal secret and often illegal **тайный, подпольный** *a **clandestine meeting***

clang /klæŋ/ **verb** [I, T] If something metal clangs, it makes a loud ringing sound, or if you clang it, you make it do this. **лязгать** *The gate clanged shut behind me.*
• **clang noun** [C] **лязг**

clank /klæŋk/ **verb** [I] If metal objects clank, they make a low noise when they hit each other. **позвякивать** *The bracelets on her arm clanked as she moved.*
• **clank noun** [C] **звяканье**

clap[1] /klæp/ **verb** (present participle **clapping**, past tense and past participle **clapped**) **1** [I, T] B1 to hit your hands together, often repeatedly, especially in order to show that you enjoyed a performance **хлопать, аплодировать** *The crowd clapped and cheered for more.* **2 clap sb on the back/shoulder** to hit someone on the back or shoulder in a friendly way **хлопать кого-либо по спине/плечу 3** [T] to put something somewhere suddenly **зажимать** *She clapped her hands over her ears and refused to listen.*

clap[2] /klæp/ **noun 1** [no plural] when you hit your hands together, often repeatedly **хлопанье, аплодисменты** *Let's **give** our winning contest-*

clap

ant **a big clap**. **2 a clap of thunder** a sudden, loud sound that is made by thunder **раскат грома**

claret /ˈklærət/ **noun** [U] UK red wine from the area of France around Bordeaux **кларет**

clarify /ˈklærɪfaɪ/ **verb** [T] to make something easier to understand by explaining it **разъяснять** *The law aims to clarify building regulations.* • **clarification** /ˌklærɪfɪˈkeɪʃən/ **noun** [C, U] **разъяснение**

clarinet /ˌklærɪˈnet/ **noun** [C] a musical instrument like a long, black tube, that you play by blowing into it and pressing metal keys **кларнет**

clarity /ˈklærəti/ **noun** [U] the quality of being clear and easy to understand **ясность, четкость**

clash¹ /klæʃ/ **verb 1** [I] to fight or argue **сталкиваться, спорить** *Government troops* ***clashed with*** *rebel soldiers.* ◦ *Many young people* ***clash*** *with their parents* ***over*** *what time they must be home at night.* **2** [I] If colours or styles clash, they do not look good together. **дисгармонировать** *You can't wear pink lipstick – it* ***clashes with*** *your dress.* **3** [I] UK If two events clash, they happen at the same time so that you cannot go to them both. **совпадать по времени** *Emma's party* ***clashes with*** *my brother's wedding.* **4** [I, T] to make a loud noise by hitting metal objects together **ударять с грохотом**

clash² /klæʃ/ **noun** [C] **1** a fight or argument **столкновение, спор** *There were violent* ***clashes between*** *the police and demonstrators.* **2** when ideas or qualities are very different, and this causes problems **столкновение** *a clash of personalities* **3** a loud sound that is made when metal objects hit each other **звон, грохот** *the clash of pans in the sink*

> Слова-партнеры к **clash**
>
> be **involved in** a clash • **fierce/violent** clashes • clashes **between** sb and sb • a clash **with** sb • a clash **over** sth

clasp¹ /klɑːsp/ **verb** [T] to hold something or someone tightly **обнимать, сжимать** *He clasped his daughter in his arms.*

clasp² /klɑːsp/ **noun 1** [C] a small metal object that is used to fasten a bag, belt, or piece of jewellery **застежка 2** [no plural] a tight hold **объятие, обхват**

class¹ /klɑːs/ **noun 1** [C] (A1) a group of students who have lessons together **класс (учащиеся)** *Katie and Sarah are in the same class at school.* **2** [C, U] (A1) a period of time in which students are taught something **урок** *My first class starts at 8.30.* ◦ *He was told off for talking* ***in class*** *(= during the lesson).* **3** [C, U] (B2) one of the groups in a society with the same social and economic position, or the system of dividing people into these groups **(общественный) класс** *She's from a working-class background.* **4** [C] (A2) a group into which people or things are put according to their quality **категория** *When it comes to mathematics, he's in a different class to his peers.* ◦ *second-class mail* **5** [C] a group of similar or related things, especially plants and animals **вид, род 6** [U] informal the quality of being stylish or fashionable **шик, блеск** *a player with real class* → See also **middle class, upper class, working class**

class² /klɑːs/ **verb class sb/sth as sth** to put someone or something in a particular group according to their qualities **причислять, относить к чему-либо** *The tower is* ***classed as*** *a historic monument.*

classic¹ /ˈklæsɪk/ **adjective 1** (B2) A classic book, film, etc is one that has been popular for a long time and is considered to be of a high quality. **классический** *the classic film 'Gone with the Wind'* **2** having a traditional style that is always fashionable **классический** *a classic black jacket* **3** typical **классический**

classic² /ˈklæsɪk/ **noun** [C] (B2) a classic book, film, etc **классика**

classical /ˈklæsɪkəl/ **adjective 1 classical music** (A2) serious music by people like Mozart and Stravinsky **классическая музыка** *Do you prefer classical music or pop music?* **2** traditional in style **классический** *classical and modern dance* **3** relating to ancient Greece and Rome **античный** *classical literature*

classically /ˈklæsɪkəli/ **adverb 1** in a traditional style **традиционно** *a* ***classically trained*** *actor* **2** in a typical style **типично** *a classically English tea room*

classics /ˈklæsɪks/ **noun** [U] the study of ancient Greece and Rome, especially the language, literature, and history **классическая/античная филология**

classification /ˌklæsɪfɪˈkeɪʃən/ **noun** [C, U] the process of putting people or things into groups by their type, size, etc, or one of these groups **классификация** *the classification of plants*

classified /ˈklæsɪfaɪd/ **adjective** Classified information is officially kept secret by a government.

секретный, засекреченный *classified documents/information*

ˌclassified ˈad noun [C] a small advertisement that you put in a newspaper if you want to buy or sell something **объявление в газете**

classify /ˈklæsɪfaɪ/ **verb** [T] to put people or things into groups by their type, size, etc **классифицировать** [often passive] *A third of the population has been* ***classified as*** *poor.* ◦ *The books are* ***classified by*** *subject.*

classmate /ˈklɑːsmeɪt/ **noun** [C] (A2) someone who is in your class at school or college **одноклассник**

classroom /ˈklɑːsruːm/ **noun** [C] (A1) a room in a school where students have lessons **класс (комната)** → See **The Classroom** on page Centre 6

classy /ˈklɑːsi/ **adjective** informal stylish and fashionable **шикарный**

clatter /ˈklætəʳ/ **verb 1** [I] If something clatters, it makes a lot of noise when it hits something hard. **греметь, грохотать 2 clatter about/around/down, etc** to move somewhere in a very noisy way **двигаться с грохотом** *I could hear Sue clattering about upstairs.*

• **clatter noun** [no plural] **грохот, стук** *He dropped his spoon* ***with a clatter.***

clause /klɔːz/ **noun** [C] **1** a part of a legal document **статья, пункт** *a clause in a contract* **2** (B2) a group of words containing a subject and a verb, that is usually only part of a sentence **предложение (часть сложного предложения)** → See also **relative clause**, **subordinate clause**

claustrophobia /ˌklɒstrəˈfəʊbiə/ **noun** [U] fear of being in a small or crowded place **клаустрофобия**

claustrophobic /ˌklɒstrəˈfəʊbɪk/ **adjective 1** feeling very anxious when you are in a small or crowded place **испытывающий клаустрофобию 2** A claustrophobic place makes you feel anxious because it is very small or crowded. **вызывающий клаустрофобию** *a claustrophobic room*

claw

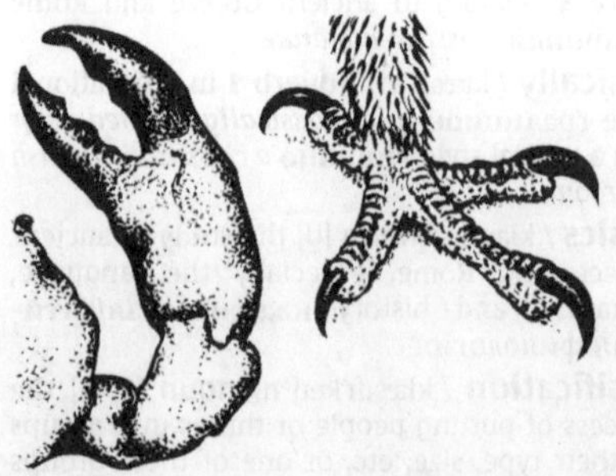

claw¹ /klɔː/ **noun** [C] one of the sharp, curved nails on the feet of some animals and birds **коготь**

claw² /klɔː/ **verb** [I, T] If a person or animal claws something, they try to get hold of it or damage it with their nails or claws. **рвать когтями** *He* ***clawed at*** *the rope, trying to free himself.*

PHRASAL VERB **claw sth back** mainly UK to try to get back something that you had before **возмещать потерянное** *The party is desperately trying to claw back support.*

clay /kleɪ/ **noun** [U] a type of heavy soil that becomes hard when dry, used for making things such as bricks and containers **глина** *a clay pot*

clean¹ /kliːn/ **adjective 1** (A1) not dirty **чистый** *clean hands* ◦ *clean clothes* **2** not about sex **приличный, пристойный** *a clean joke* **3** showing that you have not done anything illegal **чистый, незапятнанный** *a* ***clean driving licence*** **4** fair and honest **честный, справедливый** *a clean election/fight*

IDIOM **come clean** informal to tell the truth about something that you have been keeping secret **признаваться**

clean² /kliːn/ **verb** [I, T] (A1) to remove the dirt from something **чистить, промывать** *I spent the morning cleaning the house.* → See also **dry clean**, **spring clean**

PHRASAL VERBS **clean sth out 1** to take everything out of a room, car, container, etc and clean the inside of it **вычищать, разбираться 2** informal to steal everything from a place **обчистить, обворовать** • **clean (sb/sth) up** to make a person or place clean and tidy **приводить в порядок** *We have to clean up before we leave.*

clean³ /kliːn/ **adverb** informal used to emphasize that something is done completely **совершенно, прямо** *The bullet went clean through his helmet.*

clean-cut /ˌkliːnˈkʌt/ **adjective** Someone who is clean-cut has a tidy appearance. **опрятный, подтянутый**

cleaner /ˈkliːnəʳ/ **noun 1** [C] (A2) someone whose job is to clean houses, offices, public places, etc **уборщик 2** [C, U] a substance used for cleaning things **моющее/чистящее средство** *carpet/oven cleaner* **3 the cleaner's** a shop where clothes are cleaned with chemicals **химчистка** → See also **vacuum cleaner**

cleanliness /ˈklenlɪnəs/ **noun** [U] the state of being clean, or the practice of keeping things clean **чистота, опрятность**

cleanly /ˈkliːnli/ **adverb** in a quick and tidy way **аккуратно, прямо** *The branch broke cleanly away from the tree.*

cleanse /klenz/ **verb** [T] to clean your face or an injured part of your body **очищать, промывать**

cleanser /ˈklenzəʳ/ **noun** [C, U] a substance for cleaning, especially your face **средство для очистки (кожи лица)**

clear¹ /klɪəʳ/ **adjective 1** (A2) easy to understand

ясный, понятный *clear instructions* **2** (A2) easy to hear, read, or see **четкий, отчетливый** *These photos are very clear.* ◦ *Can we make the sound any clearer?* **3** not possible to doubt **очевидный** *The evidence against him was clear.* ◦ [+ (that)] *It was clear that Leif was angry.* ◦ *Ella* ***made it clear that*** *she didn't like James.* **4** [never before noun] (B1) certain about something **уверенный** *Are you clear about how to get there?* ◦ [+ question word] *I'm not very clear why she phoned.* **5** not covered or blocked by anything **свободный** *a clear road* ◦ *a clear desk* **6** (B1) A clear sky does not have any clouds. **ясный, безоблачный** **7** (A2) easy to see through **прозрачный** *clear water* ◦ *clear glass* → See also the **coast**[1] is clear, **crystal clear**

clear[2] /klɪəʳ/ **verb** **1** [T] (B1) to remove all the objects or people from a place **освобождать** *clear a room/shelf* ◦ *Police cleared the building because of a bomb threat.* **2** [I] If the sky or weather clears, the clouds and rain disappear. **проясняться** **3** [T] to prove that someone is not guilty of something that they were accused of **оправдывать** *The jury* ***cleared*** *him* ***of*** *murder.* **4** [I] If a cheque (= printed paper used to pay for things) clears, the money goes from one person's bank account to another person's bank account. **быть оплаченным** **5** [T] to jump over something without touching it **перепрыгивать** *The horse easily cleared the fence.* **6** [T] to give or get permission to do something **давать или получать разрешение** *You have to* ***clear it with*** *the headteacher if you want a day off school.* → See also clear the **air**[1]

PHRASAL VERBS **clear sth away** to make a place tidy by removing things from it, or putting them where they should be **убирать, класть на место** *The children are not very good at clearing away their toys.* • **clear off** UK informal used to tell someone to go away immediately **убираться, уходить** • **clear sth out** to tidy a place by getting rid of things that you do not want **вычищать** • **clear (sth) up 1** mainly UK (B2) to make a place tidy by removing things from it or putting them where they should be **убираться, приводить в порядок** *Dad was clearing up in the kitchen.* **2** to make an illness better **лечить** *Antibiotics will clear up the infection.* • **clear sth up** (B2) to give an explanation for something, or to deal with a problem or argument **выяснять, прояснять** *Before we sign the contract, there are a few points we should clear up.* • **clear up** informal (B2) If the weather clears up, the cloud and rain disappears. **проясняться (о погоде)**

clear[3] /klɪəʳ/ **adverb** away from something so that you are not touching it **в стороне от, не прикасаясь** *Stand* ***clear of*** *the doors, please.*

IDIOM **steer clear of sb/sth** to avoid someone or something because they are unpleasant or dangerous **избегать, сторониться**

clear[4] /klɪəʳ/ **noun in the clear a** not responsible for a mistake or crime **вне подозрений** **b** UK not in a difficult situation or having problems any more **не обремененный (долгами, заботами)**

clearance /ˈklɪərᵊns/ **noun** [C, U] **1** permission from someone in authority **разрешение властей** *The company needs to get government clearance for the deal.* **2** the distance that is needed for one thing to avoid touching another thing **зазор, просвет** **3** when waste or things you do not want are removed from a place **расчистка**

clear-cut /ˌklɪəˈkʌt/ **adjective** very certain or obvious **четкий** *The issue is not very clear-cut.*

clearing /ˈklɪərɪŋ/ **noun** [C] a small area in the middle of a forest, where there are no trees **поляна**

clearly /ˈklɪəli/ **adverb** **1** (A2) in a way that is easy to see, hear, read, or understand **отчетливо, понятно** *He spoke very clearly.* **2** (B1) used to show that you think something is obvious or certain **явно, очевидно** *Clearly he's very talented.* **3** (A2) If you think clearly, you are not confused. **ясно**

cleavage /ˈkliːvɪdʒ/ **noun** [C, U] the area between a woman's breasts **ложбинка на груди**

cleaver /ˈkliːvəʳ/ **noun** [C] a heavy knife with a large, square blade **мясницкий нож** *a* ***meat cleaver***

clef /klef/ **noun** [C] a sign written at the beginning of a line of music, that shows how high or low the notes are **(музыкальный) ключ**

clemency /ˈklemənsi/ **noun** [U] formal when a judge, king, etc decides not to punish someone severely although they have committed a crime **милосердие**

clench /klenʃ/ **verb** [T] to close your hands or teeth very tightly, or to hold something tightly **сжимать** *Dan* ***clenched his fists.***

clergy /ˈklɜːdʒi/ **noun** [plural] priests or religious leaders **духовенство** *a member of the clergy*

clergyman /ˈklɜːdʒɪmən/ **noun** [C] (plural **clergymen**) a man who is a member of the clergy **духовное лицо**

cleric /ˈklerɪk/ **noun** [C] a member of the clergy **духовное лицо**

clerical /ˈklerɪkᵊl/ **adjective** **1** relating to work done in an office **канцелярский** *a clerical assistant* **2** relating to priests or religious leaders **клерикальный**

clerk /klɑːk/ (US) /klɜːrk/ **noun** [C] **1** someone who works in an office or bank, keeping records and doing general office work **клерк, служащий** *a bank clerk* **2** US someone who sells things in a shop **продавец** *a store/sales clerk*

clever /ˈklevəʳ/ **adjective** **1** (A1) able to learn and understand things quickly and easily **умный** *a clever student* **2** (B1) designed in an effective and intelligent way **удачный, ловкий** *a clever idea* ◦ *a clever tool*

• **cleverly adverb умно, ловко** *a cleverly designed toy* • **cleverness noun** [U] **ум, сообразительность**

Другие способы сказать clever

Прилагательные **intelligent** и **smart** часто используют вместо **clever**.

*She's a highly **intelligent** woman.*

*He's one of the **smartest** kids in the class.*

Умного молодого человека или девушку можно охарактеризовать как **bright**.

*Jacob was a very **bright** boy.*

Прилагательное **brainy** используется в неформальном общении, особенно когда молодые люди говорят о сверстниках.

*Ask Louisa to help you – she's really **brainy**.*

Об очень умном человеке можно сказать **brilliant** или **gifted**.

*William was a **brilliant/gifted** scholar.*

cliché /ˈkliːʃeɪ/ (US) /kliːˈʃeɪ/ **noun** [C] something that people have said or done so much that it has become boring or has no real meaning **банальность**

click¹ /klɪk/ **verb 1** [I, T] to make a short, sharp sound, or to use something to make this sound **щелкать** *The door clicked shut behind him.* **2** [I, T] (A2) to press on part of a computer mouse (= small computer control) to make the computer do something **щелкать** *To start the program, **click on** its icon.* **3** [I] informal If two people click, they like each other immediately. **ладить, нравиться 4** [I] informal to suddenly understand something **осенять, попасть в точку** *Suddenly everything clicked and I realized where I'd met him.* → See also **double-click**, click your fingers (**finger¹**)

click² /klɪk/ **noun** [C] (A2) a short, sharp sound **щелчок** *the click of a switch*

client /klaɪənt/ **noun** [C] (B2) someone who pays someone else for services or advice **клиент**

clientele /ˌkliːɒnˈtel/ **noun** [group, no plural] the regular customers of a business **постоянные покупатели или посетители, клиентура** *The new bar aims to attract a younger clientele.*

cliff /klɪf/ **noun** [C] (B1) an area of high, steep rocks beside the sea **утес, скала**

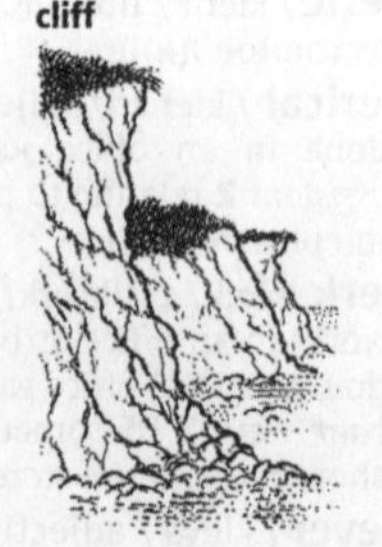
cliff

climactic /klaɪˈmæktɪk/ **adjective** [always before noun] literary A climactic event or time is one in which important or exciting things happen. **напряженный, критический**

climate /ˈklaɪmət/ **noun 1** [C, U] (B1) the weather conditions that an area usually has **климат** *a hot, dry climate* **2** [C] the situation, feelings, and opinions that exist at a particular time **обстановка** [usually singular] *the **political/social climate*** ◦ *Terrorism **creates a climate of** fear.*

Слова-партнеры к climate

create a climate of [fear/trust, etc] • in a climate • in the current/in the present climate • the political/social climate

ˈclimate ˌchange noun [C, U] (B2) the way the Earth's weather is changing **изменение климата**

climatic /klaɪˈmætɪk/ **adjective** formal relating to the weather conditions that an area usually has **климатический** ***climatic change***

climax¹ /ˈklaɪmæks/ **noun** [C] the most exciting or important part of something **кульминация, высшая точка** [usually singular] *The **climax of** her career was winning a gold medal.* → Opposite **anticlimax**

Слова-партнеры к climax

build up to/come to/reach a climax • a dramatic/exciting/fitting/thrilling climax • the climax of sth

climax² /ˈklaɪmæks/ **verb** [I, T] to reach the most important or exciting part **достичь кульминации** *The festival **climaxed with/in** a huge fireworks display.*

climb

He climbed a tree. They went climbing.

climb /klaɪm/ **verb 1** [I, T] (also **climb up**) (A2) to go up something, or onto the top of something **взбираться** ***climb** a **ladder/tree/mountain*** ◦ *He climbed up on a chair to change the light bulb.* **2 climb into/out of/through, etc** (B2) to move somewhere using your hands and legs **забираться, карабкаться** *The child climbed into the back of the car.* **3** [I] If a price, number, or amount climbs, it increases. **расти, подниматься** *Profits climbed 11% last quarter.* **4** [I] (B2)

to move to a higher position **идти круто вверх** *The road climbs quite steeply.*
• **climb** noun [C] **подъем** *a long/steep/uphill climb*

PHRASAL VERB **climb down** UK informal to change your opinion or admit that you are wrong **уступать, признавать ошибку** *The government has been forced to* ***climb down over*** *the issue of increased taxes.*

climbdown /ˈklaɪmdaʊn/ **noun** [C] UK when someone admits that they were wrong about something or have changed their opinion **признание ошибки, уступка** *an embarrassing climbdown by the government*

climber /ˈklaɪməʳ/ **noun** [C] someone who climbs mountains, hills, or rocks as a sport **альпинист**

climbing /ˈklaɪmɪŋ/ **noun** [U] (A2) the sport of climbing mountains, hills, or rocks **альпинизм** ***rock/mountain climbing*** ◦ *climbing boots*

clinch /klɪnʃ/ **verb** [T] informal **1** to finally get or win something **заключать (сделку)** ***clinch a deal*** **2 clinch it** informal to make someone finally decide what to do **окончательно решать** *When he said the job was in Paris, that clinched it for me.*

cling /klɪŋ/ **verb** [I] (past tense and past participle **clung**) **1** to hold someone or something tightly, especially because you are frightened **цепляться, держаться** *She was found* ***clinging to*** *the ledge.* ◦ *I* ***clung on to*** *his hand in the dark.* **2** to stick to something **прилипать** *His damp hair* ***clung to*** *his forehead.*

PHRASAL VERBS **cling (on) to sth** to try very hard to keep something **цепляться, держаться за что-либо** *He clung on to power for ten more years.* • **cling to sth** to refuse to stop believing or hoping for something **не оставлять, цепляться за что-либо** *He* ***clung to the belief*** *that his family were alive.*

clingfilm /ˈklɪŋfɪlm/ **noun** [U] UK trademark (US **plastic wrap**) thin, transparent plastic used for wrapping or covering food **упаковочная пленка (для продуктов)**

clingy /ˈklɪŋi/ **adjective** mainly UK always wanting to be with someone and not wanting to do things alone **прилипчивый** *a clingy child*

clinic /ˈklɪnɪk/ **noun** [C] (B1) a place where people go for medical treatment or advice **клиника** *an eye/skin clinic*

clinical /ˈklɪnɪkəl/ **adjective 1** [always before noun] relating to medical treatment and tests **клинический** ***clinical trials/research*** **2** only considering facts and not influenced by feelings or emotions **беспристрастный** *a clinical approach/attitude*
• **clinically** adverb **беспристрастно**

clinician /klɪˈnɪʃən/ **noun** [C] a doctor who treats ill people and does not just study diseases **клинический врач**

clink /klɪŋk/ **verb** [I, T] If pieces of glass or metal clink, they make a short ringing sound when they touch, and if you clink them, you make them do this. **звенеть, звякать**
• **clink** noun [C] **звон, звяканье**

clip¹ /klɪp/ **noun** [C] **1** a small metal or plastic object used for holding things together **скрепка** **2** a short part of a film or television programme that is shown at a different time **отрывок** *They showed clips from Spielberg's new movie.* **3 a clip round the ear/earhole** UK informal a quick hit on the side of someone's head **затрещина, тумак** → See also **paper clip**

clip² /klɪp/ **verb** (present participle **clipping**, past tense and past participle **clipped**) **1** [I, T] to fasten things together with a clip, or to be fastened in this way **скреплять, прикреплять** ***Clip*** *the microphone* ***to*** *the collar of your jacket.* **2** [T] to cut small pieces from something **подстригать, подрезать** *Jamie was outside clipping the hedge.* **3** [T] to hit something quickly and lightly **задевать** *The plane clipped a telephone line and crashed.*

clipart /ˈklɪpɑːt/ **noun** [U] small pictures which are stored on a computer and can be easily added to a document **клипарт (компьютерная программа с библиотекой графических заготовок)**

clipboard /ˈklɪpbɔːd/ **noun** [C] **1** a board with a clip at the top that holds paper in position for writing on **дощечка с зажимом наверху для прикрепления листа бумаги** **2** an area for storing information in a computer when you are moving it from one document to another **буфер промежуточного хранения текста или графики**

clipped /klɪpt/ **adjective** If someone speaks in a clipped voice, their words sound quick, short, and not friendly. **сухой (о тоне)**

clippers /ˈklɪpəz/ **noun** [plural] a tool used to cut small pieces off something **садовые ножницы** *hedge clippers*

clipping /ˈklɪpɪŋ/ **noun** [C] **1** (also UK **cutting**) an article or picture that has been cut out of a newspaper or magazine **вырезка из газеты или журнала** *a collection of* ***newspaper clippings*** *about the princess* **2** a small piece that has been cut off something **обрезки** [usually plural] *grass clippings*

clique /kliːk/ **noun** [C] a small group of people who spend a lot of time together and are unfriendly to people who are not in the group **клика**

cloak /kləʊk/ **noun 1** [C] a loose coat without sleeves that hangs down from your shoulders **накидка, мантия** **2 a cloak of sth** literary something that is intended to cover or hide the truth of something else **покров** *a cloak of secrecy/mystery*

cloakroom /ˈkləʊkruːm/ **noun** [C] **1** a room where you leave your coat at a theatre, school, etc гардероб **2** UK old-fashioned a toilet in a public building туалет

clobber /ˈklɒbəʳ/ **verb** [T] informal **1** to hit someone ударять, бить **2** to affect someone very badly наносить ущерб *a policy that has clobbered people on low incomes*

clock[1] /klɒk/ **noun** **1** [C] (A1) a piece of equipment that shows you what time it is, usually in a house or on a building **часы (настенные)** *She could hear the hall clock ticking.* → See **The Living Room** on page Centre 4 **2** [C] UK a piece of equipment in a vehicle for measuring how far it has travelled **счетчик пробега** *a car with 63,000 kilometres* ***on the clock*** **3 around/round the clock** all day and all night **круглые сутки** *Rescue teams are* ***working round the clock*** *to search for survivors of the earthquake.* **4 race/work against the clock** to do something as fast as you can in order to finish before a particular time **торопиться закончить что-либо к сроку**

IDIOM **turn/put the clock back** UK to make a situation the same as it was at an earlier time **поворачивать время вспять**

→ See also **alarm clock**, **grandfather clock**

clock[2] /klɒk/ **verb**

PHRASAL VERB **clock sth up** to achieve a particular number or amount of something **иметь в общей сложности, накапливать** *Yuri has clocked up 5,500 flying hours.*

clockwise

clockwise anti-clockwise *UK*, counterclockwise *US*

clockwise /ˈklɒkwaɪz/ **adjective, adverb** in the same direction as the hands (= parts that point to the numbers) on a clock move **по часовой стрелке** → Opposite UK **anti-clockwise**, US **counterclockwise**

clockwork /ˈklɒkwɜːk/ **noun** **1** [U] a system of machinery that starts when you turn a handle or key **заводной механизм** *a* ***clockwork toy*** **2 (as) regular as clockwork** extremely regularly **точный как часы** *The bell rang at 8 a.m., regular as clockwork.* **3 run/go like clockwork** to happen exactly as planned, with no problems **проходить гладко, как по маслу**

clog /klɒg/ **verb** [I, T] (present participle **clogging**, past tense and past participle **clogged**) (also **clog up**) to fill something so that nothing can pass through it, or to be filled in this way **засорять, забивать** [often passive] *The plughole was* ***clogged with*** *hair.*

clogs /klɒgz/ **noun** [plural] shoes made from wood, or shoes with a wooden sole (= bottom part) **башмаки на деревянной подошве, сабо**

cloister /ˈklɔɪstəʳ/ **noun** [C] a covered stone passage around the edges of a garden in a church or religious building **крытая аркада**

clone[1] /kləʊn/ **noun** [C] **1** an exact copy of a plant or animal that scientists make by removing one of its cells **клон** **2** informal someone or something that is very similar to someone or something else **полное подобие**

clone[2] /kləʊn/ **verb** [T] to create a clone of a plant or animal **клонировать** *Scientists have already cloned a sheep.*

• **cloning noun** [U] **клонирование** *animal/human cloning*

close[1] /kləʊz/ **verb** [I, T] **1** (A1) If something closes, it moves so that it is not open, and if you close something, you make it move so that it is not open. **закрывать(ся)** *Jane closed the window.* ◦ *Lie down and close your eyes.* ◦ *Suddenly the door closed.* **2** (A2) If a shop, restaurant, public place, etc closes, people cannot go in it. **закрываться** *The supermarket closes at 8 p.m.* **3** (also **close down**) (B2) If a business or organization closes, or if someone or something closes it, it stops operating. **закрывать(ся)** *Many factories have closed in the last ten years.* **4** (B2) to end, or to end something **завершать, закрывать** *She closed the meeting with a short speech.* → See Note **open**

PHRASAL VERBS **close (sth) down** (B2) If a business or organization closes down, or if someone or something closes it down, it stops operating. **закрывать(ся)** • **close in** If people close in, they gradually get nearer to someone, usually in order to attack them or stop them escaping. **наступать** *Police* ***closed in on*** *the demonstrators.* • **close sth off** to put something across the entrance to a place in order to stop people entering it **перекрывать** *Police quickly closed off the area.*

close[2] /kləʊs/ **noun** [C] (also **Close**) used in the name of a road that cars can only enter from one end **тупик** *They live at 7 Kingswear Close.*

close[3] /kləʊs/ **adjective** **1** (A1) near in distance **близкий, расположенный недалеко** *His house is* ***close to*** *the sea.* **2** (A1) near in time **близкий, происходящий незадолго** *It was* ***close to*** *lunchtime when we arrived.* **3** (A2) If people are close, they know each other very well and like each other a lot. **близкий** *close friends* ◦ *I'm very* ***close to*** *my brother.* **4** [always before noun] (B1) A close relative is someone who is directly related to you, for example your mother, father, or brother. **близкий** **5** seeing or talking with someone a lot **тесный** *Our school has* ***close links*** *with a school in China.* ◦ *I'm still in* ***close***

C

contact with my school friends. **6 be/come close to doing sth** to almost achieve or do something **приближаться** *We are close to reaching an agreement.* **7 be close to sth** If someone or something is close to a particular state, they are almost in that state. **быть близким к чему-либо, чуть не ...** *She was* ***close to tears.*** **8** B2 A close game, competition, etc is one in which people's scores are nearly the same. **почти равный 9** [always before noun] looking at or listening to someone or something very carefully **тщательный, пристальный** *On* ***close inspection****, you could see that the painting was a fake.* ◦ ***Keep a close watch on*** *the children (= watch them carefully).* **10** Close weather is too warm and there is not enough fresh air. **душный**

• **closeness noun** [U] → See also a close **call²**, a close **shave²** **духота**

close⁴ /kləʊs/ **adverb 1** B1 near in distance **близко, недалеко** *He stayed* ***close to*** *his mother.* ◦ *Come a bit closer.* ◦ *We walked close behind them.* ◦ *There's a great beach* ***close by*** *(= near).* **2** near in time **близко** *The time for change is coming closer.*

close⁵ /kləʊz/ **noun** [no plural] the end of something **конец** *They finally reached an agreement* ***at the close of*** *a week of negotiations.* ◦ *The year was* ***drawing to a close****.*

closed /kləʊzd/ **adjective 1** A1 not open for business **закрытый** *We went to the library but it was closed.* **2** A1 not open **закрытый** *The door was closed.* ◦ *Her eyes were closed.* **3** not wanting to accept new ideas, people, customs, etc **ограниченный, отвергающий новое** *a closed mind*

ˌclosed-circuit ˈtelevision noun [C, U] a system of hidden cameras that take pictures of people in public places, used to help prevent crime **наблюдение скрытой камерой**

close-knit /ˌkləʊsˈnɪt/ **adjective** A close-knit group of people is one in which everyone helps and supports each other. **сплоченный** *a* ***close-knit community***

closely /ˈkləʊsli/ **adverb 1** If you look at or listen to something closely, you look at it or listen to it very carefully. **внимательно 2** B2 If two things are closely connected, related, etc, they are very similar to each other or there is a relationship between them. **тесно, близко** *The two languages are* ***closely related.*** ◦ *I saw a cat that closely resembles ours.* **3** in a way that is very near in distance or time **следом** *Elke came into the room, closely followed by her children.* **4** B2 If you work closely with someone, you work together a lot. **в тесном сотрудничестве** *Nurses* ***work closely*** *with other medical staff.*

closet¹ /ˈklɒzɪt/ **noun** [C] US (UK **wardrobe**) a large cupboard for keeping clothes in **шкаф** → See also have a **skeleton** in the closet

closet² /ˈklɒzɪt/ **adjective a closet intellectual/liberal/socialist, etc** someone who hides their true opinions or way of life **тайный интеллектуал/либерал/социалист и т. д.**

close-up /ˈkləʊsʌp/ **noun** [C] a photograph of someone or something that is taken by standing very close to them **крупный план**

closing /ˈkləʊzɪŋ/ **adjective** [always before noun] The closing part of an event or period of time is the final part of it. **заключительный** *Owen scored a goal in the closing minutes of the game.*

closure /ˈkləʊʒəʳ/ **noun 1** [C, U] when a business, organization, etc stops operating **закрытие** *factory closures* ◦ *The company announced the* ***closure of*** *its Paris office.* **2** [U] the feeling that a sad or unpleasant experience has now finished so that you can think about and do other things **чувство, что грустный или неприятный эпизод в жизни завершился, и появилась способность думать о чем-то другом**

> Слова-партнеры к **closure**
>
> **face/be threatened with closure • save sth from closure • the closure of sth**

clot¹ /klɒt/ **noun** [C] **1** a lump that forms when a liquid, especially blood, becomes almost solid **сгусток 2** UK informal a stupid person **болван**

clot² /klɒt/ **verb** [I, T] (present participle **clotting**, past tense and past participle **clotted**) to form clots, or to make clots form **свертываться, образовывать сгустки**

cloth /klɒθ/ **noun 1** [U] B2 material made from cotton, wool, etc, and used, for example, to make clothes or curtains **ткань** *a piece of cloth* **2** [C] B2 a piece of cloth used for cleaning or drying things **тряпка**

clothe /kləʊð/ **verb** [T] to supply clothes for someone **обеспечивать одеждой**

clothed /kləʊðd/ **adjective** wearing clothes **одетый** ***fully clothed***

clothes /kləʊðz/ **noun** [plural] A1 items such as shirts and trousers that you wear on your body **одежда** *She was* ***wearing*** *her sister's* ***clothes.*** ◦ *to* ***put on/take off*** *your* ***clothes*** → See **Clothes** on page on pages Centre 8, 9

> Слова-партнеры к **clothes**
>
> **put on/take off/wear** clothes • **change your** clothes

clothesline /ˈkləʊðzlaɪn/ **noun** [C] a rope for hanging wet clothes on until they dry **веревка для сушки белья**

ˈclothes ˌpeg noun [C] UK (US **clothespin** /ˈkləʊðzpɪn/) a short piece of wood or plastic that is used to hold clothes on a rope while they dry **прищепка**

clothing /ˈkləʊðɪŋ/ **noun** [U] B2 clothes, especially of a particular type **одежда** *outdoor/protective clothing*

cloud¹ /klaʊd/ **noun 1** [C, U] A2 a white or grey mass that floats in the sky, made of small water drops **облако, туча** *rain/storm clouds* **2** [C] B2 a mass of gas or very small pieces of some thing floating in the air **облако** *a cloud of dust/smoke*

IDIOM **be under a cloud** If someone is under a cloud, they are not trusted or not popular because people think they have done something bad. **быть под подозрением, на плохом счету**

• **cloudless adjective** without clouds **безоблачный**

cloud² /klaʊd/ **verb 1** [T] to make someone confused, or make something harder to understand **усложнять, затуманивать** *to* ***cloud*** *someone's* ***judgment/vision*** **2** [I, T] If something transparent clouds, it becomes hard to see through, and if something clouds it, it makes it hard to see through. **затуманиваться, мутнеть**

PHRASAL VERB **cloud over** to become covered with clouds **заволакиваться облаками**

cloudy /ˈklaʊdi/ **adjective 1** Ⓐ2 When it is cloudy, there are clouds in the sky. **облачный 2** A cloudy liquid is not transparent. **мутный** *cloudy water*

clout /klaʊt/ **noun 1** [U] power and influence over other people **большое влияние** *As mayor, he* ***has*** *political* ***clout***. **2** [C] UK informal a heavy blow made with the hand **затрещина**

clove /kləʊv/ **noun** [C] **1** a small, dark-brown, dried flower that is used as a spice **гвоздика (пряность) 2** one separate part in a root of garlic (= plant with a strong taste used in cooking) **зубок чеснока**

clover /ˈkləʊvəʳ/ **noun** [U] a small plant that has three round leaves and round flowers **клевер**

clown¹ /klaʊn/ **noun** [C] **1** Ⓐ2 a performer who has special clothes and a painted face and makes people laugh **клоун 2** a silly person **шут**

clown² /klaʊn/ **verb** [I] (also **clown around**) to behave in a silly way in order to make people laugh **дурачиться**

club¹ /klʌb/ **noun** [C] **1** Ⓐ2 an organization for people who want to take part in a sport or social activity together, or the building they use for this **клуб** *a fitness/football club* **2** (also **golf club**) a long, thin stick used to hit the ball in golf **клюшка (для гольфа)** → See **Sports 2** on page Centre 15 **3** a heavy stick used as a weapon **дубинка 4** a place open at night where people can dance **ночной клуб 5 clubs** playing cards with black shapes like three leaves on them **трефы** *the ten of clubs* → See also **fan club**

> Слова-партнеры к **club**
>
> belong to/join a club • a member of a club

club² /klʌb/ **verb** (present participle **clubbing**, past tense and past participle **clubbed**) **1** [T] to hit a person or animal with a heavy stick **ударять дубинкой 2 go clubbing** mainly UK to go to clubs where there is music and dancing **ходить по ночным клубам**

PHRASAL VERB **club together** UK If a group of people club together to buy something, they share the cost of it. **скидываться, покупать вскладчину**

clubhouse /ˈklʌbhaʊs/ **noun** [C] a building that the members of a club use for social activities or for changing their clothes **здание клуба, клубная раздевалка**

cluck /klʌk/ **verb** [I] to make the sound that a chicken makes **кудахтать**

• **cluck noun** [C] **кудахтанье**

clue /kluː/ **noun** [C] **1** Ⓑ2 a sign or a piece of information that helps you to solve a problem or answer a question **улика, подсказка** *Police are searching the area for* ***clues to*** *the murder.* ◦ *I can't remember who wrote it.* ***Give*** *me* ***a clue***. **2 not have a clue** informal Ⓑ2 to be completely unable to guess, understand, or deal with something **не иметь понятия** [+ question word] *I haven't a clue what you're talking about.*

ˌclued ˈup adjective UK knowing all the most important information about something **хорошо осведомленный, сведущий** *He's very* ***clued up on*** *the law.*

clueless /ˈkluːləs/ **adjective** informal A clueless person does not know anything about a particular subject. **не имеющий понятия**

clump /klʌmp/ **noun** [C] a group of plants growing closely together **пучок, куст** *a clump of grass*

clumsy /ˈklʌmzi/ **adjective 1** Ⓑ2 Clumsy people move in a way that is not controlled or careful enough, and often knock or damage things. **неуклюжий 2** If you behave in a clumsy way, you upset people because you are not careful about their feelings. **неуклюжий, бестактный** *a* ***clumsy attempt*** *to be friendly* **3** Clumsy objects are large, not attractive, and often difficult to use. **грубый, топорный**

• **clumsily adverb неуклюже, топорно** • **clumsiness noun** [U] **неуклюжесть, топорность**

clung /klʌŋ/ past of cling **прош. вр. и прич. прош. вр. от гл. cling**

cluster¹ /ˈklʌstəʳ/ **noun** a group of similar things that are close together **скопление** *a cluster of galaxies*

cluster² /ˈklʌstəʳ/ **verb cluster around/round/**

together, etc to form a close group **толпиться** *Photographers clustered round the film star.*

clutch[1] /klʌtʃ/ **verb** [T] to hold something tightly **зажимать в руке, стискивать** *She clutched a coin.*

PHRASAL VERB **clutch at sth** to try very hard to hold something **хвататься за что-либо** *She clutched wildly at the branch.*

clutch[2] /klʌtʃ/ **noun 1** [C] the part of a car or truck that you press with your foot when you change gear (= part that controls how fast the wheels turn) **сцепление** → See **Car** on page Centre 7 **2** [C, U] when someone holds or tries to hold something tightly **сжатие, хватка 3 sb's clutches** If you are in someone's clutches, they control you, often in an evil way. **в чьих-либо когтях**

clutter[1] /ˈklʌtəʳ/ **verb** [T] (also **clutter up**) to cover a surface, or to fill a place with things that are not tidy or well organized **загромождать** [often passive] *Every shelf is* ***cluttered with*** *ornaments.*

clutter[2] /ˈklʌtəʳ/ **noun** [U] a lot of objects that are not tidy or well organized **беспорядок** *I've got too much clutter on my desk.*

cm written abbreviation for centimetre (= a unit for measuring length) **сантиметр**

c/o written abbreviation for care of: used when you send a letter to someone who will give it to the person you are writing to **(такому-то) по адресу/через (такого-то)**

co- /kəʊ-/ **prefix** with or together **со-, в сложных словах означает совместность действий** *a co-author ◦ to coexist*

Co 1 written abbreviation for Company (= name of business) **компания** *Williams & Co* **2** written abbreviation for County (= area with own local government) **графство** *Co. Wexford*

coach[1] /kəʊtʃ/ **noun** [C] **1** UK (A2) a comfortable bus used to take groups of people on long journeys **туристский автобус** *a* ***coach trip*** **2** (B1) someone whose job is to teach people to improve at a sport, skill, or school subject **тренер** *a football/tennis coach* **3** a vehicle with wheels that is pulled by horses **карета**

coach[2] /kəʊtʃ/ **verb** [T] (B2) to teach someone so they improve at a sport, skill, or in a school subject **тренировать, обучать**

• **coaching noun** [U] (B2) **обучение**

ˈ**coach** ˌ**station noun** [C] UK (UK/US **bus station**) a building where a bus starts or ends its journey **автовокзал**

coal /kəʊl/ **noun 1** [U] a hard, black substance that is dug from under the ground and burnt as fuel **уголь** *a lump of coal* **2 coals** pieces of coal, usually burning **угли**

coalition /kəʊəˈlɪʃən/ **noun** [C] two or more political parties that have joined together, usually to govern a country **коалиция** *to* ***form a coalition*** *◦ a* ***coalition government***

ˈ**coal** ˌ**mine noun** [C] (also UK **colliery**) a place where people work digging coal from under the ground **угольная шахта**

coarse /kɔːs/ **adjective 1** rough and thick, or not in very small pieces **грубый, крупный** *coarse cloth ◦ coarse breadcrumbs* **2** not polite **грубый** *coarse language*

• **coarsely adverb грубо**

coast[1] /kəʊst/ **noun 1** [C, U] (B1) the land beside the sea **побережье** *The island lies* ***off the*** *North African* ***coast*** *(= in the sea near North Africa). ◦ They live* ***on the*** *east* ***coast*** *of Scotland.* **2 coast to coast** from one side of a country to the other **по всей стране**

IDIOM **the coast is clear** If the coast is clear, you can do something or go somewhere because there is nobody who might see you. **путь свободен, горизонт чист**

coast[2] /kəʊst/ **verb** [I] **1** to progress or succeed without any effort or difficulty **делать что-либо без особого усилия** *Pakistan* ***coasted to*** *a four-wicket victory over Australia.* **2** to move forward in a vehicle without using the engine, usually down a hill **двигаться накатом**

coastal /ˈkəʊstəl/ **adjective** (B2) situated on or relating to the coast **береговой, прибрежный** *a coastal town/resort*

coastguard /ˈkəʊstgɑːd/ **noun** [C] a person or the organization responsible for preventing accidents and illegal activities in the sea near a coast **береговая охрана**

coastline /ˈkəʊstlaɪn/ **noun** [C, U] the part of the land along the edge of the sea **береговая линия** *a rocky coastline*

coat[1] /kəʊt/ **noun** [C] **1** (A1) a piece of clothing with sleeves that you wear over your other clothes, especially when you go outside **пальто** *a fur/winter coat* **2** the fur that covers an animal's body **мех, шерсть (животного) 3** a layer of a substance such as paint **слой** *a coat of paint/varnish*

coat[2] /kəʊt/ **verb** [T] to cover something with a thin layer of something **покрывать слоем (чего-либо)** *Stir the rice until it is* ***coated with*** *butter.*

ˈ**coat** ˌ**hanger noun** [C] a wire, wooden, or plastic object for hanging clothes on **вешалка, плечики**

coating /ˈkəʊtɪŋ/ **noun** [C] a thin layer that covers the surface of something **покрытие, слой** *a protective/non-stick coating*

coax /kəʊks/ **verb** [T] to persuade someone in a gentle way **уговаривать, улещивать** [+ into + doing sth] *She coaxed me into joining the group.*

cobble[1] /ˈkɒbl/ **verb**

PHRASAL VERB **cobble sth together** to make something quickly and not very carefully **делать что-либо небрежно**

cobble[2] /ˈkɒbl/ **noun** [C] a rounded stone used

on the surface of an old-fashioned road **булыжник**

• **cobbled** adjective made with cobbles **мощеный** ***cobbled streets***

cobbler /ˈkɒbləʳ/ **noun** [C] mainly UK old-fashioned someone whose job is to make or repair shoes **сапожник**

cobblestone /ˈkɒblstəʊn/ **noun** [C] a rounded stone that is used on the surface of an old-fashioned road **булыжник**

cobra /ˈkəʊbrə/ **noun** [C] a poisonous snake that makes the skin of its neck wide and flat when it is going to attack **кобра**

cobweb /ˈkɒbweb/ **noun** [C] a structure of fine threads made by a spider (= insect with eight legs) to catch insects **паутина**

cobweb

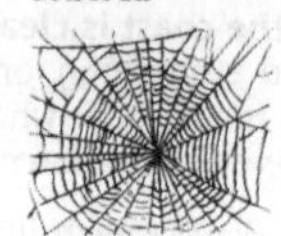

Coca-Cola /ˌkəʊkəˈkəʊlə/ **noun** [U] trademark a sweet, dark brown drink with lots of bubbles **кока-кола**

cocaine /kəʊˈkeɪn/ **noun** [U] an illegal drug, often used in the form of white powder **кокаин**

cock¹ /kɒk/ **noun** [C] an adult male chicken **петух**

cock² /kɒk/ **verb** [T] to move part of the body up or to the side **навострить уши/ поднять бровь** *to cock an ear/eyebrow*

PHRASAL VERB **cock sth up** UK informal to do something wrong or badly **завалить, провалить (дело, экзамен и т. д.)** *I really cocked up my exams.*

cockerel /ˈkɒkᵊrᵊl/ **noun** [C] UK a young male chicken **петушок**

cockney /ˈkɒkni/ **noun 1** [U] a type of English spoken in East London **кокни 2** [C] someone who speaks Cockney **кокни**

cockpit /ˈkɒkpɪt/ **noun** [C] the part of an aircraft or racing car that contains the controls **кабина (самолета, гоночного автомобиля)**

cockroach /ˈkɒkrəʊtʃ/ **noun** [C] a large, brown or black insect that can live in houses and places where food is prepared **таракан**

cocktail /ˈkɒkteɪl/ **noun 1** [C] a mixture of powerful substances **смесь** *a cocktail of drugs/chemicals* **2** [C] an alcoholic drink made from two or more kinds of drink mixed together **коктейль** *a cocktail bar/party* **3** [C, U] a cold dish containing small pieces of food mixed together **коктейль, смесь** *a prawn cocktail ◦ fruit cocktail*

cock-up /ˈkɒkʌp/ **noun** [C] UK informal a stupid mistake or failure **глупая ошибка, провал**

cocky /ˈkɒki/ **adjective** confident in an annoying way **нахальный, много о себе мнящий**

cocoa /ˈkəʊkəʊ/ **noun** [U] **1** a dark-brown powder produced from a type of bean, used to make chocolate **какао 2** a drink made by mixing cocoa powder with hot milk **какао**

coconut /ˈkəʊkənʌt/ **noun** [C] **B1** a very large nut with a hard, hairy shell, a white part that you eat, and liquid in the centre **кокосовый орех**

cocoon /kəˈkuːn/ **noun** [C] a cover that protects some insects as they develop into adults **кокон**

cod /kɒd/ **noun** [C, U] (plural **cod**) **B1** a large sea fish which can be eaten as food **треска**

code /kəʊd/ **noun 1** [C, U] **B2** a set of letters, numbers, or signs that are used instead of ordinary words to keep a message secret **код, шифр** *It was written* ***in code***. *◦ They were trying to* ***break*** *(= understand) the enemy's* ***code***. **2** [C] UK (UK/US **area code**) a set of numbers used at the beginning of all the telephone numbers in a particular area **код 3** [C] a set of rules on how to behave or how to do things **свод правил, кодекс** *a code of conduct/practice ◦ The club has a strict* ***dress code*** *(= rules about what you wear).* → See also **bar code**, **zip code**

coded /ˈkəʊdɪd/ **adjective** written or sent in code **зашифрованный** *a* ***coded message/warning***

codeine /ˈkəʊdiːn/ **noun** [U] a medicine used to reduce pain **кодеин**

co-ed /ˌkəʊˈed/ (US) /ˈkəʊˌed/ **adjective** with both male and female students **относящийся к совместному обучению лиц обоего пола**

coerce /kəʊˈɜːs/ **verb** [T] formal to make someone do something that they do not want to do **принуждать** [+ into + doing sth] *Employees said they were coerced into signing the agreement.*

• **coercion** /kəʊˈɜːʃᵊn/ **noun** [U] **принуждение**

coexist /ˌkəʊɪgˈzɪst/ **verb** [I] If two things or groups coexist, they exist at the same time or together, although they may be very different. **сосуществовать** *Can science and religion coexist?*

• **coexistence noun** [U] **сосуществование**

coffee /ˈkɒfi/ **noun 1** [C, U] **A1** a hot drink made from dark beans which are made into a powder, or a cup of this drink **кофе 2** [U] **A1** the beans from which coffee is made, or the powder made from these beans **кофе** *instant coffee*

ˈcoffee ˌtable noun [C] a low table in a room where people sit **журнальный столик** → See **The Living Room** on page Centre 4

coffers /ˈkɒfəz/ **noun** [plural] a supply of money that a group or organization has and can spend **казна** *government/party coffers*

coffin /ˈkɒfɪn/ **noun** [C] (also US **casket**) a box in which a dead body is buried **гроб** → See also the final **nail¹** in the coffin

cog /kɒg/ **noun** [C] a part shaped like a tooth on the edge of a wheel in a machine, that makes another wheel turn **зубец (колеса)**

cogent /ˈkəʊdʒᵊnt/ **adjective** A cogent argument, reason, or explanation is one which people will believe because it is clear and careful. **убедительный**

cognac /ˈkɒnjæk/ **noun** [U] good quality French brandy (= strong alcoholic drink) **коньяк**

cognitive /ˈkɒgnətɪv/ **adjective** [always before noun] formal relating to how people think, understand, and learn **познавательный**

cohabit /kəʊˈhæbɪt/ **verb** [I] formal If two people cohabit, they live together and are sexual partners but are not married. **сожительствовать**
• **cohabitation** /kəʊˌhæbɪˈteɪʃən/ **noun** [U] **сожительство**

coherent /kəʊˈhɪərənt/ **adjective** **1** A coherent argument, plan, etc is clear, and each part of it has been carefully considered. **связный, логичный, последовательный** **2** If someone is coherent, you can understand what they say. **говорящий разборчиво, членораздельно** → Opposite **incoherent**
• **coherence** /kəʊˈhɪərəns/ **noun** [U] **связь, связность** • **coherently adverb связно**

cohesion /kəʊˈhiːʒən/ **noun** [U] when the members of a group or society are united **сплоченность** *The country needs greater social cohesion.*
• **cohesive** /kəʊˈhiːsɪv/ **adjective** united and working together effectively **сплоченный** *a cohesive unit/group*

cohort /ˈkəʊhɔːt/ **noun** [C] someone who supports someone else, especially a political leader **когорта** *the prime minister's cohorts*

coil[1] /kɔɪl/ **noun** [C] a long piece of wire, rope, etc curled into several circles **бухта (каната), виток, кольцо** *a coil of rope*

coil[2] /kɔɪl/ **verb** [I, T] (also **coil up**) to twist something into circles, or to become twisted into circles **закручивать(ся), свертывать(ся) кольцом** *Her hair was coiled in a bun on top of her head.*

coin[1] /kɔɪn/ **noun** **1** B1 [C] a flat, usually round, piece of metal used as money **монета** *a pound coin* **2 toss a coin** to throw a coin into the air so that it turns over several times, and see which side it lands on, often in order to make a decision **играть в орлянку**

coin[2] /kɔɪn/ **verb** [T] **1** to be the first person who uses a new word or phrase **создавать новое слово или выражение** **2 to coin a phrase** something you say before using a common expression **как говорится** *Still, to coin a phrase, there is light at the end of the tunnel.*

coincide /ˌkəʊɪnˈsaɪd/ **verb** [I] **1** to happen at the same time as something else **совпадать** *The band's American tour* ***coincided with*** *the release of their second album.* **2** When people's opinions or ideas coincide, they are the same. **совпадать**

coincidence /kəʊˈɪnsɪdəns/ **noun** [C, U] B2 when two very similar things happen at the same time but there is no reason for it **совпадение** *an* ***amazing/strange coincidence*** ◦ *It was* ***pure coincidence*** *that we both married dentists.*
• **coincidental** /kəʊˌɪnsɪˈdentəl/ **adjective** happening by coincidence **случайный** *The similarities are coincidental.* • **coincidentally** /kəʊˌɪnsɪˈdentəli/ **adverb случайно**

> Слова-партнеры к **coincidence**
>
> by coincidence • an **amazing/happy/remarkable/strange/unfortunate** coincidence • **mere/pure** coincidence • **it's no** coincidence **that**

Coke /kəʊk/ **noun** [C, U] trademark short for Coca-Cola (= a sweet, dark-brown drink with lots of bubbles) **кока-кола**

Col written abbreviation for Colonel (= an officer of high rank in the army or air force) **полковник**

cola /ˈkəʊlə/ **noun** [U] A2 a sweet, dark brown drink with lots of bubbles **кока-кола** → See also **Coca-Cola**

colander /ˈkɒləndəʳ/ **noun** [C] a bowl with small holes in it used for washing food or separating water from food after cooking **дуршлаг** → See **The Kitchen** on page Centre 2

> Другие способы сказать **cold**
>
> Если на улице или в помещении очень холодно, то можно использовать прилагательные **bitter** или **freezing**.
> *Wrap up warmly – it's* ***bitter*** *outside!*
> *It's absolutely* ***freezing*** *in here!*
>
> Если на улице очень холодно, особенно при наличии сильного ветра, то можно использовать прилагательные **biting** и **icy**.
> *A* ***biting/icy*** *wind blew in her face as she opened the door.*
>
> Прилагательное **chilly** используют для описания слегка холодной и не очень приятной погоды.
> *It's a bit* ***chilly*** *in here – can you turn the heater on?*
>
> Если холодно, но это приятно, то можно использовать прилагательное **cool**.
> *That's a nice* ***cool*** *breeze.*
>
> О холодной, но сухой и приятной погоде осенью или зимой можно сказать **crisp**.
> *We walked through the forest on a* ***crisp*** *autumn day.*

cold[1] /kəʊld/ **adjective** **1** A1 having a low temperature **холодный** *cold water/weather* ◦ *This soup has* ***gone cold.*** ◦ *My hands are* ***getting cold.*** **2** B1 unfriendly or showing no emotion **неприветливый, холодный** *a cold stare/voice* ◦ *She became quite cold and distant with me.* **3** served cold **холодный** *cold roast beef*
• **coldness noun** [U] → See also in cold **blood**, get cold feet (**foot**[1]) **холодность, неприветливость**

cold[2] /kəʊld/ **noun** **1** A2 [C] a common illness which makes you sneeze and makes your nose produce liquid **простуда** ***I've got a cold.*** ◦ *He* ***caught a*** *bad* ***cold*** *at school.* **2 the cold** B1 cold weather or temperatures **холод** **3 leave sb out in the cold** to not allow someone to be part of a group or activity **оставлять кого-либо за бортом**

> **Слова-партнеры к cold**
>
> catch/have a cold • a bad/heavy/stinking (= very bad) cold

cold³ /kəʊld/ **adverb 1 be out cold** informal to be unconscious **быть без сознания** *I hit my head and was out cold for two minutes.* **2** completely and immediately **категорически** *I offered him £10 but he turned me down cold.*

cold-blooded /ˌkəʊld'blʌdɪd/ **adjective** showing no emotion or sympathy **безжалостный** *a cold-blooded killer*

cold-hearted /ˌkəʊld'hɑːtɪd/ **adjective** feeling no kindness or sympathy towards other people **бессердечный**

coldly /'kəʊldli/ **adverb** in a way that is not friendly or emotional **неприветливо, холодно** *He looked at me coldly.*

colic /'kɒlɪk/ **noun** [U] When a baby has colic, it has a bad pain in the stomach. **колика**

collaborate /kə'læbəreɪt/ **verb** [I] **1** When two or more people collaborate, they work together to create or achieve the same thing. **сотрудничать** *Didn't you **collaborate with** him **on** one of your books?* **2** to help people who are an enemy of your country or government **сотрудничать с врагом** *He was accused of **collaborating with** the enemy.*
• **collaborator noun** [C] **коллаборационист**

collaboration /kəˌlæbə'reɪʃən/ **noun 1** [C, U] when two or more people work together to create or achieve the same thing, or a product of this **сотрудничество** *The show was a result of **collaboration between** several museums.* **2** [U] when someone helps an enemy country or government **коллаборационизм**

collage /kɒl'ɑːʒ/ **noun** [C, U] a picture made by sticking small pieces of paper or other materials onto a surface, or the process of making pictures like this **коллаж**

collapse¹ /kə'læps/ **verb 1** [I] B2 When someone collapses, they fall down, usually because they are ill or weak. **падать, валиться (от болезни, усталости)** **2** [I, T] B2 to fall down or towards the inside, or to make a structure or object fall down or towards its inside **обваливаться, рушиться** *The roof collapsed under the weight of snow.* **3** [I] to fail to work or succeed **проваливаться, терпеть крах** *The peace talks have collapsed.*

collapse² /kə'læps/ **noun** [C, U] **1** B2 the sudden failure of a system, organization, business, etc **крах, развал** **2** when a person or structure becomes too weak to stand and suddenly falls **падение, обвал**

collapsible /kə'læpsɪbl/ **adjective** able to be folded or made flat in order to be stored or carried **складной, разборный** *a collapsible table/boat*

collar¹ /'kɒlər/ **noun** [C] **1** B1 the part of a shirt, coat, etc that is usually folded over and goes round your neck **воротник** *a shirt collar* → See picture at **jacket** **2** B2 a narrow piece of leather or plastic that you fasten round the neck of an animal **ошейник**

collar² /'kɒlər/ **verb** [T] informal to find someone and stop them going somewhere, often so that you can talk to them about something **останавливать, поймать (чтобы поговорить)**

collarbone /'kɒləbəʊn/ **noun** [C] a bone between the base of your neck and your shoulder **ключица**

collateral /kə'lætərəl/ **noun** [U] things that you agree to give someone if you are not able to pay back money you have borrowed from them **залог** *I used my car **as collateral** for a loan.*

colleague /'kɒliːg/ **noun** [C] A2 someone that you work with **коллега, сослуживец**

collect¹ /kə'lekt/ **verb 1** [T] B1 to get things from different places and bring them together **собирать** *Police collected a good deal of information during the investigation.* ◦ *Would you **collect up** the books please, Joanne?* **2** [T] A2 to get and keep things of one type such as stamps or coins as a hobby **собирать, коллекционировать** *She collects dolls.* **3** [T] UK A2 to go to a place and bring someone or something away from it **заходить (за кем-либо), забирать (кого-либо)** *She **collects** Anna **from** school at three o'clock.* **4** [I, T] B2 to ask people to give you money for something, for example a charity (= organization that helps people) **собирать пожертвования** *I'm collecting on behalf of Oxfam.* **5** [T] to receive money that you are owed **получать** *You can begin to collect a pension at age 62.* **6** [I] to come together in a single place **собираться вместе** *Journalists collected outside the palace.* **7 collect yourself/your thoughts** to get control over your feelings and thoughts **собираться с мыслями**

collect² /kəl'ekt/ **adjective, adverb** US When you telephone collect or make a collect telephone call, the person you telephone pays for the call. **оплачиваемый человеком, который принимает телефонный звонок**

collected /kə'lektɪd/ **adjective 1** [always before noun] brought together in one book or series of books **собрание (сочинений)** *His collected poems were published in 1928.* **2** showing control over your feelings **сдержанный** *Jane was very **calm and collected**.*

collection /kə'lekʃən/ **noun 1** [C] B1 a group of objects of the same type that have been collected by one person or in one place **коллекция** *a **private** art **collection*** **2** [U] B2 when something is taken away from a place **выемка, сбор (писем, мусора)** *rubbish collection* **3** [C] an amount of money collected from several people **сбор денег** *We **had a collection for** Emily's gift.* **4** [C] a group of things or people набор, сборище *There's quite a **collection of** toothbrushes in the bathroom.*

> **Слова-партнеры к collection**
>
> **amass/display/have** a collection • an **extensive/large/priceless/private** collection

collective¹ /kə'lektɪv/ **adjective** involving, felt by, or owned by everyone in a group **совместный, общий** *collective responsibility*

collective² /kə'lektɪv/ **noun** [C] a business that is owned and controlled by the people who work in it **кооператив**

collectively /kə'lektɪvli/ **adverb** as a group **совместно, сообща** *She has a staff of four who collectively earn almost $200,000.*

collector /kə'lektəʳ/ **noun** [C] **1** someone whose job is to collect tickets or money from people **контролер, проверяющий билеты, сборщик (налогов)** *a tax collector* **2** B2 someone who collects objects because they are interesting or beautiful **коллекционер** *a collector of modern art*

college /'kɒlɪdʒ/ **noun 1** [C, U] UK A2 a place where students are educated when they are between 16 and 18 years old, or after they have finished school **колледж, старшие классы средней школы** *a sixth-form college ◦ a teacher-training college* **2** [C, U] US a university **университет 3** [C] a part of a university that has its own teachers and students **университетский колледж** *Cambridge/Oxford colleges* → See also **community college, junior college**

> **Слова-партнеры к college**
>
> **go to** college • **be at** college • a college **course/lecturer/student**

collegiate /kə'liːdʒiət/ **adjective** relating to or belonging to a college or its students **университетский, студенческий** *collegiate sports*

collide /kə'laɪd/ **verb** [I] When two objects collide, they hit each other with force, usually while moving. **сталкиваться** *The car **collided with** a van.*

colliery /'kɒljəri/ **noun** [C] UK (UK/US **coal mine**) a place where people work digging coal from under the ground **угольная шахта**

> **Слова-партнеры к collision**
>
> **avoid/be involved in** a collision • [a car/train, etc] is **in a collision with** sth • a **head-on** collision • a collision **between** sth and sth

collision /kə'lɪʒən/ **noun** [C] an accident that happens when two vehicles hit each other with force **столкновение**

IDIOM **be on a collision course** If two people or groups are on a collision course, they are doing or saying things that are certain to cause a serious disagreement or fight between them. **быть на пути, на котором неизбежно столкновение**

collocation /ˌkɒlə'keɪʃən/ **noun** [C] **1** B2 a word or phrase that sounds natural and correct when it is used with another word or phrase **словопартнер** *In the phrase 'a hard frost', 'hard' is a collocation of 'frost', and 'strong' would not sound natural.* **2** the combination of words formed when two or more words are frequently used together in a way that sounds natural **часто употребляемое сочетание слов, коллокация** *The phrase 'a hard frost' is a collocation.*

colloquial /kə'ləukwiəl/ **adjective** Colloquial words or expressions are informal. **разговорный** *colloquial speech*

• **colloquially adverb в разговорной речи**

collude /kə'luːd/ **verb** [I] formal to do something secretly with another person or group, in order to deceive or cheat others **тайно сговариваться** *The company **colluded with** competitors to fix prices.*

• **collusion** /kə'luːʒən/ **noun** [U] **тайный сговор** *He was accused of being **in collusion with** the terrorists.*

colon /'kəulɒn/ **noun** [C] **1** B2 a mark (:) used before a list, an example, an explanation, etc **двоеточие** → See Study Page **Punctuation** on page Centre 33 **2** the large intestine (= lower part of a person's bowels) **толстая кишка**

colonel /'kɜːnəl/ **noun** [C] an officer of high rank in the army or air force **полковник**

colonial /kə'ləuniəl/ **adjective** [always before noun] relating to colonialism or a colony (= country controlled by another country) **колониальный** *colonial rule/government*

colonialism /kə'ləuniəlɪzəm/ **noun** [U] the system in which powerful countries control other countries **колониализм**

colonize (also UK **-ise**) /'kɒlənaɪz/ **verb** [T] **1** to send people to live in and govern another country **колонизировать** [often passive] *Burundi was first colonized by the Germans.* **2** to start growing or living in large numbers in a place **разрастаться, заселять** *Weeds quickly colonize areas of cleared ground.*

• **colonist** /'kɒlənɪst/ **noun** [C] someone who goes to colonize a country **колонизатор** • **colonization** /ˌkɒlənaɪ'zeɪʃən/ **noun** [U] **колонизация**

colony /'kɒləni/ **noun** [C] **1** a country or area controlled in an official, political way by a more powerful country **колония** *a French/British colony* **2** a group of the same type of animals, insects, or plants living together in a particular place **колония** *a colony of ants* **3** a group of people with the same interests or job who live together **колония** *an artists' colony*

color /'kʌləʳ/ **noun, verb** US spelling of colour **см. colour**

colored /'kʌləd/ **adjective** US spelling of coloured **см. coloured**

C

colorful /ˈkʌləfəl/ **adjective** US spelling of colourful **см. colourful**

coloring /ˈkʌlərɪŋ/ **noun** [U] US spelling of colouring **см. colouring**

colorless /ˈkʌlələs/ **adjective** US spelling of colourless **см. colourless**

colossal /kəˈlɒsəl/ **adjective** extremely large **колоссальный, громадный** *colossal amounts of money*

colour[1] UK (US **color**) /ˈkʌləʳ/ **noun 1** [C, U] A1 red, blue, green, yellow, etc **цвет** *Green is my favourite colour.* ◦ *What colour shall I paint the kitchen?* → See **Colours** on page Centre 12 **2** [U] using or showing all the colours, not only black and white **цвет** *Why didn't he shoot the film **in colour**?* **3** [U] the colour of a person's skin, which shows their race **цвет кожи, расовая принадлежность 4** [U] healthy pink skin on someone's face **румянец** *The colour drained from her cheeks.* **5** [U] interesting or exciting qualities or parts **колорит** *We added your story for a bit of local colour.*

IDIOM **with flying colours** with a very high score or with great success **блестяще** *He passed the entrance exam with flying colours.*

→ See also **primary colour**

colour[2] UK (US **color**) /ˈkʌləʳ/ **verb 1** [I, T] A1 to become a particular colour, or to make something a particular colour **румянить(ся), закрашивать** *He drew a heart and coloured it red.* ◦ *Fry the onions until they start to colour.* **2** [T] to affect what someone does, says, or feels **накладывать отпечаток** [often passive] *Her views are coloured by her own bad experiences.*

PHRASAL VERB **colour sth in** to fill an area with colour using paint, pens, etc **раскрашивать**

colour-blind UK (US **color-blind**) /ˈkʌləblaɪnd/ **adjective** unable to see the difference between particular colours **страдающий дальтонизмом**

coloured UK (US **colored**) /ˈkʌləd/ **adjective 1** having or producing a colour or colours **цветной** *coloured lights/cloth* **2** an old-fashioned way of describing someone from a race with dark skin that is now considered offensive **цветной (о неграх, мулатах и т. д.)**

colourful UK (US **colorful**) /ˈkʌləfəl/ **adjective 1** B1 having bright colours **красочный** *a colourful painting* **2** B2 interesting and unusual **яркий, интересный** *a **colourful character***

colouring UK (US **coloring**) /ˈkʌlərɪŋ/ **noun** [U] **1** the colour of something, especially an animal or person's skin, hair, and eyes **цвет (кожи, волос, глаз)** *The boys have their father's colouring.* **2** a substance that is used to colour something **краситель** *food/artificial colouring*

colourless UK (US **colorless**) /ˈkʌlələs/ **adjective 1** without any colour **бесцветный** *a colourless liquid* **2** without the qualities that make someone or something interesting and unusual **неинтересный**

colt /kəʊlt/ **noun** [C] a young male horse **жеребенок**

column

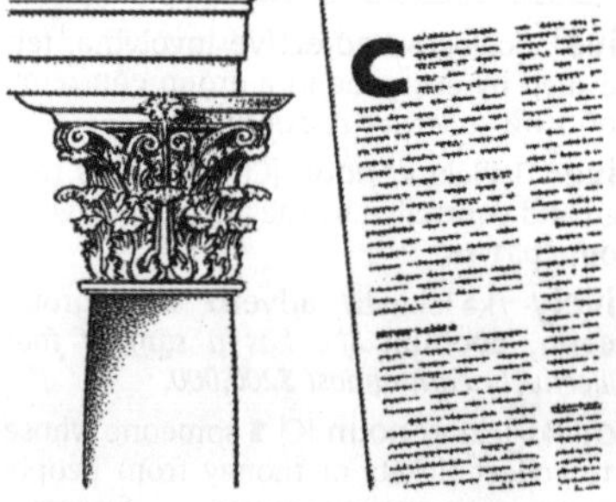

column /ˈkɒləm/ **noun** [C] **1** B2 a tall, solid, usually stone post which is used to support a roof or as decoration in a building **колонна** *a stone/marble column* **2** a regular article in a newspaper or magazine on a particular subject or by the same writer **колонка, раздел, рубрика 3** B2 one of the blocks of print into which a page of a newspaper, magazine, or dictionary is divided **колонка 4** any block of numbers or words written one under the other **столбец 5 a column of sth** something with a tall, narrow shape **столб (дыма и т. д.)** *A column of smoke rose from the chimney.* **6** a long line of moving people or vehicles **колонна** *a column of refugees* → See also **gossip column**

columnist /ˈkɒləmnɪst/ **noun** [C] someone who writes a regular article for a newspaper or magazine **журналист, постоянно ведущий какую-либо рубрику** *a **sports/gossip columnist***

.com /dɒtˈkɒm/ internet abbreviation for company: used in some Internet addresses which belong to companies or businesses **компания (используется в составе интернет-адреса некоторых компаний и бизнесов)** *www.google.com*

coma /ˈkəʊmə/ **noun** [C] when someone is not conscious for a long time **кома** [usually singular] *She has been **in a coma** for over a week.*

comb[1] /kəʊm/ **noun** [C] A2 a flat piece of metal or plastic with a row of long, narrow parts along one side, that you use to tidy your hair **расческа**

comb

comb[2] /kəʊm/ **verb** [T] **1** B1 to tidy your hair using a comb **расчесывать 2** to search a place very carefully **прочесывать (в поисках)** *Investigators **combed through** the wreckage.*

combat[1] /ˈkɒmbæt/ **noun** [C, U] a fight, especially during a war **сражение, бой** *The aircraft was shot down **in combat**.*

C

combat² /ˈkɒmbæt/ **verb** [T] (present participle **combatting**, past tense and past participle **combatted**, present participle **combating**, past tense and past participle **combated**) to try to stop something unpleasant or harmful from happening or increasing **бороться** *new measures to combat the rise in crime*

> **Слова-партнеры к combat**
> combat **crime/global warming/racism/terrorism** • combat **the effects** of sth • combat a **problem** • combat **the threat** of sth • combat **the rise in** [crime, etc]

combatant /ˈkɒmbətᵊnt/ **noun** [C] formal someone who fights in a war **боец**

combative /ˈkɒmbətɪv/ **adjective** formal eager to fight or argue **воинственный, агрессивный**

combination /ˌkɒmbɪˈneɪʃᵊn/ **noun 1** [C, U] B2 a mixture of different people or things **сочетание** *Strawberries and cream – a perfect combination!* ◦ *We won through a* ***combination of*** *luck and skill.* ◦ *This drug can be safely used* ***in combination with*** *other medicines.* **2** [C] a set of numbers or letters in a particular order which is needed to open some types of locks **код** *a combination lock*

combine /kəmˈbaɪn/ **verb 1** [I, T] B2 to become mixed or joined, or to mix or join things together **добавлять, сочетать** *My wages* ***combined with*** *your savings should just pay for it.* ◦ *The band combines jazz rhythms and romantic lyrics.* **2** [T] to do two or more activities at the same time **сочетать** *I don't know how she* ***combines*** *working* ***with*** *studying.*

combined /kəmˈbaɪnd/ **adjective** [always before noun] joined together **объединенный** *the* ***combined effects*** *of poverty and disease*

combine harvester /ˌkɒmbaɪnˈhɑːvɪstəʳ/ **noun** [C] (also **combine**) a large farm machine which cuts a crop and separates the grain from the stem **комбайн**

combustion /kəmˈbʌstʃᵊn/ **noun** [U] the process of burning **горение**

come /kʌm/ **verb** (past tense **came**, past participle **come**) **1** [I] A1 to move or travel towards a person who is speaking or towards the place that they are speaking about **приходить, приезжать** *Come and see what I've done.* ◦ *Can you come to my party?* ◦ *The rain came down heavily.* ◦ ***Here comes*** *Adam (= Adam is coming).* **2** [I] A1 to arrive somewhere or go to a place **приходить** *I'll come and see you later.* ◦ [+ to do sth] *I've come to see Mr Curtis.* ◦ *Dad will* ***come for*** *you at six.* ◦ *We* ***came to*** *a crossroads.* **3** [I] A1 to go somewhere with the person who is speaking **идти вместе с кем-либо** *Come for a walk with us.* ◦ *We're going to the cinema. Do you want to come?* **4 come after/first/last, etc** B1 to have or achieve a particular position in a race, competition, list, etc **следовать за/быть первым/последним и т. д. (в соревновании, списке)** *Our team came third.* ◦ *Sunday comes after Saturday.* **5 come past/to/up to, etc** to reach a particular length, height, or depth **доходить до, достигать** *The water came up to my waist.* **6 come apart/off, etc** to become separated or removed from something **распадаться, отпадать, развязываться, открываться** *The book* ***came apart*** *in my hands.* ◦ *The handle* ***came off.*** ◦ *My shoelaces have* ***come undone.*** ◦ *The door came open.* **7 come easily/easy/naturally** to be very easy for someone **легко даваться, быть естественным** *Singing came naturally to Louise.* **8** [I] B2 to happen **наступать, предстоять** *Spring has come early.* ◦ *The worst problems are still* ***to come.*** **9 how come** informal used to ask why or how something has happened **как случилось, что ...?** *How come you didn't go to the party?* **10 come and go** to exist or happen somewhere for a short time and then go away **то подступать, то отступать** *The feeling of nausea comes and goes.* **11** [I] A2 to be available in a particular size, colour, etc **существовать, бывать** *The table* ***comes in*** *three different sizes.* ◦ *Furniture like this doesn't* ***come cheap.*** **12 come to do sth** to start to do something **начинать, становиться** *I have come to rely on acupuncture.* ◦ *This place has come to be known as 'Pheasant Corner'.* **13 when it comes to sth/doing sth** used to introduce a new idea that you want to say something about **что касается ...** *When it comes to baking cakes, she's an expert.* **14 come to think of it** used to say that you have just thought of something **вообще-то, кстати** *Come to think of it, I've got two batteries that you can have upstairs.* → See also come to blows (**blow²**), I'll/We'll cross that **bridge¹** when I/we come to it., come **clean¹**, if/when it comes to the **crunch¹**, come (back) down to **earth**, come under **fire¹**, deliver/come up with the **goods**, come to **grief**, come/get to grips (**grip¹**) with sth, come to **light¹**, come into your/its **own¹**, not be/come up to **scratch²**, come to your senses (**sense¹**), come/turn up trumps (**trump**)

> **! Типичная ошибка: come**
> **Запомните:** когда глагол **come** употребляют в значении "прибывать (в какое-либо место)", то после него нужно использовать предлог **to**.
> ~~*It's great that you're going to come in Kazakhstan.*~~
> *It's great that you're going to come to Kazakhstan.*

PHRASAL VERBS **come about** to happen, or start to happen **возникать** *How did the idea for an arts festival come about?* • **come across sb/sth** B2 to meet someone or discover something by chance **натыкаться на кого-либо/что-либо** *I came across a lovely little restaurant in the village.* • **come across 1** to seem to be a particular type of person **производить впечатление** *He* ***came across as*** *shy.* **2** If an idea or emotion comes across, it is expressed clearly and people understand it. **быть понятным, явно проявляться** *His bitterness comes across in his poetry.* • **come along 1** to arrive or appear at a place **приезжать, появляться** *A taxi never comes along when you need one.* **2** B1 to go somewhere with someone **идти вместе** *We're going to the cinema. Do you want to come along?* **3** to start to exist **появляться** *I gave up climbing when my first child came along.* **4 be coming along** to be developing or making progress **продвигаться, преуспевать** • **come around 1** A2 to visit someone at their house **заходить, заезжать в гости** **2** to change your opinion about something, or agree to an idea or a plan that you were against **менять мнение, соглашаться с чем-либо** *I'm sure she'll* ***come around to*** *our view eventually.* **3** If an event that happens regularly comes around, it happens, or is going to happen soon. **наступать (о событии)** *Thanksgiving has come around again.* **4** to become conscious again after an accident or medical operation **приходить в себя** • **come back 1** A2 to return to a place **возвращаться** *I've just* ***come back from*** *the dentist's.* **2** If a style or a fashion comes back, it becomes popular again. **снова входить в моду** *Miniskirts are coming back into fashion.* • **come back to sb** If something comes back to you, you remember it. **всплывать в памяти** *Suddenly, the horror of the accident came back to me.* • **come between sb** to harm the relationship between two or more people **портить отношения** *I won't let anything come between me and my children.* • **come by sth** to get something, especially something that is unusual or difficult to find **находить, доставать** *Cheap organic food is still* ***difficult to come by.*** • **come down 1** B2 to break and fall to the ground **валиться, рушиться** *A lot of trees came down in the storm.* **2** B2 If a price or a level comes down, it becomes lower. **снижаться** *Prices always come down after Christmas.* **3** to decide that you support a particular person or side in an argument, etc **выступать в защиту чего-либо** *The government has* ***come down on the side of*** *military action.* • **come down on sb** to punish or criticize someone **наказывать кого-либо** *The police are* ***coming down hard on*** *people for not paying parking fines.* • **come down to sth/doing sth** If a situation, problem, decision, etc comes down to something, then that is the thing that will influence it most. **сводиться к чему-либо** • **come down with sth** informal B2 to get an illness **заболеть чем-либо** *I came down with the flu at Christmas.* • **come forward** to offer to help someone or to give information **выступить в защиту, дать информацию** *We need witnesses to* ***come forward with*** *information about the attack.* • **come from sth** A1 to be born, obtained from, or made somewhere **быт родом, происходить, браться** *She come from Poland.* ◦ *Milk comes from cows.* • **com from sth/doing sth** to be caused by somethin **происходить по какой-либо причине** *"I fe awful." "That comes from eating too many sweets* • **come in 1** A2 to enter a room or buildin **входить, заходить** *Do you want to come in fc a cup of tea?* **2** If a fashion or a product comes ir it becomes available or becomes popula **входить в моду** *Flared trousers came in durin the seventies.* **3** If news, information, a report, et comes in, it is received. **поступать (о ново стях и т. д.)** *News is just coming in about th explosion.* **4 come in first/second, etc** to finish race or a competition in first/second, etc pos tion **приходить к финишу первым/вторым и т. д.** **5** If the tide (= regular change in the leve of the sea) comes in, the sea moves towards th beach or coast. **наступать (о приливе)** **6** info mal used to describe how someone is involved i a situation, story, or plan **входить в дело подключаться** *We need people to help clean up and that's where you come in.* • **come in for sth** I someone comes in for criticism, praise, etc, the are criticized, praised, etc. **навлечь на себя заслужить** • **come into sth 1** to get mone from someone who has died **получать наслед ство** *Just after I left university, I came into a bit o money.* **2 come into it** UK informal to influence situation **играть роль, иметь значени** *Money doesn't come into it.* • **come of sth doing sth** to happen as a result of somethin **получаться, иметь какой-либо результат** *Did anything come of all those job applications?* • **come off 1** to happen successfully **удаваться** *His attempt to impress us all didn't quite come of* **2 come off badly/best/well, etc** to be in a bad o good position at the end of a fight, argument etc **выходить худшим/лучшим/победителем и т. д.** *She usually comes off best in ar argument.* **3 Come off it!** informal used to tel someone that you do not agree with them or dc not believe them **перестань!** *Oh, come off it! saw you take it!* • **come on 1** to start to happer or work **включаться, начинаться** *The heating comes on at six in the morning.* ◦ *I've got a colc coming on.* **2** to make progress **продвигаться** *How's your new novel coming on?* **3 Come on!** informal B1 used to encourage someone to dc something, to hurry, to try harder, etc **давай!** *Come on! We're going to be late.* **4** used to tel someone that you do not agree with them, dc not believe them, etc **перестань!** *Come on Bob You made the same excuse last week.* • **come out 1** B1 If a book, record, film, etc comes out, i becomes available for people to buy or see. **выходить (о книге, пластинке, фильме)** *When does their new album come out?* **2** B1 If the sun, the moon, or a star comes out, it appears in the sky. **появляться** **3** to become known **становиться известным, открываться** *The truth about him will come out in the end.* **4** UK to go somewhere with someone for a social event **идти с кем-либо (в кино, ресторан и т. д.)** *Would you like to come out for a drink?* **5** If you describe how something comes out at the end of a process or activity, you say what it is like. **получаться, выходить** *How did your chocolate cake come out?* **6** If results or information come out, they are given to people. **становиться известным** *The exam results come out in August.* **7** If dirt or a mark comes out of something, it disappears when you clean it. **отстирываться, сходить** *Will this red wine stain come out?* **8** If a photograph comes out, the picture can be seen clearly. **получаться, выходить** *The photos didn't come out very well.* **9** If something that you say comes out in a particular way, you say it in that way. **получаться, выходить** *I wanted to tell her that I loved her, but it came out all wrong.* **10** to tell people that you are homosexual (= sexually attracted to people of the same sex) **признавать свою гомосексуальность** **11 come out against/in favour of sth** to say publicly that you oppose or support something **высказываться за/против** • **come out in sth** If you come out in a skin disease, it appears on your skin. **покрываться, выступать (о сыпи)** • **come out of sth** If something comes out of a process or event, it is one of the results. **получаться, иметь тот или иной результат** *I hope something good can come out of this mess.* • **come out with sth** to say something suddenly that is not expected **высказываться, выступать (с заявлением)** • **come over 1** to come to a place, move from one place to another, or move towards someone **приходить, приезжать** *Are your family **coming over from** Greece for the wedding?* **2** to seem to be a particular type of person **производить впечатление** *Henry **came over as** a real enthusiast.* • **come over sb** If a feeling comes over you, you suddenly experience it. **находить (об эмоциях, чувствах)** *I don't usually get so angry. I don't know what came over me.* • **come round** UK **1** (A2) to visit someone at their house **заходить, заезжать в гости** *You must come round to the flat for dinner some time.* **2** to change your opinion about something, or agree to an idea or a plan that you were against **менять мнение, соглашаться с чем-либо** **3** If an event that happens regularly comes round, it happens, or is going to happen soon. **наступать (о событии)** *I can't believe that winter has come round already.* **4** to become conscious again after an accident or medical operation **приходить в себя** • **come through 1** If information or a result comes through, you receive it. **приходить, поступать (об информации и т. д.)** *Have the results of the tests come through yet?* **2** If an emotion comes through, other people can notice it. **быть заметным, проступать** *His nervousness came through when he spoke.* • **come through (sth)** to manage to get to the end of a difficult or dangerous situation **успешно справляться** *We've had some hard times, but we've come through them.* • **come to** to become conscious again after an accident or medical operation **приходить в себя** • **come to sb** If a thought or idea comes to you, you suddenly remember it or start to think about it. **приходить в голову, всплывать** • **come to sth 1** to be a particular total when numbers or amounts are added together **равняться чему-либо** *That comes to £50, please.* **2 come to a decision/conclusion/arrangement, etc** to make a decision or decide what to think about something **принимать решение/приходить к выводу/соглашению и т. д.** **3** to reach a particular state or situation, especially a bad one **дойти до чего-либо** *You won't **come to** any **harm**.* • **come under sth 1 come under attack/criticism/scrutiny, etc** to be attacked, criticized, examined, etc **подвергаться нападению/критике/пристальному вниманию и т. д.** **2** to be controlled or dealt with by a particular authority **контролироваться, подпадать** *Water rates come under local government control.* **3** to be in a particular part of a book, list, etc **относиться к чему-либо, проходить в списке как** *Hairdressers come under 'beauty salons' in the Yellow Pages.* • **come up 1** (B2) to move towards someone **подходить** *After the concert, he **came up to** me to ask for my autograph.* **2** (B2) to be discussed or suggested **возникать** *The issue of security came up at the meeting yesterday.* **3** If a job or opportunity comes up, it becomes available. **появляться** **4** If a problem or difficult situation comes up, it happens. **возникать, случаться** **5 be coming up** to be happening soon **приближаться** *My exams are coming up next month.* **6** (B2) When the sun or the moon comes up, it rises. **восходить** **7** If information comes up on a computer screen, it appears there. **появляться** • **come up against sb/sth** to have to deal with a problem or difficulty **сталкиваться (с проблемой)** *She came up against a lot of sexism in her first engineering job.* • **come up to sth** to reach the usual or necessary standard **соответствовать** *This essay doesn't **come up to** your usual **standards**.* • **come up with sth** (B2) to think of a plan, an idea, or a solution to a problem **придумывать, разрабатывать** *We need to come up with a good scheme to make money.*

comeback /ˈkʌmbæk/ **noun** [C] a successful attempt to become powerful, important, or famous again **возвращение (к власти, славе)** *She's **made a comeback** with her first new album for twenty years.*

comedian /kəˈmiːdiən/ **noun** [C] (B2) someone who entertains people by telling jokes **комик**

comedown /ˈkʌmdaʊn/ **noun** [C] informal a situation that is not as good as one you were in before **ухудшение, разочарование** [usually singular] *Cleaning windows is a bit of a comedown after his last job.*

comedy /ˈkɒmədi/ **noun** [C, U] B1 entertainment such as a film, play, etc which is funny **комедия** *The film is a* ***romantic comedy****.*

comet /ˈkɒmɪt/ **noun** [C] an object in space that leaves a bright line behind it in the sky **комета**

comfort[1] /ˈkʌmfət/ **noun 1** [U] B1 a pleasant feeling of being relaxed and free from pain **комфорт, удобство** *Now you can watch the latest films* ***in the comfort of*** *your sitting room.* **2** [U] when you feel better after being worried or sad **утешение** *What she said brought me great comfort.* **3** [U] when you have a pleasant life with enough money for everything that you need **благополучие** *He can afford to retire and live* ***in comfort*** *for the rest of his life.* **4 a comfort to sb** someone or something that helps you when you are anxious or sad **поддержка, утешение** *The children have been a great comfort to me since his death.* **5** [C] something that makes your life easy and pleasant **поддержка, утешение** [usually plural] *Good chocolate is one of life's little comforts.* → Opposite **discomfort**

comfort[2] /ˈkʌmfət/ **verb** [T] to make someone feel better when they are anxious or sad **утешать**

• **comforting adjective утешительный** *He said a few comforting words.*

comfortable /ˈkʌmftəbl/ **adjective 1** A2 Comfortable furniture, clothes, rooms, etc make you feel relaxed and do not cause any pain. **удобный, комфортабельный** *comfortable shoes* ◦ *We had a comfortable journey.* **2** B1 If you are comfortable, you are relaxed and have no pain. **чувствующий себя удобно** ***Make yourself comfortable*** *while I fetch you a drink.* → Opposite **uncomfortable 3** B2 If you are comfortable in a situation, you do not have any worries about it. **спокойный, не испытывающий тревоги** *I don't feel comfortable about leaving the children here alone.* **4** having enough money for everything that you need **обеспеченный** *a comfortable retirement* **5** If you win a game or competition by a comfortable amount, you win easily. **легкий, уверенный** *a comfortable lead/victory*

• **comfortably adverb удобно**

comforter /ˈkʌmfətər/ **noun** [C] US (UK **duvet**) a cover filled with feathers or warm material, that you sleep under **пуховое одеяло**

ˈcomfort ˌzone noun [C] a situation that you know well and in which you are relaxed and confident **ситуация, которая вам хорошо известна, и в которой вы чувствуете себя спокойно и уверенно** *Owen thought about deep-sea diving but decided it was beyond his comfort zone.*

comfy /ˈkʌmfi/ **adjective** informal comfortable **удобный**

comic[1] /ˈkɒmɪk/ **adjective** B1 funny **комический** *a comic actor*

comic[2] /ˈkɒmɪk/ **noun** [C] **1** (also ˈ**comic ˌbook**) A2 a magazine with stories told in pictures **журнал с комиксами 2** someone who entertains people by telling jokes **комик**

comical /ˈkɒmɪkəl/ **adjective** funny in a strange or silly way **потешный, забавный** *He looked so comical in that hat.*

• **comically adverb потешно, забавно**

ˈcomic ˌstrip noun [C] a set of pictures telling a story, usually in a newspaper **комикс**

coming[1] /ˈkʌmɪŋ/ **noun 1 the coming of sth** the arrival of something **приход, прибытие** *the coming of spring* **2 comings and goings** people's movements to and from a particular place over a period of time **передвижение людей туда и обратно**

coming[2] /ˈkʌmɪŋ/ **adjective** [always before noun] a coming time or event will come or happen soon **предстоящий** *the coming elections* → See also **up-and-coming**

comma /ˈkɒmə/ **noun** [C] B1 a mark (,) used to separate parts of a sentence, or to separate the items in a list **запятая** → See Study Page **Punctuation** on page Centre 33 → See also **inverted commas**

command[1] /kəˈmɑːnd/ **noun 1** [U] control over someone or something and responsibility for them **командование, руководство** *The soldiers were* ***under the command of*** *a tough sergeant-major.* ◦ *Jones was* ***in command*** *(= the leader).* **2** [C] B2 an order to do something **приказ, команда 3** [no plural] B2 knowledge of a subject, especially a language **знание, владение (предметом)** *She* ***had*** *a good* ***command of*** *French.* **4 be at sb's command** to be ready to obey someone's orders **быть в чьем-либо распоряжении, быть к чьим-либо услугам 5** [C] an instruction to a computer **команда**

command[2] /kəˈmɑːnd/ **verb** formal **1** [T] to control someone or something and tell them what to do **командовать** *He commanded the armed forces.* **2** [I, T] to order someone to do something **приказывать** [+ to do sth] *The officer commanded his men to shoot.* **3 command attention/loyalty/respect, etc** to deserve and get attention, loyalty, respect, etc from other people **приковывать внимание/внушать преданность/уважение и т. д.**

commandeer /ˌkɒmənˈdɪər/ **verb** [T] formal to take something, especially for military use **реквизировать** *The ships were commandeered as naval vessels.*

commander /kəˈmɑːndər/ **noun** [C] an officer who is in charge of a military operation, or an officer of middle rank in the navy **командир**

commanding /kəˈmɑːndɪŋ/ **adjective** [always before noun] in a very successful position and likely to win or succeed **внушительный, доминирующий** *He has a* ***commanding lead*** *in the championships.*

commandment /kəˈmɑːndmənt/ **noun** [C] one of the ten important rules of behaviour given by God in the Bible **заповедь**

commando /kəˈmɑːndəʊ/ **noun** [C] a soldier who is part of a small group who make surprise attacks **командос**

commemorate /kəˈmeməreɪt/ **verb** [T] to do something to show you remember an important person or event in the past with respect **ознаменовывать, отмечать** *a ceremony to commemorate the battle*
• **commemoration** /kəˌmeməˈreɪʃən/ **noun** [U] **ознаменование, празднование** *a march **in commemoration of** the war of independence*

commemorative /kəˈmemərətɪv/ **adjective** intended to commemorate a person or event **памятный, юбилейный** *a commemorative coin*

commence /kəˈmens/ **verb** [I, T] formal to begin something **начинать**
• **commencement** noun [C, U] formal the beginning of something **начало**

commend /kəˈmend/ **verb** [T] formal to praise someone or something **хвалить** [often passive] *His courage was commended by the report.*
• **commendation** /ˌkɒmenˈdeɪʃən/ **noun** [C, U] **похвала**

commendable /kəˈmendəbl/ **adjective** deserving praise **похвальный** *She showed commendable modesty.*

comment[1] /ˈkɒment/ **noun** [C, U] **1** (B2) something that you say or write that shows what you think about something **комментарий, разъяснение** *He **made** negative **comments** to the press.* **2 No comment.** used to say that you do not want to answer someone's question **без комментариев**

> Слова-партнеры к **comment**
> make a comment • make no comment • do sth without comment • a comment about/on sth

comment[2] /ˈkɒment/ **verb** [I, T] (B2) to make a comment **высказывать мнение** *My mum always **comments on** what I'm wearing.* ◦ [+ that] *He commented that the two essays were very similar.*

commentary /ˈkɒmənt ə ri/ **noun** **1** [C, U] a spoken description of an event on the radio or television while the event is happening **комментарий** *the football commentary* **2** [U, no plural] a discussion or explanation of something **комментарий, обсуждение** *a **commentary on** American culture*

commentator /ˈkɒmənteɪtər/ **noun** [C] someone who describes an event on the radio or television while it is happening **комментатор** *a **sports commentator***

commerce /ˈkɒmɜːs/ **noun** [U] (B2) the activities involved in buying and selling things **торговля, коммерция** → See also **chamber of commerce, e-commerce**

commercial[1] /kəˈmɜːʃəl/ **adjective** **1** (B2) relating to buying and selling things **торговый, коммерческий** **2** intended to make a profit **коммерческий** *commercial television*
• **commercially adverb коммерчески**

commercial[2] /kəˈmɜːʃəl/ **noun** [C] (B2) an advertisement on the radio or television **реклама**

commercialism /kəˈmɜːʃəlɪzəm/ **noun** [U] when making money is the most important aim of an activity **коммерциализация, меркантилизм**

commercialized (also UK **-ised**) /kəˈmɜːʃəlaɪzd/ **adjective** organized to make profits **превращенный в источник дохода** *Christmas has become so commercialized.*
• **commercialization** /kəˌmɜːʃəlaɪˈzeɪʃən/ **noun** [U] **превращение в источник дохода**

commiserate /kəˈmɪzəreɪt/ **verb** [I] to express sympathy to someone who is sad or has had bad luck **сочувствовать, соболезновать**

commission[1] /kəˈmɪʃən/ **noun** **1** [group] an official group of people who have been chosen to find out about something and say what they think should be done about it **комиссия** **2** [C, U] when you arrange for someone to do a piece of work for you such as painting, writing, or making something **заказ (художнику, писателю)** **3** [C, U] money given to someone when they sell something **комиссионные** *The staff receive 5% **commission on** everything that they sell.* ◦ *Many salesmen work **on commission**.*

commission[2] /kəˈmɪʃən/ **verb** [T] to arrange for someone to do a piece of work **заказывать** [+ to do sth] *I've been commissioned to write a song for their wedding.*

commissioner /kəˈmɪʃənər/ **noun** [C] a member of a commission or someone with an important government job in a particular area **член комиссии, специальный уполномоченный**

commit /kəˈmɪt/ **verb** [T] (present participle **committing**, past tense and past participle **committed**) **1** (B2) to do something that is considered wrong, or that is illegal **совершать (что-либо дурное)** *He was sent to prison for a **crime** that he didn't **commit**.* ◦ *to **commit suicide/adultery*** **2** to make a firm decision that you will do something **принимать на себя обязательство** *He **committed himself to** helping others.* **3 not commit yourself** to refuse to express an opinion about a particular subject **отказываться высказывать свое мнение** **4** If you commit money, time, energy, etc to something, you use it to try to achieve something. **вкладывать** *The government has **committed** thousands of pounds **to** the research.*

commitment /kəˈmɪtmənt/ **noun** **1** [C] (B2) a promise or firm decision to do something **обязательство** *Players must **make a commitment to** daily training.* **2** [U] (B2) when you are willing to give your time and energy to something that you believe in **преданность делу** *We are looking for someone with talent, enthusiasm, and commitment.* **3** [C] (B2) something that you must do that takes your time **обязательство** *I've got too many commitments at the moment.*

> **Слова-партнеры к commitment**
> make a commitment • **fulfil/honour/meet** a commitment • a commitment **to sth**

committed /kəˈmɪtɪd/ **adjective** loyal and willing to give your time and energy to something that you believe in **преданный** *a committed Christian* ◦ *She's* ***committed to*** *the job.*

committee /kəˈmɪti/ **noun** [group] (B2) a group of people who have been chosen to represent a larger organization and make decisions for it **комитет**

commodity /kəˈmɒdəti/ **noun** [C] a product that you can buy or sell **товар**

common[1] /ˈkɒmən/ **adjective 1** (B1) happening often or existing in large numbers **обычный, широко распространенный** *Injuries are common in sports such as hockey.* → Opposite **uncommon 2** (B1) belonging to or shared by two or more people or things **общий** *a* ***common goal/interest*** ◦ *English has some features* ***common to*** *many languages.* **3 common knowledge** (B2) something that a lot of people know **общеизвестный факт** [+ that] *It's common knowledge that he spent time in jail.* **4** [always before noun] not special in any way **простой, обычный** *The herbs all have* ***common names*** *and Latin names.* **5** UK typical of a low social class **вульгарный** *My mum thinks dyed blonde hair is really common.*

common[2] /ˈkɒmən/ **noun 1 have sth in common** (B1) to share interests, experiences, or other characteristics with someone or something **иметь что-либо общее** *Sue and I don't have much in common.* **2 in common with sb/sth** in the same way as someone or something **подобно кому-либо/чему-либо** *In common with many working mothers, she feels guilty towards her children.* **3** [C] a large area of grass in a town or village which everyone is allowed to use **парк**

ˌcommon ˈground noun [U] shared interests, beliefs, or ideas **общность взглядов, взаимопонимание** *It's difficult for me to* ***find*** *any* ***common ground*** *with my dad.*

common-law /ˌkɒmənˈlɔː/ **adjective** [always before noun] A common-law wife or husband is someone who is not married, but has lived with their partner for a long time as if they were married. **гражданский**

commonly /ˈkɒmənli/ **adverb** often or usually **обычно** *These caterpillars are commonly found on nettles.*

commonplace /ˈkɒmənpleɪs/ **adjective** [never before noun] happening often or existing in large numbers, and so not considered special or unusual **обычный, широко распространенный**

the Commons /ˈkɒmənz/ **noun** (also **the House of Commons**) one of the two parts of the British parliament, with elected members who make laws **палата общин**

ˌcommon ˈsense noun [U] (B1) the natural ability to be practical and to make good decisions **здравый смысл** *The children shouldn't be in any danger as long as they use their common sense.*

the Commonwealth /ˈkɒmənwelθ/ **noun** Britain and the group of countries that used to be in the British Empire (= ruled by Britain) **Содружество (государственное объединение Великобритании и ее бывших колоний)**

commotion /kəˈməʊʃən/ **noun** [U, no plural] a sudden period of noise and confused or excited movement **шум, суматоха** *He looked up to see what all the commotion was about.*

communal /ˈkɒmjʊnəl/ (US) /kəˈmjuːnəl/ **adjective** belonging to or used by a group of people **общественный** *a communal changing room*

commune /ˈkɒmjuːn/ **noun** [C] a group of people who live together, sharing the work and the things they own **община, коммуна**

communicate /kəˈmjuːnɪkeɪt/ **verb** [I, T] **1** (B1) to share information with others by speaking, writing, moving your body, or using other signals **общаться, сообщать, передавать** *We can now* ***communicate*** *instantly* ***with*** *people on the other side of the world.* **2** (B2) to talk about your thoughts and feelings, and help other people to understand them **общаться** *He can't* ***communicate with*** *his parents.*

communication /kəˌmjuːnɪˈkeɪʃən/ **noun 1** [U] (B1) the act of communicating with other people **общение, связь** *The school is improving* ***communication between*** *teachers and parents.* ◦ *We are* ***in direct communication with*** *Moscow.* **2** [C] formal a message sent to someone by letter, email, telephone, etc **сообщение, передача**

> **Слова-партнеры к communication**
> communication **between** sb and sb • **in communication with** sb • **a means of** communication • a **breakdown** in communication • communication **skills**

communications /kəˌmjuːnɪˈkeɪʃənz/ **noun** [plural] the different ways of sending information between people and places, such as post, telephones, computers, and radio **средства связи** *the communications industry*

communicative /kəˈmjuːnɪkətɪv/ **adjective** (B2) willing to talk to people and give them information **общительный**

communion /kəˈmjuːniən/ **noun** [U] (also **Communion**) the Christian ceremony in which people eat bread and drink wine, as symbols of Christ's body and blood **причастие (в церкви)**

communiqué /kə'mju:nɪkeɪ/ (US) /kə,mju:nɪ'keɪ/ noun [C] an official announcement **коммюнике**

communism, Communism /'kɒmjənɪzəm/ noun [U] a political system in which the government controls the production of all goods, and where everyone is treated equally **коммунизм**

communist, Communist /'kɒmjənɪst/ noun [C] someone who supports communism **коммунист**

• **communist** adjective **коммунистический** *a communist country/leader*

community /kə'mju:nəti/ noun **1** [C] (B2) the people living in a particular area **населенный пункт** *a rural/small community* **2** [group] (B2) a group of people with the same interests, nationality, job, etc **община** *the business/Chinese community*

com'munity ,centre noun [C] UK (US **community center**) a place where people who live in an area can meet together to play sport, go to classes, etc **культурно-спортивный центр**

com,munity 'college noun [C, U] US a two-year college where students can learn a skill or prepare to enter a university **местный колледж**

com,munity 'service noun [U] work that someone who has committed a crime does to help other people instead of going to prison **общественно-исправительная работа**

commute /kə'mju:t/ verb [I] to regularly travel between work and home **ездить на работу и обратно**

• **commuter** noun [C] **человек, который ежедневно ездит на работу и обратно**

compact¹ /kəm'pækt/ adjective small and including many things in a small space **компактный**

compact² /kəm'pækt/ verb [T] to press something together so that it becomes tight or solid **спрессовывать**

,compact 'disc noun [C] a CD (= a disc for recorded music or information) **компакт-диск**

companion /kəm'pænjən/ noun [C] (B2) someone who you spend a lot of time with or go somewhere with **спутник, компаньон** *a travelling companion*

companionship /kəm'pænjənʃɪp/ noun [U] the feeling of having friends around you **дружеское общение**

company /'kʌmpəni/ noun **1** [C] (A2) an organization which sells goods or services **компания** *a software/telephone company* **2** [U] (B2) when you have a person or people with you **общество, гости** *I enjoy his company.* ◦ *I didn't realize that you **had company**.* **3 keep sb company** (B2) to stay with someone so that they are not alone **составить кому-либо компанию** **4 be good company** to be a pleasant or interesting person to spend time with **быть приятным/интересным собеседником** **5** [C] a group of performers such as actors or dancers **труппа** *the Royal Shakespeare Company* → See also **limited company**

> Слова-партнеры к **company**
>
> **establish/found/set up/start up** a company

comparable /'kɒmpərəbl/ adjective similar in size, amount, or quality to something else **сравнимый, сопоставимый** *Our prices are **comparable to** those in other shops.*

comparative¹ /kəm'pærətɪv/ adjective **1 comparative comfort/freedom/silence, etc** a situation which is comfortable/free/silent, etc when compared to another situation or to what is usual **относительный комфорт/относительная свобода/тишина и т. д.** *I enjoyed the comparative calm of his flat after the busy office.* **2** comparing similar things **сравнительный, сопоставительный** *a comparative study of two poems*

comparative² /kəm'pærətɪv/ noun [C] (A2) the form of an adjective or adverb that is used to show that someone or something has more of a particular quality than someone or something else. For example 'better' is the comparative of 'good' and 'smaller' is the comparative of 'small'. **сравнительная степень** → Compare **superlative**

comparatively /kəm'pærətɪvli/ adverb **comparatively cheap/easy/little, etc** cheap/easy/little, etc when compared to something else or to what is usual **относительно дешево/легко/мало и т. д.**

compare /kəm'peəʳ/ verb **1** [T] (B1) to examine the ways in which two people or things are different or similar **сравнивать** *The teachers are always **comparing me with/to** my sister.* **2** [I] to be as good as something else **быть сопоставимым, конкурировать** *This product **compares** well **with** more expensive brands.* **3 compared to/with sb/sth** (B2) used when saying how one person or thing is different from another **по сравнению с кем-либо/чем-либо** *This room is very tidy compared to mine.* → See also compare notes (**note¹**)

PHRASAL VERB **compare sb/sth to sb/sth** to say that someone or something is similar to someone or something else **сравнивать кого-либо/что-либо с кем-либо/чем-либо**

> Слова-партнеры к **comparison**
>
> **draw/make** a comparison • a comparison **between** sth and sth • a comparison **of** sth (**with** sth) • **by/in** comparison (**with** sth)

comparison /kəm'pærɪsən/ noun [C, U] **1** (B2) when you compare two or more people or things **сравнение** *They published a **comparison***

C

of schools in the area. ◦ *She's so tall that he looks tiny* ***by/in comparison.*** **2 There's no comparison.** used to say that someone or something is much better than someone or something else **не идти ни в какое сравнение**

compartment /kəmˈpɑːtmənt/ **noun** [C] **1** one of the separate areas inside a vehicle, especially a train **купе** *The first class compartment is at the front of the train.* **2** a separate part of a container, bag, etc **отделение, камера** *a fridge with a small freezer compartment*

compass /ˈkʌmpəs/ **noun** [C] a piece of equipment which shows you which direction you are going in **компас**

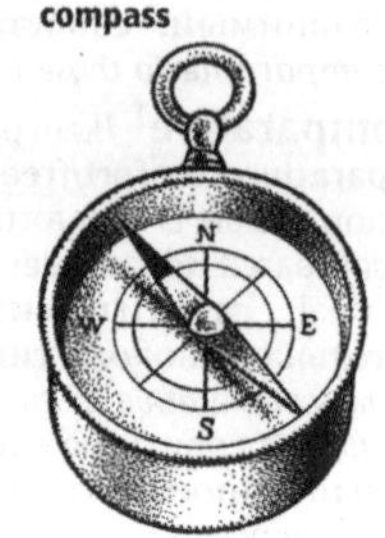

compass

compasses /ˈkʌmpəsɪz/ **noun** [plural, C] UK (US **compass**) a piece of equipment which is used for drawing circles **циркуль**

compassion /kəmˈpæʃən/ **noun** [U] a feeling of sympathy for people who are suffering **сострадание, сочувствие**

compassionate /kəmˈpæʃənət/ **adjective** showing compassion **сострадательный, сочувствующий**

compatible /kəmˈpætɪbl/ **adjective** **1** compatible equipment can be used together **совместимый** *This keyboard is* ***compatible with*** *all of our computers.* **2** If people are compatible, they like each other and are happy to spend time together. **совместимый** **3** formal compatible ideas or situations can exist together **совместимый** *Such policies are not* ***compatible with*** *democratic government.*

• **compatibility** /kəmˌpætəˈbɪləti/ **noun** [U] **совместимость**

compatriot /kəmˈpætriət/ **noun** [C] formal someone who comes from the same country **соотечественник**

compel /kəmˈpel/ **verb** (present participle **compelling**, past tense and past participle **compelled**) formal **compel sb to do sth** to force someone to do something **заставлять, вынуждать** [often passive] *He felt compelled to resign from his job.*

compelling /kəmˈpelɪŋ/ **adjective** **1** very exciting or interesting and making you want to watch, listen, etc **захватывающий** *a compelling story* **2** If a reason, argument, etc is compelling, it makes you believe it or accept it because it is so strong. **неопровержимый** ***compelling evidence***

compensate /ˈkɒmpənseɪt/ **verb** **1** [T] to pay someone money because you are responsible for injuring them or damaging something **компенсировать, возмещать** *Victims of the crash will be* ***compensated for*** *their injuries.* **2** [I, T] to reduce the bad effect of something, or make something bad become something good **компенсировать, возмещать** *Nothing will ever* ***compensate for*** *his lost childhood.*

compensation /ˌkɒmpənˈseɪʃən/ **noun** **1** [U] money that you pay to someone because you are responsible for injuring them or damaging something **компенсация, возмещение** *Most of the workers have* ***won compensation for*** *losing their jobs.* **2** [C, U] something you get to make you feel better when you have suffered something bad **компенсация, возмещение** *Free food was no* ***compensation for*** *a very boring evening.*

compère /ˈkɒmpeəʳ/ **noun** [C] UK someone whose job is to introduce performers on television, radio, or in a theatre **конферансье, ведущий программы**

compete /kəmˈpiːt/ **verb** [I] **1** (B1) to take part in a race or competition **состязаться, соревноваться** *She's* ***competing for*** *a place in next year's Olympics.* **2** (B2) to try to be more successful than someone or something else **конкурировать** *It's difficult for small shops to* ***compete with/against*** *the big supermarkets.*

competent /ˈkɒmpɪtənt/ **adjective** able to do something well **компетентный, знающий** *a competent swimmer/teacher*

• **competence** /ˈkɒmpɪtəns/ **noun** [U] the ability to do something well **компетентность** • **competently adverb компетентно**

competition /ˌkɒmpəˈtɪʃən/ **noun** **1** [C] (A2) an organized event in which people try to win a prize by being the best, fastest, etc **состязание, соревнование** *to* ***enter*** *a* ***competition*** **2** [U] (B2) when someone is trying to win something or be more successful than someone else **конкуренция** *There's a lot of* ***competition between*** *computer companies.* ◦ *Applicants face stiff* ***competition for*** *university places this year.* **3 the competition** people you are competing against, especially in business **конкуренты**

> Слова-партнеры к **competition**
>
> **enter/go in for/take part in** a competition • **hold** a competition • **win** a competition • **fierce/intense/stiff** competition • competition **between** sb and sb • competition **for** sth

competitive /kəmˈpetɪtɪv/ **adjective** **1** (B2) involving competition **соревновательный, основанный на конкуренции** *competitive sports* ◦ *a highly competitive industry* **2** (B2) wanting to win or to be more successful than other people **стремящийся победить** *She's very competitive.* **3** (B2) Competitive prices, services, etc are as good as or better than other prices, services, etc. **конкурентоспособный**

• **competitively adverb в духе соперничества**
• **competitiveness noun** [U] **дух соперничества**

competitor /kəmˈpetɪtəʳ/ **noun** [C] (B1) a person, team, or company that is competing with others **конкурент**

compilation /ˌkɒmpɪˈleɪʃᵊn/ **noun** [C] a recording, book, or film containing a collection of things from many different recordings, books, or films **компиляция, составление**

compile /kəmˈpaɪl/ **verb** [T] to collect information and arrange it in a book, report, or list **компилировать, составлять**

complacent /kəmˈpleɪsᵊnt/ **adjective** feeling so satisfied with your own abilities or situation that you do not feel that you need to try any harder **самодовольный** *We can't afford to become too complacent about our work.*

• **complacency noun** [U] when someone is complacent **самодовольство** • **complacently adverb самодовольно**

complain /kəmˈpleɪn/ **verb** [I] B1 to say that something is wrong or that you are annoyed about something **жаловаться** *Lots of people have* ***complained about*** *the noise.* ◦ [+ that] *He's always complaining that nobody listens to him.*

> **Другие способы сказать complain**
>
> Глаголы **grumble**, **moan** и (*разговорный, Великобритания*) **whinge** используются, когда идет речь о жалобах, которые говорящий не воспринимает всерьез.
>
> *She's always* ***grumbling*** *about something.*
> *He's forever* ***moaning*** *about his work.*
> *I hope you don't think I'm just* ***whingeing****.*
>
> Если кто-то, в особенности ребенок, жалуется в раздражающей манере, то может употребляться глагол **whine**.
>
> *Stop* ***whining****, Tom – it's not that bad!*
>
> Выражение **kick up a fuss** можно использовать в неформальном общении, когда кто-то жалуется, что ситуация складывается не так, как они бы этого хотели.
>
> *If the food doesn't come soon, I'm going to* ***kick up a fuss****.*

PHRASAL VERB **complain of sth** B1 to tell other people that something is making you feel ill **жаловаться на что-либо (о здоровье)** *She's been complaining of a headache all day.*

complaint /kəmˈpleɪnt/ **noun 1** [C, U] B1 when someone says that something is wrong or not satisfactory **жалоба** *a letter of complaint* ◦ *I wish to* ***make a complaint****.* **2** [C] something that makes you complain **причина недовольства** *My only complaint was the lack of refreshments.* **3** [C] an illness **болезнь, недомогание** *a stomach complaint*

> **Слова-партнеры к complaint**
>
> make/investigate/receive a complaint • a complaint **about** sb/sth • a complaint **against** sb • a **formal/official/written** complaint • a **letter of** complaint • have **cause** for/**grounds** for complaint

complement¹ /ˈkɒmplɪmənt/ **noun** [C] **1** something that makes something else seem good, attractive, or complete **дополнение** *This wine is the perfect* ***complement to*** *the meal.* **2** the total amount or number of something that is needed to complete a group **полный комплект, нужное количество** *Do we have* ***a full complement of*** *players for Saturday's match?* **3** a word or phrase which comes after the verb and gives more information about the subject of the verb **дополнение (в грамматике)**

complement² /ˈkɒmplɪment/ **verb** [T] to make something else seem good or attractive **подчеркивать** *The music complements her voice perfectly.*

complementary /ˌkɒmplɪˈmentᵊri/ **adjective 1** Things which are complementary are good or attractive together. **хорошо сочетающийся** *complementary colours/flavours* **2 complementary medicine/treatment, etc** ways of treating medical problems which people use instead of or in addition to ordinary medicine **нетрадиционная медицина/лечение нетрадиционными методами и т. д.** *The clinic offers complementary therapies such as homeopathy.*

complete¹ /kəmˈpliːt/ **adjective 1** B1 with all parts **полный** *the* ***complete works*** *of Oscar Wilde* ◦ *The report comes* ***complete with*** *(= including) diagrams and colour photographs.* **2** [always before noun] B1 used to emphasize what you are saying **полный, совершенный** *a complete waste of time* **3** finished **законченный** *Our report is almost complete.*

complete² /kəmˈpliːt/ **verb** [T] **1** A2 to finish doing or making something **завершать** *The palace took 15 years to complete.* **2** A2 to provide the last part needed to make something whole **заканчивать** *Complete the sentence with one of the adjectives provided.* **3** A2 to write all the details asked for on a form or other document **заполнять**

completely /kəmˈpliːtli/ **adverb** B1 in every way or as much as possible **совершенно** *I completely forgot that you were coming.*

completion /kəmˈpliːʃᵊn/ **noun** [U] when something that you are doing or making is finished **завершение, окончание** *The stadium is due for completion in 2014.* ◦ *They will be paid* ***on completion of*** *the job.*

complex¹ /ˈkɒmpleks/, /kəmˈpleks/ **adjective** B2 involving a lot of different but connected parts in a way that is difficult to understand **сложный** *complex details/issues* ◦ *The situation is very complex.*

• **complexity** /kəmˈpleksəti/ **noun** [C, U] when something is complex **сложность** *the complexities of life*

complex² /ˈkɒmpleks/ **noun** [C] **1** a group of buildings or rooms that are used for a particular purpose **комплекс** *a sports/housing complex* **2** a mental problem which makes someone anxious or frightened about something **комплекс** *an* ***inferiority complex***

C

complexion /kəmˈplekʃᵊn/ **noun** [C] **1** the colour and appearance of the skin on someone's face **цвет лица** *a clear complexion* **2** the way something seems to be **вид, характер** *This new information **puts a** completely different **complexion on** the situation.*

compliance /kəmˈplaɪəns/ **noun** [U] formal when people obey an order, rule, or request **согласие** *The work was done **in compliance with** planning regulations.*

compliant /kəmˈplaɪənt/ **adjective** Compliant people are willing to do what other people want them to. **податливый**

complicate /ˈkɒmplɪkeɪt/ **verb** [T] to make something more difficult to deal with or understand **осложнять** *These new regulations just complicate matters further.*

complicated /ˈkɒmplɪkeɪtɪd/ **adjective** B1 involving a lot of different parts, in a way that is difficult to understand **сложный** *a complicated problem/process* ◦ *The instructions were too complicated for me.*

complication /ˌkɒmplɪˈkeɪʃᵊn/ **noun** [C] **1** something which makes a situation more difficult **осложнение** **2** a new medical problem that develops when you are already ill **осложнение** *Eye problems can be a complication of diabetes.*

complicity /kəmˈplɪsəti/ **noun** [U] formal when someone is involved in doing something wrong **соучастие**

compliment[1] /ˈkɒmplɪmənt/ **noun** **1** [C] something that you say or do to show praise or admiration for someone **комплимент** *She was always **paying** him **compliments**.* **2 with the compliments of sb** formal used by someone to express good wishes when they give you something free, for example in a restaurant **с наилучшими пожеланиями** *Please accept this champagne with the compliments of the manager.*

compliment[2] /ˈkɒmplɪment/ **verb** [T] to praise or express admiration for someone **хвалить** *He **complimented** me **on** my writing.*

complimentary /ˌkɒmplɪˈmentᵊri/ **adjective** **1** praising or expressing admiration for someone **похвальный, лестный** *a complimentary report* **2** given free, especially by a business **бесплатный** *a complimentary glass of wine*

comply /kəmˈplaɪ/ **verb** [I] to obey an order, rule, or request **исполнять, подчиняться** *The pilot **complied with** instructions to descend.*

component /kəmˈpəʊnənt/ **noun** [C] one of the parts of something, especially a machine **деталь**

compose /kəmˈpəʊz/ **verb** **1** [T] B2 to be the parts that something consists of **составлять, состоять из** [often passive] *The committee **was composed of** elected leaders and citizens.* **2** [I, T] B2 to write a piece of music **сочинять музыку** **3 compose yourself** to make yourself calm again after being angry or upset **успокаиваться** **4** [T] to write a speech, letter, etc, thinking carefully about the words to use **сочинять** *Laura was composing a letter of sympathy.*

composed /kəmˈpəʊzd/ **adjective** calm and in control of your emotions **сдержанный, владеющий собой**

composer /kəmˈpəʊzəʳ/ **noun** [C] B2 someone who writes music **композитор**

composite /ˈkɒmpəzɪt/ **adjective** consisting of several different parts **составной** *a composite image of the killer*

composition /ˌkɒmpəˈzɪʃᵊn/ **noun** **1** [U] the parts, substances, etc that something consists of **состав, структура** *the composition of the atmosphere* **2** [C] B2 a piece of music that someone has written **музыкальное произведение** **3** [U] the process or skill of writing music **сочинение музыки** *He taught composition at Yale.* **4** [C, U] B1 a short piece of writing about a particular subject, done by a student **(школьное) сочинение** **5** [U] the way that people or things are arranged in a painting or photograph **композиция**

compost /ˈkɒmpɒst/ **noun** [U] a mixture of decayed leaves and plants that is added to the soil to improve its quality **компост** *a **compost heap***

composure /kəmˈpəʊʒəʳ/ **noun** [U] when you feel or look calm and confident **самообладание** *to **keep/lose your composure***

compound[1] /ˈkɒmpaʊnd/ **noun** [C] **1** a substance that is a combination of two or more elements **соединение** *Water is a compound of hydrogen and oxygen.* **2** an area of land with a group of buildings surrounded by a fence or wall **огороженная территория** *a prison compound* **3** (also **compound noun/verb/adjective**) a noun, verb, or adjective that is made by two or more words used together. For example, 'golf club' is a compound. **сложное слово**

compound[2] /kəmˈpaʊnd/ **verb** [T] to make a problem or difficult situation worse **усугублять, осложнять** *Severe drought has compounded food shortages in the region.*

comprehend /ˌkɒmprɪˈhend/ **verb** [I, T] formal to understand **понимать** *I was too young to comprehend what was happening.*

comprehensible /ˌkɒmprɪˈhensəbl/ **adjective** easy to understand **понятный** *Computer manuals should be easily comprehensible.*

comprehension /ˌkɒmprɪˈhenʃᵊn/ **noun** **1** [U] the ability to understand something **понимание** *It's **beyond my comprehension** (= I can't understand) how anyone could be so cruel.* **2** [C, U] UK a test to see how well students understand written or spoken language **понимание** *a reading comprehension*

comprehensive[1] /ˌkɒmprɪˈhensɪv/ **adjective**

including everything **исчерпывающий** *a comprehensive study of the subject*
• **comprehensively adverb** completely **совершенно, полностью** *We were comprehensively beaten in the finals.*

comprehensive² /ˌkɒmprɪˈhensɪv/ **noun** [C] (also **compreˈhensive ˌschool**) a school in Britain for students aged 11 to 18 of all levels of ability **единая средняя школа (в Великобритании)**

compress /kəmˈpres/ **verb** [T] **1** to make something smaller, especially by pressing it, so that it uses less space or time **сжимать** *compressed air* ◦ *The course* ***compresses*** *two years' training* ***into*** *six months.* **2** to use a special program to make information on a computer use less space **сжимать (напр., файл или фото)**
• **compression** /kəmˈpreʃən/ **noun** [U] **сжатие**

comprise /kəmˈpraɪz/ **verb** [T] formal **1** to consist of particular parts or members **состоять из** *The orchestra* ***was comprised of*** *amateur and professional musicians.* **2** to form part of something, especially a larger group **составлять** *Women comprise 15% of the police force.*

compromise¹ /ˈkɒmprəmaɪz/ **noun** [C, U] (B2) when you agree to something which is not exactly what you want **компромисс** *We need to* ***reach a compromise*** *over this issue.* ◦ *Decorating is usually a* ***compromise between*** *taste and cost.*

> Слова-партнеры к **compromise**
>
> **accept/come to/find/reach** a compromise • a compromise **between** sth and sth • a compromise **on** sth • a compromise **agreement/deal/solution**

compromise² /ˈkɒmprəmaɪz/ **verb 1** [I] (B2) to agree to something that is not exactly what you want **идти на компромисс** *The president may be willing to compromise in order to pass the bill.* ◦ *I never* ***compromise on*** *fresh ingredients.* **2 compromise yourself** to do something dishonest or embarrassing that makes people stop admiring you **компрометировать себя** **3** [T] to do something that does not agree with what you believe in **идти на сделку** *I refuse to compromise my principles.* **4** [T] formal to have a harmful effect on something **ставить под угрозу** *The trial has been seriously compromised by sensational media coverage.*

compromising /ˈkɒmprəmaɪzɪŋ/ **adjective** A compromising situation, photograph, etc makes people think you have done something wrong. **компрометирующий** *The press printed compromising photographs of the princess and her bodyguard.*

compulsion /kəmˈpʌlʃən/ **noun 1** [C] a strong wish to do something, often something that you should not do **непреодолимое влечение** **2** [U] when you are forced to do something **принуждение** *We were* ***under no compulsion*** *to attend.*

compulsive /kəmˈpʌlsɪv/ **adjective 1** A compulsive habit is something that you do a lot because you want to so much that you cannot control yourself. **непреодолимый** *a compulsive eating disorder* **2 a compulsive eater/gambler/liar, etc** someone who is unable to stop eating/lying, etc, despite knowing that they should stop **патологический обжора/игрок/лжец и т. д.** **3** so interesting or exciting that you cannot stop reading, playing, or watching it **увлекательный** *This documentary about life in prison makes* ***compulsive viewing.***
• **compulsively adverb** **маниакально**

compulsory /kəmˈpʌlsəri/ **adjective** (B2) If something is compulsory, you must do it because of a rule or law. **обязательный (для кого-либо)**

computer /kəmˈpjuːtər/ **noun** [C] (A1) an electronic machine that can store and arrange large amounts of information **компьютер** *We've put all our records* ***on computer.*** ◦ *computer software*
→ See **The Office** on page Centre 5

computerize (also UK **-ise**) /kəmˈpjuːtəraɪz/ **verb** [T] to use a computer to do something that was done by people or other machines before **компьютеризировать** *a computerized accounts system*
• **computerization** /kəmˌpjuːtəraɪˈzeɪʃən/ **noun** [U] **компьютеризация**

computer-literate adjective able to understand and use computer systems **способный понимать и использовать компьютерные системы**

computing /kəmˈpjuːtɪŋ/ **noun** [U] the study or use of computers **информатика** *a degree in computing*

comrade /ˈkɒmreɪd/ (US) /ˈkɑːmræd/ **noun** [C] **1** literary a friend, especially someone who fights with you in a war **(боевой) товарищ** **2** a word used by some members of trade unions (= organizations which represent people who do a particular job) or other Socialist organizations to talk to or about each other **товарищ**

comradeship /ˈkɒmreɪdʃɪp/ **noun** [U] the feeling of friendship between people who live or work together, especially in a difficult situation **товарищеские отношения**

con¹ /kɒn/ **verb** [T] (present participle **conning**, past tense and past participle **conned**) informal to trick someone, especially in order to take money from them **вымогать, обманом вовлекать во что-либо** *Thieves* ***conned him out of*** *his life savings.* ◦ *She felt she had been* ***conned into*** *buying the car.*

con² /kɒn/ **noun** [C] informal a trick to get someone's money, or make them do what you want **мошенничество**

ˈcon ˌartist noun [C] someone who tricks people into giving them money or valuable things **мошенник**

concave /ˈkɒnkeɪv/ **adjective** A concave surface curves inwards. **вогнутый** *a concave lens*

C

conceal /kən'siːl/ **verb** [T] to hide something **прятать, скрывать** *The listening device was concealed in a pen.* ◦ *She could barely conceal her irritation.*

• **concealment noun** [U] when something is hidden **утаивание, сокрытие**

concede /kən'siːd/ **verb 1** [T] to admit that something is true, even though you do not want to **признавать** [+ (that)] *Even the company chairman concedes that the results are disappointing.* **2** [I, T] to allow someone to have something, even though you do not want to **уступать** *The government will not **concede to** rebel demands.* **3 concede defeat** to admit that you have lost a fight, argument, game, etc **признавать поражение**

conceit /kən'siːt/ **noun** [U] when you are too proud of yourself and your actions **самомнение**

conceited /kən'siːtɪd/ **adjective** too proud of yourself and your actions **самодовольный**

• **conceitedly adverb самодовольно**

conceivable /kən'siːvəbl/ **adjective** possible to imagine or to believe **возможный, мыслимый** *every conceivable kind of fruit* ◦ [+ (that)] *It is just conceivable that the hospital made a mistake.*

• **conceivably adverb возможно**

conceive /kən'siːv/ **verb 1** [I, T] to become pregnant **забеременеть 2** [I, T] to be able to imagine something **постигать** *I cannot **conceive of** anything more horrible.* **3** [T] to think of an idea or plan **задумывать** *The original idea for the novel was conceived in Rome.*

concentrate¹ /'kɒnsəntreɪt/ **verb 1** (B1) [I] to think very carefully about something you are doing and nothing else **концентрироваться** *Be quiet – I'm trying to concentrate.* ◦ *I can't **concentrate on** my work. It's too noisy here.* **2 be concentrated around/in/on, etc** to be present in large numbers or amounts in a particular area **быть сосредоточенным вокруг/в/на и т. д.** *Most of the fighting was concentrated in the mountains.*

PHRASAL VERB **concentrate on sth** to use most of your time and effort to do something **сосредоточиваться на чем-либо** *She gave up her job to concentrate on writing a novel.*

concentrate² /'kɒnsəntreɪt/ **noun** [C, U] a substance that is strong because it has had water or other substances taken out of it **концентрат**

concentrated /'kɒnsəntreɪtɪd/ **adjective 1** [always before noun] using a lot of effort to succeed at one particular thing **сосредоточенный** *a **concentrated effort** to finish the work* **2** A concentrated liquid has had most of the water removed. **концентрированный** *concentrated tomato puree*

concentration /ˌkɒnsən'treɪʃən/ **noun 1** [U] (B2) the ability to think carefully about something you are doing and nothing else **сосредоточенность 2** [C, U] a large number or amount of something in the same place **концентрация** ***high concentrations** of minerals*

> **Слова-партнеры к concentration**
>
> sth **demands/needs/requires** concentration • **lose** concentration • a **lapse in/of** concentration • your **powers of** concentration

concen'tration ˌcamp noun [C] a prison where large numbers of people are kept in very bad conditions, especially for political reasons **концентрационный лагерь**

concentric /kən'sentrɪk/ **adjective** Concentric circles have the same centre but are different sizes. **концентрический**

concept /'kɒnsept/ **noun** [C] (B2) an idea or principle **понятие, идея** *the concept of free speech*

conception /kən'sepʃən/ **noun 1** [C, U] an idea about what something is like or a way of understanding something **представление, понимание 2** [U] when a woman or animal becomes pregnant **зачатие**

conceptual /kən'septʃuəl/ **adjective** formal based on ideas **понятийный, концептуальный** *a conceptual model*

concern¹ /kən'sɜːn/ **verb** [T] **1** (B2) to involve someone or be important to them **затрагивать, интересовать** *Environmental issues concern us all.* **2** to worry or upset someone **беспокоить, волновать** *What really concerns me is her lack of experience.* **3** (B2) If a story, film, etc concerns a particular subject, it is about that subject. **затрагивать (вопрос, проблему) 4 concern yourself** to become involved with doing something **заниматься, беспокоиться** *You needn't concern yourself with the travel arrangements.*

concern² /kən'sɜːn/ **noun 1** [C, U] (B2) a feeling of worry about something, or the thing that is worrying you **беспокойство, забота** *I have **concerns about** his health.* **2** [C, U] (B2) something that involves or affects you or is important to you **забота** *Our primary concern is safety.* **3** [C] a company or business **предприятие, фирма** *The perfume factory was a family concern.*

> **Слова-партнеры к concern**
>
> **cause** concern • **express/raise/voice** concern • **grave/serious** concern • concerns **about/over** sth • **a matter of** concern • **a cause for** concern

concerned /kən'sɜːnd/ **adjective 1** (B2) worried **озабоченный, интересующийся** [+ that] *I am very concerned that class sizes seem to be growing.* ◦ *People are becoming more **concerned about** what they eat.* → Opposite **unconcerned 2** [never before noun] involved in something or affected by it **имеющий отношение (к чему-**

либо) *A letter will be sent out to everyone concerned.* **3 as far as sb is concerned** B2 used to show what someone thinks about something **что касается кого-либо** *As far as our customers are concerned, price is the main consideration.* **4 as far as sth is concerned** B2 used to tell someone what you are talking about **что касается чего-либо** *As far as college is concerned, everything is fine.*

concerning /kənˈsɜːnɪŋ/ **preposition** B2 about something **о, относительно** *I've had a letter concerning my tax payments.*

concert /ˈkɒnsət/ **noun** [C] A2 a performance of music and singing **концерт** *a pop concert*

concerted /kənˈsɜːtɪd/ **adjective** [always before noun] done with a lot of effort, often by a group of people working together **скоординированный** *Iceland has made* ***a concerted effort*** *to boost tourism.*

concerto /kənˈtʃeətəʊ/ **noun** [C] a piece of music for one main instrument and an orchestra (= large group of musicians) **концерт (музыкальное произведение)** *a piano concerto*

concession /kənˈseʃən/ **noun 1** [C, U] something that you agree to do or give to someone in order to end an argument **уступка** *Both sides will have to* ***make concessions.*** **2** [C] a special right to use buildings or land or to sell a product in a particular area, or the place where that business takes place **концессия** *a concession to develop oil fields in the north* **3** [C] UK a reduction in the price of a ticket for a particular group of people such as students, people without a job, or old people **скидка**

conciliation /kənˌsɪliˈeɪʃən/ **noun** [U] formal the process of trying to end an argument **примирение**

conciliatory /kənˈsɪliətəri/ **adjective** formal If people behave in a conciliatory manner, they try to make people stop being angry with them. **примирительный** *a conciliatory approach*

concise /kənˈsaɪs/ **adjective 1** giving a lot of information clearly in a few words **краткий 2** A concise book is small. **краткий** *a concise history of France*

• **concisely adverb кратко** • **conciseness noun** [U] **краткость**

conclude /kənˈkluːd/ **verb 1** [I, T] formal to end something such as a meeting, speech, or piece of writing by doing or saying one last thing **заканчивать, завершать** *The concert* ***concluded with*** *a firework display.* ◦ *I would like to* ***conclude by*** *thanking you all for attending.* **2** [T] to decide something after studying all the information about it very carefully **делать вывод** [+ that] *The report concluded that the drug was safe.* **3** [T] to complete something, especially an agreement or a business arrangement **заключать** *talks aimed at concluding the peace treaty*

concluding /kənˈkluːdɪŋ/ **adjective** [always before noun] last in a series of things **заключительный** *Don't miss tonight's* ***concluding*** *episode.*

conclusion /kənˈkluːʒən/ **noun 1** [C] B1 the opinion you have after considering all the information about something **заключение, вывод** *I've* ***come to the conclusion that*** *we'll have to sell the car.* **2** [C] the final part of something **завершение** *the dramatic conclusion of the film* ◦ *The case should finally* ***be brought to a conclusion*** *(= end) this week.* **3 in conclusion** B2 used to introduce the last part of a speech or piece of writing **в заключение** *In conclusion, I would like to thank our guest speaker.* **4** [U] when something is arranged or agreed formally **заключение** *the conclusion of peace talks*

IDIOM **jump to conclusions** to guess the facts about a situation without having enough information **делать поспешный вывод**

→ See also **foregone conclusion**

> **Слова-партнеры к conclusion**
>
> draw/reach a conclusion • come to the conclusion that • sth leads you to the conclusion that

conclusive /kənˈkluːsɪv/ **adjective** proving that something is true **убедительный** ***conclusive evidence/proof***

• **conclusively adverb убедительно** *Tests have* ***proved conclusively*** *that the drugs are effective.*

concoct /kənˈkɒkt/ **verb** [T] **1** to invent a story or explanation in order to deceive someone **выдумывать** *He had concocted a web of lies.* **2** to make something unusual, especially food, by mixing things together **приготовить, состряпать**

• **concoction** /kənˈkɒkʃən/ **noun** [C] **выдумка, стряпня** *a concoction of meringue, ice cream, and fresh strawberries*

concourse /ˈkɒŋkɔːs/ **noun** [C] a large room or open area inside a building such as an airport or station **зал вокзала/аэропорта**

concrete[1] /ˈkɒŋkriːt/ **noun** [U] B2 a hard substance that is used in building and is made by mixing sand, water, small stones, and cement (= grey powder that is mixed with water and becomes hard when it dries) **бетон** *concrete blocks*

concrete[2] /ˈkɒŋkriːt/ **adjective 1** certain or based on facts **конкретный** ***concrete evidence/proof*** **2** existing in a real form that can be seen or felt **конкретный** *concrete achievements/actions* ◦ *concrete objects*

concrete[3] /ˈkɒŋkriːt/ **verb** [T] UK to cover something with concrete **бетонировать**

concur /kənˈkɜːʳ/ **verb** [I] (present participle **concurring**, past tense and past participle **concurred**) formal to agree **совпадать** *The new report* ***concurs with*** *previous findings.*

concurrent /kənˈkʌrənt/ **adjective** happening

or existing at the same time **происходящий одновременно** *three concurrent prison sentences*
• **concurrently** adverb **одновременно**

concussed /kənˈkʌst/ **adjective** [never before noun] If someone is concussed, they are suffering from concussion. **с сотрясением мозга**

concussion /kənˈkʌʃən/ **noun** [C, U] a slight injury to the brain that is caused by being hit on the head and makes you feel tired or sick **сотрясение мозга**

condemn /kənˈdem/ **verb** [T] **1** to say very strongly that you think something is wrong or very bad **осуждать** *The Prime Minister was quick to condemn the terrorists.* **2** to say that a building must be destroyed because it is not safe enough for people to use **предназначать на снос**

PHRASAL VERB **condemn sb to sth 1** to say what the punishment of someone who is guilty of a serious crime will be **приговаривать** *He was* ***condemned to death.*** **2** to make someone suffer in a particular way **обрекать** *Poor education condemns many young people to low-paid jobs.*

condemnation /ˌkɒndemˈneɪʃən/ **noun** [C, U] when you say very strongly that you think something is wrong or very bad **осуждение** *widespread condemnation of the war*

condensation /ˌkɒndenˈseɪʃən/ **noun** [U] small drops of water that form when warm air touches a cold surface **конденсация**

condense /kənˈdens/ **verb 1** [I, T] If hot air or a gas condenses, it changes into a liquid as it becomes colder. **конденсироваться 2** [T] to make something such as a speech or piece of writing shorter **сокращать** *You need to* ***condense*** *your conclusion* ***into*** *a single paragraph.* **3** [T] to make a liquid thicker by taking some of the water out of it **сгущать** *condensed milk*

condescend /ˌkɒndɪˈsend/ **verb condescend to do sth** humorous to agree to do something even though you think you are too important to do it **снизойти, удостоить**

PHRASAL VERB **condescend to sb** to treat someone as though you are better or more important than them **вести себя покровительственно, свысока**

condescending /ˌkɒndɪˈsendɪŋ/ **adjective** showing that you think that you are better or more important than someone else **снисходительный** *a condescending smile*
• **condescendingly** adverb **снисходительно**

condescension /ˌkɒndɪˈsenʃən/ **noun** [U] when you behave as though you are better or more important than someone else **снисходительность**

condition¹ /kənˈdɪʃən/ **noun 1** [U, no plural] (B1) the state that something or someone is in **состояние** *My bike's a few years old but it's* ***in*** *really* ***good condition.*** ◦ *He's* ***in no condition*** *(= not well enough) to travel.* **2** [C] something that must happen or be agreed before something else can happen **условие** *One of the conditions of the contract is that we can't keep pets.* **3 on condition that** (B2) only if **при условии** *Visitors are allowed in the gardens on condition that they don't touch the plants.* **4** [C] (B2) an illness **болезнь** *a serious heart condition* **5 conditions** (B1) the physical situation that people are in **условия** ***working/living conditions*** ◦ *severe* ***weather conditions***

condition² /kənˈdɪʃən/ **verb** [T] **1** to make a person or animal behave in a particular way by influencing the way they think **приучать** [often passive, + to do sth] *The boys were conditioned to be aggressive.* **2** to put a special liquid on your hair to make it soft and healthy **использовать ополаскиватель для волос**

conditional /kənˈdɪʃənəl/ **adjective 1** If an offer or agreement is conditional, it will only happen if something else is done first. **зависящий, обусловленный** *Their fee is* ***conditional on*** *the work being completed by January.* → Opposite **unconditional 2** A conditional sentence usually begins with 'if' and says that something must be true or happen before something else can be true or happen. **условный**

conditioner /kənˈdɪʃənəʳ/ **noun** [C, U] a liquid that you use when you wash your hair to make it soft **ополаскиватель для волос**

conditioning /kənˈdɪʃənɪŋ/ **noun** [U] when a person or animal is made to behave in a particular way **воспитание** *social/physical conditioning* → See also **air conditioning**

condo /ˈkɒndəʊ/ **noun** [C] US informal short for condominium **кооперативный жилой дом**

condolence /kənˈdəʊləns/ **noun** [C, U] formal sympathy for the family or friends of a person who has recently died **соболезнование** *Please* ***offer my condolences*** *to your father.*

condom /ˈkɒndɒm/ (US) /ˈkɑːndəm/ **noun** [C] a thin rubber covering that a man wears on his penis during sex to stop a woman becoming pregnant, or to protect against diseases **презерватив**

condominium /ˌkɒndəˈmɪniəm/ **noun** [C] US a building containing apartments which are owned by the people living in them, or one of these apartments **кооперативный жилой дом**

condone /kənˈdəʊn/ **verb** [T] to accept or allow behaviour that is wrong **потворствовать** *His comments appeared to condone drug abuse.*

conducive /kənˈdjuːsɪv/ **adjective** making something possible or likely to happen **способствующий** *Such a noisy environment was not* ***conducive to*** *a good night's sleep.*

conduct¹ /ˈkɒndʌkt/ **noun 1** [U] the way someone behaves **поведение** *a code of conduct (= rules about how to behave)* **2 conduct of sth** the way someone organizes or does something **ведение чего-либо** *He was criticized for his conduct of the inquiry.*

conduct² /kənˈdʌkt/ **verb** **1** [T] (B2) to organize or do something **проводить** *They're* ***conducting*** *a* ***survey.*** **2** [I, T] (B2) to stand in front of a group of musicians and control their performance **дирижировать** **3** [T] If a substance conducts electricity or heat, it allows electricity or heat to go through it. **проводить (ток, теплоту)** **4 conduct yourself** to behave in a particular way **вести себя** *She conducted herself with great dignity.* **5** [T] formal to lead someone to a place **вести, провожать (куда-либо)** *I was conducted to a side room.*

> Слова-партнеры к **conduct**
>
> conduct **an experiment/an interview/an inquiry/an investigation/research/a survey**

conductor /kənˈdʌktəʳ/ **noun** [C] **1** (B2) someone who stands in front of a group of musicians or singers and controls their performance **дирижер** **2** UK someone whose job is to sell or check tickets on a bus, train, etc **кондуктор** **3** US (UK **guard**) someone whose job is to be responsible for a train and the people who work on it **проводник** **4** a substance that allows electricity or heat to go through it **проводник (тока, теплоты)**

cone /kəʊn/ **noun** [C] **1** a solid shape with a round or oval base which narrows to a point, or an object which has this shape **конус** *a row of* ***traffic cones*** **2** a container for ice cream (= sweet, frozen food) that you can eat **вафельный стаканчик**

confectionery /kənˈfekʃənəri/ **noun** [U] mainly UK sweet food like sweets and chocolate **конфета**

confederacy /kənˈfedərəsi/ **noun** [C] (also **confederation** /kənˌfedəˈreɪʃən/) an organization of smaller groups who have joined together for business or political purposes **конфедерация, союз**

confer /kənˈfɜːʳ/ **verb** (present participle **conferring**, past tense and past participle **conferred**) **1** [I] to discuss something with other people before making a decision **совещаться, советоваться** *I'll need to* ***confer with*** *my lawyers.* **2** [T] formal to give someone something, especially an official title, an honour, or an advantage **присуждать, предоставлять**

conference /ˈkɒnfərəns/ **noun** [C] **1** (B1) a large, formal meeting, often lasting a few days, where people discuss their work, politics, subjects they are studying, etc **конференция** *the annual* ***sales conference*** **2** a small, private meeting for discussion of a particular subject **совещание** → See also **press conference**

> Слова-партнеры к **conference**
>
> **attend/hold** a conference • a conference **on** sth • **at** a conference • a conference **centre** • a **sales** conference

conference ˌcall **noun** [C] a telephone call between three or more people in different places **телефонная конференция**

confess /kənˈfes/ **verb** [I, T] **1** (B2) to admit that you have done something wrong or something that you feel guilty about **признаваться** [+ to + doing sth] *The man has confessed to stealing the painting.* ◦ *Rawlinson finally* ***confessed to*** *the murder.* **2** to tell a priest or God about all the wrong things that you have done **исповедоваться**

confession /kənˈfeʃən/ **noun** [C, U] **1** (B2) when you admit that you have done something wrong or illegal **признание** *Sutcliffe has* ***made*** *a full* ***confession*** *to the police.* **2** when someone tells a priest all the wrong things they have done **исповедь** *to go to confession*

confetti /kənˈfeti/ **noun** [U] small pieces of coloured paper that you throw when celebrating something such as a marriage **конфетти**

confidant, confidante /ˈkɒnfɪdænt/ **noun** [C] a person you can talk to about your feelings and secrets **доверенное лицо**

confide /kənˈfaɪd/ **verb** [I, T] to tell a secret to someone who you trust not to tell anyone else **сообщать по секрету** [+ that] *Holly* ***confided to*** *me that she was ill.*

PHRASAL VERB **confide in sb** to tell someone who you trust about things that are secret or personal **доверять что-либо кому-либо**

confidence /ˈkɒnfɪdəns/ **noun** **1** [U] (B2) when you are certain of your ability to do things well **уверенность** *He's a good student, but he* ***lacks confidence.*** ◦ [+ to do sth] *His training has* ***given*** *him the* ***confidence*** *to deal with any problem that arises.* **2** [U] trusting someone's ability or believing that something will produce good results **доверие, уверенность в ком-либо** *Kate's new to the job, but I've got* ***every confidence in*** *her.* **3** [C] something secret that you tell someone **секрет** *to exchange confidences* **4 in confidence** If you tell something to someone in confidence, you do not want them to tell anyone else. **по секрету**

> Слова-партнеры к **confidence**
>
> 1. **grow in/lack/lose** confidence • sth **gives** you confidence • do sth **with** confidence • a **lack of** confidence
> 2. **express/lose/restore** confidence (in sth) • **have (complete/every/little/no) confidence in** sb/sth • **consumer/public** confidence • confidence **in** sth

confident /ˈkɒnfɪdənt/ **adjective** **1** (B1) certain about your ability to do things well **уверенный** *a confident grin* ◦ *He feels* ***confident of*** *winning.* **2** (B2) being certain that something will happen **уверенный** [+ (that)] *Doctors are confident that she'll recover.*

• **confidently** **adverb** (B2) **уверенно** → See also **self-confident**

confidential /ˌkɒnfɪˈdenʃəl/ **adjective** secret,

especially in an official situation **конфиденциальный** *These documents are **strictly confidential**.*
• **confidentially** adverb **конфиденциально** • **confidentiality** /ˌkɒnfɪdenʃiˈæləti/ noun [U] **конфиденциальность**

confine /kənˈfaɪn/ **verb** [T] to prevent someone from leaving a place or to prevent something from spreading **заключать в тюрьму, держать взаперти, удерживать от распространения** [often passive] *He was **confined to** a prison cell for several days.*

PHRASAL VERBS **be confined to sth/sb** to only exist in a particular area or group of people **быть ограниченным** *The flooding was confined to the basement.* • **confine sb/sth to sth** to limit an activity **ограничивать что-либо чем-либо, придерживаться чего-либо** *Please confine your discussion to the topic.*

confined /kənˈfaɪnd/ **adjective** [always before noun] A confined space is very small. **ограниченный, узкий**

confinement /kənˈfaɪnmənt/ **noun** [U] when someone is kept in a room or area, usually by force **заключение, заточение** → See also **solitary confinement**

confines /ˈkɒnfaɪnz/ **noun** [plural] the outer limits or edges of something **пределы**

confirm /kənˈfɜːm/ **verb** [T] **1** B2 to say or show that something is true **подтверждать** [+ (that)] *His wife confirmed that he'd left the house at 8.* **2** B1 to make an arrangement certain **подтверждать** *Flights should be confirmed 48 hours before departure.* **3 be confirmed** to become a member of the Christian Church at a special ceremony **быть конфирмованным**

confirmation /ˌkɒnfəˈmeɪʃən/ **noun** [C, U] **1** B2 an announcement or proof that something is true or certain **подтверждение** *You'll receive **written confirmation of** your reservation within five days.* **2** a special ceremony in which someone becomes a full member of the Christian Church **конфирмация**

confirmed /kənˈfɜːmd/ **adjective a confirmed atheist/bachelor/pessimist, etc** someone who has behaved in a particular way for a long time and is not likely to change **убежденный, закоренелый атеист/холостяк/пессимист и т. д.**

confiscate /ˈkɒnfɪskeɪt/ **verb** [T] to take something away from someone, especially as a punishment **конфисковывать**
• **confiscation** /ˌkɒnfɪˈskeɪʃən/ **noun** [C, U] **конфискация**

conflict¹ /ˈkɒnflɪkt/ **noun** [C, U] **1** B2 serious disagreement **конфликт** *The Government was **in conflict with** the unions over pay.* ○ *The peasants often **came into conflict with** the landowners.* **2** B2 fighting between groups or countries **столкновение** ***armed conflict*** **3** when two or more different things cannot easily exist together **противоборство** *the conflict between science and religion* **4 a conflict of interest** a situation where someone cannot make fair decisions because they are influenced by something **столкновение интересов**

> **Слова-партнеры к conflict**
> resolve a conflict • **be in/come into conflict with sb** • a conflict **between** sb and sb • a conflict **over** sth • an **area of/source of** conflict

conflict² /kənˈflɪkt/ **verb** [I] If things such as beliefs, needs, or facts conflict, they are very different and cannot easily exist together or both be true. **противоречить** *Her views on raising children **conflict with** mine.* ○ *There were **conflicting accounts** of how the fight started.*

conflicted /kənˈflɪktɪd/ **adjective** [never before noun] confused because you have two feelings or opinions about something that are opposite **испытывающий внутренние противоречия**

conform /kənˈfɔːm/ **verb** [I] to behave in the way that most other people behave **приспосабливаться, подлаживаться**

PHRASAL VERB **conform to/with sth** to obey a rule or to do things in a traditional way **соответствовать, подчиняться чему-либо** *All our toys conform with safety standards.*

conformity /kənˈfɔːməti/ **noun** [U] **1** behaving in the way that most other people behave **конформизм** **2 conformity to/with sth** formal following rules or traditional ways of doing things **соответствие, следование чему-либо**

confound /kənˈfaʊnd/ **verb** [T] If something confounds someone, it makes them surprised and confused, because they cannot explain it. **сбивать с толку, ставить в тупик** *The growth in the economy continues to confound the experts.*

confront /kənˈfrʌnt/ **verb** [T] **1** to tell someone something, or show them something to try to make them admit they have done something wrong **предъявлять** ***Confronted with** the evidence, she broke down and confessed.* **2 be confronted by/with sth** to be in a difficult situation, or to be shown something which may cause difficulties **сталкиваться с чем-либо** *We are confronted by the possibility of war.* **3** to stand in front of someone in a frightening way **стоять с угрожающим видом** *He was confronted by two masked men.* **4** to see that a problem exists and try to deal with it **признавать, смотреть фактам в лицо** *First, they must confront their addiction.*

confrontation /ˌkɒnfrʌnˈteɪʃən/ **noun** [C, U] a fight or argument **столкновение**

confrontational /ˌkɒnfrʌnˈteɪʃənəl/ **adjective** intentionally causing fighting or an argument **проводящий политику конфронтации** *a confrontational style of management*

confuse /kən'fju:z/ **verb** [T] **1** (B2) to make someone unable to think clearly or understand something **запутывать** *These advertisements simply confused the public.* **2** (B2) to think that one person or thing is another person or thing **спутать** *I don't see how anyone could **confuse** me **with** my mother!*

confused /kən'fju:zd/ **adjective 1** (B1) unable to think clearly or to understand something **сбитый с толку, запутавшийся** *Sorry, I'm completely confused.* ◦ *The politicians themselves are **confused about** what to do.* **2** not clear **сбивчивый, путаный** *The witnesses gave confused accounts of what happened.*

confusing /kən'fju:zɪŋ/ **adjective** (B1) difficult to understand **сбивающий с толку** *I found the instructions very confusing.*

confusion /kən'fju:ʒən/ **noun 1** [C, U] (B2) when people do not understand what is happening or what they should do **путаница, неразбериха** *There was a lot of **confusion about** what was actually going on.* **2** [U] a feeling of not being able to think clearly **замешательство, смятение** *He could see the confusion on Marion's face.* **3** [U] when you think that one person or thing is another **путаница** **4** [U] (B2) a situation which is confusing because there is a lot of noise and activity **суматоха** *In the confusion, several prisoners tried to escape.*

> Слова-партнеры к **confusion**
>
> sth **causes/creates/leads to** confusion • confusion **surrounds** sth • do sth **in** confusion • **widespread** confusion • confusion **about/over** sth

congeal /kən'dʒi:l/ **verb** [I] If a liquid congeals, it becomes thick and almost solid. **застывать** *congealed fat*

congenial /kən'dʒi:niəl/ **adjective** formal pleasant and friendly **приятный** *congenial company*

congenital /kən'dʒenɪtəl/ **adjective** Congenital diseases or problems are ones that people have from when they are born. **врожденный** *congenital heart defects*

congested /kən'dʒestɪd/ **adjective** full or blocked, especially with traffic **перегруженный** *The roads are very congested.*

congestion /kən'dʒestʃən/ **noun** [U] when something is full or blocked, especially with traffic **затор** *traffic congestion*

conglomerate /kən'glɒmərət/ **noun** [C] a large company that is made up of several smaller companies **конгломерат, корпорация**

congratulate /kən'grætʃuleɪt/ **verb** [T] (B2) to tell someone that you are happy because they have done something good or something good has happened to them **поздравлять** *Did you **congratulate** Cathy **on** her engagement?*

congratulations /kənˌgrætʃʊ'leɪʃənz/ **exclamation** (A2) something that you say when you want to congratulate someone **поздравляю!** ***Congratulations on** doing an outstanding job.* ◦ *I hear you're getting married. Congratulations!*

congregate /'kɒŋgrɪgeɪt/ **verb** [I] to come together in a group **собираться (в группу)** *Young people congregated on street corners.*

congregation /ˌkɒŋgrɪ'geɪʃən/ **noun** [group] a group of people meeting to worship in church **прихожане**

congress /'kɒŋgres/ **noun 1** [C] a large meeting of the members of one or more organizations **съезд** *an international congress on art history* **2 Congress** the group of people who make laws in the United States. Congress consists of the Senate and the House of Representatives. **конгресс США**

congressional /kən'greʃənəl/ **adjective** [always before noun] relating to the United States Congress **относящийся к конгрессу США** *a congressional committee*

congressman, congresswoman /'kɒŋgresmən/, /'kɒŋgresˌwʊmən/ **noun** [C] (plural **congressmen, congresswomen**) a man or woman who is a member of the United States Congress **член конгресса США**

conical /'kɒnɪkəl/ **adjective** Conical objects have a wide, round base, sloping sides and a pointed top. **конический**

conifer /'kɒnɪfər/ **noun** [C] a tree with cones (= hard, brown, oval objects) and thin green leaves that stay green all winter **хвойное дерево**

conjecture /kən'dʒektʃər/ **noun** [C, U] formal guessing about something without real evidence **предположение** *Exactly what happened that night is still **a matter for conjecture**.*
• **conjecture verb** [I, T] formal **предполагать** [+ (that)] *Some people conjectured that it was an attempt to save money.*

conjugal /'kɒndʒʊgəl/ **adjective** formal relating to marriage **супружеский**

conjugate /'kɒndʒʊgeɪt/ **verb** [T] to add different endings to a verb in order to produce all its different forms **спрягать**
• **conjugation** /ˌkɒndʒʊ'geɪʃən/ **noun** [C, U] **спряжение**

conjunction /kən'dʒʌŋkʃən/ **noun 1** (B2) [C] A word that is used to connect phrases or parts of a sentence. For example the words 'and', 'because', and 'although' are conjunctions. **союз (в грамматике)** **2 in conjunction with sth/sb** working, used, or happening with something or someone else **в сочетании с**

conjure /'kʌndʒər/ **verb**

PHRASAL VERB **conjure sth up 1** to make a picture or idea appear in someone's mind **вызывать в памяти** *Familiar tunes can help us conjure up memories of the past.* **2** to make something in a quick and clever way, especially food **быстренько состряпать, сделать как по волшебству**

conjurer /ˈkʌndʒərər/ **noun** [C] another spelling of conjuror **фокусник**

conjuring /ˈkʌndʒərɪŋ/ **noun** [U] performing magic to entertain people **фокусы** *a **conjuring trick***

conjuror /ˈkʌndʒərəʳ/ **noun** [C] a person who performs magic to entertain people **фокусник**

conman /ˈkɒnmæn/ **noun** [C] a man who tricks people into giving him money or valuable things **мошенник**

connect /kəˈnekt/ **verb 1** [I, T] B1 to join two things or places together **(под)соединять, связывать** *Ferries **connect** the mainland **with** the islands.* ◦ ***Connect up** the printer **to** your computer.* **2** [T] to see or show that two or more people or things are involved with each other **связывать** *There is no evidence to **connect** him **with** the crime.* **3** [I] If buses, trains, aircraft, etc connect, they arrive at a particular time so that passengers can get off one and onto another. **делать пересадку (на транспорте)** *Can you get me a **connecting flight**?* **4** [T] to make it possible for two people to talk to each other on the telephone **соединять (по телефону)** → Opposite **disconnect**

connected /kəˈnektɪd/ **adjective 1** If people or things are connected, there is a relationship between them. **связанный** *The hospital is **connected to** the University of Rochester.* ◦ *He remained closely **connected with** the museum until his death.* → Opposite **unconnected 2** If two things are connected, they are joined together. **соединенный** *The Red Sea is **connected to** the Mediterranean by the Suez Canal.* → Opposite **disconnected** → See also **well-connected**

connection /kəˈnekʃən/ **noun 1** [C, U] B2 a relationship between people or things **связь** *The **connection between** smoking and heart disease is well known.* ◦ *He denied having any **connection with** the terrorists.* **2** [C, U] B1 something that joins things together **(под)соединение** *Many companies now offer free **connection to** the Internet.* **3** [C] B2 a train, bus, or aircraft that leaves a short time after another arrives, so that people can continue their journey **пересадка (на транспорте)** *The train was half an hour late and I **missed my connection**.* **4 in connection with** B2 used to say what something is about **в связи с** *A man has been arrested in connection with the murder.*

> Слова-партнеры к **connection**
>
> have a/no connection with sb/sth • a close/direct connection • a connection **between** sth and sth • a connection **with** sth

connections /kəˈnekʃənz/ **noun** [plural] important or powerful people who you know and who will help you **связи, знакомства** *He has connections in Washington.*

connive /kəˈnaɪv/ **verb** [I] to work secretly to do something wrong or illegal, or to allow something wrong or illegal to happen **тайно сотрудничать, потворствовать** *They accused the government of **conniving in** drug smuggling.*

connoisseur /ˌkɒnəˈsɜːʳ/ **noun** [C] someone who knows a lot about and enjoys good food, wine, art, etc **знаток, ценитель**

connotation /ˌkɒnəˈteɪʃən/ **noun** [C, U] the feelings or ideas that words give in addition to their meanings **коннотация, дополнительный оттенок значения** *The word 'second-hand' has connotations of poor quality.*

conquer /ˈkɒŋkəʳ/ **verb 1** [I, T] to take control of a country or to defeat people by war **завоевывать** *Peru was conquered by the Spanish in 1532.* **2** [T] to succeed in stopping or dealing with a bad feeling or a difficult problem **преодолевать, перебарывать** *He has finally conquered his fear of spiders.*

conqueror /ˈkɒŋkərəʳ/ **noun** [C] someone who has conquered a country or its people **завоеватель**

conquest /ˈkɒŋkwest/ **noun** [C, U] when someone takes control of a country, area, or situation **завоевание** *the Roman conquest of Britain*

conscience /ˈkɒnʃəns/ **noun 1** [C, U] the part of you that makes you feel guilty when you have behaved badly **совесть** *a guilty conscience* ◦ *My **conscience is clear** (= I do not feel guilty) because I've done nothing wrong.* **2 be on your conscience** If something is on your conscience, it is making you feel guilty. **быть на чьей-либо совести**

conscientious /ˌkɒnʃiˈenʃəs/ **adjective** always doing your work with a lot of care **добросовестный** *a conscientious student*

• **conscientiously adverb** **добросовестно**

conscientious objector /kɒnʃiˌenʃəsəbˈdʒektəʳ/ **noun** [C] someone who refuses to work in the armed forces because they think war is wrong **человек, отказывающийся от несения военной службы по идейным соображениям**

conscious /ˈkɒnʃəs/ **adjective 1 be conscious of/that** B2 to know that something is present or that something is happening **сознавать** *I'm very conscious that a lot of people disagree with me.* **2 a conscious decision/choice/effort, etc** a decision/choice/effort, etc that you make intentionally **сознательное решение/сознательный выбор/сознательное усилие и т. д.** *Did you make a conscious decision to lose weight?* → Opposite **subconscious 3** awake and able to think and notice things **находящийся в сознании** *He's still conscious but he's very badly injured.* → Opposite **unconscious**

• **consciously adverb** **сознательно** → See also **self-conscious**

-conscious /ˈkɒnʃəs/ **suffix** used at the end of words to mean 'thinking that something is important' **осознающий важность (как**

компонент сложных слов) *a safety-conscious mother* ◦ *fashion-conscious teenagers*

consciousness /ˈkɒnʃəsnəs/ **noun 1** [U] B2 when someone is awake and can think and notice things **сознание** *He **lost consciousness** (= stopped being conscious) for several minutes.* ◦ *I want to be here when she **regains consciousness** (= becomes conscious again).* **2** [no plural] when someone knows about something **осознание, понимание** *There's a growing consciousness about environmental issues among young people.*

conscript¹ /ˈkɒnskrɪpt/ **noun** [C] someone who has been made to join the army **призванный на военную службу**

conscript² /kənˈskrɪpt/ **verb** [T] to make someone join the army **призвать в армию** [often passive] *During World War I, he was **conscripted into** the Russian army.*

conscription /kənˈskrɪpʃən/ **noun** [U] a system in which people are made to join the army **воинская повинность**

consecrate /ˈkɒnsɪkreɪt/ **verb** [T] to make a place or object holy in a religious ceremony **освящать**
• **consecration** /ˌkɒnsɪˈkreɪʃən/ **noun** [U] **освящение** *a consecration ceremony*

consecutive /kənˈsekjʊtɪv/ **adjective** Consecutive events, numbers, or periods of time come one after the other. **последовательный, происходящий подряд** *the third consecutive day of rain*
• **consecutively adverb последовательно, подряд**

consensus /kənˈsensəs/ **noun** [U, no plural] when all the people in a group agree about something **единодушие** *to **reach a consensus*** ◦ *The **general consensus** is that we should wait and see what happens.*

consent¹ /kənˈsent/ **noun** [U] **1** permission for someone to do something **согласие** *You can't come without your parents' consent.* **2 by common consent** UK used to say that everyone agrees about something **единогласно** *He is, by common consent, the most talented actor in Hollywood.*

consent² /kənˈsent/ **verb** [I] to agree to do something, or to allow someone to do something **соглашаться** [+ to do sth] *They eventually consented to let us enter.*

consequence /ˈkɒnsɪkwəns/ **noun 1** B2 [C] the result of an action or situation, especially a bad result **последствие** *The ship capsized, with **disastrous consequences**.* ◦ *If you make him angry, you'll have to **suffer the consequences**.* **2 of little/no consequence** formal not important **не иметь (большого) значения** *The money was of little consequence to Tony.*

> Слова-партнеры к **consequence**
>
> **face/live with/suffer** the consequences • **as a** consequence (of sth) • **a direct** consequence • **devastating/dire/disastrous/serious** consequences • the consequences **of** sth

consequent /ˈkɒnsɪkwənt/ **adjective** [always before noun] formal happening as a result of something **являющийся результатом, последующий** *the closure of the factory and the consequent loss of 400 jobs*

consequently /ˈkɒnsɪkwəntli/ **adverb** B2 as a result **следовательно** *She was the child of two models and, consequently, she was very tall.*

conservation /ˌkɒnsəˈveɪʃən/ **noun** [U] **1** B2 the protection of nature **охрана природы** *wildlife conservation* ◦ *conservation groups* **2** when you are careful not to waste energy, water, etc **сохранение**

conservationist /ˌkɒnsəˈveɪʃənɪst/ **noun** [C] someone who believes that people should protect nature **борец за охрану природы**

conservatism /kənˈsɜːvətɪzəm/ **noun** [U] conservative actions and beliefs **консерватизм**

Conservative /kənˈsɜːvətɪv/ **noun** [C] someone who supports the Conservative Party in the UK **сторонник консервативной партии Великобритании** *the Conservative candidate/MP*

conservative /kənˈsɜːvətɪv/ **adjective 1** not trusting sudden changes or new ideas **консервативный** *Older people tend to be very conservative.* **2 a conservative estimate/guess** a guess about a number or amount that is probably lower than the true number or amount **скромный подсчет**

the Conˈservative ˌParty noun [group] one of the three main political parties in the UK **консервативная партия Великобритании**

conservatory /kənˈsɜːvətri/ **noun** [C] a room attached to a house that has windows all around it and a glass roof **оранжерея**

conserve /kənˈsɜːv/ **verb** [T] **1** to use something in a way that does not waste it **сохранять** *Insulating the walls will help to conserve heat.* **2** to prevent harm or damage to animals or places **охранять**

consider /kənˈsɪdər/ **verb 1** [T] B1 to think carefully about a decision or something you might do **рассматривать, обдумывать** *Have you considered surgery?* ◦ [+ doing sth] *We're considering buying a new car.* **2** [T] to think about particular facts when you are making a decision about something **принимать во внимание** *If you buy an old house, you have to consider the cost of repairs.* **3 consider sb/sth (to be) sth; consider that** B2 to have a particular opinion about someone or something **считать, полагать** [often reflexive] *I don't consider myself to be a great athlete.*

considerable /kənˈsɪdərəbl/ **adjective** B2 large or important enough to have an effect **значи-**

тельный *a considerable amount of money* ◦ *The damage has been considerable.*
• **considerably adverb** B2 **значительно** *Rates of pay vary considerably.*

considerate /kənˈsɪdərət/ **adjective** kind and helpful **внимательный, заботливый** *a polite and considerate child* → Opposite **inconsiderate**

consideration /kənˌsɪdərˈeɪʃən/ **noun 1** [C] B2 something that you have to think about when you make decisions or plans **соображение, забота** *Safety is our **main consideration**.* **2** [U] B2 when you think about something very carefully **рассмотрение, обдумывание** *After **careful consideration**, we have decided to offer you the job.* ◦ *Several options are **under consideration*** (= *being considered*). **3** [U] when you are kind to people or think about their feelings **внимание, заботливость** *They always treated me with consideration.* **4 take sth into consideration** to think about something when you make a decision or plan **принимать во внимание**

> Слова-партнеры к **consideration**
>
> **an important/the main/a major** consideration • **environmental/financial/political** considerations • **careful/serious** consideration • be **under** consideration • be **worthy of** consideration

considered /kənˈsɪdəd/ **adjective 1** [always before noun] A considered opinion or decision is based on careful thought. **взвешенный, обдуманный** *It is our considered opinion that he should resign.* **2 all things considered** used when you are giving your opinion about something after thinking carefully about all the facts **с учетом всех обстоятельств** *All things considered, I think we made the right choice.*

considering /kənˈsɪdərɪŋ/ **preposition, conjunction** B2 used for saying that you have a particular opinion about something, because of a particular fact about it **принимая во внимание** *She's fairly fit considering her age.* ◦ *Considering she'd only been there once before, she did well to find the way.*

consign /kənˈsaɪn/ **verb**

PHRASAL VERB **consign sb/sth to sth** formal to get rid of someone or something or to put them in an unpleasant place or situation **обрекать кого-либо/что-либо на что-либо** *They were consigned to a life of poverty.*

consignment /kənˈsaɪnmənt/ **noun** [C] an amount of goods that is being sent somewhere **груз, партия товаров** *a ship carrying a small consignment of rice*

consist /kənˈsɪst/ **verb**

PHRASAL VERB **consist of sth** B1 to be formed or made from two or more things **состоять из чего-либо** *a dessert consisting of fruit and cream*

consistency /kənˈsɪstənsi/ **noun 1** [+ (that)] when someone always behaves or performs in a similar way or when something always happens in a similar way **последовательность, согласованность** *The team has won a few matches but lacks consistency.* **2** [C, U] how thick or smooth a liquid is **консистенция** *Beat the mixture to a smooth consistency.*

consistent /kənˈsɪstənt/ **adjective 1** always behaving or happening in a similar, usually positive, way **последовательный, согласованный** *consistent effort/improvement* **2 consistent with sth** formal having the same principles as something else, or agreeing with other facts **согласующийся с чем-либо** *His account of events is entirely consistent with the video evidence.*
• **consistently adverb последовательно, согласованно** *The President has consistently denied the rumours.*

consolation /ˌkɒnsəˈleɪʃən/ **noun** [C, U] something that makes you feel better about a bad situation **утешение** *If it's any consolation, I failed my driving test too.*

console[1] /kənˈsəʊl/ **verb** [T] to make someone who is sad feel better **утешать** *I tried to console her but she just kept crying.*

console[2] /ˈkɒnsəʊl/ **noun** [C] an object that contains the controls for a piece of equipment **пульт управления** *a video game console*

consolidate /kənˈsɒlɪdeɪt/ **verb 1** [I, T] to make sure that you become more powerful, or that success and achievements continue strongly **укреплять** *It will take him some time to consolidate his position in the banking world.* **2** [T] to combine several things, especially businesses, so that they become more effective, or to be combined in this way **объединять** *He consolidated his businesses into one large company.*
• **consolidation** /kənˌsɒlɪˈdeɪʃən/ **noun** [U] **укрепление, объединение**

consonant /ˈkɒnsənənt/ **noun** [C] B1 a letter of the alphabet that is not a vowel **согласная буква**

consort /kənˈsɔːt/ **verb**

PHRASAL VERB **consort with sb** to spend time with a bad person **связываться, спутываться с кем-либо** *They claimed he had been consorting with drug dealers.*

consortium /kənˈsɔːtiəm/ **noun** [C] (plural **consortiums, consortia**) an organization consisting of several businesses or banks **консорциум** *an international consortium of airlines*

conspicuous /kənˈspɪkjuəs/ **adjective** very easy to notice **бросающийся в глаза** *His army uniform made him very conspicuous.*
• **conspicuously adverb заметно** *His wife was **conspicuously absent**.*

conspiracy /kənˈspɪrəsi/ **noun** [C, U] when a group of people secretly plan to do something bad or illegal **заговор** [+ to do sth] *a conspiracy to overthrow the government*

conspirator /kən'spɪrətə^r/ **noun** [C] someone who secretly plans with other people to do something bad or illegal **заговорщик**

conspire /kən'spaɪə^r/ **verb 1** [I] to join with other people to secretly plan to do something bad or illegal **устраивать заговор** [+ to do sth] *He was convicted of conspiring to blow up the World Trade Center.* ◦ *The king accused his advisers of* ***conspiring against*** *him.* **2 conspire against sb; conspire to do sth** If events or a situation conspire against you, they cause problems for you. **складываться против кого-либо/чего-либо** *Circumstances had conspired to ruin her plans.*

constable /'kɒnstəbl/ **noun** [C] a British police officer of the lowest rank **констебль**

constant /'kɒnstənt/ **adjective 1** (B2) happening a lot or all the time **постоянный** *machines that are in constant use* **2** staying at the same level **постоянный** *The temperature remained constant.*

• **constantly adverb** (B2) **постоянно** *He's constantly changing his mind.*

constellation /ˌkɒnstə'leɪʃ^ən/ **noun** [C] a group of stars **созвездие**

consternation /ˌkɒnstə'neɪʃ^ən/ **noun** [U] a feeling of shock or worry **ужас**

constipated /'kɒnstɪpeɪtɪd/ **adjective** unable to empty your bowels as often as you should **страдающий запором**

constipation /ˌkɒnstɪ'peɪʃ^ən/ **noun** [U] when you are constipated **запор**

constituency /kən'stɪtjuənsi/ **noun** [C] an area of a country which elects someone to represent it in the government, or the people who live there **избирательный округ**

constituent /kən'stɪtjuənt/ **noun** [C] **1** one of the parts or substances that something is made of **составляющая часть** *Methane is the main* ***constituent of*** *natural gas.* **2** someone who lives in a particular constituency **избиратель**

constitute /'kɒnstɪtju:t/ **verb** [T] to be or form something **являться, представлять собой** *This defeat constitutes a real setback for their championship hopes.*

constitution /ˌkɒnstɪ'tju:ʃ^ən/ **noun** [C] **1** the set of laws and principles that a country's government must obey **конституция** *the US Constitution* **2** the state of someone's health **организм, склад** *a* ***strong/weak constitution***

constitutional /ˌkɒnstɪ'tju:ʃ^ən^əl/ **adjective** relating to the constitution of a country **конституционный** *a constitutional crisis*

constrain /kən'streɪn/ **verb** [T] to control something by limiting it **сдерживать, накладывать ограничения** *regulations that constrain industry* ◦ [often passive] *I'm constrained by decisions made in the past.*

constraint /kən'streɪnt/ **noun** [C] something that limits what you can do **ограничение** *budget constraints* ◦ *There are* ***constraints on*** *the medicines doctors can prescribe.*

constrict /kən'strɪkt/ **verb 1** [T] to limit someone's freedom to do what they want to or be the way they want to **ограничивать, стеснять** *His creativity was constricted by the political regime he lived under.* **2** [I, T] to become narrower or tighter, or to make something narrower or tighter **сжимать(ся), сужать(ся)** *The blood vessels constricted.*

• **constriction** /kən'strɪkʃ^ən/ **noun** [U] **ограничение, сужение**

construct /kən'strʌkt/ **verb** [T] (B2) to build something from several parts **строить** *The building was constructed in 1930.*

construction /kən'strʌkʃ^ən/ **noun 1** [U] (B2) the work of building houses, offices, bridges, etc **строительство** *railway construction* ◦ *construction work* **2** [C] (B2) something large that is built **конструкция** *a large steel construction* **3** [C] (B2) The construction of a sentence or phrase is the way the words are arranged. **построение**

constructive /kən'strʌktɪv/ **adjective** helpful or useful **конструктивный** ***constructive advice/criticism***

• **constructively adverb конструктивно**

construe /kən'stru:/ **verb** [T] (present participle **construing**, past tense and past participle **construed**) to understand something in a particular way **истолковывать** *Her comments could be* ***construed as*** *patronizing.*

consul /'kɒns^əl/ **noun** [C] someone whose job is to work in a foreign country taking care of the people from their own country who go or live there **консул**

consular /'kɒnsjʊlə^r/ **adjective** [always before noun] relating to a consul or a consulate **консульский** *consular officials*

consulate /'kɒnsjʊlət/ **noun** [C] the offices where a consul works **консульство** *the Cuban consulate in Mexico City*

consult /kən'sʌlt/ **verb** [T] **1** to go to a particular person or book to get information or advice **справляться, узнавать** *For more information, consult your travel agent.* **2** to discuss something with someone before you make a decision **советоваться** *Why didn't you consult me about this?*

consultancy /kən'sʌlt^ənsi/ **noun 1** [C] a company that gives advice on subjects it knows a lot about **консалтинговая компания** *a* ***management/recruitment consultancy*** **2** [U] the activity of giving advice on a particular subject **консультирование**

consultant /kən'sʌlt^ənt/ **noun** [C] **1** (B2) someone who advises people about a particular subject **консультант** *a tax consultant* **2** UK a hospital doctor who is an expert in a particular area of medicine **врач-консультант**

C

consultation /ˌkɒnsəlˈteɪʃən/ **noun 1** [C] a meeting to discuss something or to get advice **консультация** *a medical consultation* **2** [U] when you discuss something with someone in order to get their advice or opinion about it **консультация** *After* ***consultation with*** *his lawyers, he decided to abandon the case.*

consultative /kənˈsʌltətɪv/ **adjective** A consultative group or document gives advice about something. **консультативный**

consume /kənˈsjuːm/ **verb** [T] **1** B2 to use something such as a product, energy, or fuel **потреблять** *These lights don't consume much electricity.* **2** formal B2 to eat or drink something **съедать, выпивать 3 be consumed with/by sth** to have so much of a feeling that it affects everything you do **быть охваченным, снедаемым (чувством)** *a dancer consumed by ambition* **4** If fire consumes something, it completely destroys it. **уничтожать**

consumer /kənˈsjuːməʳ/ **noun** [C] B2 someone who buys or uses goods or services **потребитель** *These price cuts are good news for consumers.*

> **Слова-партнеры к consumer**
>
> consumer **choice/confidence/demand/protection/spending**

consumerism /kənˈsjuːmərɪzəm/ **noun** [U] buying and selling things, especially when this is an important part of a society's activities **потребительство**

consummate¹ /ˈkɒnsəmeɪt/ **verb** [T] to make a marriage or relationship complete by having sex **осуществлять брачные отношения**
• **consummation** /ˌkɒnsəˈmeɪʃən/ **noun** [U] **осуществление брачных отношений**

consummate² /kənˈsʌmət/, /ˈkɒnsəmət/ **adjective** [always before noun] formal having great skill **превосходный** *a* ***consummate professional*** ◦ ***consummate ease/skill***

consumption /kənˈsʌmpʃən/ **noun** [U] **1** the amount of something that someone uses, eats, or drinks **потребление** *China's total* ***energy consumption*** **2** when someone uses, eats, or drinks something **потребление** *products sold for* ***personal consumption***

contact¹ /ˈkɒntækt/ **noun 1** [U] B1 when you communicate with someone, especially by speaking to them **связь, отношения** *We* ***keep in*** *close* ***contact*** *with our grandparents.* ◦ *Jo and I are determined not to* ***lose contact****.* **2** [U] when two people or things are touching each other **контакт, прикосновение** *She dislikes any kind of* ***physical contact****.* ◦ *Wash your hands if they* ***come into contact with*** *chemicals.* **3** [C] A2 someone you know who may be able to help you because of their job or position **связи, знакомства** ***business contacts*** **4** [C] (also **contact lens**) a small piece of plastic that you put on your eye to make you see more clearly **контактная линза** → See also **eye contact**

> **Слова-партнеры к contact**
>
> **be in/get in/keep in/stay in** contact (with sb) • **lose/make** contact (with sb) • **have no** contact with sb • **close/regular** contact

contact² /ˈkɒntækt/ **verb** [T] A2 to telephone, email or write to someone **связываться с кем-либо (по телефону или письменно)** *I've been trying to contact you for days.*

> **Типичная ошибка: contact**
>
> Запомните: когда **contact** выступает в роли глагола, после него не может быть предлога.
> Правильно говорить **contact someone**, а не 'contact with someone' или 'contact to someone'.
> *~~You can contact with me by phone or email.~~*
> *You can contact me by phone or email.*

ˈcontact ˌlens UK (US **ˌcontact ˈlens**) **noun** [C] a small piece of plastic that you put on your eye to make you see more clearly **контактная линза**

contagious /kənˈteɪdʒəs/ **adjective 1** A contagious disease is one that you can get if you touch someone who has it. **заразный 2** A contagious feeling spreads quickly amongst people. **заразительный** *Her excitement was contagious.*

contain /kənˈteɪn/ **verb** [T] **1** B1 If one thing contains another, it has it inside it. **содержать, вмещать** *a box containing a diamond ring* **2** B2 to have something as a part **содержать** *Does this drink contain alcohol?* **3** to control something by stopping it from spreading **сдерживать** *The police were unable to contain the fighting.* **4** to control your emotions **сдерживать** *He could barely contain his anger.*

container /kənˈteɪnəʳ/ **noun** [C] B2 an object such as a box or a bottle that is used for holding something **емкость, коробка**

contaminate /kənˈtæmɪneɪt/ **verb** [T] to make something dirty or poisonous **загрязнять** *contaminated drinking water*
• **contamination** /kənˌtæmɪˈneɪʃən/ **noun** [U] **загрязнение**

contemplate /ˈkɒntəmpleɪt/ **verb** [T] to think about something for a long time or in a serious way **обдумывать, рассматривать** [+ doing sth] *I'm contemplating changing my name.* ◦ *He even contemplated suicide.*
• **contemplation** /ˌkɒntəmˈpleɪʃən/ **noun** [U] **обдумывание, размышление**

contemporary¹ /kənˈtempərəri/, /kənˈtempəri/ **adjective 1** B2 of the present time **современный** *contemporary music* **2** [always before noun] existing or happening at the same time as something **современный, того времени** *Most* ***contemporary accounts*** *of the event have been destroyed.*

container

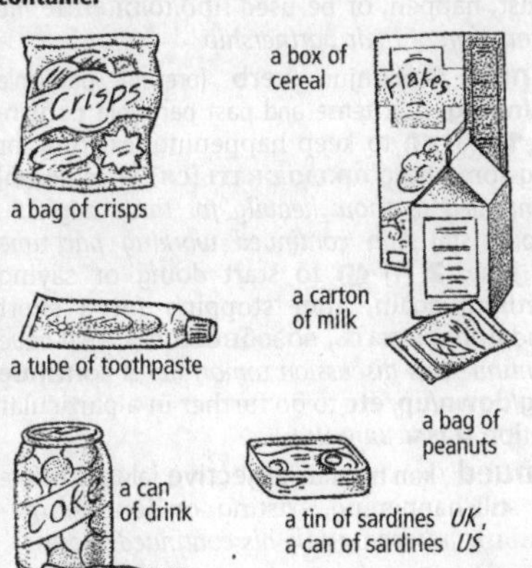

contemporary[2] /kən'tempᵊrᵊri/, /kən'tempəri/ **noun** [C] Someone's contemporaries are the people who live at the same time as them. **современник** *Shakespeare and his contemporaries*

contempt /kən'tempt/ **noun 1** [U] a strong feeling that you do not respect someone or something **презрение** *He has utter **contempt for** anyone with power.* **2 contempt of court** behaviour that is illegal because it does not obey the rules of a law court **оскорбление суда**

> **Слова-партнеры к contempt**
>
> **treat sb/sth with contempt • deep/open/ utter contempt • have nothing but contempt for sb/ sth • sb's contempt for sb/sth**

contemptible /kən'temptəbl/ **adjective** extremely bad, because of being dishonest or cruel **ничтожный, низкий**

contemptuous /kən'temptʃuəs/ **adjective** showing contempt **презрительный**
• **contemptuously adverb презрительно**

contend /kən'tend/ **verb 1** [T] formal to say that something is true **утверждать** [+ (that)] *His lawyers contend that he is telling the truth.* **2** [I] to compete with someone to try to win something **бороться** *one of the groups **contending for** power*

PHRASAL VERB **contend with sth** to have to deal with a difficult or unpleasant situation **бороться с чем-либо** *I have enough problems of my own to contend with.*

contender /kən'tendəʳ/ **noun** [C] someone who competes with other people to try to win something **претендент** *a leading **contender for** an Oscar*

content[1] /'kɒntent/ **noun** [no plural] **1** (B2) the information or ideas that are talked about in a book, speech, film, etc **содержание** *The **content of** the article was controversial.* **2** the amount of a particular substance that something contains **содержание, доля** *Most soft drinks have a high sugar content.*

content[2] /kən'tent/ **adjective** (B2) happy or satisfied **довольный, удовлетворенный** *Not **content with** second place, Jeff played only to win.* ◦ [+ to do sth] *I was content to stay home and read.*

content[3] /kən'tent/ **verb**

PHRASAL VERB **content yourself with sth** to do something or have something although it is not exactly what you want **довольствоваться** *Since it rained we had to content ourselves with playing cards.*

contented /kən'tentɪd/ **adjective** satisfied, or making you feel satisfied **довольный, удовлетворенный** → Opposite **discontented**
• **contentedly adverb удовлетворенно**

contention /kən'tenʃᵊn/ **noun 1** [C] formal a belief or opinion **точка зрения** *There's a general **contention that** too much violence is shown on TV.* **2** [U] when people or groups compete for something **состязание, соревнование** *Johnson is back **in contention for** the championships.* **3** [U] arguments and disagreements **разногласие** → See also a **bone**[1] of contention

contentious /kən'tenʃəs/ **adjective** likely to make people argue **спорный** *a contentious issue*

contentment /kən'tentmənt/ **noun** [U] the feeling of being happy or satisfied **удовлетворенность**

contents /'kɒntents/ **noun** [plural] **1** (B1) all of the things that are contained inside something **содержимое** *Please empty out **the contents of** your pockets.* **2** (B1) the information or ideas that are written in a book, letter, document, etc **содержание (книги, документа)** ***the contents of** his will* **3** (B2) a list in a book that tells you what different parts the book contains **содержание, оглавление** *a table of contents*

contest[1] /'kɒntest/ **noun** [C] (B1) a competition or election **соревнование, состязание**

> **Слова-партнеры к contest**
>
> **enter/be in a contest • win a contest • a close contest • a contest between sb and sb • a contest for sth**

contest[2] /kən'test/ **verb** [T] **1** to say formally that something is wrong or unfair and try to have it changed **опротестовывать** *Mr Hughes went back to court to contest the verdict.* **2** to compete for something **соревноваться, состязаться**

C

contestant /kən'testᵊnt/ **noun** [C] someone who competes in a contest участник соревнования, состязания

context /'kɒntekst/ **noun** [C, U] **1** B2 all the facts, opinions, situations, etc relating to a particular thing or event контекст *This small battle is important* ***in the context of*** *Scottish history.* **2** other words that were said or written at the same time as the word or words you are talking about контекст *Taken* ***out of context****, her remark sounded like an insult.*

the Continent /'kɒntɪnənt/ **noun** UK the main part of land in Europe, not including Britain континентальная Европа

continent /'kɒntɪnənt/ **noun** [C] B1 one of the seven main areas of land on the Earth, such as Asia, Africa, or Europe континент

Continental /ˌkɒntɪ'nentᵊl/ **adjective** mainly UK relating to Europe, but not Britain относящийся к континентальной Европе (в отличие от Британских островов)

continental /ˌkɒntɪ'nentᵊl/ **adjective** relating to a continent континентальный *the continental US*

ˌcontinental 'breakfast **noun** [C] a breakfast (= morning meal) consisting of fruit juice, coffee, and bread континентальный завтрак

contingency /kən'tɪndʒənsi/ **noun** [C] **1** an event or situation that might happen in the future, especially one which could cause problems непредвиденное обстоятельство *a* ***contingency fund/plan*** *(= money or a plan that can be used if there are problems)* **2 a contingency fee** money that lawyers (= people who advise people about the law and deal with legal situations) charge, which is a share of what the person they represent has won гонорар адвоката

contingent¹ /kən'tɪndʒᵊnt/ **noun** [group] **1** a group of people from the same country, organization, etc who are part of a much larger group представители, делегаты **2** a group of soldiers who are part of a larger military group контингент (военный)

contingent² /kən'tɪndʒᵊnt/ **adjective contingent on sth** depending on something else in order to happen зависящий от каких-либо обстоятельств *Buying the new house was contingent on selling the old one.*

continual /kən'tɪnjuəl/ **adjective** happening again and again over a long period of time непрерывный *I can't work with these continual interruptions.*

• **continually adverb** непрерывно *Dad continually complains about money.*

continuation /kənˌtɪnju'eɪʃᵊn/ **noun 1** [C] something that comes after an event, situation, or thing to make it continue or go further возобновление, продолжение *Today's meeting will be* ***a continuation of*** *yesterday's talks.* **2** [U, no plural] when something continues to exist, happen, or be used продолжение *the continuation of their partnership*

continue /kən'tɪnju:/ **verb** (present participle **continuing**, past tense and past participle **continued**) **1** [I, T] B1 to keep happening, existing, or doing something продолжать(ся) [+ to do sth] *It continued to snow heavily for three days.* ◦ [+ doing sth] *Ann continued working part-time until June.* **2** [T] B1 to start doing or saying something again, after stopping for a short period продолжать, возобновлять *We'll have to continue this discussion tomorrow.* **3 continue along/down/up, etc** to go further in a particular direction идти дальше

continued /kən'tɪnju:d/ **adjective** [always before noun] still happening, existing, or done непрерывный, длительный *his continued success*

continuity /ˌkɒntɪ'nju:əti/ **noun** [U] the state of continuing for a long period of time without being changed or stopped непрерывность

continuous¹ /kən'tɪnjuəs/ **adjective 1** B2 happening or existing without stopping непрерывный *continuous pain* ◦ *ten years of continuous service in the army* **2** B2 The continuous form of a verb is used to show that an action is continuing to happen. The sentence 'He was eating lunch.' is in the continuous form. длительный (о форме глагола)

• **continuously adverb** B2 непрерывно *Their baby cried continuously all afternoon.*

continuous² /kən'tɪnjuəs/ **noun the continuous** the continuous form of the verb длительная форма глагола

contort /kən'tɔ:t/ **verb** [I, T] If your face or body contorts, or you contort it, you twist it into a different shape, often because you are experiencing a strong emotion. искажать(ся) *His face was contorted with pain.*

contour /'kɒntʊəʳ/ **noun** [C] **1** the shape of the outer edge of something контур, очертание *the contours of her body* **2** (also **'contour ˌline**) a line on a map joining places that are at the same height горизонталь

contra- /kɒntrə-/ **prefix** against or opposite контр-, противо- *to contradict (= say the opposite)* ◦ *contraception (= something that is used to prevent pregnancy)*

contraband /'kɒntrəbænd/ **noun** [U] goods that are brought into or taken out of a country illegally контрабанда

contraception /ˌkɒntrə'sepʃᵊn/ **noun** [U] methods that prevent a woman from becoming pregnant предупреждение беременности

contraceptive /ˌkɒntrə'septɪv/ **noun** [C] a drug or object that prevents a woman from becoming pregnant противозачаточное средство

contract¹ /'kɒntrækt/ **noun** [C] B1 a legal agreement between two people or organizations, especially one that involves doing work for a particular amount of money контракт, договор

Слова-партнеры к contract

enter into/negotiate/sign a contract • **breach/break/end/terminate** a contract • **in** a contract • **the terms of** a contract • a contract **between sb and sb/with sb**

contract[2] /kənˈtrækt/ **verb 1** [I, T] to become smaller or shorter, or to make something do this **сжимать(ся), сокращать(ся)** *The wood contracts in dry weather.* **2** [T] formal to get a serious disease **подхватить (болезнь)** *She contracted malaria while living abroad.* **3** [I, T] to make a legal agreement with someone to do work or to have work done for you **заключать контракт, договор** [+ to do sth] *He's been contracted to perform in five shows.*

PHRASAL VERB **contract out sth** to make a formal arrangement for other people to do work that you are responsible for **нанимать по контракту, договору** *They've* ***contracted out*** *the cleaning* ***to*** *a private firm.*

contraction /kənˈtrækʃən/ **noun 1** [C] a strong, painful movement of the muscles that a woman has when she is having a baby **родовая схватка** *She was* ***having contractions*** *every ten minutes.* **2** [C] a short form of a word or group of words **сокращенная форма** *'Won't' is a contraction of 'will not'.* **3** [U] when something becomes smaller or shorter **уменьшение, сокращение**

contractor /kənˈtræktəʳ/ **noun** [C] a person or company that supplies goods or does work for other people **подрядчик**

contractual /kənˈtræktʃuəl/ **adjective** relating to or stated in a contract (= legal agreement) **договорный** *a contractual dispute*

contradict /ˌkɒntrəˈdɪkt/ **verb 1** [T] If two things that are said or written about something contradict each other, they are so different that they cannot both be true. **противоречить** *His account of the accident contradicts the official government report.* **2** [I, T] to say that what someone else has just said is wrong **возражать**

contradiction /ˌkɒntrəˈdɪkʃən/ **noun 1** [C] a big difference between two things that are said or written about the same subject, or between what someone says and what they do **противоречие** *There is a clear* ***contradiction between*** *what she says and what she does.* **2** [U] when you say that what someone has just said is wrong **опровержение, возражение**

IDIOM **a contradiction in terms** a phrase that is confusing because it contains words that seem to have opposite meanings **логическая несообразность** *An honest politician – isn't that a contradiction in terms?*

contradictory /ˌkɒntrəˈdɪktəri/ **adjective** If two statements about the same subject or two actions by the same person are contradictory, they are very different. **противоречивый**

contraption /kənˈtræpʃən/ **noun** [C] a machine or object that looks strange or complicated **хитрое приспособление**

contrary[1] /ˈkɒntrəri/ **noun 1 to the contrary** saying or showing the opposite **в противоположность** *She claimed she hadn't been involved, despite evidence to the contrary.* **2 on the contrary** used to show that the opposite of what has just been said is true **наоборот** *"You're a vegetarian, aren't you?" "On the contrary, I love meat."*

contrary[2] /ˈkɒntrəri/ **adjective 1** opposite or very different **противоположный** *a contrary opinion/view* **2 contrary to sth a** opposite to what someone said or thought **вопреки** *Contrary to popular belief, bottled water is not always better than tap water.* **b** If something is contrary to a rule, it does not obey that rule. **против**

contrast[1] /ˈkɒntrɑːst/ **noun** [C, U] **1** (B2) an obvious difference between two people or things **контраст** *The* ***contrast between*** *their lifestyles couldn't be greater.* ◦ *The busy north coast of the island is* ***in*** *sharp* ***contrast to*** *the peaceful south.* **2 by/in contrast** (B2) used to show that someone or something is completely different from someone or something else **в отличие, в противоположность** *She's quite petite, in contrast with her tall sister.*

Слова-партнеры к contrast

a **complete/sharp/striking** contrast • the contrast **between sth and sth** • **in direct/marked/sharp/stark** contrast (to sth)

contrast[2] /kənˈtrɑːst/ **verb 1** [T] to compare two people or things in order to show the differences between them **сопоставлять** *If you* ***contrast*** *his early novels* ***with*** *his later work, you can see how his writing has developed.* **2** [I] If one thing contrasts with another, it is very different from it. **контрастировать** *The sharpness of the lemons* ***contrasts with*** *the sweetness of the honey.*

contrasting /kənˈtrɑːstɪŋ/ **adjective** very different **контрастный** *contrasting colours/styles*

contravene /ˌkɒntrəˈviːn/ **verb** [T] formal to do something that is forbidden by a law or rule **нарушать**

• **contravention** /ˌkɒntrəˈvenʃən/ **noun** [C, U] **нарушение** *By accepting the money, she was* ***in contravention of*** *company rules.*

contribute /kənˈtrɪbjuːt/, /ˈkɒntrɪbjuːt/ **verb** [I, T] **1** (B2) to give something, especially money, in order to provide or achieve something together with other people **делать взнос, жертвовать (деньги)** *I* ***contributed*** *$20* ***towards*** *Andrea's present.* **2** to write articles for a newspaper, magazine, or book **сотрудничать (в газете, журнале)** *She* ***contributes to*** *several magazines.*

PHRASAL VERB **contribute to sth** to be one of the causes of an event or a situation **способствовать, быть причиной** *Smoking contributed to his early death.*

contribution /ˌkɒntrɪˈbjuːʃᵊn/ **noun** [C] **1** B2 something that you do to help produce or develop something, or to help make something successful **вклад** *She has **made** a major contribution **to** our work.* **2** B2 an amount of money that is given to help pay for something **взнос, пожертвование** *a generous contribution to charity*

C

contributor /kənˈtrɪbjʊtəʳ/ **noun** [C] **1** someone who writes articles for a newspaper, magazine, or book **автор статей (в журнале, сборнике)** **2** someone who gives something, especially money, together with other people **жертвователь** **3** one of the causes of something **причина** *Speeding is a major contributor to road accidents.*

contributory /kənˈtrɪbjʊtᵊri/ **adjective** helping to cause something **способствующий**

contrive /kənˈtraɪv/ **verb** [T] formal to manage to do something difficult, or to make something happen, by using your intelligence or by tricking people **ухитряться** [+ to do sth] *They contrived to meet in secret.*

contrived /kənˈtraɪvd/ **adjective** Something that is contrived seems false and not natural. **напускной, притворный**

control¹ /kənˈtrəʊl/ **noun** **1** [U] B2 the power to make a person, organization, or object do what you want **контроль, управление** *The new teacher has no **control over** the class.* ◦ *The police are **in control of** the situation.* ◦ *He **lost control of** the vehicle.* **2** [U] B2 the power to rule or govern an area **контроль, власть** *Soldiers **took control of** the airport.* **3 under control** B2 being dealt with successfully **под контролем** *Don't worry – everything's under control.* ◦ *I couldn't **keep** my drinking **under control**.* **4 out of control** B2 If something or someone is out of control, you cannot influence, limit, or direct them. **неконтролируемый** **5** [C, U] B2 a rule or law that limits something **регулирование, ограничение** *The government has introduced tighter immigration controls.* **6** [U] the ability to be calm **самообладание** *It took a lot of control to stop myself hitting him.* **7** [C] B2 a switch or piece of equipment that you use to operate a machine or vehicle **управление (ручки настройки, рычаги и т. д.)** *Where's the volume control on your stereo?* **8** [C, U] B2 a place where something official, usually a document, is checked **контрольный пункт** ***passport/immigration control*** **9** [C] a person or thing that is used to compare with someone or something that is having an experiment done on them **контрольный пациент** → See also **birth control**, **remote control**, **self-control**

control² /kənˈtrəʊl/ **verb** [T] (present participle **controlling**, past tense and past participle **controlled**) **1** B1 to make a person, organization, or object do what you want **управлять, регулировать** *This switch controls the temperature.* ◦ *Can't you control your dogs?* **2** B2 to limit the number, amount, or increase of something **ограничивать, сдерживать** *Fire crews struggled to control the blaze.* **3** B2 to rule or govern an area **контролировать, управлять** *The whole area is controlled by rebel forces.* **4** B1 to stop yourself expressing strong emotions or behaving in a silly way **сдерживать(ся)** *He can't control his temper.*

conˈtrol ˌfreak **noun** [C] informal someone who wants to control everything about a situation and does not want other people to be involved **человек, который стремится полностью контролировать ситуацию и не позволяет другим вмешиваться**

controller /kənˈtrəʊləʳ/ **noun** [C] someone who directs the work of other people **контролер, инспектор** *a marketing controller*

controversial /ˌkɒntrəˈvɜːʃᵊl/ **adjective** B2 causing a lot of disagreement or argument **спорный** *a **controversial decision/issue***

controversy /ˈkɒntrəvɜːsi/ **noun** [C, U] a lot of disagreement and argument about something **спор** *There is a lot of **controversy over** mobile phone towers.*

> Слова-партнеры к **controversy**
>
> sth **attracts/causes/provokes/sparks** controversy • the controversy **surrounding** sth • **bitter/continuing/furious** controversy • controversy **about/over** sth • be **at the centre of** a controversy

conundrum /kəˈnʌndrəm/ **noun** [C] a problem or question that is difficult to solve **головоломка**

convalescence /ˌkɒnvəˈlesᵊns/ **noun** [U] the period of time when you rest and get better after a serious illness **выздоровление**
• **convalesce verb** [I] **поправляться, выздоравливать**

convene /kənˈviːn/ **verb** [I, T] formal to arrange a meeting, or to meet for a meeting **созывать, заседать** *The committee convenes three times a year.*

convenience /kənˈviːniəns/ **noun** **1** [U] B2 when something is easy to use and suitable for what you want to do **удобство** *the convenience of credit cards* **2** [C] something that makes life easier **удобство** *Fortunately, the house has every **modern convenience**.*

conˈvenience ˌfood **noun** [C] food that can be prepared quickly and easily **еда быстрого приготовления**

conˈvenience ˌstore **noun** [C] mainly US a shop that sells food, drinks, etc, and is usually open late **магазин, работающий допоздна**

convenient /kənˈviːniənt/ **adjective** **1** B1 easy to use or suiting your plans well **удобный** *When would be a convenient time to meet?* **2** B1 near or easy to get to **находящийся поблизости, под рукой** *The new supermarket is very convenient for me.*

• **conveniently** adverb B2 удобно

> **!** Типичная ошибка: **convenient**
>
> **Внимание!** Проверьте написание.
>
> **Convenient** – одно из 10 слов, при написании которых русскоязычные студенты наиболее часто допускают ошибки.
>
> Запомните: нужно писать 'e' после 'v'.

convent /ˈkɒnvənt/ **noun** [C] a building where nuns (= religious women) live and pray together **женский монастырь**

convention /kənˈvenʃən/ **noun** **1** [C] a large formal meeting of people with the same interest or work **съезд** *the Democratic Party convention* **2** [C, U] a usual and accepted way of behaving or doing something **обычай, принятое правило** *In many countries it is the convention to wear black at funerals.* **3** [C] a formal agreement between countries **соглашение, конвенция** *an international convention on human rights*

conventional /kənˈvenʃənəl/ **adjective** **1** B2 Conventional people are traditional and not willing to try new ideas. **традиционный** **2** B2 Conventional objects or ways of doing things are the usual ones which have been used for a long time. **традиционный** *conventional farming/medicine* **3** **conventional arms/forces/warfare, etc** not involving the use of nuclear weapons **обычное (неядерное) оружие/обычные вооруженные силы/военные действия без применения ядерного оружия и т. д.** **4** **conventional wisdom** what most people believe **общепринятая точка зрения** → Opposite **unconventional**

conventionally /kənˈvenʃənəli/ **adverb** in a traditional way **традиционно** *He dressed conventionally in a suit and tie.*

converge /kənˈvɜːdʒ/ **verb** [I] **1** If lines, roads, or rivers converge, they meet at a particular point. **сходиться в одной точке** **2** to move towards a particular point and form a group there **направляться к одной точке** *The protesters* ***converged on*** *the town square.* **3** If ideas, interests, or systems converge, they become more similar to one another. **сближаться**

• **convergence** noun [U] **сближение**

> Слова-партнеры к **conversation**
>
> **engage in/have/join in/strike up** a conversation • **make** conversation • a **brief/casual/long/polite/private** conversation • a conversation **about** sth • a conversation **between** sb and sb

conversation /ˌkɒnvəˈseɪʃən/ **noun** [C, U] A1 a talk between two or more people, usually an informal one **разговор, беседа** *a telephone conversation* ◦ *We* ***had a conversation about*** *football.*

• **conversational** adjective relating to or like a conversation **разговорный** *a conversational style*

converse /kənˈvɜːs/ **verb** [I] formal to talk with someone **разговаривать**

conversely /ˈkɒnvɜːsli/ **adverb** used to introduce something that is different to something you have just said **наоборот** *Dark lipsticks make your mouth look smaller. Conversely, light shades make it larger.*

conversion /kənˈvɜːʒən/ **noun** [C, U] **1** when the appearance, form, or purpose of something is changed **переход (к чему-либо)** *the country's* ***conversion to*** *democracy* **2** when someone changes to a new religion or belief **переход (в другую веру)** *her* ***conversion to*** *Christianity*

convert[1] /kənˈvɜːt/ **verb** [I, T] **1** B2 to change the appearance, form, or purpose of something **переводить, переоборудовать** *The old warehouse was* ***converted into*** *offices.* ◦ *How do you convert miles into kilometres?* **2** to change to a new religion, belief, etc, or to make someone do this **обращать(ся) (в другую веру)** *When did he* ***convert to*** *Islam?*

convert[2] /ˈkɒnvɜːt/ **noun** [C] someone who has been persuaded to change to a different religion or belief **новообращенный** *a Catholic convert*

convertible[1] /kənˈvɜːtəbl/ **adjective** able to be converted **превращаемый, обратимый**

convertible[2] /kənˈvɜːtəbl/ **noun** [C] a car with a folding roof **автомобиль с откидным верхом**

convex /kɒnˈveks/ **adjective** A convex surface curves out. **выпуклый** *a convex mirror/lens*

convey /kənˈveɪ/ **verb** [T] **1** to communicate information, feelings, or images to someone **выражать, передавать, сообщать** *She always conveys a sense of enthusiasm for her work.* **2** to transport something or someone to a particular place **перевозить**

conveyor belt /kənˈveɪəˌbelt/ **noun** [C] a continuous moving piece of rubber or metal used to transport objects from one place to another **конвейерная лента**

convict[1] /kənˈvɪkt/ **verb** [T] to decide officially in a court of law that someone is guilty of a particular crime **признавать виновным** [often passive] *He was* ***convicted of*** *murder.* ◦ *a convicted criminal*

convict[2] /ˈkɒnvɪkt/ **noun** [C] someone who is in prison because they are guilty of a particular crime **заключенный**

conviction /kənˈvɪkʃən/ **noun** **1** [C] when someone is officially found to be guilty of a particular crime **признание виновным** *He already had two convictions for burglary.* **2** [C, U] a strong opinion or belief **убеждение** *religious/moral convictions*

convince /kənˈvɪns/ **verb** [T] **1** B1 to make someone believe that something is true **убеждать** [+ that] *He tried to convince me that I needed a new car.* ◦ *She convinced the jury of* *her innocence.* **2** B1 to persuade someone to do something **уговаривать** [+ to do sth] *I convinced her to go to the doctor's.*

convinced /kən'vɪnst/ **adjective** B2 completely certain about something **убежденный** [+ (that)] *I'm convinced that he's made a mistake.*

convincing /kən'vɪnsɪŋ/ **adjective** **1** able to make you believe that something is true or right **убедительный** *a convincing argument* **2 a convincing win/victory** a win or victory where the person or team that wins is much better than the people they are competing against **убедительная победа**
• **convincingly adverb** **убедительно**

convoluted /'kɒnvəlu:tɪd/ **adjective** formal extremely complicated and difficult to understand **запутанный** *a convoluted argument/story*

convoy /'kɒnvɔɪ/ **noun** [C] a group of vehicles or ships that travel together **колонна, конвой**

convulsion /kən'vʌlʃən/ **noun** [C] a sudden uncontrollable movement of muscles in your body, caused by illness or drugs **судорога**

coo /ku:/ **verb** [I] (present participle **cooing**, past tense and past participle **cooed**) **1** to make a soft, low sound, like a pigeon (= large, grey bird) **ворковать** **2** to speak in a soft, low voice **ворковать**

cook

cook¹ /kʊk/ **verb** **1** [I, T] A1 to prepare food and usually heat it **готовить (еду)** *Who's cooking this evening?* ◦ *She cooked the meat in oil and spices.* **2** [I] If food cooks, it is heated until it is ready to eat. **вариться, жариться, печься и т. д.** *The rice is cooking.*
• **cooked adjective** not raw **приготовленный (о еде)**

PHRASAL VERB **cook sth up** informal to invent a story, plan, etc, usually dishonestly **выдумывать, сочинять**

cook² /kʊk/ **noun** [C] A2 someone who prepares and cooks food **повар**

cookbook /'kʊkbʊk/ **noun** [C] (also UK **cookery book**) a book containing instructions for preparing food **поваренная книга**

cooker /'kʊkər/ **noun** [C] UK (UK/US **stove**) A2 a piece of equipment used to cook food **кухонная плита** *an electric cooker* → See also **pressure cooker**

cookery /'kʊkəri/ **noun** [U] UK preparing or cooking food **кулинария**

'cookery ˌbook noun [C] UK (UK/US **cookbook**) a book containing instructions for preparing food **поваренная книга**

cookie /'kʊki/ **noun** [C] **1** US (also UK **biscuit**) a thin, flat cake that is dry and usually sweet **печенье** → See **Food** on page Centre 11 **2** a piece of information stored on your computer which contains information about Internet documents you have looked at

cooking /'kʊkɪŋ/ **noun** [U] **1** A2 preparing or cooking food **готовка, приготовление пищи** *I do most of the cooking.* **2** A2 a style of preparing food **кухня, кулинарное искусство** *vegetarian/French cooking*
• **cooking adjective** [always before noun] suitable to cook with **кулинарный, используемый при готовке** *cooking oil/apples*

cool¹ /ku:l/ **adjective** **1** B1 slightly cold, but not too cold **прохладный** *a cool breeze/day* ◦ *cool water* **2** informal A2 good, stylish, or fashionable **модный, стильный** *He looks really cool in those sunglasses.* **3** calm and not emotional **невозмутимый** *She seemed cool and confident.* **4** unfriendly **неприветливый**

IDIOM **be cool with sth** informal to be happy to accept a situation or suggestion **быть довольным оборотом дела или предложением** *Yeah, we could leave later – I'm cool with that.*

• **coolness noun** [U] **прохлада, невозмутимость**

cool² /ku:l/ **verb** [I, T] **1** B2 to become less hot, or to make something become less hot **охлаждать(ся)** *Allow the bread to cool before slicing it.* **2** If emotions or relationships cool, or if something cools them, they become less strong. **остывать, охлаждаться**

PHRASAL VERB **cool (sb/sth) down/off** **1** B2 to become less hot, or to make someone or something become less hot **освежить(ся), охладить(ся)** *We went for a swim to cool off.* **2** B2 to become calmer, or to make someone become calmer **успокаивать(ся)**

cool³ /ku:l/ **noun** **the cool** a cool temperature **прохлада, свежесть** *the cool of the early morning*

IDIOMS **keep your cool** to remain calm **сохранять спокойствие** • **lose your cool** to suddenly become very angry **терять самообладание**

cool⁴ /ku:l/ **exclamation** informal A2 used when you like something or agree to something **классно!**

coolly /'ku:lli/ **adverb** without showing emotion

or interest **равнодушно, холодно** *Her colleagues reacted coolly to the idea.*

coop[1] /kuːp/ **noun** [C] a cage for birds such as chickens **клетка для птицы, курятник**

coop[2] /kuːp/ **verb**

PHRASAL VERB **coop sb up** to keep a person or animal in a small area **держать, сидеть в тесном помещении** [often passive] *We've been cooped up in a plane all day.*

co-op /ˈkəʊɒp/ **noun** [C] informal short for **cooperative** [2] **кооператив**

cooperate (also UK **co-operate**) /kəʊˈɒpəreɪt/ **verb** [I] **1** B2 to work together with someone in order to achieve the same aim **сотрудничать** *Witnesses are **cooperating with** detectives.* ◦ *Several countries are **cooperating in** the relief effort.* **2** B2 to help someone or do what they ask **способствовать, содействовать** *We can get there early as long as the children will cooperate.*

cooperation (also UK **co-operation**) /kəʊˌɒpəˈreɪʃən/ **noun** [U] B2 when you work together with someone or do what they ask you **сотрудничество** *international cooperation* ◦ *The clubs work **in** close **cooperation with** the Football Association.*

cooperative[1] (also UK **co-operative**) /kəʊˈɒpərətɪv/ **adjective** **1** B2 willing to help or do what people ask **готовый помочь** *a cooperative and polite employee* **2** involving people working together to achieve the same aim **участвующий в совместной работе, конструктивный** *a cooperative relationship*
• **cooperatively adverb конструктивно**

cooperative[2] (also UK **co-operative**) /kəʊˈɒpərətɪv/ **noun** [C] a business or organization owned and managed by the people who work in it **кооператив**

coordinate (also UK **co-ordinate**) /kəʊˈɔːdɪneɪt/ **verb** [T] to make different people or things work together effectively, or to organize all the different parts of an activity **координировать** *My manager is coordinating the new project.*

coordination (also UK **co-ordination**) /kəʊˌɔːdɪˈneɪʃən/ **noun** [U] **1** when you organize the different parts of an activity or make people or things work together effectively **координация** *The President called for closer coordination between business and government.* **2** the ability to make different parts of your body move together in a controlled way **координация** *Dancing helps develop balance and coordination.*

coordinator (also UK **co-ordinator**) /kəʊˈɔːdɪneɪtəʳ/ **noun** [C] someone who organizes the different parts of an activity or makes people or things work together effectively **координатор**

cop /kɒp/ **noun** [C] mainly US informal a police officer **полицейский**

cope /kəʊp/ **verb** [I] B2 to deal quite successfully with a difficult situation **справляться** *How do you **cope with** stress?*

copier /ˈkɒpiəʳ/ **noun** [C] mainly US (UK/US **photocopier**) a machine which produces copies of documents by photographing them **копировальная машина**

copious /ˈkəʊpiəs/ **adjective** [always before noun] in large amounts **обильный, большой** *They drank **copious amounts** of wine.*
• **copiously adverb обильно**

copper /ˈkɒpəʳ/ **noun** **1** [U] B2 a soft, red-brown metal, used in electrical equipment and to make coins, etc (symbol Cu) **медь** *copper wire* **2** [C] UK a brown coin with a low value **медная монета** **3** [C] UK informal a police officer **полицейский**

copy[1] /ˈkɒpi/ **noun** [C] **1** B1 something that is made to look exactly like something else **копия** *Always **make copies of** important documents.* **2** B2 a single book, newspaper, etc of which many have been produced **экземпляр** *Four million copies of the book were sold in the first year.* → See also **carbon copy**

copy[2] /ˈkɒpi/ **verb** **1** [T] A2 to produce something that is similar or exactly the same as something else **копировать** *Copy the file onto disk.* ◦ *The design was **copied from** the American model.* **2** [T] B2 to behave like someone else **подражать** *He likes to copy his older brother.* **3** [I, T] B2 to cheat by looking at and using someone else's work **списывать** *She copied his answers.*

PHRASAL VERBS **copy sb in on sth** If you copy somebody in on something, you give them a copy of something, usually an email, that you have written for somebody else. **включать кого-то в число адресатов сообщения** *Please copy me in on your email to Dr White.* • **copy sth out** UK If you copy out a piece of writing, you write it out again on a piece of paper. **переписывать**

copyright /ˈkɒpiraɪt/ **noun** [C, U] the legal right to control the use of an original piece of work such as a book, play, or song **авторское право** *The book is **protected by copyright**.*

coral /ˈkɒrəl/ **noun** [U] a hard, usually pink or white substance produced by a type of very small sea animal **коралл** *a coral reef*

cord /kɔːd/ **noun** [C, U] **1** thick string, or a piece of this **веревка, шнур** **2** (also UK **flex**) a piece of wire covered in plastic, used to connect electrical equipment to a power supply **провод** *an electrical cord* ◦ *a telephone cord* → See also **umbilical cord**

cordial /ˈkɔːdiəl/ **adjective** polite and friendly **радушный** *a cordial invitation*
• **cordially adverb радушно**

cordless /ˈkɔːdləs/ **adjective** able to operate without an electrical cord **беспроводной** *a cordless phone*

cordon[1] /ˈkɔːdən/ **noun** [C] a line of police,

soldiers, vehicles, etc around an area, protecting it or keeping people out **кордон**

cordon² /'kɔːdᵊn/ **verb**

PHRASAL VERB **cordon sth off** If the police, army, etc cordon off an area, they stop people from entering it. **окружать, блокировать**

cords /kɔːdz/ **noun** [plural] informal trousers made from corduroy **вельветовые брюки**

corduroy /'kɔːdərɔɪ/ **noun** [U] thick, cotton cloth with raised parallel lines on the outside **вельвет** *a corduroy jacket*

core /kɔːʳ/ **noun 1** [no plural] the most important part of a system or principle **суть, сущность** ***core values*** ◦ *Better health care was **at the core of** the senator's campaign.* **2** [C] the hard, central part of certain fruits, such as apples, which contains the seeds **сердцевина 3** [no plural] the centre of a planet **ядро** *the Earth's core* → See also **hard core**

coriander /ˌkɒri'ændəʳ/ **noun** [U] (also US **cilantro**) a herb that is used in cooking **кориандр, кинза**

cork /kɔːk/ **noun 1** [U] a light material obtained from the bark (= outer layer) of a particular type of tree **пробка 2** [C] a small cylindrical piece of this material put in the top of a bottle, especially a wine bottle, to close it **пробка**

corkscrew /'kɔːkskruː/ **noun** [C] a piece of equipment used for pulling corks out of wine bottles **штопор**

corn /kɔːn/ **noun** [U] **1** mainly UK (B1) a crop of grain, or the seed from this crop used to make flour or feed animals **зерновые хлеба, зерно** *fields of corn* **2** US (UK **sweetcorn**) a tall plant with yellow seeds that are cooked and eaten as a vegetable **кукуруза** → See **Fruits and Vegetables** on page Centre 10

corner¹ /'kɔːnəʳ/ **noun** [C] **1** (A2) the point or area where two lines, walls, or roads meet **угол** *There was a television **in the corner** of the room.* ◦ *The pub is **on/at the corner** of Ross Street and Mill Road.* **2** a part of a larger area, often somewhere quiet or far away **уголок** *He lives in a beautiful corner of northern California.* **3** a kick or hit taken from the corner of the field in some games, especially football **угловой удар 4 from/out of the corner of your eye** If you see something out of the corner of your eye, you just see it, but do not look at it directly. **уголком глаза**

IDIOMS **around/round the corner** going to happen soon **скоро, близко** • **cut corners** to do something in the quickest or cheapest way, often harming the quality of your work **делать что-либо быстро, но в ущерб качеству**

corner² /'kɔːnəʳ/ **verb 1** [T] to force a person or animal into a situation or place from which it is hard to escape **загонять в угол** *His attackers cornered him in a dark alley.* **2 corner the market** to become so successful at selling or making a particular product that almost no one else sells or makes it **монополизировать рынок**

cornerstone /'kɔːnəstəʊn/ **noun** [C] something very important that something else depends on **краеугольный камень** *Freedom of speech is **the cornerstone of** democracy.*

cornflakes /'kɔːnfleɪks/ **noun** [plural] a food made from corn (= grain) and eaten with milk for breakfast (= morning meal) **кукурузные хлопья**

corny /'kɔːni/ **adjective** informal repeated too often to be interesting or funny **банальный, избитый** *a **corny joke***

coronary¹ /'kɒrənᵊri/ **adjective** relating to the heart **коронарный** *coronary heart disease*

coronary² /'kɒrənᵊri/ **noun** [C] a heart attack (= when the heart stops working normally) **инфаркт**

coronation /ˌkɒrə'neɪʃᵊn/ **noun** [C] a ceremony at which someone is officially made king or queen **коронация**

coroner /'kɒrənəʳ/ **noun** [C] an official who examines the causes of someone's death, usually if it was violent or sudden **коронер**

Corp noun [C] written abbreviation for corporation (= used after the name of a large company in the United States) **корпорация**

corporal /'kɔːpᵊrᵊl/ **noun** [C] a soldier of low rank in the army or air force **капрал**

ˌcorporal 'punishment noun [U] physical punishment, especially of children, usually by hitting with the hand or a stick **телесное наказание**

corporate /'kɔːpᵊrət/ **adjective** [always before noun] relating to a large company or group **корпоративный** *corporate finance*

corporation /ˌkɔːpᵊr'eɪʃᵊn/ **noun** [C] (B2) a large company or group of companies **корпорация**

corps /kɔːʳ/ **noun** [C] (plural **corps**) **1** a group of people involved in the same job **корпус (дипломатический и т. д.)** *the press/diplomatic corps* **2** a special part of a military force **корпус (войсковое соединение)** *the Air Corps*

corpse /kɔːps/ **noun** [C] a dead person's body **труп**

correct¹ /kə'rekt/ **adjective 1** (A2) accurate, or having no mistakes **правильный** *Check that you have the correct information.* ◦ *Was that the correct answer?* **2** (B1) suitable for a particular situation **правильный, подходящий** *correct behaviour* ◦ *Have you got the correct number of players for the match?*
• **correctly adverb** (B1) **правильно** • **correctness noun** [U] **правильность** → See also **politically correct**

correct² /kə'rekt/ **verb** [T] **1** to make a mistake or problem right or better **исправлять** *The new software finds and corrects any errors on the hard disk.* **2** to improve the quality of something **улучшать** *These contact lenses will help to* *correct your vision.* **3** to show someone the mistakes in something they have said or written **поправлять** *Our teacher normally corrects our pronunciation.*

correction /kəˈrekʃᵊn/ **noun** [C, U] B1 a change to make something right or better, or when you make such a change **исправление** *She* ***made*** *some* ***corrections*** *before handing in the essay.*

> Слова-партнеры к **correction**
>
> make a correction • a **minor/small** correction • a correction **to** sth

corrective /kəˈrektɪv/ **adjective** formal intended to improve or correct something **корректирующий** *corrective surgery/lenses*

correlate /ˈkɒrəleɪt/ **verb** [I, T] If facts or pieces of information correlate, they are connected to each other and influence each other, and if you correlate them, you show their connections. **находиться в соотношении, приводить в соотношение**

correlation /ˌkɒrəˈleɪʃᵊn/ **noun** [C] a connection between two or more things, usually where one causes or influences the other **соотношение, взаимосвязь** *The research showed a* ***close correlation between*** *smoking and lung cancer.*

> Слова-партнеры к **correlation**
>
> a **clear/close/direct/high/strong** correlation • a correlation **between** sth and sth

correspond /ˌkɒrɪˈspɒnd/ **verb** [I] **1** B2 to be the same or very similar **соответствовать** *The newspaper story does not* ***correspond with/to*** *what really happened.* **2** B2 to communicate with someone by writing letters **переписываться**

correspondence /ˌkɒrɪˈspɒndəns/ **noun** **1** [U] letters or emails from one person to another, or the activity of writing and receiving letters or emails **переписка** *business correspondence* **2** [C, U] when there is a connection or similarity between two or more things **соответствие**

correspondent /ˌkɒrɪˈspɒndᵊnt/ **noun** [C] **1** someone who reports news for newspapers, television, or radio, usually from another country **корреспондент** **2** someone who writes letters, usually regularly **человек, с которым ведется переписка**

corresponding /ˌkɒrɪˈspɒndɪŋ/ **adjective** [always before noun] similar or related **соответствующий** *Draw a line between the words with corresponding meanings.*

corridor /ˈkɒrɪdɔːʳ/ **noun** [C] B2 a passage in a building or train with rooms on one or both sides **коридор**

corroborate /kəˈrɒbᵊreɪt/ **verb** [T] formal to say something or provide information that supports what someone says **подтверждать** *A witness corroborated his account of the accident.*
• **corroboration** /kəˌrɒbəˈreɪʃᵊn/ **noun** [U] **подтверждение**

corrode /kəˈrəʊd/ **verb** **1** [I, T] If metal corrodes, or rain or chemicals corrode it, it is slowly damaged by them. **разъедать, ржаветь** *Rain corroded the metal pipes.* **2** [T] to slowly damage someone or something **уродовать (душу)** *He was corroded by guilt.*
• **corrosion** /kəˈrəʊʒᵊn/ **noun** [U] **коррозия** • **corrosive** /kəˈrəʊsɪv/ **adjective** **коррозийный** *Acid rain is* ***highly corrosive.***

corrugated /ˈkɒrəgeɪtɪd/ **adjective** [always before noun] Corrugated metal or cardboard has parallel rows of folds that look like waves. **рифленый, гофрированный** *a corrugated iron roof*

corrupt¹ /kəˈrʌpt/ **adjective** **1** dishonest or illegal **коррумпированный** *a corrupt government* **2** If information on a computer is corrupt, it has been damaged or spoiled. **испорченный** *corrupt files*

corrupt² /kəˈrʌpt/ **verb** [T] **1** to make someone or something become dishonest or immoral **развращать, портить** [often passive] *He became corrupted by power and money.* **2** to damage information on a computer **портить, повреждать**

corruption /kəˈrʌpʃᵊn/ **noun** [U] **1** dishonest or immoral behaviour, usually by people in positions of power **коррупция** *He was arrested for corruption and bribery.* **2** when you cause someone or something to become dishonest or immoral **развращение, моральное разложение** *the corruption of innocent young children*

corset /ˈkɔːsət/ **noun** [C] a tight piece of underwear worn by women to make themselves look thinner, especially in the past **корсет**

cosmetic /kɒzˈmetɪk/ **adjective** **1** intended to improve your appearance **косметический** **2** involving only small changes or improvements that will not solve a problem **поверхностный** *Critics claimed that the changes were only cosmetic.*

cosmetics /kɒzˈmetɪks/ **noun** [plural] substances that you put on your face or body to improve your appearance **косметика**

cosˌmetic ˈsurgery **noun** [U] a medical operation to make someone more attractive **косметическая операция**

cosmic /ˈkɒzmɪk/ **adjective** relating to the whole universe **космический** *cosmic rays*

cosmopolitan /ˌkɒzməˈpɒlɪtᵊn/ **adjective** **1** consisting of people and things from many different countries **многонациональный** *London is a very* ***cosmopolitan city.*** **2** having experience of many different countries or cultures **космополитический** *a dynamic, cosmopolitan businesswoman*

the cosmos /ˈkɒzmɒs/ **noun** the whole universe **космос**

cost¹ /kɒst/ **noun** **1** [C, U] A2 the amount of money that you need to buy or do something **цена, стоимость** *The cruise ship was built* ***at a***

C

cost of** $400 million.* ◦ *Software is included at* ***no extra cost. ◦ *The* ***cost of living*** *(= the cost of food, clothes, etc) has increased.* **2** [no plural] B2 something that you give or lose, in order to get or achieve something else **цена, расплата** *He rescued four people* ***at the cost of*** *his own life.* **3 at all costs** B2 If something must be done at all costs, it is very important that it is done. **любой ценой** *We have to succeed at all costs.* **4 to your cost** UK because of a bad experience you have had **по горькому опыту** *An ankle injury can last a long time, as I know to my cost.*

> Слова-партнеры к **cost**
>
> the cost of sth • **at a cost of** [£500/$1000, etc] • the **high/low** cost of sth • **cover the** cost of (doing) sth • **cut/reduce** costs • **at no extra cost** • the cost of **living**

cost² /kɒst/ **verb** (past tense and past participle **cost**) **1** [T] A2 If something costs a particular amount of money, you have to pay that in order to buy or do it. **стоить** *How much do these shoes cost?* ◦ [+ to do sth] ***It costs*** *$5 to send the package by airmail.* ◦ [+ two objects] *It's going to cost me a lot of money to buy a new car.* **2** [+ two objects] B2 to make someone lose something **стоить** *His lazy attitude cost him his job.*

cost³ /kɒst/ **verb** [T] to calculate the amount of money needed to do or make something **оценивать** *The building work has been costed at $30,000.*

co-star¹ /ˈkəʊstɑːʳ/ **noun** [C] one of two famous actors who both have important parts in a particular film **звезда, снимающаяся в фильме вместе с другой звездой**

co-star² /kəʊˈstɑːʳ/ (US) /ˈkəʊstɑːr/ **verb** (present participle **co-starring**, past tense and past participle **co-starred**) **1** [T] If a film, play, etc co-stars two or more famous actors, they are in it. **играть одну из главных ролей** **2** [I] to be in a film, play, etc with another famous actor **сниматься вместе с другой звездой** *Hugh Grant* ***co-stars with*** *Julia Roberts in 'Notting Hill'.*

cost-cutting /ˈkɒstˌkʌtɪŋ/ **noun** [U] actions that reduce the amount of money spent on something **снижение затрат, снижающий затраты** ***cost-cutting measures/****strategies*

cost-effective /ˌkɒstɪˈfektɪv/ **adjective** If something is cost-effective, it achieves good results for little money. **эффективный по затратам, рентабельный**

costly /ˈkɒstli/ **adjective** **1** expensive **дорогой (о цене)** [+ to do sth] *It would be too costly to build a swimming pool.* **2** causing a lot of problems, or causing you to lose something important **дорого обошедшийся** *a costly mistake*

costume /ˈkɒstjuːm/ **noun** **1** [C, U] B2 a set of clothes that someone wears to make them look like someone or something else, for example in a play **костюм** *actors in costume* ◦ *He arrived at the party dressed in a gorilla costume.* **2** [U] B2 a set of clothes that are typical of a particular country or time in history **костюм** *Japanese national costume* → See also **swimming costume**

cosy UK (US **cozy**) /ˈkəʊzi/ **adjective** B1 comfortable and warm **уютный**

cot /kɒt/ **noun** [C] UK (US **crib**) a bed with high sides for a baby **детская кроватка**

ˈcot ˌdeath **noun** [C, U] UK (US **SIDS**) the sudden death of a sleeping baby for no obvious reason **внезапная смерть младенца**

cottage /ˈkɒtɪdʒ/ **noun** [C] B1 a small house, usually in the countryside **коттедж**

ˌcottage ˈcheese **noun** [U] a soft, white cheese with small lumps in it **творог**

cotton /ˈkɒtᵊn/ **noun** [U] **1** B1 cloth or thread that is produced from the cotton plant **хлопок** *a cotton shirt/dress* **2** a plant that produces a soft, white substance used for making thread and cloth **хлопчатник** **3** US (UK **cotton wool**) a soft mass of cotton, usually used for cleaning your skin **вата** → See **The Bathroom** on page Centre 3

ˌcotton ˈwool **noun** [U] UK (US **cotton**) a soft mass of cotton, usually used for cleaning your skin **вата** → See **The Bathroom** on page Centre 3

couch¹ /kaʊtʃ/ **noun** [C] a long, comfortable piece of furniture that two or more people can sit on **диван**

couch² /kaʊtʃ/ **verb be couched in/as sth** to be expressed in a particular way **формулировать, излагать** *His explanation was* ***couched in*** *technical language.*

ˈcouch poˌtato **noun** [C] UK humorous a person who is not active and spends a lot of time watching television **человек, беспрерывно смотрящий телевизор**

cough¹ /kɒf/ **verb** [I] B1 to make air come out of your throat with a short sound **кашлять**

PHRASAL VERBS **cough sth up** to make something come out of your lungs or throat by coughing **харкать** *Doctors were worried when she started* ***coughing up blood.*** • **cough (sth) up** informal to give money to someone although you do not want to **выкладывать денежки, раскошеливаться**

cough² /kɒf/ **noun** [C] **1** B1 when you cough, or the sound this makes **кашель** **2** B1 an illness that makes you cough a lot **кашель** *Uwe* ***has*** *a nasty* ***cough.*** → See also **whooping cough**

could strong /kʊd/ weak /kəd/ **modal verb** **1** A2 used as the past form of 'can' to talk about what someone or something was able or allowed to do **прош. вр. гл. can** *I couldn't see what he was doing.* ◦ *You said we could watch television when we'd finished our homework.* **2** B1 used to talk about what is possible or might happen **может, мог бы** *The baby could arrive any day now.* ◦ *This kind of crime could easily be prevented.* ◦ *She could have (= might have) been seriously injured.* **3** A2 used to ask someone politely to do or provide something **вы не могли бы ...? можно мне ...?** *Could you lend me £5?* ◦ *Could I have another drink?* **4** B1 used to ask politely for permission to do something **можно мне ...? могу я ...?** *Could I speak to Mr Davis, please?* **5** B1 used to make a suggestion **вы могли бы ...** *You could try painting it a different colour.* **6 I could (have)** used when you feel so happy, sad, angry, etc that you would like to do something **со словами, выражающими эмоции, передает желание, склонность, готов был, хотелось** *I was so grateful I could have kissed her!* → See Study Page **Modal verbs** on page Centre 22

couldn't /ˈkʊdᵊnt/ short for could not **сокращ. от could not** *I couldn't understand what he was saying.*

could've /ˈkʊdəv/ short for could have **выражает неосуществленную возможность, предположение, могло бы, может** *It could've been much worse.*

council, Council /ˈkaʊnsᵊl/ noun [C] **1** B2 a group of people who are elected to control a town, city, or area **городской или местный совет** *Edinburgh City Council* ◦ *a council meeting* **2** a group of people who are elected or chosen to give advice or make decisions **совет** *the Medical Research Council* **3 a council house/flat** in the UK a house or flat that is owned by a city or town council and rented to people **дом, принадлежащий муниципальному совету и сдаваемый жильцам**

council eˌstate noun [C] UK (US **housing project**) a part of a city with council houses and flats (= homes owned by a council and rented to people) **микрорайон, застроенный муниципальными домами** *a Birmingham council estate*

councillor UK (US **councilor**) /ˈkaʊnsᵊləʳ/ **noun** [C] a member of a town, city, or area council **член городского или местного совета**

counsel¹ /ˈkaʊnsᵊl/ **noun 1** [C] a lawyer (= someone who advises people about the law and deals with legal situations) who speaks for someone in court **адвокат 2** [U] literary advice **совет**

counsel² /ˈkaʊnsᵊl/ **verb** [T] (present participle UK **counselling**, past tense and past participle **counselled**, present participle US **counseling**, past tense and past participle **counseled**) **1** formal to advise someone to do something **советовать** [+ to do sth] *Lawyers had counselled him not to say anything.* **2** to give advice to someone who has problems **советовать**

counselling UK (US **counseling**) /ˈkaʊnsəlɪŋ/ **noun** [U] the job or process of listening to someone and giving them advice about their problems **консультация** *a counselling service*

counsellor UK (US **counselor**) /ˈkaʊnsələʳ/ **noun** [C] someone whose job is to listen to people and give them advice about their problems **советник, консультант**

count¹ /kaʊnt/ **verb 1** [T] B1 to see how many people or things there are **считать, подсчитывать** *I counted the money on the table.* **2** [I] B1 to say numbers in their correct order **считать** *Can you count to twenty in French?* **3** [T] to think of someone or something in a particular way **считать, полагать** *She **counted** Tim **as** her closest friend.* ◦ *You should **count yourself lucky** you weren't hurt.* **4** [I] B2 to be important **иметь значение** *I believe that health and happiness count more than money.* ◦ *Doesn't my opinion **count for** anything?* **5** [T] to include something or someone in a calculation **включать** *There are 1500 people at my school, counting teachers.* **6** [I] to be accepted or allowed as part of something **принимать в расчет, засчитывать** *I've been to sixteen different countries, but I only spent half an hour in Luxembourg, so that doesn't really count.*

PHRASAL VERBS **count against sb/sth** to make someone or something more likely to fail **иметь отрицательное значение** *She's got the qualifications for the job, but her lack of experience will count against her.* • **count sb in** to include someone in an activity **включать в компанию, брать с собой** *If you're going for a pizza, you can count me in.* • **count on sb** B2 to be confident that you can depend on someone **рассчитывать, полагаться на кого-либо** *I can always count on my parents to help me.* • **count on sth** B2 to expect something to happen and make plans based on it **рассчитывать, предполагать** *I didn't count on so many people coming to the party.* • **count sth out** to count coins or pieces of paper money one by one as you put them down **отсчитывать** *She counted out five crisp $20 bills.* • **count sb out** to not include someone in an activity **исключать** • **count towards sth** to be part of what is needed to complete something or achieve something **засчитывать(ся)** *This essay counts towards my exam result.* • **count up sb/sth** to add together all the people or things in a group **подсчитывать**

count² /kaʊnt/ **noun 1** [C] when you count something, or the total number you get after counting **подсчет** [usually singular] *At the last count there were 410 club members.* **2 lose count** to forget how many of something there is **потерять счет** *I've **lost count of** the number of times she's arrived late.* **3 on all/both/several, etc counts** in all, both, several, etc parts of a situation, argument, etc **во всех отношениях/в обоих/нескольких и т. д. случаях** *I had been wrong **on both counts**.* **4** [C] (also **Count**) a man of high social rank in some European countries **граф 5** [C] one of the times that someone has been accused of a particular crime **пункт обвинения** *He was charged with two counts of assault.* → See also **pollen count**

countable noun /ˌkaʊntəbᵊlˈnaʊn/ **noun** [C] (also ˈ**count** ˌ**noun**) B1 a noun that has both plural and singular forms **исчисляемое имя**

C

существительное → See Study Page **Countable and uncountable nouns** on page Centre 20

countdown /ˈkaʊntdaʊn/ **noun** [C] the time just before an important event when people are counting the time until it happens **отсчет времени перед стартом, обратный отсчет** [usually singular] *The **countdown to** the Olympics has begun.*

countenance¹ /ˈkaʊntᵊnəns/ **noun** [C] literary the appearance or expression of someone's face **выражение лица**

countenance² /ˈkaʊntᵊnəns/ **verb** [T] formal to accept that something should happen **допускать** *They will not countenance building a new airport.*

counter¹ /ˈkaʊntəʳ/ **noun** [C] **1** B2 the place in a shop, bank, etc, where people are served **прилавок, касса** *The woman **behind the counter** took his money.* **2** US a flat surface in a kitchen on which food can be prepared **кухонный рабочий стол** **3** a small disc used in some games that are played on a board **фишка**

counter- /kaʊntəʳ-/ **prefix** opposing or as a reaction to **контр-, противо-** *a counter-attack (= an attack on someone who has attacked you)*

counter² /ˈkaʊntəʳ/ **verb** [T] **1** to prevent something or reduce the bad effect that it has **противодействовать** *This skin cream claims to counter the effects of sun damage.* **2** to say something to show that what someone has just said is not true **возражать** *"Of course I love him," Clare countered.*

counter³ /ˈkaʊntəʳ/ **adverb be/run counter to sth** to have the opposite effect to something else **противоречить чему-либо** *The new road plans run counter to the government's aim of reducing pollution.*

counteract /ˌkaʊntᵊrˈækt/ **verb** [T] to reduce the bad effect that something else has **противодействовать** *drugs that counteract the effects of sea sickness*

counter-attack /ˈkaʊntərəˌtæk/ **noun** [C] an attack that you make against someone who has attacked you in a sport, war, or argument **контратака**

• **counter-attack verb** [I, T] **контратаковать**

counterclockwise /ˌkaʊntəˈklɒkwaɪz/ **adjective, adverb** US (UK **anti-clockwise**) in the opposite direction to the way the hands (= parts that point to the numbers) of a clock move **против часовой стрелки** → See picture at **clockwise**

counterfeit /ˈkaʊntəfɪt/ **adjective** made to look like the real thing, in order to trick people **поддельный, фальшивый** *counterfeit money/ jewellery*

counterpart /ˈkaʊntəpɑːt/ **noun** [C] someone or something that has the same job or position as someone or something in a different place or organization **лицо, занимающее аналогичный пост в другой организации**

counterproductive /ˌkaʊntəprəˈdʌktɪv/ **adjective** having the opposite effect from the one you want **приводящий к обратным результатам**

countess /ˈkaʊntɪs/ **noun** [C] a woman who has a high social rank in some European countries, especially the wife of an earl or count (= man of high social rank) **графиня** *the Countess of Abingdon*

countless /ˈkaʊntləs/ **adjective** [always before noun] very many **бесчисленный** *The song has been played **countless times** on the radio.*

country¹ /ˈkʌntri/ **noun 1** A1 [C] an area of land that has its own government, army, etc **страна** *European countries* **2 the country a** A2 the areas that are away from towns and cities **деревня, сельская местность** **b** the people who live in a country **население страны** *The country was shocked by the President's decision.*

country² /ˈkʌntri/ **adjective** [always before noun] in or relating to the areas that are away from towns and cities **загородный, деревенский** *country roads/hotels*

countryman /ˈkʌntrɪmən/ **noun** [C] (plural **countrymen**) someone from the same country as you **соотечественник**

ˌcountry ˈmusic noun [U] (also **ˌcountry and ˈwestern**) a style of popular music from the southern and western US **музыка в стиле кантри**

countryside /ˈkʌntrɪsaɪd/ **noun** [U] A2 land that is not in towns or cities and has farms, fields, forests, etc **сельская местность** → See Note **nature**

county /ˈkaʊnti/ **noun** [C] B2 an area of Britain, Ireland, or the US that has its own local government **графство**

coup /kuː/ **noun** [C] **1** (also **coup d'état** /ˌkuːdeɪˈtɑː/) when a group of people suddenly takes control of a country using force **государственный переворот** *a **military coup*** **2** an important achievement, often one that was not expected **успех, удача** *The award is a **major coup** for the university.*

couple¹ /ˈkʌpl/ **noun 1** [no plural] B1 two or a few **несколько, пара** *I went to New York with **a couple of** friends.* ◦ *The weather has improved over the last **couple of** weeks.* **2** [C] B1 two people who are married or having a romantic relationship **пара, чета** *a **married couple***

couple² /ˈkʌpl/ **verb coupled with sth** combined with something else **в сочетании с чем-либо** *Concern about farming methods, coupled with health awareness, have led to a fall in meat consumption.*

coupon /ˈkuːpɒn/ **noun** [C] **1** a piece of printed paper that you can use to buy something at a cheaper price or to get something free **купон** *Collect 10 coupons to get a free meal.* **2** a printed form in a magazine or newspaper, that you use to send for information, enter a competition, etc **купон, бланк**

courage /ˈkʌrɪdʒ/ **noun** [U] B2 the ability to deal with dangerous or difficult situations without being frightened **храбрость** [+ to do sth] *She didn't **have the courage** to tell him the truth.*

IDIOM **pluck up the courage (to do sth)** to decide to do something that you were too frightened to do before **собрать все свое мужество**

Слова-партнеры к **courage**

have the courage to do sth • show courage • sth takes courage • great/immense/ personal courage

courageous /kəˈreɪdʒəs/ **adjective** brave **храбрый**
• **courageously adverb храбро**

courgette /kɔːˈʒet/ **noun** [C, U] UK (US **zucchini**) B2 a long, green vegetable which is white inside **кабачок (овощ)**

courier /ˈkʊriəʳ/ **noun** [C] **1** someone whose job is to take and deliver documents and parcels **курьер 2** UK someone whose job is to look after people who are on holiday **сопровождающий**

course /kɔːs/ **noun 1 of course a** A1 used to say 'yes' and emphasize your answer **конечно!** *"Can you help me?" "Of course!"* **b** B1 used to show that what you are saying is obvious or already known **разумеется, естественно** *Of course, the Olympics are not just about money.* **2 of course not** A2 used to say 'no' and emphasize your answer **конечно, нет!** *"Do you mind if I borrow your pen?" "Of course not."* **3** [C] A1 a series of lessons about a particular subject **курс обучения** *She did a ten-week course in computing.* **4** [C] A2 a part of a meal **блюдо** *a three-course dinner* **5** [C] B1 an area used for horse races or playing golf **скаковой круг, площадка** *a golf course* **6** [C] mainly UK a fixed number of regular medical treatments **курс лечения** *a course of antibiotics* **7** [C, U] the direction in which a ship, aircraft, etc is moving **курс (направление)** *During the storm, the boat was blown **off course** (= in the wrong direction).* **8** [C] (also ˌ**course of ˈaction**) something that you can do in a particular situation **линия поведения** *I think the best course of action would be to write to him.* **9 during/in/over the course of sth** during a particular time or activity **в процессе, в ходе чего-либо** *In the course of the interview she mentioned her previous experience.* **10 in due course** B2 at a suitable time in the future **в свое/должное время** *The results will be sent to you in due course.* **11** [no plural] the way something develops, usually over a long time **ход развития** *Nuclear weapons have changed **the course of** modern history.* **12 in the course of time** UK gradually, or over a period of time **с течением времени 13 be on course for sth/to do sth** UK to be very likely to succeed at something **быть на верном пути к чему-либо 14 run its course** If something runs its course, it continues naturally until it has finished. **продвигаться должным образом, идти своим чередом** → See also be on a **collision** course, **crash course**, be **par** for the course

coursebook /ˈkɔːsbʊk/ **noun** [C] UK a book used by students when they do a particular course of study **учебник**

coursework /ˈkɔːswɜːk/ **noun** [U] UK work done by students as part of their course of study **курсовая работа**

court¹ /kɔːt/ **noun** [C, U] **1** B2 the place where a judge decides whether someone is guilty of a crime **суд** *The suspect appeared **in court** charged with robbery.* ◦ *You can **take them to court** (= make them be judged in court) if they don't pay.* **2 the court** the judge and group of people at a trial who decide whether someone is guilty of a crime **суд 3** B1 an area for playing particular sports **корт, площадка** *a tennis/basketball court* **4** the official home of a king or queen and the people who live with them **двор (королевский)** → See also **High Court**, **the supreme court**

court² /kɔːt/ **verb 1** [T] to try to please someone because you want them to support you or join you **переманивать, обхаживать** *Adams is being courted by several football clubs.* **2** [T] to try to get or achieve something **добиваться** *to court investment/publicity* **3** [I, T] old-fashioned to have a romantic relationship with someone you hope to marry **встречаться (о влюбленных) 4 court controversy/danger/disaster, etc** to behave in a way that risks bad results **навлекать на себя конфликт/опасность/беду и т. д.**

courteous /ˈkɜːtiəs/ **adjective** polite and showing respect **любезный, учтивый**
• **courteously adverb любезно, учтиво**

courtesy /ˈkɜːtəsi/ **noun 1** B2 [U] behaviour that is polite and shows respect, or a polite action or remark **внимание, любезность** *The hotel treats all guests with courtesy.* ◦ [+ to do sth] *He didn't even **have the courtesy** to thank me.* **2 (by) courtesy of sb/sth** If you have something courtesy of someone, they have allowed you to have it. **с любезного разрешения** *The photograph is courtesy of the Natural History Museum.*

courthouse /ˈkɔːthaʊs/ **noun** [C] (plural **courthouses** /ˈkɔːthaʊzɪz/) mainly US a building with law courts inside it **здание суда**

courtier /ˈkɔːtiəʳ/ **noun** [C] someone who spent a lot of time in the home of a king or queen in the past **придворный**

court-martial¹ /ˌkɔːtˈmɑːʃəl/ **noun** [C] a military court, or a trial in a military court **трибунал**

court-martial² /ˌkɔːtˈmɑːʃəl/ **verb** [T] to judge

someone in a military court **предавать военному суду**

ˈcourt ˌorder noun [C] an instruction from a law court that someone must do or not do something **предписание суда**

courtroom /ˈkɔːtrʊm/ **noun** [C] the room where a judge and other people decide whether someone is guilty of a crime **зал суда**

courtship /ˈkɔːtʃɪp/ **noun** [C, U] formal the time when people have a romantic relationship with the intention of getting married **ухаживание**

courtyard /ˈkɔːtjɑːd/ **noun** [C] an open area by a building with walls or buildings around it **внутренний двор**

cousin /ˈkʌzᵊn/ **noun** [C] A2 the child of your aunt or uncle **двоюродный брат, двоюродная сестра**

couture /kuːˈtjʊəʳ/ **noun** [U] the design, making, and selling of expensive and fashionable clothes **моделирование и пошив одежды высокого класса**

cove /kəʊv/ **noun** [C] a place on the coast where the land curves in **бухта**

covenant /ˈkʌvᵊnənt/ **noun** [C] a formal written agreement **договор, соглашение**

cover¹ /ˈkʌvəʳ/ **verb** [T] **1** A2 to put something over something else, in order to protect or hide it **накрывать, закрывать** *They covered him with a blanket.* ◦ *He covered his face with his hands.* → Opposite **uncover** **2** B1 to form a layer on the surface of something **покрывать** *Snow covered the trees.* ◦ *My legs were **covered in/with** mud.* **3** B2 to travel a particular distance **покрывать (расстояние), проезжать** *We covered 700 kilometres in four days.* **4** B2 to be a particular size or area **охватывать, распространяться** *The town covers an area of 10 square miles.* **5** B1 to include or deal with a subject or piece of information **охватывать, включать** *The book covers European history from 1789-1914.* **6** B2 to report on an event for a newspaper, television programme, etc **освещать (событие)** *Dave was asked to cover the Olympics.* **7** to be enough money to pay for something **покрывать (расходы)** *£100 should cover the cost of the repairs.* **8** to provide financial protection if something bad happens **страховать** *travel insurance that covers accident and injury* → See also touch/cover all the bases (**base¹**)

PHRASAL VERBS **cover sth up** to put something over something else, in order to protect or hide it **прятать, скрывать** • **cover (sth) up** to stop people from discovering the truth about something bad **скрывать** *She tried to cover up her mistakes.*

cover² /ˈkʌvəʳ/ **noun** **1** [C] B1 the outer part of a book, magazine, etc, that protects the pages **обложка** *Her picture was **on the cover** of 'Vogue' magazine.* **2** [C] B1 something you put over something else, usually to protect it **чехол, футляр** *an ironing board cover* ◦ *a lens cover* **3** [U] financial protection so that you get money if something bad happens **страхование** *The policy provides £50,000 accidental damage cover.* **4** [U] protection from bad weather or an attack **укрытие, убежище** *They **took cover** under some trees until the rain stopped.* **5** [C] something used to hide a secret or illegal activity **прикрытие** *The club is used as a **cover for** a gang of car thieves.*

coverage /ˈkʌvᵊrɪdʒ/ **noun** [U] **1** the way a newspaper, television programme, etc reports an event or subject **репортаж** *There is **live coverage** of the game on cable TV.* **2** mainly US financial protection so that you get money if something bad happens **сумма, покрываемая страхованием**

coveralls /ˈkʌvərɔːlz/ **noun** [plural] US (UK **overalls**) a piece of clothing that you wear over your clothes to keep them clean while you are working **рабочий комбинезон**

covering /ˈkʌvərɪŋ/ **noun** [C] a layer that covers something **слой, покров** *a thick covering of snow*

ˌcovering ˈletter noun [C] UK (US **ˈcover ˌletter**) a letter that you send with something to explain what it is or to give more information about it **сопроводительное письмо**

covers /ˈkʌvəz/ **noun** [plural] the sheets and other layers of cloth on your bed that keep you warm **одеяло**

covert /ˈkəʊvɜːt/ **adjective** done in a secret way **тайный** *covert police operations*
• **covertly adverb тайно**

cover-up /ˈkʌvərʌp/ **noun** [C] an attempt to prevent people finding out the truth about a crime or a mistake **сокрытие, укрывательство** *Police denied accusations of a cover-up.*

ˈcover ˌversion noun [C] a recording of a song already recorded by someone else **запись песни, изначально исполнявшейся другим певцом** *a cover version of 'Let It Be'*

covet /ˈkʌvɪt/ **verb** [T] formal to want something very much, especially something that someone else has **жаждать**

cow /kaʊ/ **noun** [C] **1** A1 a large farm animal kept for milk or meat **корова** **2** UK informal an offensive word for a woman **корова**

coward /kaʊəd/ **noun** [C] B2 someone who is not brave and tries to avoid dangerous or difficult situations **трус**

cowardice /ˈkaʊədɪs/ **noun** [U] behaviour that shows that someone is not brave **трусость**

cowardly /ˈkaʊədli/ **adjective** B2 behaving in a way that shows you are not brave **трусливый**

cowboy /ˈkaʊbɔɪ/ **noun** [C] **1** a man whose job is to look after cattle (= animals such as cows) in the US, and who usually rides a horse **ковбой** **2** UK informal someone who does their job badly or who is dishonest in business **безответственный человек** *cowboy builders*

ˈcowboy ˌboots noun [C] a type of boots with

pointed toes, first worn by cowboys **ковбойские сапоги** → See **Clothes** on page Centre 9

ˈcowboy ˌhat **noun** [C] a type of hat with a high top and a wide lower edge, first worn by cowboys **ковбойская шляпа**

cower /kaʊəʳ/ **verb** [I] to bend down or move back because you are frightened **съеживаться (от страха)**

co-worker /ˌkəʊˈwɜːkəʳ/ **noun** [C] mainly US someone that you work with **коллега**

coy /kɔɪ/ **adjective 1** not wanting to give people information about something **скрытный** *Nigel's very coy about how much he earns.* **2** pretending to be shy **жеманный** *a coy look*
• **coyly** **adverb** **скрытно, жеманно**

coyote /kaɪˈəʊti/ **noun** [C] a wild animal similar to a dog, that lives in North America **койот**

cozy /ˈkəʊzi/ **adjective** US spelling of cosy **уютный**

crab /kræb/ **noun** [C, U] (B2) a sea creature with ten legs and a round, flat body covered by a shell, or the meat from this animal **краб**

crack¹ /kræk/ **verb 1** [I, T] (B2) to break something so that it does not separate, but very thin lines appear on its surface, or to become broken in this way **треснуть, трескаться** *The concrete had started to crack.* ◦ *cracked dishes* **2** [T] to open an egg or nut by breaking its shell **разбивать, раскалывать** **3** [T] to hit a part of your body against something hard, by accident **ударять(ся)** *He cracked his head on the cupboard door.* **4** [T] informal to solve a difficult problem **расшифровывать, разгадывать** *It took three months to crack the enemy's code.* **5 get cracking** informal to start doing something quickly **энергично браться за дело, пошевеливаться** **6** [I] to lose control of your emotions and be unable to deal with a situation **сорваться, дойти до ручки** *He finally cracked after years of stress.* **7** [I, T] to make a sudden, short noise, or to cause something to make this noise **трещать, щелкать** **8 crack a joke** to tell a joke **отпустить шутку**

IDIOM **not all it's cracked up to be** (also **not as good as it's cracked up to be**) not as good as people think or say **не так хорошо, как принято считать** *Being an actor isn't all it's cracked up to be.*

PHRASAL VERBS **crack down** to start dealing with bad or illegal behaviour in a more severe way **принимать суровые меры** *Police are **cracking down on** crime in the area.* • **crack up** informal to become mentally ill **дойти до нервного срыва** • **crack (sb) up** informal to suddenly laugh a lot, or to make someone suddenly laugh a lot **лопаться от смеха, рассмешить**

crack² /kræk/ **noun 1** [C] a line on the surface of something that is damaged **трещина** *Several cups had cracks in them.* **2** [C] a narrow space between two parts of something or between two things **щель** *I could see sunlight through a crack in the curtains.* **3** [U] an illegal drug that is very harmful **крэк** **4** [C] a sudden, short noise **треск, удар** *a **crack of thunder*** **5** [C] an unkind joke or remark **саркастическое замечание** *He was always **making cracks about** my weight.* **6 have/take a crack at sth** informal to try to do something **делать попытку** *I've never put up shelves before, but I'll have a crack at it.*

IDIOM **the crack of dawn** very early in the morning **рассвет** *He gets up at the crack of dawn.*

crack³ /kræk/ **adjective** [always before noun] of the highest quality **отборный, первоклассный** *a crack regiment*

crackdown /ˈkrækdaʊn/ **noun** [C] when bad or illegal behaviour is dealt with in a very severe way, in order to stop it happening **крутые меры** *The police are having **a crackdown on** speeding.*

> **Слова-партнеры к crackdown**
> **announce/call for/launch/order** a crackdown • a crackdown **on sth** • a **tough** crackdown • a **government/police** crackdown

cracker /ˈkrækəʳ/ **noun 1** [C] a dry biscuit that you eat with cheese **крекер, сухое печенье** **2** [C] (also **Christmas cracker**) a coloured paper tube with a small toy inside, that people pull open at Christmas (= a Christian holiday) in the UK **хлопушка** **3** [no plural] UK informal someone or something that is very good **великолепный, первоклассный**

crackle /ˈkrækl/ **verb** [I] to make a lot of short, dry noises **потрескивать** *A fire crackled in the hearth.*
• **crackle** **noun** [no plural] **потрескивание**

cradle¹ /ˈkreɪdl/ **noun 1** [C] a baby's bed, especially one that swings from side to side **колыбель** **2** [C] the part of a telephone that holds the receiver (= the part of a telephone that you hold in your hand and use to listen and speak) **рычаг (телефона)** **3** [C] a small stand that holds a mobile phone **подставка для мобильного телефона** **4 the cradle of sth** the place where something started **колыбель** *Massachusetts, the cradle of the American Revolution*

cradle² /ˈkreɪdl/ **verb** [T] to hold someone or something in a careful, gentle way **качать на руках, убаюкивать** *He **cradled** her **in** his arms.*

craft¹ /krɑːft/ **noun 1** [C, U] (B2) an activity in which you make something using a lot of skill, especially with your hands **ремесло** *traditional crafts such as weaving* **2** [C] (plural **craft**) a boat **судно**

craft² /krɑːft/ **verb** [T] to make something using a lot of skill **искусно создавать** [often passive] *a bowl that was beautifully crafted from wood*

craftsman /ˈkrɑːftsmən/ **noun** [C] (plural **crafts-**

men) someone who uses special skill to make things, especially with their hands **искусный мастер, ремесленник**
• **craftsmanship** noun [U] skill at making things **мастерство**

C

crafty /ˈkrɑːfti/ **adjective** clever at getting what you want, especially by deceiving people **хитрый, коварный**
• **craftily** adverb **хитро, коварно**

crag /kræg/ **noun** [C] a high, rough mass of rock that sticks up from the land around it **скала, утес**

cram /kræm/ **verb** (present participle **cramming**, past tense and past participle **crammed**) **1 cram sth between/in/into, etc** to force things into a small space **набивать битком, впихивать** *The refugees were crammed into the truck.* **2** [I] to study a lot before an exam **зубрить**

crammed /kræmd/ **adjective** completely full of people or things **набитый битком, переполненный** *crammed commuter trains* ◦ *The room was* ***crammed with*** *boxes.*

cramp /kræmp/ **noun** [C, U] a sudden, strong pain in a muscle that makes it difficult to move **спазм** *I've got cramp in my legs.*

cramped /kræmpt/ **adjective** A cramped room, building, etc is unpleasant because it is not big enough. **тесный**

cranberry /ˈkrænbəri/ **noun** [C] a small, red berry (= soft fruit) with a sour taste **клюква**

crane¹ /kreɪn/ **noun** [C] **1** a large machine used for lifting and moving heavy things **подъемный кран** **2** a bird with long legs and a long neck **журавль**

crane² /kreɪn/ **verb** [I, T] to stretch your neck, in order to see or hear something **вытягивать шею**

crank /kræŋk/ **noun** [C] **1** informal someone with strange ideas or behaviour **чудак** **2** a handle that you turn to make a machine work **рычаг**

crap¹ /kræp/ **noun** [U] very informal a very impolite word for something that you think is wrong or bad **чушь, дерьмо** *He was talking a lot of crap!*

crap² /kræp/ **adjective** (**crapper**, **crappest**) UK very informal (UK/US **crappy** /ˈkræpi/) a very impolite word for describing things that are very bad in quality **дрянной, дерьмовый** *a crap car/job*

crash¹ /kræʃ/ **noun** [C] **1** B1 an accident in which a vehicle hits something **авария, крушение** *a* ***car/plane crash*** **2** B2 a sudden, loud noise made when something falls or breaks **грохот** *I heard a crash and hurried into the kitchen.* **3** when a computer or computer system suddenly stops working **сбой** **4** when the value of a country's businesses suddenly falls by a large amount **крах** *He lost a lot of money in the stock market crash of 1929.*

> **Слова-партнеры к crash**
> have/be involved in a crash • be **injured in**/**killed in** a crash • the **cause of** a crash • a crash **victim** • a car/plane/train crash

crash² /kræʃ/ **verb** **1** [I, T] B1 If a vehicle crashes, it hits something by accident, and if you crash a vehicle, you make it hit something by accident. **врезаться, разбивать(ся)** *The van skidded and* ***crashed into*** *a tree.* ◦ *Rick crashed his dad's car.* **2** [I] B2 If a computer or computer system crashes, it suddenly stops working. **зависать, давать сбой** **3 crash against/on/through, etc** to hit something and make a loud noise **ударяться с грохотом** *The waves crashed against the rocks.* **4** [I] B2 to make a sudden, loud noise **грохотать** *Thunder crashed overhead.* **5** [I] If a financial market crashes, prices suddenly fall by a large amount. **терпеть крах**

ˈcrash ˌbarrier **noun** [C] UK a fence along the middle or edge of a road for preventing accidents **разделительный барьер**

ˈcrash ˌcourse UK (US **ˌcrash ˈcourse**) **noun** [C] a course that teaches you a lot of basic facts in a very short time **ускоренный курс**

ˈcrash ˌhelmet **noun** [C] a hard hat that protects your head when you ride a motorcycle **защитный шлем**

crass /kræs/ **adjective** showing that you do not understand or care about other people's feelings **грубый** *a crass remark*

crate /kreɪt/ **noun** [C] a large box used for carrying or storing things **ящик**

crater /ˈkreɪtəʳ/ **noun** [C] **1** the round, open part at the top of a volcano **кратер** **2** a big hole in the ground **воронка** *The explosion left a crater in the road.*

crave /kreɪv/ **verb** [T] to want something very much **страстно желать** *a child who craves affection*
• **craving** **noun** [C] a strong feeling that you want or need a particular thing **страстное желание, пристрастие** *She* ***had a craving for*** *chocolate.*

crawl¹ /krɔːl/ **verb** [I] **1** B2 to move on your hands and knees **ползать** *I crawled under the desk to plug the lamp in.* **2** If an insect crawls, it uses its legs to move. **ползать** *There's an ant crawling up your leg.* **3** If traffic crawls, it moves extremely slowly. **тащиться, еле передвигаться** *We were* ***crawling along*** *at 10 miles per hour.* **4** UK informal to try to please someone because you want them to like you or help you **пресмыкаться** *My brother is always* ***crawling to*** *Mum.* **5 be crawling with sb/sth** to be full of insects or people in a way that is unpleasant **кишеть,**

crawl

быть наводненным *The kitchen's crawling with ants.*

crawl² /krɔːl/ **noun 1** [no plural] a very slow speed медленное движение *Traffic slowed to a crawl.* **2** [U] a style of swimming in which you move your arms over your head and kick with straight legs **кроль**

crayon /ˈkreɪɒn/ **noun** [C] a stick of coloured wax used for drawing **цветной мелок, пастель**

craze /kreɪz/ **noun** [C] something that is very popular for a short time **повальное увлечение**

crazed /kreɪzd/ **adjective** behaving in a dangerous and uncontrolled way **помешанный, безумный** *a crazed gunman*

crazy /ˈkreɪzi/ **adjective 1** A2 stupid or strange **безумный, бредовый** *a crazy idea* ◦ *I was crazy not to take that job.* **2** B2 annoyed or angry **разозленный** *The children are **driving me crazy** (= making me annoyed).* ◦ *Dad **went crazy** when I told him what had happened.* **3 be crazy about sb/sth** A2 to love someone very much, or to be very interested in something **помешаться на ком-либо/чем-либо** *Mia's crazy about baseball.* **4 go crazy** to become very excited about something **сойти с ума, обезуметь** *When he came on stage the audience went crazy.* **5 like crazy** informal If you do something like crazy, you do a lot of it, or do it very quickly. **как ненормальный** *We worked like crazy to get everything finished.*
• **crazily adverb безумно** • **craziness noun** [U] **помешательство**

creak /kriːk/ **verb** [I] If something such as a door or a piece of wood creaks, it makes a long noise when it moves. **скрипеть** *creaking floorboards*
• **creak noun** [C] **скрип** • **creaky adjective** A creaky door, stair, etc creaks. **скрипучий**

cream¹ /kriːm/ **noun 1** [U] A2 a thick, yellowish-white liquid that is taken from milk **сливки** *raspberries and cream* **2** [C, U] B1 a soft substance that you rub into your skin to make it softer or less painful **крем** *face/hand cream* **3** [U] A2 a yellowish-white colour **кремовый цвет** **4 the cream of sth** the best people or things in a particular group **самое лучшее, цвет чего-либо** *the cream of Milan's designers* → See also **ice cream**

cream² /kriːm/ **adjective** A2 being a yellowish-white colour **кремовый**

cream³ /kriːm/ **verb**

PHRASAL VERB **cream sth/sb off** UK to take away the best part of something, or the best people in a group, and use them for your own advantage **отбирать лучшее/лучших**

cream ˈcheese noun [U] smooth, soft, white cheese **сливочный сыр**

creamy /ˈkriːmi/ **adjective** like cream or containing cream **сливочный** *creamy sauce/soup*

crease¹ /kriːs/ **noun** [C] a line on cloth or paper where it has been folded or crushed **складка, сгиб**

crease² /kriːs/ **verb** [I, T] If cloth, paper, etc creases, or if you crease it, it gets a line in it where it has been folded or crushed. **мять(ся)** *Cotton creases very easily.*

create /kriˈeɪt/ **verb** [T] B1 to make something happen or exist **создавать** *The project will create more than 500 jobs.* ◦ *The snow created further problems.*

creation /kriˈeɪʃən/ **noun 1** [U] B2 when someone makes something happen or exist **создание** *the creation of a new political party* **2** [C] B2 something that someone has made **произведение, творение** *The museum contains some of his best creations.* **3** [U] (also **Creation**) in many religions, when God made the universe and everything in it **сотворение мира**

creative /kriˈeɪtɪv/ **adjective** B1 good at thinking of new ideas or using imagination to create new and unusual things **творческий** *Her book is full of creative ways to decorate your home.*
• **creatively adverb** B2 **творчески** • **creativity** /ˌkriːeɪˈtɪvəti/ **noun** [U] B2 the ability to produce new ideas or things using skill and imagination **творческие способности**

creator /kriˈeɪtər/ **noun 1** [C] someone who invents or makes something **создатель** **2 the Creator** God **создатель, Бог**

creature /ˈkriːtʃər/ **noun** [C] B1 anything that lives but is not a plant **существо** *Dolphins are intelligent creatures.*

creche /kreʃ/ **noun** [C] UK a place where babies and young children are looked after while their parents do something else **ясли**

credence /ˈkriːdəns/ **noun add/give/lend credence to sth** to make a story, theory, etc seem more likely to be true **подтверждать достоверность** *The letters lend credence to the idea that he had an unhappy life.*

credentials /krɪˈdenʃəlz/ **noun** [plural] **1** skills and experience that show you are suitable for a particular job or activity **послужной список** *academic credentials* **2** documents that prove who you are **удостоверение личности**

credibility /ˌkredəˈbɪləti/ **noun** [U] when someone can be believed and trusted **надежность, доверие** *This decision has **damaged** the President's **credibility**.*

> Слова-партнеры к **credibility**
>
> gain/lose credibility • sth **damages/destroys/restores/undermines** sb's credibility • sb **lacks** credibility

credible /ˈkredəbl/ **adjective** able to be trusted or believed **достоверный, надежный** *credible evidence*

credit¹ /ˈkredɪt/ **noun 1** [U] B1 a way of buying something in which you arrange to pay for it at a later time **кредит** *We offer **interest-free credit***

on all new cars. ◦ *He bought most of the furniture* ***on credit.*** **2** [U] B2 praise that is given to someone for something they have done **похвала, заслуга** *I did most of the work but Dan* ***got*** *all* ***the credit!*** ◦ *We should* ***give*** *her* ***credit for*** *her honesty.* ◦ *I can't* ***take*** *full* ***credit for*** *this meal – Sam helped.* **3 be a credit to sb/sth** to do something that makes a person or organization proud of you **быть гордостью кого-либо/чего-либо** *Giorgio is a credit to his family.* **4 to sb's credit** If something is to someone's credit, they deserve praise for it. **к чьей-либо чести** *To his credit, Bill never blamed her for the incident.* **5 have sth to your credit** to have achieved something **иметь что-либо на счету** *By the age of 25, she had five novels to her credit.* **6 in credit** having money in your bank account **на счете (в банке)** **7** [C] B1 an amount of money that you put into your bank account **взнос** → Opposite **debit** **8** [C] B2 a unit that shows you have completed part of a college course **зачет**

credit² /ˈkredɪt/ **verb** [T] **1** to add money to someone's bank account **переводить кому-либо деньги на счет** **2** to believe that something is true **верить** *Dean's getting married! Who would have credited it?*

PHRASAL VERBS **credit sth to sb** to say that someone is responsible for something good **приписывать что-либо кому-либо** *an idea credited to Isaac Newton* • **credit sb with sth** to believe that someone has a particular quality **не отказывать (в уме и т. д.)** *Credit me with some intelligence!* • **credit sb with sth/doing sth** to say that someone is responsible for something good **приписывать что-либо кому-либо** *She is credited with making the business a success.*

creditable /ˈkredɪtəbl/ **adjective** Something that is creditable deserves praise. **похвальный** *a creditable performance*

ˈcredit ˌcard **noun** [C] A1 a small plastic card that allows you to buy something and pay for it later **кредитная карточка** *He paid* ***by credit card.***

ˈcredit ˌlimit **noun** [C] the largest amount of money that a person can borrow with a credit card (= a small plastic card that allows you to buy something and pay for it later) **максимальная сумма кредита** *a £500 credit limit*

creditor /ˈkredɪtəʳ/ **noun** [C] a person or organization that someone owes money to **кредитор**

the credits /ˈkredɪts/ **noun** [plural] a list of people who made a film or television programme **титры с перечислением участников фильма, программы**

creed /kriːd/ **noun** [C] a set of beliefs, especially religious beliefs that influence your life **убеждения**

creek /kriːk/ **noun** [C] **1** UK a narrow area of water that flows into the land from a sea or river **бухта** **2** mainly US a stream or narrow river **ручей**

creep¹ /kriːp/ **verb** (past tense and past participle **crept**) **1 creep along/in/out, etc** to move very quietly and carefully **красться** *I crept out of the room.* **2 creep across/in/into, etc** to gradually start to exist or appear **вкрадываться, постепенно возникать** *Problems were beginning to creep into their relationship.* **3 creep along/down/through, etc** to move somewhere very slowly **тащиться, еле передвигаться** *The convoy crept along in the darkness.*

PHRASAL VERB **creep up on sb** **1** to surprise someone by moving closer to them from behind **подкрадываться к кому-либо** *Don't creep up on me like that!* **2** If a feeling or state creeps up on you, it happens gradually so that you do not notice it. **надвигаться на кого-либо незаметно** *Old age just creeps up on you.*

creep² /kriːp/ **noun** [C] **1** UK someone who you do not like because they are nice to people in a way that is not sincere **скользкий тип** **2** someone who you think is unpleasant **подонок, отвратительный тип**

creeps /kriːps/ **noun give sb the creeps** informal to make someone feel frightened or nervous **вызывать у кого-либо мурашки, дрожь** *These old buildings give me the creeps.*

creepy /ˈkriːpi/ **adjective** informal strange and frightening **страшный, жуткий** *a creepy story/person*

cremate /krɪˈmeɪt/ **verb** [T] to burn a dead body **кремировать**
• **cremation** /krɪˈmeɪʃᵊn/ **noun** [C, U] the ceremony where someone is cremated **кремация**

crematorium /ˌkreməˈtɔːriəm/ **noun** [C] (also US **crematory** /ˈkriːmətɔːri/) a place where people are cremated **крематорий**

crept /krept/ past of creep **прош. вр. и прич. прош. вр. от гл. creep**

crescendo /krɪˈʃendəʊ/ **noun** [C] when a noise or piece of music gradually gets louder **крещендо**

crescent /ˈkresᵊnt/ **noun** **1** [C] a curved shape that is narrow at each end and wider in the middle **что-либо в форме полумесяца** *the pale crescent of the moon* **2 Crescent** used in the names of streets that have a curved shape **улица, на которой дома построены полукругом** *57 Park Crescent*

crest /krest/ **noun** [C] **1** the highest part of a hill or wave **гребень** **2** the feathers that point upwards on a bird's head **хохолок** **3** a design used as the symbol of a school, important family, etc **герб**

crestfallen /ˈkrestˌfɔːlᵊn/ **adjective** disappointed or sad **упавший духом**

crevasse /krɪ'væs/ **noun** [C] a deep, wide crack, especially in ice **расселина**

crevice /'krevɪs/ **noun** [C] a small, narrow crack, especially in a rock **расщелина**

crew /kruː/ **noun** [group] **1** B1 the people who work together on a ship, aircraft, or train **команда, экипаж** *a crew member* **2** B2 a team of people with special skills who work together **команда, бригада** *Fire and ambulance crews were at the scene.*

crewman /'kruːmæn/ **noun** [C] (plural **crewmen**) a member of the crew of a ship or aircraft **член команды, экипажа**

crib /krɪb/ **noun** [C] US (UK **cot**) a bed with high sides for a baby **детская кроватка**

cricket /'krɪkɪt/ **noun** **1** [U] A2 a game in which two teams of eleven people try to score points by hitting a ball and running between two wickets (= sets of three wooden sticks) **крикет** *a cricket ball/bat* → See **Sports 2** on page Centre 15 **2** [C] an insect that jumps and makes a noise by rubbing its wings together **сверчок**

cricketer /'krɪkɪtəʳ/ **noun** [C] someone who plays cricket, especially as their job **игрок в крикет**

crime /kraɪm/ **noun** **1** [U] B1 illegal activities **преступность** ***violent crime*** ◦ *tough new measures to* ***fight crime*** **2** [C] B1 something someone does that is illegal **преступление** *He* ***committed*** *a serious* ***crime***. → See also **war crime**

> Слова-партнеры к **crime**
>
> commit a crime • combat/fight/reduce crime • a minor/petty/terrible/violent crime

criminal[1] /'krɪmɪnəl/ **adjective** **1** [always before noun] B2 relating to crime **преступный, уголовный** *criminal activity* ◦ *He has a* ***criminal record*** *(= the police have an official record of his crimes).* **2** informal very bad or morally wrong **безобразный, недопустимый** *It's criminal that people are having to wait so long for hospital treatment.*
• **criminally adverb преступно, безобразно**

criminal[2] /'krɪmɪnəl/ **noun** [C] B1 someone who has committed a crime **преступник** *a* ***dangerous/violent criminal***

criminologist /ˌkrɪmɪ'nɒlədʒɪst/ **noun** [C] someone who studies crime and criminals **криминалист**

crimson /'krɪmzən/ **noun** [U] a dark red colour **малиновый цвет**
• **crimson adjective малиновый**

cringe /krɪndʒ/ **verb** [I] **1** to feel very embarrassed about something **испытывать неловкость** *Jan* ***cringed at*** *the sight of her father dancing.* **2** to move away from something because you are frightened **съеживаться**

crinkle /'krɪŋkl/ **verb** [I, T] to become covered in small lines or folds, or to make something become covered in small lines or folds **мять(ся)**
• **crinkly adjective** Something that is crinkly has crinkles in it. **измятый**

cripple[1] /'krɪpl/ **verb** [T] **1** to injure someone so that they cannot use their arms or legs **калечить** [often passive] *His son was crippled by a riding accident.* **2** to damage something very badly and make it weak or not effective **ослаблять** [often passive] *a country crippled by war*

cripple[2] /'krɪpl/ **noun** [C] old-fashioned an offensive word for someone who cannot use their legs or arms in a normal way **калека**

crippling /'krɪplɪŋ/ **adjective** **1** [always before noun] A crippling illness makes someone unable to use their arms or legs in a normal way. **калечащий** **2** causing great damage **наносящий урон**

crisis /'kraɪsɪs/ **noun** [C, U] (plural **crises** /'kraɪsiːz/) B2 a situation or time that is extremely dangerous or difficult **кризис** *an economic/financial crisis* ◦ *The country's leadership is* ***in crisis***. → See also **mid-life crisis**

crisp[1] /krɪsp/ **adjective** **1** Crisp food is pleasantly hard. **хрустящий** *a crisp apple* ◦ *crisp pastry* **2** Crisp cloth or paper money is clean and looks new, with no folds. **свежий, хрустящий** *a crisp linen shirt* **3** Crisp weather is pleasantly cold and dry. **бодрящий** *a crisp autumn day* **4** A crisp way of talking or behaving is quick and confident. **решительный** **5** A crisp image is very clear. **резко очерченный**

crisp[2] /krɪsp/ **noun** [C] UK (US **chip**) A2 a very thin slice of potato that has been cooked in oil and is eaten cold **хрустящий картофель** [usually plural] *a packet of crisps* → See **Food** on page Centre 11

crispy /'krɪspi/ **adjective** Crispy food is pleasantly hard and easy to bite through. **покрытый корочкой** *crispy bacon*

criss-cross /'krɪskrɒs/ **verb** [I, T] If something criss-crosses an area, it crosses it several times in different directions. **пересекать вдоль и поперек** [often passive] *The forest is criss-crossed with paths and tracks.*

criterion /kraɪ'tɪəriən/ **noun** [C] (plural **criteria**) a fact or level of quality that you use when making a choice or decision **критерий** [+ for + doing sth] *We have strict criteria for deciding which students will receive a grant.*

critic /'krɪtɪk/ **noun** [C] **1** someone who says that they do not approve of someone or something **критик** *an* ***outspoken critic*** *of the government* **2** B2 someone whose job is to give their opinion of a book, play, film, etc **критик** *a* ***theatre/film critic***

critical /'krɪtɪkəl/ **adjective** **1** B2 saying that someone or something is bad or wrong **критический** *a critical report* ◦ *He is very* ***critical of*** *the way I work.* **2** B2 very important for the way things will happen in the future **решающий, переломный** *a critical decision*

C

3 B2 extremely serious or dangerous **критический, опасный** *The doctors said her condition was critical and she might not survive.* **4** giving judgments and opinions on books, plays, films, etc **критический, оценивающий** *a critical study of Tennyson's work*
• **critically adverb** B2 **критически**

criticism /ˈkrɪtɪsɪzəm/ **noun** **1** [C, U] B2 when you say that something or someone is bad **критика** *Plans to close the hospital* ***attracted*** *strong public* ***criticism.*** **2** [U] when someone gives their judgments and opinions on books, plays, films, etc **критика** *literary criticism*

> **Слова-партнеры к criticism**
>
> sb/sth **attracts/draws/faces/sparks** criticism • **deflect/dismiss** criticism • **fierce/stinging/ strong** criticism • criticism **of** sb/sth • criticism **from** sb

criticize (also UK **-ise**) /ˈkrɪtɪsaɪz/ **verb** [I, T] B2 to say that something or someone is bad **критиковать** [often passive, + for + doing sth] *The film was criticized for being too violent.*

critique /krɪˈtiːk/ **noun** [C] a report that says what is good and bad about something **критика, критический отзыв**

croak /krəʊk/ **verb** **1** [I, T] to talk or say something in a low, rough voice **хрипеть** *"I don't feel well," he croaked.* **2** [I] If a bird or frog (= green jumping animal) croaks, it makes a deep, low sound. **каркать, квакать**

crochet /ˈkrəʊʃeɪ/ US /krəʊˈʃeɪ/ **verb** [I, T] to make clothes and other items using wool and a special needle with a hook at one end **вязать крючком**

crockery /ˈkrɒkəri/ **noun** [U] plates, cups, and other dishes, especially those made from clay **посуда**

crocodile /ˈkrɒkədaɪl/ **noun** [C] B2 a big reptile with a long mouth and sharp teeth, that lives in lakes and rivers **крокодил**

crocus /ˈkrəʊkəs/ **noun** [C] a small, yellow, purple, or white spring flower **крокус**

croissant /ˈkwæsɒŋ/ US /kwɑːˈsɒŋ/ **noun** [C] a soft, curved piece of bread, eaten for breakfast **круассан** → See picture at **bread**

crony /ˈkrəʊni/ **noun** [C] informal one of a group of friends who help each other, especially in a way that is not fair **закадычный друг** [usually plural] *He gave his cronies all the best jobs.*

crook /krʊk/ **noun** **1** [C] informal a criminal or someone who cheats people **мошенник** **2 the crook of your arm** the inside part of your arm where it bends **локтевой сгиб**

crooked /ˈkrʊkɪd/ **adjective** **1** not straight **кривой** *crooked teeth* **2** informal not honest **нечестный** *a crooked politician*

croon /kruːn/ **verb** [I, T] to sing in a soft, low, romantic voice **напевать вполголоса, мурлыкать**

crop¹ /krɒp/ **noun** **1** [C] B1 a plant such as a grain, fruit, or vegetable that is grown in large amounts by farmers **сельскохозяйственная культура** **2** [C] B1 the amount of plants of a particular type that are produced at one time **урожай** *We had a record crop of grapes this year.* **3 a crop of sth** a group of the same type of things or people that exist at the same time **поколение** *He's one of the current crop of young Italian artists.* → See also **cash crop**

crop² /krɒp/ **verb** (present participle **cropping**, past tense and past participle **cropped**) **1** [T] to cut something so that it is short **коротко стричь** **2** [T] to cut pieces from the sides of a computer image so that it is the size you want **обрезать края компьютерной графики** **3** [I] UK If a plant crops, it produces fruit, flowers, etc. **давать урожай**

PHRASAL VERB **crop up** to happen or appear suddenly **неожиданно возникать** *The same old problems* ***kept cropping up.***

cropper /ˈkrɒpər/ **noun** **come a cropper a** to fall over **падать** *The horse came a cropper at the first fence.* **b** to fail in an embarrassing way, or to make an embarrassing mistake **потерпеть неудачу, провалиться**

croquet /ˈkrəʊkeɪ/ US /krəʊˈkeɪ/ **noun** [U] a game played on grass, in which you hit a ball with a wooden hammer through curved wires pushed into the ground **крокет**

cross¹ /krɒs/ **verb** **1** [I, T] A2 to go from one side of something to the other side **пересекать, переходить** *It's not a good place to* ***cross*** *the* ***road.*** **2** [I, T] A2 to travel over a border or line into a different area, country, etc **переходить границу** *They* ***crossed*** *from Albania* ***into*** *Greece.* **3** [I, T] If two lines, roads, etc cross, they go over or across each other. **пересекаться** **4 cross your arms/fingers/legs** to put one of your arms, fingers, or legs over the top of the other **скрещивать руки/пальцы/ноги** **5 cross yourself** to touch your head, chest, and both shoulders as a sign to God **креститься** **6** [T] to mix two breeds of animal or plant to produce a new breed **скрещивать** **7** [T] to make someone angry by refusing to do what they want you to do **противоречить** → See also I'll/We'll cross that **bridge¹** when I/we come to it., **criss-cross**, **double-cross**, keep your fingers (**finger¹**) crossed, cross your **mind¹**

PHRASAL VERBS **cross sth off (sth)** to remove a word from a list by drawing a line through it **вычеркивать** *Did you cross her name off the guest list?* • **cross sth out** to draw a line through something that you have written, usually because it is wrong **зачеркивать** *Cross out that last sentence.*

cross- /krɒs-/ **prefix** **1** across **пересекающий границы чего-либо** *cross-border* **2** including different groups or subjects **кросс-, меж-** *a* *cross-party committee (= one formed from many political parties)* ○ *cross-cultural*

cross² /krɒs/ **noun 1** [C] B1 two pieces of wood that cross each other, on which people were left to die as a punishment in the past **крест (для распятия) 2** [C] B1 an object in the shape of a cross, used as a symbol of the Christian religion **крест 3** [C] A1 a written mark (x), used for showing where something is, or that something that has been written is wrong **крестик 4 a cross between sth and sth** a mixture of two different things or people **помесь, гибрид** *The dog is a cross between a terrier and a rottweiler.* **5** [C] when someone kicks or hits the ball across the field in sport, especially football **удар через все поле**

cross³ /krɒs/ **adjective** annoyed or angry **сердитый** *Don't be* ***cross with*** *me!*

crossbar /ˈkrɒsbɑːʳ/ **noun** [C] **1** the post at the top of a goal in games such as football **перекладина 2** the metal tube that joins the front and back of a bicycle **перекладина**

cross-border /ˈkrɒsˌbɔːdəʳ/ **adjective** [always before noun] between different countries, or involving people from different countries **международный** *cross-border trade*

cross-Channel /ˌkrɒsˈtʃænəl/ **adjective** [always before noun] connecting or happening between England and France **пересекающий Ла-Манш** *a* ***cross-Channel ferry/route***

cross-country /ˌkrɒsˈkʌntri/ **adjective** [always before noun], **adverb 1** across fields and countryside **по пересеченной местности** *cross-country running/skiing* **2** from one side of a country to the other side **пересекающий всю страну**

cross-examine /ˌkrɒsɪgˈzæmɪn/ **verb** [T] to ask someone a lot of questions about something they have said, in order to discover if it is true, especially in a court of law **подвергать перекрестному допросу**
• **cross-examination** /ˌkrɒsɪgˌzæmɪˈneɪʃən/ **noun** [U] **перекрестный допрос**

cross-eyed /krɒsˈaɪd/ **adjective** A cross-eyed person has both eyes looking in towards their nose. **косоглазый**

crossfire /ˈkrɒsfaɪəʳ/ **noun 1** [U] bullets fired towards you from different directions **перекрестный огонь** *Civilians died when a bus was* ***caught in crossfire*** *between government and rebel troops.* **2 be caught in the crossfire** to be involved in a situation where people around you are arguing **быть вовлеченным в словесную перепалку**

crossing /ˈkrɒsɪŋ/ **noun** [C] **1** B1 a place where people can go across a road, river, etc **переход, переправа 2** a journey across water **переправа 3** a place where roads, railways, etc cross each other **перекресток** → See also **grade crossing**, **level crossing**, **zebra crossing**

cross-legged /ˌkrɒsˈlegɪd/ **adverb sit cross-legged** to sit on the floor with your knees wide apart and one foot over the other foot **сидеть поджав ноги**

ˌcross ˈpurposes noun at cross purposes If two people are at cross purposes, they do not understand each other because they are talking about different things but do not know this. **не понимать друг друга**

ˌcross ˈreference noun [C] a note in a book that tells you to look somewhere else in the book for more information about something **перекрестная ссылка**

crossroads /ˈkrɒsrəʊdz/ **noun** [C] (plural **crossroads**) **1** B2 a place where two roads cross each other **перекресток 2** a time when you have to make an important decision that will affect your future life **распутье, перепутье** *I felt I was* ***at a crossroads*** *in my life.*

cross-section /ˈkrɒssekʃən/ **noun** [C] **1** a small group of people or things that represents all the different types in a larger group **поперечный разрез (общества)** *a* ***cross-section of society*** **2** something that has been cut in half so that you can see the inside, or a picture of this **поперечное сечение** *a cross-section of a human heart*

crosswalk /ˈkrɒswɔːk/ **noun** [C] US (UK **pedestrian crossing**) a special place on a road where traffic must stop if people want to cross **переход (через улицу)**

crossword /ˈkrɒswɜːd/ **noun** [C] (also **ˈcrossword ˌpuzzle**) a game in which you write words which are the answers to questions in a pattern of black and white squares **кроссворд**

crotch /krɒtʃ/ **noun** [C] (also UK **crutch**) the part of your body between the tops of your legs, or the part of a piece of clothing that covers this area **промежность**

crouch /kraʊtʃ/ **verb** [I] (also **crouch down**) to move your body close to the ground by bending your knees **садиться на корточки** *I crouched behind the chair to avoid being seen.*

crow¹ /krəʊ/ **noun** [C] a large black bird that makes a loud noise **ворона**

IDIOM **as the crow flies** when measured in a straight line **по прямой линии** *It's about 50 miles from London to Cambridge as the crow flies.*

crow² /krəʊ/ **verb** [I] **1** to talk in a proud and annoying way about something you have done **хвастаться** *Donald wouldn't stop* ***crowing about*** *his exam results.* **2** If a cock (= male chicken) crows, it makes a loud noise, usually in the early morning. **кукарекать**

crowd¹ /kraʊd/ **noun 1** [C] A2 a large group of people who are together in one place **толпа** *A large* ***crowd*** *had* ***gathered*** *to wait for the princess.* ○ *Shop early and avoid the crowds.* **2** [no plural] informal a group of friends or people with similar interests **компания** *the art/theatre crowd*

Слова-партнеры к crowd
a crowd **gathers** • a crowd **of** [people/tourists, etc] • **in** a crowd

crowd² /kraʊd/ **verb** [T] **1** to stand together in large numbers **толпиться, запрудить** *Protesters crowded the streets.* **2** to stand too close to someone **напирать, теснить** *Don't crowd me!*

PHRASAL VERBS **crowd around/round (sb/sth)** If a group of people crowd around or crowd around someone or something, they stand very close all around them. **собраться, столпиться вокруг** *Everyone crowded around my desk.* • **crowd in/crowd (sb) into sth** If a large group of people crowd into somewhere, they all go there and fill the place. **переполнять, набиваться** • **crowd sb out** to prevent someone or something from succeeding or existing by being much more successful than them or by being present in much larger numbers **вытеснять** *Large national companies often crowd out smaller local businesses.*

crowded /ˈkraʊdɪd/ **adjective** A2 very full of people **переполненный, набитый** *a crowded room/train*

crown¹ /kraʊn/ **noun** **1** [C] a round object made of gold and jewels (= valuable stones) that a king or queen wears on their head **корона** **2** [C] the top of a hat, head, or hill **тулья, темя, вершина** **3 the Crown** used to refer to the power or government of a king or queen **власть монарха** *All this land belongs to the Crown.* **4** [C] an artificial top that is put on a damaged tooth **коронка**

crown

crown² /kraʊn/ **verb** [T] **1** to put a crown on someone's head in an official ceremony that makes them a king or queen **короновать** [often passive] *Queen Elizabeth II of England was crowned in 1952.* **2** literary to be on top of something else **увенчивать** *A large domed ceiling crowns the main hall.* **3** to be the best or most successful part of something **увенчивать** *a book that crowned his successful writing career*

crowning /ˈkraʊnɪŋ/ **adjective** [always before noun] more important, beautiful, etc than anything else **главный** *It was the **crowning achievement** of his political career.*

crucial /ˈkruːʃəl/ **adjective** B2 extremely important or necessary **ключевой, решающий** *a crucial decision/question* ◦ *Her work has been **crucial to** the project's success.*
• **crucially adverb** **чрезвычайно**

crucifix /ˈkruːsɪfɪks/ **noun** [C] a model of a cross with Jesus Christ on it **распятие**

crucifixion /ˌkruːsəˈfɪkʃən/ **noun** [C, U] in the past, when someone was fastened to a cross and left to die **распятие на кресте** *the crucifixion of Christ*

crucify /ˈkruːsɪfaɪ/ **verb** [T] **1** in the past, to fasten someone to a cross and leave them to die **распинать** **2** informal to criticize someone or something in a cruel and damaging way **подвергать уничтожающей критике** [often passive] *The film has been crucified by the media.*

crude /kruːd/ **adjective** **1** made or done in a simple way and without much skill **грубо сделанный** *a crude device/weapon* **2** rude and offensive **грубый** *a crude comment/remark*
• **crudely adverb** **грубо**

ˌcrude ˈoil noun [U] (also **crude**) oil in its natural state before it has been treated **сырая нефть**

cruel /ˈkruːəl/ **adjective** (**crueller, cruellest, crueler, cruelest**) B1 extremely unkind, or causing people or animals to suffer **жестокий** *a cruel joke* ◦ *Many people think hunting is **cruel to** animals.*
• **cruelly adverb** B2 **жестоко**

cruelty /ˈkruːəlti/ **noun** [C, U] B2 cruel behaviour or a cruel action **жестокость** *laws against **cruelty to** animals*

cruise¹ /kruːz/ **noun** [C] B1 a holiday on a ship, sailing from place to place **круиз**

cruise² /kruːz/ **verb** **1** [I] to move in a vehicle at a speed that does not change **двигаться с крейсерской скоростью** *The plane is cruising at 500 miles per hour.* **2** [I] B2 to go on a cruise **совершать круиз** **3 cruise to success/victory, etc** informal to win a competition easily **легко добиваться успеха/победы и т. д.**

ˌcruise ˈmissile UK (US **ˈcruise ˌmissile**) **noun** [C] a weapon that flies through the air, and which often carries nuclear weapons **крылатая ракета**

cruiser /ˈkruːzəʳ/ **noun** [C] **1** a large military ship used in wars **крейсер** **2** (also **ˈcabin ˌcruiser**) a motor boat with a room for people to sleep in **катер, яхта**

ˈcruise ˌship noun [C] (also **ˈcruise ˌliner**) a large ship like a hotel, which people travel on for pleasure **корабль, совершающий круиз**

crumb /krʌm/ **noun** **1** [C] a very small piece of bread, cake, etc **хлебная крошка** **2 a crumb of sth** a very small amount of something **частица, крупица**

crumble /ˈkrʌmbl/ **verb** **1** [I, T] to break into small pieces, or to make something break into small pieces **крошиться, разрушаться** *Buildings crumbled as the earthquake struck.* **2** [I] If a relationship, system, or feeling crumbles, it fails or ends. **разрушаться, распадаться** *His first marriage crumbled after only a year.*

crummy /ˈkrʌmi/ **adjective** informal unpleasant, or of bad quality **убогий, жалкий, захудалый** *a crummy job* ◦ *a crummy hotel*

crumple /ˈkrʌmpl/ **verb** **1** [I, T] If something such as paper or cloth crumples, it becomes crushed, and if you crumple it, you crush it until it is full of folds. **мять(ся)** *a crumpled shirt* **2** [I] If someone's face crumples, they suddenly look very sad or disappointed. **морщиться (от досады и т. д.)**

PHRASAL VERB **crumple sth up** to crush a piece of paper until it is full of folds **комкать**

crunch[1] /krʌnʃ/ **noun** [C] the sound of something being crushed **хруст** [usually singular] *the crunch of dried leaves under our feet*

IDIOM **if/when it comes to the crunch** if/when a situation becomes serious or you have to make an important decision **в решающий момент**

crunch[2] /krʌnʃ/ **verb 1** [I, T] to make a noise by chewing hard food **хрустеть, грызть с хрустом** *She was* ***crunching on*** *an apple.* **2** [I] to make a sound as if something is being crushed **хрустеть** *The gravel crunched under our feet.*

crunchy /ˈkrʌntʃi/ **adjective** Crunchy food is hard and makes a noise when you eat it. **хрустящий**

crusade /kruːˈseɪd/ **noun** [C] a determined attempt to change or achieve something that you believe in strongly **кампания в защиту или против чего-либо**
• **crusader noun** [C] someone who is involved in a crusade **участник общественной кампании, борец**

> **Слова-партнеры к crusade**
> launch/mount a crusade • be on a crusade • a moral/personal crusade • a crusade against/for sth

crush[1] /krʌʃ/ **verb** [T] **1** to press something so hard that it is made flat or broken into pieces **давить** *Her car was crushed by a falling tree.* **2** to defeat someone or something completely **подавлять, сокрушать** *government attempts to crush protests* ◦ *a* ***crushing defeat***

crush[2] /krʌʃ/ **noun 1** [no plural] a crowd of people forced to stand close together because there is not enough room **давка** *Many people fell over in the crush.* **2** [C] informal a strong temporary feeling of love for someone **сильное увлечение** *Tim* ***has a crush on*** *Jennifer.*

crust /krʌst/ **noun** [C, U] **1** the hard outer surface of bread or other baked foods **корка (хлеба и т. д.)** **2** a hard, dry layer on the surface of something **корка**

crusty /ˈkrʌsti/ **adjective 1** unfriendly and becoming annoyed very easily **раздражительный, резкий** **2** Something that is crusty has a hard outer layer. **покрытый коркой** *crusty bread*

crutch /krʌtʃ/ **noun** [C] **1** a stick that you put under your arm to help you walk if you have injured your leg or foot **костыль** [usually plural] *Charles was* ***on crutches*** *(= walking with crutches) for six weeks.* **2** UK (UK/US **crotch**) the part of your body between the tops of your legs, or the part of a piece of clothing that covers this area **промежность**

crux /krʌks/ **noun the crux (of sth)** the main or most important part of a problem, argument, etc **суть, существо**

cry[1] /kraɪ/ **verb 1** [I] A2 to produce tears from your eyes, usually because you are sad, angry, or hurt **плакать** *My baby brother cries all the time.* **2** [I, T] B1 to speak or say something loudly **восклицать** *"Look at this!" cried Raj.* → See also **cry your eyes out, a shoulder to cry on**

PHRASAL VERBS **be crying out for sth** informal to need something very much **остро нуждаться в чем-либо** *a school that's crying out for more money* • **cry out (sth)** to shout or make a loud noise because you are frightened, hurt, etc **вскрикивать** *She* ***cried out*** *in terror.*

cry[2] /kraɪ/ **noun 1** [C] B1 a shout, especially one that shows that someone is frightened, hurt, etc **крик** *a cry of horror/joy/pain* ◦ *I could hear the cries of children playing in the street.* **2** [C] a sound that a particular animal or bird makes **крик, вой (животного, птицы)** *an eagle's cry* **3 have a cry** to produce tears from your eyes, usually because you are sad, angry, or hurt **плакать**

IDIOM **be a far cry from sth** to be very different from something **сильно отличаться, быть как небо и земля** *Her luxury mansion is a far cry from the house she grew up in.*

crying /ˈkraɪɪŋ/ **adjective 1 a crying need for sth** mainly UK a need that is very urgent **острая необходимость в чем-либо** *There's a crying need for more nurses.* **2 it's a crying shame** used to say that you think a situation is very wrong **чудовищный позор**

crypt /krɪpt/ **noun** [C] a room under a church, especially one where people are buried **склеп**

cryptic /ˈkrɪptɪk/ **adjective** mysterious and difficult to understand **загадочный** *a* ***cryptic comment/message***
• **cryptically adverb загадочно**

crystal /ˈkrɪstəl/ **noun 1** [C, U] a type of transparent rock **горный хрусталь** **2** [U] a type of high quality glass **хрусталь** *a crystal vase* **3** [C] a piece of a substance that has become solid, with a regular shape **кристалл** *ice crystals*

ˌcrystal ˈball noun [C] a large, glass ball that some people believe you can look into to see what will happen in the future **магический кристалл, хрустальный шар**

crystal 'clear **adjective** very obvious and easy to understand **не оставляющий сомнений, ясный как божий день** *She made her feelings crystal clear to me.*

C

CU internet abbreviation for see you: used when saying goodbye at the end of an email or text message **увидимся (используется в конце имейла или мобильного сообщения)**

cub /kʌb/ **noun** [C] a young bear, fox, lion, etc **детеныш (животного)**

cube[1] /kju:b/ **noun** **1** [C] a solid object with six square sides of the same size **куб, кубик** *Cut the cheese into small cubes.* → See picture at **shape** **2 the cube of sth** the number you get when you multiply a particular number by itself twice **в кубе, в третьей степени** *The cube of 3 is 27.* → See also **ice cube**

cube[2] /kju:b/ **verb** [T] **1** to multiply a particular number by itself twice **возводить в куб** *5 cubed is 125.* **2** to cut something into cubes **резать кубиками**

cubic /'kju:bɪk/ **adjective** **cubic centimetre/inch/metre, etc** a unit of measurement that shows the volume (= length multiplied by width multiplied by height) of something **кубический сантиметр/дюйм/метр и т. д.** *a reservoir that holds 22 million cubic metres of water*

cubicle /'kju:bɪkl/ **noun** [C] a small space with walls around it, that is separate from the rest of a room **кабинка** *a shower cubicle*

cuckoo /'kʊku:/ **noun** [C] a bird that makes a sound like its name and puts its eggs into other birds' nests **кукушка**

cucumber /'kju:kʌmbəʳ/ **noun** [C, U] (B1) a long, green vegetable that you eat raw in salads **огурец** → See **Fruits and Vegetables** on page Centre 10

cuddle /'kʌdl/ **verb** [I, T] to put your arms around someone to show them that you love them **обнимать** *Her mother cuddled her until she stopped crying.*
• **cuddle** **noun** [C] **объятие**

PHRASAL VERB **cuddle up** to sit or lie very close to someone **прижиматься к кому-либо** *The children **cuddled up to** me to keep warm.*

cuddly /'kʌdli/ **adjective** soft and pleasant to hold close to you **уютный, мягкий**

cue /kju:/ **noun** **1** [C] an action or event that is a sign that something should happen **сигнал** *The final goal was the **cue for** celebration.* **2** [C] a signal that tells someone to start speaking or doing something when acting in a play, film, etc **сигнал для реплики или действия актера** **3 on cue** If something happens on cue, it happens at exactly the right time. **точно вовремя** *Then, **right on cue**, Andrew appeared at the door.* **4 take your cue from sb/sth** to copy what someone else does **брать пример с кого-либо** *I took my cue from the others and left.* **5** [C] a long, straight stick used to hit the balls in games like snooker (= a game played with small coloured balls on a table) **кий**

cuff /kʌf/ **noun** [C] the bottom part of a sleeve that goes around your wrist **манжета** → See picture at **jacket**

IDIOM **off the cuff** If you speak off the cuff, you do it without having planned what you will say. **экспромтом**

cuisine /kwɪz'i:n/ **noun** [U] a style of cooking **кухня (кулинарное искусство)** *French/international cuisine*

cul-de-sac /'kʌldəsæk/ **noun** [C] a short road with houses which is blocked at one end **тупик**

culinary /'kʌlɪnəri/ **adjective** [always before noun] formal related to food and cooking **кулинарный, кухонный** *culinary equipment*

cull /kʌl/ **verb** [T] to kill some of the animals in a group, especially the weakest ones, to limit their numbers **выбраковывать (скот)**
• **cull** **noun** [C] **отбракованный скот**

PHRASAL VERB **cull sth from sth** to collect ideas or information from several different places **собирать, составлять** [often passive] *The book is culled from over 800 pages of his diaries.*

culminate /'kʌlmɪneɪt/ **verb** formal **1 culminate in/with sth** to finish with a particular event, or reach a final result after gradual development and often a lot of effort **завершаться, достигать вершины** *His career culminated with the post of ambassador to NATO.* **2** [T] US to be the final thing in a series of events **завершаться** *The discovery of a body culminated two days of desperate searching.*
• **culmination** /ˌkʌlmɪ'neɪʃən/ **noun** [no plural] **кульминация, завершение** *This discovery is **the culmination of** years of research.*

culpable /'kʌlpəbl/ **adjective** formal deserving to be blamed for something bad **виновный, заслуживающий осуждения**
• **culpability** /ˌkʌlpə'bɪləti/ **noun** [U] **виновность**

culprit /'kʌlprɪt/ **noun** [C] **1** someone who has done something wrong **виновный** **2** something that is responsible for a bad situation **виновник, источник бед** *In many of these illnesses, stress is the **main culprit**.*

cult /kʌlt/ **noun** [C] **1** someone or something which has become very popular with a particular group of people **кумир, культ** *a **cult figure/movie*** **2** a religious group whose ideas are considered strange by many people **культ**

cultivate /'kʌltɪveɪt/ **verb** [T] **1** to prepare land and grow crops on it **возделывать, выращивать** *This shrub is cultivated in Europe as a culinary herb.* **2** to try to develop or improve something **культивировать, развивать** *She has **cultivated an image** as a tough negotiator.*
• **cultivation** /ˌkʌltɪ'veɪʃən/ **noun** [U] **возделывание, развитие**

cultivated /'kʌltɪveɪtɪd/ **adjective** A cultivated

person has had a good education and knows a lot about art, books, music, etc. **культурный, образованный**

cultural /ˈkʌltʃᵊrᵊl/ **adjective 1** B1 relating to the habits, traditions, and beliefs of a society **культурный** *cultural diversity/identity* **2** B1 relating to music, art, theatre, literature, etc **культурный** *cultural events*
• **culturally adverb** B2 **культурно**

culture /ˈkʌltʃəʳ/ **noun 1** [C, U] B1 the habits, traditions, and beliefs of a country, society, or group of people **культура** *American/Japanese culture* ◦ *It's a good opportunity for children to learn about other cultures.* **2** [U] B1 music, art, theatre, literature, etc **культура** *popular culture* **3** [C, U] the process of growing things, especially bacteria (= very small living things that can cause disease), for scientific purposes, or the bacteria produced by this process **выращивание, разведение**

cultured /ˈkʌltʃəd/ **adjective** A cultured person knows a lot about music, art, theatre, etc. **культурный**

ˈ**culture** ˌ**shock noun** [U] the feeling of confusion someone has when they go to a new and very different place **культурный шок**

-cum- /kʌm/ used between two nouns to describe something which combines the two things **совмещающий** *a kitchen-cum-dining room (= room which is used as a kitchen and a dining room)*

cumbersome /ˈkʌmbəsəm/ **adjective 1** large and difficult to move or use **громоздкий** *cumbersome safety equipment* **2** slow and not effective **неповоротливый** *cumbersome bureaucracy*

cumulative /ˈkju:mjələtɪv/ **adjective** reached by gradually adding one thing after another **кумулятивный, совокупный** *a cumulative score*

cunning /ˈkʌnɪŋ/ **adjective** clever at getting what you want, especially by tricking people **хитрый, коварный** *a* ***cunning plan***/*ploy*
• **cunning noun** [U] **хитрость, коварство** • **cunningly adverb хитро, коварно**

cup

cup¹ /kʌp/ **noun** [C] **1** A1 a small, round container with a handle on the side, used to drink from **чашка** *a cup of tea/coffee* **2** B1 a prize given to the winner of a competition, or the name of the competition **кубок** *the World Cup* **3** mainly US a measurement of amounts of food used in cooking **чашка** → See also **egg cup**

cup² /kʌp/ **verb** [T] (present participle **cupping**, past tense and past participle **cupped**) to make your hands into the shape of a cup, or to hold something with your hands in this shape **складывать пригоршней**

cupboard /ˈkʌbəd/ **noun** [C] A2 a piece of furniture with a door on the front and shelves inside, used for storing things **шкаф, буфет** → See **The Kitchen** on page Centre 2 → See also have a **skeleton** in the cupboard

curate /ˈkjʊərət/ **noun** [C] a person who works for the Church of England and whose job is to help the vicar (= priest in a particular area) **помощник викари я**

curator /kjʊəˈreɪtəʳ/ **noun** [C] a person who is in charge of a museum (= a building where you can look at objects, such as art or old things) **хранитель музея**

curb¹ /kɜ:b/ **verb** [T] to limit or control something **обуздывать, сдерживать** *to curb crime/inflation*

curb² /kɜ:b/ **noun** [C] **1** something which limits or controls something **ограничение, сдерживание** *They are proposing a* ***curb on*** *tobacco advertising.* **2** US spelling of kerb (= the line of stones at the edge of a path next to the road) **обочина**

curdle /ˈkɜ:dl/ **verb** [I, T] If a liquid curdles, or if you curdle it, it gets thicker and develops lumps. **свертывать(ся) (о молоке и т. д.)** *Heat the sauce slowly or it will curdle.*

cure¹ /kjʊəʳ/ **noun** [C] **1** B1 something that makes someone with an illness healthy again **лекарство, лечение** *They are trying to* ***find a cure for*** *cancer.* **2** a solution to a problem **средство**

> **Слова-партнеры к cure**
> find/look for a cure • a cure for sth • the search for a cure

cure² /kjʊəʳ/ **verb** [T] **1** B1 to make someone with an illness healthy again **вылечивать, исцелять** *Getting a better chair completely cured my back problems.* **2** to solve a problem **находить средство для решения проблемы** *the fight to cure social inequality*

curfew /ˈkɜ:fju:/ **noun** [C] a time, especially at night, when people are not allowed to leave their homes **комендантский час**

curiosity /ˌkjʊəriˈɒsəti/ **noun 1** [U] B2 the feeling of wanting to know or learn about something **любопытство** *My curiosity got the better of me and I opened the envelope.* ◦ *Just* ***out of curiosity***, *how did you get my address?* **2** [C] something strange or unusual **странность, редкость**

> **Слова-партнеры к curiosity**
> **arouse/satisfy** sb's curiosity • (do sth) **out of** curiosity • **mild/natural** curiosity • curiosity **about** sth

C

curious /ˈkjʊəriəs/ **adjective 1** B1 wanting to know or learn about something **любопытный** *I was **curious about** his life in India.* ◦ *I was **curious to know** what would happen next.* **2** strange or unusual **странный, курьезный** *The house was decorated in a curious style.*
• **curiously adverb** B1 **любопытно, странно** *She looked at him curiously.*

curl¹ /kɜːl/ **noun** [C] something with a small, curved shape, especially a piece of hair **локон, завиток** *a child with blonde curls*

curl² /kɜːl/ **verb** [I, T] to make something into the shape of a curl, or to be this shape **изгибать(ся), закручивать(ся)** *The cat curled its tail around its body.*

PHRASAL VERB **curl up 1** to sit or lie in a position with your arms and legs close to your body **сворачиваться калачиком** *She curled up and went to sleep.* **2** If something flat, such as a piece of paper, curls up, the edges start to curve up. **загибаться**

curly /ˈkɜːli/ **adjective** B1 shaped like a curl, or with many curls **вьющийся** *curly hair*

currant /ˈkʌrənt/ **noun** [C] a small, black dried fruit used in cooking, especially in cakes **смородина**

currency /ˈkʌrənsi/ **noun 1** [C, U] B1 the units of money used in a particular country **валюта** *foreign currency* **2** [U] when an idea is believed or accepted by many people **распространенность** *This view is **gaining currency** within the government.* → See also **hard currency**

current¹ /ˈkʌrənt/ **adjective** B2 happening or existing now **текущий, нынешний** *What is your current address?* → See Note **actual**
• **currently adverb** B2 **в настоящее время** *The factory currently employs 750 people.*

current² /ˈkʌrənt/ **noun 1** [C] the natural flow of air or water in one direction **течение, поток** *a current of air* ◦ *dangerous/strong currents* **2** [C, U] the flow of electricity through a wire **(электрический) ток** *an electrical current*

ˌcurrent acˈcount noun [C] UK (US **checking account**) a bank account which you can take money out of at any time **текущий счет**

ˌcurrent afˈfairs noun [plural] UK (US **ˌcurrent eˈvents**) important political or social events which are happening in the world at the present time **текущие события**

curriculum /kəˈrɪkjələm/ **noun** [C] (plural **curricula**, **curriculums**) B1 all the subjects taught in a school, college, etc or on an educational course **программа (учебная)** *the school curriculum*

curry /ˈkʌri/ **noun** [C, U] A2 a type of food from India, made of vegetables or meat cooked with hot spices **карри**

curse¹ /kɜːs/ **noun** [C] **1** magic words which are intended to bring bad luck to someone **проклятие** *to **put a curse on** someone* **2** a rude or offensive word or phrase **ругательство** **3** something that causes harm or unhappiness, often over a long period of time **бич, бедствие** *Traffic is one of the curses of modern living.*

curse² /kɜːs/ **verb 1** [I] to use rude or offensive words **ругаться** *He cursed angrily under his breath.* **2** [T] to express anger towards someone or something **проклинать** *He cursed himself for not telling David about it earlier.* **3 be cursed by/with sth** to have something which causes problems over a long period of time **быть обреченным на страдания от чего-либо**

cursor /ˈkɜːsəʳ/ **noun** [C] B2 a symbol on a computer screen which shows the place where you are working **курсор**

cursory /ˈkɜːsəri/ **adjective** [always before noun] formal done quickly and without much care **поверхностный, беглый** *a **cursory glance***

curt /kɜːt/ **adjective** If something you say or write is curt, it is short and not very polite. **отрывистый**
• **curtly adverb резко**

curtail /kɜːˈteɪl/ **verb** [T] formal to reduce, limit, or stop something **сокращать, ограничивать** *to curtail spending*
• **curtailment noun** [U] **сокращение**

curtain /ˈkɜːtən/ **noun** [C] A2 a piece of material which hangs down to cover a window, stage, etc **занавеска, занавес** *to **draw the curtains** (= open or close them)* ◦ *The **curtain goes up** (= the performance starts) at 8 o'clock.* → See **The Living Room** on page Centre 4

curtsey (also **curtsy**) /ˈkɜːtsi/ **noun** [C] a movement where a girl or woman puts one foot behind the other and bends her knees, especially to show respect to a king or queen **реверанс**
• **curtsey verb** [I] **делать реверанс**

curve¹ /kɜːv/ **noun** [C] B2 a line which bends round like part of a circle **изгиб** *a road with gentle curves*

curve² /kɜːv/ **verb** [I, T] to move in a curve, form a curve, or make something into the shape of a curve **изгибать(ся)** *The road curves to the left.* ◦ *a chair with a curved back* → See picture at **flat**

cushion¹ /ˈkʊʃən/ **noun** [C] **1** B1 a cloth bag filled with something soft which you sit on or lean against to make you comfortable **диванная подушка** → See **The Living Room** on page Centre 4 **2** something which protects you from possible problems **защита** *Overseas savings provide **a cushion against** tax rises at home.*

cushion² /ˈkʊʃən/ **verb** [T] **1** to reduce the bad effects of something **смягчать** *attempts to cushion the impact of unemployment* **2** to protect something, especially part of the body, with something soft смягчать *Soft grass cushioned his fall.*

cushy /ˈkʊʃi/ **adjective** informal very easy легкий, непыльный (о работе) *a **cushy job***

custard /ˈkʌstəd/ **noun 1** [U] a sweet, yellow sauce made from milk and eggs, usually eaten hot with sweet food заварной крем *apple pie and custard* **2** [C, U] a soft baked mixture made from milk, eggs, and sugar заварной крем *a custard pie/tart*

custodial /kʌsˈtəʊdiəl/ **adjective** If someone is given a custodial sentence (= punishment), they are sent to prison. тюремный

custodian /kʌsˈtəʊdiən/ **noun** [C] **1** formal a person who takes care of something valuable or important хранитель (музея) *He's the grandson of Oscar Wilde and custodian of his private papers.* **2** US someone whose job is to look after a building, especially a school смотритель (здания)

custody /ˈkʌstədi/ **noun** [U] **1** the legal right to look after a child, especially when parents separate опека, попечение *When they divorced, it was Nicola who **won custody of** their two children.* **2** when someone is kept in prison, usually while they are waiting for a trial in court взятие под стражу *He is being **held in custody** in Los Angeles charged with assault.* ◦ *He was **taken into custody** by Mexican authorities.*

> Слова-партнеры к **custody**
>
> be **awarded/given** custody (of sb) • **have/win** custody (of sb)

custom /ˈkʌstəm/ **noun 1** [C, U] B1 a habit or tradition обычай **2** [U] when people buy things from shops or businesses покупатели, клиентура *Free gifts are a good way of **attracting custom**.*

> Слова-партнеры к **custom**
>
> an **ancient/local/traditional** custom • the custom **of** doing sth

custom- /ˈkʌstəm/ **prefix** used before another word to mean 'specially designed for a particular person or purpose' изготовленный на заказ *custom-built* ◦ *custom-designed*

customary /ˈkʌstəməri/ **adjective** normal or expected for a particular person, situation, or society обычный, привычный [+ to do sth] *It is **customary for** the chairman to make the opening speech.*
• **customarily** /ˌkʌstəˈmerəli/ **adverb** обычно

customer /ˈkʌstəməʳ/ **noun** [C] A2 a person or organization that buys goods or services from a shop or business покупатель, клиент *a **satisfied customer*** ◦ *Mrs Wilson is one of our **regular customers**.*

customise UK (US **customize**) /ˈkʌstəmaɪz/ **verb** [T] to change something to make it suitable for a particular person or purpose выполнять по индивидуальному заказу *Our language courses are customised to each student.*

customs /ˈkʌstəmz/ **noun** [U] B1 the place where your bags are examined when you are going into a country, to make sure you are not carrying anything illegal таможня ***customs officials*** ◦ *to **go through customs***

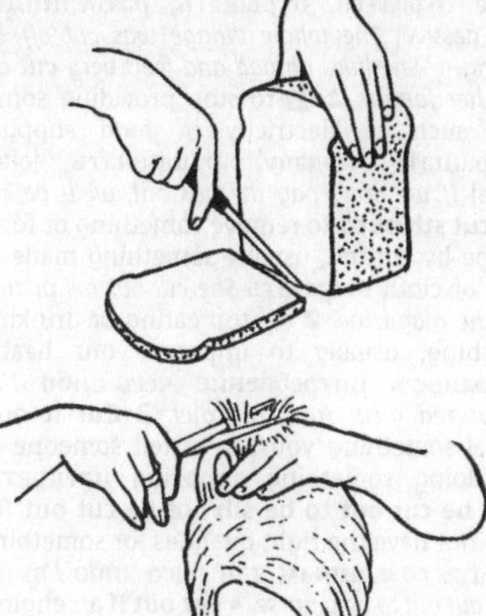

cut¹ /kʌt/ **verb** (present participle **cutting**, past tense and past participle **cut**) **1** [I, T] A2 to use a knife or other sharp tool to divide something, remove part of something, or make a hole in something резать, разрезать, стричь(ся), вырезать, срезать ***Cut** the meat **into** small pieces.* ◦ *He **cut** the piece of wood **in half**.* ◦ *I had my hair cut last week.* ◦ *She **cut off** all the diseased buds.* **2** [T] B2 to reduce the size or amount of something снижать, сокращать *Prices have been cut by 25%.* ◦ *The company is cutting 50 jobs.* **3** [T] B1 to injure yourself on a sharp object which makes you bleed порезаться *She cut her finger on a broken glass.* **4** [T] B2 to remove part of a film or piece of writing сокращать (книгу, фильм) *The film was too long so they cut some scenes.* → See also cut corners (**corner¹**), cut it/things **fine²**, have your **work²** cut out

PHRASAL VERBS **cut across sth 1** B2 to go from one side of an area to the other instead of going round it идти напрямик, срезать путь *If we cut across this field, it will save time.* **2** If a problem or subject cuts across different groups of people, all of those groups are affected by it or interested in it. охватывать, затрагивать • **cut back (sth)** to reduce the amount of money being spent on something сокращать, уменьшать *We have had to **cut back on** training this year.* • **cut sth down** B2 to make a tree or other plant fall to the ground by cutting it near the bottom рубить (деревья) • **cut down (sth)** B2 to eat or drink less of something, or to reduce the amount or number of something **сокращать потребление** *My doctor says I should cut down on cigarettes.* • **cut sb off** to stop someone speaking by interrupting them or putting the telephone down **обрывать (разговор)** *She cut me off in the middle of our conversation.* • **cut sb/sth off 1** B2 to prevent people from reaching or leaving a place, or to separate them from other people **отрезать, отрывать, разъединять** [often passive] *The whole village was cut off by flooding.* ◦ *She lives abroad and feels very* ***cut off from*** *her family.* **2** B2 to stop providing something such as electricity or food supplies **прекращать подачу, отключать** [often passive] *If we don't pay the gas bill, we'll be cut off.* • **cut sth out 1** to remove something or form a shape by cutting, usually something made of paper or cloth **вырезать** *She cut out his picture from the magazine.* **2** to stop eating or drinking something, usually to improve your health **прекращать потребление чего-либо** *I've cut out red meat from my diet.* **3 Cut it out!** informal something you say to tell someone to stop doing something annoying **прекрати!** **4 not be cut out to be sth/not be cut out for sth** to not have the right qualities for something **не быть созданным для чего-либо** *I'm not really cut out to be a nurse.* • **cut out** If an engine, machine, or piece of equipment cuts out, it suddenly stops working. **отключаться, выключаться** • **cut sth/sb out** to not let someone share something or be included in something **исключать** • **cut sth up 1** B1 to cut something into pieces **нарезать (кусочками)** **2 be cut up** UK informal to be very upset about something **переживать, огорчаться** *He was very cut up when his brother died.*

cut² /kʌt/ **noun** [C] **1** B1 an injury made when the skin is cut with something sharp **порез** *He suffered cuts and bruises in the accident.* **2** an opening made with a sharp tool **разрез** *She* ***made a cut*** *in the material.* **3** B2 a reduction in the number or amount of something **сокращение, уменьшение** ***tax/job cuts*** ◦ *The workers were angry about the* ***cut in*** *pay.* **4** a piece of meat from a particular part of an animal **вырезка, кусок** *an expensive cut of beef* **5** a share of something, usually money **доля** *My family owns the company, so we get a* ***cut of*** *the profits.* **6 an electricity/power, etc cut** B2 when the supply of something is stopped **отключение электричества и т. д.** **7** (also **haircut**) the style in which your hair has been cut **стрижка (прическа)** → See also **shortcut**

ˌcut and ˈpaste verb [I, T] (present participle **cutting and pasting**, past tense and past participle **cut and pasted**) to move words or pictures from one place to another in a computer document **вырезать и вставлять (при работе на компьютере)**

cutback /ˈkʌtbæk/ **noun** [C] a reduction of something, usually to save money **сокращение** *The company has* ***made cutbacks*** *and closed one of its factories.*

> **Слова-партнеры к cutback**
> **make** cutbacks • **drastic/severe/sharp** cutbacks • cutbacks **in** sth

cute /kjuːt/ **adjective 1** attractive **очаровательный** *a cute baby* **2** US informal clever in a way that is annoying or rude **наглый** *He thinks it's cute to tell dirty jokes.*

cutlery /ˈkʌtlᵊri/ **noun** [U] UK (US **silverware**) knives, forks, and spoons **столовые приборы**

cutlet /ˈkʌtlət/ **noun** [C] a small piece of meat still joined to the bone **отбивная котлета** *a lamb cutlet*

cut-price /ˈkʌtˌpraɪs/ **adjective** [always before noun] mainly UK (US **cut-rate**) cheaper than usual **уцененный** *cut-price tickets*

cutters /ˈkʌtəz/ **noun** [plural] a tool for cutting something **кусачки** *wire cutters*

cut-throat mainly UK (also US **cutthroat**) /ˈkʌtθrəʊt/ **adjective** a cut-throat business or other situation is where people will do anything to succeed and do not care if they hurt others **беспощадный** *the cut-throat world of journalism*

cutting¹ /ˈkʌtɪŋ/ **noun** [C] **1** a piece cut from a plant and used to grow a new plant **черенок** **2** UK (UK/US **clipping**) an article or picture that has been cut out of a newspaper or magazine **вырезка (из газеты, журнала)**

cutting² /ˈkʌtɪŋ/ **adjective** If something you say or write is cutting, it is unkind. **колкий, резкий** *a* ***cutting remark***

cutting-edge /ˌkʌtɪŋˈedʒ/ **adjective** very modern and with all the newest developments **ультрасовременный** ***cutting-edge design/technology***

CV /ˌsiːˈviː/ **noun** [C] UK (US **résumé**) B1 a document which describes your qualifications and the jobs you have done, which you send to an employer that you want to work for **краткая биография**

cwt written abbreviation for hundredweight (= a unit for measuring weight, equal to 50.8 kilograms in the UK and 45.36 kilograms in the US) **английский/американский центнер**

cyanide /ˈsaɪənaɪd/ **noun** [U] a very strong poison **цианид**

cyber- /saɪbəʳ/ **prefix** relating to electronic communications, especially the Internet **виртуальный, связанный с информационными технологиями** *cyberspace*

cybercafe /ˈsaɪbəˌkæfeɪ/ **noun** [C] a place where customers can buy food and drink and use computers to search for information on the Internet **интернет-кафе**

cyberspace /ˈsaɪbəˌspeɪs/ **noun** [U] the Internet considered as an imaginary area where you can communicate with people and find information **Интернет**

cycle¹ /ˈsaɪkl/ **noun** [C] **1** B2 a series of events which happen in a particular order and are often repeated **цикл** *the* ***life cycle*** *of a moth* **2** B2 a bicycle **велосипед** → See also **life cycle**

cycle² /ˈsaɪkl/ **verb** [I] B1 to ride a bicycle **ездить на велосипеде**
• **cycling noun** [U] A2 **велоспорт** → See **Sports 2** on page Centre 15 • **cyclist noun** [C] B1 someone who rides a bicycle **велосипедист**

ˈcycle ˌhelmet noun [C] a hard hat that protects your head when you ride a bicycle **велосипедный шлем** → See **Clothes** on page Centre 9

cyclical /ˈsɪklɪkᵊl/ **adjective** happening in a regular and repeated pattern **циклический** *the cyclical nature of the country's history*

cyclone /ˈsaɪkləʊn/ **noun** [C] a violent storm with very strong winds which move in a circle **циклон**

cylinder /ˈsɪlɪndəʳ/ **noun** [C] **1** a shape with circular ends and long, straight sides, or a container or object shaped like this **цилиндр** *an oxygen cylinder* → See picture at **shape 2** a part in a car or machine's engine which is shaped like a tube, and where another part moves up and down **цилиндр**

cylindrical /səˈlɪndrɪkᵊl/ **adjective** having the shape of a cylinder **цилиндрический**

cymbal /ˈsɪmbᵊl/ **noun** [C] a musical instrument like a metal plate which is played by being hit with a stick or another cymbal **тарелка (музыкальный инструмент)**

cynic /ˈsɪnɪk/ **noun** [C] a cynical person **циник**

cynical /ˈsɪnɪkᵊl/ **adjective** believing that people are only interested in themselves and are not sincere **циничный** *Many people have become cynical about politicians.*
• **cynically adverb цинично** • **cynicism** /ˈsɪnɪsɪzᵊm/ **noun** [U] cynical beliefs **цинизм**

cyst /sɪst/ **noun** [C] a small lump containing liquid that can grow under your skin **киста**

cystic fibrosis /ˌsɪstɪkfaɪˈbrəʊsɪs/ **noun** [U] a serious disease which causes the lungs and other organs to become blocked **муковисцидоз**

czar (also UK **tsar**) /zɑːʳ/ **noun** [C] **1** a male Russian ruler before 1917 **царь 2** informal a powerful official who makes important decisions for the government about a particular activity **высокопоставленный чиновник** *a drugs czar*

D

D, d /diː/ the fourth letter of the alphabet 4-я буква алфавита

dab /dæb/ **verb** [I, T] (present participle **dabbing**, past tense and past participle **dabbed**) to touch something with quick, light touches, or to put a substance on something with quick, light touches слегка прикасаться, прикладывать *She **dabbed at** her eyes with a tissue.*
• **dab noun** [C] a small amount of something легкое прикосновение, мазок *a **dab of** lipstick*

DAB /ˌdiːeɪˈbiː/ **noun** [U] abbreviation for digital audio broadcasting: an electronic system for sending radio or television information using signals in the form of numbers цифровое радиовещание

dabble /ˈdæbl/ **verb** [I] to try something or take part in an activity in a way that is not serious заниматься поверхностно, баловаться *I only **dabble in** politics.* ◦ *He **dabbled with** drugs at university.*

dad /dæd/ **noun** [C] informal A1 father папа *Can I go to the park, Dad?*

daddy /ˈdædi/ **noun** [C] a word for 'father', used especially by children папа

daffodil /ˈdæfədɪl/ **noun** [C] a yellow flower that usually grows in spring нарцисс

daffodil

daft /dɑːft/ **adjective** UK informal silly глупый *That's a **daft idea**.*

dagger /ˈdægəʳ/ **noun** [C] a short knife, used as a weapon кинжал

daily¹ /ˈdeɪli/ **adjective** [always before noun], **adverb 1** A2 happening or produced every day or once a day ежедневный, ежедневно *a **daily newspaper*** ◦ *The shop is open daily from 8 a.m. to 6 p.m.* **2** relating to one single day каждодневный, каждый день *They are paid on a **daily basis**.* **3 daily life** B1 the usual things that happen to you every day повседневная жизнь *Shootings are **part of daily life** in the region.*

daily² /ˈdeɪli/ **noun** [C] a newspaper that is published every day except Sunday ежедневная газета

dainty /ˈdeɪnti/ **adjective** small, attractive, and delicate изящный, изысканный *dainty feet*
• **daintily adverb** изящно, изысканно

dairy¹ /ˈdeəri/ **noun** [C] **1** a place where milk is stored and cream and cheese are made маслодельня, сыроварня, молочное хозяйство **2** a company which sells milk and products made of milk компания по продаже молочных продуктов

dairy² /ˈdeəri/ **adjective** [always before noun] B2 relating to milk or products made using milk молочный ***dairy products*** ◦ ***dairy cattle***

daisy /ˈdeɪzi/ **noun** [C] a small flower with white petals and a yellow centre that often grows in grass маргаритка

dam /dæm/ **noun** [C] a strong wall built across a river to stop the water and make a lake дамба, плотина
• **dam verb** [T] (present participle **damming**, past tense and past participle **dammed**) to build a dam across a river перегораживать плотиной

damage¹ /ˈdæmɪdʒ/ **noun** [U] B1 harm or injury повреждение *He suffered **brain damage** in the car crash.* ◦ *The strong wind caused serious **damage to** the roof.*

> **Слова-партнеры к damage**
> cause/inflict/repair/suffer damage • extensive/permanent/serious/slight damage • damage to sth

damage² /ˈdæmɪdʒ/ **verb** [T] B1 to harm or break something повреждать *Many buildings were damaged in the storm.* ◦ *Smoking can seriously damage your health.*
• **damaging adjective** harmful наносящий ущерб *the **damaging effects** of pollution*

damages /ˈdæmɪdʒɪz/ **noun** [plural] money that a person or organization pays to someone because they have harmed them or something that belongs to them компенсация за убытки *She was **awarded £400 in damages**.*

> **Слова-партнеры к damages**
> award/claim/pay/seek/win damages • substantial damages • [£400, $10,000, etc] in damages

dame /deɪm/ **noun** [C] **1** a title used in the UK before the name of a woman who has been officially respected дама *Dame Agatha Christie* **2** US informal old-fashioned a woman дамочка

damn¹ /dæm/ **adjective** [always before noun] (also **damned** /dæmd/) used to express anger чертовский *He didn't listen to a damn thing I said.*

damn² /dæm/ **exclamation** (also **damn it**) B1 used to express anger or disappointment черт побери! *Damn! I've forgotten the tickets.*

damn³ /dæm/ **adverb** (also **damned** /dæmd/) very чертовски, очень *He worked damn hard to pass that exam.*

damn⁴ /dæm/ **noun not give a damn** informal to not be interested in or worried about someone or something наплевать *I don't give a damn what people think.*

damn⁵ /dæm/ **verb** **1 damn him/it/you, etc** used to express anger about someone or something **черт его/тебя и т. д. побери!** *Stop complaining, damn you!* **2** [T] to strongly criticize someone or something **осуждать** *He was damned by the media.*

damning /ˈdæmɪŋ/ **adjective** criticizing someone or something very strongly, or showing clearly that someone is guilty **осуждающий, изобличающий** ***damning evidence*** ◦ *a **damning report** on education standards*

damp /dæmp/ **adjective** B2 slightly wet, usually in an unpleasant way **влажный** *damp clothes/grass* ◦ *It was cold and damp outside.*

• **damp** (also **dampness**) **noun** [U] when something is slightly wet **влажность**

dampen /ˈdæmpən/ **verb** [T] (also **damp**) **1** to make something less strong **ослаблять, умерять** *Nothing you can say will **dampen** her **enthusiasm**.* **2** to make something slightly wet **увлажнять**

damper /ˈdæmpəʳ/ **noun**

IDIOM **put a damper on sth** to stop an occasion from being enjoyable **портить** *The accident put a damper on their holiday.*

dance¹ /dɑːns/ **verb** [I, T] A1 to move your feet and body to the rhythm of music **танцевать** *She's dancing with Steven.* ◦ *Can you dance the tango?*

• **dancer noun** [C] A2 **танцор, танцовщица** • **dancing noun** [U] A1 **танцы**

dance² /dɑːns/ **noun** **1** [C] A1 when you move your feet and body to music **танец** *I **had a dance** with my dad.* **2** [C] B1 a particular set of steps or movements to music **танец** *My favourite dance is the tango.* **3** [C] a social event where people dance to music **танцевальный вечер** **4** [U] A2 the activity or skill of dancing **танцы** *a dance school*

dandelion /ˈdændɪlaɪən/ **noun** [C] a yellow wild flower **одуванчик**

dandruff /ˈdændrʌf/ **noun** [U] small pieces of dead skin in someone's hair or on their clothes **перхоть**

danger /ˈdeɪndʒəʳ/ **noun** **1** [C, U] A2 the possibility that someone or something will be harmed or killed, or that something bad will happen **опасность** *the dangers of rock climbing* ◦ *The soldiers were **in serious danger**.* ◦ *We were **in danger of** missing our flight.* **2** [C] B1 something or someone that may harm you **угроза** *Icy roads are a **danger to** drivers.*

> Слова-партнеры к **danger**
>
> face danger • **pose** a danger • **great/serious** danger • be **in** danger • be **in danger of** sth

dangerous /ˈdeɪndʒərəs/ **adjective** A2 If someone or something is dangerous, they could harm you. **опасный** *a dangerous chemical*

• **dangerously adverb** B1 **опасно** *dangerously close to the edge*

> Другие способы сказать **dangerous**
>
> Если что-то очень опасно, можно использовать прилагательные **hazardous**, **perilous** или **treacherous**.
>
> *Ice had made the roads **treacherous**.*
>
> *Heavy rain is causing **hazardous** driving conditions.*
>
> *A **perilous** journey through the mountains was their only escape route.*
>
> Опасные вещества можно описать как **harmful** или **hazardous**.
>
> *Please be aware that these chemicals are **harmful/hazardous** to human health.*
>
> Если что-то имеет потенциальную опасность, то его можно описать как **risky**.
>
> *Surgery at his age would be too **risky**.*

dangle /ˈdæŋgl/ **verb** **1** [I, T] to hang loosely, or to hold something so that it hangs loosely **свободно свисать** *Electrical wires were **dangling from** the ceiling.* **2** [T] to offer someone something they want in order to persuade them to do something **манить, соблазнять** *They dangled the possibility of a job in Paris in front of him.*

dank /dæŋk/ **adjective** wet, cold, and unpleasant **пронизывающе сырой** *a dark, dank basement*

dapper /ˈdæpəʳ/ **adjective** A dapper man looks stylish and tidy. **щегольски одетый**

dare¹ /deəʳ/ **verb** **1 dare (to) do sth** B2 to be brave enough to do something **сметь, отваживаться** *I didn't dare tell Dad that I'd scratched his car.* **2 dare sb to do sth** to try to make someone do something dangerous **провоцировать кого-либо на что-либо, заставить рискнуть** *She dared her friend to climb onto the roof.* **3 Don't you dare** informal used to tell someone angrily not to do something **не смей!** *Don't you dare hit your sister!* **4 How dare she/you, etc** used to express anger about something someone has done **как она/ты смеет/смеешь!** *How dare you talk to me like that!* **5 I dare say** (also **I daresay**) used when you think that something is probably true or will probably happen **я полагаю/думаю ...** *I dare say she'll change her mind.*

dare² /deəʳ/ **noun** [C] something that you do to prove that you are not afraid **вызов** [usually singular] *She climbed down the cliff for a dare.*

daredevil /ˈdeəˌdevəl/ **noun** [C] someone who enjoys doing dangerous things **смельчак, сорвиголова**

daren't /deənt/ UK short for dare not **сокращ. от dare not** *I daren't tell my wife how much it cost.*

daring /ˈdeərɪŋ/ **adjective** brave and taking risks **отважный, дерзкий** *a daring escape*
• **daring noun** [U] **отвага, бесстрашие**

dark¹ /dɑːk/ **adjective 1** A2 with no light or not much light **темный** *It's a bit dark in here.* ◦ *It doesn't* ***get dark*** *until 9 o'clock in the evening.* **2** A1 nearer to black than white in colour **темный** *dark blue/green* ◦ *dark clouds* ◦ *He's got dark hair and blue eyes.* **3** having black or brown hair or brown skin **темноволосый, смуглый** *a short, dark woman with glasses* **4** frightening or unpleasant **тяжелый, мрачный (о времени)** *a dark period in human history*

dark² /dɑːk/ **noun 1 the dark** B1 when there is no light somewhere **темнота** *He's scared of the dark.* **2 before/after dark** B1 before/after it becomes night **до/после наступления темноты** *She doesn't let her children out after dark.*

IDIOM **be in the dark** to not know about something that other people know about **быть в неведении** *I'm completely in the dark about all this.*

→ See also a **shot¹** in the dark

darken /ˈdɑːkᵊn/ **verb** [I, T] **1** to become dark or make something dark **темнеть, затемнять** *the darkening sky* ◦ *a darkened room* **2** If someone's mood darkens, or if something darkens it, they suddenly feel less happy. **мрачнеть, омрачать**

darkly /ˈdɑːkli/ **adverb** in a frightening or mysterious way **мрачно, загадочно** *"He might not be what he seems," she said darkly.*

darkness /ˈdɑːknəs/ **noun** [U] B2 when there is little or no light **темнота** *He stumbled around in the darkness looking for the light switch.* ◦ *There was a power cut and the house was* ***in darkness****.*

darling¹ /ˈdɑːlɪŋ/ **noun** [C] B2 used when you speak to someone you love **дорогой, милый (при обращении)** *Would you like a drink, darling?*

darling² /ˈdɑːlɪŋ/ **adjective** [always before noun] loved very much **горячо любимый** *my darling daughter*

darn¹ /dɑːn/ **adjective** [always before noun], **adverb** (also **darned** /dɑːnd/) US informal used to emphasize what you are saying, or to show that you are annoyed **чертовский, чертовски** *I'm too darn tired to care.*

darn² /dɑːn/ **verb** [I, T] to repair a piece of clothing by sewing across a hole with thread **штопать** *to darn socks*

dart¹ /dɑːt/ **noun** [C] a small arrow used in the game of darts or as a weapon **дротик** *a tranquilizer dart*

dart² /dɑːt/ **verb dart between/in/out, etc** to run or move somewhere quickly and suddenly **мчаться стрелой, ринуться** *A cat darted across the street.*

darts

darts /dɑːts/ **noun** [U] a game played by throwing small arrows at a round board **дартс (игра)**

dash¹ /dæʃ/ **verb 1** B2 [I] to go somewhere quickly **ринуться, нестись** *She dashed downstairs when she heard the phone.* ◦ *I must dash. I've got to be home by 7 p.m.* **2 dash sb's hopes** to destroy someone's hopes **разбивать чьи-либо надежды** *Saturday's 2-0 defeat dashed their hopes of reaching the final.* **3 dash (sth) against/on, etc** literary to hit or throw something with great force, usually causing damage **ударять(ся), разбивать(ся)** *Waves dashed against the cliffs.*

PHRASAL VERB **dash sth off** UK to write something very quickly **набрасывать, черкать (о письме)** *She* ***dashed off a letter*** *to her solicitor.*

dash² /dæʃ/ **noun 1** [no plural] B2 when you run somewhere very quickly **стремительное движение, рывок** *As the rain started, we* ***made a dash for*** *shelter.* **2** [C] a small amount of something, often food **капля, небольшое количество** ***Add a dash*** *of milk to the sauce.* **3** [C] B2 a mark (—) used to separate parts of sentences **тире** → See Study Page **Punctuation** on page Centre 33

dashboard /ˈdæʃbɔːd/ **noun** [C] the part facing the driver at the front of a car with controls and equipment to show things such as speed and temperature **приборная панель** → See **Car** on page Centre 7

dashing /ˈdæʃɪŋ/ **adjective** A dashing man is attractive in a confident and exciting way. **лихой, удалой**

data /ˈdeɪtə/ **noun** [U] **1** B2 information or facts about something **данные, факты** *financial data* **2** B2 information in the form of text, numbers, or symbols that can be used by or stored in a computer **данные**

> Слова-партнеры к **data**
> analyse/collect data • data on sth

database /ˈdeɪtəbeɪs/ **noun** [C] B2 information stored in a computer in an organized structure so that it can be searched in different ways **база данных** *a national database of missing people*

ˈdata proˌjector noun [C] a machine that allows you to show words or images on a screen or wall **видеопроектор**

date¹ /deɪt/ noun **1** [C] A1 a particular day of the month or year **дата, число** *"What's the date today?" "It's the fifth."* ◦ *Please give your name, address and **date of birth**.* **2** [C] B1 a time when something has been arranged to happen **назначенный срок, встреча** *Let's **make a date** to have lunch.* ◦ *We agreed to finish the report **at a later date**.* **3 to date** formal B2 up to the present time **на сегодняшний день** *This novel is his best work to date.* **4** [C] B1 a romantic meeting when two people go out somewhere, such as to a restaurant or to see a film **свидание** *He's asked her out **on a date**.* **5** [C] someone who you are having a romantic meeting with **человек, с которым назначено свидание** *Who's your date for the prom?* **6** [C] a sticky brown fruit with a long seed inside **финик** → See also **blind date**, **sell-by date**

> Слова-партнеры к **date**
>
> make/fix/set a date • at a future/at a later date • the date of sth • sb's date of birth

date² /deɪt/ verb **1** [I, T] to regularly spend time with someone you have a romantic relationship with **встречаться (о влюбленных)** *We've been dating for six months.* **2** [T] B1 to write the day's date on something **датировать** *a letter dated March 13th* **3** [T] to say how long something has existed or when it was made **датировать, относить к определенному времени** *Scientists have dated the bones to 10,000 BC.* **4** [I, T] C2 to stop seeming modern, or to make something not seem modern **устаревать, выходить из моды** *Clothes like these date really quickly.*

PHRASAL VERBS **date back** B2 to have existed a particular length of time or since a particular time **датироваться** *This house **dates back to** 1650.* • **date from sth** B2 to have existed since a particular time **относиться к определенному времени** *The castle dates from the 11th century.*

dated /ˈdeɪtɪd/ adjective not modern **устаревший** *This film seems a bit dated today.*

ˈdate ˌrape noun [C] when someone is raped (= forced to have sex when they do not want to) by someone they know, or someone they have arranged to meet **изнасилование знакомым человеком, изнасилование на свидании**

daub /dɔːb/ verb [T] to put a lot of a substance like paint on a surface in a careless way, often to write words or draw pictures **малевать** *The walls have been daubed with graffiti.*

daughter /ˈdɔːtəʳ/ noun [C] A1 your female child **дочь**

daughter-in-law /ˈdɔːtərɪnlɔː/ noun [C] (plural **daughters-in-law**) B2 your son's wife **невестка, сноха**

daunt /dɔːnt/ verb [T] If someone is daunted by something, they are worried because it is difficult or frightening. **обескураживать, пугать** [often passive] *I was a bit daunted by the idea of cooking for so many people.*

daunting /ˈdɔːntɪŋ/ adjective If something is daunting, it makes you worried because it is difficult or frightening. **обескураживающий, пугающий** *a daunting challenge/task*

dawdle /ˈdɔːdl/ verb [I] to walk very slowly, or do something very slowly in a way that wastes time **плестись, волынить** *Stop dawdling! You'll be late for school!*

dawn¹ /dɔːn/ noun **1** B2 [U] the early morning when light first appears in the sky **рассвет** *We woke **at dawn**.* **2 the dawn of sth** literary the time when something began **истоки, начало** ***the dawn of civilization*** → See also the **crack²** of dawn

dawn² /dɔːn/ verb [I] If a day or a period of time dawns, it begins. **наступать, начинаться** *The day of her party dawned at last.*

PHRASAL VERB **dawn on sb** If a fact dawns on you, you become aware of it after a period of not being aware of it. **осенять, доходить до сознания** [+ that] *It suddenly dawned on them that Mary had been lying.*

day /deɪ/ noun **1** [C] A1 a period of 24 hours **день, сутки** *the days of the week* ◦ *January has 31 days.* ◦ *I saw her the day before yesterday.* **2** [C, U] A2 the period during the day when there is light from the sun **день** *a bright, sunny day* ◦ *We've been travelling all day.* **3** [C] A2 the time that you usually spend at work or school **рабочий день** *She's had a very busy day at the office.* **4 the other day** B1 a few days ago **на днях** *I saw Terry the other day.* **5 day after day** every day for a long period of time **день за днем** *Day after day they marched through the mountains.* **6 one day** A2 used to talk about something that happened in the past **однажды** *One day, I came home to find my windows smashed.* **7 one day/some day/one of these days** B1 used to talk about something you think will happen in the future **когда-нибудь** *One of these days I'll tell her what really happened.* **8 days a** used to talk about a particular period of time when something happened or existed **определенный период жизни, пора** ***in my younger days*** **b** B1 a long time **давно** *I haven't seen Jack **for days**.* **9 these days** A2 used to talk about the present time **теперь** *I don't go out much these days.* **10 in those days** B2 used to talk about a period in the past **в то время, тогда** *In those days, boys used to wear short trousers.* **11 the old days** a period in the past **прошлое**

IDIOMS **call it a day** informal to stop doing something, especially working **останавливаться, прекращать работу** *It's almost midnight – let's call it a day.* • **it's early days** UK something that you say when it is too early to know what will happen еще рано делать прогнозы *Both teams are at the bottom of the league, but it's early days yet.* • **make sb's day** to make someone very happy осчастливить *Go on, ask him to dance – it'll make his day!* • **save the day** to do something that solves a serious problem спасать положение

→ See also **April Fool's Day**, **Boxing Day**, **Christmas Day**, at the **end**[1] of the day, **field day**, **Independence Day**, **Mother's Day**, **New Year's Day**, **open day**, **polling day**, **Valentine's Day**

daybreak /ˈdeɪbreɪk/ **noun** [U] the time in the morning when light first appears in the sky рассвет

daycare /ˈdeɪkeəʳ/ **noun** [U] care provided during the day for people who cannot look after themselves, especially young children or old people детский сад, приют для престарелых *a daycare centre*

daydream /ˈdeɪdriːm/ **verb** [I] to have pleasant thoughts about something you would like to happen мечтать

• **daydream** noun [C] мечты

daylight /ˈdeɪlaɪt/ **noun 1** (B2) [U] the natural light from the sun дневной свет, естественное освещение **2 in broad daylight** used to emphasize that something happens when it is light and people can see среди бела дня *He was attacked in broad daylight.*

daylights /ˈdeɪlaɪts/ **noun**

IDIOMS **beat/knock the (living) daylights out of sb** informal to hit someone very hard many times избивать кого-либо до полусмерти • **scare/frighten the (living) daylights out of sb** informal to frighten someone very much напугать кого-либо до смерти

ˌday reˈturn noun [C] UK a ticket for a bus or train when you go somewhere and come back on the same day обратный билет на тот же день *a day return to Norwich*

daytime /ˈdeɪtaɪm/ **noun** [U] (B2) the period of the day when there is light from the sun, or the period when most people are at work дневное время ***daytime television*** ◦ *a* ***daytime telephone number***

day-to-day /ˌdeɪtəˈdeɪ/ **adjective** [always before noun] happening every day as a regular part of your job or your life повседневный *day-to-day activities/problems*

daze /deɪz/ **noun in a daze** when you cannot think clearly because you are shocked or have hit your head в оцепенении, в полубессознательном состоянии *The survivors were walking around in a daze.*

dazed /deɪzd/ **adjective** not able to think clearly because you are shocked or have hit your head ошеломленный, полубессознательный *a* ***dazed expression***

dazzle /ˈdæzl/ **verb** [T] **1** If you are dazzled by someone or something, you think they are extremely good and exciting. поражать, изумлять [often passive] *I was dazzled by his intelligence and good looks.* **2** If light dazzles someone, it makes them unable to see for a short time. ослеплять

dazzling /ˈdæzlɪŋ/ **adjective 1** extremely good and exciting блестящий, великолепный *a* ***dazzling display/performance*** **2** A dazzling light is so bright that you cannot see for a short time after looking at it. ослепительно яркий *a dazzling white light*

de- /di-/ **prefix** to take something away образует слова, указывая на лишение чего-либо *deforestation (= when the trees in an area are cut down)*

deacon /ˈdiːkən/ **noun** [C] an official in some Christian churches священник, дьякон

dead[1] /ded/ **adjective 1** (A2) not now alive мертвый, погибший *She's been dead for 20 years now.* ◦ *He was* ***shot dead*** *by a masked intruder.* ◦ *There were three children among* ***the dead***. → See Note **die 2** (B2) If a piece of equipment is dead, it is not working. недействующий, неработающий *a dead battery* ◦ *The phone suddenly* ***went dead***. **3** informal If a place is dead, it is too quiet and nothing interesting is happening there. глухой, тихий **4** [always before noun] complete полный, совершенный *We waited in dead silence as the votes were counted.* **5** mainly UK If part of your body is dead, you cannot feel it. онемевший, потерявший чувствительность *My arm's* ***gone dead***. **6 wouldn't be caught/seen dead** informal If someone wouldn't be caught dead in a place or doing something, they would never go there or do it, usually because it would be too embarrassing. ни за что на свете [+ doing sth] *I wouldn't be caught dead wearing a bikini.* **7 drop dead** informal to die very suddenly падать замертво

dead[2] /ded/ **adverb 1** informal extremely or completely совершенно, очень UK *The exam was dead easy.* ◦ US *His advice was dead wrong.* **2 be dead set against sth/doing sth** to oppose something strongly быть категорически против чего-либо *My parents were dead set against us getting married.* **3 stop dead** to suddenly stop moving or doing something остановиться как вкопанный

dead[3] /ded/ **noun**

IDIOM **the dead of night/winter** the middle of the night/winter глубокой ночью/зимой

deadbeat /ˈdedbiːt/ **noun** [C] US informal someone who does not pay their debts человек, не выплачивающий долги *a deadbeat dad*

deaden /ˈdedᵊn/ **verb** [T] to make something less painful or less strong притуплять, ослаблять *She gave me an injection to* ***deaden*** *the* ***pain***.

ˌdead ˈend noun [C] **1** a road which is closed at one end **тупик** **2** a situation in which it is impossible to make progress **тупик** *The peace talks have* ***reached*** *a* ***dead end.***
• **dead-end** /ˌdedˈend/ **adjective** **тупиковый** *a* ***dead-end job/relationship*** ◦ *a* ***dead-end street***

ˌdead ˈheat noun [C] when two people finish a race at exactly the same time **одновременный финиш**

deadline /ˈdedlaɪn/ **noun** [C] (B2) a time by which something must be done **крайний срок** *to* ***meet/miss*** *a* ***deadline*** ◦ *The* ***deadline for*** *entering the competition is tomorrow.*

> **Слова-партнеры к deadline**
> set a deadline • **meet/miss** a deadline • a **tight** deadline • the deadline **for** (doing) sth

deadlock /ˈdedlɒk/ **noun** [U] a situation in which it is impossible to make progress or to reach a decision **тупик** *The talks have* ***reached deadlock.*** ◦ *There have been several attempts to* ***break the deadlock.***
• **deadlocked** adjective **зашедший в тупик**

deadly¹ /ˈdedli/ **adjective** (B2) likely to cause death **смертельный, смертоносный** *a* ***deadly virus*** ◦ *a* ***deadly weapon***

deadly² /ˈdedli/ **adverb deadly dull/serious, etc** extremely dull/serious, etc **убийственно скучный/ совершенно серьезный и т. д.**

deadpan /ˈdedpæn/ **adjective** looking or sounding serious when you are telling a joke **притворно серьезный** *a deadpan expression*

deaf /def/ **adjective 1** (B1) unable to hear **глухой** *Many deaf people learn to lip read.* ◦ *He goes to a school for* ***the deaf.*** **2 be deaf to sth** to refuse to listen to something **глухой, не желающий слушать**
• **deafness** noun [U] → See also fall on deaf ears (ear), **tone-deaf** **глухота**

deafening /ˈdefᵊnɪŋ/ **adjective** extremely loud **оглушительный** *a* ***deafening noise***

deal¹ /diːl/ **noun 1** [C] (B2) an arrangement or an agreement, especially in business **договор, сделка** *a* ***business deal*** ◦ *The police refused to* ***do/make/strike a deal*** *with the terrorists.* **2** [C] (C2) the price you pay for something, and what you get for your money **выгодная/невыгодная покупка** *I* ***got*** *a really* ***good deal on*** *my new car.* **3 a good/great deal** (B2) a lot **много, значительно** *A great deal of time and effort went into arranging this party.*

> **Слова-партнеры к deal**
> agree/do/make/strike a deal • **negotiate/sign** a deal • a deal **between** [two people/companies, etc] • a deal **with** sb

deal² /diːl/ **verb** [I, T] (past tense and past participle **dealt**) to give cards to players in a game **сдавать карты** *Whose turn is it to deal?*

PHRASAL VERBS **deal in sth** to buy and sell particular goods as a business **торговать чем-либо** *a shop dealing in rare books* • **deal with sth 1** (B1) to take action in order to achieve something or to solve a problem **заниматься чем-либо** *Can you deal with this gentleman's complaint?* **2** to be about a particular subject **рассматривать вопрос, заниматься проблемой** *The programme dealt with teenage pregnancy.* • **deal with sb/sth** to do business with a person or organization **иметь дело с кем-либо/чем-либо** *I usually deal with the accounts department.* • **deal with sb** (B2) to meet or talk to someone, especially as part of your job **иметь дело, заниматься с кем-либо** *She's used to dealing with foreign customers.*

dealer /ˈdiːləʳ/ **noun** [C] **1** (B2) a person or company that buys and sells things for profit **дилер, торговец, торговая фирма** *a* ***car dealer*** ◦ *a* ***drug dealer*** **2** a person who gives out cards to players in a game **сдающий карты**

dealership /ˈdiːləʃɪp/ **noun** [C] a business that sells cars, usually cars made by a particular company **автосалон** *a Ford/Toyota dealership*

dealings /ˈdiːlɪŋz/ **noun** [plural] activities involving other people, especially in business **деловые отношения, связи** *Have you* ***had*** *any* ***dealings with*** *their London office?*

dealt /delt/ past of deal **прош. вр. и прич. прош. вр. от гл. deal**

dean /diːn/ **noun** [C] **1** an official in a college or university **декан** **2** an official in charge of a large church or group of churches **настоятель (собора)**

dear¹ /dɪəʳ/ **adjective 1** (A1) used at the beginning of a letter, before the name of the person you are writing to **дорогой/дорогая ...! (обращение в письме)** *Dear Amy* ◦ *Dear Mrs Simpson* ◦ *Dear Sir/Madam* **2** [always before noun] (B2) A dear person is someone who you know and like very much. **дорогой, близкий** *my dear Peter* ◦ *He's one of my dearest friends.* **3** UK expensive **дорогой (о цене)** **4 dear to sb/sb's heart** If something is dear to someone or dear to their heart, it is very important to them. **много значить для кого-либо** *The charity was very dear to his heart.*

dear² /dɪəʳ/ **exclamation oh dear** (A2) used to express surprise and disappointment **боже мой!** *Oh dear! I forgot my keys!*

dear³ /dɪəʳ/ **noun** [C] used to address someone in a friendly way, especially a child or someone you love **дорогой, милый (при обращении)** *Don't cry, my dear.* ◦ *Yes, dear?*

dearly /ˈdɪəli/ **adverb** very much **очень сильно** *I would* ***dearly love*** *to visit Rome again.*

dearth /dɜːθ/ **noun** formal **a dearth of sth** when

there are not many or not enough of something available **нехватка** *a dearth of new homes*

death /deθ/ **noun 1** B1 [C, U] the end of life **смерть** *Do you believe in life after death? ◦ We need to reduce the number of* ***deaths from*** *heart attacks. ◦ a death threat* **2 to death** until you die **до смерти** *He was* ***beaten to death*** *by a gang of youths.* **3 put sb to death** to kill someone as a punishment **казнить** [often passive] *She was put to death for her beliefs.* **4 frightened/bored, etc to death** informal B2 extremely frightened/bored, etc **смертельно напуганный/скучающий и т. д.** *She's scared to death of dogs.*

> **Слова-партнеры к death**
>
> **bleed/choke/freeze/starve** to death • be **beaten/crushed/stabbed/trampled** to death • sb's **premature/sudden/tragic/untimely** death • death **from** sth

deathbed /ˈdeθbed/ **noun on your deathbed** very ill and going to die soon **при смерти**

deathly /ˈdeθli/ **adjective, adverb** extreme in a way which is unpleasant **смертельный, гробовой** *a* ***deathly silence*** *◦ Her face turned* ***deathly pale.***

ˈdeath ˌpenalty noun [C] the legal punishment of death for a crime **смертная казнь**

ˌdeath ˈrow noun on death row in prison and waiting to be killed as a punishment for a crime **в ожидании казни**

ˈdeath ˌsentence noun [C] a legal punishment of death for a crime **приговор к смертной казни**

ˈdeath ˌtoll noun [C] the number of people who die because of an event such as a war or an accident **число погибших** *The death toll from the earthquake has risen to 1500.*

ˈdeath ˌtrap noun [C] something that is very dangerous and could cause death **очень опасное место** *That old factory across the road is a real death trap.*

debase /dɪˈbeɪs/ **verb** [T] formal to reduce the value or quality of something **понижать качество, портить** *They argue that money has debased football.*

debatable /dɪˈbeɪtəbl/ **adjective** If something is debatable, it is not certain if it is true or not. **спорный** *It's* ***debatable whether*** *a university degree will help you in this job.*

debate¹ /dɪˈbeɪt/ **noun** [C, U] B2 discussion or argument about a subject **дискуссия, спор** *a political debate ◦ There has been a lot of public* ***debate on*** *the safety of food.*

debate² /dɪˈbeɪt/ **verb 1** [I, T] to discuss a subject in a formal way **дискутировать, обсуждать** *These issues need to be debated openly.* **2** [T] to try to make a decision about something **обдумывать, размышлять** [+ question word] *I'm still debating whether to go out tonight or not.*

debilitating /dɪˈbɪlɪteɪtɪŋ/ **adjective** formal A debilitating illness or problem makes you weak and unable to do what you want to do. **изнурительный, ослабляющий** *the debilitating effects of flu*

debit¹ /ˈdebɪt/ **noun** [C] B2 money taken out of a bank account, or a record of this **дебет** → Opposite **credit** → See also **direct debit**

debit² /ˈdebɪt/ **verb** [T] B2 to take money out of a bank account as a payment for something **снимать со счета** *Twenty pounds has been debited from my account.*

ˈdebit ˌcard noun [C] B2 a plastic card used to pay for things directly from your bank account **дебетовая карточка**

debris /ˈdebriː/ (US) /dəˈbriː/ **noun** [U] broken pieces of something **обломки, осколки** *Debris from the aircraft was scattered over a wide area.*

debt /det/ **noun 1** [C] B2 an amount of money that you owe someone **долг** *She's working in a bar to try to* ***pay off her debts.*** **2** [U] B2 when you owe money to someone **долг** *We don't want to* ***get into debt.*** *◦ He's heavily* ***in debt.*** **3 be in sb's debt** to feel grateful to someone who has helped you or given you something **быть в долгу перед кем-либо**

> **Слова-партнеры к debt**
>
> **be in/fall into/get into/run into** debt • **get out of** debt • **clear/pay off/repay/settle** a debt

debtor /ˈdetəʳ/ **noun** [C] someone who owes money **должник**

ˈdebt reˌlief noun [U] when a bank tells a person, a company, or a government that they do not have to pay back the money they owe the bank **списание долга**

debug /ˌdiːˈbʌg/ **verb** [T] (present participle **debugging**, past tense and past participle **debugged**) to remove mistakes from a computer program **отлаживать (программу)**

debut /ˈdeɪbjuː/ (US) /deɪˈbjuː/ **noun** [C] when someone performs or presents something to the public for the first time **дебют** *She* ***made her debut*** *as a pianist in 1975. ◦ This is the band's* ***debut album.***

Dec written abbreviation for December **декабрь**

decade /ˈdekeɪd/ **noun** [C] B2 a period of ten years **десятилетие**

decadence /ˈdekədᵊns/ **noun** [U] when you do or have things only for your own pleasure or behave in an immoral way **моральное падение** • **decadent adjective испорченный** *a decadent lifestyle*

decaf /ˈdiːkæf/ **noun** [C, U] informal short for decaffeinated coffee **кофе без кофеина**

decaffeinated /diˈkæfɪneɪtɪd/ **adjective** Decaffeinated tea or coffee is made by removing the caffeine (= chemical which makes you feel more awake). **без кофеина**

decay /dɪˈkeɪ/ **verb** [I] B2 to gradually become

bad or weak or be destroyed, often because of natural causes like bacteria or age **разрушаться, разлагаться** *decaying leaves* ◦ *Sugar makes your teeth decay.*

• **decay noun** [U] when something decays **разрушение, разложение** ***tooth decay*** ◦ *Many of the buildings had* ***fallen into decay.***

deceased /dɪˈsiːst/ **adjective** formal **1** dead **покойный** *the deceased man's belongings* **2 the deceased** someone who has died **умерший, скончавшийся** *The police have not yet informed the family of the deceased.*

deceit /dɪˈsiːt/ **noun** [U] when someone tries to make someone believe something that is not true **обман**

• **deceitful adjective обманный, лживый** *deceitful behaviour*

deceive /dɪˈsiːv/ **verb** [T] B2 to make someone believe something that is not true **обманывать** *The company deceived customers by selling old computers as new ones.*

December /dɪˈsembəʳ/ **noun** [C, U] (written abbreviation **Dec**) A1 the twelfth month of the year **декабрь**

decency /ˈdiːsənsi/ **noun** [U] behaviour that is good, moral, and acceptable in society **вежливость, порядочность** *a sense of decency* ◦ *She didn't even* ***have the decency to*** *tell me she wasn't coming.*

decent /ˈdiːsənt/ **adjective 1** B2 of a satisfactory quality or level **приличный** *He earns a decent salary.* ◦ *I haven't had a decent cup of coffee since I've been here.* **2** B2 honest and morally good **порядочный** *Decent people have had their lives ruined by his behaviour.* ◦ *She should* ***do the decent thing*** *and apologize.* **3** [never before noun] wearing clothes **одетый** *Can I come in? Are you decent?*

• **decently adverb порядочно, прилично**

decentralize (also UK **-ise**) /diːˈsentrəlaɪz/ **verb** [T] to move the control of an organization or a government from a single place to several smaller places **децентрализовать**

• **decentralization** /diːˌsentrəlaɪˈzeɪʃən/ **noun** [U] **децентрализация**

deception /dɪˈsepʃən/ **noun** [C, U] when someone makes someone believe something that is not true **обман** *He was found guilty of obtaining money by deception.*

deceptive /dɪˈseptɪv/ **adjective** If something is deceptive, it makes you believe something that is not true. **обманный** *Appearances can be deceptive.*

• **deceptively adverb обманчиво**

decibel /ˈdesɪbel/ **noun** [C] a unit for measuring how loud a sound is **децибел**

decide /dɪˈsaɪd/ **verb 1** [I, T] A2 to choose something after thinking about several possibilities **решать, принимать решение** [+ question word] *I haven't decided whether or not to tell him.* ◦ [+ to do sth] *She's decided to take the job.* ◦ [+ (that)] *The teachers decided that the school would take part in the competition.* **2** [T] C2 to be the reason or situation that makes a particular result happen **решать, определять** *This match will decide the tournament.* **3 deciding factor** C2 the thing that helps to make the final decision **решающий фактор**

> **Другие способы сказать decide**
>
> Если принимается решение о времени или количестве, особенно о точной дате или цене, то часто используют глаголы **fix** и **set**.
>
> *The price has been* ***set/fixed*** *at $10.*
>
> *Have you* ***set/fixed*** *a date for the wedding?*
>
> Если принимается окончательное решение о плане, дате и т.п., то часто используют глагол **finalize**.
>
> *We've chosen a venue, but we haven't* ***finalized*** *the details yet.*
>
> Глагол **settle** и фразовый глагол **settle on/upon** часто используют, когда говорят о принятии окончательного решения.
>
> *Have you* ***settled on*** *a place to live yet?*
>
> *Right then, we're going to Spain. That's* ***settled.***
>
> Устойчивое сочетание **make up your mind** часто используют вместо глагола **decide**.
>
> *I like them both – I just can't* ***make up my mind*** *which one to pick.*
>
> *Have you* ***made up your mind*** *whether you're going?*
>
> Если кто-то не может сделать выбор между двумя вещами, в неформальной ситуации используют выражение **be torn between** ... **and** ....
>
> *I'm* ***torn between*** *the fish pie* ***and*** *the beef.*

PHRASAL VERB **decide on sth/sb** to choose something or someone after thinking carefully **выбирать, останавливаться на чем-либо/ком-либо** *I've decided on blue walls for the bathroom.*

decided /dɪˈsaɪdɪd/ **adjective** [always before noun] certain, obvious, or easy to notice **явный, несомненный** *She had a decided advantage over her opponent.*

• **decidedly adverb явно, несомненно** *That exam was decidedly more difficult than the last one.*

deciduous /dɪˈsɪdjuəs/ **adjective** A deciduous tree has leaves that drop off every autumn. **лиственный**

decimal¹ /ˈdesɪməl/ **adjective** involving counting in units of 10 **десятичный** *a decimal system*

decimal² /ˈdesɪməl/ **noun** [C] a number less than one that is written as one or more numbers after a point **десятичная дробь** *The decimal 0.5 is the same as the fraction 1/2.* → See Study Page **Numbers** on page Centre 30

ˌdecimal ˈplace UK (US **ˈdecimal ˌplace**) **noun**

[C] the position of a number after a decimal point **разряд, десятичный знак (после запятой)** *The number is accurate to three decimal places.*

ˌdecimal ˈpoint UK (US **ˈdecimal ˌpoint**) **noun** [C] the point (.) that is used to separate a whole number and a decimal **точка, отделяющая целое число от дроби (соответствует запятой в русском языке)**

decimate /ˈdesɪmeɪt/ **verb** [T] formal to destroy large numbers of people or things **истреблять** *Populations of endangered animals have been decimated.*

decipher /dɪˈsaɪfəʳ/ **verb** [T] to discover what something says or means **разбирать, расшифровывать** *It's sometimes difficult to **decipher** his **handwriting**.*

decision /dɪˈsɪʒən/ **noun** [C] B1 a choice that you make about something after thinking about several possibilities **решение** *She has had to **make** some very difficult **decisions**.* ◦ [+ to do sth] *It was his decision to leave.* ◦ *The committee should **come to/reach a** final **decision** by next week.*

> Слова-партнеры к **decision**
>
> come to/make/reach a decision • a **big/difficult/final/important/unanimous/wise** decision • a decision **about/on** sth

decisive /dɪˈsaɪsɪv/ **adjective 1** strongly affecting how a situation will progress or end **решительный, решающий** *a **decisive goal/victory*** **2** B2 making decisions quickly and easily **решительный** *You need to be more decisive.* → Opposite **indecisive**

• **decisively adverb** решительно • **decisiveness noun** [U] **решительность**

deck¹ /dek/ **noun 1** [C] B2 one of the floors of a ship, bus, or aircraft **палуба** *The children like to sit on the top deck of the bus.* **2 on deck** on the top floor of a ship that is not covered **на палубе** **3** [C] US (UK **pack**) a collection of cards that you use to play a game **колода карт** **4** [C] a machine that you use to play records or tapes (= plastic cases containing magnetic material used to record sounds) **дека (магнитофон без усилителя)** *a tape deck*

deck² /dek/ **verb**

PHRASAL VERB **be decked out** to be decorated with something, or dressed in something special **украшенный, разодетый** *The bar was decked out with red and yellow flags.*

deckchair /ˈdektʃeəʳ/ **noun** [C] a folding chair that you use outside **шезлонг**

declaration /ˌdekləˈreɪʃən/ **noun** [C] an announcement, often one that is written and official **декларация, объявление** *a declaration of independence*

declare /dɪˈkleəʳ/ **verb** [T] **1** B2 to announce something publicly or officially **объявлять, заявлять** *to declare war* ◦ [+ that] *Scientists have declared that this meat is safe to eat.* **2** B1 to officially tell someone the value of goods you have bought, or the amount of money you have earned because you might have to pay tax **декларировать стоимость или доходы** *Have you got anything to declare?*

decline¹ /dɪˈklaɪn/ **noun** [C, U] B2 when something becomes less in amount, importance, quality, or strength **понижение, падение** *a steady **decline in** sales/standards*

> Слова-партнеры к **decline**
>
> be **in** decline • a **sharp/steady/steep** decline • a decline **in** sth

decline² /dɪˈklaɪn/ **verb 1** [I, T] formal B2 If you decline something, you refuse it politely. **отклонять, отказываться** *She **declined** his **offer** of a lift.* ◦ [+ to do sth] *He **declined to comment**.* **2** [I] B2 to become less in amount, importance, quality, or strength **идти на убыль** *Sales of records have declined steadily.*

decode /ˌdiːˈkəʊd/ **verb** [T] to discover the meaning of a message that is in code (= secret system of communication) **расшифровывать**

decoder /diːˈkəʊdəʳ/ **noun** [C] a piece of equipment that allows you to receive particular television signals **декодирующее устройство**

decompose /ˌdiːkəmˈpəʊz/ **verb** [I] If a dead person, animal, or plant decomposes, it decays and is gradually destroyed. **разлагаться, гнить** *a decomposing body*

decor /ˈdeɪkɔːʳ/ US /deɪˈkɔːr/ **noun** [U, no plural] the style of decoration and furniture in a room or building **внутренняя отделка**

> Другие способы сказать **decorate**
>
> Глаголы **refurbish**, **renovate** и **revamp** часто используют вместо глагола **decorate**, когда говорят об улучшении внешнего вида комнаты или здания.
>
> *The University library is currently being **refurbished**.*
>
> *They were in the process of **renovating** an old barn.*
>
> *The restaurant has recently been **revamped**.*
>
> В неформальных ситуациях можно также использовать фразовый глагол **do up**.
>
> *He's bought an old cottage and is gradually **doing it up**.*

decorate /ˈdekəreɪt/ **verb 1** [T] B1 to make something look more attractive by putting things on it or around it **украшать** *They decorated the room with balloons for her party.* **2** [I, T] B1 to put paint or paper on the walls or other surfaces of a room or building **красить, оклеивать обоями, отделывать** *The whole house needs decorating.* **3 be decorated** to be given a medal (= small, metal disc) as official respect for military action **быть награжден-**

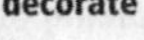
decorate

ным (медалью и т. д.) *He was decorated for bravery.*

decoration /ˌdekəˈreɪʃən/ **noun 1** [C, U] B2 when you make something look more attractive by putting things on it or around it, or something that you use to do this **украшение** ***Christmas decorations*** ◦ *She hung some pictures around the room for decoration.* **2** [U] B2 when the walls or other surfaces of rooms or buildings are covered with paint or paper **(внутренняя) отделка** *This place is badly in need of decoration.* **3** [C] an official sign of respect such as a medal (= small, metal disc) **знак отличия, награда**

decorative /ˈdekərətɪv/ **adjective** B2 making something or someone look more attractive **декоративный** *decorative objects*

decorator /ˈdekəreɪtər/ **noun** [C] **1** UK someone whose job is to put paint or paper on the walls and other surfaces of rooms or buildings **маляр 2** US someone whose job is to design the appearance of rooms in houses and buildings **дизайнер по интерьеру**

decorum /dɪˈkɔːrəm/ **noun** [U] formal behaviour which is considered to be polite and correct **благопристойность**

decoy /ˈdiːkɔɪ/ **noun** [C] someone or something used to lead a person or animal to a place so that they can be caught **приманка**

decrease /dɪˈkriːs/ **verb** [I, T] B1 to become less, or to make something become less **уменьшать(ся)** *During the summer months, rainfall decreases.*

• **decrease** /ˈdiːkriːs/ **noun** [C, U] B1 **уменьшение** *There has been a* ***decrease in*** *the number of violent crimes.* → Opposite **increase**

> **Слова-партнеры к decrease**
>
> a **marked/significant/slight** decrease • a decrease **in** sth • a decrease **of** [5%/1000, etc]

decree /dɪˈkriː/ **noun** [C] an official order or decision from a government or leader **указ** *a presidential/royal decree*

> **Другие способы сказать decrease**
>
> Глаголы **lessen**, **lower** и **reduce**, а также фразовый глагол **bring down** используют, когда идет речь об уменьшении количества или понижении уровня чего-то.
>
> *They've just* ***lowered*** *the age at which you can join.*
>
> *Exercise* ***reduces*** *the chance of heart disease.*
>
> *They are* ***bringing down*** *their prices.*
>
> Глаголы **drop** и **fall**, фразовые глаголы **go down** и **come down** часто употребляются, когда идет речь о понижении уровня или уменьшении количества чего-либо.
>
> *Unemployment has* ***dropped/fallen*** *from 8% to 6% in the last year.*
>
> *Prices always* ***come/go down*** *after Christmas.*
>
> Если уровень или количество уменьшается резко, иногда употребляют глаголы **plummet** и **plunge**.
>
> *Temperatures last night* ***plummeted/plunged*** *below zero.*
>
> Если размер чего-то уменьшается, то можно использовать глагол **shrink**. В технических текстах употребляют глагол **contract**.
>
> *Forests have* ***shrunk*** *to almost half the size they were 20 years ago.*
>
> *As the metal cools, it* ***contracts.***

• **decree verb** [T] (present participle **decreeing**, past tense and past participle **decreed**) **издавать указ**

decrepit /dɪˈkrepɪt/ **adjective** old and in very bad condition **ветхий, дряхлый** *a decrepit building*

decrypt /dɪˈkrɪpt/ **verb** [T] to change electronic information from a secret system of letters, numbers, or symbols back into a form that people can understand **расшифровывать, декодировать**

dedicate /ˈdedɪkeɪt/ **verb 1 dedicate your life/yourself to sth** to give most of your energy and time to something **посвящать себя чему-либо** *She has dedicated her life to helping others.* **2 dedicate sth to sb** to say that something you have made or done is to show your love or respect for someone **посвящать что-либо кому-либо** [often passive] *This book is dedicated to my daughter.*

dedicated /ˈdedɪkeɪtɪd/ **adjective 1** believing that something is very important and giving a lot of time and energy to it **работающий по призванию, преданный делу** *a dedicated teacher* **2** designed to be used for a particular purpose **специального назначения** *a dedicated word processor*

dedication /ˌdedɪˈkeɪʃən/ **noun 1** [U] when you are willing to give a lot of time and energy to something because you believe it is very important **преданность делу** *She thanked the* *staff for their dedication and enthusiasm.* **2** [C] when someone says that something has been made or done to show love and respect for someone else **посвящение (в книге)** *a dedication to the poet's mother*

deduce /dɪˈdjuːs/ **verb** [T] to decide that something is true using the available information **делать вывод** [+ (that)] *From the contents of his shopping basket, I deduced that he was single.*

deduct /dɪˈdʌkt/ **verb** [T] to take an amount or a part of something away from a total **вычитать, удерживать** *The company will* ***deduct*** *tax* ***from*** *your earnings.* ◦ *Marks are deducted for spelling mistakes.*

deduction /dɪˈdʌkʃᵊn/ **noun** [C, U] **1** when an amount or a part of something is taken away from a total, or the amount that is taken **удержание** *tax deductions* **2** when you decide that something is true using the available information **вывод, умозаключение**

deed /diːd/ **noun** [C] **1** formal something that you do **поступок, дело** *good deeds* ◦ *I judge a person by their deeds, not their words.* **2** a legal document recording an agreement, especially saying who owns something **документ** [usually plural] *Where do you keep the deeds to the house?*

deem /diːm/ **verb** [T] formal to judge or consider something in a particular way **считать, полагать** *The book was deemed to be unsuitable for children.*

deep

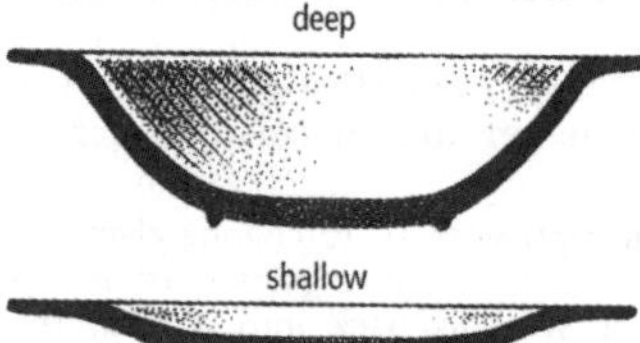

deep¹ /diːp/ **adjective** **1** (A2) having a long distance from the top to the bottom **глубокий** *The water is a lot deeper than it seems.* **2** having a long distance from the front to the back **широкий** *How deep are the shelves?* **3 one metre/6 ft, etc deep** (B2) one metre/6 ft, etc from the top to the bottom, or from the front to the back **глубиной/шириной в 1 метр/6 футов и т. д.** *This end of the pool is two metres deep.* **4** (B2) A deep feeling is very strong. **глубокий, сильный** *deep affection/regret* **5** (B2) A deep sound is low. **глубокий, низкий** *a deep voice* **6** serious and difficult for most people to understand **глубокий, серьезный** *a* ***deep and meaningful*** *conversation* **7 a deep sleep** (B2) when someone is sleeping in a way that makes it difficult to wake them up **глубокий сон** **8** (B1) A deep colour is strong and dark. **темный (о цвете)** *deep brown eyes* **9 take a deep breath** (B2) to fill your lungs with air **глубоко вздохнуть** *Take a deep breath and relax.* **10 deep in thought/conversation** giving all of your attention to what you are thinking or talking about, and not noticing anything else **погруженный в раздумья/увлеченный разговором** → See also throw sb in at the deep **end¹**, be in deep **water¹**

deep² /diːp/ **adverb** **1** (B1) a long way into something from the top or outside **глубоко, далеко** *They travelled deep into the forest.* **2 deep down** (B2) If you know or feel something deep down, you are certain that it is true, or you feel it strongly although you do not admit it or show it. **в глубине души** *Deep down, I knew that I was right.* **3 go/run deep** If a feeling or a problem goes deep, it is very strong or serious and has existed for a long time. **являться существенным, иметь глубокие корни**

deepen /ˈdiːpᵊn/ **verb** [I, T] **1** to become deeper, or to make something become deeper **углублять(ся), усиливать(ся), делать(ся) темнее** *The sky deepened to a rich, dark blue.* **2** to become worse, or to make something become worse **ухудшать(ся), усугублять(ся)** *a* ***deepening crisis***

ˌdeep ˈfreeze UK (US **ˈdeep ˌfreeze**) **noun** [C] another word for freezer (= a large container in which food can be frozen and stored) **морозильник**

deep-fried /ˌdiːpˈfraɪd/ **adjective** fried in a lot of oil **жаренный во фритюре**

deeply /ˈdiːpli/ **adverb** **1** (B2) very much **серьезно, очень** *I have fallen deeply in love with her.* **2 breathe deeply** to fill your lungs with air **глубоко дышать**

deep-seated /ˌdiːpˈsiːtɪd/ **adjective** (also **deep-rooted**) strongly felt or believed and difficult to change **глубоко укоренившийся** ***deep-seated fears/problems***

deer

deer /dɪəʳ/ **noun** [C] (plural **deer**) (B2) a large, wild animal that is sometimes hunted for food and which has antlers (= long horns) if it is male **олень**

deface /dɪˈfeɪs/ **verb** [T] to spoil the appearance of something, especially by writing or painting on it **портить, обезображивать** *Several posters have been defaced with political slogans.*

default¹ /dɪˈfɔːlt/ **noun** **1** [no plural] what exists or happens usually if no changes are made стандартный (размер, конфигурация), что-либо оставленное без изменений **2 by default** If something happens by default, it happens only because something else does not happen. **вследствие бездействия или отсутствия чего-либо** *No one else stood in the election, so he won by default.*

• **default** /ˈdɪːˌfɔːlt/ **adjective** [always before noun] **базовый, нормальный, стандартный** *The default font size is 10.*

default² /dɪˈfɔːlt/ **verb** [I] to not do what you have made an agreement to do, especially paying back money you have borrowed **не выполнять своих обязательств** *They have **defaulted on** their debt repayments.*

defeat¹ /dɪˈfiːt/ **verb** [T] **1** (B1) to win against someone in a fight or competition **наносить поражение** *She was defeated by an Australian player in the first round of the tournament.* **2** (B2) to make someone or something fail **проваливать, расстраивать** *The bill was narrowly defeated in parliament.*

defeat² /dɪˈfiːt/ **noun 1** [C, U] (B1) when someone loses against someone else in a fight or competition **поражение** *The Chicago Cubs have **suffered** their worst **defeat** of the season.* **2** [no plural] (B2) when someone or something is made to fail **разгром, крушение** *the defeat of apartheid*

Слова-партнеры к defeat

admit/face/suffer defeat • a **comprehensive/crushing/humiliating/narrow** defeat

defeatism /dɪˈfiːtɪzᵊm/ **noun** [U] behaviour or thoughts that show that you do not expect to be successful **пораженчество**

defeatist /dɪˈfiːtɪst/ **adjective** behaving in a way that shows that you do not expect to be successful **пораженческий** *a **defeatist attitude***

• **defeatist noun** [C] **пораженец**

defect¹ /ˈdiːfekt/ **noun** [C] a fault or problem with someone or something **дефект, неисправность** *a birth defect* ◦ *A mechanical defect caused the plane to crash.*

• **defective** /dɪˈfektɪv/ **adjective** having a fault or problem **неисправный, с дефектом** ***defective goods***

defect² /dɪˈfekt/ **verb** [I] to leave your country or organization and go to join an enemy country or competing organization **переходить на сторону противника** *He **defected to** the West.*

• **defection** /dɪˈfekʃᵊn/ **noun** [C, U] when someone defects **переход на сторону противника** • **defector noun** [C] **перебежчик**

defence UK /dɪˈfens/ (US **defense** /ˈdiːfens/) **noun 1** [U] the weapons and military forces that a country uses to protect itself against attack **оборона** *Government spending on defence is increasing.* ◦ *the defence minister/industry* **2** [C, U] (B2) protection, or something that provides protection against attack or criticism **защита** *the body's **defences against** infection* ◦ *She argued strongly **in defence of** her actions.* **3 come to sb's defence** to support someone when they are being criticized **вступаться за кого-либо 4 the defence** [group] the lawyers in a court who work in support of the person who is accused of a crime **защита (в суде)** *He was cross-examined by the defence.* ◦ *a **defence lawyer*** **5** [C, U] (B1) the part of a sports team which tries to prevent the other team from scoring points **защита (в спорте)** → See also **self-defence**

Слова-партнеры к defence

mount/put up a defence • an **effective/spirited/strong/vigorous** defence • defence **against** sth • [argue, etc] **in defence of** sth

defenceless UK (US **defenseless**) /dɪˈfensləs/ **adjective** weak and unable to protect yourself from attack **беззащитный** *a small, defenceless child*

defend /dɪˈfend/ **verb 1** [T] (B1) to protect someone or something from being attacked, especially by fighting **защищать** *The army was sent in to **defend** the country **against** enemy attack.* ◦ [often reflexive] *She tried to defend herself with a knife.* **2** [T] (B2) to support someone or something that is being criticized **защищать, отстаивать** *The newspaper's editor **defended** his **decision** to publish the photos.* **3** [T] to try to show in a court that someone is not guilty of a crime **защищать (в суде)** *He has hired two lawyers to defend him in court.* **4** [I, T] to try to stop the other sports team from scoring points **защищать (в спорте) 5 defend a championship/title, etc** to try to win a match or competition that you have won before **отстаивать чемпионское звание/титул и т. д.**

• **defender noun** [C] (B2) **защитник**

defendant /dɪˈfendənt/ **noun** [C] the person in a court who is accused of a crime **обвиняемый**

defense /dɪˈfens/ **noun** US spelling of defence **см. defence**

defenseless /dɪˈfensləs/ **adjective** US spelling of defenceless **беззащитный**

defensive¹ /dɪˈfensɪv/ **adjective 1** quick to protect yourself from being criticized **обидчивый, оправдывающийся** *He's very **defensive about** his weight.* **2** mainly US A defensive player in a sports team tries to stop the other team scoring points. **обороняющий 3** done or used to protect someone or something from attack **оборонительный, защитный**

• **defensively adverb оборонительно**

defensive² /dɪˈfensɪv/ **noun on the defensive** ready to protect yourself because you are expecting to be criticized or attacked **готовый защищаться**

defer /dɪˈfɜːʳ/ **verb** [T] (present participle **deferring**, past tense and past participle **deferred**) to arrange for something to happen at a later time **отсрочивать** *The payments can be deferred for three months.*

deference /ˈdefᵊrᵊns/ **noun** [U] polite behaviour that shows that you respect someone or something **почтение**
• **deferential** /ˌdefᵊˈrenʃᵊl/ **adjective почтительный**

D

defiance /dɪˈfaɪəns/ **noun** [U] when you refuse to obey someone or something **вызывающее поведение, неповиновение** *an* ***act of defiance***

defiant /dɪˈfaɪənt/ **adjective** refusing to obey someone or something **неповинующийся, непослушный** *a defiant child*
• **defiantly adverb вызывающе**

deficiency /dɪˈfɪʃᵊnsi/ **noun** [C, U] **1** when you do not have enough of something **нехватка** *a* ***vitamin deficiency*** **2** a mistake or fault in something so that it is not good enough **недостаток, порок** *Parents are complaining of serious* ***deficiencies in*** *the education system.*

> Слова-партнеры к **deficiency**
>
> a **glaring/major/serious/severe** deficiency • a deficiency **in** sth

deficient /dɪˈfɪʃᵊnt/ **adjective 1** not having enough of something **ощущающий нехватку** *If you have poor night vision you may be* ***deficient in*** *vitamin A.* **2** not good enough **несовершенный** *His theory is deficient in several respects.*

deficit /ˈdefɪsɪt/ **noun** [C] the amount by which the money that you spend is more than the money that you receive **дефицит** *a* ***budget deficit***

defile /dɪˈfaɪl/ **verb** [T] formal to spoil someone or something that is pure, holy, or beautiful **осквернять, пятнать**

define /dɪˈfaɪn/ **verb** [T] **1** (B2) to say exactly what something means, or what someone or something is like **давать определение, устанавливать** *Your duties are clearly defined in the contract.* **2** to show the outer edges or shape of something **очерчивать** *It has sharply defined edges.*

definite /ˈdefɪnət/ **adjective 1** (B2) certain, fixed, and not likely to change **четкий, ясный** *We need a definite answer by tomorrow.* **2** clear and obvious **явный, видимый** *There has been a definite improvement in her behaviour.*

ˌ**definite** ˈ**article noun** [C] (B1) in grammar, used to mean the word 'the' **определенный артикль** → Compare **indefinite article**

definitely /ˈdefɪnətli/ **adverb** (B1) without any doubt **несомненно, конечно** *This book is definitely worth reading.* ◦ *"Do you want to come?" "Yes, definitely."*

definition /ˌdefɪˈnɪʃᵊn/ **noun 1** [C] (B2) an explanation of the meaning of a word or phrase **определение** *a dictionary definition* **2** [U] how clear an image of something is in a photograph or on a screen **четкость, ясность**

definitive /dɪˈfɪnətɪv/ **adjective 1** certain, clear, and not likely to change **окончательный** *a* ***definitive answer*** **2** A definitive book or piece of work is the best of its type. **основополагающий** *the definitive guide to London*
• **definitively adverb окончательно**

deflate /dɪˈfleɪt/ **verb 1** [I, T] to let all the air or gas out of something, or to become emptied of air or gas **выпускать воздух из чего-либо** *to deflate a balloon/tyre* **2** [T] to make someone lose confidence or feel less important **ставить на место, сбивать спесь** [often passive] *They were totally deflated by losing the match.*

deflect /dɪˈflekt/ **verb 1** [I, T] to make something change direction by hitting or touching it, or to change direction after hitting something **изменять направление, отклоняться от курса** *The ball was deflected into the corner of the net.* **2 deflect attention/blame/criticism, etc** to cause attention/blame/criticism, etc to be directed away from you **отвлекать внимание/отводить от себя вину/критику и т. д.**
• **deflection** /dɪˈflekʃᵊn/ **noun** [C, U] **отклонение, отвлечение**

deforestation /diːˌfɒrɪˈsteɪʃᵊn/ **noun** [U] when all the trees in a large area are cut down **вырубка леса**

deformed /dɪˈfɔːmd/ **adjective** with a shape that has not developed normally **деформированный, изуродованный** *deformed hands*
• **deform** /dɪˈfɔːm/ **verb** [T] **деформировать, уродовать**

deformity /dɪˈfɔːməti/ **noun** [C, U] when a part of the body has not developed in the normal way, or with the normal shape **уродство, изъян**

defraud /dɪˈfrɔːd/ **verb** [T] to obtain money from someone illegally by being dishonest **обманывать**

defrost /ˌdiːˈfrɒst/ **verb** [I, T] **1** If food defrosts, it becomes warmer after being frozen, and if you defrost it, you make it become warmer after being frozen. **размораживать** *You need to defrost the fish before you can cook it.* **2** If you defrost a fridge or freezer (= machines that keep food cold), you make them warmer and remove the ice, and if they defrost, they become warmer and the ice melts. **размораживать**

deft /deft/ **adjective** quick and showing great skill **ловкий, проворный** *a* ***deft movement/touch***
• **deftly adverb** formal **ловко, проворно**

defunct /dɪˈfʌŋkt/ **adjective** not working or existing now **прекративший свое существование**

defuse /ˌdiːˈfjuːz/ **verb** [T] **1** to make a difficult or dangerous situation calmer **разряжать (обстановку)** *He made a joke to* ***defuse*** *the* ***tension.*** **2** to prevent a bomb from exploding by removing the fuse (= part that starts the explosion) **снимать взрыватель (бомбы)**

defy /dɪˈfaɪ/ **verb 1** [T] to refuse to obey someone or something **открыто не повиноваться** *Some of these children openly defy their teachers.* **2 defy belief/description/explanation, etc** to be impossible to believe/describe/explain, etc **быть невероятным/не поддаваться описанию/быть необъяснимым и т. д.** *His attitude defies belief.* **3 defy sb to do sth** to tell someone to do something that you think will be impossible **бросать вызов** *I defy you to prove that I'm wrong.*

degenerate¹ /dɪˈdʒenᵊreɪt/ **verb** [I] to become worse **ухудшаться, перерастать** *The protest soon **degenerated into** violence.*
• **degeneration** /dɪˌdʒenəˈreɪʃᵊn/ **noun** [U] **ухудшение, перерастание**

degenerate² /dɪˈdʒenᵊrət/ **adjective** having low moral principles **развращенный**

degrade /dɪˈgreɪd/ **verb** [T] **1** to treat someone without respect and as if they have no value **унижать** *They think the advert degrades women.* **2** to damage the quality or condition of something **портить, ухудшать состояние**
• **degradation** /ˌdegrəˈdeɪʃᵊn/ **noun** [U] **унижение, ухудшение состояния**

degrading /dɪˈgreɪdɪŋ/ **adjective** treating people without respect and as if they have no value **унизительный** *degrading work*

degree /dɪˈgriː/ **noun 1** [C] (A2) a unit for measuring temperature, shown by the symbol ° written after a number **градус 2** [C] a unit for measuring angles, shown by the symbol ° written after a number **градус 3** [C] (B1) a qualification given for completing a university course **ученая степень, диплом** *She has a **degree in** physics.* **4** [C, U] (B2) an amount or level of something **степень** *I agree with you **to a degree** (= in some ways but not completely).* → See also **Master's (degree)**

dehydrated /ˌdiːhaɪˈdreɪtɪd/ **adjective** not having enough water in your body **обезвоженный**

dehydration /ˌdiːhaɪˈdreɪʃᵊn/ **noun** [U] when you do not have enough water in your body **обезвоживание**

deign /deɪn/ **verb deign to do sth** to do something that you think you are too important to do **снизойти, соизволить**

deity /ˈdeɪɪti/ (US) /ˈdiːəti/ **noun** [C] formal a god or goddess (= female god) **божество**

deja vu /ˌdeɪʒɑːˈvuː/ **noun** [U] a feeling that you have already experienced exactly what is happening now **парамнезия** *She suddenly had a strong **sense of deja vu**.*

dejected /dɪˈdʒektɪd/ **adjective** unhappy and disappointed **подавленный, удрученный** *He looked tired and dejected.*
• **dejection** /dɪˈdʒekʃᵊn/ **noun** [U] **подавленное настроение**

delay¹ /dɪˈleɪ/ **verb 1** [I, T] (A2) to make something happen at a later time than originally planned or expected **откладывать, отсрочивать** *Can you delay your departure until next week?* **2** [T] (B1) to cause someone or something to be slow or late **задерживать, опаздывать** [often passive] *I was delayed by traffic.*

delay² /dɪˈleɪ/ **noun** [C, U] (A2) when you have to wait longer than expected for something to happen, or the time that you have to wait **задержка, отсрочка** *An accident **caused long delays** on the motorway.*

> **Слова-партнеры к delay**
>
> a **brief/short/slight** delay • a **considerable/lengthy/long** delay • **cause** delays • **experience/face/suffer** delays

delectable /dɪˈlektəbl/ **adjective** formal extremely nice, especially to eat **лакомый**

delegate¹ /ˈdelɪgət/ **noun** [C] someone who is sent somewhere to represent a group of people, especially at a meeting **делегат, представитель**

delegate² /ˈdelɪgeɪt/ **verb** [I, T] to give someone else part of your work or some of your responsibilities **передавать полномочия**

delegation /ˌdelɪˈgeɪʃᵊn/ **noun 1** [C] a group of people who have been chosen to represent a much larger group of people **делегация** *a delegation of Chinese officials* **2** [U] when you give someone else part of your work or some of your responsibilities **передача полномочий**

delete /dɪˈliːt/ **verb** [T] (B1) to remove something, especially from a computer's memory **удалять (из памяти компьютера)** *All names have been deleted from the report.*
• **deletion** /dɪˈliːʃᵊn/ **noun** [C, U] **удаление (из памяти компьютера)**

deli /ˈdeli/ **noun** [C] short for delicatessen **кулинария (магазин)**

deliberate¹ /dɪˈlɪbᵊrət/ **adjective 1** (B2) done intentionally, or planned **преднамеренный, умышленный** *This was a **deliberate attempt** by them to deceive us.* **2** careful and without hurry **обдуманный, осторожный** *Her movements were calm and deliberate.*

deliberate² /dɪˈlɪbᵊreɪt/ **verb** [I, T] to consider something carefully before making a decision **обдумывать** *They deliberated for ten hours before reaching a decision.*

deliberately /dɪˈlɪbᵊrətli/ **adverb** (B2) intentionally, having planned to do something **умышленно** *He deliberately lied to the police.*

deliberation /dɪˌlɪbəˈreɪʃᵊn/ **noun** [C, U] careful thought or talk about a subject before a decision is made **размышление, обсуждение** *The jury began deliberations on Thursday.*

delicacy /ˈdelɪkəsi/ **noun 1** [C] a special food, usually something rare or expensive **деликатес 2** [U] the quality of being soft, light, or gentle **нежность, мягкость 3** [U] when something is easy to damage or break **хрупкость** **4** [U] when something needs to be treated very carefully **щекотливость** *You need to be very tactful because of the delicacy of the situation.* **5** [U] when something has a thin, attractive shape **изящество**

D

delicate /ˈdelɪkət/ **adjective** **1** B2 soft, light, or gentle **нежный, мягкий** *a delicate flavour* ◦ *a delicate shade of pink* **2** B2 easy to damage or break **хрупкий** *a delicate china cup* **3** needing to be dealt with very carefully **щекотливый** *I need to discuss a very delicate matter with you.* **4** having a thin, attractive shape **изящный** *delicate hands*

• **delicately adverb** **деликатно, учтиво**

delicatessen /ˌdelɪkəˈtesᵊn/ **noun** [C] a shop, or a part of a shop which sells cheeses, cooked meats, salads, etc **кулинария (магазин)**

delicious /dɪˈlɪʃəs/ **adjective** B1 If food or drink is delicious, it smells or tastes extremely good. **вкусный** *This soup is absolutely delicious.*

• **deliciously adverb** **вкусно**

delight¹ /dɪˈlaɪt/ **noun** **1** [U] B2 happiness and excited pleasure **восторг** *The children screamed with delight.* **2** [C] B2 someone or something that gives you pleasure **источник наслаждения** *She is a delight to have around.*

delight² /dɪˈlaɪt/ **verb** [T] to make someone feel very pleased and happy **радовать, приводить в восторг** *The new discovery has delighted scientists everywhere.*

PHRASAL VERB **delight in sth/doing sth** to get a lot of pleasure from something, especially something unpleasant **получать удовольствие от чего-либо** *She seems to delight in making him look stupid.*

delighted /dɪˈlaɪtɪd/ **adjective** B1 very pleased **довольный, радостный** [+ to do sth] *I'd be delighted to accept your invitation.* ◦ *They are* ***delighted with*** *their new car.*

delightful /dɪˈlaɪtfᵊl/ **adjective** B2 very pleasant, attractive, or enjoyable **восхитительный** *We had a delightful evening.*

• **delightfully adverb** **восхитительно**

delinquency /dɪˈlɪŋkwənsi/ **noun** [U] criminal or bad behaviour, especially by young people **преступность несовершеннолетних**

delinquent /dɪˈlɪŋkwənt/ **noun** [C] a young person who behaves badly, usually by committing crimes **малолетний преступник**

• **delinquent adjective** **преступный** *delinquent behaviour*

delirious /dɪˈlɪriəs/ **adjective** **1** speaking or thinking in a confused way, often because of a fever or drugs **находящийся в бреду** **2** extremely happy **ликующий, вне себя от восторга** *delirious fans*

• **deliriously adverb** **в бреду, вне себя от радости**

deliver /dɪˈlɪvəʳ/ **verb** **1** [I, T] B1 to take things such as letters, parcels, or goods to a person or place **доставлять** *They can deliver the sofa on Wednesday.* **2** [I, T] to achieve or do something that you have promised to do, or that people expect you to do **достигать, выполнять обещанное** *The company failed to deliver the high quality service that we expect.* **3 deliver a speech/talk, etc** B2 to speak formally to a group of people **произносить речь** *She delivered the speech on national TV.* **4 deliver a baby** to help take a baby out of its mother when it is being born **принимать роды** → See also deliver/come up with the **goods**

delivery /dɪˈlɪvᵊri/ **noun** [C, U] **1** B1 when someone takes things such as letters, parcels, or goods to a person or place **доставка** *Is there a charge for delivery?* **2** when a baby is born and comes out of its mother **роды** *Her husband was present at the delivery.*

delta /ˈdeltə/ **noun** [C] a low, flat area of land where a river divides into smaller rivers and goes into the sea **дельта (реки)** *the Nile delta*

delude /dɪˈluːd/ **verb** [T] to make someone believe something that is not real or true **обманывать** [often reflexive, + into + doing sth] *She deluded herself into thinking she could win.*

• **deluded adjective** believing things that are not real or true **заблуждающийся**

deluge¹ /ˈdeljuːdʒ/ **noun** [C] **1** a very large amount of something that suddenly arrives **поток, лавина** *They have received a deluge of complaints.* **2** a sudden, large amount of rain, or a flood **ливень, наводнение**

deluge² /ˈdeljuːdʒ/ **verb be deluged with/by sth** to receive very large amounts of something suddenly **быть заваленным чем-либо** *Our switchboard was deluged with calls last night.*

delusion /dɪˈluːʒᵊn/ **noun** [C, U] when someone believes something that is not true **заблуждение** [+ (that)] *She is* ***under the delusion*** *that her debts will just go away.*

deluxe /dəˈlʌks/ **adjective** luxurious and of very high quality **роскошный** *a deluxe hotel*

delve /delv/ **verb delve in/into/inside, etc** to search in a container to try to find something **рыться, копаться в поисках чего-либо** *He delved in his pocket and pulled out a pen.*

PHRASAL VERB **delve into sth** to examine something carefully in order to discover more information about someone or something **углубляться, доискиваться** *I don't like to delve too deeply into his past.*

demand¹ /dɪˈmɑːnd/ **noun** **1** [U, no plural] B2 a need for something to be sold or supplied **потребность** *There's an increasing* ***demand for*** *cheap housing.* **2** [C] B1 a strong request **требование** *They received a final* ***demand for*** *payment.* **3 in demand** wanted or needed in large numbers **пользующийся спросом** *Good teachers are always in demand.*

Слова-партнеры к **demand**

increase/meet/satisfy demand • great/growing/high/steady demand • be in demand • demand for sth

demand² /dɪˈmɑːnd/ **verb** [T] **1** B1 to ask for something in a way that shows that you do not expect to be refused **требовать** *I demanded an explanation.* ◦ [+ that] *The survivors are demanding that the airline pays them compensation.* **2** B2 to need something such as time or effort **требовать, нуждаться** *This job demands a high level of concentration.*

demanding /dɪˈmɑːndɪŋ/ **adjective** B2 needing a lot of your time, attention, or effort **требующий усилий** *a very demanding job*

demands /dɪˈmɑːndz/ **noun** [plural] the difficult things that you have to do **обязанности, нагрузка** *the demands of modern life* ◦ *His new job* ***makes*** *a lot of* ***demands on*** *him (= he has to work very hard).*

demeaning /dɪˈmiːnɪŋ/ **adjective** If something is demeaning, it makes you feel that you are not respected. **унизительный** *Some people consider beauty competitions* ***demeaning to*** *women.*

demeanour UK (US **demeanor**) /dɪˈmiːnəʳ/ **noun** [C] the way that someone looks, seems, and behaves **манера держаться** *a quiet, serious demeanour*

demented /dɪˈmentɪd/ **adjective** mentally ill, or behaving in a very strange way without any control **сумасшедший**

dementia /dɪˈmenʃə/ **noun** [U] a mental illness suffered especially by old people **(старческое) слабоумие**

demi- /demi-/ **prefix** half, partly **полу-, деми-** *demitasse (= a small coffee cup)* ◦ *demigod (= a creature that is part god and part human)*

demise /dɪˈmaɪz/ **noun 1** [no plural] when something ends, usually because it has stopped being popular or successful **кончина, крах** *the demise of apartheid* **2 sb's demise** someone's death **смерть, кончина**

demo¹ /ˈdeməʊ/ **noun** [C] **1** an example of a product, given or shown to someone to try to make them buy it **демонстрационный образец** *a software demo* **2** UK short for demonstration (= political march) **демонстрация, митинг** *a student demo*

demo² /ˈdeməʊ/ **verb** [T] to show something and explain how it works **демонстрировать** *We need someone to demo a new piece of software.*

democracy /dɪˈmɒkrəsi/ **noun** [C, U] B2 a system of government in which people elect their leaders, or a country with this system **демократия**

Слова-партнеры к **democracy**

an emerging/new democracy • in a democracy

democrat /ˈdeməkræt/ **noun** [C] **1** someone who supports democracy **демократ 2 Democrat** someone who supports the Democratic Party in the US **сторонник демократической партии США** *the Democrat candidate* → See also **Liberal Democrat**

democratic /ˌdeməˈkrætɪk/ **adjective 1** B2 following or supporting the political system of democracy **демократический** *a democratic society/government* **2** where everyone has equal rights and can help to make decisions **равноправный** *a democratic discussion/debate*
• **democratically adverb демократически** *a democratically elected government*

the Demoˈcratic ˌParty noun [group] one of the two main political parties in the US **демократическая партия США**

demolish /dɪˈmɒlɪʃ/ **verb** [T] **1** B2 to destroy something such as a building **сносить** *The factory is dangerous, and will have to be demolished.* **2** to show that an idea or argument is wrong **опровергать, разбивать** *He completely demolished my argument.*

demolition /ˌdeməˈlɪʃᵊn/ **noun** [C, U] when something such as a building is destroyed **снос** *the demolition of dangerous buildings*

demon /ˈdiːmən/ **noun** [C] an evil spirit **демон, дьявол**

demonic /dɪˈmɒnɪk/ **adjective** evil **дьявольский**

demonstrable /dɪˈmɒnstrəbl/ **adjective** Something that is demonstrable can be shown to exist or be true. **доказуемый** *a demonstrable fact*
• **demonstrably adverb очевидно**

demonstrate /ˈdemənstreɪt/ **verb 1** [T] B2 to show or prove that something exists or is true **демонстрировать, свидетельствовать** [+ that] *The survey clearly demonstrates that tourism can have positive benefits.* **2** [T] to show someone how to do something, or how something works **демонстрировать, показывать** *She demonstrated how to use the new software.* **3** [T] to express or show that you have a feeling, quality, or ability **проявлять** *He has demonstrated a genuine interest in the project.* **4** [I] B2 to march or stand with a group of people to show that you disagree with or support someone or something **участвовать в демонстрации** *Thousands of people gathered to* ***demonstrate against*** *the new proposals.*

demonstration /ˌdemənˈstreɪʃᵊn/ **noun 1** [C] B2 when a group of people march or stand together to show that they disagree with or support someone or something **демонстрация, манифестация** *They're taking part in a* ***demonstration against*** *the causes of climate change.* **2** [C, U] showing how to do something, or how something works **демонстрация, показ** *We asked the sales assistant to* ***give*** *us a* ***demonstration****.* **3** [C, U] proof that something exists or is true **свидетельство** *This disaster is a clear demonstration of the need for tighter controls.*

> **Слова-партнеры к demonstration**
> **hold/organize/stage** a demonstration • **go on/take part in** a demonstration • a **mass** demonstration • a demonstration **against** sth

D

demonstrative /dɪˈmɒnstrətɪv/ **adjective** willing to show your feelings, especially your affection **непосредственный, бурный**

demonstrator /ˈdemənstreɪtəʳ/ **noun** [C] a person who marches or stands with a group of people to show that they disagree with or support someone or something **участник демонстрации**

demoralized (also UK **-ised**) /dɪˈmɒrəlaɪzd/ **adjective** having lost your confidence, enthusiasm, and hope **угнетенный** *After the match, the players were tired and demoralized.*
• **demoralizing adjective** making you lose your confidence, enthusiasm, and hope **деморализующий, подрывающий веру** *a demoralizing defeat* • **demoralize** /dɪˈmɒrəlaɪz/ **verb** [T] **деморализовывать**

demote /dɪˈməʊt/ **verb be demoted** to be moved to a less important job or position, especially as a punishment **быть пониженным в должности**
• **demotion** /dɪˈməʊʃən/ **noun** [C, U] **понижение в должности**

demotivated /ˌdiːˈməʊtɪveɪtɪd/ **adjective** not having any enthusiasm for your work **потерявший энтузиазм**

demure /dɪˈmjʊəʳ/ **adjective** If a young woman is demure, she is quiet and shy. **скромный**
• **demurely adverb скромно**

den /den/ **noun** [C] **1** the home of some wild animals **логово, нора** *a lions' den* **2** a place where secret and illegal activity happens **притон** *a gambling den* **3** mainly US a room in your home where you relax, read, watch television, etc **комната для отдыха, прибежище**

denial /dɪˈnaɪəl/ **noun 1** [C, U] when you say that something is not true **отрицание** *a **denial of** his guilt* **2** [U] not allowing someone to have or do something **отказ** *the denial of medical treatment*

> **Слова-партнеры к denial**
> **issue** a denial • a **categorical/emphatic/strenuous/vehement** denial • denial **of** sth

denigrate /ˈdenɪgreɪt/ **verb** [T] to criticize and not show much respect for someone or something **чернить**

denim /ˈdenɪm/ **noun** [U] (B2) thick, strong, cotton cloth, usually blue, which is used to make clothes **джинсовая ткань** *a **denim jacket***

denomination /dɪˌnɒmɪˈneɪʃən/ **noun** [C] **1** a religious group which has slightly different beliefs from other groups which share the same religion **вероисповедание, конфессия** **2** the value of a particular coin, piece of paper money, or stamp **достоинство (денежных знаков)**

denote /dɪˈnəʊt/ **verb** [T] to be a sign of something **обозначать** *The colour red is used to denote passion or danger.*

denounce /dɪˈnaʊns/ **verb** [T] to publicly criticize someone or something, or to publicly accuse someone of something **осуждать** *They've been **denounced as** terrorists.*

dense /dens/ **adjective 1** with a lot of people or things close together **густой, плотный** ***dense forest*** **2** (B2) If cloud, smoke, etc is dense, it is thick and difficult to see through. **густой** ***dense fog***
• **densely adverb** (B2) **густо, плотно** *a **densely populated** area*

density /ˈdensɪti/ **noun** [C, U] **1** the number of people or things in a place when compared with the size of the place **плотность** *The area has a high population density.* **2** the relationship between the weight of a substance and its size **плотность, удельная масса** *bone density*

dent[1] /dent/ **noun** [C] **1** a hollow area in a hard surface where it has been hit **вмятина** *The car door had a dent in it.* **2** a reduction in something **брешь** *The cost of repairs **made** a serious **dent in** my savings.*

dent[2] /dent/ **verb** [T] **1** to create a hollow area in the hard surface of something by hitting it **оставлять вмятину** *The side of the car was dented in the accident.* **2** to reduce someone's confidence or positive feelings about something **остужать, уменьшать** *The defeat did little to dent her enthusiasm.*

dental /ˈdentəl/ **adjective** (B2) relating to teeth **стоматологический** ***dental treatment***

dental floss /ˈdentəlˌflɒs/ **noun** [U] a thin thread which is used for cleaning between the teeth **нить для чистки зубов**

dentist /ˈdentɪst/ **noun** [C] (A2) someone who examines and repairs teeth **стоматолог** *I've got an appointment at the dentist's (= where the dentist works) tomorrow.*
• **dentistry noun** [U] the subject or job of examining and repairing teeth **стоматология**

dentist

dentures /ˈdentʃəz/ **noun** [plural] false teeth **зубной протез**

denunciation /dɪˌnʌnsiˈeɪʃən/ **noun** [C, U] when you publicly criticize someone or something, or publicly accuse someone of something **осуждение**

deny /dɪˈnaɪ/ **verb** [T] **1** (B2) to say that something is not true, especially something that you are accused of **отрицать** [+ (that)] *He never denied* that he said those things. ◦ [+ doing sth] *He denies murdering his father.* **2** B2 to not allow someone to have or do something **отказывать в чем-либо, лишать** [often passive] *These children are being denied access to education.*

deodorant /di'əʊdᵊrᵊnt/ **noun** [C, U] a substance that you put on your body to prevent or hide unpleasant smells **дезодорант**

depart /dɪ'pɑːt/ **verb** [I] formal B1 to leave a place, especially to start a journey to another place **отбывать, уезжать** *The train to Lincoln will **depart from** platform 9.* ◦ *He **departed for** Paris on Tuesday.*

department /dɪ'pɑːtmənt/ **noun** [C] A2 a part of an organization such as a school, business, or government which deals with a particular area of work **отдел, факультет** *the sales department* ◦ *head of the English department* → See also **police department**

departmental /ˌdiːpɑːt'mentᵊl/ **adjective** relating to a department **относящийся к деятельности отдела, факультета** *the departmental budget*

de'partment ˌstore noun [C] A2 a large shop divided into several different parts which sell different types of things **универмаг**

departure /dɪ'pɑːtʃəʳ/ **noun** [C, U] **1** B1 when someone or something leaves a place, especially to start a journey to another place **отправление, вылет** *the departure of flight BA117* ◦ *This fare is valid for weekday **departures from** Manchester.* **2** a change from what is expected, or from what has happened before **отклонение, отступление** *This film is a major **departure from** his previous work.*

depend /dɪ'pend/ **verb it/that depends** B1 used to say that you are not certain about something because other things affect your answer **это зависит от ...** [+ question word] *"Are you coming out tonight?" "It depends where you're going."*

PHRASAL VERB **depend on/upon sb/sth 1** B2 to need the help of someone or something in order to exist or continue as before **зависеть от кого-либо/чего-либо** *She depends on her son for everything.* ◦ *The city's economy depends largely on the car industry.* **2** B1 If something depends on someone or something, it is influenced by them, or changes because of them. **зависеть от кого-либо/чего-либо** [+ question word] *The choice depends on what you're willing to spend.* **3** B2 to be able to trust someone or something to help, or to do what you expect **рассчитывать, полагаться на кого-либо/что-либо** [+ to do sth] *You can always depend on Andy to keep his promises.*

dependable /dɪ'pendəbl/ **adjective** able to be trusted and very likely to do what you expect **надежный, заслуживающий доверия** *the team's most dependable player*

dependant UK (US **dependent**) /dɪ'pendənt/ **noun** [C] someone, usually a child, who depends on you for financial support **иждивенец**

dependence /dɪ'pendəns/ **noun** [U] (also **dependency** /dɪ'pendəntsi/) when you need someone or something all the time in order to exist or continue as before **зависимость** *Our society needs to reduce its **dependence on** the car.*

dependent[1] /dɪ'pendənt/ **adjective 1** B2 needing the help of someone or something in order to exist or continue as before **зависимый** *She's completely **dependent on** her parents for money.* **2 dependent on/upon sth** influenced by or decided by something **зависящий, обусловленный** *The amount of tax you pay is dependent on how much you earn.*

dependent[2] /dɪ'pendənt/ **noun** [C] US spelling of dependant **см. dependant**

depict /dɪ'pɪkt/ **verb** [T] to represent someone or something in a picture or story **изображать** *The cartoon **depicts** the president **as** a vampire.*
• **depiction** /dɪ'pɪkʃᵊn/ **noun** [C, U] **изображение**

deplete /dɪ'pliːt/ **verb** [T] to reduce the amount of something, especially a natural supply **истощать, исчерпывать** *Alcohol depletes the body of B vitamins.*
• **depletion** /dɪ'pliːʃᵊn/ **noun** [U] **истощение, исчерпывание**

deplorable /dɪ'plɔːrəbl/ **adjective** very bad or morally wrong **предосудительный**

deplore /dɪ'plɔːʳ/ **verb** [T] formal to feel or express strong disapproval of something **считать предосудительным** *We deeply deplore the loss of life.*

deploy /dɪ'plɔɪ/ **verb** [T] to move soldiers or equipment to a place where they can be used when they are needed **размещать, развертывать**
• **deployment noun** [U] **размещение, развертывание** *the deployment of nuclear weapons*

deport /dɪ'pɔːt/ **verb** [T] to force a foreign person to leave a country **депортировать, высылать** *Thousands of illegal immigrants are **deported from** the US every year.*
• **deportation** /ˌdiːpɔː'teɪʃᵊn/ **noun** [C, U] **депортация, высылка** *He now faces deportation back to his native country.*

depose /dɪ'pəʊz/ **verb** [T] to remove a ruler or leader from their position of power **свергать**
• **deposed adjective свергнутый** *the deposed president*

deposit[1] /dɪ'pɒzɪt/ **noun** [C] **1** B1 a payment that you make immediately when you decide to buy something, as proof that you will really buy it **задаток** *They've **put down** a **deposit on** a house.* **2** an amount of money that you pay into a bank **вклад** *to **make** a **deposit*** **3** a layer of a substance that has developed from a natural or chemical process **месторождение** *deposits of iron ore* **4** an amount of money that you pay when you rent something, and that is given back to you when you return it without any damage **задаток**

> **Слова-партнеры к deposit**
> **pay/put down** a deposit • a deposit **of** [£500/$300, etc] • a deposit **on** sth

D

deposit[2] /dɪˈpɒzɪt/ **verb** [T] **1** to put something down somewhere **класть** *He deposited his books on the table.* **2** to put money into a bank or valuable things into a safe place **класть в банк** *She deposited $150,000 in a Swiss bank account.* **3** to leave something lying on a surface, as a result of a natural or chemical process **отлагать(ся), наносить(ся)**

deˈposit acˌcount noun [C] UK a bank account that pays interest on the money you put into it and that you use for saving **депозитный счет**

depot /ˈdepəʊ/ **noun** [C] **1** a place where trains, trucks, or buses are kept **депо** **2** a building where supplies of goods are stored **склад, хранилище** **3** US a small bus or train station **железнодорожная станция, автовокзал**

depraved /dɪˈpreɪvd/ **adjective** morally bad **безнравственный, порочный**

• **depravity** /dɪˈprævəti/ **noun** [U] **безнравственность, порочность**

depreciate /dɪˈpriːʃieɪt/ **verb** [I] to lose value over a period of time **падать в цене** *New computers depreciate in value very quickly.*

• **depreciation** /dɪˌpriːʃiˈeɪʃən/ **noun** [U] **снижение стоимости**

depress /dɪˈpres/ **verb** [T] **1** to make someone feel very unhappy, especially about the future **приводить в уныние, угнетать** *This place really depresses me.* **2** to reduce the value or level of something, especially in business **понижать** *Competition between stores has depressed prices.*

depressed /dɪˈprest/ **adjective** **1** (B1) very unhappy, often for a long time **подавленный** *She has been feeling very depressed since her marriage broke up.* **2** A depressed country, area, or economy does not have enough jobs or business activity. **отсталый** *an economically depressed area*

depressing /dɪˈpresɪŋ/ **adjective** (B2) making you feel unhappy and without any hope for the future **наводящий уныние** *The news is very depressing.*

depression /dɪˈpreʃən/ **noun** [C, U] **1** (B2) when you feel very unhappy, or a mental illness that makes you feel very unhappy **депрессия** *Nearly three million people* ***suffer from depression*** *every year.* **2** a time when there is not much business activity **экономический спад, кризис** *The stock market crash marked the start of a severe depression.*

deprive /dɪˈpraɪv/ **verb**

PHRASAL VERB **deprive sb/sth of sth** (B2) to take something important or necessary away from someone or something **лишать кого-либо чего-либо** *They were deprived of food for long periods.*

• **deprivation** /ˌdeprɪˈveɪʃən/ **noun** [C, U] **лишение** ***sleep deprivation***

deprived /dɪˈpraɪvd/ **adjective** not having enough food, money, and the things that you need to have a normal life **бедный** *children from* ***deprived backgrounds***

dept written abbreviation for department (= a part of an organization or government) **отдел, факультет**

depth /depθ/ **noun** **1** [C, U] (B1) the distance from the top of something to the bottom **глубина** *The lake reaches a maximum* ***depth of*** *292 metres.* ◦ *Dig a hole 10 cm* ***in depth.*** → See picture at **length** **2** [C, U] the distance from the front to the back of something **ширина** **3** [U] how much someone knows or feels about something **глубина, основательность** *She was amazed at the depth of his knowledge.* **4 in depth** (B2) giving all the details **основательно, тщательно** *With access to the Internet, students can do their homework in greater depth.*

IDIOM **be out of your depth** to not have the knowledge, experience, or skills to deal with a particular subject or situation **быть не по плечу кому-либо**

> **Слова-партнеры к depth**
> **a depth of** [6 metres/8 inches, etc] • [5cm/7 inches, etc] **in depth** • **at/to a depth of** [5 metres/6 inches, etc]

depths /depθs/ **noun** [plural] **1** a position far below the surface or far into something **глубины, чащоба** ***the depths of*** *the forest* **2** the worst period of something **бездна, пропасть** *the* ***depths of despair***

deputy /ˈdepjəti/ **noun** [C] someone who has the second most important job in an organization **заместитель, помощник** *the deputy Prime Minister*

derail /dɪˈreɪl/ **verb** **1** [I, T] If a train derails, or is derailed, it comes off the railway tracks. **сходить с рельсов, вызывать крушение** **2** [T] If you derail plans, you prevent them from happening. **расстраивать (планы)**

• **derailment noun** [C, U] **крушение**

deranged /dɪˈreɪndʒd/ **adjective** behaving in a way that is not normal, especially when suffering from a mental illness **психически неуравновешенный**

derby /ˈdɑːbi/ (US) /ˈdɜːrbi/ **noun** [C] **1** mainly UK a type of sports competition **соревнование** *a fishing/motorcycle derby* **2 Derby** a type of horse race **дерби (скачки)** **3** US (UK **bowler hat**) a round, hard, black hat worn by men, especially in the past **котелок (шляпа)**

deregulate /ˌdiːˈregjəleɪt/ **verb** [T] to remove national or local government controls from a business **отменять государственное регу-**

лирование *The government plans to deregulate the banking industry.*

• **deregulation** /ˌdiːregjəˈleɪʃən/ **noun** [U] **отмена государственного регулирования**

derelict /ˈderəlɪkt/ **adjective** A derelict building or piece of land is not used any more and is in a bad condition. **заброшенный** *a* ***derelict house***

deride /dɪˈraɪd/ **verb** [T] formal to talk about someone or something as if they are ridiculous and do not deserve any respect **высмеивать** *Her novel, once derided by critics, is now a classic.*

derision /dɪˈrɪʒən/ **noun** [U] when you talk about someone or something as if they are ridiculous and do not deserve respect **высмеивание** *The novel was* ***greeted with derision.***

derisive /dɪˈraɪsɪv/ **adjective** showing derision towards someone or something **насмешливый**

derisory /dɪˈraɪsəri/ **adjective 1** so small that it seems ridiculous **смехотворный** *a* ***derisory sum*** *of money* **2** cruel and making someone feel stupid **издевательский** *derisory remarks*

derivation /ˌderɪˈveɪʃən/ **noun** [C, U] the origin of something, such as a word, from which another form has developed, or the new form itself **образование (слова)**

derivative /dɪˈrɪvətɪv/ **noun** [C] a form of something, such as a word, that has developed from another form **производное**

derive /dɪˈraɪv/ **verb**

PHRASAL VERB **derive (sth) from sth 1** to come from or be developed from something **происходить** *The name derives from Latin.* **2 derive comfort/pleasure, etc from sth** to get a positive feeling or advantage from someone or something **находить утешение в чем-либо/получать удовольствие от чего-либо и т. д.** *I derive great pleasure from gardening.*

dermatitis /ˌdɜːməˈtaɪtɪs/ **noun** [U] a condition which makes your skin red and painful **дерматит**

derogatory /dɪˈrɒgətəri/ **adjective** showing strong disapproval and not showing any respect for someone **уничижительный, пренебрежительный** *derogatory* ***comments/remarks***

descend /dɪˈsend/ **verb** [I, T] formal (B2) to move or go down **спускаться, идти вниз** *We descended four flights of stairs.*

PHRASAL VERB **be descended from sb/sth** to be related to a person or creature that lived a long time ago **происходить из/от**

descendant /dɪˈsendənt/ **noun** [C] someone who is related to someone who lived a long time ago **потомок** *She is a* ***descendant of*** *Queen Victoria.*

descent /dɪˈsent/ **noun** [C, U] **1** a movement down **спуск, снижение** *The plane* ***began*** *its* ***descent*** *into Heathrow.* **2 of Irish/French, etc descent** being related to people who lived in the past in Ireland/France, etc **ирландского/французского и т. д. происхождения**

describe /dɪˈskraɪb/ **verb** [T] (A2) to say what someone or something is like **описывать** *Neighbours* ***described*** *her* ***as*** *a shy, quiet girl.* ◦ [+ question word] *I tried to describe what I had seen.*

description /dɪˈskrɪpʃən/ **noun 1** (B1) [C, U] something that tells you what someone or something is like **описание** *I* ***gave*** *the police a* ***description of*** *the stolen jewellery.* **2 of any/every/some description** of any/every/some type **всевозможные, любые** *They sell plants of every description.*

> **Слова-партнеры к description**
> give a description • an accurate/detailed/short description • a description of sth/sb

descriptive /dɪˈskrɪptɪv/ **adjective** describing something, especially in a detailed, interesting way **описательный**

desert[1] /ˈdezət/ **noun** [C, U] (A2) a large, hot, dry area of land with very few plants **пустыня** *the Sahara Desert*

desert[2] /dɪˈzɜːt/ **verb 1** [T] to leave someone and never come back **бросать, покидать** *He deserted his family.* **2** [T] to leave a place, so that it is empty **покидать, оставлять** *People are deserting the countryside to work in towns.* **3** [I, T] to leave the army without permission **дезертировать**

• **desertion** /dɪˈzɜːʃən/ **noun** [U] **уход, дезертирство**

deserted /dɪˈzɜːtɪd/ **adjective** If a place is deserted, it has no people in it. **пустынный** *a deserted street*

deserter /dɪˈzɜːtər/ **noun** [C] someone who leaves the army without permission **дезертир**

ˌdesert ˈisland noun [C] a tropical island where no one lives, far from any other places **необитаемый остров**

deserve /dɪˈzɜːv/ **verb** [T] (B1) If you deserve something good or bad, it should happen to you because of the way you have behaved. **заслуживать** *The school deserves praise for the way it has raised standards.* ◦ [+ to do sth] *He deserves to be locked up for life.*

• **deservedly adverb заслуженно**

deserving /dɪˈzɜːvɪŋ/ **adjective** If something or someone is deserving, people should help or support them. **достойный** *The children's charity is a* ***deserving cause.***

design[1] /dɪˈzaɪn/ **noun 1** [U] (B1) the way in which something is planned and made **проект, конструкция** *There was a fault in the design of the aircraft.* **2** [C] a drawing which shows how an object, machine, or building will be made **чертеж** *Engineers are working on the new designs.* **3** [C] (B1) a pattern or decoration **узор** **4** [U] (B1) the process of making drawings to show

D

how something will be made **дизайн** *a course in art and design* → See also **interior design**

design[2] /dɪˈzaɪn/ **verb** [T] **1** B1 to draw or plan something before making it **проектировать** *She designs furniture.* **2 be designed to do sth** B2 to have been planned or done for a particular purpose **предназначаться для чего-либо** *The new law is designed to protect children.*

designate /ˈdezɪgneɪt/ **verb** [T] formal to choose someone or something for a particular purpose or duty **назначать, устанавливать** *The area has been* ***designated as*** *a nature reserve.*
• **designation** /ˌdezɪgˈneɪʃᵊn/ **noun** [C, U] **назначение**

designer[1] /dɪˈzaɪnəʳ/ **noun** [C] B1 someone who draws and plans how something will be made **дизайнер** *a* ***fashion designer***

designer[2] /dɪˈzaɪnəʳ/ **adjective designer jeans/sunglasses, etc** B2 clothes or objects made by a fashionable designer **дизайнерские/фирменные джинсы/ солнцезащитные очки и т. д.**

deˌsigner ˈbaby noun [C] a baby with some characteristics chosen by its parents and doctors using gene therapy (= the science of changing genes in order to stop or prevent a disease) **"спроектированный" ребенок (с заданным полом или генетическими характеристиками)**

desirable /dɪˈzaɪərəbl/ **adjective** B2 If something is desirable, it is very good or attractive and most people would want it. **желательный** *A good education is highly desirable.* → Opposite **undesirable**

desire[1] /dɪˈzaɪəʳ/ **noun 1** [C, U] B2 a strong feeling that you want something **(сильное) желание** [+ to do sth] *I have no desire to have children.* ◦ *There is a strong* ***desire for*** *peace among the people.* **2** [U] when you are sexually attracted to someone **вожделение**

> **Слова-партнеры к desire**
>
> **express/have** a desire to do sth • a **burning/strong** desire • a desire **for** sth

desire[2] /dɪˈzaɪəʳ/ **verb** [T] formal to want something **желать** *You can have whatever you desire.*

desired /dɪˈzaɪəd/ **adjective the desired effect/result/shape, etc** the effect/result/shape, etc that is wanted **желаемое воздействие/желаемый результат/желаемая форма и т. д.** *Her medicine seems to have had the desired effect.*

desk /desk/ **noun** [C] A1 a table that you sit at to write or work, often with drawers **письменный стол** → See also **cash desk** → See **The Office** on page Centre 5

desk

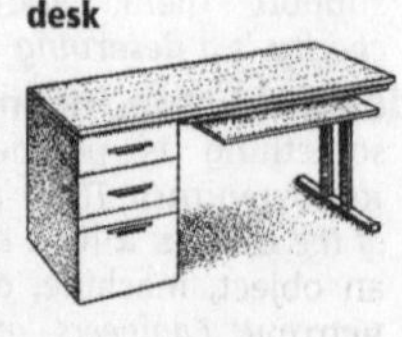

desktop /ˈdesktɒp/ **noun** [C] **1** B2 a computer screen that contains icons (= symbols that represent programs, information, or equipment) and which is usually used as a place to start and finish computer work **рабочий стол (компьютера)** **2** (also **desktop computer**) B2 a computer that is small enough to fit on a desk **настольный компьютер** **3** the top of a desk **поверхность письменного стола**

ˌdesktop ˈpublishing noun [U] producing finished designs for pages of books or documents using a small computer and printer (= machine for printing) **настольная полиграфия**

desolate /ˈdesᵊlət/ **adjective 1** A desolate place is empty and makes you feel sad. **заброшенный, пустынный** *a desolate landscape* **2** lonely and unhappy **покинутый** *She felt desolate when he left.*
• **desolation** /ˌdesᵊlˈeɪʃᵊn/ **noun** [U] **запустение, одиночество**

despair[1] /dɪˈspeəʳ/ **noun** [U] B2 a feeling of having no hope **отчаяние** *She shook her head* ***in despair.***

> **Слова-партнеры к despair**
>
> **abject/complete/utter** despair • **in** despair

despair[2] /dɪˈspeəʳ/ **verb** [I] to feel that you have no hope **отчаиваться** *Don't despair – things will improve.* ◦ [+ of + doing sth] *He had begun to despair of ever finding a job.*
• **despairing adjective отчаянный**

despatch[1] UK formal (UK/US **dispatch**) /dɪˈspætʃ/ **verb** [T] to send someone or something somewhere **посылать, отправлять** *They despatched a police car to arrest him.*

despatch[2] UK (UK/US **dispatch**) /dɪˈspætʃ/ **noun 1** [U] when someone or something is sent somewhere **отправка** *the despatch of troops* **2** [C] an official report that someone in a foreign country sends to their organization **депеша**

desperate /ˈdespᵊrət/ **adjective 1** B2 feeling that you have no hope and are ready to do anything to change the situation you are in **полный отчаяния** *He was absolutely desperate and would have tried anything to get her back.* **2** B2 needing or wanting something very much **испытывающий страстное желание** *By two o'clock I was* ***desperate for*** *something to eat.* **3** A desperate situation is very bad or serious. **безнадежный** *The economy is in a really* ***desperate situation.***
• **desperately adverb** B2 **отчаянно, безнадежно** • **desperation** /ˌdespᵊˈreɪʃᵊn/ **noun** [U] **отчаяние, безнадежность**

despicable /dɪˈspɪkəbl/ **adjective** very unpleasant or cruel **отвратительный** *a despicable act/crime*

despise /dɪˈspaɪz/ **verb** [T] to hate someone or something and have no respect for them **презирать** *The two groups despise each other.*

despite /dɪˈspaɪt/ **preposition 1** B1 used to say that something happened or is true, although something else makes this seem not probable **несмотря на** *I'm still pleased with the house despite all the problems we've had.* ◦ [+ doing sth] *He managed to eat lunch despite having had an enormous breakfast.* **2 despite yourself** If you do something despite yourself, you do it although you did not intend to. **вопреки самому себе**

despondent /dɪˈspɒndənt/ **adjective** unhappy and having no enthusiasm **унылый**
• **despondency noun** [U] **уныние**

despot /ˈdespɒt/ **noun** [C] a very powerful person, especially someone who treats people cruelly **деспот**

dessert

dessert /dɪˈzɜːt/ **noun** [C, U] A2 sweet food that is eaten after the main part of a meal **десерт** *We had ice cream for dessert.*

dessertspoon /dɪˈzɜːtspuːn/ **noun** [C] UK a medium-sized spoon used for eating or measuring food, or the amount this spoon can hold **десертная ложка**

destabilize (also UK **-ise**) /ˌdiːˈsteɪbəlaɪz/ **verb** [T] to cause change in a country or government so that it loses its power or control **дестабилизировать** *a plot to destabilize the government*

destination /ˌdestɪˈneɪʃən/ **noun** [C] B1 the place where someone or something is going **место назначения** *Spain is a very popular* ***holiday destination.***

destined /ˈdestɪnd/ **adjective be destined for sth; be destined to do sth** to be certain to be something or do something in the future **быть созданным для чего-либо** *She was destined for a brilliant future.*

destiny /ˈdestɪni/ **noun 1** [C] the things that will happen to someone in the future **участь** *At last she feels in control of her own destiny.* **2** [U] a power that some people believe controls what will happen in the future **судьба** *Nick said it was destiny that we met.*

destitute /ˈdestɪtjuːt/ **adjective** so poor that you do not have the basic things you need to live, such as food, clothes, or money **сильно нуждающийся**
• **destitution** /ˌdestɪˈtjuːʃən/ **noun** [U] **нужда**

destroy /dɪˈstrɔɪ/ **verb** [T] B1 to damage something so badly that it does not exist or cannot be used **разрушать, уничтожать** *Many works of art were destroyed in the fire.*

destroyer /dɪˈstrɔɪər/ **noun** [C] a small, fast ship that is used in a war **эсминец**

destruction /dɪˈstrʌkʃən/ **noun** [U] B2 when something is destroyed **разрушение, уничтожение** *We are all responsible for the* ***destruction of*** *the forest.*
• **destructive** /dɪˈstrʌktɪv/ **adjective** causing a lot of damage **разрушительный** *the destructive power of nuclear weapons* → See also **self-destructive**

detach /dɪˈtætʃ/ **verb** [T] to take a part of something off so that it is separate **отделять, отрывать** *Please complete and detach the form below and return it to the school.*
• **detachable adjective отрывной, отделяемый**

detached /dɪˈtætʃt/ **adjective 1** UK A detached building is not joined to another building. **отдельный, стоящий особняком 2** If someone is detached, they do not feel involved with someone or emotional about something. **беспристрастный** → See also **semi-detached**

detachment /dɪˈtætʃmənt/ **noun 1** [U] when someone does not feel involved in a situation **беспристрастность** *He spoke with cool detachment.* **2** [C] a small group of soldiers with a particular job to do **отряд, группа (в армии)**

detail[1] /ˈdiːteɪl/ (US) /dɪˈteɪl/ **noun 1** [C, U] B1 a fact or piece of information about something **подробность** *Please send me* ***details of*** *your training courses.* ◦ *She didn't include very much detail in her report.* **2 in detail** B1 including every part of something **подробно** *He explained it all in great detail.* **3 go into detail** B2 to include all the facts about something **вдаваться в подробности**

> **Слова-партнеры к detail**
> disclose/discuss/divulge/reveal details • exact/full/precise/relevant details • details about/of/on sth

detail[2] /ˈdiːteɪl/ (US) /dɪˈteɪl/ **verb** [T] to describe something completely, giving all the facts **подробно описывать**

detailed /ˈdiːteɪld/ **adjective** B2 giving a lot of information **подробный** *a* ***detailed account/description***

detain /dɪˈteɪn/ **verb** [T] to keep someone somewhere and not allow them to leave, especially in order to ask them about a crime **задерживать** *Three men were detained by police for questioning.*

detect /dɪˈtekt/ **verb** [T] to discover or notice something, especially something that is difficult to see, hear, smell, etc **замечать, обнаруживать** *This special camera can detect bodies by their heat.*

detection /dɪˈtekʃən/ **noun** [U] **1** when someone notices or discovers something **обнаружение** *the early detection of cancer* **2** when the police discover information about a crime **расследование**

detective /dɪˈtektɪv/ **noun** [C] B1 someone, especially a police officer, whose job is to discover information about a crime **детектив, сыщик**

detector /dɪˈtektəʳ/ **noun** [C] a piece of equipment used to discover something, especially something that is difficult to see, hear, smell, etc **прибор для обнаружения чего-либо** *a **smoke detector***

detente /ˌdeɪˈtɒnt/ **noun** [U] formal when countries become friendly with each other after a period of not being friendly **разрядка (в отношениях между государствами)**

detention /dɪˈtenʃᵊn/ **noun 1** [U] when someone is officially kept somewhere and not allowed to leave **задержание 2** [C, U] when a student is kept in school after the other students leave, as a punishment **оставление после уроков (как наказание)**

deter /dɪˈtɜːʳ/ **verb** [T] (present participle **deterring**, past tense and past participle **deterred**) to make someone less likely to do something, or to make something less likely to happen **удерживать, останавливать** *We have introduced new security measures to deter shoplifters.* ◦ [+ from + doing sth] *Higher fuel costs could deter people from driving their cars.*

detergent /dɪˈtɜːdʒᵊnt/ **noun** [C, U] a liquid or powder that is used to clean things **моющее средство**

deteriorate /dɪˈtɪəriᵊreɪt/ **verb** [I] to become worse **ухудшаться** *Her condition deteriorated rapidly.*

• **deterioration** /dɪˌtɪəriəˈreɪʃᵊn/ **noun** [U] **ухудшение**

determination /dɪˌtɜːmɪˈneɪʃᵊn/ **noun** [U] B2 when someone continues trying to do something, although it is very difficult **решительность** *Andy Murray will need great determination and skill to win this match.*

> Слова-партнеры к **determination**
>
> **demonstrate/show** determination • **dogged/fierce/grim/steely** determination • **courage/grit/guts** and determination

determine /dɪˈtɜːmɪn/ **verb** [T] **1** to discover the facts or truth about something **устанавливать, определять** [+ question word] *The doctors are still unable to determine what is wrong.* **2** to decide what will happen **определять, обусловливать** [+ question word] *Her exam results will determine which university she goes to.*

determined /dɪˈtɜːmɪnd/ **adjective** B2 wanting to do something very much, and not letting anyone stop you **полный решимости** [+ to do sth] *He's determined to win this match.*

determiner /dɪˈtɜːmɪnəʳ/ **noun** [C] B2 a word that is used before a noun or adjective to show which person or thing you are referring to. For example 'my' in 'my old car' and 'that' in 'that man' are determiners. **определяющее слово**

deterrent /dɪˈterᵊnt/ **noun** [C] something that stops people doing something because they are afraid of what will happen if they do **средство устрашения** *They've installed a security camera as a **deterrent to** thieves.*

• **deterrent adjective сдерживающий, устрашающий** *a deterrent effect*

detest /dɪˈtest/ **verb** [T] to hate someone or something very much **ненавидеть**

detonate /ˈdetᵊneɪt/ **verb** [I, T] to explode or make something explode **детонировать** *The **bomb** was **detonated** safely by army officers and no one was hurt.*

• **detonation** /detᵊˈneɪʃᵊn/ **noun** [C, U] **детонация**

detonator /ˈdetᵊneɪtəʳ/ **noun** [C] a piece of equipment that makes a bomb explode **детонатор**

detour /ˈdiːtʊəʳ/ **noun** [C] a different, longer route to a place that is used to avoid something or to visit something **объезд** *Several roads were closed, so we had to **take a detour**.*

detox /ˈdiːtɒks/ **noun** [U] informal treatment to clean out your blood, stomach, etc and get rid of bad substances such as drugs **детоксикация, очищение организма**

detract /dɪˈtrækt/ **verb**

PHRASAL VERB **detract from sth** to make something seem less good than it really is, or than it was thought to be **умалять, принижать**

detriment /ˈdetrɪmənt/ **noun to the detriment of sth** causing damage to something **в ущерб чему-либо** *He was working very long hours, to the detriment of his health.*

• **detrimental** /ˌdetrɪˈmentᵊl/ **adjective причиняющий ущерб** *a **detrimental effect***

devaluation /ˌdiːvæljuˈeɪʃᵊn/ **noun** [C, U] when the value of something is reduced **девальвация** *the devaluation of the dollar*

devalue /ˌdiːˈvæljuː/ **verb** [T] (present participle **devaluing**, past tense and past participle **devalued**) **1** to make something less valuable, especially a country's money **девальвировать** *to devalue the pound* **2** to make someone or something seem less important than they really are **преуменьшать значение чего-либо**

devastate /ˈdevəsteɪt/ **verb** [T] to destroy or damage something very badly **опустошать, разорять** *A recent hurricane devastated the city.*

• **devastation** /ˌdevəˈsteɪʃᵊn/ **noun** [U] **опустошение, разорение**

devastated /ˈdevəsteɪtɪd/ **adjective 1** very shocked and upset **раздавленный горем** *She was devastated when her husband died.* **2** completely destroyed **опустошенный, разрушенный**

devastating /ˈdevəsteɪtɪŋ/ **adjective 1** making someone very shocked and upset **ужасающий**

Despite the devastating news, no one is giving up hope. **2** causing a lot of damage or destruction **опустошительный, разрушительный** *The fire has had a devastating effect on the local wildlife.*

devastatingly /ˈdevəsteɪtɪŋli/ **adverb** extremely **ужасно, невероятно** *devastatingly funny/handsome*

develop /dɪˈveləp/ **verb** **1** [I, T] B1 to grow or change and become more advanced, or to make someone or something do this **развивать(ся)** *The baby develops inside the mother for nine months.* ◦ *He's* ***developing into*** *a very good tennis player.* **2** [T] B1 to make something new such as a product **разрабатывать, создавать** *Scientists are developing new drugs all the time.* **3** [T] B2 to start to have something, such as an illness, problem, or feeling **развиваться, проявляться** *Shortly after take-off the plane developed engine trouble.* **4** [I] to start to happen or exist **появляться, возникать** *Further problems may develop if you do not deal with this now.* **5** [T] to use special chemicals on a piece of film to make photographs appear **проявлять (пленку)** *I need to get my holiday photos developed.* **6** [T] to build houses, factories, shops, etc on a piece of land **строить**

developed /dɪˈveləpt/ **adjective** **a developed country/nation, etc** B2 a country with an advanced level of technology, industry, etc **развитая страна/нация и т. д.** → Opposite **undeveloped**

developer /dɪˈveləpəʳ/ **noun** [C] a person or company that buys land and builds houses, factories, shops, etc **строитель, строительная фирма**

development /dɪˈveləpmənt/ **noun** **1** [C, U] B1 when someone or something grows or changes and becomes more advanced **развитие, рост** *The nurse will do some tests to check on your child's development.* ◦ *There have been some* ***major developments*** *in technology recently.* **2** [C, U] B1 when something new is made **разработка** *the development of new drugs* **3** [U] when something starts to happen or exist **развитие, возникновение** *Smoking encourages the development of cancer.* **4** [U] when new houses, factories, shops, etc, are built on an area of land **застройка** *land suitable for development* **5** [C] an area of land with new houses, factories, shops, etc on it **район строительства** *a new housing development* **6** [C] B2 something new that happens and changes a situation **событие** *Have there been any more developments since I left?* **7** [U] when someone makes photographs from a film **проявление (пленки)**

> Слова-партнеры к **development**
>
> encourage/monitor/restrict development • dramatic/major/rapid development • in/under development

deviant /ˈdiːviənt/ **adjective** different to what most people think is normal or acceptable, usually relating to sexual behaviour **отклоняющийся от нормы**

• **deviant noun** [C] **человек с отклонениями от нормы**

deviate /ˈdiːvieɪt/ **verb** [I] to do something in a different way from what is usual or expected **отклоняться** *The aircraft* ***deviated from*** *its original flight plan.*

deviation /ˌdiːviˈeɪʃən/ **noun** [C, U] when something is different to what is usual, expected, or accepted by most people **отклонение от нормы** ***sexual deviation***

device /dɪˈvaɪs/ **noun** [C] B2 a piece of equipment that is used for a particular purpose **устройство, приспособление** *A pager is a small, electronic device for sending messages.*

IDIOM **leave someone to their own devices** to leave someone to do what they want to do **предоставить кого-либо самому себе** *With both parents out at work, the kids were often left to their own devices.*

devil /ˈdevəl/ **noun** **1 the Devil** B2 the most powerful evil spirit, according to the Christian and Jewish religions **дьявол** **2** [C] B2 an evil spirit **злой дух** **3** [C] informal someone who behaves badly **дьявол во плоти** **4 lucky/poor, etc devil** informal used to describe a person who is lucky/unlucky, etc **счастливчик/бедняга и т. д.**

IDIOM **speak/talk of the devil** informal something that you say when someone you have been talking about suddenly appears **легок на помине**

devilish /ˈdevəlɪʃ/ **adjective** evil or bad **дьявольский** *a devilish smile*

• **devilishly adverb** very **чертовски, очень** ***devilishly difficult***

devious /ˈdiːviəs/ **adjective** clever in a way that is bad and not honest **лукавый, изворотливый** *a devious mind*

devise /dɪˈvaɪz/ **verb** [T] to design or invent something such as a system, plan, or piece of equipment **придумывать, разрабатывать**

devoid /dɪˈvɔɪd/ **adjective** **devoid of sth** formal completely without a quality **лишенный чего-либо** *His voice was devoid of emotion.*

devolution /ˌdiːvəˈluːʃən/ **noun** [U] when power moves from a central government to local governments **делегирование власти**

devolve /dɪˈvɒlv/ **verb**

PHRASAL VERB **devolve sth to sb/sth** formal to give power or responsibility to a person or organization at a lower or more local level **делегировать власть**

devote /dɪˈvəʊt/ **verb**

PHRASAL VERB **devote sth to sb/sth** **1** B2 to use time, energy, etc for a particular purpose **посвящать** *She devotes most of her free time* *to charity work.* **2** (B2) to use a space or area for a particular purpose **посвящать, отводить** [often passive] *Most of the magazine was devoted to coverage of the royal wedding.*

devoted /dɪˈvəʊtɪd/ **adjective** (B2) loving or caring very much about someone or something **преданный, любящий** *She's absolutely* ***devoted to*** *her grandchildren.*
• **devotedly adverb** **преданно**

devotee /ˌdevəʊˈtiː/ **noun** [C] someone who likes something or someone very much **поклонник** *a* ***devotee of*** *classical music*

devotion /dɪˈvəʊʃᵊn/ **noun** [U] **1** great love or loyalty for someone or something **преданность** *She will always be remembered for her* ***devotion to*** *her family.* **2** strong religious belief or behaviour **набожность**

devour /dɪˈvaʊəʳ/ **verb** [T] **1** to eat something quickly because you are very hungry **поглощать (пищу)** **2** to read something quickly and enthusiastically **проглатывать (книгу)**

devout /dɪˈvaʊt/ **adjective** extremely religious **благочестивый** *a devout Catholic/Muslim*
• **devoutly adverb** **глубоко, искренне**

dew /djuː/ **noun** [U] drops of water that form on surfaces outside during the night **роса**

dexterity /dekˈsterəti/ **noun** [U] skill at doing something, especially using your hands **ловкость, проворство** ***manual dexterity***

diabetes /ˌdaɪəˈbiːtiːz/ **noun** [U] a serious medical condition in which your body cannot control the level of sugar in your blood **диабет**
• **diabetic** /ˌdaɪəˈbetɪk/ **adjective** **диабетический** • **diabetic** /ˌdaɪəˈbetɪk/ **noun** [C] someone who has diabetes **диабетик**

diabolical /ˌdaɪəˈbɒlɪkᵊl/ **adjective** extremely bad **дьявольский**

diagnose /ˈdaɪəgnəʊz/ **verb** [T] to say what is wrong with someone who is ill **ставить диагноз** [often passive] *She was* ***diagnosed with/as having*** *cancer last year.*

diagnosis /ˌdaɪəgˈnəʊsɪs/ **noun** [C, U] (plural **diagnoses**) when a doctor says what is wrong with someone who is ill **диагноз**

> Слова-партнеры к **diagnosis**
>
> make a diagnosis • a diagnosis of [cancer, heart disease, etc]

diagnostic /ˌdaɪəgˈnɒstɪk/ **adjective diagnostic methods/tests, etc** methods/tests, etc that help you discover what is wrong with someone or something **диагностические методы/анализы и т. д.**

diagonal /daɪˈægᵊnᵊl/ **adjective** **1** A diagonal line is straight and sloping and not horizontal or vertical. **идущий наискосок** *a tie with diagonal stripes* **2** going from the top corner of a square to the bottom corner on the other side **диагональный**
• **diagonally adverb** **по диагонали**

diagram /ˈdaɪəgræm/ **noun** [C] (B1) a simple picture showing what something looks like or explaining how something works **диаграмма**

> Слова-партнеры к **diagram**
>
> draw a diagram • a diagram of sth • in/on a diagram

dial[1] /daɪəl/ **noun** [C] **1** the round part of a clock, watch, or machine that shows you the time or other measurement **циферблат, круговая шкала** **2** a round part on a piece of equipment such as a television or radio that you turn to operate it, make it louder, etc **ручка настройки (на радио и т. д.)** **3** the ring of holes with numbers that you turn on the front of an old telephone **телефонный диск**

dial[2] /daɪəl/ **verb** [I, T] (present participle UK **dialling**, past tense and past participle **dialled**, present participle US **dialing**, past tense and past participle **dialed**) (B1) to make a telephone call to a particular number **набирать телефонный номер** *Dial 0 for the operator.*

dialect /ˈdaɪəlekt/ **noun** [C, U] a form of a language that people speak in a particular part of a country **диалект**

ˈdialog ˌbox **noun** [C] a window (= a separate area on a computer screen) that appears and asks the person using the computer for information **диалоговое окно (на экране компьютера)**

dialogue (also US **dialog**) /ˈdaɪəlɒg/ **noun** [C, U] **1** (B2) the talking in a book, play, or film **диалог** **2** a formal discussion between countries or groups of people **переговоры**

dial-up /ˈdaɪəlʌp/ **adjective** [always before noun] Dial-up computer systems and equipment and Internet services use a telephone connection to reach them. **подключение к Интернету через телефонную линию** → Compare **broadband**

diameter /daɪˈæmɪtəʳ/ **noun** [C, U] a straight line that goes from one side of a circle to the other side and through the centre, or the length of this line **диаметр** *The cake was about 30 centimetres* ***in diameter.***

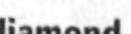

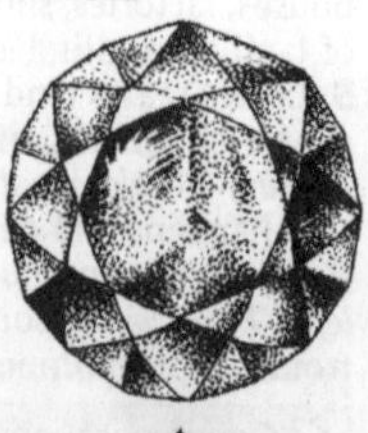

diamond /ˈdaɪəmənd/ **noun** **1** [C, U] (B2) a very hard, transparent stone that is extremely valuable and is often used in jewellery **алмаз, бриллиант** *a diamond ring* **2** [C] (B2) a shape with four straight sides of equal length that join to form two large angles and two small angles **ромб** **3** [C] the field where baseball is played **площадка**

для игры в бейсбол **4 diamonds** playing cards with red diamond shapes on them **бубны** *the queen of diamonds*

diaper /ˈdaɪəpər/ **noun** [C] US (UK **nappy**) a thick piece of paper or cloth worn by a baby on its bottom **пеленка, подгузник**

diaphragm /ˈdaɪəfræm/ **noun** [C] the large muscle between your lungs and your stomach that moves up and down to move air in and out of the lungs **диафрагма**

diarrhoea UK (US **diarrhea**) /ˌdaɪəˈrɪə/ **noun** [U] an illness in which your solid waste is more liquid than usual, and comes out of your body more often **понос**

diary /ˈdaɪəri/ **noun** [C] **1** A2 a book containing spaces for all the days and months of the year, in which you write meetings and other things that you must remember **записная книжка, ежедневник** **2** A2 a book in which you write each day about your personal thoughts and experiences **дневник** *She **kept a diary** of her trip to Egypt.*

dice¹ /daɪs/ **noun** [C] (plural **dice**) a small object with six equal square sides, each with between one and six spots on it, used in games **кубик для игры** ***Roll the dice** to see who starts the game.*

dice

dice² /daɪs/ **verb** [T] to cut food into small, square pieces **нарезать кубиками** *diced onions*

dicey /ˈdaɪsi/ **adjective** informal possibly dangerous or involving a risk **рискованный**

dichotomy /daɪˈkɒtəmi/ **noun** [C] formal the difference between two completely opposite ideas or things **дихотомия** *the **dichotomy between** good and evil*

dictate /dɪkˈteɪt/ **verb** **1** [I, T] to say or read something for someone to write down **диктовать** *Tony was busy **dictating** letters **to** his secretary.* **2** [T] to decide or control what happens **диктовать, определять** [+ question word] *The weather will dictate where we hold the party.*

PHRASAL VERB **dictate to sb** to tell someone what to do, often in a way that annoys them **командовать кем-либо** *I'm 15 years old – you can't dictate to me any more.*

dictation /dɪkˈteɪʃən/ **noun** **1** [U] when someone speaks or reads something for someone else to write down **диктовка** **2** [C, U] when a teacher says or reads something for students to write down as a test **диктант**

dictator /dɪkˈteɪtər/ **noun** [C] a leader who has complete power in a country and has not been elected by the people **диктатор**
• **dictatorial** /ˌdɪktəˈtɔːriəl/ **adjective** **диктаторский**

dictatorship /dɪkˈteɪtəʃɪp/ **noun** [C, U] a country or system of government with a dictator as leader **диктатура**

dictionary /ˈdɪkʃənəri/ **noun** [C] A1 a book that contains a list of words in alphabetical order with their meanings explained or written in another language **словарь**

did /dɪd/ past tense of do **прош. вр. гл. do**

didn't /ˈdɪdənt/ short for did not **сокращ. от did not**

die /daɪ/ **verb** (present participle **dying**, past tense and past participle **died**) **1** A1 [I] to stop living **умирать** *Many of the refugees **died of** hunger. ◦ She **died from** brain injuries after a road accident.* **2** **be dying for sth; be dying to do sth** informal B1 to very much want to have, eat, drink, or do something **умирать/сгорать от желания сделать что-либо** *I'm dying for a drink.* **3** **to die for** informal If something is to die for, it is extremely good. **потрясающий** → See also die **hard²**

PHRASAL VERBS **die away** If something, especially a sound, dies away, it gradually becomes less strong and then stops. **затихать** • **die down** If something, especially noise or excitement, dies down, it gradually becomes less loud or strong until it stops. **утихать, успокаиваться** • **die off** If a group of plants, animals, or people dies off, all of that group dies over a period of time. **вымирать** • **die out** B2 to become more and more rare and then disappear completely **вымирать** *Dinosaurs died out about 65 million years ago.*

diehard /ˈdaɪhɑːd/ **adjective** [always before noun] supporting something in a very determined way and refusing to change **преданный, несгибаемый** *a **diehard fan***

diesel /ˈdiːzəl/ **noun** **1** [U] fuel used in the engines of some vehicles, especially buses and trucks **дизельное топливо** **2** [C] a vehicle that uses diesel in its engine **машина с дизельным двигателем**

diet¹ /daɪət/ **noun** **1** [C, U] B1 the type of food that someone usually eats **питание** **2** [C] B1 when someone eats less food, or only particular types of food, because they want to become thinner, or because they are ill **диета** *No cake for me, thanks – I'm **on a diet**.*

> Слова-партнеры к **diet**
>
> be on/go on a diet • follow/stick to a diet • a special/strict diet

diet² /daɪət/ **verb** [I] B1 to eat less food so that you become thinner **соблюдать диету**

differ /ˈdɪfər/ **verb** [I] **1** B2 to be different **отличаться, различаться** *How does the book **differ from** the film? ◦ These computers **differ** quite a lot **in** price.* **2** to have a different opinion **расходиться во мнениях** *Economists **differ on** the cause of inflation.*

difference /ˈdɪfərəns/ **noun** **1** [C, U] A2 the way in which two people or things are not the same **разница** *What's the **difference between** an ape and a monkey?* **2** [U] when two people or things are not the same **различие** **3** [C, U] B1 the amount by which one thing or person is different from another **разница** *There's a big **difference in** age between them.* **4** [C] a disagreement or different opinion **разногласие** *They must try to resolve their differences peacefully.* **5 make a/any difference** B2 to have an effect on a situation **влиять, иметь значение** *Painting the walls white has made a big difference to this room.*

> **Слова-партнеры к difference**
>
> **know/tell** the difference • a **big/fundamental/important/obvious** difference • a difference **between** [sth and sth]

> **Другие способы сказать different**
>
> Если что-то отличается от общепринятого, то можно сказать, что оно **unusual**.
>
> *Carina – that's quite an **unusual** name.*
>
> Прилагательное **alternative** употребляется для описания чего-то, что отличается от определенного объекта, но может использоваться вместо него.
>
> *The hotel's being renovated, so we're looking for an **alternative** venue.*
>
> Для описания чего-то, принципиально отличного или отдельного от других объектов, можно использовать прилагательные **distinct** и **distinctive**.
>
> *She's got really **distinctive** handwriting.*
> *The word has three **distinct** meanings.*
>
> Предлог **unlike** часто используется для сравнения людей или вещей, сильно отличающихся друг от друга.
>
> *Dan's actually quite nice, **unlike** his father.*
> *The furniture was **unlike** anything she had ever seen.*

different /ˈdɪfᵊrᵊnt/ **adjective** **1** A1 not the same as someone or something else **непохожий, отличающийся** *Jo's very **different from** her sister, isn't she?* ◦ UK *The house is **different to** how I expected it to be.* **2** [always before noun] B1 used to talk about separate things or people of the same type **разный** *I had to go to three different shops to find the book she wanted.*

• **differently** **adverb** B1 **непохоже, по-разному** → See also a different **ball game**

differential /ˌdɪfᵊˈrenʃᵊl/ **noun** [C] a difference between amounts of things **разница** ***differentials in** pay/wealth*

differentiate /ˌdɪfᵊˈrenʃieɪt/ **verb** **1** [I, T] to understand or notice how two things or people are different from each other **отличать, различать** *He can't **differentiate between** blue and green.* **2** [T] to make someone or something different **устанавливать различие, разграничивать** *We need to **differentiate** ourselves **from** the competition.*

• **differentiation** /ˌdɪfᵊrenʃiˈeɪʃᵊn/ **noun** [U] **различие, разделение**

difficult /ˈdɪfɪkᵊlt/ **adjective** **1** A1 not easy and needing skill or effort to do or understand **трудный** *Japanese is a difficult language for Europeans to learn.* ◦ *This game is too **difficult for** me.* ◦ [+ to do sth] *It's difficult to think with all that noise.* **2** B1 not friendly or easy to deal with **трудный** *a difficult teenager*

> **Другие способы сказать difficult**
>
> **Hard** часто используется вместо **difficult** и означает то же самое.
>
> *The exam was really **hard**.*
> *It must be **hard** to study with all this noise.*
>
> Если что-то сложно для понимания или выполнения, потому что состоит из многих частей или стадий, можно использовать прилагательное **complicated**.
>
> *The instructions were so **complicated** I just couldn't follow them.*
>
> **Tricky** описывает трудную ситуацию, проблему, задачу и т.п., требующую определенного подхода или осторожности.
>
> *It's quite **tricky** getting the bits to fit together.*
> *It's a **tricky** situation – I don't want to upset anyone.*
>
> Прилагательное **fiddly** (*Великобритания*) используют для описания ручной работы, которая трудна по причине очень маленького размера задействованных деталей.
>
> *Repairing a watch is very **fiddly**.*
>
> Прилагательное **awkward** используют для описания предмета, ситуации или человека, с которым(-ой) трудно иметь дело или который(-ая) может вызывать проблемы.
>
> *Dealing with **awkward** customers is just part of the job.*
> *Luckily, she didn't ask any **awkward** questions.*
>
> **Demanding** означает 'требующий много времени, внимания или усилий'.
>
> *She has a very **demanding** job.*
> *Like most young children, he's very **demanding**.*
>
> Ситуация или задача, охарактеризованная как **challenging**, трудна и требует определенных умений и решимости.
>
> *This has been a **challenging** time for us all.*
> *I found the course very **challenging**.*
>
> О чем-то, что сделать невозможно или очень трудно, можно сказать **easier said than done**.
>
> *I suppose I should stop smoking but it's **easier said than done**.*

difficulty /ˈdɪfɪkᵊlti/ **noun** **1** [U] B1 when something is not easy to do or understand **труд-**

ность, затруднение [+ in + doing sth] *He was **having difficulty** in breathing because of the smoke.* ◦ [+ doing sth] *I **had difficulty** finding somewhere to park.* ◦ *She had twisted her ankle and was walking **with difficulty**.* **2** [C] B2 something that is not easy to deal with **сложность, затруднение** *The company is having some **financial difficulties** at the moment.*

> **Слова-партнеры к difficulty**
> create/experience/have difficulty • great/serious difficulty • with/without difficulty

diffident /ˈdɪfɪdᵊnt/ **adjective** shy and without any confidence **неуверенный в себе, застенчивый** *a diffident young man*
• **diffidence** /ˈdɪfɪdᵊns/ **noun** [U] **неуверенность в себе, застенчивость**

diffuse /dɪˈfjuːz/ **verb** [I, T] to spread, or to make something spread over a large area, or to a large number of people **распространять(ся)**

dig¹ /dɪg/ **verb** (present participle **digging**, past tense and past participle **dug**) **1** B1 [I, T] to break or move the ground with a tool, machine, etc **копать** *Digging the garden is good exercise.* **2 dig a hole/tunnel, etc** B2 to make a hole in the ground by moving some of the ground or soil away **рыть яму/тоннель и т. д.** *They've dug a huge hole in the road.* → See also dig the/up **dirt¹** on sb

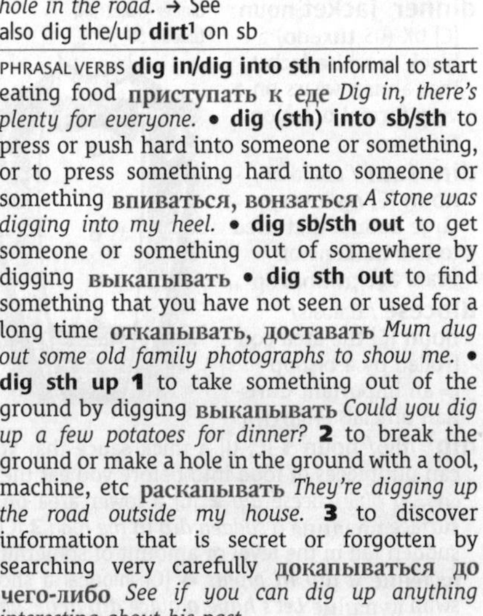
dig

PHRASAL VERBS **dig in/dig into sth** informal to start eating food **приступать к еде** *Dig in, there's plenty for everyone.* • **dig (sth) into sb/sth** to press or push hard into someone or something, or to press something hard into someone or something **впиваться, вонзаться** *A stone was digging into my heel.* • **dig sb/sth out** to get someone or something out of somewhere by digging **выкапывать** • **dig sth out** to find something that you have not seen or used for a long time **откапывать, доставать** *Mum dug out some old family photographs to show me.* • **dig sth up 1** to take something out of the ground by digging **выкапывать** *Could you dig up a few potatoes for dinner?* **2** to break the ground or make a hole in the ground with a tool, machine, etc **раскапывать** *They're digging up the road outside my house.* **3** to discover information that is secret or forgotten by searching very carefully **докапываться до чего-либо** *See if you can dig up anything interesting about his past.*

dig² /dɪg/ **noun 1** [C] something that you say to annoy or criticize someone **колкость, издевка** *He was **having a dig at** me.* **2** [C] a place where people are digging in the ground looking for ancient things to study **раскопки** *an **archaeological dig*** **3** [no plural] informal a quick, hard push **тычок, пинок** *a dig in the ribs*

digest /daɪˈdʒest/ **verb** [T] **1** to change food in your stomach into substances that your body can use **переваривать (пищу)** **2** to read and understand new information **усваивать, воспринимать** *You need to give me time to digest this report.*
• **digestible** adjective easy to digest **легко усваиваемый**

digestion /daɪˈdʒestʃᵊn/ **noun** [U] when your body changes food in your stomach into substances that it can use **пищеварение**

digestive /daɪˈdʒestɪv/ **adjective** [always before noun] relating to digestion **пищеварительный** *the **digestive system***

digger /ˈdɪgəʳ/ **noun** [C] a large machine that is used to lift and move soil, or a person who digs **землеройная машина, землекоп**

Digibox /ˈdɪdʒɪbɒks/ **noun** [C] trademark a piece of electronic equipment that allows you to watch digital broadcasts (= television sounds and pictures sent as signals in the form of numbers) on an ordinary television

digit /ˈdɪdʒɪt/ **noun** [C] any of the numbers from 0 to 9, especially when they form part of a longer number **цифра** *a seven digit telephone number*

digital /ˈdɪdʒɪtᵊl/ **adjective 1** A2 using an electronic system that changes sounds or images into signals in the form of numbers before it stores them or sends them **цифровой** ***digital television*** **2** B1 A digital clock or watch shows the time in the form of numbers. **электронный**

digital ˈcamera noun [C] A2 a type of camera that records images that you can use and store on a computer **цифровой фотоаппарат**

dignified /ˈdɪgnɪfaɪd/ **adjective** calm, serious, and behaving in a way that makes people respect you **полный достоинства** *a quiet, dignified woman*

dignitary /ˈdɪgnɪtᵊri/ **noun** [C] someone with an important, official position **сановник** *a group of **visiting dignitaries***

dignity /ˈdɪgnəti/ **noun** [U] calm and serious behaviour that makes people respect you **достоинство** *He behaved with great dignity and courage.*

digress /daɪˈgres/ **verb** [I] to start talking about something that is not related to what you were talking about before **отклоняться (от темы)**
• **digression** /daɪˈgreʃᵊn/ **noun** [C, U] **отклонение (от темы)**

digs /dɪgz/ **noun** [plural] UK informal a room in someone's house that you pay rent to live in **снимаемая комната**

dike (also **dyke**) /daɪk/ **noun 1** a wall built to stop water from a sea or river going onto the land **плотина** **2** UK a passage that has been dug to take water away from fields **сточная канава**

dilapidated /dɪˈlæpɪdeɪtɪd/ **adjective** A dilapidated building or vehicle is old and in bad condition. **полуразвалившийся**
• **dilapidation** /dɪˌlæpɪˈdeɪʃən/ **noun** [U] **полуразрушенное состояние**

D

dilate /daɪˈleɪt/ **verb** [I, T] If a part of your body dilates, or if you dilate it, it becomes wider or more open. **расширять(ся)** *The drug causes your pupils to dilate.*
• **dilation** /daɪˈleɪʃən/ **noun** [U] **расширение**

dilemma /dɪˈlemə/ **noun** [C] B2 when you have to make a difficult choice between two things you could do **дилемма** *She's still **in a dilemma about** whether she should go or not.*

> **Слова-партнеры к dilemma**
> **face/have/be in** a dilemma • sth **poses/presents** a dilemma • a **moral** dilemma • a dilemma **for** sb • a dilemma **about/over** sth

diligence /ˈdɪlɪdʒəns/ **noun** [U] when you work hard with care and effort **усердие**

diligent /ˈdɪlɪdʒənt/ **adjective** working hard with care and effort **усердный** *a diligent student*
• **diligently adverb усердно**

dilute /daɪˈluːt/ **verb** [T] to make a liquid thinner or weaker by adding water or another liquid to it **разбавлять**
• **dilute adjective разбавленный** *dilute solution*

dim¹ /dɪm/ **adjective** (**dimmer**, **dimmest**) **1** not bright or clear **тусклый** *He could hardly see her in the dim light.* **2 a dim memory/recollection, etc** when you can remember something slightly, but not very well **смутное воспоминание** **3** UK informal stupid **тупой** *He's nice, but a bit dim.*
• **dimly adverb тускло, смутно** *a **dimly lit** room*

dim² /dɪm/ **verb** [I, T] (present participle **dimming**, past tense and past participle **dimmed**) to become less bright, or to make something become less bright **тускнеть, притушить** *He **dimmed** the **lights** and turned up the music.*

dime /daɪm/ **noun** [C] a US or Canadian coin with a value of 10 cents **монета в 10 центов**

IDIOM **a dime a dozen** mainly US informal easy to find and very ordinary **дюжина на копейку** *Millionaires are now a dime a dozen.*

> **Слова-партнеры к dimension**
> **add/give** a [new/extra, etc] dimension (to sth) • an **added/extra/new** dimension

dimension /ˌdaɪˈmenʃən/ **noun** [C] **1** B2 a particular part of a situation, especially something that affects how you think or feel **измерение, аспект** *Music has **added** a new **dimension to** my life.* **2** B2 a measurement of the length, width, or height of something **размер**

diminish /dɪˈmɪnɪʃ/ **verb** [I, T] to become less, or to make something become less **уменьшать(ся), ослабевать** *Your pain should diminish gradually after taking these tablets.*

diminutive /dɪˈmɪnjətɪv/ **adjective** formal extremely small **крохотный** *a diminutive figure*

dimple /ˈdɪmpl/ **noun** [C] a small hollow place on your skin, often one that appears on your face when you smile **ямочка (на щеке и т. д.)**
• **dimpled adjective имеющий ямочку (на щеке и т. д.)**

din /dɪn/ **noun** [no plural] a lot of loud, unpleasant noise **грохот**

dine /daɪn/ **verb** [I] formal to eat dinner **обедать** *On Saturday we dined with friends.*

PHRASAL VERB **dine out** formal to eat your evening meal in a restaurant **обедать в ресторане**

diner /ˈdaɪnər/ **noun** [C] **1** someone who is eating in a restaurant **обедающий** **2** mainly US a small, informal restaurant **ресторанчик**

dinghy /ˈdɪŋi/ **noun** [C] a small boat **шлюпка** *an inflatable dinghy*

dingy /ˈdɪndʒi/ **adjective** dirty and not bright **грязный, тусклый** *a dingy basement*

ˈdining ˌroom noun [C] A1 a room where you eat your meals in a house or hotel **столовая**

dinner /ˈdɪnər/ **noun** [C, U] A1 the main meal of the day that people usually eat in the evening **обед, ужин** *What's for dinner tonight?*

> **Слова-партнеры к dinner**
> **eat/have** dinner • **have sth for** dinner

ˈdinner ˌjacket noun [C] UK (US **tuxedo**) a black or white jacket that a man wears on a very formal occasion **смокинг**

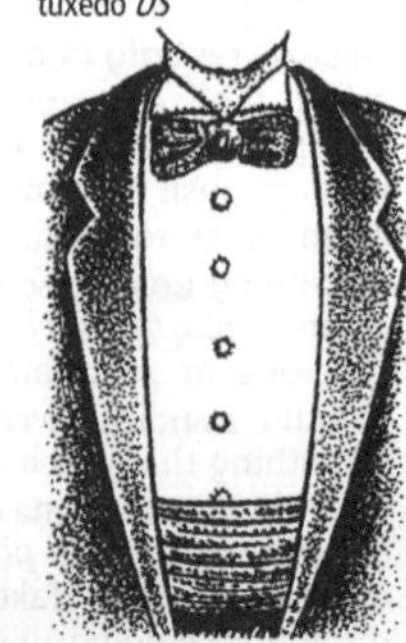

dinner jacket *UK*, tuxedo *US*

dinosaur /ˈdaɪnəsɔːr/ **noun** [C] A2 a very large animal that used to live millions of years ago **динозавр**

diocese /ˈdaɪəsɪs/ **noun** [C] the area controlled by a bishop (= an important Christian official) **епархия**

dip¹ /dɪp/ **noun** **1** [C, U] a thick sauce that you can put pieces of food into before you eat them **соус** *a blue cheese dip* **2** [C] a lower area on a surface **впадина** *a sudden **dip in** the road* **3** [C] a sudden fall in the level or amount of something **падение** *a **dip in** profits* **4** [C] informal a short swim **купание** *Let's **have a** quick **dip** in the pool before breakfast.*

dip² /dɪp/ **verb** (present participle **dipping**, past

dinosaur

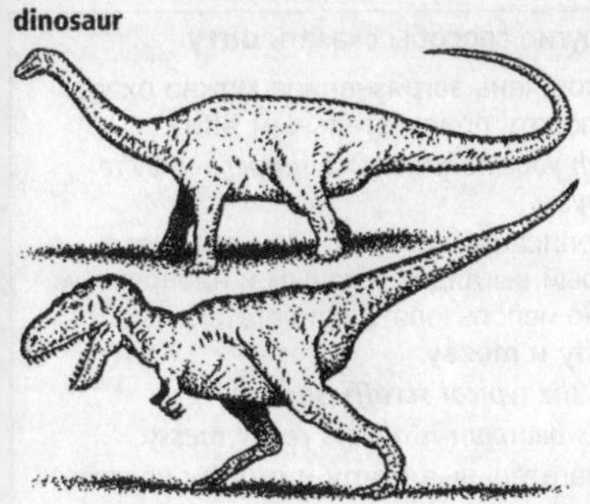

tense and past participle **dipped**) **1** [T] B2 to put something into a liquid for a short time **макать** *She **dipped** the brush **into** the paint.* **2** [I] B2 to become lower in level or amount **падать** *The number of students taking sciences has dipped sharply.*

PHRASAL VERB **dip into sth 1** UK to read small parts of a book or magazine **перелистывать, бегло читать** *It's the sort of book you can dip into now and then.* **2** to spend part of a supply of money that you have been keeping **тратить (сбережения)** *I had to dip into my savings to pay for the repairs.*

diphtheria /dɪfˈθɪəriə/ **noun** [U] a very serious disease of the throat **дифтерия**

diphthong /ˈdɪfθɒŋ/ **noun** [C] a sound made by two vowels which are said together **дифтонг**

diploma /dɪˈpləʊmə/ **noun** [C] A2 a qualification from a school, college, or university, or an official document showing that someone has completed a course of study **диплом** ***a diploma in*** *art and design*

diplomacy /dɪˈpləʊməsi/ **noun** [U] **1** dealing with the relationships between governments **дипломатия** ***international diplomacy*** **2** skill in dealing with people well and not upsetting them **дипломатичность** *She showed great tact and diplomacy in the meeting.*

diplomat /ˈdɪpləmæt/ **noun** [C] B2 someone whose job is to live in another country and to keep a good relationship between their government and that country's government **дипломат**

diplomatic /ˌdɪpləˈmætɪk/ **adjective 1** [always before noun] relating to diplomacy or diplomats **дипломатический** *diplomatic relations* **2** good at dealing with people without upsetting them **дипломатичный** *That's a very diplomatic answer.*

• **diplomatically adverb дипломатично**

dire /daɪəʳ/ **adjective** very serious or bad **ужасный, серьезный** *He's in **dire need** of help.*

direct¹ /dɪˈrekt/, /daɪˈrekt/ **adjective 1** B1 going straight from one place to another without turning or stopping **прямой** *We went by the most direct route.* **2** B2 with no other person or thing involved or between **прямой** *There is a **direct link** between smoking and cancer.* **3** saying clearly and honestly what you think **прямой** *a direct answer* → Opposite **indirect**

direct² /dɪˈrekt/, /daɪˈrekt/ **adverb** going straight from one place to another without turning or stopping **прямо, непосредственно** *Several airlines now **fly direct** to Vancouver.*

direct³ /dɪˈrekt/, /daɪˈrekt/ **verb 1** [T] B1 to tell the actors in a film or play what to do **режиссировать, ставить фильм или пьесу** *a film directed by Alfred Hitchcock* **2 direct sth against/at/towards, etc sb/sth** to aim something at someone or something **направлять что-либо против/на кого-либо** *The demonstrators' anger was directed at the police.* **3** [T] B1 to show or tell someone how to get to a place **показывать дорогу** *Can you **direct** me **to** the manager's office please?* **4** [T] to organize and control the way something is done **руководить** *He directed the building of the new art gallery.* **5 direct sb to do sth** formal to officially order someone to do something **давать указание, велеть** *They directed us not to discuss the matter.*

ˌdirect ˈdebit noun [C, U] an arrangement that allows an organization to take money from your bank account at regular times to pay for goods or services **договор о постоянных платежах** *I pay my council tax by direct debit.*

direction /dɪˈrekʃən/ **noun 1** [C] B1 the way that someone or something is going or facing **направление** *The car sped away **in the direction of** the airport.* ◦ *I think we're going in the **wrong direction**.* **2 in sb's direction** B2 towards someone **в чьем-либо направлении** *She keeps looking in my direction.* **3** [C] the way that someone or something changes or develops **направление, путь развития** *Our careers have gone in very different directions.* **4** [U] control or instructions **руководство** ***Under his direction*** *the company has doubled its profits.* **5** [U] knowing what you want to do **целенаправленность** *According to his teachers, he **lacks direction**.*

> **Слова-партнеры к direction**
>
> change direction • in the opposite/other direction • in the right/wrong direction • in the direction of sth • from all/in all directions

directions /dɪˈrekʃənz/ **noun** [plural] A2 instructions that tell you how to get to a place, or how to do something **указание дороги, инструкция** *We stopped to **ask for directions**.* ◦ *Just **follow** the **directions** on the label.*

directive /dɪˈrektɪv/ **noun** [C] formal an official instruction **указание, распоряжение** *The government has **issued** new **directives** on food hygiene.*

directly /dɪˈrektli/ **adverb 1** B1 with no other person or thing involved or between **непосред-**

ственно *Why don't you* **speak to** *him* **directly**? **2 directly after/behind/opposite, etc** exactly or immediately after/behind/opposite, etc **прямо после/за/напротив и т. д.** *She was sitting directly opposite me.* **3** B2 clearly and honestly **прямо** *Let me answer that question directly.*

directness /dɪˈrektnəs/ **noun** [U] when someone is clear and honest in their speech or behaviour **прямота** *He liked her directness and simplicity.*

ˌdirect ˈobject noun [C] the direct object of a transitive verb is the person or thing that is affected by the action of the verb. In the sentence 'I bought a new car yesterday.', 'a new car' is the direct object. **прямое дополнение** → Compare **indirect object**

director /dɪˈrektəʳ/ **noun** [C] **1** B1 an important manager in an organization or company **директор, руководитель** *Meet the new* ***sales director***. **2** B1 someone who tells the actors in a film or play what to do **режиссер** *the famous film director, Alfred Hitchcock* → See also **funeral director**, **managing director**

directorate /dɪˈrektᵊrət/ **noun** [C] a part of a government or other organization with responsibility for a particular activity **директорат, правление**

directory /dɪˈrektᵊri/ **noun** [C] a book or list of names, numbers, or other facts **справочник** → See also **telephone directory**

dirt¹ /dɜːt/ **noun** [U] **1** B1 an unpleasant substance that makes something not clean **грязь** *You've got some dirt on your trousers.* **2** soil or rough ground **земля, грунт** *a dirt road/track*

IDIOM **dig the/up dirt on sb** informal to try to discover bad things about someone to stop other people admiring them **искать компромат на кого-либо**

dirt² /dɜːt/ **adverb dirt cheap/poor** extremely cheap/poor **очень дешевый/крайне бедный**

dirty¹ /ˈdɜːti/ **adjective 1** A2 not clean **грязный** *dirty clothes* ◦ *dirty dishes* **2** talking about sex in a way that some people find offensive **непристойный** *dirty books/jokes* **3** dishonest or unfair **грязный, нечестный** *a dirty business* → See also do sb's dirty **work²**

dirty² /ˈdɜːti/ **verb** [T] to make something dirty **пачкать**

dis- /dɪs-/ **prefix** not or the opposite of **не-, дез-, бес-, без-** *dishonest* ◦ *disbelief* ◦ *to disagree*

disability /ˌdɪsəˈbɪləti/ **noun** [C, U] B2 an illness, injury, or condition that makes it difficult for someone to do the things that other people do **инвалидность**

disable /dɪˈseɪbl/ **verb** [T] **1** If someone is disabled by an illness or injury, it makes it difficult for them to live in the way that most other people do. **калечить** [often passive] *Some children were permanently disabled by the bomb.* **2** to stop a piece of equipment from working **выводить из строя, отключать** *The thieves must have disabled the alarm system.*

> **Другие способы сказать dirty**
>
> Что-то очень загрязненное можно охарактеризовать прилагательным **filthy**.
>
> *Wash your hands before supper – they're* ***filthy***!
>
> Для описания человека или предмета, который выглядит грязным и неопрятным, можно использовать прилагательные **scruffy** и **messy**.
>
> *He's the typical* ***scruffy*** *student.*
>
> *Ben's bedroom is always really* ***messy***.
>
> Прилагательные **grimy** и **grubby** употребляют для описания предметов, покрытых грязью и требующих мытья или стирки.
>
> *Don't wipe your* ***grimy*** *hands on that clean towel!*
>
> *He was wearing an old pair of jeans and a* ***grubby*** *T-shirt.*
>
> Прилагательное **soiled** употребляют, когда говорят о загрязненном изделии из ткани.
>
> ***Soiled*** *tablecloths should be soaked in detergent.*
>
> Прилагательное **squalid** можно использовать для описания очень грязного и неприятного места.
>
> *The prisoners lived in* ***squalid*** *conditions.*

disabled /dɪˈseɪbld/ **adjective** B1 having an illness, injury, or condition that makes it difficult to do the things that other people do **нетрудоспособный** *They are demanding equal rights for* ***the disabled***.

disadvantage /ˌdɪsədˈvɑːntɪdʒ/ **noun 1** B1 [C] something which makes a situation more difficult, or makes you less likely to succeed **невыгодное положение, недостаток** *One* ***disadvantage of*** *living in the country is the lack of public transport.* **2 at a disadvantage** having problems that other people do not have **в невыгодном положении** *Being shy puts him at a disadvantage.*

> **Слова-партнеры к disadvantage**
>
> have/face a disadvantage • a **big**/the **main**/a **major**/a **serious** disadvantage • a disadvantage **of**/**to** (doing) sth • a disadvantage **for** sb • the advantages and disadvantages (of sth)

disadvantaged /ˌdɪsədˈvɑːntɪdʒd/ **adjective** Disadvantaged people are poor and do not have many opportunities. **неблагополучный, неимущий** *disadvantaged children*

disaffected /ˌdɪsəˈfektɪd/ **adjective** disappointed with someone or something and not supporting them as you did before **недовольный, разочарованный** *disaffected voters*
• **disaffection** /ˌdɪsəˈfekʃᵊn/ **noun** [U] **недовольство, разочарование**

disagree /ˌdɪsəˈɡriː/ **verb** [I] (present participle **disagreeing**, past tense and past participle **disagreed**) B1 to have a different opinion from someone else about something **расходиться во мнениях, не соглашаться** *I* ***disagree with*** *most of what he said.* ◦ *Experts* ***disagree about/on*** *the causes of the disease.*

disagreeable /ˌdɪsəˈɡriːəbl/ **adjective** formal unpleasant **неприятный** *a disagreeable old man*

disagreement /ˌdɪsəˈɡriːmənt/ **noun** [C, U] B2 when people have a different opinion about something or have an argument **ссора, спор** *They* ***had*** *a* ***disagreement about/over*** *money.* ◦ *There is a lot of* ***disagreement among*** *doctors on this matter.*

disallow /ˌdɪsəˈlaʊ/ **verb** [T] to officially refuse to accept something because the rules have been broken **отклонять, не засчитывать** *The goal was disallowed by the referee.*

disappear /ˌdɪsəˈpɪəʳ/ **verb** [I] **1** B1 to become impossible to see **исчезать** *She watched him* ***disappear into*** *the crowd.* **2** B1 to suddenly go somewhere else and become impossible to find **исчезать** *Her husband disappeared in 1991.* **3** B2 to stop existing **исчезать** *These flowers are disappearing from our countryside.*

• **disappearance** /ˌdɪsəˈpɪərəns/ **noun** [C, U] B2 **исчезновение** *Police are investigating the girl's disappearance.* → See also disappear/vanish into thin **air**[1]

disappoint /ˌdɪsəˈpɔɪnt/ **verb** [T] B1 to make someone feel unhappy because someone or something was not as good as they had expected **разочаровывать** *We don't want to disappoint the fans.*

disappointed /ˌdɪsəˈpɔɪntɪd/ **adjective** B1 unhappy because someone or something was not as good as you hoped or expected, or because something did not happen **разочарованный** [+ (that)] *I was very disappointed that he didn't come.* ◦ *I'm really* ***disappointed in*** *you.*

disappointing /ˌdɪsəˈpɔɪntɪŋ/ **adjective** B1 making you feel disappointed **разочаровывающий** *a disappointing performance/result*

• **disappointingly adverb неутешительно** *a disappointingly small audience*

disappointment /ˌdɪsəˈpɔɪntmənt/ **noun 1** [U] B1 the feeling of being disappointed **разочарование** *She couldn't hide her disappointment when she lost.* **2** [C] B1 someone or something that disappoints you **разочарование** *I'm sorry I'm such* ***a disappointment to*** *you.*

disapproval /ˌdɪsəˈpruːvəl/ **noun** [U] when you think that someone or something is bad or wrong **неодобрение**

disapprove /ˌdɪsəˈpruːv/ **verb** [I] B2 to think that someone or something is bad or wrong **не одобрять, осуждать** *Her family* ***disapproved of*** *the marriage.*

> **Другие способы сказать disappointed**
>
> Если кто-то испытывает из-за чего-либо сильное разочарование, можно использовать прилагательное **disheartened** или в неформальных ситуациях – **gutted** (*Великобритания*).
>
> *He was very* ***disheartened*** *by the results of the test.*
>
> *Nick's absolutely* ***gutted*** *that he's been dropped from the team.*
>
> Если кто-то вызвал недовольство другого человека, не выполнив чего-то оговоренного, то можно использовать фразовый глагол **let down**.
>
> *John had promised to go but he* ***let*** *me* ***down*** *at the last minute.*
>
> Ситуацию, вызывающую недовольство и разочарование, называют **letdown**.
>
> *After all that planning the party was a bit of a* ***letdown****.*
>
> Существительное **anticlimax** означает 'вызвавший разочарование опыт' и употребляется для описания события, не оправдавшего большие ожидания или следующего за более интересным и захватывающим событием.
>
> *After so much preparation, the party itself was a bit of an* ***anticlimax****.*

• **disapproving adjective** showing that you think someone or something is bad or wrong **неодобрительный, осуждающий** *a disapproving look*

disarm /dɪˈsɑːm/ **verb 1** [I, T] to give up your weapons, or to take away someone else's weapons **разоружать(ся)** *Both sides have agreed to disarm.* **2** [T] to make someone feel less angry **умиротворять** *His smile disarmed her.*

disarmament /dɪˈsɑːməmənt/ **noun** [U] when a country or group gets rid of some or all of its weapons **разоружение** ***nuclear disarmament***

disarming /dɪˈsɑːmɪŋ/ **adjective** behaving in a way that stops people feeling angry with you or criticizing you **обезоруживающий** *a disarming smile*

disarray /ˌdɪsəˈreɪ/ **noun** [U] when something is untidy and not organized **беспорядок** *The house was* ***in*** *complete* ***disarray****.*

> **Слова-партнеры к disaster**
>
> **bring/cause/prevent** disaster • disaster **happens/strikes** • a **complete/major/terrible/unmitigated** disaster • a **natural** disaster

disaster /dɪˈzɑːstəʳ/ **noun 1** [C] B2 something that causes a lot of harm or damage **бедствие, катастрофа** *floods and other* ***natural disasters*** **2** [C] B2 a failure or something that has a very bad result **катастрофа** *His idea was a total* *disaster.* **3** [U] an extremely bad situation **катастрофа** *The holiday ended in disaster.*

disastrous /dɪˈzɑːstrəs/ **adjective** extremely bad **ужасный** ***disastrous consequences*** ◦ *a disastrous week*

disband /dɪsˈbænd/ **verb** [I, T] formal to stop working together as a group, or to stop a group from working together **расходиться, распускать**

disbelief /ˌdɪsbɪˈliːf/ **noun** [U] when you do not believe that something is true or real **неверие, недоверие** *She shook her head **in disbelief**.*

disbelieve /ˌdɪsbɪˈliːv/ **verb** [T] to not believe someone or something **не верить**

disc (also US **disk**) /dɪsk/ **noun** [C] **1** (B2) a flat, round shape or object **диск** **2** (B1) a record or CD **пластинка, компакт-диск** **3** a piece of cartilage (= strong material in the body) between the bones in your back **межпозвоночный хрящ** → See also **compact disc**

discard /dɪˈskɑːd/ **verb** [T] to throw something away **выбрасывать** *discarded food wrappers*

discern /dɪˈsɜːn/ **verb** [T] formal to see or recognize something **увидеть, разглядеть** • **discernible adjective видимый, различимый** *There was no **discernible difference** between them.*

discerning /dɪˈsɜːnɪŋ/ **adjective** having or showing good judgment, especially about style and quality **знающий толк, разборчивый** *a discerning customer/reader*

discharge[1] /dɪsˈtʃɑːdʒ/ **verb** [T] **1** to allow someone to leave a hospital or prison, or to order or allow someone to leave an organization such as the army **выписывать (из больницы), освобождать (из тюрьмы), увольнять (из армии)** [often passive] *She was **discharged from** the army yesterday.* **2** If a liquid or gas is discharged from something, it comes out of it. **выделять, выбрасывать**

discharge[2] /ˈdɪstʃɑːdʒ/ **noun** [C, U] **1** when someone is officially allowed or ordered to leave somewhere such as a prison, hospital, or the army **освобождение (из тюрьмы), выписка (из больницы), увольнение (из армии)** **2** when a liquid or gas comes out of something **выброс** *the discharge of carbon dioxide* **3** a liquid or gas that comes out of something **слив, выделение**

disciple /dɪˈsaɪpl/ **noun** [C] someone who follows the ideas and teaching of someone, especially of a religious leader **ученик, последователь**

disciplinarian /ˌdɪsəplɪˈneəriən/ **noun** [C] someone who is very strict and gives punishments when people break rules **сторонник строгой дисциплины**

disciplinary /ˌdɪsəˈplɪnəri/ (US) /ˈdɪsəplɪneri/ **adjective** [always before noun] relating to punishment for someone who has broken rules **дисциплинарный** ***disciplinary action***

discipline[1] /ˈdɪsəplɪn/ **noun** **1** [U] (B2) when people's behaviour is controlled using rules and punishments **дисциплина** *There should be better discipline in schools.* **2** [U] when you can control your own behaviour carefully **дисциплинированность** *I don't have enough discipline to save money.* **3** [C] formal a particular subject of study **дисциплина, предмет** *the scientific disciplines* → See also **self-discipline**

> **Слова-партнеры к discipline**
>
> enforce/establish/restore discipline • firm/harsh/rigorous discipline • lax/poor discipline

discipline[2] /ˈdɪsəplɪn/ **verb** [T] **1** to punish someone **наказывать** [often passive] *He was disciplined for missing a training session.* **2** to teach someone to behave in a controlled way **дисциплинировать** [often reflexive] *You have to learn to discipline yourself.*

disciplined /ˈdɪsəplɪnd/ **adjective** behaving in a very controlled way **дисциплинированный** *the most disciplined army in the world*

ˈ**disc ˌjockey noun** [C] (also **DJ**) (B1) someone who plays music on the radio or at discos **диск-жокей**

disclaim /dɪsˈkleɪm/ **verb** [T] formal to say that you know nothing about something, or are not responsible for something **отрицать, не признавать** *The terrorists **disclaimed responsibility** for the bomb.*

disclaimer /dɪsˈkleɪmər/ **noun** [C] when someone officially says that they are not responsible for something **опровержение**

disclose /dɪsˈkləʊz/ **verb** [T] formal to give new or secret information to someone **раскрывать, предавать гласности** *He refused to **disclose details** of the report.*

disclosure /dɪsˈkləʊʒər/ **noun** [C, U] when someone gives people new or secret information **раскрытие, предание гласности**

disco /ˈdɪskəʊ/ **noun** [C] (A2) a place or event where people dance to pop music **дискотека**

discoloured UK (US **discolored**) /dɪsˈkʌləd/ **adjective** If something is discoloured, it has become a less attractive colour than it was originally. **обесцвеченный, выцветший** ***discoloured teeth***

discomfort /dɪˈskʌmfət/ **noun** **1** [U] (B2) slight pain **недомогание** *You may feel some discomfort for a few days.* **2** [U] when you feel slightly embarrassed or anxious **беспокойство, неловкость** **3** [C, U] a physically uncomfortable situation **неудобство**

disconcert /ˌdɪskənˈsɜːt/ **verb** [T] to make someone feel confused or anxious **приводить в замешательство, смущать** [often passive] *She was disconcerted by his questions.*

disconcerting /ˌdɪskənˈsɜːtɪŋ/ **adjective** making you feel confused or anxious **неловкий, смущающий** *a disconcerting silence* • **disconcertingly adverb неловко**

disconnect /ˌdɪskəˈnekt/ **verb** [T] to separate two things that are joined or connected, especially a piece of equipment and a power supply **разъединять, отключать** *Switch off the machine before **disconnecting** it **from** the power supply.*

disconnected /ˌdɪskəˈnektɪd/ **adjective** not joined in any way **несвязный, сбивчивый** *disconnected thoughts*

discontent /ˌdɪskənˈtent/ **noun** [U] unhappiness about a situation **недовольство** *There is growing **discontent with** this government.*
• **discontented adjective недовольный**

discontinue /ˌdɪskənˈtɪnjuː/ **verb** [T] (present participle **discontinuing**, past tense and past participle **discontinued**) to stop producing or providing something such as a product or service **прекращать (производство)** [often passive] *I'm afraid this model has been discontinued.*

discord /ˈdɪskɔːd/ **noun** [U] disagreement between people **разногласие**

discount[1] /ˈdɪskaʊnt/ **noun** [C, U] A2 a reduction in price **скидка** *They offer a 10 percent **discount on** rail travel for students.*

discount[2] /dɪˈskaʊnt/ **verb** [T] **1** to ignore something because you do not believe that it is true or that it will happen **не принимать в расчет** *You shouldn't **discount** the **possibility** of him coming back.* **2** to reduce the price of something **снижать цену, делать скидку** *discounted goods/rates*

discourage /dɪˈskʌrɪdʒ/ **verb 1 discourage sb from doing sth** B2 to try to persuade someone not to do something **отбивать охоту, отговаривать** *a campaign to discourage people from smoking* **2** [T] to try to prevent something from happening **препятствовать, не поощрять** *a campaign to discourage smoking* **3** [T] B2 to make someone less confident or enthusiastic about something **обескураживать, приводить в уныние** *I didn't mean to discourage her.*
• **discouragement noun** [U] → Opposite **encourage разочарование, неодобрительное отношение**

discouraged /dɪˈskʌrɪdʒd/ **adjective** having lost your confidence or enthusiasm for something **обескураженный, сломленный**

discouraging /dɪˈskʌrɪdʒɪŋ/ **adjective** making you feel less enthusiastic or confident about something **обескураживающий, приводящий в уныние** *discouraging results*

discover /dɪˈskʌvəʳ/ **verb** [T] **1** B1 to find something **находить, обнаруживать** *The body was discovered in a ditch.* **2** B1 to be the first person to find something important **открывать, делать открытие** *Who discovered America?* **3** B1 to get information about something for the first time **обнаруживать, выяснять** [+ (that)] *She discovered that he had been married three times before.* ◦ [+ question word] *Have they discovered what was causing your headaches?*

discoverer /dɪˈskʌvərəʳ/ **noun** [C] someone who is the first person to find something important **исследователь, первооткрыватель**

discovery /dɪˈskʌvəri/ **noun 1** [C, U] B2 when someone discovers something **открытие, обнаружение** *the **discovery of** bones in the garden* ◦ *Scientists have **made** some important **discoveries** about genetics recently.* **2** [C] something or someone that is discovered **открытие, находка**

> **Слова-партнеры к discovery**
> make a discovery • a chance/new discovery • the discovery of sth

discredit /dɪˈskredɪt/ **verb** [T] to make someone or something appear bad and lose the respect of other people **дискредитировать, компрометировать** *They're always looking for ways to discredit her.*

discreet /dɪˈskriːt/ **adjective** careful not to cause embarrassment or attract too much attention, especially by keeping something secret **тактичный, неболтливый** *Can I trust you to be discreet?* → Opposite **indiscreet**
• **discreetly adverb осторожно, сдержанно**

discrepancy /dɪˈskrepənsi/ **noun** [C, U] when two things that should be the same are different **расхождение, несоответствие** *There is a slight **discrepancy between** the two statements.*

discrete /dɪˈskriːt/ **adjective** separate and different **отдельный, различный** *a word that has two discrete meanings*

discretion /dɪˈskreʃən/ **noun** [U] **1** when someone is careful not to cause embarrassment or attract too much attention, especially by keeping something secret **осторожность, осмотрительность** *You can rely on my discretion.* → Opposite **indiscretion 2** the right to decide something **усмотрение, право решать** *Students can be expelled **at the discretion of** the head teacher (= if the head teacher decides it).*

discretionary /dɪˈskreʃənəri/ **adjective** decided by officials and not fixed by rules **дискреционный** *Judges have great **discretionary powers**.*

discriminate /dɪˈskrɪmɪneɪt/ **verb** [I] **1** to treat someone unfairly because of their sex, race, religion, etc **дискриминировать, быть настроенным против кого-либо** *The company was accused of **discriminating against** people on the basis of age.* **2** to notice a difference between two things **различать** *Police dogs are very good at **discriminating between** different smells.*

discriminating /dɪˈskrɪmɪneɪtɪŋ/ **adjective** good at judging what is good quality **разборчивый** *a discriminating shopper*

discrimination /dɪˌskrɪmɪˈneɪʃən/ **noun** [U] when someone is treated unfairly because of their sex, race, religion, etc **дискриминация**

racial/sex discrimination ◦ *discrimination against* older workers

> **Слова-партнеры к discrimination**
>
> face/suffer discrimination • age/racial/sex discrimination • discrimination against sb

D

discus /ˈdɪskəs/ **noun** [C] a round, flat, heavy object that people throw as a sport **диск** (в спорте)

discuss /dɪˈskʌs/ **verb** [T] A2 to talk about something with someone and tell each other your ideas or opinions **обсуждать** *Have you discussed this matter with anyone else?*

discussion /dɪˈskʌʃən/ **noun** [C, U] B1 when people talk about something and tell each other their ideas or opinions **обсуждение** *They were **having** a **discussion about** football.* ◦ *Several ideas are still **under discussion** (= being discussed).*

> **Слова-партнеры к discussion**
>
> have/hold a discussion • a heated/lengthy discussion • a discussion about sth • be under discussion

disdain /dɪsˈdeɪn/ **noun** [U] when you dislike someone or something and think that they do not deserve any respect **презрение** *His **disdain for** politicians is obvious.*
• **disdainful adjective презрительный** *disdainful remarks* • **disdainfully adverb презрительно**

disease /dɪˈziːz/ **noun** [C, U] B1 an illness caused by an infection or by a failure of health and not by an accident **болезнь, заболевание** *heart disease* ◦ *an infectious disease*
• **diseased adjective** affected by a disease **больной** *a diseased lung*

> **Слова-партнеры к disease**
>
> be affected by/have/suffer from a disease • contract/develop a disease • cure/detect/diagnose/treat a disease • a chronic/deadly/hereditary/infectious disease

disembark /ˌdɪsɪmˈbɑːk/ **verb** [I] formal to leave a ship, boat, or aircraft **высаживаться, выходить** *All passengers must disembark in Vancouver.*
• **disembarkation** /ˌdɪsɪmbɑːˈkeɪʃən/ **noun** [U] **высадка**

disembodied /ˌdɪsɪmˈbɒdid/ **adjective** seeming not to have a body or not to be connected to a body **бестелесный** *a disembodied voice*

disenchanted /ˌdɪsɪnˈtʃɑːntɪd/ **adjective** disappointed with something that you thought was good in the past **разочарованный** *He became **disenchanted with** politics.*
• **disenchantment noun** [U] **разочарование**

disengage /ˌdɪsɪnˈɡeɪdʒ/ **verb** [I, T] to become separated from something, or to make two things become separate from each other **высвобождать** *He gently disengaged his hand from hers.*

disentangle /ˌdɪsɪnˈtæŋɡl/ **verb** [T] **1** to separate someone or something that is connected to something else in a complicated way **высвобождать** *He **disentangled** himself **from** her arms.* **2** to separate things such as pieces of string, hair, or wire that have become twisted together **распутывать**

disfigure /dɪsˈfɪɡəʳ/ **verb** [T] to spoil someone's or something's appearance **уродовать, обезображивать** [often passive] *Her face was disfigured by a huge scar.*

disgrace¹ /dɪsˈɡreɪs/ **verb** [T] to make people stop respecting you or your family, team, etc by doing something very bad **позорить, бесчестить**

disgrace² /dɪsˈɡreɪs/ **noun** [U] **1** B2 when someone does something very bad that makes people stop respecting them or their family, team, etc **позор, бесчестье** *They were sent home **in disgrace**.* **2 be a disgrace** B2 to be very bad **быть позорным, ужасным** [+ that] *It's a disgrace that money is being wasted like this.* **3 be a disgrace to sb/sth** to be so bad or unacceptable that you make people stop respecting a particular group, activity, etc **навлекать позор на кого-либо/что-либо** *You are a disgrace to your profession.*

disgraced /dɪsˈɡreɪst/ **adjective** A disgraced person has lost other people's respect because they have done something very bad. **опозоренный, обесчещенный** *a disgraced politician*

disgraceful /dɪsˈɡreɪsfəl/ **adjective** very bad **позорный** *disgraceful behaviour*
• **disgracefully adverb позорно**

disgruntled /dɪsˈɡrʌntld/ **adjective** angry and upset **недовольный, возмущенный** *Disgruntled workers have decided to go on strike.*

disguise¹ /dɪsˈɡaɪz/ **noun** [C, U] B2 clothes and other things that you wear to change the way you look so that people cannot recognize you **измененная внешность, маскировка** *She usually goes out **in disguise** to avoid being bothered by the public.* → See also a **blessing** in disguise

disguise² /dɪsˈɡaɪz/ **verb** **1 disguise yourself/your voice, etc** B2 to change your appearance/voice, etc so that people cannot recognize you **изменять внешность/голос и т. д.** *He managed to escape by **disguising** himself **as** a woman.* **2 be disguised as sb/sth** B2 to be wearing clothes and other things that make you look like someone or something else **быть переодетым, замаскированным под кого-либо/что-либо** **3** [T] to hide something such as a feeling or opinion **скрывать** *She couldn't disguise her disappointment.*

disgust¹ /dɪsˈɡʌst/ **noun** [U] a very strong feeling of dislike or disapproval **отвращение, омерзение** *She walked out **in disgust**.*

disgust² /dɪsˈɡʌst/ **verb** [T] If something disgusts you, it makes you feel extreme dislike or disapproval. **внушать отвращение** *These pictures disgust me.*

disgusted /dɪsˈɡʌstɪd/ **adjective** feeling extreme dislike or disapproval of something **испытывающий отвращение** *I'm totally **disgusted with** your behaviour.*

disgusting /dɪsˈɡʌstɪŋ/ **adjective** B1 extremely unpleasant **отвратительный** *What's that disgusting smell?*

dish¹ /dɪʃ/ **noun** [C] **1** A2 a curved container for eating or serving food from **блюдо** *a baking/serving dish* **2** A2 food that is prepared in a particular way as part of a meal **блюдо, кушанье** *a chicken/vegetarian dish* **3 the dishes** A2 dirty plates, bowls, and other objects for cooking or eating food **грязная посуда** *Who's going to **wash the dishes**?*

dish² /dɪʃ/ **verb**

PHRASAL VERB **dish sth out** informal to give or say things to people without thinking about them carefully **сказать не подумав, сморозить**

dishcloth /ˈdɪʃklɒθ/ **noun** [C] a cloth used for washing dirty dishes **тряпка для мытья посуды**

disheartened /dɪsˈhɑːtənd/ **adjective** disappointed or without hope **унылый** *She was very disheartened by the results of the test.*

disheartening /dɪsˈhɑːtənɪŋ/ **adjective** making you feel disappointed or without hope **приводящий в уныние** *a disheartening experience*

dishevelled UK (US **disheveled**) /dɪˈʃevəld/ **adjective** very untidy **неопрятный, взъерошенный** *dishevelled hair*

dishonest /dɪˈsɒnɪst/ **adjective** B2 not honest and likely to lie or do something illegal **нечестный**

• **dishonestly adverb нечестно** • **dishonesty noun** [U] B2 when someone is not honest **нечестность**

dishonour¹ UK (US **dishonor**) /dɪˈsɒnəʳ/ **noun** [U] when people stop respecting you because you have done something bad **бесчестье, позор**

• **dishonourable adjective** bad or not deserving respect **бесчестный, позорный** *dishonourable conduct*

dishonour² UK (US **dishonor**) /dɪˈsɒnəʳ/ **verb** [T] **1** to show no respect for someone or something by behaving badly **бесчестить** *He felt that he had dishonoured his country.* **2** to refuse to accept or pay a cheque or a bill (= amount charged) **отказывать в платеже (по чеку)**

ˈdish ˌsoap noun [U] US (UK **washing-up liquid**) a thick liquid soap used to wash pans, plates, knives, and forks, etc. **средство для мытья посуды**

dishtowel /ˈdɪʃtaʊəl/ **noun** [C] US (UK **tea towel**) a cloth that is used for drying plates, dishes, etc **кухонное полотенце**

dishwasher /ˈdɪʃˌwɒʃəʳ/ **noun** [C] B1 a machine that washes plates, glasses and other kitchen equipment **посудомоечная машина** *I'll load the dishwasher.* → See **The Kitchen** on page Centre 2

disillusion /ˌdɪsɪˈluːʒən/ **verb** [T] to cause someone to discover that something they believed is not true **разочаровывать**

disillusioned /ˌdɪsɪˈluːʒənd/ **adjective** feeling disappointed because something is not as good as you thought it was **разочарованный** *She says she's **disillusioned with** the music business.*

disillusionment /ˌdɪsɪˈluːʒənmənt/ **noun** [U] (also **disillusion**) the disappointment someone feels when they discover something is not as good as they thought it was **разочарование** *There's growing **disillusionment with** the government.*

disinfect /ˌdɪsɪnˈfekt/ **verb** [T] to clean something with a chemical that destroys bacteria **дезинфицировать**

disinfectant /ˌdɪsɪnˈfektənt/ **noun** [C, U] a chemical substance that destroys bacteria **дезинфицирующее средство**

disintegrate /dɪˈsɪntɪɡreɪt/ **verb** [I] **1** to break into a lot of small pieces **распадаться** **2** to become much worse **ухудшаться** *The situation is **disintegrating into** total chaos.*

• **disintegration** /dɪˌsɪntɪˈɡreɪʃən/ **noun** [U] **распад, ухудшение**

disinterested /dɪˈsɪntrəstɪd/ **adjective** not involved in a situation and so able to judge it without supporting a particular side **беспристрастный** *a **disinterested observer***

disjointed /dɪsˈdʒɔɪntɪd/ **adjective** having words or ideas that are not in a clear order **бессвязный** *a disjointed conversation*

disk /dɪsk/ **noun** [C] **1** another US spelling of disc **см. disc** **2** B1 a piece of computer equipment that records and stores information electronically **жесткий диск (компьютера)** *How much **disk space** is there?* → See **The Office** on page Centre 5 → See also **floppy disk, hard disk**

> **Слова-партнеры к disk**
>
> save/write sth to disk • on a disk • disk space

ˈdisk ˌdrive noun [C] the part of a computer that allows the person using the computer to store and read information from a disk **дисковод**

diskette /dɪˈsket/ **noun** [C] a small, flat, plastic object that you put in your computer to record and store information electronically **дискета**

dislike¹ /dɪˈslaɪk/ **verb** [T] B1 to not like someone or something **не любить** *Why do you dislike her so much?* ◦ [+ doing sth] *I dislike ironing intensely.*

dislike² /dɪˈslaɪk/ **noun** [C, U] B2 when you do not like someone or something **неприязнь,**

антипатия *a dislike of cold weather* ◦ *I* ***took*** *an instant* ***dislike to*** *her (= disliked her immediately).*

dislocate /ˈdɪsləʊkeɪt/ **verb** [T] If you dislocate a part of your body, the bones move away from their correct position. **вывихнуть** *I think you've dislocated your shoulder.* ◦ *a dislocated hip*

• **dislocation** /ˌdɪsləʊˈkeɪʃᵊn/ **noun** [U] **вывих**

dislodge /dɪˈslɒdʒ/ **verb** [T] to move something away from a fixed position **сдвигать, смещать**

disloyal /dɪˈslɔɪəl/ **adjective** not loyal or not supporting someone who you should support **нелояльный, неверный** *I don't want to be* ***disloyal to*** *my friend.*

• **disloyalty noun** [U] **нелояльность, неверность** *They accused her of disloyalty.*

dismal /ˈdɪzməl/ **adjective** very bad or unpleasant and making you feel unhappy **гнетущий, мрачный** *What* ***dismal weather.*** ◦ *That was a* ***dismal performance.***

• **dismally adverb угнетающе, мрачно** *I tried to cheer her up, but* ***failed dismally*** *(= completely failed).*

dismantle /dɪˈsmæntl/ **verb** [T] **1** to take something apart so that it is in several pieces **разбирать (на части)** *He's specially trained to dismantle bombs.* **2** to get rid of a system or organization **закрывать, ликвидировать**

dismay /dɪˈsmeɪ/ **noun** [U] a feeling of unhappiness and disappointment **смятение, замешательство** ***To our dismay,*** *it started raining.*

dismayed /dɪˈsmeɪd/ **adjective** unhappy and disappointed **удрученный** [+ to do sth] *I was dismayed to discover that he'd lied to me.*

dismember /dɪˈsmembəʳ/ **verb** [T] to cut the arms and legs off the body of a person or animal **расчленять** *a* ***dismembered body***

dismiss /dɪˈsmɪs/ **verb** [T] **1** to refuse to consider an idea or opinion **отбрасывать, отвергать** *The committee* ***dismissed*** *the idea* ***as*** *rubbish.* **2** to officially make someone leave their job **увольнять** [often passive] *Anyone who breaks company rules will be dismissed.* **3** to give someone official permission to leave **отпускать** *The bell rang and the teacher dismissed the class.*

dismissal /dɪˈsmɪsᵊl/ **noun 1** [U] when someone refuses to consider an idea or opinion **отказ от мысли 2** [C, U] when an employer officially makes someone leave their job **увольнение**

dismissive /dɪˈsmɪsɪv/ **adjective** treating something as if it is not important **относящийся с презрением** *He's so* ***dismissive of*** *all my suggestions.*

• **dismissively adverb презрительно**

dismount /dɪˈsmaʊnt/ **verb** [I] formal to get off a horse or bicycle **спешиваться, слезать**

disobedience /ˌdɪsəʊˈbiːdiəns/ **noun** [U] when someone refuses to do what someone in authority tells them to do **непослушание, неповиновение**

disobedient /ˌdɪsəʊˈbiːdiənt/ **adjective** refusing to do what someone in authority tells you to do **непослушный** *a disobedient child*

disobey /ˌdɪsəʊˈbeɪ/ **verb** [T] to not do what you are told to do by someone in authority **не повиноваться, не слушаться** *How dare you disobey me!*

disorder /dɪˈsɔːdəʳ/ **noun 1** [C] a disease or mental problem **расстройство, болезнь** *a blood disorder* **2** [U] uncontrolled, bad behaviour, especially by large groups of people **беспорядки** *crime and disorder* **3** [U] when things are untidy or confused and not organized **беспорядок** *His financial affairs are* ***in*** *complete* ***disorder.*** → See also **eating disorder**

disordered /dɪˈsɔːdəd/ **adjective** confused and not organized **беспорядочный** *a disordered mind*

disorderly /dɪˈsɔːdᵊli/ **adjective 1** behaving badly by being noisy or violent **бесчинствующий** *He was charged with being* ***drunk and disorderly.*** **2** untidy **беспорядочный**

disorganized (also UK **-ised**) /dɪˈsɔːɡənaɪzd/ **adjective 1** (B2) not planned or organized well **плохо организованный** *The competition was completely disorganized.* **2** (B2) not good at planning or organizing things **неорганизованный**

disorient /dɪˈsɔːriənt/ **verb** [T] (also UK **disorientate** /dɪˈsɔːriənteɪt/) to make someone not know where to go or what to do **дезориентировать, сбивать с толку**

disoriented /dɪˈsɔːriəntɪd/ **adjective** (also UK **disorientated** /dɪˈsɔːriənteɪtɪd/) confused and not knowing where to go or what to do **дезориентированный, сбитый с толку** *Whales become disoriented in shallow water.*

disown /dɪˈsəʊn/ **verb** [T] to say that you do not want to have any involvement or connection with someone **отрекаться, не признавать** *Even his parents have disowned him.*

disparage /dɪˈspærɪdʒ/ **verb** [T] to say that you think someone or something is not very good **отзываться с пренебрежением** [often passive] *He is often disparaged by the critics.*

disparaging /dɪˈspærɪdʒɪŋ/ **adjective** criticizing someone or something **уничижительный** ***disparaging remarks***

disparate /ˈdɪspᵊrət/ **adjective** formal completely different **в корне отличающийся** *people from disparate cultures*

disparity /dɪˈspærəti/ **noun** [C, U] formal difference, usually relating to the money people earn or their position **несоответствие, неравенство**

dispatch¹ formal (also UK **despatch**) /dɪˈspætʃ/ **verb** [T] to send someone or something somewhere **отправлять, посылать** *They dispatched a police car to arrest him.*

dispatch² (also UK **despatch**) /dɪˈspætʃ/ **noun 1** [U] when someone or something is sent somewhere **отправка** *the dispatch of troops*

2 [C] an official report that someone in a foreign country sends to their organization **депеша**

dispel /dɪˈspel/ **verb** [T] (present participle **dispelling**, past tense and past participle **dispelled**) to get rid of a feeling, thought, or belief **разгонять, рассеивать** *He appeared on TV to* ***dispel rumours*** *that he was dying.*

dispensary /dɪˈspensəri/ **noun** [C] a place where medicines are given out **амбулатория**

dispensation /ˌdɪspenˈseɪʃən/ **noun** [C, U] special permission to do something **разрешение, позволение** [+ to do sth] *The court would not* ***grant*** *him a* ***dispensation*** *to visit his children.*

dispense /dɪˈspens/ **verb** [T] to give something out **выдавать** *a machine that dispenses drinks and snacks*

PHRASAL VERB **dispense with sth/sb** to stop using something or someone, or to get rid of something or someone, usually because you do not need them **обходиться без чего-либо/кого-либо**

dispenser /dɪˈspensəʳ/ **noun** [C] a machine that you can get something from **(торговый) автомат** *a* ***cash/drink/soap dispenser***

disperse /dɪˈspɜːs/ **verb** [I, T] to separate and go in different directions, or to make something do this **рассеивать(ся)** *We waited until the* ***crowds*** *had* ***dispersed.***

• **dispersal noun** [U] **рассеивание**

dispirited /dɪˈspɪrɪtɪd/ **adjective** unhappy and without hope **удрученный, подавленный**

displace /dɪˈspleɪs/ **verb** [T] **1** to take the place of someone or something **вытеснять, заменять** *Many of these workers will be displaced by modern technology.* **2** to make someone or something leave their usual place or position **срывать с места** *The earthquake displaced thousands of people.*

• **displacement noun** [U] **вытеснение, перемещение**

display[1] /dɪˈspleɪ/ **noun 1** [C] (B1) a collection of objects or pictures arranged for people to look at **выставка, показ** *a display of children's paintings* **2 on display** (B1) If something is on display, it is there for people to look at. **быть выставленным для показа** *Many old aircraft are on display at the museum.* **3** [C] (B2) a performance or show for people to watch **показ, демонстрация** *a* ***firework display*** **4** [C, U] (B1) when something is shown electronically such as on a computer screen **дисплей** *The display problems might be due to a shortage of disk space.* **5 a display of affection/anger, etc** when someone behaves in a way that shows they have a particular feeling **проявление привязанности/гнева и т. д.**

display[2] /dɪˈspleɪ/ **verb 1** [T] (B1) to arrange something somewhere so that people can see it **выставлять (для показа)** *There were some family photographs displayed on his desk.* **2** [I, T] (B2) to show something electronically such as on a computer screen **воспроизводить на дисплее** *The* ***text*** *can be* ***displayed*** *and edited on screen.* **3** [T] to show how you feel by your expression or behaviour **проявлять, выказывать** *He never* ***displayed*** *any* ***interest*** *in girls.*

displease /dɪˈspliːz/ **verb** [T] formal to make someone annoyed or unhappy **вызывать недовольство, раздражать**

• **displeased adjective недовольный, раздраженный**

displeasure /dɪˈspleʒəʳ/ **noun** [U] formal when someone is annoyed or unhappy about something **недовольство** *She expressed great* ***displeasure at*** *his behaviour.*

disposable /dɪˈspəʊzəbl/ **adjective** intended to be used only once and then thrown away **одноразового использования** *a disposable camera/razor*

ˌdisposable ˈincome UK (US **disˌposable ˈincome**) **noun** [C, U] the amount of money that you have available to spend after tax, rent and other basic things that you must pay for **доход, остающийся после уплаты налогов и основных расходов**

disposal /dɪˈspəʊzəl/ **noun** [U] **1** (B2) when you get rid of something, especially by throwing it away **удаление, избавление** ***waste disposal*** ◦ *the disposal of hazardous substances* **2 at sb's disposal** (B2) available for someone to use **в чьем-либо распоряжении** *We will have a car at our disposal for the whole trip.*

dispose /dɪˈspəʊz/ **verb**

PHRASAL VERB **dispose of sth** to get rid of something, especially by throwing it away **избавляться от чего-либо**

disposed /dɪˈspəʊzd/ **adjective** formal **1 be disposed to do sth** to be willing or likely to do something **быть расположенным/склонным делать что-либо** *I tried to tell her but she didn't seem disposed to listen.* **2 be favourably/well, etc disposed towards sth** to like or approve of something **благосклонно/хорошо и т. д. относиться к чему-либо** *She seems well disposed towards the idea.*

disposition /ˌdɪspəˈzɪʃən/ **noun** [C] the type of character someone has **характер, нрав** *a* ***cheerful/nervous disposition***

disproportionate /ˌdɪsprəˈpɔːʃənət/ **adjective** too large or small in comparison to something else **непропорциональный** *There are a* ***disproportionate number*** *of girls in the class.*

• **disproportionately adverb непропорционально**

disprove /dɪˈspruːv/ **verb** [T] to prove that something is not true **опровергать**

dispute[1] /ˈdɪspjuːt/ **noun** [C, U] a disagreement, especially one that lasts a long time **пререкания, спор** *A man stabbed his neighbour in a* ***dispute over*** *noise.*

> **Слова-партнеры к dispute**
>
> **have/be involved in** a dispute • **resolve/settle** a dispute • a **bitter/long-running** dispute • a dispute **about/over** sth

dispute² /dɪˈspjuːt/ **verb** [T] to disagree with something someone says **спорить** [+ (that)] *I'm not disputing that the drug has benefits.*

disqualify /dɪˈskwɒlɪfaɪ/ **verb** [T] to stop someone from being in a competition or doing some other activity because they have done something wrong **дисквалифицировать** [often passive] *She was **disqualified from** the race after a drugs test.*
• **disqualification** /dɪˌskwɒlɪfɪˈkeɪʃᵊn/ **noun** [U, C] **дисквалификация**

disquiet /dɪˈskwaɪət/ **noun** [U] formal when people are anxious or worried about something **тревога, беспокойство** *His health has been causing disquiet.*

disregard¹ /ˌdɪsrɪˈɡɑːd/ **noun** [U, no plural] when someone does not care about or show any interest in someone or something **невнимание, равнодушие** *His behaviour shows a total **disregard for** other people.*

> **Слова-партнеры к disregard**
>
> **blatant/callous/flagrant/total** disregard • disregard **for/of** sb/sth

disregard² /ˌdɪsrɪˈɡɑːd/ **verb** [T] to ignore something **не принимать во внимание** *She chose to disregard my advice.*

disrepair /ˌdɪsrɪˈpeəʳ/ **noun** [U] when a building is in a bad condition because someone has not taken care of it **ветхость, запущенное состояние** *The house has **fallen into disrepair**.*

disreputable /dɪsˈrepjətəbl/ **adjective** not respected or trusted by people **имеющий сомнительную репутацию** *a disreputable company*

disrepute /ˌdɪsrɪˈpjuːt/ **noun bring sb/sth into disrepute** formal to cause people not to respect or trust someone or something **навлечь на кого-либо/что-либо дурную славу** *Corrupt policemen are bringing the law into disrepute.*

disrespect /ˌdɪsrɪˈspekt/ **noun** [U] when someone does not show any respect or behave politely towards someone or something **неуважение, непочтительность** *a **disrespect for** authority*

disrespectful /ˌdɪsrɪˈspektfᵊl/ **adjective** being rude and not showing any respect **дерзкий, непочтительный** *Don't be **disrespectful to** your mother.*
• **disrespectfully adverb непочтительно**

disrupt /dɪsˈrʌpt/ **verb** [T] B2 to interrupt something and stop it continuing as it should **срывать (урок и т. д.)** *He disturbs other children and disrupts the class.*
• **disruption** /dɪsˈrʌpʃᵊn/ **noun** [C, U] **срыв** *the disruption of services* • **disruptive adjective мешающий, нарушающий** *disruptive behaviour*

dissatisfaction /dɪsˌsætɪsˈfækʃᵊn/ **noun** [U] B2 when you are not pleased or happy with something **неудовлетворенность, недовольство** *He expressed his **dissatisfaction with** the legal system.*

dissatisfied /dɪsˈsætɪsfaɪd/ **adjective** B2 not pleased or happy with something **неудовлетворенный, недовольный** *a dissatisfied customer* ◦ *Are you **dissatisfied with** our service?*

dissect /daɪˈsekt/ **verb** [T] to cut something into pieces for scientific study **препарировать** *We had to dissect a rat in biology.*
• **dissection** /daɪˈsekʃᵊn/ **noun** [U] **препарирование**

disseminate /dɪˈsemɪneɪt/ **verb** [T] to spread information or ideas **распространять** *They are using their website to disseminate political propaganda.*
• **dissemination** /dɪˌsemɪˈneɪʃᵊn/ **noun** [U] **распространение**

dissent /dɪˈsent/ **noun** [U] when someone does not agree with something **разногласие** *There is a lot of dissent within the Church about women priests.*
• **dissent verb** [I] to not agree with other people about something **не соглашаться** • **dissenter noun** [C] **бунтарь, инакомыслящий**

dissertation /ˌdɪsəˈteɪʃᵊn/ **noun** [C] a very long piece of writing done as part of a course of study **диссертация** *She's writing a **dissertation on** American poetry.*

disservice /ˌdɪsˈsɜːvɪs/ **noun** [no plural] when something causes harm to someone or something **плохая услуга, вред** *Bad teaching **does a** great **disservice to** children.*

dissident /ˈdɪsɪdᵊnt/ **noun** [C] someone who criticizes their government in a public way **диссидент** ***political dissidents***

dissimilar /ˌdɪsˈsɪmɪləʳ/ **adjective** different **непохожий** *Her hair is **not dissimilar to** yours (= is similar to yours).*

dissipate /ˈdɪsɪpeɪt/ **verb** [I, T] to disappear, or to make something disappear **рассеивать(ся)** *The heat gradually dissipates into the atmosphere.*

dissociate /dɪˈsəʊʃieɪt/ **verb dissociate yourself from sb/sth** to say that you do not have any connection or involvement with someone or something **отмежеваться от кого-либо/чего-либо** *He's trying to dissociate himself from his former friends.*

dissolution /ˌdɪsəˈluːʃᵊn/ **noun** [U] when an organization or an official arrangement ends **роспуск, закрытие**

dissolve /dɪˈzɒlv/ **verb 1** [I, T] If a solid dissolves, it becomes part of a liquid, and if you dissolve it, you make it become part of a liquid. **растворять(ся)** *These tablets dissolve in water.* **2** [T] to end an organization or official arrangement **закрывать, расторгать** [often passive] *Their* *marriage was dissolved in 1996.* **3 dissolve into laughter/tears, etc** to suddenly start to laugh/cry, etc **рассмеяться/расплакаться и т. д.**

dissuade /dɪˈsweɪd/ **verb** [T] to persuade someone not to do something **отговаривать** [+ from + doing sth] *We tried to dissuade him from leaving.*

distance¹ /ˈdɪstᵊns/ **noun 1** [C, U] B1 the length of the space between two places or things **расстояние** *We're only a short* ***distance from*** *my house. ◦ He calculated the* ***distance between*** *the Earth and the Sun. ◦ Are the shops* ***within walking distance****?* **2** [no plural] B2 somewhere that is far away, but close enough for you to see or hear the things that are there **даль** *I could see Mary* ***in the distance****. ◦* ***From a distance****, it sounded like a bell ringing.*

> **Слова-партнеры к distance**
>
> a **large/long/short/small/vast** distance • a (short/long, etc) distance **from** [a place] • the distance **between** sth and sth

distance² /ˈdɪstᵊns/ **verb distance yourself from sb/sth** to say or show that you are not connected or involved with someone or something **отстраняться, дистанцироваться** *She has tried to distance herself from the book.*

distant /ˈdɪstᵊnt/ **adjective 1** B2 far away in space or time **далекий** *distant galaxies ◦ the distant sound of traffic ◦ We hope to see you in the* ***not too distant future****.* **2** A distant relative is not very closely related to you. **дальний** *a distant cousin* **3** [never before noun] not friendly **сухой, сдержанный** *She seemed cold and distant.*
• **distantly adverb вдали, отдаленно, сухо** ***distantly related***

distaste /dɪˈsteɪst/ **noun** [U] when you dislike something and think it is unpleasant **отвращение** *I have developed a* ***distaste for*** *meat.*

distasteful /dɪˈsteɪstfᵊl/ **adjective** unpleasant or offensive **отвратительный** *I find this advertisement extremely distasteful.*
• **distastefully adverb отвратительно**

distil UK (US **distill**) /dɪˈstɪl/ **verb** [T] (present participle **distilling**, past tense and past participle **distilled**) to make a liquid stronger or more pure by heating it until it changes into a gas and then changing it into a liquid again **дистиллировать** *distilled water*
• **distillation** /ˌdɪstɪˈleɪʃᵊn/ **noun** [U] **дистилляция** • **distillery** /dɪˈstɪlᵊri/ **noun** [C] a place where strong alcoholic drinks are produced **спиртоводочный завод**

distinct /dɪˈstɪŋkt/ **adjective 1** different and separate **различный, разный** *This word has three distinct meanings.* **2** easy to hear, see, or smell **отчетливый** *The voices gradually became louder and more distinct.* → Opposite **indistinct** **3** [always before noun] clear and certain **явный** *There's been a distinct improvement in your work.*
• **distinctly adverb отчетливо, явно**

distinction /dɪˈstɪŋkʃᵊn/ **noun** [C, U] **1** B2 a difference between two similar things **различие** *the* ***distinction between*** *spoken and written language* **2** a quality or fact that makes someone or something special or different **известность, почесть** *wines of distinction ◦ He has* ***the distinction of*** *being the youngest player in the World Cup finals.*

> **Слова-партнеры к distinction**
>
> **draw/make** a distinction • a **clear** distinction • a distinction **between** sth and sth

distinctive /dɪˈstɪŋktɪv/ **adjective** Something that is distinctive is easy to recognize because it is different from other things. **характерный, особенный** *a* ***distinctive style*** *of writing*
• **distinctively adverb отчетливо, определенно**

distinguish /dɪˈstɪŋgwɪʃ/ **verb 1** [I, T] B2 to recognize the differences between two people, ideas, or things **различать** *Children must learn to* ***distinguish between*** *right and wrong. ◦ People have difficulty* ***distinguishing*** *Tracy* ***from*** *her twin sister Mary.* **2** [T] B2 to make one person or thing seem different from another **выделять, делать особенным** *His great skill* ***distinguishes*** *him* ***from*** *the rest of the team.* **3** [T] B2 to be able to see, hear, or understand something **различать, распознавать** **4 distinguish yourself** to do something so well that people notice and admire you **выделяться, отличаться**
• **distinguishable adjective различимый**

distinguished /dɪˈstɪŋgwɪʃt/ **adjective** B2 famous, praised, or admired **известный, выдающийся** *a distinguished writer*

distort /dɪˈstɔːt/ **verb** [T] **1** to change the shape, sound, or appearance of something so that it seems strange **искажать** *It's a bad recording – the microphone distorted our voices.* **2** to change information so that it is not true or realistic **искажать** *Newspapers* ***distorted the truth*** *about their marriage.*
• **distorted adjective искаженный** • **distortion** /dɪˈstɔːʃᵊn/ **noun** [C, U] **искажение** *a gross distortion of the facts*

distract /dɪˈstrækt/ **verb** [T] B2 to make someone stop giving their attention to something **отвлекать** *Stop distracting me – I'm trying to finish my essay.*

distracted /dɪˈstræktɪd/ **adjective** anxious and unable to think carefully **сбитый с толку, встревоженный**

distraction /dɪˈstrækʃᵊn/ **noun 1** [C, U] something that makes you stop giving your attention to something else **что-либо, отвлекающее внимание** *The phone calls were a* ***constant distraction****.* **2 drive sb to distraction** UK to make someone very annoyed **доводить кого-либо до отчаяния**

distraught /dɪˈstrɔːt/ **adjective** extremely upset

and unhappy **лишенный душевного покоя, смятенный**

distress¹ /dɪˈstres/ **noun** [U] **1** the feeling of being extremely upset or worried **горе, страдание** *The newspaper reports caused her a great deal of distress.* **2** when someone or something is in danger and needs help **(терпящий) бедствие** *an aircraft* ***in distress***

> **Слова-партнеры к distress**
>
> deep/great distress • to sb's distress • be in distress

distress² /dɪˈstres/ **verb** [T] to make someone feel very upset or worried **мучить, тревожить**
• **distressing adjective** B2 **огорчительный, тревожный** *a distressing experience*

distribute /dɪˈstrɪbjuːt/ **verb** [T] **1** B2 to give something out to people or places **раздавать, распределять** *The books will be* ***distributed*** *free* ***to*** *local schools.* **2** to supply goods to shops and companies **поставлять (товары)** *The company manufactures and distributes computer equipment worldwide.*

distribution /ˌdɪstrɪˈbjuːʃᵊn/ **noun 1** [U] when something is supplied or given out to people or places **доставка, раздача** *the sale and distribution of videos* **2** [U, no plural] the way something is divided and shared in a group or area **распределение** *the distribution of wealth*

distributor /dɪˈstrɪbjətəʳ/ **noun** [C] a person or organization that supplies goods to shops and companies **дистрибьютор, поставщик**

district /ˈdɪstrɪkt/ **noun** [C] B1 a part of a city or country, either an official area or one that is known for having a particular characteristic or business **район, округ** *the fashion district of New York*

ˌdistrict atˈtorney noun [C] (abbreviation **DA**) US a lawyer who works for the government of a particular district **окружной прокурор**

distrust /dɪˈstrʌst/ **noun** [U] when you do not trust someone or something **недоверие**
• **distrust verb** [T] **не доверять**

disturb /dɪˈstɜːb/ **verb** [T] **1** B2 to interrupt what someone is doing by making noise or annoying them **мешать, беспокоить** *Don't disturb him, he needs to sleep.* **2** to make someone feel anxious or upset **выводить из душевного равновесия** *Some scenes are violent and may disturb younger viewers.* **3** to change something by touching it or moving it from its original position **приводить в беспорядок**

disturbance /dɪˈstɜːbᵊns/ **noun 1** [C, U] something that interrupts what you are doing, especially something loud or annoying **нарушение покоя 2** [C] when people fight or shout **беспорядки, волнения**

disturbed /dɪˈstɜːbd/ **adjective** not thinking or behaving normally because of mental or emotional problems **страдающий психическим заболеванием**

disturbing /dɪˈstɜːbɪŋ/ **adjective** unpleasant in a way that makes people feel anxious or upset **тревожный, вызывающий беспокойство** *disturbing images*
• **disturbingly adverb тревожно**

disused /dɪˈsjuːzd/ **adjective** not used now **заброшенный** *a disused warehouse*
• **disuse** /dɪˈsjuːs/ **noun** [U] when something is not used **неупотребление** *to* ***fall into disuse***

ditch¹ /dɪtʃ/ **noun** [C] a long, narrow hole in the ground next to a road or field, which water can flow through **канава, ров**

ditch² /dɪtʃ/ **verb** [T] informal to get rid of someone or something that you do not need or want now **бросать, отделываться** *He ditched his girlfriend when she got pregnant.*

dither /ˈdɪðəʳ/ **verb** [I] to spend too much time trying to make a decision **колебаться** *Stop dithering and tell me which one you want!*

ditto¹ /ˈdɪtəʊ/ **adverb** used to agree with something that has been said, or to avoid repeating something that has been said **то же самое (выражает согласие с тем, что было сказано перед этим)**

ditto² /ˈdɪtəʊ/ **noun** [C] a mark (") used instead of words to show that you are repeating what is written above it **знак повторения того же самого**

ditty /ˈdɪti/ **noun** [C] a short, simple song **короткая песенка**

diva /ˈdiːvə/ **noun** [C] a successful and famous female singer **примадонна, дива**

Divali /dɪˈvɑːli/ **noun** [U] Diwali (= a Hindu festival) **Дивали**

dive

dive¹ /daɪv/ **verb** [I] (past tense and past participle **dived**, also US **dove**, past participle **dived**) **1** B1 to jump into water with your head and arms going in first **нырять** *He dived off the side of the boat into the sea.* **2** B1 to swim under water, usually with breathing equipment **плавать под водой 3 dive into/over/under, etc** to move somewhere quickly **броситься, шмыгнуть** *He heard foot-*

steps and dived under the table. **4** to fly down through the air very quickly **пикировать** *Suddenly the plane dived to the ground.* **5** If a value or price dives, it suddenly becomes less. **резко падать**

dive² /daɪv/ **noun** [C] **1** B2 a jump into water with your arms and head going in first **прыжок в воду** **2** a quick movement somewhere **внезапное движение, рывок** **3** when the value or price of something suddenly becomes less **резкий спад** *Share prices* ***took a dive*** *today.* **4** informal a place such as a bar which is considered to be dirty or of low quality **забегаловка**

diver /ˈdaɪvəʳ/ **noun** [C] B1 someone who swims under water, usually with breathing equipment **водолаз**

diverge /daɪˈvɜːdʒ/ **verb** [I] **1** to be different, or to develop in a different way **расходиться, различаться** *Over the years our interests have diverged.* **2** to go in different directions **расходиться** *At that point, the paths diverged.*
• **divergence** noun [C, U] **расхождение, различие**

diverse /daɪˈvɜːs/ **adjective** B2 including many different types **разнообразный** *a diverse collection of music*

diversify /daɪˈvɜːsɪfaɪ/ **verb** [I, T] If a business diversifies, it starts making new products or offering new services. **расширяться (о бизнесе)** *Many designers are* ***diversifying into*** *casual wear.*
• **diversification** /daɪˌvɜːsɪfɪˈkeɪʃᵊn/ **noun** [U] **расширение**

diversion /daɪˈvɜːʃᵊn/ **noun** **1** [C, U] when something is sent somewhere different from where it was originally intended to go **переадресация** *the diversion of money to other projects* **2** [C] UK (US **detour**) a different route that is used because a road is closed **объезд** **3** [C] something that takes your attention away from something else **отвлечение внимания** *John* ***created a diversion*** *while the rest of us escaped.* **4** [C] an activity you do for entertainment or pleasure **развлечение, занятие** *Reading is a pleasant diversion.*

diversity /daɪˈvɜːsəti/ **noun** [U] when many different types of things or people are included in something **разнообразие, многообразие** *ethnic diversity*

divert /daɪˈvɜːt/ **verb** **1** [T] to send someone or something somewhere different from where they were expecting to go **направлять в другую сторону** *The plane was* ***diverted to*** *Stansted because of engine trouble.* **2 divert sb's attention/thoughts, etc** to take someone's attention away from something **отвлекать чье-либо внимание/мысли и т. д.**

divide /dɪˈvaɪd/ **verb** **1** [I, T] B1 to separate into parts or groups, or to make something separate into parts or groups **разделять(ся)** *We* ***divided up into*** *teams of six.* ◦ *Each school year is divided into two semesters.* **2 divide sth (up) among/between sb** to separate something into parts and give a part to each person in a group **делить что-либо между кем-либо** *The prize money will be divided equally among the winners.* **3** [T] B2 to separate a place into two areas **делить, разделять** *An ancient wall divides the city.* **4** [I, T] to calculate how many times a number can go into another number **делить (в математике)** *12* ***divided by*** *6 equals 2.* **5** [T] to cause people to disagree about something **расходиться во мнениях** [often passive] *Council members were* ***divided over*** *plans to build a new stadium.*

dividend /ˈdɪvɪdend/ **noun** [C] an amount of money paid regularly to someone who owns shares in a company from the company's profits **дивиденд**

divine /dɪˈvaɪn/ **adjective** relating to or coming from God or a god **божественный**

diving /ˈdaɪvɪŋ/ **noun** [U] **1** B1 the activity or sport of swimming under water, usually using special breathing equipment **подводное плавание** **2** the activity or sport of jumping into water with your arms and head going in first **прыжки в воду** → See also **scuba diving**

ˈdiving ˌboard **noun** [C] a raised board next to a swimming pool that you jump from into the water **трамплин, вышка для прыжков в воду**

divisible /dɪˈvɪzəbl/ **adjective** **divisible by 2/7/50, etc** able to be divided by 2/7/50, etc **делимый на 2/7/50 и т. д.**

division /dɪˈvɪʒᵊn/ **noun** **1** [U] B2 when something is separated into parts or groups, or the way that it is separated **разделение** *the equal division of labour among workers* **2** [C] B2 one of the groups in a business or organization **отдел** *the sales division* **3** [C, U] when people disagree about something **расхождение во мнениях** *a division over the issue of free medical care* **4** [U] when you calculate how many times one number goes into another number **деление (в математике)**

divisive /dɪˈvaɪsɪv/ **adjective** causing disagreements between people **вызывающий разногласия** *a divisive issue*

divorce /dɪˈvɔːs/ **noun** [C, U] B1 when two people officially stop being married **развод** *My parents are* ***getting a divorce.***
• **divorce verb** [I, T] B2 **разводиться** *She's divorcing her husband.*

> **Слова-партнеры к divorce**
> get a divorce • a divorce from sb • divorce proceedings/rate/settlement

divorcée /dɪˌvɔːˈsiː/ US /-seɪ/ **noun** [C] a person, usually a woman, who is divorced **разведенная (жена)**

divorced /dɪˈvɔːst/ **adjective** **1** B1 married before but not married now **разведенный**

2 get divorced to officially stop being married **разводиться** *My parents got divorced when I was seven.*

divulge /daɪˈvʌldʒ/ **verb** [T] to give secret or private information to someone **разглашать** *He would not divulge how much the house cost.*

D

Diwali /dɪˈwɑːli/ **noun** [C, U] (also **Divali**) a Hindu holiday in October/November that celebrates light and the new year **Дивали (индуистский праздник, проходящий в октябре/ноябре)**

DIY /ˌdiːaɪˈwaɪ/ **noun** [U] UK abbreviation for do it yourself: when you do building, decorating, or repairs in your own home **сделай сам**

dizzy /ˈdɪzi/ **adjective** B2 feeling like everything is turning round, so that you feel ill or as if you might fall **чувствующий головокружение**

DJ /ˈdiːˌdʒeɪ/ **noun** [C] (also **disc jockey**) B1 someone who plays music on the radio or at discos **диск-жокей**

DNA /ˌdiːenˈeɪ/ **noun** [U] abbreviation for deoxyribonucleic acid; a chemical in the cells of living things which contains genetic information **ДНК**

do¹ strong /duː/ weak /də/ **auxiliary verb 1** A1 used with another verb to form questions and negative phrases **вспом. гл., используемый при образовании вопрос. и отриц. предложений** *Do you need any help?* ◦ *When does the next bus leave?* ◦ *I don't know.* **2** A2 used in a phrase at the end of a sentence to make it into a question **вспом. гл., используемый при образовании разделит. вопросов** *Sarah lives near here, doesn't she?* ◦ *That doesn't make any sense, does it?* **3** B1 used to avoid repeating a verb that has just been used **вспом. гл., используемый для выражения согласия с тем, что было сказано перед этим, во избежание повтора смыслового глагола** *"I hate that song." "So do I."* ◦ *My sister reads a lot more than I do.* **4** B2 used to emphasize the main verb **вспом. гл., используется для усиления смыслового глагола** *He does like you, he's just shy.* ◦ *Do come and visit us soon.*

do² /duː/ **verb** (past tense **did**, past participle **done**) **1** [T] A1 to perform an action or job **делать, работать** *Go upstairs and do your homework.* ◦ *What are you doing this weekend?* ◦ *What does she do? (= What is her job?)* **2** [T] A2 to make or prepare something **делать, готовить** *Our printer only does black and white copies.* ◦ *Max's Cafe does great sandwiches.* **3 do badly/well, etc** B1 to be unsuccessful/successful, etc **успешно/плохо и т. д. справляться с чем-либо** *Sam did very well in her exams.* **4 do biology/French/history, etc** UK A1 to study biology/French/history, etc **изучать биологию/французский/историю и т. д.** **5 do your hair/make-up, etc** B1 to make your hair/make-up, etc look nice **делать прическу/макияж и т. д.** **6 do sb good** B2 to have a good effect on someone **приносить пользу, оказывать благотворное влияние** *A holiday would do you good.* **7 do damage/harm, etc** B2 to cause damage/harm, etc **приносить ущерб/вред и т. д.** *Luckily the fire didn't do much damage.* **8 will do** will be satisfactory **годиться, быть подходящим** *You don't have to pay now, next week will do.* **9** [T] to travel at a particular speed **ехать с определенной скоростью** *For most of the journey we were doing 70 miles an hour.*

PHRASAL VERBS **do away with sth** to get rid of something, or to stop using something **избавиться от чего-либо, покончить с чем-либо** *We may do away with the school uniform soon.* • **do away with sb** informal to kill someone **избавляться от кого-либо, убивать** • **do sb in** informal **1** to make someone extremely tired **выматывать кого-либо** *All that exercise has done me in.* **2** to attack or kill someone **прикончить кого-либо** • **do sth over** US to do something again because you did not do it well the first time **переделывать, делать заново** • **do sth up 1** mainly UK to fasten something **застегивать** *Do your coat up. It's cold outside.* **2** B2 to repair or decorate a building so that it looks attractive **ремонтировать, приводить в порядок** • **do with sth** used to ask where someone put something **девать что-либо куда-либо** *What did you do with my keys?* • **do with sb/sth 1 could do with sb/sth** to need or want someone or something **не помешало бы, хотелось бы** *I could do with a few days off work.* **2 be/have to do with sb/sth** B2 to be about or connected with someone or something **иметь отношение к кому-либо/чему-либо** *My question has to do with yesterday's homework.* • **do without (sb/sth)** B2 to manage without having someone or something **обходиться без кого-либо/чего-либо** *Jack's the kind of player we can't do without.*

do³ /duː/ **noun** [C] UK informal a party **вечеринка** *Are you going to the Christmas do?*

docile /ˈdəʊsaɪl/ (US) /ˈdɑːsəl/ **adjective** A docile person or animal is quiet and easily controlled. **послушный**

dock¹ /dɒk/ **noun 1** [C] the place where ships stop and goods are taken off or put on **док** **2 the dock** UK (US **the stand**) the place in a law court where the person who is accused of a crime sits **скамья подсудимых**

dock² /dɒk/ **verb 1** [I, T] If a ship docks, it arrives at a dock. **входить в док** **2 dock sb's pay/wages** to take away part of the money you pay someone, usually as a punishment **сокращать заработную плату**

doctor¹ /ˈdɒktər/ **noun 1** A1 [C] a person whose job is to treat people who have an illness or injury **врач** *I have to* ***go to the doctor's*** *for a check-up.* **2 Doctor of Philosophy/Divinity, etc** someone who has the most advanced type of qualification from a university **доктор философии/богословия и т. д.** → See also **spin doctor**

> **Слова-партнеры к doctor**
>
> consult/see a doctor • go to the doctor's • a doctor's **appointment**

doctor² /ˈdɒktəʳ/ **verb** [T] to change something, usually in a dishonest way **подделывать** *The photo in his passport had been doctored.*

doctorate /ˈdɒktərət/ **noun** [C] the most advanced type of qualification from a university **докторская степень** *He has a **doctorate in** physics from Cambridge.*

doctrine /ˈdɒktrɪn/ **noun** [C, U] a belief or set of beliefs taught by a religious or political group **доктрина** *Christian doctrine*

document /ˈdɒkjəmənt/ **noun** [C] **1** (A2) a piece of paper with official information on it **документ** *Please sign and return the insurance documents enclosed.* **2** (B1) a piece of text produced electronically on a computer **документ** *How do I create a new document?*

> **Слова-партнеры к document**
>
> draw up/produce a document • **in** a document • a document **about/concerning/on** sth

documentary /ˌdɒkjəˈmentəri/ **noun** [C] (B1) a film or television programme that gives facts about a real situation or real people **документальный фильм** *a TV documentary about the Russian Revolution*

documentation /ˌdɒkjəmenˈteɪʃən/ **noun** [U] **1** pieces of paper containing official information **документация, бумаги** **2** the instructions written for a piece of computer software or equipment **инструкция**

docusoap /ˈdɒkjuːsəʊp/ **noun** [C] UK an entertaining television programme about the lives of real people who live in the same place or who do the same thing **развлекательная телевизионная передача о жизни реальных людей**

doddle /ˈdɒdl/ **noun** UK **be a doddle** informal to be very easy **раз плюнуть** *This computer's a doddle to use.*

dodge¹ /dɒdʒ/ **verb** **1** [I, T] to move quickly to avoid someone or something **увертываться, прокрадываться** *He managed to **dodge past** the security guard.* **2** [T] to avoid talking about something or doing something you should do **увиливать, уклоняться** *The minister dodged questions about his relationship with the actress.*

dodge² /dɒdʒ/ **noun** [C] when you avoid something, usually in a dishonest way **увертка, уклонение** *a tax dodge*

dodgy /ˈdɒdʒi/ **adjective** UK informal bad, or not able to be trusted **нечестный, сомнительный** *His friend's a bit dodgy.*

doe /dəʊ/ **noun** [C] a female deer **самка оленя**

does strong /dʌz/ weak /dəz/ present simple he/she/it of do **3-е л. ед. ч. наст. вр. гл. do**

doesn't /ˈdʌzənt/ short for does not **сокращ. от does not** *Keith doesn't like mushrooms or garlic.*

dog¹ /dɒg/ **noun** [C] (A1) an animal with fur, four legs, and a tail that is kept as a pet, or trained to guard buildings and guide blind people **собака** *Let's take the dog for a walk.* → See also **guide dog, hot dog**

dog² /dɒg/ **verb** [T] (present participle **dogging**, past tense and past participle **dogged**) to cause someone or something trouble for a long time **преследовать, не давать покоя** [often passive] *His football career has been dogged by injury.*

dog-eared /ˈdɒgɪəd/ **adjective** If a piece of paper or a book is dog-eared, its corners are folded and torn from being touched a lot. **потрепанный, с загнутыми уголками (о книге)**

dogged /ˈdɒgɪd/ **adjective** [always before noun] continuing to do or believe in something, although it is difficult **упорный** ***dogged determination***

• **doggedly** adverb **упорно**

doghouse /ˈdɒghaʊs/ **noun** **1** [C] US (UK **kennel**) a small building for a dog to sleep in **собачья конура** **2 be in the doghouse** If you are in the doghouse, you have done something to make people angry or annoyed with you. **быть в немилости**

dogma /ˈdɒgmə/ **noun** [C, U] a belief or set of beliefs that people are expected to accept as the truth, without ever doubting them **догма, убеждение** ***political dogma***

dogmatic /dɒgˈmætɪk/ **adjective** not willing to accept other ideas or opinions because you think yours are right **догматичный**

dogsbody /ˈdɒgzbɒdi/ **noun** [C] UK someone who has to do boring jobs for someone else **ишак, работяга**

doing /ˈduːɪŋ/ **noun** **1 be sb's doing** to have been done or caused by someone **быть чьих-либо рук делом** *The problem is not all his doing.* **2 take some/a lot of doing** informal to be difficult to do **требовать труда, усилий** ***It took some doing** to convince him to come.*

doldrums /ˈdɒldrəmz/ **noun** **in the doldrums** **a** If a business or job is in the doldrums, it is not very successful and nothing new is happening in it. **период застоя** **b** UK sad and with no energy or enthusiasm **хандрить**

dole¹ /dəʊl/ **verb**

PHRASAL VERB **dole sth out** to give something, especially money, to several people or in large amounts **раздавать, выдавать**

dole² /dəʊl/ **noun** UK **the dole** money that the government gives someone when they are unemployed **пособие по безработице** *He's been **on the dole** for years.*

doleful /ˈdəʊlfəl/ **adjective** very sad **скорбный** *doleful eyes*

doll /dɒl/ **noun** [C] A1 a child's toy that looks like a small person **кукла**

dollar /ˈdɒləʳ/ **noun** [C] A1 the unit of money used in the US, Canada, and some other countries; $ **доллар** *a hundred dollars/$100* ◦ *a* ***dollar bill***

D

dollop /ˈdɒləp/ **noun** [C] a lump or mass of a soft substance, usually food **солидная порция** *a* ***dollop of*** *cream*

dolphin /ˈdɒlfɪn/ **noun** [C] B1 an intelligent animal that lives in the sea, breathes air, and looks like a large, smooth, grey fish **дельфин**

domain /dəʊˈmeɪn/ **noun** [C] a particular area, activity, or subject that someone controls or deals with **область, сфера, владение** *The garden is his domain.* ◦ *This information should be* ***in the public domain*** *(= known by the public).*

doˈmain ˌname noun [C] the part of an email or website address that shows the name of the organization that the address belongs to **имя домена**

dome /dəʊm/ **noun** [C] a curved, round roof of a building **купол**
• **domed adjective куполообразный** *a domed roof*

domestic /dəˈmestɪk/ **adjective 1** B2 relating to the home and family relationships **домашний, семейный** ***domestic violence*** ◦ *What are his* ***domestic arrangements****?* **2** B2 inside one country and not international **внутренний** *a domestic flight* **3** A domestic animal is kept as a pet. **домашний**

domesticated /dəˈmestɪkeɪtɪd/ **adjective 1** A domesticated animal is kept as a pet or lives on a farm. **одомашненный, прирученный 2** A domesticated person is able or willing to do cleaning, cooking, and other jobs in the home. **занимающийся хозяйством**

domesticity /ˌdɒmesˈtɪsəti/ **noun** [U] life at home looking after a house and family **домашняя жизнь**

dominance /ˈdɒmɪnəns/ **noun** [U] power, influence, and control **господство, преобладание** *the company's dominance in the software industry*

dominant /ˈdɒmɪnənt/ **adjective 1** main or most important **преобладающий, основной** *Her mother was the dominant influence in her life.* **2** strongest and wanting to take control **доминирующий** *a dominant older brother*

dominate /ˈdɒmɪneɪt/ **verb** [I, T] **1** B2 to control or have power over someone or something **доминировать, господствовать** *The US continues to dominate the world politically.* **2** to be the largest, most important, or most noticeable part of something **возвышаться, занимать господствующее положение** *The cathedral dominates the skyline.*

domination /ˌdɒmɪˈneɪʃən/ **noun** [U] great power and control over someone or something else **господство, власть** ***world domination***

> **Слова-партнеры к domination**
> global/world domination • domination of sth • domination over sb/sth

domineering /ˌdɒmɪˈnɪərɪŋ/ **adjective** trying to control people too much **деспотический, властный** *a domineering mother*

dominion /dəˈmɪnjən/ **noun** [U] formal the power and right to control someone or something **суверенитет**

domino /ˈdɒmɪnəʊ/ **noun** [C] (plural **dominoes**) a small, rectangular object that has spots on it, used in a game **кость домино**
• **dominoes noun** [U] a game played using dominoes **домино**

don /dɒn/ **verb** [T] (present participle **donning**, past tense and past participle **donned**) formal to put on a piece of clothing such as a coat or hat **надевать**

donate /dəʊˈneɪt/ **verb** [T] **1** B2 to give money or goods to a person or organization that needs help **передавать в дар, жертвовать** *Four hundred new computers were* ***donated to*** *the college.* **2** to allow some of your blood or part of your body to be used for medical purposes **отдать кровь, быть донором**

donation /dəʊˈneɪʃən/ **noun** [C, U] B2 when money or goods are given to help a person or organization **дар, пожертвование** *Would you like to* ***make a donation****?*

> **Слова-партнеры к donation**
> make a donation • a donation of [$50/food/clothing, etc] • a donation to sb/sth

done¹ /dʌn/ **adjective 1** finished or completed **завершенный** *Did you* ***get*** *your essay* ***done*** *in time?* **2** cooked enough **готовый (о пище)** *The potatoes aren't quite done yet.* → See also easier (**easy²**) said than done, **well-done**

done² /dʌn/ **exclamation** something that you say to show that you accept someone's offer **договорились!** *"I'll give you 50 pounds for the whole lot." "Done!"*

done³ /dʌn/ past participle of do **прич. прош. вр. от гл. do**

donkey

donkey /ˈdɒŋki/ **noun** [C] B1 an animal that looks like a small horse with long ears **осел**

IDIOM **for donkey's years** UK informal for a long time **долгие годы, долгое время**

ˈdonkey ˌwork noun [U] UK informal the most boring or difficult parts of a job **ишачий труд**

donor /ˈdəʊnəʳ/ **noun** [C] **1** someone who gives some of their blood or part of their body to be used for medical purposes **донор 2** someone who gives money or goods to a person or organization that needs help **даритель** *Ten* *thousand dollars was given by an* ***anonymous donor.*** → See also **blood donor**

don't /dəʊnt/ short for do not **сокращ. от do not** *Please don't talk during the exam.*

donut /ˈdəʊnʌt/ **noun** [C] another US spelling of doughnut (= a small, round, fried cake) **пончик, пышка**

doodle /ˈduːdl/ **verb** [I, T] to draw little pictures or patterns on something without thinking about it **бездумно чирикать каракули**

• **doodle noun** [C] **каракули**

doom /duːm/ **noun** [U] **1** death, destruction, and other unpleasant events that cannot be avoided **роковой конец, гибель** *a horrible* ***sense of doom*** **2 doom and gloom** unhappiness and feeling no hope for the future **безысходность** *Life's* ***not all doom and gloom****, you know.*

doomed /duːmd/ **adjective** certain to fail, die, or have problems **обреченный** *Their marriage was doomed from the start.*

door /dɔːʳ/ **noun** [C] **1** (A1) the part of a building, room, vehicle, or piece of furniture that you open or close to get inside it or out of it **дверь** *Please* ***shut the door*** *behind you.* ◦ *I can't* ***open the door.*** ◦ *There's someone* ***at the door.*** **2** the space in a wall where you enter a building or room **вход** *He led us through the door to the rear of the building.* **3 behind closed doors** privately and not in public **за закрытыми дверями, тайно** *Most of the deals were done behind closed doors.* **4 two/three, etc doors away** in a place that is two/three, etc houses away **через два/три и т. д. дома** *We live just a few doors away from the Smiths.* → See also **trap door**

> Слова-партнеры к **door**
>
> close/open/shut/slam a door • **knock on** a door • **be at** the door

doorbell /ˈdɔːbel/ **noun** [C] a button that you press next to a door that makes a noise to let someone know that you are there **дверной звонок**

doorknob /ˈdɔːnɒb/ **noun** [C] a round object on a door that you hold and turn to open or close it **ручка двери**

doorman /ˈdɔːmən/ **noun** [C] (plural **doormen**) a man who stands near the doors of a large building such as a hotel to watch and help the visitors **швейцар, привратник**

doormat /ˈdɔːmæt/ **noun** [C] **1** a piece of thick material on the floor by a door used to clean your shoes before entering a building **половик** **2** informal someone who allows other people to treat them very badly **тряпка, безвольный человек**

doorstep /ˈdɔːstep/ **noun** [C] **1** a step in front of the door of a building **крыльцо** **2 on your doorstep** very near to where you live **очень близко от дома** *They have the Rocky Mountains on their doorstep.*

door-to-door /ˌdɔːtəˈdɔːʳ/ **adjective** [always before noun], **adverb** **1** going from one house or building to another **доставляющий до пункта назначения** *The hotel offers a* ***door-to-door service*** *to the airport.* **2** going to every house in an area **обходящий все дома в округе** *a* ***door-to-door salesman***

doorway /ˈdɔːweɪ/ **noun** [C] an entrance to a building or room through a door **вход** *She waited* ***in the doorway*** *while I ran back inside.*

dope¹ /dəʊp/ **noun** informal **1** [U] an illegal drug taken for pleasure, especially cannabis (= drug that you smoke) **наркотик** **2** [C] informal a stupid or silly person **болван**

dope² /dəʊp/ **verb** **1** [T] to give a drug to a person or animal, usually so that they become sleepy **одурманивать наркотиком (для усыпления)** **2 be doped up** to have a lot of a drug in your body affecting your behaviour **одурманенный наркотиками**

dork /dɔːk/ **noun** [C] mainly US informal a stupid or silly person **болван**

dormant /ˈdɔːmənt/ **adjective** not active or developing now, but possibly active in the future **недействующий** *a dormant volcano*

dormitory /ˈdɔːmɪtəri/ **noun** [C] (informal **dorm**) **1** a large bedroom with a lot of beds, especially in a school **общая спальня (в интернате)** **2** US (UK **hall of residence**) a large building at a college or university where students live **студенческое общежитие**

dosage /ˈdəʊsɪdʒ/ **noun** [C] how much medicine you should take and how often you should take it **дозировка, доза** *the recommended daily dosage*

dose /dəʊs/ **noun** [C] **1** (B2) a measured amount of medicine that is taken at one time or during a period of time **доза** *What is the recommended dose?* ◦ *a* ***lethal dose*** **2 a dose of sth** (B2) an amount of something, often something unpleasant **порция, доля** *a dose of bad news*

• **dose verb** [T] to give someone a drug or medicine **давать дозу лекарства**

> Слова-партнеры к **dose**
>
> a **high/low** dose • a **fatal/lethal** dose • a dose **of** sth

dosh /dɒʃ/ **noun** [U] UK informal money **деньги, бабки**

doss /dɒs/ **verb** [I] (also **doss down**) UK informal to sleep somewhere temporarily, such as on the floor **ночевать, провести ночь** *Can I doss at your house tonight?*

PHRASAL VERB **doss about/around** UK informal to spend your time doing very little **валять дурака**

D

dossier /ˈdɒsieɪ/ **noun** [C] a set of documents that contain information about a particular person or subject **досье, дело** *The officers **compiled** a **dossier** on the case.*

dot[1] /dɒt/ **noun 1** [C] B2 a small, round mark or spot **точка** *a pattern of blue and green dots* **2** [U] spoken B1 the spoken form of '.' in an Internet address **точка (в интернетовском адресе)** *dot co dot uk (= .co.uk)* **3 on the dot** at that exact time **минута в минуту** *We have to leave at 7.30 on the dot.*

dot[2] /dɒt/ **verb** [T] (present participle **dotting**, past tense and past participle **dotted**) **1** to put a dot or dots on something **ставить точку или точки** **2** (also **dot around**) to be spread across an area **разбрасывать, усеивать** *The company has 43 hotels dotted around the UK.*

dot.com /ˌdɒtˈkɒm/ **noun** [C] (also **dotcom**) a company that does most of its business on the Internet **интернет-компания** *a dot.com company/millionaire*

dote /dəʊt/ **verb**

PHRASAL VERB **dote on sb** to love someone completely and believe that they are perfect **души не чаять в ком-либо** *She absolutely dotes on that little boy.*

doting /dəʊtɪŋ/ **adjective** [always before noun] extremely loving and caring **слепо любящий** *doting parents*

ˌ**dotted** ˈ**line noun 1** [C] a line of printed dots on a piece of paper **пунктирная линия** **2 sign on the dotted line** to make an agreement official by writing your name on it **подписывать (документ)**

dotty /ˈdɒti/ **adjective** UK slightly crazy **тронутый, свихнувшийся** *a dotty old woman*

double[1] /ˈdʌbl/ **adjective 1** having two parts of the same type or size **двойной, сдвоенный** *double doors* ◦ *My number is four, two, six, double two, five (= 426225).* **2** A2 twice the amount, number, or size of something **двойной** *a double vodka* ◦ *a double hamburger* **3** made to be used by two people **предназначенный для двух человек** *a **double bed/room***

double[2] /ˈdʌbl/ **verb** [I, T] B2 to increase and become twice the original size or amount, or to make something do this **удваивать(ся)** *Our house has almost **doubled in** value.*

PHRASAL VERBS **double (up) as sth** If something doubles up as something else, it also has the purpose of that thing. **выполнять еще какую-либо функцию** *The school's gymnasium doubles up as a dining room.* • **double back** to turn and go back in the direction that you have come from **возвращаться назад (по собственным следам)** • **double (sb) over/up** to suddenly bend your body forward, usually because of pain or laughter, or to make someone do this **корчиться (от боли, смеха)**

double[3] /ˈdʌbl/ **noun 1** [C, U] something that is twice the usual amount, number, or size **двойное количество** **2 sb's double** someone who looks exactly the same as someone else **двойник**

double[4] /ˈdʌbl/ **determiner** B1 twice as much or as many **в два раза больше** *Our new house is double the size of our old one.*

double-barrelled UK (US **double-barreled**) /ˌdʌblˈbærəld/ **adjective 1** A double-barrelled gun has two of the cylindrical parts that bullets come out of. **двуствольный** **2** UK A double-barrelled name is two names joined together. **двойная фамилия**

ˌ**double** ˈ**bass noun** [C] a wooden musical instrument with four strings, like a very large violin (= instrument you hold against your neck), that you play while standing up or sitting on a high chair **контрабас**

ˌ**double** ˈ**bed noun** [C] a bed big enough for two people to sleep in **двуспальная кровать**

double-breasted /ˌdʌblˈbrestɪd/ **adjective** A double-breasted jacket or coat has two sets of buttons to fasten at the front. **двубортный**

double-check /ˌdʌblˈtʃek/ **verb** [I, T] to examine something again so that you are certain it is safe or correct **перепроверять**

double-click /ˌdʌblˈklɪk/ **verb** [I, T] to quickly press a button twice on a mouse (= small computer control) to make something happen on a computer screen **делать двойной щелчок мышью** ***Double-click on** the icon to start the program.*

double-cross /ˌdʌblˈkrɒs/ **verb** [T] to deceive someone who you should be helping **надувать, обманывать**

double-decker /ˌdʌblˈdekəʳ/ **noun** [C] UK a tall bus with two levels **двухэтажный автобус** *a **double-decker bus***

double-glazing /ˌdʌblˈgleɪzɪŋ/ **noun** [U] UK windows that have two layers of glass to keep a building warm or quiet **двойная рама**

doubles /ˈdʌblz/ **noun** [U] a game, especially tennis, in which two people play together against two other people **парная игра**

ˌ**double** ˈ**standard noun** [C] when people are given different treatment in an unfair way **двойной стандарт** [usually plural] *Critics accused the government of double standards in its policies.*

ˌ**double** ˈ**take noun** [C] when you quickly look at someone or something a second time because you cannot believe you have seen something or heard something **повторный взгляд** [usually singular] *He **did a double take** when he saw her.*

doubly /ˈdʌbli/ **adverb** twice as much, or very

much more **в два раза больше** *It is doubly important to drink plenty of water when it's hot.*

doubt[1] /daʊt/ **noun 1** (B1) [C, U] when you are not certain about something, or do not trust someone or something **сомнение** *I have some* ***doubts about*** *his ability to do the job.* **2 have no doubt** (B1) to be certain **не сомневаться** [+ (that)] *I have no doubt that I made the right decision.* **3 there's no doubt** (B1) it is certain **несомненно** [+ (that)] *There is no doubt that he's a good player.* **4 be in doubt** (B2) to not be certain **быть неясным** *The future of the project is in doubt.* **5 cast doubt on sth** to make something seem uncertain **подвергать что-либо сомнению** *Witnesses have cast doubt on the suspect's innocence.* **6 without (a) doubt** (B2) certainly **вне сомнения** *She is without doubt a great musician.* **7 no doubt** used to say that something is very likely **наверняка** *No doubt she'll spend the money on new clothes.* → See also give sb the **benefit[1]** of the doubt, beyond/without a **shadow[1]** of a doubt

> Слова-партнеры к **doubt**
> express/have/raise doubts • a **nagging/ serious** doubt • doubts about sth

doubt[2] /daʊt/ **verb** [T] **1** (B2) to feel uncertain about something or think that something is not probable **сомневаться** [+ (that)] *I doubt that I'll get the job.* ◦ *I* ***doubt if/whether*** *he'll win.* **2** to not believe someone or something **не верить** *Do you have any reason to doubt her?*

doubtful /ˈdaʊtfəl/ **adjective 1** (B2) not probable **сомнительный** *It's* ***doubtful if/whether*** *he'll be able to come.* ◦ [+ (that)] *It's doubtful that anyone survived the fire.* **2** (B2) not feeling certain about something **колеблющийся**
• **doubtfully adverb сомнительно, нерешительно**

doubtless /ˈdaʊtləs/ **adverb** probably **несомненно** *He will doubtless be criticized by journalists.*

dough /dəʊ/ **noun** [U] a thick mixture of flour and liquid used to make foods such as bread or pastry **тесто**

doughnut (also US **donut**) /ˈdəʊnʌt/ **noun** [C] a small, round, fried cake, sometimes with a hole in the middle **пончик, пышка**

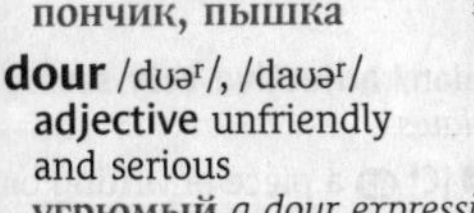
doughnut

dour /dʊər/, /daʊər/ **adjective** unfriendly and serious **угрюмый** *a dour expression*

douse /daʊs/ **verb** [T] **1** to pour a lot of liquid over someone or something **заливать (жидкостью)** *The dessert was doused with brandy and set alight.* **2** to stop a fire burning by putting a lot of water on it **заливать водой** *to douse the flames/fire*

dove[1] /dʌv/ **noun** [C] a white bird, sometimes used as a symbol of peace **голубь**

dove[2] /dəʊv/ US past tense of dive **прош. вр. гл. dive**

dowdy /ˈdaʊdi/ **adjective** plain and not fashionable **немодный**

down[1] /daʊn/ **adverb, preposition 1** (A2) towards or in a lower place **внизу, вниз** *The kids ran down the hill to the gate.* ◦ *I bent down to have a look.* **2** towards or at a lower level or amount **(указывает на уменьшение чего-либо) уменьшать громкость, снижать скорость** *Can you turn the music down?* ◦ *Slow down so they can see us.* **3** (A1) moving from above and onto a surface **(указывает на движение сверху вниз) садиться, класть** *I sat down and turned on the TV.* ◦ *Put that box down on the floor.* **4** in or towards a particular direction, usually south **(указывает на движение в определенном направлении) в, на** *Pete's moved down to London.* **5 down the road/river, etc** (A2) along or further along the road/river, etc **вдоль/ дальше по улице/реке и т. д.** *There's another pub further down the street.* **6 note/write, etc sth down** (B1) to write something on a piece of paper **записывать** *Can I just take down your phone number?* **7** inside your stomach **употребляется с глаголом keep в значении 'желудок принимает пищу'** *He's had food poisoning and can't keep anything down.* **8 be down to sb** UK to be someone's responsibility or decision **быть чьей-либо заботой/проблемой** *I've done all I can now, the rest is down to you.* **9 come/go down with sth** to become ill **заболеть, слечь с заболеванием** *The whole family came down with food poisoning.*

IDIOM **down under** informal Australia, or in Australia **Австралия, в Австралии**

down[2] /daʊn/ **adjective** [never before noun] **1** (B2) sad **унылый** *What's the matter? You look a bit down today.* **2** If a computer or machine is down, it is temporarily not working. **вышедший из строя** *The network was down all morning.*

down[3] /daʊn/ **noun** [U] soft feathers, often used as a warm filling for bed covers **пух** → See also **ups and downs**

down[4] /daʊn/ **verb** [T] informal to drink something quickly **осушать, глотать**

down-and-out /ˌdaʊnənˈaʊt/ **adjective** If someone is down-and-out, they have no money, possessions, or opportunities. **нищий**
• **down-and-out noun** [C] **человек без гроша в кармане**

downcast /ˈdaʊnkɑːst/ **adjective 1** sad or disappointed **удрученный, подавленный 2** If someone's eyes are downcast, they are looking down. **потупленный (о взгляде)**

downgrade /ˌdaʊnˈgreɪd/ **verb** [T] to move

D

someone or something to a less important position **понижать в должности**

downhearted /ˌdaʊnˈhɑːtɪd/ **adjective** sad or disappointed **упавший духом**

downhill[1] /ˌdaʊnˈhɪl/ **adverb** **1** towards the bottom of a hill or slope **под гору** *It's so much easier cycling downhill.* **2 go downhill** to gradually become worse **ухудшаться** *After his wife died, his health started to go downhill.*

downhill[2] /ˌdaʊnˈhɪl/ **adjective** **1** leading down towards the bottom of a hill or slope **наклонный, нисходящий** *downhill skiing* **2 be all downhill; be downhill all the way** to be much easier **становиться все легче и легче** *From now on it will be all downhill.*

download[1] /ˌdaʊnˈləʊd/ (US) /ˈdaʊnˌləʊd/ **verb** [T] (A2) to copy computer programs, music, or other information electronically using the Internet **загружать (информацию на компьютер)** *You can **download** this software free **from** their website.* → See Study Page **The Web and the Internet** on page Centre 36

• **downloadable adjective** able to be downloaded **доступный для скачивания** ***downloadable files/images***

download[2] /ˈdaʊnləʊd/ **noun** [C] (B1) a computer program, music, or other information that has been or can be downloaded **компьютерная программа, музыка или другая информация, которая была или может быть скачана**

downmarket /ˌdaʊnˈmɑːkɪt/ **adjective** UK cheap and low quality **дешевый, низкосортный**

ˌdown ˈpayment noun [C] the first amount of money that you pay when you buy something expensive and pay over a period of time **первоначальный взнос** *a **down payment on** a house*

downplay /ˌdaʊnˈpleɪ/ **verb** [T] to make something seem less important or bad than it really is **преуменьшать** *The report downplays the risks of nuclear power.*

downpour /ˈdaʊnpɔːʳ/ **noun** [C] when it suddenly rains a lot **ливень**

downright /ˈdaʊnraɪt/ **adverb downright dangerous/rude/ugly, etc** extremely dangerous/rude/ugly, etc **крайне опасный/грубый/уродливый и т. д.**

downside /ˈdaʊnsaɪd/ **noun** [no plural] the disadvantage of a situation **отрицательная сторона** *The **downside of** living in a city is all the pollution.*

downsize /ˈdaʊnˌsaɪz/ **verb** [I, T] to make a company or organization smaller by reducing the number of people who work there **сокращать штат**

• **downsizing noun** [U] **сокращение штата**

Down's syndrome /ˈdaʊnzˌsɪndrəʊm/ **noun** [U] a condition that some babies are born with which affects their physical and mental development **болезнь Дауна**

downstairs /ˌdaʊnˈsteəz/ **adverb** (A2) on or to a lower level of a building **вниз по лестнице, внизу** *She **went downstairs** to see who was at the door.*

• **downstairs adjective** (B1) **расположенный на нижнем этаже** *a downstairs bathroom*

downstream /ˌdaʊnˈstriːm/ **adverb** in the direction that the water in a river is moving in **вниз по течению**

down-to-earth /ˌdaʊntuˈɜːθ/ **adjective** practical and realistic **практичный**

downtown /ˌdaʊnˈtaʊn/ **adjective** [always before noun], **adverb** US in or to the central part or main business area of a city **центральный, в деловой части города** *downtown Chicago*

downtrodden /ˈdaʊnˌtrɒdᵊn/ **adjective** treated badly and without respect from other people **угнетенный, растоптанный** *downtrodden workers*

downturn /ˈdaʊntɜːn/ **noun** [C] when a business or economy becomes less successful **спад** *There has been a sharp **downturn in** sales.*

downwards (also US **downward**) /ˈdaʊnwədz/ **adverb** towards a lower place or level **вниз, под уклон** *The road slopes downwards to the river.*

• **downward adjective** → See also a downward **spiral** **спускающийся, нисходящий**

downwind /ˌdaʊnˈwɪnd/ **adjective, adverb** in the direction that the wind is blowing **подветренный, по ветру**

dowry /ˈdaʊri/ **noun** [C] money that a woman's family gives to the man she is marrying in some cultures **приданое**

doze /dəʊz/ **verb** [I] to sleep lightly **дремать** *Grandma was dozing in front of the TV.*

PHRASAL VERB **doze off** to gradually start sleeping, usually during the day **задремать** *He dozed off during the film.*

dozen /ˈdʌzᵊn/ **noun, determiner** **1** (B1) twelve, or a group of twelve **дюжина** *There were about a dozen people at the party.* **2 dozens** informal a lot **множество, масса** *She's got **dozens of** friends.* → See also a **dime** a dozen

Dr (A2) written abbreviation for doctor **доктор** *Dr Paul Thomas*

drab /dræb/ **adjective** without colour and boring to look at **монотонный, скучный** *drab, grey buildings*

draconian /drəˈkəʊniən/ **adjective** very severe **суровый** *draconian laws*

draft[1] /drɑːft/ **noun** **1** [C] (B2) a piece of writing or a plan that is not yet in its finished form **проект, набросок, черновик** *He made several changes to the **first draft**.* **2 the draft** US when people are told that they must join the armed forces **призыв (в армию)** **3** [C] US spelling of draught (= a current of cold air in a room) **сквозняк**

draft² /drɑːft/ **verb** [T] **1** to produce a piece of writing or a plan that you intend to change later **набрасывать черновик, составлять проект** *to* ***draft*** *a* ***letter*** **2** to order someone to join the armed forces **призывать (в армию)**

> **Слова-партнеры к draft**
>
> draft **a constitution/legislation/a letter/a proposal**

PHRASAL VERB **draft sb in/draft sb into sth** UK to bring someone somewhere to do a particular job **набирать команду (для определенной работы)** *Extra police were drafted in to stop the demonstration.*

draftsman (plural **draftsmen**) US (UK **draughtsman**) /ˈdrɑːftsmən/ **noun** [C] someone who draws detailed drawings as plans for something **чертежник**

drafty /ˈdrɑːfti/ **adjective** US spelling of draughty **продуваемый сквозняком**

drag¹ /dræg/ **verb** (present participle **dragging**, past tense and past participle **dragged**) **1 drag sth/sb across/along/over, etc** B2 to pull something or someone along the ground somewhere, usually with difficulty **волочить, тащить что-либо** *The table was too heavy to lift, so we had to drag it across the room.* **2 drag sb along/out/to, etc** to make someone go somewhere they do not want to go **вытаскивать кого-либо куда-либо** *I have to drag myself out of bed every morning.* **3** [T] B1 to move something somewhere on a computer screen using a mouse (= small computer control) **передвигать что-либо на мониторе с помощью мыши** **4** [I] (also **drag on**) to continue for too much time in a boring way **затягиваться, тянуться** → See also **drag your feet**

PHRASAL VERBS **drag sb down** UK If an unpleasant situation drags someone down, it makes them feel unhappy or ill. **терзать, мучить** • **drag sb into sth** to force someone to become involved in an unpleasant or difficult situation **вовлекать** *I don't want to be dragged into this argument.* • **drag sth out** to make something continue for more time than is necessary **затягивать, тянуть (время)**

drag² /dræg/ **noun** **1 in drag** informal If a man is in drag, he is wearing women's clothes. **мужчина, переодетый в женское платье** **2 be a drag** informal to be boring and unpleasant **быть занудным** *Cleaning the house is such a drag.* **3** [C] when you breathe in smoke from a cigarette **затяжка (при курении)** *He* ***took*** *a* ***drag*** *on his cigarette.*

drag and ˈdrop **verb** [I, T] B1 to move something on a computer screen using a mouse **перемещать что-то по экрану компьютера при помощи мышки**

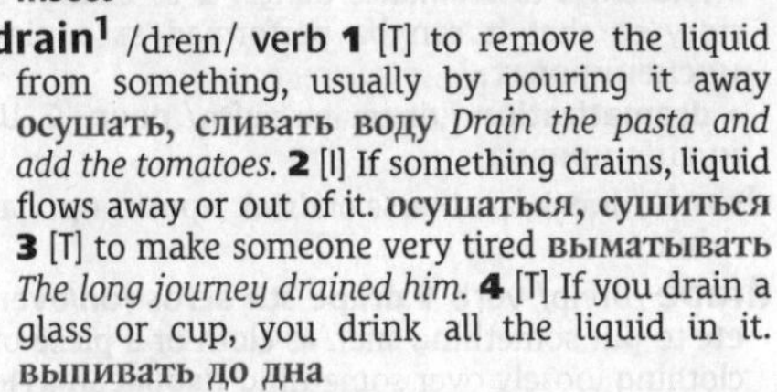

dragon /ˈdrægᵊn/ **noun** [C] a big, imaginary creature which breathes out fire **дракон**

dragonfly /ˈdrægᵊn-flaɪ/ **noun** [C] an insect with long wings and a thin, colourful body, often seen flying near water **стрекоза** → See picture at **insect**

drain¹ /dreɪn/ **verb** **1** [T] to remove the liquid from something, usually by pouring it away **осушать, сливать воду** *Drain the pasta and add the tomatoes.* **2** [I] If something drains, liquid flows away or out of it. **осушаться, сушиться** **3** [T] to make someone very tired **выматывать** *The long journey drained him.* **4** [T] If you drain a glass or cup, you drink all the liquid in it. **выпивать до дна**

drain² /dreɪn/ **noun** **1** [C] a pipe or hole that takes away waste liquids or water **водосток, канализационная труба** *She poured the dirty water* ***down*** *the* ***drain***. **2 a drain on sth** something that uses or wastes a lot of money or energy **источник расходов, утечка**

IDIOM **down the drain** informal If money or work goes down the drain, it is wasted. **быть впустую, коту под хвост**

drainage /ˈdreɪnɪdʒ/ **noun** [U] the system of water or waste liquids flowing away from somewhere into the ground or down pipes **канализация**

drained /dreɪnd/ **adjective** If someone is drained, they are extremely tired. **вымотанный**

drainpipe /ˈdreɪnpaɪp/ **noun** [C] a pipe that carries waste water away from a building **водосточная труба**

drama /ˈdrɑːmə/ **noun** **1** [C] B1 a play in a theatre or on television or radio **драма, пьеса** *a historical drama* **2** [U] B1 plays and acting generally **драматургия** *modern drama* **3** [C, U] B1 when something exciting happens **драматическое событие** *There was a lot of drama in the courtroom.*

> **Слова-партнеры к drama**
>
> a drama **unfolds** • **high** drama • **human** drama

ˈdrama ˌqueen **noun** [C] informal someone who gets far too upset or angry over small problems **человек, который неадекватно сильно огорчается или сердится из-за незначительной проблемы**

dramatic /drəˈmætɪk/ **adjective** **1** B2 very sudden or noticeable **резкий, разительный** *a* ***dramatic change/improvement*** **2** B2 full of action and excitement **волнующий** *a dramatic* *rescue* **3** [always before noun] relating to plays and acting **драматический** **4** showing your emotions in a very obvious way because you want other people to notice you **драматичный** *Stop being so dramatic!*

• **dramatically** adverb B2 **резко, драматично**

D

dramatist /ˈdræmətɪst/ **noun** [C] someone who writes plays **драматург**

dramatize (also UK **-ise**) /ˈdræmətaɪz/ **verb** [T] **1** to make an event or situation seem more exciting than it really is **драматизировать** *The media tends to dramatize things.* **2** to change a story so that it can be performed as a play **инсценировать**

• **dramatization** /ˌdræmətaɪˈzeɪʃᵊn/ **noun** [C, U] **инсценировка**

drank /dræŋk/ past tense of drink **прош. вр. гл. drink**

drape /dreɪp/ **verb** **1 drape sth across/on/over, etc** to put something such as cloth or a piece of clothing loosely over something **набрасывать, накидывать** *He draped his jacket over the chair and sat down to eat.* **2 be draped in/with sth** to be loosely covered with a cloth **быть покрытым тканью** *The coffin was draped in a flag.*

drapes /dreɪps/ **noun** [plural] mainly US long, heavy curtains **шторы, портьеры**

drastic /ˈdræstɪk/ **adjective** Drastic action or change is sudden and extreme. **радикальный, решительный** *drastic reductions in price*

• **drastically** adverb **радикально, решительно**

draught¹ UK (US **draft**) /drɑːft/ **noun** [C] a current of cold air in a room **сквозняк**

draught² UK (US **draft**) /drɑːft/ **adjective draught beer/lager, etc** a drink that comes from a large container and not from a can or bottle **пиво из бочки**

draughts /drɑːfts/ **noun** [U] UK (US **checkers**) a game that two people play by moving flat, round objects around on a board of black and white squares **шашки**

draughtsman (plural **draughtsmen**) UK (US **draftsman**) /ˈdrɑːftsmən/ **noun** [C] someone who draws detailed drawings as plans for something **чертежник**

draughty UK (US **drafty**) /ˈdrɑːfti/ **adjective** having currents of cold air blowing through **продуваемый сквозняком** *a draughty old building*

draw¹ /drɔː/ **verb** (past tense **drew**, past participle **drawn**) **1** [I, T] A1 to produce a picture by making lines or marks, usually with a pen or pencil **рисовать** *She drew a picture of a tree.* **2 draw sth/sb across/back/over, etc** to pull something or someone gently in a particular direction **тянуть, притягивать** *He took her hand and drew her towards him.* **3 draw into/out/away, etc** B2 to move somewhere, usually in a vehicle **подъезжать/выезжать/отъезжать и т. д.** *The train drew into the station.* **4 draw the curtains** to pull curtains open or closed **задергивать или раздвигать шторы** **5 draw (sb's) attention to sth/sb** B2 to make someone notice someone or something **привлекать внимание к чему-либо/кому-либо** *I don't want to draw too much attention to myself.* **6** [T] B2 to attract someone to a place or person **привлекать** *Thousands of tourists are* ***drawn to*** *the city every year.* **7** [I, T] UK to finish a game or competition with each team or player having the same score **заканчивать игру вничью** *England drew 2-2 against Italy.* **8** [T] to take something out of a container or your pocket, especially a weapon **вытаскивать, выхватывать** *He drew a knife and started threatening me.* **9 draw near/close** B2 to become nearer in space or time **приближаться** *Her birthday's drawing nearer every day.* **10 draw (a) breath** to breathe in air **делать вдох** *She drew a deep breath and started her speech.* **11** [T] (also **draw out**) to take money from your bank account **снимать деньги со счета** **12 draw to a close/end** to be almost finished **приближаться к концу** **13 draw conclusions** B2 to make judgments after considering an subject or situation **выводить заключение, делать вывод** **14 draw a comparison/distinction** to say that there is a similarity or difference between two things **проводить сравнение/различие** → See also draw a **blank²**, draw the **line¹** at sth, draw a **veil** over sth

PHRASAL VERBS **draw back** to move away from someone or something, usually because you are surprised or frightened **отступать, подаваться назад** • **draw sb/sth into sth** to make someone or something become involved in a difficult or unpleasant situation **вовлекать кого-либо/что-либо куда-либо** *I'm not going to be drawn into this argument.* • **draw on sth** to use information or your knowledge or experience of something to help you do something **опираться на собственный опыт** *His novels draw heavily on his childhood.* • **draw sth up** to prepare something, usually a plan, list, or an official agreement, by writing it **составлять/набрасывать (план и т. д.)**

draw² /drɔː/ **noun** [C] **1** mainly UK when a game or competition finishes with each player or team having the same score **игра вничью** *The match ended in a draw.* **2** (also US **drawing**) a competition that is decided by choosing a particular ticket or number **розыгрыш** *the National Lottery draw* → See also the **luck** of the draw

drawback /ˈdrɔːbæk/ **noun** [C] a problem or disadvantage **недостаток** *The only* ***drawback with*** *this camera is the price.*

> Слова-партнеры к **drawback**
>
> have drawbacks • a **big/major** drawback • the **main/only** drawback • a drawback **of/to/with** sth

drawer /drɔːʳ/ **noun** [C] A2 a container like a box without a lid that is part of a piece of furniture and that slides in and out **выдвижной ящик** *She* ***opened*** *the* ***drawer*** *and took out a knife.* → See also **chest of drawers**

drawing /ˈdrɔːɪŋ/ **noun 1** [C] A2 a picture made with a pencil or pen **рисунок** *There were some children's drawings pinned up on the wall.* **2** [U] A2 the skill or activity of making pictures using a pencil or pen **рисование** *Do you want to do some drawing?* **3** [C] US (UK/US **draw**) a competition that is decided by choosing a particular ticket or number **лотерея, жеребьевка**

drawing ˌboard noun

IDIOM **back to the drawing board** If you go back to the drawing board, you have to start planning a piece of work again because the first plan failed. **планировать что-либо заново**

drawing ˌpin noun [C] UK (US **thumbtack**) a pin with a wide, flat top, used for fastening pieces of paper to a wall **канцелярская кнопка**

drawing ˌroom noun [C] old-fashioned a room in a large house used for sitting in and talking with guests **гостиная**

drawl /drɔːl/ **noun** [no plural] a lazy way of speaking that uses long vowel sounds **протяжное произношение**
• **drawl** verb [I] **растягивать слова**

drawn¹ /drɔːn/ **adjective** looking very tired or ill **осунувшийся** *She looked pale and drawn after the operation.* → See also **horse-drawn**

drawn² /drɔːn/ past participle of draw **прич. прош. вр. от гл. draw**

drawn-out /ˌdrɔːnˈaʊt/ **adjective** continuing for longer than you think is necessary **затянувшийся** *long, drawn-out negotiations*

dread¹ /dred/ **verb 1** [T] to feel worried or frightened about something that has not happened yet **бояться, страшиться** *I'm dreading the first day at my new school.* ◦ [+ doing sth] *I dread seeing him again.* **2 I dread to think** UK used to say that you do not want to think about something because it is too worrying **я содрогаюсь при мысли ...** *I dread to think what could have happened if we hadn't been wearing seat belts.*

dread² /dred/ **noun** [U, no plural] a strong feeling of fear or worry **страх, ужас** [+ of + doing sth] *a dread of being lonely*

dreadful /ˈdredfəl/ **adjective** B2 extremely bad or unpleasant **ужасный, страшный** *a dreadful mistake* ◦ *a dreadful man*

dreadfully /ˈdredfəli/ **adverb 1** mainly UK formal very **ужасно** *I'm dreadfully sorry.* **2** very badly **ужасно** *The children behaved dreadfully.*

dreadlocks /ˈdredlɒks/ **noun** [plural] a hairstyle in which the hair is twisted together in lengths and is never brushed **прическа дреды**

dream¹ /driːm/ **noun 1** [C] A2 a series of events and images that happen in your mind while you are sleeping **сон** *a* ***bad dream*** ◦ *I* ***had*** *a very strange* ***dream*** *last night.* **2** [C] B1 something that you want to happen although it is not very likely **мечта** *It was his dream to become an actor.* **3 be in a dream** UK B2 to not notice things that are around you because you are thinking about something else **быть как во сне, жить в мире грез**

IDIOMS **beyond your wildest dreams** bigger or better than anything you could imagine or hope for **за пределами мечтаний** • **like a dream** If something or someone does something like a dream, they do it very well. **как нельзя лучше, идеально**

> **Слова-партнеры к dream**
> have a dream • in sb's dream • a bad dream • a recurring dream

dream² /driːm/ **verb** (past tense and past participle **dreamed, dreamt**) **1** [I, T] A2 to experience events and images in your mind while you are sleeping **видеть сон** [+ (that)] *Last night I dreamed that I was flying.* **2** [I, T] B1 to imagine something that you would like to happen **мечтать** [+ of + doing sth] *I dream of living on a desert island.* ◦ [+ (that)] *He* ***never dreamed*** *that one day he would become President.* **3 wouldn't dream of doing sth** used to say that you would not do something because you think it is wrong or silly **мне/ему и т. д. такое и в голову бы не пришло**

PHRASAL VERB **dream sth up** to think of an idea or plan, usually using a lot of imagination **выдумывать** *Who dreams up these new designs?*

dream³ /driːm/ **adjective dream house/job/car, etc** the perfect house/job/car, etc **идеальный дом/идеальная работа/машина и т. д.**

dreamer /ˈdriːməʳ/ **noun** [C] someone who is not practical and thinks about things that are not likely to happen **мечтатель, фантазер**

dreamy /ˈdriːmi/ **adjective 1** seeming to be in a dream and thinking about pleasant things instead of what is happening around you **мечтательный** *She had a dreamy look in her eyes.* **2** very pleasant **изумительный** *a dreamy dessert*
• **dreamily** adverb **мечтательно**

dreary /ˈdrɪəri/ **adjective** boring and making you feel unhappy **тоскливый, безотрадный** *a rainy, dreary day* ◦ *a dreary job*

dredge /dredʒ/ **verb** [T] to clean the bottom of a lake or river by removing dirt, plants, or rubbish **чистить дно водоема**

PHRASAL VERB **dredge sth up** to talk about something bad or unpleasant that happened in the past **откапывать (факты и т. д.)**

dregs /dregz/ **noun 1** [plural] the part of a drink at the bottom of a glass or other container that usually contains small solid bits **осадок** **2 the dregs of society/humanity** people who you think are extremely bad or unimportant **отбросы общества**

drench /drenʃ/ **verb** [T] to make something or someone completely wet **промокнуть до костей/до нитки** [often passive] *He was completely drenched by the time he got home.*

dress¹ /dres/ **verb 1** [I, T] A2 to put clothes on yourself or someone else **надевать, одевать** *I usually* ***get dressed*** *before having breakfast.* → Opposite **undress 2** [I] B1 to wear a particular type, style, or colour of clothes **одеваться** *Ali always dresses smartly for work.* ◦ [often passive] *She was* ***dressed in*** *black.* **3 dress a burn/cut/wound, etc** to clean an injury and put a covering over it to protect it **перевязывать ожог/порез/рану и т. д.**

PHRASAL VERB **dress up 1** to put on formal clothes for a special occasion **наряжаться 2** to wear special clothes in order to change your appearance, usually for a game or party **надевать маскарадный костюм** *He* ***dressed up*** *as Superman for the party.*

dress² /dres/ **noun 1** [C] A1 a piece of clothing for women or girls which covers the top of the body and hangs down over the legs **платье** *She was wearing a short, black dress.* → See **Clothes** on page Centre 8 **2** [U] B2 a particular style of clothes **одежда** *casual/formal dress* → See also **fancy dress**

dresser /ˈdresəʳ/ **noun** [C] **1** mainly US a piece of bedroom furniture with a mirror and drawers for keeping clothes in **комод 2** UK a piece of furniture consisting of a cupboard with shelves above for keeping plates, cups, and other kitchen equipment **кухонный шкаф**

dressing /ˈdresɪŋ/ **noun 1** [C, U] a sauce, especially a mixture of oil and vinegar for salad **приправа 2** [C] a covering that protects an injury **повязка (на ране)**

ˈ**dressing** ˌ**gown** **noun** [C] UK (US **robe**) a piece of clothing, like a long coat, that you wear at home when you are not dressed **халат**

ˈ**dressing** ˌ**room** **noun** [C] a room where actors or sports teams get dressed before a performance or game **грим-уборная, раздевалка**

ˈ**dressing** ˌ**table** **noun** [C] mainly UK a piece of bedroom furniture like a table with a mirror and drawers **туалетный столик**

dressy /ˈdresi/ **adjective** Dressy clothes are suitable for a formal occasion. **нарядный**

drew /druː/ past tense of draw **прош. вр. гл. draw**

dribble /ˈdrɪbl/ **verb 1** [I] If someone dribbles, a small amount of liquid comes out of their mouth and goes down their face. **пускать слюни** *Babies dribble a lot.* **2** [I, T] If a liquid dribbles, it falls slowly in small amounts, and if you dribble a liquid, you pour it so it falls slowly in small amounts. **капать, течь тоненькой струйкой** *Dribble some oil over the vegetables.* **3** [I, T] to move a ball along by using your hand to hit it against the ground or kicking it several times **вести мяч (в спорте)**
• **dribble noun** [C, U] **капля, ведение мяча**

dried /draɪd/ past of dry **прош. вр. и прич. прош. вр. от гл. dry**

drier /ˈdraɪəʳ/ **noun** [C] another spelling of dryer (= a machine for drying wet things) **сушилка**

drift¹ /drɪft/ **verb 1 drift across/down/towards, etc** to be moved slowly somewhere by currents of wind or water **относить ветром, течением** *Smoke drifted across the rooftops.* **2 drift in/out/into, etc** to move somewhere slowly **медленно перемещаться в/из и т. д.** *Guests were drifting out onto the terrace.* **3** [I] to get into a situation or job without having any particular plan **делать что-либо по воле обстоятельств, втягиваться** *He* ***drifted into*** *acting after university.* **4** [I] If snow or leaves drift, they are blown into piles by the wind. **наметать ветром (о снеге, листьях)**

PHRASAL VERBS **drift apart** If two people drift apart, they gradually become less friendly and the relationship ends. **становиться чужими** • **drift off** to gradually start to sleep **задремать** *I drifted off during the lecture.*

drift² /drɪft/ **noun 1** [C] slow, gradual movement from one place to another **перемещение** *the drift of people into Western Europe* **2 catch/get sb's drift** to understand the general meaning of what someone is saying **понимать куда кто-либо клонит 3** [C] a pile of snow or leaves that has been blown somewhere **сугроб, куча**

drill¹ /drɪl/ **noun 1** [C] a tool or machine for making holes in a hard substance **дрель** *an electric drill* → See picture at **tool 2** [C, U] a teaching method in which students repeat something several times to help them learn it **упражнение, тренировка** *We do lots of drills to practise pronunciation.* **3 an emergency/fire, etc drill** when you practise what to do in an emergency/fire, etc **учебная (пожарная и т. д.) тревога 4** [C, U] when soldiers do training for marching **строевая подготовка**

drill² /drɪl/ **verb 1** [I, T] to make a hole in a hard substance using a special tool **сверлить, бурить** *Billy drilled a hole in the wall.* ◦ *The engineers were* ***drilling for*** *oil.* **2** [T] to make someone repeat something several times so that they learn it **тренировать, натаскивать**

drily /ˈdraɪli/ **adverb** another spelling of dryly (= in a serious voice but trying to be funny) **со сдержанным юмором**

drink¹ /drɪŋk/ **verb** (past tense **drank**, past participle **drunk**) **1** [I, T] A1 to put liquid into your mouth and swallow it **пить** *Would you like something to drink?* ◦ *He was drinking a glass of* *milk.* **2** [I] A2 to drink alcohol, usually regularly **пить, выпивать** *She doesn't smoke or drink.*

PHRASAL VERBS **drink to sb/sth** to hold your glass up before drinking from it, in order to wish someone or something good luck or success **пить за кого-либо/что-либо** • **drink (sth) up** to finish your drink completely **допивать до дна** *Drink up! We've got to leave soon.*

drink² /drɪŋk/ **noun 1** [C] A1 a liquid or an amount of liquid that you drink **напиток** *a **hot/cold** drink* ◦ *Can I **have a drink** of water please?* **2** [C, U] A2 alcohol, or an alcoholic drink **спиртное** *Do you fancy a drink tonight to celebrate?* → See also **soft drink**

> **Слова-партнеры к drink**
>
> have a drink • a drink of [water/milk, etc] • a hot/cold drink

drink-driving /ˌdrɪŋk'draɪvɪŋ/ **noun** [U] UK (US **drunk driving**) driving a vehicle after drinking too much alcohol **вождение автомобиля в нетрезвом виде** *He was convicted of drink-driving.*

drinker /'drɪŋkəʳ/ **noun 1** [C] someone who regularly drinks alcohol **пьяница** *He's a **heavy drinker** (= he drinks a lot of alcohol).* **2 a coffee/tea/wine, etc drinker** someone who regularly drinks a particular drink **любитель кофе/чая/вина и т. д.**

drinking /'drɪŋkɪŋ/ **noun** [U] when someone drinks alcohol **пьянство**

drinking ˌwater noun [U] water that is safe for people to drink **питьевая вода**

drip¹ /drɪp/ **verb** (present participle **dripping**, past tense and past participle **dripped**) **1** [I, T] If a liquid drips, it falls in drops or you make it fall in drops. **капать** *There was water **dripping from** the ceiling.* **2** [I] to produce drops of liquid **капать, стекать** *The candle's dripping.*

drip² /drɪp/ **noun 1** [C] a drop of liquid that falls from something **капля 2** [no plural] the sound or action of a liquid falling in drops **капанье, шум падающих капель 3** [C] UK (US **IV**) a piece of medical equipment used for putting liquids into your body **капельница** *The doctor's put him **on a drip**.*

drive¹ /draɪv/ **verb** (past tense **drove**, past participle **driven**) **1** [I, T] to make a car, bus, or train move, and control what it does **водить машину, автобус, управлять поездом** *She's learning to drive.* ◦ *He drives a red sports car.* **2** [I, T] A1 to travel somewhere in a car, or to take someone somewhere in a car **ехать на машине, везти кого-либо на машине** *My friend drove me home last night.* **3 drive sb out/away/from, etc** to force someone to leave a place **вытеснять, выживать** *The supermarket has driven many small shops out of the area.* **4 drive sb crazy/mad/wild, etc** B2 to make someone feel crazy, annoyed, or excited **сводить кого-либо с ума** *That noise is driving me mad.* **5 drive sb to sth; drive sb to do sth** to make someone have a bad feeling or do something bad **доводить кого-либо до чего-либо** *The arguments and violence drove her to leave home.* **6 drive sth into/through/towards, etc** to push something somewhere by hitting it hard **загонять, вбивать** *He drove the nail into the wall with a hammer.* **7** [T] to provide the power or energy that makes someone or something work **руководить, управлять** [often passive] *She was driven by greed and ambition.* → See also drive/send sb round the **bend²**, drive sb up the **wall**

PHRASAL VERBS **be driving at sth** used to ask what someone really means **клонить к чему-либо** *Just what are you driving at?* • **drive off** to leave in a car **уезжать, отъезжать**

drive² /draɪv/ **noun 1** [C] B1 a journey in a car **езда** *The drive from Boston to New York took 4 hours.* **2** [C] the area of ground that you drive on to get from your house to the road **подъездная дорога** *You can park on the drive.* **3** [C] B1 a part of a computer that can read or store information **драйвер (компьютера)** *a DVD drive* ◦ *Save your work **on the C: drive**.* **4** [C] when someone makes a great effort to achieve something **общественная кампания** [+ to do sth] *The government started a drive to improve standards in schools.* **5** [U] energy and determination to achieve things **напористость, энергия** *She has drive and ambition.*

> **Слова-партнеры к drive**
>
> go for a drive

drive-by /'draɪvbaɪ/ **adjective** describes something that someone does when they are inside a vehicle that is moving **действие, производимое кем-либо из движущегося транспортного средства** *a drive-by shooting*

drive-in /'draɪvɪn/ **noun** [C] mainly US a cinema or restaurant that you can visit without getting out of your car **кинотеатр или ресторан для автомобилистов**

drivel /'drɪvəl/ **noun** [U] nonsense **чепуха** *He was talking complete drivel.*

driven /'drɪvən/ past participle of drive **прич. прош. вр. от гл. drive**

driver /'draɪvəʳ/ **noun** [C] A1 someone who drives a vehicle **водитель** *a **bus/train driver*** → See also **engine driver**

> **Слова-партнеры к driver**
>
> a **bus/taxi/train/truck** driver • the driver of sth

ˈdriver's ˌlicense noun [C] US (UK **driving licence**) an official document that allows you to drive a car **водительские права**

drive-through /'draɪvθruː/ **noun** [C] a place where you can get a type of service by driving through, without needing to get out of your car

ресторан или магазин, в котором посетители обслуживаются прямо в автомобилях *a drive-through restaurant*

driveway /ˈdraɪvweɪ/ **noun** [C] the area of ground that you drive on to get from your house to the road **подъездная дорога**

D

driving¹ /ˈdraɪvɪŋ/ **noun** [U] when you drive a car, or the way someone drives **вождение**

driving² /ˈdraɪvɪŋ/ **adjective 1 driving rain/snow** rain or snow that is falling very fast and being blown by the wind **проливной дождь/сильный снегопад 2 the driving force** a person or thing that has a very strong effect and makes something happen **движущая сила** *She was* ***the driving force behind*** *the project.*

ˈdriving ˌlicence noun [C] UK (US **driver's license**) Ⓐ2 an official document that allows you to drive a car **водительские права**

drizzle /ˈdrɪzl/ **noun** [U] light rain **мелкий дождь, изморось**
• **drizzle verb** [I] **моросить**

drone /drəʊn/ **verb** [I] to make a continuous, low sound, like an engine **гудеть** *I could hear traffic droning in the distance.*

PHRASAL VERB **drone on** to talk for a long time in a very boring way **бубнить** *I wish he'd stop* ***droning on about*** *school.*

drool /druːl/ **verb** [I] If a person or animal drools, liquid comes out of the side of their mouth. **пускать слюни**

PHRASAL VERB **drool over sb/sth** to look at someone or something in a way that shows you think they are very attractive **мечтать о ком-либо/чем-либо**

droop /druːp/ **verb** [I] to hang down, often because of being weak, tired, or unhappy **поникать, закрываться** *He was tired and his eyelids were starting to droop.*

drop¹ /drɒp/ **verb** (present participle **dropping**, past tense and past participle **dropped**) **1** [T] to let something you are carrying fall to the ground **ронять** *She tripped and dropped the vase.* **2** [I] Ⓑ1 to fall **падать** *The ball dropped to the ground.*

drop

3 [I] Ⓑ2 If a level or amount drops, it becomes less. **понижаться** *Unemployment has* ***dropped from*** *8% to 6% in the last year.* **4** [T] (also **drop off**) to take someone or something to a place, usually by car as you travel somewhere else **подвозить кого-либо куда-либо** *I can drop you at the station on my way to work.* **5** [T] Ⓑ2 If you drop a plan, activity, or idea, you stop doing or planning it. **бросать, прекращать** *Plans for a new supermarket have been dropped.* ◦ *When we heard the news, we* ***dropped everything*** *(= stopped what we were doing) and rushed to the hospital.* **6** [T] to decide to stop including someone in a group or team **исключать** *The coach* ***dropped*** *me* ***from*** *the team.* **7 drop it/the subject** to stop talking about something, especially because it is annoying or upsetting someone **оставлять тему 8** [I, T] If your voice drops, or if you drop your voice, you talk more quietly. **понижать голос** → See also **be dropping like flies**

PHRASAL VERBS **drop by/in** to visit someone for a short time, usually without arranging it before **заходить к кому-либо** *I* ***dropped in on*** *George on my way home from school.* • **drop sb/sth off** to take someone or something to a place, usually by car as you travel somewhere else **подвозить кого-либо куда-либо** • **drop off 1** informal to start to sleep **засыпать** *She dropped off in front of the TV.* **2** If the amount, number, or quality of something drops off, it becomes less. **понижаться** *The demand for mobile phones shows no signs of dropping off.* • **drop out** to stop doing something before you have completely finished **бросать (учебу и т. д.)** *He* ***dropped out of*** *school at 14.*

drop² /drɒp/ **noun 1** [C] Ⓑ1 a small, round-shaped amount of liquid **капля** *I felt a few drops of rain.* → See **Pieces and Quantities** on page Centre 1 **2** [no plural] Ⓑ2 when the level or amount of something becomes less **падение, понижение** *There has been a* ***drop in*** *crime recently.* **3** [no plural] a small amount of a liquid you can drink **капля, глоток** *Would you like a drop more milk?* **4** [no plural] a vertical distance down from somewhere to the ground **расстояние сверху вниз** *It's a drop of about 50 metres from the top of the cliff.*

> **Слова-партнеры к drop**
> a big/dramatic/sharp/steep drop • a drop in sth

ˈdrop-down ˌmenu noun [C] a pop-up menu: a list of choices on a computer screen which is hidden until you choose to look at it **вертикальное меню, меню-свиток на экране компьютера**

droplet /ˈdrɒplət/ **noun** [C] a very small, round amount of liquid **капелька**

dropout /ˈdrɒpaʊt/ **noun** [C] **1** a student who leaves school or university before they have completely finished **человек, бросивший учебу** *a high-school dropout* **2** someone who does not want to have a job, possessions, etc because they do not want to be like everyone else **человек, поставивший себя вне общества**

droppings /ˈdrɒpɪŋz/ **noun** [plural] solid waste from birds and some small animals **помет** *rabbit droppings*

drought /draʊt/ **noun** [C, U] a long period when

there is no rain and people do not have enough water **засуха** *A severe drought ruined the crops.*

drove /drəʊv/ past tense of drive **прош. вр. гл. drive**

droves /drəʊvz/ **noun in droves** If people do something in droves, they do it in large numbers. **толпами, табунами**

drown /draʊn/ **verb 1** [I, T] to die because you are under water and cannot breathe, or to kill someone in this way **тонуть, топить** *Two people drowned in a boating accident yesterday.* **2** [T] (also **drown out**) If a loud noise drowns the sound of something else, it prevents that sound from being heard. **заглушать** *His voice was drowned out by the traffic.*

drowning /ˈdraʊnɪŋ/ **noun** [C, U] when someone dies because they are under water and cannot breathe **утопление**

drowsy /ˈdraʊzi/ **adjective** feeling tired and wanting to sleep **сонливый** *The sun was making me drowsy.*
• **drowsily adverb сонно, вяло** • **drowsiness** noun [U] **сонливость**

drudgery /ˈdrʌdʒəri/ **noun** [U] work that is very boring **нудная работа**

drug¹ /drʌg/ **noun** [C] **1** B2 an illegal substance that people take to make them feel happy **наркотик** [usually plural] *He started **taking/using drugs** such as heroin and cocaine.* ◦ *Greg is **on drugs** (= he uses drugs regularly).* ◦ *a **drug dealer*** **2** B2 a chemical substance used as a medicine **лекарство** *Scientists are developing a new drug to treat cancer.* → See also **hard drugs**

> Слова-партнеры к **drug**
> be on/take/use drugs • drug **abuse/addiction** • a drug **addict/dealer/user**

drug² /drʌg/ **verb** [T] (present participle **drugging**, past tense and past participle **drugged**) to give someone a chemical substance that makes them sleep or stop feeling pain **подмешивать наркотик для усыпления** *He drugged his victims before robbing them.*

drug addict noun [C] someone who cannot stop taking drugs **наркоман**

drugstore /ˈdrʌgstɔːʳ/ **noun** [C] US (UK **chemist's**) a shop that sells medicines and also things such as soap and beauty products **аптека**

drum¹ /drʌm/ **noun** [C] **1** A2 a round, hollow musical instrument that you hit with your hands or with sticks **барабан** *Anna **plays the drums**.* **2** a large, round container for holding substances such as oil or chemicals **цилиндрический ящик**

drum

drum² /drʌm/ **verb** [I, T] (present participle **drumming**, past tense and past participle **drummed**) to hit something several times and make a sound like a drum, or to make something do this **стучать, барабанить** *the sound of rain drumming on the roof* ◦ *She drummed her fingers nervously on the desk.*

PHRASAL VERBS **drum sth into sb** to make someone remember or believe an idea or fact by repeating it to them many times **вдалбливать, вколачивать что-либо в кого-либо** [often passive] *The importance of good manners was drummed into me by my father.* • **drum up sth** to increase interest in something or support for something **возбуждать, привлекать** *He was trying to **drum up** some **enthusiasm** for his idea.*

drummer /ˈdrʌməʳ/ **noun** [C] someone who plays a drum **барабанщик, ударник**

drunk¹ /drʌŋk/ **adjective** B2 unable to behave or speak normally because you have drunk too much alcohol **пьяный** *He usually **gets drunk** at parties.*

drunk² /drʌŋk/ past participle of drink **прич. прош. вр. от гл. drink**

drunken /ˈdrʌŋkən/ **adjective** [always before noun] drunk, or involving people who are drunk **пьяный** *a drunken man* ◦ *drunken behaviour*
• **drunkenly adverb в пьяном виде** • **drunkenness** noun [U] **пьянство, опьянение**

dry¹ /draɪ/ **adjective** (**drier**, **driest**, **dryer**, **dryest**) **1** A2 Something that is dry does not have water or liquid in it or on its surface. **сухой** *dry paint* ◦ *Is your hair dry yet?* **2** A2 with no or not much rain **сухой, засушливый** *a dry summer* **3** Dry skin or hair does not feel soft or smooth. **сухой** *My lips feel really dry.* **4** Dry wine is not sweet. **сухой** **5** If a book, talk, or subject is dry, it is not interesting. **скучный, пресный** **6** saying something in a serious way but trying to be funny **сдержанный** *a dry sense of humour*
• **dryness** /ˈdraɪnəs/ **noun** [U] **сухость**

dry² /draɪ/ **verb** [I, T] A2 to become dry, or to make something become dry **сушить, вытирать** *He dried his hands on a towel.* → See also **blow-dry**

PHRASAL VERBS **dry (sb/sth) off** to make someone or something dry, or to become dry, especially on the surface **вытирать(ся)** [often reflexive] *I dried myself off with a towel and got dressed.* • **dry (sth) out** to become dry, or to make something become dry **высыхать, высушивать** • **dry (sth) up** mainly UK to make plates, cups, etc dry with a cloth after they have been washed **вытирать** • **dry up 1** If a supply of something dries up, it ends. **иссякнуть, закончиться** *The work dried up and he went out of business.* **2** If a river or lake dries up, the water in it disappears. **пересыхать**

dry-clean **verb** [T] to clean clothes using a special chemical and not with water **подвергать химической чистке**

• **dry-cleaner's** noun [C] a shop where you can have your clothes cleaned this way **химчистка**
• **dry-cleaning** noun [U] **химчистка**

dryer (also **drier**) /ˈdraɪəʳ/ **noun** [C] a machine for drying wet things, usually clothes or hair **сушилка, фен** → See also **tumble dryer**

D

dryly (also **drily**) /ˈdraɪli/ **adverb** If you say something dryly, you say it in a serious way but you are trying to be funny. **со сдержанным юмором**

dual /ˈdjuːəl/ **adjective** [always before noun] having two parts, or having two of something **двойной** ***dual nationality***

ˌdual ˈcarriageway noun [C] UK a road that consists of two parallel roads, so that traffic travelling in opposite directions is separated by a central strip of land **автомагистраль с разделительной полосой**

dub /dʌb/ **verb** [T] (present participle **dubbing**, past tense and past participle **dubbed**) **1** to give someone or something an unofficial or funny name **давать прозвище** [often passive] *He was dubbed 'Big Ears' by the media.* **2** to change the language in a film or television programme into a different language **дублировать** [often passive] *The film was* ***dubbed into*** *English.*

dubious /ˈdjuːbiəs/ **adjective 1** thought not to be completely true, honest, or legal **сомнительный** *dubious evidence* ◦ *a man with a dubious reputation* **2** not certain that something is good or true **сомневающийся** *He's* ***dubious about*** *the benefits of acupuncture.*
• **dubiously** adverb **сомнительно**

duchess /ˈdʌtʃɪs/ **noun** [C] a woman of very high social rank in some European countries **герцогиня** *the Duchess of Windsor*

duck

duck¹ /dʌk/ **noun** [C, U] A2 a bird with short legs that lives in or near water, or the meat from this bird **утка** → See also be (like) **water¹** off a duck's back

duck² /dʌk/ **verb 1** [I, T] to move your head or body down quickly to avoid being hit or seen **нагибаться, прятаться** *Billy ducked behind a car when he saw his teacher.* **2** [T] informal to avoid something that is difficult or unpleasant **избегать** *He managed to* ***duck*** *the* ***issue***.

PHRASAL VERB **duck out of sth** to avoid doing something that other people are expecting you to do **уклоняться** [+ doing sth] *She was trying to duck out of doing her homework.*

duct /dʌkt/ **noun** [C] **1** a tube in the body that a liquid substance can flow through **проток, канал** *a* ***tear duct*** **2** a tube or passage for air or wires that is part of the structure of a building **трубопровод, вентиляционный канал** *a heating duct*

dud /dʌd/ **noun** [C] something that does not work correctly **непригодная вещь**
• **dud** adjective **непригодный**

dude /duːd/ **noun** [C] mainly US very informal a man **парень, тип** *a cool dude*

due¹ /djuː/ **adjective 1** [never before noun] B1 expected or planned **ожидаемый** [+ to do sth] *He was due to fly back this morning.* ◦ *Her book is* ***due out*** *(= expected to be published) next week.* ◦ *When is the baby due (= expected to be born)?* **2 due to sth** B1 because of something **из-за чего-либо** *The train was late due to snow.* **3** [never before noun] Money that is due is owed to someone and must be paid. **подлежащий выплате** *The rent is due today.* **4** Something that is due to you is something that is owed to you or something you deserve. **причитающийся** *He didn't get the praise and recognition that was* ***due to*** *him.* **5** [always before noun] formal correct and suitable **должный, надлежащий** *He was fined for driving without due care and attention.* → Opposite **undue 6 be due for sth** If you are due for something, it should happen very soon. **пора что-либо делать** *I'm due for a check-up at the dentist's.*

due² /djuː/ **noun give sb their due** something that you say when you want to describe someone's good qualities after they have done something wrong or after you have criticized them **отдавать кому-либо должное** *Joe's a bit slow but, to give him his due, he does work hard.*

due³ /djuː/ **adverb due east/north/south/west, etc** directly east/north/south/west, etc **прямо на восток/ север/юг/запад и т. д.** *sail/fly due south*

duel /ˈdjuːəl/ **noun** [C] **1** a type of fight in the past between two people with weapons, used as a way of deciding an argument **дуэль** *He challenged him to a duel.* **2** an argument or competition between two people or groups **поединок**

dues /djuːz/ **noun** [plural] money that you must pay to be a member of an organization **взнос** *annual dues*

duet /djuˈet/ **noun** [C] a piece of music for two people to perform together **дуэт**

dug /dʌg/ past of dig **прош. вр. и прич. прош. вр. от гл. dig**

duke /djuːk/ **noun** [C] a man of very high social

rank in some European countries **герцог** *the Duke of Beaufort*

dull[1] /dʌl/ **adjective 1** B1 not interesting **скучный** *a dull place* ◦ *a dull person* **2** not bright **неяркий, пасмурный** *dull colours* ◦ *dull weather* **3** A dull sound is not loud or clear. **глухой (о звуке)** *a dull thud* **4** [always before noun] A dull pain is not strong. **тупой (о боли)** *a dull ache*
• **dullness** noun [U] **скука, унылость** • **dully** adverb **скучно, неярко, глухо, тупо**

dull[2] /dʌl/ **verb** [T] to make a feeling or quality become less strong **притуплять, уменьшать** *He's on morphine to dull the pain.*

duly /ˈdjuːli/ **adverb** formal at the correct time, in the correct way, or as you would expect **в должное время, должным образом** *I ordered it over the Internet and within a few days, it duly arrived.* ◦ *I was duly impressed.*

dumb /dʌm/ **adjective 1** mainly US informal stupid **глупый** *a dumb idea/question* ◦ *He's too dumb to understand.* **2** physically unable to talk **немой**

IDIOM **be struck dumb** to be unable to speak because you are so shocked or angry **лишиться дара речи**

• **dumbly** adverb **безмолвно**

dumbfounded /ˌdʌmˈfaʊndɪd/ **adjective** extremely surprised **ошарашенный**

dummy[1] /ˈdʌmi/ **noun** [C] **1** UK (US **pacifier**) a small, rubber object that a baby sucks to stop it crying **соска-пустышка 2** mainly US informal a stupid person **тупица** *She's no dummy.* **3** a model of a person **манекен**

dummy[2] /ˈdʌmi/ **adjective** [always before noun] not real but made to look real **ненастоящий, имитирующий что-либо настоящее** *dummy weapons*

dump[1] /dʌmp/ **verb 1** [T] to put something somewhere to get rid of it, especially in a place where you should not put it **выбрасывать, выгружать** *The company was fined for illegally dumping toxic chemicals.* **2 dump sth on/in/down, etc** to put something somewhere quickly and carelessly **бросать что-либо на/в и т. д.** *Henri dumped his bag on the table and went upstairs.*

dump[2] /dʌmp/ **noun** [C] (also UK **tip**) **1** a place where people take things that they do not want **свалка, помойка** *We took our old mattress to the dump.* **2** informal a place that is dirty and untidy **дыра (о месте и т. д.)** *His room is a dump.*

dumpling /ˈdʌmplɪŋ/ **noun** [C] a round mixture of fat and flour that has been cooked in boiling liquid **клецка** *stew and dumplings*

dumps /dʌmps/ **noun**

IDIOM **be down in the dumps** informal to be unhappy **быть в унылом настроении** *He looks a bit down in the dumps.*

Dumpster /ˈdʌmpstəʳ/ **noun** [C] US trademark (UK **skip**) a very large, metal container for big pieces of rubbish **мусорный контейнер**

dumpy /ˈdʌmpi/ **adjective** informal short and fat **коренастый**

dune /djuːn/ **noun** [C] (also **sand dune**) a hill of sand in the desert or on the coast **дюна**

dung /dʌŋ/ **noun** [U] solid waste from a large animal **навоз**

dungarees /ˌdʌŋgəˈriːz/ **noun** [plural] UK (US **overalls**) trousers with a part that covers your chest and straps that go over your shoulders **комбинезон**

dungeon /ˈdʌndʒən/ **noun** [C] a dark, underground prison, used in the past **темница**

dunk /dʌŋk/ **verb** [T] to quickly put something into liquid and take it out again **макать, окунать** *He dunked the roll in his soup.*

dunno /dəˈnəʊ/ informal **I dunno** I do not know. **я не знаю**

duo /ˈdjuːəʊ/ **noun** [C] two people who perform together **дуэт** *a **comedy/pop duo***

dupe /djuːp/ **verb** [T] to trick someone **надувать, обманывать** [often passive, + into + doing sth] *He was duped into paying $4000 for a fake painting.*

duplicate[1] /ˈdjuːplɪkeɪt/ **verb** [T] **1** to make an exact copy of something **делать копию** *The document has been duplicated.* **2** to do something that has already been done, in exactly the same way **повторять в точности** *Ajax hope to duplicate last year's success.*
• **duplication** /ˌdjuːplɪˈkeɪʃən/ **noun** [U] **копирование, повторение**

duplicate[2] /ˈdjuːplɪkət/ **noun 1** [C] something that is an exact copy of something else **копия, дубликат** *I lost my passport and had to get a duplicate.* **2 in duplicate** If a document is in duplicate, there are two copies of it. **в двух экземплярах**
• **duplicate** adjective **скопированный** *a duplicate key*

duplicity /djuˈplɪsəti/ **noun** [U] when you dishonestly tell different people different things **двуличность**

durable /ˈdjʊərəbl/ **adjective** remaining in good condition for a long time **прочный, долговечный** *durable goods* ◦ *a fabric that is comfortable and durable*
• **durability** /ˌdjʊərəˈbɪləti/ **noun** [U] **прочность, долговечность**

duration /djʊəˈreɪʃən/ **noun** [U] formal the amount of time that something lasts **протяжение, продолжительность** *The singer remained in the hotel **for the duration of** his stay in the UK.*

duress /djʊˈres/ **noun** formal **under duress** If you do something under duress, you do it because someone is forcing you to. **под принуждением/давлением** *a confession made under duress*

during /ˈdjʊərɪŋ/ **preposition 1** A2 for the whole of a period of time **в течение** *Emma's usually at home during the day.* **2** A2 at a particular moment in a period of time **в течение** *We'll arrange a meeting some time during the week.*

dusk /dʌsk/ **noun** [U] the time in the evening when it starts to become dark **закат** *As* ***dusk fell****, we headed back to the hotel.*

dust[1] /dʌst/ **noun** [U] B1 a powder of dirt or soil that you see on a surface or in the air **пыль** *He drove off in a cloud of dust.*

IDIOMS **bite the dust** informal to die, fail, or stop existing **умереть** • **the dust settles** If the dust settles after an argument or big change, the situation becomes calmer. **страсти улеглись** *Let the dust settle a bit before you make any decisions about the future.*

dust[2] /dʌst/ **verb** [I, T] to remove dust from something **вытирать пыль** *I tidied and dusted the shelves.*

dustbin /ˈdʌstbɪn/ **noun** [C] UK (US **garbage can**) B1 a large container for rubbish kept outside your house **мусорный ящик**

duster /ˈdʌstəʳ/ **noun** [C] UK a cloth used for removing dust (= powder of dirt) from furniture and other objects **тряпка для вытирания пыли**

dustman /ˈdʌstmən/ **noun** [C] (plural UK **dustmen**) UK (US **garbage man**) someone whose job is to remove rubbish from containers outside people's houses **мусорщик**

dustpan /ˈdʌstpæn/ **noun** [C] a flat container with a handle, used with a brush for removing dirt from a floor **совок для мусора** *Get the* ***dustpan and brush*** *and I'll sweep this up.* → See picture at **brush**

dusty /ˈdʌsti/ **adjective** B1 covered with dust (= powder of dirt) **пыльный** *a dusty old chair* ◦ *dusty streets*

dutiful /ˈdjuːtɪfᵊl/ **adjective** doing everything that you should do in your position or job **исполнительный, послушный** *a dutiful son*
• **dutifully** adverb **с сознанием долга, послушно**

duty /ˈdjuːti/ **noun** [C, U] **1** B1 something you must do because it is morally or legally right **долг** *a* ***moral duty*** ◦ [+ to do sth] *Rail companies* ***have a duty*** *to provide safe transport.* **2** B2 something you do as part of your job or because of your position **обязанность** *professional/official duties* **3 on/off duty** B2 If a doctor, police officer, etc is on duty, they are working, and if they are off duty, they are not working. **быть на дежурстве/не дежурить 4** tax that you pay on something you buy **налог, пошлина**

> **Слова-партнеры к duty**
> have/neglect/perform a duty • a duty to/towards sb

duty-free /ˌdjuːtiˈfriː/ **adjective** B1 Duty-free goods are things that you can buy and bring into a country without paying tax. **не облагаемый таможенной пошлиной**

duvet /duːˈveɪ/ **noun** [C] UK (US **comforter**) B1 a cover filled with feathers or warm material that you sleep under **пуховое одеяло**

DVD /ˌdiːviːˈdiː/ **noun** [C] A1 abbreviation for digital versatile disc: a small disc for storing music, films and information **ди-ви-ди** *a* ***DVD player/drive*** ◦ *Is this film available* ***on DVD****?*

dwarf[1] /dwɔːf/ **noun** [C] **1** an imaginary creature like a little man, in children's stories **карлик, гном** *Snow White and the Seven Dwarves* **2** an offensive word for someone who is very short **коротышка**
• **dwarf adjective** A dwarf animal or plant is much smaller than the normal size. **карликовый**

dwarf[2] /dwɔːf/ **verb** [T] If something dwarfs other things, it is very big and makes them seem small. **затмевать, подчеркивать маленький размер** [often passive] *The hotel is dwarfed by skyscrapers.*

dwell /dwel/ **verb** (past tense and past participle **dwelt**, **dwelled**) **dwell in/among/with, etc** literary to live somewhere **обитать, жить**

PHRASAL VERB **dwell on/upon sth** to keep thinking or talking about something, especially something bad or unpleasant **размышлять, рассуждать о чем-либо** *I don't want to* ***dwell on the past****.*

dweller /ˈdweləʳ/ **noun an apartment/city/country, etc dweller** someone who lives in an apartment/city/the country, etc **жилец квартиры/ городской/ деревенский житель**

dwelling /ˈdwelɪŋ/ **noun** [C] formal a house or place to live in **жилище, дом**

dwindle /ˈdwɪndl/ **verb** [I] to become smaller or less **сокращаться, истощаться** *The number of students in the school has* ***dwindled to*** *200.* ◦ *Our savings slowly* ***dwindled away****.* ◦ ***dwindling supplies*** *of oil*

dye[1] /daɪ/ **noun** [C, U] a substance that is used to change the colour of something **краска**

dye[2] /daɪ/ **verb** [T] (present participle **dyeing**, past tense and past participle **dyed**) to change the colour of something by using a dye **красить** *He dyed his hair pink last week.*

dying /ˈdaɪɪŋ/ present participle of die **прич. наст. вр. от гл. die**

dyke (also **dike**) /daɪk/ **noun** [C] **1** a wall built to stop water from a sea or river going onto the land **дамба 2** UK a passage that has been dug to take water away from fields **сточная канава, ров**

dynamic /daɪˈnæmɪk/ **adjective 1** B2 full of ideas, energy, and enthusiasm **динамичный энергичный** *a dynamic, young teacher* ◦ *dynamic leadership* **2** continuously changing or moving динамичный *a dynamic economy* **3** A dynamic force makes something move. динамический

• **dynamically** adverb динамично, энергично

dynamics /daɪˈnæmɪks/ **noun 1** [plural] the way that parts of a situation, group, or system affect each other динамика *political dynamics* ∘ *The* ***dynamics of*** *family life have changed greatly.* **2** [U] the scientific study of the movement of objects динамика

dynamism /ˈdaɪnəmɪzᵊm/ **noun** [U] the quality of being dynamic динамизм

dynamite /ˈdaɪnəmaɪt/ **noun** [U] **1** a type of explosive динамит *a stick of dynamite* **2** informal someone or something that is very exciting, powerful, or dangerous **нечто потрясающее, сенсация** *an issue that is political dynamite*

dynasty /ˈdɪnəsti/ (US) /ˈdaɪnəsti/ **noun** [C] a series of rulers who are all from the same family династия *the Ming dynasty*

dysentery /ˈdɪsᵊntᵊri/ **noun** [U] an infectious disease which causes severe problems with the bowels, making solid waste become liquid дизентерия

dysfunctional /dɪsˈfʌŋkʃᵊnᵊl/ **adjective** formal not behaving, working, or happening in the way that most people think is normal ненормальный *a* ***dysfunctional family/childhood***

dyslexia /dɪˈsleksiə/ **noun** [U] a condition affecting the brain that makes it difficult for someone to read and write дислексия

• **dyslexic** /dɪˈsleksɪk/ **adjective** having dyslexia страдающий дислексией

D

E

E, e /iː/ the fifth letter of the alphabet **5-я буква алфавита**

e- /iː-/ **prefix** electronic, usually relating to the Internet **электронный, обычно связанный с Интернетом** *an e-ticket ◦ e-commerce*

each /iːtʃ/ **pronoun, determiner** A1 every one in a group of two or more things or people when they are considered separately **каждый** *A player from **each of** the teams volunteered to be captain. ◦ The bill is £36 between the four of us, that's £9 each.*

ˌeach ˈother pronoun A2 used to show that each person in a group of two or more people does something to the others **друг друга** *The kids are always arguing with each other.*

eager /ˈiːgəʳ/ **adjective** B2 wanting to do or have something very much **страстно стремящийся, нетерпеливый** [+ to do sth] *Sam was eager to go home and play on his computer.*
• **eagerly adverb** B2 **нетерпеливо** *an **eagerly awaited** announcement* • **eagerness noun** [U] B2 **стремление**

eagle

eagle /ˈiːgl/ **noun** [C] B2 a large, wild bird with a big, curved beak, that hunts smaller animals **орел**

ear /ɪəʳ/ **noun 1** [C] A1 one of the two organs on your head that you hear with **ухо** *The child whispered something in her mother's ear.* → See **The Body** on page Centre 13 **2** [C] the top part of some crop plants, which produces grain **колос, початок** *an ear of wheat/corn* **3 have an ear for sth** to be good at hearing, repeating, or understanding a particular type of sound **иметь слух** *He has no ear for music.*

IDIOMS **fall on deaf ears** If advice or a request falls on deaf ears, people ignore it. **быть пропущенным мимо ушей** • **play it by ear** to decide how to deal with a situation as it develops **принимать решение по ходу дела, действовать по обстоятельствам** • **play sth by ear** to play a piece of music by remembering the notes **играть по слуху**

earache /ˈɪəreɪk/ **noun** [C, U] B1 pain in your ear **боль в ухе** *I've got UK earache/US an earache.*

eardrum /ˈɪədrʌm/ **noun** [C] a part inside your ear made of thin, tight skin that allows you to hear sounds **барабанная перепонка**

earl /ɜːl/ **noun** [C] a man of high social rank in the UK **граф** *the Earl of Northumberland*

earlobe /ˈɪələʊb/ **noun** [C] the soft part at the bottom of your ear **ушная мочка**

early /ˈɜːli/ **adjective, adverb (earlier, earliest) 1** A2 near the beginning of a period of time, process, etc **ранний, рано** *the early 1980s ◦ It is too early to say whether he will recover completely.* **2** B1 before the usual time or the time that was arranged **преждевременный, преждевременно** *early retirement ◦ The plane arrived ten minutes early.* **3 at the earliest** used after a time or date to show that something will not happen before then **не раньше, чем** *Building will not begin until July at the earliest.* **4 early on** in the first stage or part of something **в самом начале** *I lost interest quite early on in the book.* → See also it's early days (**day**)

earmark /ˈɪəmɑːk/ **verb** [T] to decide that something, especially money, will be used for a particular purpose **предназначать** [often passive] *More than $7 million has been **earmarked for** schools in the area. ◦ The land is earmarked for development.*

earn /ɜːn/ **verb 1** [I, T] A2 to get money for doing work **зарабатывать** *She earns more than £40,000 a year.* **2 earn a/your living** to work to get money for the things you need **зарабатывать себе на жизнь** **3** [T] to get something that you deserve because of your work, qualities, etc **заслуживать** *As a teacher you have to earn the respect of your students.* **4** [T] to make a profit **приносить доход** *an account that earns a high rate of interest*

earner /ˈɜːnəʳ/ **noun** [C] **1** someone who earns money **человек, зарабатывающий деньги** *a **high earner*** **2** UK informal a product or service that earns you money **источник дохода** *She has a **nice little earner** making curtains.*

> Слова-партнеры к **earner**
> **high/low/top** earners • **wage** earners

earnest /ˈɜːnɪst/ **adjective 1** very serious and sincere **серьезный** *an earnest young man ◦ an earnest effort* **2 in earnest** If something begins to happen in earnest, it really starts to happen in a serious way. **всерьез, по-настоящему** *The research will **begin in earnest** early next year.* **3 be in earnest** to be very serious about something and mean what you are saying **говорить совершенно серьезно**

• **earnestly** adverb **серьезно** • **earnestness** noun [U] **серьезность**

earnings /'ɜːnɪŋz/ noun [plural] B2 money that you get from working **заработок**

earphones /'ɪəfəʊnz/ noun [plural] a piece of electronic equipment that you put on your ears so that you can listen privately to radio, recorded music, etc **наушники**

earring /'ɪərɪŋ/ noun [C] A2 a piece of jewellery that you wear on or through your ear **серьга** [usually plural] *diamond earrings*

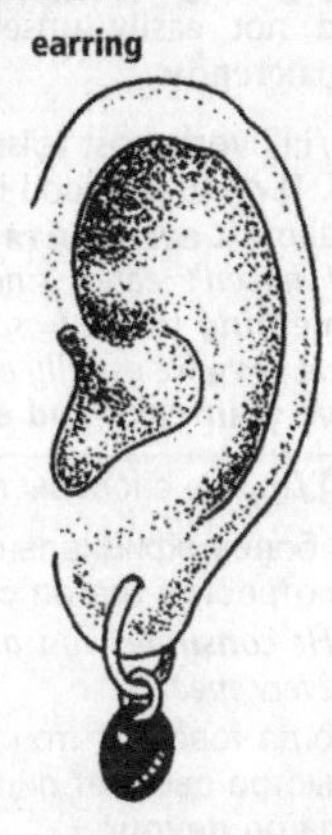

earshot /'ɪəʃɒt/ noun **be out of/within earshot** If you are out of earshot, you are too far away to hear something, and if you are within earshot, you are close enough to hear something. **быть в пределах/вне пределов слышимости**

earth /ɜːθ/ noun **1** [no plural] (also **the Earth**) B1 the planet that we live on **Земля** **2** [U] B2 soil or ground **земля, почва** *a mound of earth* **3** [C] UK (US **ground**) a wire that makes electrical equipment safer **заземление** **4 cost/charge, etc the earth** UK informal to cost/charge, etc an extremely large amount of money **стоить кучу денег**

IDIOMS **come (back) down to earth** to start dealing with life and problems again after you have had a very exciting time **спуститься с облаков на землю** • **how/what/why, etc on earth?** informal used when you are extremely surprised, confused, or angry about something **как же/что же/почему же и т. д.** *Why on earth didn't you tell me before?*

earthly /'ɜːθli/ adjective **1 no earthly reason/use, etc** used to emphasize that there is not any reason/use, etc **абсолютно несомненный/бессмысленный/бесполезный и т. д.** *There's no earthly reason why you should feel guilty.* **2** literary relating to this world and not any spiritual life **земной** *earthly powers*

earthquake /'ɜːθkweɪk/ noun [C] B2 a sudden movement of the Earth's surface, often causing severe damage **землетрясение** *A powerful* ***earthquake struck*** *eastern Turkey last night.*

> Слова-партнеры к **earthquake**
>
> an earthquake **hits/strikes** [a place] • a **devastating/major/massive/powerful** earthquake

earthy /'ɜːθi/ adjective **1** referring to sex and the human body in a direct way **грубый, непристойный** *earthy jokes* **2** similar to soil in colour, smell, or taste **земляной, землистый**

earwig /'ɪəwɪɡ/ noun [C] a small dark-brown insect with two curved parts on its tail **уховертка**

ease[1] /iːz/ noun **1** B2 [U] If you do something with ease, it is very easy for you to do it. **легкость** *Gary passed his exams* ***with ease***. ◦ *I'm amazed at* ***the ease with which*** *he learnt the language.* **2 at ease** B2 feeling relaxed and comfortable **свободно, непринужденно** *I felt completely at ease with him.*

IDIOM **ill at ease** feeling anxious **тревожно**

ease[2] /iːz/ verb **1** [I, T] to become less severe, or to make something become less severe **ослабевать, облегчать** *The new road should ease traffic problems in the village.* **2 ease sb/sth back/out/up, etc** to move someone or something gradually and gently to another position **осторожно подвинуть** [often reflexive] *Tom eased himself back in his chair.*

PHRASAL VERB **ease off/up 1** to gradually stop or become less **ослабевать** *The storm is easing off.* **2** to start to work less or do things with less energy **сбавлять темп, работать менее напряженно** *As he got older, he started to ease up a little.* **3** to start to treat someone less severely **смягчаться (по отношению к кому-либо)** *I wish his supervisor would* ***ease up on*** *him a bit.*

easel /'iːzᵊl/ noun [C] something used to support a painting while you paint it **мольберт**

easel

easily /'iːzɪli/ adverb **1** A2 with no difficulty **легко, свободно** *She makes friends easily.* **2** used to emphasize that something is likely **вполне вероятно** *A comment like that could easily be misunderstood.* **3 easily the best/worst/biggest, etc** certainly the best/worst/biggest, etc **бесспорно лучший/худший/самый большой и т. д.**

east, East /iːst/ noun **1** A2 [U] the direction that you face to see the sun rise **восток** *Which way's east?* **2 the east** A2 the part of an area that is further towards the east than the rest **восток** **3 the East** B2 the countries of Asia, especially Japan and China **Восток**
• **east** adjective A2 **восточный** *New York is* ***east of*** *Chicago.* • **east** adverb A2 towards the east **на восток** *They sailed east.* → See also **the Middle East**

Easter /'iːstəʳ/ noun [C, U] the Christian period of celebration around Easter Sunday (= the special Sunday in March or April on which Christians celebrate Jesus Christ's return to life) **Пасха** *the Easter holidays*

ˈEaster ˌegg noun [C] a chocolate egg that

E

people give and receive at Easter **пасхальное яйцо**

easterly /ˈiːstəli/ **adjective 1** towards or in the east **восточный** *The river flows in an easterly direction.* **2** An easterly wind comes from the east. **восточный** *a strong, easterly breeze*

eastern, Eastern /ˈiːstən/ **adjective** [always before noun] **1** (B1) in or from the east part of an area **восточный** *eastern Europe* **2** (B2) in or from the countries of Asia **восточный** *Eastern philosophy ◦ an Eastern religion*

easterner, Easterner /ˈiːstənər/ **noun** [C] mainly US someone from the east part of a country or area **житель восточных районов страны**

ˌEaster ˈSunday noun [C, U] (also **ˌEaster ˈDay**) the special Sunday in March or April on which Christians celebrate Jesus Christ's return to life **первый день Пасхи**

eastward, eastwards /ˈiːstwəd/, /ˈiːstwədz/ **adverb** towards the east **на восток**
• **eastward adjective восточный** *an eastward direction*

easy¹ /ˈiːzi/ **adjective 1** (A1) not difficult **легкий, нетрудный** *an easy choice ◦ He thought the exam was very easy.* ◦ [+ to do sth] *It's easy to see why he's so popular.* **2** relaxed and comfortable **непринужденный** *She has a very easy manner.* **3 I'm easy** informal used to say that you do not mind which choice is made **мне все равно** *"Would you like pizza or curry?" "I'm easy. You choose."*

> **Другие способы сказать easy**
>
> Если что-то просто понять или выполнить, то его можно охарактеризовать прилагательными **simple** или **straightforward**.
>
> *The recipe is so **simple**, you just mix all the ingredients together.*
>
> *It seems like a fairly **straightforward** task.*
>
> Если какой-то прибор или система просты в эксплуатации, их можно охарактеризовать как **user-friendly**.
>
> *This latest version of the software is much more **user-friendly**.*
>
> Когда хотят подчеркнуть, что что-либо очень просто, в неформальном общении также употребляют следующие устойчивые выражения:
>
> (UK) *This machine's **a doddle** to use.*
>
> *My last exam was **a piece of cake**.*
>
> *Once we reached the main road the journey was **plain sailing**.*

easy² /ˈiːzi/ **adverb 1 take it/things easy** (B1) to relax and not use too much energy **не волноваться, не напрягаться** *After his heart attack, he had to take things easy for a while.* **2 go easy on sb** informal to treat someone in a gentle way and not be so strict **вести себя с кем-либо мягко** *Go easy on the boy – he's only young.* **3 go easy on sth** informal to not eat or use too much of something **не наваливаться, не набрасываться на что-либо** *Go easy on the chips, there aren't many left.*

IDIOM **easier said than done** used to say that something seems like a good idea but it would be difficult to do **легче сказать, чем сделать**

easy-going /ˌiːziˈɡəʊɪŋ/ **adjective** (B1) relaxed and not easily upset or worried **с легким характером**

eat /iːt/ **verb** (past tense **ate**, past participle **eaten**) **1** [I, T] (A1) to put food into your mouth and then swallow it **есть, питаться** *Who ate all the cake? ◦ I haven't eaten since breakfast. ◦ Let's have **something to eat** (= some food).* **2** [I] (A1) to eat a meal **есть** *We usually eat in the kitchen.* → See also **have your cake and eat it**

> **Другие способы сказать eat**
>
> В более официальном контексте можно употребить глагол **consume**.
>
> *He **consumes** vast quantities of bread with every meal.*
>
> Когда говорят, что кто-то голоден и очень быстро съедает пищу, то используют глагол **devour**.
>
> *The children **devoured** a whole packet of biscuits.*
>
> Фразовые глаголы **bolt down**, **gobble up** и **wolf down** также используется, если кто-то съедает что-то очень быстро.
>
> *He **gobbled up** his food before anyone else had started.*
>
> *I gave her a plate of pasta and she **wolfed** it **down**.*
>
> Глагол **scoff** (**scarf** *США*) используют в неформальном общении, если кто-то очень быстро съедает много пищи.
>
> *Who **scoffed/scarfed** all the cake?*
>
> Глагол **snack** означает "перекусывать между основными приемами пищи".
>
> *I've been **snacking** on biscuits and chocolate all afternoon.*
>
> **Eat out** означает "обедать в ресторане".
>
> *I thought we could **eat out** tonight.*
>
> Фразовый глагол **pick at** употребляется, когда кто-то ест совсем мало.
>
> *He didn't feel hungry, and sat at the table **picking at** his food.*
>
> Фразовый глагол **tuck into** означает "начинать что-то есть с большим желанием".
>
> *I was just about to **tuck into** a huge bowl of ice cream.*

PHRASAL VERBS **eat away at sb** If a memory or bad feeling eats away at someone, it makes them feel more and more unhappy. **мучить, делать несчастным кого-либо** • **eat away at sth** to gradually damage or destroy something **разрушать, разъедать** • **eat into sth** to use or take away a large part of something valuable, such as money or time **растрачивать** • **eat out** B1 to eat at a restaurant **обедать в ресторане** → See **Phrasal Verbs** on page Centre 16 • **eat (sth) up** B2 to eat all the food you have been given **доедать** *Be a good boy and eat up your spinach.* • **eat up sth** to use or take away a large part of something valuable, such as money or time **поглощать** *Cities are eating up more and more farmland.*

eater /ˈiːtəʳ/ **noun a big/fussy/meat, etc eater** someone who eats in a particular way or eats a particular food **человек, который много ест/привередлив в еде/ест мясо и т. д.**

eatery /ˈiːtᵊri/ **noun** [C] informal a restaurant **ресторан**

ˈeating diˌsorder noun [C] a mental illness in which someone cannot eat normal amounts of food **нарушение питания**

eaves /iːvz/ **noun** [plural] the edges of a roof where it is wider than the walls **свес крыши**

eavesdrop /ˈiːvzdrɒp/ **verb** [I] (present participle **eavesdropping**, past tense and past participle **eavesdropped**) to secretly listen to a conversation **подслушивать** *He stood outside the door* ***eavesdropping on*** *their conversation.*
• **eavesdropper noun** [C] **подслушивающий**

eBay /ˈiːbeɪ/ **noun** [U] trademark a website that allows users to buy and sell things online **один из веб-сайтов для покупки и продажи вещей через Интернет**

ebb¹ /eb/ **noun the ebb (tide)** when the sea flows away from the land **отлив**

IDIOMS **be at a low ebb** If someone's enthusiasm, confidence, etc is at a low ebb, it is much less than before. **быть в упадке** *Staff morale is at a low ebb.* • **ebb and flow** the way in which the level of something regularly becomes higher or lower in a situation **подъем и падение уровня чего-либо** *the ebb and flow of the economy*

ebb² /eb/ **verb** [I] **1** (also **ebb away**) to gradually disappear **ослабевать, угасать** *She watched her father's life slowly ebbing away.* **2** When the tide ebbs, the sea flows away from the land. **отступать (об отливе), убывать**

ebony /ˈebᵊni/ **noun** [U] hard, black wood **эбеновое дерево**

ebullient /ɪˈbʊliənt/ **adjective** energetic, enthusiastic, and excited **полный энтузиазма, кипучий** *an ebullient personality*

e-business /ˈiːbɪznɪs/ **noun** [C, U] the business of buying and selling goods and services on the Internet, or a company which does this **коммерческая деятельность по покупке и продаже вещей или услуг через Интернет, интернет-компания**

e-cash /ˈiːkæʃ/ **noun** [U] money in an electronic form, used for buying goods and services on the Internet **электронные деньги**

eccentric¹ /ɪkˈsentrɪk/ **adjective** behaving in a strange and unusual way **эксцентричный** *an eccentric professor* ◦ *eccentric behaviour*
• **eccentrically adverb эксцентрично** • **eccentricity** /ˌeksenˈtrɪsəti/ **noun** [U] when someone is eccentric **эксцентричность**

eccentric² /ɪkˈsentrɪk/ **noun** [C] someone who is eccentric **чудак, оригинал** *a harmless eccentric*

ecclesiastical /ɪˌkliːziˈæstɪkᵊl/ **adjective** relating to the Christian Church **церковный** *ecclesiastical law/history*

echelon /ˈeʃəlɒn/ **noun** formal **the lower/upper echelons** the people at the lower/upper level of a large organization or society **нижестоящее/вышестоящее звено** *the upper echelons of government/management*

echinacea /ˌekɪˈneɪʃə/ **noun** [U] a plant that is used as a medicine, especially to help your body fight illness **эхинацея**

echo¹ /ˈekəʊ/ **verb** (present participle **echoing**, past tense and past participle **echoed**) **1** [I] If a sound echoes, or a place echoes with a sound, you hear the sound again because you are in a large, empty space. **повторяться эхом** *Their* ***voices echoed*** *around the room.* **2** [T] to repeat something that someone else has said because you agree with it **повторять** *This report echoes some of the earlier research I've read.*

echo² /ˈekəʊ/ **noun** [C] (plural **echoes**) **1** a sound that you hear more than once because you are in a big, empty space **эхо** **2** something that is very much like something else and makes you think of it **отголосок, отзвук** [usually plural] *There are* ***echoes of*** *Shakespeare's work in the play.*

eclectic /ekˈlektɪk/ **adjective** including many different styles and types **эклектический** *an* ***eclectic mix***

eclipse¹ /ɪˈklɪps/ **noun** [C] when the sun is covered by the moon, or the moon is covered by the Earth's shadow (= dark area) **затмение** *a solar/lunar eclipse*

eclipse² /ɪˈklɪps/ **verb** [T] **1** to make another person or thing seem much less important, good, or famous **затмевать** [often passive] *Braque was somewhat eclipsed by Picasso.* **2** to make an eclipse of the moon or sun **затемнять, закрывать (о небесном теле)**

eco- /iːkəʊ-/ **prefix** relating to the environment **связанный с экологией** *eco-friendly cleaning products*

eco-friendly /ˌiːkəʊˈfrendli/ **adjective** describes a product that is designed so that it does not damage the environment **не наносящий вреда окружающей среде** *eco-friendly washing powder*

ecological /ˌiːkəˈlɒdʒɪkᵊl/ **adjective** B2 relating to ecology or to the environment **экологический** *an ecological disaster*
• **ecologically adverb** B2 **экологически**

ecoˌlogical ˈfootprint noun [C] the amount of the earth's energy that someone or something uses **количество природных ресурсов, используемых кем-либо или чем-либо** *You can reduce your ecological footprint by cycling more and driving less.*

ecology /iːˈkɒlədʒi/ **noun** [U, no plural] the relationship between living things and the environment, or the scientific study of this **экология**

• **ecologist noun** [C] someone who studies ecology **эколог**

e-commerce /ˈiːˌkɒmɜːs/ **noun** [U] the buying and selling of goods and services on the Internet **торговля по Интернету**

economic /ˌiːkəˈnɒmɪk/, /ˌekəˈnɒmɪk/ **adjective** **1** [always before noun] B2 relating to trade, industry, and money **экономический** ***economic growth*** ◦ ***economic policies*** **2** making a profit, or likely to make a profit **экономически выгодный** *It's not economic to produce goods in small quantities.* → Opposite **uneconomic**

• **economically adverb экономически** *The country would benefit economically.*

economical /ˌiːkəˈnɒmɪkəl/,/ˌekəˈnɒmɪkəl/ **adjective** B2 not using a lot of money, fuel, etc **экономный** *I need a car that's economical and reliable.*

• **economically adverb экономно**

ˌeconomic ˈmigrant noun [C] a person who leaves their home country to live in another country with better work or living conditions **экономический эмигрант**

economics /ˌiːkəˈnɒmɪks/ **noun** [U] B1 the study of the way in which trade, industry, and money are organized **экономика (наука)**

• **economist** /ɪˈkɒnəmɪst/ **noun** [C] B2 someone who studies economics **экономист** → See also **home economics**

economize (also UK **-ise**) /ɪˈkɒnəmaɪz/ **verb** [I] to use less of something because you want to save money **экономить**

economy /ɪˈkɒnəmi/ **noun** **1** [C] B2 the system by which a country produces and uses goods and money **экономика** *the German/US economy* ◦ *a global economy* **2** [C, U] when someone or something does not use much money, fuel, etc **экономия** *The car's design combines comfort with economy.* ◦ UK *We'll need to* ***make*** *some* ***economies*** *when I stop work.*

> Слова-партнеры к **economy**
>
> a **booming/stable/strong/weak** economy • the **global/local/national** economy • the economy **grows/improves/recovers/slows**

eˈconomy ˌclass noun [U] the cheapest and least comfortable seats on an aircraft **экономкласс**

• **eˈconomy ˌclass adjective, adverb (билет) экономкласса**

ecosystem /ˈiːkəʊˌsɪstəm/ **noun** [C] all the living things in an area and the way they affect each other and the environment **экосистема** *Tourism is damaging the fragile ecosystem of the reef.*

ecotourism /ˈiːkəʊtʊərɪzəm/ **noun** [U] the business of providing holidays for people so that they can help local people and not damage the environment

eco-warrior /ˈiːkəʊˌwɒriər/ **noun** [C] someone who tries to stop activities which damage the environment **защитник окружающей среды**

ecstasy /ˈekstəsi/ **noun** [U] **1** a feeling of extreme happiness **экстаз, исступление** *She danced about* ***in ecstasy.*** **2 Ecstasy** an illegal drug that makes you feel happier and more active **экстази**

ecstatic /ɪkˈstætɪk/ **adjective** extremely happy **вне себя от счастья**

• **ecstatically adverb исступленно**

ecumenical /ˌekjʊˈmenɪkəl/ **adjective** encouraging different types of Christian churches to unite **экуменический** *an ecumenical service*

eczema /ˈeksmə/ **noun** [U] a medical condition which makes areas of skin become red and dry **экзема**

edge[1] /edʒ/ **noun** [C] **1** B1 the part around something that is furthest from the centre **край, кромка** *Rick was sitting* ***on the edge of*** *the bed.* ◦ *She ran down to the water's edge.* **2** B2 the part of a blade of a knife or tool that cuts **лезвие, острие** *a sharp/cutting edge*

IDIOMS **have the edge on/over sb/sth** to be slightly better than someone or something else **иметь преимущество перед кем-либо/чем-либо** • **be on edge** to be nervous or worried **нервничать** *Sorry for shouting – I'm a bit on edge today.* • **take the edge off sth** to make something unpleasant have less of an effect on someone **ослаблять, смягчать** *Have an apple. It'll* ***take the edge off*** *your* ***hunger.***

edge[2] /edʒ/ **verb** **1 edge (sth) up/down/past, etc** to move somewhere gradually, or to make something move somewhere gradually **медленно продвигать(ся)** *She edged her way through the crowd of reporters.* **2** [T] to put something around the edge of something else as a decoration **окаймлять** *The cloth was edged with gold.*

edgeways /ˈedʒweɪz/ **adverb** UK (US **edgewise** /ˈedʒwaɪz/) with the narrowest part going first **боком** *We should be able to get the sofa through edgeways.* → See also not get a **word**[1] in edgeways

edgy /ˈedʒi/ **adjective** nervous **раздраженный, нервный** *David was starting to feel a bit edgy.*

edible /ˈedɪbl/ **adjective** safe to eat and not harmful **съедобный** *edible berries* → Compare **inedible**

edict /ˈiːdɪkt/ **noun** [C] formal an official order from someone in authority **эдикт, указ**

edifice /ˈedɪfɪs/ **noun** [C] formal a very large building **сооружение, величественное здание**

edit /ˈedɪt/ **verb** [T] B2 to prepare text, film, etc by deciding what to include and making mistakes correct **редактировать**

edition /ɪˈdɪʃən/ **noun** [C] **1** B2 a book, newspaper, etc that is one of several that are the same and were produced at the same time **издание** *a new edition* ◦ *The paperback edition costs £7.95.* **2** a radio or television programme that is one of a series **выпуск**

editor /ˈedɪtər/ **noun** [C] **1** B2 someone whose job is to prepare text, film, etc by deciding what to include and making mistakes correct **редактор** **2** B2 someone who is in charge of a newspaper or magazine **редактор**

editorial[1] /ˌedɪˈtɔːriəl/ **adjective** [always before noun] **1** relating to editors or editing **редакторский** *editorial skills* **2** written by or expressing the opinions of a newspaper editor **редакторский** *editorial pages*

editorial[2] /ˌedɪˈtɔːriəl/ **noun** [C] (US **op-ed**) an article in a newspaper expressing the editor's opinion **передовица, редакционная статья**

educate /ˈedʒʊkeɪt/ **verb** [T] **1** B2 to teach someone at a school or college **обучать, давать образование** [often passive] *She was educated at the Perse School.* **2** B2 to give people information about something so that they understand it better **просвещать** *This is part of a campaign to **educate** people **about** the dangers of smoking.*

educated /ˈedʒʊkeɪtɪd/ **adjective** **1** B2 Someone who is educated has learned a lot at school or university and has a good level of knowledge. **образованный** **2 an educated guess** a guess that is probably correct because you have enough knowledge about something **догадка, основанная на фактах** → See also **well-educated**

education /ˌedʒʊˈkeɪʃən/ **noun** [U, no plural] B1 the process of teaching and learning in a school or college, or the knowledge that you get from this **образование** *We expect a good standard of education for our children.*

• **educational** **adjective** B2 providing education, or relating to education **образовательный** *the **educational system*** • **educationally** **adverb** → See also **further education**, **higher education** **в плане образования**

> **Слова-партнеры к education**
> continue/have/provide/receive education • compulsory/good education

eel /iːl/ **noun** [C] a long fish that looks like a snake **угорь**

eerie /ˈɪəri/ **adjective** unusual and slightly frightening **жуткий** *an **eerie silence***

• **eerily** **adverb** **жутко** • **eeriness** **noun** [U] **жуть**

effect[1] /ɪˈfekt/ **noun** **1** B1 [C, U] a change, reaction, or result that is caused by something **результат, следствие** *The accident **had a** huge **effect on** her life.* ◦ *We don't know the long-term **effects of** this drug.* **2 in effect** used to say what the real situation is **по сути дела** *This means, in effect, that the plan has been scrapped.* **3 come/go into effect** to start being used **вступать в силу** *New food safety rules come into effect on Monday.* **4 take effect** B2 to start to produce results or changes **оказывать воздействие** *The anaesthetic takes effect in about ten minutes.* **5 to that effect** used to say that you are giving the general meaning of something but not the exact words **в этом роде** *He said he was bored with school or something to that effect.* **6 a sound/special/visual, etc effect** B1 a sound, image, etc that is created artificially **звуковой/специальный/зрительный и т. д. эффект** → See also **side effect**

> **Слова-партнеры к effect**
> have/produce an effect • an **adverse/beneficial/devastating/harmful/profound** effect • an effect on sb/sth • the effects of sth

effect[2] /ɪˈfekt/ **verb** [T] formal to make something happen **осуществлять, совершать** *The civil rights movement **effected** a huge **change** in America.*

effective /ɪˈfektɪv/ **adjective** **1** B2 successful or achieving the result that you want **эффективный** *effective management* ◦ *What is the most effective way of teaching grammar?* **2 become/be effective** If changes, laws, etc become effective, they officially start. **вступать в силу/быть в силе** **3** [always before noun] used to say what the real situation is although officially it is different **фактический, реальный** *She has effective control of the company.* → Opposite **ineffective**

• **effectiveness** **noun** [U] **эффективность**

effectively /ɪˈfektɪvli/ **adverb** **1** B2 in a way that is successful and achieves what you want **эффективно** *Teachers need to be able to communicate ideas effectively.* **2** used when you describe what the real result of a situation is **фактически** *His illness effectively ended his career.*

effects /ɪˈfekts/ **noun** [plural] formal possessions **имущество** *my **personal effects***

effeminate /ɪˈfemɪnət/ **adjective** An effeminate man behaves or looks like a woman. **женоподобный**

efficiency /ɪˈfɪʃənsi/ **noun** [U] B2 when someone or something uses time and energy well, without wasting any **действенность, продуктивность** *fuel efficiency* ◦ *We must improve the efficiency of the industry.*

efficient /ɪˈfɪʃənt/ **adjective** B1 working well and not wasting time or energy **продуктивный, рациональный** *an efficient person/organization* ◦ *Email is a quick and efficient way of contacting people.* → Opposite **inefficient**

• **efficiently** adverb B2 **продуктивно, умело**

effigy /ˈefɪdʒi/ **noun** [C] a model of a person **изображение, чучело** *Protesters burned effigies of the president.*

effort /ˈefət/ **noun 1** [C, U] B1 an attempt to do something **попытка** [+ to do sth] *We huddled together* ***in an effort*** *to keep warm.* ◦ *He was* ***making an effort*** *to be sociable.* **2** [U] B1 the energy that you need to do something **усилие** *I* ***put*** *a lot of* ***effort into*** *organizing the party.* ◦ [+ to do sth] *It would* ***take*** *too much* ***effort*** *to tidy my bedroom.* **3** [U] the force that is used to make something move **усилие 4 be an effort** to be difficult or painful **требовать усилия, даваться с трудом** *After his accident, walking was an effort.*

> Слова-партнеры к **effort**
>
> **make an effort • require/take effort • a big/brave/concerted/frantic/valiant effort • in an effort to do sth**

effortless /ˈefətləs/ **adjective** achieved without any special or obvious effort **легкий, непринужденный** ***effortless grace/style***

• **effortlessly** adverb **легко, без усилий**

effusive /ɪˈfjuːsɪv/ **adjective** showing a lot of enthusiasm or approval for someone or something, often too much **безудержный, льющийся через край**

EFL /ˌiːefˈel/ **noun** [U] abbreviation for English as a Foreign Language: the teaching of English to students whose first language is not English **преподавание английского языка как иностранного**

e.g. (also **eg**) /ˌiːˈdʒiː/ used to give an example of what you mean **например** *crime writers, e.g. Agatha Christie and Ruth Rendell*

egalitarian /ɪˌgælɪˈteəriən/ **adjective** formal believing that everyone should have the same freedom and opportunities **эгалитарный**

egg¹ /eg/ **noun 1** [C, U] A1 an oval object produced by a female chicken, that you eat as food **яйцо** ***a boiled/fried egg*** → See **Food** on page Centre 11 **2** [C] B2 an oval object with a hard shell that contains a baby bird, insect, or other creature **яйцо** *The bird* ***lays*** *(= produces) its* ***eggs*** *in a nest.* **3** [C] a cell inside a female person or animal that can develop into a baby **яйцеклетка**

IDIOM **have egg on your face** to seem stupid because of something you have done **оскандалиться**

→ See also **Easter egg**, **scrambled eggs**

egg² /eg/ **verb**

PHRASAL VERB **egg sb on** to encourage someone to do something, usually something that is wrong, stupid, or dangerous **подстрекать** *Two girls were fighting outside the club, egged on by a group of friends.*

ˈegg ˌcup noun [C] a small container for holding a boiled egg while you eat it **рюмка для яйца**

eggplant /ˈegplɑːnt/ **noun** [C, U] US (UK **aubergine**) an oval, purple vegetable that is white inside **баклажан** → See **Fruits and Vegetables** on page Centre 10

ego /ˈiːgəʊ/, /ˈegəʊ/ **noun** [C] your opinion of yourself **самомнение** *He has a huge ego.*

egocentric /ˌiːgəʊˈsentrɪk/ **adjective** interested only in yourself **эгоцентрический**

egotism /ˈiːgəʊtɪzᵊm/ **noun** [U] (also **egoism** /ˈiːgəʊɪzᵊm/) when someone thinks that they are very important and is not interested in other people **эгоизм**

• **egotist** noun [C] **эгоист** • **egotistic** /ˌiːgəʊˈtɪstɪk/ **adjective** (also **egotistical** /ˌiːgəʊˈtɪstɪkᵊl/) **эгоистичный**

egregious /ɪˈgriːdʒəs/ **adjective** formal extremely bad or shocking in an obvious way **вопиющий** *an egregious example of racism*

eh? /eɪ/ **exclamation** UK informal spoken **1** used to ask someone to repeat something because you did not hear or understand it **а? что?** *"You're looking tired." "Eh?" "I said, you're looking tired."* **2** used to show interest or surprise at something **да?** *Sue's had a baby girl, eh?*

Eid /iːd/ **noun** the name of two Muslim festivals. The more important one celebrates the end of Ramadan. **Ид аль-Фитр (название двух мусульманских праздников)**

eight /eɪt/ A1 the number 8 **восемь**

eighteen /ˌeɪˈtiːn/ A1 the number 18 **восемнадцать**

• **eighteenth** 18th written as a word **восемнадцатый**

eighth¹ /eɪtθ/ A2 8th written as a word **восьмой**

eighth² /eɪtθ/ **noun** [C] one of eight equal parts of something; ⅛ **одна восьмая**

eighty /ˈeɪti/ **1** A2 the number 80 **восемьдесят 2 the eighties** the years from 1980-1989 **восьмидесятые годы 3 be in your eighties** to be aged between 80 and 89 **быть в возрасте от восьмидесяти до восьмидесяти девяти лет**

• **eightieth** 80th written as a word **восьмидесятый**

either¹ /ˈaɪðəʳ/, /ˈiːðəʳ/ **conjunction either... or** B1 used when you are giving a choice of two or more things **или ... или** *Either call me tonight or I'll speak to you tomorrow.*

either² /ˈaɪðəʳ/, /ˈiːðəʳ/ **pronoun, determiner 1** B1 one of two people or things when it is not important which **тот или другой, любой (из двух)** *"Would you like red or white wine?" – "Oh, either."* ◦ *Ask Dom or Andrew, either of them will help you.* **2** B2 both **оба, и тот и другой** *People were smoking on either side (= at both sides) of me.* ◦ *You can use the train or the bus,* ***either way*** *it'll take an hour.*

either³ /ˈaɪðəʳ/, /ˈiːðəʳ/ **adverb** B1 used in negative sentences to mean that something else is also true **также, тоже (в отриц. предл.)** *The menu is boring and it's not cheap either.*

eject /ɪˈdʒekt/ **verb 1** [T] formal to make someone leave a place, usually using force **выгонять** [often passive] *He was **ejected from** the courtroom for shouting.* **2** [I, T] to come out of a machine when a button is pressed, or to make something do this **вынимать(ся)** *How do you eject the tape?* **3** [I] to leave an aircraft in an emergency by being pushed out while still in your seat **катапультировать**

eke /iːk/ **verb**

PHRASAL VERB **eke sth out 1** to use something slowly or carefully because you only have a small amount of it **использовать что-либо бережно 2 eke out a living/existence** to earn only just enough money to pay for things you need **перебиваться кое-как** *He ekes out a living by cleaning windows.*

elaborate¹ /ɪˈlæbᵊrət/ **adjective** complicated, detailed, or made carefully from many parts **сложный, замысловатый** *an elaborate system/scheme* ◦ *an elaborate design*
• **elaborately adverb сложно, замысловато**

elaborate² /ɪˈlæbᵊreɪt/ **verb** [I, T] to explain something and give more details **вдаваться в подробности, уточнять** *He wouldn't **elaborate on** the details.*
• **elaboration** /ɪˌlæbəˈreɪʃᵊn/ **noun** [U] **тщательная разработка, уточнение**

elapse /ɪˈlæps/ **verb** [I] formal If time elapses, it passes. **проходить (о времени)** *Two years have elapsed since the attack.*

elastic¹ /ɪˈlæstɪk/ **adjective** Something that is elastic can stretch and return to its original size. **эластичный** *Your skin is more elastic when you are young.*
• **elasticity** /ˌɪlæsˈtɪsəti/ **noun** [U] the quality of being elastic **эластичность**

elastic² /ɪˈlæstɪk/ **noun** [U] a type of rubber that returns to its original size and shape after you stretch it **резинка**

eˌlastic ˈband noun [C] UK (UK/US **rubber band**) a thin circle of rubber used to hold things together **резинка**

elated /ɪˈleɪtɪd/ **adjective** extremely happy and excited **ликующий, в восторге** *We were **elated by/at** the news.*
• **elation** /ɪˈleɪʃᵊn/ **noun** [U] **ликование, восторг**

elbow¹ /ˈelbəʊ/ **noun** [C] B1 the part in the middle of your arm where it bends **локоть** → See **The Body** on page Centre 13

elbow² /ˈelbəʊ/ **verb** [T] to push someone with your elbow, especially so you can move past them **толкать локтем, проталкиваться** *He **elbowed his way through** the crowds of shoppers.*

ˈelbow ˌroom noun [U] space to move easily **свободное пространство**

elder¹ /ˈeldəʳ/ **adjective elder brother/daughter/sister, etc** B1 the older of two brothers/daughters/sisters, etc **старший брат/старшая дочь/сестра и т. д.**

elder² /ˈeldəʳ/ **noun 1 the elder** B2 the oldest of two people **старший (из двух)** *He's the elder of two sons.* **2 your elders** people older than you **старшие** *I was taught to respect my elders.* **3** [C] an important, respected, older member of a group **старейшина**

elderly /ˈeldᵊli/ **adjective** B1 a more polite word for 'old', used to describe people **пожилой** *an elderly man* ◦ *Children should show respect for **the elderly**.*

eldest /ˈeldɪst/ **adjective eldest child/daughter/brother, etc** B1 the oldest child/daughter/brother, etc **(самый) старший ребенок/старшая дочь/старший брат и т. д.** *My eldest brother is a doctor.* ◦ *Susan is **the eldest** of three sisters.*

e-learning /ˈiːlɜːnɪŋ/ **noun** [U] electronic learning: the business of providing courses online for students so that they can study and learn from home **онлайн обучение**

elect /ɪˈlekt/ **verb 1** B2 [T] to choose someone for a particular job or position by voting **избирать, выбирать** [often passive] *She was **elected to** the US Senate in 2004.* ◦ *He was elected president in 1997.* **2 elect to do sth** formal to choose to do something **принимать решение** *The child elected to stay with his mother.* → See also **re-elect**

election /ɪˈlekʃᵊn/ **noun** [C, U] B1 a time when people vote in order to choose someone for a political or official job **выборы** *a presidential election* ◦ *Who do you think will **win** the **election**?* ◦ *Will you **stand/run for election** again this year?* → See also **by-election, general election, re-election**

> **Слова-партнеры к election**
> hold an election • run for/stand for election • lose/win an election • an election campaign

eˈlection ˌday noun [C] US (UK **polling day**) the day when people vote in an election **день выборов**

electoral /ɪˈlektᵊrᵊl/ **adjective** [always before noun] relating to elections **избирательный** *the **electoral system*** ◦ ***electoral reform***

electorate /ɪˈlektᵊrət/ **noun** [group] the people who are allowed to vote in an election **электорат, избиратели** *the British electorate*

electric /ɪˈlektrɪk/ **adjective 1** A2 Electric lights, tools, etc work using electricity. **электрический** *an electric light/heater* **2** B1 supplying electricity **электрический** *an electric socket* ◦ *electric current* **3** full of excitement and emotion **возбужденный, наэлектризованный** *The atmosphere backstage was electric.*

electrical /ɪˈlektrɪkəl/ **adjective 1** B1 Electrical goods or equipment work using electricity. **электрический** ***electrical appliances/goods*** **2** relating to the production and supply of electricity **имеющий отношение к электричеству** *an electrical engineer*

the eˌlectric ˈchair **noun** a chair used in parts of the US to kill a criminal using electricity **электрический стул**

electrician /ˌɪlekˈtrɪʃən/ **noun** [C] B2 someone whose job is to put in, check, or repair electrical wires and equipment **электрик**

electricity /ɪˌlekˈtrɪsəti/ **noun** [U] A2 a type of energy that can produce light and heat, or make machines work **электричество** *The electricity has been turned off.* ◦ *an electricity bill*

> Слова-партнеры к **electricity**
>
> generate/produce electricity • be operated by/be powered by electricity • an electricity supply

eˌlectric ˈshock **noun** [C] a sudden, painful feeling that you get when electricity flows through your body **электрошок**

electrify /ɪˈlektrɪfaɪ/ **verb** [T] **1** to make people who are watching something feel very excited **возбуждать, электризовать** *She electrified the crowd with her fantastic performance.* **2** to supply something with electricity **электрифицировать** *an electrified railway*

electrocute /ɪˈlektrəkjuːt/ **verb** [T] to kill someone by causing electricity to flow through their body **убивать током** [often passive] *He was electrocuted while playing on a railway line.*
• **electrocution** /ɪˌlektrəˈkjuːʃən/ **noun** [U] **смерть от электротока**

electrode /ɪˈlektrəʊd/ **noun** [C] the point where an electric current enters or leaves something such as a battery (= object which provides electricity) **электрод**

electron /ɪˈlektrɒn/ **noun** [C] an extremely small piece of an atom with a negative electrical charge **электрон**

electronic /ɪˌlekˈtrɒnɪk/ **adjective 1** B1 Electronic equipment consists of things such as computers, televisions, and radios. **электронный** **2** B1 Electronic music, games, etc use electronic equipment. **электронный**
• **electronically adverb** B2 **электронно**

electronics /ˌɪlekˈtrɒnɪks/ **noun** [U] B2 the science of making electronic equipment **электроника** *the electronics industry*

elegance /ˈelɪgəns/ **noun** [U] when someone or something is stylish or attractive in their appearance or behaviour **элегантность, изысканность**

elegant /ˈelɪgənt/ **adjective** B2 stylish or attractive in appearance or behaviour **элегантный, изысканный** *an elegant dining room* ◦ *She's a very elegant woman.*
• **elegantly adverb** B2 **элегантно, изысканно**

element /ˈelɪmənt/ **noun 1** [C] B2 a part of something **элемент, составная часть** *This book has all the elements of a good detective story.* **2 an element of sth** a small amount of an emotion or quality **доля, небольшое количество** *There's an element of truth in what she says.* **3** [C] a group of people of a particular type **слой, группа (людей)** *The disruptive element on the committee voted against the proposal.* **4** [C] B2 a simple substance which cannot be reduced to smaller chemical parts **элемент** *Iron is one of the elements of the Earth's crust.* **5** [C] the part of a piece of electrical equipment which produces heat **нагревательный элемент**

IDIOM **be in your element** to be happy because you are doing what you like doing and what you are good at **быть в своей стихии** *I'm in my element at a children's party.*

elementary /ˌelɪˈmentəri/ **adjective 1** B1 basic **основной, элементарный** *I only have an elementary knowledge of physics.* ◦ *an elementary mistake* **2** B1 relating to the early stages of studying a subject **начальный** *students at elementary level*

eleˈmentary ˌschool **noun** [C] US (UK **primary school**) a school for children from the ages of five to eleven **начальная школа**

elements /ˈelɪmənts/ **noun the elements** the weather, especially bad weather **непогода** *Shall we* ***brave the elements*** *and go out for a walk?*

elephant

elephant /ˈelɪfənt/ **noun** [C] A2 a very large, grey animal with big ears and a very long nose **слон**

elevate /ˈelɪveɪt/ **verb** formal **1 be elevated to sth** to be given a more important position **получать повышение, продвигаться по службе** *She has been elevated to deputy manager.* ◦ *an elevated position* **2** [T] to move something to a higher level or height **повышать, поднимать** *High stress levels elevate blood pressure.* ◦ *Try to keep your leg elevated.*

elevation /ˌelɪˈveɪʃən/ **noun 1** [C] the height of a place above the level of the sea **высота (над уровнем моря)** *The hotel is situated at an elevation of 1000m.* **2** [U] formal when someone or something is given a more important position **повышение, взлет** *his sudden* ***elevation to*** *stardom*

elevator /ˈelɪveɪtəʳ/ **noun** [C] US (UK **lift**) a machine that carries people up and down in tall buildings **лифт**

eleven /ɪˈlevᵊn/ A1 the number 11 **одиннадцать** • **eleventh** 11th written as a word **одиннадцатый**

elf /elf/ **noun** [C] (plural **elves**) a small person with pointed ears who has magic powers in children's stories **эльф**

elicit /ɪˈlɪsɪt/ **verb** [T] formal to get information or a reaction from someone **допытываться, добиваться** *You have to ask the right questions to **elicit** the **information** you want.*

eligible /ˈelɪdʒəbl/ **adjective 1** If you are eligible to do something, you can do it because you are in the right situation. **имеющий право** [+ to do sth] *Only people over 18 are eligible to vote.* ◦ *You might be **eligible for** a grant for your studies.* → Opposite **ineligible 2** If someone who is not married is eligible, they would be a good husband or wife because they are rich, attractive, etc. **подходящий (в качестве мужа или жены)** *an eligible young bachelor*
• **eligibility** /ˌelɪdʒəˈbɪləti/ **noun** [U] **право, приемлемость**

eliminate /ɪˈlɪmɪneɪt/ **verb** [T] **1** to remove something from something, or get rid of something **устранять, исключать** *The doctor advised me to **eliminate** salt **from** my diet.* **2** to defeat someone so that they cannot go any further in a competition **выбывать (из соревнований)** [often passive] *She was eliminated after the first round of the tournament.*

elimination /ɪˌlɪmɪˈneɪʃᵊn/ **noun 1** [U] when you eliminate someone or something **устранение, выбывание (из соревнований) 2 a process of elimination** when you remove all possible answers to something until only one remains **метод исключения**

elite /ɪˈliːt/ **noun** [group] the richest, most powerful, or best educated group in a society **элита** *a member of the elite* ◦ *an elite group*

elitism /ɪˈliːtɪzᵊm/ **noun** [U] when a small group of rich, powerful, or educated people are given an advantage in a situation **элитизм**
• **elitist adjective элитарный** *elitist attitudes*

elm /elm/ **noun** [C, U] a large tree which loses its leaves in winter **вяз**

elocution /ˌeləˈkjuːʃᵊn/ **noun** [U] the skill of speaking in a careful, clear way **ораторское искусство**

elongated /ˈiːlɒŋgeɪtɪd/ US /iːˈlɒŋgeɪtɪd/ **adjective** longer and thinner than usual **удлиненный**

elope /ɪˈləʊp/ **verb** [I] to leave home secretly with someone in order to get married **тайно бежать, чтобы пожениться**

eloquent /ˈeləkwənt/ **adjective** expressing ideas clearly and in a way that influences people **красноречивый** *the most eloquent speaker at the conference*
• **eloquence** /ˈeləkwəns/ **noun** [U] when someone or something is eloquent **красноречие** • **eloquently adverb красноречиво**

else /els/ **adverb 1** A2 in addition to someone or something **еще** *Would you like **anything else** to eat?* ◦ ***What else** did he say?* **2** A2 different from someone or something **другой** *I don't like it here. Let's go **somewhere else**.* ◦ *I didn't say that. It must have been **someone else**.* **3** A2 other things or people **остальное, остальные** *I forgot my toothbrush, but I remembered **everything else**.* **4 or else a** used to compare two different things or situations **или же** *He talks to her all the time, or else he completely ignores her.* **b** B2 used to say what will happen if another thing does not happen **иначе, а то** *We must be there by six, or else we'll miss the beginning.* **5 if all else fails** if no other plan is successful **если ничего не останется делать** *If all else fails, you're welcome to stay at our house.*

elsewhere /ˌelsˈweəʳ/ **adverb** B2 in or to another place **где-нибудь в другом месте, куда-нибудь в другое место** *The report studies economic growth in Europe and elsewhere.* ◦ *If we can't find it here, we'll have to **go elsewhere**.*

ELT /ˌiːelˈtiː/ **noun** [U] abbreviation for English Language Teaching: the teaching of English to students whose first language is not English **преподавание английского языка как иностранного**

elucidate /ɪˈluːsɪdeɪt/ **verb** [T] formal to explain something, or make it clear **пояснять, разъяснять**

elude /ɪˈluːd/ **verb** [T] formal **1** If something that you want eludes you, you do not succeed in achieving it. **ускользать, не даваться в руки** *The gold medal continues to elude her.* **2** to not be caught by someone **ускользать (от преследования)** *He eluded the police for years before he was arrested.* **3** If a piece of information eludes you, you cannot remember it. **не приходить на ум**

elusive /ɪˈluːsɪv/ **adjective** difficult to describe, find, achieve, or remember **ускользающий, трудный (для запоминания, описания)** *The answers to these questions remain as elusive as ever.*

elves /elvz/ plural of elf **мн. ч. сущ. elf**

'em /əm/ informal spoken short for them **сокращ. от them**

emaciated /ɪˈmeɪsieɪtɪd/ **adjective** very thin and weak because of being ill or not eating enough food **истощенный**

email (also **e-mail**) /ˈiːmeɪl/ **noun 1** [U] A1 a system for sending messages electronically, especially from one computer to another using the Internet **электронная почта** *You can contact me **by email**.* ◦ *What's your **email address**?* **2** [C, U] A1 a message sent electronically **сообщение, посланное по электрон-**

E

ной почте *I got an email from Danielle yesterday.*

• **email verb** [T] A2 to send a message using email **посылать по электронной почте**

> Слова-партнеры к **email**
>
> **get/send** an email • **by** email • **in** an email • an email **address/attachment**

E

emanate /ˈeməneɪt/ **verb** formal

PHRASAL VERB **emanate from sth** to come from something **исходить, раздаваться** *Strange noises emanated from the room next door.*

emancipate /ɪˈmænsɪpeɪt/ **verb** [T] formal to give people more freedom or rights by removing social, legal, or political controls that limit them **освобождать, эмансипировать** *emancipated women*

• **emancipation** /ɪˌmænsɪˈpeɪʃən/ **noun** [U] **освобождение, эмансипация**

embalm /ɪmˈbɑːm/ **verb** [T] to use oils and chemicals to prevent a dead body from decaying **бальзамировать**

embankment /ɪmˈbæŋkmənt/ **noun** [C] an artificial slope built from soil or stones to stop floods, or to support a road or railway **насыпь, дамба, набережная** *a **railway embankment***

embargo /ɪmˈbɑːgəʊ/ **noun** [C] (plural **embargoes**) an order by a government to stop trade with another country **эмбарго** *an **arms/oil embargo*** ◦ *We will not **lift** (= stop) the trade **embargo** until they end this war.*

embark /ɪmˈbɑːk/ **verb** [I] to get on a ship, boat, or aircraft to begin a journey **садиться на корабль, самолет** → Opposite **disembark**

PHRASAL VERB **embark on/upon sth** to start something new or important **начинать что-либо, браться за что-либо** *You're never too old to embark on a new career.*

embarrass /ɪmˈbærəs/ **verb** [T] to make someone feel ashamed or shy **смущать** *My dad's always embarrassing me in front of my friends.*

embarrassed /ɪmˈbærəst/ **adjective** B1 feeling ashamed or shy **смущенный** *She felt **embarrassed about** undressing in front of the doctor.* ◦ [+ to do sth] *I was too embarrassed to admit that I was scared.*

embarrassing /ɪmˈbærəsɪŋ/ **adjective** B1 making you feel embarrassed **неловкий, затруднительный** *an embarrassing defeat* ◦ *What has been your most embarrassing moment?*

• **embarrassingly adverb неловко** *The play was embarrassingly bad.*

embarrassment /ɪmˈbærəsmənt/ **noun** **1** [U] B2 when you feel embarrassed **смущение, неловкость** *He blushed with embarrassment.* ◦ *Her behaviour has caused great embarrassment to her family.* **2** [C] B2 something or someone that makes you feel embarrassed **помеха, обуза** *He is becoming an **embarrassment to** the government.*

> Слова-партнеры к **embarrassment**
>
> **acute/great/huge** embarrassment • **a source of** embarrassment • **the** embarrassment **of doing sth**

embassy /ˈembəsi/ **noun** [C] B1 the official group of people who live in a foreign country and represent their government there, or the building where they work **посольство**

embedded /ɪmˈbedɪd/ **adjective** **1** fixed into the surface of something **встроенный, застрявший** *A small piece of glass was **embedded in** his finger.* **2** If an emotion, attitude, etc is embedded in someone or something, it is a very strong and important part of them. **глубоко сидящий** *A sense of guilt was deeply **embedded in** my conscience.*

embellish /ɪmˈbelɪʃ/ **verb** [T] to make something more beautiful or interesting by adding something to it **украшать, приукрашивать** *He embellished the story with lots of dramatic detail.*

• **embellishment noun** [C, U] **украшение, приукрашивание**

embers /ˈembəz/ **noun** [plural] pieces of wood or coal that continue to burn after a fire has no more flames **тлеющие угольки**

embezzle /ɪmˈbezl/ **verb** [T] to steal money that belongs to the company or organization that you work for **растрачивать (чужие деньги)**

• **embezzlement noun** [U] **растрата**

embittered /ɪmˈbɪtəd/ **adjective** very angry about unfair things that have happened to you **ожесточенный**

emblazoned /ɪmˈbleɪzənd/ **adjective** decorated in a very obvious way with something such as a name or a design **украшенный (надписью или рисунком на видном месте)** *Her T-shirt was **emblazoned with** the company logo.*

emblem /ˈembləm/ **noun** [C] a picture, object, or symbol that is used to represent a person, group, or idea **эмблема, символ** *The rose is the national emblem of England.*

embodiment /ɪmˈbɒdɪmənt/ **noun the embodiment of sth** If someone or something is the embodiment of a particular idea or quality, they express or represent it exactly. **воплощение** *The mother in the story is the embodiment of evil.*

embody /ɪmˈbɒdi/ **verb** [T] to represent an idea or quality exactly **воплощать** *He embodies the values of hard work and fair play.*

embrace[1] /ɪmˈbreɪs/ **verb** **1** [I, T] If you embrace someone, you put your arms around them, and if two people embrace, they put their arms around each other. **обнимать(ся)** **2** [T] to accept new ideas, beliefs, methods, etc in an enthusiastic way **принимать, воспринимать** *We are always eager to embrace the latest technology.* **3** [T] formal to include a number of things **включать в себя** *The report embraces a wide range of opinions.*

embrace² /ɪmˈbreɪs/ **noun** [C] when you put your arms around someone **объятие** *a passionate embrace*

embroider /ɪmˈbrɔɪdəʳ/ **verb 1** [I, T] to decorate cloth by sewing small patterns or pictures onto it **вышивать 2** [T] to add imaginary details to a story to make it more interesting **приукрашивать (рассказ)** *They accused him of embroidering the facts.*

embroidery /ɪmˈbrɔɪdəri/ **noun** [U] **1** the activity of sewing small patterns or pictures onto things **вышивание 2** decoration on cloth made by sewing small patterns or pictures onto it **вышивка**

embroil /ɪmˈbrɔɪl/ **verb** formal **be embroiled in sth** to be involved in an argument or difficult situation **быть впутанным во что-либо** *We don't want to become embroiled in a dispute over ownership.*

embryo /ˈembriəʊ/ **noun** [C] a human or an animal that is starting to develop in its mother's uterus **зародыш, эмбрион**

embryonic /ˌembriˈɒnɪk/ **adjective** starting to develop **находящийся в зачаточном состоянии** *The project is still at an embryonic stage.*

emerald /ˈemərəld/ **noun 1** [C] a bright green stone used in jewellery **изумруд 2** [U] (also ˌ**emerald** ˈ**green**) a bright green colour **изумрудный цвет**

• **emerald adjective изумрудный**

emerge /ɪˈmɜːdʒ/ **verb** [I] **1** (B2) to appear from somewhere or come out of somewhere **появляться, возникать** *A figure **emerged from** the shadows.* **2** to become known **выясняться** ***It emerged that** she had lied to her employers.* **3** to reach the end of a difficult situation **выходить, выбираться** *They **emerged** victorious **from** the fight.*

• **emergence noun** [U] **появление, выявление**

emergency /ɪˈmɜːdʒənsi/ **noun** [C] (B1) a serious or dangerous situation that needs immediate action **чрезвычайное положение, аварийная ситуация** *You should only ring this number **in an emergency**.* ◦ *an **emergency exit***

> Слова-партнеры к **emergency**
>
> **cope with/respond to** an emergency • **a major/real** emergency • **in an** emergency

eˈ**mergency** ˌ**brake noun** [C] US (UK **handbrake**) a stick inside a car that you can pull up to stop the car from moving **ручной тормоз** → See **Car** on page Centre 7

eˈ**mergency** ˌ**room noun** [C] US (UK **casualty**) the part of a hospital where people go when they have been injured or have urgent illnesses so that they can be treated immediately **отделение скорой помощи**

eˌ**mergency** ˈ**services noun** [plural] the organizations who deal with accidents and urgent problems such as fire, illness, or crime **спасательные службы**

emerging /ɪˈmɜːdʒɪŋ/ **adjective** [always before noun] starting to exist or develop **возникающий, развивающийся** ***emerging economies/markets***

emigrant /ˈemɪgrənt/ **noun** [C] someone who leaves their own country to go and live in another one **эмигрант**

emigrate /ˈemɪgreɪt/ **verb** [I] to leave your own country to go and live in another one **эмигрировать** *We're thinking of **emigrating to** New Zealand.*

• **emigration** /ˌemɪˈgreɪʃən/ **noun** [U] **эмиграция**

eminent /ˈemɪnənt/ **adjective** famous, respected, or important **выдающийся, видный** *an eminent historian*

• **eminence** /ˈemɪnəns/ **noun** [U] → See also **preeminent высокое положение**

eminently /ˈemɪnəntli/ **adverb** formal very **в высшей степени, чрезвычайно** *He is eminently qualified for the job.*

emission /ɪˈmɪʃən/ **noun** [C, U] when gas, heat, light, etc is sent out into the air, or an amount of gas, heat, light, etc that is sent out **выброс, выхлоп** ***Carbon dioxide emissions** will be reduced by 20%.*

emit /ɪˈmɪt/ **verb** [T] (present participle **emitting**, past tense and past participle **emitted**) to send out gas, heat, light, etc into the air **издавать, извергать, излучать** *The machine emits a high-pitched sound when you press the button.*

emoticon /ɪˈməʊtɪkɒn/ **noun** [C] an image such as :-) which looks like a face when you look at it from the side, made using keyboard symbols and used in emails to express emotions **символ для выражения чувств (в электронной переписке)** → See Study Page **Emailing and texting** on page Centre 37

emotion /ɪˈməʊʃən/ **noun** [C, U] (B2) a strong feeling such as love or anger, or strong feelings in general **чувство** *He finds it hard to **express** his **emotions**.* ◦ *She was overcome with emotion and burst into tears.*

> Слова-партнеры к **emotion**
>
> **display/experience/feel/show** emotion • **deep/powerful/strong** emotion

emotional /ɪˈməʊʃənəl/ **adjective 1** (B2) relating to emotions **эмоциональный** *a child's emotional development* **2** (B2) showing strong feelings, or making people have strong feelings **эмоциональный, волнующий** *an emotional speech* ◦ *After the argument, I was feeling confused and emotional.* **3** An emotional person shows their emotions very easily or very often. **эмоциональный, впечатлительный**

• **emotionally adverb** (B2) **эмоционально**

emotive /ɪˈməʊtɪv/ **adjective** making people feel strong emotions **волнующий** *Animal experimentation is a very **emotive issue**.*

empathy /ˈempəθi/ **noun** [U] the ability to imagine what it must be like to be in someone's situation **сопереживание**
• **empathize** (also UK **-ise**) /ˈempəθaɪz/ **verb** [I] to feel empathy with someone **сопереживать** *I think people find it easy to **empathize with** the main character.*

E

emperor /ˈempᵊrəʳ/ **noun** [C] the male ruler of an empire (= group of countries ruled by one person or government) **император** *Emperor Charlemagne*

emphasis /ˈemfəsɪs/ **noun** [C, U] (plural **emphases** /ˈemfəsi:z/) **1** B2 particular importance or attention that you give to something **особое внимание** *Schools are starting to **place/put** greater **emphasis on** passing exams.* **2** the extra force that you give to a word or part of a word when you are saying it **ударение** *The **emphasis** is **on** the final syllable.*

emphasize (also UK **-ise**) /ˈemfəsaɪz/ **verb** [T] B2 to show that something is especially important or needs special attention **придавать значение, подчеркивать** *The government is **emphasizing** the **importance** of voting in the election.* ◦ [+ that] *He emphasized that the driver was not to blame for the accident.*

emphatic /ɪmˈfætɪk/ **adjective** done or said in a strong way and without any doubt **убедительный, категорический** *an emphatic victory*
• **emphatically** adverb **решительно, категорически**

empire /ˈempaɪəʳ/ **noun** [C] **1** a group of countries that is ruled by one person or government **империя** **2** a large group of businesses that is controlled by one person or company **империя, корпорация** *a publishing empire*

empirical /ɪmˈpɪrɪkᵊl/ **adjective** formal based on experience or scientific experiments and not only on ideas **эмпирический, основанный на опыте** ***empirical evidence***
• **empirically** adverb **эмпирически, опытным путем**

employ /ɪmˈplɔɪ/ **verb** [T] **1** B1 If a person or company employs someone, they pay that person to work for them. **предоставлять работу, нанимать** *The company employs 2500 staff.* ◦ [+ to do sth] *They employ her to look after their children.* **2** formal to use something **использовать, применять** *Companies employ clever tactics to persuade us to buy their products.*

employee /ɪmˈplɔɪi:/ **noun** [C] B1 someone who is paid to work for a person or company **служащий**

employer /ɪmˈplɔɪəʳ/ **noun** [C] B1 a person or company that pays people to work for them **работодатель**

employment /ɪmˈplɔɪmənt/ **noun** [U] **1** B1 when someone is paid to work for a person or company **работа, служба** ***full-time/part-time employment*** ◦ *It is not easy to **find employment** in the countryside.* ◦ *employment opportunities/rights* → Compare **unemployment** **2** formal the use of something **использование, применение**

> **Слова-партнеры к employment**
> **find/offer/provide/seek** employment • **gainful/paid/full-time/part-time/temporary** employment • **be in** employment

empower /ɪmˈpaʊəʳ/ **verb** **1** [T] to give someone the confidence, skills, freedom, etc to do something **давать кому-либо возможность или право (сделать что-либо)** [+ to do sth] *Education empowers people to take control of their lives.* **2 be empowered to do sth** to have the legal or official right to do something **быть уполномоченным сделать что-либо**

empress /ˈemprəs/ **noun** [C] the female ruler, or the wife of a male ruler, of an empire (= group of countries ruled by one person or government) **императрица** *Empress Josephine*

empty¹ /ˈempti/ **adjective** **1** A2 If something is empty, it does not contain any things or people. **пустой, порожний** *an empty house/street* ◦ *empty bottles/glasses* ◦ *The train was completely empty when it reached London.* → See picture at **full** **2** having no meaning or value **пустой, бессмысленный** *an **empty promise/threat***
• **emptiness** noun [U] **пустота**

empty² /ˈempti/ **verb** **1** [T] (also **empty out**) If you empty a container, or if you empty the things inside it, you remove everything from it. **опорожнять, выливать, высыпать** *He **emptied** the dirty water **into** the sink.* **2** [I] to become empty **пустеть** *The room emptied rapidly when the fire started.*

empty-handed /ˌemptiˈhændɪd/ **adjective** without bringing or taking anything **с пустыми руками** *We can't go to the party empty-handed.*

emulate /ˈemjəleɪt/ **verb** [T] formal to try to be like someone or something that you admire or that is successful **подражать, повторять** *They hope to **emulate** the **success** of other software companies.*

emulsion /ɪˈmʌlʃᵊn/ **noun** [C, U] (also **emulsion paint**) a water-based paint which is not shiny when dry **водоэмульсионная краска**

enable /ɪˈneɪbl/ **verb** [T] B2 to make someone able to do something, or to make something possible **давать возможность, делать возможным** [+ to do sth] *This money has enabled me to buy a new computer.*

-enabled /ɪˈneɪbᵊld/ **suffix** **1** having the necessary equipment or system to use something **имеющий определенную функцию** *Bluetooth-enabled mobile phones* **2** used or made possible by using a particular thing **приводимый в действие при помощи (чего-то)** *voice-enabled software*

enact /ɪˈnækt/ **verb** [T] **1** to make something into a law **вводить в действие** [often passive] *When was this legislation enacted?* **2** formal to perform a story or play **представлять, разыгрывать (пьесу)**

• **enactment** noun [U] **принятие закона, представление**

enamel /ɪˈnæmᵊl/ **noun** [U] **1** a hard, shiny substance that is used to decorate or protect metal or clay **эмаль** **2** the hard, white substance that covers your teeth **эмаль**

enamoured UK (US **enamored**) /ɪˈnæməd/ **adjective be enamoured of/with sb/sth** formal to like someone or something very much **быть влюбленным в кого-либо, быть в восторге от чего-либо**

enc (also **encl**) written abbreviation for enclosed: used at the end of a business letter to show that there is something else in the envelope **(что-либо) прилагается (к письму)**

encapsulate /ɪnˈkæpsjəleɪt/ **verb** [T] to express or show the most important facts about something **выражать, передавать** *The film encapsulates the essence of that period.*

encase /ɪnˈkeɪs/ **verb be encased in sth** formal to be completely covered in something **быть покрытым, облицованным чем-либо** *The outside walls are encased in concrete.*

enchanted /ɪnˈtʃɑːntɪd/ **adjective** **1** If you are enchanted by something, you like it very much. **очарованный** *She was enchanted by the Scottish landscape.* **2** affected by magic **заколдованный** *an enchanted forest*

enchanting /ɪnˈtʃɑːntɪŋ/ **adjective** very nice **очаровательный** *What an enchanting child!*

encircle /ɪnˈsɜːkl/ **verb** [T] formal to form a circle around something **окружать** [often passive] *The house is encircled by a high fence.*

enclave /ˈenkleɪv/ **noun** [C] a place which is different from the area that is around it because its people have a different language or culture **анклав** *an Italian enclave in Switzerland*

enclose /ɪnˈkləʊz/ **verb** [T] **1** (B2) to send something in the same envelope or parcel as something else **прилагать, вкладывать (в конверт и т. д.)** *I enclose a map of the area.* **2** to be all around something and separate it from other things or places **огораживать, окружать**

• **enclosed adjective** **прилагаемый, огороженный** *He doesn't like* ***enclosed spaces.***

enclosure /ɪnˈkləʊʒəʳ/ **noun** [C] a small area of land that has a wall or fence around it **огороженное место**

encompass /ɪnˈkʌmpəs/ **verb** [T] to include a lot of things, ideas, places, etc **охватывать, включать** *Their albums* ***encompass*** *a* ***wide range*** *of music.*

encore /ˈɒŋkɔːʳ/ **noun** [C] an extra song or piece of music that is performed at the end of a show because the audience shout for it **бис!**

encounter¹ /ɪnˈkaʊntəʳ/ **verb** [T] **1** (B2) to experience something unpleasant **наталкиваться (на трудности)** *We* ***encountered*** *quite a few* ***problems*** *at the beginning.* **2** literary to meet someone, especially when you do not expect it **(неожиданно) встретить**

encounter² /ɪnˈkaʊntəʳ/ **noun** [C] a meeting, especially one that happens by chance **неожиданная встреча**

> Слова-партнеры к **encounter**
>
> have an encounter • a chance encounter • an encounter with sb

encourage /ɪnˈkʌrɪdʒ/ **verb** [T] **1** (B1) to make someone more likely to do something, or make something more likely to happen **поощрять, способствовать** [+ to do sth] *My parents encouraged me to try new things.* ◦ *Cutting back plants will encourage growth.* **2** (B1) to give someone confidence or hope **ободрять, вселять надежду** *My parents encouraged me when things weren't going well at school.* → Opposite **discourage**

• **encouragement** noun [C, U] (B2) **поощрение, ободрение** *Children need lots of encouragement from their parents.*

encouraged /ɪnˈkʌrɪdʒd/ **adjective** having more confidence or hope about something **воодушевленный** *We were very encouraged by his exam results.*

encouraging /ɪnˈkʌrɪdʒɪŋ/ **adjective** (B2) making you feel more hope and confidence **обнадеживающий** *The team's performance was very encouraging.* → Opposite **discouraging**

• **encouragingly adverb ободряюще**

encroach /ɪnˈkrəʊtʃ/ **verb**

PHRASAL VERB **encroach on/upon sth** to gradually take away someone's rights, power, etc, or get control of something, often without being noticed **посягать на что-либо, вторгаться** *My job is starting to encroach on my family life.*

encrusted /ɪnˈkrʌstɪd/ **adjective** covered with something hard, for example dirt or stones **покрытый коркой** *My trousers were* ***encrusted with*** *mud.*

encrypt /ɪnˈkrɪpt/ **verb** [T] to change electronic information into a secret system of letters, numbers, or symbols **зашифровывать, закодировать**

• **encryption noun** [U] **шифрование, кодирование**

encyclopedia (also UK **encyclopaedia**) /ɪnˌsaɪkləˈpiːdiə/ **noun** [C] a book or a set of books containing facts about a lot of subjects **энциклопедия**

end¹ /end/ **noun** **1** [no plural] (A1) the final part of something such as a period of time, activity, or story **конец** *I'll pay you* ***at the end*** *of next month.* ◦ *I didn't meet him until the end of the course.* ◦ *a film with a twist at the end* **2** [C] A2 the furthest part or final part of a place or thing **конец** *They live* ***at the*** *other* ***end*** *of the street.* ◦ *They were standing at* ***opposite ends*** *of the room.* **3** [C] B2 when something stops happening **конец, прекращение** [usually singular] *They are calling for* ***an end to*** *the violence.* **4 in the end** B1 finally, after something has been thought about or discussed a lot **в конце концов** **5 come to an end** to finish **кончиться** **6 put an end to sth** B2 to make something stop happening or existing **положить конец чему-либо** *He's determined to put an end to these rumours.* **7 bring sth to an end** to make something finish **положить конец чему-либо, закончить** *The stories in the newspaper brought her career to a sudden end.* **8 no end** informal a lot **бесконечное количество, куча** *I've had* ***no end of*** *trouble finding a hotel room.* **9 for hours/days, etc on end** for hours/days, etc without stopping **целыми часами/днями и т. д. подряд** *He waited by the telephone for hours on end.* **10** [C] an intention or purpose **цель, намерение** *She only has one end in mind.*

IDIOMS **be at a loose end** to have nothing to do **быть ничем не занятым** *Come and visit us if you're at a loose end over the weekend.* • **at the end of the day** UK something that you say before you give the most important fact of a situation **в конечном счете** *At the end of the day, what matters is that you're safe.* • **at the end of your tether** (also US **at the end of your rope**) so tired, annoyed, or worried by something that you do not feel that you can deal with it **на пределе (сил и т. д.)** • **get (hold of) the wrong end of the stick** to not understand a situation correctly **понять что-либо неправильно** *My mum got the wrong end of the stick and thought that Jim was my boyfriend.* • **make ends meet** to have just enough money to pay for the things that you need **сводить концы с концами** *I've taken a second job in the evenings just to make ends meet.* • **not be the end of the world** If something is not the end of the world, it will not cause very serious problems. **не конец света** *It won't be the end of the world if I don't get the job.* • **be on/at the receiving end of sth** If you are on the receiving end of something, you suffer something unpleasant when you have done nothing to deserve it. **незаслуженно получать (оскорбления и т. д.)** *They are often on the receiving end of verbal abuse from angry customers.* • **throw sb in at the deep end** to make someone start a new and difficult job or activity without helping them or preparing them for it **бросить как щенка в воду, заставив заниматься новым делом**

→ See also **dead end**, **light**[1] at the end of the tunnel, **odds** and ends, the **tail**[1] end of sth, **the West End**, be at your **wits' end**

Слова-партнеры к end

at the end (of sth) • by the end (of sth) • the very end

end[2] /end/ **verb** [I, T] A2 to finish or stop, or to make something finish or stop **кончать(ся), заканчивать(ся)** *What time does the concert end?* ◦ *These talks do not look likely to end the war.*

PHRASAL VERBS **end in/with sth** to finish in a particular way **заканчиваться каким-либо образом** *The evening ended in a big argument.* • **end up** B1 to finally be in a particular place or situation **кончать, заканчивать** *I never thought he'd end up in prison.* ◦ [+ doing sth] *He always ends up doing what Alan wants to do.* ◦ *She'll end up unemployed.*

endanger /ɪnˈdeɪndʒəʳ/ **verb** [T] to put someone or something in a situation where they might be harmed or seriously damaged **подвергать опасности** *He would never do anything to endanger the children's lives.*

endangered /ɪnˈdeɪndʒəd/ **adjective endangered birds/plants/species, etc** B2 animals or plants which may soon not exist because there are very few now alive **находящиеся под угрозой исчезновения птицы/растения/виды и т. д.**

endear /ɪnˈdɪəʳ/ **verb**

PHRASAL VERB **endear sb to sb** If a quality in someone's character, or their behaviour endears them to you, it makes you like them. **располагать к себе**

endearing /ɪnˈdɪərɪŋ/ **adjective** An endearing quality is one that makes people like you. **располагающий, подкупающий**

endeavour UK (US **endeavor**) /ɪnˈdevəʳ/ **verb endeavour to do sth** formal to try very hard to do something **прилагать усилия, стараться** *I endeavoured to help her, but she wouldn't let me.*
• **endeavour** UK (US **endeavor**) **noun** [C, U] **попытка, усилие** *human/artistic endeavour*

endemic /enˈdemɪk/ **adjective** formal If something unpleasant is endemic in a place or among a group of people, there is a lot of it there. **свойственный** *Corruption is endemic in some parts of the police force.*

ending /ˈendɪŋ/ **noun** [C] **1** B1 the last part of a story **конец, заключительная часть** *I hope this film has a* ***happy ending****.* **2** B1 a part added to the end of a word **окончание (слова)** *To make the plural of 'dog', you add the plural ending 's'.*

endive /ˈendaɪv/ **noun** [C, U] a plant with bitter green leaves that are eaten in salads **эндивий**

endless /ˈendləs/ **adjective** B2 continuing for a long time and never finishing, or never seeming to finish **бесконечный, нескончаемый** *He seems to think that I have an* ***endless supply*** *of money.*

• **endlessly adverb бесконечно, нескончаемо**

endorse /ɪn'dɔːs/ **verb** [T] formal to say publicly that you support a person or action **одобрять, поддерживать** [often passive] *The idea was endorsed by a majority of members.*

• **endorsement noun** [C, U] **одобрение, поддержка**

endow /ɪn'daʊ/ **verb** formal **1 be endowed with sth** to have a particular quality or characteristic **быть наделенным чем-либо** *The country is richly endowed with natural resources.* **2** [T] to give a large amount of money to a college, hospital, etc **жертвовать деньги**

end-product /'endˌprɒdʌkt/ **noun** [C] the thing that you get at the end of a process or activity **конечный продукт**

endurance /ɪn'djʊərᵊns/ **noun** [U] the ability to keep doing something difficult, unpleasant, or painful for a long time **выносливость** *a race to test athletes' endurance*

endure /ɪn'djʊəʳ/ **verb** [T] formal B2 to suffer something difficult, unpleasant, or painful **выносить, выдерживать** *She's already had to endure three painful operations on her leg.*

enduring /ɪn'djʊərɪŋ/ **adjective** existing for a long time **прочный, устойчивый** *the enduring popularity of cartoons*

enemy /'enəmi/ **noun 1** [C] B1 a person who you dislike or oppose **враг** *I try not to **make** any **enemies**.* **2** [group] B2 a country or army that your country or army is fighting against in a war **противник** *enemy forces/territory*

> Слова-партнеры к **enemy**
>
> **have/make** enemies • **arch/bitter/deadly** enemies

energetic /ˌenə'dʒetɪk/ **adjective** B2 having or involving a lot of energy **энергичный, активный** *an energetic young woman ◦ Aerobics is too energetic for me.*

• **energetically adverb энергично**

energy /'enədʒi/ **noun** [C, U] **1** B1 the power and ability to be very active without becoming tired **энергия, сила** *Looking after children takes up a lot of time and energy.* ◦ [+ to do sth] *I didn't even have the energy to get out of bed.* **2** B1 the power that comes from electricity, gas, etc **энергия** *nuclear energy ◦ energy conservation* → See also **atomic energy**

> Слова-партнеры к **energy**
>
> **expend/have/save/waste** energy • **boundless/high/restless/surplus** energy

enforce /ɪn'fɔːs/ **verb** [T] **1** to make people obey a rule or law **обеспечивать соблюдение** *It is the duty of the police to enforce the law.* **2** to make a particular situation happen, or to make people accept it **добиваться, принуждать** *The new teacher failed to enforce discipline.*

• **enforcement noun** [U] **обеспечение соблюдения, принуждение** *law enforcement*

engage /ɪn'geɪdʒ/ **verb** [T] formal **1** to interest someone in something and keep them thinking about it **привлекать внимание, занимать** *The debate about food safety has engaged the whole nation.* **2** to employ someone **нанимать** [+ to do sth] *I have engaged a secretary to deal with all my paperwork.*

PHRASAL VERBS **engage in sth** to take part in something **участвовать** • **engage sb in sth** If you engage someone in conversation, you start a conversation with them. **занимать кого-либо чем-либо**

engaged /ɪn'geɪdʒd/ **adjective 1** B1 If two people are engaged, they have formally agreed to marry each other. **обрученный** *When did they **get engaged**?* **2** UK B1 If a telephone line or a toilet is engaged, it is already being used. **занятый**

engagement /ɪn'geɪdʒmənt/ **noun** [C] **1** an agreement to get married to someone **обручение, помолвка** *an **engagement ring*** **2** an arrangement to meet someone or do something at a particular time **назначенная встреча, договоренность**

> Слова-партнеры к **engagement**
>
> **announce/break off** your engagement • your engagement **to** sb • an engagement **party/ring**

engaging /ɪn'geɪdʒɪŋ/ **adjective** pleasant, interesting, or attractive **располагающий** *She has a very engaging personality.*

engender /ɪn'dʒendəʳ/ **verb** [T] formal to make people have a particular feeling or make a situation start to exist **вызывать, пробуждать (чувство)** *We want to engender loyalty to our products.*

engine /'endʒɪn/ **noun** [C] **1** A2 the part of a vehicle that uses energy from oil, electricity, or steam to make it move **двигатель** *a diesel/petrol engine* **2** the part of a train that pulls it along **паровоз, локомотив** → See also **fire engine, search engine**

> Слова-партнеры к **engine**
>
> **start/switch on/switch off/turn off** the engine

ˈengine ˌdriver noun [C] UK (US **engineer**) someone whose job is to drive a train **машинист**

engineer¹ /ˌendʒɪ'nɪəʳ/ **noun** [C] **1** A2 someone whose job is to design, build, or repair machines, engines, roads, bridges, etc **инженер** *a **mechanical/structural engineer** ◦ a **software engineer*** **2** US someone whose job is to drive a train **машинист**

engineer² /ˌendʒɪ'nɪəʳ/ **verb** [T] to arrange for something to happen, especially in a clever and secret way **подстраивать, провоцировать**

[often passive] *She was convinced that the accident had been engineered by his enemies.*

engineering /ˌendʒɪˈnɪərɪŋ/ **noun** [U] B1 the work of an engineer, or the study of this work **инженерное дело, машиностроение** *mechanical engineering* → See also **civil engineering**, **genetic engineering**

English¹ /ˈɪŋglɪʃ/ **noun 1** [U] the language that is spoken in the UK, the US, and in many other countries **английский язык** *American/British English* ◦ *Do you speak English?* **2 the English** [plural] the people of England **англичане**

English² /ˈɪŋglɪʃ/ **adjective 1** relating to the English language **относящийся к английскому языку** *an English teacher* **2** relating to England **английский** *English law*

ˌ**English ˈbreakfast noun** [C] UK a dish including cooked meat and eggs, eaten as the first meal of the day **английский завтрак**

ˌ**English ˈmuffin noun** [C] US (UK **muffin**) a small, round, flat type of bread that is often eaten hot with butter **булочка** → See picture at **muffin**

engrave /ɪnˈgreɪv/ **verb** [T] to cut words or pictures into the surface of metal, stone, etc **гравировать** *He gave her a silver pen engraved with her name.*
• **engraver noun** [C] **гравер**

engraving /ɪnˈgreɪvɪŋ/ **noun** [C] a picture printed from an engraved piece of metal or wood **гравюра**

engrossed /ɪnˈgrəʊst/ **adjective** giving all your attention to something **поглощенный, занятый чем-либо** *He was so* ***engrossed in*** *what he was doing that he didn't hear the bell.*

engrossing /ɪnˈgrəʊsɪŋ/ **adjective** very interesting, and needing all your attention **поглощающий, захватывающий** *an engrossing book*

engulf /ɪnˈgʌlf/ **verb** [T] **1** to surround or cover someone or something completely **поглощать (огнем), затапливать (водой)** [often passive] *The house* ***was*** *quickly* ***engulfed in*** *flames.* **2** to affect a place or a group of people quickly and strongly **охватывать** *Panic is threatening to engulf the country.*

enhance /ɪnˈhɑːns/ **verb** [T] formal to improve something **улучшать, усиливать** *Winning that award greatly enhanced her reputation.*
• **enhancement noun** [C, U] when something is improved **улучшение, усиление**

enigma /ɪˈnɪgmə/ **noun** [C] someone or something that is mysterious and difficult to understand **загадка** *She is a complete enigma to me.*

enigmatic /ˌenɪgˈmætɪk/ **adjective** mysterious and impossible to understand completely **загадочный**

enjoy /ɪnˈdʒɔɪ/ **verb** [T] **1** A1 If you enjoy something, it gives you pleasure. **получать удовольствие, наслаждаться** *I hope you enjoy your meal.* ◦ [+ doing sth] *I really enjoyed being with him.* **2 enjoy yourself** A2 to get pleasure from something that you are doing **хорошо проводить время** *Everyone eventually relaxed and began to enjoy themselves.* **3** formal to have or experience something good such as success **пользоваться, обладать** *His play enjoyed great success on Broadway.*

> **Другие способы сказать enjoy**
>
> В более официальном контексте вместо глагола **enjoy** можно использовать **relish**.
> *Jonathan always* ***relishes*** *a challenge.*
>
> Если кто-то получает большое удовольствие от какой-либо ситуации или занятия, то можно использовать фразовые глаголы **lap up** или **revel in**.
> *He* ***lapped up*** *all the attention they gave him.*
> *She* ***revelled in*** *her role as team manager.*
>
> Если кто-то получает удовольствие от какого-либо действия, которое другие находят неприятным, можно употребить фразовый глагол **delight in**.
> *She seems to* ***delight in*** *making other people look stupid.*
>
> Глагол **savour** (*Великобритания*) (**savor** *США*) используется, если хотят сказать, что кто-то наслаждается каким-то действием очень медленно – с тем, чтобы получить от этого действия как можно больше удовольствия.
> *It was the first chocolate he'd had for over a year, so he* ***savoured*** *every mouthful.*
>
> Если от чего-то получают очень большое удовольствие, то в неформальном общении иногда употребляют выражение **have a ball**.
> *We* ***had a ball*** *in Miami.*

enjoyable /ɪnˈdʒɔɪəbl/ **adjective** B1 An enjoyable event or experience gives you pleasure. **приятный, чудесный** *We had a very enjoyable evening.*

enjoyment /ɪnˈdʒɔɪmənt/ **noun** [U] B2 when you enjoy something **удовольствие, наслаждение** *She* ***gets*** *a lot of* ***enjoyment from*** *music.*

enlarge /ɪnˈlɑːdʒ/ **verb** [I, T] to become bigger or to make something become bigger **увеличивать** [often passive] *I want to get this photo enlarged.* ◦ *an enlarged liver*

PHRASAL VERB **enlarge on/upon sth** formal to give more details about something that you have said or written **подробно останавливаться на чем-либо**

enlargement /ɪnˈlɑːdʒmənt/ **noun** [C, U] when something is enlarged, or something that has been enlarged **увеличение** *I'm going to get an enlargement of this wedding photo.*

enlighten /ɪnˈlaɪtᵊn/ **verb** [T] formal to give someone information about something, so that they understand a situation **просвещать,**

осведомлять *He believes he has a duty to enlighten the public on these matters.*

enlightened /ɪnˈlaɪtᵊnd/ **adjective** having practical, modern ideas and ways of dealing with things **просвещенный** *an **enlightened attitude***

enlightening /ɪnˈlaɪtᵊnɪŋ/ **adjective** giving you more information and understanding about something **поучительный, информативный** *an enlightening book*

enlist /ɪnˈlɪst/ **verb** **1 enlist the help/support of sb** to ask for and get help or support from someone **заручаться содействием/поддержкой кого-либо** *They are hoping to enlist the support of local politicians.* **2** [I] to join the army, navy, etc **поступать на военную службу**

enliven /ɪnˈlaɪvᵊn/ **verb** [T] to make something more interesting **оживлять, делать веселее** *The children's arrival enlivened a boring evening.*

en masse /ɒnˈmæs/ **adverb** If a group of people do something en masse, they do it together as a group. **в массе, скопом** *They surrendered en masse.*

enmity /ˈenməti/ **noun** [U] formal a strong feeling of hate **вражда**

enormity /ɪˈnɔːməti/ **noun the enormity of sth** how big or important something is **грандиозность** *He hadn't realized the enormity of the problem.*

enormous /ɪˈnɔːməs/ **adjective** B1 extremely large **огромный** *This living room is enormous.*

enormously /ɪˈnɔːməsli/ **adverb** extremely **очень, чрезвычайно** *an enormously popular show*

enough[1] /ɪˈnʌf/ **pronoun, quantifier** **1** A2 as much as is necessary **достаточно** *They had enough fuel for one week.* ◦ [+ to do sth] *Have you had enough to eat?* **2** B2 as much as or more than you want **достаточно** *I've got enough work at the moment, without being given any more.* **3 have had enough** to want something to stop because it is annoying you **устать от чего-либо** *I've **had enough of** your excuses.* **4 that's enough** used to tell someone to stop behaving badly **хватит! довольно!**

enough[2] /ɪˈnʌf/ **adverb** **1** A2 as much as is necessary **достаточно** [+ to do sth] *Are you old enough to vote?* ◦ *You're not going fast enough.* **2** slightly, but not very **довольно** *He's nice enough, but I don't really want to go out with him.* **3 funnily/oddly/strangely enough** B2 although it may seem strange **как ни странно** *I was dreading the party, but I really enjoyed it, funnily enough.*

enquire UK (UK/US **inquire**) /ɪnˈkwaɪəʳ/ **verb** [I, T] B2 to ask someone for information about something **спрашивать, интересоваться** *"Are you staying long?" she enquired.* ◦ *I'm **enquiring about** dentists in the area.*
• **enquirer** UK (UK/US **inquirer**) **noun** [C] **человек, интересующийся чем-либо, выясняющий что-либо**

PHRASAL VERBS **enquire after sb** UK formal to ask someone for information about someone else's health and what they are doing, in order to be polite **осведомляться о ком-либо** • **enquire into sth** formal to try to discover the facts about something **выяснять, копаться в чем-либо**

enquiring UK (UK/US **inquiring**) /ɪnˈkwaɪərɪŋ/ **adjective** [always before noun] **1** always wanting to learn new things **пытливый** *an **enquiring mind*** **2** An enquiring expression on your face shows that you want to know something. **вопросительный**

enquiry UK (UK/US **inquiry**) /ɪnˈkwaɪəri/ **noun** **1** [C] formal B1 a question that you ask when you want more information **запрос, вопрос** *We receive a lot of **enquiries about** tax issues.* **2** [C] an official process to discover the facts about something bad that has happened **расследование** *The hospital is holding an **enquiry into** the accident.* **3** [U] formal the process of asking questions in order to get information **выяснение**

> **Слова-партнеры к enquiry**
>
> make/receive an enquiry • an enquiry **about** sth

enrage /ɪnˈreɪdʒ/ **verb** [T] to make someone very angry **приводить в ярость** [often passive] *Farmers are enraged by the government's refusal to help.*

enrich /ɪnˈrɪtʃ/ **verb** [T] to improve the quality of something by adding something to it **обогащать, улучшать** [often passive] *Our culture has been enriched by the many immigrants who live here.*
• **enrichment noun** [U] **обогащение, улучшение**

enrol (present participle **enrolling**, past tense and past participle **enrolled**) UK (US **enroll**) /ɪnˈrəʊl/ **verb** [I, T] to become or make someone become an official member of a course, college, or group **регистрировать(ся), записывать(ся)** *I've* UK ***enrolled on***/US ***enrolled in** a creative writing course.*
• **enrolment** UK (US **enrollment**) **noun** [C, U] **регистрация, запись**

en route /ˌɒnˈruːt/ **adverb** on the way to or from somewhere **по пути** *We stopped in Monaco **en route to** Switzerland.*

ensemble /ɒnˈsɒmbᵊl/ **noun** [C] a small group of musicians or actors who regularly play or perform together **ансамбль, труппа**

enshrined /ɪnˈʃraɪnd/ **verb** formal **be enshrined in sth** If a political or social right is enshrined in something, it is protected by being included in it. **хранить, охранять** *These fundamental human rights are enshrined in the constitution.*

enslave /ɪnˈsleɪv/ **verb** [T] formal to control

someone and keep them in a bad situation **порабощать** [often passive] *These workers are enslaved by poverty.*

ensue /ɪn'sjuː/ **verb** [I] (present participle **ensuing**, past tense and past participle **ensued**) formal to happen after something, often as a result of it **следовать, являться результатом**

• **ensuing adjective** [always before noun] **последующий, вытекающий** *the ensuing hours/months*

E

en suite /ˌɒn'swiːt/ **adjective** UK An en suite bathroom is directly connected to a bedroom. **соединяющийся со спальней**

ensure /ɪn'ʃɔːʳ/ **verb** [T] formal B2 to make certain that something is done or happens **обеспечивать, убеждаться** [+ (that)] *Please ensure that all examination papers have your name at the top.*

entail /ɪn'teɪl/ **verb** [T] to involve something **влечь за собой, быть связанным с чем-либо** *What exactly does the job entail?*

entangled /ɪn'tæŋgld/ **adjective 1** involved with someone or something so that it is difficult to escape **втянутый, замешанный** *I don't know how I ever got entangled in this relationship.* **2** caught in something such as a net or ropes **запутавшийся** *The dolphin had become entangled in the fishing net.*

enter /'entəʳ/ **verb 1** [I, T] A2 to come or go into a place **входить, въезжать** *The police entered by the back door.* ◦ *She is accused of entering the country illegally.* **2** [T] B1 to put information into a computer, book, or document **заносить (в компьютер), вписывать** *You have to enter a password to access this information.* **3** [I, T] B1 to take part in a competition, race, or exam, or to arrange for someone else to do this **принимать участие** *Are you going to enter the photography competition?* **4** [T] to become a member of a particular organization, or start working in a particular type of job **вступать, становиться членом (организации и т. д.)** *She didn't enter the legal profession until she was 40.* **5** [T] to begin a period of time **вступать (в период времени)** *The violence is now entering its third week.*

PHRASAL VERB **enter into sth** to start to become involved in something, especially a discussion or agreement **вступать, принимать участие**

enterprise /'entəpraɪz/ **noun 1** [C] a business or organization **предприятие** *a state-owned enterprise* **2** [C] a difficult and important plan **предприятие** *Putting on the concert will be a joint enterprise between the two schools.* **3** [U] when someone is enthusiastic and willing to do something new and clever, although there are risks involved **предприимчивость, инициатива** *The scheme shows imagination and enterprise.* → See also **free enterprise**

enterprising /'entəpraɪzɪŋ/ **adjective** enthusiastic and willing to do something new, clever, and difficult **предприимчивый** *The film was made by an enterprising group of students.*

entertain /ˌentə'teɪn/ **verb 1** [T] B1 to keep someone interested and help them to have an enjoyable time **развлекать** *We hired a clown to entertain the children.* **2** [I, T] to invite someone to be your guest and give them food, drink, etc **принимать гостей** *We don't entertain as much as we used to.* **3** [T] formal to consider or be willing to accept an idea or suggestion **принимать в расчет, учитывать** *He had never even* ***entertained*** *the* ***idea*** *of her returning.*

entertainer /ˌentə'teɪnəʳ/ **noun** [C] B2 someone whose job is to entertain people by singing, telling jokes, etc **эстрадный артист, затейник**

entertaining /ˌentə'teɪnɪŋ/ **adjective** B2 interesting and helping someone to have an enjoyable time **занимательный** *an entertaining and informative book*

entertainment /ˌentə'teɪnmənt/ **noun** [C, U] B1 shows, films, television, or other performances or activities that entertain people **развлечение, представление** ***popular entertainment*** ◦ *There is* ***live entertainment*** *in the bar every night.*

enthral UK (US **enthrall**) /ɪn'θrɔːl/ **verb** [T] (present participle **enthralling**, past tense and past participle **enthralled**) to keep someone's interest and attention completely **очаровывать, увлекать** [often passive] *The children were enthralled by the circus.*

• **enthralling adjective** keeping someone's interest and attention completely **увлекательный**

enthuse /ɪn'θjuːz/ **verb** [I] to express excitement about something or great interest in it **восторгаться** *She couldn't stop enthusing about the film.*

enthusiasm /ɪn'θjuːziæzᵊm/ **noun** [U] B2 when you feel very interested in something and would very much like to be involved in it **энтузиазм** *She has always had a lot of* ***enthusiasm for*** *her work.*

enthusiast /ɪn'θjuːziæst/ **noun** [C] someone who is very interested in and involved with a particular activity or subject **энтузиаст** *a sports enthusiast*

enthusiastic /ɪnˌθjuːzi'æstɪk/ **adjective** B2 showing enthusiasm **полный энтузиазма** *The teacher was very* ***enthusiastic about*** *my project.*

• **enthusiastically adverb** B2 **с энтузиазмом**

entice /ɪn'taɪs/ **verb** [T] to persuade someone to do something by offering them something pleasant **заманивать, соблазнять** [+ to do sth] *Supermarkets use all sorts of tricks to entice you to buy things.*

• **enticing adjective** Something which is enticing attracts you by offering you something pleasant. **заманчивый, соблазнительный**

entire /ɪnˈtaɪəʳ/ **adjective** [always before noun] B2 whole or complete **целый, весь** *She spent her entire life caring for other people.*

entirely /ɪnˈtaɪəli/ **adverb** B2 completely **полностью, совершенно** *I'm not entirely convinced that it will work.*

entirety /ɪnˈtaɪərəti/ **noun in its entirety** with all parts included **полностью** *This is the first time that the book has been published in its entirety.*

entitle /ɪnˈtaɪtl/ **verb 1 entitle sb to (do) sth** B2 to give someone the right to do or have something **давать кому-либо право на что-либо** [often passive] *I'm entitled to apply for citizenship.* **2** [T] to give something a particular title **называть, озаглавливать** *a lecture entitled "Language, Learning and Literacy"*

entitlement /ɪnˈtaɪtlmənt/ **noun** [C, U] when you have the right to do or have something **право**

entity /ˈentɪti/ **noun** [C] something which exists apart from other things **нечто, объективно существующее, объект** *They want the area recognized as a* ***separate*** *political* ***entity****.*

entourage /ˈɒntʊrɑːʒ/ US /ɒntʊˈrɑːʒ/ **noun** [group] the group of people who travel with an important or famous person **окружение, сопровождение** *She arrived with her usual entourage of dancers and musicians.*

entrance /ˈentrəns/ **noun 1** [C] A2 a door or other opening which you use to enter a building or place **вход** *They must have used the back* ***entrance to*** *the building. ◦ I'll meet you* ***at the*** *main* ***entrance****.* **2** [C] when someone comes into or goes into a place, especially in a way that makes people notice them **(торжественный) выход** *The whole room went quiet when he* ***made his entrance****.* **3** [U] B1 the right to enter a place or to join an organization, college, etc **вступление, поступление, право входа** *Entrance is free, but you have to pay for your drinks.*

> **Слова-партнеры к entrance**
>
> the **back/front/main** entrance • **at the** entrance • the entrance **to** sth

entranced /ɪnˈtrɑːnst/ **adjective** If you are entranced by someone or something, you cannot stop watching them because they are very interesting or very beautiful. **завороженный** *The children were entranced by the puppet show.*

entrant /ˈentrənt/ **noun** [C] someone who enters a competition, organization, or examination **вступающий, поступающий**

entreat /ɪnˈtriːt/ **verb** [T] formal to try very hard to persuade someone to do something **умолять**

entrenched /ɪnˈtrenʃt/ **adjective** Entrenched ideas are so fixed or have existed for so long that they cannot be changed. **укоренившийся** *These* ***attitudes*** *are firmly* ***entrenched*** *in our culture.*

entrepreneur /ˌɒntrəprəˈnɜːʳ/ **noun** [C] someone who starts their own business, especially when this involves risks **предприниматель** • **entrepreneurial adjective предпринимательский** ***an entrepreneurial spirit***

entrust /ɪnˈtrʌst/ **verb** [T] to make someone responsible for doing something or looking after something **поручать, вверять** [often passive] *I was* ***entrusted with*** *the task of organizing the party.*

entry /ˈentri/ **noun 1** [U] B1 when you come into or go into a place **вход, въезд** *She was* ***refused entry*** *to the US. ◦ Police* ***gained entry*** *by breaking a window.* **2** [U] B1 when you join an organization or take part in a competition **вступление, поступление** *Are there lots of exams for* ***entry into*** *the legal profession? ◦ an entry form* **3** [C] B1 a piece of work that you do to try to win a competition **работа участника конкурса** *The first ten correct entries will receive a prize.* **4** [C] B1 one of the pieces of information or writing that is recorded in a book such as a dictionary, or in a computer system **статья, запись** *a diary entry* **5** [U] when someone puts information into something such as a computer system **занесение (информации в компьютер)** ***data entry***

> **Слова-партнеры к entry**
>
> **allow/gain/refuse** entry • entry **into/to** [a place]

entwined /ɪnˈtwaɪnd/ **adjective 1** twisted together or twisted around something **сплетенный, обвитый** *Their arms were entwined.* **2** unable to be separated **переплетенный** *My fate is entwined with his.*

enumerate /ɪˈnjuːmᵊreɪt/ **verb** [T] formal to name each thing on a list **перечислять**

envelop /ɪnˈveləp/ **verb** [T] to completely cover something **окутывать, покрывать** [often passive] *The farm was enveloped in fog.*

envelope /ˈenvələʊp/ **noun** [C] A2 a flat paper container for a letter **конверт** → See **The Office** on page Centre 5

enviable /ˈenviəbl/ **adjective** If someone is in an enviable situation, you wish that you were also in that situation. **завидный** *She's in the* ***enviable position*** *of being able to choose who she works for.*

envious /ˈenviəs/ **adjective** wishing that you had what someone else has **завидующий, завистливый** *She was* ***envious of*** *his successful career.*
• **enviously adverb с завистью**

environment /ɪnˈvaɪərᵊnmənt/ **noun 1 the environment** B1 the air, land, and water where people, animals, and plants live **окружающая среда** *The new road may cause damage to the environment.* **2** B2 [C] the situation that you live or work in, and how it influences how you feel обстановка, атмосфера *We are working in a very competitive environment.*

> Слова-партнеры к **environment**
>
> **damage/harm/pollute/protect** the environment

environmental /ɪnˌvaɪərᵊnˈmentᵊl/ **adjective** B1 relating to the environment **относящийся к окружающей среде** *environmental damage* ◦ *an environmental disaster*
• **environmentally adverb** B2 **по отношению к окружающей среде** *environmentally damaging chemicals*

environmentalist /ɪnˌvaɪərᵊnˈmentᵊlɪst/ **noun** [C] someone who tries to protect the natural environment from being damaged **сторонник защиты окружающей среды**

enˌvironmentally ˈfriendly adjective B2 not damaging the environment **благоприятный по отношению к окружающей среде** *environmentally-friendly washing powder*

envisage /ɪnˈvɪzɪdʒ/ **verb** [T] mainly UK (mainly US **envision** /ɪnˈvɪʒᵊn/) to imagine something happening, or think that something is likely to happen **представлять себе, предвидеть** *The police don't envisage any trouble at the festival.*

envoy /ˈenvɔɪ/ **noun** [C] someone who is sent to represent their government in another country **посланник**

envy[1] /ˈenvi/ **noun 1** B2 [U] the feeling that you wish you had something that someone else has **зависть** *I watched with envy as he climbed into his brand new sports car.* **2 be the envy of sb** to be liked and wanted by someone **быть предметом зависти для кого-либо** *Her new office was the envy of the whole company.*

envy[2] /ˈenvi/ **verb** [T] B2 to wish that you had something that someone else has **завидовать** *I envy her good looks.* ◦ [+ two objects] *I don't envy him that job.*

enzyme /ˈenzaɪm/ **noun** [C] a chemical substance produced by living cells which makes particular chemical reactions happen in animals and plants **фермент**

ephemeral /ɪˈfemᵊrᵊl/ **adjective** formal lasting for only a short time **эфемерный, недолговечный**

epic /ˈepɪk/ **noun** [C] a story or film which is very long and contains a lot of action **эпос, киноэпопея**
• **epic adjective эпический** *an epic journey*

epidemic /ˌepɪˈdemɪk/ **noun** [C] when a large number of people get the same disease over the same period of time **эпидемия** *the AIDS epidemic*

epilepsy /ˈepɪlepsi/ **noun** [U] a brain disease which can make someone become unconscious and have fits (= when you shake in an uncontrolled way) **эпилепсия**

epileptic /ˌepɪˈleptɪk/ **noun** [C] someone who suffers from epilepsy **страдающий эпилепсией**
• **epileptic adjective эпилептический**

epilogue /ˈepɪlɒg/ **noun** [C] a speech or piece of writing that is added to the end of a play or book **эпилог**

epiphany /ɪˈpɪfᵊni/ **noun** [U] literary a moment when you suddenly understand or become aware of something **прозрение**

episode /ˈepɪsəʊd/ **noun** [C] **1** B2 one programme of a series shown on television **серия** *Did you see last week's episode of The X-Factor* **2** B2 a single event or period of time **эпизод** *an important **episode in** British history*

epitaph /ˈepɪtɑːf/ **noun** [C] words that are written to remember a dead person, usually on the stone where they are buried **надгробная надпись**

epitome /ɪˈpɪtəmi/ **noun be the epitome of sth** to be a perfect example of a quality or type of thing **олицетворение, воплощение** *The hotel was the epitome of luxury.*

epitomize (also UK **-ise**) /ɪˈpɪtəmaɪz/ **verb** [T] to be a perfect example of a quality or type of thing **олицетворять, воплощать** *She epitomizes elegance and good taste.*

epoch /ˈiːpɒk/ (US) /ˈepək/ **noun** [C] (plural **epochs**) a long period of time in history **эпоха**

eponymous /ɪˈpɒnɪməs/ **adjective** [always before noun] literary An eponymous character in a play, book, etc, has the same name as the title. **герой, именем которого названо произведение**

equal[1] /ˈiːkwəl/ **adjective 1** B1 the same in amount, number, or size **равный** *The sides are of equal length.* ◦ *One metre is **equal to** 39.37 inches.* **2 equal opportunities/rights, etc** B2 opportunities/rights, etc that are the same for everyone without anyone having an unfair advantage **равные возможности/права и т. д.** → Opposite **unequal**

equal[2] /ˈiːkwəl/ **verb** [T] (present participle UK **equalling**, past tense and past participle **equalled**, present participle US **equaling**, past tense and past participle **equaled**) **1** to have the same value, size, etc as something else, often shown using a symbol (=) **равняться** *Two plus two equals four.* **2** to be as good as someone or something else **быть равным, повторять** *She equalled her own world record in the race.*

equal[3] /ˈiːkwəl/ **noun** [C] B2 someone who has the same ability, opportunities, or rights as someone else **равный, ровня** *The teacher treats us all as equals.*

equality /ɪˈkwɒləti/ **noun** [U] B2 when everyone is equal and has the same opportunities, rights, etc **равенство** ***racial/sexual equality*** ◦ ***equality between** men and women* → Opposite **inequality**

Слова-партнеры к equality

racial/sexual/social equality • equality **between sb and sb**

equalize (also UK **-ise**) /ˈiːkwəlaɪz/ **verb 1** [I] UK to get the point in a game or competition that makes your score the same as the other team or player **сравнивать счет 2** [T] to make things or people equal **делать равным**

equally /ˈiːkwəli/ **adverb 1** to the same degree or level **в равной степени** *an equally important question* ◦ *She did* ***equally well*** *in the competition last year.* **2** into amounts or parts that are the same size **поровну** *She shared the money equally between the four children.* **3** B2 If you treat people equally, you treat everyone in the same way so that no one has an unfair advantage. **одинаково**

equal ˌsign noun [C] (also **ˈequals ˌsign**) the symbol =, used to show that two things are the same in value, size, meaning, etc **знак равенства**

equanimity /ˌekwəˈnɪməti/ **noun** [U] formal the ability to react calmly, especially in difficult situations **невозмутимость, хладнокровие**

equate /ɪˈkweɪt/ **verb** [T] to consider one thing to be the same as or equal to another thing **приравнивать** *Many people* ***equate*** *wealth* ***with*** *happiness.*

equation /ɪˈkweɪʒən/ **noun** [C] when you show that two amounts are equal using mathematical symbols **уравнение**

equator /ɪˈkweɪtər/ **noun** [U] the imaginary line around the Earth that divides it into equal north and south parts **экватор**

• **equatorial** /ˌekwəˈtɔːriəl/ **adjective** relating to the equator **экваториальный**

equestrian /ɪˈkwestriən/ **adjective** relating to riding horses **конный, верховой**

equi- /ekwɪ-/ **prefix** equal, equally **равно-, равный** *equidistant (= the same distance from two or more places)*

equip /ɪˈkwɪp/ **verb** (present participle **equipping**, past tense and past participle **equipped**) **1 be equipped with sth** B2 to include the things that are needed for a particular purpose **быть оборудованным чем-либо** *The new trains are equipped with all the latest technology.* **2** [T] to give someone the skills they need to do a particular thing **вооружать знаниями** [+ to do sth] *The course didn't really equip me to be a journalist.*

equipment /ɪˈkwɪpmənt/ **noun 1** B1 [U] the things that are used for a particular activity or purpose **оборудование, оснащение** *kitchen/office equipment* ◦ *electrical equipment (= equipment that uses electricity)* **2 a piece of equipment** B1 a tool or object used for a particular activity or purpose **инструмент, аппарат**

Слова-партнеры к equipment

install/operate/use equipment • **modern/necessary/specialist** equipment • equipment **for sth**

equitable /ˈekwɪtəbl/ **adjective** formal treating everyone in an equal way **беспристрастный** *a fair and equitable voting system*

• **equitably adverb беспристрастно**

equity /ˈekwɪti/ **noun** [U] formal when everyone is treated fairly and equally **справедливость** *pay equity* → Compare **inequity**

equivalent[1] /ɪˈkwɪvələnt/ **adjective** equal in amount, value, importance, or meaning **равноценный, соответствующий** *The UK's Bafta Awards are roughly* ***equivalent to*** *the Oscars.*

equivalent[2] /ɪˈkwɪvələnt/ **noun** [C] something that has the same value, importance, size, or meaning as something else **эквивалент** *She won* ***the equivalent of*** *$5 million.*

er /ɜːr/ **exclamation** UK spoken (US **uh**) something that you say while you are thinking what to say next **э-э-э** *Well, er, I'm not too sure about that.*

ER /ˌiːˈɑːr/ **noun** [C] US abbreviation for emergency room: the part of a hospital where people go when they have been injured or have urgent illnesses so that they can be treated immediately **отделение скорой помощи**

era /ˈɪərə/ **noun** [C] B2 a period of time in history that is special for a particular reason **эра, эпоха** *the Victorian era* ◦ *a new era of peace*

eradicate /ɪˈrædɪkeɪt/ **verb** [T] formal to destroy or completely get rid of something such as a social problem or a disease **истреблять, искоренять**

• **eradication** /ɪˌrædɪˈkeɪʃən/ **noun** [U] **истребление, искоренение**

erase /ɪˈreɪz/ US /ɪˈreɪs/ **verb** [T] to completely remove words, music, pictures, etc that are written or stored on a computer or other piece of equipment **стирать, уничтожать** *I accidentally erased the tape she lent me.*

eraser /ɪˈreɪzər/ US /ɪˈreɪsər/ **noun** [C] US (UK **rubber**) **1** a small object which is used to remove pencil marks from paper **ластик 2** an object which is used to remove marks from a blackboard (= a large dark board that teachers write on) **тряпка для стирания с доски** → See **The Classroom** on page Centre 6

erect[1] /ɪˈrekt/ **adjective** straight and standing up **прямой** *She stood very erect, with her hands behind her back.*

erect[2] /ɪˈrekt/ **verb** [T] formal to build or put up a structure **строить, воздвигать** *When was this building erected?*

erection /ɪˈrekʃən/ **noun 1** [C] when a penis becomes harder and bigger than usual **эрекция 2** [C, U] formal when a structure is built or put up, or the building itself **сооружение, постройка**

erode /ɪˈrəʊd/ **verb 1** [I, T] If soil, stone, etc

erodes or is eroded, it is gradually damaged and removed by the sea, rain, or wind. **разъедать, размывать** [often passive] *The coastline is slowly being eroded by the sea.* **2** [T] formal to gradually destroy a good quality or situation **подрывать, портить** *Reports of corruption have eroded people's confidence in the police.*

• **erosion** /ɪˈrəʊʒᵊn/ **noun** [U] **разрушение** *soil erosion*

E

erotic /ɪˈrɒtɪk/ **adjective** making you feel strong sexual feelings, or involving sexual love **эротический** *an erotic film*

• **erotically adverb эротически**

err /ɜːʳ/ **verb** [I] formal to make a mistake or do something that is wrong **ошибаться** → See also err on the **side**[1] of caution

errand /ˈerənd/ **noun** [C] a short journey in order to buy or do something for someone **поручение** *I've got to **run** a few **errands** this morning before we go.*

errant /ˈerənt/ **adjective** [always before noun] An errant person has behaved badly. **нарушающий нормы поведения** *an errant husband*

erratic /ɪˈrætɪk/ **adjective** often changing suddenly and not regular **неустойчивый, беспорядочный** *His behaviour is becoming more and more erratic.*

• **erratically adverb беспорядочно**

erroneous /ɪˈrəʊniəs/ **adjective** formal not correct **ошибочный** *an erroneous answer*

error /ˈerəʳ/ **noun** [C, U] B2 a mistake, especially one that can cause problems **ошибка** *a computer error/**human error*** ◦ *to **make** an **error*** ◦ *The documents were destroyed **in error** (= by mistake) by the police.*

> **Слова-партнеры к error**
>
> make/correct an error • a **fundamental/glaring** error • do sth **in** error • **human** error

erupt /ɪˈrʌpt/ **verb** [I] **1** If a volcano erupts, it suddenly throws out smoke, fire, and melted rocks. **извергаться 2** to happen suddenly or violently **внезапно прорываться, разражаться** ***Violence erupted** in the city on Friday night.* **3** to suddenly become very excited or angry, or start to shout **взрываться (о смехе, крике и т. д.)** *The whole stadium erupted when he scored the second goal.*

• **eruption** /ɪˈrʌpʃᵊn/ **noun** [C, U] **извержение, взрыв** *a **volcanic eruption***

escalate /ˈeskəleɪt/ **verb 1** [I, T] If a violent or bad situation escalates or is escalated, it quickly becomes worse or more serious. **обостряться, перерастать** *The fight quickly **escalated into** a riot.* **2** [I] to rise or increase quickly **расти, увеличиваться** *Airline **prices escalate** during the holiday season.*

• **escalation** /ˌeskəˈleɪʃᵊn/ **noun** [C, U] **обострение, рост** *an **escalation in** violence*

escalator /ˈeskəleɪtəʳ/ **noun** [C] B2 moving stairs that take people from one level of a building to another **эскалатор** *We **took** the **escalator** down to the basement.*

escapade /ˌeskəˈpeɪd/ **noun** [C] an exciting and sometimes dangerous experience **выходка**

escape[1] /ɪˈskeɪp/ **verb 1** [I] B1 to succeed in getting away from a place where you do not want to be **совершать побег** *The two killers **escaped from** prison last night.* **2** [I, T] B2 to avoid a dangerous or unpleasant situation **избегать** *to **escape capture/injury*** **3** [T] If something such as a name escapes you, you cannot remember it. **ускользать, выпадать из памяти** *The **name** of her book **escapes** me at the moment.* **4** [T] If something escapes your notice or attention, you do not notice or see it. **ускользать** *Nothing that goes on in this office **escapes** her **attention**.* **5** [I] If a gas or liquid escapes from a pipe or container, it comes out, especially when it should not. **вытекать, улетучиваться**

• **escaped adjective беглый** *an escaped prisoner*

escape[2] /ɪˈskeɪp/ **noun 1** [C, U] B2 when someone succeeds in getting out of a place or a dangerous or bad situation **побег 2 a narrow escape** when someone almost dies or almost has a very bad experience **едва избежать опасности 3** [U, no plural] B2 something that helps you to forget about your usual life or problems **отдушина, возможность отключиться от повседневности** *I love old movies, they're such an **escape from** the real world.* → See also **fire escape**

> **Слова-партнеры к escape**
>
> attempt/make/plan an escape • a **lucky/remarkable** escape • an escape from sth/sb

es'cape ˌ(key) noun [C] (written abbreviation **Esc**) the key on a computer keyboard which allows you to leave a particular screen or program **клавиша выхода (из текущего режима работы)** *If you press the escape key, you will return to the main menu.*

escapism /ɪˈskeɪpɪzᵊm/ **noun** [U] entertainment or imagination that helps you to forget about your work and your problems **стремление уйти от действительности**

• **escapist adjective уводящий от проблем жизни**

escort[1] /ˈeskɔːt/ **noun 1** [C, U] a person or vehicle that goes somewhere with someone to protect or guard them **охрана, сопровождение** *She was driven to court **under** police **escort**.* **2** [C] a person who goes with someone else to a social event, sometimes for payment **спутник, спутница**

escort[2] /ɪˈskɔːt/ **verb** [T] to go somewhere with someone, often to protect or guard them **провожать, сопровождать** *He offered to escort me home.*

Eskimo /ˈeskɪməʊ/ **noun** [C, U] (plural **Eskimos, Eskimo**) old-fashioned another word for Inuit (= a group of people who live in the cold, northern areas of North America, Russia, and Greenland, or a member of this group) **эскимос** *an Eskimo village*

ESL /ˌiːes'el/ **noun** [U] abbreviation for English as a Second Language: the teaching of English to students whose first language is not English, but who live in a country where it is the main language **преподавание английского языка как иностранного (в стране, где английский является официальным языком)**

especially /ɪ'speʃəli/ **adverb 1** A2 more than other things or people, or much more than usual **особенно** *He's always making comments about her appearance, especially her weight.* ◦ *She's especially interested in American poetry.* **2** for one particular person, purpose, or reason **специально** *I cooked this meal* ***especially for*** *you.*

espionage /'espiənɑːʒ/ **noun** [U] the activity of discovering secret information about a country or company that is fighting or competing against you **шпионаж** ***industrial espionage***

espouse /ɪ'spaʊz/ **verb** [T] formal to support a belief or way of life **поддерживать (идею и т. д.)**

espresso /es'presəʊ/ **noun** [C, U] strong, black coffee **кофе эспрессо**

essay /'eseɪ/ **noun** [C] B1 a short piece of writing about a particular subject, especially one written by a student **очерк, сочинение** *He wrote an* ***essay on*** *modern Japanese literature.*

> Слова-партнеры к **essay**
>
> do/write an essay • in an essay • an essay on sth

essence /'esəns/ **noun 1** [U, no plural] the basic or most important idea or quality of something **сущность, существо** *The* ***essence of*** *his argument is that we should not eat meat.* **2** [C, U] a strong liquid, usually made from a plant or flower, that is used to add a flavour or smell to something **эссенция** *vanilla essence*

essential /ɪ'senʃəl/ **adjective 1** B1 very important and necessary **необходимый, обязательный** *Computers are an* ***essential part*** *of our lives.* ◦ *Fibre is* ***essential for*** *a healthy digestive system.* ◦ [+ to do sth] *It is essential to arrive early for the show.* ◦ [+ (that)] *It is absolutely essential that she gets this message.* **2** the most basic and important **существенно важный** *There's one essential point I think you've forgotten.*

essentially /ɪ'senʃəli/ **adverb** B2 used when you are emphasizing the basic facts about something **в сущности** *What he is saying is essentially true.*

esˌsential 'oil noun [C, U] a strong oil made from a plant which contains its smell or other special qualities **эфирное масло**

essentials /ɪ'senʃəlz/ **noun** [plural] the most important or necessary things **предметы первой необходимости**

establish /ɪ'stæblɪʃ/ **verb 1** [T] B2 to start a company or organization that will continue for a long time **основывать** [often passive] *The brewery was established in 1822.* **2 establish sb/sth as sth** to put someone or something into a successful and lasting position **утвердиться в качестве кого-либо, создать себе репутацию** [often reflexive] *He quickly established himself as a talented actor.* **3 establish communication/relations, etc** to start having a relationship or communicating with another company, country, or organization **устанавливать связь/отношения и т. д.** *The two countries have only recently established diplomatic relations.* **4** [T] to decide something **определять, устанавливать** *Our first step must be to establish priorities for the weeks ahead.* **5** [T] to find out information or prove something **выяснять** [+ question word] *The police are trying to establish how he died.*
• **established adjective основанный, признанный, установленный**

establishment /ɪ'stæblɪʃmənt/ **noun 1** [C] an organization or business **организация, учреждение 2** [U] when an organization, school, business, etc is started **создание, основание** *the establishment of a new national bank* **3 the Establishment** the people and organizations that have most power and influence in a country **правящие круги, истеблишмент 4 the legal/medical, etc establishment** the group of people with most influence in a particular area of work or activity **влиятельные круги в области юриспруденции/медицины и т. д.**

estate /ɪ'steɪt/ **noun** [C] **1** B2 a large area of land in the countryside that is owned by one person or organization **поместье** *a country estate* **2** UK B2 an area with a lot of buildings of the same type **участок, территория** *an* ***industrial estate*** **3** the possessions and money that someone owns when they die **имущество, состояние** → See also **housing estate, real estate**

es'tate ˌagent noun [C] UK (US **real estate agent**) someone who sells buildings and land as their job **агент по продаже недвижимости**

es'tate ˌcar noun [C] UK (US **station wagon**) a big car with a large space for bags behind the back seat **автомобиль с кузовом "универсал"**

esteem /ɪ'stiːm/ **noun** [U] formal respect and admiration for someone **уважение, почтение** *My father was* ***held in high esteem*** *by everyone who knew him.* → See also **self-esteem**

esteemed /ɪ'stiːmd/ **adjective** formal respected and admired **уважаемый** *a* ***highly esteemed*** *professor*

esthetic /es'θetɪk/ **adjective** another US spelling of aesthetic (= relating to beauty and the way something looks) **эстетический**
• **esthetically adverb эстетически**

E

esthetics /es'θetɪks/ **noun** [U] another US spelling of aesthetics (= the study of beauty) **эстетика**

estimate¹ /'estɪmət/ **noun** [C] **1** B2 a guess of what a size, value, amount, etc might be **оценка** *a **rough estimate*** **2** a written document saying how much it will probably cost to do a job **смета** *Can you **give** me an **estimate** for the work?*

> Слова-партнеры к **estimate**
>
> **an accurate/rough estimate** • **an estimate of sth** • **give sb an estimate**

estimate² /'estɪmeɪt/ **verb** [T] B2 to guess the cost, size, value, etc of something **подсчитывать, оценивать** [+ that] *They estimate that a hundred people were killed in the accident.* ◦ *The number of dead **is estimated at** a hundred.*

• **estimated adjective** B2 **предполагаемый** *an estimated cost*

estimation /ˌestɪ'meɪʃᵊn/ **noun** [U] your opinion of someone or something **суждение, мнение** *He is a total genius, **in my estimation**.*

estranged /ɪ'streɪndʒd/ **adjective** formal **1** not now communicating with a friend or a member of your family, because you have argued **поссорившийся** **2** not now living with your husband or wife **проживающий отдельно** *his estranged wife*

• **estrangement noun** [C, U] **разрыв, отчужденность**

estrogen /'iːstrədʒᵊn/ US /'estrədʒᵊn/ **noun** [U] US spelling of oestrogen (= a chemical substance in a woman's body) **эстроген**

estuary /'estjʊəri/ **noun** [C] the wide part of a river where it goes into the sea **устье, дельта**

etc /et'setᵊrə/ abbreviation for et cetera: used at the end of a list to show that other things or people could also be added to it **и так далее**

etch /etʃ/ **verb** [I, T] to cut lines on a hard surface to make a picture or words **гравировать**

eternal /ɪ'tɜːnᵊl/ **adjective** continuing forever, or seeming to continue forever **вечный** ***eternal youth***

• **eternally adverb вечно** *I will be **eternally grateful** to you.*

eternity /ɪ'tɜːnəti/ **noun** **1** [U] time that continues forever, especially after death **вечность** **2 an eternity** informal a very long time **целая вечность** *It **seemed like an eternity** until she came back.*

ethereal /ɪ'θɪəriəl/ **adjective** very delicate and light and almost seeming not to be from this world **эфирный, неземной**

• **ethereally adverb бесплотно**

ethic /'eθɪk/ **noun** [no plural] a belief or idea that influences the way you think or behave **этика, мораль**

ethical /'eθɪkᵊl/ **adjective** **1** relating to what is right or wrong **этический** *The book raises some serious ethical questions.* **2** morally correct and good **нравственный** *He dealt with this case in a completely professional and ethical manner.* → Opposite **unethical**

• **ethically adverb этически**

ethics /'eθɪks/ **noun** [plural] ideas and beliefs about what type of behaviour is morally right and wrong **мораль, нравственность** *a **code of ethics*** ◦ *the ethics of genetic engineering*

ethnic /'eθnɪk/ **adjective** relating to a particular race of people **этнический** ***ethnic minorities***

ethnic cleansing /ˌeθnɪk'klenzɪŋ/ **noun** [U] the use of violence to remove everyone of a particular race or religion from a country or area **этническая чистка**

ethos /'iːθɒs/ **noun** [no plural] the ideas and beliefs of a particular person or group **дух**

e-ticket /'iːˌtɪkɪt/ **noun** [C] a ticket, usually for someone to travel on an aircraft, that is held on a computer and is not printed on paper **электронный билет**

etiquette /'etɪket/ **noun** [U] rules about what is polite and correct behaviour **этикет**

etymology /ˌetɪ'mɒlədʒi/ **noun** [U] the study of the history and origin of words and their meanings **этимология**

• **etymological** /ˌetɪmə'lɒdʒɪkəl/ **adjective этимологический** • **etymologically adverb этимологически**

the EU /ˌiː'juː/ **noun** abbreviation for the European Union: a European political and economic organization that encourages business and good relationships between the countries that are members **Европейский союз**

euphemism /'juːfəmɪzᵊm/ **noun** [C, U] a polite word or phrase that is used to avoid saying something embarrassing or offensive **эвфемизм** *'Passed away' is a **euphemism for** 'died'.*

• **euphemistic** /ˌjuːfə'mɪstɪk/ **adjective эвфемистический** • **euphemistically adverb эвфемистически**

euphoria /juː'fɔːriə/ **noun** [U] a feeling of extreme happiness and excitement **эйфория**

• **euphoric** /juː'fɒrɪk/ **adjective эйфорический**

euro /'jʊərəʊ/ **noun** [C] A2 a unit of money used in European countries that belong to the European Union (= a European political and economic organization); € **евро**

Euro- /jʊərəʊ-/ **prefix** relating to Europe **евро-** *Europop (= pop music from Europe)*

European /ˌjʊərə'piːən/ **adjective** relating or belonging to Europe **европейский** *European countries/languages* ◦ *the European Parliament*

• **European noun** [C] **европеец** *Many Europeans speak English.*

the ˌEuropean 'Union noun (also **the EU**) a European political and economic organization that encourages business and good relationships between the countries that are members **Европейский союз**

euthanasia /ˌjuːθə'neɪziə/ **noun** [U] when someone who is very old or very ill is killed so that they do not suffer any more **эвтаназия** ***voluntary euthanasia***

evacuate /ɪˈvækjueɪt/ **verb** [T] to move people from a dangerous place to somewhere safer **эвакуировать** *The police quickly evacuated the area after the bomb threat.*

• **evacuation** /ɪˌvækjuˈeɪʃᵊn/ **noun** [C, U] **эвакуация** *the evacuation of civilians from the war zone*

evacuee /ɪˌvækjuˈiː/ **noun** [C] someone who is evacuated from a place to somewhere safer **эвакуированный**

evade /ɪˈveɪd/ **verb 1** [T] to avoid something or someone, especially in a dishonest way **избегать, уклоняться** *to* ***evade capture*** ◦ *to evade paying tax* **2 evade the issue/question, etc** to intentionally not talk about something or not answer something **избегать обсуждения проблемы/уклоняться от ответа и т. д.**

evaluate /ɪˈvæljueɪt/ **verb** [T] formal to consider or study something carefully and decide how good or bad it is **оценивать, определять (качество, количество и т. д.)**

• **evaluation** /ɪˌvæljuˈeɪʃᵊn/ **noun** [C, U] **оценка, определение (качества, количества и т. д.)**

evangelical /ˌiːvænˈdʒelɪkᵊl/ **adjective** Evangelical Christians believe that faith in Jesus Christ and studying the Bible are more important than religious ceremonies. **евангелический**

evaporate /ɪˈvæpᵊreɪt/ **verb 1** [I, T] If a liquid evaporates or is evaporated, it changes into gas or vapour (= very small drops of water). **испаряться 2** [I] If feelings evaporate, they disappear. **исчезать без следа, улетучиваться**

• **evaporation** /ɪˌvæpəˈreɪʃᵊn/ **noun** [U] **испарение**

evasion /ɪˈveɪʒᵊn/ **noun** [C, U] when you avoid something, especially in a dishonest way **уклонение, обход (закона)** ***tax evasion***

evasive /ɪˈveɪsɪv/ **adjective 1** trying to avoid talking about something **уклончивый** *He was very evasive about his past.* ◦ *an* ***evasive answer*** **2 take evasive action** to do something to avoid an accident or bad situation **принимать меры для предотвращения чего-либо**

• **evasively adverb уклончиво** • **evasiveness noun** [U] **уклончивость**

eve /iːv/ **noun 1 Christmas Eve/New Year's Eve** the day or night before Christmas Day/New Year's Day **сочельник/канун Нового года 2 the eve of sth** the time just before something important happens **канун** *They were married in Washington on the eve of the Second World War.*

even¹ /ˈiːvᵊn/ **adjective 1** flat, level, or smooth **ровный, гладкий** *Find an* ***even surface*** *to work on.* → Opposite **uneven 2** An even temperature or rate is regular and does not change very much. **ровный, равномерный 3** An even number is a number which can be exactly divided by two, for example four, six, or eight. **четный** → Opposite **odd 4** informal not now owing someone money **рассчитавшийся, расквитавшийся** *If you pay for my cinema ticket, we'll be even.* **5** An even race or competition is one that both players, teams, or people involved have an equal chance of winning. **равный (по силе), с равными шансами 6 get even (with sb)** informal If you get even with someone who has done something bad to you, you do something bad to them. **расквитаться с кем-либо**

even² /ˈiːvᵊn/ **adverb 1** Ⓐ2 used to emphasize something that is surprising **даже** *Everyone danced, even Mick.* **2 even better/faster/smaller, etc** Ⓑ1 used when comparing things, to emphasize the difference **даже выше/быстрее/меньше и т. д.** *I think Alex is going to be even taller than his father.* **3 even if** Ⓑ2 used to emphasize that a particular situation would not change what you have just said **даже если** *I would never eat meat, even if I was really hungry.* **4 even though** Ⓑ2 although **несмотря на то что** *He still smokes, even though he's got asthma.* **5 even so** used to emphasize that something surprising is true despite what you have just said **тем не менее** *Car prices have gone down a lot, but even so, we couldn't afford to buy one.*

even³ /ˈiːvᵊn/ **verb**

PHRASAL VERB **even (sth) out** to become equal, or to make something equal **выравнивать(ся)** *Sometimes I pay and sometimes Tom does – it usually evens out in the end.*

evening /ˈiːvnɪŋ/ **noun 1** Ⓐ1 [C, U] the part of the day between the afternoon and the night **вечер** *Are you doing anything* ***this evening****?* ◦ *I go to band practice on Monday evenings.* ◦ *We usually eat our main meal* ***in the evening****.* **2 (Good) evening.** something that you say when you meet someone in the evening **добрый вечер!**

> Слова-партнеры к **evening**
>
> this/tomorrow/yesterday evening • in the evening

evenly /ˈiːvᵊnli/ **adverb 1** into equal amounts, or in a regular way **поровну** *They decided to divide the prize money evenly between them.* **2 evenly matched** Two people or teams who are evenly matched are equally good, or have an equal chance of winning. **силы обеих сторон равны**

event /ɪˈvent/ **noun** [C] **1** Ⓑ1 something that happens, especially something important or unusual **событие** *Local people have been shocked by* ***recent events*** *in the town.* **2** Ⓑ1 a race, party, competition, etc that has been organized for a particular time **мероприятие** *a* ***social/sporting event*** **3 in the event** UK used to emphasize what did happen when it was not what you had expected **как оказалось** *In the event, we didn't need the extra money.* **4 in the event of sth** formal if something happens **в**

случае чего-либо *An airbag could save your life in the event of an accident.* **5 in any event** whatever happens **в любом случае** *I'm not sure if I'm coming on Friday, but in any event, I'll see you next week.* → See also **non-event**

> **Слова-партнеры к event**
> an event **happens/occurs/takes place** • **witness** an event • a **dramatic/major/rare/tragic** event • **recent** events

eventful /ɪˈventfəl/ **adjective** full of interesting or important events **богатый событиями** *a very eventful day/journey*

eventual /ɪˈventʃuəl/ **adjective** [always before noun] happening or existing at the end of a process or period of time **конечный, итоговый** *the eventual winner of the competition*

eventually /ɪˈventʃuəli/ **adverb** B2 in the end, especially after a long time **в конце концов** *We all hope that an agreement can be reached eventually.*

ever /ˈevər/ **adverb 1** A2 at any time **когда-либо, никогда (в отриц. предл.)** *Have you ever been skiing?* ◦ *No one ever calls me any more.* **2 better/faster/happier, etc than ever** better/faster/happier, etc than at any time before **лучше/быстрее/счастливее и т. д., чем когда-либо 3 hardly ever** B1 almost never **почти никогда** *We hardly ever go out these days.* **4 ever since** B1 always since that time **с тех (самых) пор** *We met at school and have been friends ever since.* **5 ever so/ever such a** UK B2 very/a very **очень, чрезвычайно** *She's ever so pretty.* **6 for ever** UK (UK/US **forever**) B1 always in the future **всегда, вечно** *I'm not going to live here for ever.* **7 ever-changing/growing/increasing, etc** always changing/growing/increasing, etc **постоянно изменяющийся/растущий/увеличивающийся и т. д.**

evergreen /ˈevəgri:n/ **adjective** An evergreen plant has green leaves that do not fall off in winter. **вечнозеленый**
• **evergreen noun** [C] a plant with leaves that do not fall off in winter **вечнозеленое растение**

everlasting /ˌevəˈlɑ:stɪŋ/ **adjective** continuing for a long time or always **вечный** *everlasting love*

evermore /ˌevəˈmɔ:r/ **adverb** literary always in the future **вечно**

every /ˈevri/ **determiner 1** A1 each one of a group of people or things **каждый** *He knows the name of every child in the school.* ◦ ***Every one*** *of the paintings was a fake.* **2** A1 used to show that something is repeated regularly **каждый** *He goes to Spain every summer.* **3** B2 as much as is possible **всевозможный, всяческий** *I'd like to wish you **every success** in your new job.* ◦ ***Every effort*** *is being made to rectify the problem.* **4 every now and then/every so often** sometimes, but not often **время от времени** *We still meet up every now and then.* **5 one in every five/ten, etc** used to show how many people or things in a group are affected by or involved in something **каждый пятый/десятый и т. д.**

everybody /ˈevriˌbɒdi/ **pronoun** A2 another word for everyone **каждый, все**

everyday /ˈevrideɪ/ **adjective** [always before noun] normal, usual, or happening every day **повседневный** *Computers are now part of **everyday life**.*

everyone /ˈevriwʌn/ **pronoun** (also **everybody**) **1** A2 every person **каждый, все** *Everyone agreed with the decision.* **2 everyone else** every other person **все остальные** *Everyone else was wearing jeans.*

everyplace /ˈevripleɪs/ **adverb** US another word for everywhere **везде, всюду**

everything /ˈevriθɪŋ/ **pronoun 1** A2 all things or each thing **всё** *They lost everything in the fire.* ◦ *What's the matter Nick, is everything all right?* **2 everything else** all the other things **всё остальное** *The meat tasted strange, but everything else was okay.* **3 be/mean everything** to be the most important part of someone's life **быть главным в жизни** *His children **mean everything to** him.* ◦ *Money isn't everything.*

everywhere /ˈevriweər/ **adverb** A2 in or to every place **везде, всюду** *I've looked everywhere, but I still can't find that letter.*

evict /ɪˈvɪkt/ **verb** [T] to legally force someone to leave the house they are living in **выселять** *They were evicted after complaints from their neighbours.*
• **eviction** /ɪˈvɪkʃən/ **noun** [C, U] **выселение**

evidence /ˈevɪdəns/ **noun** [U] **1** B2 something that makes you believe that something is true or exists **свидетельство, данные** ***evidence of*** *global warming* ◦ [+ that] *There is no **scientific evidence** that the drug is addictive.* **2** information that is given or objects that are shown in a court of law to help to prove if someone has committed a crime **доказательство, улика** *He was arrested despite the lack of evidence against him.* **3 give evidence** UK to give information and answer questions in a court of law **давать показания** *She was called to give evidence at his trial.* **4 be in evidence** formal to be noticeable **быть заметным**

> **Слова-партнеры к evidence**
> **compelling/conclusive/hard/scientific/strong** evidence • evidence **of** sth

evident /ˈevɪdənt/ **adjective** formal B2 obvious to everyone and easy to see or understand **очевидный, явный** [+ that] *It was evident from his voice that he was upset.* → See also **self-evident**

evidently /ˈevɪdəntli/ **adverb 1** B2 used to say that something can easily be noticed **очевидно, явно** *He evidently likes her.* **2** used to say that something seems probable from the information you have **по-видимому** *The intruder evidently got in through an open window.*

evil[1] /ˈiːvəl/ **adjective** (B2) very cruel, bad, or harmful **злой** *an evil monster*

evil[2] /ˈiːvəl/ **noun** [C, U] (B2) something that is very bad and harmful **зло, порок** *The theme of the play is the battle between **good and evil**.* → See also the **lesser** of two evils

evocative /ɪˈvɒkətɪv/ **adjective** making you remember or imagine something that is pleasant **вызывающий воспоминания, чувства** *evocative music* ◦ ***evocative of** the sea*

evoke /ɪˈvəʊk/ **verb** [T] to make someone remember something or feel an emotion **вызывать воспоминания, чувства** *The story evoked memories of my childhood.*

evolution /ˌiːvəˈluːʃən/ **noun** [U] **1** (B2) the way in which living things gradually change and develop over millions of years **эволюция** *Darwin's theory of evolution* **2** (B2) a gradual process of change and development **развитие** *the evolution of language*

• **evolutionary adjective эволюционный**

evolve /ɪˈvɒlv/ **verb 1** [I] to develop from other forms of life over millions of years **развиваться, эволюционировать 2** [I, T] to develop or make something develop, usually gradually **развивать(ся)** *rapidly evolving technology*

ewe /juː/ **noun** [C] a female sheep **овца**

ex /eks/ **noun** [C] informal someone who used to be your husband, wife, or partner **бывший (муж), бывшая (жена)** *My ex and his new wife live abroad.*

ex- /eks-/ **prefix** from before **бывший, экс-** *an ex-boyfriend* ◦ *an ex-boss*

exacerbate /ɪɡˈzæsəbeɪt/ **verb** [T] to make something worse **усиливать, усугублять** *Sunny weather exacerbates the effects of pollution.*

exact[1] /ɪɡˈzækt/ **adjective** (B1) completely correct in every detail **точный** *I'm afraid I can't give you the exact details of the show yet.* ◦ *They've lived here a long time – 25 years **to be exact**.*

• **exactness noun** [U] **точность**

exact[2] /ɪɡˈzækt/ **verb** [T] formal to demand and get something from someone **требовать, добиваться**

exacting /ɪɡˈzæktɪŋ/ **adjective** needing a lot of effort and attention **трудный, изнурительный** *an exacting training schedule*

exactly /ɪɡˈzæktli/ **adverb 1** (A2) used when you are giving or asking for information that is completely correct **точно** *What exactly seems to be the problem?* ◦ *The train got in at exactly ten o'clock.* **2** (B1) used to emphasize what you are saying **точно, как раз** *I found a dress that's exactly the same colour as my shoes.* **3** (B2) something you say when you agree completely with someone **совершенно верно, вот именно** *"Surely they should have told us about this problem sooner?" "Exactly."* **4 not exactly** (B2) used to say that something is not completely true **не совсем** *"Do you live here?" "Not exactly, I'm staying with friends."* **5 not exactly easy/new/clear, etc** informal used to say that a description is completely untrue **строго говоря не простой/не новый/не ясный и т. д.** *Let's face it, we're not exactly rich, are we?*

exaggerate /ɪɡˈzædʒəreɪt/ **verb** [I, T] to make something seem larger, better, worse, etc than it really is **преувеличивать** *Don't exaggerate – it didn't cost that much!*

exaggeration /ɪɡˌzædʒərˈeɪʃən/ **noun** [C, U] when you describe something as larger, better, worse, etc than it really is **преувеличение** *a **gross exaggeration** of the facts*

> Слова-партнеры к **exaggeration**
>
> a **gross/slight** exaggeration • an exaggeration **of sth**

exalted /ɪɡˈzɔːltɪd/ **adjective** formal very highly respected, or with a very high position **высокий (о положении, ранге)**

exam /ɪɡˈzæm/ **noun** [C] **1** (A2) an official test of how much you know about something, or how well you can do something **экзамен** *a maths exam* ◦ *to **fail/pass** an **exam*** ◦ UK *to **sit**/*UK/US *to **take** (= do) an **exam*** **2** US a series of medical tests **осмотр, обследование** *an eye exam*

> Слова-партнеры к **exam**
>
> **do/sit/take** an exam • **fail/pass** an exam • exam **results**

examination /ɪɡˌzæmɪˈneɪʃən/ **noun 1** [C, U] (B2) when someone looks at something very carefully **обследование, рассмотрение** *a **medical examination*** ◦ *a **close examination** of the facts* **2** [C] formal (A2) an exam **экзамен** *a written examination*

examine /ɪɡˈzæmɪn/ **verb** [T] **1** (B2) to look at someone or something very carefully, especially to try to discover something **обследовать, рассматривать** *She picked up the knife and examined it closely.* ◦ *He was examined by a doctor as soon as he arrived.* **2** formal to test someone to see how much they know or how well they can do something **экзаменовать** *You'll be examined in three main areas: speaking, listening, and reading comprehension.* **3** to consider a plan or an idea carefully **рассматривать, изучать** *They have called a special meeting to examine the proposal.* → See also **cross-examine**

examiner /ɪɡˈzæmɪnər/ **noun** [C] (B1) someone who tests how much you know about something, or how well you can do something **экзаменатор**

example /ɪɡˈzɑːmpl/ **noun 1** [C] (A1) something that is typical of the group of things that you are talking about **пример, образец** *This is a good **example of** medieval Chinese architecture.* **2 for example** (A1) used to give an example of what you are talking about **например** *Some people, students for example, can get cheaper tickets.* **3** [C] someone or something that is very good and should be copied **пример, образец** *He is a very good example to the rest of the class.* **4 set an example** B2 to behave in a way that other people should copy **подавать пример**

> Слова-партнеры к **example**
>
> a **classic/good/prime** example • an example **of** sth

exasperate /ɪɡ'zæspᵊreɪt/ **verb** [T] to annoy someone a lot **раздражать, выводить из себя**

exasperated /ɪɡ'zæspᵊreɪtɪd/ **adjective** extremely annoyed **раздраженный, выведенный из себя** *He's become increasingly exasperated with the situation.*

exasperating /ɪɡ'zæspᵊreɪtɪŋ/ **adjective** extremely annoying **раздражающий, несносный**

exasperation /ɪɡˌzæspə'reɪʃᵊn/ **noun** [U] when you feel extremely annoyed with someone or something **раздражение**

excavate /'ekskəveɪt/ **verb** [I, T] to dig in the ground, especially with a machine, or to look for objects from the past **производить раскопки** *These Roman coins were excavated from a site in Cambridge.*
• **excavation** /ˌekskə'veɪʃᵊn/ **noun** [C, U] **раскопки**

exceed /ɪk'siːd/ **verb** **1** [T] to be more than a particular number or amount **превышать** *Sales have exceeded $1 million so far this year.* **2 exceed the speed limit** to drive faster than you are allowed to according to the law **превышать скорость**

exceedingly /ɪk'siːdɪŋli/ **adverb** formal very **чрезвычайно, очень** *He was clever, attractive, and exceedingly rich.*

excel /ɪk'sel/ **verb** (present participle **excelling**, past tense and past participle **excelled**) formal **1** [I] to be very good at something **отличаться, превосходно делать что-либо** *Paula always **excelled in** languages at school.* **2 excel yourself** to do something better than you usually do **превзойти самого себя**

excellent /'eksᵊlᵊnt/ **adjective** A2 very good, or of a very high quality **превосходный, отличный** *That was an excellent meal.*
• **excellently adverb превосходно, отлично** • **excellence** /'eksᵊlᵊns/ **noun** [U] **совершенство, превосходство**

except /ɪk'sept/ **preposition, conjunction** A2 not including a particular fact, thing, or person **кроме** *The boat sails from Oban every day except Sunday.* ◦ *Everyone passed the exam **except for** Rory.* ◦ [+ (that)] *So nothing changed, except that Anna saw her son less and less.*

excepted /ɪk'septɪd/ **adjective** [always after noun] formal not included **за исключением** *Everybody who was asked, myself excepted, said no.*

excepting /ɪk'septɪŋ/ **preposition** not including **за исключением**

exception /ɪk'sepʃᵊn/ **noun** **1** B2 [C, U] someone or something that is not included in a rule, group, or list **исключение** *There are **exceptions to** every rule.* ◦ *I like all kinds of movies, **with the exception of** horror films.* ◦ *All our pupils, **without exception**, have access to the Internet.* ◦ *Her films are always popular and this one **is no exception**.* **2 make an exception** to not treat someone or something according to the usual rules **делать исключение** *They don't usually take cheques, but they said they'd make an exception in my case.* **3 take exception to sth** formal to be annoyed or insulted by something **обижаться на что-либо**

exceptional /ɪk'sepʃᵊnᵊl/ **adjective** **1** B2 extremely good **незаурядный** *an exceptional student* **2** B2 very unusual and not likely to happen very often **исключительный** *Visitors are only allowed in exceptional circumstances.*
• **exceptionally adverb исключительно** *an exceptionally gifted pianist*

excerpt /'eksɜːpt/ **noun** [C] a short piece from a book, film, piece of music, etc **отрывок**

excess[1] /ɪk'ses/ **noun** **1** [U, no plural] more of something than is usual or needed **избыток** ***An excess of** oil on the markets has caused prices to fall sharply.* **2 in excess of sth** more than a particular amount or level **более, сверх** *He earns in excess of £60,000 a year.* **3 do sth to excess** to do something too much **делать что-либо до излишества, злоупотреблять** *He occasionally has a beer, but he never drinks to excess.*

excess[2] /ɪk'ses/ **adjective** [always before noun] more than is usual or allowed **излишний, превышающий норму** *We had to pay £100 for **excess baggage**.*

excesses /ɪk'sesɪz/ **noun** [plural] extreme, harmful, or immoral actions or behaviour **крайность, неумеренность**

excessive /ɪk'sesɪv/ **adjective** more than is necessary or wanted **излишний, чрезмерный** *They accused the police of using **excessive force**.*
• **excessively adverb излишне, чрезмерно**

exchange[1] /ɪks'tʃeɪndʒ/ **noun** **1** [C, U] B1 when you give something to someone and they give you something else **обмен** *an **exchange of ideas/information*** ◦ *They were given food and shelter **in exchange for** work.* **2** [C] B1 an arrangement by which students and teachers from one country go to stay with students and teachers in another **обмен** **3** [C] a short conversation or argument **беседа, перебранка** *There were **angry exchanges** between the police and demonstrators.* → See also **the stock exchange**

exchange[2] /ɪks'tʃeɪndʒ/ **verb** **1** [T] B1 to give

something to someone and receive something similar from them **обмениваться** *It's traditional for the two teams to exchange shirts after the game.* **2** [T] B2 to take something back to the shop where you bought it and change it for something else **обменивать** *Could I* ***exchange*** *this shirt* ***for*** *a larger size?* **3 exchange looks/smiles/words, etc** B2 If two people exchange looks, smiles, words, etc, they look at each other/smile at each other/talk to each other, etc. **обменяться взглядами/улыбками/переброситься словами и т. д.**

exˈchange ˌrate noun [C] B1 the amount of another country's money that you can buy with a particular amount of your own country's money **курс валюты**

excise /ˈeksaɪz/ **noun** [U] government taxes that must be paid on some things that are made or sold in a particular country **акциз**

excitable /ɪkˈsaɪtəbl/ **adjective** easily becoming excited **легко возбудимый** *a very excitable child/puppy*

excite /ɪkˈsaɪt/ **verb** [T] **1** to make someone feel very happy and enthusiastic **возбуждать, волновать** *Try not to excite the children too much.* **2** formal to cause a particular reaction in someone **возбуждать, вызывать** *This product has* ***excited*** *a great deal of* ***interest****.*

excited /ɪkˈsaɪtɪd/ **adjective** A1 feeling very happy and enthusiastic **возбужденный** *happy, excited faces* ◦ *The children are getting really* ***excited about*** *the party.*
• **excitedly adverb** B1 **возбужденно, взволнованно**

excitement /ɪkˈsaɪtmənt/ **noun** [U] B1 when people feel very happy and enthusiastic **возбуждение, волнение** *The competition is causing a lot of excitement.*

> **Слова-партнеры к excitement**
> cause/feel excitement • excitement **mounts** • **great/wild** excitement • excitement **about/at/over** sth

exciting /ɪkˈsaɪtɪŋ/ **adjective** A1 making you feel very happy and enthusiastic **увлекательный** *an exciting football match* ◦ *You're going to Africa? How exciting!*

exclaim /ɪksˈkleɪm/ **verb** [I, T] to say something suddenly and loudly because you are surprised, annoyed, excited, etc **восклицать** *"How terrible!" she exclaimed.*

exclamation /ˌekskləˈmeɪʃən/ **noun** [C] something that you say loudly and suddenly because you are surprised, angry, excited, etc **восклицание** *an exclamation of delight*

exclaˈmation ˌmark noun [C] (also US **exclaˈmation ˌpoint**) B2 a mark (!) used at the end of a sentence that expresses surprise, excitement, or shock, or that is a greeting or an order **восклицательный знак** → See Study Page **Punctuation** on page Centre 33

> **Другие способы сказать exciting**
> Если что-то настолько интересно, что полностью захватывает внимание, то его можно охарактеризовать как **gripping** или **riveting**.
> *The book was* ***gripping*** *– I couldn't put it down.*
> *I found the film absolutely* ***riveting****.*
> Захватывающие занятия спортом и активный отдых часто описывают как **exhilarating**.
> *I find skiing absolutely* ***exhilarating****.*
> Прилагательное **action-packed** часто используют для описания наполненной событиями истории или определенного периода во времени.
> *We had an* ***action-packed*** *weekend in Berlin.*
> *The film is described as 'an* ***action-packed*** *thriller'.*
> Волнующую атмосферу можно охарактеризовать прилагательным **electric**.
> *The atmosphere backstage was* ***electric****.*
> **Vibrant** часто используют для описания оживленных городов.
> *This is one of Europe's most* ***vibrant*** *cities.*

exclude /ɪksˈkluːd/ **verb** [T] **1** to not allow someone or something to take part in an activity or enter a place **не допускать** [often passive] *Women are still* ***excluded from*** *the club.* **2** to intentionally not include something **не включать** *The insurance cover excludes particular medical conditions.* **3** to decide that something is certainly not true or possible **исключать** *We can't* ***exclude*** *the* ***possibility*** *that he is dead.*

excluding /ɪksˈkluːdɪŋ/ **preposition** not including **исключая, за исключением** *That's $600 per person for seven days, excluding travel costs.*

exclusion /ɪksˈkluːʒən/ **noun 1** [C, U] when someone or something is not allowed to take part in an activity or to enter a place **недопущение, исключение** *the exclusion of disruptive pupils* → Opposite **inclusion 2 to the exclusion of sth** If you do something to the exclusion of something else, you do it so much that you have no time to do anything else. **не замечая ничего вокруг**

exclusive¹ /ɪksˈkluːsɪv/ **adjective 1** B2 expensive and only for people who are rich or of a high social class **эксклюзивный, привилегированный** *an exclusive private club* **2 exclusive of sth** not including something **без, не включая** *The price of the meal is exclusive of drinks.* → Opposite **inclusive 3** not shared with another person, organization, newspaper, etc **эксклюзивный** *an* ***exclusive interview***

exclusive² /ɪksˈkluːsɪv/ **noun** [C] a news story that appears in only one newspaper or on one television programme **материал, напечатан-**

ный только в одной газете или показанный только в одной передаче

exclusively /ɪks'klu:sɪvli/ **adverb** only исключительно *an exclusively female audience*

excrement /'ekskrəmənt/ **noun** [U] formal solid waste that comes out of the bottom of a person or animal **экскременты**

excrete /ɪk'skri:t/ **verb** [I, T] to get rid of waste substances from the body **выделять**
• **excretion** /ɪk'skri:ʃən/ **noun** [C, U] **экскреция**

E

excruciating /ɪk'skru:ʃieɪtɪŋ/ **adjective** very bad or painful **мучительный** *Her illness causes her **excruciating pain**.*
• **excruciatingly adverb** **мучительно** *an **excruciatingly embarrassing** situation*

excursion /ɪk'skɜ:ʒən/ **noun** [C] a short journey made by a group of people for pleasure **экскурсия** *We've booked to go on an **excursion to** Pompeii.*

excusable /ɪk'skju:zəbl/ **adjective** easy to forgive **простительный** → Opposite **inexcusable**

excuse¹ /ɪk'skju:z/ **verb** [T] **1** B1 to forgive someone for something that is not very serious **извинять, прощать** *Please excuse my appearance, I've been painting.* ◦ [+ for + doing sth] *She asked him to excuse her for being so rude.* **2** to say that someone does not have to do something that they usually have to do **освобождать (от работы и т. д.)** *Could I be excused from football training today?* **3** B2 to be given as a reason for someone's bad behaviour, so that it does not seem so bad **оправдывать** *Nothing can excuse what he did.* **4 excuse me a** A1 used to politely get someone's attention **простите!** *Excuse me, does this bus go to Oxford Street?* **b** A2 used to say sorry for something that you do without intending to **извините!** *Oh, excuse me, did I take your seat?*
• **excusable adjective** **простительный**

excuse² /ɪk'skju:s/ **noun** [C] **1** B1 a reason that you give to explain why you did something wrong **оправдание** [+ for + doing sth] *I hope he's got a good excuse for being so late.* **2** B1 a false reason that you give to explain why you do something **отговорка, предлог** *Nick was just looking for an excuse to call her.*

> Слова-партнеры к **excuse**
> **have/make/offer/think up** an excuse • a **feeble/good** excuse

execute /'eksɪkju:t/ **verb** [T] **1** to kill someone as a legal punishment **казнить** *He was executed for murder.* **2** formal to do something, such as follow a plan or order **исполнять, осуществлять** *to **execute** a **deal/plan***

execution /ˌeksɪ'kju:ʃən/ **noun** **1** [C, U] when someone is killed as a legal punishment **казнь** **2** [U] when you do something, such as follow a plan or order **исполнение, осуществление** *He was killed in **the execution of** his duties as a soldier.*

executioner /ˌeksɪ'kju:ʃənər/ **noun** [C] someone whose job is to execute criminals **палач**

executive¹ /ɪg'zekjətɪv/ **adjective** [always before noun] **1** relating to making decisions and managing businesses **исполнительный** *an executive director* **2** suitable for people who have important jobs in business **высшей категории, дорогой** *Peter always stays in the executive suite.*

executive² /ɪg'zekjətɪv/ **noun** **1** [C] someone who has an important job in a business **руководящий работник** *a company executive* **2 the executive** mainly UK the people who have the power to make decisions in an organization **руководство**

exemplary /ɪg'zempləri/ **adjective** formal very good and suitable to be copied by people **образцовый, достойный подражания** *Sarah's behaviour is always exemplary.*

exemplify /ɪg'zemplɪfaɪ/ **verb** [T] formal to be or give a typical example of something **служить примером, иллюстрировать**

exempt¹ /ɪg'zempt/ **adjective** [never before noun] with special permission not to have to do something or pay something **свободный, не подлежащий (чему-либо)** *The first £6,000 that you earn is **exempt from** tax.*

exempt² /ɪg'zempt/ **verb** [T] formal to officially say that someone does not have to do something or pay for something **освобождать (от обязанности, оплаты и т. д.)** [often passive] *Students are **exempted from** payment.*
• **exemption** /ɪg'zempʃən/ **noun** [C, U] **освобождение, льгота**

exercise

exercise¹ /'eksəsaɪz/ **noun** **1** [C, U] A2 physical activity that you do to make your body strong and healthy **упражнение, зарядка** *Swimming is my favourite **form of exercise**.* ◦ *Let's **do** some stretching **exercises** to start with.* **2** [C] A2 a piece of written work that helps you learn something **упражнение** *For your homework, please **do exercise** 3 on page 24.* **3** [C] A2 an activity which is intended to achieve a particular thing **задание** *The whole* ***point of the exercise*** *was to get people to share their ideas.* ◦ *a team-building exercise.* **4** [C] a set of actions that a group of soldiers do to practise their skills **учение** *The cadets are out on military exercises.* **5** [U] formal the use of something such as a power or right **осуществление, применение**

> **Слова-партнеры к exercise**
> do/get/take exercise • daily/gentle/regular/ strenuous exercise • a form of exercise

exercise² /ˈeksəsaɪz/ **verb 1** [I, T] A2 to do physical activities to make your body strong and healthy **делать зарядку** *I try to exercise every day.* **2** [T] formal to use a power, right, or ability **осуществлять, применять** *You should always* ***exercise*** *your* ***right*** *to vote.*

exert /ɪgˈzɜːt/ **verb 1** [T] to use something such as authority, power, influence, etc in order to make something happen **проявлять (власть), оказывать (влияние)** *My parents* ***exerted*** *a lot of pressure* ***on*** *me to do well at school.* **2 exert yourself** to use a lot of physical or mental energy to do something **напрягаться** *She was too ill to exert herself much.*

exertion /ɪgˈzɜːʃᵊn/ **noun** [C, U] when you use a lot of physical or mental energy to do something **напряжение, усилие** *I get out of breath with any kind of* ***physical exertion.***

exhale /eksˈheɪl/ **verb** [I, T] formal to send air out of your lungs **выдыхать** → Opposite **inhale**

exhaust¹ /ɪgˈzɔːst/ **verb** [T] **1** to finish all of the supply of something **истощать, исчерпывать** *How long will it be before the world's fuel* ***supplies*** *are* ***exhausted?*** **2** to make someone, very tired **изнурять 3** to say everything possible about a subject **исчерпывать** *We seem to have exhausted that topic of conversation.*

exhaust² /ɪgˈzɔːst/ **noun 1** [U] the waste gas from a vehicle's engine **выхлопные газы** ***exhaust fumes*** **2** [C] (also **exhaust pipe**) mainly UK the pipe that waste gas from a vehicle's engine flows through **выхлопная труба** → See **Car** on page Centre 7

exhausted /ɪgˈzɔːstɪd/ **adjective** B1 very tired **сильно уставший, выдохшийся**

exhausting /ɪgˈzɔːstɪŋ/ **adjective** B2 making you feel very tired **утомительный** *What an exhausting day!*

exhaustion /ɪgˈzɔːstʃᵊn/ **noun** [U] B2 when you are extremely tired **сильная усталость** *The tennis star was* ***suffering from exhaustion.***

exhaustive /ɪgˈzɔːstɪv/ **adjective** complete and including everything **исчерпывающий** *an exhaustive account of the incident*

exˈhaust ˌpipe noun [C] mainly UK (also US **tailpipe**) the pipe that waste gas from a vehicle's engine flows through **выхлопная труба**

exhibit¹ /ɪgˈzɪbɪt/ **verb 1** [I, T] to show objects such as paintings to the public **выставлять, экспонировать** *She's exhibiting her roses at the local flower show.* **2** [T] formal to show a feeling, quality, or ability **проявлять, показывать** *The crew exhibited great courage when the plane crashed.*

exhibit² /ɪgˈzɪbɪt/ **noun** [C] an object such as a painting that is shown to the public **экспонат** *a museum exhibit*

• **exhibitor noun** [C] someone who shows something that they own or have made to the public **экспонент**

exhibition /ˌeksɪˈbɪʃᵊn/ **noun 1** [C, U] B1 when objects such as paintings are shown to the public **выставка** *There's a new* ***exhibition of*** *sculpture on at the city gallery.* ◦ *an exhibition centre* **2** [C] when someone shows a particular skill or quality that they have to the public **проявление**

exhibitionist /ˌeksɪˈbɪʃᵊnɪst/ **noun** [C] someone who tries to attract attention to themselves with their behaviour **человек, выставляющий напоказ свою личность**

• **exhibitionism** /ˌeksɪˈbɪʃᵊnɪzᵊm/ **noun** [U] behaviour which tries to attract attention **выставление напоказ своей личности**

exhilarated /ɪgˈzɪləreɪtɪd/ **adjective** very excited and happy **радостно возбужденный, оживленный**

exhilarating /ɪgˈzɪləreɪtɪŋ/ **adjective** making you feel very excited and happy **бодрящий, освежающий** *There's nothing more exhilarating than water-skiing.*

exhilaration /ɪgˌzɪlᵊrˈeɪʃᵊn/ **noun** [U] when you feel very excited and happy **радостное возбуждение**

exhort /ɪgˈzɔːt/ **verb** [T] formal to strongly encourage someone to do something **призывать**

• **exhortation** /ˌegzɔːˈteɪʃᵊn/ **noun** [C, U] **призыв**

exile /ˈeksaɪl/, /ˈegzaɪl/ **noun 1** [U] when someone has to leave their home and live in another country, often for political reasons **изгнание, ссылка** *He spent the war years* ***in exile*** *in New York.* ◦ *The King was forced* ***into exile.*** **2** [C] someone who is forced to live in another country **изгнанник** *She lived the rest of her life as an exile in the UK.*

• **exile verb** [T] to force someone to leave their home and live in another country, often for political reasons **изгонять, ссылать** • **exiled adjective изгнанный, сосланный**

exist /ɪgˈzɪst/ **verb** [I] **1** B1 to be real or present **существовать** *Poverty still exists in this country.* **2** to live in difficult conditions **жить, существовать** *You can't exist without water for more than a week.*

existence /ɪgˈzɪstᵊns/ **noun 1** [U] B2 when something or someone exists **существование** *She never doubted* ***the existence of*** *God.* ◦ *The theatre company that we started is still* ***in existence*** *today.* ◦ *When did the Football League*

come into existence (= *begin to exist*)? **2** [C] a particular way of life **жизнь, существование** *We could have a much more peaceful existence in the countryside.*

> Слова-партнеры к **existence**
>
> come into/go out of existence • be in existence • the existence of sth

E

existing /ɪɡˈzɪstɪŋ/ **adjective** [always before noun] B2 which exist or are used at the present time **существующий, имеющийся** *Existing schools will have to be expanded to accommodate the extra students.* → See also **pre-existing**

exit[1] /ˈeksɪt/ **noun** [C] **1** A2 the door or gate which you use to leave a public building or place **выход** *a **fire exit** ◦ an **emergency exit*** **2** when someone leaves a place **уход** *Sue **made** a quick **exit** when she saw Mick come in.* **3** A2 a road which you use to leave a motorway (= wide, fast road) or roundabout (= place where three or more main roads meet) **выезд** ***Take** the third **exit** at the next roundabout.*

exit[2] /ˈeksɪt/ **verb** [I, T] **1** B1 to stop using a program on a computer **выходить (из компьютерной программы)** *Press escape to exit the game.* **2** formal to leave a place or a competition **уходить, выбывать (из соревнования)**

ˈ**exit** ˌ**strategy noun** [C] a plan that you use to get out of a difficult situation **план для выхода из сложной ситуации** *A good politician will plan his exit strategy before announcing his retirement from office.*

exodus /ˈeksədəs/ **noun** [no plural] when a large number of people all leave a place together **массовый уход, исход** *There has been **a mass exodus** of workers from the villages to the towns.*

exonerate /ɪɡˈzɒnəreɪt/ **verb** [T] formal to say that someone is not guilty of doing something that they have been blamed for **признавать невиновным, оправдывать** [often passive] *He was **exonerated of** all blame by the investigation.*
• **exoneration** /ɪɡˌzɒnəˈreɪʃən/ **noun** [U] **оправдание, признание невиновным**

exorbitant /ɪɡˈzɔːbɪtənt/ **adjective** Exorbitant prices or costs are much too high. **непомерный**

exorcism /ˈeksɔːsɪzəm/ **noun** [C, U] when an evil spirit is exorcized **изгнание нечистой силы**

exorcize (also UK **-ise**) /ˈeksɔːsaɪz/ **verb** [T] **1** to make evil spirits leave a person or place by saying special prayers and having a special ceremony **изгонять нечистую силу** **2** to get rid of something such as a bad memory **избавляться (от воспоминаний)** *She moved to Paris to try to exorcize the past.*

exotic /ɪɡˈzɒtɪk/ **adjective** B2 unusual, interesting, and often foreign **экзотический** *exotic fruits*

expand /ɪkˈspænd/ **verb** [I, T] B2 to increase in size or amount, or to make something increase **расширять(ся), распространять(ся)** *We are hoping to **expand** our **range** of products.*

PHRASAL VERB **expand on sth** to give more details about something that you have said or written **излагать что-либо подробно** *She mentioned a few ideas, but she didn't expand on them.*

expanse /ɪkˈspæns/ **noun** [C] a large, open area of land, sea, or sky **простор, пространство** *a vast expanse of water*

expansion /ɪkˈspænʃən/ **noun** [U] B2 when something increases in size or amount **рост, развитие** *the rapid expansion of the software industry*

expansive /ɪkˈspænsɪv/ **adjective** formal very happy to talk to people in a friendly way **расположенный поговорить** *He was in an **expansive mood** on the night of the party.*

expatriate /ɪkˈspætriət/ **noun** [C] (also UK informal **expat** /ˌekˈspat/) someone who does not live in their own country **экспатриант**
• **expatriate adjective покинувший родину**

expect /ɪkˈspekt/ **verb 1** [T] B1 to think that something will happen **ожидать** [+ to do sth] *He didn't expect to see me.* ◦ [+ (that)] *I expect that she'll be very angry about this.* **2 be expecting sb/sth** B1 to be waiting for someone or something to arrive **ждать прибытия кого-либо/чего-либо** *I'm expecting a letter from my sister.* **3** [T] B2 to think that someone should behave in a particular way or do a particular thing **требовать** [+ to do sth] *You will be expected to work some weekends.* **4 I expect** mainly UK informal B2 used to show that you think that something is likely to be true **думаю, что ...** *I expect Isabel's told you about me?* ◦ *"Will you be coming to the party?" "**I expect so.**"* **5 be expecting** B2 to be going to have a baby **ожидать ребенка** *I'm expecting my first baby in May.*

expectancy /ɪkˈspektənsi/ **noun** [U] when you think that something pleasant or exciting is going to happen **предвкушение** *An air of expectancy filled the room.* → See also **life expectancy**

expectant /ɪkˈspektənt/ **adjective 1** thinking that something pleasant or exciting is going to happen **предвкушающий** *the children's expectant faces* **2 an expectant mother/father, etc** someone who is going to have a baby soon **готовящаяся стать матерью/готовящийся стать отцом**
• **expectantly adverb в ожидании, в предвкушении**

expectation /ˌekspekˈteɪʃən/ **noun 1** [C] B2 when you expect good things to happen in the future **ожидание, надежда** [usually plural] *The holiday **lived up to** all our **expectations** (= was as good as we expected).* ◦ *My parents **had high expectations** for me (= expected me to be successful).* **2** [C, U] when you expect something to happen **ожидание** *He had gone away and there was no* ***expectation of*** *his return.*

> **Слова-партнеры к expectation**
> **have high/have low** expectations • **live up to/meet** (sb's) expectations • expectations **of** sth

expedient¹ /ɪk'spi:diənt/ **adjective** formal An expedient action achieves a useful purpose, although it may not be moral. **целесообразный, выгодный** *It might be expedient not to pay him until the work is finished.*

• **expediency** /ɪk'spi:diənsi/ **noun** [U] when something is expedient **целесообразность, выгода** *an issue of political expediency*

expedient² /ɪk'spi:diənt/ **noun** [C] formal a useful or clever action **средство для достижения цели, прием**

expedite /'ekspɪdaɪt/ **verb** [T] formal to make an action or process happen more quickly **ускорять**

expedition /ˌekspɪ'dɪʃən/ **noun** [C] B1 an organized journey, especially a long one for a particular purpose **экспедиция, поход** *Peary* ***led*** *the first* ***expedition*** *to the North Pole. ◦ a* ***shopping expedition***

expel /ɪk'spel/ **verb** [T] (present participle **expelling**, past tense and past participle **expelled**) **1** to make someone leave a school, organization, or country because of their behaviour **исключать, выгонять** [often passive] *He was* ***expelled from*** *school* ***for*** *hitting another student.* **2** formal to force air, gas, or liquid out of something **удалять, выдыхать**

expend /ɪk'spend/ **verb** [T] formal to use effort, time, or money to do something **расходовать, тратить** [+ doing sth] *You* ***expend*** *far too much* ***energy*** *doing things for other people. ◦ Governments* ***expend*** *a lot of resources* ***on*** *war.*

expendable /ɪk'spendəbl/ **adjective** If someone or something is expendable, people can do something or deal with a situation without them. **легко заменимый, не представляющий ценности** *He considers his staff as temporary and expendable.*

expenditure /ɪk'spendɪtʃər/ **noun** [U] formal **1** the total amount of money that a government or person spends **расход, трата** *The government's annual* ***expenditure on*** *arms has been reduced.* **2** when you use energy, time, or money **расходование, затрата**

expense /ɪk'spens/ **noun 1** B2 [C, U] the money that you spend on something **расход, цена** *You have to* ***pay*** *your own medical* ***expenses****. ◦ He eventually found her the car she wanted,* ***at great expense*** *(= it cost him a lot of money).* **2 at the expense of sth** If you do one thing at the expense of another, doing the first thing harms the second thing. **в ущерб чему-либо, ценой чего-либо** *He spent a lot of time at work, at the expense of his marriage.* **3 at sb's expense a** If you do something at someone's expense, they pay for it. **за чей-либо счет** *We went on holiday at my father's expense.* **b** in order to make someone look stupid **на чей-либо счет, в чей-либо адрес** *Stop making jokes at my expense.*

expenses /ɪk'spensɪz/ **noun** [plural] money that you spend when you are doing your job, that your employer will pay back to you **расходы, затраты** *travel expenses ◦ They pay us two hundred pounds a week, plus expenses.*

expensive /ɪk'spensɪv/ **adjective** A1 costing a lot of money **дорогой, дорогостоящий** *expensive jewellery ◦* [+ to do sth] *It's too expensive to go out every night.* → Opposite **inexpensive**

• **expensively adverb дорого (о цене)** *expensively dressed*

experience¹ /ɪk'spɪəriəns/ **noun 1** [U] B1 knowledge that you get from doing a job, or from doing, seeing, or feeling something **опыт** *Do you have any* ***experience of*** *working with children? ◦ He knows* ***from experience*** *not to play with fire. ◦* ***In my experience****, people smile back if you smile at them.* **2** [C] B1 something that happens to you that affects how you feel **впечатление, переживание** *My trip to Australia was an experience I'll never forget.*

> **Слова-партнеры к experience**
> **gain/have/lack** experience • **good/previous/useful/wide** experience • experience **in/of** sth • **from** experience • **in my** experience

experience² /ɪk'spɪəriəns/ **verb** [T] B1 If you experience something, it happens to you, or you feel it. **испытывать, переживать** *It was the worst pain I had ever experienced. ◦ We experienced a lot of difficulty in selling our house.*

experienced /ɪk'spɪəriənst/ **adjective** B1 having skill and knowledge because you have done something many times **опытный, знающий** *Karsten's a very experienced ski instructor.* → Opposite **inexperienced**

experiment¹ /ɪk'sperɪmənt/ **noun** [C] B1 a test, especially a scientific one, that you do in order to learn something or discover if something is true **эксперимент, опыт** *to* ***conduct/do/perform*** *an* ***experiment*** *◦ They're conducting* ***experiments on*** *hamster cells to test the effects of the drug.*

> **Слова-партнеры к experiment**
> **conduct/do/perform** an experiment • an experiment **on** sth

experiment² /ɪk'sperɪment/ **verb** [I] **1** B2 to try something in order to discover what it is like **пробовать** *Did he ever* ***experiment with*** *drugs?* **2** to do an experiment **экспериментировать, проводить опыты** ***Experimenting on*** *mice can give us an idea of the effect of the disease in humans.*

• **experimentation** /ɪkˌsperɪmenˈteɪʃᵊn/ **noun** [U] **экспериментирование**

experimental /ɪkˌsperɪˈmentᵊl/ **adjective** relating to tests, especially scientific ones **экспериментальный**

• **experimentally adverb экспериментально, опытным путем**

expert¹ /ˈekspɜːt/ **noun** [C] B1 someone who has a lot of skill in something or a lot of knowledge about something **специалист, эксперт** *He's **an expert on** Japanese literature.*

expert² /ˈekspɜːt/ **adjective** [always before noun] B2 having a lot of skill in something or knowing a lot about something **квалифицированный** *I need some **expert advice** on investments.* ◦ *What's your **expert opinion**?*

• **expertly adverb квалифицированно, со знанием дела** *He carved the roast expertly.*

expertise /ˌekspɜːˈtiːz/ **noun** [U] skill **компетентность** *the technical expertise of the engineers*

expire /ɪkˈspaɪəʳ/ **verb** [I] If a legal document or agreement expires, you can no longer use it. **истекать (о сроке, контракте)** *Your contract expired six months ago.*

expiry /ɪkˈspaɪəri/ **noun** [U] UK the end of a period when something can be used **истечение, окончание (срока)** *What's **the expiry date** on your passport?*

explain /ɪkˈspleɪn/ **verb** [I, T] A2 to make something clear or easy to understand by giving reasons for it or details about it **объяснять** [+ question word] *Can you explain why you did this?* ◦ *Can you **explain to** me how this mobile phone works?* ◦ [+ (that)] *He explained that he was going to stay with his sister.*

• **explaining noun** [U] when you have to explain or give a good reason for your actions **объяснение, оправдание** *You'll **have** a lot of **explaining to do** when dad finds out what happened.*

> **Другие способы сказать explain**
>
> Если что-то объясняют, чтобы облегчить понимание, то можно использовать глагол **clarify**.
>
> *Let me just **clarify** what I mean here.*
>
> Глагол **define** употребляется, если дается четкое определение какого-то понятия.
>
> *Your responsibilities are clearly **defined** in the contract.*
>
> Если что-то четко объясняется в письменной форме, то используют фразовый глагол **set out**.
>
> *Your contract will **set out** the terms of your employment.*
>
> Если что-то объясняется очень подробно, то часто используют фразовый глагол **spell out**.
>
> *They sent me a letter, **spelling out** the details of the agreement.*

explanation /ˌekspləˈneɪʃᵊn/ **noun** [C, U] B1 the details or reasons that someone gives to make something clear or easy to understand **объяснение, разъяснение** *What's your **explanation for** the team's poor performance?* ◦ *Could you give me a quick **explanation of** how it works?*

> **Слова-партнеры к explanation**
>
> **demand/give/have/offer** an explanation • a **clear/possible/satisfactory/simple** explanation • an explanation **for** sth

explanatory /ɪkˈsplænətᵊri/ **adjective** giving an explanation about something **пояснительный** *There are **explanatory notes** with the diagram.* → See also **self-explanatory**

expletive /ɪkˈspliːtɪv/ (US) /ˈeksplətɪv/ **noun** [C] formal a swear word (= word which people think is rude or offensive) **ругательство**

explicable /ɪkˈsplɪkəbl/ **adjective** formal Something that is explicable can be explained. **объяснимый** → Opposite **inexplicable**

explicit /ɪkˈsplɪsɪt/ **adjective 1** clear and exact **определенный, ясный** *She was very **explicit about** her plans.* ◦ *He made no **explicit references** to Tess.* **2** showing or talking about sex or violence in a very detailed way **слишком откровенный, содержащий сцены секса или насилия** *a **sexually explicit** film*

• **explicitly adverb определенно, ясно** *She **explicitly stated** that she did not want her name to be revealed.*

explode /ɪkˈspləʊd/ **verb 1** [I, T] B1 If something such as a bomb explodes, it bursts (= breaks suddenly from inside) with noise and force, and if you explode it, you make it burst with noise and force. **взрывать(ся)** *One of the bombs did not explode.* **2** [I] to suddenly start shouting because you are very angry **взрываться, выходить из себя**

exploit¹ /ɪkˈsplɔɪt/ **verb** [T] **1** B2 to not pay or reward someone enough for something **эксплуатировать, использовать** [often passive] *I felt as though I was being exploited.* **2** B2 to use or develop something for your advantage **использовать** *We are not fully exploiting all the resources that we have.*

• **exploitation** /ˌeksplɔɪˈteɪʃᵊn/ **noun** [U] **эксплуатация, использование** *the exploitation of child workers*

exploit² /ˈeksplɔɪt/ **noun** [C] something unusual, brave, or interesting that someone has done **приключение, подвиг** [usually plural] *Have you heard about her amazing exploits travelling in Africa?*

exploratory /ɪkˈsplɒrətᵊri/ **adjective** done in order to discover or learn about something **исследовательский, разведочный** *an exploratory expedition* ◦ *an exploratory operation*

explore /ɪkˈsplɔːʳ/ **verb 1** [I, T] B1 to go around a place where you have never been in order to find out what is there **исследовать, изучать**

The children love exploring. ◦ *The best way to explore the countryside is on foot.* **2** [T] B2 to think about something very carefully before you make a decision about it **исследовать, выяснять** *We're* ***exploring*** *the* ***possibility*** *of buying a holiday home.*

• **exploration** /ˌekspləˈreɪʃən/ **noun** [C, U] **исследование** *She's always loved travel and exploration.*

explorer /ɪkˈsplɔːrər/ **noun** [C] someone who travels to places where no one has ever been in order to find out what is there **исследователь, путешественник**

explosion /ɪkˈspləʊʒən/ **noun** [C] **1** B2 when something such as a bomb explodes **взрыв** *Forty people were killed in the explosion.* **2** when something increases suddenly by a large amount **бурный рост** *the recent* ***population explosion***

explosive[1] /ɪkˈspləʊsɪv/ **adjective** **1** An explosive substance or piece of equipment can cause explosions. **взрывчатый, взрывной** *The* ***explosive device*** *was hidden in a suitcase.* **2** An explosive situation or subject causes strong feelings, and may make people angry or violent. **вызывающий возмущение** *a highly explosive political issue*

explosive[2] /ɪkˈspləʊsɪv/ **noun** [C] a substance or piece of equipment that can cause explosions **взрывчатое вещество**

exponent /ɪkˈspəʊnənt/ **noun** [C] someone who supports a particular idea or belief, or performs a particular activity **сторонник** *The early* ***exponents of*** *votes for women suffered greatly.*

export[1] /ˈekspɔːt/ **noun** **1** [C] B2 a product that you sell in another country **предмет экспорта** *Scottish beef exports to Japan* **2** [U] B2 the business of sending goods to another country in order to sell them there **экспорт, вывоз** *the export of industrial goods* → Opposite **import**

export[2] /ɪkˈspɔːt/ **verb** [I, T] **1** B2 to send goods to another country in order to sell them there **экспортировать** *Singapore exports large quantities of rubber.* → Opposite **import** **2** If you export information from a computer, you copy it to another place. **копировать, экспортировать (информацию)**

• **exporter** **noun** [C] **экспортер** *Brazil is the world's largest exporter of coffee.*

expose /ɪkˈspəʊz/ **verb** [T] **1** to remove what is covering something so that it can be seen **выставлять напоказ, подвергать действию** *Our bodies need to be exposed to sunlight in order to make vitamin D.* **2** B2 to make public something bad or something that is not honest **разоблачать** *The review exposed widespread corruption in the police force.* **3** **be exposed to sth** B2 to experience something or be affected by something because you are in a particular situation or place **подвергаться чему-либо** *It was the first time I'd been exposed to violence.* **4** to allow light to reach a piece of camera film in order to produce a photograph **давать выдержку (при фотографировании)**

exposed /ɪkˈspəʊzd/ **adjective** having no protection from bad weather **незащищенный, открытый** *an exposed cliff*

exposure /ɪkˈspəʊʒər/ **noun** **1** [U] when someone experiences something or is affected by it because they are in a particular situation or place **подвергание воздействию** *There is a risk of* ***exposure to*** *radiation.* ◦ *Many young children now have exposure to computers in the home.* **2** [C, U] when something bad that you have done is made public **разоблачение** *She was threatened with exposure by a journalist.* **3** [U] a serious medical condition that is caused by being outside in very cold weather **переохлаждение** **4** [C] a single photograph on a piece of film **кадр** *This film has 24 exposures.*

expound /ɪkˈspaʊnd/ **verb** [I, T] formal to give a detailed explanation of something **подробно излагать** *He's always* ***expounding on*** *what's wrong with the world.* ◦ *She uses her newspaper column to* ***expound*** *her* ***views*** *on environmental issues.*

express[1] /ɪkˈspres/ **verb** [T] B2 to show what you think or how you feel using words or actions **выражать** *I'm simply expressing my opinion.* ◦ [often reflexive] *You're not expressing yourself (= saying what you mean) very clearly.*

express[2] /ɪkˈspres/ **adjective** **1** **an express service/train, etc** a service/train, etc that is much faster than usual **срочная услуга/скорый поезд и т. д.** **2** **an express aim/intention/purpose, etc** a clear and certain aim/intention/purpose, etc **определенная цель/определенное намерение и т. д.** *You came here with the express purpose of causing trouble.*

express[3] /ɪkˈspres/ **noun** [C] (also **exˈpress ˌtrain**) a fast train **скорый поезд** *I took the express to London.*

expression /ɪkˈspreʃən/ **noun** **1** [C] B2 the look on someone's face showing what they feel or think **выражение лица** *your* ***facial expression*** ◦ *He had a sad expression on his face.* **2** [C] B2 a phrase that has a special meaning **выражение, фраза** *'A can of worms' is an expression meaning a difficult situation.* **3** [C, U] B2 when you say what you think or show how you feel using words or actions **выражение** *As* ***an expression of*** *our disapproval, we will no longer use his shop.*

> **Слова-партнеры к expression**
>
> **have** a [pained, puzzled, etc] expression **on your face** • an expression **changes** • an **angry/dazed/pained/puzzled** expression • **facial** expression

expressive /ɪkˈspresɪv/ **adjective** showing your feelings **выразительный** *a very expressive face*

expressly /ɪkˈspresli/ **adverb** formal **1** If you say something expressly, you say it in a clear way, so that your meaning cannot be doubted. **опреде-**

ленно, ясно *I **expressly stated** that I did not want any visitors.* **2** If something is expressly for a particular reason or person, it is for that reason or person only. **специально** *The picture was painted expressly for me.*

expressway /ɪk'spresweɪ/ **noun** [C] US (UK **motorway**) a long, wide road, usually used by traffic travelling fast over long distances **скоростная автомагистраль**

E

expulsion /ɪk'spʌlʃən/ **noun** [C, U] when someone is made to leave their school, organization, or country because of their behaviour **исключение, изгнание** *They threatened him with **expulsion from** school.*

exquisite /ɪk'skwɪzɪt/ **adjective** very beautiful or perfect **изысканный** *a garden of exquisite flowers*

• **exquisitely adverb изысканно** *an exquisitely dressed woman*

extend /ɪk'stend/ **verb 1** [T] Ⓑ2 to make something bigger or longer **расширять, увеличивать** *We're going to extend our kitchen.* **2** [T] to make an activity, agreement, etc last for a longer time **продлевать (срок)** *They have extended the deadline by one week.* **3 extend from/into/over, etc** to continue or stretch over a particular area of land or period of time **простираться, продолжаться** *Will the building work extend into next week?* **4** [T] to stretch out a part of your body **протягивать** *She smiled and extended her hand.* **5 extend an invitation/thanks, etc to sb** formal to give someone an invitation/thanks, etc **посылать приглашение/выражать благодарность и т. д. кому-либо** *I'd like to extend a warm welcome to our guests.*

extension /ɪk'stenʃən/ **noun** [C] **1** a new room or rooms that are added to a building **пристройка** *You could build an extension onto the back of the house.* **2** Ⓑ2 extra time that you are given to do or use something **продление, отсрочка** *You might be able to get an extension on your visa.* **3** Ⓑ2 a telephone that is connected to the main telephone in an office or other large building **добавочный номер** *Call me on extension 213.*

extensive /ɪk'stensɪv/ **adjective** Ⓑ2 large in amount or size **обширный, большой** *an **extensive** art **collection** ◦ The hurricane caused **extensive damage**.*

• **extensively adverb обширно** *I have **travelled extensively** in Europe.*

extent /ɪk'stent/ **noun 1** Ⓑ2 [no plural] the size or importance of something **степень, мера** *They are just beginning to realize the **full extent** of the damage. ◦ Her face was injured **to such an extent** (= so much) that he didn't recognize her.* **2 to some extent/to a certain extent** Ⓑ2 in some ways **до некоторой/определенной степени** *I was, to some extent, responsible for the accident.*

exterior /ɪk'stɪəriəʳ/ **noun** [C] the outside part of something or someone **наружность, внешний вид** [usually singular] *The exterior of the house was painted white.*

• **exterior adjective** [always before noun] **внешний, наружный** *an exterior wall* → Opposite **interior**

exterminate /ɪk'stɜːmɪneɪt/ **verb** [T] to kill a large group of people or animals **уничтожать, истреблять**

• **extermination** /ɪkˌstɜːmɪ'neɪʃən/ **noun** [C, U] **уничтожение, истребление**

external /ɪk'stɜːnəl/ **adjective 1** Ⓑ2 relating to the outside part of something **внешний, наружный** *the **external walls** of the house ◦ The ointment is **for external use** only (= it must not be put inside the body).* **2** Ⓑ2 coming from or relating to another country, group, or organization **внешний** *All exams are marked by an **external examiner**.* → Opposite **internal**

• **externally adverb внешне**

extinct /ɪk'stɪŋkt/ **adjective** If a type of animal is extinct, it does not now exist. **вымерший, исчезнувший**

extinction /ɪk'stɪŋkʃən/ **noun** [U] when a type of animal no longer exists **вымирание, исчезновение** *Many species of animal are **threatened with extinction**.*

extinguish /ɪk'stɪŋgwɪʃ/ **verb** [T] formal to stop something burning or giving out light **тушить, гасить** *The fire took two hours to extinguish.*

extinguisher /ɪk'stɪŋgwɪʃəʳ/ **noun** [C] (also **fire extinguisher**) a piece of equipment shaped like a tube, which is used to spread a substance onto a fire to stop it burning **огнетушитель**

extol /ɪk'stəʊl/ **verb** [T] (present participle **extolling**, past tense and past participle **extolled**) to say that you think that something is very good **превозносить** *He always **extols the virtues of** (= praises) French cooking.*

extort /ɪk'stɔːt/ **verb** [T] to get money from someone by saying that you will harm them **вымогать**

• **extortion** /ɪk'stɔːʃən/ **noun** [U] **вымогательство**

extortionate /ɪk'stɔːʃənət/ **adjective** Extortionate prices or costs are very high. **грабительский (о цене)**

extra¹ /'ekstrə/ **adjective** Ⓐ2 more, or more than usual **дополнительный** *Can I invite a few extra people? ◦ She's been babysitting to earn some extra cash.*

extra- /ekstrə-/ **prefix** outside of or in addition to **вне-, экстра-** *extracurricular activities (= activities that are in addition to the usual school work)*

extra² /'ekstrə/ **noun** [C] **1** Ⓑ1 something that costs more when you buy goods or pay for a service **что-либо, предоставляемое за дополнительную плату** *The hi-fi comes with **optional extras** such as headphones and remote control.* **2** an actor in a film who does not have a main part and usually plays someone in a crowd **статист, актер массовки**

Слова-партнеры к extra

an **added/hidden/optional** extra

extra³ /'ekstrə/ **adverb** B1 more than usual **дополнительно** *Do you get paid extra for working late?*

extract¹ /ɪk'strækt/ **verb** [T] formal **1** B2 to take something out, especially using force **извлекать, вытаскивать** *He's going to the dentist's to have a tooth extracted.* **2** to get the money, information, etc that you want from someone who does not want to give it to you **добывать с трудом** *They were not able to extract a confession from her.*

extract² /'ekstrækt/ **noun** [C] **1** B2 a particular part of a book, poem, etc that is chosen so that it can be used in a discussion, article, etc **выдержка, отрывок** *The teacher read out* ***an extract from*** *'Brave New World'.* **2** a substance taken from a plant, flower, etc and used especially in food or medicine **экстракт** *pure vanilla extract*

extraction /ɪk'strækʃᵊn/ **noun 1** [C, U] when something is taken out, especially using force **извлечение, вытаскивание 2 of Chinese/Italian, etc extraction** having a family whose origin is Chinese, Italian, etc **китайского/итальянского и т. д. происхождения**

extradite /'ekstrədaɪt/ **verb** [T] to send someone back to the country where they are accused of a crime, so that a court there can decide if they are guilty **экстрадировать** [often passive] *The suspects were* ***extradited to*** *the UK.*

• **extradition** /ˌekstrə'dɪʃᵊn/ **noun** [C, U] **экстрадиция**

extraneous /ɪk'streɪniəs/ **adjective** not directly connected to something **посторонний, не связанный (с чем-либо)** *extraneous information/noise*

extraordinary /ɪk'strɔːdᵊnᵊri/ **adjective** B1 very special, unusual, or strange **необыкновенный, невероятный** *an extraordinary tale of courage* ◦ *She was an extraordinary young woman.*

• **extraordinarily adverb** B2 **необыкновенно, невероятно** *Their last album was extraordinarily successful.*

extravagant /ɪk'strævəgənt/ **adjective 1** costing too much or spending a lot more money than you need to **экстравагантный, расточительный** *the* ***extravagant lifestyle*** *of a movie star* **2** too unusual and extreme to be believed or controlled **сумасбродный, невероятный** *the* ***extravagant claims*** *made by cosmetics companies*

• **extravagance** /ɪk'strævəgəns/ **noun** [C, U] when someone or something is extravagant **расточительность, сумасбродство** • **extravagantly adverb расточительно, сумасбродно**

extravaganza /ɪkˌstrævə'gænzə/ **noun** [C] a large, exciting, and expensive event or entertainment **феерия** *a three-hour extravaganza of country music*

extreme¹ /ɪk'striːm/ **adjective 1** B2 the most unusual or most serious possible **предельный, самый серьезный** *extreme weather conditions* ◦ ***In extreme cases,*** *the disease can lead to blindness.* **2** B2 very large in amount or degree **чрезвычайный** *extreme pain* ◦ *extreme wealth* **3** having such strong opinions or beliefs that most people cannot agree with you **экстремистский, крайний** *extreme views* ◦ *the extreme right* **4** [always before noun] at the furthest point of something **крайний** *in the extreme south of the island*

extreme² /ɪk'striːm/ **noun** [C] the largest possible amount or degree of something **крайность, чрезмерность** *Anna's moods went* ***from one extreme to another*** *(= first she was very happy, then she was very unhappy).* ◦ *Coach Wilson* ***took*** *our training* ***to extremes*** *(= made us train extremely hard).*

extremely /ɪk'striːmli/ **adverb** B1 very, or much more than usual **чрезвычайно** *extremely beautiful*

exˌtreme ˈsports noun [C, U] B1 activities which people do that are dangerous **экстремальный спорт** *extreme sports such as bungee jumping and snowboarding*

extremist /ɪk'striːmɪst/ **noun** [C] someone who has such strong opinions or beliefs that most people cannot agree with them **экстремист**

• **extremism** /ɪk'striːmɪzᵊm/ **noun** [U] **экстремизм** • **extremist adjective экстремистский**

extremities /ɪk'stremətiz/ **noun** [plural] the end parts of your body such as your hands and feet **конечности**

extremity /ɪk'stremətɪ/ **noun** formal **1** [C] the part of something that is furthest from the centre **край** *at the north-west extremity of Europe* **2** [U] when a feeling is very strong or a bad situation very serious **отчаяние, крайняя нужда**

extricate /'ekstrɪkeɪt/ **verb extricate yourself from sth** to get yourself out of a difficult situation or unpleasant place **выпутываться, выкарабкиваться** *I didn't know how to extricate myself from such an embarrassing situation.*

extrovert /'ekstrəvɜːt/ **noun** [C] someone who is very confident and likes being with other people **экстраверт** → Opposite **introvert**

• **extrovert adjective общительный** *an extrovert personality* → Opposite **introverted**

exuberant /ɪg'zjuːbᵊrᵊnt/ **adjective** full of happiness, excitement, and energy **жизнерадостный, энергичный** *a warm and exuberant personality*

• **exuberance** /ɪg'zjuːbᵊrᵊns/ **noun** [U] **жизнерадостность, энергичность**

exude /ɪg'zjuːd/ **verb** [T] If you exude love,

confidence, pain, etc, you show that you have a lot of that feeling. **излучать**

exult /ɪɡˈzʌlt/ **verb** [I] to show great pleasure, especially at someone else's defeat or failure **злорадствовать, упиваться** *She seems to* ***exult in*** *her power.*

• **exultation** /ˌeɡzʌlˈteɪʃᵊn/ **noun** [U] **торжество**

E

eye¹ /aɪ/ **noun 1** [C] A1 one of the two organs in your face, which you use to see with **глаз** *Sara has black hair and brown eyes.* ◦ *She* ***closed her eyes*** *and drifted off to sleep.* **2** [C] the small hole at the end of a needle, that you put the thread through **ушко (иглы) 3 have an eye for sth** to be good at noticing a particular type of thing **разбираться в чем-либо, обладать способностями к чему-либо** *Your son has a very good eye for detail.* **4 keep your/an eye on sb/sth** B2 to watch or look after someone or something **присматривать за кем-либо/чем-либо** *Could you keep an eye on this pan of soup for a moment?* **5 have your eye on sth** informal to want something and intend to get it **иметь на примете что-либо** *Jane's got her eye on that new advertising job.* **6 can't keep/take your eyes off sb/sth** to be unable to stop looking at someone or something because they are so attractive or interesting **не мочь оторвать глаза от кого-либо/чего-либо** *He couldn't take his eyes off her all night.* **7 lay/set eyes on sb/sth** to see someone or something for the first time **увидеть кого-либо/что-либо впервые** *They fell in love the moment they laid eyes on each other.* **8 look sb in the eye/eyes** to look at someone in a direct way, without showing fear or shame **смотреть кому-либо прямо в глаза** *Look me in the eye and say that you didn't steal it.* **9 in sb's eyes** B2 in someone's opinion **в чьих-либо глазах, по чьему-либо мнению** *In my parents' eyes, I'll always be a child.*

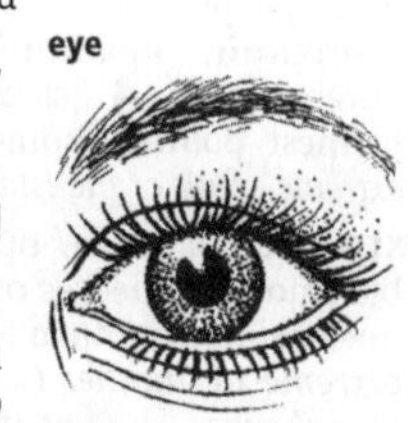

IDIOMS **cast/run your/an eye over sth** UK to look at something quickly, often in order to give your opinion about it **бегло просмотреть что-либо** *Would you cast an eye over our work so far?* • **catch sb's eye a** to get someone's attention by looking at them **поймать чей-либо взгляд** *I tried to catch her eye, but she had already turned away.* **b** to be attractive or different enough to be noticed by people **бросаться в глаза кому-либо** *It was the colour of his jacket that caught my eye.* • **cry your eyes out** If someone cries their eyes out, they cry a lot about a problem or situation. **выплакать все глаза** • **keep your eyes open/peeled (for sb/sth)** to watch carefully for someone or something **смотреть в оба** *Keep your eyes peeled, he should be here any minute.* • **keep an eye out for sb/sth** to watch carefully for someone or something to appear **поджидать появления кого-либо/чего-либо** *Keep an eye out for the delivery van.* • **see eye to eye (with sb)** If two people see eye to eye, they agree with each other. **сходиться во взлядах (с кем-либо)** • **turn a blind eye (to sth)** to choose to ignore something that you know is wrong or illegal **смотреть сквозь пальцы (на что-либо)** • **with your eyes open** knowing about all of the problems that could happen if you do something **без иллюзий** *I went into this marriage with my eyes open.*

→ See also **black eye**

eye² /aɪ/ **verb** [T] (present participle **eyeing**, present participle also US **eying**, past tense and past participle **eyed**) to look at someone or something with interest **разглядывать** *The two women eyed each other suspiciously.*

eyeball /ˈaɪbɔːl/ **noun** [C] the whole of the eye, that has the shape of a small ball **глазное яблоко**

eyebrow /ˈaɪbraʊ/ **noun** [C] B2 the thin line of hair that is above each eye **бровь** → See **The Body** on page Centre 13

eye-catching /ˈaɪˌkætʃɪŋ/ **adjective** attractive, interesting, or different enough to be noticed **эффектный, привлекающий внимание** *an eye-catching poster*

ˈeye ˌcontact **noun** [U] UK If two people make eye contact, they look at each other at the same time. **взгляд в глаза**

-eyed /aɪd/ **suffix** used at the end of a word describing a person's eyes **-глазый** *Both sisters are brown-eyed.* → See also **cross-eyed**, **wide-eyed**

eyelash /ˈaɪlæʃ/ **noun** [C] (also **lash**) B2 one of the short hairs that grow from the edge of your eyelids **ресница** [usually plural] *false eyelashes*

eyelid /ˈaɪlɪd/ **noun** [C] B2 the piece of skin that covers your eye when you close it **веко**

IDIOM **not bat an eyelid** to not react to something unusual **и глазом не моргнуть**

eyeliner /ˈaɪˌlaɪnəʳ/ **noun** [C, U] a coloured substance, usually contained in a pencil, which you put in a line above or below your eyes in order to make them more attractive **карандаш для подведения глаз** → See picture at **make up**

eye-opener /ˈaɪˌəʊpᵊnəʳ/ **noun** [C] something that surprises you and teaches you new facts about life, people, etc **откровение** *Living in another country can be a* ***real eye-opener.***

eyeshadow /ˈaɪʃædəʊ/ **noun** [C, U] a coloured cream or powder which you put above or around your eyes in order to make them more attractive **тени для век**

eyesight /ˈaɪsaɪt/ **noun** [U] B2 the ability to see **зрение** *My eyesight is getting worse.*

eyesore /ˈaɪsɔːʳ/ **noun** [C] a building, area, etc

that looks ugly compared to the things that are around it **уродство, что-либо оскорбительное для взора**

eyewitness /ˌaɪˈwɪtnɪs/ **noun** [C] (also **witness**) someone who saw something such as a crime or an accident happen **очевидец** *Eyewitnesses saw two men running away from the bank.*

F

F, f /ef/ the sixth letter of the alphabet **6-я буква алфавита**

F written abbreviation for Fahrenheit (= a measurement of temperature) **шкала Фаренгейта** *a body temperature of 98.6 °F*

FA /ˌefˈeɪ/ **noun** abbreviation for Football Association: the national organization for football in England **Футбольная ассоциация (в Англии)** *the FA Cup*

fable /ˈfeɪbl/ **noun** [C] a short, traditional story, usually involving animals, which is intended to show people how to behave **басня** *Aesop's fables*

fabric /ˈfæbrɪk/ **noun 1** [C, U] cloth **ткань** *a light/woollen fabric* **2 the fabric of sth a** the basic way in which a society or other social group is organized **структура, устройство** *The family is part of **the fabric of society**.* **b** UK the walls, floor, and roof of a building **остов, каркас (здания)**

fabricate /ˈfæbrɪkeɪt/ **verb** [T] to invent facts, a story, etc in order to deceive someone **фабриковать** *He claims that the police **fabricated evidence** against him.*
• **fabrication** /ˌfæbrɪˈkeɪʃᵊn/ **noun** [C, U] **измышление, подделка**

fabulous /ˈfæbjələs/ **adjective** extremely good **невероятный, потрясающий** *They've got a fabulous house. ◦ We had an absolutely fabulous holiday.*
• **fabulously adverb** extremely **невероятно, потрясающе** *Her family is **fabulously wealthy**.*

facade (also **façade**) /fəˈsɑːd/ **noun** [C] **1** a false appearance **видимость, личина** ***Behind** that amiable **facade**, he's a deeply unpleasant man.* **2** the front of a large building **фасад** *the gallery's elegant 18th century facade*

face[1] /feɪs/ **noun 1** [C] (A1) the front part of the head where the eyes, nose, and mouth are, or the expression on this part **лицо, выражение лица** *She's got a long, thin face. ◦ I can't wait to see her face when she opens the present.* **2 make a face** (also UK **pull a face**) (B1) to show with your face that you do not like someone or something **состроить рожу, скривиться** *The baby made a face every time I offered her some food.* **3 make faces** to make silly expressions with your face in order to try and make people laugh **гримасничать, корчить рожи** **4 sb's face falls/lights up** someone starts to look disappointed/happy **у кого-либо омрачилось/просветлело лицо** *His face fell when I said that she wasn't coming.* **5 to sb's face** (B2) If you say something unpleasant to someone's face, you say it to them directly, when you are with them. **в лицо, в глаза** *If you've got something to say, say it to my face.* **6** the front or surface of something **лицевая сторона, поверхность** *the north face of the cliff ◦ a clock face* **7 in the face of sth** while having to deal with a difficult situation or problem **перед лицом чего-либо, вопреки чему-либо** *She refused to leave him, in the face of increasing pressure from friends and family.* **8 on the face of it** used when you are describing how a situation seems on the surface **на первый взгляд** *On the face of it, it seems like a bargain, but I bet there are hidden costs.*

IDIOMS **keep a straight face** to manage to stop yourself from smiling or laughing **удерживаться от смеха** *I can never play jokes on people because I can't keep a straight face.* • **lose/save face** to do something so that people stop respecting you/still respect you **быть униженным, потерять престиж/избежать позора, не уронить своего достоинства** *He seemed more interested in saving face than telling the truth.*

→ See also have **egg**[1] on your face, a **slap**[2] in the face

face[2] /feɪs/ **verb** [T] **1** (B1) to be or turn in a particular direction **быть обращенным или поворачиваться к чему-либо** *The room faces south. ◦ She turned to face him.* **2** (B2) If you face a problem, or a problem faces you, you have to deal with it. **сталкиваться (с чем-либо)** [often passive] *This is one of the many problems faced by working mothers.* **3 can't face sth/doing sth** (B2) to not want to do something or deal with something because it is so unpleasant **быть не в состоянии даже думать о том, чтобы делать что-либо** *I had intended to go for a run, but now I just can't face it.* **4** (B2) to accept that something unpleasant is true and start to deal with the situation **смотреть в лицо (чему-либо), справляться (с чем-либо)** *She's going to have to **face the fact that** he's not coming back to her.* **5 let's face it** something that you say before you say something that is unpleasant but true **посмотрим правде в глаза, будем откровенны** *Let's face it, none of us are getting any younger.* **6** If you face something unpleasant, especially a punishment, then it might happen to you. **грозить, предстоять (кому-либо)** *If found guilty, the pair face fines of up to $40,000.* **7** to deal with someone when the situation between you is difficult **смотреть кому-либо в лицо, показываться кому-либо на глаза** *How can I face him now that he knows what I've done?* **8** to play against another player or team in a competition, sport, etc **встречаться (в спорте)** *We face Spain in the semifinal.* → See also face the **music**

PHRASAL VERB **face up to sth** B2 to accept that a difficult situation exists **смотреть правде в глаза**

facelift /ˈfeɪslɪft/ **noun** [C] **1** medical treatment which makes the skin of your face tighter so that you look younger **подтяжка лица** *She looks like she's **had** a **facelift**.* **2** when you improve a place and make it look more attractive **ремонт, обновление** *The council is planning a £6 million facelift for the old harbour area.*

facet /ˈfæsɪt/ **noun** [C] one part of a subject, situation, etc that has many parts **грань, аспект** *She has many **facets to** her personality.*

facetious /fəˈsiːʃəs/ **adjective** trying to make a joke or a clever remark in a way that annoys people **неуместно шутливый**

face-to-face /ˌfeɪstəˈfeɪs/ **adjective, adverb** B1 directly, meeting someone in the same place **лично, с глазу на глаз** *We need to talk face-to-face.* ◦ *She **came face-to-face with** the gunman as he strode into the playground.*

ˌface ˈvalue noun take sth at face value to accept the way that something first appears without thinking about what it really means **принимать что-либо за чистую монету** *You can't just take everything you read in the papers at face value.*

facial /ˈfeɪʃəl/ **adjective** of or on the face **лицевой, относящийся к лицу** ***facial expressions/hair***

facile /ˈfæsaɪl/ US /ˈfæsəl/ **adjective** formal A facile remark is too simple and has not been thought about enough. **поверхностный, поспешный**

facilitate /fəˈsɪlɪteɪt/ **verb** [T] formal to make something possible or easier **облегчать, способствовать** *I will do everything in my power to facilitate the process.*

facilities /fəˈsɪlətiz/ **noun** [plural] B1 buildings, equipment, or services that are provided for a particular purpose **сооружения, оборудование, услуги** ***sports/washing facilities*** ◦ *childcare facilities*

> **Слова-партнеры к facilities**
>
> **offer/provide** facilities • facilities **for** sb/(doing) sth • **sports** facilities

facility /fəˈsɪləti/ **noun** [C] **1** B2 a part of a system or machine which makes it possible to do something **приспособление** *This phone has a memory facility.* **2** a place where a particular activity happens **учреждение** *a new medical facility*

fact /fækt/ **noun 1** [C] A2 something that you know is true, exists, or has happened **факт, обстоятельство** *I'm not angry that you drove my car, it's just **the fact that** you didn't ask me first.* ◦ *No decision will be made until we know all the facts.* ◦ *He **knew for a fact** (= was certain) that Natalie was lying.* **2** [U] B2 real events and experiences, not things that are imagined **истина, реальность** *It's hard to separate fact from fiction in what she says.* **3 in fact/in actual fact/as a matter of fact a** B1 used to emphasize what is really true **на самом деле, в действительности** *I was told there were some tickets left, but in actual fact they were sold out.* **b** B2 used when giving more information about something **в сущности, к тому же** *"Is Isabel coming?" "Yes. As a matter of fact, she should be here soon."* **4 the fact (of the matter) is** B2 used to tell someone that something is the truth **по правде говоря** *I wouldn't usually ask for your help, but the fact is I'm desperate.*

IDIOM **the facts of life** details about sexual activity and the way that babies are born **сведения о половой жизни**

> **Слова-партнеры к fact**
>
> **accept/face up to/establish/explain/ignore** a fact • the fact **remains** • an **important/interesting/simple/undeniable** fact • the facts **about** sth • **know for** a fact

faction /ˈfækʃən/ **noun** [C] a small group of people who are part of a larger group, and oppose the ideas of everyone else **фракция**

factor /ˈfæktər/ **noun** [C] **1** B2 one of the things that has an effect on a particular situation, decision, event, etc **фактор** *Money was an important **factor in** their decision to move.* **2** a number that another larger number can be divided by exactly **множитель** *5 is a factor of 10.*

factory /ˈfæktəri/ **noun** [C] A1 a building or group of buildings where large amounts of products are made or put together **завод, фабрика** *a textile factory*

factual /ˈfæktʃuəl/ **adjective** using or consisting of facts **информативный, основанный на фактах**
• **factually adverb в отношении фактов** *factually correct/incorrect*

faculty /ˈfækəlti/ **noun 1** [C] a natural ability to hear, see, think, move, etc **способность (слух, зрение и т. д.)** **2 the English/law/science, etc faculty** a particular department at a college or university, or the teachers in that department **факультет** **3 the faculty** US all of the teachers at a school or college **преподавательский состав**

fad /fæd/ **noun** [C] something that is fashionable to do, wear, say, etc for a short period of time **преходящее увлечение** *the latest **health fad***

fade /feɪd/ **verb 1** [I, T] B2 If a colour or a sound fades, or if something fades it, it becomes less bright or strong. **блекнуть, затихать** *The music began to fade.* ◦ *The walls had been faded by the sun.* **2** [I] (also **fade away**) B2 to slowly disappear, lose importance, or become weaker **постепенно исчезать** *With time, memories of that painful summer would fade away.*

faeces UK formal (US **feces**) /ˈfiːsiːz/ **noun** [plural] solid waste that comes out of the bottom of a person or animal **фекалии**

fag /fæg/ **noun** [C] UK informal a cigarette **сигарета**

Fahrenheit /ˈfærənhaɪt/ **noun** [U] (written abbreviation **F**) a measurement of temperature in which water freezes at 32° and boils at 212° **шкала Фаренгейта**

F

fail[1] /feɪl/ **verb 1** [I] B2 to not be successful **терпеть неудачу** *Dad's business failed after just three years.* ◦ *She keeps* ***failing in*** *her attempt to lose weight.* **2 fail to do sth** B2 to not do what is necessary or expected **не сделать что-либо, не оправдать ожиданий** *John failed to turn up for football practice yesterday.* **3** [I, T] A2 to not pass a test or an exam, or to decide that someone has not passed **проваливаться (на экзамене)** *I'm worried about failing my driving test.* **4** [I] B2 to stop working normally, or to become weaker **выходить из строя, отказывать** *Two of the plane's engines had failed.* **5** [T] to stop being helpful or useful to someone when they need you **подводить, оказаться неспособным помочь** *The government is failing the poor and unemployed.* **6 I fail to see/understand** used to show that you do not accept something **не понимаю ...** [+ question word] *I fail to see why you cannot work on a Sunday.*

fail[2] /feɪl/ **noun without fail** If you do something without fail, you always do it, even when it is difficult. **обязательно, непременно** *I go to the gym every Monday and Thursday without fail.*

failing[1] /ˈfeɪlɪŋ/ **noun** [C] a bad quality or fault that someone or something has **недостаток** *Despite one or two failings, he's basically a nice guy.*

failing[2] /ˈfeɪlɪŋ/ **preposition failing that** if something is not possible or does not happen **если это не удастся, в случае неудачи** *Our goal is to move out by January, or failing that, by March.*

failure /ˈfeɪljər/ **noun 1** [U] B2 when someone or something does not succeed **неудача, провал** *Their attempt to climb Everest* ***ended in failure.*** **2** [C] B2 someone or something that does not succeed **неудачник, неудача** *All my life I've felt like a failure.* **3 failure to do sth** B2 when you do not do something that you must do or are expected to do **невыполнение чего-либо** *Failure to pay within 14 days will result in prosecution.* **4** [C, U] B2 when something does not work, or stops working as well as it should **повреждение, перебой** ***heart failure*** ◦ *All trains were delayed due to a* ***power failure.***

> Слова-партнеры к **failure**
>
> **admit/end in** failure • **be doomed to** failure • an **abject/complete/humiliating/total** failure

faint[1] /feɪnt/ **adjective 1** B2 slight and not easy to notice, smell, hear, etc **слабый, неясный, неотчетливый** *a faint smell of smoke* ◦ *faint laughter coming from next door* **2 feel faint** to feel very weak and as if you might fall down **быть близким к обмороку** *Seeing all the blood made me feel faint.* **3 faint hope/praise/chance, etc** very little hope, praise, chance, etc **слабая надежда/легкая похвала/слабая вероятность и т. д.** *a faint hope of winning the gold medal* **4 not have the faintest idea** used to emphasize that you do not know something **не иметь ни малейшего представления** [+ question word] *I haven't the faintest idea what you're talking about.*

faint[2] /feɪnt/ **verb** [I] B2 to suddenly become unconscious for a short time, usually falling down onto the floor **падать в обморок** *She fainted with exhaustion.*

faintly /ˈfeɪntli/ **adverb** slightly **слегка, едва** *faintly embarrassed*

fair[1] /feər/ **adjective 1** B1 treating everyone in the same way, so that no one has an advantage **справедливый** *a* ***fair trial*** ◦ ***That's not fair.*** *You always go first!* **2** B1 acceptable or right **честный, справедливый** *a fair deal* ◦ *We'd like to move abroad, but it's just not* ***fair on*** *the children.* → Opposite **unfair 3** A2 having pale skin or a light colour of hair **светлый, белокурый** *a boy with fair hair and blue eyes* → Opposite **dark 4 a fair amount/distance/size, etc** quite a large amount, distance, size, etc **изрядное количество/расстояние/изрядный размер и т. д.** *There's still a fair bit of work to be done on the house.* **5** sunny and not raining **ясный, солнечный** *Tomorrow will be fair, with some early morning frost.* **6** not very good but not very bad **сносный, приличный** *He has a* ***fair chance*** *of winning.* **7 fair enough** UK informal B2 used to say that you agree, or think that something is acceptable **справедливо! согласен!** *"He'll only work on Sunday if he gets paid extra." "Fair enough."* → See also fair **play**[2], have your (fair) **share**[2] of sth

fair

fair[2] /feər/ **noun** [C] **1** B1 an event outside where you can ride large machines for pleasure and play games to win prizes **ярмарка 2** an event where people show and sell goods or services relating to a particular business or hobby **выставка** *a **trade fair***

fair³ /feəʳ/ **adverb play fair** to do something in a fair and honest way **действовать открыто, играть честно**

IDIOM **fair and square** in an honest way and without any doubt **честно и справедливо** *We won the match fair and square.*

fairground /ˈfeəgraʊnd/ **noun** [C] an outside area that is used for fairs **ярмарочная площадь**

fair-haired /ˌfeəˈheəd/ **adjective** having a light colour of hair **белокурый** *a fair-haired child*

fairly /ˈfeəli/ **adverb 1** B1 more than average, but less than very **довольно** *a fairly big family* ◦ *fairly quickly* **2** B2 done in a fair way **справедливо** *treating people fairly*

fairness /ˈfeənəs/ **noun** [U] when you treat everyone in the same way, so that no one has an advantage **справедливость**

ˌfair ˈtrade noun [U] a way of buying and selling products that makes certain that the original producer receives a fair price **условия продажи и покупки товара, при которых производитель получает справедливую оплату за свой труд** *fair trade coffee/chocolate* → Compare **free trade**

• **fairly traded adverb (товар) купленный т.о., что производитель получил справедливую цену**

fairy /ˈfeəri/ **noun** [C] a small, imaginary creature that looks like a person with wings, and has magic powers **фея**

fairy

fairytale /ˈfeəriteɪl/ **adjective** [always before noun] happy and beautiful, like something in a fairy tale **сказочный** *a **fairytale romance/wedding***

ˈfairy ˌtale noun [C] a story told to children which involves magic, imaginary creatures, and a happy ending **сказка**

faith /feɪθ/ **noun 1** [U] B2 the belief that someone or something is good, right, and able to be trusted **вера, доверие** ***Have faith in** me. I won't let you down.* **2** [U] B2 strong belief in a god or gods **вера** *Throughout her illness, she never **lost** her **faith in** God.* **3** [C] B2 a religion **вероисповедание, религия** *the Jewish and Christian faiths* **4 in good faith** If you act in good faith, you believe that what you are doing is good, honest, or legal. **с честными намерениями**

> Слова-партнеры к **faith**
> have/lose faith • sb's faith **in** sb/sth

faithful /ˈfeɪθfəl/ **adjective 1** If your husband, wife, or partner is faithful, they do not have a sexual relationship with anyone else. **верный** *a faithful husband* ◦ *They remained **faithful to** each other throughout their long marriage.* **2** B2 always loyal **преданный** *his trusted and faithful servant* **3** not changing any of the original details, facts, style, etc **точный, достоверный** *Does the film adaptation stay **faithful to** the novel?* → Opposite **unfaithful**

• **faithfulness noun** [U] **верность, преданность**

faithfully /ˈfeɪθfəli/ **adverb 1** in a faithful way **верно, преданно, точно 2 Yours faithfully** B2 used to end a formal letter to someone whose name you do not know **искренне Ваш**

fake¹ /feɪk/ **adjective** not real, but made to look or seem real **фальшивый, искусственный** ***fake fur*** ◦ *a fake passport*

fake² /feɪk/ **noun** [C] **1** a copy of something that is intended to look real or valuable and deceive people **подделка** *Experts say that the painting is a fake.* **2** someone who pretends to have particular skills or qualities so that they can deceive people or get their admiration **мошенник**

fake³ /feɪk/ **verb** [T] **1** to copy something in order to deceive people **подделывать** *faked documents* **2** to pretend that you have a particular feeling or emotion **притворяться** *He said he was feeling sick, but he was just **faking it**.*

falcon /ˈfɔːlkən/ **noun** [C] a large bird that eats small animals and is often taught to hunt by people **сокол**

fall¹ /fɔːl/ **verb** [I] (past tense **fell**, past participle **fallen**) **1** A2 to move down towards the ground **падать** *Huge drops of rain were **falling from** the sky.* ◦ *By winter, all the leaves had **fallen off** the trees.* **2** A2 to suddenly go down and hit the ground without intending to **падать** *She **fell off** her bike and broke her arm.* **3** B1 to become less in number or amount **падать, понижаться** *Housing prices have **fallen by** 15% since last year.* ◦ *Temperatures are expected to **fall from** 15°C **to** 9°C.* **4** to become worse, or start to be in a bad situation or condition **ухудшаться, рушиться** *Education standards are continuing to fall.* ◦ *Empty for 30 years, the building had **fallen into ruin** (= become very damaged).* **5 fall asleep/ill/still, etc** B1 to start to sleep/become ill/become quiet, etc **заснуть/заболеть/замереть и т. д.** *I fell asleep on the sofa watching TV.* **6 darkness/night falls** literary used to say that it is becoming dark **темнеет/надвигается ночь 7** to lose power and start to be controlled by a different leader **пасть, перейти под контроль** *In 1453 the city **fell to** the Turks.* **8** to hang down **спускаться, ниспадать** *Her long blonde hair fell softly over her shoulders.* → See also fall on deaf ears (**ear**), fall **flat³**, fall **foul¹** of sb/sth, go/fall to pieces (**piece¹**), fall into **place¹**, fall **prey¹** to sth, fall by the **wayside**

PHRASAL VERBS **fall apart 1** B2 to break into pieces **разваливаться** *My poor old boots are falling* apart. **2** (B2) to start having problems that you cannot deal with **распадаться** *Their relationship fell apart after they moved to Detroit.* • **fall back on sb/sth** to use someone or something when other things have failed, or when there are no other choices **иметь что-либо про запас, полагаться на кого-либо/что-либо** *We've been saving up the past few years, to have something to fall back on.* • **fall behind** to not do something fast enough, or not do something by a particular time **отставать** *Lucy's been falling behind with her homework again.* • **fall for sb** (B2) to suddenly have strong, romantic feelings about someone **влюбляться** • **fall for sth** to be tricked into believing something that is not true **попадаться на удочку** *He told me he owned a mansion in Spain and I fell for it.* • **fall in** If a roof or ceiling falls in, it drops to the ground because it is damaged. **обрушиваться (о крыше)** • **fall off** If the amount, rate, or quality of something falls off, it becomes smaller or lower. **падать, уменьшаться** *Demand for new cars is falling off.* • **fall on sth** to happen on a particular day or date **выпадать на какой-либо день** *New Year's Day **falls on** a Tuesday this year.* • **fall out** UK (B2) to argue with someone and stop being friendly with them **ссориться** *Have you and Sam **fallen out with** each other again?* • **fall over** (B1) If someone or something falls over, they fall to the ground or onto their side. **падать, опрокидываться** *The fence fell over in the wind.* → See **Phrasal Verbs** on page Centre 16 • **fall through** (B2) If a plan or agreement falls through, it fails to happen. **проваливаться, терпеть неудачу**

fall² /fɔːl/ **noun 1** [C] (B1) when the number or amount of something becomes smaller **понижение, спад** *There's been a sharp **fall in** prices.* **2** [C] (B2) when someone or something moves down to the ground **падение, выпадение (осадков)** *a heavy fall of snow* **3** [C, U] US (UK/US **autumn**) the season of the year between summer and winter, when leaves fall from the trees **осень** *He started a new job **in the fall**.* **4** [no plural] when a city, government, leader, etc loses power or control **падение, упадок** *the fall of communism*

> **Слова-партнеры к fall**
> a dramatic/sharp/steep fall • a fall in sth

fallacy /ˈfæləsi/ **noun** [C, U] a belief that is not true or correct **заблуждение** *It's a fallacy that problems will disappear if you ignore them.*

fallen /ˈfɔːlən/ past participle of fall **прич. прош. вр. от гл. fall**

fallible /ˈfæləbl/ **adjective** able to make mistakes **подверженный ошибкам** *We place our trust in doctors, but even they are fallible.* → Opposite **infallible**
• **fallibility** /ˌfæləˈbɪləti/ **noun** [U] **подверженность ошибкам**

fallout /ˈfɔːlaʊt/ **noun** [U] the radiation (= powerful and dangerous energy) from a nuclear explosion **радиоактивные осадки**

fallow /ˈfæləʊ/ **adjective** If land is left fallow, it is not planted with crops, in order to improve the quality of the soil. **вспаханный под пар**

false /fɔːls/ **adjective 1** (B1) not true or correct **ложный, вымышленный** *a false name* ◦ *Many rumours about her life were later proved to be false.* **2** (B2) not real, but made to look or seem real **поддельный, искусственный** ***false teeth*** ◦ *false documents* **3** not sincere or expressing real emotions **неискренний, притворный** *false promises*
• **falsely adverb ложно, искусственно, притворно**

ˌfalse aˈlarm noun [C] an occasion when people believe that something dangerous is happening, but it is not **ложная тревога** *Fire engines rushed to the scene, but it was a false alarm.*

falsehood /ˈfɔːlshʊd/ **noun** [C] formal a lie **ложь**

ˌfalse ˈstart noun [C] an occasion when you try to start an activity, event, or process, but fail and have to stop **неудачное начало** *The after-school club finally opened this term, after several false starts.*

falsify /ˈfɔːlsɪfaɪ/ **verb** [T] to change important information, especially in documents, in order to deceive people **фальсифицировать, искажать**

falter /ˈfɔːltəʳ/ **verb** [I] **1** to stop being confident, powerful, or successful **ослабеть, пошатнуться** *In the late 1980s his career began to falter.* **2** to pause, make mistakes, or seem weak when you are talking or moving **запинаться, спотыкаться** *Her voice didn't falter once during the ceremony.* ◦ *a few **faltering steps***

fame /feɪm/ **noun** [U] (B2) when you are known by many people because of your achievements, skills, etc **известность, слава** *fame and fortune* ◦ *She first **rose to fame** as a pop star at the age of 16.* → See also sb's/sth's **claim²** to fame

famed /feɪmd/ **adjective** famous, especially for having particular qualities **знаменитый** *It is a city **famed for** its ski slopes and casinos.*

familiar /fəˈmɪliəʳ/ **adjective 1** (B1) easy to recognize because of being seen, met, heard, etc before **знакомый** *It's nice to see a few **familiar faces** (= people that I recognize) around here.* ◦ *This street doesn't look **familiar to** me.* **2 be familiar with sth** (B2) to know about something or have experienced it many times before **быть знакомым с чем-либо** *Anyone who's familiar with his poetry will find the course easy.* → Opposite **unfamiliar 3** friendly and very informal **фамильярный** *He doesn't like to be too familiar with his staff.*

familiarity /fəˌmɪliˈærəti/ **noun** [U] **1** a good knowledge of something, or experience of doing or using it **хорошая осведомленность** *Her **familiarity with** computers is very impressive.*

2 friendly and informal behaviour **близость, приятельские отношения**

familiarize (also UK **-ise**) /fəˈmɪliəraɪz/ **verb familiarize sb/yourself with sth** to teach someone more about something new, or try to understand more about it yourself **ознакомить(ся) с чем-либо** *We spent a few minutes familiarizing ourselves with the day's schedule.*

family /ˈfæməli/ **noun 1** [group] **A1** a group of people who are related to each other, such as a mother, a father, and their children **семья** *Her* UK *family are/*US *family is originally from Ireland.* ◦ *a family business* **2** [C] **B1** the children in a family **дети** [usually singular] *Single parents have to* ***raise a family*** *on their own.* ◦ *Paul and Alison are hoping to* ***start a family*** *soon.* **3** [C] a group of similar types of plants or animals that are related to each other **семейство (растений, животных)**

> **Слова-партнеры к family**
>
> **have/raise/start/support** a family • a **big/close/happy** family • your **close/extended/immediate** family

ˈfamily ˌname noun [C] the name that is used by all the members of a family **фамилия**

ˌfamily ˈplanning noun [U] controlling how many children you have by using contraceptives (= pills or objects that prevent a woman from becoming pregnant) **контроль над рождаемостью**

ˌfamily ˈtree noun [C] a drawing that shows the relationships between the different members of a family, especially over a long period of time **семейное древо, родословная**

famine /ˈfæmɪn/ **noun** [C, U] when people living in a particular area do not have enough food for a long time causing suffering and death **голод (стихийное бедствие)**

famous /ˈfeɪməs/ **adjective A1** known or recognized by many people **знаменитый** *a famous actress* ◦ *New York is a city* ***famous for*** *its shopping and nightlife.* → See also **world-famous**

famously /ˈfeɪməsli/ **adverb 1 get on famously (with sb)** to have a very friendly relationship with someone **отлично ладить (с кем-либо) 2** in a way that is famous **известно**

fan

fan¹ /fæn/ **noun** [C] **1 A2** someone who admires and supports a famous person, sport, type of music, etc **поклонник, фанат** *More than 15,000 Liverpool fans attended Saturday's game.* ◦ *He's a big* ***fan of*** *country music.* **2 B1** something that is used to move the air around so that it feels cooler, such as a machine or an object that you wave with your hand **вентилятор** *an electric fan*

> **Слова-партнеры к fan**
>
> a **big/huge** fan • a fan **of** sb/sth • **football/soccer** fans

fan² /fæn/ **verb** [T] (present participle **fanning**, past tense and past participle **fanned**) to move the air around with a fan or something used like a fan, to make it feel cooler **обмахивать** [often reflexive] *The spectators sat in the bright sun, fanning themselves with newspapers.*

PHRASAL VERB **fan out** If a group of people fan out, they move out in different directions from a single point. **расходиться в разные стороны**

fanatic /fəˈnætɪk/ **noun** [C] someone whose interest in something or enthusiasm for something is extreme **фанатик**

• **fanatical adjective** extremely enthusiastic about something **фанатичный** *She's fanatical about football.* • **fanaticism** /fəˈnætɪsɪzəm/ **noun** [U] **фанатизм**

fanciable /ˈfænsiəbl/ **adjective** UK informal sexually attractive **сексапильный**

fanciful /ˈfænsɪfəl/ **adjective** Something that is fanciful comes from someone's imagination and so is probably not true or real. **выдуманный, причудливый** *a fanciful story*

ˈfan ˌclub noun [C] an organization for the people who support and admire a particular singer, actor, sports team, etc **клуб болельщиков, поклонников**

fancy¹ /ˈfænsi/ **verb** [T] **1** UK **B1** to want to have or do something **хотеть** *Do you fancy a drink?* ◦ [+ doing sth] *We fancy going to the Caribbean for our holiday.* **2** UK informal to feel sexually attracted to someone **влюбляться** *I fancied him the first time I saw him.* **3 fancy (that)!** UK informal used to show that you are surprised or shocked by something **удивительно! подумать только!** [+ doing sth] *Fancy seeing you here!* **4** formal to think that something is true **предполагать** [+ (that)] *I fancy that he was smiling, but I can't be sure.*

fancy² /ˈfænsi/ **adjective 1** Fancy things and places are expensive and fashionable. **модный, изысканный** *a fancy restaurant* **2** with lots of decoration, or very complicated **причудливый, затейливый** *fancy cakes*

fancy³ /ˈfænsi/ **noun 1 take a fancy to sb/sth** to start to like someone or something a lot **привязываться к кому-либо/чему-либо** *Marina had taken a fancy to her.* **2 take sb's fancy** If something or someone takes your fancy, you find them interesting or attractive.

F

прийтись по вкусу *We can go anywhere that takes your fancy.*

ˌfancy ˈdress noun [U] UK special clothes that people wear for a party, which make them look like a different person **маскарадный костюм** *a **fancy dress party***

fanfare /ˈfænfeəʳ/ **noun** [C] a short, loud tune played on a trumpet (= metal musical instrument) to announce an important person or event **фанфара**

F

fang

fang /fæŋ/ **noun** [C] a long, sharp tooth of an animal such as a dog or a snake **клык**

ˈfanny ˌpack noun [C] US (UK **bumbag**) a small bag fixed to a belt that you wear around your waist **маленькая сумочка, которую носят на поясе**

fantasize (also UK **-ise**) /ˈfæntəsaɪz/ **verb** [I, T] to imagine something that you would like to happen, but is not likely to happen **фантазировать, предаваться мечтам** *We used to **fantasize about** becoming famous actresses.*

fantastic /fænˈtæstɪk/ **adjective 1** informal A2 very good **потрясающий, изумительный** *I've had a fantastic time.* **2** informal A fantastic amount or number of something is very large. **невообразимый, огромный** *They're making fantastic amounts of money.* **3** very strange and probably not true **фантастический, нереальный** *fantastic stories about monsters and witches*

fantastically /fænˈtæstɪkəli/ **adverb** B2 extremely **фантастически, невообразимо** *fantastically rich*

fantasy /ˈfæntəsi/ **noun** [C, U] B2 a situation or event that you imagine, which is not real or true **фантазия**

> Слова-партнеры к **fantasy**
>
> **have fantasies about/of** (doing) sth • a fantasy **world**

FAQ /ˌefeɪˈkjuː/ **noun** [C] abbreviation for frequently asked question: something that many people ask when they use the Internet or a computer program, or a file (= collection) of these questions with their answers **часто задаваемые вопросы**

far¹ /fɑːʳ/ **adverb** (**farther**, **farthest**, **further**, **furthest**) **1** A2 used to talk about how distant something is **далеко** *It's the first time I've been so **far away** from home.* ◦ ***How far** is it to the supermarket?* ◦ *Bournemouth is **not far from** Poole.* ◦ *In the summer the herds move farther north.* **2** A2 a long time **далеко, давно** *How far back can you remember?* ◦ *We need to plan further ahead.* **3 far better/cheaper/more, etc** B2 much better/cheaper/more, etc **гораздо лучше/дешевле/больше и т. д.** *Young people are far more independent these days.* **4 far too difficult/expensive/late, etc** B2 much too difficult/expensive/late, etc **слишком трудный/дорогой/поздний и т. д.** *His trousers were far too tight.* **5 as far as I know** informal B2 used to say what you think is true, although you do not know all the facts **насколько мне известно** *As far as I know, they haven't reached a decision yet.* **6 as far as sb is concerned** B2 used to say what someone's opinion is **что касается кого-либо** *It's all over as far as I'm concerned.* **7 as far as sth is concerned** B2 used to say what you are talking about **что касается чего-либо** *As far as sport's concerned, I like tennis and football.* **8 by far** B2 used to emphasize that something is the biggest, the best, etc **намного** *This is his best film by far.* **9 far from sth** certainly not something **отнюдь не** *The situation is far from clear.* **10 far from doing sth** certainly not doing something **вовсе не, отнюдь не** *Far from being pleased, he was embarrassed by the praise.* **11 far from it** informal used to tell someone that something is certainly not true **вовсе нет, отнюдь нет** *He's not handsome – far from it.* **12 as far as possible** as much as is possible **насколько возможно** *We try to buy organic food as far as possible.* **13 go so far as to do sth** to take the extreme action of doing something **доходить даже до того, что ...** *He even went so far as to stop her using the telephone.* **14 go too far** to behave in a way that upsets or annoys other people **заходить слишком далеко** **15 how far** used to talk about how true something is **до какой степени, в какой мере** *How far do politicians represent the views of ordinary people?* **16 so far** B1 until now **до сих пор** *So far, we haven't made much progress.* **17 so far so good** informal used to say that something has gone well until now **пока все хорошо** **18 not go (very) far** If something such as money does not go far, you cannot do very much with it. **не разгуляться (о деньгах)** *£100 doesn't go very far these days.*

far² /fɑːʳ/ **adjective** (**farther**, **farthest**, **further**, **furthest**) **1** B2 [always before noun] describes the part of something that is most distant from you or from the centre **дальний** *His office is at the far end of the corridor.* ◦ *They live in the far south of the country.* **2 the far left/right** used to describe political groups whose opinions are very extreme **крайне левый/правый** → See also be a far **cry²** from sth

faraway /ˌfɑːrəˈweɪ/ **adjective 1** [always before noun] literary a long distance away **далекий, отдаленный** *faraway places* **2 a faraway look/expression** an expression on someone's face that shows that they are not thinking about what is happening around them **отсутствующий взгляд/отсутствующее выражение лица** *He had a faraway look in his eyes.*

farce /fɑːs/ **noun 1** [no plural] a serious event or situation that becomes ridiculous because it is so badly organized **фарс** *The meeting was a complete farce.* **2** [C] a funny play in which a lot of silly things happen **фарс**
• **farcical** /ˈfɑːsɪkəl/ **adjective** like a farce **нелепый, шуточный**

fare¹ /feəʳ/ **noun** [C] B1 the price that you pay to travel on an aircraft, train, bus, etc **стоимость проезда** ***air/train fares***

> **Слова-партнеры к fare**
> a **return/single** fare • the fare **to** [Seattle/ Moscow, etc]

fare² /feəʳ/ **verb** formal **fare well/badly/better, etc** used to say how well or badly someone or something does in a particular situation **справляться с чем-либо хорошо/плохо/лучше и т. д.** *All the children fared well in the exams.*

farewell /ˌfeəˈwel/ **exclamation** old-fashioned goodbye **прощай(те)!**
• **farewell noun** [C] when someone says goodbye **прощание** *a sad farewell ◦ a farewell party*

far-fetched /ˌfɑːˈfetʃt/ **adjective** difficult to believe and not likely to be true **маловероятный, заумный** *The idea is not as far-fetched as it might sound.*

farm

farm¹ /fɑːm/ **noun** [C] A1 an area of land with fields and buildings that is used for growing crops and keeping animals as a business **ферма** *a dairy farm ◦ farm animals/buildings*

> **Слова-партнеры к farm**
> **on** a farm • farm **workers** • farm **animals**

farm² /fɑːm/ **verb** [I, T] to grow crops or keep animals as a business **обрабатывать (землю), разводить (скот)** *Only 2% of the country's farmland is farmed organically.*

farmer /ˈfɑːməʳ/ **noun** [C] A2 someone who owns or looks after a farm **фермер**

farmhouse /ˈfɑːmhaʊs/ **noun** [C] (plural **farmhouses** /ˈfɑːmhaʊzɪz/) the house on a farm where the farmer lives **фермерский дом**

farming /ˈfɑːmɪŋ/ **noun** [U] B1 working on a farm or organizing the work there **занятие сельским хозяйством, фермерство**

farmland /ˈfɑːmlænd/ **noun** [U] land which is used for or suitable for farming **земля, пригодная для обработки**

farmyard /ˈfɑːmjɑːd/ **noun** [C] an area of ground with farm buildings around it **двор фермы**

far-off /ˌfɑːrˈɒf/ **adjective** literary a long distance away or a long time in the past or future **далекий** *far-off lands*

far-reaching /ˌfɑːˈriːtʃɪŋ/ **adjective** Far-reaching acts, events, or ideas have very big effects. **имеющий серьезные последствия** ***far-reaching changes*** *in the education system*

farsighted /ˈfɑːˌsaɪtɪd/ **adjective** US (UK **longsighted**) able to see objects which are far away, but not things which are near to you **дальнозоркий**

fart /fɑːt/ **verb** [I] very informal to release gas from the bowels through the bottom **пукать**
• **fart noun** [C] **пуканье**

farther /ˈfɑːðəʳ/ **adjective, adverb** comparative of **far**: more distant **дальше** *I couldn't walk any farther.*

farthest /ˈfɑːðɪst/ **adjective, adverb** superlative of **far**: most distant **самый дальний** *They walked to the farthest edge of the garden.*

fascinate /ˈfæsɪneɪt/ **verb** [T] to interest someone a lot **увлекать, вызывать глубокий интерес** *Science has always fascinated me.*

fascinated /ˈfæsɪneɪtɪd/ **adjective** B2 extremely interested **увлеченный, заинтересованный** *They were absolutely fascinated by the game.*

fascinating /ˈfæsɪneɪtɪŋ/ **adjective** B2 extremely interesting **увлекательный, захватывающий** *I found the movie fascinating.*

fascination /ˌfæsɪˈneɪʃən/ **noun** [U, no plural] when you find someone or something fascinating **увлечение, интерес** *Her **fascination with** fashion started at an early age.*

fascism, Fascism /ˈfæʃɪzəm/ **noun** [U] a political system in which the government is extremely powerful and controls people's lives **фашизм**

fascist /ˈfæʃɪst/ **noun** [C] **1** (also **Fascist**) someone who supports fascism **фашист 2** someone who you do not like because they try to control other people's behaviour **тиран**
• **fascist adjective фашистский** *a **fascist dictator/regime***

fashion¹ /ˈfæʃən/ **noun 1** [C, U] A2 the most

popular style of clothes, appearance, or behaviour at a particular time **мода** *Long hair is back* ***in fashion*** *for men.* ◦ *Fur coats have* ***gone out of fashion****.* **2** [U] B1 making and selling clothes **производство и продажа одежды** *the* ***fashion industry*** **3** [no plural] formal the way in which someone does something **манера** *He told the story* ***in a*** *very amusing* ***fashion****.*

Слова-партнеры к fashion

be **in** fashion • **come into/go out of** fashion • **a** fashion **for sth**

fashion² /ˈfæʃən/ **verb** [T] formal to make something **выделывать, моделировать** *jewellery* ***fashioned from*** *recycled metal*

fashionable /ˈfæʃənəbl/ **adjective** B1 popular at a particular time **модный** ***fashionable clothes*** ◦ [+ to do sth] *It's no longer fashionable to smoke.* → Opposite **unfashionable**

• **fashionably adverb модно** *fashionably dressed*

Другие способы сказать fast

Эквивалентом слова **fast** в роли прилагательного является слово **quick**.

I tried to catch him, but he was too ***quick*** *for me.*

Если что-то выполнено быстро, без ожидания, то можно использовать прилагательные **prompt** и **speedy**.

A ***prompt*** *reply would be very much appreciated.*

He made a ***speedy*** *recovery.*

Если какое-то действие выполнено слишком быстро и необдуманно, то можно использовать прилагательные **hasty** и **hurried**.

I don't want to make a ***hasty*** *decision.*

We left early after a ***hurried*** *breakfast.*

Для описания прогулки быстрым шагом можно использовать прилагательное **brisk**.

We took a ***brisk*** *walk through the park.*

Прилагательное **rapid** часто используется, если говорят о быстром росте или изменении чего-то.

The 1990's were a period of ***rapid*** *change/growth.*

Эквивалентом слова **fast** в роли наречия является слово **quickly**.

The problem needs to be sorted out as ***quickly*** *as possible.*

Если кто-то очень быстро выполняет какое-то действие, в неформальном общении используют выражения **in a flash** и **like a shot**.

I'll be back ***in a flash****.*

There was an almighty crash and he got up ***like a shot****.*

fast¹ /fɑːst/ **adjective 1** A1 moving, happening, or doing something quickly **быстрый** *fast cars* ◦ *a fast swimmer* ◦ *Computers are getting faster all the time.* **2** [never before noun] If a clock or watch is fast, it shows a time that is later than the correct time. **спешащий (о часах)** → See also a fast **track¹** (to sth)

fast² /fɑːst/ **adverb 1** A2 moving or happening quickly **быстро** *We ran as fast as we could.* ◦ *You'll have to act fast.* **2 fast asleep** completely asleep (= sleeping) **крепко спящий 3** in a firm or tight way **крепко, прочно** *He tried to get away, but she* ***held*** *him* ***fast****.* → See also **thick¹** and fast

fast³ /fɑːst/ **verb** [I] to eat nothing, or much less than you usually eat for a period of time **голодать, поститься**

• **fast noun** [C] **пост, голодовка**

fasten /ˈfɑːsən/ **verb 1** B1 [I, T] to close or fix something together, or to become closed or fixed together **застегивать(ся), завязывать** *Fasten your seat belts.* ◦ *This dress fastens at the side.* **2 fasten sth on/to/together, etc** B2 to fix one thing to another **пристегивать, привязывать** *He fastened the rope to a tree.* → Opposite **unfasten**

fastener /ˈfɑːsənəʳ/ **noun** [C] something that is used to close or fix things together **застежка**

ˌfast ˈfood noun [U] A2 hot food that can be served very quickly in a restaurant because it is already prepared **еда быстрого приготовления** ***fast food restaurants***

fast-forward /ˌfɑːstˈfɔːwəd/ **verb** [I, T] If you fast-forward a recording, or if it fast-forwards, you make it play at very high speed so that you get to the end more quickly. **перематывать вперед (пленку)**

• **fast-forward noun** [U] **перематывание вперед (пленки)**

fastidious /fæsˈtɪdiəs/ **adjective** Someone who is fastidious wants every detail of something to be correct and perfect. **привередливый, требовательный**

fat¹ /fæt/ **adjective** (**fatter**, **fattest**) **1** A1 Someone who is fat weighs too much. **толстый** *She eats all the time but never* ***gets fat****.* **2** thick or large **толстый** *a fat book* → See also fat **chance¹**

fat² /fæt/ **noun 1** [U] the substance under the skin of people and animals that keeps them warm **жир** *body fat* **2** [C, U] B2 a solid or liquid substance like oil that is taken from plants or animals and used in cooking **жир** ***animal/vegetable fat*** → See also **saturated fat**

fatal /ˈfeɪtəl/ **adjective 1** B2 A fatal accident or illness causes death. **смертельный, роковой** *a fatal car crash* **2** B2 Fatal actions have very bad effects. **роковой, губительный** *a* ***fatal error***

• **fatally adverb смертельно, роковым образом** ***fatally injured***

fatalism /ˈfeɪtəlɪzəm/ **noun** [U] the belief that

people cannot change events, and that bad events cannot be avoided **фатализм**
• **fatalistic** /ˌfeɪtᵊlˈɪstɪk/ **adjective фаталистический**

fatality /fəˈtæləti/ **noun** [C] formal the death of a person caused by violence or an accident **смерть от несчастного случая**

ˈ**fat** ˌ**cat noun** [C] someone who has a lot of money, especially someone in charge of a company **богач, толстосум**

fate /feɪt/ **noun 1** [C] (B2) what happens to someone, especially when it is something bad **участь** *His fate is now in the hands of the jury.* **2** [U] (B2) a power that some people believe decides what will happen **судьба** *I believe it was fate that caused us to meet again.* → See also **quirk** of fate

> **Слова-партнеры к fate**
> suffer a fate • decide/seal sb's fate • [suffer] the same/a similar fate

fated /ˈfeɪtɪd/ **adjective** [never before noun] If something that happens or someone's actions are fated, they are decided by a power that controls events, and cannot be avoided. **обреченный** [+ to do sth] *I seem fated to meet him wherever I go.* → See also **ill-fated**

fateful /ˈfeɪtfᵊl/ **adjective** A fateful event has an important and usually bad effect on the future. **роковой** *a* ***fateful decision***

father[1] /ˈfɑːðəʳ/ **noun 1** (A1) [C] your male parent **отец 2 Father** the title of some Christian priests **отец (священник)** *Father O'Brian* **3 the father of sth** the man who invented or started something **отец, основатель** *Descartes is known as the father of modern philosophy.*

father[2] /ˈfɑːðəʳ/ **verb** [T] formal to become a male parent **становиться отцом** *He fathered three children.*

ˌ**Father** ˈ**Christmas noun** [no plural] UK a kind, fat, old man in red clothes who people say brings presents to children at Christmas **Дед Мороз**

ˈ**father** ˌ**figure noun** [C] an older man who gives you advice and support like a father **кто-либо, заменяющий отца**

fatherhood /ˈfɑːðəhʊd/ **noun** [U] being a father **отцовство**

father-in-law /ˈfɑːðərɪnlɔː/ **noun** [C] (plural **fathers-in-law**) (B2) the father of your husband or wife **свекор, тесть**

fathom[1] /ˈfæðəm/ **verb** [T] (also UK **fathom out**) to be able to understand something after thinking about it a lot **понимать, постигать** [+ question word] *No one could fathom why she had left so early.*

fathom[2] /ˈfæðəm/ **noun** [C] a unit for measuring the depth of water, equal to 1.8 metres **морская сажень**

fatigue /fəˈtiːg/ **noun** [U] when you feel very tired **утомление, усталость**
• **fatigued adjective утомленный, усталый**

fatigues /fəˈtiːgz/ **noun** [plural] special clothes that soldiers wear when they are fighting or working **полевая форма**

fatten /ˈfætᵊn/ **verb** [T] to make animals fatter so that they can be eaten **откармливать**

PHRASAL VERB **fatten sb/sth up** to give a thin person or animal lots of food so that they become fatter **откармливать**

fattening /ˈfætᵊnɪŋ/ **adjective** Fattening food can make you fat. **калорийный** *I don't eat chips, they're too fattening.*

fatty /ˈfæti/ **adjective** Fatty foods contain a lot of fat. **жирный, маслянистый**

fatuous /ˈfætjuəs/ **adjective** very stupid and not deserving your attention or respect **глупый, бессмысленный** *a* ***fatuous comment/remark***

faucet /ˈfɔːsɪt/ **noun** [C] US (UK/US **tap**) an object at the end of a pipe which you turn to control the flow of water **водопроводный кран** → See picture at **tap** → See **The Kitchen** on page Centre 2

fault[1] /fɔːlt/ **noun 1 sb's fault** (B1) If something bad that has happened is someone's fault, they are responsible for it. **чья-либо вина** *She believes it was the doctor's fault that Peter died.* **2 at fault** (B2) responsible for something bad that has happened **виноватый** *I was at fault and I would like to apologize.* **3** (B2) [C] something that is wrong with something or with someone's character **дефект, недостаток** *The car has a serious* ***design fault***. **4 find fault with sb/sth** to criticize someone or something, especially without good reasons **придираться к кому-либо/чему-либо**

> **Слова-партнеры к fault**
> all/entirely sb's fault • it's sb's own fault • be at fault

fault[2] /fɔːlt/ **verb** [T] to find a reason to criticize someone or something **придираться** *I can't fault the way that they dealt with the complaint.*

faultless /ˈfɔːltləs/ **adjective** perfect, or without any mistakes **безупречный** *a* ***faultless performance***

faulty /ˈfɔːlti/ **adjective** (B2) not working correctly **неисправный** *faulty brakes/wiring*

fauna /ˈfɔːnə/ **noun** [group] all the animals that live in a particular area **фауна** *the* ***flora and fauna*** *of the area*

favour[1] UK (US **favor**) /ˈfeɪvəʳ/ **noun 1** [C] (B1) something that you do to help someone **одолжение, услуга** *Could you* ***do me a favour*** *please?* ◦ *I wanted to* ***ask you a favour***. **2 be in favour of sth** (B2) to agree with or approve of a plan or idea **поддерживать что-либо, быть сторонником чего-либо** *Most people are in favour of reducing traffic in cities.* **3 in favour of sb/sth** If you refuse or get rid of

F

someone or something in favour of someone or something else, you choose them instead. **ради кого-либо/чего-либо** *They dropped him from the team in favour of a much younger player.* **4 in sb's favour a** If something is in your favour, it helps you to win or succeed. **в чью-либо пользу, защиту** *Both sides have strong arguments in their favour.* **b** If a game, vote, or judgment is in someone's favour, they win. **в чью-либо пользу** *The final score was 16-10 in England's favour.* **5** [U] formal when people like something or someone **благосклонность, расположение** *Her work never* ***found favour*** *among the critics.* **6 be in favour/out of favour** to be popular/unpopular **быть в чести/в немилости** *He has fallen out of favour recently.*

favour² UK (US **favor**) /ˈfeɪvəʳ/ **verb** [T] **1** to choose or prefer one possibility **оказывать предпочтение** [often passive] *These are the running shoes favoured by marathon runners.* **2** to act unfairly by treating one person better than another **оказывать предпочтение** *She always felt that her parents favoured her brother.*

favourable UK (US **favorable**) /ˈfeɪvərəbl/ **adjective 1** (B2) showing that you like or approve of someone or something, or making you like or approve of them **благоприятный, благосклонный** *She made a very* ***favourable impression*** *on us.* **2** making something more likely to be successful **благоприятный** ***favourable weather conditions*** → Opposite **unfavourable**
• **favourably** UK (US **favorably**) **adverb благоприятно**

favourite¹ UK (US **favorite**) /ˈfeɪvərət/ **adjective** [always before noun] (A1) Your favourite person or thing is the one that you like best. **любимый** *What's your favourite band?*

favourite² UK (US **favorite**) /ˈfeɪvərət/ **noun** [C] **1** (B1) a person or thing that you like more than all others **любимая вещь, любимец** *These chocolates are my favourites.* **2** the person or animal that is most likely to win a competition **фаворит** *The Dallas Cowboys are now favourites to win.*

favouritism UK (US **favoritism**) /ˈfeɪvərətɪzəm/ **noun** [U] unfairly treating one person or group better than another **фаворитизм**

fawn¹ /fɔːn/ **noun 1** [C] a young deer **молодой олень 2** [U] a light brown colour **желтовато-коричневый цвет**

fawn² /fɔːn/ **verb**

PHRASAL VERB **fawn on/over sb** to praise someone or be nice to someone in a way that is false in order to get something or to make them like you **заискивать перед кем-либо**

fax¹ /fæks/ **noun 1** [C] a document that is sent or received using a special machine and a telephone line **факс** *I got a fax from them this morning.* **2** [U] the system of sending or receiving documents using a special machine and a telephone line **факс** *Some products can be ordered* ***by fax.*** **3** [C] (also ˈ**fax ˌmachine**) a machine that is used to send and receive faxes **факс** → See **The Office** on page Centre 5

fax² /fæks/ **verb** [T] (B1) to send documents using a fax machine **передавать по факсу** [+ two objects] *Can you fax me a price list?*

the FBI /ˌefbiːˈaɪ/ **noun** abbreviation for the Federal Bureau of Investigation: one of the national police forces in the US that is controlled by the central government **ФБР (Федеральное бюро расследований в США)** *He is wanted by the FBI for fraud.*

fear¹ /fɪəʳ/ **noun 1** (B1) [C, U] a strong, unpleasant feeling that you get when you think that something bad, dangerous, or frightening might happen **страх** *She was trembling with fear.* ◦ *Unlike the rest of us, Dave had no* ***fear of*** *snakes.* ◦ [+ (that)] *There are fears that the disease will spread to other countries.* **2 for fear of sth/doing sth** because you are worried about something/doing something **из боязни** *I didn't want to move for fear of waking her up.*

> **Слова-партнеры к fear**
>
> **allay/calm/cause/heighten** fear • **hold** no fear for sb • **great/morbid/widespread** fear • fear **of** sth

fear² /fɪəʳ/ **verb** [T] **1** (B2) to be worried or frightened that something bad might happen or might have happened **опасаться** [+ (that)] *Police fear that the couple may have drowned.* **2** (B2) to be frightened of something or someone unpleasant **бояться, страшиться** *Most older employees fear unemployment.* **3 fear the worst** (B2) If you fear the worst, you are frightened that an unpleasant situation will become much worse. **ожидать наихудшего** *When there was no sign of the children, rescuers feared the worst.*

PHRASAL VERB **fear for sth/sb** to be worried about something, or to be worried that someone is in danger **беспокоиться о чем-либо/ком-либо** *Her parents* ***fear for*** *her* ***safety*** *(= worry that she may not be safe).*

fearful /ˈfɪəfəl/ **adjective** formal **1** frightened or worried **боящийся, испуганный** [+ of + doing sth] *Many women are fearful of travelling alone.* **2** [always before noun] UK very bad **страшный, ужасный** *Nigel has a fearful temper.*
• **fearfully adverb испуганно, ужасно**

fearless /ˈfɪələs/ **adjective** not frightened of anything **бесстрашный** *a fearless fighter*
• **fearlessly adverb бесстрашно**

fearsome /ˈfɪəsəm/ **adjective** very frightening **грозный, страшный** *a fearsome opponent*

feasible /ˈfiːzəbl/ **adjective** possible to do **осуществимый, выполнимый** *a feasible plan* ◦ [+ to do sth] *It may be feasible to clone human beings, but is it ethical?*
• **feasibility** /ˌfiːzəˈbɪləti/ **noun** [U] **осуществимость, выполнимость**

feast[1] /fiːst/ **noun** [C] a large meal, especially to celebrate something special **пир, застолье** *a wedding feast*

feast[2] /fiːst/ **verb**

PHRASAL VERB **feast on sth** to eat a lot of food and enjoy it very much **пировать, лакомиться** *We feasted on fried chicken, ice cream, and chocolate cake.*

feat /fiːt/ **noun 1** [C] an act or achievement that shows great skill or strength **достижение** *The Eiffel Tower is a remarkable **feat of** engineering.* **2 be no mean feat** used when you want to emphasize that an act or achievement is very difficult **быть нелегким делом** *Learning to ski at 60 is no mean feat!*

feather /ˈfeðəʳ/ **noun** [C] B2 one of the soft, light things that grow from and cover a bird's skin **перо**
• **feathery adjective** like feathers **легкий или мягкий, как перышко** *feathery leaves*

feature[1] /ˈfiːtʃəʳ/ **noun** [C] **1** B2 a typical quality, or important part of something **особенность, достопримечательность, функция** *This phone has several **new features**.* **2** B2 Someone's features are the parts of their face that you notice when you look at them. **черты лица** *His eyes are his **best feature**.* **3** a special article in a newspaper or magazine, or a special television programme **статья, передача** *a double-page **feature on** global warming*

> **Слова-партнеры к feature**
>
> a **distinguishing/important/notable** feature • a **redeeming** feature • a feature **of** sth • a **new** feature

feature[2] /ˈfiːtʃəʳ/ **verb** [T] B2 to include someone or something as an important part **показывать в главной роли, включать** *a new movie featuring Bruce Willis*

PHRASAL VERB **feature in sth** to be an important part of something **фигурировать**

feature ˌfilm noun [C] a film that is usually 90 or more minutes long **полнометражный фильм**

February /ˈfebruəri/ **noun** [C, U] (written abbreviation **Feb**) A1 the second month of the year **февраль**

feces /ˈfiːsiːz/ **noun** [plural] US spelling of faeces **фекалии**

feckless /ˈfekləs/ **adjective** A feckless person is not willing to work or take responsibility for their actions. **безответственный**

fed /fed/ past of feed **прош. вр. и прич. прош. вр. от гл. feed**

federal /ˈfedərəl/ **adjective** [always before noun] **1** relating to the central government, and not to the government of a region, of some countries such as the United States **федеральный** *the **federal government** ◦ a federal agency/employee* **2** A federal system of government consists of a group of regions that is controlled by a central government. **федеральный**

ˌfederal ˈholiday noun [C] US (UK/US **national holiday**) a day when most people in a country do not have to work **государственный/общенациональный праздник**

federalism /ˈfedərəlɪzəm/ **noun** [U] a political system in which separate states are organized under a central government **федерализм**
• **federalist noun** [C] someone who supports federalism **федералист**

federation /ˌfedərˈeɪʃən/ **noun** [C] a group of organizations, countries, regions, etc that have joined together to form a larger organization or government **федерация** *the International Tennis Federation*

ˌfed ˈup adjective [never before noun] informal B2 annoyed or bored by something that you have experienced for too long **сытый по горло** *I'm **fed up with** my job.*

fee /fiː/ **noun** [C] B1 an amount of money that you pay to do something, to use something, or to get a service **плата, гонорар** *an entrance fee ◦ university fees*

feeble /ˈfiːbl/ **adjective 1** extremely weak **слабый** *She became too feeble to get out of bed.* **2** not very good or effective **незначительный, неубедительный** *a **feeble argument/excuse***
• **feebly adverb слабо, неубедительно**

feed[1] /fiːd/ **verb** (past tense and past participle **fed**) **1** [T] B1 to give food to a person, group, or animal **кормить** *I fed Simone's cat while she was away.* **2** [I] If an animal or a baby feeds, it eats. **есть, питаться** *The caterpillars **feed on** cabbage leaves.* **3** [T] to supply something such as information to a person or a machine, especially in a regular or continuous way **снабжать, обеспечивать** *We fed them false information about our plans.* → See also **breast-feed**

feed[2] /fiːd/ **noun 1** [U] food for animals that are not kept as pets **корм** *cattle/chicken feed* **2** [C] UK (US **feeding**) a meal for a baby or an animal **кормление, питание** *He has three feeds during the night.*

feedback /ˈfiːdbæk/ **noun** [U] B2 an opinion from someone about something that you have done or made **ответная реакция, отклик** ***positive/negative feedback** ◦ We've had lots of **feedback on** these new products **from** our customers.*

> **Слова-партнеры к feedback**
>
> **get/give/provide** feedback • **negative/positive** feedback • feedback **on** sth • feedback **from** sb

feel[1] /fiːl/ **verb** (past tense and past participle **felt**) **1** [I, T] A1 to experience an emotion or a physical feeling **чувствовать** *You shouldn't feel embarrassed about making a mistake. ◦ I felt a sharp pain in my side when I stood up. ◦ "Are you* *feeling better?" "Yes, thanks, I feel fine now."* **2 feel better/different/strange, etc; feel like/as if** B1 If you describe the way a place, situation, or object feels, you say how it seems to you, or what your experience of it is like. **казаться, давать ощущение** *It felt strange to see him again after so long.* ◦ *The house feels empty without the children.* ◦ *This shirt feels tight under my arms.* ◦ *I feel as if I've known you for ages.* **3 feel like sb/sth** B1 to seem to be similar to a type of person, thing, or situation **чувствовать себя как кто-либо/каким-либо образом** *My feet feel like blocks of ice.* ◦ *I felt like a fool when I saw what everyone else was wearing.* **4** [I, T] B1 to think something or have an opinion **считать, иметь мнение** [+ (that)] *I feel that he's the best person for the job.* ◦ *Do you feel strongly (= have strong opinions) about it?* **5** [I, T] B2 to touch something, especially with your hands, in order to examine it **трогать, щупать** *He felt her ankle to see if it was broken.* **6 feel like sth/doing sth** B1 to want something, or want to do something **хотеть чего-либо/сделать что-либо** *I feel like some chocolate.* ◦ *Jane felt like crying.* **7** [T] B2 to be aware of something **чувствовать, ощущать** *You could feel the tension in the room.* ◦ *I could feel them watching me.* → See also feel **free**[1], feel the **pinch**[2], be/feel under the **weather**[1]

PHRASAL VERB **feel for sb** to feel sorry for someone because they are very unhappy, or in a difficult situation **жалеть кого-либо**

feel[2] /fi:l/ **noun 1** [no plural] the way that something seems, or feels when you touch it **ощущение, дух** *I love the **feel of** silk against my skin.* ◦ *His art has a very modern feel to it.* **2 a feel for sth** informal the ability to do something or use something well **чувство, чутье** *Once you get a feel for it, using the mouse is easy.* ◦ *Claire has a feel for this kind of work.*

feel-good /'fi:lgʊd/ **adjective** causing happy feelings about life **вызывающий положительные эмоции** *a feel-good story*

> **Другие способы сказать feeling**
>
> Синонимом существительного **feeling** является **emotion**.
>
> *He finds it hard to express his **emotions**.*
>
> Существительные **pang** или **stab** можно использовать, когда идет речь о внезапном сильном отрицательном чувстве.
>
> *Amelia felt a sharp **pang** of jealousy when she saw her.*
>
> *He felt a **stab** of regret as he looked at his son.*
>
> Понятие 'немного грустное чувство' можно передать существительным **tinge**.
>
> *It was with a **tinge** of sadness that she finally said goodbye.*

feeling /'fi:lɪŋ/ **noun 1** [C, U] B1 emotion **чувство, эмоция** *guilty feelings* ◦ *a feeling of joy/sadness* ◦ *Her performance was completely lacking in feeling.* **2** [C, U] B1 when you feel something physical **ощущение, чувствительность** *I had a tingling feeling in my fingers.* ◦ *Pablo lost all feeling (= could not feel anything) in his feet.* **3** [C] B2 an opinion or belief **мнение** *My feeling is that we should wait until they come back.* **4 have/get a feeling (that)...** B1 to think that something is likely **иметь впечатление, предчувствие** *I had a feeling he'd be there.* ◦ *I get the feeling that he doesn't like me.* **5 bad/ill feeling** when people are upset or angry with each other **враждебность**

feelings /'fi:lɪŋz/ **noun 1** B1 [plural] Your feelings are your beliefs and emotions. **чувства, переживания** *You can't **hide** your **feelings** from me.* **2 hurt sb's feelings** B1 to make someone feel unhappy **обижать, задевать кого-либо**

> **Слова-партнеры к feelings**
>
> **express/hide/show** your feelings • **hurt** sb's feelings • a **funny/horrible/nasty/wonderful** feeling • **mixed/strong** feelings

feet /fi:t/ plural of foot **мн. ч. сущ. foot**

feign /feɪn/ **verb** [T] formal If you feign an emotion, illness, etc, you pretend to have it. **притворяться, симулировать** *He feigned illness to avoid having to work.*

feisty /'faɪsti/ **adjective** active, confident, and determined **целеустремленный, решительный** *a feisty young woman*

feline /'fi:laɪn/ **adjective** relating to cats, or like a cat **кошачий**

fell[1] /fel/ **verb** [T] **1** to cut down a tree **рубить, валить (дерево)** **2** to knock someone down **валить, сбивать с ног** *He was felled with a single punch.*

fell[2] /fel/ past tense of fall **прош. вр. гл. fall**

fella (also **feller**) /'felə/ **noun** [C] informal a man **парень, малый**

fellow[1] /'feləʊ/ **noun** [C] **1** old-fashioned a man **парень, малый** *a big fellow with broad shoulders* **2** someone whose job is to teach or study a particular subject at some colleges or universities **научный сотрудник колледжа или университета** *She's a research fellow at St Peter's college.* **3** a member of an official organization for a particular subject or job **член научного общества**

fellow[2] /'feləʊ/ **adjective fellow countrymen/students, etc** B2 used to describe people who share your interests or situation **(люди, принадлежащие к одной группе) соотечественники/товарищи по университету и т. д.** *She's earned enormous respect from her fellow artists.*

fellowship /'feləʊʃɪp/ **noun 1** [C] a job teaching or studying a particular subject at some colleges or universities **стипендия научного сотрудника колледжа или университета** *a research fellowship at Harvard* **2** [U] a friendly feeling among people **дружеские взаимоотношения** **3** [C] a group of people who share the same interests or beliefs **содружество, товарищество**

felon /ˈfelən/ **noun** [C] someone who is guilty of a serious crime in the US **(уголовный) преступник** *a convicted felon*

felony /ˈfeləni/ **noun** [C, U] a serious crime in the US **(уголовное) преступление** *to commit a felony*

felt[1] /felt/ **noun** [U] a soft, thick cloth that is made from wool, hair, or fur that has been pressed together **фетр, войлок**

felt[2] /felt/ past of feel **прош. вр. и прич. прош. вр. от гл. feel**

felt-tip ˈpen **noun** [C] a pen with a point made of soft material, usually with brightly coloured ink for colouring pictures **фломастер**

female[1] /ˈfiːmeɪl/ **adjective** B1 belonging to or relating to women, or to the sex that can produce eggs or have babies **женский, женского пола** *a female athlete/employee ◦ a female butterfly/elephant ◦ Is it male or female?*

female[2] /ˈfiːmeɪl/ **noun** [C] B2 a person or animal that belongs to the sex that can produce eggs or have babies **женщина, особь женского пола** *Our dog's just had puppies – three males and two females.*

feminine /ˈfemɪnɪn/ **adjective** **1** showing qualities that people generally think are typical of women **женский, женственный** *a feminine voice ◦ feminine beauty* **2** in some languages, belonging to a group of nouns or adjectives that have the same grammatical behaviour. The other groups are 'masculine' and 'neuter'. **женского рода**

femininity /ˌfemɪˈnɪnəti/ **noun** [U] when someone shows qualities that people generally think are typical of women **женственность**

feminism /ˈfemɪnɪzᵊm/ **noun** [U] the belief that women should have the same economic, social, and political rights as men **феминизм**

• **feminist noun** [C] someone who supports feminism **феминист** *a radical feminist* • **feminist adjective феминистский** *feminist literature*

fence[1] /fens/ **noun** [C] B2 a wood, wire, or metal structure that divides or goes around an area **забор, изгородь** *a garden/electric fence*

IDIOM **sit on the fence** to wait before you choose between two possibilities **занимать выжидательную позицию**

→ See also **picket fence**

fence[2] /fens/ **verb** [I] to take part in the sport of fencing **фехтовать**

PHRASAL VERBS **fence sth in** to build a fence around an area **огораживать что-либо** • **fence sth off** to separate one area from another by building a fence **отгораживать что-либо (от чего-либо)**

fencing /ˈfensɪŋ/ **noun** [U] **1** the sport of fighting with thin swords (= weapons like long knives) **фехтование** **2** fences, or the material that is used to make them **изгородь, материал для изгородей**

fend /fend/ **verb**

PHRASAL VERBS **fend for yourself** to take care of yourself without help **полагаться на себя, заботиться о себе** • **fend sb/sth off** to defend yourself against someone or something that is attacking you or annoying you **отражать, парировать** *They managed to fend off their attackers with rocks and sticks.*

fender /ˈfendəʳ/ **noun** [C] **1** US (UK **wing**) one of the parts at each corner of a car above the wheels **крыло автомобиля** **2** US (UK **mudguard**) a curved piece of metal or plastic fixed above a wheel of a bicycle or motorcycle to prevent water or dirt from hitting the legs of the person who is riding it **крыло (мотоцикла, велосипеда)** **3** UK a low, metal structure around an open fireplace which stops the coal or wood from falling out **каминная решетка**

feng shui /ˌfʌŋˈʃweɪ/ **noun** [U] an ancient Chinese belief that the way your house is built and the way that you arrange objects affects your success, health, and happiness **фенг шуй**

fennel /ˈfenᵊl/ **noun** [U] a plant whose base can be eaten, and whose leaves and seeds are used as a spice in cooking **фенхель**

ferment[1] /fəˈment/ **verb** [I, T] If food or drink ferments, or if you ferment it, the sugar in it changes into alcohol because of a chemical process. **бродить, вызывать брожение** *wine fermenting in barrels*

• **fermentation** /ˌfɜːmenˈteɪʃᵊn/ **noun** [U] **брожение**

ferment[2] /ˈfɜːment/ **noun** [U] formal excitement or disagreement caused by change or a difficult situation **возбуждение, волнение**

fern /fɜːn/ **noun** [C] a green plant with long stems, narrow leaves like feathers, and no flowers **папоротник**

ferocious /fəˈrəʊʃəs/ **adjective** extremely angry, violent, or forceful **свирепый** *a*

ferocious dog ◦ *a ferocious attack*
• **ferociously adverb свирепо**

ferocity /fəˈrɒsəti/ **noun** [U] extreme violence or force **свирепость** *a storm of incredible ferocity*

ferret[1] /ˈferɪt/ **noun** [C] a small animal with a long, thin body that is sometimes used to hunt rabbits **хорек**

ferret[2] /ˈferɪt/ **verb**

PHRASAL VERB **ferret sth out** to find something after searching carefully for it **выискивать, вынюхивать**

F

Ferris wheel /ˈferɪsˌwiːl/ **noun** [C] an entertainment consisting of a large wheel that turns slowly with seats for people to sit in **колесо обозрения**

ferry[1] /ˈferi/ **noun** [C] (B1) a boat that regularly carries passengers and vehicles across an area of water **паром** *a **car/passenger ferry***

ferry[2] /ˈferi/ **verb** [T] to regularly carry passengers or goods from one place to another in a vehicle **переправлять, перевозить**

fertile /ˈfɜːtaɪl/ (US) /ˈfɜːrtəl/ **adjective 1** Fertile land or soil produces a lot of healthy plants. **плодородный 2** If people or animals are fertile, they are able to have babies. **плодовитый 3 fertile ground (for sth)** a situation or place where an idea, activity, etc is likely to succeed **благодатная почва 4 a fertile imagination** If someone has a fertile imagination, they have lots of interesting and unusual ideas. **богатое воображение**
• **fertility** /fəˈtɪləti/ **noun** [U] **плодородие, плодовитость**

fertilize (also UK **-ise**) /ˈfɜːtɪlaɪz/ **verb** [T] **1** to cause an egg to start to develop into a young animal or baby by combining it with a male cell **оплодотворять** *Once an egg is fertilized it becomes an embryo.* **2** to put a natural or chemical substance on land in order to make plants grow well **удобрять**
• **fertilization** /ˌfɜːtɪlaɪˈzeɪʃən/ **noun** [U] **оплодотворение, удобрение**

fertilizer (also UK **-iser**) /ˈfɜːtɪlaɪzəʳ/ **noun** [C, U] a natural or chemical substance that you put on land in order to make plants grow well **удобрение**

fervent /ˈfɜːvənt/ **adjective** showing sincere and enthusiastic beliefs or feelings **ревностный, пылкий** *a **fervent supporter** of animal rights*
• **fervently adverb ревностно, пылко**

fervour UK (US **fervor**) /ˈfɜːrvəʳ/ **noun** [U] extremely strong beliefs or feelings **рвение, пыл** ***religious/patriotic fervour***

fess /fes/ **verb**

PHRASAL VERB **fess up** informal to admit that you have done something bad **признаваться в совершении плохого поступка** *He eventually **fessed up to** having spilt coffee on it.*

fest /fest/ **noun a beer/film/jazz, etc fest** a special event where people can enjoy a particular activity or thing **фестиваль пива/кинофестиваль/фестиваль джазовой музыки и т. д.**

fester /ˈfestəʳ/ **verb** [I] **1** If a bad feeling or situation festers, it becomes worse over a period of time. **терзать, мучить, усугубляться** *Hatred between the two groups has festered for years.* **2** If an injury festers, it becomes infected. **гноиться** *a festering wound*

festival /ˈfestɪvəl/ **noun** [C] **1** (B1) a series of special events, performances, etc that often takes place over several days **фестиваль** *a **dance/music festival*** ◦ *the Berlin Film Festival* **2** (B1) a special day or period when people celebrate something, especially a religious event **праздник** *the Jewish festival of Hanukkah*

festive /ˈfestɪv/ **adjective** happy and enjoyable because people are celebrating **праздничный** *a **festive mood/occasion*** ◦ *What are you doing **for the festive season** (= Christmas)?*
• **festivity** /fesˈtɪvəti/ **noun** [U] when people are happy and celebrating **веселье, праздничное настроение**

festivities /fesˈtɪvətiz/ **noun** [plural] events that people organize in order to celebrate something **торжества, развлечения**

festoon /fesˈtuːn/ **verb** [T] to cover something with objects, especially decorations **украшать** [often passive] *The balcony was **festooned with** flags and ribbons.*

fetch /fetʃ/ **verb** [T] **1** (B1) to go to another place to get something or someone and bring them back **(сходить и) принести** *Can you fetch my glasses from the bedroom?* **2** If something fetches a particular amount of money, it is sold for that amount. **выручать (за проданную вещь)** *The painting is expected to fetch $50,000 in the auction.*

fetching /ˈfetʃɪŋ/ **adjective** attractive **привлекательный, прелестный** *That scarf looks rather fetching on you.*

fête /feɪt/ **noun** [C] **1** UK an event that is held outside and includes competitions, games, and things for sale **празднество, праздник** *a **village fête*** **2** US a special event to celebrate someone or something **празднество, праздник**
• **fête verb** [T] to publicly celebrate someone, often by having a special party **чествовать** [often passive] *She was fêted by audiences all over the world.*

fetish /ˈfetɪʃ/ **noun** [C] **1** a strong sexual interest in something unusual **фетиш** *a rubber fetish* **2** something that someone spends too much time thinking about or doing **помешательство** *a **fetish for** cleanliness*

fetus /ˈfiːtəs/ **noun** [C] US spelling of foetus (= a young human or animal that is still developing inside its mother) **зародыш, эмбрион**

• **fetal** /ˈfiːtᵊl/ **adjective** US spelling of foetal **зародышевый, эмбриональный**

feud /fjuːd/ **noun** [C] a serious and sometimes violent argument between two people or groups that continues for a long period **вражда**
• **feud verb** [I] **враждовать** *The families have been feuding for years.*

> **Слова-партнеры к feud**
> a bitter/long-running feud • a family feud • a feud with sb/between sb and sb

feudal /ˈfjuːdᵊl/ **adjective** relating to a social system in the past in which people worked and fought for a lord (= a man of high rank) in exchange for land and protection **феодальный**
• **feudalism noun** [U] **феодализм**

fever /ˈfiːvəʳ/ **noun 1** [C, U] B1 when someone's body temperature rises because they are ill **жар, лихорадочное состояние** *a* ***high****/slight* ***fever*** **2** [U] when people are very excited about something **возбуждение, лихорадка** *Election fever has gripped the nation.* → See also **glandular fever, hay fever**

> **Слова-партнеры к fever**
> develop/have/run a fever • a high fever

feverish /ˈfiːvᵊrɪʃ/ **adjective 1** having a fever **лихорадочный** *I feel a bit feverish.* **2** Feverish activity is done quickly, often because of excitement or fear. **возбужденный, лихорадочный** *The rescuers worked at a* ***feverish pace.***
• **feverishly adverb лихорадочно** *They worked feverishly to put out the fire.*

fever ˌpitch noun reach fever pitch If emotions reach fever pitch, they become so strong that they are difficult to control. **достичь крайнего возбуждения**

few /fjuː/ **quantifier 1 a few** A2 some, or a small number of **несколько** *It'll be here in a few minutes.* ◦ *I met* ***a few of*** *the other employees at my interview.* **2 quite a few/a good few** A2 quite a large number of **большое/порядочное количество** *Quite a few people have had the same problem.* **3** B1 not many, or only a small number of **немного, немногие** *We get few complaints.* ◦ ***Few of*** *the children can read or write yet.* ◦ ***Very few*** *people can afford to pay those prices.* **4 few and far between** not happening or existing very often **редкий** *Opportunities like this are few and far between.*

fiancé /fiˈɑːnseɪ/ **noun** [C] A woman's fiancé is the man that she has promised to marry. **жених**

fiancée /fiˈɑːnseɪ/ **noun** [C] A man's fiancée is the woman that he has promised to marry. **невеста**

fiasco /fiˈæskəʊ/ **noun** [C] a complete failure, especially one that embarrasses people **фиаско, провал** *My last dinner party was a complete fiasco.*

fib /fɪb/ **noun** [C] informal a small lie that is not very important **выдумка, неправда** *Don't* ***tell fibs.***
• **fib verb** [I] (present participle **fibbing**, past tense and past participle **fibbed**) to say something that is not true **выдумывать, говорить неправду**

fibre UK (US **fiber**) /ˈfaɪbəʳ/ **noun 1** [C, U] cloth made from thin threads twisted together **волокно** *Man-made fibres like nylon are easy to wash.* **2** [C] one of the thin threads that forms a substance such as cloth **нить** *The fibres are woven into fabric.* **3** [U] the substance in plants which cannot be digested and helps food pass through your body **клетчатка** *Broccoli is a good source of fibre.* **4** [C] a structure like a thread in your body **волокно** *muscle/nerve fibres*

fibreglass UK (US **fiberglass**) /ˈfaɪbəglɑːs/ **noun** [U] a strong, light material made by twisting together glass or plastic threads **стеклопластик**

fickle /ˈfɪkl/ **adjective** Someone who is fickle often changes their opinion about things. **непостоянный**

fiction /ˈfɪkʃᵊn/ **noun 1** [U] B1 literature and stories about imaginary people or events **беллетристика, художественная литература** *What's the best-selling children's fiction title?* → Opposite **nonfiction 2** [U, no plural] something that is not true or real **вымысел, выдумка** → See also **science fiction**

fictional /ˈfɪkʃᵊnᵊl/ **adjective** existing only in fiction **вымышленный, литературный** *a* ***fictional character***

fictitious /fɪkˈtɪʃəs/ **adjective** invented and not real or true **вымышленный** *a* ***fictitious name***

fiddle¹ /ˈfɪdl/ **verb** [T] UK informal to change something dishonestly in order to get money **подделывать, надувать** *She was fired for fiddling her travel expenses.*

PHRASAL VERB **fiddle (about/around) with sth 1** to touch or move things with your fingers because you are nervous or bored **теребить что-либо** *Stop fiddling with your hair!* **2** to make small changes to something to try to make it work **копаться, возиться с чем-либо (пытаясь починить)** *He fiddled with the wires to get the radio working again.*

fiddle² /ˈfɪdl/ **noun** [C] **1** informal a violin (= a wooden musical instrument with strings) **скрипка 2** UK a dishonest way to get money **мошенничество** *a tax fiddle*

fiddler /ˈfɪdləʳ/ **noun** [C] someone who plays the violin (= a wooden musical instrument with strings) **скрипач**

fiddly /ˈfɪdli/ **adjective** UK difficult to do because the parts involved are small **кропотливый** *Repairing a watch is very fiddly.*

fidelity /fɪˈdeləti/ **noun** [U] loyalty, especially to a sexual partner **верность** → Opposite **infidelity**

fidget /ˈfɪdʒɪt/ **verb** [I] to keep making small movements with your hands or feet because you are nervous or bored **ерзать** *She fidgeted all the way through the job interview.*
• **fidgety adjective непоседливый, беспокойный**

field¹ /fiːld/ **noun 1** [C] A2 an area of land used for growing crops or keeping animals **поле, луг** *a wheat field* ◦ *a field of cows* **2** [C] B1 an area of grass where you can play a sport **поле, площадка** *a football field* **3** [C] B2 an area of study or activity **область, сфера** *He's an expert* ***in the field of*** *biochemistry.* **4** [no plural] the people who are competing in a race, activity, or business **те, кто вступили в спор, соревнование** *We* ***lead the field*** *in genetic research.* **5 a gas/oil field** an area of land containing gas or oil **месторождение 6 a gravitational/magnetic field** an area affected by a particular physical force **гравитационное/магнитное поле** → See also **paddy field, playing field**

field² /fiːld/ **verb 1** [I, T] to try to catch or stop a ball after it has been hit in a game such as cricket or baseball **принимать мяч** *Are we fielding or batting?* **2** [T] to send out a team or player to play in a game **выставлять (команду, игрока)** *Brazil fielded a strong team in the World Cup.* **3 field questions/telephone calls** to answer or deal with questions/telephone calls **отвечать на вопросы/телефонные звонки**

ˈfield ˌday noun have a field day to have the opportunity to do a lot of something you want to do, especially to criticize someone **упиваться, смаковать** *The press had a field day when they found out about the scandal.*

fielder /ˈfiːldəʳ/ **noun** [C] a player who tries to catch or stop the ball in games such as cricket or baseball **полевой игрок**

ˈfield ˌhockey noun [U] US (UK **hockey**) a team game played on grass where you hit a small ball with a long, curved stick **хоккей на траве**

ˌfield ˈmarshal UK (US **ˈfield ˌmarshal**) **noun** [C] an officer of the highest rank in the British army **фельдмаршал**

fiend /fiːnd/ **noun** [C] **1** an evil or cruel person **злодей, изверг 2** someone who is very interested in a particular thing **энтузиаст, любитель**

fiendish /ˈfiːndɪʃ/ **adjective 1** evil or cruel **злодейский** *a fiendish attack* **2** very difficult or complicated **хитроумный** *a fiendish crossword*
• **fiendishly adverb** mainly UK extremely **ужасно, чрезвычайно** ***fiendishly clever/difficult***

fierce /fɪəs/ **adjective 1** B2 violent or angry **свирепый, неистовый** *a* ***fierce attack*** ◦ *a* ***fierce dog*** **2** B2 very strong or powerful **неистовый, жестокий** ***fierce winds/storms*** ◦ *There is* ***fierce competition*** *between car manufacturers.*
• **fiercely adverb свирепо, неистово**

fiery /ˈfaɪəri/ **adjective 1** showing strong emotion, especially anger **вспыльчивый** *a* ***fiery temper*** **2** bright or burning like a fire **огненный** *a fiery sunset*

fifteen /ˌfɪfˈtiːn/ A1 the number 15 **пятнадцать**
• **fifteenth** 15th written as a word **пятнадцатый**

fifth¹ /fɪfθ/ A2 5th written as a word **пятый**

fifth² /fɪfθ/ **noun** [C] B1 one of five equal parts of something; ⅕ **одна пятая**

fifty /ˈfɪfti/ **1** A2 the number 50 **пятьдесят 2 the fifties** the years from 1950 to 1959 **пятидесятые годы 3 be in your fifties** to be aged between 50 and 59 **быть в возрасте от пятидесяти до пятидесяти девяти лет**
• **fiftieth** 50th written as a word **пятидесятый**

fifty-fifty /ˌfɪftiˈfɪfti/ **adjective, adverb** informal **1** shared equally between two people **поровну, пополам** *Let's divide the bill fifty-fifty.* **2 a fifty-fifty chance** If something has a fifty-fifty chance, it is equally likely to happen or not to happen **равные шансы** *We have a fifty-fifty chance of winning the match.*

fig. written abbreviation for figure (= a picture or drawing in a book or document, usually with a number) **рисунок** *See fig. 1.*

fig /fɪg/ **noun** [C] a dark, sweet fruit with lots of seeds, that is often eaten dried **инжир**

fight¹ /faɪt/ **verb** (past tense and past participle **fought**) **1** [I, T] B1 When people fight, they use physical force to try to defeat each other **драться** *Two men were arrested for fighting outside a bar.* ◦ *Sam's always* ***fighting with*** *his little brother.* **2** [I, T] B2 to take part in a war **сражаться** *Millions of young men fought in World War I.* **3** [I] B2 to argue **спорить, ругаться** *We've got to stop fighting in front of the children.* **4** [I, T] B2 to try hard to stop something bad happening **бороться** *He* ***fought against*** *racism.* ◦ *New measures have been introduced to* ***fight crime.*** **5** [I] B2 to try hard to achieve something you want or think is right **бороться** *They are* ***fighting for*** *their freedom.* ◦ [+ to do sth] *He had to fight very hard to keep his job.* **6 be fighting for your life** to be trying very hard to stay alive when you are very ill or badly injured **бороться за свою жизнь** → See also fight a losing **battle**

PHRASAL VERB **fight back** to defend yourself when someone or something attacks you or causes problems for you **отбиваться, сопротивляться**

fight² /faɪt/ **noun** [C] **1** B1 when people use physical force to hurt or attack others **драка** *He's always* ***getting into fights.*** **2** B2 a determined effort to achieve or stop something **борьба** *She was very active in the* ***fight against*** *drugs.* ◦ *Join us in our* ***fight fo***

freedom! ◦ [+ to do sth] *This year has brought some good news in the fight to save the whales.* **3** B2 an argument **ссора** *I don't want to have a fight over this.* **4** a boxing competition **бой (на ринге)**

> **Слова-партнеры к fight**
> a fight **with** sb • **have/get into/pick/start** a fight • **lose/win** a fight

fighter /ˈfaɪtəʳ/ noun [C] **1** (also ˈ**fighter** ˌ**plane**) a fast military aircraft that can attack other aircraft **самолет-истребитель** *a* ***fighter pilot*** **2** someone who fights in a war or as a sport **боец, борец**

fighting /ˈfaɪtɪŋ/ **noun** [U] B2 when people fight, usually in a war **бой, схватка** *Thousands of civilians were killed in the fighting.*

figment /ˈfɪgmənt/ **noun a figment of sb's imagination** something that someone believes is real but that only exists in their imagination **плод воображения**

figurative /ˈfɪgjᵊrətɪv/ **adjective 1** A figurative meaning of a word or phrase is a more imaginative meaning developed from the usual meaning. **переносный, метафорический 2** Figurative art shows people, places, or things in a similar way to how they look in real life. **изобразительный**
• **figuratively adverb в переносном смысле**

figure¹ /ˈfɪgəʳ/ **noun** [C] **1** B1 a symbol for a number **цифра, число** *Write down the amount in words and figures.* ◦ *He's now being paid a six-figure salary.* **2 single/double, etc figures** numbers from 0 to 9/numbers from 10 to 99, etc **однозначное/двузначное и т. д. число 3** B1 a number that expresses an amount, especially in official documents **количественные данные** ***Government figures*** *show a rise in unemployment.* **4** B2 a particular type of person, often someone important or famous **личность** *a mysterious figure* ◦ *Lincoln was a major figure in American politics.* **5** B2 a person that you cannot see clearly **фигура, некто** *I could see two figures in the distance.* **6** B1 the shape of someone's body, usually an attractive shape **фигура, телосложение** *She's got a good figure for her age.* **7** (written abbreviation **fig.**) a picture or drawing in a book or document, usually with a number **рисунок** *Look at the graph shown in Figure 2.* → See also **father figure**

> **Слова-партнеры к figure**
> a **key/leading/major/prominent** figure • a **public** figure

figure² /ˈfɪgəʳ/ **verb 1** [I] to be a part of something, or to appear in something **фигурировать, участвовать** *Love* ***figures in*** *most pop songs.* **2** [T] to decide something after thinking about it **решать, считать** [+ (that)] *I figured that it was time to tell her the truth.* **3 that/it figures** informal something you say when you expected something to happen **так я и думал/думала!** *"I've run out of money, Mum." "That figures."*

PHRASAL VERB **figure sth/sb out** B2 to finally understand something or someone after a lot of thought **понимать** [+ question word] *I never could figure out what she saw in him.*

figurehead /ˈfɪgəhed/ **noun** [C] a leader who has no real power **номинальный глава**

ˌ**figure of** ˈ**speech** noun [C] (plural **figures of speech**) words that are used together in an imaginative way to mean something different from their usual meaning **образное выражение**

file¹ /faɪl/ **noun 1** [C] A2 a collection of information and documents about someone or something **дело, досье** *The school* ***keeps files on*** *all its pupils.* **2** [C] A2 a piece of text, a picture, or a computer program stored on a computer **файл** *Do you want to* ***download all these files****?* **3** [C] a box or folded piece of thick paper used to put documents in **папка, скоросшиватель** *He keeps all his bank statements in a file.* → See **The Office** on page Centre 5 → See **The Classroom** on page Centre 6 **4 on file** If information is on file, it is recorded and stored somewhere. **подшитый к делу 5** [C] a small tool with a rough edge that is used to make a surface smooth **напильник, пилочка** *a* ***nail file*** **6 in single file** in a line with one person following the other **гуськом** → See also the **rank¹** and file

> **Слова-партнеры к file**
> 1. **hold/keep** a file **on** sb/sth
> 2. **close/create/download/open/save** a file

file² /faɪl/ **verb 1** [T] (also **file away**) to put documents into an ordered system of boxes or files where you can easily find them again **подшивать (документы) в определенном порядке** *She filed all her tax returns under T.* **2** [T] (also **file for**) to officially state that you are going to take someone to court **подавать заявление в суд, возбуждать судебное дело** *The police* ***filed charges*** *against the suspect.* ◦ *His wife's* ***filing for divorce****.* **3** [T] to rub something with a rough tool in order to make it smooth **подпиливать, шлифовать 4 file along/into/through, etc** to walk somewhere in a line, one behind the other **идти гуськом/друг за другом** *The audience slowly filed back to their seats.*

ˈ**file ex**ˌ**tension** noun [C] a dot followed by three letters, such as .doc or .jpg, that forms the end of the name of a computer document and shows what sort of document it is **расширение файла**

filename /ˈfaɪlneɪm/ **noun** [C] a name given to a computer file **имя файла**

ˈ**file** ˌ**sharing** noun [U] the activity of putting a file onto a special place on your computer so that many other people can copy it, look at it, or use it by using the Internet **совместное** использование файла → See Study Page **The Web and the Internet** on page Centre 36

filet /fɪˈleɪ/ **noun** [C] another US spelling of fillet (= a piece of meat or fish with the bones taken out) **филе**

ˈfiling ˌcabinet noun [C] (also US **ˈfile ˌcabinet**) a piece of office furniture with deep drawers for storing documents **картотечный шкаф** → See **The Office** on page Centre 5

fill¹ /fɪl/ **verb 1** [I, T] (also **fill up**) Ⓐ2 to make a container or space full, or to become full **наполнять(ся)** *He filled the bucket with water.* ◦ *I made a drink while the bath was filling.* **2** [T] Ⓑ1 If people or things fill a place, there are a lot of them in it. **переполнять, заполнять** *The streets were **filled with** tourists.* ◦ *Dark clouds filled the sky.* **3** [T] Ⓑ1 If light, sound, or a smell fills a place, you can easily notice it. **наполнять** *The smell of smoke filled the room.* **4 fill sb with anger/joy/pride, etc** Ⓑ2 to make someone feel very angry/happy/proud, etc **переполнять кого-либо гневом/радостью/гордостью и т. д.** *The thought of losing him filled her with fear.* **5 fill a post/position/vacancy** Ⓑ2 to give someone a new job **нанимать на (вакантную) должность** *They still haven't filled the vacancy.* **6 fill a need/gap/demand** to provide something that people need or want **удовлетворять потребность/нужду/необходимость**

PHRASAL VERBS **fill sth in/out** Ⓐ2 to write the necessary information on an official document **заполнять (анкету и т. д.)** *to **fill in** a **form/questionnaire*** • **fill (sth) up** Ⓑ1 to become full, or to make something become full **наполнять(ся)** *The restaurant soon filled up with people.*

fill² /fɪl/ **noun your fill** as much of something as you want or need **с меня хватит, иметь вдоволь чего-либо** *I've **had my fill of** living in the city.*

fillet (also US **filet**) /ˈfɪlɪt/ ⓤⓢ /fɪˈleɪ/ **noun** [C] a piece of meat or fish with the bones taken out **филе**

filling¹ /ˈfɪlɪŋ/ **noun 1** [C, U] food that is put inside things such as cakes, pastry, pieces of bread, etc **начинка** *What sort of filling do you want in your sandwich?* **2** [C] a hard substance that fills a hole in a tooth **пломба**

filling² /ˈfɪlɪŋ/ **adjective** Food that is filling makes your stomach feel full. **сытный** *This soup is very filling.*

ˈfilling ˌstation noun [C] a petrol station (= place where you can buy fuel for your car) **бензоколонка**

film¹ /fɪlm/ **noun 1** [C] (also US **movie**) Ⓐ1 a story shown in moving pictures, shown at the cinema or on television **фильм** *'Titanic' was one of the most popular Hollywood **films** ever **made**.* **2** [C, U] special thin plastic used for making photo-

filling

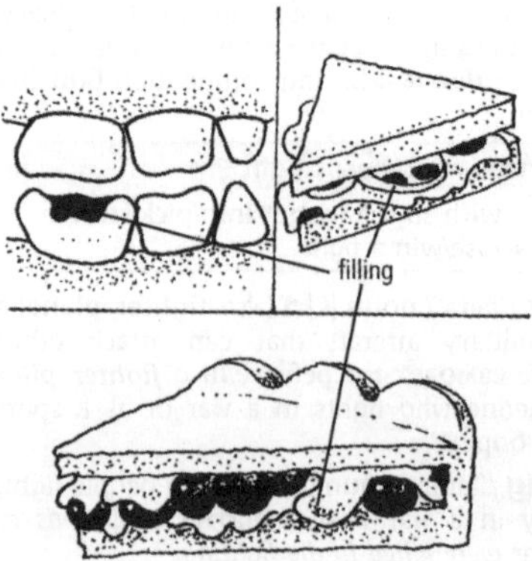

graphs or moving pictures, or a length of thi[s] **фотопленка, кинопленка** *I need to bu[y] another **roll of film**.* **3** [no plural] a thin layer o[f] something on a surface **налет, слой** *A thick film of dust covered the furniture.*

Слова-партнеры к film

make a film • a film **about** sb/sth • **in** a film • a **horror** film • a **classic** film • the film **industry**

film² /fɪlm/ **verb** [I, T] Ⓑ1 to record movin[g] pictures with a camera, usually to make a film for the cinema or television **снимать (фильм** *Most of the scenes were filmed in a studio.*
• **filming** noun [U] **киносъемка**

film-maker UK (US **filmmaker**) /ˈfɪlmmeɪkəʳ/ **noun** [C] Ⓑ1 someone who makes films for the cinema or television **создатель кинофильма**

ˈfilm ˌstar noun [C] a famous cinema actor o[r] actress **кинозвезда**

filter¹ /ˈfɪltəʳ/ **verb 1** [T] to pass a liquid or ga[s] through a piece of equipment in order t[o] remove solid pieces or other substances **фильтровать, процеживать** *The water was filtere[d] to remove any impurities.* **2 filter down/in/through, etc** to gradually appear or becom[e] known **проникать, просачиваться** *News [is] filtering in of an earthquake in Mexico.*

PHRASAL VERB **filter sth out** to remove a particula[r] substance from a liquid or gas **очищать о[т] чего-либо**

filter² /ˈfɪltəʳ/ **noun** [C] a piece of equipment tha[t] you pass a liquid or gas through in order t[o] remove particular substances **фильтр** *a coffe[e] filter*

filth /fɪlθ/ **noun** [U] **1** thick and unpleasant di[rt] **грязь** *His clothes were covered in filth and mu[d]* **2** offensive language or pictures, usually rela[t]ing to sex **непристойность**

filthy /ˈfɪlθi/ **adjective 1** extremely dirt[y] **грязный** *Wash your hands, they're filth[y]* **2** rude or offensive **непристойный, отврати**

тельный *filthy language/jokes* ◦ *Smoking is a **filthy habit**.*

fin /fɪn/ **noun** [C] a thin, triangular part on a fish, which helps it to swim **плавник**

final[1] /ˈfaɪnᵊl/ **adjective 1** [always before noun] A2 last in a series or coming at the end of something **заключительный** *the final paragraph* ◦ *They scored a goal in the final minute.* **2** If a decision, agreement, or answer is final, it will not be changed or discussed any more. **окончательный** *The committee's decision is final.* → See also the final **nail**[1] in the coffin, the final/last **straw**

final[2] /ˈfaɪnᵊl/ **noun 1** B1 [C] the last part of a competition to decide which person or team will be the winner **финал, финальная игра** *the European Cup Final* ◦ *The finals will be shown on TV.* **2 finals** exams taken at the end of a university course **выпускные экзамены**

finale /fɪˈnɑːli/ **noun** [C] the last part of a show, event, or piece of music **финал, заключительная часть**

finalist /ˈfaɪnᵊlɪst/ **noun** [C] a person or team in the last part of a competition **финалист**

finalize (also UK **-ise**) /ˈfaɪnᵊlaɪz/ **verb** [T] to make a final and certain decision about a plan, date, etc **завершать, утверждать** *to **finalize arrangements/details***

finally /ˈfaɪnᵊli/ **adverb 1** A2 after a long time or some difficulty **в конце концов, наконец** *After months of looking, he finally found a job.* **2** B1 used to introduce the last point or idea **в заключение** *Finally, I'd like to thank everyone for coming this evening.* **3** in a way that will not be changed **окончательно** *The date of the wedding hasn't been finally decided yet.*

finance[1] /ˈfaɪnæns/ **noun 1** [U] B2 the control of how large amounts of money should be spent **финансы, финансовое дело 2** [U] the money that is needed to support a business **финансирование** *Who **put up** the **finance** for the project?* **3 sb's finances** B2 the money which a person, company, or country has **финансы, доходы** *You must learn how to manage your own finances.*

finance[2] /ˈfaɪnæns/ **verb** [T] B2 to provide the money needed to do something **финансировать** *Who's financing the project?*

financial /faɪˈnænʃᵊl/ **adjective** B1 relating to money or how money is managed **финансовый** *a **financial adviser*** ◦ *She's having some financial difficulties at the moment.*
• **financially adverb** B2 **в финансовом отношении** *Many students are still financially dependent on their parents.*

finch /fɪnʃ/ **noun** [C] a small singing bird with a short beak **зяблик**

find[1] /faɪnd/ **verb** [T] (past tense and past participle **found**) **1** A1 to discover something or someone that you have been searching for **находить** *I can't find my glasses and I've looked everywhere.* ◦ *Police found the missing girl at a London railway station.* ◦ [+ two objects] *Has he found himself a place to live yet?* **2** A2 to discover something or someone by chance **обнаруживать, натыкаться** *The body was found by a man walking his dog.* **3** B1 to become aware that something exists, or has happened **обнаруживать, выяснять** *I came home to find that my cat had had kittens.* **4 find the energy/money/time, etc** to have or get enough energy/money/time, etc to do something **находить силы/деньги/время и т. д.** *Where do you find the energy to do all these things?* **5 find sb/sth easy/boring/funny, etc** B1 to think or feel a particular way about someone or something **считать, находить кого-либо/что-либо легким/скучным/смешным и т. д.** *I still find exams very stressful.* **6 find yourself somewhere/doing sth** B2 to become aware that you have gone somewhere or done something without intending to **оказаться где-либо, делать что-либо неожиданно для себя** *I suddenly found myself making everyone's lunch.* **7 be found** B2 to exist or be present somewhere **содержаться, находиться (где-либо)** *Vitamin C is found in oranges and other citrus fruit.* **8 find sb guilty/not guilty** to judge that someone is guilty or not guilty in a law court **признавать кого-либо виновным/невиновным** [often passive] *She was **found guilty of** murder.*

Другие способы сказать find

Глагол **find** часто заменяют на **discover**.

*The victim's wallet was **discovered** in a ditch.*

*I finally **discovered** the letters in a drawer.*

Когда говорят, что найдено точное местонахождение предмета или человека, то в официальном стиле иногда используют глагол **locate**.

*Police are still trying to **locate** the suspect.*

Если найдено что-то секретное или спрятанное, то можно использовать глаголы **uncover** и **unearth**.

*Reporters **uncovered/unearthed** evidence of corruption.*

Фразовые глаголы **come across** и **stumble across/on** используют в том случае, если что-то найдено случайно.

*I **stumbled on** these photographs when I was cleaning out my desk.*

*We **came across** a lovely little restaurant in the village.*

Если кто-то или что-то найдено в результате тщательных поисков в различных местах, то можно использовать глагол **trace** или фразовый глагол **track down**.

*Police have so far failed to **trace/track down** the missing woman.*

PHRASAL VERB **find (sth) out** A2 to get information about something, or to learn a fact for the first time **выяснять, обнаруживать** *I must find out the train times.* ◦ [+ question word] *Peter was shocked when he found out what we had done.*

find² /faɪnd/ **noun** [C] something or someone valuable, interesting, or useful that you discover **находка** [usually singular] *This hotel was a real find.*

finding /ˈfaɪndɪŋ/ **noun** [C] a piece of information that has been discovered as a result of an official study **полученные данные** [usually plural] *The findings of this research will be published next year.*

F

fine¹ /faɪn/ **adjective 1** A1 well, healthy, or happy **здоровый, хорошо себя чувствующий** *"How are you?" "I'm* ***fine thanks.*** *And you?"* ◦ *I had a cold last week, but I'm fine now.* **2** A2 good or good enough **хороший, достаточный** *"Is the soup hot enough?" "Yes, it's fine."* **3** B2 excellent, or of very good quality **превосходный** *fine wines* ◦ *He's a fine musician.* **4 (that's) fine** A1 used to agree with a suggestion, idea, decision, etc **хорошо! согласен!** *"Shall we meet at 8 o'clock?" "Yes, that's* ***fine by me.****"* **5** thin or made of very small pieces **тонкий, мелкий** *fine, brown hair* ◦ *fine sand* **6** mainly UK B1 sunny and not raining **ясный (о погоде)** *If it's fine, we could have a picnic.* **7 the finer details/points, etc of sth** the more detailed or more difficult parts of an argument, idea, etc **тонкости**

fine² /faɪn/ **adverb** informal B2 very well or without any problems **хорошо, прекрасно** *"How did your exam go?" "It went fine thanks."*

IDIOM **cut it/things fine** to leave yourself only just enough time to do something **оставлять времени в обрез** *Twenty minutes to get to the station? That's cutting it a bit fine!*

fine³ /faɪn/ **verb** [T] B2 to make someone pay an amount of money as a punishment for breaking a law or rule **штрафовать** [often passive] *He was* ***fined*** *£500* ***for*** *dangerous driving.*

fine⁴ /faɪn/ **noun** [C] B1 an amount of money that you must pay for breaking a law or rule **штраф** *a* ***parking fine*** ◦ *The court gave her two weeks to* ***pay*** *the* ***fine.***

> **Слова-партнеры к fine**
>
> **face/get/receive** a fine • **pay** a fine • a **heavy/hefty/stiff** fine • a **parking** fine

finely /ˈfaɪnli/ **adverb 1** B2 into small pieces **мелко** ***Finely chop*** *the garlic.* **2** very exactly **тонко, точно** *a finely tuned machine*

finger¹ /ˈfɪŋɡəʳ/ **noun** [C] A2 one of the five, long, separate parts at the end of your hand, including your thumb **палец** → See **The Body** on page Centre 13

IDIOMS **have green fingers** UK (US **have a green thumb**) to be good at gardening and making plants grow well **быть умелым садоводом** • **keep your fingers crossed** informal to hope that things will happen in the way that you want them to **скрещивать пальцы на удачу** *Let's keep our fingers crossed that it doesn't rain.* • **not lift a finger** informal to not help someone do something, usually because you are too lazy **и пальцем не пошевелить, палец о палец не ударить** *He never lifts a finger to help with the housework.* • **put your finger on sth** to understand exactly why a situation is the way it is **понять суть дела** *Something was wrong, but I couldn't put my finger on it.* • **snap your fingers** (also UK **click your fingers**) to press your thumb and middle finger together until the finger hits your hand and makes a short sound **щелкать пальцами**

→ See also **index finger**

finger² /ˈfɪŋɡəʳ/ **verb** [T] to touch or feel something with your fingers **трогать пальцами**

fingernail /ˈfɪŋɡəneɪl/ **noun** [C] B2 the hard, thin part on the top of the end of your finger **ноготь**

fingerprint /ˈfɪŋɡəprɪnt/ **noun** [C] the mark made on something by the pattern of curved lines on the end of someone's finger **отпечаток пальца** *The police found fingerprints all over the murder weapon.*

fingertip /ˈfɪŋɡətɪp/ **noun** [C] the end of your finger **кончик пальца**

IDIOM **at your fingertips** If you have something at your fingertips, you can get it and use it very easily. **иметь что-либо под рукой** *He had all the information he needed at his fingertips.*

> **Другие способы сказать finish**
>
> Вместо глагола **finish** в значении "заканчиваться" часто используют **end**.
>
> *What time does the concert* ***end****?*
>
> Когда говорят об окончании какого-либо действия, то иногда используют глагол **complete**.
>
> *Have you* ***completed*** *all the questions?*
>
> *The project took 5 years to* ***complete****.*
>
> Когда что-то заканчивают быстро и с легкостью, особенно работу или прием пищи, то в неформальных ситуациях используют фразовый глагол **polish off**.
>
> *He's just* ***polished off*** *two huge bowls of pasta.*
>
> Фразовый глагол **wind up** используют, когда идет речь о постепенном или ступенчатом завершении какого-то действия.
>
> *It's time to* ***wind up*** *the game now.*

finish¹ /ˈfɪnɪʃ/ **verb 1** [I, T] A1 to complete something, or come to the end of an activity **заканчивать** *When I finish my homework, can I watch TV?* ◦ [+ doing sth] *Have you finished reading that book yet?* **2** [I] A1 to end **заканчиваться** *The meeting should finish at five o'clock.*

3 [T] (also **finish off**) B1 to eat, drink, or use something completely **доедать, допивать** *They finished their drinks and left the bar.* **4 finish first/second, etc** to be in the first/second, etc winning position at the end of a race or competition **финишировать первым/вторым и т. д.**

PHRASAL VERBS **finish sth off 1** B2 to complete the last part of something that you are doing **заканчивать, завершать** *I have to finish off this report by Friday.* **2** to eat, drink, or use the last part of something **доедать, допивать** *Would you like to finish off the pizza?* • **finish up** mainly UK to finally be in a particular place, state, or situation, usually without having planned it **неожиданно закончить чем-либо** *I only went for two days, but finished up staying for a week.* • **finish with sth** to stop using or needing something **закончить с чем-либо, больше не нуждаться в чем-либо** *Have you finished with the newspaper?* • **finish with sb** UK B2 to stop having a romantic relationship with someone **разрывать отношения с кем-либо**

finish² /ˈfɪnɪʃ/ **noun** [C] **1** B1 the end of a race, or the last part of something **конец, финиш** *a close/exciting finish* ◦ *I enjoyed the film* ***from start to finish***. **2** the way the surface of something feels or looks **отделка, полировка** *The table has a smooth, shiny finish.*

finished /ˈfɪnɪʃt/ **adjective 1** completed **готовый, конечный** *How much does the* ***finished product*** *cost?* → Opposite **unfinished 2 be finished** If you are finished, you have completed something. **заканчивать, завершать** *I hope I'll be finished before 5 p.m.*

fir /fɜːʳ/ **noun** [C] (also ˈ**fir** ˌ**tree**) a tree with thin, straight leaves shaped like needles that do not fall in winter **ель**

fire

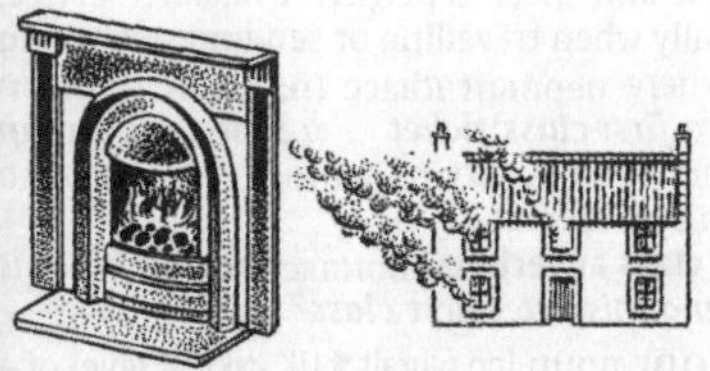

fire¹ /faɪəʳ/ **noun 1** [U] A2 heat, light, and flames that are produced when something burns **огонь 2 catch fire** B1 to start burning **загораться, воспламеняться** *The car crashed and caught fire.* **3 on fire** B1 burning **горящий** *That house is on fire.* **4 set fire to sth; set sth on fire** to make something start burning, usually to cause damage **поджигать что-либо** *Enemy troops set fire to the village.* **5** [C] when something burns in a way that causes damage and cannot be controlled **пожар** *Three people were killed in the fire.* ◦ *It took the firefighters two hours to* ***put the fire out*** *(= stop it burning).* **6** [C] B1 a pile of wood, coal, etc that is burning to produce heat **костер** *We sat by the fire.* ◦ *They put up the tents and* ***lit a fire***. **7 an electric/gas fire** UK a piece of equipment that uses electricity/gas to heat a room **электрический/газовый камин 8** [U] the shooting of guns and other weapons **огонь, стрельба** *The soldiers* ***opened fire*** *(= started shooting).*

IDIOM **come under fire** to be criticized **подвергаться критике** *The government has come under fire for closing the hospital.*

> **Слова-партнеры к fire**
>
> put out/start a fire • a fire **breaks out/burns/rages** • be on fire • catch fire

fire² /faɪəʳ/ **verb 1** [I, T] B2 to shoot a bullet from a gun **стрелять** *She* ***fired*** *three shots* ***at*** *him.* **2** [T] informal B2 to tell someone they must leave their job **увольнять** [often passive] *I was fired for being late.* **3 fire sb's imagination** to make someone very excited or interested in something **разжигать воображение, интерес 4 fire questions at sb** to ask someone questions quickly one after the other **засыпать кого-либо вопросами**

PHRASAL VERB **fire sb up** to make someone excited or angry **распалять**

ˈ**fire a**ˌ**larm noun** [C] a device such as a bell that warns the people in a building that the building is on fire **пожарная сигнализация** *If you hear the fire alarm, you must leave the building immediately.*

firearm /ˈfaɪərɑːm/ **noun** [C] a gun that you can carry easily **огнестрельное оружие**

ˈ**fire bri**ˌ**gade noun** [C] UK (US ˈ**fire de**ˌ**partment**) B2 an organization of people whose job is to stop fires burning **пожарная команда**

ˈ**fire** ˌ**engine noun** [C] a vehicle for carrying firefighters and equipment for stopping large fires **пожарная машина**

ˈ**fire es**ˌ**cape noun** [C] a set of metal stairs on the outside of a building which allows people to leave if there is an emergency **пожарная лестница**

ˈ**fire ex**ˌ**tinguisher noun** [C] a piece of equipment kept inside buildings which is used to stop small fires **огнетушитель**

firefighter /ˈfaɪəfaɪtəʳ/ **noun** [C] B1 someone whose job is to stop fires burning **пожарный**

fireman /ˈfaɪəmən/ **noun** [C] (plural **firemen**) a man whose job is to stop fires burning **пожарный**

fireplace /ˈfaɪəpleɪs/ **noun** [C] a space in the wall of a room where you can have a fire, or the structure around this space **камин** → See **The Living Room** on page Centre 4

fireside /ˈfaɪəsaɪd/ **noun** [U] the area next to a fireplace **место у камина**

ˈ**fire** ˌ**station noun** [C] the building where fire

engines are kept, and firefighters wait for emergencies **пожарное депо**

firewall /ˈfaɪəwɔːl/ **noun** [C] a system that controls what information can be sent from your computer using the Internet **система, контролирующая информацию, посылаемую и получаемую через Интернет**

firewood /ˈfaɪəwʊd/ **noun** [U] wood that is used for burning on a fire **дрова**

fireworks

firework /ˈfaɪəwɜːk/ **noun** [C] B1 a small object that explodes to produce a loud noise and bright colours and is often used to celebrate special events **фейерверк** *a **firework display***

> Слова-партнеры к **firework**
>
> let off/set off a firework • a firework(s) display

ˈ**firing** ˌ**squad noun** [C] a group of soldiers who are ordered to shoot and kill a prisoner **команда, снаряженная для расстрела**

firm[1] /fɜːm/ **adjective 1** B2 not soft, but not completely hard **твердый** *A firm bed is better for your back.* **2** [always before noun] B2 certain or fixed and not likely to change **твердый, нерушимый** *We don't have any **firm plans** for the weekend yet.* ◦ *I'm a **firm believer** in equal rights.* **3** strong and tight **крепкий** *a **firm handshake/grip*** **4** strict and making certain that people do what you want **строгий** *You've got to be firm with children.*
• **firmly adverb** B2 **твердо, крепко, строго** • **firmness noun** [U] **твердость, строгость**

firm[2] /fɜːm/ **noun** [C] B1 a company that sells goods or services **фирма** *a law firm*

> Слова-партнеры к **firm**
>
> run/set up a firm • a firm of [solicitors, accountants, etc]

first[1] /ˈfɜːst/ **adjective 1** A1 coming before all others **первый** *Who was the first person to arrive at the party?* ◦ *He was nervous on his first day at school.* ◦ *They went abroad last year **for the first time** since having children.* **2** 1st written as a word **первый 3** A2 most important **первый** *Sheila won first prize in the photo competition.*
→ See also in the first **place[1]**

first[2] /ˈfɜːst/ **adverb 1** A1 before everything or everyone else **сперва, первым** *I can go to the cinema, but I've got to do my homework first.* ◦ *Jason **came first** in the 400 metres (= he won).* **2** B1 for the first time **впервые** *I first heard the song on the radio.* ◦ *He first started playing the piano at school.* **3 at first** B1 at the beginning of a situation or period of time **сначала** *At first I thought she was unfriendly, but actually she is just shy.* **4 first; first of all a** B1 used to introduce the first idea, reason, etc in a series **во-первых** *First, I think we have to change our marketing strategy.* **b** A2 before doing anything else **прежде всего** *First of all check you have all the correct ingredients.* **5 come first** to be the most important person or thing **быть самым главным** *Her career always comes first.* **6 put sb/sth first** to consider someone or something to be the most important thing **ставить на первое место, рассматривать в первую очередь** *Most couples put their children first when sorting out their problems.* **7 First come, first served.** something you say when there is not enough of something for everyone and only the first people who ask for it will get it **кто первым пришел, того первым и обслужат**

first[3] /ˈfɜːst/ **noun, pronoun 1 the first** B1 the first person, people, thing, or things **первый** *Hillary and Norgay were the first to climb Everest.* **2 be a first** to be something that has never happened before **происходить впервые** *Man walking on the moon was a first in space history.* **3** [C] the highest exam result that you can achieve at the end of a university course in the UK **высшая оценка, отличие**

ˌ**first** ˈ**aid noun** [U] basic medical treatment that you give someone who is ill or injured in an emergency **первая помощь** *The policeman **gave** him **first aid** before the ambulance arrived.*

first-class /ˌfɜːstˈklɑːs/ **adjective 1** relating to the best and most expensive available service, especially when travelling or sending something somewhere **первый класс (на транспорте и т. д.)** *a **first-class ticket*** ◦ *a **first-class stamp*** **2** of very good quality **первоклассный** *It was a first-class restaurant.*
• **first class adverb первоклассно** *How much is it to **send** this letter **first class**?*

ˌ**first** ˈ**floor noun** [no plural] **1** UK B1 the level of a building directly above the ground level **второй этаж 2** US (UK **ground floor**) the level of a building on the same level as the ground **первый этаж**

firsthand /ˌfɜːstˈhænd/ **adjective, adverb** experienced, seen, or learnt directly **полученный из первых рук, из личного опыта** *Police heard **firsthand accounts** of the accident from witnesses.* ◦ ***firsthand experience***

ˈ**first** ˌ**language noun** [C] B2 the language that someone learns to speak first **родной язык** *Madeleine's first language is French, but she also knows English and German.*

firstly /ˈfɜːstli/ **adverb** Ⓑ2 used to introduce the first idea, reason, etc in a series **во-первых** *The aim of this activity is firstly to have fun, and secondly to keep fit.*

ˈfirst ˌname noun [C] Ⓐ2 the name that people who know you call you and that comes before your family name **имя**

the ˌfirst ˈperson noun Ⓑ2 the form of a verb or pronoun that is used when people are speaking or writing about themselves. For example, 'I' and 'we' are first person pronouns. **первое лицо (в грамматике)**

first-rate /ˌfɜːstˈreɪt/ **adjective** extremely good **первоклассный** *a first-rate team/writer*

fiscal /ˈfɪskəl/ **adjective** relating to government money, especially taxes **фискальный**

fish¹ /fɪʃ/ **noun** (plural **fish, fishes**) **1** [C] Ⓐ1 an animal that lives only in water and swims using its tail and fins (= thin, triangular parts) **рыба** *Are there any fish in the pond?* **2** [U] Ⓐ1 fish eaten as food **рыба** *fish and chips* → See **Food** on page Centre 11

fish² /fɪʃ/ **verb** [I] Ⓑ1 to try to catch fish **ловить рыбу** *They're* ***fishing for*** *tuna.*

PHRASAL VERB **fish sth out** informal to pull or take something out of a bag or pocket, especially after searching **извлекать, выуживать**

fisherman /ˈfɪʃəmən/ **noun** [C] (plural **fishermen**) someone who catches fish as a job or as a hobby **рыбак**

fishing /ˈfɪʃɪŋ/ **noun** [U] Ⓐ2 the sport or job of catching fish **рыбная ловля** *Dad loves to* ***go fishing.***

ˈfish ˌslice noun [C] UK a kitchen tool with a wide, flat end used for lifting and serving food **лопатка (для торта и т. д.)** → See **The Kitchen** on page Centre 2

fishy /ˈfɪʃi/ **adjective 1** smelling or tasting like fish **рыбный 2** making you feel that someone is lying or something dishonest is happening **сомнительный, подозрительный** *His story sounds a bit fishy to me.*

fist /fɪst/ **noun** [C] a hand closed into a ball with the fingers and thumb curled tightly together **кулак** *He banged his fist down angrily on the table.*

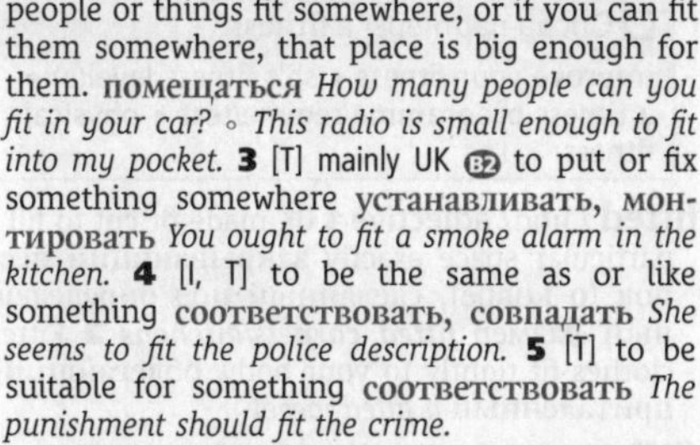

fist

fit¹ /fɪt/ **verb** (present participle **fitting**, past tense and past participle **fitted**) **1** [I, T] Ⓑ1 to be the right shape or size for someone or some thing **подходить, быть впору** *These trousers don't fit anymore. ◦ I can't find a lid to fit this jar.* **2 fit (sth) in/through/under, etc** Ⓑ1 If people or things fit somewhere, or if you can fit them somewhere, that place is big enough for them. **помещаться** *How many people can you fit in your car? ◦ This radio is small enough to fit into my pocket.* **3** [T] mainly UK Ⓑ2 to put or fix something somewhere **устанавливать, монтировать** *You ought to fit a smoke alarm in the kitchen.* **4** [I, T] to be the same as or like something **соответствовать, совпадать** *She seems to fit the police description.* **5** [T] to be suitable for something **соответствовать** *The punishment should fit the crime.*

PHRASAL VERBS **fit in** to feel that you belong to a particular group and are accepted by them **уживаться, приспосабливаться** *He doesn't* ***fit in with*** *the other pupils in his class.* • **fit sb/sth in** to find the time to see someone or do something **назначать на прием, находить время** *The dentist can fit you in on Tuesday morning.* • **fit in with sth** Ⓑ2 If one activity or event fits in with another, they exist or happen together in a way that is convenient. **подходить, согласовываться** *The party is in early June. How does that fit in with your holiday plans?*

fit² /fɪt/ **adjective** (**fitter, fittest**) **1** of a good enough quality or suitable type for a particular purpose **пригодный, подобающий** [+ to do sth] *Is this water fit to drink? ◦ She's not in a* ***fit state*** *to drive.* **2** Ⓐ2 healthy, especially because you exercise regularly **здоровый, бодрый** *He's very fit for his age.* → Opposite **unfit 3 do sth as you see/think fit** to do something that you feel is the right thing to do, although other people might disapprove **поступать так, как человек считает нужным** *You must spend the money as you see fit.*

fit³ /fɪt/ **noun 1 a good/loose/tight, etc fit** when something fits someone or somewhere well, loosely, tightly, etc **хорошо/свободно сидеть/плотно обтягивать и т. д.** *These shoes are a perfect fit.* **2** [C] a sudden, uncontrolled period of doing something or feeling something **приступ, порыв** *a coughing fit ◦ I hit him* ***in a fit of*** *anger.* **3** [C] a short period of illness when someone cannot control their movements and becomes unconscious **приступ, припадок** *to have an epileptic fit* **4 have a fit** informal to become extremely angry **приходить в ярость**

fitful /ˈfɪtfəl/ **adjective** stopping and starting and not happening in a regular or continuous way **прерывистый** ***fitful sleep***
• **fitfully adverb прерывисто, урывками**

fitness /ˈfɪtnəs/ **noun** [U] **1** Ⓑ1 the condition of being physically strong and healthy **хорошее здоровье** ***physical fitness*** **2** the quality of being suitable for a particular purpose, job, course of study, etc **пригодность, соответствие** *The purpose of the exercise is to judge a soldier's* ***fitness for*** *combat.*

Слова-партнеры к fitness

improve your fitness • sb's fitness **level(s)** • a fitness **programme/regime/test** • **physical** fitness

fitted /ˈfɪtɪd/ **adjective** **1** UK made or cut to fill a particular space exactly **закрывающий весь пол (о ковре), сделанный под определенный размер** ***fitted carpets/kitchens*** **2** Fitted clothes fit tightly to your body. **облегающий, приталенный** *a fitted jacket*

F

fitting /ˈfɪtɪŋ/ **adjective** suitable or right for a particular situation **надлежащий, подходящий** *The promotion was a fitting reward for all his hard work.*

fittings /ˈfɪtɪŋz/ **noun** [plural] mainly UK **1** parts that are fixed to a piece of furniture or equipment **приспособления, фурнитура** *a circular bath with gold fittings* **2** things that are fixed to the walls, floors, and ceilings inside a house but that can be moved **электроарматура, газовое, сантехническое оборудование (в доме)**

five /faɪv/ (A1) the number 5 **пять**

fiver /ˈfaɪvəʳ/ **noun** [C] UK informal a piece of paper money worth £5 **пять фунтов (стерлингов)** *You owe me a fiver.*

five-star /faɪvˈstɑːʳ/ **adjective** describes a hotel or resort of very high quality **пятизвездочный**

fix¹ /fɪks/ **verb** [T] **1** (B1) to repair something **чинить** *My watch is broken – can you fix it?* **2** (B2) to decide a certain and exact date, price, plan, etc **назначать, устанавливать** *Let's fix a day to have lunch together. ◦ The price has been fixed at $10.* **3 fix sth onto/to/under, etc** (B2) to fasten something in a particular place **прикреплять, закреплять** *They fixed the bookcase to the wall.* **4** (B2) to prepare a drink or meal **готовить (еду)** [+ two objects] *I'll fix you a sandwich.* **5** to do something dishonest to make certain that a competition, race, or election is won by a particular person **подстраивать, фальсифицировать** [often passive] *People are saying that the elections were fixed.*

PHRASAL VERBS **fix sth up 1** UK to arrange a meeting, date, event, etc **назначать, договариваться (о встрече и т. д.)** *Can we fix up a date for the next meeting?* **2** to repair or change something in order to improve it **чинить** *Nick loves fixing up old cars.* • **fix sb up** to provide someone with something that they need **обеспечивать, устраивать кого-либо** *My uncle has* ***fixed me up with*** *a summer job.*

fix² /fɪks/ **noun** **1 a quick fix** a way of solving a problem easily **быстрое решение** *There is no quick fix for unemployment.* **2 be in a fix** to be in a difficult situation **быть в затруднении, попасть в переделку** *I'm in a fix and need your help.* **3** [C] informal an amount of an illegal drug or something that you want very much **доза** *Cath needs her* ***fix of*** *chocolate every day.*

fixation /fɪkˈseɪʃᵊn/ **noun** [C] a very strong interest in a particular person or thing **навязчивая идея, комплекс** *She's got an unhealthy* ***fixation with*** *her weight.*

fixed /fɪkst/ **adjective** **1** (B2) decided already and not able to be changed **установленный, назначенный** *a* ***fixed price*** *◦ Is the date of the wedding fixed yet?* **2** fastened somewhere and not able to be moved **закрепленный**

fixture /ˈfɪkstʃəʳ/ **noun** [C] **1** a piece of furniture or equipment that is fixed inside a house or building and is usually sold with it **встроенная мебель, оборудование** [usually plural] *It comes with the usual* ***fixtures and fittings****.* **2** UK a sports event that is arranged for a particular day **заранее установленный день спортивных состязаний**

fizz /fɪz/ **noun** [U] bubbles of gas in a liquid or the sound that they make **пузырьки газа, шипение (напитка)**
• **fizz verb** [I] **шипеть, пениться**

fizzle /ˈfɪzl/ **verb**

PHRASAL VERB **fizzle out** to gradually end in a disappointing way **сходить на нет** *Their relationship soon fizzled out when they got back from holiday.*

fizzy /ˈfɪzi/ **adjective** A fizzy drink has lots of bubbles of gas in it. **газированный, шипучий**

fizzy

flabbergasted /ˈflæbəgɑːstɪd/ **adjective** informal extremely surprised **ошеломленный**

flabby /ˈflæbi/ **adjective** having too much loose fat on your body **дряблый** *flabby arms/thighs*

flag¹ /flæg/ **noun** [C] (B1) a piece of cloth with a special design and colours, that is fixed to a pole as the symbol of a country or group **флаг** *the French flag ◦ There was a flag flying above the castle.*

flag² /flæg/ **verb** [I] (present participle **flagging**, past tense and past participle **flagged**) to become tired or less interested in something **ослабевать, сникать** *The players started to flag towards the end of the game.*

PHRASAL VERB **flag sth down** to make a vehicle stop by waving at the driver **остановить, поймать машину**

flagrant /ˈfleɪgrᵊnt/ **adjective** shocking because of being so obviously wrong or bad **вопиющий, возмутительный** *a flagrant disregard for the law*
• **flagrantly adverb вопиюще**

flagship /ˈflæɡʃɪp/ **noun** [C] a product or service that is the best and most admired that a company has **флагман, наилучший образец**

flail /fleɪl/ **verb** [I, T] (also **flail about/around**) to wave or move your arms and legs about energetically and in an uncontrolled way **махать** *The wasp came towards us and Howard started flailing his arms around.*

flair /fleəʳ/ **noun 1** [no plural] a natural ability to do something well **способность, склонность** *She has a **flair for** languages.* **2** [U] when you do something in an exciting and interesting way **своеобразие** *He played with great imagination and flair.*

flak /flæk/ **noun** [U] informal criticism **критика** *The government **took** a lot of **flak for** breaking its election promises.*

flake¹ /fleɪk/ **noun** [C] a small, flat, thin piece of something **чешуйка, снежинка** *flakes of paint/snow*

flake² /fleɪk/ **verb** [I] to come off in small, flat, thin pieces **сыпаться хлопьями, лупиться** *The paint was **flaking off** the walls.*

flake off

• **flaky adjective** coming off easily in small, flat, thin pieces **слоистый, шелушащийся** *dry, flaky skin*

flamboyant /flæmˈbɔɪənt/ **adjective 1** A flamboyant person is loud, stylish, and confident. **экстравагантный** *a flamboyant pop star* **2** Flamboyant clothes or colours are very bright and noticeable. **броский, кричащий**
• **flamboyance** /flæmˈbɔɪəns/ **noun** [U] **броскость, экстравагантность**

flame¹ /fleɪm/ **noun** [C, U] **1** (B2) hot, bright, burning gas produced by something on fire **огонь, пламя** *Smoke and flames were pouring out of the burning factory.* ◦ *The whole building was soon **in flames** (= burning).* ◦ *The car crashed and **burst into flames** (= suddenly started burning).* **2** an angry email or message in a chat room, etc. **угроза или оскорбление в электронном виде**

> **Слова-партнеры к flame**
>
> be in flames • burst into/go up in flames • flames spread

flame² /fleɪm/ **verb** [I, T] to send an angry email to someone **посылать угрозу или оскорбление в электронном виде**

flaming /ˈfleɪmɪŋ/ **adjective** [always before noun] **1** burning with a bright light **пылающий** *a flaming building* **2** very bright in colour or light **огненный, яркий** *flaming red hair* **3** UK informal used to emphasize something when you are annoyed **отъявленный, исключительный** *What a flaming idiot!*

flamingo /fləˈmɪŋɡəʊ/ **noun** [C] a large bird with long, thin legs and pink feathers that lives near water in some hot countries **фламинго**

flammable /ˈflæməbl/ **adjective** (also **inflammable**) Flammable liquids, gases, or materials burn very easily. **легко воспламеняющийся**

flan /flæn/ **noun** [C, U] a round, open pastry base filled with something such as fruit, or cheese and vegetables **открытый пирог** *cheese and onion flan*

flank¹ /flæŋk/ **verb be flanked by sb/sth** to have someone or something at the side or at each side **примыкать, быть расположенным по бокам** *The President was flanked by police officers.*

flank² /flæŋk/ **noun** [C] **1** the side of the body of an animal or person from the chest to the hips **бок 2** the side of an army when it is ready to fight **фланг**

flannel /ˈflænᵊl/ **noun 1** [U] soft, warm cloth for making clothes **фланель** *flannel pyjamas* **2** [C] UK (US **washcloth**) a small cloth that you use to wash your face and body **фланелька** → See **The Bathroom** on page Centre 3

flap¹ /flæp/ **noun 1** [C] a piece of cloth or material fixed along one edge to cover or close an opening **откидная дверца (палатки), клапан (кармана), отворот 2** [C, U] US when someone is worried or excited, or a situation that causes them to feel this way **переполох, паника** *The President's remarks caused a huge flap.*

IDIOM **be/get in a flap** mainly UK informal to be or become worried or excited **переполошиться, паниковать**

flap² /flæp/ **verb** (present participle **flapping**, past tense and past participle **flapped**) **1** [T] If a bird flaps its wings, it moves them up and down. **махать (крыльями) 2** [I] If something such as cloth or paper flaps, the side that is not fixed to something moves around, especially in the wind. **развеваться, колыхаться** *The curtains were flapping around in the breeze.* **3** [I] UK informal to become worried or excited about something **переполошиться, паниковать** *Don't flap! We've got plenty of time to get to the airport.*

flare¹ /fleəʳ/ **verb** [I] (also **flare up**) **1** If something bad such as anger or pain flares or flares up, it suddenly starts or gets worse. **вспыхивать, разгораться (о гневе, насилии и т. д.)** *Violence flared up between football fans yesterday.* **2** to suddenly burn brightly, usually for a short time **вспыхивать** *The rocket flared in the sky and disappeared into space.*

flare² /fleəʳ/ **noun** [C] **1** a piece of safety equipment that produces a bright signal when you are lost or injured **сигнальная ракета 2** a sudden, bright light **вспышка**

flared /fleəd/ **adjective** wide at the bottom **расклешенный** *flared trousers*

flash[1] /flæʃ/ **verb 1** [I, T] B2 to shine brightly and suddenly, or to make something shine in this way **сверкать, направлять яркий свет** *The doctor flashed a light into my eye.* ◦ *Lightning flashed across the sky.* **2** [I, T] (also **flash up**) to appear for a short time, or to make something appear for a short time **промелькнуть, внезапно появиться** *An icon flashed up on the screen.* **3 flash by/past/through, etc** to move somewhere fast **мчаться, проноситься мимо/через** *The motorcycle flashed past us and around the corner.* **4 flash (sb) a look/smile, etc** to look/smile, etc at someone quickly **бросить взгляд/мимолетно улыбнуться и т. д.** *She flashed him a smile as he came in.*

PHRASAL VERB **flash back** If your mind or thoughts flash back to something that happened in the past, you suddenly remember it. **неожиданно всплывать в памяти**

flash[2] /flæʃ/ **noun 1** [C] B2 a sudden bright light **вспышка** *The bomb exploded in a* ***flash of*** *yellow light.* **2** [C, U] B2 a piece of camera equipment that produces a bright light when you take a photograph in a dark place **вспышка 3** [C] a sudden experience of something such as a feeling or idea **вспышка** *a flash of anger* ◦ *I had a* ***flash of inspiration****.* **4 in a flash** immediately, or very quickly **мгновенно, мигом** *I'll be back in a flash.*

IDIOM **a flash in the pan** a sudden success that does not continue **мимолетный успех**

flashback /ˈflæʃbæk/ **noun** [C] **1** when you suddenly remember something that happened in the past, usually something bad **неожиданное воспоминание 2** part of a film or book that goes back in time to something that happened before the main story began **ретроспекция**

flashlight /ˈflæʃlaɪt/ **noun** [C] US (UK **torch**) an electric light that you can hold in your hand **карманный фонарь**

flashy /ˈflæʃi/ **adjective** looking too bright, big, and expensive, in a way that is intended to get attention **кричащий, показной** *flashy gold jewellery*

flask /flɑːsk/ **noun** [C] **1** UK (UK/US **Thermos**) a special container that keeps drinks hot or cold **термос** *a flask of coffee* **2** a flat bottle that is used to carry alcohol in your pocket **фляжка 3** a glass container with a wide base and a narrow opening used in science **колба**>

flask

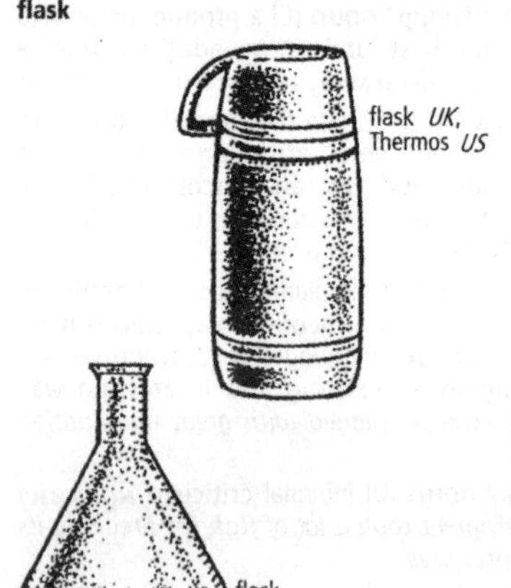

> **Слова-партнеры к flat**
> in a flat • a block of flats • a one-bedroom/two-bedroom flat • a basement flat

flat[1] /flæt/ **noun** [C] mainly UK (mainly US **apartment**) A1 a set of rooms to live in, with all the rooms on one level of a building **квартира** *a large* ***block of flats***

flat

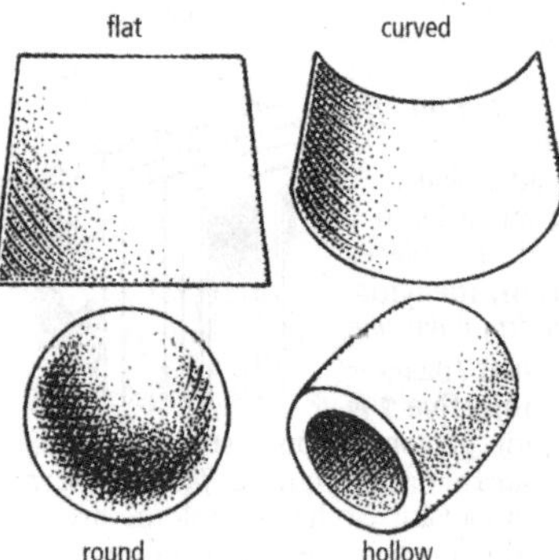

flat[2] /flæt/ **adjective** (**flatter**, **flattest**) **1** B1 smooth and level, with no curved, high, or hollow parts **плоский, ровный** *a flat surface* ◦ *The countryside around here is very flat.* **2** without any energy, interest, or emotion **вялый, монотонный** *Her voice sounded very flat.* **3** If a tyre is flat, it does not contain enough air. **спущенный (о шине) 4** If a drink is flat, it does not contain enough bubbles of gas. **выдохшийся (о газированном напитке) 5** UK If a battery (= object which provides electricity) is flat, it does not contain any more electrical power. **севший (о батарейке) 6 a flat price/rate, etc** a price/rate, etc which is the same for everyone and does not change **единая ставка (тарифа, налога)** *He charges a flat rate of £15 an hour.* **7 B flat/E flat, etc** the musical note that is between the note B/E, etc and the note below it **бемоль 8** A flat musical note sounds unpleasant because it is slightly lower than it should be. **фальшивый (о ноте) 9** Flat shoes do not raise your feet far from the ground. **плоский, без каблуков**

flat[3] /flæt/ **adverb** (**flatter**, **flattest**) **1** B2 in a horizontal or level position on a surface **ровно** *She spread the cloth flat across the kitchen table.* **2 flat out** using all your energy or effort **изо всех сил** *We've all been working flat out to finish the project on time.* **3 in 5 minutes/30 seconds, etc flat** in exactly and only 5 minutes, 30 seconds, etc **ровно за 5 минут/30 секунд и т. д.** *He showered and got dressed in 10 minutes flat.*

IDIOM **fall flat** If an event or joke falls flat, it fails to have the effect that you wanted, such as making people laugh. **не удаваться, звучать неуместно**

flatly /ˈflætli/ **adverb 1 flatly deny/refuse, etc** to say something in a direct and certain way **категорически отрицать/отказываться и т. д.** *He flatly refused to answer our questions.* **2** without showing any emotion or interest **уныло, без всякого выражения** *"He's gone," she said flatly.*

flatmate /ˈflætmeɪt/ **noun** [C] mainly UK (US **roommate**) someone who you share a flat with **сосед по квартире**

flatpack /ˈflætpæk/ **adjective** used to describe furniture that is sold in pieces inside a flat box, ready to be put together **мебель, продаваемая в разобранном виде в плоской упаковке, готовая к сборке в домашних условиях** *a flatpack table*

ˌflat-screen TˈV noun [C] a type of television with a screen that is very thin and shows a very clear picture **телевизор с плоским экраном**

flatten /ˈflætᵊn/ **verb** [I, T] to become flat or to make something become flat **выравнивать(ся), становиться или делать плоским** *Roll out the dough into balls and flatten them slightly.*

flatter /ˈflætəʳ/ **verb 1** [T] to say nice things to someone in order to make them feel attractive or important, sometimes in a way that is not sincere **льстить, чрезмерно хвалить** *The interviewer flattered him about his recent work.* **2 be flattered** to feel very pleased and proud **быть польщенным** *She was flattered by his attention.* **3** [T] to make someone look more attractive than usual **быть к лицу** *That new hairstyle really flatters you.* **4 flatter yourself** to believe something good about yourself, although it might not be true **льстить себе, быть слишком высокого мнения о себе** *He flatters himself that he's a good driver.*

flattering /ˈflætərɪŋ/ **adjective** making you look more attractive than usual **приукрашенный, придающий привлекательность** *a flattering picture*

flattery /ˈflætᵊri/ **noun** [U] when you say nice things to someone, often because you want something from that person **лесть**

flaunt /flɔːnt/ **verb** [T] to make your success, money, beauty, etc very obvious so that people notice it and admire you **похваляться, щеголять** *Although he's a millionaire, he doesn't flaunt his wealth.*

flavour[1] UK (US **flavor**) /ˈfleɪvəʳ/ **noun 1** [C, U] B1 the taste of a particular type of food or drink **аромат, вкус** *We sell 50 different flavours of ice cream.* ◦ *Add some salt to give the soup more flavour.* **2** [no plural] a particular quality or style that something has **атмосфера, особенность** *London has a very international flavour.*

> Слова-партнеры к **flavour**
>
> have a [mild/spicy/strong, etc] flavour • a delicate/delicious flavour

flavour[2] UK (US **flavor**) /ˈfleɪvəʳ/ **verb 1** [T] to give a particular taste to food or drink **приправлять** [often passive] *This sauce is flavoured with garlic and herbs.* **2 cheese/chocolate, etc -flavoured** tasting of cheese/chocolate, etc **со вкусом сыра/лимона и т. д.** *lemon-flavoured sweets*

flavouring UK (US **flavoring**) /ˈfleɪvərɪŋ/ **noun** [C, U] something that is added to food or drink to give it a particular taste **ароматизатор**

flaw /flɔː/ **noun** [C] a mistake or bad characteristic that stops someone or something from being perfect **изъян, недостаток** *There's a **flaw in** your reasoning.*
• **flawed adjective с дефектом** *a **flawed** argument*

flawless /ˈflɔːləs/ **adjective** with no mistakes or bad characteristics **безупречный** *a flawless complexion*
• **flawlessly adverb безупречно**

flea /fliː/ **noun** [C] a small, jumping insect that lives on animals or people and drinks their blood **блоха**

ˈflea ˌmarket noun [C] a market where you can buy old or used things cheaply **блошиный рынок**

fleck /flek/ **noun** [C] a mark, or a very small piece of something **пятнышко, крапинка** *His shirt was covered in **flecks of** paint.*

fledgling /ˈfledʒlɪŋ/ **adjective** [always before noun] A fledgling company, country, or organization is new and not yet developed. **развивающийся, молодой** *a fledgling democracy*

flee /fliː/ **verb** [I, T] (present participle **fleeing**, past tense and past participle **fled**) to leave a place quickly because you are in danger or are afraid **спасаться бегством** *Police think the suspect has now fled the country.*

fleece /fliːs/ **noun** [C, U] **1** a warm, soft, light jacket, or the material used to make it **флис, куртка из флиса 2** the thick covering of wool on a sheep **овечья шерсть**

fleet /fliːt/ **noun** [C] **1** a group of ships, or all of the ships in a country's navy **флот 2** a group of vehicles that are owned and controlled by one person or organization **автопарк** *a **fleet of** aircraft/cars*

flesh /fleʃ/ **noun** [U] **1** the soft part of a person's or animal's body between the skin and bones **плоть, мясо** **2 in the flesh** in real life and not on television or in a film **в жизни** *She looks much taller in the flesh.* **3** the soft part of a fruit or vegetable which you can eat **мякоть**

IDIOM **your own flesh and blood** a member of your family **родная плоть и кровь**

• **fleshy adjective** fat or thick, or with a lot of flesh **мясистый, толстый**

F

flew /flu:/ past tense of fly **прош. вр. гл. fly**

flex[1] /fleks/ **verb** [T] to bend a part of your body so that the muscle becomes tight **сгибать, напрягать**

flex[2] /fleks/ **noun** [C, U] UK (UK/US **cord**) a piece of wire covered in plastic, that is used to connect electrical equipment to a power supply **гибкий шнур**

flexible /ˈfleksɪbl/ **adjective** **1** B2 able to change or be changed easily according to the situation **гибкий, свободный (о графике, расписании)** *I'd like a job with more flexible working hours.* **2** A flexible substance can bend easily without breaking. **гибкий, упругий**
• **flexibility** /ˌfleksɪˈbɪləti/ **noun** [U] B2 **гибкость**

flick[1] /flɪk/ **verb** **1 flick sth into/off/over, etc** to move something somewhere suddenly and quickly through the air, usually with your fingers **смахивать, стряхивать** *He quickly flicked the crumbs off the table.* **2 flick down/out/towards, etc** to make a sudden, quick movement somewhere **сделать резкое движение, метнуться** *His eyes flicked between her and the door.* **3 flick a switch** to move a switch in order to make electrical equipment start or stop working **щелкнуть выключателем**

PHRASAL VERBS **flick sth on/off** to move a switch in order to make electrical equipment start/stop working **включать/выключать что-либо** • **flick through sth** to look quickly at the pages of a magazine, book, etc **просматривать (книгу, журнал)**

flick[2] /flɪk/ **noun** [C] a sudden, quick movement **резкое движение** *With **a flick of** her wrist, she threw the pebble into the water.*

flicker[1] /ˈflɪkəʳ/ **verb** [I] **1** to shine with a light that is sometimes bright and sometimes weak **мерцать** *a candle flickering in the window* **2** to appear for a short time or make a sudden movement somewhere **мелькать** *A smile **flickered across** her face.*

flicker[2] /ˈflɪkəʳ/ **noun** [no plural] **1** when a light is sometimes bright and sometimes weak **мерцание** *the soft flicker of candlelight* **2** a slight, brief feeling or expression of an emotion **вспышка, проблеск** *a **flicker of** hope*

flier (also **flyer**) /ˈflaɪəʳ/ **noun** [C] **1** a small piece of paper advertising a business, show, event, etc **рекламный листок** **2** someone who flies, especially a passenger on an aircraft **авиапассажир**

flies /flaɪz/ **noun** [plural] UK (UK/US **fly**) the part where trousers open and close at the front **ширинка**

flight /flaɪt/ **noun** **1** [C] A2 a journey in an aircraft **полет, перелет** *The **flight to** Chicago took 4 hours.* **2** [C] an aircraft that carries passengers from one place to another **рейс** *Flight 102 is ready for boarding at Gate 3.* **3** [U] when something flies or moves through the air **полет** *an eagle in flight* **4 a flight of stairs/steps** a set of stairs **пролет лестницы**

> **Слова-партнеры к flight**
>
> on a flight • a flight **from/to** [Paris/Tokyo, etc] • a **long-haul/short-haul** flight

ˈflight atˌtendant noun [C] someone whose job is to look after passengers on an aircraft **стюардесса**

flimsy /ˈflɪmzi/ **adjective** **1** thin and not solid or strong **непрочный, легкий** *a flimsy cardboard box* **2** A flimsy argument, excuse, etc is weak and difficult to believe. **неубедительный** *I'm sick of his **flimsy excuses** for being late.*

flinch /flɪnʃ/ **verb** [I] **1** to make a sudden movement backwards because you are afraid or in pain **вздрагивать, передергиваться** *She didn't flinch when the nurse cleaned the wound.* **2** to avoid doing something that is unpleasant **уклоняться** *Nick never **flinches from** difficult decisions.*

fling[1] /flɪŋ/ **verb** (past tense and past participle **flung**) **fling sth around/across/down, etc** to throw or move something suddenly and with a lot of force **бросать(ся)** *She flung her arms around his neck.*

fling[2] /flɪŋ/ **noun** [C] **1** a sexual relationship that is short and not serious **роман, интрижка** *She **had a fling with** someone last summer.* **2** a short period of time when you have a lot of enjoyment or pleasure **веселое житье, загул** *This is my last fling before the exams.*

flint /flɪnt/ **noun** [C, U] a very hard, grey stone that can be used to produce a flame **кремень**

flip /flɪp/ **verb** (present participle **flipping**, past tense and past participle **flipped**) **1** [I, T] to turn or make something turn onto a different side, or so that it is the wrong way up **переворачивать(ся)** *to flip a coin/pancake* ◦ *The boat **flipped** right **over**.* **2** [I] informal to become uncontrollably angry, crazy, or excited **рассвирепеть, взбеситься** *Dad completely flipped when he saw the car.*

PHRASAL VERB **flip through sth** to look quickly at the pages of a magazine, book, etc **перелистывать**

ˈflip ˌchart noun [C] large pieces of paper attached to a board on legs, which you write or draw on when you are talking to a group of people **лекционный плакат с рейкой**

flip-flop /ˈflɪpˌflɒp/ **noun** [usually plural] (US also **thong**) a type of shoe, often made of rubber, with a V-shaped strap in between the big toe and the toe next to it **резиновый шлепанец на ремешке** → See **Clothes** on page Centre 9

flippant /ˈflɪpᵊnt/ **adjective** without respect or not serious **непочтительный, легкомысленный** *a* ***flippant remark***
• **flippantly adverb непочтительно, легкомысленно** • **flippancy** /ˈflɪpᵊnsi/ **noun** [U] **непочтительность, легкомыслие**

flipper /ˈflɪpəʳ/ **noun** [C] **1** a part like a wide, flat arm without fingers that some sea animals use for swimming **плавник 2** a long, flat, rubber shoe that you use when swimming under water **ласт**

flipping /ˈflɪpɪŋ/ **adjective** [always before noun] UK informal used to emphasize something, or to show slight anger **чертов, проклятый** *Where are my flipping keys?*

the ˈflip ˌside noun the opposite, less good, or less popular side of something **обратная сторона**

flirt[1] /flɜːt/ **verb** [I] to behave as if you are sexually attracted to someone, usually not in a very serious way **флиртовать, кокетничать** *She was* ***flirting with*** *a guy at the bar.*

PHRASAL VERB **flirt with sth 1** to be interested in an idea, activity, etc but not seriously, or for only a short time **подумывать о чем-либо** *He* ***flirted with the idea*** *of becoming a priest.* **2 flirt with danger/disaster, etc** to risk experiencing something bad **играть с огнем**

• **flirtation** /flɜːˈteɪʃᵊn/ **noun** [C, U] **флирт, заигрывание**

flirt[2] /flɜːt/ **noun** [C] someone who often flirts with people **любитель пофлиртовать**

flirtatious /flɜːˈteɪʃəs/ **adjective** behaving as if you are sexually attracted to someone, usually not in a very serious way **кокетливый**

flit /flɪt/ **verb** (present participle **flitting**, past tense and past participle **flitted**) **flit about/around/in and out, etc** to fly or move quickly from one place to another **перепархивать** *Birds were flitting from tree to tree.*

float[1] /fləʊt/ **verb 1** [I, T] B1 to stay on the surface of a liquid instead of sinking, or to make something do this **держаться на поверхности воды, плавать** *I like floating on my back in the pool.* **2** [I] B1 to stay in the air, or move gently through the air **нестись по воздуху** *A balloon floated across the sky.* **3** [I, T] to start selling a company's shares to the public **выпускать акции**

IDIOM **float sb's boat** informal to interest someone **интересовать кого-либо** *Georgia likes William, but he just doesn't float my boat.*

float

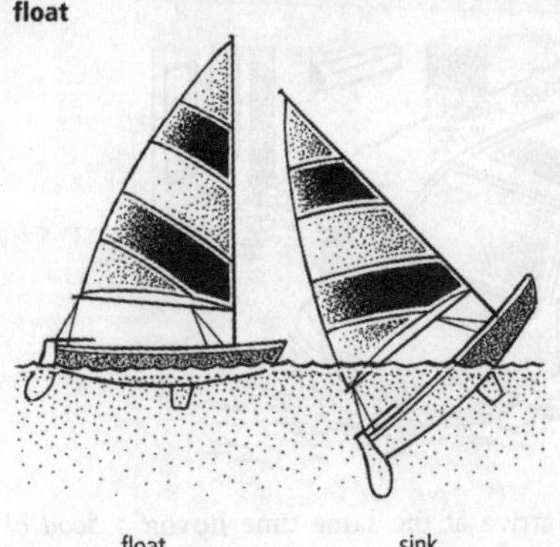

float[2] /fləʊt/ **noun** [C] **1** a large, decorated vehicle that is used in public celebrations **платформа на колесах, используемая на карнавалах 2** an object that floats on water, used in fishing or when learning to swim **поплавок, надувная подушка (для обучающихся плавать) 3** when you float a business **запуск предприятия**

flock[1] /flɒk/ **noun** [group] **1** a group of birds or sheep **стая, отара** *a flock of geese* **2** a group of people led by one person **толпа** *a flock of children/visitors*

flock[2] /flɒk/ **verb** [I] to move or come together in large numbers **стекаться, валить толпами** *Tourists are* ***flocking to*** *the beaches.* ◦ [+ to do sth] *People flocked to hear him speak.*

flog /flɒg/ **verb** [T] (present participle **flogging**, past tense and past participle **flogged**) **1** to hit someone repeatedly as a punishment with something such as a stick **пороть, сечь 2** UK informal to sell something quickly or cheaply **продавать, сбывать** *I had to flog the car to pay my bills.*
• **flogging noun** [C, U] **порка**

flood[1] /flʌd/ **verb** [I, T] **1** B1 If a place floods or is flooded, it becomes covered in water. **затоплять** [often passive] *The town was flooded when the river burst its banks.* ◦ *I left the taps running and flooded the bathroom.* **2** B2 to fill or enter a place in large numbers or amounts **хлынуть потоком, устремиться** *Light flooded the room.* ◦ *Shoppers* ***flooded into*** *the store.*
• **flooding noun** [U] **затопление** *There is widespread flooding in the South.*

PHRASAL VERB **be flooded with sth** to receive so many letters, telephone calls, etc that you cannot deal with them **быть захлестнутым, наводненным чем-либо**

flood[2] /flʌd/ **noun** [C] **1** B1 when a lot of water covers an area that is usually dry, especially when a river becomes too full **наводнение 2** a large number or amount of things or people

that arrive at the same time **поток** *a flood of letters/calls*

IDIOM **in floods of tears** UK crying a lot **в слезах, заливаясь слезами**

> **Слова-партнеры к flood**
>
> catastrophic/devastating floods • flood damage/victims/warnings

floodgates /ˈflʌdgeɪts/ **noun**

IDIOM **open the floodgates** to make it possible for a lot of people to do something **открывать дорогу, давать волю**

floodlights /ˈflʌdlaɪts/ **noun** [plural] powerful lights used to light up sports fields or the outside of buildings at night **прожектор**
• **floodlit** /ˈflʌdlɪt/ **adjective** lit up by floodlights **освещенный прожекторами**

floor /flɔːʳ/ **noun** **1** [C] (A1) a surface that you walk on inside a building **пол** *a wooden/tiled floor* ◦ *I must sweep the kitchen floor.* **2** [C] (A2) a particular level of a building **этаж** *the second/third floor* **3** [no plural] the ground or surface at the bottom of something **почва, дно** *the forest/sea floor* **4** [C] (B1) an area where a particular activity happens **площадка, зал** *a dance floor* → See also **first floor**, **ground floor**, **shop floor**

floorboard /ˈflɔːbɔːd/ **noun** [C] a long, narrow, flat board that forms part of a wooden floor in a building **половица**

flooring /ˈflɔːrɪŋ/ **noun** [U] the material used to make or cover a floor **настил, покрытие** *vinyl flooring*

flop[1] /flɒp/ **verb** [I] (present participle **flopping**, past tense and past participle **flopped**) **1 flop down/into/onto, etc** to fall or sit somewhere suddenly in a heavy or relaxed way **плюхнуться, шлепнуться** *He flopped down on the sofa.* **2** to hang loosely **свисать** *Her hair kept flopping in her eyes.* **3** informal If a film, product, plan, etc flops, it is not successful. **проваливаться, терпеть неудачу**

flop[2] /flɒp/ **noun** [C] informal **1** something that is not a success **провал, неудача** *The party was a bit of a flop.* **2** a movement towards the ground, or the noise someone or something makes as they fall down **шлепок, хлопок** *She fell onto the bed with a flop.*

floppy /ˈflɒpi/ **adjective** soft and loose or hanging down loosely **обвисший** *floppy hair* ◦ *a floppy hat*

ˌfloppy ˈdisk **noun** [C] (also **floppy**) a small disk inside a flat, square piece of plastic used in the past for storing information from a computer **гибкий диск**

flora /ˈflɔːrə/ **noun** [group] the plants that grow naturally in a particular area **флора** *Scotland's* ***flora and fauna***

floral /ˈflɔːrəl/ **adjective** [always before noun] made from flowers or relating to flowers **цветочный** *a floral arrangement/pattern*

florist /ˈflɒrɪst/ **noun** [C] **1** someone who sells and arranges flowers in a shop **торговец цветами** **2** (also **florist's**) a shop that sells flowers **цветочный магазин**

flotation /fləʊˈteɪʃən/ **noun** **1** [C, U] when a company's shares are sold to the public for the first time **выпуск акций** **2** [U] when something or someone floats on or in liquid **плавание**

flounder /ˈflaʊndəʳ/ **verb** [I] **1** to make wild movements with your arms or body, especially because you are trying not to sink **барахтаться** **2** to not know what to do or say **пребывать в нерешительности, быть сбитым с толку** *When he resigned, the team was left floundering.* **3** If a relationship, organization, or plan flounders, it fails or begins to experience problems. **давать трещину, разваливаться** *By 1993 his marriage was floundering.*

flour /flaʊəʳ/ **noun** [U] (B1) a powder made from grain that is used to make bread, cakes, and other food **мука**

flourish[1] /ˈflʌrɪʃ/ **verb** **1** [I] to grow or develop well **процветать** *a flourishing tourist industry* **2** [T] to wave something around in the air **размахивать**

flourish[2] /ˈflʌrɪʃ/ **noun** [no plural] when someone does something in a special and noticeable way **торжественный, демонстративный жест** *The waiter handed me the menu* ***with a flourish***.

flout /flaʊt/ **verb** [T] to intentionally not obey or accept something **попирать, пренебрегать** ***to flout*** *the* ***law/rules***

flow[1] /fləʊ/ **verb** [I] **1** (B1) If something such as a liquid flows, it moves somewhere in a smooth, continuous way. **течь, литься** *The river flows from the Andes to the ocean.* **2** If words, ideas, or conversations flow, they continue in an easy and relaxed way without stopping. **протекать (о времени, беседе)** *At dinner, the* ***conversation flowed*** *freely.*

flow[2] /fləʊ/ **noun** [no plural] (B2) when something such as a liquid moves somewhere in a smooth, continuous way **струя, поток** *the flow of blood* ◦ *the flow of information*

IDIOM **go with the flow** informal to do or accept what other people are doing because it is the easiest thing to do **плыть по течению** *Just relax and go with the flow!*

→ See also **ebb**[1] and flow

flower[1] /flaʊəʳ/ **noun 1** [C] Ⓐ1 the attractive, coloured part of a plant where the seeds grow **цветок** *a **bunch of flowers*** **2** [C] a type of plant that produces flowers **цветущее растение** *spring/wild flowers* **3 be in flower** When plants are in flower, they have flowers on them. **цвести 4 the flower of sth** literary the best part of something **цвет, лучшая часть чего-либо** *the flower of our nation's youth*

> **Слова-партнеры к flower**
>
> a bouquet of/bunch of flowers • wild flowers • cut/fresh flowers • dried flowers

flower[2] /flaʊəʳ/ **verb** [I] to produce flowers **цвести** *These pansies flower all summer.*

ˈ**flower** ˌ**bed noun** [C] an area of soil in a garden that you grow flowers in **клумба**

flowery /ˈflaʊəri/ **adjective 1** (also **flowered** /flaʊəd/) decorated with a pattern of flowers **с цветочным узором** *a flowery dress* **2** Flowery language contains unnecessarily complicated and unusual words. **цветистый**

flowing /ˈfləʊɪŋ/ **adjective 1** hanging down in a long, loose way **ниспадающий, свисающий** *flowing robes/hair* **2** produced in a smooth, continuous, or relaxed style **плавный** *flowing lines*

flown /fləʊn/ past participle of fly **прич. прош. вр. от гл. fly**

fl oz written abbreviation for fluid ounce (= a unit for measuring liquid) **жидкая унция**

flu /fluː/ **noun** [U] Ⓑ1 an illness like a very bad cold, that makes you feel hot and weak **грипп** *I **had the flu** last week.*

fluctuate /ˈflʌktʃueɪt/ **verb** [I] to keep changing, especially in level or amount **колебаться** *Oil **prices** have **fluctuated** wildly in recent weeks.*

• **fluctuation** /ˌflʌktʃuˈeɪʃən/ **noun** [C, U] **колебание** ***fluctuations in** house prices*

fluent /ˈfluːənt/ **adjective 1** Ⓑ2 able to use a language naturally without stopping or making mistakes **свободно говорящий** *She is **fluent in** six languages.* **2** Ⓑ2 produced or done in a smooth, natural style **свободный, беглый** *Hendrik speaks fluent English.*

• **fluency** /ˈfluːənsi/ **noun** [U] Ⓑ2 **свободная речь, беглость** • **fluently adverb** Ⓑ2 **свободно, бегло**

fluff[1] /flʌf/ **noun** [U] small, loose bits of wool or other soft material **пух, ворс** *There's a piece of fluff on your jacket.*

fluff[2] /flʌf/ **verb** [T] informal to fail to do something successfully **допускать промах, оплошность** *I had a great chance to score but I fluffed it.*

PHRASAL VERB **fluff sth out/up** to make something appear bigger or fuller by hitting or shaking it so that it contains more air **взбивать** *I'll fluff up your pillows for you.*

fluffy /ˈflʌfi/ **adjective** made or covered with soft fur or cloth **пушистый, мягкий** *a fluffy toy*

fluid[1] /ˈfluːɪd/ **noun** [C, U] a liquid **жидкость** *cleaning fluid ◦ Drink plenty of fluids.*

fluid[2] /ˈfluːɪd/ **adjective 1** able to flow easily like liquid **жидкий 2** likely or able to change **неустойчивый, изменчивый** *a fluid situation* **3** smooth and continuous **плавный** *fluid movements*

ˌ**fluid** ˈ**ounce noun** [C] (written abbreviation **fl oz**) a unit for measuring liquid, equal to 0.0284 litres in the UK and 0.0296 litres in the US **жидкая унция**

fluke /fluːk/ **noun** [C, U] something good that happens only because of luck or chance **счастливая случайность** *That first goal was just a fluke.*

flume /fluːm/ **noun** [C] a large tube for people to slide down at a swimming pool **горка в бассейне или аквапарке**

flung /flʌŋ/ past of fling **прош. вр. и прич. прош. вр. от гл. fling**

fluorescent /flɔːˈresənt/ **adjective 1** Fluorescent lights are very bright, tube-shaped, electric lights, often used in offices. **люминесцентный 2** Fluorescent colours, clothes, etc are very bright and can be seen in the dark. **флуоресцентный, светящийся** *fluorescent pink ◦ a fluorescent jacket*

fluoride /ˈflɔːraɪd/ **noun** [U] a chemical that helps to prevent tooth decay **фторид** *fluoride toothpaste*

flurry /ˈflʌri/ **noun** [C] **1** a sudden, short period of activity, interest, or excitement **шквал, суматоха** *a flurry of phone calls* **2** a sudden, short period of snow and wind **снегопад, порыв ветра**

flush[1] /flʌʃ/ **verb 1** [I, T] If you flush a toilet, or if it flushes, its contents empty and it fills with water again. **спускать воду (в туалете) 2 flush sth away/down/out, etc** to get rid of something by pushing it somewhere with lots of water, such as down a toilet **смывать, выбрасывать в туалет 3** [I] If you flush, your face becomes red and hot, usually because you are embarrassed or angry. **покраснеть, зардеться**

PHRASAL VERB **flush sb/sth out** to force a person or animal to come out from where they are hiding **выманивать**

flush[2] /flʌʃ/ **noun** [C] **1** when your face becomes hot and red **румянец, прилив крови** *a **hot flush*** **2 a flush of excitement/pleasure, etc** a sudden feeling of excitement/pleasure, etc **прилив энтузиазма/удовольствия и т. д.**

flush[3] /flʌʃ/ **adjective** [never before noun] **1** at the same level as another surface **находящийся на одном уровне, вровень** *I want the door*

F

***flush with** the wall.* **2** informal rich **богатый, изобилующий** *flush with cash*

flustered /ˈflʌstəd/ **adjective** upset and confused **смущенный, смятенный** *She arrived very late, looking flustered.*

flute /fluːt/ **noun** [C] B1 a musical instrument in the shape of a tube that is held out to the side and played by blowing across a hole near one end **флейта**

flutter¹ /ˈflʌtəʳ/ **verb 1** [I, T] to move quickly and gently up and down or from side to side in the air, or to make something move in this way **колыхаться, развеваться** *The flag was fluttering in the breeze.* **2 flutter about/around/down, etc** to move somewhere quickly and gently, usually without any particular purpose **трепетать, порхать** *There were several moths fluttering around the light.*

flutter² /ˈflʌtəʳ/ **noun** [C] **1** a quick, gentle movement **трепетание, порхание** *the flutter of wings* **2** a state of excitement or worry **трепет, волнение** *a flutter of excitement* **3** UK informal when you risk money on the result of a game, competition, etc **риск, ставка**

flux /flʌks/ **noun** [U] continuous change **постоянное изменение** *The housing market is still **in a state of flux**.*

fly¹ /flaɪ/ **verb** (past tense **flew**, past participle **flown**) **1** [I] A2 When a bird, insect, aircraft, etc flies, it moves through the air. **летать** *The robin flew up into a tree.* ◦ *The plane was flying at 5000 feet.* **2** [I] A1 to travel through the air in an aircraft **летать (на самолете)** *I'm flying to Delhi tomorrow.* **3** [I, T] B2 to control an aircraft **управлять самолетом** *She learned to fly at the age of 18.* **4** [T] to take or send people or goods somewhere by aircraft **перевозить самолетом** [often passive] *She was flown to hospital by helicopter.* **5 fly along/down/past, etc** to move somewhere very quickly **нестись, мчаться** *He grabbed some clothes and flew down the stairs.* **6 send sb/sth flying** to cause someone or something to move through the air suddenly, usually in an accident **сбивать кого-либо с ног/швырять что-либо** **7** [I] UK to leave suddenly **бежать, уходить** *I must fly – I'm late for work.* **8 let fly (at sb/sth)** mainly UK informal to start shouting angrily or attacking someone **нападать, набрасываться на кого-либо** **9** [I] If time flies, it passes very quickly. **пролетать (о времени)** **10** [I, T] If you fly a flag, or a flag is flying, it is fixed to a rope or pole and raised in the air. **вывешивать флаг, развеваться**

• **flying noun** [U] **полет** *Ben's afraid of flying.*
→ See also as the **crow¹** flies, fly off the **handle²**

PHRASAL VERBS **fly about/around** If ideas or remarks are flying about, they are being passed quickly from one person to another and causing excitement. **ходить, распространяться (о слухах и т. д.)** *All kinds of **rumours** are **flying around** about the school closing.* • **fly into a rage/temper** to suddenly become very angry **приходить в ярость**

fly² /flaɪ/ **noun** [C] **1** B1 a small insect with two wings **муха** *There was a fly buzzing around in the kitchen.* → See picture at **insect** **2** (also UK **flies** [plural]) the part where trousers open and close at the front **ширинка** *a **button/zip fly***

IDIOMS **fly on the wall** If you say that you would like to be a fly on the wall in a certain situation, you mean that you would like to be there secretly to see and hear what happens. **тайно, незаметно наблюдать** • **a fly-on-the-wall documentary/film** a television programme or film in which people do not act but are recorded in real situations, sometimes without knowing **репортаж/фильм, снятый скрытой камерой** • **be dropping like flies** to be dying or becoming ill in large numbers **помирать как мухи** • **wouldn't hurt a fly** If you say that someone wouldn't hurt a fly, you mean that they are very gentle and would never do anything to injure or upset anyone. **и мухи не обидит**

flyer (also **flier**) /ˈflaɪəʳ/ **noun** [C] **1** a small piece of paper advertising a business, show, event, etc **рекламный листок** *She's handing out flyers in the shopping centre.* **2** someone who flies, especially a passenger on an aircraft **пассажир** *a frequent flyer* → See also **high-flyer**

flying /ˈflaɪɪŋ/ **adjective** [always before noun] **1** A flying creature or object moves or is able to move through the air. **летучий, летательный** *flying ants* **2 a flying visit** UK a very brief visit **мимолетный визит** → See also with flying colours **(colour¹)**

flyover /ˈflaɪˌəʊvəʳ/ **noun** [C] UK (US **overpass**) a bridge that carries a road over another road **эстакада**

FM /ˌefˈem/ **noun** [U] abbreviation for frequency modulation; a system of radio signals used for broadcasting programmes **ультракороткие волны**

foal /fəʊl/ **noun** [C] a young horse **жеребенок**

foam /fəʊm/ **noun** [U] **1** a mass of small, white bubbles on the surface of a liquid **пена** **2** a thick substance of small, white bubbles used as a cleaning or beauty product **пена** ***shaving foam*** **3** a soft substance used to fill furniture and other objects **поролон**

focal point /ˈfəʊkəlˌpɔɪnt/ **noun** [no plural] the thing that attracts most of your attention or interest in a place, picture, etc **центр внимания** *The fireplace is the focal point of the room.*

focus¹ /ˈfəʊkəs/ **verb** (present participle **focusing**, past tense and past participle **focused**) **1** [T] If you focus a camera or something else that you look through, you make small changes to it until you can see something clearly. **устанавливать фокус** **2** [I, T] If you focus your eyes, or your eyes focus, they change so that you can see clearly. **фокусировать (взгляд)** *Give your eyes time to focus in the darkness.*

PHRASAL VERB **focus (sth) on sth** B2 to give a lot of attention to one particular subject or thing **сосредоточить(ся) на чем-либо** *The research focused on men under thirty.*

focus² /ˈfəʊkəs/ **noun 1 the focus of sth** B2 the person or thing that is getting most attention in a situation or activity **центр чего-либо** *the focus of our attention* ◦ *He is the focus of a police investigation.* **2** [U] when you give special attention to something **средоточие, внимание** *Their main* ***focus*** *must be* ***on*** *reducing crime.* **3 in focus** If an image is in focus, you are able to see it clearly. **в фокусе 4 out of focus** If an image is out of focus, you are not able to see it clearly. **не в фокусе**

> Слова-партнеры к **focus**
>
> **be the focus of** sth • **the focus is on** (doing) sth

ˈfocus ˌgroup noun [group] a group of people who are brought together to discuss what they think about something such as a new product **фокус-группа**

fodder /ˈfɒdəʳ/ **noun** [U] food such as dried grass for animals that are kept on farms **корм для скота** *cattle fodder*

foe /fəʊ/ **noun** [C] literary an enemy **враг**

foetus UK (US **fetus**) /ˈfiːtəs/ **noun** [C] a young human or animal that is still developing inside its mother **зародыш, эмбрион**
• **foetal** UK (US **fetal**) /ˈfiːtᵊl/ **adjective зародышевый, эмбриональный** ***foetal development***

fog /fɒg/ **noun** [U] A2 thick cloud just above the ground or sea that makes it difficult to see **туман**

> Слова-партнеры к **fog**
>
> **fog descends** • **fog clears/lifts** • **dense/ heavy/thick** fog

foggy /ˈfɒgi/ **adjective** A2 with fog **туманный** *a foggy day*

IDIOM **not have the foggiest (idea)** informal to not know anything about something **не иметь ни малейшего представления** [+ question word] *I haven't the foggiest idea what you're talking about.*

foible /ˈfɔɪbl/ **noun** [C] a slightly unusual or annoying habit **слабость, причуда** [usually plural] *Married couples must learn to accept each other's* ***little foibles.***

foil¹ /fɔɪl/ **noun 1** [U] metal made into very thin sheets like paper and used mainly for covering food **фольга** UK *aluminium foil*/US *aluminum foil* **2 a foil for sb/sth** a person or thing that shows or emphasizes how different someone or something else is **контраст, фон**

foil² /fɔɪl/ **verb** [T] to stop a crime, plan, etc from succeeding, or to stop someone doing what they want to do **предотвращать, срывать планы** [often passive] *The plot was foiled by undercover police officers.*

fold¹ /fəʊld/ **verb 1** [T] B1 If you fold paper, cloth, etc, you bend it so that one part of it lies flat on top of another part. **складывать, сгибать** *He* ***folded*** *the letter* ***in half.*** **2** [I, T] (also **fold up**) to make something such as a chair or table smaller or flatter by closing it or bending it together **складывать (стул, стол и т. д.)** *a folding chair* → Opposite **unfold 3** [I] informal If a business folds, it fails and is unable to continue. **прогореть, закрыться (о предприятии)** *The magazine folded last year.* **4 fold your arms** to bend your arms across your chest, with one crossing over the other **скрестить руки на груди** *He sat with his arms folded.*

fold² /fəʊld/ **noun** [C] **1** a line or mark where paper, cloth, etc was or is folded **сгиб** *Make a fold across the centre of the card.* **2** a thick part where something folds or hangs over itself **складка** [usually plural] *folds of skin/fabric*

folder /ˈfəʊldəʳ/ **noun** [C] **1** A2 a piece of plastic or thick paper folded down the middle and used to store loose papers **папка, скоросшиватель** → See **The Office** on page Centre 5 **2** B1 a place on a computer where particular files (= documents, pictures, etc) are kept **папка**

foliage /ˈfəʊliɪdʒ/ **noun** [U] the leaves on a plant **листва**

folk¹ /fəʊk/ **noun 1** [plural] UK informal (US **folks**) people **люди** *country folk* ◦ *old folk* **2 sb's folks** informal someone's parents **чьи-либо родители** *We always spend Christmas with my folks.* **3** [U] B1 folk music **народная музыка**

folk² /fəʊk/ **adjective folk art/dancing, etc** B1 the traditional style of art, dancing, etc among a particular group of people **народное искусство/народный танец и т. д.**

ˈfolk ˌmusic noun [U] music written and played in a traditional style **народная музыка**

follow /ˈfɒləʊ/ **verb 1** [I, T] A2 to move behind someone or something and go where they go, sometimes secretly **следовать, следить** *She followed me into the kitchen.* **2** [I, T] B1 to happen or come after something **следовать, наступать (о времени)** *There was a bang,* ***followed by*** *a cloud of smoke.* **3 follow a path/road, etc** B1 to travel along a path/road, etc **идти по тропинке/дороге и т. д.** *Follow the main road down to the traffic lights.* **4 follow instructions/ orders/rules, etc** B1 to do what the instructions/ orders/rules, etc say you should do **следовать инструкции/приказам/правилам и т. д.** *I followed your advice and stayed at home.* **5 follow sb's example/lead** to copy someone's behaviour or ideas **следовать чьему-либо примеру 6** [I, T] B1 to understand something **понимать** *Could you say that again? I didn't quite follow.* **7** [T] to be interested in an event or activity следить, интересоваться *I followed the trial closely.* **8 as follows** B2 used to introduce a list or description как следует ниже **9 it follows that** used to say that if one thing is true, another thing will also be true из этого следует *He's big, but it doesn't follow that he's strong.* → See also follow in sb's footsteps (**footstep**), follow **suit**[1]

PHRASAL VERBS **follow on** mainly UK to happen or exist as the next part of something продолжать, являться продолжением *This report **follows on from** my earlier study.* • **follow sth through** to do something as the next part of an activity or period of development, usually to make certain that it is completed or successful доводить что-либо до конца • **follow sth up** B2 to discover more about a situation or take further action in connection with it расследовать что-либо для принятия мер

follower /ˈfɒləʊəʳ/ **noun** [C] someone who believes in a particular person or set of ideas последователь *a **follower of** Jesus*

following[1] /ˈfɒləʊɪŋ/ **adjective 1 the following day/morning, etc** B1 the next day/morning, etc следующий день/следующее утро и т. д. **2 the following** B2 what comes next, often used to introduce a list, report, etc нижеследующее *The following is an extract from her diary: Today I stayed in bed all day.*

following[2] /ˈfɒləʊɪŋ/ **noun** [no plural] a group of people who follow a leader, sport, etc, or admire a particular performer последователи, поклонники *He has a large and loyal following.*

following[3] /ˈfɒləʊɪŋ/ **preposition** B2 after or as a result of после *He died on October 23rd, following several years of illness.*

follow-up /ˈfɒləʊʌp/ **noun** [C] something that is done to continue or complete something that was done before последующее мероприятие, продолжение *a follow-up meeting*

fond /fɒnd/ **adjective 1 be fond of sb/sth** B1 to like someone or something любить кого-либо/что-либо *to be fond of animals/music* ◦ [+ doing sth] *He's not very fond of dancing.* **2** B2 [always before noun] expressing or causing happy feelings любящий, приятный *fond memories* **3 a fond hope/belief, etc** something that you wish were true, but probably is not тщетная надежда/вера и т. д.
• **fondly adverb** нежно • **fondness noun** [C, U] нежность *We both **have a fondness for** cricket.*

fondle /ˈfɒndl/ **verb** [T] to touch and rub part of someone's body, in a loving or sexual way ласкать, нежно поглаживать

font /fɒnt/ **noun** [C] **1** a set of letters and symbols that are printed in a particular design and size шрифт *What size font are you using?* **2** a container in a church which holds the water for a baptism (= Christian ceremony) купель

food /fuːd/ **noun** [C, U] A1 something that people and animals eat, or plants absorb, to keep them alive пища, еда ***baby/dog food*** ◦ *His favourite food is pizza.* → See **Food** on page Centre 11 → See also **fast food**, **junk food**

> **Слова-партнеры к food**
>
> cold/hot/savoury/sweet food • baby/cat/dog food • canned/frozen/organic/processed food

foodie /ˈfuːdi/ **noun** [C] informal someone who loves food and knows a lot about it любитель поесть, гурман

ˈfood ˌmile noun [C] a unit for measuring how far food travels from where it is made or grown to where it is eaten единица измерения расстояния между местом производства и местом потребления продукта питания *People are becoming more concerned about how many food miles their produce has travelled.*

ˈfood ˌpoisoning noun [U] an illness caused by eating food containing harmful bacteria пищевое отравление

ˈfood ˌprocessor noun [C] a piece of electrical equipment with a sharp blade, for cutting and mixing food кухонный комбайн → See **The Kitchen** on page Centre 2

foodstuff /ˈfuːdstʌf/ **noun** [C] formal a substance used as food or to make food продукт питания [usually plural] *They need **basic foodstuffs** like rice and corn.*

fool[1] /fuːl/ **noun 1** B1 [C] a stupid person дурак *I was a fool to trust him.* **2 make a fool (out) of sb** B2 to try to make someone look stupid intentionally выставлять кого-либо дураком *She was always trying to make a fool out of me in front of my friends.* **3 make a fool of yourself** B2 to behave in a silly or embarrassing way ставить себя в дурацкое положение *I got drunk and started singing and making a fool of myself.* **4 act/play the fool** UK to behave in a silly way, usually in order to make people laugh валять дурака *Joe is always playing the fool in class.*

fool[2] /fuːl/ **verb 1** B2 [T] to trick someone дурачить, обманывать *Don't be fooled by his appearance.* ◦ [+ into + doing sth] *He fooled the old man into giving him the money.* **2 you could have fooled me** informal something that you say when you do not believe what someone says about something that you saw or experienced yourself верится с трудом *"I wasn't cross." "Really? You could have fooled me."*

PHRASAL VERBS **fool around/about** to behave in a silly way or have a good time дурачиться *Stop fooling around – this is serious!* • **fool with sb/sth** mainly US to deal with someone or something that could be dangerous in a stupid or careless way играть, баловаться

foolhardy /ˈfuːlˌhɑːdi/ **adjective** taking or involving silly and unnecessary risks безрассудно храбрый *a **foolhardy decision***

foolish /ˈfuːlɪʃ/ **adjective** B2 silly and not wise **глупый** [+ to do sth] *It would be foolish to ignore his advice.*
• **foolishly adverb** B2 **глупо** • **foolishness noun** [U] **глупость**

foolproof /ˈfuːlpruːf/ **adjective** A foolproof method, plan, or system is certain to succeed and not fail. **надежный**

foot[1] /fʊt/ **noun 1** [C] (plural **feet**) A1 one of the two flat parts on the ends of your legs that you stand on **ступня, нога** *bare feet* ◦ *He stepped on my foot.* → See **The Body** on page Centre 13 **2** [C] (plural **foot, feet**) (written abbreviation **ft**) B1 a unit for measuring length, equal to 0.3048 metres or 12 inches **фут** *Alex is about 6 feet tall.* → See Study Page **Measurements** on page Centre 31 **3 the foot of sth** the bottom of something such as stairs, a hill, a bed, or a page **нижняя часть, основание** *Put the notes at the foot of the page.* **4 on foot** A2 If you go somewhere on foot, you walk there. **пешком 5 be on your feet** to be standing and not sitting **быть на ногах, не присесть** *I'm exhausted, I've been on my feet all day.* **6 put your feet up** to relax, especially by sitting with your feet supported above the ground **сидеть с поднятыми ногами 7 set foot in/on sth** to go into a place or onto a piece of land **ступать, приходить** *He told me never to set foot in his house again.* **8 get/rise to your feet** to stand up after you have been sitting **подниматься, вставать** *The audience rose to their feet.*

IDIOMS **drag your feet** to deal with something slowly because you do not really want to do it **тянуть с каким-либо делом** • **get cold feet** to suddenly become too frightened to do what you had planned to do, especially something important **струсить, смалодушничать** • **get/start off on the wrong foot** to start a relationship or activity badly **неудачно начать** *He got off on the wrong foot with my parents by arriving late.* • **not put a foot wrong** UK to not make any mistakes **не допускать ошибок** • **put your foot down** to tell someone in a strong way that they must do something or must stop doing something **занять твердую позицию** • **put your foot in it** UK (US **put your foot in your mouth**) to say something silly or embarrassing, without intending to **дать маху, попасть впросак** • **stand on your own two feet** to do things for yourself without wanting or needing anyone else to help you **твердо стоять на ногах, быть самостоятельным**

foot[2] /fʊt/ **verb foot the bill** to pay for something **оплачивать счет, платить за что-либо** *Why should taxpayers have to foot the bill?*

footage /ˈfʊtɪdʒ/ **noun** [U] film of an event **отснятый материал** *news/TV footage*

football /ˈfʊtbɔːl/ **noun 1** [U] UK (UK/US **soccer**) A1 a game in which two teams of players kick a round ball and try to score goals **футбол** *a game of football* ◦ *a **football match/team*** → See **Sports 2** on page Centre 15 **2** [U] US (UK **American football**) a game in which two teams of players try to kick, run with, or throw an oval ball across each other's goal line **американский футбол** → See **Sports 2** on page Centre 15 **3** [C] A1 a large ball for kicking, especially in football **футбольный мяч**
• **footballer noun** [C] UK someone who plays football, especially as their job **футболист** • **footballing adjective** [always before noun] relating to or playing football **футбольный** *his **footballing career***

> **Слова-партнеры к football**
>
> play football • a football **club/match/player/team** • a game of football

foothills /ˈfʊthɪlz/ **noun** [plural] the lower hills next to a mountain or line of mountains **предгорье**

foothold /ˈfʊthəʊld/ **noun** [C] **1** a place where it is safe to put your foot when you are climbing **точка опоры для ног 2** a safe position from which you can make more progress, for example in business **прочная позиция** *We are still trying to **gain a foothold** in the Japanese market.*

footing /ˈfʊtɪŋ/ **noun 1** [no plural] when you are standing on a surface firmly **опора, точка опоры** *I **lost my footing** and fell.* **2 be on an equal/firm, etc footing** to be in an equal/safe, etc position or situation **находиться в равных условиях/занимать прочное положение и т. д.**

footnote /ˈfʊtnəʊt/ **noun** [C] extra information that is printed at the bottom of a page **сноска**

footpath /ˈfʊtpɑːθ/ **noun** [C] mainly UK a path or track for people to walk along, especially in the countryside **тропинка** *a **public footpath***

footprint /ˈfʊtprɪnt/ **noun** [C] **1** a mark made by a foot or shoe **след, отпечаток ноги** [usually plural] *The police found some footprints in the mud.* **2** the amount of space on a surface that something needs, especially a computer **пространство на плоской поверхности, необходимое для чего-либо** → Compare **ecological footprint**

footstep /ˈfʊtstep/ **noun** [C] the sound of a foot hitting the ground when someone walks **звук шагов** [usually plural] *I heard footsteps behind me and quickly turned round.*

IDIOM **follow in sb's footsteps** to do the same job or the same things in your life as someone else, especially a member of your family **идти по чьим-либо стопам** *He followed in his father's footsteps and became an actor.*

footwear /ˈfʊtweəʳ/ **noun** [U] shoes, boots, and other things that you wear on your feet **обувь**

for strong /fɔːʳ/ weak /fəʳ/ **preposition 1** A1 intended to be given to or used by someone or something **для** *I've bought a few clothes for* *the new baby.* ◦ *parking for residents only* **2** A2 having a particular purpose **для** *a cream for dry skin* ◦ *What are those large scissors for?* **3** A2 because of or as a result of something **за, из-за** [+ doing sth] *I got fined for travelling without a ticket.* ◦ *Scotland is famous for its spectacular countryside.* **4** A1 used to show an amount of time or distance **в течение, на протяжении** *We drove for miles before we found a phone box.* ◦ *I've been living with my parents for a few months.* **5** A2 in order to get or achieve something **за, для, на** *I've sent off for an application form.* ◦ *We had to wait for a taxi.* **6** B1 in order to help someone **для** *I'll carry those bags for you.* **7** A2 on the occasion of **в честь** *We're having a party for Jim's 60th birthday.* **8** A2 at a particular time **на** *I've booked a table for 9 o'clock.* **9** A2 in exchange for something, especially an amount of money **за, на** *How much did you pay for your computer?* ◦ *I'd like to change it for a smaller one.* **10** B2 supporting or agreeing with someone or something **за** *Who did you vote for?* ◦ *There were 16 people for the motion and 14 against.* **11** B1 representing or working with a country, organization, etc **за, на, от** *He plays football for Cambridge United.* ◦ *She works for a charity.* **12** A2 towards or in the direction of **в, на, к** *Just follow the signs for the airport.* **13** when compared to a particular fact **для** *She's quite tall for her age.* **14** A2 meaning or representing something **для, вместо, за** *What's the German word for 'cucumber'?* **15** used to say whose responsibility something is **обозначает чью-либо ответственность, передается дат. падежом и инфинитивом** *I can't tell you whether you should go or not – that's for you to decide.* **16 for all** despite **несмотря на** *For all her qualifications, she's useless at the job.* **17 for all I care/know** used to say that a fact is not important to you **меня это не интересует** *He could be married by now, for all I care.* **18 for now** used to say that something should happen or be done now but can be changed later **пока что** *Just put everything on the table for now.* **19 be for it** UK informal (UK/US **be in for it**) to be in trouble **мне/тебе/ему и т. д. попадет** *If Hilary finds out I'll be for it!*

forage /ˈfɒrɪdʒ/ **verb** [I] to move about searching for things you need, especially food **разыскивать** *Chimpanzees spend most of the day **foraging for** fruit, leaves, and insects.*

foray /ˈfɒreɪ/ **noun** [C] when you try to do something that is not familiar to you, or go somewhere different, for a short time **попытка, набег** *In 2004, she **made** her first **foray into** politics.*

forbid /fəˈbɪd/ **verb** [T] (present participle **forbidding**, past tense **forbade**, past participle **forbidden**) **1** B2 to order someone not to do something, or to say that something must not happen **запрещать** [+ to do sth] *I forbid you to see that boy again.* ◦ [often passive, + from + doing sth] *He is forbidden from leaving the country.* **2 God/Heaven forbid!** something you say when you hope that something will not happen **боже упаси!** [+ (that)] *God forbid that he should die during the operation.*

• **forbidden adjective** B1 not allowed by an official rule **запрещенный** *Smoking is **strictly forbidden** in this area.*

forbidding /fəˈbɪdɪŋ/ **adjective** looking unpleasant, unfriendly, or frightening **неприветливый, непривлекательный** *a cold and forbidding landscape*

force¹ /fɔːs/ **noun** **1** [U] B2 physical power or strength **сила** ***The force of** the explosion shattered every window in the street.* ◦ *The army has seized power **by force**.* **2** [C] B2 a group of people organized to work together for a particular purpose, for example in military service **вооруженные силы, рабочая сила** *the Royal Air Force* ◦ *a skilled **work force*** **3** [C, U] power and influence, or a person or thing that has it **сила, воздействие** *the forces of good/evil* **4 in/into force** If a law, rule, etc is in force, it is being used, and if it comes into force, it starts to be used. **в силе/в силу** *The new law came into force in April.* **5 be out in force** to be somewhere in large numbers **в большом количестве** *Photographers were out in force at the palace today.*

IDIOMS **a force to be reckoned with** a very powerful person or organization **сила, с которой нужно считаться** • **join forces** When two people or groups join forces, they act or work together. **объединять усилия** [+ to do sth] *She **joined forces with** her sister-in-law to set up a restaurant.*

→ See also **air force**, **the armed forces**, **market forces**, **police force**, **task force**

Слова-партнеры к force

exert/use force • brute/sheer force • do sth by force • the force of sth

force² /fɔːs/ **verb** [T] **1** B2 to make someone do something that they do not want to do **заставлять, вынуждать** [+ to do sth] *The hijacker forced the pilot to fly to New York.* ◦ [often passive] *She was **forced out of** the race by a knee injury.* **2** B2 to make an object move or open by physical strength or effort **применять силу, взламывать** *They had to force the lock.* ◦ *She forced the window open.*

forceful /ˈfɔːsfəl/ **adjective** expressing opinions strongly and demanding attention or action **сильный, убедительный** *a forceful manner/personality*

• **forcefully adverb** **убедительно** *to **argue forcefully***

forcible /ˈfɔːsəbl/ **adjective** A forcible action is done using force. **насильственный, принудительный** *forcible entry/arrest*

• **forcibly adverb** **насильственно, принуди-**

тельно *Thousands of people were **forcibly removed** from their homes.*

fore /fɔːʳ/ **noun to the fore** in or to an important or popular position **на переднем плане** *The band first **came to the fore** in the late 1990s.*

forearm /ˈfɔːrɑːm/ **noun** [C] the lower part of your arm between your hand and your elbow (= the place where it bends) **рука (от кисти до локтя)**

foreboding /fɔːˈbəʊdɪŋ/ **noun** [U, no plural] a feeling that something very bad is going to happen **дурное предчувствие** *a **sense of foreboding***

forecast[1] /ˈfɔːkɑːst/ **noun** [C] B1 a report saying what is likely to happen in the future **прогноз** *economic **forecasts*** → See also **weather forecast**

> **Слова-партнеры к forecast**
>
> a forecast of sth • an economic forecast • a gloomy forecast

forecast[2] /ˈfɔːkɑːst/ **verb** [T] (past tense and past participle **forecast**, **forecasted**) to say what you expect to happen in the future **предсказывать, прогнозировать** *In 2001 a serious earthquake was forecast for the area.*
• **forecaster noun** [C] **синоптик, прогнозист** *a **weather forecaster***

forecourt /ˈfɔːkɔːt/ **noun** [C] UK a large area with a hard surface at the front of a building **передний двор** *a **garage forecourt***

forefather /ˈfɔːˌfɑːðəʳ/ **noun** formal **sb's forefathers** someone's relatives who lived a long time ago **предки**

forefinger /ˈfɔːˌfɪŋgəʳ/ **noun** [C] the finger next to your thumb **указательный палец**

forefront /ˈfɔːfrʌnt/ **noun be at/in the forefront of sth** to have an important position or job in an area of activity **быть на передовой линии, на переднем крае** *The company is at the forefront of developing new technology.*

forego /fɔːˈgəʊ/ **verb** [T] (present participle **foregoing**, past tense **forewent**, past participle **foregone**) another spelling of forgo (= to decide not to have or do something you want) **отказываться от чего-либо**

ˌforegone conˈclusion noun [no plural] a result that is obvious before it happens **предрешенный исход, неизбежный результат** [+ (that)] *It was a foregone conclusion that he'd go into politics.*

the foreground /ˈfɔːgraʊnd/ **noun 1** the area of a view or picture which seems closest to you **передний план (картины)** *There's a seated figure in the foreground of the painting.* **2** the subject or person that people give most attention to **передний план** *Environmental issues have recently moved to the foreground.*

forehand /ˈfɔːhænd/ **noun** [C] when you hit the ball in sports such as tennis with your arm held out on the side that you hold the racket (= object to hit balls with) **удар справа (в теннисе)** *a **forehand volley***

forehead /ˈfɔːhed/, /ˈfɒrɪd/ **noun** [C] B1 the part of your face between your eyes and your hair **лоб** → See **The Body** on page Centre 13

foreign /ˈfɒrɪn/ **adjective 1** A2 belonging to or coming from another country, not your own **иностранный** *a foreign language/student ◦ foreign cars/films* **2** [always before noun] A2 relating to or dealing with countries that are not your own **внешний, иностранный** ***foreign policy*** *◦ the **Foreign Minister*** **3 be foreign to sb** to be something you know nothing about or do not understand **быть чуждым кому-либо** *The concept of loyalty is completely foreign to him.*

foreigner /ˈfɒrɪnəʳ/ **noun** [C] B1 someone from another country **иностранец**

foreman /ˈfɔːmən/ **noun** [C] (plural **foremen**) someone who leads a group of workers **мастер, прораб** *a factory foreman*

foremost /ˈfɔːməʊst/ **adjective, adverb** formal most important **выдающийся, главный** *He's one of the country's **foremost experts** on military law.*

forename /ˈfɔːneɪm/ **noun** [C] UK formal your first name, which comes before your family name **имя**

forensic /fəˈrensɪk/ **adjective** [always before noun] relating to scientific methods of solving crimes **судебный** ***forensic evidence/medicine*** *◦ a **forensic scientist***

forerunner /ˈfɔːˌrʌnəʳ/ **noun** [C] an earlier, less developed example **предшественник** *the forerunner of the modern car*

foresee /fɔːˈsiː/ **verb** [T] (present participle **foreseeing**, past tense **foresaw**, past participle **foreseen**) to expect a future situation or event **предвидеть** *I don't **foresee** any **problems** in the future.*

foreseeable /fɔːˈsiːəbl/ **adjective for/in the foreseeable future** as far in the future as you can imagine **в обозримом будущем** *Prices will remain high for the foreseeable future.*

foreshadow /fɔːˈʃædəʊ/ **verb** [T] formal to show or warn that something bigger, worse, or more important is coming **предвещать**

foresight /ˈfɔːsaɪt/ **noun** [U] when you know or can judge what will happen or what you will need in the future **предусмотрительность, прозорливость** *She **had the foresight to** book her flight early.*

foreskin /ˈfɔːskɪn/ **noun** [C, U] the loose skin that covers the end of a penis **крайняя плоть**

forest /ˈfɒrɪst/ **noun** [C, U] A2 a large area of trees growing closely together **лес** *pine forest*
• **forested adjective** covered by forest **лесистый** *heavily forested areas*

forestall /fɔːˈstɔːl/ **verb** [T] to prevent something from happening by taking action before it does **предупреждать,**

предвосхищать *to forestall an attack/crisis*

forestry /ˈfɒrɪstri/ **noun** [U] the work of looking after or making forests **лесоводство**

foretell /fɔːˈtel/ **verb** [T] (past tense and past participle **foretold**) formal to say what is going to happen in the future **предсказывать, предвещать**

forever /fəˈrevəʳ/ **adverb 1** B1 for all time in the future **навсегда, вечно** *I'll love you forever.* **2** informal B2 used to emphasize that something takes a long time **невероятно долго** *The journey home took forever.* **3** used to emphasize that something happens often **вечно** *She is forever helping people.*

foreword /ˈfɔːwɜːd/ **noun** [C] a short piece of writing at the front of a book that introduces the book or its writer **предисловие, введение**

forfeit /ˈfɔːfɪt/ **verb** [T] to lose the right to do something or have something because you have done something wrong **лишаться, утрачивать** *They have* ***forfeited*** *the* ***right*** *to live in society.*

forgave /fəˈgeɪv/ past tense of forgive **прош. вр. гл. forgive**

forge¹ /fɔːdʒ/ **verb** [I] **1** to make an illegal copy of something in order to deceive people **подделывать** *a* ***forged passport*** **2** to develop a good relationship with someone or something **налаживать, развивать отношения** *The group* ***forged friendships*** *that have lasted more than twenty years.*

PHRASAL VERB **forge ahead** to suddenly make a lot of progress with something **продвигаться вперед** *The organizers are* ***forging ahead with*** *a programme of public events.*

forge² /fɔːdʒ/ **noun** [C] a place where metal objects are made by heating and shaping metal **кузница**

forgery /ˈfɔːdʒəri/ **noun 1** [C] an illegal copy of a document, painting, etc **подделка 2** [U] the crime of making an illegal copy of something **подлог**

forget /fəˈget/ **verb** (present participle **forgetting**, past tense **forgot**, past participle **forgotten**) **1** [I, T] B1 to be unable to remember a fact, something that happened, or how to do something **забывать** *I've forgotten his name.* ◦ [+ (that)] *Don't forget that Lucy and John are coming this weekend.* ◦ *He'd completely* ***forgotten about*** *their quarrel.* ◦ [+ question word] *You never forget how to ride a bike.* **2** [I, T] A2 to not remember to do something **забывать, не помнить** [+ to do sth] *Dad's always forgetting to take his pills.* **3** [T] A2 to not bring something with you because you did not remember it **забывать, оставлять** *Oh no, I've forgotten my passport.* **4** [T] (also **forget about**) B1 to stop thinking about someone or something **забывать** *I'll never forget him for as long as I live.* **5 forget it** used to tell someone not to worry about something as it is not important **не стоит об этом говорить! 6 I forget** used instead of 'I have forgotten' **я забыл ...** *I forget when we last saw him.* **7 forget yourself** to do or say something that is not acceptable in a particular situation **забываться, вести себя неподобающе** *She completely forgot herself and started screaming at him.*

> **Другие способы сказать forget**
>
> В неформальных ситуациях о чем-то, что забыли сделать, можно сказать, что оно **slip someone's mind**.
>
> *I meant to tell you that he'd phoned, but it completely* ***slipped my mind.***
>
> Если какое-то слово **on the tip of your tongue**, это означает, что вы его забыли, но кажется, что очень скоро вспомните.
>
> *Oh, what was that film called? – it's* ***on the tip of my tongue.***
>
> Если вы не можете вспомнить какое-то слово (к примеру, какое-либо название или имя), то можно сказать, что это слово **escapes** you.
>
> *The name of her book* ***escapes*** *me at the moment.*

forgetful /fəˈgetfəl/ **adjective** often forgetting things **забывчивый** *She's 84 now and getting a bit forgetful.*
• **forgetfulness noun** [U] **забывчивость**

forgive /fəˈgɪv/ **verb** (past tense **forgave**, past participle **forgiven**) **1** B1 [I, T] to decide not to be angry with someone or not to punish them for something they have done **прощать** *I've apologized, but I don't think she'll ever forgive me.* ◦ [often reflexive] *Mike would never forgive himself if anything happened to the children.* ◦ [+ for + doing sth] *Jane never forgave her mother for lying to her.* **2 forgive me** B2 used before you ask or say something that might seem rude **простите ...** *Forgive me for asking, but how much did you pay for your bag?* **3 sb could be forgiven for doing sth** used to say that you can understand if someone might think, believe, or do something **кого-либо можно понять**

forgiveness /fəˈgɪvnəs/ **noun** [U] when you forgive someone for something they have done **прощение**

> **Слова-партнеры к forgiveness**
>
> ask (for)/beg (for) forgiveness • forgiveness for sth

forgiving /fəˈgɪvɪŋ/ **adjective** ready to forgive someone for something they have done **снисходительный, всепрощающий**

forgo /fɔːˈgəʊ/ **verb** [T] (present participle **forgoing**, past tense **forwent**, past participle **forgone**) formal to decide not to have or do something, although you want to have it or do it **отказываться от чего-либо** *She had to forgo her early ambition to be a writer.*

forgot /fəˈgɒt/ past tense of forget **прош. вр. гл. forget**

forgotten /fəˈgɒtən/ past participle of forget **прич. прош. вр. от гл. forget**

fork[1] /fɔːk/ **noun** [C] **1** A2 a small object with three or four points and a handle, that you use to pick up food and eat with **вилка** *a* ***knife and fork*** **2** a tool with a long handle and three or four points, used for digging and breaking soil into pieces **вилы** *a garden fork* **3** a place where a road or river divides into two parts **разветвление, развилка** *Turn right when you reach a* ***fork in the road.***

fork[2] /fɔːk/ **verb** [I] If a road or river forks, it divides into two parts. **разветвляться**

PHRASAL VERB **fork sth out** UK (US **fork sth over**) to pay or give money for something, especially when you do not want to **раскошеливаться**

forlorn /fəˈlɔːn/ **adjective** lonely and unhappy **потерянный, жалкий** *The captured soldiers looked forlorn and helpless.*

• **forlornly adverb потерянно, жалко**

form[1] /fɔːm/ **noun** **1** [C] B2 a type of something or way of doing something **вид, разновидность, тип** *Swimming is the best* ***form of*** *exercise.* **2** [C] A2 a printed document with spaces for you to write information **анкета, бланк** *Please* ***fill in/out the form*** *using black ink.* **3 the form of sth** the particular way in which something exists **форма, вид** *The novel is written* ***in the form of*** *a series of letters.* **4** [U] In sport, someone's form is how well or badly they are performing. **состояние, форма (спортивная)** *The team seems to have* ***lost its form*** *lately.* **5 be in/on/off form** UK If someone is in form or on form, they are feeling or performing well, and if they are off form they are not feeling or performing well. **быть в форме/не в форме** *Harry was* ***on good form*** *last night.* **6** [C] UK (US **grade**) B1 a school class or group of classes for students of the same age or ability **класс (в школе)** *He's* ***in the*** *third form.* **7** [C] the body or shape of someone or something **фигура, очертание** **8** [C] B1 a way of writing or saying a word that shows if it is singular or plural, past or present, etc **форма слова** *The plural form of 'sheep' is 'sheep'.* → See also **application form**, **sixth form**

form[2] /fɔːm/ **verb** **1** [I, T] B2 to begin to exist, or to make something begin to exist **возникать, образовывать** [often passive] *We are learning more about how stars are formed.* **2** [I, T] to take or to make something take a particular shape **придавать форму, принимать форму** *Form the dough* ***into*** *little balls.* **3** [T] B1 to make something by combining different parts **формировать, образовывать** *In English you form the present participle by adding -ing to the verb.* **4** [T] B2 to start an organization or business **создавать, основывать** *Brown formed her own company eleven years ago.* **5** [T] to be the thing talked about or be part of it **являться, составлять** *The Alps form a natural barrier between Italy and Switzerland.* **6 form an opinion/impression, etc** to begin to have a particular opinion or idea about something because of the information you have **составлять мнение/представление и т. д.**

formal /ˈfɔːməl/ **adjective** **1** B2 used about clothes, language, and behaviour that are serious and not friendly or relaxed **официальный, парадный, торжественный** *a formal dinner party* **2** [always before noun] public or official **официальный** *a* ***formal announcement/apology*** **3** [always before noun] Formal education, training, etc happens in a school or college. **полученный в учебном заведении** *Tom had little* ***formal schooling.***

formality /fɔːˈmæləti/ **noun** **1** [C] something that the law or an official process says must be done **формальность, принятая форма** *There are certain* ***legal formalities*** *to be completed.* **2** [U] formal and polite behaviour **формальность, процедура** *the formality of a royal funeral*

formally /ˈfɔːməli/ **adverb** **1** officially **официально** *The deal will be* ***formally announced*** *on Tuesday.* **2** in a polite way **формально, с соблюдением принятых правил** *They shook hands formally.*

format[1] /ˈfɔːmæt/ **noun** [C] the way something is designed, arranged, or produced **формат, характер, вид** *This year's event will have a* ***new format.***

format[2] /ˈfɔːmæt/ **verb** [T] (present participle **formatting**, past tense and past participle **formatted**) **1** to prepare a computer disk so that information can be stored on it **форматировать (дискету)** **2** to organize and design the words on a page or document **оформлять (текст на странице)**

formation /fɔːˈmeɪʃən/ **noun** **1** [U] the development of something into a particular thing or shape **образование, формирование** *the formation of a crystal* **2** [C, U] when something has a particular shape or things are arranged in a particular way **формация, структура** *rock/cloud formations ◦ The planes flew overhead* ***in formation*** *(= in a pattern).*

formative /ˈfɔːmətɪv/ **adjective** relating to the time when your character and opinions are developing **относящийся к развитию** *She spent* ***her formative years*** *in New York.*

former[1] /ˈfɔːməʳ/ **adjective** [always before noun] B1 happening, existing, or true in the past but not now **бывший** *the former Soviet Union ◦ former President Bill Clinton*

former[2] /ˈfɔːmər/ **noun the former** B2 the first of two people or things that have just been talked about **первый (из двух)**

formerly /ˈfɔːməli/ **adverb** B2 in the past **прежде, раньше** *The European Union was formerly called the European Community.*

formidable /ˈfɔːmɪdəbl/ **adjective 1** Someone who is formidable is strong and a bit frightening. **грозный, устрашающий** *a formidable woman* **2** difficult and needing a lot of effort or thought **невероятно трудный** *a **formidable task***

F

formula /ˈfɔːmjələ/ **noun** [C] (plural **formulas, formulae**) **1** a plan or method that is used to achieve something **способ, рецепт** *There's no magic **formula for** success.* **2** a set of letters, numbers, or symbols that are used to express a mathematical or scientific rule **формула 3** a list of the substances that something is made of **рецепт**

formulate /ˈfɔːmjəleɪt/ **verb** [T] **1** to develop all the details of a plan for doing something **разрабатывать** *They **formulated** a **plan** to save the company.* **2** to say what you think or feel after thinking carefully **формулировать** *to **formulate** an **answer/reply***
• **formulation** /ˌfɔːmjəˈleɪʃən/ **noun** [C, U] **разработка, формулирование**

forsake /fəˈseɪk/ **verb** [T] (past tense **forsook**, past participle **forsaken**) formal **1** to leave someone, especially when they need you **покидать, бросать (кого-либо)** *He felt he couldn't forsake her when she was so ill.* **2** to stop doing or having something **оставлять, бросать (что-либо)** *He decided to forsake politics for journalism.*

fort /fɔːt/ **noun** [C] a strong building that soldiers use to defend a place **форт**

forth /fɔːθ/ **adverb** literary out of a place or away from it **вперед** *The knights rode forth into battle.*

forthcoming /ˌfɔːθˈkʌmɪŋ/ **adjective 1** [always before noun] formal B2 going to happen soon **предстоящий** *the forthcoming election/visit* **2** [never before noun] If money or help is forthcoming, it is offered or given. **поступивший в распоряжение** *He insisted that no more money would be forthcoming.* **3** [never before noun] willing to give information **открытый, охотно дающий сведения** *Elaine wasn't very forthcoming about her love life.*

forthright /ˈfɔːθraɪt/ **adjective** saying what you think honestly and clearly **откровенный, прямолинейный** *They dealt with all our questions in a very **forthright manner**.*

forthwith /ˌfɔːθˈwɪθ/ **adverb** formal immediately **немедленно, тотчас** *to cease forthwith*

fortifications /ˌfɔːtɪfɪˈkeɪʃənz/ **noun** [plural] strong walls, towers, etc that are built to protect a place **укрепления**

fortify /ˈfɔːtɪfaɪ/ **verb** [T] **1** to build strong walls, towers, etc around a place to protect it **укреплять** *a fortified city/town* **2** to make someone feel stronger physically or mentally **подкреплять(ся), поддерживать** *She had a sandwich to fortify herself before going on.*

fortitude /ˈfɔːtɪtjuːd/ **noun** [U] formal when you are brave and do not complain about pain or problems **сила духа, стойкость**

fortnight /ˈfɔːtnaɪt/ **noun** [C] UK B1 two weeks **две недели** [usually singular] *a fortnight's holiday* ◦ *We usually get together about once a fortnight.*
• **fortnightly adverb** UK happening every two weeks **происходящий каждые две недели** *a fortnightly meeting*

fortress /ˈfɔːtrəs/ **noun** [C] a castle or other strong building built to defend a place **крепость**

fortunate /ˈfɔːtʃənət/ **adjective** B2 lucky **счастливый, удачливый** [+ to do sth] *I'm very fortunate to be alive.* ◦ [+ (that)] *It was fortunate that someone was available to take over.* → Opposite **unfortunate**

fortunately /ˈfɔːtʃənətli/ **adverb** B1 happening because of good luck **к счастью** *Fortunately, no one was hurt in the accident.* → Opposite **unfortunately**

fortune /ˈfɔːtʃuːn/ **noun 1** [C] B2 a lot of money **состояние, богатство** *She **made a fortune** selling her story to the newspapers.* **2** [C, U] B2 the good or bad things that happen to you **судьба** [usually plural] *The family's fortunes changed almost overnight.*

IDIOM **tell sb's fortune** to say what is going to happen to someone in the future **предсказывать судьбу, гадать**

Слова-партнеры к fortune
cost/earn/make/spend a fortune • a personal fortune • the family fortune

fortune-teller /ˈfɔːtʃuːnˌtelər/ **noun** [C] someone who tells you what will happen to you in the future **гадалка**

forty /ˈfɔːti/ A2 the number 40 **сорок**
• **fortieth** 40th written as a word **сороковой**

forum /ˈfɔːrəm/ **noun** [C] **1** a situation or meeting in which people can exchange ideas and discuss things **форум, съезд** *a forum for debate/discussion* **2** an area of a website where people go to discuss things **форум**

forward[1] /ˈfɔːwəd/ **adverb** (also **forwards**) **1** B1 towards the direction that is in front of you **вперед** *She leaned forward to make sure I could hear her.* **2** B2 towards the future **вперед, в будущее** *I always **look forward**, not back.* **3** used to say that something is making good progress **вперед** *This is a big **step forward** for democracy.*

forward[2] /ˈfɔːwəd/ **adjective 1 forward motion/movement, etc** movement towards the direction that is in front of you **движение вперед 2 forward planning/thinking, etc**

when you plan or think about something for the future **перспективное планирование/обдумывание чего-либо на будущее** **3** Someone who is forward is too confident or too friendly with people they do not know. **фамильярный**

forward³ /ˈfɔːwəd/ **verb** [T] to send a letter, email, etc that you have received to someone else **пересылать** *Could you forward my mail to me while I'm away?* → See also **fast-forward**

forward⁴ /ˈfɔːwəd/ **noun** [C] a player in a sport such as football who plays near the front and tries to score goals **нападающий (игрок)**

ˌforwarding aˈddress **noun** [C] a new address that letters and parcels should be sent to **адрес, по которому следует пересылать письма**

forward-looking /ˈfɔːwədlʊkɪŋ/ **adjective** planning for the future and using new ideas or technology **дальновидный, предусмотрительный** *a forward-looking plan/policy*

forwards /ˈfɔːwədz/ **adverb** another word for forward **вперед**

ˈforward ˌslash **noun** [C] (also **slash**) the symbol '/', used in Internet addresses and used to show where on a computer files are kept **левая косая черта** → Compare **backslash**

forwent /fɔːˈwent/ past tense of forgo **прош. вр. гл. forgo**

fossil /ˈfɒsəl/ **noun** [C] part of an animal or plant from thousands of years ago, preserved in rock **ископаемое, окаменелость**

ˈfossil ˌfuel **noun** [C, U] a fuel such as coal or oil that is obtained from under the ground **топливо (нефть, уголь)**

foster¹ /ˈfɒstər/ **verb** [T] **1** to encourage a particular feeling, situation, or idea to develop **способствовать развитию** *The growth of the Internet could foster economic development worldwide.* **2** to look after a child as part of your family for a time, without becoming their legal parent **воспитывать (чужого ребенка)**

foster² /ˈfɒstər/ **adjective** **1** **foster home/mother/parent, etc** the home where a child who is fostered lives, or the person or people who foster a child **семья, принявшая на воспитание ребенка/приемная мать/приемный родитель и т. д.** **2** **foster child/daughter/son, etc** a child who is fostered **приемный ребенок/приемная дочь/приемный сын и т. д.**

fought /fɔːt/ past of fight **прош. вр. и прич. прош. вр. от гл. fight**

foul¹ /faʊl/ **adjective** **1** very dirty, or with an unpleasant smell **грязный, вонючий** *the foul smell of rotting fish* **2** very bad or unpleasant **мерзкий, отвратительный** *foul weather* ◦ *She's in a foul mood.* **3** **foul language/words** very rude and offensive words **сквернословие**

IDIOM **fall foul of sb/sth** UK to do something which causes you to be in trouble **быть в неладах с кем-либо/чем-либо**

foul² /faʊl/ **verb** **1** [T] to make something very dirty **пачкать, загрязнять** *The beaches had been fouled by dogs.* **2** [I, T] to do something that is against the rules in a sport **нарушать правило (в спорте)** *He was fouled as he was about to shoot at goal.*

PHRASAL VERB **foul sth up** informal to spoil something completely **портить** *The travel company completely fouled up our holiday.*

foul³ /faʊl/ **noun** [C] something that someone does in a sport that is not allowed by the rules **нарушение правил игры**

> Слова-партнеры к **foul**
>
> commit a foul • a foul **against/on sb**

ˌfoul ˈplay **noun** [U] when someone's death is caused by a violent crime **убийство, насильственная смерть** *Police do not suspect foul play at present.*

found¹ /faʊnd/ **verb** [T] **1** (B2) to start an organization, especially by providing money **основывать, учреждать** *The company was founded in 1861.* **2** to base something on a set of ideas or beliefs **основывать, класть в основу** [often passive] *a society **founded on** principles of equality*

found² /faʊnd/ past of find **прош. вр. и прич. прош. вр. от гл. find**

foundation /faʊnˈdeɪʃən/ **noun** **1** [C] the idea or principle that something is based on **основа, фундамент** *Jefferson's document **formed the foundation of** a new nation.* **2** [U] when an organization, state, or country is established **основание, учреждение** *the foundation of a new state* **3** [C] an organization that gives money for a particular purpose **фонд** *the Mental Health Foundation* **4** **foundations** [plural] UK (US **foundation** [C]) the part of a building, road, bridge, etc that is under the ground and supports it **фундамент** *concrete foundations* **5** [U] make-up that is worn all over the face to give it a smooth appearance **жидкая пудра** **6** **be without foundation; have no foundation** If something is without foundation, there is no proof that it is true. **быть беспочвенным** *The allegations are completely without foundation.*

IDIOM **lay the foundation(s) for/of sth** to provide the conditions that make it possible for something to happen **заложить фундамент чего-либо, положить начало чему-либо** *His reforms laid the foundation of future greatness.*

founˈdation ˌcourse **noun** [C] UK (US **introductory course**) a college or university course on a subject that students take to prepare them for a more advanced course on that subject **вводный курс по какому-либо предмету в колледже или университете**

founder /ˈfaʊndər/ **noun** [C] someone who establishes an organization **основатель**

foundry /ˈfaʊndri/ **noun** [C] a place where metal or glass is melted and made into objects **литейный цех**

fountain /ˈfaʊntɪn/ **noun** [C] B1 a structure that forces water up into the air as a decoration **фонтан**

ˈfountain ˌpen noun [C] a pen that you fill with ink **перьевая ручка**

four /fɔːʳ/ A1 the number 4 **четыре**

four-by-four /ˌfɔːbaɪˈfɔːʳ/ a four-wheel drive **полноприводный автомобиль**

fours /fɔːz/ **noun**

IDIOM **on all fours** with your hands and knees on the ground **на четвереньках**

foursome /ˈfɔːsəm/ **noun** [C] a group of four people **группа из четырех человек** *We could go out as a foursome.*

fourteen /ˌfɔːˈtiːn/ A1 the number 14 **четырнадцать**
• **fourteenth** 14th written as a word **четырнадцатый**

fourth¹ /fɔːθ/ A2 4th written as a word **четвертый**

fourth² /fɔːθ/ **noun** [C] US (UK/US **quarter**) one of four equal parts of something; ¼ **одна четвертая**

ˌFourth of Juˈly noun [U] (also **Independence Day**) 4 July, a national holiday in the US to celebrate the country's freedom from Great Britain in 1776 **4 июля (День независимости США)**

ˌfour-wheel ˈdrive noun [C] (written abbreviation **4WD**) a vehicle with an engine that supplies power to all four wheels so that it can drive easily over rough ground **полноприводный автомобиль**
• **ˌfour-wheel ˈdrive adjective полноприводный** *a four-wheel drive car*

fowl /faʊl/ **noun** [C] (plural **fowl**, **fowls**) a bird that is kept for its eggs and meat, especially a chicken **домашняя птица**

fox /fɒks/ **noun** [C] B2 a wild animal like a dog with red-brown fur, a pointed nose, and a long, thick tail **лиса**

foyer /ˈfɔɪeɪ/ US /ˈfɔɪər/ **noun** [C] a room at the entrance of a hotel, theatre, cinema, etc **фойе, вестибюль**

fracas /ˈfrækɑː/ US /ˈfreɪkəs/ **noun** [no plural] a noisy fight or argument **скандал, шумная ссора**

fraction /ˈfrækʃᵊn/ **noun** [C] **1** a number less than 1, such as ½ or ¾ **дробь (в математике)** → See Study Page **Numbers** on page Centre 30 **2** a very small number or amount **частица, доля** *a fraction of a second*
• **fractionally adverb** by a very small amount **незначительно** *Harry is fractionally taller than Ben.*

> **Слова-партнеры к fraction**
> **a minute/small/tiny fraction of sth** • **a fraction of sth**

fracture /ˈfræktʃəʳ/ **verb** [T] to break something hard such as a bone, or a piece of rock **ломать** *She's fractured her ankle.*
• **fracture noun** [C] **перелом**

fragile /ˈfrædʒaɪl/ US /ˈfrædʒᵊl/ **adjective 1** easily broken, damaged, or destroyed **хрупкий, непрочный** *a fragile china cup* ◦ *a fragile economy* **2** physically or emotionally weak **хрупкий, слабый** *a fragile little girl*
• **fragility** /frəˈdʒɪləti/ **noun** [U] **хрупкость**

fragment¹ /ˈfrægmənt/ **noun** [C] a small piece of something **обломок, осколок** *fragments of pottery*

fragment² /frægˈment/ **verb** [I, T] to break something into small parts, or to be broken in this way **разбивать(ся)** *The opposition has fragmented into a number of small groups.*
• **fragmented adjective разрозненный** *a fragmented society*

fragrance /ˈfreɪgrəns/ **noun** [C, U] **1** a pleasant smell **аромат, благоухание** *the delicate fragrance of roses* **2** a substance which people put on their bodies to make themselves smell nice **духи** *a new fragrance for men*

fragrant /ˈfreɪgrənt/ **adjective** with a pleasant smell **благоухающий** *fragrant flowers*

frail /freɪl/ **adjective** not strong or healthy **хрупкий, хилый** *a frail old lady*

frailty /ˈfreɪlti/ **noun** [C, U] when someone is physically or morally weak **хрупкость, хилость**

frame

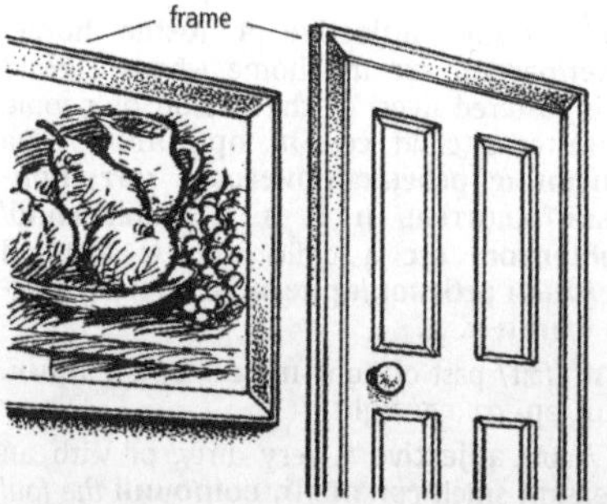

frame¹ /freɪm/ **noun** [C] **1** B1 a structure that goes around the edge of something such as a door, picture, window, or mirror **рама, рамка** ***a picture frame*** ◦ ***a window frame*** **2** B2 the basic structure of a building, vehicle, or piece of furniture that other parts are added onto **каркас, остов, корпус** *a bicycle frame* **3** the shape of someone's body **телосложение, фигура** *his large/small frame*

IDIOM **frame of mind** the way someone feels at a particular time **расположение духа** *She was in a much more positive frame of mind today.*

frame² /freɪm/ **verb** [T] **1** to put something such as a picture into a frame **вставлять в раму, в рамку** *I'm going to frame this and put it on the wall.* **2** to form an edge to something in an attractive way **обрамлять** *Dark hair framed her face.* **3** to intentionally make it seem as if someone is guilty of a crime **подтасовывать факты, фабриковать обвинение** [often passive] *He claimed he had been framed by the police.* **4** formal to express something choosing your words carefully **формулировать, выражать словами** *I tried to frame a suitable reply.*

frames /freɪmz/ **noun** [plural] the plastic or metal structure that holds together a pair of glasses **оправа для очков**

framework /ˈfreɪmwɜːk/ **noun** [C] **1** a system of rules, ideas, or beliefs that is used to plan or decide something **основа** *a legal **framework for** resolving disputes* **2** the basic structure that supports something such as a vehicle or building and gives it its shape **каркас, остов**

> Слова-партнеры к **framework**
>
> **create/develop/establish/provide** a framework • a framework **for (doing) sth**

franchise /ˈfrænʃaɪz/ **noun 1** [C] the right to sell a company's products or services in a particular area using the company's name **право на продажу чьих-либо товаров/на использование чьей-либо торговой марки** *a fast food franchise* **2** [U] the legal right to vote in elections **право участвовать в голосовании**

frank /fræŋk/ **adjective** speaking honestly and saying what you really think **откровенный** *a full and **frank** discussion* ◦ ***To be frank**, I don't really want to see him.*

• **frankness noun** [U] **откровенность**

frankfurter /ˈfræŋkfɜːtəʳ/ **noun** [C] a long, thin sausage (= tube of meat and spices), often eaten with bread **сосиска**

frankly /ˈfræŋkli/ **adverb** B2 in an honest and direct way **откровенно, открыто** ***Quite frankly**, I think you're making a big mistake.*

frantic /ˈfræntɪk/ **adjective 1** done in a fast and excited way and not calm or organized **неистовый, сделанный в спешке** *a frantic search* **2** very worried or frightened **обезумевший, отчаявшийся** *frantic calls for help* ◦ *I got home to find Joe **frantic with** worry.*

• **frantically adverb неистово, безумно** *Laura was searching frantically for her keys.*

fraternal /frəˈtɜːnəl/ **adjective** like or relating to a brother **братский**

fraternity /frəˈtɜːnəti/ **noun 1** [U] a feeling of friendship between people **братство 2** [C] in the US, a social organization of male college students **студенческое братство**

fraud /frɔːd/ **noun 1** [U, C] when someone does something illegal in order to get money **мошенничество** *credit card fraud* **2** [C] someone who deceives people by pretending to be someone or something that they are not **мошенник**

> Слова-партнеры к **fraud**
>
> **commit** fraud • a fraud **case/charge/investigation**

fraudulent /ˈfrɔːdjələnt/ **adjective** formal dishonest and illegal **мошеннический** *fraudulent insurance claims*

• **fraudulently adverb мошеннически**

fraught /frɔːt/ **adjective 1 fraught with danger/difficulties, etc** full of danger/difficulties, etc **чреватый опасностью/трудностями и т. д.** *The present situation is fraught with danger.* **2** mainly UK causing worry, or feeling worried **удрученный, удручающий** *a fraught silence*

fray¹ /freɪ/ **verb 1** [I, T] If material or clothing frays, or if it is frayed, the threads at the edge break and become loose. **протираться, изнашиваться 2** [I] If your temper (= mood) frays or your nerves fray, you gradually become annoyed or upset. **раздражаться, не выдерживать** *After hours of waiting, **tempers** were beginning to **fray**.*

fray

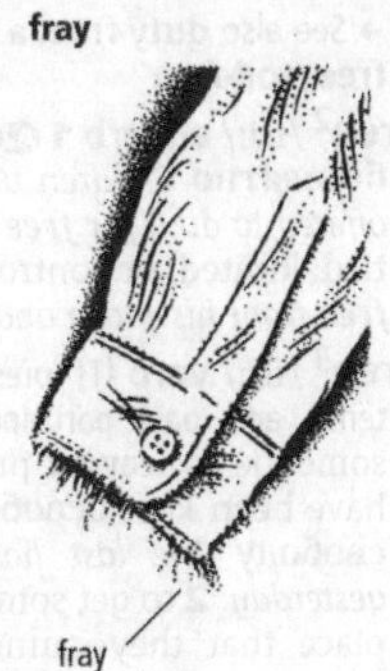

fray² /freɪ/ **noun enter/join, etc the fray** to start taking part in an argument or fight **вступать в бой, начинать действовать** *The time had come for the US to enter the fray.*

freak¹ /friːk/ **noun** [C] **1** informal someone who is very interested in a particular subject or activity **фанатик, человек, помешанный на чем-либо** *My brother's a bit of a computer freak.* **2** someone who looks strange or behaves in a strange way **урод, посмешище** *They made me feel like a freak.*

freak² /friːk/ **adjective a freak accident/storm, etc** A freak event is one that is very unusual. **странный несчастный случай/неожиданно налетевшая буря и т. д.**

freak³ /friːk/ **verb** [I, T] (also **freak out**) to suddenly become very angry, frightened, or surprised, or to make someone do this **терять самообладание, приводить в ярость** *I hated that film, it totally freaked me out.*

freckle /ˈfrekl/ **noun** [C] a very small, brown spot on your skin from the sun **веснушка**
• **freckled adjective веснушчатый**

free¹ /friː/ **adjective 1** B2 able to live, happen, or exist without being controlled by anyone or anything **свободный** *free trade* ◦ *a free society* ◦ [+ to do sth] *People should be free to say what they think.* **2** A2 not costing any money **бесплатный** *a free sample of perfume* ◦ *Entry is free for children under 12.* ◦ *The unemployed get their prescriptions **free of charge**.* **3** B2 not in prison or in a cage **находящийся на свободе** *He opened the cage and **set** the birds **free**.* **4** A2 not busy doing anything **свободный, незанятый** *Are you free this evening?* ◦ *I don't have much **free time**.* **5** not being used by anyone **свободный, незанятый (кем-либо)** *Is this seat free?* **6 free from/of sth** not containing or having anything harmful or unpleasant **свободный от чего-либо** *a life free from pain*

IDIOM **feel free** something that you say in order to tell someone that they are allowed to do something **не стесняйтесь ...** [+ to do sth] *Please feel free to ask questions.*

→ See also **duty-free**, a free **hand¹**, free **rein**, **tax-free**, **toll-free**

free² /friː/ **adverb 1** A2 without cost or payment **бесплатно** *Children under five travel free.* ◦ *He offered to do it **for free**.* **2** B2 in a way that is not tied, limited, or controlled **свободно** *She **broke free** from his grasp and ran away.*

free³ /friː/ **verb** [T] (present participle **freeing**, past tense and past participle **freed**) **1** B2 to allow someone to leave a prison or place where they have been kept **освобождать, выпускать на свободу** *The last hostages were finally freed yesterday.* **2** to get someone out of a situation or place that they cannot escape from **освобождать, вызволять** *Firefighters worked for two hours to **free** the driver **from** the wreckage.* **3** to help someone by taking something unpleasant away from them **избавлять** *The book's success **freed** her **from** her financial worries.* **4** (also **free up**) to make something available for someone to use **освобождать, делать свободным от чего-либо** *I need to free up some space for these files.*

-free /friː/ **suffix** used at the end of words to mean 'without' or 'not containing' **не содержащий чего-либо, свободный от чего-либо** *sugarfree gum* ◦ *an interest-free loan*

freebie /ˈfriːbi/ **noun** [C] informal something that you are given, usually by a company, and do not have to pay for **что-либо бесплатное**

Freecycle /ˈfriːsaɪkl/ **verb** [I, T] trademark to use a local Freecycle email group to give away things that you do not want now **использовать местную сеть Фрисайкл для того, чтобы отдавать ненужные вещи**
• **freecycler noun** [C] **человек, пользующийся сетью Фрисайкл**

freedom /ˈfriːdəm/ **noun 1** [C, U] B2 the right to live in the way you want, say what you think, and make your own decisions without being controlled by anyone else **свобода** *religious freedom* ◦ ***freedom of choice/speech*** ◦ [+ to do sth] *You have the freedom to do what you want to do.* **2 freedom from sth** a situation in which you are not suffering because of something unpleasant or harmful **свобода, освобождение от чего-либо** *freedom from fear/poverty* **3** [U] when someone is no longer a prisoner **свобода, освобождение (из тюрьмы)**

> Слова-партнеры к **freedom**
>
> **be given/have** the freedom **to do sth** • freedom **of choice/of expression/of movement/of speech**

ˌfree ˈenterprise noun [U] when trade and business is allowed to operate without much control from the government **свободное предпринимательство**

ˌfree ˈkick noun [C] a kick that a player in a football match is allowed to take after a player from the other team has broken the rules **свободный удар (в футболе)**

freelance /ˈfriːlɑːns/ **adjective, adverb** working for several different organizations, and paid according to the hours you work **внештатный, независимый** *a freelance photographer* ◦ *Most of our producers work freelance.*
• **freelance verb** [I] **работать внештатно, по договору** • **freelancer noun** [C] **человек, работающий внештатно**

freely /ˈfriːli/ **adverb 1** B2 without being controlled or limited **свободно** *For the first time in months she could move freely.* ◦ *Exotic foods are **freely available** in supermarkets.* **2** If you freely admit something, you are very willing to agree that it is true. **добровольно, открыто** *I **freely admit** that I was wrong about him.*

ˌfree ˈmarket noun [no plural] when the government does not control prices and trade **свободный рынок** *a free-market economy*

freephone /ˈfriːfəʊn/ **adjective** [always before noun] UK (US **toll-free**) A freephone number is a telephone number that you can connect to without paying. **бесплатный телефонный номер**

free-range /ˌfriːˈreɪndʒ/ **adjective** relating to or produced by farm animals that are allowed to move around outside and are not kept in cages **на свободном выгуле, не сидящий в клетке** ***free-range eggs***

freesheet /ˈfriːʃiːt/ **noun** [C] a free newspaper **бесплатная газета**

ˌfree ˈspeech noun [U] the right to express your opinions in public **свобода слова**

ˌfree ˈtrade noun [C] a way to buy and sell products between countries, without limits on the amount of goods that can be bought and sold, and without special taxes on the goods свободная, беспошлинная торговля → Compare **fair trade**

freeware /ˈfriːweəʳ/ **noun** [U] computer software that you do not have to pay for, for example from the Internet **бесплатные программы для компьютера**

freeway /ˈfriːweɪ/ **noun** [C] US (UK **motorway**) a long, wide road, usually used by traffic travelling fast over long distances **автострада**

ˌfree ˈwill noun 1 [U] when people choose and decide what they want to do in their own lives **свобода воли 2 do sth of your own free will** to do something because you want to, not because someone forces you to **делать что-либо добровольно, по собственной воле** *She had gone there of her own free will.*

freeze[1] /friːz/ **verb** (past tense **froze**, past participle **frozen**) **1** [I, T] B1 If something freezes or is frozen, it becomes hard and solid because it is very cold. **замерзать, превращаться в лед** *The river had frozen overnight. ◦ Water freezes at 0° Celsius.* **2** [I, T] B1 to make food last a long time by making it very cold and hard **замораживать** *You can freeze any cakes that you have left over.* **3** [I] B2 to feel very cold **замерзать** *One of the climbers* ***froze to death*** *on the mountain.* **4** [I] B2 to suddenly stop moving, especially because you are frightened **застывать на месте, не шевелиться** *She saw someone outside the window and froze.* **5** [T] to fix the level of something such as a price or rate so that it does not increase **замораживать, держать на одном уровне**

freeze[2] /friːz/ **noun 1** [C] when the level of something such as a price or rate is fixed so that it does not increase **замораживание, удержание на одном уровне** *a pay freeze* **2** [C] when a process is stopped for a period of time **замораживание, остановка** *an immediate freeze on all new building in the city* **3** [no plural] informal a period of extremely cold weather **мороз**

freezer /ˈfriːzəʳ/ **noun** [C] B1 a large container operated by electricity in which food can be frozen and stored **морозильная камера** → See **The Kitchen** on page Centre 2

freezing[1] /ˈfriːzɪŋ/ **adjective** informal B1 very cold **ледяной, очень холодный** *It's absolutely freezing in here.*

freezing[2] /ˈfriːzɪŋ/ **noun** [U] the temperature at which water freezes **замерзание, нулевая отметка градусника** *It was five degrees* ***below/above freezing***.

ˈfreezing ˌpoint noun [C, U] the temperature at which a liquid freezes **точка замерзания**

freight /freɪt/ **noun** [U] goods that are carried by trains, trucks, ships, or aircraft **груз, фрахт**

freighter /ˈfreɪtəʳ/ **noun** [C] a large ship or aircraft that carries goods **грузовой самолет, грузовое судно**

ˈfrench ˌfries noun [plural] US (UK **chips**) long, thin pieces of potato that have been cooked in hot oil **жареный картофель** → See **Food** on page Centre 11

ˌFrench ˈknickers noun [plural] women's loose underwear that covers all the bottom **бриджи, панталоны** → See **Clothes** on page Centre 9

ˌFrench ˈwindows noun [plural] (also **ˌFrench ˈdoors**) a pair of glass doors that usually open into a garden **двустворчатое окно до пола**

frenetic /frəˈnetɪk/ **adjective** fast and exciting in an uncontrolled way **лихорадочный, неистовый** *a* ***frenetic pace*** *◦* ***frenetic activity***

frenzied /ˈfrenzɪd/ **adjective** wild and uncontrolled **неистовый, бешеный** *a frenzied dance*

frenzy /ˈfrenzi/ **noun** [U, no plural] when you are so excited, nervous, or anxious that you cannot control what you are doing **неистовство, бешенство** *She hit him in a frenzy of rage.*

frequency /ˈfriːkwənsi/ **noun** [C, U] **1** the number of times something happens in a particular period, or the fact that something happens often or a large number of times **частота, повторяемость** *The* ***frequency of*** *attacks seems to have increased recently.* **2** the rate at which a sound wave or radio wave is repeated **частота** *the very high frequencies of a television signal*

frequent[1] /ˈfriːkwənt/ **adjective** B1 happening often **частый** *He is a frequent visitor to the US.*

frequent[2] /frɪˈkwent/ (US) /ˈfriːkwent/ **verb** [T] to go to a place often **часто посещать** *a bar frequented by criminals*

frequently /ˈfriːkwəntli/ **adverb** formal B1 often **часто** *a frequently asked question*

fresh /freʃ/ **adjective 1** B1 new or different from what was there before **новый, свежий** *We're looking for fresh ideas. ◦ They decided to move abroad and* ***make a fresh start***. **2** A2 Fresh food has been produced or collected recently and has not been frozen, dried, etc. **свежий** *fresh fruit/vegetables ◦ fresh bread* **3** B1 smelling clean or feeling pleasantly cool **свежий** *a fresh breeze ◦ a fresh smell* **4 fresh air** B1 air outside buildings that is clean and cool **свежий воздух** *Let's go outside and get some fresh air.* **5 fresh water** water from lakes, rivers, etc that has no salt in it **пресная вода 6** having a lot of energy and not feeling tired **свежий, бодрый** *We got up the next day feeling fresh and relaxed.* **7** Fresh skin looks healthy. **свежий, цветущий** *a fresh complexion* **8** B2 recently made or done and not yet changed by time **свежий** *The memory of the accident is still very fresh in my mind.* **9 fresh from/out of sth** having just left a place **недавно прибывший откуда-либо** *The new French teacher's fresh out of college.*
• **freshness noun** [U] → See also a **breath** of fresh air **свежесть**

freshen /ˈfreʃᵊn/ **verb**

PHRASAL VERBS **freshen up** to quickly wash yourself so that you feel clean **освежиться,** привести себя в порядок *Would you like to freshen up before dinner?* • **freshen sth up** to make something look cleaner and more attractive **освежать, делать более привлекательным** *A coat of paint would help to freshen this place up.*

fresher /ˈfreʃəʳ/ **noun** [C] UK informal a student in the first year of university **первокурсник**

freshly /ˈfreʃli/ **adverb** recently **недавно, свеже-** ***freshly baked*** *bread*

freshman /ˈfreʃmən/ **noun** [C] (plural **freshmen**) US a student in the first year of a course at a US college, university, or high school (= school for students aged 15 to 18) **первокурсник**

freshwater /ˈfreʃˌwɔːtəʳ/ **adjective** relating to water that is not salty **пресноводный** *freshwater fish*

fret /fret/ **verb** [I] (present participle **fretting**, past tense and past participle **fretted**) to be anxious or worried **волноваться, переживать** *There's no point in* ***fretting about*** *what you cannot change.*
• **fretful adjective** anxious and unhappy **раздражительный**

Fri written abbreviation for Friday **пятница**

friar /fraɪəʳ/ **noun** [C] a member of a religious group of men **монах**

friction /ˈfrɪkʃən/ **noun** [U] **1** when a surface rubs against something, often making movement more difficult **трение** **2** when people argue or disagree, often over a long period of time **трения, разногласия** *There's a lot of* ***friction between*** *my wife and my mother.*

Friday /ˈfraɪdeɪ/ **noun** [C, U] (written abbreviation **Fri**) (A1) the day of the week after Thursday and before Saturday **пятница** → See also **Good Friday**

fridge /frɪdʒ/ **noun** [C] (A2) a large container that uses electricity to keep food cold **холодильник** → See **The Kitchen** on page Centre 2

fridge-freezer /ˌfrɪdʒˈfriːzəʳ/ **noun** [C] a piece of equipment for storing food that has two parts: a fridge (= a container that keeps food cold) and a freezer (= a container that keeps food frozen) **холодильник с морозильной камерой**

fried /fraɪd/ **adjective** (A2) cooked in hot oil or fat **жареный** *a fried egg* → See also **deep-fried**

friend /frend/ **noun** [C] **1** (A1) someone who you know well and like **друг, подруга** *Sarah's my* ***best friend*** *(= the friend I like most).* ◦ *Gordon is a* ***friend of mine.*** **2 an old friend** (A2) someone who you have known and liked for a long time **давний друг** **3 be friends (with sb)** (B1) to know and like someone **дружить (с кем-либо)** *I have been friends with Jo for years.* **4 make friends (with sb)** (B1) to begin to know and like someone **заводить новых друзей, подружиться (с кем-либо)** *He's shy and finds it difficult to make friends.*

friendly[1] /ˈfrendli/ **adjective** **1** (A2) behaving in a pleasant, kind way towards someone **дружелюбный** *a* ***friendly face/smile*** ◦ *The other students have been very* ***friendly to*** *us.* → Opposite **unfriendly** **2 be friendly with sb** to know and like someone **дружить с кем-либо, быть в хороших отношениях**
• **friendliness noun** [U] (B2) **дружелюбие**

friendly[2] /ˈfrendli/ **noun** [C] UK a sports match that is not part of an official competition **товарищеская встреча**

-friendly /ˈfrendli/ **suffix** **1** used at the end of words to mean 'not harmful' **благоприятный (по отношению к чему-либо), не наносящий вреда** ***environmentally-friendly*** *detergent* **2** used at the end of words to mean 'suitable for particular people to use' **удобный, подходящий для кого-либо** *a family-friendly restaurant* → See also **user-friendly**

friendship /ˈfrendʃɪp/ **noun** [C, U] (B1) when two people are friends **дружба** *a* ***close friendship***

Другие способы сказать friend

Слова **chum**, **mate** (*Великобритания*) и **pal** – синонимы слова **friend**, которые часто употребляют в неформальных ситуациях.

Pete was there with a couple of his ***mates.***

Выражение **old friend** используют, когда говорят о друге, которого знают очень давно.

Rachel is one of my ***oldest friends.***

Acquaintance говорят о знакомом, но не очень близком человеке.

He had a few business ***acquaintances.***

Словом **confidant** называют друга, которому доверяют личные переживания и секреты.

Sarah was my ***confidant*** *throughout this period and I told her everything.*

Группу друзей со схожими интересами в неформальном общении иногда называют словом **crowd**.

"Who was there?" "Oh, you know, Dave, Fiona and all that ***crowd.***"

Разговорное неодобрительное слово **crony** употребляют, если хотят подчеркнуть, что кто-то помогает своим друзьям, используя нечестные методы.

He always gives his ***cronies*** *all the best jobs.*

Слова-партнеры к friend

sb's **best** friend • a **close/good** friend • a **family** friend • an **old** friend • a friend **of mine**

Слова-партнеры к friendship

strike up a friendship • a **close** friendship • sb's friendship **with** sb • a friendship **between** sb and sb

fries /fraɪz/ **noun** [plural] mainly US (also UK **chips**) long, thin pieces of potato that have been cooked in hot oil **жареный картофель**

frieze /friːz/ **noun** [C] an area of decoration along a wall **фриз**

frigate /ˈfrɪɡət/ **noun** [C] a small, fast military ship **фрегат**

fright /fraɪt/ **noun** [U, no plural] a sudden feeling of shock and fear **испуг** *That dog **gave me a** terrible **fright**. ◦ She screamed **in fright** when she saw him.*

frighten /ˈfraɪtᵊn/ **verb** [T] B2 to make someone afraid or nervous **пугать** *It frightens me when he drives so fast.* → See also scare/frighten the (living) **daylights** out of sb, scare/frighten sb out of their **wits**

PHRASAL VERB **frighten sb away/off** to make a person or animal afraid or nervous so that they go away **отпугивать, спугнуть кого-либо**

frightened /ˈfraɪtᵊnd/ **adjective** B1 afraid or nervous **испуганный** *I've always been **frightened of** going to the dentist.* ◦ [+ (that)] *Gerry was frightened that people would laugh at him.*

> **Другие способы сказать frightened**
>
> Прилагательные **afraid** и **scared** часто употребляются вместо **frightened**.
>
> *She's very **afraid** of dogs.*
>
> *Gerry has always been **scared** of heights.*
>
> Если кто-то очень сильно напуган, то можно использовать прилагательные **petrified**, **terrified** или **panic-stricken**, а также разговорное выражение **scared to death**.
>
> *I'm **terrified** of flying.*
>
> *She was **panic-stricken** when her little boy disappeared.*
>
> *He's **scared to death** of having the operation.*
>
> Если страх вызван беспокойством о чем-либо, то можно использовать прилагательные **afraid** или **worried**.
>
> *I'm **afraid/worried** that something will go wrong.*
>
> Если кто-то боится того, что может произойти в будущем, то можно использовать прилагательные **apprehensive** или **uneasy**.
>
> *He's a bit **apprehensive** about living away from home.*

frightening /ˈfraɪtᵊnɪŋ/ **adjective** B1 making you feel afraid or nervous **пугающий** *a very frightening film*
• **frighteningly adverb пугающе**

frightful /ˈfraɪtfᵊl/ **adjective** UK old-fashioned very bad **ужасный, страшный** *The house was in a frightful mess.*

frightfully /ˈfraɪtfᵊli/ **adverb** UK old-fashioned very **ужасно, чрезвычайно** *They're frightfully rich, you know.*

frigid /ˈfrɪdʒɪd/ **adjective 1** not enjoying sexual activity, usually said about a woman **фригидный 2** literary not friendly or emotional **холодный, безразличный**

frill /frɪl/ **noun 1** [C] a strip of material with a lot of folds which is used to decorate the edge of cloth **оборка 2 frills** extra things that are added to something to make it nicer or more attractive, but that are not really necessary **дополнительные (но необязательные) удобства/услуги** *a cheap, **no frills** airline service*

frilly /ˈfrɪli/ **adjective** with a lot of frills **отделанный оборками** *a frilly dress*

fringe¹ /frɪndʒ/ **noun** [C] **1** UK (US **bangs** [plural]) hair that is cut short and straight at the top of someone's face **челка 2** loose threads that hang along the edge of cloth as a decoration **бахрома 3** the outside edge of an area, group, or subject and not the main part **окраина, неформальная группа, примыкающая к какому-либо движению**

fringe² /frɪndʒ/ **verb be fringed with sth** If a place or object is fringed with something, that thing forms a border along the edge. **быть окаймленным чем-либо** *The river is fringed with wild flowers.*

fringe³ /frɪndʒ/ **adjective** [always before noun] not belonging to the main part of a group, activity, or subject **крайний, неформальный** ***fringe politics/theatre***

ˌfringe ˈbenefit noun [C] something extra that you get from your employer in addition to money **дополнительные льготы** [usually plural] *fringe benefits such as private health care*

frisk /frɪsk/ **verb 1** [T] to move your hands over someone's body to discover if they are hiding something such as a weapon **обыскивать** *There were guards frisking people as they went into the building.* **2** [I] to run and jump happily like a young animal **прыгать, резвиться**

frisky /ˈfrɪski/ **adjective** energetic and wanting to be active or play **игривый, резвый** *a frisky puppy*

fritter /ˈfrɪtəʳ/ **verb**

PHRASAL VERB **fritter sth away** to waste money or time on something that is not important **транжирить, тратить впустую**

frivolity /frɪˈvɒləti/ **noun** [C, U] when people are being silly and not being serious **легкомыслие**

frivolous /ˈfrɪvᵊləs/ **adjective** silly and not serious **легкомысленный**
• **frivolously adverb легкомысленно**

frizzy /ˈfrɪzi/ **adjective** Frizzy hair has a lot of very small, tight curls. **курчавый**

frog /frɒɡ/ **noun** [C] B1 a small, green animal with long back legs for jumping that lives in or near water **лягушка**

frogman /ˈfrɒɡmən/ **noun** [C] (plural **frogmen**) someone whose job is to swim under water wearing a rubber suit and using special breath-

F

ing equipment легководолаз *Police frogmen are searching the lake.*

from strong /frɒm/ weak /frəm/ **preposition 1** A1 used to show the place, time, or level that someone or something started at **от, с** *Did you walk all the way from Bond Street?* ◦ *The museum is open from 9.30 to 6.00, Tuesday to Sunday.* ◦ *Prices start from £5,595.* **2** A1 used to say where someone was born, or where someone lives or works **из** *His mother's originally from Poland.* ◦ *Our speaker tonight is from the BBC.* **3** A1 used to say how far away something is **от** *Their holiday cottage is about 15 kilometres from the coast.* **4** A1 used to say who gave or sent something to someone **от** *Have you had a Christmas card from Faye yet?* **5** If you take something from a person, place, or amount, you take it away. **из, у** *Two from ten leaves eight.* ◦ *We had to borrow some money from my father to pay the bill.* **6** A1 used to say where something was produced or grown **из** *These vegetables are fresh from the garden.* **7** A2 used to say what something is made of **из** *juice made from oranges* **8** B2 used to show something that you want to avoid or prevent **от** *There's a bar across the front to prevent you from falling out.* **9** B2 used to show where you are when you look at something or how you see something **с** *The view from the top was absolutely breathtaking.* **10** used to say why you think or believe something **по, из** *I guessed from her accent that she must be French.* ◦ *From what I've heard, the new exam is going to be a lot more difficult.* **11** B2 used to say what causes something **от** *Deaths from heart disease continue to rise every year.* ◦ *He was rushed to hospital **suffering from** severe burns.* **12** B1 used when you are saying how similar or different two things, people, or places are **от** *University is very different from school.* **13 a week/six months/ten years, etc from now** a week/six months/ten years, etc after the time when you are speaking **через неделю/шесть месяцев/десять лет и т. д.** *Who knows what we'll all be doing five years from now?* **14 from now/then, etc on** starting now/then, etc and continuing into the future **с этих/тех и т. д. пор** *They were good friends from that day on.*

front¹ /frʌnt/ **noun 1 the front a** A2 the side of something that is most important or most often seen because it faces forward **перед, передняя часть** *You need to write the address clearly **on the front of** the envelope.* ◦ *There was blood on the front of his shirt.* **b** A2 the part of something that is furthest forward **передняя часть** *We asked to sit **in the front of** the plane.* ◦ *He was standing right **at the front**.* **2 in front a** B1 further forward than someone or something else **впереди** *She started a conversation with the man sitting **in front of** her.* **b** winning in a game or competition **на первом месте, впереди (в соревнованиях)** *By half time the Italians were well in front.* **3 in front of a** A2 close to the front part of something **перед** *He parked the car in front of the house.* **b** A2 where someone can see or hear you **в присутствии, при** *Please don't swear in front of the children.* **4** [C] when someone behaves in a way that hides how they really feel **видимость, вид** [usually singular] *Many parents decide to stay together, **putting up a front** for the children's sake.* **5** [C] an organization or activity that is used to hide a different, illegal activity **прикрытие (для нелегальной деятельности)** [usually singular] *Police discovered the restaurant was just a front for a drugs operation.* **6 the front** an area of land where soldiers fight during a war **фронт** *Thousands of young men were sent to the front to fight.* **7 on the business/jobs/politics, etc front** in a particular area of activity **в плане, области бизнеса/работы/политики и т. д.** *How are things on the work front at the moment?* **8** [C] a line where warm air meets cold air affecting the weather **фронт** *A cold front is moving across the Atlantic.*

front² /frʌnt/ **adjective** [always before noun] B1 in or at the front of something **передний** *the front door/garden* ◦ *the front page of the newspaper*

frontal /ˈfrʌntəl/ **adjective 1** relating to the front of something **фронтальный 2 a frontal attack/assault** when you criticize or attack someone or something in a very strong and direct way **лобовая атака/прямое нападение**

frontier /frʌnˈtɪəʳ/ **noun 1** [C] a line or border between two countries **граница 2 the frontiers of sth** the limits of what is known or what has been done before in an area of knowledge or activity **пределы, границы** *the frontiers of science and technology*

ˌfront ˈline noun the front line a the place where soldiers fight in a war **фронт b** a position of direct and important influence **передовая линия, передний край** *doctors working **in the front line** of medicine*

• **front-line** /ˈfrʌntlaɪn/ **adjective** [always before noun] **фронтовой, передовой** *front-line troops*

front-page /ˈfrʌntˌpeɪdʒ/ **adjective front-page news/story, etc** news that is very important and suitable for the front page of a newspaper **сенсационная новость/статья и т. д.**

front-runner /ˌfrʌntˈrʌnəʳ/ (US) /ˈfrʌntˌrʌnəʳ/ **noun** [C] the person or organization that will most probably win something **кандидат, имеющий больше всего шансов победить**

frost¹ /frɒst/ **noun 1** [U] B2 a thin, white layer of ice that forms on surfaces, especially at night, when it is very cold **иней 2** [C] B2 when the temperature is cold and water freezes **мороз** *We're expecting a **hard frost** tonight.*

frost² /frɒst/ **verb** [T] US (UK/US **ice**) to cover a cake with frosting (= sweet mixture used to cover cakes) **покрывать глазурью**

frostbite /ˈfrɒstbaɪt/ **noun** [U] when extreme cold injures your fingers and toes **обморожение**

frosted /ˈfrɒstɪd/ **adjective** Frosted glass has a

special surface so that you cannot see through it. **матированный (о стекле)**

frosting /ˈfrɒstɪŋ/ **noun** [U] US (UK/US **icing**) a sweet mixture used to cover or fill cakes, made from sugar and water or sugar and butter **глазурь**

frosty /ˈfrɒsti/ **adjective 1** very cold, with a thin layer of white ice covering everything **морозный, заиндевелый** *a frosty morning* **2** not friendly **холодный** *She gave me a very frosty look.*

froth /frɒθ/ **noun** [U] small, white bubbles such as on the surface of a liquid **пена**
• **froth verb** [I] **пениться** • **frothy adjective** **пенистый** ***frothy coffee***

frown¹ /fraʊn/ **verb** [I] to make your face show that you are annoyed or worried by moving your eyebrows (= lines of hair above your eyes) **хмуриться** *She frowned when I mentioned his name.*

PHRASAL VERB **frown on/upon sth** to think that something is wrong and that you should not do it **относиться к чему-либо с неодобрением** [often passive] *Smoking is frowned upon in many public places.*

frown² /fraʊn/ **noun** [C] the expression on your face when you frown **хмурый вид** *He looked at me with a puzzled frown.*

froze /frəʊz/ past tense of freeze **прош. вр. гл. freeze**

frozen¹ /ˈfrəʊzᵊn/ **adjective 1** B1 Frozen food has been made so that it will last a long time by freezing. **замороженный** *frozen peas* **2** B1 turned into ice **покрытый льдом** *The pond was frozen and people were skating on it.* **3** informal B1 extremely cold **замерзший** *Is there any heating in here? I'm frozen!*

frozen² /ˈfrəʊzᵊn/ past participle of freeze **прич. прош. вр. от гл. freeze**

frugal /ˈfruːgᵊl/ **adjective** careful not to spend very much money **экономный, бережливый**

fruit /fruːt/ **noun 1** A1 [C, U] something such as an apple or orange that grows on a tree or a bush, contains seeds, and can be eaten as food **фрукт** ***dried/fresh fruit*** ◦ *fruit juice* → See **Fruits and Vegetables** on page Centre 10 **2 the fruit(s) of sth** the good result of someone's work or actions **плоды, результат** *This book is the fruit of 15 years' research.*

IDIOM **bear fruit** If something that someone does bears fruit, it produces successful results. **давать результат, приносить плоды** *Our decision is just beginning to bear fruit.*

→ See also **citrus fruit**

> **Слова-партнеры к fruit**
> dried/fresh fruit • a piece of fruit • fruit juice • citrus/tropical fruit

fruitful /ˈfruːtfᵊl/ **adjective** producing good or useful results **плодотворный** *We had a very fruitful discussion.*

fruition /fruˈɪʃᵊn/ **noun** [U] formal when a plan or an idea really begins to happen, exist, or be successful **осуществление** *The plan never really* ***came to fruition.***

fruitless /ˈfruːtləs/ **adjective** not successful or achieving good results **безуспешный, бесплодный** *a long and* ***fruitless search***

fruity /ˈfruːti/ **adjective** smelling or tasting of fruit **фруктовый** *a fruity wine/taste*

frustrate /frʌsˈtreɪt/ (US) /ˈfrʌstreɪt/ **verb** [T] **1** to make someone feel annoyed because things are not happening in the way that they want, or in the way that they should **раздражать, расстраивать** *It really frustrates me when she arrives late for meetings.* **2** to prevent someone from achieving something, or to prevent something from happening **срывать, сводить на нет** *They have frustrated all our attempts to find a solution to this problem.*

frustrated /frʌsˈtreɪtɪd/ (US) /ˈfrʌstreɪtɪd/ **adjective** annoyed because things are not happening in the way that you want, or in the way that they should **разочарованный, расстроенный** *I'm very* ***frustrated at/with*** *my lack of progress.*

frustrating /frʌsˈtreɪtɪŋ/ (US) /ˈfrʌstreɪtɪŋ/ **adjective** making you feel frustrated **раздражающий, расстраивающий** *a frustrating situation*

frustration /frʌsˈtreɪʃᵊn/ **noun** [C, U] B2 the feeling of being annoyed because things are not happening in the way that you want, or in the way that they should **разочарование, расстройство** *I could sense his* ***frustration at*** *not being able to help.*

> **Слова-партнеры к frustration**
> sheer frustration • in frustration • frustration at (doing) sth

fry /fraɪ/ **verb** [I, T] B1 to cook something in hot oil or fat or to be cooked in hot oil or fat **жарить** *Fry the onions in a little butter.* → See picture at **cook**

ˈfrying ˌpan noun [C] B1 a flat, metal pan with a long handle that is used for frying food **сковорода** → See **The Kitchen** on page Centre 2

ft written abbreviation for foot (= a unit for measuring length) **фут**

fudge¹ /fʌdʒ/ **noun** [U] a soft, sweet food made from butter, sugar, and milk **сливочная помадка**

fudge² /fʌdʒ/ **verb** informal **1** [T] UK to avoid making a decision or giving a clear answer about something **уклоняться, увиливать** *The government continues to* ***fudge*** *the* ***issue.*** **2** [I, T] US to slightly cheat, often by not telling the exact truth **жульничать** *He* ***fudged on*** *his income tax return.*

fuel¹ /ˈfjuːəl/ **noun** [C, U] B1 a substance that is burned to provide heat or power **топливо,**

горючее *The plane ran out of fuel and had to land at sea.*

> **Слова-партнеры к fuel**
>
> fuel **bills/consumption/prices/supplies** • fuel **efficiency**

fuel² /ˈfjuːəl/ **verb** [T] (present participle UK **fuelling**, past tense and past participle **fuelled**, present participle US **fueling**, past tense and past participle **fueled**) to make people's ideas or feelings stronger, or to make a situation worse **разжигать, подогревать (страсти)** *Newspaper reports are* ***fuelling fears*** *about GM foods.*

fugitive /ˈfjuːdʒətɪv/ **noun** [C] someone who is escaping or hiding from the police or from a dangerous situation **беглец, беженец**

fulfil UK (US **fulfill**) /fʊlˈfɪl/ **verb** (present participle **fulfilling**, past tense and past participle **fulfilled**) **1 fulfil a duty/promise/responsibility, etc** to do something that you have promised to do or that you are expected to do **выполнять долг/обещание/обязательства и т. д.** *He has failed to fulfil his duties as a father.* **2 fulfil an ambition/dream/goal, etc** to do something that you really wanted to do **осуществить мечту/достичь цели и т. д.** **3 fulfil a function/need/role, etc** to do something that is necessary or useful **выполнять функцию/удовлетворять потребность/исполнять роль и т. д.** *You seem to fulfil a very useful role in the organization.* **4 fulfil criteria/requirements/qualifications, etc** to have all the qualities that are wanted or needed for something **соответствовать критериям/требованиям/иметь необходимую квалификацию и т. д.** *You have to fulfil certain requirements to qualify for the competition.*

fulfilled /fʊlˈfɪld/ **adjective** feeling happy that you are receiving everything that you want from your life **удовлетворенный** → Opposite **unfulfilled**

fulfilling /fʊlˈfɪlɪŋ/ **adjective** If something is fulfilling, it satisfies you and makes you happy. **приносящий удовлетворение** *a fulfilling job*

fulfilment UK (US **fulfillment**) /fʊlˈfɪlmənt/ **noun** [U] **1** a feeling of pleasure because you are receiving or achieving what you want **удовлетворенность достигнутым** *I hope that you'll find happiness and fulfilment in your life together.* **2** when someone does something necessary or something that they have wanted or promised to do **исполнение, осуществление** *Being here is the* ***fulfilment of*** *a lifelong ambition.*

full¹ /fʊl/ **adjective 1** Ⓐ2 If a container or a space is full, it contains as many things or people as possible or as much of something as possible. **полный, заполненный** *We couldn't get in, the cinema was full.* ◦ *The shelves were* ***full of*** *books.* **2** Ⓐ2 containing a lot of things or people or a lot of something **полный** *The room was* ***full of*** *people.* ◦ *His face was full of anger.* **3** [always before noun] Ⓐ2 complete and including every part **полный, несокращенный** *Please give your full name and address.* **4 full speed/strength/volume, etc** Ⓑ1 the greatest speed/strength/volume, etc possible **максимальная скорость/сила/громкость и т. д.** *We were driving at full speed.* ◦ *She got full marks in the test.* **5 be full of yourself** to think that you are very important **быть самодовольным, самовлюбленным** **6 be full of sth** to be talking or thinking a lot about a particular thing **быть поглощенным чем-либо, говорить и думать только о чем-либо** *He's full of stories about his holiday.* **7** informal (also UK **full up**) Ⓑ2 having eaten enough food **наевшийся досыта** *No more for me, thanks, I'm full.* **8 a full face/figure** a face or body shape that is large and round **полное лицо/полная фигура** → See also have your hands **(hand¹)** full, be in full **swing²**

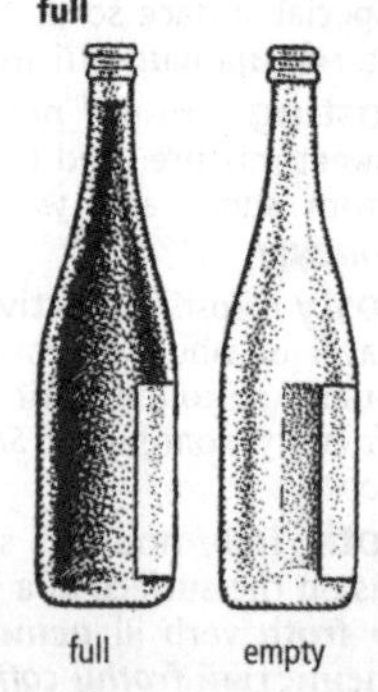

full² /fʊl/ **noun 1 in full** Ⓑ1 completely and with nothing missing **полностью, целиком** *The speech will be published in full in tomorrow's newspaper.* **2 to the full** mainly UK as much or as well as possible **в полной мере** *She certainly* ***lived life to the full.***

full-blown /ˈfʊlˌbləʊn/ **adjective** completely developed **полностью развившийся** *a full-blown crisis* ◦ *a full-blown disease*

ˌfull ˈboard **noun** [U] UK when all your meals are provided in a hotel **полный пансион**

full-fledged /ˌfʊlˈfledʒd/ **adjective** [always before noun] US (UK **fully-fledged**) having finished developing, studying, or establishing yourself **законченный, полноправный**

full-grown /ˌfʊlˈgrəʊn/ **adjective** A full-grown person, animal, or plant has developed completely, and is not expected to grow more. **взрослый** *a full-grown man*

ˌfull ˈhouse **noun** [C] when all the seats in a place such as a theatre or cinema are full **аншлаг**

full-length /ˌfʊlˈleŋθ/ **adjective 1 a full-length book/film, etc** a book/film, etc that is the usual length and not shorter **полное издание/полнометражный фильм и т. д.** *a full-length feature film* **2 a full-length mirror/photograph, etc** a mirror/image, etc that shows a person's whole body from the head to the feet **зеркало/фотография и т. д. во весь рост** **3 a full-length coat/dress/skirt, etc** a long piece of clothing that reaches to your feet **пальто/платье/юбка и т. д. до пола**

full ˈmoon noun [no plural] the moon when it appears as a complete circle **полнолуние**

full-on /fʊlˈɒn/ **adjective 1** very great or to the greatest degree **полный, в высшей степени** *full-on luxury* **2** very serious and enthusiastic, often in a way which annoys other people **о человеке, проявляющем в чем-либо излишний энтузиазм**

full-page /ˌfʊlˈpeɪdʒ/ **adjective** [always before noun] filling a complete page in a newspaper or magazine **на всю страницу** *a **full-page ad***

full-scale /ˌfʊlˈskeɪl/ **adjective** [always before noun] **1** very large or serious and involving everything that is possible or expected **в полном объеме** *The violence has developed into a full-scale war.* **2** A full-scale model is the same size as the original thing that it is representing. **в натуральную величину**

ˌfull ˈstop noun [C] UK (US **period**) (B1) a mark (.) used at the end of a sentence, or to show that the letters before it are an abbreviation **точка** → See Study Page **Punctuation** on page Centre 33

full-time /ˌfʊlˈtaɪm/ **adjective** (B1) happening or working for the whole of the working week and not only part of it **занимающий полный рабочий день** *a **full-time job/course***
• **full-time adverb на полный рабочий день** *She **works full-time** for the council.*

fully /ˈfʊli/ **adverb** (B1) completely **полностью, совершенно** *The restaurant was **fully booked**.* ◦ *He is **fully aware** of the dangers involved.*

fully-fledged /ˌfʊliˈfledʒd/ **adjective** [always before noun] UK (US **full-fledged**) having finished developing, studying, or establishing yourself **законченный, полноправный** *I won't be a fully-fledged doctor until after the exams.*

fumble /ˈfʌmbl/ **verb** [I] to use your hands with difficulty to try to get hold of something or find something **копаться, шарить** *She fumbled in her bag for her glasses.*

fume /fjuːm/ **verb** [I] to be extremely angry, especially in a quiet way **кипеть от злости** *A week later, she was still fuming about his behaviour.*

fumes /fjuːmz/ **noun** [plural] strong, unpleasant, and often dangerous gas or smoke **дым, копоть** *car exhaust fumes*

fun¹ /fʌn/ **noun** [U] **1** (A1) enjoyment or pleasure, or something that gives you enjoyment or pleasure **удовольствие, развлечение** *She's **great fun** to be with.* ◦ ***Have fun!*** (= enjoy yourself) ◦ *It's **no fun** having to work late every night.* **2 for fun/for the fun of it** (B1) for pleasure and not for any other reason **ради удовольствия, шутки ради 3 make fun of sb/sth** (B2) to make a joke about someone or something in an unkind way **высмеивать кого-либо/что-либо, насмехаться над кем-либо/чем-либо** *The other children at school used to make fun of his hair.*

> **Слова-партнеры к fun**
>
> have fun • good/great fun • be no fun • for fun

fun² /fʌn/ **adjective** (A2) enjoyable or entertaining **забавный, развлекательный** *There are lots of fun things to do here.*

function¹ /ˈfʌŋkʃᵊn/ **noun** [C] **1** (B2) the purpose of something or someone **функция, назначение** *Each button has a different function.* **2** a large, formal party or ceremony **прием, торжественная церемония** *a charity function*

> **Слова-партнеры к function**
>
> a basic/important/primary/vital function • carry out/fulfil/provide/serve a function

function² /ˈfʌŋkʃᵊn/ **verb** [I] to work or operate **функционировать, работать** *The operation should help his lungs to function properly again.*

PHRASAL VERB **function as sth** to have a particular purpose **служить, выполнять функцию** *The spare bedroom also functions as a study.*

functional /ˈfʌŋkʃᵊnᵊl/ **adjective 1** (B2) designed to be practical or useful and not only attractive **функциональный, практичный** *functional clothing* **2** operating or working correctly **функционирующий, действующий** *The system is not yet fully functional.*

ˈfunction ˌkey noun [C] (written abbreviation **F**) one of the keys on a computer keyboard which has the letter F and a number on it and that makes the computer do particular jobs **клавиша функциональных команд** *Press F4 to print.*

fund /fʌnd/ **noun 1** [C] an amount of money collected, saved, or provided for a purpose **фонд** *a **pension fund*** **2 funds** [plural] money needed or available to spend on something **денежные средства** *The charity closed down due to **lack of funds**.*
• **fund verb** [T] to provide money for an event, activity, or organization **финансировать** *Who is the project funded by?*

fundamental /ˌfʌndəˈmentᵊl/ **adjective** relating to the most important or main part of something **фундаментальный, существенный** *a fundamental change/difference* ◦ *Training is **fundamental to** success.*
• **fundamentally adverb фундаментально, существенно** *The world has changed fundamentally over the last century.*

fundamentalism /ˌfʌndəˈmentᵊlɪzᵊm/ **noun** [U] the belief that the traditions and rules of a religion should be followed exactly **фундаментализм**

fundamentalist /ˌfʌndəˈmentᵊlɪst/ **noun** [C] someone who believes that the rules of their religion should be followed exactly **фундаменталист**

F

• **fundamentalist** adjective **фундаменталистский**

fundamentals /ˌfʌndəˈmentəlz/ **noun** [plural] the main principles, or most important parts of something **основы**

funding /ˈfʌndɪŋ/ **noun** [U] money given by a government or organization for an event or activity **финансирование** *The company received state funding for the project.*

fundraiser /ˈfʌndˌreɪzəʳ/ **noun** [C] a person or an event that collects money for a particular purpose **человек, занимающийся сбором средств, мероприятие, посвященное сбору средств**

fundraising /ˈfʌndˌreɪzɪŋ/ **noun** [U] when you collect money for a particular purpose **сбор средств** *a **fundraising event***

funeral /ˈfjuːnərəl/ **noun** [C] B2 a ceremony for burying or burning the body of a dead person **похороны**

ˈfuneral diˌrector noun [C] someone whose job is to organize funerals and prepare dead bodies to be buried or burned **сотрудник похоронного бюро**

fungus /ˈfʌŋgəs/ **noun** [C, U] (plural **fungi**, **funguses**) a type of plant without leaves and without green colouring which gets its food from other living or decaying things **гриб, грибок**

funk /fʌŋk/ **noun** [U] a style of popular music with a strong rhythm that is influenced by African and jazz music **фанк**

funky /ˈfʌŋki/ **adjective** informal **1** fashionable in an unusual and noticeable way **классный, отличный** *She's got some very funky clothes.* **2** Funky music has a strong rhythm, and is good to dance to. **танцевальный, зажигательный**

funnel /ˈfʌnəl/ **noun** [C] **1** a tube with a wide part at the top that you use to pour liquid or powder into something that has a small opening **воронка** **2** a metal pipe on the top of a ship or train which smoke comes out of **дымоход, труба**

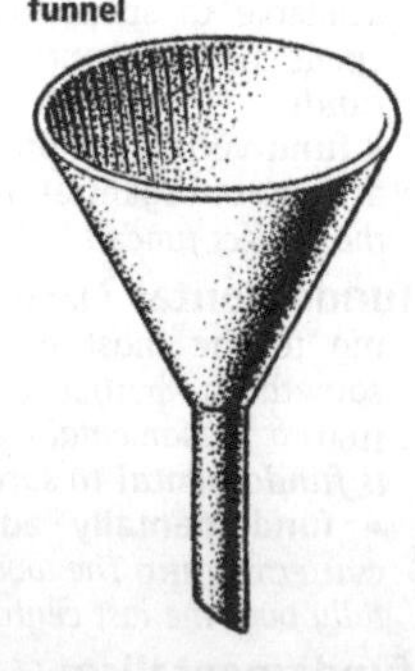

funnily /ˈfʌnɪli/ adverb UK **funnily enough** although it seems strange and surprising **как ни странно** *Funnily enough, I was just thinking about you when you called.*

funny /ˈfʌni/ **adjective** **1** A1 making you smile or laugh **смешной** *a funny story* ◦ *It's not funny. Don't laugh!* **2** B1 strange or unusual and not what you expect **странный, непонятный** *This chicken tastes a bit funny.*

Другие способы сказать funny

Прилагательное **amusing** является синонимом **funny** и употребляется в более официальном контексте.

*I gave her an article that I thought she would find **amusing**.*

Если что-то очень забавно, можно использовать прилагательное **hilarious** или (*разговорное*) **hysterical**.

*I've just read his autobiography – it's absolutely **hilarious/hysterical**.*

Если кто-то остроумен, его можно охарактеризовать прилагательным **witty**.

*He was a very **witty** man.*

Прилагательное **comical** иногда употребляется для описания кого-то или чего-то смешного на вид.

*She looked so **comical** in that hat!*

В неформальном общении для описания очень забавного человека можно использовать выражения **be a good laugh** (*Великобритания*) и **be a scream**.

*You'd like Amanda – she's **a scream/good laugh**.*

fur /fɜːʳ/ **noun** **1** [U] B1 the thick hair that covers the bodies of some animals like cats and rabbits **шерсть, шкура** **2** [C, U] the skin of an animal covered in thick hair and used for making clothes, or a piece of clothing made from this **мех**

furious /ˈfjʊəriəs/ **adjective** **1** B2 extremely angry **взбешенный, разъяренный** *He's **furious at** the way he's been treated.* ◦ *My boss was **furious with** me.* **2** very energetic or fast **яростный, неистовый** *a furious attack*

• **furiously** adverb B2 **яростно, разъяренно**

furlong /ˈfɜːlɒŋ/ **noun** [C] a unit of length used in horse races equal to 201 metres **фарлонг**

furnace /ˈfɜːnɪs/ **noun** [C] a container which is heated to a very high temperature and used to heat buildings, melt metal, or burn things **печь, топка**

furnish /ˈfɜːnɪʃ/ **verb** [T] to put furniture into a room or building **обставлять, меблировать** *They have furnished the room very simply.*

PHRASAL VERB **furnish sb with sth** formal to provide someone with something **предоставлять кому-либо что-либо** *Can you furnish me with any further information?*

furnished /ˈfɜːnɪʃt/ **adjective** If a room or building is furnished, there is furniture in it. **меблированный**

furnishings /ˈfɜːnɪʃɪŋz/ **noun** [plural] the furniture, curtains and other decorations in a room or building **обстановка, домашние принадлежности**

furniture /ˈfɜːnɪtʃəʳ/ **noun** [U] A2 objects such as chairs, tables, and beds that you put into a room or building **мебель** *antique furniture*

Слова-партнеры к furniture

a **piece of** furniture • **garden/office** furniture • **antique** furniture

furore /fjʊəˈrɔːri/ **noun** [no plural] UK (US **furor** /ˈfjʊrɔːr/) a sudden, excited, or angry reaction to something by a lot of people **фурор** *The book* ***caused a furore*** *when it was published.*

furrow¹ /ˈfʌrəʊ/ **noun** [C] **1** a deep line cut into a field that seeds are planted in **борозда 2** a deep line on someone's face, especially above their eyes **глубокая морщина**

furrow² /ˈfʌrəʊ/ **verb furrow your brow** to make deep lines appear on your face above your eyes **хмуриться, сдвигать брови** *He furrowed his brow as he struggled to think of a solution.*

furry /ˈfɜːri/ **adjective** covered with fur or with something that feels like fur **покрытый мехом, пушистый**

further¹ /ˈfɜːðəʳ/ **adverb 1** (B2) more **дальше, далее** *He refused to discuss the matter further.* ◦ *Have you* ***got any further*** *(= achieved any more) with your research?* **2** (B1) comparative of **far**: at or to a place or time that is a longer distance away **дальше** *Let's walk a bit further down the road.*

further² /ˈfɜːðəʳ/ **adjective** [always before noun] (A2) more or extra **дальнейший, дополнительный** *For further details about the offer, call this number.* ◦ *We will let you know if there are any further developments.*

further³ /ˈfɜːðəʳ/ **verb** [T] to make something develop or become more successful **продвигать, способствовать осуществлению** *He'll do anything to* ***further*** *his* ***career***.

further eduˈcation noun [U] UK education at a college for people who have left school but are not at a university **образование на курсах (для людей, закончивших школу и не имеющих высшего образования)**

furthermore /ˌfɜːðəˈmɔːʳ/ (US) /ˈfɜːrðərmɔːr/ **adverb** (B2) in addition to what has just been said **кроме того, более того**

furthest /ˈfɜːðɪst/ **adjective, adverb** (B1) superlative of **far**: most distant **самый дальний, дальше всего**

furtive /ˈfɜːtɪv/ **adjective** doing something secretly, or done secretly, so that people do not notice **тайный, незаметный** *He gave her a* ***furtive glance*** *as soon as his wife left the room.*
• **furtively adverb тайно, незаметно**

fury /ˈfjʊəri/ **noun** [U, no plural] extreme anger **ярость, бешенство** *He could hardly control his fury.*

fuse¹ /fjuːz/ **noun** [C] **1** a small object that stops electrical equipment working if there is too much electricity going through it **предохранитель, пробка** *The* ***fuse has blown****. You'll have to change it.* ◦ *a* ***fuse box*** **2** the part of a bomb or other explosive object that starts the explosion **запал, взрыватель** *Light the fuse, and then stand back.*

fuse² /fjuːz/ **verb** [I, T] **1** UK If a piece of electrical equipment fuses, or if you fuse it, it stops working because there is too much electricity going through it. **перегорать (о предохранителе), пережигать** *You've* ***fused*** *the* ***lights***. **2** to join or become combined **соединять(ся)** *The bones of the skull are not properly fused at birth.*

fuselage /ˈfjuːzəlɑːʒ/ **noun** [C] the main body of an aircraft **фюзеляж**

fusion /ˈfjuːʒən/ **noun** [C, U] when two or more things join or become combined **сплав, смешение** *nuclear fusion* ◦ *She describes her music as a fusion of folk and rock.*

fuss¹ /fʌs/ **noun 1** (B2) [U, no plural] when people become excited, annoyed, or anxious about something, especially about something unimportant **суета, суматоха** *What's all the fuss about?* ◦ *They were* ***making*** *a big* ***fuss*** *over nothing.* **2 kick up/make a fuss** to complain about something **поднимать шум, скандалить** *If they don't bring our food soon, I'll have to kick up a fuss.* **3 make a fuss of/over sb** to give someone a lot of attention and treat them well **носиться с кем-либо** *My uncle always makes a big fuss of the children.*

fuss² /fʌs/ **verb** [I] to worry too much or get too excited, especially about unimportant things **волноваться, суетиться** *Please don't fuss, Mum. Everything's under control.*

PHRASAL VERB **fuss over sb/sth** to give someone or something too much attention because you want to show that you like them **носиться с кем-либо/чем-либо**

fussy /ˈfʌsi/ **adjective 1** only liking particular things and very difficult to please **привередливый** *She's a very* ***fussy eater***. **2** too careful about unimportant details **придирчивый 3** If something is fussy, it is too complicated in design and has too many details. **вычурный, аляповатый**

futile /ˈfjuːtaɪl/ (US) /ˈfjuːtəl/ **adjective** certain not to have a successful effect or result **бесполезный, тщетный** *a futile attempt to escape*
• **futility** /fjuːˈtɪləti/ **noun** [U] when something is futile **бесполезность, тщетность**

futon /ˈfuːtɒn/ **noun** [C] a flat bed filled with soft material that can be used on the floor or on a wooden base, or folded into a seat **футон**

future¹ /ˈfjuːtʃəʳ/ **noun 1 the future a** (B1) the time which is to come **будущее** *He likes to* ***plan for the future***. ◦ *They hope to get married* ***in the near future*** *(= soon).* **b** (A2) In grammar, the future is the form of the verb used to talk about something that will happen. **будущее время (в грамматике) 2 in future** UK (mainly US **in the future**) (B1) beginning from now **в будущем, впредь** *In future, I'll be more careful about who I lend my bike to.* **3** [C] (B2) what will happen to someone or something in the time which is to come **будущее** *We need to discuss the future of the company.* **4** [U, no plural] (B1) the chance of continuing to exist or succeed **будущее, перспективы** *She's got a very promising future ahead of her.*

> **Слова-партнеры к future**
>
> the **distant/foreseeable/near future** • **plan for/predict** the future • **in the future**

future² /ˈfju:tʃəʳ/ **adjective** [always before noun] **1** (B1) happening or existing in the time which is to come **будущий** *future plans* ◦ *in future years* ◦ *What will we leave for future generations?* **2 future tense** the form of the verb which is used to talk about something that will happen **будущее время (в грамматике)**

the ˌfuture ˈperfect noun the form of the verb which is used to show that an action will have been completed before a particular time in the future. The sentence 'I'll probably have left by then.' is in the future perfect. **совершенное будущее время (в грамматике)**

futuristic /ˌfju:tʃəˈrɪstɪk/ **adjective** very modern and strange and seeming to come from some imagined time in the future **футуристический** *a futuristic steel building*

fuzzy /ˈfʌzi/ **adjective 1** confused and not clear **расплывчатый, неясный** *We could only get a fuzzy picture on the television.* **2** covered in soft, short hairs, or material like this **пушистый** *a fuzzy kitten* ◦ *fuzzy slippers*

FYI internet abbreviation for for your information: used when you send someone a document or tell them something you think they should know about **для вашей информации (используется в интернет-общении)**

G

G, g /dʒiː/ the seventh letter of the alphabet **7-я буква алфавита**

g written abbreviation for gram (= a unit for measuring weight) **грамм**

gabble /ˈgæbl/ **verb** [I, T] UK informal to talk quickly or in a way that people cannot understand **тараторить** *He gabbled something in Italian.*

gable /ˈgeɪbl/ **noun** [C] the top end of a wall of a building where two sloping parts of a roof meet at a point **фронтон**

gadget /ˈgædʒɪt/ **noun** [C] a small piece of equipment that does a particular job, especially a new type **(новое) приспособление, устройство** *a **kitchen gadget***

Gaelic /ˈgeɪlɪk/, /ˈgælɪk/ **noun** [U] a language spoken in parts of Scotland and Ireland **гэльский язык**
• **Gaelic adjective** relating to Gaelic or to the Gaelic culture of Scotland and Ireland **гэльский**

gaffe /gæf/ **noun** [C] when someone says or does something embarrassing without intending to **оплошность** *The minister has **made** a series of embarrassing **gaffes**.*

gag¹ /gæg/ **verb** (present participle **gagging**, past tense and past participle **gagged**) **1** [T] to fasten something over someone's mouth so that they cannot speak **вставлять кляп** *The owners of the house were found **bound and gagged** in the cellar.* **2** [T] to prevent someone from giving their opinion or giving information about something **заставить замолчать, заткнуть рот** *The government is trying to gag the press over the issue.* **3** [I] to feel that you are going to vomit **давиться, вызывать тошноту** *The sight of the body made him gag.*

IDIOM **be gagging for sth** UK informal to want something or want to do something very much **очень хотеть чего-либо, умирать как хотеть чего-либо** *I'm gagging for a coffee.*

gag² /gæg/ **noun** [C] **1** informal a joke or funny story **шутка, острота** **2** something that is fastened over someone's mouth to stop them speaking **кляп**

gaggle /ˈgægl/ **noun** [C] a group of people, especially when they are noisy **шумная компания, свора** *a gaggle of newspaper reporters*

gaiety /ˈgeɪəti/ **noun** [U] old-fashioned happiness or excitement **веселье, оживленность**

gaily /ˈgeɪli/ **adverb** old-fashioned in a happy way **весело, оживленно**

gain¹ /geɪn/ **verb** **1** [T] (B1) to get something useful or positive **получать, приобретать** *The country gained independence in 1948.* ◦ *You'll gain a lot of experience working there.* **2 gain by/from sth** to get an advantage or something valuable from something **извлекать выгоду** *Who stands to gain from the will?* **3** [T] (B2) to increase in something such as size, weight, or amount **увеличиваться, прибавлять** *He's gained a lot of weight in the last few months.* **4** [I, T] If a clock or a watch gains, it works too quickly and shows a time that is later than the real time. **спешить (о часах)** → See also gain/lose **ground¹** get/gain the upper **hand¹**

PHRASAL VERB **gain on sb/sth** to get nearer to someone or something that you are chasing **догонять** *Quick! They're gaining on us.*

gain² /geɪn/ **noun** [C, U] **1** (C1) when you get something useful or positive **прибыль, выгода** ***financial gain*** **2** (C1) an increase in something such as size, weight, or amount **увеличение, прибавление**

gait /geɪt/ **noun** [C] someone's particular way of walking **походка** *I recognized his gait from a distance.*

gala /ˈgɑːlə/ (US) /ˈgeɪlə/ **noun** [C] a special social event, performance, or sports competition **празднество** *a gala concert*

galaxy /ˈgæləksi/ **noun** [C] a very large group of stars held together in the universe **галактика**

gale /geɪl/ **noun** [C] a very strong wind **сильный ветер, буря**

gall¹ /gɔːl/ **noun have the gall to do sth** to be rude enough to do something that is not considered acceptable **иметь наглость делать что-либо** *I can't believe he had the gall to complain.*

gall² /gɔːl/ **verb** [T] to annoy someone **злить, выводить из себя** *What galls me is that he escaped without punishment.*
• **galling adjective** annoying **раздражающий** *It's particularly galling for me that she gets paid more than I do.*

gallant /ˈgælənt/ **adjective** literary **1** brave **доблестный** *a gallant attempt to rescue a drowning man* **2** polite and kind, especially to women **галантный, любезный**
• **gallantly adverb доблестно, галантно** • **gallantry noun** [U] when someone is gallant **доблесть, галантность**

ˈgall ˌbladder noun [C] an organ in the body that contains a substance that helps you to digest food **желчный пузырь**

gallery /ˈgælᵊri/ **noun** [C] **1** (B1) a room or building that is used for showing paintings and other art to the public **галерея** *a museum and **art gallery*** **2** a floor at a higher level that looks over a lower floor inside a large room or building **галерея, хоры** *The courtroom has a* ***public gallery****.*

galley /ˈɡæli/ **noun** [C] a kitchen in a ship or aircraft **камбуз, кухня на борту самолета**

gallon /ˈɡælən/ **noun** [C] a unit for measuring liquid, equal to 4.546 litres in the UK and 3.785 litres in the US **галлон** → See Study Page **Measurements** on page Centre 31

gallop /ˈɡæləp/ **verb** [I] If a horse gallops, it runs very fast. **скакать галопом**
• **gallop noun** [no plural] **галоп**

gallows /ˈɡæləʊz/ **noun** [C] (plural **gallows**) a wooden structure used in the past to hang criminals from to kill them **виселица**

G

galore /ɡəˈlɔːʳ/ **adjective** [always after noun] in large amounts or numbers **в изобилии** *There are bargains galore at the new supermarket.*

galvanize (also UK **-ise**) /ˈɡælvənaɪz/ **verb** [T] to make someone suddenly decide to do something **побуждать, заставить действовать** *His words* ***galvanized*** *the team* ***into*** *action.*
• **galvanization** (also UK **-isation**) **noun** [U] **гальванизация**

gamble¹ /ˈɡæmbl/ **verb** [I, T] to risk money on the result of a game, race, or competition **играть в азартные игры** *He gambled away all of our savings.*
• **gambler noun** [C] **игрок** • **gambling noun** [U] (B2) **азартная игра**

PHRASAL VERB **gamble on sth** to take a risk that something will happen **делать ставку**

gamble² /ˈɡæmbl/ **noun** [C] a risk that you take that something will succeed **рискованное предприятие** *Buying this place was a big* ***gamble****, but it seems to have* ***paid off****.*

> **Слова-партнеры к gamble**
> take a gamble • a gamble **backfires/pays off** • a gamble **on** sth

game¹ /ɡeɪm/ **noun 1** [C] (A1) an entertaining activity or sport that people play, usually needing some skill and played according to rules **игра** *a* ***computer game*** ◦ *Do you want to* ***play*** *a different* ***game****?* **2** [C] (A2) a particular competition, match, or occasion when people play a game **партия, матч, гейм** *Would you like a game of chess?* ◦ *Who won yesterday's game?* **3 games** UK organized sports that children do at school **физкультура** *I always hated games at school.* ◦ *a games teacher* **4 the European/Commonwealth, etc Games** a special event where there are lots of competitions for different sports **европейские спортивные игры/спортивные игры Содружества и т. д. 5** [C] UK informal a secret plan **план, замысел** *What's your game?* **6** [U] wild animals and birds that are hunted for food or sport **дичь**

IDIOMS **give the game away** UK to spoil a surprise or joke by letting someone know something that should have been kept secret **выдать секрет, раскрыть чьи-либо планы** • **play games** to not deal with a situation seriously or honestly **играть в бирюльки** *Someone's life is in danger here – we're not playing games.*

→ See also **ball game**, **board game**, **the Olympic Games**, **video game**

> **Слова-партнеры к game**
> play a game • **lose/win** a game • a game **of** [chess/football, etc] • a **computer** game

game² /ɡeɪm/ **adjective** willing to do new things, or things that involve a risk **задорный, рисковый** *She's* ***game for*** *anything.*

Gameboy /ˈɡeɪmbɔɪ/ **noun** [C] trademark a small machine that you play computer games on and that you can carry with you **маленький переносной компьютер для компьютерных игр**

gamekeeper /ˈɡeɪmˌkiːpəʳ/ **noun** [C] someone whose job is to look after wild animals and birds that are going to be hunted **егерь**

gamepad /ˈɡeɪmpæd/ **noun** [C] a device that you hold in your hands and use to control a computer game or video game (= a game in which you make pictures move on a screen) **геймпад, манипулятор**

gamer /ˈɡeɪməʳ/ **noun** [C] someone who plays games, especially computer games **игрок**

ˈ**game** ˌ**show noun** [C] a programme on television in which people play games to try to win prizes **телеигра**

gammon /ˈɡæmən/ **noun** [U] UK a type of meat from a pig, usually cut in thick slices **окорок**

gamut /ˈɡæmət/ **noun** [no plural] the whole group of things that can be included in something **диапазон, гамма** *The film explores* ***the whole gamut*** *of emotions from despair to joy.*

gang¹ /ɡæŋ/ **noun** [C] **1** (B2) a group of young people who spend time together, usually fighting with other groups and behaving badly **шайка** *a* ***member of a gang*** ◦ *gang violence* **2** (B2) a group of criminals who work together **банда** *a* ***gang of*** *armed robbers* **3** informal a group of young friends **компания**

> **Слова-партнеры к gang**
> in a gang • a gang **of** sth • a gang **leader/member**

gang² /ɡæŋ/ **verb**

PHRASAL VERB **gang up against/on sb** to form a group to attack or criticize someone, usually unfairly **нападать группой на кого-либо** *Some older girls have been ganging up on her at school.*

gangly /ˈɡæŋɡli/ **adjective** (also **gangling**) tall and thin **долговязый** *a gangly youth*

gangrene /ˈɡæŋɡriːn/ **noun** [U] the death and

decay of a part of the body because blood is not flowing through it **гангрена**

gangster /ˈgæŋstər/ **noun** [C] a member of a group of violent criminals **гангстер, бандит**

gangway /ˈgæŋweɪ/ **noun** [C] **1** UK a space that people can walk down between two rows of seats in a vehicle or public place **проход между рядами (кресел)** **2** a board or stairs for people to get on and off a ship **трап**

gaol /dʒeɪl/ **noun** [C, U] another UK spelling of jail (= a place where criminals are kept as a punishment) **тюрьма**

gap

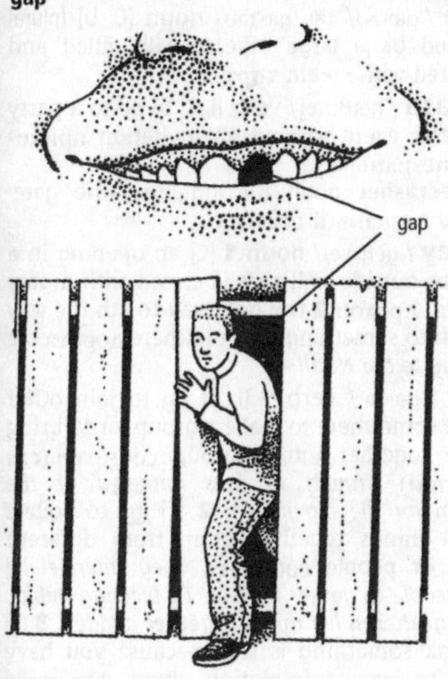

gap /gæp/ **noun** [C] **1** B1 an empty space or hole in the middle of something, or between two things **щель, промежуток** *There's quite a big* ***gap between*** *the door and the floor.* ◦ *The sun was shining through a* ***gap in*** *the curtains.* **2** B2 a difference between two groups of people, two situations, etc **разрыв, расхождение** *an* ***age gap*** ◦ *This course* ***bridges the gap*** *between school and university.* **3** B2 something that is absent and stops something from being complete **пробел** *There are huge gaps in my memory.* **4 a gap in the market** an opportunity for a product or service that does not already exist **ниша на рынке товаров или услуг** **5** B2 a period of time when nothing happens, or when you are doing something different from usual **промежуток, интервал** *I decided to go back to teaching after a gap of 10 years.* → See also **the generation gap**

> **Слова-партнеры к gap**
> bridge/close/narrow the gap • the gap between sth and sth

gape /geɪp/ **verb** [I] **1** to look at someone or something with your mouth open because you are so surprised **глазеть, смотреть в изумлении** *We stood there* ***gaping*** *in wonder* ***at*** *the beautiful landscape.* **2** to be wide open **зиять, распахиваться**

gaping /ˈgeɪpɪŋ/ **adjective a gaping hole/wound, etc** a hole/wound, etc that is open very wide **зияющая дыра/рана и т. д.**

ˈ**gap ˌyear noun** [C] UK a year between leaving school and starting university which you usually spend travelling or working **промежуточный год между окончанием школы и поступлением в вуз, в течение которого молодой человек обычно путешествует или работает**

garage /ˈgærɑːʒ/ US /gəˈrɑːʒ/ **noun** [C] **1** A2 a small building, often built next to a house, that you can put a car in **гараж** **2** B1 a business that repairs or sells cars, and sometimes also sells fuel **автосервис, автосалон**

garbage /ˈgɑːbɪdʒ/ **noun** [U] US (UK **rubbish**) **1** things that you throw away because you do not want them **мусор** **2** something that you think is nonsense, wrong, or very bad quality **чушь, ерунда, дрянь** *How can you listen to that garbage on the radio!*

ˈ**garbage ˌcan noun** [C] US (UK **dustbin**) a large container for waste kept outside your house **мусорный ящик**

ˈ**garbage colˌlector noun** [C] US (UK **dustman**) someone whose job is to remove the waste from containers left outside houses **мусорщик**

ˈ**garbage ˌman noun** [C] US another word for garbage collector **мусорщик**

garbled /ˈgɑːbəld/ **adjective** Garbled words or messages are not clear and are very difficult to understand. **искаженный, путаный**

garden /ˈgɑːdən/ **noun** **1** A1 [C] UK (US **yard**) an area of ground belonging to a house, often containing grass, flowers, or trees **сад** *the* ***front/back garden*** ◦ *Dad's outside* ***in the garden****.* **2 gardens** [plural] a park or large public area where plants and flowers are grown **парк**
• **garden verb** [I] to work in a garden, growing plants and making it look attractive **заниматься садоводством**

ˈ**garden ˌcentre noun** [C] UK a place that sells things for gardens such as plants and tools **садоводческий магазин**

gardener /ˈgɑːdənər/ **noun** [C] someone who works in a garden, growing plants and making it look attractive **садовник**

gardening /ˈgɑːdənɪŋ/ **noun** [U] the job or activity of growing a garden and keeping it attractive **садоводство**

gargle /ˈgɑːgl/ **verb** [I] to move liquid or medicine around in your throat without swallowing, especially to clean it or stop it feeling painful **полоскать (горло)**

garish /ˈgeərɪʃ/ **adjective** unpleasantly bright in colour, or decorated too much **кричащий (о цвете)** *a garish red jacket*

garlic /ˈɡɑːlɪk/ **noun** [U] A2 a vegetable like a small onion with a very strong taste and smell **чеснок** *a **clove of garlic*** → See **Fruits and Vegetables** on page Centre 10

garment /ˈɡɑːmənt/ **noun** [C] formal a piece of clothing **предмет одежды**

garnish /ˈɡɑːnɪʃ/ **verb** [T] to decorate food with something such as herbs or pieces of fruit **гарнировать, украшать (блюдо)** *salmon **garnished with** herbs and lemon*

• **garnish noun** [C] **гарнир, украшение**

garrison /ˈɡærɪsᵊn/ **noun** [C] a group of soldiers living in a particular area or building to defend it **гарнизон**

G

garter /ˈɡɑːtəʳ/ **noun** [C] a piece of elastic that holds up a woman's stockings (= very thin pieces of clothing that cover a woman's foot and leg) **подвязка**

gas¹ /ɡæs/ **noun 1** [C, U] B2 a substance in a form like air and not solid or liquid **газ** *poisonous gases* **2** [U] A2 a substance in a form like air used as a fuel for heating and cooking **газ** UK *a gas cooker*/US *a gas stove* **3** [U] US (UK **petrol**) a liquid fuel used in cars **бензин** *half a tank of gas* **4** [U] US (UK **wind**) gas or air in your stomach that makes you feel uncomfortable and sometimes makes noises **газы 5 the gas** US informal the part of a car which you push with your foot to make it go faster **акселератор** *We'd better **step on the gas** (= drive faster).* → See also **natural gas**, **tear gas**

gas² /ɡæs/ **verb** [T] (present participle **gassing**, past tense and past participle **gassed**) to poison or kill someone with gas **отравить газом**

ˈgas ˌchamber noun [C] a room that is filled with poisonous gas to kill people **газовая камера**

gash /ɡæʃ/ **noun** [C] a long, deep wound or cut **глубокая рана**

• **gash verb** [T] **наносить глубокую рану**

ˈgas ˌmask noun [C] a cover you wear over your face to protect you from breathing poisonous gas **противогаз**

gasoline /ˈɡæsᵊliːn/ **noun** [U] US (UK **petrol**) another word for gas (= a liquid fuel used in cars) **бензин**

gasp /ɡɑːsp/ **verb** [I] **1** to make a noise by suddenly breathing in because you are shocked or surprised **ахнуть, задохнуться (от ужаса, изумления и т. д.)** *She gasped in horror as the car spun out of control.* **2** to breathe loudly and with difficulty trying to get more air **задыхаться, дышать с трудом** *He clutched his heart, **gasping for breath**.*

• **gasp noun** [C] **перехват дыхания, затрудненное дыхание** *a gasp of surprise*

ˈgas ˌpedal noun [C] US (UK/US **accelerator**) the part of a car which you push with your foot to make it go faster **акселератор**

ˈgas ˌstation noun [C] US (UK **petrol station**) a place where you can buy petrol (= fuel for cars) **бензоколонка**

gastric /ˈɡæstrɪk/ **adjective** relating to the stomach **желудочный**

gastronomic /ˌɡæstrəˈnɒmɪk/ **adjective** relating to good food and cooking **гастрономический**

gate /ɡeɪt/ **noun** [C] **1** A2 the part of a fence or outside wall that opens and closes like a door **ворота, калитка** *Please **shut** the **gate**.* **2** B1 the part of an airport where passengers get on or off an aircraft **выход** *The flight to Dublin is now boarding at gate 8.*

gateau /ˈɡætəʊ/ US /ɡæˈtəʊ/ **noun** [C, U] (plural **gateaux**) UK a large cake, usually filled and decorated with cream **торт**

gatecrash /ˈɡeɪtkræʃ/ **verb** [I, T] to go to a party or private event without an invitation **приходить незваным**

• **gatecrasher noun** [C] someone who gatecrashes **незваный гость**

gateway /ˈɡeɪtweɪ/ **noun 1** [C] an opening in a fence or outside wall that is closed with a gate **ворота, проход 2 the gateway to sth** the way to get into something or somewhere **дорога** *the gateway to the North*

gather /ˈɡæðəʳ/ **verb 1** [I, T] B2 to join other people somewhere to make a group, or to bring people together into a group **собирать(ся) (группой)** *Crowds of fans gathered at the stadium for the big match.* **2** [T] B2 to collect several things together, often from different places or people **собирать** *They interviewed 1000 people to gather data on TV viewing habits.* ◦ *She **gathered** her things **together** and left.* **3** [T] to think something is true because you have heard or seen information about it **делать вывод, приходить к заключению** *From what I can gather, they haven't sold their house yet.* **4 gather speed/strength/support, etc** to increase in speed/strength/support, etc **набирать скорость/силу/поддержку и т. д.**

gathering /ˈɡæðərɪŋ/ **noun** [C] a party or a meeting when many people get together as a group **встреча, собрание** *a **family gathering***

> Слова-партнеры к **gathering**
>
> at a gathering • a gathering **of** [teachers/world leaders, etc] • a **family** gathering

gaudy /ˈɡɔːdi/ **adjective** unpleasantly bright in colour or decoration **кричащий, броский** *a gaudy pink sweatshirt with gold embroidery*

gauge¹ /ɡeɪdʒ/ **verb** [T] **1** to make a judgment about a situation or about what someone thinks or feels **оценивать, рассчитывать** [+ question word] *It's impossible to gauge what her reaction will be.* **2** to measure a distance, size, or amount **измерять**

gauge² /ɡeɪdʒ/ **noun** [C] **1** a way of judging something such as a situation or what someone thinks or feels **показатель, критерий** *Street* *interviews aren't an accurate **gauge of** public opinion.* **2** a method or piece of equipment that you use to measure something **измерительный прибор** *a **fuel gauge***

gaunt /gɔːnt/ **adjective** very thin, especially because of being ill or old **изможденный, исхудалый** *a pale, gaunt face*

gauntlet /ˈgɔːntlət/ **noun** [C] a long, thick glove (= piece of clothing for your hand) **рукавица**

IDIOMS **run the gauntlet** to have to deal with a lot of people who are criticizing or attacking you **подвергаться суровой критике, нападкам** • **throw down the gauntlet** to invite someone to argue, fight, or compete with you **бросать вызов**

gauze /gɔːz/ **noun** [U] thin, transparent cloth, especially used to cover injuries **марля**

gave /geɪv/ past tense of give **прош. вр. гл. give**

gawp /gɔːp/ **verb** [I] UK (US **gawk** /gɔːk/) to look at someone or something with your mouth open because you are shocked or surprised **глазеть, таращить глаза** *He just stood there **gawping at** me.*

gay[1] /geɪ/ **adjective 1** (B1) homosexual **гомосексуальный** *Have you told your parents you're gay yet?* ◦ *a gay bar/club* **2** old-fashioned very happy and enjoying yourself **веселый, радостный**

gay[2] /geɪ/ **noun** [C] someone who is homosexual, especially a man **гомосексуалист** *equal rights for gays and lesbians*

gaze /geɪz/ **verb gaze at/into, etc** (B2) to look for a long time at someone or something or in a particular direction **смотреть не отрываясь** *They gazed into each other's eyes.*

• **gaze noun** [no plural] **пристальный взгляд**

GB written abbreviation for gigabyte (= a unit for measuring the amount of information a computer can store) **гигабайт** *a 300 GB hard drive*

GCSE /ˌdʒiːsiːesˈiː/ **noun** [C] abbreviation for General Certificate of Secondary Education: in the UK, an exam taken by students at the age of sixteen, or the qualification itself **(экзамен на) аттестат зрелости (в Великобритании)** *Mary's got nine GCSEs.*

GDP /ˌdʒiːdiːˈpiː/ **noun** [U] abbreviation for Gross Domestic Product: the total value of goods and services that a country produces in a year **валовой внутренний продукт** → Compare **GNP**

gear[1] /gɪəʳ/ **noun 1** [C] (B2) a set of parts in a motor vehicle or bicycle that control how fast the wheels turn **привод, сцепление, скорость** [usually plural] *a mountain bike with 21 gears* ◦ *to **change gear*** **2 first/second/third, etc gear** (B2) a particular position of the gears in a motor vehicle or bicycle that controls how fast the wheels turn **первая/вторая/третья и т. д. скорость** *The lights turned green, but I couldn't **get into** first **gear.*** **3** [U] (B2) the clothes and equipment used for a particular purpose **снаряжение, принадлежности** *sports/swimming gear*

gear[2] /gɪəʳ/ **verb**

PHRASAL VERBS **gear sth to/towards sb/sth** to design or organize something so that it is suitable for a particular purpose, situation, or group of people **направлять, предназначать что-либо для кого-либо/чего-либо** [often passive] *These advertisements are geared towards a younger audience.* • **gear (sb/sth) up** to prepare for something that you have to do, or to prepare someone else for something **готовить(ся), настраивать(ся)** [often reflexive] *I'm trying to **gear myself up for** the exams.*

gearbox /ˈgɪəbɒks/ **noun** [C] the set of gears in a motor vehicle and the metal box that contains them **коробка передач**

ˈgear ˌlever noun [C] UK (US **gearshift** /ˈgɪəʃɪft/) a stick with a handle that you move to change gear in a vehicle **рычаг переключения передач** → See **Car** on page Centre 7

gearstick /ˈgɪəstɪk/ **noun** [C] UK another word for gear lever **рычаг переключения передач** → See **Car** on page Centre 7

GED /ˌdʒiːiːˈdiː/ **noun** [C] abbreviation for General Equivalency Diploma: an official document in the US that is given to someone who did not complete high school (= school for students aged 15 to 18) but who has passed a government exam instead **аттестат зрелости, полученный экстерном (в США)**

geek /giːk/ **noun** [C] informal a man who is boring and not fashionable **скучный и немодный человек, зануда**

• **geeky adjective** informal **социально отрешенный** *a geeky guy with a beard and glasses*

geese /giːs/ plural of goose **мн. ч. сущ. goose**

geezer /ˈgiːzəʳ/ **noun** [C] UK very informal a man **личность, тип**

gel /dʒel/ **noun** [C, U] a thick, clear, liquid substance, especially a product used to style hair **гель** ***hair gel*** ◦ ***shower gel***

gelatine UK (US **gelatin**) /ˈdʒelətiːn/ /ˈdʒelətɪn/ **noun** [U] a clear substance made from animal bones, often used to make food thicker **желатин**

gem /dʒem/ **noun** [C] **1** a valuable stone, especially one that has been cut to be used in jewellery **драгоценный камень 2** informal someone or something that you like very much and think is very special **прелесть, чудо**

Gemini /ˈdʒemɪnaɪ/ **noun** [C, U] the sign of the zodiac which relates to the period of 23 May – 21 June, or a person born during this period **Близнецы** → See picture at **zodiac**

gender /ˈdʒendəʳ/ **noun** [C, U] **1** (B2) the state of being male or female **пол (мужской или женский) 2** (B2) the division of nouns, pronouns, and adjectives into masculine, feminine, and neuter types **род (в грамматике)**

gene /dʒiːn/ **noun** [C] a part of a cell that is passed on from a parent to a child and that controls particular characteristics **ген**

> **Слова-партнеры к gene**
> carry/have a gene • a gene (responsible) for sth • gene therapy

general[1] /ˈdʒenᵊrᵊl/ **adjective** **1** B1 not detailed, but including the most basic or necessary information **общий, основной** *These leaflets contain some general information about the school.* ◦ *I've got a general idea of how it works.* **2** [always before noun] B2 relating to or involving all or most people, things, or places **общий, повсеместный** *There seems to be general agreement on this matter.* **3** [always before noun] B2 including a lot of things or subjects and not limited to only one or a few **общий, общего характера** *general knowledge* **4 in general a** B2 considering the whole of someone or something, and not just a particular part of them **вообще, в целом** *I still have a sore throat, but I feel much better in general.* **b** B1 usually, or in most situations **обычно, как правило** *In general, the weather here stays sunny.*

general[2] /ˈdʒenᵊrᵊl/ **noun** [C] an officer of very high rank in the army or air force **генерал**

ˌgeneral anaesˈthetic UK (US **general anesthetic**) **noun** [C, U] a substance that is used to stop someone being conscious when they have an operation so that they do not feel any pain **общий наркоз**

ˌgeneral eˈlection **noun** [C] a big election in which the people living in a country vote to decide who will represent them in the government **всеобщие выборы**

generalization (also UK **-isation**) /ˌdʒenᵊrᵊlaɪˈzeɪʃᵊn/ **noun** [C, U] when someone says something very basic that is often true but not always true **обобщение**

> **Слова-партнеры к generalization**
> make a generalization • a broad/gross/sweeping generalization

generalize (also UK **-ise**) /ˈdʒenᵊrᵊlaɪz/ **verb** [I] to say something very basic that is often true but not always true **обобщать**

generally /ˈdʒenᵊrᵊli/ **adverb** **1** B1 usually, or in most situations **обычно, как правило** *I generally wake up early.* **2** B2 considering the whole of someone or something, and not just a particular part of them **большей частью, в большинстве случаев** *The police said that the crowd was generally well-behaved.* **3** B2 by most people, or to most people **принято считать** *He is generally believed to be their best player.*

ˌgeneral pracˈtitioner **noun** [C] (also **GP**) a doctor who sees people in the local area and treats illnesses that do not need a hospital visit **терапевт**

generate /ˈdʒenᵊreɪt/ **verb** [T] **1** B2 to cause something to exist **производить, порождать** *to* ***generate income/profit*** ◦ *This film has* ***generated*** *a lot of* ***interest***. **2** B2 to produce energy **производить, вырабатывать** *Many countries use nuclear fuels to generate electricity.*

generation /ˌdʒenəˈreɪʃᵊn/ **noun** **1** [C] B1 all the people in a society or family who are approximately the same age **поколение** *the* ***older/younger generation*** ◦ *This is the story of three generations of women.* **2** [C] B2 a period of about 25 to 30 years, the time it takes for a child to become an adult and take the place of their parents in society **поколение, период времени (25 – 30 лет)** *Our family has lived in this village* ***for generations***. **3** [C] B2 a product when it is at a particular stage of development **поколение** *a new generation of computers* **4** [U] B2 the production of energy **генерирование, производство** *the generation of electricity*

the generˈation ˌgap **noun** when young people and old people do not understand each other because of their age difference **проблема отцов и детей**

generator /ˈdʒenᵊreɪtəʳ/ **noun** [C] a machine that produces electricity **генератор**

generic /dʒəˈnerɪk/ **adjective** **1** relating to a whole group of things or type of thing **общий** **2** A generic product such as a drug is not sold with the name of the company that produced it. **непатентованный, продаваемый без марки производителя**

generosity /ˌdʒenᵊˈrɒsəti/ **noun** [U] B2 the quality of being generous **щедрость, великодушие**

generous /ˈdʒenᵊrəs/ **adjective** **1** B1 giving other people a lot of money, presents, or time in a kind way **щедрый, великодушный** *a very generous man* **2** larger than usual or than expected **большой, щедрый** *a generous discount for students* ◦ *a generous portion*

• **generously** **adverb** B2 **щедро, великодушно**

ˈgene ˌtherapy **noun** [U] the science of changing genes (= parts of cells which control particular characteristics) in order to stop or prevent a disease **генная терапия**

genetic /dʒəˈnetɪk/ **adjective** relating to genes (= parts of cells which control particular characteristics) **генетический** *a rare* ***genetic disorder*** ◦ ***genetic research***

• **genetically** **adverb** **генетически**

geˌnetically ˈmodified **adjective** Genetically modified plants or animals have had some of their genes (= parts of cells which control particular characteristics) changed. **генетически модифицированный**

geˌnetic engiˈneering **noun** [U] when scientists change the genes (= parts of cells which control particular characteristics) in the cells of plants or animals **генная инженерия**

genetics /dʒəˈnetɪks/ **noun** [U] B2 the scientific

study of genes (= parts of cells which control particular characteristics) **генетика**

genial /ˈdʒiːniəl/ **adjective** kind and friendly **добродушный**

genitals /ˈdʒenɪtᵊlz/ **noun** [plural] the sexual organs **гениталии, половые органы**

genius /ˈdʒiːniəs/ **noun** **1** [C] someone who is extremely intelligent or extremely good at doing something **гений** *Einstein was a genius.* **2** [U] the quality of being extremely intelligent or extremely good at doing something **гениальность** *Einstein's genius*

genocide /ˈdʒenəsaɪd/ **noun** [U] the intentional killing of a large group of people who belong to a particular race or country **геноцид**

genre /ˈʒɒnrə/ **noun** [C] a type of art or writing with a particular style **жанр** *a **literary/musical** genre*

gent /dʒent/ **noun** [C] informal short for gentleman **джентльмен, господин**

genteel /dʒenˈtiːl/ **adjective** very polite, especially in an artificial way **нарочито вежливый**
• **gentility** /ˌdʒenˈtɪləti/ **noun** [U] **учтивость**

gentle /ˈdʒentl/ **adjective** **1** B1 kind and careful not to hurt or upset anyone or anything **мягкий, добрый** *My mother was such a gentle, loving person.* **2** B1 not strong or severe **легкий, слабый** *a mild soap that is gentle on your skin* ◦ *a gentle breeze* **3** A gentle slope or climb is not steep. **пологий**
• **gently** **adverb** B2 **нежно, осторожно, отлого** • **gentleness** **noun** [U] **мягкость, пологость**

gentleman /ˈdʒentlmən/ **noun** [C] (plural **gentlemen**) **1** a man who behaves politely and treats people with respect **джентльмен** *He was a **perfect gentleman**.* **2** B2 a polite word for 'man', used especially when talking to or about a man you do not know **господин** *There's a gentleman here to see you.*

the gents /dʒents/ **noun** [group] UK informal a toilet in a public place for men **мужская уборная**

genuine /ˈdʒenjuɪn/ **adjective** **1** If a person or their feelings are genuine, they are sincere and honest. **искренний** *He shows a genuine concern for the welfare of his students.* **2** B2 If something is genuine, it is really what it seems to be. **настоящий, подлинный** *a genuine gold necklace*
• **genuinely** **adverb** B2 **искренне, по-настоящему**

genus /ˈdʒiːnəs/, /ˈdʒenəs/ **noun** [C] (plural **genera**) a group of animals or plants that have the same characteristics **род (биологический)**

geo- /dʒiːəʊ-/ **prefix** relating to the earth **гео-** *geothermal (= of or connected with the heat inside the Earth)*

geography /dʒiˈɒɡrəfi/ **noun** [U] A2 the study of all the countries of the world, and of the surface of the Earth such as the mountains and seas **география**
• **geographer** **noun** [C] someone who studies geography **географ** • **geographical** /ˌdʒiːəʊˈɡræfɪkəl/ **adjective** (also **geographic** /dʒiːəʊˈɡræfɪk/) **географический** • **geographically** **adverb** **географически**

geology /dʒiˈɒlədʒi/ **noun** [U] the study of rocks and soil and the physical structure of the Earth **геология**
• **geological** /ˌdʒiːəʊˈlɒdʒɪkəl/ **adjective** **геологический** • **geologist** **noun** [C] someone who studies geology **геолог**

geometric /ˌdʒiːəʊˈmetrɪk/ **adjective** (also **geometrical**) **1** having a regular shape such as a circle or triangle, or having a pattern made of regular shapes **геометрический** **2** relating to geometry **геометрический**

geometry /dʒiˈɒmɪtri/ **noun** [U] a type of mathematics that deals with points, lines, angles and shapes **геометрия**

geriatric /ˌdʒeriˈætrɪk/ **adjective** relating to very old people **гериатрический** *geriatric patients* ◦ *a geriatric hospital*
• **geriatrics** **noun** [U] care and medical treatment for very old people **гериатрия**

germ /dʒɜːm/ **noun** **1** [C] a very small living thing that causes disease **микроб, бактерия** *Wash your hands before cooking so that you don't spread germs.* **2 the germ of sth** the beginning of something **зачаток, зародыш** *the germ of a brilliant idea*

ˌGerman ˈmeasles **noun** [U] (also **rubella**) a disease which causes red spots on your skin **краснуха**

germinate /ˈdʒɜːmɪneɪt/ **verb** [I, T] If a seed germinates or is germinated, it begins to grow. **прорастать, давать росток**
• **germination** /ˌdʒɜːmɪˈneɪʃᵊn/ **noun** [U] **прорастание**

gerund /ˈdʒerᵊnd/ **noun** [C] a noun made from the form of a verb that ends with -ing, for example 'fishing' in 'John loves fishing.' **герундий**

gesticulate /dʒesˈtɪkjəleɪt/ **verb** [I] to move your hands and arms around to emphasize what you are saying or to express something **жестикулировать**

gesture[1] /ˈdʒestʃər/ **noun** [C] **1** a movement you make with your hand, arm, or head to express what you are thinking or feeling **жест** *He **made** a rude **gesture** at the crowd.* **2** something you do to show people how you feel about a person or situation **жест, поступок** *It would be a **nice gesture** to invite her to dinner.*

> Слова-партнеры к **gesture**
>
> a grand/token gesture • a gesture of [friendship/goodwill, etc] • a nice gesture

gesture[2] /ˈdʒestʃər/ **verb** [I] to point at something or express something using your hand, arm, or head **жестикулировать** *He* ***gestured towards*** *the window.*

get /get/ **verb** (present participle **getting**, past tense **got**, past participle **got**, US **gotten**) **1** [T] A1 to obtain or buy something **приобретать, покупать** *I need to get some bread on the way home.* ◦ [+ two objects] *I'll try to get you a ticket.* **2** [T] A2 to go somewhere and bring back someone or something **забирать, доставать и приносить** *Wait here while I get the car.* **3** [T] A1 to receive something or be given something **получать** *Did you get anything nice for your birthday?* ◦ *Guy still hasn't got my email yet.* **4** [T] B2 to understand something **понимать** *He never gets any of my jokes.* **5 get into/off/through, etc** B1 to move somewhere **входить/выходить/проходить и т. д.** *Get over here right now!* **6 get sth into/down/out, etc** to move something somewhere **класть что-либо внутрь/снимать сверху/вынимать и т. д.** *Could you get that bowl down from the shelf for me?* **7 get here/there/to the bank, etc** A1 to arrive somewhere **приходить сюда/туда/в банк и т. д.** *What time do you normally get home from work?* **8 get sb/sth to do sth** B2 to make someone or something do something **убедить кого-либо сделать что-либо, добиваться чего-либо** *Sorry, I couldn't get the window to shut properly.* **9 get to do sth** B2 to have an opportunity to do something **удаваться, иметь возможность делать что-либо** *I never get to sit in the front seat.* **10 get ill/rich/wet, etc** B1 to become ill/rich/wet, etc **заболеть/разбогатеть/промокнуть и т. д.** *We should go. It's getting late.* **11 get caught/killed/married, etc** B1 to have something done to you **быть пойманным/убитым/жениться и т. д.** **12 get sth painted/repaired, etc** B1 to arrange for someone to do something for you, usually for money **покрасить/починить и т. д. что-либо (действие совершается кем-либо по желанию говорящего)** *I need to get my hair cut.* **13 get cancer/flu/malaria, etc** B1 to become ill or develop an illness **заболеть раком/гриппом/малярией и т. д.** *I feel like I'm getting a cold.* **14 get a bus/train, etc** A1 to travel somewhere on a bus/train, etc **ехать на автобусе/на поезде и т. д.** *Maybe we should get a taxi home.* **15 get the phone/door** informal B1 to answer someone calling on the telephone or waiting at the door **отвечать на телефонный звонок/звонок в дверь** *Can you get the phone?*

PHRASAL VERBS **get about** UK (US **get around**) **1** to travel to a lot of places **разъезжать, путешествовать** **2** to be able to go to different places without difficulty, especially if you are old or ill **передвигаться** **3** If news or information gets about, a lot of people hear about it. **распространяться, становиться известным** • **get sth across** B2 to successfully communicate information to other people **доносить (до слушателя), четко излагать** *This is the message that we want to* ***get across to*** *the public.* • **get ahead** to be successful in the work that you do **преуспевать** *It's tough for any woman who wants to* ***get ahead in*** *politics.* • **get along** mainly US (mainly UK **get on**) **1** If two or more people get along, they like each other and are friendly to each other. **ладить, быть в хороших отношениях** *I don't really* ***get along with*** *my sister's husband.* **2** to deal with a situation, especially successfully **справляться** *I wonder how Michael's getting along in his new job?* • **get around sth** (also UK **get round sth**) to find a way of dealing with or avoiding a problem **обходить (препятствие)** *Our lawyer found a way of getting around the adoption laws.* • **get around to sth** (also UK **get round to sth**) B2 to do something that you have intended to do for a long time **добираться до чего-либо, наконец сделать что-либо** *I finally got around to calling her yesterday.* • **get at sb** UK informal to criticize someone in an unkind way **придираться, нападать на кого-либо** • **be getting at sth** informal If you ask someone what they are getting at, you are asking them what they really mean. **клонить к чему-либо** • **get at sth** B1 to be able to reach or get something **добираться до чего-либо** • **get away 1** B2 to leave or escape from a place or person, often when it is difficult to do this **спасаться, избегать** *We walked to the next beach to* ***get away from*** *the crowds.* **2** B2 to go somewhere to have a holiday, especially because you need to rest **выбираться на отдых** *We decided to go up to Scotland to* ***get away from it all*** *(= have a relaxing holiday).* • **get away with sth** B2 to succeed in doing something bad or wrong without being punished or criticized **делать что-либо безнаказанно, выходить сухим из воды** *He shouldn't treat you like that. Don't let him get away with it.* • **get back** A2 to return to a place after you have been somewhere else **возвращаться** *By the time we got back to the hotel, Lydia had already left.* • **get sth back** B1 If you get something back, something that you had before is given to you again. **получать что-либо назад** *I wouldn't lend him anything, you'll never get it back.* • **get sb back** informal to do something unpleasant to someone because they have done something unpleasant to you **отомстить, отплатить кому-либо** • **get back to sb** to talk to someone, usually on the telephone, to give them some information they have asked for or because you were not able to speak to them before **перезванивать кому-либо** • **get back to sth** to start doing or talking about something again **возвращаться к чему-либо** *Anyway, I'd better get back to work.* • **get behind** If you get behind with work or payments, you have not done as much work or paid as much money as you should by a particular time. **отставать, просрочивать** • **get by** to be able to live or deal with a situation with difficulty, usually by having just enough of something you need, such as money **выживать, обходиться** *I don't know how he* ***gets by on*** *so little money.* • **get sb down** B2 to make someone feel unhappy **огорчать** *All this uncertainty is really getting me down.* • **get sth down** to write something, especially something that someone has said **записывать** • **get down to sth** B2 to start doing something seriously and with a lot of attention and effort **приниматься за что-либо, приступать к чему-либо** *Before we get down to business, I'd like to thank you all for coming today.* • **get in 1** B1 to succeed in entering a place, especially a building **влезать, проникать** *They must have got in through the bathroom window.* **2** B1 to arrive at your home or the place where you work **прибывать, приходить** *What time did you get in last night?* **3** B1 If a train or other vehicle gets in at a particular time, that is when it arrives. **прибывать** *Our flight's getting in later than expected.* **4** B1 to succeed in being chosen or elected for a position in a school or other organization **пройти (на выборах), поступить (в учебное заведение)** *He wanted to go to Oxford but he didn't get in.* • **get into sth 1** B2 to succeed in being chosen or elected for a position in a school or other organization **пройти (на выборах), поступить (в учебное заведение)** **2** to become interested in an activity or subject, or start being involved in an activity **заинтересоваться, начать заниматься чем-либо** *How did you get into journalism?* • **get into sb** If you do not know what has got into someone, you do not understand why they are behaving strangely. **находить на кого-либо** • **get off (sth) 1** A2 to leave a bus, train, aircraft, or boat **выходить (из транспорта)** *We should get off at the next stop.* → See **Phrasal Verbs** on page Centre 16 **2** to leave the place where you work, usually at the end of the day **заканчивать работу, освобождаться от работы** *What time do you get off work?* • **Get off!** UK informal something that you say in order to tell someone to stop touching someone or something **не трогай!** • **get (sb) off (sth)** to avoid being punished for something you have done wrong, or to help someone avoid getting punished for something they have done wrong **спасать(ся), отделываться** *He got off with a £20 fine.* • **get off on sth** informal If you get off on something, it makes you feel very excited, especially in a sexual way. **приходить в возбужденное состояние от чего-либо** • **get off with sb** UK informal to begin a sexual relationship with someone **завязывать интимные отношения с кем-либо** • **get on (sth)** A2 to go onto a bus, train, aircraft, or boat **входить, садиться (на автобус, поезд и т. д.)** *I think we got on the wrong bus.* → See **Phrasal Verbs** on page Centre 16 • **be getting on** informal **1** to be old **стареть** **2** mainly UK If time is getting on, it is becoming late. **становиться поздно** • **get on** mainly UK (mainly US **get along**) **1** B1 If two or more people get on, they like each other and are friendly to each other. **ладить (с людьми)** *I never knew that Karen didn't* ***get on with*** *Sue.* **2** B1 to deal with a situation, especially successfully **преуспевать, делать успехи** *How's Frank getting on in his new job?* • **get on with sth** to continue doing something, especially work **продолжать что-либо** *Get on with your homework.* • **get onto sth** to start talking about a subject after discussing something else **переходить к какой-либо теме** *How did we get onto this subject?* • **get out 1** B1 to move out of something, especially a vehicle **выходить, высаживаться** *I'll get out when you stop at the traffic lights.* **2** to go out to different places and meet people in order to enjoy yourself **выходить из дома (чтобы развлечься)** *She doesn't get out so much now that she's got the baby.* **3** If news or information gets out, people hear about it although someone is trying to keep it secret. **становиться известным** • **get (sb) out** to escape from or leave a place, or to help someone do this **убежать, помочь кому-либо сбежать** *I left the door open and the cat got out.* • **get out of sth** B2 to avoid doing something that you should do, often by giving an excuse **избегать чего-либо** *You're just trying to get out of doing the housework!* • **get sth out of sb** to persuade or force someone to tell or give you something **добиваться чего-либо от кого-либо** *He was determined to get the truth out of her.* • **get sth out of sth** to enjoy something or think that something is useful **извлекать пользу из чего-либо** *It was an interesting course but I'm not sure I got much out of it.* • **get over sth 1** B2 to begin to feel better after being unhappy or ill **оправиться от чего-либо, пережить что-либо** *It took her months to get over the shock of Richard leaving.* **2 can't/couldn't get over sth** informal to be very shocked or surprised about something **быть потрясенным, пораженным чем-либо** *I can't get over how different you look with short hair.* • **get sth over with** to do and complete something difficult or unpleasant that must be done **разделаться, покончить с чем-либо** *I'll be glad to get these exams over with.* • **get round** UK (US **get around**) If news or information gets round, a lot of people hear about it. **распространяться (о новостях, информации)** • **get round sth** UK (US **get around sth**) to find a way of dealing with or avoiding a problem **находить способ справиться с чем-либо, обойти что-либо** • **get round sb** UK to persuade someone to do what you want by being kind to them **уговорить** • **get through** to manage to talk to someone on the telephone **дозвониться** *I tried to ring earlier, but I couldn't get through.* • **get through to sb** to succeed in making someone understand or believe something **заставлять кого-либо понять что-либо, достучаться до кого-либо** *I just don't seem to be able to get through to him these days.* •

G

get through sth 1 (B2) to deal with a difficult or unpleasant experience successfully, or to help someone do this **разделаться, покончить с чем-либо** *If I can just get through my exams I'll be so happy.* **2** mainly UK to finish doing or using something **закончить делать или использовать что-либо** *We got through a whole jar of coffee last week.* • **get to sb** informal to make someone feel upset or angry **огорчать, расстраивать кого-либо** *I know he's annoying, but you shouldn't let him get to you.* • **get together 1** (B1) to meet in order to do something or spend time together **встречаться** *Jan and I are getting together next week for lunch.* **2** to begin a romantic relationship **начинать встречаться с кем-либо** *She got together with Phil two years ago.* • **get (sb) up** (A1) to wake up and get out of bed, or to make someone do this **вставать, будить** *I had to get up at five o'clock this morning.* → See **Phrasal Verbs** on page Centre 16 • **get up** to stand up **вставать** *The whole audience got up and started clapping.* • **get up to sth** UK to do something, especially something that other people think is wrong **затевать, замышлять** *She's been getting up to all sorts of mischief lately.*

getaway /ˈgetəweɪ/ **noun** [C] when someone leaves a place quickly, especially after committing a crime **бегство** *They had a car waiting outside so they could* ***make*** *a quick* ***getaway****.*

get-together /ˈgettəgeðə/ **noun** [C] an informal meeting or party **встреча, вечеринка** *We have a big family get-together every year.*

ghastly /ˈgɑːstli/ **adjective** very bad or unpleasant **ужасный, страшный** *a ghastly mistake* ◦ *a ghastly man*

ghetto /ˈgetəʊ/ **noun** [C] (plural **ghettos**, **ghettoes**) an area of a city where people of a particular race or religion live, especially a poor area **гетто**

ghost

ghost /gəʊst/ **noun** [C] (B1) the spirit of a dead person which appears to people who are alive **привидение** *Do you believe in ghosts?* ◦ *a* ***ghost story***

IDIOM **give up the ghost** UK humorous If a machine gives up the ghost, it stops working completely. **приказать долго жить**

• **ghostly adjective призрачный** *a ghostly figure*

ˈ**ghost** ˌ**town noun** [C] a town where few or no people now live **город, покинутый жителями**

ghoul /guːl/ **noun** [C] an evil spirit **упырь, вурдалак**

GI /ˌdʒiːˈaɪ/ **noun** [C] a soldier in the US army **солдат (армии США)**

giant¹ /ˈdʒaɪənt/ **adjective** [always before noun] (B1) extremely big, or much bigger than other similar things **громадный, гигантский** *a giant spider*

giant² /ˈdʒaɪənt/ **noun** [C] **1** an imaginary man who is much bigger and stronger than ordinary men **великан** **2** a very large and important company or organization **гигант** *a media/software giant*

gibberish /ˈdʒɪbərɪʃ/ **noun** [U] something that someone says that has no meaning or that cannot be understood **тарабарщина**

gibe /dʒaɪb/ **noun** [C] another spelling of jibe (= an insulting remark) **колкость, насмешка**

giddy /ˈgɪdi/ **adjective** feeling as if you cannot balance and are going to fall **испытывающий головокружение**

gift /gɪft/ **noun** [C] **1** (A2) something that you give to someone, usually for a particular occasion **подарок** *a birthday/wedding gift* **2** a natural ability or skill **дарование, способность** *She* ***has a gift for*** *design.*

gifted /ˈgɪftɪd/ **adjective** A gifted person has a natural ability or is extremely intelligent. **одаренный, талантливый** *a gifted athlete* ◦ *a school for gifted children*

ˈ**gift** ˌ**token/**ˌ**voucher noun** [C] UK (US **gift certificate**) a card with an amount of money printed on it which you exchange in a shop for goods that cost that amount of money **подарочный купон/ваучер** *a £20 gift voucher*

gig /gɪg/ **noun** [C] informal a performance of pop or rock music **концерт рок- или поп-музыки**

gigabyte /ˈgɪgəbaɪt/ **noun** [C] (written abbreviation **GB**) a unit for measuring the amount of information a computer can store, equal to 1,000,000,000 bytes **гигабайт**

gigantic /dʒaɪˈgæntɪk/ **adjective** extremely big **гигантский, громадный** *a gigantic teddy bear*

giggle /ˈgɪgl/ **verb** [I] to laugh in a nervous or silly way **хихикать** *She started giggling and couldn't stop.*

• **giggle noun** [C] **хихиканье**

gilded /ˈgɪldɪd/ **adjective** covered with a thin layer of gold or gold paint **позолоченный** *a gilded frame/mirror*

gill /gɪl/ **noun** [C] an organ on each side of a fish or other water creature which it uses to breathe **жабра**

gilt /gɪlt/ **noun** [U] a thin covering of gold or gold paint **позолота**

• **gilt adjective позолоченный**

gimmick /ˈgɪmɪk/ **noun** [C] something that is used only to get people's attention, especially to make them buy something **трюк, уловка** *a* ***marketing/publicity gimmick***

• **gimmicky adjective трюкачеcкий, хитроумный**

gin /dʒɪn/ **noun** [C, U] a strong alcoholic drink which has no colour **джин**

ginger[1] /ˈdʒɪndʒəʳ/ **noun** [U] a pale brown root with a strong taste used as a spice in cooking **имбирь** *ginger cake*

ginger[2] /ˈdʒɪndʒəʳ/ **adjective** UK Ginger hair is an orange-brown colour. **рыжий** *She's got ginger hair and freckles.*

ginger[3] /ˈgɪŋəʳ/ **noun** [C] UK informal an offensive word for a person with red hair **рыжий**

gingerly /ˈdʒɪndʒəli/ **adverb** slowly and carefully **осторожно, робко** *He lowered himself gingerly into the water.*

gipsy /ˈdʒɪpsi/ **noun** [C] another UK spelling of gypsy (= a member of a race of people who travel from place to place, especially in Europe) **цыган, цыганка**

giraffe /dʒɪˈrɑːf/ **noun** [C] B1 a large African animal with a very long neck and long, thin legs **жираф**

giraffe

girder /ˈgɜːdəʳ/ **noun** [C] a long, thick piece of metal that is used to support bridges or large buildings **балка**

girl /gɜːl/ **noun 1** A1 [C] a female child or young woman **девочка, девушка** *We have three children – a boy and two girls.* **2 the girls** a group of female friends **подруги** *I'm going out with the girls tonight.*

girlfriend /ˈgɜːlfrend/ **noun** [C] **1** A2 a woman or girl who someone is having a romantic relationship with **подруга, возлюбленная** *Have you met Steve's new girlfriend?* **2** a female friend, especially of a woman **подруга**

girth /gɜːθ/ **noun** [C, U] the measurement around something round, such as someone's waist **обхват (талии, дерева и т. д.)**

gist /dʒɪst/ **noun the gist of sth** the main point or meaning of something without the details **суть, сущность чего-либо**

give[1] /gɪv/ **verb** (past tense **gave**, past participle **given**) **1** [+ two objects] A1 to provide someone with something **давать, дарить** *Her parents gave her a car for her birthday.* ◦ *Do you* ***give*** *money* ***to*** *charity?* ◦ *Could you give me a lift to the station, please?* **2** [+ two objects] A2 to put something near someone or in their hand so that they can use it or look at it **давать, подавать** *Can you give me that pen?* ◦ *He poured a cup of coffee and* ***gave*** *it* ***to*** *Isabel.* **3** [+ two objects] B1 to allow someone to have a right or an opportunity **предоставлять** *We didn't really give him a chance to explain.* **4** [T] A2 to tell someone something **сообщать** *The woman refused to give her name.* ◦ [+ two objects] *Can you give Jo a message?* **5** [+ two objects] B1 to cause someone to have or feel something **причинять, быть источником** *I hope he hasn't given you any trouble.* ◦ *This news will* ***give*** *hope* ***to*** *thousands of sufferers.* **6** [+ two objects] B1 to allow someone or something a particular amount of time **давать время** *I'm nearly ready – just give me a few minutes.* **7** [+ two objects] B1 to pay someone a particular amount of money for something **платить, отдавать** *I gave him £20 for his old camera.* **8** [T] B1 to perform an action **произвести какое-либо действие (соответствующее значению существительного)** *to give a cry/shout* ◦ [+ two objects] *He gave her a kiss on the cheek.* **9 give sb a call/ring** A2 to telephone someone **звонить кому-либо по телефону** *Why don't you just give him a call?* **10 give a performance/speech, etc** B2 to perform or speak in public **дать представление/выступить с речью и т. д.** *Tony gave a great speech.* **11 give a party** A2 to have a party **устраивать**

Другие способы сказать give

Вместо глагола **give** часто используют глаголы **offer**, **provide** и **supply**.

This booklet ***provides*** *useful information about local services.*

Your doctor should be able to ***offer*** *advice.*

The lake ***supplies*** *the whole town* ***with*** *water.*

Глагол **donate** употребляют, когда говорят, что кто-то отдает деньги или вещи организации, которая в этом нуждается.

Four hundred pounds has been ***donated*** *to the school book fund.*

Если кто-то наряду с другими людьми дает деньги или что-то другое на общее дело, то употребляется глагол **contribute**.

I contributed *twenty dollars towards Jamie's present.*

Если вы передаете что-либо из рук в руки другому человеку, то можно использовать глаголы **pass** и **hand**.

Could you ***hand*** *me that book, please?*

He ***passed*** *a note to her during the meeting.*

Фразовый глагол **hand in** используется, когда что-то передают человеку, занимающему определенную должность.

Have you ***handed in*** *your history essay yet?*

Фразовый глагол **pass on** используется, когда кого-то просят передать что-то третьему лицу.

Could you ***pass*** *this* ***on*** *to Laura when you've finished reading it?*

Если что-то, например, приз или денежную сумму, присуждают в рамках официальной церемонии, можно использовать глаголы **award** или **present**.

She was ***presented*** *with a bouquet of flowers and a cheque for £500.*

He was ***awarded*** *the Nobel Prize for Physics.*

G

вечеринку *Claire's giving a birthday party for Eric.* **12** [I] to bend, stretch, or break because of too much weight **гнуться, растягиваться, ломаться** **13 give way** UK (US **yield**) to stop in order to allow other vehicles to go past before you drive onto a bigger road **пропускать, уступать дорогу**

PHRASAL VERBS **give sth away 1** B1 to give something to someone without asking for any money **отдавать, раздавать** *They're giving away a CD with this magazine.* **2** B2 to let someone know a secret, often without intending to **выдать, проболтаться** *The party was meant to be a surprise, but Caroline gave it away.* • **give sth back** A2 to return something to the person who gave it to you **возвращать, отдавать** *Has she given you those books back yet?* • **give in 1** B1 to finally agree to what someone wants after a period when you refuse to agree **уступать, поддаваться** *We will never **give in to** terrorists' demands.* **2** B1 to accept that you have been beaten and agree to stop competing or fighting **сдаваться** • **give sth in** UK B1 to give a piece of written work or a document to someone for them to read, judge, or deal with **сдавать, подавать (заявление, письменную работу и т. д.)** *I have to give my essay in on Monday.* • **give off sth** to produce heat, light, a smell, or a gas **выделять, испускать** *The fire was giving off a lot of smoke.* • **give sth out** B1 to give something to a large number of people **раздавать, распределять** *He gave out copies of the report at the end of the meeting.* • **give out** If a machine or part of your body gives out, it stops working correctly. **переставать работать, отказывать** *She read until her eyes gave out.* • **give up (sth) 1** B1 If you give up a habit such as smoking, or give up something unhealthy such as alcohol, you stop doing it or having it. **бросать, отказываться от чего-либо** *I gave up smoking two years ago.* **2** B1 to stop doing something before you have completed it, usually because it is too difficult **отказаться от попыток, махнуть рукой** [+ doing sth] *I've given up trying to help her.* • **give up sth** B1 to stop doing a regular activity or job **прекращать** *Are you going to give up work when you have your baby?* • **give up** to stop trying to think of the answer to a joke or question **сдаваться** *Do you give up?* • **give it up for sb** used to ask people to clap their hands to show that they like a performance **аплодировать** *Ladies and gentlemen, give it up for the star of our show, Amy Jones!* • **give yourself up** to allow the police or an enemy to catch you **сдаваться** • **give up on sb** to stop hoping that someone will do what you want them to do **признавать кого-либо безнадежным, махнуть рукой на кого-либо** *The doctors have given up on him.* • **give up on sth** to stop hoping that something will achieve what you want it to achieve **потерять надежду, перестать верить**

give[2] /gɪv/ **noun** [U] when something can bend or move from its normal shape to take extra weight or size **упругость, эластичность**

IDIOM **give and take** when people reach agreement by letting each person have part of what they want **взаимные уступки, компромисс**

giveaway /ˈgɪvəweɪ/ **noun 1** [C] something that is given to people free **подарок, что-либо, отданное даром** **2** [no plural] something that makes it easy for people to guess something **ненамеренное разоблачение**

given[1] /ˈgɪvᵊn/ **adjective 1** [always before noun] already arranged or agreed **установленный, обусловленный** *They can only stay for a given amount of time.* **2 any given day/time/week, etc** any day/time/week, etc **любой взятый отдельно день/любое время/любая неделя и т. д.** *About 4 million women are pregnant in the US at any given time.*

given[2] /ˈgɪvᵊn/ **preposition** when you consider **с учетом** *Given the force of the explosion, it's a miracle they survived.*

given[3] /ˈgɪvᵊn/ past participle of give **прич. прош. вр. от гл. give**

glacial /ˈgleɪsiəl/ US /ˈgleɪʃᵊl/ **adjective** [always before noun] relating to glaciers or ice **ледниковый** *glacial lakes*

glacier /ˈglæsiəʳ/ US /ˈgleɪʃər/ **noun** [C] a large mass of ice that moves very slowly, usually down a slope or valley **ледник**

glad /glæd/ **adjective** [never before noun] **1** A2 happy about something **радостный, довольный** [+ (that)] *She's very glad that she left.* ◦ [+ to do sth] *I'm so glad to see you.* **2** very willing to do something **готовый делать что-либо, охотно делающий что-либо** [+ to do sth] *She's always glad to help.* **3 be glad of sth** formal to be grateful for something **быть благодарным за что-либо** *I was glad of a few days off before going back to work.*

gladly /ˈglædli/ **adverb** willingly or happily **охотно, с радостью** *I would gladly pay extra for better service.*

glamorize (also UK **-ise**) /ˈglæmᵊraɪz/ **verb** [T] to make something seem glamorous **приукрашивать**

glamorous /ˈglæmᵊrəs/ **adjective** attractive in an exciting and special way **роскошный** *a glamorous woman* ◦ *a glamorous lifestyle*

glamour (also US **glamor**) /ˈglæməʳ/ **noun** [U] the quality of being attractive, exciting and special **роскошь, шик** *the glamour of Hollywood*

glance[1] /glɑːns/ **verb 1 glance at/around/towards, etc** B1 to look somewhere for a short time **взглянуть на что-либо** *He glanced at his watch.* **2 glance at/over/through, etc** B2 to read something quickly **просматривать что-либо** *She glanced through the newspaper.*

glance[2] /glɑːns/ **noun 1** B2 [C] a quick look

быстрый взгляд *She **had a quick glance** around the restaurant.* **2 at a glance** If you see something at a glance, you see it very quickly or immediately. на первый взгляд

> **Слова-партнеры к glance**
> cast/give/have a glance [at/around, etc] sb/sth • exchange glances • a cursory/quick glance

gland /glænd/ **noun** [C] an organ in the body that produces a particular chemical substance or liquid железа, лимфатический узел

glandular fever /ˌglændjʊləˈfiːvəʳ/ **noun** [U] UK (US **mononucleosis**) an infectious disease that makes your glands swell and makes you feel tired инфекционный мононуклеоз

glare¹ /gleəʳ/ **noun 1** [U] strong, bright light that hurts your eyes резкий свет, ослепительный блеск *I get a lot of glare from my computer screen.* **2** [C] a long, angry look сердитый пристальный взгляд **3 the glare of publicity/the media, etc** when someone gets too much attention from newspapers and television пристальное внимание средств массовой информации/прессы и т. д.

glare² /gleəʳ/ **verb** [I] to look at someone in an angry way грозно смотреть

glaring /ˈgleərɪŋ/ **adjective 1 a glaring error/mistake/omission, etc** a very noticeable mistake or problem грубая ошибка/грубое упущение и т. д. **2 glaring light/sun, etc** light which is too strong and bright ослепительный свет/ослепительное солнце и т. д.

glass

The window is made of glass.

glass /glɑːs/ **noun 1** [U] Ⓐ1 a hard, transparent substance that objects such as windows and bottles are made of стекло ***broken glass*** ◦ *glass jars* **2** [C] Ⓐ1 a container made of glass that is used for drinking стакан *Would you like **a glass of** water?* → See also **magnifying glass, stained glass**

> **Слова-партнеры к glass**
> a pane/sheet of glass • broken glass

glasses /ˈglɑːsɪz/ **noun** [plural] Ⓐ1 a piece of equipment with two transparent parts that you wear in front of your eyes to help you see better очки *a **pair of glasses*** ◦ *She was **wearing glasses**.*

glassy /ˈglɑːsi/ **adjective 1** A glassy surface is smooth and shiny like glass. зеркальный, гладкий **2** Glassy eyes show no expression and seem not to see anything. остекленевший, безжизненный

glaze¹ /gleɪz/ **verb 1** [I] (also **glaze over**) If someone's eyes glaze or glaze over, they stop showing any interest or expression because they are bored or tired. стекленеть, тускнеть **2** [T] to cover the surface of objects made of clay with a liquid that makes them hard and shiny when they are baked глазуровать **3** [T] to put a liquid on food to make it shiny and more attractive глазировать **4** [T] to put glass in a window or door вставлять стекла

glaze² /gleɪz/ **noun** [C, U] **1** a liquid that is put on objects made of clay to make them hard and shiny when they are baked глазурь **2** a liquid that is put on food to make it shiny and attractive глазурь

gleam¹ /gliːm/ **verb** [I] to shine in a pleasant, soft way светиться, мерцать, блестеть *a gleaming new car*

gleam² /gliːm/ **noun** [no plural] **1** when something shines in a pleasant, soft way слабый свет, мерцание *the gleam of sunlight on the frozen lake* **2** an expression in someone's eyes блеск, проблеск *She had a strange gleam in her eye.*

glean /gliːn/ **verb** [T] to discover information slowly or with difficulty добывать (сведения), собирать по мелочам [often passive] *Some useful information can be **gleaned from** this study.*

glee /gliː/ **noun** [U] a feeling of great happiness, usually because of your good luck or someone else's bad luck ликование *Rosa began laughing with glee.*
• **gleeful adjective** ликующий • **gleefully adverb** ликующе

glib /glɪb/ **adjective** using words in a way that is clever and confident, but not sincere бойкий (о речи)

glide /glaɪd/ **verb glide along/into/over, etc** to move somewhere smoothly and quietly скользить, двигаться плавно *The train slowly glided out of the station.*

glider /ˈglaɪdəʳ/ **noun** [C] an aircraft that has no engine and flies on air currents планер
• **gliding noun** [U] the activity of flying in a glider планеризм → See also **hang glider, hang gliding**

glimmer¹ /ˈglɪməʳ/ **noun 1 a glimmer of happiness/hope, etc** a small sign of something good проблеск счастья/надежды и т. д.

2 [C] when a light shines in a weak way **мерцание**

glimmer² /ˈglɪməʳ/ **verb** [I] to shine in a weak way **мерцать**

glimpse /glɪms/ **noun** [C] when you see something or someone for a very short time **быстрый взгляд, мимолетная картина** *He **caught/got a glimpse of** her as she got into the car.*

• **glimpse verb** [T] to see something or someone for a very short time **увидеть мельком** *She glimpsed him out of the corner of her eye.*

Слова-партнеры к glimpse
catch/get a glimpse • a **brief/fleeting** glimpse • a glimpse **of** sb/sth

glint /glɪnt/ **noun** [no plural] **1** when your eyes shine with excitement or because you are going to do something bad **блеск** *She had a wicked glint in her eye.* **2** when something shines or reflects light for a short time **вспышка, сверкание**

• **glint verb** [I] **блестеть, сверкать**

glisten /ˈglɪsᵊn/ **verb** [I] If something glistens, it shines, often because it is wet. **блестеть** *Their faces were **glistening with** sweat.*

glitch /glɪtʃ/ **noun** [C] informal a mistake or problem that stops something from working correctly **сбой** ***technical glitches***

glitter¹ /ˈglɪtəʳ/ **verb** [I] to shine with small flashes of light **сверкать** *Snow glittered on the mountains.*

glitter² /ˈglɪtəʳ/ **noun** [U] **1** very small, shiny pieces of metal used for decoration **мелкие блестящие украшения, блестки** **2** when something seems exciting and attractive **великолепие, блеск**

glittering /ˈglɪtᵊrɪŋ/ **adjective** **1** shining with small flashes of light **сверкающий** *glittering jewels* **2** successful and exciting **великолепный, блестящий** *a glittering party/career*

glitz /glɪts/ **noun** [U] when something is attractive, exciting and shows money in an obvious way **показной блеск**

• **glitzy adjective показной, мишурный** *a glitzy nightclub*

gloat /gləʊt/ **verb** [I] to show pleasure at your success or at someone else's failure **злорадствовать** *His enemies were **gloating over** his defeat.*

global /ˈgləʊbᵊl/ **adjective** (B2) relating to the whole world **глобальный** *the global problem of nuclear waste*

• **globally adverb** (B2) **глобально**

globalization /ˌgləʊbᵊlaɪˈzeɪʃᵊn/ **noun** [U] **1** the increase of business around the world, especially by big companies operating in many countries **глобализация** **2** when things all over the world become more similar **глобализация** *the globalization of fashion*

ˌglobal ˈwarming noun [U] (B2) when the air around the world becomes warmer because of pollution **глобальное потепление**

globe /gləʊb/ **noun**
1 the globe the world **земной шар** *This event is being watched by 200 million people around the globe.* **2** [C] a model of the world shaped like a ball with a map of all the countries on it **глобус**

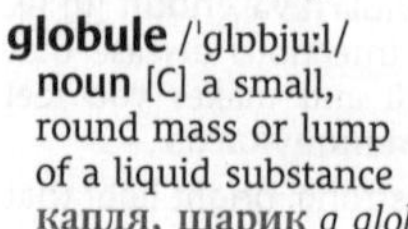
globe

globule /ˈglɒbjuːl/ **noun** [C] a small, round mass or lump of a liquid substance **капля, шарик** *a globule of oil*

gloom /gluːm/ **noun** [U] **1** a feeling of unhappiness and of not having any hope **мрачность, уныние** *an atmosphere of gloom* **2** when it is dark, but not completely dark **мрак, темнота**

gloomy /ˈgluːmi/ **adjective** **1** very negative about a situation **унылый, удручающий** *a gloomy report* **2** dark in an unpleasant way **мрачный, темный** *a small, gloomy room* **3** unhappy and without hope **угрюмый** *a gloomy face*

• **gloomily adverb мрачно, угрюмо**

glorify /ˈglɔːrɪfaɪ/ **verb** [T] **1** to describe or represent something in a way that makes it seem better or more important than it really is **превозносить, восхвалять** *films that glorify violence* **2** to praise someone, especially God **славить**

glorious /ˈglɔːriəs/ **adjective** **1** beautiful or wonderful **изумительный, великолепный** *We had four days of glorious sunshine.* ◦ *glorious colours* **2** deserving praise and respect **славный, достойный восхищения** *a glorious career*

• **gloriously adverb изумительно, великолепно**

glory¹ /ˈglɔːri/ **noun** [U] **1** when people praise and respect you for achieving something important **слава** **2** great beauty **великолепие** *The castle has been restored to its **former glory**.*

glory² /ˈglɔːri/ **verb**

PHRASAL VERB **glory in sth** to enjoy something and be very proud of it **упиваться, гордиться чем-либо**

gloss¹ /glɒs/ **noun** **1** [U] paint that creates a shiny surface **глянцевая краска** **2** [U] shine on a surface **блеск, глянец** **3** [C] a short explanation of a word or phrase in a text **глосса, пояснение**

gloss² /glɒs/ **verb** [T] to give a short explanation of a word or phrase **пояснять, снабжать комментариями**

PHRASAL VERB **gloss over sth** to avoid discussing something, or to discuss something without any details in order to make it seem unimportant **обходить что-либо молчанием, не вдаваться в детали**

glossary /ˈglɒsᵊri/ **noun** [C] a list of difficult words with their meanings like a small dictionary, especially at the end of a book **глоссарий**

glossy /ˈglɒsi/ **adjective 1** smooth and shiny **блестящий, лоснящийся** *glossy hair* **2** Glossy magazines and pictures are printed on shiny paper. **на глянцевой бумаге** *a glossy brochure*

glove /glʌv/ **noun** [C] A2 a piece of clothing which covers your fingers and hand **перчатка** *a pair of gloves* → See **Clothes** on page Centre 9

ˈglove comˌpartment noun [C] (also **glove box**) a small cupboard in the front of a car, used to hold small things **ящик в приборном щитке автомобиля, "бардачок"**

glow[1] /gləʊ/ **noun** [no plural] **1** a soft, warm light **свет, отблеск** *the warm glow of the moon* **2** when your face feels or appears warm and healthy **румянец** *Sam's face had lost its rosy glow.* **3 a glow of happiness/pride, etc** a strong feeling of being happy/proud, etc **счастливый/гордый и т. д. вид**

glow[2] /gləʊ/ **verb** [I] **1** to produce a soft, warm light **светиться** *toys which glow in the dark* **2** to have a warm and healthy appearance **быть румяным, гореть (о щеках)** *Her eyes were bright and her cheeks were glowing.* **3 glow with happiness/pride, etc** to feel very happy/proud, etc **сиять от счастья/гордости и т. д.** *Glowing with pride, she showed me her painting.*

glower /ˈglaʊəʳ/ **verb** [I] to look at someone in a very angry way **смотреть сердито** *The woman glowered at her husband.*

glowing /ˈgləʊɪŋ/ **adjective** praising someone a lot **восторженный** *She got a **glowing report** from her teacher.*

> **Слова-партнеры к glowing**
>
> a glowing reference/report/tribute • in glowing terms

glucose /ˈglu:kəʊs/ **noun** [U] a type of sugar **глюкоза**

glue[1] /glu:/ **noun** [U] a substance used to stick things together **клей** *Put a bit of glue on both edges and hold them together.* → See **The Classroom** on page Centre 6

glue[2] /glu:/ **verb** [T] (present participle **glueing**, **gluing**, past tense and past participle **glued**) to stick something to something else with glue **склеивать** *Do you think you can **glue** this vase back **together**?*

PHRASAL VERB **be glued to sth** to be watching something, especially television **прилипнуть к чему-либо, не отходить от чего-либо** *The kids were glued to the TV all morning.*

glum /glʌm/ **adjective** unhappy **хмурый** *Why are you looking so glum today?*
• **glumly adverb хмуро**

glut /glʌt/ **noun** [C] more of something than is needed **избыток, изобилие** [usually singular] *There is **a glut of** houses for sale in this area.*

glutton /ˈglʌtᵊn/ **noun** [C] someone who eats too much **обжора**

IDIOM **be a glutton for punishment** to enjoy doing things that are unpleasant or difficult **не жалеть себя, отдаваться чему-либо целиком**

gluttony /ˈglʌtᵊni/ **noun** [U] when someone eats too much **обжорство**

GM /ˌdʒi:ˈem/ **adjective** abbreviation for genetically modified: genetically modified plants or animals have had some of their genes (= parts of cells which control particular characteristics) changed. **генетически модифицированный** *GM foods*

gm written abbreviation for gram (= a unit for measuring weight) **грамм**

GMO /ˌdʒi:emˈəʊ/ **noun** [U] abbreviation for genetically modified organism: a plant or animal in which scientists have changed the genes (= parts of cells which control particular characteristics) **генетически модифицированный организм**

GMT /ˌdʒi:emˈti:/ **noun** [U] abbreviation for Greenwich Mean Time: the time at Greenwich in London, which is used as an international measurement for time **время по Гринвичу**

gnarled /nɑ:ld/ **adjective** rough and twisted, usually because of being old **искривленный, сучковатый** *a gnarled tree trunk*

gnat /næt/ **noun** [C] a small flying insect that can bite you **комар, мошка**

gnaw /nɔ:/ **verb** [I, T] to bite something with a lot of small bites **грызть, глодать** *He was gnawing on a bone.*

PHRASAL VERB **gnaw at sb** to make someone feel more and more anxious or annoyed **терзать, беспокоить кого-либо** *Doubt kept gnawing at him.*

gnome /nəʊm/ **noun** [C] an imaginary little man with a pointed hat **гном** *a garden gnome*

GNP /ˌdʒi:enˈpi:/ **noun** [U] abbreviation for gross national product: the total value of goods and services produced in a country in a year, including the profits made in foreign countries **валовой национальный продукт** → Compare **GDP**

go[1] /gəʊ/ **verb** [I] (present participle **going**, past tense **went**, past participle **gone**) **1** A1 to move or travel somewhere **идти, ехать** *I'd love to go to America.* ◦ *We went into the house.* ◦ *Are you **going by** train?* **2** A1 to move or travel somewhere in order to do something **идти, ехать** *Let's **go for** a walk.* ◦ [+ doing sth] *We're going* *camping tomorrow.* **3** (B1) to disappear or no longer exist **исчезать, проходить** *When I turned round the man had gone.* **4 go badly/well, etc** (B1) to develop in a particular way **проходить, протекать хорошо/плохо и т. д.** *My exams went really badly.* **5** to continue to be in a particular state **оставаться (в каком-либо состоянии)** *We won't let anyone go hungry.* **6** (B2) to work correctly **работать, функционировать** *Did you manage to get the car going?* **7** (B2) to stop working correctly **пропадать, слабеть** *Her hearing is going, so speak loudly.* **8** (B1) If two things go, they match each other. **подходить, годиться** *That jumper doesn't* ***go with*** *those trousers.* **9** (B2) If time goes, it passes. **идти, проходить (о времени)** *The day went very quickly.* **10** (B2) to have a particular tune or words **иметь мелодию или слова, звучать** *I can't remember how it goes.* **11** (B2) to make a particular sound or movement **издавать звук, двигаться определенным образом** *My dog goes like this when he wants some food.*

> **!** Типичная ошибка: **go**
>
> **Запомните:** когда глагол **go** употребляют в значении 'отправляться в какое-либо место', то после него нужно использовать предлог **to**.
>
> ~~*I've never been in the USA.*~~
>
> *I've never been to the USA.*

IDIOM **not go there** to not think or talk about a subject that makes you feel bad **не думать о чем-то/не обсуждать какую-то тему** *"Then there's the guilt I feel about leaving my child with another woman." "****Don't even go there!****"*

PHRASAL VERBS **go about sth** to start to do something or deal with something **приступать к чему-либо** *What's the best way to go about this?* • **go after sb** to chase or follow someone in order to catch them **гоняться, преследовать** *He ran away, but the police went after him.* • **go against sth** If something goes against a rule or something you believe in, it does not obey it or agree with it. **противоречить, нарушать** *It goes against my principles to lie.* • **go against sb** If a decision or vote goes against someone, they do not get the result that they needed. **быть не в чью-либо пользу** *The judge's decision went against us.* • **go ahead 1** (B2) to start to do something **начинать** *We have permission to go ahead with the project.* **2** (B2) something that you say to someone to give them permission to do something **пожалуйста!** *"Can I borrow your book?" "Yes, go ahead."* • **go-ahead** noun **разрешение, "добро"** ***get/give the go-ahead*** • **go along 1** UK to go to a place or event, usually without much planning **зайти, заскочить** *I might go along to the party after work.* **2** to continue doing something **продолжать** *I'll tell you the rules as we go along.* • **go along with sth/sb** to support an idea, or to agree with someone's opinion **соглашаться с чем-либо/кем-либо** *She'll never go along with this idea.* • **go around** (also UK **go round**) **1** to be enough for everyone in a group **хватать на всех** *There aren't enough chairs to go around.* **2 go around doing sth** to spend your time behaving badly or doing something that is unpleasant for other people **делать что-либо (болтать, сплетничать и т. д.) повсюду** *She's been going around telling people I'm stupid.* • **go at sth** UK informal to start doing something with a lot of energy and enthusiasm **приниматься за что-либо** *There were a lot of dishes to wash so we went at it straight away.* • **go away 1** (B1) to leave a place **уходить** *Go away – I'm busy.* **2** (B1) to leave your home in order to spend time in a different place, usually for a holiday **уезжать** *They're going away for a few weeks in the summer.* **3** to disappear **исчезать** *That smell seems to have gone away.* • **go back** (B1) to return to a place where you were or where you have been before **возвращаться** *When are you going back to London?* • **go back on sth** to not do something that you promised you would do **нарушать слово, подводить** *I never go back on my word (= not do what I said I would do).* • **go back to sb** to start a relationship again with a person who you had a romantic relationship with in the past **возвращаться к кому-либо** *Jim's gone back to his ex-wife.* • **go back to sth** to start doing something again that you were doing before **возвращаться к чему-либо** *It's time to go back to work now.* • **go by 1** (B2) If time goes by, it passes. **проходить, протекать (о времени)** *The days went by really slowly.* **2** to move past **проходить, проезжать мимо** *A green sports car went by.* • **go by sth** to use information about something to help you make a decision about the best thing to do **руководствоваться чем-либо, полагаться на что-либо** *You can't go by anything she says.* • **go down 1** (B1) to become lower in level **снижаться, падать** *Interest rates are going down at the moment.* **2** (B1) When the sun goes down, it moves down in the sky until it cannot be seen any more. **садиться (о солнце)** **3** If a computer goes down, it stops working. **выходить из строя, ломаться** **4** to be considered or remembered in a particular way **запоминаться, восприниматься** *This will* ***go down as*** *one of the most exciting soccer matches ever played.* ◦ UK *I don't think my plan will go down well at all.* • **go down with sth** UK informal (B2) to become ill, usually with an illness that is not very serious **заболеть чем-либо** *Our whole class went down with the flu.* • **go for sth 1** (B1) to choose something **выбирать** *What sort of printer are you going to go for?* **2** informal (B2) to try to have or achieve something **стремиться к чему-либо, добиваться чего-либо** *He'll be going for his third straight Olympic gold medal in the 200-meter dash.* ◦ *If you want it, go for it (= do what you need to do in order to have or achieve it).* **3** (B2) to try to get something **тянуться за чем-**

либо *He tripped as he was going for the ball.* **4** If something goes for a particular amount of money, it is sold for that amount. **продаваться по какой-либо цене** • **go for sb** to attack someone **нападать, набрасываться на кого-либо** *He suddenly went for me with a knife.* • **go in** A2 to enter a place **входить** *I looked through the window, but I didn't actually go in.* • **go in for sth** to like a particular activity **увлекаться чем-либо** *I don't really go in for sports.* • **go into sth** **1** to start to do a particular type of work **заниматься, увлекаться чем-либо** *What made you decide to go into politics?* **2** to describe, discuss, or examine something in a detailed way **вдаваться в подробности** *She didn't go into any detail about the job.* **3** If an amount of time, money, or effort goes into a product or activity, it is used or spent creating that product or doing that activity. **быть потраченным на что-либо** *A lot of effort has gone into producing this play.* • **go off** **1** B1 to leave a place and go somewhere else **уходить, отправляться** *She's gone off to the pub with Tony.* **2** UK informal B2 If food goes off, it is not good to eat any more because it is too old. **портиться** **3** B1 If a light or machine goes off, it stops working. **выключаться, отключаться** *The heating goes off at 10 o'clock.* **4** B2 If a bomb or gun goes off, it explodes or fires. **взорваться, выстрелить** **5** B2 If something that makes a noise goes off, it suddenly starts making a noise. **срабатывать (о сигнализации)** *His car alarm goes off every time it rains.* **6 go off on one** informal to react angrily to something **накидываться (на кого-либо) с бранью** • **go off sb/sth** UK B2 to stop liking someone or something **потерять интерес, разлюбить** *I've gone off fish recently.* • **go on** **1** B1 to last for a particular period of time **продолжаться, тянуться** *The film seemed to go on forever.* **2** B2 to continue doing something **продолжать** [+ doing sth] *We can't go on living like this.* **3 go on to do sth** to do something else in the future **переходить к чему-либо в дальнейшем** *He went on to win the final.* **4** B1 to happen **происходить, случаться** *What's going on?* **5** UK to talk in an annoying way about something for a long time **слишком много говорить** *I wish she'd stop* ***going on about*** *her boyfriend.* **6** to start talking again after stopping for a short time **продолжать** *He paused and then went on with his story.* **7 Go on** informal something that you say to encourage someone to do something **продолжай!** *Go on, what happened next?* • **go on sth** to use a piece of information to help you discover or understand something **располагать какой-либо информацией** *Her first name was all we had to go on.* • **go out** **1** A1 to leave a place in order to go somewhere else **выходить из дома (чтобы развлечься)** *Are you going out tonight?* **2** B1 If a light or something that is burning goes out, it stops producing light or heat. **гаснуть** *It took ages for the fire to go out.* **3** B1 If two people go out together, they have a romantic relationship with each other. **встречаться (о влюбленных)** *I've been* ***going out with*** *him for a year.* • **go over** US to be thought of in a particular way **быть воспринятым** *I wonder how my speech will go over this afternoon.* • **go over sth** B2 to talk or think about something in order to explain it or make certain that it is correct **повторять что-либо** *Let's go over the plan one more time.* • **go round** UK (UK/US **go around**) **1** to be enough for everyone in a group **хватать на всех** *There aren't enough chairs to go round.* **2 go round doing sth** to spend your time behaving badly or doing something that is unpleasant for other people **делать что-либо (болтать, сплетничать и т. д.) повсюду** *She's been going round telling people I'm stupid.* • **go through sth** **1** B2 to experience a difficult or unpleasant situation **переживать, испытывать трудности** *She's going through a difficult time with her job.* **2** to carefully examine the contents of something or a collection of things in order to find something **обыскивать, просматривать** *A customs officer went through my suitcase.* **3** to use a lot of something **тратить, использовать** *I've gone through two boxes of tissues this week.* • **go through** If a law, plan, or deal goes through, it is officially accepted or approved. **быть принятым, одобренным** • **go through with sth** to do something unpleasant or difficult that you have planned or promised to do **выполнять (обещание, договор и т. д.)** *He was too scared to go through with the operation.* • **go under** If a company or business goes under, it fails financially. **разоряться** • **go up** **1** B1 to become higher in level **повышаться, подниматься** *House* ***prices*** *keep* ***going up.*** **2** If a building or sign goes up, it is fixed into position. **возводиться, воздвигаться** **3** to suddenly explode **взрываться, загораться** *There was a loud bang, and then the building* ***went up in flames.*** • **go without (sth)** to not have something that you usually have **обходиться без чего-либо, не иметь чего-либо** *They went without food for four days.*

---

go² /gəʊ/ **noun** [C] (plural **goes**) **1** UK B2 when someone tries to do something **попытка** ***I had a go at*** *catching a fish.* ◦ *If you think you might like skiing, why don't you* ***give it a go*** *(= try to do it)?* **2** mainly UK B1 someone's turn to do something **очередь** *Throw the dice Jane, it's your go.* **3 have a go at sb** UK to criticize someone angrily **ругать кого-либо** *My mother's always having a go at me about my hair.* **4 make a go of sth** to try to make something succeed, usually by working hard **добиваться успеха**

goad /gəʊd/ **verb** [T] to make someone angry or annoyed so that they react in the way that you want **подстрекать, разжигать** [+ into + doing sth] *They tried to goad us into attacking the police.*

G

goal /gəʊl/ **noun** [C] **1** (A2) a point scored in sports such as football when a player sends a ball or other object into a particular area, such as between two posts **гол** *He **scored** two **goals** in the second half.* **2** (A2) in some sports, the area between two posts where players try to send the ball **ворота (спортивные)** → See **Sports 2** on page Centre 15 **3** (B1) something you want to do successfully in the future **цель** *Andy's goal is to run in the New York Marathon.*

> Слова-партнеры к **goal**
> 1. score a goal • the winning goal
> 2. set yourself a goal • achieve a goal

goalie /ˈgəʊli/ **noun** [C] informal short for goalkeeper **вратарь**

goalkeeper /ˈgəʊlˌkiːpəʳ/ **noun** [C] (also US **goaltender** /ˈgəʊlˌtendəʳ/) (B1) the player in a sport such as football who tries to stop the ball going into the goal **вратарь** → See **Sports 2** on page Centre 15

goalkeeper

goalpost /ˈgəʊlpəʊst/ **noun** [C] either of the two posts that are each side of the area where goals are scored in sports such as football **стойка ворот, штанга** → See **Sports 2** on page Centre 15

goat /gəʊt/ **noun** [C] (B1) an animal with horns which is kept for the milk it produces **козел, коза**

gobble /ˈgɒbl/ **verb** [T] (also **gobble up/down**) to eat food very quickly **уплетать, проглатывать**

gobbledygook (also **gobbledegook**) /ˈgɒbldiˌguːk/ **noun** [U] informal nonsense or very complicated language that you cannot understand **чушь, жаргон**

go-between /ˈgəʊbɪˌtwiːn/ **noun** [C] someone who talks and gives messages to people who will not or cannot talk to each other **посредник**

goblin /ˈgɒblɪn/ **noun** [C] a short, ugly, imaginary creature who behaves badly **гоблин, домовой**

go-cart (also UK **go-kart**) /ˈgəʊkɑːt/ **noun** [C] a small, low racing car with no roof or windows **открытая гоночная машина**

god /gɒd/ **noun** **1** **God** (A2) in Jewish, Christian, or Muslim belief, the spirit who created the universe and everything in it, and who rules over it **Бог** **2** (B2) [C] a spirit, especially a male one, that people pray to and who has control over parts of the world or nature **бог, божество** *the ancient Greek gods and goddesses* **3** **(Oh) (my) God!** informal (B1) used to emphasize how surprised, angry, shocked, etc you are **боже мой!** *Oh my God! The car has been stolen.* **4** **thank God** informal (B1) something you say when you are happy because something bad did not happen **слава богу!** *Thank God nobody was hurt in the accident.*

godchild /ˈgɒdtʃaɪld/ **noun** [C] (plural **godchildren**) a child who has godparents (= people who take responsibility for the child's moral and religious development) **крестник, крестница**

goddess /ˈgɒdes/ **noun** [C] a female spirit that people pray to and who has control over parts of the world or nature **богиня**

godfather /ˈgɒdfɑːðəʳ/ **noun** [C] a man who is responsible for the moral and religious development of another person's child **крестный отец**

godforsaken /ˈgɒdfəˌseɪkᵊn/ **adjective** [always before noun] informal A godforsaken place is very unpleasant and usually far from other places. **забытый богом, захолустный**

godlike /ˈgɒdlaɪk/ **adjective** having qualities that make someone admired and respected as if they were a god or God **богоподобный, величественный**

godmother /ˈgɒdˌmʌðəʳ/ **noun** [C] a woman who is responsible for the moral and religious development of another person's child **крестная мать**

godparent /ˈgɒdˌpeərᵊnt/ **noun** [C] a person who is responsible for the moral and religious development of another person's child **крестный отец, крестная мать**

godsend /ˈgɒdsend/ **noun** [no plural] something good which happens unexpectedly, usually when you really need it **счастливое событие, удача** *The lottery win was a godsend for her.*

goes /gəʊz/ present simple he/she/it of go **3-е л. ед. ч. наст. вр. гл. go**

goggles /ˈgɒglz/ **noun** [plural] special glasses which fit close to your face to protect your eyes **защитные очки** *a **pair of goggles*** → See **Sports 1** on page Centre 14

going¹ /ˈgəʊɪŋ/ **noun** **1** [U] how easy or difficult something is **дело, обстоятельство** *I found the exam quite **hard going**.* **2** [U] the condition of the ground for walking, riding, etc **состояние дороги/беговой дорожки** **3** [no plural] when someone leaves somewhere **отъезд** *His going came as a big surprise.*

> Слова-партнеры к **going**
> hard/heavy/slow/tough going

going² /ˈgəʊɪŋ/ **adjective** **the going price/rate, etc** the usual amount of money you would expect to pay for something **существующая цена** *What's the going rate for babysitting these days?* → See also **easy-going**

going³ /ˈgəʊɪŋ/ present participle of go **прич. наст. вр. от гл. go**

goings-on /ˌgəʊɪŋzˈɒn/ **noun** [plural] informal unusual events or activities **события, дела** ***strange goings-on***

go-kart /ˈɡəʊkɑːt/ **noun** [C] another UK spelling of go-cart (= a small, low racing car with no roof or windows) **открытая гоночная машина**

gold¹ /ɡəʊld/ **noun 1** [U] A2 a valuable, shiny, yellow metal used to make coins and jewellery (symbol Au) **золото 2** [C, U] a gold medal (= a small, round disc given to someone for winning a race or competition) **золотая медаль**

gold² /ɡəʊld/ **adjective 1** A2 made of gold **золотой** *gold coins* **2** A2 being the colour of gold **золотого цвета** *gold paint*

golden /ˈɡəʊldᵊn/ **adjective 1** A2 being a bright yellow colour **золотистый** *bright golden hair* **2** literary A2 made of gold or like gold **золотой** *a golden ring* **3 a golden opportunity** B2 a very exciting and valuable opportunity **прекрасная возможность**

ˌgolden ˈwedding noun [C] the day when two people have been married for 50 years **золотая свадьба**

goldfish /ˈɡəʊldfɪʃ/ **noun** [C] (plural **goldfish, goldfishes**) a small, orange fish that is often kept as a pet **золотая рыбка**

ˌgold ˈmedal noun [C] a small, round disc given to someone for winning a race or competition **золотая медаль** *to win an Olympic gold medal*

ˈgold ˌmine noun [C] **1** a place where gold is taken from the ground **золотой рудник, прииск 2** something that provides you with a lot of money **золотое дно**

golf /ɡɒlf/ **noun** [U] A2 a game on grass where players try to hit a small ball into a series of holes using a long, thin stick **гольф** • **golfer noun** [C] **игрок в гольф** → See **Sports 2** on page Centre 15

golf

ˈgolf ˌball noun [C] a small, hard, white ball used for playing golf **мяч для гольфа**

ˈgolf ˌclub noun [C] **1** a place where people can play golf **клуб игроков в гольф 2** a long, thin stick used to play golf **клюшка для игры в гольф** → See **Sports 2** on page Centre 15

ˈgolf ˌcourse noun [C] an area of land used for playing golf **поле для игры в гольф**

gone /ɡɒn/ past participle of go **прич. прош. вр. от гл. go**

gong /ɡɒŋ/ **noun** [C] a metal disc which makes a loud sound when you hit it with a stick **гонг**

gonna /ˈɡᵊnə/ informal short for going to **собираться сделать что-либо**

goo /ɡuː/ **noun** [U] a thick, sticky substance **что-либо клейкое, липкое**

good¹ /ɡʊd/ **adjective** (**better, best**) **1** A1 enjoyable, pleasant, or interesting **хороший, приятный** *a good book* ◦ *Did you have a **good time** at the party?* **2** A1 of a high quality or level **хороший** *She speaks good French.* ◦ *The food at this restaurant is very good.* **3** A1 successful, or able to do something well **искусный, хороший** *Anne's a good cook.* ◦ *She's very **good at** geography.* **4** A1 kind or helpful **добрый** *a good friend* ◦ *My granddaughter is very **good to** me.* **5** A1 something that you say when a person asks how you are **хорошо (о делах или здоровье)** *"Hi, how are you?" "I'm good, thanks."* **6** A1 having a positive or useful effect **полезный** *Exercise is **good for** you.* **7** A2 suitable or satisfactory **удобный** *When would be a **good time** to phone?* **8** A2 A good child or animal behaves well. **послушный 9** B1 morally right **хороший, положительный** *a good person* ◦ *He sets a **good example** to the rest of the class.* **10** complete and detailed **достаточный, основательный** *She got a good look at the robbers.* **11** B2 used to emphasize the number, amount, quality, etc of something **изрядный, значительный** *There's a **good chance** he'll pass the exam.* **12** A1 something you say when you are satisfied or pleased about something or when you agree with something **отлично!** *Oh good, he's arrived at last.* **13 Good God/grief/heavens!, etc** used to express surprise or shock **боже мой!** *Good heavens! It's already 11 p.m.* **14 a good 20 minutes/30 miles, etc** not less than 20 minutes/30 miles, etc and probably a bit more **не меньше 20 минут/30 миль и т. д.** → See also be in sb's good/bad books (**book¹**), it's a good **job**, for good **measure²**, stand sb in good **stead**

IDIOM **good to go** informal be ready to go **готовый идти** *I'll get my coat and then I'm good to go.*

good² /ɡʊd/ **noun 1** [U] B2 something that is an advantage or help to a person or situation **польза, благо** *It's hard work, but it's for your own good.* **2 be no good/not any good** B2 to not be useful, helpful, or valuable **быть бесполезным 3 do sb good** B2 to be useful or helpful to someone **идти на пользу кому-либо** *A holiday will do you good.* **4** [U] what people think is morally right **добро** *Children don't always understand the difference between **good and bad**.* **5 for good** forever **навсегда** *When he was 20, he left home for good.* → See also do sb a/the **world¹** of good

ˌgood afterˈnoon exclamation A1 something you say to greet someone when you meet them in the afternoon **добрый день!**

goodbye /ɡʊdˈbaɪ/ **exclamation** A1 something you say when you leave someone or when they leave you **до свидания!** *Goodbye Vicki! See you next week.*

> Слова-партнеры к **goodbye**
>
> kiss/say/wave goodbye • a final goodbye

ˌgood ˈevening exclamation A1 something

you say to greet someone in the evening **добрый вечер!**

ˌGood ˈFriday noun [C, U] the Friday before Easter (= a Christian holiday), a day when Christians remember the death of Jesus Christ **Страстная пятница**

good-humoured UK (US **good-humored**) /ˌgʊdˈhjuːməd/ **adjective** pleasant and friendly **добродушный**

goodies /ˈgʊdiz/ **noun** [plural] informal special or nice things that you will enjoy **подарки, сладости** *She gave the children some sweets and other goodies.*

G

good-looking /ˌgʊdˈlʊkɪŋ/ **adjective** A2 If someone is good-looking, they have an attractive face. **привлекательный (о внешности)** *a good-looking woman*

ˌgood ˈlooks noun [plural] an attractive face **внешняя привлекательность**

ˌgood ˈmorning exclamation A1 something you say to greet someone when you meet them in the morning **доброе утро!**

good-natured /ˌgʊdˈneɪtʃəd/ **adjective** pleasant and friendly **добродушный** *a good-natured smile/crowd*

goodness /ˈgʊdnəs/ **noun** **1** [U] the quality of being good **доброта, добродетель** *She believes in the goodness of human nature.* **2 my goodness** informal something you say when you are surprised **господи! боже мой!** *My goodness, he's a big baby, isn't he?* **3 thank goodness** informal something you say when you are happy because something bad did not happen **слава богу!** *Thank goodness that dog didn't bite you.* **4 for goodness sake** used when you are annoyed or when you want something to happen quickly **ради бога!** *For goodness sake, come in out of the rain.*

ˌgood ˈnight exclamation A1 something you say when you leave someone or when they leave you in the evening or when someone is going to bed **спокойной ночи!**

goods /gʊdz/ **noun** [plural] B1 items which are made to be sold **товары** *radios, stereos and other electrical goods*

IDIOM **deliver/come up with the goods** If you deliver the goods, you do what people hope you will do. **оправдывать надежды**

goodwill /gʊdˈwɪl/ **noun** [U] kind, friendly, or helpful feelings towards other people **доброжелательность, добрая воля** *He gave them a thousand pounds as a* ***gesture of goodwill.***

goody-goody /ˈgʊdiˌgʊdi/ **noun** [C] informal someone who tries too hard to be good, usually to parents or teachers **притворно добродетельный, притворно послушный**

gooey /ˈguːi/ **adjective** soft and sticky **липкий, клейкий** *a sweet, gooey sauce*

goof /guːf/ **verb** [I] (also **goof up**) US informal to make a silly mistake **нелепая ошибка, ляп**

PHRASAL VERBS **goof around** US to spend your time doing silly or unimportant things **валять дурака** • **goof off** US to avoid doing any work **лодырничать**

goofy /ˈguːfi/ **adjective** mainly US silly **глупый, бестолковый** *a goofy sense of humour*

Google[1] /ˈguːgl/ **noun** trademark a popular Internet search engine (= a computer program which finds things on the Internet by looking for words which you have typed in) **Гугл, популярная поисковая программа в Интернете**

Google[2] /ˈguːgl/ **verb** [T] B2 to use the Google® search engine **использовать Гугл**

goose /guːs/ **noun** [C, U] (plural **geese**) a large water bird similar to a duck, or the meat from this bird **гусь**

gooseberry /ˈgʊzbəri/ (US) /ˈguːsberi/ **noun** [C] a small, sour, green fruit with a hairy skin **крыжовник**

ˈgoose ˌpimples noun [plural] (also **ˈgoose ˌbumps**) small, raised lumps that appear on your skin when you are cold or frightened **мурашки**

gore[1] /gɔːʳ/ **noun** [U] blood, usually from a violent injury **кровь**

gore[2] /gɔːʳ/ **verb** [T] If an animal gores someone, it injures them with its horn. **бодать**

gorge[1] /gɔːdʒ/ **noun** [C] a narrow and usually steep valley **узкое ущелье**

gorge[2] /gɔːdʒ/ **verb** **gorge (yourself) on sth** to eat food until you cannot eat any more **объедаться чем-либо** *She gorged herself on chocolate biscuits.*

gorgeous /ˈgɔːdʒəs/ **adjective** B1 very beautiful or pleasant **великолепный, прекрасный** *You look gorgeous in that dress.*

gorilla /gəˈrɪlə/ **noun** [C] a big, black, hairy animal, like a large monkey **горилла**

gorse /gɔːs/ **noun** [U] a bush with yellow flowers and sharp, pointed leaves **утесник**

gory /ˈgɔːri/ **adjective** involving violence and blood **кровавый, кровопролитный** *a gory murder*

gosh /gɒʃ/ **exclamation** used to express surprise or shock **боже мой!** *Gosh! I didn't realize it was that late.*

gosling /ˈgɒzlɪŋ/ **noun** [C] a young goose (= large water bird) **гусенок**

gospel /ˈgɒspəl/ **noun** **1** [no plural] the teachings of Jesus Christ **евангелие** *to* ***preach the gospel*** **2** [C] one of the four books in the Bible that tells the life of Jesus Christ **Евангелие** **3 the gospel truth** something that is completely true **сущая правда** **4** [U] a style of Christian music, originally sung by black Americans **жанр**

духовного песнопения (чернокожих американцев)

gossip[1] /ˈgɒsɪp/ **noun 1** [U] B2 conversation or reports about other people's private lives that might or might not be true **сплетня** *an interesting* ***piece of gossip*** **2** [C] someone who likes to talk about other people's private lives **сплетник, сплетница**

> **Слова-партнеры к gossip**
> a bit of/piece of gossip • juicy gossip

gossip[2] /ˈgɒsɪp/ **verb** [I] B2 to talk about other people's private lives **сплетничать** *They were* ***gossiping about*** *her boss.*

ˈgossip ˌcolumn noun [C] an article appearing regularly in a newspaper giving information about famous people's private lives **светская хроника**

got /gɒt/ past of get **прош. вр. и прич. прош. вр. от гл. get**

gotta /ˈgɒtə/ informal short for got to **вариант написания got to**

gotten /ˈgɒtᵊn/ US past participle of get **прич. прош. вр. от гл. get**

gouge /gaʊdʒ/ **verb** [T] to make a hole or long cut in something **выдалбливать, вырезать**

PHRASAL VERB **gouge sth out** to remove something by digging or cutting it out of a surface, often violently **выкапывать, выбивать**

gourmet[1] /ˈgʊəmeɪ/ **noun** [C] someone who enjoys good food and drink and knows a lot about it **гурман**

gourmet[2] /ˈgʊəmeɪ/ **adjective** [always before noun] relating to good food and drink **вкусный, изысканный** *a gourmet meal*

govern /ˈgʌvᵊn/ **verb 1** [I, T] B2 to officially control a country **править, управлять** *The country is now governed by the Labour Party.* ◦ *a* ***governing body*** **2** [T] to influence or control the way something happens or is done **определять, обусловливать** *There are rules that govern how teachers treat children.*

governess /ˈgʌvᵊnəs/ **noun** [C] a woman employed to teach the children in a family at home **гувернантка**

government /ˈgʌvᵊnmənt/ **noun 1** [group] B1 the group of people who officially control a country **правительство** *The Government has cut taxes.* **2** [U] B2 the method or process of governing a country **управление, форма правления** *a new style of government*
• **governmental** /ˌgʌvᵊnˈmentᵊl/ **adjective** relating to government **правительственный**

> **Слова-партнеры к government**
> bring down/elect/form/overthrow a government • a democratic/elected government • be in government

governor /ˈgʌvᵊnəʳ/ **noun** [C] someone who is officially responsible for controlling a region, city, or organization **губернатор, управляющий, комендант** *a prison/school governor* ◦ *the Governor of Texas*

gown /gaʊn/ **noun** [C] **1** a woman's dress, usually worn on formal occasions **вечернее платье** *a silk gown* **2** a loose piece of clothing like a coat worn for a particular purpose **халат** *a hospital gown* → See also **dressing gown**

GP /ˌdʒiːˈpiː/ **noun** [C] abbreviation for general practitioner: a doctor who sees people in the local area and treats illnesses that do not need a hospital visit **терапевт**

GPS /ˌdʒiːpiːˈes/ **noun** [U] abbreviation for Global Positioning System: a system of computers and satellites (= equipment that is sent into space around the Earth to receive and send signals) that work together to tell a user where they are **Глобальная система навигации, навигатор**

grab[1] /græb/ **verb** [T] (present participle **grabbing**, past tense and past participle **grabbed**) **1** B1 to take hold of something or someone suddenly **хватать** *He grabbed my arm and pulled me away.* **2** informal to eat, do, or get something quickly because you do not have much time **перекусить, быстро сделать что-либо** *I grabbed a sandwich on the way to the station.* **3 grab sb's attention** informal to attract someone's attention **привлекать чье-либо внимание** **4** B2 If someone grabs a chance or opportunity, they take it quickly and with enthusiasm. **не упускать, ухватывать**

PHRASAL VERB **grab at sb/sth** to try to get hold of someone or something quickly, with your hand **пытаться схватить кого-либо/что-либо**

grab[2] /græb/ **noun make a grab for sth/sb** to try to take hold of something or someone suddenly **пытаться схватить что-либо/кого-либо** *He made a grab for the gun.*

IDIOM **up for grabs** informal If something is up for grabs, it is available to anyone who wants to try to get it. **быть свободным** *Ten free concert tickets are up for grabs.*

grace[1] /greɪs/ **noun** [U] **1** the quality of moving in a smooth, relaxed, and attractive way **грация** *She moved* ***with grace*** *and elegance.* **2** the quality of being pleasantly polite **такт** *He* ***had the grace to*** *apologize for his mistake the next day.* **3 with good grace** in a willing and happy way **добродушно, любезно** *He accepted the failure with good grace.* **4 a month's/week's, etc grace** an extra month/week, etc you are given before something must be paid or done **отсрочка на месяц/неделю и т. д.** **5** a prayer of thanks said before or after a meal **молитва (перед едой и после еды)** *to* ***say grace***

grace[2] /greɪs/ **verb** [T] When a person or object graces a place or thing, they make it more

G

attractive. **украшать** *Her face has graced the covers of magazines across the world.*

graceful /ˈgreɪsfᵊl/ **adjective 1** moving in a smooth, relaxed, and attractive way, or having a smooth, attractive shape **грациозный, изящный** *graceful movements* ◦ *a graceful neck* **2** behaving in a polite and pleasant way **вежливый**
• **gracefully adverb изящно, вежливо**

gracious /ˈgreɪʃəs/ **adjective 1** behaving in a pleasant, polite, calm way **любезный, вежливый** *He was gracious enough to thank me.* **2** comfortable and with a good appearance and quality **изобильный, благополучный** *gracious homes/living* **3 Good/Goodness gracious!** used to express polite surprise **боже мой!**
• **graciously adverb любезно**

G

grade[1] /greɪd/ **noun** [C] **1** B1 a number or letter that shows how good someone's work or performance is **оценка, отметка** *Steve never studies, but he always **gets** good **grades**.* ◦ UK *Carla got a grade A in German.* **2** B2 a level of quality, size, importance, etc **ступень, положение** *I applied for a position a grade higher than my current job.* **3** US a school class or group of classes for students of the same age or ability **класс (в школе)** *My son is in fifth grade.*

IDIOM **make the grade** to perform well enough to succeed **добиваться чего-либо, достигать цели** *He wanted to get into the team but he didn't make the grade.*

grade[2] /greɪd/ **verb** [T] **1** to separate people or things into different levels of quality, size, importance, etc **сортировать, разделять по какому-либо признаку** *The fruit is washed and then **graded by** size.* **2** US (UK **mark**) to give a score to a student's piece of work **ставить оценку** *to grade work/papers*

ˈgrade ˌcrossing noun [C] US (UK **level crossing**) a place where a railway crosses a road **пересечение железнодорожного пути с шоссе**

ˈgrade ˌschool noun [C, U] US a school for the first six to eight years of a child's education **начальная школа**

gradient /ˈgreɪdiənt/ **noun** [C] how steep a slope is **уклон** *a steep/gentle gradient*

gradual /ˈgrædʒuəl/ **adjective** B2 happening slowly over a period of time **постепенный** *a gradual change/improvement*

gradually /ˈgrædʒuəli/ **adverb** B2 slowly over a period of time **постепенно** *Gradually he began to get better.*

graduate[1] /ˈgrædʒuət/ **noun** [C] **1** UK B2 someone who has studied for and received a degree (= qualification) from a university **окончивший университет** *a science graduate* **2** US someone who has studied for and received a degree (= qualification) from a school, college, or university **выпускник учебного заведения** *a high-school graduate*

graduate[2] /ˈgrædjueɪt/ **verb 1** B2 [I] to complete your education successfully at a university, college, or, in the US, at school **окончить учебное заведение, получить диплом** *He **graduated from** Cambridge University in 2006.* **2 graduate to sth** to move up to something more advanced or important **переходить к чему-либо (более важному)**

graduated /ˈgrædjueɪtɪd/ **adjective** divided into levels or stages **градуированный** *a graduated scale*

graduation /ˌgrædʒuˈeɪʃᵊn/ **noun** [C, U] when you receive your degree (= qualification) for completing your education or a course of study **вручение дипломов** *a **graduation ceremony***

graffiti

graffiti /grəˈfiːti/ **noun** [U] writing or pictures painted on walls and public places, usually illegally **граффити**

graft[1] /grɑːft/ **noun 1** [C] a piece of skin or bone taken from one part of a body and joined to another part **трансплантат, лоскут живой ткани для пересадки** *a **skin/bone graft*** **2** [C] a piece cut from one plant and joined onto another plant **привой, привитая часть (растения)** **3** [U] UK informal work **упорный труд** ***hard graft***

graft[2] /grɑːft/ **verb 1** [T] to join a piece of skin or bone taken from one part of the body to another part **пересаживать кожу, кость** **2** [T] to join a piece cut from one plant onto another plant **прививать (растение)** **3** [I] UK informal to work hard **тяжело, упорно работать**

grain /greɪn/ **noun 1** [C, U] a seed or seeds from types of grass which are eaten as food **зерно** *grains of wheat/rice* **2** [C] a very small piece of something **крупинка** *a grain of sand/sugar* **3** [no plural] a very small amount of a quality **крупица** *There isn't **a grain of truth** in her story.* **4 the grain** the natural direction and pattern of lines which you can see in wood or material **волокно (дерева и т. д.)** *to cut something along/against the grain*

IDIOM **go against the grain** If something goes against the grain, you would not normally do it because it would be unusual or morally wrong. **противоречить, быть не понутру**

→ See also take sth with a grain of **salt**[1]

gram (also UK **gramme**) (written abbreviation **g, gm**) /græm/ **noun** [C] A2 a unit for measuring weight, equal to 0.001 kilograms **грамм**

grammar /ˈgræməʳ/ **noun** **1** [U] A2 the way you combine words and change their form and position in a sentence, or the rules or study of this **грамматика** **2** [C] mainly UK a book of grammar rules **учебник грамматики**

grammar ˌschool **noun** [C, U] **1** in the UK, a school which clever children over 11 years old can go to if they pass a special exam **средняя школа (в Великобритании)** **2** US another word for elementary school (= a school for children from the ages of five to eleven in the US) **начальная школа (в США)**

grammatical /grəˈmætɪkəl/ **adjective** relating to grammar, or obeying the rules of grammar **грамматический, грамматически правильный** *grammatical rules* ◦ *a grammatical sentence*

• **grammatically** **adverb** **грамматически**

gramme /græm/ **noun** [C] another UK spelling of gram **грамм**

gramophone /ˈgræməfəʊn/ **noun** [C] old-fashioned a machine for playing music **патефон**

gran /græn/ **noun** [C] UK informal short for grandmother **бабушка**

grand[1] /grænd/ **adjective** **1** very large and special **грандиозный, большой** *a grand hotel* ◦ *the Grand Canal* **2** rich and important, or behaving as if you are **величественный, важный** *a grand old lady* **3** informal very good or enjoyable **отличный**

grand[2] /grænd/ **noun** [C] (plural **grand**) informal one thousand dollars or pounds **тысяча долларов или фунтов** *The holiday cost me two grand.*

grandad /ˈgrændæd/ **noun** [C] another UK spelling of granddad **дедушка**

grandchild /ˈgrændtʃaɪld/ **noun** [C] (plural **grandchildren**) A2 the child of your son or daughter **внук, внучка**

granddad /ˈgrændæd/ **noun** [C] mainly UK informal A2 grandfather **дедушка**

granddaughter /ˈgrændˌdɔːtəʳ/ **noun** [C] A2 the daughter of your son or daughter **внучка**

grandeur /ˈgrændjəʳ/ **noun** [U] the quality of being very large and special or beautiful **величие, великолепие** *the grandeur of the hills*

grandfather /ˈgrændˌfɑːðəʳ/ **noun** [C] A2 the father of your mother or father **дедушка**

grandfather ˈclock **noun** [C] a clock in a very tall, wooden case **высокие напольные часы**

grandiose /ˈgrændiəʊs/ **adjective** large or detailed and made to appear important, often in an unnecessary and annoying way **грандиозный** *grandiose plans*

grandly /ˈgrændli/ **adverb** in a very important way, or as if you are very important **величественно, важно**

grandma /ˈgrændmɑː/ **noun** [C] informal A2 another word for grandmother **бабушка**

grandmother /ˈgrændˌmʌðəʳ/ **noun** [C] A2 the mother of your mother or father **бабушка**

grandpa /ˈgrændpɑː/ **noun** [C] informal A2 another word for grandfather **дедушка**

grandparent /ˈgrændˌpeərənt/ **noun** [C] A2 the parent of your mother or father **дедушка, бабушка**

ˌgrand piˈano **noun** [C] a very large piano, usually used in public performances **рояль**

grand prix /ˌgrɒnˈpriː/ **noun** [C] (plural **grands prix**) one of a series of important international races for very fast cars **гонки “Формулы -1”** *the Italian Grand Prix*

ˌgrand ˈslam **noun** [C] when you win all the important competitions that are held in one year for a particular sport **большой шлем**

grandson /ˈgrændsʌn/ **noun** [C] A2 the son of your son or daughter **внук**

grandstand /ˈgrændstænd/ **noun** [C] a large, open structure containing rows of seats, used for watching sporting events **трибуна (на стадионе)**

granite /ˈgrænɪt/ **noun** [U] a type of very hard, grey rock **гранит**

granny /ˈgræni/ **noun** [C] informal A2 another word for grandmother **бабушка**

grant[1] /grɑːnt/ **verb** [T] formal **1** B2 to give or allow someone something, usually in an official way **выдавать, давать разрешение** [+ two objects] *to grant someone a licence/visa* **2** to admit or agree that something is true **признавать, соглашаться** *She's a good-looking woman, I grant you.*

IDIOMS **take sb/sth for granted** B2 to not show that you are grateful for someone or something, and forget that you are lucky to have them **принимать как должное** *Most of us take our freedom for granted.* • **take it for granted** B2 to believe that something is true without checking or thinking about it **считать само собой разумеющимся** [+ (that)] *I took it for granted that we'd be invited.*

grant[2] /grɑːnt/ **noun** [C] B1 an amount of money provided by a government or organization for a special purpose **грант, стипендия, субсидия** *They received a* ***research grant*** *for the project.*

> **Слова-партнеры к grant**
> apply for/get/receive a grant • a grant for/towards sth • a research grant

granule /ˈgrænjuːl/ **noun** [C] a small, hard piece of a substance **гранула** *coffee granules*

• **granulated** /ˈgrænjəleɪtɪd/ **adjective** **измель-**

ченный, гранулированный ***granulated sugar***

grape /greɪp/ **noun** [C] A2 a small, round, green, purple, or red fruit that grows in large, close groups and is often used to make wine **виноград** *a **bunch of grapes*** → See **Fruits and Vegetables** on page Centre 10

grapefruit /ˈgreɪpfruːt/ **noun** [C, U] (plural **grapefruit**, **grapefruits**) a large, round, yellow fruit with a sour taste **грейпфрут**

grapevine /ˈgreɪpvaɪn/ **noun**

IDIOM **hear sth on/through the grapevine** to hear news from someone who heard the news from someone else **слышать молву/слухи о чем-либо**

graph /grɑːf/ **noun** [C] B2 a picture with measurements marked on it as lines or curves, used to compare different things or show the development of something **график, диаграмма**

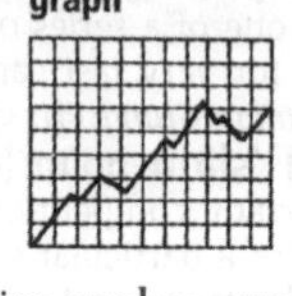
graph

> **Слова-партнеры к graph**
> draw a graph • a graph **indicates/shows** sth • a graph **of** sth

graphic¹ /ˈgræfɪk/ **adjective** A graphic description or image is extremely clear and detailed. **наглядный, выразительный** *The film contains **graphic violence**.*
• **graphically adverb наглядно, живо**

graphic² /ˈgræfɪk/ **noun** [C] an image, especially on a computer or in a newspaper or book **рисунок, графика** *I want to add a graphic here.*

ˌgraphical user ˈinterface noun [C] a way of arranging information on a computer screen that is easy to understand because it uses pictures and symbols as well as words **графический интерфейс пользователя**

ˌgraphic deˈsign noun [U] the art of designing pictures and text for books, magazines, advertisements, etc **графика, внутреннее оформление (книги, журнала и т. д.)**

graphics /ˈgræfɪks/ **noun** [plural] B1 images shown on a computer screen **графика**

ˈgraphics ˌcard noun [C] the part inside a computer that allows it to receive and show pictures and video **видеокарта, графический адаптер**

graphite /ˈgræfaɪt/ **noun** [U] a soft, grey-black form of carbon used in pencils **графит**

grapple /ˈgræpl/ **verb**

PHRASAL VERBS **grapple with sth** to try to deal with or understand something difficult **пытаться преодолеть, разобраться в чем-либо** • **grapple with sb** to hold onto someone and fight with them **сцепиться, бороться с кем-либо**

grasp¹ /grɑːsp/ **verb** [T] **1** to take hold of something or someone firmly **схватывать, сжимать** *He **grasped** my **hand** enthusiastically.* **2** to understand something **понимать, усваивать** *I find these mathematical problems difficult to grasp.*

PHRASAL VERB **grasp at sth** to quickly try to get hold of something **пытаться схватить что-либо**

grasp² /grɑːsp/ **noun** [no plural] **1** when you understand something **способность восприятия, понимание** *He **has an excellent grasp of** English.* **2** when you hold onto someone or something **сжатие, хватка** *I tried to pull him out but he slipped from my grasp.* **3** the ability to obtain or achieve something **досягаемость** *Victory is **within** our **grasp**.*

> **Слова-партнеры к grasp**
> have a [good/poor, etc] grasp of sth

grasping /ˈgrɑːspɪŋ/ **adjective** wanting much more of something than you need, especially money **жадный, алчный** *a grasping, greedy man*

grass /grɑːs/ **noun 1** [U] A1 a common plant with narrow green leaves that grows close to the ground in gardens and fields **трава** *to **mow/cut** the **grass*** ◦ *We lay on the grass in the sunshine.* **2** [C] a particular type of grass **трава** *ornamental grasses*

grasshopper /ˈgrɑːsˌhɒpəʳ/ **noun** [C] a green insect which jumps about using its long back legs **кузнечик**

grasshopper

ˌgrass ˈroots noun [plural] ordinary people in a society or political organization and not the leaders **простые люди**

grassy /ˈgrɑːsi/ **adjective** covered with grass **покрытый травой** *a grassy slope/meadow*

grate¹ /greɪt/ **verb 1** [T] to break food such as cheese into small, thin pieces by rubbing it against a grater (= kitchen tool with holes) **тереть на терке** *grated cheese/carrot* **2** [I] to make an unpleasant noise when rubbing against something **скрежетать, скрипеть** *The chair **grated against** the floor.*

PHRASAL VERB **grate on sb/sth** If someone's voice or behaviour grates on you, it annoys you. **раздражать кого-либо/что-либо**

grate² /greɪt/ **noun** [C] a metal structure for holding the wood or coal in a fireplace **(каминная) решетка**

grateful /ˈgreɪtfəl/ **adjective** B1 feeling or showing thanks **благодарный** *I'm really **grateful to** you **for** all your help.* → Opposite **ungrateful**

• **gratefully** adverb **благодарно, с благодарностью** *All donations **gratefully received**.*

> **Другие способы сказать grateful**
>
> Прилагательное **appreciative** и глагол **appreciate** употребляют, когда хотят сказать, что кто-то испытывает благодарность
>
> *I'm really **appreciative** of all the help you've given me.*
>
> *I really **appreciate** all the help you've given me.*
>
> Выражение **be glad of** также имеет значение 'быть благодарным за что-то'.
>
> *We **were** very **glad of** some extra help.*
>
> Выражение **be indebted to** означает 'быть очень благодарным за что-то' и используется в более официальном контексте.
>
> *I'm **indebted to** my parents for all their love and support.*
>
> Прилагательные **thankful** и **relieved** используют, если кто-то благодарен или рад, что не произошло что-то плохое.
>
> *I'm just **thankful/relieved** that she's safe and well.*
>
> Если кто-то благодарен за добрый поступок по отношению к нему/ней, то можно использовать прилагательное **touched**.
>
> *She was really **touched** that he remembered her birthday.*

grater /ˈgreɪtəʳ/ **noun** [C] a kitchen tool with a surface full of holes with sharp edges, used to grate (= break into small pieces) foods such as cheese **терка** → See **The Kitchen** on page Centre 2

gratify /ˈgrætɪfaɪ/ **verb** [T] formal to please someone or satisfy their wishes or needs **удовлетворять, радовать** *I was gratified by their decision.* ◦ *a gratifying result*
• **gratification** /ˌgrætɪfɪˈkeɪʃən/ **noun** [U] **удовлетворение**

grating /ˈgreɪtɪŋ/ **noun** [C] a flat structure made of long, thin pieces of metal crossing each other over a hole in the ground or a window **решетка**

gratitude /ˈgrætɪtjuːd/ **noun** [U] the feeling or quality of being grateful **благодарность** *I would like to express my deep gratitude to all the hospital staff.*

gratuitous /grəˈtjuːɪtəs/ **adjective** unnecessary and done without a good reason **беспричинный, необоснованный** ***gratuitous violence***

gratuity /grəˈtjuːəti/ **noun** [C] formal an extra amount of money given to someone to thank them for providing a service **чаевые**

grave[1] /greɪv/ **noun** [C] (B2) a place in the ground where a dead body is buried **могила**

grave[2] /greɪv/ **adjective** very serious **серьезный** ***grave doubts*** ◦ *a **grave mistake***
• **gravely** adverb **серьезно**

gravel /ˈgrævəl/ **noun** [U] small pieces of stone used to make paths and road surfaces **гравий**

gravestone /ˈgreɪvstəʊn/ **noun** [C] a stone that shows the name of a dead person who is buried under it **надгробие**

graveyard /ˈgreɪvjɑːd/ **noun** [C] an area of land where dead bodies are buried, usually next to a church **кладбище**

gravitate /ˈgrævɪteɪt/ **verb**

PHRASAL VERB **gravitate to/towards sth/sb** to be attracted to something or someone, or to move in the direction of something or someone **стремиться, тяготеть к чему-либо/кому-либо**

gravitational /ˌgrævɪˈteɪʃənəl/ **adjective** relating to gravity **гравитационный** ***gravitational force***

gravity /ˈgrævəti/ **noun** [U] **1** the force that makes objects fall to the ground or that pulls objects towards a planet or other body **сила тяжести** *the laws of gravity* **2** formal when something is very serious **серьезность, тяжесть** *You don't seem to realize the gravity of the situation.* → See also **centre of gravity**

gravy /ˈgreɪvi/ **noun** [U] a warm, brown sauce made from the fat and liquid that comes from meat when it is being cooked **соус, подливка**

gray /greɪ/ **noun** [C, U], **adjective** US spelling of grey **см. grey**

graying /ˈgreɪɪŋ/ **adjective** US spelling of greying (= having hair that is becoming grey or white) **седеющий**

graze[1] /greɪz/ **verb 1** [I] When cows or other animals graze, they eat grass. **пастись** *Cattle grazed in the meadow.* **2** [T] UK (UK/US **skin**) to injure your skin by rubbing it against something rough **царапать** *I fell and grazed my knee.* **3** [T] to touch or move lightly along the surface or edge of something **задевать** *A bullet grazed his cheek.*

graze[2] /greɪz/ **noun** [C] mainly UK an injury on the surface of your skin caused by rubbing against something **царапина** *She has a nasty **graze on** her elbow.*

grease[1] /griːs/ **noun** [U] **1** a substance such as oil or fat **жир 2** a substance like thick oil that is put on parts in an engine or machine to make them move more smoothly **смазка**

grease[2] /griːs/ **verb** [T] to put fat or oil on or in something **смазывать жиром**

greasy /ˈgriːsi/ **adjective** containing or covered with fat or oil **жирный** *greasy food/fingers*

great /greɪt/ **adjective 1** (A1) very good **отличный, прекрасный** *We had a great time.* ◦ *I've had a great idea!* **2** (B2) important or famous **великий** *a great statesman/novelist* **3** (A2) large in amount, size, or degree **огромный** *a great crowd of people* **4** (B1) extreme **колоссальный** *great success/difficulty* **5 great big/long, etc** (B2) very big/long, etc **очень большой/длинный и т. д.** *I gave her a great big hug.* **6 a great many** a large number **множество**

G

• **greatness** noun [U] B2 величие → See also go to great lengths (**length**) to do sth, set great **store**[1] by sth, the best/greatest **thing** since sliced bread

great- /ˈgreɪt/ **prefix** **1 great-grandfather/-grandmother** the father/mother of your grandfather or grandmother **прадедушка/прабабушка** **2 great-aunt/-uncle** the aunt/uncle of your mother or father **двоюродная бабушка/двоюродный дедушка** **3 great-grandchild/-granddaughter, etc** the child/daughter, etc of your grandson or granddaughter **правнук/правнучка** **4 great-niece/-nephew** the daughter/son of your niece or nephew **внучатая племянница/внучатый племянник**

greatly /ˈgreɪtli/ **adverb** B2 very much **чрезвычайно, очень** *I greatly admire your paintings.* ◦ *We will miss her greatly.*

greed /griːd/ **noun** [U] when you want a lot more food, money, etc than you need **жадность**

greedy /ˈgriːdi/ **adjective** B2 wanting a lot more food, money, etc than you need **жадный** *greedy, selfish people* ◦ *They were* ***greedy for*** *money.*

• **greedily** adverb **жадно** • **greediness** noun [U] **жадность**

Greek /griːk/ **adjective** relating to the culture, language, or people of Greece or ancient Greece **греческий**

green[1] /griːn/ **adjective** **1** A1 being the same colour as grass **зеленый** *The traffic lights turned green.* → See **Colours** on page Centre 12 **2** [always before noun] B2 relating to nature and protecting the environment **относящийся к окружающей среде** *a green activist/campaigner* **3** B1 covered with grass or other plants **покрытый зеленью** ***green spaces*** **4** informal having little experience or understanding **неопытный** *I was very green when I joined the company.*

IDIOM **be green with envy** to wish very much that you had something that another person has **завидовать**

→ See also have green fingers (**finger**[1]), **green light**

green[2] /griːn/ **noun** **1** [C, U] A2 the colour of grass **зеленый цвет** → See **Colours** on page Centre 12 **2** [C] a special area of very short, smooth grass on a golf course **зеленая площадка вокруг лунки** *the 18th green* **3** [C] an area of grass in the middle of a village **лужайка**

ˈgreen ˌbelt **noun** [C] an area of land around a city or town where no new building is allowed **зеленая зона**

ˌgreen ˈcard **noun** [C] an official document allowing a foreigner to live and work in the US permanently **вид на жительство в США**

greenery /ˈgriːnəri/ **noun** [U] green leaves, plants, or branches **зелень, растительность**

greenfield /ˈgriːnfiːld/ **adjective** UK describes land where there were no buildings before, or buildings on land that has never had buildings **об участке земли, не использованной ранее под строительство** *a* ***greenfield site*** → Compare **brownfield**

greengrocer /ˈgriːnˌgrəʊsəʳ/ **noun** [C] UK **1 greengrocer's** a shop where you buy fruit and vegetables **овощной магазин** **2** someone who sells fruit and vegetables **зеленщик**

greenhouse /ˈgriːnhaʊs/ **noun** [C] (plural **greenhouses** /ˈgriːnhaʊzɪz/) a building made of glass for growing plants in **теплица, оранжерея**

the ˈgreenhouse efˌfect **noun** the gradual warming of the Earth's surface caused by an increase in pollution and gases in the air **парниковый эффект**

ˌgreenhouse ˈgas **noun** [C] a gas which causes the greenhouse effect, especially carbon dioxide (= a gas produced when carbon is burned) **парниковый газ**

ˌgreen ˈlight **noun** [no plural] permission to do something **разрешение, зеленый свет** [+ to do sth] *They've been* ***given the green light*** *to build two new supermarkets.*

the ˈGreen ˌParty **noun** [group] a political party whose main aim is to protect the environment **партия зеленых**

greens /griːnz/ **noun** [plural] green leaves that are cooked and eaten as a vegetable **овощи, зелень**

greet /griːt/ **verb** [T] **1** B1 to welcome someone **приветствовать** *He greeted me at the door.* **2** to react to something in a particular way **встречать (возгласами, аплодисментами и т. д.)** [often passive] *His story was* ***greeted with*** *shrieks of laughter.*

greeting /ˈgriːtɪŋ/ **noun** [C] formal B1 something friendly or polite that you say or do when you meet or welcome someone **приветствие**

gregarious /grɪˈgeəriəs/ **adjective** If you are gregarious, you enjoy being with other people. **общительный**

grenade /grəˈneɪd/ **noun** [C] a small bomb that is thrown or fired from a weapon **граната**

grew /gruː/ past tense of grow **прош. вр. гл. grow**

grey[1] UK (US **gray**) /greɪ/ **adjective** **1** A1 being a colour that is a mixture of black and white **серый** *grey clouds* → See **Colours** on page Centre 12 **2** having hair that has become grey or white **седой** *She* ***went grey*** *in her thirties.* **3** cloudy and not bright **пасмурный** *a cold, grey morning* **4** not interesting or attractive **безрадостный** *Life was grey and tedious.* **5 grey area** something which people are not certain about, usually because there are no clear rules for it **область неопределенности**

grey[2] UK (US **gray**) /greɪ/ **noun** [C, U] A2 a colour that is a mixture of black and white **серый цвет** → See **Colours** on page Centre 12

greyhound /ˈgreɪhaʊnd/ **noun** [C] a thin dog

with short hair that runs very fast, sometimes in races **борзая**

greying UK (US **graying**) /ˈgreɪɪŋ/ **adjective** having hair that is becoming grey or white **седеющий**

grid /grɪd/ **noun 1** [C] a pattern or structure made from horizontal and vertical lines crossing each other to form squares **решетка 2** [no plural] a system of connected wires used to supply electrical power to a large area **электросеть** *the National Grid* **3** [C] a pattern of squares with numbers or letters used to find places on a map **координатная сетка**

gridlock /ˈgrɪdlɒk/ **noun** [U] when the traffic cannot move in any direction because all of the roads are blocked with cars **затор**

grief /gri:f/ **noun 1** B2 [U] great sadness, especially caused by someone's death **горе, печаль 2 Good grief!** informal something that you say when you are surprised or annoyed **боже мой!**

IDIOMS **come to grief** informal to suddenly fail or have an accident **потерпеть неудачу, попасть в аварию** • **cause/give sb grief** informal to annoy someone or cause trouble or problems for them **причинять кому-либо горе, неприятности**

grievance /ˈgri:vᵊns/ **noun** [C] formal a complaint, especially about unfair behaviour **жалоба, недовольство**

grieve /gri:v/ **verb 1** [I] to feel or express great sadness, especially when someone dies **горевать** *He is still **grieving for** his wife.* **2** [T] formal to make someone feel very sad **огорчать**

grievous /ˈgri:vəs/ **adjective** formal very serious **тяжелый, мучительный** ***grievous injuries***
• **grievously adverb тяжело, мучительно**

grill[1] /grɪl/ **noun** [C] **1** (also US **broiler**) B1 a piece of equipment which cooks food using direct heat from above **гриль** → See **The Kitchen** on page Centre 2 **2** a flat, metal structure used to cook food over a fire **решетка**

grill[2] /grɪl/ **verb** [T] **1** (also US **broil**) B1 to cook food using direct heat **жарить на гриле** *Grill the fish for 2 to 3 minutes on each side.* → See picture at **cook 2** to ask someone questions continuously and for a long time **допрашивать** *I was grilled by the police for two days.*

grille /grɪl/ **noun** [C] a metal structure of bars built across something to protect it **решетка**

grim /grɪm/ **adjective** (**grimmer**, **grimmest**) **1** worrying and bad **мрачный, зловещий** ***grim news*** ◦ *The future looks grim.* **2** sad and serious **суровый** *a grim expression* **3** A grim place is ugly and unpleasant. **отвратительный**
• **grimly adverb мрачно, сурово**

grimace /ˈgrɪməs/ **verb** [I] to make your face show an expression of pain or unhappiness **гримасничать** *He grimaced at the bitter taste.*
• **grimace noun** [C] **гримаса**

grime /graɪm/ **noun** [U] dirt that covers a surface **(въевшаяся) грязь** *The walls were covered in grime.*
• **grimy adjective** covered in dirt **грязный** *grimy hands*

grin /grɪn/ **verb** [I] (present participle **grinning**, past tense and past participle **grinned**) to smile a big smile **широко улыбаться** *He **grinned at** me from the doorway.*

IDIOM **grin and bear it** to accept an unpleasant or difficult situation because there is nothing you can do to improve it **терпеливо переносить, скрывать переживания за улыбкой**

• **grin noun** [C] **широкая улыбка** *She had a big grin on her face.*

grind[1] /graɪnd/ **verb** [T] (past tense and past participle **ground**) **1** to keep rubbing something between two rough, hard surfaces until it becomes a powder **молоть, размалывать** *to grind coffee* **2** to rub a blade against a hard surface to make it sharp **точить, оттачивать 3 grind your teeth** to rub your teeth together, making an unpleasant sound **скрежетать зубами**

PHRASAL VERB **grind sb down** to gradually make someone lose hope, energy, or confidence **мучить, изводить**

grind[2] /graɪnd/ **noun** [no plural] informal work or effort that is boring and unpleasant and makes you tired because it does not change **изнурительная, однообразная работа** ***the daily grind***

grinder /ˈgraɪndəʳ/ **noun** [C] a machine used to rub or press something until it becomes a powder **кофемолка** *a **coffee grinder***

grip[1] /grɪp/ **noun** [no plural] **1** B2 when you hold something tightly **хватка, сжатие** *She **tightened** her **grip on** my arm.* **2** control over something or someone **власть, контроль** *He has a firm **grip on** the economy.*

IDIOMS **come/get to grips with sth** to understand and deal with a problem or situation **понимать, разбираться** *It's a difficult subject to get to grips with.* • **get a grip (on yourself)** to make an effort to control your emotions and behave more calmly **взять себя в руки**

> Слова-партнеры к **grip**
> **loosen/release/tighten your grip • sb's grip on sth**

grip[2] /grɪp/ **verb** [T] (present participle **gripping**, past tense and past participle **gripped**) **1** B2 to hold something tightly **схватывать, сжимать** *She gripped his arm.* **2** to keep someone's attention completely **захватывать, увлекать** *This trial has gripped the whole nation.* **3** When an emotion grips you, you feel it very strongly. **овладевать, охватывать (о чувствах)** [often passive] *He was gripped by fear.*

gripe /graɪp/ **verb** [I] informal to complain, often in an annoying way **ворчать**
• **gripe noun** [C] **жалоба**

gripping /ˈgrɪpɪŋ/ **adjective** If something is gripping, it is so interesting that it holds your attention completely. **захватывающий** *a gripping story*

grisly /ˈgrɪzli/ **adjective** very unpleasant, especially because death or blood is involved **ужасающий** *a grisly murder*

grit¹ /grɪt/ **noun** [U] **1** very small pieces of stone or sand **песчинка, соринка** *I've got a bit of grit in my eye.* **2** the quality of being brave and determined **мужество, твердость характера**

G

grit² /grɪt/ **verb** [T] (present participle **gritting**, past tense and past participle **gritted**) to put grit onto a road surface when the road has ice on it **посыпать песком** → See also grit your teeth **(tooth)**

gritty /ˈgrɪti/ **adjective 1** showing unpleasant details about a situation in a way that seems very real **с неприятными подробностями** *a **gritty drama*** ◦ ***gritty realism*** **2** brave and determined **мужественный, решительный** ***gritty determination***

groan /grəʊn/ **verb** [I] to make a long, low sound such as when expressing pain, unhappiness, etc **стонать** *He collapsed, groaning with pain.*
• **groan noun** [C] **стон**

grocer /ˈgrəʊsəʳ/ **noun 1 grocer's** UK a shop that sells food and other products used in the home **продовольственный магазин 2** [C] someone who owns or works in a grocer's **продавец, владелец продовольственного магазина**

groceries /ˈgrəʊsəriz/ **noun** [plural] goods bought to be used in the home such as food and cleaning products **продукты, хозяйственные принадлежности**

grocery /ˈgrəʊsəri/ **noun** [C] (also US ˈ**grocery** ˌ**store**) a shop that sells food and products used in the home **продовольственный магазин**

groggy /ˈgrɒgi/ **adjective** informal unable to think or act quickly because you have just woken up, been ill, etc **слабый, нетвердый на ногах** *I felt a bit groggy after the operation.*

groin /grɔɪn/ **noun** [C] the area where the legs join the rest of the body near the sexual organs **пах** *He pulled a muscle in his groin.*

groom¹ /gru:m/ **verb** [T] **1** to prepare someone carefully for a special position or job **готовить к определенному роду деятельности** *He's being **groomed for** stardom.* **2** to clean and brush an animal's fur **ухаживать за лошадью**

groom² /gru:m/ **noun** [C] **1** (also **bridegroom**) B1 a man who is getting married **жених 2** someone who cleans and looks after horses **конюх**

groove /gru:v/ **noun** [C] a long, narrow line that has been cut into a surface **желобок, канавка**

grope /grəʊp/ **verb 1** [I, T] to try to get hold of something with your hand, usually when you cannot see it **искать, нащупывать** *I **groped** in my bag **for** my keys.* **2 grope your way along/through, etc** to move somewhere with difficulty, feeling with your hands because you cannot see clearly **идти ощупью** *We groped our way through the smoke to the exit.*

PHRASAL VERB **grope for sth** to try to think of the right words or the right way to express something **подыскивать (слова)** *He groped for the words to tell her.*

gross¹ /grəʊs/ **adjective 1** A gross amount of money has not had taxes or other costs taken from it. **валовой** ***gross earnings/profit*** **2** [always before noun] formal very serious or unacceptable **вопиющий, грубый** ***gross misconduct*** **3** informal very unpleasant **отвратительный** *Oh, yuck. That's really gross.*

gross² /grəʊs/ **verb** [T] to earn a particular amount of money as a total before tax or other costs are taken from it **давать валовой доход** *The film grossed $250 million.*

grossly /ˈgrəʊsli/ **adverb** extremely **чрезвычайно, глубоко** ***grossly unfair/exaggerated***

grotesque /grəʊˈtesk/ **adjective** strange and unpleasant, especially in a ridiculous or slightly frightening way **гротескный** *a grotesque image*
• **grotesquely adverb гротескно**

grotto /ˈgrɒtəʊ/ **noun** [C] a small cave **грот**

ground¹ /graʊnd/ **noun 1 the ground** B1 the surface of the Earth **земля** *I sat down on the ground.* **2** [U] B2 the soil in an area **земля, почва** *soft/stony ground* **3** [C] B1 an area of land used for a particular purpose or activity **участок, площадка, поле** *a football ground* **4** [U] an area of knowledge, information, interest, or experience **предмет, тема** *He had to **go over the same ground** several times before I understood it.*

IDIOMS **break new ground** to do something that is different to anything that has been done before **совершать прорыв (в какой-либо области)** • **gain/lose ground** to become more/less popular and accepted **приобретать/терять популярность** *The idea is gradually gaining ground.* • **get (sth) off the ground** If a plan or activity gets off the ground, or if you get it off the ground, it starts or succeeds. **успешно положить начало чему-либо, иметь успех** *He worked hard at getting the project off the ground.* • **stand your ground** to refuse to change your opinion or move your position despite attempts to make you **стоять на своем** • **suit sb down to the ground** UK to be exactly right or suitable for someone **идеально подходить кому-либо** *That job would suit you down to the ground.* • **be thin on the ground** UK to exist only in small numbers or amounts **быть немногочисленным, незначительным**

→ See also **breeding ground**, **common ground**

ground² /graʊnd/ **verb 1 be grounded** If a vehicle that travels on water or in the air is grounded, it cannot or may not leave the ground. **севший на мель, не могущий подняться в воздух** *The aircraft was* ***grounded by*** *fog.* **2 be grounded in sth** formal to be based firmly on something **быть основанным на чем-либо** *Fiction should be grounded in reality.*

ground³ /graʊnd/ past of grind **прош. вр. и прич. прош . вр. от гл. grind**

ˌground ˈbeef noun [U] US (UK **mince**) beef (= meat from a cow) that has been cut into very small pieces by a machine **мясной фарш**

groundbreaking /ˈgraʊndˌbreɪkɪŋ/ **adjective** based on or containing completely new ideas **совершающий прорыв, совершенно новый** ***groundbreaking research***

ˌground ˈfloor noun [C] UK (US **first floor**) (B1) the level of a building which is on the ground **первый этаж**

grounding /ˈgraʊndɪŋ/ **noun** [no plural] knowledge of the basic facts and principles of a subject **основы (предмета)** *The course gave me a good* ***grounding in*** *bookkeeping.*

groundless /ˈgraʊndləs/ **adjective** Groundless fears, worries, etc have no reason or facts to support them. **необоснованный**

ˈground ˌrules noun [plural] the basic rules or principles for doing something **основные правила**

grounds /graʊndz/ **noun** [plural] **1** (B2) the reason for doing or believing something **основание, причина** *He resigned* ***on*** *medical* ***grounds.*** ∘ *I refused* ***on the grounds that*** *(= because) it was too risky.* **2** the land around and belonging to a particular building or organization **территория** *We strolled around the hospital grounds.*

groundwork /ˈgraʊndwɜːk/ **noun** [U] work or events that prepare for something that will be done or produced in the future **основа, фундамент** *The project is* ***laying the groundwork for*** *a new approach to research.*

ˌground ˈzero noun [U] **1** the exact place where a nuclear bomb explodes **эпицентр атомного взрыва** **2 Ground Zero** the place in New York City where the World Trade Center stood before it was destroyed in an attack on September 11, 2001 **место в центре Нью-Йорка, где до 11 сентября 2001 стояли две башни Всемирного торгового центра**

> Слова-партнеры к **group**
>
> **form/join** a group • **divide/split** sth **into** groups • a **large/small** group • a group **of** sth

group¹ /gruːp/ **noun** [C] **1** (A1) a number of people or things that are together in one place or are connected **группа** *She went camping with a small* ***group of*** *friends.* **2** (A1) a few musicians or singers who perform together, usually playing popular music **группа, ансамбль** *a* ***pop group***

group² /gruːp/ **verb** [I, T] to form a group or put people or things into a group or groups **группировать(ся), распределять(ся) по группам** *The children are grouped according to their ability.*

grouping /ˈgruːpɪŋ/ **noun** [C] a group of people or things that have the same aims or qualities **группировка, группа** *regional groupings*

grouse¹ /graʊs/ **noun** [C] **1** (plural **grouse**) a fat, brown bird that some people hunt for food **куропатка** **2** a small complaint about something **жалоба**

grouse² /graʊs/ **verb** [I] to complain about something **жаловаться**

grove /grəʊv/ **noun** [C] a small group of trees **роща** *an olive grove*

grovel /ˈgrɒvᵊl/ **verb** [I] (present participle UK **grovelling**, past tense and past participle **grovelled**, present participle US **groveling**, past tense and past participle **groveled**) **1** to try very hard to be nice to someone important so that they will be nice to you or forgive you **пресмыкаться, лебезить** *She grovelled to the producer to get that part.* **2** to move around on your hands and knees **ползать** *He was grovelling around on the floor.*

grow /grəʊ/ **verb** (past tense **grew**, past participle **grown**) **1** [I] (A2) to develop and become bigger or taller as time passes **расти** *Children grow very quickly.* **2** [I, T] (A2) If a plant grows, or you grow it, it develops from a seed to a full plant. **расти** *These shrubs grow well in sandy soil.* **3** [I] (B1) to increase **расти, увеличиваться** *The number of people living alone grows each year.* **4 grow tired/old/calm, etc** (B2) to gradually become tired/old/calm, etc **постепенно уставать/стареть/успокаиваться и т. д.** *The music grew louder and louder.* **5** [I, T] (B1) If your hair or nails grow, or if you grow them, they get longer. **отрастать, отращивать**

PHRASAL VERBS **grow into sb/sth** to develop into a particular type of person or thing **превращаться в кого-либо/во что-либо** • **grow into sth** If a child grows into clothes, they gradually become big enough to wear them. **дорастать до чего-либо** • **grow on sb** If someone or something grows on you, you start to like them. **начинать нравиться** *I didn't like her at first but she's grown on me over the years.* • **grow out of sth 1** If children grow out of clothes, they gradually become too big to wear them. **вырастать из чего-либо** *Adam's grown out of his shoes.* **2** to stop doing something as you get older **отвыкать от чего-либо с возрастом** *He still bites his nails, but hopefully he'll grow out of it.* • **grow up 1** (A2) to become older or an adult **вырастать, становиться взрослым** *She grew up in New York.* **2** to develop or become bigger or stronger **возникать, развиваться** *A close friendship had grown up between them.*

grower /ˈgrəʊəʳ/ **noun** [C] someone who grows fruit or vegetables to sell to people **садовод**

growing /ˈɡrəʊɪŋ/ **adjective** (B2) increasing **увеличивающийся, возрастающий** *A growing number of people are choosing to live alone.*

growl /ɡraʊl/ **verb** [I] If a dog or similar animal growls, it makes a deep, angry noise in its throat. **рычать**
• **growl noun** [C] **рычание**

grown[1] /ɡrəʊn/ **adjective a grown man/woman** an adult, used especially when they are not behaving like an adult **взрослый мужчина/взрослая женщина**

grown[2] /ɡrəʊn/ past participle of grow **прич. прош. вр. от гл. grow**

grown-up[1] /ˈɡrəʊnʌp/ **noun** [C] (B2) an adult, used especially when talking to children **взрослый** *Ask a grown-up to cut the shape out for you.*

grown-up[2] /ˌɡrəʊnˈʌp/ **adjective** (B2) with the physical and mental development of an adult **взрослый** *Jenny has a grown-up son of 24.*

growth /ɡrəʊθ/ **noun 1** [U, no plural] (B2) when something grows, increases, or develops **рост** *population growth* ◦ *A balanced diet is essential for healthy growth.* **2** [C] something that grows on your skin or inside your body, that should not be there **опухоль**

> Слова-партнеры к **growth**
> encourage/slow/stimulate/stunt growth • healthy/long-term/low/rapid/slow/steady growth • a growth in sth

grub /ɡrʌb/ **noun 1** [U] informal food **еда, жратва 2** [C] a young, developing insect which has a fat, white tube shape **личинка**

grubby /ˈɡrʌbi/ **adjective** quite dirty **неряшливый, неопрятный** *a grubby little boy*

grudge[1] /ɡrʌdʒ/ **noun** [C] a feeling of dislike or anger towards someone because of something they have done in the past **обида, злоба** *He is not the type of person to **bear a grudge against** anyone.*

grudge[2] /ɡrʌdʒ/ **verb** [T] to not want to spend time or money or to give something to someone **жалеть, неохотно давать** *He grudged the time he spent in meetings.*

grudging /ˈɡrʌdʒɪŋ/ **adjective** done against your will, in a way that shows you do not want to do it **сдержанный, неохотный** *He treated her with **grudging respect**.*
• **grudgingly adverb сдержанно, неохотно**

gruelling UK (US **grueling**) /ˈɡruːəlɪŋ/ **adjective** Gruelling activities are very difficult and make you very tired. **изнурительный** *a gruelling bicycle race*

gruesome /ˈɡruːsəm/ **adjective** very unpleasant or violent, usually involving injury or death **жуткий, чудовищный** *a **gruesome murder***

gruff /ɡrʌf/ **adjective** sounding unfriendly **резкий, грубый** *a **gruff voice***
• **gruffly adverb резко, грубо**

grumble /ˈɡrʌmbl/ **verb** [I] to complain about something in a quiet but angry way **ворчать, роптать** *She's always **grumbling about** something.*
• **grumble noun** [C] **ворчание, ропот**

grumpy /ˈɡrʌmpi/ **adjective** easily annoyed and often complaining **сварливый** *a **grumpy old man***
• **grumpily adverb сварливо** • **grumpiness noun** [U] **сварливость**

grunt /ɡrʌnt/ **verb 1** [I, T] to make a short, low sound instead of speaking, usually when you are angry or in pain **рычать (от злости), стонать (от боли) 2** [I] If a pig grunts, it makes short, low sounds. **хрюкать**
• **grunt noun** [C] **хрюканье, рычание, стон**

guarantee[1] /ˌɡærənˈtiː/ **verb** [T] (present participle **guaranteeing**, past tense and past participle **guaranteed**) **1** (B2) to promise that something is true or will happen **гарантировать, ручаться** *Every child is guaranteed a place at a local school.* ◦ [+ (that)] *We can't guarantee that it will arrive in time.* **2** If a company guarantees its products, it makes a written promise to repair them or give you a new one if they have a fault. **гарантировать, давать гарантию**

guarantee[2] /ˌɡærənˈtiː/ **noun** [C, U] **1** (B2) a written promise made by a company to repair one of its products or give you a new one if it has a fault **гарантия** *a three-year guarantee* ◦ *I'm afraid this camera is no longer **under guarantee**.* **2** a promise that something will be done or will happen **гарантия** [+ (that)] *There's no guarantee that it actually works.*

guard[1] /ɡɑːd/ **noun 1** [C] (B1) someone whose job is to make certain someone does not escape or to protect a place or another person **охранник, часовой** *a **security guard*** ◦ ***prison guards*** **2** [no plural] a group of soldiers or police officers who are protecting a person or place **охрана, стража, караул 3** [C] (also **conductor**) someone who is in charge of a train **проводник (в поезде) 4** [C] something that covers or protects someone or something **защитное или предохранительное устройство** *a **fire guard*** **5 be on guard; stand guard** to be responsible for protecting a place or a person **охранять** *Armed police stood guard outside the house.* **6 be under guard** to be kept in a place by a group of people who have weapons **быть под стражей** *The suspect is now under guard in the local hospital.*

IDIOMS **catch sb off guard** to surprise someone by doing something when they are not ready to deal with it **застигнуть кого-либо врасплох**
• **be on (your) guard** to be ready to deal with something difficult that might happen **быть настороже/начеку** *Companies were warned to be **on their guard for** suspicious packages.*

guard[2] /ɡɑːd/ **verb** [T] **1** (B2) to protect someone or something from being attacked or stolen **сторожить, охранять** *Soldiers guarded the* main doors of the embassy. **2** (B2) to watch someone and make certain that they do not escape from a place **караулить** *Five prison officers guarded the prisoners.*

PHRASAL VERB **guard against sth** to try to make certain that something does not happen by being very careful **ограждать, защищать** *Regular exercise helps guard against heart disease.*

guarded /ˈgɑːdɪd/ **adjective** careful not to give too much information or show how you really feel **сдержанный, осторожный** *a guarded response*
• **guardedly adverb сдержанно, осторожно**

guardian /ˈgɑːdiən/ **noun** [C] **1** someone who is legally responsible for someone else's child **опекун** *The consent form must be signed by the child's parent or guardian.* **2** a person or organization that protects laws, principles, etc **защитник, блюститель**
• **guardianship noun** [U] **опека, покровительство**

guerrilla /gəˈrɪlə/ **noun** [C] a member of an unofficial group of soldiers fighting to achieve their political beliefs **партизан** *guerrilla warfare*

guess¹ /ges/ **verb 1** [I, T] (A2) to give an answer or opinion about something without having all the facts **предполагать, догадываться** *Can you guess how old he is?* **2** [I, T] (A2) to give a correct answer without having all the facts **угадать, догадаться** *"You've got a promotion!" "Yes, how did you guess?"* ○ [+ (that)] *I'd never have guessed that you two were related.* **3 I guess** (B1) used when you think that something is probably true or likely **я полагаю** *I've known her for about 12 years, I guess.* **4 I guess so/not** (B2) used when you agree/disagree but are not completely certain about something **наверное, да/наверное, нет** **5 Guess what?** (A2) something you say when you have some surprising news for someone **угадай, что произошло!** *Guess what? I'm pregnant.*

> Слова-партнеры к **guess**
> **have/hazard/make/take** a guess • a **rough** guess • **at** a guess • a guess **as to/at** sth

guess² /ges/ **noun** [C] **1** (B1) an attempt to give the right answer when you are not certain what it is **догадка** *How old do you think John is? Go on,* UK ***have** a **guess**/*US ***take** a **guess**.* ○ ***At a guess,** I'd say there were about 70 people there.* **2** an opinion that you have formed by guessing **предположение** *My guess is they'll announce their engagement soon.* **3 be anybody's guess** informal to be something that no one can be certain about **никому неизвестно, можно только догадываться** *What happens after the election is anybody's guess.*

guesswork /ˈgeswɜːk/ **noun** [U] when you try to find an answer by guessing **догадки**

guest /gest/ **noun** [C] **1** (A2) someone who comes to visit you in your home, at a party, etc **гость** *We've got some guests coming this weekend.* **2** (A2) someone who is staying in a hotel **постоялец** *The hotel has accommodation for 200 guests.* **3** (B2) a famous person who takes part in a television programme or other entertainment **гость (программы)** *Our special guest tonight is George Michael.*

IDIOM **Be my guest.** something you say when you give someone permission to use something or do something **пожалуйста!**

> Слова-партнеры к **guest**
> **entertain/invite/welcome** guests • a **frequent/honoured/special/uninvited** guest

guesthouse /ˈgesthaus/ **noun** [C] a small cheap hotel **маленькая недорогая гостиница**

GUI /ˈguːi/ **noun** [C] graphical user interface: a way of arranging information on a computer screen that is easy to understand because it uses pictures and symbols as well as words **графический интерфейс пользователя**

guidance /ˈgaɪdᵊns/ **noun** [U] (B2) help or advice **руководство** *Students make choices about their future, with the guidance of their teachers.*

guide¹ /gaɪd/ **noun** [C] **1** (A2) someone whose job is to show interesting places to visitors, or to help people get somewhere **гид, экскурсовод** *a **tour guide*** **2** (B1) a book that gives information about something or tells you how to do something **путеводитель, инструкция** *a hotel/restaurant guide* ○ *a user's guide* **3** something that helps you plan or decide what to do **руководство** [usually singular] *Parents use this report as a guide when choosing schools for their children.* **4 Guide** (also ˌ**Girl** ˈ**Guide**) a girl who belongs to an organization in the UK that teaches practical things like living outside, and how to work as part of a team **девочка-скаут** **5 the Guides** an organization in the UK that teaches girls practical skills and how to work as part of a team **организация девочек-скаутов**

guide² /gaɪd/ **verb** [T] **1** (B1) to help someone or something go somewhere **направлять, вести** *He gently guided her back to her seat.* **2** to tell someone what they should do **направлять, руководить** *She had no one to guide her as a teenager.*

guidebook /ˈgaɪdbʊk/ **noun** [C] (A2) a book that gives visitors information about a particular place **путеводитель**

ˈ**guide** ˌ**dog noun** [C] (also US **seeing eye dog**) a dog that is trained to help blind people **собака-поводырь**

> Слова-партнеры к **guidelines**
> **draw up/issue/lay down/produce** guidelines • guidelines **on** sth

guidelines /ˈgaɪdlaɪnz/ **noun** [plural] advice about how to do something **директивы,**

руководство *government* ***guidelines on*** *tobacco advertising*

guild /gɪld/ **noun** [C] an organization of people who have the same job or interests **гильдия, союз** *the Designers' Guild*

guile /gaɪl/ **noun** [U] formal clever but sometimes dishonest behaviour that you use to deceive someone **хитрость, коварство**

guillotine /ˈgɪlətiːn/ **noun** [C] a piece of equipment used to cut off criminals' heads in the past **гильотина**
• **guillotine verb** [T] **гильотинировать**

G

guilt /gɪlt/ **noun** [U] **1** B2 the strong feeling of shame that you feel when you have done something wrong **вина, сознание вины** *He was overcome with guilt over what he had done.* **2** B2 the fact that someone has done something illegal **вина, виновность** *The prosecution must convince the jury of his guilt.* **3** the responsibility for doing something bad **вина**

guilt-ridden /ˈgɪltrɪdᵊn/ **adjective** feeling very guilty **страдающий от сознания своей вины**

guilty /ˈgɪlti/ **adjective** **1** B1 ashamed because you have done something wrong **виноватый** [+ about + doing sth] *I feel so guilty about not going to see them.* **2** B2 having broken a law **виновный** *The jury* ***found her guilty*** *(= decided that she was guilty of a crime).* ◦ *They found him* ***guilty of*** *rape.*
• **guiltily adverb виновато** • **guiltiness noun** [U] **виновность**

guinea pig /ˈgɪniˌpɪg/ **noun** [C] **1** a small animal with fur and no tail that people sometimes keep as a pet **морская свинка** **2** informal someone who is used in a test for something such as a new medicine or product **подопытный кролик**

guise /gaɪz/ **noun** [C] formal what something seems to be, although it is not **вид, личина** *Banks are facing new competition* ***in the guise of*** *supermarkets.*

guitar /gɪˈtɑːʳ/ **noun** [C] A1 a musical instrument with strings that you play by pulling the strings with your fingers or a piece of plastic **гитара** *an* ***electric guitar***

guitar

guitarist /gɪˈtɑːrɪst/ **noun** [C] B1 someone who plays the guitar, especially as their job **гитарист**

gulf /gʌlf/ **noun** [C] **1** a large area of sea that has land almost all the way around it **залив** *the Arabian Gulf* **2** an important difference between the opinions or situations of two groups of people **пропасть, непримиримое различие** *There is a growing* ***gulf between*** *the rich and the poor.*

gull /gʌl/ **noun** [C] (also **seagull**) a white or grey bird that lives near the sea and has a loud cry **чайка**

gullible /ˈgʌlɪbl/ **adjective** Someone who is gullible is easily tricked because they trust people too much. **легковерный, доверчивый** *How could you be so gullible?*

gully /ˈgʌli/ **noun** [C] a narrow valley which is usually dry except after a lot of rain **лощина**

gulp /gʌlp/ **verb** **1** [T] (also **gulp down**) to drink or eat something quickly **проглатывать** *I just had time to gulp down a cup of coffee before I left.* **2** [I, T] to breathe in large amounts of air **глубоко дышать, жадно ловить воздух** **3** [I] to swallow suddenly, sometimes making a noise, because you are nervous or surprised **(шумно) сглатывать**
• **gulp noun** [C] **глоток** *He took a large gulp of tea.*

gum¹ /gʌm/ **noun** **1** [C] B2 the hard, pink part inside your mouth that your teeth grow out of **десна** [usually plural] *Protect your teeth and gums by visiting your dentist regularly.* ◦ ***gum disease*** **2** [U] (also **chewing gum**) a sweet substance that you chew (= bite repeatedly) but do not swallow **жевательная резинка** *a stick of gum* **3** [U] a sticky substance like glue, used for sticking papers together **клей** → See also **bubble gum**

gum² /gʌm/ **verb** [T] (present participle **gumming**, past tense and past participle **gummed**) UK to stick things together using glue **склеивать**

gun¹ /gʌn/ **noun** [C] B1 a weapon that you fire bullets out of **огнестрельное оружие**

IDIOMS **jump the gun** to do something too soon, before you have thought about it carefully **опережать события** • **stick to your guns** informal to refuse to change your ideas although other people try to make you **настаивать на своем, не сдавать позиций**

→ See also **machine gun**

> Слова-партнеры к **gun**
> **point a gun at sb/sth** • **fire a gun**

gun² /gʌn/ **verb** (present participle **gunning**, past tense and past participle **gunned**)

PHRASAL VERB **gun sb down** to shoot someone and kill them or injure them badly **застрелить**

gunboat /ˈgʌnbəʊt/ **noun** [C] a small ship used during a war **канонерская лодка**

gunfire /ˈgʌnfaɪəʳ/ **noun** [U] when guns are fired, or the noise that this makes **орудийный огонь**

gunman /ˈgʌnmən/ **noun** [C] (plural **gunmen**) a criminal with a gun **вооруженный преступник**

gunner /ˈgʌnəʳ/ **noun** [C] a soldier or sailor whose job is to fire a large gun **артиллерист, пулеметчик**

gunpoint /ˈgʌnpɔɪnt/ **noun at gunpoint** with someone aiming a gun towards you **под дулом пистолета** *The hostages are being* ***held at*** *gunpoint.*

gunpowder /ˈgʌnˌpaʊdəʳ/ **noun** [U] an explosive powder **порох**

gunshot /ˈgʌnʃɒt/ **noun** [C] when a gun is fired **ружейный выстрел** *I heard a gunshot and rushed into the street.* ◦ ***gunshot wounds*** *to the chest*

gurgle /ˈgɜːgl/ **verb** [I] to make a sound like bubbling liquid **булькать, гукать** *The baby was gurgling happily.*
• **gurgle noun** [C] **бульканье, гуканье**

guru /ˈguːruː/ **noun** [C] **1** someone whose opinion you respect because they know a lot about a particular thing **светило, крупный авторитет 2** a teacher or leader in the Hindu religion **гуру**

gush[1] /gʌʃ/ **verb** [I, T] **1** If liquid gushes from an opening, it comes out quickly and in large amounts. **литься потоком, хлестать** *He ran down the street, blood gushing from a wound in his neck.* **2** to praise someone so much that they do not believe you are sincere **захлебываться от восторга, говорить взахлеб** *"Darling! I'm so excited!" she gushed.*

gush[2] /gʌʃ/ **noun** [C] **1** a large amount of liquid or gas that flows quickly **поток, струя 2** a sudden feeling of a particular emotion **порыв, вспышка**

gust /gʌst/ **verb** [I] If winds gust, they blow strongly. **дуть сильно, с порывами** *Winds gusting to 50 mph brought down power cables.*
• **gust noun** [C] **порыв ветра** *a gust of air* • **gusty adjective порывистый**

gusto /ˈgʌstəʊ/ **noun with gusto** with a lot of energy and enthusiasm **с чувством/энтузиазмом** *Everyone joined in the singing with great gusto.*

gut[1] /gʌt/ **noun** [C] the tube in your body that takes food from your stomach to be passed out as waste **кишка**

gut[2] /gʌt/ **adjective gut reaction/feeling/instinct** a reaction/feeling, etc that you feel certain is right, although you have no reason to think so **инстинктивная реакция/инстинктивное чувство/внутренний инстинкт** *I had a gut feeling that he was going to come back.*

gut[3] /gʌt/ **verb** [T] (present participle **gutting**, past tense and past participle **gutted**) **1** to remove the organs from inside a fish or other animal **потрошить (рыбу, дичь и т. д.) 2** to completely destroy or remove the inside of a building **опустошать, сжигать дотла** *A fire gutted the bookshop last week.*

guts /gʌts/ **noun** [plural] informal **1** B2 the bravery and determination that is needed to do something difficult or unpleasant **мужество, выдержка** *It* ***took guts*** *to stand up and tell the boss how she felt.* **2** the organs inside a person's or animal's body **внутренности**

IDIOM **hate sb's guts** informal to dislike someone very much **смертельно ненавидеть кого-либо**

gutsy /ˈgʌtsi/ **adjective** brave and determined **дерзкий, бесстрашный** *a gutsy performance*

gutted /ˈgʌtɪd/ **adjective** UK informal very disappointed and upset **убитый горем** [+ (that)] *Neil's absolutely gutted that he's been dropped from the team.*

gutter /ˈgʌtəʳ/ **noun** [C] **1** a long, open pipe that is fixed to the edge of a roof to carry water away **желоб 2** the edge of a road where water flows away **сточная канава**

guy /gaɪ/ **noun** informal **1** A2 [C] a man **парень, малый** *What a nice guy!* **2 guys** used when you are talking to or about two or more people **ребята** *Come on, you guys, let's go home.*

guzzle /ˈgʌzl/ **verb** [I, T] informal to eat or drink a lot of something quickly **пить или есть быстро, с жадностью** *Who's guzzled all the beer?*

gym /dʒɪm/ **noun 1** [C] B1 a building with equipment for doing exercises **гимнастический зал** *Nick goes to the gym three times a week.* **2** [U] B1 exercises done inside, especially as a school subject **гимнастические упражнения, физкультура**

gymnasium /dʒɪmˈneɪziəm/ **noun** [C] a gym **гимнастический зал**

gymnast /ˈdʒɪmnæst/ **noun** [C] someone who does gymnastics **гимнаст** *an Olympic gymnast*

gymnastics /dʒɪmˈnæstɪks/ **noun** [U] B1 a sport in which you do physical exercises on the floor and on different pieces of equipment, often in competitions **гимнастика**

gymnastics

gynaecologist UK (US **gynecologist**) /ˌgaɪnəˈkɒlədʒɪst/ **noun** [C] a doctor who treats medical conditions that only affect women **гинеколог**

gynaecology UK (US **gynecology**) /ˌgaɪnəˈkɒlədʒi/ **noun** [U] the study and treatment of diseases and medical conditions that only affect women **гинекология**
• **gynaecological** /ˌgaɪnəkəˈlɒdʒɪkəl/ **adjective** UK **гинекологический**

gypsy (also UK **gipsy**) /ˈdʒɪpsi/ **noun** [C] a member of a race of people who travel from place to place, especially in Europe **цыган, цыганка** *a gypsy caravan*

H, h /eɪtʃ/ the eighth letter of the alphabet 8-я буква алфавита

ha /hɑː/ **exclamation** something you say when you are surprised or pleased ха!

habit /ˈhæbɪt/ **noun 1** [C, U] B1 something that you do regularly, almost without thinking about it привычка *He's just eating **out of habit** – he's not really hungry.* **2 be in/get into the habit of doing sth** to be used/get used to doing something regularly иметь/приобретать привычку делать что-либо *We don't want the children to get into the habit of watching a lot of TV.* **3** [C, U] B2 something that you often do that is bad for your health or is annoying привычка, зависимость *He has some really nasty habits.* ○ *We offer help to alcoholics who want to **kick the habit**.* **4** [C] a long, loose piece of clothing worn by some religious groups ряса *a monk's habit*

> Слова-партнеры к **habit**
>
> **get into/get out of** the habit of doing sth • **have/kick** a habit • an **annoying/bad/good** habit • do sth **from/out of/through** habit

habitable /ˈhæbɪtəbl/ **adjective** A habitable building is in good enough condition to live in. жилой, пригодный для жилья

habitat /ˈhæbɪtæt/ **noun** [C] the natural environment of an animal or plant среда обитания

habitation /ˌhæbɪˈteɪʃᵊn/ **noun** [U] when people live in a place проживание, жилье *This place is not fit for **human habitation**.*

habitual /həˈbɪtʃuəl/ **adjective 1** usual or typical привычный *an habitual expression/gesture* **2** doing something often because it is a habit закоренелый, отъявленный *a habitual drug user*

• **habitually adverb** привычно, по привычке

hack¹ /hæk/ **verb** [I, T] **1** to cut something roughly into pieces рубить, наносить резаную рану *The victim had been **hacked to death**.* **2** to use a computer to illegally get into someone else's computer system and read the information that is kept there взламывать (компьютерную сеть) *Two British youths were caught **hacking into** government computers.*

hack² /hæk/ **noun** [C] informal someone who produces low quality writing for books, newspapers, etc литературный поденщик, писака

hacker /ˈhækəʳ/ **noun** [C] someone who illegally gets into someone else's computer system хакер

had strong /hæd/ weak /həd/, /əd/, /d/ **verb 1** past of have прош. вр. и прич. прош. вр. от гл. have **2 be had** informal to be tricked or made to look silly быть обманутым *I think I've been had – this camera doesn't work.*

haddock /ˈhædək/ **noun** [C, U] (plural **haddock**) a fish that lives in northern seas and is eaten as food пикша (рыба)

hadn't /ˈhædᵊnt/ short for had not сокращ. от had not *I hadn't seen Megan since college.*

haemophilia UK (US **hemophilia**) /ˌhiːməˈfɪliə/ **noun** [U] a serious disease in which the flow of blood from someone's body cannot be stopped when they are hurt гемофилия

• **haemophiliac** UK (US **hemophiliac**) **noun** [C] someone who has haemophilia страдающий гемофилией

haemorrhage UK (US **hemorrhage**) /ˈhemᵊrɪdʒ/ **noun** [C, U] when someone suddenly loses a lot of blood кровотечение *a **brain haemorrhage***

haemorrhoids UK (US **hemorrhoids**) /ˈhemərɔɪdz/ **noun** [plural] painful swollen tissue around the opening of a person's bottom геморрой

haggard /ˈhægəd/ **adjective** Someone who is haggard has a thin face with dark marks around their eyes because they are ill or tired. изможденный

haggle /ˈhægl/ **verb** [I] to argue, especially about the price of something торговаться *I spent 20 minutes **haggling over** the price of a leather bag.*

ˌha ˈha exclamation used in writing to represent the sound someone makes when they laugh ха-ха!

hail¹ /heɪl/ **noun 1** [U] small, hard pieces of frozen rain that fall from the sky град **2 a hail of bullets/stones/bottles, etc** a lot of bullets/stones/bottles, etc that are fired or thrown at the same time град пуль/камней/бутылок и т. д.

hail² /heɪl/ **verb 1** [T] to call or wave to someone to get their attention подзывать, окликать *She stepped into the road and **hailed** a **taxi**.* **2 it hails** If it hails, small, hard pieces of frozen rain fall from the sky. идет град

PHRASAL VERBS **hail sb/sth as sth** to say publicly and enthusiastically that someone or something is something very good провозглашать кого-либо кем-либо • **hail from** to come from a particular place быть родом откуда-либо

hair /heəʳ/ **noun 1** [U] A1 the thin, thread-like parts that grow on your head волосы *a girl with long, fair hair* **2** [C] B2 one of the thin thread-like parts that grow on a person's or animal's skin волос *My black skirt was covered in cat hairs.*

IDIOMS **let your hair down** informal to relax and enjoy yourself держать себя непринужденно • **pull/tear your hair out** to be very anxious about something **рвать на себе волосы** *When they still weren't home by midnight, I was pulling my hair out.* • **split hairs** to argue about small details that are not important **спорить по мелочам**

→ See also **pubic hair**

hairbrush /ˈheəbrʌʃ/ **noun** [C] a brush that you use to make your hair look tidy **щетка для волос** → See picture at **brush**

haircut /ˈheəkʌt/ **noun** [C] **1** B1 when someone cuts your hair **стрижка** *I really need a haircut.* **2** B1 the style in which your hair has been cut **стрижка**

hairdo /ˈheəduː/ **noun** [C] informal the style in which someone arranges their hair **прическа**

hairdresser /ˈheəˌdresəʳ/ **noun** **1** B1 [C] someone whose job is to wash, cut, colour, etc people's hair **парикмахер** **2 hairdresser's** B1 the place where you go to have your hair washed, cut, coloured, etc **парикмахерская**

hairdryer /ˈheəˌdraɪəʳ/ **noun** [C] B1 a piece of electrical equipment for drying your hair with hot air **фен**

-haired /-ˈheəd/ **suffix** used after a word describing someone's hair **имеющий такие-то волосы** *a red-haired woman* ◦ *a short-haired cat* → See also **fair-haired**

hairgrip /ˈheəgrɪp/ **noun** [C] UK (US **bobby pin**) a small, thin piece of metal, used to fasten a woman's hair in position **заколка для волос**

hairline /ˈheəlaɪn/ **noun** **1** [C] the place at the top of your face where your hair starts growing **линия роста волос (над лбом)** **2 a hairline crack/fracture** a very thin line where something hard such as a bone or cup is broken **тонкая трещина**

hairpin /ˈheəpɪn/ **noun** [C] a piece of metal shaped like a U, used to fasten a woman's hair in position **шпилька**

ˌhairpin ˈbend **noun** [C] UK (US **ˌhairpin ˈturn**) a bend shaped like a U on a steep road **крутой поворот**

hair-raising /ˈheəˌreɪzɪŋ/ **adjective** frightening but in an enjoyable way **страшный, потрясающий** *It was a rather **hair-raising journey** down the mountain road.*

hairstyle /ˈheəstaɪl/ **noun** [C] the style in which someone arranges their hair **прическа** *Do you like my new hairstyle?*

hairy /ˈheəri/ **adjective** **1** covered in hair **волосатый** *a **hairy chest*** ◦ ***hairy legs*** **2** informal frightening or dangerous **опасный** *There were some rather **hairy moments** during the race.*

• **hairiness** **noun** [U] **волосатость**

hajj (also **haj**) /hædʒ/ (plural **hajjes** or **hajes**) **noun** [C] the religious journey to Mecca which all Muslims try to make at least once in their life **хадж (паломничество к священным местам в Мекку)**

halal /hælˈæl/ **adjective** Halal meat is prepared according to Islamic law. **приготовленное по исламским законам (мясо)**

hale /heɪl/ **adjective** **hale and hearty** healthy and full of life **здоровый и бодрый**

half[1] /hɑːf/ **noun, determiner** (plural **halves**) **1** A2 [C, U] one of two equal parts of something; ½ **половина** *Rice is eaten by **half of** the world's population.* ◦ *Cut the lemons into halves.* ◦ *It'll take **half an hour** to get there.* ◦ *Jenny lived in Beijing for a year and a half.* **2 break/cut/split sth in half** B1 to divide something into two equal parts **разламывать/разрезать/разделять что-либо пополам** *Divide the dough in half and roll it out into two circles.* **3 decrease/increase, etc sth by half** to make something smaller/larger, etc by half its size **уменьшать/увеличивать и т. д. вдвое** *The drug reduces the risk of stroke by half.* **4 half past one/two/three, etc** mainly UK A1 30 minutes past one o'clock/two o'clock/three o'clock, etc **половина второго/третьего/четвертого и т. д.** *We got back to our hotel at half past seven.* **5 half one/two/three, etc** UK informal A1 30 minutes past one o'clock/two o'clock/three o'clock, etc **половина второго/третьего/четвертого и т. д.** *"What time does it start?" "About half six."*

IDIOMS **go halves with sb** informal to divide the cost of something with someone **делить расходы пополам** *Shall we go halves on a present for Laura?* • **half the fun/time/pleasure, etc** informal B2 a large part of the enjoyment/time, etc **большая часть удовольствия/времени и т. д.** *Kids today – parents don't know where they are half the time.* • **not half as good/bad/exciting, etc** informal B2 to be much less good/bad/exciting, etc than something else **намного хуже/лучше/менее увлекательно и т. д.** *Her new book's not half as good as the last one.*

half[2] /hɑːf/ **adverb** B1 partly, but not completely **наполовину** *half empty/full* ◦ *Sophia is half Greek and half Spanish (= she has one Greek parent and one Spanish parent).* ◦ *She was only half aware of what was happening.*

ˌhalf ˈboard **noun** [U] mainly UK the price for a room in a hotel, which includes breakfast and dinner **полупансион**

half-brother /ˈhɑːfˌbrʌðəʳ/ **noun** [C] a brother who is the son of only one of your parents **единокровный брат, сводный брат**

half-hearted /ˌhɑːfˈhɑːtɪd/ **adjective** without much effort or interest **нерешительный, незаинтересованный** *a **half-hearted attempt***

• **half-heartedly** **adverb** **нерешительно, нехотя**

half-sister /ˈhɑːfˌsɪstəʳ/ **noun** [C] a sister who is the daughter of only one of your parents **единокровная сестра, сводная сестра**

half-term /hɑːfˈtɜːm/ **noun** [C, U] UK a short holiday in the middle of a school term (= one of the periods the school year is divided into) **короткие каникулы в середине семестра**

half-time /ˌhɑːfˈtaɪm/ **noun** [U] a short period of rest between the two halves of a game **перерыв между таймами**

halfway /ˌhɑːfˈweɪ/ **adjective**, **adverb** at an equal distance between two places, or in the middle of a period of time **на полпути, в середине срока** *the **halfway point*** ◦ *He was released **halfway through** his prison sentence.*

hall /hɔːl/ **noun** [C] **1** (also **hallway** /ˈhɔːlweɪ/) A2 a room or passage in a building, which leads to other rooms **прихожая, коридор 2** A2 a large room or building where meetings, concerts, etc are held **зал** *the Albert Hall* ◦ *The disco will be held in the school hall.* → See also **town hall**

hallmark /ˈhɔːlmɑːk/ **noun** [C] **1** an official mark that is put on something made of silver or gold to prove that it is real **проба, клеймо 2** a quality or method that is typical of a particular type of person or thing **отличительный признак** *Simplicity is a **hallmark of** his design.*

hallo UK (UK/US **hello**) /həˈləʊ/ **exclamation 1** used to greet someone **привет!** *Hallo, Chris, how are things?* **2** used to start a conversation on the telephone **алло!** *Hallo, this is Alex.*

ˌhall of ˈresidence **noun** [C] (plural **halls of residence**) UK (US **dormitory**) a building where university or college students live **студенческое общежитие**

hallowed /ˈhæləʊd/ **adjective 1** respected and considered important **священный, почитаемый** *a **hallowed tradition*** **2** made holy by a priest **священный** *the **hallowed ground** of the churchyard*

Halloween /ˌhæləʊˈiːn/ **noun** [U] the night of 31 October when children dress in special clothes and people try to frighten each other **канун дня всех святых**

hallucinate /həˈluːsɪneɪt/ **verb** [I] to see things that are not really there, because you are ill or have taken an illegal drug **галлюцинировать**

hallucination /həˌluːsɪˈneɪʃᵊn/ **noun** [C, U] when you see things that are not really there because you are ill or have taken an illegal drug **галлюцинация**

halo /ˈheɪləʊ/ **noun** [C] a gold circle of light that is shown around the head of a holy person in a painting **нимб**

halt¹ /hɒlt/ **noun 1** [no plural] when something stops moving or happening **остановка, прекращение** *The car **came to a halt** just inches from the edge of the cliff.* ◦ *News of the accident **brought** the party **to a halt**.* **2 call a halt to sth** to officially order something to stop **прекращать, останавливать** *The government has called a halt to all new building in the area.*

> **Слова-партнеры к halt**
>
> **bring sth to/come to a halt** • **an abrupt/grinding/sudden halt**

halt² /hɒlt/ **verb** [I, T] formal to stop or make something stop **останавливать(ся)** *The council ordered that work on the project should be halted immediately.*

halting /ˈhɒltɪŋ/ **adjective** stopping often while you are saying or doing something, especially because you are nervous **запинающийся** *He spoke quietly, in halting English.*

halve /hɑːv/ **verb 1** [T] to divide something into two equal parts **делить пополам** *Peel and halve the potatoes.* **2** [I, T] If you halve something, or if it halves, it is reduced to half the size it was before. **уменьшать(ся) вдвое** *They have almost halved the price of flights to New York.*

ham /hæm/ **noun** [C, U] A2 meat from a pig's back or upper leg **ветчина** *a ham sandwich*

hamburger /ˈhæmˌbɜːgəʳ/ **noun 1** [C] a round, flat shape of meat which is cooked in hot oil and eaten between round pieces of bread **гамбургер** *a hamburger and fries* **2** [U] US (UK **mince**) beef (= meat from a cow) that is cut into very small pieces **мясной фарш**

hamlet /ˈhæmlət/ **noun** [C] a very small village **селение, деревушка**

hammer¹ /ˈhæməʳ/ **noun** [C] B2 a tool with a heavy, metal part at the top that you use to hit nails into something **молоток** → See picture at **tool**

hammer

hammer² /ˈhæməʳ/ **verb** [I, T] to hit something with a hammer **забивать молотком**

PHRASAL VERBS **hammer sth into sb** to repeat something to someone a lot of times until they remember it **вбивать что-либо кому-либо в голову** • **hammer on sth** to hit something many times, making a lot of noise **колотить** *They were woken up by someone **hammering on** the door.* • **hammer sth out** to finally agree on a plan, business agreement, etc after arguing about the details for a long time **вырабатывать**

hammering /ˈhæmᵊrɪŋ/ **noun 1** [U] the noise made by hitting something with a hammer or hitting something hard with your hands **стук, удары 2** [no plural] UK informal a very bad defeat **поражение, взбучка**

hammock /ˈhæmək/ **noun** [C] a large piece of cloth or strong net that you hang between two trees or poles to sleep on **гамак**

hamper¹ /ˈhæmpəʳ/ **verb** [T] to make it difficult for someone to do something **затруднять, препятствовать** *The police investigation was hampered by a lack of help from the community.*

hamper² /ˈhæmpəʳ/ **noun** [C] a large basket (= container made of thin pieces of wood) with a lid **корзина с крышкой** *a* ***picnic hamper***

hamster /ˈhæmstəʳ/ **noun** [C] a small animal with soft fur and no tail that is often kept as a pet **хомяк**

hamstring¹ /ˈhæmstrɪŋ/ **noun** [C] a tendon (= part that connects a muscle to a bone) at the back of the upper part of your leg **подколенное сухожилие** *a hamstring injury*

hamstring² /ˈhæmstrɪŋ/ **verb** [T] (past tense and past participle **hamstrung**) to make it difficult for a person, team, or organization to do something **срывать (планы, усилия и т. д.)**

hand¹ /hænd/ **verb** [+ two objects] B1 to give something to someone **передавать, подавать** *Could you hand me that book, please?*

IDIOM **you have to hand it to sb** informal used when you want to show that you admire someone **отдать кому-либо должное** *You have to hand it to Mick, he's done a good job on that kitchen.*

PHRASAL VERBS **hand sth back** to return something to the person who gave it to you **возвращать** • **hand sth down 1** to give toys, clothes, books, etc to children who are younger than you in your family **передавать что-либо младшим членам семьи 2** to pass traditions from older people to younger ones **передавать что-либо из поколения в поколение** *a custom handed down through the generations* • **hand sth in** B1 to give something to someone in a position of authority **сдавать, подавать (письменную работу, заявление и т. д.)** *Have you handed your history essay in yet?* • **hand sth out** B1 to give something to all the people in a group **раздавать** *A girl was handing out leaflets at the station.* • **hand sb/sth over** B2 to give someone or something to someone else **передавать (преступника, полномочия и т. д.)** *The hijacker was handed over to the French police.*

hand² /hænd/ **noun 1** [C] A1 the part of your body on the end of your arm that has fingers and a thumb **рука, кисть руки** *Take your hands out of your pockets.* → See **The Body** on page Centre 13 **2 take sb by the hand** to get hold of someone's hand **взять кого-либо за руку** *Bill took her by the hand and led her into the garden.* **3 hand in hand** holding each other's hand **взявшись за руки** *The young couple walked hand in hand by the lake.* **4 hold hands** to hold each other's hand **держаться за руки 5 at hand** near in time or space **рядом, вскоре** *Teachers are always close at hand to give help to any child who needs it.* **6 by hand** B1 done or made by a person instead of a machine **ручным способом** *This sweater has to be washed by hand.* **7 in hand** being worked on or dealt with now **текущий (о работе, делах)** *Despite the pressures we are determined to get on with the job in hand.* **8 be in sb's hands** to be in someone's control or care **под чьим-либо контролем, в чьих-либо руках** *The matter is now in the hands of my solicitor.* **9 on hand** (also UK **to hand**) near to someone or something, and ready to help or be used when necessary **под рукой, в наличии** *Extra supplies will be on hand, should they be needed.* **10 at the hands of sb** If you suffer at the hands of someone, they hurt you or treat you badly. **от чьей-либо руки 11** [C] one of the long, thin pieces that point to the numbers on a clock or watch **стрелка часов 12** [C] the set of playing cards that one player has been given in a game **карты, сданные одному игроку 13 a hand** B1 some help, especially to do something practical **помощь** *Could you* ***give me a hand with*** *these suitcases?* ◦ *I think Matthew might* ***need a hand with*** *his homework.* **14 on the one hand ... on the other hand** B2 used when you are comparing two different ideas or opinions **с одной стороны ..., с другой стороны** *On the one hand, computer games develop many skills, but on the other, they mean kids don't get enough exercise.* **15 hands off** informal used to tell someone not to touch something **руки прочь!** *Hands off – that's mine!*

IDIOMS **change hands** to be sold by someone and bought by someone else **переходить из рук в руки** *The hotel has changed hands twice since 2009.* • **a free hand** permission to make your own decisions about how you want to do something **свобода действий** • **get out of hand** to become difficult to control **отбиться от рук, распуститься** *It was the end of term and the children were getting a little out of hand.* • **go hand in hand** If two things go hand in hand, they exist together and are connected with each other. **быть тесно связанным (с чем-либо)** • **have your hands full** to be very busy **хлопот полон рот** *Shelley has her hands full with three kids under 5.* • **get/lay your hands on sth** to find something **доставать что-либо/завладевать чем-либо** • **get/gain the upper hand** to get into a stronger position than someone else so that you are controlling a situation **одерживать верх** *Government troops are gradually gaining the upper hand over the rebels.* • **with your bare hands** without using a weapon or tool **голыми руками** • **wring your hands** to press your hands together because you are upset or worried about something **заламывать руки (от отчаяния, волнения и т. д.)**

handbag /ˈhændbæg/ **noun** [C] mainly UK (mainly US **purse**) A2 a bag carried by a woman with her money, keys, etc inside **дамская сумка** → See picture at **bag**

handbook /ˈhændbʊk/ **noun** [C] a book that contains information and advice about a particular subject **руководство, справочник** *a teacher's handbook*

handbrake /ˈhændbreɪk/ **noun** [C] UK (US

emergency brake) a stick inside a car that you can pull up to stop the car from moving **ручной тормоз** → See **Car** on page Centre 7

handcuffs /ˈhændkʌfs/ **noun** [plural] two metal rings that are joined by a chain and are put on a prisoner's wrists (= lower arms) **наручники**

handful /ˈhændfʊl/ **noun 1** [C] the amount of something that you can hold in one hand **горсть 2 a handful of sth** B2 a small number of people or things **небольшое количество, горстка** *Only a handful of people came to the meeting.* **3 a handful** informal someone who is difficult to control, especially a child **кто-либо, доставляющий много хлопот, сущее наказание**

handgun /ˈhændgʌn/ **noun** [C] a small gun that you can hold in one hand **легкое огнестрельное оружие**

hand-held /ˈhændheld/ **adjective** B1 describes something that is designed to be held and used easily with one or two hands **ручной, переносной** *a hand-held computer/device*

handicap /ˈhændɪkæp/ **noun** [C] old-fashioned **1** something that is wrong with your mind or body permanently **физический или умственный недостаток** *a **mental/physical handicap*** **2** something that makes it more difficult for you to do something **помеха, препятствие** *I found not having a car quite a handicap in the countryside.*

handicapped /ˈhændɪkæpt/ **adjective** old-fashioned not able to use part of your body or your mind because it has been damaged in some way **имеющий физические или умственные недостатки** ***mentally/physically handicapped***

handicraft /ˈhændɪkrɑːft/ **noun 1** [C] an activity that involves making things with your hands and that needs skill and artistic ability **ремесло, рукоделие 2 handicrafts** things that people make with their hands **изделия промыслов** *a sale of handicrafts*

handiwork /ˈhændɪwɜːk/ **noun** [U] something that someone makes or does **дело своих рук** *She put down the brush and stood back to **admire** her **handiwork**.*

handkerchief /ˈhæŋkətʃiːf/ **noun** [C] B1 a small piece of cloth or soft paper that you use to dry your eyes or nose **носовой платок**

handle¹ /ˈhændl/ **verb** [T] **1** B1 to deal with something **иметь дело с чем-либо, справляться** *He handled the situation very well.* ◦ *This office handles thousands of enquiries every day.* **2** to touch, hold, or pick up something **трогать, прикасаться** *You must wash your hands before handling food.* **3** to buy and sell goods **торговать** *He's been charged with **handling stolen goods**.*

handle

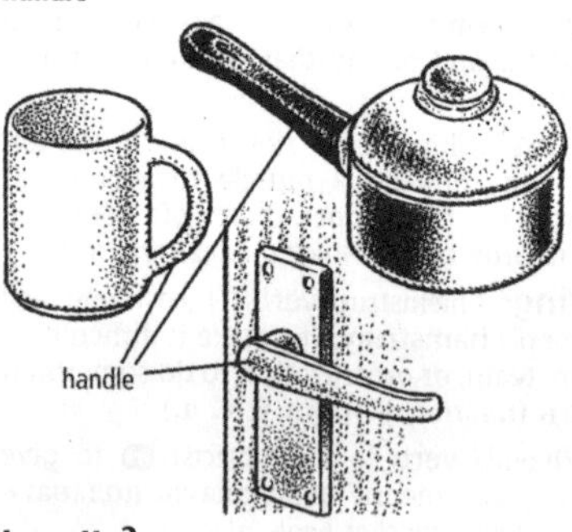

handle² /ˈhændl/ **noun** [C] B2 the part of something that you use to hold it or open it **ручка, рукоятка** *a **door handle*** ◦ *the handle on a suitcase*

IDIOM **fly off the handle** informal to suddenly become very angry **срываться, выходить из себя**

handlebars /ˈhændlbɑːz/ **noun** [plural] the metal bars at the front of a bicycle or motorcycle that you hold onto to control direction **руль (велосипеда, мотоцикла)**

handler /ˈhændləʳ/ **noun** [C] someone whose job is to deal with or control a particular type of thing **тренер, дрессировщик** *a police dog handler*

ˈhand ˌluggage noun [U] small bags that you can carry onto an aircraft with you when you travel **ручная кладь**

handmade /ˌhændˈmeɪd/ **adjective** made by hand instead of by machine **ручной работы**

handout /ˈhændaʊt/ **noun** [C] **1** money or food that is given to people who are poor **милостыня, подаяние** *Increasing numbers of people are dependent on government handouts.* **2** B2 a copy of a document that is given to all the people in a class or meeting **экземпляр текста, раздаваемый всем присутствующим**

handpicked /ˌhændˈpɪkt/ **adjective** carefully chosen for a particular purpose or job **отобранный, подобранный** *a handpicked audience*

handset /ˈhændset/ **noun** [C] **1** the outer part of a mobile phone **мобильный телефон 2** the part of a telephone that you hold in front of your mouth and against your ear **телефонная трубка**

ˌhands ˈfree adjective describes a piece of equipment, especially a telephone, that you can use without needing to hold it in your hand **о приборе, особенно телефоне, который можно использовать, не держа в руках**

handshake /ˈhændʃeɪk/ **noun** [C] the action of

taking someone's right hand and shaking it when you meet or leave each other **рукопожатие**

handsome /ˈhændsəm/ **adjective** **1** B1 A handsome man is attractive. **красивый** *tall, dark, and handsome* **2 a handsome profit/sum, etc** a large amount of money **изрядная, значительная прибыль/сумма и т. д.**

hands-on /ˌhændzˈɒn/ **adjective** physically doing something and not only studying it or watching someone else do it **практический** ***hands-on experience***

handwriting /ˈhændˌraɪtɪŋ/ **noun** [U] B1 the way that someone forms the letters when they write with a pen or pencil **почерк**

handwritten /ˌhændˈrɪtən/ **adjective** written with a pen or pencil **написанный от руки, рукописный** *a* ***handwritten letter***

handy /ˈhændi/ **adjective** **1** useful or easy to use **удобный (для пользования)** *a handy container/tool* **2 come in handy** informal to be useful at some time in the future **пригодиться, прийтись кстати** *Don't throw those jars away – they might come in handy.* **3** UK informal near to a place **близкий, находящийся рядом** *It's a nice house and it's* ***handy for*** *the station.* **4 be handy with sth** to be good at using something, usually a tool **уметь обращаться с чем-либо** *He's very handy with a paintbrush.*

handyman /ˈhændimæn/ **noun** [C] (plural **handymen**) someone who is good at making things or repairing them **мастер на все руки**

hang[1] /hæŋ/ **verb** (**hung**) **1** [I, T] B1 to fasten something so that the top part is fixed but the lower part is free to move, or to be fastened in this way **вешать, висеть** *He* ***hung*** *his coat* ***on*** *the hook behind the door.* **2** [I, T] (past also **hanged**) B2 to kill someone by putting a rope around their neck and making them drop, or to die in this way **вешать, казнить** **3** [I] to stay in the air for a long time **повисать** *Thick fog hung over the town.* → See also be/hang in the **balance**[1], hang your **head**[1] (in shame)

PHRASAL VERBS **hang around** informal (also UK **hang about**) **1** B1 to spend time somewhere, usually without doing very much **бездельничать, болтаться без дела** *There's nowhere for teenagers to go, so they just* ***hang around on street corners.*** **2 hang around with sb** to spend time with someone **проводить время, крутиться возле кого-либо** • **hang on 1** informal B1 to wait for a short time **немного подождать** *Hang on – I'm almost finished.* **2** to hold something tightly **держаться** *Hang on, we're going over a big bump here.* • **hang onto sth** informal to keep something **сохранять** *You should hang onto that – it might be worth something.* • **hang out** informal B1 to spend a lot of time in a particular place or with a particular group of people **постоянно бывать, околачиваться** • **hang up** B1 to finish a conversation on the telephone by putting the phone down **вешать трубку** • **hang sth up** B1 to put something such as a coat somewhere where it can hang **вешать** *You can hang up your jacket over there.*

hang[2] /hæŋ/ **noun** **get the hang of sth** informal to gradually learn how to do or use something **приобретать сноровку**

hangar /ˈhæŋəʳ/ **noun** [C] a large building where aircraft are kept **ангар**

hanger /ˈhæŋəʳ/ **noun** [C] (also **coat hanger**) a wire, wooden, or plastic object for hanging clothes on **вешалка (для одежды)**

ˈhang ˌglider **noun** [C] a structure covered in cloth that you hold onto and float through the air **дельтаплан**

ˈhang ˌgliding **noun** [U] the sport of flying using a structure covered in cloth that you hang from **дельтапланеризм**

hangover /ˈhæŋəʊvəʳ/ **noun** [C] If you have a hangover, you feel ill because you drank too much alcohol the day before. **похмелье**

hanker /ˈhæŋkəʳ/ **verb**

PHRASAL VERB **hanker after/for sth** to want something very much, especially over a long period of time **очень хотеть чего-либо**

hankie (also **hanky**) /ˈhæŋki/ **noun** [C] informal short for handkerchief **носовой платок**

Hanukkah (also **Chanukah**) /ˈhɑːnəkə/ **noun** [C, U] a Jewish religious holiday lasting for eight days in December **Ханука (еврейский религиозный праздник; отмечается в течение восьми дней в декабре)**

haphazard /ˌhæpˈhæzəd/ **adjective** not planned, organized, controlled, or done regularly **беспорядочный, случайный** *The whole examination process seemed completely haphazard.*

• **haphazardly adverb беспорядочно, наобум**

hapless /ˈhæpləs/ **adjective** literary having bad luck **злополучный**

> **!** Типичная ошибка: **happen**
>
> **Внимание:** Проверьте написание окончаний глагола!
>
> Многие русскоязычные студенты делают ошибки в написании форм прошедшего времени глагола **happen**.
>
> Формы простого прошедшего времени и причастия прошедшего времени – happen **ed**.
>
> Правильное написание – **happened**, а не 'happend'.

happen /ˈhæpən/ **verb** [I] **1** A2 If an event or situation happens, it exists or starts to be done, usually by chance. **случаться** *Were you anywhere nearby when the accident happened?* ◦ *We can't let a mistake like this happen again.* **2** A2 to be the result of an action, situation, or event that someone or something experiences **про-**

исходить *Did you hear what **happened to** Jamie last night?* ◦ *What happens if we can't get enough tickets?* **3 happen to do sth** to do something by chance **случайно делать что-либо** *If you happen to see Peter, say "hi" for me.* ◦ *You don't happen to know her phone number, do you?* **4 as it happens; it so happens** something that you say in order to introduce a surprising fact **как ни странно** *As it happens, her birthday is the day after mine.*

PHRASAL VERB **happen on/upon sth/sb** to find something or meet someone without planning to **случайно натолкнуться на кого-либо/что-либо**

happening /ˈhæpᵊnɪŋ/ **noun** [C] something that happens, often a strange event that is difficult to explain **случай, событие**

happily /ˈhæpɪli/ **adverb 1** B1 in a happy way **счастливо** ***happily married*** **2** B2 in a way that is very willing **охотно** *I'd happily drive you to the airport.* **3** having a good or lucky result **к счастью** *Happily, the operation was a complete success.*

happiness /ˈhæpɪnəs/ **noun** [U] B1 the feeling of being happy **счастье**

> **Слова-партнеры к happiness**
>
> **find** happiness

> **Другие способы сказать happy**
>
> Человека, который выглядит довольным и счастливым, можно охарактеризовать как **cheerful**.
>
> *She's always very **cheerful**.*
>
> Если кто-то счастлив в результате какого-то события, то можно сказать, что он **pleased** или **glad**; а если очень счастлив, то можно сказать **delighted**.
>
> *He was **pleased** that she had come back.*
>
> *I was so **glad** to see her.*
>
> *They are **delighted** with their new car.*
>
> Если кто-то очень счастлив и взволнован, то такое состояние можно описать как **ecstatic** или **elated**.
>
> *The new president was greeted by an **ecstatic** crowd.*
>
> *We were **elated** at the news.*

happy /ˈhæpi/ **adjective 1** A1 pleased and in a good mood, especially because something good has happened **счастливый** *I'm glad you've finally found someone who **makes** you **happy**.* ◦ *Jean seems much happier now that she's moved out.* **2 happy to do sth** A2 to be willing to do something **охотно делать что-либо** *I'd be very happy to help, if you need a hand.* **3** A1 making you feel happy, or expressing happiness **счастливый** *Did the book have a **happy ending**?* **4** A2 satisfied and not worried **довольный** *Are you **happy with** your exam results?* ◦ *I'm not very **happy about** you travelling alone at night.* **5 Happy Birthday/New Year, etc** A1 something friendly that you say to someone on a special day or holiday **с днем рождения/с Новым годом!** *Happy Christmas!* → Opposite **unhappy**

happy-go-lucky /ˌhæpigəʊˈlʌki/ **adjective** not worried and not having any responsibilities **беспечный**

ˈhappy ˌhour noun [usually singular] a period of time, usually in the early evening, when a bar (= a place where alcoholic drinks are sold and drunk) sells drinks more cheaply than usual **период времени, в течение которого напитки в баре продаются дешевле обычного**

ˌhappy ˈslapping noun [U] when a group of young people attack someone and photograph their attack with mobile phones **нападение группы молодых людей на кого-либо и запись этого нападения на камеру мобильного телефона**

harass /ˈhærəs/, /həˈræs/ **verb** [T] to continue to annoy or upset someone over a period of time **беспокоить, изводить**

harassed /ˈhærəst/ **adjective** tired and feeling anxious **встревоженный, изнуренный** *harassed passengers*

harassment /ˈhærəsmənt/ **noun** [U] behaviour that annoys or upsets someone **преследование** ***sexual harassment***

> **Слова-партнеры к harassment**
>
> **be subjected to/suffer** harassment • **racial/sexual** harassment • harassment **of** sb

harbour

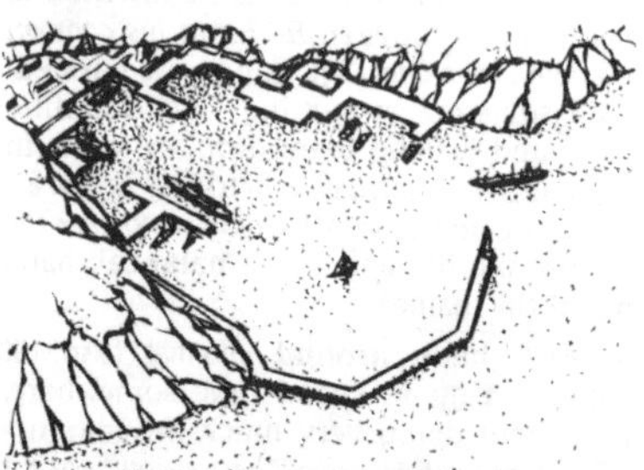

harbour¹ UK (US **harbor**) /ˈhɑːbəʳ/ **noun** [C] B1 an area of water near the coast where ships are kept and are safe from the sea **гавань, порт**

harbour² UK (US **harbor**) /ˈhɑːbəʳ/ **verb** [T] **1** If you harbour doubts, hopes, thoughts, etc, you feel or think about them for a long time. **таить, вынашивать** *He harboured dreams of one day becoming a professional footballer.* **2** to hide someone or something bad **укрывать, прятать** *to **harbour** a **criminal***

hard¹ /hɑːd/ **adjective 1** A2 firm and stiff, and not easy to press or bend **жесткий, твердый** *a hard surface* ◦ *The seats in the waiting room were hard and uncomfortable.* **2** A1 difficult to do or understand **трудный** [+ to do sth] *It must be hard to study with all this noise.* ◦ *Quitting my job was the hardest decision I ever had to make.* **3** B1 using or done with a lot of effort **тяжелый, напряженный** *the long, **hard struggle*** ◦ *With a bit of **hard work** and determination we might still finish on time.* **4** full of problems and difficult to deal with **тяжелый, полный трудностей** *My grandparents had a very **hard life**.* **5** not gentle or kind **строгий, суровый** *She had a cold, hard look in her eyes.* **6 be hard on sb a** B2 to criticize someone too much or treat them unfairly **быть суровым с кем-либо** *You shouldn't be so hard on yourself.* **b** to make someone unhappy by causing them problems **быть тяжелым испытанием для кого-либо** *Our divorce has been particularly hard on the children.* **7 be hard on sth** to damage something or make it have problems **отрицательно сказываться на чем-либо** *Stress can be hard on any relationship.* **8 do/learn sth the hard way** to do or learn something by experiencing a lot of problems or difficulty **делать что-либо/учиться чему-либо трудным путем** **9 give sb a hard time** informal to criticize someone or to treat them unfairly **упрекать, издеваться, сурово обращаться** *He gave me a hard time about losing his keys.*

hard[2] /hɑːd/ **adverb** **1** A1 with a lot of effort **настойчиво, упорно** *She **tried** very **hard** but she wasn't quite fast enough.* ◦ *You'll have to **work harder**, if you want to pass this exam.* **2** B1 with a lot of force **сильно** *It's been raining hard all day.* ◦ *She kicked the ball as hard as she could.*

IDIOMS **die hard** If a belief, custom, or habit dies hard, it is very difficult to change. **быть живучим** *I'm afraid that **old habits die hard**.* • **hit sb hard** UK If a situation or experience hits you hard, it makes you so upset that you have difficulty dealing with it. **быть сильным ударом для кого-либо**

hardback /ˈhɑːdbæk/ **noun** [C] a book that has a thick, stiff cover **книга в твердом переплете**

hard-boiled /ˌhɑːdˈbɔɪld/ **adjective** A hard-boiled egg has been boiled with its shell on, until the inside is solid. **сваренный вкрутую**

ˌhard ˈcash **noun** [U] coins and paper money **наличные деньги**

ˌhard ˈcopy UK (US **ˈhard ˌcopy**) **noun** [C, U] information from a computer that has been printed on paper **распечатанный компьютерный текст**

hardcore (also **hard-core**) /ˈhɑːdˌkɔː/ **adjective** **1** extremely loyal to someone or something, and not willing to change **фанатично преданный** *a **hard-core following*** **2** Hardcore magazines, films, etc show very active or offensive sexual acts. **неприкрытый, махровый** ***hardcore pornography***

ˌhard ˈcore **noun** [no plural] a small group of people in society or an organization who are very active and determined not to change **основное ядро (группы, партии и т. д.)** *a hard core of activists*

ˌhard ˈcurrency **noun** [U] money that is valuable and can be exchanged easily because it comes from a powerful country **твердая валюта**

ˌhard ˈdisk **noun** [C] a hard drive **жесткий диск**

ˈhard ˌdrive **noun** [C] (also **hard disk**) B2 the part inside a computer that is not removed and stores very large amounts of information **накопитель на жестких дисках**

ˌhard ˈdrugs **noun** [plural] very strong, illegal drugs **наркотики, вызывающие привыкание**

harden /ˈhɑːdən/ **verb** [I, T] **1** to become hard and stiff, or to make something become hard and stiff **затвердевать, делать твердым** *This island is formed from volcanic lava that has hardened into rock.* **2** to stop feeling emotions about someone or something, so that you seem less kind, gentle, or weak **ожесточаться** ***hardened criminals***

hard-headed /ˌhɑːdˈhedɪd/ **adjective** very determined, and not willing to be influenced by your emotions **целеустремленный** *a hard-headed manager*

hard-hearted /ˌhɑːdˈhɑːtɪd/ **adjective** not caring how other people feel **бессердечный, черствый**

hard-hitting /ˌhɑːdˈhɪtɪŋ/ **adjective** A hard-hitting speech, report, article, etc is very severe or criticizes someone or something a lot. **жесткий**

ˌhard ˈline **noun** [no plural] when someone is very strict and severe **жесткая линия поведения** *Judge Tucker has a reputation for **taking a hard line on** criminals.*
• **hardline** /ˌhɑːdˈlaɪn/ **adjective** **придерживающийся жесткой линии поведения** *a **hardline policy** on illegal immigrants*

hardly /ˈhɑːdli/ **adverb** **1** B1 almost not, or only a very small amount **едва, почти не** *I was so tired that I could hardly walk.* ◦ *We've **hardly ever** spoken to each other.* ◦ *There's **hardly any** food left in the fridge.* **2** B2 used to emphasize that you think something is not likely, true, possible, etc **вряд ли, едва ли** *I hardly think she'll want to talk to me now that I have a new girlfriend.*

hard-nosed /ˌhɑːdˈnəʊzd/ **adjective** very determined, and not willing to be influenced by your emotions **целеустремленный, практичный** *a hard-nosed lawyer*

hard-pressed /ˌhɑːdˈprest/ **adjective** **1 be hard-pressed to do sth** to not be able to do something, or have difficulty doing something **находиться в затруднении, испытывать трудности** *You'd be hard-pressed to find a better worker than Jeff.* **2** having problems because you are poor **нуждающийся, испытывающий финансовые затруднения** *hard-pressed farmers*

hardship /ˈhɑːdʃɪp/ **noun** [C, U] a problem or situation that makes you suffer a lot, especially because you are very poor **трудности, лишения** *They have suffered years of* ***financial hardship.***

> **Слова-партнеры к hardship**
> suffer hardship • economic/financial/physical hardship

ˌhard ˈshoulder noun [C] UK (US **shoulder**) the area on the edge of a main road where a car can stop in an emergency **обочина дороги**

H

ˌhard ˈup adjective informal not having enough money **нуждающийся, бедный**

hardware /ˈhɑːdweəʳ/ **noun** [U] **1** B1 the machines or equipment that your computer system is made from, not the programs **техническое обеспечение (в отличие от программного) 2** tools and strong equipment, such as those used in the home or garden **скобяные изделия**

hard-working /ˌhɑːdˈwɜːkɪŋ/ **adjective** doing a job seriously and with a lot of effort **усердный, трудолюбивый**

hardy /ˈhɑːdi/ **adjective** strong enough to deal with bad conditions or difficult situations **выносливый, стойкий**

hare /heəʳ/ **noun** [C] an animal like a large rabbit that can run very fast and has long ears **заяц**

harem /ˈhɑːriːm/ (US) /ˈherəm/ **noun** [C] a group of women who live with or are married to one man in some Muslim societies, or the place where these women live **гарем**

harm¹ /hɑːm/ **noun 1** B2 [U] hurt or damage **вред, ущерб** *Smoking can* ***cause*** *serious* ***harm to*** *the lungs.* ◦ *Alan would never* ***do*** *anyone any* ***harm. 2 not come to any harm*** to not be hurt or damaged **не пострадать 3 not do any harm** to not be a bad thing to do and possibly be a good thing **не причинить вреда** [+ to do sth] ***It wouldn't do any harm*** *to have another look.* **4 there's no harm in doing sth** used to say that something is not a bad thing to do and could possibly have a good effect **нет ничего плохого в том, чтобы сделать что-либо** *I suppose there's no harm in trying.* **5 not mean any harm** to not intend to hurt someone or damage something **не хотеть обидеть** *I never meant him any harm, I just wanted him to leave me alone.* **6 out of harm's way** safe from a dangerous place or situation **от греха подальше**

> **Слова-партнеры к harm**
> cause/do (sb/sth) harm • not come to any harm • great/serious/untold harm • harm to sb

harm² /hɑːm/ **verb** [T] B2 to hurt someone or damage something **причинять вред, наносить ущерб** *Thankfully no one was harmed in the accident.*

harmful /ˈhɑːmfᵊl/ **adjective** B2 causing or likely to cause harm **вредный** *Doctors believe that smoking is* ***harmful to*** *your health.*

harmless /ˈhɑːmləs/ **adjective 1** B2 not able or not likely to cause any hurt or damage **безвредный** *Taken in small doses, this drug is completely harmless.* **2** not likely to shock or upset people **безобидный** *Their jokes seemed harmless enough.*
• **harmlessly adverb безвредно, безобидно**

harmonica /hɑːˈmɒnɪkə/ **noun** [C] a small musical instrument that you blow into as you move it across your mouth **губная гармоника**

harmonious /hɑːˈməʊniəs/ **adjective 1** friendly and peaceful **дружественный, мирный** *a harmonious business relationship* **2** having or making a pleasant sound **гармоничный**

harmonize (also UK **-ise**) /ˈhɑːmənaɪz/ **verb** [I, T] **1** to be suitable together, or to make different people, plans, situations, etc suitable for each other **гармонировать, согласовывать** *The gardens had been designed to* ***harmonize with*** *the natural landscape.* **2** to sing or play music in harmony **слаженно петь или играть**

harmony /ˈhɑːməni/ **noun 1** [U] B2 when people are peaceful and agree with each other, or when different things seem right or suitable together **согласие, мир** *living together* ***in*** *peace and* ***harmony*** **2** [C, U] a pleasant sound in music, made by playing or singing a group of different notes together **благозвучие**

harness¹ /ˈhɑːnɪs/ **noun** [C] **1** a set of straps fastened around a horse's body and connecting it to a vehicle that it will pull **упряжь 2** a set of strong, flat ropes that fasten equipment to your body or fasten you to a vehicle to prevent you from moving too much **крепление, ремни (безопасности)** *All climbers must wear safety harnesses and helmets.*

harness² /ˈhɑːnɪs/ **verb** [T] **1** to put a harness on a horse, or to connect a horse to a vehicle using a harness **запрягать 2** to control something so that you can use its power or qualities for a particular purpose **укрощать, использовать**

harp¹ /hɑːp/ **noun** [C] a large wooden musical instrument with many strings that you play with your fingers **арфа**

harp² /hɑːp/ **verb**

PHRASAL VERB **harp on (about sb/sth)** to talk about someone or something too much **без конца говорить о ком-либо/чем-либо**

harpoon /ˌhɑːˈpuːn/ **noun** [C] a weapon with a sharp point, used especially for hunting whales (= large sea animals) **гарпун**

harrowing /ˈhærəʊɪŋ/ **adjective** making you feel extremely frightened or upset **ужасный, мучительный** *a harrowing experience*

harsh /hɑːʃ/ **adjective 1** cruel, unkind, or unpleasant in a way that seems unfair **резкий, суровый** ***harsh criticism/punishment*** ◦ *Taking him out of the game was a bit harsh.* **2** very cold, dangerous, or unpleasant and difficult to live in **суровый (о климате)** ***harsh conditions*** **3** too strong, bright, loud, etc **ядовитый, раздражающий (о цвете, свете и т. д.)** ***harsh chemicals*** ◦ ***harsh lighting***
• **harshly adverb сурово** • **harshness noun** [U] **суровость, ядовитость**

harvest¹ /ˈhɑːvɪst/ **noun 1** [C, U] B2 when crops are cut and collected from fields **жатва, уборка 2** [C] the quality or amount of crops that are collected **урожай**

harvest² /ˈhɑːvɪst/ **verb** [I, T] to cut and collect crops when they are ready **собирать урожай**

has strong /hæz/ weak /həz/, /əz/, /z/ present simple he/she/it of have **3-е л. ед. ч. наст. вр. гл. have**

has-been /ˈhæzbiːn/ **noun** [C] informal someone who was famous or important in the past but is now ignored **человек, потерявший былую известность**

hash /hæʃ/ **noun make a hash of sth** UK informal to do something very badly **завалить все дело**

hashish /hæʃˈiːʃ/ **noun** [U] (also **hash**) an illegal drug that is usually smoked for pleasure **гашиш**

hasn't /ˈhæzᵊnt/ short for has not **сокращ. от has not** *It hasn't rained for three weeks.*

hassle¹ /ˈhæsl/ **noun** [C, U] **1** something that is annoying because it is difficult or unpleasant to do **морока** *I don't want to drive – it's such a hassle finding a place to park.* **2** an argument or fight **ссора, стычка** *They aren't giving you any hassle, are they?*

hassle² /ˈhæsl/ **verb** [T] to annoy someone, especially by asking them something again and again **приставать, изводить** *He's always hassling me about money.*

haste /heɪst/ **noun** [U] when you are in a hurry and do something more quickly than you should **спешка** ***In** their **haste** to escape, they left behind all their belongings.*

> **Слова-партнеры к haste**
> indecent/undue haste • in sb's haste • do sth in haste

hasten /ˈheɪsᵊn/ **verb 1** [T] to make something happen faster than usual **ускорять 2 hasten to do sth** to hurry to do or say something **спешить, торопиться** *I was not, I hasten to add, the only male there.*

hasty /ˈheɪsti/ **adjective** done very quickly, usually too quickly and without thinking enough **поспешный, опрометчивый** *a* ***hasty decision/remark***
• **hastily adverb поспешно**

hat /hæt/ **noun** [C] A1 something you wear to cover your head, for fashion or protection **шляпа** *a cowboy hat* → See also **bowler hat**, **top hat**

hatch¹ /hætʃ/ **verb 1** [I, T] If an egg hatches or is hatched, it is broken open by a baby creature such as a bird, fish, or snake being born. **вылупляться 2 hatch a plan/plot, etc** to plan something secretly, especially something bad **вынашивать план/заговор и т. д.** *He hatched a plot to kill his wife.*

hatch² /hætʃ/ **noun** [C] a small door or opening, especially in a ship, aircraft, or spacecraft **люк** *an escape hatch*

hatchback /ˈhætʃbæk/ **noun** [C] a car that has a large door at the back, which you lift up to open **автомобиль с открывающейся вверх задней дверью**

hatchet /ˈhætʃɪt/ **noun** [C] a small axe (= tool for cutting wood) **топорик**

IDIOM **bury the hatchet** to forget about your arguments and become friends with someone again **мириться, восстанавливать дружеские отношения**

hate¹ /heɪt/ **verb** [T] **1** A2 to dislike someone or something very much **ненавидеть** *They've hated each other since they were kids.* ◦ [+ doing sth] *He hates going to the dentist's.* ◦ [+ to do sth] *I hate to see you look so upset.* **2** used to emphasize that you are sorry you have to do something **очень сожалеть** *I hate to interrupt, John, but we need to leave.* → See also hate sb's **guts**

hate² /heɪt/ **noun** [U] when you dislike someone or something very much **ненависть** → See also **pet hate**

hateful /ˈheɪtfᵊl/ **adjective** extremely unpleasant or unkind **ненавистный, отвратительный** *She called me the most hateful names.*

hatred /ˈheɪtrɪd/ **noun** [U] when you dislike someone or something very much **ненависть** *He developed an* ***intense hatred of*** *all women.*

> **Слова-партнеры к hatred**
> deep/intense hatred • racial hatred • hatred of sb/sth

ˈhat ˌtrick noun [C] when a player or team has three successes, one after the other, especially three goals in a game **хет-трик**

haughty /ˈhɔːti/ **adjective** showing that you think you are much better or more important than other people **высокомерный, надменный** *a haughty young actress*
• **haughtily adverb высокомерно**

haul¹ /hɔːl/ **verb** [T] to pull something somewhere slowly and with difficulty **тащить, волочить** *They hauled the piano into the living room.*

haul² /hɔːl/ **noun 1** [C] an amount of something that has been stolen or that is owned illegally **добыча** *a haul of arms/drugs* **2 be a long haul** to be difficult and take a long time **быть долгим делом**

haulage /ˈhɔːlɪdʒ/ **noun** [U] UK the business of moving things by road or railway **транспортировка** *a road haulage firm*

haunt[1] /hɔːnt/ **verb** [T] **1** B2 If a ghost haunts a place, it appears there often. **являться, обитать (о привидении)** *a* ***haunted house*** **2** B2 If an unpleasant memory or feeling haunts you, you think about or feel it often. **преследовать, мучить** [often passive] *He was haunted by memories of the war.*

haunt[2] /hɔːnt/ **noun** [C] a place that someone visits often **излюбленное место** *Regents Park is one of my* ***favourite haunts*** *in London.*

haunting /ˈhɔːntɪŋ/ **adjective** beautiful, but in a sad way **западающий в память** *the haunting beauty of Africa*

H

have[1] strong /hæv/ weak /həv/, /əv/, /v/ **auxiliary verb** (past tense and past participle **had**, present tense singular **has**) A2 used with the past participle of another verb to form the present and past perfect tenses **вспом. гл., вместе с прич. прош. вр. основного гл. используется для образования времен Present Perfect и Past Perfect** *Have you seen Roz?* ◦ *I've passed my test.* ◦ *He hasn't visited London before.* ◦ *It would have been better to tell the truth.* ◦ *He's been working in France for two years now.* ◦ *I had met his wife before.*

have[2] strong /hæv/ weak /həv/, /əv/, /v/ **verb** (past tense and past participle **had**, present tense singular **has**) **1** [T] (also **have got**) A1 to own something **иметь** *I have two horses.* ◦ *Laura has got beautiful blue eyes.* **2** [T] B1 used to say that someone is holding something, or that someone or something is with them **держать, иметь с собой** *He had a pen in his hand.* ◦ *She had a baby with her.* **3** [T] (also **have got**) A1 If you have a particular illness, you are suffering from it. **болеть** *Have you ever had the measles?* **4** [T] A1 to eat or drink something **есть, пить** *We are having dinner at 7 o'clock.* ◦ *Can I have a drink of water?* **5 have a bath/sleep/walk, etc** A2 used with nouns to say that someone does something **принимать ванну/спать/гулять и т. д. (действие соответствует значению существительного)** *Can I have a quick shower?* ◦ *Let Mark have a try.* **6 have difficulty/fun/problems, etc** A2 used with nouns to say that someone experiences something **испытывать трудности/веселиться/иметь неприятности и т. д.** *We had a great time in Barcelona.* **7 have a baby** A2 to give birth to a baby **рожать ребенка** **8 have sth done** B1 If you have something done, someone does it for you. **выражает действие, совершенное кем-либо по желанию говорящего** *I'm having my hair cut tomorrow.* ◦ *We had the carpets cleaned.*

IDIOMS **have had it** to be broken or not working well **сломаться, отказать** *I think the car engine's had it.* • **have it in for sb** to dislike someone and want to cause problems for them **иметь зуб на кого-либо** *She really has it in for me – I don't know what I've done to offend her.* • **have it out (with sb)** to talk to someone about something they have done which made you angry, in order to try to solve the problem **объясняться с кем-либо**

PHRASAL VERBS **have (got) sth on** B1 to be wearing something **быть одетым во что-либо** *She only had a bikini on.* • **have sb on** UK to make someone think that something is true, as a joke **разыгрывать кого-либо** *He's not really angry – he's just having you on.* • **have sth out** to have something removed from your body **удалять что-либо** *I'm having two teeth out next week.*

have[3] /hæv/ **modal verb** **1 have to do sth; have got to do sth** A2 to need to do something or be forced to do something **быть вынужденным сделать что-либо** *I have to go to Manchester tomorrow.* ◦ *Do we have to finish this today?* ◦ *They've had to change their plans.* **2** A2 used when you are telling someone how to do something **нужно сделать что-либо** *You've got to type in your name, then your password.* **3** used to say that you feel certain that something is true or will happen **что-либо наверняка должно произойти** *Interest rates have to come down at some point.* ◦ *There's (= there has) got to be a better way of doing this.* → See Study Page **Modal verbs** on page Centre 22

haven /ˈheɪvᵊn/ **noun** [C] a safe place **приют, убежище** *a haven for wildlife*

haven't /ˈhævᵊnt/ short for have not **сокращ. от have not** *I haven't finished eating.*

havoc /ˈhævək/ **noun** [U] a very confused and possibly dangerous situation **смута, паника** *The snow has* ***caused havoc*** *on Scotland's roads today.*

Слова-партнеры к **havoc**
cause/create/wreak havoc • **play havoc with sth**

hawk /hɔːk/ **noun** [C] a large hunting bird **ястреб**

hay /heɪ/ **noun** [U] dried grass for animals to eat **сено**

ˈ**hay** ˌ**fever** **noun** [U] an illness caused by a bad reaction to plants that some people get in the summer, especially affecting the nose and eyes **сенная лихорадка**

haystack /ˈheɪstæk/ **noun** [C] a large pile of hay **стог сена**

hazard[1] /ˈhæzəd/ **noun** **1** [C] something that is dangerous **риск, источник опасности** *a* ***fire hazard*** ◦ *a* ***health hazard*** **2 an occupational hazard** something unpleasant that sometimes happens to people who do a particular job **профессиональный риск**

hazard[2] /ˈhæzəd/ **verb** **hazard a guess** to risk guessing something **пытаться угадать, осме-**

литься предположить *I don't know where he is, but I'd be willing to hazard a guess.*

hazardous /ˈhæzədəs/ **adjective** dangerous **опасный** ***hazardous chemicals***

haze /heɪz/ **noun** [U] when the air is not very clear because of something such as heat or smoke, making it difficult to see well **дымка**

hazel /ˈheɪzəl/ **adjective** green-brown in colour **орехового цвета** *hazel eyes*

hazy /ˈheɪzi/ **adjective 1** If the air is hazy, it is not very clear because of something such as heat or smoke, making it difficult to see well. **подернутый дымкой** *a hazy day* **2** not remembering things clearly **смутный** *He has only a hazy recollection of what happened.*

he strong /hiː/ weak /hi/ **pronoun** (A1) used as the subject of the verb when referring to someone male who has already been talked about **он** *"When is Paul coming?" "He'll be here in a minute."*

head[1] /hed/ **noun** [C] **1** (A1) the part of your body above your neck which contains your brain, eyes, ears, mouth, nose, etc and on which your hair grows **голова** *He fell and hit his head on the table.* → See **The Body** on page Centre 13 **2** (B1) your mind **ум, голова** *All these thoughts were going round in my head.* **3** (B1) the person who is in charge of an organization **глава, руководитель** *Her father is the head of an oil company.* **4** (also ˌ**head** ˈ**teacher**) UK (A2) the person in charge of a school **директор школы** *You'll have to ask the head if you can have a day off school.* **5** the front or top part of something **передняя или верхняя часть чего-либо** *Who is that* ***at the head of*** *the table?* **6 £10/$6, etc a head** costing £10/$6, etc for each person **столько-то денег на человека** *The meal costs £20 a head.* **7 heads** the side of a coin that has a picture of someone's head on it **орел (лицевая сторона монеты)** *Heads or tails?*

IDIOMS **be banging your head against a brick wall** to do, say, or ask for something repeatedly but to be unable to change a situation **биться головой о стену** • **come to a head** If a problem or disagreement comes to a head, it becomes so bad that you have to start dealing with it. **обостряться, достигать критической точки** • **go over sb's head** to be too difficult for someone to understand **быть выше чьего-либо понимания** *All this talk about philosophy went right over my head.* • **go to your head** If something that you have achieved goes to your head, it makes you too proud. **вскружить голову** *Fame and fortune had gone to his head.* • **hang your head (in shame)** to look ashamed or embarrassed **повесить голову, стыдиться** • **keep your head** to stay calm in a difficult situation **сохранять спокойствие** • **lose your head** to stop being calm in a difficult situation **терять голову** • **raise/rear its ugly head** If a problem or something unpleasant raises its ugly head, it becomes a problem that people have to deal with. **возникать, обостряться (о проблеме)** • **laugh/shout/scream, etc your head off** to laugh/shout/scream, etc very much and very loudly **смеяться до упаду/кричать во всю глотку/вопить что есть мочи и т. д.**

→ See also hit the **nail**[1] on the head, a **roof** over your head, off the **top**[1] of your head

head[2] /hed/ **verb 1 head back/down/towards, etc** (B2) to move in a particular direction **направляться обратно/по/к и т. д.** *They headed back to the shore.* **2** [T] (B2) to lead an organization or group **возглавлять** [often passive] *The company is headed by a young entrepreneur.* **3** [T] to be at the front or top of something **быть впереди, возглавлять (список)** *Jo headed a very short list of candidates.* **4** [T] to hit a ball with your head **отбивать мяч головой** *Owen headed the ball straight into the back of the net.*

PHRASAL VERBS **be heading for sth** (B2) to be likely to get or experience something soon **нарываться на что-либо** *Those children are heading for trouble.* • **head off** to start a journey or leave a place **уезжать**

headache /ˈhedeɪk/ **noun** [C] (A2) pain inside your head **головная боль** *I've got a bad headache.* → See also **splitting headache**

headhunt /ˈhedhʌnt/ **verb** [T] to persuade someone to leave their job for a job with a different company **подбирать высококвалифицированные кадры, "охотиться за головами"** *She was headhunted by a rival firm.* • **headhunter noun** [C] **специалист по поиску высококвалифицированных кадров**

heading /ˈhedɪŋ/ **noun** [C] words at the top of a piece of writing that tell you what it is about **заглавие, заголовок**

headlight /ˈhedlaɪt/ **noun** [C] one of the two large lights on the front of a car **фара** → See picture at **light**

headline /ˈhedlaɪn/ **noun 1** (B1) [C] the title of a newspaper story that is printed in large letters above it **газетный заголовок** *a* ***front-page headline*** **2 the headlines** (B2) the main stories in newspapers, on television, etc **содержание газеты, краткое содержание новостей** *The story* ***hit the headlines*** *the very next day.*

headlong /ˈhedlɒŋ/ **adverb** quickly and directly **стремительно, прямиком** *The plane* ***plunged headlong*** *into the sea.*

headmaster /ˌhedˈmɑːstər/ **noun** [C] UK (US **principal**) a man who is in charge of a school **директор школы (о мужчине)**

headmistress /ˌhedˈmɪstrəs/ **noun** [C] UK (US **principal**) a woman who is in charge of a school **директор школы (о женщине)**

ˌ**head** ˈ**office noun** [usually singular] the most important office of a company, or the people who work there **главный офис компании**

Head office handles all complaints made against the company.

ˌhead ˈon adverb 1 If two vehicles hit each other head on, the front parts hit each other as they are moving forward. **лобовой частью, в лоб 2** If you deal with something head on, you deal with it directly, although it is difficult. **прямо, недвусмысленно**

• **head-on** /ˌhedˈɒn/ **adjective лобовой, прямой** *a **head-on collision***

headphones /ˈhed-fəʊnz/ **noun** [plural] a piece of equipment that you wear over your ears so that you can listen to music without anyone else hearing it **наушники** *a pair of headphones*

headphones

headquarters /ˈhed-ˌkwɔːtəz/ **noun** [group] (plural **headquarters**) B2 the place from where an organization is controlled **главное управление, штаб-квартира** *police headquarters*

headset /ˈhedset/ **noun** [C] a piece of equipment that you wear over your ears so that you can hear things, especially one with a microphone (= a piece of equipment that you speak into) attached to it **наушники** *a mobile phone headset*

ˌhead ˈstart noun [C] an advantage that someone has over other people **преимущество** *Caroline's language skills should **give** her a **head start** over/on other people applying for the job.*

headstone /ˈhedstəʊn/ **noun** [C] a stone that shows the name of a dead person who is buried under it **надгробный камень**

headstrong /ˈhedstrɒŋ/ **adjective** extremely determined **своевольный, упорный** *a headstrong young girl*

heads-up /ˈhedzʌp/ **noun** [usually singular] informal a warning that something is going to happen, usually so that you can prepare for it **внимание!, берегись!**

headteacher /ˌhedˈtiːtʃəʳ/ **noun** [C] UK (US **principal**) A2 the person in charge of a school **директор школы**

headway /ˈhedweɪ/ **noun make headway** to make progress in what you are doing **продвигаться вперед** *The builders aren't **making** much **headway** with our new house.*

heady /ˈhedi/ **adjective** having a powerful effect on the way you feel, for example by making you feel excited **безрассудный, бурный** *a heady experience*

heal /hiːl/ **verb** [I, T] (also **heal up**) B2 If a wound or broken bone heals, it becomes healthy again, and if something heals it, it makes it healthy again. **заживать, излечивать** *The wound on his head had begun to heal.*

• **healer noun** [C] someone who makes ill people well again using something such as prayer or magic **целитель**

health /helθ/ **noun** [U] **1** A2 the condition of your body **здоровье** *to be **in good/poor health*** ◦ *Regular exercise is good for your health.* **2** how successful and strong something is **благосостояние, процветание** *the financial health of the business* → See also **the National Health Service**

> Слова-партнеры к **health**
>
> **damage/improve** sb's health • **excellent/good/ill/poor** health • be **in** [good/bad, etc] health

health-care /ˈhelθˌkeəʳ/ **noun** [U] the set of services provided by a country or an organization for treating people who are ill **здравоохранение**

ˈhealth ˌservice noun [C] UK the National Health Service: the system providing free medical service in the UK **Государственная служба здравоохранения в Соединенном Королевстве**

healthy /ˈhelθi/ **adjective 1** A2 physically strong and well **здоровый** *Sue is a normal healthy child.* **2** A2 good for your health **полезный, здоровый** *a **healthy diet*** **3** successful and strong **процветающий** *a **healthy economy*** → Opposite **unhealthy**

heap¹ /hiːp/ **noun 1** [C] an untidy pile of things **куча, груда** *a **heap of rubbish*** **2 heaps of sth** informal a lot of something **уйма, множество** *He's got heaps of money.*

> Слова-партнеры к **heap**
>
> a heap of sth • in a heap

heap² /hiːp/ **verb** informal **1** [T] to put things into an untidy pile **сваливать в кучу, нагромождать** *He heaped more food onto his plate.* **2 heap criticism/insults/praise, etc on sb** to criticize/insult/praise, etc someone a lot **осыпать кого-либо обвинениями/оскорблениями/похвалами и т. д.**

hear /hɪəʳ/ **verb** (past tense and past participle **heard**) **1** [I, T] A1 to be aware of a sound through your ears **слышать** *I could hear his voice in the distance.* ◦ *I can't hear – can you turn the sound up?* **2** [I, T] B1 to be told some information **услышать, узнать** *When did you first **hear about** this?* ◦ *Have you heard the news? Jane's back.* ◦ [+ (that)] *I hear that you're leaving.* **3** [T] If a judge hears a case, they listen to it in a law court, to decide if someone is guilty or not. **разбирать дело 4 will not hear of sth** If someone will not hear of something, they will not allow it. **ни за что не позволять что-**

либо *I wanted to pay for her meal but she wouldn't hear of it.*

PHRASAL VERBS **hear from sb** B1 to receive a letter, telephone call, or other message from someone **получать известия от кого-либо** *Have you heard from Sue recently?* • **have heard of sb/sth** B2 to know that someone or something exists **слышать о ком-либо/чем-либо, знать о существовании** *I've never heard of her.*

hearing /ˈhɪərɪŋ/ **noun 1** [U] the ability to hear sounds **слух** *He lost his hearing when he was a child.* **2** [C] a meeting in a law court when a judge hears the facts of a case **слушание (дела в суде)** *The preliminary hearing will take place next week.* **3 a fair hearing** If you get a fair hearing, someone listens to your opinion. **выслушивание (чьего-либо мнения)**

hearing-impaired /ˈhɪərɪŋɪmˌpeəd/ **adjective** A person who is hearing-impaired cannot hear or cannot hear well. **слабослышащий, с нарушением слуха** → Compare **deaf**

hearsay /ˈhɪəseɪ/ **noun** [U] things that people have told you and that may or may not be true **слух, молва** *Everything we heard was based on hearsay and rumour.*

hearse /hɜːs/ **noun** [C] a large car that is used to take a dead body to a funeral **катафалк**

heart

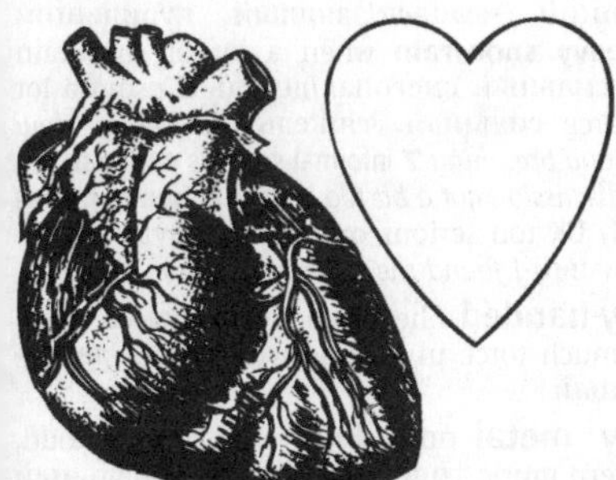

heart /hɑːt/ **noun 1** [C] A2 the organ inside your chest that sends blood around your body **сердце** *Isabel's **heart** was **beating** fast.* ◦ ***heart disease/failure*** **2** [no plural] the centre of something **центр** *Her office is **in the heart of** Tokyo.* **3 the heart of sth** B1 the most important part of something **суть** *We need to get to the heart of the matter.* **4** [C, U] B1 someone's deepest feelings and true character **душа, сердце** *She has a kind heart.* **5** [C] a shape that is used to mean love **сердечко** **6 hearts** playing cards with red, heart shapes on them **червы** **7 at heart** used to say what someone is really like **в глубине души** *I'm just a kid at heart.* **8 in your heart** used to say what you really think **в глубине души** *In his heart he felt they were wrong.* **9 with all your heart** used to say that you feel something very strongly **от всего сердца, сердечно** *I thank you with all my heart.* **10 not have the heart to do sth** to decide not to do something that would make someone unhappy **не осмелиться сделать что-либо** **11 learn/know, etc sth by heart** B2 to be able to remember all of something **учить/знать и т. д. наизусть**

IDIOMS **break sb's heart** B2 to make someone very unhappy **разбивать чье-либо сердце** • **heart and soul** used to say that you give all your attention and enthusiasm to something **всей душой** *She threw herself into teaching heart and soul.*

→ See also a **change**[2] of heart

Слова-партнеры к heart

your heart beats • heart **disease/failure** • a heart **condition/problem**

heartache /ˈhɑːteɪk/ **noun** [C, U] extreme sadness **страдание, душевная боль**

ˈheart atˌtack noun [C] B1 when someone's heart suddenly stops working correctly, sometimes causing death **инфаркт** *I think he's had a heart attack.*

heartbeat /ˈhɑːtbiːt/ **noun** [C, U] the regular movement of the heart as it moves blood around the body **сердцебиение**

heartbreaking /ˈhɑːtˌbreɪkɪŋ/ **adjective** causing extreme sadness **вызывающий глубокую печаль, душераздирающий** *heartbreaking news*

heartbroken /ˈhɑːtˌbrəʊkᵊn/ **adjective** If you are heartbroken, you feel extremely sad about something that has happened. **убитый горем**

heartened /ˈhɑːtᵊnd/ **adjective** feeling happier because of something **воодушевленный, подбодренный** *We all felt heartened by the news.* → Opposite **disheartened**

heartening /ˈhɑːtᵊnɪŋ/ **adjective** making you feel happier **обнадеживающий** *heartening news* → Opposite **disheartening**

ˈheart ˌfailure noun [U] when someone's heart stops working, often causing death **паралич сердца**

heartfelt /ˈhɑːtfelt/ **adjective** Heartfelt feelings and words are strong and sincere. **искренний** ***heartfelt thanks/gratitude***

hearth /hɑːθ/ **noun** [C] the floor around a fireplace **очаг**

heartily /ˈhɑːtɪli/ **adverb 1** with a lot of enthusiasm **от всей души** *We all **laughed heartily** at the joke.* **2** completely or very much **очень, смертельно** *I am **heartily sick** of the situation.*

heartland /ˈhɑːtlænd/ **noun** [C] the place where an activity or belief is strongest **сердце, центр деятельности** *the **traditional heartland** of the motor industry*

heartless /ˈhɑːtləs/ **adjective** cruel and not caring about other people **бессердечный**

heart-to-heart /ˌhɑːttəˈhɑːt/ **noun** [C] a serious conversation between two people in which they

H

talk honestly about their feelings **разговор по душам**

hearty /ˈhɑːti/ **adjective 1** friendly and full of energy **сердечный, дружеский** *a **hearty laugh/welcome*** **2** Hearty meals are large and satisfy you. **обильный, плотный (о еде)**

heat¹ /hiːt/ **noun 1** [U] B1 the quality of being hot or warm **жара, тепло** *the heat of summer* **2 the heat** when it is very hot **зной** *I don't really like the heat.* **3** [U, no plural] B1 the temperature of something **температура** *Cook on a low heat.* **4 the heat** US (UK **the heating**) the system that keeps a building warm **отопление** *Could you turn the heat up a little.* **5** [C] a competition, especially a race, which decides who will be in the final event **предварительные соревнования**

IDIOM **in the heat of the moment** If you do or say something in the heat of the moment, you do or say it without thinking because you are angry or excited. **сгоряча**

→ See also **dead heat**

Слова-партнеры к **heat**

generate/give out heat • **intense/searing** heat

heat² /hiːt/ **verb** [I, T] (also **heat up**) B2 to make something become hot or warm, or to become hot or warm **нагревать, подогревать** *I'll just heat up some soup.*

heated /ˈhiːtɪd/ **adjective 1** made warm or hot **нагретый, подогретый 2 a heated argument/debate, etc** an angry or excited argument **горячий спор**

heater /ˈhiːtəʳ/ **noun** [C] B1 a machine that heats air or water **обогреватель, водонагреватель**

heath /hiːθ/ **noun** [C] an open area of land covered with wild plants and rough grass **пустошь**

heather /ˈheðəʳ/ **noun** [C, U] a small plant with purple or white flowers that grows on hills **вереск**

heating /ˈhiːtɪŋ/ **noun** [U] UK (US **heat**) A2 the system that keeps a building warm **отопление**
→ See also **central heating**

heatwave /ˈhiːtweɪv/ **noun** [C] a period of time, usually a few days or weeks, when the weather is much hotter than usual **период сильной жары**

heave /hiːv/ **verb 1** [I, T] to move something heavy using a lot of effort **поднимать с трудом** *He heaved the bag on to his shoulder.* **2** [I] to move up and down **вздыматься** *Her chest heaved as she started to cry.* **3 heave a sigh of relief** to breathe out loudly because you are pleased that something bad has not happened **вздохнуть с облегчением**
• **heave noun** [C] **подъем, вздымание, глубокий вздох**

heaven /ˈhevᵊn/ **noun** [U] **1** B2 according to some religions, the place where good people go when they die **рай, небеса 2** informal B2 something very nice that gives you great pleasure **блаженство** *This cake is absolute heaven.*

heavenly /ˈhevᵊnli/ **adjective 1** [always before noun] relating to heaven **небесный** *the heavenly kingdom* **2** informal very nice **дивный** *a heavenly day*

heavens /ˈhevᵊnz/ **noun 1 the heavens** literary the sky **небо 2 (Good) Heavens!** used when you are surprised or annoyed **боже мой!** *Heavens, what's the matter?*

heavily /ˈhevɪli/ **adverb 1** B1 a lot or to a great degree **сильно, интенсивно** *She's heavily involved in politics.* **2 drink/smoke heavily** to drink/smoke a lot **много пить/курить 3 rain/snow heavily** to rain/snow a lot **идет сильный дождь/снег 4** using a lot of force **тяжело** *to breathe heavily*

heavy /ˈhevi/ **adjective 1** A2 Heavy objects weigh a lot. **тяжелый** *heavy bags ◦ heavy machinery/equipment* **2** A2 used to say how much someone or something weighs **тяжелый** *How heavy are you? ◦ Oxygen is sixteen times heavier than hydrogen.* **3** B1 large in amount or degree **сильный, большой** ***heavy traffic*** *◦ heavy costs* **4 a heavy drinker/smoker** someone who drinks/smokes a lot **сильно пьющий человек/заядлый курильщик 5 heavy snow/rain** when a lot of snow/rain falls **сильный снегопад/дождь 6** using a lot of force **сильный, тяжелый** *a heavy blow ◦ heavy breathing* **7** informal serious **серьезный** *The discussion got a bit too heavy.* **8 heavy going** mainly UK too serious or difficult **труднопреодолимый** *I found the book very heavy going.*

heavy-handed /ˌheviˈhændɪd/ **adjective** using too much force in dealing with people **деспотичный**

ˌheavy ˈmetal noun [U] a type of very loud, modern music **тяжелый рок (музыкальный стиль)**

heavyweight /ˈheviweɪt/ **noun** [C] **1** a fighter such as a boxer who is in the heaviest weight group **тяжеловес** *the **heavyweight champion** of the world* **2** someone who is powerful and important **крупная фигура** *a political heavyweight*

Hebrew /ˈhiːbruː/ **noun** [U] the language used in the Jewish religion and in Israel **иврит**
• **Hebrew adjective древнееврейский, иудейский**

hectare /ˈhekteəʳ/ **noun** [C] a unit for measuring area, equal to 10,000 square metres **гектар**

hectic /ˈhektɪk/ **adjective** extremely busy and full of activity **сумасшедший, суматошный** *a hectic day/week*

he'd /hiːd/ **1** short for he had **сокращ. от he had** *We knew he'd taken the money.* **2** short for he would **сокращ. от he would** *No one thought he'd get the job.*

hedge¹ /hedʒ/ **noun** [C] B2 a row of bushes growing close together, often used to divide land into separate areas **живая изгородь**

hedge

hedge² /hedʒ/ **verb** [I, T] to avoid giving a direct answer **увиливать, уклоняться** → See also hedge your bets **(bet²)**

hedgehog /ˈhedʒhɒg/ **noun** [C] a small animal whose body is covered with sharp points **еж**

hedgerow /ˈhedʒrəʊ/ **noun** [C] UK a row of bushes and small trees along the edge of a field or road **живая изгородь**

heed¹ /hiːd/ **verb** [T] formal to pay attention to some advice or a warning **принимать во внимание** *Officials failed to* ***heed*** *his* ***warning****.*

heed² /hiːd/ **noun** formal **take heed of sth** to pay attention to something, especially some advice or a warning **принимать во внимание**

heel /hiːl/ **noun** [C] **1** B2 the back part of your foot **пятка** → See **The Body** on page Centre 13 **2** B1 the part of a shoe that is under your heel **каблук** *high heels*

hefty /ˈhefti/ **adjective** informal very large **большой, здоровенный** *a* ***hefty bill/fine*** ◦ *a hefty woman with dyed hair*

height /haɪt/ **noun 1** [C, U] B1 how tall or high something or someone is **высота, рост** *a man of average height* ◦ *The tower measures 27.28 metres* ***in height****.* **2** [C, U] B1 how far above the ground something is **высота** *The aircraft was flying at a height of about 6000 metres.* **3** [U] being tall **рост** *People always make comments about his height.* **4 the height of sth** the strongest or most important part of something **пик, апогей, разгар** *I met him when he was at the height of his fame.*

> Слова-партнеры к **height**
>
> **grow to/reach** a height of sth • be [3 metres, etc] in height

heighten /ˈhaɪtᵊn/ **verb** [I, T] to increase or make something increase **повышать(ся), усиливать(ся)** ***heightened awareness*** ◦ [often passive] *The book's success was heightened by the scandal.*

heights /haɪts/ **noun** [plural] high places **высота** *I've always been afraid of heights.*

IDIOM **new heights** when something is better or more successful than ever before **новые высоты** *Our athletes have reached new heights of sporting glory.*

heinous /ˈheɪnəs/ **adjective** formal very bad and shocking **ужасающий** ***heinous crimes***

heir /eəʳ/ **noun** [C] a person who will have the legal right to someone's money and possessions when they die **наследник** *He is the* ***heir to*** *a huge fortune.*

heiress /ˈeəres/ **noun** [C] a woman who will have the legal right to someone's money and possessions when they die **наследница**

held /held/ past of hold **прош. вр. и прич. прош. вр. от гл. hold**

helicopter

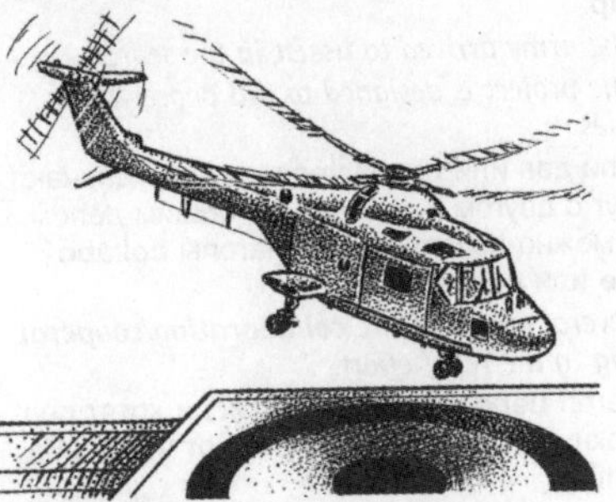

helicopter /ˈhelɪkɒptəʳ/ **noun** [C] A2 an aircraft which flies using long, thin parts on top of it that turn round and round very fast **вертолет**

helium /ˈhiːliəm/ **noun** [U] a gas that is lighter than air and that will not burn (formula He) **гелий** *a* ***helium balloon***

he'll /hiːl/ short for he will **сокращ. от he will** *He'll be home soon.*

hell /hel/ **noun 1** [U] B2 according to some religions, the place where bad people go when they die **ад 2** [U] informal B2 an experience that is very unpleasant **мука, ад** *It's been hell working with him.* **3 the hell** informal B2 used to emphasize something in a rude or angry way **черт возьми** *What the hell are you doing here?* **4 a/one hell of a** informal used to say that someone or something is very good, big, etc **чертовски хороший/большой и т. д.** *a hell of a noise* ◦ *He's one hell of a tennis player.* **5 from hell** informal used to say that someone or something is extremely bad **ужасный** *We had the holiday from hell.* **6 like hell** informal very much **ужасно, очень** *It's raining like hell out there.*

hellish /ˈhelɪʃ/ **adjective** informal extremely bad or unpleasant **адский, ужасный** *a hellish place/journey*

hello (also UK **hallo**) /helˈəʊ/ **exclamation 1** A1 used to greet someone **привет! здравствуй(те)!** *Hello, Chris, how are things?* **2** A1 used to start a conversation on the telephone **алло!** *Hello, this is Alex.*

helm /helm/ **noun 1** [C] the part that you use to direct a boat or ship **штурвал, руль 2 at the helm** controlling a group or organization **во главе** *With Lewis at the helm we are certain of success.*

helmet /ˈhelmət/ **noun** [C] B2 a hard hat that protects your head **шлем** *a cycling helmet* → See also **crash helmet** → See **Sports 2** on page Centre 15

helmet

> **Другие способы сказать help**
>
> Глаголы **aid** и **assist** являются более официальными по стилю синонимами глагола **help**.
>
> *The army arrived to **assist** in the search.*
>
> *The project is designed to **aid** poorer countries.*
>
> Если два или более человек сотрудничают друг с другом в работе над общим делом, то можно использовать глаголы **collaborate** или **cooperate**.
>
> *Several countries are **collaborating/cooperating** in the relief effort.*
>
> Глагол **benefit** используют, если хотят подчеркнуть, что кто-то получил от чего-либо пользу.
>
> *The children have **benefited** greatly from the new facilities.*
>
> Если говорят об оказании помощи, то в неформальной ситуации можно употребить выражение **give … a hand**.
>
> *Do you think you could **give** me **a hand** with these heavy boxes?*

help¹ /help/ **verb 1** [I, T] A1 to make it easier for someone to do something **помогать** *Thank you for helping.* ◦ [+ (to) do sth] *Shall I help you to set the table?* ◦ *Dad always **helps** me **with** my homework.* **2** [I, T] B2 to make something easier or better **помогать** [+ to do sth] *When you're nervous or frightened, it helps to breathe slowly and deeply.* **3 can't/couldn't help sth** B1 to be unable to stop yourself doing something or to stop something happening **не мочь не делать чего-либо, быть не в состоянии предотвратить что-либо** [+ doing sth] *I couldn't help thinking about what had happened.* ◦ *He couldn't help it, he slipped.* **4 help yourself (to sth)** B1 to take something, especially food or drink, without asking **угощаться** *Please help yourself to some coffee.*

PHRASAL VERB **help (sb) out** B2 to help someone, especially by giving them money or working for them **помогать, выручать** *Carol's been helping out in the shop this week.*

> **Слова-партнеры к help**
>
> ask for/need/offer/provide/refuse help • a big/great help • extra/professional help

help² /help/ **noun 1** [U] A2 when someone helps another person **помощь** *I was too embarrassed to **ask for help**.* ◦ *Do you want any help?* **2** [no plural] B2 something or someone that helps **помощник** *Dave has been a great help to me.* **3 with the help of sth** B1 using something **при помощи чего-либо** *We assembled the computer with the help of the manual.*

help³ /help/ **exclamation** A2 something that you shout when you are in danger **на помощь! помогите!**

ˈ**help** ˌ**desk noun** [C] a service which provides help to the people who use a computer network (= a group of computers that share information and programs) **служба поддержки для пользователей компьютеров**

helper /ˈhelpəʳ/ **noun** [C] B2 someone who helps another person to do something **помощник**

helpful /ˈhelpfəl/ **adjective 1** B1 useful **полезный** *helpful advice/comments* **2** B1 willing to help **готовый помочь** *The staff here are very helpful.* → Opposite **unhelpful**
• **helpfully adverb охотно, с целью помочь** • **helpfulness noun** [U] **польза**

helping /ˈhelpɪŋ/ **noun** [C] an amount of food given to one person at one time **порция** *She gave me a very large helping of pasta.*

helpless /ˈhelpləs/ **adjective** not able to defend yourself or do things without help **беспомощный** *a helpless animal/child*
• **helplessly adverb беспомощно**

helpline /ˈhelplaɪn/ **noun** [C] UK a telephone number that you can ring for help or information **телефонная служба помощи** *If you have any questions about any of our products, just **call** our **helpline**.*

hem /hem/ **noun** [C] the edge of a piece of clothing or cloth that has been folded under and sewn **кромка, подрубочный шов**
• **hem verb** [T] (present participle **hemming**, past tense and past participle **hemmed**) to sew a hem on a piece of clothing or cloth **подрубать, подшивать**

hemisphere /ˈhemɪsfɪəʳ/ **noun** [C] one half of the Earth **полушарие** *birds of the northern hemisphere*

hemophilia /ˌhiːməˈfɪliə/ **noun** [U] US spelling of haemophilia (= a serious disease in which the flow of blood from someone's body cannot be stopped when they are hurt) **гемофилия**

hemophiliac /ˌhiːməˈfɪliæk/ **noun** [C] US spelling of haemophiliac (= someone who has haemophilia) **страдающий гемофилией**

hemorrhage /ˈhemərɪdʒ/ **noun** [C, U] US spelling of haemorrhage (= when someone suddenly loses a lot of blood) **кровотечение**

hemorrhoids /ˈhemərɔɪdz/ **noun** [plural] US spelling of haemorrhoids (= painful swollen tissue around the opening of a person's bottom) **геморрой**

hemp /hemp/ **noun** [U] a plant that is used for making rope, cloth, and the drug cannabis **конопля, пенька**

hen /hen/ **noun** [C] a female bird, especially a chicken **курица, самка птицы**

hence /hens/ **adverb 1** for this reason **следовательно** *He's got an interview today, hence the suit.* **2 three weeks/two months, etc hence** formal three weeks/two months, etc from this time **три недели/два месяца и т. д. спустя**

henceforth /ˌhensˈfɔːθ/ **adverb** formal from this time **впредь, с этого времени** *Henceforth only English may be spoken in this classroom.*

henchman /ˈhenʃmən/ **noun** [C] (plural **henchmen**) someone who does unpleasant jobs for a powerful person **приспешник, прихвостень**

ˈhen night noun [C] (also **ˈhen ˌparty**) a party for women only, usually one held for a woman before she gets married **девичник** → Compare **stag night**

hepatitis /ˌhepəˈtaɪtɪs/ **noun** [U] a serious disease that affects your liver (= the organ that cleans your blood) **гепатит**

her[1] strong /hɜːʳ/ weak /həʳ/, /əʳ/ **pronoun 1** (A1) used after a verb or preposition to refer to someone female who has already been talked about **ее, ей (косв. пад. местоимения she)** *Where's Kath – have you seen her?* **2** used to refer to a country or ship **ее, ей (о стране, корабле)** *God bless HMS Victoria and all who sail in her.*

her[2] strong /hɜːʳ/ weak /həʳ/ **determiner** (A1) belonging to or relating to someone female who has already been talked about **ее, принадлежащий ей (притяжат. местоимение)** *That's her house on the corner.* ◦ *It's not her fault.*

herald[1] /ˈherəld/ **verb** [T] to be a sign that a particular event will happen soon **предвещать** *Thick black clouds heralded rain.*

herald[2] /ˈherəld/ **noun** [C] a sign that a particular event will happen soon **вестник** *A fall in unemployment was the* ***herald of*** *economic recovery.*

herb /hɜːb/ (US) /ɜːrb/ **noun** [C] (B1) a plant that is used in cooking to add flavour to food or used in medicines **пряная или лекарственная трава**
• **herbal** /ˈhɜːbəl/ **adjective травяной** *herbal medicine*

herd[1] /hɜːd/ **noun** [C] a large group of animals such as cows that live and eat together **стадо** *a herd of cattle/deer*

herd[2] /hɜːd/ **verb** [T] If people or animals are herded somewhere, they are moved there in a group. **собирать вместе, сгонять в стадо** [often passive] *The passengers were quickly herded onto a bus.*

here /hɪəʳ/ **adverb 1** (A1) in the place where you are **здесь, сюда** *Does Jane live near here?* ◦ *Come here!* **2** used to bring someone's attention to someone or something **вот** *Look, here's our bus.* ◦ *Here, put this on.* **3 here you are/here he is, etc** (A2) used when you see someone or something you have been looking for or waiting for **вот ты где/вот и он и т. д.** *Here she is at last.* ◦ *Here we are, this is the place.* **4** (A2) used when you are giving someone something **вот** *Here's a present for you.* **5 Here you are.** (A2) used when you are giving someone something **вот, возьми(те) пожалуйста!** *"Have you got the paper?" "Here you are."* **6** (B2) at this point in a discussion **в настоящее время, в данный момент** *I don't have time here to go into all the arguments.* **7** (A1) used when saying who you are on the telephone **это, говорит (в телефонном разговоре)** *Hello, it's Tim here.* **8 here and there** (B2) in several different places but without any pattern **там и сям** *Tall trees were growing here and there.*

hereafter /ˌhɪərˈɑːftəʳ/ **adverb** formal from now or after this time **в будущем, в дальнейшем**

hereby /ˌhɪəˈbaɪ/ **adverb** formal with these words or this action **настоящим, сим** *I hereby declare you the winner.*

hereditary /hɪˈredɪtəri/ **adjective 1** passed to a child from its parents before birth **наследственный** *Depression is often hereditary.* **2** passed from parent to child as a right **наследственный** *a* ***hereditary title***

heredity /hɪˈredəti/ **noun** [U] the way in which mental or physical qualities pass from parent to child **наследственность**

heresy /ˈherəsi/ **noun** [C, U] a belief which is against what a group or society generally believes to be right or good **ересь**

heretic /ˈherətɪk/ **noun** [C] someone with a belief which is against what a group or society generally believes to be right or good **еретик**
• **heretical** /həˈretɪkəl/ **adjective еретический**

heritage /ˈherɪtɪdʒ/ **noun** [U] the buildings, paintings, customs, etc which are important in a culture or society because they have existed for a long time **наследие** *our architectural/cultural heritage*

hermit /ˈhɜːmɪt/ **noun** [C] someone who chooses to live alone and away from other people **отшельник**

hernia /ˈhɜːniə/ **noun** [C] a medical condition in which an organ pushes through the muscle which is around it **грыжа**

hero /ˈhɪərəʊ/ **noun** [C] (plural **heroes**) **1** (B1) someone who does something brave or good which people respect or admire them for **герой** *He became a* ***national hero*** *for his part in the revolution.* **2** (B1) the main male character in a book or film who is usually good **герой, главное действующее лицо** *the hero of her new novel*

> **Слова-партнеры к hero**
> a **local/national** hero • an **unsung** hero

heroic /hɪˈrəʊɪk/ **adjective 1** very brave **героический** *a* ***heroic figure*** ◦ *a* ***heroic act/deed*** **2** If someone makes a heroic effort to do something, they work very hard to try to do it. **героический** *In spite of England's* ***heroic efforts****, they lost the match.*
• **heroically adverb героически**

heroics /hɪˈrəʊɪks/ **noun** [plural] actions which

seem brave but are stupid because they are dangerous **геройство**

heroin /ˈherəʊɪn/ **noun** [U] a very strong drug which some people use illegally for pleasure **героин** *a **heroin addict***

heroine /ˈherəʊɪn/ **noun** [C] **1** the main female character in a book or film, who is usually good **героиня, главное действующее лицо** *the heroine of the film 'Alien'* **2** a woman who does something brave or good which people respect or admire her for **героиня**

heroism /ˈherəʊɪzᵊm/ **noun** [U] very brave behaviour **героизм** *an act of heroism*

herring /ˈherɪŋ/ **noun** [C, U] a small, silver-coloured fish which lives in the sea and is eaten as food **сельдь** → See also **red herring**

H

hers /hɜːz/ **pronoun** A2 the things that belong or relate to someone female who has already been talked about **ее, принадлежащий ей (абсолютная форма притяж. местоимения)** *That's Ann's coat over there – at least I think it's hers.* ◦ *I borrowed it from a friend of hers.*

herself /həˈself/ **pronoun 1** A2 the reflexive form of the pronoun 'she' **себя, себе, собой (о 3-м л. ед. ч. жен. рода)** *She kept telling herself that nothing was wrong.* **2** B2 used to emphasize the pronoun 'she' or the particular female person you are referring to **сама** *She decorated the cake herself.* **3 (all) by herself** A2 alone or without anyone else's help **сама, самостоятельно** *She managed to put her shoes on all by herself.* **4 (all) to herself** for her use only **в свое распоряжение, для себя** *Mum's got the house to herself this weekend.*

hertz /hɜːts/ **noun** [C] (plural **hertz**) (written abbreviation **Hz**) a unit for measuring the frequency (= how often the wave is repeated) of a sound wave **герц**

he's /hiːz/ **1** short for he is **сокращ. от he is** *He's my best friend.* **2** short for he has **сокращ. от he has** *Sam must be tired – he's been dancing all night!*

hesitant /ˈhezɪtᵊnt/ **adjective** If you are hesitant, you do not do something immediately or quickly because you are nervous or not certain. **нерешительный, сомневающийся** *She was hesitant about returning to her home town.*
• **hesitantly adverb нерешительно** • **hesitancy noun** [U] **нерешительность**

hesitate /ˈhezɪteɪt/ **verb 1** B2 [I] to pause before doing something, especially because you are nervous or not certain **колебаться** *Richard hesitated before answering.* **2 not hesitate to do sth** B2 to be very willing to do something because you are certain it is right **сделать что-либо без колебаний** *They would not hesitate to call the police at the first sign of trouble.*

hesitation /ˌhezɪˈteɪʃᵊn/ **noun 1** [C, U] when you pause before doing something, especially because you are nervous or not certain **нерешительность, сомнение** *After a **moment's hesitation**, he unlocked the door.* **2 have no hesitation in doing sth** when you are very willing to do something because you know it is the right thing to do **делать что-либо, не колеблясь** *He had no hesitation in signing for the team.*

> Слова-партнеры к **hesitation**
>
> **without** hesitation • **a brief/momentary/moment's/slight** hesitation

heterogeneous /ˌhetᵊrəʊˈdʒiːniəs/ **adjective** formal consisting of parts or things of different types **неоднородный** *a heterogeneous sample of people*

heterosexual /ˌhetᵊrəʊˈsekʃuᵊl/ **adjective** sexually attracted to people of the opposite sex **гетеросексуальный**
• **heterosexual noun** [C] **гетеросексуалист**

het up /hetˈʌp/ **adjective** [never before noun] UK informal worried and upset **психующий** *Why are you **getting** so **het up** about this?*

hexagon /ˈheksəgən/ **noun** [C] a flat shape with six sides of the same length **шестиугольник**
• **hexagonal** /hekˈsægᵊnᵊl/ **adjective** shaped like a hexagon **шестиугольный**

hey /heɪ/ **exclamation** spoken A2 used to get someone's attention or to show that you are interested, excited, angry, etc **эй!** *Hey, Helen, look at this!* ◦ *Hey, wait a minute!*

heyday /ˈheɪdeɪ/ **noun** [no plural] the time when something or someone was most successful or popular **расцвет, лучшая пора** ***In its heyday**, the company employed over a thousand workers.*

hi /haɪ/ **exclamation** A1 hello **привет!** *Hi! How's it going?*

hiatus /haɪˈeɪtəs/ **noun** [no plural] formal a short pause in which nothing happens or is said **пауза**

hibernate /ˈhaɪbəneɪt/ **verb** [I] If an animal hibernates, it goes to sleep for the winter. **находиться в зимней спячке**
• **hibernation** /ˌhaɪbəˈneɪʃᵊn/ **noun** [U] **зимняя спячка** *Bears **go into hibernation** in the autumn.*

hiccup (also **hiccough**) /ˈhɪkʌp/ **noun** [C] **1** a quick noise you make in your throat when a muscle in your chest moves suddenly **икота** [usually plural] *I **got hiccups** from drinking too quickly.* **2** a small, temporary problem **заминка** *I'm afraid there's been a slight hiccup.*

hide[1] /haɪd/ **verb** (past tense **hid**, past participle **hidden**) **1** [T] B1 to put something in a place where it cannot be seen or found **прятать** *I hid the money in a vase.* ◦ [often passive] *She kept the diary hidden in a drawer.* **2** [I] (also **hide yourself**) B1 to go to a place where you cannot be seen or found **прятаться** *She ran off and hid behind a tree.* **3** [T] B1 to keep a feeling or information secret **скрывать** *He couldn't hide his embarrass-*

ment. ◦ *There's something about her past that she's trying to* ***hide from*** *me.*

hide² /haɪd/ **noun** [C, U] the skin of an animal which is used for making leather **шкура, кожа**

hide-and-seek /ˌhaɪdənˈsiːk/ **noun** [U] a children's game in which one child hides and the others try to find them **(игра в) прятки**

hideaway /ˈhaɪdəweɪ/ **noun** [C] a place where you go to hide or to be alone **укрытие, убежище**

hideous /ˈhɪdiəs/ **adjective** very ugly **уродливый, отвратительный** *a hideous monster*
• **hideously adverb уродливо, ужасно**

hideout /ˈhaɪdaʊt/ **noun** [C] a place where you go to hide, especially from the police or if you are in danger **укрытие, убежище**

hiding /ˈhaɪdɪŋ/ **noun be in hiding; go into hiding** to hide in a place, especially from the police or if you are in danger **скрываться, быть в бегах**

> Слова-партнеры к **hierarchy**
>
> in a hierarchy • a hierarchy of sth

hierarchy /ˈhaɪərɑːki/ **noun** [C] a system or organization in which people or things are arranged according to their importance **иерархия**
• **hierarchical** /ˌhaɪəˈrɑːkɪkəl/ **adjective иерархический** *a* ***hierarchical structure***

hieroglyphics /ˌhaɪərəʊˈglɪfɪks/ **noun** [plural] a system of writing which uses pictures instead of words, especially used in ancient Egypt **иероглифика**

hi-fi /ˈhaɪfaɪ/ **noun** [C] a set of electronic equipment for playing music, consisting of a CD player, radio, etc **музыкальный центр**

high¹ /haɪ/ **adjective 1** (A2) having a large distance from the bottom to the top **высокий** *a high building/mountain* **2** (B1) a large distance above the ground or the level of the sea **высокий, высоко расположенный** *a high shelf/window* ◦ *The village was* ***high up*** *in the mountains.* **3** used to say how big the distance is from the top of something to the bottom, or how far above the ground something is **имеющий такую-то высоту** *How high is it?* ◦ *It's ten metres high.* **4** (B1) great in amount, size, or level **высокий, большой** *a high temperature* ◦ *high prices/costs* ◦ *The car sped away* ***at high speed.*** **5** (B1) very good **высокий, лучший** *high standards/quality* **6** (B2) important, powerful, or at the top level of something **высокий, главный** *a high rank* ◦ *Safety is our highest priority.* **7** If someone is high, they are behaving in an unusual way because they have taken an illegal drug. **под действием наркотика 8** A high sound or note is near the top of the set of sounds that people can hear. **высокий, резкий (о звуке) 9 high in sth** If a food is high in something, it contains a lot of it. **с высоким содержанием чего-либо** *Avoid foods that are high in salt.*

high² /haɪ/ **adverb 1** (B1) at or to a large distance above the ground **высоко** *We flew high above the city.* ◦ *He threw the ball high into the air.* **2** (B1) at or to a large amount or level **высоко** *Temperatures rose as high as 40 degrees.*

high³ /haɪ/ **noun** [C] **1** the top amount or level which something reaches **высшая точка, рекордный уровень** *Computer ownership has* ***reached*** *an* ***all-time high*** *(= more people own computers than ever before).* **2** a feeling of excitement or happiness **возбуждение** [usually singular] *The players are still* ***on a high*** *from their last match.*

> Слова-партнеры к **high**
>
> hit/reach a high • an all-time/new/record high

highbrow /ˈhaɪbraʊ/ **adjective** A highbrow book, film, etc is serious and intended for very intelligent or well-educated people. **высокоинтеллектуальный**

high-class /ˌhaɪˈklɑːs/ **adjective** of very good quality **высокого класса** *a high-class hotel*

ˌHigh ˈCourt noun [C] the most important law court in some countries **Верховный суд** *a High Court judge*

H

ˌhigher eduˈcation noun [U] education at a college or university **высшее образование**

high-flyer (also **high-flier**) /ˌhaɪˈflaɪəʳ/ noun [C] someone who is very successful or who is likely to be very successful, especially in business **птица высокого полета, честолюбец**
• **high-flying** adjective **очень успешный**

ˌhigh ˈheels noun [plural] (also **heels**) women's shoes with heels raised high off the ground **туфли на высоких каблуках**
• **high-heeled** adjective **на высоких каблуках**

the ˈhigh ˌjump noun a sports event in which people try to jump over a bar which gets higher and higher during the competition **прыжки в высоту** → See **Sports 1** on page Centre 14

highlands /ˈhaɪləndz/ noun [plural] an area with a lot of mountains **горная местность** *the Scottish highlands*
• **highland** /ˈhaɪlənd/ adjective in or relating to the highlands **горный** *a highland village*

high-level /ˌhaɪˈlevᵊl/ adjective involving important or powerful people **(происходящий) на высоком уровне** ***high-level meetings/talks***

highlight¹ /ˈhaɪlaɪt/ verb [T] **1** (B2) to emphasize something or make people notice something **заострять внимание, подчеркивать** *to* ***highlight*** *a* ***problem/danger*** ◦ *The report* ***highlights the need for*** *stricter regulations.* **2** (B2) to make something a different colour so that it is more easily noticed, especially written words **выделять цветом**

> **Слова-партнеры к highlight**
> highlight a **danger/need/issue/problem** • highlight **the need for** something

highlight² /ˈhaɪlaɪt/ noun [C] (B2) the best or most important part of something **лучшая часть, кульминационный момент** *The boat trip was one of the* ***highlights of*** *the holiday.*

highlighter /ˈhaɪˌlaɪtəʳ/ noun [C] a pen with bright, transparent ink which is used to emphasize words in a book, article, etc **маркер** → See **The Office** on page Centre 5

highly /ˈhaɪli/ adverb **1** (B2) very or to a large degree **весьма, чрезвычайно** *a highly effective treatment* ◦ *It is highly unlikely that they will succeed.* **2** (B2) at a high level **высоко** *a highly paid worker* **3 to speak/think highly of sb/sth** to have or express a very good opinion of someone or something **хорошо отзываться/быть высокого мнения о ком-либо/чем-либо**

Highness /ˈhaɪnəs/ noun **Her/His/Your Highness** used when you are speaking to or about a royal person **ее/его/ваше высочество** *Thank you, Your Highness.*

high-pitched /haɪˈpɪtʃt/ adjective **1** A voice that is high-pitched is higher than usual. **высокий, звонкий (о голосе)** **2** describes a noise that is high and sometimes also loud or unpleasant **пронзительный (о звуке)** *a high-pitched whine*

high-powered /ˌhaɪˈpaʊəd/ adjective very important or responsible **влиятельный** *a high-powered executive/job*

high-profile /ˌhaɪˈprəʊfaɪl/ adjective A high-profile person or event is known about by a lot of people and receives a lot of attention from television, newspapers, etc. **широко известный, широко освещаемый** *a* ***high-profile campaign/case***

high-rise /ˈhaɪˌraɪz/ adjective A high-rise building is very tall and has a lot of floors. **высотный, многоэтажный**

ˈhigh ˌschool noun [C, U] a school in the US which children go to between the ages of 14 and 18 **четыре старших класса средней школы (в США)** *I played violin when I was* ***in high school.*** ◦ *a high-school student/teacher*

ˈhigh ˌstreet noun [C] UK the main road in the centre of a town where there are a lot of shops **главная улица**

high-tech (also UK **hi-tech**) /ˌhaɪˈtek/ adjective (B2) using or involved with the most recent and advanced electronic machines, computers, etc **относящийся к высоким технологиям в области электроники** *high-tech companies/industry* → Compare **low-tech**

highway /ˈhaɪweɪ/ noun [C] mainly US a main road, especially between two towns or cities **автомагистраль**

hijack /ˈhaɪdʒæk/ verb [T] to take control of an aircraft during a journey, especially using violence **захватывать, угонять самолет** [often passive] *The plane was hijacked by terrorists.*
• **hijacker** noun [C] **угонщик самолета, террорист** • **hijacking** noun [C, U] **угон самолета**

hike¹ /haɪk/ noun [C] a long walk, usually in the countryside **длительная прогулка, пеший поход**

hike² /haɪk/ verb [I] to go for a long walk in the countryside **совершать длительную прогулку, бродить**
• **hiker** noun [C] **человек, совершающий длительную прогулку, турист** • **hiking** noun [U] **пеший туризм** *to go hiking in the mountains*

hilarious /hɪˈleəriəs/ adjective extremely funny **уморительный** *They all thought the film was hilarious.*
• **hilariously** adverb **уморительно** ***hilariously funny***

hilarity /hɪˈlærəti/ noun [U] when people laugh very loudly and think something is very funny **шумное веселье**

hill /hɪl/ noun [C] (A2) a raised area of land, smaller than a mountain **холм** *They climbed up the hill to get a better view.*

hillside /ˈhɪlsaɪd/ noun [C] the sloping side of a hill **склон холма**

hilly /ˈhɪli/ **adjective** having a lot of hills холмистый *hilly countryside*

hilt /hɪlt/ **noun**

IDIOM **to the hilt** very much or as much as is possible полностью, до предела *Mark borrowed to the hilt to pay for his new car.*

him strong /hɪm/ weak /ɪm/ **pronoun** A1 used after a verb or preposition to refer to someone male who has already been talked about его, ему (косв. пад. местоимения he) *Where's Serge – have you seen him?*

himself /hɪmˈself/ **pronoun 1** A2 the reflexive form of the pronoun 'he' себя, себе, собой (о 3-м л. ед. ч. муж. рода) *John always cuts himself when he's shaving.* **2** B2 used to emphasize the pronoun 'he' or the particular male person you are referring to сам *Do you want to speak to Dr Randall himself or his secretary?* ◦ *He made the bookcase himself.* **3 (all) by himself** A2 alone or without anyone else's help сам, самостоятельно *Joe made that snowman all by himself.* **4 (all) to himself** for his use only в свое распоряжение, для себя *Tim wants a desk all to himself.*

hind /haɪnd/ **adjective a hind foot/leg** a foot/leg at the back of an animal задняя нога/лапа

hinder /ˈhɪndəʳ/ **verb** [T] to make it difficult to do something or for something to develop мешать, быть помехой [often passive] *His performance at the Olympics was hindered by a knee injury.*

hindrance /ˈhɪndrəns/ **noun** [C] something or someone that makes it difficult for you to do something помеха *Large class sizes are a* ***hindrance to*** *teachers.*

hindsight /ˈhaɪndsaɪt/ **noun** [U] the ability to understand an event or situation only after it has happened суждение задним числом ***With hindsight****, I should have taken the job.*

Hindu /ˈhɪnduː/ **noun** [C] someone who believes in Hinduism индуист
• **Hindu adjective** индуистский *a Hindu temple*

Hinduism /ˈhɪnduːɪzᵊm/ **noun** [U] the main religion of India, based on belief in many gods and the belief that when someone dies their spirit returns to life in another body индуизм

hinge¹ /hɪndʒ/ **noun** [C] a metal fastening that joins the edge of a door, window, or lid to something else and allows you to open or close it петля (на двери, на окне)

hinge² /hɪndʒ/ **verb**

PHRASAL VERB **hinge on sth** to depend completely on something зависеть от чего-либо *Her career hinges on the success of this project.*

hint¹ /hɪnt/ **noun 1** [C] B2 when you say something that suggests what you think or want, but not in a direct way намек *He* ***dropped*** *(= made) several* ***hints*** *that he wanted a CD player for his birthday.* **2** [C] B2 a small piece of advice совет *The magazine gives lots of* ***useful hints*** *on how to save money.* **3 a hint of sth** a small amount of something маленькое количество чего-либо, оттенок, налет *There was a hint of anger in her voice.*

> Слова-партнеры к **hint**
> drop a hint • a **broad/heavy/subtle** hint

hint² /hɪnt/ **verb** [I, T] to suggest something, but not in a direct way намекать [+ (that)] *He hinted that he wants to retire next year.* ◦ *She* ***hinted at*** *the possibility of moving to America.*

hip¹ /hɪp/ **noun** [C] B2 one of the two parts of your body above your leg and below your waist бедро → See **The Body** on page Centre 13

hip² /hɪp/ **adjective** informal fashionable модный

hip-hop /ˈhɪphɒp/ **noun** [U] A2 a type of pop music with songs about problems in society and words that are spoken and not sung хип-хоп (стиль музыки)

hippie /ˈhɪpi/ **noun** [C] (also UK **hippy**) someone who believes in peace and love and has long hair, especially someone who was young in the 1960s хиппи

hippo /ˈhɪpəʊ/ **noun** [C] short for hippopotamus гиппопотам

hippopotamus /ˌhɪpəˈpɒtəməs/ **noun** [C] (plural **hippopotamuses**, **hippopotami**) a very large animal with a thick skin that lives near water in parts of Africa гиппопотам

hire¹ /haɪəʳ/ **verb** [T] **1** UK (US **rent**) B1 to pay money in order to use something for a short time брать напрокат *They hired a car for a few weeks.* → See Note **rent 2** B2 to begin to employ someone нанимать *We hired a new secretary last week.*

PHRASAL VERB **hire sth out** UK to allow someone to borrow something from you in exchange for money давать напрокат *The shop hires out electrical equipment.*

hire² /haɪəʳ/ **noun** [U] UK when you arrange to use something by paying for it прокат *The price includes flights and* ***car hire****.* ◦ *Do you have bikes* ***for hire****?*

his¹ strong /hɪz/ weak /ɪz/ **determiner** A1 belonging to or relating to someone male who has already been talked about его, принадлежащий ему (притяж. местоимение) *Alex is sitting over there with his daughter.* ◦ *It's not his fault.*

his² /hɪz/ **pronoun** A2 the things that belong or relate to someone male who has already been talked about его, принадлежащий ему (абсолютная форма притяж. местоимения) *That's Frank's coat over there – at least I think it's his.* ◦ *I borrowed them from a friend of his.*

Hispanic /hɪˈspænɪk/ **adjective** relating or belonging to people whose families came from

Spain or Latin America in the past **относящийся к выходцам из Латинской Америки**

• **Hispanic** noun [C] a Hispanic person **человек латиноамериканского происхождения, проживающий в США**

hiss /hɪs/ **verb 1** [I] to make a long noise like the letter 's' **шипеть, свистеть** *The gas hissed through the pipes.* **2** [T] to speak in an angry or urgent way **шипеть** *"Will you be quiet," she hissed.*

• **hiss** noun [C] a sound like the letter 's' **шипение, свист**

hissy (fit) /ˈhɪsiˌfɪt/ **noun** [C] informal a sudden strong feeling of anger that someone cannot control **вспышка гнева** *David, of course, **threw a hissy fit** when he found out.*

historian /hɪˈstɔːriən/ **noun** [C] someone who studies or writes about history **историк**

historic /hɪˈstɒrɪk/ **adjective** B1 important in history or likely to be important in history **исторический** ***historic buildings*** ◦ *a **historic day/moment***

historical /hɪˈstɒrɪkəl/ **adjective** B1 relating to events or people in the past, or the study of history **исторический** *a historical novel* ◦ *historical documents*

• **historically** adverb **исторически**

history /ˈhɪstəri/ **noun 1** [U] A2 the whole series of events in the past which relate to the development of a country, subject, or person **история, прошлое** *The Civil War was a terrible time in American history.* **2** [U] A2 the study of events in the past **история (наука)** *He's very interested in modern European history.* ◦ *a history book* **3 a history of sth** If you have a history of a particular problem or illness, you have already suffered from it. **история** *a man with a history of drug addiction* **4** [C] a description or record of events in the past relating to someone or something **история** *The doctor read through his **medical history**.* → See also **case history**, **natural history**

Слова-партнеры к **history**
in sth's history • recent history

hit¹ /hɪt/ **verb** (present participle **hitting**, past tense and past participle **hit**) **1** [T] A2 to touch something quickly and with force using your hand or an object in your hand **ударять** *She hit him on the head with her tennis racket.* **2** [T] B1 to touch someone or something quickly and with force, usually causing injury or damage **ударяться** *The car skidded and hit a wall.* ◦ *As she fell, she hit her head on the pavement.* **3** [I, T] B2 to affect something badly **наносить ущерб** [often passive] *The economy has been hit by high unemployment.* **4** [T] to reach a place, position, or state **достигать** *Our profits have already hit $1 million.* **5** [T] informal If an idea or thought hits you, you suddenly think of it. **приходить в**

hit

голову *The idea for the book hit me in the middle of the night.* → See also hit sb **hard²**, hit the **jackpot**, hit the **nail¹** on the head, hit the **roof**

IDIOM **hit it off** informal B2 If people hit it off, they like each other and become friendly immediately. **ладить**

PHRASAL VERBS **hit back** to criticize or attack someone who has criticized or attacked you **давать сдачи** *The President **hit back at** journalists who said he was a liar.* • **hit on/upon sth** to have a good idea, especially one which solves a problem **приходить в голову** *We **hit upon the idea** of writing to the mayor to ask for his help.*

hit² /hɪt/ **noun** [C] **1** B1 a very successful song, film, book, etc **хит** *The film 'Titanic' was a **big hit**.* **2** B1 a popular person or thing **успех, знаменитость** *The chocolate cake was a **big hit** with the children.* **3** when you touch something or when something touches you quickly and with force **удар** **4** B2 a request to see a document on the Internet that is then counted to calculate the number of people looking at the page **обращение к сайту, учитываемое при подсчете посещаемости сайта**

Слова-партнеры к **hit**
a big/massive/smash hit • a hit CD/single

hit-and-miss /ˌhɪtənˈmɪs/ **adjective** UK (US **hit or miss**) not planned, but happening by chance **непредсказуемый**

hit-and-run /ˌhɪtənˈrʌn/ **adjective** A hit-and-run accident is when the driver of a vehicle hits and injures someone, but then drives away without helping. **относящийся к аварии, виновник которой скрылся**

hitch¹ /hɪtʃ/ **noun** [C] a small problem **заминка** *The ceremony **went without a hitch**.*

hitch² /hɪtʃ/ **verb 1 hitch a lift/ride** to get a free ride in someone's vehicle, by standing next to the road and waiting for someone to pick you up **подъехать на попутной машине** **2** [T] (also US **hitch up**) to fasten something to an object or vehicle **прицеплять** *They hitched the caravan to the car.*

PHRASAL VERB **hitch sth up** to pull up a piece of clothing **задирать (подол, штанину и т. д.)**

hitchhike /ˈhɪtʃhaɪk/ **verb** [I] B1 to get free rides in people's vehicles by standing next to the road and waiting for someone to pick you up **ездить автостопом**

• **hitchhiker noun** [C] **путешествующий автостопом**

hi-tech UK (UK/US **high-tech**) /ˌhaɪˈtek/ **adjective** B2 using or involved with the most recent and advanced electronic machines, computers, etc **относящийся к высоким технологиям в области электроники**

hitherto /ˌhɪðəˈtuː/ **adverb** formal until now, or until a particular point in time **до сих пор**

HIV /ˌeɪtʃaɪˈviː/ **noun** [U] abbreviation for human immunodeficiency virus: a virus which causes AIDS (= a serious disease that destroys the body's ability to fight infection) **ВИЧ (вирус иммунодефицита человека)**

hive /haɪv/ **noun** **1** [C] (also **beehive**) a special container where people keep bees **улей** **2 a hive of activity** a place where people are busy and working hard **место, где кипит работа**

HIV-positive /ˌeɪtʃaɪviːˈpɒzətɪv/ **adjective** If a person is HIV-positive, they are infected with HIV although they might not have AIDS. **ВИЧ инфицированный**

hiya /ˈhaɪjə/ **exclamation** informal a way to say hello to someone you know well **эй!, привет!** *Hiya, Mike, how are you doing?*

hm (also **hmm**) /həm/ spoken something you say when you pause while talking or when you are uncertain **гм!** *"Which one do you like best?" "Hmm. I'm not sure."*

hoard /hɔːd/ **verb** [T] to collect and store a large supply of something, often secretly **накапливать, тайно хранить** *He hoarded antique books in the attic.*

• **hoard noun** [C] a large, secret supply or collection of something **тайный склад** *Police found a hoard of stolen jewellery in the car.*

hoarding /ˈhɔːdɪŋ/ **noun** [C] UK (UK/US **billboard**) a large board used for advertising, especially by the side of a road **рекламный щит**

hoarse /hɔːs/ **adjective** If you are hoarse, your voice sounds rough when you speak, often because you are ill. **хриплый** *The teacher was hoarse from shouting.*

• **hoarsely adverb хрипло**

hoax /həʊks/ **noun** [C] when someone tries to make people believe something which is not true **надувательство, ложная тревога** *The police said the bomb threat was a hoax.*

hob /hɒb/ **noun** [C] UK the flat part on top of an oven where you heat food in pans **кухонная плита** → See **The Kitchen** on page Centre 2

hobble /ˈhɒbl/ **verb** [I] to walk with small, uncomfortable steps, especially because your feet hurt **прихрамывать**

hobby /ˈhɒbi/ **noun** [C] A2 an activity that you enjoy and do regularly when you are not working **хобби** *Do you have any hobbies?*

hockey /ˈhɒki/ **noun** [U] **1** UK (US **field hockey**) A2 a team game played on grass where you hit a small ball with a long, curved stick **хоккей на траве** **2** US (UK/US **ice hockey**) a team game played on ice where you hit a small, hard object with a long, curved stick **хоккей на льду** → See **Sports 1** on page Centre 14

hoe /həʊ/ **noun** [C] a garden tool with a long handle used for removing weeds (= plants you do not want) **тяпка**

hog¹ /hɒg/ **noun** [C] mainly US a large pig **свинья, боров**

hog² /hɒg/ **verb** [T] (present participle **hogging**, past tense and past participle **hogged**) informal to use or keep all of something for yourself **хапать, заграбастывать** *Stop hogging the newspaper! I want to read it too.*

hoist /hɔɪst/ **verb** [T] to raise something, sometimes using a rope or machine **поднимать (флаг, парус и т. д.)** *They slowly hoisted the flag.*

hold¹ /həʊld/ **verb** (past tense and past participle **held**) **1** [T] A2 to have something in your hand or arms **держать** *He was holding a glass of wine.* ◦ *They were **holding hands** and kissing.* **2** [T] B1 to keep something in a particular position **держать** *Can you hold the door open please?* ◦ *Hold your hand up if you know the answer.* ◦ *The frame was held together with screws.* **3** [T] B1 to organize an event **проводить, организовывать** *to hold talks/an election* **4** [T] B1 to contain something or to be able to contain a particular amount of something **вмещать, содержать в себе** *The bucket holds about 10 litres.* **5** [T] to have a particular job, position, or qualification **занимать (пост и т. д.)** *She held the post of treasurer.* **6** [T] to have a particular position in a competition **обладать (титулом и т. д.), удерживать (место, рекорд)** *to hold the world record* ◦ *to hold the lead* **7** [T] to store documents, information, etc in a particular place **хранить** *The documents are held in the local library.* **8** [T] B2 to keep someone as a prisoner **держать (в тюрьме, в плену и т. д.)** *Police held the suspect overnight.* ◦ *The hijackers are **holding** them **hostage/prisoner**.* **9** [T] If soldiers hold a place, they control it. **удерживать, сохранять контроль** *Rebel troops held the village.* **10 hold an opinion/belief/view** to believe something **придерживаться мнения/убеждения/взгляда** *They held the view that corporal punishment was good for children.* **11 hold a conversation** to have a conversation вести разговор **12 hold sb's attention/interest** to keep someone interested in something приковывать внимание/удерживатьинтерес *The film held my attention from beginning to end.* **13** [I, T] to wait on the telephone until someone can speak to you оставаться на линии, не вешать трубку *Her line's busy. Would you like to hold?* ◦ ***Hold the line**, please.* **14** [I] to not break выдерживать (тяжесть, нагрузку) *The rope held.* **15 Hold it!** informal used to tell someone to wait or stop doing something подожди(те)! постой(те)! *Hold it! I've forgotten my coat.* **16 hold shares** to own shares (= small, equal parts of the value of a company) владеть акциями **17 hold your breath a** (B2) to intentionally stop breathing for a time задерживать дыхание **b** to wait for something to happen, often feeling anxious ждать, затаив дыхание **18 hold your nose** to close your nose with your fingers to avoid smelling something unpleasant зажимать нос → See also hold your **own**[1]

PHRASAL VERBS **hold sth against sb** to like someone less because they have done something wrong or behaved badly ставить что-либо в вину кому-либо *It was his mistake, but I won't hold it against him.* • **hold sb/sth back 1** to prevent someone or something from moving forward удерживать, сдерживать (толпу и т. д.) *The police held back the protesters.* **2** to prevent someone or something from making progress мешать *She felt that having children would hold her back.* • **hold sth back 1** to stop yourself showing an emotion сдерживать (слезы и т. д.) *She couldn't hold back the tears.* **2** to not give information to someone утаивать • **hold sth/sb down 1** to stop someone moving or escaping не давать вырваться, держать *It took three officers to hold down the suspect.* **2** to keep the cost of something at a low level не допускать роста, удерживать (цены и т. д.) *to hold down prices/wages* **3 hold down a job** to keep a job удерживать, сохранять *It's difficult for mothers to hold down a full-time job.* • **hold off (sth/doing sth)** to wait before doing something откладывать *They are holding off making a decision until next week.* • **hold on** informal **1** (B1) to wait ждать *Hold on! I'll just check my diary.* **2** to hold something or someone firmly with your hands or arms держаться, ухватиться *Hold on tight!* • **hold onto sth/sb** to hold something or someone firmly with your hands or arms держаться, ухватиться *Hold onto the rope and don't let go.* • **hold onto/on to sth** to keep something you have удерживать *It was a tough election, but they held onto their majority.* • **hold sth out** to move your hand or an object in your hand towards someone протягивать *She held out her glass for some more wine.* • **hold out 1** If a supply of food or money holds out, you have enough for a particular period of time. хватать, быть достаточным **2** to continue to defend yourself against an attack держаться, не сдаваться *The city is still **holding out against** rebel troops.* • **hold out for sth** to wait until you get what you want выжидать *I decided to hold out for a better offer.* • **hold sth up** to prevent something from falling down поддерживать, подпирать *The tent was held up by ropes.* • **hold sth/sb up** (B1) to make something or someone slow or late задерживать *Sorry I'm late. I got held up in traffic.* • **hold up sth** to try to steal money from a bank, shop, or vehicle using force грабить

hold[2] /həʊld/ **noun 1** [C] (B2) when you hold something or someone, or the way you do this удерживание, захват ***Keep** a tight **hold on** your tickets.* **2 catch/grab/take, etc hold of sth/sb** (B2) to start holding something or someone хватать, хвататься за что-либо *He tried to escape, but I grabbed hold of his jacket.* **3 get hold of sth/sb** (B2) to obtain something, or to manage to speak to someone доставать, добывать что-либо, застать кого-либо (чтобы поговорить) *I got hold of a copy at the local library.* ◦ *I rang three times, but couldn't get hold of her.* **4 on hold a** If a plan or activity is on hold, it will not be done until a later time. приостановленный, замороженный *The project is on hold until we get more money.* **b** waiting to speak to someone on the telephone ожидание (ответа по телефону) *His secretary **put** me **on hold**.* **5 keep hold of sth** to keep something хранить, сохранять *Keep hold of this. You might need it later.* **6 hold on/over sth/sb** power or control over something or someone влияние, власть *Their company has a strong hold on the computer market.* **7** [C] an area on a ship or aircraft for storing things трюм грузовой отсек *a cargo hold* → See also get (hold of) the wrong **end**[1] of the stick

holdall /ˈhəʊldɔːl/ **noun** [C] UK (US **carryall**) a large bag for carrying clothes большая сумка для вещей → See picture at **luggage**

holder /ˈhəʊldəʳ/ **noun** [C] someone who officially owns something обладатель, держатель *the world record holder* ◦ *passport holders* → See also **title-holder**

holding /ˈhəʊldɪŋ/ **noun** [C] part of a company which someone owns акции

hold-up UK (US **holdup**) /ˈhəʊldʌp/ **noun** [C] **1** something that slows you down or makes you late затор, пробка *There were several hold-ups on the motorway.* **2** when someone steals money from a bank, shop, or vehicle using force вооруженное нападение, налет

hole[1] /həʊl/ **noun 1** [C] (B1) a hollow space in something, or an opening in a surface дыра, отверстие, яма *a bullet hole* ◦ *There's a **hole in** the roof.* ◦ *We **dug** a **hole** to plant the tree.* **2 rabbit/mouse, etc hole** a hollow space where a rabbit/mouse, etc lives кроличья/мышиная и т. д. нора **3** a small, hollow space in the ground that you try to hit a ball into in a game of golf **лунка (в гольфе)**

> **Слова-партнеры к hole**
> dig/fill/make a hole • a hole **in** sth • a **deep** hole

hole² /həʊl/ **verb**
PHRASAL VERB **hole up** (also **be holed up**) informal to stay or hide somewhere **прятаться, скрываться**

holiday¹ /ˈhɒlədeɪ/ **noun** **1** [C, U] UK (US **vacation**) A1 a time when you do not have to go to work or school **отпуск, каникулы** *My aunt looks after us during the* ***school holidays***. **2** [C, U] UK (US **vacation**) A1 a long visit to a place away from where you live, for pleasure **отдых, поездка в отпуск** *a skiing/walking holiday* ◦ *Are you* ***going on holiday*** *this year?* **3** [C] A1 an official day when you do not have to go to school or work **праздник, нерабочий день** *a* ***public holiday*** → See also **bank holiday**, **federal holiday**, **national holiday**, **package holiday** → See **summer holiday**

> **Слова-партнеры к holiday**
> book/go on/have a holiday • a summer holiday • be on holiday

holiday² /ˈhɒlədeɪ/ **verb** [I] UK (US **vacation**) to have your holiday somewhere **проводить отпуск** *We usually holiday in Spain.*

holidaymaker /ˈhɒlədeɪˌmeɪkəʳ/ **noun** [C] UK someone who is away from home on holiday **отдыхающий, курортник**

holiness /ˈhəʊlɪnəs/ **noun** [U] the quality of being holy **святость**

holistic /həʊˈlɪstɪk/ **adjective** dealing with or treating the whole of something or someone and not just some parts **целостный, глобальный**

holler /ˈhɒləʳ/ **verb** [I] US informal to shout or call loudly **вопить, громко окликать**
• **holler** noun [C] **крик, окрик**

hollow¹ /ˈhɒləʊ/ **adjective** **1** having a hole or empty space inside **полый, пустой** *a hollow shell/tube* → See picture at **flat** **2** without meaning or real feeling **бессмысленный, неискренний** *a* ***hollow victory*** ◦ *a* ***hollow laugh*** **3** **hollow cheeks/eyes** If someone has hollow cheeks/eyes, their face seems to curve in around these areas. **впалые щеки/ввалившиеся глаза**

hollow

hollow² /ˈhɒləʊ/ **noun** [C] a hole or empty space in something, or a low area in a surface **полость, низина**

hollow³ /ˈhɒləʊ/ **verb**
PHRASAL VERB **hollow sth out** to make an empty space inside something **выдалбливать**

holly /ˈhɒli/ **noun** [U] a green bush with sharp, pointed leaves and small, red fruit **остролист**

Hollywood /ˈhɒliwʊd/ **noun** the centre of the US film industry **Голливуд**

holocaust /ˈhɒləkɔːst/ **noun** [C] when a very large number of people are killed and things destroyed, such as in a war or fire **массовое уничтожение, гибель** *a nuclear holocaust*

hologram /ˈhɒləgræm/ **noun** [C] a photograph or image which appears to be solid and have depth when light shines on it in a particular way **голограмма**

holster /ˈhəʊlstəʳ/ **noun** [C] a leather container for carrying a gun on your body **кобура**

holy /ˈhəʊli/ **adjective** **1** relating to a religion or a god **святой, священный** *the holy city of Jerusalem* **2** very religious or pure **святой** *a holy man*

homage /ˈhɒmɪdʒ/ **noun** **pay homage to sb** to show your respect for someone, especially by praising them in public **свидетельствовать почтение** *Fans paid homage to the actress who died yesterday.*

home¹ /həʊm/ **noun** **1** [C, U] A1 the place where you live or feel you belong **дом, семья** *I tried to ring him, but he wasn't* ***at home***. ◦ *He* ***left home*** *(= stopped living with his family) when he was eighteen.* **2** [C] a place where people who need special care live **приют (для сирот, престарелых и т. д.)** *a* ***children's home*** ◦ *My grandmother lives in a home now.* **3** **feel at home** B1 to feel happy and confident in a place or situation **чувствовать себя свободно, освоиться** *After a month she felt at home in her new job.* **4** **make yourself at home** to behave in a relaxed way in a place, as if it was your own home **чувствуйте себя как дома** *Take off your coat and make yourself at home.* **5** **the home of sth/sb** the place where you usually find something or someone, or where they come from **родина, место зарождения или возникновения** *France, the home of good food* → See also **nursing home**, **stately home**

> **Слова-партнеры к home**
> go home • be at home

home² /həʊm/ **adverb** **1** A2 to the place where you live **домой** *He didn't* ***come home*** *until midnight.* ◦ *I* ***went home*** *to visit my parents.* **2** at or in the place someone lives **дома** *Will you be home tomorrow evening?*

home³ /həʊm/ **adjective** **1** **sb's home address/phone number, etc** an address/telephone number, etc for the place where someone lives **домашний адрес/телефон и т. д.** **2** made or used in the place where someone lives **домашний** ***home cooking*** ◦ *a home computer* **3** relating to the place where a sporting event happens **местный, относящийся к хозяевам поля** *The home team won 2-0.* **4** relating to things in your own country **внутренний** *home affairs*

home[4] /həʊm/ **verb**

PHRASAL VERB **home in on sth/sb** to give a lot of attention to something or someone **сосредотачивать внимание на чем-либо/ком-либо** *The report only homes in on the negative points.*

homeboy /ˈhəʊmbɔɪ/ **noun** [C] (also **homey**) mainly US informal a boy or man who is a close friend or who is from your own town **земляк**

homecoming /ˈhəʊmˌkʌmɪŋ/ **noun** [C, U] when someone returns home, usually after being away for a long time **возвращение домой**

ˌhome ecoˈnomics **noun** [U] a school subject in which you learn how to cook and sew **домоводство**

home-grown /ˌhəʊmˈgrəʊn/ **adjective 1** from your own garden **домашний, со своего огорода** *home-grown vegetables* **2** If someone or something is home-grown, they belong to or were developed in your own country. **отечественный** *Our football team has many home-grown players.*

homeland /ˈhəʊmlænd/ **noun** [C] the country where you were born **родина**

homeless /ˈhəʊmləs/ **adjective** without a place to live **бездомный** *10,000 people were made homeless by the floods.* ◦ *They're opening a new shelter for* ***the homeless****.*

• **homelessness noun** [U] **бездомность**

homely /ˈhəʊmli/ **adjective 1** UK A homely place is simple, but comfortable and pleasant. **уютный, домашний** *It's a small restaurant with a homely atmosphere.* **2** US Someone who is homely is not very attractive. **невзрачный, некрасивый**

homemade (also UK **home-made**) /ˌhəʊmˈmeɪd/ **adjective** made at home and not bought from a shop **домашнего изготовления** *homemade bread/cookies*

homeopathy /ˌhəʊmiˈɒpəθi/ **noun** [U] a way of treating illnesses using very small amounts of natural substances **гомеопатия**

• **homeopathic** /ˌhəʊmiəʊˈpæθɪk/ **adjective** **гомеопатический** *a* ***homeopathic remedy***

homeowner /ˈhəʊmˌəʊnəʳ/ **noun** [C] someone who owns the house that they live in **домовладелец**

ˈhome ˌpage **noun** [C] the first page that you see when you look at a website on the Internet **домашняя страничка (первая страница сайта)** → See Study Page **The Web and the Internet** on page Centre 36

ˌhome ˈshopping **noun** [U] when someone buys goods from a magazine, a television programme, or a website **"домашний магазин" (покупки по каталогу, с телевизионной программы, с веб-сайта)**

homesick /ˈhəʊmsɪk/ **adjective** feeling sad because you are away from your home **тоскующий по дому**

• **homesickness noun** [U] **тоска по дому, ностальгия**

homestead /ˈhəʊmsted/ **noun** [C] mainly US a house and area of land usually used as a farm **усадьба, ферма**

hometown US (UK/US ˌ**home** ˈ**town**) /ˌhəʊmˈtaʊn/ **noun** [C] the town or city that you come from **родной город**

homeward /ˈhəʊmwəd/ **adjective, adverb** towards home **домой, к дому** *the* ***homeward journey***

homework /ˈhəʊmwɜːk/ **noun** [U] **1** (A1) work which teachers give students to do at home **домашнее задание, уроки** *Have you* ***done*** *your* ***homework*** *yet?* **2 do your homework** to prepare carefully for a situation **тщательно готовиться** *It was clear that she had done her homework before the meeting.*

homey[1] /ˈhəʊmi/ **adjective** US (UK **homely**) A homey place is simple, but comfortable and pleasant. **домашний, уютный**

homey[2] /ˈhəʊmi/ **noun** [C] (also **homeboy**) mainly US informal a boy or man who is a close friend or who is from your own town **земляк**

homicide /ˈhɒmɪsaɪd/ **noun** [C, U] US the crime of killing someone **убийство** *There were over 400 homicides in Chicago last year.*

• **homicidal** /ˌhɒmɪˈsaɪdᵊl/ **adjective** likely to murder someone **одержимый мыслью об убийстве** *a* ***homicidal maniac***

homogeneous /ˌhɒməˈdʒiːniəs/, /ˌhəʊməˈdʒiːniəs/ **adjective** formal consisting of parts or members that are all the same **однородный** *The village was a fairly homogeneous community*

homophobia /ˌhəʊməˈfəʊbiə/ **noun** [U] hate of homosexual people **ненависть к гомосексуалистам, гомофобия**

• **homophobic adjective** hating homosexual people **ненавидящий гомосексуалистов**

homosexual /ˌhəʊməˈsekʃuᵊl/ **adjective** sexually attracted to people of the same sex **гомосексуальный**

• **homosexual noun** [C] someone who is homosexual **гомосексуалист** • **homosexuality** /ˌhəʊməʊˌsekʃuˈæləti/ **noun** [U] the fact of being homosexual **гомосексуальность**

hone /həʊn/ **verb** [T] to improve something and make it perfect **оттачивать, улучшать** *This is an opportunity for you to* ***hone*** *your* ***skills****.*

honest /ˈɒnɪst/ **adjective 1** (B1) sincere and telling the truth **откровенный, правдивый** *If you want my* ***honest opinion****, I think your hair looks awful.* **2** (B1) not likely to lie, cheat, or steal **честный** *an honest man* → Opposite **dishonest** **3 to be honest** informal (B1) used to express your real opinion **честно говоря** *To be honest, I didn't really enjoy the party.*

honestly /ˈɒnɪstli/ **adverb 1** B1 used to emphasize that you are telling the truth **в самом деле** *Thanks, but I honestly couldn't eat another piece of cake.* **2** B2 in an honest way **честно 3** used to show that you are annoyed or do not approve of something **ну в самом деле!** *Honestly! He should have been here hours ago.*

honesty /ˈɒnɪsti/ **noun 1** B2 [U] the quality of being honest **честность 2 in all honesty** used when you are saying what you really think or feel about something **откровенно говоря** *In all honesty, I'd rather not go.* → Opposite **dishonesty**

honey /ˈhʌni/ **noun 1** [U] A2 a sweet, sticky food that is made by bees **мед** → See **Food** on page Centre 11 **2** [C] mainly US a name that you call someone you love or like very much **дорогой/дорогая (при обращении к близким)**

honeymoon /ˈhʌnimu:n/ **noun** [C] B1 a holiday taken by two people who have just got married **медовый месяц** *We went to Paris* ***on*** *our* ***honeymoon.***

• **honeymooner noun** [C] **новобрачный**

> Слова-партнеры к **honeymoon**
>
> be on (your) honeymoon • a honeymoon couple

honk /hɒŋk/ **verb** [I, T] to make a short sound with your car's horn (= part you press to make a warning noise) **сигналить, гудеть** *The lorry driver* ***honked*** *his* ***horn*** *at me.*

honor /ˈɒnəʳ/ **noun, verb** US spelling of honour **см. honour**

honorable /ˈhɒnᵊrəbl/ **adjective** US spelling of honourable **благородный, честный**

honorary /ˈɒnᵊrəri/ **adjective 1** given as a reward to show respect **почетный** *He was given an* ***honorary degree*** *from Cambridge University.* **2** If you have an honorary job, you are not paid for it. **почетный, неоплачиваемый** *the honorary chairman*

honour¹ UK (US **honor**) /ˈɒnəʳ/ **noun 1** [U] B2 when people respect you because you have done what you believe is honest and right, or the quality of doing this **честь** *a man of honour* ◦ *The soldiers fought for the honour of their country.* → Opposite **dishonour 2 in honour of sb/sth** B2 in order to celebrate or show great respect for someone or something **в честь кого-либо/чего-либо** *a banquet in honour of the President* **3** [no plural] B2 something which makes you feel proud and pleased **честь, почет** [+ to do sth] *It's an honour to be team captain.* ◦ [+ of + doing sth] *I had the great honour of meeting the King.* **4** [C] something that you give to someone in public to show respect for them and their achievements **почесть, знак уважения** *She was granted the Order of Merit – one of the nation's highest honours.* **5 Her/His/Your Honour** used when you are speaking to or about a judge **ее/его/ваша честь 6 honours** A qualification or university course with honours is of a very high level. **диплом с отличием** *an honours degree*

honour² UK (US **honor**) /ˈɒnəʳ/ **verb 1** [T] to show great respect for someone or something, usually in public **почитать, чтить, удостаивать** [often passive] *He was* ***honoured for*** *his bravery.* ◦ *She was* ***honoured with*** *an Oscar.* **2 honour an agreement/contract/promise, etc** to do what you agreed or promised to do **соблюдать соглашение/контракт/выполнять обещание и т. д.** → Opposite **dishonour**

honourable /ˈɒnᵊrəbl/ **adjective** UK **1** (US **honorable**) honest and fair, or deserving praise and respect **благородный, честный** *a decent, honourable man* → Opposite **dishonourable 2 the Honourable a** a title used before the name of some important government officials **достопочтенный b** a title used in the UK before the name of certain people of high social rank **достопочтенный (титул некоторых высокопоставленных лиц в Великобритании)**

• **honourably adverb благородно**

hood /hʊd/ **noun** [C] **1** B2 a part of a coat or jacket that covers your head and neck **капюшон** *a waterproof jacket with a hood* → See **Clothes** on page Centre 8 **2** US (UK **bonnet**) the metal part that covers a car engine **капот** → See **Car** on page Centre 7

hooded /ˈhʊdɪd/ **adjective** having or wearing a hood **с капюшоном, закрытый капюшоном** *a hooded sweatshirt* ◦ *hooded figures*

hoodie (also **hoody**) /ˈhʊdi/ **noun** [C] a sweatshirt (= a piece of clothing made of soft cotton which covers the top of your body) with a hood (= part which covers your head) **трикотажная кофта на молнии и с капюшоном** → See **Clothes** on page Centre 8

hoof /hu:f/ **noun** [C] (plural **hooves**, **hoofs**) the hard part on the foot of a horse and some other large animals **копыто**

hook¹ /hʊk/ **noun 1** B2 [C] a curved piece of metal or plastic used for hanging something on, or a similar object used for catching fish **крючок** *His coat was hanging from a hook on the door.* **2 off the hook** If a telephone is off the hook, the part you speak into is not in its correct position, so the telephone will not ring. **быть снятым (о трубке телефона) 3 a left/right hook** when you hit someone hard with your left/right hand **хук слева/справа**

IDIOM **get/let sb off the hook** informal to allow someone to escape from a difficult situation or to avoid doing something that they do not want to do **избавляться или избавлять кого-либо от неприятностей**

hook² /hʊk/ **verb 1** [T] to fasten something with a hook, hang something on a hook, or catch

something with a hook **застегивать, вешать, ловить что-либо на крючок** **2 be/get hooked on sth a** B2 to like or start to like doing something very much and want to do it all the time **быть помешанным на чем-либо** *He's completely hooked on computer games.* **b** If you are hooked on a drug, you cannot stop taking it. **пристраститься к наркотикам**
• **hooked** **adjective** shaped like a hook **крючковатый** *a hooked nose*

PHRASAL VERB **hook sth/sb up** to connect a machine to a power supply or to another machine, or to connect someone to a piece of medical equipment **подсоединять**

hooligan /ˈhuːlɪgən/ **noun** [C] someone who behaves badly or violently and causes damage in a public place **хулиган**
• **hooliganism** **noun** [U] **хулиганство**

hoop /huːp/ **noun** [C] a ring made of metal, plastic, or wood **обруч**

hooray (also **hurrah**) /hʊˈreɪ/ **exclamation** something that you shout when you are happy, excited, etc or when you approve of someone or something **ура!** ***Hip, hip, hooray!***

hoot[1] /huːt/ **noun 1** [C] a short sound made by an owl (= bird) or by a car horn (= warning equipment) **уханье (совы), гудок (автомобиля)** **2 a hoot of laughter** when someone laughs loudly **взрыв смеха** **3** [no plural] informal something or someone that is very funny **умора, смехота** *The film was an absolute hoot.*

hoot[2] /huːt/ **verb 1** [I, T] mainly UK to make a short sound with your car's horn (= part you press to make a warning noise) **гудеть, сигналить** *The van driver hooted his horn impatiently.* **2** [I] If an owl (= bird) hoots, it makes a low 'oo' sound. **ухать (о сове)** **3 hoot with laughter** to laugh a lot very loudly **громко хохотать**

Hoover /ˈhuːvəʳ/ **noun** [C] mainly UK trademark (UK/US **vacuum cleaner**) an electric machine which cleans floors by sucking up dirt **пылесос**
• **hoover** **verb** [I, T] **пылесосить**

hooves /huːvz/ plural of hoof **мн. ч. сущ. hoof**

hop[1] /hɒp/ **verb** [I] (present participle **hopping**, past tense and past participle **hopped**) **1** to jump on one foot or to move about in this way **скакать на одной ноге** **2** If a small animal, bird, or insect hops, it moves by jumping on all of its feet at the same time. **прыгать** *Rabbits were hopping across the field.* **3** informal to go somewhere quickly or get into or out of a vehicle quickly **запрыгивать, выпрыгивать** *to hop on a plane/train*

hop[2] /hɒp/ **noun 1** [C] a short jump, especially on one leg **прыжок (на одной ноге)** **2 a short hop** informal a short journey or distance **короткое путешествие, перелет** *London to Paris is only a short hop by plane.*

hope[1] /həʊp/ **verb 1** A2 [I, T] to want something to happen or be true **надеяться** [+ (that)] *I hope that the bus won't be late.* ◦ *We had* ***hoped for*** *better weather than this.* ◦ *"Do you think it's going to rain?"* ***"I hope not!"*** ◦ *"Is he coming?"* ***"I hope so."*** **2 hope to do sth** B1 to intend to do something **надеяться, намереваться** *Dad hopes to retire next year.*

hope[2] /həʊp/ **noun 1** B1 [C, U] a positive feeling about the future, or something that you want to happen **надежда** *a message full of hope* ◦ *What are your* ***hopes and dreams for*** *the future?* ◦ [+ of + doing sth] *Young people are growing up in our cities without any hope of getting a job.* **2 sb's best/last/only hope** the best/last/only person or thing that can help you and make you succeed **чья-либо основная/последняя/единственная надежда** *Doctors say his only hope is a transplant.* **3 in the hope of/that** because you want something good to happen **в надежде на что-либо** [+ doing sth] *She went to Paris in the hope of improving her French.*

IDIOM **pin your hopes on sb/sth** to hope that someone or something will help you achieve what you want **возлагать надежды на кого-либо/что-либо**

> Слова-партнеры к **hope**
> **bring/give/give up/hold out/lose/offer** hope • **fresh/great/renewed/vain** hope • hope **of** sth/doing sth

hopeful /ˈhəʊpfəl/ **adjective 1** B1 feeling positive about a future event or situation **оптимистический, надеющийся** *Many teenagers do not feel* ***hopeful about*** *the future.* ◦ [+ (that)] *Police are still hopeful that they will find the missing family.* **2** If something is hopeful, it makes you feel that what you want to happen will happen. **обнадеживающий** *There are* ***hopeful signs*** *that she will make a full recovery.*
• **hopefulness** **noun** [U] **оптимизм, надежда** • **hopeful** **noun** [C] someone who hopes to succeed, especially in the entertainment business **начинающий** *a* ***young hopeful***

hopefully /ˈhəʊpfəli/ **adverb 1** B1 used, often at the start of a sentence, to express what you would like to happen **надо надеяться ..., я надеюсь ...** *Hopefully it won't rain.* **2** B2 in a hopeful way **с надеждой** *"Are there any tickets left?" she asked hopefully.*

hopeless /ˈhəʊpləs/ **adjective 1** B1 very bad and not likely to succeed or improve **безнадежный, безысходный** *a* ***hopeless situation*** ◦ *They searched for survivors, but it was hopeless.* **2** B2 very bad at a particular activity **ужасный, безнадежный** *Dad's a hopeless cook.* ◦ *I'm* ***hopeless at*** *sports.* **3** B1 feeling no hope **утративший надежду, отчаявшийся** *She was depressed and felt totally hopeless about the future.*
• **hopelessness** **noun** [U] **безнадежность, отчаяние**

hopelessly /ˈhəʊpləsli/ **adverb** extremely, or in a way that makes you lose hope **безнадежно**

hopelessly lost ◦ *They met at university and fell* ***hopelessly in love.***

hops /hɒps/ **noun** [plural] the flowers of a plant that are used to make beer **хмель**

horde /hɔːd/ **noun** [C] a large group of people **полчище, орда** *There was a* ***horde of*** *tourists outside Buckingham Palace.*

horizon /həˈraɪzᵊn/ **noun 1** [C] the line in the distance where the sky seems to touch the land or sea **горизонт 2 broaden/expand/widen your horizons** to increase the number of things that you know about, have experienced, or can do **расширять кругозор** *Travelling certainly broadens your horizons.*

IDIOM **on the horizon** likely to happen soon **в перспективе, в ближайшем будущем** *Economic recovery is on the horizon.*

horizontal/vertical

horizontal /ˌhɒrɪˈzɒntᵊl/ **adjective** level and flat, or parallel to the ground or to the bottom of a page **горизонтальный** *a horizontal line/ stripe*

• **horizontally adverb горизонтально**

hormone /ˈhɔːməʊn/ **noun** [C] one of several chemicals produced in your body that influence its growth and development **гормон**

• **hormonal** /hɔːˈməʊnᵊl/ **adjective гормональный** *a* ***hormonal imbalance***

horn /hɔːn/ **noun** [C] **1** one of the two hard, pointed growths on the heads of cows, goats, and some other animals **рог 2** B2 a piece of equipment used to make a loud sound as a warning or signal **гудок, клаксон** *a car horn* ◦ *The taxi driver* ***hooted*** *his* ***horn.*** **3** a curved musical instrument that you blow into to make a sound **рог, рожок, горн, духовой музыкальный инструмент** *the French horn*

horoscope /ˈhɒrəskəʊp/ **noun** [C] a description of what someone is like and what might happen to them in the future, based on the position of the stars and planets when they were born **гороскоп**

horrendous /hərˈendəs/ **adjective** extremely unpleasant or bad **ужасный, ужасающий** *She suffered horrendous injuries in the accident.*

• **horrendously adverb** extremely or extremely badly **ужасно, ужасающе** *horrendously expensive*

horrible /ˈhɒrəbl/ **adjective** A2 very unpleasant or bad **ужасный, отвратительный** *What's that horrible smell?* ◦ *That was a horrible thing to say to your sister.*

• **horribly adverb** extremely, or in a very bad or unpleasant way **ужасно, отвратительно** *His plan went horribly wrong.*

horrid /ˈhɒrɪd/ **adjective** very unpleasant or unkind **противный, неприятный**

horrific /hɒrˈɪfɪk/ **adjective** very bad and shocking **ужасающий** *a* ***horrific accident/crime*** ◦ ***horrific injuries***

• **horrifically adverb ужасающе**

horrify /ˈhɒrɪfaɪ/ **verb** [T] to make someone feel very shocked **ужасать** [often passive] *I was horrified to hear about your accident.*

• **horrifying adjective ужасающий, приводящий в ужас**

horror /ˈhɒrəʳ/ **noun 1** B2 [C, U] a strong feeling of shock or fear, or something that makes you feel shocked or afraid **ужас** *She watched* ***in horror*** *as the car skidded across the road.* **2 a horror film/movie/story** B1 a film or story that entertains people by shocking or frightening them **фильм/роман ужасов**

horse /hɔːs/ **noun** [C] A1 a large animal with four legs, which people ride or use to pull heavy things **лошадь**

horseback /ˈhɔːsbæk/ **noun 1 on horseback** riding a horse **верхом** *police on horseback* **2 horseback riding** US (UK **horse riding**) the sport or activity of riding a horse **верховая езда** → See **Sports 1** on page Centre 14

ˌhorse ˈchestnut noun [C] a tree that produces shiny, brown nuts in thick, green shells with sharp points, or one of these nuts **конский каштан**

horse-drawn /ˈhɔːsdrɔːn/ **adjective** [always before noun] A horse-drawn vehicle is pulled by a horse. **на конной тяге, гужевой**

horseman, horsewoman /ˈhɔːsmən/, /ˈhɔːsˌwʊmən/ **noun** [C] (plural **horsemen, horsewomen**) a man/woman who rides horses well **наездник, наездница**

horsepower /ˈhɔːsˌpaʊəʳ/ **noun** [U] (written abbreviation **hp**) a unit for measuring the power of an engine **лошадиная сила**

ˈhorse ˌracing noun [U] the sport where people race on horses, usually to win money **скачки, бега**

ˈhorse ˌriding noun [U] UK (US **ˈhorseback ˌriding**) the sport or activity of riding a horse **конный спорт** → See **Sports 1** on page Centre 14

horseshoe /ˈhɔːsʃuː/ **noun** [C] a U-shaped piece of metal that is nailed to a horse's foot **подкова**

horticulture /ˈhɔːtɪkʌltʃəʳ/ **noun** [U] the study or activity of growing plants **садоводство**

• **horticultural** /ˌhɔːtɪˈkʌltʃᵊrᵊl/ **adjective** relating to gardening **садоводческий**

hose /həʊz/ **noun 1** [C] (also UK **hosepipe** /ˈhəʊzpaɪp/) a long pipe made of rubber or plastic and used for directing water somewhere, usually onto a garden or fire **шланг 2** [plural] (also **pantyhose**) US a piece of women's clothing made of very thin material that covers the legs and bottom **колготки**

hospice /ˈhɒspɪs/ **noun** [C] a place where people who are dying live and are cared for **хоспис, больница для безнадежных пациентов**

hospitable /hɒsˈpɪtəbl/ **adjective** A hospitable person or place is friendly, pleasant, and welcomes visitors. **гостеприимный**

hospital /ˈhɒspɪtᵊl/ **noun** [C, U] A1 a place where ill or injured people go to be treated by doctors and nurses **больница** *He was* UK *in hospital*/US *in the hospital for two weeks.*

> **Слова-партнеры к hospital**
>
> be **admitted to/discharged from** hospital • be **in/in the** hospital

hospitalize (also UK **-ise**) /ˈhɒspɪtᵊlaɪz/ **verb** [T] to take someone to hospital and keep them there for treatment **госпитализировать** [often passive] *My wife was often hospitalized for depression.*

host¹ /həʊst/ **noun 1** [C] B2 someone who organizes a party and invites the guests **хозяин (по отношению к гостю) 2** [C] someone who introduces the guests on a radio or television programme **ведущий (передачи)** *a* ***talk show host*** **3** [C] a country or city that provides the place and equipment for an organized event **принимающая страна** *Australia* ***played host to*** *the Olympics in 2000.* **4** a company that hosts websites on the Internet **компания, владеющая веб-сайтами в Интернете 5 a host of sth** a large number of people or things **множество, уйма** *I've got a whole host of questions to ask you.*

host² /həʊst/ **verb** [T] **1** to be the host of an event **принимать гостей** *to* ***host*** *a* ***party/dinner*** **2** to provide the computer equipment and programs that allow a website to operate on the Internet **предоставлять компьютерное и программное обеспечение, необходимое для функционирования веб-сайта**

hostage /ˈhɒstɪdʒ/ **noun 1** [C] someone who is kept as a prisoner and may be hurt or killed in order to force other people to do something **заложник 2 take/hold sb hostage** to catch or keep someone as a prisoner **захватывать/держать в качестве заложников** *Two tourists were held hostage by terrorists.*

hostel /ˈhɒstᵊl/ **noun** [C] B1 a place like a cheap hotel, where you can live when you are away from home or have no home **недорогая гостиница, общежитие** *a hostel for the homeless* ◦ *a* ***student hostel*** → See also **youth hostel**

hostess /ˈhəʊstɪs/ **noun** [C] **1** a woman who organizes a party and invites the guests **хозяйка (по отношению к гостю) 2** a woman who introduces the guests on a television programme **ведущая (передачи)** → See also **air hostess**

hostile /ˈhɒstaɪl/ **adjective 1** unfriendly and not liking or agreeing with something **враждебный** *Some politicians were very* ***hostile to*** *the idea.* **2** unpleasant or not suitable for living or growing **неблагоприятный** *a hostile climate*

hostility /hɒsˈtɪləti/ **noun 1** [U] unfriendly, angry behaviour that shows that you dislike someone **враждебность** ***hostility towards*** *outsiders* **2** [U] when you strongly disagree with something or someone **неприязнь** *There is still open* ***hostility to*** *the idea.* **3 hostilities** [plural] formal fighting in a war **военные действия**

> **Слова-партнеры к hostility**
>
> **arouse/provoke** hostility • **open** hostility • hostility **to/towards** sb

hot¹ /hɒt/ **adjective** (**hotter**, **hottest**) **1** A1 having a high temperature **жаркий, горячий** *a hot summer's day* ◦ *a hot drink/meal* ◦ *I'm too hot in this jacket.* **2** B1 Hot food contains strong spices which cause a burning feeling in your mouth. **острый (о еде)** *Be careful. The chilli sauce is very hot.* **3** informal exciting or interesting **популярный, пользующийся успехом** *Hollywood's hottest new actress* **4 a hot issue/topic** a subject which people discuss and have strong feelings about **злободневный вопрос** *The legalization of drugs is a hot topic.* → See also **piping hot**, **red-hot**

hot² /hɒt/ **verb** (present participle **hotting**, past tense and past participle **hotted**)

PHRASAL VERB **hot up** UK informal If a situation or event hots up, it becomes more exciting and more things start to happen. **активизироваться, усиливаться**

hot-ˈair balˌloon noun [C] a very large balloon filled with hot air, that has a container below it where people can travel **воздушный шар** → See picture at **balloon**

hotbed /ˈhɒtbed/ **noun** [C] a place where there is a lot of a particular activity, usually something bad **рассадник, очаг** *The government was* ***a hotbed of*** *corruption.*

ˌhot ˈchocolate noun [C, U] a hot, sweet drink with a chocolate flavour **горячий шоколад, какао**

ˈhot ˌdog noun [C] a cooked sausage (= tube of meat and spices) that you usually eat inside bread **булочка с горячей сосиской**

hotel /həʊˈtel/ **noun** [C] A1 a place where you pay to stay when you are away from home **гостиница, отель** *We spent our honeymoon in a luxury* ***hotel.*** ◦ *a* ***hotel room***

> **Слова-партнеры к hotel**
> at/in a hotel • a hotel **guest/room** • a **luxury** hotel

hotelier /həʊˈteliɪ/ (US) /həʊˈtəljər/ **noun** [C] someone who owns or is in charge of a hotel **хозяин гостиницы, отеля**

hotline /ˈhɒtlaɪn/ **noun** [C] a telephone number that you can ring for help or information **горячая линия, телефон доверия** *Ring our 24-hour hotline for advice.*

hotly /ˈhɒtli/ **adverb 1** in an angry or excited way **резко, горячо** *He **hotly denied** the rumours.* **2 hotly contested** If a race, election, or other competition is hotly contested, everyone is trying very hard to win it. **проходящий в ожесточенной борьбе**

hot-ˈwater bottle noun [C] a flat, rubber container that you fill with hot water to keep you warm **грелка**

hound¹ /haʊnd/ **noun** [C] a dog that is used when people hunt animals **охотничья собака, гончая**

hound² /haʊnd/ **verb** [T] to follow someone and annoy them by asking questions or taking photographs **преследовать** [often passive] *She is always being hounded by photographers.*

hour /aʊəʳ/ **noun 1** [C] (A1) a period of time equal to 60 minutes **час** *half an hour* ◦ *It's a six-hour flight.* ◦ *The job pays $5 an hour.* **2** [C] the period of time when a particular activity happens or when a shop or public building is open **час, время** [usually plural] ***working hours*** ◦ *Our **opening hours** are from 8 to 6.* ◦ *I've got to go to the bank* UK *in my **lunch hour**/*US *on my **lunch hour**.* **3 hours** informal (B1) a long time **долго, часами** *I **spent hours** doing my homework.* **4 the hour** the point when a new hour begins **начало часа** *The train leaves at two minutes past the hour.* ◦ *My watch beeps **on the hour**.* **5 all hours** very late at night, until early morning, or almost all the time **очень поздно, до рассвета** *Our neighbours are up till all hours every night, playing loud music.* **6 the early/small hours** the hours between midnight and the time that the sun rises **предрассветные часы** → See also **rush hour**

hourly /ˈaʊəli/ **adjective, adverb 1** (B2) happening every hour **ежечасный, ежечасно** *There is an hourly bus service.* **2** (B2) for each hour **почасовой, за каждый час** *an hourly rate/wage*

house¹ /haʊs/ **noun** (plural **houses** /ˈhaʊzɪz/) **1** [C] (A1) a building where people live, usually one family or group **дом** *a three-bedroomed house* ◦ *We went to my aunt's house for dinner.* **2** [no plural] the people who live in a house **домочадцы** *The baby's screaming woke the **whole house** up.* **3** [C] the place where a particular business or activity happens **здание, помещение, заведение, фирма** *an opera house* ◦ *a publishing house* **4 the House** a group of people which makes a country's laws, or the place where they meet **палата (парламента)** *the House of Commons/Representatives* ◦ *The House voted on the proposals.* **5** [C] the people watching a performance or the area where they sit **зрители, аудитория** [usually singular] *The actors played to a **full house**.*

IDIOM **on the house** If food or drink is on the house in a bar or restaurant, it is free. **за счет заведения, бесплатно**

→ See also **boarding house**, **full house**, **row house**, **terraced house**, **the White House**

> **Слова-партнеры к house**
> build/buy/rent/sell a house • a **detached/semi-detached/terraced** house

house² /haʊz/ **verb** [T] **1** to give a person or animal a place to live **обеспечивать жильем** *This development will house over 100 families.* **2** to provide space for something **содержать, вмещать** *The museum houses a huge collection of paintings.*

ˌhouse arˈrest noun under house arrest when you are kept as a prisoner in your own home **под домашним арестом**

houseboat /ˈhaʊsbəʊt/ **noun** [C] a boat that people can live on **плавучий дом**

housebound /ˈhaʊsbaʊnd/ **adjective** unable to leave your home because you are too ill or old **прикованный к дому**

household¹ /ˈhaʊshəʊld/ **noun** [C] (B2) a family or group of people who live together in a house **семья, домочадцы** *Many households own more than one television.*

household² /ˈhaʊshəʊld/ **adjective 1** [always before noun] connected with or belonging to a home **домашний, бытовой** ***household bills/expenses*** ◦ ***household products/goods*** **2 a household name** someone or something that everyone knows **общеизвестная личность** *Her TV roles made her a household name in the UK.*

householder /ˈhaʊshəʊldəʳ/ **noun** [C] UK someone who owns or rents a house **домовладелец, съемщик дома**

ˈhouse ˌhusband noun [C] a man who takes care of the house and children while his wife or partner earns money for the family **мужчина, занимающийся домашним хозяйством и детьми в то время, как его жена зарабатывает деньги на содержание семьи**

housekeeper /ˈhaʊsˌkiːpəʳ/ **noun** [C] someone who is paid to clean and cook in someone else's house **домработница**

housekeeping /ˈhaʊsˌkiːpɪŋ/ **noun** [U] the cleaning and cooking that you do in your home **домашнее хозяйство**

ˈhouse ˌ(music) noun [U] a type of electronic pop music with a strong beat for dancing **хаус (стиль музыки)**

ˌ**House of ˈCommons** **noun** [no plural] one of the two parts of the British parliament, with elected members who make laws **Палата общин**

ˌ**House of ˈLords** **noun** [no plural] one of the two parts of the British parliament, with members who are chosen by the government **Палата лордов**

ˌ**House of Repreˈsentatives** **noun** [no plural] a group of politicians elected by people in the US to make laws **Палата представителей**

ˌ**Houses of ˈParliament** **noun** [plural] the House of Commons and the House of Lords, or the building in London where they meet **палаты парламента, здание парламента**

H

ˈ**houseˌwarming** **noun** [C] a party to celebrate moving into a new house **новоселье**

housewife /ˈhaʊswaɪf/ **noun** [C] (plural **housewives** /ˈhaʊswaɪvz/) A2 a woman who stays at home to cook, clean, and take care of her family **домохозяйка**

housework /ˈhaʊswɜːk/ **noun** [U] B1 the work that you do to keep your house clean **работа по дому** *I can't stand **doing housework**.*

housing /ˈhaʊzɪŋ/ **noun** [U] buildings for people to live in **жилье** *a shortage of local housing*

ˈ**housing eˌstate** **noun** [C] UK (US ˈ**housing deˌvelopment**) an area with a large number of houses that were built at the same time **жилой микрорайон**

hover /ˈhɒvəʳ/ **verb** [I] **1** to stay up in the air but without moving anywhere **парить, зависать** *A helicopter hovered overhead.* **2** If you hover, you stand and wait near someone or something. **застыть в ожидании** *A waiter hovered at the table ready to take our order.*

hovercraft /ˈhɒvəkrɑːft/ **noun** [C] a boat that moves across the surface of water or land supported by a large cushion (= soft container) of air **судно на воздушной подушке**

how[1] /haʊ/ **adverb** **1** A2 used to ask about the way something happens or is done **как?** *How did he die?* ◦ *How does she manage to keep the house so tidy?* **2** A1 used to ask about quantity, size, or age **сколько? сколько лет? какого размера? и т. д.** *How big is the house?* ◦ *How old are they?* ◦ *How much (= what price) was that dress?* **3** B1 used before an adjective or adverb to emphasize it **как** *I was amazed at how quickly she finished.* **4** A2 used to ask about someone's health **как?** *How are you feeling today?* **5** B1 used to ask about the success or progress of a situation **как?** *How's everything going?* ◦ *How was the exam?* **6 How are you?** A1 used to ask someone if they are well and happy **как дела?** *"How are you Jane?" – "Oh, not so bad thanks."* **7 How about..?** A2 used to make a suggestion **как насчет ...?** *How about a drink?* ◦ [+ doing sth] *How about going to the cinema?* **8 How come?** informal used to ask about the reason for something, especially when you feel surprised about it **почему?** *"Kate's gone to the party on her own." "How come?"*

IDIOM **How strange/stupid/weird, etc. is that?** said to mean that something is strange/stupid, etc. **Как это странно!/глупо!**

→ See also **know-how**

how[2] /haʊ/ **conjunction** used to talk about the way that something happens or is done **как** [+ to do sth] *I don't know how to turn the video on.*

however[1] /haʊˈevəʳ/ **adverb** **1 however cold/difficult/slowly, etc** B2 used to say that it does not make any difference how cold/difficult/slowly, etc something is or happens **как бы холодно/трудно/медленно и т. д. ни ...** *We're not going to get there in time, however fast we drive.* **2** A2 used when you are about to say something which is surprising compared with what you have just said **однако, тем не менее** *He had always been a successful businessman. Recently, however, things have not been going well for him.* **3** UK used to ask about how something happened when the person asking feels surprised **каким образом?** *However did you manage to persuade her?*

however[2] /haʊˈevəʳ/ **conjunction** in any way **как бы ни** *However you look at it, it's still a mess.* ◦ *You can do it however you like.*

howl /haʊl/ **verb** [I] **1** If a dog or wolf (= wild animal like a dog) howls, it makes a long, sad sound. **выть, завывать** **2** to make a loud sound, usually to express pain, sadness, or another strong emotion **выть (от боли), покатываться (от смеха)** *He **howled in** pain.* ◦ *The audience was **howling with** laughter.* **3** If the wind howls, it blows hard and makes a lot of noise. **завывать (о ветре)**
• **howl noun** [C] **вой, взрыв (хохота)**

hp written abbreviation for horsepower (= a unit for measuring the power of an engine) **лошадиная сила**

HQ /ˌeɪtʃˈkjuː/ **noun** [C, U] abbreviation for headquarters (= the place from where an organization is controlled) **штаб-квартира**

hr written abbreviation for hour **час**

HRH /ˌeɪtʃɑːrˈeɪtʃ/ abbreviation for His/Her Royal Highness: used when speaking to or about a royal person **его/ее королевское высочество**

HTH internet abbreviation for hope this helps: used when you send someone information you think is useful, especially when you answer a question **надеюсь, это поможет (используется при отправлении какой-либо информации, особенно при ответе на заданный вопрос)**

HTML /ˌeɪtʃtiːemˈel/ abbreviation for hypertext markup language: a way of marking text so that it can be seen on the Internet **язык гипертекстовой маркировки**

http /ˌeɪtʃtiːtiːˈpiː/ abbreviation for hypertext transfer protocol: a set of instructions made by a computer program that allows your computer to connect to an Internet document **протокол передачи гипертекстовых документов**

hub /hʌb/ **noun** [C] **1** a place that is the centre of a particular activity **центр деятельности, сердце** [usually singular] *Silicon Valley has become the* ***hub of*** *the electronics industry.* **2** the round part in the centre of a wheel **ступица (колеса)**

huddle¹ /ˈhʌdl/ **verb** [I] (also **huddle together/up**) to move closer to other people, or to hold your arms and legs close to your body, usually because you are cold or frightened **сворачиваться калачиком, прижиматься** *They huddled around the fire to keep warm.*

huddle² /ˈhʌdl/ **noun** [C] a group of people or things that are standing close together **толпа, куча**

hue /hjuː/ **noun** [C] literary a colour **оттенок, тон**

huff¹ /hʌf/ **verb huff and puff** informal to breathe loudly, especially because you have been exercising **пыхтеть, тяжело дышать**

huff² /hʌf/ **noun in a huff** informal angry with someone **рассерженный** *Mum's in a huff because I didn't call yesterday.*

hug¹ /hʌg/ **verb** (present participle **hugging**, past tense and past participle **hugged**) **1** [I, T] (B1) to put your arms around someone and hold them tightly, usually because you love them **обнимать** *They hugged and kissed each other.* **2** [T] to stay very close to the edge of something **держаться чего-либо, прижиматься к чему-либо** *The road hugs the coast for several miles.*

hug

hug² /hʌg/ **noun** [C] (B1) when you put your arms around someone and hold them tightly **объятие** *She* ***gave*** *me a big* ***hug*** *before she left.*

huge /hjuːdʒ/ **adjective** (B1) extremely large **огромный** *a huge house*

hugely /ˈhjuːdʒli/ **adverb** extremely **чрезвычайно** ***hugely popular/successful***

huh /hʌ/ **exclamation** informal used to ask a question, or to express surprise, anger, etc **да? а?** *So, you're leaving, huh?*

hull /hʌl/ **noun** [C] the main part of a ship that is mostly under water **корпус (корабля)**

hullo UK (UK/US **hello**) /həˈləʊ/ **exclamation** **1** used to greet someone **привет! здравствуй(те)!** *Hullo, Chris, how are things?* **2** used to start a conversation on the telephone **алло!** *Hullo, this is Alex.*

hum /hʌm/ **verb** (present participle **humming**, past tense and past participle **hummed**) **1** [I, T] to sing without opening your mouth **напевать, мурлыкать** *She hummed to herself as she walked to school.* **2** [I] to make a continuous, low sound **жужжать, гудеть** *The computers were humming in the background.* **3 be humming** If a place is humming, it is busy and full of activity. **кипеть, быть оживленным**
• **hum noun** [C] a low, continuous sound **гул** *the* ***hum of traffic***

human¹ /ˈhjuːmən/ **adjective** **1** (B1) relating to people or their characteristics **человеческий** *the human body ◦ human behaviour ◦ The accident was caused by* ***human error*** *(= a person's mistake).* **2 be only human** to not be perfect **человеку свойственно ошибаться** *Of course Tom makes mistakes – he's only human.*

human² /ˈhjuːmən/ **noun** [C] (also ˌ**human ˈbeing**) (B1) a man, woman, or child **человек** *The disease affects both humans and animals.*

humane /hjuːˈmeɪn/ **adjective** kind, especially towards people or animals that are suffering **гуманный** *They fought for more humane treatment of prisoners of war.* → Opposite **inhumane**
• **humanely adverb гуманно**

humanism /ˈhjuːmənɪzᵊm/ **noun** [U] a belief system based on human needs and values and not on a god or religion **гуманизм**
• **humanist noun** [C] **гуманист** • **humanistic** /ˌhjuːməˈnɪstɪk/ **adjective гуманистический**

humanitarian /hjuːˌmænɪˈteəriən/ **adjective** connected with improving people's lives and reducing suffering **гуманитарный** *The UN is sending* ***humanitarian aid*** *to the refugees.*

humanities /hjuːˈmænətiz/ **noun** [plural] subjects that you study which are not connected with science, such as literature and history **гуманитарные науки**

humanity /hjuːˈmænəti/ **noun** [U] **1** all people **человечество** *The massacre was a* ***crime against humanity.*** **2** kindness and sympathy towards others **гуманность** → Opposite **inhumanity** **3** the condition of being human **человечность**

humankind /ˌhjuːmənˈkaɪnd/ **noun** [U] all the people in the world **человечество**

humanly /ˈhjuːmənli/ **adverb humanly possible** able to be done by people **в человеческих силах** *Doctors did everything humanly possible to save her life.*

ˌ**human ˈnature noun** [U] feelings, qualities, and behaviour that are typical of most people **человеческая природа** *It's human nature to want to be loved.*

the ˌ**human ˈrace noun** [no plural] all the people in the world **род людской**

ˌ**human reˈsources** UK (US ˌ**human ˈresources**) **noun** [U] the department of an organization that deals with finding new people to work there, keeping records about all the organization's employees, and helping them with any problems **отдел кадров**

ˌ**human ˈrights noun** [plural] (B2) the basic rights that every person should have, such as justice and the freedom to say what you think **права человека** *international laws protecting human* *rights ◦ the human rights group Amnesty International*

humble¹ /ˈhʌmbl/ **adjective 1** not proud or not believing that you are important **скромный** *He's very humble about his success.* **2** poor or of a low social rank **бедный, из простонародья** *She rose from* ***humble beginnings*** *to become Prime Minister.*

• **humbly adverb скромно**

humble² /ˈhʌmbl/ **verb** [T] to make someone understand that they are not as important or special as they think they are **ставить на место, отрезвлять** *She was humbled by the unexpected defeat.*

• **humbling adjective уничижительный, отрезвляющий** *a* ***humbling experience***

humdrum /ˈhʌmdrʌm/ **adjective** boring and ordinary **скучный, однообразный** *a* ***humdrum existence***

humid /ˈhju:mɪd/ **adjective** (B1) Humid air or weather is hot and slightly wet. **влажный** *a hot and humid climate*

humidity /hju:ˈmɪdəti/ **noun** [U] a measurement of how much water there is in the air **влажность**

humiliate /hju:ˈmɪlieɪt/ **verb** [T] to make someone feel stupid or ashamed **унижать** *How could you humiliate me in front of all my friends!*

• **humiliated adjective униженный** *Sue felt completely humiliated.* • **humiliation** /hju:ˌmɪliˈeɪʃᵊn/ **noun** [C, U] **унижение**

humiliating /hju:ˈmɪlieɪtɪŋ/ **adjective** making you feel stupid or ashamed **унизительный** *a humiliating defeat*

humility /hju:ˈmɪləti/ **noun** [U] the quality of not being proud or not thinking that you are better than other people **скромность**

humor /ˈhju:məʳ/ **noun, verb** US spelling of humour **см. humour**

humorless /ˈhju:mələs/ **adjective** US spelling of humourless **лишенный чувства юмора**

humorous /ˈhju:mᵊrəs/ **adjective** funny, or making you laugh **смешной, забавный** *a humorous book*

• **humorously adverb с юмором**

humour¹ UK (US **humor**) /ˈhju:məʳ/ **noun** [U] **1** (B1) the ability to laugh and recognize that something is funny **юмор, чувство юмора** *He's got a great* ***sense of humour.*** **2** (B2) the quality of being funny, or things that are funny **юмор** *His speech was full of humour.* **3** formal the way you are feeling, or your mood **настроение** ***good humour***

> Слова-партнеры к **humour**
>
> a sense of humour • a **dry/wry** humour

humour² UK (US **humor**) /ˈhju:məʳ/ **verb** [T] to do what someone wants so that they do not become annoyed or upset **потакать, ублажать** *Carol applied for the job just to humour me.*

humourless UK (US **humorless**) /ˈhju:mələs/ **adjective** unable to laugh and recognize when something is funny, or being without funny qualities **лишенный чувства юмора**

hump /hʌmp/ **noun** [C] **1** a round, raised area on a road or other surface **бугор 2** a round, hard part on an animal's or person's back **горб** *a camel's hump*

hunch¹ /hʌnʃ/ **noun** [C] a feeling or guess that something might be true, when there is no proof **предчувствие, чутье** *I* ***had a hunch*** *that he would get the job.*

hunch² /hʌnʃ/ **verb** [I] to stand or sit with your shoulders and back curved forward **горбиться, сутулиться** *Sitting* ***hunched over*** *a computer all day can cause back problems.*

hunchback /ˈhʌnʃbæk/ **noun** [C] someone with a large lump on their back, which makes them lean forward **горбун**

hundred /ˈhʌndrəd/ **1** (A2) the number 100 **сто 2 hundreds** informal a lot **сотни** ***Hundreds of*** *people wrote in to complain.*

hundredth¹ /ˈhʌndrədθ/ 100th written as a word **сотый**

hundredth² /ˈhʌndrədθ/ **noun** [C] one of a hundred equal parts of something; 1⁄100; .01 **одна сотая** *a hundredth of a second*

hundredweight /ˈhʌndrədweɪt/ **noun** [C] (plural **hundredweight**) (written abbreviation **cwt**) a unit for measuring weight, equal to 50.8 kilograms in the UK and 45.36 kilograms in the US **английский или американский центнер**

hung /hʌŋ/ past of hang **прош. вр. и прич. прош. вр. от гл. hang**

hunger /ˈhʌŋgəʳ/ **noun 1** [U] (B1) the feeling you have when you need to eat **голод** *The children were almost crying with hunger by the time we got home.* **2** [U] (B2) when you do not have enough food **голод** *Many of the refugees* ***died of hunger.*** **3** [no plural] a strong wish for something **жажда, потребность** *a* ***hunger for*** *success/knowledge*

ˈhunger ˌstrike noun [C, U] when someone refuses to eat in order to show that they strongly disagree with something **голодовка** *The prisoners* ***went on hunger strike.***

hungover /ˌhʌŋˈəʊvəʳ/ **adjective** feeling ill after drinking too much alcohol the day before **страдающий с похмелья**

hungry /ˈhʌŋgri/ **adjective 1** (A1) wanting or needing food **голодный** *I'm hungry. What's for supper?* **2 go hungry** to not have enough food to eat **голодать** *In an ideal world, nobody should go hungry.* **3 be hungry for sth** to have a strong wish for something **жаждать чего-либо** *The journalists were hungry for more details of the accident.*

• **hungrily adverb жадно**

hunk /hʌŋk/ **noun** [C] **1** informal an attractive

man who is often young and has a strong body **красавец** **2** a piece of something, usually large and not flat or smooth **ломоть, толстый кусок** *a hunk of bread* → See **Pieces and Quantities** on page Centre 1

hunt[1] /hʌnt/ **verb** [I, T] **1** B1 to chase and kill wild animals **охотиться** *to hunt deer/rabbits* **2** B2 to search for something **искать** *The children* ***hunted for*** *sea shells on the beach.*
• **hunter noun** [C] a person who hunts wild animals **охотник**

PHRASAL VERB **hunt sb/sth down** to search everywhere for someone or something until you find them **выслеживать, ловить**

hunt[2] /hʌnt/ **noun** [C] **1** a search for something or someone **поиски** *a* ***job hunt*** ◦ *The detective leading* ***the hunt for*** *the killer spoke at the news conference.* **2** when people chase and kill wild animals **охота** *a fox/deer hunt* → See also **witch-hunt**

> **Слова-партнеры к hunt**
> launch a hunt • a hunt for sb/sth

hunting /ˈhʌntɪŋ/ **noun** [U] B2 the sport of chasing and killing animals **охота** *fox-hunting*

hurdle[1] /ˈhɜːdl/ **noun** [C] **1** a bar or fence that people or horses jump over in a race **барьер, препятствие** **2** a problem or difficulty that you have to deal with in order to be able to make progress **препятствие, трудность** *Getting a work permit was the* ***first hurdle*** *to overcome.*

hurdle[2] /ˈhɜːdl/ **verb** [I, T] to jump over something, such as a bar or a fence, when you are running **брать препятствие**
• **hurdler noun** [C] **барьерист**

hurl /hɜːl/ **verb** **1** [T] to throw something with a lot of force, usually in an angry or violent way **швырять** *The demonstrators* ***hurled*** *stones* ***at*** *police.* **2 hurl abuse/insults, etc at sb** to shout something at someone in a rude or angry way **осыпать бранью/оскорблениями и т. д.**

hurrah (also **hooray**) /həˈrɑː/ **exclamation** something that you shout when you are happy, excited, etc, or when you approve of someone or something **ура!** *Hurrah! Ian's won!*

hurricane /ˈhʌrɪkən/ **noun** [C] a violent storm with very strong winds **ураган**

hurried /ˈhʌrid/ **adjective** done more quickly than normal **торопливый, спешный** *a hurried explanation/meeting*
• **hurriedly adverb торопливо, поспешно**

hurry[1] /ˈhʌri/ **verb** [I, T] A2 to move or do things more quickly than normal or to make someone do this **спешить, торопить** *to hurry away/home* ◦ *Please hurry, the train is about to leave.* ◦ [+ to do sth] *We had to hurry to get there on time.*

PHRASAL VERB **hurry up** B1 to start moving or doing something more quickly **поторапливаться** *Hurry up! We're going to be late.*

hurry[2] /ˈhʌri/ **noun** **1 be in a hurry** B1 If you are in a hurry, you want or need to do something quickly. **спешить, делать что-либо второпях** *If you're in a hurry, it's better to take a taxi.* **2 be in no hurry; not be in any hurry** If you are in no hurry to do something, either you do not need to do it soon or you do not really want to do it. **не спешить** [+ to do sth] *They are in no hurry to sign a contract.*

hurt[1] /hɜːt/ **verb** (past tense and past participle **hurt**) **1** [T] A2 to cause someone pain or to injure them **причинять боль, наносить повреждение** *Simon hurt his knee playing football.* ◦ [often reflexive] *She hurt herself when she slipped on an icy step.* **2** [I] A2 If a part of your body hurts, it is painful. **болеть, причинять боль** *My eyes really hurt.* ◦ [+ to do sth] *It hurts to walk on it.* **3** [I, T] B1 to cause emotional pain to someone **обижать, задевать** *Her comments about my work really hurt.* **4** [T] to have a harmful effect on something **причинять ущерб, подрывать** *His chances of re-election were hurt by allegations of corruption.* **5 it won't/wouldn't hurt (sb) to do sth** informal used to say that someone should do something **не помешает, не будет никакого вреда** *It wouldn't hurt to get there a bit earlier than usual.* → See also wouldn't hurt a **fly**[2]

hurt[2] /hɜːt/ **adjective** [never before noun] **1** B1 injured or in pain **раненый, пострадавший** *Several people were* ***seriously hurt*** *in the accident.* ◦ *Put that knife away before someone* ***gets hurt****.* **2** B1 upset or unhappy **обиженный** *She was deeply hurt by what he said.*

hurt[3] /hɜːt/ **noun** [U] emotional pain **боль, обида** *She has* ***caused*** *a lot of* ***hurt****.*

hurtful /ˈhɜːtfᵊl/ **adjective** Hurtful behaviour or remarks make someone feel upset. **обидный, ранящий** ***hurtful comments/remarks***

hurtle /ˈhɜːtl/ **verb** [I] to move very quickly in a way which is not controlled and may be dangerous **нестись, лететь** *The explosion sent pieces of glass and metal hurtling through the air.*

husband /ˈhʌzbənd/ **noun** [C] A1 the man you are married to **муж** *Janet's husband is in the Navy.*

hush[1] /hʌʃ/ **exclamation** used to tell someone to be quiet, especially if they are crying **тише! ш-ш-ш!** *It's okay. Hush now and wipe your eyes.*

hush[2] /hʌʃ/ **noun** [no plural] a period of silence **тишина, молчание** *A* ***hush fell*** *over the room.*
• **hushed adjective безмолвный, тихий** *a hushed atmosphere/crowd*

> **Слова-партнеры к hush**
> a hush descends/falls • a deathly hush

hush[3] /hʌʃ/ **verb** [T] to make someone be quiet **водворять тишину, унимать**

PHRASAL VERB **hush sth up** to keep something secret, especially from the public, because it could cause embarrassment or trouble **замять,** скрыть что-либо *The whole affair was hushed up by the management.*

hush-hush /ˌhʌʃˈhʌʃ/ **adjective** informal If something is hush-hush, it is kept secret. **секретный** *The project's* ***all very hush-hush****.*

husky[1] /ˈhʌski/ **adjective 1** A husky voice is low and rough but usually sounds attractive. **хриплый 2** US A husky man or boy is big and strong. **рослый, крепкий**

husky[2] /ˈhʌski/ **noun** [C] a large, strong dog that is used to pull heavy things across snow **эскимосская лайка**

hustle[1] /ˈhʌsl/ **verb 1** [T] to make someone move somewhere, especially by pushing them quickly **толкать, пихать** *The security men hustled him out of the back door.* **2** [I, T] informal to try to persuade someone, especially to buy something, often illegally **навязывать, заманивать** *to hustle for business/customers*

hustle[2] /ˈhʌsl/ **noun hustle and bustle** busy movement and noise, especially where there are a lot of people **давка и сутолока** *He wanted to escape the hustle and bustle of city life.*

hustler /ˈhʌsləʳ/ **noun** [C] someone who tries to persuade people to give them what they want, especially in order to make money illegally **мошенник, жулик**

hut /hʌt/ **noun** [C] B1 a small, simple building, often made of wood **хижина** *a mountain hut*

hybrid /ˈhaɪbrɪd/ **noun** [C] **1** a plant or animal that is produced from two different types of plant or animal **гибрид 2** something, for example a machine, which is made using ideas or parts from two different things **что-либо, составленное из разнородных элементов 3** (also **hybrid car**) a vehicle with an engine that uses both petrol (= a liquid fuel made from oil) and another type of energy, usually electricity **автомобиль-гибрид**
• **hybrid adjective гибридный**

hydrant /ˈhaɪdrᵊnt/ **noun** [C] a pipe, especially at the side of the road, which is connected to the water system and is used to get water to stop fires **гидрант** *a* ***fire hydrant***

hydraulic /haɪˈdrɔːlɪk/ **adjective** operated using the force of water or another liquid **гидравлический**

hydro- /haɪdrəʊ-/ **prefix** relating to water **водо-, гидро-** *hydroponics (= a method of growing plants in water)*

hydroelectric /ˌhaɪdrəʊɪˈlektrɪk/ **adjective** using the force of water to create electricity **гидроэлектрический** ***hydroelectric power***

hydrogen /ˈhaɪdrədʒən/ **noun** [U] a gas that combines with oxygen to form water (formula H) **водород**

hydrogenated /haɪˈdrɒdʒɪneɪtɪd/ **adjective** Hydrogenated substances, for example fats, have had hydrogen added to them. **гидрогенизированный**
• **hydrogenation** /haɪˌdrɒdʒɪˈneɪʃᵊn/ **noun** [U] **гидрогенизация**

hygiene /ˈhaɪdʒiːn/ **noun** [U] the process of keeping things clean, especially to prevent disease **гигиена** *health and hygiene regulations* ◦ ***dental/personal hygiene***
• **hygienic** /haɪˈdʒiːnɪk/ **adjective** very clean, so that bacteria cannot spread **гигиенический**

> Слова-партнеры к **hygiene**
> **standards of** hygiene • **dental/personal** hygiene

hymn /hɪm/ **noun** [C] a song sung by Christians in church to praise God **церковный гимн**

hype[1] /haɪp/ **noun** [U] when people talk a lot about something, especially in newspapers, on television, etc, and make it seem more important or exciting than it really is **шум, суета, пускание пыли в глаза** ***media hype*** ◦ *There's been a lot of* ***hype about/surrounding*** *his latest film.*

hype[2] /haɪp/ **verb** [T] (also **hype up**) to make something seem more important or exciting than it really is by talking about it a lot, especially in newspapers, on television, etc **превозносить, раздувать** *It's being* ***hyped as*** *the musical event of the year.*
• **hyped adjective взбудораженный, дутый**

hyper /ˈhaɪpəʳ/ **adjective** informal Someone who is hyper has more energy than is normal and is very excited. **перевозбужденный, взбудораженный**

hyper- /haɪpəʳ/ **prefix** having a lot of or too much of a quality **гипер-, сверх-** *hyperactive* ◦ *hypersensitive (= more than normally sensitive)*

hyperactive /ˌhaɪpərˈæktɪv/ **adjective** Someone who is hyperactive has more energy than is normal, gets excited easily, and cannot stay still or think about their work. **легко возбудимый, гиперактивный** *hyperactive children*
• **hyperactivity** /ˌhaɪpᵊrækˈtɪvəti/ **noun** [U] **перевозбуждение, гиперактивность**

hyperbole /haɪˈpɜːbᵊli/ **noun** [U] formal when you describe something as much better, more important, etc than it really is **преувеличение**

hyperlink /ˈhaɪpəlɪŋk/ **noun** [C] text that you can click on that lets you move easily between two computer documents or two pages on the Internet **гиперссылка**

hypermarket /ˈhaɪpəˌmɑːkɪt/ **noun** [C] a very large shop, usually outside the centre of town **гипермаркет**

hypertext /ˈhaɪpətekst/ **noun** [U] a way of joining a word or image to another page, document, etc on the Internet or in another computer program so that you can move from one to the other easily **гипертекст**

hyphen /ˈhaɪfᵊn/ **noun** [C] B2 a mark (-) used to join two words together, or to show that a word has been divided and continues on the next line дефис → See Study Page **Punctuation** on page Centre 33

• **hyphenated adjective** written with a hyphen **написанный через дефис**

hypnosis /hɪp'nəʊsɪs/ **noun** [U] a mental state like sleep, in which a person's thoughts can be easily influenced by someone else **гипноз** *Police placed witnesses* ***under hypnosis*** *in an effort to gain additional information.*

• **hypnotic** /hɪp'nɒtɪk/ **adjective гипнотический**

hypnotize (also UK **-ise**) /'hɪpnətaɪz/ **verb** [T] to place someone in a mental state like sleep, in which their thoughts can be easily influenced **гипнотизировать**

• **hypnotist noun** [C] someone who hypnotizes people **гипнотизер** • **hypnotism** /'hɪpnətɪzᵊm/ **noun** [U] when someone is hypnotized **гипнотизирование**

hypochondriac /ˌhaɪpə'kɒndriæk/ **noun** [C] someone who worries about their health more than is normal, although they are not really ill **ипохондрик**

• **hypochondria** /ˌhaɪpəʊ'kɒndriə/ **noun** [U] **ипохондрия**

hypocrisy /hɪ'pɒkrəsi/ **noun** [C, U] when someone pretends to believe something that they do not really believe or that is the opposite of what they do or say at another time **лицемерие**

hypocrite /'hɪpəkrɪt/ **noun** [C] someone who pretends to believe something that they do not really believe or that is the opposite of what they do or say at another time **лицемер**

• **hypocritical** /ˌhɪpəʊ'krɪtɪkᵊl/ **adjective лицемерный** • **hypocritically adverb лицемерно**

hypothermia /ˌhaɪpəʊ'θɜːmiə/ **noun** [U] a serious illness caused by someone's body becoming too cold **переохлаждение**

hypothesis /haɪ'pɒθəsɪs/ **noun** [C] (plural **hypotheses** /haɪ'pɒθəsiːz/) a suggested explanation for something which has not yet been proved to be true **гипотеза**

hypothetical /ˌhaɪpə'θetɪkᵊl/ **adjective** A hypothetical situation or idea has been suggested but does not yet really exist or has not been proved to be true. **гипотетический**

hysteria /hɪ'stɪəriə/ **noun** [U] extreme fear, excitement, anger, etc which cannot be controlled **истерия** ***mass hysteria***

hysterical /hɪ'sterɪkᵊl/ **adjective 1** If someone is hysterical, they cannot control their feelings or behaviour because they are extremely frightened, angry, excited, etc. **истерический** ***hysterical laughter*** ◦ *As soon as Wendy saw the blood, she became hysterical.* **2** informal extremely funny **очень смешной**

• **hysterically adverb истерически** *They all thought it was* ***hysterically funny.***

hysterics /hɪ'sterɪks/ **noun 1** [plural] uncontrolled behaviour **истерика 2 in hysterics** informal laughing so much that you cannot stop **покатываться со смеху**

Hz written abbreviation for hertz (= a unit of measurement used in electronics) **герц**

I, i /aɪ/ the ninth letter of the alphabet 9-я буква алфавита

I /aɪ/ **pronoun** A1 used when the person speaking or writing is the subject of the verb я *I had lunch with Glen yesterday.* ◦ *Chris and I have been married for twelve years.*

ice[1] /aɪs/ **noun** [U] A2 water that has frozen and become solid лед *Gerry slipped on the ice and broke his arm.* ◦ *I've put a couple of bottles of champagne* ***on ice*** *(= in a bucket of ice to get cold).*

IDIOM **break the ice** B2 to make people who have not met before feel relaxed with each other, often by starting a conversation создавать непринужденную атмосферу

ice[2] /aɪs/ **verb** [T] (also US **frost**) to cover a cake with icing (= sweet mixture of mainly sugar) покрывать глазурью *an iced bun*

iceberg /ˈaɪsbɜːg/ **noun** [C] a very large piece of ice that floats in the sea айсберг → See also be the **tip**[1] of the iceberg

ˌice ˈcream UK (US **ˈice ˌcream**) **noun** [C, U] A1 a sweet food made from frozen milk or cream and sugar мороженое *chocolate/vanilla ice cream*

ˈice ˌcube noun [C] a small block of ice that you put into drinks to make them cold кубик льда

ˈice ˌhockey noun [U] (also US **hockey**) B1 a game played on ice in which two teams try to hit a small hard object into a goal using long curved sticks хоккей на льду → See **Sports 1** on page Centre 14

ˌice ˈlolly noun [C] UK (US trademark **Popsicle**) a sweet, fruit-flavoured piece of ice on a small stick фруктовое мороженое на палочке

ˈice ˌrink noun [C] an area of ice, usually inside a building, which is prepared for people to ice skate on каток

ˈice ˌskate noun [C] a boot with a metal part on the bottom, used for moving across ice конек (для катания на льду)

• **ice skate verb** [I] to move across ice using ice skates кататься на коньках • **ice skating noun** [U] B1 the activity or sport of moving across ice using ice skates катание на коньках → See **Sports 1** on page Centre 14

icicle /ˈaɪsɪkl/ **noun** [C] a long, thin piece of ice that hangs down from something сосулька

icicles

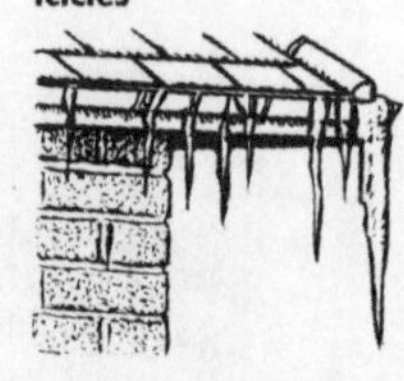

icing /ˈaɪsɪŋ/ **noun** [U] (also US **frosting**) a sweet mixture used to cover or fill cakes, made from sugar and water or sugar and butter глазурь *chocolate butter icing*

IDIOM **the icing on the cake** something that makes a good situation better дополнительное удовольствие *He was delighted to get the article published and the £100 payment was the icing on the cake.*

icon

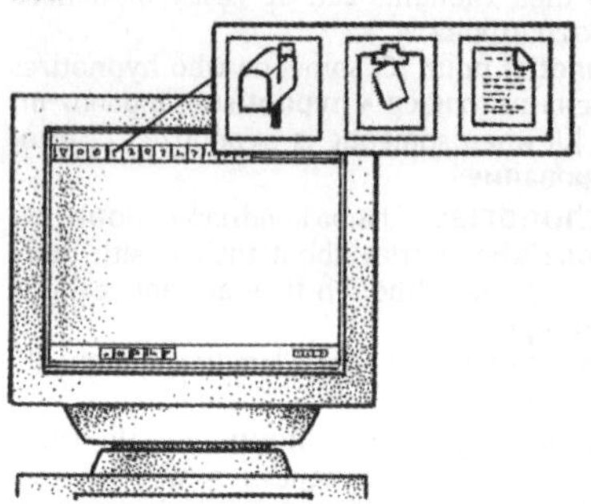

icon /ˈaɪkɒn/ **noun** [C] **1** B2 a small picture on a computer screen that you choose in order to make the computer do something значок (на экране компьютера) ***Click on*** *the print* ***icon.*** **2** B2 a person or thing that is famous because it represents a particular idea or way of life идол, кумир *a* ***cultural/fashion/national icon***

ICT /ˌaɪsiːˈtiː/ **noun** [U] abbreviation for information and communication technology: the use of computers and other electronic equipment to store and send information информационно-коммуникационные технологии

icy /ˈaɪsi/ **adjective 1** B1 covered in ice покрытый льдом ***icy conditions/roads*** **2** B1 extremely cold ледяной *an icy wind* ◦ *icy water* **3** B2 without showing any emotion ледяной *an* ***icy look/stare***

• **icily adverb** холодно, сурово

I'd /aɪd/ **1** short for I had сокращ. от I had *Everyone thought I'd gone.* **2** short for I would сокращ. от I would *I'd like to buy some stamps, please.*

ID /ˌaɪˈdiː/ **noun** [C, U] A2 abbreviation for identification: an official document that shows or proves who you are удостоверение личности *You'll need to show some form of ID, such as a passport or driving licence.*

IˈD ˌcard noun [C] A2 an identity card удостоверение личности

> Слова-партнеры к **idea**
>
> come up with/have an idea • a **bad/bright/brilliant/good/stupid** idea

idea /aɪˈdɪə/ **noun** **1** [C] A2 a suggestion or plan **идея, мысль** *"Why don't we ask George?" "That's **a good idea**."* ◦ [+ for + doing sth] *Stevens explained his ideas for improving production.* ◦ [+ to do sth] *It was Kate's idea to hire a car.* **2** [U, no plural] B2 an understanding, thought, or picture in your mind **мысль, представление** [+ of + doing sth] *Clive soon got used to the idea of having children around the house again.* ◦ [+ (that)] *I don't want them to **get the idea** that we're not interested.* **3 have no idea** B1 to not know **не иметь понятия** *Beth had no idea where he'd gone.* **4** [C] B1 an opinion or belief **взгляд, убеждение** *My husband and I have very different **ideas about** school discipline.* **5** [no plural] the aim or purpose of something **намерение, замысел** *The idea is to give local people a chance to voice their opinions.* → See also not have the foggiest (**foggy**) (idea)

> **Другие способы сказать idea**
>
> Мысли/идею о выполнении чего-либо можно назвать словами **plan**, **thought** или **suggestion**.
>
> *The **plan** is to hire a car when we get there.*
>
> *Have you got any **suggestions** for improvements?*
>
> *Have you had any **thoughts** on presents for your mother?*
>
> Неожиданно пришедшую умную мысль можно назвать **brainwave** (*Великобритания*) или **brainstorm** (*США*).
>
> *I wasn't sure what to do and then I had a **brainwave** – I could ask Anna for help.*
>
> Существительное **theory** используют, когда идет речь о системе идей, направленных на объяснение чего-либо.
>
> *He was giving a lecture on Darwin's **theory** of evolution.*

ideal[1] /aɪˈdɪəl/ **adjective** B2 perfect, or the best possible **идеальный** *an ideal candidate/solution* ◦ *The book is **ideal for** children aged 4 to 6.* ◦ ***In an ideal world**, you wouldn't need to use a keyboard at all.*

ideal[2] /aɪˈdɪəl/ **noun** **1** [C] a belief about the way you think something should be **идеал** *democratic ideals* ◦ *They are committed to the ideal of equality.* **2** [no plural] a perfect thing or situation **идеал, идеальный вариант** *The ideal would be to have a house in the country and a flat in the city too.*

idealism /aɪˈdɪəlɪzᵊm/ **noun** [U] the belief that your ideals can be achieved, often when this does not seem likely to others **идеализм** • **idealist noun** [C] a person who believes that it is possible to achieve your ideals **идеалист** • **idealistic** /aɪˌdɪəˈlɪstɪk/ **adjective** **идеалистический**

ideally /aɪˈdɪəli/ **adverb** **1** B2 used to describe how something would be in a perfect situation **в идеале** *Ideally, I'd like to work at home.* **2** B2 in a perfect way **идеально, превосходно** *She seemed **ideally suited** for the job.*

identical /aɪˈdentɪkᵊl/ **adjective** B2 exactly the same **одинаковый, такой же самый** *The two rooms were almost/virtually identical.* ◦ *She found a dress **identical to** the one in the picture.*
• **identically adverb одинаково**

iˌdentical ˈtwin noun [C] one of two babies who are born at the same time from the same egg, and look exactly the same **однояйцевые близнецы**

identifiable /aɪˌdentɪˈfaɪəbl/ **adjective** If someone or something is identifiable, you can recognize them and say or prove who or what they are. **опознаваемый** *clearly/readily identifiable*

identification /aɪˌdentɪfɪˈkeɪʃᵊn/ **noun** [U] **1** B2 when you recognize and can name someone or something **опознавание, установление личности** *Most of the bodies were badly burned, making identification almost impossible.* **2** A2 an official document that shows or proves who you are **удостоверение личности** *an identification card/number*

> **Слова-партнеры к identification**
>
> a form/a means/proof of identification

identify /aɪˈdentɪfaɪ/ **verb** [T] **1** B2 to recognize someone or something and say or prove who or what they are **опознавать, устанавливать личность** *The gunman in Wednesday's attack has been identified as Lee Giggs, an unemployed truck driver.* **2** to tell people who someone is **называть, указывать** *My informant asked not to be identified.* **3** B2 to find a particular thing or all the things of a particular group **устанавливать, определять** *You need to identify your priorities.*

PHRASAL VERBS **identify sb/sth with sb/sth** to connect one person or thing with another **отождествлять, соединять** *As a politician he was identified with liberal causes.* • **identify with sb/sth** B2 to feel that you are similar to someone, and can understand them or their situation because of this **солидаризироваться с кем-либо, хорошо понимать что-либо**

identity /aɪˈdentəti/ **noun** [C, U] **1** B2 who someone is **личность** *Police are trying to **establish** the **identity** of a woman seen walking away from the accident.* **2** B2 the things that make one person or group of people different from others **отличительные черты, индивидуальность** *cultural/national identity*

> **Слова-партнеры к identity**
>
> cultural/national/personal identity • a sense of identity

iˈdentity ˌcard noun [C] B1 a piece of paper or a card that shows your name, photograph, and information to prove who you are удостоверение личности

ideological /ˌaɪdiəˈlɒdʒɪkəl/ **adjective** based on or relating to a particular set of ideas or beliefs **идеологический** *ideological conflicts/disagreements*
• **ideologically adverb идеологически**

ideology /ˌaɪdiˈɒlədʒi/ **noun** [C, U] a set of ideas or beliefs, especially about politics **идеология** *socialist ideology*

idiom /ˈɪdiəm/ **noun** [C] B2 a group of words used together with a meaning that you cannot guess from the meanings of the separate words **идиоматическое выражение** → See Study Page **Idioms** on page Centre 26
• **idiomatic** /ˌɪdiəʊˈmætɪk/ **adjective идиоматический** *idiomatic language*

I

idiosyncratic /ˌɪdiəʊsɪŋˈkrætɪk/ **adjective** An idiosyncratic quality or way of behaving is typical of only one person and is often strange or unusual. **своеобразный**
• **idiosyncrasy** /ˌɪdiəʊˈsɪŋkrəsi/ **noun** [C] an idiosyncratic habit or way of behaving **своеобразие**

idiot /ˈɪdiət/ **noun** [C] B2 a stupid person or someone who is behaving in a stupid way **идиот** *Like an idiot, I believed him.*
• **idiocy** /ˈɪdiəsi/ **noun** [C, U] stupid behaviour **идиотизм** • **idiotic** /ˌɪdiˈɒtɪk/ **adjective** stupid **идиотский** *an idiotic grin/idea* • **idiotically adverb по-идиотски**

idle¹ /ˈaɪdl/ **adjective 1** not working or being used **бездействующий, неиспользуемый** *The factory has **stood idle** for over a year.* **2** [always before noun] not serious or having no real purpose **праздный, тщетный, пустой** ***idle gossip*** ◦ *This is no **idle threat**.* **3** lazy and not willing to work **ленивый** *He knows what has to be done, he's just **bone idle** (= extremely lazy).*
• **idleness noun** [U] **незанятость, праздность, лень** • **idly adverb праздно, лениво** *We cannot **stand idly by** (= not do anything) and let this plan go ahead.*

idle² /ˈaɪdl/ **verb 1** [I] If an engine or machine idles, it runs slowly but does not move or do any work. **работать вхолостую 2** [T] US to stop someone or something working or being used, often because there is not enough work to do **лишать работы** *The closure of the plant idled about 300 workers.* **3** [I] to spend time doing nothing **бездельничать** *We saw her idling in the school grounds.*

PHRASAL VERB **idle sth away** to waste time doing nothing **тратить попусту, убивать (время)** *I idled away a few hours watching TV.*

idol /ˈaɪdəl/ **noun** [C] **1** someone that you admire and respect very much **идол** *a **pop/sporting idol*** **2** a picture or object that people pray to as part of their religion **идол, божество**
• **idolize** (also UK **-ise**) **verb** [T] to admire and respect someone very much **боготворить, поклоняться**

idyllic /ɪˈdɪlɪk/ **adjective** An idyllic place or experience is extremely pleasant, beautiful, or peaceful. **идиллический** *an **idyllic childhood*** ◦ *an **idyllic existence***

i.e. (also **ie**) /ˌaɪˈiː/ used to explain exactly what you are referring to or what you mean **то есть** *The price must be more realistic, i.e. lower.*

if¹ /ɪf/ **conjunction 1** A2 used to say that something will happen only after something else happens or is true **если** *We'll have the party in the garden if the weather's good.* ◦ *If you eat up all your dinner you can have some chocolate.* **2** B1 used to talk about something that might happen or be true **если** *What will we do if this doesn't work?* **3** B1 whether **ли** *I wonder if he'll get the job.* **4** B1 used to mean always or every time **каждый раз когда** *If you mention his mother, he always cries.*

if² /ɪf/ **noun** [C] informal something which is not certain or not yet decided **неопределенность, сомнение** *There are still a lot of ifs.* ◦ *There are **no ifs and buts** (= no doubts or excuses) about it – we'll have to start again.*

iffy /ˈɪfi/ **adjective** informal **1** not completely good, honest, or suitable **сомнительный** *The milk smells a bit iffy.* **2** not certain or decided **неопределенный** *Simon's still kind of iffy about going to Colombia.*

igloo /ˈɪɡluː/ **noun** [C] a house made of blocks of hard snow **иглу**

igloo

ignite /ɪɡˈnaɪt/ **verb** formal **1** [I, T] to start to burn or make something start to burn **зажигать, загораться** *A spark ignited the fumes.* **2** [T] to start an argument or fight **разжигать, возбуждать**

ignition /ɪɡˈnɪʃən/ **noun 1** [no plural] the part of a car that starts the engine **зажигание** *He turned the key in the ignition.* → See **Car** on page Centre 7 **2** [U] formal when something makes something start to burn **воспламенение, возгорание**

ignominious /ˌɪɡnəʊˈmɪniəs/ **adjective** formal making you feel embarrassed or ashamed **позорный, постыдный** *an **ignominious defeat***
• **ignominiously adverb позорно**

ignorance /ˈɪɡnərəns/ **noun** [U] when someone does not have enough knowledge, understanding, or information about something **невежество, незнание** *There is still widespread* *ignorance* ***about*** *the disease.* ◦ *I was shocked by her total* ***ignorance of*** *world history.*

ignorant /ˈɪgnərənt/ **adjective 1** not having enough knowledge, understanding, or information about something **невежественный, несведущий** *He was a newcomer to Formula One and* ***ignorant of*** *many of the circuits.* **2** UK not polite or showing respect **грубый, невоспитанный** *an ignorant lout*

ignore /ɪgˈnɔːr/ **verb** [T] B2 to pay no attention to something or someone **игнорировать, не замечать** *They just ignored him and carried on with the game.* ◦ *We cannot afford to ignore the fact that the world's population is increasing rapidly.*

IIRC internet abbreviation for if I remember correctly **если я правильно помню (используется в интернет-общении)**

il- /ɪl-/ **prefix** not **не-** *illegal* ◦ *illegible*

ill[1] /ɪl/ **adjective 1** A2 not feeling well, or suffering from a disease **больной** *critically/seriously ill* ◦ *Mark had been* ***feeling ill*** *for a couple of days.* **2** [always before noun] formal bad **плохой, дурной** ***ill health*** ◦ *He suffered no* ***ill effects*** *from his fall.* → See also ill at **ease[1]**

Другие способы сказать ill

Часто употребляется синоним – прилагательное **sick**.

He was off work ***sick*** *last week.*

В ситуациях неформального общения также используют прилагательные **poorly** и **rough**.

What's the matter, Sophie – are you feeling ***poorly****?*

I felt really ***rough*** *after eating that curry.*

В более официальном контексте в значении 'нездоров' используют прилагательное **unwell**.

I've felt a little ***unwell*** *all week.*

Для передачи значения 'слегка нездоров' в неформальном общении используют выражения **be/feel under the weather** и **be/feel below par.**

I don't think I'll be coming to the party – I'm a bit ***under the weather.***

I'll /aɪl/ short for I shall/I will **сокращ. от I shall/I will** *I'll be there at 6:00.*

ill- /ɪl-/ **prefix** in a way which is bad or not suitable **не-, плохо-, слабо-** *ill-prepared* ◦ *an ill-judged remark*

ill[2] /ɪl/ **noun** [C] formal a problem **трудность, проблема** [usually plural] *social and economic ills*

ill[3] /ɪl/ **adverb** formal **1** badly **плохо** *Many of the nurses were* ***ill prepared*** *to deal with such badly burned patients.* **2 can ill afford (to do) sth** If you can ill afford to do something, it is likely to make things difficult for you if you do it. **не мочь позволить себе** *This is a match United can ill afford to lose.* **3 speak ill of sb** formal to say bad things about someone **дурно отзываться о ком-либо**

ill-advised /ˌɪlədˈvaɪzd/ **adjective** not wise, and likely to cause problems in the future **неразумный, опрометчивый**

ill-conceived /ˌɪlkənˈsiːvd/ **adjective** badly planned or not wise **непродуманный**

illegal /ɪˈliːgəl/ **adjective** B2 not allowed by law **незаконный** ***illegal drugs/weapons*** ◦ [+ to do sth] *It is illegal to sell cigarettes to anyone under 16.*

• **illegally adverb** B2 **незаконно** *an illegally parked car*

il͵legal ˈimmigrant noun [C] (also US **il͵legal ˈalien**) someone who goes to live or work in another country when they do not have the legal right to **незаконный иммигрант, нелегал**

illegible /ɪˈledʒəbl/ **adjective** Illegible writing is difficult or impossible to read. **неразборчивый**

illegitimate /ˌɪlɪˈdʒɪtəmət/ **adjective 1** An illegitimate child is born to parents who are not married to each other. **незаконнорожденный 2** not legal, honest, or fair **незаконный** *an illegitimate use of council funds*

• **illegitimacy** /ˌɪlɪˈdʒɪtəməsi/ **noun** [U] **незаконнорожденность**

ill-equipped /ˌɪlɪˈkwɪpt/ **adjective 1** not having the necessary equipment **плохо оборудованный 2** not having the necessary ability or qualities to do something **плохо подготовленный** [+ to do sth] *These teachers were ill-equipped to deal with rowdy students.*

ill-fated /ˌɪlˈfeɪtɪd/ **adjective** unlucky and often unsuccessful **неудачный, злополучный** *an ill-fated expedition to the South Pole*

ill-fitting /ˌɪlˈfɪtɪŋ/ **adjective** Ill-fitting clothes do not fit well. **плохо сидящий (об одежде)**

ill-gotten /ˌɪlˈgɒtən/ **adjective** literary obtained in a dishonest or illegal way **добытый нечестным путем** *He deposited his* ***ill-gotten gains*** *in foreign bank accounts.*

illicit /ɪˈlɪsɪt/ **adjective** not legal or not approved of by society **незаконный, тайный** *an illicit love affair*

ill-informed /ˌɪlɪnˈfɔːmd/ **adjective** without enough knowledge or information **необдуманный** *an ill-informed decision*

illiterate /ɪˈlɪtərət/ **adjective** not able to read or write **неграмотный**

illness /ˈɪlnəs/ **noun 1** [C] B1 a disease of the body or mind **болезнь** *a* ***serious/terminal illness*** ◦ *He died at the age of 83 after a long illness.* **2** [U] B2 when you are ill **болезнь**

Слова-партнеры к illness

cause/develop/have/recover from/treat an illness • a **critical/minor/rare/serious/terminal** illness

illogical /ɪˈlɒdʒɪkəl/ **adjective** not based on

I

careful thought **нелогичный** *It would be illogical for them to stop at this stage.*

illuminate /ɪˈluːmɪneɪt/ **verb** [T] **1** to shine lights on something **освещать** *The paintings and sculptures are illuminated by spotlights.* **2** to explain something clearly or make it easier to understand **разъяснять**

• **illumination** /ɪˌluːmɪˈneɪʃᵊn/ **noun** [C, U] formal **освещение**

illuminating /ɪˈluːmɪneɪtɪŋ/ **adjective** giving you new information about something or making it easier to understand **разъясняющий, проливающий свет на что-либо** *a most illuminating discussion*

illusion /ɪˈluːʒᵊn/ **noun 1** [C, U] an idea or belief that is not true **иллюзия, обман** *He **had no illusions about** his talents as a singer. ◦ We are not **under any illusion** – we know the work is dangerous.* **2** [C] something that is not really what it seems to be **иллюзия, впечатление** *There is a large mirror at one end to **create the illusion of** more space.* → See also **optical illusion**

illustrate /ˈɪləstreɪt/ **verb** [T] **1** to give more information or examples to explain or prove something **иллюстрировать, пояснять** *to illustrate a point/problem* ◦ [+ question word] *This new discovery illustrates how little we know about early human history.* **2** B2 to draw pictures for a book, magazine, etc **иллюстрировать** *an illustrated children's book*

illustration /ˌɪləˈstreɪʃᵊn/ **noun 1** [C] B2 a picture in a book, magazine, etc **иллюстрация** *a full-page colour illustration* **2** [C, U] an example that explains or proves something **пример** *This is another **illustration of** the power of the media.*

illustrator /ˈɪləstreɪtəʳ/ **noun** [C] a person whose job is to draw or paint pictures for books **иллюстратор**

illustrious /ɪˈlʌstriəs/ **adjective** formal famous and well respected **прославленный, выдающийся** *an **illustrious career***

ˌill ˈwill **noun** [U] bad feelings between people because of things that happened in the past **недоброжелательность, неприязнь**

I'm /aɪm/ short for I am **сокращ. от I am**

im- /ɪm-/ **prefix** not **не-, без-/бес-, диз-/дис-** *impossible ◦ immortal*

image /ˈɪmɪdʒ/ **noun 1** [C, U] B2 the way that other people think someone or something is **репутация, имидж** *The aim is to improve the **public image of** the police.* **2** [C] B2 a picture, especially on film or television or in a mirror **изображение** ***television images** of starving children* **3** [C] a picture in your mind or an idea of how someone or something is **представление, мысленный образ** *I have an image in my mind of the way I want the garden to look.*

> **Слова-партнеры к image**
>
> **create/project** an image • sb's/sth's **public** image • an image **of** sth

imagery /ˈɪmɪdʒᵊri/ **noun** [U] the use of words or pictures in books, films, paintings, etc to describe ideas or situations **образ, образность**

imaginable /ɪˈmædʒɪnəbl/ **adjective** possible to think of **вообразимый, мыслимый** *ice cream of every imaginable flavour* → Opposite **unimaginable**

imaginary /ɪˈmædʒɪnᵊri/ **adjective** not real but imagined in your mind **мнимый, вымышленный** *The story takes place in an imaginary world.*

imagination /ɪˌmædʒɪˈneɪʃᵊn/ **noun 1** [C] B1 the part of your mind that creates ideas or pictures of things that are not real or that you have not seen **воображение** [usually singular] *There's nothing out here – it's just your imagination.* **2** [U] B1 the ability to create ideas or pictures in your mind **воображение** *The job needs someone with creativity and imagination.* → See also not by any **stretch²** of the imagination

> **Слова-партнеры к imagination**
>
> **have/lack/show** imagination • **use** your imagination • **capture** sb's imagination • a **fertile/vivid** imagination

imaginative /ɪˈmædʒɪnətɪv/ **adjective 1** Something which is imaginative is new or clever and often unusual. **художественный, творческий** *an imaginative use of colour* **2** Someone who is imaginative is able to create new and interesting ideas or things. **обладающий воображением** *a highly imaginative poet*

• **imaginatively adverb творчески**

imagine /ɪˈmædʒɪn/ **verb** [T] **1** B1 to create an idea or picture of something in your mind **представлять себе, воображать** [+ doing sth] *Imagine being able to do all your shopping from your armchair.* ◦ [+ question word] *You can imagine how pleased I was when the letter arrived.* **2** B2 to believe that something is probably true **полагать** *I imagine he must be under a lot of pressure at the moment.* **3** B1 to think that you hear or see something which does not really exist **воображать, выдумывать** *I can't hear anything – you must be imagining it.*

imaging /ˈɪmɪdʒɪŋ/ **noun** [U] the process of producing an exact picture of something, especially on a computer screen **получение изображения** ***computer/digital imaging***

imbalance /ˌɪmˈbæləns/ **noun** [C] when two things which should be equal or are normally equal are not **дисбаланс, диспропорция** *There is a huge economic **imbalance between** the two countries.*

imbue /ɪmˈbjuː/ **verb** (present participle **imbuing**, past tense and past participle **imbued**)

PHRASAL VERB **imbue sb/sth with sth** formal to fill someone or something with a particular feeling, quality, or idea **насыщать, пропитывать** *His poetry is imbued with deep religious feeling.*

IMHO internet abbreviation for in my humble opinion: used when you tell someone your opinion **по моему скромному мнению (используется в интернет-общении)**

imitate /ˈɪmɪteɪt/ **verb** [T] to copy the way someone or something looks, sounds, or behaves **подражать, копировать** *She tried to imitate the way the models walked.*
• **imitator noun** [C] **подражатель**

imitation /ˌɪmɪˈteɪʃən/ **noun 1** [C] a copy of something that is made to look like the real thing **имитация, подделка** *It wasn't a genuine Gucci handbag, just* ***a cheap imitation.*** ◦ ***imitation leather****/fur* **2** [C, U] when someone copies the way another person speaks or behaves **подражание** *He does a very good* ***imitation of*** *the Prime Minister.*

> Слова-партнеры к **imitation**
> a cheap/convincing/good/pale imitation • an imitation of sb/sth

immaculate /ɪˈmækjələt/ **adjective 1** perfectly clean and tidy or in perfect condition **идеально чистый** *an immaculate garden/room* **2** perfect and without any mistakes **безупречный** *an* ***immaculate performance***
• **immaculately adverb чисто, безупречно**

immaterial /ˌɪməˈtɪəriəl/ **adjective** If something is immaterial, it is not important because it does not affect a situation. **несущественный**

immature /ˌɪməˈtjʊər/ **adjective 1** not behaving in a way which is as wise and calm as people expect from someone your age **незрелый** *Some of the boys are quite immature for their age.* **2** not completely developed **неокончательно развившийся, молодой** *immature cells*
• **immaturity noun** [U] **незрелость**

immeasurable /ɪˈmeʒərəbl/ **adjective** very large or extreme and so impossible to measure **неизмеримый, громадный** *the immeasurable pain of losing a child*
• **immeasurably adverb неизмеримо** *His confidence has grown immeasurably since he got the job.*

immediate /ɪˈmiːdiət/ **adjective 1** (B2) happening or done without waiting or very soon after something else **немедленный, безотлагательный** *The government has promised to take* ***immediate action.*** ◦ *The drugs will have an* ***immediate effect.*** **2** (B2) important now and needing attention **насущный, непосредственный** *Our* ***immediate concern*** *is getting food and water to the refugees.* **3** [always before noun] closest to something or someone **ближайший** *Police cleared people from the* ***immediate area*** *following the bomb warning.* **4 the immediate future** the period of time that is coming next **ближайшее будущее 5 sb's immediate family** someone's closest relatives, such as their parents, children, husband, or wife **ближайшие родственники**

immediately[1] /ɪˈmiːdiətli/ **adverb 1** (A2) now or without waiting or thinking about something **немедленно** *The cause of the problem wasn't* ***immediately obvious.*** **2** next to something, or close to something in time **сразу, непосредственно** *There are fields immediately behind the house.* ◦ *Cole scored again* ***immediately after*** *half-time.*

immediately[2] /ɪˈmiːdiətli/ **conjunction** UK as soon as **как только** *Immediately I saw her I knew something terrible had happened.*

immense /ɪˈmens/ **adjective** extremely big **огромный** *immense pressure/value* ◦ *Health care costs the country* ***an immense amount of*** *money.*

immensely /ɪˈmensli/ **adverb** extremely **чрезвычайно** ***immensely powerful/popular***

immerse /ɪˈmɜːs/ **verb 1 be immersed in sth; immerse yourself in sth** to be or become completely involved in something, so that you do not notice anything else **углубиться во что-либо, быть поглощенным чем-либо 2** [T] to put something in a liquid so that it is completely covered **погружать (в жидкость)**
• **immersion** /ɪˈmɜːʃən/ **noun** [U] **погружение**

immigrant /ˈɪmɪgrənt/ **noun** [C] (B2) someone who comes to live in a different country **иммигрант** → See also **illegal immigrant**

immigration /ˌɪmɪˈgreɪʃən/ **noun** [U] **1** (B2) when someone comes to live in a different country **иммиграция** ***immigration policy*** **2** (B1) the place where people's official documents are checked when they enter a country at an airport, port, border, etc **паспортный контроль (на границе)** ***immigration control***
• **immigrate** /ˈɪmɪgreɪt/ **verb** [I] to come to live in a different country **иммигрировать**

imminent /ˈɪmɪnənt/ **adjective** coming or happening very soon **надвигающийся, неминуемый** ***imminent danger***

immobile /ɪˈməʊbaɪl/ (US) /ɪˈmoʊbəl/ **adjective** not moving or not able to move **неподвижный**
• **immobility** /ˌɪməʊˈbɪləti/ **noun** [U] **неподвижность**

immoral /ɪˈmɒrəl/ **adjective** (B2) morally wrong **безнравственный** *immoral behaviour*
• **immorality** /ˌɪməˈræləti/ **noun** [U] **безнравственность**

immortal /ɪˈmɔːtəl/ **adjective 1** living or lasting forever **бессмертный** *an immortal soul/God* **2** famous or remembered for a very long time **бессмертный, вечный** *Then he uttered the* ***immortal line*** *– "My name is Bond".*
• **immortality** /ˌɪmɔːˈtæləti/ **noun** [U] **бессмертие**

immortalize (also UK **-ise**) /ɪˈmɔːtəlaɪz/ **verb** [T] to make someone or something famous for a long time **увековечивать**

immune /ɪˈmjuːn/ **adjective 1** [never before noun] If you are immune to a disease, you will not get it. **невосприимчивый** *Once you've had the virus, you are **immune to** it.* **2** [always before noun] relating to the way your body fights disease **иммунный** *an **immune deficiency/response*** **3** [never before noun] not affected by a particular type of behaviour or emotion **не реагирующий** *He is **immune to** flattery.* **4** [never before noun] not able to be punished or damaged by something **защищенный, огражденный** *His diplomatic passport makes him **immune from** prosecution.*

imˈmune ˌsystem noun [C] the cells and tissues in your body that fight against infection **иммунитет** [usually singular] *Vitamins help **boost** (= make stronger) your **immune system**.*

immunity /ɪˈmjuːnəti/ **noun** [U] when you are immune, especially to disease or from legal action **иммунитет, неприкосновенность** ***diplomatic immunity*** ◦ *The vaccine gives you lifelong **immunity to** the virus.*

immunize (also UK **-ise**) /ˈɪmjənaɪz/ **verb** [T] to make a person or animal immune by giving them special medicine **иммунизировать, делать прививку** *He was **immunized against** measles as a child.*

• **immunization** /ˌɪmjənaɪˈzeɪʃᵊn/ **noun** [C, U] **иммунизация** *a programme of mass immunization*

IMO internet abbreviation for in my opinion: used when you want to give an opinion **по моему мнению (используется в интернет-общении)**

impact¹ /ˈɪmpækt/ **noun 1** [no plural] (B2) the effect that a person, event, or situation has on someone or something **влияние, воздействие** *Latino singers **have had a** major **impact on** pop music this year.* **2** [U] (B2) the force or action of one object hitting another **удар, столкновение** *The missile explodes **on impact** (= when it hits another object).*

Слова-партнеры к **impact**
have/make an impact • a major/negative/significant impact • an impact on sth

impact² /ɪmˈpækt/ **verb** [T] (also **impact on/upon**) to affect something or someone **влиять** *Rising interest rates are sure to **impact on** the housing market.*

impair /ɪmˈpeəʳ/ **verb** [T] formal to harm something and make it less good **повреждать, ослаблять** [often passive] *When you're tired your **judgment** is **impaired**.*

• **impairment noun** [C, U] when something is impaired **повреждение** ***mental/physical impairment***

impaired /ɪmˈpeəd/ **adjective visually/hearing impaired** unable to see or hear as well as most people **с повреждениями зрения/слуха**

impale /ɪmˈpeɪl/ **verb** [T] to push a sharp object through something or someone **пронзать, протыкать**

impart /ɪmˈpɑːt/ **verb** [T] formal **1** to communicate information or knowledge to someone **сообщать** *I have disappointing **news to impart**.* **2** to give something a particular feeling, quality, or taste **придавать, наделять** *Preservatives can impart colour and flavour to a product.*

impartial /ɪmˈpɑːʃᵊl/ **adjective** not supporting or preferring any person, group, plan, etc more than others **беспристрастный, непредвзятый** ***impartial advice*** ◦ *A trial must be fair and impartial.*

• **impartiality** /ɪmˌpɑːʃiˈæləti/ **noun** [U] when someone or something is impartial **беспристрастность**

impassable /ɪmˈpɑːsəbl/ **adjective** If roads or paths are impassable, vehicles cannot move along them. **непроходимый**

impasse /ˈæmpæs/ (US) /ˈɪmpæs/ **noun** [U] a situation in which it is impossible to make any progress **безвыходное положение, тупик** *He is determined to **break** (= end) **the impasse** in the peace process.*

Слова-партнеры к **impasse**
break/reach an impasse • an impasse in sth

impassioned /ɪmˈpæʃᵊnd/ **adjective** showing and expressing strong emotion **пылкий, страстный** *an **impassioned plea/speech***

impassive /ɪmˈpæsɪv/ **adjective** An impassive person or face shows no emotion. **безразличный, невозмутимый**

• **impassively adverb безразлично**

impatience /ɪmˈpeɪʃᵊns/ **noun** [U] when someone is impatient **нетерпимость, нетерпеливость**

impatient /ɪmˈpeɪʃᵊnt/ **adjective 1** (B2) easily annoyed by someone's mistakes or because you have to wait **относящийся нетерпимо к чему-либо** *I do get **impatient with** the children when they won't do their homework.* **2** [never before noun] (B2) wanting something to happen as soon as possible **нетерпеливый** *People are increasingly **impatient for** change in this country.*

• **impatiently adverb** (B2) **нетерпеливо** *We waited impatiently for the show to begin.*

impeccable /ɪmˈpekəbl/ **adjective** perfect and with no mistakes **безупречный** *She speaks impeccable English.*

• **impeccably adverb безупречно *impeccably dressed***

impede /ɪmˈpiːd/ **verb** [T] formal to make it difficult or impossible for someone or something to move or make progress **затруднять, мешать** *A broken-down car is impeding the flow of traffic.*

impediment /ɪmˈpedɪmənt/ **noun** [C] **1** formal something that makes it difficult or impossible for someone or something to move or make progress **помеха, препятствие** *Cramped class-*

rooms are an ***impediment to*** *learning.* **2** a problem that makes speaking, hearing, or moving difficult **дефект** ***a speech impediment***

impel /ɪmˈpel/ **verb** [T] (present participle **impelling**, past tense and past participle **impelled**) formal to make you feel that you must do something **побуждать, вынуждать** [+ to do sth] *Harry felt impelled to tell the truth.*

impending /ɪmˈpendɪŋ/ **adjective** [always before noun] An impending event will happen soon and is usually bad or unpleasant. **надвигающийся, предстоящий** ***impending disaster/doom*** ◦ *I've just heard about the* ***impending departure*** *of our chairman.*

impenetrable /ɪmˈpenɪtrəbl/ **adjective** **1** impossible to understand **непонятный, непостижимый** *impenetrable jargon* **2** impossible to see through or go through **непроницаемый, непроходимый** *impenetrable fog*

imperative[1] /ɪmˈperətɪv/ **adjective** **1** formal When an action or process is imperative, it is extremely important that it happens or is done. **необходимый** [+ (that)] *It is imperative that I speak with him at once.* **2** An imperative form of a verb is used to express an order. In the sentence 'Stop the machine!', the verb 'stop' is an imperative verb. **повелительное (наклонение глагола)**

imperative[2] /ɪmˈperətɪv/ **noun** [C] **1** something that must happen, exist, or be done **долг, обязанность** *a moral/political imperative* **2** B2 the imperative form of a verb **повелительное наклонение**

imperceptible /ˌɪmpəˈseptəbl/ **adjective** not able to be noticed or felt **незаметный, едва различимый** *She heard a faint, almost imperceptible cry.*
• **imperceptibly adverb незаметно**

imperfect[1] /ɪmˈpɜːfɪkt/ **adjective** not perfect and with some mistakes **несовершенный, с изъяном** *an imperfect solution*
• **imperfectly adverb не совсем**

imperfect[2] /ɪmˈpɜːfɪkt/ **noun** (also **the imˌperfect ˈtense**) **the imperfect** The form of the verb that is used to show an action in the past which has not been completed. In the sentence 'We were crossing the road', 'were crossing' is in the imperfect. **имперфект, прошедшее несовершенное время**

imperfection /ˌɪmpəˈfekʃən/ **noun** [C, U] when something or someone is not perfect **недостаток, дефект, изъян** *Make-up can hide small skin imperfections.*

imperial /ɪmˈpɪəriəl/ **adjective** **1** [always before noun] relating or belonging to an empire (= group of countries ruled by one person or government) or the person who rules it **императорский, имперский** *imperial rule* ◦ *the imperial family* **2** The imperial system of measurement uses units based on measurements such as inches, pints, and ounces. **имперский**

imperialism /ɪmˈpɪəriəlɪzəm/ **noun** [U] **1** when one government or person rules a group of other countries **империализм** *the age of imperialism* **2** when one country has a lot of power or influence over others **империализм** ***cultural/economic imperialism***
• **imperialist adjective** relating to imperialism **империалистический**

imperil /ɪmˈperəl/ **verb** [T] (present participle UK **imperilling**, past tense and past participle **imperilled**, present participle US **imperiling**, past tense and past participle **imperiled**) formal to put someone or something in a dangerous situation **подвергать опасности**

imperious /ɪmˈpɪəriəs/ **adjective** formal showing that you think that you are important and expect others to obey you **властный, повелительный** *an* ***imperious manner***

impersonal /ɪmˈpɜːsənəl/ **adjective** not being friendly towards people or showing any interest in them **безразличный, равнодушный** *a cold and impersonal letter*

impersonate /ɪmˈpɜːsəneɪt/ **verb** [T] to copy the way someone looks and behaves in order to pretend to be them or to make people laugh **изображать, выдавать себя за кого-либо** *Impersonating a police officer is a serious offence.*
• **impersonation** /ɪmˌpɜːsənˈeɪʃən/ **noun** [C, U] **изображение кого-либо** *He* ***did*** *an* ***impersonation*** *of Bill Clinton.* • **impersonator noun** [C] **пародист, человек, выдающий себя за кого-либо** *an Elvis impersonator*

impertinent /ɪmˈpɜːtɪnənt/ **adjective** formal rude or not showing respect **дерзкий, наглый** *an* ***impertinent remark***

impervious /ɪmˈpɜːviəs/ **adjective** **1** not affected by something **невосприимчивый** *She was* ***impervious to*** *the pain.* **2** formal Impervious material does not let liquid into or through it. **водонепроницаемый, светонепроницаемый** *impervious rock*

impetuous /ɪmˈpetʃuəs/ **adjective** done or acting quickly and without thinking carefully **импульсивный, порывистый** *an impetuous outburst*

impetus /ˈɪmpɪtəs/ **noun** [U] **1** something that makes an activity or process happen or continue with more speed and energy **толчок, импульс** *His visit* ***gave new impetus to*** *the peace process.* **2** a physical force that makes an object start or continue to move **движущая сила**

> Слова-партнеры к **impetus**
>
> give/provide [new, fresh, added, etc] impetus to sth • the impetus behind/for sth

impinge /ɪmˈpɪndʒ/ **verb** formal

PHRASAL VERB **impinge on/upon sb/sth** to affect or limit someone or something **влиять, посягать, ограничивать** *How does your reli-*

gious commitment impinge upon your professional life?

implacable /ɪmˈplækəbl/ **adjective** formal determined not to change the strong feelings you have against someone or something **непримиримый, неукротимый** ***implacable opposition/hostility***

implant¹ /ˈɪmplɑːnt/ **noun** [C] an object placed inside part of your body in an operation, to improve your appearance or treat a medical condition **имплантат** ***breast implants***

implant² /ɪmˈplɑːnt/ **verb** [T] to place something into someone's body in a medical operation **имплантировать** *Two embryos were implanted in her womb.*

implausible /ɪmˈplɔːzəbl/ **adjective** difficult to believe or imagine **неправдоподобный** *an implausible explanation*

implement¹ /ˈɪmplɪment/ **verb** [T] formal (B2) to make a law, system, plan, etc start to happen or operate **осуществлять, внедрять, подключать** *Our new computerized system will soon be fully implemented.*

• **implementation** /ˌɪmplɪmenˈteɪʃən/ **noun** [U] **осуществление**

implement² /ˈɪmplɪmənt/ **noun** [C] a tool **инструмент, утварь** *a garden/farm implement*

implicate /ˈɪmplɪkeɪt/ **verb** [T] to show that someone or something is involved in something bad, especially a crime **вовлекать, вмешивать** [often passive] *Two senior officers are* ***implicated in*** *the latest drugs* ***scandal.***

implication /ˌɪmplɪˈkeɪʃən/ **noun 1** [C] a result or effect that seems likely in the future **последствие** [usually plural] *financial/health implications* ◦ *This scheme* ***has*** *serious* ***implications for*** *the local economy.* **2** [C, U] when you seem to suggest something without saying it directly **скрытый смысл, намек** *The* ***implication*** *was* ***that*** *the school had to do much better or it would be closed.* **3** [U] when something or someone is implicated in something bad **причастность**

> **Слова-партнеры к implication**
>
> **have implications for sth** • **far-reaching/profound/serious implications** • **the implications of sth**

implicit /ɪmˈplɪsɪt/ **adjective 1** suggested but not stated directly **подразумеваемый, не выраженный прямо** *an implicit threat* ◦ *We interpreted his silence as implicit agreement.* **2** complete **безоговорочный** ***implicit faith/trust***

• **implicitly adverb косвенно, безоговорочно** *I* ***trust*** *him* ***implicitly.***

implore /ɪmˈplɔːʳ/ **verb** [T] literary to ask for something in a serious and emotional way **умолять** [+ to do sth] *I implored him to let the child go.*

imply /ɪmˈplaɪ/ **verb** [T] to suggest or show something, without saying it directly **подразумевать, намекать** [+ (that)] *Are you implying that I'm fat?* ◦ *an* ***implied criticism***

impolite /ˌɪmpəlˈaɪt/ **adjective** formal (B2) not polite **невежливый**

import¹ /ɪmˈpɔːt/ **verb** [T] **1** (B2) to bring something into your country from another country for people to buy **импортировать** *We import about 20 percent of our food.* **2** to copy information from one computer or computer program to another **копировать, загружать** *to* ***import data*** ◦ *imported files* → Opposite **export**

• **importation** /ˌɪmpɔːˈteɪʃən/ **noun** [U] **импорт**

• **importer noun** [C] **импортер**

import² /ˈɪmpɔːt/ **noun 1** [C] a product which is imported from another country **импортируемый товар** [usually plural] *Japanese/American imports* **2** [U] when you import goods **ввоз, импортирование** *a ban on the import of beef* → Opposite **export**

importance /ɪmˈpɔːtəns/ **noun** [U] (B1) how important someone or something is **важность** *He emphasized* ***the importance of*** *following safety procedures.* ◦ *She* ***attaches*** *a lot of* ***importance to*** *personal possessions (= she thinks they are important).*

> **Слова-партнеры к importance**
>
> **central/great/major/paramount/the utmost/vital importance** • **emphasize/stress the importance of sth** • **attach (great) importance to sth** • **the importance of sth**

important /ɪmˈpɔːtənt/ **adjective 1** (A1) valuable, useful, or necessary **важный, значительный** *My family is very* ***important to*** *me.* ◦ [+ to do sth] *Listen, Donna has something important to say.* **2** (B1) having a lot of power, influence, or effect **важный, влиятельный** *an important person/decision* → Opposite **unimportant**

• **importantly adverb** (B2) **важно** *They provided hot showers and, more importantly, clean clothes.*

> **Другие способы сказать important**
>
> Прилагательные **big**, **major** и **significant** часто используют в значении ‘важный’.
>
> *This is a* ***big*** *game tonight – if Manchester United lose, they're out of the championship.*
>
> *This is a* ***major*** *decision so we'd better get it right.*
>
> *Did he make any* ***significant*** *changes to my suggestions?*
>
> О знаменитом человеке или о чем-то важном можно сказать, что они **... of note**.
>
> *Did she say anything* ***of note*** *at the meeting?*
>
> Важную/знаменитую персону можно охарактеризовать как **eminent**, **prominent** или **great**.
>
> *Her father was an* ***eminent*** *historian.*

impose /ɪmˈpəʊz/ **verb** [T] **1** to officially order

that a rule, tax, punishment, etc will happen **облагать, налагать** *to* ***impose*** *a* ***ban/tax*** ◦ *The judge* ***imposed*** *the death penalty* ***on*** *both men.* **2** to force someone to accept a belief or way of living **навязывать** *I don't want them to* ***impose*** *their religious beliefs* ***on*** *my children.*

PHRASAL VERB **impose on sb** to ask or expect someone to do something that may give them extra work or trouble **навязываться, беспокоить** *I hate to impose on you, but could I stay the night?*

imposing /ɪmˈpəʊzɪŋ/ **adjective** looking big and important in a way that people admire **впечатляющий, внушительный** *He was an* ***imposing figure*** *– tall and broad-chested.*

imposition /ˌɪmpəˈzɪʃən/ **noun 1** [U] when you impose something **обложение, наложение** *the imposition of a fine* **2** [C] the cause of extra work or trouble for someone else **неудобство, беспокойство** *It's a bit of an imposition, but could you take me to the airport?*

impossible[1] /ɪmˈpɒsəbl/ **adjective 1** B1 If an action or event is impossible, it cannot happen or be done. **невозможный** *an impossible task* ◦ *He finds walking almost impossible.* ◦ [+ to do sth] *It was impossible to sleep because of the noise.* **2** very difficult to deal with **невыносимый, неприемлемый** *You're putting me in an impossible position.*

• **impossibility** /ɪmˌpɒsəˈbɪləti/ **noun** [C, U] when something is impossible **невозможность** [usually singular] *I can't do it – it's a* ***physical impossibility.***

impossible[2] /ɪmˈpɒsəbl/ **noun the impossible** something that it is not possible to have or achieve **нечто невозможное**

impossibly /ɪmˈpɒsəbli/ **adverb** extremely, in a way that is very difficult to achieve or deal with **невозможно, невероятно** *a picture of an impossibly pretty woman*

impostor (also **imposter**) /ɪmˈpɒstəʳ/ **noun** [C] someone who pretends to be someone else in order to deceive people **самозванец**

impotent /ˈɪmpətənt/ **adjective 1** An impotent man is unable to have sex because his penis does not become or stay hard. **импотентный** **2** not having the power or strength to do anything to change a situation **бессильный, беспомощный** *When your child is ill, you feel so impotent.*

• **impotence** /ˈɪmpətəns/ **noun** [U] **импотенция, беспомощность**

impound /ɪmˈpaʊnd/ **verb** [T] If the police or someone in authority impounds something that belongs to you, for example your car, they take it away because you have broken the law. **изымать, конфисковывать**

impoverished /ɪmˈpɒvərɪʃt/ **adjective** formal **1** poor or made poor **обнищавший** *an impoverished country/family* **2** made worse or weaker **обедненный, скудный** *culturally/emotionally impoverished*

impractical /ɪmˈpræktɪkəl/ **adjective 1** Impractical ideas, methods, etc cannot be used or done easily. **непрактичный, нецелесообразный** **2** Impractical people are not good at making, repairing, or planning things. **непрактичный** **3** not suitable for using in normal situations **непрактичный** *I love high heels but they're rather impractical.*

imprecise /ˌɪmprɪˈsaɪs/ **adjective** not accurate or exact **неточный** *an imprecise description*

impress /ɪmˈpres/ **verb** [T] B2 to make someone admire or respect you **производить впечатление, поражать** *I was impressed by her professionalism.* ◦ *Sarah was hoping to* ***impress*** *him* ***with*** *her cooking.*

PHRASAL VERB **impress sth on sb** to make someone understand the importance of something **внушать, убеждать** *He tried to impress the importance of hygiene on them.*

impression /ɪmˈpreʃən/ **noun 1** [no plural] B2 an idea, feeling, or opinion about something or someone **впечатление, представление** [+ (that)] *I* ***got/had the impression*** *that he was bored.* ◦ *Monica* ***gives the impression*** *of being shy.* ◦ *Remember that it* ***makes a*** *bad* ***impression*** *if you're late.* ◦ *I think Mick* ***was under the impression that*** (= thought that) *we were married.* **2** [C, U] when you copy the way a particular person or animal speaks or behaves, often to make people laugh **пародия** *He* ***does a*** *brilliant* ***impression of*** *the president.* **3** [C] a mark left when an object is pressed into something soft **отпечаток, оттиск**

> **Слова-партнеры к impression**
>
> convey/create/give/make an impression • get an impression • be **under** an impression • a distinct/false/favourable/indelible/lasting/misleading impression

impressionable /ɪmˈpreʃənəbl/ **adjective** easy to influence **впечатлительный** *impressionable young people*

impressive /ɪmˈpresɪv/ **adjective** B2 Someone or something that is impressive makes you admire and respect them. **впечатляющий** *an impressive performance/view*

• **impressively adverb впечатляюще**

imprint /ˈɪmprɪnt/ **noun 1** [C] a mark left when an object is pressed into something soft **след, отпечаток** *The steps showed the imprint of his boots in the snow.* **2** [no plural] the effect that something leaves behind **печать, отпечаток** *Much of the house still* ***bears the imprint of*** *her personality.*

imprison /ɪmˈprɪzən/ **verb** [T] to put someone in prison or keep them as a prisoner **заключать в тюрьму** [often passive] *Taylor was imprisoned in 1969 for burglary.*

• **imprisonment** noun [U] тюремное заключение

improbable /ɪmˈprɒbəbl/ **adjective 1** not likely to be true or to happen **невероятный, неправдоподобный 2** surprising **невероятный** *Shirley seemed an improbable choice for a supermodel.*

• **improbably adverb невероятно, неправдоподобно**

impromptu /ɪmˈprɒmptjuː/ **adjective, adverb** not planned or prepared **импровизированный, экспромтом** *an impromptu performance/party*

improper /ɪmˈprɒpər/ **adjective** formal not correct, suitable, honest, or acceptable **неуместный** *improper conduct*

• **improperly adverb неуместно** *The court ruled that he had **acted improperly**.*

impropriety /ˌɪmprəˈpraɪəti/ **noun** [U] formal behaviour that is not correct, suitable, or honest **неуместность, нечестность** *The enquiry found no evidence of financial impropriety.*

improve /ɪmˈpruːv/ **verb** [I, T] A2 to get better or to make something better **улучшать(ся)** *Scott's behaviour has improved a lot lately.* ◦ *Every year thousands of students come to London to improve their English.* ◦ *improved earnings/productivity*

> **Другие способы сказать improve**
>
> Если что-то улучшается после периода плохих показателей, то можно употребить глаголы **rally** и **recover**.
>
> *The team played badly in the first half but **rallied** in the second.*
>
> *We are still waiting for the economy to **recover**.*
>
> Фразовые глаголы **look up** и **pick up** употребляют в неформальном общении, если идет речь об улучшении какой-либо ситуации.
>
> *Our financial situation is **looking up**.*
>
> *Business is really beginning to **pick up**.*
>
> Фразовый глагол **work on** означает "стараться улучшить что-либо".
>
> *You need to **work on** your technique.*
>
> Глагол **refine** употребляют, когда хотят сказать, что что-либо усовершенствуют путем небольших изменений.
>
> *A team of experts spent several months **refining** the software.*

PHRASAL VERB **improve on sth** to do something in a better way or with better results than before **совершенствовать, улучшать** *I hope our team can improve on last Saturday's performance.*

improvement /ɪmˈpruːvmənt/ **noun** [C, U] B1 when something gets better or when you make it better **улучшение** ***home improvements*** ◦ *There's been a noticeable **improvement in** her work this term.* ◦ *He's a definite **improvement on** her last boyfriend.* ◦ *Sadly, her health has **shown** no **improvement**.*

> **Слова-партнеры к improvement**
>
> **a continuous/dramatic/gradual/significant/slight** improvement • **bring about/notice/produce** an improvement • an improvement **in/to** sth

improvise /ˈɪmprəvaɪz/ **verb** [I, T] **1** to make or do something without any preparation, using only the things that are available **наскоро сооружать** *For a football, we improvised with some rolled-up socks.* **2** to play music or say words that you are inventing, not reading or remembering **импровизировать**

• **improvisation** /ˌɪmprəvaɪˈzeɪʃən/ **noun** [C, U] **импровизация**

impulse /ˈɪmpʌls/ **noun 1** [C] a sudden feeling that you must do something, without thinking about the results **побуждение, порыв** [usually singular] *Her **first impulse** was to run away.* **2 on impulse** suddenly and without thinking first **импульсивно** *I tend to act on impulse.* **3** [C] a short signal that carries information through a system, for example an electrical system or the nerves in your body **импульс**

> **Слова-партнеры к impulse**
>
> **resist** an impulse • **sb's first** impulse

impulsive /ɪmˈpʌlsɪv/ **adjective** Impulsive people do things suddenly, without planning or thinking carefully, but because they want to. **импульсивный**

• **impulsively adverb импульсивно**

impunity /ɪmˈpjuːnəti/ **noun** formal **with impunity** without being punished **безнаказанно** *Criminal gangs are terrorizing the city with apparent impunity.*

impure /ɪmˈpjʊər/ **adjective** not pure, but mixed with other substances **нечистый, с примесью**

• **impurity noun** [C, U] when something is impure or a substance that is impure **засоренность, примесь**

in- /ɪn-/ **prefix** not **не-, без-/бес-** *inaccurate* ◦ *insensitive*

in¹ /ɪn/ **preposition 1** A1 inside or towards the inside of a container, place, or area **в** *There's milk in the fridge.* ◦ *a shop in South London* ◦ *He put his hand in his pocket.* **2** A1 during part or all of a period of time **в, в течение, во время** *We're going to Italy in April.* ◦ *I started working here in 1993.* **3** A2 needing or using no more than a particular amount of time **за, через** *I'll be ready in a few minutes.* **4** A2 part of something **на, в** *Who's the woman in the painting?* ◦ *There's a few spelling mistakes in your essay.* **5** B1 involved in a particular kind of job **в** *a career in publishing/politics* **6** B1 connected with a particular subject **в, по** *a degree in philosophy* ◦ *advances in medical science* **7** B1 wearing **в** *Do you know that man in the grey suit?* **8** B1 expressed or written in a particular way указывает на образ действия, передается твор. падежом сущ., а в сочетании с сущ. передается наречиями *Complete the form in black ink.* ◦ *She spoke to him in Russian.* **9** B1 arranged in a particular way **в, по** *We sat down in a circle.* ◦ *Is this list in alphabetical order?* **10** B1 experiencing an emotion or condition **в** *She's in a bad mood this morning.* ◦ *The kitchen's in a terrible state.* **11 in all** B2 used to show the total amount of something **всего, в общей сложности** *Some of the children came, so there were 15 of us in all.*

in[2] /ɪn/ **adverb 1** A2 into an area or space from the outside of it **в, внутрь** *He rushed in halfway through the meeting.* ◦ *Annie opened the car door and threw her luggage in.* **2** B1 at the place where a person usually lives or works **на месте, дома** *I phoned, but she wasn't in.* ◦ *Could you ask him to ring me when he* ***gets in****?* **3** B1 If a train, plane, etc is in, it has arrived at the place it was going to. **в сочетании с некоторыми гл. означает 'прибывать, приезжать'** *My train gets in at 17.54.* **4** B2 given or sent to someone official in order to be read **в данном сочетании означает 'поступать, прибывать'** *Applications must be in by 28th February.* **5** used when the sea or a ship moves close to land **в сочетании с некоторыми гл. означает 'приближаться к берегу, наступать'** *Let's go – the tide is* ***coming in****.* **6 be in for sth** informal If someone is in for a surprise, treat, shock, etc, it will happen to them soon. **меня/его и т. д. ожидает что-либо** *If he thinks looking after a baby is easy, he's in for a shock.* **7 be in on sth** informal If you are in on something, you know about it or are involved in it. **быть в курсе чего-либо** *Were you in on the surprise?* ◦ *Please* ***let*** *me* ***in on*** *(= tell me) the secret.* **8** UK In cricket and similar sports, if a person or team is in, they are taking a turn to play. **подавать мяч (в крикете и т. д.)** **9 be in for it** (also UK **be for it**) to be in trouble **попасть (в неприятное положение)**

in[3] /ɪn/ **adjective** informal fashionable or popular **модный, популярный** *Pink is in this season.*

in[4] /ɪn/ **noun**

IDIOM **the ins and outs of sth** the details of a particular subject **тонкости** *the ins and outs of the legal system*

in[5] (also **in.**) B1 written abbreviation for inch (= a unit for measuring length) **дюйм**

inability /ˌɪnəˈbɪləti/ **noun** [no plural] when you are unable to do something **неспособность**

inaccessible /ˌɪnəkˈsesəbl/ **adjective** impossible or extremely difficult to get to **недоступный** *The plane crashed in a mountain area that was totally* ***inaccessible to*** *vehicles.*

inaccurate /ɪnˈækjərət/ **adjective** B2 not correct or exact **неточный, неправильный** *inaccurate information/figures*

• **inaccuracy** /ɪnˈækjərəsi/ **noun** [C, U] when something is not correct or exact **неточность, неправильность** *His book contains historical inaccuracies.*

inaction /ɪnˈækʃᵊn/ **noun** [U] when people do not take any action, especially about a problem **бездействие** *This announcement follows months of inaction and delay.*

inactive /ɪnˈæktɪv/ **adjective** not active or working **бездействующий** *Beetle grubs stay inactive underground until spring.*

• **inactivity** /ˌɪnækˈtɪvəti/ **noun** [U] when something or someone is not active or working **бездеятельность** *a* ***period of inactivity***

inadequacy /ɪˈnædɪkwəsi/ **noun 1** [C, U] when something or someone is not good enough or not of a high enough quality **неполноценность, несовершенство** *feelings of inadequacy* ◦ *He pointed out several* ***inadequacies in*** *the present system.* **2** [U] when there is not enough of something **недостаточность** *The basic problem is the inadequacy of our school budget.*

inadequate /ɪˈnædɪkwət/ **adjective 1** not good enough or too low in quality **неадекватный, неподходящий** *inadequate facilities/training* ◦ *Our equipment is totally* ***inadequate for*** *a job like this.* **2** not enough **недостаточный** *inadequate funds*

• **inadequately adverb неадекватно, недостаточно**

inadvertent /ˌɪnədˈvɜːtᵊnt/ **adjective** not done intentionally **неумышленный** *an inadvertent error*

• **inadvertently adverb неумышленно** *I had inadvertently picked up the wrong keys.*

inadvisable /ˌɪnədˈvaɪzəbl/ **adjective** likely to cause problems **неразумный, нерекомендуемый** *It is inadvisable for women to travel alone in this region.*

inane /ɪˈneɪn/ **adjective** very silly and annoying **нелепый, глупый** *an inane question*

inanimate /ɪˈnænɪmət/ **adjective** not alive **неодушевленный** *an* ***inanimate object***

inappropriate /ˌɪnəˈprəʊpriət/ **adjective** not suitable **неуместный, несоответствующий** *inappropriate behaviour* ◦ *It would* ***be inappropriate for*** *me to comment, without knowing the facts.*

• **inappropriately adverb неуместно**

inarticulate /ˌɪnɑːˈtɪkjələt/ **adjective** unable to express clearly what you feel or mean in words **неясно выражающий свои мысли, косноязычный**

inasmuch as /ɪnəzˈmʌtʃˌəz/ **conjunction** formal used to introduce a phrase which explains the degree to which something you have just said is true **до такой степени, что** *They were strict about our appearance inasmuch as we weren't allowed to wear jewellery or make-up.*

inaudible /ɪˈnɔːdəbl/ **adjective** impossible to

hear **неслышный** *His voice was almost inaudible.*

inaugural /ɪˈnɔːgjərəl/ **adjective** [always before noun] An inaugural speech, meeting, etc is the first one of a new organization or leader. **вступительный, при вступлении в должность** *the President's inaugural address*

inaugurate /ɪˈnɔːgjəreɪt/ **verb** [T] **1** to have a ceremony to celebrate an important person starting a new job, a new building opening, etc **торжественно вводить в должность** *Ronald Reagan was inaugurated in 1981.* **2** formal to start a new system or organization **открывать, начинать** *He inaugurated a programme to fight tuberculosis.*
• **inauguration** /ɪˌnɔːgjəˈreɪʃən/ **noun** [C, U] **инаугурация, открытие** *the inauguration of the Lord Mayor*

in-box (also **inbox**) /ˈɪnbɒks/ **noun** [C] **1** the place on a computer where email messages are sent **папка "Входящие" в электронной почте** **2** US (UK **in-tray**) a container where you keep letters and documents that need to be dealt with **контейнер для входящей документации**

Inc. written abbreviation for incorporated (= used after the name of some companies) **акционерное общество** *Macmillan Inc.*

incalculable /ɪnˈkælkjələbl/ **adjective** too big to measure **неисчислимый** *The cost in human terms is incalculable.*

incapable /ɪnˈkeɪpəbl/ **adjective incapable of sth/doing sth** not able to do something or to feel a particular emotion **неспособный** *He's incapable of controlling his temper.*

incapacitate /ˌɪnkəˈpæsɪteɪt/ **verb** [T] formal to make someone too ill or weak to work or do things normally **делать неспособным, лишать трудоспособности** [often passive] *He was incapacitated by illness.*
• **incapacity** /ˌɪnkəˈpæsəti/ **noun** [U] when you cannot do something because you do not have the ability or you are too weak **неспособность, нетрудоспособность**

incarcerate /ɪnˈkɑːsəreɪt/ **verb** [T] formal to put and keep someone in prison **заключать в тюрьму** [often passive] *Marks was incarcerated for robbery.*
• **incarceration** /ɪnˌkɑːsərˈeɪʃən/ **noun** [U] **тюремное заключение**

incarnate /ɪnˈkɑːnət/ **adjective** [always after noun] in human form **воплощенный, сущий** *He was acting like **the devil incarnate**.*

incarnation /ˌɪnkɑːˈneɪʃən/ **noun 1** [C] a particular form of something or someone that is changing or developing **воплощение** *In their new incarnation, the band have acquired a female singer.* **2 the incarnation of sth** the physical form of a god or quality **олицетворение** *the incarnation of evil/freedom* **3** [C] a particular life, in religions which believe we have many lives **(пере)воплощение**

incendiary /ɪnˈsendiəri/ **adjective** [always before noun] designed to cause a fire **зажигательный (о бомбе и т. д.)** *an **incendiary bomb/device***

incense /ˈɪnsens/ **noun** [U] a substance which burns with a strong, sweet smell, often used in religious ceremonies **ладан, фимиам**

incensed /ɪnˈsenst/ **adjective** extremely angry **разгневанный**

incentive /ɪnˈsentɪv/ **noun** [C, U] something that encourages you to act in a particular way **стимул** [+ to do sth] *People had little incentive to save.* ◦ *The government should **provide incentives for** young people to stay in school.*

> Слова-партнеры к **incentive**
>
> **have/provide** an incentive • an **added/powerful/strong** incentive • an incentive **for** sb

inception /ɪnˈsepʃən/ **noun** [no plural] formal the time when an organization or official activity began **начало, основание** *He has directed the project since its inception.*

incessant /ɪnˈsesənt/ **adjective** continuous, especially in a way that is annoying or unpleasant **непрерывный** *incessant rain/noise*
• **incessantly adverb непрерывно** *The phone rang incessantly.*

incest /ˈɪnsest/ **noun** [U] sex that is illegal because it is between closely related people, for example a father and daughter **кровосмешение**

incestuous /ɪnˈsestjuəs/ **adjective 1** involving sex between people who are closely related **кровосмесительный** **2** involving a group of people who are not interested in people or things outside the group **живущий собственными интересами** *Universities can be very incestuous places.*

inch¹ /ɪnʃ/ **noun** [C] **1** B1 (written abbreviation **in.**) a unit for measuring length, equal to 2.54 centimetres **дюйм** → See Study Page **Measurements** on page Centre 31. **2 not budge/give an inch** informal to refuse to change your opinions **не уступать ни на йоту** **3 to be every inch sth** to be a particular kind of person in every way **с головы до пят, во всем** *He is every inch a gentleman.*

inch² /ɪnʃ/ **verb inch closer/forward/up, etc** to move somewhere slowly or by very small amounts **осторожно двигаться ближе/вперед/вверх и т. д.**

incidence /ˈɪnsɪdəns/ **noun** [C] how often something happens, especially something bad **уровень, частота** [usually singular] *There's a high **incidence of** crime in the area.*

> Слова-партнеры к **incidence**
>
> a **high/increased/low** incidence • the incidence **of** sth

incident /ˈɪnsɪdənt/ **noun** [C] formal B2 an event,

especially one that is bad or unusual **случай, происшествие** *Police are investigating the incident.*

> **Слова-партнеры к incident**
> an incident **happens/occurs** • an **isolated** incident

incidental /ˌɪnsɪˈdentəl/ **adjective** less important than the thing something is connected with or part of **несущественный, побочный** *The lyrics here are **incidental to** the music.*

incidentally /ɪnsɪˈdentəli/ **adverb** used when you say something that is not as important as the main subject of conversation but is connected to it **кстати, между прочим** *Incidentally, talking of Stephen, have you met his girlfriend?*

incinerator /ɪnˈsɪnəreɪtəʳ/ **noun** [C] a machine that is used to burn waste, especially harmful materials **мусоросжигатель**

incipient /ɪnˈsɪpiənt/ **adjective** [always before noun] formal just beginning **начинающийся, появляющийся** *incipient wrinkles*

incision /ɪnˈsɪʒən/ **noun** [C] formal an opening that is made in something with a sharp tool, especially in someone's body during an operation **разрез, надрез**

incisive /ɪnˈsaɪsɪv/ **adjective** showing an ability to think quickly and clearly and deal with situations effectively **проницательный, острый** *incisive questions*

incite /ɪnˈsaɪt/ **verb** [T] to do or say something that encourages people to behave violently or illegally **побуждать, подстрекать** *They denied **inciting** the crowd **to** violence.*

• **incitement noun** [C, U] when someone does or says something that incites people **побуждение, подстрекательство**

incl written abbreviation for including or inclusive **сокращ. от including или inclusive**

inclination /ˌɪnklɪˈneɪʃən/ **noun** [C, U] a feeling that you want to do something **склонность, желание** [+ to do sth] *She **showed** little **inclination** to leave.*

incline[1] /ɪnˈklaɪn/ **verb** [T] formal If you incline your head, you bend your neck so that your face bends down. **наклонять**

PHRASAL VERB **incline to/towards sth** formal to think that a belief or opinion is probably correct **склоняться (к мысли, мнению и т. д.)** *I incline to the view that peace can be achieved.*

incline[2] /ˈɪnklaɪn/ **noun** [C] formal a slope **склон, скат** *a steep/gentle incline*

inclined /ɪnˈklaɪnd/ **adjective** [never before noun] **1 be inclined to think/believe/agree, etc** to have an opinion, but not a strong opinion **быть склонным считать/верить/соглашаться и т. д.** *I'm inclined to agree with you.* **2 inclined to do sth a** often behaving in a particular way **иметь склонность что-либо делать** *Tom is inclined to be forgetful.* **b** wanting to do something **намереваться, выражать желание сделать что-либо** *No one seemed inclined to help.* **3 artistically/technically, etc inclined** having natural artistic/technical, etc ability **имеющий склонность к искусству/технике и т. д.** *She's very bright, but not academically inclined.*

include /ɪnˈkluːd/ **verb** [T] **1** (A2) to have something or someone as part of something larger or more general, such as a group, price, or process **включать (в себя)** *His books include the best-selling novel 'The Foundling'.* ◦ *The price includes flights and three nights' accommodation.* **2** to allow someone to take part in an activity **включать, привлекать** [often passive] *Local residents were **included in** the initial planning discussions.* → Opposite **exclude**

including /ɪnˈkluːdɪŋ/ **preposition** (A2) used to show that someone or something is part of a larger group, amount, or process **включая** *Fourteen people, including a prison warden, were killed.* ◦ *It's £24.99, including postage and packing.*

inclusion /ɪnˈkluːʒən/ **noun** [C, U] when you include someone or something, especially in a group, amount, or event **включение** *Her self-portrait was chosen for inclusion in the exhibition.* → Opposite **exclusion**

inclusive /ɪnˈkluːsɪv/ **adjective 1** An inclusive price or amount includes everything. **включающий в себя** *Prices are **inclusive of** flights and accommodation.* **2** [always after noun] including the first and last date or number stated **включительно** *The course will run from October 19 to November 13, inclusive.* **3** Inclusive groups try to include many different types of people. **открытый (для участия)** *Our aim is to create a fairer, more inclusive society.* → Opposite **exclusive**

incoherent /ˌɪnkəʊˈhɪərənt/ **adjective** not using clear words or ideas, and difficult to understand **бессвязный** *His statement to the police was rambling and incoherent.*

• **incoherence** /ˌɪnkəʊˈhɪərəns/ **noun** [U] **бессвязность**

income /ˈɪŋkʌm/ **noun** [C, U] (B2) money that you earn by working, investing, or producing goods **доход** *families on **low incomes*** ◦ *Tourism accounts for 25% of the country's national income.*

> **Слова-партнеры к income**
> an **average/good/high/low/steady** income • **earn/have/provide** an income • **be on a (high/low, etc)** income

ˈ**income supˌport noun** [U] in the UK, money that is paid by the government to people who have very little or no income **пособие**

ˈ**income ˌtax noun** [C, U] tax that you have to pay on your income **подоходный налог**

incoming /ˈɪnˌkʌmɪŋ/ **adjective** [always before

noun] coming into a place or starting a job **входящий, вступающий (в должность и т. д.)** ***incoming phone calls/mail*** ◦ *the incoming government*

incomparable /ɪnˈkɒmpᵊrəbl/ **adjective** too good to be compared with anything or anyone else **несравненный** *incomparable beauty*

incompatible /ˌɪnkəmˈpætəbl/ **adjective 1** too different to exist or live together **несовместимый, противоречащий** *He regarded being a soldier as* ***incompatible with*** *his Christian faith.* **2** If equipment or software is incompatible with other equipment or software, it will not work with it. **несовместимый**

• **incompatibility** /ˌɪnkəmˌpætəˈbɪləti/ **noun** [U] when two people or things are incompatible **несовместимость**

incompetent /ɪnˈkɒmpɪtᵊnt/ **adjective** not able to do your job, or things that you are expected to do, successfully **некомпетентный, несведущий** *incompetent managers*

• **incompetence** /ɪnˈkɒmpɪtᵊns/ **noun** [U] **некомпетентность**

incomplete /ˌɪnkəmˈpliːt/ **adjective** not finished, or having one or more parts missing **неполный, незавершенный** *Decisions were made on the basis of incomplete information.*

• **incompleteness noun** [U] **неполнота, незавершенность**

incomprehensible /ɪnˌkɒmprɪˈhensəbl/ **adjective** impossible to understand **непонятный, непостижимый** *The instructions are almost incomprehensible.* ◦ *His behaviour is quite* ***incomprehensible to*** *me.*

incomprehension /ɪnˌkɒmprɪˈhenʃᵊn/ **noun** [U] formal when you do not understand something **непонимание** *She looked at him in total incomprehension.*

inconceivable /ˌɪnkənˈsiːvəbl/ **adjective** impossible to imagine **непостижимый, немыслимый** [+ that] *I find it inconceivable that she could be a killer.*

inconclusive /ˌɪnkənˈkluːsɪv/ **adjective** not leading to a definite decision or result **неубедительный, не дающий определенных результатов** ***inconclusive evidence/results*** ◦ *The battle was inconclusive.*

incongruous /ɪnˈkɒŋgruəs/ **adjective** formal strange or not suitable for a particular situation **нелепый, несообразный** *Bill was an incongruous sight, standing on the beach in his suit.*

inconsequential /ɪnˌkɒnsɪˈkwenʃᵊl/ **adjective** formal not important **не имеющий значения** *inconsequential remarks*

inconsiderate /ˌɪnkənˈsɪdᵊrət/ **adjective** not caring about other people's situations or the way they feel **не считающийся с другими** *It was very* ***inconsiderate of*** *you to keep us all waiting.*

inconsistency /ˌɪnkənˈsɪstᵊnsi/ **noun** [C, U] when something is inconsistent **противоречие** *The report was full of errors and inconsistencies.*

> **Слова-партнеры к inconsistency**
>
> (an) **apparent/glaring** inconsistency • (an) inconsistency **in** sth

inconsistent /ˌɪnkənˈsɪstənt/ **adjective 1** not staying the same in quality or behaviour **непоследовательный, противоречивый** *His homework is very inconsistent.* **2** not having the same principles as something else, or not agreeing with other facts **не соответствующий, противоречащий** *The story Robert told his mother is totally* ***inconsistent with*** *what he told me.*

inconspicuous /ˌɪnkənˈspɪkjuəs/ **adjective** not noticeable or attracting attention **незаметный, не бросающийся в глаза** *Emma tried to make herself as inconspicuous as possible.*

incontinent /ɪnˈkɒntɪnənt/ **adjective** not able to control when urine or faeces come out of your body **страдающий недержанием**

incontrovertible /ˌɪnˌkɒntrəˈvɜːtəbl/ **adjective** formal certainly true **неопровержимый** ***incontrovertible evidence/proof***

inconvenience /ˌɪnkənˈviːniəns/ **noun** [C, U] when something is inconvenient, or something that is inconvenient **неудобство, беспокойство** *The Director apologized for any* ***inconvenience caused.*** ◦ [usually singular] *Having to wait for ten minutes was a minor inconvenience.*

• **inconvenience verb** [T] **причинять неудобство** *There were complaints from travellers inconvenienced by delays and cancellations.*

inconvenient /ˌɪnkənˈviːniənt/ **adjective** (B2) involving or causing difficulty, such as unexpected changes or effort **неудобный** *I'm sorry, I seem to have called at an* ***inconvenient time.***

incorporate /ɪnˈkɔːpᵊreɪt/ **verb** [T] to include something as part of another thing **включать (в состав чего-либо)** *He began to* ***incorporate*** *dance and mime* ***into*** *his plays.*

• **incorporation** /ɪnˌkɔːpᵊrˈeɪʃᵊn/ **noun** [U] **включение**

Incorporated /ɪnˈkɔːpᵊreɪtɪd/ **adjective** (written abbreviation **Inc.**) used after the name of companies which have been organized in a particular legal way **акционерное (общество)** *They formed their own company, Broadcast Music Incorporated.*

incorrect /ˌɪnkᵊrˈekt/ **adjective** (B1) not correct **неправильный** *His answers were incorrect.*

• **incorrectly adverb неправильно** *My name is spelled incorrectly on your list.*

incorrigible /ɪnˈkɒrɪdʒəbl/ **adjective** having particular faults and impossible to change **неисправимый**

increase[1] /ɪnˈkriːs/ **verb** [I, T] (B1) to get bigger or to make something bigger in size or amount **увеличивать(ся)** *Eating fatty food increases the risk of heart disease.* ◦ *Exports of computers have* *increased* **by** *15% since January.* ◦ *increased demand/competition* → Opposite **decrease**

> **Другие способы сказать increase**
>
> Глаголы **grow** и **rise** часто употребляют вместо **increase**.
>
> *The number of people living alone* ***grows*** *each year.*
>
> *Prices* ***rose*** *by ten percent.*
>
> Фразовый глагол **go up** часто используют, когда говорят о росте цен.
>
> *House prices keep* ***going up****.*
>
> *The price of fuel has* ***gone up*** *by 5p a litre.*
>
> Когда говорят, что что-то резко и значительно увеличивается, то употребляют глаголы **escalate**, **rocket** или **soar**.
>
> *Crime in the city has* ***escalated*** *in recent weeks.*
>
> *Building costs have* ***rocketed*** *by seventy percent.*
>
> *House prices have* ***soared*** *this year.*
>
> Если кто-либо увеличивает размер или количество чего-либо, то употребляют глаголы **expand** или **extend**.
>
> *We're hoping to* ***expand/extend*** *our range of products.*
>
> Глагол **maximize** используют, когда что-то стараются максимально увеличить или повысить.
>
> *We need to* ***maximize*** *profits.*

increase² /ˈɪnkriːs/ **noun 1** B2 [C, U] when the number, size, or amount of something gets bigger **увеличение, повышение** *a price/tax increase* ◦ *We are seeing* ***an increase in*** *standards of living.* **2 on the increase** If something is on the increase, it is happening more often. **расти, увеличиваться** *Violent crime is on the increase.* → Opposite **decrease**

> **Слова-партнеры к increase**
>
> a **dramatic/sharp/significant/slight/substantial** increase • an increase **in** sth

increasingly /ɪnˈkriːsɪŋli/ **adverb** B2 more and more **все более** *increasingly important* ◦ *Increasingly, education is seen as a right, not a privilege.*

incredible /ɪnˈkredɪbl/ **adjective 1** informal B1 very good, exciting, or large **невероятный, удивительный** *We had an incredible time that summer.* ◦ *an incredible noise* **2** B2 too strange to be believed **невероятный, неслыханный** *an incredible story*

incredibly /ɪnˈkredɪbli/ **adverb 1** informal B2 extremely **невероятно, поразительно** *The team played incredibly well.* **2** in a way that is difficult to believe **невероятно, неслыханно** *Incredibly, no one was hurt.*

incredulous /ɪnˈkredjələs/ **adjective** not able to believe something **недоверчивый, скептический** *He looked incredulous when I told him the results.*

• **incredulity** /ˌɪnkrəˈdjuːləti/ **noun** [U] **недоверие** • **incredulously adverb недоверчиво**

increment /ˈɪnkrəmənt/ **noun** [C] formal one of a series of increases **прибавка, прирост** *pay increments*

incremental /ˌɪnkrəˈmentᵊl/ **adjective** formal increasing by small amounts **возрастающий** *incremental changes*

incriminate /ɪnˈkrɪmɪneɪt/ **verb** [T] to make someone seem guilty of a crime or to show that they are guilty **инкриминировать, обвинять** [often reflexive] *He refused to answer questions on the grounds that he might incriminate himself.*

incriminating /ɪnˈkrɪmɪneɪtɪŋ/ **adjective** Something that is incriminating makes someone seem guilty of a crime. **инкриминирующий, обвиняющий** *incriminating evidence/remarks*

incubator /ˈɪŋkjʊbeɪtəʳ/ **noun** [C] a heated container that provides the right conditions for a baby born too early, or for very young birds, animals, or eggs **инкубатор**

incumbent¹ /ɪnˈkʌmbənt/ **noun** [C] formal someone who has an official job, especially a political one **лицо, занимающее должность** *the previous incumbent*

incumbent² /ɪnˈkʌmbənt/ **adjective 1 be incumbent on/upon sb to do sth** formal to be someone's duty or responsibility to do something **быть чьим-либо долгом сделать что-либо 2** [always before noun] holding an official job, especially a political one **занимающий пост, действующий** *the incumbent president*

incur /ɪnˈkɜːʳ/ **verb** [T] (present participle **incurring**, past tense and past participle **incurred**) formal to experience something unpleasant as a result of something you have done **навлекать на себя** *to* ***incur debts*** ◦ *I am sorry to have incurred his anger.*

incurable /ɪnˈkjʊərəbl/ **adjective** impossible to cure **неизлечимый** *an* ***incurable disease***

incursion /ɪnˈkɜːʃᵊn/ **noun** [C] formal a sudden attack or entry into an area that belongs to other people **вторжение** ***incursions into*** *enemy territory*

indebted /ɪnˈdetɪd/ **adjective 1 be indebted to sb** to be very grateful to someone **быть признательным кому-либо** *I'm indebted to my parents for all their support.* **2** having a debt to pay **находящийся в долгу** *indebted countries*

• **indebtedness noun** [U] **задолженность**

indecent /ɪnˈdiːsᵊnt/ **adjective** showing or consisting of sexual behaviour, language, etc which is unacceptable to most people **непристойный** *indecent photographs*

• **indecency** /ɪnˈdiːsᵊnsi/ **noun** [U] indecent behaviour, or when something is indecent непристойность • **indecently adverb** непристойно

indecision /ˌɪndɪˈsɪʒᵊn/ **noun** [U] when you cannot make a decision **нерешительность** *a moment of indecision*

indecisive /ˌɪndɪˈsaɪsɪv/ **adjective** not good at making decisions, or not producing a decision **нерешительный** *She was weak and indecisive.*

indeed /ɪnˈdiːd/ **adverb** **1** B1 used to add emphasis after 'very' followed by an adjective or adverb **в самом деле, действительно** *For a four-year-old, her vocabulary is very good indeed.* ◦ *Thank you very much indeed.* **2** used when someone has said something that surprises, interests, or annoys you **в самом деле? да ну!** *"She asked if you were married." "Did she, indeed?"* **3** B1 used to emphasize that something is true or that you agree with it **несомненно** *"He sounds a very interesting man." "He is indeed."* **4** formal used when you say more to support or develop what has already been said **даже** *For such creatures speed is not important, indeed it is counterproductive.*

indefatigable /ˌɪndɪˈfætɪgəbl/ **adjective** formal never becoming tired **неутомимый** *She was indefatigable in promoting her cause.*

indefensible /ˌɪndɪˈfensəbl/ **adjective** completely wrong, and so impossible to defend or support **непростительный, не могущий быть оправданным** *Racism is* ***morally indefensible***.

indefinable /ˌɪndɪˈfaɪnəbl/ **adjective** difficult to describe or explain **неопределимый, неясный** *an indefinable atmosphere of tension*

indefinite /ɪnˈdefɪnət/ **adjective** with no fixed time, size, end, or limit **неограниченный, неопределенный** *an* ***indefinite period***

inˌdefinite ˈarticle noun [C] B1 in grammar, a phrase used to mean the words 'a' or 'an' **неопределенный артикль** → Compare **definite article**

indefinitely /ɪnˈdefɪnətli/ **adverb** for a period of time for which no end has been fixed **на неопределенное время** *His visit has been* ***postponed indefinitely***.

indelible /ɪnˈdeləbl/ **adjective** **1** impossible to forget **неизгладимый** *an indelible impression/image* **2** impossible to wash away or remove **несмываемый** ***indelible ink***

indemnity /ɪnˈdemnəti/ **noun** formal **1** [U] protection against possible damage or punishment **гарантия от убытков/наказания** **2** [C, U] money paid or promised to you if something valuable to you is lost or damaged **компенсация (убытков)** *indemnity insurance*

indentation /ˌɪndenˈteɪʃᵊn/ **noun** [C] a mark, cut, or hole in the surface of something **отпечаток, зарубка, впадина**

independence /ˌɪndɪˈpendəns/ **noun** [U] **1** B2 when someone looks after themselves and does not need money, help, or permission from other people **независимость, самостоятельность** *My parents gave me a lot of independence.* ◦ *Many old people are afraid of* ***losing*** *their* ***independence***. **2** B2 when a country has its own government and is not ruled by another country **независимость** *Mexico* ***gained*** *its* ***independence from*** *Spain in 1821.*

> Слова-партнеры к **independence**
>
> achieve/gain independence • independence from sth

Indeˈpendence ˌDay noun (also **Fourth of July**) 4 July, a national holiday in the US to celebrate the country's freedom from Great Britain in 1776 **День независимости**

independent[1] /ˌɪndɪˈpendənt/ **adjective** **1** B2 not controlled or ruled by anyone else **независимый** *an independent state/company* ◦ *The group is* ***independent of*** *any political party.* **2** B1 not wanting or needing anyone else to help you or do things for you **самостоятельный** *She's a proud, independent woman.* **3** B2 not influenced by anyone or anything else **независимый, объективный** *an independent expert/study*
• **independently adverb** B2 **независимо, самостоятельно** *to operate independently*

independent[2] /ˌɪndɪˈpendənt/ **noun** [C] a politician who does not belong to a political party **политик, не принадлежащий к какой-либо партии**

in-depth /ˈɪnˌdepθ/ **adjective** [always before noun] involving or considering all the details of something **глубокий, всесторонний** ***in-depth knowledge***

indescribable /ˌɪndɪˈskraɪbəbl/ **adjective** so good, bad, large, etc that it is impossible to describe **неописуемый** *an indescribable feeling* ◦ *indescribable agony*

indestructible /ˌɪndɪˈstrʌktəbl/ **adjective** impossible to destroy or break **неразрушимый**

indeterminate /ˌɪndɪˈtɜːmɪnət/ **adjective** impossible to know **неопределенный** *a large woman of* ***indeterminate age***

index[1] /ˈɪndeks/ **noun** [C] **1** (plural **indexes**) an alphabetical list of subjects or names at the end of a book, showing on what page they are found in the text **индекс, алфавитный указатель** *Look up 'heart disease'* ***in the index***. **2** (plural **indexes**) a collection of information stored on a computer or on cards in alphabetical order **индекс, каталог** **3** (plural **indices**, **indexes**) a system for comparing different values and recording changes, especially in financial markets **индекс, показатель** *the retail price index*

index[2] /ˈɪndeks/ **verb** [T] to make an index for text or information, or arrange it in an index **составлять индекс**

ˈindex ˌfinger noun [C] the finger next to your thumb **указательный палец**

Indian /ˈɪndiən/ **noun** [C] **1** someone from India

индиец **2** an American Indian (= one of the original race of people who lived in North America) **индеец** → See also **West Indian**

indicate /ˈɪndɪkeɪt/ **verb** **1** [T] to show that something exists or is likely to be true **указывать, свидетельствовать** [+ (that)] *Recent evidence indicates that the skeleton is about 3 million years old.* **2** [T] (B2) to say something or give a signal to show what you mean or what you intend to do **выражать, давать понять** *He has indicated his intention to resign.* **3** [T] to point to someone or something **указывать, показывать** *He indicated a man in a dark coat.* **4** [I, T] UK to show that you intend to turn left or right when you are driving **показывать поворот** *The driver turned right without indicating.*

indication /ˌɪndɪˈkeɪʃən/ **noun** [C, U] **1** a sign showing that something exists or is likely to be true **признак, фактор** [+ (that)] *There are **strong indications** that the case will be referred to the Court of Appeal.* **2** a sign showing what someone means or what they intend to do **признак, указание** *Helen's face **gave** no **indication of** what she was thinking.*

> Слова-партнеры к **indication**
>
> a **clear/good/strong** indication • an indication **of** sth

indicative¹ /ɪnˈdɪkətɪv/ **adjective** formal **1 be indicative of sth** to be a sign that something exists, is true, or is likely to happen **свидетельствовать, быть признаком чего-либо** *These statistics are indicative of a widespread problem.* **2** An indicative form of a verb is used to express a fact or action. **изъявительное (наклонение)**

indicative² /ɪnˈdɪkətɪv/ **noun** [no plural] the indicative form of a verb **изъявительное наклонение**

indicator /ˈɪndɪkeɪtəʳ/ **noun** [C] **1** a fact, measurement, or condition that shows what something is like or how it is changing **показатель** *With some goods, cost is the most reliable **indicator of** quality.* **2** UK (US **turn signal**) a light that flashes on a vehicle to show that the driver intends to turn right or left **индикатор** → See **Car** on page Centre 7

> Слова-партнеры к **indicator**
>
> a **good/reliable/useful** indicator • an indicator **of** sth

indict /ɪnˈdaɪt/ **verb** [T] formal to accuse someone officially of a crime **предъявлять обвинение** [often passive] *Pound was **indicted for** treason.*

indictment /ɪnˈdaɪtmənt/ **noun** **1** [C] something which shows the bad things which a person or system is responsible for **обвинение** *The novel is a scathing **indictment of** the slave trade.* **2** [C, U] when someone is legally indicted, or the official document or process for doing this **предъявление обвинения, обвинительный акт**

indie /ˈɪndi/ **noun** [C, U] informal a small independent music company or film producer **независимая музыкальная компания или независимый продюсер** ***indie music/bands***

indifference /ɪnˈdɪfərəns/ **noun** [U] when you do not care about something or have any particular opinions about it **равнодушие** *an air of indifference*

> Слова-партнеры к **indifference**
>
> **callous/casual/cold** indifference • indifference **to/towards** sth

indifferent /ɪnˈdɪfərənt/ **adjective** **1** not caring about or interested in someone or something **равнодушный** *They are **indifferent to** the plight of the unemployed.* **2** neither good nor bad **посредственный** *an indifferent performance*

indigenous /ɪnˈdɪdʒɪnəs/ **adjective** having always lived or existed in a place **туземный, коренной** ***indigenous peoples*** ◦ *The kangaroo is **indigenous to** Australia.*

indigestion /ˌɪndɪˈdʒestʃən/ **noun** [U] pain which you feel when your stomach is unable to digest food correctly **несварение желудка**

indignant /ɪnˈdɪɡnənt/ **adjective** angry because you have been treated badly or unfairly **возмущенный, негодующий** *Consumers are **indignant at/about** the high prices charged by car dealers.*

• **indignantly adverb возмущенно, негодующе**

indignation /ˌɪndɪɡˈneɪʃən/ **noun** [U] when someone is indignant **возмущение, негодование** *His voice was trembling with indignation.*

indignity /ɪnˈdɪɡnəti/ **noun** [C, U] a situation which makes you lose respect or look silly, or the feeling of shame and embarrassment it gives you **унижение** [+ of + doing sth] *They **suffered the indignity** of being searched like common criminals.*

indigo /ˈɪndɪɡəʊ/ **noun** [U] a blue-purple colour **цвет индиго**

• **indigo adjective цвета индиго**

indirect /ˌɪndɪˈrekt/ **adjective** **1** not directly caused by or connected with something **косвенный** ***Indirect effects** of the fighting include disease and food shortages.* **2** hidden, or not taken or given in a way that is obvious **косвенный, скрытый** ***indirect taxes/costs*** ◦ *an indirect criticism* **3** not going straight from one place or person to another **непрямой, обходной** *an indirect route*

• **indirectly adverb косвенно, непрямо**

ˌindirect ˈobject noun [C] The indirect object of a verb with two objects is the person or thing that is affected by the result of the action of the verb. In the sentence 'Give Val some cake.', 'Val' is the indirect object. **косвенное дополнение** → Compare **direct object**

indiscreet /ˌɪndɪˈskriːt/ **adjective** saying or doing things which let people know things that should be secret **несдержанный** *indiscreet remarks*

• **indiscretion** /ˌɪndɪˈskreʃᵊn/ **noun** [C, U] **неосторожность в высказывании**

indiscriminate /ˌɪndɪˈskrɪmɪnət/ **adjective** not planned or controlled in a responsible or careful way **действующий без разбора, огульный** *the indiscriminate use of pesticides*

• **indiscriminately adverb без разбора** *The gunman **fired indiscriminately** into the crowd.*

indispensable /ˌɪndɪˈspensəbl/ **adjective** completely necessary **совершенно необходимый** *an **indispensable tool/guide*** ◦ *She quickly became **indispensable to** him.*

indisputable /ˌɪndɪˈspjuːtəbl/ **adjective** obviously and certainly true **неоспоримый** *an **indisputable fact***

indistinct /ˌɪndɪˈstɪŋkt/ **adjective** not clear **неясный, невнятный** *His words became indistinct.*

indistinguishable /ˌɪndɪˈstɪŋgwɪʃəbl/ **adjective** impossible to see or hear as different or separate **неразличимый, неотличимый** *Many toy pistols are **indistinguishable from** real guns.*

individual¹ /ˌɪndɪˈvɪdʒuəl/ **adjective** **1** [always before noun] B1 considered separately from other things in a group **отдельный, одиночный** *Read out the individual letters of each word.* **2** B1 given to or relating to one particular person or thing **индивидуальный** *We deal with each case on an **individual basis**.*

individual² /ˌɪndɪˈvɪdʒuəl/ **noun** [C] **1** B2 a person, especially when considered separately and not as part of a group **личность, индивидуальность** *We try to treat our students as individuals.* **2** informal a person with a special characteristic, usually one you dislike **личность, тип** *a ruthless individual*

individualism /ˌɪndɪˈvɪdʒuəlɪzᵊm/ **noun** [U] the quality of being different from other people **индивидуализм**

individualist /ˌɪndɪˈvɪdʒuəlɪst/ **noun** [C] someone who likes to behave or do things differently from other people **индивидуалист**

• **individualistic** /ˌɪndɪˌvɪdʒuəˈlɪstɪk/ **adjective** behaving or doing things differently from other people **индивидуалистический**

individuality /ˌɪndɪˌvɪdʒuˈæləti/ **noun** [U] the quality of being different from others **индивидуальность, особенность** *The houses had no character and no individuality.*

individually /ˌɪndɪˈvɪdʒuəli/ **adverb** separately and not as a group **индивидуально, отдельно** *He apologized to each person individually.*

indoctrinate /ɪnˈdɒktrɪneɪt/ **verb** [T] to make someone accept your ideas and beliefs by repeating them so often that they do not consider any others **внушать (идеи и т. д.)** *They try to indoctrinate young people with their religious beliefs.*

• **indoctrination** /ɪnˌdɒktrɪˈneɪʃᵊn/ **noun** [U] **идеологическая обработка** ***political indoctrination***

indoor /ˌɪnˈdɔːʳ/ **adjective** [always before noun] A2 happening, used, or existing in a building **находящийся в помещении** *an indoor swimming pool*

indoors /ˌɪnˈdɔːz/ **adverb** B1 into or inside a building **в помещение, в помещении** *If you're feeling cold, we can go indoors.*

induce /ɪnˈdjuːs/ **verb** [T] **1** formal to persuade someone do something **побуждать, склонять** [+ to do sth] *Nothing would induce me to marry that man!* **2** formal to cause a particular condition **вызывать, стимулировать** *High doses of the drug may induce depression.* **3** to give a woman a drug to make her have a baby earlier than she would naturally **стимулировать (роды)**

inducement /ɪnˈdjuːsmənt/ **noun** [C, U] formal something that someone offers you to try to persuade you to do something **приманка, стимул** *They offered me more money as an inducement to stay.*

induct /ɪnˈdʌkt/ **verb** [T] formal to accept someone officially as a member of an organization **вводить (в должность), принимать в члены** *He was **inducted into** the army in 1943.*

induction /ɪnˈdʌkʃᵊn/ **noun** [C, U] when someone is officially accepted into a new job or an organization **введение в должность, вступление** *a two-week **induction course***

indulge /ɪnˈdʌldʒ/ **verb** **1** [I, T] to let yourself do or have something that you enjoy but which may be bad for you **позволять себе, предаваться удовольствиям** *They **indulged in** a bit of gossip.* ◦ [often reflexive] *Go on, indulge yourself! Have another chocolate.* **2** [T] to let someone do or have anything they want **потворствовать, баловать** *Their children are dreadfully indulged.*

indulgence /ɪnˈdʌldʒəns/ **noun** **1** [U] when you eat or drink too much or do anything you want **излишества** **2** [C] something that you do or have because you want to, not because you need it **потворство своим желаниям** *Silk sheets are one of my indulgences.*

indulgent /ɪnˈdʌldʒənt/ **adjective** If you are indulgent to someone, you give them anything they want and do not mind if they behave badly. **снисходительный, потворствующий** *an indulgent father*

• **indulgently adverb снисходительно, потворствующе** *She **smiled indulgently** at her son.* → See also **self-indulgent**

industrial /ɪnˈdʌstriəl/ **adjective** **1** B2 connected with industry **промышленный, индустриальный** *the **industrial revolution*** **2** B2 with a lot of factories **промышленный** *an industrial city such as Sheffield*

in͵dustrial ˈaction **noun** [U] UK when workers stop working or do less work because they want better pay or conditions **забастовка**

in͵dustrial esˈtate **noun** [C] UK (US **industrial park**) an area where there are a lot of factories and businesses **промышленная зона**

industrialist /ɪnˈdʌstriəlɪst/ **noun** [C] someone who owns or has an important position in a large industrial company **собственник или руководитель промышленного предприятия**

industrialization /ɪn͵dʌstriəlaɪˈzeɪʃən/ **noun** [U] the process of developing industries in a country **индустриализация** *Japan's rapid industrialization*

industrialized (also UK **-ised**) /ɪnˈdʌstriəlaɪzd/ **adjective** Industrialized countries have a lot of industry. **промышленно развитой** *the **industrialized nations***

inˈdustrial ͵park **noun** [C] US (UK **industrial estate**) an area where there are a lot of factories and businesses **промышленная зона**

in͵dustrial triˈbunal **noun** [C] in the UK, a type of law court that decides on disagreements between companies and their workers **суд, решающий трудовые конфликты**

industrious /ɪnˈdʌstriəs/ **adjective** formal Industrious people work hard. **трудолюбивый**
• **industriously** **adverb** **усердно**

industry /ˈɪndəstri/ **noun** **1** [U] (B2) the production of goods in factories **промышленность** *heavy industry* **2** [C] (B1) all the companies involved in a particular type of business **промышленность, индустрия** *the entertainment industry*

> **Слова-партнеры к industry**
> an **important/major/thriving** industry • an industry **booms/grows**

inedible /ɪˈnedɪbl/ **adjective** not suitable for eating **несъедобный** *The meat was inedible.*

ineffective /͵ɪnɪˈfektɪv/ **adjective** If something is ineffective, it does not work well. **неэффективный**
• **ineffectively** **adverb** **неэффективно** • **ineffectiveness** **noun** [U] **неэффективность**

ineffectual /͵ɪnɪˈfektʃuəl/ **adjective** Ineffectual people or actions do not achieve much. **неэффективный, неудачный** *a weak and ineffectual president*
• **ineffectually** **adverb** **неэффективно, неудачно**

inefficient /͵ɪnɪˈfɪʃənt/ **adjective** Inefficient people or things waste time, money, or effort, and do not achieve as much as they should. **неумелый, недейственный** *an inefficient heating system*
• **inefficiently** **adverb** **неэффективно** • **inefficiency** /͵ɪnɪˈfɪʃənsi/ **noun** [C, U] **неспособность, недейственность**

ineligible /ɪˈnelɪdʒəbl/ **adjective** not allowed to do something or have something **не имеющий права, неподходящий** [+ to do sth] *Foreign residents are ineligible to vote.* ◦ *Non-graduates are **ineligible for** this position.*
• **ineligibility** /ɪ͵nelɪdʒəˈbɪləti/ **noun** [U] **отсутствие права, непригодность**

inept /ɪˈnept/ **adjective** unable to do something well **неумелый, неспособный** *socially inept* ◦ *She was totally **inept at** telling jokes.*
• **ineptly** **adverb** **неумело** • **ineptitude** /ɪˈneptɪtjuːd/ **noun** [U] **неумение, неспособность**

inequality /͵ɪnɪˈkwɒləti/ **noun** [C, U] when some groups in a society have more advantages than others **неравенство** ***inequality between** the sexes*

> **Слова-партнеры к inequality**
> **gender/racial/social** inequality • inequality **between** sb and sb

inequity /ɪˈnekwəti/ **noun** [C, U] when something is unfair, or something that is unfair **несправедливость** *inequities in the health care system*

inert /ɪˈnɜːt/ **adjective** formal **1** Inert substances do not produce a chemical reaction when another substance is added. **инертный** *inert gases* **2** not moving **бездейственный** *Vanessa **lay inert** on the sofa.*
• **inertly** **adverb** **вяло, неактивно**

inertia /ɪˈnɜːʃə/ **noun** [U] **1** when a situation remains the same or changes very slowly **инертность** *the inertia of larger organizations* **2** when you are too lazy to do anything **инертность, бездействие** *International inertia could lead to a major disaster in the war zone.* **3** the physical force that keeps something in the same position or moving in the same direction **инерция**

inescapable /͵ɪnɪˈskeɪpəbl/ **adjective** An inescapable fact cannot be ignored. **неизбежный** *Racial discrimination is an **inescapable fact** of life for some people.*
• **inescapably** **adverb** **неизбежно**

inevitable /ɪˈnevɪtəbl/ **adjective** **1** If something is inevitable, you cannot avoid or prevent it. **неизбежный** [+ (that)] *It was inevitable that his crime would be discovered.* **2 the inevitable** something that cannot be prevented **нечто неизбежное** *Eventually the inevitable happened and he had a heart attack.*
• **inevitably** **adverb** **неизбежно** *Inevitably, there was a certain amount of fighting between the groups.* • **inevitability** /ɪ͵nevɪtəˈbɪləti/ **noun** [U] **неизбежность**

inexcusable /͵ɪnɪkˈskjuːzəbl/ **adjective** Inexcusable behaviour is too bad to be forgiven. **непростительный** *His rudeness was inexcusable.*

• **inexcusably adverb** **непростительно**

inexhaustible /ˌɪnɪɡˈzɔːstəbl/ **adjective** existing in very large amounts that will never be finished **неисчерпаемый** *The Internet is an* ***inexhaustible source*** *of information.*

inexorable /ɪˈneksərəbl/ **adjective** formal continuing without any possibility of being stopped **неудержимый** *the inexorable progress of civilization*

• **inexorably adverb** **неудержимо** *These events* ***led inexorably*** *to war.*

inexpensive /ˌɪnɪkˈspensɪv/ **adjective** B1 cheap but of good quality **недорогой** *inexpensive children's clothes*

inexperience /ˌɪnɪkˈspɪəriəns/ **noun** [U] when you do not know how to do something because you have not done it or experienced it much before **неопытность** *The accident was probably caused by the driver's inexperience.*

inexperienced /ˌɪnɪkˈspɪəriənst/ **adjective** B2 without much experience or knowledge of something **неопытный** *Kennedy was young and inexperienced.*

inexplicable /ˌɪnɪkˈsplɪkəbl/ **adjective** so strange or unusual that you cannot understand or explain it **необъяснимый** *To me his behaviour was quite inexplicable.*

• **inexplicably adverb** **необъяснимо**

inextricably /ˌɪnɪkˈstrɪkəbli/ **adverb** If things are inextricably connected, they are so closely connected that you cannot separate them. **неразрывно** *His story is* ***inextricably linked*** *with that of his brother.*

infallible /ɪnˈfæləbl/ **adjective** always right, true, or correct **непогрешимый, верный** *infallible evidence of guilt* ◦ *They're experts, but they're not infallible.*

• **infallibility** /ɪnˌfæləˈbɪləti/ **noun** [U] **непогрешимость**

infamous /ˈɪnfəməs/ **adjective** famous for being bad **пользующийся дурной славой** *The area became infamous for its slums.*

infancy /ˈɪnfənsi/ **noun** **1** [U] when you are a baby or a very young child **младенчество** *Their fourth child died* ***in infancy.*** **2 in its infancy** Something that is in its infancy has only just begun to develop. **на ранней стадии развития** *In the 1950s, space travel was in its infancy.*

infant /ˈɪnfənt/ **noun** [C] formal a baby or very young child **младенец**

infantile /ˈɪnfəntaɪl/ **adjective** behaving like a young child in a way that seems silly **инфантильный** *Don't be so infantile.*

infantry /ˈɪnfəntri/ **noun** [U, group] soldiers who fight on foot **пехота**

infatuated /ɪnˈfætjueɪtɪd/ **adjective** If you are infatuated with someone, you feel extremely strongly attracted to them. **потерявший голову, влюбленный** *As the weeks passed he became totally* ***infatuated with*** *her.*

• **infatuation** /ɪnˌfætjuˈeɪʃən/ **noun** [C, U] **страстная влюбленность**

infect /ɪnˈfekt/ **verb** [T] **1** to give someone a disease **заражать** [often passive] *Thousands of people were* ***infected with*** *the virus.* **2** If a place, wound, or substance is infected, it contains bacteria or other things that can cause disease. **заносить инфекцию, гноиться** [often passive] *The wound became infected.* ◦ *infected water/meat* → Compare **disinfect** **3** to make other people feel the same way as you do **заражать (весельем и т. д.)** [often passive] *They became infected by the general excitement.*

infection /ɪnˈfekʃən/ **noun** [C, U] B2 a disease in a part of your body that is caused by bacteria or a virus **инфекция** *an ear/throat infection*

infectious /ɪnˈfekʃəs/ **adjective** **1** An infectious disease can be passed from one person to another. **заразный** **2** Infectious laughter or feelings quickly spread from one person to another. **заразительный** ***infectious enthusiasm***

infer /ɪnˈfɜːr/ **verb** [T] (present participle **inferring**, past tense and past participle **inferred**) formal to guess that something is true because of the information that you have **заключать, делать вывод** [+ (that)] *I* ***inferred from*** *the number of cups that he was expecting visitors.*

inference /ˈɪnfərəns/ **noun** [C] formal a fact that you decide is true because of the information that you have **вывод, заключение** *What* ***inferences*** *can we* ***draw*** *from this?*

inferior[1] /ɪnˈfɪəriər/ **adjective** not good, or not so good as someone or something else **худший, низший (по положению, уровню и т. д.)** *I've never felt* ***inferior to*** *anyone.* ◦ *They're selling inferior products at inflated prices.*

• **inferiority** /ɪnˌfɪəriˈɒrəti/ **noun** [U] when something is not as good as another thing, or when someone feels they are not as good as other people **неполноценность, чувство неполноценности**

inferior[2] /ɪnˈfɪəriər/ **noun** [C] someone who is considered to be less important than other people **человек, считающийся хуже других**

inferno /ɪnˈfɜːnəʊ/ **noun** [C] literary a very large hot fire **огонь, пожар**

infertile /ɪnˈfɜːtaɪl/ (US) /ɪnˈfɜːrtəl/ **adjective** **1** An infertile person or animal cannot have babies. **бесплодный** **2** Infertile land is not good enough for plants to grow well there. **неплодородный**

• **infertility** /ˌɪnfəˈtɪləti/ **noun** [U] when a person or piece of land is infertile **бесплодие, неплодородность**

infest /ɪnˈfest/ **verb** [T] If insects, animals, weeds (= plants you do not want), etc infest a place, they cause problems by being there in large numbers. **наводнять, кишеть** [often passive] *The hotel was* ***infested with*** *cockroaches.*

infidelity /ˌɪnfɪˈdeləti/ **noun** [C, U] when someone who is married or in a relationship has sex with someone who is not their wife, husband, or regular partner **неверность, измена**

infighting /ˈɪnˌfaɪtɪŋ/ **noun** [U] arguments between the members of a group **внутренняя борьба** ***political infighting***

infiltrate /ˈɪnfɪltreɪt/ **verb** [T] to secretly join a group or organization so that you can learn more about them **проникать, внедряться** *A journalist managed to infiltrate the gang of drug dealers.*
• **infiltration** /ˌɪnfɪlˈtreɪʃən/ **noun** [C, U] **проникновение, внедрение** • **infiltrator noun** [C] **шпион**

infinite /ˈɪnfɪnət/ **adjective 1** extremely large or great **бесконечный, безграничный** *She took infinite care with the painting.* **2** without limits or without an end **беспредельный** *God's power is infinite.*

infinitely /ˈɪnfɪnətli/ **adverb** very or very much **бесконечно, намного** *Travel is infinitely more comfortable now than it used to be.*

infinitive /ɪnˈfɪnətɪv/ **noun** [C] B1 the basic form of a verb that usually follows 'to'. In the sentence 'She decided to leave.', 'to leave' is an infinitive. **инфинитив**

infinity /ɪnˈfɪnəti/ **noun** [U] **1** time or space that has no end **бесконечность 2** a number that is larger than all other numbers **бесконечность**

infirm /ɪnˈfɜːm/ **adjective** formal weak or ill, especially because of being old **немощный**

infirmary /ɪnˈfɜːməri/ **noun** [C] **1** UK formal used in the name of some hospitals **больница** *Leicester Royal Infirmary* **2** mainly US a room in a school, prison, etc where people go when they are ill **лазарет, изолятор**

infirmity /ɪnˈfɜːməti/ **noun** [C, U] formal when someone is weak and unhealthy, or the illness they have **немощь**

inflame /ɪnˈfleɪm/ **verb** [T] to cause or increase strong emotions **возбуждать, распалять** *These brutal attacks have* ***inflamed passions*** *in a peaceful country.*

inflamed /ɪnˈfleɪmd/ **adjective** If part of your body is inflamed, it is red and often painful and swollen. **воспаленный**

inflammable /ɪnˈflæməbl/ **adjective** Inflammable liquids, gases, or materials burn very easily. **легко воспламеняющийся**

inflammation /ˌɪnfləˈmeɪʃən/ **noun** [C, U] a red, painful, and often swollen area in or on a part of your body **воспаление**

inflammatory /ɪnˈflæmətəri/ **adjective** intended or likely to cause anger or hate **провоцирующий** ***inflammatory statements/speeches***

inflatable /ɪnˈfleɪtəbl/ **adjective** An inflatable object has to be filled with air before you can use it. **надувной** *an inflatable boat*

inflate /ɪnˈfleɪt/ **verb 1** [I, T] to fill something with air or gas, or to become filled with air or gas **надувать(ся) 2** [T] to make something such as a number, price, etc larger **вздувать, взвинчивать**

inflated /ɪnˈfleɪtɪd/ **adjective** Inflated prices, costs, numbers, etc are higher than they should be. **вздутый, взвинченный**

inflation /ɪnˈfleɪʃən/ **noun** [U] B2 the rate at which prices increase, or a continuing increase in prices **инфляция** ***low/rising inflation***

inflationary /ɪnˈfleɪʃənəri/ **adjective** likely to make prices rise **инфляционный**

inflection /ɪnˈflekʃən/ **noun** [C, U] **1** the way the end of a word changes to show tense, plural forms, etc **изменение формы слова 2** the way that your voice goes up and down when you speak, for example to show that you are asking a question **интонация**

inflexible /ɪnˈfleksəbl/ **adjective 1** Inflexible rules, opinions, beliefs, etc do not change easily. **жесткий, непоколебимый** *a cold and inflexible man* **2** Inflexible materials do not bend easily. **негнущийся**
• **inflexibility** /ɪnˌfleksəˈbɪləti/ **noun** [U] **жесткость, несгибаемость**

inflict /ɪnˈflɪkt/ **verb** [T] to make someone suffer by doing something unpleasant to them **наносить, причинять** *I would never have* ***inflicted*** *such suffering* ***on*** *you.*

in-flight /ˈɪnˌflaɪt/ **adjective** [always before noun] happening or available during a flight **происходящий в полете** ***in-flight entertainment***

influence¹ /ˈɪnfluəns/ **noun 1** [C, U] B2 the power to affect how someone thinks or behaves, or how something develops **влияние** *The drug companies have a lot of* ***influence on*** *doctors.* **2** [C] B2 someone or something that has an effect on another person or thing **влияние** *His grandfather was a strong* ***influence on*** *him.*

> Слова-партнеры к **influence**
> **exert/have/wield** influence • **bad/considerable/disruptive/good/powerful** influence • influence **on/over sb/sth** • **be under the** influence **of sb/sth**

influence² /ˈɪnfluəns/ **verb** [T] B2 to affect or change how someone or something develops, behaves, or thinks **влиять** *Many factors influence a film's success.* ◦ [often passive] *Were you influenced by anybody when you were starting your career?*

influential /ˌɪnfluˈenʃəl/ **adjective** having a lot of influence **влиятельный** *an* ***influential figure*** *in modern jazz*

influenza /ˌɪnfluˈenzə/ **noun** [U] formal flu (= an illness like a very bad cold, that makes you feel hot and weak) **грипп**

influx /ˈɪnflʌks/ **noun** [C] the arrival of a lot of people or things at the same time **наплыв**

[usually singular] *The 1990s saw an **influx of** foreign players into British football.*

info /ˈɪnfəʊ/ **noun** [U] informal short for information **информация**

inform /ɪnˈfɔːm/ **verb** [T] **1** B1 to tell someone about something **сообщать** *If he calls me again, I shall inform the police.* ◦ [+ (that)] *He informed us that we would have to leave.* **2** B1 to give someone information about something **информировать** [often passive] *Patients should be **informed about** the risks.* ◦ *He keeps his parents **informed of** his whereabouts.*

PHRASAL VERB **inform against/on sb** to tell the police about something illegal that someone has done **доносить на кого-либо**

informal /ɪnˈfɔːməl/ **adjective 1** B2 relaxed and friendly **неофициальный, непринужденный** *an **informal discussion/meeting*** **2** B2 suitable for normal situations **повседневный** *informal clothes* ◦ *informal language*
• **informality** /ˌɪnfɔːˈmæləti/ **noun** [U] **неофициальность, непринужденность** • **informally adverb неофициально, повседневно**

informant /ɪnˈfɔːmənt/ **noun** [C] someone who gives information to another person **источник информации, осведомитель** *Our survey is based on over 200 informants.*

> **Другие способы сказать information**
>
> Существительное множественного числа **details** употребляют, когда говорят об информации или наборе фактов о чем-либо.
>
> *Please send me **details** of your training courses.*
>
> Существительными множественного числа **directions** и **instructions** называют информацию о способе и порядке выполнения каких-либо действий.
>
> *Just follow the **directions/instructions** on the label.*
>
> Существительное множественного числа **directions** также употребляется в значении 'информация, объясняющая, как добраться до определенного места'.
>
> *We had to stop and ask for **directions**.*
>
> Существительное **data** может употребляться для обозначения информации, состоящей из фактов и чисел.
>
> *Our consultants have been collecting financial **data**.*
>
> Информацию в письменной форме на какую-то тему можно назвать словом **literature**.
>
> *Some **literature** on our current policy is enclosed.*

information /ˌɪnfəˈmeɪʃən/ **noun** [U] A2 facts about a situation, person, event, etc **информация, сведения** *a vital **piece of information*** ◦ *Police are urging anyone with **information about** the crime to contact them.*

> **Типичная ошибка: information**
>
> **Запомните:** слово **information** не употребляется во множественном числе. Нельзя сказать 'informations', можно сказать **information**, **some information** или **pieces of information**.
>
> ~~*I hope these informations are helpful.*~~
>
> *I hope this information is helpful.*

> **Слова-партнеры к information**
>
> **accurate/confidential/detailed/further/useful** information • **access/exchange/gather/give/need/provide** information • information **about/on** sth

inforˌmation techˈnology noun [U] (abbreviation **IT**) the use of computers and other electronic equipment to store and send information **информационные технологии**

informative /ɪnˈfɔːmətɪv/ **adjective** containing a lot of useful facts **содержательный** *a very informative lecture*

informed /ɪnˈfɔːmd/ **adjective** having a lot of information or knowledge about something **осведомленный, основанный на информации** *an **informed choice/decision*** → See also **well-informed**

informer /ɪnˈfɔːməʳ/ **noun** [C] someone who secretly gives information to the police about a crime **доносчик, осведомитель**

infraction /ɪnˈfrækʃən/ **noun** [C, U] formal when someone breaks a rule or the law **нарушение**

infrared /ˌɪnfrəˈred/ **adjective** Infrared light feels warm but cannot be seen. **инфракрасный**

infrastructure /ˈɪnfrəˌstrʌktʃəʳ/ **noun** [C] the basic systems, such as transport and communication, that a country or organization uses in order to work effectively **инфраструктура** [usually singular] *The country's infrastructure is in ruins.*

infrequent /ɪnˈfriːkwənt/ **adjective** not happening very often **редкий**
• **infrequently adverb редко**

infringe /ɪnˈfrɪndʒ/ **verb** [T] **1** formal to break a law or rule **нарушать** *They infringed building regulations.* **2** (also **infringe on**) to limit someone's rights or freedom **ущемлять, посягать** *This law infringes on a citizen's right to bear arms.*
• **infringement noun** [C, U] **нарушение, ущемление** *an infringement of copyright*

infuriate /ɪnˈfjʊərieɪt/ **verb** [T] to make someone very angry **приводить в ярость** *What really infuriated me was the fact that he'd lied.*
• **infuriating adjective** extremely annoying **приводящий в ярость**

infuse /ɪnˈfjuːz/ **verb 1** [T] formal to fill someone or something with a lot of a particular emotion or quality **вселять, внушать, наполнять**

[often passive] *His work is **infused with** a love for tradition.* **2** [I, T] to put something into a liquid so that its taste goes into the liquid **заваривать, настаивать**

infusion /ɪnˈfjuːʒən/ **noun** [C, U] formal when one thing is added to another thing to make it stronger or better **вливание, настой** *an infusion of cash*

ingenious /ɪnˈdʒiːniəs/ **adjective** very clever and involving new ideas, equipment, or methods **изобретательный, оригинальный** *an **ingenious idea/scheme/solution***

• **ingeniously adverb изобретательно, оригинально**

ingenuity /ˌɪndʒɪˈnjuːəti/ **noun** [U] skill at inventing things or finding new ways to solve problems **изобретательность**

ingest /ɪnˈdʒest/ **verb** [T] formal to eat or drink something **глотать**

• **ingestion noun** [U] **прием пищи**

ingrained /ɪnˈgreɪnd/ **adjective 1** Ingrained beliefs, behaviour, problems, etc have existed for a long time and are difficult to change. **закоренелый** *For most of us, watching television is a deeply **ingrained habit**.* **2** Ingrained dirt has got under the surface of something and is difficult to remove. **въевшийся**

ingratiate /ɪnˈgreɪʃieɪt/ **verb ingratiate yourself (with sb)** to try to make people like you by doing things to please them **заискивать перед кем-либо**

• **ingratiating adjective** Ingratiating behaviour is done to try to make people like you. **заискивающий** *an **ingratiating** **smile/manner***

ingratitude /ɪnˈgrætɪtjuːd/ **noun** [U] when someone is not grateful for something **неблагодарность**

ingredient /ɪnˈgriːdiənt/ **noun** [C] **1** (B1) one of the different foods that a particular type of food is made from **ингредиент 2** (B2) one of the parts of something successful **составная часть** *Trust is an **essential ingredient** in a successful marriage.*

> Слова-партнеры к **ingredient**
>
> a **basic/essential/vital** ingredient • an ingredient **in/of** sth

inhabit /ɪnˈhæbɪt/ **verb** [T] formal to live in a place **жить, населять** [often passive] *an area inhabited by artists and writers*

inhabitant /ɪnˈhæbɪtənt/ **noun** [C] (B2) someone who lives in a particular place **житель** *a city with 10 million inhabitants*

inhabited /ɪnˈhæbɪtɪd/ **adjective** An inhabited place or building has people living in it. **населенный** *Is the island inhabited?*

inhale /ɪnˈheɪl/ **verb** [I, T] formal **1** to breathe air, smoke, or gas into your lungs **вдыхать 2** US informal to eat something very quickly **заглатывать** *Slow down, you're inhaling that pizza!*

inherent /ɪnˈherənt/ **adjective** existing as a natural and basic part of something **присущий, свойственный** *The desire for freedom is **inherent in** all people.*

• **inherently adverb по своему существу** *There's nothing inherently wrong with his ideas.*

inherit /ɪnˈherɪt/ **verb** [T] **1** to receive possessions or money from someone who has died **наследовать, получать в наследство** *In 1842 he inherited a small estate near Liverpool.* **2** to have the same physical or mental characteristics as one of your parents or grandparents **унаследовать (свойство, качество и т. д.)** *Miranda has inherited her father's red hair.* **3** If you inherit a problem, situation, or belief, it is passed on to you by someone who had it before. **унаследовать, получить** *The mayor will inherit a city hopelessly in debt.*

inheritance /ɪnˈherɪtəns/ **noun** [C, U] money or possessions that someone gives you when they die **наследство** *Nick has sold off much of his inheritance.*

inhibit /ɪnˈhɪbɪt/ **verb** [T] **1** to make the progress or growth of something slower **подавлять, сдерживать** *a product which inhibits the growth of harmful bacteria* **2** to make it more difficult for someone to do something **мешать, препятствовать** *Their threats **inhibited** witnesses **from** giving evidence.*

inhibited /ɪnˈhɪbɪtɪd/ **adjective** not confident enough to say or do what you want **скованный**

inhibition /ˌɪnhɪˈbɪʃən/ **noun** [C, U] a feeling of embarrassment or worry that prevents you from saying or doing what you want **застенчивость, скованность** *The whole point about dancing is to **lose** all **your inhibitions**.*

> Слова-партнеры к **inhibition**
>
> **have no inhibitions about** doing sth • **lose** your inhibitions

inhospitable /ˌɪnhɒsˈpɪtəbl/ **adjective 1** An inhospitable place is not pleasant or easy to live in because it is too hot, cold, etc. **суровый, унылый** *the world's most inhospitable deserts* **2** not friendly towards people who are visiting you **негостеприимный**

in-house /ˌɪnˈhaʊs/ **adjective, adverb** done in the offices of a company or organization by employees of that company **внутренний, внутриведомственный** *in-house training of staff*

inhuman /ɪnˈhjuːmən/ **adjective** extremely cruel **бесчеловечный** *the inhuman treatment of prisoners*

inhumane /ˌɪnhjuːˈmeɪn/ **adjective** treating people or animals in a cruel way **негуманный, жестокий** *inhumane experiments on monkeys*

• **inhumanely adverb негуманно, бесчеловечно**

inhumanity /ˌɪnhjuːˈmænəti/ **noun** [U] extremely cruel behaviour **бесчеловечность, жестокость** *the inhumanity of war*

initial¹ /ɪˈnɪʃəl/ **adjective** [always before noun] B2 first, or happening at the beginning **первоначальный** *My initial reaction was one of anger.*

initial² /ɪˈnɪʃəl/ **noun** [C] B1 the first letter of a name **инициал** [usually plural] *His initials are S.G.M.*

initial³ /ɪˈnɪʃəl/ **verb** [T] (present participle UK **initialling**, past tense and past participle **initialled**, present participle US **initialing**, past tense and past participle **initialed**) to write your initials on something **ставить инициалы**

initialize /ɪˈnɪʃəlaɪz/ **verb** [T] to make a computer program ready to use **инициализировать, задавать начальные значения**

initially /ɪˈnɪʃəli/ **adverb** B2 at the beginning **первоначально** *The situation was worse than they initially thought.*

initiate /ɪˈnɪʃieɪt/ **verb** [T] **1** to make something begin **начинать, вводить** [often passive] *The reforms were initiated by Gorbachev.* **2** to make someone a member of a group or organization in a special ceremony, or to show someone how to do an activity **принимать, посвящать** *At the age of 50, he was **initiated into** the priesthood.*
• **initiation** /ɪˌnɪʃiˈeɪʃən/ **noun** [C, U] **принятие, посвящение**

initiative /ɪˈnɪʃətɪv/ **noun** **1** [C] a plan or activity that is done to solve a problem or improve a situation **инициатива, почин** *a **new** government **initiative** to reduce crime* **2** [U] the ability to make decisions and do things without needing to be told what to do **инициативность, находчивость** *We need someone who can work **on their own initiative** (= without anyone telling them what to do).* **3 take the initiative** to be the first person to do something that solves a problem or improves a situation **проявлять инициативу** *Jackson had taken the initiative and prepared a report.*

inject /ɪnˈdʒekt/ **verb** [T] **1** to put a drug into someone's body using a needle **делать укол, вводить (лекарство)** *Phil's diabetic and has to **inject** himself **with** insulin every day.* **2** to add a good quality to something **привносить** *The new teacher has **injected** a bit of enthusiasm **into** the school.* **3** to provide a large amount of money for a plan, service, organization, etc **вкладывать (средства и т. д.)** *The government plans to **inject** £100 million **into** schools.*

injection /ɪnˈdʒekʃən/ **noun** **1** [C, U] when someone puts a drug into your body using a needle **инъекция, укол** *an injection of insulin* **2** [C] when a large amount of money is provided for a plan, service, organization, etc **вложение (средств)** *The university has welcomed the $5 million **cash injection**.*

injunction /ɪnˈdʒʌŋkʃən/ **noun** [C] an official order from a court that prevents someone from doing something **судебный запрет** *The courts*

injection

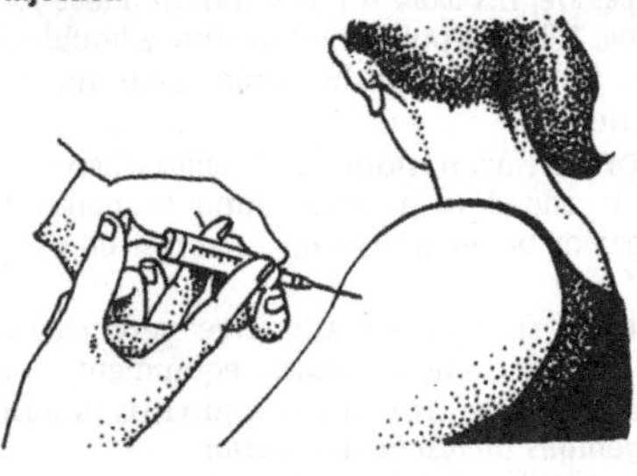

*have **issued an injunction** to prevent the book from being published.*

injure /ˈɪndʒər/ **verb** [T] B1 to hurt a person, animal, or part of your body **повреждать, ушибать(ся)** *She injured her ankle when she fell.*

injured /ˈɪndʒəd/ **adjective** B2 hurt **пострадавший** *Fortunately, no one was **seriously injured** in the accident.*

injury /ˈɪndʒəri/ **noun** [C, U] B2 damage to someone's body in an accident or attack **рана, ушиб, повреждение** *head injuries ∘ The passenger in the car escaped with **minor injuries**.*
→ See also add **insult²** to injury

> **Слова-партнеры к injury**
> a **fatal/major/minor/serious** injury • **cause/prevent/receive/recover from/suffer** an injury • an injury **to** sth

injustice /ɪnˈdʒʌstɪs/ **noun** [C, U] a situation or action in which people are treated unfairly **несправедливость** *the fight against racial injustice*

ink /ɪŋk/ **noun** [C, U] B1 a coloured liquid that you use for writing, printing, or drawing **чернила**

inkling /ˈɪŋklɪŋ/ **noun** **have an inkling** to think that something might be true or might happen **иметь представление, подозревать** *She **had** absolutely no **inkling** that we were planning the party.*

inland¹ /ˈɪnlənd/ **adjective** [always before noun] Inland areas, lakes, towns, etc are a long way from the coast. **удаленный от моря, расположенный в глубине страны**

inland² /ˈɪnlænd/ **adverb** towards the middle of a country and away from the coast **вглубь страны**

in-laws /ˈɪnlɔːz/ **noun** [plural] informal the parents of your husband or wife, or other people in their family **родня со стороны мужа или жены**

inlet /ˈɪnlet/ **noun** [C] a narrow part of a sea, river, or lake where it flows into a curve in the land **узкий залив, небольшая бухта**

ˌin-line ˈskate **noun** [C] (also **rollerblade**) a boot with a single line of wheels on the bottom, used for moving across the ground **роликовые коньки** → See **Sports 1** on page Centre 14

inmate /ˈɪnmeɪt/ **noun** [C] someone who lives in

a prison or in a hospital for people with mental illnesses **заключенный или пациент психиатрической лечебницы**

inn /ɪn/ **noun** [C] a small hotel in the countryside **небольшая гостиница (за городом)**

innate /ɪˈneɪt/ **adjective** An innate quality or ability is one that you were born with, not one you have learned. **врожденный** *He has an innate desire to win.*

• **innately adverb от рождения**

inner /ˈɪnər/ **adjective** [always before noun] **1** B2 on the inside, or near the middle of something **внутренний** *The monastery is built around an inner courtyard.* → Opposite **outer 2** B2 Inner feelings, thoughts, etc are ones that you do not show or tell other people. **внутренний, сокровенный** *a profound sense of inner peace*

ˌinner ˈcircle noun [C] the small group of people who control an organization, political party, etc **правящие круги** *The statement was made by a member of the President's inner circle.*

ˌinner ˈcity noun [C] the part of a city that is closest to the centre, often where buildings are in a bad condition and there are social problems **старая, центральная часть города** *a plan to tackle rising crime in inner cities*

• **inner-city** /ˈɪnəˌsɪti/ **adjective** [always before noun] **центральный** *inner-city schools*

innermost /ˈɪnəməʊst/ **adjective** [always before noun] **1** Your innermost feelings, thoughts, etc are the most private ones that you do not want other people to know about. **самый сокровенный 2** formal closest to the middle of something **глубочайший**

inning /ˈɪnɪŋ/ **noun** [C] one of the nine playing periods in a baseball game **иннинг**

innings /ˈɪnɪŋz/ **noun** [C] (plural **innings**) the period of time in a game of cricket when one player or one team hits the ball **очередь подачи (в бейсболе и крикете)**

innit /ˈɪnɪt/ **exclamation** UK very informal used to change a statement into a question **не так ли?** *It's wrong, innit.*

innocence /ˈɪnəsəns/ **noun** [U] **1** when someone is not guilty of a crime **невиновность** *She fought to **prove** her son's **innocence**.* **2** when someone does not have much experience of life and does not know about the bad things that happen **невинность** *the innocence of childhood*

> Слова-партнеры к **innocence**
>
> **proclaim/protest/prove** sb's innocence

innocent /ˈɪnəsənt/ **adjective 1** B2 not guilty of committing a crime **невиновный** *He claims to be **innocent of** the crime.* **2** B2 not having much experience of life and not knowing about the bad things that happen **наивный** *an innocent young woman* **3** B2 used to emphasize that someone who was hurt had done nothing wrong **невинный** *Several innocent civilians were killed in the bombing.* **4** not intended to harm or upset anyone **безобидный, безвредный** *It was an innocent mistake.*

• **innocently adverb** B2 **невинно, наивно**

innocuous /ɪˈnɒkjuəs/ **adjective** not likely to upset or harm anyone **безвредный, безобидный** *The parcel looked innocuous enough.*

• **innocuously adverb безвредно, безобидно**

innovation /ˌɪnəʊˈveɪʃən/ **noun** [C, U] a new idea or method that is being tried for the first time, or the use of such ideas or methods **нововведение, новшество** *the latest innovations in education*

innovative /ˈɪnəvətɪv/ US /ˈɪnəveɪtɪv/ **adjective** using new methods or ideas **новаторский, передовой** *an **innovative approach** to programme making*

innovator /ˈɪnəveɪtər/ **noun** [C] someone who uses or designs new methods or products **новатор**

innuendo /ˌɪnjuˈendəʊ/ **noun** [C, U] (plural **innuendoes, innuendos**) a remark that intentionally suggests something about sex, or something unpleasant about someone, without saying it directly **косвенный намек, недомолвка** *The advertisement was criticized for its **sexual innuendo**.*

innumerable /ɪˈnjuːmərəbl/ **adjective** very many, or too many to count **бесчисленный** *innumerable problems*

inoffensive /ˌɪnəˈfensɪv/ **adjective** not likely to upset anyone or make them angry **безобидный** *an inoffensive colour*

inordinate /ɪˈnɔːdɪnət/ **adjective** formal much more than is usual or suitable **непомерный** *James seems to spend an **inordinate amount** of time on his computer.*

• **inordinately adverb непомерно**

inorganic /ˌɪnɔːˈgænɪk/ **adjective** not being or consisting of living things **неорганический** *inorganic waste*

in-patient /ˈɪnˌpeɪʃənt/ **noun** [C] someone who stays in hospital for one or more nights while they are receiving treatment **стационарный больной**

input[1] /ˈɪnpʊt/ **noun 1** [C, U] B2 ideas, money, effort, etc that you put into an activity or process in order to help it succeed **вклад** *Input from students is used to develop new and exciting courses.* **2** [C, U] electrical energy that is put into a machine to make it work **потребляемая мощность 3** [U] B2 information that is put into a computer **входные данные**

input[2] /ˈɪnpʊt/ **verb** [T] (present participle **inputting**, past tense and past participle **inputted, input**) to put information into a computer **вводить данные**

inquest /ˈɪŋkwest/ **noun** [C] a legal process to discover the cause of an unexpected death **следствие, расследование** *There will be an **inquest into** the deaths of the three men.*

Слова-партнеры к inquest

hold an inquest • an inquest **into** sth

inquire formal (also UK **enquire**) /ɪnˈkwaɪəʳ/ **verb** [I, T] B2 to ask someone for information about something **спрашивать, интересоваться** *If you like languages, why don't you* ***inquire about*** *French classes in your area?* ◦ [+ question word] *Vronsky inquired whether the picture was for sale.*
• **inquirer** (also UK **enquirer**) noun [C] **интересующийся**

PHRASAL VERBS **inquire after sb** UK formal to ask someone for information about someone else's health and what they are doing, in order to be polite **справляться о ком-либо** *Jane inquired after your mother.* • **inquire into sth** formal to try to discover the facts about something **расследовать, выяснять** *a report inquiring into the causes of the region's housing problem*

inquiring (also UK **enquiring**) /ɪnˈkwaɪərɪŋ/ **adjective** [always before noun] **1** always wanting to learn new things **пытливый** *an* ***inquiring mind*** **2** An inquiring expression on your face shows that you want to know something. **вопросительный**
• **inquiringly adverb вопросительно**

inquiry (also UK **enquiry**) /ɪnˈkwaɪəri/ **noun 1** [C] formal B1 a question that you ask when you want more information **вопрос, запрос** *The company has received a lot of* ***inquiries about*** *its new Internet service.* **2** [C] an official process to discover the facts about something bad that has happened **расследование** *There will be an official* ***inquiry into*** *the train crash.* **3** [U] formal the process of asking questions in order to get information **расспрашивание, выяснение**

Слова-партнеры к inquiry

make/receive an inquiry • an inquiry **about** sth

inquisitive /ɪnˈkwɪzətɪv/ **adjective** wanting to discover as much as you can about things **любознательный** *an inquisitive child*
• **inquisitively** adverb **любознательно** • **inquisitiveness** noun [U] **любознательность**

inroads /ˈɪnrəʊdz/ **noun make inroads (into/on sth)** to start to become successful by getting sales, power, votes, etc that someone else had before **завоевывать позиции** *Women have made great inroads into the male-dominated legal profession.*

the ˌins and ˈouts noun all the details and facts about something **тонкости** *Tolya is someone who knows* ***the ins and outs of*** *the music industry.*

insane /ɪnˈseɪn/ **adjective 1** seriously mentally ill **душевнобольной** *a hospital for the* ***criminally insane*** **2** very silly or stupid **безумный, безрассудный** *an insane decision*
• **insanely adverb безумно**

insanity /ɪnˈsænəti/ **noun** [U] **1** when someone is seriously mentally ill **душевная болезнь 2** when something is extremely stupid **безумие, безрассудство** *It would be insanity to expand the business at the moment.*

insatiable /ɪnˈseɪʃəbl/ **adjective** always wanting more of something **ненасытный, неутолимый** *There was an* ***insatiable demand*** *for pictures of Princess Diana.*
• **insatiably adverb ненасытно**

inscribe /ɪnˈskraɪb/ **verb** [T] formal to write words in a book or cut them on an object **надписывать (книгу), гравировать** [often passive] *The child's bracelet was inscribed with the name 'Amy'.*

inscription /ɪnˈskrɪpʃᵊn/ **noun** [C, U] words that are written or cut in something **надпись** *The inscription on the gravestone was almost illegible.*

insect

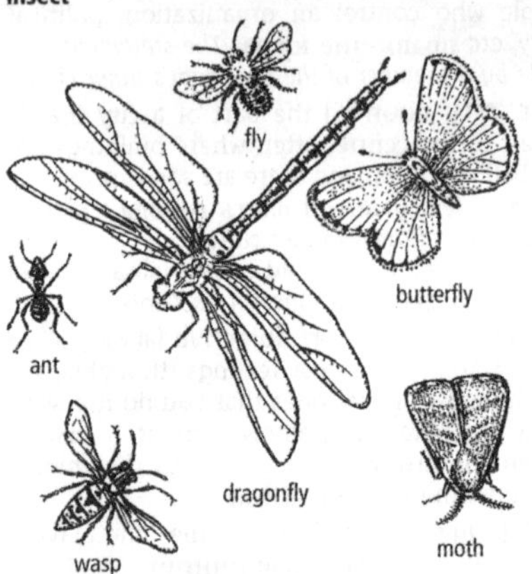

insect /ˈɪnsekt/ **noun** [C] A2 a small creature with six legs, for example a bee or a fly **насекомое**

insecticide /ɪnˈsektɪsaɪd/ **noun** [C, U] a chemical that is used for killing insects **инсектицид**

insecure /ˌɪnsɪˈkjʊəʳ/ **adjective 1** having no confidence in yourself and what you can do **неуверенный в себе** *a shy, insecure teenager* **2** not safe or protected **ненадежный, негарантированный** *Many of our staff are worried because their jobs are insecure.*
• **insecurely adverb ненадежно, непрочно** • **insecurity** /ˌɪnsɪˈkjʊərəti/ **noun** [U, C] **неуверенность, ненадежность**

insensitive /ɪnˈsensətɪv/ **adjective 1** not noticing or not caring about other people's feelings **равнодушный, нетактичный** *an* ***insensitive remark*** ◦ *He was completely* ***insensitive to*** *Maria's feelings.* **2** not able to feel something, or not affected by it **нечувствительный** *She was* ***insensitive to*** *the pain.*
• **insensitively adverb равнодушно** • **insensitivity** /ɪnˌsensəˈtɪvəti/ **noun** [U] **равнодушность, нечувствительность**

inseparable /ɪnˈsepᵊrəbl/ **adjective 1** formal Two things that are inseparable are so closely

connected that you cannot consider them separately. **неразрывный, неотделимый** *Rossetti's work was **inseparable from** his life.* **2** People who are inseparable are always together because they are such good friends. **неразлучный**
• **inseparably adverb неразрывно, неразлучно**

insert[1] /ɪn'sɜ:t/ **verb** [T] formal **1** to put something into something else **вставлять, вкладывать** *Insert the coin in the slot.* **2** to add something to the middle of a document or piece of writing **вставлять** *He inserted a new paragraph.*
• **insertion** /ɪn'sɜ:ʃən/ **noun** [C, U] **вставка, введение**

insert[2] /'ɪnsɜ:t/ **noun** [C] something that is made to go inside or into something else **вкладыш** *The leaflet is designed as an insert for a magazine.*

inshore /ˌɪn'ʃɔ:r/ **adjective, adverb** near or towards the coast **прибрежный, к берегу** *inshore waters*

inside[1] /ˌɪn'saɪd/ **noun 1 the inside** (B2) the part of something that is under its surface **внутренняя часть, сторона** *I cleaned the inside of the oven.* **2 inside out** (B2) If a piece of clothing is inside out, the part that is usually outside is on the inside. **наизнанку** *Harry, you've got your sweater on inside out again.*

IDIOM **know sth inside out** to know everything about something **знать что-либо досконально**

inside[2] /ˌɪn'saɪd/ **adjective 1** (B2) [always before noun] in or on the part of something under its surface **внутренний** *Put your wallet in the inside pocket of your jacket.* **2 inside information/knowledge, etc** information that is only known by people who are part of an organization, group, etc **конфиденциальные сведения/данные и т. д.**

inside[3] /ˌɪn'saɪd/ **preposition 1** (A1) in or into a room, building, container, etc **внутри, внутрь** *There were some keys inside the box.* ◦ *Luckily, no one was inside the house when the fire started.* **2** in less than a particular length of time **в течение, в пределах** *The doctor's promised to be here inside an hour.* **3** in an organization, group, etc and not known or happening outside it **внутри** *rumours of disputes inside the company*

inside[4] /ˌɪn'saɪd/ **adverb 1** (A2) in or into a room, building, container, etc **внутри, внутрь** *I'm freezing, let's go back inside.* **2** (B2) If you have a feeling inside, people do not know about it if you do not tell them. **в душе** *She looked calm but was feeling nervous inside.* **3** informal in prison **в тюрьме**

insider /ɪn'saɪdər/ **noun** [C] someone who knows about a business or organization because they are part of it **инсайдер, человек, имеющий конфиденциальную информацию** *Industry insiders say they are surprised by the company's success.* → Compare **outsider**

insides /ˌɪn'saɪdz/ **noun** [plural] informal your stomach **внутренности**

insidious /ɪn'sɪdiəs/ **adjective** having harmful effects that happen gradually so you do not notice them for a long time **постепенно наносящий вред, коварный** *the **insidious** effects of pollution*
• **insidiously adverb исподволь** • **insidiousness noun** [U] **коварство (болезни и т. д.)**

insight /'ɪnsaɪt/ **noun** [C, U] the ability to understand what something is really like, or an example of this **проницательность, понимание** *The book **provides** a fascinating **insight into** the world of art.*

> **Слова-партнеры к insight**
> **gain/give/provide an insight into** sth • **a fascinating/rare/unique/valuable** insight

insignia /ɪn'sɪgniə/ **noun** [C] (plural **insignia**) a piece of cloth or a symbol that shows someone's military rank or official position **знаки отличия**

insignificant /ˌɪnsɪg'nɪfɪkənt/ **adjective** not important or large enough to consider or worry about **незначительный** *insignificant differences*
• **insignificance** /ˌɪnsɪg'nɪfɪkəns/ **noun** [U] **незначительность** • **insignificantly adverb незначительно**

insincere /ˌɪnsɪn'sɪər/ **adjective** pretending to feel something that you do not really feel, or not meaning what you say **неискренний** *an insincere apology*
• **insincerely adverb неискренне** • **insincerity** /ˌɪnsɪn'serəti/ **noun** [U] **неискренность**

insinuate /ɪn'sɪnjueɪt/ **verb** [T] to suggest that something bad is true without saying it directly **намекать, сеять сомнения** [+ that] *She insinuated that Perez had lied.*
• **insinuation** /ɪnˌsɪnju'eɪʃən/ **noun** [C, U] **намек, измышление**

insipid /ɪn'sɪpɪd/ **adjective** not interesting, exciting, or colourful **безвкусный, скучный** *a dull, insipid man* ◦ *The soup was rather insipid.*
• **insipidly adverb безвкусно, скучно**

insist /ɪn'sɪst/ **verb** [I, T] **1** (B1) to say firmly that something is true, especially when other people do not believe you **настаивать** [+ (that)] *Mia insisted that she and Carlo were just friends.* **2** (B1) to demand that something must be done or that you must have a particular thing **требовать, настаивать** *The school **insists on** good behaviour from its students.* ◦ [+ on + doing sth] *Frank insisted on doing all the work himself.* ◦ [+ (that)] *Gerlinde insisted that I stay for dinner.*

insistence /ɪn'sɪstəns/ **noun** [U] **1** when you demand that something must be done or that you must have a particular thing **настойчивое требование** [+ that] *his insistence that his* *children should have a good education* ◦ *Clare's* ***insistence on*** *a vegetarian diet caused arguments with her mother.* **2** when you say firmly that something is true, especially when other people do not believe you **настойчивое утверждение** [+ that] *Jane was in trouble despite her insistence that she had done nothing wrong.*

insistent /ɪnˈsɪstᵊnt/ **adjective** firmly saying that something is true or must be done **настойчивый** [+ that] *Pedro is absolutely insistent that Sinda should be invited too.*
• **insistently adverb настойчиво**

insofar as /ɪnsəʊˈfɑːrˌəz/ **conjunction** formal to the degree that **насколько** *The story is based insofar as possible on notes made by Scott himself.*

insolent /ˈɪnsᵊlənt/ **adjective** formal rude and not showing respect **дерзкий, вызывающий** *an insolent reply*
• **insolence** /ˈɪnsᵊləns/ **noun** [U] **дерзость** • **insolently adverb дерзко, вызывающе**

insoluble /ɪnˈsɒljəbl/ **adjective 1** An insoluble problem, mystery, etc is impossible to solve. **неразрешимый, необъяснимый 2** An insoluble substance does not dissolve when you put it in liquid. **нерастворимый**

insomnia /ɪnˈsɒmniə/ **noun** [U] when you find it difficult to sleep **бессонница**
• **insomniac** /ɪnˈsɒmniæk/ **noun** [C] someone who often finds it difficult to sleep **человек, страдающий бессонницей**

inspect /ɪnˈspekt/ **verb** [T] **1** to officially visit a building or organization, in order to check that everything is correct and legal **проводить инспекцию** *Schools will be inspected regularly to maintain standards.* **2** to look at something very carefully **осматривать, пристально изучать** *Clara inspected her make-up in the mirror.*

inspection /ɪnˈspekʃᵊn/ **noun** [C, U] **1** an official visit to a building or organization to check that everything is correct and legal **инспекция** *Fire officers* ***carried out an inspection*** *of the building.* **2** when you look at something carefully **тщательное рассмотрение** ***On closer inspection*** (= *when looked at more carefully*), *the painting was discovered to be a fake.*

> **Слова-партнеры к inspection**
> **carry out** an inspection • an inspection **of** sth

inspector /ɪnˈspektəʳ/ **noun** [C] **1** (B2) someone whose job is to check that things are being done correctly **инспектор** *a factory inspector* **2** (B2) a police officer of middle rank **инспектор (полиции)**

inspiration /ˌɪnspᵊrˈeɪʃᵊn/ **noun 1** [C, U] (B2) someone or something that gives you ideas for doing something **вдохновение** *Africa has long been a source of* ***inspiration for*** *his painting.* **2** [C] a sudden good idea about what you should do **вдохновляющая идея 3 be an inspiration to sb** to be so good that someone else admires you and is encouraged by your behaviour **быть источником вдохновения** *The way she has dealt with her illness is an inspiration to us all.*

inspire /ɪnˈspaɪəʳ/ **verb** [T] **1** (B2) to make someone feel that they want to do something and can do it **вдохновлять** [+ to do sth] *A drama teacher at school had inspired Sam to become an actor.* **2** (B2) to make someone have a particular feeling or reaction **вселять, внушать** *Robson's first task will be to* ***inspire*** *his team* ***with*** *some confidence.* ◦ *He* ***inspires*** *great loyalty* ***in*** *his staff.* **3** (B2) to give someone an idea for a book, play, painting, etc **вдохновлять** [often passive] *a television drama that was inspired by a true story*
• **inspiring adjective** giving you new ideas and making you feel you want to do something **вдохновляющий** *an inspiring teacher* ◦ *an inspiring book*

inspired /ɪnˈspaɪəd/ **adjective** showing a lot of skill and good ideas **вдохновенный** *an inspired performance*

instability /ˌɪnstəˈbɪləti/ **noun** [U] when a situation or someone's behaviour changes a lot and you do not know what will happen next **неуравновешенность, нестабильность**

install (also UK **instal**) /ɪnˈstɔːl/ **verb 1** [T] (B1) to put a piece of equipment somewhere and make it ready to use **устанавливать, монтировать** *The school has installed a burglar alarm.* **2** [T] to give someone an important and powerful job **вводить в должность** *She will be* ***installed as*** *Managing Director in May.* **3** [I, T] (B1) to put software onto a computer **инсталлировать**
• **installation** /ˌɪnstəˈleɪʃᵊn/ **noun** [C, U] **установка, введение в должность, инсталляция**

instalment UK (US **installment**) /ɪnˈstɔːlmənt/ **noun** [C] **1** a regular payment that you make, for example each month, in order to pay for something **взнос (при рассрочке)** *You can pay for your computer* ***in*** *six monthly* ***instalments.*** **2** one of the parts of a story that you can see every day or week in a magazine or on television **выпуск, отрывок** *Don't miss next week's exciting instalment.*

instance /ˈɪnstəns/ **noun 1 for instance** (B1) for example **например** *Many teenagers earn money, for instance by babysitting or cleaning cars.* **2** [C] an example of a particular type of event, situation, or behaviour **пример, случай** *There have been several* ***instances of*** *violence in the school.*

instant¹ /ˈɪnstənt/ **adjective 1** (B2) happening immediately **мгновенный, немедленный** *The book was an* ***instant success*** *in the US.* **2** Instant food or drink is dried, usually in the form of a powder, and can be made quickly by adding hot water. **быстрорастворимый** ***instant coffee***
→ See also **instant replay**

instant² /ˈɪnstənt/ **noun** [C] a moment **мгно-**

вение, минута *Take a seat, I'll be with you in an instant.*

instantaneous /ˌɪnstənˈteɪniəs/ **adjective** happening immediately **мгновенный, незамедлительный** *The Internet offers almost instantaneous access to vast amounts of information.*

• **instantaneously adverb мгновенно**

instantly /ˈɪnstəntli/ **adverb** B2 immediately **моментально, мгновенно** *A car hit them, killing them both instantly.*

instant messaging /ˌɪnstənt ˈmesɪdʒɪŋ/ **noun** [U] a system on the Internet which makes it possible to send messages quickly between two people using the system **система немедленной передачи текстовых сообщений**

ˌinstant ˈreplay noun [C] US (UK **action replay**) when part of a film of a sporting event is shown again, often more slowly **повторный показ кадра (обычно замедленный)**

instead /ɪnˈsted/ **adverb** A2 in the place of someone or something else **вместо** *If you don't want pizza, we can have pasta instead.* ◦ *I'm going swimming on Monday* ***instead of*** *Friday now.* ◦ [+ of + doing sth] *Why don't you help instead of just complaining?*

instigate /ˈɪnstɪgeɪt/ **verb** [T] formal to make something start to happen **начинать, провоцировать** *Carolyn had instigated divorce proceedings.*

• **instigation** /ˌɪnstɪˈgeɪʃən/ **noun** [U] **начало** • **instigator noun** [C] **зачинщик**

instil UK (US **instill**) /ɪnˈstɪl/ **verb** [T] (present participle **instilling**, past tense and past participle **instilled**) to make someone have a particular feeling or idea **внушать, вселять** *He's a manager with great skill at* ***instilling*** *confidence* ***in/into*** *his players.*

instinct /ˈɪnstɪŋkt/ **noun** [C, U] the way someone naturally reacts or behaves, without having to think or learn about it **инстинкт** [+ to do sth] *a mother's instinct to protect her children*

> **Слова-партнеры к instinct**
>
> **follow/trust** your instincts • instinct **tells** sb sth • sb's **first/gut** instinct

instinctive /ɪnˈstɪŋktɪv/ **adjective** behaving or reacting naturally and without thinking **инстинктивный** *Her* ***instinctive response*** *was to fight back.*

• **instinctively adverb инстинктивно**

institute[1] /ˈɪnstɪtjuːt/ **noun** [C] B2 an organization where people do a particular kind of scientific, educational, or social work **институт** *the Massachusetts Institute of Technology*

institute[2] /ˈɪnstɪtjuːt/ **verb** [T] formal to start a plan, law, system, etc **вводить, учреждать** *Major reforms were instituted in the company's finance department.*

institution /ˌɪnstɪˈtjuːʃən/ **noun** [C] **1** B2 a large and important organization, such as a university or bank **организация, учреждение** *one of the country's top medical institutions* **2** B2 a building where people are sent so they can be looked after, for example a prison or hospital **заведение (исправительное или лечебное)** **3** a custom that has existed for a long time **институт, установленный обычай** *the institution of marriage*

• **institutional adjective** relating to an institution **относящийся к учреждению**

instruct /ɪnˈstrʌkt/ **verb** [T] **1** to officially tell someone to do something **давать инструкции** [+ to do sth] *Staff are instructed not to use the telephones for personal calls.* **2** formal to teach someone about something **обучать** *She is there to* ***instruct*** *people* ***in*** *the safe use of the gym equipment.*

instruction /ɪnˈstrʌkʃən/ **noun 1** [C] something that you have been told to do **инструкция, указание** [+ to do sth] *I had* ***strict instructions*** *to call them as soon as I arrived home.* **2** [U] formal the activity of teaching or training someone, or the information you are being taught **обучение** *religious instruction*

instructions /ɪnˈstrʌkʃənz/ **noun** [plural] A2 information that explains how to do or use something **инструкция, руководство** *Are there any* ***instructions on*** *how to load the software?* ◦ *I just* ***followed the instructions.***

> **Слова-партнеры к instructions**
>
> **follow** the instructions • **give** instructions • **detailed/full** instructions • instructions **on** sth

instructive /ɪnˈstrʌktɪv/ **adjective** providing useful information **поучительный, плодотворный** *an instructive discussion*

• **instructively adverb поучительно, плодотворно**

instructor /ɪnˈstrʌktər/ **noun** [C] someone who teaches a particular sport or activity **преподаватель, инструктор** *a* ***driving instructor***

instrument /ˈɪnstrəmənt/ **noun** [C] **1** a tool that is used for doing something **инструмент, прибор** *scientific instruments* **2** A2 an object that is used for playing music, for example a piano or drum **музыкальный инструмент** **3** a piece of equipment that is used for measuring speed, light, fuel level, etc **прибор** **4** someone or something that is used for achieving something **средство** *The Internet is a very powerful instrument of communication.* → See also **wind instrument**

instrumental /ˌɪnstrəˈmentəl/ **adjective 1 be instrumental in sth/doing sth** to be one of the main people or things that make something happen **играть ведущую роль** *Mikan was instrumental in establishing professional basketball in the US.* **2** involving only musical instruments, and no singing **инструментальный**

insubordinate /ˌɪnsəˈbɔːdənət/ **adjective** not

willing to obey rules or people in authority **неподчиняющийся**

• **insubordination** /ˌɪnsəˌbɔːdɪˈneɪʃᵊn/ **noun** [U] **неподчинение**

insubstantial /ˌɪnsəbˈstænʃᵊl/ **adjective** not very large, strong, or good **легкий, неосновательный** *The meal was rather insubstantial.*

insufferable /ɪnˈsʌfᵊrəbl/ **adjective** extremely annoying or unpleasant **невыносимый** *insufferable arrogance*

• **insufferably adverb невыносимо**

insufficient /ˌɪnsəˈfɪʃᵊnt/ **adjective** not enough **недостаточный** *insufficient information* ◦ [+ to do sth] *Her income is insufficient to support a family.*

• **insufficiently adverb недостаточно**

insular /ˈɪnsjələʳ/ **adjective** only interested in your own country, life, etc and not willing to accept new ideas or people **ограниченный, замкнутый**

• **insularity** /ˌɪnsjəˈlærəti/ **noun** [U] **ограниченность, замкнутость**

insulate /ˈɪnsjəleɪt/ **verb** [T] **1** to cover something with a special material so that heat, electricity, or sound cannot escape through it **изолировать 2** to protect someone from unpleasant experiences or bad influences **ограждать (от неприятностей и т. д.)** *parents who want to insulate their children from real life*

insulation /ˌɪnsjəˈleɪʃᵊn/ **noun** [U] **1** a special material used for insulating something such as a wall, roof, or building **изоляционный материал 2** when you insulate something, or when something is insulated **изоляция**

insulin /ˈɪnsjəlɪn/ **noun** [U] a substance produced by the body that controls the amount of sugar in your blood **инсулин**

insult¹ /ɪnˈsʌlt/ **verb** [T] (B2) to say or do something to someone that is rude and offensive **оскорблять** *How dare you insult me in front of my friends!*

• **insulting adjective** rude and offensive **оскорбительный** *an insulting remark*

insult² /ˈɪnsʌlt/ **noun** [C] (B2) a rude and offensive remark or action **оскорбление** *They were shouting insults at each other.* ◦ *His comments are **an insult to** the victims of the war.*

IDIOM **add insult to injury** to make someone's bad situation worse by doing something else to upset them **наносить новые оскорбления**

insurance /ɪnˈʃʊərᵊns/ **noun** [U] (B2) an agreement in which you pay a company money and they pay your costs if you have an accident, injury, etc **страхование** ***car/travel insurance*** ◦ *an **insurance policy***

> **Слова-партнеры к insurance**
>
> **take out** insurance • insurance **against** [sickness/fire, etc] • an insurance **company/policy/premium** • **car/travel** insurance

insure /ɪnˈʃʊəʳ/ **verb** [T] to buy insurance from a company, or to provide insurance for someone **страховать** *I need to **get** my car **insured**.* ◦ *The policy **insures** you **against** damage and theft.*

insurmountable /ˌɪnsəˈmaʊntəbl/ **adjective** formal impossible to deal with **непреодолимый, невыполнимый** *an **insurmountable problem/task***

insurrection /ˌɪnsᵊrˈekʃᵊn/ **noun** [C, U] when a group of people use force to try to get control of a government **восстание, мятеж**

intact /ɪnˈtækt/ **adjective** not damaged or destroyed **неповрежденный, целый** *Many of the old buildings are **still intact**.*

intake /ˈɪnteɪk/ **noun** [C] **1** the amount of food or drink that you take into your body **потребление** [usually singular] ***Reducing** your salt **intake** can help to lower blood pressure.* **2** UK the group of people who start working or studying somewhere at the same time **набор, пополнение** *a **new intake** of students*

intangible /ɪnˈtændʒəbl/ **adjective** An intangible feeling or quality exists but you cannot describe or prove it. **неуловимый, не поддающийся описанию**

integral /ˈɪntɪgrəl/ **adjective** necessary and important as part of something **неотъемлемый, существенный** *The Internet has become an **integral part of** modern life.*

integrate /ˈɪntɪgreɪt/ **verb 1** [I, T] to become part of a group or society, or to help someone do this **интегрироваться, входить в состав** *After a few weeks of training he was fully **integrated into** the team.* **2** [T] to combine two or more things to make something more effective **объединять** *plans to integrate the two schools*

• **integration** /ˌɪntɪˈgreɪʃᵊn/ **noun** [U] **интеграция**

integrity /ɪnˈtegrəti/ **noun** [U] honesty and the ability to do or know what is morally right **честность, принципиальность** *a woman of great integrity*

intellect /ˈɪntᵊlekt/ **noun** [C, U] the ability to learn and understand something, and to form ideas, judgments, and opinions about what you have learned **ум** *His energy and intellect are respected by many people.*

intellectual¹ /ˌɪntᵊlˈektjuəl/ **adjective 1** (B2) using or relating to your ability to think and understand things **умственный** *intellectual work* ◦ *intellectual and physical development* **2** interested in learning and in thinking about complicated ideas **интеллектуальный** *She's very intellectual.*

• **intellectually adverb умственно, интеллектуально**

intellectual² /ˌɪntᵊlˈektjuəl/ **noun** [C] someone who enjoys studying and thinking about complicated ideas **интеллектуал**

intelligence /ɪnˈtelɪdʒᵊns/ **noun** [U] **1** (B2) the ability to learn, understand, and think about things **умственные способности** *a child of **low intelligence*** **2** secret information about the governments of other countries, or the group of people who get this information **разведывательные данные, разведка** *military intelligence* → See also **artificial intelligence**

> **Слова-партнеры к intelligence**
> **average/great/high/low** intelligence • **have/show/use** intelligence

intelligent /ɪnˈtelɪdʒənt/ **adjective** B1 able to learn and understand things easily **умный** *a highly intelligent young woman*
• **intelligently adverb умно**

intelligible /ɪnˈtelɪdʒəbl/ **adjective** able to be understood **понятный, вразумительный** → Opposite **unintelligible**

intend /ɪnˈtend/ **verb 1** B1 [T] to want and plan to do something **намереваться** [+ to do sth] *How long are you intending to stay in Paris?* ◦ [+ doing sth] *I don't intend seeing him again.* **2 be intended for sb; be intended as sth** to be made, designed, or provided for a particular person or purpose **предназначаться для кого-либо, предназначаться в качестве чего-либо** *The book is intended for anyone who wants to learn more about the Internet.*

intense /ɪnˈtens/ **adjective 1** extreme or very strong **интенсивный, очень сильный** *intense heat/pain* **2** Intense people are very serious, and usually have strong emotions or opinions. **серьезный**
• **intensely adverb интенсивно** *Clare disliked him intensely.* • **intensity noun** [U] **интенсивность, сила**

intensify /ɪnˈtensɪfaɪ/ **verb** [I, T] to become greater, more serious, or more extreme, or to make something do this **усиливать(ся), обострять(ся)** *The fighting has intensified in the past week.*

intensive /ɪnˈtensɪv/ **adjective** B2 involving a lot of work in a short period of time **интенсивный, напряженный** *ten weeks of **intensive training***
• **intensively adverb интенсивно**

inˌtensive ˈcare noun [U] the part of a hospital used for treating people who are seriously ill or very badly injured **отделение интенсивной терапии**

intent¹ /ɪnˈtent/ **noun** [U, no plural] formal when you want and plan to do something **намерение** [+ to do sth] *It had not been his intent to hurt anyone.*

IDIOM **to/for all intents (and purposes)** in all the most important ways **фактически, в любом случае** *To all intents and purposes, the project was a disaster.*

intent² /ɪnˈtent/ **adjective 1 be intent on sth/doing sth** to be determined to do or achieve something **быть полным решимости сделать что-либо** *She seems intent on winning this year's tennis tournament.* **2** giving a lot of attention to something **сосредоточенный, пристальный** *She had an intent look on her face.*
• **intently adverb сосредоточенно, пристально**

intention /ɪnˈtenʃən/ **noun** [C, U] B2 something that you want and plan to do **намерение** [+ to do sth] *She announced her intention to resign.* ◦ [+ of + doing sth] *I **have no intention** of seeing him again.*

> **Слова-партнеры к intention**
> **announce/declare/signal** your intention • **have no** intention of doing sth

intentional /ɪnˈtenʃənəl/ **adjective** planned or intended **намеренный** *I'm sorry if I said something that offended you. It really wasn't intentional.*
• **intentionally adverb намеренно**

inter- /ɪntər-/ **prefix** between or among **между-, среди-** *international* ◦ *an interdepartmental meeting*

interact /ˌɪntərˈækt/ **verb** [I] **1** B2 to talk and do things with other people **взаимодействовать, общаться** *At school, teachers say he **interacted** well **with** other students.* **2** If two things interact, they have an effect on each other. **воздействовать, влиять друг на друга** *We are looking at how these chemicals interact.*

interaction /ˌɪntərˈækʃən/ **noun** [C, U] **1** the activity of talking and doing things with other people, or the way you do this **общение, взаимодействие** *Our work involves a lot of **interaction with** the customers.* **2** when two or more things combine and have an effect on each other **воздействие друг на друга**

interactive /ˌɪntərˈæktɪv/ **adjective 1** B2 Interactive computer programs, games, etc involve the person using them by reacting to the way they use them. **интерактивный 2** involving communication between people **подразумевающий общение**

intercept /ˌɪntəˈsept/ **verb** [T] to stop someone or something before they are able to reach a particular place **перехватывать** *Johnson intercepted the pass and went on to score the third goal.*
• **interception** /ˌɪntəˈsepʃən/ **noun** [C, U] **перехват**

interchangeable /ˌɪntəˈtʃeɪndʒəbl/ **adjective** If things are interchangeable, you can exchange them because they can be used in the same way. **взаимозаменяемый, равнозначный** *interchangeable words*
• **interchangeably adverb взаимозаменяемо, равнозначно**

intercom /ˈɪntəkɒm/ **noun** [C] an electronic system used for communicating with people in different parts of a building, aircraft, ship, etc **домофон, переговорное устройство** *A stew-*

I

ardess asked ***over the intercom*** *if there was a doctor on board.*

intercontinental /ˌɪntəˌkɒntɪˈnentᵊl/ **adjective** in or between two continents **межконтинентальный** *an intercontinental flight*

intercourse /ˈɪntəkɔːs/ **noun** [U] (also **sexual intercourse**) when a man puts his penis into a woman's vagina **половые сношения**

interest[1] /ˈɪntrəst/ **noun** **1** [U, no plural] B1 the feeling of wanting to give attention to something or discover more about it **интерес** *Mark* ***had an interest in*** *the media and wanted to become a journalist.* ◦ *After a while he simply* ***lost interest in*** *(= stopped being interested) his studies.* ◦ *Bindi felt that her father didn't* ***take*** *much of* ***an interest in*** *her (= he was not very interested).* **2** [C] B1 something you enjoy doing, studying, or experiencing **интерес, увлечение** *We* ***share*** *a lot of the same* ***interests****, particularly music and football.* **3** [U] B2 the extra money that you must pay to a bank, company, etc which has lent you money **ссудный процент** *low* ***interest rates*** **4** [U] B2 the money you earn from keeping your money in a bank account **процентный доход** **5** [U] B1 a quality that makes you think something is interesting **интерес** *Would this book* ***be of*** *any* ***interest to*** *you?* **6** [C, U] something that gives someone or something an advantage **интересы, польза** *A union looks after the interests of its members.* **7 be in sb's interest(s)** to help someone and give them an advantage **быть в чьих-либо интересах** *It may not be in your interests to change jobs so soon.* **8 in the interest(s) of sth** in order to achieve a particular situation or quality **в интересах чего-либо** *In the interest of safety, passengers are advised to wear their seat belts at all times.* **9** [C] formal the legal right to own or receive part of a building, company, profits, etc **имущественное право** → See also **self-interest**, **vested interest**

> Слова-партнеры к **interest**
>
> **develop/generate/have/show/take** an interest • a **genuine/keen/passionate/strong** interest • an interest **in** sth • **be of** interest

interest[2] /ˈɪntrəst/ **verb** [T] B1 If someone or something interests you, you want to give them your attention and discover more about them. **интересовать** *History doesn't really interest me.*

interested /ˈɪntrəstɪd/ **adjective** **1** [never before noun] A2 wanting to give your attention to something and discover more about it **интересующийся** *Sarah's only* ***interested in*** *boys, CDs, and clothes.* ◦ [+ to do sth] *I'd be interested to find out more about the course.* → Opposite **uninterested** **2** [never before noun] wanting to do, get, or achieve something **заинтересованный** [+ in + doing sth] *Mark said he's interested in buying your bike.* **3 interested parties/groups** people who will be affected by a situation **заинтересованные стороны/группы** → Opposite **disinterested**

> **!** Типичная ошибка: **interested**
>
> Запомните: после слова **interested** всегда следует предлог **in**.
>
> Правильно говорить **interested in something**, а не 'interested something'.
>
> ~~*We are very interested your offer.*~~
>
> *We are very interested in your offer.*

> **!** Типичная ошибка: **interesting or interested?**
>
> **Внимание!** Используйте правильное прилагательное.
>
> Если вы хотите сказать, что вам интересен какой-либо предмет и вы хотели бы о нем больше узнать, используйте **interested**, а не 'interesting'.
>
> ~~*I am interesting in fashion and photography.*~~
>
> *I am interested in fashion and photography.*

> **+** Другие способы сказать **interesting**
>
> Прилагательные **absorbing** и **gripping** используют для описания очень интересной и захватывающей игры, книги, фильма и т.п.
>
> *I found the book absolutely* ***gripping*** *– I couldn't put it down.*
>
> *It was a very* ***absorbing*** *film.*
>
> Игру, книгу, телепередачу и т.п., которая настолько интересна, что невозможно перестать играть, читать и т.п., можно охарактеризовать как **compulsive**.
>
> *I found the whole series* ***compulsive*** *viewing.*
>
> О ком-то или о чем-то, что вы увидели/услышали и нашли чрезвычайно интересным, можно сказать **fascinating**.
>
> *The history of the place was absolutely* ***fascinating****.*
>
> *He's* ***fascinating*** *on the subject.*
>
> Если человек или предмет вам интересен, поскольку кажется загадочным и о нем хочется узнать больше, то его можно охарактеризовать как **intriguing**.
>
> *It's a very* ***intriguing*** *situation.*

> **!** Типичная ошибка: **interesting**
>
> **Внимание!** Проверьте написание.
>
> **Interesting** – одно из 10 слов, при написании которых русскоязычные студенты наиболее часто допускают ошибки.
>
> Запомните: нужно писать 'e' после первой 't'.

interesting /ˈɪntrəstɪŋ/ **adjective** A1 Someone or something that is interesting keeps your attention because they are unusual, exciting, or have lots of ideas. **интересный** *an interesting person* ◦ *The museum was really interesting.* ◦ [+

to do sth] *It'll be interesting to see what Mum thinks of John's new girlfriend.*

'interest ˌrate noun [C] the percentage of an amount of money which is charged or paid by a bank or other financial company **процентная ставка, ссудный процент**

interface[1] /ˈɪntəfeɪs/ **noun** [C] **1** a connection between two pieces of electronic equipment, or between a person and a computer **интерфейс** *a simple* ***user interface*** **2** a situation, way, or place where two things can come together and have an effect on each other **стык, область взаимодействия** *the* ***interface between*** *technology and tradition*

interface[2] /ˈɪntəˌfeɪs/ **verb** [I, T] to communicate with people or electronic equipment, or to make people or electronic equipment communicate **связывать(ся)** *We use email to* ***interface with*** *our customers.*

interfere /ˌɪntəˈfɪəʳ/ **verb** [I] B2 to try to control or become involved in a situation, in a way that is annoying **вмешиваться** *I know he's worried about us, but I wish he wouldn't interfere.* ◦ *You shouldn't* ***interfere in*** *other people's business.*

PHRASAL VERB **interfere with sth 1** to prevent something from working effectively or from developing successfully **мешать, служить препятствием** *I try not to let my dancing classes interfere with my schoolwork.* **2** If something interferes with radio or television signals, it stops you from getting good pictures or sound. **чинить помехи**

interference /ˌɪntəˈfɪərəns/ **noun** [U] **1** when someone tries to interfere in a situation **вмешательство** *There have been claims of too much political* ***interference in*** *education.* **2** noise or other electronic signals that stop you from getting good pictures or sound on a television or radio **помехи**

> Слова-партнеры к **interference**
> interference in sth • interference from sb

interim[1] /ˈɪntərɪm/ **adjective** [always before noun] temporary and intended to be used or accepted until something permanent exists **временный** *an interim solution* ◦ *an* ***interim government***

interim[2] /ˈɪntərɪm/ **noun in the interim** in the time between two particular periods or events **в промежутке**

interior /ɪnˈtɪəriəʳ/ **noun** [C] B2 the inside part of something **внутренняя часть, интерьер** *the grand interior of the hotel* → Opposite **exterior**

inˌterior deˈsign noun [U] the job of choosing colours, designs, etc for the inside of a house or room **дизайн интерьера**
• **interior designer** noun [C] someone whose job is to do interior design **художник по интерьеру**

interjection /ˌɪntəˈdʒekʃən/ **noun** [C] an exclamation or sudden expression of your feelings. For example 'Hey' in 'Hey you!' is an interjection. **восклицание**

interlude /ˈɪntəluːd/ **noun** [C] a period of time between two events, activities, etc **интерлюдия, перерыв** *a* ***brief interlude*** *of peace*

intermediary /ˌɪntəˈmiːdiəri/ **noun** [C] someone who works with two people or groups to help them agree on something important **посредник**

intermediate /ˌɪntəˈmiːdiət/ **adjective 1** B1 between the highest and lowest levels of knowledge or skill **промежуточный** *intermediate students* **2** between two different stages in a process **промежуточный, переходный** ***intermediate steps*** *towards achieving our goal*

interminable /ɪnˈtɜːmɪnəbl/ **adjective** lasting a very long time, in a way that is boring **бесконечный, нескончаемый** *an interminable train journey*
• **interminably adverb бесконечно, нескончаемо**

intermission /ˌɪntəˈmɪʃən/ **noun** [C] a short period between the parts of a play, performance, etc **антракт**

intermittent /ˌɪntəˈmɪtənt/ **adjective** stopping and starting again for short periods of time **прерывающийся** *intermittent rain*
• **intermittently adverb с перерывами**

intern[1] /ˈɪntɜːn/ **noun** [C] US **1** a young doctor who works in a hospital to finish their medical education **врач-интерн 2** a student who learns about a particular job by doing it for a short period of time **студент, проходящий практику**
• **internship** noun [C] the time when someone is an intern **интернатура, практика**

intern[2] /ɪnˈtɜːn/ **verb** [T] to put someone in prison for political reasons, especially during a war **интернировать**
• **internment** noun [U] when someone is interned **интернирование**

internal /ɪnˈtɜːnəl/ **adjective 1** B2 happening or coming from inside a particular country, group, or organization **внутренний** *an internal report* ◦ *internal disputes* **2** B2 inside your body **внутренний** *internal injuries* **3** B2 inside a country, building, area, etc **внутренний** *an internal flight* ◦ *internal walls* → Opposite **external**
• **internally adverb внутренне**

international[1] /ˌɪntəˈnæʃənəl/ **adjective** A2 relating to or involving two or more countries **международный** *international politics* ◦ *an international team of scientists*
• **internationally adverb** B1 **на международном уровне**

international[2] /ˌɪntəˈnæʃənəl/ **noun** [C] UK a game of sport involving two or more countries, or a player in one of these games **международные состязания** *a one-day international in South Africa*

the interˌnational comˈmunity noun countries of the world considered or acting together as a group **международное сообщество** *The international community expressed shock at the terrorist attacks.*

the Internet /ˈɪntənet/ **noun** (also **the Net**) (A1) the system that connects computers all over the world and allows people who use computers to look at websites (= electronic documents) **Интернет** *She found a lot of information **on the Internet**.* ◦ *a company that provides cheap **Internet access*** → See Study Page **The Web and the Internet** on page Centre 36

> **!** Типичная ошибка: **Internet**
>
> **Запомните:** слово **Internet** обычно используется с артиклем **the**.
> Когда речь идет о системе в целом, нужно говорить **the Internet**, а не 'Internet'.
> ~~*I spend hours exploring Internet.*~~
> *I spend hours exploring the Internet.*

> Слова-партнеры к **the Internet**
>
> **browse/surf** the Internet • **on** the Internet • **download sth from** the Internet • Internet **access** • an Internet **provider/service provider**

ˈInternet ˌcafe noun [C] a place where customers can buy food and drink and use computers to search for information on the Internet **интернет-кафе**

ˈInternet ˌdating noun [U] a way to meet people for possible romantic relationships, in which you look at descriptions of people on a website and arrange to meet them if you like them **поиск партнера при помощи брачных веб-сайтов**

interplay /ˈɪntəpleɪ/ **noun** [U] the effect that two or more things have on each other **взаимодействие** *I'm interested in the **interplay between** Latin and English.*

interpret /ɪnˈtɜːprɪt/ **verb 1** [T] to explain or decide what you think a particular phrase, performance, action, etc means **истолковывать** *His comments were **interpreted as** an attack on the government.* **2** [I, T] (B2) to change what someone has said into another language **переводить (устно)** *We had to ask the guide to interpret for us.*

interpretation /ɪnˌtɜːprɪˈteɪʃᵊn/ **noun 1** [C, U] an explanation or opinion of what something means **толкование** *traditional interpretations of the Bible* **2** [C] the way someone performs a particular play, piece of music, etc **трактовка, интерпретация** *a beautiful interpretation of Swan Lake*

interpreter /ɪnˈtɜːprɪtəʳ/ **noun** [C] someone whose job is to change what someone else is saying into another language **устный переводчик**

interrogate /ɪnˈterəgeɪt/ **verb** [T] to ask someone a lot of questions, often with great force **допрашивать** *Police have arrested and interrogated the two suspects.*

• **interrogation** /ɪnˌterəˈgeɪʃᵊn/ **noun** [C, U] **допрос** *twelve hours of brutal interrogation* • **interrogator** noun [C] **проводящий допрос**

interrogative /ˌɪntəˈrɒgətɪv/ **noun** [C] a word or sentence used when asking a question. For example 'Who' and 'Why' are interrogatives. **вопросительное слово или предложение** • **interrogative adjective вопросительный**

interrupt /ˌɪntəˈrʌpt/ **verb 1** [I, T] (B1) to stop someone while they are talking or doing something, by saying or doing something yourself **прерывать, перебивать** *I was trying to work but the children were interrupting me.* **2** [T] (B2) to stop an action or activity, usually for a short period of time **прерывать, приостанавливать** *In 1998, a leg injury interrupted his sporting career.*

interruption /ˌɪntəˈrʌpʃᵊn/ **noun** [C, U] (B2) when an action or activity is interrupted, or something that interrupts someone or something **перерыв, помеха**

> Слова-партнеры к **interruption**
>
> a **brief/short** interruption • **without** interruption • an interruption **in/of** sth

intersect /ˌɪntəˈsekt/ **verb** [I, T] If two things such as lines or roads intersect, they go across each other at a particular point. **пересекать(ся)**

intersection /ˌɪntəˈsekʃᵊn/ **noun** [C] US (UK **junction**) the place where two roads meet or cross each other **перекресток**

interspersed /ˌɪntəˈspɜːst/ **adjective interspersed with sth** having something in several places among something else **вперемежку с чем-либо** *farmland interspersed with forests and lakes*

interstate /ˈɪntəˌsteɪt/ **adjective** [always before noun] relating to, or involving two or more US states **межштатный (в США)** *interstate commerce/travel* ◦ *an interstate highway*

interval /ˈɪntəvᵊl/ **noun 1** [C] a period of time between two actions, activities, or events **промежуток, интервал** *After an interval of three days the peace talks resumed.* **2 at intervals** repeated after a particular period of time or particular distance **с промежутками** *Patients were injected with the drug at four-hour intervals (= every four hours).* **3** [C] UK (UK/US **intermission**) (B1) a short period of time between the parts of a play, performance, etc **антракт**

intervene /ˌɪntəˈviːn/ **verb** [I] **1** to become involved in a situation in order to try to stop a fight, argument, problem, etc **вступаться, посредничать** *Government officials refused to **intervene in** the recent disputes.* ◦ [+ to do sth] *Harris intervened to stop the attack.* **2** to interrupt someone who is talking **прерывать** *"Mr Law-*

rence," the judge intervened, "please be silent." **3** If something intervenes, it stops something or prevents it from happening. **мешать, вмешиваться** *She was going to marry Barratt but tragedy intervened.*

intervening /ˌɪntəˈviːnɪŋ/ **adjective the intervening months/period/years, etc** the time between two events **прошедшие месяцы/прошедший период/прошедшие годы и т. д.** *In the intervening years, his illness had become a lot worse.*

intervention /ˌɪntəˈvenʃᵊn/ **noun** [C, U] when someone intervenes, especially to prevent something from happening **вмешательство** *Without **medical intervention**, the child would have died.*

interview[1] /ˈɪntəvjuː/ **noun** [C] **1** B1 a meeting in which someone asks you questions to see if you are suitable for a job or course **собеседование** *I **had an interview** last week for a job in London.* **2** B1 a meeting in which someone is asked questions for a newspaper article, television show, etc **интервью** *an **exclusive interview** with Madonna* **3** a meeting in which the police ask someone questions to see if they have committed a crime **допрос**

> **Слова-партнеры к interview**
> an exclusive/frank/in-depth interview • conduct/do/give/have an interview • an interview with sb

interview[2] /ˈɪntəvjuː/ **verb** [T] B1 to ask someone questions in an interview **проводить собеседование, брать интервью, допрашивать** *Police are interviewing a 43-year-old man in connection with the murder.* ◦ *So far we've **interviewed** five applicants **for** the Managing Director's job.*

• **interviewer noun** [C] **берущий интервью**

interviewee /ˌɪntəvjuˈiː/ **noun** [C] someone who is being interviewed **дающий интервью**

intestine /ɪnˈtestɪn/ **noun** [C] a long tube that carries food from your stomach **кишка**

• **intestinal** /ˌɪntesˈtaɪnəl/, /ɪnˈtestɪnəl/ **adjective** relating to your intestine **кишечный**

intimacy /ˈɪntɪməsi/ **noun** [U] when you have a very special friendship or sexual relationship with someone **тесная дружба, интимность**

intimate[1] /ˈɪntɪmət/ **adjective 1** private and personal **частный, интимный** ***intimate details*** *of her family life* ◦ *intimate conversations* **2** having a special relationship with someone who you like or love very much **близкий, интимный** *an intimate friend* **3** If a place or event is intimate, it is small in a way that feels comfortable or private. **уютный** *an intimate hotel* **4 an intimate knowledge/understanding of sth** when you know all of the facts about something or about how it works **глубокие знания/глубокое понимание**

• **intimately adverb интимно, глубоко**

intimate[2] /ˈɪntɪmeɪt/ **verb** [T] formal to suggest that something is true without saying it directly **намекать**

intimidate /ɪnˈtɪmɪdeɪt/ **verb** [T] to intentionally frighten someone, especially so that they will do what you want **запугивать**

• **intimidation** /ɪnˌtɪmɪˈdeɪʃᵊn/ **noun** [U] **запугивание**

intimidated /ɪnˈtɪmɪdeɪtɪd/ **adjective** frightened or nervous because you are not confident in a situation **боящийся, запуганный** *Older people can feel very intimidated by computers.*

• **intimidating adjective** making you feel intimidated **страшный, устрашающий** *I find speaking in front of a crowd very intimidating.*

into /ˈɪntə/, /ˈɪntu/ **preposition 1** A1 towards the inside or middle of something **в** *Stop running around and get into bed!* ◦ *He's gone into a shop across the road.* **2** A2 used to show when a person or thing changes from one form or condition to another **на, в** *We're planning to **turn** the smallest bedroom **into** an office.* ◦ *Her last novel was translated into nineteen languages.* **3** involving or about something **в** *an investigation into the cause of the fire* **4** B1 in the direction of something or someone **в** *She was looking straight into his eyes.* **5** B1 moving towards something or someone and hitting them **в, на** *I backed the car into the garden wall.* **6 be into sth** informal B1 to be very interested in something **увлекаться чем-либо** *Kate's really into classical music.* **7** used when dividing one number by another **на** *What's 5 into 125?*

intolerable /ɪnˈtɒlᵊrəbl/ **adjective** too bad or unpleasant to deal with or accept **невыносимый** *an intolerable situation*

• **intolerably adverb невыносимо**

intolerance /ɪnˈtɒlᵊrᵊns/ **noun** [U] when someone is intolerant **нетерпимость** ***religious intolerance***

intolerant /ɪnˈtɒlᵊrᵊnt/ **adjective** refusing to accept any opinions, beliefs, customs, etc that are different from your own **нетерпимый**

intonation /ˌɪntəʊˈneɪʃᵊn/ **noun** [C, U] the way your voice goes up and down when you speak **интонация**

intoxicated /ɪnˈtɒksɪkeɪtɪd/ **adjective 1** formal drunk **пьяный 2** literary very excited or enthusiastic about someone or something **возбужденный**

• **intoxicating adjective** making you intoxicated **опьяняющий, пьянящий** • **intoxication** /ɪnˌtɒksɪˈkeɪʃᵊn/ **noun** [U] **опьянение**

intra- /ɪntrə-/ **prefix** within **внутри-** *an intranet*

intranet /ˈɪntrənet/ **noun** [C] a system that connects the computers in a company or organization so that people can share information and send messages **локальная компьютерная сеть**

intransitive /ɪnˈtrænsətɪv/ **adjective** B2 An intransitive verb does not have an object. In the sentence 'John arrived first.', 'arrived' is an intransitive verb. **непереходный (глагол)** → See Study Page **Verb patterns** on page Centre 27. → Compare **transitive**

intravenous /ˌɪntrəˈviːnəs/ **adjective** Intravenous medicines or drugs are put directly into your veins (= tubes that carry your blood). **внутривенный**

• **intravenously adverb внутривенно**

in-tray /ˈɪntreɪ/ **noun** [C] UK (US **in-box**) a container where you keep letters and documents that need to be dealt with **отделение для входящих документов** → See **The Office** on page Centre 5

intrepid /ɪnˈtrepɪd/ **adjective** brave and willing to do dangerous things **отважный, бесстрашный** *intrepid travellers*

intricacy /ˈɪntrɪkəsi/ **noun 1 the intricacies of sth** the complicated details of something **тонкости, сложности** *a booklet explaining the intricacies of the game's rules* **2** [U] the quality of being intricate **тонкость, сложность** *the intricacy of the stone carvings*

intricate /ˈɪntrɪkət/ **adjective** having many small or complicated parts and details **сложный, запутанный** *an* ***intricate pattern***

• **intricately adverb сложно, запутанно**

intrigue[1] /ɪnˈtriːg/ **verb** [T] (present participle **intriguing**, past tense and past participle **intrigued**) If someone or something intrigues you, they interest you very much. **интересовать, увлекать** *Ancient Egyptian art has always intrigued me.*

intrigue[2] /ˈɪntriːg/ **noun** [C, U] a secret, clever plan to deceive someone or do something bad **интрига** *a tale of romance, intrigue, and betrayal*

intriguing /ɪnˈtriːgɪŋ/ **adjective** very interesting **интригующий, увлекательный** *an intriguing story*

intrinsic /ɪnˈtrɪnsɪk/ **adjective** [always before noun] An intrinsic quality or thing forms part of the basic character of something or someone. **присущий, неотъемлемый** *Drama is an* ***intrinsic part*** *of the school's curriculum.*

• **intrinsically adverb в действительности, по существу**

introduce /ˌɪntrəˈdjuːs/ **verb** [T] **1** B2 to make something exist, happen, or be used for the first time **выпускать, представлять** *CD players were first introduced in 1983.* ◦ *We have introduced a new training schedule for employees.* **2** B1 to tell someone another person's name the first time that they meet **знакомить** *He took me round the room and* ***introduced*** *me* ***to*** *everyone.* ◦ [often reflexive] *Emma introduced herself and they shook hands.* **3** to tell an audience who is going to speak to them or perform for them **представлять (аудитории)** *I'd like to introduce Rachel Elliott who is our speaker this evening.*

PHRASAL VERB **introduce sb to sth** to help someone experience something for the first time **знакомить кого-либо с чем-либо** *His father introduced him to the pleasures of good food.*

introduction /ˌɪntrəˈdʌkʃən/ **noun 1** [U] B2 when you make something exist, happen, or be used for the first time **введение, внедрение** *the introduction of a minimum wage* **2** [C] B2 the first part of a book or speech **предисловие 3** [C] B2 a book or course which provides basic knowledge about a subject **введение, вводный курс** *an introduction to psychology* **4** [no plural] the first time someone experiences something **знакомство** *It was our first* ***introduction to*** *great poetry.* **5** [C] B2 when you tell someone another person's name the first time that they meet **знакомство** [usually plural] *Can you do the introductions?* **6** [C, U] when you tell an audience who is going to speak to them or perform for them **представление (аудитории)** *My next guest* ***needs no introduction.***

introductory /ˌɪntrəˈdʌktəri/ **adjective 1 an introductory chapter/essay/message, etc** a part that comes at the beginning of a piece of writing or a speech and explains what will come later **вступительная глава/вступительное сочинение/вступительное слово и т. д. 2 an introductory book/course/lesson, etc** something that provides basic information about a subject **введение в предмет/учебник/курс лекций/урок и т. д.** *an introductory course in economics* **3 an introductory discount/fare/offer, etc** something that you get when you start buying something or using a service **скидка/цена/предложение и т. д. для новых клиентов**

introspective /ˌɪntrəʊˈspektɪv/ **adjective** thinking a lot about your own thoughts and feelings, in a way that is not always good for you **интроспективный, занимающийся самоанализом**

• **introspection** /ˌɪntrəʊˈspekʃən/ **noun** [U] **интроспекция, самоанализ**

introvert /ˈɪntrəʊvɜːt/ **noun** [C] someone who is quiet and shy and prefers to be alone **интроверт**

• **introverted adjective замкнутый, сосредоточенный на себе** *an introverted child* → Opposite **extrovert**

intrude /ɪnˈtruːd/ **verb** [I] to become involved in a situation which people want to be private **вмешиваться** *They should not have* ***intruded on*** *the family's grief.*

intruder /ɪnˈtruːdər/ **noun** [C] someone who enters a place where they are not allowed to be, often to commit a crime **злоумышленник**

intrusion /ɪnˈtruːʒən/ **noun** [C, U] when someone becomes involved in a situation which people want to be private **вторжение** *She could not bear the* ***intrusion into*** *her private life.*

Слова-партнеры к intrusion

an **unwarranted/unwelcome** intrusion • an intrusion **into/on** sth

intrusive /ɪnˈtruːsɪv/ **adjective** If something or someone is intrusive, they become involved in things which should be private. **вторгающийся в чью-либо личную жизнь** *The magazine published intrusive pictures of the princess's family.*

intuition /ˌɪntjuˈɪʃᵊn/ **noun** [C, U] the feeling that you know something without being able to explain why **интуиция** *Her approach to child-care is based on intuition.*

intuitive /ɪnˈtjuːɪtɪv/ **adjective** using intuition **интуитивный** *He has an intuitive understanding of animals.*
• **intuitively adverb интуитивно**

Inuit /ˈɪnuɪt/ **noun** [C, U] (plural **Inuit**, **Inuits**) a group of people who live in the cold, northern areas of North America, Russia, and Greenland, or a member of this group **эскимос**

inundate /ˈɪnʌndeɪt/ **verb be inundated with/by sth** to receive so much of something that you cannot deal with it **быть засыпанным, заваленным чем-либо** *Laura was inundated with flowers, cards, and other gifts.*

invade /ɪnˈveɪd/ **verb 1** [I, T] B2 to enter a country by force in order to take control of it **вторгаться, нападать** *Portugal was invaded by the French in 1807.* **2** [T] to enter a place in large numbers **наводнять, нахлынуть** *Every summer the town is invaded by tourists.* **3 invade sb's privacy** to become involved in someone's private life when they do not want you to **вмешиваться в чьи-либо личные дела**

invader /ɪnˈveɪdəʳ/ **noun** [C] someone who enters a country by force in order to take control of it **захватчик**

invalid¹ /ˈɪnvəlɪd/ **noun** [C] someone who is so ill that they have to be looked after by other people **инвалид**

invalid² /ɪnˈvælɪd/ **adjective 1** An invalid document, ticket, law, etc is not legally or officially acceptable. **недействительный, не имеющий законной силы 2** An invalid argument is not correct. **несостоятельный, необоснованный**

invaluable /ɪnˈvæljuəbl/ **adjective** extremely useful **неоценимый** *Her contacts in government **proved invaluable** to the company.*

invariably /ɪnˈveəriəbli/ **adverb** always **неизменно** *The train is invariably packed.*

invasion /ɪnˈveɪʒᵊn/ **noun 1** B2 [C, U] when an army enters a country by force in order to take control of it **вторжение, нашествие 2 an invasion of privacy** becoming involved in someone's private life when they do not want you to **вмешательство в чьи-либо личные дела**

invent /ɪnˈvent/ **verb** [T] **1** B1 to design or create something that has never existed before **изобретать** *We've invented a new game.* **2** B2 to think of a story or explanation in order to deceive someone **придумывать** *She invented an excuse to leave.*

invention /ɪnˈvenʃᵊn/ **noun 1** [C] B1 something that has been designed or created for the first time **изобретение 2** [U] B1 when someone designs or creates something new **изобретение** *the invention of printing*

inventive /ɪnˈventɪv/ **adjective** full of clever and interesting ideas **изобретательный** *inventive designs*
• **inventively adverb изобретательно** • **inventiveness noun** [U] **изобретательность**

inventor /ɪnˈventəʳ/ **noun** [C] B2 someone who designs and makes new things **изобретатель**

inventory /ˈɪnvᵊntri/, /ɪnˈventᵊri/ **noun** [C] a list of all the things that are in a place **опись, перечень**

invert /ɪnˈvɜːt/ **verb** [T] formal to turn something upside-down, or put something in the opposite order from how it usually is **переворачивать, перевертывать**

inverted commas /ɪnˌvɜːtɪdˈkɒməz/ **noun** [plural] UK B2 a pair of marks (" ") or (' ') used before and after a group of words to show that they are spoken or that someone else originally wrote them **кавычки** → See Study Page **Punctuation** on page Centre 33

invest /ɪnˈvest/ **verb 1** [I, T] B2 to give money to a bank, business, etc, or buy something, because you hope to get a profit **инвестировать** *He's **invested** over a million pounds **in** the city's waterfront restoration project.* **2** [T] B2 to use a lot of time, effort, or emotions because you want to succeed **вкладывать, тратить (время, силы и т. д.)** *I think she **invests** too much time and energy **in** her career.*

PHRASAL VERB **invest in sth** to buy something because you think it will be useful **покупать что-либо** *Dad's decided to invest in a computer.*

investigate /ɪnˈvestɪgeɪt/ **verb** [I, T] B2 to try to discover all the facts about something, especially a crime or accident **расследовать** *He has been questioned by detectives investigating Jenkins' murder.*

investigation /ɪnˌvestɪˈgeɪʃᵊn/ **noun** [C, U] B2 when officials try to discover all the facts about something, especially a crime or an accident **расследование** *Police have begun an **investigation into** his death.* ◦ *The cause of the fire is still **under investigation** (= being investigated).*

Слова-партнеры к investigation

carry out/conduct/launch an investigation • a **detailed/full/thorough** investigation • an investigation **into** sth • be **under** investigation

investigative /ɪnˈvestɪɡətɪv/ (US) /ɪnˈvestɪɡeɪtɪv/ **adjective** trying to discover all the facts about something **занимающийся расследованием** ***investigative journalists***

investigator /ɪnˈvestɪɡeɪtəʳ/ **noun** [C] (B2) someone who tries to discover all the facts about something, especially as their job **следователь, исследователь**

investment /ɪnˈvestmənt/ **noun** **1** [C, U] (B2) the money that you put in a bank, business, etc in order to make a profit, or the act of doing this **инвестиции** *Businesses need to increase their* ***investment in*** *new technology.* **2** [C] (B2) something that you do or have, in order to have more in the future **задел, вклад** *Going to college is an* ***investment in*** *the future.*

investor /ɪnˈvestəʳ/ **noun** [C] (B2) someone who puts money in a bank, business, etc in order to make a profit **инвестор**

inveterate /ɪnˈvetᵊrət/ **adjective an inveterate liar/gambler/reader, etc** someone who does something very often **неисправимый лгун/заядлый игрок/любитель чтения и т. д.**

invigorating /ɪnˈvɪɡəreɪtɪŋ/ **adjective** making you feel very healthy and energetic **бодрящий** *a long, invigorating walk*

• **invigorate verb** [T] to make you feel very healthy and energetic **придавать бодрость**

invincible /ɪnˈvɪnsəbl/ **adjective** If someone or something is invincible, it is impossible to defeat or destroy them. **непобедимый** *The French army seemed invincible.*

invisible /ɪnˈvɪzəbl/ **adjective** (B2) Someone or something that is invisible cannot be seen. **невидимый, незаметный** *invisible particles called electrons* ◦ *The house was invisible from the road.*

• **invisibility** /ɪnˌvɪzəˈbɪləti/ **noun** [U] **невидимость**

invitation /ˌɪnvɪˈteɪʃᵊn/ **noun** **1** [C, U] (A2) when someone invites you to do something or go somewhere **приглашение** *an* ***invitation to*** *dinner* ◦ [+ to do sth] *He has* ***accepted*** *their* ***invitation*** *to visit China.* **2** [C] a piece of paper or card that invites someone to an event **приглашение, пригласительный билет** **3** [no plural] something that is likely to cause a particular result, especially a bad one **провокация** *It is* ***an invitation to*** *violence.*

> **Слова-партнеры к invitation**
> **accept/decline/turn down** an invitation • an invitation **to** sth

invite¹ /ɪnˈvaɪt/ **verb** [T] **1** (A1) to ask someone to come to a social event **приглашать** *They've* ***invited*** *us* ***to*** *the wedding.* **2** to officially ask someone to do something **приглашать, просить** [+ to do sth] *I was invited to appear on television.* **3** to do something that is likely to cause a particular reaction or result, especially a bad one **провоцировать** *Unconventional ideas often invite attack.*

PHRASAL VERBS **invite sb in** to ask someone to come into your house **приглашать в гости** *The neighbours* ***invited*** *us* ***in for*** *coffee.* • **invite sb over** (also UK **invite sb round**) to invite someone to come to your house **приглашать в гости**

invite² /ˈɪnvaɪt/ **noun** [C] informal an invitation **приглашение**

inviting /ɪnˈvaɪtɪŋ/ **adjective** pleasant and attractive **заманчивый, привлекательный** *an inviting smile* ◦ *The room looked cosy and inviting.*

• **invitingly adverb заманчиво, привлекательно**

invoice¹ /ˈɪnvɔɪs/ **noun** [C] a list that shows you how much you owe someone for work they have done or for goods they have supplied **счет-фактура**

invoice² /ˈɪnvɔɪs/ **verb** [T] to send someone an invoice **выписывать счет-фактуру**

invoke /ɪnˈvəʊk/ **verb** [T] formal to use a law, rule, etc to support what you are saying or doing **применять (закон, правило и т. д.)** *The President may* ***invoke*** *federal* ***law*** *to stop the strike.*

involuntary /ɪnˈvɒləntᵊri/ **adjective** An involuntary movement or action is something you do but cannot control. **непроизвольный, невольный** *an involuntary shudder*

• **involuntarily adverb непроизвольно**

involve /ɪnˈvɒlv/ **verb** [T] **1** (B1) If a situation or activity involves something, that thing is a necessary part of it. **включать, влечь за собой** *The trips often involve a lot of walking.* ◦ *There are a lot of risks involved.* **2** (B1) to affect or include someone or something in an activity **привлекать к участию, вовлекать** *an event involving hundreds of people* **3** (B2) to make someone be part of an activity or process **вовлекать, втягивать** *I prefer teaching methods that actively* ***involve*** *students* ***in*** *learning.*

involved /ɪnˈvɒlvd/ **adjective** **1 be/get involved (in/with sth)** (B2) to do things and be part of an activity or event **быть занятым чем-либо/начинать заниматься чем-либо** *How did you get involved in acting?* **2 be/get involved with sb** to have a sexual or romantic relationship with someone **увлечься кем-либо** *She got involved with a boy from college.* **3** complicated **сложный, запутанный** *a long and involved story*

involvement /ɪnˈvɒlvmənt/ **noun** [U] (B2) when someone or something is involved in an activity or event **причастность, участие** *He denies any* ***involvement in*** *the attack.*

Слова-партнеры к involvement

close/direct/personal involvement • involvement **in sth**

inward[1] /ˈɪnwəd/ **adjective 1** [always before noun] towards the centre or the inside of something **направленный внутрь 2 inward investment** UK money from foreign companies that is put into businesses in your own country **иностранные инвестиции 3** [always before noun] inside your mind and not shown to other people **внутренний, душевный** *inward feelings* → Opposite **outward**

inward[2] /ˈɪnwəd/ **adverb** (also UK **inwards**) towards the inside or the centre **внутрь** *The door slowly opened inward.*

inwardly /ˈɪnwədli/ **adverb** in your mind without anyone else seeing or knowing **про себя, в душе** *She smiled inwardly.* → Opposite **outwardly**

in-your-face (also **in-yer-face**) /ˌɪnjəˈfeɪs/ **adjective** informal describes something that is done in a forceful way that intends to shock people **вызывающе агрессивный** *in-your-face television advertising*

iodine /ˈaɪədiːn/ **noun** [U] a chemical element found in sea water, and used in some medicines (symbol I) **йод**

IOU /ˌaɪəʊˈjuː/ **noun** [C] abbreviation for I owe you: a piece of paper saying that you will pay back money you owe **долговая расписка**

IOW internet abbreviation for in other words: used when you want to express something in a different way in order to explain it clearly **другими словами (используется в интернет-общении)**

IPA /ˌaɪpiːˈeɪ/ **noun** [U] abbreviation for International Phonetic Alphabet: a system of symbols for showing how words are spoken **международный фонетический алфавит**

iPod /ˈaɪpɒd/ **noun** [C] trademark one of a group of small electronic devices for storing and playing music **MP3 плеер, айпод**

IQ /ˌaɪˈkjuː/ **noun** [C, U] abbreviation for intelligence quotient: a person's intelligence when measured by a special test **коэффициент умственного развития** *a high/low IQ*

ir- /ɪr-/ **prefix** not **не-, без-/бес-** *irregular*

irate /aɪˈreɪt/ **adjective** extremely angry **сердитый, разгневанный** *Hundreds of irate passengers have complained to the airline.*

iris /ˈaɪərɪs/ **noun** [C] **1** a tall plant with purple, yellow, or white flowers **ирис 2** the coloured part of your eye **радужная оболочка**

Irish[1] /ˈaɪərɪʃ/ **adjective** relating to Ireland **ирландский** *Irish music/culture* ◦ *Irish whiskey*

Irish[2] /ˈaɪərɪʃ/ **noun 1** [U] the language that is spoken in some parts of Ireland **ирландский язык 2 the Irish** [plural] the people of Ireland **ирландцы**

iron[1] /aɪən/ **noun 1** [U] B1 a dark grey metal used to make steel (= very strong metal) and found in small amounts in blood and food (formula Fe) **железо** *an iron bar/gate* **2** [C] B1 a piece of electrical equipment that you use for making clothes flat and smooth **утюг** → See also **cast iron, wrought iron**

iron[2] /aɪən/ **verb** [I, T] B1 to make clothes flat and smooth using an iron **гладить, утюжить** *I need to iron a shirt to wear tomorrow.*

PHRASAL VERB **iron sth out** to solve a problem or difficulty **устранять, сглаживать** *We're still trying to* ***iron out*** *a few* ***problems*** *with the computer system.*

iron[3] /aɪən/ **adjective** [always before noun] extremely strong and determined **сильный, несгибаемый** *a man of* ***iron will*** → See also **cast-iron**

ironic /aɪəˈrɒnɪk/ **adjective 1** saying something that you do not mean, as a joke **иронический** *ironic comments* **2** An ironic situation is strange because it is the opposite of what you expected. **иронический, нелепый** [+ that] *It's ironic that she was hurt by the very person she's trying to help.*

• **ironically adverb иронически, по иронии судьбы**

ironing /ˈaɪənɪŋ/ **noun** [U] **1** B1 the activity of making clothes flat and smooth using an iron (= a piece of electrical equipment) **глаженье, утюжка** *John was* ***doing the ironing****.* **2** the clothes that are waiting to be ironed, or those that have just been ironed **белье для глаженья** *a basket full of ironing*

ˈironing ˌboard noun [C] a narrow table that you use for ironing **гладильная доска**

irony /ˈaɪərəni/ **noun 1** [C, U] a situation that is strange because it is the opposite of what you expected **ирония, превратность судьбы** *The irony is that now he's retired, he's busier than ever.* **2** [U] a type of humour in which people say something they do not mean **ирония, насмешка**

irrational /ɪˈræʃənəl/ **adjective** Irrational feelings and actions are based on your emotions and not on good reasons. **нерациональный** ***irrational behaviour*** ◦ *an* ***irrational fear*** *of flying*

• **irrationality** /ɪˌræʃənˈæləti/ **noun** [U] **нерациональность** • **irrationally adverb нерационально**

irreconcilable /ɪˌrekənˈsaɪləbl/ **adjective** formal Irreconcilable beliefs, opinions, etc are so different that no agreement is possible. **несовместимый, непримиримый** ***Irreconcilable differences*** *led to their divorce.*

irregular /ɪˈregjələr/ **adjective 1** B2 Irregular actions or events happen with a different amount of time between each one. **нерегулярный** *an irregular heartbeat* ◦ *They met at irregular intervals.* **2** B2 not smooth or straight,

or having parts that are different sizes **неровный** *an irregular coastline* **3** (B1) not following the general rules in grammar **неправильный** *irregular verbs/plurals* **4** UK formal slightly illegal, or not done in the usual and acceptable way **беспорядочный, нарушающий законный порядок** *He led a very irregular life.*
• **irregularity** /ɪˌregjəˈlærəti/ **noun** [C, U] **нерегулярность, неровность, неточность, нарушение** • **irregularly adverb нерегулярно, неровно, неправильно**

irrelevant /ɪˈreləvᵊnt/ **adjective** not important in a particular situation **не имеющий отношения к чему-либо** *The car had faults but these were* ***irrelevant to*** *the crash.*
• **irrelevance** /ɪˈreləvᵊns/ **noun** [C, U] something that is irrelevant, or the quality of being irrelevant **безотносительность** • **irrelevantly adverb безотносительно**

irreparable /ɪˈrepᵊrəbl/ **adjective** Irreparable damage, harm, injury, etc is so bad that it can never be repaired. **непоправимый**
• **irreparably adverb непоправимо**

irreplaceable /ˌɪrɪˈpleɪsəbl/ **adjective** Someone or something that is irreplaceable is so valuable or special that you could not get another one like them. **незаменимый, невозместимый**

irrepressible /ˌɪrɪˈpresəbl/ **adjective 1** always happy and energetic **неугомонный 2** An irrepressible feeling is impossible to control. **неудержимый** *an irrepressible urge to travel*
• **irrepressibly adverb неугомонно, неудержимо**

irresistible /ˌɪrɪˈzɪstəbl/ **adjective 1** extremely attractive and impossible not to like or want **неотразимый** *an irresistible smile* **2** too powerful to control or ignore **непреодолимый** *irresistible pressure ◦ an irresistible desire to run away*
• **irresistibly adverb неотразимо, непреодолимо**

irrespective /ˌɪrɪˈspektɪv/ **adverb irrespective of sth** used to say that something does not affect a situation **независимо от чего-либо** *Everyone should be treated equally, irrespective of skin colour.*

irresponsible /ˌɪrɪˈspɒnsəbl/ **adjective** (B2) not thinking about the possible bad results of what you are doing **безответственный** *an irresponsible attitude*
• **irresponsibility** /ˌɪrɪˌspɒnsəˈbɪləti/ **noun** [U] **безответственность** • **irresponsibly adverb безответственно**

irreverent /ɪˈrevᵊrᵊnt/ **adjective** not showing any respect for people or traditions that are usually respected **непочтительный** ***irreverent humour***
• **irreverence** /ɪˈrevᵊrᵊns/ **noun** [U] when someone or something is irreverent **непочтение** • **irreverently adverb непочтительно**

irreversible /ˌɪrɪˈvɜːsəbl/ **adjective** Something that is irreversible cannot be changed back to how it was before. **необратимый** *Smoking has caused* ***irreversible damage*** *to his lungs.*
• **irreversibly adverb необратимо**

irrevocable /ɪˈrevəkəbl/ **adjective** formal impossible to change or stop **окончательный, бесповоротный** ***irrevocable decisions***
• **irrevocably adverb окончательно, бесповоротно**

irrigate /ˈɪrɪgeɪt/ **verb** [T] to provide water for an area of land so that crops can be grown **орошать**
• **irrigation** /ˌɪrɪˈgeɪʃᵊn/ **noun** [U] **орошение**

irritable /ˈɪrɪtəbl/ **adjective** becoming annoyed very easily **раздражительный** *Jack's been irritable all day.*
• **irritability** /ˌɪrɪtəˈbɪləti/ **noun** [U] **раздражительность** • **irritably adverb раздраженно**

irritant /ˈɪrɪtᵊnt/ **noun** [C] **1** someone or something that makes you feel annoyed **вызывающий раздражение 2** a substance that makes part of your body hurt **раздражитель**

irritate /ˈɪrɪteɪt/ **verb** [T] **1** to annoy someone **раздражать** *His comments really irritated me.* **2** to make a part of your body hurt **вызывать раздражение** *The smoke irritated her eyes.*
• **irritation** /ˌɪrɪˈteɪʃᵊn/ **noun** [C, U] **раздражение**

irritated /ˈɪrɪteɪtɪd/ **adjective** (B2) annoyed **раздраженный** *Ben began to get increasingly* ***irritated by/at*** *her questions.* ◦ [+ that] *I was irritated that he didn't thank me.*

irritating /ˈɪrɪteɪtɪŋ/ **adjective** (B2) making you feel annoyed **раздражающий** *an irritating habit*
• **irritatingly adverb раздражающе**

is strong /ɪz/ weak /z/ present simple he/she/it of be **3-е л. ед. ч. наст. вр. гл. be**

Islam /ˈɪzlɑːm/ **noun** [U] a religion based on belief in Allah, on the Koran, and on the teachings of Mohammed **ислам** *The followers of Islam are called Muslims.*

Islamic /ɪzˈlæmɪk/ **adjective** related to Islam **мусульманский** *Islamic art ◦ an Islamic country*

island /ˈaɪlənd/ **noun** [C] (A2) an area of land that has water around it **остров** *the Caribbean island of Grenada ◦ the Hawaiian Islands*
• **islander noun** [C] someone who lives on an island **островитянин** → See also **desert island**

isle /aɪl/ **noun** [C] an island, often used in the name of a particular island **остров** *the British Isles*

isn't /ˈɪzᵊnt/ short for is not **сокращ. от is not** *Mike isn't coming with us.*

isolate /ˈaɪsəleɪt/ **verb** [T] to separate someone or something from other people or things **изолировать, отделять** *Scientists have been able to isolate the gene responsible for causing the illness. ◦ He had been* ***isolated from*** *other prisoners.*

isolated /ˈaɪsəleɪtɪd/ **adjective 1** a long way from

other places **изолированный, оторванный** *an isolated village in the mountains* **2** alone and not having help or support from other people **одинокий, оторванный** *Kazuo felt very isolated at his new school.* **3 an isolated case/example/incident, etc** an event/action, etc that happens only once **отдельно взятый случай/пример/отдельно взятое происшествие и т. д.**

isolation /ˌaɪsəlˈeɪʃən/ **noun 1** [U] the state of being separate from other people, places, or things **изоляция** *the country's economic isolation from the rest of the world* **2 in isolation** alone, or separately from other people, places, or things **в отдельности** *These poems cannot be considered in isolation.* **3** [U] a feeling of being lonely **одиночество** *I had this awful sense of isolation.*

ISP /ˌaɪesˈpiː/ **noun** [C] abbreviation for Internet service provider: a company that connects your computer to the Internet, and lets you use email and other services **интернет-провайдер**

issue[1] /ˈɪʃuː/ **noun 1** [C] (B1) an important subject or problem that people are discussing **вопрос, проблема** *the **issues of** race and social class* ◦ *political issues* ◦ *Chris has **raised** a very important **issue**.* **2** [C] (B2) the newspaper, magazine, etc that is produced on a particular day **номер, выпуск** *Have you seen the latest issue of Computer World?* **3 at issue** most important in what is being discussed **суть проблемы** *The point at issue is what is best for the child.* **4 take issue (with sb/sth)** to disagree with what someone says or writes **спорить, не соглашаться** *I would take issue with you on that.*

IDIOM **have issues with sth** to often be sad, anxious, or angry because of something **иметь проблемы с чем-либо** *A very high proportion of women diet frequently and have issues with their bodies.*

> **Слова-партнеры к issue (noun)**
>
> a **contentious/important/key/major/thorny** issue • **address/discuss/raise/resolve** an issue • **the issue of** sth

issue[2] /ˈɪʃuː/ **verb** [T] (present participle **issuing**, past tense and past participle **issued**) **1** to say something officially **делать заявление, предупреждение** *The Prime Minister will **issue** a **statement** tomorrow.* ◦ *Police **issued** a **warning** about the dangers of playing near water.* **2** to officially give something to someone **выдавать (паспорт и т. д.)** *to **issue** a **passport/ticket/invitation*** ◦ *All members will be **issued with** a membership card.*

> **Слова-партнеры к issue (verb)**
>
> issue an **order/statement/warning** • issue **guidelines/instructions**

IT /ˌaɪˈtiː/ **noun** [U] (A2) abbreviation for information technology: the use of computers and other electronic equipment to store and send information **информационные технологии**

it /ɪt/ **pronoun 1** (A1) used to refer to the thing, situation, or idea that has already been talked about **он, она, оно (о предметах и животных)** *"Have you seen my bag?" "It's in the hall."* **2** (A1) used before certain adjectives, nouns, or verbs to introduce an opinion or description of a situation **употребляется в безличных оборотах** *It's unlikely that she'll arrive on time.* **3** (A1) used with certain verbs that need a subject or object but do not refer to a particular noun **употребляется как формальный член предложения, в роли подлежащего/части сложного дополнения** *It costs less if you travel at the weekend.* ◦ *I liked it in Scotland.* **4** (A2) used with the verb 'be' in sentences giving the time, date, weather, or distances **употребляется в безличных предложениях** *It rained all day.* ◦ *What time is it?* **5** used as the subject of verbs such as 'seem', 'appear' and 'look' **употребляется как формальный член предложения, в роли подлежащего** *It seemed unfair to leave her at home.* **6** used to emphasize one part of a sentence **употребляется для усиления какого-либо члена предложения** *It's the children I'm concerned about, not me.* **7 it's sb/sth** used to say the name of a person or thing when the person you are speaking to does not know **это, говорит (при разговоре по телефону)** *It's your Dad on the phone.*

italics /ɪˈtælɪks/ **noun** [plural] a style of writing or printing in which the letters slope to the right **курсив**
• **italic adjective** written in italics **курсивный**

itch[1] /ɪtʃ/ **verb 1** [I] If a part of your body itches, it feels uncomfortable and you want to rub it with your nails. **чесаться, вызывать зуд** *Woollen sweaters make my arms itch.* **2 be itching to do sth** informal to want to do something very much **испытывать непреодолимое желание сделать что-либо** *You could tell that they were itching to leave.*

itch[2] /ɪtʃ/ **noun** [C] an uncomfortable feeling on your skin that makes you want to rub it with your nails **зуд** *I've **got an itch** in the middle of my back.*

itching /ˈɪtʃɪŋ/ **noun** [U] when a part of your body itches **зуд** *a lotion to stop itching*

itchy /ˈɪtʃi/ **adjective** If a part of your body is itchy, it feels uncomfortable and you want to rub it with your nails. **зудящий** *an itchy nose*
• **itchiness noun** [U] **зуд**

it'd /ˈɪtəd/ **1** short for it would **сокращ. от it would** *It'd be great if we could meet next week.* **2** short for it had **сокращ. от it had** *It'd taken us an hour to find Bruce's house.*

item /ˈaɪtəm/ **noun** [C] **1** (B1) a single thing in a set or on a list **предмет, пункт** *the last item on the list* ◦ *Various stolen items were found.* **2** (B2) a piece of news on television or radio, or in a newspaper **сообщение, новость** *a small item on the back page of the local newspaper*

itemize (also UK **-ise**) /ˈaɪtəmaɪz/ **verb** [T] to list things separately, often including details about each thing **составлять перечень, перечислять по пунктам** *an* ***itemized*** *phone* ***bill***

itinerant /aɪˈtɪnᵊrᵊnt/ **adjective** [always before noun] formal travelling from one place to another **странствующий, путешествующий** *an itinerant preacher*

itinerary /aɪˈtɪnᵊrᵊri/ **noun** [C] a list of places that you plan to visit on a journey **маршрут** *The President's itinerary includes visits to Boston and New York.*

it'll /ˈɪtᵊl/ short for it will **сокращ. от it will** *It'll take about twenty minutes to get there.*

it's /ɪts/ **1** short for it is **сокращ. от it is** *"What time is it?" "It's one o'clock."* **2** short for it has **сокращ. от it has** *It's been a long day and I'm tired.*

> **!** Типичная ошибка: **its or it's?**
>
> **Внимание!** Многие русскоязычные студенты делают ошибки при употреблении этих двух слов.
>
> **It's** – краткая форма от 'it is' или 'it has'.
>
> *It's a beautiful town.*
>
> Слово **its**, означающее принадлежность ('его'/'ее' для неодушевленных предметов), не имеет апострофа.
>
> ~~*I love this town and it's beautiful old buildings.*~~
>
> *I love this town and its beautiful old buildings.*

its /ɪts/ **determiner** Ⓐ1 belonging to or relating to the thing that has already been talked about **его, ее, свой** *The house has its own swimming pool.*

itself /ɪtˈself/ **pronoun 1** Ⓐ2 the reflexive form of the pronoun 'it' **себя, себе, собой** *The cat licked itself clean.* **2** Ⓑ1 used to emphasize the particular thing you are referring to **сам, сама, само** *The garden is enormous but the house itself is very small.* **3 (all) by itself a** Ⓑ1 alone **один, в одиночестве** *The dog was in the house by itself for several days.* **b** automatically **автоматически** *The heating comes on by itself.* **4 in itself** as the only thing being talked about and nothing else **само по себе** *You've managed to complete the course – that in itself is an achievement.*

ITV /ˌaɪtiːˈviː/ **noun** abbreviation for Independent Television: one of the main television companies in the United Kingdom **независимое телевидение** *There's a good film on ITV tonight.*

IV /ˌaɪˈviː/ **noun** [C] US (UK **drip**) a piece of medical equipment used for putting liquids into your body **капельница**

I've /aɪv/ short for I have **сокращ. от I have** *I've decided not to go.*

IVF /ˌaɪviːˈef/ **noun** [U] abbreviation for in vitro fertilization: a treatment where a woman's egg is fertilized outside her body and put back in her body for the baby to grow **экстракорпоральное оплодотворение (ЭКО)**

ivory /ˈaɪvᵊri/ **noun** [U] a hard, white substance from the tusks (= long teeth) of some animals, such as elephants (= large, grey animals) **слоновая кость**

ivy /ˈaɪvi/ **noun** [U] a dark green plant that often grows up walls **плющ**

ivy

J

J, j /dʒeɪ/ the tenth letter of the alphabet **10-я буква алфавита**

jab¹ /dʒæb/ **verb** [I, T] (present participle **jabbing**, past tense and past participle **jabbed**) to push something quickly and hard into or towards another thing **колоть, (в)тыкать** *He **jabbed** a finger **into** her back.*

jab² /dʒæb/ **noun** [C] **1** a quick, hard push into or towards something **тычок 2** UK informal an injection (= when a drug is put in your body with a needle) **укол шприцем** *a flu jab*

jack¹ /dʒæk/ **noun** [C] **1** a piece of equipment for lifting a heavy object such as a car **домкрат 2** a playing card that comes between a ten and a queen **валет** *the jack of diamonds*

jack² /dʒæk/ **verb**

PHRASAL VERBS **jack sth in** UK informal to stop doing something, especially a job **бросать, прекращать** *She's **jacked in** her **job**.* • **jack sth up** informal to increase a price or rate suddenly and by a large amount **резко повышать**

jackal /ˈdʒækəl/ **noun** [C] a wild dog that hunts in groups **шакал**

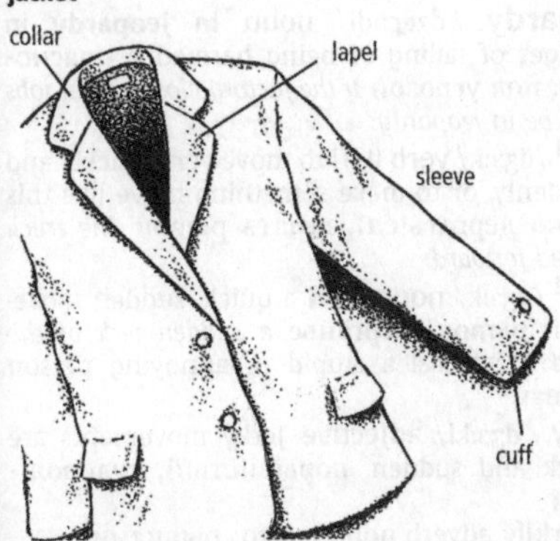

jacket /ˈdʒækɪt/ **noun** [C] A2 a short coat **куртка, пиджак** *a leather jacket* → See **Clothes** on page Centre 8 → See also **dinner jacket**, **life jacket**, **strait-jacket**

jacket poˈtato noun [C] (plural **jacket potatoes**) UK a potato that has been baked in the oven with its skin on **картофель в мундире**

jack-knife¹ /ˈdʒækˌnaɪf/ **noun** [C] (plural **jack-knives**) a knife with a blade that can be folded away into the handle **складной нож**

jack-knife² /ˈdʒækˌnaɪf/ **verb** [I] If a large truck jack-knifes, the front part turns round to face the back in a way that is not controlled. **складываться вдвое**

jackpot /ˈdʒækpɒt/ **noun** [C] an amount of money that is the largest prize anyone can win in a competition **джекпот, главный приз**

IDIOM **hit the jackpot** to be very successful, especially by winning or earning a lot of money **сорвать куш**

Jacuzzi /dʒəˈkuːzi/ **noun** [C] trademark a bath or pool that produces bubbles in the water **джакузи**

jade /dʒeɪd/ **noun** [U] a green stone used in making jewellery **нефрит**

jaded /ˈdʒeɪdɪd/ **adjective** tired or bored with something, especially because you have done it too much **пресыщенный**

jagged /ˈdʒægɪd/ **adjective** very rough and sharp **зубчатый, зазубренный** ***jagged rocks***

jaguar /ˈdʒægjuəʳ/ **noun** [C] a large, wild cat that lives in Central and South America **ягуар**

jail¹ (also UK **gaol**) /dʒeɪl/ **noun** [C, U] B1 a place where criminals are kept as a punishment **тюрьма** *He ended up **in jail**.*

> Слова-партнеры к **jail**
>
> **be released from/be sent to jail • in jail • a jail sentence**

jail² /dʒeɪl/ **verb** [T] to put someone in a jail **заключать в тюрьму** [often passive] *He was jailed for two years.*

jailer /ˈdʒeɪləʳ/ **noun** [C] someone who guards prisoners in a jail **тюремный надзиратель**

jam¹ /dʒæm/ **noun 1** [C, U] (also US **jelly**) A2 a sweet food made from fruit that you spread on bread **варенье** *a jar of strawberry jam* → See **Food** on page Centre 11 **2** [C] (also **traffic jam**) B2 a line of cars, trucks, etc that are moving slowly or not moving **пробка, затор** *We were stuck **in a jam** for hours.*

jam² /dʒæm/ **verb** (present participle **jamming**, past tense and past participle **jammed**) **1 jam sth in/into/on, etc** to push something somewhere firmly and tightly **засовывать, втискивать** *She jammed her hands into her pockets.* **2** [I, T] to get stuck or make something get stuck **заедать, застревать** *The machine keeps jamming.* **3** [T] to fill a place completely **набивать битком** [often passive] *The streets were **jammed with** cars.* **4** [T] to send a signal that stops a radio being able to broadcast **создавать помехи**

jamboree /ˌdʒæmbəʳˈiː/ **noun** [C] a big celebration or party **празднество**

Jan written abbreviation for January **январь**

jangle /ˈdʒæŋgl/ **verb** [I, T] If small metal objects jangle, they hit together making a ringing noise, and if you jangle them, you make them make this noise. **бренчать** *He was jangling his keys.* • **jangle noun** [C] **бренчание**

janitor /ˈdʒænɪtəʳ/ **noun** [C] US someone whose job is to look after a building **сторож, вахтер** *the school janitor*

January /ˈdʒænjuəri/ **noun** [C, U] (written abbreviation **Jan**) A1 the first month of the year **январь**

jar¹ /dʒɑːʳ/ **noun** [C] B1 a glass container used for storing food **банка** *a jar of jam* → See picture at **container**

jar² /dʒɑːʳ/ **verb** [I, T] (present participle **jarring**, past tense and past participle **jarred**) to move suddenly, hitting something and causing pain or damage **сотрясать** *The movement jarred his injured leg.*

PHRASAL VERB **jar on sb** UK to annoy someone **раздражать** *Her voice jars on me.*

jargon /ˈdʒɑːgən/ **noun** [U] words and phrases used by particular groups of people that are difficult for other people to understand **жаргон** *legal jargon*

jaundice /ˈdʒɔːndɪs/ **noun** [U] a disease that makes your eyes and skin yellow **желтуха**

jaundiced /ˈdʒɔːndɪst/ **adjective** having a negative opinion of something because of bad things that have happened to you **предубежденный** *a **jaundiced view** of marriage*

jaunt /dʒɔːnt/ **noun** [C] a short, enjoyable journey **увеселительная поездка**

jaunty /ˈdʒɔːnti/ **adjective** happy and confident **веселый, бойкий** *a **jaunty walk***

javelin /ˈdʒævəlɪn/ **noun** **1** [C] a long, pointed stick that you throw as a sport **метательное копье** **2 the javelin** a sport in which you throw a javelin as far as you can **метание копья** → See **Sports 1** on page Centre 14

jaw /dʒɔː/ **noun** [C] **1** B2 either of the two bones in your mouth that contain your teeth **челюсть** → See **The Body** on page Centre 13 **2 sb's jaw drops** If someone's jaw drops, their mouth opens because they are very surprised. **челюсть отвисла**

jazz /dʒæz/ **noun** [U] A2 music with a strong beat that is often played without written music **джаз** *a **jazz band***

jealous /ˈdʒeləs/ **adjective** **1** B2 unhappy and angry because you want something that someone else has **завидующий** *His new bike was **making** his friends **jealous**.* ◦ *Steve has always been **jealous of** his brother's good looks.* **2** B1 upset and angry because someone you love seems too interested in another person **ревнующий** *a jealous husband*

• **jealously adverb** B2 **завистливо, ревниво**

> **Слова-партнеры к jealous**
>
> make sb jealous • insanely/madly jealous • jealous of sb/sth

jealousy /ˈdʒeləsi/ **noun** [U] jealous feelings **зависть, ревность**

jeans /dʒiːnz/ **noun** [plural] A1 trousers made from denim (= a strong, usually blue, material) **джинсы** *a **pair of jeans*** → See **Clothes** on page Centre 8

Jeep /dʒiːp/ **noun** [C] trademark a strongly built vehicle with big wheels that is used for driving over rough ground **джип**

jeer /dʒɪəʳ/ **verb** [I, T] to laugh and shout insults at someone **глумиться, издеваться** *The crowd outside his house jeered as he left.*

• **jeer noun** [C] **глумление**

Jell-O /ˈdʒeləʊ/ **noun** [U] US trademark jelly **желе**

jelly /ˈdʒeli/ **noun** [C, U] **1** UK (US **Jell-O**) a soft but solid sweet food that shakes when you move it **желе** *jelly and ice cream* **2** US (UK/US **jam**) a sweet food made from fruit that you spread on bread **конфитюр**

jellyfish /ˈdʒelifɪʃ/ **noun** [C] (plural **jellyfish**) a sea creature with a clear body that may sting you (= put poison into your skin) **медуза**

jellyfish

jeopardize (also UK **-ise**) /ˈdʒepədaɪz/ **verb** [T] to put something in a situation where there is a risk of failing or being harmed **подвергать опасности, ставить под угрозу** *Bad weather could jeopardize all our plans.*

jeopardy /ˈdʒepədi/ **noun** **in jeopardy** in danger of failing or being harmed **в опасности, под угрозой** *If the factory closes, local jobs will be in jeopardy.*

jerk¹ /dʒɜːk/ **verb** [I, T] to move very quickly and suddenly, or to make something move like this **резко дергать(ся), делать рывок** *The truck jerked forward.*

jerk² /dʒɜːk/ **noun** [C] **1** a quick, sudden movement **рывок, дерганье** *a sudden jerk of the head* **2** informal a stupid or annoying person **болван**

jerky /ˈdʒɜːki/ **adjective** Jerky movements are quick and sudden. **порывистый, судорожный**

• **jerkily adverb** **порывисто, рывками**

jersey /ˈdʒɜːzi/ **noun** **1** [C] a piece of clothing which covers the top of your body and is pulled on over your head **пуловер** **2** [U] soft wool or cotton cloth used for making clothes **трикотажная ткань**

jest /dʒest/ **noun** **in jest** said as a joke **в шутку**

Jesus Christ /ˌdʒiːzəsˈkraɪst/ **noun** the Jewish holy man believed by Christians to be the Son of God, and on whose life and teachings Christianity is based **Иисус Христос**

jet¹ /dʒet/ **noun** [C] **1** B1 an aircraft that flies very fast **реактивный самолет** → See also **jumbo jet** **2** liquid or gas that is forced out of something in a thin, strong line **струя**

jet² /dʒet/ **verb** [I] (present participle **jetting**, past tense and past participle **jetted**) **jet in/off, etc** to fly somewhere in an aircraft **прилетать/улетать** *She jetted off to Athens for a week.*

jet-black /ˌdʒetˈblæk/ **noun** [U] a very dark black colour **черный как смоль цвет**
• **jet-black adjective черный как смоль** *jet-black hair*

jet ˌengine noun [C] an engine that makes an aircraft fly very fast **реактивный двигатель**

jet ˌlag noun [U] when you feel tired because you have just travelled a long distance on an aircraft **нарушение суточного ритма (из-за перелета через несколько часовых поясов)**

jettison /ˈdʒetɪsᵊn/ **verb** [T] **1** to get rid of something you do not want or need **отделываться, выбрасывать** *The station has jettisoned educational broadcasts.* **2** If an aircraft or a ship jettisons something, it throws it off to make itself lighter. **выбрасывать за борт**

jetty /ˈdʒeti/ **noun** [C] a wooden structure at the edge of the sea or a lake where people can get on and off boats **пристань**

Jew /dʒuː/ **noun** [C] someone whose religion is Judaism, or who is related to the ancient people of Israel **еврей, еврейка**

jewel /ˈdʒuːəl/ **noun** [C] (B2) a valuable stone that is used to make jewellery **драгоценный камень**

jeweller UK (US **jeweler**) /ˈdʒuːələ/ **noun** [C] someone whose job is to sell or make jewellery **ювелир**

jewellery ***UK*****, jewelry** ***US***

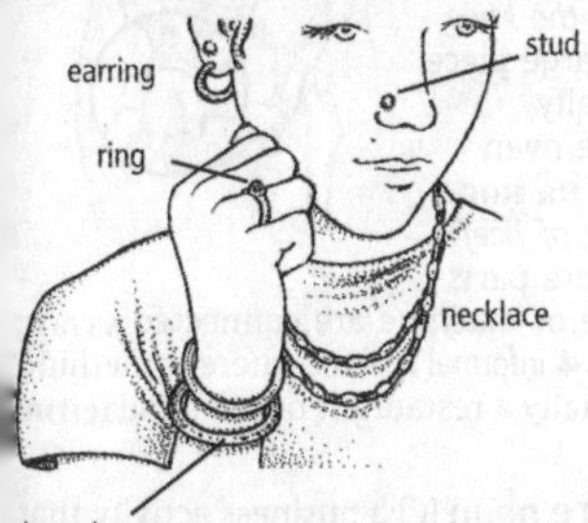

jewellery UK (US **jewelry**) /ˈdʒuːəlri/ **noun** [U] (A2) objects made from gold, silver, and valuable stones that you wear for decoration **ювелирные изделия**

Jewish /ˈdʒuːɪʃ/ **adjective** relating or belonging to the Jews **еврейский** *Jewish history/law*

jibe (also **gibe**) /dʒaɪb/ **noun** [C] an insulting remark **насмешка, колкость** *He kept making* ***jibes at*** *me about my weight.*

jig /dʒɪg/ **noun** [C] **1** a traditional, quick dance, or the music it is danced to **джига 2** a piece of equipment that guides a tool for cutting and holds the object being cut **зажимное приспособление**

jiggle /ˈdʒɪgl/ **verb** [I, T] to make quick, short movements from side to side or to make something else move like this **качать(ся), трясти(сь)**

jigsaw /ˈdʒɪgsɔː/ **noun** [C] (also **ˈjigsaw ˌpuzzle**) a picture in many small pieces that you put together as a game **составная картинка-загадка**

jingle¹ /ˈdʒɪŋgl/ **noun** [C] **1** a short song that is used to advertise a product on the radio or television **рекламная песенка 2** a sound made when small metal objects hit against each other **звон, звяканье**

jingle² /ˈdʒɪŋgl/ **verb** [I, T] to make the sound of small metal objects hitting against each other **звенеть, звякать** *a pocket full of jingling coins*

jinx /dʒɪŋks/ **noun** [C] someone or something that brings bad luck **человек или вещь, приносящие несчастье** *There seems to be* ***a jinx on*** *the school.*
• **jinx verb** [T] **приносить несчастье, сглазить**

jitters /ˈdʒɪtəz/ **noun** [plural] a nervous feeling **беспокойство, нервная дрожь** *Hospitals give me* ***the jitters.***

jittery /ˈdʒɪtᵊri/ **adjective** nervous **нервный** *She gets quite* ***jittery about*** *exams.*

Jnr UK (UK/US **Jr**) written abbreviation for junior (= the younger of two men in a family with the same name) **младший**

job /dʒɒb/ **noun** [C] **1** (A1) the regular work that you do in order to earn money **работа** *She* ***got*** *a* ***job*** *in publishing.* ◦ *Hundreds of workers could* ***lose*** *their* ***jobs.*** ◦ *Why don't you* ***apply for a*** *part-time* ***job?*** **2** (A2) a piece of work that you have to do **дело** *cooking, cleaning, and other household jobs* **3** (B2) something that is your responsibility **обязанность** *It's my job to water the plants.* **4 make a bad/good, etc job of sth** UK to do sth badly/well, etc **плохо/хорошо и т. д. делать что-либо 5 do a good/excellent, etc job** (B2) to do something well/very well, etc **хорошо/прекрасно и т. д. справиться с работой** *She did a great job of organizing the event.* **6 out of a job** without a job **без работы** *How long have you been out of a job?*

IDIOMS **do the job** If something does the job, it is suitable for a particular purpose. **подходить, быть предназначенным** *Here, this knife should do the job.* • **it's a good job** UK informal If it is a good job that something happened, it is lucky that it happened. **к счастью** [+ (that)] *It's a good job that Jo was there to help you.* • **just the job** UK If something is just the job, it is exactly what you want or need. **как раз то, что требуется**

> **Слова-партнеры к job**
>
> a dead-end/full-time/good/part-time/temporary job • apply for/create/do/find/get/lose a job • a job as sth

Другие способы сказать job

Более официальным по стилю синонимом является существительное **occupation**.

*Please fill in your name, age and **occupation**.*

Существительные **post** и **position** используют, когда говорят о конкретной должности в какой-то организации.

*She's applied for a part-time teaching **post/position**.*

Существительное **career** используют, когда говорят о работе, выполняемой человеком на протяжении длительного времени.

*She's had a very successful **career** in marketing.*

Существительное **placement** (*Великобритания*) (**internship** *США*) употребляют для обозначения работы, занимаемой кем-то на короткий срок и для получения практического опыта в какой-то сфере.

*He's got a year's **placement** in the medical labs.*

ˈjob deˌscription noun [C] a list of the things you must do in your work **должностная инструкция**

jobless /ˈdʒɒbləs/ **adjective** without a job **безработный** *young jobless people*

jobshare /ˈdʒɒbʃeəʳ/ **verb** [I] UK If two people jobshare, they do one job between them, working at different times. **делить рабочую ставку между двумя или более людьми**
• **jobshare** noun [C] UK **рабочая ставка, разделенная между двумя или более людьми**

jockey /ˈdʒɒki/ **noun** [C] someone who rides horses in races **жокей** → See also **disc jockey**

jog /dʒɒg/ **verb** (present participle **jogging**, past tense and past participle **jogged**) **1** [I] (B1) to run slowly for exercise **бегать трусцой** *I jog through the park every morning.* **2** [T] to hit something gently by mistake **(случайно) толкать, ударять** *He jogged her arm.* **3 jog sb's memory** to cause someone to remember something **помогать кому-либо вспомнить** *They hoped the photographs would jog his memory.*
• **jog noun** [no plural] **пробежка, толчок** *Let's go for a jog.* • **jogging noun** [U] (B1) **бег трусцой**

jogger /ˈdʒɒgəʳ/ **noun** [C] someone who runs for exercise **человек, занимающийся бегом трусцой**

join¹ /dʒɔɪn/ **verb 1** [T] (A2) to become a member of a group or organization **вступать, записываться (в члены организации)** *He joined the army when he was eighteen.* **2** [T] (A2) to do something or go somewhere with someone **присоединяться** *Would you like to join us for dinner?* **3** [T] (B1) to fasten or connect things together **соединять, скреплять** *Join the ends together with strong glue.* **4** [I, T] (B1) to meet at a particular point **соединяться** *The Mississippi River and the Missouri join near St Louis.* **5 join a line** (also UK **join a queue**) to go and stand at the end of a row of people waiting for something **становиться в очередь** → See also join forces (**force¹**)

PHRASAL VERBS **join in (sth)** (B1) to become involved in an activity with other people **присоединяться к чему-либо** *We're playing cards. Would you like to join in?* • **join up** to become a member of the army or other military group **поступать на военную службу**

join² /dʒɔɪn/ **noun** [C] UK the place where two or more things are fastened together **точка соединения, шов**

joined-up /ˌdʒɔɪnˈdʌp/ **adjective** UK **1 joined-up writing** a style of writing where each letter in a word is connected to the next one **слитное письмо (начертание букв)** **2 joined-up thinking** thinking about a complicated problem in an intelligent and original way, and considering everything that is connected with it **комплексное мышление**

joint¹ /dʒɔɪnt/ **adjective** [always before noun] (B2) belonging to or done by two or more people **совместный** *a **joint statement*** ◦ *The project was a **joint effort** by all the children in the class.*
• **jointly adverb вместе, сообща**

joint² /dʒɔɪnt/ **noun** [C] **1** a place in your body where two bones meet **сустав** *the knee joint* **2** UK a large piece of meat, usually cooked in the oven **кусок мяса на косточке** *a joint of beef* **3** a place where parts of a structure or machine are connected **стык, соединение** **4** informal a place where something is sold, especially a restaurant or bar **заведение** *a pizza joint*

joint

joint ˈventure noun [C] a business activity that is done by two separate companies working together **совместное предприятие**

Слова-партнеры к joke

crack/make/tell a joke • a **dirty/sick** joke • a joke **about** sth

joke¹ /dʒəʊk/ **noun 1** (B1) [C] something which someone says to make people laugh, usually a short story with a funny ending **анекдот, шутка** *to **tell/make** a **joke*** **2 be a joke** informal to not be serious or not deserve respect **быть несерьезным** *The investigation was a joke.* **3 be no joke** to be serious or difficult **быть нешуточным делом** *It's no joke driving on icy roads.* **4 take a joke** to understand and accept a trick without becoming angry or upset

правильно воспринять шутку → See also **practical joke**

joke² /dʒəʊk/ **verb 1** B1 [I] to say funny things, or not be serious **шутить** *She always **jokes about** her husband's cooking.* **2 You must be joking!/You're joking!** informal B1 something you say to show that you are surprised by what someone has said, or do not believe it is true **шутишь! не может быть!**
• **jokingly adverb в шутку**

joker /ˈdʒəʊkəʳ/ **noun** [C] **1** someone who likes saying or doing funny things **шутник 2** one of a set of playing cards which can be used instead of another card in some games **джокер**

jolly¹ /ˈdʒɒli/ **adjective** happy or enjoyable **веселый, приятный** *We had a jolly evening.*

jolly² /ˈdʒɒli/ **adverb** old-fashioned very **весьма, очень** *a jolly good idea*

jolt¹ /dʒəʊlt/ **noun** [C] **1** a sudden, violent movement **толчок** *With a **sudden jolt** the train started moving again.* **2** an unpleasant shock or surprise **потрясение** *The reminder that he was dead **gave** her a **jolt**.*

jolt² /dʒəʊlt/ **verb** [I, T] to move suddenly and forcefully, or to make someone or something do this **трясти(сь), подбрасывать** *The bus stopped suddenly and the passengers were jolted forward.*

jostle /ˈdʒɒsl/ **verb** [I, T] to push other people in order to get somewhere in a crowd **проталкиваться**

PHRASAL VERB **jostle for sth** to try hard to get something **бороться за что-либо** *Thousands of companies are jostling for business on the Internet.*

jot /dʒɒt/ **verb** [T] (present participle **jotting**, past tense and past participle **jotted**) to write something quickly **бегло набрасывать (записку и т. д.)** *She **jotted** a **note** to Sue.*

PHRASAL VERB **jot sth down** to write something quickly on a piece of paper so that you remember it **быстро записывать** *I **jotted down** some **notes** during his speech.*

journal /ˈdʒɜːnᵊl/ **noun** [C] **1** a magazine containing articles about a particular subject **журнал** *a medical journal* **2** a book in which you regularly write about what has happened to you **дневник**

journalism /ˈdʒɜːnᵊlɪzᵊm/ **noun** [U] B2 the work of writing articles for newspapers, magazines, television, or radio **журналистика**

journalist /ˈdʒɜːnəlɪst/ **noun** [C] B1 someone whose job is journalism **журналист**

journalistic /ˌdʒɜːnᵊlˈɪstɪk/ **adjective** relating to journalism or typical of journalism **журналистский**

journey /ˈdʒɜːni/ **noun** [C] A2 when you travel from one place to another **путешествие** *a car/train journey* ◦ *We take games for the children when we **go on** long **journeys**.*

> **Слова-партнеры к journey**
>
> an **arduous/long/perilous/short** journey • **begin/complete/embark on/go on/make** a journey

jovial /ˈdʒəʊviəl/ **adjective** happy and friendly **веселый, общительный** *a jovial man*

joy /dʒɔɪ/ **noun 1** [U] B2 a feeling of great happiness **радость** *the joy of winning* **2** [C] B2 something or someone that makes you feel very happy **удовольствие** *She's a joy to work with.* **3** [U] UK informal success **успех** *I tried ringing for a plumber, but had **no joy**.*

joyful /ˈdʒɔɪfᵊl/ **adjective** very happy, or making people feel very happy **радостный** *joyful news*
• **joyfully adverb радостно**

joyous /ˈdʒɔɪəs/ **adjective** literary extremely happy, or making people extremely happy **радостный**
• **joyously adverb радостно**

joypad /ˈdʒɔɪpæd/ **noun** [C] a gamepad **игровой планшет**

joyriding /ˈdʒɔɪˌraɪdɪŋ/ **noun** [U] stealing cars and driving them fast and dangerously **угон машин, автолихачество**
• **joyride** /ˈdʒɔɪraɪd/ **noun** [C] **лихая езда на угнанной машине** *They took the car for a joyride.* • **joyrider noun** [C] **угонщик машин**

joystick /ˈdʒɔɪstɪk/ **noun** [C] a vertical handle you move to control a computer game, machine, or aircraft **джойстик, рычаг управления**

JP /ˌdʒeɪˈpiː/ **noun** [C] abbreviation for Justice of the Peace: a judge in a small or local court of law **мировой судья**

JPEG /ˈdʒeɪpeg/ **noun 1** [U] abbreviation for joint photographics experts group: a system for making electronic pictures use less space **стандарт на сжатие изображений 2** [C] a type of computer file (= collection of information) that contains pictures or photographs **компьютерный файл, который содержит графику или фотографии**

Jr (also UK **Jnr**) written abbreviation for junior (= the younger of two men in a family with the same name) **младший** *John F. Kennedy, Jr.*

jubilant /ˈdʒuːbɪlənt/ **adjective** feeling or showing great happiness, usually because of a success **ликующий** *jubilant United supporters*
• **jubilation** /ˌdʒuːbɪˈleɪʃᵊn/ **noun** [U] a feeling of great happiness and success **ликование**

jubilee /ˈdʒuːbɪliː/ **noun** [C] a celebration of an important event in the past, usually one which happened 25 or 50 years ago **юбилей** *a **golden jubilee** (= 50 years)* ◦ *a **silver jubilee** (= 25 years)*

Judaism /ˈdʒuːdeɪɪzᵊm/ **noun** [U] the religion of the Jewish people, based on belief in one God and on the laws contained in the Torah **иудаизм**

J

judge[1] /dʒʌdʒ/ **noun** [C] **1** B2 someone who controls a trial in court, decides how criminals should be punished, and makes decisions about legal things **судья** *Judge Moylan* ◦ *The judge ruled that they had acted correctly.* **2** B1 someone who decides which person or thing wins a competition **судья, арбитр** *the Olympic judges* **3 a bad/good, etc judge of sth** someone who is usually wrong/usually right, etc when they judge something **хороший/плохой и т. д. знаток чего-либо** *a good judge of character*

judge[2] /dʒʌdʒ/ **verb 1** [I, T] B1 to have or develop an opinion about something or someone, usually after thinking carefully **судить, выносить приговор/решение** [+ question word] *I can't judge whether he's telling the truth or not.* ◦ *You shouldn't **judge** people **on** their appearances.* ◦ *He was judged guilty/insane.* **2 judging by/from** B2 used to express the reasons why you have a particular opinion **судя по чему-либо** *She must be popular judging by the number of letters that she receives.* **3** [I, T] to decide the winner or results of a competition **судить, оценивать** *I've been asked to judge the art contest.* **4** [I, T] to have a bad opinion of someone's behaviour, often because you think you are better than them **осуждать** *What gives you the right to judge people?* **5** [T] to try to guess something, especially a measurement **определять, прикидывать** *I find it difficult to judge distances.*

judgment (also UK **judgement**) /ˈdʒʌdʒmənt/ **noun 1** [C, U] B2 an opinion about someone or something that you decide on after thinking carefully **суждение, мнение** *The inspector needs to **make** a **judgment** about how the school is performing.* **2** [U] the ability to make good decisions or to be right in your opinions **рассудительность** *to have good/bad judgment* **3** [C, U] an official legal decision, usually made by a judge **решение суда, приговор**

> Слова-партнеры к **judgment**
>
> **make/pass/reserve** judgment • **poor/good** judgment • a **harsh/subjective** judgment • an **error/lapse of** judgment

judgmental (also UK **judgemental**) /dʒʌdʒˈmentᵊl/ **adjective** quick to criticize people **скорый на расправу**

judicial /dʒuːˈdɪʃᵊl/ **adjective** relating to a court of law or the legal system **судебный** *a **judicial** inquiry*

the judiciary /dʒuːˈdɪʃᵊri/ **noun** all the judges in a country **суды, судьи**

judicious /dʒuːˈdɪʃəs/ **adjective** done or decided carefully and with good judgment **продуманный**

judo /ˈdʒuːdəʊ/ **noun** [U] a sport from Japan in which two people try to throw each other to the ground **дзюдо**

jug /dʒʌg/ **noun** [C] B1 a container with a handle used for pouring out liquids **кувшин** *a jug of water*

juggle /ˈdʒʌgl/ **verb 1** [T] to try to do several things at once, when it is difficult to have enough time **совмещать** *Many women have to juggle work and family.* **2** [I, T] to keep two or more objects such as balls in the air by throwing them repeatedly, usually in order to entertain people **жонглировать**

juggler /ˈdʒʌgləʳ/ **noun** [C] someone who juggles objects to entertain people **жонглер**

juice /dʒuːs/ **noun** [C, U] A1 the liquid that comes from fruit or vegetables **сок** → See also **orange juice**

juices /ˈdʒuːsɪz/ **noun** [plural] the liquid that comes from cooked meat **сок**

juicy /ˈdʒuːsi/ **adjective 1** B1 full of juice **сочный** *juicy apples* **2** interesting because of shocking or personal information **сочный, пикантный** ***juicy gossip***

jukebox /ˈdʒuːkbɒks/ **noun** [C] a machine, usually in a bar, which plays a song when you put money into it **музыкальный автомат**

July /dʒʊˈlaɪ/ **noun** [C, U] A1 the seventh month of the year **июль** → See also **Fourth of July**

jumble[1] /ˈdʒʌmbl/ **noun** [no plural] a confused mixture or group of things **беспорядочная смесь, куча** *Her handbag is **a jumble of** pens, make-up, and keys.*

jumble[2] /ˈdʒʌmbl/ **verb** [T] (also **jumble up**) to mix things together in an untidy way **перемешивать в беспорядке** [often passive] *Her clothes were all jumbled up in the suitcase.*

ˈjumble ˌsale noun [C] UK (US **rummage sale**) a sale of old items, especially clothes, usually to make money for an organization **благотворительная распродажа подержанных вещей**

jumbo /ˈdʒʌmbəʊ/ **adjective** [always before noun] extra large **огромный, гигантский** *a jumbo bag of sweets*

ˌjumbo ˈjet noun [C] a very large aircraft for carrying passengers **аэробус**

jump[1] /dʒʌmp/ **verb 1** [I] A2 to push your body up and away from the ground using your feet and legs **прыгать** *The children were **jumping up and down** with excitement.* ◦ *I jumped over the log.* ◦ *They jumped into the water.* **2 jump into/up, etc** B1 to move somewhere suddenly and quickly **запрыгивать в/на и т. д.** *She jumped into a taxi and rushed to the station.* **3** [T] A2 to move over something by moving up into the air **перепрыгивать** *The horse jumped the last fence.* **4** [I, T] to suddenly increase by a large amount

подниматься, подскакивать *House prices have jumped by 20%.* **5** [I] B2 to make a sudden movement because you are frightened or surprised **вздрагивать** *Her scream **made me jump**.* → See also get/jump on the **bandwagon**, jump to conclusions (**conclusion**), jump the **gun**[1], jump the **queue**

PHRASAL VERB **jump at sth** to take an opportunity to have or do something in a very willing and excited way **ухватиться за что-либо (возможность и т. д.)** *He jumped at the chance to join the band.*

jump[2] /dʒʌmp/ **noun** [C] **1** B1 when you push your body up into the air using your feet and legs **прыжок** *He won with a jump of 8.5 metres.* **2** a sudden increase in the amount of something **резкий подъем, скачок** *a **jump in** profits* → See also **the high jump**, **the long jump**

jumper /ˈdʒʌmpəʳ/ **noun** [C] **1** UK (UK/US **sweater**) A2 a warm piece of clothing which covers the top of your body and is pulled on over your head **свитер** → See **Clothes** on page Centre 5 **2** US (UK **pinafore**) a loose dress with no sleeves that is worn over other clothes such as a shirt **сарафан**

jump ˌrope noun [C] US (UK **skipping rope**) a rope that you move over your head and then jump over as you move it under your feet **скакалка**

jumpy /ˈdʒʌmpi/ **adjective** nervous or anxious **нервный, дерганый**

junction /ˈdʒʌŋkʃᵊn/ **noun** [C] UK the place where two roads or railway lines meet or cross each other **перекресток, пересечение дорог** *The accident happened at a busy road junction.* → See also **T-junction**

> **Слова-партнеры к junction**
>
> the junction **of** sth and sth • a **railway/road** junction • a **busy** junction

juncture /ˈdʒʌŋktʃəʳ/ **noun** [C] formal a particular point in an event or period of time **(определенный) момент**

June /dʒuːn/ **noun** [C, U] A1 the sixth month of the year **июнь**

jungle /ˈdʒʌŋgl/ **noun** [C, U] B1 an area of land, usually in tropical countries, where trees and plants grow close together **джунгли**

junior[1] /ˈdʒuːniəʳ/ **adjective 1** B2 low or lower in rank **младший (по положению), нижестоящий** *a junior minister/senator* **2** B2 for or relating to young people **юношеский** *a junior tennis tournament* **3** (written abbreviation **Jr**) mainly US used at the end of a man's name to show that he is the younger of two men in the same family who have the same name **младший** *Hello, I'd like to speak to Mr Anderson Junior, please.*

junior[2] /ˈdʒuːniəʳ/ **noun 1 be 10/20, etc years sb's junior** to be 10/20, etc years younger than someone **быть на 10/20 и т. д. лет младше кого-либо** *My wife is 8 years my junior.* **2** [C] a student in their third year of study at an American college or high school (= school for 15-18 year olds) **студент третьего курса, ученик средней школы (в США)** **3** [C] UK a child who goes to a junior school **ученик начальной школы (в Великобритании)**

ˈjunior ˌcollege noun [C, U] a two-year college in the US where students can learn a skill or prepare to enter a university **училище (в США)**

ˌjunior ˈhigh school noun [C, U] (also **junior ˈhigh**) a school in the US or Canada for children who are 12 to 15 years old **средняя школа (в США и Канаде для детей 12-15 лет)**

ˈjunior ˌschool noun [C, U] a school in the UK for children who are 7 to 11 years old **начальная школа (в Великобритании)**

junk /dʒʌŋk/ **noun** [U] informal old things which have little value **хлам, барахло**

ˈjunk ˌfood noun [U] B2 food which is unhealthy but is quick and easy to eat **нездоровая пища**

junkie /ˈdʒʌŋki/ **noun** [C] informal **1** someone who cannot stop taking illegal drugs **наркоман** **2** someone who wants something or wants to do something very much **человек, пристрастившийся к чему-либо** *a publicity junkie*

ˈjunk ˌmail noun [U] letters sent by companies to advertise their goods and services **реклама, рассылаемая по почте**

junta /ˈdʒʌntə/ **noun** [C] a military government that has taken power in a country by force **хунта**

Jupiter /ˈdʒuːpɪtəʳ/ **noun** [no plural] the planet that is fifth from the Sun, after Mars and before Saturn **Юпитер**

jurisdiction /ˌdʒʊərɪsˈdɪkʃᵊn/ **noun** [U] the legal power to make decisions and judgments **юрисдикция, подведомственность** *The school is **under the jurisdiction of** the local council.*

juror /ˈdʒʊərəʳ/ **noun** [C] a member of a jury **присяжный**

jury /ˈdʒʊəri/ **noun** [group] **1** B2 a group of people in a court of law who decide if someone is guilty or not **присяжные, суд присяжных** **2** a group of people who decide the winner of a competition **жюри**

> **Слова-партнеры к jury**
>
> **be on** a jury

just[1] strong /dʒʌst/ weak /dʒəst/ **adverb 1** B1 only **просто, всего лишь, только** *I'll just have a small piece.* ◦ *He just wants to win.* ◦ *The film is not just about love.* **2** A2 a very short time ago **только что** *I've just been on a trip to France.* ◦ *We've only just begun.* **3** B1 used to emphasize something you say **просто, совсем** *I just can't bear it!* **4** UK B1 almost not **еле-еле, едва** *This dress **only just** fits.* **5** B1 exactly **точно** *Tim looks* *just like* his father. ◦ *This carpet would be **just right** for my bedroom.* **6** A2 now or very soon **как раз, сию минуту** *I'm just coming!* **7 just before/over/under, etc** B1 a little before/over/under, etc something else **немного, чуть раньше/больше/меньше и т. д.** *It costs just over $10.* ◦ *She left just before Michael.* **8 just about** B1 almost **почти** *I think I've remembered just about everything.* **9 be just about to do sth** B1 to be going to do something very soon **как раз собираться что-либо сделать** *I was just about to phone you.* **10 just as bad/good/tall, etc (as sb/sth)** B1 equally bad/good/tall, etc **такой же плохой/хороший/ высокий и т. д. (как кто-либо/что-либо)** *He's just as talented as his brother.* **11 I/you/we, etc will just have to do sth** used to say that there is nothing else someone can do **мне/вам/нам и т. д. придется что-либо сделать** *You'll just have to wait.* **12 just as** B2 at the same time as **как раз в тот момент, когда ...** *She woke up just as we got there.* **13 it's just as well** used to say that it is lucky that something happened **пожалуй, хорошо, что ...** *It's just as well we brought an umbrella.* → See also just the **job**

just[2] /dʒʌst/ **adjective** fair or morally right **справедливый** *a just society* → Opposite **unjust**
• **justly adverb справедливо**

justice /ˈdʒʌstɪs/ **noun 1** [U] B2 behaviour or treatment that is fair and morally correct **справедливость** *She tried to bring about fairness and **justice for** all.* → Opposite **injustice 2** [U] B2 the system of laws which judges or punishes people **правосудие** *the **criminal justice system*** **3** [C] US someone who judges in a court of law **судья 4 bring sb to justice** to catch a criminal and decide if they are guilty or not **привлекать кого-либо к судебной ответственности 5 do sb/sth justice; do justice to sb/sth** to show the best or real qualities of something or someone **отдавать должное кому-либо/чему-либо** *This postcard doesn't do justice to the wonderful scenery.*

> **Слова-партнеры к justice**
> fight for/seek justice • justice for sb

ˌJustice of the ˈPeace noun [C] someone who acts as a judge in a small or local court of law **мировой судья**

justifiable /ˈdʒʌstɪfaɪəbl/ **adjective** having a good reason **оправданный, позволительный** *justifiable anger*
• **justifiably adverb оправданно, законно**

justification /ˌdʒʌstɪfɪˈkeɪʃᵊn/ **noun** [C, U] a reason for something **оправдание** *There's no **justification for** treating her so badly.*

justified /ˈdʒʌstɪfaɪd/ **adjective** fair or having a good reason **оправданный, заслуженный** *justified criticism* ◦ *He's perfectly **justified in** asking for a larger salary.* → Opposite **unjustified**

justify /ˈdʒʌstɪfaɪ/ **verb** [T] B2 to give a good enough reason to make something seem acceptable **объяснять, находить оправдание** *I don't know how they can justify those ticket prices.*

jut /dʒʌt/ **verb** (present participle **jutting**, past tense and past participle **jutted**) **jut into/out, etc** If something juts out, it comes out further than the edge or surface around it. **выдаваться, выступать (вперед, за пределы)** *The rocks jutted out into the sea.*

juvenile[1] /ˈdʒuːvᵊnaɪl/ **adjective 1** [always before noun] by, for, or relating to young people **детский, несовершеннолетний** ***juvenile crime*** **2** behaving in a silly way as if you were a young child **ребяческий**

juvenile[2] /ˈdʒuːvᵊnaɪl/ **noun** [C] especially in law, a young person **несовершеннолетний**

ˌjuvenile deˈlinquent noun [C] a young criminal **малолетний преступник**

juxtapose /ˌdʒʌkstəˈpəʊz/ **verb** [T] formal to place very different things or people close to each other **сопоставлять** *The exhibition **juxtaposes** paintings **with** black and white photographs.*
• **juxtaposition** /ˌdʒʌkstəpəˈzɪʃᵊn/ **noun** [C, U] **сопоставление**

K

K, k /keɪ/ the eleventh letter of the alphabet **11-я буква алфавита**

K /keɪ/ abbreviation for kilobyte: a unit for measuring the amount of information a computer can store **килобайт**

kaleidoscope /kəˈlaɪdəskəʊp/ **noun 1** [C] a tube-shaped toy you look through which contains mirrors and pieces of coloured glass that make patterns **калейдоскоп 2** [no plural] a mixture of different things **калейдоскоп** *The fashion show was a kaleidoscope of colours.*

kangaroo /ˌkæŋgərˈuː/ noun [C] Ⓑ1 a large Australian animal that moves by jumping on its back legs **кенгуру**

kangaroo

karat /ˈkærət/ **noun** [C] another US spelling of carat (= a unit for measuring how pure gold is, or how much valuable stones weigh) **карат**

karate /kəˈrɑːti/ **noun** [U] a sport from Japan in which people fight using fast, hard hits with the hands or feet **карате**

karma /ˈkɑːmə/ **noun** [U] in some religions, the actions of a person in this life or earlier lives, which influence their future **карма**

kayak /ˈkaɪæk/ **noun** [C] a light, narrow boat, usually for one person, which you move using a paddle (= stick with a wide, flat part) **каяк, байдарка**
• **kayaking** noun [U] the activity of travelling in a kayak **путешествие на байдарке**

kebab /kɪˈbæb/ **noun** [C] (also **shish kebab**) small pieces of meat or vegetables cooked on a long, thin stick **кебаб, шашлык**

keel[1] /kiːl/ **noun** [C] a long piece of wood or metal at the bottom of a boat that helps it to balance **киль**

keel[2] /kiːl/ **verb**

PHRASAL VERB **keel over** to fall over suddenly **падать (в обморок)**

keen /kiːn/ **adjective 1** Ⓑ1 very interested or enthusiastic **страстно увлекающийся** *a keen golfer/photographer* ◦ *He's very* ***keen on*** *travelling.* **2** Ⓑ1 wanting to do something very much **страстно желающий, стремящийся** [+ to do sth] *The shop is keen to attract new customers.* **3** very good or well developed **тонкий, острый, обостренный** *a keen sense of smell*
• **keenness** noun [U] **усердие, стремление** • **keenly** adverb **усердно, остро**

keep[1] /kiːp/ **verb** (past tense and past participle **kept**) **1** [T] Ⓐ2 to have something permanently or for the whole of a period of time **хранить, оставлять себе, держать** *You can keep that dress if you like it.* ◦ *He borrowed my bike and kept it all week.* **2 keep sth in/on, etc** Ⓐ2 to regularly store something in a particular place **хранить, держать** *I think he keeps his keys in the desk drawer.* ◦ *We'll keep your application on file.* **3 keep doing sth** Ⓑ1 to continue to do something, or to do something repeatedly **продолжать делать что-либо** *I keep telling her not to leave her clothes on the floor.* ◦ *He keeps hitting me.* **4 keep (sb/sth) awake/clean/safe, etc** Ⓐ2 to remain in a particular state or make someone or something remain in a particular state **не давать кому-либо спать/содержать что-либо в чистоте/охранять кого-либо/что-либо и т. д.** *He goes jogging twice a week to keep fit.* ◦ *He keeps his car spotlessly clean.* **5 keep sb/sth in/inside, etc** to make someone or something stay in the same place **оставлять, держать кого-либо/что-либо в каком-либо месте** *They will keep her at home for a few more days.* **6** [T] Ⓑ1 to make someone do something that stops them doing something else **задерживать, отвлекать** [+ doing sth] *She kept me talking for ages.* ◦ *Sorry to* ***keep you waiting.*** ◦ *Don't let me* ***keep*** *you* ***from*** *your work.* **7 keep a secret** Ⓑ1 to not tell anyone a secret **хранить секрет 8 keep a promise/your word, etc** Ⓑ2 to do what you have promised to do **сдержать обещание/слово и т. д. 9 keep an appointment** to meet someone when you have arranged to meet them **приходить на встречу 10** [T] to make someone arrive later than they planned **задерживать** *I was expect-*

> **Другие способы сказать keep**
>
> Если что-то хранят до того момента, когда оно понадобится, то можно употребить глагол **store**.
>
> *I've* ***stored*** *all Helen's books in the attic.*
>
> Глагол **stash** (*разговорный*) и фразовый глагол **stash away** (*разговорный*) употребляют, когда говорят о хранении большого количества чего-то в потайном месте.
>
> *His money was* ***stashed*** *(****away****) in a cupboard.*
>
> Глагол **save** используют, если что-то сохраняют, чтобы использовать в будущем.
>
> *I have some really good chocolates that I've been* ***saving*** *for a special occasion.*
>
> Фразовые глаголы **hang onto** и **hold onto** также можно использовать, если идет речь о сохранении чего-то, что может пригодиться в будущем.
>
> *You should* ***hang/hold onto*** *that picture – it might be worth something.*

ing you at six – what kept you? **11** [T] B2 to write down something in order to remember it **вести (записи и т. д.)** *to keep records/notes* **12** [I] B2 If food or drink keeps, it remains fresh. **сохраняться, не портиться** **13** [T] to provide enough money for someone to live **содержать, обеспечивать** *I can't keep a family on that salary.* **14** [T] B2 to have and look after animals **держать (животных)** *Our neighbours keep pigs.* **15 keep sb going** to provide what someone needs for a short period of time **поддерживать чьи-либо силы** *Dinner is at eight, but I had an apple to keep me going.* → See also keep your **cool**[3], keep a straight **face**[1], keep your fingers (**finger**[1]) crossed, put/keep sb in the **picture**[1], keep a low **profile**[1], keep a tight **rein** on sb/sth, keep tabs (**tab**) on sb/sth, keep sb on their toes (**toe**[1])

PHRASAL VERBS **keep at sth** B2 to continue working hard at something difficult **продолжать в том же духе** *Learning a language is hard but you've just got to keep at it.* • **keep (sb/sth) away** B2 to not go somewhere or near something, or to prevent someone from going somewhere or near something **держаться подальше от кого-либо/чего-либо, не подпускать кого-либо** *I told them to keep away from the edge of the cliff.* • **keep (sb/sth) back** B2 to not go near something, or to prevent someone or something from going past a particular place **держаться на расстоянии, удерживать кого-либо/что-либо** *Barriers were built to keep back the flood water.* • **keep sth back** to not tell someone everything you know about a situation or an event **скрывать, не договаривать** *I was sure she was keeping something back.* • **keep sth down 1** B2 to stop the number, level, or size of something from increasing **не допускать увеличения, контролировать** *I have to exercise to keep my weight down.* **2** to be able to eat or drink without vomiting **принимать пищу (о желудке)** • **keep sb/sth from doing sth** C1 to prevent someone or something from doing something **мешать, препятствовать кому-либо делать что-либо** • **keep sth from sb** to not tell someone about something **скрывать что-либо от кого-либо** *Is there something you're keeping from me?* • **keep sb in** B1 to make a child stay inside as a punishment, or to make someone stay in hospital **не выпускать из дома, держать в больнице** • **keep (sb/sth) off sth** B1 to not go onto an area, or to stop someone or something going onto an area **не ходить, не пускать куда-либо** *Keep off the grass.* • **keep sth off (sb/sth)** B2 to stop something touching or harming someone or something **не подпускать, не допускать** *He put a cloth over the salad to keep the flies off.* • **keep on doing sth** B1 to continue to do something, or to do something again and again **продолжать делать что-либо** *She kept on asking me questions the whole time.* • **keep on** UK to continue to talk in an annoying way about something **беспрестанно говорить о чем-либо** *I wish he wouldn't* ***keep on about*** *how much he earns.* • **keep (sb/sth) out** B1 to not go into a place, or to stop someone or something from going into a place **не входить, не пропускать** *He locked the room and put up a sign asking people to keep out.* • **keep to sth 1** B2 to stay in one particular area **придерживаться чего-либо** *We kept to main roads all the way.* **2** B2 to do what you have promised or planned to do **придерживаться чего-либо** *I think we should keep to our original plan.* • **keep sth to sth** If you keep something to a particular number or amount, you make sure it does not become larger than that. **сводить что-либо до какого-либо уровня** *I'm trying to keep costs to a minimum.* • **keep sth to yourself** to keep something secret and not tell anyone else about it **держать при себе, скрывать** • **keep up 1** B2 to move at the same speed as someone or something that is moving forward so that you stay level with them **не отставать** *She was walking so fast I couldn't* ***keep up with*** *her.* **2** to increase or make progress at the same speed as something or someone else so that you stay at the same level as them **не отставать, держаться на том же уровне** *Prices have been rising very fast and wages haven't kept up.* **3** B2 to be able to understand or deal with something that is happening or changing very fast **не отставать** *I feel it's important to* ***keep up with*** *current events.* • **keep sth up** B1 to not allow something that is at a high level to fall to a lower level **поддерживать** *Make sure you eat properly – you've got to keep your strength up.* • **keep (sth) up** to continue without stopping or changing or to continue something without allowing it to stop or change **продолжать** *People are having difficulties keeping up the repayments on their loans.*

keep[2] /kiːp/ **noun** [no plural] the money needed to pay for someone to eat and live in a place **стол и жилье, содержание** *He* ***earns*** *his* ***keep*** *working in a garage.*

keeper /ˈkiːpər/ **noun** [C] **1** B1 someone who looks after a place and the things, people, or animals there **смотритель** *a park keeper* **2** informal B1 short for goalkeeper (= the player in a sport such as football who tries to stop the ball going into the goal) **вратарь**

keeping /ˈkiːpɪŋ/ **noun** **1 for safe keeping** in order to keep something safe **для сохранности, на хранение** *She put the money into a bank for safe keeping.* **2 in keeping with sth** suitable or right for a situation, style, or tradition **подстать, гармонирующий** *The antique desk was in keeping with the rest of the furniture in the room.*

keg /keg/ **noun** [C] a large, round container used for storing beer **бочонок**

kennel /ˈkenəl/ noun [C] **1** a small building for a dog to sleep in **собачья конура, псарня** **2** US (UK **kennels**) a place where dogs are cared for while their owners are away **приют для собак**

kept /kept/ past of keep **прош. вр. и прич. прош. вр. от гл. keep**

kerb UK (US **curb**) /kɜːb/ noun [C] the line of stones at the edge of a pavement (= raised path that people walk on) next to the road **бордюр (тротуара)**

kernel /ˈkɜːnəl/ noun [C] the part of a nut or seed inside the hard shell which you can usually eat **ядро (ореха), зерно**

kerosene /ˈkerəsiːn/ noun [U] US (UK **paraffin**) oil used for heating and in lamps (= equipment that produces light) **керосин**

ketchup /ˈketʃʌp/ noun [U] a thick sauce made from tomatoes (= round, red fruit) that is eaten cold with food **кетчуп**

kettle /ˈketl/ noun [C] (B1) a metal or plastic container with a lid, used for boiling water **чайник (для кипячения воды)** *Charlotte* ***put the kettle on*** *to make some tea.* → See **The Kitchen** on page Centre 2

key¹ /kiː/ noun [C] **1** (A1) a piece of metal cut into a particular shape and used for locking things such as doors, or for starting an engine **ключ** *I've lost my car keys.* **2** (B1) a way of explaining or achieving something **ключ, путь** *Hard work is* ***the key to*** *success.* **3** (B2) one of the parts you press with your fingers on a keyboard or musical instrument to produce letters, numbers, or to make a sound **клавиша** **4** a set of musical notes based on one particular note **ключ, тональность** *the key of D major* **5** a list which explains the symbols on a map or picture **легенда, условные обозначения** **6** (A2) a list of answers to an exercise or game **ответы** → See also under **lock²** and key

> **Слова-партнеры к key**
>
> a **bunch of/set of** keys • **the** key **for/to** sth • a **car** key

key² /kiː/ adjective (B2) very important in influencing or achieving something **ключевой** *a* ***key factor***

key³ /kiː/ verb

PHRASAL VERB **key sth in** (B2) to put information into a computer or machine using a keyboard **печатать (на компьютере), заносить информацию в компьютер**

keyboard /ˈkiːbɔːd/ noun [C] **1** (A2) a set of keys on a computer, which you press to make it work, or the rows of keys on a piano **клавиатура** → See **The Office** on page Centre 5 **2** (A2) an electrical musical instrument similar to a piano **синтезатор**

keyhole /ˈkiːhəʊl/ noun [C] a hole in a lock where you put a key **замочная скважина**

keynote /ˈkiːnəʊt/ noun [C] the most important part of an event, idea, or speech, or something that is emphasized strongly **ключевой момент, основная мысль** *the* ***keynote speech/speaker***

keypad /ˈkiːpæd/ noun [C] a set of buttons with numbers on them used to operate a television, telephone, etc **кнопочная панель**

ˈkey ˌring noun [C] a metal ring used for keeping keys together **кольцо для ключей**

kg written abbreviation for kilogram (= a unit for measuring weight) **килограмм**

khaki /ˈkɑːki/ noun [U] a pale green-brown colour, often worn by soldiers **хаки**
• **khaki** adjective → See **Colours** on page Centre 12 **цвета хаки**

kibbutz /kɪˈbʊts/ noun [C] (plural **kibbutzim**) a place in Israel where people live and work together, often a farm or a factory **кибуц**

kick¹ /kɪk/ verb **1** [I, T] (A1) to hit or move something or someone with your foot **ударять ногой, пинать** *The boys were* ***kicking*** *a* ***ball*** *back and forth.* ◦ *They tried to kick the door down.* **2** [I] to move your feet and legs forwards or backwards quickly and with force **лягаться, брыкаться** *I kicked at them and screamed for help.* **3 kick yourself** informal to be very annoyed with yourself for doing something stupid or wrong **рвать на себе волосы** *I could have kicked myself for saying that.* → See also be **alive** and kicking/well

PHRASAL VERBS **be kicking about/around** informal If something is kicking about, it is in a particular place, but nobody is using it or paying attention to it. **валяться в беспорядке, как попало** *We've probably got a copy of the document kicking around the office.* • **kick in** informal to start to be effective or to happen **вступать в действие** *The new tax rate kicks in next month.* • **kick off** **1** When a football match or other event kicks off, it starts. **начинаться (о матче, игре)** **2** informal to start to get angry or complain **заводиться** • **kick (sth) off** informal When you kick off a discussion or activity, you start it. **начинать, открывать** • **kick sb out** informal to force someone to leave a place or organization **выгонять, выкидывать** *His wife kicked him out.*

kick² /kɪk/ noun [C] **1** (A2) when you kick something with your foot **пинок, удар ногой**

*He **gave** her a **kick** in the ribs.* **2** informal a special feeling of excitement and energy удовольствие, наслаждение *She **gets a kick out of** performing live.*

IDIOM **a kick in the teeth** used when someone treats you badly or unfairly, especially when you need or expect support плевок в лицо *This latest pay award amounts to a kick in the teeth.*

→ See also **free kick**

kickback /ˈkɪkbæk/ **noun** [C] US money given to someone, especially illegally, for providing help, a job, or a piece of business взятка

kickboxing /ˈkɪkˌbɒksɪŋ/ **noun** [U] a sport in which two people fight by hitting each other with their hands and kicking each other with their feet кикбоксинг

kick-off /ˈkɪkɒf/ **noun** [C, U] the time when a football match begins начало матча

kid[1] /kɪd/ **noun** [C] **1** informal (B1) a child or young person ребенок *school kids* **2** a young goat козленок

K

kid[2] /kɪd/ **verb** [I, T] (present participle **kidding**, past tense and past participle **kidded**) **1** to make a joke, or to trick someone with a joke шутить, разыгрывать **2** to deceive or trick someone into believing something обманывать [often reflexive] *You've got to stop kidding yourself. She's not coming back.*

kiddie /ˈkɪdi/ **noun** [C] informal a child ребенок, малыш

kidnap /ˈkɪdnæp/ **verb** [T] (present participle **kidnapping**, past tense and past participle **kidnapped**) to take someone away using force, usually to obtain money in exchange for releasing them похищать людей (для получения выкупа)
• **kidnap noun** [C] похищение людей *a kidnap victim/attempt* • **kidnapper noun** [C] похититель людей

kidnapping /ˈkɪdnæpɪŋ/ **noun** [C, U] when someone is kidnapped похищение людей

kidney /ˈkɪdni/ **noun** [C] one of the two organs in your body which remove waste from the blood and produce urine почка (орган)

kill[1] /kɪl/ **verb 1** [I, T] (A2) to cause someone or something to die убивать *Sunday's bomb killed 19 people.* ◦ *Their son was killed in a road accident.* **2 sb will kill sb** (A2) informal used to say that someone will be very angry with someone else убивать, очень сердиться *Dad will kill me for being late.* **3** [T] to stop an activity or experience completely прекращать, губить *His remark killed the conversation.* **4** [T] informal to cause you a lot of pain or effort мучить, изматывать *My feet are killing me.* ◦ *It wouldn't kill you to tidy up occasionally.* → See also kill **time**[1]

PHRASAL VERB **kill sth/sb off** to stop something or someone from existing any more губить, разрушать *Lack of funding is killing off local theatres.*

kill[2] /kɪl/ **noun 1** [no plural] when an animal is killed добыча (на охоте) **2 go/move in for the kill** to prepare to defeat someone completely or to kill them приготовиться к решающей схватке, приготовиться добить кого-либо

killer /ˈkɪləʳ/ **noun** [C] (B1) someone who kills, or a disease, substance, or animal that kills убийца *Cancer and heart disease are the UK's biggest killers.* → See also **serial killer**

killing /ˈkɪlɪŋ/ **noun 1** (B1) [C] a murder, or when someone or something is killed убийство *the killing of civilians* **2 make a killing** informal to make a lot of money very quickly сорвать куш, нажиться

kiln /kɪln/ **noun** [C] a large oven for baking bricks and other clay objects until they are hard печь для обжига

kilo /ˈkiːləʊ/ **noun** [C] (A2) short for kilogram килограмм

kilo- /ˈkɪlə-/ **prefix** a thousand тысяча *a kilometre* ◦ *a kilogram*

kilobyte /ˈkɪləʊbaɪt/ **noun** [C] (written abbreviation **K**) a unit for measuring the amount of information a computer can store, equal to 1024 bytes килобайт

kilogram (also UK **kilogramme**) (written abbreviation **kg**) /ˈkɪləʊgræm/ **noun** [C] (A2) a unit for measuring weight, equal to 1000 grams килограмм

kilometre UK (US **kilometer**) (written abbreviation **km**) /kɪˈlɒmɪtəʳ/, /ˈkɪləˌmiːtəʳ/ **noun** [C] (A2) a unit for measuring distance, equal to 1000 metres километр

kilowatt /ˈkɪləʊwɒt/ **noun** [C] (written abbreviation **kW**) a unit for measuring electrical power, equal to 1000 watts киловатт

kilt /kɪlt/ **noun** [C] a traditional Scottish skirt for men, made of heavy material with close vertical folds at the back килт

kin /kɪn/ **noun** [plural] formal the members of your family родственники → See also **next of kin**

kind[1] /kaɪnd/ **noun 1** (A1) [C] a type of thing or person род, тип, сорт *What **kind of** music do you like?* ◦ ***All kinds of** people come to our church.* ◦ *Older kids like board games and that **kind of thing**.* ◦ *Her travel company was the first **of its kind** (= the first one like it).* **2 some kind of** (B1) used to talk about something when you are not sure of its exact type какой-то, нечто вроде *She has some kind of disability.* **3 kind of** informal (B2) used when you are trying to explain or describe something, but you cannot be exact довольно, некоторым образом *It's kind of unusual.* **4 of a kind** used to describe something that exists but is not very good что-то вроде, какой-то *The school had a swimming pool of a kind, but it was too small for most classes to use.*

kind² /kaɪnd/ **adjective** A2 Kind people do things to help others and show that they care about them. **добрый, любезный** *Your mother was very **kind to** us.* ◦ *It was very **kind of** you to come and see me.* → Opposite **unkind**

> **Другие способы сказать kind**
>
> Прилагательные **nice** и **sweet** часто используют вместо **kind**.
>
> *It was really **nice** of you to come.*
>
> *Wasn't it **sweet** of Heidi to call?*
>
> Если кто-то вам помогает, можно сказать, что он **good to** you.
>
> *Jay's mother has been very **good to** us.*
>
> Если кто-то выражает желание помочь, его можно охарактеризовать как **helpful**.
>
> *The staff here are very **helpful**.*
>
> Человека характеризуют как **caring**, если он проявляет заботу о других людях.
>
> *I've always thought of Mary as a very **caring** person.*
>
> Выражение **mean well** используют, когда хотят сказать, что человек совершает какие-то действия из добрых побуждений, но это не приносит пользы.
>
> *I know my parents **mean well**, but I do wish they wouldn't interfere.*

kinda /ˈkaɪndə/ mainly US informal short for kind of **довольно, некоторым образом** *I'm kinda busy right now.*

kindergarten /ˈkɪndəˌɡɑːtᵊn/ **noun** [C, U] **1** in the UK, a school for children under five **детский сад (в Великобритании)** **2** in the US, a class in school for children aged five **начальный класс (в США)**

kind-hearted /ˌkaɪndˈhɑːtɪd/ **adjective** having a kind character **добросердечный** *a kind-hearted family man*

kindly¹ /ˈkaɪndli/ **adverb** **1** B1 in a kind or generous way **доброжелательно, любезно** *She **kindly offered** to cook me lunch.* **2** formal used in instructions to mean 'please', usually when you are annoyed **будьте любезны** *Would you kindly get out of my car?* **3 not take kindly to sth** to not like something that someone says or does **болезненно воспринимать** *He doesn't take kindly to criticism.*

kindly² /ˈkaɪndli/ **adjective** old-fashioned kind **добродушный, милый** *a kindly old gentleman*

kindness /ˈkaɪndnəs/ **noun** [C, U] B2 when someone is kind **доброта** *Thanks for all your kindness this morning.*

king /kɪŋ/ **noun** [C] **1** A2 a male ruler in some countries **король** *King Richard II* ◦ *the kings and queens of England* **2** the best or most important person in a particular activity **король** *He's the new king of pop music.* **3** a playing card with a picture of a king on it **король** *the king of spades*

kingdom /ˈkɪŋdəm/ **noun** **1** B2 [C] a country with a king or queen **королевство** *the Kingdom of Belgium* **2 the animal/plant kingdom** all animals or plants considered together **животный/растительный мир**

kingfisher /ˈkɪŋˌfɪʃəʳ/ **noun** [C] a small, brightly coloured bird which catches fish from rivers and lakes **зимородок**

king-size (also **king-sized**) /ˈkɪŋsaɪz/ **adjective** very big **очень большой** *a **king-size bed***

kink /kɪŋk/ **noun** [C] a bend in something long and thin **петля, узел** *There was a kink in the cassette tape.*

kinky /ˈkɪŋki/ **adjective** informal involving strange or unusual sexual behaviour **извращенный**

kiosk /ˈkiːɒsk/ **noun** [C] a small building with a window where things like tickets or newspapers are sold **киоск**

kip /kɪp/ **noun** [C, U] UK informal a short period of sleep **короткий сон**
• **kip verb** [I] (present participle **kipping**, past tense and past participle **kipped**) **вздремнуть**

kipper /ˈkɪpəʳ/ **noun** [C] UK a type of fish that has been cut open and dried over smoke **копченая рыба**

kiss¹ /kɪs/ **verb** [I, T] A2 to press your lips against another person's lips or skin to show love or affection **целовать** *He kissed her cheek.* ◦ *Len **kissed** Samantha **goodbye** at the front gate.*

kiss

kiss² /kɪs/ **noun** [C] A2 an act of kissing someone **поцелуй** *She ran up and **gave** me **a** big **kiss**.*

IDIOM **give sb the kiss of life** UK to help to keep someone who has stopped breathing alive by blowing into their mouth **делать искусственное дыхание**

> **Слова-партнеры к kiss**
>
> give sb a kiss • **plant a kiss on** sb's [lips/cheek, etc] • a **lingering/passionate** kiss

kit /kɪt/ **noun** **1** [C] B1 a collection of things kept in a container ready for a particular use **набор, комплект** *a **first-aid/tool kit*** **2** [C, U] UK A2 a set of clothes worn for sport or military service **снаряжение, форма** *a football kit* **3** [C] a set of parts which you put together to make something **конструктор (для сборки модели из деталей)** *He's making a model car from a kit.*

kitchen /ˈkɪtʃɪn/ **noun** [C] A1 a room used to prepare and cook food in **кухня** → See **The Kitchen** on page Centre 2

kite /kaɪt/ **noun** [C] A2 a toy made of paper or cloth which flies in the air on the end of a long string **воздушный змей**

kitsch /kɪtʃ/ **noun** [U] decorative objects or

pieces of art that are ugly, silly, or have little value **китч, дешевка**

kitten /ˈkɪtᵊn/ **noun** [C] B1 a young cat **котенок**

kitty /ˈkɪti/ **noun** [C] an amount of money consisting of a share from everyone in a group, used for a special purpose **общий котел** [usually singular] *We all put money into a kitty to pay for drinks.*

kiwi /ˈkiːwiː/ **noun** [C] (also ˈ**kiwi** ˌ**fruit**) a small, green fruit with black seeds and brown, hairy skin **киви**

km written abbreviation for kilometre (= a unit for measuring distance) **километр**

knack /næk/ **noun** [no plural] a special skill, or the ability to use or do something easily **способность, дар** *a* ***knack for*** *remembering faces* ◦ *She* ***has*** *the* ***knack*** *of making people feel comfortable.*

> Слова-партнеры к **knack**
> have/lose the knack of doing sth • an uncanny knack • a knack for doing sth

knackered /ˈnækəd/ **adjective** UK informal extremely tired **измотанный**

knead /niːd/ **verb** [T] to press and shape the mixture for making bread firmly and repeatedly with your hands **месить (тесто)**

knee /niː/ **noun** [C] **1** B1 the middle part of your leg where it bends **колено** *a knee injury* → See **The Body** on page Centre 13 **2** the part of a pair of trousers that covers the knee **колено (брюк)**

IDIOM **bring sb/sth to their knees** to destroy or defeat someone or something **поставить на колени** *The war brought the country to its knees.*

kneecap /ˈniːkæp/ **noun** [C] the round bone at the front of your knee **коленная чашечка**

knee-deep /ˌniːˈdiːp/ **adjective** **1** reaching as high as someone's knees **по колено** *knee-deep in cold water* **2 be knee-deep in sth** to have a lot of something to deal with **быть заваленным чем-либо по уши** *I'm knee-deep in paperwork.*

knee-jerk /ˈniːdʒɜːk/ **adjective** **a knee-jerk reaction/response, etc** an immediate reaction that does not allow you time to consider something carefully **инстинктивная реакция**

kneel

kneel /niːl/ **verb** [I] (past tense and past participle **knelt, kneeled**) B2 to go down into or stay in a position where one or both of your knees are on the ground **опускаться на колени, стоять на коленях** *She* ***knelt down*** *beside the child.*

knew /njuː/ past tense of know **прош. вр. гл. know**

knickers /ˈnɪkəz/ **noun** [plural] UK (US **panties**) B1 women's underwear that covers the bottom **женские трусы** → See **Clothes** on page Centre 9

knife¹ /naɪf/ **noun** [C] (plural **knives**) A1 a sharp tool or weapon for cutting, usually with a metal blade and a handle **нож** *a* ***knife and fork***

knife² /naɪf/ **verb** [T] to attack someone using a knife **наносить удар ножом** → See also **jack-knife**

knight¹ /naɪt/ **noun** [C] **1** a man of high social rank who fought as a soldier on a horse in the past **рыцарь** **2** a man who has been given the title 'Sir' by the King or Queen in the UK **рыцарь (дворянское звание)**

knight² /naɪt/ **verb** **be knighted** to be given a knighthood **быть возведенным в рыцарское звание**

knighthood /ˈnaɪthʊd/ **noun** [C] the title of 'Sir' given to someone by the King or Queen in the UK **рыцарское звание**

knit /nɪt/ **verb** [I, T] (present participle **knitting**, past tense **knitted**, past participle **knit** or **knitted**) B1 to make clothes using wool and two long needles to join the wool into rows **вязать** *She was knitting him a jumper.*

knit

knitting /ˈnɪtɪŋ/ **noun** [U] when something is being knitted or the thing that is being knitted **вязанье** *She put down her knitting.*

knitwear /ˈnɪtweəʳ/ **noun** [U] knitted clothes **вязаная, трикотажная одежда**

knob /nɒb/ **noun** **1** [C] a round handle, or a round button on a machine **ручка, кнопка** *a door knob* ◦ ***Turn*** *the black* ***knob*** *to switch on the radio.* **2 a knob of butter** UK a small lump of butter **кусочек масла**

knock¹ /nɒk/ **verb** **1** [I] B1 to make a noise by hitting something, especially a door, with your closed hand in order to attract someone's attention **стучать(ся)** *There's someone* ***knocking at/on*** *the door.* ◦ *Please knock before entering.* **2** [T] B1 to hit something or someone and make them move or fall down **сбивать, опрокидывать** *He accidentally knocked the vase off the table.* ◦ *I* ***knocked over*** *the mug.* **3** [T] informal to criticize someone or something, often unfairly **резко критиковать, придираться** *She knocks every suggestion I make.* → See also **beat/knock the (living) daylights out of sb**

IDIOM **Knock it off!** informal something you say when you want someone to stop doing something that is annoying you **прекрати! хватит!**

PHRASAL VERBS **knock sth back** UK informal to drink alcohol very quickly **выпить, выдуть** • **knock sb down** UK B1 to hit someone with a vehicle and injure or kill them **сбивать кого-либо (машиной и т. д.)** [often passive] *She was knocked down by a bus.* • **knock sb/sth down** US to cause someone or something to fall to the ground by hitting them **сбить с ног, свалить** • **knock sth down** B2 to destroy a building or part of a building **сносить (дом и т. д.)** • **knock off** informal to stop working, usually at the end of a day **прекращать работу** *I don't knock off until six.* • **knock sth off (sth)** to take a particular amount away from something, usually a price **снижать, сбавлять (цену)** *The manager knocked $5 off because it was damaged.* • **knock sb out** **1** B2 to make someone become unconscious, usually by hitting them on the head **оглушать, приводить в бесчувственное состояние** *He was knocked out halfway through the fight.* **2** B2 to defeat a person or team in a competition so they cannot take part any more **выбывать из соревнований из-за поражения** [often passive] *The French team were knocked out in the semifinal.*

knock[2] /nɒk/ **noun** [C] **1** a sudden short noise made when something or someone hits a surface **стук** *a* ***knock at/on*** *the door* **2** when someone or something is hit, sometimes causing damage or injury **удар** *a knock on the head*

> **Слова-партнеры к knock**
>
> a **sharp** knock • a knock **at/on** [the door/window, etc.]

knocker /ˈnɒkəʳ/ **noun** [C] a metal object fixed to the outside of a door which visitors use to knock **дверной молоток**

knock-on /ˌnɒkˈɒn/ **adjective** UK **a knock-on effect** When an event or situation has a knock-on effect, it causes another event or situation. **цепная реакция** *Cutting schools' budgets will have a knock-on effect on teachers' jobs.*

knockout /ˈnɒkaʊt/ **noun** [C] in boxing, when one person hits the other hard and they become unconscious **нокаут**

knot[1] /nɒt/ **noun** [C] **1** a place where pieces of string, rope, etc have been tied together **узел** **2** a unit for measuring the speed of the wind, ships, or aircraft **узел (количество морских миль в час)**

IDIOM **tie the knot** informal to get married **жениться, выходить замуж**

> **Слова-партнеры к knot**
>
> tie a knot (in sth) • undo/untie a knot

knot[2] /nɒt/ **verb** [T] (present participle **knotting**, past tense and past participle **knotted**) to tie knots in pieces of string, rope, etc **завязывать узел**

know[1] /nəʊ/ **verb** (past tense **knew**, past participle **known**) **1** [I, T] A1 to have knowledge or information about something in your mind **знать, иметь понятие** *"How old is she?" "I don't know."* ◦ *Andrew* ***knows*** *a lot* ***about*** *computers.* ◦ [+ question word] *Do you know where the station is?* ◦ [+ (that)] *He knew that she was lying.* **2** [T] B1 to be familiar with a person, place, or thing because you have met them, been there, used it, etc before **знать, быть знакомым** *I've known Tim since primary school.* ◦ *I grew up in Brussels so I know it well.* ◦ *Since moving to London, I've* ***got to know*** *(= become familiar with) some nice people.* **3** [T] A2 to be able to do something **уметь, знать** [+ question word] *Do you know how to ski?* ◦ *I only know (= understand and speak) a little Spanish.* **4 let sb know** A2 to tell someone something **давать знать, сообщать** *Let me know if you're going to the party.* **5** [T] to guess something correctly **знать, догадываться** *I knew she'd arrive late.* ◦ *I* ***should have known*** *he wouldn't come.* **6** [I, T] to understand and agree with someone **знать, понимать** *I know what you mean about Pete – I wouldn't trust him at all.* **7 be known as sth** B1 to be called something **быть известным как ..., называться** *California is also known as the Sunshine State.* **8 have known sth** to have had experience of something **сталкиваться, знать по опыту** *I've never known the weather be so hot.* **9 know better (than to do sth)** B2 to have the intelligence or judgment not to do something **быть умнее, не быть дураком** *She should have known better than to eat so much. No wonder she feels sick now.* **10 I know a** B2 used when you agree with something someone has just said **да, действительно! в самом деле!** *"It's a lovely day, isn't it?" "I know – let's hope it lasts."* **b** B1 used when you have an idea **придумал(а)!** *I know – let's go to Helen's house.* **11 you know a** used to emphasize that someone does know what you are referring to **знаешь ...** *You know, he's the one with curly hair.* **b** B1 something that you say while you are thinking what to say next **видишь ли ...** *It's, you know, supposed to be a surprise.* **c** B1 used to emphasize what you are saying **знаешь ли ...** *I'm not an idiot, you know.* **12 as far as I know** B2 used to say that you think something is true, but cannot be sure **насколько мне известно** *As far as I know, he's never been in prison.* **13 you never know** B2 used to say that something could be possible although it does not seem likely **кто знает!** *You never know – you might win the lottery.* **14 before you know it** very soon **глазом моргнуть не успеешь** *We'll be there before you know it.* → See also know sth **inside**[1] out, learn/know the ropes (**rope**[1]), know your **stuff**[1]

PHRASAL VERB **know of sth/sb** B2 to have heard of something or someone and have a little information about them **знать, слышать о чем-либо/ком-либо** *I know of a good restaurant near the station.*

know² /nəʊ/ **noun be in the know** to have knowledge about something which not everyone knows **быть в курсе дела** *People in the know were sure the film would win an Oscar.*

know-how /ˈnəʊhaʊ/ **noun** [U] practical skill and knowledge **ноу-хау** ***technical know-how***

knowing /ˈnəʊɪŋ/ **adjective** A knowing smile, look, etc shows that you know what another person is really thinking. **понимающий, многозначительный** *He gave me a knowing wink.*

knowingly /ˈnəʊɪŋli/ **adverb 1** If you knowingly do something, you mean to do it although it is wrong. **умышленно, преднамеренно 2** showing that you know what another person is really thinking **многозначительно, понимающе** *He smiled knowingly.*

knowledge /ˈnɒlɪdʒ/ **noun 1** (B1) [U, no plural] information and understanding that you have in your mind **знание** *He has **a** detailed **knowledge of** naval history.* ◦ *He took the car **without my knowledge** (= I did not know).* **2 to (the best of) sb's knowledge** (B2) used to say that someone thinks that something is true, but cannot be sure **насколько кому-либо известно** *To the best of my knowledge, she's never worked abroad.*

> Слова-партнеры к **knowledge**
>
> **common/detailed/firsthand/poor/thorough** knowledge • knowledge **about/of** sth • **have/gain/impart** knowledge

knowledgeable /ˈnɒlɪdʒəbl/ **adjective** knowing a lot **хорошо осведомленный** *He's very **knowledgeable about** art.*

known¹ /nəʊn/ **adjective** (B2) recognized or known about by most people **общеизвестный** *He's a member of a known terrorist organization.* → Opposite **unknown** → See also **well-known**

known² /nəʊn/ past participle of know **прич. прош. вр. от гл. know**

knuckle¹ /ˈnʌkl/ **noun** [C] one of the parts of your finger where it bends **сустав пальца** → See also a **rap¹** on/across/over the knuckles

knuckle² /ˈnʌkl/ **verb**

PHRASAL VERB **knuckle down** to start to work or study hard **решительно браться за что-либо**

koala /kəʊˈɑːlə/ **noun** [C] (also **koˈala ˌbear**) an Australian animal like a small bear with grey fur which lives in trees and eats leaves **коала**

the Koran /kɒrˈɑːn/ (US) /kəˈræn/ **noun** the holy book of Islam **Коран**

kosher /ˈkəʊʃəʳ/ **adjective** Kosher food is prepared according to Jewish law. **кошерный**

kph written abbreviation for kilometres per hour: a unit for measuring speed **километров в час** *a car travelling at 100 kph*

kudos /ˈkjuːdɒs/ **noun** [U] praise and respect for what you have done **почет, слава**

kung fu /kʌŋˈfuː/ **noun** [U] a sport from China in which people fight using their hands and feet **кун-фу**

kW (also **kw**) written abbreviation for kilowatt (= a unit for measuring electrical power) **киловатт**

L

L, l /el/ the twelfth letter of the alphabet **12-я буква алфавита**

l written abbreviation for litre (= a unit for measuring liquid) **литр**

lab /læb/ **noun** [C] B1 short for laboratory (= a room used for scientific work) **лаборатория**

label¹ /ˈleɪbəl/ **noun** [C] **1** B1 a small piece of paper or other material which gives information about the thing it is fixed to **ярлык, этикетка** *There should be washing instructions on the label.* **2** a word or phrase that is used to describe the qualities of someone or something, usually in a way that is not fair **прозвище** *He seems to be stuck with the label of 'troublemaker'.* **3** (also **record label**) B1 a company that records and sells music **звукозаписывающая компания** *They've just signed a deal with a major record label.*

label² /ˈleɪbəl/ **verb** [T] (present participle UK **labelling**, past tense and past participle **labelled**, present participle US **labeling**, past tense and past participle **labeled**) **1** to fix a small piece of paper or other material to something which gives information about it **прикреплять ярлык** *All food has to be labelled with 'best before' or 'use by' dates.* **2** to describe the qualities of someone or something using a word or phrase, usually in a way that is not fair **клеймить, давать прозвище** [often passive] *They've been unfairly **labelled as** criminals.*

labor /ˈleɪbər/ **noun, verb** US spelling of labour **см. labour**

laboratory /ləˈbɒrətəri/ (US) /ˈlæbrətɔːri/ **noun** [C] B1 a room used for scientific work **лаборатория** *research laboratories ◦ a computer laboratory* → See also **language laboratory**

laborer /ˈleɪbərər/ **noun** [C] US spelling of labourer **рабочий**

laborious /ləˈbɔːriəs/ **adjective** Laborious work is very difficult and needs a lot of effort. **трудоемкий, утомительный** *a **laborious** task*

labors /ˈleɪbəz/ **noun** [plural] US spelling of labours **труды, усилия**

ˈlabor ˌunion **noun** [C] US (UK/US **trade union**) an organization that represents people who do a particular job **профсоюз**

labour¹ UK (US **labor**) /ˈleɪbər/ **noun** **1** [U] work, especially the type of work that needs a lot of physical effort **труд** ***manual labour*** **2** [U] people who work **рабочая сила, рабочие** ***cheap/skilled labour*** **3** [C, U] the stage of pregnancy when a woman has pain in the lower part of her body because the baby is coming out **роды** ***to be in labour/go into labour*** *◦ **labour pains*** **4** **Labour** [group] short for the Labour Party **лейбористская партия** *I voted Labour (= for the Labour party) at the last election. ◦ a Labour MP*

IDIOM **a labour of love** work that you do because you like it, not because you are paid for it **бескорыстный труд**

labour² UK formal (US **labor**) /ˈleɪbər/ **verb** [I] to work hard **трудиться** *He laboured night and day to get the house finished on time.*

labourer UK (US **laborer**) /ˈleɪbərər/ **noun** [C] a worker who uses a lot of physical effort in their job **рабочий** *a farm labourer*

the ˈLabour ˌParty **noun** [group] one of the three main political parties in the UK **лейбористская партия**

labours (US **labors**) /ˈleɪbəz/ **noun** [plural] **sb's labours** work done with a lot of effort **чьи-либо труды, усилия** *He earned a mere $15 for his labours.*

lace¹ /leɪs/ **noun** **1** [U] a delicate cloth with patterns of holes **кружево** *a lace curtain* **2** [C] a string used to tie shoes **шнурок** *to tie/untie your laces*

lace² /leɪs/ **verb**

PHRASAL VERBS **lace sth up** to fasten something with laces **шнуровать** *He laced up his boots.* • **be laced with sth** If food or drink is laced with alcohol or a drug, a small amount has been added to it. **содержать чуточку чего-либо** *coffee laced with brandy*

lacerate /ˈlæsəreɪt/ **verb** [T] formal to make deep cuts in someone's skin **ранить, рвать** *a lacerated arm*

• **laceration** /ˌlæsərˈeɪʃən/ **noun** [C] formal a cut **рваная рана**

lack¹ /læk/ **noun** **lack of sth** B1 not having something, or not having enough of something **недостаток чего-либо** *a lack of food/money*

> **Слова-партнеры к lack**
>
> **a complete/distinct/marked/total** lack of sth • **an apparent** lack of sth

lack² /læk/ **verb** **1** B2 [T] to not have something, or not have enough of something **испытывать недостаток (в чем-либо)** *She really lacks confidence.* **2** **be lacking** If something that you need is lacking, you do not have enough of it. **недоставать, не хватать** *Enthusiasm has been sadly lacking these past few months at work.* **3** **be lacking in sth** to not have a quality **быть лишенным чего-либо** *He's totally lacking in charm of any sort.*

lacklustre UK (US **lackluster**) /ˈlækˌlʌstər/ **adjective** without energy or excitement **посред-**

ственный, без блеска *a* ***lacklustre performance***

laconic /lə'kɒnɪk/ **adjective** formal using very few words to express yourself **лаконичный** *laconic humour/wit*

lacquer /'lækəʳ/ **noun** [U] a clear, hard substance which is painted on wood or metal to protect it **лак**

lad /læd/ **noun** [C] UK a boy or young man **парень** *a nice young lad* ◦ informal *He's having a night out with* ***the lads*** *(= his male friends).*

ladder /'lædəʳ/ **noun** [C] **B1** a piece of equipment which is used to reach high places, consisting of short steps fixed between two long sides **лестница** → See also the first/highest/next, etc **rung**[1] of the ladder

ladder

laddish /'lædɪʃ/ **adjective** UK rude, noisy and typical of the way that young men behave in groups **развязный**

laden /'leɪdᵊn/ **adjective be laden with sth** to be holding a lot of something **быть нагруженным чем-либо** *She staggered home, laden with shopping.*

'ladies' ˌroom noun [C] US a room in a public place where there are women's toilets **женский туалет**

the ladies /'leɪdiz/ **noun** [group] UK a toilet in a public place for women **женский туалет** *Where's the ladies?*

ladle /'leɪdl/ **noun** [C] a large, deep spoon, used to serve soup **половник** → See **The Kitchen** on page Centre 2

lady /'leɪdi/ **noun 1** **B1** [C] a polite way of saying 'woman' **дама, женщина** *There's a young lady here to see you.* ◦ ***Ladies and gentlemen****, can I have your attention please?* **2 Lady** a title used before the name of some women of high social rank in the UK **леди** *Lady Alison Weir*

ladybird /'leɪdibɜːd/ **noun** [C] UK (US **ladybug** /'leɪdibʌg/) a small flying insect which is usually red with black spots **божья коровка**

lag[1] /læg/ **noun** [C] (also **time lag**) a period of time between two things happening **промежуток времени** *You have to allow for a time* ***lag between*** *order and delivery.* → See also **jet lag**

lag[2] /læg/ **verb** (present participle **lagging**, past tense and past participle **lagged**)

PHRASAL VERB **lag behind (sb/sth) 1** to move more slowly than someone or something else so that you are behind them **отставать от кого-либо/чего-либо** **2** to achieve less than someone or something else **отставать от кого-либо/чего-либо** *Britain is lagging far behind the rest of Europe on this issue.*

lager /'lɑːgəʳ/ **noun** [C, U] a pale yellow beer **светлое пиво** *A pint of lager, please.*

lagoon /lə'guːn/ **noun** [C] a lake that contains sea water **лагуна**

laid /leɪd/ past of lay **прош. вр. и прич. прош. вр. от гл. lay**

laid-back /ˌleɪd'bæk/ **adjective** informal very relaxed and not seeming worried about anything **непринужденный, спокойный** *a laid-back style of teaching* ◦ *He's very laid-back.*

lain /leɪn/ past participle of lie **прич. прош. вр. от гл. lie**

laissez-faire /ˌleɪseɪ'feəʳ/ **adjective** allowing things to happen and not trying to control them **соблюдающий принцип невмешательства** *a laissez-faire attitude*

lake /leɪk/ **noun** [C] **A2** a large area of water which has land all around it **озеро** *Lake Windermere*

lamb /læm/ **noun 1** [C] **B1** a young sheep **ягненок** *a newborn lamb* ◦ *a lambswool sweater* **2** [U] **B1** meat from a young sheep **молодая баранина** *grilled lamb chops* ◦ *roast leg of lamb* → See also **mutton dressed as lamb**

lame /leɪm/ **adjective 1** A lame excuse or explanation is one that you cannot believe. **неубедительный** *He said he didn't go because it was raining, which is a pretty* ***lame excuse*** *if you ask me.* **2** A lame animal or person cannot walk because they have an injured foot or leg. **хромой** *a lame horse*

lament /lə'ment/ **verb** [I, T] formal to say that you are disappointed about a situation **сокрушаться** *He was lamenting the fact that so few people read fiction nowadays.*

lamentable /'læməntəbl/ **adjective** formal extremely bad **плачевный** *a lamentable performance*

lamp /læmp/ **noun** [C] **A2** a piece of equipment that produces light **лампа** *a table lamp* ◦ *an oil lamp* → See **The Living Room** on page Centre 4

lamppost /'læmppəʊst/ **noun** [C] a tall post with a light at the top, which you see on roads where there are houses **фонарный столб**

lampshade /'læmpʃeɪd/ **noun** [C] a decorative cover for an electric light **абажур** → See **The Living Room** on page Centre 4

LAN /læn/, /ˌeleɪ'en/ **noun** [C] abbreviation for local area network: a system that connects the computers of people who work in the same building **локальная компьютерная сеть** → Compare **wan**

land[1] /lænd/ **noun 1** [U] **B1** an area of ground **земля, почва** *agricultural land* ◦ *undeveloped land* **2** [U] **B2** the surface of the Earth that is not sea **суша** *to travel over land and sea* **3** [C] literary a country **страна, территория** *a land of ice and snow* → See also **no-man's land**

land[2] /lænd/ **verb 1** [I, T] B1 If an aircraft lands, it arrives on the ground after a journey, and if you land it, you make it arrive on the ground. **приземляться, посадить (самолет и т. д.)** *We should **land in** Madrid at 7 a.m.* ◦ *He managed to **land** the helicopter **on** the cliff.* **2 land in/on, etc** If an object or person lands somewhere, they fall to the ground there. **падать в/на и т. д.** *She landed flat on her back.* **3** [T] to get something, usually something good **получать, пристраиваться** *He's just landed a new job at an agency in London.*

PHRASAL VERBS **land sb in sth** to cause someone to be in a difficult situation **доводить кого-либо до чего-либо** *His remarks have landed him in a lot of trouble with the association.* • **land sb with sth** If something lands you with problems, it causes problems for you. **ввергать кого-либо во что-либо** *The project's failure has landed him with debts of over £50,000.*

landfill /ˈlændfɪl/ **noun** [C] a place where waste is buried in the ground **мусорная свалка** *a **landfill site***

landing /ˈlændɪŋ/ **noun** [C] **1** B2 an arrival on the ground, usually of an aircraft or boat **посадка, высадка** *They had to make an **emergency landing** in Chicago.* **2** the area of floor at the top of a set of stairs **лестничная площадка**

landlady /ˈlændˌleɪdi/ **noun** [C] B2 a woman who you rent a room or house from **домовладелица, сдающая квартиру**

landline /ˈlændlaɪn/ **noun** [C] a telephone that is not a mobile phone **городской, стационарный телефон**

landlord /ˈlændlɔːd/ **noun** [C] B2 a man who you rent a room or house from **домовладелец, сдающий квартиру**

landmark /ˈlændmɑːk/ **noun** [C] **1** a building that you can easily recognize, especially one that helps you to know where you are **архитектурный памятник, ориентир** *a historic landmark* **2** an event which is famous or important in the history of something **веха, поворотный пункт** *His speech was a **landmark in** the history of civil rights.*

landmine /ˈlændmaɪn/ **noun** [C] a bomb which is hidden in the ground **противопехотная мина**

landowner /ˈlændəʊnəʳ/ **noun** [C] someone who owns a lot of land **землевладелец** *a wealthy landowner*

landscape /ˈlændskeɪp/ **noun** [C] B1 the appearance of an area of land, especially in the countryside **пейзаж** *The cathedral dominates the landscape for miles around.*

landslide /ˈlændslaɪd/ **noun** [C] **1** when rocks and soil slide down a mountain or hill **оползень, обвал** **2** an easy victory in an election **блестящая победа на выборах** *a **landslide defeat/victory***

lane /leɪn/ **noun** [C] **1** B2 part of a road or track that is separated from the other parts, usually by a painted line **полоса движения, ряд** *the inside/middle/outside lane* ◦ *the **fast/slow lane*** **2** B2 a narrow road, usually in the countryside **узкая улочка, сельская дорога** *We drove down a winding country lane.* **3** a route that is regularly used by boats or aircraft **путь, трасса** *It's one of the world's busiest shipping lanes.*

> **Слова-партнеры к lane**
>
> in the [inside/fast, etc] lane • the **fast/slow lane**

language /ˈlæŋgwɪdʒ/ **noun 1** [U] B1 communication between people, usually using words **язык, речь** *She has done research into how children acquire language.* **2** [C] A1 a type of communication used by the people of a particular country **язык** *How many **languages** do you **speak**?* **3** [U] words of a particular type, especially the words used by people in a particular job **язык, стиль** *legal language* ◦ *the language of business* **4** [C, U] a system of instructions that is used to write computer programs **язык программирования** → See also **body language**, **modern languages**, **second language**, **sign language**

> **Слова-партнеры к language**
>
> **learn/speak** a language • **foreign** languages • **foul/native/official/strong** language

ˈlanguage laˌboratory UK (US **ˈlanguage ˌlaboratory**) **noun** [C] a room in a college or school where you can use equipment to help you practise listening to and speaking a foreign language **лингафонный кабинет**

languid /ˈlæŋgwɪd/ **adjective** literary moving or speaking slowly and with little energy, often in an attractive way **вялый, томный** *a languid manner/voice*

languish /ˈlæŋgwɪʃ/ **verb** [I] formal **languish at/in, etc sth** to stay in an unpleasant or difficult situation for a long time **томиться, изнывать** *to languish in jail*

lanky /ˈlæŋki/ **adjective** informal A lanky person is very tall and thin. **долговязый**

lantern /ˈlæntən/ **noun** [C] a light that can be carried, usually with a candle inside it **фонарь** *a paper lantern*

lap[1] /læp/ **noun** [C] **1** B2 Your lap is the top part of your legs when you are sitting down. **колени (сидящего человека)** *Sit on my lap and I'll read you a story.* **2** B2 one journey around a circular race track **круг беговой дорожки** *He's two laps behind the leaders.*

lap[2] /læp/ **verb** (present participle **lapping**, past tense and past participle **lapped**) **lap against/on,**

L

etc sth If water laps against something, it touches it gently in waves. **плескаться**

PHRASAL VERB **lap sth up** informal to enjoy something very much **упиваться, наслаждаться** *He loved all the attention – he was lapping it up!*

lapel /ləˈpel/ **noun** [C] the part of a collar that is folded against the front of a shirt or jacket **лацкан** *wide lapels* → See picture at **jacket**

lapse¹ /læps/ **noun** [C] **1** a period of time when something fails to happen as it should **провал, сбой** *a memory lapse* ◦ *It is thought that the accident was caused by a* ***lapse of*** *concentration.* **2** a period of time passing between two things happening **промежуток времени, перерыв** *a* ***time lapse****/a* ***lapse of time*** ◦ *He turned up again after a lapse of two years.*

> **Слова-партнеры к lapse**
> a **momentary** lapse • a lapse **in/of** sth

lapse² /læps/ **verb** [I] If an arrangement lapses, it stops existing because of the amount of time that has passed. **истекать (о времени)** *I've allowed my membership to lapse.*

PHRASAL VERB **lapse into sth** If you lapse into something, you change to a different, and usually bad, condition. **впадать (в какое-либо состояние)** *to lapse into silence*

laptop /ˈlæptɒp/ **noun** [C] A2 a computer that is small enough to be carried around and used where you are sitting **переносной компьютер**

laptop

large /lɑːdʒ/ **adjective** **1** A2 big in size or amount **большой** *a large number of people* ◦ *a large amount of money* ◦ *She comes from quite a large family.* ◦ *The shirt was a bit too large.* → Opposite **small** **2 be at large** If someone dangerous is at large, they are not in prison. **быть на свободе** **3 sb/sth at large** people or things in general **в целом** *This group is not representative of the population at large.*

IDIOM **by and large** in most situations **в целом** *By and large, people have welcomed the changes.*

largely /ˈlɑːdʒli/ **adverb** B2 mainly **большей частью** *Their complaints have been largely ignored.*

large-scale /ˌlɑːdʒˈskeɪl/ **adjective** involving a lot of people or happening in big numbers **крупный, крупномасштабный** *a large-scale development* ◦ *large-scale redundancies*

lark /lɑːk/ **noun** [C] a small brown bird that is known for its beautiful singing **жаворонок**

larva /ˈlɑːvə/ **noun** [C] (plural **larvae** /ˈlɑːviː/) the form of some creatures, for example insects, before they develop into a different form **личинка** *insect larvae*

lasagne UK (US **lasagna**) /ləˈzænjə/ US /ləˈzɑːnjə/ **noun** [U] a type of Italian food consisting of flat pieces of pasta with layers of meat and sauce in between **лазанья**

laser /ˈleɪzəʳ/ **noun** [C] B2 a strong beam of light that has medical and technical uses **лазер** *a* ***laser beam*** ◦ ***laser surgery***

ˈlaser ˌprinter **noun** [C] a printer (= a machine which is connected to a computer and which produces writing or pictures) which uses a laser (= a strong beam of light) to produce very clear writing or pictures **лазерный принтер**

lash¹ /læʃ/ **verb** **1** [I, T] If wind or rain lashes against something, the wind or rain is very strong and hits or blows hard against it. **хлестать** ***Rain lashed*** *against the window.* **2 lash sth down/together, etc** to tie something firmly to something else **связывать, привязывать**

PHRASAL VERB **lash out** **1** to suddenly hit someone **внезапно ударить** *He lashed out and caught her on the side of the face.* **2** to criticize someone angrily **разразиться бранью** *He* ***lashed out at*** *the government for refusing to take action.*

lash² /læʃ/ **noun** [C] a hit with a whip (= long, thin piece of leather) **удар плетью** *He was given forty lashes.*

lashes /ˈlæʃɪz/ **noun** [plural] the small hairs on the edges of your eye **ресницы**

lass /læs/ **noun** [C] UK informal a girl or a young woman **девушка** *a young lass*

last¹ /lɑːst/ **adjective, determiner** **1** [always before noun] A2 the most recent **последний** *What was the last film you saw?* ◦ *It's rained for the last three days.* **2** [always before noun] A2 The last book, house, job, etc is the one before the present one. **предыдущий, прошлый** *I liked his last book but I'm not so keen on this latest one.* **3** A2 happening or coming at the end **последний** *It's the last room on the left.* ◦ *That's the last programme of the series.* ◦ *I was the last one to arrive.* ◦ *"How did she get on in her race?" "She was last."* **4** [always before noun] B1 only remaining **последний, оставшийся** *Who wants the last piece of cake?* **5 the last person/thing, etc** B2 the least expected or wanted person or thing **самый неподходящий или неожиданный человек/предмет и т. д.** *Three extra people to feed – that's the last thing I need!* ◦ *He's the last person you'd expect to see at an aerobics class.* → Opposite **first** → See also be on its last legs (**leg**), the final/last **straw**, have the last **word¹**

last² /lɑːst/ **adverb** **1** B2 after everything or everyone else **последним, в последнюю очередь** *I wasn't expecting to win the race but I didn't think I'd come last!* ◦ *We've still got to check the figures but we'll do that last.* **2** B1 used to talk about the most recent time you did something **в последний раз** *When did you last see her?*

IDIOM **last but not least** B2 something that you say to introduce the last person or thing on a list последний, но не самый худший *This is Jeremy, this is Cath and, last but not least, this is Eva.*

→ Opposite **first**

last³ /lɑːst/ **noun, pronoun 1 the last** B2 a person or thing that comes after all the others **последний, последнее** [+ to do sth] *We were the last to get there.* **2 the last of sth** the only part of something that remains **остаток** *We've just finished the last of the wine.* **3 the day/week/year before last** B2 the day, week, or year before the one that has just finished **позавчера/позапрошлая неделя/позапрошлый год** **4 at (long) last** B1 finally **наконец, в конце концов** *At last, I've found a pair of jeans that actually fit.* **5 the last I heard** used before saying a piece of information about someone that you previously heard **последнее, что я слышал** *The last I heard, they were selling their house.*

last⁴ /lɑːst/ **verb** [I, T] **1** B1 to continue to happen, exist, or be useful **продолжаться, длиться** *How long will the meeting last? ◦ We don't get much sun – **enjoy it while it lasts**! ◦ The batteries only last about five hours.* **2** to be enough for a period of time **хватать, быть достаточным** *I've only got £30 to last me till the end of the month. ◦ We've got enough food to last another week.*

last-ditch /ˌlɑːstˈdɪtʃ/ **adjective a last-ditch attempt/effort** a final attempt to solve a problem that you have failed to solve several times before **последняя решительная попытка/последнее решительное усилие** *a last-ditch effort to prevent war*

lasting /ˈlɑːstɪŋ/ **adjective** continuing to exist for a long time **продолжительный, прочный** ***lasting damage*** *◦ a lasting friendship*

lastly /ˈlɑːstli/ **adverb** finally **наконец** *And lastly, I'd like to thank everyone who took part in the event.*

last-minute /ˌlɑːstˈmɪnɪt/ **adjective** B2 done at the last possible time **сделанный в последнюю минуту** *I was just doing some **last-minute preparations**.*

ˈlast ˌname noun [C] the name that you and other members of your family all have **фамилия**

latch¹ /lætʃ/ **noun** [C] **1** a small piece of metal on a door that you move down so that the door will stay closed **щеколда, задвижка** **2** a type of lock for a door that you need a key to open from the outside **американский замок**

latch² /lætʃ/ **verb**

PHRASAL VERB **latch on** informal to begin to understand something **понять, усечь** *It took me ages to **latch on to** what she was saying.*

late /leɪt/ **adjective, adverb 1** A1 after the usual time or the time that was arranged **опаздывающий, поздний, поздно** *I was late for work this morning. ◦ We got there too late and all the tickets had been sold. ◦ We had a late lunch.* **2** A1 near the end of a period of time **поздний, в конце, поздно** *It was built in the late nineteenth century. ◦ It was late at night. ◦ Marsha is in her late twenties.* **3 it's late** something that you say when it is near the end of a day **уже поздно** *It's late – I really should be going. ◦ It's **getting late** and I'm a bit tired.* **4** [always before noun] not now alive **покойный** *the late Mrs Walker* **5 of late** formal recently **в последнее время** *We've scarcely seen him of late.*

lately /ˈleɪtli/ **adverb** B1 recently **в последнее время** *I haven't been feeling so well lately. ◦ Lately, I've been walking to work.*

latent /ˈleɪtᵊnt/ **adjective** A feeling or quality that is latent exists now but is hidden or not yet developed. **скрытый, латентный** *latent hostility/racism*

later /ˈleɪtəʳ/ **adjective 1** B2 after some time **более поздний** *I might arrange it for a later date.* **2** more recent **недавний, последний** *I'm not so familiar with his later work.*

later (on) **adverb** A2 after some time **позже** *I'm off now – see you later. ◦ If you're busy now we could do it later on.*

latest¹ /ˈleɪtɪst/ **adjective** [always before noun] A2 most recent **самый последний, самый новый** *the latest fashions/news/technology*

latest² /ˈleɪtɪst/ **noun 1 the latest in sth** the most recent of its type **самый последний** *This is the latest in a series of terrorist attacks in the region.* **2 at the latest** If you tell someone to do something by a particular time at the latest, you mean they must do it before that time. **не позднее** *She said to be there by 8 o'clock at the latest.*

lather /ˈlɑːðəʳ/ **noun 1** [U] small white bubbles that are produced when soap is used with water **мыльная пена** **2 get into a lather** informal to become anxious or upset about something **быть в мыле, в запарке**

Latin /ˈlætɪn/ **noun** [U] the language used by ancient Romans **латынь**

• **Latin adjective латинский**

ˌLatin Aˈmerican adjective relating or belonging to the countries of South and Central America, and Mexico **латиноамериканский**

• **Latin American noun** [C] a Latin American person **латиноамериканец**

Latino /ləˈtiːnəʊ/ **noun** [C] US someone who lives in the US whose family came from Latin America **человек латиноамериканского происхождения, проживающий в США**

latitude /ˈlætɪtjuːd/ **noun 1** [C, U] the distance of a place north or south of the Equator (= imaginary line around the Earth's middle), measured in degrees **широта (географическая)** *The latitude of Helsinki is approximately 60 degrees north.* **2** [U] formal freedom to do what you want свобода действий *She should be allowed the latitude to choose the people she wants.*

latte /ˈlæteɪ/ (US) /ˈlɑːteɪ/ **noun** [C, U] a drink of coffee made from espresso (= strong coffee) and milk **кофе латте**

latter /ˈlætəʳ/ **adjective** [always before noun] formal (B2) near the end of a period **последний** *the **latter half** of the twentieth century ◦ She had moved to California in the **latter part** of the year. ◦ She is now in the **latter stages** of the disease.*

latterly /ˈlætəli/ **adverb** UK formal recently **в последнее время** *She started her career in radio, but latterly she has been working in television.*

the latter /ˈlætəʳ/ **noun** the second of two people or things that have just been talked about **последний (из двух названных)** *She offered me more money or a car, and I chose the latter.*

laudable /ˈlɔːdəbl/ **adjective** formal A laudable idea or action deserves admiration, even if it is not successful. **похвальный** *a **laudable aim/ambition/goal***

laugh¹ /lɑːf/ **verb** [I] (A2) to smile while making sounds with your voice that show you are happy or think something is funny **смеяться** *You never **laugh at** my jokes. ◦ She really **makes** me **laugh**. ◦ It's very rare that a book is so good you **laugh out loud**. ◦ It was so funny, we **burst out laughing** (= laughed suddenly and loudly).* → See also be no laughing **matter¹**

PHRASAL VERBS **laugh at sb/sth** (B1) to show that you think someone or something is stupid **смеяться над кем-либо/чем-либо** *I can't go into work looking like this – everyone will laugh at me.* • **laugh sth off** to laugh about something unpleasant so that it seems less important **отмахиваться от чего-либо, посмеяться над чем-либо** *He was upset by the criticism though he tried to laugh it off at the time.*

laugh² /lɑːf/ **noun** [C] **1** (B1) the act or sound of laughing **смех** *a loud/nervous laugh ◦ At the time, I was embarrassed, but I **had a good laugh** (= laughed a lot) about it later.* **2 be a (good) laugh** UK informal to be funny **быть забавным** *You'd like David – he's a good laugh.* **3 for a laugh** informal If you do something for a laugh, you do it because you think it will be funny. **ради смеха** *Just for a laugh, I pretended that I'd forgotten it was his birthday.*

laughable /ˈlɑːfəbl/ **adjective** If something is laughable, it is stupid and you cannot believe it or respect it. **смехотворный** *Most people thought his suggestions were laughable.*

ˈlaughing ˌstock noun [no plural] someone who does something very stupid which makes other people laugh at them **посмешище** *If I wear this hat, I'll be the laughing stock of the party!*

laughter /ˈlɑːftəʳ/ **noun** [U] (B2) the sound or act of laughing **смех, хохот** *I heard the sound of laughter in the room next door. ◦ The crowd **roared with laughter** (= laughed very loudly).*

> **Слова-партнеры к laughter**
>
> burst into laughter • roar with laughter • be in fits of laughter

launch¹ /lɔːnʃ/ **verb** [T] **1** to send a spacecraft or bomb into the sky, or a ship into the water **запускать (ракету), выпускать (снаряд), спускать на воду (судно)** *to **launch** a **rocket/satellite** ◦ to **launch** a **boat/fleet*** **2** (B2) to begin an important activity **начинать** *to **launch** an **attack/inquiry/investigation*** **3** (B2) If a company launches a product or service, it makes it available for the first time. **открывать, выпускать** *The book was launched last February. ◦ The airline will launch its new transatlantic service next month.*

PHRASAL VERB **launch into sth** to start saying or criticizing something with a lot of anger or energy **с жаром пускаться во что-либо** *Then he launched into a verbal attack on her management of the situation.*

launch² /lɔːnʃ/ **noun** [C] **1** the launching of a spacecraft, ship, or weapon **запуск (ракеты), спуск на воду (судна), выпуск (снаряда)** *Poor weather delayed the space shuttle's launch.* **2** the beginning of an activity **открытие, начало** *The campaign's launch was a well-publicized event.* **3** the time when a new product or service becomes available **открытие, выпуск** *The film's launch attracted a lot of Hollywood stars.* **4** a large boat with a motor **катер** *a police launch*

launder /ˈlɔːndəʳ/ **verb** [T] to hide the fact that an amount of money has been made illegally by putting the money into legal bank accounts or businesses **отмывать (деньги)** *to **launder** drug **money***

• **laundering noun** [U] **отмывание (денег)** ***money laundering***

launderette /ˌlɔːndəʳˈet/ **noun** [C] UK (US trademark **laundromat** /ˈlɔːndrəmæt/) a place where you pay to use machines that wash and dry your clothes **прачечная самообслуживания**

laundry /ˈlɔːndri/ **noun** [U] (B2) clothes, sheets, etc that need to be washed **белье для стирки** *to **do the laundry** ◦ a **laundry basket***

ˈlaundry deˌtergent noun [C, U] US washing powder **средство для стирки белья**

laurels /ˈlɒrəlz/ **noun** [plural]

IDIOM **rest on your laurels** to be so satisfied with what you have achieved that you make no effort to improve **почить на лаврах** *Just because you've passed your exams, that's no reason to rest on your laurels.*

lava /ˈlɑːvə/ **noun** [U] hot melted rock that comes out of a volcano **лава**

lavatory /ˈlævətəri/ **noun** [C] formal mainly UK a toilet **туалет** *to go to the lavatory ◦ public lavatories*

lavender /ˈlævəndəʳ/ **noun** [U] a plant with purple flowers and a strong, pleasant smell **лаванда** *lavender oil*

lavish¹ /ˈlævɪʃ/ **adjective** showing that a lot of money has been spent **роскошный, расточительный** *a lavish meal/party*
• **lavishly adverb роскошно, расточительно** *a lavishly illustrated book*

lavish² /ˈlævɪʃ/ **verb**

PHRASAL VERB **lavish sth on sb/sth** to give a large amount of money, presents, attention, etc to someone or something **расточать, щедро раздавать** *They have lavished more than £6 million on the new stadium.*

law /lɔː/ **noun 1 the law** B2 the system of official rules in a country **закон** *You're **breaking the law**. ◦ It's **against the law** (= illegal) not to wear seat belts. ◦ It's their job to **enforce** the **law**.* **2 by law** B2 If you have to do something by law, it is illegal not to do it. **по закону** *They have to provide a contract by law.* **3** [C] B2 an official rule in a country **закон** *There are **laws against** drinking in the street. ◦ They led the fight to impose **laws on** smoking.* **4 law and order** the obeying of laws in society **закон и порядок** *a breakdown in law and order* **5** [U] B1 the subject or job of understanding and dealing with the official laws of a country **право, правоведение** *to study/practise law ◦ a law school/firm ◦ a specialist in civil/criminal law* **6** [C] something that is always true in science, mathematics, etc. **закон (природы, науки и т. д.)** *the **laws of** nature/physics ◦ the law of averages/gravity*

IDIOM **lay down the law** to repeatedly tell people what they should do, without caring about how they feel **указывать, что делать, не допуская возражений** *People are fed up with him laying down the law the whole time.*

→ See also **brother-in-law, common-law, daughter-in-law, father-in-law, in-laws, martial law, mother-in-law, sister-in-law, son-in-law**

> Слова-партнеры к **law**
> break/enforce/obey/pass a law • the law forbids/prohibits/requires sth • a law against sth • be against the law

law-abiding /ˈlɔːəˌbaɪdɪŋ/ **adjective** A law-abiding person always obeys the law. **законопослушный** *a **law-abiding citizen***

lawful /ˈlɔːfəl/ **adjective** allowed by the law **законный** *He was going about his lawful business as a press photographer.*

lawmaker /ˈlɔːˌmeɪkəʳ/ **noun** [C] US someone who makes laws **законодатель** *state lawmakers*

lawn /lɔːn/ **noun** [C] an area of grass that is cut **лужайка, газон** *to mow the lawn*

ˈlawn ˌmower noun [C] a machine that you use to cut grass **газонокосилка**

lawsuit /ˈlɔːsuːt/ **noun** [C] a legal complaint against someone that does not usually involve the police **судебный иск** *The tenants have **filed a lawsuit against** their landlord.*

lawyer /ˈlɔɪəʳ/ **noun** [C] B1 someone whose job is to understand the law and deal with legal situations **юрист** *I want to see my lawyer before I say anything else.*

lax /læks/ **adjective** not careful enough or not well controlled **нестрогий, слабый** *They seem to have a very lax attitude towards security.*

lay¹ /leɪ/ **verb** (past tense and past participle **laid**) **1 lay sth down/in/on, etc** C1 to put something down somewhere carefully **класть, положить что-либо в/на и т. д.** *She laid the baby on the bed. ◦ He laid the tray down on the table.* **2** [T] to put something into its correct position **класть, устанавливать** *to lay a carpet ◦ to lay bricks* **3 lay eggs** B2 If an animal lays eggs, it produces them out of its body. **откладывать яйца 4 lay the blame on sb** to blame someone, usually when this is not fair **сваливать вину на кого-либо** *You always lay the blame on me!* **5 lay the table** UK B1 to put plates, knives, forks, etc on the table to prepare for a meal **накрывать на стол** → See also put/lay your cards (**card**) on the table, lay the **foundation**(s) for/of sth, get/lay your hands (**hand¹**) on sth, lay down the **law**

PHRASAL VERBS **lay sth down 1** to officially make new rules, or to officially say how something must be done **устанавливать, утверждать** *The committee has **laid down guidelines** for future cases.* **2** If someone lays down their weapons, they stop fighting. **складывать (оружие)** *It is hoped the two sides will lay down their arms and return to peace.* • **lay into sb** informal to attack or criticize someone **набрасываться на кого-либо** *They started laying into me for no reason.* • **lay sb off** to stop employing someone, usually because there is no more work for them **увольнять кого-либо** [often passive] *Thirty more people were laid off last week.* • **lay sth on** to provide something for a group of people **обеспечивать, снабжать** *They're laying on free buses to and from the concert.* • **lay sth out 1** to arrange something on a surface **выкладывать, раскладывать** *He'd laid his tools out all over the kitchen floor.* **2** to explain something clearly, usually in writing **излагать** *I've just laid out some proposals.*

lay² /leɪ/ **adjective** [always before noun] **1** involved in religious activities, but not trained as a priest **светский, мирской** *a **lay preacher*** **2** not having special or detailed knowledge of a subject **непрофессиональный** *a lay person/audience*

lay³ /leɪ/ past tense of lie¹ **прош. вр. гл. lie**

lay-by /ˈleɪbaɪ/ **noun** [C] UK a small area where cars can stop at the side of a road **придорожная стоянка**

layer /leɪəʳ/ **noun** [C] B2 an amount of a substance covering a surface, or one of several amounts of substance, each on top of the other **слой** *the **outer/top layer** ◦ Place alternate **layers of** pasta and meat sauce in a shallow dish. ◦ The shelf was covered in a thick layer of dust.*
• **layer verb** [T] **наслаивать** [often passive] *The potatoes are **layered with** onion.* → See also **the ozone layer**

layer
layers

Слова-партнеры к **layer**
a layer of sth • an outer/top layer • a thick layer of sth

layman /ˈleɪmən/ **noun** [C] (plural **laymen**) (also **layperson**) someone who does not have special knowledge of a subject **непрофессионал** *Could you please explain that **in layman's terms** (= in a simple way)?*

layoff /ˈleɪɒf/ **noun** [C] the ending of someone's job by an employer, usually because there is no more work **увольнение** [usually plural] *Several hundred more layoffs are planned next month.*

layout /ˈleɪaʊt/ **noun** [C] the way that something is arranged **оформление, планировка** *Do you like the **layout of** the kitchen?*

lazy /ˈleɪzi/ **adjective 1** A2 Someone who is lazy does not like working or using any effort. **ленивый** *You lazy thing! ◦ He's too lazy to make his bed in the morning.* **2** slow and relaxed **беззаботный** *a lazy morning/weekend*
• **lazily adverb лениво** • **laziness noun** [U] B2 **лень**

lb written abbreviation for pound (= a unit for measuring weight) **фунт**

LCD /ˌelsiːˈdiː/ **noun** [C] abbreviation for liquid crystal display: a screen for showing words or pictures which uses a liquid and an electric current **жидкокристаллический дисплей** *LCD TV*

lead¹ /liːd/ **verb** (past tense and past participle **led** /led/) **1** [I, T] B1 to show someone where to go, usually by taking them to a place or by going in front of them **вести, показывать путь** *She led them down the hall. ◦ We followed a path that led us up the mountain. ◦ You lead and we'll follow. ◦ I'll **lead the way** (= go first to show the route).* **2 lead into/to/towards, etc** B2 If a path or road leads somewhere, it goes there. **вести в/к/по направлению к и т. д.** *That path leads to the beach.* **3** [I, T] B2 to be winning a game **вести, лидировать (в игре)** *They were **leading by** 11 points at half-time. ◦ The Lions lead the Hawks 28-9.* **4** [T] to be better than anyone else **быть впереди, лидировать** *I still believe that we lead the world in acting talent.* **5** [T] to be in control of a group, country, or situation **руководить, вести** *to lead a discussion ◦ Is this man really capable of leading the country? ◦ Shearer **led** his team **to** victory.* **6 lead sb to do sth** to cause someone to do or think something **заставлять, склонять кого-либо сделать что-либо** *What led you to think that? ◦ I was **led to believe** that breakfast was included.* **7 lead a busy/normal/quiet, etc life** B2 to live in a particular way **вести активный/нормальный/тихий и т. д. образ жизни** *He was able to lead a normal life despite his illness.* **8 lead sb to a conclusion** to cause you to think that something is probably true **приводить кого-либо к заключению** *So you thought I was leaving, did you? What led you to that conclusion?*

PHRASAL VERBS **lead to sth** B2 to cause something to happen or exist **приводить к чему-либо, вызывать что-либо** *A poor diet can lead to health problems in later life.* • **lead up to sth** to happen before an event **предшествовать чему-либо** *The shops are always busy in the weeks leading up to Christmas.*

lead² /liːd/ **noun 1** [no plural] B2 a winning position during a race or other situation where people are competing **первое место, преимущество** *She's **in the lead** (= winning). ◦ France has just **taken the lead** (= started to win). ◦ a three-goal lead* **2** [C] the main person in a film or play **главная роль** *She **plays the lead** in both films.* **3** [C] UK (US **leash**) a chain or piece of leather fixed to a dog's collar so that it can be controlled **поводок** *Dogs must be kept **on a lead** at all times.* **4** [C] UK (US **cord**) the wire that connects a piece of electrical equipment to the electricity supply **подводящий провод 5** [C] information about a crime that police are trying to solve **версия (преступления)** *Police are chasing up a new lead.*

Слова-партнеры к **lead (noun)**
take the lead • increase/stretch your lead • be in the lead

lead³ /liːd/ **adjective** [always before noun] The lead performer or lead part in a performance is the main performer or part. **главный, ведущий (о роли и т. д.)** *the **lead singer** ◦ Who played the **lead role**?*

lead⁴ /led/ **noun 1** [U] a soft, heavy, grey, poisonous metal used for roofs, pipes, etc (formula Pb) **свинец** *a lead pipe ◦ lead-free petrol/gasoline* **2** [C, U] the black part inside a pencil **грифель**

leader /ˈliːdəʳ/ **noun** [C] **1** B1 a person in control of a group, country, or situation **руководитель, глава** *a religious leader ◦ Who's the **leader of** the Democratic Party in the Senate?* **2** someone or something that is winning during a race or other

L

situation where people are competing **лидер** *He's fallen two laps behind the leaders. ◦ Microsoft is a world leader in software design.*

leadership /ˈliːdəʃɪp/ **noun 1** [U] the job of being in control of a group, country, or situation **руководство, управление** *the* ***leadership of*** *the Conservative party ◦* ***leadership skills/qualities*** *◦* ***a leadership contest*** **2** [group] the people in control of a group, country, or situation **руководство, руководители** *There is growing discontent with the leadership.*

> **Слова-партнеры к leadership**
> leadership **of** sth • **under** sb's leadership • leadership **skills/qualities** • a leadership **contest**

leading /ˈliːdɪŋ/ **adjective** [always before noun] B2 very important or most important **ведущий, основной** *He's a leading Hollywood producer.*

leaf¹ /liːf/ **noun** [C] (plural **leaves** /liːvz/) B1 a flat, green part of a plant that grows from a stem or branch **лист (растения)** *an oak leaf ◦ a lettuce leaf ◦ the falling leaves*

leaf

IDIOMS **take a leaf out of sb's book** mainly UK to copy something good that someone else does **брать пример с кого-либо** • **turn over a new leaf** to start to behave in a better way **исправиться, начать новую жизнь**

leaf² /liːf/ **verb**

PHRASAL VERB **leaf through sth** to turn the pages of a book or magazine and look at them quickly **перелистывать, просматривать** *She lay on the sofa, leafing through glossy magazines.*

leaflet /ˈliːflət/ **noun** [C] a piece of folded paper or a small book which contains information **листовка, брошюра** *I picked up a useful* ***leaflet on*** *how to fill in tax forms.*

leafy /ˈliːfi/ **adjective** [always before noun] A leafy place is pleasant and quiet with a lot of trees. **зеленый, тенистый** *a leafy lane/suburb*

league /liːg/ **noun 1** B1 [C] a group of teams which compete against each other in a sport **лига** *top/bottom of the league ◦* ***major/minor league baseball*** *◦ Who won the league championship this year?* **2 be in league with sb** to be secretly working or planning something with someone, usually to do something bad **быть в сговоре с кем-либо 3 not be in the same league as sb/sth** informal to not be as good as someone or something **не идти ни в какое сравнение с кем-либо/чем-либо** *It's a nice enough restaurant but it's not in the same league as Rossi's.*

leak¹ /liːk/ **verb 1** [I, T] B2 If a liquid or gas leaks, it comes out of a hole by accident, and if a container leaks, it allows liquid or gas to come out when it should not. **течь, протекать** *Water had leaked all over the floor. ◦ The bottle must have leaked because the bag's all wet.* **2** [T] If someone leaks secret information, they intentionally tell people about it. **выдавать информацию** *Details of the report had been* ***leaked to*** *the press.*

PHRASAL VERB **leak out** If secret information leaks out, people find out about it. **просачиваться**

leak² /liːk/ **noun** [C] **1** B2 a hole in something that a liquid or gas comes out of, or the liquid or gas that comes out **течь, утечка** *I think we may have a leak in the roof. ◦ a* ***gas leak*** **2** the act of intentionally telling people a secret **утечка информации**

leakage /ˈliːkɪdʒ/ **noun** [U] the problem of a liquid or gas coming out of something when it should not **утечка, протечка**

leaky /ˈliːki/ **adjective** informal Something that is leaky has a hole in it and liquid or gas can get through. **протекающий, дырявый** *a leaky boat/roof*

lean¹ /liːn/ **verb** (past tense and past participle **leaned**, also UK **leant** /lent/) **lean (sth) back/forward/out, etc** B2 to move the top part of your body in a particular direction **откидываться назад/наклоняться вперед/высовываться и т. д.** *She leaned forward and whispered in my ear. ◦ Lean your head back a bit.*

PHRASAL VERBS **lean (sth) against/on sth** B2 to sit or stand with part of your body touching something as a support **прислоняться к чему-либо, облокачиваться на что-либо** *He leaned against the wall. ◦ She leaned her head on his shoulder.* • **lean sth against/on sth** B2 to put something against a wall or other surface so that it is supported **прислонять что-либо к чему-либо** *Lean the ladder against the wall.* • **lean on sb/sth** to use someone or something to help you, especially in a difficult situation **опираться, полагаться на кого-либо/что-либо** *Her mother had always leaned on her for support.*

lean² /liːn/ **adjective 1** thin and healthy **худой, подтянутый** *lean and fit* **2** Lean meat has very little fat on it. **постный, нежирный**

leaning /ˈliːnɪŋ/ **noun** [C] a belief or idea **взгляд, склонность** [usually plural] *I don't know what his* ***political leanings*** *are.*

leap¹ /liːp/ **verb** (past tense and past participle **leapt** /lept/, **leaped**) **1 leap into/out of/up, etc** to suddenly move somewhere **запрыгивать/выскакивать/вскакивать и т. д.** *He leapt out of his car and ran towards the house. ◦ I leapt up to answer the phone.* **2 leap off/over/into, etc** to jump somewhere **спрыгивать/перепрыгивать/запрыгивать и т. д.** *She leapt over the wall and disappeared down the alley.*

PHRASAL VERB **leap at sth** to accept the chance to have or do something with enthusiasm **ухва-**

титься за что-либо *I'd **leap at** the **opportunity** to work in Japan.*

leap² /liːp/ **noun** [C] **1** a sudden improvement or increase **резкое увеличение, улучшение** *There was a big **leap in** profits last year.* ◦ *This represents a great **leap forward** in technology.* **2** a big jump **прыжок, скачок** *He finished third in the long jump with a leap of 26 feet.*

IDIOM **by/in leaps and bounds** If progress or growth happens in leaps and bounds, it happens very quickly. **семимильными шагами, стремительно**

→ See also **quantum leap**

Слова-партнеры к leap

a leap **in** sth • a leap **of** [75%/5 million, etc] • a leap **forward**

ˈleap ˌyear noun [C] a year that happens every four years, in which February has 29 days instead of 28 **високосный год**

learn /lɜːn/ **verb** (past tense and past participle **learned**, also UK **learnt** /lɜːnt/) **1** [I, T] A1 to get knowledge or skill in a new subject or activity **учить(ся), изучать** *I learned Russian at school.* ◦ *"Can you drive?" "I'm learning."* ◦ *She's **learned** a lot **about** computers in the last three months.* ◦ [+ to do sth] *I'm learning to play the piano.* **2** [T] B1 to make yourself remember a piece of writing by reading or repeating it many times **учить (что-либо)** *I don't know how actors learn all those lines.* **3** [I, T] B2 to start to understand that you must change the way you behave **понимать, учиться** [+ (that)] *She'll have to learn that she can't have everything she wants.* ◦ *The good thing is, he's not afraid to **learn from his mistakes**.* → See also learn your **lesson**, learn/know the ropes (**rope¹**)

PHRASAL VERB **learn about/of sth** to hear facts or information that you did not know **узнавать о чем-либо** *We only learned about the accident later.*

learned /ˈlɜːnɪd/ **adjective** formal Someone who is learned has a lot of knowledge from reading and studying. **образованный, эрудированный** *He was a very learned man.*

learner /ˈlɜːnəʳ/ **noun** [C] B2 someone who is getting knowledge or a new skill **учащийся, ученик** *learners of English*

learning /ˈlɜːnɪŋ/ **noun** [U] B2 the process of getting knowledge or a new skill **изучение** *language learning*

ˈlearning ˌcurve noun [C] how quickly or slowly someone learns a new skill **кривая обучения** *I've been on a **steep learning curve** since I started my new job.*

lease¹ /liːs/ **noun** [C] a legal agreement in which you pay money in order to use a building or a piece of land for a period of time **контракт об аренде** *We **signed** a three-year **lease** when we moved into the house.*

IDIOM **give sb/sth a new lease of life** UK (also US **give sb/sth a new lease on life**) **a** to make someone feel happy or healthy after a period of illness or sadness **возродить надежду, возвратить жизненные силы** *The operation has given her a new lease of life.* **b** to improve something that was old so that it works much better **обновлять**

Слова-партнеры к lease

renew/sign/take a lease • a lease **of/on** sth

lease² /liːs/ **verb** [T] to use a building or piece of land, or to allow someone to use a building or piece of land, in exchange for money **сдавать/брать в аренду** *We want to lease some office space in the centre of town.* ◦ *The council eventually **leased** the land **to** a local company.*

leash /liːʃ/ **noun** [C] (also UK **lead**) a chain or piece of leather fixed to a dog's collar so that it can be controlled **поводок**

least¹ /liːst/ **adverb 1** B1 less than anyone or anything else **меньше всего, наименее** *Which car costs least?* ◦ *I chose the least expensive dish on the menu.* ◦ *No one, **least of all** (= especially not) James, is going to be angry with you.* **2 at least a** A2 as much as, or more than, a number or amount **по меньшей мере** *You'll have to wait at least an hour.* **b** B1 something that you say when you are telling someone about an advantage in a bad situation **по крайней мере** *It's a small house but at least there's a garden.* **c** used to say that someone should give a small amount of help although they do not intend to give a lot **по крайней мере, хотя бы** *Even if you didn't want to send a present, you could at least have sent a card.* **d** something that you say in order to correct something you said that was wrong **во всяком случае** *I've seen that film. At least, I saw the beginning then I fell asleep.* **3 not least** formal especially **особенно** *The whole trip was fascinating, not least because of the people I met.* **4 not in the least** not at all **ничуть, нисколько** *I don't mind staying at home, not in the least.* → See also **last²** but not least

least² /liːst/ **quantifier 1** B2 the smallest amount **наименьшее количество** *She earns the least money of all of us.* ◦ *Jake had more experience than anyone else and I probably had the least.* **2 to say the least** used to emphasize that you could have said something in a much stronger way **мягко говоря** *We were surprised, to say the least.*

leather /ˈleðəʳ/ **noun** [U] A2 the skin of animals that is used to make things such as shoes and bags **кожа (выделанная)** *a leather jacket*

leave¹ /liːv/ **verb** (past tense and past participle **left** /left/) **1** [I, T] A1 to go away from a place or a situation, either permanently or for a temporary period **уходить, уезжать** *I'm leaving work* *early this afternoon.* ◦ *What time does the bus leave?* ◦ *They* ***left for*** *Paris last night.* ◦ *"Does Trevor still work there?" "No, he left (= he does not work there now)".* ◦ *She left school at 16.* **2** [I, T] B1 to end a relationship with a husband, wife, or partner and stop living with them **покидать, бросать** *I'll never leave you.* ◦ *She* ***left*** *him* ***for*** *a younger man.* **3** [T] A2 to not take something with you when you go away from a place, either intentionally or by accident **оставлять, забывать** *Why don't you leave your jacket in the car?* ◦ *She'd left a note for him in the kitchen.* ◦ *That's the second umbrella I've left on the train!* **4** [T] A2 to not use all of something **оставлять неиспользованным** *They'd drunk all the wine but they'd left some food.* ◦ *Are there any biscuits left?* **5** [T] to make a permanent mark **оставлять после себя** *The operation may leave a scar.* **6 leave sth open/on/off, etc** B2 to cause something to stay in a particular condition **оставлять что-либо открытым/включенным/выключенным и т. д.** *Who left the window open?* **7** [T] to do something later that you could do immediately **откладывать, отсрочивать** *Don't leave your packing till the night before you go.* **8** [T] to arrange for someone to receive something after you die **завещать** *His aunt left him a lot of money.* ◦ *He* ***left*** *the house* ***to*** *Julia.* **9 leave sb alone** to stop speaking to or annoying someone **оставлять кого-либо в покое** *Leave me alone! I'm trying to work.* **10 leave sth alone** to stop touching something **не трогать что-либо** *Leave your hair alone!* → See also leave someone to their own devices (**device**), leave/make your **mark**[1]

PHRASAL VERBS **leave sb/sth behind** A2 to leave a place without taking something or someone with you **оставлять, забывать** *We were in a hurry and I think I must have left my keys behind.* • **leave behind sth; leave sth behind (sb)** to cause a situation to exist after you have left a place **оставлять что-либо позади себя** *The army left a trail of destruction behind them.* • **leave sth for/to sb** to give someone the responsibility for dealing with something **предоставлять, поручать что-либо кому-либо** *I've left the paperwork for you.* • **leave sb/sth out** B2 to not include someone or something **пропускать, не включать кого-либо/что-либо** *I've made a list of names – I hope I haven't left anyone out.* • **be left out** If someone feels left out, they are unhappy because they have not been included in an activity. **чувствовать себя отверженным, чужим** *The older children had gone upstairs to play and she felt left out.* • **be left over** If an amount of money or food is left over, it remains when the rest has been used or eaten. **оставаться неиспользованным** *There was a lot of food left over from the party.*

leave[2] /liːv/ **noun** [U] a period of time when you do not go to work **отпуск** *She's* ***on*** *maternity/sick* ***leave.***

> **Слова-партнеры к leave**
> **annual/maternity/paternity/sick** leave • **on** leave • leave **from** [work/your job, etc]

leaves /liːvz/ plural of leaf **мн. ч. сущ. leaf**

lecherous /ˈletʃərəs/ **adjective** A lecherous man shows too much interest in sex, in a way that is unpleasant. **развратный, распутный**

lecture[1] /ˈlektʃər/ **noun** [C] **1** B1 a formal talk given to a group of people in order to teach them about a subject **лекция** *We went to a* ***lecture on*** *Italian art.* ◦ *Do you know who's* ***giving the lecture*** *this afternoon?* **2** an angry or serious talk given to someone in order to criticize their behaviour **нотация** *My dad* ***gave*** *me* ***a lecture on*** *smoking last night.*

lecture[2] /ˈlektʃər/ **verb 1** [I] to give a formal talk to a group of people, often at a university **читать лекцию** *She travelled widely throughout North America* ***lecturing on*** *women's rights.* ◦ *For ten years she* ***lectured in*** *law.* **2** [T] to talk angrily to someone in order to criticize their behaviour **отчитывать** *Stop lecturing me!* ◦ *His parents used to* ***lecture*** *him* ***on*** *his table manners.*

lecturer /ˈlektʃərər/ **noun** [C] mainly UK B2 someone who teaches at a university or college **лектор, преподаватель** *a* ***lecturer in*** *psychology* ◦ *a senior lecturer*

led /led/ past of lead **прош. вр. и прич. прош. вр. от гл. lead**

ledge /ledʒ/ **noun** [C] a long, flat surface that comes out under a window or from the side of a mountain **выступ** *The birds landed on a ledge about halfway up the cliff.*

leek /liːk/ **noun** [C, U] B2 a long, white and green vegetable that smells and tastes similar to an onion **лук-порей**

leer /lɪər/ **verb** [I] to look at someone in an unpleasant and sexually interested way **глазеть с вожделением** *He was always* ***leering at*** *female members of staff.*
• **leer noun** [C] **плотоядный взгляд**

leery /ˈlɪəri/ **adjective** US worried and not able to trust someone **недоверчивый, подозрительный** *I've gotten more* ***leery of*** *the media.*

leeway /ˈliːweɪ/ **noun** [U] freedom to do what you want **свобода действий** *My current boss* ***gives*** *me much more* ***leeway.***

left[1] /left/ **adjective** [always before noun], **adverb** A2 on or towards the side of your body that is to the west when you are facing north **левый, налево** *Step forward on your left leg.* ◦ *She had a diamond earring in her left ear.* ◦ ***Turn left*** *at the end of the corridor.* → Opposite **right**

left[2] /left/ **noun 1** A2 [no plural] the left side **левая сторона** *Ned's the man sitting* ***on*** *my* ***left*** *in that photo.* ◦ *Jean's house is last* ***on the left.*** **2 the Left/left** political groups which believe that power and money should be shared more equally among people **левые (в политике)**

L

The proposals were sharply criticized by the Left. → Opposite **right**

> Слова-партнеры к **left (noun)**
> on the left • the left of sth • be to sb's left

left³ /left/ past of leave **прош. вр. и прич. прош. вр. от гл. leave**

ˌleft ˈclick verb [I] to press the button on the left of a computer mouse (= a small piece of equipment that you move with your hand to control what the computer does) **нажимать на левую клавишу компьютерной мышки**

ˌleft ˈfield noun US informal **in/from/out of left field** strange and not expected **ни с того ни с сего** *His question came out of left field, and I didn't know what to say.*

left-hand /ˌleftˈhænd/ **adjective** [always before noun] A2 on the left **левый, находящийся слева** *a left-hand drive car (= car which you drive sitting on the left-hand side)* ◦ *The swimming pool is on* ***the left-hand side*** *of the road.*

left-handed /ˌleftˈhændɪd/ **adjective** Someone who is left-handed uses their left hand to do most things. **левша** *Are you left-handed?*

L

leftist /ˈleftɪst/ **adjective** supporting the ideas of parties on the political left **сторонник левых взглядов** *leftist politics/ideas*

leftover /ˈleftˌəʊvəʳ/ **adjective** [always before noun] Leftover food remains after a meal. **оставшийся (о еде)** *If there's any leftover food we can take it home with us.*

• **leftovers noun** [plural] food which remains after a meal **остатки еды** *We've been eating up the leftovers from the party all week.*

left-wing /ˌleftˈwɪŋ/ **adjective** supporting the ideas of parties on the political left **левый (в политике)** *a left-wing newspaper*

• **left-winger noun** [C] **либерал**

leg

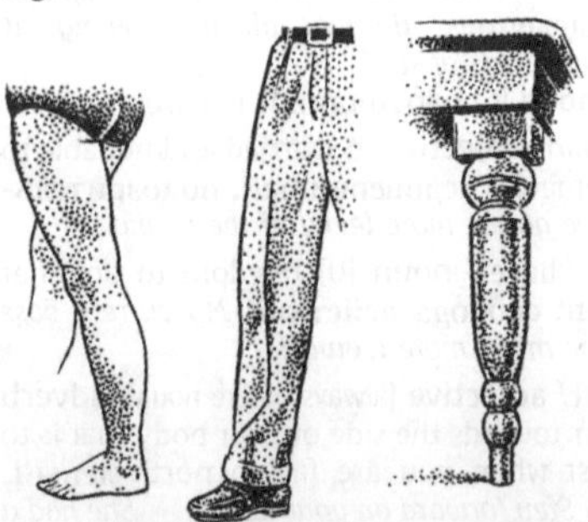

leg /leg/ **noun** [C] **1** A1 one of the parts of the body of a human or animal that is used for standing and walking **нога** *He broke his leg in the accident.* ◦ *There were cuts on her arms and legs.* ◦ *She had bare legs and wore only a light summer dress.* → See **The Body** on page Centre 13 **2** the meat of an animal's leg eaten as food **нога (часть туши)** *a chicken leg* **3** one of the vertical parts of a chair, table, etc that is on the floor **ножка (стола и т. д.)** *a* ***chair/table leg*** **4** the part of a pair of trousers that covers one of your legs **штанина** *He rolled up his* ***trouser legs*** *and waded into the water.* **5** one part of a journey or competition **этап, тур** *the first/second/third leg of the journey*

IDIOMS **not have a leg to stand on** informal to have no chance of proving that something is true **не иметь шансов доказать что-либо** *If you don't have a witness, you don't have a leg to stand on.* • **be on its last legs** informal If a machine is on its last legs, it will stop working soon because it is so old. **дышать на ладан** *We've had the same oven for twenty years now and it really is on its last legs.* • **stretch your legs** informal to go for a walk **прогуляться**

legacy /ˈlegəsi/ **noun** [C] **1** a situation that was caused by something from an earlier time **наследие** *The war has left a* ***legacy of*** *hatred.* **2** money or buildings, etc that you receive after someone dies **наследство**

legal /ˈliːgᵊl/ **adjective 1** B2 relating to the law **юридический** *legal action/advice* ◦ *the legal profession/system* **2** B2 allowed by law **законный** *Is it legal to carry a handgun?* → Opposite **illegal**

• **legally adverb** B2 **законно, на основании закона** *Children under sixteen are not legally allowed to buy cigarettes.*

ˌlegal ˈaid noun [U] a system that provides free advice about the law to people who are too poor to pay for it **бесплатная юридическая помощь малообеспеченным**

legality /liːˈgæləti/ **noun** [U] the legal quality of a situation or action **законность** *Some board members have questioned the legality of the proposal.*

legalize /ˈliːgᵊlaɪz/ **verb** [T] to make something legal **узаконивать** *How many Americans want to legalize drugs?*

• **legalization** /ˌliːgᵊlaɪˈzeɪʃᵊn/ **noun** [U] **легализация** *the legalization of abortion*

legend /ˈledʒənd/ **noun 1** [C, U] B2 an old story or set of stories from ancient times **легенда** *the legends of King Arthur* ◦ *She's writing a book on Greek legend.* **2** [C] a famous person **легендарная личность** *a living legend* ◦ *Jazz legend, Ella Fitzgerald, once sang in this bar.*

legendary /ˈledʒəndᵊri/ **adjective 1** from a legend (= old story) **легендарный** *a legendary Greek hero* **2** very famous **легендарный** *He became editor of the legendary Irish journal, 'The Bell'.*

leggings /ˈlegɪŋz/ **noun** [plural] tight trousers which are made of soft material that stretches and are worn mainly by women **легинсы** *a pair of leggings*

legible /ˈledʒəbl/ **adjective** If writing is legible, you can read it easily. **разборчивый, четкий** → Opposite **illegible**

legion /ˈliːdʒən/ **noun** [C] a large group of soldiers that forms part of an army **легион**

legions /ˈliːdʒənz/ **noun** [plural] **legions of sb** large numbers of people **великое множество кого-либо** *He failed to turn up for the concert, disappointing the legions of fans waiting outside.*

legislate /ˈledʒɪsleɪt/ **verb** [I] If a government legislates, it makes a new law. **издавать законы** *We believe it is possible to* ***legislate against*** *racism.* ◦ *It's hard to* ***legislate for*** (= *make a law that will protect*) *the ownership of an idea.*

legislation /ˌledʒɪˈsleɪʃᵊn/ **noun** [U] a law or a set of laws **закон, законы** *Most people want tougher environmental legislation but large corporations continue to oppose it.*

> Слова-партнеры к **legislation**
>
> **introduce/pass** legislation • **a piece of** legislation • legislation **on** sth

legit /ləˈdʒɪt/ **adjective** informal short for legitimate **законный**

legitimate /lɪˈdʒɪtəmət/ **adjective** **1** allowed by law **законный** *Sales of illegal CDs now exceed those of legitimate recordings.* → Opposite **illegitimate** **2** A legitimate complaint or fear can be understood or believed. **оправданный, обоснованный** *People have expressed* ***legitimate fears*** *about the spread of the disease.*
• **legitimately adverb законно**

leisure /ˈleʒəʳ/ Ⓤⓢ /ˈliːʒər/ **noun** [U] **1** B1 the time when you are not working **досуг, свободное время** ***leisure activities*** ◦ *Try to spend your* ***leisure time*** *doing activities you really enjoy.* **2 at your leisure** If you do something at your leisure, you do it when you have the time. **в свободное время** *Take it home and read it at your leisure.*

leisure ˌcentre noun [C] UK a building with a swimming pool and places where you can play sports **спортивный центр**

leisurely /ˈleʒəli/ Ⓤⓢ /ˈliːʒərli/ **adjective** in a relaxed way without hurrying **неторопливый, спокойный** *a* ***leisurely stroll***

lemon /ˈlemən/ **noun** [C, U] A2 an oval, yellow fruit that has sour juice **лимон** *a* ***slice of lemon*** ◦ ***lemon juice*** → See **Fruit and Vegetables** on page Centre 10

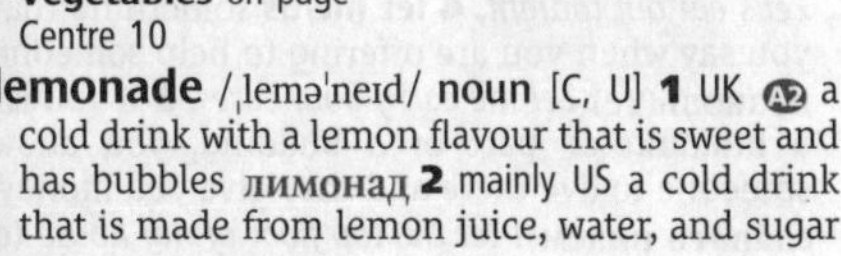

lemonade /ˌleməˈneɪd/ **noun** [C, U] **1** UK A2 a cold drink with a lemon flavour that is sweet and has bubbles **лимонад** **2** mainly US a cold drink that is made from lemon juice, water, and sugar **лимонад**

lend /lend/ **verb** (past tense and past participle **lent** /lent/) **1** [+ two objects] A2 to give something to someone for a period of time, expecting that they will then give it back to you **давать взаймы** *She lent me her car for the weekend.* ◦ *I do have a bike but I've* ***lent*** *it* ***to*** *Sara.* **2** [I, T] B2 If a bank lends money, it gives money to someone who then pays the money back in small amounts over a period. **ссужать (деньгами)** *The bank refused to lend us money for another mortgage.*

PHRASAL VERBS **lend itself to sth** formal to be suitable for a particular purpose **подходить, быть пригодным для чего-либо** *The old system doesn't lend itself to mass production.* • **lend sth to sb/sth** formal to add a quality to something or someone **оказывать (помощь), придавать (какое-либо качество)** *We will continue to lend support to our allies.*

lender /ˈlendəʳ/ **noun** [C] a person or organization that lends money to people **кредитор** *mortgage lenders*

length /leŋθ/ **noun** **1** [C, U] B1 the measurement or distance of something from one end to the other **длина, протяженность** *The carpet is over three metres* ***in length.*** ◦ *The length of the bay is roughly 200 miles.* → See Study Page **Measurements** on page Centre 31 **2** [C, U] B1 the amount of time something takes **продолжительность** *the length of a film/play/speech* ◦ *Sitting still for any length of time is quite hard for most children.* **3** [C, U] the amount of writing in a book or document **объем (книги и т. д.)** *He's written books of various lengths on the subject.* **4 at length** If you talk about something at length, you talk for a long time. **долго, подробно** *We discussed both topics at length.* **5** [C] a long piece of something **отрез, кусок** *a length of cloth/cord/rope*

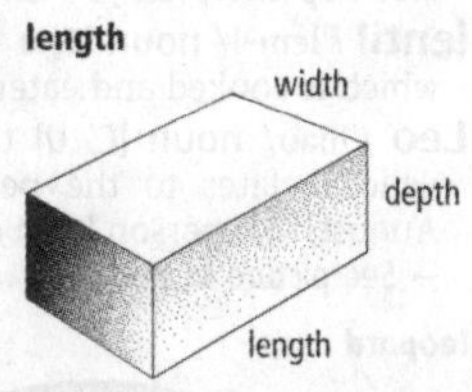

IDIOMS **go to great lengths to do sth** to try very hard to achieve something **ни перед чем не останавливаться** *He'll go to great lengths to get what he wants.* • **the length and breadth of sth** in every part of a place **повсюду, вдоль и поперек** *They travelled the length and breadth of Scotland together.*

> Слова-партнеры к **length**
>
> the length **of** sth • [20m/3cm, etc] **in length**

lengthen /ˈleŋθən/ **verb** [I, T] to become longer or to make something longer **удлинять(ся)** *lengthening waiting lists*

lengthy /ˈleŋθi/ **adjective** continuing for a long time **длительный** *a* ***lengthy discussion/process***

lenient /ˈliːniənt/ **adjective** A lenient punishment is not severe. **мягкий, снисходительный** *He asked the judge to pass a lenient sentence.*

lens /lenz/ **noun** [C] **1** a curved piece of glass in cameras, glasses, and scientific equipment used for looking at things **линза, объектив** → See also **contact lens**, **zoom lens** **2** the part of the eye behind the pupil (= dark hole) that helps you see well **хрусталик глаза**

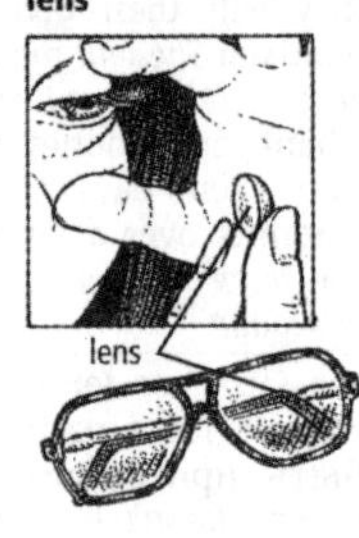

lent /lent/ past of lend **прош. вр. и прич. прош. вр. от гл. lend**

Lent /lent/ **noun** [U] the religious period before Easter (= a Christian holiday), in which some Christians do not allow themselves something that they usually enjoy **Великий пост** *She's given up chocolate for Lent.*

lentil /ˈlentᵊl/ **noun** [C] a very small, dried bean which is cooked and eaten **чечевица** *lentil soup*

Leo /ˈliːəʊ/ **noun** [C, U] the sign of the zodiac which relates to the period of 23 July – 22 August, or a person born during this period **Лев** → See picture at **zodiac**

L

leopard /ˈlepəd/ **noun** [C] B2 a large, wild animal of the cat family, with yellow fur and dark spots **леопард**

leper /ˈlepəʳ/ **noun** [C] a person who has leprosy **лепрозный больной, прокаженный**

leprosy /ˈleprəsi/ **noun** [U] a serious skin disease which can destroy parts of the body **проказа**

lesbian /ˈlezbiən/ **noun** [C] a woman who is sexually attracted to other women **лесбиянка** *a lesbian affair*

less[1] /les/ **adverb** **1** A2 not as much **меньше, менее** *I'm trying to exercise more and eat less.* ◦ *Plastic bottles are less expensive to produce.* **2 less and less** If something happens less and less, it gradually becomes smaller in amount or not so frequent. **все меньше и меньше** *I find I'm eating less and less red meat.*

-less /-ləs/ **suffix** changes a noun into an adjective meaning 'without' **без-, не имеющий чего-то (как компонент сложных прилагательных)** *homeless people* ◦ *a meaningless statement* ◦ *a hopeless situation*

less[2] /les/ **quantifier** A2 a smaller amount **меньше, меньший** *She gets about £50 a week or less.* ◦ *I was driving at **less than** 20 miles per hour.* ◦ *Tuberculosis is **less of** a threat these days.* ◦ *I prefer my coffee with a little less sugar.*

lessen /ˈlesᵊn/ **verb** [I, T] to become less or to make something less **уменьшать(ся)** *Exercise and a healthy diet lessen the chance of heart disease.*

lesser /ˈlesəʳ/ **adjective** not as large, important, or of such good quality **меньший** *The price increase was due to labour shortages and, **to a lesser extent**, the recent earthquake.* ◦ *He faces the lesser charge of assault.*

IDIOM **the lesser of two evils** the less bad of two bad things **меньшее из двух зол** *I suppose I regard the Democratic candidate as the lesser of two evils.*

lesser-known /ˌlesəˈnəʊn/ **adjective** not as popular or famous as something else **менее известный** *We stayed on one of the lesser-known Greek islands.*

lesson /ˈlesᵊn/ **noun** [C] **1** A1 a period of time when a teacher teaches people **урок, занятие** *The best way to improve your game is to **take lessons**.* ◦ *She **gives** French **lessons**.* ◦ *Lessons start at 9 a.m.* **2** B2 an experience which teaches you how to behave better in a similar situation in the future **урок, предостережение** *My parents made me pay back all the money, and it was a lesson I never forgot.*

IDIOMS **learn your lesson** to decide not to do something again because it has caused you problems in the past **получить хороший урок** *I'm not going out without my umbrella again – I've learnt my lesson!* • **teach sb a lesson** to punish someone so that they will not behave badly again **проучить кого-либо** *The next time she's late, go without her. That should teach her a lesson.*

> Слова-партнеры к **lesson**
> **have/take** lessons • **give** sb a lesson

let /let/ **verb** [T] (present participle **letting**, past tense and past participle **let**) **1** B1 to allow someone to do something, or to allow something to happen **позволять, допускать** *Let them play outside.* ◦ *Don't let the camera get wet.* ◦ *We let a whole year go by before we tried again.* **2 let sb/sth in/past/through, etc** B2 to allow someone or something to move to a particular place **впускать, пропускать и т. д. кого-либо/что-либо** *They won't let us past the gate.* ◦ *I won't let him near my children.* ◦ *The roof lets in a lot of rain.* **3 let's** A2 something that you say when you are making a suggestion **давай(те)** *Let's eat out tonight.* **4 let me/us** something that you say when you are offering to help someone **позволь(те)** *Let me carry your cases.* **5** If you let a building or part of a building, you allow someone to live there and they give you money. **сдавать внаем** *I **let** the top floor of my house **to** a student.* **6 Let's see/Let me see** something that you say when you are trying to remember something or calculate something **давайте прикинем/дайте мне вспомнить** *Let's see –*

a piece of...
tart
wood
material
paper
a slice of...
bread
meat
cake
a bunch of...
grapes
bananas
keys
flowers
a bar of...
chocolate
soap
a drop of...
oil
lumps
sugar lumps
lumps of coal
chunks of...
vegetables
a hunk of...
bread
cheese
a blob of...
cream

THE KITCHEN

chopping board
toaster
bread bin *UK*, bread box *US*
tin opener *UK*, can opener *US*
food processor
grater
oven glove
kettle
blender
coffee maker
cupboard
tap *UK*, faucet *US*
microwave
freezer
fridge/ refrigerator
sink
oven
dishwasher
teapot
sieve
rolling pin
scales *UK*, scale *US*
cake tin *UK*, cake pan *US*
saucepan
utensils
measuring spoons
baking tray
frying pan

shower
shower curtain
bathroom cabinet *UK*, medicine cabinet *US*
towel
cistern *UK*, tank *US*
soap
toilet roll *UK*, toilet paper *US*
sink
bath *UK*, bathtub *US*
toilet
scales *UK*, scale *US*
bath mat
toothbrush
nail brush
toothpaste
razor
cotton wool *UK*, cotton *US*
electric razor

THE LIVING ROOM

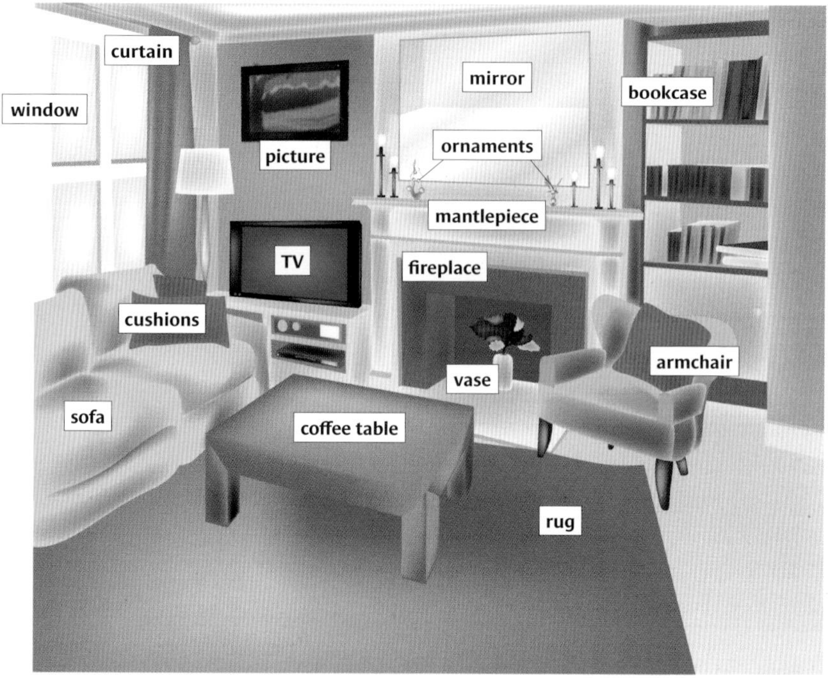

curtain
window
picture
mirror
bookcase
ornaments
mantlepiece
TV
fireplace
cushions
armchair
vase
sofa
coffee table
rug

remote control
DVD player
speaker
stereo
candles
clock
lampshade
lamp

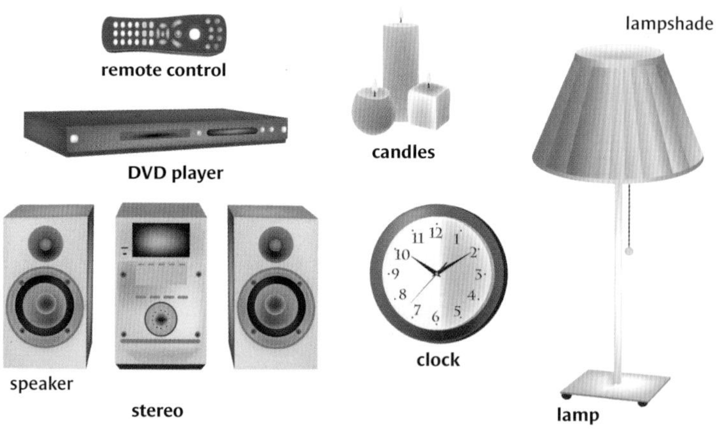

THE OFFICE

fax
photocopier
monitor
screen
desk tidy *UK*,
desk organizer *US*
in-tray
envelope
paper clips
file
CD
mouse
keyboard
telephone
desk
folder
filing cabinet
highlighter
computer
chair
files
bin *UK*,
wastepaper basket *US*

THE CLASSROOM

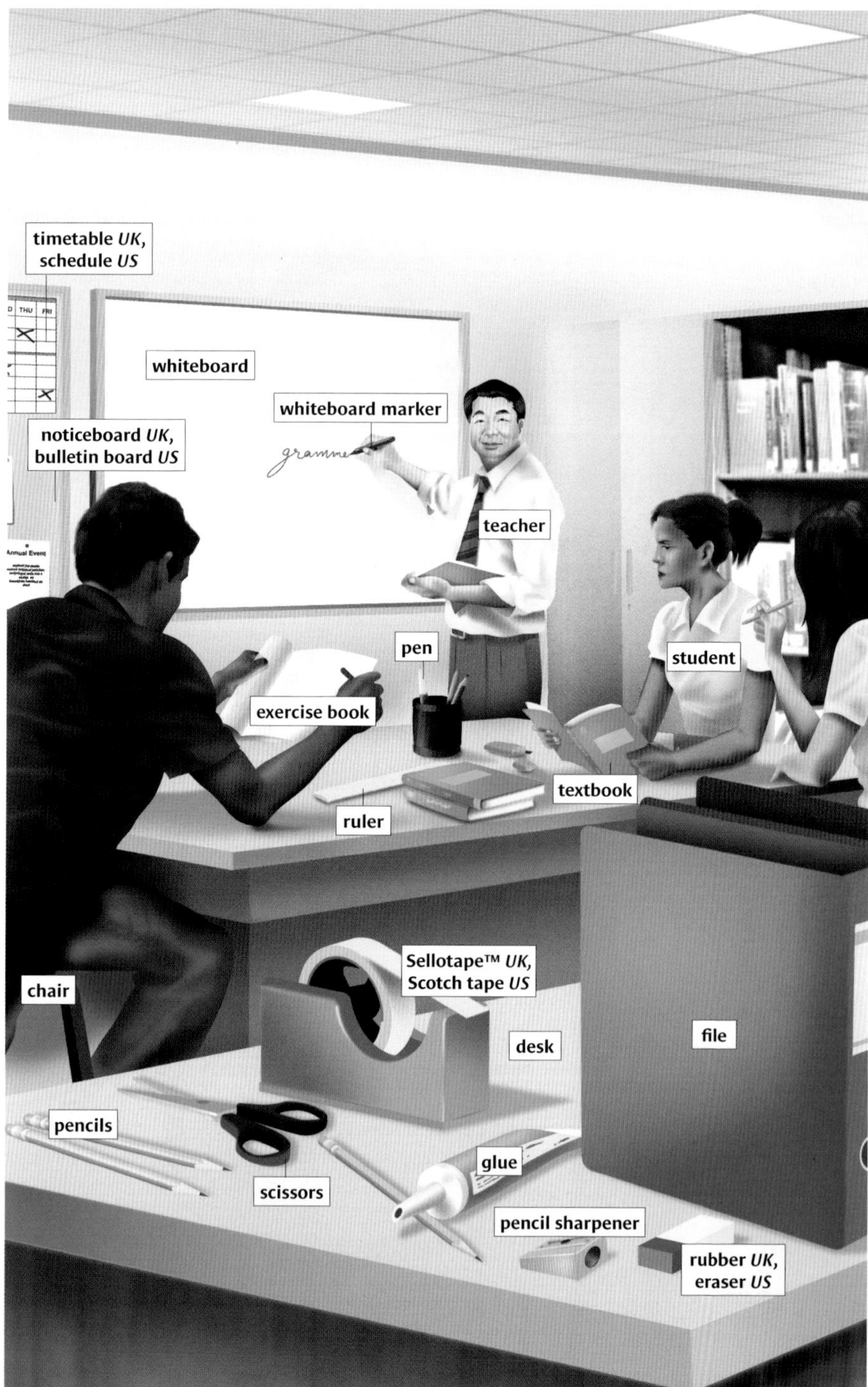

aerial UK, antenna US
rear window
number plate UK,
license plate US
bonnet UK, hood US
boot UK, trunk US
indicator UK,
turn signal US
tyre UK, tire US
exhaust UK,
tailpipe US
rear light UK,
tail light US

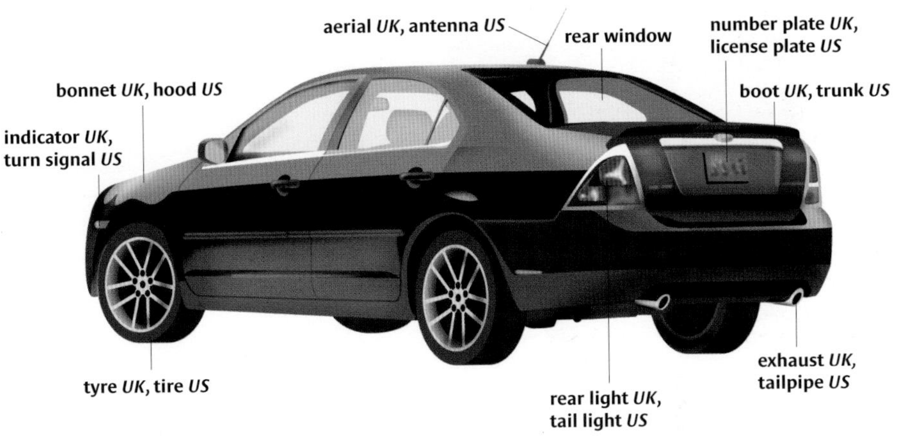

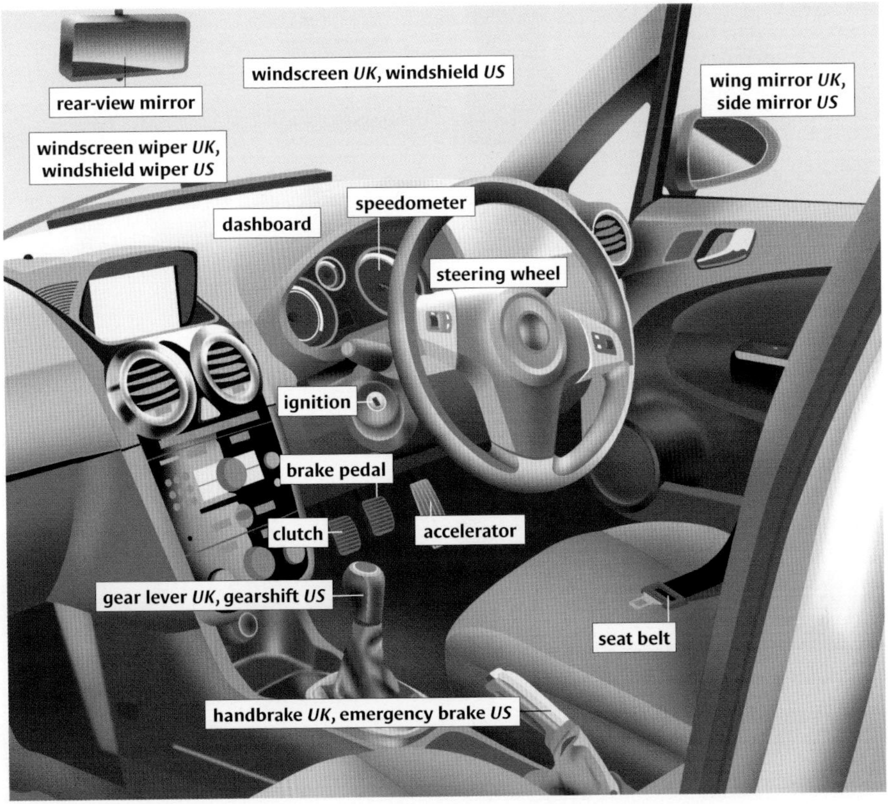

rear-view mirror
windscreen UK, windshield US
wing mirror UK,
side mirror US
windscreen wiper UK,
windshield wiper US
dashboard
speedometer
steering wheel
ignition
brake pedal
clutch
accelerator
gear lever UK, gearshift US
seat belt
handbrake UK, emergency brake US

CLOTHES

jacket
cardigan
sweater
halter top
trousers *UK*, pants *US*
jeans
skirt
miniskirt
suit
t-shirt
salwar kameez
pyjamas
shorts
dress
slippers
fur collar
sweatshirt
hood
coat
hoodie
mac *UK*, raincoat *US*
boots
jacket

tie
waistcoat UK, vest US
shirt
trousers UK, pants US
shoes
sweatshirt
cycling shorts
tracksuit UK, sweats US
gloves
scarves (one scarf)
bra
boxers
trunks
briefs
underpants
briefs
French knickers
pants UK, panties US
bikini
swimming costume UK, swimsuit US
swimming trunks UK, swimsuit US
cycle helmet
camisole
socks
tights UK
sunglasses
sun visor
belt
flip-flops
mules
trainers UK, sneakers US
baseball cap
ankle boots
sun hat
cowboy boots
sandals
boots

FRUITS AND VEGETABLES

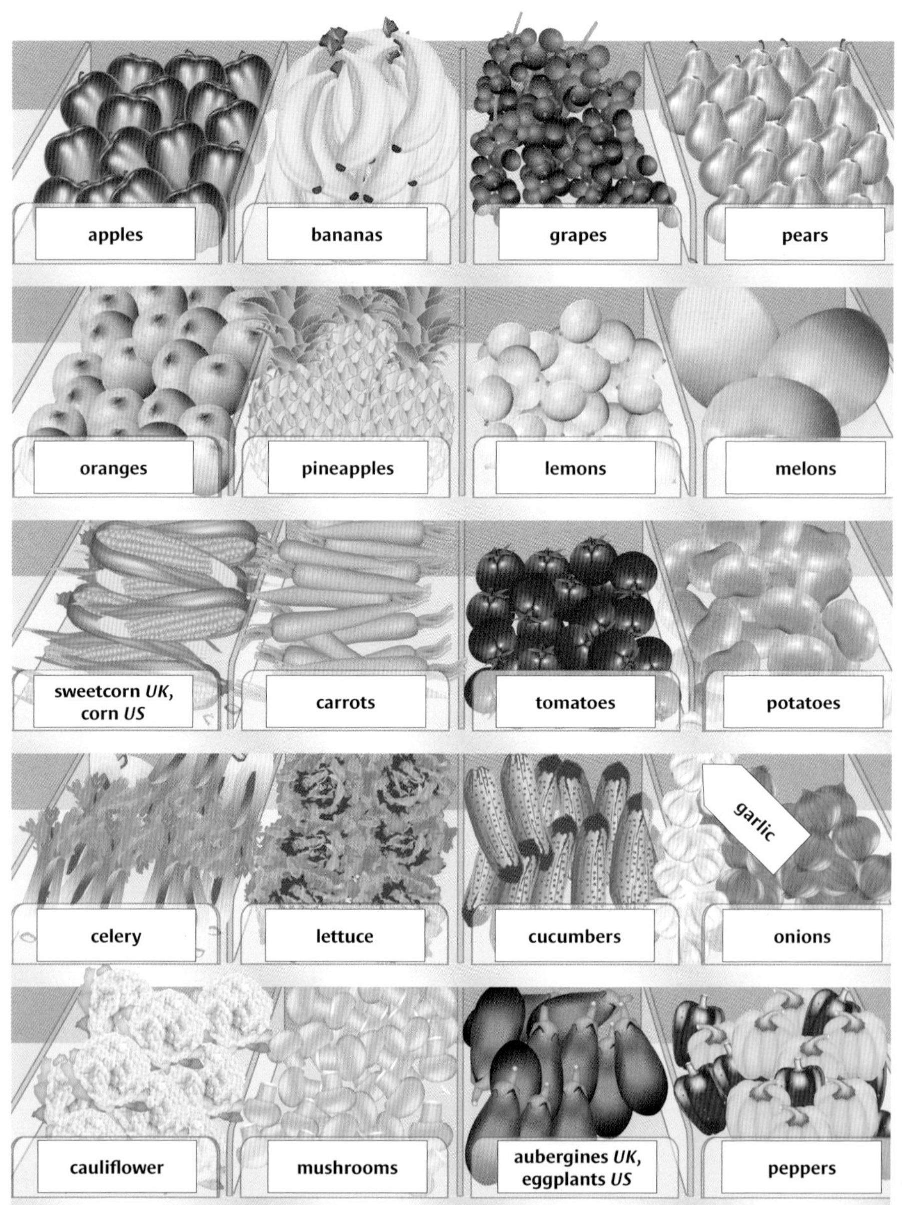

roll *UK*, sandwich *US*

sandwich *UK* & *US*

soup

biscuits *UK*, cookies *US*

cake

salad

vegetables

pizza

rice

chips *UK*, french fries *US*

cereal

pasta

honey

jam

crisps *UK*, chips *US*

peanuts

eggs

butter

fish

yoghurt

cheese

meat

COLOURS

red
blue
green
yellow
brown
black
grey *UK*,
gray *US*
white
purple
pink
orange
navy blue
lime green
beige
maroon
khaki

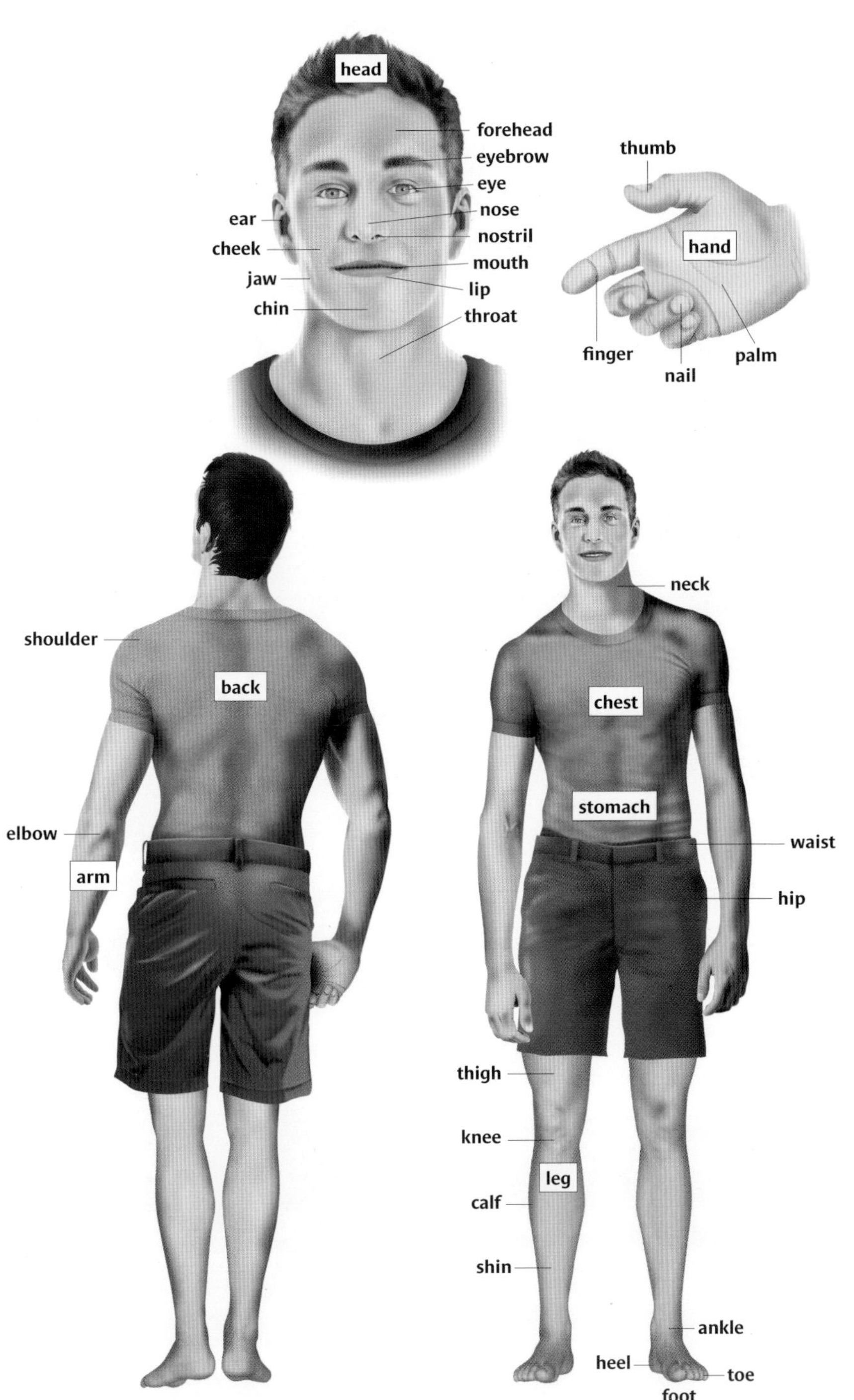
head
forehead
eyebrow
eye
nose
nostril
mouth
lip
throat
ear
cheek
jaw
chin
thumb
hand
finger
nail
palm
shoulder
back
elbow
arm
neck
chest
stomach
waist
hip
thigh
knee
leg
calf
shin
ankle
heel
toe
foot

SPORTS (1)

athletics *UK*, track and field *US*
boxing
javelin
skiing
goggles
pole
running
high jump
skis
boxing gloves
snowboarding
ice hockey
snowboard
puck
ice skating
skateboarding
skateboard
rollerblading
rollerblades/
inline skates
skate
swimming
lane
horse riding *UK*,
horseback riding *US*
rider
reins
saddle
goggles
cap

football *UK*,
soccer *US*
goal
goalkeeper
referee
American football *UK*,
football *US*
goal post
helmet
rugby
golf
club
cricket
batsman
basketball
backboard
basket
bowler
stumps
baseball
cap
glove/mitt
pitcher
batter
tennis
racket
net
cycling
helmet
bicycle
net
volleyball

PHRASAL VERBS

Раздел дополнительной помощи

Проверка вашей работы

Вот несколько видов работы с данным словарем для избежания типичных ошибок.

Объяснение типичных ошибок студентов

К словам, часто вызывающим трудность у изучающих английский язык, имеется специальный комментарий. В нем объясняется, как эти слова употреблять правильно. Все комментарии основаны на *"Cambridge Learner Corpus" (=Кембриджская учебная языковая база)*.

1 Исправьте приведенные ниже предложения, предварительно изучив комментарии к подчеркнутым словам в рамках под заглавием "Типичная ошибка" (в основной части словаря).

1 The new rule affects to everyone.
2 What hour is it?
3 It's quiet hot in here.
4 He did an interesting speech.

Грамматика

Всегда проверяйте грамматическую правильность употребляемых вами слов. Объяснение всех использованных в словаре грамматических помет смотрите на странице xiii. Подробную информацию об **исчисляемых и неисчисляемых существительных и моделях управления глаголов** читайте в разделе "Extra help pages".

Употребление правильных слов

Внимательно изучайте примеры употребления слов в контексте, в них демонстрируются основные способы употребления слов в языке. Если слово особенно часто употребляется в сочетании с другим словом, то это явление называется *коллокацией*, а слова называются *словами-партнерами*. Такие сочетания слов выделены **жирным шрифтом**.

2 Заполните пропуски в данных предложениях, предварительно изучив примеры использования каждого из подчеркнутых слов в соответствующей словарной статье.

1 You must ___ your homework before you go out.
2 Shall we ___ a taxi to the station?
3 He has no chance ___ getting there on time.
4 I'm ___ rather ill this morning.

→ Смотрите также в "Extra help pages"
Пунктуация на странице Центр 33, **Орфография** на странице Центр 34, **Что такое коллокация/слова-партнеры?** на странице Центр 41

3 Далее приведен отрывок из письменной работы кандидата, сдающего экзамен PET (the Preliminary English Test). Этот отрывок взят из *"Cambridge Learner Corpus" (=Кембриджская учебная языковая база)*. Здесь допущено десять ошибок. Постарайтесь найти и исправить эти ошибки.

The name of this place is Milan, and it is one of the most important Italian cities. You will find Milan in the north of Italy and you can get there by car, train, or plane, but about me travelling by car is the best solution. I suggest you to visit Milan not only because it's full of people but also for its historical buildings.

I decided to go in Milan because I desired seeing the Duomo, and the Castello Sforsesco, and I must say you that they are incredibles. I hope that you decide to go to Milan the next summer.

I look forward to see you very soon, with love, Luca

PS Besides in Milan there are a lots of pubs and discos where I know many interesting persons

Фразы для использования в классе

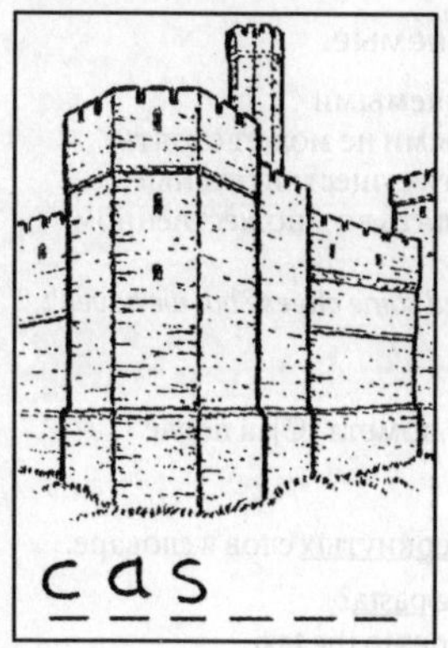

Вопросы о лексике

What does 'fierce' mean?

How do you say ___ in English?

How do you spell 'castle'?

How do you pronounce this word?

What's the past tense/past participle of 'lie'?

Can you give me an example?

Could you say that again, please?

Вопросы о действиях

I'm sorry, I don't understand what we have to do.

Can you repeat the instructions please?

Could you repeat that, please?

Could you speak more slowly, please?

Could I borrow a pen/pencil, etc, please?

Can you lend me a pen/pencil, please?

How long do we have to do this?

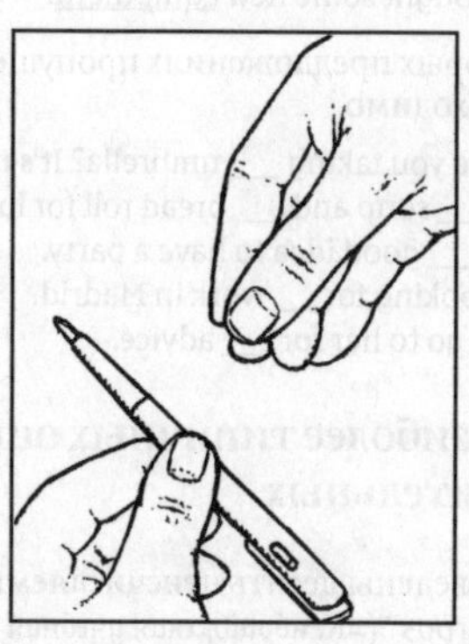

Указания учителя

Open your books at page 40.

Turn to page 6.

Close your books.

Work in pairs/groups of three, four etc.

Listen to the tape, then try to answer the questions.

Write the answers on a piece of paper.

Work with your partner.

Look up these words in your dictionary.

No talking, please.

Hand in your homework as you leave.

Исчисляемые и неисчисляемые существительные

Существительные делятся на исчисляемые и неисчисляемые.

Перед исчисляемыми существительными могут стоять артикли **a/an** или **the**. Эти существительные можно употреблять как в единственном, так и во множественном числе:

▶ *There's a **plate**, three **spoons** and a **cup** on the **table**.*

Перед неисчисляемыми существительными не может стоять артикль **a/an**. Эти существительные нельзя употреблять во множественном числе:

▶ *We have **rice** and some **cheese** but we haven't any **wine**.*

В данном словаре после исчисляемых существительных стоит помета [C], а после неисчисляемых существительных – помета [U].

1 Правильны ли эти предложения? Найдите каждое из подчеркнутых слов в словаре.

1 We get a lot of English homeworks.
2 I've got some sands in my shoe.
3 They bought some new equipment.
4 Can I have some more pasta?
5 She carried my luggages to the taxi.

2 В некоторых предложениях пропущено **a** или **an**. Вставьте в пропуски артикли, где это необходимо.

1 Why are you taking ___ umbrella? It's not raining.
2 I had ___ soup and ___ bread roll for lunch.
3 It was ___ good idea to have a party.
4 She's looking for ___work in Madrid.
5 I often go to her for ___ advice.

Десять наиболее типичных ошибок в употреблении неисчисляемых существительных

Далее приведены десять неисчисляемых существительных. Согласно "Cambridge Learner Corpus" (*=Кембриджская учебная языковая база*), эти существительные чаще других ошибочно использовались во множественном числе (путем прибавления буквы **s**) изучающими английский язык. Подборка сделана на основании экзаменационных работ PET (the Preliminary English Test) и FCE (the First Certificate in English).
Постарайтесь запомнить, что данные существительные нельзя употреблять во множественном числе.

1 information
2 equipment
3 advice
4 furniture
5 transport
6 homework
7 paper (= material used for writing on)
8 knowledge
9 countryside
10 stuff

Some и *any*

Слова **some** и **any** могут употребляться с исчисляемыми существительными множественного числа:

▶ *There are **some cakes** left.*
*Are there **any biscuits**?*

Слова **some** и **any** могут употребляться также с неисчисляемыми существительными:

▶ *I'd like **some sugar** in my coffee.*
*Is there **any water** in the jug?*

3 Заполните пропуски, используя существительные из рамки.

chair	suitcase	fly	rice	furniture
day	weather	accidents	luggage	

1 There's a ___ in my soup.
2 I have to buy some ___ for my new house.
3 I haven't got much ___ with me. Just this bag.
4 It's a sunny ___ today.
5 There weren't any ___ on the roads yesterday.

Much, many, a lot of, a few

Слова **many** и **a few** могут употребляться с исчисляемыми существительными множественного числа:
► *Did you take **many photographs?***
► *I've got **a few friends** who live in London.*

Слово **much** употребляется с неисчисляемыми существительными:
► *I haven't got **much news** to tell you.*

Сочетание **a lot of** может употребляться как с исчисляемыми существительными множественного числа, так и с неисчисляемыми существительными:
► *Did you take **a lot of photographs**?*
► *I haven't **got a lot of news** to tell you.*

4 Какое из подчеркнутых слов в каждом предложении употреблено правильно? Обведите кружком правильное слово/сочетание слов.

1 Hurry up! We haven't got many/a lot of time.
2 I don't eat much/many chocolate.
3 I didn't take much/many photographs.
4 I don't listen to much/many classical music.

Существительные, которые могут быть как исчисляемыми, так и неисчисляемыми

Некоторые существительные могут употребляться и как исчисляемые, и как неисчисляемые:
► *a fish/fish, a glass/glass, a hair/hair, a chocolate/chocolate*

Как исчисляемые эти существительные употребляются, если речь идет об отдельных предметах:
► *There are **some glasses** on the table.*
► *I caught **a fish** at the lake.*

Как неисчисляемые эти существительные употребляются, если речь идет о понятии в целом:
► *Careful. There's broken **glass** on the floor.*
► *I'd like **fish** and chips for dinner.*

5 Посмотрите на картинки в рамке. Какие из слов, обозначающих данные предметы, могут употребляться и как исчисляемые, и как неисчисляемые?

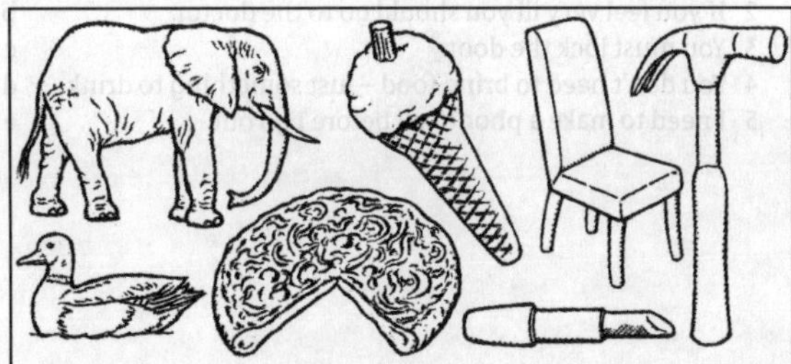

Модальные глаголы

Модальный глагол (например: **can**, **might**, **must**) – это такой глагол, который используется перед смысловым (основным) глаголом для выражения возможности, необходимости и т.п. Далее приведены некоторые случаи употребления модальных глаголов и их значения.
Для более подробной информации обратитесь к справочнику по грамматике.

Вот основные модальные глаголы английского языка:

can could may might must ought shall will would

Глаголы **need** и **have to** также могут употребляться в роли модальных глаголов.

Различные значения одного и того же слова

Каждый модальный глагол имеет больше одного значения. Для иллюстрации этого посмотрите на предложения с модальным глаголом **can**. Значение дано в скобках.

- *I **can** swim.* (способность/умение)
- ***Can** you carry this bag for me?* (просьба)

1 Данный словарь поможет вам определить, в каком значении употреблен модальный глагол. Прочитайте словарную статью о модальном глаголе **can**. Сколько значений вы можете найти?

Выражение указания, совета, разрешения и необходимости

Для выражения указания или необходимости:
- *You **must** wear a helmet when riding a bike.*
- *You **mustn't** smoke in here.*
- *I **have to** be at the dentist at 3 o'clock.*
- *You **needn't** shut the door.*

Для выражения совета или твердого убеждения:
- *You **should/ought to** go to bed if you're tired.*
- *She **shouldn't** worry about me.*

С целью дать разрешение или просить разрешения:
- *She **can** borrow my dress.*
- ***Can/May/Could** I open the window?*

2 К каждому из примеров из столбика слева подберите соответствующее значение из столбика справа:

1 You can borrow my camera if you like.	a instructions
2 If you feel very ill you should go to the doctor.	b permission
3 You must lock the door.	c necessary
4 You don't need to bring food – just something to drink.	d advice
5 I need to make a phone call before I go out.	e not necessary

Выражение различной степени уверенности

По мнению говорящего, машина у Джона:
▶ *The car's not here – John **must** have taken it.*

Говорящий считает, что это сестра Клэр, но он не уверен:
▶ *She **might/could** be Clare's sister. She looks very like her.*

Говорящий считает, что это невозможно:
▶ *She **can't** be his mother – she's younger than me.*

Говорящий уверен, что она это сделает:
▶ *If she's promised to do it she**'ll** do it.*

Говорящий не уверен, будет ли дождь:
▶ *It **might/could** rain. It's getting cloudy.*

3 Заполните пропуски в предложениях, используя слова из столбика справа:

1 He ___ be a hairdresser. His hair's a mess.
2 'Do you think Joanna will call?'
'Who knows? She ___ do.'
3 She ___ ever come back – I know she won't.
4 Her hair's all wet – it ___ be raining.
5 'It's 1–1 and there are five minutes to play.
We ___ still win.'

a may
b won't
c must
d can't
e might

Формы модальных глаголов

Модальные глаголы отличаются от других глаголов английского языка.

Форма модальных глаголов не меняется. Например, они не имеют окончания -s в форме 3-го лица ед.ч. настоящего времени.

▶ I *can* speak Spanish and she **can** speak Portuguese.

Модальные глаголы не употребляются самостоятельно, а только в сочетании с инфинитивом без частицы **to** смыслового (основного) глагола.

▶ I ***must make*** a phone call. / We ***won't wait*** for you.

В вопросах, отрицаниях и кратких ответах, в которых имеется модальный глагол, вспомогательные глаголы **do** и **did** не употребляются

▶ 'He ***wouldn't*** steal anything, would he?' 'Oh yes he ***would***.'

МОДАЛЬНЫЙ ГЛАГОЛ	КРАТКАЯ ФОРМА	ОТРИЦАТЕЛЬНАЯ ФОРМА	КРАТКАЯ ФОРМА
can		cannot	can't
could		could not	couldn't
may		may not	
might		might not	mightn't
must		must not	mustn't
ought to		ought not to	oughtn't to
shall		shall not	shan't
will	'll	will not	won't
would	'd	would not	wouldn't

Фразовые глаголы

Что такое фразовые глаголы?

Фразовый глагол – это глагол, после которого следует одно или два наречия или предлог. Вот несколько примеров:

get up *break down* *look after* *run out* *look forward to*

Как правило, значение фразового глагола нельзя вывести из значений глагола и соответствующего наречия или предлога.
Например, 'give up something' означает 'прекратить делать или использовать что-либо'. В этом выражении нет значения 'давать что-либо'.

Как находить фразовые глаголы в словаре

В данном словаре фразовые глаголы приводятся в словарной статье о соответствующем глаголе. Они приведены в алфавитном порядке, после основных значений глагола. К примеру, фразовый глагол 'lose out' приведен после всех значений глагола 'lose'.

1 Сколько фразовых глаголов, образованных от данных глаголов, вы сможете найти в словаре?

1 drag 2 hand 3 pack 4 make

2 Заполните пропуски в предложениях, образовав при помощи словаря подходящие фразовые глаголы.

1 If you carry ___ spending like that you'll have no money left.
2 I nodded ___ after lunch.
3 The brakes suddenly seized ___ .
4 It took him a long time to get ___ her death.

Внимание! Глаголы в сочетании с наречиями или предлогами часто употребляются и в своем основном значении, например:
▶ *I **went into** the room.*
▶ *He **put** the book **on** the shelf.*
Это не фразовые глаголы. Здесь глаголы употреблены в своем обычном значении, которое объясняется в основной части словарной статьи.

Фразовые глаголы, имеющие больше одного значения

Один и тот же фразовый глагол может иметь несколько значений.
Часто эти значения полностью отличаются друг от друга:

▶ Just ***pick up*** the phone and ring her! (pick up = поднимать, подбирать)
▶ She ***picks up*** languages really easily. (pick up = научиться чему-либо быстро)

3 Составьте по два предложения с каждым из этих фразовых глаголов. Используйте глаголы в разных значениях.

turn out catch on come under sth fall apart

Грамматика фразовых глаголов

Фразовые глаголы можно разделить на три группы: 1) глаголы, которые употребляются с прямым дополнением; 2) глаголы, которые употребляются без прямого дополнения; 3) глаголы, которые могут употребляться как с прямым дополнением, так и без него. Данный словарь поможет вам определить, к какой группе принадлежит тот или иной фразовый глагол. В словаре также указано, является ли дополнение одушевленным/неодушевленным предметом или действием.

Фразовые глаголы, которые употребляются без прямого дополнения, показаны так:

check in ► You need to ***check in*** three hours before the flight.

drift off ► The room was so hot I could feel myself beginning to **drift off**.

Фразовые глаголы, которые употребляются с прямым дополнением, показаны так:

pack sth in ► I ***packed in my job*** to go travelling.

pack sb off ► They ***packed him off*** to school in Paris.

Обратите внимание: **sth** (сокращ. от 'something') означает 'что-то', а **sb** (сокращ. от 'someone') означает 'кто-то'.

Фразовые глаголы, которые могут употребляться как с прямым дополнением, так и без него, показаны так:

pack (sth) up ► I ***packed up*** all my ***belongings*** and left the house.

► Could you help me ***pack up***?

Предлоги после фразовых глаголов

Многие фразовые глаголы часто имеют после себя определенные предлоги. В словаре они выделены **жирным шрифтом**.

► He ***dressed up as*** a ghost.

4 Заполните пропуски в предложениях, употребив правильные предлоги.

1 She stood in ___ her boss while he was sick.
2 Just carry on ___ your work.
3 She looked back ___ her days as a student with nostalgia.
4 He's always going on ___ his car.
5 We will have to cut back ___ our spending.

Идиомы

Идиома – это устойчивое словосочетание, значение которого отличается от значений составляющих его слов. Догадаться о значении идиомы, исходя из значений входящих в ее состав слов, часто невозможно. Идиомы используются во всех стилях речи, особенно широко они используются в неформальной речи. Как правило, идиоматические выражения более выразительны, чем обычные слова. Например, выражение 'be at loggerheads with someone' имеет большую выразительность, чем 'be arguing with someone', хотя имеет такое же значение.

Как находить идиомы в данном словаре

Как правило, идиомы приведены в словарной статье о первом существительном в составе идиомы.
(Существительное – это слово, называющее предмет, человека или место.)

1 Подчеркните первое существительное в каждой идиоме в столбике слева. Затем подберите к каждой идиоме соответствующее ей значение из столбика справа.

1 be up to your neck in sth	a try to do something you cannot achieve
2 the final nail in the coffin	b be very busy
3 fight a losing battle	c have nothing to do
4 be at a loose end	d not laugh
5 keep a straight face	e something that causes failure

Если в идиоме нет существительного, попробуйте найти идиому по первому глаголу (=слово, называющее действие) в ее составе или по прилагательному (=слово, называющее признак предмета).

> **breathe** /briːð/ **verb** [I, T] B1 to take air into and out of your lungs **дышать** ***breathe in/out*** ◦ ***breathe deeply*** → See also be breathing down sb's **neck**, not breathe a **word**

Не беспокойтесь, если вы не уверены, где нужно искать интересующую вас идиому. Если вы обратились в неверное место, стрелка укажет, где нужно искать идиому.

2 Все приведенные ниже предложения содержат идиомы, в которых упоминается какая-либо часть тела. Заполните пропуски в предложениях, выбрав подходящее слово из рамки.

head	face	arm	leg	ear

1 The accident was clearly his fault – he doesn't have a ___ to stand on.
2 Most of her lecture went over my ___ .
3 Dad might lend you his camera if you twist his ___ .
4 I've never taught this class before, so I'll have to play it by ___ .
5 When I saw his hat, I could hardly keep a straight ___ .

Модели управления глаголов

Некоторые глаголы должны иметь после себя прямое дополнение:
- ▶ *She put **the cup** on the table.*
- ▶ *Did you **bring** any **money**?*

Такие глаголы называются "переходными". В словаре после переходных глаголов стоит помета [T] (сокр.от "transitive").

Другие глаголы не требуют дополнения:
- ▶ *He **fell**.*
- ▶ *They don't want to **stay**.*

Такие глаголы называются "непереходными".

В словаре после непереходных глаголов стоит помета [I] (сокр.от "intransitive").

Существует группа глаголов, которые могут быть как переходными, так и непереходными:
- ▶ *Did you **see the moon** last night?* [T]
- ▶ *Did you **pay the bill**?* [T]
- ▶ *Can you move, please? I can't **see**.* [I]
- ▶ *Have you **paid**?* [I]

1 Найдите приведенные ниже глаголы в словаре. Определите, являются они переходными, непереходными или переходными в одном значении и непереходными в другом значении.

1 like	3 drive	5 tell	7 hate	9 fall
2 hear	4 smoke	6 explain	8 play	10 hit

Некоторые глаголы должны иметь после себя определенную грамматическую конструкцию, например: предлог, инфинитив или глагол, оканчивающийся на -ing.

	*I **apologized to** her.*
[+to do sth]	*I **promise to help** you.*
[+ doing sth]	*Have you **finished reading** the newspaper?*
[+ (that)]	*He **told me (that)** it was safe.*

Если вы не уверены, какая конструкция должна употребляться после того или иного глагола, обратитесь к словарной статье о данном глаголе. Полное объяснение грамматических помет смотрите на странице xiii.

2 Постарайтесь определить, что следует за данными глаголами. Какое объяснение из столбика справа соответствует подчеркнутым словам/сочетаниям слов из столбика слева?

1 He's always **complaining** <u>that</u> nobody listens to him.
2 Did she **say** <u>where</u> she was going?
3 He doesn't **like** <u>watching</u> TV.
4 They **want** <u>to go</u> shopping.
5 He **brought** <u>me some flowers</u>.

a **+ to do sth**
b **+ two objects**
c **+ that**
d **+ doing sth**
e **+ question word**

3 Составьте по одному предложению с каждым из этих глаголов. Для определения правильной модели управления глаголов используйте информацию, указанную при помощи грамматических помет (выделены **жирным шрифтом**).

1 forget + **[that]**
2 tell + **question word**
3 like + **doing sth**
4 start + **to do sth**
5 sell + **two objects**

Словообразование

Вот несколько способов образования слов в английском языке.

Префиксы (приставки)

Префиксы присоединяются к началу исходного слова и изменяют его значение. В приложениях к данному словарю содержится список часто употребляемых префиксов. Вот некоторые префиксы, которые придают прилагательным обратное и, как правило, отрицательное значение:

dis- dissimilar **il-** illegal **im-** impossible **in-** inexpensive **ir-** irregular **un-** unhappy	Когда вы узнаёте новое прилагательное, полезно также узнать, образуется ли противоположное по значению слово при помощи префикса, и если это так, записать оба слова, например: **happy/unhappy.**

Префиксы **un-** и **dis-** употребляются для образования глаголов с противоположным значением.

- ▶ *She appeared from behind a door.*
- ▶ *He **disappeared** through the window.*
- ▶ *I covered the food with a cloth.*
- ▶ *They brushed away the dirt to **uncover** a box.*

1 Составьте новые слова из прилагательных и глаголов из столбиков справа путем прибавления правильного префикса (1–5).

1 un-
2 dis-
3 il-
4 im-
5 ir-

lock
responsible
possible
legal
agree

2 А теперь заполните пропуски в следующих предложениях, используя образованные вами слова.

1 Which key do I need to ___ this door?
2 The tide is so strong it's ___ to swim against it.
3 It is ___ to drive without a licence.
4 I ___ with her views on immigration.
5 Leaving the children alone was a very ___ thing to do.

3 В английском языке используется много других префиксов. Подберите к каждому из префиксов (1–8) соответствующее ему значение (a-h). А теперь образуйте новые слова, используя слова из рамки и подходящие префиксы.

1 multi-
2 semi-
3 anti-
4 pro-
5 ex-
6 post-
7 over-
8 under-

a half
b in favour of
c former (not now)
d not enough
e many
f against
g after
h too much

president	war
cooked	racial
graduate	worked
circle	democracy

Суффиксы

Суффиксы присоединяются к концу исходного слова.
В приложениях к данному словарю содержится список суффиксов. Вот самые употребимые из них:

-er **-or**	■ человек, выполняющий определенное действие; предмет, выполняющий определенную функцию	worker, swimmer, golfer, driver, actor, sailor, conductor; tin opener, screwdriver, hanger, projector
-ist	■ человек определенной веры или убеждения ■ музыкант ■ некоторые профессии	Buddhist, socialist violinist, pianist, guitarist journalist, pharmacist, artist
-ness	для образования существительных от прилагательных	happiness, sadness, rudeness
-(t)ion	для образования существительных от глаголов	education, television, pollution
-ment	для образования существительных от глаголов	improvement, government

Примечание. Произношение слова, образованного при помощи суффикса, может отличаться от произношения исходного слова.
Посмотрите, как в этих словах изменилось ударение:

photograph → pho**tog**rapher **ed**ucate → edu**ca**tion

Существительное, глагол или прилагательное?

Как правило, по суффиксу можно определить, является слово существительным, глаголом или прилагательным. В данной таблице показаны некоторые часто употребляемые суффиксы:

adjectives	-able, -al, -ful, -ible, -ive, -less, -ous, -y	washable, natural, beautiful, flexible, active, helpless, adventurous, happy
nouns	-al -ance, -(t)ion, -ence, -hood, -ity, -ment, -ness, -ship	performance, reduction, independence, parenthood, similarity, enjoyment, politeness, friendship, arrival
verbs	-en, -ify, -ize	harden, solidify, modernize

Примечание. Суффикс -al может использоваться для образования существительных (например, arrival) и прилагательных (например, comical).

4 Образуйте существительные от данных прилагательных при помощи суффиксов.

1 rude
2 create
3 prefer
4 ignorant
5 hilarious
6 develop

Числительные

Как произносить числительные

Помните, что после сотен нужно ставить **and**:

- ► *569* *five hundred and sixty-nine*
- ► *7,892* *seven thousand, eight hundred and ninety-two*
- ► *4,680,022* *four million, six hundred and eighty thousand and twenty-two*

Дроби и десятичные дроби

В десятичных дробях после точки (.) каждая цифра произносится отдельно:

- ► *2.5* *two point five*
- ► *3.65* *three point six five*
- ► *22.33* *twenty-two point three three*

Дроби произносятся так:

- ► *2¼* *two and a quarter*
- ► *⅕* *one fifth*
- ► *5¾* *five and three quarters*

Помните: для дробей обычно используются порядковые числительные, за исключением ½, ¼, ¾:

- ► *⅜* *three eighths*
- ► *⅓* *a third or one third*
- ► *1/12* *a twelfth or one twelfth*

Проценты и другие символы

Вот некоторые другие символы, которые употребляются с числительными:

% percent	45%	*forty-five percent*
° degree	22°C 70°F	*twenty-two degrees Celsius* *seventy degrees Fahrenheit*
+ addition	6 + 2 = 8	*six plus two is/equals eight*
− subtraction	6 − 2 = 4	*six minus two is/equals four*
× multiplication	6 × 3 = 18	*six times three/six multiplied by three is/equals eighteen*
÷ division	24 ÷ 4 = 6	*twenty-four divided by four is/equals six*

Как произносить цифру "0"

Цифру '0' можно произносить по-разному. Обычно говорят: 'oh' или 'zero' ('zero' употребляется в американском английском).
Вот еще несколько способов произношения цифры '0':

МАТЕМАТИКА: 0.65 (UK): nought point six five, (US): zero point six five
ФУТБОЛ: 6–0 (UK): six nil, (US): six to zero
ТЕННИС: 15–0 fifteen love
НОМЕР ТЕЛЕФОНА: 965703 nine six five seven oh three
(в американском английском также: seven zero three)

Измерения

Метрическая и имперская системы мер

В США международная метрическая система измерений не используется.
В Великобритании метрическая система широко применима, но многие носители языка продолжают использовать единицы более старой, имперской системы мер, такие как: фунт, фут и галлон.

Некоторые единицы имеют одинаковое название, но обозначают различное количество в Великобритании и США.

IMPERIAL	METRIC	IMPERIAL	METRIC
1 inch (in)	2.5 centimetres (cm)	1 ounce (oz)	28 gram (g)
1 foot (ft)	30 centimetres (100 cm = 1 metre (m))	1 pound (lb)	450 gram
1 yard (yd)	90 centimetres	1 pint	(UK) 0.6 litres (US) 0.5 litres
1 mile (m)	1.6 kilometres (km)	1 gallon	(UK) 4.5 litres (US) 3.8 litres

Как сказать о росте человека

В Великобритании и США для указания роста человека, как правило, используются имперские единицы.

► *I'm **six feet** tall.* ► *I'm **five foot seven**.* (обычно пишется: 5' 7")

Как сказать о весе человека

В Великобритании для указания веса человека обычно используются стоуны и фунты. Один стоун равен четырнадцати фунтам.

► *I weigh **nine stone three**.* (Обратите внимание: слово 'pounds' говорить не обязательно.)

► *I weigh **seven and a half stone**.*

В США вес человека обычно указывается в фунтах.

► *I weigh **160 pounds**.*

Как сказать о размере чего-либо

Понятия, обозначающие размеры (длина, ширина, высота и т.п.), обычно выражаются прилагательными:

► *The box is 30cm **long**.* ► *How **tall** is David?*

Существительные тоже могут употребляться, но в более официальной речи:

► *The **length** of the box is 30cm.* ► *What is David's **height**?*

height deep length width depth high long wide

1 Посмотрите на слова в рамке. Какие из них являются прилагательными, а какие - существительными? Закончите предложения, выбрав подходящие слова из рамки.

QUESTION	ANSWER	FORMAL
1 How wide is it?	It's 5m ___ .	The ___ of the x is 5m.
2 How ___ is it?	It's 50m long.	The length of the x is 50m.
3 How deep is it?	It's 10m deep.	The ___ of the x is 10m.
4 How ___ is it?	It's 70m ___ .	The height of the x is 70m.

Произношение

Произношение слов в английском языке может быть довольно трудным. Многие слова пишутся и произносятся по-разному. Фонетическая транскрипция, приведенная в словаре после каждого слова, показывает, как правильно произносить данное слово. Объяснение всех фонетических символов смотрите на внутренней стороне задней обложки словаря. Информацию о некоторых общих правилах произношения вы найдете на странице xvi.

Некоторые фонетические символы произносятся так же, как и буквы, на которые они похожи. Например, /b/ произносится как 'b' в слове 'bad'. Объяснения более трудных фонетических символов приведены внизу каждой страницы словаря.

1 Посмотрите на данные слова и подберите к каждому из них фонетическую транскрипцию из столбика справа.

1 cough a /ˈsɪnəmə/
2 throw b /θruː/
3 through c /sɪŋ/
4 cup d /kɒf/
5 cinema e /θrəʊ/
6 sing f /kʌp/

2 Все эти слова обозначают названия животных. Напишите слово буквами рядом с каждой фонетической транскрипцией.

1 /məʊl/ 3 /hɔːs/ 5 /laɪən/
2 /dʒɪˈrɑːf/ 4 /ʃiːp/ 6 /tʃɪmp/

Непроизносимые буквы

Многие слова в английском языке имеют буквы, которые не произносятся. Например, буква 't' в слове 'listen' /lisn/.

3 Найдите непроизносимые буквы в каждом из этих слов:

1 know 3 island 5 two
2 honest 4 wrong 6 talk

Ударение в словах

В английском языке ударение в словах играет очень важную роль.
Знак /ˈ/ ставится перед слогом, на который падает основное ударение. (Некоторые слова имеют дополнительное ударение).

purple /ˈpɜːpl/ **important** /ɪmˈpɔːtənt/ **difficult** /ˈdɪfɪkəlt/

4 Обведите кружком ту часть слова, на которую падает основное ударение.

1 brother 3 photographer 5 computer
2 education 4 below 6 necessary

Пунктуация

	Употребление	Примеры
заглавная буква / capital letter	■ первая буква в предложении	*Football is very popular in Britain.*
	■ страны, национальности, языки, религии, имена людей, географические названия, события, торговые марки, названия дней недели и месяцев, титулы	Portugal, Africa, Russian, Islam, Joanne, John, Dubai, Geneva, the World Trade Fair, Jaguar, the Internet, Sunday, February, Mr / Mrs / Ms / Dr / Professor
	■ названия книг, фильмов и т.п.	*Matrix Reloaded*
	■ сокращения	OPEC, AIDS, WWF
точка / (full stop UK/ period US)	■ в конце предложения	*I'm going for a walk.*
	■ в некоторых случаях после сокращений	Marton Rd./Mrs. White/Dr. Evans
вопросительный знак /question mark	■ в конце предложения, выражающего вопрос	*What's your name?*
восклицательный знак /exclamation mark	■ в конце предложения, для выражения удивления, потрясения и т.п.	*I can't believe it!*
	■ для выражения восклицания	Ouch! Yes!
запятая/comma	■ при перечислении предметов	*I need some peas, butter, sugar and eggs.*
	■ для обозначения паузы в длинном предложении	*They didn't want to eat before I'd arrived, but I was an hour late.*
	■ в сложном предложении, если вводится дополнительная информация	*The woman, who I'd met last week, waved as she went past.*
апостроф / apostrophe	■ для обозначения места пропуска букв	don't, I'll, it's (it is)
	■ для обозначения принадлежности	Paul's bike
	Примечание. К словам, которые оканчиваются на **s**, еще одна буква **s** НЕ прибавляется.	James' house
двуеточие/colon	■ для ввода в предложение перечисления или цитаты	*You need the following: paint, brushes, water, cloths.*
точка с запятой / semi-colon	■ для разделения двух частей сложного предложения	*I spoke to Linda on Monday; she can't come to the meeting tomorrow.*
дефис / hyphen	■ для соединения двух слов в одно сложное слово	blue-black
	■ при переносе слова на следующую строку	*Everyone in the room was horri-fied by the news.*
тире / dash	■ для разделения частей предложения	*The car – the one with the broken window – was parked outside our house.*
кавычки / quotation marks/UK also inverted commas	■ для обозначения прямой речи	*'I'm tired,' she said.*
	■ для обозначения цитаты (высказывания другого человека)	*'Let's go,' he suggested.*
		She had described the school as 'not attracting the best pupils'.

Орфография

Благодаря специфике формирования английского языка, в нем отсутствуют простые правила орфографии. Написание слов часто отличается от их произношения, поэтому написание новых слов нужно проверять по словарю.

Десять наиболее типичных орфографических ошибок

Далее приведены десять слов. В них, согласно *"Cambridge Learner Corpus"* (*Кембриджская международная языковая база*), изучающие английский язык уровня Intermediate наиболее часто допускают орфографические ошибки. Подборка сделана на основании экзаменационных работ PET (the Preliminary English Test) и FCE (the First Certificate in English).

1	**accommodation**	две **c** и две **m**
2	**restaurant**	запомните: две гласные **(au)** после **t**
3	**advertisement**	не забудьте: **e** в середине слова (-is**e**ment)
4	**because**	запомните: две гласные **au** после **c**
5	**which**	запомните: **h** после **w**
6	**beautiful**	запомните: три гласные **(eau)** после **b**
7	**different**	две **f** и запомните: **e** после второй **f**
8	**environment**	запомните: **n** перед **-ment**
9	**especially**	это слово начинается с **esp-**
10	**opportunity**	две **p** и запомните: **r** перед первой **t**

Правила написания форм слов

Существует много правил, которые помогут писать формы слов правильно. На странице xvii приведены правила написания форм слов (например, множественное число, прошедшее время).

1 Поставьте эти существительные во множественное число.

1 house 2 watch 3 brick 4 minute 5 fax 6 loss

Правописание начала слов

Иногда трудно определить на слух, с какой буквы слово начинается.

c	Некоторые слова на букву **c** произносятся так же, как и слова на букву **s**. ► *cell, centre, circle*
ps	Слова, начинающиеся на **ps**, произносятся так же, как и слова на букву **s**. ► *pseudonym, psychiatrist*
ph	Слова, начинающиеся на **ph**, произносятся так же, как и слова на букву **f**. ► *philosophy, phone, physical*

Одинаковое или похожее произношение, разное написание

Некоторые слова в английском языке имеют одинаковое или очень похожее произношение, но пишутся по-разному.

2 Заполните пропуски в предложениях, используя подходящее слово из пары слов в столбике справа.

1 I don't know ___ he will come.	weather/whether
2 It's ___ a long way to my brother's house.	quite/quiet
3 ___ of these pictures do you like best?	Which/Witch
4 They didn't have ___ coats with them.	their/there
5 We stayed in a cottage by the ___.	see/sea

Удвоение согласных

В некоторых прилагательных при образовании сравнительной степени сравнения на **–er** и превосходной степени на **–est** последняя согласная буква основы удваивается. Такие случаи четко обозначены в словаре.

big[1] /bɪg/ **adjective** (**bigger**, **biggest**) **1** A1 large in size or amount **большой** *I come from a big family.* ◦ *We're looking for a bigger house.* **2** A2 important or serious **важный, серьезный**

В некоторых глаголах удвоение последней согласной буквы основы происходит при образовании причастия настоящего времени, формы прошедшего времени и причастия прошедшего времени. Эти случаи также указаны в словаре.

acquit /ə'kwɪt/ **verb** [T] (present participle **acquitting**, past tense and past participle **acquitted**) If someone is acquitted of a crime, a court of law decides that they are not guilty. **оправдывать** [often passive] *Both men were **acquitted of** murder.*
acquittal /ə'kwɪtəl/ **noun** [C, U] when a court of law decides that someone is not guilty of a crime **оправдание**

Во многих глаголах, оканчивающихся на **–l** (например, travel, level), в британском английском согласная удваивается, а в американском английском употребляется только одна согласная буква. Эти случаи также указаны в словаре.

3 Заполните пропуски в предложениях, употребив слова из столбика справа в правильной форме. Внимание! Последняя согласная буква основы удваивается не во всех случаях.

1 It's usually ___ than this in the summer.	(hot)
2 The use of mobile phones is ___ on aircraft.	(ban)
3 The concert was the ___ I've ever been to.	(loud)
4 I'm ___ to find my way around the city.	(begin)
5 I'm tired of ___ ten hours a day.	(work)

Британские и американские дети разучивают этот стишок, чтобы запомнить правописание некоторых слов:

'I before E, except after C.'

► *friend, receive*

Всемирная паутина и Интернет

Термином The Web, или World Wide Web (www), обозначается совокупность всех веб-сайтов (= электронных документов), которые можно увидеть при помощи Интернета. The Internet, или the Net, – это система, объединяющая компьютеры во всем мире и позволяющая пользователям компьютеров просматривать веб-сайты. Интернет занял важное место в жизни многих людей, а также привел к появлению новых слов в языке. Вот некоторые из этих слов:

Онлайн

Быть online означает: быть подсоединенным к Интернету или быть доступным в Интернете.
Go online означает: начать подсоединение своего компьютера к Интернету.

Модемы

Modem – это такой прибор, который позволяет отправлять информацию с компьютера, используя кабель или телефонную линию.

Навигация по www

При помощи mouse (=компьютерной мышки) вы можете переходить по links (= ссылки на различные документы в Интернете) на другие веб-сайты или другие части того же веб-сайта.

Веб-сайты

Веб-сайты обычно состоят из нескольких web pages. Главная страница веб-сайта называется homepage. Если вам известен web address, или URL, веб-сайта, то вы можете напечатать его в поле для адреса наверху экрана. Альтернативно для поиска веб-сайта можно использовать search engine (=поисковик). Поисковик – это такая компьютерная программа, которая позволяет находить информацию в Интернете по одному или нескольким словам. Surf или surf the Web означает: просматривать большое количество веб-сайтов, иногда без определенной цели и понимания, какой веб-сайт нужен.

Блоги (=электронные дневники)

Blog – это часть веб-сайта, где кто-либо ведет электронный дневник происходящего с ним или записывает свои размышления по каким-либо темам. Blogger – это тот, кто пишет блог.

Подкасты

Podcast - это запись из Интернета, которую вы можете прослушивать на своем компьютере или MP3 плеере. Вы также можете sign up to (= подписаться на) определенный подкаст, который периодически обновляется (= к нему добавляется новая информация), когда вы подключаете свой MP3 плеер к компьютеру.

Даунлоудинг и аплоудинг (=скачивание и загрузка информации)

Если вы download изображение, музыку, видео и т.п., то это означает, что вы копируете эту информацию из Интернета на свой компьютер. Upload означает скопировать что-либо с вашего компьютера на веб-сайт или в другое место, где многие пользователи Интернета смогут увидеть/использовать данную информацию.

Совместное использование файлов

Filesharing – это предоставление доступа другим пользователям Интернета к файлу с вашего компьютера для его просмотра, копирования или другого способа использования.

Электронная почта (имейлы) и сообщения с мобильного телефона

Электронные сообщения обычно короче и более неформальны по стилю, чем традиционные письма. В них иногда используются сокращения и "смайлики" (=улыбки). Smileys (также называются "emoticons") – это значки, которые похожи на лица, если на них смотреть сбоку. Они состоят из символов клавиатуры компьютера и используются для выражения эмоций. Сообщения с мобильного телефона обычно еще короче и состоят из сокращений. Вот некоторые "смайлики" и сокращения:

Смайлики

:-)	Я счастлив или улыбаюсь
:-(	Я несчастлив или сердит
:-D	Я смеюсь
>:-(	Я очень сердит
:-|	Мне скучно
:-o	Я удивлен или кричу
:-@	Я пронзительно кричу
:-*	Я посылаю тебе поцелуй
;-)	Я только шучу
:-p	Я ухмыляюсь (= улыбаюсь не по-доброму)
:-b	Я показываю тебе язык

Сокращения

AFAIK	as far as I know
ASAP	as soon as possible
B4	before
B4N	bye for now
BRB	be right back
BTW	by the way
C	see
CU	See you!
CUL8R	See you later!
FYI	for your information
GR8	great
GSOH	good sense of humour
GTG	got to go
ILU	I love you
IMHO	in my humble opinion
IOU	I owe you
LOL	laughing out loud
L8R	later
MSG	message
PLS	please
R	are
SPK	speak
TAFN	that's all for now
THX	thanks
2DAY	today
2MORO	tomorrow
2NITE	tonight
U	you
WAN2	want to
WKND	weekend
X	kiss

Британский и американский английский

Несмотря на большое сходство английского языка в Великобритании и США, существуют также значительные различия в лексике, орфографии, грамматике и произношении.

В данном словаре указаны варианты британского и американского английского, если между ними существует различие.
Полный список помет с объяснениями смотрите на странице xv.

Лексика

Многие слова, называющие предметы из ежедневного обихода, различны в британском и американском английском.

1 Слова в столбиках слева (1–6) употребляются в британском английском. Подберите к каждому из этих слов эквивалент из американского английского из столбиков справа (a–f).

1 aubergine	4 windscreen	a elevator	d eggplant
2 wardrobe	5 queue	b truck	e closet
3 lift	6 lorry	c windshield	f line

2 В языке неформального стиля существует множество различий между британским и американским английским. Подчеркнутые слова в каждом из этих предложений используются только в британском английском. Замените их на слова из столбика справа, которые употребляются и в британском, и в американском английском.

1 I got it from a bloke at work.	a complaining
2 I'm feeling rather poorly today.	b man
3 I wish he'd stop whingeing and do some work.	c weak
4 I was gutted when I heard I hadn't got the job.	d disappointed
5 My brother's too weedy to climb that tree.	e ill

Орфография

3 Посмотрите на эти пары слов. Какое из написаний является британским, а какое – американским?

1 labour/labor	3 offence/offense	5 metre/meter
2 center/centre	4 color/colour	6 traveller/traveler

Произношение

Если произношение слова в британском и американском английском сильно различается, в словаре приведены оба варианта произношения. Перед американским вариантом стоит помета (US).

4 Какие из этих слов произносятся по-разному в британском и американском английском?

1 peach	4 ballet
2 schedule	5 zebra
3 colour	6 bicycle

> **albino** /æl'bi:nəʊ/ (US) /æl'baɪnəʊ/ **noun** [C] a person or animal with white skin, white hair or fur, and pink eyes **альбинос**

Как писать письма

Официальные письма

47 Abrahams Rd
Cambridge
CB4 3AL
20 January 2009

Ms R Perry
Evening News
107 Wolfs Way
Newtown
NT7 0PE

Dear Ms Perry ❶

I am ❸ writing to enquire about ❷ the possibility of holiday work with your company this summer. I am very interested in gaining some experience working for a newspaper.

For the last two years I have been editor of the student magazine at my school. Next year I am planning to do a one-year course in newspaper journalism.

I have good computer skills and accurate written English.

I very much hope you have a vacancy for me. I enclose a copy of my CV and look forward to hearing from you soon. ❹

Yours sincerely, ❶

Anna Thompson

❶ Если вам известно имя адресата, но письмо является официальным, закончите письмо словами: *'Yours sincerely'*.
Если вам неизвестно имя адресата, начните письмо словами: *'Dear Sir/ Madam'* и закончите словами: *'Yours faithfully'*.

❷ Как еще можно начать официальное письмо:
- ► *I am writing to inform you of/that ...*
- ► *I am writing to complain about ...*
- ► *I am writing regarding your advertisement ...*
- ► *Please send me ...*
- ► *Further to my letter of June 1st ...*

❸ В официальном письме не следует использовать сокращенные формы (например, I'm, I'd).

❹ Как еще можно закончить официальное письмо:
- ► *Thank you in advance for your help.*
- ► *Wishing you all the best for the future.*

Неофициальные письма

47 Abrahams Rd
Cambridge
CB4 3AL

20 January 2009

Dear Julia,

It was lovely to chat to you the other day. ❶ It seems ages since we last met. We're so excited that you're finally coming over to see us. In fact, John's going to take those two weeks off work so he can spend more time with us.

By the way, could you bring some photos of your family?

I'd love to see them.

We're both really looking forward to seeing you. ❷

Love, ❸

Anna

❶ Как еще можно начать неофициальное письмо:

- *Thanks for your letter.*
- *How are you?*
- *I hope you're well.*
- *Sorry it's been so long since I last wrote.*
- *It was lovely to hear from you.*

❷ Как еще можно закончить неофициальное письмо:

- *Drop me a line soon.*
- *Write soon.*
- *Take care.*
- *Do keep in touch.*
- *Give my love to Paul.*
- *Hope to hear from you soon.*

❸ Перед своим именем вы можете написать

в письме к близким друзьям:

- *love from*
- *all my love*
- *lots of love*

в письме к менее близким друзьям:

- *best wishes*
- *all the best*
- *yours*
- *kind regards*

Что такое коллокация/слова-партнеры

Коллокация – это два или более слов, которые носители языка регулярно употребляют вместе в устной и письменной речи.

Коллокации (=часто употребляемые сочетания слов) приведены в основной части словаря, в рамках под заглавием “слова-партнеры”. Они играют важную роль в придании речи естественного звучания. К примеру, носитель английского языка скажет:
*“He **made** a **mistake**.”* а НЕ: *“He **did** a **mistake**.”*

Поскольку слово **mistake** сочетается со словом **make**, но не сочетается со словом **do.**

Если вы хотите, чтобы ваша речь звучала естественно, вам следует запомнить основные коллокации и уметь употреблять их устно и на письме. Это также сделает вашу речь более понятной.

Какие бывают коллокации

Глаголы и существительные

Сочетания *глагол + существительное*. Например:

take a photo	**have** fun	**make** a decision

Сочетания *существительное + глагол*. Например:

an accident **happens**	disaster **strikes**	a problem **arises**

Прилагательные и существительные

Сочетания *прилагательное + существительное*. Например:

heavy traffic	a **written** agreement	a **useful** skill

Существительные и предлоги

Сочетания *существительное + предлог*. Например:

an answer **to** sth	an argument **with** sb	a choice **between** sth and sth

Сочетания *предлог + существительное*. Например:

by mistake	**in** pain	be **of** interest

Часто одно и то же слово употребляется с разными словами по определенной теме. Например, слово “wear” (тема “clothes”) употребляется с такими словами как “jeans”, “skirt”, “shirt” и т.п.

Вот двенадцать разговорных тем. Далее приведены часто употребляемые сочетания слов по данным темам. Эти сочетания очень полезно запомнить.

1 Возраст	**7 Прием пищи**
2 Одежда	**8 Месяцы**
3 Преступления	**9 Музыкальные инструменты**
4 Дни недели	**10 Времена года**
5 Болезни	**11 Компьютерные программы**
6 Языки	**12 Образование**

1 Возраст

• be [15/30/50, etc.] **years old**
*She's only four **years old**.*

• be **in your** [30s/40s/50s, etc.]
*Many women now have children **in their** thirties.*

• *formal* [32/57/70, etc.] **years of age**
*The prices apply to children between 2 and 15 **years of age**.*

• [a man/woman/daughter, etc] **of** [20/30/65, etc.]
*She has a son **of** 10 and a daughter **of** 8.*

• **about** [17/40/65, etc.]
*Their son must be **about** 25 now.*

• **approaching/nearly** [50/60/70, etc.]
*I would think he's **approaching** 70. • She's **nearly** twenty and still lives with her parents.*

• **over /under** [18/35/80, etc.]
*You have to be **over** 21 to get into the club. • People **under** 18 are not allowed to drive.*

• **over the age of/under the age of**
*You must be **over the age of** 16 to buy cigarettes. • We don't sell alcohol to anyone **under the age of** 18.*

• *humorous* **be the wrong side of** [40/50/60, etc.] = be older than 40, 50, 60, etc.
*She's **the wrong side of** 50 but she's still attractive.*

2 Одежда

• **wear** [jeans/a skirt/a shirt, etc.]
*I **wear** a uniform for work.*

• **in** sth/be **dressed in** sth/**wearing** sth
*He was **dressed in** a grey suit. • She was **wearing** a green dress. • a woman **in** a red coat*

• **have** [a dress/skirt/T-shirt, etc.] **on**
*I only **had** a thin shirt **on**.*

• **put on/take off** [your dress/jeans/coat, etc.]
***Put** your hat **on** – it's cold. • She **took off** her coat.*

• **do up/fasten/undo/unfasten** [your skirt/belt/coat, etc.]
***Fasten** your coat. • She **undid** her jacket and took it off.*

• **loose/tight** [jeans/T-shirt, etc.]
*He was wearing a pair of **tight** black jeans. • Wear **loose** clothes in hot weather.*

3 Преступления

• be **accused of/charged with** (doing) sth
*He appeared in court, **accused of** stabbing a man. • He has been **charged with** the murder of a 10-year-old girl.*

• **face charges of** [murder/burglary, etc.]
*He arrived in the country to **face charges** of theft and kidnapping.*

• **confess to/admit** (doing) sth
*She **confessed to** the murder. • He **admitted** driving while drunk.*

• **deny** (doing) sth
*He has **denied** murdering his girlfriend.*

• be **convicted of/found guilty of** (doing) sth
*Jenkins was **convicted of** murdering his mother in 1998. • Bates was **found guilty of** assault.*

• be **arrested for/jailed for** (doing) sth
*She was **arrested for** shoplifting. • He was **jailed for** stealing cars.*

• **investigate** [a murder/assault, etc.]
*Police are **investigating** the murder of a young mother.*

• the [murder/rape, etc.] **of** sb
*The murder **of** the 85-year-old woman has shocked everyone.*

• a [crime/murder/rape, etc.] **victim**
*The organization offers help to rape **victims**.*

• a [murder/rape, etc.] **inquiry/investigation**
*Police have a launched a murder **inquiry** after a woman's body was found.*

• a [murder/rape, etc.] **case**
*The police still have 110 unsolved rape **cases.***

• a **brutal** [murder/attack/rape, etc.]
*He was jailed for the **brutal** rape of a teenage girl.*

4 Дни недели

• **on** [Monday/Tuesday, etc.]
*I'm going to London **on** Friday.*

• **on** [Mondays/Tuesdays, etc.] (= every Monday, Tuesday, etc.)
*She works **on** Wednesdays and Fridays.*

• **every** [Saturday/Tuesday, etc.]
*I have a piano lesson **every** Saturday.*

• **last/next** [Wednesday/Thursday, etc.]
*The meeting was **last** Monday. • It's my birthday **next** Tuesday.*

• **the following** [Tuesday/Friday, etc.]
*She went into hospital on Friday for an operation **on the following** Monday.*

• [Monday/Friday, etc.] **afternoon/evening/morning/night**
*I have to work on Monday **morning**. • I'm going to a party on Friday **night**.*

5 Болезни

• **have (got)/suffer from** [a cold/cancer, etc.]
*I'**ve got** a really bad cold. • He was **suffering from** flu.*

• be **diagnosed with** [asthma/a brain tumour/cancer, etc.]
*In 2001, she **was diagnosed with** breast cancer.*

• **catch** [a cold/chickenpox/measles, etc.]
*I **caught** chickenpox from one of the children.*

• **develop** [cancer/an infection/asthma, etc.]
*People who smoke are more likely to **develop** cancer.*

• **go down with** [flu/a stomach upset, etc.]
*He **went down with** flu two days before we were due to leave.*

• **shake off** [a cold, flu, etc.]
*I've had a cold for two weeks now and I can't **shake** it **off**.*

• **cure/treat** [a cold/infection/cancer, etc.]
*Scientists are searching for a drug to **cure** colds. • Antibiotics can be used to **treat** some throat infections.*

• [hay fever/asthma/cancer, etc.] **sufferers**
*The drug offers new hope to cancer **sufferers**.*

6 Языки

• **speak** [French/Italian/Arabic, etc.]
*She **speaks** very good Russian.*

• **learn/study** [Cantonese/Urdu/Spanish, etc.]
*I'm **learning** German at school. • She wants to **study** Icelandic at university.*

• **in** [Danish/Mandarin/Portuguese, etc.]
*All the signs were **in** French.*

• **fluent/be fluent in** [German/Japanese/Russian, etc.]
*He speaks **fluent** Italian. • Anna is **fluent in** Japanese.*

• **broken** (= not good and full of mistakes) [French/Italian/Spanish, etc.]
*I tried to make myself understood in **broken** French.*

• a [French/Latin/Russian, etc.] **teacher**
*She's a Spanish **teacher** at the local school.*

7 Прием пищи

• **eat/have** [breakfast/lunch, etc.]
*More workers are **eating** lunch at their desks. • He was sitting in a café **having** lunch.*

• **make/prepare** [breakfast/lunch, etc.]
*He was in the kitchen **making** lunch. • She'd **prepared** a lovely meal for us.*

• **have** sth **for** [lunch/dinner, etc.]
*I **had** toast **for** breakfast. • What did you **have for** dinner?*

• serve [breakfast/lunch, etc.]
*Breakfast is **served** in the hotel restaurant between 7 and 9.30am.*

• **skip** [breakfast/lunch, etc.] (= not eat breakfast, lunch, etc.)
*I was late for school so I had to **skip** breakfast.*

• a **big/light** [breakfast/lunch, etc.]
*He always eats a **big** breakfast. • I usually have a **light** lunch.*

• an **early/late** [breakfast/lunch, etc.]
*We had an **early** lunch and then set off. • I got up at 11am and had a **late** breakfast.*

• a **leisurely/quick** [breakfast/lunch, etc.]
*They enjoyed a **leisurely** lunch on the hotel terrace. • We set off early after a **quick** breakfast.*

• **at/over** [lunch/dinner, etc.]
He didn't say a word ***at*** *breakfast. • We discussed it* ***over*** *dinner.*

8 Месяцы

• **in** [December/March, etc.]
My birthday's ***in*** *July.*

• **on** [August 24th/May 12th, etc.]
Her birthday's ***on*** *August 24th.*

• **early/mid/late** [January/June, etc.]
The weather is usually very nice in ***early*** *July. • By* ***late*** *May, the situation had improved.*

• **the beginning of/the end of** [May/October, etc.]
The work should be finished by ***the beginning of*** *April. • He's coming at* ***the end of*** *November.*

• **last/next** [May/June, etc.]
They got married ***last*** *December. • The elections will be held* ***next*** *June.*

9 Музыкальные инструменты

• **play the/play** [guitar/piano, etc.]
He ***plays*** *saxophone in a band. • She was* ***playing the*** *violin.*

• **learn (to play) the** [flute/violin, etc.]
John's ***learning*** *the clarinet.*

• **on the/on** [drums/violin, etc.]
Sam was ***on the*** *trumpet and Jim was* ***on the*** *saxophone.*

• a [piano/guitar, etc.] **lesson/player/teacher**
I'm having piano ***lessons****. • He's a great guitar* ***player****.*

10 Времена года

• **during the/in the/in** [spring/summer, etc.]
We're very busy ***during the*** *summer. • The park is open for longer* ***in*** *summer. • It often snows* ***in the*** *winter.*

• **through the/throughout the** [summer/winter, etc.]
The plant produces flowers ***throughout the*** *summer.*

• **early/late** [autumn/spring, etc.]
Sow the seeds in ***early*** *spring. • It was a cold night in* ***late*** *autumn.*

• **last/next** [winter/summer, etc.]
The book was published ***last*** *autumn. • They're getting married* ***next*** *summer.*

• **the depths of winter/the height of spring/summer**
He never wears a coat, even in ***the depths of winter****. • It was* ***the height of summer*** *and very hot.*

• **the** [spring/summer, etc.] **of** [1995/2004, etc.]
He had a heart attack in ***the*** *summer* ***of*** *2002.*

• **the** [summer/winter, etc.] **months**
In the ***winter*** *months, people visit the area to ski.*

11 Компьютерные программы

• **download** [files/music/software, etc.]
*You can just **download** the software from the Internet.*

• **install/uninstall** [a program/software, etc.]
*Follow the on-screen instructions to **install** the program. • **Uninstall** the software if you want to free up more disk space.*

• **run** [a program, etc.]
*Click on the icon to **run** the program.*

• **copy/paste** [a file, etc.]
***Copy** the file onto the C-drive.*

• **develop** [software/a program, etc.]
*The software was **developed** in the US.*

12 Образование

• **do/study** [physics/German, etc.]
*I'm **doing** French and German this year. • Amy's **studying** law at Cambridge University.*

• **have a degree in** [French/history/law, etc.]
*She **has a degree in** chemistry.*

• a [geography/history/maths, etc.] **class/course/lesson**
*He fell asleep in the geography **class**. • The college offers language and computer **courses**. • She's having French **lessons**.*

• a [history/maths, etc.] **lecturer/student/teacher**
*Our English **teacher** is called Mrs Jackson. • She's a maths **lecturer** at the university.*

Как говорить правильно
1: фразы для различных ситуаций общения

Фразы, предлагаемые далее, помогут вам говорить по-английски естественно, как говорят носители языка. Эти фразы полезно запомнить, поскольку они пригодятся во многих ситуациях общения.

1 Приветствие
2 Прощание
3 Как ответить на извинение другого человека
4 Как просить разрешения сделать что-либо
5 Как попросить о чем-либо
6 Как предложить что-либо
7 Как предложить свою помощь
8 Как пригласить кого-либо
9 Как ответить на благодарность

1 Приветствие

Помимо обычного “Hello” или “Hello, how are you?”, существуют и другие фразы для приветствия. Вот некоторые из них:

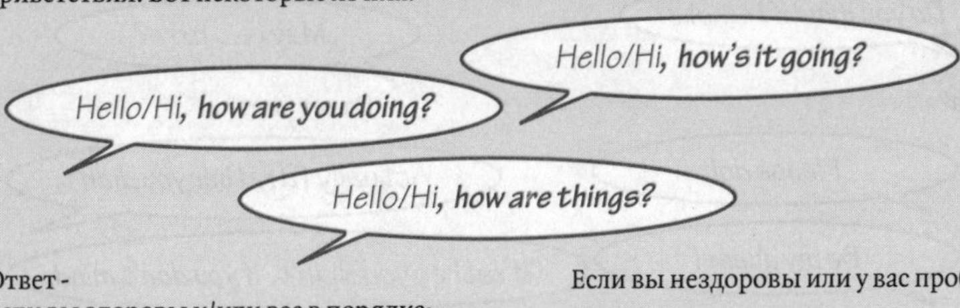

Ответ -
Если вы здоровы и/или все в порядке:

Если вы нездоровы или у вас проблемы:

2 Прощание

Как еще можно сказать “goodbye” друзьям или близким:

TALK! TALK! TALK! TALK! TALK! TALK! TALK! TALK! TALK! TALK! TALK! TALK! TALK! TALK! TALK! TALK!

3 Как ответить на извинение другого человека

Если кто-то просит извинения за свои действия, вы можете ответить:

4 Как просить разрешения сделать что-либо

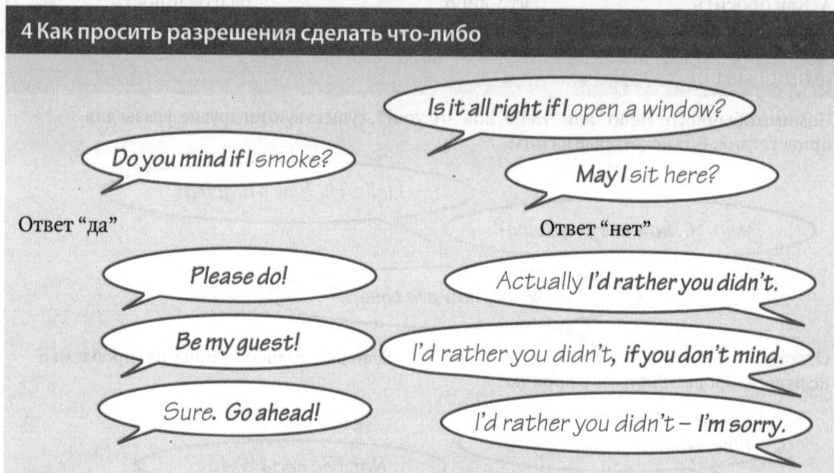

5 Как попросить о чем-либо

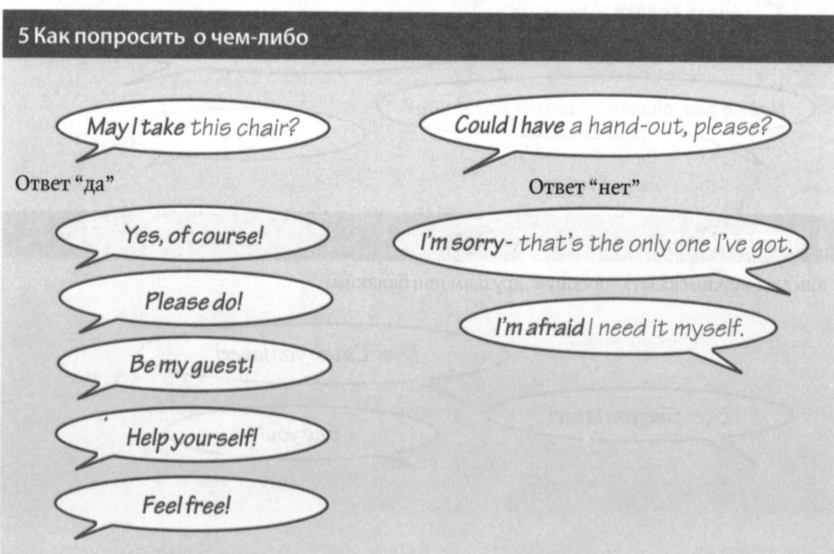

TALK! TALK! TALK! TALK! TALK! TALK! TALK! TALK! TALK! TALK! TALK! TALK!

6 Как предложить что-либо

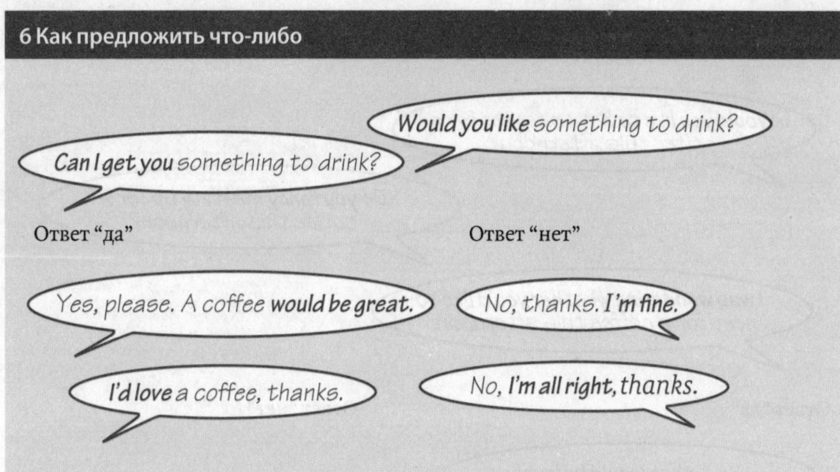

7 Как предложить свою помощь

***Can I help you with** your bags?*

***Would you like some help with** your bags?*

***Let me help you with** your bags.*

Ответ "да"

*Thanks, **that would be great.***

*Thanks, **that's a great help.***

*Yes, thanks, **if you don't mind.***

Ответ "нет"

***It's all right,** thanks. I can manage.*

***I'm fine,** thanks.*

8 Как пригласить кого-либо

Would you like to *get together for a coffee this afternoon?*

Do you fancy *meeting up for a coffee this afternoon?*

I was wondering whether you'd like to *meet for a coffee this afternoon.*

Ответ “да”

Yes, ***that would be lovely.***

Yes, ***great idea.***

Sure, ***why not?***

Cool!

Ответ “нет”

I'd love to but *I can't this afternoon.*

I'm afraid I can't *make it this afternoon.*

I wish I could, *but I'm busy.*

9 Как ответить на благодарность...

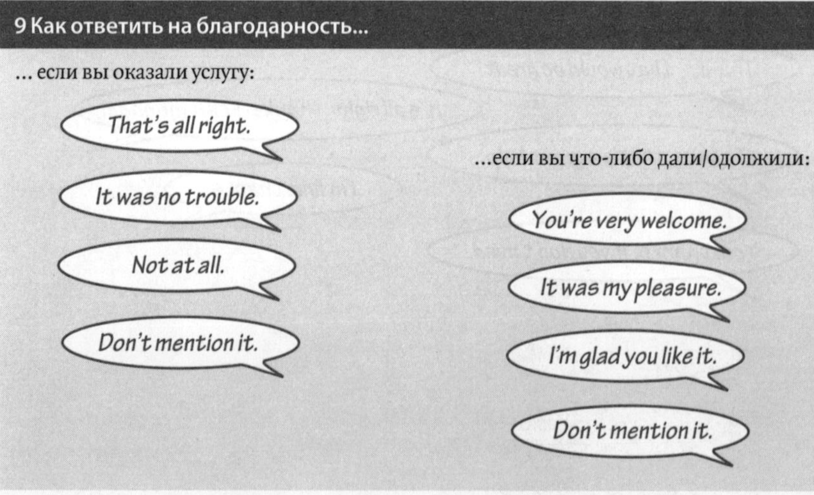

Как говорить правильно 2: разговорная практика

Далее приведены двенадцать более продолжительных диалогов, которые происходят в различных ситуациях общения. В некоторых предложениях сделаны пропуски. Заполните эти пропуски, используя фразы, приведенные под каждым из диалогов. Затем постарайтесь выучить эти фразы наизусть. Это поможет сделать вашу английскую речь более естественной, поскольку данные фразы широко используются носителями английского языка.

1 Запись на прием (к врачу, парикмахеру и т.п.)
2 Телефонные переговоры
3 Приглашение
4 Как просить извинения
5 В ресторане
6 В гостях
7 Как спросить о здоровье членов семьи
8 Как сказать, откуда вы родом
9 Разговор о планах (на выходные, на каникулы/отпуск)
10 Разговор о прошедших выходных
11 Как отменить договоренность
12 Вам сообщают новости (хорошие или плохие)

1 Запись на прием

Заполните пропуски, используя приведенные ниже фразы.

Запись на прием к врачу
Mark: I'd like to (1) ________Dr Parker, please.
Receptionist: Right, let me see. The first appointment available is 3.30, Wednesday.
Mark: I'm afraid Wednesday is no good. (2) _______ on Friday?
Receptionist: 4.20 on Friday?
Mark: Yes, that's fine - (3) ________
Receptionist: What's the name, please?
Mark: Mark Klein, (4) ______ K-L-E-I-N.
Receptionist: So, that's 4.20 on Friday with Dr Parker.

a. I'll take that
b. make an appointment to see
c. Do you have anything
d. that's spelt

2 Телефонные переговоры

Заполните пропуски, используя фразы, приведенные после диалогов.

Неформальная беседа по телефону
Su: Hello.
Anna: Hello, can I speak to Jane, please?
Su: I'm afraid she's not here at the moment. (1)_______
Anna: Yes, please. It's Anna Morris calling. Could you ask her to call me when she gets back?
Su: Sure. (2)_________
Anna: I think so but I'll give it to you anyway. It's 0209 435876.
Su: Ok, (3)_________
Anna: Thanks very much.
Su: Bye.
Anna: Goodbye.

Деловая беседа по телефону
Receptionist: Good morning. Smith and Dawson. (4)__________
John: Hello. Could I speak to Sylvie Roberts, please?
Receptionist: Certainly. (5)__________
John: It's John Wilson.
Receptionist: OK. (6)__________

a. I'll just put you through.
b. Does she have your number?
c. I'll ask her to call you when she gets in.
d. How can I help you?
e. Could I ask who's calling, please?
f. Can I take a message?

3 Приглашение

Заполните пропуски, используя приведенные ниже фразы.

Как принять приглашение
Sasha: I was wondering whether you'd like to come over for dinner one evening.
Nihal: Yes, thank you (1) ________
Sasha: Are you free on Thursday evening?
Nihal: Yes. (2) ________
Sasha: About 7 o'clock?
Nihal: Yes, thanks, that would be great. (3) ________
Sasha: OK, see you on Thursday, then.
Nihal: (4) ________

a. I'll put it in my diary.
b. What sort of time?
c. I'd love to.
d. I'll look forward to it.

Как вежливо отклонить приглашение
Tomas: Suki,would you like to join us for dinner this evening?
Suki: I'd love to but (1)________ - I'm meeting a friend.
Tomas: That's a shame.
Suki: Yes, (2) ________
Tomas: Maybe another time, then?
Suki: (3)__________

a. I'd love to have come otherwise.
b. Definitely.
c. I'm afraid I can't

4 Как просить извинения

Заполните пропуски, используя приведенные ниже фразы.

Vikram: Maria, (1)________ I said I'd call you last night, and I completely forgot.
Maria: Oh, (2) ________ . It doesn't matter. I know you're really busy.
Vikram: (3)________ - it just completely slipped my mind.
Maria: Really, Vikram, it doesn't matter. (4)________

a. Don't give it another thought.
b. Don't worry about it.
c. I owe you an apology.
d. I feel really bad about it

5 В ресторане

Заполните пропуски, используя приведенные ниже фразы.

Перед заказом еды
Waiter: Good evening.
Alexandra: Good evening. (1)________
Waiter: (2) ________
Alexandra: Non-smoking, please.
Waiter: Take a seat near the window.
Alexandra: Thanks. (3) ________ and wine list, please?

a. Smoking or non-smoking?
b. Could we see the menu, please?
c. A table for two, please.

Заказ еды и напитков
Waiter: Are you (1)________
Alexandra: Yes, I think so. (2) ________salmon, please.
Waiter: And for you, madam?
Danielle: Do you have (3)________
Waiter: Yes, we have several dishes without meat, at the bottom of the menu.
Danielle: Ah yes, I'll have the mushroom tart, please.
Waiter: Okay. (4) ________
Danielle: Yes, one mixed salad, please.
Waiter: (5) ________
Danielle: A bottle of house red and some mineral water, please.
Waiter: (6)________
Danielle: Sparkling, please.
Waiter: (7)________
Danielle: Yes, thank you.

a. a vegetarian option?
b. I'll have the
c. Any side dishes with that?
d. And to drink?
e. ready to order?
f. Is that everything?
g. Sparkling or still?

Во время еды
Waiter: (1)________________
Alexandra: Yes, thanks. (2)___________bread, please?
Waiter: Certainly. And (3)____________wine?
Alexandra: No thanks, but could we have another bottle of sparkling mineral water?

a. Could we have some more
b. Is everything all right for you?
c. can I get you any more

После еды
Waiter: (1)______________
Danielle: Yes, thanks. It was lovely.
Waiter: Good. (2)___________More coffee?
Danielle: No thanks. (3)___________
Waiter: Of course.

a. Would you like anything else?
b. Could we have the (*UK*) bill/(*US*) check, please?
c. Did you enjoy your meal?

6 В гостях

Заполните пропуски, используя приведенные ниже фразы.
Этан приходит в дом Лидии на ужин.

Приветствие
Lidia: Hello. (1)__________
Ethan: Hello. (2) ___________
Lidia: Not at all. Perfect timing. (3)___________
Ethan: Thank you.
Lidia: (4)______________
Ethan: No, not at all. We've brought you these flowers.
Lidia: Oh, (5)___________ They're beautiful – thank you!

a. I'm sorry we're late.
b. Did you have any problems finding us?
c. Lovely to see you.
d. you shouldn't have!
e. Let me take your coats.

Прощание
Ethan: It's been a lovely evening. (1)__________
Lidia: Not at all. (2)________ Thank you for coming.
Ethan: We'll see you soon. (3)_________
Lidia: That would be great. See you soon. (4)_________
Ethan: Thanks. Bye!
Lidia: Bye!

a. You must come over to us next time.
b. Thank you very much for having us.
c. It's been a pleasure.
d. Drive carefully.

7 Как спросить о здоровье членов семьи

Заполните пропуски, используя приведенные ниже фразы.

Luis: Juan, hello!
Juan: Hello Luis, how are you?
Luis: (1)_________, thanks, and you?
Juan: Fine. How's the family?
Luis: (2)________, thanks. Julia has just been promoted at work.
Juan: (3)_________
Luis: Yes, she's very pleased.
Juan: Do (4)______________
Luis: Yes, I will. By the way, (5)______________, how is your father these days?
Juan: He's much better, thank you.
Luis: That's good. (6) ____________ ,won't you?
Juan: Yes, I will. Thanks. (7)___________
Luis: Nice to see you too.

a. They're doing well
b. tell her I was asking after her.
c. Not too bad
d. Good for her!
e. Give him my regards when you see him
f. I was meaning to ask you
g. Nice to see you.

8 Как сказать, откуда вы родом

Заполните пропуски, используя приведенные ниже фразы.

Jude: So (1)_________, Thomas?
Thomas: I'm from Germany.
Jude: (2)___________ in Germany?
Thomas: From the north – Osnabrück. Do you know it?
Jude: No, I've been to Karlsruhe but I don't know the north of Germany at all.
Thomas: (3)____________ Where are you from?
Jude: (4)____________Edinburgh but I live in London now.
Thomas: (5)____________London?
Jude: North London – a place called Hampstead . (6)________
Thomas: Yes, I know the name but I've never been there.

a. Have you heard of it?
b. What about you?
c. Where are you from
d. I'm originally from
e. Whereabouts
f. Which part of

TALK! TALK! TALK! TALK! TALK! TALK! TALK! TALK! TALK! TALK! TALK! TALK! TALK! TALK! TALK!

9 Разговор о планах ...

Заполните пропуски, используя приведенные ниже фразы.

... на выходные

Akbar: (1)__________ this weekend?
Carolina: (2) _________ Just having (3)________ at home. How about you?
Akbar: We're going to visit my brother in Paris.
Carolina: Paris? That'll be nice.(4)__________
Akbar: Yes, it should be good.

a. a quiet weekend
b. What are you doing
c. Are you looking forward to it?
d. Nothing special.

... на каникулы/отпуск (UK – holiday, US – vacation)

Georgia: (1)_________this summer?
Leo: Yes, we're going camping in France. How about you?
Georgia: (2)___________yet but (3)_________________Switzerland for a couple of weeks.
Leo: Switzerland. We went there last year and really enjoyed it. (4)___________

a. I think you'll like it.
b. we're thinking of going to
c. Are you going away
d. We haven't booked anything

10 Разговор о прошедших выходных

Заполните пропуски, используя приведенные ниже фразы.

Ava: (1)_______________
Owen: Yes, thanks - very good. Did you?
Ava: Yes, it was nice.
Owen: Did you (2)____________
Ava: No not really – we just (3) __________ How about you?
Owen: We went to the coast on Saturday.
Ava: (4) ________________
Owen: It was really nice. The weather was perfect.
Ava: (5)_____________

a. Sounds great!
b. Did you have a good weekend?
c. do anything special?
d. had a quiet one.
e. How was that?

11 Как отменить договоренность

Заполните пропуски, используя приведенные ниже фразы.

Marta: I'm really sorry, Michel, but (1)________dinner tonight. (2) __________
Michel: Oh what a shame. (3) ________________
Marta: Can we arrange it for another time?
Michel: Yes, (4) ______________
Marta: Next week sometime would be great. (5) ________________
Michel: Don't worry about it – it's not a problem.

a. Something's come up.
b. I'm going to have to cancel
c. I'm free most evenings next week.
d. Never mind.
e. I'm really sorry about tonight.

12 Вам сообщают новости (хорошие или плохие)

Хорошие новости
James: I've just heard that I've got the job.
Erin: (1) ______________
James: Thank you!
Erin: Well done! (2) __________
James: Yes, I am. It's really good news.
Erin: I'm so pleased for you, James – you deserve it.
James: Thank you – (3) ____________

Плохие новости
Conor: I'm afraid I won't be able to make it to the party tonight. I've got to work.
Patrice: Oh no, (4) __________ You were really looking forward to it.
Conor: Yes, I'm really disappointed.
Patrice: (5) ___________ Is there no way round it?

a. You must be really pleased.
b. what a shame!
c. that's very kind.
d. Congratulations!
e. I bet you are.

Ответы к заданиям

Проверка вашей работы

1 **1** The new rule affects everyone.
2 What time is it?
3 It's quite hot in here.
4 He made/gave an interesting speech.

2 **1** do **2** take **3** of **4** feeling

3 The name of this place is Milan, and it is one of the most important Italian cities. You will find Milan in the north of Italy and you can get there by car, train, or plane, but **I think/in my opinion**, travelling by car is the best solution. I suggest **visiting/you visit** Milan, not only because it's full of people but also for its historical buildings.
I decided to go **to** Milan because **I wanted to** see the Duomo and the Castello Sforsesco, and I must **tell you** that they are **incredible**. I hope that you decide to go to Milan **next summer**.
I look forward to **seeing** you very soon, with love, Luca PS Besides, in Milan there are **a lot of** pubs and discos where I know many interesting **people**.

Исчисляемые и неисчисляемые существительные

1 **1** homework **2** sand **3** ✓
4 ✓ **5** luggage

2 **1** an **2** —, a **3** a **4** — **5** —

3 **1** fly **2** furniture **3** luggage **4** day
5 accidents

4 **1** a lot of **2** much **3** many **4** much
5 duck, ice cream, lipstick, pizza

Модальные глаголы

1 7

2 **1** b **2** d **3** a **4** e **5** c

3 **1** d **2** e **3** b **4** c **5** a

Фразовые глаголы

1 **1** drag: 3 **2** hand: 5 **3** pack: 3
4 make: 12

2 **1** on **2** off **3** up **4** over

3 your own answers

4 **1** for **2** with **3** on **4** about **5** on

Идиомы

1 **1** neck: b **2** nail: e **3** battle: a **4** end: c
5 face: d

2 **1** leg **2** head **3** arm **4** ear **5** face

Модели управления глаголов

1 **1** T **2** I,T **3** I,T **4** I,T **5** T **6** I,T
7 T **8** I,T **9** I **10** T

2 **1** c **2** e **3** d **4** a **5** b

3 your own answers

Словообразование

1 **1** unlock **2** disagree **3** illegal
4 impossible **5** irresponsible

2 **1** unlock **2** impossible **3** illegal
4 disagree **5** irresponsible

3 **1** e, multiracial **2** a, semicircle
3 f, anti-war **4** b, pro-democracy
5 c, ex-president **6** g, postgraduate
7 h, overworked **8** d, under-cooked

4 **1** rudeness **2** creation **3** preference
4 ignorance **5** hilarity **6** development

Измерения

1 wide, width **2** long **3** depth
4 high, high

Произношение

1 **1** d **2** e **3** b **4** f **5** a **6** c

2 **1** mole **2** giraffe **3** horse **4** sheep
5 lion **6** chimp

3 **1** k **2** h **3** s **4** w **5** w **6** l

4 **1** **bro**ther **2** edu**ca**tion **3** pho**tog**rapher
4 be**low** **5** com**pu**ter **6** **ne**cessary

Орфография

1 **1** houses **2** watches **3** bricks
4 minutes **5** faxes **6** losses

2 **1** whether **2** quite **3** which **4** their
5 sea

3 **1** hotter **2** banned **3** loudest
4 beginning **5** working

Британский и американский английский

1 **1** d **2** e **3** a **4** c **5** f **6** b

2 **1** b **2** e **3** a **4** d **5** c

3 in each case, UK comes first
1 labour/labor **2** centre/center
3 offence/offense **4** colour/color
5 metre/meter **6** traveller/traveler

4 schedule, ballet, zebra

Как говорить правильно
2: разговорная практика

1 **1**b **2**c **3**a **4**d

2 Неформальная беседа по телефону
1f **2**b **3**c
Деловая беседа по телефону
4d **5**e **6**a

3 Как принять приглашение
1c **2**b **3**a **4**d
Как вежливо отклонить приглашение
1c **2**a **3**b

4 **1**c **2**b **3**d **4**a

5 Перед заказом еды
1c **2**a **3**b
Заказ еды и напитков
1e **2**b **3**a **4**c **5**d **6**g **7**f
Во время еды
1b **2**a **3**c
После еды
1c **2**a **3**b

6 Приветствие
1c **2**a **3**e **4**b **5**d
Прощание
1b **2**c **3**a **4**d

7 **1**c **2**a **3**d **4**b **5**f **6**e **7**g

8 **1**c **2**e **3**b **4**d **5**f **6**a

9 Планы на выходные
1b **2**d **3**a **4**c
Планы на каникулы/отпуск
1c **2**d **3**b **4**a

10 **1**b **2**c **3**d **4**e **5**a

11 **1**b **2**a **3**d **4**c **5**e

12 Хорошие новости
1d **2**a **3**c
Плохие новости
4b **5**e

there are five people and only three beds. ◦ *It must have been – let me see – three years ago.* **7 Let's say** something that you say when you are suggesting a possible situation or action **допустим, скажем** *Let's say we'll meet back here in an hour.* **8 let sb know (sth)** (A2) to tell someone something **давать знать, сообщать** [+ question word] *I'll let you know when we've fixed a date for the meeting.* **9 let (sth) go** to stop holding something **отпустить, не держать** *I* **let go of** *the rope.* **10 let yourself go a** to allow yourself to become less attractive or healthy **не следить за собой, запустить себя b** to relax completely and enjoy yourself **расслабляться, вести себя раскованно** *It's a party – let yourself go!* **11 let's face it** something that you say when the truth is unpleasant but must be accepted **посмотрим правде в глаза** *Let's face it, we're not getting any younger.* → See also let the **cat** out of the bag, let your **hair** down, get/let sb off the **hook**[1], let off **steam**[1]

IDIOM **let alone** used to emphasize that something is more impossible than another thing **не говоря уже о ...** *You couldn't trust her to look after your dog, let alone your child.*

PHRASAL VERBS **let sb down** (B2) to disappoint someone by failing to do what you agreed to do **разочаровывать, подводить кого-либо** *I promised to go to the party with Jane and I can't let her down.* • **let sb in** to allow someone to enter a room or building, often by opening the door **впускать кого-либо** *Could you go down and let Darren in?* • **let yourself in for sth** to become involved in an unpleasant situation without intending to **впутываться во что-либо, взваливать на себя что-либо** *Do you realize how much work you're letting yourself in for?* • **let sb off** (B2) to not punish someone who has done something wrong, or to not punish them severely **отпускать без наказания, прощать** *I'll let you off this time, but don't ever lie to me again.* ◦ *The judge* **let** *her* **off with** *(= only punished her with) a fine.* • **let on** to tell someone about something secret **признаваться, выдавать (секрет)** *She* **let on to** *a friend that she'd lied in court.* • **let sb/sth out** (B2) to allow a person or animal to leave somewhere, especially by opening a locked or closed door **выпускать кого-либо/что-либо** • **let up** If bad weather or an unpleasant situation lets up, it stops or improves. **заканчиваться (о дожде), улучшаться** *I hope the rain lets up for the weekend.*

letdown /ˈletdaʊn/ **noun** [no plural] informal a disappointment **разочарование** *After all I'd heard about the film it was a bit of a letdown when I finally saw it.*

lethal /ˈliːθəl/ **adjective** able to cause death **смертельный**

lethargic /ləˈθɑːdʒɪk/ **adjective** When you feel lethargic, you have no energy and you do not want to do anything. **вялый, апатичный**

• **lethargy** /ˈleθədʒi/ **noun** [U] the feeling of being tired and having no energy **вялость, апатия**

letter /ˈletəʳ/ **noun** [C] **1** (A1) a written message that you send to someone, usually by post **письмо** *I* **got a letter** *from Paul this morning.* **2** (A2) a symbol that is used in written language and that represents a sound in that language **буква** *the letter K* → See also **covering letter**

> Слова-партнеры к **letter**
>
> **get/receive/send/write** a letter • **in** a letter • a letter **from/to** sb

letterbox /ˈletəbɒks/ **noun** [C] UK **1** a small hole in a door that letters are put through **щель в двери для почты 2** (US **mailbox**) a large, metal container in a public place where you can post letters **почтовый ящик**

ˈletter ˌcarrier noun [C] US (UK **postman**) someone who takes and brings letters and parcels as a job **почтальон**

lettuce /ˈletɪs/ **noun** [C] (B1) a plant with green leaves, which is eaten in salads **салат-латук** → See **Fruit and Vegetables** on page Centre 10

leukaemia UK (US **leukemia**) /luːˈkiːmiə/ **noun** [U] a serious disease in which a person's body produces too many white blood cells **лейкемия**

levee /ˈlevi/ **noun** [C] a wall made of earth or other materials that is built next to a river to stop the river from flooding (= covering everywhere in water) **берегозащитная дамба**

level[1] /ˈlevəl/ **noun** [C] **1** (B2) the height of something **уровень** *the water level* **2** (B2) the amount or number of something **содержание, степень** *Chess requires a high level of concentration.* **3** (A2) someone's ability compared to other people **уровень** *Students at this level need a lot of help.* **4** a floor in a building **этаж** *The store had three levels.* → See also **A level**, a level **playing field**, **sea level**

> Слова-партнеры к **level**
>
> the level **of** sth • **at** a (**high/low, etc**) level

level[2] /ˈlevəl/ **adjective 1** [never before noun] at the same height **находящийся на одном уровне** *I got down till my face was* **level with** *his.* **2** (B2) flat or horizontal **плоский, горизонтальный** *Make sure the camera is level before you take the picture.*

level[3] /ˈlevəl/ **verb** [T] (present participle UK **levelling**, past tense and past participle **levelled**, present participle US **leveling**, past tense and past participle **leveled**) **1** to make something flat **выравнивать, делать ровным** *He levelled the wet cement before it set.* **2** to completely destroy a building **сносить, полностью уничтожать** *Artillery fire levelled the town.*

PHRASAL VERBS **level sth against/at sb** to say that someone has done something wrong **выдвигать что-либо против кого-либо** [often passive] *Charges of corruption have been levelled against him.* • **level sth at sb** to aim a gun at someone or something **нацеливать, наводить** *He levelled the gun at my head.* • **level off/out** to stop rising or falling and stay at the same level **выравниваться, быть на неизменном уровне** *Road deaths have levelled off since the speed limit was lowered.*

ˌlevel ˈcrossing noun [C] UK (US **grade crossing**) a place where a railway crosses a road **железнодорожный переезд**

lever /ˈliːvəʳ/ (US) /ˈlevər/ **noun** [C] **1** a handle that you push or pull to make a machine work **рычаг 2** a long bar that you use to lift or move something by pressing one end **рычаг**

leverage /ˈliːvərɪdʒ/ (US) /ˈlevərɪdʒ/ **noun** [U] the power to influence people in order to get what you want **влияние, средство для достижения цели**

levy /ˈlevi/ **verb levy a charge/fine/tax, etc** to officially demand money **взимать плату/налагать штраф/взимать налог и т. д.** [often passive] *A new tax was* ***levied on*** *consumers of luxury goods.*

lewd /luːd/ **adjective** sexual in a way that is unpleasant **развратный, сальный** *lewd comments/gestures*

liability /ˌlaɪəˈbɪləti/ **noun 1** [U] when you are legally responsible for something **ответственность** *They have* ***admitted liability for*** *the damage caused.* **2** [no plural] someone or something that is likely to cause you a lot of trouble **помеха, обуза** *Wherever we go she upsets someone – she's a real liability.* **3** [usually plural] a debt of a business **задолженность**

liable /ˈlaɪəbl/ **adjective 1 be liable to do sth** to be likely to do something **быть способным сделать что-либо** *He's liable to make a fuss if you wake him.* **2** legally responsible **ответственный** *Corporate officials are* ***liable for*** *the safety of their employees.*

liaise /liˈeɪz/ **verb** [I] to speak to other people at work in order to exchange information with them **поддерживать или устанавливать связь** *Our head office will* ***liaise with*** *the suppliers to ensure delivery.*

liaison /liˈeɪzən/ **noun 1** [U] communication between people or groups that work with each other **связь 2** [C] US someone who helps groups to communicate effectively with each another **канал связи** *She served as an informal liaison between employees and management.* **3** [C] a short sexual relationship between people who are not married **любовная связь**

liar /ˈlaɪəʳ/ **noun** [C] (B2) someone who tells lies **лгун**

Lib Dem /lɪbˈdem/ **noun** [C] short for Liberal Democrat **либеральный демократ**

libel /ˈlaɪbəl/ **noun** [U] writing which contains bad information about someone which is not true **клевета** *Tabloid magazines are often sued for libel.*

liberal /ˈlɪbərəl/ **adjective 1** accepting beliefs and behaviour that are new or different from your own **с широкими взглядами** *a* ***liberal attitude*** **2** Liberal political ideas emphasize the need to make new laws as society changes and the need for government to provide social services. **либеральный**

• **liberal noun** [C] someone who is liberal **либерал**

ˌliberal ˈarts noun [plural] US (UK/US **arts**) subjects of study which are not science, such as history, languages, etc **гуманитарные науки**

ˌLiberal ˈDemocrat noun [C] **1 the Liberal Democrats** one of the three main political parties in the UK **либеральные демократы (партия в Великобритании)** *He's the leader of the Liberal Democrats.* **2** [C] someone who supports the Liberal Democrats **либеральный демократ**

liberally /ˈlɪbərəli/ **adverb** in large amounts **щедро, в большом количестве** *fruit liberally sprinkled with sugar*

liberate /ˈlɪbəreɪt/ **verb** [T] to help someone or something to be free **освобождать** *Troops liberated the city.*

• **liberation** /ˌlɪbərˈeɪʃən/ **noun** [U] **освобождение** *the invasion and liberation of France*

liberated /ˈlɪbəreɪtɪd/ **adjective** not following traditional ways of behaving or old ideas **эмансипированный, без предрассудков** *a liberated woman*

liberating /ˈlɪbəreɪtɪŋ/ **adjective** making you feel that you can behave in exactly the way that you want to **раскрепощающий** *Taking all your clothes off can be a very* ***liberating experience.***

liberty /ˈlɪbəti/ **noun** [C, U] **1** (B2) the freedom to live, work, and travel as you want to **свобода** *Many would willingly fight to preserve their liberty.* **2 be at liberty to do sth** formal to be allowed to do something **иметь право делать что-либо** *I'm not at liberty to discuss the matter at present.* **3 take the liberty of doing sth** formal to do something that will have an effect on someone else, without asking their permission **позволить себе, осмелиться сделать что-либо** *I took the liberty of booking theatre seats for us.* → See also **civil liberties**

Libra /ˈliːbrə/ **noun** [C, U] the sign of the zodiac which relates to the period of 23 September – 22 October, or a person born during this period **Весы**

librarian /laɪˈbreəriən/ **noun** [C] someone who works in a library **библиотекарь**

library /ˈlaɪbrəri/ **noun** [C] (A2) a room or building that contains a collection of books and other written material that you can read or borrow **библиотека**

lice /laɪs/ plural of louse **мн. ч. сущ. louse**

licence UK (US **license**) /ˈlaɪsᵊns/ **noun** [C] A2 an official document that allows you to do or have something **лицензия, удостоверение** *a hunting licence ◦ a marriage licence* → See also **driving licence**, **off-licence**

> **Слова-партнеры к licence**
> apply for/hold/issue a licence • a licence for sth

license /ˈlaɪsᵊns/ **verb** [T] to give someone official permission to do or have something **давать разрешение, лицензию** [often passive, + to do sth] *Undercover agents are licensed to carry guns.*

licensed /ˈlaɪsᵊnst/ **adjective** **1** mainly US officially approved **имеющий лицензию, разрешение** *a licensed physician* **2** A licensed bar or restaurant is officially allowed to serve alcoholic drinks. **имеющий патент на торговлю спиртными напитками**

ˈ**license** ˌ**plate** **noun** [C] US (UK **number plate**) an official metal sign with numbers and letters on the front and back of a car **номерной знак (на автомобиле)** → See **Car** on page Centre 7

lick[1] /lɪk/ **verb** [T] B2 to move your tongue across the surface of something **лизать, облизывать** *to* ***lick your lips*** *◦ We licked the chocolate off our fingers.*

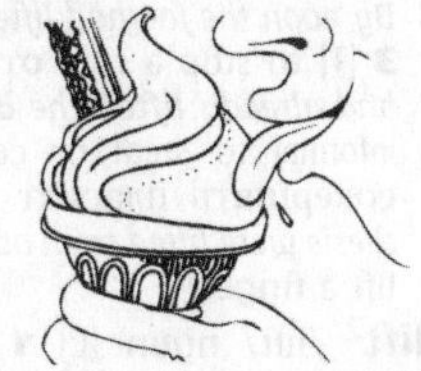

lick[2] /lɪk/ **noun** **1** [C] when you lick something **лизание, облизывание** [usually singular] *Here, have a lick of my ice cream.* **2 a lick of paint** UK informal If you give a wall or other surface a lick of paint, you paint it. **слой краски**

lid /lɪd/ **noun** [C] B2 the top part of a container that can be removed in order to put something in or take something out **крышка**

lie[1] /laɪ/ **verb** [I] (present participle **lying**, past tense **lay**, past participle **lain**) **1 lie in/on, etc** A2 to be in a horizontal or flat position on a surface **лежать в/на и т. д.** *to lie in bed ◦ to lie on a beach ◦ to lie on your side ◦ The pen lay on the desk. ◦ She had lain where she fell until morning.* **2 lie below/in/on/to, etc** B1 to be in a particular place **находиться ниже/в/на/к и т. д.** *The river lies 30 km to the south of the city.*

PHRASAL VERBS **lie around** **1** informal to spend time lying down and doing very little **валяться, лежать** *We spent a week by the sea, lying around on the beach.* **2** If things are lying around, they are left in an untidy way in places where they should not be. **валяться, лежать в беспорядке** *He's always leaving money lying around.* • **lie back** to lower the top half of your body from a sitting position to a lying position **откинуться** *Lie back and relax.* • **lie down** A2 to move into a position in which your body is flat, usually in order to sleep or rest **ложиться, прилечь** *I'm not feeling well – I'm going to lie down.* → See **Phrasal Verbs** on page Centre 16 • **lie in** UK to stay in bed in the morning later than usual **валяться в постели (дольше обычного)** *I lay in till eleven o'clock this morning.* • **lie in sth** to exist or be found in something **заключаться в чем-либо** *Her strength lies in her faith.* • **lie with sb** If the responsibility or blame for something lies with someone, it is their responsibility. **быть чьей-либо ответственностью, лежать на ком-либо** *The final decision lies with me.*

lie[2] /laɪ/ **verb** [I] (present participle **lying**, past tense and past participle **lied**) B1 to say or write something that is not true in order to deceive someone **лгать, обманывать** *Are you* ***lying to*** *me? ◦ He* ***lied about*** *his qualifications for the job.*

lie[3] /laɪ/ **noun** [C] B1 something that you say or write which you know is not true **ложь** *I* ***told a lie*** *when I said I liked her haircut.* → See also **white lie**

lie-in /ˈlaɪˌɪn/ **noun** [no plural] UK when you stay in bed in the morning longer than usual **валяние в постели (утром)** *I* ***had a*** *long* ***lie-in*** *this morning.*

lieu /luː/ **noun** **in lieu of sth** formal instead of something **вместо** *She took the money in lieu of the prize.*

lieutenant /lefˈtenənt/ US /luːˈtenənt/ **noun** [C] an officer of middle rank in the army, navy, or air force **лейтенант** *first/second lieutenant*

life /laɪf/ **noun** (plural **lives** /laɪvz/) **1** [U] B1 living things and their activities **жизнь** *human/marine life ◦ Is there life in outer space?* **2** [C] B2 the existence of a person **жизнь** *How many lives will be lost to AIDS?* **3** [C, U] A1 the time between a person's birth and their death **жизнь** *I'm not sure I want to* ***spend*** *the rest of my* ***life*** *with him. ◦* ***Life's too short*** *to worry about stuff like that. ◦ Unfortunately, accidents are* ***part of life****. ◦ He* ***had*** *a happy* ***life****.* **4** [C, U] B1 a way of living **жизнь, образ жизни** *You* ***lead*** *an exciting* ***life****.* **5 family/private/sex, etc life** B1 one part of someone's existence **семейная/частная/половая и т. д. жизнь** *My private life is nobody's business but mine.* **6** [U] B2 energy and activity **жизнь, оживление, энергия** *She was always bubbly and* ***full of life****. ◦ I looked through the window but couldn't see any* ***signs of life*** *(= people moving).* **7** [no plural] the amount of time that a machine, system, etc exists or can be used **срок эксплуатации** *Careful use will prolong the life of your machine.* **8 bring sth to life/come to life** to make something more real or exciting, or to become more real or exciting **оживлять что-либо/оживать** **9 That's life.** something you say which means bad things happen and you cannot prevent them **такова жизнь, ничего не поделаешь** *You don't get everything you want but that's life, isn't it?* **10 Get a life!** informal something you say to a boring person when you want them to do more exciting

L

things займись чем-нибудь более интересным *Surely you're not cleaning the house on Saturday night? Get a life!* → See also the facts (**fact**) of life, give sb the **kiss**[2] of life, give sb/sth a new **lease**[1] of life, **shelf life, walk**[2] of life

> **Слова-партнеры к life**
>
> **have/lead/live** a [charmed/normal, etc] life • **spend** your life (doing sth) • an **aspect/part** of sb's life

lifeboat /ˈlaɪfbəʊt/ **noun** [C] a small boat that is used to help people who are in danger at sea **спасательная шлюпка**

ˈlife ˌcoach noun [C] someone whose job is to teach people how to solve problems and make decisions in their daily life **профессиональный инструктор, обучающий людей решать проблемы и принимать решения в повседневной жизни**

ˈlife ˌcycle noun [C] the changes that happen in the life of an animal or plant **жизненный цикл**

ˈlife exˌpectancy noun [C, U] the number of years that someone is likely to live **вероятная продолжительность жизни**

lifeguard /ˈlaɪfgɑːd/ **noun** [C] someone at a swimming pool or beach whose job is to help people who are in danger in the water **спасатель**

ˈlife inˌsurance noun [U] (also UK **ˈlife aˌssurance**) a system of payments to an insurance company that will pay money to your family when you die **страхование жизни**

ˈlife ˌjacket noun [C] a piece of equipment that you wear on the upper part of your body to help you float if you fall into water **спасательный жилет**

life jacket

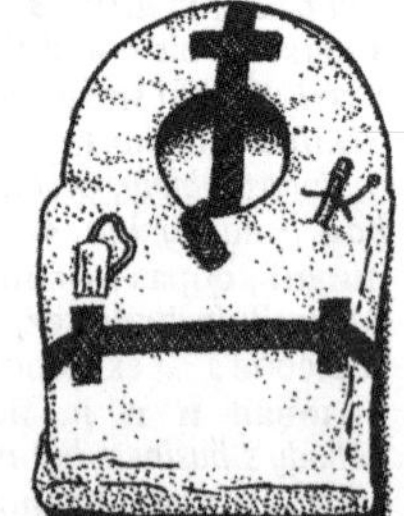

lifeless /ˈlaɪfləs/ **adjective 1** without life **мертвый, безжизненный** *his lifeless body* **2** without energy or feeling **вялый, скучный** *a lifeless performance*

lifelike /ˈlaɪflaɪk/ **adjective** If something is lifelike, it looks real. **как живой** *a lifelike portrait/sculpture*

lifeline /ˈlaɪflaɪn/ **noun** [C] something that helps you when you are in a difficult or dangerous situation **единственная надежда** *For a lot of old people who live on their own, the telephone is a lifeline.*

lifelong /ˌlaɪfˈlɒŋ/ **adjective** [always before noun] for all of your life **пожизненный, на всю жизнь** *a* ***lifelong friend/interest***

ˌlife ˈpeer noun [C] someone who has been officially respected in the UK by being given an important title, for example 'Lord', 'Lady', or 'Baroness' **пожизненный пэр**

ˈlife ˌsentence noun [U] (informal **life**) the punishment of spending a very long time, or the rest of your life, in prison **пожизненное тюремное заключение**

lifespan /ˈlaɪfspæn/ **noun** [C] the amount of time that a person lives or a thing exists **продолжительность жизни/срок службы**

lifestyle /ˈlaɪfstaɪl/ **noun** [C] (B2) the way that you live **образ/уклад жизни** *a* ***healthy lifestyle***

life-threatening /ˈlaɪfθretᵊnɪŋ/ **adjective** likely to cause death **опасный для жизни** ***life-threatening conditions/diseases***

lifetime /ˈlaɪftaɪm/ **noun** [C] (B2) the period of time that someone is alive **целая жизнь** [usually singular] *We'll see such huge changes* ***in*** *our* ***lifetime.***

lift[1] /lɪft/ **verb 1** [T] (B1) to put something or someone in a higher position **поднимать** *Could you help me lift this table, please?* ◦ *She* ***lifted*** *the baby* ***up*** *and put him in his chair.* **2** [I] If fog lifts, it disappears. **рассеиваться (о тумане и т. д.)** *By noon the fog had lifted and the day turned hot.* **3** [T] to stop a rule **отменять** *The government had already* ***lifted*** *the* ***ban*** *on beef imports.* **4** [T] informal to steal or copy something **красть, совершать плагиат** *Entire paragraphs of his thesis were lifted from other sources.* → See also not lift a **finger**[1]

lift[2] /lɪft/ **noun** [C] **1** UK (US **elevator**) (A2) a machine that carries people up and down in tall buildings **лифт** *Shall we use the stairs or* ***take*** *the* ***lift****?* **2** (A2) a free ride somewhere, usually in a car **используется с гл. give в значении 'подвозить'** [usually singular] *Can you* ***give*** *me* ***a lift*** *to the airport?* **3** when you move someone or something up to a higher position **поднятие, подъем**

lift-off /ˈlɪftɒf/ **noun** [C] the moment when a spacecraft leaves the ground **отрыв от земли**

ligament /ˈlɪgəmənt/ **noun** [C] a piece of strong tissue in the body that holds bones together **связка** *ankle/knee ligaments* ◦ *torn ligaments*

light[1] /laɪt/ **noun 1** [U] (B1) the brightness that shines from the sun, from fire, or from electrical equipment, allowing you to see things **свет** ***bright/dim light*** ◦ *fluorescent/ultraviolet light* ◦ *a* ***beam/ray*** *of light* ◦ *Light was streaming in through the open door.* **2** [C] (A2) a device which produces light **источник света, лампа, фара** *car lights* ◦ *to switch/turn the light on* ◦ *They must be in bed – I can't see any* ***lights on*** *anywhere.* **3 a light** a flame from a match, etc used to make a cigarette start burning **огонь, пламя (спички, зажигалки)** *Have you got a light, please?* **4 set light to sth** UK to make something start burning **зажигать, поджигать 5 in the light of sth** (also US **in light of sth**) If something is done or happens in the light of facts, it is done or

L

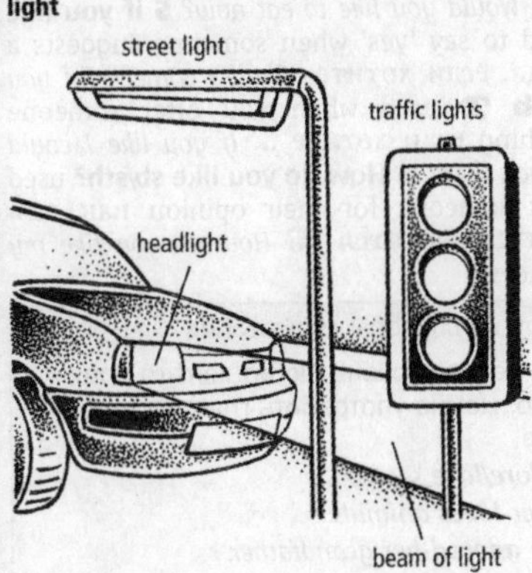

happens because of those facts. **в свете чего-либо** *The drug has been withdrawn in the light of new research.*

IDIOMS **bring sth to light** If information about something bad is brought to light, it is discovered. **выявлять что-либо** *The trial brought to light numerous contradictions in his story.* • **cast/shed light on sth** to help people understand a situation **проливать свет на что-либо** *We were hoping you might be able to shed some light on the matter.* • **come to light** If information about something bad comes to light, it is discovered. **обнаруживаться, выявляться** • **light at the end of the tunnel** something which makes you believe that an unpleasant situation will soon end **просвет, надежда на улучшение**

→ See also **green light**, **street light**, **tail light**, **traffic light**

Слова-партнеры к light

light shines • a beam/ray/shaft of light • bright light

light² /laɪt/ adjective **1** Ⓐ2 not heavy **легкий, нетяжелый** *light clothing/machinery* ◦ *I can carry both bags – they're quite light.* **2** Ⓑ1 small in amount **легкий, незначительный** *light rain/snow* ◦ *I only had a light lunch.* **3** not strong or not forceful **легкий, слабый** *a light breeze* ◦ *a light embrace* **4** Ⓐ1 Light colours are pale. **светлый** *light brown/green* ◦ *a light blue cardigan* **5** easy to understand and not serious **легкий, нетрудный** ***light entertainment*** ◦ *I'm taking some **light reading** on holiday.* **6 make light of sth** to talk or behave as if you do not think a problem is serious **не воспринимать что-либо серьезно** **7 it is light** Ⓑ1 it is bright from the sun **светло** *Let's go now while it's still light.*

• **lightness** noun [U] **легкость**

light³ /laɪt/ verb (past tense and past participle **lit**, **lighted**) **1** [I, T] Ⓑ1 to start to burn, or to make something start to burn **загораться, зажигать** *to **light** a **candle/cigarette/fire*** ◦ *The wood was damp and wouldn't light.* **2** [T] Ⓑ2 to produce light somewhere so that you can see things **освещать(ся)** [often passive] *The room was lit by a single light bulb.* ◦ *Burning buildings **lit up** the sky.*

PHRASAL VERBS **light up** If your face or your eyes light up, you suddenly look happy or excited. **загораться, озаряться** *His **eyes lit up** when you mentioned her name.* • **light (sth) up** to make a cigarette, etc start burning **зажигать, прикуривать** *He made himself a coffee and **lit up** a **cigarette**.*

ˈlight ˌbulb noun [C] a glass object containing a wire which produces light from electricity **(электрическая) лампочка**

lighten /ˈlaɪtᵊn/ verb **1** [I, T] If a serious situation lightens, it becomes less serious, and if something or someone lightens it, they make it less serious. **разряжать(ся) (об обстановке), поднимать(ся) (о настроении)** *Her **mood lightened** a bit when I asked about her holiday.* ◦ *He tried to **lighten** the **atmosphere** by telling a joke.* **2 lighten the burden/load** to reduce the amount of work or trouble someone has to deal with **облегчать ношу** **3** [I, T] to become less dark, or to make something less dark **выцветать, обесцвечивать** *The sun had lightened her hair.*

PHRASAL VERB **lighten up** informal to become more relaxed and less serious **успокаиваться, расслабляться** *I wish she'd lighten up a bit.*

lighter /ˈlaɪtəʳ/ noun [C] Ⓑ1 a small object that produces a flame and is used to make cigarettes start burning **зажигалка**

light-hearted /ˌlaɪtˈhɑːtɪd/ adjective not serious **беззаботный, беспечный** *a light-hearted remark*

lighthouse /ˈlaɪthaʊs/ noun [C] (plural **lighthouses** /ˈlaɪthaʊzɪz/) a tall building on the coast containing a large light which warns ships that there are rocks **маяк**

lighting /ˈlaɪtɪŋ/ noun [U] Ⓑ2 the light created by electrical equipment, candles, etc **освещение** *soft lighting*

lightly /ˈlaɪtli/ adverb **1** Ⓑ1 gently **слегка, едва** *He kissed her lightly on the cheek.* **2** not much **слегка, чуть-чуть** ***lightly cooked** vegetables* **3 not do sth lightly** to think carefully about something before you do it, knowing that it is serious **серьезно подходить к чему-либо** *It's* *not a decision that I take lightly.* **4 get off lightly** (also UK **escape lightly**) to have less trouble or punishment than you expected **легко отделаться**

lightning /ˈlaɪtnɪŋ/ **noun** [U] B1 a sudden flash of light in the sky during a storm **молния** ***thunder and lightning*** ◦ *He was **struck by lightning** and killed.*

> **Слова-партнеры к lightning**
>
> be **struck by** lightning • a **bolt/flash** of lightning • **thunder and** lightning

lights /laɪts/ **noun** [plural] (also ˈ**traffic** ˌ**lights**) a set of red, green, and yellow lights that is used to stop and start traffic **светофор**

lightweight /ˈlaɪtweɪt/ **adjective** not weighing much **легкий** *a lightweight jacket for the summer*

• **lightweight noun** [C] a sportsman such as a boxer who is not in the heaviest weight group **спортсмен легкого веса**

like[1] /laɪk/ **preposition 1** A2 similar to or in the same way as someone or something **как, похожий на** *They were acting like children.* ◦ *He looks like his father.* ◦ *It sounded like Harry.* **2 What is sb/sth like?** A2 something you say when you want someone to describe someone or something **как он/она/оно и т. д. выглядит?** *I haven't met him – what's he like?* ◦ *So what's your new dress like?* **3 What are you like?** UK informal used when someone has said or done something silly **ну, на что это похоже?** *You've bought another jacket? What are you like?* **4** B2 If behaviour is like someone, it is typical of the way that they behave. **похоже** *It's **just like** Anita to miss her train.* ◦ *It's not like Tim to be late.* **5** B1 for example **например** *She looks best in bright colours, like red and pink.*

> **Типичная ошибка: would like**
>
> **Запомните:** после **would like** никогда не употребляется инфинитив без частицы 'to'.
> Правильно говорить **would like to do something**, а не 'would like do something'.
>
> *~~I would like thank you for your invitation.~~*
>
> *I would like to thank you for your invitation.*

like[2] /laɪk/ **verb** [T] **1** A1 to enjoy something or feel that someone or something is pleasant **нравиться, любить** [+ doing sth] *I just like playing with my computer.* ◦ [+ to do sth] *I like to paint in my spare time.* ◦ *He really likes her.* ◦ *What do you **like about** him?* → Opposite **dislike** **2 not like to do sth/not like doing sth** to not usually do something because you think it is wrong **не нравиться, считать что-либо неправильным** *I don't like to criticize her too much.* **3 would like sth** A1 to want something **хотелось бы** [+ to do sth] *I'd like to think about it.* ◦ *I'd like some chips with that, please.* **4 Would you like...?** A1 used to offer someone something **хотите ...?** *Would you like a drink?* ◦ [+ to do sth] *Would you like to eat now?* **5 if you like a** used to say 'yes' when someone suggests a plan **да, если хотите** *"Shall I come?" "If you like."* **b** A2 used when you offer someone something **если хотите ...** *If you like I could drive you there.* **6 How do you like sb/sth?** used to ask someone for their opinion **как вам нравится/нравятся ...?** *How do you like my new shoes?*

> **Другие способы сказать like**
>
> Если человек очень любит кого-то или что-то, можно употребить глаголы **love** и **adore**.
>
> *I **adore/love** seafood.*
> *Oliver **loves** animals.*
> *Kate **adored** her grandfather.*
>
> Выражения **think the world of ...** и **have a soft spot for ...** также употребляют, если хотят сказать, что кто-то очень нравится.
>
> *I've always **had a soft spot for** Rebecca ever since she was tiny.*
> *Annabel's like a daughter to him, he **thinks the world of** her.*
>
> Выражение **be fond of ...** употребляют, когда хотят сказать, что кто-то или что-то нравится.
>
> *She's very **fond of** Chinese food.*
> *I think she's very **fond of** you.*
>
> Фразовые глаголы **grow on** и **take to/warm to** употребляют, когда кто-то или что-то начинает нравиться.
>
> *I wasn't sure about the colour at first, but it's **growing on** me.*
> *For some reason, I just didn't **take/warm to** him.*
>
> Выражения **take a shine to** и **take a liking to** означают, что кто-то понравился с первого взгляда.
>
> *I think he's **taken a** bit of a **shine to** you.*

like[3] /laɪk/ **conjunction** informal **1** in the same way as **как** *Do it exactly like I told you to.* **2** B1 as if **как будто, словно** *He acted like he didn't hear me.*

like[4] /laɪk/ **noun 1** [no plural] formal someone or something that is similar to someone or something else **что-либо подобное, похожее** *Economists are predicting a depression, **the like of which** the world has never seen.* **2 and the like** informal and similar things **и тому подобное** *There's a gym that they use for dance and aerobics and the like.* **3 sb's likes and dislikes** B1 the things that someone thinks are pleasant and not pleasant **чьи-либо вкусы, пристрастия и предубеждения**

-like /-laɪk/ **suffix** changes a noun into an adjective meaning 'typical of or similar to' **подобный чему-либо, напоминающий что-либо (как компонент сложных при-**

лагательных *childlike trust* ◦ *a cabbage-like vegetable*

likeable /ˈlaɪkəbl/ **adjective** If you are likeable, you are pleasant and easy to like. **милый, симпатичный** *a likeable character*

likelihood /ˈlaɪklihʊd/ **noun** [U] the chance that something will happen **вероятность** *There's not much* ***likelihood of*** *that happening.*

> **Слова-партнеры к likelihood**
>
> increase/reduce the likelihood of sth • a real/strong likelihood • the likelihood of (doing) sth

likely[1] /ˈlaɪkli/ **adjective 1** (B1) expected **возможный, вероятный** [+ to do sth] *Do remind me because I'm likely to forget.* ◦ [+ (that)] *It's likely that he'll say no.* **2** probably true **правдоподобный** *the most likely explanation* → Opposite **unlikely**

likely[2] /ˈlaɪkli/ **adverb 1** probably **вероятно, скорее всего** *She'll most likely come without him.* **2 Not likely!** UK informal used to say that you will certainly not do something **ни в коем случае!** *"So are you coming running with me?" "Not likely!"*

liken /ˈlaɪkən/ **verb**

PHRASAL VERB **liken sth/sb to sth/sb** formal to say that two people are similar or two things are similar **сравнивать что-либо/кого-либо с чем-либо/кем-либо** *She's been likened to a young Elizabeth Taylor.*

likeness /ˈlaɪknəs/ **noun** [C, U] being similar in appearance **сходство** *There's a definite* ***family likeness*** *around the eyes.*

likewise /ˈlaɪkwaɪz/ **adverb** formal in the same way **так же, таким же образом** *Water these plants twice a week and likewise the ones in the bedroom.* ◦ *Watch what she does and then* ***do likewise.***

liking /ˈlaɪkɪŋ/ **noun 1** [no plural] a feeling that you like someone or something **симпатия** *He has* ***a liking for*** *young women.* **2 take a liking to sb** to like someone immediately **почувствовать симпатию к кому-либо** *He obviously took a liking to her.* **3 be too bright/sweet, etc for your liking** to be brighter/sweeter, etc than you like **быть слишком ярким/сладким и т. д. на чей-либо вкус 4 be to sb's liking** formal to be the way that someone prefers something **быть по вкусу** *Is the wine to your liking, sir?*

lilac /ˈlaɪlək/ **noun** [C, U] a small tree that has sweet-smelling purple, pink, or white flowers **сирень**

lily /ˈlɪli/ **noun** [C] a plant with large, bell-shaped flowers that are often white **лилия**

limb /lɪm/ **noun** [C] **1** a leg or an arm of a person **конечность (рука или нога) 2** a large branch of a tree **ветка, сук**

lime /laɪm/ **noun 1** [C, U] a small, green fruit that is sour like a lemon **лайм 2** [C] (also **ˈlime ˌtree**) a large tree that has pale green leaves and yellow flowers **липа 3** [U] a white substance that is found in water and soil and is used to improve the quality of soil **известь 4** [U] (also **ˌlime ˈgreen**) a bright colour that is a mixture of yellow and green **желто-зеленый цвет** → See **Colours** on page Centre 12
• **lime** (also **lime-green**) **adjective желто-зеленый**

the limelight /ˈlaɪmlaɪt/ **noun** attention from the public **центр внимания** *She's been* ***in the limelight*** *for most of her career.*

limit[1] /ˈlɪmɪt/ **noun** [C] **1** (B1) the largest amount of something that is possible or allowed **предел, ограничение** *a time limit* ◦ *Is there a* ***limit on*** *the amount of money you can claim?* ◦ *There's a* ***limit to*** *how much time we can spend on this.* **2 be over the limit** UK to have more alcohol in your blood than is legally allowed while driving **превышать норму содержания алкоголя в крови 3 within limits** avoiding behaviour that is extreme or silly **в пределах разумного** *You can wear what you want, within limits.* **4 off limits** If an area is off limits, you are not allowed to enter it. **закрытый для посещения** → See also **speed limit**

> **Слова-партнеры к limit**
>
> an age/height/speed/time limit • a legal/maximum/strict/an upper limit • exceed/impose a limit • a limit on/to sth

limit[2] /ˈlɪmɪt/ **verb** [T] (B2) to control something so that it is less than a particular amount or number **ограничивать** *We'll have to limit the number of guests.*

PHRASAL VERBS **be limited to sth** to only exist in a particular area **ограничиваться пределами чего-либо** *Racial problems are certainly not limited to the south.* • **limit sb to sth** to only allow someone a particular amount or number of something **ограничивать кого-либо в количестве чего-либо** [often passive] *We're limited to two pieces of luggage each.* ◦ [often reflexive] *I try to limit myself to two cups of coffee a day.*

limitation /ˌlɪmɪˈteɪʃən/ **noun** [C, U] when something is controlled so that it is less than a particular amount or number **ограничение** *the limitation of free speech* ◦ *You can't write everything you want to because of space limitations.*

limitations /ˌlɪmɪˈteɪʃənz/ **noun** [plural] things that someone is not good at doing **ограниченность, скромные возможности** *Both films show her limitations as an actress.*

limited /ˈlɪmɪtɪd/ **adjective** (B1) small in amount or number **ограниченный** *a* ***limited choice*** ◦ *limited resources* → Opposite **unlimited**

ˌlimited ˈcompany **noun** [C] a company, especially one in the UK, whose owners only have to pay part of the money they owe if the

L

company fails financially **акционерное общество с ограниченной ответственностью**

limousine /ˌlɪməˈziːn/ **noun** [C] (also **limo** /ˈlɪməʊ/) a large, expensive car, usually for rich or important people **лимузин** *a chauffeur-driven limousine*

limp[1] /lɪmp/ **adjective** soft and weak **вялый, поникший** *a **limp handshake** ◦ a limp lettuce*

limp[2] /lɪmp/ **verb** [I] to walk with difficulty because one of your legs or feet is hurt **хромать**
• **limp noun** [no plural] **хромота** *She walks with a limp.*

line[1] /laɪn/ **noun 1** [C] A2 a long, thin mark **линия** *a horizontal/straight/vertical line ◦ Sign your name on the dotted line. ◦ **Draw a line** around your hand.* **2** [C] a row of people or things **ряд** *a line of trees ◦ We formed two lines, men on one side and women on the other.* **3** [C] a piece of rope or wire with a particular purpose **веревка, провод, леска** *a clothes/fishing line* **4** [C] B2 the connection between two telephones **линия связи** *I've got Neil **on the line** for you (= waiting to speak to you). ◦ I'll be with you in a moment – could you **hold the line** (= wait), please?* **5** [C, U] US (UK **queue**) a row of people waiting for something, one behind the other **очередь** *We were **standing in line** for hours to get tickets.* **6** [C] B1 a row of words on a page, for example in a song or poem **строка** *The same line is repeated throughout the poem.* **7 lines** the words spoken by an actor in a performance **роль, слова роли** *I don't know how actors remember all their lines.* **8** [C] the official opinion of an organization **политика, линия** [usually singular] *the government's **line on** immigration* **9 along the lines of sth** based on and similar to something **сделанный на основе чего-либо, похожий на что-либо** *He gave a talk along the lines of the one he gave in Oxford.* **10 sb's line of reasoning/thinking, etc** your reasons for believing that something is true or right **последовательность доводов/ход мысли и т. д.** **11** [C] a type of product that a company sells **ассортимент, серия изделий** *They're advertising a new **line in** garden furniture.* **12** [C] the direction that something moves in **линия, направление** *He can't kick the ball in a **straight line**.* **13 lines** the marks that older people have on their faces, when the skin is loose **морщины** **14** [C] US a border between two areas **граница** *the New York state line* **15 be on the line** If someone's job is on the line, they may lose it. **быть в опасности, под угрозой** **16 be in line for sth** to be likely to get something good, especially a job **иметь шанс на что-либо** **17 be in line with sth** to be similar to and suitable for something **быть в соответствии с чем-либо** *a pay increase in line with inflation*

IDIOMS **draw the line at sth** to never do something because you think it is wrong **никогда не пойти на что-либо** *I swear a lot but even I draw the line at certain words.* • **toe the (party) line** to do what someone in authority tells you to do although you may not agree with it **ходить по струнке, беспрекословно подчиняться**

→ See also **the bottom line**, **dotted line**, **front line**, **hard line**

> **Слова-партнеры к line**
> draw a line • a **diagonal/horizontal/straight/vertical** line

line[2] /laɪn/ **verb** [T] **1** to form a row along the side of something **стоять, тянуться вдоль чего-либо** *Trees and cafes lined the street.* **2 be lined with sth** If a piece of clothing is lined with a material, its inside is covered with it. **иметь подкладку из чего-либо** *a jacket lined with fur*

PHRASAL VERBS **line (sb/sth) up** to stand in a row, or to arrange people or things in a row **выстраивать(ся) в ряд** *Books were neatly lined up on the shelves.* • **line sb/sth up** to plan for something to happen **организовывать, планировать** *What future projects have you lined up?*

ˈline ˌmanager noun [C] mainly UK the person who manages another person in a company or business **непосредственный начальник**

linen /ˈlɪnɪn/ **noun** [U] **1** an expensive cloth that is like rough cotton **льняное полотно** *a linen jacket* **2** pieces of cloth that you use to cover tables and beds **постельное и столовое белье** *bed linen*

liner /ˈlaɪnəʳ/ **noun** [C] a large ship like a hotel, which people travel on for pleasure **лайнер** *a cruise/ocean liner*

linesman /ˈlaɪnzmən/ **noun** [C] (plural **linesmen**) in a sport, someone who watches to see if a ball goes into areas where it is not allowed **судья на линии**

linger /ˈlɪŋgəʳ/ **verb** [I] to stay somewhere for a long time **задерживаться, не исчезать полностью** *The smell from the fire still lingered hours later.*

lingerie /ˈlɒnʒəri/ US /ˌlɑːnʒəˈreɪ/ **noun** [U] women's underwear **женское белье**

lingering /ˈlɪŋgərɪŋ/ **adjective** [always before noun] lasting a long time **непреходящий, длительный** ***lingering doubts***

linguist /ˈlɪŋgwɪst/ **noun** [C] someone who is good at learning foreign languages, or someone who studies or teaches linguistics **человек, знающий иностранные языки, лингвист**

linguistic /lɪŋˈgwɪstɪk/ **adjective** [always before noun] relating to language or linguistics **лингвистический**

linguistics /lɪŋˈgwɪstɪks/ **noun** [U] the scientific study of languages **лингвистика**

lining /ˈlaɪnɪŋ/ **noun** [C, U] a material or substance that covers the inside of something **подкладка, оболочка** *a coat/jacket lining ◦ the lining of the stomach*

link¹ /lɪŋk/ **noun** [C] **1** B2 a connection between two people, things, or ideas **связь** *There's a direct* ***link between*** *diet and heart disease.* ◦ *Their* ***links with*** *Britain are still strong.* **2** one ring of a chain **звено (цепи) 3** (also **hyperlink**) B1 a connection between documents or areas on the Internet **ссылка** *Click on this link to visit our online bookstore.* → See Study Page **The Web and the Internet** on page Centre 36

> Слова-партнеры к **link**
>
> discover/establish/find a link • a close/direct/strong link • a link between sth and sth • a link with sth

link² /lɪŋk/ **verb** [T] B2 to make a connection between two or more people, things, or ideas **связывать, соединять** [often passive] *Both men have been* ***linked with*** *the robberies.* ◦ *The drug has been* ***linked to*** *the deaths of several athletes.*

PHRASAL VERB **link (sb/sth) up** If two or more things or people link up, or if you link them up, they form a connection so that they can operate or work together. **подключать, быть связанным с чем-либо** *Each house will be linked up with the new communications network.*

lion

lion /laɪən/ **noun** [C] A2 a large, wild animal of the cat family, with light brown fur **лев** → See also **sea lion**

lip /lɪp/ **noun** [C] **1** B1 one of the two soft, red edges of the mouth **губа** *He licked his lips.* → See **The Body** on page Centre 13 **2** the edge of a container that liquid is poured from **носик (сосуда)**

lip-read /ˈlɪpriːd/ **verb** [I, T] (past tense and past participle **lip-read**) to understand what someone is saying by looking at the way their mouth moves **читать с губ**
• **lip-reading** noun [U] **чтение с губ**

lip-service /ˈlɪpsɜːvɪs/ **noun** [no plural] **give/pay lip-service to sth** informal to say that you support an idea or plan, but not do anything to help it succeed **поддерживать что-либо только на словах**

lipstick /ˈlɪpstɪk/ **noun** [C, U] a coloured substance that women put on their lips **губная помада** → See picture at **make up**

lipstick

liqueur /lɪˈkjʊəʳ/ **noun** [C] a strong, sweet alcoholic drink which people usually drink a little of at the end of a meal **ликер**

liquid¹ /ˈlɪkwɪd/ **noun** [C, U] B1 a substance, for example water, that is not solid and that can be poured easily **жидкость**

liquid² /ˈlɪkwɪd/ **adjective 1** in a form that is not solid and can be poured easily *liquid fuel/nitrogen* **жидкий 2** in the form of money, or able to be changed into money easily **легко реализуемый, ликвидный (о ценных бумагах, активах)** *liquid assets*

liquidate /ˈlɪkwɪdeɪt/ **verb** [T] to close a business because it has no money left **ликвидировать (предприятие)**
• **liquidation** /ˌlɪkwɪˈdeɪʃᵊn/ **noun** [C, U] **ликвидация (предприятия)** *The store* ***went into liquidation.***

liquid-crystal display /ˌlɪkwɪdˌkrɪstᵊldɪˈspleɪ/ **noun** [C] LCD **жидкокристаллический дисплей**

liquor /ˈlɪkəʳ/ **noun** [U] US a strong alcoholic drink **крепкий напиток**

ˈliquor ˌstore noun [C] US (UK **off-licence**) a shop that sells alcoholic drink **винный магазин**

lisp /lɪsp/ **noun** [C] a way of speaking where 's' and 'z' sound like 'th' **шепелявость**
• **lisp** verb [I] **шепелявить**

list¹ /lɪst/ **noun** [C] A2 a series of names, numbers, or items that are written one below the other **список** *a* ***shopping list*** ◦ *Is your name* ***on the list****?* ◦ ***Make a list*** *of everything you need.* → See also **mailing list, waiting list**

> Слова-партнеры к **list**
>
> compile/draw up/make/write a list • a list of sth • on a list • a shopping list

list² /lɪst/ **verb** [T] B2 to make a list, or to include something in a list **составлять список, включать в список** *All participants' names are listed alphabetically.*

listen /ˈlɪsᵊn/ **verb** [I] **1** A1 to give attention to someone or something in order to hear them **слушать** *What kind of music do you* ***listen to****?* ◦ *She does all the talking – I just sit and listen.* ◦ *You haven't listened to a word I've said.* ◦ *Listen, if you need money, I'm happy to lend you some.* **2** B1 to accept someone's advice **слушаться, прислушиваться (к совету)** *I told you she wouldn't like it but you wouldn't listen to me!*

PHRASAL VERBS **listen (out) for sth** to try to hear something **прислушиваться к чему-либо, пытаться услышать** *Could you listen out for the phone while I'm upstairs?* • **listen in** to secretly listen to a conversation, especially a telephone conversation **подслушивать** • **Listen up!** mainly US something you say to tell people to listen to you **послушай(те)!** *Okay,*

L

everyone, listen up! I have an announcement to make.

listener /ˈlɪsᵊnəʳ/ **noun** [C] someone who listens **слушатель** *The new radio station already has twelve million listeners.* ◦ *She's a* ***good listener*** (= *she gives you all her attention when you speak*).

lit /lɪt/ past of light **прош. вр. и прич. прош. вр. от гл. light**

liter /ˈliːtəʳ/ **noun** [C] US spelling of litre **литр**

literacy /ˈlɪtᵊrəsi/ **noun** [U] the ability to read and write **грамотность**

literal /ˈlɪtᵊrᵊl/ **adjective** The literal meaning of a word or phrase is its real or original meaning. **буквальный** *the* ***literal meaning/sense***

literally /ˈlɪtᵊrᵊli/ **adverb 1** B2 having the real or original meaning of a word or phrase **буквально** *They were responsible for literally millions of deaths.* **2** informal used to emphasize what you are saying **буквально, без преувеличения** *He missed that kick literally by miles!*

literary /ˈlɪtᵊrᵊri/ **adjective** B2 relating to literature, or typical of the type of language that is used in literature **литературный** ***literary criticism***

literate /ˈlɪtᵊrət/ **adjective** able to read and write **грамотный** → Opposite **illiterate**

literature /ˈlɪtrətʃəʳ/ **noun** [U] **1** B1 books, poems, etc that are considered to be art **литература** *classical/modern literature* **2** written information about a subject **печатные труды, материалы** *There is very little literature on the disease.*

litre UK (US **liter**) (written abbreviation **l**) /ˈliːtəʳ/ **noun** [C] A2 a unit for measuring liquid **литр**

litter¹ /ˈlɪtəʳ/ **noun 1** [U] B2 pieces of paper and other waste that are left in public places **мусор 2** [C] a group of baby animals that are from the same mother and born at the same time **помет (котят, щенков и т. д.)** *a litter of kittens/puppies*

> **Слова-партнеры к litter**
>
> drop litter • a piece of litter • a litter bin

litter² /ˈlɪtəʳ/ **verb** [T] If things litter an area, they cover parts of it in an untidy way. **быть разбросанными, валяться в беспорядке** *Clothes littered the floor.*

PHRASAL VERB **be littered with sth** to contain a lot of something **содержать в большом количестве** *The whole book is littered with errors.*

little¹ /ˈlɪtl/ **adjective 1** A1 small in size or amount **маленький** *a little bag/box/town* ◦ *She's so little.* ◦ *It costs* ***as little as*** *one dollar.* ◦ *I might have* ***a little bit of*** *cake.* **2** [always before noun] B2 short in time or distance **короткий, недолгий** *Sit down* ***for a little while.*** ◦ *Let's have a little break.* **3** [always before noun] B1 not important **незначительный** *It's only a little problem.* ◦ *I'm having a little trouble with my back.* **4** [always before noun] A1 young and small **маленький, младший** *She was my little sister and I looked after her.*

little² /ˈlɪtl/ **quantifier 1** B1 not much or not enough **мало** *He has little chance of winning.* ◦ *There's so little choice.* **2 a little sth** B1 a small amount of something **немного** *It just needs a little effort.*

little³ /ˈlɪtl/ **pronoun 1** B1 not much, or not enough **немного, недостаточно** *We did* ***very little*** *on Sunday.* **2 a little** B2 a small amount **немного** *I only know a little about my grandparents.* ◦ *"More dessert?" "Just a little, please."*

little⁴ /ˈlɪtl/ **adverb** B2 not much or not enough **немного, недостаточно** *It matters little.* ◦ *a little-known fact*

live¹ /lɪv/ **verb 1** [I] B1 to be alive **жить** *She only lived a few days after the accident.* ◦ *I hope I live to see my grandchildren.* **2 live at/in/near, etc** A1 to have your home somewhere **жить у/в/около и т. д.** *They live in New York.* ◦ *We live near each other.* ◦ *Where do you live?* **3** [I, T] B1 to spend your life in a particular way **жить, вести образ жизни** *Many people are living in poverty.* **4 I'll never live it down!** humorous something you say about an embarrassing experience that other people will not forget **я никогда не заглажу свою вину/мне никогда этого не забудут!**

PHRASAL VERBS **live for sth/sb** B2 to have something or someone as the most important thing in your life **жить ради чего-либо/кого-либо** *I love dancing – I just live for it.* • **live on** to continue to live **дожить до (какого-либо возраста)** *She lived on well into her nineties.* • **live on sth 1** B2 Money that you live on is the money you use to buy the things that you need. **жить на (какие-либо средства)** *We lived on very little when we were students.* **2** B2 to only eat a particular type of food **питаться чем-либо** *All summer we live on hamburgers and hot dogs.* • **live together** B2 If two people live together, they live in the same home and have a sexual relationship, but are not married. **сожительствовать** • **live up to sth** B2 to be as good as someone hopes **оправдывать (надежды и т. д.)** *Did the trip* ***live up to*** *your* ***expectations?*** • **live with sb** B2 to live in the same home as someone and have a sexual relationship with them although you are not married **жить с кем-либо, сожительствовать** • **live with sth** to accept a difficult or unpleasant situation **мириться с чем-либо, терпеть** *It's a problem she's going to have to live with.*

live² /laɪv/ **adjective 1** having life **живой** *Millions of live animals are shipped around the world each year.* **2** A live wire has electricity in it. **находящийся под напряжением 3** B1 A live radio or television programme is seen or heard as it happens. **прямой (о радио- и телепередаче)** *live coverage* ◦ *a live broadcast* **4** A live performance or recording of a performance is done with an audience. **живой, сыгранный перед публикой** *a live concert* **5** A live bomb has not yet exploded. **не взорвавшийся**

live[3] /laɪv/ **adverb** broadcast at the same time that something happens **прямо, непосредственно в эфир** *We'll be bringing the match to you live on Wednesday.*

livelihood /ˈlaɪvlihʊd/ **noun** [C, U] the way that you earn the money you need for living **средства к существованию** *The farm is his livelihood.*

lively /ˈlaɪvli/ **adjective** B1 full of energy and interest **оживленный** *a lively conversation/debate* ◦ *a lively child*
• **liveliness noun** [U] **веселость, живость, оживление**

liver /ˈlɪvəʳ/ **noun 1** [C] B2 a large organ in your body that cleans your blood **печень 2** [U] the liver of an animal that is eaten by people **печенка, ливер**

lives /laɪvz/ plural of life **мн. ч. сущ. life**

livestock /ˈlaɪvstɒk/ **noun** [U] animals that are kept on a farm **домашний скот**

livid /ˈlɪvɪd/ **adjective** very angry **взбешенный**

living[1] /ˈlɪvɪŋ/ **noun 1** B2 [C] the money that you earn from your job **средства к существованию** [usually singular] *to* ***earn/make*** *a* ***living*** ◦ *What does he* ***do for a living*** *(= how does he earn money)?* **2 country/healthy, etc living** the way in which you live your life **простой/здоровый и т. д. образ жизни** → See also **standard of living**

living[2] /ˈlɪvɪŋ/ **adjective** [always before noun] **1** B2 alive now **живущий ныне, современный** *He's probably the best known living photographer.* **2** B2 alive **живой** *living organisms* ◦ ***living things*** → See also beat/knock the (living) **daylights** out of sb, scare/frighten the (living) **daylights** out of sb

ˈliving ˌroom noun [C] (also UK **sitting room**) A1 the room in a house where people sit to relax and, for example, watch television **гостиная** → See **The Living Room** on page Centre 4

lizard /ˈlɪzəd/ **noun** [C] a small animal with thick skin, a long tail, and four short legs **ящерица**

load[1] /ləʊd/ **noun 1** B2 [C] something that is carried, often by a vehicle **груз** *We were behind a truck carrying a load of coal.* **2 a load/loads** informal B1 a lot of something **масса, полно** *There were loads of people there.* ◦ *Have some more food – there's loads.* **3 a load of rubbish/nonsense, etc** UK informal nonsense **чепуха, ерунда**

load[2] /ləʊd/ **verb 1** [I, T] (also **load up**) B2 to put a lot of things into a vehicle or machine **грузить, загружать** *Bring the car up to the door and I'll start loading up.* ◦ *to load the dishwasher/washing machine* → Opposite **unload 2** [T] to put film in a camera or bullets in a gun **заряжать**

PHRASAL VERBS **be loaded down with sth** to have too much to carry, or too much work to do **быть загруженным, перегруженным чем-либо** *I was loaded down with shopping.* • **be loaded with sth** to contain a lot of something **содержать большое количество чего-либо** *Most fast foods are loaded with fat.*

-load /ləʊd/ **suffix** used at the end of a word to describe an amount of something that is being carried **целый, полный (как компонент сложных слов)** *a truckload of soldiers*

loaded /ˈləʊdɪd/ **adjective 1** A loaded gun, or similar weapon, has a bullet in it. **заряженный (об оружии) 2** [never before noun] informal very rich **богатый, при деньгах**

ˌloaded ˈquestion noun [C] a question which makes you answer in a particular way **наводящий или провокационный вопрос**

loaf /ləʊf/ **noun** [C] (plural **loaves** /ləʊvz/) B2 bread that has been baked in one large piece so that it can be cut into smaller pieces **буханка, батон** *a* ***loaf of bread*** → See picture at **bread**

loan[1] /ləʊn/ **noun 1** B1 [C] money that someone has borrowed **заем, ссуда** *a* ***bank loan*** ◦ *He* ***repaid the loan*** *within two years.* **2 be on loan** If something is on loan, someone is borrowing it. **быть выданным во временное пользование** *Both paintings are on loan from the city museum.*

> Слова-партнеры к **loan**
>
> **apply for/repay/take out** a loan • **a bank** loan

loan[2] /ləʊn/ **verb** [+ two objects] to lend something to someone **давать взаймы** *I was glad to* ***loan*** *my old books* ***to*** *her.* ◦ *My dad loaned me the money.*

loath /ləʊθ/ **adjective be loath to do sth** formal to not want to do something because it will cause problems **не хотеть делать что-либо** *I'm loath to spend it all.*

loathe /ləʊð/ **verb** [T] to hate someone or something **ненавидеть, не переносить**
• **loathing noun** [U] a feeling of hating someone or something **ненависть**

loaves /ləʊvz/ plural of loaf **мн. ч. сущ. loaf**

lobby[1] /ˈlɒbi/ **noun** [C] **1** B2 a room at the main entrance of a building, often with doors and stairs that lead to other parts of the building **вестибюль, холл** *a hotel lobby* **2** a group of people who try to persuade the government to do something **лобби** *the anti-smoking lobby*

lobby[2] /ˈlɒbi/ **verb** [I, T] to try to persuade the government to do something **лоббировать** *They're* ***lobbying for*** *changes to the law.*

lobster /ˈlɒbstəʳ/ **noun** [C, U] a sea creature that has two claws (= sharp, curved parts) and eight legs, or the meat of this animal **омар**

L

local[1] /ˈləʊkəl/ **adjective** (B1) relating to an area near you **местный** *the* ***local school/newspaper/*** *radio station*

• **locally** **adverb** **локально, в пределах определенной местности** *locally grown vegetables*

local[2] /ˈləʊkəl/ **noun** [C] **1** someone who lives in the area you are talking about **местный житель** **2** **sb's local** UK informal a bar that is near someone's home **пивная поблизости**

ˌlocal anaesˈthetic UK (US **local anesthetic**) **noun** [C, U] a substance that is put into a part of your body so that you do not feel pain there **местный наркоз** *The procedure is carried out* ***under local anaesthetic.***

ˌlocal auˈthority **noun** [group] the group of people who govern a small area of a country **местные власти** *Local authorities are looking for new ways to promote investment.*

ˌlocal ˈtime **noun** [U] the official time in an area or country **местное время** *We will shortly be landing in London, where the local time is 3.15.*

locate /ləʊˈkeɪt/ **verb** [T] formal **1** (B2) to find the exact position of someone or something **устанавливать местонахождение** *Police are still trying to locate the suspect.* **2** **be located in/near/on, etc** (B1) to be in a particular place **находиться в/около/на и т. д.** *Both schools are located in the town.*

location /ləʊˈkeɪʃən/ **noun** **1** (B1) [C] a place or position **расположение, место** *They haven't yet decided on* ***the location of*** *the new store.* **2** **on location** If a film or television programme is made on location, it is made at a place suitable to the story. **на натуре (о съемках)**

> Слова-партнеры к **location**
>
> at/in a [remote/secret, etc] location • the location of sth

loch /lɒk/, /lɒx/ **noun** [C] a lake in Scotland **озеро** *Loch Lomond*

lock[1] /lɒk/ **verb** **1** [I, T] (B1) to fasten something with a key, or to be fastened with a key **запирать на ключ** *Did you lock the door?* ◦ *If you shut the door it will lock automatically.* → Opposite **unlock** **2** **lock sth/sb away/in, etc** (B2) to put something or someone in a place or container that is fastened with a key **запирать(ся)** *She locked herself in her bedroom.* ◦ *Most of my jewellery is locked away in a safe.* **3** [I] to become fixed in one position **застрять, увязнуть** *I tried to move forward but the wheels had locked.*

PHRASAL VERBS **lock sb in/out** (B2) to prevent someone from entering/leaving a room or building by locking the door **запирать дверь и не впускать/не выпускать кого-либо** • **lock (sth) up** to lock all the doors and windows of a building when you leave it **запирать все двери** • **lock sb up** to put someone in prison or a hospital for people who are mentally ill **посадить в тюрьму, упрятать в сумасшедший дом**

lock[2] /lɒk/ **noun** [C] **1** (B1) the thing that is used to close a door, window, etc, and that needs a key to open it **замок** *I heard someone turn a key in the lock.* ◦ ***safety locks*** **2** a place on a river with gates to allow boats to move to a different water level **шлюз**

IDIOM **under lock and key** kept safely in a room or container that is locked **под замком** *I tend to keep medicines under lock and key because of the kids.*

> Слова-партнеры к **lock (noun)**
>
> fit a lock • a lock on sth • a safety lock

locker /ˈlɒkər/ **noun** [C] a small cupboard in a public area where your personal possessions can be kept **запирающийся шкафчик** *a gym/luggage/school locker*

ˈlocker ˌroom **noun** [C] a room where you change your clothes and leave those and other personal possessions in a locker **раздевалка**

locomotive /ˌləʊkəˈməʊtɪv/ **noun** [C] the part of a train that makes it move **локомотив** *a steam locomotive*

lodge[1] /lɒdʒ/ **noun** [C] a small house in the country that is used especially by people on holiday **домик** *a hunting/mountain/ski lodge*

lodge[2] /lɒdʒ/ **verb** **1** **lodge in/on, etc** to become stuck somewhere **застревать в/на и т. д.** *The bullet had lodged near his heart.* → Compare **dislodge** **2** **lodge at/with, etc** to live in someone's home and give them money for it **снимать комнату у кого-либо** **3** **lodge a claim/complaint/protest, etc** to officially complain about something **предъявлять претензию/подавать жалобу/заявлять протест и т. д.** *He lodged an official complaint against the officers responsible.*

lodger /ˈlɒdʒər/ **noun** [C] UK (US **boarder**) someone who pays for a place to sleep and meals in someone else's house **жилец, постоялец**

lodgings /ˈlɒdʒɪŋz/ **noun** [plural] mainly UK a room in someone's home that you pay money to live in **съемное жилье** *temporary lodgings*

loft /lɒft/ **noun** [C] **1** the space under the roof of a house or other building **чердак** **2** US the space where someone lives or works in a building that used to be a factory **жилье или офис в перестроенном промышленном здании**

log[1] /lɒg/ **noun** [C] **1** a thick piece of wood that has been cut from a tree **бревно, полено** **2** a written record of events, often on a ship or aircraft **судовой или бортовой журнал**

log[2] /lɒg/ **verb** [T] (present participle **logging**, past tense and past participle **logged**) to make a written record of events, often on a ship or aircraft **вносить в судовой или бортовой журнал**

PHRASAL VERBS **log in/on** B2 to connect a computer to a system of computers by typing your name and often a password, usually so that you can start working **входить в систему (при работе на компьютере)** • **log off/out** B2 to stop a computer being connected to a computer system, usually when you want to stop working **выходить из системы (при работе на компьютере)**

loggerheads /ˈlɒgəhedz/ **noun**

IDIOM **be at loggerheads (with sb)** If two people or groups are at loggerheads, they disagree strongly about something. **быть не в ладах с кем-либо** *He is at loggerheads with the Prime Minister over public spending.*

logic /ˈlɒdʒɪk/ **noun** [U] the use of reason, or the science of using reason **логика** *It was difficult to understand the **logic behind** his argument.*

> Слова-партнеры к **logic**
>
> the logic **behind/in/of** sth

logical /ˈlɒdʒɪkᵊl/ **adjective** B2 using reason **логический** *a logical choice/conclusion* → Opposite **illogical**
• **logically adverb логически**

login /ˈlɒgɪn/ **noun** [C, U] a box that appears on your computer screen when you start to use a computer which is connected to a computer system **логин, регистрация входа в систему**

logistics /ləˈdʒɪstɪks/ **noun the logistics of sth/doing sth** the practical arrangements for something **организация и осуществление чего-либо** *We could all use the one car but I'm not sure about the logistics of it.*

logo /ˈləʊgəʊ/ **noun** [C] B1 a design or symbol used by a company to advertise its products **логотип, фирменный знак** *a **corporate logo***

loiter /ˈlɔɪtəʳ/ **verb** [I] to stand in a place or walk slowly around without any purpose **околачиваться** *A gang of youths were loitering outside the cinema.*

LOL internet abbreviation for laughing out loud: used when you think something is very funny **смеюсь вслух... (используется в интернет-общении, если что-то кажется очень смешным)**

lollipop /ˈlɒlipɒp/ **noun** [C] (also UK **lolly** /ˈlɒli/) a large, hard sweet on a stick **леденец на палочке**

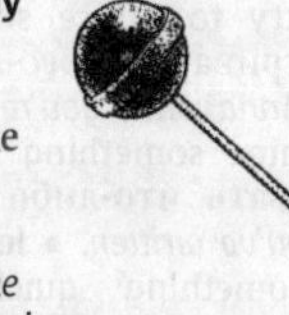
lollipop

lone /ləʊn/ **adjective** [always before noun] alone **одинокий** *lone parents* ◦ *the lone survivor*

lonely /ˈləʊnli/ **adjective 1** B1 unhappy because you are not with other people **одинокий** *She gets lonely now that the kids have all left home.* **2** B2 A lonely place is a long way from where people live. **уединенный**
• **loneliness noun** [U] **одиночество**

loner /ˈləʊnəʳ/ **noun** [C] someone who likes to be alone **необщительный человек, нелюдим** *He was always a bit of a loner at school.*

lonesome /ˈləʊnsəm/ **adjective** US lonely **одинокий**

long¹ /lɒŋ/ **adjective 1** A1 having a large distance from one end to the other **длинный, долгий** *long, brown hair* ◦ *a long dress* ◦ *It's a long way to travel to work.* **2** A1 continuing for a large amount of time **долгий, длительный** *a long film/meeting* ◦ *Have you been waiting a long time?* **3** used when asking for or giving information about the distance or time of something **имеющий такую-то длину или продолжительность** *It's about three metres long.* ◦ *Most of the concerts are over three hours long.* ◦ *Do you know how long the film is?* **4** A2 A long book or other piece of writing has a lot of pages or words. **длинный, объемистый** *a long article/letter* → See also in the long/short **run²**

long² /lɒŋ/ **adverb 1** A2 for a long time **долго** *We didn't have to **wait long** for the train.* ◦ *The band played long into the night.* **2 as long as** B1 used when you are talking about something that must happen before something else can happen **при условии, что** *You can play football as long as you do your homework first.* **3 before long** B2 soon **скоро** *He'll be home before long.* **4 long ago** If something happened long ago, it happened a great amount of time ago. **давно 5 no longer/not any longer** B1 not now **больше не** *He no longer works here.*

long³ /lɒŋ/ **noun** [U] a large amount of time **длительное время** *She won't be away for long.*

long⁴ /lɒŋ/ **verb** formal **long for sth; long to do sth** to want something very much **страстно желать чего-либо** *She longed to see him again.*

long-distance /ˌlɒŋˈdɪstᵊns/ **adjective** B2 travelling or communicating between two places that are a long way apart **на длительное расстояние, междугородный** *a long-distance race* ◦ *a long-distance phone call*

long-haul /ˈlɒŋˌhɔːl/ **adjective** [always before noun] travelling a long distance **длительный** *a **long-haul flight***

longing /ˈlɒŋɪŋ/ **noun** [U, no plural] a feeling of wanting something or someone very much **страстное желание, тоска** *He gazed at her, his eyes full of longing.* ◦ *a **longing for** his homeland*
• **longingly adverb жадно, с тоской** *She looked longingly at the silk dresses.*

longitude /ˈlɒndʒɪtjuːd/ **noun** [U] the distance of a place east or west of an imaginary line from the top to the bottom of the Earth, measured in degrees **долгота (географическая)**

the ˈlong ˌjump noun a sports event where people try to jump as far as possible **прыжок в длину**

long-life /ˌlɒŋˈlaɪf/ **adjective** UK Long-life drink or food has been treated so that it will last a long time. **длительного хранения** *long-life milk*

long-lost /ˈlɒŋˌlɒst/ **adjective long-lost friend/cousin, etc** a friend or relative that you have not seen for a long time **давно пропавший друг/кузен и т. д.**

long-range /ˌlɒŋˈreɪndʒ/ **adjective** [always before noun] **1** relating to a time in the future **долгосрочный, перспективный** *a **long-range** weather **forecast*** **2** able to be sent long distances **дальнего действия** *a **long-range bomber/missile***

ˈlong ˌshot noun [C] informal something that is not likely to succeed **что-либо, имеющее мало шансов на успех** *It's a long shot, but you could try phoning him at home.*

long-sighted /ˌlɒŋˈsaɪtɪd/ **adjective** UK (US **farsighted**) able to see objects which are far away but not things which are near to you **дальнозоркий**

long-standing /ˌlɒŋˈstændɪŋ/ **adjective** having existed for a long time **долголетний, давнишний** *a **long-standing relationship***

long-suffering /ˌlɒŋˈsʌfərɪŋ/ **adjective** A long-suffering person has been very patient for a long time about all the trouble that someone has caused them. **многострадальный** *Bill and his long-suffering wife*

long-term /ˌlɒŋˈtɜːm/ **adjective** (B2) continuing a long time into the future **длительный** *long-term unemployment*

long-winded /ˌlɒŋˈwɪndɪd/ **adjective** If what someone says or writes is long-winded, it is boring because it is too long. **нудный, многословный** *a **long-winded explanation***

loo /luː/ **noun** [C] UK informal toilet **туалет** *I'll just go to the loo.*

look¹ /lʊk/ **verb 1** [I] (A1) to turn your eyes in the direction of something or someone so that you can see them **смотреть** ***Look at*** *the picture on page two.* ◦ *He was looking out of the window.* ◦ *I looked around and there she was.* **2** [I] (A1) to try to find someone or something **искать** *I'm **looking for** my keys.* ◦ *I've looked everywhere but I can't find my bag.* **3 look nice/strange, etc; look like/as if** (A2) used to describe the appearance of a person or thing **хорошо/странно и т. д. выглядеть** *That food looks nice.* ◦ *You look tired, my love.* ◦ *Do I look silly in this hat?* ◦ *He looked like a drug addict.* **4 it looks like; it looks as if** (B1) used to say that something is likely to happen **похоже, что ...** *It looks like there'll be three of us.* ◦ *It looks as if he isn't coming.* **5 be looking to do sth** to plan to do something **собираться, планировать сделать что-либо** *I'm looking to start my own business.* **6 Look!** something you say when you are annoyed and you want people to know that what you are saying is important **послушай!** *Look, I've had enough of your complaints.* → See also look the **part¹**

PHRASAL VERBS **look after sb/sth** (A2) to take care of someone or something by keeping them healthy or in a good condition **присматривать за кем-либо/чем-либо** *Could you look after the children while I'm out?* • **look ahead** to think about something that will happen in the future and plan for it **проявлять предусмотрительность** • **look at sth 1** (B2) to think about a subject carefully so that you can make a decision about it **рассматривать, обдумывать что-либо** *Management is looking at ways of cutting costs.* **2** (B2) to read something **читать** *Can you look at my essay sometime?* **3** (B2) If an expert looks at something, they examine it. **осматривать** *Did you get the doctor to look at your knee?* **4** to consider something in a particular way **смотреть на что-либо каким-либо образом** *If I'd been a mother I might have looked at things differently.* • **look back** (B2) to remember something in the past **обращаться к прошлому, вспоминать** *He **looked back on** his childhood with affection.* • **look down on sb** (B2) to think that someone is less important than you **смотреть свысока на кого-либо** • **look forward to sth/doing sth** (B1) to feel happy and excited about something that is going to happen **ждать что-либо с нетерпением** *I'm really looking forward to seeing him.*

> **!** Типичная ошибка: **look forward to**
>
> **Запомните:** если после фразы **look forward to** следует глагол, он должен быть в форме на **-ing**.
>
> *~~I'm looking forward to see you in the summer.~~*
>
> *I'm looking forward to seeing you in the summer.*

• **look into sth** (B2) to examine the facts about a situation **расследовать что-либо** *They are looking into the causes of the accident.* • **look on** to watch something happen but not become involved in it **наблюдать** • **look on sb/sth** to think about someone or something in a particular way **считать кого-либо/что-либо кем-либо/чем-либо** *We look on him almost as our own son.* • **Look out!** (B1) something you say when someone is in danger **осторожно!** *Look out – there's a car coming!* • **look out for sb/sth** (B2) to try to notice someone or something **высматривать кого-либо/что-либо** *Look out for Anna while you're there.* • **look over sth** to examine something quickly **быстро просматривать что-либо** *I'm just looking over what you've written.* • **look through sth** (B2) to read something quickly **просматривать, бегло читать** *I've looked through a few catalogues.* • **look up** to become better **улучшаться**

Our financial situation is looking up. • **look sth up** B1 to look at a book or computer in order to find information **искать (в книге, в компьютере и т. д.)** *I looked it up in the dictionary.* • **look up to sb** B2 to respect and admire someone **уважать, восхищаться**

look² /lʊk/ **noun 1** [C] B1 when you look at someone or something **взгляд** [usually singular] ***Take a look*** *at these pictures.* ◦ *You've got your photos back – can I **have a look**?* **2 have/take a look** B1 when you try to find something **посмотреть, поискать** *I've had a look in the drawer but I can't find your passport.* **3** [C] B2 an expression on someone's face **выражение лица** *She had a worried look about her.* ◦ *She **gave** me **a** questioning **look**.* **4** [no plural] a style or fashion **стиль, мода** *the **new look** for the summer* **5 the look of sb/sth** B2 the appearance of someone or something **вид, наружность** *I like the look of that new music programme they're advertising.* **6 sb's looks** a person's appearance, especially how attractive they are **внешность** → See also **good looks**

> **Слова-партнеры к look (noun)**
> have/take a look • a **close/good** look • a look **at sb/sth**

lookalike /ˈlʊkəlaɪk/ **noun** [C] informal someone who looks very similar to a famous person **двойник, копия** *an Elvis lookalike*

look-in /ˈlʊkɪn/ **noun** UK informal **not get a look-in** to get no chance to achieve what you want or to succeed in something **не иметь шансов на успех** *He played so well, nobody else got a look-in.*

lookout /ˈlʊkaʊt/ **noun 1** [C] a person who watches for danger and warns other people **человек, стоящий настороже 2 be on the lookout** to be continuing to search for something or someone **постоянно быть в поисках чего-либо** *I'm always on the lookout for interesting new recipes.*

loom¹ /luːm/ **verb** [I] **1** to appear as a large, sometimes frightening shape **принимать угрожающий размер/вид** *Dark storm clouds loomed on the horizon.* **2** If an unpleasant event looms, it is likely to happen soon. **грозить** *The threat of closure **looms over** the workforce.*

loom² /luːm/ **noun** [C] a machine for making cloth by weaving together (= crossing over) threads **ткацкий станок**

loony /ˈluːni/ **noun** [C] informal someone who behaves in a crazy way **псих** *The man's a complete loony.*

• **loony adjective** informal crazy **полоумный, сумасшедший** *loony ideas*

loop¹ /luːp/ **noun** [C] a circle of something long and thin, such as a piece of string or wire **петля**

loop² /luːp/ **verb loop sth around/over, etc sth** to make something into the shape of a loop **делать петлю вокруг/над и т. д.** *Loop the rope around your waist.*

loophole /ˈluːphəʊl/ **noun** [C] a mistake in an agreement or law which gives someone the chance to avoid having to do something **лазейка**

> **Слова-партнеры к loophole**
> a loophole **in** sth • a **legal** loophole

loose /luːs/ **adjective 1** B2 not firmly fixed **незакрепленный, болтающийся** *There were some loose wires hanging out of the wall.* ◦ *One of my buttons is loose.* **2** B1 large and not fitting tightly **свободный, необтягивающий** *a loose dress/sweater* **3** An animal that is loose is free to move around. **находящийся на свободе** *Two lions escaped and are still loose.* **4** not exact **свободный, неточный** *It's only a loose translation of the poem.*

• **loosely adverb свободно** *The film is **based** very **loosely** (= not exactly) on the novel.* → See also be at a loose **end¹**

loosen /ˈluːsᵊn/ **verb** [I, T] to become loose or make something loose **ослаблять(ся)** *He loosened his tie.*

PHRASAL VERB **loosen up** to become more relaxed with other people **расслабиться** *After a while he loosened up.*

loot¹ /luːt/ **verb** [I, T] to steal from shops and houses during a war or period of fighting **грабить, мародерствовать** *Rioters looted the capital.*

loot² /luːt/ **noun** [U] goods which have been stolen **награбленное добро**

lop /lɒp/ **verb** (present participle **lopping**, past tense and past participle **lopped**)

PHRASAL VERB **lop sth off** to cut off something in one quick movement **отрезать, отрубать** *I lopped off the biggest branches.*

lopsided /ˌlɒpˈsaɪdɪd/ US /ˈlɒpsaɪdɪd/ **adjective** with one side lower than the other **кривой, кривобокий** *a lopsided grin*

loquacious /ləʊˈkweɪʃəs/ **adjective** formal talking a lot **болтливый**

lord /lɔːd/ **noun 1** [C, U] (also **Lord**) a man of high social rank, or a title given to a man who has earned official respect, in the UK **лорд** *Lord Lichfield* **2 the Lord** God or Christ **господь бог 3 Good Lord!** informal something you say when you are surprised or angry **о господи! о боже!** *Good Lord! Is that the time?* → See also **House of Lords**

the Lords /lɔːdz/ **noun** [group] (also **House of Lords**) one of the two parts of the British parliament, with members who are chosen by the government **Палата лордов**

lorry /ˈlɒri/ **noun** [C] UK (UK/US **truck**) B1 a large road vehicle for carrying goods from place to place **грузовик** → See picture at **vehicle**

lose /luːz/ **verb** (past tense and past participle **lost**) **1** [T] A2 to not be able to find someone or something **терять** *I've lost my passport. ◦ She's always losing her car keys.* **2** [T] B1 to stop having someone or something that you had before **лишаться, терять** *She lost a leg in a car accident. ◦ I hope he doesn't lose his job. ◦ He lost his mother (= his mother died) last year.* **3** [T] B1 to have less of something than you had before **терять** *She's lost a lot of weight. ◦ He's losing his hair. ◦ to lose your memory* **4** [I, T] B1 If you lose a game, competition, or election, the team or person that you are competing with wins. **проигрывать** *Chelsea lost by a goal. ◦ They're losing 3-1. ◦ They hadn't lost an election in 15 years.* **5 lose faith/interest/patience, etc** B2 to stop feeling something good **терять веру/интерес/терпение и т. д.** *I'm rapidly losing interest in the whole subject. ◦ He kept on crying and I lost my patience.* **6** [T] B2 If you lose a number of hours or days, you cannot work during this time. **терять, пропускать** *Four million hours were lost last year through stress-related illnesses.* **7** [T] If a clock loses time, it goes slower than it should. **отставать (о часах)** **8** [T] informal to confuse someone so that they do not understand something **запутать кого-либо** *No, you've lost me there – can you explain that again?* **9** informal to take something away, usually because it looks bad. **избавляться, отделываться от чего-либо** *Lose the belt, Andrea, it looks ridiculous with that dress.* **10 lose your balance** to fall because you are leaning too much to one side **терять равновесие** **11 lose count of sth** to forget the exact number **терять счет** *I've lost count of how many times I've called her.* **12 lose your life** B2 to die **погибать** *Millions of young men lost their lives in the war.* → See also fight a losing **battle**[1], lose your **cool**[3], lose/save **face**[1], gain/lose **ground**[1], lose **sight**[1] of sth, lose **sleep**[2] over sth

IDIOMS **be losing it** informal to start to become crazy **сходить с ума** *I can't even remember my own telephone number – I think I must be losing it.* • **lose it** informal to stop being able to control your emotions and suddenly start to laugh, shout, or cry **потерять контроль над своими эмоциями и неожиданно разразиться смехом/криком/плачем** *I was trying so hard to stay calm but in the end I just lost it.*

PHRASAL VERB **lose out** to not have an advantage that someone else has **потерпеть неудачу, понести убыток**

loser /ˈluːzəʳ/ **noun** [C] **1** someone who does not win a game or competition **проигравший** *The losers of both games will play each other for third place.* **2** informal someone who is not successful in anything they do **неудачник**

loss /lɒs/ **noun 1** [C, U] B2 when you do not have someone or something that you had before, or when you have less of something than before **потеря** *loss of income/memory ◦ blood/hair/weight loss ◦ job losses* **2** [C, U] when a company spends more money than it earns **убыток** *Both companies **suffered losses** this year.* **3** [no plural] a disadvantage caused by someone leaving an organization **урон, потеря** *It would be a great **loss to** the department if you left.* **4 be at a loss** to not know what to do or say **быть в замешательстве/в затруднении** [+ to do sth] *I'm at a loss to explain his disappearance.* **5 a sense of loss** sadness because someone has died or left **чувство утраты** **6** [C, U] B2 the death of a person **гибель, смерть** *They never got over the loss of their son.*

> Слова-партнеры к **loss**
>
> **make/suffer** a loss • a loss **of** [$50,000/£3 million, etc]

lost[1] /lɒst/ **adjective 1** A2 not knowing where you are or where you should go **заблудившийся** *I **got lost** on the way.* **2** B1 If something is lost, no one knows where it is. **потерянный, пропавший** *Things tend to **get lost** when you move house. ◦ Lost: black cat with white paws.* **3** not knowing what to do in a new situation **потерянный, растерянный** *It was his first day in the office and he seemed a bit lost.* **4 be lost without sb/sth** informal to be unable to live or work without someone or something **быть не в состоянии жить или работать без кого-либо/чего-либо** *She's lost without her computer.* **5 be lost on sb** If a joke or remark is lost on someone, they do not understand it. **быть непонятым, неоцененным** **6 Get lost!** informal an impolite way of telling someone to go away **убирайся! проваливай!** → See also **long-lost**

lost[2] /lɒst/ past of lose **прош. вр. и прич. прош. вр. от гл. lose**

ˌ**lost** ˈ**property** **noun** [U] UK things that people have left in public places which are kept somewhere until the owners can collect them **потерянные вещи**

lot /lɒt/ **noun 1 a lot; lots** A1 a large number or amount of people or things **много** *There were **a lot of** people outside the building. ◦ He earns **lots of** money. ◦ I've got a lot to do this morning.* **2 a lot better/older/quicker, etc** A1 much better/older/quicker, etc **намного лучше/старше/быстрее и т. д.** *It's a lot better than the old system. ◦ It's a lot quicker by train.* **3 the lot** UK informal all of an amount or number **все, всё** *I made enough curry for three people and he ate the lot.* **4** [C] UK a group of people or things that you deal with together **партия, серия** *I've already done one lot of washing.* **5** [C] US an area of land **участок, территория** *a parking lot ◦ an empty lot* **6** [C] something being sold at an auction (= sale where things are sold to the people who pay the most) **лот** *Lot 3: a Victorian chest.* **7 sb's lot** the quality of someone's life and the type of experiences they have **доля, участь** *They've done much to improve the lot of working people.*

lotion /ˈləʊʃən/ **noun** [C, U] a liquid that you put

on your skin to make it soft or healthy **лосьон** *suntan lotion ◦ body lotion*

lottery /ˈlɒtᵊri/ **noun** [C] B1 a way of making money by selling numbered tickets to people who then have a chance of winning a prize if their number is chosen **лотерея** *the national lottery*

loud¹ /laʊd/ **adjective 1** A2 making a lot of noise **громкий, шумный** *a loud noise ◦ a* ***loud voice*** *◦ a loud explosion* **2** Loud clothes are too bright or have too many colours. **яркий, кричащий**
• **loudly adverb** B1 **громко, шумно** *She was speaking very loudly.*

loud² /laʊd/ **adverb 1** B1 loudly **громко** *Can you speak a bit louder?* **2 out loud** B1 If you say or read something out loud, you say or read it so that other people can hear you. **вслух**

loudspeaker /ˌlaʊdˈspiːkəʳ/ US /ˈlaʊdˌspiːkəʳ/ **noun** [C] a piece of equipment used for making voices or sounds louder **громкоговоритель**

lounge¹ /laʊndʒ/ **noun** [C] **1** UK the room in a home where you sit and relax **гостиная 2** a room in a hotel, theatre, airport, etc where people can relax or wait **вестибюль, зал**

lounge² /laʊndʒ/ **verb**

PHRASAL VERB **lounge about/around (sth)** to spend your time in a relaxed way, doing very little **отдыхать, бездельничать** *Most days were spent lounging around the pool.*

louse /laʊs/ **noun** [C] (plural **lice** /laɪs/) a very small insect that lives on the bodies or in the hair of people or animals **вошь**

lousy /ˈlaʊzi/ **adjective** informal very bad **мерзкий, отвратительный** *lousy food/service ◦ I* ***felt lousy*** *when I woke up this morning.*

lout /laʊt/ **noun** [C] a man who behaves in a rude or violent way **хулиган, хам**

lovable (also **loveable**) /ˈlʌvəbl/ **adjective** A person or animal that is lovable has qualities which make them easy to love. **милый, приятный**

love¹ /lʌv/ **verb** [T] **1** A1 to like someone very much and have romantic or sexual feelings for them **любить** *Last night he told me he loved me. ◦ I've only ever loved one woman.* **2** A1 to like a friend or a person in your family very much **любить** *I'm sure he loves his kids.* **3** A1 to enjoy something very much or have a strong interest in something **любить** *He loves his music. ◦ She loves animals. ◦* [+ doing sth] *I love eating out.* **4 I'd love to** A2 used to say that you would very much like to do something that someone is offering **охотно, с удовольствием** *"I wondered if you'd like to meet up sometime?" "I'd love to."*

love² /lʌv/ **noun 1** [U] B1 when you like someone very much and have romantic or sexual feelings for them **любовь** *He's madly* ***in love with*** *(= he loves) her. ◦ I was 20 when I first* ***fell in love*** *(= started to love someone). ◦ a love song/story* **2 make love** to have sex **заниматься любовью 3** [C] B1 someone who you like very much and have a romantic or sexual relationship with **возлюбленный, любовь** *He was my first love.* **4** [U] B1 when you like a friend or person in your family very much **любовь** *Nothing is as strong as the love you have for your kids.* **5** [C, U] B2 something that interests you a lot **любовь, сильный интерес** *his love of books* **6 Love from; All my love** A2 something you write at the end of a letter to a friend or someone in your family **с любовью (в конце письма)** *Love from Mum. ◦ All my love, Louise.* **7** mainly UK You call someone 'love' to show affection or to be friendly. **дорогой, дорогая (при обращении)** *"Margot?" "Yes, love." ◦ Two portions of chips please, love.* **8** [U] in games such as tennis, a score of zero **ноль (в спорте)** *She's leading by two sets to love.* → See also a **labour¹** of love

> **Слова-партнеры к love**
>
> in **love with** sb • **fall** in love • **madly** in love • **brotherly/unconditional** love

ˈlove afˌfair noun [C] a romantic or sexual relationship **любовная связь**

loveless /ˈlʌvləs/ **adjective** without love **без любви** *She was trapped in a* ***loveless marriage.***

ˈlove ˌlife noun [C] the romantic relationships in a person's life **половая жизнь, любовная биография** *How's your love life these days?*

lovely /ˈlʌvli/ **adjective 1** A2 pleasant or enjoyable **чудесный, восхитительный** *We had a lovely day together. ◦ What lovely weather.* **2** A2 very attractive **очаровательный, красивый** *a lovely dress/house/village ◦ You look lovely!*

lover /ˈlʌvəʳ/ **noun 1** B1 [C] If two people are lovers, they have a sexual relationship but they are not married. **любовник** *She had a string of lovers before her marriage finally broke up.* **2 a book/cat/dog, etc lover** B1 someone who is very interested in books/cats/dogs, etc **любитель книг/кошек/собак и т. д.** *She's a real cat lover.*

loving /ˈlʌvɪŋ/ **adjective** showing a lot of affection and kindness towards someone **нежный, заботливый** *a loving relationship ◦ a loving father*
• **lovingly adverb нежно, заботливо**

low¹ /ləʊ/ **adjective 1** B1 near the ground, not high **низкий, невысокий** *low aircraft ◦ a low fence* **2** A2 below the usual level **низкий** *a low income ◦ low temperatures/prices ◦ a low number ◦ Fish is very* ***low in*** *(= has little) fat.* **3** deep or quiet **низкий, тихий** *a low voice ◦ a low note* **4** If lights are low, they are not bright. **слабый, неяркий** *We have very low lighting in the main room.* **5** unhappy and without energy **подавленный** *Illness of any sort can leave you feeling low.* → See also be at a low **ebb¹**, keep a low **profile¹**

low² /ləʊ/ **adverb** **1** (B1) in or to a low position or level **низко** *low-paid workers* ◦ *Turn the oven on low.* **2** with deep notes **низко** *You can sing lower than me.*

low³ /ləʊ/ **noun** **a new/record/all-time, etc low** the lowest level **еще более низкий/рекордно низкий/небывало низкий и т. д. уровень** *Temperatures in the region hit a record low yesterday.*

low-alcohol /ˌləʊˈælkəhɒl/ **adjective** A low-alcohol drink has less alcohol in it than the normal type. **с пониженным содержанием алкоголя** *low-alcohol beer*

low-calorie /ˌləʊˈkæləri/ **adjective** (abbreviation **low-cal, lo-cal**) A low-calorie food or drink will not make you fat because it has fewer calories (= units for measuring the amount of energy a food provides) than normal food or drink. **низкокалорийный**

low-cut /ˌləʊˈkʌt/ **adjective** describes a piece of clothing that does not cover the top part of a woman's chest **с большим вырезом (напр., платье)** *a low-cut dress*

the lowdown /ˈləʊdaʊn/ **noun** informal the most important information about something **суть** *Jenny will **give** you **the lowdown on** what happened at yesterday's meeting.*

lower¹ /ˈləʊəʳ/ **adjective** being the bottom part of something **нижний** *I've got a pain in my lower back.* ◦ *She bit her lower lip.*

lower² /ˈləʊəʳ/ **verb** [T] **1** (B2) to move something to a low position **опускать** *They lowered the coffin into the grave.* **2** (B2) to reduce the amount of something **снижать** *I'll join if they lower the entrance fee.*

ˌlower ˈcase **noun** [U] letters of the alphabet which are not written as capital letters, for example a, b, c **строчные буквы**

low-fat /ˌləʊˈfæt/ **adjective** Low-fat foods do not contain much fat. **с низким содержанием жира** *low-fat cheese* ◦ *a low-fat diet*

low-key /ˌləʊˈkiː/ **adjective** not attracting attention **неброский, сдержанный** *The reception itself was surprisingly low-key.*

lowly /ˈləʊli/ **adjective** not important or respected **скромный, непритязательный** *He took a lowly job in an insurance firm.*

low-rise /ˈləʊˌraɪz/ **adjective** describes trousers in which the top part of the trousers ends below the person's waist **с низкой талией (о брюках)**

low-tech /ˌləʊˈtek/ **adjective** Something that is low-tech does not use the most recent technology. **что-либо устаревшей технологии** → Compare **high-tech**

loyal /lɔɪəl/ **adjective** (B2) always liking and supporting someone or something, sometimes when other people do not **верный, преданный** *a **loyal supporter*** ◦ *She's very **loyal to** her friends.* → Opposite **disloyal**

• **loyally** **adverb** **верно, преданно**

loyalties /ˈlɔɪəltiz/ **noun** [plural] a feeling of support for someone **привязанность** *My loyalties to my family come before work.*

loyalty /ˈlɔɪəlti/ **noun** [U] (B2) the quality of being loyal **верность, преданность** *Your **loyalty to** the company is impressive.* → Opposite **disloyalty**

lozenge /ˈlɒzɪndʒ/ **noun** [C] a sweet which you suck to make your throat feel better **пастилка (для горла)**

LP /ˌelˈpiː/ **noun** [C] a record that has about 25 minutes of music on each side **долгоиграющая пластинка**

LPG /ˌelpiːˈdʒiː/ **noun** [U] abbreviation for liquid petroleum gas: a type of fuel used for heating, cooking, and in some vehicles **сжиженный нефтяной газ**

L-plate /ˈelpleɪt/ **noun** [C] UK a red and white 'L' symbol on the car of someone learning to drive **предупреждающий знак на учебном автомобиле**

Ltd written abbreviation for limited company (= used after the name of some companies) **лимитед (в названии фирмы)** *Pinewood Supplies Ltd*

lubricant /ˈluːbrɪkənt/ **noun** [C, U] a liquid, such as oil, which is used to make the parts of an engine move smoothly together **смазка**

lubricate /ˈluːbrɪkeɪt/ **verb** [T] to put a lubricant on something **смазывать**

• **lubrication** /ˌluːbrɪˈkeɪʃən/ **noun** [U] **смазывание**

lucid /ˈluːsɪd/ **adjective** **1** clear and easy to understand **четкий, понятный** *a lucid account* **2** able to think and speak clearly **ясный, здравый** *In a lucid moment, she spoke about her son.*

• **lucidly** **adverb** **четко, ясно**

luck /lʌk/ **noun** [U] **1** (A2) good and bad things caused by chance and not by your own actions **удача, случай** *It was just luck that I asked for a job at the right time.* ◦ *Then I met this gorgeous woman and I **couldn't believe my luck**.* ◦ *He seems to have had a lot of **bad luck** in his life.* **2** (B2) success **удача, успех** *Have you **had** any **luck** (= succeeded in) finding your bag?* ◦ *He's been trying to find work but with no luck so far.* **3 be in luck** informal to be able to have or do what you want **везти, быть везучим** *"Do you have any tuna sandwiches?" "You're in luck – there's one left."* **4 Good luck!** something you say to someone when you hope that they will be successful **желаю успеха!** *Good luck with your exam!* **5 Bad/Hard luck!** used to show sympathy when someone is unsuccessful or unlucky **как жаль! какое невезение!** *"They've run out of tickets." "Oh, bad luck!"*

IDIOM **the luck of the draw** If something is the luck of the draw, it is the result of chance and you have no control over it. **чистое везение**

→ See also a **stroke¹** of luck

Слова-партнеры к luck

bad/beginner's/good/rotten luck • bring/wish sb luck • curse your luck • a stroke of luck

lucky /ˈlʌki/ **adjective** **1** (A2) having good things happen to you **счастливый, удачливый** *"I'm going on holiday." "Lucky you!"* ∘ *The **lucky winner** will be able to choose from three different holidays.* ∘ [+ to do sth] *You're lucky to have such a nice office to work in.* **2** If an object is lucky, some people believe that it gives you luck. **счастливый, приносящий счастье** *I chose six – it's my lucky number.* → Opposite **unlucky**
• **luckily adverb** (B1) **к счастью** *Luckily I had some money with me.* → See also **happy-go-lucky**

lucrative /ˈluːkrətɪv/ **adjective** If something is lucrative, it makes a lot of money. **прибыльный, выгодный** *a lucrative contract/job/offer*

ludicrous /ˈluːdɪkrəs/ **adjective** stupid **нелепый** *a ludicrous idea/suggestion*
• **ludicrously adverb** **нелепо**

lug /lʌg/ **verb** [T] (present participle **lugging**, past tense and past participle **lugged**) informal to carry or pull a heavy object **таскать, волочить** *You don't want to lug your suitcase across London.*

luggage

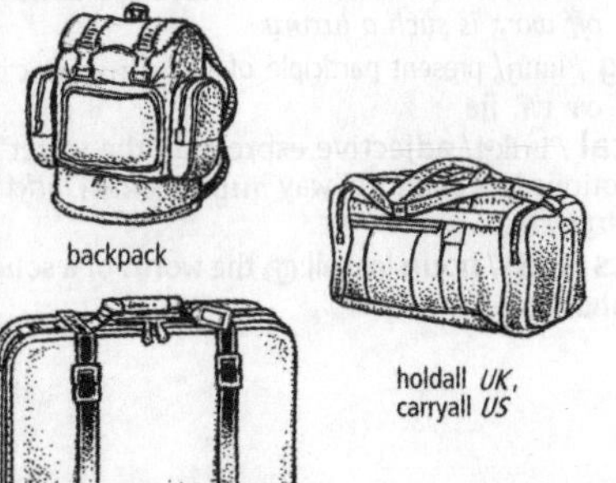

luggage /ˈlʌgɪdʒ/ **noun** [U] (A2) bags and cases that you carry with you when you are travelling **багаж** → See also **hand luggage**

lukewarm /ˌluːkˈwɔːm/ **adjective** **1** A liquid which is lukewarm is only slightly warm. **чуть теплый** *Dissolve yeast and one tablespoon of sugar in lukewarm water.* **2** showing little interest or enthusiasm **прохладный, без энтузиазма** *She seemed rather lukewarm about the idea.*

lull¹ /lʌl/ **verb** [T] to make someone feel calm and make them want to sleep **убаюкивать** *Soft music **lulled** him **to sleep**.*

PHRASAL VERB **lull sb into sth/doing sth** to make someone feel safe so that you can then trick them **усыпить чью-либо бдительность с целью добиться чего-либо**

lull² /lʌl/ **noun** [C] a short period of calm in which little happens **временное затишье** *a **lull in** the conversation/traffic*

lullaby /ˈlʌləbaɪ/ **noun** [C] a song which you sing to children to make them sleep **колыбельная**

lumber¹ /ˈlʌmbəʳ/ **verb** **lumber along/around/off, etc** to move slowly with heavy steps **тяжело двигаться, переваливаться** *The bear lumbered off into the forest.*

PHRASAL VERB **be lumbered with sth/sb** mainly UK to have to deal with something or someone that you do not want to **быть обремененным чем-либо/кем-либо** *I've been lumbered with my neighbours' cat while they're away.*

lumber² /ˈlʌmbəʳ/ **noun** [U] US (UK **timber**) wood that is used for building **пиломатериалы**

lumberjack /ˈlʌmbədʒæk/ **noun** [C] a person whose job is to cut down trees in a forest **лесоруб, дровосек**

luminary /ˈluːmɪnəri/ **noun** [C] formal a famous person who is respected for their skills or knowledge **светило, знаменитость**

luminous /ˈluːmɪnəs/ **adjective** Something that is luminous shines in the dark. **светящийся**

lump¹ /lʌmp/ **noun** [C] **1** a piece of a solid substance with no particular shape **кусок, глыба** *a lump of coal* ∘ *You don't want lumps in the sauce.* → See **Pieces and Quantities** on page Centre 1 **2** a hard piece of tissue under the skin caused by injury or illness **опухоль** *She found a lump in her breast.*

lump² /lʌmp/ **verb**

PHRASAL VERB **lump sth/sb together** to put different groups together and think about them or deal with them in the same way **смешивать в кучу** *American and Canadian authors tend to be lumped together.*

ˌlump ˈsum noun [C] a large amount of money given as a single payment **единовременная выплата** *She received a tax-free lump sum on leaving the company.*

lumpy /ˈlʌmpi/ **adjective** covered with or containing lumps (= bits of solid substance) **комковатый** *a lumpy sauce*

lunacy /ˈluːnəsi/ **noun** [U] stupid behaviour that will have bad results **безрассудство** *It was lunacy spending all that money.*

lunar /ˈluːnəʳ/ **adjective** [always before noun] relating to the moon **лунный**

lunatic /ˈluːnətɪk/ **noun** [C] someone who behaves in a crazy way **сумасшедший** *He drives like a lunatic.*

lunch¹ /lʌnʃ/ **noun** [C, U] (A1) a meal that you eat in the middle of the day **обед** → See also **packed lunch**

Слова-партнеры к lunch

eat/have lunch • have sth for lunch • a light lunch

lunch² /lʌnʃ/ **verb** [I] to eat lunch **обедать**

luncheon /ˈlʌnʃən/ **noun** [C] formal lunch **обед**

lunchtime /ˈlʌnʃtaɪm/ **noun** [C, U] A2 the time when lunch is eaten **обеденное время**

lung /lʌŋ/ **noun** [C] B2 one of the two organs inside your chest that are used for breathing **легкое (орган)** *lung cancer*

lurch /lɜːtʃ/ **verb lurch forward/towards, etc** to suddenly move in a way that is not controlled **накреняться, пошатываться** *The car lurched forward before hitting the tree.*

lure¹ /lʊəʳ/ **verb** [T] to persuade someone to go somewhere or do something by offering them something exciting **завлекать, заманивать** *It seems that he was **lured into** a trap.* ◦ *They had been **lured to** the big city by the promise of high wages.*

lure² /lʊəʳ/ **noun** [U] the power to attract people **соблазн, притягательная сила** *the lure of fame/power/money*

lurid /ˈlʊərɪd/ **adjective 1** shocking in a way that involves sex or violence **жуткий** *lurid details/stories* **2** too brightly coloured **кричащий, яркий** *a lurid green miniskirt*

lurk /lɜːk/ **verb** [I] **1** to wait somewhere secretly, especially before doing something bad **таиться, скрываться** *Someone was lurking in the shadows.* **2** to enter a place on the Internet and read what other people have written without them knowing you are there **читать информацию на веб-сайте, не добавляя ничего от себя**

• **lurker noun** [C] **человек, читающий информацию на веб-сайте, но не делающий своего вклада**

lush /lʌʃ/ **adjective** A lush area has a lot of healthy grass, plants, or trees. **буйный, пышный (о растительности)**

lust¹ /lʌst/ **noun** [U] **1** a strong feeling of sexual attraction to someone **вожделение 2** when you want something very much **жажда** *a lust for power*

lust² /lʌst/ **verb**

PHRASAL VERBS **lust after sb** to feel strong sexual attraction for someone **испытывать физическое влечение к кому-либо** • **lust after sth** to want something very much **жаждать чего-либо** *to lust after fame/power*

Lutheran /ˈluːθᵊrᵊn/ **adjective** belonging or relating to a Christian group based on the teachings of Martin Luther **лютеранский**

• **Lutheran noun** [C] **лютеранин**

luxurious /lʌgˈʒʊəriəs/ **adjective** very comfortable and expensive **роскошный** *a luxurious hotel* ◦ *luxurious fabrics*

luxury /ˈlʌkʃᵊri/ **noun 1** [U] B1 great comfort or pleasure from expensive or beautiful things **роскошь** *to live in luxury* ◦ *a luxury apartment/car* **2** [C] something expensive that you enjoy but do not need **предмет роскоши** *It's nice to buy people the little luxuries that they wouldn't buy themselves.* **3** [U, no plural] B2 something which gives you a lot of pleasure but which you cannot often do **наслаждение** *A day off work is such a luxury.*

lying /ˈlaɪɪŋ/ present participle of lie **прич. наст. вр. от гл. lie**

lyrical /ˈlɪrɪkᵊl/ **adjective** expressing the writer's emotions in a beautiful way **лирический** *lyrical poetry/verse*

lyrics /ˈlɪrɪks/ **noun** [plural] B2 the words of a song **слова песни**

M

M, m /em/ the thirteenth letter of the alphabet **13-я буква алфавита**

m written abbreviation for metre (= a unit of length) **метр**

MA /ˌemˈeɪ/ **noun** [C] abbreviation for Master of Arts: a higher university qualification in an arts (= not science) subject **магистр гуманитарных наук**

ma'am /mæm/, /mɑːm/ US short for madam **госпожа** *Can I help you, Ma'am?*

mac /mæk/ **noun** [C] UK a coat that you wear in the rain **непромокаемый плащ** → See **Clothes** on page Centre 8

macabre /məˈkɑːbrə/ **adjective** strange and frightening, and often connected with death **мрачный, жуткий** *a macabre story*

macaroni /ˌmækərˈəʊni/ **noun** [U] pasta that is shaped like small tubes **макароны**

machete /məˈʃeti/ **noun** [C] a large knife with a wide blade **мачете**

machinations /ˌmæʃɪˈneɪʃənz/ **noun** [plural] complicated and secret plans and activities **интриги, махинации** *political machinations*

machine /məˈʃiːn/ **noun** [C] **1** (A2) a piece of equipment with moving parts that uses power to do a particular job **механизм, машина** *a fax machine ◦ a coffee machine ◦ Clothes are generally sewn* ***by machine*** *these days.* **2** a group of people all working together to achieve the same result **(организационный) аппарат, машина** *a political/war machine* **3** a computer **компьютер** → See also **answering machine**, **cash machine**, **sewing machine**, **slot machine**, **vending machine**, **washing machine**

> **Слова-партнеры к machine**
>
> operate/use a machine • turn off/turn on a machine • do sth by machine • a machine for doing sth

maˈchine ˌgun **noun** [C] a gun that fires a lot of bullets very quickly **пулемет**

machine-readable /məˌʃiːnˈriːdəbl/ **adjective** able to be understood by a computer **считываемый машиной** *a machine-readable dictionary*

machinery /məˈʃiːnəri/ **noun** [U] **1** machines, often large machines **оборудование** *industrial/farm machinery* **2** the system that a group of people uses to achieve something **(организационный) аппарат, машина** *the machinery of government*

macho /ˈmætʃəʊ/ (US) /ˈmɑːtʃəʊ/ **adjective** informal Men who are macho emphasize their traditional male qualities, such as physical strength, and do not show emotion. **мужественный**

mackerel /ˈmækrəl/ **noun** [C, U] (plural **mackerel**, **mackerels**) a type of sea fish, or the meat from this fish **скумбрия**

mackintosh /ˈmækɪntɒʃ/ **noun** [C] old-fashioned a mac **непромокаемый плащ**

macro- /mækrəʊ-/ **prefix** large or on a large scale **в сложных словах означает 'большой, большого масштаба'** *macroeconomics (= the study of financial systems at a national level)*

mad /mæd/ **adjective** **1** informal (B1) stupid or crazy **сумасшедший** [+ to do sth] *You're mad to walk home alone at night.* **2** mainly US (A2) angry **рассерженный** *Were your parents* ***mad at*** *you when you came home late?* **3 go mad a** to become very angry **рассердиться** *Dad'll go mad when he finds out you took the car.* **b** to suddenly become very excited **обезуметь** *When the band arrived on stage, the crowd went mad.* **4 be mad about sb/sth** informal (B1) to love someone or something **быть помешанным на ком-либо/чем-либо** *Jo's mad about skiing.* **5** (B1) mentally ill **сумасшедший, душевнобольной** **6** not controlled **бешеный** *We made a* ***mad dash*** *for the exit.* **7 like mad a** (B2) If you run, work, etc like mad, you do it very quickly and with a lot of energy. **изо всех сил, бешено** **b** (B2) If something hurts like mad, it hurts a lot. **чертовски, очень сильно**

madam /ˈmædəm/ **noun** formal **1** (B1) (also **Madam**) You call a woman 'madam' when you are speaking to her politely. **мадам** *This way, madam.* **2 Madam** (B2) You write 'Madam' at the beginning of a formal letter to a woman when you do not know her name. **госпожа** *Dear Madam, I am writing to...*

made /meɪd/ past of make **прош. вр. и прич. прош. вр. от гл. make**

madhouse /ˈmædhaʊs/ **noun** [C] informal a place where there is a lot of uncontrolled noise and activity **бедлам, сумасшедший дом**

madly /ˈmædli/ **adverb** **1** with a lot of energy and enthusiasm **бешено, исступленно** *We cheered madly as the team came out onto the field.* **2 be madly in love** to love someone very much **быть безумно влюбленным**

madman, madwoman /ˈmædmən/, /ˈmædˌwʊmən/ **noun** [C] (plural **madmen**, **madwomen**) a crazy person **сумасшедший, сумасшедшая** *He was running around* ***like a madman.***

madness /ˈmædnəs/ **noun** [U] **1** stupid or dangerous behaviour **безумие, безрассудство**

It would be madness to give up your job when you've just bought a house. **2** mental illness **безумие, душевное расстройство**

maestro /ˈmaɪstrəʊ/ **noun** [C] someone who is very good at something, especially playing music **маэстро**

the mafia /ˈmæfiə/ (US) /ˈmɑːfiə/ **noun** a large group of organized criminals **мафия** *Drug-smuggling activities have been linked to the Mafia.*

magazine /ˌmægəˈziːn/ **noun** [C] (A2) a thin book published every week or month, that has shiny, colourful pages with articles and pictures **журнал** *a fashion/news magazine*

magazine

maggot /ˈmægət/ **noun** [C] a small insect with a soft body and no legs that often lives in decaying food **личинка**

magic¹ /ˈmædʒɪk/ **noun** [U] **1** (A2) special powers that can make things happen that seem impossible **магия, волшебство** *Do you believe in magic?* **2** (A2) clever actions intended to entertain people, often making objects appear and disappear **искусство иллюзиониста** **3** (B2) a quality that makes something or someone seem special or exciting **очарование** *No one could fail to be charmed by* ***the magic of*** *this beautiful city.* **4 as if by magic** in a way that is surprising and impossible to explain **как по волшебству** *Food would appear on the table every day, as if by magic.* → See also **black magic**

magic² /ˈmædʒɪk/ **adjective** **1** (B1) with special powers **волшебный, магический** *a* ***magic spell/wand*** **2** (A2) relating to magic **относящийся к фокусам** *a* ***magic trick*** **3 magic moments** special and exciting experiences **волшебные мгновения**

magical /ˈmædʒɪkəl/ **adjective** **1** with special powers **магический** *Diamonds were once thought to have* ***magical powers.*** **2** (B2) special or exciting **очаровательный, волшебный** *It was a magical night.*

• **magically adverb магически** *I knew my problems would not just magically disappear.*

magician /məˈdʒɪʃən/ **noun** [C] **1** someone who entertains people by performing magic tricks **фокусник** **2** a character in old stories who has magic powers **волшебник, колдун**

magistrate /ˈmædʒɪstreɪt/ **noun** [C] a type of judge (= person who decides what punishments should be given) who deals with less serious crimes **судья (низшей инстанции)**

magnate /ˈmægneɪt/ **noun** [C] someone who is rich and successful in business **магнат** *a media magnate*

magnesium /mægˈniːziəm/ **noun** [U] a metallic element that burns very brightly, used to make fireworks (= explosives used to entertain people) (symbol Mg) **магний**

magnet /ˈmægnət/ **noun** **1** [C] an iron object that makes pieces of iron or steel (= metal made with iron) move towards it **магнит** **2 be a magnet for sb** If a place or event is a magnet for people, a lot of people go there. **притягивать, привлекать** *Airports are a magnet for thieves.*

magnet

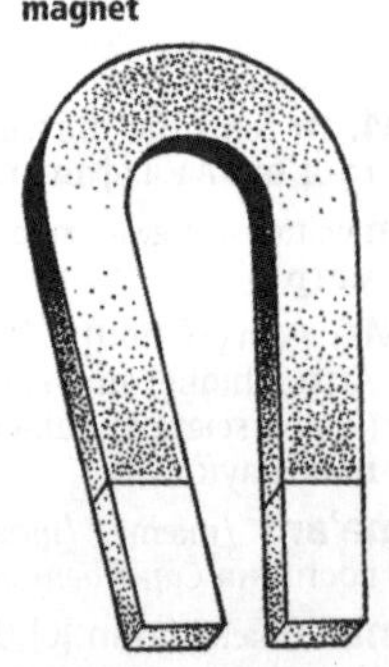

magnetic /mægˈnetɪk/ **adjective** **1** with the power of a magnet **магнитный** *a* ***magnetic field*** **2 magnetic tape/disk/storage, etc** equipment used in the past for storing information from a computer **магнитная лента/магнитный диск/накопитель и т. д.** **3** having a character that attracts people to you **притягательный, привлекательный**

magnificent /mægˈnɪfɪsənt/ **adjective** (B1) very good or very beautiful **великолепный** *a magnificent view*

• **magnificently adverb великолепно**

magnify /ˈmægnɪfaɪ/ **verb** [T] **1** to make an object look larger than it is by looking through special equipment **увеличивать** *The cells are first magnified under a microscope.* **2** to make a bad situation worse **усугублять** *All your problems are magnified when you're ill.*

ˈmagnifying ˌglass noun [C] a piece of curved glass which makes objects look larger than they are **увеличительное стекло, лупа**

magnitude /ˈmægnɪtjuːd/ **noun** [U] formal the large size or importance of something **важность, значительность** *People were still unaware of* ***the magnitude of*** *the problem.*

mahogany /məˈhɒgəni/ **noun** [U] a dark, red-brown wood used to make furniture **красное дерево**

maid /meɪd/ **noun** [C] a woman who works as a servant in a hotel or in someone's home **горничная, служанка**

maiden¹ /ˈmeɪdən/ **noun** [C] literary old-fashioned a young woman who is not married **девушка**

maiden² /ˈmeɪdən/ **adjective a maiden flight/voyage** the first journey of a new aircraft or ship **первый полет/рейс (нового самолета, корабля)**

ˈmaiden ˌname noun [C] the family name that a woman has before she gets married **девичья фамилия**

mail¹ /meɪl/ **noun** [U] **1** (A2) letters and parcels that are brought by post **почта, корреспонденция** **2** mainly US (A2) the system by which letters and parcels are taken and brought **почта** *Send it* ***by mail.*** ◦ *The letter is* ***in the mail.*** → See also **email**, **junk mail**, **snail mail**, **surface mail**, **voice mail**

mail² /meɪl/ **verb** [T] mainly US to send a letter or parcel or email something **посылать по почте** *Could you* ***mail*** *it* ***to*** *me?*

mailbox /ˈmeɪlbɒks/ **noun** [C] US **1** a small box outside your home where letters are delivered **почтовый ящик 2** (UK **letterbox, post box**) a large, metal container in a public place where you can post letters **почтовый ящик**

ˈmailing ˌlist noun [C] a list of names and addresses that an organization uses in order to send information to people **список адресатов, подписчиков**

mailman /ˈmeɪlmæn/ **noun** [C] (plural **mailmen**) US (UK **postman**) a man who takes and brings letters and parcels as a job **почтальон**

ˈmail ˌorder noun [U] a way of buying goods by ordering them from a catalogue (= book) and receiving them by post **заказ товаров по почте**

maim /meɪm/ **verb** [T] to injure someone permanently **калечить** *Thousands of innocent people have been killed or maimed by landmines.*

main¹ /meɪn/ **adjective** [always before noun] **1** B1 most important or largest **основной, главный** *the main problem/reason* ◦ *The main airport is 15 miles from the capital.* **2 the main thing** B2 the most important fact in a situation **главное** *You're happy and that's the main thing.*

main² /meɪn/ **noun 1** [C] **gas/water main** a pipe that carries gas or water to a building **газопроводная/водопроводная труба 2 in the main** generally or mostly **в основном** *Her friends are teachers in the main.*

ˌmain ˌcourse noun [C] A2 the largest or most important part of a meal **основное блюдо (напр., обеда)**

mainframe /ˈmeɪnfreɪm/ **noun** [C] a large, powerful computer which many people can use at the same time **мейнфрейм**

mainland /ˈmeɪnlənd/ **noun the mainland** the main part of a country, not including the islands around it **материк** *A daily ferry links the islands to the mainland.*

• **mainland adjective** [always before noun] **расположенный на материке** *mainland Britain*

mainly /ˈmeɪnli/ **adverb** B1 mostly or to a large degree **в основном, большей частью** *The waitresses are mainly French.*

main ˈroad noun [C] a large road which leads from one town to another **главная дорога, шоссе, магистраль** *Stay on the main road for about three miles and you'll be there.*

mainstay /ˈmeɪnsteɪ/ **noun a/the mainstay of sth** the most important thing or activity **основа, опора** *Cattle farming is the mainstay of the country's economy.*

the mains /meɪnz/ **noun** [group] UK **1** the system of pipes or wires that carries gas, water, or electricity to a building **газопровод/водопровод/электросеть** *The house isn't connected to the mains yet.* **2** the place inside a building where you can connect a machine to a supply of electricity **распределительный щит** *Is the cooker turned off* ***at the mains?***

mainstream /ˈmeɪnstriːm/ **noun the mainstream** the beliefs or way of living accepted by most people **основное направление, главная тенденция** *The party is now* ***in the mainstream of*** *politics.*

• **mainstream adjective** [always before noun] **следующий основному направлению, главной тенденции** *mainstream culture/politics*

maintain /meɪnˈteɪn/ **verb** [T] **1** B2 to make a situation or activity continue in the same way **поддерживать, сохранять** *The army has been brought in to maintain order in the region.* **2** B2 to keep a building or area in good condition **содержать** *A large house is very expensive to maintain.* **3** formal to say that you are certain something is true **утверждать** [+ (that)] *He has always maintained that he is innocent.*

maintenance /ˈmeɪntᵊnəns/ **noun** [U] **1** B2 the work that is done to keep something in good condition **обслуживание, содержание** *car maintenance* ◦ *I want a garden that's very* ***low maintenance*** *(= easy to look after).* **2** UK regular amounts of money that someone must pay after they have left their family so that the family still has money to live on **алименты, содержание** ***child maintenance***

> Слова-партнеры к **maintenance**
>
> **carry out** maintenance • **high/low** maintenance • maintenance **of** sth

maize /meɪz/ **noun** [U] UK (US **corn**) a tall plant with yellow seeds that are eaten as food **маис, кукуруза**

majestic /məˈdʒestɪk/ **adjective** very beautiful or powerful in a way that people admire **величественный** *majestic scenery*

majesty /ˈmædʒəsti/ **noun 1** [U] the quality of being majestic **величественность** *the majesty of the pyramids* **2 His/Her/Your Majesty** used when you are speaking to or about a king or queen **его/ее/ваше величество** *His Majesty King Edward VII*

major¹ /ˈmeɪdʒəʳ/ **adjective 1** [always before noun] B2 more important or more serious than other things or people of a similar type **крупный, важный** *a* ***major problem/issue*** ◦ *a major city* ◦ *America has played a major role in the peace process.* **2** in music, belonging to a key (= set of musical notes) which often produces a happy sound **мажорный** → Opposite **minor**

major² /ˈmeɪdʒəʳ/ **noun** [C] **1** US the most important subject that a college or university

M

student studies, or the student who is studying **основной предмет, студент, специализирующийся по какому-либо предмету** *What's your major?* ◦ *Diane's an English major.* **2** an officer of middle rank in the army or air force **майор**

major³ /ˈmeɪdʒəʳ/ **verb**

PHRASAL VERB **major in sth** If you major in a subject, it is the most important part of your course at a college or university. **специализироваться по какому-либо предмету**

majority /məˈdʒɒrəti/ **noun** **1** [no plural] B2 more than half of a group of people or things **большинство** ***The majority of*** *people in this country own their houses.* ◦ *The* ***vast majority*** *of smokers claim they would like to give up.* **2 be in a/the majority** to be larger than other similar groups **быть в большинстве** *Women are in the majority in the publishing world.* **3** [C] in an election, the difference between the number of votes for the winner, and the votes for the party that came second **перевес голосов** *Labour has a* ***strong majority****.* → Opposite **minority**

> Слова-партнеры к **majority**
>
> a **narrow/outright/overwhelming/tiny/vast** majority • the majority of sth • in the majority

M

make¹ /meɪk/ **verb** [T] (past tense and past participle **made**) **1** A1 to produce or create something **делать, создавать** *Shall I make some coffee?* ◦ *They've made a film about her life.* → See Note **do** **2 make a promise/remark/mistake, etc** to promise something, to say something, to do something wrong, etc **давать обещание/делать замечание/допускать ошибку и т. д.** *We have to make a decision today.* ◦ *You're making a big mistake.* ◦ *She made some useful suggestions.* **3 make sb do sth** B1 to force someone to do something **заставлять кого-либо делать что-либо** *You can't make me go.* **4 make sb/sth happy/sad/difficult, etc** B1 to cause someone or something to become happy, sad, difficult, etc **делать кого-либо счастливым/расстраивать кого-либо/усложнять что-либо и т. д.** *You've made me very happy.* ◦ *This is the song that made her a star.* **5** B1 to be able to go to an event **быть в состоянии пойти куда-либо** *I'm afraid I can't make the meeting this afternoon.* **6** B2 If you make an amount of money, you earn it. **зарабатывать** *He makes £20,000 a year.* **7** If two or more numbers make a particular amount, that is the amount when they are added together. **составлять в сумме** *That makes $40 altogether.* **8** [T] to have the right qualities to become a father or mother or to do a particular job **мочь стать кем-либо, иметь хорошие задатки** *Andy would make a good teacher.* **9** [+ two objects] to give someone a particular job **назначать на должность** *They made her a director of the company.* **10 make an appointment** to arrange to do something at a particular time **условиться о встрече** *I've made an appointment with the doctor.* **11 make the bed** to make the sheets and covers on a bed tidy **застилать постель** **12 make time** to leave enough time to do something although you are busy **уделять время** [+ to do sth] *You must make time to do your homework.* **13 make do (with)** to accept that something is less good than you would like **обходиться чем-либо** *If we can't get a bigger room we'll have to make do with this.* **14 make it a** to manage to arrive at a place **успевать** *Will we make it in time for the film?* **b** to be successful **достигать успеха** *Very few actors actually make it.*

PHRASAL VERBS **make for sth** to move towards a place **направляться куда-либо** *He got up and made for the exit.* • **make sth into sth** B2 to change something into something else **переделывать что-либо во что-либо** *We're going to make the spare room into an office.* • **make of sb/sth** If you ask someone what they make of someone or something, you want to know their opinion about that person or thing. **думать, иметь мнение** *What do you make of this letter?* • **make off with sth** informal to steal something **убегать с награбленным** • **make sth/sb out** B2 to be able to see, hear, or understand something or someone **различить, разобраться** *We could just make out a building through the trees.* • **make out sth** to say something that is not true **сделать вид, дать понять** [+ (that)] *He made out that he'd been living in Boston all year.* • **make out** US informal **1** to deal with a situation, usually in a successful way **преуспевать, справляться** *How is Jake* ***making out in*** *his new school?* **2** to kiss and touch someone in a sexual way **целоваться, обниматься** • **make it up to sb** to do something good for someone because you have done something bad to them in the past **искупать, заглаживать вину** *I'm sorry I missed your birthday. I'll make it up to you, I promise.* • **make sth up** B2 to say or write something that is not true **выдумывать** *I made up some story about having to go and see my sick mother.* • **make up sth** to form the whole of an amount **составлять (часть от целого)** *Women make up nearly 50% of medical school entrants.* • **make up** to become friendly with someone again after you have argued with them **мириться** *Have you* ***made up with*** *Daryl yet?* • **make up for sth** B2 to reduce the bad effect of something, or make something bad become something good **возмещать ущерб** *I hope this money will make up for the inconvenience.*

make² /meɪk/ **noun** [C] the name of a company that makes a particular product **марка (фирмы)** *I like your camera. What make is it?*

make-believe /ˈmeɪkbɪˌliːv/ **noun** [U] when you pretend that something is real **фантазия,**

выдумка *Disneyland creates a world of make-believe.*

makeover /ˈmeɪkˌəʊvəʳ/ **noun** [C] when you suddenly improve your appearance by wearing better clothes, cutting your hair, etc **преображение** *to **have a makeover***

maker /ˈmeɪkəʳ/ **noun** [C] B2 the person or company that makes a product **производитель, изготовитель** *makers of top quality electrical products*

makeshift /ˈmeɪkʃɪft/ **adjective** [always before noun] temporary and low quality **временный, самодельный** *makeshift shelters*

make-up

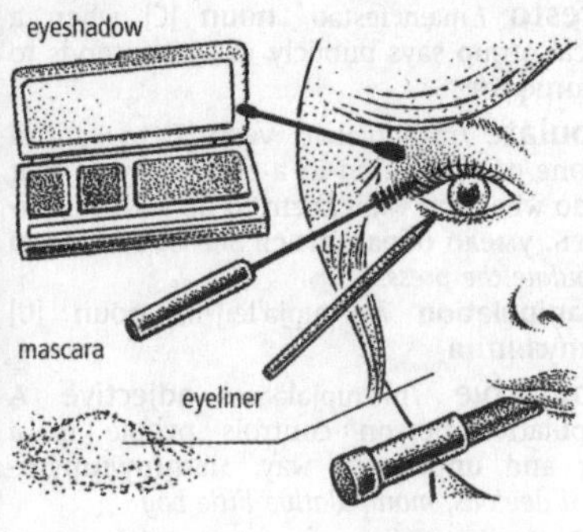

make-up, makeup /ˈmeɪkʌp/ **noun** [U] A2 coloured substances that a woman puts on her face in order to make herself more attractive **декоративная косметика** *to **put on/take off make-up** ◦ She doesn't **wear** much **make-up**.*

making /ˈmeɪkɪŋ/ **noun** **1** [U] the process of making or producing something **создание, производство** *There's an article on **the making of** a television series. ◦ the art of film making* **2 be a sth/sb in the making** to be likely to develop into a particular thing or type of person **быть в процессе превращения во что-либо/в кого-либо** *What we're seeing is a disaster in the making.* **3 have the makings of sth** to seem likely to develop into something **иметь задатки** *She has the makings of a great violinist.*

malaria /məˈleəriə/ **noun** [U] a serious disease that you can get in hot countries if a mosquito (= small insect) bites you **малярия**

male[1] /meɪl/ **adjective** B1 belonging to or relating to the sex that cannot have babies **мужской, мужского пола** *a male colleague* → Opposite **female**

male[2] /meɪl/ **noun** [C] B2 a male person or animal **мужчина, самец** *In 1987, 27 percent of adult males smoked.*

ˌmale ˈchauvinist noun [C] a man who believes that men are better or more important than women **мужской шовинист**

malice /ˈmælɪs/ **noun** [U] when you want to harm or upset someone **злоба, злость** *There was no malice in her comments.*

malicious /məˈlɪʃəs/ **adjective** intended to harm or upset someone **злобный** *malicious gossip*

malignant /məˈlɪgnənt/ **adjective** A malignant tumour (= group of diseased cells) is one that could cause death. **злокачественный**

mall /mɔːl/ **noun** [C] (also **shopping mall**) B1 a large, covered shopping area **торговый центр**

malleable /ˈmæliəbl/ **adjective** **1** easy to bend or make into a different shape **ковкий, мягкий** **2** formal easily influenced and controlled **податливый, уступчивый**

mallet /ˈmælɪt/ **noun** [C] a tool like a hammer with a large, flat end made of wood or rubber **деревянный молоток, клюшка** → See picture at **tool**

malnutrition /ˌmælnjuːˈtrɪʃən/ **noun** [U] a serious illness caused by having too little food **недоедание**

malpractice /ˌmælˈpræktɪs/ **noun** [U] when a doctor, lawyer, etc does not do one of their duties or makes a mistake at work **преступная небрежность** *medical malpractice*

malt /mɔːlt/ **noun** [U] a substance made from grain that is used to make drinks, for example beer and whisky (= strong alcoholic drink) **солод**

mama /ˈmæmə, məˈmɑː/ **noun** [C] mainly US a child's word for 'mother' **мама**

mammal /ˈmæməl/ **noun** [C] an animal that feeds its babies on milk from its body **млекопитающее**

mammoth /ˈmæməθ/ **adjective** very large **громадный** *a mammoth task/project*

man[1] /mæn/ **noun** (plural **men**) **1** [C] A1 an adult male human **мужчина** *a young/tall man ◦ men and women* **2** [U] B2 used to refer to both men and women **человек** *Man is still more intelligent than the cleverest robot.* → See also **best man**, **garbage man**, **no-man's land**, the man/person, etc in the **street**

man[2] /mæn/ **verb** [T] (present participle **manning**, past tense and past participle **manned**) to be present somewhere, especially in order to operate a machine **присутствовать, работать (о людях)** *The emergency room is manned 24 hours a day.*

manage /ˈmænɪdʒ/ **verb** **1** [I, T] B1 to do something or deal with something successfully **справляться, ухитряться** *Will you be able to manage on your own?* ◦ [+ to do sth] *Anyway, we managed to get there on time.* **2** [T] B1 to be in control of an office, shop, team, etc **руководить, управлять** *He used to manage the bookshop on King Street.* **3** [T] to use or organize your time or money **уметь обращаться, организовывать** *He's no good at managing his money.* **4** [I] to have enough money to live **жить,**

M

обходиться (деньгами) *How can anyone* ***manage on*** *such a low income?*

manageable /ˈmænɪdʒəbl/ **adjective** easy to control **легко управляемый** *Are they going to reduce classes to a more* ***manageable size****?*

management /ˈmænɪdʒmənt/ **noun** **1** [U] (B2) being in control of an office, shop, team, etc **управление, менеджмент** *management skills/training* **2** [group] the people who are in control of an office, shop, team, etc **руководство, администрация** ***middle/senior management***

> **Слова-партнеры к management**
> management **of** sth • management **skills** • **middle/senior** management

manager /ˈmænɪdʒəʳ/ **noun** [C] (A2) someone in control of an office, shop, team, etc **управляющий, менеджер** *a sales manager* ◦ *She's the manager of the local sports club.*

managerial /ˌmænəˈdʒɪəriəl/ **adjective** relating to a manager or management **управленческий** ***managerial skills***

ˌmanaging diˈrector **noun** [C] mainly UK the main person in control of a company **генеральный директор**

M

mandate /ˈmændeɪt/ **noun** [C] formal support for action given to someone by the people voting for them **мандат, наказ** *The electorate have* ***given*** *them a clear* ***mandate*** *for social reform.*

mandatory /ˈmændətᵊri/ **adjective** formal If something is mandatory, it must be done. **обязательный**

mane /meɪn/ **noun** [C] the long, thick hair that grows on the necks of animals such as horses or lions **грива**

maneuver[1] US (UK **manoeuvre**) /məˈnuːvəʳ/ **noun** [C] **1** a movement that needs care or skill **маневр** **2** a clever action, usually done to trick someone **интрига** *a* ***political/tactical maneuver***

maneuver[2] US (UK **manoeuvre**) /məˈnuːvəʳ/ **verb** [I, T] to move with care or skill **маневрировать** *I find big cars difficult to maneuver.*

mangled /ˈmæŋɡld/ **adjective** badly crushed and damaged **покалеченный, раздавленный** *a mangled body*

mango /ˈmæŋɡəʊ/ **noun** [C] (plural **mangoes**, **mangos**) (A2) a tropical fruit that has a green skin and is orange inside **манго**

manhood /ˈmænhʊd/ **noun** [U] the qualities related to being a man and not a boy **возмужалость, зрелость**

mania /ˈmeɪniə/ **noun** [U] extreme enthusiasm or interest **мания, увлечение** *football mania*

maniac /ˈmeɪniæk/ **noun** [C] informal someone who behaves in an extreme or uncontrolled way **маньяк** *a* ***sex maniac*** ◦ *He drives like a maniac.*

manic /ˈmænɪk/ **adjective** behaving in an excited and uncontrolled way **одержимый, маниакальный**

manicure /ˈmænɪkjʊəʳ/ **noun** [C, U] when someone makes your hands look attractive by cleaning and cutting your nails, etc **маникюр**

manifest[1] /ˈmænɪfest/ **verb** [T] formal to show a quality or condition **проявлять(ся)** [often reflexive] *Grief manifests itself in a number of different ways.*

manifest[2] /ˈmænɪfest/ **adjective** [always before noun] formal obvious **явный** *her manifest lack of interest*

manifestation /ˌmænɪfesˈteɪʃᵊn/ **noun** [C, U] formal something which shows that a quality or condition exists **проявление** *one of the manifestations of the disease*

manifesto /ˌmænɪˈfestəʊ/ **noun** [C] when a political group says publicly what it intends to do **манифест**

manipulate /məˈnɪpjəleɪt/ **verb** [T] to control someone or something in a clever way so that they do what you want them to do **манипулировать, умело обращаться** *She knows how to manipulate the press.*
• **manipulation** /məˌnɪpjəˈleɪʃᵊn/ **noun** [U] **манипуляция**

manipulative /məˈnɪpjələtɪv/ **adjective** A manipulative person controls people in a clever and unpleasant way. **манипулирующий** *a devious, manipulative little boy*

mankind /mænˈkaɪnd/ **noun** [U] (B2) all people, considered as a group **человечество** *the history of mankind*

manly /ˈmænli/ **adjective** having the qualities and appearance that people think a man should have **мужественный, сильный** *a deep, manly voice*

man-made /ˌmænˈmeɪd/ **adjective** not natural, but made by people **искусственный** *man-made fibres* ◦ *a man-made lake*

manned /mænd/ **adjective** A place or vehicle that is manned has people working in it. **управляемый человеком** *a manned space flight*

manner /ˈmænəʳ/ **noun** [no plural] **1** (B2) the way in which a person talks and behaves with other people **манера, поведение** *an aggressive/friendly manner* **2** (B2) the way something happens or something is done **метод, способ** *They dealt with the problem* ***in a*** *very efficient* ***manner****.*

> **Слова-партнеры к manner**
> **in a** [similar/traditional/professional, etc] manner • **the** manner **of** sth

mannerism /ˈmænᵊrɪzᵊm/ **noun** [C] something strange that someone often does with their face, hands, or voice, and that is part of their personality **манера, особенность**

manners /ˈmænəz/ **noun** [plural] (B2) polite ways of behaving with other people **манеры, вос-**

питанность *bad/good manners* ◦ *table manners*

manoeuvre[1] UK (US **maneuver**) /məˈnuːvəʳ/ **noun** [C] **1** a movement that needs care or skill **маневр** **2** a clever action, usually done to trick someone **интрига** *a political/tactical manoeuvre*

> Слова-партнеры к **manoeuvre (noun)**
> carry out/perform a manoeuvre

manoeuvre[2] UK (US **maneuver**) /məˈnuːvəʳ/ **verb** [I, T] to move with care or skill **маневрировать** *I find big cars difficult to manoeuvre.*

manpower /ˈmænˌpaʊəʳ/ **noun** [U] the people needed or available to do a job **рабочая сила** *a manpower shortage*

mansion /ˈmænʃᵊn/ **noun** [C] a very large house **особняк**

manslaughter /ˈmænˌslɔːtəʳ/ **noun** [U] the crime of killing someone without intending to kill them **непредумышленное убийство**

mantelpiece /ˈmæntᵊlpiːs/ **noun** [C] (also US **mantel**) the shelf above a fireplace (= place in a room where wood, etc is burned) **каминная полка** *There was an old family photo* ***on the mantelpiece.*** → See **The Living Room** on page Centre 4

mantra /ˈmæntrə/ **noun** [C] an idea or belief that people often say but do not think about **заклинание** *the mantra of 'democratic reform'*

manual[1] /ˈmænjuəl/ **adjective** B2 using your hands **ручной, физический** *manual labour/work* ◦ *a manual control/gearbox*
• **manually adverb вручную**

manual[2] /ˈmænjuəl/ **noun** [C] B2 a book that tells you how to use something or do something **руководство, наставление**

manufacture /ˌmænjəˈfæktʃəʳ/ **verb** [T] B2 to produce something, usually in large numbers in a factory **производить, изготовлять** *Local industries manufacture plastic products, boats, and clothing.*
• **manufacture noun** [U] **производство** *the manufacture of computers/margarine*

manufacturer /ˌmænjəˈfæktʃᵊrəʳ/ **noun** [C] B2 a company that manufactures something **производитель** *a shoe manufacturer*

manufacturing /ˌmænjəˈfæktʃᵊrɪŋ/ **noun** [U] B2 the production of something, usually in large numbers in a factory **производство** *car/food manufacturing*

manure /məˈnjʊəʳ/ **noun** [U] solid waste from animals that is used to make plants grow well **навоз** *cow/horse manure*

manuscript /ˈmænjəskrɪpt/ **noun** [C] a piece of writing or music that has been written, but not yet published **рукопись**

many /ˈmeni/ **pronoun, quantifier 1** A1 used mainly in negative sentences and questions to mean 'a large number of' **много** *I don't have many clothes.* ◦ *Were there many cars on the road?* ◦ *I've got* ***so many*** *things to do this morning.* ◦ *You've given me* ***too many*** *potatoes (= more than I want).* ◦ *There aren't* ***as many*** *people here* ***as*** *last year.* **2 how many** A1 used in questions to ask about the number of something **сколько?** *How many hours a week do you work?* ◦ *How many do you want?* **3 as many as** used before a number or amount to show that the number or amount is large **до, целых** *As many as 6000 people may have been infected with the disease.*

> **!** Типичная ошибка: **much or many?**
> **Запомните: much** употребляется только с неисчисляемыми существительными (например, money/traffic/information).
> *There is too much traffic in the city centre.*
> С исчисляемыми существительными во множественном числе используйте **many**, а не 'much'.
> ~~*How much students do you have in your class?*~~
> *How many students do you have in your class?*

Maori /ˈmaʊəri/ **adjective** relating or belonging to the original group of people who lived in New Zealand **относящийся к маори** *Maori culture*
• **Maori noun** [C] a Maori person **маори**

map /mæp/ **noun** [C] A2 a picture that shows where countries, towns, roads, rivers, etc are **карта (географическая)** *a* ***road map*** ◦ *a large-scale* ***map of*** *Europe*

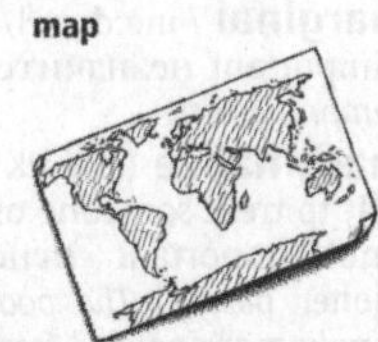
map

> Слова-партнеры к **map**
> read a map • a **detailed** map • a map of sth • be (**marked**) on a map • a road map

maple /ˈmeɪpl/ **noun** [C, U] a tree that has colourful leaves in the autumn and that produces a substance like sugar **клен** *a* ***maple leaf*** ◦ ***maple syrup***

Mar written abbreviation for March **март**

mar /mɑːʳ/ **verb** [T] (present participle **marring**, past tense and past participle **marred**) formal to spoil something **портить** [often passive] *The evening was marred by Meg's appalling behaviour.*

marathon /ˈmærəθᵊn/ **noun** [C] **1** B2 a race in which people run for about 26 miles/42 km **марафон** *the London marathon* ◦ *a marathon runner* **2** a very long event **марафон** *a dance marathon*

marble /ˈmɑːbl/ **noun** [U] hard, smooth stone which is often used for decoration **мрамор** *green/pink marble* ◦ *a marble statue*

March /mɑːtʃ/ **noun** [C, U] (written abbreviation **Mar**) A1 the third month of the year **март**

march¹ /mɑːtʃ/ **noun** [C] **1** an organized walk by a group to show that they disagree with something **демонстрация, марш протеста** *to* ***go on*** *a* ***march*** **2** the special type of walking that soldiers do **марш**

march² /mɑːtʃ/ **verb** [I] **1** to walk somewhere as a group to show that you disagree with something **участвовать в демонстрации, марше протеста** *They marched to London to protest against health cuts.* **2** When soldiers march, they walk together with regular steps. **маршировать** **3 march off/up/down, etc** to walk somewhere fast, often because you are angry **резко, демонстративно уходить/вышагивать**

mare /meəʳ/ **noun** [C] a female horse **кобыла**

margarine /ˌmɑːdʒəˈriːn/ (US) /ˈmɑːrdʒərɪn/ **noun** [U] a yellow substance made from vegetable oil which you put on bread and use in cooking **маргарин**

margin /ˈmɑːdʒɪn/ **noun** [C] **1** the difference between two amounts of time, money, etc, usually between people in a competition **запас, преимущество** *to win by a* ***narrow/wide margin*** ◦ *He took third place* ***by a margin of*** *seven minutes.* **2** an empty space down the side of a page of writing **поле (страницы)** *You can make notes* ***in the margin.*** **3 a margin of error** the amount by which a calculation can be wrong but still produce a good result **пределы погрешности** *a margin of error of 5 percent*

marginal /ˈmɑːdʒɪnᵊl/ **adjective** small and not important **незначительный** *a marginal effect/improvement*

marginalize (also UK **-ise**) /ˈmɑːdʒɪnᵊlaɪz/ **verb** [T] to treat someone or something as if they are not important **игнорировать, оттеснять** [often passive] *The poorest countries are increasingly marginalized from the world economy.*

marginally /ˈmɑːdʒɪnᵊli/ **adverb** by a small amount **незначительно** *marginally more expensive*

marijuana /ˌmærɪˈwɑːnə/ **noun** [U] mainly US (mainly UK **cannabis**) a drug that some people smoke for pleasure and that is illegal in many countries **марихуана**

marina /məˈriːnə/ **noun** [C] an area of water where people keep their boats **пристань для яхт**

marinate /ˈmærɪneɪt/ **verb** [T] (also **marinade** /ˌmærɪˈneɪd/) to add a mixture of oil, wine, herbs, etc to food before cooking it **мариновать**
• **marinade** /ˌmærɪˈneɪd/ **noun** [C, U] **маринад**

marine¹ /məˈriːn/ **adjective** [always before noun] found in the sea, or relating to the sea **морской** *marine creatures/life* ◦ *marine biology*

marine² /məˈriːn/ **noun** [C] a soldier who has been trained to fight at sea and on land **солдат морской пехоты** *the Marine Corps*

marital /ˈmærɪtᵊl/ **adjective** [always before noun] relating to marriage **супружеский, семейный** *marital problems*

ˈmarital ˌstatus **noun** [U] whether or not someone is married **семейное положение** *The form asks for personal information such as name, date of birth, and marital status.*

maritime /ˈmærɪtaɪm/ **adjective** [always before noun] relating to ships and sea travel **морской** *a maritime museum*

mark¹ /mɑːk/ **noun** **1** [C] (B2) an area of dirt, damage, etc that is left on something **пятно, след** *You've got a black mark on your nose.* ◦ *He's* ***left*** *dirty* ***marks*** *all over the carpet.* **2** [C] (A2) a number or letter that is written on a piece of work, saying how good the work is **оценка, отметка** *She always gets good marks in English.* **3** [no plural] a particular level, degree, distance, etc **отметка, черта** *They've just passed* ***the*** *5000m* ***mark.*** ◦ *Interest rates are somewhere around the seven percent mark.* **4 a mark of sth** a sign or proof that something exists **признак, знак** *a mark of genius* ◦ *There was a minute's silence everywhere* ***as a mark of respect.***

IDIOMS **leave/make your mark** to do something that makes you successful or makes people notice you **иметь успех, приобрести известность** • **On your marks. Get set. Go!** something that you say to start a running race **на старт! внимание! марш!** • **be wide of the mark** to not be correct or accurate **быть далеким от истины**

→ See also **punctuation mark**, **quotation marks**

> **Слова-партнеры к mark**
> leave/make a mark • a mark on sth • dirty marks

mark² /mɑːk/ **verb** **1** [T] If an event marks the beginning, end, etc of something, it causes it, or happens at the same time as it. **ознаменовывать** *His death marks the end of an era in television.* **2** [T] If you mark an occasion, you do something to celebrate it. **отмечать, праздновать** *They've declared Tuesday a national holiday to mark the 10th anniversary of Independence.* **3** [T] (B2) to show where something is by drawing or putting something somewhere **отмечать, обозначать** *I've marked my street on the map for you.* **4** [I, T] (B2) to check a piece of work or an exam, showing mistakes and giving a letter or number to say how good it is **проверять, ставить оценку** *to* ***mark essays*** **5** [T] to leave an area of dirt on something **оставлять пятно, след**

PHRASAL VERB **mark sth out** to show the shape or position of something by drawing a line around it **обводить**

marked /mɑːkt/ **adjective** very noticeable **заметный, явный** *There has been a* ***marked improvement*** *since last year.*
• **markedly** **adverb** **заметно, явно**

marker /ˈmɑːkəʳ/ **noun** [C] **1** (also **ˈmarker ˌpen**) a thick pen used especially for writing on boards фломастер *a black felt marker* → See **The Classroom** on page Centre 6 **2** a sign that shows where something is **знак, метка**

market

market¹ /ˈmɑːkɪt/ **noun** [C] **1** (A2) a place where people go to buy or sell things, often outside **рынок** *a cattle/fish/flower market* ◦ *a market stall* **2** US a supermarket (= large shop that sells food) **супермаркет 3** the buying and selling of something **рынок (товаров и услуг)** *the insurance/personal computer market* **4** all the people who want to buy a particular product, or the area where they live **рынок (покупатели)** *South America is our largest market.* ◦ *Is there **a market for** (= will people buy) second-hand jewellery?* **5 on the market** available to buy **имеющийся в продаже, выставленный на продажу** *His house has been on the market for over a year.* → See also **black market, flea market, free market, niche market, the stock market**

> **Слова-партнеры к market**
> the market **is booming/is growing** • a market **collapses** • the market **in** sth

market² /ˈmɑːkɪt/ **verb** [T] to try to sell products using advertising or other ways of making people want to buy them **рекламировать** *Their products are very cleverly marketed.*

marketable /ˈmɑːkɪtəbl/ **adjective** Marketable products or skills are easy to sell because people want them. **востребованный**

ˌmarket ˈforces noun [plural] the way that prices and wages are influenced by how many people want to buy a particular product and how much is available **рыночная конъюнктура**

marketing /ˈmɑːkɪtɪŋ/ **noun** [U] (B2) the work of encouraging people to buy a product or service **маркетинг, продвижение (товара)** *a career in marketing/**sales and marketing***

marketplace /ˈmɑːkɪtpleɪs/ **noun 1 the marketplace** in business, the buying and selling of products **рынок (товаров и услуг)** *We have to learn to compete **in the** international **marketplace**.* **2** [C] an area in a town where there is a market **рыночная площадь**

ˌmarket reˈsearch noun [U] the activity of finding out what people like about products and what new things they want to buy **исследование рынка** *a market research company*

ˈmarket ˌshare noun [C] the number of things that a company sells compared with the number of things of the same type that other companies sell **доля рынка, доля на рынке**

markings /ˈmɑːkɪŋz/ **noun** [plural] the shapes and colours on an animal or bird **окраска (животных, растений)**

mark-up /ˈmɑːkʌp/ **noun** [C] the amount by which the price of something is increased before it is sold again **наценка** *The usual mark-up on clothes is around 20%.*

marmalade /ˈmɑːməleɪd/ **noun** [U] a sweet, soft food made with oranges or lemons and often eaten on toast (= cooked bread) **конфитюр из цитрусовых**

maroon¹ /məˈruːn/ **noun** [U] a dark red-purple colour **темно-бордовый цвет**
• **maroon adjective темно-бордовый** → See **Colours** on page Centre 12

maroon² /məˈruːn/ **verb be marooned** to be left somewhere where you cannot get away **застрять где-либо, быть оставленным в безвыходном положении**

marquee /mɑːˈkiː/ **noun** [C] UK **1** a large tent used for parties, shows, etc **шатер 2** US a large sign over a cinema or theatre that says what films or shows are playing **афиша**

marriage /ˈmærɪdʒ/ **noun 1** [C, U] (B1) the legal relationship of a man and a woman being a husband and a wife **брак, супружество** *a **happy marriage*** **2** [C] (B1) the ceremony where people become a husband and a wife **бракосочетание** *a marriage ceremony/certificate*

> **Слова-партнеры к marriage**
> sb's marriage **breaks up/fails** • sb's marriage **to** sb • a **happy** marriage

married /ˈmærid/ **adjective 1** (A2) A married man or woman has a wife or husband. **женатый, замужняя** *a **married couple*** ◦ *She's been **married to** David for nearly ten years.* ◦ *As far as I know, they're very **happily married**.* → Opposite **unmarried 2 get married** (A2) to begin a legal relationship with someone as their husband or wife **пожениться** *We got married last year.*

marrow /ˈmærəʊ/ **noun 1** UK [C, U] a large vegetable which has dark green skin and is white on the inside **кабачок (овощ) 2** [U] (also **bone marrow**) the soft substance inside bones **костный мозг**

marry /ˈmæri/ **verb 1** [I, T] (B1) to begin a legal relationship with someone as their husband or wife **жениться, выходить замуж** ***Will you marry me?*** ◦ *He never married.* **2** [T] to officially make people become a husband and a wife in a ceremony **венчать, сочетать браком** *We were married by our local vicar.*

M

Mars /mɑːz/ **noun** [no plural] the planet that is fourth from the Sun, after the Earth and before Jupiter **Марс**

marsh /mɑːʃ/ **noun** [C, U] an area of soft, wet land **болото**

marshal /ˈmɑːʃəl/ **noun** [C] **1** someone who helps to organize or control a large public event **обер-церемониймейстер** *race marshals* **2** an important officer in police or fire departments in the US **начальник полицейского участка, пожарной команды (в США)** → See also **field marshal**

marshmallow /ˌmɑːʃˈmæləʊ/ (US) /ˈmɑːrʃˌmæləʊ/ **noun** [C, U] a soft, white food made from sugar **зефир**

martial art /ˌmɑːʃəlˈɑːt/ **noun** [C] (B2) one of the traditional Japanese or Chinese skills of fighting, done as a sport in western countries **боевые восточные искусства**

martial law /ˌmɑːʃəlˈlɔː/ **noun** [U] the control of a country by its army instead of by its usual leaders **военное положение** *to declare martial law*

Martian /ˈmɑːʃən/ **noun** [C] in stories, someone from the planet Mars **марсианин**

martyr /ˈmɑːtəʳ/ **noun** [C] someone who dies for their beliefs **мученик** *a Catholic martyr*
• **martyrdom noun** [U] **мученичество**

marvel¹ /ˈmɑːvəl/ **noun** [C] something really surprising, exciting, or good **чудо** *a marvel of modern technology*

marvel² /ˈmɑːvəl/ **verb** [I] (present participle UK **marvelling**, past tense and past participle **marvelled**, present participle US **marveling**, past tense and past participle **marveled**) to admire something very much **дивиться** *I'm just* ***marvelling at*** *your skills.*

marvellous UK (US **marvelous**) /ˈmɑːvələs/ **adjective** (B1) extremely good **изумительный, чудесный** *What a marvellous idea!*
• **marvellously** UK (US **marvelously**) **adverb** **изумительно, чудесно**

Marxism /ˈmɑːksɪzəm/ **noun** [U] the political and economic ideas of Karl Marx **марксизм**

Marxist /ˈmɑːksɪst/ **adjective** relating to Marxism **марксистский** *Marxist ideology*
• **Marxist noun** [C] someone who supports Marxism **марксист**

mascara /mæsˈkɑːrə/ **noun** [U] a dark substance that you put on your eyelashes (= hairs that grow above and below your eyes) to make them look longer and thicker **тушь для ресниц** → See picture at **make-up**

mascot /ˈmæskɒt/ **noun** [C] a toy or a child that a person or a team takes with them to bring them luck **талисман** *He's our* ***lucky mascot.***

masculine /ˈmæskjəlɪn/ **adjective** **1** having qualities that are typical of men **мужественный, сильный** *a masculine appearance/voice* **2** in some languages, belonging to a group of nouns or adjectives that have the same grammatical behaviour. The other groups are 'feminine' and 'neuter'. **мужского рода (в грамматике)**

masculinity /ˌmæskjəˈlɪnəti/ **noun** [U] the qualities that are typical of men **мужественность**

mash /mæʃ/ **verb** [T] to crush food until it is soft **делать пюре** UK *mashed potato*/US *mashed potatoes*

mask

mask¹ /mɑːsk/ **noun** [C] (B2) a covering for the face that protects, hides, or decorates the person wearing it **маска** → See also **gas mask**

mask² /mɑːsk/ **verb** [T] to prevent something from being noticed **маскировать, скрывать** *I've had to put some flowers in there to* ***mask*** *the* ***smell.***

masked /mɑːskt/ **adjective** wearing a mask **замаскированный, в маске** *a* ***masked gunman***

masochism /ˈmæsəkɪzəm/ **noun** [U] when people get pleasure from being hurt **мазохизм**
• **masochist noun** [C] someone who gets pleasure from being hurt **мазохист**

masochistic /ˌmæsəˈkɪstɪk/ **adjective** getting pleasure from being hurt **мазохистский** *masochistic behaviour*

masonry /ˈmeɪsənri/ **noun** [U] the parts of a building that are made of bricks or stone **каменная или кирпичная кладка**

masquerade /ˌmæskərˈeɪd/ **verb**

PHRASAL VERB **masquerade as sb/sth** to pretend to be someone or something **притворяться, выдавать себя за кого-либо** *She's just a teacher masquerading as an academic.*

Mass, mass /mæs/ **noun** [C, U] a religious ceremony in some Christian churches in which people eat bread and drink wine **месса** *to go to Mass*

mass¹ /mæs/ **noun** **1** [C] a solid lump with no clear shape **масса** *The sauce was now a sticky mass in the bottom of the pan.* **2 a mass of sth** (B2) a large amount or number of something **масса, множество** *She had a mass of blond curls.* **3** [U] in physics, the amount of substance that something contains **масса (в физике)** *One litre of water has a mass of one kilogram.* **4 masses** informal (B2) a large amount or number of something **огромное количество** *I've got* ***masses of*** *work to do.* **5 the masses** the ordinary people who form the largest part of society

народные массы *He failed to win the support of the masses.*

mass² /mæs/ **adjective** [always before noun] involving a lot of people **массовый** ***mass destruction/unemployment*** ◦ *a* ***mass murderer***

mass³ /mæs/ **verb** [I, T] formal to come together somewhere in large numbers, or make people or things do this **собирать(ся) в кучу, скапливаться** *Over 20,000 demonstrators massed in the town's main square.*

massacre /ˈmæsəkəʳ/ **noun** [C] the killing of a lot of people **резня, бойня** *He ordered the massacre of over 2,000 women and children.*
• **massacre verb** [T] **устраивать резню** *Hundreds of civilians were massacred in the raid.*

massage /ˈmæsɑːdʒ/ (US) /məˈsɑːdʒ/ **noun** [C, U] the activity of rubbing or pressing parts of someone's body in order to make them relax or to stop their muscles hurting **массаж** *to* ***have*** *a* ***massage*** ◦ *She* ***gave*** *me a foot* ***massage.***
• **massage verb** [T] **делать массаж, массировать** *Would you massage my shoulders?*

massive /ˈmæsɪv/ **adjective** (B2) very big **огромный, грандиозный** *a massive building* ◦ *massive debts*

mass-market /ˌmæsˈmɑːkɪt/ **adjective** describes something that is made to be sold to as many people as possible **что-либо массового спроса**
• **ˈmass ˌmarket noun** [C] **рынок товаров массового спроса**

the ˌmass ˈmedia noun [group] newspapers, television, and radio **средства массовой информации**

mast /mɑːst/ **noun** [C] **1** a tall pole on a boat that supports its sails **мачта 2** a tall metal pole that sends out television, radio, or mobile phone signals **мачтовая антенна**

master¹ /ˈmɑːstəʳ/ **noun** [C] **1** (B2) In the past, a servant's master was the man that they worked for. **господин, хозяин 2** old-fashioned a male teacher **учитель** *the Latin master* **3** someone who does something very well **мастер, специалист** *He was a* ***master of*** *disguise.* **4** a document or recording from which copies can be made **оригинал 5 Master of Arts/Science, etc** a higher university qualification which usually takes 1 or 2 more years of study after your first qualification, or a person who has this qualification **магистр гуманитарных/естественных наук и т. д. 6 Master's (degree)** (B2) a higher university qualification **степень магистра** *to study for a Master's degree* **7 Master** formal a title for a boy, used before his family name or full name **мастер, господин (в обращении к юноше)** *Master Thomas Mills*

master² /ˈmɑːstəʳ/ **verb** [T] to learn how to do something well **овладевать (знаниями и т. д.)** *to* ***master*** *a* ***technique*** ◦ *He lived for several years in Italy but never quite* ***mastered*** *the* ***language.***

master³ /ˈmɑːstəʳ/ **adjective** [always before noun] having the skills for a particular job **опытный** *a* ***master chef/craftsman***

masterful /ˈmɑːstəfəl/ **adjective** done with great skill **мастерский** *a* ***masterful display*** *of golf*

mastermind /ˈmɑːstəmaɪnd/ **verb** [T] to plan every detail of a complicated event or activity and make sure that it happens **разрабатывать и осуществлять (хитроумный план)** *He allegedly masterminded both bomb attacks in the region.*
• **mastermind noun** [C] **руководитель, вдохновитель** *It is thought he was the* ***mastermind behind*** *(= the person who planned) last year's bombing campaign.*

masterpiece /ˈmɑːstəpiːs/ **noun** [C] a painting, book, or film that is generally considered to be of excellent quality **шедевр** *'Mona Lisa' is widely regarded as Leonardo da Vinci's masterpiece.*

mastery /ˈmɑːstəri/ **noun** [U] **1 mastery of sth** great skill or understanding of something **совершенное владение чем-либо** *his mastery of the Japanese language* **2 mastery of/over sth** control over something **господство, власть** *The two countries battled for mastery over the region.*

masturbate /ˈmæstəbeɪt/ **verb** [I] to make yourself feel sexually excited by touching your sexual organs **мастурбировать**
• **masturbation** /ˌmæstəˈbeɪʃən/ **noun** [U] **мастурбация**

mat /mæt/ **noun** [C] **1** a piece of thick material that you put on the floor, often in order to protect it **коврик** *There's a mat by the door for you to wipe your feet on.* **2** a small piece of plastic or other material that you put on a table so that hot plates and liquid will not damage it **подставка, салфетка (под блюдо и т. д.)**

match¹ /mætʃ/ **noun 1** [C] (A2) a sports competition in which two people or teams compete against each other **матч, соревнование** *a football/tennis match* **2** [C] (B2) a thin, wooden stick which produces a flame when you rub one end of it against a rough surface **спичка** *a box of matches* **3** [no plural] If something is a good match for something else, it looks attractive next to it, usually because it is the right colour. **вещь, гармонирующая с чем-либо** *The curtains look nice – they're a perfect* ***match for*** *the sofa.* **4** [no plural] If two people who are having a relationship are a good match, they are very suitable for each other. **пара, ровня 5 be no match for sb/sth** to not be as good as someone or something else **не быть достойным противником** *Gibson ran well but was no match for the young Italian.*

M

Слова-партнеры к match

play/lose/win a match • a match **against** sb • **in** a match

match² /mætʃ/ **verb 1** [I, T] B1 If two things match, they are the same colour or type. **подходить, соответствовать** *I can't find anything to match my green shirt.* ◦ *Your socks don't match.* ◦ *Traces of blood found on Walker's clothing matched the victim's blood type.* **2** [T] B1 to choose someone or something that is suitable for a particular person, activity, or purpose **подбирать соответствие** *In the first exercise, you have to **match** the famous person **to** their country of origin.* **3** [T] to be as good as someone or something else **состязаться, сравниться** *It would be difficult to match the service this airline gives to its customers.*

PHRASAL VERBS **match up** If two pieces of information match up, they are the same. **совпадать** *Their accounts of what happened that evening didn't match up.* • **match sb/sth up** to choose someone or something that is suitable for a particular person, activity, or purpose **подбирать кого-либо/что-либо под стать** *They look at your interests and try to **match** you **up with** someone suitable.* • **match up to sth** to be as good as something else **быть равным, соперничать** *Nothing that he wrote after this point ever matched up to his early work.*

matchbox /ˈmætʃbɒks/ **noun** [C] a small box containing matches **спичечный коробок**

matching /ˈmætʃɪŋ/ **adjective** [always before noun] having the same colour or pattern as something else **подобранный в тон** *She wore purple shorts and a matching T-shirt.*

mate¹ /meɪt/ **noun** [C] **1** UK informal B1 a friend **приятель** *She's my **best mate**.* ◦ *Pete was there with a couple of mates.* **2** UK informal You call a man 'mate' when you are speaking to him informally. **приятель** *Thanks, mate.* **3** an animal's sexual partner **самец или самка из одной пары**

mate² /meɪt/ **verb** [I] When animals mate, they have sex in order to produce babies. **спариваться**

material¹ /məˈtɪəriəl/ **noun 1** [C, U] B2 a solid substance from which things can be made **материал, вещество** *building materials* ◦ *Crude oil is used as the **raw material** for making plastics.* **2** [C, U] B1 cloth for making clothes, curtains, etc **ткань** *Her dress was made of a soft, silky material.* **3** [U] the facts or ideas in a piece of writing **данные, материал** *I'm collecting material for an article that I'm writing.*

material² /məˈtɪəriəl/ **adjective** relating to money and possessions and not emotions or thoughts **материальный** *the **material world***

materialism /məˈtɪəriəlɪzᵊm/ **noun** [U] the belief that having money and possessions is the most important thing in life **материализм**

• **materialistic** /məˌtɪəriəˈlɪstɪk/ **adjective** believing in materialism **материалистический**

materialize (also UK **-ise**) /məˈtɪəriəlaɪz/ **verb** [I] If something does not materialize, it does not happen. **осуществляться, претворяться в жизнь** *She was promised a promotion but it never materialized.*

materials /məˈtɪəriəlz/ **noun** [plural] the equipment that you need for a particular activity **принадлежности, оборудование** *teaching/writing materials*

maternal /məˈtɜːnᵊl/ **adjective 1** like a mother **материнский** *I've never had much of a **maternal instinct** (= wish to have children).* **2** [always before noun] A maternal relation is part of your mother's family. **по материнской линии** *He's my maternal grandfather.*

maternity /məˈtɜːnəti/ **adjective** [always before noun] related to pregnancy and birth **предназначенный для беременных, декретный** ***maternity clothes***

maternity leave /məˈtɜːnətiˌliːv/ **noun** [U] a period of weeks or months that a mother spends away from her usual job so that she can look after a new baby **предоставляемый матери отпуск по уходу за ребенком, декретный отпуск**

math /mæθ/ **noun** [U] US short for mathematics **математика**

mathematical /ˌmæθᵊmˈætɪkᵊl/ **adjective** B2 relating to mathematics **математический** *a mathematical formula/equation*

• **mathematically adverb математически**

mathematician /ˌmæθᵊməˈtɪʃᵊn/ **noun** [C] someone who studies mathematics **математик**

mathematics /mæθᵊmˈætɪks/ **noun** [U] formal the study or science of numbers and shapes **математика**

maths /mæθs/ **noun** [U] UK A2 short for mathematics **математика**

matinée /ˈmætɪneɪ/ US /mætəˈneɪ/ **noun** [C] an afternoon performance of a play or film **дневной спектакль или сеанс**

matrimony /ˈmætrɪməni/ **noun** [U] formal the state of being married **супружество, брак**

matron /ˈmeɪtrᵊn/ **noun** [C] **1** UK old-fashioned a female nurse in a school, or a female nurse who is in charge of other nurses in a hospital **(старшая) медсестра 2** US a married woman, especially one who is old or a widow (= woman whose husband has died) **замужняя женщина, вдова 3** US a woman who is a manager at some hospitals, schools, prisons, etc **сестра-хозяйка**

matt UK (US **matte**) /mæt/ **adjective** not shiny **матовый** *a matt photograph* ◦ *matt paint*

matter¹ /ˈmætəʳ/ **noun 1** [C] B2 a subject or situation that you need to think about, discuss, or deal with **дело, вопрос** *I've been thinking about this matter for a long time.* ◦ *He denied any knowledge of the matter.* ◦ ***To make matters***

worse, our car broke down! **2** [U] the physical substances that exist in the universe **вещество, материя** **3** [U] a particular type of substance or thing **определенный тип предметов, материал** *vegetable matter* ◦ *printed matter* **4 what's the matter** (A2) used to ask or talk about the reason for a problem **что случилось?** *What's the matter with your leg?* **5 there's something/nothing the matter** (A2) used to say that there is/is not a problem **что-то не так/все в порядке** *There's* ***something the matter*** *with the washing machine.* **6 a matter of days/weeks/feet, etc** used in expressions describing how small a period of time or an amount is **вопрос нескольких дней/недель/футов и т. д.** *The aircraft missed each other by a matter of feet.* **7 a matter of confidence/luck/waiting, etc** If something is a matter of confidence/luck/waiting, etc, that is what you need for it to happen. **вопрос уверенности/удачи/ожидания и т. д.** *Learning languages is just a matter of hard work.* **8 no matter how/what/when, etc** (B2) used to emphasize that something cannot be changed **как/что/когда и т. д. бы ни** *I never manage to lose any weight, no matter how hard I try.* **9 as a matter of fact** (B2) used to emphasize that something is true, especially when it is surprising **по правде говоря, собственно говоря** *As a matter of fact, I used to live next door to him.* **10 a matter of course** If something happens as a matter of course, it always happens as part of the normal process or system. **само собой разумеющееся дело** *Babies were tested for the disease as a matter of course.* **11 a matter of life and/or death** a serious situation where people could die **вопрос жизни и смерти** *Getting water to these people is a matter of life and death.* **12 it's only a matter of time** If you say that it is only a matter of time before something happens, you are sure it will happen but you do not know when. **это только вопрос времени**

IDIOM **be no laughing matter** If a subject is no laughing matter, it is serious and not something that people should joke about. **быть нешуточным делом**

→ See also **subject matter**

> Слова-партнеры к **matter**
> consider/discuss/pursue/raise/resolve a matter • on the matter (of sth)

matter² /ˈmætəʳ/ **verb** [I] (A2) to be important, or to affect what happens **иметь значение** *It doesn't* ***matter to*** *me whether he comes or not.* ◦ *"I've forgotten to bring your book back." "It doesn't matter – there's no hurry."*

matter-of-fact /ˌmætərəvˈfækt/ **adjective** not showing emotion when you talk about something **прозаичный, сухой** *a* ***matter-of-fact tone/manner***
• **matter-of-factly adverb прозаично**

matting /ˈmætɪŋ/ **noun** [U] strong, rough material for covering floors **циновка**

mattress /ˈmætrəs/ **noun** [C] the soft, comfortable part of a bed that you lie on **матрас**

mature¹ /məˈtjʊəʳ/ **adjective** **1** completely grown or developed **зрелый** *sexually mature* ◦ *mature trees* **2** (B2) Mature people behave like adults in a way which shows they are well developed emotionally. **взрослый, зрелый** *She seems very mature for thirteen.* → Opposite **immature**

mature² /məˈtjʊəʳ/ **verb** [I] **1** to become completely grown or developed **созревать** **2** to start to behave in a more mature way **взрослеть** *Girls mature sooner than boys.* **3** If an investment (= money you have given to a bank or a company in order to make a profit) matures, you receive the money you have made from it. **наступать (о сроке платежа)**

maˌture ˈstudent **noun** [C] a college or university student who is older than the usual age **человек, поступивший в университет в зрелом возрасте**

maturity /məˈtjʊərəti/ **noun** [U] **1** the quality of behaving like an adult, in a way which shows that you are well developed emotionally **зрелость** *She shows remarkable maturity for a child of 13.* **2** when someone or something is completely grown or developed **зрелость** *Penguins* ***reach maturity*** *in late summer.*

maul /mɔːl/ **verb** [T] **1** If you are mauled by an animal, you are injured by its teeth or claws (= the sharp parts of its feet). **терзать, калечить** [often passive] *He was mauled by a lion.* **2** to criticize someone or something very badly **жестоко критиковать, разносить в пух и прах** [often passive] *His film was mauled by critics.*

mausoleum /ˌmɔːsəˈliːəm/ **noun** [C] a building where dead people are buried **мавзолей**

mauve /məʊv/ **noun** [U] a pale purple colour **розовато-лиловый цвет**
• **mauve adjective розовато-лиловый**

maverick /ˈmævᵊrɪk/ **noun** [C] someone who thinks and behaves in an unusual way **человек, не похожий на других, белая ворона** *a maverick cop/politician*

max¹ /mæks/ **adjective** **1** informal maximum (= the largest amount allowed or possible), often used after numbers **максимальный** *The trip should take 30 minutes max.* **2 to the max** informal as much as possible **на полную катушку** *He lived life to the max.*

max² verb

PHRASAL VERB **max (sth) out** informal to use all that is available of something, especially money **достичь максимума, исчерпать кредит (по кредитной карте)** *We maxed out our credit cards when we bought all that new furniture.*

M

maxim /ˈmæksɪm/ **noun** [C] a phrase which gives advice **афоризм, принцип** *Our company works on the maxim that small is beautiful.*

maximize (also UK **-ise**) /ˈmæksɪmaɪz/ **verb** [T] to increase something as much as you can **максимально увеличивать** *to maximize profits*

maximum[1] /ˈmæksɪməm/ **adjective** [always before noun] B1 The maximum amount of something is the largest amount that is allowed or possible. **максимальный** *the maximum temperature/speed* → Opposite **minimum**

maximum[2] /ˈmæksɪməm/ **noun** [no plural] B1 the largest amount that is allowed or possible **максимум** *The school has* ***a maximum of*** *30 students per class.*

> Слова-партнеры к **maximum**
>
> **reach** a maximum • a maximum **of** [10/50%, etc] • **up to** a maximum [of 10/50%, etc]

May /meɪ/ **noun** [C, U] A1 the fifth month of the year **май**

may /meɪ/ **modal verb 1** B1 used to talk about what is possibly true or will possibly happen **может быть** *There may be other problems that we don't know about.* ◦ *I think I may have a cold.* **2** formal B1 used to ask or give permission **можно** *May I be excused, please?* ◦ *You may begin.* **3 may (well) ... but** used to show that the first thing you say is not important when compared to another fact **может быть и ..., но** *It may be cheap but it's not very good.* → See Study Page **Modal verbs** on page Centre 22

maybe /ˈmeɪbi/ **adverb 1** A2 possibly **может быть, возможно** *Maybe we're too early.* ◦ *It could take a month, or maybe more, to complete.* **2** A2 used to suggest something **может быть** *Maybe Ted would like to go.*

mayhem /ˈmeɪhem/ **noun** [U] a situation in which there is no order or control **хаос** *With five kids running around, it was complete mayhem.*

mayonnaise /ˌmeɪəˈneɪz/ **noun** [U] a thick, cold, white sauce that is made from eggs and oil **майонез**

mayor /meəʳ/ **noun** [C] B2 the person who is elected to be the leader of the group that governs a town or city **мэр**

maze /meɪz/ **noun** [C] a complicated system of paths where you can easily become lost **лабиринт**

MB written abbreviation for megabyte (= a unit for measuring the amount of information a computer can store) **мегабайт** *This program needs 8 MB of hard-disk space.*

MBA /ˌembiːˈeɪ/ **noun** [C] abbreviation for Master of Business Administration: an advanced degree in business, or a person who has this degree **магистр делового администрирования** *a Harvard MBA*

M

McCoy /məˈkɔɪ/ **noun**

IDIOM **the real McCoy** informal the real thing, and not a copy or something similar **что-либо настоящее, неподдельное** *Cheap sparkling wines cannot be labelled 'champagne' – it has to be the real McCoy.*

MD /ˌemˈdi/ abbreviation for Doctor of Medicine **дипломированный врач**

me /miː/ **pronoun** A1 used after a verb or preposition to refer to the person who is speaking or writing **я, меня, мне** *She gave me some money.* ◦ *She never gave it to me.* ◦ *Lydia is three years younger than me.* ◦ *It wasn't me!*

meadow /ˈmedəʊ/ **noun** [C] a field of grass, often with flowers **луг**

meagre UK (US **meager**) /ˈmiːgəʳ/ **adjective** not enough in amount **скудный** *a meagre ration/salary*

meal /miːl/ **noun** [C] A1 when you eat, or the food that you eat at that time **принятие пищи, еда** *a three-course meal*

IDIOM **make a meal of sth** UK to spend more time and energy doing something than is necessary **усложнять что-либо, переусердствовать** *A simple apology will do. There's no need to make a meal of it!*

→ See also **a square meal**

> Слова-партнеры к **meal**
>
> **cook/eat/have/prepare** a meal • a [two/three, etc.] **course** meal

mealtime /ˈmiːltaɪm/ **noun** [C] when you eat **время приема пищи** *These days I only see him at mealtimes.*

mean[1] /miːn/ **verb** [T] (past tense and past participle **meant** /ment/) **1** A2 to have a particular meaning **значить** *What does 'perpendicular' mean?* ◦ *The red light means stop.* **2** B1 to intend to express a fact or opinion **иметь в виду** *I didn't* ***mean*** *that* ***as*** *a criticism.* ◦ *What exactly do you* ***mean by*** *'old-fashioned'?* **3 mean to do sth** B1 to intend to do something **намереваться, хотеть что-либо сделать** *I didn't mean to hurt her.* **4** B1 to have a particular result **означать** *These changes will mean better health care for everyone.* ◦ [+ (that)] *It doesn't mean that you can stop working.* **5** to be serious about something that you have said **не шутить, говорить серьезно** *I'll take that sandwich away if you don't eat it properly – I* ***mean it!*** **6** B1 to have an important emotional effect on someone **значить, иметь значение (для кого-либо)** *You don't know what it* ***means to*** *me to get this letter.* ◦ *Their support has* ***meant a lot*** *to us.* **7 have been meaning to do sth** B1 to have been wanting and planning to do something **собираться сделать что-либо** *I've been meaning to call you for weeks.* **8 be meant to do sth** If you are meant to do something, that is what you should do in order to behave correctly. **нужно** *You're meant to shake the bottle first.* **9 mean well** to intend to behave in a kind way **иметь добрые намерения, желать добра** *I know my parents mean well, but I wish they wouldn't interfere.* **10 I mean a** something that people often say before they continue their sentence **ну, я хочу сказать** *I mean, I don't dislike her.* **b** A2 something that you say in order to correct yourself **то есть** *We went there in May – I mean June.*

mean[2] /miːn/ **adjective 1** B2 unkind and unpleasant **низкий, подлый** *I thought my sister was being **mean to** me.* **2** mainly UK B2 A mean person does not like spending money, especially on other people. **скупой** *He's too mean to buy her a ring.* **3** mainly US A mean person or animal is strong and violent, and makes people frightened. **злой, жестокий** *He's a big, mean guy.* **4** [always before noun] informal very good **классный, отличный** *I make a mean spaghetti.* **5** [always before noun] In maths, a mean number is an average number. **средний** *Their mean age at death was 84.6.*

IDIOM **no mean** used to describe something very difficult **непростой, сложный** *Setting up a business in two days was **no mean feat** (= was a difficult thing to do).*

mean[3] /miːn/ **noun** [no plural] formal the average **середина, среднее число**

meander /miˈændəʳ/ **verb** [I] **1 meander along/around/through, etc** If a river, a road, or a line of something meanders, it has many curves. **извиваться, изгибаться вдоль/вокруг/через и т. д.** *The coast road meanders along the beach for miles.* **2 meander around/from/off, etc** to move around with no clear purpose **бродить без цели, скитаться** *We meandered around town for a couple of hours.*

meaning /ˈmiːnɪŋ/ **noun 1** [C, U] B1 The meaning of words, signs, or actions is what they express or represent. **значение** *The word 'squash' has several meanings.* ◦ *The meaning of her gesture was clear.* **2** [U, no plural] B2 purpose or emotional importance **смысл** *She felt that her life had no meaning.*

> Слова-партнеры к **meaning**
>
> **different/hidden/precise/real/true meaning • convey/explain/grasp/understand the** meaning of sth

meaningful /ˈmiːnɪŋfəl/ **adjective 1** B2 useful, serious, or important **значительный, содержательный** *a meaningful discussion* **2** B2 having a clear meaning which people can understand **толковый** *a meaningful comparison/conclusion* **3** intended to show a meaning, often secretly **многозначительный, выразительный** *a **meaningful look***
• **meaningfully** adverb **толково, многозначительно**

meaningless /ˈmiːnɪŋləs/ **adjective** without any meaning or purpose **бессмысленный** *He produced yet another set of meaningless statistics.*

means /miːnz/ **noun 1** [C] (plural **means**) B2 a way of doing something **средство, способ** *We had no **means of** communication.* ◦ *It was a means of making money.* **2** [plural] money **денежные средства** *We don't have the means to buy the house.* **3 by no means; not by any means** not at all **никоим образом, ни в коем случае** *I'm not an expert by any means.* **4 by all means** something that you say when you are agreeing to let someone do something **во что бы то ни стало** *I have a copy of the report on my desk. By all means have a look at it.*

> Слова-партнеры к **means**
>
> (as) **a means of** (doing) sth • **the means by which** sth happens/sb does sth

means-tested /ˈmiːnztestɪd/ **adjective** mainly UK If an amount of money or an activity such as education is means-tested, it is only given to people who are poor enough. **прошедший проверку нуждаемости (в деньгах)** *means-tested benefits*

meant /ment/ past of mean **прош. вр. и прич. прош. вр. от гл. mean**

meantime /ˈmiːnˌtaɪm/ **noun in the meantime** B2 in the time between two things happening, or while something else is happening **тем временем** *Your computer won't be arriving till Friday. In the meantime, you can use Julie's.*

meanwhile /ˈmiːnˌwaɪl/ **adverb** B1 in the time between two things happening, or while something else is happening **тем временем** *The mother is ill. The child, meanwhile, is living with foster parents.*

measles /ˈmiːzlz/ **noun** [U] an infectious disease which covers your skin in small, red spots **корь** → See also **German measles**

measurable /ˈmeʒərəbl/ **adjective** If something is measurable, it is big enough to be measured. **измеримый, осязаемый** *Extra training has led to measurable improvements in performance.* → Opposite **immeasurable**

measure[1] /ˈmeʒəʳ/ **verb 1** [T] to judge the quality, effect, importance, or value of something **оценивать (качество, результат и т. д.)** *We will soon be able to measure the results of these policy changes.* ◦ *They measured the performance of three different engines.* **2** [T] B2 to find the size, weight, amount, or speed of something **измерять** *I've measured all the windows.* ◦ *The distances were **measured in** kilometres.* **3** [I] B2 to be a certain size **иметь размер** *a whale measuring around 60 feet in length*

PHRASAL VERBS **measure sth out** to weigh or measure a small amount of something and remove it from a larger amount **отмерять, отсчитывать** *Use a hot spoon to measure out honey into a bowl.* • **measure up** to be good enough, or as good as something or someone

M

else **соответствовать, отвечать (требованиям и т. д.)** *He did not* ***measure up to*** *the requirements of the job.*

measure² /ˈmeʒəʳ/ **noun 1** [C] **B2** a way of achieving something or dealing with a situation **мера** *This arrangement is only a* ***temporary measure***. ◦ *We must* ***take*** *preventative* ***measures*** *to stop the spread of the disease.* ◦ ***security measures*** **2 a measure of sth** a good way of judging something **показатель** *Ticket sales are not necessarily a measure of the show's popularity.* **3 a/some measure of sth** formal an amount of something **некоторая степень** *Bulletproof vests give some measure of protection.* **4** [U] a way of measuring something **измерение** *The basic units of measure we use are distance, time, and mass.*

IDIOM **for good measure** as well as something you have already done or given to someone **вдобавок** *They stole his passport and wallet, and for good measure beat him unconscious.*

→ See also **tape measure**

measurement /ˈmeʒəmənt/ **noun 1** [U] the process of measuring something **измерение, замер 2** [C] **B2** the size and shape of something **размер** *I've* ***taken measurements*** *of all the rooms.* **3** [U] a way of measuring something **система измерений** *SI units are the standard* ***units of measurement*** *used all over the world.*

meat /miːt/ **noun** [U] **A1** muscles and other soft parts of animals, used as food **мясо** *I don't eat meat.* ◦ ***red/white meat*** → See **Food** on page Centre 11

mecca /ˈmekə/ **noun** [no plural] a place where particular groups of people like to go because they feel happy there **мекка, место паломничества** *His Indiana bookstore became* ***a mecca for*** *writers and artists.*

mechanic /mɪˈkænɪk/ **noun** [C] **A2** someone whose job is to repair machines **механик** *a car mechanic*

mechanical /mɪˈkænɪkəl/ **adjective 1** **B2** relating to or operated by machines **механический** *a mechanical engineer* ◦ *a mechanical device* **2** If you do something in a mechanical way, you do it without emotion or without thinking about it. **машинальный** *a mechanical performance*

• **mechanically adverb механически, машинально**

mechanics /mɪˈkænɪks/ **noun** [U] the study of physical forces on objects and their movement **механика**

mechanism /ˈmekənɪzəm/ **noun** [C] **1** a part of a piece of equipment that does a particular job **механизм** *The clock's winding mechanism had broken.* **2** a system for achieving something, or the way that a system works **механизм, способ** *We need a* ***mechanism for*** *resolving this sort of dispute.*

mechanized (also UK **-ised**) /ˈmekənaɪzd/ **adjective** A mechanized organization or activity uses machines. **механизированный, автоматизированный** *mechanized farming/production*

medal /ˈmedəl/ **noun** [C] **B2** a metal disc given as a prize in a competition or given to someone who has been very brave **медаль** *a bronze medal* ◦ *an* ***Olympic medal*** → See also **gold medal, silver medal**

medallist UK (US **medalist**) /ˈmedəlɪst/ **noun** [C] someone who has received a medal in a sports event **медалист** *an* ***Olympic medallist***

meddle /ˈmedl/ **verb** [I] to try to influence people or change things that are not your responsibility **вмешиваться** *He's always* ***meddling in*** *other people's business.*

the media /ˈmiːdiə/ **noun** [group] **B2** television, newspapers, magazines, and radio considered as a group **средства массовой информации** ***media coverage/attention*** ◦ *The issue has been much discussed* ***in the media***. → See also **the mass media**

mediaeval /mediˈiːvəl/ **adjective** another spelling of medieval (= relating to the period in Europe between about AD 500 and AD 1500) **средневековый**

median /ˈmiːdiən/ **adjective** [always before noun] relating to the middle number or amount in a series **средний** *the median age/income*

mediate /ˈmiːdieɪt/ **verb** [I, T] to try to find a solution between two or more people who disagree about something **быть посредником** *Negotiators were called in to* ***mediate between*** *the two sides.*

• **mediation** /ˌmiːdiˈeɪʃən/ **noun** [U] **посредничество**

mediator /ˈmiːdieɪtəʳ/ **noun** [C] someone who mediates between people who disagree about something **посредник**

medic /ˈmedɪk/ **noun** [C] informal **1** a medical student or doctor **медик 2** US someone who does medical work in a military organization **военный врач**

medical¹ /ˈmedɪkəl/ **adjective** **B2** relating to medicine and different ways of curing illness **медицинский** ***medical treatment*** ◦ *a* ***medical student*** ◦ *She has a* ***medical condition*** *that makes it hard for her to work.*

• **medically adverb с медицинской точки зрения**

medical² /ˈmedɪkəl/ **noun** [C] UK (US **physical**) an examination of your body by a doctor to find out if you are healthy **медицинский осмотр**

medicated /ˈmedɪkeɪtɪd/ **adjective** A medicated substance contains medicine. **лечебный, медицинский** *medicated soap*

medication /ˌmedɪˈkeɪʃən/ **noun** [C, U] medicine that is used to treat an illness **лекарство** *He's* ***on medication*** *to control his depression.*

medicinal /məˈdɪsɪnəl/ **adjective** Medicinal substances are used to cure illnesses. **целебный,**

лекарственный *I keep some brandy for **medicinal purposes.***

medicine

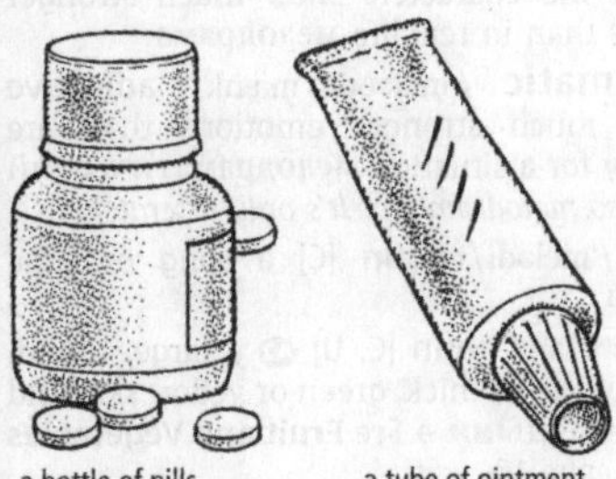

a bottle of pills

a tube of ointment

a bottle of medicine

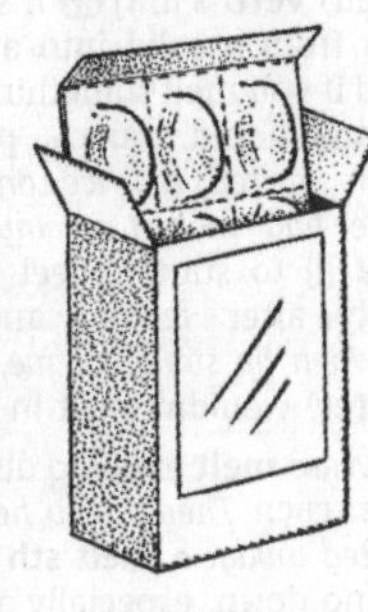

a box of tablets

medicine /ˈmedɪsᵊn/ **noun** **1** [C, U] (A2) a substance used to cure an illness or injury **лекарство** *cough medicine* ◦ *Have you **taken** your **medicine** today?* **2** [U] (B1) the science of curing and preventing illness and injury **медицина** *to study medicine* ◦ *western/Chinese medicine*

> Слова-партнеры к **medicine**
>
> take medicine • a medicine for sth

medieval (also **mediaeval**) /ˌmediˈiːvᵊl/ **adjective** (B2) relating to the period in Europe between about AD 500 and AD 1500 **средневековый** *medieval literature/art*

mediocre /ˌmiːdiˈəʊkər/ **adjective** not good in quality **посредственный, заурядный** *The acting was mediocre.*
• **mediocrity** /ˌmiːdiˈɒkrəti/ **noun** [U] **посредственность, заурядность**

meditate /ˈmedɪteɪt/ **verb** [I] **1** to think calm thoughts for a long period in order to relax or as a religious activity **медитировать** *I meditate twice a day.* **2** formal to think seriously about something **обдумывать, размышлять** *He **meditated on** the consequences of his decision.*
• **meditation** /ˌmedɪˈteɪʃᵊn/ **noun** [U] **медитация, раздумье** *Let's spend a few moments **in** quiet **meditation.***

the Mediterranean /ˌmedɪtᵊrˈeɪniən/ **noun** the sea that has southern Europe, northern Africa, and the Middle East around it, or the countries around this sea **Средиземное море**
• **Mediterranean adjective средиземноморский** *a Mediterranean climate/island*

medium[1] /ˈmiːdiəm/ **adjective** (B1) in the middle of a group of different amounts or sizes **средний** *people of medium weight* ◦ *She bought a **medium-sized** car.* ◦ *The shirt comes in small, medium, and large.*

medium[2] /ˈmiːdiəm/ **noun** [C] (plural **media**, **mediums**) a way of communicating or expressing something **средство** *the medium of television/radio* ◦ *The Internet has become yet another **medium for** marketing.*

medium-term /ˈmiːdiəmˌtɜːm/ **adjective** continuing into the future for a time that is neither short nor long **среднесрочный** *The medium-term outlook remains favourable.*

medley /ˈmedli/ **noun** [C] a mixture of different items, especially songs **попурри** *She sang **a medley of** show tunes.*

meek /miːk/ **adjective** Someone who is meek is quiet and does not argue with others. **кроткий**
• **meekly adverb кротко**

meet[1] /miːt/ **verb** (past tense and past participle **met** /met/) **1** [I, T] (A1) to come to the same place as someone else by arrangement or by chance **встречать(ся)** *We met for coffee last Sunday.* ◦ *I met my old English teacher while trekking in the Alps.* ◦ *Each student **meets with** an adviser at the start of the school year.* **2** [I, T] (A1) to see and speak to someone for the first time **знакомиться** *I've always wanted to meet a movie star.* ◦ *"This is Helen." "Pleased to meet you."* **3** [I] (B1) If a group of people meet, they come to a place in order to do something. **собираться (вместе)** *The shareholders meet once a year to discuss profits.* **4** [T] (B1) to wait at a place for someone or something to arrive **встречать (на вокзале и т. д.)** *They met me at the airport.* **5** [T] to be a big enough amount or of a good enough quality for something **соответствовать, удовлетворять (требованиям и т. д.)** *This old building will never meet the new fire regulations.* ◦ *Can your product **meet** the **needs** of a wide range of consumers?* **6** [T] to be able to achieve something **выполнять, достигать** *He **met** every **goal** he set for himself.* ◦ *to **meet** a **deadline*** **7** [I, T] to join something **сходиться, соприкасаться** *There's a large crack where the ceiling meets the wall.*
→ See also make ends (**end**[1]) meet

PHRASAL VERBS **meet up 1** to meet another person in order to do something together **встречаться, собираться** *I **met up with** a few friends yesterday.* **2** If roads or paths meet up, they join at a particular place. **пересекаться** *This path **meets up with** the main road.* • **meet with sth** to cause a particular reaction or result **натолкнуться на что-либо, встретить** *Both proposals have met with fierce opposition.* ◦ *I trust* *the arrangements* ***meet with your approval*** *(= I hope that you like them).*

meet² /miːt/ **noun** [C] US a sports competition **соревнование** *a swim/track meet* ◦ *His final jump set a new* ***meet record.***

meeting /ˈmiːtɪŋ/ **noun** [C] **1** A2 an event where people come together for a reason, usually to discuss something **совещание** *We're* ***having*** *a* ***meeting*** *on Thursday to discuss the problem.* ◦ *He's* ***in a meeting*** *– I'll ask him to call you back later.* **2** UK a sporting competition **состязание** *an international meeting*

> **Слова-партнеры к meeting**
> arrange/attend/chair/convene/have/hold a meeting • an emergency/private/recent/ urgent meeting • a meeting **between** sb • be **in** a meeting

mega- /megə-/ **prefix 1** informal extremely **мега-, крайне, в высшей степени** *megarich (= extremely rich)* **2** one million **мега-, миллион** *40 megabytes*

megabyte /ˈmegəbaɪt/ **noun** [C] (written abbreviation **MB**) a unit for measuring the amount of information a computer can store, equal to 1,000,000 bytes **мегабайт**

megaphone /ˈmegəfəʊn/ **noun** [C] a thing that you hold in your hand and speak into to make your voice louder **мегафон**

megapixel /ˈmegəˌpɪksəl/ **noun** [C] one million pixels (= small points that form part of the image on a computer screen), used to describe the amount of detail in images made by a digital camera, computer screen, etc **один миллион пикселей, формирующих изображение**

megawatt /ˈmegəwɒt/ **noun** [C] a unit for measuring electrical power, equal to 1,000,000 watts **мегаватт**

melancholy /ˈmelənkɒli/ **adjective** formal sad **унылый, подавленный** *a melancholy expression*

• **melancholy noun** [U] formal a feeling of sadness **меланхолия**

melanoma /ˌmeləˈnəʊmə/ **noun** [C] a type of skin cancer (= a serious disease) that appears as a coloured mark on the skin **меланома**

melee /ˈmeleɪ/ **noun** [C] a situation where many people are behaving in a noisy, confused, and sometimes violent way **свалка, драка** ***In the melee*** *his jaw was broken.*

mellow¹ /ˈmeləʊ/ **adjective 1** pleasant and soft **мягкий, приятный** *a mellow voice* ◦ *a mellow flavour/wine* **2** calm and relaxed **спокойный, расслабленный** *After a few drinks, he became very mellow.*

mellow² /ˈmeləʊ/ **verb** [I, T] to become more relaxed and gentle, or to make someone become more relaxed and gentle **смягчать(ся), делать(ся) добрее** *Age has mellowed him.*

melodic /məˈlɒdɪk/ **adjective** Melodic music has a pleasant tune, and melodic sounds are pleasant and like music. **мелодичный**

melodrama /ˈmeləʊˌdrɑːmə/ **noun** [C, U] a story in which the characters show much stronger emotions than in real life **мелодрама**

melodramatic /ˌmeləʊdrəˈmætɪk/ **adjective** showing much stronger emotions than are necessary for a situation **мелодраматический** *Don't be so melodramatic! It's only a scratch.*

melody /ˈmelədi/ **noun** [C] a song or tune **мелодия**

melon /ˈmelən/ **noun** [C, U] A2 a large, round, sweet fruit with a thick, green or yellow skin and a lot of seeds **дыня** → See **Fruit and Vegetables** on page Centre 10

melt /melt/ **verb 1** [I, T] B2 If something melts, it changes from a solid into a liquid because of heat and if you melt something, you heat it until it becomes liquid. **таять, растапливать** *The sun soon melted the ice on the pond.* ◦ *The chocolate had melted in my pocket.* ◦ *melted cheese* **2** [I] to start to feel love or sympathy, especially after feeling angry **смягчаться, таять** *When he smiles at me, I just melt.* → See also **butter¹** wouldn't melt in sb's mouth

PHRASAL VERBS **melt away** to disappear **исчезать, рассеиваться** *Then I saw her and all my fears just melted away.* • **melt sth down** If you melt something down, especially a metal object, you heat it until it changes to liquid. **плавить**

meltdown /ˈmeltdaʊn/ **noun** [C, U] **1** informal a situation of complete failure and no control **полный крах** ***economic meltdown*** **2** a serious accident in which nuclear fuel melts through its container and escapes into the environment **расплавление**

ˈmelting ˌpot noun [C] a place where people of many different races and from different countries live together **место, где живут люди разных национальностей**

member /ˈmembəʳ/ **noun** [C] A2 a person who belongs to a group or an organization **член** ***family/staff members*** ◦ *He was a member of the university rowing club.*

ˌMember of ˈParliament noun [C] (plural **Members of Parliament**) a person who has been elected to represent people in their country's parliament **член парламента**

membership /ˈmembəʃɪp/ **noun 1** [C, U] B1 the state of belonging to a group or an organization **членство** *I've* ***applied for membership*** *of the union.* ◦ *a* ***membership card/fee*** **2** [group] the people who belong to a group or an organization **количество членов** *Union membership is now over three million and rising.*

> **Слова-партнеры к membership**
> apply for membership • membership **of/in** sth • a membership **card/fee**

membrane /ˈmembreɪn/ **noun** [C] a thin sheet

of tissue that covers some parts inside the body in order to protect, connect or separate them **оболочка, перепонка**

memento /mɪˈmentəʊ/ **noun** [C] (plural **mementos**, **mementoes**) an object that you keep to remember a person, place, or event **сувенир, памятный подарок**

memo /ˈmeməʊ/ **noun** [C] a written message sent from one member of an organization to another **докладная записка**

memoirs /ˈmemwɑːz/ **noun** [plural] a written story of a person's own life and experiences **мемуары**

memorabilia /ˌmemərəˈbɪliə/ **noun** [plural] objects relating to famous people or events that people collect **памятные вещи** *an auction of pop memorabilia*

memorable /ˈmemərəbl/ **adjective** B2 If an occasion is memorable, you will remember it for a long time because it is so good. **незабываемый, памятный** *a memorable performance*
• **memorably adverb незабываемо**

memorandum /ˌmeməˈrændəm/ **noun** (plural **memoranda**) formal a memo **докладная записка**

memorial /məˈmɔːriəl/ **noun** [C] an object, often made of stone, that is built to help people remember an important person or event **мемориал, памятник** *a **war memorial*** ◦ *a **memorial service***

memorize (also UK **-ise**) /ˈmeməraɪz/ **verb** [T] to learn something so that you remember it exactly **запоминать, заучивать наизусть** *I've memorized all my friends' birthdays.*

memory /ˈmeməri/ **noun 1** [C, U] B1 your ability to remember **память** *John has an amazing **memory for** historical facts.* ◦ *She had a **photographic memory** (= was able to remember every detail).* **2** [C] B1 something that you remember **воспоминание** [usually plural] *I have fond **memories of** my childhood.* **3** [C, U] B1 the part of your mind that stores what you remember **память** *He recited the poem **from memory**.* **4 in memory of sb** If you do something in memory of a dead person, you do it to show your respect or love for them. **в память о ком-либо** *They built a statue in memory of those who died in the fire.* **5** [C, U] A2 the part of a computer where information and instructions are stored, or the amount of information that can be stored there **память (компьютера)** *You need 32 megabytes of memory to run this software.*

> Слова-партнеры к **memory**
> **have a bad/good** memory • **have a [good, amazing, etc] memory for sth** • **a photographic** memory

ˈ**Memory** ˌ**Stick** **noun** [C] trademark a small electronic device designed to store information, that can be put into a computer, mobile phone, etc **флеш-карта, флеш-накопитель, флешка**

men /men/ plural of man **мн. ч. сущ. man**

menace[1] /ˈmenɪs/ **noun 1** [C] something that is likely to cause harm **угроза, опасность** [usually singular] *Drunk drivers are **a menace to** everyone.* **2** [U] a dangerous quality that makes you think someone is going to do something bad **угроза, опасность** *His eyes were cold and filled with menace.*

menace[2] /ˈmenɪs/ **verb** [T] formal to cause harm to someone or something, or be likely to cause harm **наносить вред, угрожать** *Hurricane Bonnie continues to menace the east coast.*

menacing /ˈmenɪsɪŋ/ **adjective** making you think that someone is going to do something bad **угрожающий** *a menacing gesture/voice*

mend[1] /mend/ **verb** [T] B1 to repair something that is broken, torn, or not working correctly **чинить, латать** *I've mended that hole in your skirt for you.*

mend[2] /mend/ **noun be on the mend** informal If you are on the mend, your health is improving after an illness. **идти на поправку**

mendacious /menˈdeɪʃəs/ **adjective** formal not telling the truth **лживый**

menial /ˈmiːniəl/ **adjective** Menial work is boring, and not well paid or respected. **неквалифицированный, малозначимый** *a **menial job/task***

meningitis /ˌmenɪnˈdʒaɪtɪs/ **noun** [U] a serious infectious disease that affects a person's brain and spinal cord (= the nerves in your back) **менингит**

menopause /ˈmenəʊpɔːz/ **noun** [U] the time, usually between the ages of 45 and 55, when a woman gradually stops having periods (= monthly blood from the uterus) **климактерический период**

ˈ**men's** ˌ**room** **noun** [C] US a room in a public place where there are men's toilets **мужской туалет** → See Note **toilet**

menstrual /ˈmenstruəl/ **adjective** [always before noun] formal relating to menstruating **менструальный** *a **menstrual cycle***

menstruate /ˈmenstrueɪt/ **verb** [I] formal to have a monthly flow of blood from the uterus **менструировать**
• **menstruation** /ˌmenstruˈeɪʃən/ **noun** [U] **менструация**

mental /ˈmentəl/ **adjective** [always before noun] B2 relating to the mind, or involving the process of thinking **умственный, психический** ***mental health/illness***
• **mentally adverb** B2 **умственно** *a **mentally ill** person*

mentality /menˈtæləti/ **noun** [C] a person's opinions or way of thinking **склад ума** *I can't understand the mentality of people who hunt animals for fun.*

mention[1] /ˈmenʃən/ **verb** [T] **1** (B1) to briefly speak or write about something or someone **упоминать** *I'll mention your ideas to Caroline.* ◦ *She didn't mention her daughter.* ◦ [+ (that)] *He mentioned that he liked skydiving.* **2 not to mention** (B2) used to emphasize the importance of something that you are adding to a list **не говоря уже о ...** *The resort has great hotels and restaurants, not to mention some of the best skiing in the region.*

mention[2] /ˈmenʃən/ **noun** [C] (B2) a brief remark **упоминание, ссылка** *The report **made no mention of** the problem.*

> **Слова-партнеры к mention (noun)**
> **deserve/get/be worth** a mention • **make no** mention **of sth** • a **brief/passing/special** mention • mention **of sth**

mentor /ˈmentɔːʳ/ **noun** [C] formal an experienced person who gives help and advice to someone with less experience **наставник**

menu /ˈmenjuː/ **noun** [C] **1** (A2) a list of food and drinks that you can order in a restaurant **меню** *a lunch/dinner menu* ◦ *I ordered the most expensive thing **on the menu** (= available in the restaurant).* **2** (A2) a list that appears on a computer screen of the choices available in a computer program **меню** *a **pop-up menu***

ˈmenu ˌbar noun [C] a long, narrow area, usually at the top of a computer screen, that contains computer menus **строка меню**

ˈmenu ˌoption noun [C] one of the choices on a computer menu **пункт меню**

meow /miːˈaʊ/ **noun** [C] US spelling of miaow (= the sound that a cat makes) **мяуканье**

MEP /ˌemiːˈpiː/ **noun** [C] abbreviation for Member of European Parliament: a person who represents an area of a European country in the European Parliament **член европейского парламента** *the MEP for Glasgow*

mercenary[1] /ˈmɜːsənəri/ **noun** [C] a soldier who fights for any country or organization who pays them **наемный солдат**

mercenary[2] /ˈmɜːsənəri/ **adjective** interested only in getting money or an advantage from a situation **корыстный**

merchandise /ˈmɜːtʃəndaɪz/ **noun** [U] formal goods that are traded, or sold in shops **товары** *We stock a broad range of merchandise.*

merchandising /ˈmɜːtʃəndaɪzɪŋ/ **noun** [U] the selling of products relating to films, television programmes, and famous people **распространение продукции, имеющей отношение к кино, телевидению и знаменитостям**

merchant[1] /ˈmɜːtʃənt/ **noun** [C] formal someone whose job is buying and selling goods, usually in large amounts **торговец** *a wine/grain merchant*

merchant[2] /ˈmɜːtʃənt/ **adjective** [always before noun] relating to trading of large amounts of goods **торговый** *a merchant ship/seaman*

ˌmerchant ˈbank noun [C] a bank that organizes investments in companies or lends money to them **коммерческий банк**

• **merchant banker** noun [C] **банкир коммерческого банка**

mercifully /ˈmɜːsɪfəli/ **adverb** used to show that you are pleased that something unpleasant has been avoided **к счастью** *Her illness was mercifully short.*

merciless /ˈmɜːsɪləs/ **adjective** cruel, or showing no kindness **безжалостный** *a merciless attack* ◦ *She was merciless in her criticism of his work.*

• **mercilessly adverb безжалостно**

Mercury /ˈmɜːkjəri/ **noun** [no plural] the planet that is closest to the Sun, before Venus **Меркурий**

mercury /ˈmɜːkjəri/ **noun** [U] a heavy, silver-coloured metal that is liquid at ordinary temperatures (formula Hg) **ртуть**

mercy /ˈmɜːsi/ **noun** [U] kindness that makes you forgive someone, usually someone that you have authority over **милосердие** *The judge **showed no mercy**.*

IDIOM **be at the mercy of sth/sb** to not be able to protect yourself from something or someone that you cannot control **быть во власти чего-либо/кого-либо** *Farmers are often at the mercy of the weather.*

> **Слова-партнеры к mercy**
> **ask for/beg for/plead for** mercy • **show (no)** mercy

mere /mɪəʳ/ **adjective** [always before noun] **1** (B2) used to emphasize that something is not large or important **всего лишь, один/одна/одно только** *It costs a mere twenty dollars.* ◦ *The **mere thought of** (= Just thinking about) eating octopus makes me feel sick.* **2 the merest** used to emphasize that something is small, often when it has an important effect **малейший** *She's upset by **the merest hint of** criticism.*

merely /ˈmɪəli/ **adverb 1** (B2) used to emphasize that you mean exactly what you are saying and nothing more **только, просто** *I'm not arguing with you – I'm merely explaining the problem.* **2** used to emphasize that something is not large, important, or effective when compared to something else **всего лишь** *The medicine doesn't make you better, it merely stops the pain.*

merge /mɜːdʒ/ **verb** [I, T] If two or more things merge, they combine or join, and if you merge two or more things, you combine or join them. **сливать(ся), соединять(ся)** *The two companies merged, forming the largest brewery in Canada.* ◦ *The city's smaller libraries will be **merged into** a large, central one.*

merger /ˈmɜːdʒəʳ/ **noun** [C, U] when two or more

companies or organizations join together **объединение, слияние**

meringue /mə'ræŋ/ **noun** [C, U] a light, sweet food that is made by baking the white part of an egg mixed with sugar **безе**

merit¹ /'merɪt/ **noun** [C, U] formal good qualities which deserve praise **заслуга, достоинство** *His ideas **have merit**. ◦ We debated **the merits of** using television in the classroom. ◦ Every application has to be judged **on its own merits** (= judged by considering the qualities of each).*

merit² /'merɪt/ **verb** [T] formal to be important enough to receive attention or punishment **заслуживать, быть достойным** *Her crimes were serious enough to merit a prison sentence.*

mermaid /'mɜːmeɪd/ **noun** [C] an imaginary creature that lives in the sea and has the upper body of a woman and the tail of a fish **русалка**

merry /'meri/ **adjective** showing enjoyment and happiness **веселый** *a merry laugh ◦ **Merry Christmas!***

• **merrily adverb** **весело**

mesh¹ /meʃ/ **noun** [C, U] material that is like a net and is made of wire, plastic, or thread **сетка** *a wire mesh fence*

mesh² /meʃ/ **verb** [I] If two or more things mesh, they are suitable for each other. **подходить, соответствовать** *Her ideas **mesh** well **with** our plans for the future.*

mess¹ /mes/ **noun** [C] **1** (B1) Someone or something that is a mess, or is in a mess, is dirty or untidy. **беспорядок** [usually singular] *My hair's such a mess! ◦ The house is **in a mess**. ◦ Don't **make a mess** in the kitchen!* **2** (B2) a confused or difficult situation **неприятность, путаница** [usually singular] *She told me that her life was a mess. ◦ If he hadn't lied, he wouldn't be **in** this **mess** now.* **3 make a mess of sth** to damage or spoil something **испортить что-либо** *He made a mess of his first marriage.* **4** a place where members of the armed forces eat **столовая (в армии)** [usually singular] *the officers' mess*

> **Слова-партнеры к mess**
>
> make a mess • clean up/clear up a mess • be in a mess

mess² /mes/ **verb**

PHRASAL VERBS **mess about/around** informal **1** to waste time, often by doing things that are not important **бездельничать, болтаться без дела** *Stop messing around and do your homework!* **2** to spend time playing and doing things with no particular purpose **возиться с чем-либо** *I can spend hours **messing around with** my computer.* • **mess sb about/around** UK informal to treat someone badly, often by not doing something that you have promised **морочить голову кому-либо** • **mess about/around with sth** informal to use or treat something in a careless or harmful way **рыться, трогать (без разрешения)** *Who's been messing around with my computer?* • **mess sth up 1** to make something untidy or dirty **приводить в беспорядок** *I hate wearing hats – they always mess up my hair.* **2** (B2) to spoil something, or to do something badly **портить** *Don't try to cook lunch by yourself – you'll only mess it up.* • **mess with sb/sth** informal to become involved with someone or something dangerous **связываться с кем-либо/чем-либо опасным** *If you mess with drugs, you're asking for trouble.*

message¹ /'mesɪdʒ/ **noun** [C] **1** (A1) a piece of written or spoken information which one person gives to another **сообщение, записка** *Did you **get** my **message**? ◦ I **left** her several **messages**, but she hasn't returned my call.* **2** (B2) the most important idea of a film, book, etc **идейное содержание, основная мысль** *The book conveys a complex message.*

IDIOM **get the message** informal to understand what someone wants you to do by their actions **понять, осознать** *Don't return any of his calls – he'll soon get the message and leave you alone.*

> **Слова-партнеры к message**
>
> get/leave/send/take a message • a message for/from sb

message² /'mesɪdʒ/ **verb** [T] to send someone an email or text message (= a written message sent from one mobile phone to another) **отправлять сообщение (по электронной почте, с мобильного телефона)**

'message ˌboard noun [C] (B1) a place on a website where you can leave messages for other people to read **доска объявлений**

messenger /'mesɪndʒəʳ/ **noun** [C] someone who takes a message between two people **курьер**

the Messiah /mə'saɪə/ **noun** **1** Jesus Christ **мессия** **2** the leader that Jews believe God will send them **мессия**

Messrs /'mesəz/ **noun** formal a title used before the names of two or more men **господа** *Messrs Davis and Dixon led the discussion on tax reform.*

messy /'mesi/ **adjective** **1** (B1) untidy or dirty **грязный, неубранный** *messy hair ◦ a messy house/car ◦ My son's bedroom is always messy.* **2** unpleasant and complicated **неприятный, скандальный** *Ian's just gone through a **messy divorce**.*

met /met/ past of meet **прош. вр. и прич. прош. вр. от гл. meet**

metabolism /mə'tæbəlɪzəm/ **noun** [C] all the chemical processes in your body, especially the ones that use food **метаболизм, обмен веществ**

metal /'metəl/ **noun** [C, U] (B1) a usually hard, shiny material such as iron, gold, or silver which heat and electricity can travel through **металл** *scrap metal ◦ Metals are used for making machinery and tools. ◦ a metal sheet/bar*

• **metallic** /mə'tælɪk/ **adjective** having a quality

M

that is similar to metal **металлический** *a metallic paint/taste* → See also **heavy metal**

metamorphosis /ˌmetəˈmɔːfəsɪs/ **noun** (plural **metamorphoses** /metəˈmɔːfəsiːz/) **1** [C] a gradual change into something very different **метаморфоза** *The past year has seen a complete metamorphosis of the country's economy.* **2** [U] in biology, the process by which the young forms of some animals, such as insects, develop into very different adult forms **метаморфоз** *Caterpillars changing into butterflies is an example of metamorphosis.*

metaphor /ˈmetəfəʳ/ **noun** [C, U] a way of describing something by comparing it with something else which has some of the same qualities **метафора** *She used a computer metaphor to explain how the human brain works.*
• **metaphorical** /ˌmetəˈfɒrɪkəl/ **adjective** using a metaphor **метафорический**

mete /miːt/ **verb** (present participle **meting**, past tense and past participle **meted**)

PHRASAL VERB **mete sth out** formal to punish someone **назначать наказание** [often passive] *Long jail sentences are* ***meted out to*** *drug smugglers.*

M

meteor /ˈmiːtiəʳ/ **noun** [C] a rock from outer space which becomes very hot and burns brightly in the sky at night as it enters Earth's atmosphere (= air surrounding Earth) **метеор**

meteoric /ˌmiːtiˈɒrɪk/ **adjective** If the development of something is meteoric, it happens very quickly or causes great success. **головокружительный, ослепительный** *a meteoric career* ◦ *The band's rise to fame was meteoric.*

meteorite /ˈmiːtiəraɪt/ **noun** [C] a piece of rock from outer space which has fallen on Earth's surface **метеорит**

meteorological /ˌmiːtiərəˈlɒdʒɪkəl/ **adjective** [always before noun] relating to the scientific study of weather **метеорологический**

meteorologist /ˌmiːtiəˈrɒlədʒɪst/ **noun** [C] someone who studies weather, especially to say how it will be in the near future **метеоролог**
• **meteorology** **noun** [U] the scientific study of weather **метеорология**

meter /ˈmiːtəʳ/ **noun** [C] **1** a piece of equipment for measuring the amount of something such as electricity, time, or light **счетчик** *a gas/water meter* ◦ *a parking/taxi meter* **2** US spelling of metre **метр**

methadone /ˈmeθədəʊn/ **noun** [U] a drug for treating people who want to stop using heroin (= an illegal drug) **метадон**

methane /ˈmiːθeɪn/ (US) /ˈmeθeɪn/ **noun** [U] a gas that has no colour or smell, used for cooking and heating (formula CH_4) **метан**

method /ˈmeθəd/ **noun** [C] (B1) a way of doing something, often one that involves a system or plan **метод, способ** *What's the best* ***method of/for*** *solving this problem?* ◦ *traditional teaching methods*

> Слова-партнеры к **method**
> an **alternative/new/reliable/simple/traditional** method • **develop/devise/use** a method

methodical /məˈθɒdɪkəl/ **adjective** careful and well organized, using a plan or system **методичный** *a methodical researcher*
• **methodically** **adverb** **методично**

Methodist /ˈmeθədɪst/ **adjective** belonging or relating to a Christian group that was started by John Wesley **методистский**
• **Methodist** **noun** [C] **методист**

methodological /ˌmeθədəlˈɒdʒɪkəl/ **adjective** relating to a methodology **методический** *methodological problems*

methodology /ˌmeθəˈdɒlədʒi/ **noun** [C, U] the system of methods used for doing, teaching, or studying something **методика**

meticulous /məˈtɪkjələs/ **adjective** very careful, and giving great attention to detail **тщательный** *This book is the result of meticulous research.*
• **meticulously** **adverb** **тщательно**

me time /ˈmiːtaɪm/ **noun** [U] informal time when you can do exactly what you want **личное время**

metre UK (US **meter**) /ˈmiːtəʳ/ **noun** **1** [C] (written abbreviation **m**) (A2) a unit for measuring length, equal to 100 centimetres **метр** *Our bedroom is five metres wide.* ◦ *She finished third in the women's 400 metres (= running race).* **2** [C, U] a pattern of rhythm in poetry **размер (в поэзии)**

metric /ˈmetrɪk/ **adjective** The metric system of measurement uses units based on the gram, metre, and litre. **метрический**

ˌmetric ˈton **noun** [C] a unit for measuring weight, equal to 1000 kilograms **метрическая тонна**

metro[1] /ˈmetrəʊ/ **noun** [C] an underground railway system in a large city **метро** *the Paris metro*

metro[2] /ˈmetrəʊ/ **adjective** [always before noun] US informal relating to a large city and the towns around it **относящийся к большому городу с пригородами** *the New York metro area*

metropolis /məˈtrɒpəlɪs/ **noun** [C] a very large city, often the capital of a country or region **крупный город, столица**

metropolitan /ˌmetrəˈpɒlɪtən/ **adjective** [always before noun] relating to a large city **относящийся к большому городу** *a metropolitan area/council*

mg written abbreviation for milligram (= a unit for measuring weight) **миллиграмм**

miaow UK (US **meow**) /ˌmiːˈaʊ/ **noun** [C] the sound that a cat makes **мяуканье**

mice /maɪs/ plural of mouse **мн. ч. сущ. mouse**

mickey /ˈmɪki/ **take the mickey (out of sb)** UK informal to laugh at someone and make them seem silly **дразнить кого-либо, издеваться над кем-либо**

micro- /maɪkrəʊ-/ **prefix** very small **микро-, очень маленький** *a microchip* ◦ *microscopic* (= *very small*)

microbe /ˈmaɪkrəʊb/ **noun** [C] a very small organism, often a bacterium that causes disease **микроб**

microchip /ˈmaɪkrəʊtʃɪp/ **noun** [C] a very small part of a computer or machine which does calculations or stores information **микрочип**

microcosm /ˈmaɪkrəʊˌkɒzəm/ **noun** [C] formal a place, group of people, or situation that has the same characteristics as a larger one **микромир** *The town is a microcosm of French culture.*

microphone /ˈmaɪkrəfəʊn/ **noun** [C] B2 a piece of electrical equipment for recording or broadcasting sounds, or for making sounds louder **микрофон**

microprocessor /ˌmaɪkrəʊˈprəʊsesəʳ/ US /ˈmaɪkrəʊˌprɑːsesər/ **noun** [C] the part of a computer that controls all the other parts **микропроцессор**

microscope

microscope /ˈmaɪkrəskəʊp/ **noun** [C] a piece of scientific equipment which uses lenses (= pieces of curved glass) to make very small objects look bigger **микроскоп**

> **Слова-партнеры к microscope**
> under a microscope • through a microscope

microscopic /ˌmaɪkrəˈskɒpɪk/ **adjective** extremely small and needing a microscope to be seen, or using a microscope to see something **микроскопический** *microscopic organisms/particles*

microwave¹ /ˈmaɪkrəʊweɪv/ **noun** [C] **1** (also **microˌwave ˈoven**) an electric oven that uses waves of energy to cook or heat food **микроволновая печь** → See **The Kitchen** on page Centre 2 **2** a very short wave similar to a radio wave that is used for sending information and cooking **микроволна**

microwave² /ˈmaɪkrəʊweɪv/ **verb** [T] to cook or heat food using a microwave oven **готовить или разогревать пищу в микроволновой печи**

mid- /mɪd-/ **prefix** among or in the middle of **находящийся в середине чего-либо (как компонент сложных слов)** *mid-March* ◦ *mid-afternoon*

mid-air /ˌmɪdˈeəʳ/ **noun in mid-air** in the air or sky **в воздухе** *She jumped up and caught the ball in mid-air.*
• **mid-air adjective** [always before noun] **воздушный** *a* ***mid-air collision***

midday /ˌmɪdˈdeɪ/ **noun** [U] A2 12 o'clock in the middle of the day, or the period around this time **полдень** *the heat of the midday sun*

middle¹ /ˈmɪdl/ **noun 1 the middle** B1 the central part, position, or point in time **середина, центр** *We used to live just outside Boston but now we live right (= exactly)* ***in the middle.*** ◦ *The letter should arrive by the middle of next week.* **2 be in the middle of doing sth** B1 to be busy **быть занятым чем-либо** *I can't talk now – I'm in the middle of cooking a meal.* **3 your middle** informal your waist, or your waist and stomach **талия, живот** *He wrapped the towel round his middle.*

IDIOM **in the middle of nowhere** B2 a long way from places where people live **бог знает где** *His car broke down in the middle of nowhere.*

middle² /ˈmɪdl/ **adjective** [always before noun] **1** B2 in a central position **средний** *The middle layer is made of plastic.* ◦ *Our company rents the middle warehouse.* **2** neither high nor low in importance or amount **среднего уровня** *middle managers*

middle-aged /ˌmɪdlˈeɪdʒd/ **adjective** B1 in the middle of your life before you are old **средних лет** *a middle-aged couple/man/woman*

the ˌMiddle ˈAges noun the period in European history between the end of the Roman Empire and the start of the Renaissance **средние века**

ˌmiddle ˈclass noun [group] a social group that consists of well-educated people, such as doctors, lawyers, and teachers, who have good jobs and are neither very rich nor very poor **средний класс**
• **middle-class** /ˌmɪdlˈklɑːs/ **adjective** belonging or relating to the middle class **относящийся к среднему классу** *a middle-class suburb*

the ˌMiddle ˈEast noun a group of countries in the area where Africa, Asia, and Europe meet **Ближний Восток**
• **Middle Eastern adjective** relating to the Middle East **ближневосточный** *Middle Eastern cuisine*

middleman /ˈmɪdlmæn/ **noun** [C] (plural **middlemen**) someone who buys goods from one person and sells them to someone else for a higher price **посредник (в торговле)** *Selling direct from the factory* ***cuts out the middleman.***

ˌmiddle ˈname noun [C] an extra name between someone's first and family names **второе имя**

ˈmiddle ˌschool noun [C] a school in the US for children usually between the ages of 11 and 14 **школа в США для детей от 11 до 14 лет**

midget /ˈmɪdʒɪt/ **noun** [C] someone who is very small **карлик**

the Midlands /ˈmɪdləndz/ **noun** the central area of England which includes several large industrial cities **центральные графства Англии**

ˌ**mid-life** ˈ**crisis** **noun** [C] (plural **mid-life crises**) a period in the middle of your life when you lose confidence in your abilities and worry about the future **кризис среднего возраста**

midnight /ˈmɪdnaɪt/ **noun** [U] Ⓐ2 12 o'clock at night **полночь** *He died shortly after midnight.*

midriff /ˈmɪdrɪf/ **noun** [C] the front of your body between your chest and waist **верхняя часть живота**

midst /mɪdst/ **noun 1 in the midst of sth** in the middle of something, usually an event or activity **в разгар чего-либо** [+ of + doing sth] *Can I phone you back? I'm in the midst of cooking dinner.* **2 in your midst** among the group of people that you belong to **среди кого-либо, в чьей-либо среде** *Residents are protesting about a convicted murderer living in their midst.*

midsummer /ˌmɪdˈsʌməʳ/ **noun** [U] the longest day of the year, or the period around this **летнее солнцестояние**

midway /ˌmɪdˈweɪ/ **adverb 1 midway between sth and sth** at the middle point between two places or things **на полпути между (тем и этим)** *Leeds is midway between London and Edinburgh.* **2 midway through sth** at the middle point of an activity or a period of time **в середине чего-либо** *He scored the third goal midway through the second half.*

midweek /ˌmɪdˈwiːk/ **noun** [U] the middle of the week, usually from Tuesday to Thursday **середина недели**

• **midweek adjective**, **adverb** [always before noun] in the middle of the week **в середине недели** *a midweek game/match* ◦ *Flights are cheaper if you travel midweek.*

the Midwest /ˌmɪdˈwest/ **noun** the northern central area of the United States **Средний Запад (в США)**

• **Midwestern adjective** [always before noun] relating to the Midwest **относящийся к Среднему Западу (в США)**

midwife /ˈmɪdwaɪf/ **noun** [C] (plural **midwives** /ˈmɪdwaɪvz/) a nurse who has had special training to help women give birth **акушерка**

midwifery /mɪdˈwɪfəri/ **noun** [U] the work of a midwife **акушерство**

midwinter /ˌmɪdˈwɪntəʳ/ **noun** [U] the shortest day of the year, or the period around this **зимнее солнцестояние**

might[1] /maɪt/ **modal verb 1** Ⓐ2 used to talk about what will possibly happen **может быть** *It might be finished by Thursday.* ◦ *She might not come.* **2** Ⓑ1 used to talk about what is possibly true **может быть, возможно** *I think Isabel might be pregnant.* ◦ *The rain might have stopped by now.* **3 you might like/want to** UK formal used to politely suggest something **может быть, было бы лучше, если ...** *You might want to try a different approach next time.* → See Study Page **Modal verbs** on page Centre 22

might[2] /maɪt/ **noun** [U] formal great strength or power **могущество** ***economic/military might*** ◦ *She pushed the door* ***with all her might*** (= with as much force as possible).

mightn't /ˈmaɪtᵊnt/ mainly UK formal short for might not **сокращ. от might not** *It mightn't be true.*

might've /ˈmaɪtəv/ short for might have **сокращ. от might have** *The children might've seen her in the park.*

mighty[1] /ˈmaɪti/ **adjective** very powerful or successful **великий, могущественный** *In their next game they're playing the mighty Redskins.*

mighty[2] /ˈmaɪti/ **adverb** mainly US informal very **чрезвычайно** *It's mighty tempting to stay in bed on a rainy morning.*

migraine /ˈmaɪgreɪn/ **noun** [C, U] a very bad pain in the head, often one that makes you vomit **мигрень**

migrant /ˈmaɪgrᵊnt/ **noun** [C] someone who goes to live in a different place in order to find work **кочующий, сезонный** *migrant labour/workers*

migrate /maɪˈgreɪt/ Ⓤⓢ /ˈmaɪgreɪt/ **verb** [I] **1** When birds, fish, or animals migrate, they travel from one place to another at the same time each year. **мигрировать, совершать перелет** *Many birds migrate from Europe to African forests for the winter.* **2** When people migrate, they move to another place, often a different country, in order to find work and a better life. **переселяться** *Between 1900 and 1914, 3.1 million people* ***migrated to*** *the US from central Europe.*

• **migration** /maɪˈgreɪʃᵊn/ **noun** [C, U] **миграция, переселение**

migratory /ˈmaɪgreɪtᵊri/ Ⓤⓢ /ˈmaɪgrətɔːri/ **adjective** [always before noun] relating to birds, fish, or animals that migrate **мигрирующий, перелетный**

mike /maɪk/ **noun** [C] informal short for microphone **микрофон**

mild /maɪld/ **adjective 1** Ⓑ1 When weather is mild, it is less cold than you would expect. **мягкий, теплый** *a* ***mild winter*** **2** When an illness is mild, it is not as serious as it could be. **легкий, слабый** *My doctor said I had a mild form of pneumonia.* **3** Ⓑ2 not having a strong effect **неострый, несильный** *a mild taste* ◦ *a mild detergent* **4** calm and gentle **кроткий, тихий** *He has a very mild manner.*

mildly /ˈmaɪldli/ **adverb 1** slightly **слегка** *I find his films mildly amusing.* **2 to put it mildly** something you say when an opinion is not expressed as strongly as it should be **мягко говоря** *The building is unsafe, to put it mildly.*

mile /maɪl/ **noun** [C] **1** Ⓑ1 a unit for measuring

distance, equal to 1609 metres or 1760 yards **миля** *The nearest station is two miles from here.* ◦ *It's a five-mile walk to the next village.* ◦ *The latest high-speed trains can travel at 140* ***miles per hour.*** → See Study Page **Measurements** on page Centre 31 **2 miles** a very long distance **большое расстояние** *We drove* ***for miles*** *along dusty roads.* ◦ *Her cottage is* ***miles from*** *the nearest village.*

mileage /ˈmaɪlɪdʒ/ **noun 1** [C, U] the number of miles that a vehicle has travelled since it was new **пробег автомобиля в милях** ***low mileage*** **2** [C, U] the number of miles a vehicle can travel using a particular amount of fuel **пробег автомобиля (в милях) на единицу расхода горючего 3** [U] informal an advantage got from something **польза** *There's no* ***mileage in*** *taking your employer to court.*

milestone /ˈmaɪlstəʊn/ **noun** [C] an important event in the history or development of something or someone **веха** *Passing my driving test was an important milestone for me.*

militant[1] /ˈmɪlɪtᵊnt/ **adjective** expressing strong support for a political or social idea, and willing to use extreme or violent methods to achieve it **воинственный** *a* ***militant group/organization***
• **militancy** /ˈmɪlɪtᵊnsi/ **noun** [U] when someone is militant **воинственность**

militant[2] /ˈmɪlɪtᵊnt/ **noun** [C] a militant person **воинственный человек**

military[1] /ˈmɪlɪtri/ **adjective** (B2) relating to the army, navy, or air force **военный, воинский** ***military action/service***

military[2] /ˈmɪlɪtri/ **noun the military** a country's army, navy, and air force **войска**

militia /mɪˈlɪʃə/ **noun** [C] a group of people who have been trained as soldiers but are not part of a country's official army **народная милиция, вооруженное ополчение**
• **militiaman noun** [C] (plural **militiamen**) a member of a militia **боец народной милиции, ополченец**

milk[1] /mɪlk/ **noun** [U] (A1) a white liquid produced by women and other female animals, such as cows, for feeding their babies **молоко** *a carton of milk* ◦ *breast milk* → See also **skimmed milk**

milk[2] /mɪlk/ **verb** [T] **1** to get as much money or as many advantages as possible from a person or situation **эксплуатировать, извлекать выгоду** *She* ***milked*** *her grandfather* ***for*** *all his savings.* **2** to take milk from a cow using your hands or a machine **доить**

milkman /ˈmɪlkmən/ **noun** [C] (plural **milkmen**) a man whose job is bringing milk to people's homes early in the morning **молочник (человек)**

milkshake /ˈmɪlkʃeɪk/ **noun** [C, U] a sweet drink made of milk and chocolate or fruit **молочный коктейль** *a banana milkshake*

milky /ˈmɪlki/ **adjective 1** containing milk, often a lot of it **содержащий молоко** *milky coffee/tea* **2** similar to milk **молочно-белый** *a milky liquid*

the Milky Way /ˌmɪlkiˈweɪ/ **noun** the group of very many stars which includes the sun **Млечный Путь**

mill[1] /mɪl/ **noun** [C] **1** a machine for crushing grain into flour, or a building with this machine **мельница** *a flour mill* **2** a small machine used in the kitchen for crushing things such as coffee beans into a powder **кофемолка** *a coffee/pepper mill* **3** a factory where one material or substance is made **фабрика** *a cotton/woollen mill* ◦ *a paper/steel mill*

mill[2] /mɪl/ **verb** [T] to use a machine to crush something into a powder **молоть** *freshly milled black pepper*

PHRASAL VERB **mill about/around (sth)** When people mill around, they come together in a place, usually to wait for someone or something. **толпиться в ожидании**

millennium /mɪˈleniəm/ **noun** [C] (plural **millennia**) **1** a period of 1000 years, often calculated from the date when Christ is thought to have been born **тысячелетие 2 the Millennium** the change from the year 1999 to 2000 in the Western calendar **миллениум** *Where did you celebrate the Millennium?*

milli- /mɪli-/ **prefix** a thousandth **милли-, одна тысячная часть** *a millisecond*

milligram /ˈmɪlɪɡræm/ **noun** [C] (written abbreviation **mg**) a unit for measuring weight, equal to 0.001 grams **миллиграмм**

millilitre UK (US **milliliter**) (written abbreviation **ml**) /ˈmɪlɪˌliːtəʳ/ **noun** [C] a unit for measuring liquid, equal to 0.001 litres **миллилитр**

millimetre UK (US **millimeter**) (written abbreviation **mm**) /ˈmɪlɪˌmiːtəʳ/ **noun** [C] (B1) a unit for measuring length, equal to 0.001 metres **миллиметр**

million /ˈmɪljən/ **1** (A2) the number 1,000,000 **миллион 2 millions** informal a lot **огромное количество** *I've seen that film millions of times.*

millionaire /ˌmɪljəˈneəʳ/ **noun** [C] a very rich person who has money and possessions to the value of at least one million pounds or dollars **миллионер**

millionth[1] /ˈmɪljənθ/ 1,000,000th written as a word **миллионный**

millionth[2] /ˈmɪljənθ/ **noun** [C] one of a million equal parts of something; 1/1,000,000; .000001 **одна миллионная часть**

mime /maɪm/ **verb** [I, T] to act or tell a story without speaking, using movements of your hands and body, and expressions on your face **исполнять роль в пантомиме, изображать мимически** *Pop stars often mime (= pretend to sing while their song is played) on TV.*
• **mime noun** [C, U] **пантомима** ***a mime artist***

mimic[1] /ˈmɪmɪk/ **verb** [T] (present participle **mimicking**, past tense and past participle

M

mimicked) **1** to copy the way someone talks and behaves, usually to make people laugh **передразнивать, пародировать** *He's always getting into trouble for mimicking his teachers.* **2** to have the same behaviour or qualities as something else **имитировать** *The drug **mimics the effects** of a natural hormone.*

mimic² /ˈmɪmɪk/ **noun** [C] someone who is good at mimicking other people **пародист**

mince¹ /mɪns/ **noun** [U] UK (US **ground beef**) meat, usually from a cow, which has been cut into very small pieces by a machine **фарш**

mince² /mɪns/ **verb** [T] to cut food into small pieces in a machine **пропускать через мясорубку** *minced beef/onions*

mincemeat /ˈmɪnsmiːt/ **noun** [U] a spicy, sweet mixture of apples, dried fruit, and nuts, which have been cut into small pieces **сладкая начинка из измельченных сухофруктов, орехов и т. д.**

IDIOM **make mincemeat of sb** informal to defeat someone very easily **оставить мокрое место от кого-либо**

ˌmince ˈpie **noun** [C] a small pastry filled with mincemeat that is eaten mainly at Christmas **сладкий пирожок с начинкой из сухофруктов, орехов и т. д.**

mind¹ /maɪnd/ **noun** [C] **1** B1 someone's memory or their ability to think, feel emotions, and be aware of things **ум** *For some reason her words **stuck in** my **mind**.* ◦ *She has a very logical mind.* **2 have sth on your mind** to think or worry about something **иметь что-либо на уме, тревожиться о чем-либо** *Jim has a lot on his mind at the moment.* **3 bear/keep sb/sth in mind** B2 to remember someone or something that may be useful in the future **помнить, иметь в виду** *I'll keep you in mind if another job comes up.* ◦ [+ (that)] *Bear in mind that there's a bank holiday next week.* **4 make your mind up** B1 to make a decision **решить(ся)** [+ question word] *I haven't made up my mind whether to go yet.* **5 change your mind** B1 to change a decision or opinion **передумать** *We've changed our minds about selling the house.* **6 come/spring to mind** If an idea comes to mind, it is the first thing you think of. **приходить в голову** *I was thinking about who might be suitable for this job, and your name came to mind.* **7 put your mind to sth** to give your full attention to something **сосредоточиться на чем-либо** *You could win if you put your mind to it.* **8 be out of your mind** informal to be crazy or very stupid **быть не в своем уме** **9 be out of your mind with worry/grief, etc** to be very worried or upset **сходить с ума от тревоги/горя и т. д.**

IDIOMS **blow your mind** informal If something blows your mind, you are very excited or surprised by it. **поразить, взволновать** *There was one scene in the film that really blew my mind.* • **cross your mind** B2 If an idea crosses your mind, you think about it for a short time. **приходить в голову** [+ (that)] *It never crossed my mind (= I never thought) that she might be married.* • **be in two minds** UK (US **be of two minds**) to have difficulty making a decision **сомневаться, колебаться** *I'm in two minds about accepting his offer.* • **put/set sb's mind at rest** to say something to someone to stop them worrying **успокаивать кого-либо** *I was really worried about the tests, but talking to the doctor put my mind at rest.* • **read sb's mind** to know what someone is thinking **читать чужие мысли** • **slip your mind** If something slips your mind, you forget it. **забыть, вылететь из головы** • **speak your mind** to say exactly what you think without worrying if it will upset anyone **говорить прямо, откровенно** *She has very strong opinions and she's not afraid to speak her mind.* • **take your mind off sth** to stop you thinking about something unpleasant **отвлекаться (от неприятных мыслей)** *Talking to him took my mind off the pain.*

→ See also at/in the **back²** of your mind, **frame¹** of mind, give sb a **piece¹** of your mind, a **weight** off your mind

mind² /maɪnd/ **verb** **1** [I, T] B1 to be annoyed or worried by something **возражать, быть против чего-либо** *Do you think he'd mind if I borrowed his book?* ◦ [+ doing sth] *Tim won't mind lending you his car.* ◦ *He doesn't seem to mind doing all the driving.* ◦ *I don't mind taking her (= I am willing to take her) if you're too busy.* **2** [T] to look after someone or something **присматривать (за кем-либо/чем-либо)** *Who's minding the baby?* **3 do you mind/would you mind** A2 something you say when politely asking someone to do something **не могли бы вы ...? вы не возражаете ...?** *Do you mind not smoking in here, please?* ◦ *Would you mind if I borrowed your phone?* **4** [T] B1 something you say when telling someone to be careful with something dangerous **остерегаться, быть осторожным** *Mind the iron – it's still very hot!* **5 never mind a** A2 something that you say to tell someone that something is not important **не волнуйся! ничего страшного!** *"I forgot to bring any money." "Never mind, you can pay me next week."* **b** something you say to emphasize that something is impossible **не говоря уже о ...** *I can't afford to buy a bike, never mind a car!* **6 mind you** something you say before saying the opposite of what you have just said **правда, хотя** *We had a lovely holiday in France. Mind you, the weather was appalling.*

PHRASAL VERB **Mind out!** UK something you say to warn someone about a danger or to tell them to move **осторожно!** *Mind out – this plate's very hot!*

mind-boggling /ˈmaɪndˌbɒɡlɪŋ/ **adjective** informal difficult to accept, imagine, or understand

ошеломляющий *The amount of information available on the Internet is mind-boggling.*

minder /ˈmaɪndəʳ/ **noun** [C] UK someone who physically protects a famous, important, or very rich person **телохранитель, охранник**

mindless /ˈmaɪndləs/ **adjective** stupid and done without a good reason **бессмысленный** ***mindless violence***

mine[1] /maɪn/ **pronoun** A2 the things that belong or relate to the person who is speaking or writing **мой, моя, мое, мои** *I borrowed them from a friend of mine.* ◦ *"Whose book is this?" "It's mine."* ◦ *Can I use your pen? Mine's not working.*

mine[2] /maɪn/ **noun** [C] **1** B2 an underground system of holes and passages where people dig out coal or other minerals **рудник, шахта 2** a bomb hidden in the ground or water which explodes when it is touched **мина** → See also **gold mine**

mine[3] /maɪn/ **verb 1** [I, T] to dig out of the ground minerals such as coal, metals, and valuable stones **добывать (уголь, руду и т. д.)** *Tin was mined in this area for hundreds of years.* ◦ *He made his fortune* ***mining for*** *gold and diamonds.* **2** [T] to put mines (= bombs) in the ground or water **минировать** *The southern coast was heavily mined during the war.*

minefield /ˈmaɪnfiːld/ **noun** [C] **1** a situation with many complicated problems **сложная, опасная ситуация** *a* ***legal minefield*** **2** an area of land or sea where bombs have been hidden **минное поле**

miner /ˈmaɪnəʳ/ **noun** [C] someone who works in a mine **горняк, шахтер** *a coal miner*

mineral /ˈmɪnᵊrᵊl/ **noun** [C] **1** a valuable or useful substance that is dug out of the ground **полезные ископаемые** *The region's rich mineral deposits include oil, gold, and aluminium.* **2** a chemical that your body needs to stay healthy **минерал**

mineral ˌwater noun [C, U] A2 water which is taken from the ground and contains chemicals that are good for your health **минеральная вода**

mingle /ˈmɪŋgl/ **verb 1** [I, T] to mix, or be mixed **смешивать(ся)** *the smell of fresh coffee* ***mingled with*** *cigarette smoke* **2** [I] to meet and talk to a lot of people at a party or similar event **общаться** *The party will be a good opportunity to* ***mingle with*** *the other students.*

mini- /mɪni-/ **prefix** small **мини-, маленький** *a miniskirt (= very short skirt)* ◦ *a minibus*

miniature[1] /ˈmɪnətʃəʳ/ **adjective** [always before noun] extremely small **миниатюрный** *a miniature camera*

miniature[2] /ˈmɪnətʃəʳ/ **noun 1** [C] a very small copy of an object **уменьшенная копия** *You can buy miniatures of the statue in the museum shop.* **2 in miniature** If something is in miniature, it is a very small copy of something else. **в миниатюре**

mini-break /ˈmɪnibreɪk/ **noun** [C] a very short holiday **короткий отпуск, поездка**

minibus /ˈmɪnibʌs/ **noun** [C] a small bus with seats for about ten people **микроавтобус**

MiniDisk /ˈmɪnidɪsk/ **noun** [C] trademark a very small plastic disc on which high-quality sound, especially music, is recorded **Минидиск (MD), магнитно-оптический носитель для хранения информации**

minimal /ˈmɪnɪmᵊl/ **adjective** very small in amount **минимальный** *Damage to the building was minimal.*

• **minimally adverb минимально**

minimize (also UK **-ise**) /ˈmɪnɪmaɪz/ **verb** [T] to make the amount of something that is unpleasant or not wanted as small as possible **сводить до минимума** *Airport staff are trying to minimize the inconvenience caused to passengers.*

minimum[1] /ˈmɪnɪməm/ **adjective** [always before noun] B1 The minimum amount of something is the smallest amount that is allowed, needed, or possible. **минимальный** *How much is the* ***minimum wage****?* ◦ *There is a* ***minimum charge*** *of $5 for postage.* → Opposite **maximum**

minimum[2] /ˈmɪnɪməm/ **noun** [no plural] B1 the smallest amount that is allowed, needed, or possible **минимум** *The judge sentenced him to a minimum of five years in prison.* ◦ *Please* ***keep*** *noise* ***to*** *an absolute* ***minimum****.*

> Слова-партнеры к **minimum**
>
> a minimum of [5/2%, etc] • **keep** sth **to** a minimum • an **absolute/bare** minimum • **with the** minimum **of** sth

mining /ˈmaɪnɪŋ/ **noun** [U] the industrial process of digging coal or other minerals out of the ground **горная промышленность, разработка полезных ископаемых**

miniskirt /ˈmɪniˌskɜːt/ **noun** [C] a very short skirt **мини-юбка** → See **Clothes** on page Centre 8

minister /ˈmɪnɪstəʳ/ **noun** [C] **1** B2 a politician who is responsible for a government department or has an important position in it **министр** *a finance/health minister* **2** a priest in some Christian churches **священник** *a Baptist/Methodist minister* → See also **prime minister**

ministerial /ˌmɪnɪˈstɪəriəl/ **adjective** relating to a government minister **министерский** ***a ministerial job/post***

ministry /ˈmɪnɪstri/ **noun 1** [C] a government department which is responsible for a particular subject **министерство** *the Ministry of Defence* ◦ *a Foreign Ministry spokesman* **2 the ministry** the job of being a priest **духовенство**

minivan /ˈmɪnivæn/ **noun** [C] US a people carrier (= large, high car for many people) **пассажирский минифургон**

mink /mɪŋk/ **noun** [C, U] a small animal with valuable fur which is used to make expensive

M

coats, or the fur from this animal **норка, мех норки** *a mink coat*

minor[1] /ˈmaɪnəʳ/ **adjective** **1** B2 not important or serious **мелкий, незначительный** *a minor offence* ◦ *Most of the passengers suffered only minor injuries.* **2** [always before noun] in music, belonging to a key (= set of musical notes) that often produces a sad sound **минорный** → Opposite **major**

minor[2] /ˈmaɪnəʳ/ **noun** [C] formal someone who is too young to have the legal responsibilities of an adult **несовершеннолетний**

minority /maɪˈnɒrəti/ **noun** **1** [no plural] B2 a part of a group which is less than half of the whole group, often much less **меньшинство** *The violence was caused by a* ***small minority*** *of football supporters.* ◦ *I voted to accept the proposal, but I was* ***in the minority.*** → Opposite **majority** **2** [C] a group of people whose race is different from the race of most of the people where they live **национальное меньшинство** ***ethnic minorities***

> Слова-партнеры к **minority**
>
> be in a minority • a sizeable/small/substantial/tiny minority • a minority of sth

mint[1] /mɪnt/ **noun** **1** [C] a sweet with a fresh, strong taste **мятная конфета** **2** [U] B2 a plant whose leaves are used to add flavour to food and drinks **мята** **3** [C] a factory which produces coins for the government **монетный двор**

mint[2] /mɪnt/ **verb** [T] to produce a coin for the government **чеканить (монету)**

minus[1] /ˈmaɪnəs/ **preposition** **1** A2 used when the second of two numbers should be taken away from the first **минус** *Five minus three is two.* **2** informal without something that should be there **без** *She arrived at the meeting minus her briefcase.*

minus[2] /ˈmaɪnəs/ **adjective** **1** [always before noun] A minus number is less than zero. **отрицательный, ниже нуля** *The temperature last night was minus ten.* **2** **A minus/B minus, etc** used with scores given to written work meaning 'slightly lower than' **5 с минусом/4 с минусом и т. д.** *I got an A minus for my last essay.*

minus[3] /ˈmaɪnəs/ **noun** [C] **1** (also **ˈminus ˌsign**) the sign which shows that the second of two numbers should be taken away from the first, or that a number is less than zero, shown by the symbol '–' **знак минус** **2** a problem or difficulty **минус, недостаток** *It isn't easy having a child but the pluses outweigh the minuses.*

minuscule /ˈmɪnəskjuːl/ **adjective** extremely small **очень маленький** *The cost of vaccination is minuscule compared to the cost of treating the disease.*

minute[1] /ˈmɪnɪt/ **noun** [C] **1** A1 a period of time equal to 60 seconds **минута** *She was ten minutes late for her interview.* ◦ *"Did you have a good holiday?" "Yes, thanks. I enjoyed every minute of it."* ◦ *a thirty-minute journey* **2** A2 a very short period of time **минута, мгновение** *It'll only* ***take a minute*** *to call him.* ◦ *I'll be with you* ***in a minute.*** ◦ *She died* ***within minutes of*** *(= very soon after) the attack.* **3** **(at) any minute** very soon **с минуты на минуту** *Her train should be arriving any minute.* **4** **the last minute** B2 the latest time possible **последний момент** *The concert was cancelled at the last minute.* **5** **the minute (that)** as soon as **как только** *I'll tell you the minute we hear any news.* **6** **Wait/Just a minute; Hold on a minute.** **a** used when asking someone to wait for a short time **подожди минутку!** *Just a minute – I've left my coat in the restaurant.* **b** used when you disagree with something that someone has said or done **одну минуточку!** *Hold on a minute, Pete! I never said you could borrow my car.*

minute[2] /maɪˈnjuːt/ **adjective** **1** extremely small **ничтожный, незначительный** *a minute amount/quantity* **2** [always before noun] done in great detail **подробный, тщательный** *He explained everything* ***in minute detail.***

the minutes /ˈmɪnɪts/ **noun** [plural] an official record of what is said and decided during a meeting **протокол** *Michael has kindly agreed to* ***take the minutes*** *(= write them down).*

miracle /ˈmɪrəkl/ **noun** [C] **1** B2 something that is very surprising or difficult to believe **чудо, удивительная вещь** *an economic miracle* ◦ [+ (that)] *It's a miracle that he's still alive.* ◦ *a* ***miracle cure*** **2** an event which should be impossible and cannot be explained by science **чудо**

miraculous /mɪˈrækjələs/ **adjective** very surprising or difficult to believe **сверхъестественный, удивительный** *John's made a* ***miraculous recovery*** *from his illness.*
• **miraculously adverb** **чудесным образом**

mirage /ˈmɪrɑːʒ/ (US) /mɪˈrɑːʒ/ **noun** [C] when hot air produces an image of water in a desert or on a road **мираж**

mirror[1] /ˈmɪrəʳ/ **noun** [C] A2 a piece of glass with a shiny metallic material on one side which produces an image of anything that is in front of it **зеркало** *a bathroom mirror* ◦ *He looked at his reflection* ***in the mirror.*** → See **The Living Room** on page Centre 4 → See also **rear-view mirror, wing mirror**

mirror[2] /ˈmɪrəʳ/ **verb** [T] to be similar to or represent something **отражать, правдиво изображать** *Our newspaper mirrors the opinions of ordinary people.*

mirth /mɜːθ/ **noun** [U] formal laughter or happiness **веселье, радость**

mis- /mɪs-/ **prefix** not or badly **не/плохо (как компонент сложных слов)** *mistrust* ◦ *to misbehave*

misadventure /ˌmɪsədˈventʃəʳ/ **noun** **1** [U] UK formal when someone is killed by accident and no one is legally responsible for the death **несчастный случай** *The coroner recorded a verdict of **death by misadventure**.* **2** [C] an unlucky event **несчастье, злоключение**

misanthrope /ˈmɪsᵊnθrəʊp/ **noun** [C] formal someone who hates people in general and avoids being with them **мизантроп**

misapprehension /ˌmɪsæprɪˈhenʃᵊn/ **noun** [C] formal an idea or opinion about someone or something that is wrong **неправильное представление** [+ that] *He was **labouring under the misapprehension** (= wrongly believed) that she loved him.*

misbehave /ˌmɪsbɪˈheɪv/ **verb** [I] to behave badly **плохо себя вести**
• **misbehaviour** UK (US **misbehavior**) **noun** [U] bad behaviour **плохое поведение**

misc written abbreviation for miscellaneous **разный, разнородный**

miscalculate /mɪsˈkælkjəleɪt/ **verb** [I, T] **1** to make a mistake when calculating something **ошибаться в расчете** *I think I've miscalculated how much wine we'll need for the party.* **2** to make a bad decision because you do not completely understand a situation **ошибиться, просчитаться** *If she thinks Mike will support her plan, then she's seriously miscalculated.*
• **miscalculation** /ˌmɪskælkjəˈleɪʃᵊn/ **noun** [C, U] **ошибка в расчете**

miscarriage /ˈmɪsˌkærɪdʒ/ **noun** [C, U] **1** when a baby is born too early and dies because it has not developed enough **выкидыш** *She **had a miscarriage** after her car accident.* **2 miscarriage of justice** when a court makes a wrong or unfair decision **судебная ошибка**

miscarry /mɪˈskæri/ **verb** [I, T] to give birth to a baby too early so that it dies **иметь выкидыш**

miscellaneous /ˌmɪsᵊlˈeɪniəs/ **adjective** [always before noun] consisting of a mixture of several different things **разный, разнородный** *The plumber tried to charge me fifty pounds for miscellaneous items.*

mischief /ˈmɪstʃɪf/ **noun** [U] behaviour, usually of a child, which is slightly bad but not serious **шалость, озорство**

mischievous /ˈmɪstʃɪvəs/ **adjective** behaving in a way that is slightly bad but not serious **шаловливый, озорной** *a **mischievous grin** ◦ a mischievous five-year-old*
• **mischievously adverb** **шаловливо**

misconceived /ˌmɪskənˈsiːvd/ **adjective** If a plan is misconceived, it is not suitable or has not been thought about carefully. **непродуманный, негодный**

misconception /ˌmɪskənˈsepʃᵊn/ **noun** [C] when your understanding of something is wrong **неправильное представление** [+ that] *It's a **common misconception** that older workers cannot learn to use new technology.*

> Слова-партнеры к **misconception**
>
> be **based on** a misconception • a **common/popular** misconception • a misconception **about** sth

misconduct /mɪˈskɒndʌkt/ **noun** [U] formal when someone in a position of responsibility behaves in a way that is morally wrong or breaks rules while doing their job **должностное преступление, проступок** ***professional misconduct***

misdemeanour UK (US **misdemeanor**) /ˌmɪsdɪˈmiːnəʳ/ **noun** [C] **1** behaviour that is bad or not moral **проступок** *political/sexual misdemeanours* **2** US a crime which is not serious **мелкое преступление**

misdirect /ˌmɪsdaɪˈrekt/ **verb** [T] to use money or people's skills in a way that is not suitable **неправильно использовать** [often passive] *Large quantities of money and expertise have been misdirected.*

miserable /ˈmɪzᵊrəbl/ **adjective** **1** (B1) unhappy **несчастный** *I just woke up feeling miserable.* **2** (B2) very unpleasant or bad, and causing someone to feel unhappy **убогий, жалкий** *Some families are living in miserable conditions.* **3** informal A miserable amount is too small to be acceptable. **жалкий, ничтожный** *She offered me a miserable £50 for my old computer.*

miserably /ˈmɪzᵊrəbli/ **adverb** **1** in a way that causes disappointment or suffering **жалко** *miserably low wages ◦ Every job application that I've made has **failed miserably** (= has been extremely unsuccessful).* **2** in a very unhappy way **жалостно, с несчастным видом** *"I feel so ill," said Rachel miserably.*

misery /ˈmɪzᵊri/ **noun** [C, U] (B2) great suffering or unhappiness **страдание, мучение** *The war brought misery to millions of people. ◦ Her husband's drinking is **making her life a misery**.*

IDIOM **put sb out of their misery** to stop someone worrying by telling them what they want to know **положить конец чьему-либо беспокойству**

misfire /mɪsˈfaɪəʳ/ **verb** [I] When something that you do misfires, it does not have the result that you intended. **проваливаться, давать осечку** *His joke misfired badly, and he was forced to make a public apology.*

misfit /ˈmɪsfɪt/ **noun** [C] someone with strange or unusual behaviour who is not accepted by other people **изгой** *a **social misfit***

misfortune /mɪsˈfɔːtʃuːn/ **noun** [C, U] bad luck, or an unlucky event **несчастье, неудача** [+ to do sth] *He **had the misfortune** to fall in love with a married woman.*

misgiving /mɪsˈgɪvɪŋ/ **noun** [C] a feeling of doubt or worry about a future event **опасение, сомнение** [usually plural] *She **has** serious **misgivings about** giving birth at home.*

M

Слова-партнеры к misgiving

express/have misgivings • grave/serious/strong misgivings • misgivings about sth

misguided /mɪsˈgaɪdɪd/ **adjective** not likely to succeed because of a bad judgment or understanding of a situation **заблуждающийся, недальновидный** *The government's policy seems to me completely misguided.*

mishandle /mɪsˈhændl/ **verb** [T] to deal with a problem or situation badly **неправильно действовать** *The murder investigation was mishandled from the beginning.*

mishap /ˈmɪshæp/ **noun** [C, U] an accident or unlucky event which usually is not serious **неудача, неприятное происшествие** *They suffered a series of mishaps during the trip.*

misinform /ˌmɪsɪnˈfɔːm/ **verb** [T] to give someone false information **вводить в заблуждение, неправильно информировать** [often passive] *I'm afraid you've been misinformed about your exam results.*

misinterpret /ˌmɪsɪnˈtɜːprɪt/ **verb** [T] to understand something in the wrong way **неверно истолковывать или понимать** [often passive] *He claims his speech was deliberately misinterpreted by journalists.*

M

misjudge /mɪsˈdʒʌdʒ/ **verb** [T] **1** to form a wrong opinion about a person or situation **недооценивать, неправильно оценивать** *We believe that the government has seriously misjudged the public mood.* **2** to guess an amount or distance wrongly **промахнуться при расчете (количества, расстояния)**

misjudgment (also UK **misjudgement**) /mɪsˈdʒʌdʒmənt/ **noun** [C, U] when you form a wrong opinion or make a wrong guess **промах, неправильное мнение** *Her outspoken criticism of her boss was a serious misjudgment.*

mislay /mɪsˈleɪ/ **verb** [T] (past tense and past participle **mislaid** /mɪsˈleɪd/) formal to lose something for a short time by forgetting where you put it **затерять** *I seem to have mislaid my car keys.*

mislead /mɪsˈliːd/ **verb** [T] (past tense and past participle **misled** /mɪsˈled/) to make someone believe something that is untrue by giving them information that is wrong or not complete **вводить в заблуждение** [often passive] *She claims the public was misled by the government.*

misleading /mɪsˈliːdɪŋ/ **adjective** (B2) making someone believe something that is untrue **вводящий в заблуждение, обманчивый** *misleading information/statements*

mismanage /ˌmɪsˈmænɪdʒ/ **verb** [T] to control or organize something badly **плохо руководить** *He accused the government of mismanaging the crisis.*

• **mismanagement noun** [U] when something is badly organized or controlled **плохое управление**

misnomer /mɪsˈnəʊməʳ/ **noun** [C] a name which is not suitable for the person or thing that it refers to **неподходящее имя, название** [usually singular] *It's a misnomer to call young car thieves 'joyriders'.*

misogynist /mɪˈsɒdʒənɪst/ **noun** [C] a man who dislikes women very much **женоненавистник**

• **misogynistic** /mɪˌsɒdʒənˈɪstɪk/ **adjective** (also **misogynist**) expressing a great dislike of women **женоненавистнический** *a misogynistic attitude/writer*

misogyny /mɪˈsɒdʒɪni/ **noun** [U] a great dislike of women **женоненавистничество**

misplaced /mɪsˈpleɪst/ **adjective** If you have a misplaced feeling or belief, it is wrong because you have not understood the situation correctly. **неуместный** ***misplaced loyalty/trust***

misprint /ˈmɪsprɪnt/ **noun** [C] a mistake made in the printing of a newspaper or book **опечатка** *The article is full of misprints.*

misread /mɪsˈriːd/ **verb** [T] (past tense and past participle **misread** /mɪsˈred/) **1** to make a mistake when you are reading something **неправильно прочитать** *He misread the cooking instructions on the packet.* **2** to not understand something correctly **неправильно истолковывать** *She completely* ***misread*** *the* ***situation***.

misrepresent /ˌmɪsreprɪˈzent/ **verb** [T] to say things that are not true about someone or something **искажать, представлять в ложном свете** *He claims that the article misrepresented his views.*

• **misrepresentation** /ˌmɪsreprɪzenˈteɪʃən/ **noun** [C, U] **искажение**

Miss /mɪs/ **noun** (A1) a title for a girl or woman who is not married, used before her family name or full name **мисс** *Miss Olivia Allenby* ◦ *Tell Miss Russell I'm here.* → See Note **Mr**

miss¹ /mɪs/ **verb** **1** [T] (A2) to feel sad about someone that you do not see now or something that you do not have or do now **скучать, ощущать отсутствие** *I'll miss you when you go.* ◦ [+ doing sth] *He misses having a room of his own.* **2** [T] (A2) to not go to something **пропускать, не посещать** *I missed my class this morning.* **3** [T] (B1) to not see or hear something or someone **не увидеть, не расслышать, пропустить** *Sorry, I missed that, could you repeat it please?* ◦ *We missed the first five minutes of the film.* **4** [I, T] (B2) to not hit or catch something as you intended **промахнуться, не поймать** *It should have been such an easy goal and he missed.* **5** [T] (A2) to arrive too late to get on a bus, train, or aircraft **опоздать, не попасть** *If I don't leave now, I'll miss my train.* **6** [T] (B1) to not notice someone or something **не заметить, проглядеть** *It's the big house on the corner – you can't miss it.* **7 miss a chance/opportunity** (B1) to not use an opportunity to do something **упустить случай/возможность** *You can't afford to miss a chance like this.* **8 miss the point** to not understand something correctly **не понимать сути** → See also miss the **boat**

PHRASAL VERBS **miss sb/sth out** UK to not include someone or something **пропустить, забыть указать** • **miss out** B2 to not do or have something that you would enjoy or something that other people do or have **пропускать, упускать** *I got there late and* ***missed out on*** *all the fun.*

miss² /mɪs/ **noun** [C] when you do not hit or catch something as you intended **промах**

IDIOMS **give sth a miss** UK informal to not do an activity **пропустить что-либо** *I think I'll give aerobics a miss this evening.* • **a near miss** something bad which does not happen but almost happens **что-либо плохое, что чуть было не произошло**

misshapen /mɪsˈʃeɪpᵊn/ **adjective** not the correct or normal shape **деформированный**

missile /ˈmɪsaɪl/ US /ˈmɪsəl/ **noun** [C] **1** an explosive weapon which can travel long distances through the air **реактивный снаряд, ракета** *nuclear missiles ◦ a missile attack* **2** an object which is thrown through the air to hit someone or something **метательный снаряд**

missing /ˈmɪsɪŋ/ **adjective 1** A2 If someone or something is missing, you cannot find them because they are not in their usual place. **пропавший** *Have you found those missing documents? ◦ Her daughter* ***went missing*** *a week ago.* **2** B1 not included in something **недостающий** *There are a couple of things* ***missing from*** *the list.*

> **Слова-партнеры к missing**
>
> **go** missing • **report** sb missing • missing **from** sth

mission /ˈmɪʃᵊn/ **noun** [C] **1** an important job, usually travelling somewhere **командировка** *I'll be going* ***on a*** *fact-finding* ***mission*** *to Paris next week.* **2** an official group of people who are sent somewhere, usually to discover information about something **делегация** *a trade mission* **3** an important journey which a spacecraft or military aircraft goes on **задание, задача** **4** someone's duty or purpose in life **призвание, миссия** *Her* ***mission in life*** *was to help the poor.*

missionary /ˈmɪʃᵊnᵊri/ **noun** [C] someone who travels to another country to teach people about the Christian religion **миссионер**

missive /ˈmɪsɪv/ **noun** [C] literary a letter or message **послание**

misspell /mɪsˈspel/ **verb** [T] (past tense and past participle **misspelled**, UK **misspelt**) to spell something wrongly **делать орфографическую ошибку**

mist¹ /mɪst/ **noun** [C, U] B2 small drops of water in the air which make it difficult to see objects which are not near **туман, дымка** *Gradually the mist cleared and the sun began to shine.*

mist² /mɪst/ **verb**

PHRASAL VERB **mist over/up** If a glass surface mists over, it becomes covered with very small drops of water so that you cannot see through it easily. **затуманиваться, запотевать**

mistake¹ /mɪˈsteɪk/ **noun** **1** [C] A2 something that you do or think which is wrong **ошибка** *a spelling mistake ◦ He* ***made*** *a lot of* ***mistakes*** *in his written test. ◦* [+ to do sth] *It would be a* ***big mistake*** *to leave school. ◦* [+ of + doing sth] *She* ***made the mistake of*** *giving him her phone number.* **2 by mistake** B1 If you do something by mistake, you do it without intending to. **по ошибке** *I picked up someone else's book by mistake.*

> **Слова-партнеры к mistake**
>
> **correct/make/repeat** a mistake • a **big/costly/fatal/serious/terrible** mistake • **by** mistake

mistake² /mɪˈsteɪk/ **verb** [T] (past tense **mistook**, past participle **mistaken**) to not understand something correctly **неправильно понять** *I think you mistook my meaning.*

> **Другие способы сказать mistake**
>
> Часто заменяют синонимом **error**.
> *He admitted that he'd made an* ***error.***
> *The letter contained a number of typing* ***errors.***
>
> Глупую ошибку также можно назвать **blunder**.
> *The company was struggling after a series of financial* ***blunders.***
>
> Ошибку, приводящую к путанице, называют словом **mix-up**.
> *There was a* ***mix-up*** *with the bags at the airport.*
>
> Досадная ошибка, которую кто-либо допускает в разговоре, называют **gaffe**.
> *I made a real* ***gaffe*** *by calling her 'Emma' which is the name of his previous girlfriend.*
>
> Для обозначения ошибки, произошедшей из-за чьей-то забывчивости, используют существительное **oversight**.
> *The payment was delayed because of an* ***oversight*** *in the accounts department.*

PHRASAL VERB **mistake sb/sth for sb/sth** to confuse someone or something with someone or something else **принимать кого-либо/что-либо за кого-либо другого/что-либо другое** *People sometimes mistake him for a girl.*

mistaken /mɪˈsteɪkᵊn/ **adjective** If you are mistaken, or you have a mistaken belief, you are wrong about something. **ошибающийся, ошибочный** *If you think you can behave like that, you are mistaken.*
• **mistakenly adverb ошибочно** *I* ***mistakenly*** *(= wrongly)* ***thought*** *he had left.*

Mister /ˈmɪstəʳ/ **noun** [U] US informal used when

M

calling or talking to a man that you do not know **господин** *Hey Mister, you forgot your suitcase!*

mistletoe /ˈmɪsltəʊ/ **noun** [U] a plant with white berries (= small, round fruit) which is often used as a decoration at Christmas **омела белая**

mistook /mɪˈstʊk/ past tense of mistake **прош. вр. гл. mistake**

mistreat /mɪsˈtriːt/ **verb** [T] to treat a person or animal in a bad or cruel way **плохо, жестоко обращаться** *A local farmer has been accused of mistreating horses.*

• **mistreatment noun** [U] when people or animals are badly or cruelly treated **плохое, жестокое обращение**

mistress /ˈmɪstrəs/ **noun** [C] a woman who has a sexual relationship with a man who is married to someone else **любовница**

mistrust /mɪsˈtrʌst/ **noun** [U] when you do not believe or have confidence in someone or something **недоверие** *They have a deep mistrust of strangers.*

• **mistrust verb** [T] **не доверять**

misty /ˈmɪsti/ **adjective** B2 If the weather is misty, there is a cloud of small drops of water in the air, which makes it difficult to see objects which are not near. **туманный** *a cold and misty morning*

M

misunderstand /ˌmɪsʌndəˈstænd/ **verb** [T] (past tense and past participle **misunderstood**) **1** B2 to not understand someone or something correctly **неправильно понять** *He misunderstood the question completely.* **2 be misunderstood** If someone is misunderstood, other people do not understand that they have good qualities. **быть недооцененным**

misunderstanding /ˌmɪsʌndəˈstændɪŋ/ **noun** **1** [C, U] B2 when someone does not understand something correctly **недоразумение** *There must have been a misunderstanding.* **2** [C] a slight disagreement **размолвка**

misuse /ˌmɪsˈjuːz/ **verb** [T] to use something in the wrong way or for the wrong purpose **злоупотреблять** *He misused his position to obtain money dishonestly.*

• **misuse** /ˌmɪsˈjuːs/ **noun** [C, U] **злоупотребление** *the misuse of drugs/power*

mite /maɪt/ **noun** [C] **1** an extremely small insect with eight legs **клещ** *dust mites* **2** informal a small child **малютка, крошка** *You're so cold, you poor little mite!* **3 a mite** mainly UK informal slightly **чуточку** *He seemed a mite embarrassed.*

mitigate /ˈmɪtɪgeɪt/ **verb** [T] to reduce the harmful effects of something **смягчать, уменьшать**

• **mitigation** /ˌmɪtɪˈgeɪʃən/ **noun** [U] **смягчение, уменьшение**

mitigating /ˈmɪtɪgeɪtɪŋ/ **adjective mitigating circumstances/factors** facts that make something bad that someone has done seem less bad or less serious **смягчающие обстоятельства/факторы**

mitt /mɪt/ **noun** [C] a thick leather glove (= cover for the hand) used for catching a baseball **рукавица (игрока в бейсболе)** → See **Sports 2** on page Centre 15

mix[1] /mɪks/ **verb** **1** [I, T] A2 If two or more substances mix, they combine to make one substance, and if you mix two or more substances, you combine them to make one substance. **смешивать(ся)** ***Mix*** *the powder* ***with*** *water to form a paste.* ◦ *Put the chocolate, butter, and egg in a bowl and* ***mix*** *them all* ***together.*** ◦ *Oil and water don't mix.* **2** [I, T] B1 to have or do two or more qualities, styles, activities, etc at the same time **смешиваться, соединяться** *a feeling of anger mixed with sadness* **3** [I] B2 to meet and talk to people **общаться** *She enjoys going to parties and* ***mixing with*** *people.*

PHRASAL VERBS **mix sb/sth up** B2 to confuse two people or things by thinking that one person or thing is the other person or thing **перепутать, принять одно/одного за другое/другого** *People often mix them up because they look so similar.* • **mix sth up** to cause a group of things to be untidy or badly organized **беспорядочно наваливать, перепутывать** *The books were all mixed up in a box.*

mix[2] /mɪks/ **noun** **1** [C] B1 a combination of things or people, often in a group **смешение** [usually singular] *There's a good* ***mix of*** *nationalities in the class.* **2** [C, U] a powder to which you add liquid in order to make something **смесь, полуфабрикат** *cake mix*

> Слова-партнеры к **mix**
>
> a mix of sth • an **ethnic/racial/social** mix

mixed /mɪkst/ **adjective** **1** made of a combination of different people or things **смешанный** *a racially mixed area* ◦ *a mixed salad* **2 mixed feelings** If you have mixed feelings about something, you are pleased and not pleased at the same time. **смешанные чувства** → See also a mixed **blessing**

mixed-race /mɪkstˈreɪs/ **adjective** describes a person whose parents are of different races (= the groups that people are divided into according to their physical characteristics) **(человек) смешанной расы**

ˌmixed ˈup adjective informal **1** confused **запутавшийся, растерянный** *I got a bit mixed up and thought we were supposed to be there at eight.* **2 be mixed up in sth** to be involved in an activity that is bad or illegal **быть замешанным в чем-либо** **3 be mixed up with sb** to be involved with someone who has a bad influence on you **связываться с кем-либо** *Her son got mixed up with the wrong people.*

mixer /ˈmɪksəʳ/ **noun** [C] a machine that mixes things **миксер** *an electric mixer*

mixture /ˈmɪkstʃəʳ/ **noun** **1** [C, U] B2 a substance made of other substances that have been combined **смесь** *Add milk to the mixture and stir until smooth.* **2** [no plural] B2 when there is a combination of two or more ideas, qualities, styles, etc **смешение, смесь** *Their house is decorated in a mixture of styles.*

mix-up /ˈmɪksʌp/ **noun** [C] informal when there is a mistake because things are confused **путаница, неразбериха** [usually singular] *There was a mix-up with the bags at the airport.*

ml written abbreviation for millilitre (= a unit for measuring liquid) **миллилитр**

mm written abbreviation for millimetre (= a unit for measuring length) **миллиметр**

moan /məʊn/ **verb** [I] **1** to complain or speak in a way that shows you are unhappy **жаловаться, ныть** *She's always* ***moaning about*** *something.* **2** to make a low sound, especially because you are in pain **стонать** *He lay on the floor moaning.*
• **moan noun** [C] **стон, нытье**

mob¹ /mɒb/ **noun** [C] a large group of people that is often violent or not organized **толпа** *an angry mob*

mob² /mɒb/ **verb** [T] (present participle **mobbing**, past tense and past participle **mobbed**) If a group of people mob someone, they get close to them, often to get their photograph or signature. **окружать толпой** [often passive] *She was mobbed by photographers.*

mobile¹ /ˈməʊbaɪl/ US /ˈməʊbəl/ **adjective** able to move or be moved easily **переносной, передвижной** *a mobile home* → Opposite **immobile**

mobile² /ˈməʊbaɪl/ US /ˈməʊbiːl/ **noun** [C] **1** UK A1 a mobile phone **мобильный телефон** **2** a decoration made of objects on threads that hang down and move in the air **мобайл**

ˌmobile ˈphone noun [C] UK A1 a telephone that you can carry everywhere with you **мобильный телефон**

mobile phone

mobilize (also UK **-ise**) /ˈməʊbɪlaɪz/ **verb 1** [T] to organize a group of people so that they support or oppose something or someone **мобилизовать, заручиться поддержкой** *He's trying to* ***mobilize support*** *for the strike.* **2** [I, T] formal to prepare for a war **мобилизоваться** *The forces were fully mobilized for action.*
• **mobilization** /ˌməʊbɪlaɪˈzeɪʃᵊn/ **noun** [U] **мобилизация**

mock¹ /mɒk/ **verb** [I, T] to laugh at someone or something in an unkind way **осмеивать, насмехаться** *The older kids mocked him whenever he made a mistake.*

mock² /mɒk/ **adjective** [always before noun] not real but appearing or pretending to be exactly like something **притворный, проверочный** *a* ***mock exam*** ◦ ***mock surprise*** ◦ *mock leather*

mockery /ˈmɒkᵊri/ **noun 1** [U] when someone laughs at someone or something in an unkind way **насмешка, издевательство** **2 make a mockery of sth** to make something seem stupid **выставлять что-либо на посмешище** *The latest outbreak of fighting makes a mockery of the peace process.*

modal verb /ˈməʊdəlˌvɜːb/ **noun** [C] (also **modal**) B1 a verb, for example 'can', 'might', or 'must', that is used before another verb to show that something is possible, necessary, etc **модальный глагол** → See Study Page **Modal verbs** on page Centre 22

mode /məʊd/ **noun** [C] formal **1** a way of doing something **способ, вид** *a mode of transport* **2** the number or value which appears most often in a particular set **число, повторяющееся чаще других в данном наборе чисел**

model¹ /ˈmɒdᵊl/ **noun** [C] **1** B1 someone whose job is to wear fashionable clothes, be in photographs, etc in order to advertise things **модель, манекенщица** *a fashion model* **2** A2 a smaller copy of a real object, often used to show how something works or what it looks like **макет, модель** **3** someone or something that is an example for others to copy **пример, образец** *a model of good behaviour* **4** A2 a design of machine or car that is made by a particular company **модель, марка** *I think her car is a slightly older model.* → See also **role model**

model² /ˈmɒdᵊl/ **verb** [I, T] (present participle UK **modelling**, past tense and past participle **modelled**, present participle US **modeling**, past tense and past participle **modeled**) to wear clothes in fashion shows, magazines, etc as a model **быть манекенщицей**

PHRASAL VERBS **be modelled on sth** to be based on the design of something else **быть созданным по образцу чего-либо** *The house is modelled on a 16th century castle.* • **model yourself on sb** to try to make yourself very similar to someone else **подражать кому-либо** *He models himself on Mohammed Ali.*

modem /ˈməʊdem/ **noun** [C] a piece of equipment that is used to send information from a computer through a telephone line, cable, or other link **модем** → See Study Page **The Web and the Internet** on page Centre 36

moderate¹ /ˈmɒdᵊrət/ **adjective 1** average in size or amount and not too much **умеренный** *Eating a moderate amount of fat is healthy.* **2** not extreme, especially relating to political opinions **умеренный** *a moderate political group*
• **moderately adverb умеренно**

moderate² /ˈmɒdᵊrət/ **noun** [C] someone who does not have extreme political opinions **человек, придерживающийся умеренных взглядов**

M

moderate[3] /ˈmɒdᵊreɪt/ **verb** [T] to make something less extreme **умерять, сокращать** *He's trying to moderate his drinking.*

moderation /ˌmɒdᵊrˈeɪʃᵊn/ **noun 1 in moderation** If you do something in moderation, you do not do it too much. **умеренно** *I only drink alcohol in moderation now.* **2** [U] when you control your feelings or actions and stop them from becoming extreme **сдержанность**

modern /ˈmɒdᵊn/ **adjective 1** B1 relating to the present time and not to the past **современный** *modern society ◦ the stresses of* ***modern life*** **2** A2 using the newest ideas, design, technology, etc and not traditional **современный, новейший** *modern art/architecture ◦ modern medicine*

• **modernity** /mɒdˈɜːnəti/ **noun** [U] formal when something is modern **современность**

modern-day /ˈmɒdᵊndeɪ/ **adjective** [always before noun] relating to the present time and not to the past **современный** *a modern-day version of Shakespeare*

modernize (also UK **-ise**) /ˈmɒdᵊnaɪz/ **verb** [I, T] to make something more modern or to become more modern **модернизировать** *We really need to modernize our image.*

• **modernization** /ˌmɒdᵊnaɪˈzeɪʃᵊn/ **noun** [U] **модернизация**

ˌmodern ˈlanguages noun [plural] languages that are spoken now such as Spanish or German **современные языки**

modest /ˈmɒdɪst/ **adjective 1** B2 not large in size or amount, or not expensive **небольшой, скромный** *a modest amount of money ◦ Their house is quite modest in size.* **2** If you are modest, you do not talk in a proud way about your skills or successes. **скромный** *He's very modest about his achievements.*

• **modestly adverb скромно**

modesty /ˈmɒdɪsti/ **noun** [U] when you do not talk in a proud way about your skills or successes **скромность**

modicum /ˈmɒdɪkəm/ **noun** formal **a modicum of sth** a small amount of something **очень малое количество** *a modicum of success*

modification /ˌmɒdɪfɪˈkeɪʃᵊn/ **noun** [C, U] a small change to something **модификация, изменение** *We've* ***made*** *a few* ***modifications to*** *the system.*

modifier /ˈmɒdɪfaɪəʳ/ **noun** [C] in grammar, a word that describes or limits the meaning of another word **определение (в грамматике)**

modify /ˈmɒdɪfaɪ/ **verb** [T] **1** to change something in order to improve it **модифицировать** [often passive] *The plans will have to be modified to reduce costs. ◦ genetically modified food* **2** In grammar, a word that modifies another word describes or limits the meaning of that word. **определять (в грамматике)** *Adjectives modify nouns.*

module /ˈmɒdjuːl/ **noun** [C] **1** UK a part of a university or college course **курс лекций, предмет 2** a part of an object that can operate alone, especially a part of a spacecraft **модульный отсек**

mogul /ˈməʊgᵊl/ **noun** [C] an important, powerful person **магнат** ***media/movie moguls***

Mohammed /məˈhæmɪd/ **noun** the main prophet of Islam, who revealed the Koran (= the Islamic holy book) **Магомет**

moist /mɔɪst/ **adjective** slightly wet **влажный, сырой** *Keep the soil moist but not wet. ◦ It was a lovely, moist cake.*

• **moisten** /ˈmɔɪsᵊn/ **verb** [I, T] to make something slightly wet, or to become slightly wet **смачивать, увлажняться**

moisture /ˈmɔɪstʃəʳ/ **noun** [U] very small drops of water in the air or on a surface **влага**

moisturizer (also UK **-iser**) /ˈmɔɪstʃəraɪzəʳ/ **noun** [C, U] a substance which you put on your skin to make it less dry **увлажняющий крем**

• **moisturize** (also UK **-ise**) /ˈmɔɪstʃəraɪz/ **verb** [T] to put moisturizer on your skin **увлажнять (кожу)**

molasses /məʊˈlæsɪz/ **noun** [U] (also UK **treacle**) a sweet, thick, dark liquid used in sweet dishes **черная патока**

mold /məʊld/ **noun, verb** US spelling of mould **см. mould**

moldy /ˈməʊldi/ **adjective** US spelling of mouldy **заплесневелый**

mole /məʊl/ **noun** [C] **1** a small, dark mark on the skin **родинка 2** a small animal with black fur that digs holes in the soil and lives under the ground **крот 3** informal someone who gives other organizations or governments secret information about the organization where they work **крот, человек, выдающий секретную информацию 4** a unit of measurement of the amount of a substance **грамм-молекула, моль**

molecule /ˈmɒlɪkjuːl/ **noun** [C] the smallest unit of a substance, consisting of one or more atoms **молекула**

molest /məʊˈlest/ **verb** [T] to hurt or attack someone in a sexual way **растлевать, насиловать** *He was accused of molesting children.*

• **molestation** /ˌməʊlesˈteɪʃən/ **noun** [U] **растление, насилие**

mom /mɒm/ **noun** [C] US (UK **mum**) mother **мама** *My mom phoned last night. ◦ Can we go now, Mom?*

moment /ˈməʊmənt/ **noun 1** [C] A2 a very short period of time **мгновение, миг** *I'll be back* ***in a moment.*** *◦* ***For a moment*** *I thought it was Anna. ◦ Could you* ***wait a moment?*** **2** [C] B1 a point in time **момент** *Just* ***at that moment,*** *the phone rang.* **3 at the moment** A2 now **в настоящее время, сейчас** *I'm afraid she's not here at the moment.* **4 for the moment** B2 If you do something for the moment, you are doing it now but might do something different in the future. **пока 5 the moment (that)** as soon as

как только *I'll call you the moment I hear anything.*

IDIOM **have a senior, blond, etc moment** informal to behave, for a short time, in a way which shows you are old, silly, etc **вести себя как престарелый, глупый и т.д. человек на протяжении короткого периода времени** *I've just had a senior moment — I couldn't remember why I'd gone into the kitchen.*

→ See also on the **spur²** of the moment

momentarily /ˈməʊməntᵊrᵊli/ **adverb** for a very short time **на мгновение** *I momentarily forgot his name.*

momentary /ˈməʊməntᵊri/ **adjective** lasting for a very short time **кратковременный** *a* ***momentary lapse*** *of memory*

momentous /məʊˈmentəs/ **adjective** A momentous decision, event, etc is very important because it has a big effect on the future. **важнейший, торжественный**

momentum /məʊˈmentəm/ **noun** [U] **1** when something continues to move, increase, or develop **движущая сила** *to* ***gain/gather momentum*** ◦ *The players seemed to* ***lose momentum*** *halfway through the game.* **2** in science, the force that makes something continue to move **инерция**

> Слова-партнеры к **momentum**
> gain/gather/lose momentum • keep up/maintain the momentum • the momentum for/of sth

momma /ˈmɒmə/ **noun** [C] US another word for mommy **мама**

mommy /ˈmɒmi/ **noun** [C] US (UK **mummy**) a word for 'mother', used especially by children **мама** *I want my mommy!* ◦ *Can I have some candy, Mommy?*

Mon written abbreviation for Monday **понедельник**

monarch /ˈmɒnək/ **noun** [C] a king or queen **монарх**

monarchy /ˈmɒnəki/ **noun 1** [U, no plural] when a country is ruled by a king or queen **монархия** **2** [C] a country that is ruled by a king or queen **королевство**

monastery /ˈmɒnəstᵊri/ **noun** [C] a building where men live as a religious group **монастырь**

monastic /məˈnæstɪk/ **adjective** relating to a monk (= religious man) or a monastery **монастырский, монашеский**

Monday /ˈmʌndeɪ/ **noun** [C, U] (written abbreviation **Mon**) (A1) the day of the week after Sunday and before Tuesday **понедельник**

monetary /ˈmʌnɪtᵊri/ **adjective** relating to money **денежный, валютный**

money /ˈmʌni/ **noun** [U] (A1) the coins or banknotes (= pieces of paper with values) that are used to buy things **деньги** *How much money have you got?* ◦ *He* ***spends*** *all his* ***money*** *on clothes and CDs.* ◦ *The company's not* ***making*** *(= earning) any money at the moment.* → See also **pocket money**

> Слова-партнеры к **money**
> borrow/earn/lend/pay/raise/save/spend money

ˈmoney ˌorder **noun** [C] US (UK **postal order**) an official piece of paper bought at a post office that you can send instead of money **(денежный) почтовый перевод**

mongrel /ˈmʌŋgrᵊl/ **noun** [C] a dog that is a mix of different breeds **дворняжка**

monies /ˈmʌniz/ **noun** [plural] formal amounts of money **денежные суммы**

monitor¹ /ˈmɒnɪtəʳ/ **noun** [C] **1** (B2) a screen that shows information or pictures, usually connected to a computer **монитор** *a colour monitor* → See **The Office** on page Centre 5 **2** a machine, often in a hospital, that measures something such as the rate that your heart beats **прибор (для измерения давления и т. д.)** *a* ***heart monitor*** **3** someone who watches something to make certain that it is done correctly or fairly **наблюдатель, контролер** *a human rights monitor*

monitor² /ˈmɒnɪtəʳ/ **verb** [T] to watch something carefully and record your results **наблюдать, контролировать** *to monitor progress*

monk /mʌŋk/ **noun** [C] a member of a group of religious men living apart from other people **монах**

monkey /ˈmʌŋki/ **noun** [C] (A2) a hairy animal with a long tail that lives in hot countries and climbs trees **обезьяна**

mono- /mɒnəʊ-/ **prefix** one or single **моно-, одно-, едино-** *monolingual* ◦ *a monologue*

monochrome /ˈmɒnəkrəʊm/ **adjective** A monochrome image is only in black, white, and grey and not in colour. **черно-белый**

monogamy /məˈnɒgəmi/ **noun** [U] when someone has a sexual relationship with only one person **моногамия**

• **monogamous adjective** relating to monogamy **моногамный** *a* ***monogamous relationship***

monolingual /ˌmɒnəʊˈlɪŋgwᵊl/ **adjective** using only one language **толковый (о словаре)** *monolingual dictionaries*

monolithic /ˌmɒnəʊˈlɪθɪk/ **adjective** large and powerful **огромный, мощный**

monologue (also US **monolog**) /ˈmɒnᵊlɒg/ **noun** [C] a long speech by one person, often in a performance **монолог**

mononucleosis /ˌmɒnəʊˌnjuːkliˈəʊsɪs/ **noun** [U] US (UK **glandular fever**) an infectious disease that makes your glands (= small organs in your body) swell and makes you feel tired **мононуклеоз**

monopolize (also UK **-ise**) /məˈnɒpᵊlaɪz/ **verb** [T]

M

to control a situation by being the only person or organization involved in it **монополизировать**

monopoly /məˈnɒpəli/ **noun** [C] **1** when a company or organization is the only one in an area of business or activity and has complete control of it **монополия** *They **have a monopoly on** the postal service.* **2** a company or other organization that has a monopoly in a particular industry **монополист**

monosyllabic /ˌmɒnəʊsɪˈlæbɪk/ **adjective** using only short words such as 'yes' or 'no', usually because you do not want to talk **дающий односложные ответы, неразговорчивый**

monotonous /məˈnɒtənəs/ **adjective** If something is monotonous, it is boring because it stays the same. **монотонный, однообразный** *a **monotonous voice** ◦ **monotonous work***
• **monotonously adverb монотонно**

monsoon /mɒnˈsuːn/ **noun** [C] the season when there is heavy rain in Southern Asia **дождливый сезон**

monster /ˈmɒnstər/ **noun** [C] (B1) an imaginary creature that is large, ugly, and frightening **чудовище**

M

monstrous /ˈmɒnstrəs/ **adjective 1** very bad or cruel **чудовищный** *a **monstrous crime*** **2** like a monster **чудовищный, громадный**

month /mʌnθ/ **noun** [C] **1** (A1) one of the twelve periods of time that a year is divided into **месяц** *last/next month ◦ Your birthday's this month, isn't it?* **2** (A1) a period of approximately four weeks **месяц** *I saw him about three months ago.*

> **!** Типичная ошибка: **month**
> Многие русскоязычные студенты делают ошибки при употреблении слова **month**.
> **Запомните:** форма множественного числа – **months**. Если говорят о двух и более месяцах, то нужно употреблять **months**.
> ~~*I haven't heard from him for nearly six month.*~~
> *I haven't heard from him for nearly six months.*

monthly /ˈmʌnθli/ **adjective, adverb** (B1) happening or produced once a month **ежемесячный, ежемесячно** *a monthly meeting ◦ a monthly magazine*

monument /ˈmɒnjəmənt/ **noun** [C] **1** (B2) a building or other structure that is built to make people remember an event in history or a famous person **памятник** *a national monument ◦ They built the statue as **a monument to** all the soldiers who died.* **2** (B1) an old building or place that is important in history **исторический памятник** *an ancient monument*

monumental /ˌmɒnjəˈmentəl/ **adjective** very large **монументальный, колоссальный** *a **monumental task***

moo /muː/ **noun** [C] the sound that a cow makes **мычание**
• **moo verb** [I] (present participle **mooing**, past tense and past participle **mooed**) **мычать**

mood /muːd/ **noun 1** [C, U] (B1) the way someone feels at a particular time **настроение** *to be in a **good/bad mood** ◦ The **public mood** changed dramatically after the bombing.* **2 be in a mood** to not be friendly to other people because you are feeling angry **быть в плохом настроении** **3 be in the mood for sth/to do sth** to want to do or have something **быть в настроении делать что-либо** *I'm not really in the mood for shopping at the moment.* **4 be in no mood for sth/to do sth** to not want to do something with someone else, often because you are angry with them **быть не в настроении делать что-либо** **5** [C] in grammar, one of the different ways a sentence is being used, for example to give an order, express a fact, etc **наклонение (в грамматике)** *the indicative/imperative mood*

> Слова-партнеры к **mood**
> be **in** a [bad/confident/foul/good, etc] mood • mood **changes/swings** • a **bad/foul/good** mood

moody /ˈmuːdi/ **adjective** If someone is moody, they are often unfriendly because they feel angry or unhappy. **угрюмый**
• **moodily adverb угрюмо** • **moodiness noun** [U] **угрюмость**

moon /muːn/ **noun 1 the moon** (A2) the round object that shines in the sky at night and moves around the Earth **Луна** **2 crescent/full/new moon** the shape made by the amount of the moon that you can see at a particular time **лунный серп/полная луна/новая луна** **3** [C] a round object like the moon that moves around another planet **спутник (планеты)**

IDIOMS **once in a blue moon** rarely **раз в год по обещанию, очень редко** *We only go out once in a blue moon.* • **be over the moon** UK to be very pleased about something **быть вне себя от радости** *"I bet she was pleased with her results." "She was over the moon."*

moonlight /ˈmuːnlaɪt/ **noun** [U] (B2) light that comes from the moon **лунный свет** *In the moonlight she looked even more beautiful.*
• **moonlit adjective** [always before noun] with light from the moon **залитый лунным светом**

moor /mɔːr/ **noun** [C] an open area in the countryside that is covered with rough grass and bushes **местность, поросшая вереском** [usually plural] *the Yorkshire Moors*

moose /muːs/ **noun** [C] (plural **moose**) a large deer that comes from North America **американский лось**

moot point /ˌmuːtˈpɔɪnt/ **noun** [C] a subject that people cannot agree about **спорный вопрос**

mop[1] /mɒp/ **noun** [C] a piece of equipment used for cleaning floors that has a long handle and thick strings at one end **швабра**

mop[2] /mɒp/ **verb** [T] (present participle **mopping**, past tense and past participle **mopped**) to use a mop **мыть полы шваброй** *to **mop** the **floor***

PHRASAL VERB **mop sth up** to use a cloth or mop to remove liquid from a surface **вытирать, промокать**

moral[1] /ˈmɒrᵊl/ **adjective** **1** [always before noun] B2 relating to beliefs about what is right or wrong **моральный, нравственный** ***moral standards/values*** ◦ *a **moral issue*** **2** behaving in a way that most people think is correct and honest **высоконравственный** *He's a very moral person.* → Opposite **immoral** → Compare **amoral**

• **morally adverb** B2 **морально, в нравственном отношении** *morally wrong*

moral[2] /ˈmɒrᵊl/ **noun** [C] something you learn from a story or event about how to behave **мораль, поучение** *The **moral of the story** is never lie.*

morale /məˈrɑːl/ **noun** [U] the amount of confidence or hope for the future that people feel **моральный дух** *The pay increase should help to **improve staff morale**.*

> Слова-партнеры к **morale**
> boost/damage/improve/raise/undermine morale • high/low morale

morality /məˈræləti/ **noun** [U] ideas and beliefs about what is right or wrong **мораль**

morals /ˈmɒrəlz/ **noun** [plural] principles of good behaviour **принципы поведения** *He doesn't care what he does, he has no morals at all.*

ˌ**moral suˈpport noun** [U] help and encouragement **моральная поддержка** *Roz has said she'll come with me for moral support.*

morbid /ˈmɔːbɪd/ **adjective** showing too much interest in unpleasant things such as death **нездоровый, болезненный** *a **morbid fascination** with death*

more[1] /mɔːʳ/ **quantifier** **1** A1 something in addition to what you already have **больше, еще** *Would anyone like some more food?* ◦ *I need a bit more money.* **2** A1 a greater number or amount of people or things **больше** *There are a lot more people here today than yesterday.* ◦ *He knows more about computers than I do.* **3 more and more** B2 an increasing number **все большее количество** *More and more people are choosing not to get married.* → See also **any more**

more[2] /mɔːʳ/ **adverb** **1 more beautiful/difficult/interesting, etc** A1 used to show that someone or something has a greater amount of a quality than someone or something else **более красивый/трудный/интересный и т. д.** *It's **more** expensive **than** the others.* ◦ *She's far more intelligent than her sister.* **2** B1 used to show that something happens a greater number of times than before **больше, более** *We eat out a lot **more than** we used to.* **3 more or less** B2 almost **почти, более или менее** *We've more or less finished work on the house.* **4 more and more** B2 more as time passes **все более** *It's becoming more and more difficult to pass the exam.* → See also **any more**

moreover /mɔːˈrəʊvəʳ/ **adverb** formal B2 also **кроме того, более того** *It is a cheap and, moreover, effective way of dealing with the problem.*

morgue /mɔːg/ **noun** [C] a building or room where dead bodies are prepared and kept before a funeral **морг**

Mormon /ˈmɔːmən/ **adjective** belonging or relating to a Christian group that was started in the US by Joseph Smith **мормонский**

• **Mormon noun** [C] **мормон**

morning /ˈmɔːnɪŋ/ **noun** [C, U] **1** A1 the first half of the day, from the time when the sun rises or you wake up until the middle of the day **утро** *Friday morning* ◦ ***tomorrow morning*** ◦ *I got up late **this morning.*** **2 in the morning a** A1 during the early part of the day **утром** *I listen to the radio in the morning.* **b** B1 tomorrow morning **завтра утром** *I'll pack my bags in the morning.* **3 3/4, etc o'clock in the morning** B1 3/4, etc o'clock in the night **3/4 и т. д. часа утра** *My car alarm went off at 3 o'clock in the morning.* **4 (Good) morning.** A1 used to say hello to someone in the morning **доброе утро!**

moron /ˈmɔːrɒn/ **noun** [C] informal a very stupid person **идиот**

• **moronic** /mɔːˈrɒnɪk/ **adjective** informal stupid **идиотский**

morose /məˈrəʊs/ **adjective** If someone is morose, they are not friendly or happy and they talk very little. **мрачный, замкнутый**

morphine /ˈmɔːfiːn/ **noun** [U] a powerful drug that is used to reduce pain **морфий**

morsel /ˈmɔːsᵊl/ **noun** [C] a small piece of something **кусочек** *a morsel of food*

mortal[1] /ˈmɔːtᵊl/ **adjective** **1** not living forever **смертный** → Opposite **immortal** **2 mortal danger/fear/terror, etc** extreme danger/fear/terror, etc, because you could die **смертельная опасность/смертельный страх/ужас и т. д.**

• **mortally adverb смертельно** ***mortally wounded***

mortal[2] /ˈmɔːtᵊl/ **noun** [C] literary a human being **смертный**

mortality /mɔːˈtæləti/ **noun** [U] **1** the number of deaths at a particular time or in a particular place **смертность** ***infant mortality*** ◦ *the **mortality rate*** **2** the way that people do not live forever **смертность** *Her death made him more aware of his own mortality.*

mortar /ˈmɔːtəʳ/ **noun** **1** [C] a heavy gun that fires explosives high into the air **миномет** *a*

M

mortar attack/bomb **2** [U] a mixture of substances, for example sand and water, that is used between bricks or stones to keep them together **строительный раствор**

mortgage /ˈmɔːgɪdʒ/ **noun** [C] money that you borrow to buy a home **ипотека, закладная** *a monthly mortgage payment*

> **Слова-партнеры к mortgage**
>
> **get/have/pay off/take out** a mortgage • a mortgage **payment**

mortified /ˈmɔːtɪfaɪd/ **adjective** very embarrassed **униженный, подавленный**

mortify /ˈmɔːtɪfaɪ/ **verb be mortified** to feel very embarrassed or upset about something **расстраиваться** *I told her she'd upset John and she was mortified.*

mortuary /ˈmɔːtʃuəri/ **noun** [C] a building or room where dead bodies are prepared and kept before a funeral **морг**

mosaic

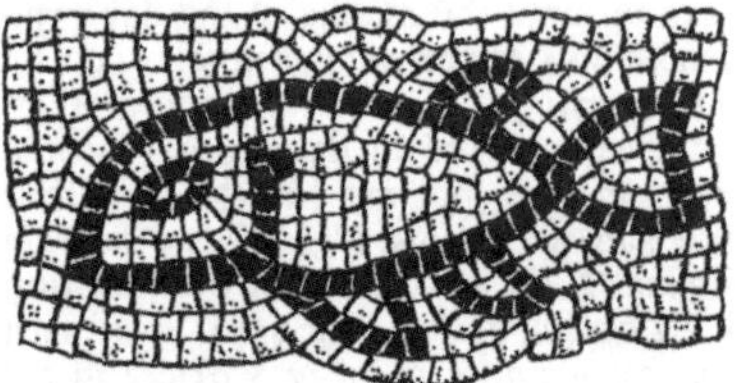

mosaic /məʊˈzeɪɪk/ **noun** [C, U] a picture or pattern that is made with small pieces of coloured stone, glass, etc **мозаика**

Moslem /ˈmɒzləm/ **noun** [C] another spelling of Muslim (= someone who believes in Islam) **мусульманин**
• **Moslem adjective мусульманский**

mosque /mɒsk/ **noun** [C] (A2) a building where Muslims say their prayers **мечеть**

mosquito /mɒˈskiːtəʊ/ **noun** [C] (plural **mosquitoes**) (B1) a small flying insect that sucks your blood, sometimes causing malaria (= a serious disease) **комар** ***mosquito bites***

moss /mɒs/ **noun** [C, U] a very small, green plant that grows on the surface of rocks, trees, etc **мох**

most[1] /məʊst/ **adverb 1 the most attractive/important/popular, etc** (A2) used to show that someone or something has the greatest amount of a quality **самый привлекательный/важный/популярный и т. д.** *She's the most beautiful girl I've ever seen.* ◦ *There are various reasons but this is the most important.* **2** (A2) more than anyone or anything else **больше всего** *Which subject do you like most?* ◦ *Sam enjoyed the swings **most of all**.*

most[2] /məʊst/ **quantifier 1** (A2) almost all of a group of people or things **большинство, большая часть** *Most people think he's guilty.* ◦ ***Most of** our students walk to school.* **2** (B2) a larger amount than anyone or anything else **больше всего** *This one costs the most.* ◦ *Which of you earns most?* **3 the most** (B1) the largest number or amount possible **самое большее** *That's the most I can pay you.* **4 make the most of sth** (B2) to take full advantage of something because it may not last long **как можно лучше воспользоваться чем-либо** *We should make the most of this good weather.* **5 at (the) most** not more than a particular amount or number **самое большее, не более** *The journey will take an hour at the most.*

mostly /məʊstli/ **adverb** (B1) mainly or most of the time **главным образом** *She reads mostly romantic novels.*

motel /məʊˈtel/ **noun** [C] a hotel for people who are travelling by car **мотель**

moth /mɒθ/ **noun** [C] an insect with large wings that often flies at night and is attracted to light **ночная бабочка** → See picture at **insect**

mother /ˈmʌðəʳ/ **noun** [C] **1** (A1) your female parent **мать** *a single mother* ◦ *My mother and father are divorced.* **2 Mother** the title of an important nun (= woman who lives in a female religious group) **мать (церковное звание)** *Mother Teresa* → See also **surrogate mother**

motherhood /ˈmʌðəhʊd/ **noun** [U] when someone is a mother **материнство**

mother-in-law /ˈmʌðərɪnˌlɔː/ **noun** [C] (plural **mothers-in-law**) (B2) the mother of your husband or wife **теща, свекровь**

motherly /ˈmʌðəli/ **adjective** A motherly woman is like a mother, usually because she is kind and looks after people. **заботливый**

ˈMother's ˌDay noun [C, U] a Sunday in the spring when people give their mothers presents to show their love **День матери**

ˈmother ˌtongue noun [C] (B2) the first language that you learn when you are a child **родной язык**

motif /məʊˈtiːf/ **noun** [C] a small design used as a decoration on something **орнамент, узор** *a floral motif*

motion[1] /ˈməʊʃən/ **noun 1** [U] when or how something moves **движение, ход** *The motion of the boat made him feel sick.* **2** [C] a single action or movement **жест, телодвижение** *She made a motion with her hand.* **3** [C] a suggestion that you make in a formal meeting or court of law **предложение (на собрании)** *to **propose/oppose** a **motion*** **4 set sth in motion** to make something start to happen **приводить что-либо в движение, приступать к осуществлению чего-либо**

IDIOM **go through the motions** to do something that you have to do without enthusiasm **делать что-либо для проформы**

→ See also **slow motion**

motion[2] /ˈməʊʃən/ **verb motion (for/to) sb to do sth** to make a movement as a sign for someone to do something **показывать жестом** *She motioned him to sit down.*

motionless /ˈməʊʃənləs/ **adjective** not moving **неподвижный** *He stood motionless in the middle of the road.*

motivate /ˈməʊtɪveɪt/ **verb** [T] **1** to make someone enthusiastic about doing something **побуждать** [+ to do sth] *Teaching is all about motivating people to learn.* **2** to cause someone to behave in a particular way **быть стимулом, руководить поведением** [often passive] *Some people are motivated by greed.*

• **motivated adjective** B2 **являющийся причиной чего-либо, целеустремленный** *a racially motivated crime* ◦ *a very motivated student* (= *one who works hard and wants to succeed*)

motivation /ˌməʊtɪˈveɪʃən/ **noun 1** [U] B2 enthusiasm for doing something **заинтересованность, энтузиазм** *There is a lack of motivation among the staff.* **2** [C] the need or reason for doing something **повод, основание** *What was the* ***motivation for*** *the attack?*

> **Слова-партнеры к motivation**
>
> sb's **main/primary** motivation • the motivation **behind/for** sth

motivational /ˌməʊtɪˈveɪʃənəl/ **adjective** [always before noun] giving you encouragement to do something **воодушевляющий** *a* ***motivational speaker***

motive /ˈməʊtɪv/ **noun** [C] B2 a reason for doing something **основание, мотив** *The police don't yet know the* ***motive for*** *the killing.*

> **Слова-партнеры к motive**
>
> **have** a motive • an **ulterior/underlying** motive • the motive **behind/for** sth

motor¹ /ˈməʊtəʳ/ **noun** [C] B2 the part of a machine or vehicle that changes electricity or fuel into movement and makes it work **двигатель, мотор** *an electric motor*

motor² /ˈməʊtəʳ/ **adjective** [always before noun] relating to cars **автомобильный** *motor racing*

motorbike /ˈməʊtəbaɪk/ **noun** [C] A2 a vehicle with two wheels and an engine **мотоцикл**

motorcycle /ˈməʊtəˌsaɪkl/ **noun** [C] a motorbike **мотоцикл**

motoring /ˈməʊtərɪŋ/ **adjective** [always before noun] UK relating to driving **дорожный** *a motoring offence*

motorist /ˈməʊtərɪst/ **noun** [C] B2 someone who drives a car **автомобилист**

ˈmotor ˌracing noun [U] the sport of driving extremely fast and powerful cars around a track **автомобильные гонки по треку**

motorway /ˈməʊtəweɪ/ **noun** [C] UK (US **freeway, expressway, interstate**) A2 a long, wide road, usually used by traffic travelling fast over long distances **автомагистраль**

mottled /ˈmɒtld/ **adjective** A mottled pattern has a mixture of dark and light areas. **крапчатый, испещренный** *mottled skin*

motto /ˈmɒtəʊ/ **noun** [C] a short phrase that expresses someone's purpose or beliefs **девиз** *Her motto is, "Work hard, play hard".*

mould¹ UK (US **mold**) /məʊld/ **noun 1** [U] a green or black substance that grows in wet places or on old food **плесень 2** [C] a container that is used to make something in a particular shape **форма, шаблон** *a chocolate mould*

IDIOM **break the mould** to do something differently after it has been done in the same way for a long time **ломать стереотипы**

mould² UK (US **mold**) /məʊld/ **verb** [T] to make a soft substance a particular shape **отливать в форму** *moulded plastic*

mouldy UK (US **moldy**) /ˈməʊldi/ **adjective** covered with mould **заплесневелый** *mouldy cheese*

mound /maʊnd/ **noun** [C] **1** a large pile of something **куча, груда** *a mound of clothes waiting to be ironed* **2** a higher area of soil, like a small hill **холм, курган** *an ancient burial mound*

Mount /maʊnt/ **noun** [C] used in the names of mountains **гора** *Mount Everest*

mount /maʊnt/ **verb 1 mount a campaign/challenge/protest, etc** to arrange a series of organized activities that will achieve a particular result **организовывать кампанию/состязание/протест и т. д. 2** [I] to increase in amount or level **возрастать, увеличиваться** *Tension in the room was mounting.* **3 mount sth on/to, etc** to fix an object onto something **устанавливать, монтировать** *They've mounted a camera on the wall by the door.* **4** [T] to go up something **взбираться, подниматься** *to mount the stairs* **5** [T] to get on a horse or bicycle **садиться (на лошадь, велосипед)** → Opposite **dismount**

PHRASAL VERB **mount up** to gradually become a large amount **накапливаться** *My homework is really mounting up this week.*

mountain /ˈmaʊntɪn/ **noun** [C] **1** A2 a very high hill **гора** *to* ***climb*** *a* ***mountain*** ◦ *a* ***mountain range*** **2** informal a large pile of something **гора, груда** *There's a* ***mountain of papers*** *on my desk.*

mountain

IDIOM **make a mountain out of a molehill** to deal with a small problem as if it were a big problem **делать из мухи слона**

ˈmountain ˌbike noun [C] a bicycle with thick tyres, originally made for people to ride on hills and rough ground **горный велосипед**

M

mountainous /ˈmaʊntɪnəs/ **adjective** A mountainous area has a lot of mountains. **гористый**

mourn /mɔːn/ **verb** [I, T] to feel very sad because someone has died **оплакивать, скорбеть** *He **mourned for** his dead son every day.*

mourner /ˈmɔːnəʳ/ **noun** [C] someone at a funeral **присутствующий на похоронах**

mournful /ˈmɔːnfᵊl/ **adjective** very sad **скорбный** *a **mournful voice***
• **mournfully adverb скорбно**

mourning /ˈmɔːnɪŋ/ **noun** [U] when someone mourns the death of someone else **траур, скорбь** *a **period of mourning*** ◦ *She's **in mourning** for her husband.*

mouse

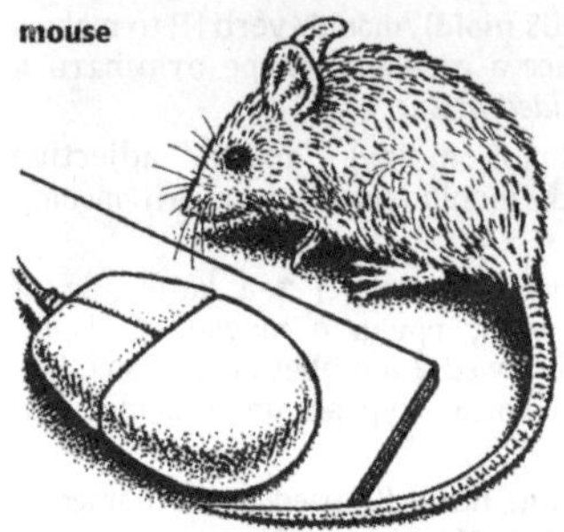

mouse /maʊs/ **noun** [C] (plural **mice**) **1** (A2) a small piece of equipment connected to a computer that you move with your hand to control what the computer does **мышь (компьютерная)** → See **The Office** on page Centre 5 **2** (A2) a small animal with fur and a long, thin tail **мышь**

ˈ**mouse** ˌ**mat** **noun** [C] a flat piece of material on which you move the mouse of your computer **коврик под компьютерную мышку**

mousse /muːs/ **noun** [C, U] **1** a soft, cold food that is often sweet and usually has eggs or cream in it **мусс** ***chocolate mousse*** **2** a substance that you put in your hair so that it stays in a particular shape **пенка для волос**

moustache

moustache (also US **mustache**) /məˈstɑːʃ/ (US) /ˈmʌstæʃ/ **noun** [C] (B1) a line of hair that some men grow above their mouths **усы**

mousy (also **mousey**) /ˈmaʊsi/ **adjective** **1** Mousy hair is light brown. **русый** **2** A mousy person is shy and not very interesting. **робкий, застенчивый**

mouth /maʊθ/ **noun** [C] **1** (A1) the part of the face that is used for eating and speaking **рот** → See **The Body** on page Centre 13 **2 mouth of a cave/tunnel, etc** the opening or entrance of a cave/tunnel, etc **вход в пещеру/тоннель и т. д.** **3 mouth of a river** where a river goes into the sea **устье реки** → See also **butter¹** wouldn't melt in sb's mouth

> **Слова-партнеры к mouth**
>
> close/open your mouth • in your mouth

mouthful /ˈmaʊθfʊl/ **noun** [C] the amount of food or drink that you can put into your mouth at one time **кусок, глоток**

mouthpiece /ˈmaʊθpiːs/ **noun** [C] a person, newspaper, etc that expresses the opinions of the government or a political group **рупор, оратор**

mouthwash /ˈmaʊθwɒʃ/ **noun** [U] a liquid used to make your mouth clean and fresh **полоскание для рта**

movable /ˈmuːvəbl/ **adjective** able to be moved **переносной, передвижной**

move¹ /muːv/ **verb** **1** [I] (B1) If a person or an organization moves, they go to a different place to live or work. **переезжать** *Eventually, he **moved to** Germany.* ◦ *She's **moving into** a new apartment.* ◦ *Our children have all **moved away**.* **2** [I, T] (A2) to change place or position, or to make something change place or position **двигать(ся), передвигать(ся)** *We **moved** the chairs **to** another room.* ◦ *Someone was **moving around** upstairs.* **3 move ahead/along/forward, etc** to make progress with something that you have planned to do **продвигаться в каком-либо деле** *The department is moving ahead with changes to its teaching programme.* **4** [I] to take action **действовать, принимать меры** [+ to do sth] *The company moved swiftly to find new products.* **5** [T] to change the time or order of something **переносить (срок), менять порядок** *We need to move the meeting back a few days.* **6** [T] (B2) to make someone have strong feelings of sadness or sympathy **трогать, волновать** [often passive] *I was deeply moved by his speech.* ◦ *Many people were **moved to tears*** (= *were so sad they cried*). → Compare **unmoved** **7 move house** UK (B1) to leave your home in order to live in a new one **переезжать в другой дом, в новую квартиру**

IDIOM **get moving** informal to hurry **шевелиться, спешить**

PHRASAL VERBS **move in** (B1) to begin living in a new home **въезжать (в новый дом), селиться (с кем-либо)** *She's just **moved in with** her boyfriend.* ◦ *They want to **move in together** before they get married.* • **move out** (B1) to stop living in a particular home **выезжать (из дома), съезжать (с квартиры)** • **move on 1** to leave the place where you are staying and go somewhere else **двигаться дальше, продолжать путь** *After three days in Madrid we thought we'd move on.* **2** to start doing a new activity **двигаться вперед, заниматься чем-либо новым** *I'd done the same job for ten years and felt it was time to move on.* **3** to change from one subject to another when you are talking or writing переходить (к следующему вопросу) *Let's* ***move on to*** *the next topic.* • **move over** to change the place where you are sitting or standing so that there is space for someone else to sit or stand **отодвинуться, подвинуться**

move² /muːv/ **noun** [C] **1** something that you do in order to achieve something or to make progress in a situation **поступок, шаг** *"I've told her she's got to find somewhere else to live." "Good move!"* ◦ *The latest policies are clearly* ***a move towards*** *democracy.* ◦ *a good* ***career move*** **2** when you go to live or work in a different place **переезд** *The move will cost us a lot of money.* **3 make a move a** to change from one place or position to another **делать движение, приходить в движение** *He made a move as if to leave.* **b** UK informal to leave somewhere **уходить** *I'd better make a move or I'll be late.*

IDIOM **get a move on** informal to hurry **шевелиться, спешить** *Come on, get a move on!*

movement /ˈmuːvmənt/ **noun 1** [C] a group of people with the same beliefs who work together to achieve something **движение, общественная деятельность** *the women's movement* ◦ *the labour movement* **2** [C] a change or development in the way people think or behave **движение, развитие** *a movement towards democracy* **3** [C, U] B2 a change of position or place **движение, перемещение** *His movements were rather clumsy.* **4** [C] a part of a piece of music **часть (музыкального произведения)** *The symphony opens with a slow movement.* **5 sb's movements** what someone is doing during a particular period of time **чьи-либо действия** *I don't know his movements this week.*

movie /ˈmuːvi/ **noun** [C] **1** A1 a film **фильм** **2 the movies** US (UK **the cinema**) a cinema, or group of cinemas **кино, кинотеатр** *What's playing at the movies?* ◦ *Why don't we* ***go to the movies*** *tonight?*

> **Слова-партнеры к movie**
> make/see/watch a movie • in a movie

ˈmovie ˌstar **noun** [C] a famous movie actor or actress **кинозвезда**

ˈmovie ˌtheater **noun** [C] US (UK **cinema**) a building where you go to watch films **кинотеатр**

moving /ˈmuːvɪŋ/ **adjective 1** B2 causing strong feelings of sadness or sympathy **трогательный** *a* ***moving tribute*** **2** [always before noun] A moving object is one that moves. **движущийся** *a moving target*

mow /məʊ/ **verb** [T] (past tense **mowed**, past participle **mown**, **mowed**) to cut grass using a machine **косить** *to* ***mow the lawn***

mower /ˈməʊəʳ/ **noun** [C] (also **lawn mower**) a machine that you use to cut grass **косилка**

MP /ˌemˈpiː/ **noun** [C] abbreviation for Member of Parliament: someone who has been elected to the government of the United Kingdom **член парламента**

MP3 /empiːˈθriː/ **noun** [C, U] a computer file (= collection of information) which stores good-quality sound in a small amount of space, or the technology that makes this possible **MP3**

MPˈ3 ˌplayer **noun** [C] A2 a piece of electronic equipment or a computer program for playing music that has been stored as MP3 files (= collections of information) **MP3 плеер**

mph written abbreviation for miles per hour: a unit for measuring speed **миль в час** *a 30 mph speed limit*

MPV /ˌempiːˈviː/ **noun** [C] UK (US **minivan**) abbreviation for multi-purpose vehicle: a large, high car which can carry more people than a normal car **автомашина-универсал**

Mr /ˈmɪstəʳ/ **noun** A1 a title for a man, used before his family name or full name **господин** *Good morning, Mr Smith.* ◦ *This package is addressed to Mr Gordon Harper.*

MRI /ˌemɑːrˈaɪ/ **noun** [C] abbreviation for magnetic resonance imaging: a system that produces electronic pictures of the organs inside a person's body **магнитно-резонансное отображение**

Mrs /ˈmɪsɪz/ **noun** A1 a title for a married woman, used before her family name or full name **госпожа** *Hello, Mrs. Jones.* ◦ *Please send your application to the finance director, Mrs Laura Fox.*

MRSA /ˌemɑːresˈeɪ/ **noun** abbreviation for Methicillin Resistant Staphylococcus Aureus: a type of bacteria (= very small living things that cause disease) that is often found in hospitals and can make people very ill **MP3C, резистентный к метициллину золотистый стафилококк**

MS /ˌemˈes/ **noun** [U] abbreviation for multiple sclerosis (= a serious disease that gradually makes it difficult for a person to see, speak, or move) **рассеянный склероз**

Ms /mɪz/ **noun** A2 a title for a woman, used before her family name or full name **госпожа** *Ms Holly Fox*

MSc UK (US **MS**) /ˌemesˈsiː/ **noun** [C] abbreviation for Master of Science: a higher university qualification in a science subject **магистр естественных или точных наук**

MTV® /ˌemtiːˈviː/ **noun** [U] abbreviation for Music Television: an organization that broadcasts pop music around the world **MTV, компания, осуществляющая трансляцию музыкальных программ**

much¹ /mʌtʃ/ **quantifier 1** A1 In questions, 'much' is used to ask about the amount of something. **много, сколько** *Was there much food there?* ◦ ***How much*** *money will I need for*

M

the taxi? **2** A2 In negative sentences, 'much' is used to say that there is not a large amount of something. **мало, немного** *She doesn't earn much money.* ◦ *Pete didn't say much at dinner.* ◦ *"Is there any coffee left?" "Not much."* **3 too much/so much** A2 a large amount of something, often more than you want **слишком много/так много** *I'd love to come, but I've got too much work.* ◦ *We were having so much fun, I didn't want to go home.* **4** formal a lot of **много** *Much work remains to be done.* ◦ *Much of his evidence was unreliable.* **5 not much of a sth** used when you want to say that a person or thing is a bad example of something **весьма посредственный** *I'm not much of a cook.* **6 not be up to much** UK informal to be of bad quality **не представлять большого интереса, быть так себе** *Her latest novel isn't up to much.*
→ See Note **many**

much² /mʌtʃ/ **adverb** (**more, most**) **1** B1 often or a lot **часто, очень** *Do you go to London much?* ◦ *I don't like curry very much.* **2** B1 used before comparative adjectives (= adjectives like 'better' and 'smaller', that are used to compare things) to mean 'a lot' **намного, гораздо** *Their old house was much bigger.* ◦ *That's a much more sensible idea.* ◦ *"Is her new car faster than her old one?" "Oh yes, much."*

M

muck¹ /mʌk/ **noun** [U] informal dirt **грязь** *You've got muck on your shoes.*

muck² /mʌk/ **verb**

PHRASAL VERBS **muck about/around** mainly UK informal to behave stupidly and waste time **валять дурака** *Stop mucking around, will you!* • **muck sth up** informal to do something badly, or to spoil something **портить** *I mucked up the interview.*

mucus /ˈmjuːkəs/ **noun** [U] a thick liquid produced inside the nose and other parts of the body **слизь**

mud /mʌd/ **noun** [U] B2 a thick liquid mixture of soil and water, or this mixture after it has dried **грязь** *He'd been playing football and was covered in mud.*

muddle¹ /ˈmʌdl/ **noun** [C, U] a situation of confusion or bad organization **путаница, неразбериха** *There was a big muddle over who was buying the tickets.* ◦ *I'm* ***in such a muddle*** *with these bills.*

> Слова-партнеры к **muddle**
>
> be/get in a muddle • a muddle over/with sth

muddle² /ˈmʌdl/ **verb get sb/sth muddled up** to think that a person or thing is someone or something else **перепутать кого-либо/что-либо** *I often get Jonathan and his brother muddled up.*

PHRASAL VERBS **muddle through (sth)** to manage to do something although you do not know how to do it well **делать что-либо с грехом пополам** *None of us has any formal training but somehow we muddle through.* • **muddle sth up** to arrange things in the wrong order **смешивать, нарушать порядок** *Please don't muddle up those books – I've just sorted them out.*

muddled /ˈmʌdld/ **adjective 1** A person who is muddled is confused. **рассеянный, забывчивый** *He became increasingly muddled as he grew older.* **2** Things that are muddled are badly organized. **беспорядочный** *He left his clothes in a muddled pile in the corner.*

muddy /ˈmʌdi/ **adjective** B2 covered by or containing mud (= mixture of soil and water) **запачканный грязью, грязный** *a muddy stream* ◦ *muddy boots*

mudguard /ˈmʌdɡɑːd/ **noun** [C] UK (US **fender**) a curved piece of metal or plastic fixed above a wheel of a bicycle or motorcycle to prevent water or dirt from hitting the person's legs **крыло (велосипеда, мотоцикла)**

muesli /ˈmjuːzli/ **noun** [U] a mixture of grains, dried fruit, and nuts that people eat with milk as part of the first meal of the day **мюсли**

muffin

muffin

muffin /ˈmʌfɪn/ **noun** [C] **1** a small, sweet cake **булочка** *a blueberry muffin* **2** UK (US **English muffin**) a small, round, flat bread that is often eaten hot with butter **оладья** *toasted muffins*

muffle /ˈmʌfl/ **verb** [T] to make a noise quieter and less clear **заглушать (звук)** *The pillow muffled her screams.*
• **muffled adjective** Muffled sounds cannot be heard clearly. **приглушенный** *a* ***muffled sound/voice*** ◦ *a* ***muffled scream/cry***

muffler /ˈmʌfləʳ/ **noun** [C] US (UK **silencer**) a part of a vehicle that reduces noise **глушитель**

mug¹ /mʌɡ/ **noun** [C] **1** A2 a large cup with straight sides usually used for hot drinks **кружка** *a coffee mug* ◦ *a steaming mug of tea* **2** informal someone who is stupid and easily deceived **балбес, простофиля** *I was such a mug to think he'd pay me back.*

mug² /mʌɡ/ **verb** [T] (present participle **mugging**, past tense and past participle **mugged**) to attack and rob someone in a public place **нападать с целью ограбления** [often passive] *He was mugged as he walked across the park.*

• **mugger** noun [C] someone who mugs people **уличный грабитель**

mugging /ˈmʌɡɪŋ/ **noun** [C, U] when someone is attacked in a public place and money, etc is stolen from them **уличное ограбление**

muggy /ˈmʌɡi/ **adjective** When the weather is muggy, it is unpleasantly warm and the air contains a lot of water. **сырой и теплый, удушливый** *a muggy afternoon*

Muhammad /məˈhæmɪd/ **noun** another spelling of Mohammed (= the main prophet of Islam) **Магомет**

mule /mjuːl/ **noun** [C] an animal whose mother is a horse and whose father is a donkey (= animal like a small horse) **мул**

mules /mjuːlz/ **noun** [plural] women's shoes that have no back **женские туфли без задников** → See **Clothes** on page Centre 9

mull /mʌl/ **verb**

PHRASAL VERB **mull sth over** to think carefully about something for a long time, often before you make a decision **обдумывать, размышлять**

mullah /ˈmʌlə/ **noun** [C] a Muslim religious teacher or leader **мулла**

multi- /mʌlti-/ **prefix** many **много-, мульти-** *a multi-millionaire* ∘ *a multi-storey car park*

multicultural /ˌmʌltiˈkʌltʃᵊrᵊl/ **adjective** including people of different races and religions **относящийся к разным культурам** *a **multicultural society***

multilingual /ˌmʌltiˈlɪŋɡwəl/ **adjective** using or speaking more than two languages **многоязычный**

multimedia /ˌmʌltiˈmiːdiə/ **adjective** [always before noun] Multimedia computers and programs use sound, pictures, film, and text. **мультимедийный** *multimedia software/technology*

multinational[1] /ˌmʌltiˈnæʃᵊnᵊl/ **adjective** active in several countries, or involving people from several countries **многонациональный, международный** *a **multinational company/corporation***

multinational[2] /ˌmʌltiˈnæʃᵊnᵊl/ **noun** [C] a large company that produces goods or services in several countries **международная корпорация**

multiple[1] /ˈmʌltɪpl/ **adjective** with several parts **множественный** ***multiple injuries***

multiple[2] /ˈmʌltɪpl/ **noun** [C] a number that can be divided by another number an exact number of times **кратное число** *Nine is **a multiple of** three.*

ˌmultiple ˈchoice adjective A multiple choice exam or question gives you different answers and you choose the correct one. **экзамен или вопрос, в котором из нескольких ответов требуется выбрать правильный**

multiple sclerosis /ˌmʌltɪplskləˈrəʊsɪs/ **noun** [U] a serious disease that gradually makes it difficult for a person to see, speak, or move **рассеянный склероз**

multiplex /ˈmʌltipleks/ **noun** [C] a cinema which has separate screens and shows different films at the same time **киноцентр**

multiplication /ˌmʌltɪplɪˈkeɪʃᵊn/ **noun** [U] the process of multiplying a number with other numbers **умножение**

multiply /ˈmʌltɪplaɪ/ **verb 1** [I, T] to increase by a large number, or to cause something to increase by a large number **увеличивать(ся), размножать(ся)** *In warm weather, germs multiply rapidly.* **2** [T] to add one number to itself a particular number of times **умножать** *Three **multiplied by** six equals eighteen.*

multi-purpose /ˌmʌltiˈpɜːpəs/ **adjective** describes something that can be used in many different ways **многоцелевой, универсальный**

multiracial /ˌmʌltiˈreɪʃᵊl/ **adjective** involving people from different races **многорасовый** *a **multiracial society***

multi-storey /ˌmʌltiˈstɔːri/ **adjective** UK (US **multistory**) describes a building with many floors **многоэтажный** *UK: a multi-storey car park/US: a multistory office building*

multitasking /ˌmʌltiˈtɑːskɪŋ/ **noun** [U] the ability of a person to do more than one thing at a time **способность выполнять несколько дел в одно и то же время** *Women are often very good at multitasking.*

multitude /ˈmʌltɪtjuːd/ **noun** [C] formal a large number of people or things **множество** *a multitude of problems/questions*

mum /mʌm/ **noun** [C] UK (US **mom**) (A1) mother **мама** *I asked my mum but she said no.* ∘ *Can we go now, Mum?*

mumble /ˈmʌmbl/ **verb** [I, T] (B2) to speak too quietly and not clearly enough for someone to understand you **бормотать** *He **mumbled something about** it being a waste of time.*

mummy /ˈmʌmi/ **noun** [C] **1** UK informal (US **mommy**) a word for 'mother', used especially by children **мама** *Come here, Mummy!* ∘ *My mummy and daddy came too.* **2** a dead body covered in cloth, especially from ancient Egypt **мумия**

mumps /mʌmps/ **noun** [U] an illness that children get which makes the throat and neck swell **свинка** *to have mumps*

munch /mʌnʃ/ **verb** [I, T] to eat something in a noisy way **грызть, чавкать** *She was sitting on the lawn munching an apple.*

mundane /mʌnˈdeɪn/ **adjective** ordinary, or not interesting **скучный, однообразный** *a mundane task/life*

municipal /mjuːˈnɪsɪpᵊl/ **adjective** [always before noun] relating to the government of a town or

M

city **муниципальный, городской** *a municipal council/election*

munitions /mjuːˈnɪʃənz/ **noun** [plural] bombs, guns, and other military equipment **военное снаряжение** *a **munitions factory***

mural /ˈmjʊərəl/ **noun** [C] a picture that is painted on a wall **фреска**

murder[1] /ˈmɜːdər/ **noun 1** [C, U] B1 the crime of intentionally killing someone **убийство** *to **commit murder** ◦ She was charged with **attempted murder**. ◦ a murder charge/trial* **2 be murder** informal to be unpleasant or cause difficulty **быть утомительным, кошмарным занятием** *Driving in Chicago at rush hour is murder.*

> **Слова-партнеры к murder**
>
> commit (a) murder • the murder of sb • a murder **charge/investigation/victim/weapon**

murder[2] /ˈmɜːdər/ **verb** [T] B1 to kill someone intentionally and illegally **убивать** [often passive] *He was murdered by a former employee.*

murderer /ˈmɜːdərər/ **noun** [C] B1 someone who has committed murder **убийца** *a convicted murderer*

M

murderous /ˈmɜːdərəs/ **adjective** [always before noun] likely to kill someone, or wanting to kill them **смертоносный, жестокий** *a murderous dictator/regime*

murky /ˈmɜːki/ **adjective 1** secret, and involving dishonest or illegal activities **темный, преступный** *He has a **murky past** as an arms dealer. ◦ the **murky world** of drug dealing* **2** dirty and dark **мутный** *murky water*

murmur[1] /ˈmɜːmər/ **verb** [I, T] to speak quietly so that you can only be heard by someone near you **шептать, бормотать** *"Go to sleep now," she murmured. ◦ He murmured a few words of sympathy.*

murmur[2] /ˈmɜːmər/ **noun** [C] the sound of something being said quietly **приглушенный шум, шепот** *I could hear the low **murmur of voices** from behind the door.*

muscle[1] /ˈmʌsl/ **noun 1** [C, U] B2 one of many pieces of tissue in the body that are connected to bones and which produce movement by becoming longer or shorter **мышца, мускул** *aching joints and muscles ◦ stomach/thigh muscles ◦ I think I may have **pulled** (= injured) **a muscle**.* **2** [U] the ability to control or influence people **влияние, вес** *political/military muscle*

muscle[2] /ˈmʌsl/ **verb**

PHRASAL VERB **muscle in** informal to force yourself into an activity in which other people do not want you to be involved **вторгаться, вмешиваться** *How can we stop him **muscling in on** this project?*

muscular /ˈmʌskjələr/ **adjective 1** having firm, strong muscles **мускулистый** *muscular legs/arms* **2** relating to muscles **мышечный** *muscular aches/pains*

muse /mjuːz/ **verb** [I] formal to think carefully about something for a long time **размышлять, задумываться** *I was just **musing about** relationships.*

museum /mjuːˈziːəm/ **noun** [C] A1 a building where you can look at important objects connected with art, history, or science **музей** *a museum of modern art*

mush /mʌʃ/ **noun** [U] informal food that is unpleasantly soft and wet, usually because it has been cooked for too long **кашица**

mushroom[1] /ˈmʌʃruːm/ **noun** [C] A2 a type of fungus (= organism like a plant) with a short stem and a round top, some types of which can be eaten **гриб** *pasta with wild mushrooms*

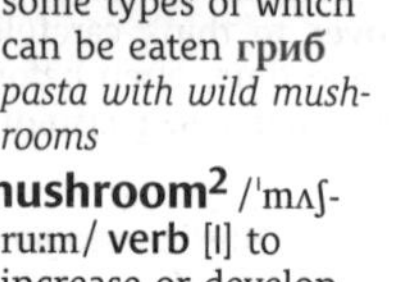

mushroom[2] /ˈmʌʃruːm/ **verb** [I] to increase or develop very quickly **быстро расти, распространяться** *mushrooming costs*

music /ˈmjuːzɪk/ **noun** [U] **1** A1 a pattern of sounds that is made by playing instruments or singing, or a recording of this **музыка** ***pop/dance music** ◦ **classical music** ◦ He likes **listening to music**. ◦ Could you **put on** some **music**? ◦ a music festival ◦ a music lesson/teacher* **2** written signs which represent sounds that can be sung or played with instruments **ноты** *I never learnt to **read music** (= understand written music).*

IDIOM **face the music** to accept punishment or criticism for something bad that you have done **расплачиваться за свои поступки**

→ See also **chamber music**, **country music**, **folk music**

> **Слова-партнеры к music**
>
> compose/listen to/play music • a piece of music • dance/pop/classical music • put on some music

musical[1] /ˈmjuːzɪkəl/ **adjective 1** [always before noun] A2 relating to music **музыкальный** *a **musical instrument*** **2** good at playing music **музыкальный** *She comes from a very musical family.*
• **musically adverb музыкально**

musical[2] /ˈmjuːzɪkəl/ **noun** [C] B2 a play or film in which singing and dancing tell part of the story **мюзикл** *a Broadway/Hollywood musical*

musician /mjuːˈzɪʃən/ **noun** [C] B1 someone who plays a musical instrument, often as a job **музыкант** *a talented jazz/classical musician*

Muslim (also **Moslem**) /ˈmʊzlɪm/ (US) /ˈmʌzləm/ **noun** [C] someone who believes in Islam **мусульманин**

• **Muslim adjective мусульманский** *a Muslim family*

muslin /ˈmʌzlɪn/ **noun** [U] a very thin cotton cloth **муслин, кисея**

mussel /ˈmʌsᵊl/ **noun** [C] a small sea creature that has a black shell in two parts and that can be eaten **мидия**

must[1] strong /mʌst/ weak /məst/, /məs/ **modal verb** **1** (A2) used to say that it is necessary that something happens or is done **должен, должна, должно, должны** *The meat must be cooked thoroughly.* ◦ *You mustn't show this letter to anyone else.* ◦ *I must get some sleep.* **2** (B2) used to show that you think something is very likely or certain to be true **должно быть, вероятно** *You must be exhausted.* ◦ *She must be very wealthy.* **3** (B1) used to show that you think it is a good idea for someone to do something **обязательно должен, должна, должно, должны** *You must come and stay with us some time.* → See Study Page **Modal verbs** on page Centre 22

must[2] /mʌst/ **noun be a must** informal If something is a must, it is very important to have or do it. **быть необходимостью** *The restaurant has become so popular that reservations are a must.*

mustache /məˈstɑːʃ/ (US) /ˈmʌstæʃ/ **noun** [C] another US spelling of moustache (= a line of hair above the mouth) **усы**

mustard /ˈmʌstəd/ **noun** [U] a thick, spicy, yellow or brown sauce often eaten in small amounts with meat **горчица** *a teaspoon of mustard*

muster /ˈmʌstəʳ/ **verb** [T] (also **muster up**) to get enough support, bravery, or energy to do something difficult **собраться с силами, собрать все свое мужество** *I hope she* ***musters*** *the* ***courage*** *to invite him for dinner.*

mustn't /ˈmʌsᵊnt/ short for must not **сокращ. от must not** *You mustn't let her know I'm coming.*

musty /ˈmʌsti/ **adjective** smelling old and slightly wet in an unpleasant way **затхлый** *a musty room* ◦ *the* ***musty smell*** *of old books*

mutant /ˈmjuːtᵊnt/ **noun** [C] an organism or cell that is different from others of the same type because of a change in its genes **мутант** *a mutant virus*

mutation /mjuːˈteɪʃᵊn/ **noun** [C, U] a permanent change in the genes of an organism, or an organism with such a change **мутация** *The disease is caused by a mutation in a single gene.*

mute /mjuːt/ **adjective** **1** expressed in thoughts but not in speech or writing **безмолвный, немой** *The president has* ***remained mute*** *about whether he will resign.* ◦ *I gazed at her in* ***mute admiration.*** **2** unable to speak for physical or mental reasons **немой** *a school for deaf and mute children*

muted /ˈmjuːtɪd/ **adjective** **1** not strongly expressed **сдержанный** *a* ***muted response/reaction*** ◦ ***muted criticism*** **2** A muted sound is quieter than usual. **приглушенный** ***muted voices*** **3** [always before noun] A muted colour is not bright or easily noticed. **приглушенный**

mutilate /ˈmjuːtɪleɪt/ **verb** [T] to damage someone's body violently and severely, often by cutting off a part of it **увечить, уродовать** *a* ***mutilated body/corpse***

• **mutilation** /ˌmjuːtɪˈleɪʃᵊn/ **noun** [C, U] **увечье, повреждение**

mutiny /ˈmjuːtɪni/ **noun** [C, U] when a group of people, usually soldiers or sailors, refuse to obey orders, often because they want to be in control themselves **бунт, мятеж**

• **mutiny verb** [I] to take part in a mutiny **бунтовать**

mutt /mʌt/ **noun** [C] informal a dog that is a mixture of different breeds (= types) **дворняжка**

mutter /ˈmʌtəʳ/ **verb** [I, T] (B2) to speak quietly so that your voice is difficult to hear, often when complaining about something **бормотать, брюзжать** *She walked past me,* ***muttering to herself.*** ◦ *He muttered* ***something about*** *the restaurant being too expensive.*

• **mutter noun** [C] **бормотание, ворчание**

mutton /ˈmʌtᵊn/ **noun** [U] meat from an adult sheep **баранина** *a leg/shoulder of mutton*

IDIOM **mutton dressed as lamb** UK informal an older woman who wears clothes that would be more suitable for a young woman **молодящаяся женщина**

mutual /ˈmjuːtʃuəl/ **adjective** **1** When two or more people have a mutual feeling, they have the same opinion about each other. **взаимный** ***mutual admiration/respect*** ◦ *He doesn't like her, and I suspect* ***the feeling's mutual.*** **2** When two or more people have a mutual friend or interest, they have the same one. **общий** *Andrew and Jean were introduced to each other by a* ***mutual friend.***

mutually /ˈmjuːtʃuəli/ **adverb** You use mutually before an adjective when the adjective describes all sides of a situation. **взаимно, обоюдно** *a* ***mutually dependent*** *relationship* ◦ *Being attractive and intelligent are not* ***mutually exclusive*** *(= someone can be both attractive and intelligent).*

muzzle[1] /ˈmʌzl/ **noun** [C] **1** the mouth and nose of a dog, or a covering put over these to prevent the dog biting **морда, намордник** **2** the open end of the long cylindrical part of a gun **дуло, жерло**

muzzle[2] /ˈmʌzl/ **verb** [T] **1** to put a muzzle on a dog **надевать намордник** **2** to prevent someone expressing their own opinions **заставлять молчать, затыкать рот**

my /maɪ/ **determiner** (A1) belonging to or relating

M

to the person who is speaking or writing **мой, моя, мое, мои** *Tom's my older son.* ◦ *It's not my fault.* ◦ *My house is near the station.*

MYOB informal internet abbreviation for mind your own business: used in emails and text messages to say rudely that you do not want to talk about something **не ваше дело (используется в интернет-общении)**

myriad /ˈmɪriəd/ **adjective** literary very many **бесчисленный** ***myriad problems***

• **myriad noun** [C] literary **несметное количество** *Digital technology resulted in* ***a myriad of*** *(= many) new TV channels.*

myself /maɪˈself/ **pronoun 1** A2 the reflexive form of the pronouns 'me' or 'I' **себя, себе** *I've bought myself a new coat.* ◦ *I looked at myself in the mirror.* **2** B2 used to emphasize the pronoun 'I', especially when the speaker wants to talk about their actions and not someone else's **сам, сама (о 1-м лице ед. ч.)** *I'll tell her myself.* ◦ *Jack always drinks red wine but I prefer white myself.* **3 (all) by myself** A2 alone or without anyone else's help **сам, самостоятельно** *I live by myself in a small flat.* ◦ *Mummy, I got dressed all by myself.* **4 (all) to myself** for my use only **в своем распоряжении, для себя** *I'll have the flat all to myself this weekend.*

mysterious /mɪˈstɪəriəs/ **adjective 1** B2 strange or unknown, and not explained or understood **таинственный, загадочный** *a mysterious stranger* ◦ *the mysterious death of her son* **2** refusing to talk about something and behaving in a secretive way **скрытный** *Nick is being very* ***mysterious about*** *where he's going on holiday.*

• **mysteriously adverb таинственно** *to* ***disappear/vanish mysteriously***

> **Слова-партнеры к mystery**
>
> **explain/solve/unravel** a mystery • the mystery **surrounding** sth • an **unexplained/ unsolved** mystery • the mystery **of** sth • be a mystery **to** sb

mystery¹ /ˈmɪstᵊri/ **noun 1** [C, U] B1 something strange or unknown that cannot be explained or understood **тайна** *an* ***unsolved mystery*** ◦ *He never gave up hope that he would* ***solve the mystery of*** *his son's disappearance.* ◦ *He's out of work, so how he pays his rent is* ***a mystery to*** *me (= I cannot explain it).* **2** [C] a story, often about a crime, in which the strange events that happen are explained at the end **детективный роман** *a* ***murder mystery***

mystery² /ˈmɪstᵊri/ **adjective** [always before noun] A mystery person or thing is one who is unknown. **неизвестный, таинственный** *I saw her with a* ***mystery man*** *in a restaurant last night.*

mystic /ˈmɪstɪk/ **noun** [C] someone who attempts to be united with God through prayer **мистик**

mystical /ˈmɪstɪkᵊl/ **adjective** (also **mystic**) **1** relating to the religious beliefs and activities of mystics **относящийся к религиозным обрядам** **2** involving magical or spiritual powers that are not understood **мистический**

mysticism /ˈmɪstɪsɪzᵊm/ **noun** [U] the religious beliefs and activities of mystics **мистицизм**

mystify /ˈmɪstɪfaɪ/ **verb** [T] If something mystifies someone, they cannot understand or explain it because it is confusing or complicated. **озадачивать** [often passive] *I was mystified by the decision.*

mystique /mɪˈstiːk/ **noun** [U] a mysterious quality that makes a person or thing seem interesting or special **загадочное обаяние** *the mystique of the princess*

myth /mɪθ/ **noun** [C] **1** B2 an ancient story about gods and brave people, often one that explains an event in history or the natural world **миф** *a Greek myth* **2** an idea that is not true but is believed by many people **выдумка, вымысел** *It's a myth that men are better drivers than women.*

> **Слова-партнеры к myth**
>
> **debunk/dispel/explode** a myth (= show that an idea is not true) • a **common/popular** myth • the myth **of** sth

mythical /ˈmɪθɪkᵊl/ **adjective** (also **mythic**) **1** existing in a myth **мифический** *a mythical character* **2** imaginary or not true **мифический, вымышленный**

mythology /mɪˈθɒlədʒi/ **noun** [U] myths, often those relating to a single religion or culture **мифология** ***classical mythology*** ◦ *the mythology of the ancient Greeks*

• **mythological** /ˌmɪθᵊlˈɒdʒɪkᵊl/ **adjective мифологический**

N

N, n /en/ the fourteenth letter of the alphabet **14-я буква алфавита**

N/A (also US **NA**) written abbreviation for not applicable: used on official forms to show that you do not need to answer a question **прочерк (при заполнении анкеты)**

naff /næf/ **adjective** UK informal silly and not fashionable **глупый, дурацкий** *naff lyrics*

nag /næg/ **verb** [I, T] (present participle **nagging**, past tense and past participle **nagged**) to keep criticizing or giving advice to someone in an annoying way **пилить, ворчать** *They keep nagging me about going to university.*

PHRASAL VERB **nag (away) at sb** If doubts or worries nag at you, you think about them all the time. **изводить, мучить** *The same thought has been nagging away at me since last week.*

nagging /ˈnægɪŋ/ **adjective** [always before noun] Nagging doubts or worries make you worried and you cannot forget them. **мучительный, неотступный** *a* ***nagging doubt***

nail¹ /neɪl/ **noun** [C] **1** B2 a thin piece of metal with a sharp end, used to join pieces of wood together **гвоздь** *a hammer and nails* **2** B2 the hard surface at the end of your fingers and toes **ноготь** *fingernails/toenails ◦ to* ***cut*** *your* ***nails*** *◦* ***nail clippers/ scissors*** *◦ Stop* ***biting*** *your* ***nails***.

nail

nail

IDIOMS **hit the nail on the head** to describe exactly what is causing a situation or problem **попасть в точку** • **the final nail in the coffin** an event which causes the failure of something that had already started to fail **гвоздь в чей-либо гроб** *This latest evidence could be the final nail in the coffin for Jackson's case.*

nail² /neɪl/ **verb 1 nail sth down/on/to, etc** to fasten something with nails **прибивать что-либо к чему-либо** *There was a 'private property' sign nailed to the tree.* **2** [T] mainly US informal to catch someone who has committed a crime **поймать, уличить** *They eventually* ***nailed*** *him* ***for*** *handling stolen goods.*

PHRASAL VERBS **nail sb down** to make someone give you exact details or a decision about something **прижать кого-либо к стенке** • **nail sth down** US to understand something completely, or to describe something correctly **установить, разобраться** *We haven't been able to nail down the cause of the fire yet.*

ˈnail ˌbrush noun [C] a small brush, used for cleaning your nails **щеточка для ногтей**
→ See **The Bathroom** on page Centre 3

ˈnail ˌpolish noun [U] (also UK **ˈnail ˌvarnish**) paint that you put on your nails **лак для ногтей**

naive /naɪˈiːv/ **adjective** If someone is naive, they believe things too easily and do not have enough experience of the world. **наивный** *I was much younger then, and very naive.*
• **naively adverb наивно** *I naively believed that we would be treated as equals.* • **naivety** /naɪˈiːvəti/ **noun** [U] the quality of being naive **наивность**

naked /ˈneɪkɪd/ **adjective 1** B2 not wearing clothes or not covered by anything **голый** *a naked thigh/shoulder ◦ He was* ***stark naked*** *(= completely naked).* **2** [always before noun] A naked feeling or quality is not hidden, although it is bad. **неприкрытый, нескрываемый** ***naked aggression*** **3 the naked eye** If something can be seen by the naked eye, it is big enough to be seen without special equipment. **невооруженный глаз**

> Слова-партнеры к **naked**
> buck/stark naked • half naked

name¹ /neɪm/ **noun 1** A1 [C] the word or group of words that is used to refer to a person, thing, or place **имя, название** *What's your name? ◦ My name's Alexis. ◦ I can't remember the name of the street he lives on. ◦ He didn't mention her* ***by name*** *(= he did not say her name).* **2 in the name of sth** If bad things are done in the name of something, they are done in order to help that thing succeed. **во имя чего-либо** *So much blood has been spilt in the name of religion.* **3 a bad/good name** B2 If things or people have a bad/good name, people have a bad/good opinion of them. **дурная слава/доброе имя** *Their behaviour gives us all a bad name.* **4 call sb names** to use impolite or unpleasant words to describe someone **оскорблять/обзывать кого-либо**

IDIOMS **make a name for yourself** to become famous or respected by a lot of people **создать себе имя, получить известность** • **the name of the game** the main purpose or most important part of an activity **самое главное, суть** *Popularity is the name of the game in television.*

→ See also **brand name**, **Christian name**, **family name**, **first name**, **last name**, **maiden name**, **middle name**

name² /neɪm/ **verb** [T] **1** B1 to give someone or something a name **называть, давать имя** [+ two objects] *We named our first son Mike. ◦ A* *young boy named Peter answered the phone.* **2** (B1) to say what the name of someone or something is **называть, упоминать** [often passive] *The dead man has been **named as** John Kramer.* ◦ *She cannot be named for legal reasons.* **3** (B2) to announce who has got a new job or won a prize **объявлять, называть** [+ two objects] *She has been named manager of the new Edinburgh branch.* **4 you name it** something that you say which means anything you say or choose **чего только ни пожелаешь/все, что душе угодно** *I've never seen such a wide selection. You name it, they've got it.*

IDIOM **name and shame** UK to publicly say that a person or business has done something wrong **публично объявлять, что человек или организация сделали что-то дурное**

PHRASAL VERB **name sb after sb** to give someone the same name as someone else **называть в честь кого-либо** *We named him after my wife's brother.*

nameless /ˈneɪmləs/ **adjective** If someone or something is nameless, they have no name or their name is not known. **безымянный, неизвестный** *a nameless soldier* → Compare **unnamed**

namely /ˈneɪmli/ **adverb** (C1) a word used when you are going to give more detail about something you have just said a **именно, то есть** *She learned an important lesson from failing that exam, namely that nothing is ever certain.*

namesake /ˈneɪmseɪk/ **noun** [C] **your namesake** someone who has the same name as you **тезка**

nan /næn/ **noun** [C] UK informal grandmother **бабушка**

nanny /ˈnæni/ **noun** [C] someone whose job is to look after a family's children **няня**

nano- /nænəʊ-/ **prefix 1** extremely small **нано-** *nanotechnology* **2** one billionth (= a thousand millionth) **одна миллиардная** *a nanosecond*

nap /næp/ **noun** [C] a short sleep **короткий сон** *He likes to **have/take a nap** after lunch.*

• **nap verb** [I] (present participle **napping**, past tense and past participle **napped**) **дремать**

nape /neɪp/ **noun** [C] the back of your neck **затылок**

napkin /ˈnæpkɪn/ **noun** [C] (also UK **serviette**) a piece of cloth or paper used when you eat to keep your clothes clean and to clean your mouth and hands **салфетка** *a paper napkin*

nappy /ˈnæpi/ **noun** [C] UK (US **diaper**) a thick piece of paper or cloth worn by a baby on its bottom **подгузник, пеленка** ***disposable nappies*** ◦ *to **change** a **nappy***

narcissism /ˈnɑːsɪsɪzᵊm/ **noun** [U] formal great interest in and pleasure at your own appearance and qualities **самолюбование**

• **narcissistic** /ˌnɑːsɪˈsɪstɪk/ **adjective** If people or their actions are narcissistic, they show narcissism. **самовлюбленный**

narcotic /nɑːˈkɒtɪk/ **noun** [C] a drug that stops you feeling pain or makes you sleep, and that is addictive (= difficult to stop using) **наркотическое средство, наркотик**

narrate /nəˈreɪt/ **verb** [T] formal to tell the story in a book, film, play, etc **рассказывать** *'Peter and the Wolf,' narrated by actress Glenn Close*

• **narration** /nəˈreɪʃᵊn/ **noun** [U] formal **повествование**

narrative /ˈnærətɪv/ **noun** [C] formal a story or description of a series of events **рассказ, повествование**

narrator /nəˈreɪtəʳ/ **noun** [C] the person who tells the story in a book, film, play, etc **рассказчик**

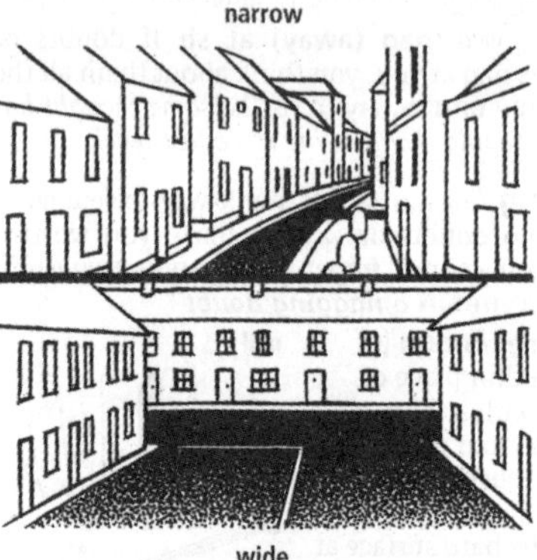

narrow¹ /ˈnærəʊ/ **adjective 1** (B1) Narrow things measure a small distance from one side to the other. **узкий, тесный** *a narrow lane/street* ◦ *a narrow tie* **2** including only a small number **узкий, ограниченный** *He has very narrow interests.* **3 a narrow defeat/victory** If you have a narrow defeat/victory, you only just lose/win. **поражение/победа с небольшой разницей с счете** **4 a narrow escape** If you have a narrow escape, you only just avoid danger. **еле-еле спастись, чудом избежать опасности**

narrow² /ˈnærəʊ/ **verb** [I, T] **1** to become less wide or to make something less wide **сужать(ся)** *The road has been narrowed to one lane.* **2** to become less or to make something become less **уменьшать(ся), сокращать(ся)** *to narrow the gap between rich and poor*

PHRASAL VERB **narrow sth down** to make something, for example a list or a choice, smaller and clearer by removing the things that are less important **ограничивать, сводить к чему-либо** *We've managed to narrow the list down to four.*

narrowly /ˈnærəʊli/ **adverb** (B2) only by a small amount **чуть, еле-еле** *A tile fell off the roof, **narrowly missing** my head.*

N

narrow-minded /ˌnærəʊˈmaɪndɪd/ **adjective** not willing to accept new ideas or opinions different from your own **недалекий, с предрассудками**

nasal /ˈneɪzəl/ **adjective** relating to the nose **носовой** *the* ***nasal passages***

nascent /ˈnæsənt/, /ˈneɪsənt/ **adjective** formal starting to develop **зарождающийся, возникающий** *a nascent democracy*

nasty /ˈnɑːsti/ **adjective 1** B1 very bad **ужасный, противный** *a nasty shock/surprise ◦ a nasty smell/taste ◦ a nasty cut/burn* **2** B1 unkind **злобный, гадкий** *She's always being* ***nasty to*** *her little brother.* **3** B2 very angry or violent **угрожающий, опасный** *When I asked for the money, he turned really nasty.*
• **nastiness noun** [U] **злобность**

nation /ˈneɪʃən/ **noun** [C] B2 a country or the people living in a country **страна, нация** *Asian nations ◦ industrial nations ◦ The entire nation mourned her death. ◦ a nation of dog lovers.* → See Note **country** → See also **the United Nations**

> **Слова-партнеры к nation**
>
> a **civilized/industrialized/poor/powerful** nation • **govern/lead** a nation • **across the** nation • a nation **of** sth

national¹ /ˈnæʃənəl/ **adjective 1** A2 relating to the whole of a country **государственный, национальный** *to threaten* ***national security*** *◦ a sense of national identity ◦ a national newspaper ◦* ***national elections*** *◦ His income is way above the* ***national average****. ◦ Gambling is a* ***national pastime*** *(= many people do it) here.* **2** [always before noun] A2 connected with the traditions of a particular nation **национальный** *national dress/customs*
• **nationally adverb в масштабе всей страны**

national² /ˈnæʃənəl/ **noun** [C] someone who officially belongs to a particular country **гражданин** *a British/Chinese national*

ˌnational ˈanthem noun [C] the official song of a country, played at public events **государственный гимн**

the ˌNational ˈHealth Service noun the system providing free medical services in the UK **система здравоохранения (в Великобритании)**

ˌnational ˈholiday noun [C] (also US **federal holiday**) a day when most people in a country do not have to work **общегосударственный праздник**

ˌNational Inˈsurance noun [U] the system in the UK in which people regularly pay money to the government in order to help people who are old, ill or have no work **государственное страхование (в Великобритании)**

nationalism /ˈnæʃənəlɪzəm/ **noun** [U] **1** a feeling of pride in your own country **патриотизм** **2** the belief that a particular area should have its own government **национализм** *Welsh nationalism*

nationalist /ˈnæʃənəlɪst/ **noun** [C] someone who wants a particular area to have its own government **националист**

nationalistic /ˌnæʃənəlˈɪstɪk/ **adjective** having a lot of pride, often too much pride, in your own country **патриотический** *nationalistic fervour*

nationality /ˌnæʃənˈæləti/ **noun** [C, U] A1 If you have American/British/Swiss, etc nationality, you are legally a member of that country. **гражданство** *What nationality is she? ◦ She has* ***dual nationality*** *(= nationality of two countries).*

nationalize /ˈnæʃənəlaɪz/ **verb** [T] If private companies are nationalized, the government takes control of them. **национализировать**
• **nationalization** /ˌnæʃənəlaɪˈzeɪʃən/ **noun** [U] **национализация**

ˌnational ˈpark noun [C] a large area of park for use by the public, usually an area of special beauty **заповедник**

ˌnational ˈservice noun [U] the period of time young people in some countries have to spend in the army **воинская повинность**

nationwide /ˌneɪʃənˈwaɪd/ **adjective, adverb** B2 including all parts of a country **всенародный, в масштабе всей страны** *a* ***nationwide campaign*** *◦ Surveys have been carried out nationwide.*

native¹ /ˈneɪtɪv/ **adjective 1** [always before noun] B2 Your native town or country is the place where you were born. **родной** *It was a custom in his native Algeria. ◦ She is a* ***native-born*** *Texan.* **2** [always before noun] B2 Your native language is the first language you learn. **родной 3** [always before noun] B2 relating to the people who lived in a country first, before other people took control of it **туземный** *the* ***native inhabitants/population*** **4** Native animals or plants live or grow naturally in a place, and have not been brought from somewhere else. **местный** *a large bird* ***native to*** *Europe*

native² /ˈneɪtɪv/ **noun** [C] **1** someone who was born in a particular place **уроженец** *He's a* ***native of*** *Texas.* **2** an old-fashioned and often offensive word for a person who lived in a country, for example an African country, before Europeans went there **туземец**

ˌNative Aˈmerican adjective relating or belonging to the original groups of people who lived in North America **относящийся к коренным американцам (индейцам)**
• **Native American noun** [C] **коренной американец (индеец)**

ˌnative ˈspeaker noun [C] B2 someone who speaks a language as their first language **носитель языка**

NATO (also UK **Nato**) /ˈneɪtəʊ/ **noun** abbreviation for North Atlantic Treaty Organization: an international military organization formed in 1949 to improve the defence of Western Europe **НАТО**

N

natter /ˈnætəʳ/ **verb** [I] mainly UK informal to talk about things that are not important **болтать, трепаться**
• **natter noun** [no plural] **болтовня** UK *to **have** a **natter***

natural /ˈnætʃᵊrᵊl/ **adjective 1** (B1) Something that is natural exists or happens because of nature, not because it was made or done by people. **природный, натуральный** ***natural gas/resources*** ◦ ***natural beauty*** ◦ *to die of **natural causes*** (= *because you are ill or old*) ◦ *This product contains only **natural ingredients**.* **2** (B2) normal or expected **естественный, нормальный** *a **natural impulse/instinct*** ◦ *It's perfectly natural to feel nervous.* → Opposite **unnatural 3** If you have a natural characteristic, it is something you have been born with. **врожденный, прирожденный** *a natural talent* ◦ *She's a natural athlete/blonde.*
• **naturalness noun** [U] **натуральный вид, естественность**

ˌ**natural** ˈ**gas noun** [U] a gas that is found under the ground and is used for cooking and heating **природный газ**

ˌ**natural** ˈ**history noun** [U] the study of animals and plants **естествознание**

naturalist /ˈnætʃᵊrᵊlɪst/ **noun** [C] someone who studies animals and plants **натуралист**

naturalistic /ˌnætʃᵊrᵊlˈɪstɪk/ **adjective** Naturalistic art, writing, or acting tries to show things as they really are. **натуралистический**

naturalize /ˈnætʃᵊrᵊlaɪz/ **verb be naturalized** to officially become a member of another country **получать гражданство** *a naturalized US citizen*
• **naturalization** /ˌnætʃᵊrᵊlaɪˈzeɪʃᵊn/ **noun** [U] **принятие гражданства**

naturally /ˈnætʃᵊrᵊli/ **adverb 1** (B2) as you would expect **естественно, разумеется** *Naturally, he was very disappointed.* **2** (B2) in a normal way **нормально, свободно** *Relax and try to behave naturally.* **3** having been born with a characteristic **по природе, от рождения** *naturally aggressive/funny/slim* **4** Something that exists or happens naturally is part of nature and not made or done by people. **естественно** *Organic tomatoes are grown naturally without chemical fertilizers.*

ˌ**natural** ˈ**sciences noun** [plural] sciences that relate to the physical world such as biology, chemistry, and physics **естественные науки**

ˌ**natural** **seˈlection noun** [U] the way that plants and animals die when they are weak or not suitable for the place where they live, while stronger ones continue to exist **естественный отбор**

nature /ˈneɪtʃəʳ/ **noun 1** [U] (A2) all the plants, creatures, substances, and forces that exist in the universe, which are not made by people **природа** *the laws of nature* ◦ *I like to get out and enjoy nature.* ◦ *a nature trail* **2** [no plural] (B2) someone's character **характер** *I didn't think it was **in his nature** to behave like that.* **3** [no plural] formal type **род, сорт** *What exactly is **the nature of** your business?* ◦ *I don't like hunting and things **of that nature**.* → See also **human nature**, **second nature**

> Слова-партнеры к **nature**
>
> in sb's nature • [happy/optimistic, etc.] by nature

ˈ**nature re**ˌ**serve noun** [C] a place where animals and plants live and are protected **заповедник**

naught old-fashioned (also UK **nought**) /nɔːt/ **noun** [U] nothing **ничто**

naughty /ˈnɔːti/ **adjective 1** (B2) If a child is naughty, they behave badly. **непослушный, озорной** *a **naughty** little **boy/girl*** **2** a word used humorously to describe things that are sexual **пикантный, сомнительный** *naughty films/magazines*

nausea /ˈnɔːziə/ **noun** [U] the unpleasant feeling of wanting to vomit **тошнота** *She was hit by a sudden **wave of nausea**.*

nauseating /ˈnɔːsieɪtɪŋ/ **adjective** If something is nauseating, it makes you want to vomit. **тошнотворный** *a nauseating smell*

nauseous /ˈnɔːsiəs/ **adjective** If you feel nauseous, you feel like you might vomit, and if something is nauseous, it makes you want to vomit. **чувствующий тошноту, отвратительный**

nautical /ˈnɔːtɪkᵊl/ **adjective** relating to boats or sailing **морской, навигационный** *a **nautical mile***

naval /ˈneɪvᵊl/ **adjective** [always before noun] relating to the navy **военно-морской, флотский** *a **naval base/officer***

navel /ˈneɪvᵊl/ **noun** [C] the small, round, and usually hollow place on your stomach, where you were connected to your mother before birth **пупок**

navigable /ˈnævɪgəbl/ **adjective** If an area of water is navigable, it is wide, deep, and safe enough to sail a boat on. **судоходный**

navigate /ˈnævɪgeɪt/ **verb 1** [I, T] to find the right direction to travel by using maps or other equipment **двигаться в определенном направлении, направлять** *He navigated the ship back to Plymouth.* ◦ *We navigated using a map and compass.* ◦ *I drive and he navigates.* **2** [T] to successfully sail along an area of water **управлять (судном), плыть** **3** [T] to find your way through a difficult place **с трудом продвигаться** *We had to navigate several flights of stairs.* **4** [T] to successfully use a complicated system **с успехом использовать, хорошо ориентироваться** *to navigate a website*
• **navigation** /ˌnævɪˈgeɪʃᵊn/ **noun** [U] **навигация** • **navigator noun** [C] a person who navigates **штурман**

navy /ˈneɪvi/ **noun** **1 the Navy** B2 ships and soldiers used for fighting wars at sea **военно-морской флот** *to be* ***in the navy*** **2** B1 [U] (also ˌ**navy** ˈ**blue**) a very dark blue colour **темно-синий цвет** → See **Colours** on page Centre 12

Nazi /ˈnɑːtsi/ **noun** [C] someone who supported the ideas of Hitler in Germany in the 1930s and 1940s **нацист** *Nazi propaganda*

nb, NB /ˌenˈbiː/ used to tell the reader that a particular piece of information is very important **нотабене**

near[1] /nɪəʳ/ **adverb, preposition** **1** A1 not far away in distance **близко, около, поблизости** *Could you come a bit nearer, please?* ◦ *I stood near the window.* ◦ *Are you going anywhere near the post office?* **2 be/come near to doing sth** to almost achieve or do something **быть близким к чему-либо, чуть не сделать что-либо** *This is the nearest I've ever got to winning anything.* ◦ *He came near to punching him.* **3** If something or someone is near a particular state, they are almost in that state. **близко, почти, чуть не** *She looked near exhaustion.* ◦ *She was* ***near to tears*** *(= almost crying) when I told her.* **4** B2 not far away in time **близко** *She shouldn't be partying so near her exams.* ◦ *We can decide* ***nearer the time.*** **5** similar **похоже, близко** *The feelings I had were near hysteria.* ◦ *He is Russia's* ***nearest thing to*** *a rock legend.* **6 nowhere near** not close in distance, amount, time, or quality **далеко не, нисколько** *It wasn't me – I was nowhere near him.* ◦ *That's nowhere near enough for six people.* ◦ *It was nowhere near as difficult as I thought it would be.* **7 near enough** almost **почти** *The books were ordered near enough alphabetically.*

near[2] /nɪəʳ/ **adjective** **1** B1 not far away in distance or time **близкий, ближний** *The school's very near.* ◦ *The nearest garage is 10 miles away.* ◦ *The baby's due date was getting nearer.* **2 in the near future** B2 at a time that is not far away **в ближайшем будущем** *Space travel may become very common in the near future.* → See also a near **miss**[2]

near[3] /nɪəʳ/ **verb** [T] to get close to something in distance or time **приближаться** *The building work is* ***nearing completion*** *at last.*

nearby /ˌnɪəˈbaɪ/ **adjective, adverb** B1 not far away **близкий, поблизости** *a nearby town/village*

nearly /ˈnɪəli/ **adverb** **1** A2 almost **почти, чуть не** *It's nearly three weeks since I last saw her.* ◦ *Nearly all the food had gone when I arrived.* ◦ *She nearly drowned when she was eight.* ◦ *I'll be with you in a minute – I've nearly finished.* **2 not nearly (as/so)** a lot less **далеко не, совсем не** *It's not nearly as expensive as I thought.*

nearsighted /ˌnɪəˈsaɪtɪd/ **adjective** US (UK **short-sighted**) If you are nearsighted, you cannot see things very well if they are too far away. **близорукий**

neat /niːt/ **adjective** **1** B1 tidy and clean **аккуратный, опрятный** *He always looks very* ***neat and tidy.*** **2** US informal good **замечательный** *That's really neat.* ◦ *What a neat idea.* **3** A neat alcoholic drink is drunk on its own, and not mixed with any other liquid. **неразбавленный**

neatly /ˈniːtli/ **adverb** in a tidy way **аккуратно, опрятно** *neatly dressed* ◦ *a neatly folded pile of clothes*

necessarily /nesəˈserəli/ **adverb** **not necessarily** B2 not for certain **вовсе не обязательно** *That's not necessarily true.* ◦ *I know she doesn't say much, but it doesn't necessarily mean she's not interested.*

necessary /ˈnesəsəri/ **adjective** B1 needed in order to achieve something **необходимый** [+ to do sth] *Is it really necessary to give so much detail?* ◦ *Does he have the necessary skills and experience?* ◦ *The police are prepared to use force,* ***if necessary.*** → Opposite **unnecessary**

> **! Типичная ошибка: necessary**
>
> **Внимание!** Проверьте написание.
>
> **Necessary** – одно из 10 слов, при написании которых русскоязычные студенты наиболее часто допускают ошибки.
>
> Запомните: нужно писать одно 'c' и 'ss'.

> **+ Другие способы сказать necessary**
>
> Глаголы **need** и **require**, а также модальный глагол **must** часто используют для выражения необходимости.
>
> *The meat* ***must*** *be cooked thoroughly.*
>
> *Does she have the skills* ***needed/required*** *for work of that sort?*
>
> Что-то первостепенной важности можно описать прилагательными **essential**, **fundamental** и **indispensable**.
>
> *Some understanding of grammar is* ***essential/fundamental*** *to learning a language.*
>
> *This book is an* ***indispensable*** *resource for teachers.*
>
> Выражение **be a must** используют в неформальном общении для обозначения чего-либо, что необходимо.
>
> *If you live in the country a car* ***is a must.***

necessitate /nəˈsesɪteɪt/ **verb** [T] formal to make something necessary **делать необходимым, неизбежно влечь за собой**

> **Слова-партнеры к necessity**
>
> out of necessity • the necessity for/of sth • financial necessity

necessity /nəˈsesəti/ **noun** **1** [U] the need for something **необходимость** *There's no* ***financial necessity*** *for her to work.* ◦ *Sewing is something I do* ***out of necessity,*** *not for pleasure.* **2** [C] something you need **предмет первой необ-**

N

ходимости *Most people seem to consider a car a necessity, not a luxury.*

neck /nek/ **noun** [C] **1** A2 the part of the body between your head and your shoulders **шея** *He was wearing a gold chain **around** his **neck**.* → See **The Body** on page Centre 13 **2** the part of a piece of clothing that goes around your neck **ворот, вырез** *a polo-neck/V-neck jumper*

IDIOMS **be breathing down sb's neck** to watch what someone does all the time in a way that annoys them **стоять над душой у кого-либо** *The last thing I want is a boss breathing down my neck.* • **neck and neck** If two people who are competing are neck and neck, they are very close and either of them could win. **голова в голову** • **be up to your neck (in sth)** to be very busy **быть по горло в делах**

→ See also **polo neck**, by the **scruff** of the/your neck

necklace /ˈnekləs/ **noun** [C] A2 a piece of jewellery that you wear around your neck **ожерелье** *a pearl necklace* → See picture at **jewellery**

neckline /ˈneklaɪn/ **noun** [C] the shape made by the edge of a dress or shirt at the front of the neck **вырез (напр., у платья)** *a low neckline*

nectar /ˈnektəʳ/ **noun** [U] a sweet liquid produced by plants and collected by bees **нектар**

nectarine /ˈnektəriːn/ **noun** [C] a soft, round fruit which is sweet and juicy and has a smooth red and yellow skin **нектарин**

née /neɪ/ **adjective** [always before noun] a word used to introduce the family name that a woman had before she got married **урожденная** *Margaret Hughes, née Johnson*

need[1] /niːd/ **verb** [T] **1** A1 If you need something, you must have it, and if you need to do something, you must do it. **нуждаться, иметь потребность** *I need some new shoes.* ◦ *The country still desperately needs help.* ◦ [+ to do sth] *If there's anything else you need to know, just give me a call.* ◦ *We need you to look after the children for us.* **2 don't need to do sth/ needn't do sth** A2 used in order to say that someone does not have to do something or should not do something **не нужно, не следует делать что-либо** *You didn't need to come all this way.* ◦ *You don't need to be frightened.* ◦ *She needn't have taken him to the hospital.* **3** B1 If something needs something to be done to it, that thing should be done in order to improve it. **нуждаться, требовать** *Do the clothes on this chair need washing?* ◦ *The car needs to be serviced.* **4 There needs to be sth** used to say that something is necessary **испытывать необходимость в чем-либо** *There needs to be more funding for education in this country.*

need[2] /niːd/ **noun** **1** B2 [no plural] something that is necessary to have or do **необходимость, надобность** *There's an urgent **need for** more medical supplies.* ◦ [+ to do sth] *Is there any need to change the current system?* ◦ *There's really **no need for** that sort of behaviour.* **2 be in need of sth** B2 to need something **нуждаться в чем-либо** *My car's in desperate need of repair.*

> Слова-партнеры к **need (noun)**
>
> **identify** a need • **meet** a need (= provide what is needed) • a need **for** sth

needle /ˈniːdl/ **noun** [C] **1** the thin, sharp, metal part of a piece of medical equipment used to take blood out of the body, or to put medicine or drugs in **шприц** **2** B2 a thin, pointed metal object with a small hole at one end for thread, used in sewing **иголка** *a needle and thread* **3** a thin, pointed piece of metal or plastic that moves to point to numbers on equipment used for measuring things **стрелка (прибора)** → See also **pins and needles**

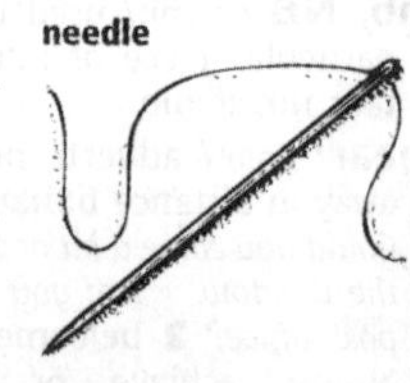
needle

needless /ˈniːdləs/ **adjective** not necessary **излишний** *a **needless expense*** ◦ ***Needless to say** (= as you would expect), it rained the whole time we were there.*
• **needlessly adverb излишне**

needn't /ˈniːdᵊnt/ short for need not **сокращ. от need not** *You needn't have come.*

needs /niːdz/ **noun** [plural] B2 the things you need in order to have a good life **потребности, нужды** *her emotional needs* ◦ *The city is struggling to **meet the needs of** its homeless people.*

needy /ˈniːdi/ **adjective** Needy people do not have enough money. **нуждающийся, бедный** *The mayor wants to establish permanent housing for **the needy**.*

negate /nɪˈgeɪt/ **verb** [T] formal to make something lose its effect or value **сводить на нет**
• **negation** /nɪˈgeɪʃᵊn/ **noun** [U] formal **сведение на нет**

negative[1] /ˈnegətɪv/ **adjective** **1** B1 not having enthusiasm or positive opinions about something **пессимистический, негативный** ***negative feelings*** ◦ *Many people have a **negative attitude** towards ageing.* **2** B2 A negative effect is bad and causes damage to something. **отрицательный** *Terrorist threats have had a very **negative impact** on tourism.* **3** If the result of a test to prove if someone is pregnant or ill is negative, that person is not pregnant or ill. **отрицательный** **4** A negative number is less than zero. **отрицательный** **5** A2 In language, a negative word or phrase expresses the meaning 'no' or 'not'. **отрицательный**

negative[2] /ˈnegətɪv/ **noun** [C] **1** a piece of film from which a photograph can be produced, where dark areas look light and light areas look dark негатив **2** a word or phrase which expresses the meaning 'no' or 'not' **отрицание**

negatively /ˈnegətɪvli/ **adverb 1** without enthusiasm or positive opinions **отрицательно** *to react/respond negatively* **2** B2 with a bad effect **отрицательно** *negatively affected*

negativity /ˌnegəˈtɪvəti/ **noun** [U] when you do not feel enthusiastic or positive about things **пессимизм**

neglect[1] /nɪˈglekt/ **verb** [T] **1** to not give enough care or attention to something or someone **не заботиться, пренебрегать** *to neglect your appearance/the garden* ◦ [often passive] *Some of these kids have been badly neglected in the past.* ◦ *neglected children* **2 neglect to do sth** to not do something, often intentionally **забывать, упускать из виду что-либо** *He neglected to mention the fact that we could lose money on the deal.*

neglect[2] /nɪˈglekt/ **noun** [U] when you do not give enough care or attention to something or someone **отсутствие заботы, заброшенность** *to suffer years of neglect*

negligence /ˈneglɪdʒəns/ **noun** [U] when you are not careful enough in something you do, especially in a job where your actions affect other people **халатность, небрежность** *Her parents plan to sue the surgeon for medical negligence.*

negligent /ˈneglɪdʒənt/ **adjective** not giving enough care or attention to a job or activity, especially where your actions affect someone else **относящийся к чему-либо халатно, небрежно** *The report found him negligent in his duties.*

negligible /ˈneglɪdʒəbl/ **adjective** small and not important **ничтожный, не принимаемый в расчет** *a* ***negligible effect/result***

negotiable /nɪˈgəʊʃiəbl/ **adjective** If something is negotiable, it is not completely fixed, and can be changed after discussion. **подлежащий пересмотру, могущий быть предметом обсуждения** *The January deadline is not negotiable.*

negotiate /nɪˈgəʊʃieɪt/ **verb 1** [I, T] to try to make or change an agreement by discussion **вести переговоры** *to negotiate with employers about working conditions* **2** [T] to successfully move around, through, or past something **пробираться, передвигаться** *to negotiate your way around/through a city*

• **negotiator noun** [C] **участник переговоров** *a peace negotiator*

> Слова-партнеры к **negotiation**
>
> enter into/be in negotiations • negotiations break down/fail • negotiations about/on/over sth • negotiations with sb • negotiations between sb and sb

negotiation /nɪˌgəʊʃiˈeɪʃən/ **noun** [C] when people try to make or change an agreement by discussion **переговоры** ***Peace negotiations*** *are due to start.*

Negro /ˈniːgrəʊ/ **noun** [C] (plural **Negroes**) old-fashioned a word that means a black person, which some people think is offensive **негр**

neighbour UK (US **neighbor**) /ˈneɪbəʳ/ **noun** [C] **1** A2 someone who lives very near you, especially in the next house **сосед** *Our* ***next-door neighbours*** *are always arguing.* **2** B2 someone or something that is near or next to someone or something else **сосед** *The French make more films than their European neighbours.*

neighbourhood UK (US **neighborhood**) /ˈneɪbəhʊd/ **noun** [C] B1 an area of a town or city that people live in **район, квартал** *I grew up in a very poor neighbourhood.* ◦ *Are there any good restaurants* ***in the neighbourhood*** *(= in this area)?*

neighbouring UK (US **neighboring**) /ˈneɪbᵊrɪŋ/ **adjective** [always before noun] B2 near or next to somewhere **соседний** *neighbouring countries/villages*

neither[1] /ˈnaɪðəʳ/, /ˈniːðəʳ/ **adverb** B2 used to say that a negative fact is also true of someone or something else **тоже не** *Jerry doesn't like it, and neither do I.* ◦ *Her family wouldn't help her and neither would anyone else.* ◦ *She's not very tall and neither is her husband.*

neither[2] /ˈnaɪðəʳ/, /ˈniːðəʳ/ **pronoun, determiner** B2 not either of two people or things **ни тот, ни другой, ни один** *Luckily, neither child was hurt in the accident.* ◦ ***Neither of*** *us had ever been to London before.* ◦ *They gave us two keys, but neither worked.*

neither[3] /ˈnaɪðəʳ/, /ˈniːðəʳ/ **conjunction neither … nor** B2 used when a negative fact is true of two people or things or when someone or something does not have either of two qualities **ни … ни** *Neither he nor his mother would talk to the police.* ◦ *Their performance was neither entertaining nor educational.*

neo- /niːəʊ-/ **prefix** new **новый, нео-** *neo-facists*

neon /ˈniːɒn/ **noun** [U] a gas that produces bright, colourful light when electricity passes through it, often used in signs (formula Ne) **неон** ***neon lights/signs***

nephew /ˈnefjuː/ **noun** [C] B1 the son of your brother or sister, or the son of your husband's or wife's brother or sister **племянник**

Neptune /ˈneptjuːn/ **noun** [no plural] the planet that is eighth from the Sun, after Uranus and before Pluto **Нептун**

nerd /nɜːd/ **noun** [C] informal someone, especially a man, who is not fashionable and who is interested in boring things **человек, увлеченный скучными вещами и не интересующийся модой**

• **nerdy adjective** informal boring and not fashionable **занудный, немодный**

nerve /nɜːv/ **noun 1** [C] one of the threads in your body which carry messages between your

N

brain and other parts of the body **нерв** *the optic nerve* ◦ ***nerve cells/endings*** **2** [no plural] the quality of being brave **мужество, присутствие духа** [+ to do sth] *I* ***haven't got the nerve*** *to tell him I'm leaving.* ◦ *He* ***lost his nerve*** *and couldn't go through with it.* **3** [no plural] the rudeness necessary to do something you know will upset someone **наглость** *You've* ***got a nerve****, coming here!* ◦ [+ to do sth] *I can't believe she* ***had the nerve*** *to talk to me after what happened.*

IDIOM **hit/touch a (raw) nerve** to upset someone by talking about a particular subject **задеть за живое**

nerve-racking /ˈnɜːvˌrækɪŋ/ **adjective** If an experience is nerve-racking, it makes you very nervous. **действующий на нервы** *a nerve-racking experience*

nerves /nɜːvz/ **noun** [plural] **1** (B2) the state of being nervous **нервы, нервозность** *I need something to* ***calm my nerves.*** ◦ *I always* ***suffer from nerves*** *before a match.* **2 steady/strong nerves** (B2) the ability to be calm in difficult situations **железные нервы** *You need a cool head and steady nerves for this job.*

IDIOM **get on sb's nerves** (B2) to annoy someone, especially by doing something again and again **действовать кому-либо на нервы** *If we spend too much time together we end up getting on each other's nerves.*

> Слова-партнеры к **nerves**
>
> **suffer from** nerves • **calm/settle/steady** your nerves

nervous /ˈnɜːvəs/ **adjective 1** (B1) worried and anxious **нервный, волнующийся** *a* ***nervous cough/laugh*** ◦ *She's very* ***nervous about*** *her driving test.* **2** [always before noun] relating to the nerves in the body **нервный** *a nervous disorder*

ˌnervous ˈbreakdown noun [C] a short period of mental illness when people are too ill to continue with their normal lives **нервный срыв**

nervously /ˈnɜːvəsli/ **adverb** in a worried and anxious way **нервно** *to* ***giggle/laugh nervously*** • **nervousness** noun [U] **нервозность**

ˈnervous ˌsystem noun [C] your brain and all the nerves in your body which control your feelings and actions **нервная система** *a disease of the central nervous system*

nest[1] /nest/ **noun** [C] a home built by birds for their eggs and by some other creatures to live in **гнездо** *a* ***birds'/wasps' nest***

nest[2] /nest/ **verb** [I] to live in a nest or build a nest **гнездиться, вить гнездо**

nestle /ˈnesl/ **verb 1 nestle (sth) against/in/on, etc** to rest yourself or part of your body in a comfortable, protected position **уютно устроиться, примоститься около/в/на и т. д.** *The cat was nestling in her lap.* **2 nestle beneath/between/in, etc** If a building, town, or object nestles somewhere, it is in a protected position, with bigger things around it. **ютиться под/между/в и т. д.** *a village nestled in the Carpathian mountains*

net

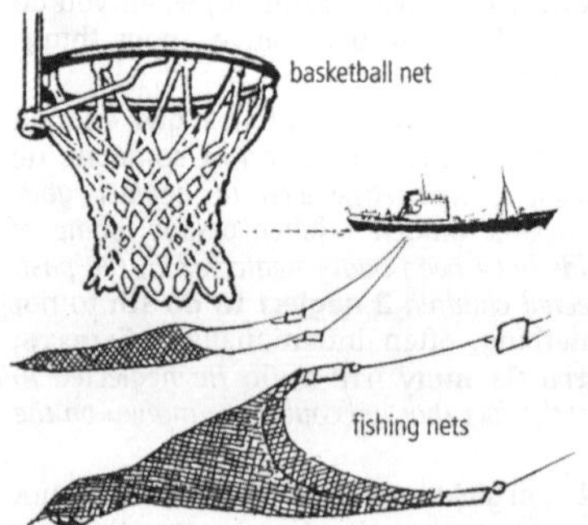

net[1] /net/ **noun 1** [U] material made of crossed threads with holes between them **сетчатый материал 2** [C] (B1) something made with a piece of net, for example for catching fish or insects, or for sports **сеть, сетка** *a fishing net* ◦ *a tennis/basketball net* **3 the Net** (A2) short for the Internet **Интернет** → See also **safety net**

net[2] (also UK **nett**) /net/ **adjective** A net amount of money has had costs such as tax taken away from it. **чистый (о доходе)** *a* ***net income/profit*** *of £10,000*

net[3] /net/ **verb** [T] (present participle **netting**, past tense and past participle **netted**) **1** to get an amount of money as profit **получать чистый доход** *One trader netted a bonus of £1 million.* **2** to hit, throw, or kick a ball into a net **забивать мяч в сетку** *He netted a great penalty.*

netball /ˈnetbɔːl/ **noun** [U] a game usually played by teams of women, where a ball is thrown from player to player and goals are scored by throwing the ball through a high net **нетбол**

netting /ˈnetɪŋ/ **noun** [U] material made of crossed threads or wires with holes between them **сеть, сетка** *wire netting*

nettle /ˈnetl/ **noun** [C] a wild plant whose leaves hurt you if you touch them **крапива**

network[1] /ˈnetwɜːk/ **noun** [C] **1** (B2) a system or group of connected parts **сеть (железнодорожная, телевизионная и т. д.)** *a* ***rail/road network*** ◦ *a* ***network of*** *cables/tunnels* **2** a group of people who know each other or who work together **круг, сеть** *a large network of friends* **3** a large television or radio company that broadcasts programmes in many areas **радио- или телесеть**

> Слова-партнеры к **network**
>
> **build/create/establish/form** a network • a network **of** sth • a **rail/road** network

N

network[2] /ˈnetwɜːk/ **verb 1** [I] to use social events to meet people who might be useful for your business **приобретать нужные связи 2** [T] B2 to connect computers together so that they can share information and programs **объединять компьютеры в единую сеть**

networking /ˈnetwɜːkɪŋ/ **noun** [U] **1** when you use social events to meet people who might be useful for your business **приобретение нужных связей 2** when you connect computers together so that they can share programs and information **объединение компьютеров в единую сеть**

neural /ˈnjʊərəl/ **adjective** [always before noun] relating to the nerves in your body **нервный** *neural activity*

neurology /njʊəˈrɒlədʒi/ **noun** [U] the study of the system of nerves in people's bodies **неврология**

• **neurological** /ˌnjʊərəˈlɒdʒɪkəl/ **adjective** Neurological illnesses affect the nerves in people's bodies. **неврологический** • **neurologist** /njʊəˈrɒlədʒɪst/ **noun** [C] a doctor who deals with neurological illnesses **невропатолог**

neuron /ˈnjʊərɒn/ **noun** [C] a nerve cell which carries messages between your brain and other parts of your body **нейрон, нервная клетка**

neurosis /njʊəˈrəʊsɪs/ **noun** [C] (plural **neuroses** /njʊəˈrəʊsiːz/) a mental illness, often causing you to worry too much about something **невроз**

neurotic /njʊəˈrɒtɪk/ **adjective** If you are neurotic, you worry about things too much. **неврастенический**

neuter /ˈnjuːtəʳ/ **adjective** in some languages, belonging to a group of nouns or adjectives that have the same grammatical behaviour. The other groups are 'masculine' and 'feminine'. **среднего рода (в грамматике)**

neutral[1] /ˈnjuːtrəl/ **adjective 1** independent and not supporting any side in an argument, fight, or competition **нейтральный** ***neutral ground/territory*** ◦ *He decided to remain neutral on the issue.* **2** Neutral colours are not strong or bright. **нейтральный, неяркий**

neutral[2] /ˈnjuːtrəl/ **noun** [U] In driving, neutral is the position of the gears (= parts of a vehicle that control how fast the wheels turn) when they are not connected. **нейтральное положение рычага коробки передач** *to be* ***in neutral***

neutrality /njuːˈtræləti/ **noun** [U] the state of being independent and not supporting any side in an argument, war, etc **нейтралитет** *political neutrality*

neutron /ˈnjuːtrɒn/ **noun** [C] a part of an atom which has no electrical charge (= the electricity something stores or carries) **нейтрон**

never /ˈnevəʳ/ **adverb 1** A1 not ever, not one time **никогда, ни разу** *"Have you ever been to Australia?" "No, never."* ◦ *I've never even thought about that before.* ◦ *She'll never be able to have children.* ◦ *He just walked out of the door one day and never came back.* **2** used to emphasize something negative **никогда, совсем** *I never knew you lived around here.*

never-ending /ˌnevəʳˈendɪŋ/ **adjective** If something is never-ending, it continues for ever. **бесконечный** *The housework in this place is just never-ending.*

nevertheless /ˌnevəðəˈles/ **adverb** B2 despite that **тем не менее** *I knew a lot about the subject already, but her talk was interesting nevertheless.*

new /njuː/ **adjective 1** A1 different from before **новый** *I need some new shoes.* ◦ *Have you met Fiona's new boyfriend?* ◦ *He's starting his new job on Monday.* ◦ *We're always looking for new ways to improve our services.* **2** A1 recently made **новый** *Their house is quite new – it's about five years old.* ◦ *The factory will provide hundreds of new jobs for the area.* **3** A1 not known before **новый** *to discover a new gene/star* **4 be new to sb** B1 If a situation or activity is new to you, you have not had experience of it before. **быть незнакомым, не освоившимся 5 be new to sth** B1 If you are new to a situation or activity, you have only recently started experiencing it. **быть новичком в чем-либо/где-либо** *I'm new to the job.* → See also a whole new **ball game**, new **blood**, **brand new**, break new **ground**[1], new **heights**, turn over a new **leaf**[1], give sb/sth a new **lease**[1] of life

newborn /ˌnjuːˈbɔːn/ **adjective** [always before noun] A newborn baby has just been born. **новорожденный**

• **newborn noun** [C] a newborn baby **новорожденный (ребенок)**

newcomer /ˈnjuːˌkʌməʳ/ **noun** [C] someone who has only recently arrived or started doing something **новоприбывший, новый человек** *He's a relative* ***newcomer to*** *the area.*

new-found /ˈnjuːˌfaʊnd/ **adjective** [always before noun] A new-found quality or ability has started recently. **недавно обретенный** *This success is a reflection of their new-found confidence.*

newly /ˈnjuːli/ **adverb** B2 recently **недавно, только что** *a* ***newly married*** *couple* ◦ *newly built houses*

news /njuːz/ **noun** [U] **1 the news** B1 the announcement of important events on television, radio, and in newspapers **новости, известия** *the* ***local/national news*** ◦ *to* ***watch*** *the 6 o'clock* ***news*** ◦ *Did you see that report about child labour* ***on the news*** *last night?* ◦ *a* ***news bulletin/report*** **2** A2 new information **новость, сообщение** *Have you* ***had*** *any* ***news*** *about your job yet?* ◦ *I've got some* ***good news*** *for you.* ◦ *Any news from John?* **3 be news to sb** informal to be a surprise to someone **первый раз слышать о чем-либо** *He's leaving? Well that's certainly news to me.*

IDIOM **be bad/good news for sb** to affect someone badly/well **быть плохой/хорошей**

N

новостью для кого-либо *This weather is bad news for farmers.*

> **Слова-партнеры к news**
>
> the latest news • hear/listen to/see/watch the news • in/on the news

newsagent /ˈnjuːzˌeɪdʒᵊnt/ **noun** [C] UK **1 newsagent's** a shop that sells newspapers, magazines, and things like sweets and cigarettes **газетный киоск, магазин, где продаются газеты, сладости и сигареты 2** someone who owns or works in a newsagent's **владелец или продавец магазина, в котором продаются газеты**

newscast /ˈnjuːzkɑːst/ **noun** [C] US a television or radio broadcast of the news **последние известия** *the evening newscast*

newscaster /ˈnjuːzkɑːstəʳ/ **noun** [C] someone who reads the news on the radio or television **диктор последних известий**

newsgroup /ˈnjuːzgruːp/ **noun** [group] a collection of messages on the Internet that people write about a particular subject **группа новостей** *a political newsgroup*

newsletter /ˈnjuːzˌletəʳ/ **noun** [C] a regular report with information for people who belong to an organization or who are interested in a particular subject **информационный бюллетень** *a monthly newsletter about business and the environment*

newspaper /ˈnjuːsˌpeɪpəʳ/ (US) /ˈnuːzˌpeɪpəʳ/ **noun 1** [C] (A1) large, folded sheets of paper which are printed with the news and sold every day or every week **газета** *a **local/national newspaper** ◦ I read about his death **in the newspaper**. ◦ a **newspaper article/headline*** **2** [U] (A2) paper from newspapers **газетная бумага** *The cups were wrapped in newspaper.*

newsprint /ˈnjuːzprɪnt/ **noun** [U] cheap, low quality paper used to print newspapers **газетная бумага**

newsreader /ˈnjuːzˌriːdəʳ/ **noun** [C] UK someone who reads the news on the radio or television **диктор последних известий**

newsstand /ˈnjuːzstænd/ **noun** [C] US a small shop in a public area of a building or station, or part of a bigger shop, where newspapers and magazines are sold **газетный киоск**

newsworthy /ˈnjuːzˌwɜːði/ **adjective** interesting or important enough to be included in the news **представляющий интерес для печати**

the ˌNew ˈTestament noun the part of the Bible (= holy book) written after the birth of Jesus Christ **Новый Завет**

ˌnew ˈwave noun [usually singular] people who are doing activities in a new and different way **новое поколение** *the new wave of wine producers*

ˌnew ˈyear noun [C] (also **New Year**) the period in January when another year begins **Новый год** ***Happy New Year!*** *◦ We're going away **in the new year**.*

ˌNew ˌYear's ˈDay noun [C, U] 1 January, the first day of the year and a public holiday in many countries **день Нового года**

ˌNew ˌYear's ˈEve noun [C, U] 31 December, the last day of the year **новогодняя ночь, канун Нового года**

> **Типичная ошибка: next**
>
> **Запомните:** перед **next** в сочетании с day/week/year и т.п. предлог не употребляется. Правильно говорить **next Monday**, а не 'on next Monday'.
>
> ~~*I want to invite you to visit me on next weekend.*~~
>
> *I want to invite you to visit me next weekend.*

next¹ /nekst/ **adjective 1 next week/year/Monday, etc** (A1) the week/year/Monday, etc that follows the present one **на следующей неделе/в следующем году/в следующий понедельник и т. д.** *I'm planning to visit California next year. ◦ Are you doing anything next Wednesday? ◦ Next time, ask my permission before you borrow the car.* **2** (A2) The next time, event, person, or thing is the one nearest to now or the one that follows the present one. **следующий, ближайший** *What time's the next train to London? ◦ We're going to be very busy for the next few months.* **3** (A2) The next place is the one nearest to the present one. **ближайший, соседний** *She only lives in the next village. ◦ Turn left at the next roundabout.* **4 the next best thing** the thing that is best, if you cannot have or do the thing you really want **уступающий только самому лучшему** *Coaching football is the next best thing to playing.* **5 the next thing I knew** used to talk about part of a story that happens in a sudden and surprising way **и в следующее мгновение** *A car came speeding round the corner, and the next thing I knew I was lying on the ground.*

next² /nekst/ **adverb 1** (A2) immediately after **дальше, затем** *You'll never guess what happened next. ◦ Where shall we go next?* **2** The time when you next do something is the first time you do it again. **в следующий раз** *Could you get some coffee when you next go to the supermarket?*

next³ /nekst/ **preposition next to sth/sb** (A2) very close to something or someone, with nothing in between **рядом с чем-либо/кем-либо** *Come and sit next to me. ◦ The factory is right next to a residential area.*

next⁴ /nekst/ **pronoun 1** (B2) the person or thing that follows the present person or thing **следующий** *Who's next to see the nurse? ◦ Blue roses? **Whatever next**? (= What other strange things might happen?)* **2 the weekend/week/Thursday, etc after next** (B2) the weekend/

week/Thursday, etc that follows the next one **выходные/неделя/четверг и т. д., следующие за ближайшими**

ˌnext ˈdoor adjective, adverb B1 in the next room, house, or building **соседний, по соседству** *What are your* ***next-door neighbours*** *like?* ◦ *That's the old man who lives* ***next door to*** *Paul.*

ˌnext of ˈkin noun [C] (plural **next of kin**) formal the person you are most closely related to **ближайший родственник** *The names of the dead cannot be released until their next of kin have been notified.*

the NHS /ˌeneɪtʃˈes/ **noun** abbreviation for the National Health Service: the system providing free medical services in the UK **система здравоохранения (в Великобритании)** *Did she get it done privately or* ***on the NHS****?*

nib /nɪb/ **noun** [C] the pointed end of a pen, where the ink comes out **перо (авторучки)**

nibble /ˈnɪbl/ **verb** [I, T] to eat something by taking very small bites or to bite something gently **грызть, покусывать** *He was nibbling a biscuit.* ◦ *She* ***nibbled*** *playfully* ***at*** *his ear.*

nice /naɪs/ **adjective 1** A1 pleasant **милый, приятный** *They live in a nice old house on Market Street.* ◦ *We could go to the coast tomorrow, if the weather's nice.* ◦ [+ to do sth] *It was very nice to meet you.* ◦ [+ doing sth] *Nice talking to you.* **2** A1 kind and friendly **милый, любезный** *He seems like a really nice guy.* ◦ *She's always been very* ***nice to*** *me.* **3 nice and sth** informal used to emphasize a positive quality **очень, такой (чистый, удобный и т. д.)** *nice and clean* ◦ *This chair's nice and comfy.*

Другие способы сказать nice

Если человек приятен из-за своего доброго отношения к другим людям, его можно охарактеризовать как **kind** или **sweet**.

She's a very ***kind*** *person.*

Thank you so much for the card – it was very ***sweet*** *of you!*

Если какое-то занятие вам нравится, то можно сказать, что оно **fun**, **enjoyable** или **lovely**.

We had a really ***lovely*** *day at the beach.*

You'd have liked the party – it was ***fun****.*

Если что-то приятно на вид, его можно охарактеризовать как **attractive**, **beautiful**, **pleasant**, **lovely** или **pretty**.

There's some ***beautiful*** *countryside in Yorkshire.*

That's a ***pretty*** *dress you're wearing.*

О вкусной еде можно сказать **delicious** или **tasty**.

This chicken soup is absolutely ***delicious****.*

nicely /ˈnaɪsli/ **adverb 1** B2 well **хорошо, отлично** *That table would fit nicely in the bedroom.* ◦ *His business is* ***doing*** *very* ***nicely****.* **2** B2 in a pleasant way **хорошо, любезно** *nicely dressed*

niche /niːʃ/ (US) /nɪtʃ/ **noun** [C] **1** a job or activity that is very suitable for someone **свое место** *After years of job dissatisfaction, he's at last* ***found his niche in*** *financial services.* **2** a hollow space cut into a wall **ниша**

ˌniche ˈmarket noun [C] a small number of people who buy a particular product or service, especially an unusual or expensive one **ограниченный сегмент рынка** *They make luxury cars for a small but significant niche market.*

nick[1] /nɪk/ **verb** [T] **1** UK informal to steal something **стащить, украсть** *She got caught nicking CDs from Smith's.* **2** UK informal If the police nick someone, they catch that person because they have committed a crime. **поймать, задержать** [often passive] *He got nicked for handling stolen goods.* **3** to make a small cut in something without intending to **порезаться** *He nicked himself shaving.*

nick[2] /nɪk/ **noun 1** [C] mainly UK informal a prison or police station **тюрьма, полицейский участок** *They spent the night* ***in the nick****.* **2** [C] a small cut **порез** *He has a little nick on his cheek.* **3 in bad/good nick** UK informal in bad/good condition **в хорошем/плохом состоянии**

IDIOM **in the nick of time** just before it was too late **как раз вовремя, в последний момент** *The ambulance arrived in the nick of time.*

nickel /ˈnɪkl/ **noun 1** [C] a US or Canadian coin with a value of 5 cents **монета в пять центов 2** [U] a silver-white metal that is often mixed with other metals (formula Ni) **никель**

nickname /ˈnɪkneɪm/ **noun** [C] a name used informally instead of your real name **прозвище, кличка** *His behaviour has earned him the nickname 'Mad Dog'.*

• **nickname verb** [+ two objects] **давать прозвище** *They nicknamed her 'The Iron Lady'.*

nicotine /ˈnɪkətiːn/ **noun** [U] a poisonous chemical substance in tobacco **никотин**

niece /niːs/ **noun** [C] B1 the daughter of your brother or sister, or the daughter of your husband's or wife's brother or sister **племянница**

nifty /ˈnɪfti/ **adjective** informal well-designed and effective **ловкий, толковый** *a nifty piece of software*

nigger /ˈnɪgəʳ/ **noun** [C] offensive a very offensive word for a black person **черномазый**

niggle /ˈnɪgl/ **verb 1** [I, T] to worry or annoy someone slightly for a long time **изводить, надоедать** *a* ***niggling injury*** **2 niggle about/over, etc** UK to complain about things which are not very important **ныть, жаловаться на что-либо** *She kept niggling about the extra work.*

• **niggle noun** [C] **жалоба**

nigh /naɪ/ **adverb 1** literary near **близко** *The end of the world is nigh.* **2 well nigh/nigh on** old-fashioned almost **почти** *Our family has lived here well nigh two hundred years.*

night /naɪt/ **noun** [C, U] **1** Ⓐ① the time in every 24 hours when it is dark and people usually sleep **ночь** *I didn't get any sleep* ***last night.*** ◦ *It's warm during the day, but it can get quite cold* ***at night.*** ◦ *The phone rang in the* ***middle of the night.*** ◦ *We stayed up almost all night talking.* ◦ *Tim's working nights this week.* **2** Ⓐ① the period from the evening to the time when you go to sleep **вечер** *Did you have a good time* ***last night****?* ◦ *Are you doing anything* ***on*** *Friday* ***night****?* **3** used to describe the hours from the evening until just after 12 midnight **вечер** *They're open from 7 in the morning until 10 o'clock at night.* **4 have an early/a late night** to go to bed early/late **рано/поздно ложиться спать** **5 a night out** an evening spent away from home doing something enjoyable **вечер, проведенный вне дома** *a night out at the theatre* **6 Good night.** You say 'Good night' to someone who is going to bed. **спокойной ночи!** *Good night, sleep well.*
→ See also **the dead of night/winter**

> Слова-партнеры к **night**
>
> **spend** the night • **at** night • **in** the night • the **middle of** the night • **last** night

nightclub /ˈnaɪtklʌb/ **noun** [C] Ⓑ① a place where you can dance and drink at night **ночной клуб**

nightdress /ˈnaɪtdres/ **noun** [C] mainly UK a loose dress that women wear in bed **ночная рубашка**

nightfall /ˈnaɪtfɔːl/ **noun** [U] the time in the evening when it gets dark **закат**

nightgown /ˈnaɪtgaʊn/ **noun** [C] a loose dress that women wear in bed **ночная рубашка**

nightie /ˈnaɪti/ **noun** [C] a loose dress that women wear in bed **ночная рубашка**

nightingale /ˈnaɪtɪŋgeɪl/ **noun** [C] a small brown bird which sings very well **соловей**

nightlife /ˈnaɪtlaɪf/ **noun** [U] Ⓑ① entertainment for the night such as bars, restaurants, and theatres **ночная жизнь (города)** *What's the nightlife like around here?*

nightly /ˈnaɪtli/ **adjective** [always before noun], **adverb** happening every night **ежевечерний** *the nightly news* ◦ *The show, lasting ninety minutes, will be broadcast nightly from Monday to Friday.*

nightmare /ˈnaɪtmeəʳ/ **noun** [C] **1** Ⓑ① a very unpleasant experience **кошмар, ужас** *The traffic can be a real nightmare after 4.30.* **2** Ⓑ① a frightening dream **кошмар, страшный сон**

> Слова-партнеры к **nightmare**
>
> an **absolute/complete/living/total** nightmare • be sb's **worst** nightmare • the nightmare of (doing) sth • a nightmare **for** sb

ˈnight ˌschool **noun** [U] classes for adults that are taught in the evening **вечерняя школа, вечерние курсы**

nightstick /ˈnaɪtstɪk/ **noun** [C] US (UK **truncheon**) a short stick that police officers carry to use as a weapon **дубинка полицейского**

night-time /ˈnaɪttaɪm/ **noun** [U] the period of time when it is dark at night **ночная пора**

nil /nɪl/ **noun** [U] **1** UK In sports results, nil means 'zero'. **ноль (в спорте)** *Germany beat England three nil (= 3-0).* **2** not existing **ничего** *The chances of that happening are virtually nil.*

nimble /ˈnɪmbl/ **adjective** able to move quickly and easily **проворный, ловкий** ***nimble fingers***

nine /naɪn/ Ⓐ① the number 9 **девять**

nineteen /ˌnaɪnˈtiːn/ Ⓐ① the number 19 **девятнадцать**

• **nineteenth** 19th written as a word **девятнадцатый**

nine-to-five /ˈnaɪntəˌfaɪv/ **adjective, adverb** describes work that begins at nine o'clock in the morning and ends at five o'clock, which are the hours that people work in many offices from Monday to Friday **с девяти до пяти, на полную ставку (о работе)** *She's tired of working nine-to-five.*

• **nine-to-five** /ˌnaɪntəˈfaɪv/ **noun** [C] **полный рабочий день**

ninety /ˈnaɪnti/ **1** Ⓐ② the number 90 **девяносто** **2 the nineties** the years from 1990 to 1999 **девяностые годы** **3 be in your nineties** to be aged between 90 and 99 **быть в возрасте от 90 до 99 лет**

• **ninetieth** 90th written as a word **девяностый**

ninth¹ /naɪnθ/ Ⓐ② 9th written as a word **девятый**

ninth² /naɪnθ/ **noun** [C] one of nine equal parts of something; ⅑; **одна девятая**

nip /nɪp/ **verb** (present participle **nipping**, past tense and past participle **nipped**) **1 nip down/out/up, etc** UK informal to go somewhere quickly and for a short time **сбегать куда-либо по-быстрому** *I'm just nipping down the road to get a paper.* **2** [T] If something nips you, it gives you a small, sharp bite. **тяпнуть, ущипнуть** *His parrot nipped him on the nose.* → See also nip sth in the **bud**

nipple /ˈnɪpl/ **noun** [C] the small, circular area of slightly darker, harder skin in the centre of each breast in women, or on each side of the chest in men **сосок**

nirvana /nɪəˈvɑːnə/ **noun** [U] a state of perfection **нирвана**

nitrate /ˈnaɪtreɪt/ **noun** [C, U] a chemical containing nitrogen and oxygen that is used on crops to make them grow better **нитрат**

nitrogen /ˈnaɪtrədʒən/ **noun** [U] a gas that has no colour or smell and is the main part of air (symbol N) **азот**

the nitty-gritty /ˌnɪtiˈgrɪti/ **noun** the important

details of a subject or activity **суть, важные детали** *English teachers should concentrate on **the nitty-gritty of** teaching grammar.*

no¹ /nəʊ/ **determiner 1** Ⓐ1 not any **никакой, нет** *There were no signposts anywhere.* ◦ *I had no difficulty getting work.* ◦ *There was no mention of money.* **2** Ⓐ2 a word used to say that something is forbidden **нельзя, запрещено** *No smoking.* ◦ *There was no talking in her classes.* **3 There's no doing sth** something that you say when an action is impossible **невозможно сделать что-либо** *There's no pleasing some people (= nothing that you do will make them happy).*

no² /nəʊ/ **adverb no ... than** Ⓑ1 not any **не ..., чем что-либо** *The work should be done no later than Friday.* ◦ *There were no more than ten people there.*

no³ /nəʊ/ **exclamation 1** Ⓐ1 something that you say in order to disagree, give a negative answer, or say that something is not true **нет** *"Have you seen Louise?" "No, I haven't."* ◦ *"Have you ever been to Ireland?" "No."* ◦ *"Can I have some more cake?" "No, you'll be sick."* ◦ *"He's really ugly." "No he isn't!"* **2** Ⓐ2 something that you say to agree with something that is negative **нет (при соглашении с отрицательным высказыванием)** *"He's not very bright, is he?" "No, I'm afraid not."* **3 Oh no!** Ⓐ2 something that you say when you are shocked and upset **не может быть!** *Oh no! It's gone all over the carpet!*

no. written abbreviation for number **номер**

nobility /nəʊˈbɪləti/ **noun 1 the nobility** [group] the people from the highest social group in a society **аристократия 2** [U] the quality of being noble **благородство**

noble¹ /ˈnəʊbl/ **adjective 1** honest, brave, and kind **благородный, великодушный** *a noble gesture* **2** belonging to the highest social group of a society **знатный**

noble² /ˈnəʊbl/ **noun** [C] a person of the highest social group in some countries **аристократ**

nobleman, noblewoman /ˈnəʊblmən/, /ˈnəʊblˌwʊmən/ **noun** [C] (plural **noblemen, noblewomen**) someone belonging to the highest social group in some countries **аристократ, аристократка**

nobly /ˈnəʊbli/ **adverb** in a brave or generous way **великодушно** *She nobly offered to sell her jewellery.*

nobody /ˈnəʊbədi/ **pronoun** Ⓐ2 no person **никто** *There was nobody I could talk to.* ◦ *Nobody's listening.* ◦ *Sally helped me, but **nobody else** bothered.*

no-brainer /ˌnəʊˈbreɪnəʳ/ **noun** [C] informal something that is very simple to do or to understand, or a decision that is very easy to take **очень простой**

nocturnal /nɒkˈtɜːnəl/ **adjective 1** Nocturnal animals and birds are active at night. **ночной 2** happening at night **ночной** *nocturnal activities/habits*

nod /nɒd/ **verb** [I, T] (present participle **nodding**, past tense and past participle **nodded**) Ⓑ2 to move your head up and down as a way of agreeing, to give someone a sign, or to point to something **кивать головой** *They nodded enthusiastically at the proposal.* ◦ *Barbara nodded in approval.*

• **nod noun** [C] **кивок** *He **gave** a **nod** of approval.*

PHRASAL VERB **nod off** informal to start sleeping **задремать**

nodule /ˈnɒdjuːl/ **noun** [C] a small lump, especially on a plant or someone's body **узелок**

no-fault /ˈnəʊfɔːlt/ **adjective** [always before noun] US No-fault laws or systems are ones where it is not important who is responsible for what has happened. **не устанавливающий виновника** *no-fault insurance*

ˌno-go ˈarea noun [C] mainly UK an area, usually in a city, where it is too dangerous to go because there is a lot of violent crime there **опасный район**

noise /nɔɪz/ **noun** [C, U] Ⓐ1 a sound, often a loud, unpleasant sound **шум** *a deafening/loud noise* ◦ *Stop **making** so much **noise**!* ◦ *The engine's making funny noises.* ◦ *There is some **background noise** on the recording.* ◦ *I had to shout above the noise of the party.*

> **Слова-партнеры к noise**
>
> background noise • a deafening/faint/loud/strange noise • hear/make a noise

ˈnoise polˌlution noun [U] noise, often from traffic, which upsets people where they live or work **шумовое загрязнение**

noisy /ˈnɔɪzi/ **adjective** Ⓐ2 Noisy people or things make a lot of noise. **шумный** *A crowd of noisy protesters gathered in the square.* ◦ *We've had problems with noisy neighbours.*

• **noisily adverb шумно**

nomad /ˈnəʊmæd/ **noun** [C] a member of a group of people who move from one place to another instead of living in the same place all the time **кочевник**

• **nomadic** /nəʊˈmædɪk/ **adjective** Nomadic people move from place to place. **кочевой**

ˈno-man's ˌland noun [U, no plural] an area of land which no one owns or controls, especially in a war **нейтральная зона**

nominal /ˈnɒmɪnəl/ **adjective 1** existing officially, but not in reality **номинальный, формальный** *a nominal leader* **2** A nominal sum of money is a small amount of money. **символический, ничтожный** *a **nominal charge/fee***

nominally /ˈnɒmɪnəli/ **adverb** officially but not in reality **формально** *nominally Catholic areas*

nominate /ˈnɒmɪneɪt/ **verb** [T] **1** to officially suggest a person for a job or a position in an organization, or to suggest a person or their

N

work for a prize **выдвигать чью-либо кандидатуру** [often passive] *Judges are nominated by the governor.* ◦ *The film was* ***nominated for*** *an Academy Award.* ◦ *He was* ***nominated as*** *best actor.* **2** to choose someone for a job or to do something **назначать на должность** *He has* ***nominated*** *his brother* ***as*** *his heir.* ◦ [+ to do sth] *Two colleagues were nominated to attend the conference.*

nomination /ˌnɒmɪˈneɪʃᵊn/ **noun** [C, U] **1** the act of officially suggesting a person for a job or their work for a prize **выдвижение кандидата** *to* ***seek/win*** *a* ***nomination*** ◦ *He won the Democratic* ***nomination for*** *mayor of Chicago.* ◦ *She has just* ***received*** *her fourth Oscar* ***nomination.*** **2** the choice of someone for a job or to do something **назначение на должность** *They did everything they could to defeat his nomination to be surgeon general.*

> Слова-партнеры к **nomination**
>
> **make/receive/seek/win** a nomination • a nomination **as/for** sth

nominee /ˌnɒmɪˈniː/ **noun** [C] a person or a piece of work which has been nominated **кандидат**

non- /nɒn-/ **prefix** not or the opposite of **не-, без-** *non-alcoholic drinks* ◦ *non-smokers*

non-alcoholic /ˌnɒnælkəˈhɒlɪk/ **adjective** describes a drink that does not contain alcohol **безалкогольный**

nonchalant /ˈnɒnʃᵊlənt/ (US) /ˌnɑːnʃəˈlɑːnt/ **adjective** calm and not worried **беззаботный, беспечный** *a nonchalant shrug*
• **nonchalantly adverb беззаботно, беспечно**

noncommittal /ˌnɒnkəˈmɪtᵊl/ **adjective** not showing your opinion about something **уклончивый, ни к чему не обязывающий** *a noncommittal expression/response*

nondescript /ˈnɒndɪskrɪpt/ **adjective** not interesting **неприметный, невзрачный** *a nondescript building/man*

none /nʌn/ **quantifier 1** (B1) not any **никто, ни один, нисколько** ***None of*** *them smoke.* ◦ *In 1992, the company had 2,700 part-time workers. Today it has none.* ◦ *There were only three births here in March and* ***none at all*** *in April.* ◦ *He asked if there was any hope. I told him frankly that there was none.* **2 none too clean/clever/pleased, etc** not at all clean/clever/pleased, etc **вовсе не чистый/умный/довольный и т. д.** *His handkerchief was none too clean.* **3 none the happier/poorer/wiser, etc** not any happier/poorer/wiser, etc than before **ничуть не счастливее/беднее/мудрее и т. д.** *She must have explained the theory three times, but I'm still none the wiser.*

nonetheless /ˌnʌnðəˈles/ **adverb** despite what has just been said **тем не менее** *He was extremely rude in meetings. Nonetheless, his arguments found some support.*

non-event /ˌnɒnɪˈvent/ **noun** [no plural] informal an event that was not as exciting or interesting as you expected it to be **разочарование, нечто непримечательное** *Her party was a bit of a non-event.*

non-existent /ˌnɒnɪɡˈzɪstᵊnt/ **adjective** not existing **несуществующий** *We knew our chances of success were non-existent.*

nonfiction /ˌnɒnˈfɪkʃᵊn/ **noun** [U] writing about things which are true **документальная, научная литература** *nonfiction books/titles*

no-no /ˈnəʊnəʊ/ **noun** [C] informal something that is forbidden or not socially acceptable **нечто недозволенное, неприемлемое** *Cardigans are a fashion no-no this season.*

no-nonsense /ˌnəʊˈnɒnsᵊns/ **adjective** [always before noun] not having or allowing others to have any silly ideas or behaviour **деловой, строгий** *a* ***no-nonsense approach*** *to child rearing*

nonplussed /ˌnɒnˈplʌst/ **adjective** extremely surprised **в замешательстве**

non-profit-making /ˌnɒnˈprɒfɪtˌmeɪkɪŋ/ **adjective** UK (US **nonprofit**) A non-profit-making organization does not make money from its activities. **некоммерческий**

nonsense /ˈnɒnsᵊns/ **noun** [U] **1** (B2) If something someone has said or written is nonsense, it is silly and not true. **чепуха, абсурд, вздор** *She talks such nonsense sometimes.* ◦ *That's* ***a load of nonsense.*** ◦ *It's nonsense to suggest they could have cheated.* **2** silly behaviour **глупое поведение, сумасбродство** *Will you stop this childish nonsense!* **3 make a nonsense of sth** UK to spoil something or make it seem stupid **превращать что-либо в бессмыслицу** *Cuts to the text made a nonsense of the play.*

> Слова-партнеры к **nonsense**
>
> talk nonsense • **absolute/complete/utter** nonsense • **a load of** nonsense

non-smoker /ˌnɒnˈsməʊkəʳ/ **noun** [C] a person who does not smoke **некурящий**

non-smoking /ˌnɒnˈsməʊkɪŋ/ **adjective** (B2) A non-smoking area is one where people are not allowed to smoke. **для некурящих**

non-starter /ˌnɒnˈstɑːtəʳ/ **noun** [C] informal something that will not be successful **обреченное дело** *The amount of money needed makes his project a non-starter.*

non-stop /ˌnɒnˈstɒp/ **adjective, adverb** without stopping or resting **безостановочный, непрерывный** ***non-stop flights*** *from Britain to the West Indies* ◦ *We've been* ***talking non-stop*** *the whole way.*

non-violent /ˌnɒnˈvaɪələnt/ **adjective** not using violent methods **ненасильственный** *non-violent action/protests* ◦ *non-violent crimes/offenders*

noodles /ˈnuːdlz/ **noun** [plural] thin pieces of

pasta (= food made from flour, eggs, and water) **лапша**

nook /nʊk/ noun

IDIOM **every nook and cranny** every part of a place **каждый уголок** *I know every nook and cranny of this place.*

noon /nu:n/ **noun** [U] A2 12 o'clock in the middle of the day **полдень** *He has until noon to act.* ◦ *The service will be held at 12 noon.*

no ˌone pronoun A2 no person **никто** *No one bothered to read the report.* ◦ *No one knows where he is now.* ◦ *There was no one there.* ◦ ***No one else*** *makes puddings like my Mum.*

noose /nu:s/ **noun** [C] a piece of rope tied in a circle, used to catch animals or to hang (= kill) people **петля**

nor /nɔ:ʳ/ **adverb, conjunction 1 neither... nor...** B2 used after 'neither' to introduce the second thing in a negative sentence **ни ... ни** *Strangely, neither James nor Emma saw what happened.* ◦ *He neither spoke nor moved.* **2 nor can I/nor do you, etc** mainly UK B2 used after something negative to say that the same thing is true for someone or something else **я/ты/он и т.д. тоже нет** *"I don't like cats." "Nor do I."* ◦ *"I won't get to see him tomorrow." "Nor will Tom."* ◦ *She couldn't speak a word of Italian and nor could I.*

Nordic /ˈnɔ:dɪk/ **adjective** from or relating to the North European countries of Sweden, Denmark, Norway, Finland, and Iceland **нордический, скандинавский**

norm /nɔ:m/ **noun 1 the norm** the usual way that something happens **норма, стандарт** *Short-term job contracts are the norm nowadays.* **2** [C] an accepted way of behaving in a particular society **норма, правило** [usually plural] ***cultural/social norms***

normal /ˈnɔ:məl/ **adjective** A2 usual, ordinary, and expected **нормальный, обычный** *to lead a* ***normal life*** ◦ *It's perfectly normal to feel some degree of stress at work.* ◦ *It's normal for couples to argue now and then.* ◦ *Now that trains are running again things are* ***back to normal****.*

> Слова-партнеры к **normal**
>
> be back to/return to normal • perfectly normal

normality /nɔ:ˈmæləti/ **noun** [U] (also US **normalcy** /ˈnɔ:məlsi/) a situation in which everything is happening normally **обычное состояние** *a* ***return to normality***

normally /ˈnɔ:məli/ **adverb 1** B1 usually **обычно** *Normally, I start work around nine o'clock.* **2** B2 in the ordinary way that you would expect **нормально** *Both lungs are now functioning normally.*

north, North /nɔ:θ/ **noun** [U] **1** A2 the direction that is on your left when you face towards the rising sun **север** *The stadium is to the north of the city.* **2 the north** A2 the part of an area that is further towards the north than the rest **север** *She's from the north of England.*

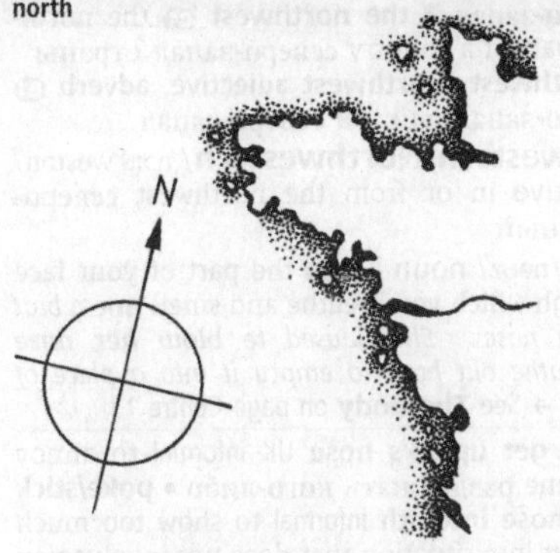

• north adjective A2 **северный** *a north wind* **• north adverb** A2 towards the north **на север, к северу** *I live north of the river.* ◦ *We're going to visit Paul's family* ***up north****.*

northbound /ˈnɔ:θbaʊnd/ **adjective** going or leading towards the north **идущий на север**

northeast, Northeast /ˌnɔ:θˈi:st/ **noun** [U] **1** B1 the direction between north and east **северо-восток 2 the northeast** B1 the northeast part of a country **северо-восток страны • northeast, Northeast adjective, adverb** B1 **северо-восточный, на северо-восток**

northeastern, Northeastern /ˌnɔ:θˈi:stən/ **adjective** in or from the northeast **северо-восточный**

northerly /ˈnɔ:ðəli/ **adjective 1** towards or in the north **северный** *Canada's most* ***northerly point*** **2** A northerly wind comes from the north. **северный**

northern, Northern /ˈnɔ:ðən/ **adjective** B1 in or from the north part of an area **северный** *Northern England* ◦ *a northern accent*

northerner, Northerner /ˈnɔ:ðənəʳ/ **noun** [C] someone from the north part of a country **житель севера страны**

northernmost /ˈnɔ:ðənməʊst/ **adjective** The northernmost part of an area is the part furthest to the north. **самый северный**

north-facing /ˈnɔ:θˌfeɪsɪŋ/ **adjective** [always before noun] positioned towards the north **обращенный к северу** *a north-facing slope*

the ˌNorth ˈPole noun the point on the Earth's surface which is furthest north **Северный полюс**

northward, northwards /ˈnɔ:θwəd/, /ˈnɔ:θwədz/ **adverb** towards the north **к северу, на север • northward adjective северный** *a northward direction*

northwest, Northwest /ˌnɔ:θˈwest/ **noun** [U] **1** B1 the direction between north and west

N

северо-запад **2 the northwest** B1 the northwest part of a country северо-запад страны
• **northwest, Northwest adjective, adverb** B1 северо-западный, на северо-запад

northwestern, Northwestern /ˌnɔːθˈwestən/ **adjective** in or from the northwest северо-западный

nose¹ /nəʊz/ **noun** [C] A1 the part of your face through which you breathe and smell нос *a big/broken nose* ◦ *She paused to* ***blow her nose*** *(= breathe out hard to empty it into a piece of cloth).* → See **The Body** on page Centre 13

IDIOMS **get up sb's nose** UK informal to annoy someone раздражать кого-либо • **poke/stick your nose into sth** informal to show too much interest in a situation that does not involve you совать свой нос во что-либо *You shouldn't go sticking your nose into other people's business!* • **thumb your nose at sth/sb** to show that you do not respect rules, laws, or powerful people демонстративно нарушать закон, правило и т. д. • **turn your nose up at sth** informal to not accept something because you do not think it is good enough for you воротить нос от чего-либо *He turned his nose up at my offer of soup, saying he wanted a proper meal.* • **under your nose** If something bad happens under your nose, it happens close to you but you do not notice it. под самым носом у кого-либо

nose² /nəʊz/ **verb**

PHRASAL VERB **nose about/around (sth)** informal to look around a place, often in order to find something разнюхивать, выискивать *I caught him nosing around in my office.*

nosebleed /ˈnəʊzbliːd/ **noun** [C] **have a nosebleed** to have blood coming from your nose кровотечение из носа

nosedive /ˈnəʊzdaɪv/ **verb** [I] to fall very quickly in value резко снижаться, испытывать резкий спад *The economy nosedived after the war.*
• **nosedive noun** [C] крутой спад

nosey /ˈnəʊzi/ another spelling of nosy любопытный

nostalgia /nɒsˈtældʒə/ **noun** [U] a feeling of happiness mixed with sadness when you think about things that happened in the past ностальгия *his nostalgia for his college days*

nostalgic /nɒsˈtældʒɪk/ **adjective** feeling both happy and sad when you think about things that happened in the past тоскующий о прошлом *Talking about those holidays has made me feel quite nostalgic.*

nostril /ˈnɒstrəl/ **noun** [C] one of the two holes at the end of your nose ноздря → See **The Body** on page Centre 13

nosy /ˈnəʊzi/ **adjective** always trying to find out private things about other people любопытный ***nosy neighbours*** ◦ *Don't be so nosy!*

not /nɒt/ **adverb 1** A1 used to form a negative phrase after verbs like 'be', 'can', 'have', 'will', 'must', etc, usually used in the short form 'n't' in speech не *I won't tell her.* ◦ *I can't go.* ◦ *He hasn't eaten yet.* ◦ *Don't you like her?* ◦ *It isn't difficult (= It is easy).* ◦ *The service isn't very good (= it is bad).* ◦ *You're coming, aren't you?* ◦ *I will not tolerate laziness.* **2** A1 used to give the next word or group of words a negative meaning не *I told you not to do that.* ◦ *I like most vegetables but not cabbage.* ◦ *"Come and play football, Dad." "Not now, Jamie."* ◦ *"Whose are these?" "Not mine."* **3** A2 used after verbs like 'be afraid', 'hope', 'suspect', etc in short, negative replies нет *"Do you think it's going to rain?" "I hope not."* ◦ *"Have you finished?" "I'm afraid not."* **4 certainly/hopefully not** used after an adverb in short, negative replies конечно, нет/надеюсь, что нет *"She's not exactly poor, is she?" "Certainly not."* ◦ *"We won't need much money, will we?" "Hopefully not."* **5 not at all** B2 used instead of 'no' or 'not' to emphasize what you are saying вовсе нет, совсем нет *"I hope this won't cause you any trouble." "No, not at all."* ◦ *I'm not at all happy about it.* **6 Not at all.** B1 used as a polite reply after someone has thanked you ничего, пустяки (в ответ на благодарность) *"Thanks for all your help." "Not at all."* **7 if not** A2 used to say what the situation will be if something does not happen если нет *I hope to see you there but, if not, I'll call you.* **8 or not** A2 used to express the possibility that something might not happen или нет *Are you coming or not?* **9 not a/one** used to emphasize that there is nothing of what you are talking about ни один, никто, ничего *Not one person came to hear him talk.* ◦ *"You haven't heard from Nick, have you?" "Not a word."*

notable /ˈnəʊtəbl/ **adjective** If someone or something is notable, they are important or interesting. выдающийся, достойный внимания

notably /ˈnəʊtəbli/ **adverb** used to emphasize an important example of something особенно *Florida is well known for many of its fruits, notably oranges and avocados.*

notation /nəʊˈteɪʃən/ **noun** [U] a system of written symbols used especially in mathematics or to represent musical notes обозначение условными знаками

notch¹ /nɒtʃ/ **noun** [C] **1** a level of quality or amount степень, уровень *Interest rates have moved up another notch.* **2** a cut in the shape of the letter V on the edge or surface of something метка, зарубка

notch² /nɒtʃ/ **verb**

PHRASAL VERB **notch up sth** to achieve something достигать чего-либо *He has notched up a total of 34 goals this season.*

note¹ /nəʊt/ **noun 1** [C] A1 a short letter записка *He* ***left a note*** *on her desk.* ◦ *Did you* *get my **note**?* **2** [C] (A2) words that you write down to help you remember something **запись, конспект** *She studied her notes before the exam.* ◦ *Let me **make a note of** (= write) your phone number.* ◦ *The doctor **took notes** (= wrote information) while I described my symptoms.* **3** [C] a short explanation or an extra piece of information that is given at the bottom of a page or at the back of a book **примечание** *See note 3, page 37.* **4** [no plural] a particular feeling or mood **тон, нотка** *a **sad/serious/positive note*** ◦ *His speech had just the **right note** of sympathy.* **5** [C] a single musical sound or the symbol that represents it **нота** **6** [C] UK (US **bill**) (B1) a piece of paper money **банкнота** *a ten-pound note* **7 take note (of sth)** to pay careful attention to something **обращать внимание** *Make sure you take note of what she says.* **8 sb/sth of note** formal someone or something famous or important **кто-либо/что-либо заслуживающее внимания** *A medieval church is the only monument of note in the town.*

IDIOM **compare notes** If two people compare notes, they tell each other what they think about something that they have both done. **обмениваться мнениями** *We compared notes about our experiences in China.*

Слова-партнеры к note (noun)
leave/scribble/send/write a note • a note for/from sb • get sb's note

note[2] /nəʊt/ **verb** [T] **1** (B1) to notice something **замечать** *She noted a distinct chill in the air.* ◦ [+ (that)] *We noted that their idea had never been tried.* **2** to say or write something **отмечать, упоминать** *In the article, she notes several cases of medical incompetence.*

PHRASAL VERB **note sth down** (B2) to write something so that you do not forget it **записывать что-либо** *I noted down the telephone number for the police.*

notebook /ˈnəʊtbʊk/ **noun** [C] **1** (A2) a book with empty pages that you can write in **тетрадь, блокнот** **2** a small computer that can be carried around and used anywhere **переносной компьютер**

noted /ˈnəʊtɪd/ **adjective** important or famous **знаменитый** *a noted artist* ◦ *He was **noted for** his modern approach to architecture.*

notepad (comˌputer) **noun** [C] a very small computer which you can carry easily **маленький персональный компьютер, электронная записная книжка**

notepaper /ˈnəʊtˌpeɪpəʳ/ **noun** [U] paper that you write letters on **почтовая бумага**

noteworthy /ˈnəʊtˌwɜːði/ **adjective** If someone or something is noteworthy, they are important or interesting. **заслуживающий внимания** *a **noteworthy example***

nothing /ˈnʌθɪŋ/ **pronoun** **1** (A2) not anything **ничего** *I've had nothing to eat since breakfast.* ◦ *He claimed that he did nothing wrong.* ◦ *He had nothing in his pockets.* ◦ *There was **nothing else** (= no other thing) I could do to help.* ◦ *She did **nothing but** criticize (= criticized a lot).* **2** (B1) not something important or of value **пустяк, мелочь** *He's a dangerous person – human life means nothing to him.* ◦ *A thousand pounds is nothing to a woman of her wealth.* **3 for nothing** without a successful result **зря, напрасно** *I've come all this way for nothing.* **4 be nothing to do with sb** (B2) If something is or has nothing to do with you, you have no good reason to know about it or be involved with it. **не касаться кого-либо** *I wish he wouldn't offer advice on my marriage – it's nothing to do with him.* **5 have nothing to do with sb/sth** (B2) to have no connection or influence with someone or something **не иметь никакого отношения к кому-либо/чему-либо** *He made his own decision – I had nothing to do with it.* **6 to say nothing of sth** used to emphasize other problems you have not talked about **не говоря уже о чем-либо** *Most wild otters have disappeared from populated areas, to say nothing of wilderness areas.* **7 nothing of the sort** used to emphasize that something is not true **ничего подобного** *He said that he was a legitimate businessman – in fact, he was nothing of the sort.* **8 It was nothing.** a polite reply to someone who has thanked you for doing something **ничего, пустяки**

IDIOMS **be nothing if not sth** used to emphasize a quality **быть в высшей степени каким-либо** *The senator was nothing if not honest (= he was very honest).* • **stop at nothing** to be willing to do anything in order to achieve something **ни перед чем не останавливаться** *He will stop at nothing to get what he wants.*

nothingness /ˈnʌθɪŋnəs/ **noun** [U] a state where nothing exists **небытие**

notice[1] /ˈnəʊtɪs/ **verb** [I, T] to see something and be aware of it **замечать** *If the sign's too small, no one will notice it.* ◦ [+ (that)] *I noticed that he walked with a limp.*

notice[2] /ˈnəʊtɪs/ **noun** **1** [C] a sign giving information about something **объявление** *The notice said that the pool was closed for repairs.* ◦ *Have you seen any **notices about** the new sports club?* **2** [U] a warning that something will happen **официальное предупреждение** *I had to give my landlord a month's notice before moving.* **3 at short notice** UK (US **on short notice**) only a short time before something happens **незадолго до** **4** [U] attention **внимание** *I didn't **take** any **notice of** (= give attention to) his advice.* ◦ *It has **come to** our **notice** (= we became aware) that you are being overcharged for your insurance.* **5 hand/give in your notice** to tell your employer that you are going to stop working for them **подавать заявление об уходе с работы** *I handed in my notice yesterday.*

N

Слова-партнеры к notice (noun)

display/put up a notice • a notice **says** sth • a notice **about** sth • **on** a notice

noticeable /ˈnəʊtɪsəbl/ **adjective** easy to see or be aware of **заметный** *There was a noticeable difference in his behaviour after the injury.*
• **noticeably adverb заметно**

noticeboard /ˈnəʊtɪsbɔːd/ **noun** [C] UK (US **bulletin board**) B1 a board on a wall where you put advertisements and announcements **доска объявлений** *I saw the ad on the noticeboard.* → See **The Classroom** on page Centre 6

notify /ˈnəʊtɪfaɪ/ **verb** [T] formal to officially tell someone about something **извещать, уведомлять** *You should notify the police if you are involved in a road accident.* ∘ [+ (that)] *The court notified her that her trial date had been postponed.*
• **notification** /ˌnəʊtɪfɪˈkeɪʃən/ **noun** [C, U] **извещение, уведомление**

notion /ˈnəʊʃən/ **noun** [C] an idea or belief **понятие, представление** *The notion of sharing is unknown to most two-year-olds.*

notoriety /ˌnəʊtərˈaɪəti/ **noun** [U] when someone is famous for something bad **дурная слава** *He **gained notoriety** for his racist speeches.*

notorious /nəʊˈtɔːriəs/ **adjective** famous for something bad **пользующийся дурной славой, печально известный** *a notorious criminal* ∘ *She was **notorious for** her bad temper.*
• **notoriously adverb общеизвестно** *Mount Everest is a notoriously difficult mountain to climb.*

notwithstanding /ˌnɒtwɪθˈstændɪŋ/ **adverb, preposition** formal despite **несмотря на** *Injuries notwithstanding, he won the semi-final match.*

nought /nɔːt/ **noun** [C, U] **1** UK the number 0 **ноль 2** old-fashioned (mainly US **naught**) nothing **ничего**

noun /naʊn/ **noun** [C] A2 a word that refers to a person, place, object, event, substance, idea, feeling, or quality. For example the words 'teacher', 'book', 'development', and 'beauty' are nouns. **существительное** → See also **countable noun**, **proper noun**, **uncountable noun**

nourish /ˈnʌrɪʃ/ **verb** [T] formal to provide living things with food in order to make them grow or stay healthy **питать, кормить** *Mammals provide milk to nourish their young.*

nourishing /ˈnʌrɪʃɪŋ/ **adjective** Nourishing food makes you healthy. **питательный**

nourishment /ˈnʌrɪʃmənt/ **noun** [U] formal the food that you need to stay alive and healthy **питание, еда**

Nov written abbreviation for November **ноябрь**

novel[1] /ˈnɒvəl/ **noun** [C] B1 a book that tells a story about imaginary people and events **роман** *Have you **read** any good **novels** lately?*
• **novelist noun** [C] B2 someone who writes novels **автор романов**

Слова-партнеры к novel

read/write a novel • a novel **by** sb • a novel **about** sth • **in** a novel

novel[2] /ˈnɒvəl/ **adjective** new or different from anything else **новый, свежий**

novelty /ˈnɒvəlti/ **noun 1** [U] the quality of being new or unusual **новизна** *The fashion industry relies on novelty, and photographers are always looking for new faces.* **2** [C] an object, event, or experience that is new or unusual **новинка, что-либо непривычное** *Tourists are still a novelty on this remote island.* **3** [C] a cheap toy or unusual object, often given as a present **безделушка**

November /nəʊˈvembər/ **noun** [C, U] (written abbreviation **Nov**) A1 the eleventh month of the year **ноябрь**

novice /ˈnɒvɪs/ **noun** [C] someone who is beginning to learn how to do something **начинающий, новичок** *I've never used a computer before – I'm a complete novice.*

now[1] /naʊ/ **adverb 1** A1 at the present time **теперь, сейчас** *She's finished her degree and now she teaches English.* ∘ *Do you know where Eva is **right now** (= at this moment)?* **2** A2 immediately **немедленно, сию же минуту** *Come on, Andreas, we're going home now.* ∘ *I don't want to wait – I want it now!* **3** B2 used to show the length of time that something has been happening, from the time it began until the present **уже, к настоящему моменту** *I've lived in Cambridge for two years now.* **4** used when you start to tell someone something **так вот, итак** *Now, I have been to Glasgow many times before.* ∘ ***Now then**, would anyone else like to ask a question?* **5 just now** a very short time ago **только что** *When I came in just now, everyone was laughing.* ∘ *Who was that woman who was speaking just now?* **6 (every) now and then/again** B2 If something happens now and then, it happens sometimes but not very often. **время от времени** *I love chocolate, but I only eat it now and then.* **7 any day/minute/time, etc now** used to say that something will happen very soon **со дня на день/с минуты на минуту/в любой момент и т. д.** *We're expecting our second child any day now.*

now[2] /naʊ/ **conjunction** (also **now that**) B2 as a result of a new situation **теперь, когда, раз** *Now that I've got a car I can visit her more often.* ∘ *You should help in the house more, now you're older.*

now[3] /naʊ/ **pronoun** the present time or moment **сейчас, настоящее время** *Now isn't a good time to speak to him.* ∘ *She'd kept calm until now.* ∘ *I'll be more careful **from now on** (= from this moment and always in the future).*

nowadays /ˈnaʊədeɪz/ **adverb** B1 at the present time, especially when compared to the past **в наше время, теперь** *Everything seems more expensive nowadays.*

nowhere /ˈnəʊweəʳ/ **adverb** **1** B1 not anywhere **нигде, негде, никуда, некуда** *The room was very crowded – there was nowhere to sit.* ◦ *We had **nowhere else** to go.* **2** **out of nowhere** B2 If someone or something appears out of nowhere, it appears suddenly or unexpectedly. **неизвестно откуда** *The car came out of nowhere and we had to swerve to miss it.*

IDIOMS **get/go nowhere** informal to fail to make any progress or achieve anything **ничего не добиться/ни к чему не привести** *They're getting nowhere on this project.* • **get you nowhere** If something gets you nowhere, it does not help you to succeed. **ничего не даст, не поможет** *Bad manners will get you nowhere.*

noxious /ˈnɒkʃəs/ **adjective** [always before noun] formal poisonous or harmful **ядовитый, вредный** *noxious fumes/gases*

nozzle /ˈnɒzl/ **noun** [C] a narrow, hollow object which is fixed to a tube and which helps you to control the liquid or air that comes out **наконечник, насадка**

n't /ənt/ short for not **сокращ. от not** *She isn't (= is not) going.* ◦ *I can't (= cannot) hear you.* ◦ *They didn't (= did not) believe me.*

nuance /ˈnjuːɑːns/ **noun** [C] a very slight difference in meaning, appearance, sound, etc **нюанс** *a **subtle nuance*** ◦ *Linguists explore the nuances of language.*

nuclear /ˈnjuːkliəʳ/ **adjective** [always before noun] **1** B2 relating to the energy that is released when the nucleus (= central part) of an atom is divided **ядерный** ***nuclear weapons/waste*** ◦ *a **nuclear power** plant* **2** relating to the nucleus (= central part) of an atom **ядерный** ***nuclear physics***

ˌnuclear reˈactor **noun** [C] a large machine which uses nuclear fuel to produce power **атомный реактор**

nucleus /ˈnjuːkliəs/ **noun** [C] (plural **nuclei** /ˈnjuːkliaɪ/) **1** the central part of an atom or cell **ядро** **2** the central or most important part of a group or idea **ядро** *Senior coaches handpicked the nucleus of the team.*

nude¹ /njuːd/ **adjective** not wearing any clothes **обнаженный, нагой** *Our children were running around the garden **in the nude** (= not wearing any clothes).*

nude² /njuːd/ **noun** [C] a painting or other piece of art that shows a nude person **изображение обнаженной фигуры**

nudge /nʌdʒ/ **verb** [T] to gently push someone or something **подталкивать** *She nudged me towards the door.*

• **nudge** noun [C] **легкий толчок** *I gave him a nudge.*

nudism /ˈnjuːdɪzᵊm/ **noun** [U] when someone wears no clothes when they are outside with other people, etc **нудизм**

• **nudist** noun [C] someone who practices nudism **нудист**

nudity /ˈnjuːdəti/ **noun** [U] when you are wearing no clothes **нагота** *Some people are offended by nudity.*

nugget /ˈnʌgɪt/ **noun** [C] **1** a small amount of something good **крупица** ***nuggets of wisdom*** **2** a small, round piece of a solid substance **самородок** ***gold nuggets***

nuisance /ˈnjuːsᵊns/ **noun** [C] **1** B2 a person, thing, or situation that annoys you or causes problems for you **досада, нудный человек** *Not being able to use my computer is a real nuisance.* **2** **make a nuisance of yourself** to annoy someone or cause problems for them **досаждать, надоедать кому-либо**

nullify /ˈnʌlɪfaɪ/ **verb** [T] formal **1** to make something lose its effect **уничтожать, сводить на нет** *Advances in medicine have nullified the disease's effect.* **2** to say officially that something has no legal power **отменять, объявлять недействительным** *The judge could nullify the entire trial.*

numb /nʌm/ **adjective** **1** If a part of your body is numb, you cannot feel it. **онемевший, окоченевший** *My fingers and toes were **numb with cold.*** **2** If you are numb with a bad emotion, you are so shocked that you are not able to think clearly. **оцепеневший** *I was **numb with** grief after his death.*

number¹ /ˈnʌmbəʳ/ **noun** [C] **1** A1 a symbol or word used in a counting system or used to show the position or order of something **число** *Think of a number smaller than 100.* ◦ *The Prime Minister lives at number 10, Downing Street.* ◦ *Look at item number three on your agenda.* **2** A1 a group of numbers that represents something **номер** *What's your **phone number**?* ◦ *Each person receives a membership number when they join.* **3** B1 an amount **число, количество** *a **small number** of (= a few)* ◦ *a **large number** of (= many)* ◦ *There were **a number of** (= several) soldiers present at the rally.* ◦ *Scientists have noticed a drop in the number of song birds in Britain.* → See Note **amount** → See also **cardinal number**, **ordinal number**, **phone number**, **telephone number**

number² /ˈnʌmbəʳ/ **verb** [T] **1** to give something a number **нумеровать** [often passive] *Each volume was numbered and indexed.* **2** If people or things number a particular amount, there are that many of them. **насчитывать** *Our company's sales force numbered over 5,000.*

ˈnumber ˌplate **noun** [C] UK (US **license plate**) an official metal sign with numbers and letters on the front and back of a car **номерной знак (автомобиля)** → See **Car** on page Centre 7

numeral /ˈnjuːmᵊrᵊl/ **noun** [C] a symbol used to represent a number **цифра** → See also **Roman numeral**

numerical /njuːˈmerɪkl/ **adjective** [always before noun] relating to or expressed by numbers **числовой, цифровой** *The exams were filed in numerical order.*

N

numerous /ˈnjuːmᵊrəs/ **adjective** formal many **многочисленный** *He is the author of numerous articles.*

nun /nʌn/ **noun** [C] a member of a group of religious women living apart from other people **монахиня**

nurse¹ /nɜːs/ **noun** [C] (A2) someone whose job is to care for ill and injured people **медсестра**

nurse² /nɜːs/ **verb** [T] **1** to care for a person or animal that is ill **выхаживать, лечить** *We nursed the injured sparrow back to health.* **2** US to feed a baby milk from its mother's breast **кормить грудью** *She nursed her son until he was a year old.* **3** to try to cure an illness or injury by resting **оберегать, бережно обращаться** *He was nursing a broken nose.* **4** to think about an idea or an emotion for a long time **лелеять, вынашивать** *She nursed a great hatred towards her older sister.*

nursery /ˈnɜːsᵊri/ **noun** [C] **1** (B2) a place where babies and young children are looked after without their parents **ясли, детский сад** **2** a place where plants are grown and sold **питомник**

ˈnursery ˌrhyme **noun** [C] a short poem or song for young children **детские стишки**

ˈnursery ˌschool **noun** [C] a school for very young children **детский сад**

nursing /ˈnɜːsɪŋ/ **noun** [U] the job of being a nurse **профессия медсестры**

ˈnursing ˌhome **noun** [C] a place where old people live to receive medical care **дом для престарелых**

nurture /ˈnɜːtʃəʳ/ **verb** [T] formal **1** to encourage or support the development of someone or something **воспитывать, обучать** *He was an inspiring leader who* ***nurtured*** *the* ***talents*** *of his colleagues.* **2** to look after, feed, and protect young children, animals, or plants **ухаживать, выращивать** *The rains nurtured the newly planted crops.*

nut /nʌt/ **noun** [C] **1** (B2) the dry fruit of some trees which grows in a hard shell, and can often be eaten **орех** *a brazil/cashew nut* **2** a piece of metal with a hole in it through which you put a bolt (= metal pin) to hold pieces of wood or metal together **гайка** → See picture at **tool** **3** informal a person who is keen on a particular subject or hobby **человек, помешавшийся на чем-либо** *She's a real sports nut.*

IDIOM **the nuts and bolts** the basic parts of a job or an activity **практические основы чего-либо** *Law school can teach you theory, but it can't teach you the nuts and bolts of the profession.*

nutrient /ˈnjuːtriənt/ **noun** [C] formal any substance that animals need to eat and plants need from the soil in order to live and grow **питательное вещество** *A healthy diet should provide all your* ***essential nutrients****.*

nutrition /njuːˈtrɪʃᵊn/ **noun** [U] the food that you eat and the way that it affects your health **питание** *Good nutrition is essential for growing children.*

• **nutritional** **adjective** relating to nutrition **питательный** *Some snacks have little* ***nutritional value****.*

nutritionist /njuːˈtrɪʃᵊnɪst/ **noun** [C] someone who gives advice on the subject of nutrition **диетолог**

nutritious /njuːˈtrɪʃəs/ **adjective** Nutritious food contains substances that your body needs to stay healthy. **питательный** *a nutritious meal*

nuts /nʌts/ **adjective** informal **1** crazy **чокнутый** *They thought I was nuts to go parachuting.* **2 go nuts** to become very excited, angry, or upset **свихнуться** *If I don't have a holiday soon, I'll go nuts.*

nutshell /ˈnʌtʃel/ **noun**

IDIOM **in a nutshell** something that you say when you are describing something using as few words as possible **в двух словах, кратко** *The answer, in a nutshell, is yes.*

nutty /ˈnʌti/ **adjective** **1** informal crazy **чокнутый** *nutty ideas* **2** Something nutty tastes of nuts. **имеющий вкус ореха**

nylon /ˈnaɪlɒn/ **noun** [U] a strong, artificial material used to make clothes, ropes, etc **нейлон** *nylon stockings* ◦ *a nylon shirt/bag*

nymph /nɪmf/ **noun** [C] in Greek and Roman stories, a spirit in the form of a young girl who lives in trees, rivers, mountains, etc **нимфа**

N

O, o /əʊ/ the fifteenth letter of the alphabet **15-я буква алфавита**

oak /əʊk/ **noun** [C, U] B2 a large tree found in northern countries, or the wood of this tree **дуб**

OAP /ˌəʊeɪˈpiː/ **noun** [C] UK abbreviation for old-age pensioner: a person who regularly receives money from the state because they are too old to work **пенсионер (по возрасту)**

oar /ɔːʳ/ **noun** [C] a long pole with a wide, flat end that you use to move a boat through water **весло**

IDIOM **stick/put your oar in** UK informal to involve yourself in a discussion or situation when other people do not want you to **вмешиваться**

oasis /əʊˈeɪsɪs/ **noun** [C] (plural **oases** /əʊˈeɪsiːz/) **1** a place in the desert where there is water and where plants grow **оазис** **2** a place that is much calmer and more pleasant than what is around it **прибежище** *The cafe was an oasis in the busy, noisy city.*

oath /əʊθ/ **noun 1** [C] a formal promise **клятва, присяга** *an oath of allegiance* ◦ *They refused to **take an oath** of* (= to promise) *loyalty to the king.* **2 under oath** If someone is under oath, they have promised to tell the truth in a law court. **под присягой** *He denied under oath that he was involved in the crime.*

oats /əʊts/ **noun** [plural] grain which people eat or feed to animals **овес**

obedience /əʊˈbiːdiəns/ **noun** [U] when someone is willing to do what they are told to do **повиновение, послушание** *He demanded complete obedience from his soldiers.* → Opposite **disobedience**

• **obedient** /əʊˈbiːdiənt/ **adjective** willing to do what you are told to do **послушный** *an obedient child/dog* → Opposite **disobedient**

obese /əʊˈbiːs/ **adjective** extremely fat **тучный**
• **obesity noun** [U] when someone is obese **тучность, ожирение**

obey /əʊˈbeɪ/ **verb** [I, T] B2 to do what you are told to do by a person, rule, or instruction **повиноваться, слушаться** *He gave the command, and we obeyed.* → Opposite **disobey**

obfuscate /ˈɒbfʌskeɪt/ **verb** [T] formal to make something harder to understand or less clear **запутывать, напускать туман**

obituary /əʊˈbɪtʃʊəri/ **noun** [C] a report in a newspaper that gives details about a person who has recently died **некролог**

object[1] /ˈɒbdʒɪkt/ **noun 1** [C] B1 a thing that you can see or touch but that is usually not alive **предмет, вещь** *a bright, shiny object* **2 the object of sth** the purpose of something **цель** *The object of the game is to score more points than the opposing team.* **3 the object of sb's affection/desire, etc** the cause of someone's feelings **предмет любви/страсти и т. д.** *He's the object of my affection.* **4** [C] B1 in grammar, the person or thing that is affected by the action of the verb **дополнение (в грамматике)** → See also **direct object, indirect object**

object[2] /əbˈdʒekt/ **verb** [I] B2 to feel or say that you do not like or do not approve of something or someone **возражать** *We **objected to** his unreasonable demands.* ◦ *Would anyone object if I were to leave early?* → See also **conscientious objector**

objection /əbˈdʒekʃᵊn/ **noun** [C, U] B2 when someone says that they do not like or approve of something or someone **возражение** *Our main **objection to** the new factory is that it's noisy.* ◦ *I **have** no **objections**, if you want to stay an extra day.*

> **Слова-партнеры к objection**
>
> lodge/make/raise/voice an objection • have no objections • a serious/strong objection • an objection to sth

objectionable /əbˈdʒekʃᵊnəbl/ **adjective** formal very unpleasant **неприятный, предосудительный**

objective[1] /əbˈdʒektɪv/ **noun** [C] B2 something that you are trying to achieve **цель, задача** *His main objective was to increase profits.*

objective[2] /əbˈdʒektɪv/ **adjective** B2 only influenced by facts and not by feelings **объективный, беспристрастный** *I try to be objective when I criticize someone's work.*

obligation /ˌɒblɪˈgeɪʃᵊn/ **noun** [C, U] B2 something that you do because it is your duty or because you feel you have to **обязанность, долг** *a **moral/legal obligation*** ◦ *to **fulfil** an **obligation*** ◦ *He was **under no obligation** to answer any questions.* ◦ [+ to do sth] *Parents have an obligation to make sure their children receive a proper education.*

> **Слова-партнеры к obligation**
>
> feel/have an obligation to do sth • carry out/fulfil/meet an obligation • be under an obligation

obligatory /əˈblɪgətᵊri/ **adjective** If something is obligatory, you must do it because of a rule, or because everyone else does it. **обязательный, необходимый** *obligatory military service*

oblige /əˈblaɪdʒ/ **verb 1 be obliged to do sth** B2 to be forced to do something **быть обязанным делать что-либо** *Sellers are not legally obliged to accept the highest offer.* **2** [I, T] formal to

O

be helpful **оказывать услугу, помогать** *The manager was only too happy to oblige.*

obliged /əˈblaɪdʒd/ **adjective 1 feel obliged to do sth** to think that you must do something **чувствовать себя обязанным сделать что-либо** *They helped us when we moved so I feel obliged to do the same.* **2** formal old-fashioned grateful or pleased **благодарный** *Thank you, I'm much obliged to you.*

oblique /əʊˈbliːk/ **adjective** formal not expressed in a direct way **непрямой, косвенный** *an oblique comment*

• **obliquely adverb** formal **косвенно**

obliterate /əˈblɪtᵊreɪt/ **verb** [T] to destroy something completely **уничтожать, разрушать** [often passive] *The town was obliterated by bombs.*

oblivion /əˈblɪviən/ **noun** [U] **1** when someone or something is not remembered **забвение** *to disappear into oblivion* **2** when you are not aware of what is happening around you **бессознательное состояние** *He drank himself* ***into oblivion.***

oblivious /əˈblɪviəs/ **adjective** not aware of something **не замечающий** *She seemed completely* ***oblivious to*** *what was happening around her.*

obnoxious /əbˈnɒkʃəs/ **adjective** very unpleasant or rude **оскорбительный, мерзкий** *He was loud and obnoxious.*

obscene /əbˈsiːn/ **adjective 1** relating to sex in a way that is unpleasant or shocking **непристойный** *an* ***obscene gesture*** ◦ ***obscene language*** **2** An obscene amount of something is morally wrong because it is too large. **большой до неприличия** ***obscene profits***

obscenity /əbˈsenəti/ **noun 1** [U] when something is sexually shocking **непристойность** *obscenity laws/trials* **2** [C] a sexually shocking word or expression **непристойная брань, ругательство** [usually plural] *He was shouting obscenities at people walking by.*

obscure¹ /əbˈskjʊəʳ/ **adjective 1** not known by many people **малоизвестный** *an obscure figure/writer* **2** difficult to understand **невразумительный, непонятный** *His answers were obscure and confusing.*

obscure² /əbˈskjʊəʳ/ **verb** [T] **1** to prevent something from being seen or heard **загораживать, заслонять** [often passive] *The moon was partially obscured by clouds.* **2** to make something difficult to understand **делать неясным, запутывать** *He deliberately obscured details of his career in the army.*

obscurity /əbˈskjʊərəti/ **noun** [U] when something or someone is not known by many people **неизвестность** *to fade into obscurity* ◦ *He rose from relative obscurity to worldwide recognition.*

obsequious /əbˈsiːkwiəs/ **adjective** formal too willing to praise or obey someone **подобострастный**

observance /əbˈzɜːvᵊns/ **noun** [C, U] formal when someone obeys a law or follows a religious custom **соблюдение** *strict observance of the law* ◦ ***religious observances***

observant /əbˈzɜːvᵊnt/ **adjective** good or quick at noticing things **наблюдательный** *He's very observant.*

observation /ˌɒbzəˈveɪʃᵊn/ **noun 1** [U] B2 when someone watches someone or something carefully **наблюдение, наблюдательность** *The doctor wants to keep him* ***under observation*** *for a week.* ◦ *to have good* ***powers of observation*** *(= to be good at noticing things)* **2** [C] a remark about something that you have noticed **замечание, высказывание** *He* ***made an*** *interesting* ***observation.***

> **Слова-партнеры к observation**
>
> careful/close observation • observation of sth • under observation • powers of observation

observatory /əbˈzɜːvətri/ **noun** [C] a building that is used by scientists to look at stars and planets **обсерватория**

observe /əbˈzɜːv/ **verb** [T] **1** B2 to watch someone or something carefully **наблюдать** *Children learn by observing adults.* **2** formal to notice something **замечать 3** formal to make a remark about something you have noticed **сделать замечание, высказаться** *"It's still raining," he observed.* **4** to obey a law, rule, or religious custom **соблюдать** *to observe the law*

observer /əbˈzɜːvəʳ/ **noun** [C] **1** someone who watches people and events as a job **наблюдатель, обозреватель** *a UN observer* ◦ *a political observer* **2** someone who sees something **наблюдатель** *a* ***casual observer***

obsess /əbˈses/ **verb** [I, T] If something or someone obsesses you, or if you obsess about something or someone, you think about them all the time. **завладевать умом, преследовать** *She used to obsess about her weight.*

obsessed /əbˈsest/ **adjective be obsessed by/with sb/sth** B2 to think about someone or something all the time **быть одержимым кем-либо/чем-либо** *to be obsessed with money/sex*

obsession /əbˈseʃᵊn/ **noun** [C, U] B2 someone or something that you think about all the time **одержимость, навязчивая идея** *an* ***unhealthy obsession*** *with death* ◦ *a lifelong/national obsession*

obsessive /əbˈsesɪv/ **adjective** thinking too much about something, or doing something too much **одержимый** ***obsessive behaviour*** ◦ *He's obsessive about his health.*

• **obsessively adverb одержимо, страстно**

obsolete /ˈɒbsᵊliːt/ **adjective** not used now **вышедший из употребления** *obsolete equipment* ◦ *Will books become obsolete because of computers?*

obstacle /ˈɒbstəkl/ **noun** [C] something that

makes it difficult for you to go somewhere or to succeed at something **препятствие, преграда** *to **overcome** an **obstacle*** ◦ *His refusal to talk is the main **obstacle to** peace.*

> **Слова-партнеры к obstacle**
> face/overcome an obstacle • **the biggest/the main/a major** obstacle • an obstacle **to** sth

obstetrician /ˌɒbstəˈtrɪʃᵊn/ **noun** [C] a doctor who looks after pregnant women and helps in the birth of children **гинеколог**

obstinate /ˈɒbstɪnət/ **adjective** not willing to change your ideas or behaviour although you are wrong **упрямый** *He's a very rude and obstinate man.*

obstruct /əbˈstrʌkt/ **verb** [T] **1** to be in a place that stops someone or something from moving or stops someone from seeing something **преграждать, заслонять** *to **obstruct** the **traffic*** ◦ *There was a pillar **obstructing** our **view**.* **2** to try to stop something from happening or developing **препятствовать, затруднять** *to obstruct a police investigation*
• **obstruction** /əbˈstrʌkʃᵊn/ **noun** [C, U] **преграда, препятствие** *Your car's **causing an obstruction**.* ◦ *the obstruction of justice*

obtain /əbˈteɪn/ **verb** [T] formal B2 to get something **получать** *to obtain permission* ◦ *He obtained a law degree from the University of California.*
• **obtainable adjective** If something is obtainable, you can get it. **доступный** *This information is easily obtainable on the Internet.*

obvious /ˈɒbviəs/ **adjective** B1 easy to understand or see **очевидный** *an obvious choice/answer* ◦ [+ (that)] ***It's obvious** that he doesn't really care about her.*

obviously /ˈɒbviəsli/ **adverb** B1 in a way that is easy to understand or see **явно, очевидно** *They're obviously in love.* ◦ *Obviously we want to start as soon as possible.*

occasion /əˈkeɪʒᵊn/ **noun 1** [C] B2 a time when something happens **случай** *a previous/separate occasion* ◦ *We met **on** several **occasions** to discuss the issue.* → See Note **possibility 2** [C] B1 an important event or ceremony **событие** *a **special occasion*** ◦ *She bought a new dress for the occasion.* **3 on occasion(s)** sometimes, but not often **иногда, при случае** *I only drink alcohol on occasion.*

occasional /əˈkeɪʒᵊnᵊl/ **adjective** not happening often **случающийся иногда, нерегулярный** *He still plays the occasional game of football.*
• **occasionally adverb** B2 **иногда** *They only meet occasionally.*

the occult /ˈɒkʌlt/ **noun** the study of magic or mysterious powers **оккультизм**

occupant /ˈɒkjəpənt/ **noun** [C] formal someone who lives or works in a room or building **житель, обитатель** *the occupant of No. 46*

occupation /ˌɒkjəˈpeɪʃᵊn/ **noun 1** [C] formal A2 your job **профессия** *You have to give your name, age, and occupation on the application form.* → See Note **work 2** [usually singular] when an army moves into a place and takes control of it **оккупация** *a **military occupation*** **3** [C] formal something that you do in your free time **занятие, времяпрепровождение**

occupational /ˌɒkjəˈpeɪʃᵊnᵊl/ **adjective** relating to your job **профессиональный, производственный** *an **occupational hazard***

occupied /ˈɒkjəpaɪd/ **adjective 1** being used by someone **занятый** *All of these seats are occupied.* → Opposite **unoccupied 2** busy doing something or thinking about something **занятый** *There was enough **to keep** us **occupied**.*

occupier /ˈɒkjəpaɪəʳ/ **noun** [C] UK someone who lives or works in a room or building **житель, обитатель**

occupy /ˈɒkjəpaɪ/ **verb** [T] **1** B2 to fill a place or period of time **занимать (место, время)** *His book collection occupies most of the room.* ◦ *The baby seems to **occupy** all our **time**.* **2** to live or work in a room or building **занимать (помещение)** *They occupy the second floor of the building.* **3** to move into a place and take control of it **оккупировать** *The troops eventually occupied most of the island.*

occur /əˈkɜːʳ/ **verb** [I] (present participle **occurring**, past tense and past participle **occurred**) **1** B2 formal to happen, often without being planned **случаться, происходить** *According to the police, the shooting occurred at about 12.30 a.m.* **2 occur in/among, etc sth/sb** to exist or be present in a particular place or group of people **встречаться в/среди и т. д.** *Minerals occur naturally in the Earth's crust.* ◦ *The disease mainly occurs in women over 40.*

PHRASAL VERB **occur to sb** if something occurs to you, you suddenly think of it **приходить в голову** [+ (that)] ***It** had never **occurred to** me that he might be lying.*

occurrence /əˈkʌrᵊns/ **noun** [C] something that happens **происшествие, случай** *a **common/everyday occurrence***

> **Слова-партнеры к occurrence**
> a **common/everyday/rare/regular** occurrence

ocean /ˈəʊʃᵊn/ **noun 1** [no plural] B1 the sea **океан** *to swim in the ocean* **2** [C] one of the five main areas that the sea is divided into **океан** *the Pacific Ocean*

o'clock /əˈklɒk/ **adverb one/two/three, etc o'clock** A1 used after the numbers one to twelve to mean exactly that hour when you tell the time **час/два часа/три часа и т. д.** *It was ten o'clock when we got home.*

Oct written abbreviation for October **октябрь**

octagon /ˈɒktəgən/ **noun** [C] a flat shape with eight equal sides **восьмиугольник**

O

octave /ˈɒktɪv/ **noun** [C] the space between two musical notes that are eight notes apart **октава**

October /ɒkˈtəʊbəʳ/ **noun** [C, U] (written abbreviation **Oct**) A1 the tenth month of the year **октябрь**

octopus /ˈɒktəpəs/ **noun** [C] a sea creature with eight long arms **осьминог**

octopus

odd /ɒd/ **adjective 1** B2 strange or unusual **странный, необычный** *I always thought there was something odd about her.* ◦ *It's a bit odd that he didn't come.* **2** [always before noun] not happening often **случайный, нерегулярный** *He does **odd jobs** here and there.* **3** [always before noun] being one of a pair when the other item is missing **непарный** *an **odd sock*** **4** used after a number to mean approximately **немногим больший** *There are thirty odd kids in the class.* **5** An odd number does not produce a whole number when it is divided by two. **нечетный**

oddity /ˈɒdɪti/ **noun** [C] someone or something that is strange or unusual **странность, необычность**

O

oddly /ˈɒdli/ **adverb** in a strange way **странно** *He's been **behaving** very **oddly** lately.* ◦ ***Oddly enough**, business was good during the bad weather months.*

odds /ɒdz/ **noun** [plural] **1** the probability that something will happen **шансы, вероятность** *What are the odds of winning the top prizes?* ◦ *I'm afraid the odds are against us.* **2 against all (the) odds** If you do or achieve something against all the odds, you succeed although you were not likely to. **несмотря ни на что** *We won the game against all odds.* **3 be at odds with sb/sth** to not agree with someone or something **иметь разногласия с кем-либо, не соответствовать чему-либо** *His remark was at odds with our report.*

IDIOM **odds and ends** informal a group of small objects of different types which are not valuable or important **всякая всячина**

> Слова-партнеры к **odds**
>
> the odds **of/on** sth happening • the odds are (stacked) against sb

odious /ˈəʊdiəs/ **adjective** formal very unpleasant **гнусный, мерзкий** *an odious little man*

odour UK (US **odor**) /ˈəʊdəʳ/ **noun** [C] a smell, often one that is unpleasant **запах (часто неприятный)** ***body odour***

odyssey /ˈɒdɪsi/ **noun** [C] literary a long, exciting journey **странствия**

oestrogen UK (US **estrogen**) /ˈiːstrəʊdʒən/ US /ˈestrədʒən/ **noun** [U] a chemical substance in a woman's body which prepares her eggs for fertilization (= joining with the male seed to make a baby) **эстроген**

of strong /ɒv/ weak /əv/ **preposition 1** A1 belonging or relating to someone or something **указывает на принадлежность кому-либо/чему-либо, передается род. падежом** *a friend of mine* ◦ *the colour of her hair* ◦ *part of the problem* **2** A1 used after words which show an amount **указывает на определенное количество чего-либо, передается род. падежом** *a kilo of apples* ◦ *both of us* ◦ *a handful of raisins* **3** A1 used with numbers, ages, and dates **указывает на возраст или дату, передается род. падежом, при указании на количество – в, из, на** *a boy of six* ◦ *a decrease of 10%* ◦ *the 14th of February 2005* **4** A1 containing **указывает на содержание чего-либо, передается род. падежом** *a glass of milk* ◦ *sacks of rubbish* **5** made or consisting of **из** *dresses of lace and silk* **6** used to connect particular adjectives and verbs with nouns **служит для связи определенных прилагательных и глаголов с существительными, передается род. или твор. падежом** *frightened of spiders* ◦ *smelling of garlic* **7** A2 showing someone or something **указывает на содержание чего-либо, передается род. падежом** *a map of the city centre* **8** B1 showing a reason or cause **от, из-за, по** *He died of a heart attack.* **9** A2 showing position or direction **указывает на положение, передается род. падежом, при указании на направление – от, к** *the front of the queue* ◦ *a small town north of Edinburgh* **10** used after nouns describing actions or feelings to mean 'done to' or 'experienced by' **указывает на объект или субъект действия, выраженного существительным, передается род. падежом** *the destruction of the rain forest* ◦ *the suffering of millions* **11** B1 written or made by **указывает на авторство, передается род. падежом** *the collected works of William Shakespeare*

of course /əvˈkɔːs/ **adverb 1** A1 used to say 'yes' and emphasize your answer **конечно!** *'Can you help me?' 'Of course!'* **2** B1 used to show that what you are saying is obvious or already known **конечно, несомненно** *The rain meant, of course, that the match was cancelled.* ◦ *Of course, the Olympics are not just about money.* **3 of course not** A2 used to say 'no' and emphasize your answer **конечно нет!** *'Do you mind if I borrow your pen?' 'Of course not.'*

off[1] /ɒf/ **adverb, preposition 1** A2 not touching or connected to something or not on a surface **указывает на удаление или отделение от чего-либо, передается приставками от-, с-** *Keep off the grass!* ◦ *A button came off my coat.* **2** B1 away from a place or position **указывает на движение прочь, передается приставками**

ками у-, от-, вы-, с- *He ran off to find his friend.* ◦ *I'll **be off** (= will go) soon.* **3** A2 not operating or being used **указывает на выключение прибора или механизма, передается приставкой вы-** *Make sure you switch your computer off.* **4** B2 near to a building or place **вблизи** *an island off the coast of Spain* **5** B1 If a price has a certain amount of money off, it costs that much less than the usual price. **со скидкой** *These jeans were $10 off.* **6** far in distance or time **далеко, вдалеке** *My holidays seem a long way off.* **7 go off sth/sb** UK B2 to stop liking something or someone **разлюбить что-либо/кого-либо** *I've gone off meat.* **8** A2 not at work **в отпуске, в отгуле** *I had 6 months off when my son was born.* → See also off the **cuff**, **on²** and off

off² /ɒf/ **adjective** [never before noun] **1** not correct **неправильный** *Our sales figures were off by ten percent.* **2** B2 If food or drink is off, it is not now fresh and good to eat or drink. **испорченный** *This milk smells off.* **3** A2 not at work **находящийся в отпуске, в отгуле** *He's off today – I think he's ill.* → See also **off-chance**

offal /ˈɒfᵊl/ **noun** [U] organs from the inside of animals that are killed for food **потроха**

ˌoff ˈbalance adjective, adverb If someone or something is off balance, they are in a position where they are likely to fall or be knocked down. **потерявший равновесие** *to knock/throw someone off balance*

off-chance /ˈɒftʃɑːns/ **noun** UK informal **on the off-chance** hoping that something may be possible, although it is not likely **в надежде, на всякий случай** *I went to the station on the off-chance that she'd be there.*

ˌoff ˈduty adjective When an official such as a police officer is off duty, they are not working. **не при исполнении служебных обязанностей**

offence UK (US **offense**) /əˈfens/ **noun 1** [U] B2 when something rude makes someone upset or angry **обида, оскорбление** *to **cause/give offence*** ◦ *Many people **take offence** at swearing.* **2** [C] B2 a crime **правонарушение, преступление** *a **criminal offence*** ◦ *He **committed** several serious **offences**.*

> **Слова-партнеры к offence**
> cause/give/take offence • grave offence

offend /əˈfend/ **verb 1** [T] B2 to make someone upset or angry **обижать, оскорблять** [often passive] *I was deeply offended by her comments.* **2** [I] formal to commit a crime **совершать преступление** *If she offends again, she'll go to prison.*

offender /əˈfendəʳ/ **noun** [C] B2 someone who has committed a crime **преступник** *a **sex offender*** ◦ *a young offender*

offense /əˈfens/ **noun** US spelling of offence **см.** offence

offensive¹ /əˈfensɪv/ **adjective 1** B2 likely to make people angry or upset **оскорбительный, обидный** *an **offensive remark*** → Opposite **inoffensive 2** used for attacking **наступательный** *an **offensive weapon***
• **offensively adverb оскорбительно, обидно**

offensive² /əˈfensɪv/ **noun** [C] an attack **наступление** *It's time to launch a major **offensive against** terrorism.*

offer¹ /ˈɒfəʳ/ **verb 1** [+ two objects] B1 to ask someone if they would like something **предлагать** *They offered me a job.* **2** [I, T] A2 to say that you are willing to do something **предлагать** [+ to do sth] *He offered to get me a cab.* **3** [T] B2 to say that you will pay a particular amount of money **предлагать цену, назначать сумму** [+ two objects] *I offered him £500 for the car.* ◦ *Police have offered a $1,000 reward for information.* **4** [T] B1 to give or provide something **предлагать** *to offer advice* ◦ *The hotel offers a wide range of facilities.*

offer² /ˈɒfəʳ/ **noun** [C] **1** A2 when you ask someone if they would like something **предложение** *an **offer** of **help*** ◦ *a job offer* ◦ *to **accept/refuse** an **offer*** **2** an amount of money that you say you will pay for something **предложение цены** *The highest **offer** anyone has **made** so far is £150.* **3** B1 a cheap price or special arrangement for something you are buying **распродажа, скидка** *This **special offer** ends on Friday.* **4 on offer a** at a cheaper price than usual **продаваться со скидкой** *Are these jeans still on offer?* **b** B2 available to do or have **имеющийся в наличии** *We were amazed at the range of products on offer.*

> **Слова-партнеры к offer**
> accept/make/receive/turn down an offer • a generous/tempting offer • an offer of sth

offering /ˈɒfᵊrɪŋ/ **noun** [C] something that you give to someone **предложение** *a **peace offering***

offhand¹ /ˌɒfˈhænd/ **adjective** not friendly or polite **бесцеремонный, грубый** *He was a bit offhand with me.*

offhand² /ˌɒfˈhænd/ **adverb** immediately, without thinking about something **без подготовки** *I don't know offhand how much it will cost.*

office /ˈɒfɪs/ **noun 1** [C] A2 a room or building where people work **офис, кабинет** *an **office worker*** ◦ *I never get to the office before nine.* → See **The Office** on page Centre 5 **2** [C] A2 a room or building where you can get information, tickets, or a particular service **бюро, касса** *a **ticket office*** ◦ *the **tourist office*** **3** [U] an important job in an organization **должность, пост** *Some people think he has been **in office** for too long.* ◦ *She **held** the **office** of mayor for eight years.* → See also **box office**, **the Oval Office**, **post office**, **register office**, **registry office**

ˈoffice ˌbuilding noun [C] (also UK **office block**) a large building which contains offices **офисное, административное здание**

ˈoffice ˌhours noun [plural] the hours during the day when people who work in offices are usually at work **часы работы (организаций и учреждений)**

officer /ˈɒfɪsəʳ/ noun [C] **1** B2 someone with an important job in a military organization **офицер** *an **army/naval officer*** **2** B1 someone who works for a government department **должностное лицо, чиновник** *a customs officer ◦ a prison officer* **3** B1 a police officer **полицейский** *a uniformed officer* → See also **probation officer**

official¹ /əˈfɪʃəl/ adjective **1** B2 approved by the government or someone in authority **официальный** *the **official language** of Singapore ◦ an **official document*** **2** [always before noun] relating to the duties of someone in a position of authority **служебный, должностной** *the **official residence** of the ambassador ◦ an **official visit*** **3** known by the public **общеизвестный, официально подтвержденный** *It's official – they're getting married!* **4** [always before noun] An official explanation or statement is one that is given, but which may not be true. **формальный** *The **official reason** for the delay is bad weather.* → Opposite **unofficial**
• **officially** adverb **официально** *The new hospital was officially opened yesterday.*

official² /əˈfɪʃəl/ noun [C] B1 someone who has an important position in an organization such as the government **должностное лицо, государственный служащий** *a senior official ◦ a UN official*

offing /ˈɒfɪŋ/ noun **be in the offing** If something is in the offing, it will happen or be offered soon. **в перспективе, в недалеком будущем** *He thinks there might be a promotion in the offing.*

off-licence /ˈɒfˌlaɪsəns/ noun [C] UK (US **liquor store**) a shop that sells alcoholic drink **винный магазин**

offline /ɒfˈlaɪn/ adjective, adverb (also **off-line**) A computer is offline when it is not connected to a central system, or not connected to the Internet. **(работающий) независимо от основного оборудования или не подсоединенный к Интернету**

off-peak /ˌɒfˈpiːk/ adjective not at the most popular and expensive time **происходящий в непиковые часы** *an off-peak phone call*

offset /ˌɒfˈset/ verb [T] (present participle **offsetting**, past tense and past participle **offset**) If one thing offsets another thing, it has the opposite effect and so creates a more balanced situation. **компенсировать** [often passive] *The costs have been offset by savings in other areas.*

offsetting /ɒfˈsetɪŋ/ noun [U] trying to stop the damage caused by activities that produce carbon by doing other things to reduce it, such as planting trees **компенсация вреда, нанесенного какой-либо деятельностью, в результате которой выделяется окись углерода; в частности, при помощи посадки деревьев**

offshore /ˌɒfˈʃɔːʳ/ adjective [always before noun] **1** in the sea and away from the coast **находящийся на некотором расстоянии от берега** *an offshore island* **2** An offshore bank or bank account is based in another country and so less tax has to be paid. **офшорный** *an **offshore account/trust***

offside /ˌɒfˈsaɪd/ adjective [always before noun] (also US **offsides**) In sports such as football, a player who is offside is in a position that is not allowed. **в положении вне игры**

offspring /ˈɒfsprɪŋ/ noun [C] (plural **offspring**) formal the child of a person or animal **отпрыск, потомок** *to produce offspring*

off-the-cuff /ˌɒfðəˈkʌf/ adjective An off-the-cuff remark is one that is not planned. **неподготовленный**

often /ˈɒfən/, /ˈɒftən/ adverb **1** A1 many times or regularly **часто** *I often see her there. ◦ He said I could visit as often as I liked. ◦ **How often** (= How many times) do you go to the gym? ◦ I don't see her **very often**.* **2** B2 If something often happens or is often true, it is normal for it to happen or it is usually true. **часто, большей частью** *Headaches are often caused by stress. ◦ Brothers and sisters often argue.*

ogre /ˈəʊgəʳ/ noun [C] an unpleasant, frightening person **чудовище**

oh /əʊ/ exclamation **1** A1 used before you say something, often before replying to what someone has said **о!** *"Ian's going." "Oh, I didn't realize." ◦ "I'm so sorry." "Oh, don't worry."* **2** A1 used to show an emotion or to emphasize your opinion about something **ах!** *Oh, no! I don't believe it! ◦ "I don't think I can come." "Oh, that's a shame." ◦ Oh, how sweet of you!*

oil /ɔɪl/ noun [U] **1** B1 a thick liquid that comes from under the Earth's surface that is used as a fuel and for making parts of machines move smoothly **нефть** *an oil company ◦ an oil well* **2** A2 a thick liquid produced from plants or animals that is used in cooking **масло** *vegetable oil* → See also **crude oil**, **olive oil**

oilfield /ˈɔɪlˌfiːld/ noun [C] an area under the ground where oil is found **месторождение нефти** *an offshore oilfield*

ˈoil ˌpainting noun [C] a picture made using paint which contains oil **картина, написанная масляными красками**

ˈoil ˌspill noun [C] when oil has come out of a ship and caused pollution **утечка нефти**

oily /ˈɔɪli/ adjective containing a lot of oil or covered with oil **жирный, покрытый маслом** ***oily fish*** *◦ oily hands*

oink /ɔɪnk/ noun [C] the sound that a pig makes **хрюканье**

ointment /ˈɔɪntmənt/ **noun** [C, U] a smooth, thick substance that is used on painful or damaged skin **мазь**

okay[1] (also **OK**) /əʊˈkeɪ/ **exclamation 1** A1 used when agreeing to do something or when allowing someone to do something **хорошо! ладно!** *"Let's meet this afternoon." "Okay."* ◦ *"Can I use the car?" "Okay."* **2** A2 used before you start speaking, especially to a group of people **так, итак** *Okay, I'm going to start by showing you a few figures.*

okay[2] (also **OK**) /əʊˈkeɪ/ **adjective, adverb** informal **1** A2 good or good enough **подходящий, приемлемый, ничего, годится** *Is your food okay?* ◦ *It was okay, but it wasn't as good as his last film.* **2** A1 safe or healthy **здоровый, в безопасности** *Is your grandmother okay now?* **3** A2 allowed or acceptable **возможный, можно** *Is it okay if I leave early today?* ◦ [+ to do sth] *Is it okay to smoke in here?*

old /əʊld/ **adjective 1** A1 having lived or existed for a long time **старый** *an old man/woman* ◦ *an old house* ◦ *We're all* ***getting older.*** ◦ *Children should show some respect for* ***the old.*** **2** A2 having been used or owned for a long time **старый, поношенный** *You might get dirty so wear some old clothes.* **3** A1 used to describe or ask about someone's age **такого-то возраста** ***How old*** *are you?* ◦ *She'll be 3* ***years old*** *this month.* → See Note **year 4 an old friend/enemy, etc** A2 someone who has been your friend/enemy, etc for a long time **старый, давнишний друг/враг и т. д.** *I met an old friend who I was at college with.* **5** [always before noun] A2 used before or in the past **старый, бывший** *I think the old system was better in many ways.*

ˌold ˈage noun [U] the period of time when you are old **старость**

ˌold-age ˈpension noun [U] UK money that people receive regularly from the government when they are old and have stopped working **пенсия (по возрасту)**

ˌold-age ˈpensioner noun [C] UK someone who gets an old-age pension **пенсионер (по возрасту)**

olden /ˈəʊldən/ **adjective in the olden days/in olden times** a long time ago **в старые времена**

old-fashioned /ˌəʊldˈfæʃənd/ **adjective** B1 not modern **старомодный** *old-fashioned clothes/furniture*

oldie /ˈəʊldi/ **noun** [C] informal an old song or film, or an old person **старая песня или кинофильм** *a* ***golden oldie***

old-style /ˈəʊldstaɪl/ **adjective** [always before noun] used or done in the past **в старом стиле, традиционный** *old-style politics*

the ˌOld ˈTestament noun the part of the Bible (= holy book) written before the birth of Jesus Christ **Ветхий Завет**

the ˈOld ˌWorld noun Asia, Africa, and Europe **Старый Свет**

olive /ˈɒlɪv/ **noun 1** [C] B1 a small green or black fruit with a bitter taste that is eaten or used to produce oil **олива, маслина 2** [U] (also **ˌolive ˈgreen**) a colour that is a mixture of green and yellow **оливковый цвет**
• **olive** (also **olive-green**) **adjective оливковый**

ˈolive ˌoil noun [U] oil produced from olives, used for cooking or on salads **оливковое масло**

-ology /-ɒlədʒi/ **suffix** makes a noun meaning 'the study of something' **наука о чем-либо (как компонент сложных слов)** *psychology (= the study of the mind)* ◦ *sociology (= the study of society)*

the Olympic Games /əˈlɪmpɪkˌgeɪmz/ **noun** [plural] (also **the Olympics**) an international sports competition that happens every four years **Олимпийские игры**
• **Olympic adjective** [always before noun] relating to the Olympic Games **олимпийский** *She broke the* ***Olympic record.***

ombudsman /ˈɒmbʊdzmən/ **noun** [C] (plural **ombudsmen**) someone who deals with complaints that people make against the government or public organizations **чиновник, рассматривающий жалобы граждан на государственные учреждения**

omelette (also US **omelet**) /ˈɒmlət/ **noun** [C] A2 a food made with eggs that have been mixed and fried, often with other foods added **омлет** *a cheese omelette*

omen /ˈəʊmən/ **noun** [C] a sign of what will happen in the future **знак, примета** *a* ***good/bad omen***

> Слова-партнеры к **omen**
> a **bad/good/lucky** omen • an omen **of** [death/disaster/good fortune,etc] • an omen **for** sb/sth

ominous /ˈɒmɪnəs/ **adjective** making you think that something bad is going to happen **зловещий, угрожающий** *an* ***ominous sign*** ◦ *ominous clouds*

omission /əʊˈmɪʃən/ **noun** [C, U] when something has not been included but should have been **пропуск, упущение** *There are some* ***serious omissions*** *in the book.*

> Слова-партнеры к **omission**
> a **glaring/serious/surprising** omission • sb/sth's omission **from** sth • the omission **of** sb/sth

omit /əʊˈmɪt/ **verb** (present participle **omitting**, past tense and past participle **omitted**) **1** [T] to not include something or someone **не включать, пропускать** [often passive] *He was* ***omitted from*** *the team because of his behaviour.* **2 omit to do sth** mainly UK formal to not do something упускать *She omitted to mention where she was going.*

on[1] /ɒn/ **preposition 1** A1 on a surface of something на *We put all of our medicine on a high shelf.* **2** A2 in a particular place на *the diagram on page 22 ◦ I met her on a ship.* **3** A2 used to show the way in which something is recorded or performed по, на *What's on television tonight?* **4** B2 used to show what happens as a result of touching something указывает на причину, способ, передается твор. падежом *I cut myself on a knife.* **5** B1 about о, по *a book on pregnancy* **6** A2 used to show what money or time is used for на *I've wasted too much time on this already. ◦ She refuses to spend more than £20 on a pair of shoes.* **7** B1 next to or along the side of на, у *The post office is on Bateman Street.* **8** A1 used to show the date or day when something happens указывает на определенный день – в, на, указывает на дату – передается род. падежом *He's due to arrive on 14 February. ◦ I'm working on my birthday.* **9** B1 using something по, на *I spoke to Mum on the phone.* **10** happening after something and often because of it после, по, как только *The Prince was informed on his return to the UK.* **11** A2 used to show some methods of travelling на, в *Did you go over on the ferry? ◦ Sam loves travelling on buses.* **12** B2 used to show something that is used as food, fuel, or a drug на *This radio runs on batteries. ◦ I can't drink wine because I'm on antibiotics.* **13 be on a committee/panel, etc** to be a member of a group or organization быть членом комитета/жюри и т. д. *She's on the playgroup committee.* **14 have/carry sth on you** to have something with you иметь/носить что-либо с собой *Do you have your driving licence on you?* **15 be on me/him, etc** informal used to show who is paying for something я плачу/он платит и т. д. *This meal is on me.*

on[2] /ɒn/ **adverb 1** used to show that an action or event continues указывает на продолжение действия, выраженного глаголом *The old tradition lives on. ◦ It was a complicated situation that dragged on for weeks.* **2** A2 If you have something on, you are wearing it. указывает на наличие одежды – в, на *She's got a black coat on. ◦ Why don't you* ***put*** *your new dress* ***on****?* **3** working or being used указывает на включенность или работу механизма, прибора и т. д., часто передается глагольными приставками в-, за- *The heating has been on all day.* **4** B1 into a bus, train, plane, etc на *Amy got on in Stamford.* **5** B2 happening or planned указывает на наличие какого-либо процесса *I've got a lot on at the moment. ◦ Have you checked what's on at the cinema?*

IDIOM **on and off** (also **off and on**) If something happens on and off during a period of time, it happens sometimes. время от времени, периодически *They've been seeing each other on and off since Christmas.*

once[1] /wʌns/ **adverb 1** A2 one time (один) раз *It's only snowed once or twice this year. ◦ I go swimming* ***once a week*** *(= one time every week).* **2** B1 in the past, but not now когда-то, некогда *This house once belonged to my grandfather.* **3 once again** B1 again еще раз, опять *Once again I'm left with all the washing up.* **4 all at once** suddenly вдруг, внезапно *All at once he stood up and walked out of the room.* **5 at once a** B1 immediately немедленно, сразу *I knew at once that I would like it here.* **b** at the same time одновременно *They all started talking at once.* **6 once in a while** B2 sometimes but not often иногда, изредка *He plays tennis once in a while.* **7 once and for all** If you do something once and for all, you do it now so that it does not have to be dealt with again. раз и навсегда *Let's get to the bottom of this matter once and for all!* **8 once more** B1 one more time еще раз *If you say that once more, I'm going to leave.* **9 for once** B2 used to mean that something is happening that does not usually happen на этот раз *For once, I think I have good news for him.* **10 once upon a time** B1 used at the beginning of a children's story to mean that something happened a long time ago давным-давно → See also once in a blue **moon**

once[2] /wʌns/ **conjunction** B2 as soon as как только *Once I've found somewhere to live, I'll send you my new address. ◦ We'll send your tickets once we've received your cheque.*

oncoming /ˈɒnˌkʌmɪŋ/ **adjective** [always before noun] Oncoming vehicles are coming towards you. встречный, надвигающийся

one[1] /wʌn/ A1 the number 1 один → See also back to **square**[1] one

one[2] /wʌn/ **pronoun 1** A2 used to refer to a particular person or thing in a group that has already been talked about употребляется во избежание повторения, указывает на ранее названный предмет/ранее названного человека *I've just made some scones, do you want one? ◦ Throw those gloves away and get some new ones. ◦ Chris is* ***the one*** *with glasses.* **2** formal any person in general каждый, все *One ought to respect one's parents.* **3 one at a time** B2 separately по одному *Eat them one at a time.* **4 one by one** B2 separately, with one thing happening after another один за другим *One by one the old buildings have been demolished.* **5 one another** B1 each other друг друга *How can they reach an agreement if they won't talk to one another?* **6 (all) in one** combined into a single thing все вместе, в одном *It's a vacation and art course all in one.*

one[3] /wʌn/ **determiner 1** A2 used to refer to a particular person or thing in a group один, одна, одно *One drawback is the cost of housing in the area. ◦* ***One of*** *our daughters has just got married.* **2** B2 used to refer to a time in the future which is not yet decided **когда-нибудь, как-нибудь** *We must have a drink together one evening.* **3** B2 at a particular time in the past **однажды, как-то** *I first met him one day in the park.* **4** B2 only **единственный** *He's the one person you can rely on in this place.* **5** mainly US used to emphasize an adjective **какой, такой (большой и т. д.)** *That's one big ice cream you've got there!* **6 one or two** B1 a few **пара, несколько** *I'd like to make one or two suggestions.* → See also put sth to one **side**[1], be one **step**[1] ahead (of sb)

one-man /ˌwʌnˈmæn/ **adjective** [always before noun] with only one person doing something **выполняемый одним человеком** *a **one-man show***

ˌone-night ˈstand noun [C] when two people have sex just after they meet but do not then have a relationship **случайный секс**

one-off /ˌwʌnˈɒf/ **adjective** [always before noun] UK only happening once **одноразовый, единичный** *a **one-off payment***

• **one-off noun** [C] UK something that only happens once **единственный, уникальный случай** *His Olympic victory was not just a one-off.*

one-on-one /ˌwʌnɒnˈwʌn/ **adjective, adverb** mainly US only including two people **индивидуальный, с глазу на глаз**

onerous /ˈəʊnərəs/ **adjective** formal difficult and needing a lot of effort **тягостный, изнурительный** *an **onerous task***

oneself /wʌnˈself/ **pronoun** formal the reflexive form of the pronoun 'one' when it refers to the person speaking or people in general **себя, себе, собой** *How else should one protect oneself and one's family?*

one-sided /ˌwʌnˈsaɪdɪd/ **adjective 1** If a competition is one-sided, one team or player is much better than the other. **неравный** *a one-sided contest/game* **2** only considering one opinion in an argument in a way that is unfair **односторонний, пристрастный** *a one-sided view*

one-time /ˈwʌntaɪm/ **adjective** [always before noun] A one-time position or job is one that you had or did in the past, but not now. **бывший, прошлый** *a one-time friend/minister*

one-to-one /ˌwʌntəˈwʌn/ **adjective, adverb** mainly UK only including two people **индивидуальный, с глазу на глаз** *She's having private lessons on a one-to-one basis.*

one-way /ˌwʌnˈweɪ/ **adjective** If a road is one-way, you can only drive on it in one direction. **односторонний (о движении)** *a **one-way street***

ˌone-way ˈticket noun [C] US (UK **single**) A one-way ticket for a journey can only be used to travel in one direction and not for returning. **билет в один конец**

ongoing /ˈɒnˌɡəʊɪŋ/ **adjective** [always before noun] still happening **продолжающийся** *an ongoing process/investigation*

onion /ˈʌnjən/ **noun** [C, U] A2 a round vegetable with layers that has a strong taste and smell **лук (овощ)** → See **Fruit and Vegetables** on page Centre 10 → See also **spring onion**

online /ˌɒnˈlaɪn/ **adjective, adverb** A2 connected to a system of computers, especially the Internet **в Интернете, в режиме онлайн** *online services* ◦ *to **go online** (= start using the Internet)* ◦ *Most newspapers are now available online.* → See Study Page **The Web and the Internet** on page Centre 36

onlooker /ˈɒnˌlʊkər/ **noun** [C] someone who watches something happening without becoming involved in it **наблюдатель, зритель** *a crowd of onlookers*

only[1] /ˈəʊnli/ **adverb 1** A1 not more than a particular size or amount **только, всего лишь** *It'll only take a few minutes.* ◦ *She's only fifteen.* **2** A2 not anyone or anything else **только, исключительно** *The offer is available to UK residents only.* **3** B1 used to mean that something happened very recently **только что** *She's **only just** finished writing it.* **4 not only ... (but) also** B2 used to say that one thing is true and another thing is true too, especially a surprising thing **не только ..., но и** *Not only did he turn up late, he also forgot his books.*

only[2] /ˈəʊnli/ **adjective** [always before noun] A1 used to mean that there are not any others **единственный** *This could be our only chance.* ◦ *You're the only person here I know.*

only[3] /ˈəʊnli/ **conjunction** used to introduce a statement which explains why something you have just said cannot happen or is not completely true **но, только** *I'd phone him myself only I know he's not there at the moment.*

ˈonly ˌchild noun [C] (plural **only children**) someone who has no brothers or sisters **единственный ребенок**

on-screen /ˈɒnskriːn/ **adjective, adverb** appearing on a computer or television screen **показываемый на экране, телевизионный**

onset /ˈɒnset/ **noun the onset of sth** the beginning of something, usually something unpleasant **начало** *the onset of cancer*

onslaught /ˈɒnslɔːt/ **noun** [C] when someone attacks or criticizes someone or something **нападение, удар**

> Слова-партнеры к **onslaught**
>
> **launch/mount** an onslaught • an onslaught **against/on** sb

onto (also **on to**) /ˈɒntuː/ **preposition 1** B1 used to show movement into or on a particular place **на, в** *The sheep were loaded onto trucks.* ◦ *Can you get back onto the path?* **2 hold/grip, etc onto sth** to hold something **держаться/хвататься и т. д. за что-либо** *Hold onto my hand before we cross the road.* **3** B2 used to show that you are starting to talk about a different subject **к** *Can we move onto the next item on the agenda?* **4 be**

O

onto sb to know that someone has done something wrong or illegal **знать что-либо тайное, нехорошее о ком-либо** *She knows we're onto her and she's trying to get away.* ◦ *Who **put** the police **onto** (= told the police about) her?* **5 be onto sth** to know or discover something useful or important **узнавать, выяснять что-либо** *Researchers think they may be onto something big.* ◦ *Can you **put** me **onto** (= tell me about) a good dentist?*

the onus /ˈəʊnəs/ **noun** formal the responsibility for doing something **ответственность** *The **onus is on** parents to make sure their children attend school.*

onward /ˈɒnwəd/ **adverb** (also **onwards**) **1 from the 1870s/March/6.30 pm, etc onwards** beginning at a time and continuing after it **начиная с 1870-х годов/марта/6.30 вечера и т. д.** **2** If you move onwards, you continue to go forwards. **вперед, дальше**

oops /uːps/ **exclamation** something you say when you make a mistake or have a slight accident **ой!** *Oops! I've spilled my coffee.*

ooze /uːz/ **verb** **1** [I, T] If a liquid oozes from something or if something oozes a liquid, the liquid comes out slowly. **вытекать, сочиться** *Blood was oozing out of the wound.* **2** [T] informal to show a lot of a quality **источать** *to **ooze charm***

opaque /əʊˈpeɪk/ **adjective** **1** If an object or substance is opaque, you cannot see through it. **непрозрачный, мутный** **2** formal difficult to understand **неясный, непонятный**

op-ed /ɒpˈed/ **adjective** [always before noun] US (UK **editorial**) describes a piece of writing in a newspaper in which a writer gives an opinion about a subject **редакционный комментарий, публицистическая статья** *an op-ed article/page*

open

The window is open.

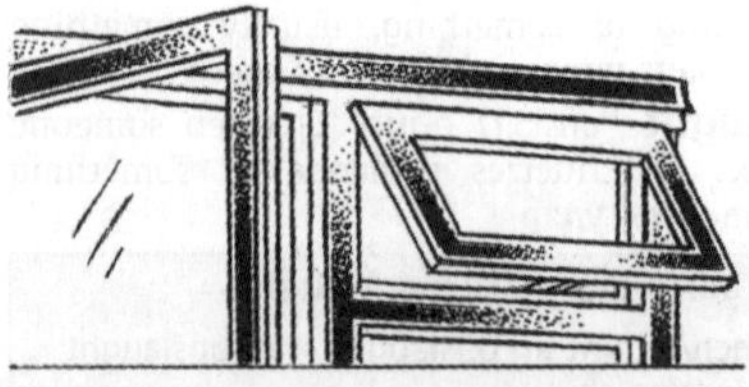

The book is open.

open¹ /ˈəʊpᵊn/ **adjective** **1** A2 not closed or fastened **открытый, раскрытый** *an **open door/window*** ◦ *Someone had left the gate **wide open**.* ◦ *Is there a bottle of wine already open?* ◦ *A magazine was lying open on her lap.* **2** A1 A shop or business is open during the time it is available for business or serving customers. **открытый, работающий** *Most shops are open on Sundays now.* **3** If a computer document or program is open, it is ready to be read or used. **открытый** **4** [always before noun] B1 An open area of land has no buildings on it or near it. **открытый** *large **open spaces*** **5** [always before noun] without a roof or cover **открытый, не имеющий верха** *an open courtyard* **6** If a place or event is open, everyone can go to it or become involved in it. **открытый, свободный для посещения** *an **open debate*** ◦ *Are the gardens **open to** the public?* **7** An open person is honest and does not hide their feelings. **открытый, искренний** **8** [always before noun] Open feelings, usually negative ones, are not hidden. **явный, открытый** ***open hostility/rivalry*** **9** If a decision or question is open, it has not yet been decided. **открытый, незавершенный** *We don't have to make a firm arrangement now. Let's **leave it open**.* **10 have/keep an open mind** B2 to wait until you know all the facts before you form an opinion about something or judge someone **не спешить с выводами, относиться непредвзято** *The cause of the fire is still unclear and we are keeping an open mind.* **11 open to discussion/suggestions, etc** willing to consider a discussion/suggestions, etc **готовый к обсуждению/выслушать предложения и т. д.** *This is only a proposal. I'm open to suggestions.* **12 open to abuse/criticism, etc** likely to be abused/criticized, etc **способный вызвать недовольство/критику и т. д.** *The system is wide open to abuse.* → See also with your eyes (**eye¹**) open

open² /ˈəʊpᵊn/ **verb** **1** [I, T] A1 If something opens, it changes to a position that is not closed, and if you open it, you make it change to a position that is not closed. **открывать, раскрывать** *to open a door/window* ◦ *The gate won't open.* ◦ *Don't open your eyes yet.* **2** [T] A2 to remove part of a container or parcel so that you can see or use what it contains **открывать, распечатывать** *Karen opened the box and looked inside.* ◦ *Why don't you open the envelope?* ◦ *I can't open this bottle.* **3** [I, T] If an object opens, the parts that are folded together move apart, and if you open it, you make the parts that are folded together move apart. **открывать(ся), раскрывать(ся)** *Shall I open the umbrella?* ◦ *Open your books at page 22.* **4** [I] A2 If a shop or office opens at a particular time of day, it starts to do business at that time. **открываться, начинать работать** *What time does the bank open?* **5** [T] B1 to make a computer document or program ready to be read or used **открывать** **6** [I, T] B2 If a business or activity opens, it starts officially for the first time, and if you open it, you make it start officially for the first time. **открывать(ся)** *That restaurant's new – it only opened last month.* ◦ *Several shops have* ***opened up*** *in the last year.* **7** [T] to allow people to use a road or area **открывать** *They* ***opened up*** *the roads again the day after the flooding.* **8 open an account** to make an arrangement to keep your money with a bank **открывать счет** *Have you opened a bank account yet?* → See also open the **floodgates**

PHRASAL VERBS **open (sth) up 1** to create a new opportunity or possibility **открывать (возможности и т. д.)** *A teaching qualification can* ***open up*** *many more career* ***opportunities***. **2** to open the lock on the door of a building **открывать дверь** *The caretaker opens up the school every morning at seven.* • **open up** to start to talk more about yourself and your feelings **говорить откровенно** *I've tried to get him to* ***open up to*** *me, but with no success.*

open[3] /ˈəʊpən/ **noun 1 in the open** outside **на открытом воздухе** *We spent the night in the open.* **2 bring sth out into the open** to tell people information that was secret **оглашать, обнародовать** [often passive] *It's time this issue was brought out into the open.*

open-air /ˌəʊpənˈeər/ **adjective** [always before noun] An open-air place does not have a roof. **находящийся на открытом воздухе** *an* ***open-air swimming pool***

ˈopen ˌday noun [C] UK a day when people can visit a school or organization to see what happens there **день открытых дверей**

open-ended /ˌəʊpənˈendɪd/ **adjective** An open-ended activity or situation does not have a planned ending. **не имеющий заранее предусмотренных ограничений** *We are not willing to enter into* ***open-ended discussions***.

opener /ˈəʊpənər/ **noun** [C] **1 bottle/can/tin, etc opener** a piece of kitchen equipment used to open bottles/cans, etc **открывалка для бутылок/консервный нож 2** someone or something that begins a series of events, usually in sports **первая встреча (в состязаниях)** → See also **eye-opener**

opening[1] /ˈəʊpənɪŋ/ **noun** [C] **1** a hole or space that something or someone can pass through **отверстие** *We found an opening in the fence and climbed through.* **2** B2 the beginning of something **начало, вступительная часть** *The opening of the opera is quite dramatic.* **3** B2 a ceremony at the beginning of an event or activity **открытие** *I've been invited to the opening of the new exhibition on Tuesday.* **4** a job or an opportunity to do something **вакансия** *There's* ***an opening for*** *an editorial assistant in our department.*

opening[2] /ˈəʊpənɪŋ/ **adjective** [always before noun] happening at the beginning of an event or activity **вступительный, открывающий** *the* ***opening night*** ◦ *her* ***opening remarks***

openly /ˈəʊpənli/ **adverb** without hiding any of your thoughts or feelings **открыто, откровенно** *He* ***talks*** *quite* ***openly*** *about his feelings.*

open-minded /ˌəʊpənˈmaɪndɪd/ **adjective** willing to consider ideas and opinions that are new or different to your own **широких взглядов, непредубежденный**

openness /ˈəʊpənnəs/ **noun** [U] when someone is honest about their thoughts and feelings **откровенность** *I appreciated his openness.*

open-plan /ˌəʊpənˈplæn/ **adjective** describes a room or a building without many walls **имеющий открытую планировку** *an* ***open-plan office***

opera /ˈɒpərə/ **noun** [C, U] A2 a musical play in which most of the words are sung **опера** *to go to the opera* ◦ ***opera singers*** ◦ *an* ***opera house*** *(= building for opera)*
• **operatic** /ˌɒpərˈætɪk/ **adjective** relating to opera **оперный** *an operatic society*

operate /ˈɒpəreɪt/ **verb 1** [I, T] B2 If an organization or business operates, it is working, and if you operate it, you manage it and make it work. **работать, управлять** *Our company is operating under very difficult conditions at present.* **2** [I, T] B2 If a machine operates, it does what it is designed to do, and if you operate it, you make it do what it is designed to do. **работать (о механизме), работать (на чем-либо)** *You have to be trained to operate the machinery.* **3** [I] B1 to treat an illness or injury by cutting someone's body and removing or repairing part of it **оперировать, делать операцию** *Did they have to* ***operate on*** *him?*

ˈoperating ˌroom noun [C] US (UK **operating theatre**) a room in a hospital where doctors do operations **операционная**

ˈoperating ˌsystem noun [C] computer software that controls how different parts of a computer work together **операционная система**

ˈoperating ˌtheatre noun [C] UK (US **operating room**) a room in a hospital where doctors do operations **операционная**

> Слова-партнеры к **operation**
>
> **have/undergo** an operation • **do/perform** an operation • an operation **on** sb/sb's [knee/hand,etc] • a **major/minor** operation

operation /ˌɒpərˈeɪʃən/ **noun** [C] **1** B1 when a doctor cuts someone's body to remove or repair part of it **операция (хирургическая)** *a heart/lung operation* ◦ *a* ***major/minor operation*** ◦ *My son's got to* ***have an operation***. **2** an organization or business **операция, сделка** *a large commercial operation* **3** an activity that is intended to achieve a particular purpose **операция (военная и т. д.)** *a military/peacekeeping operation* ◦ *a joint operation by French and Spanish police* **4 in operation** If a machine or system is in operation, it is working or being used. функционировать, работать *The new rail link is now in operation.* ◦ *Most of the machines are now back in operation.*

operational /ˌɒpᵊrˈeɪʃᵊnᵊl/ **adjective** **1** If a system is operational, it is working. **действующий** *The service becomes **fully operational** next June.* **2** [always before noun] relating to a particular activity **относящийся к работе** *operational control/responsibility*

operative¹ /ˈɒpᵊrətɪv/ **adjective** formal working or being used **действующий, действительный** *The agreement will not become operative until all members have signed.*

operative² /ˈɒpᵊrətɪv/ **noun** [C] mainly US someone who does secret work for a government or other organization **тайный агент** *a former CIA operative*

operator /ˈɒpəreɪtəʳ/ **noun** [C] **1** someone who helps to connect people on a telephone system **телефонист** *Why don't you call the operator?* **2** (B2) someone whose job is to use and control a machine or vehicle **оператор, водитель** *a computer operator* **3** (B2) a company that does a particular type of business **компания, фирма** *a tour operator*

opinion /əˈpɪnjən/ **noun** **1** (B1) [C] a thought or belief about something or someone **мнение** *What's your **opinion about/on** the matter?* ◦ *He **has** fairly strong **opinions** on most subjects.* ◦ ***In my opinion** (= I think) he's the best football player we have in this country.* **2 public opinion** (B2) the thoughts and beliefs that most people have about a subject **общественное мнение** *Eventually, the government will have to take notice of public opinion.* **3 have a high/low opinion of sb/sth** to think that someone or something is good/bad **быть хорошего/плохого мнения о ком-либо/чем-либо** *He has a low opinion of doctors.*

> Слова-партнеры к **opinion**
>
> **express/hold/voice** an opinion • **a favourable/low/personal/poor/strong** opinion • **in** sb's opinion • sb's opinion **about/on** sth

opinionated /əˈpɪnjəneɪtɪd/ **adjective** being too certain that your strong opinions are correct **уверенный в своей правоте**

oˈpinion ˌpoll **noun** [C] when people are asked questions to discover what they think about a subject **опрос общественного мнения** *The latest opinion poll shows that the president's popularity has improved.*

opium /ˈəʊpiəm/ **noun** [U] a drug made from the seeds of a poppy (= a red flower) **опиум**

opponent /əˈpəʊnənt/ **noun** [C] **1** (B2) someone who you compete against in a game or competition **противник, соперник** *He beat his opponent six games to two.* **2** (B2) someone who disagrees with an action or belief and tries to change it **противник** *an opponent of slavery* ◦ *a **political opponent***

opportune /ˈɒpətjuːn/ **adjective** formal **an opportune moment/time** a good time for something to happen **благоприятный момент/благоприятное время** *His letter arrived at an opportune moment.*

opportunist /ˌɒpəˈtjuːnɪst/ **noun** [C] someone who tries to get power or an advantage in every situation **человек, использующий любую ситуацию к своей выгоде**

• **opportunistic** /ˌɒpətjuːˈnɪstɪk/ **adjective** using a situation to get power or an advantage **использующий ситуацию к своей выгоде**

opportunity /ˌɒpəˈtjuːnəti/ **noun** **1** [C, U] (B1) a situation in which it is possible for you to do something, or a possibility of doing something **возможность, удобный случай** *a **unique opportunity*** ◦ *a **golden** (= very good) **opportunity*** ◦ [+ to do sth] *Everyone will **have an opportunity** to comment.* ◦ *There are plenty of **opportunities for** research.* ◦ *Don't **miss** this **opportunity** to win a million pounds.* ◦ *She talks about her boyfriend **at every opportunity**.* **2** [C] (B2) the chance to get a job **возможность, перспектива** [usually plural] *opportunities for young graduates* ◦ ***job/employment opportunities*** **3 take the opportunity to do sth** (B2) to use an occasion to do or say something **воспользоваться случаем** *I'd like to take this opportunity to thank all of you.* → See Note **possibility**

> Слова-партнеры к **opportunity**
>
> **create/have/miss/offer/provide/seize** an opportunity • **a golden/good/great/unique/wasted** opportunity • **at every** opportunity • an opportunity **for** sth

oppose /əˈpəʊz/ **verb** [T] (B2) to disagree with a plan or activity and to try to change or stop it **быть против, сопротивляться** *The committee opposed a proposal to allow women to join the club.*

opposed /əˈpəʊzd/ **adjective** **1 be opposed to sth** to disagree with a plan or activity **быть против чего-либо** *We're not opposed to tax increases.* **2 as opposed to** used to say that two things are very different **в отличие от** *I'm talking about English football, as opposed to European football.*

opposing /əˈpəʊzɪŋ/ **adjective** **1 opposing teams/players, etc** Opposing teams/players, etc are competing against each other. **команды/игроки и т. д., соперничающие друг с другом** **2 opposing ideas/beliefs, etc** Opposing ideas/beliefs, etc are completely different. **противоположные взгляды/убеждения и т. д.** *The book presents two opposing views.*

opposite¹ /ˈɒpəzɪt/ **adjective** **1** (B1) in a position facing something or someone but on the other side **противоположный** *on the **opposite page*** ◦ *in the **opposite corner*** ◦ *We live on **opposite sides** of the city.* ◦ *I noticed a gate at the **opposite end** of the courtyard.* **2** (B2) completely different

противоположный, обратный *Police attempts to calm the violence had completely the* ***opposite effect****.*

opposite[2] /ˈɒpəzɪt/ **adverb, preposition** (B1) in a position facing something or someone but on the other side **напротив** *The couple sat down opposite her.* ◦ UK *She lives opposite (= on the other side of the road).* ◦ *Is there a bakery opposite your house?*

opposite[3] /ˈɒpəzɪt/ **noun** [C] (B1) someone or something that is completely different from another person or thing **противоположность** *They're* ***complete opposites****.* ◦ *He's* ***the exact opposite of*** *my father.*

the ˌopposite ˈsex noun someone who is male if you are female, or female if you are male **противоположный пол** *It's not always easy to meet* ***members of the opposite sex****.*

opposition /ˌɒpəˈzɪʃən/ **noun 1** [U] strong disagreement **сопротивление** *Is there much* ***opposition to*** *the proposed changes?* ◦ *There has been strong* ***opposition from*** *local residents.* **2 the Opposition/opposition** political parties that are not in power **оппозиция**

oppress /əˈpres/ **verb** [T] **1** to treat a group of people in an unfair way, often by limiting their freedom **угнетать, притеснять** [often passive] *Women were oppressed by a society which considered them inferior.* **2** to make someone feel anxious **действовать угнетающе**

oppressed /əˈprest/ **adjective** treated in an unfair way **угнетенный** ***oppressed minorities***

oppression /əˈpreʃən/ **noun** [U] when people are treated in a way that is unfair and that limits their freedom **угнетение, притеснение** ***political oppression*** ◦ *the oppression of women*

oppressive /əˈpresɪv/ **adjective 1** cruel and unfair **деспотический** *an* ***oppressive government/regime*** **2** If the weather or heat is oppressive, it is too hot and there is no wind. **гнетущий, томительный** ***oppressive heat*** **3** not relaxing or pleasant **тягостный** *an oppressive silence*

oppressor /əˈpresəʳ/ **noun** [C] someone who treats people in an unfair way, often by limiting their freedom **угнетатель, деспот**

opt /ɒpt/ **verb opt for sth; opt to do sth** to choose something or to decide to do something **делать выбор, предпочитать** *Mike opted for early retirement.* ◦ *Most people opt to have the operation.*

PHRASAL VERB **opt out** to choose not to be part of an activity or to stop being involved in it **отказываться от участия в чем-либо** *He's decided to* ***opt out of*** *the company's pension scheme.*

optical /ˈɒptɪkəl/ **adjective** relating to light or the ability to see **оптический** *optical equipment/instruments*

ˌoptical iˈllusion noun [C] something that you think you see, but which is not really there **оптический обман**

optician /ɒpˈtɪʃən/ **noun** [C] **1** someone whose job is to make eye glasses **оптик 2** UK a shop where you can have your eyes tested and have your glasses made **оптика (магазин)**

optimism /ˈɒptɪmɪzəm/ **noun** [U] when you believe good things will happen **оптимизм** *a mood/spirit of optimism* ◦ *There is* ***cause/reason for*** *optimism.* ◦ *He expressed cautious* ***optimism about*** *the future.* → Opposite **pessimism**

> **Слова-партнеры к optimism**
>
> express optimism • cautious/renewed optimism • cause for/grounds for/reason for optimism • optimism about sth

optimist /ˈɒptɪmɪst/ **noun** [C] someone who always believes that good things will happen **оптимист**

optimistic /ˌɒptɪˈmɪstɪk/ **adjective** (B2) always believing that good things will happen **оптимистический** *We're* ***optimistic about*** *our chances of success.* ◦ [+ (that)] *I'm not optimistic that we'll reach an agreement.* → Opposite **pessimistic**

optimum /ˈɒptɪməm/ **adjective** [always before noun] formal best or most suitable **наиболее благоприятный** *the optimum temperature*

option /ˈɒpʃən/ **noun 1** [C] (B1) a choice **выбор, предмет выбора** *That's an option you might like to consider.* ◦ *We don't have many options.* ◦ [+ of + doing sth] *You* ***always*** *have the* ***option of*** *not attending.* **2 have no option (but to do sth)** to not have the possibility of doing something else **не иметь выбора** *We didn't want to dismiss him, but we had no option.* **3 keep/leave your options open** to wait and not make a decision or choice yet **не торопиться с решением или выбором** → See also **soft option**

> **Слова-партнеры к option**
>
> consider/examine the options • be given/have the option of doing sth • an attractive/viable option • an option for sb

optional /ˈɒpʃənəl/ **adjective** (B2) If something is optional, it is available but you do not have to have it. **необязательный, факультативный** *an* ***optional extra***

opulent /ˈɒpjələnt/ **adjective** Opulent things are expensive and give a feeling of luxury. **роскошный, пышный** *an opulent bathroom*

or strong /ɔːʳ/ weak /əʳ/ **conjunction 1** (A1) used between possibilities, or before the last in a list of possibilities **или** *Would you like toast or cereal?* ◦ *Is that a boy or a girl?* ◦ *You can have beer, wine, or mineral water.* ◦ *The house will take two or three years to complete.* **2** (B2) used to change or correct something you have said **точнее** *We told the truth, or most of it.* **3** used to give a reason for something you have said **иначе** *She must love him or she wouldn't have stayed with him all these* *years.* **4** A2 used after a negative verb between a list of things to mean not any of those things or people **ни … ни** *Tim doesn't eat meat or fish.*

oral[1] /ˈɔːrəl/ **adjective 1** B2 spoken **устный** *an* ***oral examination*** ◦ *an* ***oral agreement*** **2** relating to or using the mouth **оральный, для внутреннего употребления** ***oral medication*** • **orally adverb устно, орально**

oral[2] /ˈɔːrəl/ **noun** [C] an examination that is spoken, usually in a foreign language **устный экзамен**

orange[1] /ˈɒrɪndʒ/ **adjective** A1 being a colour that is a mixture of red and yellow **оранжевый** *a deep orange sunset* → See **Colours** on page Centre 12

orange[2] /ˈɒrɪndʒ/ **noun 1** [C] A1 a round, sweet fruit with a thick skin and a centre that is divided into many equal parts **апельсин** *orange juice* → See **Fruit and Vegetables** on page Centre 10 **2** [C, U] A2 a colour that is a mixture of red and yellow **оранжевый цвет** → See **Colours** on page Centre 12 **3** [U] UK a drink made with oranges **апельсиновый напиток** *Would you like some orange?*

ˈorange ˌjuice noun [U] a drink made from the juice of oranges **апельсиновый сок**

orator /ˈɒrətəʳ/ **noun** [C] formal someone who gives good speeches **оратор** *a brilliant orator*

oratory /ˈɒrətəri/ **noun** [U] formal when people give good speeches **красноречие, ораторское искусство** *political oratory*

orbit /ˈɔːbɪt/ **noun** [C, U] the circular journey that a spacecraft or planet makes around the sun, the moon, or another planet **орбита** *the Earth's orbit* ◦ *Two satellites are already* ***in orbit.*** ◦ *It was the first spacecraft to* ***go into orbit*** *around Jupiter.* • **orbit verb** [I, T] **двигаться по орбите** *The moon orbits the Earth.*

orchard /ˈɔːtʃəd/ **noun** [C] a piece of land where fruit trees are grown **фруктовый сад** *an apple/ cherry orchard*

orchestra /ˈɔːkɪstrə/ **noun** [C] **1** B1 a large group of musicians who play different instruments together **оркестр** *a symphony orchestra* ◦ *a youth orchestra* **2** US (UK **the stalls**) the seats on the main floor near the front of a theatre or cinema **первые ряды партера**
• **orchestral** /ɔːˈkestrəl/ **adjective** B2 [always before noun] Orchestral music is played by or written for an orchestra. **оркестровый**

orchid

orchestrate /ˈɔːkɪstreɪt/ **verb** [T] to intentionally organize something in order to achieve what you want **организовывать** *a carefully orchestrated demonstration of support*

orchid /ˈɔːkɪd/ **noun** [C] a plant with flowers which are an unusual shape and beautiful colours **орхидея**

ordain /ɔːˈdeɪn/ **verb** [T] to officially make someone a Christian priest **посвящать в духовный сан** [often passive] *Dr Coker was ordained by the Bishop of London in 1986.*

ordeal /ɔːˈdiːl/ **noun** [C] a very unpleasant experience **тяжелое испытание** *a terrible ordeal* ◦ *They feared he would not* ***survive*** *the* ***ordeal.*** ◦ *She* ***went through*** *the* ***ordeal*** *of being interviewed by a panel of ten people.*

order[1] /ˈɔːdəʳ/ **noun 1** [C, U] B1 the arrangement of a group of people or things in a list from first to last **порядок, последовательность** *in alphabetical order* ◦ *in the* ***right/wrong order*** ◦ *We ranked the tasks* ***in order of*** *importance.* **2** [C] B2 an instruction that someone must obey **приказ** *to* ***obey orders*** ◦ *to* ***give orders*** **3 under orders** If you are under orders, someone has told you to do something. **получать приказ** [+ to do sth] *Team members are under orders to behave well.* ◦ *They claimed they were under orders from the president.* **4** [C] A2 a request for food or goods in return for payment **заказ** *Can I* ***take your order*** *now?* **5** [U] B2 a situation in which everything is in its correct place **порядок** *It's nice to see some order around here for a change.* ◦ *I want to put all my things* ***in order*** *before I go away.* → Opposite **disorder 6 out of order a** B1 If a machine or system is out of order, it is not working as it should. **неисправный** *The coffee machine's out of order.* **b** If someone's behaviour is out of order, it is not acceptable. **неуместный** *What he did was completely out of order.* **7 in order to do/for sth to do sth** B1 with the purpose of achieving something **для того, чтобы сделать что-либо** *She worked all summer in order to save enough money for a holiday.* **8** [U] a situation in which people obey laws and there is no trouble **порядок, спокойствие** *The army was brought in to* ***restore order*** *to the troubled province.* → Opposite **disorder 9 economic/political/social order** the way that the economy, politics, or society is organized **экономический/политический/общественный строй** *a threat to the established social order* **10** [C] a religious group who live together and have the same rules **орден (церковный)** *an order of nuns* ◦ *a* ***monastic order*** → See also **mail order, postal order, standing order**

> Слова-партнеры к **order**
> follow/give/ignore/issue/obey orders • clear/ strict orders

order[2] /ˈɔːdəʳ/ **verb 1** [T] B2 to give someone an instruction that they must obey **приказывать** [+ to do sth] *He ordered them to leave.* **2** [I, T] A2 to ask for food, goods, etc **заказывать (еду, товары)** *to order a drink/pizza* ◦ *to order tickets* ◦ *We've ordered new lights for the kitchen.* ◦ [+ two objects] *Can I order you a drink?* **3** [T] to arrange a group of people or things in a list from first to last **распределять в определенном порядке** *Have you ordered the pages correctly?*

PHRASAL VERB **order sb about/around** to tell someone what they should do all the time **командовать, распоряжаться кем-либо** *You can't just come in here and start ordering people around.*

orderly[1] /ˈɔːdəli/ **adjective** tidy or organized **аккуратный, организованный** *an orderly pile* ◦ *Please form an* ***orderly queue.*** → Opposite **disorderly**

orderly[2] /ˈɔːdəli/ **noun** [C] a hospital worker who has no special skills or training **санитар**

ordinal number /ˌɔːdɪnəlˈnʌmbəʳ/ **noun** [C] (also **ordinal**) a number such as 1st, 2nd, 3rd, etc that shows the order of things in a list **порядковое числительное**

ordinance /ˈɔːdɪnəns/ **noun** [C] mainly US a law or rule which limits or controls something **указ, закон** *a tax ordinance*

ordinarily /ˈɔːdənərəli/ **adverb** usually **обычно** *These are people who would not ordinarily carry guns.*

ordinary /ˈɔːdənəri/ **adjective** **1** B1 not special, different, or unusual in any way **обычный** *ordinary life* ◦ *an ordinary day* ◦ *I had a very ordinary childhood.* **2** Ordinary people are not rich or famous and do not have special skills. **простой, обыкновенный** *ordinary people/citizens* ◦ *an ordinary man/woman* **3 out of the ordinary** unusual or different **необычный, из ряда вон выходящий** *Their relationship was a little out of the ordinary.* ◦ *The investigation revealed* ***nothing out of the ordinary.***

ore /ɔːʳ/ **noun** [U] rock or soil from which metal can be obtained **руда** *iron ore*

.org /dɒtˈɔːg/ abbreviation for organization: used in some Internet addresses **организация (используется в некоторых электронных адресах)** *You can search Cambridge dictionaries online at www.dictionary.cambridge.org*

organ /ˈɔːgən/ **noun** [C] **1** a part of an animal or plant that has a special purpose **орган** *reproductive/sexual organs* ◦ *The liver is a* ***vital organ*** *(= you need it to stay alive).* ◦ *an* ***organ donor/transplant*** **2** a large musical instrument that has keys like a piano and produces different notes when air is blown through pipes of different lengths **орган (музыкальный инструмент)** *a church organ*

organic /ɔːˈgænɪk/ **adjective** **1** B2 not using artificial chemicals when keeping animals or growing plants for food **натуральный, выращенный без применения химических удобрений** ***organic farming/farmers*** ◦ ***organic food/vegetables*** **2** In chemistry, 'organic' describes chemicals that contain carbon. **органический** *organic compounds* **3** from a living organism **органический** *organic matter/material* → Opposite **inorganic**
• **organically adverb органически, натурально** ***organically grown*** *vegetables*

organism /ˈɔːgənɪzəm/ **noun** [C] a living thing, often one that is extremely small **организм, микроорганизм** *Plants, animals, bacteria, and viruses are organisms.*

organist /ˈɔːgənɪst/ **noun** [C] someone who plays the organ (= an instrument like a piano) **органист** *a church organist*

organization (also UK **-isation**) /ˌɔːgənaɪˈzeɪʃən/ **noun** **1** [C] B1 an official group of people who work together for the same purpose **организация** *a* ***charitable/voluntary organization*** **2** [U] the way that parts of something are arranged **организация (дел и т. д.)** *Better organization of the office would improve efficiency.* **3** [U] B1 the planning of an activity or event **организация, устройство** *Who was responsible for the organization of the conference?*
• **organizational adjective организационный** ***organizational skills***

> **Слова-партнеры к organization**
>
> a charitable/international/voluntary organization • **join/set up** an organization

organize (also UK **-ise**) /ˈɔːgənaɪz/ **verb** [T] B1 to plan or arrange something **организовывать** *to organize a meeting/wedding*

organized (also UK **-ised**) /ˈɔːgənaɪzd/ **adjective** **1** B2 An organized person plans things well and does not waste time or effort. **организованный, собранный** → Opposite **disorganized** **2** [always before noun] involving a group of people who have planned to do something together **организованный** ***organized crime/religion*** → See also **well-organized**

organizer (also UK **-iser**) /ˈɔːgənaɪzəʳ/ **noun** [C] B2 someone who plans an event or activity **организатор** *conference/exhibition organizers*

orgasm /ˈɔːgæzəm/ **noun** [C, U] the time of greatest pleasure and excitement during sex **оргазм** *to* ***have an orgasm***

orgy /ˈɔːdʒi/ **noun** [C] **1** a noisy party at which people have a lot of sex, alcohol, or illegal drugs **оргия** **2 an orgy of sth** a period when there is too much of an often bad activity **разгул, волна чего-либо** *an orgy of destruction*

Oriental /ˌɔːriˈentəl/ **adjective** relating or belonging to the countries of east Asia **восточный** *Oriental art*

orientated /ˈɔːriənteɪtɪd/ **adjective** UK (also UK/US **oriented**) directed towards or interested in something **направленный, предназначенный**

orientation /ˌɔːrienˈteɪʃən/ **noun** **1** [C, U] the type of beliefs that a person has **ориентация** *He's very secretive about his political orientation.* **2** [U] training or preparation for a new job or activity **введение в курс дела** *an orientation session*

oriented /ˈɔːrientɪd/ **adjective** (also UK **orientated**) directed towards or interested in something **направленный, предназначенный** *His new TV series is* ***oriented towards*** *teenage viewers.* ◦ *He's very family oriented.*

the Orient /ˈɔːriənt/ **noun** old-fashioned the countries of east Asia **Восток, страны Востока**

origin /ˈɒrɪdʒɪn/ **noun** [C, U] **1** B2 the cause of something, or where something begins or comes from **происхождение, источник** ***the origin of*** *the universe* ◦ *This dish is Greek* ***in origin***. **2** the country, race, or social class of a person's family **происхождение** ***ethnic origin*** ◦ *She's* ***of*** *Irish* ***origin***.

> **Слова-партнеры к origin**
>
> sth **has its origins in** sth • **the origin(s) of** sth • **be [Chinese/French, etc] in origin**

original¹ /əˈrɪdʒənəl/ **adjective 1** B1 special and interesting because of not being the same as others **оригинальный, незаурядный** *Her essay was full of* ***original ideas***. ◦ *He's a highly* ***original thinker***. **2** [always before noun] B1 existing since the beginning, or being the earliest form of something **первый, первоначальный** *His original plan was to stay for a week, but he ended up staying for a month.* ◦ *Do you still have the original version of this document?*

original² /əˈrɪdʒənəl/ **noun** [C] B2 something that is in the form in which it was first created and has not been copied or changed **оригинал, подлинник** *If the painting were an original, it would be very valuable.*

originality /əˌrɪdʒənˈæləti/ **noun** [U] the quality of being interesting and different from everyone or everything else **оригинальность, самобытность** *The judges were impressed by the originality of his work.*

originally /əˈrɪdʒənəli/ **adverb** B2 at the beginning or before any changes **первоначально, поначалу** *The bathroom was originally a bedroom.*

originate /əˈrɪdʒəneɪt/ **verb** [I] **originate from/in/with, etc** to come from a particular place or person, or to begin during a particular period **происходить, возникать из/в/с и т. д.** *Citrus fruits originated in China and Southeast Asia.*

originator /əˈrɪdʒəneɪtəʳ/ **noun** [C] formal The originator of an idea is the person who first thought of it. **автор, создатель**

ornament /ˈɔːnəmənt/ **noun** [C] an attractive object that is used as a decoration in a home or garden **украшение** → See **The Living Room** on page Centre 4

ornamental /ˌɔːnəˈmentəl/ **adjective** used for decoration and having no other purpose **декоративный**

ornate /ɔːˈneɪt/ **adjective** decorated with a lot of complicated patterns **пышно украшенный** *ornate wooden doors*

ornithology /ˌɔːnɪˈθɒlədʒi/ **noun** [U] the scientific study of birds **орнитология**

• **ornithologist noun** [C] a scientist who studies birds **орнитолог**

orphan¹ /ˈɔːfən/ **noun** [C] **1** a child whose parents are dead **сирота 2** in printing, the first line of a paragraph, separated from the rest which is on the next page **изолированная строка, висячая строка**

orphan² /ˈɔːfən/ **verb be orphaned** When a child is orphaned, both their parents die. **остаться сиротой** *She was orphaned at the age of six.*

orphanage /ˈɔːfənɪdʒ/ **noun** [C] a home for children whose parents are dead **приют для сирот**

orthodox /ˈɔːθədɒks/ **adjective 1** keeping the traditional beliefs and customs of Judaism or some types of Christianity **ортодоксальный, православный** *an orthodox Jewish family* ◦ *the Russian/Greek Orthodox Church* **2** If ideas or methods are orthodox, most people think they are correct, usually because they have existed for a long time. **ортодоксальный, традиционный** ***orthodox medicine*** → Opposite **unorthodox**

orthodoxy /ˈɔːθədɒksi/ **noun** [C, U] formal an idea of a society, religion, political party, or subject that most people believe is correct, or a set of such ideas **традиционность, ортодоксальность**

orthopaedic UK (US **orthopedic**) /ˌɔːθəˈpiːdɪk/ **adjective** [always before noun] relating to the treatment or study of bones that have been injured or have not grown correctly **ортопедический** *an orthopaedic surgeon*

Oscar /ˈɒskəʳ/ **noun** [C] trademark one of several prizes given to actors and people who make films every year in Hollywood in the US **премия Оскар** *Who* ***won the Oscar*** *for best actress this year?*

oscillate /ˈɒsɪleɪt/ **verb** [I] formal to move repeatedly between two positions or opinions **двигаться взад и вперед, колебаться** *an oscillating fan* ◦ *The story* ***oscillates between*** *comedy and tragedy.*

• **oscillation** /ˌɒsɪˈleɪʃən/ **noun** [C, U] **колебание, движение взад и вперед**

ostensibly /ɒsˈtensɪbli/ **adverb** If something is ostensibly the reason for something else, people say it is the reason, although you do not believe it. **якобы** *He was discharged from the army, ostensibly for medical reasons.*

ostentatious /ˌɒstenˈteɪʃəs/ **adjective** intended to attract attention or admiration, often by showing money or power **показной** *an* ***ostentatious display*** *of wealth*

• **ostentatiously adverb для виду, нарочито**

osteopath /ˈɒstiəupæθ/ **noun** [C] someone who

treats injuries to bones and muscles by moving and rubbing them **остеопат**

• **osteopathy noun** [C] **остеопатия**

osteoporosis /ˌɒstiəʊpəˈrəʊsɪs/ **noun** [U] a disease which makes bones weak and makes them break easily **остеопороз**

ostracize (also UK **-ise**) /ˈɒstrəsaɪz/ **verb** [T] When a group of people ostracizes someone, they refuse to talk to or do things with that person. **подвергать остракизму** [often passive] *He was ostracized by the other children at school.*

ostrich /ˈɒstrɪtʃ/ **noun** [C] a very large bird from Africa which cannot fly but can run very fast **страус**

ostrich

other[1] /ˈʌðər/ **adjective, determiner 1** Ⓐ1 used to refer to people or things which are similar to or in addition to those you have talked about **другой** *I don't like custard – do you have **any other** desserts?* ◦ *I don't think he's funny, but other people do.* **2** Ⓐ2 used to talk about the remaining members of a group or items in a set **другой, остальные** *Mario and Anna sat down to watch the other dancers.* ◦ *I found one shoe – have you seen **the other one**?* **3** Ⓑ1 different from a thing or person which you have talked about **другой, иной** *Ask me some other time, when I'm not so busy.* → See Note **another 4 the other side/end (of sth)** Ⓑ1 the opposite side/end of something **противоположная часть/другой конец чего-либо** *Our house is on the other side of town.* **5 the other day/week, etc** Ⓑ1 used to mean recently, without giving a particular date **на днях, недавно** *I asked Kevin about it just the other day.* **6 every other day/week, etc** happening one day/week, etc but not the next **через день/раз в две недели и т. д.** *Alice goes to the gym every other day.* **7 other than** except **кроме** *The form cannot be signed by anyone other than the child's parent.* ◦ [+ to do sth] *They had no choice other than to surrender.* **8 other than that** informal except for the thing you have just said **в остальном** *My arm was a bit sore – other than that I was fine.*

other[2] /ˈʌðər/ **pronoun 1** Ⓐ2 used to refer to a person or thing which belongs to a group or set that you have already talked about **остальной, другой** *Hold the racket in one hand, and the ball in the other.* ◦ *Some of the pieces were damaged, others were missing.* **2 others** Ⓑ1 used to refer to people or things that are similar to people or things you have already talked about **остальные, другие** *This is broken – do you have **any others**?* → See also **each other**

others /ˈʌðəz/ **pronoun** [plural] Ⓑ1 other people **другие (люди)** *Don't expect others to do your work for you.*

otherwise[1] /ˈʌðəwaɪz/ **adverb 1** Ⓑ2 except for what has just been referred to **в остальном** *She hurt her arm in the accident, but otherwise she was fine.* **2** different to what has just been stated **как-либо иначе, по-другому** *I'll meet you there at 6 o'clock unless I **hear otherwise**.* ◦ *I'd like to help you with any problems, financial **or otherwise**.*

otherwise[2] /ˈʌðəwaɪz/ **conjunction** Ⓑ1 used when saying what will happen if someone does not obey an order or do what has been suggested **или же, иначе** *You'd better phone home, otherwise your parents will start to worry.*

otter /ˈɒtər/ **noun** [C] a small animal with short, brown fur and a long body, that swims well and eats fish **выдра**

ouch /aʊtʃ/ **exclamation** something you say when you experience sudden physical pain **ай!** *Ouch! This radiator's really hot.*

ought /ɔːt/ **modal verb 1 ought to do sth** Ⓑ1 used to say or ask what is the correct or best thing to do **должен был бы, следовало бы** *You ought to see a doctor.* ◦ *He ought to have told her the truth.* ◦ *Ought I to phone her?* **2 ought to be/do sth** Ⓑ2 used to say that you expect something to be true or that you expect something to happen **должен быть/сделать что-либо** *He ought to pass the exam this time.* → See Study Page **Modal verbs** on page Centre 22

oughtn't /ˈɔːtənt/ formal short for ought not **сокращ. от ought not** *He **oughtn't to** have shouted at us.*

ounce /aʊns/ **noun 1** [C] (written abbreviation **oz**) a unit for measuring weight, equal to 28.35 grams **унция** → See Study Page **Measurements** on page Centre 31 → See also **fluid ounce 2 not have an ounce of sth** to not have any of a quality or emotion **не иметь ни капли чего-либо** *His new novel doesn't have an ounce of originality.* **3 every ounce of sth** all of a quality or emotion that is available **в полном объеме** *He deserves every ounce of support that we can give him.*

our /aʊər/ **determiner** Ⓐ1 belonging to or relating to the person who is speaking and one or more other people **наш, наша, наше, наши** *Janice is our youngest daughter.*

ours /aʊəz/ **pronoun** Ⓐ2 the things that belong or relate to the person who is speaking and one or more other people **наш, наша, наше, наши** *Matt's a friend of ours.* ◦ *That's their problem – not ours.*

ourselves /ˌaʊəˈselvz/ **pronoun 1** Ⓐ2 the reflexive form of the pronoun 'we' **себя, себе, собой (о 1-м лице мн. ч.)** *We've promised ourselves a holiday abroad this year.* **2** used for emphasis with the pronoun 'we' or when referring to yourself and at least one other person **сами** *John and I arranged the wedding reception ourselves.* **3 (all) by ourselves** Ⓐ2 alone or without anyone else's help **сами, без посторонней помощи** *It's a big garden but we manage to look after it by ourselves.* **4 (all) to ourselves** for our use only **в своем распоря-**

O

жении, для себя *We arrived early and had the swimming pool all to ourselves.*

oust /aʊst/ **verb** [T] to force someone to leave a position of power or responsibility **свергать, вытеснять** [often passive] *He was **ousted from** power by a military coup.*

out[1] /aʊt/ **adjective, adverb 1** B1 used to show movement away from the inside of a place or container **указывает на движение наружу, передается глагольной приставкой вы-** *He dropped the bag and all the apples fell out.* ◦ *She opened the window and stuck her head out.* **2** outside a building or room **наружный, снаружи** *Would you like to wait out here?* ◦ *It's bitterly cold out today.* **3** A2 not in the place where you usually live or work, especially for a short time **отсутствующий, не на месте, не дома** *I came round to see you this morning but you were out.* **4** A fire or light that is out is not burning or shining. **потухший, выключенный** *Bring some more wood, the fire's gone out.* **5** B1 available to buy or see **вышедший (на экраны), поступивший (в продажу)** *When's the new Spielberg film out?* **6** no longer fashionable or popular **вышедший из моды** *Trousers like that **went out** years ago.* **7** not accurate **ошибочный, неточно** *Your figures are out by £300.* **8** no longer able to play or take part in a game or competition **выбывший (из игры)** *Two of the best players were out after ten minutes.* **9** B1 able to be seen **появившийся** *After a few minutes the sun came out.* **10** not possible or not acceptable **невозможный, неподходящий** *Next weekend is out because we're going away.* **11 be out of sth** B2 to have no more of something left **израсходовать что-либо** *We're nearly out of petrol.* **12 be out for sth; be out to do sth** to intend to do something, especially for an unpleasant reason **стремиться к чему-либо** *He's only out to impress the boss.* → See also **out of**

out[2] /aʊt/ **verb** [T] to report to the public the secret that someone is homosexual **оглашать информацию о чьей-либо гомосексуальной ориентации** [often passive] *He was outed by a tabloid newspaper.*

out- /aʊt-/ **prefix** more than or better than **приставка; придает значение превосходства** *to outgrow something* ◦ *to outnumber* ◦ *to outdo someone (= to show that you are better than someone)*

out-and-out /ˌaʊtᵊn'aʊt/ **adjective** [always before noun] complete or in every way **полный, совершенный** *an out-and-out lie*

the outback /'aʊtbæk/ **noun** the areas of Australia where few people live, especially the central desert areas **малонаселенная местность (в Австралии)**

outbid /ˌaʊt'bɪd/ **verb** [T] (present participle **outbidding**, past tense and past participle **outbid**) to offer to pay more for something than someone else **перебивать цену** *She had to outbid two rivals to buy the business.*

out-box /'aʊtbɒks/ **noun** [C] (also **outbox**) **1** the place on a computer which keeps copies of email messages which you have sent **папка "Отправленные" в электронной почте** **2** US (UK **out-tray**) a container where you keep letters and documents that you want to send to someone else **контейнер для исходящей документации**

outbreak /'aʊtbreɪk/ **noun** [C] when something unpleasant and difficult to control starts, such as a war or disease **вспышка, начало** *an outbreak of flu/fighting*

outburst /'aʊtbɜːst/ **noun** [C] a sudden, forceful expression of emotion in words or actions **взрыв, вспышка** *an **angry outburst***

outcast /'aʊtkɑːst/ **noun** [C] someone who is not accepted by society because they are different to most other people **отщепенец, изгой** *a **social outcast***

outcome /'aʊtkʌm/ **noun** [C] the final result of an activity or process **результат, исход** ***the outcome of** an election*

> Слова-партнеры к **outcome**
>
> **announce/await/determine** the outcome • the **eventual/final** outcome • the outcome of sth

outcrop /'aʊtkrɒp/ **noun** [C] (also US **outcropping**) a rock or group of rocks that sticks out above the surface of the ground **обнаженная порода** *a rocky outcrop*

outcry /'aʊtkraɪ/ **noun** [C] a strong public expression of anger and disapproval about a recent event or decision **гневный протест** *There has been a public **outcry against** the new road.*

> Слова-партнеры к **outcry**
>
> **cause/provoke/spark** an outcry • an **international/national/public** outcry • an outcry **against/over** sth

outdated /ˌaʊt'deɪtɪd/ **adjective** not modern enough **устаревший** *outdated equipment* ◦ *an outdated idea*

outdo /ˌaʊt'duː/ **verb** [T] (past tense **outdid**, past participle **outdone**) to do something better than someone else **превзойти** *They are always trying to outdo each other with their jokes and funny stories.*

outdoor /ˌaʊt'dɔːr/ **adjective** [always before noun] B1 happening, used, or in a place that is outside and not inside a building **проводимый или находящийся на открытом воздухе** ***outdoor activities*** ◦ *an **outdoor concert*** ◦ *an **outdoor swimming pool*** ◦ ***outdoor clothing*** → Opposite **indoor**

outdoors[1] /ˌaʊt'dɔːz/ **adverb** B1 not inside a building **на открытом воздухе** *If it's warm this* *evening, we could eat outdoors.* → Opposite **indoors**

outdoors[2] /ˌaʊtˈdɔːz/ **noun the outdoors** the countryside **природа** *He enjoys hunting, fishing, and the outdoors.*

outer /ˈaʊtəʳ/ **adjective** [always before noun] B2 on the edge or surface of something **внешний, наружный** *Remove the* ***outer layers*** *of the onion.* → Opposite **inner**

ˌouter ˈspace **noun** [U] the universe outside the Earth and its gases where other planets and stars are **космос**

the outfield /ˈaʊtfiːld/ **noun** the outer area of the playing field in sports such as cricket and baseball **дальняя часть поля (в крикете и бейсболе)**

• **outfielder** **noun** [C] a baseball player who stands in the outfield **игрок в дальней части поля (в крикете и бейсболе)**

outfit[1] /ˈaʊtfɪt/ **noun** [C] **1** a set of clothes for a particular event or activity **одежда, наряд** *a cowboy outfit* **2** informal an organization, company, or any group of people who work together **компания, организация**

outfit[2] /ˈaʊtfɪt/ **verb** [T] (present participle **outfitting**, past tense and past participle **outfitted**) US to provide equipment for something **снабжать** [often passive] *My hotel room was small and outfitted with cheap wooden furniture.*

outgoing /ˌaʊtˈɡəʊɪŋ/ (US) /ˈaʊtɡəʊɪŋ/ **adjective** **1** Someone who is outgoing is friendly, talks a lot, and enjoys meeting people. **общительный, дружелюбный** **2** [always before noun] leaving a position of power or responsibility **уходящий в отставку** *the outgoing president* **3** [always before noun] going to another place **исходящий (о звонках, почте и т. д.)** ***outgoing calls/messages***

outgoings /ˈaʊtˌɡəʊɪŋz/ **noun** [plural] UK money that you have to spend on rent, food, etc **издержки, расходы**

outgrow /ˌaʊtˈɡrəʊ/ **verb** [T] (past tense **outgrew**, past participle **outgrown**) **1** to grow too big for something **вырастать из чего-либо, больше не помещаться где-либо** *He's already outgrown these shoes.* **2** to develop so that something is not now suitable **перерастать** *She's outgrown her current job and needs a new challenge.*

outing /ˈaʊtɪŋ/ **noun** **1** [C] when a group of people go on a short journey for pleasure or education **прогулка, поездка** *a* ***family/school outing*** ◦ *to* ***go on*** *an* ***outing*** **2** [U] when someone says publicly that someone else is homosexual **оглашение информации о чьей-либо гомосексуальной ориентации**

outlandish /ˌaʊtˈlændɪʃ/ **adjective** very strange and unusual **странный, диковинный** *an outlandish story/idea* ◦ ***outlandish behaviour/clothes***

outlast /ˌaʊtˈlɑːst/ **verb** [T] to continue for longer than someone or something else **продолжаться дольше, чем что-либо**

outlaw[1] /ˈaʊtlɔː/ **verb** [T] to make something officially illegal **объявлять вне закона** *I think all handguns should be outlawed.*

outlaw[2] /ˈaʊtlɔː/ **noun** [C] old-fashioned a criminal **преступник** *a dangerous outlaw*

outlay /ˈaʊtleɪ/ **noun** [C] an amount of money spent by a business or government **расходы, затраты** *The project requires an* ***initial outlay*** *of $450,000.*

outlet /ˈaʊtlet/ **noun** [C] **1** In business, an outlet is a shop that sells one type of product or the products of one company. **фирменный или специализированный магазин** **2** US a shop that sells goods for a lower price than usual **магазин, торгующий по сниженным ценам** **3** a way for someone to express an emotion, idea, or ability **выход, отдушина** *She needs a job that will provide* ***an outlet for*** *her creative talent.* **4** a place where a liquid or gas can flow out of something **сток, выходное отверстие** **5** US a place where you can connect a wire on a piece of electrical equipment **штепсельная розетка** *an electrical outlet*

outline[1] /ˈaʊtlaɪn/ **verb** [T] B2 to describe only the most important ideas or facts about something **излагать вкратце, намечать в общих чертах** *He outlined the department's plans for next year.*

outline[2] /ˈaʊtlaɪn/ **noun** [C] **1** B2 a short description of the most important ideas or facts about something **краткое изложение** *He gave us a* ***brief outline*** *of the town's history.* **2** the shape made by the outside edge of something **контур, очертание**

outlive /ˌaʊtˈlɪv/ **verb** [T] to continue living or existing after someone or something else has died or stopped existing **пережить кого-либо/что-либо** *She outlived both her children.*

outlook /ˈaʊtlʊk/ **noun** **1** [no plural] the likely future situation **перспектива** *The* ***outlook for*** *the economy next year is bleak.* **2** [C] the way a person thinks about something **взгляд, точка зрения** *Despite her illness, she has a very positive* ***outlook on*** *life.*

outlying /ˈaʊtˌlaɪɪŋ/ **adjective** [always before noun] far from towns and cities, or far from the centre of a place **отдаленный, дальний** *outlying farms/villages*

outmanoeuvre UK (US **outmaneuver**) /ˌaʊtməˈnuːvəʳ/ **verb** [T] to do something clever that gives you an advantage over someone you are competing against **перехитрить** *She outmanoeuvred her opponents throughout the election campaign.*

outmoded /ˌaʊtˈməʊdɪd/ **adjective** not modern enough **устаревший** *outmoded equipment*

outnumber /ˌaʊtˈnʌmbəʳ/ **verb** [T] to be larger in number than another group **превосходить**

O

численно *Women now far outnumber men on language courses.*

out of /aʊt əv/ **preposition 1** Ⓑ1 used to show movement away from the inside of a place or container **из** *A bunch of keys fell out of her bag.* ◦ *She stepped out of the car and walked towards me.* **2** Ⓐ2 no longer in a place or situation **вне, за пределами, без** *He's out of the country until next month.* ◦ *I've been out of work for the past year.* **3** Ⓑ1 used to show what something is made from **из** *The statue was carved out of a single block of stone.* **4** Ⓑ2 used to show the reason why someone does something **из, из-за, от** *I only gave her the job out of pity.* **5** Ⓑ1 from among an amount or number **из** *Nine out of ten people said they preferred it.* **6** no longer involved in something **вне, за пределами** *He missed the practice session and now he's out of the team.*

out-of-court /ˌaʊtəvˈkɔːt/ **adjective** [always before noun] agreed without involving a law court **полюбовный** *an* ***out-of-court settlement***

out-of-date /ˌaʊtəvˈdeɪt/ **adjective** Ⓑ1 old and not useful or correct any more **устарелый** *I do have a road map but I think it's out-of-date.*

out-of-town /ˌaʊtəvˈtaʊn/ **adjective** [always before noun] positioned or happening in the countryside or on the edge of a town **находящийся или происходящий за городом** *an out-of-town supermarket*

outpace /ˌaʊtˈpeɪs/ **verb** [T] to move or develop more quickly than someone or something else **обгонять, опережать**

outpatient /ˈaʊtˌpeɪʃənt/ **noun** [C] someone who is treated in a hospital but does not sleep there at night **амбулаторный больной**

outperform /ˌaʊtpəˈfɔːm/ **verb** [T] to do something better than someone or something else **превосходить, показывать лучшие результаты** *Girls are consistently outperforming boys at school.*

outplay /ˌaʊtˈpleɪ/ **verb** [T] to play a game or sport better than another player or team **обыгрывать**

outpost /ˈaʊtpəʊst/ **noun** [C] a small place that is far from large towns or cities, often where a government or company is represented **представительство**

outpouring /ˈaʊtˌpɔːrɪŋ/ **noun** [C] when an emotion is expressed a lot in public **излияние (чувств)** *His death provoked a national* ***outpouring of*** *grief.*

output /ˈaʊtpʊt/ **noun** [U] **1** the amount of something that is produced **производительность** *Over the past year the factory's output has fallen by 15%.* **2** information produced by a computer **выходящая информация (на компьютере)** *You can look at the output on screen before you print it out.* **3** the power or energy produced by an electrical or electronic system **выходная мощность**

outrage¹ /ˈaʊtreɪdʒ/ **noun 1** [U] a strong feeling of anger or shock **возмущение** ***moral outrage*** ◦ *The scandal caused* ***public outrage.*** **2** [C] something that causes great anger or shock **возмутительный случай, безобразие** *a terrorist outrage* ◦ [+ (that)] *It's an outrage that these children don't have enough to eat.*

> Слова-партнеры к **outrage**
>
> **cause/express/provoke/spark** outrage • **moral/public** outrage • outrage **at/over** sth

outrage² /ˈaʊtreɪdʒ/ **verb** [T] to make someone feel very angry or shocked **возмущать** [often passive] *The audience was outraged by his racist comments.* ◦ *Local people were* ***outraged at*** *the bombing.*

outrageous /ˌaʊtˈreɪdʒəs/ **adjective** Ⓑ2 shocking or extreme **возмутительный, скандальный** *outrageous behaviour/clothes* ◦ *The prices in that restaurant were outrageous.*

• **outrageously adverb возмутительно** *outrageously expensive*

outran /ˌaʊtˈræn/ past tense of outrun **прош. вр. гл. outrun**

outreach /ˈaʊtriːtʃ/ **noun** [U] mainly US when an organization helps people with their social, medical, or educational problems **программа помощи неимущим** *an* ***outreach programme*** ◦ *an* ***outreach worker***

outright /ˈaʊtraɪt/ **adjective** [always before noun] total, clear, and certain **полный, отъявленный** *an* ***outright ban*** *on smoking* ◦ *an* ***outright victory***

• **outright** /ˌaʊtˈraɪt/ **adverb полностью, совершенно** *She needs 51% of the vote to* ***win outright.*** ◦ *He was* ***killed outright*** *(= immediately) when the car hit him.*

outrun /ˌaʊtˈrʌn/ **verb** [T] (present participle **outrunning**, past tense **outran**, past participle **outrun**) to move or develop faster or further than someone or something **обгонять**

outscore /ˌaʊtˈskɔːʳ/ **verb** [T] mainly US to score more points than another player or team **набрать больше очков**

outset /ˈaʊtset/ **noun at/from the outset** at or from the beginning of something **в самом начале/с самого начала** *I made my views clear at the outset.*

outshine /ˌaʊtˈʃaɪn/ **verb** [T] (past tense and past participle **outshone**) to be much better than someone else **затмить, превзойти** *She easily outshone the other students on the course.*

outside¹ /ˌaʊtˈsaɪd/ **preposition** (also US **outside of**) **1** Ⓐ2 not in a particular building or room, but near it **снаружи** *She waited outside his room for nearly two hours.* **2** Ⓐ2 not in **вне, за пределами, под** *a flat just outside Blackpool* ◦ *You have to phone a different number outside office hours.*

outside² /ˌaʊtˈsaɪd/ **adverb 1** Ⓐ1 not inside a building **на улице** *Go and play outside for a while.* ◦ *It's cold outside today.* **2** Ⓐ2 not in a particular building or room, but near it **снаружи** *She knocked on his bedroom door and left the tray outside.*

outside³ /ˌaʊtˈsaɪd/ **adjective** [always before noun] **1** B2 not in a building **находящийся или происходящий на улице, вне дома** *an outside light* ◦ *outside activities* **2** from a different organization or group of people **внешний, посторонний** ***outside help*** ◦ ***outside influences*** → See also **the outside world**

outside⁴ /ˌaʊtˈsaɪd/ **noun the outside** B2 the outer part or surface of something **внешняя сторона, наружная часть** *The pie was cooked on the outside but cold in the middle.*

ˌoutside ˈchance noun [no plural] when something is not likely to happen **ничтожный шанс** *She has an outside chance of reaching the final.*

outsider /ˌaʊtˈsaɪdəʳ/ **noun** [C] someone who does not belong to a particular group, organization, or place **посторонний, чужой человек** *The villagers are very suspicious of outsiders.* → Compare **insider**

the ˌoutside ˈworld noun other people in other places **внешний мир** *When he was in prison, his radio was his only contact with the outside world.*

outsize /ˌaʊtˈsaɪz/ **adjective** [always before noun] (also **outsized**) larger than usual **больше стандартного размера** *an outsize jumper*

the outskirts /ˈaʊtskɜːts/ **noun** B2 the outer area of a city, town, or village **окраина, окрестности** *There are plans to build a new stadium **on the outskirts of** Liverpool.*

outspoken /ˌaʊtˈspəʊkᵊn/ **adjective** expressing an opinion forcefully and not worrying about what other people think **прямой, откровенный** ***outspoken comments*** ◦ *He's an **outspoken critic** of nuclear energy.*

outstanding /ˌaʊtˈstændɪŋ/ **adjective 1** B2 excellent and much better than most **выдающийся** *an **outstanding achievement*** **2** waiting to be paid or dealt with **неуплаченный, нерешенный** *an outstanding debt*

outstandingly /ˌaʊtˈstændɪŋli/ **adverb** used to emphasize how good something is **чрезвычайно** *outstandingly successful*

outstretched /ˌaʊtˈstretʃt/ **adjective** When a part of your body is outstretched, it is reaching out as far as possible. **протянутый, распростертый** *He ran towards me with his arms outstretched.*

outstrip /ˌaʊtˈstrɪp/ **verb** [T] (present participle **outstripping**, past tense and past participle **outstripped**) When one amount outstrips another amount, it is much greater than it. **опережать, превосходить** ***Demand** for the toys far **outstrips supply.***

outta /ˈaʊtə/ informal short for out of **см. out of** *Let's get outta here!*

out-take /ˈaʊtteɪk/ **noun** [C] a short part of a film, television programme, or music recording that was removed, usually because it contains mistakes **купюра, удаленная сцена (в фильме, видеозаписи)** *They showed a video with funny out-takes from famous films.*

outward¹ /ˈaʊtwəd/ **adjective** [always before noun] **1** showing on the outside **внешний, видимый** *He had a serious illness, but there was no **outward sign** of it.* **2 outward flight/journey, etc** when you travel away from a place that you will return to **полет/путешествие из дома куда-либо** → Opposite **inward**

outward² /ˈaʊtwəd/ **adverb** (also UK **outwards**) towards the outside or away from the centre **наружу** *This door opens outward.*

outwardly /ˈaʊtwədli/ **adverb** If someone is outwardly calm, confident, etc, they seem to be calm, confident, etc, although they may not feel that way. **внешне, на вид** *She was very nervous, but she remained **outwardly calm**.* → Opposite **inwardly**

outweigh /ˌaʊtˈweɪ/ **verb** [T] to be greater or more important than something else **перевешивать, быть более значительным** *The benefits of this treatment far outweigh the risks.*

outwit /ˌaʊtˈwɪt/ **verb** [T] (present participle **outwitting**, past tense and past participle **outwitted**) to get an advantage over someone by doing something clever and deceiving them **перехитрить, провести** *She outwitted her kidnappers and managed to escape.*

oval /ˈəʊvᵊl/ **adjective** B2 in the shape of an egg or a slightly flat circle **овальный** *an oval face* ◦ *an oval table*
• **oval noun** [C] an oval shape **овал** → See picture at **shape**

the ˈOval ˌOffice noun the office of the president of the United States **Овальный кабинет**

ovary /ˈəʊvᵊri/ **noun** [C] the part of a woman or female animal that produces eggs, or the part of a plant that produces seeds **яичник**
• **ovarian** /əʊˈveəriən/ **adjective** [always before noun] relating to the ovaries **яичниковый** *ovarian cancer*

ovation /əʊˈveɪʃᵊn/ **noun** [C] when a group of people clap for a long time to show that they approve of someone or something **овация** → See also **standing ovation**

oven /ˈʌvᵊn/ **noun** [C] B1 a piece of kitchen equipment with a door, which is used for cooking food **духовка, печь** *an electric oven* ◦ *a microwave oven* → See **The Kitchen** on page Centre 2

over¹ /ˈəʊvəʳ/ **adverb, preposition 1** B1 above or higher than something **над, наверху** *The sign over the door said "Private, No Entry".* ◦ *A fighter plane flew over.* **2** B1 If you walk, jump, climb, etc over an object or place, you go from one side of it to the other side. **через, передается также глагольной приставкой**

пере- *We had to climb over large rocks to get to the beach.* **3** (A2) more than a particular amount, number, or age **свыше, более** *Over 5,000 Internet users contact our website every year.* ◦ *Suitable for children aged 5 and over.* **4** (B1) on or to the opposite side of a road, bridge, path, etc **по ту сторону, за, на противоположную сторону** *The station is over the bridge.* **5** (A2) covering someone or something **на** *She placed the quilt over the bed.* **6** down from a higher to a lower position **указывает на движение сверху вниз** *The little boy fell over and started to cry.* ◦ *She tripped over the rug.* **7** (B1) to a particular place **сюда, туда** *Could you bring the plates* ***over here*** *(= bring them to this place).* ◦ *He was sent* ***over there*** *during the war.* **8** (B1) during a particular period of time **в течение, за** *I was in Seattle over the summer.* **9** connected with or about **о, из-за** *It's stupid arguing over something so trivial.* **10** not used **оставшийся, неиспользованный** *There's some food* ***left over*** *from the party.* **11** (B2) using the radio or telephone **по** *I made the booking over the phone.* **12 be/get over sth** to feel better after being ill or feeling unhappy about something **приходить в себя** *It took him months to get over splitting up with his girlfriend.* **13 do sth over** US to do something again from the beginning because you did not do it well the first time **переделывать что-либо заново** *You've ruined it! Now I'll have to do it over.* **14 (all) over again** (B2) again from the beginning **заново** *It looks all messy. I'm going to have to do it all over again.* **15 over and over (again)** (B2) repeatedly **снова и снова** *He was whistling the same tune over and over.* **16 roll/turn, etc (sth) over** (B2) to move so that a different part is showing, or to make something do this **переворачивать(ся)** *She turned the page over.* **17** in control of someone or something **над, выше** *Her husband has a lot of influence over her.*

O

over[2] /ˈəʊvəʳ/ **adjective 1** (B1) [never before noun] finished **законченный** *The exams will be over next week.* ◦ *It was* ***all over*** *very quickly.* **2 get sth over (and done) with** to do something difficult or unpleasant as soon as you can so that you do not have to worry about it any more **покончить с чем-либо**

over- /əʊvəʳ/ **prefix** too much **пере-, сверх-** *to overeat* ◦ *overpopulated*

overall /ˈəʊvərɔːl/ **adjective** [always before noun] (B2) considering everything or everyone **общий, полный** *the overall cost of the holiday* ◦ *the* ***overall effect***

• **overall** /ˌəʊvərˈɔːl/ **adverb** (B2) **в целом** *How would you rate the school overall?*

overalls /ˈəʊvərɔːlz/ **noun** [plural] **1** UK (US **coveralls**) a piece of clothing that you wear over your clothes to keep them clean while you are working **рабочий халат 2** US (UK **dungarees**) trousers with a part that covers your chest and straps that go over your shoulders **комбинезон**

overbearing /ˌəʊvəˈbeərɪŋ/ **adjective** trying to have too much control over other people **властный** *an overbearing mother*

overblown /ˌəʊvəˈbləʊn/ **adjective** If something is overblown, it is made to seem more important or serious than it really is. **непомерно раздутый**

overboard /ˈəʊvəbɔːd/ **adverb** over the side of a boat and into the water **за борт** *to* ***fall overboard***

IDIOM **go overboard** informal to do something too much, or to be too excited about something **перебарщивать** *I think people go overboard at Christmas.*

overburdened /ˌəʊvəˈbɜːdənd/ **adjective** having too much to deal with **перегруженный** *overburdened with work*

overcame /ˌəʊvəˈkeɪm/ past tense of overcome **прош. вр. гл. overcome**

overcast /ˈəʊvəkɑːst/ **adjective** cloudy and dark **облачный, пасмурный** *an overcast sky/day*

overcharge /ˌəʊvəˈtʃɑːdʒ/ **verb** [I, T] to charge someone too much money for something **назначать завышенную цену** *The shop overcharged me by £5.*

overcoat /ˈəʊvəkəʊt/ **noun** [C] a long, warm coat **пальто**

overcome /ˌəʊvəˈkʌm/ **verb** (past tense **overcame**, past participle **overcome**) **1** (B2) [T] to deal with and control a problem or feeling **преодолевать** *He's trying to overcome his drug addiction and find a job.* ◦ *Let's hope she overcomes her shyness.* **2 be overcome by excitement/fear/sadness, etc** to suddenly have too much of a feeling **быть охваченным волнением/страхом/грустью и т. д.** *She was overcome by emotion.* **3 be overcome by smoke/fumes, etc** to become ill or weak because you have been breathing smoke or poisonous gas **задыхаться от дыма/испарений и т. д.** *One worker died when he was overcome by chemical fumes.*

overcrowded /ˌəʊvəˈkraʊdɪd/ **adjective** containing too many people or things **переполненный** *an overcrowded classroom/prison*

• **overcrowding noun** [U] **перенаселение**

overdo /ˌəʊvəˈduː/ **verb** [T] (past tense **overdid**, past participle **overdone**) to do or use too much of something **переборщить, переусердствовать** *I went to the gym yesterday, but I think I* ***overdid it*** *a bit.*

overdone /ˌəʊvəˈdʌn/ **adjective** cooked for too long **пережаренный, переваренный**

overdose /ˈəʊvədəʊs/ **noun** [C] too much of a drug taken at one time **передозировка** *Her daughter died of a* ***drug overdose****.*

• **overdose** /ˌəʊvəˈdəʊs/ **verb** [I] **принимать слишком большую дозу**

overdraft /ˈəʊvədrɑːft/ **noun** [C] If you have an overdraft, you have taken more money out of your bank account than you had in it. **отрицательный баланс банковского счета** *a £250 overdraft*

overdrawn /ˌəʊvəˈdrɔːn/ **adjective** If you are overdrawn, you have taken more money out of your bank account than you had in it. **в минусе, превышающий кредит (в банке)** *We've **gone £200 overdrawn**!*

overdue /ˌəʊvəˈdjuː/ **adjective** happening later than expected **запоздалый, просроченный** *This decision is **long overdue**.*

overestimate /ˌəʊvᵊrˈestɪmeɪt/ **verb** [I, T] to guess or think that something is bigger or better than it really is **переоценивать** *They overestimated her ability to do the job.* → Opposite **underestimate**

over-fishing /ˌəʊvəˈfɪʃɪŋ/ **noun** [U] catching so many fish in a part of the sea that there are not many fish left there **чрезмерный отлов рыбы** *low fish stocks caused by over-fishing*

overflow /ˌəʊvəˈfləʊ/ **verb 1** [I] If a container or a place overflows, the thing that is inside it starts coming out because it is too full. **переливаться (через край), быть переполненным** *The bath overflowed, and there's water all over the floor!* ◦ *The bin was **overflowing with** rubbish.* **2** [I, T] to come out of a container or a place because it is too full **разливаться, выходить из берегов** *The river overflowed its banks after the heavy rainfall.* **3 overflow with confidence/happiness/love, etc** to have a lot of a quality or emotion **быть преисполненным уверенности/счастья/любви и т. д.**
• **overflow** /ˈəʊvəfləʊ/ **noun** [C, U] **переливание через край, разлив, избыток**

overgrown /ˌəʊvəˈgrəʊn/ **adjective** covered with plants that have become too big **заросший** *an overgrown garden*

overhang /ˌəʊvəˈhæŋ/ **verb** [T] (past tense and past participle **overhung**) to hang over something **нависать, свешиваться** ***overhanging branches***

overhaul /ˌəʊvəˈhɔːl/ **verb** [T] to examine a machine or a system carefully and improve it or repair it **тщательно проверять, ремонтировать** *to overhaul an engine*
• **overhaul** /ˈəʊvəhɔːl/ **noun** [C] **тщательный осмотр, ремонт**

overhead /ˌəʊvəˈhed/ **adjective, adverb** above you, usually in the sky **подвесной, наверху, над головой** *overhead power cables* ◦ *A police helicopter was hovering overhead.*

overheads /ˈəʊvəhedz/ **noun** [plural] UK (US **overhead**) money that a company spends on its regular and necessary costs, for example rent and heating **накладные расходы**

overhear /ˌəʊvəˈhɪəʳ/ **verb** [T] (past tense and past participle **overheard**) to hear what someone is saying when they are not talking to you **подслушивать, нечаянно услышать** [+ doing sth] *I overheard him telling her he was leaving.*

overheat /ˌəʊvəˈhiːt/ **verb** [I] to become too hot **перегреваться** *The engine keeps overheating.*

overhung /ˌəʊvəˈhʌŋ/ past of overhang **прош. вр. и прич. прош. вр. от гл. overhang**

overjoyed /ˌəʊvəˈdʒɔɪd/ **adjective** very happy **вне себя от радости** [+ to do sth] *He was overjoyed to hear from his old friend.*

overkill /ˈəʊvəkɪl/ **noun** [U] when something is done too much **перегиб** *Should I add an explanation or would that be overkill?*

overlap /ˌəʊvəˈlæp/ **verb** [I, T] (present participle **overlapping**, past tense and past participle **overlapped**) **1** If two subjects or activities overlap, they are the same in some way. **частично совпадать** *Although our job titles are different, our responsibilities overlap quite a lot.* **2** If two objects overlap, part of one covers part of the other. **перекрывать друг друга**
• **overlap** /ˈəʊvəlæp/ **noun** [C, U] **частичное совпадение, перекрывание**

overload /ˌəʊvᵊlˈəʊd/ **verb** [T] **1** to put too many people or things into or onto a vehicle **перегружать, нагружать сверх меры** [often passive] *The coach was overloaded with passengers.* **2** to give someone more work or problems than they can deal with **перегружать**

overlook /ˌəʊvəˈlʊk/ **verb** [T] **1** (B2) to have a view of something from above **смотреть сверху, выходить на** *a balcony overlooking the sea* **2** to not notice or consider something **не замечать** *Two important facts have been overlooked in this case.* **3** to forgive or ignore someone's bad behaviour **смотреть сквозь пальцы**

overly /ˈəʊvᵊli/ **adverb** in a way that is extreme or too much **слишком** *overly optimistic* ◦ *It wasn't overly expensive.*

overnight /ˌəʊvəˈnaɪt/ **adverb 1** (B1) for or during the night **на ночь, ночью** *Sometimes we would **stay overnight** at my grandmother's house.* **2** very quickly or suddenly **мгновенно, сразу** *Change does not happen overnight.*
• **overnight adjective** [always before noun] **(предназначенный) на одну ночь, мгновенный** *overnight rain* ◦ *an **overnight** (= sudden) **success***

overpass /ˈəʊvəpɑːs/ **noun** [C] US (UK **flyover**) a bridge that carries a road over another road **эстакада**

overpower /ˌəʊvəˈpaʊəʳ/ **verb** [T] **1** to defeat someone by being stronger than they are **одолевать, пересиливать** [often passive] *The gunman was overpowered by two security guards.* **2** If a feeling, smell, etc overpowers you, it is very strong and makes you feel weak. **одолеть, раздавить**

overpowering /ˌəʊvəˈpaʊərɪŋ/ **adjective** unpleasantly strong or powerful **невыносимый, подавляющий** *an **overpowering smell***

overpriced /ˌəʊvəˈpraɪst/ **adjective** too expensive **слишком дорогой**

overran /ˌəʊvəˈræn/ past tense of overrun **прош. вр. гл. overrun**

overrated /ˌəʊvəˈreɪtɪd/ **adjective** If something is overrated, it is considered to be better or more important than it really is. **переоцененный**

overreact /ˌəʊvəriˈækt/ **verb** [I] to react in a way that is more extreme than you should **слишком остро реагировать, принимать близко к сердцу** *She tends to* ***overreact to*** *criticism.*

override /ˌəʊvəˈraɪd/ **verb** [T] (past tense **overrode**, past participle **overridden**) **1** If someone in authority overrides a decision or order, they officially decide that it is wrong. **отменять, отвергать** *I don't have the power to* ***override*** *his* ***decision****.* **2** to be more important than something else **доминировать, затмевать** *His desire for money seems to override anything else.*

overriding /ˌəʊvəˈraɪdɪŋ/ **adjective** [always before noun] more important than others **важнейший, решающий** *an* ***overriding concern***

overrule /ˌəʊvəˈruːl/ **verb** [T] If someone in authority overrules a decision or order, they officially decide that it is wrong. **отменять, отклонять** *Does the judge have the power to overrule the jury?*

overrun /ˌəʊvəˈrʌn/ **verb** (present participle **overrunning**, past tense **overran**, past participle **overrun**) **1** [T] If something unpleasant overruns a place, it fills it in large numbers. **кишеть, наводнять** [often passive] *The house was overrun by rats.* ◦ *Troops overran the city.* **2** [I] UK to continue for a longer time than planned **превышать сроки** *Sorry I'm late, but the meeting overran by 20 minutes.*

overseas /ˌəʊvəˈsiːz/ **adjective** [always before noun] B2 in, to, or from another country **иностранный, заграничный** *an* ***overseas student***

• **overseas adverb за границей, за границу** *to live/work overseas*

oversee /ˌəʊvəˈsiː/ **verb** [T] (present participle **overseeing**, past tense **oversaw**, past participle **overseen**) to watch work as it is done in order to make certain that it is done correctly **наблюдать, контролировать** *A committee has been set up to oversee the project.*

overshadow /ˌəʊvəˈʃædəʊ/ **verb** [T] **1** to cause something to be less enjoyable **омрачать** [often passive] *The party was overshadowed by a family argument.* **2** to cause someone or something to seem less important or successful **затмевать, оставлять в тени**

oversight /ˈəʊvəsaɪt/ **noun** [C, U] a mistake that you make by not noticing something or by forgetting to do something **недосмотр, оплошность**

oversleep /əʊvəˈsliːp/ **verb** [I] (past tense and past participle **overslept**) to sleep longer than you had intended **проспать** *Sorry I'm late, I overslept.*

overstate /ˌəʊvəˈsteɪt/ **verb** [T] to talk about something in a way that makes it seem more important than it really is **преувеличивать**

overstep /ˌəʊvəˈstep/ **verb** (present participle **overstepping**, past tense and past participle **overstepped**) **overstep the mark** to behave in a way that is not allowed or not acceptable **переступать границы**

overt /əʊˈvɜːt/ **adjective** done or shown publicly and not hidden **открытый, публичный** ***overt criticism***

• **overtly adverb открыто, публично** *overtly racist remarks*

overtake /ˌəʊvəˈteɪk/ **verb** (past tense **overtook**, past participle **overtaken**) **1** [T] to become more successful than someone or something else **обгонять** *Tobacco has overtaken coffee to become the country's leading export.* **2** [I, T] B2 to go past a vehicle or person that is going in the same direction **обгонять**

over-the-counter /ˌəʊvəðəˈkaʊntəʳ/ **adjective** [always before noun] Over-the-counter medicines can be bought in a shop without first visiting a doctor. **продаваемый без рецепта**

• **over-the-counter adverb без рецепта** *Most of these tablets can be* ***bought over-the-counter****.*

overthrow /ˌəʊvəˈθrəʊ/ **verb** [T] (past tense **overthrew**, past participle **overthrown**) to remove someone from power by using force **свергать** *They were accused of plotting to* ***overthrow*** *the* ***government****.*

• **overthrow** /ˈəʊvəθrəʊ/ **noun** [no plural] **переворот, свержение**

overtime /ˈəʊvətaɪm/ **noun** [U] B2 extra time that you work after your usual working hours **сверхурочная работа** *unpaid overtime*

• **overtime adverb сверхурочно**

overtones /ˈəʊvətəʊnz/ **noun** [plural] ideas that seem to be expressed but that are not stated directly **скрытый намек** *His speech had political overtones.*

overtook /ˌəʊvəˈtʊk/ past tense of overtake **прош. вр. гл. overtake**

overture /ˈəʊvətjʊəʳ/ **noun** [C] a piece of classical music that introduces another longer piece such as an opera **увертюра**

overturn /ˌəʊvəˈtɜːn/ **verb 1 overturn a conviction/ruling/verdict, etc** to officially change a legal decision **отменять приговор/решение суда/вердикт и т. д.** **2** [I, T] If something overturns or if you overturn something, it turns over onto its top or onto its side. **опрокидывать(ся)** *She overturned her car in the accident.*

> Слова-партнеры к **overview**
>
> **give/provide** an overview • a **brief/broad/comprehensive/general** overview • an overview of sth

overview /ˈəʊvəvjuː/ **noun** [C] a short description giving the most important facts about something **обзор, общее представление** *I'll just **give** you **an overview** of the job.*

overweight /ˌəʊvəˈweɪt/ **adjective** too heavy or too fat **весящий больше нормы, грузный** *He's still a few pounds overweight.* → Opposite **underweight**

overwhelm /ˌəʊvəˈwelm/ **verb** [T] If a feeling or situation overwhelms someone, it has an effect that is too strong or extreme. **овладевать, переполнять** [often passive] *She was overwhelmed by the excitement of it all.*

overwhelming /ˌəʊvəˈwelmɪŋ/ **adjective** very strong in effect or large in amount **непреодолимый, подавляющий** *an **overwhelming feeling** of sadness* ◦ *They won by an **overwhelming majority**.*

• **overwhelmingly adverb необыкновенно, чрезмерно**

overworked /ˌəʊvəˈwɜːkt/ **adjective** Someone who is overworked has to work too much. **перегруженный (работой)** *We're **overworked and underpaid**.*

overwrite /ˌəʊvəˈraɪt/ **verb** [T] If you overwrite a computer file, you replace it with a different one. **записывать поверх (старых данных)**

ovulate /ˈɒvjəleɪt/ **verb** [I] When a woman ovulates, her body produces eggs. **овулировать**

owe /əʊ/ **verb** [T] **1** B1 to have to pay money back to someone **быть должным, задолжать** [+ two objects] *You still owe me money.* ◦ *He **owes** about £5000 **to** the bank.* **2 owe sb an apology/favour/drink, etc** B2 to have to give something to someone because they deserve it **быть должным извиниться перед кем-либо/быть в долгу у кого-либо/быть должным купить кому-либо выпивку и т. д.** *I think I owe you an apology.* **3 owe your existence/success, etc to sb/sth** to have something or achieve something because of someone or something else **быть обязанным своим существованием/успехом и т. д. кому-либо/чему-либо** *The museum owes much of its success to the present generation of young British artists.*

owing to /ˈəʊɪŋ tuː/ **preposition** B2 because of **из-за, по причине** *The concert has been cancelled owing to lack of support.*

owl /aʊl/ **noun** [C] B2 a bird that has large eyes and hunts small animals at night **сова**

owl

own¹ /əʊn/ **adjective, pronoun, determiner 1** A2 belonging to or done by a particular person or thing **свой собственный** *Each student has their own dictionary.* ◦ *Petra makes all her own clothes.* ◦ *"Is that your mum's car?" "No, it's my own (= it belongs to me)."* **2 of your own** belonging to someone or something **собственный** *I'll have a home of my own (= home belonging only to me) someday.* **3 (all) on your own a** B1 alone **один, одна** *Jessica lives on her own.* **b** B1 If you do something on your own, you do it without any help from other people. **сам, самостоятельно** *She's raised three kids on her own.*

IDIOMS **come into your/its own** to be very useful or successful **добиваться признания** *By the 1970s, Abrams was starting to come into his own as a soloist.* • **get your own back (on sb)** UK to do something unpleasant to someone because they have done something unpleasant to you **поквитаться с кем-либо** • **hold your own** to be as successful as other people or things **не уступать** *She could always hold her own in political debates.*

own² /əʊn/ **verb** [T] B1 to have something that legally belongs to you **иметь, владеть** *The University owns a lot of the land around here.*

PHRASAL VERB **own up** to admit that you have done something wrong **откровенно признаваться** [+ to + doing sth] *No one has owned up to breaking that window.*

owner /ˈəʊnəʳ/ **noun** [C] B1 someone who legally owns something **владелец** *a property owner*

• **ownership noun** [U] when you own something **владение**

> **Слова-партнеры к owner**
>
> the **current/original/previous** owner • the owner **of** sth

ox /ɒks/ **noun** [C] (plural **oxen**) a large, male cow, used especially in the past to pull farm vehicles **бык**

oxygen /ˈɒksɪdʒən/ **noun** [U] B2 a gas that is in the air and that animals need to live (formula O) **кислород**

oxymoron /ˌɒksɪˈmɔːrɒn/ **noun** [C] two words used together, which mean two different or opposite things, such as 'bitter-sweet' or 'smart casual' **оксюморон**

oyster /ˈɔɪstəʳ/ **noun** [C] a sea creature that lives in a flat shell and is eaten as food **устрица**

oz written abbreviation for ounce (= a unit for measuring weight) **унция** *an 8 oz steak*

ozone /ˈəʊzəʊn/ **noun** [U] a form of oxygen that has a powerful smell (formula O_3) **озон**

the ˈozone ˌlayer noun the layer of ozone high above the Earth's surface that prevents the sun from harming the Earth **озоносфера**

O

P

P, p /piː/ the sixteenth letter of the alphabet **16-я буква алфавита**

p. 1 written abbreviation for page **страница** *See diagram on p.135.* **2** abbreviation for penny or pence (= units of British money) **пенни, пенс** *a 20p coin* → See Note **pence**

PA /piːˈeɪ/ UK abbreviation for personal assistant: a person who organizes letters, meetings, and telephone calls for someone with an important job **личный ассистент**

pace¹ /peɪs/ **noun 1** [no plural] B2 the speed at which someone or something moves or does something **скорость, темп** *We started to walk at a much faster pace.* ◦ *the **pace of** life* **2** [C] a step **шаг** *Every few paces I stopped to listen.* **3 keep pace with sb/sth** to move or develop at the same speed as someone or something else **идти в ногу с кем-либо/чем-либо** *We have to keep pace with the changing times.* → See also at a **snail**'s pace

> **Слова-партнеры к pace**
>
> **quicken/slow** your pace • **at a** [blistering/brisk/leisurely, etc] pace • the pace **of** sth

pace² /peɪs/ **verb 1 pace about/up and down, etc** to walk around because you are worried or excited about something **ходить взад и вперед** *He kept pacing up and down, glancing at his watch.* **2 pace yourself** to be careful not to do something too quickly so that you do not get too tired to finish it **рассчитывать силы**

pacemaker /ˈpeɪsˌmeɪkəʳ/ **noun** [C] a small piece of medical equipment in someone's heart that makes it work at the correct speed **электрокардиостимулятор**

pacifier /ˈpæsɪfaɪəʳ/ **noun** [C] US (UK **dummy**) a small rubber object that you give to a baby to suck in order to make it calm **соска-пустышка**

pacifism /ˈpæsɪfɪzᵊm/ **noun** [U] the belief that war or fighting of any type is wrong **пацифизм** • **pacifist** /ˈpæsɪfɪst/ **noun** [C] someone who believes in pacifism **пацифист**

pacify /ˈpæsɪfaɪ/ **verb** [T] to do something in order to make someone less angry or upset **успокаивать, умиротворять** *She smiled at Jamie to pacify him.*

pack¹ /pæk/ **verb 1** [I, T] A2 to put your things into bags or boxes when you are going on holiday or leaving the place where you live **упаковывать вещи** *I've got to go home and pack.* ◦ *to **pack** your **bags*** → Opposite **unpack** **2** [T] If people pack a place, there are so many of them in it that it is very crowded. **заполнять, набиваться** *Thousands of fans packed the club.*

PHRASAL VERBS **pack sth in 1** informal to stop doing something **бросать, прекращать** *If this job doesn't get any better, I'm going to **pack it in**.* **2** to manage to do a lot of things in a short period of time **успеть многое сделать (за короткое время)** *We were only there four days but we packed so much in.* • **pack sb off** informal to send someone away **отправлять кого-либо куда-либо** *We were **packed off to** our grandparents' for the summer holidays.* • **pack (sth) up** B2 to collect all your things together when you have finished doing something **собрать вещи, закончив делать что-либо** *I'm about to **pack** my **things up** and go home.*

pack² /pæk/ **noun** [C] **1** mainly US B2 a small box that contains several of the same thing **пачка, упаковка** *a pack of cigarettes* **2** mainly US a bag that you carry on your back **ранец, рюкзак** **3** a group of animals that live together, especially those of the dog family **свора, стая** *a **pack of wolves*** **4** (also US **deck**) a set of playing cards **колода (карт)** → See also **fanny pack**

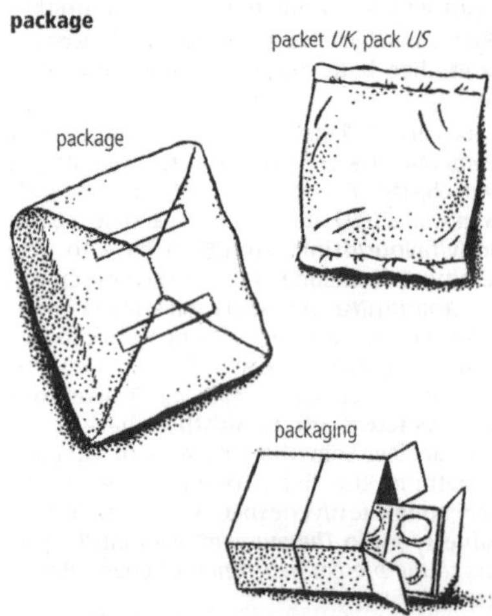

package¹ /ˈpækɪdʒ/ **noun** [C] **1** B2 an object that is covered in paper, inside a box, etc, especially so that it can be sent somewhere **пакет, сверток** **2** B2 a group of objects, plans, or arrangements that are sold or considered together **комплект, комплекс, пакет (услуг)** *a computer package* ◦ *This ski package includes hotel, transport, and four days of skiing.* **3** US a box or container in which something is put to be sold **пакет, упаковка** *a package of raisins/cookies*

package² /ˈpækɪdʒ/ **verb** [T] **1** to put something into a box or container so that it can be sold **упаковывать** *It's neatly packaged in a blue and white box.* **2** to show someone or something in an attractive way so that people will like or buy them **оформлять** *What's important is the way we package the programme.*

ˌpackage ˈholiday noun [C] UK (also UK/US **ˈpackage ˌtour**) a holiday that is arranged for you by a travel company and for which you pay a fixed price before you go **организованная туристическая поездка**

packaging /ˈpækɪdʒɪŋ/ **noun** [U] the paper, box, etc that something is inside so that it can be sold or sent somewhere **упаковка, контейнер**

packed /pækt/ **adjective** (also UK **packed out**) (B2) very crowded **набитый, переполненный** *The hall was packed.*

ˌpacked ˈlunch noun [C] UK food that you put in a bag or box and take to eat at work, school, etc **обед (принесенный с собой на работу или в школу)**

packet /ˈpækɪt/ **noun** [C] UK (US **pack**) (B1) a small container that contains several of the same thing **пачка, пакет** *a packet of cigarettes/sweets*

packing /ˈpækɪŋ/ **noun** [U] **1** when you put things into bags or boxes in order to take them somewhere **упаковка вещей** *I've got to* ***do*** *my* ***packing*** *because I'm going tomorrow.* **2** paper, material, etc that you put around an object in a box so that it does not get damaged **прокладочный материал**

pact /pækt/ **noun** [C] an agreement between two people or groups **договор, пакт** *We* ***have*** *a* ***pact*** *never to talk about each other.*

> **Слова-партнеры к pact**
> have/make/sign a pact • a pact **between** sb and sb • a pact **with** sb

pad¹ /pæd/ **noun** [C] **1** (also US **tablet**) sheets of paper that have been fastened together at one edge, used for writing or drawing **блокнот** *There's a pad and pencil by the phone.* **2** a small piece of soft material used to protect something or to make something more comfortable **мягкая прокладка, щиток** *knee/shin pads*

pad² /pæd/ **verb** (present participle **padding**, past tense and past participle **padded**) **1 pad about/around/down, etc** to walk somewhere with small, quiet steps **бесшумно идти** *He padded downstairs and out of the front door.* **2** [T] to protect something or make something more comfortable by filling or surrounding it with soft material **подкладывать что-либо мягкое**

PHRASAL VERB **pad sth out** to make a piece of writing or a speech longer by adding more information to it **раздувать, увеличивать**

padding /ˈpædɪŋ/ **noun** [U] soft material that is used to fill or cover something to protect it or make it more comfortable **набивка, набивочный материал**

paddle¹ /ˈpædl/ **noun 1** [C] a short pole with one flat end that you use to make a small boat move through the water **байдарочное весло 2** [no plural] UK when you walk in water that is not deep **передвижение по колено в воде** *to go for a paddle*

paddle² /ˈpædl/ **verb 1** [I, T] to move a small boat through water with a paddle **грести 2** [I] UK (US **wade**) to walk in water that is not deep **брести по колено в воде 3** [I] US to swim using short, quick movements with your arms and legs **плескаться**

paddock /ˈpædək/ **noun** [C] a small field where animals are kept, especially horses **выгул, пастбище**

paddy field /ˈpædiˌfiːld/ **noun** [C] UK (also UK/US **rice paddy**) a field in which rice is grown **(затопляемое) рисовое поле**

padlock /ˈpædlɒk/ **noun** [C] a metal lock with a U-shaped part that is used for fastening bicycles, doors, etc **висячий замок**

• **padlock verb** [T] **запирать на висячий замок**

paediatrician UK (US **pediatrician**) /ˌpiːdiəˈtrɪʃən/ **noun** [C] a children's doctor **педиатр**

paedophile UK (US **pedophile**) /ˈpiːdəufaɪl/ **noun** [C] someone who is sexually interested in children **педофил**

pagan /ˈpeɪɡən/ **adjective** relating to religious beliefs that do not belong to any of the main religions of the world **языческий** *a pagan festival*

• **pagan noun** [C] someone who has pagan religious beliefs **язычник**

page¹ /peɪdʒ/ **noun** [C] **1** (A1) a piece of paper in a book, magazine, etc, or one side of a piece of paper **страница** *The article is* ***on page*** *36.* ◦ *I've only read 50 pages so far.* **2** (also **web page**) (A2) one part of a website that you can see or print separately **страничка (в Интернете)** → See also **home page**, **the Yellow Pages**

> **Слова-партнеры к page**
> turn a page • the **back/front** page • **on** page [25/36, etc.]

page² /peɪdʒ/ **verb** [T] **1** to call someone using a sound system in a public place **вызывать кого-либо (используя громкоговоритель) 2** to send a message to someone's pager (= small piece of electronic equipment) **посылать сообщение на пейджер**

pageant /ˈpædʒənt/ **noun** [C] a show that happens outside in which people dress and act as if they are from a time in history **историческое костюмированное представление**

pageantry /ˈpædʒəntri/ **noun** [U] ceremonies in which there are a lot of people in special clothes **церемония, процессия**

pager /ˈpeɪdʒər/ **noun** [C] a small piece of electronic equipment that you carry which makes a noise or movement when someone sends a message **пейджер**

pagoda /pəˈɡəudə/ **noun** [C] a tall religious

P

building in Asia with many levels, each of which has a curved roof пагода

paid /peɪd/ past of pay прош. вр. и прич. прош. вр. от гл. pay

pail /peɪl/ **noun** [C] a container with an open top and a handle used for carrying liquids ведро

pain[1] /peɪn/ **noun** **1** [C, U] A2 an unpleasant physical feeling caused by an illness or injury боль *chest/stomach pains ◦ Are you* ***in pain****? ◦ I felt a* ***sharp pain*** *in my foot.* **2** [U] B2 sadness or mental suffering caused by an unpleasant event страдание, горе *I can't describe the pain I suffered when he died.* **3 be a pain (in the neck)** informal to be annoying быть невыносимым, действовать на нервы *My brother can be a real pain in the neck sometimes.* **4 be at pains to do sth; take pains to do sth** to make a lot of effort to do something стараться изо всех сил сделать что-либо *He was at great pains to explain the reasons for his decision.*

> Слова-партнеры к **pain**
>
> **excruciating/severe/sharp/unbearable pain • ease/inflict/relieve/suffer pain • in pain**

pain[2] /peɪn/ **verb** [T] formal If something pains you, it makes you feel sad or upset. мучить, огорчать [+ to do sth] *It pained him to see animals being treated so cruelly.*

pained /peɪnd/ **adjective** appearing to be sad or upset страдальческий, обиженный *a* ***pained expression***

painful /ˈpeɪnfəl/ **adjective** **1** B1 causing physical pain болезненный, причиняющий боль *Recovery from the operation is a slow and painful process.* **2** B2 making you feel sad or upset мучительный, тягостный *a painful memory*

painfully /ˈpeɪnfəli/ **adverb** **1** in a painful way больно *He landed painfully on his elbow.* **2 painfully clear/obvious, etc** If a problem is painfully clear/obvious, etc, it is embarrassing because it is so clear/obvious, etc. до боли ясно/очевидно и т. д. *It was painfully obvious that she didn't like him.* **3** used to emphasize an unpleasant situation or quality невероятно *She's* ***painfully thin.***

painkiller /ˈpeɪnˌkɪləʳ/ **noun** [C] a drug which reduces pain болеутоляющее средство

painless /ˈpeɪnləs/ **adjective** **1** causing no physical pain безболезненный *a painless death* **2** causing no problems or difficulties легкий, безболезненный *There is no painless way of learning a language.*
• **painlessly adverb** безболезненно

painstaking /ˈpeɪnzˌteɪkɪŋ/ **adjective** done with a lot of care кропотливый *It took months of* ***painstaking research*** *to write the book.*
• **painstakingly adverb** кропотливо

paint[1] /peɪnt/ **noun** [C, U] A1 a coloured liquid that you put on a surface to decorate it краска *a gallon of blue paint ◦ The door needs another* ***coat*** *(= layer)* ***of paint.***

paint[2] /peɪnt/ **verb** **1** [T] A2 to cover a surface with paint in order to decorate it красить *We've painted the kitchen yellow.* **2** [I, T] A1 to produce a picture of something or someone using paint писать красками *These pictures were all painted by local artists.* → See also paint a bleak/rosy, etc **picture**[1] of sth

paintbrush /ˈpeɪntbrʌʃ/ **noun** [C] a brush that is used for painting pictures or for painting surfaces such as walls and doors кисть → See picture at **brush**

painter /ˈpeɪntəʳ/ **noun** [C] **1** A2 someone who paints pictures художник **2** someone whose job is to paint surfaces, such as walls and doors маляр *a painter and decorator*

painting /ˈpeɪntɪŋ/ **noun** **1** [C] A2 a picture that someone has painted картина **2** [U] A2 the activity of painting pictures or painting surfaces живопись, малярное дело → See also **oil painting**

> Слова-партнеры к **painting**
>
> **do a painting • a painting of sth/sb • a painting by sb**

pair

pair[1] /peəʳ/ **noun** [C] **1** A2 two things that look the same and that are used together пара *a pair of socks/shoes* **2** A2 something that is made of two parts that are joined together пара *a pair of scissors ◦ a new pair of jeans/trousers* **3** A1 two people who are doing something together пара *For the next exercise, you'll need to work* ***in pairs.***

pair[2] /peəʳ/ **verb**

PHRASAL VERBS **pair off** If two people pair off, they begin a romantic or sexual relationship. разделяться на пары • **pair sb off with sb** to introduce one person to another because you hope they will begin a romantic relationship знакомить кого-либо с кем-либо (в надежде, что у них завяжутся романтические отношения) *Caroline tried to pair me off with her sister.* • **pair up** to join another person for a short time in order to do something делать что-либо в паре с кем-либо *I paired up with Chris for the last dance.*

pajamas /pəˈdʒɑːməz/ **noun** [plural] US spelling of pyjamas (= shirt and trousers that you wear in bed) **пижама**

pal /pæl/ **noun** [C] informal a friend **приятель** *He's an old pal of mine.*

palace /ˈpælɪs/ **noun** [C] B1 a large house where a king or queen lives **дворец** *Buckingham Palace*

palatable /ˈpælətəbl/ **adjective** formal **1** If food or drink is palatable, it has a pleasant taste. **вкусный** *a palatable local wine* **2** If an idea or plan is palatable, it is acceptable. **приемлемый** *They need to make the project more palatable to local people.* → Opposite **unpalatable**

palate /ˈpælət/ **noun** [C] **1** the top part of the inside of your mouth **нёбо** **2** the ability to judge and enjoy good food and drink **вкус**

pale /peɪl/ **adjective** **1 pale blue/green/red, etc** A2 light blue/green/red, etc **светло-голубой/зеленый/красный и т. д.** *a pale yellow dress* **2** B2 If your face is pale, it has less colour than usual because you are ill or frightened. **бледный**

pall[1] /pɔːl/ **verb** [I] to become less interesting and enjoyable **надоедать, приедаться** *The pleasure of not having to work soon began to pall.*

pall[2] /pɔːl/ **noun** **a pall of dust/smoke, etc** a thick cloud of dust/smoke, etc **облако пыли/дыма и т. д.**

IDIOM **cast a pall over sth** If an unpleasant situation or piece of news casts a pall over an event, it spoils it. **омрачать что-либо** *The news of Nick's accident cast a pall over the celebrations.*

Palm /pɑːm/ **noun** [C] trademark a small computer that you can carry with you **маленький переносной компьютер**

palm[1] /pɑːm/ **noun** [C] **1** the inside surface of your hand **ладонь** → See **The Body** on page Centre 13 **2** a palm tree **пальма**

palm[2] /pɑːm/ **verb**

PHRASAL VERBS **palm sb off** to tell someone something that is not true so that they will stop asking questions **отделываться, отфутболивать** *He* ***palmed*** *me* ***off with*** *an excuse about why he couldn't pay.* • **palm sth off as sth** to deceive people by saying that something has a particular quality or value that it does not have **выдавать одно за другое** • **palm sth off on sb** to give or sell something to someone because you want to get rid of it **сбывать, всучивать** *He palmed his old computer off on me.*

palmˌ tree **noun** [C] a tall tree with long leaves at the top which grows in hot countries **пальма**

palpable /ˈpælpəbl/ **adjective** very obvious **ощутимый, явный** *There was a palpable sense of tension in the crowd.*

paltry /ˈpɔːltri/ **adjective** A paltry amount of something, especially money, is very small. **ничтожный, незначительный** *a* ***paltry sum*** *of money*

pamper /ˈpæmpəʳ/ **verb** [T] to treat someone in a kind way and give them everything they want **баловать, нежить** *She pampered herself with a trip to the beauty salon.*

pamphlet /ˈpæmflɪt/ **noun** [C] a very thin book with a paper cover that gives information about something **брошюра, проспект** *The tourist office gave me a pamphlet about places to visit in the city.*

pan[1] /pæn/ **noun** [C] B1 a metal container with a handle that is used for cooking food in **кастрюля** → See also a **flash[2]** in the pan, **frying pan**

pan[2] /pæn/ **verb** [T] (present participle **panning**, past tense and past participle **panned**) informal to criticize something severely **подвергнуть резкой критике, разгромить** [often passive] *His last novel was panned by the critics.*

PHRASAL VERB **pan out** to develop in a particular way **развиваться, происходить каким-либо образом** *Not all his ideas had panned out in the way he would have liked.*

panacea /ˌpænəˈsiːə/ **noun** [C] something that people believe can solve all their problems **панацея**

panache /pəˈnæʃ/ **noun** [U] a confident and attractive way of doing things **щегольство, лихость** *The orchestra played with great panache.*

pancake /ˈpænkeɪk/ **noun** [C] B2 a thin, flat food made from flour, milk, and egg mixed together and cooked in a pan **блин, оладья**

panda /ˈpændə/ **noun** [C] a large, black and white animal that lives in forests in China **панда**

panda

pandemonium /ˌpændəˈməʊniəm/ **noun** [U] when there is a lot of noise and confusion because people are angry or excited about something that has happened **смятение, шум** ***Pandemonium broke out*** *in the courtroom as they took him away.*

pander /ˈpændəʳ/ **verb**

PHRASAL VERB **pander to sb/sth** to do what someone wants although it is wrong **потворствовать, угождать кому-либо/чему-либо** *He said he would not pander to public pressure.*

P&P /ˌpiːənˈpiː/ **noun** [U] UK abbreviation for postage and packing **упаковка и отправка по почте**

pane /peɪn/ **noun** [C] a flat piece of glass in a window or door **оконное стекло**

panel /ˈpænəl/ **noun** [C] **1** a flat, rectangular

piece of wood, metal, etc that forms the surface of a door, wall, etc **панель** **2** a group of people who are chosen to discuss something or make a decision about something **комиссия** *a panel of experts* **3** the part of a car, aircraft, etc that the controls are fixed to **приборная панель** → See also **solar panel**

panelling UK (US **paneling**) /ˈpænəlɪŋ/ **noun** [U] flat, rectangular pieces of wood that form the surface of walls, doors, etc **панельная обшивка** *carved oak panelling*

panellist UK (US **panelist**) /ˈpænəlɪst/ **noun** [C] one of a group of people who are chosen to discuss something or make a decision about something **член комиссии**

pang /pæŋ/ **noun** [C] a sudden, strong feeling of an unpleasant emotion **прилив, приступ (какого-либо чувства)** *Bernard felt a sharp pang of jealousy.*

panhandle /ˈpænˌhændl/ **verb** [I] US to ask people for money in a public place **просить милостыню**
• **panhandler** noun [C] US **нищий, попрошайка**

panic[1] /ˈpænɪk/ **noun** [C, U] B2 a sudden, strong feeling of worry or fear that makes you unable to think or behave calmly **паника** *He was **in a panic** about his exams.* ◦ *She had a **panic attack** (= suddenly felt extreme panic) in the supermarket.*

> Слова-партнеры к **panic**
> be **in a** panic • panic **breaks out** • **absolute/blind** panic • panic **about/over** sth • do sth **in** panic • a panic **attack**

panic[2] /ˈpænɪk/ **verb** [I, T] (present participle **panicking**, past tense and past participle **panicked**) B2 to suddenly feel so worried or frightened that you cannot think or behave calmly, or to make someone feel this way **впадать в панику, пугать** *Don't panic, we've got plenty of time.*

panic-stricken /ˈpænɪkˌstrɪkən/ **adjective** extremely frightened **охваченный паникой**

panorama /ˌpænərˈɑːmə/ **noun** [C] a view of a wide area **панорама**

panoramic /ˌpænəˈræmɪk/ **adjective** A panoramic view is very wide. **панорамный** *a **panoramic view** of the city*

pansy /ˈpænzi/ **noun** [C] a small garden flower with round petals which can be many different colours **анютины глазки**

pant /pænt/ **verb** [I] to breathe quickly and loudly because it is hot or because you have been running, etc **часто и тяжело дышать**

panther /ˈpænθər/ **noun** [C] a large, black, wild cat **пантера**

panties /ˈpæntiːz/ **noun** [plural] mainly US (UK **knickers**) women's underwear that covers the bottom **женские трусы** → See Note **underwear** → See **Clothes** on page Centre 9

pantomime /ˈpæntəmaɪm/ **noun** [C, U] a funny play performed in the UK around Christmas, based on traditional children's stories **рождественское представление для детей**

pantry /ˈpæntri/ **noun** [C] a small room where food is kept **кладовая**

pants /pænts/ **noun** [plural] **1** US (also UK/US **trousers**) a piece of clothing that covers the legs and has a separate part for each leg **брюки** → See **Clothes** on page Centre 8 **2** UK (US **underpants**) B1 underwear that covers the bottom **трусы** → See Note **underwear** → See **Clothes** on page Centre 9.

ˈ**pant** ˌ**suit** **noun** [C] US (UK **trouser suit**) a woman's jacket and trousers made of the same material **женский брючный костюм**

pantyhose /ˈpæntihəʊz/ **noun** [plural] US (UK **tights**) a piece of women's clothing made of very thin material that covers the legs and bottom **колготки**

papa /pəˈpɑː/ **noun** [C] old-fashioned another word for father **папа**

the papacy /ˈpeɪpəsi/ **noun** the position or authority of the Pope (= leader of the Roman Catholic Church) **папство**

papal /ˈpeɪpəl/ **adjective** relating to the Pope (= leader of the Roman Catholic Church) **папский**

paparazzi /ˌpæpəˈrætsi/ **noun** [plural] photographers whose job is to follow famous people and take photographs of them for newspapers and magazines **папарацци**

paper[1] /ˈpeɪpər/ **noun** **1** [U] A1 thin, flat material used for writing on, covering things in, etc **бумага** *a piece/sheet of paper* **2** [C] B1 a newspaper **газета** **3** [C] UK A2 an examination **экзаменационный билет, экзаменационная работа** *Candidates must answer two questions from each paper.* **4** [C] a piece of writing about a particular subject written by someone who has been studying that subject **научная статья** *She's just published a paper on language acquisition.* → See also **blotting paper**, **carbon paper**, **toilet paper**, **White Paper**, **wrapping paper**

paper[2] /ˈpeɪpər/ **verb** [T] to decorate the walls of a room by covering them with paper **оклеивать обоями**

paperback /ˈpeɪpəbæk/ **noun** [C] a book that has a soft paper cover **книга в мягком переплете**

ˈ**paper** ˌ**clip** **noun** [C] a small piece of metal used to hold several pieces of paper together **скрепка для бумаг** → See **The Office** on page Centre 5

papers /ˈpeɪpəz/ **noun** [plural] official documents **документы** *My papers are safely locked away.*

ˈ**paper** ˌ**weight** **noun** [C] a small, heavy object that you put on top of pieces of paper to stop them from moving **пресс-папье**

paperwork /ˈpeɪpəwɜːk/ **noun** [U] B2 the part of

a job that involves writing letters, organizing information, etc **канцелярская работа**

par /pɑːʳ/ **noun 1 be on a par with sb/sth** to be the same as or equal to someone or something **быть наравне с кем-либо/чем-либо 2 below par** not as good as usual **хуже обычного** *I'm feeling a bit below par today.*

IDIOM **be par for the course** If a type of behaviour, event, or situation is par for the course, it is not good but it is normal or as you would expect. **быть типичным** *"Simon was late." "That's just par for the course, isn't it?"*

parable /ˈpærəbl/ **noun** [C] a short story, especially in the Bible, that shows you how you should behave **притча**

paracetamol /ˌpærəˈsiːtəmɒl/ **noun** [C, U] UK a common drug used to reduce pain and fever **парацетамол**

parachute /ˈpærəʃuːt/ **noun** [C] B2 a large piece of cloth which is fixed to your body by strings and helps you to drop safely from an aircraft **парашют**
• **parachute verb** [I] to jump from an aircraft using a parachute **прыгать с парашютом**

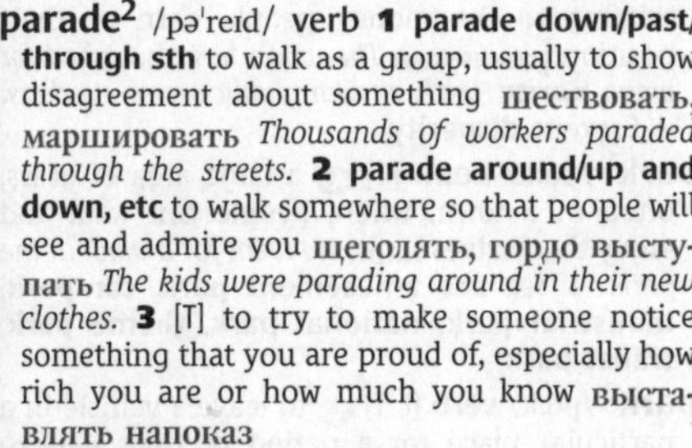

parade¹ /pəˈreɪd/ **noun** [C] B2 a line of people or vehicles that moves through a public place as a way of celebrating an occasion **парад** *a **victory parade***

parade² /pəˈreɪd/ **verb 1 parade down/past/through sth** to walk as a group, usually to show disagreement about something **шествовать, маршировать** *Thousands of workers paraded through the streets.* **2 parade around/up and down, etc** to walk somewhere so that people will see and admire you **щеголять, гордо выступать** *The kids were parading around in their new clothes.* **3** [T] to try to make someone notice something that you are proud of, especially how rich you are or how much you know **выставлять напоказ**

paradigm /ˈpærədaɪm/ **noun** [C] formal a typical example or model of something **пример, образец** *Career women are establishing a new paradigm of work and family life.*

paradise /ˈpærədaɪs/ **noun 1** [no plural] in some religions, a place where good people go after they die **рай 2** [C, U] a perfect place or situation **рай, блаженство** *a tropical paradise* ∘ *a shoppers' paradise*

paradox /ˈpærədɒks/ **noun** [C] a situation that seems very strange or impossible because of two opposite qualities or facts **парадокс**
• **paradoxical** /ˌpærəˈdɒksɪkᵊl/ **adjective** involving a paradox **парадоксальный** • **paradoxically adverb парадоксально**

paraffin /ˈpærəfɪn/ **noun** [U] UK (US **kerosene**) oil used for heating and lights **парафин**

paragraph /ˈpærəgrɑːf/ **noun** [C] B1 a part of a text that contains at least one sentence and starts on a new line **абзац**

parallel¹ /ˈpærəlel/ **adjective 1** If two or more lines are parallel, the distance between them is the same along all their length. **параллельный** *The streets are parallel.* **2** similar and happening at the same time **аналогичный** *Parallel experiments are being conducted in both countries.*

parallel² /ˈpærəlel/ **noun** [C] a similarity **сходство, аналогия** *There are a number of **parallels between** our two situations.* ∘ *People are **drawing parallels** (= describing similarities) between the two cases.*

> Слова-партнеры к **parallel (noun)**
>
> draw a parallel • a **clear/close/strong** parallel • a parallel **between** sth and sth • a parallel **with** sth

the Paralympic Games /ˌpærəˌlɪmpɪkˈgeɪmz/ **noun** [plural] (also **Paralympics**) an international sports competition for people who have a disability (= a condition that makes it difficult for a person to do the things that other people do) **Параолимпийские игры**
• **Paralympic adjective параолимпийский** • **Paralympian noun** [C] **параолимпиец**

paralyse UK (US **paralyze**) /ˈpærᵊlaɪz/ **verb** [T] **1** to make someone unable to move all or part of their body **парализовать** [often passive] *He was paralysed from the waist down by polio.* **2** to make something stop working **парализовать** *Rail strikes have paralysed the city's transport system.*

paralysed UK (US **paralyzed**) /ˈpærəlaɪzd/ **adjective 1** unable to move all or part of your body because of an injury or illness **парализованный 2** unable to move or speak because you are so frightened **застывший, парализованный** *to be paralysed with fear*

paralysis /pəˈræləsɪs/ **noun** [U] **1** being unable to move all or part of your body because of injury or illness **паралич** *muscular paralysis* **2** not being able to take action **бессилие, беспомощность** *political paralysis*

paralyze /ˈpærəlaɪz/ **verb** [T] US spelling of paralyse **парализовать**

paramedic /ˌpærəˈmedɪk/ **noun** [C] someone who is trained to give medical treatment to people who are injured or very ill, but who is not a doctor or nurse **фельдшер**

parameter /pəˈræmɪtəʳ/ **noun** [C] a limit that controls the way that you can do something **параметр, критерий** [usually plural] *Before we can start the research we need to **set** some **parameters** (= decide some limits).*

paramilitaries /ˌpærəˈmɪlɪtᵊriz/ **noun** [plural]

P

people who belong to paramilitary organizations **члены полувоенного формирования**

paramilitary /ˌpærəˈmɪlɪtəri/ **adjective** [always before noun] organized like an army, but not belonging to an official army **военизированный** *a* ***paramilitary organization/group***

paramount /ˈpærəmaʊnt/ **adjective** formal more important than anything else **первостепенный** *Safety, of course, is paramount.* ◦ *Communication is* ***of paramount importance****.*

paranoia /ˌpærəˈnɔɪə/ **noun** [U] **1** when you wrongly think that other people do not like you and are always criticizing you **навязчивая идея** *Do you think his boss really hates him or is it just paranoia?* **2** a mental illness that makes people wrongly think that other people are trying to harm them **паранойя**
• **paranoid** /ˈpærənɔɪd/ **adjective** when you have paranoia **параноидный** *Stop being so paranoid – no one's talking about you.*

paraphernalia /ˌpærəfəˈneɪliə/ **noun** [U] all the objects used in a particular activity **принадлежности, атрибуты** *the painter's paraphernalia of brushes, paints, and pencils*

paraphrase /ˈpærəfreɪz/ **verb** [I, T] to express something that has been said or written in a different way, usually so that it is clearer **перефразировать**
• **paraphrase noun** [C] **пересказ, изложение**

parasite /ˈpærəsaɪt/ **noun** [C] **1** a plant or animal that lives on or inside another plant or animal in order to get food **паразит 2** a lazy person who expects other people to give them money and food **тунеядец**

paratrooper /ˈpærətruːpəʳ/ **noun** [C] a soldier who is trained to be dropped from an aircraft using a parachute (= large piece of cloth fixed to the body by strings) **парашютист, десантник**

parcel /ˈpɑːsəl/ **noun** [C] B1 something that is covered in paper so that it can be sent by post **посылка** → See also **part and parcel**

parched /pɑːtʃt/ **adjective 1 be parched** informal to be very thirsty **умирать от жажды** *I'm going to get a drink – I'm parched.* **2** very dry **засушливый, безводный** *a parched desert/land*

pardon¹ /ˈpɑːdən/ **exclamation 1** A2 (also US **pardon me**) a polite way of asking someone to repeat what they have just said **простите? что вы сказали?** *"You'll need an umbrella." "Pardon?" "I said you'll need an umbrella."* **2 Pardon me.** used to say 'sorry' after you have done something rude, for example after burping (= letting air from your stomach out of your mouth) **извините меня**

pardon² /ˈpɑːdən/ **noun** [C] when someone who has committed a crime is officially forgiven and allowed to be free **помилование**

IDIOM **I beg your pardon.** formal spoken **a** used for saying 'sorry' when you have made a mistake or done something wrong **прошу прощения** *I beg your pardon – I thought you were speaking to me.* **b** used to show that you strongly disagree or that you are angry about something that someone has said **прошу прощения, минуточку** *I beg your pardon, young man – I don't want to hear you speak like that again!*

pardon³ /ˈpɑːdən/ **verb** [T] to officially forgive someone who has committed a crime and allow them to be free **помиловать**

parent /ˈpeərənt/ **noun** [C] A1 your mother or father **родитель** *Her parents live in Oxford.*
• **parental** /pəˈrentəl/ **adjective** relating to a parent **родительский** *parental responsibility*

ˈparent ˌcompany noun [C] a company which controls other smaller companies **компания-учредитель**

parentheses /pəˈrenθəsiːz/ **noun** [plural] (also UK **brackets**) two curved lines ( ) used around extra information or information that should be considered as separate from the main part **скобки** *The age of each student is listed* ***in parentheses****.*

parenthood /ˈpeərənthʊd/ **noun** [U] being a parent **отцовство, материнство** *the demands of parenthood* ◦ *single parenthood*

parenting /ˈpeərəntɪŋ/ **noun** [U] the things that you do during the time when you take care of your baby or child **воспитание детей, родительский уход**

parish /ˈpærɪʃ/ **noun** [C] an area that has its own church **церковный приход**

parishioner /pəˈrɪʃənəʳ/ **noun** [C] someone who lives in a parish and often goes to church **прихожанин**

parity /ˈpærəti/ **noun** [U] formal equality, usually relating to the money people earn or their position **равенство** *The union has also asked for wage* ***parity with*** *similar public-sector workers.* → Opposite **disparity**

park¹ /pɑːk/ **noun** [C] A1 a large area of grass, often in a town, where people can walk and enjoy themselves **парк** *We went for a walk in the park.* → See also **amusement park, car park, industrial park, national park, theme park, trailer park**

park² /pɑːk/ **verb** [I, T] A2 to leave a vehicle in a particular place for a period of time **парковать(ся)** *I parked the car near the old bridge.* ◦ *You can park outside the school.*

parking /ˈpɑːkɪŋ/ **noun** [U] B1 leaving a vehicle in a particular place for a period of time **стоянка (автомашин)** *free/underground parking*

ˈparking ˌlot noun [C] US (UK **car park**) a place where vehicles can be parked **стоянка (автомашин)**

ˈparking ˌmeter noun [C] a device next to a road that you put money into so that you can park your vehicle on that road **автомат для оплаты парковки автомобиля**

ˈparking ˌticket noun [C] a piece of paper that tells you that you must pay money because you have parked your car where you should not **штраф за парковку автомобиля в неположенном месте**

parliament /ˈpɑːləmənt/ **noun** [C, U] B2 in some countries, a group of people who make the laws for the country **парламент** *the Russian parliament*
• **parliamentary** /ˌpɑːləˈmentᵊri/ **adjective** [always before noun] relating to a parliament **парламентский** *a parliamentary candidate/election* → See also **Houses of Parliament**, **Member of Parliament**

> Слова-партнеры к **parliament**
> dissolve/elect a parliament • enter parliament • in parliament

parlour UK (US **parlor**) /ˈpɑːləʳ/ **noun** [C] a shop that provides a particular type of goods or services **салон, ресторан** *a beauty/pizza parlour*

parody /ˈpærədi/ **noun** [C, U] a film, book, etc that copies someone else's style in a way that is funny **пародия** *It's a parody of a low-budget 1950's horror movie.*
• **parody verb** [T] **пародировать**

parole /pəˈrəʊl/ **noun** [U] when someone is allowed to leave prison early but is only allowed to remain free if they behave well **досрочное условное освобождение** *He's hoping to get released* ***on parole.***

parrot /ˈpærət/ **noun** [C] B1 a tropical bird with a curved beak and colourful feathers that can be taught to copy what people say **попугай**

parsimonious /ˌpɑːsɪˈməʊniəs/ **adjective** formal not willing to spend money or give something **скупой**

parsley /ˈpɑːsli/ **noun** [U] a herb that is added to food to give it flavour **петрушка**

parsnip /ˈpɑːsnɪp/ **noun** [C] a long, cream-coloured root that is eaten as a vegetable **пастернак**

part¹ /pɑːt/ **noun 1** [C, U] A1 one of the things that, with other things, makes the whole of something **часть, доля** ***Part of*** *this form seems to be missing.* ◦ *I did French* ***as part of*** *my degree course.* ◦ *It's* ***all part of*** *growing up.* ◦ *You're part of the family.* **2 take part (in sth)** B1 to be involved in an activity with other people **принимать участие в чем-либо** *She doesn't usually take part in any of the class activities.* **3** [C] B1 a person in a film or play **роль** *He* ***plays*** *the* ***part*** *of the father.* **4 have/play a part in sth** B2 to be one of the people or things that are involved in an event or situation **играть роль в чем-либо, участвовать** *Alcohol plays a part in 60 percent of violent crime.* **5** [C] B2 a piece of a machine or vehicle **часть, деталь** *aircraft parts* ◦ ***spare parts*** **6** [C] US (UK **parting**) the line on your head made by brushing your hair in two different directions **пробор в волосах** **7 the best/better part of sth** most of a period of time **большая часть чего-либо** *It took the better part of the afternoon to put those shelves up.* **8 in part** formal partly **частично, отчасти** *He is in part to blame for the accident.* **9 for the most part** mostly or usually **большей частью** *I enjoyed it for the most part.*

IDIOMS **look the part** to look suitable for a particular situation **выглядеть соответствующе** *If you're going to be a successful businesswoman, you've got to look the part.* • **part and parcel** If something is part and parcel of an experience, it is a necessary part of that experience and cannot be avoided. **неотъемлемая часть** *Stress is part and parcel of the job.*

part² /pɑːt/ **adverb** not completely **частично** *She's part Irish and part English.*

part³ /pɑːt/ **verb 1** [I, T] If two sides of something part, they become separated, and if you part them, you make them separate. **разъединять(ся), разделять(ся)** *Slowly her lips parted and she smiled.* **2** [I, T] formal If two people part, or if one person parts from another, they leave each other. **расставаться** *That summer, after six years of marriage, we parted.* ◦ *Even after we* ***parted company,*** *we remained in contact.* **3** [T] to brush your hair in two directions so that there is a straight line showing on your head **расчесывать на пробор (волосы)** *In my school days, I had long hair parted in the middle.*

PHRASAL VERB **part with sth** to give something to someone else, often when you do not want to **расставаться с чем-либо** *You know how hard it is to get Simon to part with his money.*

partial /ˈpɑːʃᵊl/ **adjective 1** B2 not complete **частичный, неполный** *He made a partial recovery.* **2 be partial to sth** If you are partial to something, you like it. **неравнодушный к чему-либо** *I'm rather partial to red wine myself.*

partially /ˈpɑːʃᵊli/ **adverb** not completely **частично** *partially cooked*

participant /pɑːˈtɪsɪpᵊnt/ **noun** [C] someone who is involved in an activity **участник** *All participants finishing the race will receive a medal.*

> Слова-партнеры к **participant**
> an active/unwilling participant • a participant in sth

participate /pɑːˈtɪsɪpeɪt/ **verb** [I] B2 to be involved with other people in an activity **участвовать** *She rarely* ***participates in*** *any of the discussions.*
• **participation** /pɑːˌtɪsɪˈpeɪʃᵊn/ **noun** [U] **участие** *Both shows encourage* ***audience participation.***

participle /pɑːˈtɪsɪpl/ US /ˈpɑːtɪsɪpl/ **noun** [C] the form of a verb that usually ends with '-ed' or '-ing' and is used in some verb tenses or as an

P

adjective **причастие (в грамматике)** → See also **past participle**, **present participle**

particle /ˈpɑːtɪkl/ **noun** [C] **1** a very small piece of something **частица, крупица** *particles of dust* **2** a very small part of an atom, for example an electron or a proton **субатомная частица**

particular /pəˈtɪkjələʳ/ **adjective 1** [always before noun] B2 used to talk about one thing or person and not others **конкретный, особенный** *Is there any particular restaurant you'd like to go to?* ◦ *"Why did you ask?" "No particular reason."* **2** [always before noun] B2 special **особый, заслуживающий внимания** *"Was anything important said at the meeting?" "Nothing of particular interest."* **3** [never before noun] choosing things carefully and not easily satisfied **привередливый** *Teenagers are very particular about the clothes they'll wear.* **4 in particular** B1 especially **в особенности** *Are you looking for anything in particular?*

particularly /pəˈtɪkjələli/ **adverb** B1 especially **особенно, очень** *She didn't seem particularly interested.* ◦ *"Was the food good?" "**Not particularly.**"*

particulars /pəˈtɪkjələz/ **noun** [plural] formal details about something or someone **детали, подробности** *There's a form for you to note down all your particulars.*

parting[1] /ˈpɑːtɪŋ/ **noun 1** [C, U] formal when you are separated from another person, often for a long time **разлука** *The pain of parting gradually lessened over the years.* **2** [C] UK (US **part**) the line on your head made by brushing your hair in two different directions **пробор в волосах**

parting[2] /ˈpɑːtɪŋ/ **adjective parting glance/words, etc** something that you do or say as you leave **прощальный взгляд/прощальные слова и т. д.**

partisan[1] /ˌpɑːtɪˈzæn/ (US) /ˈpɑːrtɪzən/ **adjective** showing support for a particular political system or leader **оказывающий поддержку** *partisan politics* ◦ *a partisan crowd*

partisan[2] /ˌpɑːtɪˈzæn/ (US) /ˈpɑːrtɪzən/ **noun** [C] **1** someone who supports a particular political system or leader **сторонник, приверженец** **2** a member of a group that secretly fights against soldiers who are controlling their country **партизан**

partition /pɑːˈtɪʃᵊn/ **noun 1** [C] a wall that divides a room into two parts **перегородка** **2** [U] when a country divides into two or more countries or areas of government **раздел (страны)**
• **partition** verb [T] **разделять (страну), ставить перегородку**

partly /ˈpɑːtli/ **adverb** B1 used to show that something is true to some degree but not completely **частично, отчасти** *The house is partly owned by her father.* ◦ *He was partly responsible.*

partner[1] /ˈpɑːtnəʳ/ **noun** [C] **1** B1 someone that you are married to or having a sexual relationship with **супруг, супруга, друг, подруга** *sexual partners* ◦ *Are partners invited to the office dinner?* **2** A2 someone that you are dancing or playing a sport or game with **партнер** **3** B2 someone who owns a business with another person **партнер, компаньон** *a **junior/senior partner*** ◦ *He's a **partner in** a law firm.* **4** a country that has an agreement with another country **партнер, союзник** *a **trading partner*** ◦ *Britain and its European partners*

partner[2] /ˈpɑːtnəʳ/ **verb** [T] to be someone's partner in a dance, sport, or game **быть партнером** *He looks certain to partner him again in the finals.*

partnership /ˈpɑːtnəʃɪp/ **noun 1** [C, U] B2 when two people or organizations work together to achieve something **сотрудничество** *She's **gone into partnership** (= started to work together) with an ex-colleague.* **2** [C] a company which is owned by two or more people **товарищество, компания**

> **Слова-партнеры к partnership**
>
> **enter into/go into** partnership • **be in partnership with** sb • a partnership **between** sb and sb

part-time /ˌpɑːtˈtaɪm/ **adjective, adverb** B1 working or studying only for part of the day or the week **не полностью занятый, работающий неполный рабочий день** *a **part-time job*** ◦ *He **works part-time** as a waiter.*

party[1] /ˈpɑːti/ **noun** [C] **1** A1 an event where people enjoy themselves by talking, eating, drinking, and dancing **вечеринка, прием** *a **birthday party*** ◦ *We're **having** a **party** to celebrate the occasion.* **2** B1 an organization that shares the same political beliefs and tries to win elections **партия** *a **political party*** **3** a group of people who are working or travelling together **группа, отряд** *a party of tourists* **4** one of the sides in a legal agreement or disagreement **сторона** *the guilty party* ◦ *We hope to provide a solution that is acceptable to both parties.* → See also **the Conservative Party**, **the Democratic Party**, **the Green Party**, **the Labour Party**, toe the (party) **line**[1], **the Republican Party**, **search party**, **slumber party**, **third party**

> **Слова-партнеры к party**
>
> **go to/have/throw** a party • a **birthday/Christmas** party • **be at** a party

party[2] /ˈpɑːti/ **verb** [I] to enjoy yourself by talking, eating, drinking, and dancing with a group of people **веселиться на вечеринке** *They were out partying till five o'clock in the morning.*

pass[1] /pɑːs/ **verb 1** [I, T] (also **pass by**) B1 to go past something or someone **проходить, проезжать мимо***She passed me this morning in the corridor.* ◦ *Cars kept passing us on the motorway.*

2 pass (sth) over/through, etc B1 to go in a particular direction, or to cause something to go in a particular direction **проходить, проезжать, пролетать над/через и т. д.** *Another plane passed over our heads.* ◦ *We pass through your village on the way home.* **3** [T] B1 to give something to someone **передавать** *Could you pass the salt, please?* ◦ *He **passed** a note **to** her in the meeting.* **4** [I] B1 If a period of time passes, it happens. **проходить, миновать** *Four years have passed since that day.* **5 pass (the) time** B2 to spend time doing something **проводить время** *She was eating only to pass the time.* **6** [I, T] A2 to succeed at a test or an exam, or to decide that someone has been successful **выдержать (экзамен), ставить (зачет)** *I passed my driving test the first time.* **7** [T] to be more than a particular level **превышать, выходить за пределы** *Donations have passed the one million mark.* **8** [I, T] in sports, to throw or kick a ball to someone else **передавать мяч, пасовать** *Edwards **passes to** Brinkworth.* **9 pass a law/motion, etc** B2 to officially approve of something and make it into a law or rule **принимать закон/предложение и т. д.** *They passed a law banning the sale of alcohol.* **10** [I] If a feeling passes, it goes away. **проходить, исчезать** *I know he's angry now but it'll pass.* **11 pass judgment** to judge someone's behaviour **выносить решение** **12 pass sentence** If a judge passes sentence, they state what the criminal's punishment will be. **выносить приговор** **13 let sth pass** to decide not to criticize someone when they say something unpleasant or they make a mistake **оставить что-либо без внимания** → See also pass the **buck**[1]

PHRASAL VERBS **pass sth around/round** B2 to offer something to each person in a group of people **раздавать** *Take a copy for yourself and pass the rest around.* • **pass as/for sth/sb** If someone or something passes as or for someone or something else, they appear like that person or thing. **сойти за что-либо/кого-либо** *She's fifteen but could easily pass for eighteen.* • **pass away** B2 to die **умереть** *She passed away peacefully in her sleep.* • **pass sth down** to teach or give something to someone who will be alive after you have died **передавать что-либо (следующему поколению)** [often passive] *Folk tales have been passed down from generation to generation.* • **pass sth/sb off as sth/sb** to pretend that something or someone is different from what they really are **выдавать что-либо/кого-либо за что-либо/кого-либо** *He tried to pass himself off as some sort of expert.* • **pass on** to die **умереть** • **pass sth on 1** B1 to tell someone something that someone else has told you **передавать (сообщение и т. д.)** *Did you pass on my message to him?* **2** B1 to give something to someone else **передавать, отдавать** *Could you pass it on to Laura when you've finished reading it?* **3** to give a disease to another person **заражать, передаваться** *The virus can be passed on through physical contact.* • **pass out** B2 to become unconscious **терять сознание** *I don't remember any more because I passed out at that point.* • **pass sth up** to not use an opportunity to do something interesting **упускать** *It's a great opportunity – you'd be a fool to pass it up.*

pass[2] /pɑːs/ **noun** [C] **1** B2 a successful result in a test or a course **проходной балл, зачет** *A pass is above 60%.* **2** B1 an official document that allows you to do something **пропуск, билет** *a bus/rail pass* ◦ *You need a pass to get into the building.* **3** in sports, when you throw or kick a ball to someone else **пас, передача** **4** a narrow path between two mountains **перевал** *a mountain pass* → See also **boarding pass**

passage /ˈpæsɪdʒ/ **noun 1** [C] (also **passageway** /ˈpæsɪdzweɪ/) B2 a long, narrow space that connects one place to another **проход, коридор** *There's a passage to the side of the house, leading to the garden.* **2** [C] B2 a short part of a book, speech, or piece of music **отрывок** *She can quote whole passages from the novel.* **3** [C] a tube in your body that allows air, liquid, etc to pass through it **проход, проток** *the nasal/respiratory passages* **4** [U, no plural] the movement or progress from one stage or place to another **переход, превращение** *It's a difficult passage from boyhood to manhood.* **5 the passage of time** literary the way that time passes **течение времени** *Love changes with the passage of time.*

passenger /ˈpæsənʤəʳ/ **noun** [C] A2 someone who is travelling in a vehicle, but not controlling the vehicle **пассажир** *a front-seat passenger*

passer-by /ˌpɑːsəˈbaɪ/ **noun** [C] (plural **passers-by**) someone who is walking past something by chance **прохожий** *Police were alerted by a passer-by who saw the accident.*

passing[1] /ˈpɑːsɪŋ/ **adjective** [always before noun] lasting only for a short time and not important **проходящий, мимолетный** *a **passing interest***

passing[2] /ˈpɑːsɪŋ/ **noun 1 the passing of time/years** the way that time passes **течение времени** *With the passing of time their love had changed.* **2 in passing** If you say something in passing, you talk about one thing briefly while talking mainly about something else. **мимоходом, между прочим** *She mentioned in passing that she'd seen Stuart.*

passion /ˈpæʃən/ **noun 1** [U] B2 a strong, sexual feeling for someone **страсть** *She saw the passion in his eyes.* **2** [C, U] B2 a strong belief in something or a strong feeling about a subject **страстность, пыл** *She spoke with passion about the injustice.* **3 a passion for sth** when you like something very much **страстное увлечение** *a passion for football*

passionate /ˈpæʃənət/ **adjective 1** B2 having a

P

strong, sexual feeling for someone **страстный** *a passionate affair/lover* **2** B2 showing a strong belief in something or a strong feeling about a subject **убежденный, пылкий** *a passionate speaker*

• **passionately** adverb B2 **страстно, пылко**

passive¹ /ˈpæsɪv/ **adjective 1** B2 letting things happen to you and not taking action **пассивный** *Women at that time were expected to be passive.* **2** B1 A passive verb or sentence is one in which the subject does not do or cause the action but is affected by it. For example 'He was released from prison.' is a passive sentence. **страдательный, пассивный (в грамматике)**

passive² /ˈpæsɪv/ **noun** (also **the ˌpassive ˈvoice**) **the passive** B1 the passive form of a verb **страдательный залог**

ˌpassive ˈsmoking noun [U] breathing in smoke from other people's cigarettes **пассивное курение**

Passover /ˈpɑːsˌəʊvəʳ/ **noun** [U] the Jewish period of religious celebration held in March or April **еврейская пасха**

passport /ˈpɑːspɔːt/ **noun 1** A2 [C] an official document, often a small book, that you need to enter or leave a country **паспорт** *a British passport* **2 a passport to sth** something that allows you to achieve something else **пропуск, ключ к чему-либо** *Education is a passport to a better life.*

> Слова-партнеры к **passport**
>
> **apply for** a passport • **have/hold** a [British/Japanese, etc] passport • **a valid** passport

password /ˈpɑːswɜːd/ **noun** [C] B1 a secret word that allows you to do something, such as use your computer **пароль**

> Слова-партнеры к **password**
>
> **enter/put in** your password • **a secret** password • **forget** a password • **change** a password

past¹ /pɑːst/ **adjective 1** [always before noun] B1 having happened or existed before now **прошлый** *past relationships* ◦ *I know this from* ***past experience.*** **2** [always before noun] B1 used to refer to a period of time before and until the present **последний** *It's been raining for the past three days.* **3** [never before noun] Something that is past has now finished. **минувший, истекший** *My student days are past.* **4 past tense** A2 the form of the verb which is used to show what happened in the past **прошедшее время**

past² /pɑːst/ **noun 1 the past a** B1 the time before the present and all the things that happened then **прошлое** ***In the past*** *people would bathe once a month.* **b** A2 the form of the verb which is used to show what happened in the past **прошедшее время** **2 sb's past** B1 all of the things that someone has done in their life **чье-либо прошлое** *I knew nothing about his past.*

past³ /pɑːst/ **adverb, preposition 1** A2 further than **за, после** *I live on Station Road, just past the Post Office.* **2** A2 up to and further than someone or something **мимо** *Three boys went past us on mountain bikes.* ◦ *I've just seen the bus* ***go past.*** **3** A1 used to say 'after' the hour when you are saying what time it is **столько-то минут следующего часа** *It's five past three.* **4** B2 after a particular time or age limit **сверх, свыше, вне, за** *This bacon is past its sell-by date.* **5 past it** informal too old to do something **его/ее и т. д. время прошло**

IDIOM **I wouldn't put it past sb (to do sth)** informal used to say that you would not be surprised if someone did something, especially something bad, because it is a typical thing for them to do **думаю, что кто-либо вполне способен на что-либо** *I wouldn't put it past him to sell her jewellery.*

pasta /ˈpæstə/ (US) /ˈpɑːstə/ **noun** [U] A2 a food that is made from flour, water, and sometimes eggs and is made in many different shapes **макароны** → See **Food** on page Centre 11

paste¹ /peɪst/ **noun** [C, U] **1** a soft, wet, sticky substance that is used to stick things together **клей** *wallpaper paste* **2** a soft food that spreads easily **паста, пюре** *tomato/almond paste*

paste² /peɪst/ **verb 1** [T] to stick a piece of paper to another piece of paper **наклеивать, склеивать** *The cuttings had been pasted into a scrapbook.* **2** [I, T] to move a piece of text to a particular place in a computer document **вставлять (напр., ранее вырезанный текст)** → See also **cut and paste**

pastel /ˈpæstəl/ (US) /pæsˈtel/ **adjective** A pastel colour is light. **пастельный** ***pastel colours/shades*** ◦ *pastel pink*

• **pastel noun** [C] **пастельный цвет** *The bedroom is decorated in pastels (= pale colours).*

pastime /ˈpɑːstaɪm/ **noun** [C] an activity that you enjoy doing when you are not working **времяпрепровождение, занятие** *Shopping is one of her* ***favourite pastimes.***

pastor /ˈpɑːstəʳ/ **noun** [C] a priest in some Protestant churches **пастор**

pastoral /ˈpɑːstərəl/ **adjective 1** related to giving advice and looking after people **воспитательный** *the teacher's* ***pastoral role*** **2** [always before noun] literary relating to life in the country **сельский, пастушеский** *a pastoral song/tradition*

ˌpast parˈticiple UK (US **ˌpast ˈparticiple**) **noun** [C] the form of a verb that usually ends with '-ed' and can be used in the perfect tense, the passive tense, or as an adjective. For example 'baked' is the past participle of 'bake'. **причастие прошедшего времени**

the ˌpast ˈperfect noun (also **the pluperfect**) the form of a verb that is used to show that an action had already finished when another action happened. In English, the past perfect is made with 'had' and a past participle. **прошедшее совершенное время**

pastry /ˈpeɪstri/ **noun 1** [U] a mixture of flour, fat, and water that is cooked, usually used to cover or contain other food **тесто 2** [C] a small cake that is made with pastry **пирожок**

pasture /ˈpɑːstʃəʳ/ **noun** [C] an area of land with grass where animals can feed **пастбище**

pat[1] /pæt/ **verb** [T] (present participle **patting**, past tense and past participle **patted**) to touch a person or animal with a flat hand in a gentle, friendly way **хлопать, гладить** *She stopped to pat the dog.*

pat[2] /pæt/ **noun** [C] when you pat a person or animal **похлопывание, поглаживание** *He gave her an encouraging* ***pat on*** *the shoulder.*

IDIOM **a pat on the back** praise for something good that someone has done **похвала, поощрение** *I got a pat on the back for all my hard work.*

patch[1] /pætʃ/ **noun** [C] **1** a small area that is different from the area around it **небольшой участок** *a* ***bald patch.*** ◦ *There are* ***icy patches*** *on the road.* **2** a piece of material that you use to cover a hole in your clothes or in other material **заплата** *He had leather patches sewn on the elbows of his jacket.* **3** a small piece of material used to cover an injured eye **повязка на глазу 4** a small area of land used for a particular purpose **участок земли** *a cabbage/vegetable patch* **5 a bad/rough, etc patch** a difficult time **плохая/тяжелая и т. д. полоса** *I think their marriage is going through a bad patch.*

IDIOM **not be a patch on sb/sth** UK informal to not be as good as someone or something else **не идти ни в какое сравнение с кем-либо/чем-либо** *Her cooking is okay but it's not a patch on yours.*

patch[2] /pætʃ/ **verb** [T] to repair a hole in a piece of clothing or other material by sewing a piece of material over it **латать, ставить заплату** *to patch your trousers*

PHRASAL VERB **patch sth up** to try to improve your relationship with someone after you have had an argument **улаживать** *Has he managed to patch things up with her?*

patchwork /ˈpætʃwɜːk/ **noun 1** [U] a type of sewing in which a lot of small pieces of different material are sewn together **лоскутная работа** *a* ***patchwork quilt*** **2 a patchwork of sth** something that seems to be made of many different pieces **мозаика, пестрая смесь** *We flew over a patchwork of fields.*

patchy /ˈpætʃi/ **adjective 1** not complete or not good in every way **обрывочный, неоднородный** *a* ***patchy knowledge*** *of Spanish* **2** existing only in some areas **возникающий местами** ***patchy clouds/fog***

pâté /ˈpæteɪ/ (US) /pæˈteɪ/ **noun** [U] a soft food, usually made of meat or fish, that you spread on bread, etc **паштет** *liver pâté*

patent[1] /ˈpeɪtᵊnt/, /ˈpætᵊnt/ **noun** [C] a legal right that a person or company receives to make or sell a particular product so that others cannot copy it **патент**

• **patent verb** [T] to get a patent for something **патентовать**

patent[2] /ˈpeɪtᵊnt/ **adjective** formal **patent lie/nonsense** something that is obviously false **явная ложь/чушь и т. д.** *The explanation he gave – that was patent nonsense.*

• **patently adverb** formal **явно** *Her claims are patently (= obviously) false.*

paternal /pəˈtɜːnᵊl/ **adjective 1** like a father **отцовский, отеческий** *paternal affection* **2** [always before noun] A paternal relative is part of your father's family. **родственный по отцу** *He was my paternal grandfather.*

paternity /pəˈtɜːnəti/ **noun** [U] the state of being a father **отцовство**

paˈternity ˌleave noun [U] a period of weeks or months that a father spends away from his usual job so that he can look after his baby or child **отпуск по уходу за ребенком, предоставляемый отцу**

path /pɑːθ/ **noun** [C] **1** (A2) a long, narrow area of ground for people to walk along **тропинка** *There's a path through the forest.* ◦ *a* ***garden path*** **2** the direction that a person or vehicle moves in **курс, маршрут** *a* ***flight path*** **3** (B2) a particular way of doing something over a period of time **путь** *a* ***career path*** ◦ *Whichever path we choose, we'll have difficulties.*

pathetic /pəˈθetɪk/ **adjective 1** informal showing no skill, effort, or bravery **жалкий** *He made a rather* ***pathetic attempt*** *to apologize.* ◦ *You're too frightened to speak to her? Come on, that's pathetic!* ◦ *It was a pathetic performance.* **2** sad and weak **жалкий, несчастный** *Four times the pathetic little creature fell to the ground.*

• **pathetically adverb жалко** *a pathetically small amount of money*

pathological /ˌpæθəˈlɒdʒɪkᵊl/ **adjective 1** Pathological behaviour or feelings are extreme and cannot be controlled. **патологический** *a* ***pathological liar*** ◦ ***pathological hatred*** **2** relating to pathology (= the study of disease) **патологический**

pathologist /pəˈθɒlədʒɪst/ **noun** [C] a doctor who has studied pathology, especially one who tries to find out why people have died **патолог**

pathology /pəˈθɒlədʒi/ **noun** [U] the scientific study of disease and causes of death **патология**

pathos /ˈpeɪθɒs/ **noun** [U] literary a quality in a situation that makes you feel sympathy and sadness **пафос**

patience /ˈpeɪʃᵊns/ **noun** [U] **1** (B2) the quality of being able to stay calm and not get angry, especially when something takes a long time

P

терпение *Finally, I **lost** my **patience** and shouted at her.* ◦ *Making small scale models **takes** a lot of **patience**.* → Opposite **impatience** **2** UK (US **solitaire**) a card game for one person пасьянс

> **Слова-партнеры к patience**
> have/run out of patience • lose (your) patience • test/try sb's patience • sth takes patience • patience with sb/sth

patient[1] /ˈpeɪʃᵊnt/ **adjective** (B1) having patience терпеливый *You need to be **patient with** children.*

• **patiently** adverb (B2) терпеливо → Opposite **impatient**

patient[2] /ˈpeɪʃᵊnt/ **noun** [C] (B1) someone who is being treated by a doctor, nurse, etc пациент *a cancer patient*

patio /ˈpætiəʊ/ **noun** [C] an outside area with a stone floor next to a house, where people can sit to eat and relax внутренний дворик

patriot /ˈpeɪtriət/ **noun** [C] someone who loves their country and is proud of it патриот

patriotic /ˌpeɪtriˈɒtɪk/ **adjective** showing love for your country and pride in it патриотический *patriotic duty* ◦ *a patriotic song*

• **patriotism** /ˈpeɪtriətɪzᵊm/ **noun** [U] when you love your country and are proud of it патриотизм

patrol[1] /pəˈtrəʊl/ **noun 1** [C, U] the act of looking for trouble or danger around an area or building патрулирование *We passed a group of soldiers **on patrol**.* ◦ *a patrol boat/car* **2** [C] a group of soldiers or vehicles that patrol an area or building патруль, дозор *a border patrol* ◦ *an armed patrol*

patrol[2] /pəˈtrəʊl/ **verb** [I, T] (present participle **patrolling**, past tense and past participle **patrolled**) to look for trouble or danger in an area or around a building патрулировать *Police patrol the streets night and day.*

patron /ˈpeɪtrᵊn/ **noun** [C] **1** someone who supports and gives money to artists, writers, musicians, etc покровитель, меценат *a generous patron* ◦ *a patron of the arts* **2** a customer at a bar, restaurant, or hotel постоянный клиент

patronize (also UK **-ise**) /ˈpætrᵊnaɪz/ **verb** [T] **1** to speak or behave towards someone as if you were better than them относиться свысока *Don't patronize me! I know what I'm doing.* **2** formal to go to a store, business, etc, especially if you go regularly быть постоянным клиентом

ˌpatron ˈsaint noun [C] a saint (= a special, famous Christian) who is believed to help a particular place, person, or activity святой-покровитель *St. Christopher is the patron saint of travellers.*

pattern /ˈpætᵊn/ **noun** [C] **1** (B2) a particular way that something is often done or repeated модель, образец *behaviour patterns* **2** (B1) a design of lines, shapes, colours, etc узор, рисунок **3** (B2) a drawing or shape that helps you to make something шаблон, выкройка *a dress pattern*

> **Слова-партнеры к pattern**
> alter/establish/fall into/follow a pattern • a consistent/familiar/traditional pattern

pause /pɔːz/ **verb** [I] (B1) to stop doing something for a short time делать перерыв, останавливаться *She **paused for** a moment and looked around her.*

• **pause** noun [C] (B2) пауза, перерыв *There was a short pause before he spoke.*

pave /peɪv/ **verb** [T] to cover a path or road with flat stones, bricks, concrete, etc мостить, бетонировать

pavement /ˈpeɪvmənt/ **noun 1** [C] UK (US **sidewalk**) (B1) a path by the side of a road that people walk on тротуар *It's illegal to park on the pavement.* **2** [U] US the hard surface of a road дорожное покрытие

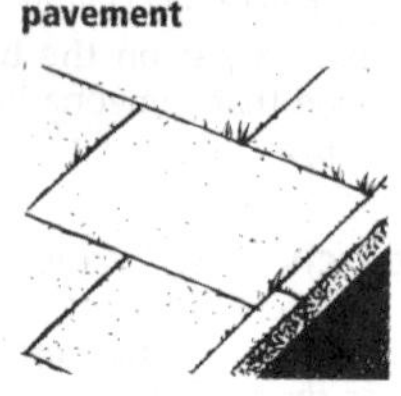

pavilion /pəˈvɪljən/ **noun** [C] **1** a large tent that is used for outside events павильон, шатер **2** UK a building next to a sports field where players can change their clothes павильон для переодевания **3** US one of a group of related buildings, such as a hospital корпус (больничный)

paw /pɔː/ **noun** [C] (B2) the foot of certain animals, such as cats and dogs лапа

• **paw** (also **paw at**) **verb** [T] to touch something with a paw трогать или скрести лапой *I could hear the dog pawing at the door.*

pawn[1] /pɔːn/ **noun** [C] **1** in the game of chess, the smallest piece and the one that has the lowest value пешка **2** someone who does not have power and is used by other people пешка, орудие в чьих-либо руках

pawn[2] /pɔːn/ **verb** [T] to leave something with a pawnbroker, who gives you money for it and will sell it if you do not pay the money back закладывать, отдавать в залог *She pawned her wedding ring to pay the rent.*

pawnbroker /ˈpɔːnˌbrəʊkəʳ/ **noun** [C] someone who lends you money in exchange for items that they will sell if you cannot pay the money back ростовщик

pay[1] /peɪ/ **verb** (past tense and past participle **paid**) **1** [I, T] (A1) to give money to someone because you are buying something from them, or because you owe them money платить *Helen **paid for** the tickets.* ◦ *Did you **pay** the telephone **bill**?* ◦ *You can pay by cash or credit card.* **2** [I, T] (B1) to give someone money for the work that they do платить (за работу) *She **gets paid***

twice a month. ◦ *People work for them because they pay well.* ◦ [+ two objects] *We **paid** them £600 **for** the work.* ◦ *a paid job* **3** [I] to be a good thing to do because it gives you money or an advantage **быть выгодным, окупаться** *Crime doesn't pay.* **4** [I, T] to suffer because of something bad you have done **поплатиться, пострадать** *He's certainly **paying for** his mistakes.* **5 pay attention** B1 to look at or listen to someone or something carefully **обращать внимание, прислушиваться** *I missed what she was saying because I wasn't paying attention.* **6 pay sb a compliment** to tell someone that you admire something about them **говорить кому-либо комплимент** **7 pay tribute to sb/sth** to thank someone or say that you admire someone or something, especially in public **приносить благодарность кому-либо/чему-либо** *He paid tribute to his former teacher.* **8 pay sb/sth a visit; pay a visit to sb/sth** B2 to visit a place or a person, usually for a short time **наносить визит, посещать кого-либо/что-либо**

> **!** Типичная ошибка: **pay**
>
> **Внимание:** Проверьте написание окончаний глагола!
>
> Многие русскоязычные студенты делают ошибки в написании формы прошедшего времени глагола **pay**.
>
> Формы простого прошедшего времени и причастия прошедшего времени – pa **id**.
>
> Правильное написание формы на **-ing** – pay **ing**.

PHRASAL VERBS **pay sb/sth back** B1 to pay someone the money that you owe them **возвращать долг** *Only borrow money if you're sure you can pay it back.* ◦ *I lent him £10 last month and he still hasn't paid me back.* • **pay sth off** B2 to pay all of the money that you owe **погашать долг, расплачиваться** *I'm planning to pay off my bank loan in five years.* • **pay (sth) out** to spend a lot of money on something, or to pay a lot of money to someone **выкладывать (деньги)** *I've just paid out £700 to get the car fixed.* • **pay up** informal to give someone all of the money that you owe them, especially when you do not want to **погашать долг, расплачиваться** *Come on, pay up!*

pay² /peɪ/ **noun** [U] B1 the money you receive from your employer for doing your job **зарплата** UK *a **pay rise**/US a **pay raise*** ◦ *good **rates of pay***

> Слова-партнеры к **pay**
>
> a pay **cheque/cut/raise/rise** • **rates of** pay

payable /ˈpeɪəbl/ **adjective** **1** describes something to be paid **подлежащий оплате** *Rent is payable monthly.* **2** If a cheque (= a piece of paper printed by a bank that you use to pay for things) is payable to a person, that person's name is written on the cheque and the money will be paid to them. **(чек) к оплате в пользу определенного человека или организации**

pay-as-you-go /ˌpeɪəzjəˈgəʊ/ **adjective** [always before noun] describes a system in which you pay for a service before you use it **предоплаченный (напр., о тарифе)** *a pay-as-you-go mobile phone*

• **pay-as-you-go noun** [U] **предоплата**

ˈpay ˌchannel noun [C] a television channel (= a broadcasting company) that you pay money to watch **платный телеканал** *Most of the best football matches are on the pay channels.*

ˈpay ˌcheck noun [C] US pay cheque **зарплата**

ˈpay ˌcheque noun [C] the amount of money a person earns **зарплата**

payday /ˈpeɪdeɪ/ **noun** [C] the day on which a worker is paid **день получения зарплаты**

payment /ˈpeɪmənt/ **noun** **1** [U] the act of paying **оплата, платеж** *They will accept payment by credit card.* **2** [C] B2 the amount of money that is paid **выплата** *monthly payments* → See also **balance of payments**, **down payment**

> Слова-партнеры к **payment**
>
> **make/receive** payment • a **form/method** of payment • payment **for/of** sth

pay-per-view /ˌpeɪpəˈvjuː/ **noun** [U] a system in which you choose particular television programmes and then pay to watch them **система, при которой оплачивается просмотр отдельных телевизионных передач** ***pay-per-view television/channels***

ˈpay ˌphone noun [C] a telephone in a public place that you pay to use **телефон-автомат**

PC¹ /ˌpiːˈsiː/ **noun** [C] **1** A2 a personal computer **персональный компьютер** **2** UK abbreviation for police constable (= a police officer of the lowest rank) **полицейский констебль**

PC² /ˌpiːˈsiː/ **adjective** abbreviation for politically correct (= careful to speak or behave in a way which is not offensive to women, people of a particular race, or people who have physical or mental problems) **политически корректный**

PDA /ˌpiːdiːˈeɪ/ **noun** [C] abbreviation for personal digital assistant: a small computer that you can carry with you **персональный цифровой ассистент, маленький переносной компьютер**

PDF /ˌpiːdiːˈef/ **1** [U] abbreviation for portable document format: a system for storing and moving documents between computers that usually only allows them to be looked at or printed **переносимый формат документа, формат PDF** **2** [C] a document using the PDF system **файл в формате PDF**

PE /ˌpiːˈiː/ **noun** [U] abbreviation for physical

P

education: classes at school where children do exercise and play sport **физкультура**

pea /piː/ **noun** [C] (B1) a small, round, green seed that people eat as a vegetable **горох**

peace /piːs/ **noun** [U] **1** (B2) when there is no war, violence, or arguing **мир** ***peace talks*** ◦ *a* ***peace agreement/treaty*** ◦ *There seems little hope for world peace.* ◦ *The UN sent troops to the region to* ***keep the peace****.* **2** (B1) when there is quiet and calm **покой, спокойствие** *a feeling of peace* ◦ *After a busy day, all I want is* ***peace and quiet****.* ◦ *I wish you'd stop complaining and* ***leave me in peace!*** **3 peace of mind** a feeling that you do not need to worry about anything **душевный покой** *We lock our doors and windows at night for peace of mind.* → See also **Justice of the Peace**

> Слова-партнеры к **peace**
>
> **bring about/establish/restore** peace • **keep** the peace • the peace **process** • a peace **agreement/initiative/treaty**

peaceful /ˈpiːsfəl/ **adjective** **1** (B2) without violence **мирный** *a peaceful protest* **2** (B1) quiet and calm **тихий, спокойный** *The churchyard was empty and peaceful.*
• **peacefully adverb** (B2) **мирно, тихо** *He died peacefully at home.*

peacekeeping /ˈpiːsˌkiːpɪŋ/ **adjective** [always before noun] relating to the activity of preventing war and violence **миротворческий** ***peacekeeping forces****/troops* ◦ *a* ***peacekeeping effort/operation***
• **peacekeeper** /ˈpiːsˌkiːpər/ **noun** [C] someone, usually a soldier, who tries to prevent war and violence in countries where there is trouble **миротворец** *UN peacekeepers*

peacetime /ˈpiːstaɪm/ **noun** [U] a time when a country is not at war **мирное время**

peach /piːtʃ/ **noun** [C] (B1) a soft, sweet, round fruit with red and yellow skin **персик**

peacock /ˈpiːkɒk/ **noun** [C] a large, male bird with long tail feathers that it can lift up to show a lot of colours **павлин**

peak

peak¹ /piːk/ **noun** [C] **1** (B2) the highest level or value of something **высшая точка, вершина** *Here we see an athlete* ***at the peak of*** *fitness.* ◦ *The price of gold* ***reached its peak*** *during the last recession.* ◦ ***peak travel times*** **2** (B1) the top of a mountain, or the mountain itself **пик, вершина, гора** ***snow-covered/mountain peaks***

peak² /piːk/ **verb** [I] to reach the highest level or value of something **достигать высшей точки** *Her singing career peaked in the 1990s.*

peanut /ˈpiːnʌt/ **noun** [C] (B1) an oval-shaped nut with a soft, brown shell **арахис** *salted peanuts* ◦ *peanut oil* → See **Food** on page Centre 11

ˌpeanut ˈbutter UK (US **ˈpeanut ˌbutter**) **noun** [U] a pale brown food made by crushing peanuts **арахисовое масло** *a peanut butter and jelly sandwich*

pear /peər/ **noun** [C] (A2) an oval-shaped, pale green or yellow fruit **груша** → See **Fruit and Vegetables** on page Centre 10

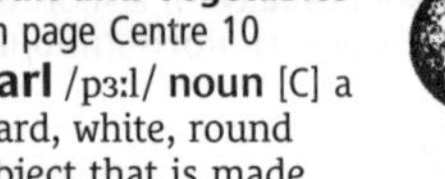
pear

pearl /pɜːl/ **noun** [C] a hard, white, round object that is made inside the shell of an oyster (= a sea creature) and that is used to make jewellery **жемчуг** *a string of pearls* ◦ *a pearl necklace* ◦ *pearl earrings*

pear-shaped /ˈpeəʃeɪpt/ **adjective go pear-shaped** UK informal If a plan goes pear-shaped, it fails. **провалиться (о затее и т. д.)**

peasant /ˈpezənt/ **noun** [C] a poor person who works on the land, usually in a poor country **крестьянин** *a peasant farmer*

peat /piːt/ **noun** [U] a dark brown soil made from decaying plants that you can burn as fuel or that you can put around living plants to help them grow **торф**

pebble /ˈpebl/ **noun** [C] a small stone **галька**

pecan /ˈpiːkæn/ (US) /pɪˈkɑːn/ **noun** [C] a nut that grows on a tree, or the tree itself **орех-пекан** *chopped pecans* ◦ *pecan pie*

peck¹ /pek/ **verb** [T] (also **peck at**) If a bird pecks something, it lifts or hits it with its beak. **клевать** *chickens pecking at corn*

peck² /pek/ **noun** [C] **1 give sb a peck on the cheek** to give someone a quick, gentle kiss on the face **чмокнуть кого-либо в щеку** **2** when a bird pecks something **клевок**

peckish /ˈpekɪʃ/ **adjective** UK slightly hungry **слегка голодный**

peculiar /pɪˈkjuːliər/ **adjective** **1** (B2) strange, often in an unpleasant way **своеобразный, странный** *The wine had a peculiar, musty smell.* **2 peculiar to sb/sth** belonging to or relating to a particular person or thing **характерный, присущий кому-либо/чему-либо** *Her accent is peculiar to the region.*

peculiarity /pɪˌkjuːliˈærəti/ **noun** [C] **1** something that is typical of a person, place, or thing **характерная черта, особенность** *Each college has its own traditions and peculiarities.*

2 a strange or unusual characteristic **странность, необычность** *My mother always hummed – it was one of her little peculiarities.*

peculiarly /pɪˈkjuːliəli/ **adverb 1** in a way that is typical of someone or something **характерно** *a peculiarly American sense of humour* **2** in a strange way **странно, необычно** *The birds were peculiarly quiet just before the earthquake.*

pedagogue /ˈpedəgɒg/ **noun** [C] formal a teacher, usually a very strict one **педагог**

pedal /ˈpedᵊl/ **noun** [C] B2 a part of a machine that you press with your foot to operate or move the machine **педаль** *bicycle pedals* ◦ *a **gas/brake pedal***

pedant /ˈpedᵊnt/ **noun** [C] someone who thinks too much about details and rules **педант**

• **pedantic** /pɪˈdæntɪk/ **adjective** thinking too much about details and rules **педантичный** *I hate to be pedantic, but Freud was actually Austrian, not German.*

peddle /ˈpedl/ **verb** [T] to sell things, especially drugs or things of bad quality **торговать** *The shops on the pier peddled cheap souvenirs to the tourists.* ◦ *He was arrested for peddling drugs.*

pedestal /ˈpedɪstᵊl/ **noun** [C] the base for a statue (= model of a person or animal) **пьедестал**

IDIOM **put sb on a pedestal** to believe that someone is perfect **превозносить кого-либо**

pedestrian¹ /pɪˈdestriən/ **noun** [C] B1 a person who is walking and not travelling in a vehicle **пешеход** *Many streets are reserved for cyclists and pedestrians.* ◦ *a pedestrian precinct/crossing*

pedestrian² /pɪˈdestriən/ **adjective** formal ordinary or not interesting **прозаический, скучный** *pedestrian ideas* ◦ *a pedestrian speech*

peˌdestrian ˈcrossing **noun** [C] UK (US **crosswalk**) a special place on a road where traffic must stop if people want to cross **пешеходный переход**

pediatrician /ˌpiːdiəˈtrɪʃᵊn/ **noun** [C] US spelling of paediatrician **педиатр**

pedicure /ˈpedɪkjʊəʳ/ **noun** [C, U] treatment to make your feet look attractive **педикюр** → Compare **manicure**

pedigree¹ /ˈpedɪgriː/ **noun** [C] **1** a list of the parents and other relatives of an animal **родословная 2** someone's family history, or their education and experience **происхождение, образование, опыт**

pedigree² /ˈpedɪgriː/ **adjective** [always before noun] A pedigree animal has parents and other relatives all from the same breed and is thought to be of high quality. **породистый** *a pedigree dog*

pedophile /ˈpiːdəʊfaɪl/ **noun** [C] US spelling of paedophile **педофил**

pee /piː/ **verb** [I] (present participle **peeing**, past tense and past participle **peed**) informal to urinate **писать, мочиться**

• **pee noun** [no plural] informal **моча** *Do I have time for a pee before we go?*

peek¹ /piːk/ **verb** [I] to look at something for a short time, often when you do not want other people to see you **выглядывать, заглядывать украдкой** *I peeked out the window to see who was there.*

peek² /piːk/ **noun have/take a peek** to look at something for a short time **взглянуть украдкой**

peel¹ /piːl/ **verb 1** [T] B1 to remove the skin of fruit or vegetables **снимать кожуру, чистить** *Peel and chop the onions.* **2** [I, T] If you peel something from a surface, you remove it and if something peels, it comes away from a surface. **счищать, облезать** *The paint is starting to **peel off** where the wall is damp.* → See also keep your eyes (**eye¹**) open/peeled (for sb/sth)

PHRASAL VERB **peel sth off** to take off clothes, especially wet or tight clothes **снимать (одежду)** *We peeled off our muddy socks and left them outside.*

peel² /piːl/ **noun** [U] the skin of fruit or vegetables, especially after it has been removed **кожура** *Combine nuts, sugar, and orange peel in a small bowl.*

peep /piːp/ **verb** [I] **1 peep at/ through/out, etc** to look at something for a short time, often when you do not want other people to see you **подглядывать за/через/из-за и т. д.** *She peeped at them through the fence.* **2 peep through/over/out from, etc** to appear but not be seen completely **выглядывать, быть видимым сквозь/над/из-за и т. д.** *The sun peeped out from behind the clouds.*

• **peep noun** [no plural] **взгляд украдкой, подглядывание** *She **took a peep** at herself in the mirror.*

peer¹ /pɪəʳ/ **noun** [C] **1** someone who is the same age, or who has the same social position or abilities as other members of a group **сверстник, ровня** *Most teenagers want to be accepted by their peers.* **2** in the UK, a person who has a title and a high social position **пэр**

peer² /pɪəʳ/ **verb peer at/into/through, etc** to look carefully or with difficulty **всматриваться в/сквозь и т. д.** *She peered at me over her glasses.*

ˈpeer ˌgroup **noun** [C] a group of people of about the same age, social position, etc **группа равных, сверстников** *He was the first of his peer group to get married.*

ˈpeer ˌpressure **noun** [U] strong influence on a member of a group to behave in the same way as other members in the group, although that behaviour is not good **давление со стороны членов своего круга, сверстников** *Many teenagers take drugs because of boredom or peer pressure.*

peg¹ /peg/ **noun** [C] **1** an object on a wall or door that you hang things on **крючок, вешалка**

P

2 (also **clothes peg**) UK a short piece of wood, plastic, etc that is used to hold clothes on a rope while they dry **прищепка** **3** a stick made of metal or wood that has a sharp end and which is used to fix something somewhere **колышек** *a tent peg*

peg² /peg/ **verb** [T] (present participle **pegging**, past tense and past participle **pegged**) to fix the cost of borrowing money or the value of a country's money at a particular level **устанавливать (курс, цену)** [often passive] *Interest rates were **pegged at** 8.2%.*

pellet /ˈpelɪt/ **noun** [C] a small, hard ball of metal, grain, etc **дробинка, пулька** *shotgun/feed pellets*

pelvic /ˈpelvɪk/ **adjective** [always before noun] relating to the area below your waist and above your legs **тазовый**

pelvis /ˈpelvɪs/ **noun** [C] the group of bones that forms the area below your waist and above your legs and to which your leg bones are joined **таз (в анатомии)**

pen¹ /pen/ **noun** [C] **1** (A1) a long, thin object that you use to write or draw in ink **ручка** → See **The Classroom** on page Centre 6 **2** a small area with a fence around it that you keep animals in **загон** *a pig/sheep pen* → See also **ballpoint pen**, **felt-tip pen**, **fountain pen**

pen² /pen/ **verb** [T] (present participle **penning**, past tense and past participle **penned**) literary to write something **писать, сочинять** *sonnets penned by Shakespeare*

PHRASAL VERB **pen sb/sth in/up** to keep people or animals in a small area **запирать, загонять кого-либо/что-либо** [often passive] *The soldiers were penned up in their barracks.*

penal /ˈpiːnəl/ **adjective** [always before noun] relating to the punishment of criminals **уголовный, наказуемый** *a **penal code/system***

penalize (also UK **-ise**) /ˈpiːnəlaɪz/ **verb** [T] **1** to cause someone a disadvantage **ставить кого-либо в невыгодное положение** *The present tax system penalizes poor people.* **2** to punish someone for breaking a law or a rule **наказывать, штрафовать** *He was penalized early in the match for dangerous play.*

penalty /ˈpenəlti/ **noun** [C] **1** (B2) a punishment for doing something which is against a law or rule **наказание, штраф** *There's a £50 **penalty for** late cancellation of tickets.* **2** (B2) in sports, an advantage given to a team when the opposing team has broken a rule **штрафной удар, штрафное очко** *They won a penalty in the first five minutes of the game.* ◦ *a **penalty goal/kick*** → See also **death penalty**

> Слова-партнеры к **penalty**
> face a penalty • a **heavy/severe/stiff** penalty • a penalty **for** (doing) sth

penance /ˈpenəns/ **noun** [C, U] an act that shows you are sorry for something that you have done **раскаяние, искупление вины**

pence /pens/ **noun** (A2) plural of British penny; p **мн. ч. сущ. penny**

penchant /ˈpɒnʃɒŋ/ (US) /ˈpentʃənt/ **noun have a penchant for sth** formal to like something very much **иметь слабость к чему-либо** *Miguel has a penchant for fast cars.*

pencil /ˈpensəl/ **noun** [C, U] (A1) a long, thin wooden object with a black or coloured point that you write or draw with **карандаш** → See **The Classroom** on page Centre 6

ˈpencil ˌsharpener **noun** [C] a tool that you use to make pencils sharp **точилка** → See **The Classroom** on page Centre 6

pendant /ˈpendənt/ **noun** [C] a piece of jewellery on a chain that you wear around your neck **кулон**

pending¹ /ˈpendɪŋ/ **preposition** formal used to say that one thing must wait until another thing happens **до, в ожидании** *Several employees have been suspended pending an investigation.*

pending² /ˈpendɪŋ/ **adjective** formal not decided or finished **находящийся на рассмотрении, ожидающий решения** *Their court case is still pending.*

pendulum /ˈpendjələm/ **noun** [C] a heavy object on a chain or stick that moves from side to side, especially inside a large clock **маятник**

penetrate /ˈpenɪtreɪt/ **verb** **1** [I, T] If something penetrates an object, it moves into that object. **проникать внутрь** *The bullet penetrated his skull.* **2** [T] If someone penetrates a place or a group, they succeed in moving into or joining it. **проникать, вклиниваться** *No one in our industry has successfully penetrated the Asian market.*

• **penetration** /ˌpenɪˈtreɪʃən/ **noun** [U] **проникновение**

penetrating /ˈpenɪtreɪtɪŋ/ **adjective** **1** intelligent and full of careful thought **проницательный** *a penetrating discussion/mind* ◦ *She wrote a penetrating analysis of Shakespeare's Hamlet.* **2** a **penetrating gaze/look/stare, etc** If someone gives you a penetrating look, you feel as if they know what you are thinking. **проницательный взгляд** **3** If a sound is penetrating, it is very strong and unpleasant. **пронзительный** *a penetrating voice/scream*

penguin /ˈpeŋgwɪn/ **noun** [C] (B1) a large, black and white sea bird that swims and cannot fly **пингвин**

penicillin /ˌpenɪˈsɪlɪn/ **noun** [U] a type of medicine that kills bacteria and is used to treat illness **пенициллин**

peninsula /pəˈnɪnsjələ/ **noun** [C] a long, thin piece of land which has water around most of it **полуостров** *the Korean peninsula*

penis /ˈpiːnɪs/ **noun** [C] the part of a man's or male animal's body that is used for urinating and having sex **пенис**

penitentiary /ˌpenɪ'tenʃəri/ **noun** [C] a prison in the US **тюрьма (в США)**

peninsula

pennant /'penənt/ **noun** [C] a long, pointed flag **знамя, вымпел**

penniless /'peniləs/ **adjective** having no money **без гроша**

penny /'peni/ **noun** [C] (plural **pence**, **p**, **pennies**) **1** B1 a coin or unit of money with a value of 1/100 of a pound (= UK unit of money); p **пенни, пенс** *There are 100 pence in a pound.* ◦ *fifty pence/50p* → See Note **pence** **2** a coin with a value of one US cent (= 1/100 of a dollar) **монета в 1 цент** *My dad always let us have his pennies to buy candy.* **3 every penny** all of an amount of money **все деньги** *He seemed intent on spending every penny of his salary.*

pension[1] /'penʃən/ **noun** [C] B2 money that is paid regularly by the government or a private company to a person who has stopped working because they are old or ill **пенсия** *a **state/private pension*** ◦ *a **pension plan/scheme***
• **pensioner** noun [C] mainly UK someone who receives a pension **пенсионер** → See also **old-age pension**, **old-age pensioner**

> **Слова-партнеры к pension**
> get/be on/receive a pension • a pension fund/plan/scheme • a state/private pension

pension[2] /'penʃən/ **verb**

PHRASAL VERB **pension sb off** mainly UK If an organization pensions someone off, it forces that person to leave their job but pays them a pension. **отправлять кого-либо на пенсию**

the Pentagon /'pentəgɒn/ **noun** the department of the US government that controls the army, navy, etc, or the building where it is **Пентагон** *The Pentagon refused to comment on potential military targets.*

penthouse /'penthaʊs/ **noun** [C] (plural **penthouses** /'penthaʊzɪz/) an expensive apartment at the top of a building **пентхаус**

pent-up /ˌpent'ʌp/ **adjective** [always before noun] Pent-up feelings are feelings that you have not expressed for a long time. **сдерживаемый, затаенный** *pent-up anger*

penultimate /pə'nʌltɪmət/ **adjective** [always before noun] formal next to the last **предпоследний** *Y is the penultimate letter of the alphabet.*

people[1] /'pi:pl/ **noun** **1** [plural] A1 more than one person **люди** *Our company employs over 400 people.* ◦ *People live much longer than they used to.* **2 the people** [plural] all the ordinary people in a country **народ, население** *The rebels have gained the support of the people.* **3** [C] formal all the people of a race **народ, национальность** *Europe is made up of many different peoples.*

people[2] /'pi:pl/ **verb**

PHRASAL VERB **be peopled by/with sb** literary to be filled with a particular kind of person **быть населенным, заполненным какими-либо людьми** *His novels are peopled with angry young men.*

'people ˌcarrier **noun** [C] UK (US **minivan**) a large, high car which can carry more people than a normal car **автомашина большого размера**

pepper[1] /'pepər/ **noun** **1** [U] A2 a black, grey, or red powder that is made from crushed seeds, used to give food a slightly spicy flavour **перец** *salt and pepper* **2** [C] B1 a hollow green, red, or yellow vegetable **сладкий перец** *green/red pepper* → See **Fruit and Vegetables** on page Centre 10

pepper[2] /'pepər/ **verb**

PHRASAL VERB **pepper sth with sth** to include a lot of something **осыпать, усеивать** [often passive] *His speech was peppered with quotations.*

peppermint /'pepəmɪnt/ **noun** **1** [U] oil from a plant that is added to food to give it a strong, fresh taste, or the taste itself **мята перечная** *peppermint tea* **2** [C] a small, hard sweet that tastes like peppermint **мятный леденец**

per strong /pɜ:r/ weak /pər/ **preposition** A2 for each **в, на, за (определенную единицу)** *Our hotel room costs $60 per night.* ◦ *The speed limit is 100 kilometres per hour.* ◦ *The wedding dinner will cost £30 **per head** (= for each person).*

per annum /pɜ:r'ænʌm/ **adverb** formal every year **в год** *a salary of $19,000 per annum*

per capita /pɜ:'kæpɪtə/ **adjective, adverb** formal for each person **на душу населения** *This county has the lowest per capita income in the country.* ◦ *Belgians eat more chocolate per capita than any other nation in Europe.*

perceive /pə'si:v/ **verb** [T] formal **1** to think of something or someone in a particular way **воспринимать, считать** [often passive] *The British are often perceived as being very formal.* **2** to notice something that is not easy to notice **различать, ощущать** *We perceived a faint light in the distance.*

percent (also **per cent**) /pə'sent/ **adjective, adverb** B1 for or out of every 100, shown by the symbol % **процентный, в процентном отношении** *a 40 percent increase in prices*
• **percent** (also **per cent**) noun [C] **процент** *Nearly 70 percent of all cars in the UK are less than five years old.*

percentage /pə'sentɪdʒ/ **noun** [C] B2 an amount of something, expressed as a number out of 100 **процент** *The **percentage of** women who work has risen steadily.* ◦ *The **percentage of** people who are left-handed is small – only about 10%.*

P

Слова-партнеры к percentage

a **high/large/small** percentage • the percentage **of** sth

perceptible /pəˈseptəbl/ **adjective** formal just able to be noticed **различимый, ощутимый** *a **perceptible difference** in colour* ◦ *His pulse was barely perceptible.*

perception /pəˈsepʃᵊn/ **noun 1** [C] what you think or believe about someone or something **восприятие, представление** *The **public perception** of him as a hero is surprising.* **2** [U] the ability to notice something **ощущение, восприятие** *Alcohol reduces your perception of pain.*

perceptive /pəˈseptɪv/ **adjective** quick to notice or understand things **проницательный** *a perceptive writer*

perch¹ /pɜːtʃ/ **verb 1 perch (sth) on/in/above, etc** to be in a high position or in a position near the edge of something, or to put something in this position **взгромоздить(ся), располагать(ся) высоко на/в/над и т. д.** [often passive] *The village was perched on the side of a mountain.* ◦ *She wore glasses perched on the end of her nose.* **2 perch on/in, etc** to sit near the edge of something **сидеть на краю чего-либо** *The children perched on the edges of their seats.*

perch² /pɜːtʃ/ **noun** [C] a place where a bird sits, especially a stick inside a cage **насест, жердочка**

percussion /pəˈkʌʃᵊn/ **noun** [U] musical instruments that make a sound when you hit them with a stick or your hand **ударные инструменты** *Drums, tambourines, and cymbals are percussion instruments.*

perennial¹ /pᵊrˈeniəl/ **adjective** happening again and again, or continuing for a long time **вечный, постоянный** *the perennial problem of unemployment*

perennial² /pᵊrˈeniəl/ **noun** [C] a plant that lives for several years **многолетнее растение**

perfect¹ /ˈpɜːfɪkt/ **adjective 1** (A2) without fault, or as good as possible **идеальный, безупречный** *James is a perfect husband and father.* ◦ *Her performance was perfect.* **2** exactly right for someone or something **идеальный, подходящий** *You'd be **perfect for** the job.* ◦ *The weather's just perfect for a picnic.* **3** [always before noun] used to emphasize a noun **совершенный, абсолютный** *His suggestion makes perfect sense.*

perfect² /pəˈfekt/ **verb** [T] to make something as good as it can be **совершенствовать** *I've spent hours perfecting my speech.*

the perfect /ˈpɜːfɪkt/ **noun** (also **the ˌperfect ˈtense**) (B2) the form of the verb that is used to show an action that has happened in the past or before another time or event. In English, the perfect is made with 'have' and a past participle. **совершенная форма глагола** → See also **the future perfect**, **the past perfect**, **the present perfect**

Другие способы сказать perfect

Если что-то безупречно, поскольку не имеет никаких недостатков, ошибок или отрицательных качеств, его можно охарактеризовать как **faultless**, **flawless**, **immaculate** или **impeccable**.

*They gave a **faultless/immaculate** performance.*

*His English is **impeccable**.*

*She has a **flawless** complexion.*

Прилагательные **ideal** и **tailor-made** используют, чтобы подчеркнуть, что что-то абсолютно соответствует определенной цели.

*The book is **ideal** for children aged between four and six.*

*It sounds as if she's **tailor-made** for the job.*

В неформальном общении о работе, жилье и т.п., которые вам идеально подходят, можно сказать **dream job**, **dream home** и т.п.

*A pretty cottage in the Suffolk countryside – that would be my **dream home**.*

perfection /pəˈfekʃᵊn/ **noun** [U] when someone or something is perfect **совершенство** *She strives for perfection in everything she does.* ◦ *chicken legs cooked to perfection*

perfectionist /pəˈfekʃənɪst/ **noun** [C] someone who wants everything to be perfect **человек, добивающийся во всем совершенства**

perfectly /ˈpɜːfɪktli/ **adverb 1** (B2) used to emphasize the word that follows it **совершенно, вполне** *To be perfectly honest, I don't care any more.* ◦ *I made it perfectly clear to him what I meant.* **2** (B1) in a perfect way **идеально, безупречно** *The jacket fits perfectly, the skirt not so well.*

perforated /ˈpɜːfəreɪtɪd/ **adjective 1** Perforated materials such as paper have small holes in them so that they can be torn or liquid can pass through them. **перфорированный 2** If an organ of your body is perforated, it has a hole in it. **прободной** *a perforated eardrum*

• **perforate verb** [T] **перфорировать**

perform /pəˈfɔːm/ **verb 1** [I, T] (B1) to entertain people by acting, singing, dancing, etc **играть, исполнять (пьесу, музыку и т. д.)** *She has performed all over the world.* ◦ *The orchestra will perform music by Mozart.* **2** [T] formal (B2) to do a job or a piece of work **выполнять, делать** *In the future, many **tasks** will be **performed** by robots.* ◦ *Surgeons **performed** the **operation** in less than two hours.* **3 perform well/badly, etc** If something performs well, badly, etc, it works that way. **действовать, работать хорошо/плохо и т. д.** *These cars perform poorly at high speeds.*

performance /pəˈfɔːməns/ **noun 1** [C] (B1) acting, singing, dancing, or playing music to

P

entertain people **представление, постановка** *a performance of Shakespeare's Hamlet* **2** [U] B2 how successful someone or something is **результаты, показатели** *The company's performance was poor for the first two years.* ◦ *Some athletes take drugs to improve their performance.*

> Слова-партнеры к **performance**
>
> give/put on a performance • a **brilliant/virtuoso/wonderful** performance

performer /pəˈfɔːməʳ/ **noun** [C] B1 someone who entertains people **актер, исполнитель**

the perˌforming ˈarts noun [plural] types of entertainment that are performed in front of people, such as dancing, singing, and acting **исполнительские виды искусства**

perfume /ˈpɜːfjuːm/ **noun** [C, U] A2 a liquid with a pleasant smell that women put on their skin **духи**

• **perfumed adjective** containing perfume **благоухающий**

perhaps /pəˈhæps/ **adverb 1** A2 possibly **может быть, возможно** *Perhaps I'll go to the gym after work.* ◦ *Ben won't be coming but perhaps it's better that way.* **2** used when you want to suggest or ask someone something **будьте добры (в просьбе)** *Perhaps you should leave now.*

peril /ˈperᵊl/ **noun** [C, U] formal extreme danger **опасность, риск** *A shortage of firefighters is putting lives* ***in peril.*** ◦ *His book describes* ***the perils of*** *war.*

perilous /ˈperᵊləs/ **adjective** formal very dangerous **опасный, рискованный** *a perilous journey*

• **perilously adverb опасно, рискованно**

perimeter /pəˈrɪmɪtəʳ/ **noun** [C] the outer edge of an area **периметр, внешняя граница** *the perimeter of the airport*

period /ˈpɪəriəd/ **noun** [C] **1** B1 a length of time **период** *a 24-hour period* ◦ *a period of four months* **2** B1 one of the equal parts of time that a school day or sports game is divided into **урок, период 3** when blood comes out of a woman's uterus each month **менструация 4** US (UK **full stop**) a mark (.) used at the end of a sentence, or to show that the letters before it are an abbreviation **точка (в конце предложения)** → See Study Page **Punctuation** on page Centre 33

periodic /ˌpɪəriˈɒdɪk/ **adjective** happening regularly **периодический** *Our sales team makes periodic trips to Asia.*

• **periodically adverb периодически**

periodical /ˌpɪəriˈɒdɪkᵊl/ **noun** [C] a magazine about a particular subject **периодическое издание, журнал**

peripheral¹ /pəˈrɪfᵊrᵊl/ **adjective** not as important as someone or something else **второстепенный**

peripheral² /pəˈrɪfᵊrᵊl/ **noun** [C] a piece of equipment, such as a printer, that can be connected to a computer **периферийное оборудование, дополнительное устройство**

periphery /pəˈrɪfᵊri/ **noun** [C] the outer edge of an area **окраина** *The soldiers were camped* ***on the periphery*** *of the village.*

perish /ˈperɪʃ/ **verb** [I] literary to die **погибать** *Hundreds of people perished in the flood.*

perishable /ˈperɪʃəbl/ **adjective** Food that is perishable goes bad very quickly. **скоропортящийся**

perjury /ˈpɜːdʒᵊri/ **noun** [U] the crime of telling a lie in a court of law **лжесвидетельство** *The witness was accused of* ***committing perjury.***

perk¹ /pɜːk/ **noun** [C] an advantage, such as money or a car, that you are given because of your job **дополнительная льгота, надбавка** [usually plural] *A mobile phone is one of the perks of the job.*

perk² /pɜːk/ **verb**

PHRASAL VERB **perk (sb) up** informal to start to feel happier, or to make someone feel happier **взбадривать(ся)** *A cup of coffee always perks me up in the morning.*

perm /pɜːm/ **noun** [C] the use of chemicals on someone's hair to make it have curls for several months, or the hairstyle that is made in this way **химическая завивка** *I'm thinking of* ***having a perm.***

• **perm verb** [T] **делать химическую завивку**

permanence /ˈpɜːmᵊnəns/ **noun** [U] when something continues forever or for a long time **неизменность, постоянство**

permanent /ˈpɜːmᵊnənt/ **adjective** B1 continuing forever or for a long time **постоянный** *permanent damage* ◦ *a permanent job*

• **permanently adverb** B2 **постоянно** *He moved here permanently in 1992.*

permeate /ˈpɜːmieɪt/ **verb** [T] formal to move gradually into every part of something **проникать, пропитывать** *The pungent smell of vinegar permeated the air.* ◦ *Drug dealers have permeated every level of society.*

permissible /pəˈmɪsəbl/ **adjective** formal allowed by the rules **позволительный, допустимый** [+ to do sth] *It is not permissible to smoke inside the building.*

permission /pəˈmɪʃᵊn/ **noun** [U] B1 when you allow someone to do something **разрешение** *She* ***gave*** *him* ***permission*** *without asking any questions.* ◦ [+ to do sth] *He has permission to stay in the country for one more year.* ◦ *They even have to* ***ask for permission*** *before they go to the toilet.* ◦ *He took the car* ***without permission.***

> Слова-партнеры к **permission**
>
> ask for/give/grant/obtain/receive/refuse/seek permission • permission for sth

permissive /pəˈmɪsɪv/ **adjective** allowing

P

people to behave in ways which other people may not approve of **снисходительный, терпимый** *permissive attitudes*

permit[1] /pə'mɪt/ **verb** (present participle **permitting**, past tense and past participle **permitted**) **1** [T] formal **B1** to allow something **разрешать** [often passive] *Photography is not permitted inside the museum.* ◦ [+ to do sth] *He permitted them to leave.* **2** [I] to make something possible **допускать, позволять** *The match starts at 3 p.m.,* ***weather permitting.***

permit[2] /'pɜːmɪt/ **noun** [C] an official document that allows you to do something **разрешение** *a* ***work permit*** ◦ *You need a permit to park your car here.*

pernicious /pə'nɪʃəs/ **adjective** formal very harmful **пагубный, вредный**

perpendicular /ˌpɜːpᵊn'dɪkjʊləʳ/ **adjective** at an angle of 90 degrees to something **перпендикулярный**

perpetrate /'pɜːpɪtreɪt/ **verb** [T] formal to do something very bad **совершать (преступление)** [often passive] *They heard of torture perpetrated by the army.*

perpetrator /'pɜːpɪtreɪtəʳ/ **noun** [C] formal someone who has done something very bad **преступник, виновный** *There is great public pressure to bring the* ***perpetrators of*** *these crimes to justice.*

perpetual /pə'petʃuəl/ **adjective** never ending **вечный, бесконечный** *He seems to be in a* ***perpetual state*** *of confusion.*

• **perpetually adverb вечно, бесконечно**

perpetuate /pə'petʃueɪt/ **verb** [T] formal to make something continue, especially something bad **поддерживать, подогревать (слухи и т. д.)** *People think of him as a cruel man, an image perpetuated by the media.*

perplexed /pə'plekst/ **adjective** confused **озадаченный** *He seemed a little perplexed by the question.*

• **perplex verb** [T] **озадачивать, ставить в тупик**

perplexing /pə'pleksɪŋ/ **adjective** confusing **озадачивающий, ставящий в тупик** *a perplexing problem*

persecute /'pɜːsɪkjuːt/ **verb** [T] to treat someone unfairly or cruelly because of their race, religion, or beliefs **преследовать, подвергать гонениям** [often passive] *He was persecuted for his religious beliefs.*

• **persecution** /ˌpɜːsɪ'kjuːʃᵊn/ **noun** [U] **преследование, гонение** ***political/religious persecution***

persecutor /'pɜːsɪkjuːtəʳ/ **noun** [C] someone who persecutes people **преследователь, гонитель**

perseverance /ˌpɜːsɪ'vɪərᵊns/ **noun** [U] when you persevere **упорство, настойчивость** *Hard work and perseverance do pay off in the end.*

persevere /ˌpɜːsɪ'vɪəʳ/ **verb** [I] to continue to try to do something although it is difficult **упорно продолжать, настойчиво добиваться** *Despite the difficulties, I decided to* ***persevere with*** *the project.*

persist /pə'sɪst/ **verb** [I] **1** If an unpleasant feeling or situation persists, it continues to exist. **сохраняться, оставаться** *If symptoms persist, consult a doctor.* **2** to continue to do something although it is annoying other people **упорствовать, настойчиво продолжать** *He* ***persists in*** *calling me Jane, even though I've corrected him twice.*

persistence /pə'sɪstᵊns/ **noun** [U] when someone or something persists **упорство**

persistent /pə'sɪstᵊnt/ **adjective 1** Something unpleasant that is persistent continues for a long time or is difficult to get rid of. **устойчивый, непрекращающийся** *a persistent cough* **2** A persistent person continues to do something although other people do not want them to. **упорный, настойчивый** *He can be very persistent sometimes.*

• **persistently adverb упорно, настойчиво** *He has persistently lied to us.*

person /'pɜːsᵊn/ **noun** (plural **people**) **1** **A1** [C] a human being **человек, личность** *You're the only person I know here.* ◦ *He is a very dangerous person.* **2 in person** **B2** If you do something in person, you go somewhere to do it yourself. **лично** *If you can't be there in person the next best thing is watching it on TV.* → See also **the first person**, **the second person**, **the third person**

persona /pə'səʊnə/ **noun** [C] (plural **personae**, **personas**) the way your character seems to other people **образ, имидж** *He's trying to improve his* ***public persona.***

personal /'pɜːsᵊnᵊl/ **adjective 1** [always before noun] **B1** relating to or belonging to a particular person **личный** *I can only speak from my own* ***personal experience.*** ◦ *Please ensure you take all* ***personal belongings*** *with you when you leave the train.* ◦ *This is a personal view and not that of the government.* **2** **B1** relating to the private parts of someone's life, including their relationships and feelings **личный** *He's got a few* ***personal problems*** *at the moment.* ◦ *She prefers to keep her personal and professional lives separate.* **3** [always before noun] **B1** designed for or used by one person **персональный** *a personal computer/stereo* ◦ *a personal loan/pension* **4** rude about or offensive towards someone **обидный, затрагивающий личность** *I know you're upset, but there's no need to* ***get personal*** *(= start making offensive remarks).* **5** [always before noun] relating to your body **личный** ***personal hygiene***

ˌpersonal ˌdigital a'ssistant noun [C] (abbreviation **PDA**) a small computer that you can carry with you **персональный цифровой ассистент, маленький переносной компьютер**

personality /ˌpɜːsᵊn'æləti/ **noun 1** [C] **B2** the way you are as a person **характер** *She's got a* *lovely, **bubbly personality**.* **2** [C] B2 a famous person **знаменитость** *a well-known TV personality* **3** [U] B2 the quality of having a very strong or interesting character **сильный характер** *Sales people need a lot of personality.*

> Слова-партнеры к **personality**
> a bubbly/forceful/outgoing/warm personality

personalized (also UK **-ised**) /ˈpɜːsənəlaɪzd/ **adjective** A personalized object has someone's name on it, or has been made for a particular person. **индивидуальный** *a personalized fitness plan*
• **personalize** (also UK **-ise**) verb [T] **придавать индивидуальность**

personally /ˈpɜːsənəli/ **adverb 1** B2 done by you and not someone else **лично, персонально** *I'd like to personally apologize for the delay.* **2** B1 used when you are going to give your opinion **что касается меня** *Personally, I'd rather stay at home and watch TV.* **3 take sth personally** to think that someone is criticizing you when they are not **принимать что-либо на свой счет** *You mustn't take everything so personally.*

ˌpersonal ˈorganizer noun [C] a small book or computer containing a calendar, address book, etc **ежедневник, органайзер** → See **PDA**

ˌpersonal ˈpronoun noun [C] a word that is used to refer to a person in speech or in writing. For example the words 'I', 'you', and 'they' are personal pronouns. **личное местоимение**

ˌpersonal ˈtrainer noun [C] a person whose job is to help you improve the shape of your body by showing you what exercises to do **личный тренер**

personify /pəˈsɒnɪfaɪ/ **verb** [T] If someone personifies a particular quality, they are a perfect example of that quality. **олицетворять** *She seems to personify honesty and goodness.*
• **personified** adjective [always after noun] **олицетворенный** *Tom has always been laziness personified.* • **personification** /pəˌsɒnɪfɪˈkeɪʃən/ noun [U] **олицетворение**

personnel /ˌpɜːsənˈel/ **noun 1** [plural] the people who work for an organization **персонал, штат** *military personnel* **2** [U] the department of an organization that deals with finding people to work there, keeping records about them, etc **отдел кадров** *I need to speak to someone in Personnel.* ◦ *the personnel manager*

perspective /pəˈspektɪv/ **noun 1** [C] the way you think about something **точка зрения** *Being unemployed has made me see things **from a different perspective**.* **2** [U] when things are drawn so that they appear to be a realistic size and in a realistic position **перспектива 3 put sth in/into perspective** If something puts a problem into perspective, it makes you understand how unimportant that problem is. **помогать увидеть что-либо в истинном свете**

> Слова-партнеры к **perspective**
> from sb's perspective • from a [historical/political, etc] perspective • perspective **on** sth

perspicacious /ˌpɜːspɪˈkeɪʃəs/ **adjective** formal quick in noticing, understanding, or judging things accurately **проницательный**

perspiration /ˌpɜːspərˈeɪʃən/ **noun** [U] formal the liquid that comes out of your skin when you get hot **пот, испарина**

perspire /pəˈspaɪər/ **verb** [I] formal to produce liquid through your skin because you are hot or nervous **потеть**

persuade /pəˈsweɪd/ **verb** [T] B1 to make someone agree to do something by talking to them a lot about it **уговаривать, убеждать** [+ to do sth] *We managed to persuade him to come with us.* ◦ [+ (that)] *I persuaded her that it was the right thing to do.* → Opposite **dissuade**

persuasion /pəˈsweɪʒən/ **noun 1** [U] when you persuade someone **убеждение** *I'm sure she'll agree, she just needs a little **gentle persuasion**.* **2** [C] formal a political, religious, or moral belief **убеждение, вероисповедание** *There were people of all persuasions there.*

persuasive /pəˈsweɪsɪv/ **adjective** able to make people agree to do something **убедительный** *It's a very **persuasive argument**.*
• **persuasively** adverb **убедительно**

pertain /pəˈteɪn/ **verb**

PHRASAL VERB **pertain to sth** formal to relate to something **относиться, иметь отношение к чему-либо** *Some important evidence pertaining to the case has been overlooked.*

pertinent /ˈpɜːtɪnənt/ **adjective** formal relating directly to a subject **относящийся к делу, по существу** *a **pertinent question***

perturbed /pəˈtɜːbd/ **adjective** worried or upset **встревоженный** *He seemed slightly perturbed by the news.*
• **perturb** verb [T] **тревожить**

peruse /pəˈruːz/ **verb** [T] formal to look at or read something in order to find what interests you **внимательно читать, рассматривать**

pervade /pəˈveɪd/ **verb** [T] formal to move gradually through every part of something **распространяться, наполнять** *Cheap perfume and tobacco pervaded the room.*

pervasive /pəˈveɪsɪv/ **adjective** formal moving into or through everywhere or everything **распространяющийся повсюду** *a pervasive smell* ◦ *the **pervasive influence** of television*

perverse /pəˈvɜːs/ **adjective** strange and not what most people would expect or enjoy **извращенный** *In a perverse way, I enjoy going to the dentist.*
• **perversely** adverb **извращенно**

perversion /pəˈvɜːʃən/ **noun** [C, U] **1** getting sexual pleasure in a way that seems strange or

P

unpleasant **извращение** **2** when something that is right is changed into something that is wrong **извращение, искажение** *the perversion of justice*

pervert¹ /ˈpɜːvɜːt/ **noun** [C] someone who gets sexual pleasure in a strange or unpleasant way **извращенец**

pervert² /pəˈvɜːt/ **verb** [T] to change something that is right into something that is wrong **извращать, искажать** *They were charged with conspiracy to* ***pervert the course of justice.***

perverted /pəˈvɜːtɪd/ **adjective** relating to getting sexual pleasure in a strange or unpleasant way **извращенный**

pessimism /ˈpesɪmɪzᵊm/ **noun** [U] when you believe bad things will happen **пессимизм** → Opposite **optimism**

pessimist /ˈpesɪmɪst/ **noun** [C] someone who always believes that bad things will happen **пессимист** *Don't be such a pessimist!*

pessimistic /ˌpesɪˈmɪstɪk/ **adjective** B2 always believing that bad things will happen **пессимистический** *He was feeling* ***pessimistic about*** *the future.* → Opposite **optimistic**

pest /pest/ **noun** [C] **1** an animal that causes damage to plants, food, etc **вредитель (о насекомых, животных)** *Most farmers think foxes are pests.* **2** informal an annoying person **надоедливый человек**

pester /ˈpestəʳ/ **verb** [T] to annoy someone by asking them something again and again **докучать, надоедать** [+ to do sth] *He's been pestering me to go out with him all week.*

pesticide /ˈpestɪsaɪd/ **noun** [C, U] a chemical that is used to kill insects which damage plants **пестицид**

pet¹ /pet/ **noun** [C] A1 an animal that someone keeps in their home **домашнее животное** *my pet rabbit*

pet² /pet/ **verb** [T] (present participle **petting**, past tense and past participle **petted**) **1** to touch an animal because you feel affection for it **ласкать, гладить (животное)** **2** to touch someone in a sexual way **ласкать, обнимать**

petal /ˈpetᵊl/ **noun** [C] one of the thin, flat, coloured parts on the outside of a flower **лепесток** *rose petals*

peter /ˈpiːtəʳ/ **verb**

PHRASAL VERB **peter out** to gradually stop or disappear **прекращаться, иссякать** *The track petered out after a mile or so.*

ˌpet ˈhate **noun** [C] UK (US **ˌpet ˈpeeve**) something that annoys you a lot **что-либо, вызывающее неприязнь у кого-либо** *That's one of my pet hates – people who smoke while other people are eating.*

petite /pəˈtiːt/ **adjective** A petite woman is small and thin in an attractive way. **маленький, изящный**

petition¹ /pəˈtɪʃᵊn/ **verb** [I, T] to officially ask someone in authority to do something **подавать прошение, петицию** [+ to do sth] *They are petitioning the government to increase funding for the project.*

petition² /pəˈtɪʃᵊn/ **noun** [C] a document that has been signed by a lot of people officially asking someone in authority to do something **прошение, петиция** *Will you sign this* ***petition against*** *experiments on animals?*

> Слова-партнеры к **petition**
>
> **launch/organize/sign** a petition • a petition **against/(calling) for** sth

petrified /ˈpetrɪfaɪd/ **adjective** extremely frightened **боящийся, оцепеневший от ужаса** *I'm* ***petrified of*** *spiders.*

petrol /ˈpetrᵊl/ **noun** [U] UK (US **gas**) A2 a liquid fuel used in cars **бензин** *unleaded petrol*

petroleum /pəˈtrəʊliəm/ **noun** [U] thick oil found under the Earth's surface which is used to produce petrol and other substances **нефть**

ˈpetrol ˌstation **noun** [C] UK (US **gas station**) A2 a place where you can buy petrol **бензоколонка**

petticoat /ˈpetɪkəʊt/ **noun** [C] a thin piece of women's clothing worn under a dress or skirt **нижняя юбка**

petty /ˈpeti/ **adjective** **1** [always before noun] unimportant or not serious **мелкий, незначительный** ***petty crime*** **2** [never before noun] complaining too much about unimportant things **мелочный** *You can be so petty sometimes!*

petulant /ˈpetʃələnt/ **adjective** behaving in an angry, silly way like a child **капризный, вздорный**

pew /pjuː/ **noun** [C] a long seat in a church **скамья (в церкви)**

pewter /ˈpjuːtəʳ/ **noun** [U] a blue-grey metal **сплав олова со свинцом**

phantom¹ /ˈfæntəm/ **noun** [C] the spirit of a dead person **призрак**

phantom² /ˈfæntəm/ **adjective** [always before noun] imagined, not real **фантомный** *phantom pains*

pharaoh /ˈfeərəʊ/ **noun** [C] a king of ancient Egypt **фараон**

pharmaceutical /ˌfɑːməˈsjuːtɪkᵊl/ **adjective** relating to the production of medicines **фармацевтический** *a* ***pharmaceutical company*** ◦ *the* ***pharmaceutical industry***

• **pharmaceuticals** **noun** [plural] medicines **фармацевтический препарат**

pharmacist /ˈfɑːməsɪst/ **noun** [C] B2 someone who is trained to prepare or sell medicines **фармацевт**

pharmacy /ˈfɑːməsi/ **noun** **1** [C] B1 a shop or part of a shop that prepares and sells medicines **аптека** **2** [U] the study of the preparation of medicines **фармакология**

phase¹ /feɪz/ **noun** [C] B2 a stage or period

which is part of a longer period **фаза, этап** *The first phase of the project is scheduled for completion next year.* ◦ *My younger daughter is* ***going through*** *a* ***phase*** *of only wearing black.*

> **Слова-партнеры к phase**
>
> **enter/go through** a phase • a **passing** phase • a phase **of** sth

phase² /feɪz/ **verb**

PHRASAL VERBS **phase sth in** to gradually start using a new system, process, or law **постепенно вводить что-либо** *The new tax will be phased in over five years.* • **phase sth out** to gradually stop using something **постепенно прекращать что-либо**

PhD /ˌpiːeɪtʃˈdiː/ **noun** [C] an advanced university qualification, or a person who has this qualification **степень доктора наук, доктор наук** *a PhD course/programme* ◦ *Maria has* ***a PhD in*** *mathematics.*

pheasant /ˈfezᵊnt/ **noun** [C] (plural **pheasants**, **pheasant**) a bird with a long tail that is shot for food **фазан**

phenomenal /fɪˈnɒmɪnᵊl/ **adjective** extremely successful or showing great qualities or abilities **феноменальный** *The film has been a phenomenal success.*
• **phenomenally adverb феноменально**

phenomenon /fɪˈnɒmɪnən/ **noun** [C] (plural **phenomena**) something that exists or happens, usually something unusual **феномен, явление** *storms, lightning, and other* ***natural phenomena*** ◦ *Road rage seems to be a fairly recent phenomenon.*

phew (also **whew**) /fjuː/ **exclamation** used when you are happy that something is not going to happen, or when you are tired or hot **уф! ну и ну!**

philanthropist /fɪˈlænθrəpɪst/ **noun** [C] someone who gives money to people who need help **филантроп**

-phile /-faɪl/ **suffix** makes a noun meaning 'enjoying or liking something' **любящий что-либо (как компонент сложных существительных)** *a Francophile (= someone who loves France)* ◦ *a bibliophile (= someone who loves books)*

philosopher /fɪˈlɒsəfəʳ/ **noun** [C] (B2) someone who studies or writes about the meaning of life **философ**

philosophical /ˌfɪləˈsɒfɪkᵊl/ **adjective 1** relating to the study or writing of philosophy **философский** *a philosophical problem/question* **2** accepting unpleasant situations in a calm and wise way **мудрый, уравновешенный** *She seems fairly* ***philosophical about*** *the failure of her marriage.*
• **philosophically adverb философски, мудро**

philosophy /fɪˈlɒsəfi/ **noun 1** [C, U] (B2) the study or writing of ideas about the meaning of life, or a particular set of ideas about the meaning of life **философия** *Descartes is considered by many to be the father of modern philosophy.* **2** [C] a way of thinking about what you should do in life **основные принципы** *My philosophy has always been to give those with ability the chance to progress.*

phishing /ˈfɪʃɪŋ/ **noun** [U] the practice of sending emails to people to trick them into giving information that would let someone take money from their Internet bank account (= an arrangement with your bank to keep your money there and take it out when you need it) **мошенничество, основанное на отправке электронных сообщений**

phlegm /flem/ **noun** [U] a thick liquid produced in your lungs, throat, and nose when you have a cold (= common illness that makes you sneeze) **мокрота, слизь**

phlegmatic /flegˈmætɪk/ **adjective** formal Someone who is phlegmatic is calm and does not get excited easily. **флегматичный**

-phobe /-fəʊb/ **suffix** someone who hates something **ненавидящий что-либо (как компонент сложных существительных)** *a commitment-phobe (= a person who hates commitment)*

phobia /ˈfəʊbiə/ **noun** [C] an extreme fear of something **боязнь, фобия** *My mum's got a* ***phobia about*** *birds.*

phone¹ /fəʊn/ **noun** (also **telephone**) **1** [U] a communication system that is used to talk to someone who is in another place **телефон** *We'll contact you* ***by phone*** *when we get the results.* **2** [C] (A1) a piece of equipment that is used to talk to someone who is in another place **телефон** *Would someone please* ***answer the phone****?* ◦ *I could hear the* ***phone ringing****.* **3 on the phone a** using the phone **по телефону** *She's been on the phone all night.* **b** UK when you have a phone **у телефона** → See also **cellular phone**, **mobile phone**, **pay phone**

> **Слова-партнеры к phone**
>
> **answer/pick up** the phone • **put the phone down** • a phone **rings** • **by/over** the phone • a phone **bill/company/conversation**

phone² /fəʊn/ **verb** [I, T] (also **phone up**) (A1) to communicate with someone by telephone **звонить по телефону** *I tried to phone her last night, but she was out.* ◦ *I'm going to phone for a taxi.* → See Note **telephone**

ˈphone ˌbook noun [C] a book that contains the telephone numbers of people who live in a particular area **телефонный справочник**

ˈphone ˌbox noun [C] UK (US **ˈphone ˌbooth**) a small structure containing a public telephone **телефонная будка** → See picture at **telephone**

ˈphone ˌcall noun [C] when you use the telephone **телефонный звонок** *Will you excuse me, I've got to* ***make a phone call****.*

ˈphone ˌcard noun [C] a small piece of plastic

P

used to pay for the use of some telephones **телефонная карточка**

phone-in /ˈfəʊnɪn/ **noun** [C] UK (US **call-in**) a television or radio programme in which the public can ask questions or give opinions over the telephone **программа ответов на вопросы зрителей или слушателей**

ˈphone ˌnumber **noun** [C] the number of a particular telephone **номер телефона**

phonetic /fəʊˈnetɪk/ **adjective** relating to the sounds you make when you speak **фонетический** *the international phonetic alphabet*
• **phonetically** **adverb** **фонетически**

phonetics /fəˈnetɪks/ **noun** [U] the study of the sounds made by the human voice in speech **фонетика**

phoney[1] UK (US **phony**) /ˈfəʊni/ **adjective** informal not real **ложный, липовый** *He gave the police a phoney number.*

phoney[2] UK (US **phony**) /ˈfəʊni/ **noun** [C] informal someone who is not sincere **лицемер**

phosphate /ˈfɒsfeɪt/ **noun** [C, U] a chemical that is used in cleaning products and to help plants grow **фосфат**

photo /ˈfəʊtəʊ/ **noun** [C] Ⓐ1 a picture produced with a camera **фотография** *a* ***black-and-white/colour photo*** ◦ *I* ***took*** *a* ***photo*** *of Jack lying on the beach.*

photocopier /ˈfəʊtəʊˌkɒpiəʳ/ **noun** [C] a machine which produces copies of documents by photographing them **ксерокс** → See **The Office** on page Centre 5

photocopy /ˈfəʊtəʊˌkɒpi/ **noun** [C] Ⓑ1 a copy of a document made with a photocopier **ксерокопия** *I* ***made*** *a* ***photocopy*** *of my letter before sending it.*
• **photocopy** **verb** [T] **делать ксерокопию**

photogenic /ˌfəʊtəʊˈdʒenɪk/ **adjective** Someone who is photogenic has the type of face that looks attractive in a photograph. **фотогеничный**

photograph[1] /ˈfəʊtəgrɑːf/ **noun** [C] Ⓐ2 a picture produced with a camera **фотография** *a* ***black-and-white/colour photograph*** ◦ *He* ***took*** *a lovely* ***photograph of*** *the children in the garden.*

photograph[2] /ˈfəʊtəgrɑːf/ **verb** [T] Ⓑ2 to take a photograph of someone or something **фотографировать** *They were photographed leaving a nightclub together.*

photographer /fəˈtɒgrəfəʳ/ **noun** [C] Ⓐ2 someone whose job is to take photographs **фотограф**

photographic /ˌfəʊtəˈgræfɪk/ **adjective** [always before noun] relating to photographs **фотографический** *photographic equipment/film* ◦ ***photographic evidence***

photography /fəˈtɒgrəfi/ **noun** [U] Ⓐ2 the activity or job of taking photographs **фотография, фотографирование**

phrasal verb /ˌfreɪzəlˈvɜːb/ **noun** [C] Ⓑ1 a verb together with an adverb or preposition which has a different meaning to the meaning of its separate parts. For example 'look up' and 'carry on' are phrasal verbs. **фразовый глагол** → See Study Page **Phrasal verbs** on page Centre 24 → See **Phrasal Verbs** on page Centre 16

phrase[1] /freɪz/ **noun** [C] Ⓑ1 a group of words which are often used together and have a particular meaning **фраза**

phrase[2] /freɪz/ **verb** [T] to express something by choosing to use particular words **выражать словами, формулировать** *It might have been better if he had phrased it differently.*

physical[1] /ˈfɪzɪkəl/ **adjective** **1** Ⓑ2 relating to the body **физический** ***physical fitness/strength*** ◦ *People put too much emphasis on* ***physical appearance*** *(= what you look like).* **2** [always before noun] relating to real things that you can see and touch **материальный, вещественный** *There was no physical evidence linking Jones to Shaw's murder.*

physical[2] /ˈfɪzɪkəl/ **noun** [C] US (UK **medical**) an examination of your body by a doctor to find out if you are healthy **медосмотр**

physically /ˈfɪzɪkəli/ **adverb** Ⓑ2 in a way that relates to the body **физически, внешне** ***physically attractive/fit***

ˌphysical ˈtherapist **noun** [C] US (also UK/US **physiotherapist**) someone whose job is to give people physical therapy **физиотерапевт**

ˌphysical ˈtherapy **noun** [U] US (also UK/US **physiotherapy**) treatment for illness or injury in which you practise moving parts of your body **физиотерапия**

physician /fɪˈzɪʃən/ **noun** [C] formal a doctor **врач**

physicist /ˈfɪzɪsɪst/ **noun** [C] someone who studies physics **физик**

physics /ˈfɪzɪks/ **noun** [U] Ⓐ2 the scientific study of natural forces, such as energy, heat, light, etc **физика**

physio /ˈfɪziəʊ/ **noun** [C, U] UK informal short for physiotherapy or physiotherapist **физиотерапия, физиотерапевт**

physiological /ˌfɪziəˈlɒdʒɪkəl/ **adjective** relating to how the bodies of living things work **физиологический**

physiology /ˌfɪziˈɒlədʒi/ **noun** [U] the scientific study of how the bodies of living things work **физиология**

physiotherapist /ˌfɪziəʊˈθerəpɪst/ **noun** [C] (also US **physical therapist**) someone whose job is to give people physiotherapy **физиотерапевт**

physiotherapy /ˌfɪziəʊˈθerəpi/ **noun** [U] (also US **physical therapy**) treatment for illness or injury in which you practise moving parts of your body **физиотерапия**

physique /fɪˈziːk/ **noun** [C] the shape and size of your body **телосложение** *He has a very muscular physique.*

pianist /ˈpiːənɪst/ **noun** [C] someone who plays the piano **пианист**

piano /piˈænəʊ/ **noun** [C] Ⓐ2 a large wooden musical instrument with strings inside and black and white bars that produce sounds when you press them **фортепиано** → See also **grand piano**

piano

pick¹ /pɪk/ **verb** [T] **1** Ⓑ1 to choose something or someone **выбирать, подбирать** *Do you want to help me pick some numbers for my lottery ticket?* ◦ *I was never picked for the school football team.* **2** Ⓑ1 If you pick flowers, fruit, etc, you take them off a tree or out of the ground. **собирать (цветы, фрукты и т. д.)** *I picked some apples this morning.* **3** to remove small pieces from something with your fingers **сковыривать** *You'll have to let the glue dry and then you can pick it off.* **4 pick a fight/argument** to start a fight or argument with someone **затеять драку/ссору** **5 pick sb's pocket** to steal something from someone's pocket **обворовывать** → See also have a **bone¹** to pick with sb

PHRASAL VERBS **pick at sth 1** to only eat a small amount of your food because you are worried or ill **ковырять (еду)** *He picked at his food but had no appetite.* **2** to remove small pieces from something with your fingers **ковырять что-либо** *If you keep picking at that scab, it'll never heal.* • **pick on sb** Ⓑ2 to choose a person and criticize or treat them unfairly **придираться к кому-либо** *He just started picking on me for no reason.* • **pick sth/sb out** to choose someone or something from a group of people or things **выбирать что-либо/кого-либо** *She picked out a red shirt for me to try on.* • **pick sth/sb up 1** Ⓐ2 to lift something or someone by using your hands **поднимать, подбирать** *He picked his coat up off the floor.* ◦ *Just pick up the phone and call him.* → See **Phrasal Verbs** on page Centre 16 **2** Ⓐ2 to collect someone who is waiting for you, or to collect something that you have left somewhere **заезжать за кем-либо, забирать что-либо** *Can you pick me up from the airport?* • **pick sth up 1** to get something **брать, получать** *She picked up some real bargains in the sale.* **2** Ⓑ2 to learn a new skill or language by practising it and not by being taught it **научиться чему-либо быстро** *He hadn't done any skiing before the holiday, but he picked it up really quickly.* **3** to get an illness from someone or something **заразиться чем-либо** *She picked up a nasty stomach bug while she was on holiday.* **4** If a piece of equipment picks up a signal, it receives it. **принимать (сигнал)** *Antennas around the top of the ship picked up the radar signals.* **5** to notice something **почувствовать, уловить (запах и т. д.)** *Police dogs picked up the scent of the two men from clothes they had left behind.* • **pick sb up 1** to start talking to someone in order to try to begin a romantic relationship with them **познакомиться, подцепить кого-либо** **2** If the police pick someone up, they take that person to the police station. **схватить, арестовать кого-либо** • **pick up 1** If a business or social situation picks up, it improves. **улучшаться, оживляться (об экономике и т. д.)** *Business is really starting to pick up now.* **2** If the wind picks up, it becomes stronger. **усиливаться** • **pick up sth** If a vehicle picks up speed, it starts to go faster. **набирать, развивать (скорость)**

pick² /pɪk/ **noun 1** [C] a sharp metal stick used to break hard ground or rocks **кирка** **2 the pick of sth** the best of a group of things or people **самое лучшее, отборное** **3 have/take your pick** to choose what you want **выбирать** *We've got tea, coffee, or hot chocolate – take your pick.*

picket /ˈpɪkɪt/ **noun** [C] (also **ˈpicket line**) a group of people who stand outside a building in order to show their anger about something and to try to stop people going inside **пикет**
• **picket verb** [I, T] **пикетировать** *Protesters picketed cinemas across the whole country.*

ˌpicket ˈfence noun [C] US a low fence made from a row of flat sticks that are pointed at the top **частокол**

pickle /ˈpɪkl/ **noun 1** [C, U] UK food which has been put into vinegar or salt water for a long time and has a sour taste **соленья, маринады** *cold meat and pickles* **2** [C] US a small cucumber (= a green, cylindrical vegetable) that has been put in vinegar or in a liquid containing salt and spices **маринованный огурец**
• **pickled adjective маринованный, соленый** *pickled onions*

pickpocket /ˈpɪkˌpɒkɪt/ **noun** [C] someone who steals things from people's pockets **вор-карманник**

pickup /ˈpɪkʌp/ **noun** [C] (also **ˈpickup ˌtruck**) US a small, open truck **пикап**

picky /ˈpɪki/ **adjective** informal Someone who is picky does not like many things. **разборчивый, привередливый** *a* ***picky eater***

picnic /ˈpɪknɪk/ **noun** [C] Ⓐ1 a meal that you make and take with you somewhere to eat outside **пикник** *We're going to* ***have a picnic*** *down by the lake.*
• **picnic verb** [I] (present participle **picnicking**, past tense and past participle **picnicked**) **устраивать пикник**

pictorial /pɪkˈtɔːriəl/ **adjective** relating to pictures or shown using pictures **изобразительный, иллюстрированный**

P

picture¹ /ˈpɪktʃəʳ/ **noun** [C] **1** Ⓐ1 a drawing, painting, or photograph of something or someone **картина, рисунок, фотография** *to **draw/paint** a **picture*** ◦ *She's got pictures of pop stars all over her bedroom wall.* ◦ *Did you **take** many **pictures** (= photograph many things) while you were in Sydney?* → See **The Living Room** on page Centre 4 **2** Ⓑ2 an idea of what something is like **представление** [usually singular] *I've got a much clearer picture of what's happening now.* **3** Ⓑ2 the image on a television screen **изображение (на телеэкране)** *I'm afraid it's not a very good picture.* **4** Ⓑ1 a film **фильм** *Could this be the first animated film to win a best picture award?* **5 the pictures** old-fashioned the cinema **кино** *I really fancy going to the pictures tonight.*

IDIOMS **get the picture** informal used to say that someone understands a situation **понять** *Oh right, I get the picture.* • **paint a bleak/rosy, etc picture of sth** to describe something in a particular way **изображать что-либо в мрачном/привлекательном и т. д. свете** *She paints a rosy (= happy) picture of family life.* • **put/keep sb in the picture** informal to explain to someone what is happening **вводить в курс дела/держать в курсе дела** *Jim had no idea what was going on till I put him in the picture.*

Слова-партнеры к **picture**

draw/paint a picture • take a picture • a picture of sb/sth • in a picture

picture² /ˈpɪktʃəʳ/ **verb** [T] **1** to imagine something in a particular way **представлять себе** *The house isn't at all how I had pictured it.* **2** to show someone or something in a picture **изображать (на картине)** [often passive] *They were pictured holding hands on the beach.*

ˈ**picture** ˌ**messaging** **noun** [C] sending and receiving pictures on a mobile phone **отправка/получение фотографий с мобильного/на мобильный телефон**

picturesque /ˌpɪktʃərˈesk/ **adjective** Ⓑ2 A picturesque place is attractive to look at. **живописный** *a picturesque cottage on the edge of the Yorkshire Moors*

pie /paɪ/ **noun** [C, U] Ⓑ1 a type of food made with meat, vegetables, or fruit which is covered in pastry and baked **пирог, пирожок** *apple/meat pie* → See also **mince pie**

pie

piece¹ /piːs/ **noun** [C] **1** Ⓐ2 an amount of something, or a part of something **кусок, часть** *a **piece of** paper/wood* ◦ *She cut the flan into eight pieces.* ◦ *Some of the pieces seem to be missing.* ◦ *These shoes are **falling to pieces** (= breaking into pieces).* → See **Pieces and Quantities** on page Centre 1 **2** Ⓐ2 one of a particular type of thing **предмет** *a useful **piece of equipment*** **3** Ⓑ1 some of a particular type of thing **употребляется с неисчисляемыми существительными для выражения значения один** *a **piece of news/information*** ◦ *Can I give you a **piece of advice**?* **4** Ⓑ2 an example of artistic, musical, or written work **произведение, статья** *There was an interesting piece on alternative medicine in the paper yesterday.* **5 ten-/twenty-, etc pence piece** a coin with a value of ten/twenty, etc pence (= British money) **монета в десять/двадцать и т. д. пенсов**

IDIOMS **be a piece of cake** informal Ⓑ2 to be very easy **пустячное дело** *The test was a piece of cake.* • **give sb a piece of your mind** informal to speak angrily to someone because they have done something wrong **отчитывать, ругать** • **go/fall to pieces** If someone goes to pieces, they become so upset that they cannot control their feelings or think clearly. **переживать, терять присутствие духа** *He went to pieces when his mother died.*

→ See also **set-piece**

piece² /piːs/ **verb**

PHRASAL VERB **piece sth together** to try to understand something or discover the truth about something by collecting different pieces of information **связывать, соединять в единое целое** *Police are trying to piece together a profile of the murderer.*

piecemeal /ˈpiːsmiːl/ **adjective, adverb** happening very gradually **постепенный, по частям** *The land is being sold in a **piecemeal fashion** over a number of years.*

pier

pier /pɪəʳ/ **noun** [C] a long structure that is built from the land out over the sea and sometimes has entertainments, restaurants, etc on it **мол, волнорез**

pierce /pɪəs/ **verb** [T] **1** to make a hole in something using a sharp point **прокалывать** *I'd like to have my **ears pierced**.* **2** literary If a light or a sound pierces something, it is suddenly seen or heard. **проникать, проби-**

ваться *A few rays of sunlight pierced the bedroom shutters.*

piercing /ˈpɪəsɪŋ/ **adjective 1** A piercing noise, light, etc is very strong and unpleasant. **пронзительный** *I heard a loud, **piercing** scream.* **2** Piercing eyes seem to look at you very closely. **пронзительный**

piety /ˈpaɪəti/ **noun** [U] a strong belief in religious morals **набожность**

pig[1] /pɪg/ **noun** [C] **1** A1 a large pink, brown, or black farm animal that is kept for its meat **свинья 2** informal someone who is very unpleasant, or someone who eats a lot **свинья, обжора** *He's an ignorant pig.* → See also **guinea pig**

pig[2] /pɪg/ **verb** (present participle **pigging**, past tense and past participle **pigged**)

PHRASAL VERB **pig out** informal to eat too much **обжираться** *We **pigged out on** the cakes and pastries.*

pigeon /ˈpɪdʒən/ **noun** [C] a grey bird which often lives on buildings in towns **голубь**

pigeonhole[1] /ˈpɪdʒənhəʊl/ **noun** [C] one of a set of small open boxes in which letters or messages are left, especially in an office or hotel **ящичек для корреспонденции**

pigeonhole[2] /ˈpɪdʒənhəʊl/ **verb** [T] If you pigeonhole someone, you unfairly decide what type of person they are. **составлять предвзятое мнение**

piggyback /ˈpɪgibæk/ **noun** [C] (also ˈ**piggyback** ˌ**ride**) a way of carrying someone on your back in which they put their arms and legs around you **на закорках**

piggy bank /ˈpɪgiˌbæŋk/ **noun** [C] a small container, often in the shape of a pig, used by children to keep money in **копилка**

pigheaded /ˌpɪgˈhedɪd/ **adjective** refusing to change your opinion or the way you are doing something although it would be better if you did **упрямый**

piglet /ˈpɪglət/ **noun** [C] a baby pig **поросенок**

pigment /ˈpɪgmənt/ **noun** [C, U] a substance that gives something colour **пигмент, красящее вещество**
• **pigmentation** /ˌpɪgmənˈteɪʃən/ **noun** [U] the natural colour of a living thing **пигментация**

pigsty /ˈpɪgstaɪ/ **noun** [C] (also US **pigpen** /ˈpɪgpen/) a place where pigs are kept **хлев, свинарник**

pigtail /ˈpɪgteɪl/ **noun** [C] a hairstyle in which the hair is twisted together and tied **косичка** [usually plural] *A little girl in pigtails presented the flowers.*

pike /paɪk/ **noun** [C, U] (plural **pike**) a large river fish with sharp teeth, or the meat of this fish **щука**

Pilates /pɪˈlɑːtiːz/ **noun** [U] a system of physical exercise involving controlled movements, stretching and breathing **пилатес, система физических упражнений, включающая движения, растяжку и дыхание**

pile[1] /paɪl/ **noun 1** B1 [C] an amount of a substance in the shape of a small hill or a number of objects on top of each other **куча, груда, стопка** *a **pile of** books/bricks ◦ a **pile of** sand/rubbish ◦ The clothes were arranged **in piles** on the floor.* **2 a pile of sth/piles of sth** informal B2 a lot of something **куча, масса** *It's all right for him, he's got piles of money.*

Слова-партнеры к **pile**
a pile of sth • be in/put sth into a pile

pile[2] /paɪl/ **verb**

PHRASAL VERBS **pile in/out** informal to enter/leave a place quickly and not in an organized way **вваливаться гурьбой/высыпать на улицу** *She opened the door and we all piled in.* • **pile sth up** to make a lot of things into a pile by putting them on top of each other **нагромождать, сваливать в кучу** *Just pile those books up over there.* • **pile up** B2 If something unpleasant piles up, you get more of it. **накапливаться** *My work's really starting to pile up.*

pile-up /ˈpaɪlʌp/ **noun** [C] an accident involving several cars **столкновение нескольких автомобилей**

pilfer /ˈpɪlfəʳ/ **verb** [I, T] to steal things that do not have much value **своровать, стянуть**

pilgrim /ˈpɪlgrɪm/ **noun** [C] someone who travels to a place which is important in their religion **паломник**

pilgrimage /ˈpɪlgrɪmɪdʒ/ **noun** [C, U] a journey to a place which has religious importance **паломничество** *to **go on** a **pilgrimage** to Mecca*

pill /pɪl/ **noun 1** B1 [C] a small, hard piece of medicine that you swallow **таблетка** *a vitamin pill ◦ I've **taken** a couple of **pills**, but my headache still hasn't gone.* → See picture at **medicine 2 the pill** a pill which prevents a woman from becoming pregnant **противозачаточная таблетка** → See also **sleeping pill**

pillar /ˈpɪləʳ/ **noun 1** [C] a tall structure made of stone, wood, etc which supports something above it **столб, колонна** *The new bridge will be supported by 100 concrete pillars.* **2 a pillar of sth** someone or something who is very important to a place, organization, etc **столп, опора** *He was a pillar of the local community.*

pillow /ˈpɪləʊ/ **noun** [C] A2 a soft object which you rest your head on in bed **подушка**

pillowcase /ˈpɪləʊkeɪs/ **noun** [C] a cloth cover for a pillow **наволочка**

pilot /ˈpaɪlət/ **noun** [C] A2 someone who flies an aircraft **пилот, летчик**
• **pilot verb** [T] **пилотировать**

pimp /pɪmp/ **noun** [C] someone who controls the

P

work and money of a prostitute (= person who has sex for money) **сутенер**

pimple /ˈpɪmpl/ **noun** [C] a small spot on your skin **прыщ**

• **pimply adjective прыщавый** → See also **goose pimples**

PIN /pɪn/ **noun** [C] (also ˈ**PIN** ˌ**number**) abbreviation for Personal Identification Number: the secret number that allows you to use a bank card in a machine **персональный код**

pin[1] /pɪn/ **noun** [C] **1** B1 a thin piece of metal with a sharp point used to fasten pieces of cloth, etc together **булавка** *She pricked her finger on a pin.* **2** a thin piece of metal, wood, plastic, etc that holds or fastens things together **штырь, штифт** *He's had a metal pin put in his leg so that the bones heal properly.* → See also **drawing pin, pins and needles, rolling pin, safety pin**

pin[2] /pɪn/ **verb** [T] (present participle **pinning**, past tense and past participle **pinned**) **1** B1 to fasten something with a pin **прикалывать, прикреплять** *We're not allowed to **pin** anything **on** these walls.* ◦ *She had a red ribbon **pinned to** her collar.* **2 pin sb to/against/under, etc** to force someone to stay in a position by holding them **прижимать, придавливать кого-либо к/под и т. д.** *They pinned him to the ground.* → See also pin your hopes (**hope**[2]) on sb/sth

PHRASAL VERBS **pin sb down 1** to make someone give you details or a decision about something **добиваться ответа от кого-либо** *I've been trying to get a decision from Jim, but he's very difficult to pin down.* **2** to force someone to stay in a horizontal position by holding them **придавливать, прижимать** *They pinned him down on the floor.* • **pin sth down** to discover exact details about something **устанавливать, выяснять** *Investigators are trying to pin down the cause of the fire.* • **pin sth on sb** informal to blame someone for something they did not do **незаслуженно возлагать на кого-либо вину за что-либо** *They tried to pin the murder on the dead woman's husband.* • **pin sth up** to fasten something to a wall using a pin **вешать, прикреплять (объявление и т. д.)** *The exam results have been pinned up on the noticeboard.*

pinafore /ˈpɪnəfɔːʳ/ **noun** [C] UK (US **jumper**) a loose dress with no sleeves that is worn over other clothes such as a shirt **сарафан**

pincer /ˈpɪnsəʳ/ **noun** [C] one of a pair of curved hand-like parts of an animal such as a crab (= round, flat sea animal with ten legs) **клешня**

pinch[1] /pɪnʃ/ **verb** [T] **1** to press someone's skin tightly between your thumb and first finger, sometimes causing pain **щипать** *One of the kids had been pinching her and she was crying.* **2** mainly UK informal to steal something that does not have much value **стащить, украсть** *Who's pinched my ruler?*

pinch[2] /pɪnʃ/ **noun** [C] **1** a small amount of a substance that you pick up between your thumb and your first finger **щепотка** *a **pinch of salt*** **2** when you press part of the body or an area of skin tightly between your thumb and first finger **щипок** **3 at a pinch** UK (US **in a pinch**) If something can be done at a pinch, it is possible but it is difficult. **в крайнем случае** *We can fit ten round the table, at a pinch.*

IDIOM **feel the pinch** to have problems because you do not have enough money **быть в стесненных обстоятельствах**

→ See also take sth with a pinch of **salt**[1]

pinched /pɪnʃt/ **adjective** A pinched face looks thin and ill. **осунувшийся**

pine[1] /paɪn/ **noun 1** [C, U] (also ˈ**pine** ˌ**tree**) B2 a tall tree with long, thin leaves shaped like needles **сосна** **2** [U] the pale coloured wood from this tree **сосновая древесина**

pine[2] /paɪn/ **verb** [I] (also **pine away**) to be sad because you want someone or something that has gone away **тосковать** *He's **pining for** his ex-girlfriend.*

pineapple /ˈpaɪnæpl/ **noun** [C, U] B1 a large fruit with thick skin and sharp leaves sticking out of the top, which is sweet and yellow inside **ананас**

pineapple

pinecone /ˈpaɪnˌkəʊn/ **noun** [C] a hard, brown, oval object that grows on pine and fir trees (= tall trees which stay green all winter) **шишка (сосновая, еловая)**

ping /pɪŋ/ **verb** [I] to make a short, high noise like a bell **звенеть** *They could hear the microwave pinging in the kitchen.*

• **ping noun** [C] **звонок**

pink /pɪŋk/ **adjective** A2 being a pale red colour **розовый** *pretty, pink flowers*

• **pink noun** [C, U] A2 **розовый цвет** → See **Colours** on page Centre 12

pinnacle /ˈpɪnəkl/ **noun** [no plural] the highest or best part of something **вершина, кульминационный пункт** *At 35, she is at **the pinnacle of** her career.*

pinpoint /ˈpɪnpɔɪnt/ **verb** [T] to say exactly what or where something is **точно определять** *It is difficult to pinpoint the exact time of death.*

ˌ**pins and** ˈ**needles noun have pins and needles** to feel slight sharp pains in a part of your body when you move it after keeping it still for a period of time **онеметь (о части тела)**

pint /paɪnt/ **noun** [C] **1** (written abbreviation **pt**) B2 a unit for measuring liquid, equal to 0.568 litres in the UK and 0.473 litres in the US **пинта** → See Study Page **Measurements** on page Centre 31 **2** UK informal a pint of beer **пинта пива**

pin-up /ˈpɪnʌp/ **noun** [C] an attractive, famous person who is often in big photographs which people stick to their walls, or the photograph of that person **фотография знаменитости или красивой женщины, приклеенная на стену**

pioneer /ˌpaɪəˈnɪəʳ/ **noun** [C] someone who is one of the first people to do something **первооткрыватель, зачинатель** *one of the pioneers of modern science*
• **pioneer verb** [T] **прокладывать путь, быть инициатором** *He pioneered the use of lasers in surgery.*

pioneering /ˌpaɪəˈnɪərɪŋ/ **adjective** [always before noun] starting the development of something important **новаторский** ***pioneering work/research*** *on atomic energy*

pious /ˈpaɪəs/ **adjective** having strong religious beliefs, and living or behaving in a way which shows these beliefs **набожный**

pip[1] /pɪp/ **noun** [C] UK a small seed inside fruit such as apples and oranges **семечко, зернышко**

pip[2] /pɪp/ **verb** [T] (present participle **pipping**, past tense and past participle **pipped**) UK informal to beat someone by a very small amount **побеждать с небольшим преимуществом**

pipe[1] /paɪp/ **noun** [C] **1** B1 a long tube which liquid or gas can move through **труба** *A water **pipe** had **burst**, flooding the basement.* **2** a tube with a bowl-shaped part at one end, used to smoke tobacco **курительная трубка** *to smoke a pipe* → See also **exhaust pipe**

> Слова-партнеры к **pipe**
>
> a pipe **leads/runs** [from/to, etc] sth • a pipe **bursts/leaks** • **through** a pipe

pipe[2] /paɪp/ **verb** [T] to send something through a pipe **пускать по трубам** *Water is piped from a spring to houses in the local area.*

PHRASAL VERBS **pipe down** informal to stop making noise and become quieter **утихомириться** • **pipe up** informal to suddenly say something **подавать голос** *Then Lydia piped up with her view of things.*

pipeline /ˈpaɪplaɪn/ **noun** [C] a series of pipes that carry liquid or gas over a long distance **трубопровод**

IDIOM **be in the pipeline** If a plan is in the pipeline, it is being developed and will happen in the future. **в работе, в разработке** *We have several projects in the pipeline.*

piping /ˈpaɪpɪŋ/ **noun** [U] a piece of pipe **труба** *copper piping*

piping ˈhot adjective Piping hot food is very hot. **обжигающий, с пылу с жару**

piquant /ˈpiːkənt/ **adjective** formal having a pleasant, spicy taste **пикантный, острый**

pique[1] /piːk/ **noun** [U] formal when someone is annoyed **обида, раздражение**

pique[2] /piːk/ **verb** (present participle **piquing**, past tense and past participle **piqued**) **pique sb's curiosity/interest, etc** to make someone interested in something **возбуждать чье-либо любопытство/интерес и т. д.**

piqued /piːkt/ **adjective** annoyed **раздраженный, уязвленный**

piracy /ˈpaɪərəsi/ **noun** [U] **1** attacking and stealing from ships **пиратство** **2** the illegal activity of copying and selling music, films, etc **пиратство, нарушение авторского права** *software/video piracy*

pirate[1] /ˈpaɪrət/ **noun** [C] **1** B1 someone who attacks ships and steals from them **пират** **2** someone who illegally copies and sells music, films, etc **нарушитель авторского права**

pirate[2] /ˈpaɪrət/ **verb** [T] to illegally copy and sell music, films, etc **нарушать авторское право, самовольно переиздавать**

pirate[3] /ˈpaɪrət/ **adjective** [always before noun] illegally copied **пиратский** *a pirate CD/DVD*

Pisces /ˈpaɪsiːz/ **noun** [C, U] the sign of the zodiac which relates to the period of 20 February – 20 March, or a person born during this period **Рыбы** → See picture at **zodiac**

piss[1] /pɪs/ **verb** [I] very informal a very impolite word meaning to pass urine from the body **мочиться**

PHRASAL VERB **piss sb off** very informal to annoy someone **раздражать, действовать на нервы**

piss[2] /pɪs/ **noun**

IDIOM **take the piss** UK very informal an impolite phrase meaning to make jokes about someone **подшучивать над кем-либо**

pissed /pɪst/ **adjective** very informal **1** mainly UK an impolite way of describing someone who has drunk too much alcohol **пьяный в стельку** **2** US an impolite way of describing someone who is angry **обозленный**

ˌpissed ˈoff adjective very informal an impolite way of describing someone who is angry **обозленный**

pistol /ˈpɪstᵊl/ **noun** [C] a small gun **пистолет**

piston /ˈpɪstᵊn/ **noun** [C] a part of an engine that moves up and down and makes other parts of the engine move **поршень**

pit[1] /pɪt/ **noun** [C] **1** a large hole which has been dug in the ground **яма** **2** US (UK **stone**) a large, hard seed that grows inside some types of fruit and vegetables **косточка** **3** (also US **ˈpit ˌmine**) a place where coal is dug out from under the ground **шахта** **4 the pits** UK (US **the pit**) the place where racing cars stop to be repaired or filled with fuel during a race **заправочно-ремонтный пункт (на автогонках)** **5 be the**

pits informal to be very bad **быть хуже некуда** *Our hotel was the absolute pits.*

pit[2] /pɪt/ **verb** (present participle **pitting**, past tense and past participle **pitted**)

PHRASAL VERB **pit sb/sth against sb/sth** to make someone or something compete against someone or something else **выставлять кого-либо/что-либо против кого-либо/чего-либо (в спорте)** *Chelsea will be pitted against Manchester United in the fourth round of the tournament.*

pitch[1] /pɪtʃ/ **verb 1** [T] to make something suitable for a particular level or group of people **устанавливать, преподносить на определенном уровне** [often passive] *His talk was **pitched at** slightly too high a level for the audience.* **2** [I, T] mainly US to try to persuade someone to do something **уговаривать, привлекать** *They are **pitching for** new business at the moment.* **3 pitch (sb/sth) forward/into, etc** to suddenly move in a particular direction, or to make someone or something suddenly move in a particular direction **бросать(ся), рваться вперед/в и т. д.** *He braked too hard and the car pitched forward.* **4 pitch a tent** to choose a place for a tent and put it there **разбивать палатку** **5** [I, T] in baseball, to throw the ball towards the person who is going to hit it **подавать мяч игроку с битой (в бейсболе)** *He used to pitch for the Chicago White Sox.* **6** [T] to make sound at a particular level **устанавливать звук на определенной высоте** *The tune was pitched much too high for me.*

PHRASAL VERB **pitch in** informal to help a group of people to do some work that needs to be done **внести свою долю, присоединиться** *If we all pitch in, we'll get this kitchen cleaned up in no time.*

pitch[2] /pɪtʃ/ **noun 1** [C] UK (B2) an area of ground where a sport is played **поле, площадка** *a cricket/football pitch* **2** [C] in baseball, a throw towards the person who is going to hit the ball **подача мяча (в бейсболе)** *He struck out two batters with six pitches.* **3** [U] how high or low a sound is **высота (звука)** **4** [C, U] the things someone says in order to persuade you to do something **(деловое) предложение, довод** *I wasn't very impressed by his **sales pitch**.* → See also **fever pitch**

pitch-black /ˌpɪtʃˈblæk/ **adjective** (also **pitch-dark**) very dark **очень темный, черный как смоль** *Outside it was pitch-black.*

pitcher /ˈpɪtʃəʳ/ **noun** [C] **1** in baseball, someone who throws the ball at the person who is going to hit it **питчер, подающий (в бейсболе)** → See **Sports 2** on page Centre 15 **2** US a container for holding and pouring out liquids **кувшин** *a pitcher of water*

pitfall /ˈpɪtfɔːl/ **noun** [C] a likely mistake or problem in a situation **возможная ошибка, сложность** *the pitfalls of buying a house*

pithy /ˈpɪθi/ **adjective** A pithy remark expresses something in a very clear and direct way. **сжатый, краткий**

pitiful /ˈpɪtifəl/ **adjective 1** making you feel pity **жалостный, грустный** *I didn't recognize him, he looked so pitiful.* **2** very bad **жалкий, ничтожный** *a pitiful excuse*
• **pitifully adverb жалостно, ничтожно**

pittance /ˈpɪtəns/ **noun** [no plural] a very small amount of money **жалкие гроши** *She works very long hours and yet she **earns a pittance**.*

pity[1] /ˈpɪti/ **noun 1 It's a pity...** (A2) used to say that something is disappointing **как жаль, что ...** *It's a pity you're not staying longer.* **2** (B2) [U] a feeling of sympathy for someone **жалость, сочувствие** *I was hoping someone would **take pity on** me (= help me in a difficult situation) and give me a lift home.* → See also **self-pity**

Слова-партнеры к **pity**
feel pity • take pity on sb • pity for sb

pity[2] /ˈpɪti/ **verb** [T] to feel sorry for someone **жалеть** *She doesn't want people to pity her.*

pivot /ˈpɪvət/ **noun** [C] **1** a fixed point on which something balances or turns **точка опоры, ось** **2** the most important part of something **основа**
• **pivot verb** [I, T] **вращаться**

pivotal /ˈpɪvətəl/ **adjective** having a very important influence on something **центральный, основной** *He has played a **pivotal role** in the negotiations.*

pixel /ˈpɪksəl/ **noun** [C] a small point that forms part of the image on a computer screen **пиксель**

pixie /ˈpɪksi/ **noun** [C] a small imaginary person who can do magic things **эльф, фея**

pizza /ˈpiːtsə/ **noun** [C, U] (A1) a food made from a flat, round piece of bread covered with cheese, vegetables, etc and cooked in an oven **пицца** → See **Food** on page Centre 11

placard /ˈplækɑːd/ **noun** [C] a large sign with writing that someone carries, often to show that they disagree with something **плакат, лозунг**

placate /pləˈkeɪt/ (US) /ˈpleɪkeɪt/ **verb** [T] formal to make someone less angry about something **успокаивать, умиротворять**

place[1] /pleɪs/ **noun 1** [C] (A1) a position, building, town, area, etc **место** *His leg's broken in two places.* ◦ *Edinburgh would be a nice place to live.* ◦ *What a stupid place to park.* **2 take place** (B1) to happen **происходить** *The meeting will take place next week.* **3 in place a** in the correct position **на месте** *The chairs are all in place.* **b** If a rule, system, etc is in place, it has started to exist. **действующий (о законе и т. д.)** *There are now laws in place to prevent this from happening.* **4 out of place a** not in the correct position **не на месте** *Why are my files all out of place?* **b** not right or suitable for a particular situation **неуместный** *Everyone else was wearing jeans and I felt completely out of place in my office clothes.* **5 all over the place** B2 in or to many different places **повсюду** *There was blood all over the place.* **6 in place of sth** B2 instead of something **вместо чего-либо** *Try adding fruit to your breakfast cereal in place of sugar.* **7** [C] informal A2 someone's home **дом, жилище** *They've just bought a place in Spain.* **8** [C] B1 an opportunity to take part in something **место, возможность** *She's got a place at Liverpool University to do Spanish.* **9 in first/second/third, etc place** B1 If you are in first/second, etc place in a race or competition, that is your position. **на первом/втором/третьем и т. д. месте** *He finished in fifth place.*

IDIOMS **fall into place** When events or details that you did not understand before fall into place, they become easy to understand. **вставать на свое место** • **in the first place** B2 used to refer to the time when something started **впервые, в первый раз** *How did this error happen in the first place?* • **put sb in their place** to let someone know that they are not as important as they think they are **поставить кого-либо на место**

→ See also **decimal place**, have/take **pride**[1] of place

place[2] /pleɪs/ **verb 1 place sth in/on, etc** B2 to put something somewhere carefully **класть, ставить что-либо в/на и т. д.** *She placed a large dish in front of me.* **2** [T] to cause someone to be in a situation **подвергать, приводить к чему-либо** *One stupid action has placed us all at risk.* **3 can't place sb** to not be able to remember who someone is or where you have met them **быть не в состоянии вспомнить кого-либо** *I recognize her face, but I can't quite place her.* **4 place an advertisement/bet/order, etc** to arrange to have an advertisement/bet/order, etc **размещать рекламу/делать ставку/размещать заказ и т. д.** **5 place emphasis/importance, etc on sth** to give something emphasis/importance, etc **делать ударение на чем-либо/придавать значение чему-либо и т. д.** *They place a lot of importance on qualifications.*

placement /ˈpleɪsmənt/ **noun 1** [C] UK a position that someone has with an organization for a short time in order to learn about the work that is done there **практика, стажировка** *He got a month's placement on a national newspaper.* **2** [U, no plural] when you put something or someone somewhere **размещение** *the placement of additional police on the streets*

placid /ˈplæsɪd/ **adjective** A placid person is calm and does not often get angry or excited. **спокойный, безмятежный**

• **placidly adverb спокойно, безмятежно**

plagiarism /ˈpleɪdʒərɪzəm/ **noun** [U] when someone copies someone else's work or ideas **плагиат** *He was accused of plagiarism.*

plagiarize (also UK **-ise**) /ˈpleɪdʒəraɪz/ **verb** [I, T] to copy someone else's work or ideas **заниматься плагиатом**

• **plagiarist** /ˈpleɪdʒərɪst/ **noun** [C] someone who plagiarizes **плагиатор**

plague[1] /pleɪg/ **noun** [C] **1** a serious disease that spreads quickly and kills a lot of people **чума** **2 a plague of sth** a large number of something unpleasant that causes a lot of damage **нашествие чего-либо** *a plague of rats*

plague[2] /pleɪg/ **verb** [T] (present participle **plaguing**, past tense and past participle **plagued**) to make someone suffer for a long time **мучить, преследовать** [often passive] *He's been plagued by bad luck ever since he bought that house.*

plaid /plæd/ **noun** [C, U] US cloth with a pattern of different coloured squares and crossing lines **ткань в клетку** *a plaid dress*

plain[1] /pleɪn/ **adjective 1** B1 simple and not complicated **простой, незамысловатый** *plain food* **2** B1 not mixed with other colours, substances, etc **простой (без рисунка, без добавок и т. д.)** *a plain blue carpet* ◦ *plain yoghurt* **3** A plain person is not attractive to look at. **невзрачный** **4** obvious and clear **явный, очевидный** [+ (that)] *It's quite plain that she doesn't want to talk to me about it.* → See also be plain **sailing**

plain[2] /pleɪn/ **adverb** informal **plain stupid/wrong, etc** completely stupid/wrong, etc **абсолютно глупый/неправильный и т. д.** *That's just plain stupid!*

plain[3] /pleɪn/ **noun** [C] a large area of flat land **равнина**

plainclothes /ˈpleɪnˌkləʊθz/ **adjective** [always before noun] Plainclothes police wear normal clothes and not a uniform. **в штатском**

plainly /ˈpleɪnli/ **adverb 1** in a simple way that is not complicated **просто, скромно** *plainly dressed* **2** in a clear and obvious way **явно, очевидно** *This is plainly wrong.*

plaintiff /ˈpleɪntɪf/ **noun** [C] someone who takes legal action against someone else in a court of law **истец**

plaintive /ˈpleɪntɪv/ **adjective** sounding sad **печальный, жалобный** *a **plaintive cry***

plait /plæt/ **verb** [T] UK (US **braid**) to twist three pieces of hair, rope, etc together so that they form one long piece **заплетать косу**

• **plait** UK (US **braid**) **noun** [C] **коса** *She wore her hair in plaits.*

plan[1] /plæn/ **noun** [C] **1** A2 an arrangement for what you intend to do or how you intend to do something **план** *the country's economic plan* ◦ *Do you have any **plans for** the weekend?* ◦ *The plan is that we'll buy a car once we're there.* ◦ *There's been a **change of plan** and we're going on Wednesday instead.* ◦ *Luckily, everything went **according to plan** (= happened the way it was planned).* **2** B2 a drawing that shows how something appears from above or will appear from above when it is built **план, проект, схема** *a street plan.* ◦ *We had a designer draw up a plan for the yard.*

> **Слова-партнеры к plan**
>
> **announce/approve/implement/oppose/outline/unveil** a plan • an **ambitious/controversial/strategic** plan

plan² /plæn/ **verb** (present participle **planning**, past tense and past participle **planned**) **1** B1 to think about and decide what you are going to do or how you are going to do something **планировать** *We're just planning our holidays.* ◦ *As a manager, you've got to **plan ahead**.* ◦ *I'd **planned** the meeting **for** Friday.* **2 plan to do sth** A2 to intend to do something **намереваться, строить планы** *He plans to go to college next year.* **3** [T] to decide how something will be built **проектировать** *We got an architect to help us plan our new kitchen.*

> **Типичная ошибка: plan**
>
> **Внимание:** Проверьте написание окончаний глагола!
> Многие русскоязычные студенты делают ошибки при написании форм прошедшего времени глагола **plan**.
> Формы простого прошедшего времени и причастия прошедшего времени – pla **nned**.
> Форма на **-ing** пишется с 'nn' – pla **nning**.

PHRASAL VERBS **plan on doing sth** to intend to do something **намереваться, строить планы** *We're planning on catching the early train.* • **plan sth out** to think about and decide what you are going to do or how you are going to do something **распланировать что-либо** *Have you planned out your journey?* ◦ *I'm just planning out my day.*

plane¹ /pleɪn/ **noun** [C] **1** A1 a vehicle that flies and has an engine and wings **самолет** *What time does her **plane get in** (= arrive)?* ◦ *He likes to watch the **planes taking off** and **landing**.* ◦ *a plane crash* **2** a tool that you use to make wood smooth **рубанок** **3** in mathematics, a flat surface **плоскость**

> **Слова-партнеры к plane**
>
> **board/catch/get on/get off** a plane • a plane **gets in/lands/takes off** • **on** a plane • **by** plane

plane² /pleɪn/ **verb** [T] to make a piece of wood smooth using a tool called a plane **строгать, выравнивать**

planet /ˈplænɪt/ **noun** [C] B1 a large, round object in space that moves around the sun or another star **планета** *Jupiter is the largest planet of our solar system.*
• **planetary adjective** relating to planets **планетный, планетарный**

planetarium /ˌplænɪˈteəriəm/ **noun** [C] (plural **planetariums**, **planetaria**) a building that has a machine for showing the positions and movements of the stars and planets **планетарий**

plank /plæŋk/ **noun** [C] a long, flat piece of wood **доска** *wooden planks*

plankton /ˈplæŋktən/ **noun** [U] very small plants and animals in the sea that are eaten by fish and other sea creatures **планктон**

planner /ˈplænəʳ/ **noun** [C] someone whose job is to plan things, especially which buildings are built in towns **плановик, проектировщик** *urban planners*

planning /ˈplænɪŋ/ **noun** [U] **1** B2 the activity of thinking about and deciding what you are going to do or how you are going to do something **планирование** *Events like these take months of careful planning.* **2** control over which buildings are built in an area **план застройки, проектирование** *town planning* → See also **family planning**

plant¹ /plɑːnt/ **noun** [C] **1** A1 a living thing that grows in the soil or water and has leaves and roots, especially one that is smaller than a tree **растение** *Have you **watered the plants**?* ◦ *tomato plants* **2** a large factory where an industrial process happens **завод** *a nuclear power plant* → See also **potted plant**

plant² /plɑːnt/ **verb** [T] **1** B1 to put seeds or plants in the ground so that they will grow **сажать, сеять** *to **plant bulbs/seeds/trees*** **2** to secretly put something in a place that will make someone seem guilty **подбрасывать (улики и т. д.)** *She insisted that the drugs had been **planted on** her without her knowledge.* **3 plant a bomb** B2 to put a bomb somewhere so that it will explode there **подкладывать бомбу** **4 plant sth in/next/on, etc** to put something firmly in a particular place **прочно устанавливать, садиться в/рядом с/на и т. д.** *He planted himself next to me on the sofa.* **5** to make someone start thinking something **внушать (мысль, сомнения и т. д.)** *I was confident till you **planted doubts** in my mind.*

plantation /plænˈteɪʃᵊn/ **noun** [C] **1** an area of land in a hot country where a crop is grown **плантация** *a banana/cotton/sugar plantation* **2** an area of land where trees are grown to produce wood **лесонасаждение**

plaque /plɑːk/ **noun 1** [C] a flat piece of metal or stone with writing on it which is fixed to a wall, often in order to make people remember a dead person **табличка, мемориальная доска** **2** [U] a harmful substance that forms on your teeth **зубной камень**

plasma /ˈplæzmə/ **noun** [U] the clear liquid part of blood which contains the blood cells **плазма (крови)**

ˈplasma ˌscreen **noun** [C] a screen for showing very clear words or pictures which uses specia gases pressed between two flat pieces of glass **плазменный экран**

plaster[1] /ˈplɑːstəʳ/ **noun 1** [U] a substance that is spread on walls in order to make them smooth **штукатурка 2** [C] UK (US trademark **Band-Aid**) a small piece of sticky material that you put on cuts on your body **пластырь 3 be in plaster** UK (US **be in a cast**) If your arm or leg is in plaster, it is covered in a hard, white substance to protect a broken bone. **быть в гипсе**

plaster[2] /ˈplɑːstəʳ/ **verb** [T] **1** to cover most of a surface with something **покрывать слоем чего-либо** *My boots were **plastered with** mud.* **2** to cover a wall with a substance in order to make it smooth **штукатурить**

plastered /ˈplɑːstəd/ **adjective** informal very drunk **пьяный в стельку**

plastic /ˈplæstɪk/ **noun** [C, U] A2 a light, artificial substance that can be made into different shapes when it is soft and is used in a lot of different ways **пластмасса, пластик** *Most children's toys are made of plastic.*

• **plastic adjective** A2 **пластмассовый** *a **plastic bag***

plasticity /plæsˈtɪsəti/ **noun** [U] formal the quality of being soft enough to make into many different shapes **пластичность, гибкость**

ˌplastic ˈsurgery noun [U] operations on someone's face or body to make them more attractive **пластическая хирургия** *to have plastic surgery*

ˈplastic ˌwrap noun [U] US (UK **clingfilm**) thin, transparent plastic used for wrapping or covering food **упаковочная пленка**

plate /pleɪt/ **noun 1** [C] A1 a flat, round object which is used for putting food on **тарелка** *a **dinner plate** ∘ a plate of biscuits* **2** [C] a flat piece of metal or glass **пластина, лист (металла, стекла)** *I had a metal plate put in my knee after the accident.* **3 gold/silver plate** metal with a thin layer of gold or silver on top **позолота/серебрение 4** [C] a picture in a book **иллюстрация** → See also **license plate**, **L-plate**, **number plate**

plateau /ˈplætəʊ/ (US) /plæˈtəʊ/ **noun** [C] (plural UK **plateaux**, also US **plateaus**) **1** a large area of high, flat land **плато 2** a period when the level of something stays the same **отсутствие роста, стабилизация** [usually singular] *Sales are still good but they've **reached** a **plateau**.*

platform /ˈplætfɔːm/ **noun** [C] **1** B2 a raised surface for people to stand on, especially when they are speaking to a lot of people **трибуна, сцена** *The speakers all stood on a platform.* **2** A2 the area in a railway station where you get on and off the train **платформа** *The train for London Paddington will depart from platform 12.* **3** all the things that a political party promises to do if they are elected **политическая платформа, позиция** *They campaigned on a platform of low taxation.* **4** a way of telling the public about your opinions **трибуна, рупор** *Basically, he uses the newspaper as a **platform for** airing his political views.*

platinum /ˈplætɪnəm/ (US) /ˈplætnəm/ **noun** [U] a silver-coloured metal that is very valuable (symbol Pt) **платина**

platitude /ˈplætɪtjuːd/ **noun** [C] something that is boring because it has been said many times before **банальность**

platonic /pləˈtɒnɪk/ **adjective** A platonic relationship is friendly and not sexual. **платонический**

platoon /pləˈtuːn/ **noun** [C] a small group of soldiers **взвод**

platter /ˈplætəʳ/ **noun** [C] a large plate used for serving food **блюдо**

plaudit /ˈplɔːdɪt/ **noun** [C] formal praise **похвала, одобрение** [usually plural] *He has **earned/won** plaudits (= been praised) for his latest novel.*

plausible /ˈplɔːzɪbl/ **adjective** If something that someone says or writes is plausible, it could be true. **правдоподобный** *a **plausible excuse/explanation*** → Opposite **implausible**

• **plausibility** /ˌplɔːzɪˈbɪləti/ **noun** [U] when something is plausible **правдоподобность**

play[1] /pleɪ/ **verb 1** [I, T] A1 When you play a sport or game, you take part in it. **играть** *You play tennis, don't you Sam? ∘ We often used to play cards. ∘ I used to **play** netball **for** my school. ∘ I'm playing Tony (= playing against Tony) at squash tonight. ∘ Newcastle are **playing against** Arsenal tonight.* **2** [I, T] A1 When children play, they enjoy themselves with toys and games. **играть** *She likes **playing with** her dolls.* **3** [I, T] A2 to make music with a musical instrument **играть (на музыкальном инструменте)** *Tim was playing the piano.* **4** [I, T] A2 If a radio, record, etc plays, it produces sounds, or if you play a radio, record, etc you make it produce sounds. **играть (о музыке)** *A radio was playing in the background. ∘ He plays his records late into the night.* **5** [T] B1 to be a character in a film or play **играть (роль)** *Morgan played the father in the film version.* **6 play a joke/trick on sb** B2 to deceive someone as a joke **подшутить над кем-либо/разыграть кого-либо** *I played a trick on her and pretended we'd eaten all the food.* → See also play it by **ear**, play games (**game**[1]), play (it) **safe**[1], play for **time**[1], play **truant**

PHRASAL VERBS **play about/around** to behave in a silly way **валять дурака** *Stop playing around and get on with your homework!* • **be playing at sth** UK If you ask what someone is playing at, you are angry because they are doing something silly. **вести игру** *What do you think you're playing at!* • **play sth back** to listen to sounds or watch pictures that you have just recorded **воспроизводить, вспоминать** *When I played back our conversation, I realized I hadn't* *made myself clear.* • **play sth down** to try to make people think that something is less important or bad than it really is **преуменьшать, умалять значение чего-либо** *The government have tried to play down the seriousness of the incident.* • **play on sth** to use someone's fears in order to make that person do or believe what you want **играть на чем-либо, использовать** *A lot of marketing strategies just* ***play on*** *your* ***fears*** *and insecurities.* • **play up** UK **1** If a child plays up, he or she behaves badly. **не слушаться** **2** If a machine plays up, it does not work as it should. **плохо работать** • **play (about/around) with sth 1** to think about or try different ways of doing something **прикидывать, обдумывать** *We've been playing around with ideas for a new TV show.* **2** to keep touching or moving something, often when you are bored or nervous **теребить что-либо** *Stop playing with your hair!*

play² /pleɪ/ **noun 1** [C] A2 a story that is written for actors to perform, usually in a theatre **пьеса** *We saw a play at the National Theatre.* ◦ *Most schools usually* ***put on a play*** *(= perform a play) at Christmas.* **2** [U] the activity of taking part in a sport or a game **игра (спортивная)** *Rain stopped play in the Hingis-Davenport match.* **3** [U] B2 when children enjoy themselves with toys and games **игра** *a* ***play area***

IDIOMS **fair play** behaviour that is fair, honest, and does not take advantage of people **честная игра** • **a play on words** a joke using a word or phrase that has two meanings **игра слов, каламбур**

→ See also **foul play**, **role-play**

> **Слова-партнеры к play (noun)**
> **perform/put on/write** a play • **in** a play • a play **about** sth

P

playboy /ˈpleɪbɔɪ/ **noun** [C] a rich man who spends his time enjoying himself and has relationships with a lot of beautiful women **плейбой**

player /ˈpleɪəʳ/ **noun** [C] **1** A1 someone who plays a sport or game **игрок** *football/tennis players* **2** A2 someone who plays a musical instrument **музыкант** *a piano player* → See also **cassette player**, **CD player**, **record player**

playful /ˈpleɪfəl/ **adjective** funny and not serious **веселый, игривый** *a* ***playful mood/remark*** • **playfulness noun** [U] **игривость, шутливость** • **playfully adverb** **весело, игриво**

playground /ˈpleɪgraʊnd/ **noun** [C] A2 an area of land where children can play, especially at school **детская площадка, площадка для игр**

playgroup /ˈpleɪgruːp/ **noun** [C] a place where small children go during the day when they are too young to go to school **детский сад**

ˈplaying ˌcard noun [C] one of a set of 52 small pieces of stiff paper with numbers and pictures on, used for playing games **игральная карта**

ˈplaying ˌfield noun [C] an area of land used for sports such as football **спортивная площадка, поле**

IDIOM **a level playing field** a situation in which everyone has the same chance of succeeding **ситуация, в которой каждый имеет равные шансы на успех**

playoff /ˈpleɪɒf/ **noun** [C] a game between two teams that have equal points in order to decide which is the winner **решающий матч**

playpen /ˈpleɪpen/ **noun** [C] a small structure with net or bars around the sides that young children are put into so that they can play safely **детский манеж**

playroom /ˈpleɪruːm/ **noun** [C] a room in a house for children to play in **детская комната**

PlayStation /ˈpleɪˌsteɪʃən/ **noun** [C] trademark a machine that you use to play games on your television **игровая приставка**

plaything /ˈpleɪθɪŋ/ **noun** [C] someone who is treated without respect and is forced to do things for someone else's enjoyment **игрушка в чьих-либо руках**

playtime /ˈpleɪtaɪm/ **noun** [C, U] UK a period of time when children at school can play outside **школьная перемена**

playwright /ˈpleɪraɪt/ **noun** [C] someone who writes plays **драматург**

plaza /ˈplɑːzə/ **noun** [C] US **1** an open, public area in a city or town **площадь** *Mexico City's main plaza is called the Zocalo.* **2** a group of buildings with shops, often including an open, public area **торговый центр** *a shopping plaza*

plc, PLC /ˌpiːelˈsiː/ **noun** [C] abbreviation for Public Limited Company: used after the name of a large company in Britain whose shares (= equal parts of its total value) can be bought and sold by the public **открытое акционерное общество с ограниченной ответственностью**

plea /pliː/ **noun** [C] **1** when someone says in a court of law if they are guilty or not guilty of the crime they have been accused of **заявление подсудимого** *a plea of guilty/not guilty* **2** a strong request **мольба, просьба** *an emotional* ***plea for*** *forgiveness*

> **Слова-партнеры к plea**
> **issue/make/reject** a plea • a **desperate/emotional/impassioned** plea • a plea **for** sth • a plea **from** sb

plead /pliːd/ **verb** (past tense and past participle **pleaded**, also US **pled**) **1** [T] to say in a court of law if you are guilty or not guilty of the crime you have been accused of **(не) признавать себя виновным (на суде)** *He* ***pleaded*** *not guilty* ***to*** *five felony charges.* **2** [I] to ask for something in a strong and emotional way умолять *He* ***pleaded with*** *her to come back.* ◦ *She* ***pleaded for*** *mercy.* **3** [T] to say something as an excuse оправдываться, ссылаться на что-либо *You'll just have to* ***plead ignorance*** (= *say you did not know*). **4 plead sb's case/cause** to say something to try to help someone get what they want or avoid punishment защищать кого-либо/чьи-либо интересы в суде

pleasant /ˈplezᵊnt/ **adjective 1** A2 enjoyable or attractive приятный *pleasant weather/surroundings* ◦ *We had a very pleasant evening.* **2** A2 A pleasant person has a friendly character. милый → Opposite **unpleasant**
• **pleasantly adverb** B1 приятно *I was* ***pleasantly surprised.***

pleasantry /ˈplezᵊntri/ **noun** [C] a polite thing that you say when you meet someone любезность, вежливое замечание [usually plural] *They* ***exchanged pleasantries*** *about the weather.*

please[1] /pliːz/ **exclamation 1** A1 something that you say to be polite when you are asking for something or asking someone to do something пожалуйста! (в просьбах) *Could you fill in the form, please?* ◦ *Please may I use your telephone?* **2 Yes, please.** A1 used to accept something politely да, с удовольствием! *"Would you like a lift home?" "Oh yes, please."*

please[2] /pliːz/ **verb 1** B1 [I, T] to make someone happy угождать, доставлять удовольствие *the desire to please* ◦ *I only got married to please my parents.* → Opposite **displease 2 anything/as/what/whatever, etc you please** used to say that someone can have or do anything they want все, что угодно/как угодно и т. д. *Feel free to talk about anything you please.* ◦ *He can come and go as he pleases.* **3 Please yourself.** a slightly rude way of telling someone that you do not care what they choose to do делайте/поступайте, как хотите *"I don't want anything to eat." "Please yourself."*

pleased /pliːzd/ **adjective 1** A2 happy or satisfied довольный *I wasn't very* ***pleased about*** *having to pay.* ◦ [+ to do sth] *I'm pleased to be back in England.* ◦ [+ (that)] *He was pleased that she had come back.* ◦ *I'm really* ***pleased with*** *the quality of his work.* **2 Pleased to meet you.** A2 a polite way of greeting someone you are meeting for the first time очень приятно познакомиться!

pleasing /ˈpliːzɪŋ/ **adjective** Something that is pleasing gives pleasure. приятный, привлекательный *the most pleasing aspect of her work* ◦ *These buildings are very pleasing to the eye.*

pleasurable /ˈpleʒᵊrəbl/ **adjective** enjoyable доставляющий удовольствие, приятный *a* ***pleasurable experience***

pleasure /ˈpleʒəʳ/ **noun 1** [U] B1 a feeling of happiness or enjoyment удовольствие *His visits used to* ***give*** *us such* ***pleasure.*** ◦ *She seemed to* ***take pleasure in*** (= *enjoy*) *humiliating people.* ◦ ***It gives me great pleasure*** *to introduce our next guest.* → Opposite **displeasure 2** [C, U] B1 an enjoyable activity or experience наслаждение, удовольствие *Food is one of* ***life's great pleasures.*** ◦ *I once* ***had the pleasure of*** *sharing a taxi with her.* **3** [U] If you do something for pleasure, you do it because you enjoy it and not because it is your job. удовольствие, развлечение *reading* ***for pleasure*** **4 It's a pleasure.; My pleasure.** a polite way of replying to someone who has thanked you не стоит благодарности! *"Thank you for a wonderful evening." "My pleasure."*

> **Слова-партнеры к pleasure**
> derive/express/give pleasure • take pleasure in sth • enormous/great/perverse/pure/sheer pleasure

pleated /ˈpliːtɪd/ **adjective** A pleated piece of clothing or piece of cloth has regular, vertical folds in it. в складку, плиссированный *a pleated skirt*

pled /pled/ US past of plead прош. вр. и прич. прош. вр. от гл. plead

pledge[1] /pledʒ/ **noun** [C] a serious promise обещание, обет [+ to do sth] *a pledge to create jobs* ◦ *He* ***made a*** *solemn* ***pledge*** *to the American people.*

> **Слова-партнеры к pledge (noun)**
> break/fulfil/make a pledge • a pledge on sth

pledge[2] /pledʒ/ **verb** [T] to promise seriously to do something or give something давать обещание *Foreign donors have pledged $550 million.* ◦ *He* ***pledged*** *his* ***support*** *to Mandela.* ◦ [+ to do sth] *He pledged to cut government salaries.*

plentiful /ˈplentɪfᵊl/ **adjective** If something is plentiful, there is a lot of it available. обильный, изобильный *a* ***plentiful supply*** *of meat*

plenty /ˈplenti/ **quantifier 1** B1 easily as much or as many as you need достаточно *Don't bring any food – we've got plenty.* ◦ *There is* ***plenty of*** *evidence to support her claims.* ◦ *There's plenty of room.* ◦ *Help yourself to food – there's plenty more.* **2 plenty big/large/wide, etc enough** easily as big/large/wide, etc as you need something to be достаточно большой/крупный/широкий и т. д. *This house is plenty big enough for two families.* **3** B1 a lot много, полно *I know* ***plenty of*** *unemployed musicians.* ◦ *There's plenty for you to do.*

plethora /ˈpleθᵊrə/ **noun a plethora of sth** formal a large number of something изобилие, избыток *There is a confusing plethora of pension plans.*

pliers /ˈplaɪəz/ **noun** [plural] a tool for holding or pulling small things like nails or for cutting wire щипцы, плоскогубцы *a pair of pliers* → See picture at **tool**

plight /plaɪt/ **noun** [no plural] formal an unpleas-

P

ant or difficult situation **тяжелое положение** *the plight of the sick and the poor*

plod /plɒd/ **verb** (present participle **plodding**, past tense and past participle **plodded**) **plod along/on/through, etc** to walk with slow, heavy steps **брести, тащиться** *We plodded through the mud.*

plonk¹ /plɒŋk/ **verb** UK informal **plonk sth down/in/on, etc** to put something somewhere quickly and without care **ронять, бросать что-либо вниз/в/на и т. д.** *She plonked her bag on the floor.*

PHRASAL VERB **plonk yourself down** to sit down quickly and without care **плюхаться**

plonk² /plɒŋk/ **noun** [U] UK informal cheap wine **дешевое вино**

plop¹ /plɒp/ **noun** [C] the sound made by an object when it falls into water **бульканье**

plop² /plɒp/ **verb** (present participle **plopping**, past tense and past participle **plopped**) US informal **plop (sth) down/onto, etc** to put something somewhere quickly and without care **бросать, ронять, плюхаться** *She plopped down next to me.*

plot¹ /plɒt/ **noun** [C] **1** (B2) the things that happen in a story **сюжет** *I don't like movies with* ***complicated plots***. **2** a plan to do something bad **заговор** [+ to do sth] *a plot to blow up the embassy* **3** a piece of land, often for growing food or for building on **участок земли** *a building plot*

plot² /plɒt/ **verb** (present participle **plotting**, past tense and past participle **plotted**) **1** [I, T] to plan to do something bad **замышлять, организовывать заговор** [+ to do sth] *They plotted to bring down the government.* ◦ *He fired all those accused of* ***plotting against*** *him.* **2** [T] to make marks on a map, picture, etc to show the position or development of something **наносить данные на график или карту** *This chart* ***plots*** *the* ***position*** *of all aircraft.*

plough *UK*, plow *US*

plough¹ UK (US **plow**) /plaʊ/ **noun** [C] a large tool used by farmers to turn over the soil before planting crops **плуг**

plough² UK (US **plow**) /plaʊ/ **verb** [I, T] to turn over soil with a plough **пахать**

PHRASAL VERBS **plough sth back** to spend the money that a business has earned on improving that business **вкладывать прибыль в дело** *All profits are* ***ploughed back into*** *the company.* • **plough into sth** to hit something with great force **врезаться во что-либо** *My car ploughed straight into the car in front.* • **plough on** to continue doing something, although it is difficult or boring **продолжать тяжелое и нудное дело** • **plough through sth** to finish what you are reading, eating, or working on, although there is a lot of it **осиливать что-либо** *I had to plough through the whole report.*

plow /plaʊ/ **noun, verb** US spelling of plough **см. plough**

ploy /plɔɪ/ **noun** [C] a slightly dishonest method used to try to achieve something **уловка** [+ to do sth] *The phone call was just a ploy to get rid of her.*

> Слова-партнеры к **ploy**
>
> **use** a ploy • a ploy **backfires/works** • a **clever/cunning/cynical/deliberate** ploy • a ploy **by** sb

PLS informal written abbeviation for please: used in emails and text messages **сокращ. от please**

pluck /plʌk/ **verb 1 pluck sth/sb from/out, etc** to quickly pull something or someone from the place where they are **вытянуть, выдернуть, вытащить что-либо/кого-либо** *A helicopter plucked him from the sea.* **2** [T] to pull all the feathers out of a bird before cooking it **ощипывать (птицу)** **3** [T] If you pluck the strings of a musical instrument, you pull them with your fingers to make a sound. **перебирать (струны)** **4** [T] literary to pick a flower or part of a plant **срывать (цветок)** **5 pluck your eyebrows** to pull hairs out of your eyebrows (= lines of hair above your eyes) to make them look tidy **выщипывать брови** → See also pluck up the **courage** (to do sth)

plug

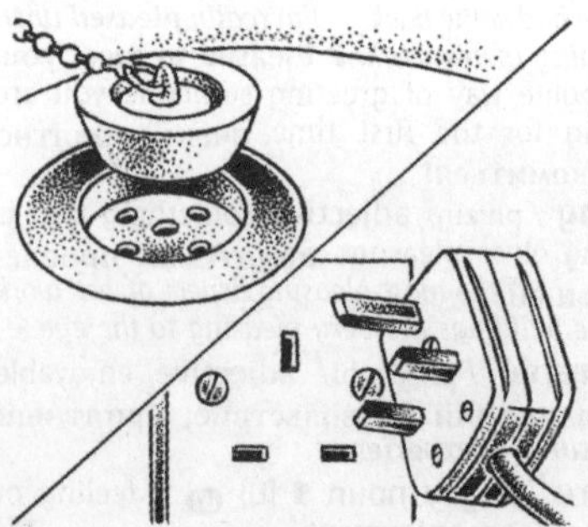

plug¹ /plʌg/ **noun** [C] **1** (B1) a plastic or rubber object with metal pins, used to connect electrical equipment to an electricity supply **штепсельная вилка** *I need to change the plug on my hairdryer.* **2** B1 something you put in a hole to block it **затычка, пробка** *a **bath plug*** **3** when someone talks about a new book, film, etc in public to advertise it **рекламирование, рекламная вставка** *She managed to get in a plug for her new book.*

IDIOM **pull the plug** to prevent an activity from continuing **прекращать что-либо** *They have pulled the plug on jazz broadcasts.*

→ See also **spark plug**

plug² /plʌg/ **verb** [T] (present participle **plugging**, past tense and past participle **plugged**) **1 plug a gap/hole** mainly UK to solve a problem by supplying something that is needed **восполнять пробел, решать проблему** *The new computer system will help to plug the gap in the county's ability to collect taxes.* **2** to talk about a new book, film, etc in public in order to advertise it **рекламировать что-либо (в выступлении)** *He was on TV, plugging his new book.* **3** to block a hole **затыкать, закупоривать**

PHRASAL VERBS **plug away** informal to work hard at something for a long time **корпеть, усердно работать** *I'm still **plugging away at** my article.* • **plug sth in** B2 to connect a piece of electrical equipment to an electricity supply **включать в сеть** *Could you plug the iron in for me?* → Opposite **unplug** • **plug sth into sth** to connect one piece of electrical equipment to another **подключать что-либо к чему-либо** *You need to plug the speakers into the stereo.*

plughole /ˈplʌghəʊl/ **noun** [C] (also US **drain**) the hole in a bath or sink (= place in a kitchen where dishes are washed) where the water flows away **слив (в раковине и т. д.)**

plug-in (also **plugin**) /ˈplʌgɪn/ **noun** [C] a small computer program that makes a larger one work faster or be able to do more things **небольшая по объему компьютерная программа, ускоряющая работу или расширяющая функции основной программы**

plum /plʌm/ **noun** [C] a soft, round fruit with red, yellow, or purple skin and a stone in the middle **слива**

plumage /ˈpluːmɪdʒ/ **noun** [U] a bird's feathers **оперение**

plumber /ˈplʌməʳ/ **noun** [C] B2 someone whose job is to repair or connect water pipes and things like toilets and baths **водопроводчик**

plumbing /ˈplʌmɪŋ/ **noun** [U] the water pipes in a building **водопровод**

plume /pluːm/ **noun 1 a plume of dust/smoke, etc** a tall, thin amount of dust/smoke, etc rising into the air. **струйка пыли/дыма и т. д.** **2** [C] a large feather, often worn for decoration **перо**

plummet /ˈplʌmɪt/ **verb** [I] to fall very quickly in amount or value **стремительно падать** *Temperatures plummeted to minus 20.*

plump¹ /plʌmp/ **adjective 1** quite fat **полный, пухлый** *a plump child* **2** pleasantly round or full **налитой** *nice plump cloves of garlic*

plump² /plʌmp/ **verb**

PHRASAL VERB **plump for sth** UK to choose something, especially after thinking about it for a time **останавливать свой выбор на чем-либо** *I plumped for the salmon.*

plunder /ˈplʌndəʳ/ **verb** [I, T] to steal, especially during a war **грабить (на войне)** *Many of the region's churches had been plundered.*
• **plunder noun** [U] **грабеж, разграбление**

plunge¹ /plʌndʒ/ **verb 1 plunge down/into, etc** to fall or move down very quickly and with force **броситься, ринуться вниз/в и т. д.** *The car came off the road and plunged down the hillside.* **2** [I] to become lower in temperature, value, etc very suddenly and quickly **резко падать** *Temperatures plunged below zero.*

PHRASAL VERBS **plunge sth into sth** to push something very hard into something else **вонзать что-либо во что-либо** *He plunged the knife into the man's stomach.* • **plunge sb/sth into sth** to make someone or something suddenly be unhappy or in an unpleasant situation **ввергать кого-либо/что-либо во что-либо** [often passive] *The country had been plunged into chaos.* • **plunge into sth** to start doing something with a lot of energy **погружаться с головой во что-либо** *Trying to forget about her, he plunged into his work.*

plunge² /plʌndʒ/ **noun** [C] a sudden and quick decrease in the value, amount, or level of something **спад** *Prices have **taken a plunge** (= suddenly become less).*

IDIOM **take the plunge** to do something important or difficult, especially after thinking about it for a long time **решиться на что-либо** *We're finally going to take the plunge and buy a house.*

> Слова-партнеры к **plunge**
>
> take a plunge • a plunge **in** sth • a stock market plunge

the pluperfect /ˌpluːˈpɜːfɪkt/ **noun** (also **the past perfect**) the form of the verb that is used to show that an action had already finished when another action happened. In English, the pluperfect is made with 'had' and a past participle. **предпрошедшее время**

plural /ˈplʊərᵊl/ **noun** [C] A2 a word or part of a word which shows that you are talking about more than one person or thing. For example 'babies' is the plural of 'baby'. **множественное число**
• **plural adjective** **множественный, неоднородный** *'Cattle' and 'trousers' are plural nouns.*

pluralism /ˈplʊərᵊlɪzᵊm/ **noun** [U] the existence

in a society of many different types of people with many different beliefs and opinions **плюрализм** *political pluralism*

• **pluralist adjective** (also **pluralistic** /ˌplʊərəlˈɪstɪk/) relating to pluralism **плюралистический** *a pluralist society*

plus[1] /plʌs/ **preposition 1** Ⓐ2 added to **плюс** *Five plus three is eight.* **2** Ⓑ1 and also **а также, вдобавок** *You've won their latest CD plus two tickets for their concert.*

plus[2] /plʌs/ **adjective 40 plus, 150 plus, etc** more than the amount stated **больше сорока, больше стапятидесяти и т. д.** *temperatures of 40 plus*

plus[3] /plʌs/ **conjunction** informal Ⓑ1 and also **и кроме того** *Don't go there in August. It'll be too hot, plus it'll be really expensive.*

plus[4] /plʌs/ **noun** [C] **1** informal Ⓑ2 an advantage **преимущество, плюс** *Well, the apartment has a garden so that's a plus.* **2** (also **ˈplus ˌsign**) the symbol +, used between two numbers to show that they are being added together **знак плюс**

plush /plʌʃ/ **adjective** Plush furniture, buildings, rooms, etc are very expensive and comfortable. **шикарный** *a plush red carpet*

Pluto /ˈpluːtəʊ/ **noun** [no plural] a dwarf planet (= an object in space like a small planet) that comes after Neptune in distance from the sun. Pluto was considered to be a proper planet until 2006, when it was officially decided that it was a dwarf planet. **Плутон**

plutonium /pluːˈtəʊniəm/ **noun** [U] a chemical element that is used in the production of nuclear power and nuclear weapons (symbol Pu) **плутоний**

ply /plaɪ/ **verb 1 ply across/between, etc** old-fashioned to often make a particular journey **курсировать, сновать через/между и т. д.** *fishing boats plying across the harbour* **2 ply your trade** to work at your job, especially selling things **работать, заниматься чем-либо**

PHRASAL VERB **ply sb with sth 1** to give someone a lot of something again and again **потчевать, усиленно угощать** *They plied me with food and drink.* **2** to ask someone a lot of questions **приставать, докучать** *They* ***plied*** *him* ***with questions*** *about where he had been.*

plywood /ˈplaɪwʊd/ **noun** [U] wood that is made by sticking several thin layers of wood together **фанера**

PM /ˌpiːˈem/ **noun** [C] abbreviation for prime minister: the leader of an elected government in some countries **премьер-министр**

p.m. (also **pm**) /ˌpiːˈem/ Ⓐ1 used when you are referring to a time after 12 o'clock in the middle of the day, but before 12 o'clock in the middle of the night **пополудни** *Opening hours: 9 a.m. – 6 p.m.*

pneumatic /njuːˈmætɪk/ **adjective** filled with air, or operated using air **пневматический** *pneumatic tyres*

pneumonia /njuːˈməʊniə/ **noun** [U] a serious illness in which your lungs fill with liquid and it is difficult to breathe **пневмония, воспаление легких**

poach /pəʊtʃ/ **verb 1** [T] to cook something, especially an egg without its shell, by putting it into liquid that is gently boiling **варить (в кипящей воде)** **2** [I, T] to illegally catch or kill animals, especially by going onto land without the permission of the person who owns it **заниматься браконьерством** **3** [I, T] to persuade someone to leave a company or team in order to work or play for yours **переманивать (персонал, игрока)** *They can poach experienced people easily because they offer higher salaries.*

poacher /ˈpəʊtʃəʳ/ **noun** [C] someone who illegally catches or kills animals **браконьер**

pocket[1] /ˈpɒkɪt/ **noun** [C] **1** Ⓐ2 a small bag that is sewn or fixed onto or into a piece of clothing, a bag, the back of a seat, etc **карман** *a coat/shirt/trouser pocket* ◦ *He was asked to* ***empty*** *his* ***pockets****.* ◦ *Safety instructions are in the pocket on the seat in front of you.* **2** a small area or small amount of something that is different from what is around it **район, зона, вкрапление** *There was real poverty in some* ***pockets of*** *the country.* ◦ *small pockets of air trapped inside the glass* **3** the amount of money that you have for spending **деньги, средства** *I shouldn't have to pay for travel* ***out of my own pocket*** *(= with my own money).* **4 be out of pocket** to have less money than you should have because you have paid for something **быть в убытке, терять деньги** *The holiday company cancelled our trip and we were left hundreds of pounds out of pocket.*

pocket

pocket[2] /ˈpɒkɪt/ **verb** [T] **1** to take something, especially money, which does not belong to you **присваивать, прикарманивать** *His plan was to* ***pocket*** *the* ***money*** *from the sale of the business and leave the country.* **2** to put something in your pocket **класть в карман** *Juan pocketed the knife and walked away.*

pocket[3] /ˈpɒkɪt/ **adjective** [always before noun] small enough to fit in your pocket **карманный** *a pocket dictionary*

pocketbook /ˈpɒkɪtbʊk/ **noun** [C] US **1** a woman's bag **женская сумка** **2** Someone's pocketbook is their ability to pay for something. **карман, деньги** *The sales tax hits consumers in the pocketbook.*

pocketful /ˈpɒkɪtfʊl/ **noun** [C] the amount you can fit in a pocket **полный карман чего-либо** *a pocketful of coins*

pocketknife /ˈpɒkɪtnaɪf/ **noun** [C] (plural **pocket-**

knives) a small knife that folds into a case **карманный нож**

ˈpocket ˌmoney **noun** [U] Ⓑ1 an amount of money given regularly to a child by its parents **карманные деньги**

pod /pɒd/ **noun** [C] the long, flat part of some plants that has seeds in it **стручок** *a pea pod*

podcast /ˈpɒdkɑːst/ **noun** [C] a recording that you can listen to on your computer or MP3 player from a website. You can also sign up to (= say that you want to receive) a podcast which is then updated (= new information is added to it) through the Internet when you plug your MP3 player into a computer. **запись или радиопередача, размещенная в Интернете и предназначенная для загрузки на персональные MP3 плейеры** → See Study Page **The Web and the Internet** on page Centre 36

podiatrist /pəʊˈdaɪətrɪst/ **noun** [C] US (UK **chiropodist**) someone whose job is to treat problems with people's feet **врач-ортопед**

podium /ˈpəʊdiəm/ **noun** [C] a small, raised area, sometimes with a tall table on it, that someone stands on when they are performing or speaking **возвышение, трибуна**

poem /ˈpəʊɪm/ **noun** [C] Ⓑ1 a piece of writing, especially one that has short lines and uses words that sound the same **стихотворение, поэма** *love/war poems*

> **Слова-партнеры к poem**
>
> **read/recite/write** a poem • **in** a poem • a poem **about** sth • a poem **by** sb • a **love** poem

poet /ˈpəʊɪt/ **noun** [C] Ⓑ1 someone who writes poems **поэт**

poetic /pəʊˈetɪk/ **adjective 1** Something that is poetic makes you feel strong emotions because it is so beautiful. **поэтичный, возвышенный** *To him, life seemed poetic.* **2** relating to poetry **поэтический** *poetic language*

poetry /ˈpəʊɪtri/ **noun** [U] Ⓑ1 poems in general, or the writing of poetry **поэзия** *I enjoy all kinds of poetry, especially love poetry.*

poignant /ˈpɔɪnjənt/ **adjective** making you feel sad **трогательный** *It's a poignant story about a poor family's struggle to survive.*
• **poignancy** /ˈpɔɪnjənsi/ **noun** [U] when something is poignant **трогательность** • **poignantly adverb** **трогательно**

point[1] /pɔɪnt/ **noun 1** [C] Ⓑ1 an opinion, idea, or fact which someone says or writes **мысль, точка зрения** *Could I **make a point** about noise levels?* ◦ *I **take your point** (= I agree with you) about cycling, but I still prefer to walk.* **2** [no plural] Ⓑ2 an opinion or fact that deserves to be considered seriously, or which other people agree is true **проблема, чья-либо правота** *"She's always complaining that the office is cold." "Well, she's **got a point**."* ◦ *"How are we going to get there if there are no trains?" "**Good point**."* **3 the point** Ⓑ2 the most important part of what has been said or written **суть, смысл** *I thought he was never going to **get to the point**.* ◦ ***The point is**, if you don't claim the money now you might never get it.* ◦ *To say his art is simplistic is **missing the point** (= not understanding the most important thing about it).* **4** [C] Ⓑ2 the thin, sharp end of something **кончик, острие** *the point of a needle* **5** [C] a particular place **место, пункт** *a **stopping**/fuelling **point*** ◦ *the point where the pipes enter the building* **6** [C] Ⓑ2 a particular time in an event or process **момент** ***At this point**, people started to leave.* ◦ *It has **got to the point** where I can hardly bear to speak to him.* **7 be at/on the point of doing sth** Ⓑ2 to be going to do something very soon **быть на грани чего-либо** *Amy was on the point of crying.* **8** [no plural] Ⓑ2 the reason for or purpose of something **смысл, цель** ***What's the point** of studying if you can't get a job afterwards?* ◦ *There's **no point** inviting her – she never comes to parties.* **9 beside the point** not important or not connected with what you are talking about **не в этом суть, дело** *The fact that he doesn't want to come is beside the point – he should have been invited.* **10 make a point of doing sth** to be certain that you always do a particular thing **считать обязательным для себя** *He made a point of learning all the names of his staff.* **11 to the point** If something someone says or writes is to the point, it expresses the most important things without extra details. **по существу** *His report was short and to the point.* **12 up to a point** Ⓑ2 partly **частично** *What he says is true up to a point.* **13** [C] Ⓑ1 a unit used for showing who is winning in a game or competition **очко** *With 3 games still to play, Manchester United are 5 points ahead.* **14** [C] a unit used in some systems of measuring and comparing things **пункт** *The stock exchange fell by five points.* **15 boiling/freezing/melting point** the temperature at which a substance boils, freezes, or melts **температура кипения/замерзания/плавления** **16** [C] Ⓑ2 a quality which someone has **отличительная черта** *I know she's bossy, but she has lots of **good points** too.* ◦ *Chemistry never was **my strong point** (= I was never good at it).* **17** [C] (also **decimal point**) Ⓑ2 the mark (.) that is used to separate the two parts of a decimal **точка, отделяющая десятичную дробь от целого числа** *One mile equals one point six (= 1.6) kilometres.* **18** [C] Ⓑ2 one of the marks on a compass (= object used for showing directions) **страна света** **19** [C] a unit of measurement of the size of letters, used in printing and on computers **пункт** → See also **breaking point**, a **case** in point, **decimal point**, **focal point**, **moot point**, **point of view**, **starting-point**, **turning point**, **vantage point**

> **Слова-партнеры к point**
>
> **illustrate/make/prove/raise** a point • **take sb's** point • a point **about** sth

P

point² /pɔɪnt/ **verb 1** [I] Ⓐ2 to show where someone or something is by holding your finger or a thin object towards it **указывать, показывать (пальцем)** *She **pointed at/to** a bird flying overhead.* **2** [T] Ⓑ1 to hold something so that it faces towards something else **наводить, направлять** *She **pointed** her camera **at** them.* **3** [I] Ⓑ1 to face towards a particular direction **быть обращенным куда-либо** *The solar panels were pointing away from the sun.*

PHRASAL VERBS **point sb/sth out** to make a person notice someone or something **обращать чье-либо внимание** *I didn't think about the disadvantages until you pointed them out to me.* • **point sth out** Ⓑ2 to tell someone a fact **указывать, отмечать** *If he makes a mistake I always think it's best to point it out immediately.* • **point to/towards sth** to show that something probably exists, is happening, or is true **свидетельствовать, указывать на что-либо** *All the evidence points to suicide.*

point-blank /ˌpɔɪntˈblæŋk/ **adjective, adverb 1** If you refuse point-blank, you refuse completely and will not change your decision. **наотрез, категорически 2 at point-blank range** If someone is shot at point-blank range, they are shot from a very short distance away. **в упор**

pointed /ˈpɔɪntɪd/ **adjective 1** If someone says something in a pointed way, they intend to criticize someone. **критический, резкий** *He made some **pointed references** to her history of drug problems.* **2** A pointed object has a thin, sharp end. **остроконечный, острый** *a pointed chin/beard*

pointer /ˈpɔɪntəʳ/ **noun** [C] **1** a piece of information which can help you understand a situation or do something better **совет, подсказка** *I asked for some pointers on applying for jobs.* **2** an object that you use to point at something **указка**

pointless /ˈpɔɪntləs/ **adjective** Something that is pointless has no purpose. **бессмысленный** *pointless arguments/conflict* ◦ [+ to do sth] *It would be pointless to argue with him.*
• **pointlessly adverb бессмысленно**

ˌpoint of ˈview noun [C] (plural **points of view**) **1** Ⓑ2 a way of thinking about a situation **точка зрения** ***From** a medical **point of view**, there was no need for the operation.* **2** Ⓑ2 an opinion **мнение** *You have to be willing to see other people's points of view.*

> Слова-партнеры к **point of view**
> from sb's point of view • from a [political/financial, etc] point of view

poise /pɔɪz/ **noun** [U] **1** when you behave in a calm and confident way **самообладание, выдержка** *Recovering his poise, he congratulated his opponent.* **2** when you move or stand in a careful, pleasant way **манера держаться**

poised /pɔɪzd/ **adjective 1** [never before noun] ready to do something **готовый к чему-либо** [+ to do sth] *They have three hundred ships, all poised to attack.* **2** [never before noun] in a particular position or situation, ready to move or change **замерший, готовый к движению или переменам** *a helicopter poised above the crowd* **3** calm and confident **уверенный, достойный** *a **poised performance***

poison¹ /ˈpɔɪzᵊn/ **noun** [C, U] Ⓑ2 a substance that can make you ill or kill you if you eat or drink it **яд** *Someone had put poison in her drink.*

poison² /ˈpɔɪzᵊn/ **verb** [T] **1** Ⓑ2 to try to kill someone by giving them a dangerous substance to drink or eat **отравлять** *He tried to poison his wife.* **2** Ⓑ2 to put poison or a dangerous substance in something **отравлять** *They poisoned the city's water supply.* **3** to make something very unpleasant **отравлять, портить** *These arguments were poisoning his life.* **4 poison sb's mind** to make someone think bad things about someone or something **настраивать кого-либо против кого-либо/чего-либо** *Her father had **poisoned her mind against** me.*
• **poisoned adjective отравленный**

poisoning /ˈpɔɪzᵊnɪŋ/ **noun** [U] an illness caused by eating, drinking, or breathing a dangerous substance **отравление** ***alcohol/lead poisoning***
→ See also **food poisoning**

poisonous /ˈpɔɪzᵊnəs/ **adjective 1** Ⓑ2 containing poison **ядовитый** *poisonous gas* **2** Ⓑ2 A poisonous animal uses poison in order to defend itself. **ядовитый** *a poisonous snake*

poke

She poked her head out of the window.

She poked him.

poke¹ /pəʊk/ **verb 1** [T] to quickly push your finger or other pointed object into someone or something **тыкать, мешать (угли)** *Nell kept poking me in the arm.* ◦ *He poked the fire with his stick.* **2 poke (sth) round/out/through, etc** to appear through or from behind something, or to make something do this **высовывать(ся) из-за/из/через и т. д.** *Grace poked her head* *round the door.* → See also poke/stick your nose[1] into sth

PHRASAL VERB **poke about/around** informal to look for something by moving other things **искать, шарить** *I was poking around in the garage, looking for a paintbrush.*

poke[2] /pəʊk/ **noun** [C] when you quickly push your finger or other pointed object into someone or something **тычок** *I gave him a poke in the back.*

poker /ˈpəʊkəʳ/ **noun 1** [U] a game played with cards in which people try to win money from each other **покер 2** [C] a long, metal stick used for moving the coal or wood in a fire so that it burns better **кочерга**

poker-faced /ˈpəʊkəˌfeɪst/ **adjective** not showing on your face what you are really thinking or feeling **с невозмутимым выражением лица**

poky (also **pokey**) /ˈpəʊki/ **adjective** informal **1** A room or house that is poky is unpleasant because it is too small. **тесный, убогий 2** US too slow **медлительный**

polar /ˈpəʊləʳ/ **adjective** relating to the North or South Pole **полярный**

ˈ**polar ˌbear noun** [C] (B2) a large, white bear that lives in the Arctic (= most northern part of the Earth) **белый медведь**

Polaroid /ˈpəʊlᵊrɔɪd/ **noun** [C] trademark a camera that prints a photograph immediately after you have taken it, or a picture taken with this type of camera **Полароид**

pole /pəʊl/ **noun 1** [C] a long, thin stick made of wood or metal, often used to hold something up **столб, шест, кол** *tent poles* **2 the North/South Pole** the part of the Earth that is furthest north/south **Северный/Южный полюс**

IDIOM **be poles apart** to be complete opposites **быть полной противоположностью чему-либо**

polemic /pəˈlemɪk/ **noun** [C, U] formal writing or speech that strongly criticizes or defends an idea, a belief, etc **полемический**

ˈ**pole ˌvault noun** [no plural] a sport in which you use a very long stick to jump over a high bar **прыжок с шестом**

police[1] /pəˈliːs/ **noun** [plural] (A2) the official organization that makes people obey the law and that protects people and places against crime, or the people who work for this organization **полиция** *I heard a gun shot and decided to* ***call the police.*** ◦ *A 30-year-old taxi driver is being interviewed by police.* ◦ *a police investigation*

> Слова-партнеры к **police**
>
> **call the police • report sb/ sth to the police • police arrest/question sb**

police[2] /pəˈliːs/ **verb** [T] to make sure that people obey the law in a particular place or when they are doing a particular activity **обеспечивать соблюдение порядка** *Clubs have to pay for the cost of policing matches.*

poˌ**lice** ˈ**constable noun** [C] in the UK, a police officer of the lowest rank **полицейский, констебль**

poˈ**lice de**ˌ**partment noun** [C] in the US, the police force in an area or city **полиция**

poˈ**lice** ˌ**force noun** [C] the police in a country or area **полиция**

policeman, policewoman /pəˈliːsmən/, /pəˈliːsˌwʊmən/ **noun** [C] (plural **policemen, policewomen**) (A2) a man/woman who is a member of the police **полицейский**

poˈ**lice** ˌ**officer noun** [C] (A2) someone who is a member of the police **полицейский**

poˈ**lice** ˌ**state noun** [C] a country in which the people are not free to do what they want because the government controls them **полицейское государство**

poˈ**lice** ˌ**station noun** [C] (A2) the office of the police in a town or part of a city **полицейский участок**

policy /ˈpɒləsi/ **noun 1** [C, U] (B2) a set of ideas or a plan of what to do in particular situations that has been agreed by a government, business, etc **политика** ***foreign policy*** ◦ *It is* ***company policy*** *to help staff progress in their careers.* **2** [C] an agreement that you have with an insurance company (= company that pays the costs if you are injured, etc) **страховой полис**

> Слова-партнеры к **policy**
>
> **adopt/formulate/implement/pursue a policy • a policy on sth • a policy of (doing) sth • company policy • foreign policy**

polio /ˈpəʊliəʊ/ **noun** [U] a serious disease that sometimes makes it impossible for you to move your muscles **полиомиелит**

polish[1] /ˈpɒlɪʃ/ **noun 1** [C, U] a substance that you rub on something in order to make it clean and shiny **крем, лак, мастика 2** [no plural] when you rub something in order to make it clean and shiny **полировка** *Just give the table a polish.* → See also **nail polish**

polish[2] /ˈpɒlɪʃ/ **verb** [T] to rub something with a cloth in order to make it clean or to make it shine **полировать** *to polish your shoes*

PHRASAL VERB **polish sth off** informal to finish something quickly **быстро разделаться с чем-либо** *I gave him a bowl of ice cream which he soon polished off.*

polished /ˈpɒlɪʃt/ **adjective 1** clean and shiny after polishing **полированный** *a polished floor* **2** done with skill and style **блестящий, безукоризненный** *He gave a highly* ***polished performance.***

polite /pəˈlaɪt/ **adjective** (A2) behaving in a way that is not rude and shows that you do not only

P

think about yourself **вежливый** *She was too polite to point out my mistake.*
• **politely adverb** Ⓑ1 **вежливо** *He thanked them politely.* • **politeness noun** [U] Ⓑ2 **вежливость**

Другие способы сказать polite

Прилагательными **courteous**, **respectful** и **well-mannered** можно охарактеризовать человека, который вежлив и проявляет уважение к другим.

*Although she often disagreed with me, she was always **courteous**.*

*They were quiet, **well-mannered** children.*

Уважительное отношение мужчины к женщине можно описать прилагательным **chivalrous**.

*He held open the door in that **chivalrous** way of his.*

Выражение **politically-correct** и его сокращение **PC** используют, если хотят подчеркнуть, что о чем-то говорят таким образом, что это не может быть оскорбительным для женщин, для людей определенной расы или для людей с физическими или психическими проблемами.

*'Fireman' has been replaced by the **politically-correct** term 'firefighter'.*

*Calling them 'ladies' – that's not very **PC** of you!*

Вежливая спокойная беседа может быть охарактеризована как **civilized**.

*Let's discuss this in a **civilized** manner.*

political /pəˈlɪtɪkəl/ **adjective** Ⓑ1 relating to or involved in politics **политический** *There are two main **political parties** in my country.* ◦ *The church has a strong political influence.*
• **politically adverb политически**

poˌlitical aˈsylum noun [U] protection given by a government to someone whose political activities have made it too dangerous for them to live in their own country **политическое убежище**

poˌlitically coˈrrect adjective careful to speak or behave in a way which is not offensive to women, people of a particular race, or people who have physical or mental problems **политически корректный** *It's not politically correct to call women 'girls'.*
• **political correctness noun** [U] **политическая корректность**

poˌlitical ˈprisoner noun [C] someone who is in prison because their political activities or opinions oppose the government **политический заключенный**

politician /ˌpɒlɪˈtɪʃən/ **noun** [C] Ⓑ1 someone who works in politics, especially a member of the government **политик**

politicize (also UK **-ise**) /pəˈlɪtɪsaɪz/ **verb** [T] to make something or someone become more involved with politics **политизировать** [often passive] *The whole issue has been politicized.* ◦ *a highly **politicized debate***

politics /ˈpɒlətɪks/ **noun 1** [U] Ⓑ1 ideas and activities relating to how a country or area is governed **политика** *He has little interest in **local politics**.* **2** [U] Ⓑ1 a job in politics **политическая деятельность** *She's planning to retire from politics next year.* **3 sb's politics** [plural] someone's opinions about how a country or area should be governed **чьи-либо политические убеждения** *I don't know what his politics are, but he strongly disagreed with the decision.* **4** [plural] the relationships in a group which allow particular people to have power over others **интриги** *I try not to get involved in **office politics**.*

Слова-партнеры к politics

enter/go into/be involved in politics • **domestic/international/local** politics

polka /ˈpɒlkə/ **noun** [C] a type of dance, or a piece of music used for this type of dance **полька**

polka-dot /ˈpɒlkəˌdɒt/ **adjective** [always before noun] having a regular pattern of small, round spots **в горошек** *a polka-dot bikini*

poll[1] /pəʊl/ **noun** [C] (also **opinion poll**) when people are asked questions to discover what they think about a subject **опрос** *A recent **poll indicated** that 77 percent of Americans supported the president.*

Слова-партнеры к poll

carry out/conduct a poll • a poll **indicates/reveals/shows/suggests** sth • a poll **of** sb

poll[2] /pəʊl/ **verb** [T] **1** to ask someone's opinion as part of a study on what people think about a subject **опрашивать, проводить опрос** [often passive] *Most students polled said they preferred the new system.* **2** to receive a particular number of votes in an election **получать голоса** *Labour polled only 45 percent of the Scottish vote.*

pollen /ˈpɒlən/ **noun** [U] a powder produced by flowers, which is carried by insects or the wind and makes other flowers produce seeds **цветочная пыльца**

ˈpollen ˌcount noun [C] the measurement of the amount of pollen in the air **подсчет содержания пыльцы в воздухе**

ˈpolling ˌday noun [C] UK (US **election day**) the day when people vote in an election **день выборов**

ˈpolling ˌstation noun [C] UK (US **ˈpolling ˌplace**) a building where people go to vote in an election **избирательный пункт**

the polls /pəʊlz/ **noun** [plural] voting in an election **голосование** *The country will **go to the polls** (= vote) on 13 September.*

pollster /ˈpəʊlstəʳ/ **noun** [C] someone who tries to discover what most people think about a subject by asking questions **человек, проводящий опрос**

pollute /pə'lu:t/ **verb** [T] (B2) to make water, air, soil, etc dirty or harmful **загрязнять (окружающую среду)** *We need a fuel that won't pollute the environment.*
• **pollutant noun** [C] a substance that pollutes water, air, etc **загрязнитель**

pollution /pə'lu:ʃᵊn/ **noun** [U] (B1) damage caused to water, air, etc by harmful substances or waste **загрязнение** *The book shows simple things you can do to reduce pollution from your car.*

polo /'pəʊləʊ/ **noun** [U] a game played between two teams who ride horses and hit a ball with long, wooden hammers **поло**

'polo ˌneck noun [C] UK (US **turtleneck**) a piece of clothing that covers the top part of the body and has a tube-like part covering the neck **водолазка** *a black polo neck sweater*

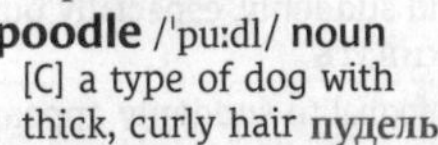
polo neck
polo neck *UK*, turtleneck *US*

'polo ˌshirt noun [C] a cotton shirt with short sleeves, a collar, and buttons at the front **тенниска**

poly- /pɒli-/ **prefix** many **много-, поли-** *polygamy (= having more than one husband or wife at the same time) ◦ a polygon (= a shape with many sides)*

polyester /ˌpɒli'estəʳ/ **noun** [U] a type of artificial cloth used for making clothes **полиэстр** *a polyester shirt/skirt*

polystyrene /ˌpɒlɪ'staɪri:n/ **noun** [U] UK (US **Styrofoam®**) a light plastic material that is wrapped around delicate objects to protect them, and around hot things to keep them hot **полистрол** *polystyrene packaging/polystyrene cups*

polytechnic /ˌpɒlɪ'teknɪk/ **noun** [C] a college where students study scientific and technical subjects **политехнический институт**

polythene /'pɒlɪθi:n/ **noun** [U] UK (US **polyethylene** /ˌpɒli'eθəli:n/) a thin, soft plastic, often used for making bags **полиэтилен**

pomp /pɒmp/ **noun** [U] formal special clothes, decorations, and music at an official ceremony **помпа, пышность**

pompous /'pɒmpəs/ **adjective** Someone who is pompous is too serious and thinks they are more important than they really are. **напыщенный**
• **pompously adverb напыщенно** • **pomposity** /pɒm'pɒsəti/ **noun** [U] when someone is pompous **напыщенность**

pond /pɒnd/ **noun** [C] (B2) a small area of water, especially one that has been made artificially in a park or garden **пруд**

ponder /'pɒndəʳ/ **verb** [I, T] literary to think carefully about something **обдумывать, взвешивать** [+ question word] *He pondered what might have happened if he hadn't gone home.*

ponderous /'pɒndᵊrəs/ **adjective 1** Ponderous speech or writing is boring or too serious. **нудный, скучный 2** slow because of being very heavy or large **тяжеловесный**
• **ponderously adverb нудно, тяжеловесно**

pony /'pəʊni/ **noun** [C] a small horse **пони**

ponytail /'pəʊniteɪl/ **noun** [C] hair tied at the back of your head so that it hangs down like a horse's tail **конский хвост (прическа)**

ponytail

poodle /'pu:dl/ **noun** [C] a type of dog with thick, curly hair **пудель**

pool¹ /pu:l/ **noun 1** [C] (also **swimming pool**) (A2) an area of water that has been made for people to swim in **бассейн** *The hotel has two outdoor pools.* **2** [C] (B2) a small area of water or a small amount of liquid on a surface **лужа** *We dipped our feet in a shallow pool by the rocks. ◦ a **pool of** blood* **3** [U] (B1) a game in which two people use long, thin sticks to hit coloured balls into holes around the edge of a table **пул 4** [C] a collection of money, people, or equipment which is shared by a group of people **общий фонд (денег, машин и т. д.)** *a **car pool** for company business*

pool² /pu:l/ **verb** [T] If a group of people pool their money, knowledge, or equipment, they collect it together so that it can be shared or used for a particular purpose. **объединять (ресурсы, знания и т. д.)** *Several villages pooled their resources to set up a building project.*

the pools /pu:lz/ **noun** [plural] in Britain, a game in which people try to win a lot of money by guessing the results of football matches **футбольный тотализатор**

poor /pɔ:ʳ/ (US) /pʊr/ **adjective 1** (A1) having very little money or few possessions **бедный** *Most of these people are desperately poor. ◦ Modern fertilizers are too expensive for poorer countries to afford. ◦ housing for the poor* **2** (B2) of very low quality **плохой, слабый, скудный** *poor health ◦ Last year's exam results were poor. ◦ a poor harvest ◦ The meeting went smoothly but attendance was poor (= not many people came).* **3** (B2) not having much skill at a particular activity **неумелый** *She's always been **poor at** spelling.* **4** [always before noun] (A2) used to show sympathy for someone **бедный, несчастный** *That cold sounds terrible, you **poor thing**.* **5 be poor in sth** (B2) If something is poor in a particular substance, it has very little of the substance. c низким содержанием чего-либо *Avoid foods which are high in calories but poor in nutrients.*

poorly¹ /ˈpɔːli/ **adverb** badly **плохо** *poorly educated*

poorly² /ˈpɔːli/ **adjective** UK informal ill **больной, нездоровый** *Rosie was feeling poorly so I put her to bed.*

pop¹ /pɒp/ **verb** (present participle **popping**, past tense and past participle **popped**) **1** [I, T] to make a short sound like a small explosion, or to make something do this by breaking it **хлопать, щелкать** *The music played and champagne corks popped.* **2 pop in/out/over, etc** informal B2 to go to a particular place **заскакивать/выскакивать/заглядывать и т. д.** *Doug's just popped out for a few minutes.* ◦ *I'll pop into the supermarket on my way home.* **3 pop sth in/into/on, etc** informal to quickly put something in a particular place **засунуть что-либо в/на и т. д.** *Can you pop the pizza in the oven?* **4 pop out/up** to move quickly and suddenly, especially out of something **выскакивать**

PHRASAL VERB **pop up** informal to suddenly appear or happen, often unexpectedly **неожиданно возникать** *A message just popped up on my screen.*

pop² /pɒp/ **noun 1** [U] (also ˈ**pop** ˌ**music**) A2 modern music with a strong beat which is popular with young people **поп-музыка 2** [C] a short sound like a small explosion **хлопок 3** [U] informal (also US **soda**) a sweet drink with bubbles **шипучий напиток 4** [no plural] US informal father **папа**

P

popcorn /ˈpɒpkɔːn/ **noun** [U] yellow seeds of grain that break open when heated and are eaten with salt, sugar, or butter **попкорн**

Pope /pəʊp/ **noun** [C] the leader of the Roman Catholic Church **Папа Римский** *Pope John Paul II* ◦ *The Pope was due to visit Paraguay in May.*

poplar /ˈpɒpləʳ/ **noun** [C, U] a tall tree with branches that grow up to form a thin, pointed shape **тополь**

popper /ˈpɒpəʳ/ **noun** [C] UK (US **snap**) a metal or plastic object used to fasten clothing, made of two parts which fit together with a short, loud sound **кнопка (застежка)**

poppy /ˈpɒpi/ **noun** [C] a red flower with small, black seeds **мак**

populace /ˈpɒpjələs/ **noun** [group] formal all the people who live in a particular country or place **население**

popular /ˈpɒpjələʳ/ **adjective 1** A2 liked by many people **популярный, распространенный** *'Jack' was the most popular boy's name.* ◦ *The North African coast is becoming increasingly **popular with** British tourists.* → Opposite **unpopular 2** [always before noun] B2 for or involving ordinary people and not specialists or people who are very educated **массовый** *The issue was given full coverage in the popular press.* **3** [always before noun] A popular belief, opinion, etc is one that many people have. **широко распространенный** *The allegations are false, contrary to **popular belief**.*

popularity /ˌpɒpjəˈlærəti/ **noun** [U] B2 the quality of being liked by many people **популярность** *the increasing popularity of organic produce* → Opposite **unpopularity**

> Слова-партнеры к **popularity**
>
> **gain** popularity • be **growing in/increasing in** popularity • sb's/sth's popularity **increases/soars/wanes** • the popularity **of** sth • sb/sth's popularity **with** sb

popularize (also UK **-ise**) /ˈpɒpjələraɪz/ **verb** [T] to make something become known or liked by many people **популяризировать** *It was the World Cup which popularized professional soccer in the United States.*
• **popularization** (also UK **-isation**) /ˌpɒpjələraɪˈzeɪʃən/ **noun** [U] **популяризация**

popularly /ˈpɒpjələli/ **adverb popularly believed/called/known, etc** believed, called, etc by most people **по распространенному мнению/обычно называемый/широко известный и т. д.** *Los Angeles is popularly known as 'LA'.*

populate /ˈpɒpjəleɪt/ **verb be populated** If an area is populated by people or animals, they live in that area. **быть населенным** *The countryside is **densely/sparsely populated** (= there are many/few people).* ◦ *The forest was populated by rare and colourful birds.*

population /ˌpɒpjəˈleɪʃən/ **noun 1** [C, U] B1 the number of people living in a particular area **население** *What's the **population of** Brazil?* **2** [group] B2 all the people living in a particular area, or all the people or animals of a particular type **население** *a 9% rise in the prison population*

> Слова-партнеры к **population**
>
> **have a** population **of** [50 million, etc] • population **growth**

populous /ˈpɒpjələs/ **adjective** formal A populous area has a lot of people living in it. **густонаселенный** *It's one of the world's most populous cities.*

pop-up /ˈpɒpʌp/ **adjective** [always before noun] **1** A pop-up book is a book which has pictures that stand up from the pages when the book is opened. **книга-раскладушка 2** A pop-up menu is a list of choices on a computer screen which is hidden until you choose to look at it. **всплывающее (меню на экране компьютера)** *Select the option you want from the **pop-up menu**.*

porcelain /ˈpɔːsəlɪn/ **noun** [U] a hard, shiny, white substance used to make cups, plates, etc, or the cups and plates themselves **фарфор** *a porcelain dish* ◦ *a fine collection of porcelain*

porch /pɔːtʃ/ **noun** [C] a covered area built onto the entrance to a house **крыльцо**

pore¹ /pɔːʳ/ **noun** [C] a very small hole in your skin that sweat (= salty liquid) can pass through **пора**

pore² /pɔːʳ/ **verb**

PHRASAL VERB **pore over sth** to study or look carefully at something, especially a book or document **сосредоточенно изучать** *Jeremy spent the afternoon poring over his exam notes.*

pork /pɔːk/ **noun** [U] B1 meat from a pig **свинина** *pork chops*

pornography /pɔːˈnɒɡrəfi/ **noun** [U] (informal **porn**) magazines and films showing naked people or sexual acts that are intended to make people feel sexually excited **порнография**

• **pornographic** /ˌpɔːnəˈɡræfɪk/ **adjective** relating to pornography **порнографический** *pornographic images/videos*

porous /ˈpɔːrəs/ **adjective** allowing liquid or air to pass through **пористый** *porous rock*

porridge /ˈpɒrɪdʒ/ **noun** [U] a soft, white food made of oats (= type of grain) and water or milk **(овсяная) каша**

port /pɔːt/ **noun** **1** [C] B1 a town or an area of a town next to water where ships arrive and leave from **порт, портовый город** *a fishing port* ◦ *the Belgian port of Zeebrugge* **2** [U] a sweet, strong, red wine which is made in Portugal **портвейн** **3** [U] the left side of a ship or aircraft **левый борт** *the port side*

portable /ˈpɔːtəbl/ **adjective** able to be carried **портативный, переносной** *a portable computer*

portal /ˈpɔːtəl/ **noun** [C] a page on the Internet with links to many other pages or websites that people use to start searching the World Wide Web **портал (в Интернете)**

porter /ˈpɔːtəʳ/ **noun** [C] someone whose job is to carry other people's bags in hotels, stations, etc **носильщик**

portfolio /ˌpɔːtˈfəʊliəʊ/ **noun** [C] **1** a collection of designs, pictures, documents, etc that represents a person's work, or the large, flat container that it is carried in **папка с образцами работ (художника и т. д.)** **2** a collection of accounts, money, etc that is owned by a person or organization **папка документов, ценных бумаг** *a stock portfolio*

porthole /ˈpɔːthəʊl/ **noun** [C] a small, round window in the side of a ship or aircraft **иллюминатор**

portion /ˈpɔːʃən/ **noun** [C] **1** a part of something **часть, доля** *A large portion of their profits go straight back into new projects.* **2** B2 the amount of food served to one person, especially in a restaurant **порция**

portly /ˈpɔːtli/ **adjective** humorous quite fat **дородный, тучный** *a portly gentleman*

portrait /ˈpɔːtrɪt/ **noun** **1** B2 [C] a painting, drawing, or photograph of someone **портрет** *a* ***portrait of*** *the princess* ◦ *a portrait gallery/painter* **2 a portrait of sb/sth** a film or book which describes someone or something in detail **описание, изображение чего-либо/кого-либо** *His latest film is a portrait of life in the 1920s.* → See also **self-portrait**

portray /pɔːˈtreɪ/ **verb** [T] **1** If a book or film portrays someone or something, it describes or shows them. **описывать, изображать** *Both novels portray the lives of professional athletes.* ◦ *In the film he's* ***portrayed as*** *a hero.* **2** to act the part of a character in a film or play **изображать кого-либо (на сцене, в фильме)**

• **portrayal** **noun** [C, U] when you portray someone or something **описание, изображение** *He won several awards for his portrayal of the dictator.*

pose¹ /pəʊz/ **verb** **1 pose a danger/problem/threat, etc** to cause a problem **представлять собой опасность/проблему/угрозу и т. д.** *A lot of these chemicals pose very real threats to our health.* **2** [I] to stay in a particular position so that someone can paint or photograph you **позировать** *The two leaders* ***posed for*** *photographs outside the White House.* **3** [I] mainly UK to try to make people notice and admire you, especially by looking fashionable **рисоваться, красоваться** *Pascal was posing in his new sunglasses.* **4 pose a question** formal to ask a question **задавать вопрос**

PHRASAL VERB **pose as sb** to pretend that you are someone else **выдавать себя за кого-либо** *He got into her house by posing as an electrician.*

pose² /pəʊz/ **noun** **1** [C] the position that you stay in while someone photographs or paints you **поза** *an elegant pose* **2** [no plural] when someone pretends to be more clever or interesting than they really are **поза, притворство** *She's not really interested in art, it's just a pose.*

posh /pɒʃ/ **adjective** **1** B2 expensive and used or owned by rich people **шикарный** *a posh hotel/restaurant* **2** UK from a high social class **аристократический** *a posh voice*

position¹ /pəˈzɪʃən/ **noun** **1** [C, U] B1 the way someone is sitting, standing, or lying, or if something is pointing up or down, etc **положение, поза** *a kneeling position* ◦ *I go to sleep on my back but I always wake up* ***in*** *a different* ***position.*** ◦ *Make sure your chair is* ***in*** *the upright* ***position.*** **2** [C] B1 the situation that someone is in **положение, ситуация** [usually singular] *She's* ***in*** *a very difficult* ***position.*** **3 be in a position to do sth** to be able to do something because of your situation **иметь возможность, быть в состоянии делать что-либо** *I'm not in a position to talk about this at the moment.* **4** [C] B1 the place where someone or something is **местонахождение, расположение** *I'm trying* *to find our position on the map.* ◦ *You're* ***in*** *a good* ***position*** *next to the window.* **5 be in position** If someone or something is in position, they are in the place that they should be in. **быть на своем месте** **6 in first/second/third, etc position** in first/second/third, etc place in a race or other competition **быть на первом/втором/третьем и т. д. месте** *She finished the race in third position.* **7** [C] formal Ⓑ2 a job **место, должность** *to apply for a position in a company* **8** [C] formal a way of thinking about a subject **позиция, точка зрения** *What's the company's* ***position on*** *recycling?* **9** [C] Ⓑ1 the part that someone plays in a game such as football **позиция** *What* ***position*** *does he* ***play****?* **10** [C] Ⓑ2 your level of importance in society **положение, статус** *the position of women in society*

position² /pəˈzɪʃən/ **verb** [T] to put someone or something in a place for a reason **помещать, ставить** [often reflexive] *I positioned myself as far away from her as possible.*

positive /ˈpɒzətɪv/ **adjective 1** Ⓑ1 feeling happy about your life and your future **положительный, оптимистический** *a* ***positive attitude*** ◦ *I'm feeling much more positive about things now.* **2** Ⓑ2 Something that is positive makes you feel better about a situation. **положительный** *We've shown people samples of the product and had a very* ***positive response****.* **3** [never before noun] Ⓑ2 certain that something is true **уверенный** *"Are you sure you saw him?" "Absolutely positive."* ◦ [+ (that)] *I'm positive that I switched it off.* **4** [always before noun] showing without any doubt that something is true **несомненный** ***positive proof*** **5** If a medical test is positive, it shows that the person being tested has a disease or condition. **положительный** *She did a pregnancy test and it was positive.* **6** In mathematics, a positive number is greater than zero. **положительный** **7 positive charge** the electrical charge that is carried by protons (= parts of atoms) **положительный заряд**

positively /ˈpɒzətɪvli/ **adverb 1** Ⓑ2 in a good way that makes you feel happier **положительно** *Most children* ***respond positively*** *to praise and encouragement.* **2** used to emphasize something that you say, especially when it is surprising **абсолютно, совершенно** *Our waiter was positively rude.*

possess /pəˈzes/ **verb 1** [T] formal to have or own something **обладать, владеть** *He was found guilty of possessing an illegal weapon.* **2 what possessed her/him/you, etc?** something that you say when someone has done something stupid **что заставило, дернуло ее/его/тебя и т. д. сделать что-либо?** [+ to do sth] *What possessed you to tell him?*

possessed /pəˈzest/ **adjective** controlled by evil spirits **одержимый**

possession /pəˈzeʃən/ **noun 1** [C] Ⓑ2 a thing that you own **имущество, собственность** [usually plural] ***personal possessions*** ◦ *He woke up to discover that all his possessions had been stolen.* **2** [U] formal when you have or own something **обладание, владение** *I have* ***in my possession*** *a photograph which may be of interest to you.* ◦ *He was caught* ***in possession of*** *explosives.*

> Слова-партнеры к **possession**
>
> sb's **prized/most treasured** possessions • **material/personal** possessions

possessive /pəˈzesɪv/ **adjective 1** wanting someone to love and spend time with you and no one else **собственнический, ревнивый** **2** Ⓑ1 In grammar, a possessive word or form of a word shows who or what something belongs to. For example the words 'mine' and 'yours' are possessive pronouns. **притяжательный (в грамматике)**

possibility /ˌpɒsəˈbɪləti/ **noun 1** [C, U] Ⓑ1 a chance that something may happen or be true **возможность, вероятность** *Is there any* ***possibility of*** *changing this ticket?* ◦ [+ (that)] *There is a* ***strong possibility*** *that she was lying.* **2** [C] Ⓑ2 something that you can choose to do **возможность, вариант** *Have you considered the* ***possibility of*** *flying?* → Opposite **impossibility**

> Слова-партнеры к **possibility**
>
> **consider/discuss/raise/rule out** a possibility • a **distinct/real/strong** possibility • possibility **of doing sth**

possible /ˈpɒsəbl/ **adjective 1** Ⓐ1 If something is possible, it can happen or be done. **возможный** [+ to do sth] *Is it possible to speak to the manager please?* ◦ *The operation will* ***make it possible*** *for her to walk without crutches.* ◦ *I'll send it today,* ***if possible****.* → Opposite **impossible** **2** Ⓑ1 If something is possible, it might or might not exist or be true. **возможный, вероятный** *possible safety problems* ◦ [+ (that)] *It's possible that the tapes were stolen.* **3 as much/quickly/soon, etc as possible** Ⓐ2 as much/quickly/soon, etc as something can happen or be done **как можно больше/быстрее/скорее и т. д.** *I'll go as soon as possible.* **4 the best/cheapest/worst, etc possible** the best/cheapest/worst, etc that can happen or exist **наилучший/самый дешевый/наихудший и т. д. из всего возможного** *the shortest possible time*

possibly /ˈpɒsəbli/ **adverb 1** Ⓐ2 used when something is not certain **возможно, может быть** *Someone, possibly Tom, had left the window open.* **2** Ⓑ2 used with 'can' or 'could' for emphasis **что/как только возможно, просто невозможно** *We'll do everything we possibly can to help.* ◦ *I couldn't possibly ask you to do that.* **3** Ⓑ1 used in polite questions **если возможно (употребляется в вежливых вопросах и просьбах)** *Could I possibly borrow your bike?*

post¹ /pəʊst/ **noun 1** [no plural] UK (US **mail**) Ⓐ2

P

the system for sending letters, parcels, etc почта *Your letter is **in the post**.* ◦ *I'm sending the documents **by post**.* **2** [U] UK (US **mail**) A2 letters, parcels, etc that you send or receive почта, корреспонденция *Has the **post arrived/come** yet?* **3** [C] formal B2 a job должность, место *a part-time post* ◦ *a teaching post* **4** [C] a long, vertical piece of wood or metal fixed into the ground at one end столб *I found the dog tied to a post.* **5** [C] a place where someone stands to guard something пост

post[2] /pəʊst/ **verb** [T] **1** A2 UK (US **mail**) to send a letter or parcel by post отправлять по почте *Did you post my letter?* **2** B1 to leave a message on a website оставлять свое сообщение на каком-либо веб-сайте *I posted a query about arthritis treatment.* **3 be posted to France/London/Singapore, etc** to be sent to France/London/Singapore, etc to work, usually for the government or army быть назначенным на должность во Франции/Лондоне/Сингапуре и т. д. **4 post a notice/sign, etc** to put a notice/sign, etc somewhere вывешивать объявление/вывеску и т. д. *He posted the message on the noticeboard.* **5 keep sb posted** to make certain that someone always knows what is happening держать кого-либо в курсе дел *Keep me posted on anything that happens while I'm away.*

postage /ˈpəʊstɪdʒ/ **noun** [U] money that you pay to send a letter or parcel почтовый сбор *first-class postage*

ˌpostage and ˈpacking noun [U] (UK US ˌ**shipping and ˈhandling**) money that you pay so that a company will send you something through the post оплата пересылки товара по почте

ˈpostage ˌstamp noun [C] formal a small, official piece of paper that you buy and stick onto a letter or parcel before you post it почтовая марка

postal /ˈpəʊstəl/ **adjective** [always before noun] relating to the system of sending letters and parcels почтовый *the **postal service**/system*

ˈpostal ˌorder noun [C] UK (US **money order**) an official piece of paper bought at a post office that you can send instead of money денежный почтовый перевод

ˈpost ˌbox noun [C] UK (US **mailbox**) a large, metal container in a public place where you can post letters почтовый ящик

postcard /ˈpəʊstkɑːd/ **noun** [C] A2 a card with a picture on one side that you send without an envelope (почтовая) открытка *Send me a postcard.*

postcode /ˈpəʊstkəʊd/ **noun** [C] a group of letters and numbers that comes at the end of someone's address in the UK почтовый индекс → Compare **zip code**

poster /ˈpəʊstəʳ/ **noun** [C] A2 a large, printed picture or notice that you put on a wall, in order to decorate a place or to advertise something плакат, афиша

posterity /pɒsˈterəti/ **noun** [U] the people who will be alive in the future потомки *These works of art should be preserved **for posterity**.*

postgraduate /ˌpəʊstˈgrædʒuət/ **noun** [C] (US **graduate**) (also **postgrad**) a student who has one degree and now studies at a university for a more advanced degree аспирант
• **postgraduate adjective** аспирантский, магистерский *a postgraduate degree in mathematics*

posthumous /ˈpɒstjəməs/ **adjective** happening after someone's death посмертный *the posthumous publication of her letters*
• **posthumously adverb** посмертно

posting /ˈpəʊstɪŋ/ **noun** [C] mainly UK when you are sent to work in another place назначение на должность (в другом месте) *a posting to Madrid*

Post-it (note) /ˈpəʊstɪtˌnəʊt/ **noun** [C] trademark a small piece of paper that you can write on and then stick to other papers or surfaces листок небольшого размера для записей, с клейкой поверхностью на обратной стороне

postman /ˈpəʊstmən/ **noun** [C] (plural **postmen**) UK (US **mailman, letter carrier**) B1 a man who takes and brings letters and parcels as a job почтальон

postmark /ˈpəʊstmɑːk/ **noun** [C] an official mark on a letter or parcel, showing the place and time it was sent почтовый штемпель

post-mortem /ˌpəʊstˈmɔːtəm/ **noun** [C] a medical examination of a dead body to find out why the person died вскрытие трупа

ˈpost ˌoffice noun [C] A2 a place where you can buy stamps and send letters and parcels почта, почтовое отделение

postpone /pəʊstˈpəʊn/ **verb** [T] B1 to arrange for something to happen at a later time откладывать, отсрочивать *The trip to the museum has been **postponed until** next week.*

postscript /ˈpəʊstskrɪpt/ **noun** [C] extra information at the end of a letter or email, usually added after writing the letters 'PS' постскриптум

posture /ˈpɒstʃəʳ/ **noun** [U] the position of your back, shoulders, etc when you are standing or sitting осанка *She has very **good posture**.*

postwar /ˈpəʊstwɔːr/ **adjective** happening or existing in the period after a war послевоенный *postwar Europe*

pot[1] /pɒt/ **noun** [C] B1 a round container, usually used for storing things or cooking кастрюля, чайник, горшок *a flower pot* ◦ *a pot of coffee/tea* ◦ *pots and pans*

IDIOM **go to pot** to be damaged or spoilt because no effort has been made вылетать в трубу, идти насмарку *My diet's gone to pot since the holidays.*

→ See also **melting pot**

pot² /pɒt/ **verb** [T] (present participle **potting**, past tense and past participle **potted**) to put a plant into a pot filled with soil **сажать в горшок**

potassium /pəˈtæsiəm/ **noun** [U] a chemical element that combines easily with other elements, often used to help plants grow well (symbol K) **калий**

potato /pəˈteɪtəʊ/ **noun** [C, U] (plural **potatoes**) (A1) a round vegetable with a brown, yellow, or red skin that grows in the ground **картофель** *boiled/fried potatoes* ◦ *mashed potato* → See **Fruit and Vegetables** on page Centre 10 → See also **couch potato**, **jacket potato**, **sweet potato**

poˈtato ˌchip **noun** [C] US (UK **crisp**) a very thin, dry, fried slice of potato **картофельные чипсы**

potent /ˈpəʊtᵊnt/ **adjective** very powerful or very effective **сильный, мощный** *a potent drug/weapon*

• **potency** /ˈpəʊtᵊnsi/ **noun** [U] when something is potent **сила, мощь**

potential¹ /pəˈtenʃᵊl/ **adjective** [always before noun] (B2) A potential problem, employer, partner, etc may become one in the future, although they are not one now. **потенциальный** *a **potential danger/threat*** ◦ *a **potential customer*** ◦ *A number of **potential buyers** have expressed interest in the building.*

• **potentially** **adverb** (B2) **потенциально** *a **potentially fatal** condition*

P

potential² /pəˈtenʃᵊl/ **noun** **1** [U] (B2) qualities or abilities that may develop and allow someone or something to succeed **потенциал** *to **achieve** your full **potential*** **2** **potential for sth/doing sth** **a** the possibility that something may happen **возможность** *There is the potential for some really interesting research.* **b** the difference in voltage (= how strong an electrical current is) between two points **потенциал**

> **Слова-партнеры к potential**
>
> have [enormous/great, etc] potential • achieve/fulfil/reach/realize your (full) potential • see/spot sb's/sth's potential • sb's/sth's potential as sth

pothole /ˈpɒthəʊl/ **noun** [C] a hole in the surface of a road **рытвина, выбоина**

potted /ˈpɒtɪd/ **adjective** **1** planted in a container **горшечный, комнатный (о растении)** ***potted plants**/flowers* ◦ *a potted palm* **2** **potted history/version, etc of sth** UK a story or report that has been changed to make it shorter and more simple **сокращенная история/адаптированная версия** *a potted version of Shakespeare*

ˌpotted ˈplant **noun** [C] (also UK **ˈpot ˌplant**) a plant that is grown in a container, and usually kept inside **комнатное растение**

potter¹ /ˈpɒtəʳ/ **noun** [C] a person who makes plates, bowls, etc from clay **гончар**

potter² /ˈpɒtəʳ/ **verb**

PHRASAL VERB **potter about/around (sth)** mainly UK to spend time in a pleasant, relaxed way, often doing small jobs in your house **копаться, заниматься мелочами**

pottery /ˈpɒtᵊri/ **noun** **1** [U] (B2) plates, bowls, etc that are made from clay **керамика** **2** [U] (B2) the activity of making plates, bowls, etc from clay **гончарное дело** **3** [C] a place where plates, bowls, etc made from clay are made or sold **гончарня**

potty¹ /ˈpɒti/ **noun** [C] a small toilet that young children use **детский горшок**

potty² /ˈpɒti/ **adjective** UK informal crazy or stupid **рехнувшийся**

pouch /paʊtʃ/ **noun** [C] **1** a small, soft bag made of leather or cloth **сумка, мешочек** **2** a pocket of skin in which some female animals carry their babies **сумка (у сумчатых животных)**

poultry /ˈpəʊltri/ **noun** **1** [plural] chickens and other birds that people breed for meat and eggs **домашняя птица** **2** [U] the meat of chickens and other birds eaten as food **мясо птицы**

pounce /paʊns/ **verb** [I] to suddenly move towards a person or animal that you want to catch **набрасываться** *The police were waiting to pounce when he arrived at the airport.*

PHRASAL VERB **pounce on sth/sb** to immediately criticize a mistake **цепляться, придираться**

pound¹ /paʊnd/ **noun** [C] **1** (A2) the unit of money used in the UK **фунт стерлингов** *a hundred pounds/£100* ◦ *a **pound coin*** **2** (written abbreviation **lb**) (B2) a unit for measuring weight, equal to 453.6 grams or 16 ounces **фунт** *a pound of potatoes* ◦ *The baby weighed just four pounds when she was born* → See Study Page **Measurements** on page Centre 31

pound² /paʊnd/ **verb** **1** [I, T] (B2) to hit something many times using a lot of force **бить, колотить** *Someone was **pounding on** the door.* **2** [I] (B2) If your heart pounds, it beats very quickly. **биться, колотиться** *My **heart** was **pounding** as I walked out onto the stage.* **3** **pound along/down/up, etc** to run somewhere with quick, loud steps **тяжело, с трудом бежать по/вниз/наверх и т. д.** *He pounded up the stairs.*

pour /pɔːʳ/ **verb** **1** [T] (B1) to make a liquid flow from or into a container **разливать, наливать** *I **poured** the milk **into** a jug.* ◦ [+ two objects] *Can I **pour** you a **drink**?* **2** [I] (also UK **pour down**) (B1) to rain, producing a lot of water **лить как из ведра** *We can't go out*

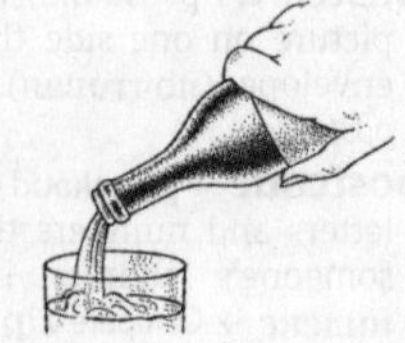
pour

in this weather – it's pouring! **3 pour into/out/from, etc a** B2 to flow quickly and in large amounts **течь, струиться в/из и т. д.** *Blood was pouring from my leg.* **b** to enter or leave a place in large numbers **валить в/из и т. д.** (**о толпе**) *The crowd poured out into the street.*

PHRASAL VERB **pour sth out** B2 If you pour out your feelings or thoughts, you talk very honestly about what is making you sad. **изливать, высказывать** *She listened quietly while he* ***poured out*** *his* ***troubles.***

pout /paʊt/ **verb** [I] to push your lips forward because you are annoyed or because you want to look sexually attractive **надувать губы** • **pout noun** [C] **надутые губы**

poverty /ˈpɒvəti/ **noun** [U] B2 when you are very poor **бедность** *to* ***live in poverty***

> Слова-партнеры к **poverty**
>
> **die in/live in** poverty • **alleviate/fight/tackle** poverty • **abject/extreme** poverty

poverty-stricken /ˈpɒvətiˌstrɪkən/ **adjective** A poverty-stricken area or person is very poor. **очень бедный**

POW /ˌpiːəʊˈdʌbljuː/ **noun** [C] abbreviation for prisoner of war: a soldier who is caught by enemy soldiers during a war **военнопленный**

powder /ˈpaʊdər/ **noun** [C, U] B1 a dry substance made of many small, loose grains **порошок, пудра** *curry powder ◦ face powder* • **powdered adjective** in the form of a powder **порошкообразный** *powdered milk/sugar* → See also **talcum powder**

> Слова-партнеры к **power**
>
> **come to/devolve/seize/take/wield** power • **considerable/enormous** power

power¹ /paʊər/ **noun 1** [U] B2 control or influence over people and events **власть, влияние** *He likes to have* ***power over*** *people.* **2** [U] B2 political control in a country **власть** *They have been* ***in power*** *too long. ◦ When did this government* ***come to power*** *(= start to control the country)?* **3** [U] B1 energy, usually electricity, that is used to provide light, heat, etc **энергия** *nuclear power ◦ Turn off the power at the main switch.* **4** [C] a country that has a lot of influence over others **держава** *a major world power* **5** [C, U] an official or legal right to do something **право, полномочие** [+ to do sth] *It's not* ***in my power*** *to stop him publishing this book.* **6** [U] strength or force **сила, могущество** ***economic/military power*** **7** [U] a natural ability **способность, дар** *to lose the power of speech* **8 do everything in your power to do sth** to do everything that you are able and allowed to do **делать все возможное** *I've done everything in my power to help him.* **9 the powers that be** important people who have authority over others **сильные мира сего, власть имущие** → See also **balance of power**

power² /paʊər/ **verb** [T] to supply energy to a machine and make it work **питать электроэнергией** [often passive] *The clock is powered by two small batteries.*

ˈpower ˌcut noun [C] (also US **power outage**) when the supply of electricity suddenly stops **отключение электроэнергии**

powerful /ˈpaʊəfəl/ **adjective 1** B1 A powerful person is able to control and influence people and events. **влиятельный** *a powerful man/woman* **2** B1 having a lot of strength or force **мощный** *a powerful engine/weapon* **3** B2 having a strong effect on people **яркий, сильный** *a* ***powerful effect/influence*** • **powerfully adverb** B2 **мощно, сильно**

powerless /ˈpaʊələs/ **adjective** not able to control events **бессильный, беспомощный** [+ to do sth] *The police were powerless to stop the fighting.*

power outage /ˈpaʊərˌaʊtɪdʒ/ **noun** [C] US (also UK/US **power cut**) when the supply of electricity suddenly stops **отключение электроэнергии**

ˈpower ˌstation noun [C] (also US **ˈpower plant**) a place where electricity is produced **электростанция**

ˈpower ˌtool noun [C] a tool that uses electricity **электроинструмент**

pp written abbreviation for pages **страницы** *See pp 10 – 12 for more information.*

PR /ˌpiːˈɑːr/ **noun** [U] abbreviation for public relations: writing and activities that are intended to make a person, company, or product more popular **связи с общественностью, реклама** ***good/bad PR*** *◦ a* ***PR campaign***

practicable /ˈpræktɪkəbl/ **adjective** formal able to be done successfully **осуществимый, реальный** *It's just not practicable to travel in this weather.*

practical¹ /ˈpræktɪkəl/ **adjective 1** B2 relating to real situations or actions and not to thoughts or ideas **практический** ***practical experience*** *◦ They can offer* ***practical help.*** **2** suitable or useful for a situation which may involve some difficulty **практичный, удобный** *practical clothes/shoes ◦ Pale carpets just aren't practical if you have kids.* **3** able to be done successfully **осуществимый, реальный** *a* ***practical solution*** *◦ The plan is simply not practical.* **4** Someone who is practical is good at planning things and dealing with problems. **практичный, дельный** *She has a lot of interesting ideas but she's not very practical.* **5** good at repairing and making things **умелый**

practical² /ˈpræktɪkəl/ **noun** [C] a lesson or examination in which you do or make something instead of only writing **практический урок или экзамен**

practicalities /ˌpræktɪˈkælətiz/ **noun** [plural] real situations or facts **практические вопросы** *the* ***practicalities of*** *running your own business*

practicality /ˌpræktɪˈkæləti/ **noun** [U] **1** the possibility that something can be done successfully **осуществимость, реальность** *I like the idea but I'm not sure about the practicality of it.* **2** how suitable or useful something is for a situation which may involve some difficulty **практичность**

ˌpractical ˈjoke noun [C] a trick using actions and not words to make people laugh **розыгрыш** *to* ***play*** *a* ***practical joke*** *on someone*

practically /ˈpræktɪkəli/ **adverb 1** B2 almost **практически, почти** *It's* ***practically impossible*** *to get there.* ◦ *We see her practically every day.* **2** in a suitable or useful way **практически** *We need to think practically.*

practice /ˈpræktɪs/ **noun 1** [U] A2 when you repeat an activity to improve your ability **тренировка, упражнение** *We need a bit more practice before the concert.* ◦ *I've got basketball practice tonight.* **2** [C, U] what people do or how they do it **деятельность, практика** ***business/working practices*** ◦ [+ of + doing sth] *the* ***illegal practice*** *of copying CDs* ◦ [+ to do sth] ***It is common practice*** *to bury waste in landfills.* **3** [C] a business in which several doctors or lawyers work together, or the work that they do **практика (врача, адвоката)** *a* ***legal/medical practice*** **4 in practice** B2 If something is true in practice, this is the real situation. **на практике, на деле** *In practice, the new laws have had little effect.* **5 be out of practice** B2 to not do something well because you have not done it recently **разучиться делать что-либо, утратить навык** **6 put something into practice** to try a plan or idea **осуществлять что-либо, проводить в жизнь** *Next month we will have a chance to put these ideas into practice.*

P

practise UK (US **practice**) /ˈpræktɪs/ **verb 1** [I, T] A1 to repeat something regularly in order to improve your ability **тренироваться, упражняться** *You need to practise your pronunciation.* ◦ *They're* ***practising for*** *tomorrow's concert.* **2** [I, T] to work as a doctor or a lawyer **практиковать (о враче, адвокате)** *to* ***practise medicine/law*** **3** [T] to do something regularly according to a custom, religion, or a set of rules **следовать (обычаю), исповедовать** *to* ***practise a religion***

IDIOM **practise what you preach** to behave as well as you often tell other people they should behave **жить согласно своим убеждениям** *I'd have more respect for him if he practised what he preached.*

practised UK (US **practiced**) /ˈpræktɪst/ **adjective** very good at doing something because you have done it so often **опытный, приобретенный на практике** *She answered the questions with* ***practised ease.***

practising UK (US **practicing**) /ˈpræktɪsɪŋ/ **adjective a practising Catholic/Jew/Muslim, etc** someone who follows the rules of a religion **человек, живущий по законам католической/иудейской/мусульманской и т. д. религии**

practitioner /prækˈtɪʃənər/ **noun** [C] formal someone who works as a doctor or a lawyer **практикующий врач или юрист** *a medical practitioner* → See also **general practitioner**

pragmatic /prægˈmætɪk/ **adjective** doing things in a practical and realistic way and not using only ideas **практичный, деловой** *a* ***pragmatic approach*** *to a problem*

pragmatism /ˈprægmətɪzəm/ **noun** [U] when someone is pragmatic **практичность** • **pragmatist noun** [C] someone who is pragmatic **прагматик**

prairie /ˈpreəri/ **noun** [C] a large, flat area of land in North America that is usually covered in grass **прерия**

praise[1] /preɪz/ **verb** [T] **1** B2 to say that you admire someone or something, or that they are very good **хвалить** *He praised the team's performance.* ◦ *Residents* ***praised*** *the firemen* ***for*** *their swift action.* **2** to give respect and thanks to a god **восхвалять, прославлять** ***Praise God,*** *no one was hurt.*

praise[2] /preɪz/ **noun** [U] words you say to show that you admire someone or something **похвала** *They deserve* ***praise for*** *their achievements.* ◦ *Her first novel* ***won*** *a lot of* ***praise*** *from the critics.*

> **Слова-партнеры к praise**
>
> **deserve/earn/be singled out for/win** praise • **be full of** praise **for/have nothing but** praise **for sb/ sth** • **glowing/high** praise • praise **for sb/sth** • **in** praise **of sth**

praiseworthy /ˈpreɪzˌwɜːði/ **adjective** formal deserving praise **похвальный**

pram /præm/ **noun** [C] mainly UK a small vehicle with four wheels for carrying a baby **детская коляска**

prance /prɑːns/ **verb** [I] to walk or dance in a proud way, often because you want people to look at you **ходить с важным видом, красоваться** *She was* ***prancing around*** *in a bikini.*

prank /præŋk/ **noun** [C] a trick that is intended to be funny **выходка, проделка**

prat /præt/ **noun** [C] UK very informal a stupid person **болван**

prawn /prɔːn/ **noun** [C] B2 a small sea animal which you can eat, and which has a shell and ten legs **креветка**

pray /preɪ/ **verb** [I, T] **1** A2 to speak to a god in order to show your feelings or to ask for something **молиться** *Let us* ***pray for*** *all the sick children.* ◦ [+ that] *She prayed that God would forgive her.* **2** B2 to hope very much that something will happen **надеяться, уповать** *We're just* ***praying for*** *rain.*

prayer /preəʳ/ **noun 1** [C] B1 the words you say to a god **молитва** *Shall we* ***say a prayer for*** *him?* **2** [U] when you say words to a god **молитва** *They knelt* ***in prayer.***

preach /priːtʃ/ **verb 1** [I, T] to talk to a group of people about a religious subject, usually as a priest in a church **проповедовать** *to preach the gospel* **2** [I] to try to persuade people to believe or support something, often in an annoying way **поучать, читать нравоучения** → See also **practise** what you preach

preacher /ˈpriːtʃəʳ/ **noun** [C] someone who speaks in public about a religious subject, especially someone whose job is to do this **проповедник**

preamble /ˈpriːæmbl/ **noun** [C] formal an introduction to a speech or piece of writing **вступление, предисловие**

precarious /prɪˈkeəriəs/ **adjective 1** A precarious situation is likely to become worse. **ненадежный, рискованный** *Many illegal immigrants are in a* ***precarious position.*** **2** not fixed and likely to fall **неустойчивый, шаткий** *That shelf looks a bit precarious.*

• **precariously adverb** **ненадежно, неустойчиво** *Her cup was* ***balanced precariously*** *on the arm of the chair.*

precaution /prɪˈkɔːʃən/ **noun** [C] something that you do to prevent bad things happening in the future **предосторожность** *Driving alone at night can be dangerous, so always* ***take precautions.*** ◦ *They called the doctor* ***as a precaution.*** ◦ [+ of + doing sth] *He took the precaution of locking the door.*

• **precautionary adjective a precautionary measure/step** something that you do in order to prevent something bad from happening **мера предосторожности, принимаемый для предосторожности**

> Слова-партнеры к **precaution**
>
> take [adequate/extra/necessary, etc] precautions • as a precaution • a sensible/wise precaution • a safety precaution • a precaution against sth

precede /priːˈsiːd/ **verb** [T] formal to happen or exist before something else **предшествовать** [often passive] *The formal ceremony was* ***preceded by*** *a parade.*

• **preceding adjective** [always before noun] happening or coming before **предыдущий** *the preceding months*

precedence /ˈpresɪdəns/ **noun** [U] when someone or something is considered more important than another person or thing **приоритет, первоочередность** *to* ***give precedence to*** *something* ◦ *Quality should* ***take precedence*** *over cost.*

precedent /ˈpresɪdənt/ **noun** [C, U] an action or decision that is used as an example when someone wants to do a similar thing in the future **прецедент** *This decision has* ***set an*** *important legal* ***precedent*** *for other countries.*

precinct /ˈpriːsɪŋkt/ **noun 1 a pedestrian/shopping precinct** UK an area in a town where there are shops and no cars are allowed **пешеходная зона/торговый район 2** [C] US an area in a city that a particular group of police are responsible for, or the building in which they work **полицейский участок** *the 45th precinct*

precincts /ˈpriːsɪŋkts/ **noun** [plural] the area of land around a building, especially a large church **территория вокруг здания или церкви** *the cathedral precincts*

precious[1] /ˈpreʃəs/ **adjective 1** B2 very important to you **дорогой, драгоценный** *His books are his most precious possessions.* **2** B2 rare and very valuable **драгоценный** *a precious vase* ◦ *a precious metal/stone*

precious[2] /ˈpreʃəs/ **adverb precious few/little** very little or very few of something **очень мало** *We have precious little money at present.*

precipice /ˈpresɪpɪs/ **noun** [C] **1** a dangerous situation that could lead to failure or harm **опасное положение, грань чего-либо** *The two countries stood* ***on the precipice*** *of war.* **2** a steep side of a mountain or high area of land **обрыв, пропасть**

precipitate[1] /prɪˈsɪpɪteɪt/ **verb** [T] formal to make something happen **вызывать что-либо** [often passive] *The war was precipitated by an invasion.*

precipitate[2] /prɪˈsɪpɪteɪt/ **noun** [C] a solid substance found in a liquid during a chemical reaction **выделившаяся фаза**

precipitation /prɪˌsɪpɪˈteɪʃən/ **noun** [U] In science, precipitation is rain or snow that falls to the ground. **осадки**

precis /ˈpreɪsiː/ **noun** [C, U] formal a report giving the main ideas of a piece of writing or speech **краткое изложение, конспект**

precise /prɪˈsaɪs/ **adjective 1** B2 exact and accurate **точный** *precise details/instructions* → Opposite **imprecise 2 to be precise** B2 used to give exact details about something **если быть точным, а именно** *We met in 1994 – October 1st to be precise.* **3** [always before noun] used to emphasize something that you are referring to **именно этот** *At that* ***precise moment,*** *the door opened.*

precisely /prɪˈsaɪsli/ **adverb 1** B2 exactly **точно, ровно** *at 6 o'clock precisely* **2** B2 used to emphasize something **именно** *This is precisely the kind of thing I was hoping to avoid.* **3** used to agree with what someone else says **вот именно! совершенно верно!** *"It's not the shape I dislike, it's the colour." "Precisely!"*

precision /prɪˈsɪʒən/ **noun** [U] when something

is very exact and accurate **точность** *She parked the car with great precision.*

preclude /prɪˈkluːd/ **verb** [T] formal to prevent something from happening **мешать, препятствовать** [+ from + doing sth] *His illness precludes him from taking part in any sports.*

precocious /prɪˈkəʊʃəs/ **adjective** Children who are precocious have the confidence or skill of an adult. **не по годам взрослый** *A precocious child, she went to university at the age of 15.*

preconceived /ˌpriːkənˈsiːvd/ **adjective** Preconceived ideas are decided before the facts of a situation are known. **предвзятый** ***preconceived ideas***

preconception /ˌpriːkənˈsepʃən/ **noun** [C] what you believe before you know the facts of a situation **предрассудок, предубеждение** *People **have** so many **preconceptions about** unmarried mothers.*

precondition /ˌpriːkənˈdɪʃən/ **noun** [C] formal what must happen before something else can happen **предварительное условие** *The ceasefire is a **precondition for** peace talks.*

precursor /ˌpriːˈkɜːsər/ **noun** [C] formal something which happens or exists before something else and influences its development **предшественник, предтеча** *Infection with HIV is a **precursor to** AIDS.*

predate /ˌpriːˈdeɪt/ **verb** [T] to exist or happen before something else **существовать, происходить ранее чего-либо** *The drinking of alcohol predates the Greeks and Romans.*

predator /ˈpredətər/ **noun** [C] an animal that kills and eats other animals **хищник**

predatory /ˈpredətəri/ **adjective 1** A predatory person tries to get things from other people in a way that is unfair. **хищнический 2** A predatory animal kills and eats other animals. **хищный**

predecessor /ˈpriːdɪˌsesər/ (US) /ˈpredəsesər/ **noun** [C] **1** the person who was in a job or position before **предшественник** *He seems a lot better than his predecessor.* **2** something that existed before another, similar thing **старая модель, предмет, замененный другим** *The predecessors to these computers were much larger and heavier.*

predetermined /ˌpriːdɪˈtɜːmɪnd/ **adjective** formal decided before **заранее условленный** *They met at a predetermined time and place.*

predeterminer /ˌpriːdɪˈtɜːmɪnər/ **noun** [C] a word that is used before a determiner to give more information about a noun. For example 'all' in 'all these children' is a predeterminer. **слово, предшествующее определяющему**

predicament /prɪˈdɪkəmənt/ **noun** [C] a problem or a difficult situation **затруднительное положение** *I sympathize with your predicament.*

> **Слова-партнеры к predicament**
>
> **face** a predicament • **explain** your predicament • **be in** a predicament

predicate /ˈpredɪkət/ **noun** [C] the part of a sentence which gives information about the subject. In the sentence 'We went to the airport.', 'went to the airport' is the predicate. **сказуемое**

predicative /prɪˈdɪkətɪv/ **adjective** A predicative adjective comes after a verb. In the sentence 'She is happy.', 'happy' is a predicative adjective. **предикативный** → Compare **attributive**

predict /prɪˈdɪkt/ **verb** [T] (B1) to say what you think will happen in the future **предсказывать, пророчить** *Companies are predicting massive profits.* ◦ [+ (that)] *They predicted that the temperature would reach 80 degrees today.*

predictable /prɪˈdɪktəbl/ **adjective** (B2) happening or behaving in a way that you expect and not unusual or interesting **предсказуемый** *a predictable result* ◦ *She's so predictable.* → Opposite **unpredictable**

• **predictably adverb предсказуемо**

prediction /prɪˈdɪkʃən/ **noun** [C, U] (B2) when you say what you think will happen in the future **предсказание, прогноз** *I wouldn't like to **make** any **predictions about** the result of this match.*

> **Слова-партнеры к prediction**
>
> **make** a prediction • an **accurate/gloomy** prediction • a prediction **about** sth • a prediction **of** [disaster/an improvement, etc]

preˌdictive ˈtexting noun [U] when your mobile phone suggests words automatically while you use it to write a text message (= a written message sent from one mobile phone to another) **предиктивный ввод текста на мобильном телефоне**

predilection /ˌpriːdɪˈlekʃən/ **noun** [C] formal when you like something very much **пристрастие** *She **has a predilection for** chocolate.*

predisposed /ˌpriːdɪˈspəʊzd/ **adjective be predisposed to sth** to be more likely than other people to have a medical problem or to behave in a particular way **быть предрасположенным к чему-либо** *Some people are predisposed to addiction.*

• **predisposition** /ˌpriːdɪspəˈzɪʃən/ **noun** [C] when you are likely to have a medical problem or to behave in a particular way **предрасположенность** *people with a **predisposition to** heart disease*

predominant /prɪˈdɒmɪnənt/ **adjective** more important or noticeable than others **превалирующий** *He has played a **predominant role** in these talks.*

• **predominance** /prɪˈdɒmɪnəns/ **noun** [U] when something is more important or noticeable than others **преобладание** *the predominance of English on the Internet*

predominantly /prɪˈdɒmɪnəntli/ **adverb** mostly or mainly **в основном** *a predominantly Asian community*

predominate /prɪˈdɒmɪneɪt/ **verb** [I] to be the largest in number or the most important **преобладать** *Olive trees predominate in this area.*

pre-eminent /ˌpriːˈemɪnənt/ **adjective** more important or better than others **выдающийся** *a pre-eminent artist/scholar*

• **pre-eminence** /ˌpriːˈemɪnəns/ **noun** [U] when someone or something is much more important or better than others **превосходство**

pre-empt /ˌpriːˈempt/ **verb** [T] to do something before something else happens in order to prevent it or reduce its effect **предупреждать, предотвращать**

• **pre-emptive adjective** preventing something else from happening **предупредительный** *to take* ***pre-emptive action***

preen /priːn/ **verb** [I, T] **1** If a bird preens or preens itself, it makes its feathers clean and tidy. **чистить клювом перья 2** to try to look attractive **прихорашиваться** [often reflexive] *The actors preened themselves in the dressing room.*

pre-existing /ˌpriːɪgˈzɪstɪŋ/ **adjective** existing before something else **существовавший до чего-либо** *a pre-existing medical condition*

prefabricated /ˌpriːˈfæbrɪkeɪtɪd/ **adjective a prefabricated building/home/house, etc** a building that has already been partly built when it is put together **сборный (о здании, доме)**

preface /ˈprefɪs/ **noun** [C] a piece of writing at the beginning of a book that explains why it was written **предисловие**

prefect /ˈpriːfekt/ **noun** [C] in the UK, an older student in a school who has special duties and some authority **староста (в школе)**

prefer /prɪˈfɜːʳ/ **verb** [T] (present participle **preferring**, past tense and past participle **preferred**) **1** A2 to like someone or something more than another person or thing **предпочитать** *I* ***prefer*** *dogs* ***to*** *cats.* ◦ [+ doing sth] *She prefers watching tennis to playing.* **2 would prefer** A2 used to say what you want or ask someone what they want **предпочел/предпочла бы** [+ to do sth] *I'd prefer to go alone.* ◦ *Would you prefer red or white wine?*

preferable /ˈprefᵊrəbl/ **adjective** B2 better or more suitable **предпочтительный** *Staying at home is* ***preferable to*** *going out with someone you don't like.*

preferably /ˈprefᵊrəbli/ **adverb** B2 if possible **предпочтительно** *Serve the pudding with ice cream, preferably vanilla.*

preference /ˈprefᵊrᵊns/ **noun 1** B2 [C, U] when you like something or someone more than another person or thing **предпочтение** ***personal preferences*** ◦ *We have white and brown bread. Do you* ***have a preference?*** ◦ *I have a* ***preference for*** *dark-haired men.* **2 give preference to sb** to give special treatment to someone **заниматься кем-либо в первую очередь, ставить в привилегированное положение** *Hospitals must give preference to urgent cases.*

> Слова-партнеры к **preference**
>
> **express/have** a preference • a **clear/marked** preference • a **personal** preference • a preference for sth

preferential /ˌprefᵊrˈenʃᵊl/ **adjective preferential treatment** If you are given preferential treatment, you are treated in a better way than other people. **особые привилегии** *There were complaints that some guests had been given preferential treatment.*

prefix /ˈpriːfɪks/ **noun** [C] B2 a group of letters that you add to the beginning of a word to make another word. In the word 'unimportant', 'un-' is a prefix. **приставка (в грамматике)** → Compare **suffix** → See Study Page **Word formation** on page Centre 28.

pregnancy /ˈpregnənsi/ **noun** [C, U] when a woman is pregnant **беременность** *a teenage pregnancy*

pregnant /ˈpregnənt/ **adjective 1** B1 A pregnant woman has a baby developing inside her uterus. **беременная** *to* ***get pregnant*** ◦ *She's five months pregnant.* **2 a pregnant pause/silence** a pause or silence full of meaning that is not said in words **многозначительная пауза/многозначительное молчание**

preheat /priːˈhiːt/ **verb** [T] to heat an oven to a particular temperature before putting food in it **предварительно нагревать** *Preheat the oven to 180 degrees.*

prehistoric /ˌpriːhɪˈstɒrɪk/ **adjective** relating to a time in the past before there were written records of events **доисторический** *prehistoric remains*

prejudice[1] /ˈpredʒədɪs/ **noun** [C, U] B2 when someone dislikes a group of people or treats them unfairly because they are a different race, sex, religion, etc **предубеждение, предрассудок** *racial prejudice* ◦ ***prejudice against*** *women*

> Слова-партнеры к **prejudice**
>
> **encounter/experience/face** prejudice • prejudice **against** sb

prejudice[2] /ˈpredʒədɪs/ **verb** [T] **1** to influence someone in an unfair way so that they have a bad opinion of someone or something **настраивать кого-либо против кого-либо, создавать предвзятое мнение** *Her comments may have* ***prejudiced*** *the voters* ***against*** *him.* **2** to have a harmful effect on a situation **наносить ущерб** *Newspaper reports have prejudiced the trial.*

P

prejudiced /ˈpredʒədɪst/ **adjective** feeling dislike for a group of people or treating them unfairly because they are a different race, sex, religion, etc **предубежденный, предвзятый** *Are the police **prejudiced against** black people?*

preliminary /prɪˈlɪmɪnəri/ **adjective** [always before noun] done or happening in order to prepare for the main event or activity **предварительный** *a preliminary discussion/meeting*
• **preliminary noun** [C] something that you do at the start of an event or activity **предварительные действия или замечания**

prelude /ˈprelju:d/ **noun 1 a prelude to sth** something that happens before another event or activity, usually as an introduction to it **прелюдия, вступление** *There are hopes that the talks are a prelude to an agreement.* **2** [C] a short piece of music that introduces the main piece **прелюдия**

premature /ˈpremətʃəʳ/ Ⓤⓢ /ˌpri:məˈtʊr/ **adjective** happening too soon or before the usual time **преждевременный** ***premature ageing/death*** ◦ *a **premature baby*** ◦ [+ to do sth] *It seems a bit premature to start talking about it already.*
• **prematurely adverb преждевременно** *He died prematurely of cancer.*

premeditated /ˌpri:ˈmedɪteɪtɪd/ **adjective** If a crime is premeditated, it is planned. **преднамеренный** ***premeditated murder*** ◦ *a **premeditated attack***

premenstrual /ˌpri:ˈmenstruəl/ **adjective** related to the time just before a woman's period (= monthly blood from the uterus) **предменструальный** ***premenstrual syndrome/tension***

premier¹ /ˈpremiəʳ/ Ⓤⓢ /prɪˈmɪr/ **noun** [C] the leader of a government **премьер-министр** *the Chinese premier*
• **premiership noun** [U] the period in which someone is premier **премьерство**

premier² /ˈpremiəʳ/ Ⓤⓢ /prɪˈmɪr/ **adjective** [always before noun] best or most important **первый, лучший** *the city's premier hotel*

premiere /ˈpremieəʳ/ Ⓤⓢ /prɪˈmɪr/ **noun** [C] the first public performance of a film, play, etc **премьера** *a **film premiere*** ◦ *the world premiere*
• **premiere verb** [I, T] **давать премьеру, впервые быть исполненным, показанным** [often passive] *The opera was premiered in Paris.*

the Premiership /ˈpremiəˌʃɪp/ **noun** the group of the best English football teams who compete against each other **английская премьер-лига**

premise /ˈpremɪs/ **noun** [C] formal an idea that you use to support another theory **предпосылка**

premises /ˈpremɪsɪz/ **noun** [plural] the land or buildings used by an organization **помещение, территория** *We're moving to new premises.* ◦ *Smoking is not allowed anywhere **on the premises**.*

premium¹ /ˈpri:miəm/ **noun 1** [C] an amount of money you pay for insurance (= payments for an accident or illness) **страховой взнос** *How much is the monthly premium?* **2** [C] an amount or rate that is higher than average **повышенная стоимость** *You **pay a premium** for apartments in the city centre.* **3 be at a premium** If something useful is at a premium, there is not enough of it. **быть востребованным, не хватать** *Time is at a premium just before the start of exams.* **4 place/put a premium on sth** to consider a quality or achievement as very important **высоко ценить что-либо** *She puts a premium on honesty.*

premium² /ˈpri:miəm/ **adjective** [always before noun] A premium product is of a higher quality or value than others. **первосортный, высшего качества** *premium beer/cigars*

premonition /ˌpreməˈnɪʃən/ **noun** [C] a feeling that something, especially something unpleasant, is going to happen **предчувствие** *to **have a premonition*** ◦ *a **premonition of** disaster*

prenatal /ˌpri:ˈneɪtəl/ **adjective** US (UK **antenatal**) relating to pregnant women before their babies are born **предродовой** ***prenatal care***

preoccupation /pri:ˌɒkjəˈpeɪʃən/ **noun 1** [C, U] when you think or worry about something so much that you do not think about other things **озабоченность, поглощенность** *a **preoccupation with** death/food* **2** [C] something that you think or worry about a lot **забота, занятость** *His main preoccupations are football and women.*

preoccupied /ˌpri:ˈɒkjəpaɪd/ **adjective** thinking or worrying about something a lot **озабоченный, поглощенный** *She's been very preoccupied recently.* ◦ *He's far too **preoccupied with** his own problems to notice mine.*
• **preoccupy** /ˌpri:ˈɒkjəpaɪ/ **verb** [T] If something preoccupies you, you think or worry about it a lot. **занимать, поглощать внимание**

prepaid /pri:ˈpeɪd/ **adjective** If something is prepaid, you pay for it before a particular time. **предварительно оплаченный** *Susan just got prepaid tickets for the show next weekend.*

preparation /ˌprepərˈeɪʃən/ **noun** [U] Ⓑ1 the things that you do or the time that you spend preparing for something **подготовка** *Did you **do** much **preparation for** your interview?* ◦ *He's been painting the outside of the house **in preparation for** winter.* ◦ *the preparation of the document*

preparations /ˌprepərˈeɪʃənz/ **noun** [plural] Ⓑ2 things that you do to get ready for something **приготовления, подготовка** *wedding preparations* ◦ *We've been **making preparations for** the journey.* ◦ *I've been busy with **last-minute preparations** for our trip.*

Слова-партнеры к preparations

begin/finalize/make preparations • final/last-minute preparations • preparations are underway • preparations for sth

preparatory /prɪˈpærətᵊri/ **adjective** done in order to get ready for something **подготовительный** *preparatory work*

preˈparatory ˌschool noun [C] formal a prep school **частная школа для детей в возрасте от 8 до 13 лет (в Великобритании), частная средняя школа (в США)**

prepare /prɪˈpeəʳ/ **verb 1** [I, T] A2 to get someone or something ready for something that will happen in the future **готовить(ся)** *They're **preparing for** the big match.* ◦ *We're preparing the students for their end-of-year exam.* ◦ [+ to do sth] *I was busy preparing to go on holiday.* **2 prepare yourself** B1 to make yourself ready to deal with a difficult situation **приготавливаться** *Prepare yourself for a shock.* **3** [T] A2 to make food ready to be eaten **готовить (пищу)** *to prepare lunch*

prepared /prɪˈpeəd/ **adjective 1** B1 ready to deal with a situation **готовый, подготовленный** *I wasn't **prepared for** the cold.* **2 be prepared to do sth** B2 to be willing to do something **быть готовым сделать что-либо** *You must be prepared to work hard.*

preponderance /prɪˈpɒndᵊrᵊns/ **noun** formal **a preponderance of sth** when there is a larger amount of one thing than of others **преобладание чего-либо** *There is a preponderance of older people in this area.*

preposition /ˌprepəˈzɪʃᵊn/ **noun** [C] B1 a word or group of words that is used before a noun or pronoun to show place, direction, time, etc. For example 'on' in 'Your keys are on the table.' is a preposition. **предлог (в грамматике)**

preposterous /prɪˈpɒstᵊrəs/ **adjective** extremely stupid **нелепый, абсурдный** *That's a preposterous idea!*

prep school /ˈprepsku:l/ **noun** [C] **1** in the UK, a private school for children aged between 8 and 13 **частная школа для детей в возрасте от 8 до 13 лет 2** in the US, a private school which prepares students for college **частная средняя школа (для подготовки в колледж)**

prerequisite /ˌpri:ˈrekwɪzɪt/ **noun** [C] formal something that is necessary in order for something else to happen or exist **необходимое условие** *Trust is a **prerequisite for** any sort of relationship.*

prerogative /prɪˈrɒgətɪv/ **noun** [C] formal something that you have the right to do because of who you are **прерогатива** *Alex makes the decisions – that's his prerogative as company director.*

Presbyterian /ˌprezbɪˈtɪəriən/ **adjective** belonging or relating to a type of Christian church with elected groups of local members involved in the official organization of local churches **пресвитерианский**
• **Presbyterian noun** [C] **пресвитерианин**

pre-school /ˈpri:sku:l/ **adjective** [always before noun] relating to children who are too young to go to school **дошкольный** ***pre-school children/education***
• **pre-school noun** [C] a school for children younger than five years old **детский сад**

prescribe /prɪˈskraɪb/ **verb** [T] **1** to say what medical treatment someone needs **прописывать (лекарство и т. д.)** [often passive] *Painkillers are the most common drugs prescribed by doctors in Britain.* **2** formal to say officially what people must do **предписывать** *rules prescribed by law*

prescription /prɪˈskrɪpʃᵊn/ **noun 1** B1 [C] a piece of paper saying what medicine someone needs or the medicine itself **рецепт (на лекарство)** *a **doctor's prescription*** **2 on prescription** UK (US **by prescription**) If you get a medicine on prescription, you only get it if you have a written instruction from your doctor. **по рецепту**

prescriptive /prɪˈskrɪptɪv/ **adjective** formal saying exactly what must happen **предписывающий, диктующий** *The government's homework guidelines are too prescriptive.*

presence /ˈprezᵊns/ **noun 1** [U] B2 when someone or something is in a place **присутствие** *She signed the document **in the presence of** two witnesses.* **2** [no plural] a group of police or soldiers who are watching or controlling a situation **военное присутствие, присутствие полиции** *a strong **police presence*** **3** [U] a quality that makes people notice and admire you **внушительная внешность 4 presence of mind** the ability to deal with a difficult situation quickly and effectively **присутствие духа** *She had the presence of mind to press the alarm.* **5 make your presence felt** to have a strong effect on other people **иметь влияние на других** *The new police chief has really made his presence felt.*

Слова-партнеры к presence

the presence of sb/sth • in the presence of sb/sth

present¹ /ˈprezᵊnt/ **adjective 1 be present** B1 to be in a particular place **присутствовать** *The whole family was present.* **2** [always before noun] happening or existing now **настоящий, нынешний** *the present situation* ◦ *What is your present occupation?* **3 present tense** A1 the form of the verb which is used to show what happens or exists now **настоящее время (в грамматике)**

present² /ˈprezᵊnt/ **noun 1 the present a** B1 the period of time that is happening now **настоящее (время)** *The play is set **in the present**.* **b** A1 the form of the verb which is used to show what happens or exists now настоящее время (в грамматике) **2** A2 [C] something that you give to someone, usually for a particular occasion **подарок** *a* ***birthday/wedding present*** ◦ *to* ***give*** *someone a* ***present*** **3 at present** B1 now **сейчас** *At present she's working abroad.*

present

> **Слова-партнеры к present**
>
> buy/get/give sb /wrap (up) a present • a present for/from sb • a birthday/wedding present

present³ /prɪˈzent/ **verb** [T] **1** B2 to give something to someone, often at a formal ceremony **преподносить, вручать** *to* ***present a prize*** ◦ *They* ***presented*** *her* ***with*** *a bouquet.* **2** B2 to give people information in a formal way **представлять, излагать** *He* ***presented*** *the report* ***to*** *his colleagues.* **3 present a danger/threat/problem, etc** to cause a danger/threat/problem, etc **быть чреватым опасностью/представлять собой угрозу/проблему и т. д.** *The final exam may present some problems.* **4** UK (US **host**) B2 to introduce a television or radio programme **вести программу** *He presents a weekly sports quiz.* **5** to show a new play or film **показывать, играть (спектакль и т. д.)** *The school is presenting 'West Side Story' this term.* **6** to introduce someone formally **представлять кого-либо кому-либо** *May I present my daughters?* **7** If an opportunity presents itself, it becomes possible. **появляться (о возможности)** *I'd be happy to go to New York, if the* ***opportunity presented itself***.

presentable /prɪˈzentəbl/ **adjective** looking clean and tidy enough **представительный, презентабельный** *He was looking quite presentable in his jacket and tie.*

presentation /ˌprezᵊnˈteɪʃᵊn/ **noun** **1** [U] the way something is arranged or shown to people **подача, вид** *Presentation is important if you want people to buy your products.* **2** [C] B1 a talk giving information about something **презентация** *a* ***sales presentation*** ◦ *She* ***gave*** *an excellent* ***presentation***. **3** [C] B2 a formal ceremony at which you give someone something **церемония вручения** *a* ***presentation ceremony***

present-day /ˌprezəntˈdeɪ/ **adjective** existing now **современный, нынешний** *present-day attitudes*

presenter /prɪˈzentəʳ/ **noun** [C] UK (US **host**) B2 someone who introduces a radio or television programme **ведущий программы**

presently /ˈprezəntli/ **adverb** **1** formal now **сейчас** *He's presently living with his parents.* **2** old-fashioned soon or after a short time **скоро** *I'll be back presently.*

ˌpresent parˈticiple UK (US **ˌpresent ˈparticiple**) **noun** [C] the form of a verb that ends with '-ing' **причастие настоящего времени**

the ˌpresent ˈperfect **noun** the form of the verb that is used to show actions or events that have happened in a period of time up to now. The sentence 'I have never been to Australia.' is in the present perfect. **настоящее совершенное время**

preservative /prɪˈzɜːvətɪv/ **noun** [C, U] a substance used to prevent decay in food or in wood **консервант**

preserve¹ /prɪˈzɜːv/ **verb** [T] **1** B2 to keep something the same or prevent it from being damaged or destroyed **сохранять** *to preserve peace* ◦ *to preserve the environment* **2** to add substances to something so that it stays in good condition for a long time **консервировать, заготавливать впрок** *to preserve food/wood*

preserve² /prɪˈzɜːv/ **noun** **1** [C, U] UK (US **preserves**) a sweet food made from fruit, sugar, and water **варенье** *apricot/strawberry preserve* **2** [no plural] an activity which only a particular group of people can do **что-либо, предназначенное для ограниченного круга людей** *Sport used to be a male preserve.* ◦ *Owning racehorses is* ***the preserve of*** *the rich.* **3** [C] mainly US an area where wild animals and plants are protected **заповедник**

preside /prɪˈzaɪd/ **verb** [I] to be officially responsible for a formal meeting or ceremony **быть во главе чего-либо, руководить** *An elderly priest* ***presided at*** *the marriage ceremony.*

PHRASAL VERB **preside over sth** to be in charge of a situation, especially a formal meeting or legal trial **председательствовать** *The case was* ***presided over by*** *a senior judge.*

presidency /ˈprezɪdᵊnsi/ **noun** **1** B2 [C] the period when someone is president **президентство** *Her presidency lasted seven years.* **2 the presidency** B2 the job of being president **место президента** *He* ***won*** *the* ***presidency*** *by a wide margin.*

president /ˈprezɪdᵊnt/ **noun** [C] **1** B1 the highest political position in some countries, usually the leader of the government **президент** *President Obama* **2** the person in charge of a company or organization **президент (компании)** → See also **vice president**

presidential /ˌprezɪˈdenʃᵊl/ **adjective** B2 relating to the president of a country **президентский** *a* ***presidential campaign***

press¹ /pres/ **verb** **1** [I, T] B1 to push something firmly **нажимать, прижимать** *Press the button to start the machine.* ◦ *He pressed his face against the window.* **2** [T] to try hard to persuade someone to do something **настаивать, требовать** [+ to do sth] *The committee pressed him to reveal more information.* ◦ *We* ***pressed*** *him* ***for*** *an answer but he refused.* **3 press charges** to complain officially about someone in a court of law **подавать в суд** *The family decided not to **press charges against** him.* **4** [T] to make clothes smooth by ironing them **гладить (утюгом)** *I need to press these trousers.* **5** [T] to make something flat by putting something heavy on it for a long time **давить, сушить** *to press fruit/flowers* **6 press a case/claim** to try to make people accept your demands **настаивать на своих взглядах/требованиях**

PHRASAL VERB **press ahead/forward/on** to continue to do something in a determined way **продолжать пробивать/проталкивать что-либо** *They're determined to press ahead with their plans despite opposition.*

press² /pres/ **noun 1 the press** B2 newspapers and magazines, or the people who write them **пресса** *the **local/national press** ◦ **press reports*** **2 good/bad press** praise or criticism from newspapers, magazines, television, etc **благоприятные/неблагоприятные отзывы в прессе** *She's had a lot of bad press recently.* **3** [C] a business that prints and sells books **издательство** *Cambridge University Press* **4** [C] (also **printing press**) a machine used to print books, newspapers, and magazines **печатный станок 5** [no plural] when you make cloth flat and smooth with a piece of equipment **глаженье, утюжка** *Can you **give** these trousers **a press**?*

ˈpress ˌconference noun [C] a meeting at which someone officially gives information to the newspapers, television, etc **пресс-конференция** *to **call/hold** a **press conference***

pressed /prest/ **adjective be pressed for time/money** to not have much time/money **спешить/испытывать денежные затруднения**

pressing /ˈpresɪŋ/ **adjective** A pressing problem or situation needs to be dealt with immediately. **неотложный, срочный** *a **pressing need** for housing*

ˈpress reˌlease noun [C] an official piece of information that is given to newspapers, television, etc **сообщение для печати**

press-up /ˈpresʌp/ **noun** [C] UK (US **push-up**) a physical exercise in which you lie facing the floor and use your hands to push your body up **отжимание (на руках)**

pressure¹ /ˈpreʃəʳ/ **noun 1** [U] B2 when someone tries to make someone else do something by arguing, persuading, etc **давление, воздействие** ***public/political pressure*** ◦ [+ to do sth] *Teachers are **under** increasing **pressure** to work longer hours. ◦ The government is facing **pressure from** environmental campaigners.* **2** [C, U] B2 difficult situations that make you feel worried or unhappy **напряжение, трудное положение** *the pressures of work ◦ He's been **under** a lot of **pressure** recently.* **3** [C, U] the force that a liquid or gas produces when it presses against an area **давление** ***water pressure*** **4** [U] B2 the force that you produce when you push something **давление, надавливание 5 put pressure on sb** B2 to try to force someone to do something **оказывать давление на кого-либо** [+ to do sth] *They're putting pressure on me to make a decision.* → See also **blood pressure**, **peer pressure**

> **Слова-партнеры к pressure**
>
> face/feel pressure • be under/come under pressure • pressure on sb • pressure from sb • pressure for sth

pressure² /ˈpreʃəʳ/ **verb** [T] (also UK **pressurize, -ise** /ˈpreʃəraɪz/) to try to force someone to do something **оказывать давление на кого-либо** [often passive, + into + doing sth] *We will not be pressured into making a decision.*

ˈpressure ˌcooker noun [C] a pan with a lid which you use to cook food quickly in steam **скороварка**

ˈpressure ˌgroup noun [C] a group of people who try to influence what the public or the government think about something **группа давления (общественная организация)**

pressurize (also **-ise**) /ˈpreʃəraɪz/ **verb** [T] UK to try to force someone to do something **оказывать давление на кого-либо** [often passive, + into + doing sth] *He was pressurized into signing the agreement.*

pressurized (also UK **-ised**) /ˈpreʃəraɪzd/ **adjective** containing air or gas that is kept at a controlled pressure **находящийся под давлением** *a pressurized container*

prestige /presˈtiːʒ/ **noun** [U] when people feel respect and admiration for you, often because you are successful **престиж, признание** *His company has gained international prestige.*
• **prestigious** /presˈtɪdʒəs/ **adjective** respected and admired, usually because of being important **престижный** *a **prestigious award** ◦ a prestigious university*

presumably /prɪˈzjuːməbli/ **adverb** B2 used to say what you think is the likely situation **вероятно, предположительно** *Presumably he just forgot to send the letter.*

presume /prɪˈzjuːm/ **verb 1** [T] to think that something is likely to be true, although you are not certain **предполагать** [+ (that)] *I presume that you've done your homework.* **2 be presumed dead/innocent, etc** If someone is presumed dead/innocent, etc, it seems very likely that they are dead/innocent, etc. **считаться погибшим/невиновным и т. д. 3 presume to do sth** formal to do something that you do not have the right or the skills to do **осмеливаться сделать что-либо** *I certainly wouldn't presume to tell you how to do your job.*

presumption /prɪˈzʌmpʃən/ **noun 1** [C] when you believe that something is true without any proof **предположение** [+ (that)] *I object to the presumption that young people are only interested*

P

in pop music. **2** [U] behaviour that is rude and does not show respect **самонадеянность, нахальство**

presumptuous /prɪˈzʌmptʃuəs/ **adjective** Someone who is presumptuous confidently does things that they have no right to do. **самонадеянный, нахальный** *It was a bit presumptuous of her to take the car without asking.*

presuppose /ˌpriːsəˈpəʊz/ **verb** [T] formal If an idea or situation presupposes something, that thing must be true for the idea or situation to work. **предполагать, требовать в качестве условия**

pre-teen /priːˈtiːn/ **noun** [C] a boy or girl between the ages of 9 and 12 **ребенок 9-12 лет** *a magazine for pre-teens*

• **pre-teen adjective предподростковый** *pre-teen fashions*

pretence UK (US **pretense**) /prɪˈtens/ **noun 1** [U] when you make someone believe something that is not true **притворство, обман** *I can't **keep up the pretence** (= continue pretending) any longer.* ◦ *They **made** absolutely **no pretence of** being interested.* **2 under false pretences** If you do something under false pretences, you do it when you have lied about who you are or what you are doing. **обманным путем** *The police charged him with obtaining money under false pretences.*

pretend /prɪˈtend/ **verb** [I, T] B2 to behave as if something is true when it is not **притворяться** [+ (that)] *I can't pretend that I like him.* ◦ [+ to do sth] *Were you just pretending to be interested?*

pretense /prɪˈtens/ **noun** US spelling of pretence **притворство, обман**

pretension /prɪˈtenʃᵊn/ **noun** [C, U] when you try to seem better or more important than you really are **претензия, притязание** [usually plural] *He seems to be without pretensions of any sort.*

pretentious /prɪˈtenʃəs/ **adjective** trying to seem more important or clever than you really are **претенциозный** *a pretentious film*

pretext /ˈpriːtekst/ **noun** [C] a false reason that you use to explain why you are doing something **предлог, отговорка** *I called her **on the pretext of** needing some information.*

pretty[1] /ˈprɪti/ **adverb** informal **1** B1 quite, but not extremely **довольно, достаточно** *The traffic was pretty bad.* ◦ *I'm pretty sure they'll accept.* **2 pretty much/well** B2 almost **почти** *We've pretty much finished here.*

pretty[2] /ˈprɪti/ **adjective 1** A2 If a woman or girl is pretty, she is attractive. **хорошенький, симпатичный** *Your daughter is very pretty.* **2** B1 If a place or an object is pretty, it is pleasant to look at. **прелестный** *a pretty little village*

prevail /prɪˈveɪl/ **verb** [I] formal **1** to get control or influence **восторжествовать, одержать верх** *We can only hope that **common sense** will **prevail**.* **2** to be common among a group of people **быть распространенным** *The use of guns prevails among the gangs in this area.*

PHRASAL VERB **prevail on/upon sb to do sth** formal to persuade someone to do something that they do not want to do **уговаривать кого-либо сделать что-либо** *He was eventually prevailed upon to accept the appointment.*

prevailing /prɪˈveɪlɪŋ/ **adjective** [always before noun] **1** existing a lot in a particular group, area, or at a particular time **преобладающий, распространенный** *a **prevailing attitude/mood*** **2 a prevailing wind** a wind that usually blows in a particular place **преобладающий ветер**

prevalent /ˈprevᵊlənt/ **adjective** existing a lot in a particular group, area, or at a particular time **распространенный** *These diseases are more prevalent among young children.*

• **prevalence** /ˈprevᵊləns/ **noun** [U] when something exists a lot in a particular group, area, or at a particular time **распространенность, большое количество** *the prevalence of smoking among teenagers*

prevent /prɪˈvent/ **verb** [T] B1 to stop something happening or to stop someone doing something **предотвращать, препятствовать** *to prevent accidents/crime* ◦ [+ from + doing sth] *Members of the public were prevented from entering the building.*

• **preventable adjective** If something is preventable, it can be prevented. **предотвратимый**

preventative /prɪˈventətɪv/ **adjective** another word for preventive **профилактический, предупредительный**

prevention /prɪˈvenʃᵊn/ **noun** [U] B2 when you stop something happening or stop someone doing something **профилактика, предупреждение** ***crime prevention*** ◦ *the **prevention of** diseases*

preventive /prɪˈventɪv/ **adjective** (also **preventative**) Preventive action is intended to stop something before it happens. **профилактический, предупредительный** ***preventive measures*** ◦ ***preventive medicine***

preview /ˈpriːvjuː/ **noun** [C] **1** an opportunity to see a film, play, etc before it is shown to the public **предварительный просмотр кинофильма, спектакля** **2** a short film that advertises a film or television programme **рекламный показ отрывков из фильма или телепередачи**

• **preview verb** [T] **предварительно просматривать**

previous /ˈpriːviəs/ **adjective** B1 existing or happening before something or someone else **предыдущий** *the previous day/year* ◦ *a previous attempt* ◦ *his previous marriage*

• **previously adverb** B1 **ранее, прежде** *He previously worked as a teacher.*

P

prey¹ /preɪ/ **noun** [U] an animal that is hunted and killed by another animal **жертва, добыча**

IDIOM **fall prey to sth** to be hurt or deceived by something or someone bad **пасть жертвой чего-либо**

→ See also **bird of prey**

prey² /preɪ/ **verb**

PHRASAL VERBS **prey on sth** If an animal preys on another animal, it catches it and eats it. **охотиться, ловить** *Spiders prey on flies and other small insects.* • **prey on/upon sb** to hurt or deceive people who are weak and easy to deceive **обманывать, грабить кого-либо** *These young thieves prey on the elderly.*

price¹ /praɪs/ **noun 1** [C] A2 the amount of money that you pay to buy something **цена** ***high/low prices*** ◦ *House prices are falling/rising.* ◦ *The price of fuel has gone up again.* **2** [no plural] the unpleasant results that you must accept or experience for getting or doing something **цена, жертва** *Suspension from the club was **a high/small price to pay** (= very bad/not very bad thing to experience) for his mistake.* **3 at a price** If you can get something at a price, you have to pay a lot of money for it. **по высокой цене** *False passports are available, at a price.* **4 at any price** If you want something at any price, you will do anything to get it. **любой ценой** *She wanted the job at any price.*

> Слова-партнеры к **price**
>
> **charge/increase/pay/put up** prices • prices **fall** • an **average/exorbitant/high/low/reasonable** price

price² /praɪs/ **verb** [T] to say what the price of something is **назначать цену** [often passive] *The book is **priced at** $40.*

priceless /ˈpraɪsləs/ **adjective 1** very valuable **бесценный** *a **priceless antique/painting*** **2** very important or useful **неоценимый** *A trip round the world is a priceless opportunity.*

price ˌtag (also **ˈprice ˌticket**) **noun** [C] a piece of paper attached to a product that shows the amount a product costs **ценник**

pricey (also **pricy**) /ˈpraɪsi/ **adjective** informal expensive **дорогой, дорогостоящий** *That jacket's a bit pricey!*

prick /prɪk/ **verb** [T] to make a very small hole in something with a sharp object **колоть, прокалывать** *Prick the potatoes all over before baking.* ◦ *I pricked my finger on a pin.* • **prick noun** [C] **укол, прокол** *The injection won't hurt – you'll just feel a slight prick.*

prickle¹ /ˈprɪkl/ **noun** [C] a sharp point on the surface of some plants or the skin of some animals **шип, колючка**

prickle² /ˈprɪkl/ **verb** [I] If part of your body prickles, it feels as if a lot of sharp points are touching it because you are frightened or excited. **покалывать, испытывать покалывание** *a prickling sensation*

prickly /ˈprɪkli/ **adjective 1** covered with prickles **колючий** *a prickly bush* **2** informal A prickly person or relationship is unfriendly or difficult to deal with. **раздражительный**

pricy /ˈpraɪsi/ **adjective** another spelling of pricey **дорогой, дорогостоящий**

pride¹ /praɪd/ **noun** [U] **1** B2 a feeling of satisfaction at your achievements or the achievements of your family or friends **гордость** *She felt **a** great **sense of pride** as she watched him accept the award.* ◦ *The whole community **takes pride in** (= feels proud about) the school.* **2** B2 the respect that you feel for yourself **чувство собственного достоинства** *Defeat in the World Cup has badly damaged **national pride**.* **3** the belief that you are better or more important than other people **заносчивость, гордыня** *His pride prevented him from asking for help.* **4 sb's pride and joy** something or someone that is very important to you **предмет гордости** *He spends hours cleaning that motorcycle – it's his pride and joy.*

IDIOMS **have/take pride of place** If something takes pride of place, you put it in the best position so that it can be seen easily. **занимать почетное место** *A photo of her grandchildren took pride of place on the wall.* • **swallow your pride** to decide to do something although it will embarrass you **поступиться своим самолюбием** *He swallowed his pride and asked if he could have his old job back.*

> Слова-партнеры к **pride**
>
> **take** pride in sth • **a sense/source of** pride • **great** pride • sb's pride **at/in** sth

pride² /praɪd/ **verb**

PHRASAL VERB **pride yourself on sth/doing sth** to feel satisfaction at a quality or skill that you have **гордиться чем-либо** *The company prides itself on having the latest technology.*

priest /priːst/ **noun** [C] B1 someone who performs religious duties and ceremonies **священник**

the priesthood /ˈpriːsthʊd/ **noun** the job of being a priest **священство**

prim /prɪm/ **adjective** Someone who is prim behaves in a very formal way and is easily shocked by anything rude. **чопорный** *Sarah wouldn't find that funny – she's far too **prim and proper** (= shocked by anything rude).* • **primly adverb чопорно**

prima donna /ˌpriːməˈdɒnə/ **noun** [C] someone who behaves badly and expects to get everything they want because they think that they are very important **примадонна**

primal /ˈpraɪməl/ **adjective** formal very basic, or relating to the time when human life on Earth began **примитивный** ***primal instincts***

primarily /praɪˈmerəli/ **adverb** B2 mainly главным образом *She's known primarily as a novelist but she also writes poetry.*

primary¹ /ˈpraɪməri/ **adjective** [always before noun] B2 most important основной, главный *Her primary responsibility is to train new employees.*

primary² /ˈpraɪməri/ **noun** [C] a vote in which people in a political party in the US choose the person who will represent them in an election предварительные выборы (в США)

ˌprimary ˈcolour UK (US **ˈprimary ˌcolor**) **noun** [C] one of the three colours, which in paint, etc are red, blue, and yellow, that can be mixed together to make any other colour основной цвет

ˈprimary ˌschool **noun** [C] (also US **elementary school**) B1 a school for children aged 5 to 11 начальная школа для детей в возрасте от 5 до 11 лет (в Великобритании)

primate /ˈpraɪmeɪt/ **noun** [C] a member of the group of animals which includes monkeys and people, which have large brains and hands and feet developed for climbing примат

prime¹ /praɪm/ **adjective** [always before noun] **1** main, or most important первый, основной *the **prime suspect** in a murder investigation* **2** of the best quality первоклассный *The hotel is in a **prime location** in the city centre.* **3 a prime example** a very good example of something прекрасный пример

prime² /praɪm/ **noun** [no plural] the period in your life when you are most active or successful расцвет, лучшее время *At 35, she's **in her prime**.* ◦ ***the prime of life***

prime³ /praɪm/ **verb** [T] to prepare someone for an event or situation, often by giving them the information that they need заранее снабжать сведениями, инструктировать *The president had been well primed before the debate.*

ˌprime ˈminister **noun** [C] B2 the leader of an elected government in some countries премьер-министр

ˈprime ˌtime **noun** [U] the time in the evening when the largest number of people watch television время, когда максимальное количество телезрителей смотрит передачи ***prime-time television***

primeval /praɪˈmiːvəl/ **adjective** belonging to a very early period in the history of the world первозданный, девственный *primeval forest*

primitive /ˈprɪmɪtɪv/ **adjective** **1** relating to human society at a very early stage of development, with people living in a simple way without machines or a writing system первобытный *primitive man* ◦ *primitive societies* **2** very basic or old-fashioned примитивный *The conditions at the campsite were rather primitive.*

primrose /ˈprɪmrəʊz/ **noun** [C] a wild plant with pale yellow flowers примула

prince /prɪns/ **noun** [C] **1** B1 the son of a king or queen, or one of their close male relatives принц *Prince Edward* **2** the male ruler of a small country князь

princely /ˈprɪnsli/ **adjective** **a princely sum** a large amount of money щедрая сумма *It cost the princely sum of £2 million.*

princess /prɪnˈses/ (US) /ˈprɪnsəs/ **noun** [C] **1** B1 the daughter of a king or queen, or one of their close female relatives принцесса **2** B1 the wife of a prince княгиня

principal¹ /ˈprɪnsəpəl/ **adjective** [always before noun] B1 main, or most important главный, основной *Her principal reason for moving is to be nearer her mother.*

principal² /ˈprɪnsəpəl/ **noun** [C] B2 the person in charge of a school or college директор (школы, колледжа)

principality /ˌprɪnsɪˈpæləti/ **noun** [C] a country ruled by a prince княжество

principally /ˈprɪnsəpəli/ **adverb** mainly в основном, главным образом *The advertising campaign is aimed principally at women.*

principle /ˈprɪnsəpl/ **noun** **1** [C, U] a rule or belief which influences your behaviour and which is based on what you think is right принцип *He must be punished – it's a **matter of principle**.* **2** [C] B2 a basic idea or rule which explains how something happens or works принцип, правило *The organization works **on the principle that** all members have the same rights.* **3 in principle** If you agree with something in principle, you agree with the idea or plan although you do not know the details or you do not know if it will be possible. в принципе *They have approved the changes in principle.* **4 on principle** If you refuse to do something on principle, you refuse to do it because you think it is morally wrong. из принципа *She doesn't wear fur on principle.*

> Слова-партнеры к **principle**
>
> stick to your principles • a **guiding** principle • be **against** sb's principles • be a **matter of** principle

principled /ˈprɪnsəpld/ **adjective** showing strong beliefs about what is right and wrong принципиальный

print¹ /prɪnt/ **verb** **1** [T] A2 to produce writing or images on paper or other material with a machine печатать *The instructions are printed on the side of the box.* **2** [T] B2 to produce books, newspapers, magazines, etc, usually in large quantities, using machines публиковать, издавать *Fifty thousand booklets have been printed for the exhibition.* **3** [T] B2 to include a piece of writing in a newspaper or magazine публиковать *They printed his letter in Tuesday's paper.* **4** [I, T] to write words without joining the letters together писать печатными буквами *Please print your name and address clearly using* capitals. **5** [T] to produce a pattern on material or paper **набивать (рисунок на ткани)**

PHRASAL VERB **print sth out** to produce a printed copy of a document that has been written on a computer **распечатывать что-либо (на принтере)** *Can you print out a copy of that letter for me?*

print² /prɪnt/ **noun 1** [U] words, letters, or numbers that are produced on paper by a machine **шрифт 2 in/out of print** If a book is in print, it is possible to buy a new copy of it, and if it is out of print, it is not now possible. **в продаже/распроданный (о книге) 3** [C] a copy of a picture made using photography or by pressing paper onto a design covered in ink **репродукция** *a print of Van Gogh's 'Sunflowers'* **4** [C] a photograph that is produced on paper **отпечаток (фотографии) 5** [C] a pattern that is produced on material or paper **рисунок на набивной ткани** *a floral print* **6** [C] (also **fingerprint**) a mark that is left on a surface where someone has touched it **отпечаток (пальца)** *His prints were found all over the house and he was arrested the next day.* **7** [C] a mark that is left on a surface where someone has walked **след (ноги)** *The dog left prints all over the kitchen floor.* → See also **small print**

printer /ˈprɪntəʳ/ **noun** [C] **1** (A2) a machine which is connected to a computer and which produces writing or images on paper **принтер** *a laser printer* **2** a person or company that prints books, newspapers, magazines, etc **печатник, типография**

printing /ˈprɪntɪŋ/ **noun** [U] when writing or images are produced on paper or other material using a machine **печатание**

printing ˌpress **noun** [C] a machine that prints books, newspapers, magazines, etc **печатный станок**

printout /ˈprɪntaʊt/ **noun** [C] information or a document that is printed from a computer **(компьютерная) распечатка** *He asked for a printout of the year's sales figures.*

prior /praɪəʳ/ **adjective** formal **1** [always before noun] existing or happening before something else **предварительный, прежний** *The course requires no **prior knowledge** of Spanish.* **2 prior to sth** before a particular time or event **до, перед** *the weeks prior to her death*

prioritize (also UK **-ise**) /praɪˈɒrɪtaɪz/ **verb** [I, T] to decide which of a group of things are the most important so that you can deal with them first **определять приоритеты** *You must learn to **prioritize** your **work**.*

priority /praɪˈɒrəti/ **noun 1** (B2) [C] something that is very important and that must be dealt with before other things **первоочередная задача** *My **first/top priority** is to find somewhere to live.* **2 give priority to sth** (B2) to consider that something is more important than other things and deal with it first **придавать первостепенное значение чему-либо 3 have/take priority (over sth)** (B2) to be more important than other things and to be dealt with first **быть более важным, чем что-либо** *His job seems to take priority over everything else.*

prise /praɪz/ **verb** UK **prise sth apart/off/open, etc** to use force to move, remove, or open something **разворотить/открыть/взломать и т. д. что-либо** *I prised the lid off with a spoon.*

prism /ˈprɪzᵊm/ **noun** [C] an object made of clear glass which separates the light that passes through it into different colours **призма**

prison /ˈprɪzᵊn/ **noun** [C, U] (B1) a place where criminals are kept as a punishment **тюрьма** *He's spent most of his life **in prison**.* ◦ *She was **sent to prison** for two years.*

> **Слова-партнеры к prison**
>
> go to/be sent to prison • be released from prison • in/out of prison • a prison sentence

prisoner /ˈprɪzᵊnəʳ/ **noun 1** (B1) [C] someone who is being kept in prison as a punishment, or because they have been caught by an enemy **заключенный, военнопленный 2 hold/keep/take sb prisoner** to catch someone and guard them so that they cannot escape **держать кого-либо в заключении/брать кого-либо в плен** → See also **political prisoner**

ˌprisoner of ˈwar **noun** [C] (plural **prisoners of war**) a soldier who is caught by enemy soldiers during a war **военнопленный** *a prisoner of war camp*

pristine /ˈprɪstiːn/ **adjective** in very good condition, as if new **идеальный, нетронутый** *Her car is in **pristine condition**.*

privacy /ˈprɪvəsi/ (US) /ˈpraɪvəsi/ **noun** [U] (B2) when you are alone and people cannot see or hear what you are doing **уединение** *I hate sharing a bedroom – I never get any privacy.*

private¹ /ˈpraɪvɪt/ **adjective 1** (B1) only for one person or group and not for everyone **отдельный, собственный** *Each room has a balcony and a private bathroom.* ◦ *You can't park here – this is **private property**.* **2** (B2) controlled by or paid for by a person or company and not by the government **частный** *Charles went to a **private school**.* **3** (B1) If information or an emotion is private, you do not want other people to know about it. **частный, личный** *This is a **private matter** – it doesn't concern you.* **4 in private** (B2) If you do something in private, you do it where other people cannot see or hear you. **конфиденциально, с глазу на глаз** *I need to talk to you in private.* **5 sb's private life** someone's personal relationships and activities and not their work **чья-либо личная жизнь 6** A place which is private is quiet and there are no other people there to see or hear what you are doing. **уединенный** *Is there somewhere private where we can talk?*

• **privately** **adverb** B2 **частным образом, лично**

private² /ˈpraɪvɪt/ **noun** [C] a soldier of the lowest rank in the army **рядовой**

the ˈprivate ˌsector **noun** businesses and industries that are not owned or controlled by the government **частный сектор (экономики)**

privatize (also UK **-ise**) /ˈpraɪvɪtaɪz/ **verb** [T] If an industry or organization owned by the government is privatized, it is sold to private companies. **приватизировать**

• **privatization** /ˌpraɪvɪtaɪˈzeɪʃən/ **noun** [U] **приватизация**

privilege /ˈprɪvəlɪdʒ/ **noun** **1** [C, U] an advantage that only one person or group has, usually because of their position or because they are rich **привилегия** **2** [no plural] an opportunity to do something special or enjoyable **честь, удовольствие** [+ of + doing sth] *I had the privilege of meeting the Queen.*

• **privileged** **adjective** having a privilege **привилегированный, удостоенный чести** *to be in a* ***privileged position***

privy /ˈprɪvi/ **adjective** formal **privy to sth** knowing information that is not known by many people **посвященный во что-либо**

prize¹ /praɪz/ **noun** [C] A2 something valuable that is given to someone who wins a competition or who has done good work **приз, премия, награда** *to* ***win*** *a* ***prize*** ◦ ***first/ second prize*** → See Note **price** → See also **booby prize**

> **Слова-партнеры к prize**
> be awarded/win a prize • first/second/the runner's-up/the top prize • a prize for sth • a prize of [£500/a car, etc] • prize money/ winner

prize² /praɪz/ **adjective** [always before noun] A prize animal or vegetable is good enough to win a competition. **призовой, достойный награды**

prize³ /praɪz/ **verb** [T] to think that something is very valuable or important **высоко ценить** *His car is his* ***prized possession****.*

prize-winning /ˈpraɪzˌwɪnɪŋ/ **adjective** [always before noun] having won a prize **удостоенный премии, награды** *a prize-winning author*

pro /prəʊ/ **noun** [C] **1** informal someone who earns money for playing a sport **спортсмен-профессионал** *a golf/tennis pro* **2 the pros and cons** B2 the advantages and disadvantages of something **доводы за и против** [+ of + doing sth] *We discussed the pros and cons of buying a bigger house.*

pro- /prəʊ-/ **prefix** supporting or approving of something **сторонник чего-либо (как компонент сложных слов)** *pro-European* ◦ *pro-democracy demonstrations* → Compare **anti-**

proactive /ˌprəʊˈæktɪv/ **adjective** taking action by causing change and not only reacting to change when it happens **активный**

probability /ˌprɒbəˈbɪləti/ **noun** **1** [C, U] how likely it is that something will happen **вероятность** [+ of + doing sth] *What's the probability of winning?* ◦ [+ (that)] *There's a* ***high probability*** *that he'll get the job.* **2 in all probability** used to mean that something is very likely **по всей вероятности** *She will, in all probability, have left before we arrive.*

probable /ˈprɒbəbl/ **adjective** B2 likely to be true or to happen **вероятный** *The* ***probable cause*** *of death was heart failure.* ◦ [+ (that)] *It's* ***highly probable*** *that he'll lose his job.*

probably /ˈprɒbəbli/ **adverb** A2 used to mean that something is very likely **вероятно** *I'll probably be home by midnight.*

probation /prəʊˈbeɪʃən/ **noun** [U] **1** a period of time when a criminal must behave well and not commit any more crimes in order to avoid being sent to prison **условное освобождение** *to be* ***on probation*** **2** a period of time at the start of a new job when you are watched and tested to see if you are suitable for the job **испытательный срок**

• **probationary** **adjective** relating to probation **условный, испытательный** *a* ***probationary period***

proˈbation ˌofficer **noun** [C] someone whose job is to watch and help criminals who have been put on probation **должностное лицо, осуществляющее надзор за условно осужденными**

probe¹ /prəʊb/ **verb** [I, T] to ask a lot of questions in order to discover information about something or someone **расспрашивать, пытаться вникнуть во что-либо** *The interviewer* ***probed*** *deep* ***into*** *her private life.* ◦ ***probing questions***

probe² /prəʊb/ **noun** [C] **1** when you try to discover information about something by asking a lot of questions **расследование** *an FBI* ***probe into*** *corruption* **2** a long, thin, metal tool used by doctors to examine parts of the body **зонд**

problem /ˈprɒbləm/ **noun** **1** [C] A1 a situation that causes difficulties and that needs to be dealt with **проблема** *health problems* ◦ *I'm* ***having problems with*** *my computer.* ◦ *Drugs have become a serious problem in the area.* → See Note **trouble** **2** [C] a question that you use mathematics to solve **задача (в математике и т. д.)** **3 have a problem with sth/sb** to find something or someone annoying or offensive **иметь проблемы с кем-либо, чем-либо** *Yes, she can smoke in the house – I don't have a problem with that.* **4 No problem.** **a** A2 something that you say to mean you can or will do what someone has asked you to do **конечно! запросто!** *"Can you get me to the airport by 11.30?" "No problem."* **b** A2 something that you say when someone has thanked you for some thing **не за что! (в ответ на благодарность)** *"Thanks for taking me home." "No problem."*

> **Слова-партнеры к problem**
>
> **cause/face/have/tackle/pose** a problem • a problem **arises** • a **big/major/real/serious** problem

> **Другие способы сказать problem**
>
> Существительное **difficulty** часто используется вместо **problem**.
>
> *The company is having some financial **difficulties** at the moment.*
>
> Небольшую, временного характера проблему можно неформально назвать **hitch** или **hiccup**.
>
> *The ceremony went without a **hitch**.*
>
> *I'm afraid there's been a slight **hiccup** with the arrangements.*
>
> Существительное **glitch** означает 'проблема, из-за которой что-то не функционирует должным образом'.
>
> *We've had a few technical **glitches**, but I'm confident we'll be ready on time.*
>
> Слова **hurdle** и **obstacle** употребляют для обозначения проблемы, которую необходимо преодолеть для продолжения какого-то дела.
>
> *Getting a work permit is the first **hurdle/obstacle**.*
>
> Слово **pitfall** употребляют для обозначения проблемы, которая может произойти в определенной ситуации.
>
> *It's just one of the **pitfalls** of buying a house.*
>
> **Setback** обозначает проблему, из-за которой что-то происходит медленнее, чем предполагалось.
>
> *The project has suffered a series of **setbacks** this year.*

problematic /ˌprɒbləˈmætɪk/ **adjective** full of problems or difficulties **сложный, трудный** *He has a very problematic relationship with his father.*

procedure /prəʊˈsiːdʒəʳ/ **noun** [C, U] B2 the official or usual way of doing something **процедура** *The company has new **procedures** for dealing with complaints.*

> **Слова-партнеры к procedure**
>
> **follow** a procedure • **correct/proper/standard** procedure • a procedure **for** (doing) sth

proceed /prəʊˈsiːd/ **verb** [I] formal **1** to continue as planned **продолжать** *His lawyers have decided not to **proceed with** the case.* **2 proceed to do sth** to do something after you have done something else **приступать, переходить к чему-либо** *She sat down and proceeded to tell me about her skiing trip.* **3 proceed along/down/to, etc** formal to move or travel in a particular direction **идти, направляться вдоль/по/к и т. д.** *Passengers for Sydney should proceed to gate 21.*

proceedings /prəˈsiːdɪŋz/ **noun** [plural] **1** legal action against someone **судебное дело** *The bank is threatening to start **legal proceedings** against him.* **2** a series of organized events or actions **мероприятие, заседание** *The chairman opened the proceedings with a short speech.*

proceeds /ˈprəʊsiːdz/ **noun** [plural] the money that is earned from an event or activity **выручка** *All proceeds from the concert will go to charity.*

process[1] /ˈprəʊses/ US /ˈprɑːses/ **noun** [C] **1** B2 a series of actions that you take in order to achieve a result **процесс** *Buying a house can be a long and complicated process.* **2** [C] B2 a series of changes that happen naturally **процесс** *the **ageing process*** **3 in the process** If you are doing something, and you do something else in the process, the second thing happens as a result of doing the first thing. **в процессе** *She stood up to say hello and spilled her drink in the process.* **4 be in the process of doing sth** to have started doing something **находиться в процессе какой-либо деятельности** *We're in the process of painting our apartment.*

process[2] /ˈprəʊses/ US /ˈprɑːses/ **verb** [T] **1** to add chemicals to a substance, especially food, in order to change it or make it last longer **подвергать обработке** ***processed food*** **2** B2 to deal with information or documents in an official way **оформлять, рассматривать** *Visa applications take 28 days to process.* **3** When a computer processes data (= information), it does things to it so that it can be used and understood **обрабатывать (информацию)**
• **processing noun** [U] **обработка, оформление** *data processing*

procession /prəˈseʃᵊn/ **noun** [C] a line of people or vehicles that moves forward slowly as part of a ceremony or public event **процессия** *a funeral procession*

processor /ˈprəʊsesəʳ/ **noun** [C] the main part of a computer that controls all the other parts **процессор** → See also **food processor**, **word processor**

proclaim /prəʊˈkleɪm/ **verb** [T] formal to announce something officially or in public **объявлять, провозглашать**
• **proclamation** /ˌprɒkləˈmeɪʃᵊn/ **noun** [C] an official announcement about something important **объявление, провозглашение**

procrastinate /prəʊˈkræstɪneɪt/ **verb** [I] formal to wait a long time before doing something that you must do **медлить, откладывать** *I know I've got to deal with the problem at some point – I'm just procrastinating.*

procure /prəˈkjʊəʳ/ **verb** [T] formal to obtain something that is difficult to get **доставать, добывать**

P

prod /prɒd/ **verb** (present participle **prodding**, past tense and past participle **prodded**) **1** [I, T] to push someone or something with your finger or with a pointed object **тыкать** *He prodded me in the back and told me to hurry up.* **2** [T] to encourage someone to do something **побуждать** [+ into + doing sth] *We need to prod him into making a decision.*
• **prod noun** [C] **тычок** [usually singular] *to **give** someone a **prod***

prodigious /prəˈdɪdʒəs/ **adjective** formal extremely great in size or ability **громадный** *a prodigious talent* ◦ *a prodigious appetite*

prodigy /ˈprɒdɪdʒi/ **noun** [C] a young person who is very good at something **вундеркинд** *A **child prodigy**, she entered university at the age of eleven.*

produce¹ /prəˈdju:s/ **verb** [T] **1** B1 to make or grow something **производить** *The factory produces about 900 cars a year.* ◦ *This plant will produce small yellow flowers in the spring.* **2** B2 to cause a particular reaction or result **вызывать, приводить к чему-либо** *Nuts produce an allergic reaction in some people.* **3** to take an object from somewhere so that people can see it **вынимать, предъявлять** *One of the men suddenly produced a gun from his pocket.* **4** to control how a film, play, programme, or musical recording is made **осуществлять постановку (в театре, кино)** *He's produced some of the top Broadway shows.* → See also **mass-produce**

produce² /ˈprɒdju:s/ **noun** [U] food that is grown or made in large quantities to be sold **сельскохозяйственные продукты** *dairy produce*

producer /prəˈdju:səʳ/ **noun** [C] **1** a company, country, or person that makes goods or grows food **производитель** *Australia is one of the world's main producers of wool.* **2** B2 someone who controls how a film, play, programme, or musical recording is made **продюсер** *a **film/record producer***

product /ˈprɒdʌkt/ **noun** [C] **1** B1 something that is made or grown to be sold **продукция, изделие, продукт** *They have a new range of skin-care products.* ◦ *Does she eat **dairy products** (= things made from milk)?* **2 product of sth** someone or something that is the result of a particular experience or process **результат чего-либо** *His lack of confidence is the product of an unhappy childhood.* → See also **by-product**, **end-product**

production /prəˈdʌkʃən/ **noun** **1** [U] B2 when you make or grow something **производство** *Sand is used in the **production of** glass.* ◦ *The new model **goes into production** (= starts being made) next year.* **2** [U] B2 the amount of something that is made or grown **производительность** *We need to increase production by 20%.* **3** [C] a performance or series of performances of a play or show **постановка** *a school production of 'Romeo and Juliet'* **4** [U] B2 when someone controls how a film, play, programme, or musical recording is made **продюсирование** *She wants a career in TV production.*

> Слова-партнеры к **production**
> sth **goes into** production • production **of** sth

productive /prəˈdʌktɪv/ **adjective** **1** B2 producing a good or useful result **плодотворный, полезный** *We had a very productive meeting and sorted out a lot of problems.* **2** B2 producing a large amount of goods, food, work, etc **плодородный, продуктивный** *productive land* ◦ *a productive worker*

productivity /ˌprɒdʌkˈtɪvəti/ **noun** [U] the rate at which goods are produced **производительность** *We need to increase productivity by 50%.*

Prof /prɒf/ **noun** [C] short for professor **профессор, преподаватель** *Prof Susan Nishio*

profane /prəˈfeɪn/ **adjective** formal showing no respect for God or for religious or moral rules **богохульный, нечестивый** ***profane language***
• **profanity** /prəˈfænəti/ **noun** [U] formal **богохульство**

profess /prəˈfes/ **verb** [T] formal to express a quality or belief, often when it is not true **делать вид, притворяться** [+ to do sth] *She professes to hate shopping, but she's always buying new things.*

profession /prəˈfeʃən/ **noun** **1** [C] B1 a type of work that needs special training or education **профессия** *He's working in a restaurant, but he's a teacher **by profession** (= he trained to be a teacher).* → See Note **work 2** [group] B2 the people who do a type of work considered as a group **лица какой-либо профессии (врачи, юристы и т. д.)** *The medical profession has expressed concern about the new drug.*

professional¹ /prəˈfeʃənəl/ **adjective** **1** [always before noun] B2 relating to a job that needs special training or education **профессиональный** *You should get some **professional advice** about your finances.* **2** B1 Someone is professional if they earn money for a sport or activity which most people do as a hobby. **профессиональный** *a professional athlete/musician* → Opposite **amateur** **3** B1 showing skill and careful attention **профессиональный** *a professional attitude* ◦ *He looks very professional in that suit.* → Opposite **unprofessional**

professional² /prəˈfeʃənəl/ **noun** [C] **1** someone who does a job that needs special training or education **профессионал** **2** someone who has done a job for a long time and who does it with a lot of skill **профессионал** *She dealt with the problem like a true professional.* **3** B2 someone who earns money for doing a sport or activity which most other people do as a hobby **спортсмен-профессионал** *a rugby professional* → Opposite **amateur**

professionalism /prəˈfeʃənəlɪzəm/ **noun** [U] the

skill and careful attention which trained people are expected to have **профессионализм** *He complained about the lack of professionalism in the company.*

professionally /prəˈfeʃənəli/ **adverb 1** in a way that relates to your work **по работе** *I know him professionally, but he's not a close friend.* **2** Work that is done professionally is done by someone who has had special training. **профессионально** *Their house has been professionally decorated.* **3** in a way that shows high standards or skill **профессионально** *He dealt with the situation very professionally.* **4** If someone does an activity or sport professionally, they earn money for doing it. **профессионально** *He's good enough at football to **play professionally**.*

professor /prəˈfesəʳ/ **noun** [C] B1 the highest rank of teacher in a British university, or a teacher in an American university or college **профессор, преподаватель** *a professor of history at Oxford ◦ Professor Blackman.*

proffer /ˈprɒfəʳ/ **verb** [T] formal to offer something to someone **предлагать** *to **proffer advice***

proficiency /prəˈfɪʃənsi/ **noun** [U] when you can do something very well **умение, мастерство** *The job requires **proficiency in** written and spoken English.*

proficient /prəˈfɪʃənt/ **adjective** very good at something **умелый, знающий** *She's **proficient in** two languages. ◦ I've become quite **proficient at** repairing bicycles.*

profile¹ /ˈprəʊfaɪl/ **noun** [C] **1** B2 a short description of someone's life, character, work, etc **краткий биографический очерк 2** a side view of someone's face or head **профиль** *The picture shows him **in profile**.* **3** the amount of attention that something receives **известность, популярность** *We need to increase our company's profile in Asia.* **4 high profile** important and noticeable **высокопоставленный** *a high-profile job* **5** a description of yourself and your interests on a website **профиль, личные сведения**

IDIOM **keep a low profile** to try not to be noticed **стараться не выделяться**

> **Слова-партнеры к profile**
> build up/create a profile • a profile of sb/sth

profile² /ˈprəʊfaɪl/ **verb** [T] to describe someone's life, character, work, etc **составлять биографический очерк**

profit¹ /ˈprɒfɪt/ **noun** [C, U] B2 money that you get from selling goods or services for more than they cost to produce or provide **прибыль, доход** *a profit of $4.5 million ◦ It's very hard for a new business to **make a profit** in its first year.*

> **Слова-партнеры к profit**
> boost/increase profits • make a profit • profits **fall/rise** • an **annual/big/gross/healthy/large/small** profit

profit² /ˈprɒfɪt/ **verb**

PHRASAL VERB **profit from sth** to earn a profit or get an advantage from something **получать прибыль от чего-либо** *Investors have profited from a rise in interest rates.*

profitable /ˈprɒfɪtəbl/ **adjective 1** B2 making or likely to make a profit **прибыльный** *a profitable business* **2** B2 useful or likely to give you an advantage **полезный, выгодный** *a profitable discussion*
• **profitability** /ˌprɒfɪtəˈbɪləti/ **noun** [U] **прибыльность** • **profitably adverb прибыльно, полезно**

profound /prəˈfaʊnd/ **adjective 1** If an effect is profound, it is extreme. **глубокий, серьезный** *The war had a **profound impact** on people's lives.* **2** If a feeling is profound, you feel it very strongly. **глубокий, прочувствованный** *a **profound sense of** sadness* **3** If an idea or piece of work is profound, it shows intelligence or a great ability to understand. **серьезный, основательный** *a profound question ◦ His theories were simple, but profound.*
• **profoundly adverb глубоко, серьезно**

profusely /prəˈfjuːsli/ **adverb** a lot **без конца, чрезмерно** *He **apologized profusely** for being late.*

profusion /prəˈfjuːʒən/ **noun** [U, no plural] formal an extremely large amount of something **изобилие, избыток** *a profusion of wild flowers ◦ Bacteria grow **in profusion** in the warm, wet soil.*

prognosis /prɒgˈnəʊsɪs/ **noun** [C] (plural **prognoses** /prɒgˈnəʊsiːz/) formal **1** a judgment that a doctor makes about an ill person's chance of becoming healthy **прогноз дальнейшего течения болезни 2** an opinion about the future of someone or something **прогноз** *The prognosis for economic growth is good.*

program¹ /ˈprəʊgræm/ **noun** [C] **1** A2 a set of instructions that you put into a computer to make it do something **программа (компьютерная)** *to write a **computer program*** **2** US spelling of programme **см. programme**

program² /ˈprəʊgræm/ **verb** [T] (present participle **programming**, past tense and past participle **programmed**) **1** If you program a computer, you give it a set of instructions to do something. **программировать 2** US spelling of programme **программировать**

programme¹ UK (US **program**) /ˈprəʊgræm/ **noun** [C] **1** A2 a show on television or radio **передача (на радио или телевидении)** *a TV*

P

programme ◦ *Did you see that programme about spiders last night?* **2** (B2) a plan of events or activities with a particular purpose **программа** *a health education programme* **3** a thin book that you buy at a theatre, sports event, etc which tells you who or what you are going to see **программка (театральная и т. д.)**

> **!** Типичная ошибка: **programme**
>
> **Внимание!** Проверьте написание.
> **Programme** – одно из 10 слов, при написании которых русскоязычные студенты наиболее часто допускают ошибки.
> Запомните: слово оканчивается на 'mme'.

programme[2] UK (US **program**) /ˈprəʊgræm/ **verb** [T] If you programme a machine, you give it a set of instructions to do something. **программировать** [+ to do sth] *I've programmed the video to start recording at 10 o'clock.*

programmer /ˈprəʊgræməʳ/ **noun** [C] someone who writes computer programs as a job **программист**

• **programming** **noun** [U] (B2) when someone writes computer programs **программирование**

progress[1] /ˈprəʊgres/ (US) /ˈprɒgres/ **noun** [U] **1** (B1) development and improvement of skills, knowledge, etc **прогресс, успехи** ***slow/rapid progress*** ◦ *technological progress* ◦ *He has **made** good **progress** in French this year.* **2 in progress** formal (B2) happening or being done now **происходить в данный момент** *Quiet please – Exams in progress.* **3** movement towards a place **продвижение**

> Слова-партнеры к **progress**
>
> **halt/impede/make/monitor** progress • **rapid/real/significant/slow/steady** progress • progress **on/toward** sth

progress[2] /prəʊˈgres/ **verb** [I] **1** (B2) to improve or develop in skills, knowledge, etc **делать успехи, развиваться** *Technology has progressed rapidly in the last 100 years.* **2** to continue gradually **идти, протекать** *I began to feel more relaxed as the evening progressed.*

progression /prəʊˈgreʃən/ **noun** [C, U] when something or someone changes to the next stage of development **продвижение, развитие** *a **logical/natural progression*** ◦ *Drugs can stop the progression of the disease.*

progressive[1] /prəʊˈgresɪv/ **adjective** **1** (B2) thinking or behaving in a new or modern way **прогрессивный, передовой** ***progressive ideas/attitudes*** **2** developing or happening gradually **постепенный, прогрессирующий** *a progressive disease*

• **progressively** **adverb** gradually **постепенно** *My headaches are getting **progressively worse**.*

progressive[2] /prəʊˈgresɪv/ **noun** **the progressive** the form of the verb that is used to show that an action is continuing. In English, the progressive is made with 'be' and the present participle. **продолженное время**

prohibit /prəʊˈhɪbɪt/ **verb** [T] formal (B2) to officially forbid something **запрещать** [often passive] *Smoking is prohibited on most international flights.* ◦ [+ from + doing sth] *The new law prohibits people from drinking alcohol in the street.* ◦ *a **prohibited substance***

• **prohibition** /ˌprəʊhɪˈbɪʃən/ **noun** [U] when something is prohibited **запрещение, запрет**

prohibitive /prəʊˈhɪbətɪv/ **adjective** If the cost of something is prohibitive, it is too expensive for many people. **непомерно высокий** *The cost of flying first class is prohibitive for most people.*

• **prohibitively** **adverb** **непомерно** ***prohibitively expensive***

project[1] /ˈprɒdʒekt/ **noun** [C] **1** (B2) a carefully planned piece of work that has a particular purpose **проект, план** *a research project* ◦ *The new building project will cost $45 million.* **2** (A2) a piece of school work that involves detailed study of a subject **проектное задание (в школе)** *We're **doing** a class **project on** the environment.*

project[2] /prəʊˈdʒekt/ **verb** **1** [T] to calculate an amount or make a guess about the future based on information that you have **прогнозировать** [often passive, + to do sth] *As people live longer, the demand for health care is projected to increase dramatically.* ◦ ***projected costs/growth*** **2** [T] to show a film or other image on a screen or a wall **проецировать изображение, демонстрировать (фильм)** *Laser images were **projected onto** a screen.* **3** [T] If you project a particular quality, that quality is what most people notice about you. **воплощать** *She **projected an image** of strong leadership.* **4 project from/into/out, etc** formal to stick out **выдаваться, выступать из/в/на и т. д.**

projection /prəʊˈdʒekʃən/ **noun** **1** [C] a calculation or guess about the future based on information that you have **прогноз** *government projections of population growth* **2** [U] when a film or an image is projected onto a screen or wall **проекция изображения**

projector /prəʊˈdʒektəʳ/ **noun** [C] a machine that projects films, pictures, or words onto a screen or a wall **кинопроектор**

proliferate /prəʊˈlɪfəreɪt/ **verb** [I] formal to increase in number very quickly **разрастаться, размножаться**

proliferation /prəʊˌlɪfəˈreɪʃən/ **noun** [U] when something increases in number very quickly **рост числа чего-либо** *the proliferation of new TV channels*

prolific /prəʊˈlɪfɪk/ **adjective** producing a lot of something **плодовитый** *a **prolific writer**/composer*

prologue /ˈprəʊlɒg/ **noun** [C] an introduction to a book, film, or play **пролог**

prolong /prəʊˈlɒŋ/ **verb** [T] to make something

last longer **продлевать** *Eating a good diet can prolong your life.*

prolonged /prəʊˈlɒŋd/ **adjective** continuing for a long time **длительный** *a prolonged illness*

prom /prɒm/ **noun** [C] in the US, a formal dance party for older students held at the end of the school year **выпускной бал (в США)** *a school prom*

promenade /ˌprɒməˈnɑːd/ **noun** [C] a wide path by the sea **набережная**

prominence /ˈprɒmɪnəns/ **noun** [U] when someone or something is important or famous **известность, видное положение** *He first **came to prominence** as a singer in the 1980s.*

prominent /ˈprɒmɪnənt/ **adjective 1** important or famous **известный, выдающийся** *a **prominent figure*** **2** very easy to see or notice **заметный, бросающийся в глаза** *a **prominent feature***

• **prominently adverb заметно**

promiscuous /prəˈmɪskjuəs/ **adjective** Someone who is promiscuous has sex with a lot of people. **распущенный**

• **promiscuity** /ˌprɒmɪˈskjuːəti/ **noun** [U] when someone is promiscuous **распущенность**

promise[1] /ˈprɒmɪs/ **verb 1** [I, T] B1 to say that you will certainly do something or that something will certainly happen **обещать** [+ to do sth] *She promised to write to me every week.* ◦ [+ (that)] *Paul promised me that he'd cook dinner tonight.* **2** [+ two objects] B1 to say that you will certainly give something to someone **обещать** *They promised us a reward.* **3 promise to be sth** B2 If something promises to be good, exciting, etc, people expect that it will be good, exciting, etc. **обещать быть (интересным, увлекательным и т. д.)**

promise[2] /ˈprɒmɪs/ **noun 1** B1 [C] when you say that you will certainly do something **обещание** *I'm not sure I can do it so I won't **make** any **promises**.* **2 keep/break a promise** B2 to do/not do what you said that you would do **сдержать/нарушить обещание 3 show promise** If someone or something shows promise, they are likely to be successful. **подавать надежды** *As a child, he showed great promise as an athlete.*

> Слова-партнеры к **promise**
>
> break/keep/make/renege on a promise • a broken/rash/solemn/vague promise

promising /ˈprɒmɪsɪŋ/ **adjective** likely to be very good or successful in the future **многообещающий** *a promising student* ◦ *a **promising start** to the game*

promo /ˈprəʊməʊ/ **noun** [C] informal an advertisement, especially a short film **рекламный ролик**

promote /prəˈməʊt/ **verb** [T] **1** to encourage something to happen or develop **содействовать, поддерживать** *to **promote** good **health/peace*** **2** B2 to advertise something **рекламировать** *The band is promoting their new album.* **3** B1 to give someone a more important job in the same organization **повышать в должности, продвигать** [often passive] *She's just been **promoted to** manager.*

promoter /prəˈməʊtər/ **noun** [C] **1** someone who organizes a large event **организатор** *a concert promoter* **2** someone who tries to encourage something to happen or develop **борец за что-либо** *a promoter of sexual equality*

promotion /prəˈməʊʃən/ **noun 1** [C, U] B2 activities to advertise something **рекламная акция** *a **sales promotion*** ◦ *They're giving away free T-shirts as a special promotion.* **2** [C, U] B2 when someone is given a more important job in the same organization **повышение в должности** *She was **given a promotion** in her first month with the company.* **3** [U, no plural] when you encourage something to happen or develop **содействие, поддержка** *the promotion of a healthy lifestyle*

> Слова-партнеры к **promotion**
>
> gain/get/be given a promotion • promotion to sth

promotional /prəˈməʊʃənəl/ **adjective** Promotional items or activities are used to advertise something. **рекламный** *a **promotional campaign***

prompt[1] /prɒmpt/ **verb** [T] **1** to cause something **побуждать, порождать** *His remarks prompted a lot of discussion.* **2 prompt sb to do sth** to cause someone to do sth **побуждать кого-либо сделать что-либо** *What prompted him to leave?* **3** to help someone, often an actor, remember what they were going to say or do **суфлировать**

prompt[2] /prɒmpt/ **adjective** B2 done or acting quickly and without waiting, or arriving at the correct time **немедленный** *a **prompt reply*** ◦ ***prompt payment***

• **promptly adverb** B2 **немедленно**

prone /prəʊn/ **adjective 1 be prone to sth/doing sth** to often do something or suffer from something, especially something bad **подверженный чему-либо** *I'm prone to headaches.* **2 accident-/injury-, etc prone** often having accidents/injuries, etc **вечно попадающий в несчастные случаи** → See also **accident-prone**

pronoun /ˈprəʊnaʊn/ **noun** [C] B1 a word that is used instead of a noun which has usually already been talked about. For example the words 'she', 'it', and 'mine' are pronouns. **местоимение** → See also **personal pronoun**, **relative pronoun**

pronounce /prəˈnaʊns/ **verb** [T] **1** B1 to make the sound of a letter or word **произносить** *How do you pronounce his name?* **2 pronounce sb/sth dead/a success, etc** formal to state that something is true in an official or formal way

P

официально объявлять о чем-либо *Doctors pronounced him dead at 12.23 a.m.*

pronounced /prəˈnaʊnst/ **adjective** very easy to notice **явный, резко выраженный** *She spoke with a pronounced American accent.*

pronouncement /prəʊˈnaʊnsmənt/ **noun** [C] formal an official announcement **официальное заявление** *to* ***make*** *a* ***pronouncement***

pronunciation /prəˌnʌnsiˈeɪʃən/ **noun** [C, U] B1 how words are pronounced **произношение** *There are two different pronunciations of this word.*

proof /pruːf/ **noun** [U] B2 a fact or a piece of information that shows something exists or is true **доказательство** *She showed us her passport as* ***proof of*** *her identity.* ◦ [+ (that)] *My landlord has asked for proof that I'm employed.*

> **Слова-партнеры к proof**
> have/provide proof • conclusive/positive/scientific proof • proof of sth

-proof /pruːf/ **suffix** used at the end of words to mean 'protecting against' or 'not damaged by' **(как компонент сложных слов) непроницаемый для чего-либо** *a bulletproof vest* ◦ *a waterproof jacket*

prop[1] /prɒp/ **verb** (present participle **propping**, past tense and past participle **propped**) **prop sth against/on, etc** to put something somewhere so that it is supported on or against something **прислонять что-либо к чему-либо** *He propped the ladder against the wall.*

PHRASAL VERB **prop sth up 1** to lift and give support to something by putting something under it **подпирать, подкладывать что-либо (для устойчивости)** *We had to prop up the bed with some bricks.* **2** to help something to continue **поддерживать, помогать** *For years the industry was propped up by the government.*

prop[2] /prɒp/ **noun** [C] an object used in a film or play **бутафория, реквизит** *a* ***stage prop***

propaganda /ˌprɒpəˈgændə/ **noun** [U] information or ideas, which are often false, that an organization prints or broadcasts to make people agree with what it is saying **пропаганда** ***political propaganda***

• **propagandist noun** [C] someone who creates, prints, or broadcasts propaganda **пропагандист**

propagate /ˈprɒpəgeɪt/ **verb** formal **1** [I, T] If you propagate plants, you help them to produce new plants, and if plants propagate, they produce new plants. **разводить, размножаться 2** [T] to tell your ideas or opinions to a lot of people in order to make them agree with what you are saying **распространять** *to* ***propagate lies/rumours***

• **propagation** /ˌprɒpəˈgeɪʃən/ **noun** [U] formal **размножение, распространение**

propel /prəˈpel/ **verb** [T] (present participle **propelling**, past tense and past participle **propelled**) **1 propel sb into/to sth** to cause someone to do an activity or be in a situation **побуждать, продвигать** *The film propelled him to international stardom.* **2** to push or move something somewhere, often with a lot of force **приводить в движение, толкать** *a rocket propelled through space*

propeller /prəˈpeləʳ/ **noun** [C] a piece of equipment made of two or more flat metal pieces that turn around and cause a ship or aircraft to move **пропеллер, винт**

propeller

propensity /prəʊˈpensəti/ **noun** [C] formal If someone has a propensity for something or to do something, they often do it. **склонность** *to have a* ***propensity for*** *violence* ◦ *a propensity to talk too much*

proper /ˈprɒpəʳ/ **adjective 1** [always before noun] B1 correct or suitable **правильный, надлежащий** *the* ***proper way*** *to do something* ◦ *Please put those books back in the* ***proper place.*** **2** [always before noun] mainly UK B1 real and satisfactory **настоящий** *his first* ***proper job*** ◦ *You should eat some proper food instead of just sweets.* **3** socially acceptable **приличный** *It's not proper to interrupt someone when they're speaking.* **4** [always after noun] referring to the main or most important part of something **сам (город, страна и т. д.)** *I live outside Cambridge – I don't live in the city proper.*

properly /ˈprɒpəli/ **adverb** B1 correctly, or in a satisfactory way **должным образом, как следует** *She doesn't eat properly.*

ˌproper ˈnoun noun [C] B2 a word or group of words that is the name of a person or place and always begins with a capital letter. For example 'Tony' and 'London' are proper nouns. **имя собственное**

> **Слова-партнеры к property**
> private property • property prices • a property developer

property /ˈprɒpəti/ **noun 1** [C, U] B2 a building or area of land **земельная собственность, дом** *There are several properties for sale in this area.* ◦ ***Private property*** *– no parking.* ◦ *a* ***property developer*** **2** [U] B1 objects that belong to someone **имущество** *The police recovered a large amount of* ***stolen property.*** **3** [C] a quality of something **свойство** *the* ***medicinal properties*** *of wild plants* → See also **lost property**

the ˈproperty ˌladder noun a process in which you buy a small house and then sell it to buy a bigger house when you have more money **"имущественная лестница"** *When house prices are high, it is hard for buyers to* ***move up the property ladder.***

prophecy /ˈprɒfəsi/ **noun** [C, U] when someone says that something will happen in the future **предсказание**

• **prophesy** /ˈprɒfəsaɪ/ **verb** [I, T] to say that you believe something will happen in the future **предсказывать**

prophet /ˈprɒfɪt/ **noun** [C] someone sent by God to tell people what to do, or to say what will happen in the future **пророк**

prophetic /prəʊˈfetɪk/ **adjective** saying what will happen in the future **пророческий** *a* ***prophetic dream****/vision ◦ Her warnings* ***proved prophetic.***

proponent /prəʊˈpəʊnənt/ **noun** [C] formal someone who supports a particular idea or plan of action **сторонник, защитник** *a proponent of nuclear energy*

proportion /prəˈpɔːʃən/ **noun 1** [C] a part of a total number or amount **часть, доля** *Children make up a large* ***proportion of*** *the world's population. ◦ The class consists of both men and women* ***in*** *roughly* ***equal proportions.*** **2 out of proportion** If something is out of proportion, it is much bigger or smaller than it should be, when compared to other things. **несоизмеримый** *The punishment is completely out of proportion to the crime.* **3 in proportion** If something is in proportion, it is the right size or shape when compared to other things. **соразмерный 4 in proportion to** If something changes in proportion to another thing, it changes to the same degree as that thing. **пропорционально чему-либо** *Your tax payment increases in proportion to your salary.*

IDIOM **blow/get sth out of proportion** to behave as if something that has happened is much worse than it really is **делать из мухи слона**

proportional /prəˈpɔːʃənəl/ **adjective** If two amounts are proportional, they change at the same rate so that the relationship between them does not change. **пропорциональный** *Weight is* ***proportional to*** *size.*

proˌportional ˌrepresenˈtation **noun** [U] a system of voting in which the number of a political party's elected representatives is related to the number of votes the party gets **пропорциональное представительство**

proportionate /prəˈpɔːʃənət/ **adjective** If two amounts are proportionate, they change at the same rate so that the relationship between them does not change. **пропорциональный** *His success was* ***proportionate to*** *his efforts.*
→ Opposite **disproportionate**

• **proportionately adverb пропорционально**

proportions /prəˈpɔːʃənz/ **noun** [plural] the size, shape, or level of something **размер, уровень** *Crime has increased to* ***alarming proportions.***

proposal /prəˈpəʊzəl/ **noun** [C] **1** B2 a suggestion for a plan **предложение, план** [+ to do sth] *a proposal to raise taxes ◦ The* ***proposal for*** *a new sports hall has been rejected.* **2** B2 when someone asks someone to marry them **предложение (о браке)**

propose /prəˈpəʊz/ **verb 1** [T] B2 to suggest a plan or action **предлагать** [+ (that)] *I propose that we delay our decision until we have more information. ◦* ***proposed changes*** **2 propose to do sth** B2 to intend to do something **намереваться сделать что-либо** *They propose to cycle across Europe.* **3** [I] B2 to ask someone to marry you **делать предложение (о браке)** *He* ***proposed to*** *me on my birthday.*

proposition /ˌprɒpəˈzɪʃən/ **noun** [C] **1** an offer or suggestion, usually in business **(деловое) предложение** *an* ***attractive/interesting proposition*** **2** an idea or opinion **утверждение** [+ that] *the proposition that all people are created equal* **3** in the US, a formal plan that people accept or refuse by voting **вопрос, выносимый на референдум (в США)**

proprietary /prəˈpraɪətəri/ **adjective** [always before noun] formal owned or controlled by a company **составляющий чью-либо собственность**

proprietor /prəˈpraɪətər/ **noun** [C] formal the owner of a business such as a hotel, shop, newspaper, etc **владелец**

propriety /prəˈpraɪəti/ **noun** [U] formal socially acceptable behaviour **правила приличия**

propulsion /prəˈpʌlʃən/ **noun** [U] a force that pushes something forward **движущая сила** *jet propulsion*

prosaic /prəʊˈzeɪɪk/ **adjective** formal ordinary and not interesting **прозаичный, скучный**

prose /prəʊz/ **noun** [U] ordinary written language that is not poetry **проза** *He's a wonderful writer – readers love his clear and lively prose.*

prosecute /ˈprɒsɪkjuːt/ **verb** [I, T] to accuse someone of a crime in a law court **возбуждать уголовное дело** *No one has been* ***prosecuted for*** *the murders.*

prosecution /ˌprɒsɪˈkjuːʃən/ **noun 1 the prosecution** [group] the lawyers who are prosecuting someone in a court of law **обвинение (как сторона в уголовном процессе)** *The prosecution will begin presenting evidence today.* **2** [C, U] when someone is prosecuted **судебное преследование**

prosecutor /ˈprɒsɪkjuːtər/ **noun** [C] a lawyer who prosecutes people **прокурор**

prospect /ˈprɒspekt/ **noun 1** [C, U] B2 the possibility that something good might happen in the future **шанс, надежда** *Is there any* ***prospect of*** *the weather improving?* **2** [no plural] the idea of something that will happen in the future **перспектива** [+ of + doing sth] *We* ***face the prospect of*** *having to start all over again.*

P

◦ *I'm very excited* ***at the prospect*** *of seeing her again.* **3 sb's prospects** B2 the possibility of being successful at work чьи-либо шансы на успех, перспективность *He's hoping the course will improve his* ***career prospects****.*

> **Слова-партнеры к prospect**
>
> face the prospect of sth • with the prospect of sth • at the prospect of sth

prospective /prəˈspektɪv/ **adjective prospective buyers/employers/parents, etc** Prospective buyers, employers, parents, etc are not yet buyers, employers, parents, etc but are expected to be in the future. потенциальные покупатели/работодатели/родители и т. д.

prospectus /prəˈspektəs/ **noun** [C] a book or magazine which gives information about a school, college, or business for future students or customers проспект, каталог

prosper /ˈprɒspəʳ/ **verb** [I] to be successful, usually by earning a lot of money преуспевать, процветать

prosperity /prɒsˈperəti/ **noun** [U] when someone is successful, usually by earning a lot of money процветание

prosperous /ˈprɒspᵊrəs/ **adjective** successful, usually by earning a lot of money процветающий, преуспевающий

prostitute /ˈprɒstɪtjuːt/ **noun** [C] someone whose job is having sex with people проститутка

• **prostitution** /ˌprɒstɪˈtjuːʃᵊn/ **noun** [U] проституция

prostrate /ˈprɒstreɪt/ **adjective** lying flat on the ground with your face pointing down лежащий ничком

protagonist /prəʊˈtægᵊnɪst/ **noun** [C] formal the main character in a play, film, or story главный герой

protect /prəˈtekt/ **verb** [I, T] B1 to keep someone or something safe from something dangerous or bad защищать *It's important to* ***protect*** *your skin* ***from*** *the harmful effects of the sun.* ◦ *Vitamin C may help* ***protect against*** *cancer.* → See Note **prevent**

• **protection** /prəˈtekʃᵊn/ **noun** [U] B2 защита *This coat doesn't provide any* ***protection against*** *the rain.*

protective /prəˈtektɪv/ **adjective 1** B2 giving protection защитный ***protective clothing*** ◦ *a protective mask* **2** wanting to protect someone from criticism, hurt, danger, etc because you like them стремящийся оградить, защищающий *She's fiercely* ***protective of*** *her children.*

protector /prəˈtektəʳ/ **noun** [C] someone or something that protects защитник, защитное приспособление

protein /ˈprəʊtiːn/ **noun** [U] food such as meat, cheese, fish, or eggs that is necessary for the body to grow and be strong белок, протеин

protest[1] /ˈprəʊtest/ **noun** [C, U] B2 when people show that they disagree with something by standing somewhere, shouting, carrying signs, etc протест *a* ***protest against*** *the war* ◦ *a* ***peaceful/violent protest***

> **Слова-партнеры к protest**
>
> hold/stage a protest • do sth as a protest • in protest at sth • a protest against/over sth • a protest by/from sb

protest[2] /prəʊˈtest/ **verb 1 protest (about/ against/at sth)** B2 to show that you disagree with something by standing somewhere, shouting, carrying signs, etc протестовать против чего-либо *Students were protesting about cuts to the education budget.* **2 protest sth** US B2 to show that you disagree with something by standing somewhere, shouting, carrying signs, etc протестовать *Thousands gathered to protest the plan.* **3** B2 [I, T] to say something forcefully or complain about something заявлять, утверждать [+ that] *The girl was crying, protesting that she didn't want to leave her mother.*

Protestant /ˈprɒtɪstᵊnt/ **adjective** belonging or relating to the part of the Christian religion that separated from the Roman Catholic Church in the 1500s протестантский

• **Protestant noun** [C] протестант • **Protestantism noun** [U] the beliefs of the Protestant Churches протестантство

protestation /ˌprɒtesˈteɪʃᵊn/ **noun** [C] formal when someone says something forcefully or complains about something заявление, утверждение *He was arrested despite his protestations of innocence.*

protester (also **protestor**) /prəˈtestəʳ/ **noun** [C] someone who shows that they disagree with something by standing somewhere, shouting, carrying signs, etc протестующий

protégé /ˈprɒtəʒeɪ/ **noun** [C] a young person who is helped and taught by an older and usually famous person протеже

protocol /ˈprəʊtəkɒl/ **noun** [C, U] the rules about what you must do and how you must behave in official or very formal situations правила этикета *royal protocol*

proton /ˈprəʊtɒn/ **noun** [C] a part of an atom with a positive electrical charge протон

prototype /ˈprəʊtəʊtaɪp/ **noun** [C] the first model or example of something new that can be developed or copied in the future прототип, модель *a* ***prototype for*** *a new car*

protracted /prəˈtræktɪd/ **adjective** If an unpleasant situation is protracted, it lasts a long time. затянувшийся *a* ***protracted dispute/struggle***

protrude /prəʊˈtruːd/ **verb** [I] If something such as a part of the body protrudes, it comes out from the surface more than usual. торчать, выдаваться *protruding ears/teeth*

proud /praʊd/ **adjective 1** B1 feeling very pleased about something you have done, something you own, or someone you know **гордый** *She was so **proud of** her son.* ◦ [+ to do sth] *I'm very proud to be involved in this project.* **2 be too proud to do sth** B2 to not be able to do something, especially ask for help, because you are too embarrassed **быть слишком гордым, чтобы делать что-либо** *He's too proud to ask you for any money.* **3** feeling that you are more important than you really are **надменный, высокомерный**

> Слова-партнеры к **proud**
>
> fiercely/immensely/rightly proud • proud of sth/sb

proudly /ˈpraʊdli/ **adverb** B2 in a way that shows you are pleased about something you have done, something you own, or someone you know **с гордостью** *He proudly showed us a photo of his grandchildren.*

prove /pruːv/ **verb** [T] (past tense **proved**, past participle mainly US **proven**) **1** B1 to show that something is true **доказывать** *They knew who had stolen the money, but they couldn't prove it.* ◦ [+ (that)] *Can you prove that you weren't there?* → Opposite **disprove 2 prove sth/to be sth** B2 to show a particular quality after a period of time **оказываться (полезным, результативным и т. д.)** *The new treatment has proved to be very effective.* **3 prove yourself** to show that you are good at something **проявлять себя** *I wish he'd stop trying to prove himself all the time.*

proven /ˈpruːvᵊn/ **adjective** If something is proven, it has been shown to be true. **доказанный** ***proven ability/skills***

proverb /ˈprɒvɜːb/ **noun** [C] a famous phrase or sentence which gives you advice **пословица** *an ancient Chinese proverb*

• **proverbial** /prəʊˈvɜːbiəl/ **adjective** relating to a proverb **вошедший в поговорку**

provide /prəʊˈvaɪd/ **verb** [T] B1 to supply something to someone **предоставлять, обеспечивать** *This booklet provides useful information about local services.* ◦ *It's a new scheme to **provide** schools **with** free computers.*

• **provider noun** [C] someone who provides something **провайдер** *an Internet service provider*

PHRASAL VERB **provide for sb** to give someone the things they need such as money, food, or clothes **обеспечивать, содержать кого-либо** *He has a wife and two young children to provide for.*

provided (that) /prəˈvaɪdɪd/ **conjunction** (also **providing (that)**) B2 only if **при условии что** *He's welcome to come along, provided that he behaves himself.*

province /ˈprɒvɪns/ **noun 1** [C] one of the large areas which some countries are divided into because of the type of government they have **область, провинция** *the Canadian province of Alberta* **2 the provinces** the areas of a country that are not the capital city and so are not considered exciting or fashionable **провинция, периферия**

provincial /prəˈvɪnʃᵊl/ **adjective 1** relating to a province **относящийся к провинции, области 2** relating to or typical of the provinces **провинциальный** *a provincial town* ◦ *provincial attitudes*

provision /prəˈvɪʒᵊn/ **noun 1** [U, no plural] when something is provided for someone **обеспечение, предоставление** *We need to increase **the provision of** health care for the elderly.* **2 make provision for sth** to make arrangements to deal with something **обеспечивать, распоряжаться** *He hasn't made any provision for his retirement yet.* **3** [C] a rule that is part of a law or an agreement **условие, положение (закона, договора)**

provisional /prəˈvɪʒᵊnᵊl/ **adjective** If a situation or arrangement is provisional, it is not certain and might change in the future. **временный, предварительный** *These dates are only provisional at the moment.*

• **provisionally adverb временно, предварительно**

provisions /prəˈvɪʒᵊnz/ **noun** [plural] supplies of food and other necessary items **продовольствие**

proviso /prəˈvaɪzəʊ/ **noun** [C] formal something that must happen as part of an agreement **условие** *He was released from prison **with the proviso that** he doesn't leave the country.*

provocation /ˌprɒvəˈkeɪʃᵊn/ **noun** [C, U] when someone makes you angry **вызов, повод** *He'll start a fight **at the slightest provocation**.*

provocative /prəˈvɒkətɪv/ **adjective 1** causing an angry reaction, usually intentionally **вызывающий, дерзкий** *a provocative question/remark* **2** Provocative clothes, images, etc are sexually exciting. **соблазнительный**

• **provocatively adverb вызывающе, соблазнительно** *She dresses very provocatively.*

provoke /prəˈvəʊk/ **verb** [T] **1** to cause a strong and usually angry reaction **провоцировать, вызывать** *to **provoke** an **argument*** ◦ *Her statement has **provoked** a public **outcry**.* **2** to intentionally make someone angry so that they react in an angry or violent way **провоцировать** *He claimed he was provoked by the victim.*

prowess /ˈpraʊɪs/ **noun** [U] formal when you are good at doing something **мастерство, умение** ***athletic/sporting prowess***

prowl[1] /praʊl/ **verb** [I, T] to walk around somewhere slowly as if hunting someone or something **рыскать** *to prowl the streets*

prowl[2] /praʊl/ **noun be on the prowl** to be hunting for someone or something **охотиться за кем-либо/чем-либо**

proximity /prɒkˈsɪməti/ **noun** [U] formal when something is near to something else **близость**

P

*What's good about this hotel is its **proximity to** the airport.*

proxy /ˈprɒksi/ **noun by proxy** using another person to do something instead of doing something yourself **по доверенности, через уполномоченного** *to vote by proxy*

Prozac /ˈprəʊzæk/ **noun** [U] trademark a drug that is used to make people feel happier and less worried **Прозак (антидепрессант)** *She's **on Prozac** because of her depression.*

prude /pru:d/ **noun** [C] someone who does not like to hear or see things relating to sex **ханжа** *Don't be such a prude.*
• **prudish adjective ханжеский** *a prudish woman*

prudent /ˈpru:dᵊnt/ **adjective** formal wise and careful **благоразумный** [+ to do sth] *I think it would be prudent to leave now before it starts raining.*
• **prudence** /ˈpru:dᵊns/ **noun** [U] formal **благоразумие** • **prudently adverb благоразумно**

prune[1] /pru:n/ **verb** [T] If you prune a tree or bush, you cut off some of the branches or flowers to help it grow better. **подрезать (ветви)**

prune[2] /pru:n/ **noun** [C] a dried plum (= type of fruit) **чернослив**

pry /praɪ/ **verb 1** [I] to try to discover private things about people **любопытствовать, выведывать** *to **pry into** someone's personal life.* ◦ *She wanted a private holiday away from **prying eyes**.* **2 pry sth apart/loose/open, etc** to open something with difficulty **открывать что-либо с трудом** *She managed to pry open a window and escape.*

PS /ˌpi:ˈes/ used when you want to add extra information at the end of a letter or email **постскриптум** *PS Give my love to Emma.*

psalm /sɑ:m/ **noun** [C] a song or poem from the Bible (= holy book) **псалом**

pseudo- /sju:dəʊ-/ **prefix** false **ложно-, псевдо-** *a pseudonym (= a false name, especially by a writer)* ◦ *pseudo-academic*

pseudonym /ˈsju:dənɪm/ **noun** [C] a name used by a writer instead of their own name **псевдоним** *He writes **under a pseudonym**.*

psych /saɪk/ **verb**

PHRASAL VERB **psych yourself up** informal to try to make yourself feel confident and ready to do something difficult **психологически подготовиться**

psyche /ˈsaɪki/ **noun** [C] the human mind and feelings **душа, душевный склад** *the male psyche*

psychedelic /ˌsaɪkəˈdelɪk/ **adjective 1** Psychedelic drugs make you see things that are not really there. **галлюциногенный 2** Psychedelic colours or patterns are very strong, bright, and strange. **яркий, броский**

psychiatrist /saɪˈkaɪətrɪst/ **noun** [C] a doctor who is trained in psychiatry **психиатр**

psychiatry /saɪˈkaɪətri/ **noun** [U] the study and treatment of mental illness **психиатрия**
• **psychiatric** /ˌsaɪkiˈætrɪk/ **adjective** relating to psychiatry **психиатрический** *a psychiatric disorder* ◦ *a psychiatric nurse*

psychic /ˈsaɪkɪk/ **adjective** having a special mental ability, for example so that you are able to know what will happen in the future or know what people are thinking **экстрасенсорный** ***psychic powers***

psycho /ˈsaɪkəʊ/ **noun** [C] informal someone who is crazy and frightening **псих, психопат**

psychoanalysis /ˌsaɪkəʊəˈnæləsɪs/ **noun** [U] the treatment of mental problems by studying and talking about people's dreams, fears, and experiences **психоанализ**
• **psychoanalytic** /ˌsaɪkəʊˌænᵊlˈɪtɪk/ **adjective** relating to psychoanalysis **психоаналитический**

psychoanalyst /ˌsaɪkəʊˈænᵊlɪst/ **noun** [C] someone who treats people using psychoanalysis **психоаналитик**

psychological /ˌsaɪkᵊˈlɒdʒɪkᵊl/ **adjective** (B2) relating to the human mind and feelings **психологический** *psychological problems*
• **psychologically adverb** (B2) **психологически**

psychologist /saɪˈkɒlədʒɪst/ **noun** [C] (B2) someone who has studied the human mind and feelings **психолог**

psychology /saɪˈkɒlədʒi/ **noun** [U] **1** (B2) the study of the human mind and feelings **психология** ***child psychology*** ◦ *He's studying psychology and philosophy.* **2** (B2) the way someone thinks and behaves **психика** *the psychology of serial killers*

psychopath /ˈsaɪkəʊpæθ/ **noun** [C] someone who is very mentally ill and usually dangerous **психопат**
• **psychopathic** /ˌsaɪkəʊˈpæθɪk/ **adjective психопатический** *a psychopathic killer*

psychosis /saɪˈkəʊsɪs/ **noun** [C] (plural **psychoses** /saɪˈkəʊsi:z/) a mental illness that makes you believe things that are not real **психоз**

psychotherapy /ˌsaɪkəʊˈθerəpi/ **noun** [U] the treatment of mental problems by talking about your feelings instead of taking medicine **психотерапия**
• **psychotherapist noun** [C] someone who gives people psychotherapy **психотерапевт**

psychotic /saɪˈkɒtɪk/ **adjective** suffering from a mental illness that makes you believe things that are not true **психически больной (человек)**

pt noun [C] **1** written abbreviation for point (=a unit used for showing who is winning in a game or competition) **очко** *Hill 81 pts, Villeneuve 68 pts* **2** written abbreviation for pint (= a unit for measuring liquid) **пинта**

PTO /ˌpi:ti:ˈəʊ/ UK abbreviation for please turn

over: used at the bottom of a page of writing to show that there is more information on the other side **смотрите на обороте**

pub /pʌb/ **noun** [C] A2 a place where you can get drinks such as beer and usually food **пивная** *We're all going to the pub after work.*

puberty /ˈpjuːbəti/ **noun** [U] the time when children's bodies change and become like adults' bodies **половая зрелость** *to reach puberty*

pubic hair /ˌpjuːbɪkˈheəʳ/ **noun** [U] the hair that grows around the sexual organs **волосы на лобке**

public[1] /ˈpʌblɪk/ **adjective 1 public awareness/health/support, etc** B2 the awareness/health/support, etc of all ordinary people **общественное сознание/здравоохранение/поддержка общественности и т. д.** *Public opinion has turned against him.* ◦ *Is it really* ***in the public interest*** *(= useful for people) to publish this information?* **2 public parks/toilets/transport, etc** B2 parks/toilets/transport, etc that are for everyone to use and are not private **общественные парки/туалеты/общественный транспорт и т. д.** *Smoking should be banned in public places.* **3 a public announcement/appearance/statement, etc** B2 an announcement/appearance/statement, etc that can be seen or heard or known by everyone **публичное объявление/выступление/заявление и т. д.** *The Prime Minister is due to make a public statement later today.* **4 make sth public** to allow everyone to know about something **предавать что-либо гласности** *The government does not plan to make its findings public.* **5 public funds/services/spending, etc** B1 funds/services/spending, etc controlled or supplied by the government and not by a private company **государственные средства/государственная служба/государственные расходы и т. д.**

public[2] /ˈpʌblɪk/ **noun 1 the (general) public** [group] B1 all ordinary people **(широкая) публика, общественность** *a member of the public* ◦ *The public has a right to know about this.* ◦ *The house is only open to the general public on Sundays.* **2 in public** B2 where everyone can see you **при людях** *He shouldn't behave like that in public.*

ˌpublic adˈdress system noun [C] (also UK **tannoy**) a system of equipment used in public places that someone speaks into in order to make their voice loud enough to hear **звукоусилительная аппаратура для выступлений**

publication /ˌpʌblɪˈkeɪʃᵊn/ **noun 1** [U] B2 when a book, newspaper, etc is printed and sold **публикация 2** [C] B2 a book, newspaper, or magazine **издание, выпуск** *a monthly/weekly publication*

publicist /ˈpʌblɪsɪst/ **noun** [C] someone whose job is to make people know about someone or something by advertising or giving information in the newspaper, on television, etc **специалист по связям с общественностью**

publicity /pʌbˈlɪsəti/ **noun** [U] B2 advertising or information about someone or something in the newspaper, on television, etc **реклама** *a publicity campaign* ◦ *to get* ***bad/good publicity***

> **Слова-партнеры к publicity**
>
> **attract/get/receive/seek** publicity • **adverse/bad/good/negative** publicity • publicity **about/for** sth • publicity **surrounding** sth • a publicity **campaign/stunt**

publicize (also UK **-ise**) /ˈpʌblɪsaɪz/ **verb** [T] to make people know about something by advertising or giving information in newspapers, on television, etc **рекламировать, оповещать** *a highly/widely publicized event*

publicly /ˈpʌblɪkli/ **adverb** If you do something publicly, everyone can see it, hear it, or know about it. **публично, открыто**

ˌpublic reˈlations noun [U] formal PR (=writing and activities that are intended to make a person, company, or product more popular) **связи с общественностью, реклама**

ˌpublic ˈschool (US **ˈpublic ˌschool**) **noun** [C] **1** in the UK, a school that you pay to go to **частная школа (в Великобритании) 2** (UK **state school**) in the US, a school that is free to go to because the government provides the money for it **государственная школа (в США)**

the ˌpublic ˈsector noun [usually singular] businesses and industries that are owned or controlled by the government **государственный сектор (экономики)** *public sector workers*

ˌpublic ˈtransport noun [U] B1 a system of vehicles such as buses and trains which operate at regular times and that the public use **общественный транспорт**

ˌpublic uˈtility noun [C] an organization that supplies the public with water, gas, or electricity **коммунальные службы**

publish /ˈpʌblɪʃ/ **verb** [T] **1** B1 to prepare and print a book, newspaper, magazine, article, etc so that people can buy it **издавать, опубликовывать** [often passive] *This book is published by Cambridge University Press.* **2** to write something that is then printed in a book, newspaper, magazine, etc **издавать, печатать** *He's published several short stories in national magazines.* **3** B1 to make information available to the public **оглашать, обнародовать**

publisher /ˈpʌblɪʃəʳ/ **noun** [C] B2 a company or person who prepares and prints books, newspapers, magazines, etc **издатель, издательство**

publishing /ˈpʌblɪʃɪŋ/ **noun** [U] the business of preparing and printing books, newspapers,

P

magazines, etc издательское дело *a career in publishing*

puck /pʌk/ **noun** [C] in ice hockey (= a sport), a small, hard disc that players hit with a stick шайба → See **Sports 1** on page Centre 14

pudding /ˈpʊdɪŋ/ **noun 1** [C, U] B2 in the UK, a sweet dish that is usually eaten as the last part of a meal десерт, сладкое *We've got apple pie for pudding.* **2** [U] in the US, a soft, sweet food made from milk, sugar, eggs, and sometimes flour пудинг *chocolate/vanilla pudding*

puddle /ˈpʌdl/ **noun** [C] a pool of liquid on the ground, usually from rain лужа

puerile /ˈpjʊəraɪl/ US /ˈpjuːərɪl/ **adjective** formal behaving in a silly way like a child инфантильный

puff¹ /pʌf/ **verb 1** [I] to breathe fast and with difficulty, usually because you have been doing exercise пыхтеть **2** [I, T] to smoke something дымить *to puff on a cigarette*

PHRASAL VERBS **puff sth out** to make your chest or your face become bigger by filling them with air надувать, выпячивать • **puff up** If part of your body puffs up, it becomes larger because it is infected or injured. распухать

puff² /pʌf/ **noun** [C] **1** a small amount of smoke, gas, powder, etc дуновение ветра, дымок *a puff of smoke/air* **2** when someone breathes in smoke from a cigarette затяжка *to take a puff on a cigarette*

puffin /ˈpʌfɪn/ **noun** [C] a black and white sea bird with a large head and brightly coloured beak тупик, топорик

puffy /ˈpʌfi/ **adjective** If the skin around your eyes is puffy, it is slightly swollen. отекший, опухший *His **eyes** were still **puffy** with sleep.*

puke /pjuːk/ **verb** [I, T] (also **puke up**) to vomit блевать

pull

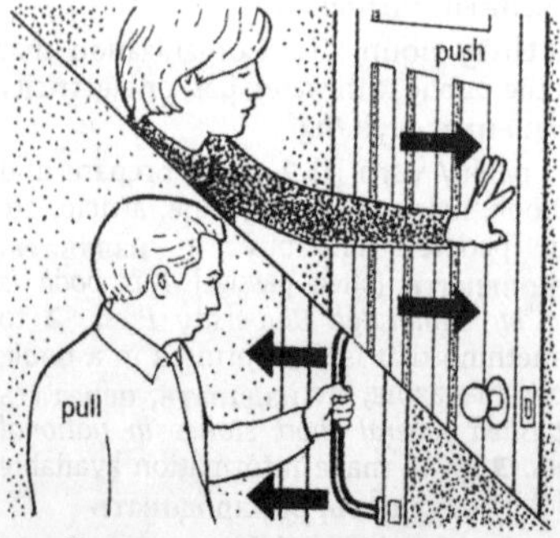

pull¹ /pʊl/ **verb 1** A2 [I, T] to take hold of something and move it somewhere тянуть, тащить *If you keep pulling his tail, he'll bite you.* ◦ *No wonder it's not working, someone's **pulled** the plug **out**.* ◦ *He **pulled off** his boots.* ◦ *She bent down and **pulled up** her socks.* **2 pull a muscle** to injure a muscle by stretching it too much растянуть мышцу **3 pull a gun/knife, etc on sb** to suddenly take out a weapon выхватывать пистолет/нож и т. д. *He pulled a gun on us and demanded money.* → See also pull/tear your **hair** out, pull the **plug¹**, not pull any punches (**punch²**), pull out all the stops (**stop²**), pull strings (**string¹**), pull your **weight**

PHRASAL VERBS **pull sth apart 1** to destroy something by tearing it into pieces разрывать на куски **2** to say that something, usually a piece of work, is very bad разносить в пух и прах, критиковать • **pull sb/sth apart** to separate two people or things разнимать, разрывать • **pull at sth** to pull something several times, usually with quick, light movements дергать *Stop pulling at my sleeve.* • **pull away 1** If a vehicle pulls away, it starts moving. отъезжать *I just managed to get on the bus before it pulled away.* **2** If you pull away from someone who is holding you, you suddenly move your body backwards, away from them. отступать от кого-либо • **pull sth down** B2 to destroy a building because it is not wanted any more. сносить (здание) *They've started pulling down the old cinema.* • **pull in/into sth** B2 If a vehicle pulls in or pulls into somewhere, it moves in that direction and stops there. подъезжать к чему-либо *They pulled in at the side of the road.* • **pull sth off** to succeed in doing or achieving something difficult успешно завершить какое-либо дело *He is about to pull off his biggest deal yet.* • **pull off** UK If a vehicle pulls off, it starts moving. отъезжать *The car pulled off and sped up the road.* • **pull sth on** to put on clothes quickly натягивать (одежду) *I pulled on my jeans and ran downstairs.* • **pull out** B2 If a vehicle pulls out, it starts moving onto a road or onto a different part of the road. выезжать (на дорогу) *That car pulled out right in front of me.* • **pull over** B2 If a vehicle pulls over, it moves to the side of the road and stops. подъехать к обочине и остановиться • **pull through** to continue to live after you have been badly injured or very ill выжить • **pull yourself together** informal to become calm and behave normally again after being angry or upset взять себя в руки • **pull up 1** B2 If a vehicle pulls up, it stops, often for a short time. притормозить, остановиться *A car pulled up outside the bank and two men got out.* **2 pull up a chair** to move a chair nearer to something or someone придвигать стул *Why don't you pull up a chair and join us?*

pull² /pʊl/ **noun** [no plural] a strong force that causes something to move somewhere or be attracted to something тяга, притяжение

pull-down /ˈpʊldaʊn/ **adjective** [always before noun] A pull-down menu is a list of choices on a computer screen which is hidden until you choose to look at it. вертикальное меню, меню–свиток (на экране компьютера)

pulley /ˈpʊli/ **noun** [C] a wheel with a rope going round it which is used to lift things **шкив, блок**

pulley

pullover /ˈpʊləʊvəʳ/ **noun** [C] B1 a warm piece of clothing which covers the top of your body and is pulled on over your head **пуловер** *a black woolly pullover*

pulp /pʌlp/ **noun** [U] **1** a soft, wet substance made from wood, which is used to make paper **древесная масса, целлюлоза** **2** the soft part inside a fruit or vegetable **мякоть**

ˌpulp ˈcavity noun [C] the soft part inside a tooth that contains nerves and blood vessels **пульпарная полость зуба**

pulpit /ˈpʊlpɪt/ **noun** [C] the raised structure in a church where the priest stands when he or she speaks to everyone **кафедра (в церкви)**

pulsate /pʌlˈseɪt/ (US) /ˈpʌlseɪt/ **verb** [I] to beat or move with a strong, regular rhythm **пульсировать, вибрировать** *The whole room was pulsating with music.*

pulse /pʌls/ **noun** [C] the regular movement of blood through your body when your heart is beating **пульс** *She put her fingers on my wrist to* ***take my pulse*** *(= count the number of beats per minute).* ◦ *My* ***pulse rate*** *is 70.*

pulses /pʌlsɪz/ **noun** [plural] UK seeds such as beans or peas which are cooked and eaten as food **бобовые**

pump

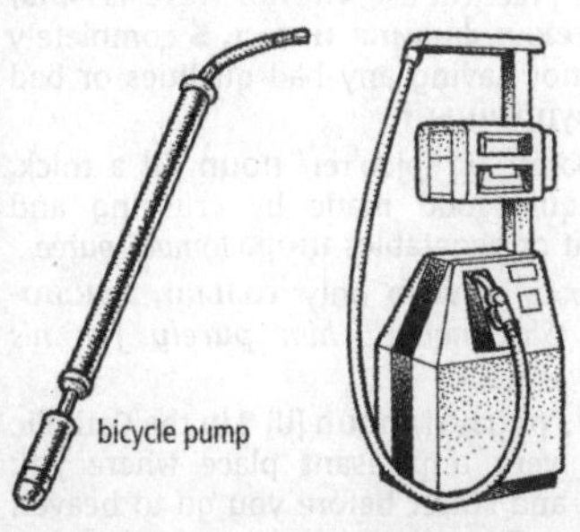

bicycle pump

petrol pump *UK*, gas pump *US*

pump[1] /pʌmp/ **noun** [C] B1 a piece of equipment which forces liquid or gas to move somewhere **насос, помпа** *a* ***gas/petrol pump*** ◦ *a* ***water pump***

pump[2] /pʌmp/ **verb** [T] to force liquid or gas to move somewhere **качать, перекачивать** *Your heart pumps blood around your body.* ◦ *Firemen used powerful hoses to* ***pump*** *water* ***into*** *the building.*

PHRASAL VERBS **pump sth into sth** to give a lot of money to a plan or organization **вкладывать большие средства во что-либо** *They've pumped millions of pounds into the economy.* • **pump sth out** informal to continuously produce a lot of something **греметь (о музыке), выдавать (о речи)** *a radio pumping out music* • **pump sth up** to fill something with air using a pump **накачивать (шину и т. д.)** *You should pump your tyres up.*

pumpkin /ˈpʌmpkɪn/ **noun** [C, U] a large, round vegetable with thick, orange skin **тыква**

pun /pʌn/ **noun** [C] a joke that you make by using a word that has two meanings **каламбур**

punch[1] /pʌnʃ/ **verb** [T] **1** B2 to hit someone or something with your fist (= closed hand) **бить кулаком** *He punched me twice in the stomach.* **2 punch a hole in sth** to make a hole in something with a special piece of equipment **пробивать отверстие в чем-либо**

punch[2] /pʌnʃ/ **noun 1** [C] B2 when you hit someone or something with your fist (= closed hand) **удар кулаком** *a punch on the nose* **2** [U] a sweet, mixed drink made from fruit juice, spices, and usually alcohol **пунш** **3** [C] a piece of equipment that makes a hole in something **перфоратор, компостер**

IDIOM **not pull any punches** to speak in an honest way without trying to be kind **не стесняться в выражениях**

> **Слова-партнеры к punch**
>
> **aim a punch at sb • deliver/land/swing/throw a punch**

punchline /ˈpʌntʃlaɪn/ **noun** [C] the last part of a joke that makes it funny **самое смешное (в анекдоте, шутке)**

punch-up /ˈpʌntʃʌp/ **noun** [C] UK informal a fight in which people hit each other with their fists (= closed hands) **драка**

punctual /ˈpʌŋktʃuəl/ **adjective** arriving at the right time and not too late **пунктуальный** • **punctuality** /ˌpʌŋktʃuˈæləti/ **noun** [U] when you are punctual **пунктуальность** • **punctually adverb пунктуально**

punctuate /ˈpʌŋktʃueɪt/ **verb** [T] to add punctuation marks to written words so that people can see when a sentence begins and finishes, that something is a question, etc **ставить знаки препинания**

punctuation /ˌpʌŋktʃuˈeɪʃən/ **noun** [U] B1 the use of punctuation marks in writing so that people can see when a sentence begins and finishes, that something is a question, etc **пунктуация** → See Study Page **Punctuation** on page Centre 33

punctuˈation ˌmark noun [C] a symbol such as a full stop (.) or a question mark (?) used in

P

writing to show where a sentence begins and finishes, etc. **знак препинания**

puncture[1] /ˈpʌŋktʃəʳ/ **noun** [C] **1** a small hole made by a sharp object **прокол 2** UK a hole in a tyre that makes the air come out **прокол (шины)** *to have a puncture*

puncture[2] /ˈpʌŋktʃəʳ/ **verb** [T] to make a hole in something **прокалывать** *The knife went through his ribs and punctured his lung.*

pundit /ˈpʌndɪt/ **noun** [C] someone who is an expert in a subject and often gives their opinions on television, radio, etc **специалист, эксперт** *a* ***political pundit***

pungent /ˈpʌndʒᵊnt/ **adjective** A pungent smell is very strong. **резкий, едкий** *the* ***pungent smell*** *of vinegar*

punish /ˈpʌnɪʃ/ **verb** [T] **B1** to make someone suffer because they have done something bad **наказывать** [often passive] *They must be severely* ***punished for*** *these crimes.*

punishable /ˈpʌnɪʃəbl/ **adjective** A crime that is punishable is one that you can be punished for. **наказуемый** *Drug dealing is* ***punishable by death*** *in some countries.*

punishing /ˈpʌnɪʃɪŋ/ **adjective** very difficult and making you tired **изнурительный** *a* ***punishing schedule***

punishment /ˈpʌnɪʃmənt/ **noun** [C, U] **B2** when someone is punished **наказание** *He had to stay in his bedroom as a punishment for fighting.* → See also **capital punishment**, **corporal punishment**, be a **glutton** for punishment

> Слова-партнеры к **punishment**
>
> **capital/corporal** punishment • an **appropriate/cruel/harsh/severe** punishment • **deserve/escape/impose/inflict/receive** punishment

punitive /ˈpjuːnətɪv/ **adjective** formal given as a punishment or seeming like a punishment **карательный** *punitive action*

punk /pʌŋk/ **noun 1** [U] (also ˌ**punk** ˈ**rock**) a style of music and fashion in the 1970s which was wild, loud, and violent **панк 2** [C] someone who wears punk clothes and likes punk music **панк 3** [C] US informal a bad young man **хулиган**

punt[1] /pʌnt/ **noun** [C] **1** a long boat with a flat bottom that you push along the river with a long pole **плоскодонка 2** in some sports, a powerful kick which causes the ball to go very far **удар ногой по подброшенному мячу**

punt[2] /pʌnt/ **verb 1** [I, T] to go or take someone along a river in a punt **плыть на плоскодонке 2** [T] in some sports, to kick a ball after you have dropped it from your hands and before it touches the ground **бить ногой по подброшенному мячу**

punter /ˈpʌntəʳ/ **noun** [C] UK informal someone who is buying something or making a bet (= risking money on a competition) **клиент, игрок (на скачках и т. д.)**

puny /ˈpjuːni/ **adjective** very small and weak **тщедушный, хилый**

pup /pʌp/ **noun** [C] a young dog or other particular type of baby mammal **щенок, детеныш** *a seal pup*

pupil /ˈpjuːpᵊl/ **noun** [C] **1** **A2** a student at school **ученик** *The school has 1,100 pupils aged 11 to 18.* → See **The Classroom** on page Centre 6 **2** the black, round part in the centre of your eye **зрачок**

puppet /ˈpʌpɪt/ **noun** [C] **1** a toy in the shape of a person or animal that you can move with strings or by putting your hand inside **марионетка, кукла** *a* ***glove puppet*** **2** someone who is controlled by someone else **марионетка** *a political puppet*

puppy /ˈpʌpi/ **noun** [C] **B1** a young dog **щенок** *a litter of puppies*

purchase[1] /ˈpɜːtʃəs/ **verb** [T] formal **B2** to buy something **покупать** *Tickets must be purchased two weeks in advance.*

purchase[2] /ˈpɜːtʃəs/ **noun** formal **1** [C, U] **B2** when you buy something **покупка, приобретение** *the illegal purchase of guns* **2** [C] **B2** something that you buy **покупка, купленная вещь** *a major purchase*

pure /pjʊəʳ/ **adjective 1** **B1** A pure substance is not mixed with anything else. **чистый, неразбавленный** *pure gold* ◦ *pure wool* **2** [always before noun] **B2** used to emphasize that a feeling, quality, or state is completely and only that thing **чистейший, полнейший** ***pure coincidence*** ◦ *Her face had a look of pure delight.* **3** **B1** clean and healthy **чистый** ***pure air/water*** **4 pure mathematics/physics, etc** the study of mathematics/physics, etc based only on ideas and not on practical use **чистая математика/теоретическая физика и т. д. 5** completely good and not having any bad qualities or bad morals **безупречный**

puree /ˈpjʊəreɪ/ (US) /pjʊəˈreɪ/ **noun** [U] a thick, smooth, liquid food made by crushing and mixing fruit or vegetables **пюре** *tomato puree*

purely /pjʊəli/ **adverb** only **только, исключительно** *She married him* ***purely for*** *his money.*

purgatory /ˈpɜːgətᵊri/ **noun** [U] **1** in the Catholic religion, a very unpleasant place where you have to go and suffer before you go to heaven **чистилище 2** a very unpleasant situation **пытка, мучение** *This diet is purgatory.*

purge /pɜːdʒ/ **verb** [T] **1** to get rid of bad feelings that you do not want **избавляться** [often reflexive] *She wanted to* ***purge*** *herself* ***of*** *guilt.* **2** to get rid of people from an organization because you do not agree with them **проводить чистку (в партии и т. д.)**
• **purge noun** [C] **избавление, чистка**

purify /ˈpjʊərɪfaɪ/ **verb** [T] to remove bad

substances from something to make it pure **очищать** *Plants help to purify the air.* ◦ *purified water*

• **purification** /ˌpjʊərɪfɪˈkeɪʃᵊn/ **noun** [U] **очищение**

purist /ˈpjʊərɪst/ **noun** [C] someone who believes in and follows very traditional rules or ideas in a subject **пурист**

puritanical /ˌpjʊərɪˈtænɪkᵊl/ **adjective** having severe religious morals and not wanting people to enjoy themselves **пуританский**

• **puritan** /ˈpjʊərɪtᵊn/ **noun** [C] a puritanical person **пуританин**

purity /ˈpjʊərəti/ **noun** [U] the quality of being pure **чистота** *air purity*

purple /ˈpɜːpl/ **adjective** A2 being a colour that is a mixture of red and blue **фиолетовый** *purple pansies*

• **purple noun** [C, U] A2 **фиолетовый цвет** → See **Colours** on page Centre 12

purport /pəˈpɔːt/ **verb**

PHRASAL VERB **purport to be/do sth** formal to pretend to be or do something **выдавать себя за кого-либо** *a man purporting to be a police officer*

purpose /ˈpɜːpəs/ **noun 1** [C] B1 why you do something or why something exists **цель** *The main **purpose of** the meeting is to discuss the future of the company.* ◦ *The drug may be legalized for medical purposes.* **2** [U] the feeling of knowing what you want to do **целеустремленность** *He seems to have lost all **sense of purpose**.* **3 on purpose** B1 intentionally **умышленно, нарочно** *I didn't do it on purpose, it was an accident.* **4 serve a purpose** to have a use **выполнять функцию** *These small village shops serve a very useful purpose.* → See also **cross purposes**, to/for all intents (**intent¹**) (and purposes)

> **Слова-партнеры к purpose**
>
> **defeat/have/fulfil/serve** a purpose • a **clear/good/primary/practical/useful** purpose • the purpose **of sth**

purpose-built /ˌpɜːpəsˈbɪlt/ **adjective** mainly UK A purpose-built building has been specially designed for the way it will be used. **построенный для определенных целей**

purposeful /ˈpɜːpəsfᵊl/ **adjective** showing that you know what you want to do **решительный** *He has a quiet, purposeful air.*

• **purposefully adverb решительно**

purposely /ˈpɜːpəsli/ **adverb** intentionally **умышленно, нарочно** *I wasn't purposely trying to hurt you.*

purr /pɜːʳ/ **verb** [I] **1** If a cat purrs, it makes a soft sound in its throat to show pleasure. **мурлыкать 2** to talk in a soft, low voice **говорить мягким голосом 3** If a car purrs, its engine is very smooth and makes a soft sound. **урчать (о моторе)**

purse¹ /pɜːs/ **noun** [C] **1** UK A2 a small container for money, usually used by a woman **кошелек** *a leather purse* **2** mainly US (mainly UK **handbag**) a bag, usually carried by a woman **женская сумочка** *I always carry aspirin in my purse.*

purse² /pɜːs/ **verb purse your lips** to press your lips tightly together, often to show that you are angry **поджимать губы**

pursue /pəˈsjuː/ (US) /pərˈsuː/ **verb** [T] (present participle **pursuing**, past tense and past participle **pursued**) **1** If you pursue a plan, activity, or situation, you try to do it or achieve it, usually over a long period of time. **следовать курсу, придерживаться плана** *She decided to pursue a career in television.* **2** to follow someone or something, usually to try to catch them **преследовать, гнаться** *The car was pursued by helicopters.* **3 pursue a matter** to try to discover information about something **продолжать расследовать что-либо** *We will not be pursuing this matter any further.*

pursuit /pəˈsjuːt/ (US) /pərˈsuːt/ **noun** [U] **1** when you try to achieve a plan, activity, or situation, usually over a long period of time **поиски, стремления** *the pursuit of pleasure* ◦ *He left his native country **in pursuit of** freedom.* **2** when you follow someone or something to try to catch them **преследование, погоня** *The police are **in pursuit of** a 25-year-old murder suspect.*

pursuits /pəˈsjuːts/ (US) /pərˈsuːts/ **noun** [plural] formal activities or hobbies **занятия, хобби** *He enjoys climbing and other **outdoor pursuits**.*

purveyor /pəˈveɪəʳ/ **noun** [C] formal someone who sells or provides something **поставщик, торговец** *a purveyor of antiques*

pus /pʌs/ **noun** [U] a yellow substance that is produced when part of your body is infected **гной**

push¹ /pʊʃ/ **verb 1** [I, T] A2 to move someone or something by pressing them with your hands or body **толкать, пихать** *She **pushed** the books **aside** and sat down on my desk.* ◦ *We **pushed** the children **down** the slide.* ◦ *He **pushed** me violently **out** of the door.* ◦ *Someone **pushed** him **into** the river.* → See picture at **pull 2** [I, T] B1 to move somewhere by moving someone or something away from you **проталкиваться** *He pushed past me.* ◦ *He **pushed his way** to the front of the crowd.* **3** [T] B1 to press something **нажимать, надавливать** *If you push this button, your seat goes back.* **4 push (sb) for sth/to do sth** B2 to try hard to achieve something or to make someone else do something **добиваться чего-либо** *Local residents are pushing for the road to be made safer.* **5** [T] to try to make someone do something that they do not want to do **заставлять, принуждать** [+ into + doing sth] *My mother pushed me into having ballet lessons.* **6 push yourself** B2 to make yourself work very hard to achieve some-

P

thing напряженно работать → See also push the **boat** out

PHRASAL VERBS **push sb about/around** to tell someone what to do in a rude way третировать кого-либо, помыкать кем-либо *I'm fed up with being pushed around.* • **push ahead/forward** to continue doing something, especially when this is difficult продолжать делать что-либо с усилием *They have decided to **push ahead with** legal action.* • **push sth/sb aside** to decide to forget about or ignore something or someone отметать, игнорировать что-либо/кого-либо *We can't just push these problems aside – we have to deal with them.* • **push in** UK informal to rudely join a line of people who are waiting for something by moving in front of some of the people who are already there влезать в очередь • **push on** to continue doing something, especially when this is difficult продолжать делать что-либо с усилием • **push sb/sth over** to push someone or something so that they fall to the ground сбивать с ног, опрокидывать • **push sth through** to make a plan or suggestion be officially accepted настойчиво проталкивать что-либо *We're trying to push this deal through as quickly as possible.* • **push sth up** to increase the amount, number, or value of something увеличивать, повышать *If you want to travel on Saturday, it will push the price up a bit.*

push[2] /pʊʃ/ **noun 1 a push for sth/to do sth** a big effort to achieve something or make someone do something усилие, энергичная попытка *a push for higher standards in education* **2** [C] B1 when you move someone or something by pressing them with your hands or body толчок [usually singular] *She **gave** him a little **push** towards the door.* **3 give sb the push** UK informal to get rid of someone from a job or relationship увольнять, бросать кого-либо **4** [C] encouragement to make someone do something толчок, побуждение [usually singular] *I'm sure he'll go, he just needs a little push that's all.* **5 at a push** UK If you can do something at a push, you can do it but it will be difficult. при крайней необходимости

IDIOM **if/when push comes to shove** informal If you say that something can be done if push comes to shove, you mean that it can be done if the situation becomes so bad that you have to do it. на худой конец, в крайнем случае *If push comes to shove, we'll just have to sell the car.*

pushchair /ˈpʊʃtʃeəʳ/ **noun** [C] UK (US **stroller**) a chair on wheels which is used to move small children детская прогулочная коляска

pushed /pʊʃt/ **adjective** UK informal **be pushed for sth** to not have much of something испытывать недостаток в чем-либо *I can't stop, I'm a bit pushed for time.*

pusher /ˈpʊʃəʳ/ **noun** [C] someone who sells illegal drugs торговец наркотиками

push-up /ˈpʊʃʌp/ **noun** [C] US (UK **press-up**) a physical exercise in which you lie facing the floor and use your hands to push your body up отжимание (на руках) *I did forty push-ups yesterday.*

pushy /ˈpʊʃi/ **adjective** behaving in an unpleasant way by trying too much to get something or to make someone do something напористый, бесцеремонный *a pushy salesman*

put /pʊt/ **verb** [T] (present participle **putting**, past tense and past participle **put**) **1 put sth down/in/on, etc** A1 to move something to a place or position класть на/в и т. д. *Where have you put the keys? ◦ She put her bag on the floor. ◦ You can put your coat in the car. ◦ He put his arm around her.* **2 put sb in a mood/position, etc** B2 to cause someone or something to be in a particular situation приводить кого-либо в какое-либо настроение/ставить кого-либо в какое-либо положение и т. д. *They'd had an argument and it had put her in a bad mood. ◦ This puts me in a very difficult position.* **3** to say something using particular words излагать, выражать *I don't know quite **how to put this**, but I'm leaving.* **4** A2 to write something писать *Please put your name on the list by Monday evening.*

PHRASAL VERBS **put sth across** to explain or express something clearly so that people understand it easily разъяснять, понятно излагать • **put sth aside** B2 to save something so that you can use it later откладывать (деньги) *I've been putting a bit of money aside every month.* • **put sth away** B1 to put something in the place where you usually keep it класть на место *She folded the towels and put them away in the cupboard.* → See **Phrasal Verbs** on page Centre 16 • **put sth back** B1 to put something where it was before it was moved класть на место *I put the book back on the shelf.* • **put sth down 1** B1 to put something that you are holding onto the floor or onto another surface класть, ставить (на пол, землю и т. д.) *I'll just put my bag down for a minute, it's rather heavy.* → See **Phrasal Verbs** on page Centre 16 **2** UK B1 If you put the phone down, you put the part of the telephone that you speak into back to its usual position. класть трубку **3** to kill an animal, usually because it is suffering усыплять (животное) • **put sb down 1** to make someone feel stupid or unimportant by criticizing them унижать *I'm tired of him putting me down all the time.* **2** B1 to write someone's name on a list or document, usually in order to arrange for them to do something записывать, заносить чье-либо имя (в список) *I've **put** you **down for** the trip to Rome next week.* • **put sth down to sth** UK to think that a problem or situation is caused by a particular thing объяснять что-либо чем-либо • **put sth forward** to state an idea or opinion, or to suggest a plan, so that it can be considered or discussed выдвигать, предлагать что-либо • **put sb/sth in sth** B2 to arrange for someone or something to go somewhere помещать, класть *to put someone in prison* ◦ *to put some money in the bank* ◦ *I'd never put my mother in an old people's home.* • **put sth in** to fix something into a room or building ставить, устанавливать *I've just had a new kitchen put in.* • **put sth into sth/doing sth** If you put time, work, or effort into something, you spend a lot of time or effort doing it. вкладывать что-либо во что-либо *We've put a lot of effort into this project and we want it to succeed.* • **put sth off** B1 to decide or arrange to do something at a later time откладывать, отсрочивать *I must talk to her about this, I can't put it off any longer.* • **put sb off (sth/sb)** B2 to make someone not like someone or something, or not want to do something отбивать охоту, аппетит *Jan was talking about her operation and it put me off my food.* • **put sth on 1** A2 to put clothes or shoes onto your body надевать *You'd better put your coat on, it's cold outside.* → See **Phrasal Verbs** on page Centre 16 **2** mainly UK B1 to make a piece of equipment work by pressing a switch включать *Can you put the light on please?* **3** to pretend to have a particular feeling, or to behave in a way which is not real or natural for you притворяться *He's not really upset, he's just putting it on.* **4** A2 to put a CD or other recording into a machine so that you can see or hear it поставить (пластинку и т. д.) *Why don't you put on some music?* **5 put on weight** UK B1 to become fatter and heavier толстеть • **put sth out 1** mainly UK to make a light stop shining by pressing a switch выключать *Please put the lights out when you leave.* **2** B1 to make something that is burning stop burning гасить, тушить *to put out a fire* **3** to put something outside the house выносить *to put out the rubbish/trash* • **put sb out** to cause trouble or extra work for someone обременять кого-либо *It would be great if you could help, but I don't want to put you out.* • **be put out** to be annoyed, often because of something that someone has done or said to you быть обиженным, раздраженным *He seemed a bit **put out at** not having been invited.* • **put sb through sth** to make someone experience or do something unpleasant or difficult подвергать кого-либо чему-либо *Why did they put themselves through this ordeal?* • **put sb through** B1 to connect someone using a telephone to the person they want to speak to соединять (по телефону) *Can you put me through to customer services, please?* • **put sth to sb 1** to suggest an idea or plan to someone so that they can consider it or discuss it предлагать что-либо кому-либо **2** to ask someone a question задавать вопрос кому-либо *to put a question to someone* • **put sth together 1** B2 to put the parts of something in the correct place and join them to each other собирать (из частей) *You buy it in a kit and then put it together yourself.* **2** to prepare a piece of work by collecting several ideas and suggestions and organizing them составлять (план и т. д.) *to put together a plan/proposal* • **put sth up 1** B2 to build something строить, ставить *to put up a tent* ◦ *We spent the weekend putting up a fence in the backyard.* **2** B1 to fasten something to a wall or ceiling вешать, прикреплять *to put up shelves* ◦ *I need to put up some curtains in the back bedroom.* **3** mainly UK B1 to increase the price or value of something повышать (цену) *They're going to **put up** the **price** of fuel.* • **put sb up** B2 to let someone stay in your home for a short period предоставлять ночлег кому-либо, приютить *If you need somewhere to stay, we can put you up for the night.* • **put up with sb/sth** B2 to accept unpleasant behaviour or an unpleasant situation, although you do not like it терпеть кого-либо/что-либо *He's so rude, I don't know how you put up with him.*

putrid /ˈpjuːtrɪd/ **adjective** decaying and smelling bad гнилой, вонючий *a putrid smell*

putt /pʌt/ **verb** [I, T] in golf, to hit the ball gently when you are near the hole загонять мяч в лунку (гольф)

• **putt noun** [C] удар, загоняющий мяч в лунку (гольф)

putty /ˈpʌti/ **noun** [U] a soft, grey substance that becomes hard when it is dry and is used to fasten glass into windows or to fill small holes in wood замазка, шпатлевка

puzzle[1] /ˈpʌzl/ **noun** [C] **1** A2 a game or activity in which you have to put pieces together or answer questions using skill головоломка *to do/solve a puzzle* ◦ *a crossword puzzle* ◦ *a jigsaw puzzle* **2** a situation which is very difficult to understand трудный вопрос, загадка *Scientists have been trying to **solve** this **puzzle** for years.*

Слова-партнеры к **puzzle**
resolve/solve a puzzle • the puzzle of sth

puzzle[2] /ˈpʌzl/ **verb** [T] to make someone confused because they do not understand something озадачивать [often passive] *I was puzzled by what he said.*

PHRASAL VERB **puzzle over sth** to try to solve a problem or understand a situation by thinking carefully about it ломать голову над чем-либо

puzzled /ˈpʌzld/ **adjective** B2 confused because you do not understand something озадаченный *He had a puzzled look on his face.*

puzzling /ˈpʌzlɪŋ/ **adjective** If something is puzzling, it confuses you because you do not understand it. сбивающий с толку

PVC /ˌpiːviːˈsiː/ **noun** [U] a strong material similar to thick plastic ПВХ (полихлорвинил)

P

pyjamas /pɪˈdʒɑːməz/ UK (US **pajamas**) **noun** [plural] B2 shirt and trousers that you wear in bed **пижама** *a pair of blue pyjamas* → See **Clothes** on page Centre 8

pylon /ˈpaɪlɒn/ **noun** [C] a tall structure which supports electrical wires above the ground **столб**

pyramid /ˈpɪrəmɪd/ **noun** [C] a shape with a square base and four triangular sides that meet to form a point at the top **пирамида** → See picture at **shape**

pyre /paɪəʳ/ **noun** [C] a pile of wood on which a dead person is burned in some countries **погребальный костер**

python /ˈpaɪθᵊn/ **noun** [C] a large snake that kills other animals by putting itself tightly around them **питон**

Q

Q, q /kjuː/ the seventeenth letter of the alphabet **17-я буква алфавита**

QC /ˌkjuːˈsiː/ **noun** [C] abbreviation for Queen's Counsel: a lawyer of high rank in the UK **королевский адвокат** *Horace Rumpole QC*

qt written abbreviation for quart (= a unit for measuring liquid) **кварта**

quack /kwæk/ **noun** [C] the sound made by a duck (= water bird) **кряканье**
• **quack verb** [I] **крякать**

quadruple /kwɒdˈruːpl/ **verb** [I, T] If an amount quadruples, it becomes multiplied by four, or if you quadruple it, you multiply it by four. **увеличивать(ся) в четыре раза**

quagmire /ˈkwɒgmaɪəʳ/ **noun** [C] **1** a difficult and unpleasant situation **затруднительное положение** *a* ***legal quagmire*** **2** an area of wet ground that you can sink into **болото**

quail /kweɪl/ **noun** [C] (plural **quail**, **quails**) a small bird which is shot for food **перепел**

quaint /kweɪnt/ **adjective** attractive or unusual in an old-fashioned way **колоритный, причудливый** *a quaint little village*

quake¹ /kweɪk/ **noun** [C] US short for earthquake (= when the Earth shakes) **землетрясение**

quake² /kweɪk/ **verb** [I] to shake because you are frightened **трястись, дрожать**

qualification /ˌkwɒlɪfɪˈkeɪʃən/ **noun 1** [C] mainly UK B1 what you get when you pass an exam or a course **диплом, удостоверение** [usually plural] *legal/medical qualifications* ◦ *What qualifications do you need to be a nanny?* **2** [C] the skills, qualities, or experience that you need in order to do something **квалификация** *The only qualification needed for this job is an eye for detail.* **3** [U] success in getting into a competition **выход в чемпионат (после отборочных соревнований)** *England's qualification for the World Cup* **4** [C, U] an addition to something that is said that makes its meaning less certain **условие, оговорка**

> **Слова-партнеры к qualification**
>
> an **academic/basic/formal/recognized** qualification • **gain/get/have/need** a qualification • a qualification **in** sth

qualified /ˈkwɒlɪfaɪd/ **adjective 1** B1 having passed exams or courses **квалифицированный** *a* ***newly qualified*** *teacher* **2 qualified to do sth** B2 having the skills, qualities, or experience that you need in order to do something **подходящий для чего-либо** *I think John is the best qualified to make that decision.* **3** If something someone says is qualified, they have added something to it to make it less certain. **сделанный с оговоркой** *The answer was a qualified yes.* → Opposite **unqualified**

qualifier /ˈkwɒlɪfaɪəʳ/ **noun** [C] **1** a game or competition which decides whether you can enter another competition **отборочные соревнования 2** someone who has succeeded in getting into a competition **прошедший отборочные соревнования**

qualify /ˈkwɒlɪfaɪ/ **verb 1** [I, T] B2 If you qualify for something, you are allowed to do it or have it, and if something qualifies you for something, it allows you to do it or have it. **иметь право, давать право** *Foreign students no longer* ***qualify for*** *grants in the UK.* ◦ *To qualify for the competition, you must be over 18.* → Opposite **disqualify 2** [I] mainly UK B2 to pass exams so that you are able to do a job **получать квалификацию, диплом** *He's recently* ***qualified as*** *a doctor.* **3** [I] B2 to succeed in getting into a competition **пройти отборочные соревнования** *Nigeria were the first team to* ***qualify for*** *the World Cup.* **4** [T] to add something to what you say to make its meaning less certain **делать оговорку**

qualitative /ˈkwɒlɪtətɪv/ (US) /ˈkwɑːlɪteɪtɪv/ **adjective** formal relating to how good something is and not how much of it there is **качественный**
• **qualitatively adverb по качеству**

quality¹ /ˈkwɒləti/ **noun 1** [U] B1 how good or bad something is **качество** ***good/high quality*** ◦ ***poor/low quality*** ◦ *The air quality in this area is terrible.* ◦ *All we are asking for is a decent* ***quality of life.*** ◦ *The spokeswoman says a* ***quality control*** *system is being developed for next year.* **2** [U] B1 when something is very good or well made **высокое качество** *A designer label isn't necessarily a guarantee of quality.* **3** [C] B2 part of the character or personality of someone or something **черта характера** *leadership qualities*

> **Слова-партнеры к quality**
>
> **affect/enhance/improve/maintain** quality • **good/high/inferior/low/poor** quality

quality² /ˈkwɒləti/ **adjective** [always before noun] B1 very good **качественный, продуктивный** *We only sell quality products in this store.*

ˈquality ˌtime noun [U] time that you spend with someone when you can give them all of your attention **время, уделяемое друзьям, родным или любимому занятию** *We've been too busy to give the children much quality time this week.*

qualm /kwɑːm/ **noun** [C] a worry or doubt about something **сомнение, колебание** *I would* ***have no qualms about*** *reporting her to the police.*

quandary /ˈkwɒndᵊri/ **noun** [no plural] a situation in which you are trying to make a difficult choice **затруднительное положение** *We're* ***in a quandary over*** *which school to send her to.*

quantifier /ˈkwɒntɪfaɪəʳ/ **noun** [C] a word or group of words that is used before a noun to show an amount of that noun. For example the words 'many', 'some', and 'a lot of' are quantifiers. **квантификатор**

quantify /ˈkwɒntɪfaɪ/ **verb** [T] to measure or state the amount of something **определять количество, измерять** *It is difficult to quantify the damage that this storm has caused.*

quantitative /ˈkwɒntɪtətɪv/ (US) /ˈkwɑːntəteɪtɪv/ **adjective** relating to quantity **количественный**

quantity /ˈkwɒntəti/ **noun** [C, U] (B1) the amount or number of something **количество** *A* ***vast quantity*** *of information is available on the Internet.* ◦ *They are now developing ways to produce the vaccine* ***in large quantities*** *and cheaply.* → See **Pieces and Quantities** on page Centre 1

IDIOM **an unknown quantity** someone or something that you do not know and so you cannot be certain about **темная лошадка**

Слова-партнеры к quantity

a **huge/large/small/sufficient/vast** quantity • **in** [big/large, etc] quantities

quantum leap /ˌkwɒntʌmˈliːp/ **noun** [C] a sudden, large increase or improvement in something **резкий скачок** [usually singular] *a quantum leap in information technology*

Q

quarantine /ˈkwɒrᵊntiːn/ **noun** [U] If an animal or person is put into quarantine, they are kept away from other animals or people because they have or might have a disease. **карантин**

quarrel¹ /ˈkwɒrᵊl/ **noun 1** (B2) [C] an argument **ссора, спор** *She walked out after* ***having a quarrel with*** *her boss.* **2 have no quarrel with sb/sth** to not disagree with someone or something **ничего не иметь против кого-либо/чего-либо** *We have no quarrel with either of those ideas.*

Слова-партнеры к quarrel

have a quarrel • a quarrel **about/over** sth • a quarrel **with** sb • a quarrel **between** sb and sb

quarrel² /ˈkwɒrᵊl/ **verb** [I] (present participle UK **quarrelling**, past tense and past participle **quarrelled**, present participle US **quarreling**, past tense and past participle **quarreled**) (B2) to have an argument with someone **ссориться, спорить** *She'd been* ***quarrelling with*** *her mother all morning.*

quarry /ˈkwɒri/ **noun** [C] a place where stone is dug out of a large hole in the ground **каменоломня, карьер** *a marble quarry*

• **quarry verb** [T] to dig stone out of a quarry **добывать камень (из карьера)**

quart /kwɔːt/ **noun** [C] (written abbreviation **qt**) a unit for measuring liquid, equal to 1.14 litres in the UK and 0.95 litres in the US **кварта**

quarter /ˈkwɔːtəʳ/ **noun 1** [C] (also US **fourth**) (A2) one of four equal parts of something; ¼ **четверть, четвертая часть** *Three quarters of the island's residents speak English.* ◦ *My house is one and three-quarter miles/a mile and three-quarters from here.* ◦ *I waited a quarter of an hour for her.* **2** [no plural] (A1) a period of 15 minutes before or after the hour **четверть часа** *It's (a)* ***quarter to*** *three (= 2.45).* ◦ also US *It's* ***a quarter of*** *three (= 2.45).* ◦ *We're leaving at (a)* ***quarter past*** *six (= 6.15).* ◦ also US *We're leaving at (a)* ***quarter after*** *six (= 6.15).* **3** [C] one of four periods of time into which a year is divided for financial calculations such as profits or bills (= orders for payment) **квартал, четверть года** *I get an electricity bill every quarter.* **4** [C] US one of four periods of time into which a year at college or university is divided **четверть (школьная)** **5** [C] US one of four periods of time into which some sports games are divided **четверть** **6** [C] a part of a town, often where people from a particular country or religion live **квартал, район** *the Jewish quarter* **7** [C] a US or Canadian coin with a value of 25 cents, which is a quarter of a dollar **25 центов**

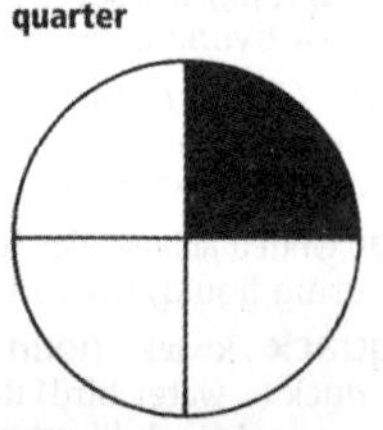

quarterback /ˈkwɔːtəbæk/ **noun** [C] a player in American football who controls the attack **ведущий игрок (в американском футболе)**

quarter-final /ˌkwɔːtəˈfaɪnᵊl/ **noun** [C] the part of a competition when eight people or teams are left and there are four games to decide who will reach the semi-final (= when only four people or teams are left) **четвертьфинал** *She was knocked out of the competition* ***in the quarter-finals.***

quarterly /ˈkwɔːtᵊli/ **adjective, adverb** produced or happening every three months **ежеквартальный** *Water and electricity bills are paid quarterly.* ◦ *a quarterly magazine/report*

quarters /ˈkwɔːtəz/ **noun** [plural] rooms to live in or sleep in, usually for people in a military organization **жилье, казармы**

quartet /kwɔːˈtet/ **noun** [C] four people singing or playing music in a group **квартет**

quartz /ˈkwɔːts/ **noun** [U] a mineral used to make watches and clocks accurate **кварц**

quash /kwɒʃ/ **verb** [T] **1** *formal* to officially change a legal decision so that it stops existing **аннулировать, отменять** *His* ***conviction*** *was* ***quashed*** *last month.* **2** to stop something that you do not want to happen **останавливать,**

прекращать *He appeared on television to* ***quash rumours*** *that he was seriously ill.*

quasi- /kweɪzaɪ-/ **prefix** partly **подобный, квази-, полу-** *quasi-religious ideas*

quay /kiː/ **noun** [C] a structure built next to water where ships stop and goods are taken on and off **причал**

queasy /ˈkwiːzi/ **adjective** If you feel queasy, you feel slightly ill as if you might vomit. **испытывающий тошноту**

queen /kwiːn/ **noun** [C] **1** A2 a female ruler in some countries **королева** *Queen Elizabeth II* ◦ *God save the Queen!* **2** A2 the wife of a king when he is the main ruler in a country **королева** **3** a playing card with a picture of a queen on it **дама** *the queen of diamonds* **4** a large female insect which is the most important in a group and which produces all the eggs **матка (у пчел, муравьев и т. д.)** *queen bee*

queer /kwɪəʳ/ **adjective** **1** informal an offensive word meaning homosexual **гомосексуальный** **2** strange **странный**

quell /kwel/ **verb** [T] formal to stop something that you do not want to happen **подавлять, прекращать** *to* ***quell*** *a* ***riot*** ◦ *to* ***quell rumours***

quench /kwenʃ/ **verb quench your thirst** to drink liquid so that you stop being thirsty **утолять жажду**

query[1] /ˈkwɪəri/ **noun** [C] B2 a question **вопрос** *His job is to answer telephone* ***queries about*** *airline schedules.*

query[2] /ˈkwɪəri/ **verb** [T] to ask questions in order to check that something is true or correct **подвергать сомнению** [+ question word] *A few students have queried whether exam marks were added up correctly.*

quest /kwest/ **noun** [C] formal an attempt to get something or do something difficult **продвижение к цели, поиски** *the* ***quest for*** *truth* ◦ [+ to do sth] *He has begun his quest to become the Conservative Party's first Asian MP.*

question[1] /ˈkwestʃən/ **noun** **1** [C] A1 a sentence or phrase that asks you for information **вопрос** *Is it OK if I* ***ask*** *you a few* ***questions****?* ◦ *He refused to* ***answer*** *my* ***question****.* ◦ *If you have any* ***questions about*** *the scheme, do ask me.* ◦ *"So where's the money coming from?"* ***"That's a good question"*** *(= I do not know).* **2** [C] B2 a situation or problem that needs to be considered **вопрос, проблема** *This documentary* ***raises*** *important* ***questions*** *about the American legal system.* ◦ *Two important* ***questions arise*** *from this debate.* **3** [U] B2 doubt **сомнение** [+ that] *There is* ***no question*** *that this was an accidental fire.* ◦ *His ability as a chef has never been* ***in question****.* ◦ *"So you agree she's the right person for the job." "Yes, absolutely,* ***without question****."* ◦ *The report* ***brings/calls into question*** *(= causes doubts about) the safety of this drug.* **4 sb/sth in question** the person or thing that is being discussed **кто-либо/что-либо, о ком/чем идет речь** *He claims that he was in the pub with his girlfriend on the night in question.* **5 be out of the question** If something is out of the question, it is not possible or not allowed. **об этом не может быть и речи** → See also **loaded question**, **rhetorical question**

> Слова-партнеры к **question**
>
> ask/answer/pose/raise/reply to a question • a question **arises** • an **awkward/fundamental/important/interesting/hypothetical** question • a question **about** sth

question[2] /ˈkwestʃən/ **verb** [T] **1** B2 to ask someone questions **задавать вопросы, опрашивать** *Detectives were* ***questioning*** *a boy* ***about*** *the murder.* ◦ [often passive] *Two out of three people questioned in the survey were non-smokers.* **2** B2 to show or feel doubt about something **подвергать сомнению** *I'm not for a moment questioning your decision.* ◦ [+ question word] *I'm just* ***questioning whether*** *we need the extra staff.*

questionable /ˈkwestʃənəbl/ **adjective** **1** possibly not true or correct **сомнительный** [+ question word] *It is highly* ***questionable whether*** *this drug has any benefits at all.* **2** not honest or not legal **подозрительный** *He's being investigated for questionable business practices.*

questioning /ˈkwestʃənɪŋ/ **noun** [U] when the police ask someone questions about a crime **допрос** *She was taken in* ***for questioning*** *by police yesterday morning.*

ˈquestion ˌmark **noun** [C] B1 a mark (?) used at the end of a question **вопросительный знак** → See Study Page **Punctuation** on page Centre 33

questionnaire /ˌkwestʃəˈneəʳ/ **noun** [C] B1 a set of questions asked of a large number of people to discover information about a subject **анкета, вопросник** *Residents have been sent* ***questionnaires about*** *their homes and energy use.*

> Слова-партнеры к **questionnaire**
>
> complete/fill in a questionnaire • **draw up** a questionnaire • a questionnaire **asks** sth • a questionnaire **about/on** sth

ˈquestion ˌtag **noun** [C] a short phrase such as 'isn't it?' or 'don't you?' that is added to the end of a sentence to check information or to ask if someone agrees with you. In the sentence, 'It's hot, isn't it?', 'isn't it?' is a question tag. **краткий общий вопрос в конце разделительного вопроса**

queue /kjuː/ **noun** [C] UK (US **line**) B1 a row of people waiting for something, one behind the other **очередь** *to* ***join*** *the* ***queue*** ◦ *Are you* ***in the queue****?*

queue

Q

IDIOM **jump the queue** to move in front of people who have been waiting longer for something than you **проходить вне очереди**

• **queue (up)** UK (US **line up**) **verb** [I] B2 to stand in a row in order to wait for something **стоять в очереди** [+ to do sth] *They're queueing up to get tickets.*

> **Слова-партнеры к queue**
>
> **form/be in/join** a queue • a queue **stretches** [for miles/around sth, etc] • a **big/long/short/small** queue • a queue **of** [cars/people, etc] • a queue **for** sth

quibble /ˈkwɪbl/ **verb quibble about/over/with sth** to argue about something that is not important **спорить о мелочах** *They spend far too much time quibbling over details.*
• **quibble noun** [C] **несущественное замечание**

quiche /kiːʃ/ **noun** [C, U] a dish made of a pastry base filled with a mixture of egg and milk and usually cheese, vegetables, or meat **открытый пирог**

quick[1] /kwɪk/ **adjective 1** A1 doing something fast or taking only a short time **быстрый** *I tried to catch him but he was too quick for me.* ◦ [+ to do sth] *Publishers were quick to realize that a profit could be made.* **2** A2 lasting a short time **короткий** *Can I ask you a quick question?*

quick[2] /kwɪk/ **adverb** informal fast **быстро** *Come here, quick!*

quicken /ˈkwɪkᵊn/ **verb** [I, T] to become faster or to cause something to become faster **ускорять(ся)** *His breathing quickened.*

Q

quickly /ˈkwɪkli/ **adverb** A2 fast or in a short time **быстро** *I quickly shut the door.* ◦ *These people need to be treated as quickly as possible.*

quid /kwɪd/ **noun** [C] (plural **quid**) UK informal a pound (= UK unit of money) **фунт стерлингов** *This bike's not bad for twenty quid.*

quiet[1] /kwaɪət/ **adjective 1** A2 making little or no noise **тихий** *Can you **be quiet**, please?* ◦ *The children are very quiet.* **2** A2 without much noise or activity **тихий, спокойный** *I fancy a **quiet night in** tonight.* ◦ *They found a table in a quiet corner of the restaurant.* **3** B1 If someone is quiet, they do not talk very much. **тихий, молчаливый** *He was a shy, quiet man.* **4 keep (sth) quiet** to not talk about something that is secret **утаивать что-либо, умалчивать о чем-либо** *It might be wise to keep this quiet for a while.*

quiet[2] /kwaɪət/ **noun** [U] B2 when there is little or no noise **тишина** *She needs a bit of **peace and quiet**.*

quieten /ˈkwaɪətᵊn/ **verb** [T] UK (US **quiet**) to make someone or something quiet **утихомиривать, успокаивать**

PHRASAL VERB **quieten (sb/sth) down** UK (US **quiet (sb/sth) down**) to become quieter or calmer, or to make a person or animal become quieter or calmer **успокаивать(ся)**

quietly /ˈkwaɪətli/ **adverb 1** B1 making little or no noise **тихо** *"Don't worry," she said quietly.* **2** B1 doing something without much noise or activity **тихо, спокойно** *He sat quietly on the sofa, waiting for her to come home.*

quilt /kwɪlt/ **noun** [C] a cover for a bed, which is filled with feathers or other warm material **стеганое одеяло**

quip /kwɪp/ **verb** [I, T] (present participle **quipping**, past tense and past participle **quipped**) to say something in a funny and clever way **делать остроумное замечание**
• **quip noun** [C] **остроумное замечание**

quirk /kwɜːk/ **noun** [C] a strange habit **причуда** *My aunt has a few odd quirks.*

IDIOM **quirk of fate** a strange and unexpected event **неожиданный поворот судьбы** ***By some quirk of fate**, we came to live in the same town.*

• **quirky adjective** strange **необычный, причудливый** *a quirky sense of humour*

quit /kwɪt/ **verb** (present participle **quitting**, past tense and past participle **quit**) **1** [I, T] B1 to leave your job or school permanently **оставлять, увольняться** *She recently **quit** her **job** to spend more time with her family.* **2** [T] B1 to stop doing something **бросать, прекращать** *I quit smoking and put on weight.*

quite /kwaɪt/ **adverb 1** UK A2 a little or a lot but not completely **довольно** *I'm quite tired, but I'm happy to walk a little further.* ◦ *He's quite attractive but not what I'd call gorgeous.* **2** US very **совсем, очень** *My sister and I are quite different.* **3** B1 completely **совершенно** *The two situations are quite different.* ◦ *Are you quite sure you want to go?* **4 not quite** B2 almost but not completely **не совсем** *I'm not quite sure that I understand this.* ◦ *He didn't get quite enough votes to win.* **5 quite a bit/a few/a lot, etc** A2 a large amount or number **довольно много** *There are quite a few letters for you here.* ◦ *He's changed quite a bit.*

quiver /ˈkwɪvəʳ/ **verb** [I] to shake slightly **дрожать, трястись**
• **quiver noun** [C] **дрожь**

quiz[1] /kwɪz/ **noun** [C] (plural **quizzes**) **1** A2 a game in which you answer questions **викторина** *a television quiz show* **2** US a short test on a subject in school **небольшая контрольная работа**

quiz[2] /kwɪz/ **verb** [T] (present participle **quizzing**, past tense and past participle **quizzed**) to ask someone questions about something **расспрашивать** *A group of journalists **quizzed** them **about/on** the day's events.*

quizzical /ˈkwɪzɪkᵊl/ **adjective** A quizzical expression or look seems to ask a question without words. **вопросительный, недоумевающий**

quota /ˈkwəʊtə/ noun [C] a limited amount of something that is officially allowed **квота** *an import quota*

quotation /kwəʊˈteɪʃᵊn/ noun [C] **1** a sentence or phrase that is taken out of a book, poem, or play **цитата** *a **quotation from** Shakespeare/the Bible* **2** the amount that a piece of work will probably cost **расценка** *Make sure you **get** a **quotation** for all the work before they start.*

quotˈation ˌmarks noun [plural] a pair of marks (" ") or (' ') used before and after a group of words to show that they are spoken or that someone else originally wrote them **кавычки** → See Study Page **Punctuation** on page Centre 33

quote¹ /kwəʊt/ verb **1** [I, T] to repeat what someone has said or written **цитировать** *I was **quoting from** Marx.* ◦ *Witnesses were **quoted as saying** there were two gunmen.* **2** [T] to give a fact or example in order to support what you are saying **приводить пример, ссылаться** *The minister quoted recent unemployment figures.* **3** [T] to say how much a piece of work will cost before you do it **назначать цену**

quote² /kwəʊt/ noun [C] short for quotation **цитата**

quotes /kwəʊts/ noun [plural] short for quotation marks **кавычки**

the Qur'an /kɒrˈɑːn/ noun another spelling of the Koran (= the holy book of Islam) **Коран**

R

R, r /ɑːʳ/ the eighteenth letter of the alphabet 18-я буква алфавита

R informal written abbeviation for are: used in emails and text messages сокращ. от are (используется в имейлах и сообщениях с мобильного телефона)

rabbi /ˈræbaɪ/ **noun** [C] a leader and teacher in the Jewish religion раввин *Rabbi Hugo Gryn*

rabbit /ˈræbɪt/ **noun** [C] Ⓐ2 a small animal with fur and long ears that lives in a hole in the ground кролик

rabble /ˈræbl/ **noun** [no plural] a group of noisy, uncontrolled people толпа

rabies /ˈreɪbiːz/ **noun** [U] a serious disease that people can get if they are bitten by an infected animal бешенство (болезнь)

race¹ /reɪs/ **noun 1** [C] Ⓐ2 a competition in which people run, ride, drive, etc against each other in order to see who is the fastest гонка, состязание *a horse race* **2** [C, U] one of the groups that people are divided into according to their physical characteristics раса *people of many different races* **3** [C] a situation in which people compete against each other for power or control предвыборная борьба *the **race for** governor* **4 the races** an event when horses race against each other скачки

IDIOM **a race against time/the clock** a situation in which something has to be done very quickly гонка со временем, срочная работа

→ See also **the human race**, **the rat race**

> **Слова-партнеры к race**
> **drop out of/lose/win** a race • **in** a race

race² /reɪs/ **verb 1** [I, T] Ⓑ1 to compete in a race участвовать в гонке *I'll race you to the end of the road.* ◦ *I used to **race against** him at school.* **2 race along/down/over, etc** to move somewhere very quickly мчаться, нестись *I raced over to see what was the matter.* **3 race sb to/back, etc** to take someone somewhere very quickly примчать кого-либо в/обратно и т. д. *Ambulances raced the injured to a nearby hospital.* **4** [T] to put a horse, dog, etc in a race участвовать в скачках

racecourse /ˈreɪskɔːs/ **noun** [C] UK the place where horses race ипподром, трасса

racehorse /ˈreɪshɔːs/ **noun** [C] a horse that has been trained to run in races скаковая лошадь

ˌrace reˈlations noun [plural] the relationship between people from different races who live together in the same place межрасовые отношения

racetrack /ˈreɪstræk/ **noun** [C] the place where horses, cars, etc race ипподром, трасса

racial /ˈreɪʃəl/ **adjective** Ⓑ2 relating to people's race расовый *a racial minority* ◦ ***racial discrimination/tension***

• **racially adverb** по расе *a **racially motivated** crime*

racing /ˈreɪsɪŋ/ **noun** [U] the activity or sport in which people, animals, or vehicles race against each other гонка, состязание *motor racing* → See also **horse racing**

racism /ˈreɪsɪzəm/ **noun** [U] Ⓑ2 the belief that other races of people are not as good as your own, or the unfair treatment of people because they belong to a particular race расизм

> **Слова-партнеры к racism**
> **combat/encounter/face/tackle** racism • **a form of** racism • racism **against** sb

racist /ˈreɪsɪst/ **noun** [C] someone who believes that other races of people are not as good as their own расист

• **racist adjective** расистский *a **racist attack***

rack¹ /ræk/ **noun** [C] a type of shelf that you can put things on or hang things from полка, вешалка, стойка *a **magazine/luggage rack***

rack² /ræk/ **verb 1 be racked with pain/guilt, etc** If someone is racked with pain or an emotion, they suffer a lot because of it. мучиться от боли/чувства вины и т. д. **2 rack your brain/brains** informal to think very hard, usually to try to remember something or solve a problem ломать себе голову

PHRASAL VERB **rack up sth** informal to get or achieve a lot of something раздобыть, добиться, наделать *He's racked up debts of over thirty thousand pounds.*

racket /ˈrækɪt/ **noun 1** [C] (also **racquet**) Ⓐ2 a piece of equipment that you use to hit a ball in sports such as tennis ракетка → See **Sports 2** on page Centre 15 **2** [C] informal an illegal activity that is used to make money преступный бизнес, афера *a drugs smuggling racket* **3** [no plural] informal a loud noise шум, гам *The neighbours were **making** such **a racket**.*

radar /ˈreɪdɑːʳ/ **noun** [U] a system that uses radio waves to find out the position of something you cannot see радар

radiant /ˈreɪdiənt/ **adjective 1** showing that you are very happy сияющий, лучезарный *a radiant smile* **2** very bright ослепительный

• **radiance** /ˈreɪdiəns/ **noun** [U] сияние, блеск

radiate /ˈreɪdieɪt/ **verb 1 radiate from/out, etc** to spread out in all directions from a particular point расходиться лучами от/из и т. д. *A number of roads radiate out from the centre.* **2** [T] to show an emotion or quality in your face or behaviour сиять, лучиться *His face just radiates happiness.* **3** [T] to send out heat or light излучать свет или тепло

radiation /ˌreɪdiˈeɪʃən/ **noun** [U] **1** a form of energy that comes from a nuclear reaction and that in large amounts can be very dangerous радиация *dangerously high* ***levels of radiation*** ◦ *radiation sickness* **2** energy from heat or light that you cannot see излучение *solar/microwave radiation*

radiator /ˈreɪdieɪtəʳ/ **noun** [C] **1** a metal piece of equipment that is filled with hot water and is used to heat a room батарея (отопления) → See **The Living Room** on page Centre 4 **2** a part of a vehicle engine that is used to make the engine cool радиатор

radical¹ /ˈrædɪkəl/ **adjective 1** A radical change is very big and important. радикальный, коренной *a* ***radical reform*** **2** believing that there should be big social and political changes радикальный *a radical group/movement* ◦ *a* ***radical proposal***

• **radically adverb** радикально *The company has* ***changed radically*** *in recent years.*

radical² /ˈrædɪkəl/ **noun** [C] someone who supports the idea that there should be big social and political changes радикал

radio¹ /ˈreɪdiəʊ/ **noun 1** [C] **A1** a piece of equipment used for listening to radio broadcasts радиоприемник *a car radio* **2 the radio A1** the programmes that you hear when you listen to the radio радиовещание, радио *We heard him speaking* ***on the radio*** *this morning.* **3** [U] **B1** a system of sending and receiving sound through the air радио ***local radio*** ◦ *a* ***radio station*** **4** [C] a piece of equipment for sending and receiving messages by sound рация

radio² /ˈreɪdiəʊ/ **verb** [I, T] (present participle **radioing**, past tense and past participle **radioed**) to send a message to someone by radio радировать *They radioed for help.*

radioactive /ˌreɪdiəʊˈæktɪv/ **adjective** containing harmful radiation (= energy from a nuclear reaction) радиоактивный ***radioactive waste***

radioactivity /ˌreɪdiəʊækˈtɪvəti/ **noun** [U] when something is radioactive радиоактивность

radish /ˈrædɪʃ/ **noun** [C] a small, round, white or red vegetable with a slightly hot taste that you eat in salad редиска

radius /ˈreɪdiəs/ **noun** [C] (plural **radii**) **1** a certain distance from a particular point in any direction радиус, расстояние *Most facilities lie* ***within*** *a two-mile* ***radius*** *of the house.* **2** the distance from the centre of a circle to its edge радиус

radius

raffle /ˈræfl/ **noun** [C] a competition in which people buy tickets with numbers on them and win a prize if any of their numbers are chosen лотерея ***raffle tickets***

• **raffle verb** [T] to offer something as a prize in a raffle разыгрывать в лотерее

raft /rɑːft/ **noun 1** [C] a small, flat boat made by tying pieces of wood together плот **2 a raft of sth/sb** a lot of things or people уйма, куча чего-либо/кого-либо *a raft of data*

rafter /ˈrɑːftəʳ/ **noun** [C] one of the long pieces of wood that supports a roof стропило

rag /ræg/ **noun** [C] a piece of old cloth that you use to clean things тряпка

IDIOM **be like a red rag to a bull** UK If a particular subject is like a red rag to a bull, it always makes someone angry. быть как красная тряпка для быка

rage¹ /reɪdʒ/ **noun** [C, U] **B2** strong anger that you cannot control ярость *a jealous rage* ◦ *He* ***flew into a rage*** *(= suddenly became angry) over the smallest mistake.*

IDIOM **be all the rage** informal old-fashioned to be very popular быть повальным увлечением

→ See also **road rage**

rage² /reɪdʒ/ **verb** [I] **1** to continue with great force or violence бушевать, свирепствовать *The battle raged well into the night.* **2** to speak or behave in a very angry way быть в ярости, рвать и метать

ragged /ˈrægɪd/ **adjective 1** old and torn рваный, потрепанный *ragged jeans* **2** wearing clothes that are old and torn одетый в лохмотья *a ragged child* **3** rough and not smooth зазубренный, шероховатый *a* ***ragged edge***

ragged

rags /rægz/ **noun** [plural] clothes that are old and torn лохмотья *an old man dressed* ***in rags***

IDIOM **go from rags to riches** to start your life very poor and then later in life become very rich быстро разбогатеть, из грязи в князи

> Слова-партнеры к **raid**
> carry out a raid • a raid on sth • an air raid • a dawn raid

raid¹ /reɪd/ **noun** [C] **1** a sudden attack on a place by soldiers налет, рейд *an* ***air raid*** ◦ *a* ***dawn raid*** **2** a sudden visit to a place by police in order to find someone or something облава *a* ***police raid*** *to recover illegal weapons* **3** when people enter a place by force in order to steal from it налет *a* ***bank raid*** → See also **air raid**

R

raid² /reɪd/ **verb** [T] **1** If soldiers raid a place, they suddenly attack it. **совершать налет, рейд** **2** If the police raid a place, they suddenly visit it in order to find someone or something. **устраивать облаву** *Police raided nine properties in search of the documents.* **3** to steal many things from somewhere **совершать налет** *to **raid** the **fridge***

rail

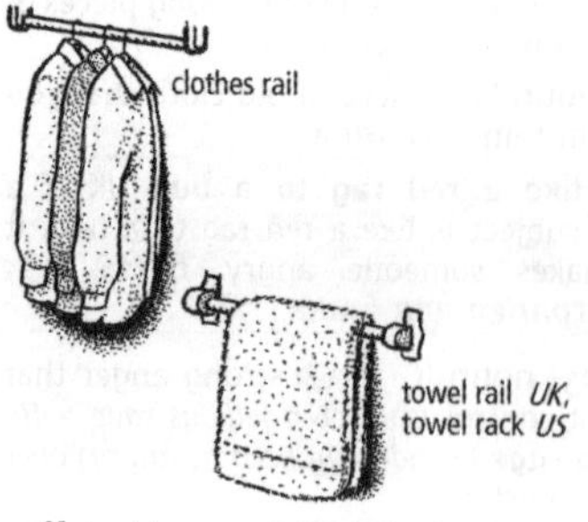

rail /reɪl/ **noun** **1** [C] UK a horizontal bar on the wall that you hang things on **карниз, вешалка** *a curtain rail* **2** [C] a bar around or along something which you can hold to stop you from falling **поручень, перила** *a hand rail* **3** [U] (B1) trains as a method of transport **железная дорога** ***rail travel*** ◦ *a **rail link*** ◦ *They sent the shipment **by rail**.* **4** [C] the metal tracks that trains run on **рельс** → See also **towel rail**

railing /ˈreɪlɪŋ/ **noun** [C] a fence made from posts and bars **изгородь, ограда** *an iron railing*

ˈrailroad ˌtie **noun** [C] US (UK **sleeper**) a piece of wood that is used to support a railway track **шпала**

railway /ˈreɪlweɪ/ **noun** **1** (A2) [C] (also US **railroad** /ˈreɪlrəʊd/) the metal tracks that trains travel on **железнодорожный путь** *Repairs are being carried out on the railway.* **2 the railway(s)** (also US **the railroad(s)**) (A2) the organizations connected with trains **железная дорога** *He worked on the railways all his life.*

rain¹ /reɪn/ **noun** **1** (A1) [U] water that falls from the sky in small drops **дождь** ***heavy rain*** ◦ *It looks like rain (= as if it will rain).* **2 the rains** [plural] in tropical countries, the time of year when there is a lot of rain **сезон дождей (в тропиках)** *They were waiting for the rains to come.* → See also **acid rain**

> Слова-партнеры к **rain**
>
> rain **falls** • **heavy/light/pouring/torrential** rain • **be pouring with** rain • **a drop of/spot of** rain • **in the** rain

rain² /reɪn/ **verb** **it rains** (A1) If it rains, water falls from the sky in small drops. **идет дождь** *It was raining all weekend.*

PHRASAL VERB **be rained off** UK (US **be rained out**) If a sport or outside activity is rained off, it cannot start or continue because it is raining. **прекращаться, откладываться из-за дождя**

rainbow /ˈreɪnbəʊ/ **noun** [C] (B2) a half circle with seven colours that sometimes appears in the sky when the sun shines through rain **радуга**

ˈrain ˌcheck **noun** [C] **1** US a piece of paper which allows you to buy something at a low price although that thing is now being sold at a higher price **талон, дающий право купить что-либо по сниженной цене** **2** US a ticket that allows you to see an event at a later time if bad weather stops that event from happening **корешок билета, дающий право посетить игру, перенесенную из-за дождя** **3 take a rain check on sth** something you say when you cannot accept someone's invitation, but would like to do it at a later time **обещание принять приглашение как-нибудь в другой раз**

raincoat /ˈreɪnkəʊt/ **noun** [C] (A2) a coat that you wear when it is raining **плащ** → See **Clothes** on page Centre 8

raindrop /ˈreɪndrɒp/ **noun** [C] a single drop of rain **дождевая капля**

rainfall /ˈreɪnfɔːl/ **noun** [U] the amount of rain that falls in a particular place at a particular time **количество осадков** ***monthly rainfall*** ◦ ***heavy rainfall***

rainforest /ˈreɪnˌfɒrɪst/ **noun** [C] (B1) a forest with a lot of tall trees where it rains a lot **тропический лес** *a **tropical rainforest***

rainy /ˈreɪni/ **adjective** (B1) raining a lot **дождливый** *a rainy afternoon*

raise¹ /reɪz/ **verb** [T] **1** (B1) to lift something to a higher position **поднимать** *to raise your hand* **2** (B1) to increase an amount or level **повышать** *to **raise prices/taxes*** **3** to improve something **улучшать** *to **raise standards*** **4** (B2) to collect money from other people **собирать (деньги)** *They're **raising money** for charity.* **5 raise your voice** to speak loudly and angrily to someone **повышать голос** **6 raise hopes/fears/doubts, etc** to cause emotions or thoughts **вызывать надежду/страх/сомнения и т. д.** *Her answers raised doubts in my mind.* **7 raise a question/subject, etc** (B2) to start talking about a subject that you want other people to consider **поднимать вопрос** **8** (B2) to look after and educate a child until they have become an adult **воспитывать, растить** *Their ideas on how to **raise children** didn't always agree.* **9** to make an animal or crop grow **выращивать, разводить** *to raise chickens/sheep* → See also raise the **alarm¹**

raise² /reɪz/ **noun** [C] US (UK **rise**) an increase in the amount of money that you earn **прибавка (к зарплате)** *We usually get a raise at the start of a year.*

raisin /ˈreɪzᵊn/ **noun** [C] a dried grape (= small round fruit) **изюм**

rake¹ /reɪk/ **noun** [C] a garden tool with a long

handle that is used for moving dead leaves, grass, etc **грабли**

rake[2] /reɪk/ **verb** [I, T] to use a rake to move dead leaves, grass, etc **сгребать граблями**

PHRASAL VERB **rake sth in** informal to earn a large amount of money. **загребать (деньги)** ***He's raking it in.***

rally[1] /'ræli/ **noun** [C] **1** a large public meeting in support of something **митинг** *an **election/campaign rally*** **2** a car or motorcycle race **ралли** *a rally driver*

> **Слова-партнеры к rally**
> **hold/organize/stage** a rally • a **mass** rally • **at** a rally

rally[2] /'ræli/ **verb 1** [I, T] to come together or bring people together to support something **объединять(ся), сплачивать(ся)** *Her fans **rallied behind** her from the start.* **2** [I] to get stronger or better after being weak **оправляться** *The stock market rallied late in the day.*

PHRASAL VERB **rally around/round (sb)** to help or give support to someone **поддерживать, приходить на выручку кому-либо** *If one of the family has a crisis, we rally round them.*

ram[1] /ræm/ **verb** [T] (present participle **ramming**, past tense and past participle **rammed**) to hit something or push something into something with great force **налетать, врезаться** *He had to stop suddenly and a car **rammed into** him.*

RAM /ræm/ **noun** [U] abbreviation for random access memory: a computer's ability to immediately store information **оперативная память** → Compare **ROM**

ram[2] /ræm/ **noun** [C] a male sheep **баран**

Ramadan /'ræmədæn/ **noun** [U] the Muslim religious period in which Muslims do not eat or drink during the part of the day when it is light **Рамадан**

ramble[1] /'ræmbl/ **verb 1 ramble along/through, etc** to walk for a long time, especially in the countryside **гулять, бродить по чему-либо 2** [I] (also **ramble on**) to talk for a long time in a boring and often confused way **говорить много и сбивчиво** *He rambled on for hours about his time in the army.*

ramble[2] /'ræmbl/ **noun** [C] a long walk in the countryside **прогулка**

rambler /'ræmbləʳ/ **noun** [C] someone who walks in the countryside **любитель прогулок**

rambling /'ræmblɪŋ/ **adjective 1** A rambling speech, letter, etc is very long and confused. **бессвязный 2** A rambling building is big and without a regular shape. **беспорядочный, хаотичный**

ramifications /ˌræmɪfɪ'keɪʃənz/ **noun** [plural] the possible results of an action **последствия, результат**

ramp /ræmp/ **noun** [C] **1** a sloping surface that joins two places that are at different heights **наклонный въезд, пандус** *a wheelchair ramp* **2** US (UK **slip road**) a short road that is used to drive onto or off a large, fast road **съезд на или с автомагистрали**

rampage[1] /ræm'peɪdʒ/ **verb** [I] to run around or through an area, making a lot of noise and causing damage **неистовствовать, буйствовать** *Angry citizens **rampaged through** the city.*

rampage[2] /'ræmpeɪdʒ/ **noun** [no plural] when a group of people rampage **неистовство, буйство** *Rioters **went on a rampage** through the city.*

rampant /'ræmpənt/ **adjective** growing or spreading quickly, in a way that cannot be controlled **принимающий угрожающие размеры** ***rampant corruption/inflation***

ramshackle /'ræmˌʃækl/ **adjective** A ramshackle building is in very bad condition. **ветхий, полуразвалившийся**

ran /ræn/ past tense of run **прош. вр. гл. run**

ranch /rɑːnʃ/ **noun** [C] a large farm where animals are kept **ранчо** *a cattle/sheep ranch*

rancher /rɑːnʃəʳ/ **noun** [C] someone who owns or works on a ranch **владелец ранчо**

rancid /'rænsɪd/ **adjective** Rancid fat, such as oil or butter, smells and tastes bad because it is not fresh. **прогорклый**

random /'rændəm/ **adjective 1** (B2) done or chosen without any plan or system **произвольный, случайный** ***random testing*** ◦ *a **random selection*** **2 at random** chosen by chance **наобум, наугад** *Winners will be chosen at random.*
• **randomly adverb наобум, наугад**

rang /ræŋ/ past tense of ring[2] **прош. вр. гл. ring**

range[1] /reɪndʒ/ **noun 1** [C] (B1) a group of different things of the same general type **круг, диапазон, ряд** *a **range of** colours/patterns* ◦ *We discussed a **wide range** of subjects.* **2** [C] (B2) the amount or number between a particular set of limits **предел, диапазон** [usually singular] *The **price range** is from $100 to $200.* ◦ *The product is aimed at young people in the 18-25 **age range**.* **3** [U] the distance from which things can be seen, heard, or reached **расстояние, дальность** *The soldiers came **within** firing **range**.* ◦ *He was shot **at close range** (= from very near).* **4** [C] a line of hills or mountains **горный кряж 5** [C] a place where you can practise shooting a gun **стрельбище** *a **rifle/shooting range***

> **Слова-партнеры к range**
> a **full/wide** range • a range **of** sth

range[2] /reɪndʒ/ **verb 1 range from sth to sth** (B2) to have several different amounts or types **колебаться в определенных пределах** *Tickets range from $12 to $35.* ◦ *Choose from 13 colours, ranging from classic white to antique blue.* **2** [I] to deal with a large number of subjects

R

охватывать *The discussion* ***ranged over*** *many topics.*

ranger /ˈreɪndʒəʳ/ **noun** [C] someone whose job is to look after a forest or a park **лесничий** *a forest ranger*

rank¹ /ræŋk/ **noun 1** [C, U] a position in society or in an organization, for example the army **звание, чин, положение** *He holds the rank of colonel.* **2 the ranks** the ordinary members of an organization, especially the army **рядовые (сотрудники)**

IDIOMS **break ranks** to publicly show that you disagree with a group that you belong to **высказывать мнение, противоречащее мнению группы, к которой кто-либо принадлежит** • **the rank and file** the ordinary members of an organization and not its leaders **рядовые (сотрудники)**

→ See also **taxi rank**

rank² /ræŋk/ **verb** [I, T] to have a position in a list which shows things or people in order of importance, or to give someone or something a position on such a list **относить(ся) к какой-либо категории, оценивать(ся)** *He ranked number one in the world at the start of the competition.* ◦ *The city's canals now* ***rank among*** *the world's dirtiest.*

ransom /ˈrænsəm/ **noun** [C, U] the money that is demanded for the return of someone who is being kept as a prisoner **выкуп** *a* ***ransom note/letter***

rant /rænt/ **verb** [I] to talk a lot about something in an excited or angry way **разразиться тирадой, устроить разнос** *He was* ***ranting and raving*** *about the injustice of the situation.*

rap¹ /ræp/ **noun 1** [U] (A2) a type of music in which the words are spoken and there is a strong beat **рэп** *a* ***rap artist*** **2** [C] a sudden, short sound made when someone or something hits a hard surface **легкий удар, негромкий стук** *There was a* ***rap on*** *the window.*

IDIOM **a rap on/across/over the knuckles** a punishment that is not severe **нагоняй**

rap² /ræp/ **verb** (present participle **rapping**, past tense and past participle **rapped**) **1** [I, T] to hit a hard surface to make a sudden, short noise **стучать** *He* ***rapped on*** *the door.* **2** [I] to perform rap music **исполнять рэп**

rape /reɪp/ **verb** [T] (B2) to force someone to have sex when they do not want to **насиловать**
• **rape noun** [C, U] (B2) **изнасилование**

rapid /ˈræpɪd/ **adjective** (B2) happening or moving very quickly **быстрый** ***rapid change/growth***
• **rapidity** /rəˈpɪdəti/ **noun** [U] **быстрота** • **rapidly adverb** (B2) **быстро**

rapids /ˈræpɪdz/ **noun** [plural] a part of a river where the water moves very fast **речной порог**

rapist /ˈreɪpɪst/ **noun** [C] someone who forces another person to have sex when they do not want to **насильник**

rapper /ˈræpəʳ/ **noun** [C] someone who performs rap music (= a type of music in which the words are spoken and there is a strong beat) **рэппер, исполнитель музыки рэп**

rapport /ræˈpɔːʳ/ **noun** [U, no plural] a good understanding of someone and ability to communicate with them **взаимопонимание, хорошие отношения** *She has a good* ***rapport with*** *her staff.*

rapture /ˈræptʃəʳ/ **noun** [U] a feeling of extreme pleasure and excitement **восторг**

rare /reəʳ/ **adjective 1** (B1) very unusual **редкий** *a* ***rare disease/species*** ◦ [+ to do sth] *It's very rare to see these birds in England.* **2** If meat is rare, it is still red because it has only been cooked for a short time. **недожаренный, с кровью** *a rare steak*

rarely /ˈreəli/ **adverb** (B1) not often **редко** *I rarely see her these days.*

raring /ˈreərɪŋ/ **adjective be raring to do sth** informal to be very enthusiastic about starting something **рваться что-либо сделать**

rarity /ˈreərəti/ **noun 1 be a rarity** to be unusual **быть редкостью** *Genuine enthusiasm is a rarity.* **2** [U] the fact that something is not common **редкость** *Precious stones are valued for their rarity.*

rascal /ˈrɑːskəl/ **noun** [C] **1** humorous a person who behaves badly, but who you still like **негодник 2** old-fashioned a dishonest man **мошенник**

rash¹ /ræʃ/ **noun 1** [C] a group of small, red spots on the skin **сыпь** *an* ***itchy rash*** ◦ *Certain foods give him a rash.* **2 a rash of sth** a group of unpleasant events of the same type, happening at the same time **неприятная череда чего-либо** *There has been a rash of burglaries in the area.*

rash² /ræʃ/ **adjective** done suddenly and without thinking carefully **поспешный, опрометчивый** *a* ***rash decision/promise***

rasher /ˈræʃəʳ/ **noun** [C] UK a slice of bacon (= meat from a pig) **ломтик бекона**

raspberry /ˈrɑːzbəri/ **noun** [C] a small, soft, red fruit that grows on bushes **малина**

rat /ræt/ **noun** [C] **1** (A2) an animal that looks like a large mouse and has a long tail **крыса** *Rats carry disease.* **2** informal an unpleasant, dishonest person **мерзавец**

rat

rate¹ /reɪt/ **noun** [C] **1** (B2) how often something happens, or how many people something happens to **показатель, размер, уровень** *the* ***birth rate*** ◦ *the* ***rate of*** *unemployment* **2** (B2) a fixed amount of money given for something ставка, курс, расценка *the **interest/exchange rate*** ◦ *rates of pay* **3** (B2) the speed at which something happens **скорость, темп** *the rate of progress* **4 at this rate** used before saying what will happen if a situation continues in the same way **такими темпами** *At this rate we're not going to be there till midnight.* **5 at any rate** used before saying one fact that is certain in a situation that you are generally not certain about **в любом случае** *Well, at any rate we need her to be there.* **6 first-/second-/third-rate** very good, bad, or very bad **первоклассный/второразрядный/третьеразрядный** *a first-rate hotel* → See also **birth rate**, **exchange rate**

> Слова-партнеры к **rate**
>
> a cut in/drop in/increase in/rise in the rate • at a rate (of) • the rate for/of

rate² /reɪt/ **verb** [T] **1** to judge the quality or ability of someone or something **оценивать** *How do you **rate** her **as** a singer?* **2** to deserve something **заслуживать** *The incident didn't even **rate a mention** (= was not written about) in the local newspaper.*

rather /ˈrɑːðəʳ/ **adverb** **1** (B1) slightly or to a degree **довольно, до некоторой степени** *I rather like it.* ◦ *I find her books rather dull.* **2 rather than** (B1) instead of **вместо, а не** *He saw his music as a hobby rather than a career.* **3 would rather** (B1) If you would rather do something, you would prefer to do that thing. **предпочитать** *I'd much rather go out for a meal than stay in and watch TV.* **4** (B2) used to change something you have just said and make it more correct **вернее, точнее** *I tried writing some drama, or rather comedy-drama, but it wasn't very good.*

ratify /ˈrætɪfaɪ/ **verb** [T] to make an agreement official **ратифицировать, утверждать** *Sixty-five nations need to **ratify** the **treaty**.*

rating /ˈreɪtɪŋ/ **noun** **1** [C] a measurement of how good or popular something or someone is **оценка** *A high percentage of Americans gave the President a positive rating.* **2 the ratings** a list of television and radio programmes showing how popular they are **рейтинг**

> Слова-партнеры к **rating**
>
> give sb/sth /have a rating • sb's/sth's rating drops/falls/improves/increases • a high/low rating • a rating of [5/28%, etc]

ratio /ˈreɪʃiəʊ/ **noun** [C] the relationship between two things expressed in numbers to show how much bigger one is than the other **соотношение** *The female to male ratio at the college is 2 to 1.*

ration¹ /ˈræʃən/ **noun** [C] the amount of something that you are allowed to have when there is little of it available **паек, рацион, норма** *a **food/petrol ration***

ration² /ˈræʃən/ **verb** [T] to give people only a small amount of something because there is little of it available **нормировать** *They might have to start rationing water.*

rational /ˈræʃənəl/ **adjective** **1** based on facts and not affected by someone's emotions or imagination **разумный, рациональный** *a **rational argument/debate/explanation*** **2** able to make decisions based on facts and not be influenced by your emotions or imagination **благоразумный, рассудительный** *Look, we've got to try to be rational about this.* → Opposite **irrational**
• **rationally adverb разумно, рационально**

rationale /ˌræʃəˈnɑːl/ **noun** [C] a group of reasons for a decision or belief **логическое обоснование** *I don't understand **the rationale behind** the policy.*

rationalize (also UK **-ise**) /ˈræʃənəlaɪz/ **verb** **1** [I, T] to try to find reasons to explain your behaviour or emotions **пытаться объяснить, оправдать что-либо** *I can't rationalize the way I feel towards him.* **2** [T] mainly UK to improve the way a business is organized, usually by getting rid of people **рационализировать**
• **rationalization** (also UK **-isation**) /ˌræʃənəlaɪˈzeɪʃən/ **noun** [C, U] **объяснение, оправдание, рационализация**

the ˈrat ˌrace noun informal the unpleasant way that people compete against each other at work in order to succeed **ожесточенная конкуренция**

rattle¹ /ˈrætl/ **verb** **1** [I, T] to make a noise like something knocking repeatedly, or to cause something to make this noise **греметь, дребезжать** *The wind blew hard, rattling the doors and windows.* **2** [T] to make someone nervous **смущать, волновать** [often passive] *He was clearly rattled by their angry reaction.*

PHRASAL VERB **rattle sth off** to quickly say a list or something that you have learned **отбарабанить, выпалить одним духом** *She can rattle off the names of all the players.*

rattle² /ˈrætl/ **noun** [C] a toy that a baby shakes to make a noise **погремушка**

raucous /ˈrɔːkəs/ **adjective** loud and unpleasant **шумный, пронзительный** ***raucous laughter***

ravage /ˈrævɪdʒ/ **verb** [T] to damage or destroy something **опустошать, разорять** [often passive] *The whole area has been ravaged by war.*

ravages /ˈrævɪdʒɪz/ **noun** [plural] **the ravages of disease/time/war, etc** the damaging effects of disease/time/war, etc **разрушительное действие болезни/времени/войны и т. д.**

rave¹ /reɪv/ **verb** [I] **1** to talk about something that you think is very good in an excited way **восторгаться** *He went there last year and he's been **raving about** it ever since.* **2** to talk in an angry, uncontrolled way **неистовствовать, проклинать**

rave² /reɪv/ **noun** [C] an event where people dance to modern, electronic music **рейв**

R

raven /ˈreɪvᵊn/ **noun** [C] a large, black bird **ворон**

ravenous /ˈrævᵊnəs/ **adjective** very hungry **голодный как волк**
• **ravenously adverb жадно**

ravine /rəˈviːn/ **noun** [C] a narrow, deep valley with very steep sides **ущелье**

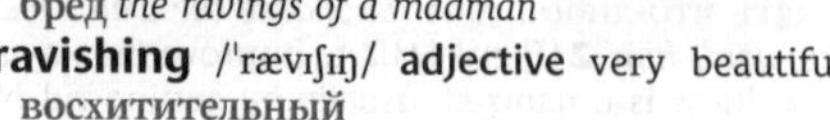
ravine

raving /ˈreɪvɪŋ/ **adjective** informal completely uncontrolled **буйный, неистовый** *He was acting like a **raving lunatic**.*

ravings /ˈreɪvɪŋz/ **noun** [plural] the strange things that a crazy person says **бред** *the ravings of a madman*

ravishing /ˈrævɪʃɪŋ/ **adjective** very beautiful **восхитительный**

raw /rɔː/ **adjective 1** B1 not cooked **сырой (о еде)** ***raw meat**/vegetables* **2** B2 in the natural state **сырой, необработанный** *raw materials* ◦ *raw sugar* **3** If a part of the body is raw, the skin has come off and it is red and painful. **ободранный**
• **rawness noun** [U] → See also hit/touch a (raw) **nerve необработанность, ссадина**

ray /reɪ/ **noun 1** B2 [C] a narrow beam of light, heat, or energy **луч** *an ultraviolet ray* ◦ *the rays of the sun* **2 a ray of hope/comfort, etc** a small amount of hope, etc **проблеск надежды** → See also **X-ray**

razor /ˈreɪzəʳ/ **noun** [C] B2 a piece of equipment with a sharp blade used for removing hair from the face, legs, etc **бритва** → See **The Bathroom** on page Centre 3

razor

ˈrazor ˌblade noun [C] a very thin, sharp blade that you put in a razor **лезвие бритвы**

Rd written abbreviation for road **улица** *17, Lynton Rd*

re- /riː-/ **prefix** again **снова/заново/еще раз (как компонент сложных слов)** *to remarry* ◦ *a reusable container*

reach[1] /riːtʃ/ **verb 1** [T] B1 to arrive somewhere **доезжать, достигать** *We won't reach Miami till five or six o'clock.* **2** [I, T] B2 to stretch your arm and hand to touch or take something **протягивать (руку), тянуться** *She **reached for** a cigarette.* ◦ *She **reached down** to stroke the dog's head.* ◦ *He **reached out** and grabbed her arm.* **3 can reach (sth)** B2 to be able to touch or take something with your hand **дотягиваться** *Could you get that book down for me – I can't reach.* **4** [I, T] If something reaches, or reaches something, it is long enough to touch something. **доходить (до какого-либо места)** *The rope won't be long enough to reach the ground.* **5** [T] B2 to get to a particular level, situation, etc **достигать, доходить** *We hope to reach our goal by May next year.* ◦ *I've **reached the point** where I'm about to give up.* **6 reach a decision/agreement/conclusion, etc** B2 to make a decision, agreement, etc about something **приходить к решению/соглашению/выводу и т. д.** **7** [T] B2 to speak to someone on the telephone **связываться (по телефону)** *You can reach him at home.*

reach[2] /riːtʃ/ **noun 1 out of/beyond (sb's) reach** B2 too far away for someone to take hold of **вне досягаемости** *I keep the medicines up here, out of the kids' reach.* **2 beyond (sb's) reach** not possible for someone to have **недоступный для кого-либо** *With all this money we can buy things previously beyond our reach.* **3 be within reach (of sth)** B2 to be close enough to travel to **быть неподалеку от чего-либо** *You'll be within easy reach of London.* **4 be within (sb's) reach a** B2 to be close enough for someone to take hold of **в пределах досягаемости** *The gun lay within reach.* **b** possible for someone to achieve **быть возможным для кого-либо** *Winning the championship suddenly seemed within their reach.*

react /riˈækt/ **verb** [I] **1** B2 to say, do, or feel something because of something else that has been said or done **реагировать** *He **reacted** angrily **to** her comments.* **2** to become ill because something that you have eaten or used on your body has had a bad effect on you **быть чувствительным к чему-либо** *My skin **reacts to** most perfumes.* **3** In science, if a substance reacts with another substance, it changes. **вступать в реакцию** *Carbon **reacts with** oxygen to produce carbon dioxide.*

PHRASAL VERB **react against sth** to do the opposite of what someone wants you to do because you do not like their rules or ideas **оказывать сопротивление чему-либо**

reaction /riˈækʃᵊn/ **noun 1** [C, U] B2 something you say, feel, or do because of something that has happened **реакция** *What was his **reaction to** the news?* **2 reactions** mainly UK the ability to move quickly when something suddenly happens **реакция** *Drivers need to have quick reactions.* **3** [no plural] a change in the way people behave or think because they do not agree with the way people behaved or thought in the past **противодействие** *In art, there was a **reaction against** Realism.* **4** [C] B2 an unpleasant feeling or illness caused by something you have eaten or used on your body **реакция** *A number of people have **had a** bad **reaction to** this drug.* **5** [C] a change which happens when two substances are put together **реакция** *a **chemical reaction*** → See also **chain reaction**

Слова-партнеры к reaction

an **adverse/angry/immediate/initial/instinctive/negative/rapid** reaction • **gauge/produce/provoke** a reaction • a reaction **to/towards** sth

reactionary /riˈækʃənəri/ **adjective** being against political or social progress **реакционный**

• **reactionary noun** [C] someone who is against political or social progress **реакционер**

reactor /riˈæktər/ **noun** [C] (also **nuclear reactor**) a large machine which uses nuclear fuel to produce power **ядерный реактор**

read¹ /riːd/ **verb** (past tense and past participle **read** /red/) **1** [I, T] A1 to look at words and understand what they mean **читать** *What was the last **book** you**read**? ◦ I've been **reading about** John F Kennedy.* ◦ [+ that] *I've read that the economy is going to improve by the end of the year.* **2** [I, T] A2 to look at words that are written and say them aloud for other people to listen to **читать вслух** *Do you want me to **read** it **to** you?* ◦ [+ two objects] *I **read** him a **story** at bedtime.* **3** [T] to look at signs and be able to understand them **разбирать, расшифровывать** *Can you **read music**?* **4** [T] to show the temperature, time, etc on a piece of measuring equipment **показывать (о приборе)** *The thermometer read 20 degrees this morning.* → See also **lip-read**

PHRASAL VERBS **read sth into sth** to believe that an action, remark, etc has a particular meaning when it has not **вкладывать особый смысл во что-либо** *Don't read too much into anything he says.* • **read sth out** B2 to read something and say the words aloud so that other people can hear **читать вслух, оглашать** *He read out the names of all the winners.* • **read sth over/through** B2 to read something from the beginning to the end, especially to find mistakes **прочитывать от начала до конца** *I read over my essay to check for errors.*

read² /riːd/ **noun** [no plural] **1** the act of reading something **чтение** *It's not brilliant but it's worth a read.* **2 a good/easy, etc read** something that is enjoyable, easy, etc to read **хорошее/легкое и т. д. чтение**

readable /ˈriːdəbl/ **adjective** enjoyable and easy to read **интересный, удобочитаемый**

reader /ˈriːdər/ **noun** [C] B1 someone who reads **читатель** *She's a slow reader.*

readership /ˈriːdəʃɪp/ **noun** [no plural] the number and type of people who read a particular newspaper, magazine, etc **круг читателей** *These magazines have a very young readership.*

readily /ˈredɪli/ **adverb** **1** B2 quickly and easily **легко, просто** *Information is **readily available** on the Internet.* **2** B2 willingly and without stopping to think **охотно, с готовностью** *He **readily admits** to having problems himself.*

readiness /ˈredɪnəs/ **noun** **1** [U, no plural] when someone is willing to do something **готовность, охота** [+ to do sth] *They expressed a readiness to accept our demands.* **2** [U] when someone is prepared for something **подготовленность, готовность** *It was time to repair their shelters **in readiness for** the winter.*

reading /ˈriːdɪŋ/ **noun** **1** [U] A1 the activity or skill of reading books **чтение** *I **did** a lot of **reading** on holiday.* **2** [C] an event at which someone reads something to an audience **публичное чтение** *a **poetry reading*** **3** [C] the measurement that is shown on a piece of measuring equipment **показания (прибора)** *It's best to **take** a meter **reading** as soon as you move in.*

readjust /ˌriːəˈdʒʌst/ **verb** **1** [I] to change in order to deal with a new situation, such as a new job or home **приспосабливаться** *The children will have to **readjust to** a new school.* **2** [T] to move something slightly or make a small change to something **поправлять (прическу, одежду и т. д.)** *He readjusted his tie.*

ready /ˈredi/ **adjective** **1** [never before noun] A1 prepared for doing something **готовый** *Give me a call when you're ready.* ◦ [+ to do sth] *Are you ready to go yet? ◦ We're going at eight, so you've got an hour to **get ready**. ◦ The army was **ready for** action.* **2** [never before noun] A2 prepared and available to be eaten, drunk, used, etc **готовый** *Is dinner ready? ◦ When will the book be **ready for** publication?* **3 be ready to do sth** to be willing to do something **быть готовым сделать что-либо** *We are ready to die for our country.* → See also **rough¹ and ready**

ready-made /ˌrediˈmeɪd/ **adjective** made and ready to use **готовый, приготовленный** ***ready-made meals***

ˈready ˌmeal **noun** [C] a meal that has already been cooked, that is bought at a shop but taken home to be heated and eaten **готовое покупное блюдо**

real¹ /rɪəl/ **adjective** **1** A2 existing and not imagined **реальный, действительный** *Romance is never like that **in real life**.* **2** B1 true and not pretended **настоящий, истинный** *What was the **real reason** she didn't come? ◦ Is that your **real name**?* **3** A2 not artificial or false **настоящий, натуральный** *real fur/leather ◦ It's not a toy gun, it's **the real thing**.* **4** [always before noun] B2 used to emphasize a noun **настоящий** *She was a real help.*

IDIOM **Get real!** informal used to tell someone that they are hoping for something that will never happen, or that they believe something that is not true **спустись на землю! очнись!**

→ See also the real **McCoy**

real² /rɪəl/ **adverb** US informal very **очень, чрезвычайно** *It's real easy to get there from here.*

R

ˈreal esˌtate noun [U] US buildings and land **недвижимость**

ˈreal estate ˌagent noun [C] US (UK **estate agent**) someone who sells buildings and land as their job **агент по продаже недвижимости**

realism /ˈrɪəlɪzᵊm/ **noun** [U] **1** when things and people in art, literature, etc are shown as they are in real life **реализм 2** when you accept and deal with the true facts of a situation and do not hope for things that will not happen **прагматизм**

realist /ˈrɪəlɪst/ **noun** [C] **1** someone who accepts the true facts of a situation and does not hope for things that will not happen **реалист 2** an artist or writer who shows people and things in their work as they are in real life **реалист**

realistic /ˌrɪəˈlɪstɪk/ **adjective 1** (B2) accepting the true facts of a situation and not basing decisions on things that will not happen **реалистический** *Let's be realistic – we're not going to finish this by Friday.* **2** (B1) showing things and people as they really are, or making them seem to be real **реалистический** *realistic special effects in a film* → Opposite **unrealistic**

• **realistically adverb практически, реалистически**

reality /riˈæləti/ **noun 1** (B2) [U] the way things or situations really are and not the way you would like them to be **действительность** *Sooner or later you have to **face up to reality**. ◦ He may seem charming but **in reality** he's actually quite unpleasant.* **2 the reality/realities of sth** (B2) the truth about an unpleasant situation **истинность, подлинная сущность чего-либо** *the harsh realities of life* **3 become a reality** to start to happen or exist **осуществляться, появляться** *New jobs could become a reality by next month.* → See also **virtual reality**

> Слова-партнеры к **reality**
>
> face up to reality • turn [an idea/dream, etc] into reality • lose touch with reality • in reality

reˌality TˈV noun [U] television programmes about ordinary people who are filmed in real situations **телепрограмма, показывающая обыкновенных людей в жизненных ситуациях**

realization (also UK **-isation**) /ˌrɪəlaɪˈzeɪʃᵊn/ **noun 1** [U, no plural] when you notice or understand something that you did not notice or understand before **осознание, понимание** [+ that] *There is a growing realization that education has benefits at many levels.* **2** [U] when you achieve something that you wanted **осуществление, выполнение** *the **realization** of an **ambition***

realize (also UK **-ise**) /ˈrɪəlaɪz/ **verb** [T] **1** (B1) to notice or understand something that you did not notice or understand before **осознавать, ясно понимать** [+ question word] *I didn't realize how unhappy she was. ◦ I suddenly realized I'd met him before.* ◦ [+ (that)] *Some people just don't seem to realize that the world has changed.* **2 realize an ambition/dream/goal, etc** to achieve something that you have wanted for a long time **осуществлять замысел/мечту/достигать цели и т. д.** *He had realized all his ambitions by the age of 30.* **3** to sell things that you own **продавать, реализовывать** *to realize your assets* **4** to be sold for a particular amount of money **выручать (определенную сумму)** *The shares realized £1.4 million.*

really /ˈrɪəli/ **adverb 1** (A1) very or very much **очень** *She's really nice. ◦ I really don't want to go. ◦ "Did you like it then?" "Er, **not really**" (= no).* **2** (B1) used when you are saying what is the truth of a situation **на самом деле** *She tried to hide what she was really thinking.* **3 Really?** (A2) used when you are surprised at what someone has just said **правда? вот как!** *"Apparently, he's leaving." "Really?"*

> **!** Типичная ошибка: **really**
>
> **Внимание!** Типичная ошибка в словообразовании.
>
> Если прилагательное оканчивается на 'l', наречие образуется при помощи '-ly'.
>
> Правильное написание – **really**, а не 'realy'.

realm /relm/ **noun** [C] **1** formal an area of knowledge or activity **область, сфера** *successes in the realm of foreign policy* **2** literary a country that has a king or queen **королевство**

real-time /ˈrɪəltaɪm/ **adjective** describes computing systems that are able to deal with and use new information immediately **в реальном времени**

realtor /ˈriːltəʳ/ **noun** [C] US (UK **estate agent**) someone who sells buildings or land as their job **агент по продаже недвижимости**

reap /riːp/ **verb 1 reap the benefits/profits/rewards** to get something good by working hard for it **извлекать или приносить выгоду/прибыль/пожинать или приносить плоды** *Sometimes, this approach can reap tremendous rewards.* **2** [I, T] to cut and collect a crop of grain **жать, убирать урожай**

reappear /ˌriːəˈpɪəʳ/ **verb** [I] to appear again or return after a period of time **снова появляться** *He reappeared later that day.*

• **reappearance** /ˌriːəˈpɪərᵊns/ **noun** [C, U] **возвращение**

rear[1] /rɪəʳ/ **noun 1 the rear** the back part of something **задняя часть, сторона** *First class accommodation is towards the rear of the train.* **2 bring up the rear** to be at the back of a group of people who are walking or running **замыкать, оказываться в хвосте**

• **rear adjective** [always before noun] (B2) **задний, тыльный** *a rear window/wheel*

rear[2] /rɪəʳ/ **verb 1** [T] If you rear children or

R

young animals, you care for them until they are adults. **растить, выводить** *In these waters they breed and rear their young.* **2** [I] (also **rear up**) If a horse rears, it stands on its back legs. **становиться на дыбы** → See also raise/rear its ugly **head**[1]

rearrange /ˌriːəˈreɪndʒ/ **verb** [T] **1** (B2) to change the order or position of things **переставлять, передвигать** *I've **rearranged** the **furniture**.* **2** to change the time of an event or meeting **переносить (на другой срок)** *I've **rearranged** the **meeting** for Monday.*

rear-view ˈmirror **noun** [C] a small mirror inside a car which the driver looks in to see what is happening behind the car **зеркало заднего вида** → See **Car** on page Centre 7

reason[1] /ˈriːzᵊn/ **noun 1** [C] (A2) the facts about why something happens or why someone does something **причина, основание** *Is there any particular **reason why** he doesn't want to come?* ◦ *He left without **giving a reason**.* ◦ *That was the **reason for** telling her.* **2** [C, U] (B2) something that makes it right for you to do something **причина, основание** [+ to do sth] *There is **every reason** to believe the project will be finished on time.* **3** [U] the ability to think and make good decisions **разум, здравый смысл** *By this time he'd lost his powers of reason.* **4 within reason** If something is within reason, it is acceptable and possible. **в разумных пределах** *You can have as much as you like, within reason.*

IDIOM **it stands to reason** If it stands to reason that something happens or is true, it is what you would expect. **разумеется** *It stands to reason that a child who is constantly criticized will have little self-confidence.*

> **!** Типичная ошибка: **reason**
>
> **Запомните:** существительное **reason** употребляется с предлогом **for**.
>
> Правильно говорить **the reason for something**, а не 'the reason of something'.
>
> ~~*We must find out the reasons of the delay.*~~
>
> *We must find out the reasons for the delay.*

> Слова-партнеры к **reason**
>
> a **compelling/good/obvious/simple** reason • **have/give/understand** a reason • the reason **for** sth • the reason **why** sth happens

reason[2] /ˈriːzᵊn/ **verb** [T] to decide that something is true after considering the facts **делать вывод, рассуждать** [+ that] *We reasoned that it was unlikely he would be a serious threat to the public.*

PHRASAL VERB **reason with sb** to persuade someone not to do something stupid by giving them good reasons not to **(раз)убеждать кого-либо**

reasonable /ˈriːzᵊnəbl/ **adjective 1** (B2) fair and showing good judgment **рассудительный, разумный** [+ to do sth] *It's not reasonable to expect people to work those hours.* → Opposite **unreasonable 2** (B1) big enough or large enough in number, although not big or not many **достаточный, умеренный** *There were a reasonable number of people there.* **3** (B1) good enough but not the best **приемлемый** *I'd say her work is of a reasonable standard.* **4** (B1) not expensive **умеренный** *reasonable prices*

reasonably /ˈriːzᵊnəbli/ **adverb 1** (B2) in a fair way, showing good judgment **рассудительно, разумно** *Why can't we discuss this reasonably, like adults?* **2 reasonably good/successful/well, etc** (B2) good/successful/well, etc enough but not very good or very well **достаточно хороший/успешный/хорошо и т. д.** *I did reasonably well at school but not as well as my sister.* **3 reasonably priced** (B1) not expensive **недорогой**

reasoning /ˈriːzᵊnɪŋ/ **noun** [U] the process of thinking about something in order to make a decision **ход мысли, аргументация** *I don't understand the **reasoning behind** this decision.*

reassure /ˌriːəˈʃʊəʳ/ **verb** [T] to say something to stop someone from worrying **заверять, увещевать** [+ that] *He reassured me that I would be paid soon.*

• **reassurance** /ˌriːəˈʃʊərᵊns/ **noun** [C, U] something that you say to make someone stop worrying **заверение** *Despite my repeated reassurances that she was welcome, she wouldn't come.*

reassuring /ˌriːəˈʃʊərɪŋ/ **adjective** making you feel less worried **ободряющий** *a reassuring smile/voice*

• **reassuringly adverb** **ободряюще**

rebate /ˈriːbeɪt/ **noun** [C] an amount of money that is given back to you because you have paid too much **возврат переплаты** *a **tax/rent rebate***

rebel[1] /ˈrebᵊl/ **noun** [C] **1** (B2) someone who fights against the government in their country, especially a soldier **повстанец** *Rebels seized control of the airport.* **2** someone who does not like authority and refuses to obey rules **бунтарь**

rebel[2] /rɪˈbel/ **verb** [I] (present participle **rebelling**, past tense and past participle **rebelled**) **1** to fight against the government **восставать** **2** (B2) to refuse to obey rules because you do not like authority **идти наперекор** *She **rebelled against** her family.*

rebellion /rɪˈbeliən/ **noun** [C, U] when people fight against the government in their country **восстание**

> Слова-партнеры к **rebellion**
>
> **launch/lead/quash/stage** a rebellion • a rebellion **against** sb/sth • a rebellion **by** sb

rebellious /rɪˈbeliəs/ **adjective** refusing to obey rules because you do not like authority **непокорный** *a rebellious teenager*

R

rebirth /ˈriːbɜːθ/ **noun** [no plural] when something becomes popular or active for the second time **возрождение** *the rebirth of the women's movement*

reboot /ˌriːˈbuːt/ **verb** [T, I] When a computer reboots, it switches off and then starts again immediately, and when you reboot a computer, you make it do this **перезагружать (компьютер)**

rebound[1] /rɪˈbaʊnd/ **verb** [I] to move back through the air after hitting something **отскакивать** *The ball* ***rebounded off*** *the post.*

rebound[2] /ˈriːbaʊnd/ **noun be on the rebound** to be unhappy because your romantic relationship has ended **быть в депрессии после разочарования** *She was on the rebound when she met her second husband.*

rebuff /rɪˈbʌf/ **verb** [T] formal to refuse someone's suggestion or offer, especially in an unfriendly way **давать отпор, резко отклонять** *The company has rebuffed several buyout offers.*
• **rebuff noun** [C] **отпор, резкий отказ**

rebuild /ˌriːˈbɪld/ **verb** [T] (past tense and past participle **rebuilt**) **1** (B1) to build something again after it has been damaged **реконструировать, восстанавливать** *The cathedral was rebuilt after being destroyed by fire.* **2** (B2) to make a situation succeed again after something bad caused it to fail **восстанавливать** *The country is still struggling to rebuild its economy.*

rebuke /rɪˈbjuːk/ **verb** [T] formal to speak angrily to someone because they have done something wrong **делать выговор, давать нагоняй**
• **rebuke noun** [C] formal **выговор, нагоняй**

recalcitrant /rɪˈkælsɪtrənt/ **adjective** formal not willing to obey or help someone **непослушный, непокорный** *recalcitrant schoolchildren*

recall /rɪˈkɔːl/ **verb** [T] **1** (B2) to remember something **припоминать** *I don't recall arranging a time to meet.* **2** to order the return of someone or something **отзывать (посла, депутата)** [often passive] *The ambassador was recalled to London.*
• **recall** /ˈriːkɔːl/ **noun** [U] **память, отзыв (посла, депутата)**

recap /ˈriːkæp/ **verb** [I] (present participle **recapping**, past tense and past participle **recapped**) to repeat the most important parts of what you have just said **резюмировать**
• **recap noun** [C] **резюме**

recapture /ˌriːˈkæptʃəʳ/ **verb** [T] **1** to catch a person or animal that has escaped **поймать (беглеца)** **2** to experience or feel something from the past again **пытаться воскресить что-либо, снова пережить** *Some men try to* ***recapture*** *their* ***youth*** *by going out with younger women.*

recede /rɪˈsiːd/ **verb** [I] **1** to become further and further away **отступать, удаляться** *The coastline receded into the distance.* **2** If a memory or feeling recedes, it becomes less clear or strong. **отступать в прошлое, забываться** **3** If a man's hair recedes, it stops growing at the front of his head. **редеть (о волосах)** *a* ***receding hairline***

receipt /rɪˈsiːt/ **noun 1** [C] (A2) a piece of paper that proves that you have received goods or money **квитанция, чек** *Could I have a receipt?* ◦ *Remember to keep* ***receipts for*** *any work done.* **2** [U] formal the act of receiving something **получение** *Items must be returned within fourteen days of receipt.*

receipts /rɪˈsiːts/ **noun** [plural] US (UK **takings**) the amount of money that a business gets from selling things **выручка** *box-office receipts*

receive /rɪˈsiːv/ **verb** [T] **1** (A2) to get something that someone has given or sent to you **получать** *Occasionally, he* ***receives*** *letters* ***from*** *fans.* **2** to react to a suggestion or piece of work in a particular way **встречать, воспринимать** [often passive] *His first book was not* ***well received*** *(= people did not like it).* **3** to formally welcome guests **принимать (гостей)** → See also be on/at the receiving **end**[1] of sth

> **!** Типичная ошибка: **receive**
>
> **Внимание!** Проверьте написание.
>
> **Receive** – одно из 10 слов, при написании которых русскоязычные студенты наиболее часто допускают ошибки.
>
> Запомните: нужно писать **ei**.

receiver /rɪˈsiːvəʳ/ **noun** [C] **1** the part of a telephone that you hold in your hand and use for listening and speaking **телефонная трубка** **2** the part of a radio or television that receives signals from the air **приемник** **3** someone who officially deals with a company when it has to stop business because it cannot pay the money it owes **ликвидатор**

recent /ˈriːsənt/ **adjective** (B1) happening or starting from a short time ago **недавний, последний** *a recent photo* ◦ *In recent years, sales have decreased quite markedly.*

recently /ˈriːsəntli/ **adverb** (B1) not long ago **недавно** *Have you seen any good films recently?* ◦ *Until recently he worked as a teacher.*

reception /rɪˈsepʃən/ **noun 1** [no plural] (B1) the place in a hotel or office building where people go when they arrive **приемная, конторка портье** *Ask for me* ***at reception****.* ◦ *a reception area/desk* **2** [C] (B2) a formal party that is given to celebrate a special event or to welcome someone **прием** *a* ***wedding reception*** **3** [no plural] the way people react to something or someone **встреча, прием** *We were given a very* ***warm reception****.* **4** [U] the quality of a radio or television signal **прием**

> Слова-партнеры к **reception**
>
> **get/be given/receive** a [cool/good, etc] reception • a **cool/chilly/frosty/hostile** reception • a **good/great/rapturous/warm** reception • a **lukewarm/mixed** reception • reception **from** sb

receptionist /rɪˈsepʃənɪst/ **noun** [C] (A2) someone who works in a hotel or office building, answering the telephone and dealing with guests **портье, секретарь** *a* ***hotel receptionist***

receptive /rɪˈseptɪv/ **adjective** willing to think about and accept new ideas **восприимчивый** *She's generally very* ***receptive to*** *ideas and suggestions.*

recess /rɪˈses/ **noun 1** [C, U] a time in the day or in the year when a parliament or law court is not working **перерыв в работе** *a parliamentary/congressional recess* ∘ *The court is* ***in recess*** *for thirty minutes.* **2** [C, U] US (UK **break**) a period of free time between classes at school **перемена (в школе)** *At recess the boys would fight.* **3** [C] a part of a wall in a room that is further back than the rest of the wall **углубление, ниша**

recession /rɪˈseʃən/ **noun** [C, U] (B2) a time when the economy of a country is not successful **спад, рецессия** *The latest report confirms that the economy is* ***in recession.***

recharge /ˌriːˈtʃɑːdʒ/ **verb** [T] to fill a battery (= object that provides a machine with power) with electricity so that it can work again **перезаряжать**

recipe /ˈresɪpi/ **noun 1** (B1) [C] a list of foods and a set of instructions telling you how to cook something **рецепт (кулинарный)** *a* ***recipe for*** *carrot cake* **2 be a recipe for disaster/trouble/success, etc** to be likely to become a disaster, a success, etc **верный путь к провалу/трудностям/успеху и т. д.**

recipient /rɪˈsɪpiənt/ **noun** [C] someone who receives something **получатель** *a recipient of an award*

reciprocal[1] /rɪˈsɪprəkəl/ **adjective** involving two people or groups that agree to help each other in a similar way **взаимный, обоюдный** *a* ***reciprocal arrangement***

reciprocal[2] /rɪˈsɪprəkəl/ **noun** [C] a number that when multiplied with another particular number give the answer 1 **обратная величина, обратная дробь** *The reciprocal of 2 is 0.5.*

reciprocate /rɪˈsɪprəkeɪt/ **verb** [I, T] to do something for someone because they have done something similar for you **отвечать, отплачивать**

recital /rɪˈsaɪtəl/ **noun** [C] a performance of music or poetry **концерт, декламация** *a piano recital*

recite /rɪˈsaɪt/ **verb** [I, T] to say something aloud from memory **повторять наизусть** *She can recite the whole poem.*

reckless /ˈrekləs/ **adjective** doing something dangerous and not caring about what might happen **безрассудный, неосторожный** ***reckless driving***

• **recklessly adverb безрассудно, неосторожно**

reckon /ˈrekən/ **verb** [T] **1** (B2) to think that something is probably true **считать, думать** *I reckon he likes her.* ∘ [+ (that)] *He reckons that he earns more in a week than I do in a month.* **2** to guess that a particular number is correct **исчислять, оценивать** *His fortune is* ***reckoned at*** *$5 million.* → See also **a force**[1] **to be reckoned with**

PHRASAL VERBS **reckon on sth/doing sth** to think that something is going to happen and make it part of your plans **рассчитывать на что-либо** • **reckon with sb/sth** to deal with someone or something difficult **считаться с кем-либо/чем-либо**

reclaim /rɪˈkleɪm/ **verb** [T] **1** to get something back from someone **получать обратно** *You can reclaim the tax at the airport.* **2** to make land good enough to be used for growing crops **осваивать (земли)**

recline /rɪˈklaɪn/ **verb 1** [I] to lie back with the upper part of your body in a horizontal position **полулежать** *I found him* ***reclining on*** *the sofa.* **2** [I, T] If a chair reclines, you can lower the back part so that you can lie in it, and if you recline a chair, you put it in this position. **откидываться** *a* ***reclining chair/seat***

recluse /rɪˈkluːs/ **noun** [C] someone who lives alone and does not like being with other people **затворник**

• **reclusive adjective** living alone and avoiding other people **затворнический**

recognition /ˌrekəgˈnɪʃən/ **noun 1** [U, no plural] when you accept that something is true or real **осознание** *There is a growing* ***recognition of*** *the scale of the problem.* ∘ [+ that] *There is a general recognition that she's the best person for the job.* **2** [U] when someone is publicly thanked for something good that they have done **признание** *Ellen* ***gained recognition for*** *her outstanding work.* ∘ *He was given a medal* ***in recognition of*** *his bravery.* **3** [U] when you know something or someone because you have seen or experienced them before **узнавание** *I waved at her, but she showed no sign of recognition.*

> **Слова-партнеры к recognition**
> achieve/deserve/gain recognition • **in recognition of sth** • recognition for sth

recognizable (also UK **-isable**) /ˈrekəgnaɪzəbl/ **adjective** able to be recognized (= able to be known) **узнаваемый** *Megan's voice is instantly recognizable.*

• **recognizably adverb узнаваемо**

recognize (also UK **-ise**) /ˈrekəgnaɪz/ **verb** [T] **1** (B1) to know someone or something because you have seen or experienced them before **узнавать** *I recognized her from her picture.* ∘ *Doctors are trained to recognize the symptoms of disease.* **2** (B2) to accept that something is true or real **осознавать, признавать** [+ (that)] *She recognized that she had been partly to blame.* ∘ *Smoking is* ***recognized as*** *a leading cause of lung cancer.* **3** to officially show respect for

R

someone for an achievement **выражать признание** *He was recognized by the governor for his work with teenagers.*

recoil /rɪˈkɔɪl/ **verb** [I] to react to something with fear or hate **отпрянуть, отшатнуться** *She* ***recoiled in*** *horror at the thought of touching a snake.*

recollect /ˌrekəˈlekt/ **verb** [T] to remember something **припоминать** *I didn't recollect having seen him.*

recollection /ˌrekəˈlekʃən/ **noun** [C, U] when you remember something **воспоминание** *He* ***had*** *no* ***recollection*** *of the incident.*

recommend /ˌrekəˈmend/ **verb** [T] **1** (B1) to say that someone or something is good or suitable for a particular purpose **рекомендовать, выдвигать** *Can you recommend a good wine to go with this dish?* ∘ *She has been* ***recommended for*** *promotion.* **2** (B2) to advise someone that something should be done **рекомендовать, советовать** *The judge is likely to recommend a long jail sentence.* ∘ [+ that] *The report recommended that tourists avoid the region.*

> **!** Типичная ошибка: **recommend**
>
> **Запомните:** после глагола **recommend** никогда не употребляется инфинитив с частицей 'to'.
>
> Правильно говорить **recommend doing something**, а не 'recommend to do something'.
>
> ~~*I recommend to send our staff on a training course.*~~
>
> *I recommend sending our staff on a training course.*
>
> Также можно сказать **recommend someone does something**.
>
> *I recommend you send our staff on a training course.*

recommendation /ˌrekəmenˈdeɪʃən/ **noun** **1** [C] (B2) a piece of advice about what to do in a particular situation **рекомендация, совет** *The marketing department* ***made*** *several* ***recommendations*** *to improve sales.* ∘ [+ that] *It's my recommendation that this factory be closed immediately.* **2** [C, U] a suggestion that someone or something is good or suitable for a particular purpose **рекомендация** *I bought this book* ***on*** *Andy's* ***recommendation.***

> Слова-партнеры к **recommendation**
>
> **accept/follow/implement/make** a recommendation • a recommendation **for/on** sth

recompense /ˈrekəmpens/ **noun** [U] formal payment that you give to someone when you have caused them difficulty or an injury **компенсация** *Angry soccer fans sought* ***recompense for*** *the cancelled match.*
• **recompense verb** [T] formal **компенсировать** *He was* ***recompensed for*** *loss of earnings.*

reconcile /ˈrekənsaɪl/ **verb** [T] **1** to make two different ideas, beliefs, or situations agree or able to exist together **примирять, совмещать** *It is sometimes difficult to reconcile science and religion.* ∘ *How can you* ***reconcile*** *your love of animals* ***with*** *your habit of eating them?* **2 be reconciled (with sb)** to become friendly with someone after you have argued with them **мириться с кем-либо**

PHRASAL VERB **reconcile yourself to sth** to accept a situation although you do not like it **примириться с чем-либо** *Eventually he reconciled himself to living without her.*

reconciliation /ˌrekənˌsɪliˈeɪʃən/ **noun** **1** [C, U] when two people or groups become friendly again after they have argued **примирение** *to* ***seek*** *a* ***reconciliation*** **2** [U, no plural] the process of making two opposite ideas, beliefs, or situations agree **согласование** *the reconciliation of facts with theory*

reconnaissance /rɪˈkɒnɪsəns/ **noun** [U] the process of getting information about a place or an area for military use **разведка**

reconsider /ˌriːkənˈsɪdər/ **verb** [I, T] to think again about a decision or opinion and decide if you want to change it **пересматривать, повторно рассматривать** *We've been asked to reconsider the proposal.*
• **reconsideration** /ˌriːkənˌsɪdərˈeɪʃən/ **noun** [U] **пересмотр, повторное рассмотрение**

reconstruct /ˌriːkənˈstrʌkt/ **verb** [T] **1** to create a description of a past event using all the information that you have **воссоздавать** *The police tried to reconstruct the crime using evidence found at the scene.* **2** to build something again after it has been damaged or destroyed **реконструировать**

reconstruction /ˌriːkənˈstrʌkʃən/ **noun** [C, U] **1** when you create a description of a past event using all the information that you have **воссоздание** *A reconstruction of the crime was shown on TV.* **2** when you build something again after it has been damaged or destroyed **реконструкция**

record¹ /ˈrekɔːd/ **noun** **1** [C, U] (B2) information that is written on paper or stored on computer so that it can be used in the future **документация, учет, записи** ***medical/dental records*** ∘ *My teacher* ***keeps*** *a* ***record of*** *my absences.* ∘ *This has been the hottest summer* ***on record*** *(= the hottest summer known about).* **2** [C] A person's or company's record is their behaviour or achievements. **результаты, достижения** [usually singular] *She has an outstanding academic record (= has done very well in school).* ∘ *Of all airlines they have the best* ***safety record.*** **3** [C] (B1) the best, biggest, longest, tallest, etc **рекорд** *to* ***set/break*** *a* ***record*** ∘ *He* ***holds the*** *world* ***record*** *for 100 metres.* **4** [C] (B1) a flat, round, plastic disc that music is stored on, used especially in the past **пластинка** *to play a record* **5 off the**

record If you say something off the record, you do not want the public to know about it. **не для печати, конфиденциально** **6 put/set the record straight** to tell people the true facts about a situation **вносить ясность** **7** [C] a collection of pieces of information in a computer database that is treated as one unit **запись (массив информации, обрабатываемый как одно целое)** *You can sort the records on any field.* → See also **track record**

Слова-партнеры к record

have/keep a record • records **indicate/reveal/show** sth • a record **of** sth • [the hottest/the lowest, etc] **on** record

record² /rɪˈkɔːd/ **verb** **1** [T] B2 to write down information or store it on a computer so that it can be used in the future **записывать, фиксировать** *He **recorded details** of their conversation in his diary.* **2** [I, T] A2 to store sounds or pictures using electronic equipment, a camera, etc so that you can listen to them or see them again **записывать (на пленку, пластинку)** *to record a new album* ◦ *a **recorded message***

record-breaking /ˈrekɔːdˌbreɪkɪŋ/ **adjective** [always before noun] better, bigger, longer, etc than anything else before **рекордный** *record-breaking sales of the new video*

recorder /rɪˈkɔːdəʳ/ **noun** [C] **1** a machine for storing sounds or pictures **магнитофон** *a video recorder* **2** a long, thin, hollow instrument that you play by blowing into it **блок-флейта** → See also **cassette recorder, tape recorder**

recording /rɪˈkɔːdɪŋ/ **noun** [C, U] B1 sounds or moving pictures that have been recorded, or the process of recording **запись** *a recording of classical music* ◦ *a new system of digital recording*

record ˌlabel **noun** [C] a company that records and sells music **студия звукозаписи**

record ˌplayer **noun** [C] a machine that makes it possible to hear the music on a record (= a flat, round disc used especially in the past) **проигрыватель**

recount¹ /rɪˈkaʊnt/ **verb** [T] formal to tell a story or describe an event **рассказывать** *He was **recounting** a **story** about a woman he'd met on a train.*

recount² /ˌriːˈkaʊnt/ **verb** [T] to count something again **пересчитывать**

recount³ /ˈriːkaʊnt/ **noun** [C] a second count of votes in an election **пересчет (голосов)** *They **demanded** a **recount**.*

recoup /rɪˈkuːp/ **verb** [T] to get back money that you have lost or spent **возмещать, компенсировать** *to **recoup** your **losses***

recourse /rɪˈkɔːs/ **noun** [U] formal someone or something that can help you in a difficult situation **обращение за помощью, спасительное средство** *For many cancer patients, surgery is the **only recourse**.* ◦ *They solved their problem **without recourse to** (= without using) violence.*

recover /rɪˈkʌvəʳ/ **verb** **1** [I] B1 to become healthy or happy again after an illness, injury, or period of sadness **выздоравливать, поправляться** *It takes a long time to **recover from** surgery.* ◦ *She never **recovered from** the death of her husband.* **2** [I] B2 If a system or situation recovers, it returns to the way it was before something bad happened. **восстанавливаться** *The economy was quick to recover after the election.* **3** [T] to be able to use or feel again part of your body which has been damaged **вновь обретать, восстанавливать** *He never fully recovered the use of his legs.* **4** [T] to get something back that has been lost or stolen **возвращать, получать обратно** *Police recovered the stolen money.*

recovery /rɪˈkʌvəri/ **noun** **1** [U, no plural] B2 when you feel better or happier again after an illness, injury, or period of sadness **выздоровление, исцеление** *She only had the operation last month but she's **made a** good **recovery**.* **2** [U, no plural] when a system or situation returns to the way it was before something bad happened **восстановление** ***economic recovery*** ◦ *The housing industry has **made a** remarkable **recovery**.* **3** [U] when you get back something that was lost or stolen **возврат** *the recovery of stolen jewels*

Слова-партнеры к recovery

make a recovery • a **full/miraculous/slow/speedy** recovery • recovery **from** sth

recreate /ˌriːkriˈeɪt/ **verb** [T] to make something exist or happen again **воссоздавать** *They plan to recreate a typical English village in Japan.*

recreation /ˌrekriˈeɪʃᵊn/ **noun** [C, U] B2 activities that you do for enjoyment when you are not working **развлечение, отдых** *Shopping seems to be her only form of recreation.*

• **recreational adjective** **развлекательный**

recrimination /rɪˌkrɪmɪˈneɪʃᵊn/ **noun** [C, U] formal the things you say when you blame someone for something, or the act of blaming someone for something **обвинение, упрек**

recruit¹ /rɪˈkruːt/ **verb** [I, T] to try to persuade someone to work for a company or to join an organization **набирать, вербовать**

• **recruitment noun** [U] when you recruit people **набор, наем** *graduate recruitment*

recruit² /rɪˈkruːt/ **noun** [C] someone who has recently joined an organization **новобранец, новый член** *a **new recruit***

Слова-партнеры к recruit

a new recruit • a recruit to sth

rectangle /ˈrektæŋgl/ **noun** [C] a shape with four 90° angles and four sides, with opposite sides of equal length and two sides longer than the other two **прямоугольник** → See picture at **shape**

R

• **rectangular** /rek'tæŋgjələʳ/ **adjective** B2 shaped like a rectangle **прямоугольный** *a rectangular room*

rectify /'rektɪfaɪ/ **verb** [T] formal to correct something or change it so that it is acceptable **исправлять, налаживать** *The government has promised to* ***rectify*** *the* ***situation****.*

rector /'rektəʳ/ **noun** [C] a priest in some Christian churches **приходский священник**

rectum /'rektəm/ **noun** [C] the last part of the body that solid waste travels through before coming out of the bottom **прямая кишка**

recuperate /rɪ'ku:pᵊreɪt/ **verb** [I] to become healthy again after an illness or injury **выздоравливать** *She's still* ***recuperating from*** *her injuries.*

• **recuperation** /rɪˌku:pᵊr'eɪʃᵊn/ **noun** [U] **выздоровление**

recur /rɪ'kɜ:ʳ/ **verb** [I] (present participle **recurring**, past tense and past participle **recurred**) to happen again or many times **повторяться** *The same ideas recur throughout her books.*

• **recurrence** /rɪ'kʌrᵊns/ **noun** [C, U] when something recurs **повторение, возврат** *a recurrence of the disease*

recurring /rɪ'kɜ:rɪŋ/ **adjective** (also **recurrent**) happening again or many times **повторяющийся** *a* ***recurring dream***

recycle /ˌri:'saɪkl/ **verb** [I, T] B1 to put used paper, glass, plastic, etc through a process so that it can be used again **перерабатывать, повторно использовать** *We recycle all our newspapers and bottles.*

• **recyclable** /ˌri:'saɪkləbl/ **adjective** able to be recycled **пригодный для вторичной переработки** *Glass is recyclable.*

recycled /ˌri:'saɪkld/ **adjective** B1 Recycled paper, glass, plastic, etc has been used before and put through a process so that it can be used again. **переработанный, сделанный из вторичного сырья**

recycling /ˌri:'saɪklɪŋ/ **noun** [U] B1 when paper, glass, plastic, etc is put through a process so that it can be used again **переработка, повторное использование** *ways to encourage recycling* ◦ *a recycling centre*

red[1] /red/ **adjective** (**redder, reddest**) **1** A1 being the same colour as blood **красный** *a red shirt* → See **Colours** on page Centre 12 **2** A2 Red hair is an orange-brown colour. **рыжий** **3 go red** UK (US **turn red**) B2 If someone goes red, their face becomes red because they are embarrassed or angry. **краснеть** **4** A2 Red wine is made from black grapes (= small, round, purple fruits). **красный** → See also be like a red **rag** to a bull

red[2] /red/ **noun** **1** A2 [C, U] the colour of blood **красный цвет** → See **Colours** on page Centre 12 **2 in the red** If your bank account is in the red, you have spent more money than there was in it. **в минусе (о банковском счете)**

IDIOM **see red** to become very angry **приходить в бешенство**

ˌred 'card **noun** [C] in football, a small red card which the referee (= someone who makes sure the players follow the rules) shows to a player to make them stop playing because they have broken a rule **красная карточка (при игре в футбол)**

the ˌred 'carpet **noun** special treatment that is given to an important person when they go somewhere **торжественная встреча, почет** *She's given* ***the red carpet treatment*** *wherever she goes.*

redden /'redᵊn/ **verb** [I, T] to become red or to make something become red **краснеть, окрашивать в красный цвет** *His face reddened with anger.*

redeem /rɪ'di:m/ **verb** [T] **1** to make something seem less bad **восстанавливать, искупать** *He tried to* ***redeem*** *his* ***reputation*** *by working extra hard.* ◦ *a* ***redeeming feature*** **2 redeem yourself** to do something that makes people have a better opinion of you after you have done something bad **искупать свою вину** *He was two hours late, but he redeemed himself by bringing presents.* **3** to exchange something for something else **выкупать** **4** to save someone from evil, especially according to the Christian religion **спасать**

redemption /rɪ'demʃᵊn/ **noun** **1** [U] when someone is saved from evil, especially according to the Christian religion **спасение** **2 be beyond redemption** to be too bad to be improved or saved **быть безнадежным, неисправимым**

redeploy /ˌri:dɪ'plɔɪ/ **verb** [T] to move employees, soldiers, equipment, etc to a different place or use them in a more effective way **передислоцировать, переводить на другую работу**

• **redeployment** **noun** [C, U] when you redeploy someone or something **передислокация, перевод на другую работу**

redevelop /ˌri:dɪ'veləp/ **verb** [T] to make a place more modern by improving old buildings or building new ones **перестраивать** *There are plans to redevelop the city's waterfront area.*

• **redevelopment** **noun** [C, U] when a place is redeveloped **перестройка**

red-handed /ˌred'hændɪd/ **adverb** **catch sb red-handed** informal to discover someone doing something wrong **поймать кого-либо на месте преступления** *He was caught red-handed trying to steal a car.*

redhead /'redhed/ **noun** [C] someone who has red hair **рыжеволосый человек**

ˌred 'herring **noun** [C] a fact or idea that takes your attention away from something that is important **ложный след**

R

red-hot /ˌredˈhɒt/ **adjective** extremely hot **раскаленный докрасна**

redirect /ˌriːdɪˈrekt/ **verb** [T] **1** to send something in a different direction **направлять по другому маршруту** *Traffic should be redirected away from the city centre.* **2** to use money, energy, etc for a different purpose **направлять на другие цели** *Money spent on weapons could be* ***redirected to*** *hospitals and schools.*

redistribute /ˌriːdɪˈstrɪbjuːt/ **verb** [T] to share money, land, power, etc between people in a different way from before **перераспределять** *to* ***redistribute wealth***

• **redistribution** /ˌriːdɪstrɪˈbjuːʃᵊn/ **noun** [U] the process of redistributing something **перераспределение**

ˌred ˈmeat noun [U] meat from animals and not birds or fish **красное мясо (говядина, баранина, свинина)**

redo /ˌriːˈduː/ **verb** [T] to do something again **переделывать** *I'm going to have to redo that report.*

redress¹ /rɪˈdres/ **verb** [T] formal to correct something that is wrong, unfair, or not equal **исправлять, компенсировать** *laws aimed at redressing racial inequality*

redress² /rɪˈdres/ (US) /ˈriːdres/ **noun** [U] formal payment for an action or situation that is wrong or unfair **компенсация**

ˌred ˈtape noun [U] official rules that do not seem necessary and make things happen very slowly **бюрократизм, волокита**

reduce /rɪˈdjuːs/ **verb** [T] **1** (B1) to make something less **сокращать, уменьшать, снижать** *to reduce air pollution* ◦ *The number of employees was* ***reduced from*** *500* ***to*** *300.* **2** to add one or more electrons to a substance or to remove oxygen from a substance **восстанавливать, раскислять**

PHRASAL VERBS **reduce sb to sth/doing sth** to make someone unhappy or cause them to be in a bad situation **доводить кого-либо до чего-либо** *She was* ***reduced to tears*** *by his comments.* • **reduce sth to sth** to destroy something, especially something that has been built **уничтожать** *The earthquake reduced the city to rubble.*

reduction /rɪˈdʌkʃᵊn/ **noun** [C, U] **1** (B2) when something is reduced **сокращение, уменьшение, снижение** *She refused to accept a* ***reduction in*** *wages.* ◦ *price reductions* **2** the process of adding one or more electrons to a substance or removing oxygen from a substance **восстановление**

> Слова-партнеры к **reduction**
>
> a **dramatic/drastic/sharp/significant** reduction • a reduction **in** sth

redundancy /rɪˈdʌndənsi/ **noun** **1** [C, U] UK when your employer makes you stop working because there is not enough work **сокращение штатов, увольнение** *There have been a lot of redundancies in the mining industry.* **2** [U] when something is not needed or used because there are other similar or more modern things **излишек, чрезмерность**

redundant /rɪˈdʌndənt/ **adjective** **1** UK (B2) not working because your employer has told you there is not enough work **уволенный, сокращенный** *Eight thousand people have been* ***made redundant*** *in Britain this year.* **2** UK not needed or used any more because there are other similar or more modern things **излишний** *redundant weapons* **3** more than is needed, especially extra words that mean the same thing **излишний, многословный**

redwood /ˈredwʊd/ **noun** [C, U] a very tall tree that grows on the west coast of the US, or the wood of this tree **красное дерево, калифорнийское мамонтово дерево**

reed /riːd/ **noun** [C] a tall, stiff plant like grass that grows near water **тростник**

reef /riːf/ **noun** [C] a line of rocks or sand near the surface of the sea **риф** *a* ***coral reef***

reek /riːk/ **verb** [I] to have a very unpleasant smell **вонять** *The whole room* ***reeked of*** *sweat.*

• **reek noun** [no plural] **вонь**

reel¹ /riːl/ **verb** [I] **1** to feel very shocked **быть в шоке** *She was still* ***reeling from*** *the news of his death.* **2** to walk in a way that looks as if you are going to fall over **шататься** *He came reeling down the street like a drunk.*

PHRASAL VERB **reel sth off** to say a long list of things quickly and without stopping **выпалить одним духом, отбарабанить** *She* ***reeled off*** *a* ***list*** *of all the countries she'd been to.*

reel² /riːl/ **noun** [C] an object shaped like a wheel that you can roll film, thread, etc around **катушка**

re-elect /ˌriːɪˈlekt/ **verb** [T] to elect someone again to a particular position **переизбирать**

re-election /ˌriːɪˈlekʃᵊn/ **noun** [C, U] when someone is elected again to the same position **переизбрание** *She's* UK ***standing for***/US ***running for*** *re-election (= she wants to be re-elected).*

ref /ref/ **noun** [C] informal short for referee **судья**

refer /rɪˈfɜːʳ/ **verb** (present participle **referring**, past tense and past participle **referred**)

PHRASAL VERBS **refer to sb/sth** **1** (B2) to talk or write about someone or something, especially briefly **упоминать кого-либо/что-либо** *She didn't once refer to her son.* ◦ *He always* ***referred to*** *his father* ***as*** *'the old man'.* **2** If writing or information refers to someone or something, it relates to that person or thing. **относиться к кому-либо/чему-либо** *The sales figures refer to UK sales only.* • **refer to sth** to read something in order to get information **обращаться к чему-либо** *Please refer to your owner's manual for more information.* • **refer sb/sth to sb/sth** to send someone or something to a different place or person for information or help **направлять кого-либо/что-либо к кому-либо/чему-либо** *My doctor referred me to a specialist.*

referee¹ /ˌrefᵊrˈiː/ **noun** [C] B2 someone who makes sure that players follow the rules during a sports game **судья (в спорте)** → See **Sports 2** on page Centre 15

referee² /ˌrefᵊrˈiː/ **verb** [I, T] (present participle **refereeing**, past tense and past participle **refereed**) to be the referee in a sports game **судить (матч и т. д.)**

reference /ˈrefᵊrᵊns/ **noun 1** [C, U] when you briefly talk or write about someone or something **ссылка, упоминание** *In his book, he **makes** several **references to** his time in France.* **2 with/in reference to sth** formal B2 relating to something **в связи с чем-либо** *I am writing to you with reference to the job advertised in yesterday's newspaper.* **3** [C, U] when you look at information, or the thing that you look at for information **справка, справочные материалы** *Please keep this handout for **future reference*** (= *to look at in the future*). **4** [C] B2 a letter that is written by someone who knows you, to say if you are suitable for a job or course **рекомендация** → See also **cross reference**

ˈreference ˌbook noun [C] a book that you look at in order to find information **справочник**

referendum /ˌrefᵊrˈendəm/ **noun** [C] an occasion when all the people in a country can vote in order to show their opinion about a political question **референдум**

referral /rɪˈfɜːrᵊl/ **noun** [C, U] when someone or something is sent to a different place or person for information or help **направление (за помощью, справкой и т. д.)**

R

refill /ˌriːˈfɪl/ **verb** [T] to fill something again **наполнять вновь** *He got up and **refilled** their **glasses**.*

• **refill** /ˈriːfɪl/ noun [C] **повторное наполнение, заправка**

refine /rɪˈfaɪn/ **verb** [T] **1** to make a substance pure by removing other substances from it **очищать 2** to improve an idea, method, system, etc by making small changes **совершенствовать** *The engineers spent months refining the software.*

refined /rɪˈfaɪnd/ **adjective 1** A refined substance has been made more pure by removing other substances from it. **очищенный** *refined sugar* **2** very polite and showing knowledge of social rules **изысканный, благовоспитанный 3** improved by many small changes **усовершенствованный** *a refined method*

refinement /rɪˈfaɪnmənt/ **noun 1** [C, U] a small change that improves something **усовершенствование** *Several **refinements** have been **made** to improve the car's performance.* **2** [U] polite behaviour and knowledge of social rules **изысканность** *a woman of refinement* **3** [U] the process of making a substance pure **очищение**

refinery /rɪˈfaɪnᵊri/ **noun** [C] a factory where substances, such as sugar, oil, etc are made pure **рафинировочный завод, нефтеперерабатывающий завод**

reflect /rɪˈflekt/ **verb 1** [T] B2 to show or be a sign of something **отражать** *The statistics reflect a change in people's spending habits.* **2** [T] If a surface reflects heat, light, sound, etc, it sends the light, etc back and does not absorb it. **отражать 3** [I, T] B2 If a surface such as a mirror or water reflects something, you can see the image of that thing in the mirror, water, etc. **отражать** *He saw himself **reflected in** the shop window.* **4** [I] formal B2 to think in a serious and careful way **размышлять, раздумывать** *In prison, he had plenty of time to **reflect on** the crimes he had committed.*

PHRASAL VERB **reflect on sb/sth** If something reflects on someone or something, it affects other people's opinion of them, especially in a bad way. **бросать тень на кого-либо/что-либо** *The whole affair **reflects badly** on the government.*

reflection

reflection /rɪˈflekʃᵊn/ **noun 1** [C] B2 the image of something in a mirror, on a shiny surface, etc **отражение** *I saw my reflection in the window.* **2** [C, U] formal when you think in a serious and careful way **размышление** *He paused for reflection before answering my question.* ◦ ***On reflection*** (= *after thinking again*), *I think I was wrong.* **3 a reflection of sth** something that is a sign or result of a particular situation **отражение чего-либо** *His poor job performance is a reflection of his lack of training.* **4 a reflection on sb/sth** something that makes people have a particular opinion about someone or something, especially a bad opinion **тень, пятно на ком-либо/чем-либо** *Low test scores are a sad reflection on our school system.*

reflective /rɪˈflektɪv/ **adjective 1** thinking carefully and quietly **задумчивый** *a reflective mood* **2** A reflective surface is one that you can see easily when a light shines on it. **отражающий** *a jacket made of reflective material*

reflex /ˈriːfleks/ **noun** [C] a physical reaction that you cannot control **рефлекс** *Shivering and blushing are reflexes.*

reflexes /ˈriːfleksɪz/ **noun** [plural] your ability to react quickly **реакция** *A boxer needs to have **good reflexes**.*

reflexive /rɪˈfleksɪv/ **adjective** A reflexive verb or pronoun is used to show that the person who does the action is also the person who is affected by it. In the sentence 'I looked at myself in the mirror.', 'myself' is a reflexive pronoun. **возвратный (в грамматике)**

reflexology /ˌriːflekˈsɒlədʒi/ **noun** [U] the treatment of your feet by rubbing and pressing them in a special way in order to make the blood flow and help you relax **рефлексология, рефлексотерапия**

reform[1] /rɪˈfɔːm/ **noun** [C, U] when changes are made to improve a system, organization, or law, or a change that is made **реформа** ***economic/political reform***

> **Слова-партнеры к reform**
>
> introduce/propose a reform • a **major/radical/sweeping** reform • reform **in/of** sth • **economic/political** reform

reform[2] /rɪˈfɔːm/ **verb** **1** [T] to change a system, organization, or law in order to improve it **реформировать, преобразовывать** *efforts to reform the education system* **2** [I, T] to change your behaviour and stop doing bad things, or to make someone else do this **исправлять, перевоспитывать** *a programme to reform criminals* ◦ *a reformed drug addict*

reformer /rɪˈfɔːməʳ/ **noun** [C] someone who tries to improve a system or law by changing it **реформатор** *a **social reformer***

refrain[1] /rɪˈfreɪn/ **verb** [I] formal to stop yourself from doing something **воздерживаться** [+ from + doing sth] *Please **refrain from** talking during the performance.*

refrain[2] /rɪˈfreɪn/ **noun** [C] **1** formal a phrase or idea that you repeat often **избитая фраза** *'Every vote counts' is a familiar refrain in politics.* **2** a part of a song that you repeat **припев**

refresh /rɪˈfreʃ/ **verb** **1** [T] to make you feel less hot or tired **освежать, подкреплять** *A cool drink should refresh you.* **2** [I, T] to make the most recent information on an Internet page appear on your computer **обновлять отображаемую на компьютере информацию** **3** **refresh sb's memory** to help someone remember something **освежать чью-либо память**

refreshing /rɪˈfreʃɪŋ/ **adjective** **1** different and interesting **освежающий, занятный** *a **refreshing change*** ◦ [+ to do sth] *It's refreshing to see a film that's so original.* **2** making you feel less hot or tired **освежающий, бодрящий** *a refreshing shower/swim*

• **refreshingly adverb освежающе**

refreshments /rɪˈfreʃmənts/ **noun** [plural] (B1) food and drinks that are available at a meeting, event, on a journey, etc **закуски и освежающие напитки** *Refreshments are available in the lobby.*

refrigerate /rɪˈfrɪdʒəreɪt/ **verb** [T] to make or keep food cold so that it stays fresh **хранить в холодном месте** *You should refrigerate any leftover food immediately.*

• **refrigeration** /rɪˌfrɪdʒəˈreɪʃən/ **noun** [U] **охлаждение**

refrigerated /rɪˈfrɪdʒəreɪtɪd/ **adjective** **1** A refrigerated container or vehicle keeps the things inside it cold. **оснащенный холодильной установкой** **2** Refrigerated food or drink is cold because it has been kept in a refrigerator. **охлажденный**

refrigerator /rɪˈfrɪdʒəreɪtəʳ/ **noun** [C] a large container that uses electricity to keep food cold **холодильник** → See **The Kitchen** on page Centre 2

refuel /ˌriːˈfjuːəl/ **verb** [I, T] to put more fuel into an aircraft, ship, etc so that it can continue its journey **пополнять запасы топлива**

refuge /ˈrefjuːdʒ/ **noun** **1** [U] protection from danger or unpleasant conditions **убежище** *We **took refuge from** the storm in an old barn.* **2** [C] a place where you are protected from danger **убежище, приют** *a refuge for homeless people*

refugee /ˌrefjʊˈdʒiː/ **noun** [C] (B2) someone who has been forced to leave their country, especially because of a war **беженец** *a refugee camp*

refund[1] /ˈriːfʌnd/ **noun** [C] (B1) an amount of money that is given back to you, especially because you are not happy with something you have bought **возврат (денег)** *The holiday company apologized and gave us a **full refund**.*

> **Слова-партнеры к refund**
>
> claim/give sb /get a refund • a full refund • a refund of sth

refund[2] /ˌriːˈfʌnd/ **verb** [T] to give back money that someone has paid to you **возвращать (деньги)**

refurbish /ˌriːˈfɜːbɪʃ/ **verb** [T] formal to repair or improve a building **ремонтировать**

• **refurbishment noun** [C, U] the process of refurbishing a building **ремонт** *The library was **closed for refurbishment**.*

refusal /rɪˈfjuːzəl/ **noun** [C, U] when someone refuses to do or accept something **отказ** [+ to do sth] *his refusal to admit his mistake*

refuse[1] /rɪˈfjuːz/ **verb** [I, T] (B1) to say that you will not do or accept something **отказываться** *I asked him to leave but he refused.* ◦ [+ to do sth] *Cathy refuses to admit that she was wrong.*

refuse[2] /ˈrefjuːs/ **noun** [U] formal waste **мусор** *a pile of refuse*

refute /rɪˈfjuːt/ **verb** [T] formal to say or prove that something is not true or correct **опровергать**

R

*attempts to **refute** his **theory*** ◦ *She angrily **refuted** their **claims**.*

regain /rɪˈgeɪn/ **verb** [T] B2 to get something back again **получать обратно** *Armed troops have **regained control** of the capital.* ◦ *It was several hours before he **regained consciousness**.*

regal /ˈriːgəl/ **adjective** very special and suitable for a king or queen **королевский** *a regal dress*

regard[1] /rɪˈgɑːd/ **verb** [T] **1** B2 to think of someone or something in a particular way **считать, рассматривать** *She is generally **regarded as** one of the greatest singers this century.* ◦ *The plans were **regarded with** suspicion.* **2** formal to look carefully at someone or something **разглядывать**

regard[2] /rɪˈgɑːd/ **noun 1** [U] respect or admiration for someone or something **уважение** *I **have** the greatest **regard for** her.* → Opposite **disregard 2 in/with regard to sth** formal B2 relating to something **в отношении чего-либо** *I am writing in regard to your letter of 24 June.*

regarding /rɪˈgɑːdɪŋ/ **preposition** formal B1 about or relating to **относительно** *I am writing to you regarding your application dated 29 April.*

regardless /rɪˈgɑːdləs/ **adverb 1 regardless of sth** despite something **независимо от чего-либо** *She'll make a decision regardless of what we think.* **2** without thinking about problems or difficulties **несмотря ни на что** *Mr Redwood claimed he would carry on with his campaign regardless.*

regards /rɪˈgɑːdz/ **noun** [plural] B1 friendly greetings **привет** ***Give/send my regards** to your mother when you see her.*

R

regeneration /rɪˌdʒenərˈeɪʃən/ **noun** [U] the process of improving a place or system, especially to make it more active or successful **возрождение, обновление** *a programme of **urban regeneration***

• **regenerate** /rɪˈdʒenəreɪt/ **verb** [T] to improve a place or system **возрождать, обновлять**

reggae /ˈregeɪ/ **noun** [U] a type of popular music from Jamaica with a strong beat **регги**

regime /reɪˈʒiːm/ **noun** [C] a system of government or other control, especially one that people do not approve of **режим, строй** *the former Communist regime*

regiment /ˈredʒɪmənt/ **noun** [group] a large group of soldiers **полк**

• **regimental** /ˌredʒɪˈmentəl/ **adjective** relating to a regiment **полковой**

regimented /ˈredʒɪmentɪd/ **adjective** too controlled or organized **строго регламентированный** *a regimented lifestyle*

region /ˈriːdʒən/ **noun 1** [C] B1 a particular area in a country or the world **регион, область, район** *China's coastal region* **2** [C] an area of the body **область** *pain in the lower abdominal region* **3 in the region of sth** approximately **приблизительно** *It probably cost somewhere in the region of £900.*

regional /ˈriːdʒənəl/ **adjective** B2 relating to a region (= particular area in a country) **региональный, областной, районный** *a regional dialect/newspaper*

register[1] /ˈredʒɪstər/ **noun 1** [C] an official list of names **официальный список, реестр** *a **register of** approved builders* ◦ *the **electoral register*** **2** [C, U] the style of language, grammar, and words used in particular situations **стилистический уровень** *a formal/informal register* → See also **cash register**

> **Слова-партнеры к register**
>
> **compile** a register • **on** a register • a register **of** sth

register[2] /ˈredʒɪstər/ **verb 1** [I, T] B1 to put information about someone or something, especially a name, on an official list **регистрировать(ся)** *Is he **registered with** the authorities to sell alcohol?* ◦ *Students need to **register for** the course by the end of April.* ◦ *a registered nurse* **2** [T] to show an opinion or feeling **выражать** *People gathered to **register** their **opposition** to the plans.* **3** [I, T] to show an amount on an instrument that measures something **показывать, отмечать (о приборе)** *The earthquake registered 7.3 on the Richter scale.*

registered /ˈredʒɪstəd/ **adjective registered mail/post** a special service that records when a letter or parcel is sent and received **заказная почта**

ˈregister ˌoffice noun [C] in Britain, a place where births, deaths, and marriages are officially recorded and where you can get married **бюро записи актов гражданского состояния (в Великобритании)**

registrar /ˌredʒɪˈstrɑːr/ **noun** [C] **1** someone whose job is to keep official records, especially of births, deaths, and marriages, or of students at a university **регистратор 2** UK a type of hospital doctor **ординатор**

registration /ˌredʒɪˈstreɪʃən/ **noun 1** [U] B1 when a name or information is recorded on an official list **регистрация 2** [C] (also **regisˈtration ˌnumber**) mainly UK the official set of numbers and letters on the front and back of a vehicle **регистрационный номер (автомобиля)**

registry /ˈredʒɪstri/ **noun** [C] a place where official records are kept **регистратура, канцелярия** *the land registry*

ˈregistry ˌoffice noun [C] in Britain, a place where births, deaths, and marriages are officially recorded and where you can get married **бюро записи актов гражданского состояния (в Великобритании)**

regress /rɪˈgres/ **verb** [I] formal to go back to an earlier, less advanced state **регрессировать**

• **regression** /rɪˈgreʃən/ **noun** [U] formal when

someone or something regresses **регресс, упадок**

regret[1] /rɪˈgret/ **verb** [T] (present participle **regretting**, past tense and past participle **regretted**) **1** B1 to feel sorry about a situation, especially something that you wish you had not done **сожалеть, раскаиваться** [+ doing sth] *I really regret leaving school so young.* ◦ [+ (that)] *He began to regret that he hadn't paid more attention in class.* **2** formal B2 used to say that you are sorry that you have to tell someone about a situation **сожалеть** [+ to do sth] *We regret to inform you that the application has been refused.*

regret[2] /rɪˈgret/ **noun** [C, U] B2 a feeling of sadness about a situation, especially something that you wish you had not done **сожаление** *We married very young but we've been really happy and I've* ***no regrets.*** ◦ *It is* ***with*** *great* ***regret*** *that I announce Steve Adam's resignation.*
• **regretful adjective** expressing regret **полный сожаления** • **regretfully adverb к сожалению, с сожалением**

> **Слова-партнеры к regret**
> express regret • **have (no)** regrets • **sb's biggest/only** regret • **with** regret • regret **about/at/over** sth

regrettable /rɪˈgretəbl/ **adjective** If something is regrettable, you wish it had not happened and you feel sorry about it. **прискорбный** *a deeply regrettable incident*
• **regrettably adverb прискорбно**

regular[1] /ˈregjələʳ/ **adjective 1** B2 repeated with the same amount of time or space between one thing and the next **регулярный, размеренный** *a regular pulse* ◦ *Plant the seedlings at regular intervals.* **2** B1 happening or doing something often, especially at the same time every week, year, etc **постоянный, частый** *a* ***regular occurrence*** ◦ *We arranged to meet* ***on a regular basis.*** **3** US usual or normal **обычный** *I couldn't see my regular dentist.* **4** informal B1 being a standard size **обычный, стандартный** *a burger and regular fries* **5** Something that has a regular shape is the same on both or all sides. **ровный** *She's got lovely, regular teeth.* **6** B1 following the usual rules or patterns in grammar **правильный (в грамматике)** *'Talk' is a regular verb but 'go' is not.* → Opposite **irregular**
• **regularity** /ˌregjəˈlærəti/ **noun** [U] when something is regular **регулярность**

regular[2] /ˈregjələʳ/ **noun** [C] informal someone who often goes to a particular shop, restaurant, etc **постоянный посетитель, завсегдатай** *Mick was one of the regulars at the local pub.*

regularly /ˈregjələli/ **adverb 1** B1 often **часто** *Accidents occur regularly on this stretch of the road.* **2** B1 at the same time each day, week, month, etc **регулярно** *They meet regularly – usually once a week.*

regulate /ˈregjəleɪt/ **verb** [T] **1** to control an activity or process, especially by using rules **регулировать, контролировать** *laws regulating advertising* **2** to control the speed, temperature, etc of something **регулировать** *Babies find it difficult to regulate their body temperature.*

regulation /ˌregjəˈleɪʃᵊn/ **noun 1** [C] B2 an official rule that controls how something is done **правило, норма** [usually plural] *building regulations* **2** [U] when a process or activity is controlled **регулирование** *government regulation of interest rates*

> **Слова-партнеры к regulation**
> **breach/comply with/enforce/introduce** regulations • regulations **governing** sth • **strict/stringent/tough** regulations • **under** a regulation

regulator /ˈregjəleɪtəʳ/ **noun** [C] **1** someone whose job is to make sure that a system works in a fair way **инспектор** *the water industry regulator* **2** a piece of equipment that is used to control the temperature, speed, etc of something **регулятор**

regulatory /ˈregjələtᵊri/ **adjective** controlling an activity or process, especially by using rules **регулирующий, контролирующий**

rehab /ˈriːhæb/ **noun** [U] informal treatment to help someone stop drinking too much alcohol or taking drugs **реабилитация** *He spent six months* ***in rehab.***

rehabilitate /ˌriːhəˈbɪlɪteɪt/ **verb** [T] to help someone live a normal life again after they have had a serious illness or been in prison **реабилитировать** *a programme to rehabilitate young offenders*
• **rehabilitation** /ˌriːhəˌbɪlɪˈteɪʃᵊn/ **noun** [U] **реабилитация**

rehearsal /rɪˈhɜːsᵊl/ **noun** [C, U] a time when all the people involved in a play, dance, etc practise in order to prepare for a performance **репетиция**

rehearse /rɪˈhɜːs/ **verb** [I, T] to practise a play, dance, etc in order to prepare for a performance **репетировать**

reign[1] /reɪn/ **noun 1** [C] a period of time when a king or queen rules a country **царствование** *the reign of Henry VIII* **2** [no plural] a period of time when someone controls a sports team, an organization, etc **период управления, главенства** *Christie's reign as captain of the British athletics team*

IDIOM **reign of terror** a period of time when someone uses violence to control people **власть террора**

reign[2] /reɪn/ **verb** [I] **1** to be the king or queen of a country **царствовать** *Queen Victoria reigned for 64 years.* **2** formal to be the main feeling or quality in a situation **господствовать, царить**

R

Chaos reigned *as angry protesters hammered on the doors.*

ˌreigning ˈchampion **noun** [C] the most recent winner of a competition **действующий чемпион**

reimburse /ˌriːɪmˈbɜːs/ **verb** [T] formal to pay money back to someone, especially money that they have spent because of their work **возмещать, оплачивать** *Employees will no longer be* ***reimbursed for*** *taxi fares.*

• **reimbursement** **noun** [U] formal when you reimburse someone **возмещение, оплата**

rein /reɪn/ **noun** [C] a long, thin piece of leather that helps you to control a horse **повод, вожжа** [usually plural] *Hold the reins in your left hand.* → See **Sports 1** on page Centre 14

IDIOMS **free rein** the freedom to do or say what you want **полная свобода** [+ to do sth] *The school gives teachers free rein to try out new teaching methods.* • **keep a tight rein on sb/sth** to have a lot of control over someone or something **держать в узде, строго контролировать кого-либо/что-либо** *We've been told to keep a tight rein on spending.*

reincarnation /ˌriːɪnkɑːˈneɪʃən/ **noun** [U] the belief that a dead person's spirit returns to life in another body **перевоплощение**

reindeer /ˈreɪndɪəʳ/ **noun** [C] (plural **reindeer**) a type of deer with large horns that lives in northern parts of Europe, Asia, and America **северный олень**

reinforce /ˌriːɪnˈfɔːs/ **verb** [T] **1** to make an existing opinion or idea stronger **подкреплять** *to reinforce a view/feeling* **2** to make something stronger **укреплять, армировать** *a security door reinforced by steel bars* ◦ *reinforced concrete*

• **reinforcement** **noun** [C, U] when you reinforce something **укрепление**

reinforcements /ˌriːɪnˈfɔːsmənts/ **noun** [plural] soldiers who are sent to make an army stronger **подкрепление**

reinstate /ˌriːɪnˈsteɪt/ **verb** [T] **1** to give someone the job or position that they had before **восстанавливать в должности** **2** to cause a rule, law, etc to exist again **заново вводить (закон и т. д.)**

• **reinstatement** **noun** [C, U] when you reinstate someone or something **восстановление в должности, повторное введение в действие**

reinvent /ˌriːɪnˈvent/ **verb** **1** [T] to produce something new that is based on something that already exists **создавать новую версию чего-либо** *The story of Romeo and Juliet was* ***reinvented as*** *a Los Angeles gangster movie.* **2 reinvent yourself** to change the way you look and behave so that you seem very different **создавать себе новый имидж** → See also reinvent the **wheel**[1]

reiterate /riˈɪtəreɪt/ **verb** [T] formal to say something again so that people take notice of it **повторять, подчеркивать** [+ that] *I must reiterate that we have no intention of signing this contract.*

• **reiteration** /riˌɪtərˈeɪʃən/ **noun** [C, U] **повторение**

reject[1] /rɪˈdʒekt/ **verb** [T] **1** (B2) to refuse to accept or agree with something **отклонять** *The United States government* ***rejected*** *the* ***proposal.*** **2** (B2) to refuse to accept someone for a job, course, etc **не принимать (на работу и т. д.)** *I applied to Cambridge University but I was rejected.* **3** (B2) to not give someone the love or attention they were expecting **отвергать** *She felt rejected by her husband.*

reject[2] /ˈriːdʒekt/ **noun** [C] a product that is damaged or not perfect in some way **бракованное изделие**

rejection /rɪˈdʒekʃən/ **noun** **1** [C, U] when you refuse to accept or agree with something **отказ, отклонение** *Their* ***rejection of*** *the peace plan is very disappointing for the government.* **2** [C] a letter that says you have not been successful in getting a job, a place at college, etc **уведомление об отказе принять (на работу и т. д.)** **3** [U] when someone does not give someone else the love or attention they were expecting **отверженность** *a feeling of rejection*

rejoice /rɪˈdʒɔɪs/ **verb** [I] literary to feel very happy because something good has happened **радоваться**

rejoicing /rɪˈdʒɔɪsɪŋ/ **noun** [U] when people show that they are very happy because something good has happened **веселье, радость**

rejoin /rɪˈdʒɔɪn/ **verb** [T] to return to a person or place **вновь присоединяться** *I was feeling better, so I rejoined the party.*

rejuvenate /rɪˈdʒuːvəneɪt/ **verb** [T] to make someone look or feel young and energetic again **омолаживать, восстанавливать силы** *You're supposed to come back from a holiday feeling rejuvenated.*

• **rejuvenation** /rɪˌdʒuːvənˈeɪʃən/ **noun** [U] **омоложение**

rekindle /ˌriːˈkɪndl/ **verb** [T] to make someone have a feeling that they had in the past **вновь разжигать (о чувстве)** *The trip seemed to rekindle their love for each other.*

relapse /rɪˈlæps/, /ˈriːlæps/ **noun** [C, U] **1** when someone becomes ill again after a period of feeling better **рецидив** *I* ***had*** *a* ***relapse*** *last year and was off work for a month.* **2** when something or someone gets worse again after being better **повторное ухудшение** *The company's share prices have* ***suffered a relapse*** *this week.*

• **relapse** /rɪˈlæps/ **verb** [I] **вновь заболевать, ухудшаться**

relate /rɪˈleɪt/ **verb** **1** [I, T] to be connected, or to find or show the connection between two or more things **быть связанным с чем-либо** *How do the two proposals relate?* **2** [T] formal to tell a story or describe a series of events **рассказывать, описывать**

PHRASAL VERBS **relate to sb/sth** to be connected to, or to be about, someone or something **иметь отношение к кому-либо/чему-либо** *Please provide all information relating to the claim.* • **relate to sb** to understand how someone feels **находить взаимопонимание** *Most teenagers find it hard to relate to their parents.*

related /rɪˈleɪtɪd/ **adjective 1** B2 connected **связанный** *There's been an increase in criminal activity* ***related to*** *drugs.* **2** B2 If two or more people are related, they belong to the same family. **состоящий в родстве** *Did you know that I'm* ***related to*** *Jackie?* → Opposite **unrelated**

relation /rɪˈleɪʃən/ **noun 1** [C, U] B2 a connection between two or more things **связь, зависимость** *the* ***relation between*** *smoking and lung cancer* **2** [C] B1 someone who belongs to the same family as you **родственник** *He's called Ken Russell,* ***no relation to*** *(= he is not from the same family as) the film director.* **3 in relation to sth a** B2 when compared with something **относительно чего-либо, по сравнению с чем-либо** *Salaries are low in relation to the cost of living.* **b** B2 about or relating to something **относительно чего-либо** *I'd like to ask you something in relation to what you said earlier.*

relations /rɪˈleɪʃənz/ **noun** [plural] B2 the way two people or groups feel and behave towards each other **отношения** *It was an attempt to restore diplomatic* ***relations between*** *the two countries.* → See also **public relations**, **race relations**

relationship /rɪˈleɪʃənʃɪp/ **noun 1** [C] B1 the way two people or groups feel and behave towards each other **отношения** *He has a very good* ***relationship with*** *his older sister.* **2** [C] B1 a sexual or romantic friendship **любовная связь** *I don't feel ready for a relationship at the moment.* **3** [C, U] B2 a connection between two or more things **связь** *the* ***relationship between*** *sunburn and skin cancer*

> Слова-партнеры к **relationship**
>
> a **close/intimate/personal/loving/stormy** relationship • **end/forge/form/have** a relationship • a relationship **between** sb and sb

relative¹ /ˈrelətɪv/ **noun** [C] B1 a member of your family **родственник** *a party for friends and relatives*

relative² /ˈrelətɪv/ **adjective 1** [always before noun] compared to other similar things or people **относительный** *the relative prosperity of the West* **2 relative to sth** when compared to something else **по сравнению с чем-либо** *The economy has been declining relative to other countries.*

ˌrelative ˈclause noun [C] a part of a sentence that is used to describe the noun which comes just before it. In the sentence, 'The woman who I saw yesterday wasn't his wife.', 'who I saw yesterday' is a relative clause. **относительное предложение (в грамматике)**

relatively /ˈrelətɪvli/ **adverb** B2 quite, when compared to other things or people **относительно, сравнительно** *Eating out is relatively cheap.*

ˌrelative ˈpronoun noun [C] a word such as 'that', 'which', or 'who' that is used to begin a relative clause **относительное местоимение**

relax /rɪˈlæks/ **verb 1** [I, T] B1 to become happy and comfortable because nothing is worrying you, or to make someone do this **отдыхать, расслаблять(ся)** *I find it difficult to relax.* ◦ *The wine had relaxed him and he began to talk.* **2** [I, T] If a part of your body relaxes, it becomes less stiff, and if you relax it, you make it become less stiff. **расслаблять(ся)** *Try these exercises to relax your neck muscles.* **3** [T] to make laws or rules less severe **смягчать, делать менее строгим** *The government has recently* ***relaxed laws*** *on bringing animals into Britain.*

• **relaxation** /ˌriːlækˈseɪʃən/ **noun** [U] B1 **расслабление, смягчение**

> Другие способы сказать **relax**
>
> Глагол **chill** и фразовый глагол **chill out** очень часто используют в неформальной ситуации в значении 'отдыхать, расслабляться'.
>
> *We spent the whole week* ***chilling out*** *on the beach.*
>
> Фразовый глагол **wind down** и глагол **unwind** означают 'начинать расслабляться после работы или выполнения какого-либо трудного дела'.
>
> *It takes me a while to* ***wind down*** *when I get back from work.*
>
> *Music helps me to* ***unwind.***
>
> Если какое-то дело выполняют без больших усилий, то используется выражение **take it easy/take things easy**.
>
> *You'll need to spend a few days* ***taking it easy/taking things easy*** *after the operation.*
>
> Устойчивое выражение **put your feet up** также используют в значении 'сесть и отдохнуть'.
>
> *I'm going to make myself a cup of coffee and* ***put my feet up*** *for half an hour.*

relaxed /rɪˈlækst/ **adjective 1** B1 feeling happy and comfortable because nothing is worrying you **спокойный** *She seemed relaxed and in control of the situation.* **2** B2 A relaxed situation is comfortable and informal. **непринужденный** *There was a very relaxed atmosphere at the party.*

relaxing /rɪˈlæksɪŋ/ **adjective** B1 making you feel relaxed **расслабляющий** *a relaxing bath*

relay¹ /ˌriːˈleɪ/ **verb** [T] **1** to send a message from one person to another **передавать (сообщение и т. д.)** *Cory had an idea which he relayed to*

R

his friend immediately. **2** to broadcast radio or television signals **транслировать**

relay² /ˈriːleɪ/ **noun** [C] (also ˈ**relay** ˌ**race**) a race in which each member of a team runs or swims part of the race **эстафета**

release¹ /rɪˈliːs/ **verb** [T] **1** B2 to allow a prisoner to be free **освобождать** *Six hostages were released shortly before midday.* **2** to stop holding someone or something **отпускать** *Release the handle.* **3** to let the public have news or information about something **сообщать, обнародовать** *Police have not released the dead woman's name.* **4** B2 to make a record or film available for people to buy or see **выпускать (фильм или музыкальный альбом)** *The album is due to be released in time for Christmas.* **5** to let a substance flow out from somewhere **сбрасывать, выбрасывать (вредные вещества)** *Dangerous chemicals were accidentally **released into** the river.*

release² /rɪˈliːs/ **noun 1** [C] when someone is allowed to leave prison **освобождение** *After his release from jail, Jackson found it difficult to find work.* **2** [C] B2 a new film or record that you can buy **новый фильм или музыкальный альбом** *Have you heard the group's latest release?* **3** [C, U] when a substance is allowed to flow out of somewhere **утечка, выброс (вредных веществ)** *a release of toxic gas from the factory* → See also **press release**

> Слова-партнеры к **release**
>
> **demand/secure** sb's release • release **from** sth

relegate /ˈrelɪgeɪt/ **verb** [T] to put someone or something in a less important position **переводить в более низкий разряд** [often passive] *He'd been **relegated to** the B team.*

• **relegation** /ˌrelɪˈgeɪʃᵊn/ **noun** [U] **перевод в более низкий разряд**

relent /rɪˈlent/ **verb** [I] to allow something that you refused to allow before **смилостивиться, смягчиться** *The security guard relented and let them through.*

relentless /rɪˈlentləs/ **adjective** never stopping or getting any less extreme **неумолимый, беспощадный** *relentless criticism*

• **relentlessly adverb неумолимо, беспощадно**

relevance /ˈreləvəns/ **noun** [U] (also US **relevancy** /ˈreləvəntsi/) the degree to which something is related or useful to what is happening or being talked about **уместность, значимость** *This point has no **relevance to** the discussion.*

relevant /ˈreləvənt/ **adjective** B2 related or useful to what is happening or being talked about **уместный, актуальный** ***relevant information*** ◦ *Education should be **relevant to** children's needs.* → Opposite **irrelevant**

reliable /rɪˈlaɪəbl/ **adjective** B1 able to be trusted or believed **надежный** *a reliable car* ◦ *reliable information* ◦ *Andy's very reliable – if he says he'll do something, he'll do it.* → Opposite **unreliable**

• **reliability** /rɪˌlaɪəˈbɪləti/ **noun** [U] how reliable someone or something is **надежность** • **reliably adverb надежно** *I am **reliably informed** that the concert has been cancelled.*

reliance /rɪˈlaɪəns/ **noun reliance on sb/sth** when someone or something depends on someone or something else **зависимость от кого-либо/чего-либо** *our increasing reliance on computers*

reliant /rɪˈlaɪənt/ **adjective be reliant on sb/sth** to depend on someone or something **зависеть от кого-либо/чего-либо** *I don't want to be reliant on anybody.* → See also **self-reliant**

relic /ˈrelɪk/ **noun** [C] a very old thing from the past **реликвия** *an Egyptian relic*

relief /rɪˈliːf/ **noun 1** [U, no plural] B2 the good feeling that you have when something unpleasant stops or does not happen **облегчение** *It'll be such a relief when these exams are over.* ◦ *"James can't come tonight." "Well, that's a relief!"* **2** [U] money, food, or clothes that are given to people because they need help **помощь, благотворительность** *an international **relief operation*** **3** [U] when something stops hurting you **облегчение** *I'd been trying to sleep to find **relief from** the pain.*

> Слова-партнеры к **relief**
>
> a **big/great/tremendous** relief • a **sense of** relief • **to sb's** relief

relieve /rɪˈliːv/ **verb** [T] **1** to make pain or a bad feeling less severe **облегчать, ослаблять** *Breathing exercises can help to relieve stress.* **2** to allow someone to stop working by taking their place **сменять** *The 7 a.m. team arrived to relieve the night workers.*

PHRASAL VERB **relieve sb of sth** formal to take something away from someone **освобождать кого-либо от чего-либо, забирать что-либо у кого-либо** *Let me relieve you of your luggage.*

relieved /rɪˈliːvd/ **adjective** B2 feeling happy because something unpleasant did not happen or you are not worried about something any more **чувствующий облегчение** [+ (that)] *I'm just relieved that she's safe and well.* ◦ [+ to do sth] *I heard a noise and was relieved to find that it was only a cat.*

religion /rɪˈlɪdʒᵊn/ **noun** [C, U] B1 the belief in a god or gods, or a particular system of belief in a god or gods **религия** *the Christian religion*

> Слова-партнеры к **religion**
>
> **believe in/practise** a religion • a **major** religion • **be against** sb's religion

religious /rɪˈlɪdʒəs/ **adjective 1** B2 relating to

R

religion **религиозный** *religious paintings* **2** (B2) having a strong belief in a religion **верующий** *He's a very religious man.*

religiously /rɪˈlɪdʒəsli/ **adverb 1** regularly **неукоснительно** *He visited the old woman religiously every weekend.* **2** in a religious way **религиозно**

relinquish /rɪˈlɪŋkwɪʃ/ **verb** [T] formal to allow something to be taken away from you **отказываться от чего-либо, уступать** *At 80 he still refuses to relinquish control of the company.*

relish¹ /ˈrelɪʃ/ **verb** [T] to enjoy something **получать удовольствие, прельщаться** *I don't* ***relish the thought*** *of a twelve-hour flight.*

relish² /ˈrelɪʃ/ **noun 1** [U] enjoyment **удовольствие** *He had baked a cake which the children now ate* ***with relish***. **2** [C] a sauce that you put on food to give it more taste **острая приправа**

relive /ˌriːˈlɪv/ **verb** [T] to remember something so clearly that you feel as if it is happening now **вновь переживать что-либо**

relocate /ˌriːləʊˈkeɪt/ (US) /riːˈləʊˌkeɪt/ **verb** [I, T] to move to another place **перемещаться** *The company* ***relocated to*** *Tokyo.*

• **relocation** /ˌriːləʊˈkeɪʃən/ **noun** [U] **перемещение** ***relocation costs***

reluctant /rɪˈlʌktənt/ **adjective** not wanting to do something **делающий что-либо неохотно** [+ to do sth] *Many victims of crime are reluctant to go to the police.*

• **reluctance** /rɪˈlʌktəns/ **noun** [U] when someone does not want to do something **нежелание** [+ to do sth] *a reluctance to accept changes* • **reluctantly adverb неохотно**

rely /rɪˈlaɪ/ **verb**

PHRASAL VERB **rely on sb/sth 1** (B2) to need someone or something in order to be successful, work correctly, etc **зависеть от кого-либо/чего-либо** *Families rely more on wives' earnings than before.* **2** (B2) to trust someone or something **полагаться на кого-либо/что-либо** [+ to do sth] *I know I* ***can rely on*** *you to help me.*

remain /rɪˈmeɪn/ **verb 1** (B2) [I] to continue to exist when everything or everyone else has gone **оставаться** *Only a few hundred of these animals remain today.* **2 remain calm/open, etc; remain a secret/mystery/prisoner, etc** (B1) to continue to be in the same state **сохранять спокойствие/продолжать работать и т. д.; оставаться секретом/тайной/пленником и т. д.** *The exact date of the wedding remains a secret.* **3 remain at/in/with, etc** formal (B2) to stay in the same place **оставаться в/с и т. д.** *She will remain at her mother's until I return.*

remainder /rɪˈmeɪndəʳ/ **noun** [no plural] the things or people that are left when everything or everyone else has gone or been dealt with **остаток, остальные** *He drank* ***the remainder of*** *his coffee and got up to leave.*

remaining /rɪˈmeɪnɪŋ/ **adjective** [always before noun] (B2) continuing to exist when everything or everyone else has gone or been dealt with **оставшийся** *Mix in half the butter and keep the remaining 50g for later.*

remains /rɪˈmeɪnz/ **noun** [plural] **1** (B2) the parts of something, especially a building, that continue to exist when the rest of it has been destroyed **руины, развалины** *the remains of a Buddhist temple* **2** formal someone's body after they have died **останки**

remake /ˈriːmeɪk/ **noun** [C] a film that is the same as one that has been made before **новая версия фильма** *a remake of 'King Kong'*

• **remake** /ˌriːˈmeɪk/ **verb** [T] (past tense and past participle **remade**) **снимать новую версию фильма**

remand¹ /rɪˈmɑːnd/ **noun on remand** UK in prison before your trial (= when a law court decides if you are guilty or not) **содержание под стражей до суда** *He spent two weeks on remand in Bullingdon prison.*

remand² /rɪˈmɑːnd/ **verb be remanded in custody** UK to be kept in prison on remand **находиться под стражей до суда** *He was charged with murder and remanded in custody.*

remark¹ /rɪˈmɑːk/ **noun** [C] (B2) something that you say **замечание** *He* ***made a remark*** *about her clothes.*

> Слова-партнеры к **remark**
>
> make a remark • a remark **about/on** sth

remark² /rɪˈmɑːk/ **verb** [I] (B2) to say something **замечать, отмечать** [+ that] *He remarked that she was looking thin.*

PHRASAL VERB **remark on/upon sth** (B2) to say something about something that you have just noticed **высказываться о чем-либо** *He remarked on how well you were looking.*

remarkable /rɪˈmɑːkəbl/ **adjective** (B2) very unusual or noticeable in a way that you admire **удивительный, замечательный** *a remarkable woman* ◦ *He has a remarkable memory.* → Opposite **unremarkable**

remarkably /rɪˈmɑːkəbli/ **adverb** in a way that makes you feel surprised **удивительно, замечательно** *She has remarkably good skin for her age.*

remarry /ˌriːˈmæri/ **verb** [I] to get married again **повторно жениться, выходить замуж** *His wife died in 1970 and he never remarried.*

remedial /rɪˈmiːdiəl/ **adjective** [always before noun] **1** intended to help people who are having difficulty learning something **дополнительный (о занятиях для отстающих)** *remedial English classes* **2** formal intended to improve something **коррективный** ***Remedial action*** *is needed.*

remedy¹ /ˈremədi/ **noun** [C] **1** (B2) something that makes you better when you are ill **лекарство, лечебное средство** *a flu remedy*

R

2 B2 something that solves a problem **мера, средство** *The **remedy for** the traffic problem is to encourage people to use public transport.*

remedy² /ˈremədi/ **verb** [T] to solve a problem, or to improve a bad situation **исправлять, решать** *They were able to **remedy** the **problem** very easily.*

remember /rɪˈmembəʳ/ **verb** [I, T] **1** A1 If you remember a fact or something from the past, you keep it in your mind, or bring it back into your mind. **помнить, вспоминать** *I can't remember his name.* ◦ [+ doing sth] *I don't remember signing a contract.* ◦ [+ (that)] *Just as the door closed he remembered that his keys were inside the room.* **2** A2 to not forget to do something **не забывать** [+ to do sth] *I must remember to send Carol a birthday card.*

> **Другие способы сказать remember**
>
> Более официальными по стилю являются глаголы **recall** и **recollect** (*Великобритания*).
>
> *I don't **recall** arranging a time to meet.*
> *I didn't **recollect** having seen him.*
>
> Глагол **remind** означает 'заставить кого-либо что-либо вспомнить'.
>
> *Every time we meet he **reminds** me about the money he lent me.*
> *Will you **remind** me to buy some eggs?*
>
> Фразовые глаголы **come back to** и **come to** означают, что человек неожиданно что-то вспомнил.
>
> *I'd forgotten his name but it's just **come** (**back**) **to** me.*
>
> Глагол **reminisce** употребляют, когда хотят сказать, что кто-то предается приятным воспоминаниям о прошедших событиях.
>
> *We were just **reminiscing** about our school days.*
>
> Выражение **bear ... in mind** означает 'иметь ввиду что-то, что может пригодиться в будущем'.
>
> *When you book, **bear in mind** that Christmas is the busiest period.*

R

remembrance /rɪˈmembrᵊns/ **noun** [U] when you remember and show respect for someone who has died **память** *They erected a statue **in remembrance of** him.*

remind /rɪˈmaɪnd/ **verb** [T] B1 to make someone remember something, or remember to do something **напоминать** *Every time we meet he **reminds** me **about** the money he lent me.* ◦ [+ to do sth] *Will you remind me to buy some eggs?*

PHRASAL VERB **remind sb of sth/sb** B1 to make someone think of something or someone else **напоминать кому-либо что-либо/кого-либо** *Harry reminds me of my father.* ◦ *This song reminds me of our trip to Spain.*

reminder /rɪˈmaɪndəʳ/ **noun** [C] something that makes you remember something else **напоминание** *For me, ice cream is **a reminder of** happy childhood holidays at the seaside.*

> **Слова-партнеры к reminder**
>
> need/serve as a reminder • a constant/gentle/timely reminder • a grim/poignant/sharp/stark reminder • a reminder of sth

reminisce /ˌremɪˈnɪs/ **verb** [I] to talk about pleasant things that happened in the past **предаваться воспоминаниям** *We were just **reminiscing about** our school days.*

• **reminiscence noun** [C, U] when you reminisce **воспоминания**

reminiscent /ˌremɪˈnɪsᵊnt/ **adjective reminiscent of sb/sth** making you think of someone or something that is similar **напоминающий что-либо/кого-либо** *a smell reminiscent of an old church*

remission /rɪˈmɪʃᵊn/ **noun be in remission** to be in a period of time when a serious illness is better **находиться в стадии ремиссии** *He is in remission at the moment.*

remit¹ /ˈriːmɪt/ **noun** [no plural] UK the things that you are responsible for in your job **служебные обязанности**

remit² /rɪˈmɪt/ **verb** [T] (present participle **remitting**, past tense and past participle **remitted**) formal to send money to someone **переводить деньги**

remnant /ˈremnənt/ **noun** [C] a piece of something that continues to exist when the rest of that thing has gone **остаток** *the remnants of last night's meal*

remorse /rɪˈmɔːs/ **noun** [U] the feeling that you are sorry for something bad that you have done **раскаяние, угрызения совести** *He has **shown** no **remorse for** his actions.*

• **remorseful adjective** feeling remorse **полный раскаяния**

remorseless /rɪˈmɔːsləs/ **adjective 1** UK never stopping **непрерывный** *remorseless pressure to succeed* **2** cruel **безжалостный**

• **remorselessly adverb непрерывно, безжалостно**

remote /rɪˈməʊt/ **adjective 1** B2 far away **отдаленный, дальний** *It was a remote mountain village with no electricity supply.* **2** far in time **далекий, стародавний** *in the remote past* **3** slight **слабый, маловероятный** *There is a **remote possibility** that it could be cancer.*

• **remoteness noun** [U] **отдаленность**

reˌmote conˈtrol **noun 1** [C] (also **remote**) B1 a piece of equipment that is used to control something such as a television from a distance **пульт дистанционного управления** → See

remote control

The Living Room on page Centre 4 **2** [U] the use of radio waves to control something such as a television from a distance **дистанционное управление**

remotely /rɪˈməʊtli/ **adverb not remotely interested/surprised/possible, etc** not at all interested, surprised, etc **совершенно не заинтересованный/не удивленный/невозможный и т. д.** *I'm not remotely interested in football.*

removal /rɪˈmuːvᵊl/ **noun 1** [U] when you remove something **удаление, устранение** *stain removal* **2** [C, U] UK when you remove everything from one house to take to another **переезд, перевозка (мебели)** *a removals firm*

remove /rɪˈmuːv/ **verb** [T] **1** B1 to take something away **извлекать, удалять** *An operation was needed to* ***remove*** *the bullets* ***from*** *his chest.* **2** B2 to take something off **снимать** *Carefully remove the lid, then stir the paint.* **3** formal to make someone stop doing their job **смещать (с должности)** [often passive] *He had been* ***removed from*** *his job on medical grounds.* **4 be far removed from sth** to be very different from something **быть отдаленным от чего-либо** *The princess's world was far removed from reality.*

remuneration /rɪˌmjuːnᵊrˈeɪʃᵊn/ **noun** [U] formal when someone is paid for work they have done **оплата, вознаграждение**

renaissance /rəˈneɪsᵊns/ US /ˌrenəˈsɑːns/ **noun** [no plural] a time when something becomes popular or fashionable again **возрождение** *The British film industry is* ***enjoying a renaissance.***

the Renaissance /rəˈneɪsᵊns/ US /ˌrenəˈsɑːns/ **noun** the period during the 14th, 15th, and 16th centuries in Europe when there was a lot of interest and activity in art, literature, ideas, etc **эпоха Возрождения**

rename /ˌriːˈneɪm/ **verb** [T] to give something a new name **переименовывать** [+ two objects] *Siam was renamed Thailand in 1939.*

render /ˈrendəʳ/ **verb** [T] formal **1** to cause something or someone to be in a particular state or condition **приводить в какое-либо состояние** *She was rendered speechless upon hearing the news.* **2** to give someone a decision, opinion, help, etc **оказывать (услуги и т. д.), сообщать (мнение и т. д.)** *payment for* ***services rendered***

rendering /ˈrendᵊrɪŋ/ **noun** [C] the way that something is performed, written, drawn, etc **исполнение, изображение** *a child's rendering of a house*

rendezvous /ˈrɒndɪvuː/ **noun** [C] (plural **rendezvous**) an arrangement to meet someone, or the place you have arranged to meet them **свидание, место свидания**
• **rendezvous verb** [I] **встречаться**

rendition /renˈdɪʃᵊn/ **noun** [C] the way in which a song, piece of music, etc is performed **исполнение, изображение**

renegade /ˈrenɪgeɪd/ **noun** [C] someone who changes and joins a group that is against their own group **ренегат, изменник** *a group of renegade soldiers*

renege /rəˈneɪg/ US /rəˈnɪg/ **verb**

PHRASAL VERB **renege on sth** formal to not do what you said you were going to do **нарушать что-либо** *to renege on a promise*

renew /rɪˈnjuː/ **verb** [T] **1** B2 to arrange to continue an official agreement that was going to end soon **продлевать** *I've decided not to* ***renew*** *my golf club* ***membership*** *this year.* **2** UK to get a new one of something that is old **заменять** *A car isn't the sort of thing you renew every year.* **3** to start to do something again **возобновлять** *The next morning enemy war planes renewed their bombing.*
• **renewal noun** [C, U] when you renew something **продление, замена, возобновление**

renewable /rɪˈnjuːəbl/ **adjective 1** A renewable form of energy can be produced as quickly as it is used. **возобновляемый** *a* ***renewable energy*** *source such as wind power* **2** A renewable official agreement is one that you can arrange to continue when the time limit is reached. **продлеваемый** *a 6-month* ***renewable contract***

renewables /rɪˈnjuːəblz/ **noun** [plural] types of energy such as wind power and power from the sun that can be replaced as quickly as they are used **возобновимые ресурсы**

renewed /rɪˈnjuːd/ **adjective** starting again in a stronger way than before **с новыми силами, с удвоенной энергией** *He sang now with renewed confidence.*

renounce /rɪˈnaʊns/ **verb** [T] to officially say that you do not have the right to something any more, or that you do not want to be involved in something any more **отказываться, отрекаться** *They had renounced all rights to ownership of the land.*

renovate /ˈrenəveɪt/ **verb** [T] to repair and decorate a building that is old and in bad condition **реконструировать, ремонтировать, реставрировать**
• **renovation** /ˌrenəˈveɪʃᵊn/ **noun** [C, U] **реконструкция, ремонт, реставрация**

renowned /rɪˈnaʊnd/ **adjective** famous **известный, прославленный** *The Lake District is* ***renowned for*** *its beauty.*

rent[1] /rent/ **verb 1** [I, T] A2 to pay money to live in a building that someone else owns **арендовать, снимать** *He'll be renting an apartment until he can find a house to buy.* **2** [T] US (UK **hire**) A2 to pay money to use something for a short time **брать напрокат** *We could rent a car for the weekend.* **3** [T] (also **rent out**) B1 to allow someone to pay you money to live in your building **сдавать в аренду, внаем** *I rented out my house and went travelling for a year.*

R

rent² /rent/ **noun** [C, U] (A2) the amount of money that you pay to live in a building that someone else owns **арендная плата** *They couldn't afford the rent.*

> **Слова-партнеры к rent**
>
> pay the rent • the rent on sth

rental /ˈrentᵊl/ **noun** [C, U] an arrangement to rent something, or the amount of money that you pay to rent something **прокат** *The price includes flights and car rental.*

rented /ˈrentɪd/ **adjective** describes something that you rent **арендуемый** ***rented accommodation***

renter /ˈrentəʳ/ **noun** [C] US someone who pays money to live in a house or an apartment that someone else owns **квартиросъемщик, арендатор**

renunciation /rɪˌnʌnsiˈeɪʃᵊn/ **noun** [U, no plural] when you say that you do not want something or believe in something any more **отказ, отрицание** *a renunciation of violence*

reorganize (also UK **-ise**) /ˌriːˈɔːgənaɪz/ **verb** [I, T] to organize something again in order to improve it **реорганизовывать** *He's completely reorganized his schedule for the week.*

• **reorganization** /riːˌɔːgᵊnaɪˈzeɪʃᵊn/ **noun** [C, U] **реорганизация**

rep /rep/ **noun** [C] informal someone whose job is to sell things for a company **торговый представитель** *the UK* ***sales rep***

repaid /ˌriːˈpeɪd/ past of repay **прош. вр. и прич. прош. вр. от гл. repay**

repair¹ /rɪˈpeəʳ/ **verb** [T] **1** (A2) to fix something that is broken or damaged **чинить** *I must* ***get*** *my bike* ***repaired***. **2** to improve a bad situation **исправлять, налаживать** *It will take a long time to repair relations between the two countries.*

> **Другие способы сказать repair**
>
> Часто используют глаголы-синонимы **fix** и **mend**.
>
> *I must get my bike* ***fixed***.
>
> *Can you* ***mend*** *that hole in my trousers?*
>
> Фразовые глаголы **do up** (*Великобритания*) and **fix up** употребляют, когда говорят, что что-либо отремонтировано или улучшено.
>
> *Nick loves* ***fixing up*** *old cars.*
>
> *They're planning to buy an old cottage and* ***do*** *it* ***up***.
>
> Глагол **service** (*Великобритания*) употребляют, когда речь идет о проверке и ремонте автомашины или какого-то оборудования.
>
> *I'm taking the car to the garage to have it* ***serviced*** *this afternoon.*

repair² /rɪˈpeəʳ/ **noun 1** (B1) [C, U] something that you do to fix something that is broken or damaged **ремонт** [usually plural] *The repairs cost me £150.* **2 be in good/bad repair** to be in good/bad condition **быть в хорошем/плохом состоянии**

> **Слова-партнеры к repair (noun)**
>
> carry out/do repairs • be in need of repair • extensive/major/minor repairs • the repair of sth

repatriate /riːˈpætrieɪt/ (US) /riːˈpeɪtrieɪt/ **verb** [T] to send someone back to their own country **репатриировать**

• **repatriation** /ˌriːpætriˈeɪʃᵊn/ (US) /riːˌpeɪtriˈeɪʃᵊn/ **noun** [U] **репатриация**

repay /ˌriːˈpeɪ/ **verb** [T] (past tense and past participle **repaid**) **1** (B2) to pay back money that you have borrowed **возвращать (долг)** *to* ***repay*** *a* ***loan*** **2** (B2) to do something kind for someone who has done something to help you **отплачивать, вознаграждать** *What can I do to repay you for your kindness?*

• **repayment** /rɪˈpeɪmənt/ **noun** [C, U] when you repay someone or the money that you pay back **возврат (долга), вознаграждение**

repeal /rɪˈpiːl/ **verb** [T] to officially make a law end **отменять (закон)**

repeat¹ /rɪˈpiːt/ **verb** [T] **1** (A2) to say or do something more than once **повторять** *He repeated the number.* ◦ *The test must be repeated several times.* **2** to tell someone something that someone else has told you **рассказывать, повторять** *I've got some news for you but you mustn't* ***repeat*** *it* ***to*** *anyone.*

repeat² /rɪˈpiːt/ **noun 1** [no plural] when something happens or is done more than once **повторение** *Everything is being done to avoid* ***a repeat of*** *the tragedy.* **2** [C] UK (US **rerun**) a television or radio programme that is broadcast again **повторение теле- или радиопередачи**

repeated /rɪˈpiːtɪd/ **adjective** [always before noun] done or happening more than once **многократный** *He has refused repeated requests to be interviewed.*

• **repeatedly adverb неоднократно** *The victim was stabbed repeatedly.*

repel /rɪˈpel/ **verb** [T] (present participle **repelling**, past tense and past participle **repelled**) **1** to make someone or something move away or stop attacking you **отгонять, отражать** *a smell that repels insects* **2** If someone or something repels you, you think they are extremely unpleasant. **вызывать отвращение, неприязнь**

repellent¹ /rɪˈpelᵊnt/ **adjective** extremely unpleasant **отталкивающий, отвратительный** *I find his views utterly repellent.*

repellent² /rɪˈpelᵊnt/ **noun** [C, U] **insect/mosquito repellent** a substance that you use to keep insects away **средство от насекомых/комаров**

repent /rɪˈpent/ **verb** [I, T] formal to say that you

R

are sorry for doing something bad **раскаиваться**

• **repentance** noun [U] formal when someone repents **раскаяние**

repentant /rɪˈpentənt/ **adjective** formal feeling sorry about something bad that you have done **раскаивающийся** → Opposite **unrepentant**

repercussions /ˌriːpəˈkʌʃənz/ **noun** [plural] the effects that an action or event has on something, especially bad effects **последствия** *Any decrease in tourism could have serious **repercussions for** the local economy.*

repertoire /ˈrepətwɑːʳ/ **noun** [C] all the songs, plays, etc that someone can perform **репертуар**

repertory /ˈrepətəri/ **noun** **1** [C, U] when a group of actors performs several different plays during a period of time **репертуар** *They have four plays **in repertory** this season.* ◦ *a **repertory company/theatre*** **2** [C] all the songs, plays, etc that someone can perform **репертуар**

repetition /ˌrepɪˈtɪʃən/ **noun** [C, U] when something is repeated **повторение** *We don't want a repetition of last year's disaster.*

repetitive /rɪˈpetətɪv/ **adjective** (also **repetitious** /ˌrepɪˈtɪʃəs/) doing or saying the same thing several times, especially in a way that is boring **повторяющийся, однообразный** *a repetitive job*

• **repetitively** adverb **повторно, однообразно**

replace /rɪˈpleɪs/ **verb** [T] **1** B1 to start using another thing or person instead of the one that you are using now **заменять** *We're thinking of **replacing** our old TV **with** a fancy new one.* **2** B2 to start to be used instead of the thing or person that is being used now **заменять** *This system will replace the old one.* **3** B1 to get something new because the one you had before has been lost or damaged **заменять** *We'll have to replace this carpet soon.* **4** formal to put something back in the place where it usually is **возвращать (на место)** *She picked up the books and carefully replaced them on the shelf.*

replacement /rɪˈpleɪsmənt/ **noun** **1** [C] B2 the thing or person that replaces something or someone **замена** *It's not going to be easy to **find** a **replacement** for you.* **2** [U] when something or someone is replaced **замена**

replay /ˈriːpleɪ/ **noun** [C] **1** an important part of a sports game or other event on television that is shown again immediately after it has happened **повтор (кадра)** **2** UK a game of sport that is played again **переигровка** → See also **action replay**, UK **instant replay**

• **replay** /ˌriːˈpleɪ/ verb [T] **показывать повторно (кадр), переигрывать**

replenish /rɪˈplenɪʃ/ **verb** [T] formal to fill something or make it complete again **пополнять, снова наполнять** *to replenish supplies*

• **replenishment** noun [U] formal when you fill something or make it complete again **пополнение, наполнение**

replica /ˈreplɪkə/ **noun** [C] something that is made to look almost exactly the same as something else **реплика, точная копия** *a replica of the White House*

replicate /ˈreplɪkeɪt/ **verb** [T] formal to make or do something again in exactly the same way **копировать**

• **replication** /ˌreplɪˈkeɪʃən/ noun [C, U] **копирование**

reply¹ /rɪˈplaɪ/ **verb** [I, T] B1 to answer **отвечать** *"I don't understand," she replied.* ◦ *He didn't **reply to** my email.* ◦ [+ that] *Henry replied that he had no idea what I was talking about.*

reply² /rɪˈplaɪ/ **noun** [C, U] B1 an answer **ответ** *Her reply was short and unfriendly.* ◦ *Have you had a **reply to** your letter?* ◦ *She sent me an email **in reply** (= as an answer).*

> Слова-партнеры к **reply (noun)**
>
> **give/make/send** a reply • **get/have/receive** a reply • a reply **to** sth • **in** reply

report¹ /rɪˈpɔːt/ **noun** [C] **1** B1 a description of an event or situation **отчет, доклад** *a police report* ◦ *an annual report on the economy* **2** UK (US **reˈport ˌcard**) when teachers write about a child's progress at school for their parents **дневник, табель успеваемости (школьника)**

report² /rɪˈpɔːt/ **verb** **1** [I, T] B1 to describe a recent event or situation, especially on television, radio, or in a newspaper **сообщать, описывать** *Jo Smith **reports on** recent developments.* ◦ [+ that] *She reported that the situation had changed dramatically.* ◦ [+ doing sth] *A woman outside the shop reported seeing the gun.* **2** [T] B1 to tell someone in authority that something has happened, especially an accident or crime **сообщать** *He should have **reported** the **accident** immediately.* ◦ *Have you **reported** the fault **to** a technician?* **3** [T] to complain about someone's behaviour to someone in authority. **жаловаться, доносить** *I'm going to **report** him **to** the police.* ◦ *Duncan's been **reported for** smoking.*

PHRASAL VERB **report to sb/sth** to go to someone or a place and say that you have arrived **заявлять о прибытии кому-либо/где-либо** *All visitors please report to reception.*

reportedly /rɪˈpɔːtɪdli/ **adverb** If something has reportedly happened or is reportedly a fact, people say it has happened or is true. **по сообщениям, как сообщают** *Two students were reportedly killed and several wounded.*

reˌported ˈspeech **noun** [U] speech or writing that is used to report what someone has said, but not using exactly the same words **косвенная речь**

reporter /rɪˈpɔːtəʳ/ **noun** [C] B1 someone whose

R

job is to discover information about news events and describe them on television, radio, or in a newspaper **репортер, корреспондент**

repossess /ˌriːpəˈzes/ **verb** [T] to take back someone's house, car, furniture, etc because they cannot finish paying for them **изымать за неплатеж (вещь, взятую в кредит)**

• **repossession** /ˌriːpəˈzeʃᵊn/ **noun** [C, U] when someone repossesses something, or the thing that is repossessed **изъятие чего-либо за неплатеж**

reprehensible /ˌreprɪˈhensəbl/ **adjective** formal Reprehensible behaviour is extremely bad. **предосудительный**

represent /ˌreprɪˈzent/ **verb** [T] **1** B2 to be equal to something **являться, равняться** *In practice the figure represents a 10% pay cut.* ◦ *The cancellation of the new road project represents a victory for protesters.* **2** to officially speak or do something for someone else because they have asked you to **представлять, быть представителем** *The union represents over 200 employees.* **3** B2 to be the person from a country, school, etc that is in a competition **представлять, быть представителем** **4** B2 to be a sign or symbol of something **обозначать** *The crosses on the map represent churches.* **5** to show someone or something in a particular way **изображать, показывать**

representation /ˌreprɪzenˈteɪʃᵊn/ **noun** **1** [U] speaking or doing something officially for another person **представительство, право представления** *Can he afford **legal representation**?* **2** [C, U] the way someone or something is shown **изображение, показ** *an accurate representation of country life* → See also **proportional representation**

representative¹ /ˌreprɪˈzentətɪv/ **noun** [C] B2 someone who speaks or does something officially for another person **представитель** → See also **House of Representatives**

representative² /ˌreprɪˈzentətɪv/ **adjective** the same as other people or things in a particular group **показательный, типичный** *Are his views **representative of** the rest of the department?*

repress /rɪˈpres/ **verb** [T] **1** to stop yourself from showing your true feelings **сдерживать, подавлять** *Brigitta repressed a sudden desire to cry.* **2** to control what people do, especially by using force **подавлять, угнетать**

• **repression** /rɪˈpreʃᵊn/ **noun** [U] when you repress someone or something **подавление**

repressed /rɪˈprest/ **adjective** **1** unable to show your true feelings and emotions **скованный, подавленный** *a lonely, repressed man* **2** A repressed feeling or emotion is one that you do not show. **сдерживаемый** *repressed anger*

repressive /rɪˈpresɪv/ **adjective** cruel and not allowing people to have freedom **репрессивный** *a **repressive** military **regime***

R

reprieve /rɪˈpriːv/ **noun** [C] **1** an official order that stops a prisoner from being killed as a punishment **распоряжение об отмене смертного приговора** **2** when something happens to stop a bad situation **передышка, временное облегчение**

• **reprieve** **verb** [T] **отменять смертный приговор, давать передышку**

reprimand /ˈreprɪmɑːnd/ **verb** [T] to tell someone in an official way that they have done something wrong **делать выговор** [+ for + doing sth] *Watts has already been reprimanded for disclosing confidential information.*

• **reprimand** **noun** [C] **выговор**

reprint /riːˈprɪnt/ **verb** [T, I] to print a book again **переиздавать, перепечатывать**

reprisal /rɪˈpraɪzᵊl/ **noun** [C, U] something violent or unpleasant that is done to punish an enemy for something they have done **ответная мера, ответный удар** *The attack was **in reprisal for** police raids.* ◦ *He did not wish to be filmed because he **feared reprisals**.*

> **Слова-партнеры к reprisal**
>
> fear reprisals • **in reprisal for** sth • a reprisal **against/from** sb

reproach¹ /rɪˈprəʊtʃ/ **noun** [C, U] criticism of someone, especially for not being successful or not doing what is expected **упрек, укор** *There was a hint of reproach in his voice.* ◦ *The article gave the impression that the teachers were **above/beyond reproach*** (= could not be criticized).

• **reproachful** **adjective** showing criticism **укоризненный** *a **reproachful look*** • **reproachfully** **adverb** **укоризненно**

reproach² /rɪˈprəʊtʃ/ **verb** [T] to criticize someone for not being successful or not doing what is expected **упрекать, укорять** [often reflexive] *You've no reason to reproach yourself.*

reproduce /ˌriːprəˈdjuːs/ **verb** **1** [T] to make a copy of something **воспроизводить** *The diagram is reproduced by permission of the original author.* **2** [I] formal If people, animals, or plants reproduce, they produce babies or young animals or plants. **размножаться, плодиться**

reproduction /ˌriːprəˈdʌkʃᵊn/ **noun** **1** [U] the process of producing babies or young animals and plants **размножение** **2** [C] a copy of something, especially a painting **копия, репродукция**

reproductive /ˌriːprəˈdʌktɪv/ **adjective** [always before noun] relating to the process of producing babies or young animals and plants **половой** *the **reproductive organs***

reptile /ˈreptaɪl/ **noun** [C] an animal whose body is covered with scales (= pieces of hard skin), and whose blood changes temperature, for example a snake **пресмыкающееся**

• **reptilian** /repˈtɪliən/ **adjective** like a reptile, or relating to reptiles **относящийся или похожий на пресмыкающееся**

republic /rɪˈpʌblɪk/ **noun** [C] a country with no king or queen but with an elected government **республика**

republican /rɪˈpʌblɪkən/ **noun** [C] **1** someone who supports the principles of a republic **республиканец** **2 Republican** someone who supports the Republican Party in the US **сторонник республиканской партии (в США)** *the Republican candidate*

• **republican adjective** relating to a republic **республиканский**

the Reˈpublican ˌParty noun [group] one of the two main political parties in the US **республиканская партия**

repudiate /rɪˈpju:dieɪt/ **verb** [T] formal to refuse to accept or agree with something **отвергать** *Cousteau **repudiated** the **criticism/claims**.*

• **repudiation** /rɪˌpju:diˈeɪʃᵊn/ **noun** [U] formal **отрицание**

repugnant /rɪˈpʌgnənt/ **adjective** formal extremely unpleasant **отвратительный** *She thought the idea **morally repugnant**.*

• **repugnance** /rɪˈpʌgnəns/ **noun** [U] formal when something or someone is repugnant **отвращение**

repulse /rɪˈpʌls/ **verb** [T] **1** If someone or something repulses you, you think they are extremely unpleasant. **вызывать отвращение** *The smell of him repulsed her.* **2** to successfully stop a military attack **отражать, отбивать** [often passive] *The enemy attack was quickly repulsed.*

repulsion /rɪˈpʌlʃᵊn/ **noun** [U, no plural] a strong feeling that someone or something is extremely unpleasant **отвращение**

repulsive /rɪˈpʌlsɪv/ **adjective** extremely unpleasant, especially to look at **отвратительный** *a repulsive man with long, greasy hair*

reputable /ˈrepjətəbl/ **adjective** known to be good and honest **уважаемый, пользующийся хорошей репутацией** *a reputable organization* → Opposite **disreputable**

reputation /ˌrepjəˈteɪʃᵊn/ **noun** [C] B2 the opinion that people have about someone or something based on their behaviour or character in the past **репутация** *Both hotels **have a good reputation**. ◦ He has a **reputation for** efficiency.*

> **Слова-партнеры к reputation**
>
> have a reputation • a reputation **for** sth • a **bad/good** reputation • **acquire/establish/get** a reputation • **damage/destroy/ruin** sb's reputation

reputed /rɪˈpju:tɪd/ **adjective** formal believed by most people to be true **предполагаемый, считающийся** [+ to do sth] *The ghost of a young woman is reputed to haunt the building.*

• **reputedly adverb по общему мнению**

request¹ /rɪˈkwest/ **noun** [C, U] B1 when you politely or officially ask for something **просьба, (вежливое) требование** *His doctor **made** an urgent **request for** a copy of the report. ◦ An application form is available **on request** (= if you ask for it). ◦ A clause was added to the contract **at his request** (= because he asked).*

request² /rɪˈkwest/ **verb** [T] B1 to politely or officially ask for something **просить** *We've requested a further two computers.* ◦ [+ that] *They requested that no photographs be taken in the church.*

requiem /ˈrekwiəm/ **noun** [C] a Christian ceremony where people pray for someone who has died, or a piece of music written for this ceremony **заупокойная месса, реквием**

require /rɪˈkwaɪəʳ/ **verb** [T] **1** B1 to need or demand something **требовать** *Training to be a doctor requires a lot of hard work.* ◦ [+ that] *A recent law requires that all programmes are censored.* **2 require sb to do sth** B2 to officially demand that someone does something **требовать что-либо от кого-либо** [often passive] *You are required by law to produce a valid passport.*

requirement /rɪˈkwaɪəmənt/ **noun** [C] B2 something that is needed or demanded **требование, необходимое условие** *college **entrance requirements** ◦ Valid insurance is a **legal requirement**.*

requisite /ˈrekwɪzɪt/ **adjective** [always before noun] formal needed for a particular purpose **требующийся, необходимый** *I felt that he lacked the **requisite skills** for the job.*

re-release /ˌri:rɪˈli:s/ **verb** [T] to make a record or film available for people to buy or see for a second time **делать повторный выпуск (аудиозаписи, фильма)**

rerun /ˈri:rʌn/ **noun** [C] US (UK **repeat**) a television or radio programme or film that is broadcast again **повторная теле- или радиопередача**

R

reschedule /ri:ˈʃedju:l/ US /ri:ˈskedʒu:l/ **verb** [T] to agree a new and later date for something to happen **перепланировать, назначать на другое число**

rescue¹ /ˈreskju:/ **verb** [T] (present participle **rescuing**, past tense and past participle **rescued**) B1 to save someone from a dangerous or unpleasant situation **спасать** *Fifty passengers had to be rescued from a sinking ship.*

• **rescuer noun** [C] **спаситель, спасатель**

rescue² /ˈreskju:/ **noun** **1** B1 [C, U] when someone is saved from a dangerous or unpleasant situation **спасение** *an unsuccessful **rescue attempt*** **2 come to the/sb's rescue** to help someone who is in a difficult situation **приходить (кому-либо) на помощь** *I forgot my purse but Anna came to the rescue and lent me some money.*

research¹ /rɪˈsɜ:tʃ/ **noun** [U] B1 when someone studies a subject in detail in order to discover new information **исследование** ***research into***

language development ◦ *They are* ***doing research*** *into the effects of passive smoking.* ◦ *a* ***research project*** → See also **market research**

> Слова-партнеры к **research**
>
> **carry out/conduct/do** research • research **indicates/proves/reveals/suggests sth** • research **into sth** • a research **assistant/institute/programme/project**

research² /rɪˈsɜːtʃ/ **verb** [I, T] B2 to study a subject in detail in order to discover new information about it **исследовать** *He spent several years researching a rare African dialect.*
• **researcher noun** [C] B2 **исследователь**

resemblance /rɪˈzembləns/ **noun** [C, U] a similarity between two people or things, especially in their appearance **сходство** *There's a striking* ***resemblance between*** *Diane and her mother.* ◦ *He* ***bears a resemblance to*** *(= looks like) someone I used to know.*

resemble /rɪˈzembl/ **verb** [T] to look like or be like someone or something **походить, иметь сходство** *She resembles her father.*

resent /rɪˈzent/ **verb** [T] to feel angry and upset about a situation or about something that someone has done **негодовать, возмущаться, быть задетым чем-либо** [+ doing sth] *I resent having to work late.* ◦ *He* ***resents*** *the* ***fact*** *that she gets more money than he does.*

resentful /rɪˈzentfəl/ **adjective** angry and upset about a situation that you think is unfair **возмущенный, обиженный, задетый чем-либо** *He was bitterly* ***resentful of*** *his brother's success.*
• **resentfully adverb возмущенно, обиженно** • **resentfulness noun** [U] **возмущение, обида**

R

resentment /rɪˈzentmənt/ **noun** [U] a feeling of anger about a situation that you think is unfair **возмущение, обида**

reservation /ˌrezəˈveɪʃən/ **noun 1** [C] B1 an arrangement that you make to have a seat on an aircraft, a room in a hotel, etc **предварительный заказ** *I'd like to* ***make a reservation*** *for Friday evening.* **2** [C, U] a doubt or a feeling that you do not agree with something completely **сомнение** *I still* ***have reservations*** *about her ability to do the job.*

reserve¹ /rɪˈzɜːv/ **verb** [T] **1** B1 to arrange to have a seat on an aircraft, a room in a hotel, etc **резервировать, заказывать** *I'd like to reserve two seats on the 9:15 to Birmingham.* **2** B1 to not allow people to use something because it is only for a particular person or for a particular purpose **предназначать, резервировать** *This seat is* ***reserved for*** *elderly or disabled passengers.*

reserve² /rɪˈzɜːv/ **noun 1** [C] a supply of something that you keep until it is needed **запас, резерв** *emergency cash reserves* **2 in reserve** ready to be used if you need it **в запасе** *I always keep a little money in reserve.* **3** [U] when someone does not show what they are thinking or feeling **сдержанность, замкнутость 4** [C] in sport, an extra player who is ready to play if one of the other players has an injury **запасной игрок 5** [C] B2 an area of land where animals and plants are protected **заповедник** → See also **nature reserve**

reserved /rɪˈzɜːvd/ **adjective** not wanting to show what you are thinking or feeling **сдержанный, замкнутый** *a quiet, reserved woman*

reservoir /ˈrezəvwɑːr/ **noun** [C] an artificial lake where water is stored before it goes to people's houses **водохранилище**

ˈreset ˌ(button) noun [C] a button or switch on a computer that allows the user to turn the computer off and then on again when a program does not work correctly **кнопка перезагрузки**

reshuffle /ˌriːˈʃʌfl/ **noun** [C] when people in an organization, especially a government, are given different jobs to do **перестановка** *a* ***government reshuffle***
• **reshuffle verb** [T] **производить перестановку**

reside /rɪˈzaɪd/ **verb** formal **reside in/with, etc** to live somewhere **жить, проживать** *My sister currently resides in Seattle.*

residence /ˈrezɪdəns/ **noun** formal **1** [C] a building where someone lives **резиденция, дом** *the Queen's* ***official residence*** **2** [U] when someone lives somewhere **проживание** *He* ***took up residence*** *(= started to live) in St. Louis.* **3 in residence** living or working somewhere **проживающий или работающий при какой-либо организации** *He was writer in residence with a professional theatre company.* → See also **hall of residence**

resident¹ /ˈrezɪdənt/ **noun** [C] **1** B2 someone who lives in a particular place **житель** *complaints from* ***local residents*** **2** US a doctor who is working in a hospital to get extra training in a particular area of medicine **ординатор**

resident² /ˈrezɪdənt/ **adjective** living in a place **проживающий** *She has been resident in Britain for most of her life.*

residential /ˌreziˈdenʃəl/ **adjective 1** B2 A residential area has only houses and not offices or factories. **жилой 2** UK A residential job or course is one where you live at the same place as you work or study. **с проживанием по месту работы или учебы**

residual /rɪˈzɪdjuəl/ **adjective** remaining **оставшийся, остаточный** ***residual value***

residue /ˈrezɪdjuː/ **noun** [C] something that remains after most of a substance has gone or been removed **остаток, осадок**

resign /rɪˈzaɪn/ **verb** [I, T] B2 to officially tell your employer that you are leaving your job увольняться *She* ***resigned as*** *headteacher.* ◦ *Mr Aitken has* ***resigned from*** *the company.*

PHRASAL VERB **resign yourself to sth** to make yourself accept something that you do not like because you cannot easily change it **смиряться с чем-либо** *He resigned himself to living alone.*

resignation /ˌrezɪgˈneɪʃən/ **noun 1** [C, U] when someone tells their employer that they are leaving their job **увольнение** *a* ***letter of resignation*** ◦ *I* ***handed in*** *my* ***resignation*** *yesterday.* **2** [U] when you accept something that you do not like because you cannot easily change it **смирение**

> **Слова-партнеры к resignation**
> accept/call for sb's resignation • announce/hand in/tender your resignation • the resignation of sb • sb's resignation as [manager/chairman, etc] • a letter of resignation

resilient /rɪˈzɪliənt/ **adjective** strong enough to get better quickly after damage, illness, shock, etc **способный быстро восстанавливаться** *Growth figures show that the economy is still fairly resilient.*
• **resilience** /rɪˈzɪliəns/ **noun** [U] **способность быстро восстанавливаться**

resin /ˈrezɪn/ **noun** [C, U] **1** a thick, sticky substance that is produced by some trees **смола 2** a substance that is used for making plastics **смола**

resist /rɪˈzɪst/ **verb** [I, T] **1** (B2) to stop yourself from doing something that you want to do **воздерживаться, не поддаваться** *I can't resist chocolate.* ◦ [+ doing sth] *I just can't resist reading other people's mail.* **2** to refuse to accept something and try to stop it from happening **сопротивляться, противиться** *The President is resisting calls for him to resign.* **3** to fight against someone or something that is attacking you **оказывать сопротивление** *British troops resisted the attack for two days.*

resistance /rɪˈzɪstəns/ **noun** [U, no plural] **1** when people disagree with a change, idea, etc and refuse to accept it **сопротивление** ***resistance to*** *political change* **2** when someone fights against someone who is attacking them **сопротивление** *She didn't* ***put up*** *much* ***resistance*** *(= fight).* **3** the ability of your body to not be affected by illnesses **сопротивляемость** *Cold weather may lower the body's* ***resistance to*** *infection.*

resistant /rɪˈzɪstənt/ **adjective 1** not wanting to accept something, especially changes or new ideas **сопротивляющийся** *They're* ***resistant to*** *change.* **2** not harmed or affected by something **стойкий, прочный, не поддающийся** *a water-resistant cover* ◦ *Bacteria can become* ***resistant to*** *antibiotics.*

resolute /ˈrezəluːt/ **adjective** formal determined not to change what you do or believe because you think that you are right **решительный, непоколебимый** *a resolute opponent of the war*
• **resolutely adverb решительно**

resolution /ˌrezəlˈuːʃən/ **noun 1** [C] an official decision that is made after a group or organization have voted **резолюция, постановление** *Congress* ***passed a resolution*** *in support of the plan (= voted to support it).* **2** [C] a promise to yourself to do something **твердое намерение** *My* ***New Year's resolution*** *is to do more exercise.* **3** [U, no plural] formal the solution to a problem **разрешение (проблемы)** *a successful* ***resolution to*** *the crisis* **4** [U] formal the quality of being determined **решительность**

resolve[1] /rɪˈzɒlv/ **verb 1** [T] to solve or end a problem or difficulty **решать (проблему и т. д.)** *an attempt to resolve the dispute* **2** [I, T] formal to decide that you will do something and be determined to do it **твердо решить** [+ to do sth] *I have resolved to keep my bedroom tidy.*

resolve[2] /rɪˈzɒlv/ **noun** [U] formal when you are very determined to do something **решительность, решимость**

resonant /ˈrezənənt/ **adjective** A resonant sound is loud and clear. **звучный, звонкий** *a deep, resonant voice*
• **resonance** /ˈrezənəns/ **noun** [U] **резонанс**

resonate /ˈrezəneɪt/ **verb** [I] to make a loud, clear sound **резонировать**

resort[1] /rɪˈzɔːt/ **noun 1** (B1) [C] a place where many people go for a holiday **курорт** *a ski resort* **2 a last resort** something that you do because everything else has failed **крайний случай, крайняя мера** *Soldiers were given the authority to shoot, but only as a last resort.*

resort[2] /rɪˈzɔːt/ **verb**

PHRASAL VERB **resort to sth/doing sth** to do something that you do not want to do because you cannot find any other way of achieving something **прибегать к чему-либо** *They should be able to control the riots without resorting to violence.*

resound /rɪˈzaʊnd/ **verb** [I] to make a loud sound, or to be filled with a loud sound **греметь, оглашаться** *The whole hall* ***resounded with*** *applause.*

resounding /rɪˈzaʊndɪŋ/ **adjective** [always before noun] **1** very loud **громовой** *resounding applause* **2 a resounding success/victory/failure, etc** a very great success, victory, etc **блестящий успех/блестящая победа/полный провал и т. д.**

resource /rɪˈzɔːs/, /ˈriːsɔːrs/ **noun** [C] (B2) something that a country, person, or organization has which they can use **ресурсы** [usually plural] ***natural resources*** → See also **human resources**

resourceful /rɪˈzɔːsfəl/ **adjective** good at finding ways to solve problems **находчивый**
• **resourcefulness noun** [U] **находчивость**

respect[1] /rɪˈspekt/ **noun 1** [U] (B1) when you are

R

polite to someone, especially because they are older or more important than you **почтение** *You should show more* ***respect for*** *your parents.* **2** [U] B1 when you admire someone because of their knowledge, skill, or achievements **уважение** *She's an excellent teacher and I have the greatest* ***respect for*** *her.* **3** [U] when you show by your behaviour that you think something is important or needs to be dealt with carefully **внимание, осторожность** *Electricity can be dangerous and should always be* ***treated with respect.*** **4 in this respect/many respects** B2 in a particular way, or in many ways **в этом отношении/во многих отношениях** *The school has changed in many respects.* **5 with respect to sth; in respect of sth** formal B2 relating to a particular thing **в отношении чего-либо** *I am writing with respect to your letter of 24 June.* **6 pay your respects a** formal to visit someone or go to talk to them **наносить кому-либо визит, засвидетельствовать свое почтение b** (also **pay your last respects**) to go to someone's funeral **посещать похороны**
→ See also **self-respect**

> Слова-партнеры к **respect**
>
> **command** respect • **have/show [great/no, etc] respect for sb** • **treat sb/sth with** respect

respect² /rɪˈspekt/ **verb** [T] **1** B1 to admire someone because of their knowledge, achievements, etc **уважать** *I* ***respect*** *him* ***for*** *his honesty.* **2** B2 If you respect someone's rights, customs, wishes, etc you accept their importance and are careful not to do anything they would not want. **уважать**

respectable /rɪˈspektəbl/ **adjective 1** B2 behaving in a socially acceptable way or looking socially acceptable **уважаемый, приличный** *a respectable family* ◦ *a respectable hotel* **2** large enough or good enough **солидный, значительный** *a respectable income*
• **respectably adverb прилично, солидно** • **respectability** /rɪˌspektəˈbɪləti/ **noun** [U] **респектабельность**

respected /rɪˈspektɪd/ **adjective** B2 admired by people because of your knowledge, achievements, etc **почтенный, уважаемый** *a highly respected doctor*

respectful /rɪˈspektfəl/ **adjective** showing respect for someone or something **почтительный**
• **respectfully adverb почтительно**

respective /rɪˈspektɪv/ **adjective** [always before noun] relating to each of the people or things that you have just talked about **соответственный** *members of staff and their respective partners*

respectively /rɪˈspektɪvli/ **adverb** in the same order as the people or things you have just talked about **соответственно** *Mr Ewing and Mr Campbell gave £2000 and £250 respectively.*

R

respiration /ˌrespərˈeɪʃən/ **noun** [U] the process of breathing **дыхание**

respiratory /rɪˈspɪrətəri/ (US) /ˈrespərətɔːri/ **adjective** [always before noun] relating to the process of breathing **респираторный** *respiratory illnesses*

respite /ˈrespaɪt/ (US) /ˈrespɪt/ **noun** [U, no plural] a short period of rest from something difficult or unpleasant **передышка** *The weekend was a brief* ***respite from*** *the pressures of work.*

respond /rɪˈspɒnd/ **verb** [I] **1** B2 to say or do something as an answer or reaction to something that has been said or done **отвечать, реагировать** [+ by + doing sth] *The government has responded by sending food and medical supplies to the region.* ◦ *How quickly did the police* ***respond to*** *the call?* **2** to improve as the result of a particular medical treatment **поддаваться (лечению)** *She's* ***responding*** *well* ***to*** *drug treatment.*

respondent /rɪˈspɒndənt/ **noun** [C] someone who has answered a request for information **опрашиваемый, респондент** [usually plural] *More than half the respondents were opposed to the new tax.*

response /rɪˈspɒns/ **noun** [C, U] B2 an answer or reaction to something that has been said or done **ответ, реакция** *The President's comments provoked an* ***angry response*** *from students.* ◦ *I'm writing* ***in response to*** *your letter of 14 February.*

> Слова-партнеры к **response**
>
> **in** response **to sth** • **sb's** response **to sth** • **draw/elicit/provoke a** response • **sb's immediate/initial/instinctive** response

responsibility /rɪˌspɒnsəˈbɪləti/ **noun 1** B2 [C, U] something that it is your job or duty to deal with **обязанность** *The head of the department has various additional responsibilities.* ◦ [+ to do sth] *It is your responsibility to make sure that your homework is done on time.* **2 take/accept/claim responsibility for sth** B2 to say that you have done something or caused something to happen, especially something bad **брать/принимать на себя ответственность за что-либо** *No one has yet claimed responsibility for yesterday's bomb attack.*

> Слова-партнеры к **responsibility**
>
> **abdicate/accept/assume/claim/take/shirk** responsibility • **collective/heavy/huge/total** responsibility • responsibility **for sth**

responsible /rɪˈspɒnsəbl/ **adjective 1 be responsible for sb/sth/doing sth** B1 to be the person whose duty is to deal with someone or something **быть ответственным за кого-либо/что-либо** *I'm responsible for looking after the children in the evenings.* **2 be responsible for sth/doing sth** B2 to be the person who caused something to happen, especially something bad **нести ответственность за что-либо** *Who was responsible for the accident?* **3** B2 showing good judgment and able to be trusted **достойный доверия, ответственный** *a responsible attitude* → Opposite **irresponsible** **4** B2 A responsible job is important because you have to make decisions that affect other people. **ответственный, важный** **5 be responsible to sb** If you are responsible to someone at work, they are in a higher position than you and you have to tell them what you have done. **быть ответственным перед кем-либо**

responsibly /rɪˈspɒnsəbli/ **adverb** in a way that shows you have good judgment and can be trusted **ответственно** *to* ***behave/act responsibly***

responsive /rɪˈspɒnsɪv/ **adjective** listening to someone or something and having a positive and quick reaction to them **чуткий, быстро реагирующий, отзывчивый** *a wonderfully responsive audience* ◦ *They have not been very* ***responsive to*** *the needs of disabled customers.*
• **responsiveness noun** [U] **чуткость, отзывчивость**

rest[1] /rest/ **noun** **1 the rest** A2 the part of something that remains, or the others that remain **остальное, остальные** *I'm not sure I want to spend* ***the rest of*** *my life with him.* ◦ *She was slightly older than the rest of us.* **2** A2 [C, U] a period of time when you relax or sleep **отдых** *Why don't you* ***have a rest?*** ◦ *I must* ***get*** *some* ***rest.*** **3 come to rest** to stop moving **останавливаться** → See also put/set sb's **mind**[1] at rest

rest[2] /rest/ **verb** **1** B1 [I] to relax or sleep because you are tired after doing an activity or because you are ill **отдыхать** *Pete's resting after his long drive.* **2 rest your eyes/feet/legs, etc** B2 to stop using your eyes/feet, etc for a while because they are tired **давать отдых глазам/ногам и т. д.** **3 rest (sth) on/against, etc** If something rests somewhere, or if you rest it somewhere, it is supported by something else. **опираться, облокачиваться на что-либо** *She rested her elbows on the table.* → See also rest on your **laurels**

PHRASAL VERB **rest on/upon sth** formal to depend on something **зависеть от чего-либо** *The whole future of the team rests on his decision.*

restart /ˌriːˈstɑːt/ **verb** [T] **1** to start something again that had stopped **возобновлять** *They want to restart the talks.* **2** If you restart a computer, you turn it off and then on again **перезагружать (компьютер)**

restaurant /ˈrestərɒnt/ **noun** [C] A1 a place where you can buy and eat a meal **ресторан** *an Italian/vegetarian restaurant* ◦ *We had lunch* ***at/in a restaurant*** *near the station.*

> Слова-партнеры к **restaurant**
>
> go to a restaurant • manage/own/run a restaurant • a restaurant offers/serves/specializes in sth • at/in a restaurant

restaurateur /ˌrestɒrəˈtɜːʳ/ **noun** [C] someone who owns a restaurant **владелец ресторана**

restive /ˈrestɪv/ **adjective** formal unable to be quiet and calm **беспокойный**

restless /ˈrestləs/ **adjective** **1** unable to be still or relax because you are bored or nervous **беспокойный, нетерпеливый** *The audience was getting restless.* **2** not satisfied with what you are doing now and wanting something new **беспокойный, непоседливый** *After a while in the same relationship I start to get restless.*
• **restlessly adverb беспокойно** • **restlessness noun** [U] **беспокойство, нетерпеливость**

restore /rɪˈstɔːʳ/ **verb** [T] **1** to make something good exist again **восстанавливать, возвращать** *Three wins in a row helped* ***restore*** *the team's* ***confidence.*** ◦ ***Peace*** *has now been* ***restored*** *in the region.* **2** B2 to repair something old **реставрировать** *to* ***restore antiques*** **3** formal to give something back to the person it was stolen from or who lost it **возвращать, отдавать обратно** *The painting was* ***restored to*** *its rightful owner.*
• **restoration** /ˌrestəˈreɪʃən/ **noun** [C, U] **восстановление, реставрация, возвращение** *The building is now closed for restoration (= repair work).* ◦ *the restoration (= return) of the former government*

restrain /rɪˈstreɪn/ **verb** [T] **1** to stop someone doing something, sometimes by using force **сдерживать, удерживать** *He became violent and had to be* ***physically restrained.*** ◦ [+ from + doing sth] *I had to restrain myself from shouting at him.* **2** to limit something **ограничивать** *to restrain arms sales*

restrained /rɪˈstreɪnd/ **adjective** calm and not showing emotions **сдержанный, спокойный** *I was expecting him to be furious but he was very restrained.* → Opposite **unrestrained**

restraint /rɪˈstreɪnt/ **noun** **1** [U] showing control over your feelings **сдержанность, спокойствие** **2** [C] control over something **ограничение** *wage restraints*

restrict /rɪˈstrɪkt/ **verb** [T] to limit something **ограничивать** *They've brought in new laws to restrict the sale of cigarettes.* ◦ *I* ***restrict*** *myself* ***to*** *one cup of coffee a day.*

restricted /rɪˈstrɪktɪd/ **adjective** controlled or limited **ограниченный** *They do good food but the choice is fairly restricted.*

restriction /rɪˈstrɪkʃən/ **noun** [C, U] a rule or law that limits what people can do **ограничение** *There are* ***restrictions on*** *how many goods you can bring into the country.* ◦ *parking restrictions*

restrictive /rɪˈstrɪktɪv/ **adjective** limiting activities too much **ограничительный** *restrictive practices*

restroom /ˈrestruːm/ **noun** [C] US a room with toilets that is in a public place, for example in a restaurant **туалет**

restructure /ˌriːˈstrʌktʃəʳ/ **verb** [I, T] to organize

R

a system or organization in a new way **реорганизовывать**

• **restructuring** noun [U] **реорганизация**

result[1] /rɪˈzʌlt/ **noun 1** [C, U] B1 something that happens or exists because something else has happened **результат, следствие** *Unemployment has risen* ***as a*** *direct* ***result of*** *new economic policies.* ◦ *Most accidents are* ***the result of*** *human error.* **2** [C] B1 the score or number of votes at the end of a competition or election **счет, исход, результат** *The election results will be known by Sunday.* **3** [C] B1 information that you get from something such as an exam, a scientific experiment, or a medical test **результаты, оценка** *She's waiting for the results of a blood test.*

> Слова-партнеры к **result**
>
> the result **of** sth • **as a** result **of** sth • **with** the result that • **with catastrophic/disastrous**, etc results • **excellent/good/disappointing/ disastrous** results

result[2] /rɪˈzʌlt/ **verb** [I] to happen or exist because something else has happened **происходить в результате чего-либо** *There was a food shortage* ***resulting from*** *the lack of rainfall.*

PHRASAL VERB **result in sth** B2 to be the reason something happens **приводить к чему-либо** *The improvements in training resulted in increased wins.*

resultant /rɪˈzʌltᵊnt/ **adjective** formal happening as a result of something else **происходящий в результате чего-либо**

resume /rɪˈzjuːm/ **verb** [I, T] formal If an activity resumes, or if you resume it, it starts again. **возобновлять(ся)** *The talks are due to resume today.*

• **resumption** /rɪˈzʌmʃᵊn/ **noun** [no plural] **возобновление**

résumé /ˈrezəmeɪ/ **noun** [C] US (UK **CV**) a document which describes your qualifications and the jobs that you have done, which you send to an employer that you want to work for **резюме, краткая автобиография**

resurface /ˌriːˈsɜːfɪs/ **verb** [I] to appear again after having been lost or forgotten **всплывать, снова заставлять о себе говорить** *The story resurfaced in the news again last week.*

resurgence /rɪˈsɜːdʒəns/ **noun** [no plural] when something starts to happen again or people become interested in something again **возрождение** *There has been a resurgence of interest in the game.*

• **resurgent** /rɪˈsɜːdʒənt/ **adjective** happening again **возродившийся**

resurrect /ˌrezᵊrˈekt/ **verb** [T] to make something exist again which has not existed for a long time **возрождать** *With this film Dykes hopes to resurrect his career.*

resurrection /ˌrezᵊrˈekʃᵊn/ **noun** [U] **1** when something starts to exist again which has not existed for a long period **возрождение** *the resurrection of a fashion* **2** in the Christian religion, Jesus Christ's return to life after he was killed **воскресение**

resuscitate /rɪˈsʌsɪteɪt/ **verb** [T] to make someone breathe again when they have stopped breathing **реанимировать**

• **resuscitation** /rɪˌsʌsɪˈteɪʃᵊn/ **noun** [U] **реанимация**

retail[1] /ˈriːteɪl/ **noun** [U] when products are sold to customers from shops **розничная торговля** *jobs in retail*

retail[2] /ˈriːteɪl/ **verb retail at/for £50/$100, etc** to be sold to the public for a particular price **стоить 50 фунтов/100 долларов и т. д. в магазине** *This computer retails at $2,000.*

retailer /ˈriːteɪləʳ/ **noun** [C] someone who sells products to the public **розничный торговец**

retailing /ˈriːteɪlɪŋ/ **noun** [U] the business of selling products to customers in shops **розничная торговля**

retain /rɪˈteɪn/ **verb** [T] to continue to keep something **сохранять, удерживать** *The council will* ***retain control*** *of the school.*

retaliate /rɪˈtælieɪt/ **verb** [I] to do something bad to someone because they have done something bad to you **наносить ответный удар, мстить** *They have threatened to* ***retaliate against*** *any troops that attack.*

• **retaliation** /rɪˌtæliˈeɪʃᵊn/ **noun** [U] **ответный удар, возмездие** *They bombed the hotel* ***in retaliation for*** *the arrests.* • **retaliatory** /rɪˈtæliətᵊri/ **adjective ответный** *retaliatory measures*

retention /rɪˈtenʃᵊn/ **noun** [U] when something continues to be kept **сохранение, удерживание**

rethink /ˌriːˈθɪŋk/ **verb** [I, T] (past tense and past participle **rethought**) to change what you think about something or what you plan to do **пересматривать** *We've had to* ***rethink*** *our* ***strategy.***

• **rethink** /ˈriːθɪŋk/ **noun** [no plural] **пересмотр** *The whole issue needs a fundamental rethink.*

reticent /ˈretɪsᵊnt/ **adjective** saying little about what you think or feel **скрытный, сдержанный** *He was reticent about his private life.*

• **reticence** /ˈretɪsᵊns/ **noun** [U] **скрытность, сдержанность**

retina /ˈretɪnə/ **noun** [C] a part at the back of the eye, which is affected by light and sends messages to the brain **сетчатка (глаза)**

retire /rɪˈtaɪəʳ/ **verb** [I] **1** B1 to leave your job and stop working, usually because you are old **уходить на пенсию** *She* ***retired from*** *the company in 1990.* **2** formal to go to another place where you can be alone or more private **удаляться** *After dinner, he* ***retired to*** *his bedroom.*

retired /rɪˈtaɪəd/ **adjective** B2 having stopped working, often because you are old **ушедший на пенсию** *a retired farmer/teacher*

retiree /rɪˈtaɪriː/ **noun** [C] US someone who has stopped working, usually because they are old **пенсионер**

retirement /rɪˈtaɪəmənt/ **noun** [C, U] **1** B2 when you leave your job and stop working, usually because you are old **выход на пенсию** *He's **taking early retirement**.* **2** B2 the period of your life after you have stopped working **жизнь после выхода на пенсию** *We wish you a long and happy retirement.*

> Слова-партнеры к **retirement**
> take early retirement • in retirement • retirement **from** sth • retirement **age**

retiring /rɪˈtaɪərɪŋ/ **adjective** shy and quiet **застенчивый**

retort /rɪˈtɔːt/ **verb** [T] formal to answer someone quickly in an angry or funny way **резко отвечать, парировать** *"That doesn't concern you," she retorted sharply.*
• **retort noun** [C] formal **резкий ответ**

retrace /rɪˈtreɪs/ **verb retrace your steps** to go back somewhere the same way that you came **возвращаться той же дорогой** *I was lost so I retraced my steps.*

retract /rɪˈtrækt/ **verb** [I, T] formal to admit that something you said before was not true **брать назад (слова и т. д.), отрекаться** *Several key witnesses have **retracted** their **statements/claims/allegations**.*

retrain /riːˈtreɪn/ **verb** [T] to learn a new skill so you can do a different job **переобучаться** *Owen used to be an actor but now he's **retraining as** a teacher.*

retraining /ˌriːˈtreɪnɪŋ/ **noun** [U] when someone learns new skills so they can do a different job **переподготовка**

retreat[1] /rɪˈtriːt/ **verb** [I] **1** When soldiers retreat, they move away from the enemy, especially to avoid fighting. **отступать** *The army was forced to retreat.* **2 retreat to/into, etc** to go away to a place or situation which is safer or quieter **удаляться, уходить** *She retreated into the bathroom for some peace and quiet.*

retreat[2] /rɪˈtriːt/ **noun 1** [U, no plural] a move away, especially to a place or situation which is safer or quieter **отступление, отход** *He saw the dog coming towards him and **beat a** hasty **retreat** (= moved quickly away).* **2** [C, U] a move back by soldiers or an army, especially to avoid fighting **отступление** *a strategic retreat* **3** [C] a quiet place where you can go to rest or be alone **уединенное место, убежище** *a mountain retreat*

retrial /ˌriːˈtraɪəl/ **noun** [C] a new trial for a crime that has already been judged in a law court **повторное слушание дела** *The judge **ordered** a **retrial**.*

retribution /ˌretrɪˈbjuːʃən/ **noun** [U] formal punishment for something morally wrong that was done **возмездие, кара** *They're seeking **retribution for** the killings.*

retrieve /rɪˈtriːv/ **verb** [T] to get something after first finding it **доставать, отыскивать** *I've just **retrieved** the ball **from** the bottom of the pond.* ◦ *computer tools for **retrieving information***
• **retrieval noun** [U] when something is retrieved **возвращение, поиск**

retriever /rɪˈtriːvər/ **noun** [C] a large dog with thick black or light brown hair **охотничья собака**

retro /ˈretrəʊ/ **adjective** looking or sounding like something from the past **ретро** *His clothes had a retro look.*

retrospect /ˈretrəʊspekt/ **noun in retrospect** thinking now about something in the past **оглядываясь назад** *In retrospect, I should probably have told her.*

retrospective[1] /ˌretrəʊˈspektɪv/ **noun** [C] a show of work done by an artist over many years **ретроспектива**

retrospective[2] /ˌretrəʊˈspektɪv/ **adjective** If a law or decision is retrospective, it affects situations in the past as well as in the future. **имеющий обратную силу**
• **retrospectively adverb оглядываясь назад**

return[1] /rɪˈtɜːn/ **verb 1** [I] A2 to go or come back to a place where you were before **возвращаться** *She **returned to** America in 1954.* ◦ *I won't **return from** my holiday till May.* **2** [T] A2 to give, send, or put something back where it came from **возвращать, отдавать** *He immediately **returned** the records **to** the files.* **3 return to sth a** B2 to start doing an activity again or talking about something again **возвращаться к чему-либо** *I returned to work three months after Susie was born.* **b** to go back to a previous condition **возвращаться в прежнее состояние** *Life has begun to **return to normal** now that the war is over.* **4** [I] B2 If something returns, it happens again. **повторяться** *If the pains return phone the doctor.* **5** [T] B2 to react to something that someone does or says by doing or saying the same **отвечать (тем же)** *I must **return** Michael's **call** (= telephone him because he telephoned me earlier).* **6 return a verdict/sentence** to announce if someone is guilty or not guilty or what punishment the person will be given in a law court **выносить вердикт/приговор** *The jury returned a verdict of guilty.* **7** [T] to hit or throw a ball back to someone when playing a sport **возвращать, отбивать (мяч)**

return[2] /rɪˈtɜːn/ **noun 1** [no plural] B1 when someone goes or comes back to a place where they were before **возвращение** ***On** his **return** to Sydney, he started up a business.* **2** [no plural] when something is given back, put back, or sent back **возврат** *the return of the stolen goods* **3** [no plural] when someone starts an activity again **возвращение** *This film marks his **return to** acting.* **4** [no plural] when something starts to happen or be present again **возвращение** *What* we are seeing here is **a return to** traditional values. **5** [C] UK (US **round-trip ticket**) B1 a ticket that lets you travel to a place and back again, for example on a train **обратный билет** **6** [C, U] the profit that you get from an investment **доход, прибыль** *This fund has shown **high returns** for the last five years.* **7 in return** B2 in exchange for something or as a reaction to something **взамен, в ответ** *I'd like to give them something **in return for** everything they've done for us.* **8** [C] when a ball is thrown or hit back to another player in a sports match **возврат мяча** *She hit an excellent return.* **9** [U] B1 a key on a computer keyboard that is used to make the computer accept information or to start a new line in a document **клавиша ввода (на компьютере)** *Type in the password and **press return**.* → See also **day return**

returnable /rɪˈtɜːnəbl/ **adjective** If something is returnable, it can be taken or given back. **подлежащий возврату** *a **returnable deposit***

reunification /ˌriːjuːnɪfɪˈkeɪʃᵊn/ **noun** [U] when a country that was divided into smaller countries is joined together again as one country **воссоединение** *the reunification of Germany*

reunion /ˌriːˈjuːniən/ **noun** [C] an occasion when people who have not met each other for a long time meet again **встреча после длительного перерыва** *a **family/school reunion***

> **Слова-партнеры к reunion**
>
> **have/go to** a reunion • an **emotional** reunion • a reunion **of** sb • sb's reunion **with** sb • a **family/school** reunion

reunite /ˌriːjuːˈnaɪt/ **verb** [I, T] to meet again after being apart for a long time, or to bring people together who have been apart for a long time **встречаться после длительного перерыва** [often passive] *Years later, he was **reunited with** his brother.*

reuse /ˌriːˈjuːz/ **verb** [T] to find a new use for something so that it does not have to be thrown away **повторно использовать** *Businesses are finding new ways to reuse materials.*

• **reusable adjective многократного пользования**

Rev written abbreviation for Reverend (= title of Christian official) **его преподобие** *Rev Jo Harding*

rev /rev/ **verb** [I, T] (present participle **revving**, past tense and past participle **revved**) (also **rev up**) to increase the engine speed of a vehicle **увеличивать обороты, газовать** *He revved the engine and drove off.*

revamp /ˌriːˈvæmp/ **verb** [T] to change something in order to make it better **обновлять, переоборудовать** *They're revamping the restaurant.*

Revd written abbreviation for Reverend (= title of Christian official) **его преподобие** *the Revd Laurie Clow*

reveal /rɪˈviːl/ **verb** [T] **1** B2 to give someone a piece of information that is surprising or that was previously secret **сообщать, разоблачать** [+ that] *It was revealed in this morning's papers that the couple intend to marry.* **2** to allow something to be seen that, until then, had been hidden **раскрывать, показывать** *His shirt came up at the back, revealing an expanse of white skin.*

revealing /rɪˈviːlɪŋ/ **adjective** **1** showing someone's true character or the true facts about someone or something **разоблачающий, показательный** *a revealing biography/remark* **2** If clothes are revealing, they show a lot of your body. **открытый (об одежде)**

revel /ˈrevᵊl/ **verb** (present participle UK **revelling**, past tense and past participle **revelled**, present participle US **reveling**, past tense and past participle **reveled**)

PHRASAL VERB **revel in sth** to enjoy a situation or activity very much **наслаждаться чем-либо** *He revelled in his role as team manager.*

revelation /ˌrevᵊlˈeɪʃᵊn/ **noun** **1** [C] a piece of information that is discovered although it was intended to be kept secret **разоблачение** *He resigned following **revelations about** his private life.* **2 be a revelation** to be an extremely pleasant surprise **быть приятной неожиданностью** *Anna's boyfriend was a revelation.*

revenge /rɪˈvendʒ/ **noun** [U] B2 something that you do to punish someone who has done something bad to you **месть** *He's made life very difficult for me but I'll **get/take** my **revenge**.* ◦ *He was shot **in revenge** for the murder.*

> **Слова-партнеры к revenge**
>
> **get/plot/seek/take** revenge • **in** revenge **for** sth • revenge **against/on** sb • **an act of** revenge

revenue /ˈrevᵊnjuː/ **noun** [U] (also **revenues**) large amounts of money received by a government as tax, or by a company **(государственные) доходы**

reverberate /rɪˈvɜːbᵊreɪt/ **verb** [I] If a sound reverberates, it is heard for a long time as it is sent back from different surfaces. **отражаться (о звуке)** *The sound of the shots reverberated around the building.*

revere /rɪˈvɪəʳ/ **verb** [T] formal to respect and admire someone very much **почитать** *a revered religious leader*

reverence /ˈrevᵊrᵊns/ **noun** [U] formal a strong feeling of respect and admiration **почитание**

Reverend /ˈrevᵊrᵊnd/ **adjective** used as a title before the name of some Christian officials **его преподобие** *the Reverend Alan Pringle*

reverie /ˈrevᵊri/ **noun** [C] formal a pleasant state in which you are thinking of something else, not what is happening around you **мечтательность, задумчивость**

reversal /rɪˈvɜːsᵊl/ **noun** [C] when something changes to its opposite **полное изменение, переход в противоположное** *In a reversal of traditional roles, Paul stayed at home to look after the baby and Clare went out to work.*

reverse[1] /rɪˈvɜːs/ **verb 1** [I, T] B2 to drive a vehicle backwards **давать задний ход** *I hate reversing into parking spaces.* **2** [T] to change a situation or change the order of things so that it becomes the opposite **изменять (на противоположное), отменять** *It is unlikely that the judge will **reverse** his **decision**.*

reverse[2] /rɪˈvɜːs/ **noun 1 the reverse** the opposite of what has been suggested **наоборот** *"So, is he happier?" "Quite the reverse – I've never seen him look so miserable."* **2** B2 [U] (also **reˌverse ˈgear**) the method of controlling a vehicle that makes it go backwards **задний ход** *Put the car **into reverse**.* **3 in reverse** in the opposite order or way **в обратном порядке** *Do the same steps but this time in reverse.*

reverse[3] /rɪˈvɜːs/ **adjective** [always before noun] opposite to the usual way or to the way you have just described **обратный, противоположный** *I'm going to read out the names of the winners in reverse order.*

reversible /rɪˈvɜːsəbl/ **adjective 1** If something is reversible, it can be changed back to what it was before. **обратимый** *Most of the damage done to the cells is reversible.* → Opposite **irreversible 2** Reversible clothes can be worn so that the inside is the outside. **двусторонний** *a reversible jacket*

revert /rɪˈvɜːt/ **verb**

PHRASAL VERB **revert to sth/doing sth** to go back to how something was before **возвращаться к чему-либо** *For a while I ate low-fat food but then I reverted to my old eating habits.*

• **reversion** /rɪˈvɜːʃᵊn/ **noun** [U, no plural] **изменение порядка, возвращение к прежнему состоянию**

review[1] /rɪˈvjuː/ **noun 1** [C, U] the process of considering something again in order to make changes to it **рассмотрение, пересмотр** *a **review of** teachers' pay* ◦ *The policy is now **under review** (= being considered).* **2** [C] B1 a report in a newspaper, magazine, or programme that gives an opinion about a new book, film, etc **рецензия, отзыв** *a book review* ◦ *The film has had **mixed reviews** (= some good, some bad).*

> Слова-партнеры к **review**
>
> carry out a review • a review of sth • be under review

review[2] /rɪˈvjuː/ **verb 1** [T] to consider something again in order to decide if changes should be made **пересматривать** *The courts will review her case.* **2** [T] B2 to give your opinion in a report about a film, book, television programme, etc **рецензировать, писать отзыв** *He reviews films for the Times.* **3** [I, T] US (UK **revise**) to study a subject before you take a test **повторять пройденный материал**

reviewer /rɪˈvjuːəʳ/ **noun** [C] someone who writes reviews of a book, film, etc **рецензент, обозреватель, критик**

reviled /rɪˈvaɪld/ **adjective** hated **ненавистный** *He is possibly the most reviled man in Britain.*

revise /rɪˈvaɪz/ **verb 1** [T] B2 to change something so that it is more accurate **перерабатывать, исправлять** *a revised edition of the book* **2** [I, T] UK (US **review**) B1 to study a subject before you take a test **повторять пройденный материал**

revision /rɪˈvɪʒᵊn/ **noun 1** [C, U] when you change something so that it is more accurate **переработка, исправление** *a downward revision of prices* **2** [U] UK B1 when you study a subject before taking a test **повторение пройденного материала**

revitalize (also UK **-ise**) /ˌriːˈvaɪtᵊlaɪz/ **verb** [T] to make something more active or exciting **оживлять, вливать новые силы** *attempts to revitalize the city*

revival /rɪˈvaɪvᵊl/ **noun 1** [C, U] when something becomes more active or popular again **возрождение** *a **revival in** folk music* ◦ *Yoga is **enjoying a revival**.* **2** [C] a performance of a play, opera, etc that has not been performed for a long time **возобновление**

revive /rɪˈvaɪv/ **verb 1** [T] to make something from the past exist again **возрождать, пробуждать** *to revive memories* ◦ *A lot of traditional skills are currently being revived.* **2** [I, T] to become conscious again or make someone conscious again **приходить/приводить в сознание** *A police officer tried unsuccessfully to revive her.* **3** [I, T] to start to feel healthier and more active again, or to make someone feel this way **восстанавливать силы** *A cup of tea and something to eat might revive you.*

revoke /rɪˈvəʊk/ **verb** [T] formal to stop someone having official permission to do something, or to change an official decision **отменять, лишать чего-либо** *His work permit was revoked after six months.*

revolt[1] /rɪˈvəʊlt/ **noun** [C, U] when people try to change a government, often using violence, or when they refuse to accept someone's authority **восстание, бунт** *a slave/peasant revolt*

revolt[2] /rɪˈvəʊlt/ **verb 1** [I] to try to change a government, often using violence, or to refuse to accept someone's authority **восставать, бунтовать** *Many were killed when nationalists **revolted against** the new government.* **2 be revolted by sth** to think that something is extremely unpleasant **испытывать отвращение к чему-либо**

revolting /rɪˈvəʊltɪŋ/ **adjective** extremely unpleasant **отвратительный, тошнотворный**

R

revolution /ˌrevəlˈuːʃən/ **noun 1** [C, U] B2 a change in the way a country is governed, usually to a different political system and often using violence or war **революция** *the French Revolution* **2** [C] B2 a very important change in the way people think or do things **революция, перелом** *the technological revolution* ◦ *This discovery caused a* ***revolution in*** *medicine.* **3** [C, U] one whole circular movement around a central point, for example one whole movement of a wheel **оборот (при вращении)**

revolutionary¹ /ˌrevəlˈuːʃənəri/ **adjective 1** B2 completely different from what was done before **революционный, радикальный** *The twentieth century has brought about* ***revolutionary changes*** *in our lifestyles.* **2** B2 relating to a political revolution **революционный** *a* ***revolutionary movement***

revolutionary² /ˌrevəlˈuːʃənəri/ **noun** [C] someone who tries to cause or take part in a political revolution **революционер**

revolutionize (also UK **-ise**) /ˌrevəlˈuːʃənaɪz/ **verb** [T] to change something in every way so that it is much better **преображать коренным образом** *This will revolutionize the way we do business.*

revolve /rɪˈvɒlv/ **verb** [I] to move in a circle around a central point **вращаться** *A fan was revolving slowly.*
• **revolving adjective** [always before noun] **вращающийся** *a* ***revolving door***

PHRASAL VERB **revolve around/round sth/sb** to have something or someone as the only interest or subject **быть сосредоточенным на чем-либо/ком-либо** *Her whole life revolves around her children.*

R

revolver /rɪˈvɒlvəʳ/ **noun** [C] a small gun **револьвер**

revue /rɪˈvjuː/ **noun** [C] a show in a theatre with jokes, songs, and dancing **ревю**

revulsion /rɪˈvʌlʃən/ **noun** [U] a strong feeling that something is very unpleasant **отвращение**

reward¹ /rɪˈwɔːd/ **noun 1** [C, U] B1 something good that you get or experience because you have worked hard, behaved well, etc **награда** *There'll be a* ***reward for*** *whoever finishes first.* **2** [C] B1 money that the police give to someone who gives them information about a crime **вознаграждение**

> **Слова-партнеры к reward**
>
> get/receive a reward • a big/handsome/substantial reward • a reward for sb/sth • a reward of [$500/$300, etc]

reward² /rɪˈwɔːd/ **verb** [T] B2 to give a reward to someone **вознаграждать** *She was* ***rewarded for*** *her bravery.*

rewarding /rɪˈwɔːdɪŋ/ **adjective** making you feel satisfied that you have done something well **приносящий удовлетворение, благодарный** *Teaching is hard work but it's very rewarding.*

rewind /ˈriːwaɪnd/ **verb** [I, T] (past tense and past participle **rewound**) to make a sound or television recording go back to the beginning **перематывать (пленку)**

rework /ˌriːˈwɜːk/ **verb** [T] to change a piece of music or writing in order to improve it or make it more suitable **переделывать** *Elton John reworked his 1974 hit, 'Candle in the Wind', for Princess Diana's funeral.*

rewrite /ˌriːˈraɪt/ **verb** [T] (past tense **rewrote**, past participle **rewritten**) B2 to write something again in order to improve it **переписывать** *I had to rewrite my essay.*

rhapsody /ˈræpsədi/ **noun** [C] a piece of music for instruments **рапсодия**

rhetoric /ˈretərɪk/ **noun** [U] language that is intended to make people believe things, often language that is not sincere **риторика** *It was the usual political speech, full of* ***empty rhetoric****.*
• **rhetorical** /rɪˈtɒrɪkəl/ **adjective риторический** • **rhetorically adverb риторически**

rheˌtorical ˈquestion /rɪˌtɒrɪkəlˈkwestʃən/ **noun** [C] a question that is not intended as a real question because you do not expect anyone to answer it **риторический вопрос**

rheumatism /ˈruːmətɪzəm/ **noun** [U] a disease in which there is swelling and pain in the joints (= parts of the body where bones join) **ревматизм**

rhino /ˈraɪnəʊ/ **noun** [C] short for rhinoceros **носорог**

rhinoceros /raɪˈnɒsərəs/ **noun** [C] a large animal from Africa or Asia that has thick skin and one or two horns on its nose **носорог**

rhubarb /ˈruːbɑːb/ **noun** [U] a plant that has long, red stems, that can be cooked and eaten as a fruit **ревень**

rhyme¹ /raɪm/ **verb** [I] If a word rhymes with another word, the end part of the words sound the same. **рифмовать(ся)** *'Moon' rhymes with 'June'.*

rhyme² /raɪm/ **noun 1** [C] a short poem that has words that rhyme at the end of each line **стишок 2** [U] a style of writing or speaking that uses words which rhyme **стихи** *The story was written entirely in rhyme.* **3** [C] a word that rhymes with another word **рифма** → See also **nursery rhyme**

rhythm /ˈrɪðəm/ **noun** [C, U] B2 a regular, repeating pattern of sound **ритм** *You need a* ***sense of rhythm*** *to be a good dancer.*
• **rhythmic** /ˈrɪðmɪk/ **adjective** with rhythm **ритмичный** • **rhythmically adverb ритмично**

rib /rɪb/ **noun** [C] B2 one of the curved bones in the chest **ребро**

ribbon /ˈrɪbən/ **noun** [C] a long, narrow piece of

cloth that is used for tying things or used for decoration **лента**

ˈrib ˌcage **noun** [C] the structure of ribs (= curved bones) in the chest **грудная клетка**

rice /raɪs/ **noun** [U] A1 small grains from a plant that are cooked and eaten **рис** → See **Food** on page Centre 11

ˈrice ˌpaddy **noun** [C] (also UK **paddy field**) a field in which rice is grown **рисовое поле**

rich /rɪtʃ/ **adjective** **1** A2 having much more money than most people, or owning things that could be sold for a lot of money **богатый** *She's the third richest woman in Britain.* ◦ *These cars are only for* ***the rich.*** **2** B2 containing a lot of something that is important or valuable **изобилующий чем-либо, плодородный** *rich soil* ◦ *Both foods are* ***rich in*** *Vitamin C.* **3** B2 Rich food has a lot of butter, cream, or eggs in it. **жирный** *a rich sauce* **4** A rich sound is low and strong, and a rich colour is bright and strong. **глубокий (о звуке), насыщенный (о цвете)** • **richness** **noun** [U] **богатство, изобилие, жирность**

> **Другие способы сказать rich**
>
> *Oliver's parents are very* ***wealthy/well-off.*** В неформальных ситуациях очень богатого человека можно охарактеризовать как **loaded** или **be rolling in it**.
>
> *They don't have any money worries – they're* ***loaded.***
>
> *If he can afford a yacht, he must* ***be rolling in it.***
>
> Если у кого-то больше денег, чем было ранее, можно сказать, что он **better off**.
>
> *We're a lot* ***better off*** *now that Jane's working again.*
>
> Прилагательные **affluent** и **prosperous** употребляют для характеристики мест, где живут богатые и преуспевающие люди.
>
> *It's a very* ***affluent*** *neighbourhood.*
>
> *In a* ***prosperous*** *country like this, no-one should go hungry.*

riches /ˈrɪtʃɪz/ **noun** [plural] literary a lot of money or valuable objects **богатство** → See also go from **rags** to riches

richly /ˈrɪtʃli/ **adverb** **1 be richly decorated/furnished, etc** to have a lot of beautiful or expensive decoration, furniture, etc **быть роскошно убранным/обставленным и т. д.** *a richly decorated church* **2 be richly rewarded** to be paid a lot of money **получать высокую плату** **3 richly deserve** to very much deserve something **вполне заслуживать** *Later that year he received the award he so richly deserved.*

rickety /ˈrɪkəti/ **adjective** likely to break soon **шаткий, неустойчивый** *a rickety wooden chair*

ricochet /ˈrɪkəʃeɪ/ **verb** [I] to hit a surface and then be sent back through the air **рикошетировать** *The bullet* ***ricocheted off*** *the wall.*

rid¹ /rɪd/ **adjective** **1 get rid of sth a** B1 to throw something away or give something to someone because you do not want it now **избавляться от чего-либо** *We must get rid of some of those old books.* **b** B2 to end something unpleasant **избавляться от чего-либо, покончить с чем-либо** *I can't seem to get rid of this headache.* **2 get rid of sb** to make someone leave **избавляться от кого-либо** *She was useless at her job so we had to get rid of her.* **3 be rid of sb/sth** to be without someone or something that you do not like or want **отделываться от кого-либо/чего-либо** *I'd do anything to be rid of him.*

rid² /rɪd/ **verb** (present participle **ridding**, past tense and past participle **rid**)

PHRASAL VERBS **rid sth of sth** to remove something unpleasant from somewhere **избавлять что-либо от чего-либо** *to rid the world of nuclear weapons* • **rid yourself of sth** to remove something that you do not want **избавляться от чего-либо** *to rid yourself of a reputation*

riddance /ˈrɪdᵊns/ **noun** **Good riddance!** used to express pleasure when you have got rid of something or someone that you do not want **скатертью дорога!**

ridden /ˈrɪdᵊn/ past participle of ride **прич. прош. вр. от гл. ride**

riddle /ˈrɪdl/ **noun** [C] **1** a strange and difficult question that has a clever and often funny answer **загадка** **2** a situation or event that you cannot understand **тайна, загадка** *Scientists may have* ***solved*** *the* ***riddle*** *of Saturn's rings.*

riddled /ˈrɪdld/ **adjective** **be riddled with sth** to contain a large number of something bad **кишеть чем-либо, быть изрешеченным чем-либо** *The wall was riddled with bullets.*

ride¹ /raɪd/ **verb** (past tense **rode**, past participle **ridden**) **1** [I, T] A1 to travel by sitting on a horse, bicycle, or motorcycle and controlling it **ездить (на лошади, велосипеде или мотоцикле)** *I ride my bike to work.* ◦ *She taught me to ride (= to ride a horse).* → See Note **drive** **2** [T] US to travel in a vehicle as a passenger **ездить** *I've told her not to ride the subway at night.*

PHRASAL VERBS **ride on sth** If something important rides on a situation, it will succeed or fail depending on the situation. **зависеть от чего-либо** *There was $600,000 riding on the outcome of the deal.* • **ride out sth** to continue to exist during a bad situation **выдерживать, выживать** *to ride out a recession*

ride² /raɪd/ **noun** [C] **1** B1 a journey in a vehicle or train **поездка, езда** *Can I* ***give*** *you a* ***ride*** *to the station?* **2** B1 a journey riding a bicycle, motorcycle, or horse **езда (на велосипеде, мотоцикле, лошади)** *He's gone out for a ride on his bike.* **3** B1 a machine at a fair (= event

R

outdoors) which moves people up and down, round in circles, etc as they sit in it **аттракцион**

> **Слова-партнеры к ride (noun)**
>
> **go for/hitch** a ride • a ride **in/on** sth • **give** sb a ride

rider /ˈraɪdəʳ/ **noun** [C] B1 someone who rides a horse, bicycle, or motorcycle **всадник, велосипедист, мотоциклист** → See **Sports 1** on page Centre 14

ridge /rɪdʒ/ **noun** [C] **1** a long, narrow piece of high land, especially along the top of a mountain **горный хребет** *a mountain ridge* **2** a narrow, raised line on a flat surface **гребень, край**

ridicule¹ /ˈrɪdɪkjuːl/ **verb** [T] to make people laugh at someone in an unkind way **высмеивать** *I was **ridiculed for** saying they might win.*

ridicule² /ˈrɪdɪkjuːl/ **noun** [U] when people laugh at someone in an unkind way **насмешка**

ridiculous /rɪˈdɪkjələs/ **adjective** B2 very silly **нелепый** *I've never heard anything so ridiculous.*
• **ridiculously adverb** **нелепо** *ridiculously expensive*

riding /ˈraɪdɪŋ/ **noun** [U] the sport or activity of riding horses **верховая езда**

rife /raɪf/ **adjective** [never before noun] Something unpleasant that is rife is very common. **распространенный, изобилующий** *Rumours were rife that the band would split up.*

rifle¹ /ˈraɪfl/ **noun** [C] a long gun that you hold against your shoulder when you shoot **винтовка**

rifle² /ˈraɪfl/ **verb** [T] (also **rifle through**) to quickly search through things, often in order to steal something **рыться, обшаривать** *I caught him rifling through my drawers.*

rift /rɪft/ **noun** [C] **1** a serious disagreement **конфликт, раскол, разрыв** *the deepening **rift between** the government and the unions* **2** a very large hole that separates parts of the Earth's surface **разлом земной коры**

> **Слова-партнеры к rift**
>
> **create/heal** a rift • a **deep/growing/huge/serious** rift • a rift **with** sb • a rift **between** sb and sb • a rift **over** sth

rig¹ /rɪg/ **verb** [T] (present participle **rigging**, past tense and past participle **rigged**) to arrange an election, competition, etc so that the results are not fair or true **фальсифицировать, подтасовывать результаты** *He accused the government of rigging the elections.*

PHRASAL VERB **rig sth up** to quickly make a piece of equipment from any materials you can find **сооружать что-либо наспех из подручных материалов**

rig² /rɪg/ **noun** [C] a large structure for removing gas or oil from the ground or the sea **буровая вышка** *an **oil rig***

rigging /ˈrɪgɪŋ/ **noun** [U] a system of ropes and chains used to support a ship's masts (= poles) **такелаж**

right¹ /raɪt/ **adjective** **1** A1 correct or true **правильный, верный** *He only got half the answers right. ◦ You're **right about** Alison – she's incredible! ◦ "You came here in 1979, didn't you?" "**That's right.**"* **2** [always before noun] A2 on or towards the side of your body that is to the east when you are facing north **правый** *your right hand ◦ There's a tree on the **right side** of the house.* **3** B1 suitable or best in a particular situation **подходящий, нужный** *I'm not sure she's the right person for the job. ◦ Are we going in the right direction?* **4** B2 fair or morally acceptable **справедливый, порядочный** ***It's not right** to criticize him behind his back.* **5 put sth right** to solve a problem **решить (проблему)** **6** [always before noun] UK informal used for emphasizing when something is bad **совершенный, абсолютный** *His house is a right mess.* → See also **all right**

right² /raɪt/ **adverb** **1** B1 exactly in a place or time **прямо, как раз** *He's right here with me. ◦ I fell asleep right in the middle of her speech.* **2** B2 correctly **правильно** *He guessed right most of the time.* **3** A2 to the right side **направо** *Turn **right** after the bridge.* **4 right away/now/after** B1 immediately **сразу же/сейчас же/сразу после** *Do you want to start right away?* **5** all the way **полностью** *Did you read it right through to the end?* **6** UK A2 used at the beginning of a sentence to get someone's attention or to show you have understood someone **так, итак** *Right, who's turn is it to tidy up? ◦ Right, so Helen's coming tomorrow and Trevor on Thursday.* **7 Right** used in the UK as part of the title of some politicians and Christian officials **достопочтенный** *Right Honourable/Reverend*

IDIOM **It serves her/him/you right!** informal something you say about a bad thing which has happened to a person and which they deserve **так ей/ему/тебе и надо!** *So she left him, did she? Serves him right!*

• **rightness noun** [U] → See also be right up sb's **alley**, be right up sb's **street** **справедливость, правильность**

right³ /raɪt/ **noun** **1** [C] B2 something that the law allows you to do **право** ***the right to** free speech ◦* [+ to do sth] *the right to vote* **2** [U] A2 the right side of your body, or the direction towards this side **правая сторона** *You'll find her in the second room **on the right**.* **3** [U] B2 morally correct behaviour **добро, порядочность** *I've tried to teach them the difference between **right and wrong**.* **4 have a/no right to do sth** to have, or not have, a good reason for something **быть/не быть вправе делать что-либо** *He has a right to be angry. ◦ She had no right to speak to me like that.* **5 the Right/right** political groups which support capitalism (= a system in which industries and companies are owned by people and not the government) **правые/группы правого крыла** *The right campaigned against the president.*

right⁴ /raɪt/ **verb** [T] **1** to put something back in a vertical position, or to return to a vertical position **выпрямлять(ся), выравнивать(ся)** [often reflexive] *The boat righted itself and I rowed us back to the shore.* **2 right a wrong** to do something good to make an unfair situation seem better **восстанавливать справедливость** *How can we right the wrongs of the past?*

ˈright ˌangle noun [C] a 90 degree angle of the type that is in a square **прямой угол**

ˌright ˈclick verb [I] to press the button on the right of a computer mouse (= a small piece of equipment that you move with your hand to control what the computer does) **нажимать на правую клавишу компьютерной мышки**

righteous /ˈraɪtʃəs/ **adjective** morally right and for good moral reasons **праведный, справедливый** ***righteous anger/indignation***

• **righteousness noun** [U] → See also **self-righteous праведность**

rightful /ˈraɪtfᵊl/ **adjective** [always before noun] legally or morally correct **законный, правомерный** *The wallet was returned to its **rightful owner**.*

right-hand /ˌraɪtˈhænd/ **adjective** [always before noun] **1** A2 on the right of something **правый, находящийся справа** *On **the right-hand side** you'll see a sign.* **2 sb's right-hand man/woman** the person that you most trust and depend on, especially at work **правая рука, верный помощник/помощница**

right-handed /ˌraɪtˈhændɪd/ **adjective** Someone who is right-handed uses their right hand to do most things. **лучше владеющий правой рукой**

rightly /ˈraɪtli/ **adverb** B2 in a correct way **справедливо, правильно** *He is **rightly concerned** about the situation.*

rights /raɪts/ **noun** [plural] freedom to do and say things without fear of punishment **права** → See also **civil rights**, **human rights**

right-wing /ˌraɪtˈwɪŋ/ **adjective** supporting the ideas of parties on the political right **принадлежащий к правому крылу** *a right-wing newspaper*

• **right-winger noun** [C] **член правого крыла**

rigid /ˈrɪdʒɪd/ **adjective 1** not able to change or be changed easily **жесткий, строгий** *I found the rules a little too rigid.* **2** not able to bend or move easily **жесткий, негнущийся** *a rigid structure*

• **rigidly adverb жестко, строго, неподвижно** • **rigidity** /rɪˈdʒɪdəti/ **noun** [U] being unable to bend or change easily **жесткость, строгость, оцепенелость**

rigorous /ˈrɪgᵊrəs/ **adjective** careful to look at or consider every part of something to make sure it is correct or safe **тщательный** *rigorous testing* ◦ *a rigorous medical examination*

• **rigorously adverb тщательно**

rigour UK (US **rigor**) /ˈrɪgəʳ/ **noun** [U] when you look at or consider every part of something to make sure it is correct or safe **тщательность** *His arguments lack **intellectual rigour**.*

rigours UK (US **rigors**) /ˈrɪgəz/ **noun the rigours of sth** the difficult conditions of a particular situation **суровость чего-либо, невзгоды** *the rigours of a harsh winter*

rim /rɪm/ **noun** [C] the edge of something round **ободок, край** *the rim of a wheel*

rind /raɪnd/ **noun** [C, U] the thick skin of fruits such as oranges and lemons and other foods, for example cheese **кожура, корка**

ring¹ /rɪŋ/ **noun** [C] **1** A2 a round piece of jewellery that you wear on your finger **кольцо** *a **wedding ring*** ◦ *a gold ring* → See picture at **jewellery 2** B2 something that is the shape of a circle **круг** *The children sat in a ring around the teacher.* **3** the sound a bell makes **звон, звонок** *The ring of the doorbell woke him up.* **4 a crime/drug/spy, etc ring** a group of people who are involved in an illegal activity together **преступная группировка/сеть торговцев наркотиками/агентурная сеть и т. д.** **5 a boxing/circus ring** an area with seats around it where boxers (= people fighting) or people in a circus (= show) perform **боксерский ринг/цирковая арена** **6 give sb a ring** UK A2 to telephone someone **звонить кому-либо по телефону** *If you want anything, just give me a ring.* → See also **key ring**

ring² /rɪŋ/ **verb** (past tense **rang**, past participle **rung**) **1** [I, T] B1 If something rings, it makes the sound of a bell, and if you ring a bell, you cause it to make a sound. **звонить** *The **phone's ringing**.* ◦ *I **rang** the **doorbell**.* **2** [I, T] UK (UK/US **call**) A2 to telephone someone **звонить по телефону** *Have you rung your mother?* ◦ *I've **rung for** a taxi.* **3** [I] If your ears are ringing, you can hear a loud sound after the sound has stopped. **звенеть (в ушах)** → See also ring a **bell**, ring **true**

PHRASAL VERBS **ring (sb) back** UK (UK/US **call (sb) back**) B1 to telephone someone a second time, or to telephone someone who rang you earlier **перезванивать кому-либо** *I'm a bit busy – can I ring you back later?* • **ring off** UK (UK/US **hang up**) to end a telephone conversation and put down the part of the telephone that you speak into **повесить трубку** *She'd rung off before I could say goodbye.*

ring³ /rɪŋ/ **verb** [T] to make a circle around something **окружать** *Dozens of armed police ringed the building.*

ringleader /ˈrɪŋˌliːdəʳ/ **noun** [C] the leader of a group who are doing something harmful or

R

illegal **главарь** *the ringleader of a gang of drug smugglers*

ˈring ˌroad noun [C] UK a road built to take traffic around the outside of a city **кольцевая дорога**

ringtone /ˈrɪŋtəʊn/ **noun** [C] the sound that a telephone makes, especially a mobile phone, when someone is calling it **мелодия мобильного телефона**

rink /rɪŋk/ **noun** [C] a large, flat surface made of ice or wood where you can skate (= move wearing boots with wheels or a piece of metal) **каток** *a roller skating rink* → See also **ice rink**

rinse[1] /rɪns/ **verb** [T] to wash something in clean water in order to remove dirt or soap **полоскать, промывать** *Rinse the beans with cold water.*

PHRASAL VERB **rinse sth out** to quickly wash the inside of something with clean water **полоскать, мыть** *I'll just rinse these glasses out and leave them to dry.*

rinse[2] /rɪns/ **noun** [C] **1** when you wash something in clean water to remove dirt or soap **полоскание** ***Give** it **a** quick **rinse**, then squeeze it dry.* **2** a liquid that is used for changing the colour of someone's hair **краска для волос** *a dark brown rinse*

riot[1] /raɪət/ **noun** [C] angry, violent behaviour by a crowd of people **мятеж, беспорядки** *a race riot* ◦ *Riots started in several cities.*

IDIOM **run riot** to behave in a noisy, violent, or wild way without being controlled **буйствовать, бесчинствовать** *They allow their kids to run riot.*

> Слова-партнеры к **riot**
> quell/spark a riot • a riot **breaks out**

riot[2] /raɪət/ **verb** [I] to take part in a riot **принимать участие в мятеже, беспорядках** *People were rioting in the streets.*
• **rioter noun** [C] **мятежник, лицо, учинившее беспорядки**

rioting /ˈraɪətɪŋ/ **noun** [U] when a crowd of people riots **мятеж, беспорядки** *There was **widespread rioting**.*

riotous /ˈraɪətəs/ **adjective 1** wild and not controlled by anyone **необузданный, безудержный** *a riotous party* **2** formal violent and not controlled **бесчинствующий** *He was charged with riotous behaviour and jailed for six months.*

rip[1] /rɪp/ **verb** (present participle **ripping**, past tense and past participle **ripped**) **1** B2 [I, T] to tear quickly and suddenly, or to tear something quickly and suddenly **рвать(ся), разрывать(ся)** *She ripped her dress getting off her bike.* ◦ *He **ripped open** the parcel.* **2 rip sth out/off/from, etc** to remove something by pulling it away quickly **вырывать/сдирать/удалять из и т. д.** *Hedges had been ripped out to make larger fields.* **3** [T] to copy information from a CD onto an MP3 player (= a piece of electronic equipment or a computer program for storing music) **конвертировать файл из одного звукового формата в другой**

PHRASAL VERBS **rip sb off** informal to cheat someone by making them pay too much money for something **обсчитывать кого-либо** *We were ripped off by the first taxi driver.* • **rip sth off** to remove a piece of clothing very quickly and carelessly **срывать что-либо (об одежде)** *I ripped off my clothes and jumped in the shower.* • **rip through sth** to move through a place or building, destroying it quickly **пробивать что-либо насквозь, проходить сквозь** *The bomb ripped through the building, killing six people.* • **rip sth up** to tear something into small pieces **рвать что-либо на кусочки** *He ripped up all her letters.*

rip[2] /rɪp/ **noun** [C] a hole in the shape of a line when cloth or paper has been torn **разрыв, прореха**

ripe /raɪp/ **adjective 1** B2 developed enough and ready to be eaten **спелый** *ripe bananas* **2 ripe for sth** developed enough to be ready for something **созревший, готовый для чего-либо** *The country is ripe for change.* ◦ ***The time is ripe for** (= It is the right time for) investing in new technology.*

ripen /ˈraɪpᵊn/ **verb** [I, T] to become ripe, or to make something become ripe **зреть** *The peaches had ripened in the sun.*

rip-off /ˈrɪpɒf/ **noun** [C] informal something that costs far too much money **обдираловка** *The drinks here are a complete rip-off.*

ripple[1] /ˈrɪpl/ **verb** [I, T] to move in small waves, or to make something move in small waves **покрывать(ся) рябью** *A field of wheat rippled in the breeze.*

ripple[2] /ˈrɪpl/ **noun** [C] **1** a small wave or series of small waves on the surface of water **рябь (на воде)** *She dived in, sending ripples across the pool.* **2** something that spreads through a place in a gentle way **рокот** *a **ripple of applause/laughter***

rise[1] /raɪz/ **verb** [I] (past tense **rose**, past participle **risen**) **1** B2 to increase in level **повышаться, увеличиваться** *rising temperatures* ◦ *Prices **rose by** 10 percent.* **2** B1 to move up **подниматься** *The balloon rose slowly into the air.* **3** to stand, especially after sitting **вставать** *He rose from his seat.* **4 rise to/through, etc** to become important, successful, or rich **продвигаться вверх к/через и т. д.** *He quickly rose to stardom.* **5** to become stronger or louder **усиливаться** *The wind is rising.* **6** to be high above something **возвышаться** *The bridge rose almost 600 feet above the water.* **7** B1 When the sun or moon rises, it appears in the sky. **восходить** *The sun rises in the East.* **8 rise to the occasion/challenge, etc** to deal with a difficult job or opportunity successfully **справляться с ситуацией/проблемой и т. д.**

PHRASAL VERBS **rise above sth** to succeed in not allowing something harmful or bad to affect or hurt you **быть выше чего-либо** • **rise up** to try to defeat and change a government **восставать**

rise[2] /raɪz/ **noun 1** [C] (B2) an increase in the level of something **увеличение, повышение** *a tax rise* ◦ *a* ***rise in*** *interest rates* **2 sb's rise to fame/ power, etc** when someone becomes very famous or powerful **чье-либо продвижение к славе/власти и т. д. 3 give rise to sth** to cause something **вызывать что-либо, быть источником** *The bacteria live in the human body but do not give rise to any symptoms.* **4** [C] UK (US **raise**) an increase in the amount of money that you earn **прибавка к жалованью** *a* ***pay rise***

Слова-партнеры к rise

a **big/dramatic/massive/sudden** rise • a rise **in** sth • **be on the** rise • the rise **and fall of** sb/sth • a **pay/price** rise

risk[1] /rɪsk/ **noun 1** [C, U] (B2) the possibility of something bad happening **риск** *the* ***risk of*** *heart disease* ◦ *People in the Northeast face the* ***highest risk*** *of being burgled.* ◦ [+ (that)] *There is a slight risk that the blood could have become infected.* **2** [C] something bad that might happen **риск, угроза** *There are more* ***health risks*** *when older women get pregnant.* **3 at risk** (B2) being in a situation where something bad is likely to happen **в опасности, под угрозой** *Releasing these prisoners into the community* ***puts*** *the public* ***at risk.*** **4 at your own risk** If you do something at your own risk, you are completely responsible for anything bad that might happen because of it. **на свой страх и риск 5 run the risk of sth** to do something although something bad might happen because of it **рисковать** *I think I'll run the risk of hurting her feelings, and tell her the truth.* **6 take a risk** (B2) to do something although something bad might happen because of it **рисковать** *This time I'm not taking any risks – I'm going to get insured.*

Слова-партнеры к risk

carry/increase/pose/minimize/reduce/take a risk • **run the risk of** sth • a **great/high/ serious/slight/small** risk • the risk **of** sth • **at** risk

risk[2] /rɪsk/ **verb** [T] **1** (B2) If you risk something bad, you do something although that bad thing might happen. **рисковать** [+ doing sth] *I'd like to help you, but I can't risk losing my job.* **2** (B2) If you risk something important, you cause it to be in a dangerous situation where you might lose it. **рисковать** *He risked his life to save me.*

risky /ˈrɪski/ **adjective** (B2) dangerous because something bad might happen **рискованный** *Investing in shares is always a* ***risky business.***

rite /raɪt/ **noun** [C] a traditional ceremony in a particular religion or culture **обряд** ***initiation/ funeral rites***

ritual /ˈrɪtʃuəl/ **noun** [C] an activity or a set of actions that are always done in the same way or at the same time, sometimes as part of a religion **ритуал** *Coffee and the paper are part of my morning ritual.*

• **ritualistic** /ˌrɪtjuəlˈɪstɪk/ **adjective** done as a ritual **ритуальный**

rival[1] /ˈraɪvəl/ **noun** [C] someone or something that is competing with another person or thing **соперник, конкурент** *business/political rivals*

• **rival adjective** [always before noun] **соперничающий, конкурирующий** *a rival company/ gang* • **rivalry noun** [C, U] when two people or things are rivals **соперничество, конкуренция** *There is intense* ***rivalry between*** *the two teams.*

rival[2] /ˈraɪvəl/ **verb** [T] (present participle UK **rivalling**, past tense and past participle **rivalled**, present participle US **rivaling**, past tense and past participle **rivaled**) to be good enough to compete with someone or something else **соперничать, конкурировать** *Australian wine can now rival the best from France.*

river /ˈrɪvəʳ/ **noun** [C] (A1) a long, natural area of water that flows across the land and into a sea, lake, or another river **река** *the River Thames*

riverside /ˈrɪvəsaɪd/ **noun** [no plural] the area of land at the side of a river **берег реки** *a riverside path*

rivet[1] /ˈrɪvɪt/ **verb be riveted** to give something all of your attention because it is so interesting or important **быть прикованным к чему-либо** *Her eyes were* ***riveted on/to*** *his face.*

rivet[2] /ˈrɪvɪt/ **noun** [C] a metal pin used to fasten pieces of metal together **заклепка**

riveting /ˈrɪvɪtɪŋ/ **adjective** extremely interesting or exciting **захватывающий** *I found the film absolutely riveting.*

roach /rəʊtʃ/ **noun** [C] (plural **roach, roaches**) US a cockroach (= large insect that sometimes breeds in houses) **таракан**

road /rəʊd/ **noun 1** (A1) [C, U] a long, hard surface built for vehicles to drive on **дорога, улица, проезжая часть** *Be careful when you* ***cross*** *the* ***road.*** ◦ *The journey takes about three hours* ***by road*** *(= in a car, bus, etc).* ◦ *Follow the* ***main road*** *(= large road) till you come to a church.* **2 Road** (written abbreviation **Rd**) (A1) used in the name of a road as part of an address **улица** *142 Park Road* **3 along/down/up the road** a distance away on the same road **недалеко/дальше по улице** *There's a supermarket just down the road.* **4 over the road** UK (also UK/US **across the road**) on the other side of the road **напротив, через дорогу** *Who lives in that big house over the road?* **5 on the road** driving or travelling, usually over a long

R

distance **в пути** *We'd been on the road for 48 hours.*

IDIOMS **down the road** If an event is a particular period of time down the road, it will not happen until that period has passed. **не раньше, чем через какое-либо время** *Why worry about something that's 10 years down the road?* • **go down that road** to decide to do something in a particular way **идти таким путем** *I don't think we want to go down that road.*

→ See also **ring road**, **slip road**, **trunk road**

roadblock /ˈrəʊdblɒk/ **noun** [C] something that is put across a road to stop people who are driving down it **заграждение на дороге** *The police had* ***set up*** *a* ***roadblock*** *and were checking identity papers.*

ˈroad ˌmap **noun** [C] a plan for achieving something **план для достижения чего-либо** *the road map for peace in the Middle East*

ˈroad ˌrage **noun** [U] anger and violence between drivers **агрессивность водителей автомобилей** *a* ***road rage incident***

roadshow /ˈrəʊdʃəʊ/ **noun** [C] a radio or television programme broadcast from a public place **репортаж с места событий**

roadside /ˈrəʊdsaɪd/ **noun** [C] the area next to a road **обочина** [usually singular] *They found an injured cat lying* ***by the roadside.***

roadway /ˈrəʊdweɪ/ **noun** [C] the part of the road that the traffic drives on **проезжая часть**

roadworks /ˈrəʊdwɜːks/ **noun** [plural] UK repairs being done to the road **дорожные работы**

roadworthy /ˈrəʊdˌwɜːði/ **adjective** If a car is roadworthy, it is in good enough condition to be safe to drive. **пригодный для езды**

roam /rəʊm/ **verb** [I, T] to move around a place without any purpose **бродить, скитаться** *gangs of youths* ***roaming the streets*** *at night*

roar[1] /rɔːʳ/ **verb 1** [I] to make a loud, deep sound **реветь, рычать** *We could hear a* ***lion roaring*** *from the other side of the zoo.* ◦ *She* ***roared with laughter.*** **2 roar past/down, etc** If a vehicle roars somewhere, it moves fast making a loud noise. **мчаться мимо/по чему-либо с ревом** *A huge motorcycle roared past.* **3** [I, T] to say something in a very loud voice **орать, вопить** *"Stop that!" he roared.*

roar[2] /rɔːʳ/ **noun** [C] a loud, deep sound **рев, рычание** *a lion's roar* ◦ *the roar of a jet engine*

roaring /ˈrɔːrɪŋ/ **adjective** [always before noun] **1** A roaring fire or wind is very powerful. **бушующий 2** informal used to emphasize a situation or state **огромный, чрезвычайный** *The party was a* ***roaring success.***

roast[1] /rəʊst/ **verb** [I, T] (A2) If you roast food, you cook it in an oven or over a fire, and if food roasts, it is cooked in an oven or over a fire. **жарить(ся), печь(ся)** *Roast the lamb in a hot oven for 35 minutes.*
• **roast adjective** [always before noun] (A2) **жареный, запеченный** *roast beef/pork* → See picture at **cook**

roast[2] /rəʊst/ **noun** [C] a piece of roasted meat **жаркое, жареное мясо**

rob /rɒb/ **verb** [T] (present participle **robbing**, past tense and past participle **robbed**) **1** (B1) to steal from someone or somewhere, often using violence **грабить** *to* ***rob*** *a* ***bank*** ◦ *Two tourists were robbed at gunpoint in the city centre last night.* **2 rob sb of sth** to take something important away from someone **лишать кого-либо чего-либо** *The war had robbed them of their innocence.*

robber /ˈrɒbəʳ/ **noun** [C] someone who steals **грабитель** *a* ***bank robber*** ◦ *a gang of* ***armed robbers***

robbery /ˈrɒbəri/ **noun** [C] (B2) the crime of stealing from someone or somewhere **ограбление** *a* ***bank robbery*** ◦ *an* ***armed robbery*** ◦ *to* ***commit*** *a* ***robbery***

> **Слова-партнеры к robbery**
>
> commit/take part in a robbery • an armed/attempted robbery • a bank robbery

robe /rəʊb/ **noun** [C] a long, loose piece of clothing, often something that is worn for ceremonies or special occasions **мантия**

robin /ˈrɒbɪn/ **noun** [C] a small, brown bird with a red chest **малиновка**

robot /ˈrəʊbɒt/ **noun** [C] a machine controlled by a computer, which can move and do other things that people can do **робот**
• **robotic** /rəʊˈbɒtɪk/ **adjective** relating to or like a robot **относящийся к роботам, механический**

robust /rəʊˈbʌst/ **adjective** strong and healthy **здоровый, крепкий** *He looks robust enough.* ◦ *a robust economy*

rock[1] /rɒk/ **noun 1** [U] (B1) the hard, natural substance which forms part of the Earth's surface **камень** *a layer of volcanic rock* **2** [C] (B1) a large piece of rock or stone **скала** *Huge waves were crashing against the rocks.* **3** [U] (A2) loud, modern music with a strong beat, often played with electric guitars and drums **рок (музыкальный стиль)** ***hard/soft rock*** ◦ ***rock music*** ◦ *a* ***rock band/singer***

IDIOM **on the rocks a** If a relationship is on the rocks, it has problems and is likely to end soon. **на грани разрыва b** If a drink is on the rocks, it is served with ice in it. **со льдом**

rock[2] /rɒk/ **verb 1** [I, T] to move backwards and forwards or from side to side, or to make someone or something do this **качать(ся)** *She* ***rocked back and forth*** *on her chair.* ◦ *He gently* ***rocked*** *the* ***baby*** *to sleep.* **2** [T] to shock a large number of people **ошеломлять, приводить в волнение** [often passive] *The country has been rocked by a series of drug scandals.* → See also rock the **boat**

ˌrock ˈbottom **noun** informal **hit/reach rock**

bottom to reach the lowest level possible **достигать самого низкого уровня** *The president's popularity has hit rock bottom.*

rocket[1] /ˈrɒkɪt/ **noun** [C] **1** B2 a tube-shaped vehicle for travelling in space **ракета** **2** a tube-shaped weapon that carries a bomb **реактивный снаряд**

rocket[2] /ˈrɒkɪt/ **verb** [I] **1** to quickly increase in value or amount **резко подскакивать** *House prices have rocketed this year.* **2** to make quick progress **взмывать** *She **rocketed to** stardom after modelling for Vogue last year.*

rock 'n' roll /ˌrɒkənˈrəʊl/ **noun** [U] (also ˌ**rock and** ˈ**roll**) a type of dance music that was especially popular in the 1950s **рок-н-ролл**

IDIOM **be the new rock 'n' roll** to now be the most fashionable and popular activity **быть самым модным и популярным в настоящий момент**

ˈ**rock** ˌ**star** **noun** [C] a famous rock musician **звезда рок-н-ролла**

rocky /ˈrɒki/ **adjective** with lots of rocks **скалистый, каменистый** *a rocky beach*

rod /rɒd/ **noun** [C] a thin, straight pole **прут, удочка** *a **fishing rod** ◦ The concrete is strengthened with steel rods.*

rode /rəʊd/ past tense of ride **прош. вр. гл. ride**

rodent /ˈrəʊdᵊnt/ **noun** [C] an animal with long, sharp teeth, such as a mouse or rabbit **грызун**

rodeo /ˈrəʊdiəʊ/ **noun** [C] a competition in which people show their skill at riding wild horses and catching cows **родео**

roe /rəʊ/ **noun** [U] fish eggs **икра**

rogue /rəʊg/ **adjective** [always before noun] not behaving in the way that is expected or wanted **отклоняющийся от нормы** *a **rogue state** ◦ **rogue cells***

role /rəʊl/ **noun** [C] **1** B2 the job someone or something has in a particular situation **роль** *This part of the brain **plays an** important **role in** learning.* **2** B1 a part in a play or film **роль** *In his latest film, he **plays the role of** a violent gangster.* → See also **title role**

> Слова-партнеры к **role**
>
> play a role • an **active/central/key/leading/major** role • **in** a role • sb's role **as** sth • sb/sth's role **in** (doing) sth

ˈ**role** ˌ**model** **noun** [C] someone you try to behave like because you admire them **образец для подражания** *Jane is such a good role model for her younger sister.*

role-play /ˈrəʊlˌpleɪ/ **noun** [C, U] pretending to be someone else, especially as part of learning a new skill **разыгрывание ролей**

roll[1] /rəʊl/ **verb** **1 roll (sth) across/around/over, etc** B2 to move somewhere by turning in a circular direction, or to make something move this way **катить(ся) (что-либо) по/вокруг/над и т. д.** *The ball rolled through the goalkeeper's legs. ◦ She rolled over onto her side.* **2 roll down/in/off, etc** B2 to move somewhere smoothly **скатываться/катиться в/откатываться и т. д.** *Tears rolled down her face.* **3** B2 [T] to turn something around itself to make the shape of a ball or tube **свертывать, скручивать** *to roll a cigarette* **4 roll your eyes** to move your eyes so that they are looking up, usually to show surprise or disapproval **закатывать глаза** → See also set/start the **ball** rolling

IDIOM **be rolling in it** informal to be very rich **купаться в деньгах**

PHRASAL VERBS **roll in** to arrive in large numbers **приходить, поступать в большом количестве** *She only set up the business last year and already the money's rolling in.* • **roll sth up** to fold something around itself to make the shape of a ball or tube, or to make a piece of clothing shorter **скатывать, подворачивать** *to **roll up** your **sleeves**/trouser legs ◦ to roll up a carpet* → Opposite **unroll** • **roll up** informal to arrive somewhere, usually late **появляться, прибывать** *By the time Jim rolled up, the party had almost finished.*

roll

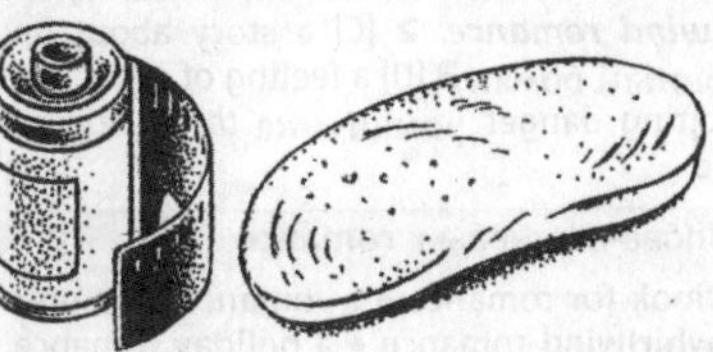

roll of film   roll

roll[2] /rəʊl/ **noun** [C] **1** B2 something that has been turned around itself into a round shape like a tube **рулон** *a roll of film ◦ a roll of toilet paper* **2** B1 a small loaf of bread for one person **булочка** *Would you like a roll and butter with your soup?* **3** a list of names **поименный список** *the **electoral roll*** **4** a long, deep sound **раскат, бой** *a **roll of thunder** ◦ a **drum roll*** **5 be on a roll** informal to be having a successful period **быть на коне, пребывать в полосе везения** *We were on a roll, winning our fourth game in a row.* → See also **rock 'n' roll**, **toilet roll**

roller /ˈrəʊləʳ/ **noun** [C] a piece of equipment in the shape of a tube which is rolled around or over something **вал(ик), бигуди** *She uses rollers to curl her hair.*

Rollerblades /ˈrəʊləbleɪdz/ **noun** [plural] trademark (also **in-line skates**) boots with a single line of wheels on the bottom, used for moving across the ground **роликовые коньки**
• **rollerblading** **noun** [U] **катание на роликовых коньках** *Lots of people **go rollerblading** in Central Park.* → See **Sports 1** on page Centre 14

roller coaster /ˌrəʊləˈkəʊstəʳ/ **noun** [C] an exciting entertainment which is like a fast train that goes up and down very steep slopes американские горки

ˈroller ˌskate noun [C] a boot with wheels on the bottom, used for moving across the ground роликовый конек

• **roller skating** noun [U] катание на роликовых коньках

ˈrolling ˌpin noun [C] a kitchen tool shaped like a tube that you roll over pastry to make it thinner before cooking скалка → See **The Kitchen** on page Centre 2

Roman[1] /ˈrəʊmən/ **adjective** relating to ancient Rome or its empire римский *Roman remains*

Roman[2] /ˈrəʊmən/ **noun** [C] someone who lived in ancient Rome or its empire римлянин

ˌRoman ˈCatholic adjective related to the part of the Christian religion that has the Pope (= a very important priest) as its leader католический

• **Roman Catholic noun** [C] католик • **Roman Catholicism noun** [U] the beliefs of the Roman Catholic religion католичество

romance /rəʊˈmæns/ **noun 1** [C, U] B1 an exciting relationship of love between two people, often a short one роман, любовная связь *They got married last September after a* ***whirlwind romance.*** **2** [C] a story about love любовный роман **3** [U] a feeling of excitement or exciting danger романтика *the romance of the sea*

> Слова-партнеры к **romance**
>
> **find/look for** romance • a romance **blossoms** • a **whirlwind** romance • a **holiday** romance • the romance **between** sb and sb • sb's romance **with** sb

R

ˌRoman ˈnumeral noun [C] a letter that represents a number in the Roman system in which I is 1, II is 2, V is 5, etc римская цифра *My watch has Roman numerals.*

romantic[1] /rəʊˈmæntɪk/ **adjective 1** B1 relating to exciting feelings of love романтический *a romantic dinner for two* **2** B1 relating to a story about love романтический, любовный ***romantic fiction*** ∘ *a* ***romantic comedy*** **3** thinking that things are better than they really are, and that things are possible which are not романтичный *a romantic view of the world*

• **romantically adverb** романтически, романтично

romantic[2] /rəʊˈmæntɪk/ **noun** [C] someone who thinks that things are better than they really are, and that things are possible which are not романтик

romanticize (also UK **-ise**) /rəʊˈmæntɪsaɪz/ **verb** [T] to make something seem much better or exciting than it really is идеализировать *a romanticized image of married life*

romp /rɒmp/ **verb romp around/in/through, etc** to run around in a happy, energetic way шумно играть, подымать возню *The children were romping around in the garden.*

• **romp noun** [C] шумная игра, возня

roof /ruːf/ **noun 1** A2 [C] the surface that covers the top of a building or vehicle крыша *a flat/sloping roof* ∘ *He climbed onto the roof.* **2 the roof of your mouth** the top part of the inside of your mouth нёбо

IDIOMS **a roof over your head** somewhere to live крыша над головой • **go through the roof** If the level of something, especially a price, goes through the roof, it increases very quickly. взлетать, подскакивать • **hit the roof** informal to become very angry and start shouting выходить из себя *If I'm late again he'll hit the roof.*

roofing /ˈruːfɪŋ/ **noun** [U] material used to make a roof кровельный материал

rooftop /ˈruːftɒp/ **noun** [C] the top of a roof крыша *a view across the city rooftops*

rook /rʊk/ **noun** [C] a large, black bird that lives in Europe грач

rookie /ˈrʊki/ **noun** [C] mainly US someone who has only recently started doing a job or activity and so has no experience новичок *a rookie cop*

room[1] /ruːm/, /rʊm/ **noun 1** [C] A1 a part of the inside of a building, which is separated from other parts by walls, floors, and ceilings комната *a hotel room* **2** [U] B1 space for things to fit into место, пространство *Is there enough* ***room for*** *all of us in your car?* ∘ *Can everyone move up a bit to* ***make room for*** *these people?* ∘ [+ to do sth] *There's hardly enough room to move in here.* **3 room for sth** a possibility for something to happen возможность *His work isn't bad but there's still some* ***room for improvement.*** → See also **changing room**, **chat room**, **dining room**, **drawing room**, **dressing room**, **elbow room**, **emergency room**, **living room**, **locker room**, **men's room**, **operating room**, **sitting room**, **waiting room**

> Слова-партнеры к **room**
>
> **leave/make** room • **take up** room • room **for** sb/sth

room[2] /ruːm/, /rʊm/ **verb room with sb** US to share a bedroom with someone, usually at college жить с кем-либо в одной комнате

roommate /ˈruːmmeɪt/ **noun** [C] **1** B2 someone who you share a room with сосед по комнате **2** US (UK **housemate/flatmate**) B2 someone who you share your home with сосед по квартире или дому

ˈroom ˌservice noun [U] In a hotel, room

service is when someone serves you food and drink in your room. подача еды и напитков в номера (в гостинице)

roomy /ˈruːmi/ **adjective** having a lot of space **просторный** *It looks small, but it's really quite roomy inside.*

roost /ruːst/ **noun** [C] a place where birds go to rest or sleep **насест**

IDIOM **rule the roost** to be the person who makes all the decisions in a group **командовать, распоряжаться**

rooster /ˈruːstəʳ/ **noun** [C] a male chicken **петух**

root[1] /ruːt/ **noun** [C] **1** B2 the part of a plant that grows under the ground and gets water and food from the soil **корень** **2** the part of a hair or tooth that is under the skin **корень** **3 the root of sth** the cause of something, usually something bad **причина, источник чего-либо** *the root of all evil* → See also **grass roots**

root[2] /ruːt/ **verb**

PHRASAL VERBS **root about/around (sth)** to search for something, especially by looking through other things **рыться, искать** *She was rooting around in her drawer for a pencil.* • **root for sb** informal to show support for someone who is in a competition or who is doing something difficult **болеть за кого-либо** *Good luck! We're all rooting for you.* • **be rooted in sth** to be based on something or caused by something **иметь корни, крыться в чем-либо** *Most prejudices are rooted in ignorance.* • **root sth/sb out** to find and get rid of the thing or person that is causing a problem **искоренять, ликвидировать** *It is our aim to root out corruption.*

roots /ruːts/ **noun** [plural] B2 where someone or something originally comes from **корни, источник** *the roots of modern jazz*

rope[1] /rəʊp/ **noun** [C, U] B2 very thick string made from twisted thread **веревка**

IDIOMS **be on the ropes** mainly US to be doing badly and likely to fail **висеть на волоске** *His career is on the ropes.* • **learn/know the ropes** to learn/know how to do a job or activity **постигать/знать все тонкости**

→ See also at the **end**[1] of your rope, **jump rope**, **skipping rope**

rope[2] /rəʊp/ **verb** [T] to tie things together with rope **связывать веревкой**

PHRASAL VERB **rope sb in** informal to persuade someone to help you with something, especially when they do not want to **вовлекать, втягивать кого-либо**

rosary /ˈrəʊzəri/ **noun** [C] a string of beads (= small, round balls) that is used to count prayers in the Catholic religion **четки**

rose[1] /rəʊz/ **noun** [C] B1 a flower with a pleasant smell and thorns (= sharp points on the stem), that grows on a bush **роза**

rose[2] /rəʊz/ past tense of rise **прош. вр. гл. rise**

rosé /ˈrəʊzeɪ/ US /rəʊˈzeɪ/ **noun** [U] pink wine **розовое вино**

rosemary /ˈrəʊzməri/ **noun** [U] a herb that grows as a bush with thin, pointed leaves **розмарин**

rosette /rəʊˈzet/ **noun** [C] UK **1** (US **ribbon**) a decoration made of coloured cloth, which is given as a prize **розетка** **2** a decoration made of coloured cloth in the shape of a rose, worn to show political support for someone **розетка**

roster /ˈrɒstəʳ/ **noun** [C] **1** a plan which shows who must do which jobs and when they must do them **список дежурств** *a staff roster* **2** a list of names of people who belong to a team or organization **список**

> Слова-партнеры к **roster**
>
> **draw up/organize** a roster • a roster **of** sth • **on** a roster

rostrum /ˈrɒstrəm/ **noun** [C] a raised surface which someone stands on to make a speech or receive a prize **трибуна**

rosy /ˈrəʊzi/ **adjective** **1** Rosy faces are a healthy pink colour. **румяный** *rosy cheeks* **2** very positive and happy **радужный, безмятежный** *The future looks rosy.*

rot[1] /rɒt/ **verb** [I, T] (present participle **rotting**, past tense and past participle **rotted**) If vegetable or animal substances rot, they decay, and if something rots them, it makes them decay. **гнить, портить(ся)** *Sugar rots your teeth.* ◦ *the smell of rotting fish*

rot[2] /rɒt/ **noun** [U] decay **гниение, гниль** *There was rot in the woodwork.*

IDIOMS **the rot sets in** UK If the rot sets in, a situation starts to get worse. **начинается полоса неудач** • **stop the rot** UK to do something to prevent a situation from continuing to get worse **выправить ситуацию**

rota /ˈrəʊtə/ **noun** [C] UK (also UK/US **roster**) a plan which shows who must do which jobs and when they must do them **график**

rotary /ˈrəʊtəri/ **adjective** [always before noun] moving in a circular direction **вращающийся**

rotate /rəʊˈteɪt/ **verb** [I, T] **1** to turn in a circular direction, or to make something turn in a circular direction **вращать(ся)** *The television rotates for viewing at any angle.* **2** to change from one person or thing to another in a regular order **чередовать** *Farmers usually rotate their crops to improve the soil.*
• **rotation** /rəʊˈteɪʃən/ **noun** [C, U] **вращение, чередование** *the rotation of the Earth* ◦ *crop rotation*

rotten /ˈrɒtən/ **adjective** **1** B2 Rotten vegetable or animal substances are decaying. **гнилой, тухлый** *rotten eggs* **2** informal very bad **отвратительный, дрянной** *rotten weather*

rottweiler /ˈrɒtwaɪləʳ/ **noun** [C] a type of large, powerful dog **ротвейлер**

R

rough¹ /rʌf/ **adjective 1** (B1) A rough surface is not smooth. **неровный, шероховатый** *rough hands ◦ rough ground* **2** (B1) approximate **приблизительный** *a **rough estimate** ◦ Can you give me a **rough idea** of the cost?* **3** (B2) If the sea or weather is rough, there is a lot of strong wind and sometimes rain. **бурный, бушующий** *The boat sank in **rough seas** off the Swedish coast.* **4** [never before noun] UK ill **нездоровый** *I **feel** a bit **rough** after last night.* **5** (B2) difficult or unpleasant **трудный, тяжелый** *She's having a **rough time** at work.* **6** dangerous or violent **опасный** *a rough part of town ◦ Hockey can be quite a **rough game**.* **7** quickly done and not perfect **черновой** *These are just **rough sketches**.*

IDIOM **rough and ready a** produced quickly without preparation **сделанный на скорую руку b** not very polite or well-educated **грубый, неотесанный**

• **roughness noun** [U] **шероховатость**

rough² /rʌf/ **noun**

IDIOM **take the rough with the smooth** UK to accept the unpleasant parts of a situation as well as the pleasant parts **стойко переносить превратности судьбы**

rough³ /rʌf/ **adverb live/sleep rough** UK to live and sleep outside because you have nowhere else to live **жить/ночевать на улице**

rough⁴ /rʌf/ **verb rough it** to live in a way that is simple and not comfortable **обходиться без удобств**

roughage /ˈrʌfɪdʒ/ **noun** [U] a substance in fruit and vegetables that helps you to get rid of waste from the body **клетчатка**

roughen /ˈrʌfᵊn/ **verb** [I, T] to become rough or to make something become rough **делать(ся) грубым, шероховатым** *Years of housework had roughened her hands.*

roughly /ˈrʌfli/ **adverb 1** (B2) approximately **приблизительно** *There's been an increase of roughly 30% since last year.* **2** forcefully or violently **грубо** *He pushed us roughly out of the door.*

roulette /ruːˈlet/ **noun** [U] a game in which a small ball moves around a dish with numbers on it, and people try to win money by guessing where the ball will stop **рулетка**

round¹ /raʊnd/ **adjective 1** (A2) in the shape of a circle or ball **круглый** *a round table/window ◦ round eyes ◦ a round face* → See picture at **flat**
2 round figures/numbers numbers given to the nearest 10, 100, 1000, etc and not as the exact amounts **округленные числа**

round² /raʊnd/ **adverb, preposition** UK (also UK/US **around**) **1** (A2) on all sides of something **вокруг** *We sat round the table. ◦ She had a scarf round her neck.* **2** (B1) to the opposite direction **назад, обратно** *She looked round. ◦ **Turn** the car **round** and let's go home.* **3** (B1) to or in different parts of a place **по** *He showed me round the flat.* **4** (B1) from one place or person to another **по, по кругу** *Could you pass these forms round, please?* **5** (A2) to someone's home **в гости** *Wendy's coming round this afternoon.* **6** near an area **рядом** *Do you live round here?* **7 round about** at approximately a time or approximately an amount **приблизительно** *We'll be there round about 10 o'clock.* **8 round and round** (B2) moving in a circle without stopping **кругами, по кругу** *We drove round and round trying to find the hotel.*

round³ /raʊnd/ **noun** [C] **1 first/second/third/etc, round** (B2) a part of a competition **первый/второй/третий и т. д. раунд** *He was beaten in the first round.* **2** a group of events that is part of a series **ряд, серия, раунд** *a **round of interviews** ◦ a new **round of talks** between the two countries* **3** UK regular visits to a group of people or houses to give them something or to see them **обход** *a milk/newspaper round* **4** drinks that you buy for a group of people **очередная порция спиртного** *It's your turn to buy the next round.* **5 round of applause** when people clap **взрыв аплодисментов** *The crowd gave him a huge round of applause.* **6** a bullet or a set of bullets to be fired at one time from a gun **выстрел, очередь 7 round of golf** a game of golf **партия в гольф**

round⁴ /raʊnd/ **verb** [T] to go around something **огибать** *They **rounded** the **corner** at high speed.*

PHRASAL VERBS **round sth down** to reduce a number to the nearest whole or simple number **округлять (числа)** • **round sth off** to end an activity in a pleasant way **заканчивать, завершать** *We rounded off the lesson with a quiz.* • **round sb/sth up** to find and bring together a group of people or animals **собирать, сгонять** *The police are rounding up the usual suspects.* • **round sth up** to increase a number to the nearest whole or simple number **округлять (числа)**

roundabout

roundabout *UK*, traffic circle *US*

roundabout

roundabout¹ /ˈraʊndəˌbaʊt/ **noun** [C] UK **1** (US **traffic circle**) (A2) a circular place where roads meet and where cars drive around until they arrive at the road that they want to turn into **кольцевая транспортная развязка** *to go round a roundabout* **2** an entertainment which goes round and round while children sit on it **карусель**

roundabout² /ˈraʊndəˌbaʊt/ **adjective** [always before noun] A roundabout way of doing something or going somewhere is not the direct way. **окольный**

rounded /ˈraʊndɪd/ **adjective** smooth and curved **закругленный** *a table with rounded corners*

rounders /ˈraʊndəz/ **noun** [U] a British game in which you try to hit a small ball and then run round all four sides of a large square **английская лапта**

roundly /ˈraʊndli/ **adverb** If you criticize someone or something roundly, you do it very strongly. **резко, строго** *The action was* ***roundly condemned*** *by French and German leaders.*

round-the-clock /ˌraʊndðəˈklɒk/ **adjective** all day and all night **круглосуточный** *round-the-clock nursing care*

ˌround ˈtrip noun [C] a journey from one place to another and back to where you started **поездка туда и обратно**

ˌround-trip ˈticket noun [C] US (UK **return**) a ticket that lets you travel to a place and back again, for example on a train **билет туда и обратно**

round-up /ˈraʊndʌp/ **noun** [C] **1** when a group of people or animals are found and brought together **облава, загон, сбор** *a police round-up* **2** a short report of all the facts or events relating to a subject **сводка (новостей)** *a* ***news round-up***

rouse /raʊz/ **verb** [T] **1** to cause a feeling or emotion in someone **возбуждать (чувства)** *This issue is rousing a lot of public interest.* **2** formal to wake someone up **будить** *He was roused from a deep sleep.*

rousing /ˈraʊzɪŋ/ **adjective** making people feel excited and proud or ready to take action **воодушевляющий** *a* ***rousing speech***

rout /raʊt/ **verb** [T] to defeat someone completely **разгромить**
• **rout noun** [C] **разгром** *an election rout*

route /ruːt/ Ⓤⓢ /ruːt/, /raʊt/ **noun** [C] **1** B1 the roads or paths you follow to get from one place to another place **маршрут** *an escape route* ◦ *Crowds gathered all* ***along the route*** *to watch the race.* **2** a method of achieving something **средство, путь** *A university education is seen by many as the best route to a good job.* → See also **en route**

> **Слова-партнеры к route**
>
> follow/take a route • plan/work out a route • along/on a route • a route between/from/to

routine¹ /ruːˈtiːn/ **noun 1** [C, U] B1 the things you regularly do, and how and when you do them **заведенный порядок, режим, рутина** *a* ***daily routine*** ◦ *He longed to escape the routine of an office job.* **2** [C] a regular series of movements, jokes, etc used in a performance **номер (в представлении)** *a dance routine*

> **Слова-партнеры к routine**
>
> get into/have/settle into a routine • sb's daily/normal routine • a routine of doing sth

routine² /ruːˈtiːn/ **adjective 1** done regularly and not unusual **повседневный, установленный** *a* ***routine procedure*** ◦ ***routine checks*** **2** done regularly and very boring **монотонный** *His job is very routine.*

routinely /ruːˈtiːnli/ **adverb** regularly or often **регулярно**

roving /ˈrəʊvɪŋ/ **adjective** [always before noun] moving around from one place to another place **кочующий, разъездной** *a* ***roving reporter***

row¹ /rəʊ/ **noun 1** [C] B1 a straight line of people or things **ряд** *a row of chairs/houses* ◦ *My students sit at desks* ***in rows*** *for most of the time.* **2** [C] B1 a line of seats **ряд** *to sit on the* ***back/front row*** ◦ *Isn't that Sophie sitting in the row behind us?* **3 in a row** B2 one after another without a break **подряд** *He's just won the tournament for the fifth year in a row.* → See also **death row**

row² /rəʊ/ **verb** [I, T] B2 to move a boat or move someone in a boat through the water using oars (= poles with flat ends) **грести**
• **rowing noun** [U] **гребля**

row³ /raʊ/ **noun** UK **1** [C] B2 a loud, angry argument **шумная ссора, скандал** *a* ***blazing row*** ◦ *The couple next door are always* ***having rows***. **2** [C] a disagreement about a political or public situation **спор** *A* ***row*** *has erupted* ***over*** *defence policy.* **3** [no plural] very loud noise **шум, гвалт** *The kids were* ***making*** *a terrible* ***row*** *upstairs.*

> **Слова-партнеры к row (=argument)**
>
> have a row • an almighty/blazing/heated row • a row about/over sth • a row with sb • a row between sb and sb

rowdy /ˈraʊdi/ **adjective** loud and uncontrolled **шумный, буйный** ***rowdy behaviour*** ◦ *rowdy football fans*

ˈrow ˌhouse noun [C] US (UK **terraced house**) one of a row of houses that are joined together **дом, составляющий часть сплошного ряда домов, имеющих общие стены**

ˈrowing ˌboat noun [C] UK (US **rowboat** /ˈrəʊbəʊt/) a small boat moved by oars (= poles with flat ends) **гребная шлюпка**

royal¹ /ˈrɔɪəl/ **adjective 1** B2 relating to a queen or king and their family **королевский** *the British* ***royal family*** ◦ *a royal visit* **2 Royal**

R

used in the UK as part of the title of a royal person **королевский** *His Royal Highness, the Duke of York*

royal[2] /ˈrɔɪəl/ **noun** [C] informal a member of a royal family **член королевской семьи** *a book about the royals*

royalist /ˈrɔɪəlɪst/ **noun** [C] someone who supports the principle of having a King or Queen **роялист**
• **royalist adjective роялистский**

royalties /ˈrɔɪəltiz/ **noun** [plural] money that is paid to a writer, actor, etc each time their work is sold or performed **авторский гонорар** *He could receive as much as $1 million* ***in royalties*** *over the next six years.*

royalty /ˈrɔɪəlti/ **noun** [U] the members of the royal family **члены королевской семьи**

RSI /ˌɑːresˈaɪ/ **noun** [C] abbreviation for repetitive strain injury: a painful medical condition which can damage the hands, arms, and backs of people, especially people who use computers **травма, возникшая в результате повторных мелких движений**

RSVP /ˌɑːresviːˈpiː/ used at the end of a written invitation to mean 'please answer' **просьба ответить (пометка на письменном приглашении)** *RSVP by October 9th*

rub[1] /rʌb/ **verb** (present participle **rubbing**, past tense and past participle **rubbed**) **1** [T] B2 to press your hand or a cloth on a surface and move it backwards and forwards **тереть** *She rubbed her hands together to warm them.* ◦ *Rub the stain with a damp cloth.* **2 rub sth into/on, etc** B2 to move a substance backwards and forwards over a surface so that it covers it and goes into it **втирать что-либо/натирать чем-либо и т. д.** *I rubbed some suntan oil on her back.* ◦ *Rub the butter into the flour.* **3** [I, T] to touch and move against something, often causing pain or damage **натирать, стирать (кожу)** *My new boots are rubbing against my toes.* → See also rub shoulders (**shoulder**[1]) with sb, rub sb up the wrong **way**[1]

IDIOM **rub it in** informal to upset someone by talking to them about something which you know they want to forget **напоминать о чем-либо неприятном, растравлять рану**

PHRASAL VERBS **rub off** If a quality or characteristic of a particular person rubs off, other people begin to have it because they have been with that person. **передаваться, заражать** *His enthusiasm is starting to* ***rub off on*** *the rest of us.* • **rub sth out** UK B2 to remove writing from something by rubbing it with a piece of rubber or a cloth **стирать (с доски и т. д.)**

rub[2] /rʌb/ **noun** [C] when you rub something **растирание, натирание** [usually singular] *Give it a rub and it'll feel better.*

rubber /ˈrʌbəʳ/ **noun 1** [U] B2 a strong material that bends easily, originally produced from the juice of a tropical tree, and used to make tyres, boots, etc **резина 2** [C] UK (US **eraser**) A2 a small object which is used to remove pencil marks from paper **ластик** → See **The Classroom** on page Centre 6

ˌrubber ˈband noun [C] (also UK **elastic band**) a thin circle of rubber used to hold things together **аптечная резинка**

ˌrubber ˈboot noun [C, plural] US (UK **wellies**) a large shoe made of rubber that covers your foot and part of your leg **резиновый сапог**

rubber-stamp /ˌrʌbəˈstæmp/ **verb** [T] to officially approve a decision or plan without thinking very much about it **механически утверждать (решение)**

rubbery /ˈrʌbəri/ **adjective** feeling or bending like rubber **эластичный, жесткий** *a rubbery piece of meat*

rubbish[1] /ˈrʌbɪʃ/ **noun** [U] mainly UK **1** B1 things that you throw away because you do not want them **мусор** *Our rubbish gets collected on Thursdays.* ◦ *a rubbish dump/bin* **2** something that is nonsense or wrong **чепуха** *Ignore him, he's talking rubbish.* **3** informal B2 something that is of bad quality **дрянь, хлам** *There's so much rubbish on TV.*

rubbish[2] /ˈrʌbɪʃ/ **verb** [T] to criticize someone or something **поносить, критиковать** *I wish you wouldn't rubbish everything about the concert – I really enjoyed it!*

rubbish[3] /ˈrʌbɪʃ/ **adjective** informal disappointing or of very bad quality **дрянной, никуда не годный** *I got a rubbish mark for chemistry.*

rubble /ˈrʌbl/ **noun** [U] pieces of broken bricks from a building that has been destroyed **щебень** *a pile of rubble*

rubella /ruːˈbelə/ **noun** [U] (also **German measles**) a disease which causes red spots on your skin **краснуха**

rubric /ˈruːbrɪk/ **noun** [C] a set of instructions or an explanation, especially in an examination paper or book **задание, пояснение**

ruby /ˈruːbi/ **noun** [C] a valuable red stone which is used in jewellery **рубин**

rucksack /ˈrʌksæk/ **noun** [C] UK a bag that you carry on your back **рюкзак** → See picture at **bag**

rudder /ˈrʌdəʳ/ **noun** [C] a piece of equipment that changes the direction of a boat or aircraft **руль**

ruddy /ˈrʌdi/ **adjective** A ruddy face is red. **румяный** *ruddy cheeks*

rude /ruːd/ **adjective 1** B1 behaving in a way which is not polite and upsets other people **грубый, невежливый** *a rude remark* ◦ *He complained that a member of staff had been* ***rude to*** *him.* ◦ [+ to do sth] *It would be rude to leave without saying goodbye.* **2** Rude words or jokes relate to sex or going to the toilet. **неприличный**
• **rudely adverb грубо, невежливо** • **rude-**

ness noun [U] → See also a rude **awakening** **грубость, невежливость**

> **Другие способы сказать rude**
>
> О слегка невежливом поведении или неуважительном отношении, которое при этом забавно, можно сказать **cheeky** (*Великобритания*).
>
> *You asked your teacher how old she was? That was a bit **cheeky**!*
>
> Более официальным по стилю синонимом слова **rude** является **impolite**.
>
> *She asks direct questions without being in any way **impolite**.*
>
> Человека, который ведет себя грубо или неуважительно по отношению к старшим по возрасту или положению, можно назвать **impertinent** или **insolent**.
>
> *It was clear that they found his questions **impertinent**.*
>
> Прилагательное **abrasive** используют для характеристики грубой и недружелюбной манеры поведения.
>
> *I found him rather **abrasive**.*
>
> Человека с грубой и неприятной манерой поведения можно охарактеризовать как **uncouth**.
>
> *She found him loud-mouthed and **uncouth**.*
>
> Высказывание с упоминанием определенных частей тела в грубом или неприятном контексте можно назвать **vulgar** или **crude**.
>
> *He told a rather **vulgar** joke over dinner.*

rudiments /ˈruːdɪmənts/ **noun** [plural] formal **the rudiments of sth** the most basic parts or principles of something **основы чего-либо** • **rudimentary** /ˌruːdɪˈmentᵊri/ **adjective** formal very basic **элементарный**

rueful /ˈruːfᵊl/ **adjective** showing slight sadness about something but not in a serious way **печальный** *a **rueful smile*** • **ruefully adverb печально**

ruffle /ˈrʌfl/ **verb** [T] If someone ruffles your hair, they rub it gently. **ерошить** *He **ruffled** my **hair** and kissed me.*

rug /rʌg/ **noun** [C] **1** (B1) a soft piece of material used to cover the floor **коврик, ковер** *The dog was lying on the rug in front of the fire.* → See **The Living Room** on page Centre 4 **2** UK a soft cover that keeps you warm or comfortable **плед**

rug

rugby /ˈrʌgbi/ **noun** [U] (A2) a sport played by two teams with an oval ball and H-shaped goals **регби** *a rugby player* → See **Sports 2** on page Centre 15

rugged /ˈrʌgɪd/ **adjective** **1** If an area of land is rugged, it looks rough and has lots of rocks. **неровный, каменистый** *a **rugged coastline*** **2** If a man looks rugged, his face looks strong and attractive. **сильный, крепкий** *a rugged face*

ruin¹ /ˈruːɪn/ **verb** [T] **1** (B2) to spoil or destroy something **портить, разрушать** [often passive] *They were late and the dinner was ruined.* **2** to cause someone to lose all their money or their job **разорять, губить** *If the newspapers get hold of this story they'll ruin him.*

ruin² /ˈruːɪn/ **noun** **1** [U] the destruction of something **гибель, крушение** *Fonthill Abbey **fell into ruin** 10 years after it was built.* **2** [C] (B1) the broken parts that are left from an old building or town **развалины, руины** *Thousand of tourists wander around these **ancient ruins** every year.* **3** [U] when someone loses everything such as all their money or their job **разорение, крах** *The collapse of the bank has left many people **in** financial **ruin**.* **4 be/lie in ruins** to be in a very bad state **быть в развалинах/лежать в руинах** *The war left one million people dead and the country in ruins.*

rule¹ /ruːl/ **noun** **1** [C] (B1) an official instruction about what you must or must not do **правило** *to **break** (= not obey) the **rules**. ◦ to **obey/follow** the **rules** ◦ You can't smoke at school, it's **against the rules** (= not allowed).* **2** [U] when someone is in control of a country **правление, власть** *military rule ◦ There have been reports of immense human suffering **under his rule**.* **3** [no plural] (B2) the usual way something is **правило, обычай** *an exception to the rule ◦ Workers in the North are, **as a rule**, paid less than those in the South.* **4** [C] (B1) a principle of a system, such as a language or science **правило** *the rules of grammar*

IDIOMS **a rule of thumb** a way of calculating something, which is not exact but which will help you to be correct enough **приближенный метод** • **bend/stretch the rules** to allow someone to do something which is not usually allowed **делать исключение из правила** *We don't usually let students take books home, but I'll bend the rules on this occasion.*

→ See also **ground rules**

> **Слова-партнеры к rule**
>
> **apply/break/enforce/establish** a rule • a rule **forbids/prohibits** sth • a **strict/unwritten** rule • a rule **against** sth

rule² /ruːl/ **verb** [I, T] **1** to make an official legal decision **постановлять, принимать решение (в суде)** [+ (that)] *The judge ruled that it was wrong for a 16-year-old girl to be held in an adult prison.* **2** (B2) to be in control of somewhere, usually a country **править** [often passive] *They were ruled for many years by a*

R

dictator. ◦ *the ruling party* → See also rule the **roost**

PHRASAL VERB **rule sb/sth out** to decide that something or someone is not suitable for a particular purpose, or to decide that something is impossible **исключать кого-либо/что-либо** *The police have not ruled him out as a suspect.*

ruler /ˈruːləʳ/ **noun** [C] **1** the leader of a country **правитель** **2** A2 a flat, straight stick which is used to measure things **линейка** → See **The Classroom** on page Centre 6

ruling /ˈruːlɪŋ/ **noun** [C] an official legal decision, usually made by a judge **постановление, решение (суда)**

rum /rʌm/ **noun** [C, U] a strong, alcoholic drink made from sugar **ром**

rumble /ˈrʌmbl/ **verb** [I] to make a deep, long sound **грохотать, урчать** *The smell of cooking made his **stomach rumble**.*
• **rumble noun** [no plural] **грохот, урчание** *the distant **rumble of thunder***

rumbling /ˈrʌmblɪŋ/ **noun** [C] a deep, long sound **громыхание, гул** *the rumbling of a train passing by*

rumblings /ˈrʌmblɪŋz/ **noun** [plural] signs that people are angry about something **ропот** *rumblings of discontent*

rummage /ˈrʌmɪdʒ/ **verb** **rummage around/in/through, etc** to search inside something and move things around **рыться в чем-либо** *I found him rummaging through my drawers.*

ˈrummage ˌsale noun [C] US (UK **jumble sale**) a sale of old items, especially clothes, usually to make money for an organization **благотворительный базар**

rumour¹ UK (US **rumor**) /ˈruːməʳ/ **noun** [C] B2 a fact that a lot of people are talking about although they do not know if it is true **слух, молва** *to **spread rumours*** ◦ *to **deny rumours*** ◦ [+ (that)] *I **heard a rumour** that you were leaving.*

> **Слова-партнеры к rumour**
>
> **fuel/spark/spread/start** rumours • **deny/dismiss/hear** rumours • a rumour **circulates/goes around** • a **persistent/strong/unconfirmed** rumour • a rumour **about/of** sth

rumour² UK (US **rumor**) /ˈruːməʳ/ **verb** **be rumoured** If a fact is rumoured, people are talking about it although they do not know if it is true. **говорят/ходят слухи, что ...** [+ (that)] *It's rumoured that the company director is about to resign.* ◦ [+ to do sth] *The company is rumoured to be in financial difficulty.*

rump /rʌmp/ **noun** [C] the area above an animal's back legs **огузок, крестец**

rumpled /ˈrʌmpld/ **adjective** Rumpled clothes or sheets are untidy because they have folds in them. **мятый**

run¹ /rʌn/ **verb** (present participle **running**, past tense **ran**, past participle **run**) **1** [I, T] A1 to move on your feet at a faster speed than walking **бежать** *He **ran away** when I tried to pick him up.* ◦ [+ to do sth] *We had to run to catch up with him.* ◦ *I run about three miles every morning.* **2** [T] B1 to organize or control something **управлять, руководить** *She ran her own restaurant for five years.* **3 run sb/sth to/down, etc** to take someone or something somewhere, usually by car **отвозить кого-либо/что-либо куда-либо** *Could you run me to the station this afternoon?* **4** [I, T] If a piece of equipment is running, it is switched on and working, and if you run it, you switch it on and make it work. **работать (о механизме)** *The engine is running more smoothly now.* **5** [T] B2 If you run a computer program, you use it on your computer. **пользоваться (компьютерной программой)** *Did you run a virus check this morning?* **6** [I] B2 If trains or buses are running, they are available to travel on. **ходить (о поездах, автобусах)** *The buses only run until 11 p.m.* **7** [I] B2 If liquid runs somewhere, it flows. **течь, литься** *Tears ran down her face.* **8** [T] to publish something in a newspaper or magazine **публиковать, печатать** *All the papers are **running** this **story** on the front page.* **9 run a bath** UK to fill a bath with water so that it is ready to use **набирать ванну** **10 run sth along/over/through, etc sth** to move something along, over, or through something else **проводить чем-либо по чему-либо** *She ran her fingers through her hair.* **11 run through/down/along, etc** If something long and narrow runs somewhere, it is in that position. **тянуться через/по/вдоль и т. д.** *There are wires running across the floor.* **12** [I] If a play, film, etc runs for a period of time, it continues that long. **идти (о пьесе, фильме)** **13 run in sb's/the family** If a quality, ability, disease, etc runs in the family, many members of the family have it. **быть семейной чертой, быть наследственным** *A love of animals runs in our family.* **14** [I] If a colour runs, it comes out of some material when it is washed. **линять** **15 be running at sth** to be at a particular level **быть на каком-либо уровне** *Inflation is now running at 5.8%.* → See also cast/run your/an **eye¹** over sth, run the **gauntlet**, run **riot¹**, run out of **steam¹**, run **wild¹**

PHRASAL VERBS **run across sb** to meet someone you know when you are not expecting to **случайно встретить кого-либо** *I ran across Jim in town the other day.* • **run after sb/sth** to chase someone or something that is moving away from you **гнаться за кем-либо/чем-либо** • **run around** to be very busy doing a lot of different things **суетиться, бегать туда-сюда** *I'm exhausted, I've been running around all*

R

morning. • **run away** B2 to secretly leave a place because you are unhappy there **сбежать откуда-либо** *to **run away from home*** • **run sth by sb** to tell someone about something so that they can give their opinion about it **советоваться с кем-либо о чем-либо** *Can I run something by you, Sam?* • **run sb/sth down** informal to criticize someone or something, often unfairly **критиковать, набрасываться на кого-либо/что-либо** • **run for sth** to compete in an election **баллотироваться** *He's running for mayor again this year.* • **run into sb** B2 to meet someone you know when you are not expecting to **случайно встретить кого-либо** *I ran into Emma on my way home.* • **run into sth** **1** B2 to hit something while you are driving a vehicle **налететь на что-либо, столкнуться с чем-либо** *He skidded and ran into a tree.* **2** If an amount runs into thousands, millions, etc, it reaches that level. **достигать определенного количества** **3** If you run into difficulties, you begin to experience them. **попадать в какое-либо положение** *to run into trouble* • **run off** informal to leave somewhere unexpectedly **убегать, удирать** *He **ran off with** all my money.* • **run on sth** If a machine runs on a supply of power, it uses that power to work. **работать на чем-либо (на батарейках и т. д.)** *The scanner runs on mains electricity and batteries.* • **run out 1** B1 to use all of something so that there is none left **заканчиваться, иссякать** *I've nearly **run out of** money.* **2** B2 If a supply of something runs out, there is none left because it has all been used. **истекать, иссякать** *Come on, time is running out.* • **run sb/sth over** B2 to hit someone or something with a vehicle and drive over them, injuring or killing them **задавить, переехать кого-либо** *He was run over by a bus as he crossed the road.* • **run through sth** to repeat something in order to practise it or to make sure that it is correct **повторять, репетировать** *I just need to run through my speech one more time.* • **run sth up** If you run up a debt, you do things which cause you to owe a large amount of money. **делать долги** • **run up against sth** If you run up against problems or difficulties, you begin to experience them. **сталкиваться с чем-либо (с трудностями и т. д.)**

run² /rʌn/ **noun 1** [C] B1 when you move on your feet at a speed faster than walking as a sport **бег** [usually singular] *to **go for a run*** **2** [C] B2 in cricket or baseball, a single point **единица счета, очко (в крикете, бейсболе)** *to score a run* **3 a dummy/practice/trial run** when you do something to practise it before the real time **пробный запуск/тренировка/испытательный пробег** **4 a run of sth** when something happens several times without something different happening during that period **полоса чего-либо, период** *a run of 10 games without a win* ◦ *a **run of good/bad luck*** **5** [C] a period of performances of a play, film, etc **показ (фильма, спектакля)** **6 be on the run** to be trying to avoid being caught, especially by the police **быть в бегах, скрываться** **7 make a run for it** informal to suddenly run fast in order to escape from somewhere **броситься бежать**

IDIOM **in the long/short run** B2 at a time that is far away or near in the future **в конце концов/в ближайшем будущем**

runaway¹ /ˈrʌnəˌweɪ/ **adjective** [always before noun] **1 a runaway success/victory/winner, etc** something good that happens very quickly or easily **легкий успех/легкая победа/человек, одержавший легкую победу** **2** A runaway vehicle is moving away from somewhere without anyone controlling it. **вышедший из-под контроля, потерявший управление** *a runaway car/train*

runaway² /ˈrʌnəˌweɪ/ **noun** [C] someone who has secretly left a place because they are unhappy there **беглец** *teenage runaways*

rundown /ˈrʌndaʊn/ **noun** [no plural] a report of the main facts relating to a subject **краткое изложение** *He **gave** us **a rundown on** what happened at the meeting.*

run-down /ˌrʌnˈdaʊn/ **adjective** Run-down buildings or areas are in very bad condition. **развалившийся, запущенный** *a run-down housing estate*

rung¹ /rʌŋ/ **noun** [C] one of the horizontal parts across a ladder (= structure for climbing up) **ступенька (стремянки)**

IDIOM **the first/highest/next, etc rung of the ladder** the first, highest, next, etc position, especially in society or in a job **первая/высшая/следующая и т. д. ступенька (в иерархии)** *She's on the bottom rung of the management ladder.*

rung² /rʌŋ/ past participle of ring² **прич. прош. вр. от гл. ring**

run-in /ˈrʌnɪn/ **noun** [C] informal an argument **ссора** *to have a run-in with someone*

runner /ˈrʌnəʳ/ **noun 1** A2 [C] someone who runs, usually in competitions **бегун** *a long-distance runner* **2 drug/gun runner** someone who takes drugs or guns illegally from one place to another **наркокурьер, нелегальный перевозчик оружия** → See also **front-runner**

ˌrunner ˈbean UK (US **ˈrunner ˌbean**) **noun** [C] a long, flat, green bean **стручковая фасоль**

runner-up /ˌrʌnərˈʌp/ **noun** [C] (plural **runners-up**) someone who finishes in second position in a competition **участник состязания, занявший второе место**

running¹ /ˈrʌnɪŋ/ **noun** [U] **1** A2 the sport of moving on your feet at a speed faster than walking **бег** *I **go running** three times a week.* ◦ *running shoes* → See **Sports 1** on page Centre 14 **2** the activity of controlling or looking after something **управление, руководство** *He has* *recently handed over the **day-to-day running** of the museum to his daughter.* ◦ ***running costs***

running² /ˈrʌnɪŋ/ **adjective 1** [always before noun] continuing for a long time **непрерывный, постоянный** *a **running battle*** ◦ *a **running joke*** **2 second/third, etc day/week, etc running** B2 If something happens for the second/third, etc day/week, etc running, it happens on that number of regular occasions without changing. **второй/третий и т. д. день/неделю подряд** *He's won the Championship for the fifth year running.* **3 running water** If a place has running water, it has a working water system. **проточная вода**

runny /ˈrʌni/ **adjective 1** A runny substance is more liquid than usual. **жидкий** *runny egg* **2 runny nose** If you have a runny nose, your nose is producing liquid all the time. **насморк**

run-of-the-mill /ˌrʌnəvðəˈmɪl/ **adjective** ordinary and not special or exciting in any way **обычный, заурядный** *He gave a fairly run-of-the-mill speech.*

run-up /ˈrʌnʌp/ **noun the run-up to sth** UK the period of time before an event **подготовка, преддверие** *Sales increased by 15% in the run-up to Christmas.*

runway /ˈrʌnweɪ/ **noun** [C] a large road that aircraft use to land on or to start flying from **взлетно-посадочная полоса**

rupture /ˈrʌptʃəʳ/ **verb** [I, T] If you rupture something, you break or tear it, and if something ruptures, it breaks or tears. **прорывать(ся), разрывать(ся)** *He fell and ruptured a ligament in his knee.*
• **rupture noun** [C] **прорыв, разрыв**

rural /ˈrʊərəl/ **adjective** B2 relating to the countryside and not to towns **сельский, деревенский** *a rural area*

ruse /ruːz/ **noun** [C] a way of deceiving someone so that they do something that you want them to do **уловка, хитрость** [+ to do sth] *The story was just a ruse to get her out of the house.*

rush¹ /rʌʃ/ **verb 1** [I, T] B2 to hurry or move quickly somewhere, or to make someone or something hurry or move quickly somewhere **торопить(ся), быстро доставлять** *We **rushed out** into the street to see what all the noise was.* ◦ *The UN has **rushed** medical supplies **to** the war zone.* ◦ [+ to do sth] *We had to rush to catch the bus.* **2 rush to do sth** to do something quickly and enthusiastically **бросаться, устремляться делать что-либо** *His friends rushed to congratulate him after the ceremony.* **3** [T] to make someone do something more quickly than they want to do it **торопить** [+ into + doing sth] *I refuse to be rushed into making a decision.*

rush² /rʌʃ/ **noun** [no plural] **1** when something suddenly moves somewhere quickly **стремительное движение, прилив, порыв** *a rush of air* **2** a lot of things happening or a lot of people trying to do something **суета, сутолока** [+ to do sth] *There was a **mad rush** to get tickets for the concert.* **3** B2 when you have to hurry or move somewhere quickly **спешка** *I'm sorry I can't talk now, I'm **in a rush**.*

> **Слова-партнеры к rush**
>
> a **frantic/headlong/last-minute/mad** rush • a rush **for** sth

rushes /rʌʃɪz/ **noun** [plural] tall plants that grow near water **тростник**

ˈrush ˌhour noun [C, U] B2 the time when a lot of people are travelling to or from work and so roads and trains are very busy **час пик** *the **morning/evening rush hour***

rust /rʌst/ **noun** [U] a dark orange substance that you get on metal when it has been damaged by air and water **ржавчина**
• **rust verb** [I, T] **ржаветь**

rustic /ˈrʌstɪk/ **adjective** simple and old-fashioned in style in a way that is typical of the countryside **грубо сработанный**

rustle /ˈrʌsl/ **verb** [I, T] If things such as paper or leaves rustle, or if you rustle them, they move about and make a soft, dry sound. **шелестеть, шуршать** *Outside, the trees rustled in the wind.*

PHRASAL VERB **rustle sth up** to produce something very quickly **быстро сооружать что-либо** *I managed to rustle up a meal from the bits and pieces I found in his fridge.*

rusty /ˈrʌsti/ **adjective 1** B2 Rusty metal has rust (= an orange substance) on its surface. **ржавый** *rusty nails* **2** B2 If a skill you had is now rusty, it is not now good because you have forgotten it. **запущенный, забытый** *My French is a bit rusty.*

rut /rʌt/ **noun 1 in a rut** in a bad situation where you do the same things all the time, or where it is impossible to make progress **(погрязнуть) в рутине** *He seems to be **stuck in a rut** at the moment.* **2** [C] a deep, narrow mark in the ground made by a wheel **колея**

ruthless /ˈruːθləs/ **adjective** not caring if you hurt or upset other people when you try to get what you want *ruthless ambition* ◦ *a ruthless dictator*
• **ruthlessly adverb жестоко, безжалостно** • **ruthlessness noun** [U] **жестокость, безжалостность**

rye /raɪ/ **noun** [U] a plant that has grains which are used to make things such as bread and whisky (= strong alcoholic drink) **рожь** *rye bread*

R

S

S, s /es/ the nineteenth letter of the alphabet **19-я буква алфавита**

the Sabbath /ˈsæbəθ/ **noun** a day of the week that many religious groups use for prayer and rest **священный день отдохновения**

sabbatical /səˈbætɪkəl/ **noun** [C, U] a period when a university teacher does not do their usual work and instead travels or studies **академический отпуск** *He was **on sabbatical** last year.*

sabotage /ˈsæbətɑːʒ/ **verb** [T] **1** to damage or destroy something in order to prevent an enemy from using it **повреждать, разрушать** *Rebels sabotaged the roads and bridges.* **2** to spoil someone's plans or efforts in order to prevent them from being successful **срывать планы** *She tried to sabotage my chances of getting the job.*

• **sabotage noun** [U] **повреждение, подрывная деятельность** *an act of sabotage*

sac /sæk/ **noun** [C] a part in an animal or plant that is like a small bag **мешочек, сумка (растения или животного)**

saccharin /ˈsækərɪn/ **noun** [U] a sweet, chemical substance that is used in food instead of sugar **сахарин**

sachet /ˈsæʃeɪ/ (US) /sæˈʃeɪ/ **noun** [C] a small bag containing a small amount of something **пакетик** *sachets of sugar and coffee powder*

sack¹ /sæk/ **noun 1** [C] a large bag made of paper, plastic, or cloth and used to carry or store things **мешок 2 the sack** UK (B2) When someone gets the sack or is given the sack, they are told to leave their job. **увольнение** *He got the sack from his last job.*

sack² /sæk/ **verb** [T] UK (B2) to tell someone to leave their job, usually because they have done something wrong **увольнять** *He was sacked for being late.*

sacrament /ˈsækrəmənt/ **noun** [C] an important religious ceremony in the Christian Church **таинство** *the sacrament of marriage*

sacred /ˈseɪkrɪd/ **adjective 1** relating to a religion or considered to be holy **священный, духовный** *sacred music* ◦ *a sacred object* **2** too important to be changed or destroyed **святой, неприкосновенный** *I don't work at weekends – my private time is sacred.*

sacrifice¹ /ˈsækrɪfaɪs/ **noun** [C, U] **1** something valuable that you give up in order to achieve something, or the act of giving it up **жертва** *Sometimes you have to **make sacrifices** to succeed.* **2** something offered to a god in a religious ceremony, especially an animal that is killed, or the act of offering it **жертва, жертвоприношение** → See also **self-sacrifice**

> **Слова-партнеры к sacrifice**
>
> make (great/huge) sacrifices • sacrifices for sb/sth • the sacrifice of sth

sacrifice² /ˈsækrɪfaɪs/ **verb** [T] **1** to give up something that is valuable to you in order to achieve something **жертвовать** *There are thousands of men ready to **sacrifice** their lives **for** their country.* **2** to kill an animal and offer it to a god in a religious ceremony **совершать жертвоприношение**

sacrilege /ˈsækrɪlɪdʒ/ **noun** [U, no plural] when you treat something that is holy or important without respect **кощунство, святотатство**

sacrosanct /ˈsækrəʊsæŋkt/ **adjective** formal too important to be changed or destroyed **священный, неприкосновенный** *Human life is sacrosanct.*

> **Другие способы сказать sad**
>
> Прилагательные **unhappy** и **miserable** означают то же, что и **sad**.
>
> *She'd had a very **unhappy** childhood.*
>
> *I just woke up feeling **miserable**.*
>
> Если кто-либо **upset**, это значит, что он расстроен, поскольку произошло что-то плохое.
>
> *They'd had an argument and she was still **upset** about it.*
>
> *Mike got very **upset** when I told him the news.*
>
> О человеке, находящемся в подавленном состоянии, потому что его/ее оставил/а любимый/ая, говорят **broken-hearted** или **heartbroken**.
>
> *She was **broken-hearted** when Richard left.*
>
> О ком-то, кто очень расстроен, можно сказать, что он **devastated** или **distraught**.
>
> *She was **devastated** when he died.*
>
> *The missing child's **distraught** parents made an emotional appeal for information on TV.*
>
> Прилагательное **depressed** используют, когда говорят, что кто-то очень несчастлив на протяжении долгого времени.
>
> *She became deeply **depressed** after her husband died.*

sad /sæd/ **adjective** (**sadder**, **saddest**) **1** (A1) unhappy or making you feel unhappy **грустный, печальный** *I was very sad when our cat* *died.* ◦ *a sad book/movie* ◦ [+ that] *It's a bit sad that you'll miss our wedding.* ◦ [+ to do sth] *I was sad to see him go.* **2** [always before noun] not pleasant or satisfactory **печальный, горький** *The sad truth is that we've failed.* **3** UK informal boring or not fashionable **жалкий, несчастный** *You enjoy reading timetables? You sad man!*

• **sadness** noun [U] B2 **грусть, печаль**

sadden /ˈsædən/ **verb** [T] formal to make someone feel sad or disappointed **опечаливать** [often passive] *We were saddened by his death.*

saddle¹ /ˈsædl/ **noun** [C] **1** a leather seat that you put on a horse so that you can ride it **седло** → See **Sports 1** on page Centre 14 **2** a seat on a bicycle or motorcycle **седло**

saddle

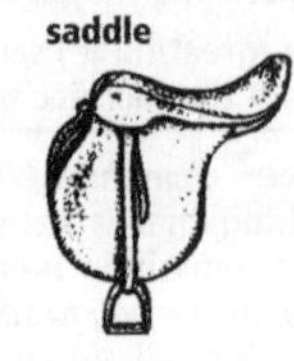

saddle² /ˈsædl/ **verb** [I, T] (also **saddle up**) to put a saddle on a horse **седлать**

PHRASAL VERB **saddle sb with sth** to give someone a job or problem which will cause them a lot of work or difficulty **взваливать что-либо на кого-либо**

saddo /ˈsædəʊ/ **noun** [C] UK informal someone, especially a man, who is boring and not fashionable and has no friends **придурок**

sadistic /səˈdɪstɪk/ **adjective** getting pleasure from being cruel or violent **садистский** *sadistic behaviour* ◦ *a sadistic murderer*

• **sadist** /ˈseɪdɪst/ **noun** [C] someone who gets pleasure from being cruel or violent **садист** • **sadism** /ˈseɪdɪzəm/ **noun** [U] **садизм**

sadly /ˈsædli/ **adverb** **1** B2 in a sad way **грустно, печально** *She shook her head sadly.* **2** B2 in a way that is not satisfactory **прискорбно, к сожалению** *Enthusiasm has been **sadly lacking** these past few months at work.* **3** used to say that you are sorry something is true **к сожалению** *Sadly, the marriage did not last.*

S

sae, SAE /ˌeseɪˈiː/ **noun** [C] UK abbreviation for stamped addressed envelope or self-addressed envelope: an envelope that you put a stamp and your own address on and send to someone so that they can send you something back **конверт с маркой и обратным адресом**

safari /səˈfɑːri/ **noun** [C, U] a journey, usually to Africa, to see or hunt wild animals **сафари** *She is **on safari** in Kenya.*

safe¹ /seɪf/ **adjective** **1** A2 not dangerous or likely to cause harm **безопасный** *a safe driver* ◦ *Air travel is generally quite safe.* ◦ *We live in a safe neighbourhood.* ◦ [+ to do sth] *Is it safe to drink the water here?* → Opposite **unsafe** **2** B1 not harmed or damaged **благополучный, в целости** *She returned **safe and sound** (= not harmed in any way).* **3** A1 not in danger or likely to be harmed **находящийся в безопасности** *During the daylight hours we're **safe from** attack.* **4 safe to say** If it is safe to say something, you are sure it is correct. **можно смело сказать** *I think it's safe to say that he'll be the next president.* **5 a safe place; somewhere safe** a place where something will not be lost or stolen **надежное место** *It's very valuable so put it somewhere safe.*

IDIOM **play (it) safe** informal to be careful and not take risks **быть осторожным, не рисковать**

• **safely** **adverb** B1 **безопасно, надежно, благополучно** *Make sure you drive safely.* ◦ *I can safely say (= I am certain) I have never met anyone as rude as him.* → See also a safe **bet²**

safe² /seɪf/ **noun** [C] a strong metal box or cupboard with locks where you keep money, jewellery, and other valuable things **сейф**

safeguard¹ /ˈseɪfgɑːd/ **verb** [T] to protect something from harm **защищать, охранять** *a plan to safeguard public health*

PHRASAL VERB **safeguard against sth** to do things that you hope will stop something unpleasant from happening **предохранять от чего-либо** *A good diet will safeguard against disease.*

safeguard² /ˈseɪfgɑːd/ **noun** [C] a law, rule, or system that protects people or things from being harmed or lost **защита**

ˌsafe ˈhaven **noun** [C] a place where someone is safe from danger **укрытие, убежище**

ˌsafe ˈsex **noun** [U] when people have sex using a condom (= a thin rubber covering that a man wears on his penis) so that they do not catch a disease **безопасный секс**

safety /ˈseɪfti/ **noun** [U] **1** B2 when you are safe **безопасность** *food/road safety* ◦ *The hostages were led to safety (= to a safe place).* ◦ *a safety valve* **2** how safe something is **безопасность** *Safety at the factory has been improved.* → See Note **security**

> Слова-партнеры к **safety**
>
> **ensure/guarantee** sb's safety • safety is **paramount**

ˈsafety ˌbelt **noun** [C] a piece of equipment that keeps you fastened to your seat when you are travelling in a vehicle **ремень безопасности** *Please **fasten** your **safety belt** for take-off.*

ˈsafety ˌnet **noun** [C] **1** a plan or system that will help you if you get into a difficult situation **система обеспечения помощи** *Legal aid provides a safety net for people who can't afford a lawyer.* **2** a net that will catch someone if they fall from a high place **страховочная сетка**

ˈsafety ˌpin **noun** [C] a pin with a round cover that fits over the sharp end **английская булавка**

saffron /ˈsæfrən/ **noun** [U] a yellow powder that is used as a spice **шафран**

sag /sæg/ **verb** [I] (present participle **sagging**, past tense and past participle **sagged**) **1** to sink or bend down **прогибаться, провисать** *Our mattress sags in the middle.* **2** informal to become weaker or less successful **ослабевать** *a sagging economy*

saga /'sɑːgə/ **noun** [C] a long story about a lot of people or events **сага**

sagacious /sə'geɪʃəs/ **adjective** literary having or showing understanding and the ability to make good decisions and judgments **проницательный, дальновидный**

sage /seɪdʒ/ **noun 1** [U] a herb whose leaves are used to give flavour to food **шалфей 2** [C] literary a wise person **мудрец**

Sagittarius /ˌsædʒɪ'teəriəs/ **noun** [C, U] the sign of the zodiac which relates to the period of 22 November – 22 December, or a person born during this period **Стрелец** → See picture at **zodiac**

said /sed/ past of say **прош. вр. и прич. прош. вр. от гл. say**

sail[1] /seɪl/ **verb 1** [I] B1 to travel in a boat or a ship **совершать плавание** *We sailed to Malta.* **2** [I, T] B1 to control a boat that has no engine and is pushed by the wind **управлять парусным судном** *She sailed the small boat through the storm.* **3** [I] When a ship sails, it starts its journey, and if people sail from a particular place or at a particular time, they start their journey. **отплывать** *This ship sails weekly from Florida to the Bahamas.* **4 sail over/past/through, etc** to move quickly through the air **проноситься над/мимо/через и т. д.** *The ball sailed past me.*

PHRASAL VERB **sail through (sth)** to succeed very easily, especially in a test or competition **с легкостью преодолевать, выдерживать что-либо** *She sailed through her exams.*

sail[2] /seɪl/ **noun 1** [C] a large piece of material that is fixed to a pole on a boat to catch the wind and make the boat move **парус 2 set sail** to start a journey by boat or ship **отправляться в плавание**

sailboat /'seɪlbəʊt/ **noun** [C] US a small boat with sails **парусник**

sailing /'seɪlɪŋ/ **noun** [U] A2 a sport using boats with sails **парусный спорт** UK *a sailing boat*

IDIOM **be plain sailing** to be very easy **идти легко, как по маслу**

sailor /'seɪləʳ/ **noun** [C] B1 someone who sails ships or boats as their job or as a sport **моряк, яхтсмен**

saint /seɪnt/ **noun** [C] **1** a dead person who has been officially respected by the Christian church for living their life in a holy way **святой** *Catherine of Siena was* ***made a saint*** *in 1461.* **2** a very kind or helpful person **ангел (о человеке)** → See also **patron saint**

saintly /'seɪntli/ **adjective** very good and kind **ангельский, святой**

sake /seɪk/ **noun 1 for the sake of sth** B2 for this reason or purpose **ради, для, в целях чего-либо** *For the sake of convenience, they combined the two departments.* **2 for the sake of sb** B2 in order to help or please someone **ради, для кого-либо** *He begged her to stay for the sake of the children.* **3 for God's/goodness/heaven's, etc sake** something you say when you are angry about something **ради бога! во имя всего святого!** *For heaven's sake, stop moaning!*

salad /'sæləd/ **noun** [C, U] A2 a cold mixture of vegetables that have not been cooked, usually eaten with meat, cheese, etc **салат** *I made a big salad for lunch.* → See **Food** on page Centre 11

salami /sə'lɑːmi/ **noun** [C, U] a spicy sausage (= tube of meat and spices) that is usually eaten cold in slices **салями**

salaried /'sælᵊrid/ **adjective** receiving a fixed amount of money from your employer, usually every month **получающий оклад**

salary /'sælᵊri/ **noun** [C, U] B1 a fixed amount of money that you receive from your employer, usually every month **оклад, заработная плата** → See Note **pay**

> Слова-партнеры к **salary**
>
> earn a salary • a **good/high/top** salary • an **annual** salary • a salary **cut/increase/rise**

sale /seɪl/ **noun 1** [U, no plural] B2 the act of selling something, or the time when something is sold **продажа** *The sale of alcohol is now banned.* ◦ *to* ***make*** *a* ***sale*** **2 (up) for sale** A2 available to buy **в продаже, продается** *For sale: ladies' bicycle – good condition.* ◦ *The house next to mine is up for sale.* **3 on sale a** A2 UK available to buy in a shop **поступивший в продажу** *The DVD is now on sale.* **b** available for a lower price than usual **уцененный, по сниженным ценам** *This album was on sale for half price.* **4** [C] an event where things are sold **продажа** *a sale of used books* **5** [C] A2 a time when a shop sells goods at a lower price than usual **распродажа** UK *I bought this dress* ***in the sale.*** → See also **car boot sale**, **jumble sale**

saleable /'seɪləbl/ **adjective** Something that is saleable can be sold easily. **пользующийся спросом** *He's painted some very saleable landscapes.*

sales /seɪlz/ **noun 1** [plural] B2 the number of items sold **продажи, объем продаж** *Our sales have doubled this year.* **2** [U] the part of a company that deals with selling things **отдел сбыта, реализации** *I used to work* ***in sales.*** ◦ *a* ***sales department***

ˈsales asˌsistant **noun** [C] (also US **salesclerk**

/seɪlzklɑːk/) someone whose job is selling things in a shop **продавец**

salesman, saleswoman /ˈseɪlzmən/, /ˈseɪlzˌwʊmən/ **noun** [C] (plural **salesmen**, **saleswomen**) B1 someone whose job is selling things **продавец, продавщица**

salesperson /ˈseɪlzˌpɜːsən/ **noun** [C] (plural **salespeople**) A2 someone whose job is selling things **продавец**

ˈsales ˌrep noun [C] (formal **sales representative**) someone who travels to different places trying to persuade people to buy their company's products or services **торговый представитель**

salient /ˈseɪliənt/ **adjective** formal The salient facts about something or qualities of something are the most important things about them. **характерный**

saline /ˈseɪlaɪn/ US /ˈseɪliːn/ **adjective** formal containing salt **соляной, солевой** *saline solution*

saliva /səˈlaɪvə/ **noun** [U] the liquid that is made in your mouth **слюна**

sallow /ˈsæləʊ/ **adjective** Sallow skin is slightly yellow and does not look healthy. **желтоватый, землистый**

salmon /ˈsæmən/ **noun** [C, U] (plural **salmon**) B1 a large, silver fish, or the pink meat of this fish **лосось, лососина** *fresh/smoked salmon*

salmonella /ˌsælməˈnelə/ **noun** [U] a type of bacteria which can make you very ill, sometimes found in food that is not cooked enough **сальмонелла**

salon /ˈsælɒn/ **noun** [C] a shop where you can have your hair cut or have your appearance improved **салон красоты, парикмахерская** *a* ***hair salon*** → See also **beauty salon**

saloon /səˈluːn/ **noun** [C] **1** UK (US **sedan**) a large car with a separate, closed area for bags **седан** **2** US old-fashioned a public bar **бар**

salsa /ˈsælsə/ **noun** [U] **1** a cold, spicy sauce **острый соус** **2** a type of dance and music from Latin America **сальса** *a salsa club*

salt¹ /sɔːlt/, /sɒlt/ **noun** [U] A1 a white substance used to add flavour to food **соль** *salt and pepper*

IDIOM **take sth with a pinch of salt** UK (US **take sth with a grain of salt**) to not completely believe something that someone tells you **относиться скептически к чему-либо**

salt² /sɔːlt/, /sɒlt/ **verb** [T] to add salt to food **солить**

ˈsalt ˌcellar noun [C] UK (US **ˈsalt ˌshaker**) a small container with holes in for shaking salt on food **солонка**

saltwater /ˈsɔːltˌwɔːtəʳ/ **adjective** [always before noun] living in or containing water that has salt in it **морской, соленый** *a saltwater fish*

salty /ˈsɔːlti/ **adjective** tasting of or containing salt **соленый** *Is the soup too salty?*

salute¹ /səˈluːt/ **noun** [C] a sign of respect to someone of a higher rank in a military organization, often made by raising the right hand to the side of the head **воинское приветствие** *to* ***give*** *a* ***salute***

salute² /səˈluːt/ **verb** [I, T] to give a salute to someone of a higher rank in a military organization **отдавать честь**

salvage¹ /ˈsælvɪdʒ/ **verb** [T] **1** to save things from a place where other things have been damaged or lost **спасать, сохранять** *gold coins salvaged from a shipwreck* **2** to try to make a bad situation better **спасать, выручать** *an attempt to salvage her reputation*

salvage² /ˈsælvɪdʒ/ **noun** [U] when things are saved from being damaged, or the things that are saved **спасательные работы, спасенное имущество** *a salvage company*

salvation /sælˈveɪʃən/ **noun** [U] **1** in the Christian religion, when God saves someone from the bad effects of evil **спасение души** **2** something or someone that saves you from harm or a very unpleasant situation **спасение** *Getting a dog was Dad's salvation after Mum died.*

salwar kameez (also **shalwar kameez**) /ˌsalwɑːkəˈmiːz/ **noun** [C] a type of suit, worn especially by women in India, with loose trousers and a long shirt **традиционный женский костюм в Индии или Пакистане** → See **Clothes** on page Centre 8

same¹ /seɪm/ **adjective, pronoun** **1 the same a** A1 exactly alike **такой же, одинаковый** *He's* ***the same*** *age* ***as*** *me.* ◦ *We work at the same speed.* ◦ *Cars cost* ***the same*** *here* ***as*** *they do in Europe.* **b** A1 not another different thing or situation **тот же самый, один и тот же** *They met at the same place every week.* ◦ *You meet the same people at all these events.* **c** B2 not changed **такой же, тот же** *She's the same lively person she's always been.* ◦ *He looks exactly* ***the same as*** *he did ten years ago.* **2 all/just the same** despite what has just been said **тем не менее, все-таки** *He doesn't earn much. All the same, he ought to pay for some of his own drinks.* **3 Same here.** informal something that you say when something another person has said is also true for you **я тоже так думаю, я того же мнения** *"I think she's awful." "Same here."* **4 the same old arguments/faces/story, etc** informal something or someone you have seen or heard many times before **все те же доводы/лица/все та же история и т. д.**

IDIOM **same old same old** informal used to say that a situation or someone's behaviour remains the same, especially when it it boring or annoying **всё по-старому** *Most people just keep on doing the same old same old every day.*

→ See also be in the same **boat**, in the same **vein**, be on the same **wavelength**

same² /seɪm/ **adverb the same** B2 in the same

way **одинаково** *We treat all our children the same.*

same-sex /ˌseɪmˈseks/ **adjective** A same-sex relationship, marriage, etc. is a romantic relationship between two men or two women. **однополый (брак)**

sample¹ /ˈsɑːmpl/ **noun** [C] **1** B2 a small amount of something that shows you what it is like **образец** *a **free sample** of chocolate* ◦ *She brought in some **samples of** her work.* **2** a small amount of a substance that a doctor or scientist collects in order to examine it **образец чего-либо для анализа** *a **blood/urine sample*** **3** B2 a small number of people from a larger group that is being tested **выборочная группа** *a sample of 500 male drivers*

> **Слова-партнеры к sample**
>
> analyse/collect/take/test a sample • a sample of sth

sample² /ˈsɑːmpl/ **verb** [T] **1** to taste a small amount of food or drink to decide if you like it **пробовать** *We sampled eight different cheeses.* **2** to experience a place or an activity, often for the first time **испытывать, знакомиться** *an opportunity to sample the local night life*

sanatorium (plural **sanatoriums, sanatoria**) (also US **sanitarium**) /ˌsænəˈtɔːriəm/ **noun** [C] a hospital where people go to rest and get well after a long illness **санаторий**

sanction¹ /ˈsæŋkʃən/ **noun** **1** [C] a punishment for not obeying a rule or a law **санкция** ***economic/trade sanctions** against a country* **2** [U] official approval or permission **санкция, разрешение**

> **Слова-партнеры к sanction**
>
> impose/lift sanctions • tough sanctions • sanctions **against/on** sb • **economic/trade** sanctions

sanction² /ˈsæŋkʃən/ **verb** [T] to formally approve of something **санкционировать, разрешать** *He refused to sanction the publication of his private letters.*

sanctity /ˈsæŋktəti/ **noun** formal **the sanctity of life/marriage, etc** when something is very important and deserves respect **неприкосновенность, священность жизни/брака и т. д.**

sanctuary /ˈsæŋktʃʊəri/ **noun** **1** [C, U] a quiet and peaceful place **убежище** *After a busy day, I like to escape to the sanctuary of my garden.* **2** [C, U] a place that provides protection **убежище** *to **seek sanctuary*** **3** [C] a place where animals are protected and cannot be hunted **заповедник** *a **bird/wildlife sanctuary***

sand¹ /sænd/ **noun** [U] B1 a substance that is found on beaches and in deserts, which is made from very small grains of rock **песок** *a grain of sand*

sand² /sænd/ **verb** [T] to make wood smooth by rubbing it with sandpaper (= strong paper with a rough surface) **шлифовать**

sandal /ˈsændəl/ **noun** [C] B1 a light shoe with straps that you wear in warm weather **сандалия** → See **Clothes** on page Centre 9

sandcastle /ˈsændˌkɑːsl/ **noun** [C] a model of a castle made of wet sand, usually built by children on a beach **замок из песка**

ˈsand ˌdune noun [C] a hill of sand in the desert or on the coast **дюна**

sandpaper /ˈsændˌpeɪpəʳ/ **noun** [U] strong paper with a rough surface that is rubbed against wood to make it smooth **наждачная бумага**

sands /sændz/ **noun** [plural] a large area of sand **пески**

sandstone /ˈsændstəʊn/ **noun** [U] rock made of sand **песчаник**

sandwich¹ /ˈsænwɪdʒ/ **noun** [C] A1 two slices of bread with meat, cheese, etc between them **бутерброд** *a cheese/tuna sandwich* → See **Food** on page Centre 11

sandwich

sandwich² /ˈsænwɪdʒ/ **verb**

PHRASAL VERB **be sandwiched between sth/sb** informal to be in a small space between two people or things **быть втиснутым между чем-либо/кем-либо** *Andorra is a small country sandwiched between Spain and France.*

sandy /ˈsændi/ **adjective** B1 covered with or containing sand **песчаный** *a **sandy beach***

sane /seɪn/ **adjective** **1** not suffering from mental illness **в здравом уме, нормальный** **2** [always before noun] showing good judgment **здравый, благоразумный** *a sane attitude/decision* → Opposite **insane**

sang /sæŋ/ past tense of sing **прош. вр. гл. sing**

sanguine /ˈsæŋgwɪn/ **adjective** formal positive and full of hope **жизнерадостный, оптимистический** *The director is sanguine about the company's prospects.*

sanitarium /ˌsænɪˈteəriəm/ **noun** [C] (plural **sanitariums, sanitaria**) another US spelling of sanatorium (= a hospital where people rest and get well after a long illness) **санаторий**

sanitary /ˈsænɪtəri/ **adjective** relating to preventing disease by removing dirt and waste **санитарный, гигиеничный** *sanitary conditions*

ˈsanitary ˌtowel noun [C] UK (US **ˌsanitary ˈnapkin**) a thick piece of soft paper that a woman wears to absorb blood from her period (= monthly blood from the uterus) **гигиеническая прокладка**

sanitation /ˌsænɪˈteɪʃən/ **noun** [U] a system for

S

protecting people's health by removing dirt and waste **улучшение санитарных условий**

sanity /ˈsænəti/ **noun** [U] **1** the quality of behaving calmly and showing good judgment **душевное равновесие** *Jogging helps me **keep** my **sanity**.* **2** when you have a healthy mind and are not mentally ill **нормальная психика** → Opposite **insanity**

sank /sæŋk/ past tense of sink **прош. вр. гл. sink**

Santa /ˈsæntə/ **noun** [no plural] (also **Santa Claus** /ˈsæntəklɔːz/) a kind, fat, old man in red clothes who people say brings presents to children at Christmas **Санта-Клаус, Дед Мороз**

sap¹ /sæp/ **verb** [T] (present participle **sapping**, past tense and past participle **sapped**) to gradually make something weak **подрывать, истощать** *Ten years of war had **sapped** the country's **strength**.*

sap² /sæp/ **noun** [U] the liquid inside plants and trees **сок растений**

sapling /ˈsæplɪŋ/ **noun** [C] a young tree **побег, молодое деревце**

sapphire /ˈsæfaɪəʳ/ **noun** [C] a bright blue, transparent stone **сапфир**

sarcasm /ˈsɑːkæzᵊm/ **noun** [U] when you say the opposite of what you mean to insult someone or show them that you are annoyed **сарказм** *"Oh, I am sorry," she said, her voice heavy with sarcasm.*

sarcastic /sɑːˈkæstɪk/ **adjective** using sarcasm **саркастический** *a sarcastic comment/remark* ◦ *Are you being sarcastic?*
• **sarcastically adverb саркастически**

sardine /sɑːˈdiːn/ **noun** [C] a small sea fish that you can eat **сардина**

sari (also **saree**) /ˈsɑːri/ **noun** [C] a dress, worn especially by women from India and Pakistan, made from a very long piece of thin cloth **сари (женская одежда в Индии)**

SARS /sɑːz/ **noun** [U] abbreviation for Severe Acute Respiratory Syndrome: a serious disease that makes it difficult to breathe **атипичная пневмония**

SASE /ˌesereɪsˈiː/ **noun** [C] US abbreviation for self-addressed stamped envelope: an envelope that you put a stamp and your own address on and send to someone so that they can send you something back **конверт с маркой и обратным адресом**

sash /sæʃ/ **noun** [C] a long, narrow piece of cloth that is worn around the waist or over the shoulder, often as part of a uniform **пояс, кушак**

sassy /ˈsæsi/ **adjective** US informal **1** very energetic and confident **бойкий** *a smart, sassy young woman* **2** slightly rude, but not offensive **дерзкий, нахальный** *a sassy remark*

Sat written abbreviation for Saturday **суббота**

sat /sæt/ past of sit **прош. вр. и прич. прош. вр. от гл. sit**

Satan /ˈseɪtᵊn/ **noun** [no plural] the Devil (= the enemy of God) **сатана**

satanic /səˈtænɪk/ **adjective** relating to the Devil (= the enemy of God) **сатанинский** *a satanic cult/ritual*

satchel /ˈsætʃᵊl/ **noun** [C] a large bag with a strap that goes over your shoulder, often used for carrying school books **ранец, сумка** → See **The Classroom** on page Centre 6

satellite /ˈsætᵊlaɪt/ **noun** [C] **1** (B2) a piece of equipment that is sent into space around the Earth to receive and send signals or to collect information **спутник** *a spy/weather satellite* **2** a natural object that moves around a planet in space **спутник** *The moon is the Earth's satellite.*

ˈsatellite ˌdish noun [C] a round piece of equipment that receives television and radio signals broadcast from satellites **антенна спутниковой связи, спутниковая тарелка**

ˌsatellite ˈtelevision noun [U] (also **ˌsatellite TˈV**) television programmes that are broadcast using a satellite **спутниковое телевидение**

satin /ˈsætɪn/ **noun** [U] a smooth, shiny cloth **атлас**

satire /ˈsætaɪəʳ/ **noun 1** [U] when you use jokes and humour to criticize people or ideas **сатира** ***political satire*** **2** [C] a story, film, etc that uses satire **сатира**
• **satirist** /ˈsætᵊrɪst/ **noun** [C] someone who uses satire **сатирик**

satirical /səˈtɪrɪkᵊl/ **adjective** using satire **сатирический** *a satirical magazine/novel*

satisfaction /ˌsætɪsˈfækʃᵊn/ **noun** [U] **1** (B2) the pleasant feeling you have when you get something that you wanted or do something that you wanted to do **удовлетворение** ***job satisfaction*** ◦ *She smiled **with satisfaction**.* ◦ [+ of + doing sth] *I had the satisfaction of knowing that I'd done everything I could.* **2 to sb's satisfaction** as well as someone wants **в соответствии с чьими-либо требованиями** *He won't get paid until he completes the job to my satisfaction.* → Opposite **dissatisfaction**

> Слова-партнеры к **satisfaction**
>
> **derive/get satisfaction from sth** • **sth gives** sb satisfaction • **deep/immense** satisfaction • **a sense of** satisfaction • **job** satisfaction

satisfactory /ˌsætɪsˈfæktᵊri/ **adjective** (B2) good enough **удовлетворительный, удачный** *We hope very much to find a **satisfactory solution** to the problem.* → Opposite **unsatisfactory**
• **satisfactorily adverb удовлетворительно, удачно**

satisfied /ˈsætɪsfaɪd/ **adjective 1** (B1) pleased because you have got what you wanted, or because something has happened in the way that you wanted **удовлетворенный, довольный** *Are you **satisfied with** the new arrangement?* → Opposite **dissatisfied** **2 be satisfied that** If you are satisfied that something is true, you believe it. быть удовлетворенным тем, что ... *The judge was satisfied that she was telling the truth.* → See also **self-satisfied**

satisfy /ˈsætɪsfaɪ/ **verb** **1** B2 [T] to please someone by giving them what they want or need **удовлетворять, угождать** *They sell 31 flavours of ice cream – enough to satisfy everyone!* **2 satisfy conditions/needs/requirements, etc** to have or provide something that is needed or wanted **соответствовать условиям/потребностям/требованиям и т. д.** *She satisfies all the requirements for the job.* **3 satisfy sb that** to make someone believe that something is true **убеждать(ся) в том, что ...** *I satisfied myself that I had locked the door.*

satisfying /ˈsætɪsfaɪɪŋ/ **adjective** making you feel pleased by providing what you need or want **доставляющий удовлетворение, удовольствие** *a satisfying meal* ◦ *My work is very satisfying.*

SATNAV /ˈsætnæv/ **noun** [U] abbreviation for satellite navigation: a system of computers and satellites (= equipment that is sent into space around the Earth to receive and send signals), used in cars and other places to tell a user where they are or where something is **система спутниковой навигации**

saturate /ˈsætʃəreɪt/ **verb** [T] **1** to make something completely wet **пропитывать, промачивать** *Heavy rain had saturated the playing field.* **2** to put as much of a substance that dissolves into a solution as is possible **насыщать (раствор)**
• **saturation** /ˌsætʃərˈeɪʃən/ **noun** [U] **наполнение, пропитывание**

saturated ˈfat noun [C, U] a fat found in meat, milk, and eggs, which is thought to be bad for your health **насыщенные жиры** → Compare **unsaturated fat**

Saturday /ˈsætədeɪ/ **noun** [C, U] (written abbreviation **Sat**) A1 the day of the week after Friday and before Sunday **суббота**

Saturn /ˈsætən/ **noun** [no plural] the planet that is sixth from the Sun, after Jupiter and before Uranus **Сатурн**

sauce /sɔːs/ **noun** [C, U] A2 a hot or cold liquid that you put on food to add flavour **соус** *pasta with tomato sauce* → See also **soy sauce**

saucepan /ˈsɔːspən/ **noun** [C] B1 a deep, metal pan, usually with a long handle and a lid, that is used to cook food in **кастрюля** → See **The Kitchen** on page Centre 2

saucer /ˈsɔːsər/ **noun** [C] B1 a small plate that you put under a cup **блюдце** *a cup and saucer*

saucy /ˈsɔːsi/ **adjective** slightly rude, or referring to sex in a funny way **игривый, слегка неприличный** *a saucy postcard/joke*

sauna /ˈsɔːnə/ **noun** [C] **1** a room that is hot and filled with steam where people sit to relax or feel healthy **сауна** *a gym with a pool and a sauna* **2 have a sauna** to spend time inside a sauna **париться в сауне**

saunter /ˈsɔːntər/ **verb saunter into/over/through, etc** to walk in a slow and relaxed way **двигаться неторопливо, прогуливаться** *He sauntered through the door two hours late.*

sausage /ˈsɒsɪdʒ/ **noun** [C, U] A2 a mixture of meat and spices pressed into a long tube **колбаса**

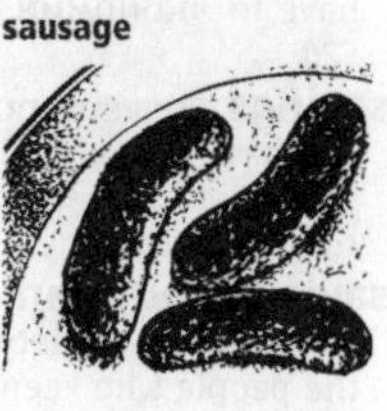
sausage

sauté /ˈsəʊteɪ/, /səʊˈteɪ/ **verb** [T] to fry food quickly in a small amount of hot oil **слегка обжаривать**

savage¹ /ˈsævɪdʒ/ **adjective** **1** extremely violent **жестокий, свирепый** *a savage attack* **2** severe **жестокий, безжалостный** *savage criticism*
• **savagely adverb жестоко**

savage² /ˈsævɪdʒ/ **verb** [T] **1** to attack violently **растерзать** [often passive] *A sheep had been savaged by a dog.* **2** to severely criticize someone or something **безжалостно критиковать** [often passive] *Her performance was savaged by the critics.*

savage³ /ˈsævɪdʒ/ **noun** [C] old-fashioned an offensive word for a person from a country at an early stage of development **дикарь**

save¹ /seɪv/ **verb** **1** [T] B1 to stop someone or something from being killed or destroyed **спасать** *He was badly injured, but the doctors **saved** his **life**.* ◦ *She **saved** the children **from** drowning.* ◦ *He had to borrow money to save his business.* **2** [I, T] (also **save up**) A2 to keep money so that you can buy something with it in the future **копить (деньги)** *We've **saved** almost $900 **for** our wedding.* ◦ *Michael's **saving up for** a new computer.* **3** [T] A2 to keep something to use in the future **беречь, приберегать** *I've **saved** some food **for** you.* **4 save money/space/time, etc** B1 to reduce the amount of money/space/time, etc that you have to use **экономить деньги/место/время и т. д.** **5 save sb (from) doing sth** B1 to help someone avoid having to do something **избавлять кого-либо от необходимости делать что-либо** *We'll eat in a restaurant – it'll save you having to cook.* **6 save files/work, etc** A2 to store work or information electronically on or from a computer **сохранять файлы/работу и т. д. (в компьютере)** **7 save a goal** to prevent a player from scoring a goal **отбить мяч, шайбу и т. д.** *He saved two goals in the last minute of the game.* → See also save the **day**, lose/save **face¹**

PHRASAL VERB **save on sth** to avoid using something so that you do not have to pay for it **экономить на чем-либо** *She walks to work to save on bus fares.*

save² /seɪv/ **noun** [C] when someone prevents a

S

goal from being scored in a sport **предотвращение гола** *The goalkeeper* ***made*** *a great* ***save.***

saver /ˈseɪvəʳ/ **noun** [C] someone who saves money in a bank **банковский вкладчик**

saving /ˈseɪvɪŋ/ **noun** [C] UK (US **savings**) when you pay less money than you would usually have to **экономия** [usually singular] *a saving of £20.*

savings /ˈseɪvɪŋz/ **noun** [plural] (B2) money that you have saved, usually in a bank **сбережения** *I spent all my savings on a new kitchen.* ◦ *a* ***savings account***

savings and ˈloan associˌation noun [C] US (UK **building society**) a bank that is owned by the people who keep their money in it and that lets them borrow money to buy a house **сберегательный банк**

saviour UK (US **savior**) /ˈseɪvjəʳ/ **noun 1** [C] someone who saves someone or something from harm or difficulty **спаситель 2 the Saviour** in Christianity, Jesus Christ **Спаситель, Иисус Христос**

savour UK (US **savor**) /ˈseɪvəʳ/ **verb** [T] to enjoy food or a pleasant experience as much and as slowly as possible **смаковать, наслаждаться** *to savour a meal* ◦ *We savoured our moment of victory.*

savoury UK (US **savory**) /ˈseɪvᵊri/ **adjective** Savoury food is not sweet. **несладкий** *savoury biscuits*

savvy /ˈsævi/ **noun** [U] informal practical knowledge and ability **смекалка** ***business/political savvy***

• **savvy adjective** informal having knowledge and ability **сметливый** *a savvy consumer*

saw¹ /sɔː/ **noun** [C] a tool with a sharp edge that you use to cut wood or other hard material **пила** → See picture at **tool**

• **saw verb** [I, T] (past tense **sawed**, past participle **sawn**, mainly US **sawed**) to use a saw **пилить** *They sawed the door in half.*

saw² /sɔː/ past tense of see **прош. вр. гл. see**

sawdust /ˈsɔːdʌst/ **noun** [U] very small pieces of wood and powder that are produced when you cut wood with a saw **опилки**

saxophone /ˈsæksəfəʊn/ **noun** [C] (informal **sax**) a metal musical instrument that you play by blowing into it and pressing keys to produce different notes **саксофон**

• **saxophonist** /sækˈsɒfᵊnɪst/ (US) /ˈsæksəfəʊnɪst/ **noun** [C] someone who plays the saxophone **саксофонист**

say¹ /seɪ/ **verb** [T] (**says**, past tense and past participle **said**) **1** (A1) to speak words **говорить, сказать** *"I'd like to go home," she said.* ◦ *I couldn't hear what they were saying.* ◦ *How do you say this word?* **2** (B1) to tell someone about a fact, thought, or opinion **сообщать, высказывать мнение** [+ question word] *Did she say where she was going?* ◦ [+ (that)] *The jury said that he was guilty.* **3** (B1) to give information in writing, numbers, or signs **показывать, говорить(ся)** *My watch says one o'clock.* ◦ *What do the papers say about the election?* **4 say sth to yourself** to think something but not speak **подумать про себя** *"I hope she likes me," he said to himself.* **5** to show what you think without using words **как будто говорить, показывать** *His smile seemed to say that I was forgiven.* **6 (let's) say...** used to introduce a suggestion or possible example of something **скажем, допустим** *Say you were offered a better job in another city – would you take it?* **7 You can say that again!** informal used to show that you completely agree with something that someone has just said **совершенно верно!** *"That was a very bad movie!" "You can say that again!"*

IDIOM **it goes without saying** (B2) If something goes without saying, it is generally accepted or understood. **само собой разумеется** *It goes without saying that smoking is harmful to your health.*

→ See also Say **cheese!**, easier **(easy²)** said than done

say² /seɪ/ **noun** [U] **1** when you are involved in making a decision about something **свое слово** *We* ***had some say in*** *how our jobs would develop.* **2 have your say** to give your opinion about something **высказывать свое мнение** *We can't vote yet – Christina hasn't had her say.*

> **Слова-партнеры к say (noun)**
> be given/have [a/no/some, etc] say • the final say • say in/on sth

saying /ˈseɪɪŋ/ **noun** [C] a famous phrase that people use to give advice about life **пословица, поговорка** *Have you heard the saying, "misery loves company"?*

sb written abbreviation for 'somebody' or 'someone' **письм. сокращ. от somebody**

• **sb's** written abbreviation for 'somebody's' or 'someone's' **письм. сокращ. от somebody's**

scab /skæb/ **noun** [C] a layer of dried blood that forms to cover a cut in the skin **струп, корка**

scaffolding /ˈskæfᵊldɪŋ/ **noun** [U] a temporary structure made of flat boards and metal poles used to work on a tall building **леса (строительные)**

scald /skɔːld/ **verb** [T] to burn something or someone with very hot liquid or steam **ошпаривать(ся), обжигать(ся)** *She scalded her mouth on the hot soup.*

scale¹ /skeɪl/ **noun 1** [no plural] (B2) the size or level of something **размер, масштаб** *We don't yet know the scale of the problem.* ◦ *Nuclear weapons cause destruction* ***on*** *a massive* ***scale*** (= cause a lot of destruction). **2 large-/small-scale** A large-/small-scale event or activity is large/small in size. **крупно-/мелкомасштабный** *a large-scale investigation* **3** [C] (B2) the set of numbers, amounts, etc used to measure or compare the level of something **шкала** *How*

S

*would you rate her work **on a scale of** 1-10?* **4** [C] US (UK **scales** [plural]) a piece of equipment for measuring weight **весы** *a bathroom/kitchen scale* → See **The Kitchen** on page Centre 2 → See **The Bathroom** on page Centre 3 **5** [C, U] B2 how the size of things on a map, model, etc relates to the same things in real life **масштаб (карты и т. д.)** *a map with a scale of one centimetre per ten kilometres* **6** [C] a series of musical notes that is always played in order and that rises gradually from the first note **гамма** **7** [C] one of the flat pieces of hard material that covers the skin of fish and snakes **чешуйка**

> Слова-партнеры к **scale**
> on a [grand/large/massive/small, etc] scale • the scale of sth

scale² /skeɪl/ **verb** [T] to climb something that is high or steep **взбираться, залезать** *to scale a wall*

PHRASAL VERB **scale sth back** mainly US (also UK/US **scale sth down**) to make something smaller than it was or smaller than it was planned to be **сокращать, урезать**

scales /skeɪlz/ **noun** [plural, C] UK (US **scale**) B2 a piece of equipment for measuring weight **весы** *bathroom/kitchen scales* → See **The Kitchen** on page Centre 2 → See **The Bathroom** on page Centre 3

scallion /ˈskæliən/ **noun** [C] US (UK **spring onion**) a small onion with a white part at the bottom and long, green leaves which is eaten in salads **зеленый лук**

scallop /ˈskæləp/ **noun** [C] a small sea creature that lives in a shell and is eaten as food **гребешок**

scalp /skælp/ **noun** [C] the skin on the top of your head under your hair **скальп, кожа черепа**

scalpel /ˈskælpᵊl/ **noun** [C] a small, sharp knife that doctors use to cut through skin during an operation **скальпель**

scalper /ˈskælpəʳ/ **noun** [C] US (UK **tout**) someone who unofficially sells tickets outside theatres, sports grounds, etc **спекулянт билетами**

scaly /ˈskeɪli/ **adjective** If your skin is scaly, it is rough and falls off in small, dry pieces. **шелушащийся**

scam /skæm/ **noun** [C] informal an illegal plan for making money **мошенничество**

scamper /ˈskæmpəʳ/ **verb scamper away/down/off, etc** to run quickly and with small steps, like a child or a small animal **бежать, быстро семеня ногами**

scampi /ˈskæmpi/ **noun** [U] prawns (= small sea creatures) that have been fried **жареные креветки**

scan¹ /skæn/ **verb** [T] (present participle **scanning**, past tense and past participle **scanned**) **1** to examine something with a machine that can see inside an object or body **сканировать** *Airports use X-ray machines to scan luggage for weapons.* **2** to use a piece of equipment that copies words or pictures from paper into a computer **сканировать** *to scan photos into a computer* **3** to look around an area quickly to try to find a person or thing **пробегать глазами, бегло осматривать** *She **scanned** the crowd **for** a familiar face.* **4** (also **scan through**) to quickly read a piece of writing to understand the main meaning or to find a particular piece of information **бегло просматривать** *I scanned the travel brochures looking for a cheap holiday.*

scan² /skæn/ **noun** [C] a medical examination in which an image of the inside of the body is made using a special machine **исследование при помощи рентгеновского или ультразвукового излучения** *a brain scan*

scandal /ˈskændᵊl/ **noun** [C, U] B2 something that shocks people because they think it is morally wrong **скандал** *a **sex scandal***

> Слова-партнеры к **scandal**
> a scandal **breaks/erupts** • be at the centre of/involved in a scandal • a scandal surrounding sth • a sex scandal

scandalous /ˈskændᵊləs/ **adjective** shocking or morally wrong **скандальный, позорный** *a **scandalous waste** of money*

Scandinavian /ˌskændɪˈneɪviən/ **adjective** from or relating to the countries of Sweden, Denmark, Norway, and sometimes Finland and Iceland **скандинавский**
• **Scandinavian noun** [C] **скандинав**

scanner /ˈskænəʳ/ **noun** [C] **1** a piece of equipment that copies words or pictures from paper into a computer **сканер** **2** a piece of medical equipment used to examine images of the inside of someone's body **рентгеновский или ультразвуковой аппарат**

scant /skænt/ **adjective** [always before noun] very little and not enough **ограниченный, недостаточный** *His work has received only scant attention outside this country.*

scantily /ˈskæntɪli/ **adverb scantily clad/dressed** not wearing many clothes and showing a lot of the body **полураздетый**

scanty /ˈskænti/ **adjective** very small in size or quantity **недостаточный, скудный** *scanty clothing*

scapegoat /ˈskeɪpgəʊt/ **noun** [C] someone who is blamed for a bad situation, although they have not caused it **козел отпущения** *He was **made a scapegoat** for the disaster.*

scar /skɑːʳ/ **noun** [C] **1** B2 a permanent mark left on the body from a cut or other injury **шрам** **2** damage done to a person's mind by a very unpleasant event or situation **травма, глубокий след** *a **psychological scar***
• **scar verb** [T] (present participle **scarring**, past

tense and past participle **scarred**) to cause a scar **оставлять шрам** [often passive] *He was **scarred for life** by the accident.*

scarce /skeəs/ **adjective** rare or not available in large amounts **недостаточный, скудный** ***scarce resources***

scarcely /ˈskeəsli/ **adverb 1** only just **едва** *They had scarcely finished eating when the doorbell rang.* **2 can scarcely do sth** If you say you can scarcely do something, you mean it would be wrong to do it. **едва ли можно что-либо делать** *He's only two – you can scarcely blame him for behaving badly.*

scarcity /ˈskeəsəti/ **noun** [C, U] when there is not enough of something **нехватка** *a scarcity of food/affordable housing*

scare¹ /skeəʳ/ **verb** [T] **1** to frighten a person or animal **пугать** *Sudden, loud noises scare me.* **2 scare the hell/life/living daylights, etc out of sb** informal to make someone feel very frightened **пугать кого-либо до смерти** → See also scare/frighten sb out of their **wits**

PHRASAL VERBS **scare sb/sth away/off** to make a person or an animal so frightened that they go away **отпугивать кого-либо/что-либо** *She scared off her attacker by screaming.* • **scare sb away/off** to make someone worried about doing something so that they decide not to do it **отпугивать** *The recent bomb attacks have scared away the tourists.*

scare² /skeəʳ/ **noun** [C] **1** a sudden feeling of fear or worry **панический страх** *The earthquake **gave** us a **scare**.* **2** a situation that worries or frightens people **паника** *a **food/health scare***

> **Слова-партнеры к scare**
> give sb /have/suffer a scare • a food/health scare

scarecrow /ˈskeəkrəʊ/ **noun** [C] a model of a person that is put in a field to frighten birds and stop them from eating the plants **пугало, чучело**

> **Другие способы сказать scared**
> Прилагательные **afraid** и **frightened** часто употребляют вместо **scared**.
> *Don't be **frightened**. The dog won't hurt you.*
> *Gerry has always been **afraid** of heights.*
> Когда говорят о чрезмерном страхе, то используют прилагательные **petrified**, **terrified**, **panic-stricken** или разговорное выражение **scared to death**.
> *I'm **petrified/terrified** of spiders.*
> *She was **panic-stricken** when her little boy disappeared.*
> *He's **scared to death** of having the operation.*
> Если страх вызван беспокойством о чем-либо, то можно использовать прилагательные **afraid** или **worried**.
> *I'm **afraid/worried** that something will go wrong.*

scared /skeəd/ **adjective** B1 frightened or worried **испуганный, боящийся** *Robert's **scared of** heights.* ◦ *I was **scared to death*** (= *very frightened*). ◦ [+ (that)] *We were scared that we'd be killed.*

scarf¹ /skɑːf/ **noun** [C] (plural **scarves** /skɑːvz/, **scarfs**) A2 a piece of cloth that you wear around your neck, head, or shoulders to keep warm or for decoration **шарф** → See **Clothes** on page Centre 9

scarf² /skɑːf/ **verb** [T] US informal (also **scarf down**) (UK **scoff**) to eat a lot of something quickly **пожирать, уминать** *Who scarfed all the cookies?*

scarlet /ˈskɑːlət/ **noun** [U] a bright red colour **алый цвет**
• **scarlet adjective алый**

scary /ˈskeəri/ **adjective** informal B1 frightening **жуткий, страшный** *a scary place/woman*

scathing /ˈskeɪðɪŋ/ **adjective** criticizing very strongly **едкий, уничтожающий** *He was **scathing about** the report.*

scatter /ˈskætəʳ/ **verb 1** [T] to throw objects over an area so that they land apart from each other **разбрасывать** *He scattered some flower seeds in the garden.* **2** [I] to suddenly move apart in different directions **бросаться врассыпную** *The crowd scattered at the sound of gunshots.*

scatter

scattered /ˈskætəd/ **adjective** covering a wide area **разбросанный, отдельный** *His toys were scattered all over the floor.* ◦ *There will be **scattered showers*** (= *separate areas of rain*) *today.*

scattering /ˈskætərɪŋ/ **noun** [no plural] a small number of separate things, especially in a large area **небольшое количество, горстка** *a scattering of houses*

scavenge /ˈskævɪndʒ/ **verb** [I, T] to search for food or for useful things that have been thrown away **рыться в мусоре**
• **scavenger noun** [C] a person or animal who scavenges **человек, роющийся в мусоре, животное, питающееся падалью**

scenario /sɪˈnɑːriəʊ/ **noun 1** [C] a description of a situation, or of a situation that may develop in the future **сценарий, план действий 2 worst-case scenario** the worst situation that you can imagine **наихудший вариант**

scene /siːn/ **noun 1** [C] B1 a short part of a film,

play, or book in which the events happen in one place **сцена, эпизод** *a **love scene** ◦ the final scene* **2** [C] B2 a view or picture of a place, event, or activity **эпизод, пейзаж** *scenes of everyday life* **3** [C] B2 a place where an unpleasant event has happened **место происшествия, преступления** *the scene of the crime* **4 the club/gay/music, etc scene** B2 all the things connected with a particular way of life or activity **клубная/музыкальная и т. д. жизнь** **5** [C] when people have a loud argument or show strong emotions in a public place **сцена, скандал** [usually singular] *She **made a scene** when I told her she couldn't come with us.*

IDIOMS **behind the scenes** If something happens behind the scenes, it happens secretly. **за кулисами, тайно** • **set the scene for sth** to make an event or situation possible or likely to happen **подготовить почву для чего-либо**

scenery /ˈsiːnəri/ **noun** [U] **1** B1 the attractive, natural things that you see in the countryside **вид, пейзаж** *The Grand Canyon is famous for its spectacular scenery.* **2** the large pictures of buildings, countryside, etc used on a theatre stage **декорации**

scenic /ˈsiːnɪk/ **adjective** having views of the attractive, natural things in the countryside **живописный** *a **scenic route** ◦ an area of great **scenic beauty***

scent /sent/ **noun** **1** [C] B2 a pleasant smell **запах, благоухание** *the sweet scent of orange blossoms* **2** [C, U] a pleasant-smelling liquid that people put on their skin **духи** **3** [C, U] the smell of an animal or a person that is left somewhere **след**

scented /ˈsentɪd/ **adjective** having a pleasant smell **ароматичный** *a scented candle*

sceptic UK (US **skeptic**) /ˈskeptɪk/ **noun** [C] someone who doubts that a belief or an idea is true or useful **скептик**

sceptical UK (US **skeptical**) /ˈskeptɪkəl/ **adjective** doubting that something is true or useful **скептический** *Scientists remain **sceptical about** astrology. ◦ She was **sceptical of** the new arrangement.*

scepticism UK (US **skepticism**) /ˈskeptɪsɪzəm/ **noun** [U] when you doubt that something is true or useful **скептицизм** *There was some **scepticism about** her ability to do the job.*

schedule[1] /ˈʃedjuːl/ (US) /ˈskedʒuːl/ **noun** **1** [C, U] B2 a plan that gives events or activities and the times that they will happen or be done **расписание, график** *I have a very **busy schedule** today. ◦ Will the work be completed **on schedule** (= at the expected time)? ◦ The project was finished **ahead of schedule** (= earlier than planned).* **2** [C] mainly US a list of times when buses, trains, etc arrive and leave **расписание**

schedule[2] /ˈʃedjuːl/ (US) /ˈskedʒuːl/ **verb** [T] B2 to arrange that an event or an activity will happen at a particular time **включать в расписание, планировать** [often passive] *Your appointment has been **scheduled for** next Tuesday. ◦ a scheduled flight*

scheme[1] /skiːm/ **noun** [C] **1** mainly UK B2 an official plan or system **план, программа** *an insurance/savings scheme ◦ a training scheme for teenagers* **2** a plan for making money, especially in a dishonest way **нечестный замысел, махинация** *a scheme to steal money from investors*

> **Слова-партнеры к scheme**
>
> **come up with/devise** a scheme • **implement/introduce/launch/unveil** a scheme • a scheme **for doing sth**

scheme[2] /skiːm/ **verb** [I] to make a secret plan in order to get an advantage, usually by deceiving people **замышлять недоброе, строить тайные планы**

schizophrenia /ˌskɪtsəˈfriːniə/ **noun** [U] a serious mental illness in which someone cannot understand what is real and what is imaginary **шизофрения** • **schizophrenic** /ˌskɪtsəˈfrenɪk/ **noun** [C] someone who suffers from schizophrenia **шизофреник**

schizophrenic /ˌskɪtsəˈfrenɪk/ **adjective** relating to schizophrenia **шизофренический** *schizophrenic patients/symptoms*

schmooze /ʃmuːz/ **verb** [I, T] informal to talk to someone in a friendly, informal way so that they will like you or do something for you **любезничать** *politicians **schmoozing with** journalists*

scholar /ˈskɒləʳ/ **noun** [C] someone who has studied a subject and knows a lot about it **ученый** *a legal scholar*

scholarly /ˈskɒləli/ **adjective** **1** A scholarly article or book is a formal piece of writing by a scholar about a particular subject. **научный** **2** If someone is scholarly, they study a lot and know a lot about what they study. **эрудированный**

scholarship /ˈskɒləʃɪp/ **noun** **1** [C] an amount of money given to a person by an organization to pay for their education, usually at a college or university **стипендия** **2** [U] when you study a subject for a long time **ученость, эрудиция**

scholastic /skəˈlæstɪk/ **adjective** [always before noun] relating to school and education **школьный, учебный** *scholastic achievements*

school /skuːl/ **noun** **1** [C] A1 a place where children go to be educated **школа** *Which **school do you go to**? ◦ I ride my bike to school.* **2** [U] A2 the time that you spend at school **уроки, занятия** *I like school. ◦ We're going shopping after school.* **3** [no plural] all the students and teachers at a school **школа, учащиеся и учителя** *The whole school took part in the project.* **4 a dance/language/riding, etc school** A2 a place where you can study a particular subject **школа танцев/языковые курсы/школа верховой езды и т. д.** **5** [C] a part of

S

a college or university **факультет, отделение** *the University of Cambridge Medical School* **6** [C, U] US informal in the US, any college or university, or the time you spend there **университет** *Which schools did you apply for?* **7** [C] a group of fish or other sea animals **косяк (рыб), стадо (китов)**

IDIOM **school of thought** the ideas and beliefs shared by a group of people **направление, школа**

→ See also **boarding school**, **elementary school**, **grade school**, **grammar school**, **high school**, **junior high school**, **junior school**, **middle school**, **night school**, **nursery school**, **prep school**, **preparatory school**, **primary school**, **public school**, **secondary school**, **state school**

> Слова-партнеры к **school**
>
> go to school • at school • a school **holiday** • a school **year** • school **children/kids**

schoolboy /ˈskuːlbɔɪ/ **noun** [C] a boy who goes to school **школьник**

schoolchild /ˈskuːltʃaɪld/ **noun** [C] (plural **schoolchildren**) A2 a child who goes to school **школьник, школьница**

schooldays /ˈskuːldeɪz/ **noun** [plural] UK the period in your life when you go to school **школьные годы**

schoolgirl /ˈskuːlɡɜːl/ **noun** [C] a girl who goes to school **школьница**

schooling /ˈskuːlɪŋ/ **noun** [U] education at school **образование, обучение в школе**

schoolteacher /ˈskuːlˌtiːtʃəʳ/ **noun** [C] someone who teaches children in a school **школьный учитель**

science /saɪəns/ **noun** **1** [U] A2 the study and knowledge of the structure and behaviour of natural things in an organized way **наука** **2** [C, U] B1 a particular type of science **научная дисциплина, отрасль науки** *computer science* ◦ *Chemistry, physics, and biology are all sciences.*
→ See also **natural sciences**, **social science**

S

ˌscience ˈfiction **noun** [U] B1 stories about life in the future or in other parts of the universe **научная фантастика**

scientific /ˌsaɪənˈtɪfɪk/ **adjective** B1 relating to science, or using the organized methods of science **научный** ***scientific experiments/research***
• **scientifically adverb** B2 **научно** *a scientifically proven fact*

scientist /ˈsaɪəntɪst/ **noun** [C] B1 someone who studies science or works in science **ученый**

sci-fi /ˈsaɪˌfaɪ/ **noun** [U] informal short for science fiction **научная фантастика**

scintillating /ˈsɪntɪleɪtɪŋ/ **adjective** very interesting or exciting **блестящий, великолепный** *a scintillating performance*

scissors /ˈsɪzəz/ **noun** [plural] A2 a tool for cutting paper, hair, cloth, etc that you hold in your hand and that has two blades that move against each other **ножницы** *a pair of scissors*

scissors

scoff /skɒf/ **verb** **1** [I] to laugh at someone or something, or criticize them in a way that shows you do not respect them **осмеивать, поднимать на смех** *The critics* ***scoffed at*** *his work.* **2** [I, T] UK informal (US **scarf**) to eat a lot of something quickly **пожирать** *Who scoffed all the chocolates?*

scold /skəʊld/ **verb** [T] old-fashioned to speak angrily to someone because they have done something wrong **ругать**

scone /skɒn/, /skəʊn/ **noun** [C] a small, round cake **лепешка, булочка** *tea and buttered scones*

scoop[1] /skuːp/ **verb** [T] to remove something from a container using a spoon, your curved hands, etc **зачерпывать, вычерпывать** *She scooped the ice cream into the dishes.*

PHRASAL VERB **scoop sth/sb up** to lift something or someone with your hands **взять что-либо/кого-либо на руки**

scoop[2] /skuːp/ **noun** [C] **1** a large, deep spoon for lifting and moving an amount of something, or the amount that can be held in it **ложка** *an* ***ice cream scoop*** ◦ *a scoop of ice cream* **2** a piece of news discovered and printed by one newspaper before it appears anywhere else **сенсационная новость (опубликованная раньше, чем в других изданиях)**

scoot /skuːt/ **verb** informal **scoot along/down/over, etc** to go somewhere quickly **быстро смотаться куда-либо**

scooter /ˈskuːtəʳ/ **noun** [C] **1** A2 a small motorcycle **мотороллер** **2** a child's vehicle that has two wheels fixed to the ends of a long board and a long handle **самокат**

scope /skəʊp/ **noun** **1** [no plural] how much a subject or situation relates to **пределы, масштаб** *Do we know the full* ***scope of*** *the problem yet?* **2** [U] the opportunity to do something **возможность, простор** *There is plenty of* ***scope for*** *improvement.*

> Слова-партнеры к **scope**
>
> expand/extend/limit/widen the scope of sth • be beyond/outside/within the scope of sth

scorch /skɔːtʃ/ **verb** [T] to damage something with fire or heat **обжигать, подпаливать**

scorched /skɔːtʃt/ **adjective** slightly burnt, or damaged by fire or heat **обожженный** *scorched earth/fields*

scorching /ˈskɔːtʃɪŋ/ **adjective** very hot **палящий, знойный** *a* ***scorching hot*** *day*

score[1] /skɔːʳ/ **noun 1** [C] B1 the number of points someone gets in a game or test **счет, количество очков** *a* ***high/low score*** ◦ *What's the score?* **2 scores of sth** a large number of people or things **множество** *Scores of teenage girls were waiting to get his autograph.* **3** [C] a printed piece of music **партитура 4 on that/this score** about the thing or subject which you have just discussed **на этот счет** *The company will pay your travel expenses, so don't worry on that score.*

> **Слова-партнеры к score**
> keep score • even/level the score • the final/latest score • a score of sth • a high/low score

score[2] /skɔːʳ/ **verb** [I, T] B1 to get points in a game or test **набирать очки, забивать гол** *He scored just before half-time to put Liverpool 2-1 ahead.*

scoreboard /ˈskɔːbɔːd/ **noun** [C] a large board which shows the score of a game **табло**

scorer /skɔːrəʳ/ **noun** [C] a player who scores points in a game **игрок, забивающий гол** *Domingo was Italy's* ***top scorer.***

scorn /skɔːn/ **noun** [U] formal the feeling that something is stupid and does not deserve your respect **презрение, пренебрежение**
• **scorn verb** [T] formal to show scorn for someone or something **презирать, пренебрегать** *You scorned all my suggestions.*

scornful /ˈskɔːnfəl/ **adjective** formal showing that you think something is stupid and does not deserve your respect **презрительный, пренебрежительный** *I'm very* ***scornful of*** *any findings that lack proper scientific data.*
• **scornfully adverb презрительно, пренебрежительно**

Scorpio /ˈskɔːpiəʊ/ **noun** [C, U] the sign of the zodiac which relates to the period of 23 October – 21 November, or a person born during this period **Скорпион** → See picture at **zodiac**

scorpion /ˈskɔːpiən/ **noun** [C] a small, insect-like creature with a curved, poisonous tail **скорпион**

Scotch /skɒtʃ/ **noun** [C, U] (also ˌ**Scotch ˈwhisky**) a type of whisky (= strong alcoholic drink) **шотландское виски**

ˌ**Scotch ˈtape noun** [U] US trademark (UK trademark **Sellotape**) clear, thin tape used for sticking things, especially paper, together **скотч, клейкая лента** → See **The Classroom** on page Centre 6

the Scots /skɒts/ **noun** [plural] the people of Scotland **шотландцы**

Scottish /ˈskɒtɪʃ/ **adjective** relating to Scotland **шотландский** *Scottish history*

scour /skaʊəʳ/ **verb** [T] **1** to search for something very carefully, often over a large area **тщательно искать, прочесывать** *The police* ***scoured*** *the surrounding countryside* ***for*** *possible clues.* **2** to clean something by rubbing it with something rough **чистить, драить**

scourge /skɜːdʒ/ **noun** formal **the scourge of sth** something which causes a lot of suffering or trouble **бич, наказание** *Drug-related crime is the scourge of modern society.*

scout[1] /skaʊt/ **noun 1** [C] (also **Boy Scout**) a member of an organization for young people which teaches them practical skills and encourages them to be good members of society **скаут 2 the Scouts** an organization for young people which teaches them practical skills and encourages them to be good members of society **организация скаутов 3** [C] someone whose job is to find good musicians, sports people, etc to join an organization **человек, подыскивающий талантливых людей для своей организации** *a* ***talent scout***

scout[2] /skaʊt/ **verb** [I] (also **scout around**) to try to find something by looking in different places **разыскивать** *I'm* ***scouting around for*** *somewhere to park.*

scowl /skaʊl/ **verb** [I] to look at someone angrily **сердито смотреть** *He* ***scowled at*** *me from behind his paper.*
• **scowl noun** [C] **сердитый взгляд**

scrabble /ˈskræbl/ **verb**

PHRASAL VERB **scrabble about/around** to use your fingers to quickly find something that you cannot see **рыться (в поисках чего-либо)** *She scrabbled around in her bag, trying to find her keys.*

scramble /ˈskræmbl/ **verb 1 scramble down/out/up, etc** to move or climb quickly but with difficulty, often using your hands **карабкаться, пробираться** *We scrambled up the hill.* **2** [I] to compete with other people for something which there is very little of **бороться за что-либо** [+ to do sth] *New teachers scramble to get jobs in the best schools.*
• **scramble noun** [no plural] **карабканье, борьба** *There was a* ***mad scramble*** *for places near the front.*

ˌ**scrambled ˈeggs noun** [plural] eggs which are mixed together and then cooked **яичница-болтунья**

scrap[1] /skræp/ **noun 1** [C] a small piece or amount of something **обрывок, клочок** *He wrote his phone number on* ***a scrap of*** *paper.* ◦ *I've read every* ***scrap of information*** *I can find on the subject.* **2** [U] old cars and machines that are not now needed but have parts which can be used to make other things **металлический лом** ***scrap metal*** ◦ *The car was so badly damaged we could only sell it as scrap.* **3** [C] informal a fight or an argument, usually not very serious **ссора, стычка** *He was always* ***getting into scraps*** *at school.*

S

scrap² /skræp/ **verb** [T] (present participle **scrapping**, past tense and past participle **scrapped**) **1** informal to not continue with a plan or idea **прекращать, отказываться** *That project has now been scrapped.* **2** to get rid of something which you do not now want **выбрасывать за ненадобностью**

scrapbook /ˈskræpbʊk/ **noun** [C] a book with empty pages where you can stick newspaper articles, pictures, etc, that you have collected and want to keep **альбом для вырезок**

scrape¹ /skreɪp/ **verb** [T] **1** to damage the surface of something by rubbing it against something rough **царапать, обдирать** *Jamie fell over and **scraped** his **knee**.* **2** to remove something from a surface using a sharp edge **соскабливать, счищать** *The next morning I had to scrape the ice off the car.* **3 scrape a win/draw/pass** UK to succeed in a test or competition but with difficulty **кое-как выигрывать/сводить вничью/сдавать экзамен** *France scraped a 3-2 win over Norway.*

PHRASAL VERBS **scrape by** to manage to live when you do not have enough money **еле-еле сводить концы с концами** • **scrape through (sth)** to succeed in something but with a lot of difficulty **с большим трудом сделать что-либо** *I scraped through my exams* (= *just passed*). • **scrape sth together** to manage with a lot of difficulty to get enough of something, often money **наскрести** *I finally **scraped together** enough **money** for a flight home.*

scrape² /skreɪp/ **noun** [C] **1** the slight damage caused when you rub a surface with something rough **царапина** *He suffered a few cuts and scrapes but nothing serious.* **2** informal a difficult or dangerous situation which you cause yourself **переделка, неприятность** *She's always **getting into scrapes**.*

scrappy /ˈskræpi/ **adjective** **1** UK untidy or organized badly **неорганизованный, путаный** *They won but it was a scrappy match.* **2** US determined to win or achieve something **настойчивый, целеустремленный** *a scrappy competitor*

scratch¹ /skrætʃ/ **verb** **1** [I, T] B2 to rub your skin with your nails, often to stop it itching (= feeling unpleasant) **чесать(ся)** *He scratched his head.* **2** [T] B2 to make a slight cut or long, thin mark with a sharp object **царапать, оцарапать** *The surface was all scratched.* ◦ *I scratched myself on the roses.* **3** [I, T] B2 to rub a hard surface with a sharp object, often making a noise **царапать(ся)** *I could hear the cat scratching at the door.*

scratch² /skrætʃ/ **noun** **1** [C] B2 a slight cut or a long, thin mark made with a sharp object **царапина** *I've got all these scratches on my arm from the cat.* **2** [no plural] when you rub your skin with your nails, often to stop it itching (= feeling unpleasant) **почесывание** *Could you give my back a scratch?* **3 from scratch** If you do something from scratch, you do it from the beginning. **с нуля, на голом месте**

IDIOM **not be/come up to scratch** informal to not be good enough **не быть на должной высоте, не отвечать требованиям** *She told me my work wasn't up to scratch.*

scrawl /skrɔːl/ **verb** [T] to write something quickly so that it is untidy **небрежно писать** *She scrawled a note, but I couldn't read it.*
• **scrawl noun** [C, U] **небрежный почерк**

scrawny /ˈskrɔːni/ **adjective** too thin **костлявый, тощий** *a scrawny neck*

scream¹ /skriːm/ **verb** [I, T] B1 to make a loud, high noise with your voice, or to shout something in a loud, high voice because you are afraid, hurt, or angry **пронзительно кричать, вопить** *She screamed for help.* ◦ *I could hear a woman screaming, "Get me out of here!"*

scream² /skriːm/ **noun** **1** B1 [C] when someone screams **пронзительный крик** *We heard screams coming from their apartment.* ◦ *We heard a **blood-curdling** scream.* **2 be a scream** informal to be very funny **быть уморительным** *You'd love Amanda – she's a scream.*

> **Слова-партнеры к scream**
>
> **let out** a scream • a **blood-curdling/piercing/shrill** scream • a scream **of** [horror/pain/shock, etc]

screech /skriːtʃ/ **verb** **1** [I, T] to make an unpleasant, high, loud sound **визжать** *A car came screeching around the corner.* ◦ *She was screeching at him at the top of her voice.* **2 screech to a halt/stop** If a vehicle screeches to a halt, it suddenly stops, making an unpleasant, high sound. **останавливаться, визжа тормозами**
• **screech noun** [C] **визг** *We could hear the **screech of brakes**.*

screen

screen¹ /skriːn/ **noun** **1** [C] A2 the part of a television or computer which shows images or writing **экран** *I spend most of my day working in front of a* ***computer screen.*** **2 on screen** (A2) using a computer **на компьютере/с компьютером** *Do you work on screen?* **3** [C] (A2) a large, flat surface where a film or an image is shown **экран 4** [U, no plural] cinema films **кино** *an actor of* ***stage and screen*** *(= theatre and films)* ◦ *She first* ***appeared on screen*** *in 1965.* **5** [C] a wire net which covers a window or door and is used to stop insects coming in **сетка (от насекомых) 6** [C] a vertical structure which is used to separate one area from another **перегородка**

screen[2] /skriːn/ **verb** [T] **1** to find out if people have an illness by doing medical tests on them **делать анализ** *Babies are routinely* ***screened for*** *the condition.* **2** to find out information about someone in order to decide if they are suitable for a particular job **проводить проверку, тщательно отбирать** *Applicants are screened to ensure that none of them is a security risk.* **3** to show something on television or at a cinema **показывать по телевизору или в кино** [often passive] *The first episode will be screened tonight.*

PHRASAL VERB **screen sth off** to separate one area from another using a vertical structure **отгораживать, ставить перегородку** *Part of the room is screened off and used as an office.*

screenplay /ˈskriːnpleɪ/ **noun** [C] a story that is written for television or for a film **сценарий**

ˈscreen ˌsaver noun [C] (also **screensaver**) a program to protect a computer screen that automatically shows a moving image if the computer is not used for a few minutes **режим сохранения экрана, заставка**

screw[1] /skruː/ **noun** [C] a small, pointed piece of metal that you turn round and round to fix things together, especially pieces of wood **винт, шуруп** → See picture at **tool**

screw[2] /skruː/ **verb 1 screw sth down/to/onto, etc** to fasten something with a screw **привинчивать** *You need to screw the cabinet to the wall.* **2 screw sth on/down/together, etc** to fasten something by turning it round until it is tight, or to be fastened this way **завинчивать** *The lid is* ***screwed on*** *so tight I can't get it off.* → Opposite **unscrew 3 screw up your eyes/face** to move the muscles of your face so that your eyes become narrow **щуриться/кривиться** *He screwed up his eyes in the bright sunlight.*

PHRASAL VERBS **screw (sth) up** informal to make a mistake, or to spoil something **заваливать (экзамен и т. д.)** *I screwed up my exams last year.* • **screw sth up** to twist and crush a piece of paper with your hands **сжимать, комкать** *She screwed the letter up and threw it in the bin.*

screwdriver /ˈskruːˌdraɪvəʳ/ **noun** [C] a tool for turning screws **отвертка** → See picture at **tool**

screwed-up /ˌskruːdˈʌp/ **adjective** informal If someone is screwed-up, they are unhappy and anxious because they have had a lot of bad experiences. **ненормальный**

scribble /ˈskrɪbl/ **verb** [I, T] to write or draw something quickly and carelessly **набросать (рисунок или надпись)** *She* ***scribbled*** *some* ***notes*** *in her book.*

• **scribble noun** [C, U] something that has been scribbled **что-либо небрежно написанное или нарисованное**

script /skrɪpt/ **noun 1** [C] (B2) the words in a film, play, etc **сценарий** *He wrote a number of* ***film scripts.*** **2** [C, U] a set of letters used for writing a particular language **шрифт** *Arabic/Roman script*

scripted /ˈskrɪptɪd/ **adjective** A scripted speech or broadcast has been written before it is read or performed. **заранее написанный**

scripture /ˈskrɪptʃəʳ/ **noun** [U] (also **the scriptures**) the holy books of a religion **Священное Писание**

scriptwriter /ˈskrɪptˌraɪtəʳ/ **noun** [C] someone who writes the words for films or radio or television programmes **сценарист**

scroll[1] /skrəʊl/ **noun** [C] a long roll of paper with writing on it, used especially in the past **свиток**

scroll[2] /skrəʊl/ **verb scroll up/down/through, etc** to move text or an image on a computer screen so that you can look at the part that you want **прокручивать вверх/вниз**

scrollbar /ˈskrəʊlbɑːʳ/ **noun** [C] on a computer screen, a thin rectangle on the side or bottom that you use to move text or an image **линейка прокрутки (на экране компьютера)**

scrooge /skruːdʒ/ **noun** [C] informal someone who spends very little money **скряга**

scrounge /skraʊndʒ/ **verb** [I, T] informal to get something from someone else instead of paying for it yourself **клянчить, попрошайничать** *He's always* ***scrounging*** *money* ***off*** *you.*

scrub[1] /skrʌb/ **verb** [I, T] (present participle **scrubbing**, past tense and past participle **scrubbed**) to clean something by rubbing it hard with a brush **скрести, мыть** *to scrub the floor*

scrub[2] /skrʌb/ **noun 1** [U] bushes and small trees that grow in a dry area **кустарник 2** [no plural] when you clean something by rubbing it with a brush **чистка** *I* ***gave*** *my hands* ***a scrub.***

scruff /skrʌf/ **noun**

IDIOM **by the scruff of the/your neck** by the back of the neck **за шиворот, за шкирку** *She picked the cat up by the scruff of its neck.*

scruffy /ˈskrʌfi/ **adjective** dirty and untidy **неряшливый** *scruffy jeans* ◦ *I don't like to look scruffy.*

scruple /ˈskruːpl/ **noun** [C] a belief that something is wrong which stops you from doing that thing **угрызения совести** [usually plural] *She* ***has no scruples*** *about accepting bribes.*

scrupulous /ˈskruːpjələs/ **adjective 1** very careful and giving great attention to details

S

щепетильный *He's very scrupulous about making sure that all the facts are checked.* **2** always honest and fair **порядочный** → Opposite **unscrupulous**

scrutinize (also UK **-ise**) /ˈskruːtɪnaɪz/ **verb** [T] to examine something very carefully **тщательно проверять** *The evidence was carefully scrutinized.*

scrutiny /ˈskruːtɪni/ **noun** [U] when you examine something carefully **внимательное изучение** *Every aspect of her life **came under** public **scrutiny**.*

> Слова-партнеры к **scrutiny**
>
> **be under/come under** scrutiny • **careful/close/rigorous** scrutiny • **public** scrutiny

scuba diving /ˈskuːbəˌdaɪvɪŋ/ **noun** [U] a sport in which you swim under water using special equipment for breathing **подводное плавание со скубой**

scuff /skʌf/ **verb** [T] to make a mark on your shoes by rubbing them against something rough **поцарапать**

scuffle /ˈskʌfl/ **noun** [C] a short fight in which people push each other **потасовка** *A **scuffle broke out** (= started) behind the courtroom.*

sculptor /ˈskʌlptəʳ/ **noun** [C] someone who makes sculpture **скульптор**

sculpture /ˈskʌlptʃəʳ/ **noun 1** [C, U] B1 a piece of art that is made from stone, wood, clay, etc **скульптура** *a wooden sculpture ◦ modern sculpture* **2** [U] B1 the art of making objects from stone, wood, clay, etc **скульптура, ваяние** *She teaches sculpture at an art school.*

scum /skʌm/ **noun 1** [U, no plural] an unpleasant, thick substance on the surface of a liquid **пена** **2** [U] informal an offensive way of referring to a very bad person **подонок**

S

scurry /ˈskʌri/ **verb scurry along/around/away, etc** to walk quickly or run because you are in a hurry **поспешно двигаться, бежать**

scuttle /ˈskʌtl/ **verb scuttle across/along/away, etc** to run quickly using short steps **поспешно семенить** *A beetle scuttled across the floor.*

scythe /saɪð/ **noun** [C] a tool with a long handle and a curved blade that is used to cut tall grass and crops **коса (инструмент)**

sea /siː/ **noun 1** A1 [C, U] a large area of salt water **море** *I'd like to live by **the sea**. ◦ It was our third day **at sea** (= travelling on the sea). ◦ It's cheaper to send parcels **by sea** (= on a ship).* **2 Sea** A1 a particular area of salt water **море** *the North Sea ◦ the Black Sea* **3 a sea of sth** a large number of something **множество, огромное количество** *He looked across the room and saw a sea of faces.*

seabed /ˈsiːbed/ **noun** [no plural] the floor of the sea **морское дно**

seafood /ˈsiːfuːd/ **noun** [U] animals from the sea that are eaten as food, especially animals that live in shells **морепродукты**

seafront /ˈsiːfrʌnt/ **noun** [C] UK a part of a town that is next to the sea **приморская часть города** [usually singular] *We walked **along** the **seafront**.*

seagull /ˈsiːgʌl/ **noun** [C] a grey and white bird that lives near the sea **чайка**

seagull

seahorse /ˈsiːhɔːs/ **noun** [C] a small fish that has a head and neck the same shape as a horse's **морской конек**

seal[1] /siːl/ **noun** [C] **1** B2 an animal with smooth fur that eats fish and lives near the sea **тюлень** **2** a piece of paper or plastic on a container that you break in order to open it **пломба, печать** **3** an official mark made of wax, paper, or metal that is put on important documents **печать** **4** an object or substance that stops liquid or air from leaving or entering a container **затычка**

seal[2] /siːl/ **verb** [T] **1** (also **seal up**) to close an entrance or container so that air or liquid cannot enter or leave it **опечатывать, плотно закрывать** *She quickly sealed up the bottle.* **2** to close a letter or parcel by sticking the edges together **запечатывать** *to seal an envelope*

PHRASAL VERB **seal sth off** to prevent people from entering an area or building, often because it is dangerous **опечатывать, перекрывать доступ** *Police immediately sealed off the streets.*

ˈsea ˌlevel **noun** [U] the level of the sea's surface, used to measure the height of an area of land **уровень моря**

ˈsea ˌlion **noun** [C] a large seal (= sea animal) **морской лев**

seam /siːm/ **noun** [C] **1** a line of sewing where two pieces of cloth have been joined together **шов** **2** a long, thin layer of coal under the ground **пласт**

seaman /ˈsiːmən/ **noun** [C] (plural **seamen**) a sailor **моряк**

seance /ˈseɪɒns/ **noun** [C] a meeting at which people try to communicate with spirits of dead people **спиритический сеанс**

search[1] /sɜːtʃ/ **verb 1** [I, T] B1 to try to find someone or something **искать, обыскивать** *I've searched my bedroom but I can't find my watch. ◦ Police are still **searching** the woods **for** the missing girl.* **2** [T] B2 If the police search someone, they look in their clothes and bags to see if they are hiding anything illegal, such as drugs. **обыскивать** *They were searched at the airport.* **3** [I] B2 to try to find an answer to a problem **искать** *Doctors are still **searching for** a cure.*

search[2] /sɜːtʃ/ **noun 1** [C] B1 when you try to find someone or something **поиск** [usually singular] *Police are continuing their* ***search for*** *the missing girl.* ◦ *They went off* ***in search of*** *(= to find) a bar.* **2** [no plural] B2 when you try to find an answer to a problem **поиск** *the search for happiness*

> **Слова-партнеры к search (noun)**
>
> carry out/conduct/make/mount a search • abandon/call off a search • a desperate/frantic/painstaking/thorough search • a search for sb/sth • in search of sb/sth

search ˌengine noun [C] a computer program which finds information on the Internet by looking for words which you have typed in **система поиска (в Интернете)** → See Study Page **The Web and the Internet** on page Centre 36

searching /ˈsɜːtʃɪŋ/ **adjective** A searching question or look is intended to discover the truth about something. **пытливый**

search ˌparty noun [C] a group of people who look for someone who is lost **поисковая группа**

search ˌwarrant noun [C] an official document that allows the police to search a building **ордер на обыск**

searing /ˈsɪərɪŋ/ **adjective** [always before noun] extreme and unpleasant **пронизывающий** ***searing pain/heat***

sea ˌshell noun [C] the empty shell of some types of sea animals **морская ракушка**

the seashore /ˈsiːʃɔːʳ/ **noun** the area of land along the edge of the sea **морское побережье**

seasick /ˈsiːsɪk/ **adjective** feeling ill because of the way a boat is moving **страдающий морской болезнью**

the seaside /ˈsiːsaɪd/ **noun** B1 an area or town next to the sea **морское побережье, приморский городок** *We had a picnic* ***at the seaside.*** ◦ *a seaside resort/community*

season¹ /ˈsiːzᵊn/ **noun 1** [C] B1 one of the four periods of the year; winter, spring, summer, or autumn **время года 2** [C] B1 a period of the year when a particular thing happens **сезон** [usually singular] *the holiday season* ◦ *the rainy/dry season* ◦ *the football season* **3 in season a** B2 If vegetables or fruit are in season, they are available and ready to eat. **сейчас сезон (для овощей, фруктов) b** If a female animal is in season, she is ready to mate. **быть готовым к воспроизведению потомства, спариванию (о животном) 4 out of season a** If vegetables or fruit are out of season, they are not usually available at that time. **сейчас не сезон (для овощей, фруктов) b** If you go somewhere out of season, you go during a period of the year when few people are there. **(ехать куда-либо) не в сезон**

season² /ˈsiːzᵊn/ **verb** [T] to add salt or spices to food that you are cooking **солить, приправлять**

seasonal /ˈsiːzᵊnᵊl/ **adjective** B2 happening or existing only at a particular time of the year **сезонный** *a seasonal worker* ◦ *the seasonal migration of birds*

seasoned /ˈsiːzᵊnd/ **adjective** [always before noun] having a lot of experience of doing something **закаленный, опытный** ***a seasoned traveller***

seasoning /ˈsiːzᵊnɪŋ/ **noun** [C, U] salt or spices that you add to food **соль, приправа**

ˈseason ˌticket UK (US ˌseason ˈticket) **noun** [C] a ticket that you can use many times without having to pay each time **сезонный билет, абонемент**

seat¹ /siːt/ **noun** [C] **1** A2 something that you sit on **сиденье, место** *Please,* ***have/take a seat*** *(= sit down).* ◦ *I've booked three seats for the cinema tonight.* ◦ *the* ***back/front seat*** *of a car* **2** the flat part of a chair, bicycle, etc that you sit on **сиденье 3** a position in a parliament or other group that makes official decisions **место (в парламенте)** *a seat in parliament* ◦ *a congressional seat*

> **Слова-партнеры к seat**
>
> have/take a seat • in/on a seat • the back/driver's/front/passenger seat

seat² /siːt/ **verb 1 seat yourself in/on/next to, etc** to sit somewhere **садиться** *I seated myself next to the fire.* **2 be seated a** B2 to be sitting down **сидеть** *The director was seated on his right.* **b** used to politely ask a group of people to sit down **садитесь** *Would the people at the back please be seated.* **3 seat 4/12/200, etc** If a building, room, or vehicle seats a particular number of people, that many people can sit in it. **быть рассчитанным на 4/12/200 и т. д. мест**

ˈseat ˌbelt noun [C] a strap that you fasten across your body when travelling in a vehicle **ремень безопасности** *to* ***fasten*** *your* ***seat belt*** → See **Car** on page Centre 7

seating /ˈsiːtɪŋ/ **noun** [U] the seats in a public place, or the way that they are arranged **места, рассаживание**

seaweed /ˈsiːwiːd/ **noun** [U] a plant that you find on the beach and that grows in the sea **водоросль**

sec /sek/ **noun** [C] informal a very short time **секунда, момент** *Just a sec – I'm nearly ready.*

secluded /sɪˈkluːdɪd/ **adjective** If a place is secluded, it is quiet and not near people. **отдаленный, глухой** *a secluded beach/garden*

seclusion /sɪˈkluːʒᵊn/ **noun** [U] when someone lives alone, away from other people **уединение** *He lived* ***in seclusion*** *for the rest of his life.*

second¹ /ˈsekᵊnd/ **adjective, pronoun 1** A1 referring to the person, thing, or event that comes immediately after the first **второй** *You're second on the list.* ◦ *This is my second piece of chocolate cake.* ◦ *She didn't win but she did* ***come***

S

second (= *was the one after the winner*) *in one race.* **2** Ⓐ1 2nd written as a word **второй** → See also **second best**, **second-hand**, **second language**, **second nature**, **the second person**, **second-rate**, **second thought**, **second wind**

second² /ˈsekᵊnd/ **noun** [C] **1** Ⓐ2 one of the 60 parts a minute is divided into **секунда** **2** informal Ⓑ1 a very short period of time **секунда, мгновение** *I'll be back in just a second.* **3** something that is sold cheaply because it is damaged or not in perfect condition **второсортный товар** [usually plural] *Some of those towels are seconds.*

second³ /ˈsekᵊnd/ **verb** [T] to formally support an idea at a meeting **поддерживать** [often passive] *The chairperson's proposal was seconded by Ms Jones.*

second⁴ /sɪˈkɒnd/ **verb** [T] UK to send someone to another job for a fixed period of time **временно откомандировывать** [often passive] *He was seconded from the police to the Department of Transport.*

secondary /ˈsekᵊndᵊri/ **adjective** **1** Ⓑ1 relating to the education of students aged between 11 and 18 **средний (о школе)** *secondary education* **2** less important than something else **второстепенный** *What matters is the size of the office. The location is of secondary importance.*

ˌsecondary conˈsumer **noun** [C] an animal that eats other animals **вторичный потребитель, животное, которое поедает других животных**

ˈsecondary ˌschool **noun** [C] mainly UK a school for students aged between 11 and 18 **средняя школа**

ˌsecond ˈbest **adjective** not the best but the next best **занимающий второе место** *the second best candidate*

• **second best** **noun** [U] **человек или предмет, занимающий второе место**

second-class /ˌsekəndˈklɑːs/ **adjective** **1** relating to the less expensive way of travelling in a train that most people use **второго класса** *a second-class carriage/ticket* **2** less important than other people **второсортный** *Women are still treated as **second-class citizens**.* **3** A second-class university degree is a good degree but not the best possible. **без отличия (о дипломе)**

• **second class** **adverb** **второго класса, вторым классом** *We always travel second class.*

second-guess /ˌsekᵊndˈges/ **verb** [T] to guess what someone will do in the future **предвидеть, предугадать**

second-hand /ˌsekᵊndˈhænd/ **adjective, adverb** Ⓑ1 If something is second-hand, someone else owned or used it before you. **подержанный, с рук** ***second-hand books/clothes*** ◦ *She buys a lot of clothes second-hand.*

ˌsecond ˈlanguage **noun** [C] a language that you speak that is not the first language you learned as a child **второй язык**

secondly /ˈsekəndli/ **adverb** Ⓑ2 used for introducing the second reason, idea, etc **во-вторых** *I want two things: firstly, more money, and secondly, better working hours.*

ˌsecond ˈnature **noun** [U] something that you can do easily because you have done it many times before **что-либо естественное, привычное** *After a few years, teaching became second nature to me.*

the ˌsecond ˈperson **noun** Ⓑ2 the form of a verb or pronoun that is used when referring to the person being spoken or written to. For example 'you' is a second person pronoun **второе лицо (в грамматике)**

second-rate /ˌsekəndˈreɪt/ **adjective** of bad quality **второразрядный** *a second-rate writer*

ˌsecond ˈthought **noun** **1 on second thoughts** UK used when you want to change a decision you have made **впрочем, хотя** *I'll have tea, please – on second thoughts, make that coffee.* **2 without a second thought** If you do something without a second thought, you do it without first considering if you should do it or not. **не раздумывая** *She'll spend a hundred pounds on a dress without a second thought.* **3 have second thoughts** to change your opinion about something or start to doubt it **сомневаться, быть одолеваемым сомнениями** [+ about + doing sth] *I've been having second thoughts about doing the course.*

ˌsecond ˈwind **noun** [no plural] a return of energy that makes it possible to continue an activity **второе дыхание** *I was feeling tired, but I **got my second wind** after lunch.*

secrecy /ˈsiːkrəsi/ **noun** [U] when something is kept secret **секретность** *Politicians criticized **the secrecy surrounding** the air attack.*

> Слова-партнеры к **secrecy**
>
> be **shrouded in** secrecy • do sth **in** secrecy • **absolute/strict** secrecy • the secrecy **of/surrounding** sth

secret¹ /ˈsiːkrət/ **adjective** **1** Ⓑ1 If something is secret, other people are not allowed to know about it. **тайный** *a secret affair/meeting* ◦ *I'll tell you but you must **keep it secret**.* **2 secret admirer/drinker, etc** someone who does something or feels something without telling other people about it **тайный поклонник/алкоголик и т. д.**

• **secretly** **adverb** Ⓑ1 **тайно** *He secretly taped their conversation.* → See also **top-secret**

secret² /ˈsiːkrət/ **noun** **1** [C] Ⓑ1 something that you tell no one about or only a few people **секрет, тайна** *I'm having a party for him but it's a secret.* ◦ *Can you **keep a secret**?* **2 the secret** Ⓑ2 the best way of achieving something **секрет, ключ** *So what's the secret of your success?* **3 in secret** Ⓑ2 without telling other people **тайно** *For years they met in secret.*

Слова-партнеры к secret

keep a secret • **let sb in on/reveal/tell sb** a secret • a **big/closely-guarded/well-kept** secret

ˌsecret ˈagent noun [C] someone who tries to find out secret information, especially about another country **тайный агент**

secretarial /ˌsekrəˈteəriəl/ **adjective** relating to the work of a secretary (= office worker who types letters, etc) **секретарский** ***secretarial skills***

secretary /ˈsekrətᵊri/ **noun** [C] **1** Ⓐ2 someone who works in an office, typing letters, answering the telephone, and arranging meetings, etc **секретарь 2** (also **Secretary**) an official who is in charge of a large department of the government **министр** *the Secretary of State*

secrete /sɪˈkriːt/ **verb** [T] to produce a substance **выделять (вещество и т. д.)** *A mixture of substances are secreted by cells within the stomach.*

• **secretion** /sɪˈkriːʃᵊn/ **noun** [C, U] **секреция**

secretive /ˈsiːkrətɪv/ **adjective** not willing to tell people what you know or what you are doing **скрытный** *He's very* ***secretive about*** *his relationships.*

• **secretively adverb скрытно**

ˌSecret ˈService noun [no plural] **1** in the UK, a department of the government that tries to find out secret information about foreign countries **секретная служба, разведка (в Великобритании) 2** in the US, a government organization that protects the president **служба охраны президента (в США)**

sect /sekt/ **noun** [C] a group of people with a set of religious or political beliefs, often extreme beliefs **секта**

sectarian /sekˈteəriən/ **adjective** relating to the differences between religious groups **сектантский** ***sectarian violence***

section /ˈsekʃᵊn/ **noun** [C] **1** Ⓑ1 one of the parts that something is divided into **часть, отдел, секция** *a non-smoking section in a restaurant* ◦ *the business section of a newspaper* ◦ *the tail section of an aircraft* **2** a model or drawing of something that shows how it would look if it were cut from top to bottom and seen from the side **сечение** → See also **cross-section**

sector /ˈsektəʳ/ **noun** [C] **1** one part of a country's economy **сектор** *the* ***private/public sector*** ◦ *the financial/manufacturing sector* **2** one of the parts that an area is divided into **сектор, участок** *the British sector of the North Sea*

secular /ˈsekjələʳ/ **adjective** not religious or not controlled by a religious group **светский, мирской** *secular education* ◦ *a* ***secular state***

secure¹ /sɪˈkjʊəʳ/ **adjective 1** Ⓑ2 not likely to fail or be lost **надежный** *a secure investment/job* **2** Ⓑ2 safe from danger **безопасный, защищенный** *I don't feel that the house is secure.* **3** Ⓑ2 confident about yourself and the situation that you are in **уверенный, свободный от сомнений** *I need to feel secure in a relationship.* **4** firmly fastened and not likely to fall or break **прочный, надежно запертый** *Check that all windows and doors are secure.* → Opposite **insecure**

secure² /sɪˈkjʊəʳ/ **verb** [T] **1** to achieve something, after a lot of effort **добиваться** *to secure the release of hostages* **2** to fasten something firmly **запирать** *He* ***secured*** *the bike* ***to*** *the gate.* **3** to make something safe **надежно защищать, обеспечивать безопасность**

securely /sɪˈkjʊəli/ **adverb** If something is securely fastened, it will not fall or become loose. **надежно**

security /sɪˈkjʊərəti/ **noun** [U] **1** Ⓑ1 the things that are done to keep someone or something safe **безопасность** *airport/****national security*** ◦ *a security alarm* **2** when something is not likely to fail or be lost **надежность, безопасность** ***financial security*** ◦ ***job security*** **3** confidence about yourself and the situation that you are in **уверенность** *the security of a long-term relationship* → Opposite **insecurity 4** something valuable that you offer to give someone when you borrow money if you cannot pay the money back **обеспечение (долга), залог** → See also **social security**

Слова-партнеры к security

lax/tight security • security **arrangements/checks** • a security **breach/guard/lapse/operation/risk** • **national** security

sedan /sɪˈdæn/ **noun** [C] US (UK **saloon**) a large car with a separate, closed area for bags **седан**

sedate¹ /sɪˈdeɪt/ **adjective** calm and slow **спокойный, размеренный** *walking at a* ***sedate pace***

sedate² /sɪˈdeɪt/ **verb** [T] to give a person or animal a drug to make them feel calm **давать успокоительное лекарство**

• **sedation** /sɪˈdeɪʃᵊn/ **noun** [U] **успокоение (лекарствами)** *She had to be put* ***under sedation.***

sedative /ˈsedətɪv/ **noun** [C] a drug used to sedate a person or an animal **успокоительное лекарство**

sedentary /ˈsedᵊntᵊri/ **adjective** spending a lot of time sitting down or not being active **сидячий, малоподвижный** *a* ***sedentary job/lifestyle***

sediment /ˈsedɪmənt/ **noun** [C, U] a solid substance that forms a layer at the bottom of a liquid **осадок**

seduce /sɪˈdjuːs/ **verb** [T] **1** to persuade someone to have sex with you, especially someone young **соблазнять, совращать 2** to persuade someone to do something they would not normally do **соблазнять** *I wouldn't have bought it but I was seduced by the low prices.*

seductive /sɪˈdʌktɪv/ **adjective 1** sexually attract-

S

ive **соблазнительный, чарующий** *a seductive smile/voice* **2** making you want to have or do something **соблазнительный** *the seductive power of money*

see /siː/ **verb** (present participle **seeing**, past tense **saw**, past participle **seen**) **1** [I, T] Ⓐ1 to notice people and things with your eyes **видеть** *Have you seen Jo? ◦ Turn the light on so I can see.* → See Note **look** **2** [I, T] Ⓑ1 to understand something **понимать** *I see what you mean. ◦ I don't see why I should go.* **3** [T] Ⓐ1 to meet or visit someone **встречать(ся), посещать** *I'm seeing Peter tonight. ◦ You should see a doctor.* **4** [T] Ⓐ2 to watch a film, television programme, etc **смотреть** *Did you see that film last night?* **5** [T] Ⓑ1 to find out information **узнавать, выяснять** [+ question word] *I'll just see what time the train gets in.* **6** [T] Ⓑ2 to imagine or think about something or someone in a particular way **представлять себе** *I just can't* ***see*** *him* ***as*** *a father.* **7** [T] to believe that something will happen **верить** *I can't see us finishing on time.* **8** [T] to be the time or place where something happens **быть свидетелем** *This decade has seen huge technological advances.* **9 see that** If you ask someone to see that something happens, you want them to make sure it happens. **позаботиться о чем-либо** *Could you see that everyone gets a copy of this letter?* **10 see sb home/to the station, etc** to go somewhere with someone, especially to make sure they are safe **провожать кого-либо домой/на вокзал и т. д.** *Let me see you home.* **11 I'll/we'll see** used to say that you will make a decision about something later **посмотрим!** *"Dad, can I have a guitar?" "We'll see."* **12 see you** informal Ⓐ1 used for saying goodbye **пока!** → See also be glad/happy, etc to see the **back²** of sb/sth, see **eye¹** to eye (with sb), see **red²**

PHRASAL VERBS **see about sth/doing sth** to deal with something, or arrange for something to be done **позаботиться о чем-либо** *You should see about getting your hair cut.* • **see sth in sb/sth** to believe that someone or something has a particular quality **находить что-либо в ком-либо/чем-либо** *I can't understand what you see in her (= why you like her).* • **see sb off** Ⓑ2 to go to the place that someone is leaving from in order to say goodbye to them **провожать кого-либо** *My parents came to the airport to see me off.* • **see sb out** to take someone to the door of a room or building when they are leaving **провожать до двери** *Don't worry, I'll see myself out (= leave the room/building by myself).* • **see through sb/sth** Ⓑ2 to understand that someone is trying to deceive you **раскусить, видеть насквозь** *I saw through him at once.* • **see to sth** Ⓑ2 to deal with something **позаботиться о чем-либо, справиться с чем-либо** *Don't worry, I'll see to everything while you're away.*

seed¹ /siːd/ **noun** **1** Ⓑ2 [C, U] a small round or oval object produced by a plant that a new plant can grow from **семечко** ***Sow*** *the* ***seeds*** *(= plant them) near the surface.* **2 (the) seeds of sth** the beginning of something **начало, источник** *the seeds of hope/change* → See also **sesame seed**

seed² /siːd/ **verb** **1** [T] to plant seeds in the ground **сеять** **2 be seeded first/second, etc** in tennis, to be the first/second, etc on a list of players expected to succeed in a competition **выступать под номером первым/вторым и т. д. (в теннисе)**

seedless /ˈsiːdləs/ **adjective** without seeds **бескосточковый, бессемянный** *seedless grapes*

seedling /ˈsiːdlɪŋ/ **noun** [C] a young plant that has been grown from a seed **рассада, сеянец**

seedy /ˈsiːdi/ **adjective** informal looking dirty or in bad condition and likely to be involved in immoral activities **захудалый, сомнительного вида** *a seedy bar/hotel*

seeing ˈeye dog **noun** [C] US (UK/US **guide dog**) a dog that is trained to help blind people **собака-поводырь**

seek /siːk/ **verb** [T] (past tense and past participle **sought**) **1** Ⓑ2 to try to find or get something **искать** *to* ***seek advice****/a solution* **2** to try to do something **пытаться, добиваться** [+ to do sth] *They are seeking to change the rules. ◦ to seek re-election* → See also **hide-and-seek**

seem /siːm/ **verb** **seem happy/a nice person, etc; seem like/as if, etc** Ⓑ1 to appear to be a particular thing or to have a particular quality **казаться счастливым/милым человеком и т. д., казаться, представляться** *She seemed happy enough. ◦ It seemed like a good idea at the time. ◦ There doesn't* ***seem to be*** *any real solution. ◦* [+ (that)] *It seems that the bars close early here. ◦* ***It seems to me*** *(= I think) that she's in the wrong job.*

seemingly /ˈsiːmɪŋli/ **adverb** appearing to be something without really being that thing **по-видимому, как будто** *a seemingly harmless comment*

seen /siːn/ past participle of see **прич. прош. вр. от гл. see**

seep /siːp/ **verb** **seep from/into/through, etc** to flow very slowly through something **просачиваться из/в/сквозь и т. д.** *Water was seeping through the walls.*

seesaw

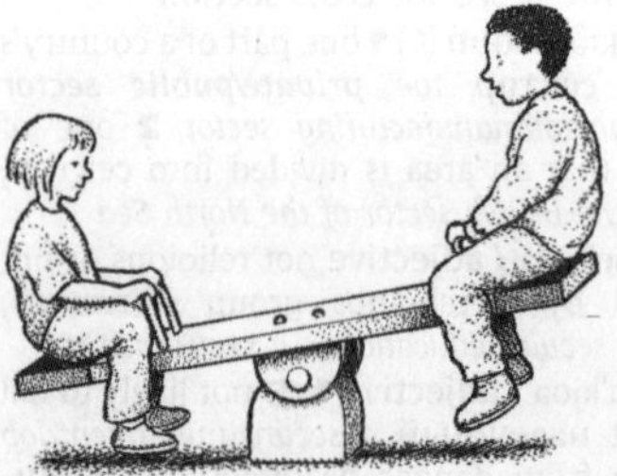

seesaw /ˈsiːsɔː/ **noun** [C] (also US **teeter-totter**) a long board that children play on by sitting at each end and using their feet on the ground to push the board up and down **доска-качели**

seethe /siːð/ **verb** [I] to be very angry, often without showing it **кипеть, быть переполненным (чувством)** *I left him* ***seething with*** *anger.*

segment /ˈsegmənt/ **noun** [C] one of the parts that something can be divided into **доля, сегмент** *a segment of the population/market* ◦ *an orange segment*

segregate /ˈsegrɪgeɪt/ **verb** [T] to separate one group of people from another, especially one sex or race from another **отделять, изолировать** *At school the girls were* ***segregated from*** *the boys.* • **segregation** /ˌsegrɪˈgeɪʃᵊn/ **noun** [U] **отделение, изоляция** *racial segregation*

seismic /ˈsaɪzmɪk/ **adjective** relating to or caused by an earthquake (= when the earth shakes) **сейсмический** ***seismic activity***

seize /siːz/ **verb** [T] **1** (B2) to take hold of something quickly and firmly **хватать** *She seized my arm and pulled me towards her.* **2** (B2) to do something quickly when you have the opportunity **ухватиться, воспользоваться** *You need to* ***seize*** *every* ***opportunity***. **3** to take control of a place suddenly by using military force **захватывать** *Troops* ***seized control*** *in the early hours of the morning.* **4** to take away something that is illegal, for example drugs **конфисковывать** *Officials seized 2.7 tons of cocaine from the ship.*

PHRASAL VERBS **seize on/upon sth** to quickly use something that will give you an advantage **подхватить, использовать** *Her story was seized upon by the press.* • **seize up** If part of your body or a machine seizes up, it stops moving or working in the normal way. **застопорить, отказать** *His right leg suddenly seized up during the race.*

seizure /ˈsiːʒəʳ/ **noun 1** [U] when someone takes control of a country, government, etc **захват** *a seizure of power* **2** [C] when someone in authority takes away something that is illegal, for example drugs **конфискация** *a seizure of heroin* **3** [C] a sudden attack of an illness **приступ** *an epileptic seizure*

seldom /ˈseldəm/ **adverb** (B2) not often **редко** *We seldom go out in the evenings.*

select[1] /sɪˈlekt/ **verb** [T] (B1) to choose someone or something **выбирать** *We've selected three candidates.*

select[2] /sɪˈlekt/ **adjective** consisting of only a small group of people who have been specially chosen **избранный** *a* ***select group***

selection /sɪˈlekʃᵊn/ **noun 1** [U] (B2) when someone or something is chosen **отбор** *the* ***selection process*** **2** [C] (B2) a group of people or things that has been chosen **выбор** *We have a* ***wide selection of*** *imported furniture.* → See also **natural selection**

> Слова-партнеры к **selection**
> **a good/wide selection** • **a selection of sth**

selective /sɪˈlektɪv/ **adjective 1** careful about what you choose **разборчивый** *He's very selective about the people he spends time with.* **2** involving only people or things that have been specially chosen **выборочный, избирательный** *selective breeding*

self /self/ **noun** [C, U] (plural **selves** /selvz/) your characteristics, including your personality, your abilities, etc **личность, сущность** *his true self*

self-assured /ˌselfəˈʃʊəd/ **adjective** confident about yourself **самоуверенный**

self-catering /ˌselfˈkeɪtᵊrɪŋ/ **adjective** UK describes a holiday in which you have a kitchen so that you can cook meals for yourself **размещение на время отпуска в квартире/коттедже с условиями для приготовления пищи** *We decided to stay in self-catering accommodation rather than in a hotel.*

self-centred UK (US **self-centered**) /ˌselfˈsentəd/ **adjective** interested only in yourself **эгоистичный**

self-confident /ˌselfˈkɒnfɪdᵊnt/ **adjective** (B2) feeling sure about yourself and your abilities **уверенный в себе** • **self-confidence noun** [U] (B2) being self-confident **уверенность в себе**

self-conscious /ˌselfˈkɒnʃəs/ **adjective** too aware of what other people are thinking about you and your appearance **застенчивый** • **self-consciously adverb застенчиво** • **self-consciousness noun** [U] **застенчивость**

self-contained /ˌselfkənˈteɪnd/ **adjective** UK If a flat is self-contained, it has its own kitchen, bathroom, and entrance. **отдельный (о доме, квартире)**

self-control /ˌselfkənˈtrəʊl/ **noun** [U] the ability to control your emotions and actions although you are very angry, upset, etc **самообладание**

self-defence UK (US **self-defense**) /ˌselfdɪˈfens/ **noun** [U] when you protect yourself from someone who is attacking you by fighting **самозащита** *He claimed he had acted* ***in self-defence.***

self-destructive /ˌselfdɪˈstrʌktɪv/ **adjective** A self-destructive action harms the person who is doing it. **вредящий себе**

self-discipline /ˌselfˈdɪsɪplɪn/ **noun** [U] the ability to make yourself do things that you do not want to do **самодисциплина**

self-employed /ˌselfɪmˈplɔɪd/ **adjective** working for yourself and not for a company or other organization **работающий не по найму** • **self-employment** /ˌselfɪmˈplɔɪmənt/ **noun** [U] **индивидуальная трудовая деятельность**

self-esteem /ˌselfɪˈstiːm/ **noun** [U] confidence in yourself and a belief in your qualities and abilities **самоуважение** *She suffers from* ***low self-esteem.***

S

Слова-партнеры к self-esteem

boost/build/damage/raise self-esteem • **high/low** self-esteem

self-evident /ˌselfˈevɪdᵊnt/ **adjective** obviously true and not needing to be explained **очевидный**

self-explanatory /ˌselfɪkˈsplænətᵊri/ **adjective** easy to understand and not needing to be explained **не требующий пояснений**

self-help /ˌselfˈhelp/ **adjective** A self-help book, activity, organization, etc is designed to help you deal with your problems on your own. **посвященный самоусовершенствованию** *a self-help group for alcoholics*

self-indulgent /ˌselfɪnˈdʌldʒᵊnt/ **adjective** doing or having things that you like although they are not necessary or are bad for you **потакающий своим желаниям**
• **self-indulgence** /ˌselfɪnˈdʌldʒᵊns/ **noun** [C, U] **потакание своим желаниям**

self-inflicted /ˌselfɪnˈflɪktɪd/ **adjective** If an injury or a problem is self-inflicted, you have caused it yourself. **причиненный самому себе**

self-interest /ˌselfˈɪntrəst/ **noun** [U] interest in what will help you and not what will help other people **своекорыстие**

selfish /ˈselfɪʃ/ **adjective** B1 caring only about yourself and not other people **эгоистичный** *It's very selfish of him.*
• **selfishly adverb эгоистично** • **selfishness noun** [U] **эгоизм**

selfless /ˈselfləs/ **adjective** caring about other people and not about yourself **самоотверженный, бескорыстный**

self-made /ˌselfˈmeɪd/ **adjective** rich because you have earned a lot of money yourself **добившийся успеха своими силами** *a self-made millionaire*

self-pity /ˌselfˈpɪti/ **noun** [U] sadness for yourself because you think you have suffered so much, especially when this is not true **жалость к самому себе**

self-portrait /ˌselfˈpɔːtreɪt/ **noun** [C] a picture that you draw or paint of yourself **автопортрет**

self-reliant /ˌselfrɪˈlaɪənt/ **adjective** able to do things yourself without depending on other people **полагающийся на свои собственные силы**

self-respect /ˌselfrɪˈspekt/ **noun** [U] the feeling of pride in yourself and your character **чувство собственного достоинства**
• **self-respecting adjective обладающий чувством собственного достоинства**

self-righteous /ˌselfˈraɪtʃəs/ **adjective** believing that you are morally better than other people **уверенный в своей правоте**

self-sacrifice /ˌselfˈsækrɪfaɪs/ **noun** [U] when you do not have or do something so that you can help other people **самопожертвование**

self-satisfied /ˌselfˈsætɪsfaɪd/ **adjective** too pleased with yourself and what you have achieved **самодовольный**

self-service /ˌselfˈsɜːvɪs/ **adjective** B1 A self-service restaurant or shop is one in which you serve yourself and are not served by the people who work there. **с самообслуживанием**

self-sufficient /ˌselfsəˈfɪʃᵊnt/ **adjective** having everything that you need yourself and not needing help from others **самостоятельный**

sell /sel/ **verb** (past tense and past participle **sold**) **1** [I, T] A2 to give something to someone who gives you money for it **продавать** *He **sold** his guitar **for** £50.* ◦ *I **sold** my bike **to** Claire.* ◦ [+ two objects] *I'm hoping she'll sell me her car.* **2** [T] A2 to offer something for people to buy **продавать** *Excuse me, do you sell newspapers?* **3 sell for/at sth** to be available for sale at a particular price **продаваться по какой-либо цене** *The shirts are selling for £30 each.* **4** [I, T] to be bought in large numbers **расходиться, идти нарасхват** *His last book sold eight million copies.* **5** [T] to make someone want to buy something **содействовать продаже** *Scandal sells newspapers.* **6** [T] to persuade someone that an idea or plan is good **убеждать, склонять** *I'm currently trying to sell the idea to my boss.*

PHRASAL VERBS **sell sth off** to sell all or part of a business **продавать** • **sell out** B2 If a shop sells out of something, it sells all of that thing. **распродать** *They'd **sold out of** bread by the time I got there.* • **sell up** UK to sell your house or company in order to go somewhere else or do something else **продавать**

ˈsell-by ˌdate noun [C] UK the date printed on a food or drink container after which it should not be sold **срок годности**

seller /ˈseləʳ/ **noun** [C] **1** B1 someone who sells something **продавец** *a flower seller* **2** a product that a company sells **ходкий товар** *Our **biggest sellers** are the calendars.*

Sellotape® /ˈseləʊteɪp/ **noun** [U] UK (US **Scotch® tape**) clear, thin material with glue on it, used to stick things together, especially paper **клейкая лента** → See **The Classroom** on page Centre 6

sellout /ˈselaʊt/ **noun** [no plural] **1** a performance or event where all of the tickets have been sold **полный сбор, аншлаг 2** informal when someone does something that is against their beliefs in order to get money or power **предательство, измена принципам**

selves /selvz/ plural of self **мн. ч. сущ. self**

semantic /sɪˈmæntɪk/ **adjective** connected with the meaning of language **семантический**

semblance /ˈsembləns/ **noun semblance of normality/order, etc** a small amount of a quality, but not as much as you would like

S

видимость, подобие нормальной жизни/порядка *Our lives have now returned to some semblance of normality.*

semen /ˈsiːmən/ **noun** [U] the liquid that is produced by the male sex organs, that contains sperm (= cells that join with female eggs to make new life) **сперма**

semester /sɪˈmestəʳ/ **noun** [C] mainly US one of the two time periods that a school or college year is divided into **семестр**

semi- /semi-/ **prefix** half or partly **полу-, частичный** *a semicircle* ◦ *semifrozen*

semicircle

semicircle /ˈsemiˌsɜːkl/ **noun** [C] half a circle **полукруг**

semicolon /ˌsemiˈkəʊlən/ (US) /ˈsemiˌkəʊlən/ **noun** [C] (B2) a mark (;) used to separate parts of a sentence, or items in a list which already has commas **точка с запятой** → See Study Page **Punctuation** on page Centre 33

semi-detached /ˌsemidɪˈtætʃt/ **adjective** UK A semi-detached house has one wall that is joined to another house. **имеющий общую стену (о доме)**

semifinal /ˌsemiˈfaɪnəl/ **noun** [C] (B2) one of the two games in a sports competition that are played to decide who will play in the final game **полуфинал**

seminar /ˈsemɪnɑːʳ/ **noun** [C] (B2) a meeting of a group of people with a teacher or expert for training, discussion, or study of a subject **семинар**

Semitic /sɪˈmɪtɪk/ **adjective** relating to the Jewish or Arab races, or their languages **семитический**

the Senate /ˈsenɪt/ **noun** [group] a part of a government in some countries **сенат**

senator /ˈsenətəʳ/ **noun** [C] someone who has been elected to the Senate **сенатор** *Senator Moynihan*

send /send/ **verb** [T] (past tense and past participle **sent**) **1** (A1) to arrange for something to go or be taken somewhere, especially by post **посылать, отправлять** [+ two objects] *I sent him a letter last week.* ◦ *Do you think we should send flowers?* **2** (B2) to make someone go somewhere **посылать** *I sent him into the house to fetch some glasses.* **3 send sb to sleep** to cause someone to start sleeping **усыплять** → See also drive/send sb round the **bend²**

PHRASAL VERBS **send sth back** (B1) to return something to the person who sent it to you, especially because it is damaged or not suitable **возвращать** *I had to send the shirt back because it didn't fit me.* • **send for sb** to send someone a message asking them to come to see you **посылать за кем-либо** *Do you think we should send for a doctor?* • **send (off/away) for sth** to write to an organization to ask them to send you something **заказывать, выписывать** *I've sent off for a catalogue.* • **send sth in** to send something to an organization **присылать, представлять что-либо** *Viewers were asked to send in photographs of their pets.* • **send sb in** to send soldiers, police, etc to a place in order to deal with a dangerous situation **направлять (войска, полицию)** • **send sth off** (B2) to send a letter, document, or parcel by post **отсылать по почте** • **send sb off** UK to order a sports player to leave the playing area because they have done something wrong **удалять с поля** • **send sth out 1** to send something to a lot of different people **рассылать** *to send out invitations* **2** to produce light, sound, etc **излучать, передавать** • **send sb/sth up** UK to make someone or something seem stupid by copying them in a funny way **разыгрывать, высмеивать**

send-off /ˈsendɒf/ **noun** [C] when a group of people say goodbye to someone at the same time **проводы** *I got a good **send-off** at the station.*

senile /ˈsiːnaɪl/ **adjective** confused and unable to remember things because of old age **впавший в старческий маразм**

• **senility** /sɪˈnɪləti/ **noun** [U] the state of being senile **старческий маразм**

senior¹ /ˈsiːniəʳ/ **adjective 1** (B2) having a more important job or position than someone else **старший, вышестоящий** *a **senior executive*** ◦ *We work in the same team but she's **senior to** me.* **2** older **старший** *senior students* **3** (written abbreviation **Sr**) mainly US used at the end of a man's name to show that he is the older of two men in the same family who have the same name **старший** *Hello, may I speak to Ken Griffey Senior, please?*

senior² /ˈsiːniəʳ/ **noun 1 be 20/30, etc years sb's senior** to be 20/30, etc years older than someone **быть на 20/30 и т. д. лет старше кого-либо** *She married a man 20 years her senior.* **2** [C] US a student who is in the last year of high school or college **ученик выпускного класса, студент последнего курса**

ˌsenior ˈcitizen **noun** [C] an old person **пенсионер, пожилой человек**

seniority /ˌsiːniˈɒrəti/ **noun** [U] the state of being older or of having a more important

S

position in an organization **старшинство, превосходство в положении**

sensation /sen'seɪʃᵊn/ **noun** **1** [C, U] B2 a physical feeling, or the ability to physically feel things **ощущение, чувствительность** *a burning sensation ◦ Three months after the accident she still has no sensation in her right foot.* **2** [C] B2 a strange feeling or idea that you can not explain **чувство** *I had the strangest sensation that I had met him before.* **3** [no plural] B2 a lot of excitement, surprise, or interest, or the person or event that causes these feelings **сенсация** *Their affair* ***caused a sensation****.*

sensational /sen'seɪʃᵊnᵊl/ **adjective** **1** done in a way that is intended to shock people **сенсационный** *sensational journalism* **2** very exciting or extremely good **блестящий, великолепный** *a sensational performance*

sensationalism /sen'seɪʃᵊnᵊlɪzᵊm/ **noun** [U] when a story is told in a way that is intended to shock people **сенсационность**

sense[1] /sens/ **noun** **1** [U] B2 good judgment, especially about practical things **здравый смысл, благоразумие** *He had the* ***good sense*** *to book a seat in advance.* **2** [no plural] B2 the ability to do something **чувство, чутье** *a* ***sense of*** *direction ◦ good* ***business sense*** **3** [C] B2 one of the five natural abilities of sight, hearing, touch, smell, and taste **чувство** *I have a very poor sense of smell.* **4 a sense of humour** UK (US **a sense of humor**) B1 the ability to understand funny things and to be funny yourself **чувство юмора** **5 a sense of loyalty/responsibility/security, etc** the quality or feeling of being loyal, responsible, safe, etc **чувство верности/ответственности/безопасности и т. д.** *He has absolutely no sense of loyalty.* **6** [C] B2 the meaning of a word, phrase, or sentence **смысл, значение** **7 in a sense/in some senses** thinking about something in a particular way **в некотором смысле, до некоторой степени** *In a sense, he's right.* **8 make sense a** B2 to have a meaning or reason that you can understand **иметь смысл, быть понятным** *He's written me this note but it doesn't make any sense.* **b** B2 to be a good thing to do **иметь смысл, быть разумным** [+ to do sth] *It makes sense to buy now while prices are low.* **9 make sense of sth** to understand something that is difficult to understand **понять смысл, разобраться** *I'm trying to make sense of this document.*

IDIOM **come to your senses** to start to understand that you have been behaving stupidly **прийти в себя**

→ See also **common sense**

> Слова-партнеры к **sense**
> have the sense to do sth • good sense

sense[2] /sens/ **verb** [T] to understand what someone is thinking or feeling without being told about it **чувствовать** [+ (that)] *I sensed that you weren't happy about this.*

senseless /'sensləs/ **adjective** **1** happening or done without a good reason **бессмысленный** ***senseless violence*** **2** not conscious **без сознания** *He was beaten senseless.*

sensibility /ˌsensɪ'bɪləti/ **noun** [C, U] formal someone's feelings, or the ability to understand what other people feel **чувствительность, чуткость**

sensible /'sensɪbl/ **adjective** **1** B1 showing good judgment **благоразумный** *a sensible decision* ◦ [+ to do sth] *Wouldn't it be more sensible to leave before the traffic gets bad?* **2** having a practical purpose **практичный** *sensible shoes/clothes*

• **sensibly adverb благоразумно, практично** *to eat/behave sensibly*

sensitive /'sensɪtɪv/ **adjective** **1** B2 able to understand what people are feeling and deal with them in a way that does not upset them **чуткий, отзывчивый** *I want a man who's kind and sensitive.* **2** B2 easily upset by the things people say or do **уязвимый, обидчивый** *He was always* ***sensitive to*** *criticism. ◦ She's very* ***sensitive about*** *her weight.* **3** B2 A sensitive subject or situation needs to be dealt with carefully in order to avoid upsetting people. **щепетильный, болезненный** *Gender is a very sensitive subject.* **4** B2 easily damaged or hurt **чувствительный** *sensitive eyes/skin* **5** B2 Sensitive equipment is able to measure very small changes. **чувствительный** → Opposite **insensitive**

• **sensitively adverb деликатно** *I think she dealt with the problem very sensitively.* • **sensitivity** /ˌsensɪ'tɪvəti/ **noun** [U] when someone or something is sensitive **чуткость, обидчивость, чувствительность**

sensor /'sensər/ **noun** [C] a piece of equipment that can find heat, light, etc **датчик** *Sensors detect movement in the room.*

sensual /'sensjuəl/ **adjective** relating to physical pleasure, often sexual pleasure **чувственный** *a sensual experience ◦ a sensual mouth*

• **sensuality** /ˌsensju'æləti/ **noun** [U] being sensual **чувственность**

sensuous /'sensjuəs/ **adjective** giving physical pleasure **чувственный** *the sensuous feel of silk sheets*

sent /sent/ past of send **прош. вр. и прич. прош. вр. от гл. send**

sentence[1] /'sentəns/ **noun** **1** [C] A1 a group of words, usually containing a verb, that expresses a complete idea **предложение (в грамматике)** **2** [C, U] B2 a punishment that a judge gives to someone who has committed a crime **приговор** *a 30-year sentence*

> Слова-партнеры к **sentence**
> impose/receive/serve a sentence • a **jail/prison** sentence • a sentence for sth

sentence[2] /ˈsentəns/ **verb** [T] (B2) to give a punishment to someone who has committed a crime **приговаривать** [often passive] *She was **sentenced to** six months in prison.*

sentiment /ˈsentɪmənt/ **noun** **1** [C, U] an opinion that you have because of the way you feel about something **мнение, отношение** *nationalist/religious sentiments* **2** [U] emotional feelings such as sympathy, love, etc, especially when they are not considered to be suitable for a situation **чувство** *I find her writing full of sentiment.*

sentimental /ˌsentɪˈmentəl/ **adjective** **1** showing kind feelings such as sympathy, love, etc, especially in a silly way **сентиментальный** *a sentimental song ◦ The British are very sentimental about animals.* **2** related to feelings and memories and not related to how much money something costs **основанный на чувстве** *It wasn't an expensive ring but it had great **sentimental value**.*

• **sentimentality** /ˌsentɪmenˈtæləti/ **noun** [U] **сентиментальность**

sentry /ˈsentri/ **noun** [C] a soldier who stands outside a building in order to guard it **часовой, караульный**

separable /ˈsepərəbl/ **adjective** able to be separated **отделимый** → Opposite **inseparable**

separate[1] /ˈsepərət/ **adjective** **1** (B1) not joined or touching anything else **отдельный** *a separate compartment ◦ I try to keep meat **separate from** other food.* **2** (B2) not affecting or related to each other **отдельный, разный** *I've asked him to turn his music down on three **separate occasions**. ◦ I have my professional life and my private life and I try to **keep** them **separate**.* **3** (B1) different **отдельный, другой** *Use a separate sheet of paper.*

• **separately adverb** (B2) **отдельно**

separate[2] /ˈsepəreɪt/ **verb** **1** [I, T] (B2) to divide into parts, or to make something divide into parts **разделять** *I **separated** the class **into** three groups.* **2** [I, T] (B2) to move apart, or to make people move apart **расставаться, разлучать** *I shall separate you two if you don't stop talking.* **3** [I] (B2) to start to live in a different place from your husband or wife because the relationship has ended **расходиться (о супругах)** *My parents separated when I was four.* → See Note **married**

separation /ˌsepərˈeɪʃən/ **noun** **1** [C, U] (B2) when people or things are separate or become separate from other people or things **отделение, разлука** *the separation of church and state ◦ Their working in different countries meant long periods of separation.* **2** [C] a legal agreement when two people stay married but stop living together **раздельное проживание супругов**

September /sepˈtembər/ **noun** [C, U] (written abbreviation **Sept**) (A1) the ninth month of the year **сентябрь**

septic /ˈseptɪk/ **adjective** infected by poisonous bacteria (= small living things which cause disease) **септический**

sequel /ˈsiːkwəl/ **noun** [C] a film, book, etc that continues the story from an earlier one **продолжение (книги, фильма и т. д.)**

sequence /ˈsiːkwəns/ **noun** **1** [C] a series of related events or things that have a particular order **последовательность, цепь** *the **sequence of events** that led to his death* **2** [U] the order that events or things should happen or be arranged in **последовательность, порядок** *I got my slides mixed up and they appeared **out of sequence**.*

> Слова-партнеры к **sequence**
>
> in a sequence • a sequence of sth • be out of sequence • a **logical** sequence

sequin /ˈsiːkwɪn/ **noun** [C] a small, flat, shiny circle that is sewn onto clothes for decoration **блестка (на одежде)**

serenade /ˌserəˈneɪd/ **noun** [C] a song, usually about love **серенада**

serendipity /ˌserənˈdɪpəti/ **noun** [U] literary when you are lucky and find something interesting or valuable by chance **счастливая случайность**

serene /sɪˈriːn/ **adjective** calm and quiet **спокойный, безмятежный** *a serene face/smile*

• **serenely adverb** **спокойно, безмятежно**

sergeant /ˈsɑːdʒənt/ **noun** [C] **1** an officer of low rank in the police **сержант полиции** **2** a soldier of middle rank in the army or air force **сержант**

serial /ˈsɪəriəl/ **noun** [C] a story in a magazine or on television or radio that is told in separate parts over a period of time **сериал**

ˈserial ˌkiller **noun** [C] someone who has murdered several people over a period of time **серийный убийца**

ˈserial ˌnumber **noun** [C] one of a set of numbers that is put on an item that is made in large quantities, such as computers, televisions, paper money, etc., so that you can tell one item from another **заводской, серийный номер**

series /ˈsɪəriːz/ **noun** [C] (plural **series**) **1** (B2) several things or events of the same type that come one after the other **серия, курс, ряд** *a series of lectures* **2** (B1) a group of television or radio programmes that have the same main characters or deal with the same subject **многосерийный фильм или радиопрограмма** *a four-part drama series*

serious /ˈsɪəriəs/ **adjective** **1** (B1) A serious problem or situation is bad and makes people worry. **серьезный, внушающий опасения** *a serious accident/illness ◦ This is a serious matter.* **2** (B1) thinking or speaking sincerely about something and not joking **серьезный** *I'm being serious now – this is a very real problem. ◦ Are you **serious about** changing your job?* **3** (B1)

S

A serious person is quiet and does not laugh often. **серьезный** *a serious child*
• **seriousness** noun [U] **серьезность**

seriously /ˈsɪəriəsli/ **adverb 1** B1 in a serious way **серьезно, тяжело** *seriously injured* ◦ *Smoking can* ***seriously damage*** *your health.* **2** B2 used to show that what you are going to say is not a joke **говоря серьезно** *Seriously though, you mustn't say that.* **3 take sb/sth seriously** B2 to believe that someone or something is important and that you should pay attention to them **принимать кого-либо/что-либо всерьез** *The police have to take any terrorist threat seriously.*

sermon /ˈsɜːmən/ **noun** [C] a religious speech given by a priest in church **проповедь** *to* ***deliver/give*** *a* ***sermon***

serotonin /ˌserəˈtəʊnɪn/ **noun** [U] a chemical in your brain which controls your moods **серотонин**

serpent /ˈsɜːpᵊnt/ **noun** [C] literary a snake **змея, змей**

serrated /səˈreɪtɪd/ **adjective** A serrated edge, usually of a knife, has sharp triangular points along it. **зазубренный**

serrated

serum /ˈsɪərəm/ **noun** [U] a clear liquid in blood that contains substances that stop infection **сыворотка**

servant /ˈsɜːvᵊnt/ **noun** [C] B2 someone who works and lives in someone else's house doing their cooking and cleaning, especially in the past **слуга, служанка** → See also **civil servant**

serve¹ /sɜːv/ **verb 1** [I, T] A2 to give someone food or drink, especially guests or customers in a restaurant or bar **обслуживать** *We're not allowed to serve alcohol to anyone under 18.* **2** [I, T] B1 to help customers and sell things to them in a shop **обслуживать** *Are you being served?* **3** [I, T] to do work that helps society, for example in an organization such as the army or the government **служить, состоять на службе** *to serve in the army* ◦ *to serve on a committee/jury* ◦ *He* ***served as*** *mayor for 5 years.* **4** [I, T] to be useful as something **выполнять назначение, использоваться** *It's a very entertaining film but it also* ***serves*** *an educational* ***purpose***. ◦ *The spare bedroom also* ***serves as*** *a study.* ◦ [+ to do sth] *He hopes his son's death will serve to warn others about the dangers of owning a gun.* **5** [T] to be in prison for a period of time **отбывать срок** *Williams, 42, is serving a four-year jail sentence.* **6** [I] in a sport such as tennis, to throw the ball up into the air and then hit it towards the other player **подавать мяч**

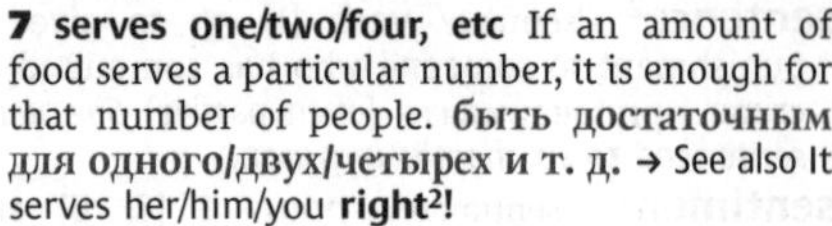

7 serves one/two/four, etc If an amount of food serves a particular number, it is enough for that number of people. **быть достаточным для одного/двух/четырех и т. д.** → See also It serves her/him/you **right²!**

serve² /sɜːv/ **noun** [C] in sports such as tennis, when you throw the ball up into the air and hit it towards the other player **подача (мяча)**

server /ˈsɜːvəʳ/ **noun** [C] B1 a computer that is used only for storing and managing programs and information used by other computers **сервер** *an email/Internet server*

service¹ /ˈsɜːvɪs/ **noun 1** [U] B1 when people help you and bring you things in a place such as a shop, restaurant, or hotel **обслуживание** *The food was nice, but the service wasn't very good.* **2** [C] B1 a system that supplies something that people need **услуги, служба** *financial/medical services* ◦ *electricity/water services* ◦ *They* ***provide*** *a free bus* ***service*** *from the station.* **3** [U] the time you spend working for an organization **работа, служба** *He retired last week after 25 years' service.* **4** [C] a religious ceremony **богослужение, служба** *They* ***held a*** *memorial* ***service*** *for the victims of the bombing.* **5** [C] when a car or machine is examined for faults and repaired **техническое обслуживание** **6** [C] when you throw a ball up into the air and hit it towards the other player in sports such as tennis **подача (мяча)** → See also **the Civil Service**, **community service**, **lip-service**, **the National Health Service**, **national service**, **secret service**

Слова-партнеры к **service**
offer/provide/use a service

service² /ˈsɜːvɪs/ **verb** [T] to examine and repair a car or machine **производить техническое обслуживание**

serviceable /ˈsɜːvɪsəbl/ **adjective** able to be used, but not very good or attractive **пригодный** *I have some old but serviceable chairs.*

ˈservice ˌcharge **noun** [C] an amount of money that is added to what you pay in a restaurant for being helped and brought things **доплата за обслуживание (в ресторане)** *a 10% service charge*

serviceman /ˈsɜːvɪsmən/ **noun** [C] (plural **servicemen**) a man who is in the army, navy, or air force **военнослужащий**

the services /ˈsɜːvɪsɪz/ **noun** [plural] the military forces such as the army or navy **вооруженные силы**

ˈservice ˌstation **noun** [C] a place at the side of a road where you can buy fuel for cars, and food **бензозаправочная станция**

servicewoman /ˈsɜːvɪsˈwʊmən/ **noun** [C] (plural **servicewomen**) a woman who is in the army, navy, or air force

servile /ˈsɜːvaɪl/ US /ˈsɜːrvᵊl/ **adjective** too

S

willing to do things for other people **раболепный, подобострастный**

serving /ˈsɜːvɪŋ/ **noun** [C] an amount of food for one person to eat **порция** *a large serving of rice*

sesame seed /ˈsesəmiˌsiːd/ **noun** [C] a small seed that is used to add a taste to food **кунжутное семя**

session /ˈseʃən/ **noun 1** [C] B1 a period during which you do one activity **занятие, время, занятое чем-либо** *a weekly aerobics session* ◦ *We're having a training session this afternoon.* **2** [C, U] a meeting of an official group of people such as in a court or in the government **заседание, совещание** *The court is now* ***in session.***

set[1] /set/ **verb** (present participle **setting**, past tense and past participle **set**) **1** [T] B1 to arrange a time when something will happen **назначать** [often passive] *The next meeting is* ***set for*** *6 February.* **2** [T] to decide the level of something **устанавливать** *The interest rate has been* ***set at*** *5%.* **3** [T] B1 to press switches on a machine so that it will start when you want it to **ставить, устанавливать** *I've* ***set*** *the alarm* ***for*** *6.30.* ◦ [+ to do sth] *Can you set the video to record 'Neighbours' please?* **4 set an example/a record/a standard, etc** B2 to do something in a way that people will copy or try to improve on **подавать пример/устанавливать рекорд/стандарт и т. д.** *She's set a new world record with that jump.* **5 set fire to sth; set sth on fire** B2 to make something start burning **поджигать что-либо** **6 set sb free** B2 to allow someone to leave prison, or to allow a person or animal to escape **освобождать кого-либо** **7 set sth alight** to make something start burning **поджигать что-либо** **8 set the table** to put plates, knives, forks, etc on the table before you have a meal **накрывать на стол** **9** [I] B1 When the sun sets, it moves down in the sky so that it cannot be seen. **садиться, заходить (о солнце)** *The sun rises in the East and sets in the West.* **10** [I] If a liquid substance sets, it becomes solid. **застывать, затвердевать** **11** [T] UK B2 If you set work or an exam at a school or college, you ask the students to do it. **задавать (уроки, вопросы)** [+ two objects] *Mr Harley forgot to set us any maths homework.* **12 set sth down/on, etc** to put something somewhere **класть, ставить что-либо на что-либо** *She set the vase down on the table.* **13** [T] B1 If a book, play, or film is set in a place or period of time, the story happens there or at that time. **происходить, случаться** [often passive] *It's a historical adventure set in India in the 1940s.* **14 set to work** to start working **начинать работать, приниматься за дело**

PHRASAL VERBS **set about sth/doing sth** to start doing something, especially something that uses a lot of time or energy **приниматься за что-либо** *I got home and immediately set about cleaning the house.* • **be set against sth/doing sth** to not want to do or have something **быть против чего-либо** *He is* ***dead set against*** *the move.* • **set sb/sth apart** If a quality sets someone or something apart, it makes them different from and usually better than others of the same type. **отличать, выделять кого-либо/что-либо** *It's their intelligence which* ***sets them apart from*** *other rock bands.* • **set sth aside** to save something, usually time or money, for a special purpose **откладывать, копить** • **set sb/sth back** to make something happen more slowly or later than it should **задерживать** *The heavy traffic set us back about half an hour.* • **set sb back (sth)** informal to cost someone a large amount of money **стоить, обойтись кому-либо в какую-либо сумму** *A car like that will probably set you back about £12,000.* • **set in** If something unpleasant sets in, it begins and seems likely to continue. **наступать, начинаться, зарядить (о дожде и т. д.)** *This rain looks as if it has set in for the rest of the day.* • **set off** B1 to start a journey **отправляться в путь** *What time are you setting off tomorrow morning?* • **set sth off** to cause something to begin or happen, especially a loud noise or a lot of activity **запускать, взрывать** *He's always burning the toast and setting off the smoke alarm.* • **set sb/sth on/upon sb** to make a person or animal attack someone **напускать, натравливать кого-либо/что-либо на кого-либо** *If you come any closer, I'll set the dog on you.* • **set out 1** to start doing something when you have already decided what you want to achieve **намереваться, собираться** [+ to do sth] *I'd done what I set out to do.* **2** B1 to start a journey **отправляться в путь** • **set sth out** B2 to give all the details of something, or to explain something clearly, especially in writing **подробно излагать** *Your contract will set out the terms of your employment.* • **set sth up 1** B1 to start a company or organization **основывать, учреждать** *A committee has been set up to investigate the problem.* **2** B2 to arrange for something to happen **планировать, организовывать** *I've set up a meeting with him for next week.* • **set sb up** to trick someone in order to make them do something, or in order to make them seem guilty of something that they have not done **подставить кого-либо** • **set (sth) up** to get all the necessary equipment ready for an activity **подготавливать, устанавливать** *I need one or two people to help me set up the display.*

set[2] /set/ **noun** [C] **1** A2 a group of things which belong together **комплект, набор, ряд** *a set of instructions/rules* ◦ *a* ***set of*** *keys/tools* **2** B2 the place where a film or play is performed or recorded, and the pictures, furniture, etc that are used **съемочная площадка, декорации** *They first met* ***on the set of*** *'Star Wars'.* **3** B2 one part of a tennis match **сет** *Nadal is leading by four games to one in the third set.* **4** B1 a television or radio **телевизор, радиоприем-**

S

ник *a TV set* **5** a group of songs or tunes that go together to make a musical performance **подборка музыкальных произведений** **6** a group of numbers or things **множество (математическое)**+D31237

set³ /set/ **adjective** **1** fixed and never changing **постоянный, твердо установленный** *Most people work for a* ***set number of hours*** *each week.* ◦ *I have no* ***set routine****.* **2 be all set** to be ready **быть готовым** [+ to do sth] *We were all set to go when the phone rang.* → See also On your marks **(mark¹)**. Get set. Go!

setback /ˈsetbæk/ **noun** [C] a problem that makes something happen later or more slowly than it should **задержка, неудача** *The project has* ***suffered*** *a series of* ***setbacks*** *this year.*

> Слова-партнеры к **setback**
>
> **suffer** a setback • a **major/serious** setback • a setback **for** sb • a setback **in/to** sth

set-piece /ˌsetˈpiːs/ **noun** [C] a speech or set of actions that has been carefully planned and practised **детально спланированная речь или операция**

settee /setˈiː/ **noun** [C] UK (also UK/US **sofa**) a large, comfortable seat for more than one person **диван**

setting /ˈsetɪŋ/ **noun** [C] **1** (B2) the place where something is or where something happens, often in a book, play, or film **место действия** *The house provided the* ***setting for*** *the TV series 'Pride and Prejudice'.* **2** a position on the controls of a piece of equipment **позиция, деление (на шкале прибора)** *Set the oven at the lowest setting.*

settle /ˈsetl/ **verb** **1** [T] (B2) If you settle an argument, you solve the problem and stop arguing. **улаживать, разрешать (спор)** *to* ***settle*** *a* ***dispute*** **2** [I] (B2) to start living somewhere that you are going to live for a long time **поселяться, обосновываться** *He travelled around Europe for years before finally settling in Vienna.* **3** [T] (B2) to decide or arrange something **решать, договариваться** [often passive] *Right, that's settled. We're going to Spain.* **4** [I, T] to relax into a comfortable position **устраиваться, усаживаться** [often reflexive] *She settled herself into the chair opposite.* **5** [T] If you settle a bill or a debt, you pay the money that you owe. **оплачивать, расплачиваться** **6** [I] to move down towards the ground or the bottom of something and then stay there **опускаться, оседать** *Do you think the snow will settle?* → See also the **dust¹** settles

PHRASAL VERBS **settle down** **1** to start living in a place where you intend to stay for a long time, usually with a partner **осесть, обзавестись семьей** *Do you think he'll ever settle down and have a family?* **2** (B2) to start to feel happy and confident with a new situation **осваиваться с чем-либо** *Has she settled down in her new job?* • **settle (sb) down** to become quiet and calm, or to make someone become quiet and calm **успокаивать(ся), утихомиривать(ся)** *Come on children, stop chatting and settle down please!* • **settle for sth** to accept something, especially something that is not exactly what you want **соглашаться на что-либо** *He wants a full refund and he won't settle for anything less.* • **settle in** to begin to feel relaxed and happy in a new home or job **осваиваться** *Are you settling in OK?* • **settle on/upon sth** to agree on a decision **делать выбор, останавливаться на чем-либо** *We still haven't settled on a place to meet.* • **settle up** to pay someone the money that you owe them **расплачиваться, рассчитываться** *I need to* ***settle up with*** *you for the tickets.*

settled /ˈsetld/ **adjective** **1 be settled** to feel happy and relaxed in a place or situation **быть спокойным, уравновешенным** *He seems quite settled now.* **2** regular and not often changing **устойчивый, постоянный** *The weather's a lot more settled at this time of year.* → Opposite **unsettled**

settlement /ˈsetlmənt/ **noun** [C] **1** an official agreement that finishes an argument **соглашение** *a* ***peace settlement*** **2** a town or village which people built to live in after arriving from somewhere else **поселение** *a Jewish settlement*

> Слова-партнеры к **settlement**
>
> **agree/negotiate/reach** a settlement • a settlement **between** sb and sb • a settlement **over** sth • a **peace** settlement

settler /ˈsetləʳ/ **noun** [C] someone who moves to a new place where there were not many people before **поселенец, иммигрант** *The first European settlers arrived in Virginia in 1607.*

set-top box /ˈsettɒpˌbɒks/ **noun** [C] a piece of electronic equipment that allows you to watch digital broadcasts (= television sounds and pictures sent as signals in the form of numbers) on an ordinary television **телеприставка, позволяющая просмотр каналов цифрового вещания на аналоговом телевизоре**

set-up /ˈsetʌp/ **noun** [C] informal **1** the way that something is arranged or organized **система, организация** *It took me a while to get used to the set-up in my new job.* **2** a plan that is dishonest and is intended to trick someone **заговор, интрига**

seven /ˈsevᵊn/ (A1) the number 7 **семь**

seventeen /ˌsevᵊnˈtiːn/ (A1) the number 17 **семнадцать**
• **seventeenth** 17th written as a word **семнадцатый**

seventh¹ /ˈsevᵊnθ/ (A2) 7th written as a word **седьмой**

seventh² /ˈsevᵊnθ/ **noun** [C] one of seven equal parts of something; ⅐ **одна седьмая**

seventy /ˈsevᵊnti/ **1** (A2) the number 70 **семьдесят** **2 the seventies** the years from 1970 to 1979 **семидесятые годы** **3 be in your seventies** to be aged between 70 and 79 **быть в возрасте от 70 до 79 лет**
• **seventieth** 70th written as a word **семидесятый**

sever /ˈsevəʳ/ **verb** [T] **1** to cut through something, especially a part of the body **отрезать, отрывать, перерезать** *to sever an artery* ◦ [often passive] *Two of her fingers were severed in the accident.* **2 sever links/ties, etc with sb** to end a relationship with someone **разрывать отношения**

several /ˈsevᵊrᵊl/ **pronoun, determiner** (A2) some, but not a lot **несколько** *Several people have complained about the scheme.* ◦ ***Several of*** *my friends studied in Manchester.*

severance /ˈsevᵊrᵊns/ **noun** [U] when an employer forces an employee to leave a job **увольнение** ***severance pay***

severe /sɪˈvɪəʳ/ **adjective** **1** (B2) extremely bad **серьезный, тяжелый** *a severe headache* ◦ *severe weather conditions* **2** not kind or gentle **строгий, суровый** *a severe punishment* **3** (B2) A severe person looks unfriendly or very strict. **строгий, требовательный**
• **severely adverb** (B2) **серьезно, строго** *to be severely injured* ◦ *She has been severely criticized for the speech.*

severity /sɪˈverəti/ **noun** [U] how severe something is **серьезность, строгость**

sew /səʊ/ **verb** [I, T] (past tense **sewed**, past participle **sewn**, **sewed**) (B1) to join things together with a needle and thread **шить** *I need to sew a button on my shirt.*

PHRASAL VERB **sew sth up** **1** to close or repair something by sewing the edges together **зашивать** **2 have sth sewn up** informal to be certain to win or succeed at something **обеспечить себе победу или успех**

sewage /ˈsuːɪdʒ/ **noun** [U] waste water and waste from toilets **сточные воды** *a sewage treatment plant*

sewer /sʊəʳ/ **noun** [C] a large underground system of pipes that carries away sewage **канализация**

sewing /ˈsəʊɪŋ/ **noun** [U] **1** the activity of joining pieces of cloth together or repairing them with a needle and thread **шитье** **2** the pieces of cloth that you are joining together or repairing with a needle and thread **шитье**

ˈsewing maˌchine noun [C] a machine that joins pieces of cloth together with a needle and thread **швейная машинка**

sewn /səʊn/ past participle of sew **прич. прош. вр. от гл. sew**

sex¹ /seks/ **noun** **1** [U] (B1) sexual activity between people **секс** *to* ***have sex*** *with someone* ◦ ***sex education*** **2** [U] (B1) the fact of being male or female **пол** *Do you know what sex the baby is?* ◦ ***sex discrimination*** **3 the female/male/opposite, etc sex** people who are female/male/the other sex from you, etc **женский/мужской/противоположный и т. д. пол**

sex² /seks/ **verb**

PHRASAL VERB **sex sth up** UK informal to make something seem more exciting than it really is **представлять что-либо в более выгодном свете** *It was said that the government had sexed up the report.*

sexism /ˈseksɪzᵊm/ **noun** [U] when someone is treated unfairly because they are a woman or because they are a man **дискриминация по полу**
• **sexist adjective пренебрежительно относящийся к женщинам** *sexist attitudes/jokes*

ˈsex ˌlife noun [C] a person's sexual activities and relationships **половая жизнь**

sexual /ˈsekʃʊəl/ **adjective** **1** (B2) relating to the activity of sex **сексуальный, половой** *sexual experiences* ◦ *sexual organs* **2** relating to being male or female **половой** ***sexual discrimination*** ◦ ***sexual equality***

ˌsexual ˈintercourse noun [U] formal when a man puts his penis into a woman's vagina **половое сношение**

sexuality /ˌsekʃuˈæləti/ **noun** [U] the way you feel about sexual activity and the type of sex you prefer **сексуальность**

sexually /ˈsekʃʊəli/ **adverb** in a way that relates to the activity of sex **половым путем** *sexually attractive* ◦ *a* ***sexually transmitted disease***

sexy /ˈseksi/ **adjective** attractive or exciting in a sexual way **сексуальный** *sexy underwear* ◦ *He's very sexy.*

SGML /esdʒiːemˈel/ **noun** [U] abbreviation for standard generalized markup language: a system for organizing information on computers **стандартный обобщенный язык описания документов**

sh (also **shh**) /ʃ/ **exclamation** used to tell someone to be quiet **тсс!**

shabby /ˈʃæbi/ **adjective** **1** looking untidy and in bad condition **потрепанный, ветхий** *shabby clothes/furniture* **2** Shabby behaviour or treatment is bad and unfair. **несправедливый, подлый**
• **shabbily adverb убого, несправедливо** *shabbily dressed* ◦ *shabbily treated*

shack¹ /ʃæk/ **noun** [C] a small simple building that has been badly built **лачуга, хижина**

shack² /ʃæk/ **verb**

PHRASAL VERB **shack up with sb** very informal to start living in the same house as someone you are having a romantic relationship with **сожительствовать с кем-либо**

shackle /ˈʃækl/ **verb** [T] **1** to fasten a prisoner's arms or legs together with chains **заковывать**

S

в кандалы **2 be shackled by sth** to be prevented from doing what you want to do by something **быть стесненным, скованным чем-либо**

shackles /ˈʃæklz/ **noun** [plural] chains used to fasten together prisoners' arms or legs **кандалы**

shade

shade shadow

shade¹ /ʃeɪd/ **noun 1** [U] B1 an area where there is no light from the sun and so it is darker and not as hot **тень, прохлада** *I'd prefer to sit* ***in the shade.*** **2** [C] B2 a colour, especially when referring to how dark or light it is **оттенок, тон** *a pale/dark shade of grey* ◦ *pastel shades* **3** [C] a cover that stops too much light coming from the sun or from an electric light **абажур, навес** *a lampshade* **4 a shade** a small amount **немного, чуть-чуть** *He's perhaps a shade taller.* **5 a shade of meaning/opinion, etc** a slight difference in the meaning of something **оттенок значения/различие мнений и т. д.**

shade² /ʃeɪd/ **verb** [T] to cover something in order to protect it from the sun **заслонять** *He shaded his eyes with his hand.*

shades /ʃeɪdz/ **noun** [plural] informal sunglasses (= dark glasses that protect your eyes from the sun) **темные очки**

shadow¹ /ˈʃædəʊ/ **noun** [C, U] B1 a dark area made by something that is stopping the light **тень (от предмета)** *The tree had* ***cast*** *(= made) a long* ***shadow.*** → See picture at **shade**

IDIOMS **beyond/without a shadow of a doubt** If something is true beyond a shadow of a doubt, it is certainly true. **несомненно** • **cast a shadow over sth** to spoil a good situation with something unpleasant **омрачать что-либо** *The bombing has cast a shadow over the Queen's visit.*

> Слова-партнеры к **shadow**
> sth **casts** a shadow • a shadow **crosses/falls across** sth • sth is **in** shadow • the shadow **of** sth

shadow² /ˈʃædəʊ/ **verb** [T] to follow someone secretly in order to see where they go and what they do **тайно следить** [often passive] *He was being shadowed by a private detective.*

shadowy /ˈʃædəʊi/ **adjective 1** dark and full of shadows **тенистый, темный** *in a shadowy corner* **2** secret and mysterious **темный, загадочный** *the* ***shadowy world*** *of espionage*

shady /ˈʃeɪdi/ **adjective 1** A shady place is protected from the sun and so it is darker and cooler. **тенистый** *We found a* ***shady spot*** *to sit in.* **2** informal dishonest and illegal **сомнительный, подозрительный** ***shady deals***

shaft /ʃɑːft/ **noun** [C] **1** a long, vertical hole that people or things can move through, either inside a building or in the ground **шахта** *a mine shaft* ◦ *a ventilation shaft* **2** the handle of a tool or weapon **ручка, рукоятка 3 a shaft of light** a beam of light **луч света**

shake¹ /ʃeɪk/ **verb** (past tense **shook**, past participle **shaken**) **1** [I, T] B1 to make quick, short movements from side to side or up and down, or to make something or someone do this **трясти(сь), сотрясать(ся)** *He was shaking with nerves.* ◦ *Shake the bottle.* **2 shake hands** B1 to hold someone's hand and move it up and down when you meet them for the first time, or when you make an agreement with them **пожимать руку** *The two leaders smiled and shook hands for the photographers.* ◦ *I* ***shook hands with*** *him.* **3 shake your head** B2 to move your head from side to side to mean 'no' **качать головой 4** [T] to shock or upset someone **потрясать, волновать** [often passive] *No one was injured in the crash, but the driver was badly shaken.* **5** [I] If your voice shakes, you sound very nervous or frightened. **дрожать**

shake

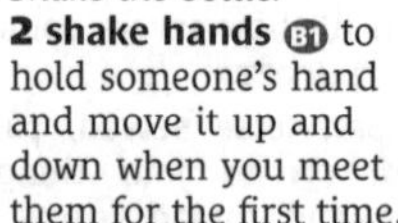

PHRASAL VERBS **shake sth off** to get rid of an illness or something that is causing you problems **избавляться** *I hope I can shake off this cold before the weekend.* • **shake sb off** to succeed in escaping from someone who is following you **оторваться от преследования** • **shake sth out** to hold something that is made of cloth at one end and move it up and down in order to get rid of dirt **вытряхивать, выколачивать что-либо** • **shake sb up** If an unpleasant experience shakes someone up, it makes them feel shocked and upset. **шокировать** *The accident really shook him up.*

shake² /ʃeɪk/ **noun** [C] **1** when you shake something **встряска** ***Give it a*** *good* ***shake*** *before you open it.* **2** (also **milkshake**) a sweet drink made of milk and chocolate or fruit **молочный коктейль**

shake-up /ˈʃeɪkʌp/ **noun** [C] when big changes are made to a system or an organization **коренная реорганизация** *This is the biggest shake-up in the legal system for fifty years.*

shaky /ˈʃeɪki/ **adjective 1** making quick, short movements from side to side or up and down **трясущийся, дрожащий** *shaky hands* **2** not physically strong because you are nervous, old, or ill **нетвердый, слабый** *I felt a bit shaky when I stood up.* **3** not working well and likely to fail **неудачный, слабый** *They managed to win the game, despite a very* ***shaky start.***

shall strong /ʃæl/ weak /ʃəl/ **modal verb 1 shall I/we…? a** Ⓐ2 used to make an offer or suggestion **может быть, мне/нам стоит …?** *Shall I cook dinner tonight?* ◦ *We'll ask him later, shall we?* **b** Ⓐ2 used to ask someone what to do **следует** *What restaurant shall we go to?* ◦ *Who shall I ask?* **2 I/we shall…** formal Ⓑ1 used to say what you are going to do in the future **вспом. гл. для образования формы будущего времени в 1-м лице** *I shall be talking to her tomorrow.* ◦ *I shan't forget to tell them.* → See Study Page **Modal verbs** on page Centre 22

shallot /ʃəˈlɒt/ **noun** [C] a vegetable like a small onion **лук-шалот**

shallow /ˈʃæləʊ/ **adjective 1** Ⓑ2 not deep **мелкий, неглубокий** *shallow water* ◦ *a shallow dish* → See picture at **deep 2** not showing any interest in serious ideas **поверхностный, пустой**

the shallows /ˈʃæləʊz/ **noun** [plural] areas of shallow water **мелководье**

sham /ʃæm/ **noun** [no plural] something that is not what it seems to be and is intended to deceive people **обман, притворство** *Newspapers have described their marriage as a sham.*

shambles /ˈʃæmblz/ **noun be a shambles** informal to be very badly organized **быть путаницей, неразберихой** *The performance was a complete shambles.*

shame¹ /ʃeɪm/ **noun 1 a shame** Ⓐ2 If you describe something as a shame, you are disappointed that it has happened. **жалость, досада** [+ to do sth] ***It's a*** *real* ***shame*** *to waste all this food.* ◦ [+ (that)] ***What a shame*** *that they had to destroy such a beautiful building.* **2** [U] when you feel embarrassed and guilty about something bad that you have done **стыд** *to be filled with shame* **3 have no shame** to not feel embarrassed or guilty about doing bad or embarrassing things **не испытывать стыда**

IDIOM **put sb/sth to shame** to be much better than someone or something else **пристыдить, посрамить кого-либо/что-либо** *Your cooking puts mine to shame.*

> **Слова-партнеры к shame**
>
> bring shame on sb/sth • a sense of shame • the shame of (doing) sth

shame² /ʃeɪm/ **verb** [T] to make someone feel embarrassed and guilty about something **пристыдить** [+ into + doing sth] *His children are trying to shame him into giving up smoking.*

shameful /ˈʃeɪmfəl/ **adjective** Something shameful is bad and should make you feel embarrassed and guilty. **позорный, постыдный** *shameful scenes*
• **shamefully adverb позорно, постыдно**

shameless /ˈʃeɪmləs/ **adjective** without feeling embarrassed or guilty although you should **бесстыдный** *shameless behaviour/lies*
• **shamelessly adverb бесстыдно**

shampoo /ʃæmˈpuː/ **noun** [C, U] Ⓐ2 a liquid substance that you use to wash your hair **шампунь** *a bottle of shampoo*
• **shampoo verb** [T] (present participle **shampooing**, past tense and past participle **shampooed**) **мыть голову**

shan't /ʃɑːnt/ mainly UK short for shall not **сокращ. от shall not** *I was invited to the party, but I shan't be going.*

shanty town /ˈʃæntiˌtaʊn/ **noun** [C] an area on the edge of a town where poor people live in very simply built houses **район бараков на окраине города**

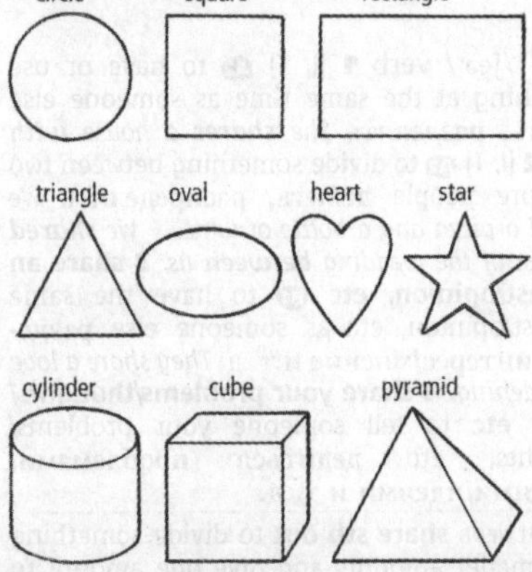

shape¹ /ʃeɪp/ **noun 1** Ⓑ1 [C, U] the physical form of something made by the line around its outer edge **форма, очертание** *a circular/rectangular shape* ◦ *You can recognize trees by the shape of their leaves.* **2 in good/bad/great, etc shape** Ⓑ2 in good/bad, etc health or condition **в хорошей/плохой/отличной и т. д. форме** *She runs every day so she's in pretty good shape.* **3 out of shape** not healthy or physically strong **в плохой форме 4 keep in shape** to stay healthy and physically strong **сохранять**

хорошую форму **5 take shape** to start to develop and become more clear or certain **принимать определенную форму, становиться более определенным** *The project is slowly beginning to take shape.*

IDIOM **all shapes and sizes** many different types of people or things **самые разные** *We saw people there of all shapes and sizes.*

> Слова-партнеры к **shape**
>
> an **irregular/pleasing/strange/unusual** shape • **change** shape • **in the** shape **of sth**

shape² /ʃeɪp/ **verb** [T] **1** to influence the way that something develops **формироваться** [often passive] *Their attitudes were shaped during the war.* **2** to make something become a particular shape **придавать форму** *Combine the meat and egg and shape the mixture into small balls.*

PHRASAL VERB **shape up** informal to develop or improve **развиваться, улучшаться** *Things at work seem to be shaping up quite nicely.*

-shaped /ʃeɪpt/ **suffix** used after nouns to mean 'having a particular shape' **имеющий какую-либо форму (как компонент сложных слов)** *a heart-shaped cake* → See also **pear-shaped**

shapeless /ˈʃeɪpləs/ **adjective** not having a clear or well designed shape **бесформенный** *a shapeless dress*

shapely /ˈʃeɪpli/ **adjective** having an attractive shape **стройный, красивой формы** *shapely legs*

share¹ /ʃeəʳ/ **verb 1** [I, T] A2 to have or use something at the same time as someone else **делить, разделять** *She **shares** a house **with** Paul.* **2** [I, T] A2 to divide something between two or more people **делить, распределять** *We shared a pizza and a bottle of wine.* ◦ *We **shared** the cost of the wedding **between** us.* **3 share an interest/opinion, etc** B1 to have the same interest/opinion, etc as someone else **разделять интерес/мнение и т. д.** *They share a love of gardening.* **4 share your problems/thoughts/ideas, etc** to tell someone your problems/thoughts, etc **делиться проблемами/мыслями/идеями и т. д.**

PHRASAL VERB **share sth out** to divide something into smaller amounts and give one amount to each person in a group **делить, распределять** *Profits are **shared out** equally **among** members of the group.*

share² /ʃeəʳ/ **noun** [C] **1** one of the equal parts that the value of a company is divided into when it is owned by a group of people **акция (предприятия)** *to **buy/sell shares*** ◦ *We own shares in a number of companies.* ◦ ***Share prices** have fallen for the third day running.* **2** B2 a part of something that has been divided **доля** [usually singular] *When am I going to get my share of the money?*

IDIOM **have your (fair) share of sth** to have a lot of something and enough of it, usually something bad **выпадать на чью-либо долю, получить сполна** *We've had our fair share of rain already this summer.*

> Слова-партнеры к **share (noun)**
>
> **buy/have/sell** shares • shares **in** sth • share **prices**

shareholder /ˈʃeəˌhəʊldəʳ/ **noun** [C] someone who owns shares in a company **акционер** *a shareholders' meeting*

shareware /ˈʃeəweəʳ/ **noun** [U] software that you get from the Internet that you can use free for a short time without paying for it **бесплатное программное обеспечение**

Sharia /ʃəˈriːə/ **noun** [U] the holy law of Islam **шариат**

shark /ʃɑːk/ **noun** [C] B1 a large fish with very sharp teeth **акула**

shark

sharp¹ /ʃɑːp/ **adjective 1** B1 having a very thin or pointed edge that can cut things **острый** *a sharp knife* ◦ *sharp claws/teeth* **2 a sharp rise/increase/drop, etc** B2 a sudden and very large increase or reduction in something **резкое повышение/увеличение/падение и т. д.** **3 a sharp contrast/difference/distinction, etc** a very big and noticeable difference between two things **резкий контраст/резкое различие и т. д.** **4** B2 quick to notice and understand things **сообразительный** *a sharp mind* **5 a sharp pain** a sudden, short, strong pain **острая боль** **6** severe and not gentle **резкий, язвительный** *sharp criticism* ◦ *She can be a bit sharp with people sometimes.* **7 a sharp bend/turn, etc** a sudden large change in the direction you are travelling **крутой изгиб/поворот и т. д.** **8** A sharp taste is slightly sour. **терпкий, острый** **9** A sharp image is very clear. **четкий** *a photograph in sharp focus* **10 a sharp wit** the ability to say things that are funny and clever **остроумие** **11 a sharp tongue** If you have a sharp tongue, you often upset people by saying unkind things to them. **острый язык** **12** If a piece of clothing or a style is sharp, it is fashionable and tidy. **модный, стильный** *young men in sharp suits* **13 C sharp/F sharp, etc** the musical note that is between the note C, F, etc and the note above it **до-диез/фа-диез и т. д.** **14** A sharp musical note sounds unpleasant because it is slightly higher than it should be. **слишком высокий (о ноте)**

• **sharply adverb** B2 **остро, резко, четко,**

S

модно • **sharpness** noun [U] острота, резкость, четкость, стильность

sharp² /ʃɑːp/ **adverb 3 o'clock/8.30 p.m., etc sharp** at exactly 3 o'clock, 8.30 p.m., etc **ровно в 3 часа/в 8.30 вечера и т. д.**

sharp³ /ʃɑːp/ **noun** [C] a musical note that is between a particular note and the note above it **диез**

sharpen /ˈʃɑːpᵊn/ **verb** [T] to make something sharper **точить** *to sharpen a knife/pencil*

shatter /ˈʃætəʳ/ **verb 1** [I, T] to break into very small pieces, or to make something break into very small pieces **разбивать вдребезги** *Someone threw a stone at the car, shattering the windscreen.* **2** [T] to destroy something good, such as your confidence, hopes, or belief in something **разрушать** *The accident completely shattered her confidence.*

shattered /ˈʃætəd/ **adjective 1** very upset **потрясенный, убитый 2** UK informal very tired **вымотанный**

shave

shave¹ /ʃeɪv/ **verb** [I, T] B1 to cut hair off your face or body **брить(ся)** *to shave your head/legs ◦ shaving cream/foam*

PHRASAL VERB **shave sth off** to cut a very thin piece off a surface **срезать, строгать**

shave² /ʃeɪv/ **noun** [C] when a man shaves the hair growing on his face **бритье**

IDIOM **a close shave** a situation when something unpleasant or dangerous almost happens **едва избегнутая опасность**

shaven /ˈʃeɪvᵊn/ **adjective** A shaven part of the body has had the hair cut off it. **бритый** *a gang of youths with* ***shaven heads***

shaver /ˈʃeɪvəʳ/ **noun** [C] a piece of electrical equipment used to cut hair off the head or body **электробритва**

shavings /ˈʃeɪvɪŋz/ **noun** [plural] very thin pieces that have been cut off something **стружка** ***wood shavings***

shawl /ʃɔːl/ **noun** [C] a piece of cloth that is worn by a woman around her shoulders or used to cover a baby **шаль, платок**

she strong /ʃiː/ weak /ʃi/ **pronoun** A1 used as the subject of the verb when referring to someone female who has already been talked about **она** *"When is Ruth coming?" "She'll be here soon."*

sheaf /ʃiːf/ **noun** [C] (plural **sheaves** /ʃiːvz/) **1** several pieces of paper held together **пачка, связка** *a sheaf of papers* **2** several pieces of wheat or corn (= plant for grain) tied together **сноп**

shear /ʃɪəʳ/ **verb** [T] (past tense **sheared**, past participle **sheared**, **shorn**) to cut the wool off a sheep **стричь (овец)**

shears /ʃɪəz/ **noun** [plural] a cutting tool with two large blades, like a large pair of scissors **ножницы** *a pair of garden shears*

sheath /ʃiːθ/ **noun** [C] a cover for the sharp blade of a knife **ножны**

shed¹ /ʃed/ **noun** [C] B2 a small building used to store things such as tools **сарай** *a garden shed*

shed² /ʃed/ **verb** [T] (present participle **shedding**, past tense and past participle **shed**) **1 shed leaves/skin/hair, etc** to lose something because it falls off **ронять листья/сбрасывать кожу/терять волосы и т. д.** *A lot of trees shed their leaves in the autumn.* **2** to get rid of something that you do not want or need **сокращать, избавляться** *A lot of companies are shedding jobs.* **3 shed tears** to cry **лить слезы 4 shed blood** to kill or injure someone **проливать кровь** → See also cast/shed **light¹** on sth

she'd /ʃiːd/ **1** short for she had **сокращ. от she had** *By the time I got there, she'd fallen asleep.* **2** short for she would **сокращ. от she would** *She knew that she'd be late.*

shedload /ˈʃedləʊd/ **noun** [C] informal a large amount **большой объем** *They spent shedloads of money on that car.*

sheen /ʃiːn/ **noun** [no plural] a smooth shine on a surface **сияние, блеск**

sheep /ʃiːp/ **noun** [C] (plural **sheep**) A1 a farm animal whose skin is covered with wool **овца** *a* ***flock of sheep***

sheepish /ˈʃiːpɪʃ/ **adjective** slightly embarrassed, usually because you have done something stupid **сконфуженный, робкий** *a* ***sheepish grin****/look*

• **sheepishly adverb сконфуженно, робко**

sheer /ʃɪəʳ/ **adjective 1** [always before noun] used to emphasize how strong a feeling or quality is **абсолютный, полнейший** *a look of sheer delight/joy ◦ sheer determination/hard work* **2** [always before noun] used to emphasize the large size or amount of something **огромный** *The delays are due to the sheer volume of traffic.* **3** very steep **отвесный** *a sheer cliff face* **4** Sheer cloth is very thin and you can see through it. **прозрачный** *sheer tights/nylons*

sheet /ʃiːt/ **noun** [C] **1** B1 a large piece of cloth put on a bed to lie on or under **простыня** *a double fitted sheet ◦ to change the sheets* **2 a sheet of paper/glass/metal, etc** A2 a flat piece of paper/glass, etc **лист бумаги/стекла/металла и т. д.** *a sheet of yellow paper* → See also **balance sheet**

sheeting /ˈʃiːtɪŋ/ **noun** [U] a large flat piece of material, usually used as a cover **полотно, обшивка** *plastic sheeting*

Sheikh (also **Sheik**) /ʃeɪk/ **noun** [C] an Arab leader **шейх**

shelf /ʃelf/ **noun** [C] (plural **shelves** /ʃelvz/) A2 a flat, horizontal board used to put things on,

S

sheet

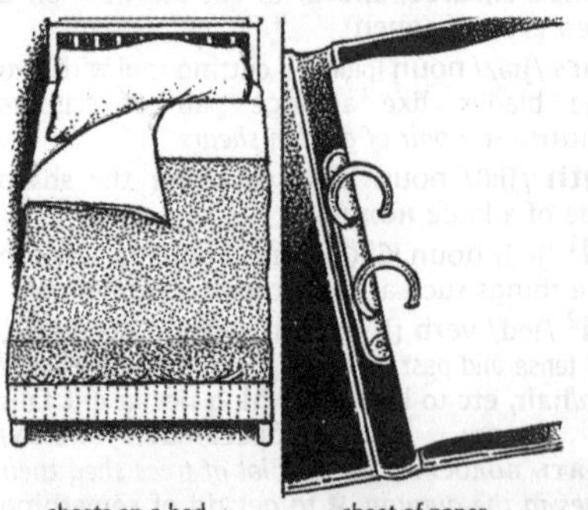

sheets on a bed sheet of paper

often fixed to a wall or inside a cupboard **полка** *a bookshelf ◦ on the top/bottom shelf*

ˈshelf ˌlife noun [C] (plural **shelf lives**) A product's shelf life is the length of time it stays in good condition and can be used. **срок хранения** [usually singular] *Fresh fruit has a very short shelf life.*

shell

shell¹ /ʃel/ **noun** [C] **1** ⓑ² the hard outer covering of some creatures and of eggs, nuts, or seeds **раковина, скорлупа** *a snail's shell ◦ an egg shell* **2** a bomb fired from a large gun **снаряд** → See also **sea shell**

shell

shell² /ʃel/ **verb** [T] to attack a place with bombs **обстреливать (артиллерийским огнем)**

PHRASAL VERB **shell out (sth)** informal to pay or give money for something, especially when you do not want to **раскошеливаться**

she'll /ʃi:l/ short for she will **сокращ. от she will** *She'll be away until Tuesday.*

shellfish /ˈʃelfɪʃ/ **noun** [U] sea creatures that live in shells and are eaten as food **моллюски, ракообразные**

shelter¹ /ˈʃeltəʳ/ **noun 1** [C] ⓑ² a place that protects you from bad weather or danger **кров, убежище** *a bomb shelter* **2** [U] ⓑ² protection from bad weather or danger **укрытие** *We **took shelter** from the rain in a doorway.*

> **Слова-партнеры к shelter**
> **find/provide/seek/take** shelter • shelter **from** sth • **under the shelter of** sth

shelter² /ˈʃeltəʳ/ **verb 1 shelter from/in/under, etc sth** to go under a cover or inside a building to be protected from bad weather or danger **укрываться от/в/под и т. д.** *They went under a tree to shelter from the rain.* **2** [T] to provide cover or protection for someone **давать приют** *Many households are already sheltering refugees.*

sheltered /ˈʃeltəd/ **adjective 1** covered or protected from bad weather or danger **защищенный** *a sheltered spot by the wall* **2 a sheltered existence/life/upbringing, etc** If you have a sheltered life, you are protected too much and experience very little danger or excitement. **существование/жизнь/воспитание и т. д. без тревог и забот 3 sheltered accommodation/housing** UK houses for old and ill people in a place where help can be given if it is needed **дома для престарелых и инвалидов**

shelve /ʃelv/ **verb** [T] to decide not to continue with a plan **прекращать** [often passive] *The project had to be shelved when they ran out of money.*

shelves /ʃelvz/ plural of shelf **мн. ч. сущ. shelf**

shenanigans /ʃɪˈnænɪgənz/ **noun** [plural] informal secret or dishonest behaviour **махинации** ***political/sexual shenanigans***

shepherd¹ /ˈʃepəd/ **noun** [C] someone whose job is to look after sheep **пастух**

shepherd² /ˈʃepəd/ **verb** [T] to go somewhere with someone in order to guide them or protect them **сопровождать** *children shepherded to school by their parents*

sheriff /ˈʃerɪf/ **noun** [C] an elected law officer in the US **шериф**

sherry /ˈʃeri/ **noun** [C, U] a strong Spanish wine that is often drunk before a meal **херес**

she's /ʃi:z/ **1** short for she is **сокращ. от she is** *She's a very good student.* **2** short for she has **сокращ. от she has** *She's been working very hard.*

shh /ʃ/ **exclamation** used to tell someone to be quiet **ш-ш-ш!**

Shia /ˈʃi:ə/ **noun** [C] a Shiite **шиит (последователь многочисленного направления в исламе)**

shield¹ /ʃi:ld/ **noun** [C] **1** a large, flat object that police officers and soldiers hold in front of their bodies to protect themselves **щит 2** a person or thing used as protection **щит** *The hostages are being used as **human shields**.*

shield² /ʃi:ld/ **verb** [T] to protect someone or something from something dangerous or unpleasant **защищать, прикрывать** *to **shield** your **eyes** from the sun*

shift¹ /ʃɪft/ **noun** [C] **1** a change in something **сдвиг, изменение** *There has been a dramatic **shift in** public opinion on this matter.* **2** ⓑ² a period of work in a place such as a factory or hospital **смена (рабочая)** *afternoon/**night shift** ◦ He works an eight-hour shift.*

Слова-партнеры к shift

a **dramatic/fundamental/gradual/major** shift • a shift (away) **from/towards** sth • a shift in sth

shift² /ʃɪft/ **verb 1** [I, T] to change something **изменять, смещать** *We are trying to* ***shift*** *the emphasis* ***from*** *curing illness* ***to*** *preventing it.* **2** [T] to move something to another place **перемещать, передвигать** *We need to shift all these boxes into the other room.* **3** [I, T] to move into a different position **перемещаться, передвигаться** *He shifted uncomfortably in his seat.* **4** [I, T] (also **shift into**) US to change the position of the gears (= parts that control how fast the wheels turn) in a vehicle **переключать скорость** *to* ***shift gears***

ˈshift ˌkey noun [C] the key on a computer keyboard which allows you to create a capital letter (= a large letter of the alphabet used at the beginning of sentences and names) **клавиша переключения регистра**

shifty /ˈʃɪfti/ **adjective** informal Someone who looks shifty looks dishonest. **лживый, изворотливый**

Shiite (also **Shi'ite**) /ˈʃiːaɪt/ **noun** [C] a member of a large group within the Islamic religion **шиит (последователь многочисленного направления в исламе)**

• **Shiite adjective** (also **Shi'ite**) describing the Shiites or their type of Islam **шиитский**

shilling /ˈʃɪlɪŋ/ **noun** [C] a unit of money used in the past in the UK **шиллинг**

shimmer /ˈʃɪməʳ/ **verb** [I] to shine gently and seem to be moving slightly **мерцать, блестеть** *The trees shimmered in the moonlight.*

shin /ʃɪn/ **noun** [C] the front part of a leg between the knee and the foot **голень** → See **The Body** on page Centre 13

shine¹ /ʃaɪn/ **verb** (past tense and past participle **shone**, **shined**) **1** [I] B1 to produce bright light **сиять, светить** *The* ***sun*** *was* ***shining*** *brightly through the window.* **2** [I, T] to point a light somewhere **светить, освещать** *The car's headlights shone right into my eyes.* **3** [I, T] If a surface shines, it reflects light, and if you shine it, you make it reflect light. **сверкать, блестеть** *She polished her shoes until they shone.* **4** [I] If your eyes or face shine, you look happy, healthy, or excited. **сиять, светиться** *His* ***eyes*** *were* ***shining*** *with excitement.* **5** [I] to do something very well, usually better than other people. **блистать**

shine² /ʃaɪn/ **noun** [no plural] when something is bright from reflected light on its surface **блеск** *hair with body and shine*

IDIOMS **take a shine to sb** informal to like someone immediately **почувствовать симпатию к кому-либо** *I think he's taken a bit of a shine to you.* • **take the shine off sth** to spoil something pleasant **испортить что-либо**

shingle /ˈʃɪŋgl/ **noun** [U] UK a lot of very small pieces of stone on a beach **галька**

shiny /ˈʃaɪni/ **adjective** B1 A shiny surface is bright because it reflects light. **блестящий** *shiny hair*

ship¹ /ʃɪp/ **noun** [C] A2 a large boat that carries people or goods by sea **корабль** *a cargo ship*

ship² /ʃɪp/ **verb** [T] (present participle **shipping**, past tense and past participle **shipped**) to send something from one place to another **транспортировать, перевозить** [often passive] *These vegetables have been shipped halfway around the world.*

shipment /ˈʃɪpmənt/ **noun 1** [C] an amount of goods sent from one place to another **груз, партия** *The first shipments of food arrived this month.* **2** [U] when something is sent from one place to another **транспортировка, перевозка** *the shipment of nuclear waste*

ˌshipping and ˈhandling noun [U] US postage and packing **упаковка и отправка по почте**

shipwreck¹ /ˈʃɪprek/ **noun** [C] an accident in which a ship is destroyed at sea **кораблекрушение**

shipwreck² /ˈʃɪprek/ **verb be shipwrecked** If someone is shipwrecked, the ship they are in is destroyed in an accident. **потерпеть кораблекрушение**

shipyard /ˈʃɪpjɑːd/ **noun** [C] a place where ships are built or repaired **верфь**

shirk /ʃɜːk/ **verb** [I, T] to avoid doing something because it is difficult or unpleasant **увиливать, уклоняться** *to* ***shirk*** *your* ***duties/responsibilities***

shirt /ʃɜːt/ **noun** [C] A1 a piece of clothing worn on the top part of the body, often made of thin material like cotton and fastened with buttons down the front **рубашка** → See **Clothes** on page Centre 9 → See also **polo shirt**, **T-shirt**

shish kebab /ˈʃɪʃkəˌbæb/ **noun** [C] small pieces of meat or vegetables cooked on a long, thin stick **шашлык**

shit¹ /ʃɪt/ **exclamation** very informal a very impolite word used to show surprise, anger, disappointment, etc **черт!**

shit² /ʃɪt/ **noun** [U] very informal a very impolite word for waste from the body of a person or animal that comes out of their bottom **дерьмо**

shiver /ˈʃɪvəʳ/ **verb** [I] B2 to shake because you are cold or frightened **дрожать** *She* ***shivered with*** *cold.*

• **shiver noun** [C] **дрожь** *He felt a shiver run down his spine (= He felt afraid).*

shoal /ʃəʊl/ **noun** [C] a large group of fish swimming together **косяк, стая (рыбы)**

shock¹ /ʃɒk/ **noun 1** [C, U] B1 a big, unpleasant surprise **потрясение, удар** *We* ***got a*** *nasty* ***shock*** *when he gave us the bill.* ◦ *Her death* ***came as a*** *terrible* ***shock*** *to him.* ◦ *They are still* ***in shock*** *(= feeling the effect of a shock) from the*

S

accident. **2** [U] a medical condition when someone is extremely weak because of damage to their body **шок** *He **went into shock** and nearly died.* **3** [C] (also **electric shock**) a sudden, painful feeling that you get when electricity flows through your body **электрический удар** **4** [C] a sudden movement caused by an explosion, accident, etc **удар, толчок** → See also **culture shock**

> Слова-партнеры к **shock**
>
> come as a shock • get/have a shock • a big/nasty/real shock • a shock to sb • be in shock

shock[2] /ʃɒk/ **verb** [I, T] B2 to surprise and upset someone **поражать, потрясать** [often passive] *Many people were shocked by the violent scenes in the film.*
• **shocked adjective** B1 **пораженный, потрясенный** [+ to do sth] *We were shocked to find rat poison in our hotel room.*

shocking /ˈʃɒkɪŋ/ **adjective** **1** B1 very surprising and upsetting or immoral **поразительный, возмутительный** *shocking news* ◦ *This report contains scenes that some people may find shocking.* **2** UK very bad **ужасный, дрянной** *My memory is shocking.*
• **shockingly adverb поразительно, ужасно**

shoddy /ˈʃɒdi/ **adjective** very bad quality **некачественный, халтурный** *shoddy goods* ◦ ***shoddy work/workmanship/treatment***

shoe /ʃuː/ **noun** [C] A1 a strong covering for the foot, often made of leather **туфля, ботинок** *a pair of shoes* ◦ *to put your shoes on/take your shoes off*

IDIOM **be in sb's shoes** informal to be in the same situation as someone else, especially an unpleasant situation **быть на чьем-либо месте** *What would you do if you were in my shoes?*

shoelace /ˈʃuːleɪs/ **noun** [C] a long, thin piece of material used to fasten shoes **шнурок**

shoestring /ˈʃuːstrɪŋ/ **noun**

IDIOM **on a shoestring** If you do something on a shoestring, you do it using very little money. **на скудные средства**

shone /ʃɒn/ (US) /ʃəʊn/ past of shine **прош. вр. и прич. прош. вр. от гл. shine**

shoo /ʃuː/ **verb** (present participle **shooing**, past tense and past participle **shooed**) **shoo sb away/off/out, etc** to make a person or animal leave a place by chasing them or shouting 'shoo' at them **прогонять, вспугивать**
• **shoo exclamation кыш!**

shook /ʃʊk/ past tense of shake **прош. вр. гл. shake**

shoot[1] /ʃuːt/ **verb** (past tense and past participle **shot**) **1** [T] B1 to injure or kill a person or animal by firing a bullet from a gun at them **застрелить, ранить выстрелом** [often passive] *He was robbed and then **shot in** the stomach.* ◦ *An innocent bystander was **shot dead** in the incident.* **2** [I, T] B1 to fire a bullet from a gun **стрелять** *Don't shoot!* **3** [I] B1 to try to score points in sports such as football by hitting, kicking, or throwing the ball towards the goal **бить по воротам** **4 shoot across/out/up, etc** to move somewhere very quickly **бросаться, мчаться через/из/по и т. д.** *She shot across the road without looking.* **5** [T] to use a camera to record a film or take a photograph **снимать (кино), фотографировать** [often passive] *Most of the film was shot in Italy.*

PHRASAL VERBS **shoot sb/sth down** to destroy an aircraft or make it fall to the ground by firing bullets or weapons at it **сбивать (самолет)** • **shoot up** If a number or amount shoots up, it increases very quickly. **резко повышаться** *Prices have shot up by 25%.*

shoot[2] /ʃuːt/ **noun** [C] **1** a new branch or stem growing on a plant **побег, росток** *bamboo shoots* **2** when someone takes photographs or makes a film **кино- или фотосъемка** *a **fashion shoot***

shooting /ˈʃuːtɪŋ/ **noun** **1** [C] B2 when someone is injured or killed by a bullet from a gun **убийство или ранение выстрелом** *a fatal shooting* **2** [U] the sport of firing bullets from guns, sometimes to kill animals **стрельба, охота**

shop[1] /ʃɒp/ **noun** [C] (also US **store**) A1 a building or part of a building where you can buy things **магазин** *a book shop* ◦ *a shoe shop* ◦ *to go to the shops* ◦ *a shop window* → See also **charity shop**

shop[2] /ʃɒp/ **verb** [I] (present participle **shopping**, past tense and past participle **shopped**) B1 to buy things in shops **ходить по магазинам, делать покупки** *I'm **shopping for** baby clothes.* ◦ *I usually **go shopping** on Saturday.*

PHRASAL VERB **shop around** to compare the price and quality of the same thing from different places before deciding which one to buy **подыскивать подходящий товар, прицениваться** *to shop around for a computer*

ˈshop asˌsistant noun [C] UK (US **sales clerk**) A2 someone whose job is selling things in a shop **продавец**

ˌshop ˈfloor noun [no plural] the part of a factory where things are made and not the part where the managers' offices are **производственное помещение**

shopkeeper /ˈʃɒpˌkiːpəʳ/ **noun** [C] B2 someone who owns or manages a small shop **управляющий или владелец магазина**

shoplifting /ˈʃɒplɪftɪŋ/ **noun** [U] stealing things from a shop **воровство в магазинах**
• **shoplifter noun** [C] **магазинный вор** • **shoplift verb** [I] **воровать в магазине**

shopper /ˈʃɒpəʳ/ **noun** [C] someone who is buying things from shops **покупатель**

shopping /ˈʃɒpɪŋ/ **noun** [U] **1** A1 when you buy

things from shops **покупка товаров в магазинах** *I love shopping.* ◦ *a shopping basket/trolley* **2** (A2) the things that you buy from a shop or shops **покупки** *Can you help me unpack the shopping?* ◦ *a shopping bag* → See also **window shopping**

> Слова-партнеры к **shopping**
> a shopping **spree/trip** • **to go** shopping

ˈshopping ˌbasket noun [C] a place on a website where you collect things that you plan to buy from the website **корзина для покупок** → See **basket**

ˈshopping ˌcentre noun [C] UK (US **shopping center**) a place where a lot of shops have been built close together **торговый центр**

ˈshopping ˌmall noun [C] a large, covered shopping area **торговый пассаж**

shore[1] /ʃɔːr/ **noun** [C, U] (B1) the area of land along the edge of the sea or a lake **берег** *They had to abandon the boat and swim back to shore.*

shore[2] /ʃɔːr/ **verb**

PHRASAL VERB **shore sth up** to help or improve something that is likely to fail **укреплять, поддерживать**

shorn /ʃɔːn/ past participle of shear **прич. прош. вр. от гл. shear**

short[1] /ʃɔːt/ **adjective** **1** (A1) having a small distance from one end to the other **короткий** *short, brown hair* ◦ *short legs* ◦ *a short skirt* **2** (A1) continuing for a small amount of time **короткий, недолгий** *a short visit* ◦ *There's a short break for coffee between classes.* **3** (A2) A short book or other piece of writing has few pages or words. **короткий** *a short article/story* **4** (A1) A short person is not as tall as most people. **невысокий** *She's short and slim with dark hair.* **5** (B1) not having enough of something **испытывающий нехватку чего-либо** *I'm a bit* ***short of*** *money at the moment.* ◦ *Would you like to play? We're a couple of people short.* ◦ *He seemed a bit* ***short of breath*** *(= having difficulty breathing).* **6 be short for sth** (B2) to be a shorter way of saying the same thing **быть сокращением от чего-либо** *'Mick' is short for 'Michael'.* **7 be short with sb** to talk to someone quickly in an angry or rude way **резко разговаривать с кем-либо**

• **shortness** noun [U] **краткость, нехватка**

→ See also in the long/short **run**[2]

short[2] /ʃɔːt/ **adverb** **1 short of doing sth** without doing something **кроме** *He did everything he could to get the money, short of robbing a bank.* **2 stop short of sth/doing sth** to almost do something but decide not to do it **чуть не сделать что-либо** *She stopped short of accusing him of lying.* **3 fall short of sth** to not reach a particular level, but only by a small amount **не дотянуть, не достигнуть** *Sales for the first half of this year fell just short of the target.* **4 cut sth short** to have to stop doing something before it is finished **преждевременно прерывать что-либо** *They had to cut the holiday short when her mother was taken ill.*

short[3] /ʃɔːt/ **noun** **1 in short** in a few words **короче говоря** *In short, we need more staff.* **2** [C] a short film **короткометражный фильм** **3** [C] UK a small amount of a strong alcoholic drink like whisky **глоток спиртного**

shortage /ˈʃɔːtɪdʒ/ **noun** [C] (B2) when there is not enough of something **нехватка** *a* ***shortage of*** *nurses* ◦ *food shortages*

> Слова-партнеры к **shortage**
> an **acute/chronic/desperate/serious** shortage • a shortage **of** sth

shortbread /ˈʃɔːtbred/ **noun** [U] a hard, sweet cake **песочное печенье**

short-circuit /ˌʃɔːtˈsɜːkɪt/ **noun** [C] a fault in an electrical connection **короткое замыкание**

• **short-circuit** verb [I, T] **замкнуть (об электричестве)**

shortcoming /ˈʃɔːtˌkʌmɪŋ/ **noun** [C] a fault **недостаток** [usually plural] *I like him despite his shortcomings.*

shortcut /ˈʃɔːtkʌt/ (also UK ˌ**short** ˈ**cut**) **noun** [C] **1** a quicker and more direct way of getting somewhere or doing something **путь напрямик** *I* ***took a shortcut*** *through the car park.* **2** In computing, a shortcut is a quick way to start or use a computer program. **быстрый запуск программы** *a shortcut key*

shorten /ˈʃɔːtᵊn/ **verb** [I, T] to become shorter or to make something shorter **укорачивать(ся), сокращать(ся)** *Smoking shortens your life.*

shortfall /ˈʃɔːtfɔːl/ **noun** [C] the difference between the amount that is needed and the smaller amount that is available **дефицит** *a shortfall in government spending*

shorthand /ˈʃɔːthænd/ **noun** [U] a fast way of writing using abbreviations and symbols **стенография**

short-haul /ˈʃɔːthɔːl/ **adjective** travelling a short distance **перевозящий на короткие дистанции** *a* ***short-haul flight***

shortlist /ˈʃɔːtlɪst/ **noun** [C] UK a list of people who are competing for a prize, job, etc, who have already been chosen from a larger list **список допущенных к последнему туру** *to be* ***on the shortlist***

• **shortlist** verb [T] UK **включать в окончательный список** *shortlisted candidates*

short-lived /ˌʃɔːtˈlɪvd/ **adjective** only lasting for a short time **недолговечный**

shortly /ˈʃɔːtli/ **adverb** **1** (B2) If something is going to happen shortly, it will happen soon. **скоро, вскоре** *Our plans for the next year will be announced shortly.* **2 shortly after/before sth** (B1) a short time after or before something **вскоре после/незадолго до чего-либо** *He left here shortly after midnight.*

S

short-range /ˌʃɔːtˈreɪndʒ/ **adjective** intended to go a short distance **малой дальности** *a short-range missile*

shorts /ʃɔːts/ **noun** [plural] **1** A2 a very short pair of trousers that stop above the knees **шорты** *T-shirt and shorts* ◦ *cycling shorts* **2** US men's underwear to wear under trousers **мужские трусы** → See also **boxers**

short-sighted /ˌʃɔːtˈsaɪtɪd/ **adjective 1** not able to see far without wearing glasses **близорукий 2** not thinking enough about how an action will affect the future **недальновидный** *a short-sighted policy*

short-term /ˌʃɔːtˈtɜːm/ **adjective** B2 lasting a short time **краткосрочный, кратковременный** ***short-term memory***

short-wave /ˈʃɔːtweɪv/ **noun** [U] a system used to broadcast radio signals around the world **короткая волна** *short-wave radio*

shot¹ /ʃɒt/ **noun** [C] **1** B2 when a bullet is fired from a gun **выстрел** *Three **shots** were **fired**.* **2** B2 when someone tries to score points in sports such as football by hitting or throwing the ball **удар, бросок** *Good shot!* **3** B2 a photograph **фотография, снимок** *I got a good shot of them leaving the hotel together.* **4 give sth a shot; have/take a shot at sth** informal to try to do something, often for the first time **попытаться сделать что-либо, пробовать свои силы в чем-либо** *I've never played football, but I'll give it a shot.* **5** an amount of medicine put into the body with a special needle **укол 6** a small amount of a strong alcoholic drink **глоток** *a shot of whisky*

IDIOMS **like a shot** If someone does something like a shot, they do it quickly and enthusiastically. **не раздумывая, пулей** • **a shot in the dark** an attempt to guess something when you have no information or knowledge about it **предположение, высказанное наугад**

→ See also **long shot**

shot² /ʃɒt/ past of shoot **прош. вр. и прич. прош. вр. от гл. shoot**

shotgun /ˈʃɒtɡʌn/ **noun** [C] a long gun that fires small, metal balls **дробовик**

should strong /ʃʊd/ weak /ʃəd/ **modal verb 1** B1 used to say or ask what is the correct or best thing to do **выражает рекомендацию, должен, следует** *He should have gone to the doctor.* ◦ *Should I apologize to her?* ◦ *You shouldn't be so angry with him.* **2** B1 used to say that you expect something to be true or that you expect something to happen **выражает предположение, должно быть, наверное** *She should be feeling better by now.* ◦ *The letter should arrive by Friday.* **3** formal used to refer to a possible event in the future **выражает возможность события в будущем, если вдруг** *Should you have any further queries, please do not hesitate to contact me.* **4 why should/shouldn't...?** B2 used to ask or give the reason for something, especially when you are surprised or angry about it **но зачем это надо/а почему бы и нет?** *He told me to forgive her, but why should I?* → See Study Page **Modal verbs** on page Centre 22

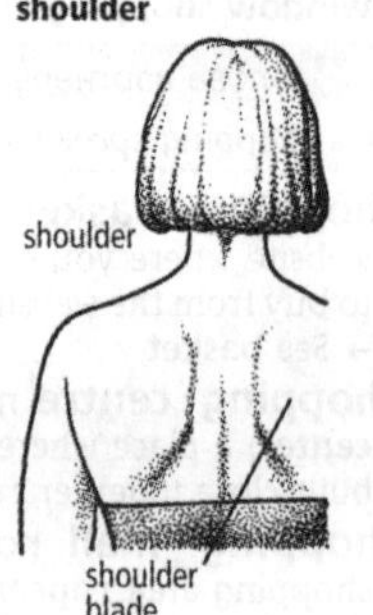

shoulder¹ /ˈʃəʊldəʳ/ **noun** [C] **1** B1 where your arm joins your body next to your neck **плечо** *He put his arm around my shoulder.* → See **The Body** on page Centre 13 **2** US (UK **hard shoulder**) the area on the edge of a main road, where a car can stop in an emergency **обочина**

IDIOMS **rub shoulders with sb** to spend time with famous people **водить компанию с кем-либо** • **a shoulder to cry on** someone who gives you sympathy when you are upset **человек, которому можно поплакаться в жилетку**

→ See also have a **chip¹** on your shoulder

shoulder² /ˈʃəʊldəʳ/ **verb shoulder the blame/burden/responsibility, etc** to accept that you are responsible for something difficult or bad **взваливать на себя вину/груз/ответственность и т. д.**

ˈshoulder ˌbag noun [C] a bag with a long strap that you hang from your shoulder **сумка через плечо**

ˈshoulder ˌblade noun [C] a large, flat bone on each side of your back below your shoulder **лопатка**

shoulder-length /ˈʃəʊldəleŋθ/ **adjective** If your hair is shoulder-length, it goes down as far as your shoulders. **до плеч**

shouldn't /ˈʃʊdᵊnt/ short for should not **сокращ. от should not** *I shouldn't have said that.*

should've /ˈʃʊdəv/ short for should have **сокращ. от should have** *She should've finished by now.*

shout¹ /ʃaʊt/ **verb** [I, T] A2 to say something very loudly **кричать, выкрикивать** *"Look out!" she shouted.* ◦ *I was angry and I **shouted at** him.* ◦ *I **shouted out** her name but she didn't hear me.*

> Слова-партнеры к **shout (noun)**
>
> **give** a shout • a shout **of** [anger, etc] • an **angry** shout

shout² /ʃaʊt/ **noun** [C] B1 when you say something very loudly or make a very loud sound with your voice **крик** *He was woken by a loud shout.*

shouty /ˈʃaʊti/ **adjective** informal Someone who

is shouty shouts a lot because they get angry very easily. **крикливый**

shove /ʃʌv/ **verb** [I, T] **1** to push someone or something in a rough way **толкать, пихать** *He wouldn't move, so I shoved him out of the way.* **2 shove sth into/in/under, etc** to put something somewhere in a quick, careless way **запихивать что-либо в/под и т. д.** *She shoved the suitcase under the bed.*

• **shove noun** [C] **толчок** *to give someone a shove* → See also if/when **push²** comes to shove

shovel /ˈʃʌvəl/ **noun** [C] a tool with a long handle, used for digging or moving things such as soil or snow **лопата**

• **shovel verb** [I, T] (present participle UK **shovelling**, past tense and past participle **shovelled**, present participle US **shoveling**, past tense and past participle **shoveled**) **сгребать, выгребать лопатой**

show¹ /ʃəʊ/ **verb** (past tense **showed**, past participle **shown**) **1** [T] B2 If numbers, results, facts, etc show something, they prove that it is true. **выявлять, устанавливать** [+ (that)] *Research shows that 40% of the programme's viewers are aged over 55.* ◦ *Sales figures showed a significant increase last month.* **2** [T] A1 to let someone look at something **показывать** [+ two objects] *Show me your photos.* ◦ *Show your passport to the officer.* **3 show sb what to do/how to do sth** B1 to teach someone how to do something by explaining it or by doing it yourself while they watch **показывать кому-либо что делать/как делать что-либо** *She showed me how to use the new computer system.* ◦ *Have you shown him what to do?* **4** [T] B2 to express a feeling so that other people are able to notice it **выражать, проявлять** *He hasn't shown any interest so far.* ◦ *If she was upset, she certainly didn't show it.* **5** [I, T] to be easy to see, or to make something easy to see **быть заметным, подчеркивать** *The sadness really shows on her face.* ◦ *Light-coloured carpets show the dirt.* **6 show sb into/around/round, etc** B1 to take someone to or round a place **провожать, сопровождать** *She showed me round the factory.* **7** [T] B1 If a picture, film, map, etc shows something, that thing can be seen in the picture, film, etc. **изображать** *A diagram shows the levels of rainfall in different parts of the country.* **8** [I, T] If a cinema shows a film or a film is showing somewhere, you can go and see it there. **демонстрировать, идти (о фильме)**

PHRASAL VERBS **show off** B2 to try to make people admire your abilities or achievements in a way which other people find annoying **похваляться, рисоваться** *He was the kind of kid who was always showing off to his classmates.* • **show sb/sth off** to show something or someone you are proud of to other people **хвастаться кем-либо/чем-либо** *I couldn't wait to show off my new ring.* • **show up** informal B1 to arrive somewhere **появляться, приходить** *I waited for nearly half an hour, but he didn't show up.* • **show sb up** to behave in a way that makes someone you are with feel embarrassed **ставить кого-либо в неловкое положение** *I didn't want my parents there, showing me up in front of all my friends.*

show² /ʃəʊ/ **noun 1** [C] A2 a television or radio programme or a theatre performance **передача, спектакль** *He's got his own show on Channel 5.* **2** [C] B2 an event at which a group of similar things are brought together for the public to see **показ, выставка** *a fashion show* **3 a show of sth** an expression of a feeling which can be clearly seen by other people **демонстрация чего-либо** *Crowds gathered in the central square in a show of support for the government.* **4 for show** for looking at only, and not for using **для видимости, для виду** *The cakes are just for show – you can't eat them.* **5 on show** being shown to the public **выставленный для показа** *Her designs are currently on show at the Museum of Modern Art.* → See also **chat show**, **game show**, **talk show**

> **Слова-партнеры к show (noun)**
>
> **host/present** a show • a show **is broadcast/screened** • **be on** a show

ˈ**show** ˌ**business noun** [U] (informal **show biz**) the entertainment industry, including films, television, theatre, etc **шоу-бизнес**

showcase /ˈʃəʊkeɪs/ **noun** [C] an event which is intended to show the best qualities of something **показ лучшего** *The exhibition acts as* ***a showcase for*** *British design.*

showdown /ˈʃəʊdaʊn/ **noun** [C] an argument or fight that is intended to end a period of disagreement **окончательное выяснение отношений** *Opponents of the changes are heading for* ***a showdown with*** *party leaders.*

> **Слова-партнеры к showdown**
>
> **face/be heading for** a showdown • a showdown **between** sb **and** sb • a showdown **with** sb

shower¹ /ʃaʊəʳ/ **noun** [C] **1** A1 If you have or take a shower, you wash your whole body while standing under a flow of water. **душ** *I got up,* ***had a shower*** *and got dressed.* **2** A1 a piece of bathroom equipment that you stand under to wash your whole body **душ** *He likes to sing* ***in the shower.*** → See **The Bathroom** on page Centre 3 **3** B1 a short period of rain **дождик** **4 a shower of sth** a lot of small things in the air, especially falling through the air **обилие, множество, град** *a shower of glass*

shower² /ʃaʊəʳ/ **verb** [I] to wash standing under a shower **принимать душ**

PHRASAL VERB **shower sb with sth** to give a lot of something to someone **осыпать кого-либо чем-либо** *I was showered with gifts.*

showing /ˈʃəʊɪŋ/ **noun** **1** [C] a broadcast of a television programme at a particular time or of a film at a cinema **показ** *There's a repeat showing of Wednesday's episode on Saturday morning.* **2 a good/poor/strong, etc showing** how successful someone is in a competition, election, etc **хорошие/слабые/отличные и т. д. результаты** *She **made** a good **showing** in the world championships.*

showman /ˈʃəʊmən/ **noun** [C] (plural **showmen**) someone who is very good at entertaining people **шоумен**

shown /ʃəʊn/ past participle of show **прич. прош. вр. от гл. show**

show-off /ˈʃəʊɒf/ **noun** [C] someone who tries to make other people admire their abilities or achievements in a way which is annoying **позер**

showroom /ˈʃəʊruːm/ **noun** [C] a large room where you can look at large items for sale, such as cars or furniture **демонстрационный зал**

shrank /ʃræŋk/ past tense of shrink **прош. вр. гл. shrink**

shrapnel /ˈʃræpnᵊl/ **noun** [U] small, sharp pieces of metal which fly through the air when a bomb explodes **шрапнель**

shred¹ /ʃred/ **noun** [C] **1** a very small piece that has been torn from something **клочок** [usually plural] *She tore the letter **to shreds**.* **2 not a shred of sth** not the smallest amount of something **ни капли, ни крупицы** *There is not a shred of evidence to support his story.*

shred² /ʃred/ **verb** [T] (present participle **shredding**, past tense and past participle **shredded**) to tear or cut something into small, thin pieces **резать, рвать** *shredded cabbage*

shrewd /ʃruːd/ **adjective** good at judging situations and making decisions which give you an advantage **проницательный, практичный** *a shrewd businessman* ◦ *a shrewd investment*

• **shrewdly adverb проницательно, практично**

shriek /ʃriːk/ **verb** [I, T] to make a sudden, loud, high noise because you are afraid, surprised, excited, etc **пронзительно кричать** *to shriek with laughter* ◦ *"It's about to explode!" she shrieked.*

• **shriek noun** [C] **пронзительный крик**

shrill /ʃrɪl/ **adjective** A shrill sound is very high, loud, and often unpleasant. **пронзительный, визгливый** *a shrill voice*

shrimp /ʃrɪmp/ **noun** [C] a small, pink, sea animal that you can eat, with a curved body and a shell **креветка**

shrine /ʃraɪn/ **noun** [C] a place where people go to pray because it is connected with a holy person or event **храм, святыня**

shrink¹ /ʃrɪŋk/ **verb** [I, T] (past tense **shrank**, past participle **shrunk**) (B2) to become smaller, or to make something smaller **уменьшать(ся), садиться** *My shirt shrank in the wash.* ◦ *Its forests have shrunk to almost half the size they were 10 years ago.*

PHRASAL VERB **shrink from sth/doing sth** to avoid doing something that is difficult or unpleasant **уклоняться от чего-либо, бояться делать что-либо** *We will not shrink from using force.*

shrink² /ʃrɪŋk/ **noun** [C] informal a doctor trained to help people with mental or emotional problems **психоаналитик**

shrivel /ˈʃrɪvᵊl/ **verb** [I] (present participle UK **shrivelling**, past tense and past participle **shrivelled**, present participle US **shriveling**, past tense and past participle **shriveled**) If something shrivels, it becomes smaller, dryer, and covered in lines, often because it is old. **высыхать, сморщиваться**

• **shrivelled adjective высохший, сморщенный** *There were a few shrivelled apples at the bottom of the bowl.*

shroud¹ /ʃraʊd/ **noun** [C] a cloth used to cover the body of a dead person **саван**

shroud² /ʃraʊd/ **verb** **1 be shrouded in darkness/fog/mist** to be hidden or covered by the dark/fog, etc **быть окутанным тьмой/туманом** *The island was shrouded in sea mist.* **2 be shrouded in mystery/secrecy** to be difficult to find out about or to know the truth about **быть окутанным тайной/секретностью** *Details of the president's trip remain shrouded in secrecy.*

shrub /ʃrʌb/ **noun** [C] a large plant, smaller than a tree, that has several main stems **куст**

shrubbery /ˈʃrʌbᵊri/ **noun** **1** [C, U] an area of a garden with shrubs in it **кустарник** **2** [U] US shrubs considered as a group **кусты**

shrug /ʃrʌg/ **verb** [I, T] (present participle **shrugging**, past tense and past participle **shrugged**) to move your shoulders up and down to show that you do not care about something or that you do not know something **пожимать плечами** *I told him we weren't happy with it but he just **shrugged** his **shoulders**.*

• **shrug noun** [C] **пожимание плечами**

PHRASAL VERB **shrug sth off** to not worry about something and treat it as not important **не обращать внимания, сбрасывать со счетов** *The team manager shrugged off criticism.*

shrunk /ʃrʌŋk/ past participle of shrink **прич. прош. вр. от гл. shrink**

shrunken /ˈʃrʌŋkən/ **adjective** having become smaller or having been made smaller **усохший, севший** *a shrunken old man*

shudder /ˈʃʌdəʳ/ **verb** [I] to shake, usually because you are thinking of something unpleasant **содрогаться, дрожать** *I still **shudder at** the thought of the risks we took.* ◦ *She **shuddered with** horror.*

• **shudder noun** [C] **содрогание, дрожь**

shuffle /ˈʃʌfl/ **verb** **1** [I] to walk slowly without lifting your feet off the floor **шаркать** *I heard* *him shuffling around downstairs.* **2** [I, T] If you shuffle papers or cards, you mix them or arrange them in a different order. **перемешивать, тасовать** **3** [I, T] to move your body or feet a little because you feel nervous or uncomfortable. **ерзать** *People started **shuffling their feet** and looking at their watches.*

shun /ʃʌn/ **verb** [T] (present participle **shunning**, past tense and past participle **shunned**) to avoid or ignore someone or something **избегать, держаться в стороне** *He was shunned by colleagues and family alike.* ◦ *She has always **shunned publicity**.*

shunt /ʃʌnt/ **verb** [T] to move someone or something from one place to another, usually because they are not wanted **перемещать, передавать** *As a teenager he was shunted between different children's homes.*

shut¹ /ʃʌt/ **verb** [I, T] (present participle **shutting**, past tense and past participle **shut**) **1** (A2) to close something, or to become closed **закрывать(ся)** *Shut the door.* ◦ *He lay back and shut his eyes.* ◦ *The lid shut with a bang.* **2** UK (UK/US **close**) (A2) When a shop, restaurant, etc shuts, it stops serving customers and does not allow people to enter. **закрывать(ся)** *The museum shuts at 4 o'clock on a Friday.* ◦ *Several schools were shut because of the bad weather.*

PHRASAL VERBS **shut sb/sth away** to put someone or something in a place from which they cannot leave or be taken away **запирать кого-либо/что-либо** • **shut (sth) down** (B2) If a business or a large piece of equipment shuts down or someone shuts it down, it stops operating. **закрывать(ся), блокировать** *Many factories have been forced to shut down.* • **shut sb/sth in (sth)** to prevent someone or something from leaving a place by shutting a door or gate **запирать кого-либо/что-либо** *We normally shut the dog in the kitchen when we go out.* • **shut sth off** to stop a machine working, or to stop the supply of something **отключать, отрезать** *Shut the engine off.* ◦ *Oil supplies have been shut off.* • **shut sth/sb out** to stop something or someone from entering a place or from being included in something **не пропускать кого-либо/что-либо** *The curtains shut out most of the light from the street.* • **shut (sb) up** informal (B2) to stop talking or making a noise, or to make someone do this **заткнуться, заткнуть кому-либо рот** *Just shut up and get on with your work!* • **shut sb/sth up** to keep a person or animal somewhere and prevent them from leaving **запирать кого-либо/что-либо** *You can't keep it shut up in a cage all day.*

shut² /ʃʌt/ **adjective** [never before noun] **1** (B1) closed **закрытый** *Her eyes were shut and I thought she was asleep.* **2** UK (also UK/US **closed**) (B1) When a shop, restaurant, etc is shut, it has stopped serving customers and does not allow people to enter it. **закрытый**

shutdown /ˈʃʌtdaʊn/ **noun** [C] when a business or a large piece of equipment stops operating, usually for a temporary period **закрытие (предприятия), остановка (механизма)**

shutter /ˈʃʌtəʳ/ **noun** [C] **1** a wooden or metal cover on the outside of a window **ставень** **2** the part at the front of a camera which opens quickly to let in light when you take a photograph **затвор объектива**

shuttle¹ /ˈʃʌtl/ **noun** [C] **1** a bus, train, plane etc which travels regularly between two places, usually a short distance **регулярное сообщение, перевозки** *the London-Glasgow shuttle* ◦ *There's a **shuttle service** between the airport and the city centre.* **2** (also ˈ**space** ˌ**shuttle**) a spacecraft which can go into space and return to Earth more than once **космический корабль многоразового использования**

shuttle² /ˈʃʌtl/ **verb** [I, T] to travel or take people regularly between the same two places **регулярно ездить или перевозить** *He **shuttles between** Ireland and England.*

shuttlecock /ˈʃʌtlkɒk/ **noun** [C] (also US **birdie**) a small object with feathers that is used like a ball in badminton (= sport like tennis) **волан (в бадминтоне)**

shy¹ /ʃaɪ/ **adjective** (**shyer**, **shyest**) (B1) not confident, especially about meeting or talking to new people **застенчивый, стеснительный** *He was too shy to say anything to her.*
• **shyly adverb застенчиво** *She smiled shyly.* • **shyness noun** [U] **застенчивость**

shy² /ʃaɪ/ **verb** [I] If a horse shies, it moves backwards suddenly because it has been frightened by something. **отступать, шарахаться**

PHRASAL VERB **shy away from sth** to avoid doing something, usually because you are not confident enough to do it **избегать чего-либо, робеть перед чем-либо** *He tends to shy away from public speaking.*

sibling /ˈsɪblɪŋ/ **noun** [C] formal a sister or brother **брат или сестра**

sic /sɪk/ **adverb (sic)** used in writing after a word that you have copied to show that you know it has been spelt or used wrongly **так! (указание на точное соответствие оригиналу)**

sick¹ /sɪk/ **adjective** **1** (A2) ill **больной** *He was off work sick for most of last week.* ◦ *They provide care for **the sick**.* **2** **be sick** (B1) If you are sick, food and drink comes up from your stomach and out of your mouth. **вытошнить** *The baby was sick all down his shirt.* **3** **feel sick** (A2) to feel that the food or drink in your stomach might soon come up through your mouth **чувствовать тошноту** *I was so nervous I felt quite sick.* **4** **be sick of sth** informal (B2) to be bored with or annoyed about something that has been happening for a long time **быть сытым по горло** *I'm sick of people telling me how to run my life.* **5** **It makes me sick.** informal something you say when you are jealous of someone **меня это**

S

просто бесит *She looks fantastic whatever she wears – it makes me sick.* **6** cruel and unpleasant **жестокий** *He's got a sick mind.* ◦ *a* ***sick joke***

sick² /sɪk/ **noun** [U] UK informal food or liquid that has come up from someone's stomach and out of their mouth **рвота**

sicken /ˈsɪkᵊn/ **verb** [T] to shock someone and make them very angry **внушать отвращение** *Sickened by the violence, she left.*

sickening /ˈsɪkᵊnɪŋ/ **adjective** causing shock and anger **отвратительный** *a sickening act of violence*

sickle /ˈsɪkl/ **noun** [C] a tool with a round blade used to cut long grass or grain crops **серп**

ˈsick ˌleave **noun** [U] when you are away from your work because you are ill **отпуск по болезни, больничный лист**

sickly /ˈsɪkli/ **adjective** **1** weak and often ill **болезненный** *a sickly child* **2** unpleasant and making you feel slightly ill **тошнотворный** *a sickly smell*

sickness /ˈsɪknəs/ **noun** **1** [U] (B2) when you are ill **болезнь** *She's had three weeks off for sickness this year.* **2** [U] when the food or drink in your stomach come up through your mouth, or a feeling that this might happen **рвота, тошнота** ***morning/travel sickness*** **3** [C, U] a particular illness **заболевание** *radiation sickness*

side¹ /saɪd/ **noun** [C] **1** (A2) one of the two parts that something would divide into if you drew a line down the middle **сторона, половина, часть** *In most countries people drive* ***on the right side*** *of the road.* ◦ *Which* ***side of*** *the bed do you sleep on?* **2** (A2) a flat, outer surface of an object, especially one that is not its top, bottom, front, or back **сторона, бок** *The ingredients are listed on the side of the box.* ◦ *The side of the car was badly scratched.* **3** (A2) one edge of something **сторона** *A square has four sides.* ◦ *There were chairs round the sides of the room.* **4** (B1) the area next to something **край, бок** *trees growing by the side of the road* **5** (A2) either of the two surfaces of a thin, flat object such as a piece of paper or a coin **сторона** *Write on both sides of the paper.* **6** (B2) one of the people or groups who are arguing, fighting, or competing **сторона** *Whose* ***side is he on?*** ◦ *Whenever we argue he always* ***takes Alice's side*** *(= gives support to Alice).* **7** UK the players in a sports team **команда** *He's been selected for the national side.* **8** (B2) part of a situation that can be considered or dealt with separately **аспект, сторона** *She looks after the financial* ***side of things.*** **9** (B2) a part of someone's character **черта, склонность** *She has a very practical side.* **10** the two areas of your body from under your arms to the tops of your legs **бок** *Stand with your arms by your sides.* ◦ *She lay on her side.* **11** (B2) Someone's side of a story is the way in which they explain how something happened. **сторона, версия** *I thought I'd better listen to Clare's* ***side of the story.*** ◦ *So far they'd only heard the story from the wife's side.* **12** UK a number on a television that you can choose in order to receive a broadcast **канал** *Which side is the film on?* **13 from side to side** (B2) If something moves from side to side, it moves from left to right and back again repeatedly. **из стороны в сторону** *swinging from side to side* **14 side by side** (B2) If two things or people are side by side, they are next to each other. **рядом, бок о бок** *sitting side by side on the sofa* **15** the part of your family who are either your mother's relatives or your father's relatives **линия родства** *They tend to be tall on my mother's side of the family.*

IDIOMS **err on the side of caution** to be very careful instead of taking a risk or making a mistake **быть осторожным, не рисковать** • **on the side** in addition to your main job **(подрабатывать) на стороне** *She does a bit of bar work on the side.* • **put sth to one side** to not use or deal with something now, but keep it for a later time **откладывать что-либо на потом**

→ See also **the flip side**

> **Слова-партнеры к side**
>
> on the [right/left] side • the side of sth

side² /saɪd/ **verb**

PHRASAL VERB **side with sb** to support one person or group in an argument **принимать чью-либо сторону** *If ever there was any sort of argument, she'd always side with my father.*

sideboard /ˈsaɪdbɔːd/ **noun** [C] a piece of furniture with a flat top and low cupboards and drawers, used for storing dishes and glasses, etc in the room you eat in **буфет, сервант**

sideburns /ˈsaɪdbɜːnz/ **noun** [plural] hair that grows on the sides of a man's face in front of the ear **бакенбарды**

side effect /ˈsaɪdɪfekt/ **noun** [C] **1** another effect that a drug has on your body in addition to the main effect for which the doctor has given you the drug **побочное действие** *Headaches are one side effect of this drug.* **2** an unexpected result of a situation **неожиданный результат**

sidekick /ˈsaɪdkɪk/ **noun** [C] someone who helps, or is friends with, a more powerful and important person **приятель/пособник**

sideline¹ /ˈsaɪdlaɪn/ **noun** [C] a job or business in addition to your main job or business **побочная работа** *He works in a bank but teaches English* ***as a sideline.***

sideline² /ˈsaɪdlaɪn/ **verb** [T] to stop someone from being included in an activity that they usually do, especially a sport **выводить из игры** [often passive] *He's broken his ankle and could be sidelined for weeks.*

sidelines /ˈsaɪdlaɪnz/ **noun** [plural] the outside edge of the playing area of a sport such as

S

football **боковая линия поля** *The coach was shouting instructions **from the sidelines**.*

IDIOM **on the sidelines** not really involved in something **со стороны**

sidelong /ˈsaɪdlɒŋ/ **adjective a sidelong glance/look** a very short look at someone, moving your eyes to the side, and not looking at them directly **взгляд искоса**

ˈside ˌmirror noun [C] US (UK **wing mirror**) a small mirror on the side of a car or truck **боковое зеркало** → See **Car** on page Centre 7

sideshow /ˈsaɪdʃəʊ/ **noun** [C] an event or activity that is considered less important than another event or activity **интермедия, вставной номер**

sidestep /ˈsaɪdstep/ **verb** [T] (present participle **sidestepping**, past tense and past participle **sidestepped**) to avoid talking about a subject, especially by starting to talk about something else **уклоняться, обходить вопрос** *She neatly **sidestepped questions** about her recent divorce.*

sidetrack /ˈsaɪdtræk/ **verb** [T] to make someone forget what they were doing or speaking about and start doing or speaking about something different **отвлекаться** [often passive] *Sorry, I was talking about staffing and I got sidetracked.*

sidewalk /ˈsaɪdwɔːk/ **noun** [C] US (UK **pavement**) a path with a hard surface by the side of a road, that people walk on **тротуар**

sideways /ˈsaɪdweɪz/ **adverb** in a direction to the left or right, not forwards or backwards **в сторону** *He glanced sideways.*

siding /ˈsaɪdɪŋ/ **noun 1** [C] a short railway track, connected to a main track, where trains are kept when they are not being used **запасный путь 2** [U] US material which covers the outside walls of a building, usually in layers **сайдинг, обшивка**

sidle /ˈsaɪdl/ **verb sidle along/over/up, etc** to walk towards someone, trying not to be noticed **пробираться украдкой вдоль/к и т. д.** *He sidled up to her and whispered something in her ear.*

SIDS /sɪdz/ **noun** [U] US abbreviation for sudden infant death syndrome: the sudden death of a sleeping baby for no obvious reason **синдром внезапной смерти младенца** → See **cot death**

siege /siːdʒ/ **noun** [C, U] when an army or the police stand around a building or city to stop supplies from entering it, in order to force the people inside to stop fighting **осада** *The city is **under siege** from rebel forces.*

siesta /siˈestə/ **noun** [C] a short period of rest or sleep in the afternoon **сиеста**

sieve /sɪv/ **noun** [C] a piece of kitchen equipment with a wire or plastic net which separates large pieces of food from liquids or powders **сито** *Pass the sauce through a sieve to remove any lumps.* → See **The Kitchen** on page Centre 2

• **sieve verb** [T] **просеивать**

sift /sɪft/ **verb** [T] **1** to put flour, sugar, etc through a sieve (= wire net shaped like a bowl) to break up large pieces **просеивать** *Sift the flour into a large bowl.* **2** (also **sift through**) to carefully look at every part of something in order to find something **скрупулезно анализировать** *to **sift through** evidence*

sigh /saɪ/ **verb** [I, T] B2 to breathe out slowly and noisily, often because you are annoyed or unhappy **вздыхать** *He sighed deeply and sat down.*

• **sigh noun** [C] B2 **вздох** *a **sigh of relief***

sight[1] /saɪt/ **noun 1** [U] B1 the ability to use your eyes to see **зрение** *Doctors managed to save his sight.* **2 the sight of sb/sth** B2 when you see someone or something **вид кого-либо/чего-либо** *The sight of so much blood had shocked him.* ◦ informal *I **can't stand the sight of** her (= I hate her).* → See Note **view 3** [U] B2 the area that it is possible for you to see **поле зрения** *I looked for her but she was nowhere **in sight**.* ◦ *I was able to park **within sight of** the house.* ◦ *Security guards were waiting **out of sight** (= where they could not be seen).* **4** [C] something which you see, especially something interesting **вид, зрелище** *the **sights and sounds** of the market* **5 at first sight** B2 when you first see or hear about something or someone **на первый взгляд** *It may, at first sight, seem a surprising choice.* **6 the sights** B1 the beautiful or interesting places in a city or country, that a lot of people visit **достопримечательности** *He took me around New York and showed me the sights.*

IDIOMS **lose sight of sth** to forget about an important idea or fact because you are thinking too much about other, less important things **упускать что-либо из виду** *We mustn't lose sight of the original aims of this project.* • **set your sights on sth** to decide to achieve something **нацелиться на что-либо** *She's set her sights on becoming an actress.*

sight[2] /saɪt/ **verb** [T] to see something that it is difficult to see or that you have been looking for **заметить, обнаружить** [often passive] *The ship was last sighted off the French coast at 8 o'clock yesterday evening.*

sighted /ˈsaɪtɪd/ **adjective** A sighted person is able to see. **зрячий**

-sighted /ˈsaɪtɪd/ used after a word describing a person's ability to see **обладающий каким-либо зрением (как компонент сложного слова)** ***long-/short-sighted*** ◦ ***partially-sighted***

sighting /ˈsaɪtɪŋ/ **noun** [C] when you see something that is rare or unusual **случай наблюдения чего-либо** *UFO sightings*

sightseeing /ˈsaɪtsiːɪŋ/ **noun** [U] A2 the activity of visiting places which are interesting because they are historical, famous, etc **осмотр достопримечательностей** *a **sightseeing tour** of London*

• **sightseer** /ˈsaɪtˌsiːəʳ/ **noun** [C] a person who

S

goes sightseeing **человек, осматривающий достопримечательности**

> **Слова-партнеры к sightseeing**
> do some/go sightseeing • a sightseeing tour/trip

sign¹ /saɪn/ **noun** [C] **1** B1 something which shows that something is happening **признак, примета** *Flowers are the first* ***sign of*** *Spring.* ◦ [+ (that)] *It's a sign that things are improving.* ◦ *Staff are* ***showing signs of*** *strain.* **2** A2 a symbol or message in a public place which gives information or instructions **вывеска, объявление, указатель** *a* ***road sign*** ◦ *a 'no-smoking' sign* **3** B2 a symbol which has a particular meaning **знак, обозначение** *a dollar/pound sign* ◦ *the sign of the cross* **4** B1 a movement you make to give someone information or tell them what to do **жест, знак** → See also **star sign**

> **Слова-партнеры к sign**
> see/take sth as a sign • show (no) signs of sth • a clear/sure sign • a sign of sth

sign² /saɪn/ **verb** [I, T] B1 to write your name on something to show that you wrote/painted, etc it or to show that you agree to it **подписывать(ся)** *He signs his letters 'Prof. James D. Nelson'.* ◦ *to* ***sign*** *a* ***contract/treaty***

PHRASAL VERBS **sign for sth** UK If a player signs for a football team, they sign a formal agreement saying that they will play for that team. **подписывать контракт с какой-либо командой** • **sign (sb) in** to write your name or someone else's name in a book when you arrive at a building such as an office or hotel **отмечать(ся), регистрировать(ся)** • **sign on 1** to sign a document saying that you will work for someone **подписывать контракт, наниматься** *She's* ***signed on with*** *a temp agency.* **2** UK to sign a form at a government office to say that you do not have a job and that you want to receive money from the government **подписывать документ для получения пособия по безработице** • **sign (sb) out** to write your name or someone else's name in a book when leaving a building such as an office or factory **отмечать(ся) при уходе** • **sign up** B1 to arrange to do an organized activity **записываться, поступать** *I've* ***signed up for*** *evening classes at the local college.*

signal¹ /ˈsɪgnᵊl/ **noun** [C] **1** B2 a movement, light, or sound which gives information, or tells people what to do **команда, знак** *Don't move until I* ***give*** *the* ***signal***. **2** B2 a series of electrical waves which are sent to a radio, television, or mobile phone **сигнал** **3** something which shows that something else exists or is likely to happen **знак** *The changing colour of the leaves on the trees is a signal that it will soon be autumn.* **4** a piece of equipment which tells trains to stop or to continue **семафор** **5** US a piece of equipment that shows people or vehicles when to stop, go, or move carefully **светофор** *a* ***traffic signal***

signal² /ˈsɪgnᵊl/ **verb** [I, T] (present participle UK **signalling**, past tense and past participle **signalled**, present participle US **signaling**, past tense and past participle **signaled**) **1** to make a movement which gives information or tells people what to do **давать сигнал, делать знак** *He* ***signalled for*** *them to be quiet.* ◦ [+ to do sth] *He signalled the driver to stop.* **2** to show that you intend or are ready to do something **давать знать** [+ (that)] *The US signalled that they were ready to enter talks.*

signatory /ˈsɪgnətᵊri/ **noun** [C] formal a person or country that signs an official document **подписавшийся**

signature /ˈsɪgnətʃəʳ/ **noun** [C] B1 your name written in your own way which is difficult for someone else to copy **подпись**

significance /sɪgˈnɪfɪkəns/ **noun** [U] the importance or meaning of something **важность, значение** *I still don't understand* ***the significance of*** *his remark.*

> **Слова-партнеры к significance**
> play down/realize/understand the significance of sth • have significance for sb • be of [great/little/major/no] significance

significant /sɪgˈnɪfɪkənt/ **adjective** B2 important or noticeable **важный, значительный** *These measures will save a significant amount of money.* ◦ *It is significant that Falkner did not attend the meeting himself.* → Opposite **insignificant**

• **significantly adverb** B2 **значительно**

signify /ˈsɪgnɪfaɪ/ **verb** [T] to be a sign of something **означать, быть признаком** *Red signifies danger.*

signing /ˈsaɪnɪŋ/ **noun** [C] **1** UK a player who has joined a sports team or a musician who has joined a record company **игрок, подписавший контракт со спортивным клубом, или музыкант, подписавший контракт со студией звукозаписи** **2** the act of signing something **подписание** [usually singular] *the signing of the declaration*

ˈsign ˌlanguage noun [C, U] a system of communication using hand movements, used by people who are deaf (= cannot hear) **кинетическая речь**

signpost /ˈsaɪnpəʊst/ **noun** [C] B1 a sign by the side of the road that gives information about routes and distances **(дорожный) указатель**

Sikh /siːk/ **noun** [C] someone who believes in an Indian religion based on belief in a single god and on the teachings of Guru Nanak **сикх**

• **Sikh adjective сикхский** *a Sikh temple* • **Sikhism noun** [U] **сикхизм**

silence¹ /ˈsaɪləns/ **noun 1** [U] B1 when there is no sound **тишина** *The three men ate* ***in silence****.* ◦ *No sound* ***broke the silence*** *of the wintry* *landscape.* **2** [U] when someone says nothing about a particular subject **молчание** *She* ***ended*** *her* ***silence*** *yesterday and spoke to a TV reporter about the affair.* **3** [C] B2 a period of time when there is no sound or no talking **молчание, пауза** *an awkward/embarrassed silence*

> **Слова-партнеры к silence**
> in silence • **deafening/stunned** silence • **break** the silence • **lapse into** silence • silence **falls/descends/ensues**

silence² /ˈsaɪləns/ **verb** [T] **1** to stop something making a sound or stop someone from talking, often about a particular subject **заставлять замолчать, отключать (звук)** *He silenced the alarm.* ◦ *Opponents of the government would be silenced or thrown into prison.* **2** to stop people from criticizing you by giving a good argument to support your opinion **заставлять замолчать, затыкать рот** *He seems to have* ***silenced*** *his* ***critics.***

silencer /ˈsaɪlənsəʳ/ **noun** [C] **1** UK (US **muffler**) a part of a vehicle that reduces noise **глушитель** **2** a piece of equipment that you use on a gun to reduce the sound of it firing **глушитель**

silent /ˈsaɪlənt/ **adjective** **1** B1 without any sound **тихий, безмолвный** *The building was dark and silent.* ◦ *At last the guns* ***fell silent.*** **2** B2 without talking **молчаливый** *He remains silent about his plans.* **3** If a letter in a word is silent, it is not pronounced. **непроизносимый** *The 'p' in 'receipt' is silent.*

• **silently adverb** B2 **тихо, в молчании**

silhouette /ˌsɪluˈet/ **noun** [C, U] the shape of something when the light is behind it so that you cannot see any details **силуэт** *He saw a woman* ***in silhouette.***

• **silhouetted adjective вырисовывающийся** *the roofs* ***silhouetted against*** *the night sky*

silicon /ˈsɪlɪkən/ **noun** [U] a chemical element used in making electronic equipment such as computers, and materials such as glass and concrete (symbol Si) **кремний** *a* ***silicon chip***

silk /sɪlk/ **noun** [U] B1 a type of cloth which is light and smooth **шелк** *a silk dress/shirt*

silken /ˈsɪlkᵊn/ **adjective** literary soft and smooth, like silk **шелковистый, гладкий** *her silken skin*

silky /ˈsɪlki/ **adjective** soft and smooth, like silk **шелковистый, гладкий** *a large, silky, grey cat*

silly /ˈsɪli/ **adjective** **1** B1 stupid **глупый, дурацкий** *silly games/hats* ◦ *I feel silly in this hat.* ◦ *It's a bit silly spending all that money on something we don't need.* **2** B1 small and not important **незначительный, ничтожный** *She gets upset over such silly things.*

• **silliness noun** [U] **глупость**

silt /sɪlt/ **noun** [U] sand and clay that has been carried along by a river and is left on land **ил**

silver¹ /ˈsɪlvəʳ/ **noun** **1** [U] A2 a valuable, shiny, grey-white metal used to make coins and jewellery (symbol Ag) **серебро** *silver and gold* ◦ *a solid silver ring* **2** [U] objects made of silver **серебряные изделия** **3** [C] a silver medal (= a small, round disc given to someone for finishing second in a race or competition) **серебряная медаль**

silver² /ˈsɪlvəʳ/ **adjective** **1** A2 made of silver **серебряный** *a silver coin* ◦ *a silver necklace* **2** A2 being the colour of silver **серебристый** *a silver sports car*

ˌsilver ˈmedal **noun** [C] a small, round disc given to someone for finishing second in a race or competition **серебряная медаль**

silverware /ˈsɪlvəweəʳ/ **noun** [U] US (UK **cutlery**) knives, forks, spoons, etc that are used for eating **столовое серебро**

ˌsilver ˈwedding anniversary **noun** [C] the date that is 25 years after the day that two people married **серебряная свадьба**

silvery /ˈsɪlvᵊri/ **adjective** shiny and pale, like silver **серебристый** *a silvery light*

sim card /ˈsɪm kɑːd/ **noun** [C] a plastic card in a mobile phone that contains information about you and makes you able to use the phone **SIM-карта (модуль идентификации абонента)**

similar /ˈsɪmɪləʳ/ **adjective** B1 Something which is similar to something else has many things the same, although it is not exactly the same. **похожий** *The two houses are remarkably similar.* ◦ *The style of cooking is* ***similar to*** *that of Northern India.* → Opposite **dissimilar**

similarity /ˌsɪmɪˈlærəti/ **noun** [C, U] B2 when two things or people are similar, or a way in which they are similar **сходство, подобие** *There are a number of* ***similarities between*** *the two systems.* ◦ *He bears a striking* ***similarity to*** *his grandfather.*

similarly /ˈsɪmɪləli/ **adverb** in a similar way **подобным образом, так же**

simile /ˈsɪmɪli/ **noun** [C] a phrase which compares one thing to something else, using the words 'like' or 'as', for example 'as white as snow' **сравнение (в стилистике)**

simmer /ˈsɪməʳ/ **verb** [I, T] to gently cook a liquid or something with liquid in it so that it is very hot, but does not boil **варить на медленном огне**

simple /ˈsɪmpl/ **adjective** **1** A2 not difficult to do or to understand **простой, нетрудный** [+ to do sth] *It's very simple to use.* ◦ *Just mix all the ingredients together – it's as simple as that.* **2** B1 not complicated or containing details which are not necessary **простой, скромный** *a simple life* ◦ *a simple black dress (= dress without decoration)* **3** B2 used to describe the one important fact, truth, etc **простой, очевидный** *We chose her for the simple reason that she's the best person for the job.*

simplicity /sɪmˈplɪsəti/ **noun** [U] **1** when something is not complicated and has few details or little decoration **простота, незатейливость** *I*

S

admire the simplicity of his designs. **2** when something is easy to understand **простота, несложность**

simplify /ˈsɪmplɪfaɪ/ **verb** [T] to make something less complicated or easier to do or to understand **упрощать** *We need to simplify the instructions.*

• **simplification** /ˌsɪmplɪfɪˈkeɪʃən/ **noun** [C, U] **упрощение**

simplistic /sɪmˈplɪstɪk/ **adjective** making something complicated seem simple by ignoring many of the details **чрезмерно упрощенный** *a simplistic explanation*

simply /ˈsɪmpli/ **adverb** **1** B2 used to emphasize what you are saying **просто** *We simply don't have the time.* **2** B2 only **просто, только** *A lot of people miss out on this opportunity simply because they don't know about it.* **3** B2 in a way which is not complicated or difficult to understand **просто, несложно** *simply prepared food*

simulate /ˈsɪmjəleɪt/ **verb** [T] to do or make something which behaves or looks like something real but which is not real **моделировать, воспроизводить** *The company uses a computer to simulate crash tests of its new cars.*

• **simulation** /ˌsɪmjəˈleɪʃən/ **noun** [C, U] **моделирование, воспроизведение**

simulator /ˈsɪmjəleɪtəʳ/ **noun** [C] a machine on which people can practise operating a vehicle or an aircraft without having to drive or fly **моделирующее устройство** *a **flight simulator***

simultaneous /ˌsɪmᵊlˈteɪniəs/ **adjective** If two or more things are simultaneous, they happen or exist at the same time. **одновременный** *simultaneous translation*

• **simultaneously adverb** B2 **одновременно** *It was broadcast simultaneously in Britain and France.*

S

sin¹ /sɪn/ **noun** **1** [C, U] something which is against the rules of a religion **грех** ***the sin of** pride* **2** [no plural] informal something that you should not do because it is morally wrong **грех** *You've only got one life and it's a sin to waste it.*

> **Слова-партнеры к sin**
>
> commit a sin • the sin of [pride/greed, etc]

sin² /sɪn/ **verb** [I] (present participle **sinning**, past tense and past participle **sinned**) to do something that is against the rules of a religion **грешить**

• **sinner noun** [C] someone who does something against the rules of a religion **грешник**

since¹ /sɪns/ **adverb, preposition** A2 from a time in the past until a later time or until now **с, с тех пор, после** *They've been waiting since March.* ◦ *The factory had been closed since the explosion.* ◦ *I've felt fine ever since.*

since² /sɪns/ **conjunction** **1** B1 from a time in the past until a later time or until now **с тех пор как, после того как** *He's been much happier since he started his new job.* ◦ *I've known Tim since he was seven.* **2** B1 because **потому что** *He drove quite slowly since we had plenty of time.*

sincere /sɪnˈsɪəʳ/ **adjective** **1** honest and saying or showing what you really feel or believe **искренний** *He seems to be sincere.* → Opposite **insincere** **2** **sincere apologies/thanks, etc** formal used to add emphasis when you are expressing a feeling **искренние извинения/искренняя благодарность и т. д.** *The family wishes to express their sincere thanks to all the staff at the hospital.*

• **sincerity** /sɪnˈserəti/ **noun** [U] **искренность** *No one doubted his sincerity.*

sincerely /sɪnˈsɪəli/ **adverb** **1** in a sincere way **искренне** *I **sincerely hope** that this never happens again.* **2** **Yours sincerely** formal B1 used at the end of formal letters where you know the name of the person you are writing to **искренне Ваш (в конце письма)**

> **!** Типичная ошибка: **sincerely**
>
> **Внимание!** Проверьте написание.
> **Sincerely** – одно из 10 слов, при написании которых русскоязычные студенты наиболее часто допускают ошибки.
> Запомните: нужно писать 'i' после 's'.

> **!** Типичная ошибка: **sincerely**
>
> **Запомните:** официальное письмо дожно заканчиваться фразой **Yours sincerely** или **Yours faithfully**.
> Если письмо начинается с 'Dear Sir' или 'Dear Madam', закончите его фразой **Yours faithfully**, а не 'Yours sincerely'.

sinful /ˈsɪnfᵊl/ **adjective** against the rules of a religion or morally wrong **греховный, преступный** *sinful thoughts*

sing /sɪŋ/ **verb** [I, T] (past tense **sang**, past participle **sung**) A1 to make musical sounds with your voice **петь** *They all sang 'Happy Birthday' to him.* ◦ *She sings in the church choir.*

singer /ˈsɪŋəʳ/ **noun** [C] A2 someone who sings **певец** *a jazz singer*

singing /ˈsɪŋɪŋ/ **noun** [U] A2 the activity of singing **пение**

single¹ /ˈsɪŋgl/ **adjective** **1** [always before noun] B2 only one **единственный** *There was a single light in the corner of the room.* **2** **every single** B1 used to emphasize that you are talking about each one of a group or series **каждый без исключения** *I call him every single day.* **3** A2 not married **неженатый, незамужняя** *He's young and single.* **4** [always before noun] B1 looking after your children alone without a partner or the children's other parent **одинокий (об одном из родителей)** *a **single mother*** ◦ *a **single-parent family*** **5** [always before noun] A2 for only one person **рассчитанный на одного человека** *a **single bed***

single² /ˈsɪŋgl/ **noun** [C] **1** a record or CD which includes only one main song **пластинка или**

компактный диск с записью одной песни **2** UK (US **one-way ticket**) B1 a ticket for a journey that is from one place to another but not back again **билет в одном направлении** *Could I have a single to London, please?*

single[3] /ˈsɪŋgl/ **verb**

PHRASAL VERB **single sb/sth out** to choose one person or thing from a group to criticize or praise them **выделять кого-либо/что-либо** *The report* ***singled*** *him* ***out for*** *special criticism.*

single-handedly /ˌsɪŋglˈhændɪdli/ **adverb** (also **single-handed**) on your own, without anyone's help **без посторонней помощи** *After his partner left, he kept the business going single-handedly.* • **single-handed** /ˌsɪŋglˈhændɪd/ **adjective** [always before noun] **работающий без посторонней помощи** *a single-handed round-the-world yacht race*

single-minded /ˌsɪŋglˈmaɪndɪd/ **adjective** very determined to achieve something **целеустремленный** *She had a single-minded determination to succeed in her career.*

ˌ**single** ˈ**parent** **noun** [C] (also UK **lone parent**) someone who has a child or children but no husband, wife, or partner that lives with them **родитель-одиночка**

singles /ˈsɪŋglz/ **noun** [U] a game in sports such as tennis, in which one person plays against another **одиночный разряд** *He won the men's singles title two years running.*

singly /ˈsɪŋgli/ **adverb** separately or one at a time **по одному, отдельно** *We don't sell them singly, only in packs of four or ten.*

singular[1] /ˈsɪŋgjələʳ/ **adjective** **1** A2 The singular form of a word is used to talk about one person or thing. For example 'woman' is the singular form of 'women'. **единственное (число)** **2** formal very special, or found only in one person or situation **исключительный** *a landscape of singular beauty*

singular[2] /ˈsɪŋgjələʳ/ **noun the singular** A2 the singular form of a word **единственное число**

singularly /ˈsɪŋgjələli/ **adverb** formal very **исключительно, совершенно** *Fulbright was singularly uninterested in his comments.*

sinister /ˈsɪnɪstəʳ/ **adjective** making you feel that something bad or evil might happen **зловещий** *a sinister figure dressed in black*

sink[1] /sɪŋk/ **verb** (past tense **sank**, also US **sunk**, past participle **sunk**) **1** [I, T] B1 to go down or make something go down below the surface of water and not come back up **тонуть, топить** *The Titanic sank after hitting an iceberg.* → See picture at **float** **2** [I, T] B1 to go down, or make something go down, into something soft **утопать, погружать(ся)** *My feet keep sinking into the sand.* **3** [I] B2 to move down slowly **опускаться** *The sun sank below the horizon.*

PHRASAL VERBS **sink in** If an unpleasant or surprising fact sinks in, you gradually start to believe it and understand what effect it will have on you. **доходить (до сознания)** *It still hasn't sunk in that I'll never see her again.* • **sink sth into sth** to spend a large amount of money in a business or other piece of work **вкладывать (капитал) во что-либо** *Millisat has already sunk $25 million into the Hong Kong project.* • **sink into sth** to slowly move into a sitting or lying position, in a relaxed or tired way **погружаться во что-либо** *I just want to go home and sink into a hot bath.*

sink[2] /sɪŋk/ **noun** [C] A2 a bowl that is fixed to the wall in a kitchen or bathroom, that you wash dishes or your hands, etc in **раковина, мойка** → See **The Kitchen** on page Centre 2 → See **The Bathroom** on page Centre 3

sinus /ˈsaɪnəs/ **noun** [C] one of the spaces inside the head that are connected to the back of the nose **пазуха, полость**

sip /sɪp/ **verb** [I, T] (present participle **sipping**, past tense and past participle **sipped**) to drink, taking only a small amount at a time **пить маленькими глотками, потягивать** *She sipped her champagne.* • **sip noun** [C] **глоток** *He* ***took a sip of*** *his coffee and then continued.*

siphon[1] /ˈsaɪfᵊn/ **noun** [C] a piece of equipment for moving liquid from one place to another **сифон**

siphon[2] /ˈsaɪfᵊn/ **verb** [T] **1** to remove liquid from a container using a siphon **откачивать сифоном** **2** (also **siphon off**) to dishonestly take money from an organization or other supply over a period of time **качать (деньги)**

sir /sɜːʳ/ **noun** **1** (also **Sir**) B1 You call a man 'sir' when you are speaking to him politely. **сэр** *Excuse me, sir, is this seat taken?* **2** B2 You write 'Sir' at the beginning of a formal letter to a man when you do not know his name. **сударь** *Dear Sir, I am writing to...* **3** **Sir** a title used in the UK before the name of a man who has been officially respected or who has a high social rank **сэр** *Sir Cliff Richard*

siren /ˈsaɪərən/ **noun** [C] a piece of equipment that makes a loud sound as a warning **сирена** *a police siren*

> Слова-партнеры к **siren**
>
> a siren **goes off/sounds** • a siren **blares/wails** • a **police** siren

sister /ˈsɪstəʳ/ **noun** [C] **1** A1 a girl or woman who has the same parents as you **сестра** *an older/younger sister* ◦ *my big/little sister* **2** (also **Sister**) a nun (= woman who lives in a female religious group) **монахиня** *Sister Bridget* **3** (also **Sister**) a female nurse in the UK who is responsible for a hospital ward (= an area of a hospital containing beds for ill people) медсестра **4** a woman who is a member of the same race, religious group, organization, etc женщина/девушка (особ. чернокожая)

sister-in-law /ˈsɪstərɪnlɔː/ **noun** [C] (plural **sisters-in-law**) B2 the woman married to your brother, or the sister of your husband or wife невестка, золовка

sisterly /ˈsɪstəli/ **adjective** experienced by or for a sister сестринский *sisterly love*

sit /sɪt/ **verb** (present participle **sitting**, past tense and past participle **sat**) **1** [I] A1 to be in a position with the weight of your body on your bottom and the top part of your body up, for example, on a chair сидеть *Emma was **sitting on** a stool.* ◦ *The children **sat at** the table by the window.* ◦ *We **sat by** the river and had a picnic.* **2** [I] (also **sit down**) A2 to move your body into a sitting position after you have been standing садиться *She came over and **sat beside** him.* ◦ *She **sat down on** the grass.* → See **Phrasal Verbs** on page Centre 16 **3 sit sb down/at/in, etc** to make someone sit somewhere усаживать кого-либо на/у/в и т. д. *She sat me down and told me the bad news.* ◦ *I thought we'd sit the children at the end of the table.* **4** [I] to stay in one place for a long time and not be used оставаться, стоять без дела *He hardly ever drives the car. It just sits in the garage.* **5** [I] If a court, parliament, etc sits, it has a meeting to do its work. заседать *The board will be sitting next week.* **6** [T] UK to take a test or exam сдавать (экзамен) *The changes will affect many students sitting their exams this summer.* → See also sit on the **fence**[1]

PHRASAL VERBS **sit about/around** to spend time sitting down and doing very little сидеть сложа руки, рассиживаться без дела [+ doing sth] *He just sits around all day watching television.* • **sit back 1** to relax in a chair so that your back is against the back of the chair откидываться (на спинку стула), расслабляться *Just sit back and enjoy the show.* **2** to wait for something to happen without making any effort to do anything yourself бездельничать *You can't just sit back and expect someone else to deal with the problem.* • **sit in** to go to a meeting or class to watch участвовать в роли наблюдателя, зрителя *I **sat in on** a couple of classes before choosing a course.* • **sit sth out 1** to not do an activity such as a game or dance because you are tired or have an injury пропускать, не принимать участия *I think I'll sit out the next dance.* **2** to wait for something unpleasant to finish before you do anything пережидать что-либо *The government is prepared to sit out the strike rather than agree to union demands.* • **sit through sth** to stay until the end of a meeting, performance, etc that is very long or boring выдержать, высидеть *We had to sit through two hours of speeches.* • **sit up 1** to move your body to a sitting position after you have been lying down садиться (из лежачего положения) *I sat up and opened my eyes.* **2** to stay awake and not go to bed although it is late засиживаться допоздна [+ doing sth] *We sat up talking all night.*

sitcom /ˈsɪtkɒm/ **noun** [C, U] a funny television programme that is about the same group of people every week in different situations комедия положений

site[1] /saɪt/ **noun 1** [C] B1 the place where something important happened in the past место (происшествия и т. д.) *a **historic site*** ◦ *the site of a battle* **2** [C] B1 an area that is used for something or where something happens участок *a **building site*** **3 on site** inside a factory, office building, etc в здании, на месте (работы) *There are two restaurants on site.* ◦ *They provide on-site childcare facilities for employees.* **4** [C] A2 short for website (= an area on the Internet where information about a particular subject, organization, etc can be found) сайт в Интернете

site[2] /saɪt/ **verb** formal **site sth in/on, etc** to build something in a particular place помещать, располагать в/на и т. д. [often passive] *The company's head office is sited in Geneva.*

sitter /ˈsɪtər/ **noun** [C] mainly US a babysitter (= someone who looks after children when their parents go out) приходящая няня

sitting /ˈsɪtɪŋ/ **noun** [C] **1** a meeting of a parliament, court, etc заседание, сессия *a late-night sitting of parliament* **2** one of the times when a meal is served to a large group of people who cannot all eat at the same time смена (об обеде и т. д.)

ˈsitting ˌroom **noun** [C] UK A2 the room in a house where people sit to relax and, for example, watch television гостиная

situated /ˈsɪtjueɪtɪd/ **adjective** formal **be situated in/on/by, etc** B1 to be in a particular place находиться в/на/около и т. д. *a hotel situated by Lake Garda*

situation /ˌsɪtjuˈeɪʃən/ **noun** [C] **1** B1 the set of things that are happening and the conditions that exist at a particular time and place ситуация, положение *the economic/political situation* ◦ *He's **in a** difficult **situation.*** **2** formal the position of a town, building, etc расположение, местонахождение *The park's situation was perfect.*

> Слова-партнеры к **situation**
>
> **bring about/rectify/improve** a situation • a situation **arises/deteriorates/worsens** • a **complicated/dangerous/difficult/stressful** situation • **in a** situation

six /sɪks/ A1 the number 6 шесть

sixteen /ˌsɪkˈstiːn/ A1 the number 16 шестнадцать
• **sixteenth** 16th written as a word шестнадцатый

sixth[1] /sɪksθ/ A2 6th written as a word **шестой**

sixth[2] /sɪksθ/ **noun** [C] one of six equal parts of something; ⅙ **одна шестая**

ˈsixth ˌform noun [C] in Britain, the part of a school for students between the ages of 16 and 18 **последние два класса средней школы (в Великобритании)**

sixty /ˈsɪksti/ **1** A2 the number 60 **шестьдесят** **2 the sixties** the years from 1960 to 1969 **шестидесятые годы** **3 be in your sixties** to be aged between 60 and 69 **быть в возрасте от шестидесяти до шестидесяти девяти лет**
• **sixtieth** 60th written as a word **шестидесятый**

sizable /ˈsaɪzəbl/ **adjective** another spelling of sizeable **значительных размеров**

size[1] /saɪz/ **noun** **1** [C, U] A2 how big or small something is **размер, величина** *It's an area about the size of Oxford.* ◦ *The size of some of those trees is incredible (= they are very large).* **2** [C] A2 one of the different measurements in which things, for example clothes, food containers, etc are made **размер** *a size 10 skirt* ◦ *What* ***size*** *shoes do you* ***take****?* ◦ *I usually buy the 1.5 litre size.* → See also all shapes **(shape**[1]**)** and sizes

> **Слова-партнеры к size**
> take/wear a size [10/39, etc] • come in [all/different/various, etc] sizes

size[2] /saɪz/ **verb**

PHRASAL VERB **size sb/sth up** to look at someone or think about something carefully before making a judgment **оценивать, составлять мнение о ком-либо/чем-либо** *I could see her trying to size me up.*

sizeable (also **sizable**) /ˈsaɪzəbl/ **adjective** quite large **значительных размеров** *a sizeable crowd*

-sized /saɪzd/ **suffix** used at the end of a word to mean 'of a particular size' **имеющий какой-либо размер (как компонент сложных слов)** *a medium-sized pizza* ◦ *a good-sized bedroom*

sizzle /ˈsɪzl/ **verb** [I] to make the sound of food cooking in hot oil **шипеть (при жаренье)**

skanky /ˈskæŋki/ **adjective** informal very unpleasant or dirty **страшный, жуткий, отвратный**

skate[1] /skeɪt/ **noun** [C] **1** (also **roller skate**) A2 a boot with wheels on the bottom, used for moving across the ground **роликовый конек** *a pair of skates* **2** (also **ice skate**) A2 a boot with a metal part on the bottom, used for moving across ice **конек** → See **Sports 1** on page Centre 14

IDIOM **get/put your skates on** UK informal used to tell someone to hurry **поторапливайся!**

skate[2] /skeɪt/ **verb** [I] B1 to move using skates **кататься на коньках**
• **skater noun** [C] **конькобежец** • **skating noun** [U] A2 **катание на коньках**

skateboard /ˈskeɪtbɔːd/ **noun** [C] A2 a board with wheels on the bottom, that you stand on and move forward by pushing one foot on the ground **скейтборд** → See **Sports 1** on page Centre 14

skateboarding /ˈskeɪtbɔːdɪŋ/ **noun** [U] A2 the activity of moving using a skateboard **катание на скейтборде** → See **Sports 1** on page Centre 14

skeletal /ˈskelɪtəl/ **adjective** like a skeleton, or relating to skeletons **скелетный, скелетообразный**

skeleton /ˈskelɪtən/ **noun** **1** B2 [C] the structure made of all the bones in the body of a person or animal **скелет** **2 a skeleton crew/staff/service** the smallest number of people that you need to keep an organization working **минимальный экипаж/штат/служба, основной персонал**

IDIOM **have a skeleton in the cupboard** UK (US **have a skeleton in the closet**) to have an embarrassing or unpleasant secret about something that happened in the past **иметь тщательно скрываемую тайну**

skeptic /ˈskeptɪk/ **noun** [C] US spelling of sceptic **скептик**

skeptical /ˈskeptɪkəl/ **adjective** US spelling of sceptical **скептический**

skepticism /ˈskeptɪsɪzəm/ **noun** [U] US spelling of scepticism **скептицизм**

sketch[1] /sketʃ/ **noun** [C] **1** a picture that you draw quickly and with few details **набросок, эскиз** *He* ***did*** *a quick* ***sketch*** *of the cat.* **2** a short piece of acting about a funny situation **скетч, сценка** **3** a short description of something without many details **краткое описание**

sketch[2] /sketʃ/ **verb** [T] to draw a sketch **делать набросок** *I sketched a map for him on a scrap of paper.*

PHRASAL VERB **sketch sth out** to give a short description with few details, especially of an idea or plan **кратко описывать что-либо** *I've sketched out some ideas for my new book.*

sketchy /ˈsketʃi/ **adjective** with few details **краткий, отрывочный** *Reports about the accident are still sketchy.*

ski[1] /skiː/ **noun** [C] (plural **skis**) B1 one of a pair of long, thin pieces of wood or plastic that you wear on the bottom of boots to move over snow **лыжа** → See **Sports 1** on page Centre 14

ski[2] /skiː/ **verb** [I] (present participle **skiing**, past tense and past participle **skied**) B1 to move over snow wearing skis **ходить на лыжах**
• **skier noun** [C] **лыжник** • **skiing noun** [U] A2 **лыжный спорт** *I'd like to* ***go skiing*** *in Switzerland.* → See also **water-skiing** → See **Sports 1** on page Centre 14

S

skid /skɪd/ **verb** [I] (present participle **skidding**, past tense and past participle **skidded**) If a vehicle skids, it slides along a surface and you cannot control it. **заносить (об автомобиле)** *The car skidded on ice and hit a tree.*
• **skid noun** [C] **занос, юз**

skies /skaɪz/ **noun** [plural] the sky in a particular place or in a particular state **небо** *beautiful, clear, blue skies*

skilful UK (US **skillful**) /ˈskɪlfəl/ **adjective 1** B2 good at doing something **искусный, умелый** *a skilful artist* **2** done or made very well **искусный, мастерский** *skilful use of language*
• **skilfully adverb** UK (US **skillfully**) **искусно**

skill /skɪl/ **noun** [C, U] B1 the ability to do an activity or job well, especially because you have practised it **умение, мастерство** *You need good communication skills to be a teacher.*

> Слова-партнеры к **skill**
> acquire/develop/learn/master/require a skill • consummate/great skill • a basic/necessary/useful skill • skill at/in sth

skilled /skɪld/ **adjective 1** B2 having the abilities needed to do an activity or job well **умелый, искусный** *a **highly skilled** (= very skilled) photographer* ◦ *He has become **skilled in** dealing with the media.* **2** Skilled work needs someone who has had special training to do it. **квалифицированный** → Opposite **unskilled**

skillet /ˈskɪlɪt/ **noun** [C] mainly US a large, heavy pan with a long handle, used for frying food **сковорода**

skillful /ˈskɪlfʊl/ **adjective** US spelling of skilful **искусный, умелый, мастерский**

skim /skɪm/ **verb** (present participle **skimming**, past tense and past participle **skimmed**) **1** [I, T] to move quickly, and almost or just touch the surface of something **нестись, едва касаясь поверхности** *Birds skimmed the surface of the pond.* **2** [T] (also **skim off**) to remove something from the surface of a liquid **снимать (пену и т. д.)** *Skim off any excess fat before serving.* **3** [T] (also **skim through**) to read or look at something quickly without looking at the details **бегло просматривать** *She began skimming through the reports on her desk.*

ˌskimmed ˈmilk noun [U] (also US **ˈskim ˌmilk**) milk that has had the fat removed from it **обезжиренное молоко**

skimp /skɪmp/ **verb**

PHRASAL VERB **skimp on sth** to not spend enough time or money on something, or not use enough of something **экономить, делать кое-как** *We've got plenty of cheese so don't skimp on it.*

skimpy /ˈskɪmpi/ **adjective** Skimpy clothes show a lot of your body. **открытый (об одежде)** *a skimpy bikini/dress*

skin¹ /skɪn/ **noun** [C, U] **1** B1 the outer layer of a person or animal's body **кожа** ***dark/fair skin*** **2** the outer layer of a dead animal used as leather, fur, etc **кожа, шкура** *a leopard skin rug* **3** B2 the outer layer of a fruit or vegetable **кожура** *a banana/potato skin* **4** a thin, solid layer that forms on the top of a liquid **пленка** *A skin had formed on the top of the milk.* **5** the particular way that information is arranged and shown on a computer screen **определенный способ организации и отображения информации на экране компьютера**

IDIOMS **do sth by the skin of your teeth** informal to only just succeed in doing something **еле-еле удаваться** *They held on by the skin of their teeth to win 1-0.* • **have (a) thick skin** to not care if someone criticizes you **быть толстокожим, необидчивым**

> Слова-партнеры к **skin**
> dark/fair/olive skin • dry/oily/sensitive skin

skin² /skɪn/ **verb** [T] (present participle **skinning**, past tense and past participle **skinned**) **1** to remove the skin from something **снимать кожу или шкуру, очищать от кожуры** **2** (also UK **graze**) to injure your skin by rubbing it against something rough **ободрать кожу** *Mary fell and skinned her knees.*

skinhead /ˈskɪnhed/ **noun** [C] a man who has extremely short hair, especially one who behaves in a violent way **бритоголовый**

skinny /ˈskɪni/ **adjective** Someone who is skinny is too thin. **тощий**

skip¹ /skɪp/ **verb** (present participle **skipping**, past tense and past participle **skipped**) **1** [I] to move forward, jumping quickly from one foot to the other **бежать вприпрыжку** *She watched her daughter skipping down the street.* **2** [I] (US **ˌskip ˈrope**) to jump over a rope while you or two other people move it over and then under your body again and again **прыгать через скакалку** *I skip for ten minutes every day to keep fit.* **3** [T] B2 to not do something that you usually do or that you should do **пропускать** *I think I'll skip lunch today – I'm not very hungry.* **4** [T] (also **skip over**) to avoid reading or talking about something by starting to read or talk about the next thing instead **пропускать (не читая), не затрагивать** *I usually skip the boring bits.*

skip² /skɪp/ **noun** [C] **1** UK (US **Dumpster** trademark) a very large, metal container for big pieces of rubbish **мусорный контейнер** **2** when you jump quickly from one foot to the other **прыжок, скачок**

skipper /ˈskɪpəʳ/ **noun** [C] informal the leader of a team, an aircraft, a ship, etc **капитан, командир**

ˈskipping ˌrope noun [C] UK (US **jump rope**) a rope that you move over your head and then jump over as you move it under your feet **скакалка**

skirmish /ˈskɜːmɪʃ/ **noun** [C] a small fight **стычка**

skirt¹ /skɜːt/ **noun** [C] Ⓐ1 a piece of women's clothing that hangs from the waist and has no legs **юбка** → See **Clothes** on page Centre 8

skirt² /skɜːt/ **verb** [T] (also **skirt around**) **1** to avoid talking about something **уклоняться, не затрагивать** *I deliberately skirted the question of money.* **2** to move around the edge of something **огибать** *We skirted around the edge of the field.*

skittle /ˈskɪtl/ **noun 1** [C] one of a set of bottle-shaped objects that you try to knock down with a ball as a game **кегля 2 skittles** [U] a game in which you try to knock down bottle-shaped objects with a ball **кегли**

skive /skaɪv/ **verb** [I, T] (also **skive off**) UK to not go to school or work when you should, or to leave school or work earlier than you should **сачковать, прогуливать**
• **skiver noun** [C] UK informal someone who skives **сачок, прогульщик**

skulk /skʌlk/ **verb skulk about/behind/in, etc** to hide somewhere or move around quietly in a way that makes people think you are going to do something bad **красться по/за/в и т. д.** *I saw a man skulking behind the shed.*

skull /skʌl/ **noun** [C] the part of your head that is made of bone and which protects your brain **череп**

skull ˌcap noun [C] a small round hat worn especially by some religious men **ермолка, тюбетейка**

skunk /skʌŋk/ **noun** [C] a black and white animal that produces a very unpleasant smell in order to defend itself **скунс**

sky /skaɪ/ **noun** [U, no plural] Ⓐ2 the area above the Earth where you can see clouds, the sun, the moon, etc **небо** *a beautiful, blue sky* ◦ *The sky suddenly went dark.* → See also **skies**

> Слова-партнеры к **sky**
> the sky **darkens/lightens** • **in the sky** • a **clear/cloudy/overcast** sky

skydiving /ˈskaɪˌdaɪvɪŋ/ **noun** [U] the sport of jumping out of an aircraft with a parachute (= large piece of cloth that allows you to fall slowly to the ground) **затяжной прыжок с парашютом**

skylight /ˈskaɪlaɪt/ **noun** [C] a window in the roof of a building **окно в крыше**

skyline /ˈskaɪlaɪn/ **noun** [C] the pattern that is made against the sky by tall buildings **контур городских строений** *the New York skyline*

skyline

ˈsky ˌmarshal noun [C] a person whose job is to carry a gun and protect the passengers on an aircraft **сотрудник службы безопасности, находящийся на самолете для предотвращения попыток воздушного пиратства**

skyscraper /ˈskaɪˌskreɪpəʳ/ **noun** [C] a very tall building **небоскреб**

slab /slæb/ **noun** [C] a thick, flat piece of something, especially stone **плита** *a slab of concrete*

slack¹ /slæk/ **adjective 1** loose or not tight **свободный, плохо натянутый** *Suddenly the rope became slack.* **2** If business is slack, there are not many customers. **вялый 3** not trying hard enough in your work **небрежный, расхлябанный** *slack management*

slack² /slæk/ **verb** [I] informal (also US **slack off**) to work less hard than usual **бездельничать, пренебрегать чем-либо** *I'm afraid I haven't been to the gym recently – I've been slacking.*

slacken /ˈslækᵊn/ **verb** [I, T] **1** to become slower or less active, or to make something become slower or less active **замедлять(ся), становиться менее интенсивным** *Economic growth is slackening.* **2** to become loose, or to make something become loose **ослабевать, ослаблять** *As you get older your muscles slacken.*

slacks /slæks/ **noun** [plural] mainly US trousers **брюки**

slag /slæg/ **verb** (present participle **slagging**, past tense and past participle **slagged**)

PHRASAL VERB **slag sb/sth off** UK informal to criticize someone or something in an unpleasant way **поносить кого-либо/что-либо**

slain /sleɪn/ past participle of slay **прич. прош. вр. от гл. slay**

slalom /ˈslɑːləm/ **noun** [C] a race in which you go forwards by moving from side to side between poles **слалом**

slam /slæm/ **verb** (present participle **slamming**, past tense and past participle **slammed**) **1** Ⓑ2 [I, T] to close with great force, or to make something close with great force **захлопывать(ся)** *Kate heard the front door slam.* **2 slam sth down/onto/into, etc** Ⓑ2 to put something somewhere with great force **со стуком швырять что-либо на/в и т. д.** *She* ***slammed the phone down.***
• **slam noun** [C] **громкое хлопанье, удар** [usually singular] *the slam of a car door*

slander /ˈslɑːndəʳ/ **noun** [C, U] the crime of saying bad things about someone that are not true **клевета**
• **slander verb** [T] **клеветать** • **slanderous** /ˈslɑːndᵊrəs/ **adjective** saying bad things about someone that are not true **клеветнический**

slang /slæŋ/ **noun** [U] informal language, often language that is only used by people who belong to a particular group **сленг, жаргон** *prison slang*

slant¹ /slɑːnt/ **verb** [I, T] to slope in a particular direction, or to make something slope in a particular direction **наклонять(ся), падать косо (о свете)** *Pale sunlight* ***slanted through*** *the curtain.*

slant² /slɑ:nt/ **noun** [no plural] **1** a position that is sloping **уклон, скос** *The road is* ***on/at a slant.*** **2** a way of writing about something that shows who or what you support **позиция, подход** *a political slant* ◦ *It's certainly a new* ***slant on*** *the subject.*

slap¹ /slæp/ **verb** [T] (present participle **slapping**, past tense and past participle **slapped**) B2 to hit someone with the flat, inside part of your hand **шлепать, хлопать, давать пощечину** *She slapped him across the face.*

PHRASAL VERB **slap sth on** to quickly put or spread something on a surface **намазывать, швырять что-либо** *I'll just slap some make-up on.*

slap² /slæp/ **noun** [C] a hit with the flat, inside part of your hand **шлепок, пощечина**

IDIOM **a slap in the face** something someone does that insults or upsets you **удар по самолюбию** *After all that hard work, losing my job was a real slap in the face.*

slapdash /ˈslæpdæʃ/ **adjective** done quickly and without being careful **небрежный** *Her work has been a bit slapdash recently.*

slapstick /ˈslæpstɪk/ **noun** [U] when actors do funny things like falling down, hitting each other, etc to make people laugh **фарс**

slap-up /ˈslæpˌʌp/ **adjective slap-up meal/dinner, etc** UK informal a large and very good meal **шикарный обед**

slash¹ /slæʃ/ **verb** [T] **1** to cut something by making a quick, long cut with something very sharp **разрезать, полосовать** *His throat had been slashed.* **2** to reduce the amount of something by a lot **резко сокращать, снижать** *to* ***slash prices***

slash² /slæʃ/ **noun** [C] **1** a long, deep cut **глубокий порез, глубокая рана 2** B2 a mark (/) used in writing to separate words or numbers, often to show a choice or connection **косая черта**

slate¹ /sleɪt/ **noun** [C, U] a dark grey rock that can easily be cut into thin pieces, or a small, flat piece of this used to cover a roof **сланец, шифер**

slate² /sleɪt/ **verb 1** [T] UK to criticize someone or something severely **раскритиковать, устроить разнос** [often passive] *The film had been slated by critics.* **2 be slated** US to be expected to happen in the future, or to be expected to be or do something in the future **намечаться** [+ to do sth] *Filming is slated to begin next spring.*

slaughter¹ /ˈslɔ:təʳ/ **verb** [T] **1** to kill an animal for meat **забивать (скот) 2** to kill a lot of people in a very cruel way **совершать массовое убийство, устраивать резню 3** informal to defeat someone very easily **разбивать в пух и прах**

slaughter² /ˈslɔ:təʳ/ **noun** [U] when a lot of people or animals are killed in a cruel way **забой (скота), резня**

slaughterhouse /ˈslɔ:təhaʊs/ **noun** [C] (plural **slaughterhouses** /ˈslɔ:təhaʊzɪz/) a place where animals are killed for meat **скотобойня**

slave¹ /sleɪv/ **noun 1** B2 [C] someone who is owned by someone else and has to work for them **раб** *He treats his mother like a slave.* **2 be a slave to sth** to be completely controlled or influenced by something **быть жертвой, рабом чего-либо** *You're a slave to fashion.*

slave² /sleɪv/ **verb** [I] (also **slave away**) to work very hard **работать до изнеможения** *Giorgio was* ***slaving away at*** *his homework.*

slavery /ˈsleɪvᵊri/ **noun** [U] the system of owning slaves, or the condition of being a slave **рабство**

slay /sleɪ/ **verb** [T] (past tense **slew**, past participle **slain**) literary to kill someone in a very violent way **жестоко убивать**

sleaze /sli:z/ **noun** [U] political or business activities that are morally wrong **грязные махинации**

sleazy /ˈsli:zi/ **adjective** unpleasant and morally wrong, often in a way that relates to sex **грязный, низкопробный** *He spent the night drinking in a sleazy bar.*

sledge¹ /sledʒ/ **noun** [C] UK (US **sled** /sled/) a vehicle that is used for travelling on snow **сани, санки**

sledge² /sledʒ/ **verb** [I] UK (US **sled** /sled/) to travel on snow using a sledge **ехать на санях, кататься на санках**

sleek /sli:k/ **adjective 1** Sleek hair is smooth and very shiny. **гладкий, блестящий 2** A sleek car is attractive and looks expensive. **шикарный**

sleep¹ /sli:p/ **verb** (past tense and past participle **slept**) **1** A1 [I] to be in the state of rest when your eyes are closed, your body is not active, and your mind is unconscious **спать** *Did you sleep well?* **2 sleep four/six, etc** If a place sleeps four, six, etc, it is big enough for that number of people to sleep in. **быть рассчитанным на 4/6 и т. д. спальных мест** → See also not sleep a **wink²**

IDIOM **sleep on it** to wait until the next day before making a decision about something important so that you can think about it carefully **откладывать решение до утра**

PHRASAL VERBS **sleep in** to sleep longer in the morning than you usually do **спать дольше обычного** • **sleep sth off** to sleep until you feel better, especially after drinking too much alcohol **проспаться** • **sleep over** to sleep in someone else's home for a night **ночевать у кого-либо** *After the party, I slept over at Tom's* *house.* • **sleep through sth** to continue to sleep although there is noise **спать несмотря на что-либо (шум)** *I don't know how you slept through the storm.* • **sleep with sb** informal to have sex with someone **иметь любовную связь с кем-либо**

sleep² /sli:p/ **noun 1** B1 [U, no plural] the state you are in when you are sleeping, or a period of time when you are sleeping **сон** *I haven't had* ***a good night's sleep*** *(= a long sleep at night) for weeks.* ◦ *You need to go home and* ***get some sleep.*** ◦ *It took me ages to* ***get to sleep*** *(= to succeed in sleeping).* ◦ *He died peacefully* ***in his sleep.*** **2 go to sleep a** B1 to begin to sleep **засыпать** *Babies often go to sleep after a feed.* **b** informal If part of your body goes to sleep, you cannot feel it. **неметь (о части тела)** *I'd been sitting on my feet and they'd gone to sleep.* **3 put sth to sleep** to kill an animal that is very old or ill **усыплять (животное)** **4 could do sth in your sleep** to be able to do something very easily **быть в состоянии сделать что-либо с закрытыми глазами**

IDIOM **lose sleep over sth** to worry about something **переживать о чем-либо**

> Слова-партнеры к **sleep (noun)**
>
> get [no/some, etc] sleep • get to/go to sleep • have a sleep • a good night's sleep • in your sleep

sleeper /ˈsli:pəʳ/ **noun 1 a light/heavy sleeper** someone who wakes up easily/does not wake up easily **человек, чутко/крепко спящий** **2** [C] a train or a part of a train that has beds in it **ночной поезд, спальный вагон** **3** [C] UK (US **railroad tie**) a piece of wood that is used to support a railway track (= the thing a train moves along on) **шпала** **4** [C] UK a small gold or silver ring worn in the ear **серьга**

ˈsleeping ˌbag noun [C] a long bag made of thick material that you sleep inside **спальный мешок**

sleeping bag

ˈsleeping ˌpill noun [C] a medicine that you take to help you sleep **снотворное**

sleepless /ˈsli:pləs/ **adjective sleepless night** a night when you are not able to sleep **бессонная ночь** *He'd spent a sleepless night worrying about his exam.*
• **sleeplessness noun** [U] **бессонница**

sleep-over /ˈsli:pəʊvəʳ/ **noun** [C] a party when a group of young people stay at a friend's house for the night **вечеринка с ночевкой**

sleepwalk /ˈsli:pˌwɔ:k/ **verb** [I] to get out of bed and walk around while you are sleeping **ходить во сне**
• **sleepwalker noun** [C] **лунатик**

sleepy /ˈsli:pi/ **adjective 1** B1 feeling tired and wanting to go to sleep **сонный** *The heat had made me sleepy.* **2** quiet and with little activity **сонный** *a sleepy little town*
• **sleepily adverb сонно** • **sleepiness noun** [U] **сонливость**

sleet /sli:t/ **noun** [U] a mixture of snow and rain **дождь со снегом**
• **sleet verb** [I] **идти (о дожде со снегом)** ***It was sleeting*** *when I looked outside.*

sleeve /sli:v/ **noun** [C] B1 the part of a jacket, shirt, etc that covers your arm **рукав** *He* ***rolled up*** *his* ***sleeves*** *to do the dishes.* → See picture at **jacket**

IDIOM **have sth up your sleeve** informal to have a secret plan **иметь что-либо на уме** *They were worried he might have another nasty surprise up his sleeve.*

> Слова-партнеры к **sleeve**
>
> long/short sleeves • **roll up** your sleeves

-sleeved /sli:vd/ **suffix short-sleeved/long-sleeved** having short/long sleeves **с короткими/длинными рукавами** *a short-sleeved shirt*

sleeveless /ˈsli:vləs/ **adjective** describes a piece of clothing with no sleeves **(одежда) без рукавов** *a sleeveless dress*

sleigh /sleɪ/ **noun** [C] a large vehicle that is pulled by animals and used for travelling on snow **сани**

slender /ˈslendəʳ/ **adjective** thin in an attractive way **стройный, изящный** *a slender woman with long, red hair*

slept /slept/ past of sleep **прош. вр. и прич. прош. вр. от гл. sleep**

sleuth /slu:θ/ **noun** [C] old-fashioned a police officer whose job is to discover who has committed a crime **сыщик, детектив**

slew /slu:/ past tense of slay **прош. вр. гл. slay**

slice¹ /slaɪs/ **noun 1** A2 [C] a flat piece of food that has been cut from a larger piece **кусок, ломоть** *a slice of bread/cake/meat* → See **Pieces and Quantities** on page Centre 1 **2 a slice of sth** a part of something that is being divided **часть, доля чего-либо** *a large slice of the profits* → See also **fish slice**

slice² /slaɪs/ **verb 1** [T] (also **slice up**) B2 to cut food into thin, flat pieces **резать ломтиками** *Could you slice the tomatoes?* **2 slice into/off/through, etc** [I, T] to cut into or through something with a knife or something sharp **резать, отрезать** *I almost sliced my finger off.* → See also the best/greatest **thing** since sliced bread

slick /slɪk/ **adjective 1** done with a lot of skill **отличный, мастерский** *a slick presentation*

S

2 attractive but in a way that is not sincere or honest **ловкий, гладкий, прилизанный** *He was a bit slick – I didn't trust him.*

slide[1] /slaɪd/ **verb** (past tense and past participle **slid**) **1 slide (sth) across/down/along, etc** B2 to move smoothly over a surface, or to make something move smoothly over a surface **скользить по/вдоль, незаметно засовывать что-либо** *He slid the letter into his pocket.* **2 slide (sth) into/out of/through, etc** to move somewhere quietly, or to make something move quietly **проскальзывать куда-либо/выскальзывать откуда-либо/прокрасться через что-либо и т. д.** *She slid out of the room, being careful not to wake Alan.*

slide[2] /slaɪd/ **noun 1** [C] a small piece of film that you shine light through in order to see a photograph **слайд 2** [C] a large object that children climb and slide down as a game **детская горка 3** [C] a small piece of glass that you put something on when you want to look at it under a microscope (= equipment used to make things look bigger) **предметное стекло 4** [no plural] when the level or quality of something gets less or worse **спад, снижение** *a price slide*

slight[1] /slaɪt/ **adjective 1** B2 small and not important **незначительный** *slight differences in colour ◦ We're having a slight problem with our computer system.* **2** Someone who is slight is thin. **тонкий, хрупкий**

slight[2] /slaɪt/ **noun** [C] an action or remark that insults someone **оскорбление**

slighted /ˈslaɪtɪd/ **adjective be/feel slighted** to feel insulted because someone has done or said something which shows that they think you are not important **быть/чувствовать себя оскорбленным** *Annie felt slighted because she hadn't been invited to the meeting.*

slightest /ˈslaɪtɪst/ **adjective 1 the slightest** [always before noun] the smallest **малейший** *The slightest movement will disturb these shy animals.* **2 not in the slightest** not at all **ничуть, вовсе нет** *"Do you mind if I open the window?" "Not in the slightest."*

slightly /ˈslaɪtli/ **adverb** B2 a little **немного, слегка** *I think I did slightly better in my exams this time. ◦ I find it slightly worrying.*

slim[1] /slɪm/ **adjective** (**slimmer**, **slimmest**) **1** A1 Someone who is slim is thin in an attractive way. **стройный 2** small and not as much as you would like **незначительный, несущественный** *There's a **slim chance** he'll succeed.*

slim[2] /slɪm/ **verb** [I] (present participle **slimming**, past tense and past participle **slimmed**) UK to eat less in order to become thinner **сидеть на диете**

PHRASAL VERBS **slim down** to become thinner **худеть • slim sth down** to reduce the size of something **уменьшать, сокращать** *It is not our intention to slim down the workforce.*

slime /slaɪm/ **noun** [U] a thick, sticky liquid that is unpleasant to touch **слизь**

slimy /ˈslaɪmi/ **adjective 1** covered in slime **покрытый слизью 2** informal too friendly in a way that is not sincere **скользкий (о человеке)**

sling[1] /slɪŋ/ **noun** [C] **1** a piece of cloth that you wear around your neck and put your arm into to support it when it is injured **перевязь 2** a piece of cloth or a strap that you tie around your body to carry things in **кенгурятник** *She had her baby in a sling.*

sling[2] /slɪŋ/ **verb** (past tense and past participle **slung**) **1 sling sth over/around/on, etc** to put something in a position where it hangs loosely **вешать, подвешивать что-либо над/вокруг/на и т. д.** *He slung his bag over his shoulder.* **2 sling sth into/onto/under, etc** to throw something somewhere in a careless way **швырять что-либо в/на/под и т. д.** *She slung her coat onto the bed.*

slingshot /ˈslɪŋʃɒt/ **noun** [C] US (UK **catapult**) a Y-shaped object with a piece of elastic across it used by children to shoot small stones **рогатка**

slink /slɪŋk/ **verb** (past tense and past participle **slunk**) **slink away/off/out, etc** to move somewhere quietly so that no one will notice you **незаметно ускользнуть** *I caught him slinking out of the meeting.*

slip[1] /slɪp/ **verb** (present participle **slipping**, past tense and past participle **slipped**) **1** [I] B1 to slide by accident and fall or almost fall **поскользнуться** *She slipped on the ice and broke her ankle.* **2** [I] B1 to slide out of the correct position **выскальзывать, соскальзывать** *The photo had slipped from the frame.* **3 slip away/out/through, etc** to go somewhere quietly or quickly **незаметно ускользнуть** *I'll slip out of the room if I get bored.* **4 slip sth into/through, etc** to put something somewhere quickly or secretly **засовывать/просовывать что-либо куда-либо** *She slipped the letter into an envelope and sealed it.* **5** [+ two objects] informal to give something to someone secretly **незаметно сунуть что-либо кому-либо** *I slipped her a five pound note.* **6** [I] to get less or worse in level or quality **ухудшаться, понижаться** *His school grades have slipped recently.* **7 let sth slip** to forget that something is a secret and tell someone about it **срываться с языка** → See also slip your **mind**[1]

PHRASAL VERBS **slip into sth** to quickly put on a piece of clothing **быстро надевать что-либо • slip sth off** to quickly take off a piece of clothing **быстро снимать с себя что-либо** *Slip your shirt off and I'll listen to your heart.* • **slip sth on** to quickly put on a piece of clothing **быстро надевать что-либо** *I'll just slip my shoes on.* • **slip out** If a remark slips out, you say it without intending to. **вырваться (о слове)** *I didn't mean to tell anyone you were getting married – it just slipped out.* • **slip out of sth** to quickly take off a piece of clothing **быстро**

S

снимать с себя что-либо • **slip up** to make a mistake **ошибаться**

slip² /slɪp/ **noun** [C] **1** a small piece of paper **листок бумаги** *He wrote the number on a **slip of paper**.* **2** when you slide by accident and fall or almost fall **ситуация, когда человек поскальзывается и (чуть не) падает** **3** a piece of clothing that a woman wears under a dress or skirt **комбинация** **4** a small mistake **ошибка, описка**

IDIOMS **give sb the slip** informal to escape from someone you do not want to be with **ускользнуть от кого-либо** • **a slip of the tongue** a mistake made by using the wrong word **оговорка**

slipper /ˈslɪpəʳ/ **noun** [C] a soft, comfortable shoe that you wear in the house **тапочка** → See **Clothes** on page Centre 8

slippery /ˈslɪpᵊri/ **adjective** smooth and wet and difficult to hold or walk on **скользкий** *Be careful – the floor's slippery.*

IDIOM **a slippery slope** a bad situation that is likely to get worse **опасная ситуация, шаткое положение**

ˈslip ˌroad **noun** [C] UK (US **ramp**) a short road that is used to drive onto or off a motorway (= wide, fast road) **съезд с шоссе, выезд на шоссе**

slit¹ /slɪt/ **noun** [C] a long, narrow cut or hole in something **разрез, отверстие** *Make a slit in the pastry to allow the steam to escape.*

slit² /slɪt/ **verb** [T] (present participle **slitting**, past tense and past participle **slit**) to make a long, narrow cut in something **резать, перерезать** *She **slit** her **wrists**.*

slither /ˈslɪðəʳ/ **verb** [I] to move smoothly by twisting and sliding **извиваться**

sliver /ˈslɪvəʳ/ **noun** [C] a thin piece of something that has come off a larger piece **кусочек, осколок** ***slivers of glass***

slob /slɒb/ **noun** [C] informal a lazy or dirty person **разгильдяй, неряха**

slog¹ /slɒg/ **verb** (present participle **slogging**, past tense and past participle **slogged**) informal **slog up/down/through, etc** to move forward with difficulty **тащиться, с трудом пробираться вверх/вниз/сквозь и т. д.** *We slogged up the hill in silence.*

PHRASAL VERB **slog away** informal to work very hard for a long time **много и упорно работать** *I've been **slogging away at** this for hours and I'm exhausted.*

slog² /slɒg/ **noun** [U, no plural] UK informal a period of hard work **тяжелая утомительная работа** *Studying for all the exams was a **hard slog**.*

slogan /ˈsləʊgən/ **noun** [C] a short phrase that is easy to remember and is used to make people notice something **лозунг** *an **advertising slogan***

Слова-партнеры к **slogan**

sth **bears/carries** a slogan • a slogan **of** sth • an **advertising** slogan

slop /slɒp/ **verb** (present participle **slopping**, past tense and past participle **slopped**) **slop (sth) about/around/into, etc** If liquid slops about, it moves around or over the edge of its container, and if you slop it about, you make it move around or over the edge of its container. **расплескать(ся) в/разливать(ся) вокруг/проливать(ся) в и т. д.** *Her hand shook, making her tea slop into the saucer.*

slope¹ /sləʊp/ **noun** [C] B2 a surface or piece of land that is high at one end and low at the other **склон** *There's a **steep slope** to climb before we're at the top.* → See also a **slippery** slope

slope² /sləʊp/ **verb** [I] to be high at one end and low at the other **отлого опускаться или подниматься** *The field **slopes down** to the river.*

sloppy /ˈslɒpi/ **adjective** **1** not done carefully **небрежный** *His work was sloppy and full of spelling mistakes.* **2** Sloppy clothes are loose and untidy. **неряшливый** *a girl wearing a sloppy sweater and torn jeans* **3** A sloppy substance has too much liquid in it. **мокрый, сырой** • **sloppily adverb небрежно, неряшливо** • **sloppiness noun** [U] **небрежность, неряшливость**

slosh /slɒʃ/ **verb** **slosh against/over/around, etc** If liquid sloshes, it moves against or over the edge of its container. **плескаться о/переливаться через/разливаться кругом и т. д.** *Water sloshed over the edge of the pool as the swimmers dived in.*

sloshed /slɒʃt/ **adjective** informal drunk **пьяный**

slot¹ /slɒt/ **noun** [C] **1** a long, narrow hole that you put something into, especially money **щель** **2** a period of time that you allow for something in a plan **определенное время** *The programme is being moved to a later slot.*

slot² /slɒt/ **verb** [I, T] (present participle **slotting**, past tense and past participle **slotted**) to fit into a slot, or to make something fit into a slot **опускать(ся) в щель, отверстие**

PHRASAL VERB **slot sb/sth in** to find time for someone or something in a period of time that has already been planned **найти время для кого-либо/чего-либо** *Dr O'Neil can slot you in around 9.30.*

sloth /sləʊθ/ **noun** **1** [C] an animal that moves very slowly and lives in Central and South America **ленивец** **2** [U] literary when someone is lazy **леность**

ˈslot maˌchine **noun** [C] a machine that you put money into in order to try to win money **игорный автомат**

slouch¹ /slaʊtʃ/ **verb** [I] to stand, sit, or walk with your shoulders forward so that your body is not

S

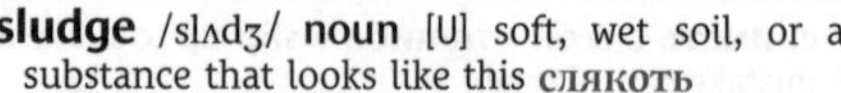

straight **сутулиться** *Stop slouching and stand up straight.*

slouch

slouch² /slaʊtʃ/ **noun** **1** [no plural] the position your body is in when you slouch **сутулость** **2 be no slouch** informal to work very hard and be good at something **неплохо справляться с чем-либо** *He's no slouch when it comes to cooking.*

slovenly /ˈslʌvᵊnli/ **adjective** lazy, untidy, and dirty **неопрятный** *slovenly habits*
• **slovenliness noun** [U] **неопрятность**

slow¹ /sləʊ/ **adjective** **1** Ⓐ1 moving, happening, or doing something without much speed **медленный** *I'm making slow progress with the painting.* ◦ *He's a very slow reader.* **2 be slow to do sth; be slow in doing sth** to take a long time to do something **делать что-либо медленно, долго не делать чего-либо** *The government has been slow to react to the problem.* ◦ *The ambulance was very slow in coming.* **3** If a clock is slow, it shows a time that is earlier than the correct time. **отстающий (о часах)** **4** If business is slow, there are few customers. **вялый** **5** not quick at learning and understanding things **несообразительный** **6** not exciting **долго тянущийся, скучный** *I find his films very slow.*

slow² /sləʊ/ **verb** [I, T] to become slower or to make something become slower **замедлять скорость, замедляться** *The car **slowed to a halt** (= moved more and more slowly until it stopped).*

PHRASAL VERBS **slow (sth) down** Ⓑ2 to become slower or to make something become slower **сбавлять скорость, замедлять рост** *Slow down, Claire, you're walking too fast!* • **slow down** Ⓑ2 If someone slows down, they become less active. **вести более спокойный образ жизни** *The doctor told me I should slow down and not work so hard.*

slowdown /ˈsləʊdaʊn/ **noun** [C] when business activity becomes slower **спад** *an **economic slowdown*** ◦ *The figures show a **slowdown in** retail sales.*

slowly /ˈsləʊli/ **adverb** Ⓐ2 at a slow speed **медленно** *Could you speak more slowly, please?*

ˌslow ˈmotion noun [U] a way of showing pictures from a film or television programme at a slower speed than normal **замедленная съемка** *They showed a replay of the goal **in slow motion**.*

sludge /slʌdʒ/ **noun** [U] soft, wet soil, or a substance that looks like this **слякоть**

slug¹ /slʌg/ **noun** [C] **1** a small, soft creature with no legs that moves slowly and eats plants **слизняк** → See picture at **snail** **2** a small amount of a drink, especially an alcoholic drink **глоток спиртного** *He **took** a **slug** of whisky from the bottle.*

slug² /slʌg/ **verb** [T] (present participle **slugging**, past tense and past participle **slugged**) informal to hit someone with your fist (= closed hand) **ударять кулаком**

PHRASAL VERB **slug it out** informal to fight, argue, or compete with someone until one person wins **биться, вести борьбу** *Federer and Hewitt slugged it out for a place in the final.*

sluggish /ˈslʌgɪʃ/ **adjective** moving or working more slowly than usual **вялый, неповоротливый** *a sluggish economy* ◦ *I felt really sluggish after lunch.*

slum /slʌm/ **noun** [C] a poor and crowded area of a city where the buildings are in a very bad condition **трущобы** *He grew up in the slums of Mexico City.* ◦ *slum areas*

slumber /ˈslʌmbəʳ/ **noun** [C, U] literary sleep **сон, дремота** *She lay down on the bed and fell into a deep slumber.*
• **slumber verb** [I] literary **спать, дремать**

ˈslumber ˌparty noun [C] US a party when a group of children spend the night at one child's house **вечеринка с ночевкой**

slump¹ /slʌmp/ **verb** **1** [I] If a price, value, or amount slumps, it goes down suddenly. **внезапно или резко падать** *Sales have slumped by 50%.* **2 slump back/down/over, etc** to fall or sit down suddenly because you feel tired or weak **тяжело опускаться, падать** *She slumped back in her chair, exhausted.*

slump² /slʌmp/ **noun** [C] **1** a sudden fall in prices or sales **внезапный спад, резкое падение** *a **slump in** world oil prices* **2** a period when there is very little business activity and not many jobs **экономический спад** *It's been the worst **economic slump** for 25 years.*

Слова-партнеры к **slump (noun)**
a **dramatic/severe** slump • a slump **in** sth

slung /slʌŋ/ past of sling **прош. вр. и прич. прош. вр. от гл. sling**

slunk /slʌŋk/ past of slink **прош. вр. и прич. прош. вр. от гл. slink**

slur¹ /slɜːʳ/ **verb** [I, T] (present participle **slurring**, past tense and past participle **slurred**) to speak without separating your words clearly, often because you are tired or drunk **говорить заплетающимся языком** *He'd drunk too much and was slurring his words.*

slur² /slɜːʳ/ **noun** [C] a criticism that will make people have a bad opinion of someone or something **что-либо, бросающее тень на**

кого-либо/что-либо *a racial slur* ◦ *She regarded it as a* ***slur on*** *her character.*

> **Слова-партнеры к slur**
>
> cast slurs • a slur **against/on** sb/sth

slurp /slɜːp/ **verb** [I, T] informal to drink in a noisy way **хлебать** *He slurped his tea.*
• **slurp noun** [C] informal **прихлебывание**

slush /slʌʃ/ **noun** [U] snow that has started to melt **талый снег, слякоть**

sly /slaɪ/ **adjective** (**slyer, slyest**) **1** deceiving people in a clever way to get what you want **хитрый, пронырливый 2 sly smile** a smile that shows you know something that other people do not **лукавая улыбка** *"I know why Chris didn't come home yesterday," she said with a sly smile.*
• **slyly adverb хитро, лукаво, тайно**

smack[1] /smæk/ **verb 1** [T] to hit someone with the flat, inside part of your hand **шлепать** *Do you think it's right to smack children when they're naughty?* **2 smack sth against/onto/down, etc** to hit something hard against something else **сильно ударять по чему-либо** *Ray smacked the ball into the net.*

PHRASAL VERB **smack of sth** If something smacks of an unpleasant quality, it seems to have that quality. **отдавать чем-либо, иметь привкус** *a policy that smacks of racism*

smack[2] /smæk/ **noun** [C] a hit with the flat, inside part of your hand **шлепок** *Stop shouting or I'll* ***give*** *you* ***a smack!***

smack[3] /smæk/ **adverb** informal (also UK ˈ**smack** ˌ**bang**) (also US ˌ**smack** ˈ**dab**) **1** exactly in a particular place **прямо, прямо-таки** *She lives smack in the middle of Edinburgh.* **2** suddenly and with a lot of force **прямиком** *He braked too late and ran smack into the car in front.*

small[1] /smɔːl/ **adjective 1** (A1) little in size or amount **маленький, небольшой** *They live in a small apartment near Times Square.* ◦ *We teach the children in small groups.* **2** (A1) A small child is very young. **маленький** *a woman with three small children* **3** (A2) not important or serious **незначительный, мелкий** *a small mistake* **4 feel small** to feel stupid or unimportant **чувствовать себя униженным** *Simon was always trying to make me feel small.*

small[2] /smɔːl/ **adverb** in a small size **маленького размера** *Emma knitted the sweater far too small.*

small ˌ**ad noun** [C] UK a small advertisement that you put in a newspaper if you want to buy or sell something **короткое частное объявление**

small ˈ**change noun** [U] coins that have little value **мелочь, мелкие деньги**

small ˌ**fry noun** [U] informal people or activities that are not considered important **мелкая сошка** *Compared to companies that size we're just small fry.*

> **Другие способы сказать small**
>
> Слово **little** часто используют вместо **small** для описания предметов или людей.
> *I'll just have a* ***little*** *piece of cake.*
> *She's so* ***little****.*
>
> Кого-либо или что-либо чрезвычайно маленького размера можно описать как **tiny** или **minute**; в более официальной ситуации употребляют прилагательные **microscopic** или **minuscule**.
> *Inside the pram was a* ***tiny*** *baby.*
> *The phone he pulled out of his pocket was* ***minute****.*
> *The cost of vaccination is* ***minuscule*** *compared to the cost of treatment.*
>
> Прилагательные **dwarf** и **miniature** используют для описания объекта, который меньше обычного (для подобных объектов) размера.
> *There were* ***dwarf*** *fir trees in pots on the patio.*
> *It's a* ***miniature*** *bath for the doll's house.*
>
> Если женщина или девушка небольшой комплекции, но это привлекательно, то можно употребить прилагательные **dainty** или **petite**.
> *She had* ***dainty*** *feet.*
> *Like all his girlfriends, Emma was dark and* ***petite****.*
>
> В разговорной речи для описания слишком маленькой комнаты или другого помещения используют прилагательное **poky**.
> *They live in a* ***poky*** *little flat in south London.*
>
> Прилагательное **slight** используют с абстрактными существительными для описания понятий, которые являются малыми и незначительными.
> *There was a* ***slight*** *difference in colour.*

ˌ**small** ˈ**print noun** [U] the part of a written agreement that is printed smaller than the rest and that contains important information **важная информация, напечатанная мелким шрифтом (в контракте и т. д.)** *Make sure you read the small print before you sign.*

small-scale /ˌsmɔːlˈskeɪl/ **adjective** A small-scale activity or organization is not big and involves few people. **небольшой**

ˈ**small** ˌ**talk noun** [U] polite conversation between people at social events **легкая светская беседа** *He's not very good at* ***making small talk.***

small-time /ˈsmɔːlˌtaɪm/ **adjective** [always before noun] informal not important or successful **мелкий** *a small-time criminal*

S

smart¹ /smɑːt/ **adjective 1** B1 intelligent **толковый, сообразительный** *Rachel's one of the smartest kids in the class.* **2** B1 If you look smart or your clothes are smart, you look clean and tidy. **опрятный, элегантный** *a smart, blue suit* ◦ *I need to look a bit smarter for my interview.* **3** fashionable and expensive **фешенебельный** *a smart, new restaurant* **4** A smart machine, weapon, etc uses computers to make it work. **с программным обеспечением** *smart bombs*
• **smartly adverb опрятно, элегантно**

smart² /smɑːt/ **verb** [I] **1** to feel upset because someone has said or done something unpleasant to you **переживать, страдать** *The team are still* ***smarting from*** *last week's defeat.* **2** If part of your body smarts, it hurts with a sharp, burning pain. **болеть, саднить, щипать** *The smoke from the fire made her* ***eyes smart****.*

ˈsmart ˌcard noun [C] a small, plastic card that can be read by a computer and can be used to pay for things or to store personal information **смарт-карта**

smarten /ˈsmɑːtᵊn/ **verb**

PHRASAL VERB **smarten (sb/sth) up** to make a person or place look more clean and tidy **принаряжать, приводить в порядок** *plans to smarten up the city centre*

smash¹ /smæʃ/ **verb**
1 [I, T] B2 to break into a lot of pieces with a loud noise, or to make something break into a lot of pieces with a loud noise **разбивать(ся) вдребезги** *Thieves smashed the shop window and stole $50,000 worth of computer equipment.* **2 smash (sth) against/into/through, etc** to hit a hard object or surface with a lot of force, or to make something do this **сталкиваться, врезаться, налетать на что-либо, ударять изо всех сил** *The car skidded and smashed into a tree.* ◦ *He smashed the glass against the wall.* **3** [T] to destroy a political or criminal organization **уничтожить, разгромить** *attempts to smash a drug smuggling ring*

smash

PHRASAL VERB **smash sth up** to damage or destroy something **разрушать, ломать что-либо** *They were arrested for smashing up a hotel bar.*

smash² /smæʃ/ **noun** [C] (also ˌ**smash ˈhit**) a very successful film, song, play, etc **фильм, песня, пьеса, пользующиеся огромным успехом** *the smash hit movie 'Titanic'*

smashing /ˈsmæʃɪŋ/ **adjective** UK old-fashioned extremely good or attractive **потрясающий** *We had a smashing time at Bob and Vera's party.*

smear¹ /smɪəʳ/ **verb** [T] **1** to spread a thick liquid or sticky substance over something **мазать, размазывать** *His shirt was* ***smeared with*** *paint.* ◦ *He* ***smeared*** *sun cream* ***over*** *his face and neck.* **2** to say unpleasant and untrue things about someone in order to harm them, especially in politics **порочить, пятнать**

smear² /smɪəʳ/ **noun** [C] **1** a dirty mark **пятно** *There was a smear of oil on his cheek.* **2** an unpleasant and untrue story about someone that is meant to harm them, especially in politics **клевета** *a* ***smear campaign***

smell¹ /smel/ **verb** (past tense and past participle **smelled**, also UK **smelt**) **1 smell of/like; smell delicious/horrible, etc** B1 to have a particular quality that people notice by using their nose **пахнуть чем-либо/как что-либо, пахнуть вкусно/отвратительно и т. д.** *I've been cooking, so my hands smell of garlic.* ◦ *That soup smells delicious – what's in it?* **2** [T] B1 to notice something by using your nose **чувствовать запах** *I think I can smell something burning.* **3** [I] B1 to have an unpleasant smell **дурно пахнуть, вонять** *Your running shoes really smell!* **4** [T] B1 to put your nose near something and breathe in so that you can notice its smell **нюхать** *Come and smell these flowers.* **5** [I] B2 to have the ability to notice smells **иметь острое обоняние** *Dogs can smell much better than humans.*

smell² /smel/ **noun 1** [C] B1 the quality that something has which you notice by using your nose **запах** *The* ***smell of*** *roses filled the room.* ◦ *There was a delicious smell coming from the kitchen.* **2** [C] an unpleasant smell **дурной запах, вонь** *I wish I could get rid of that smell in the bathroom.* **3** [U] B2 the ability to notice smells **обоняние** *Smoking can affect your* ***sense of smell****.*

smelly /ˈsmeli/ **adjective** having an unpleasant smell **вонючий** *smelly feet*

smelt /smelt/ UK past of smell **прош. вр. и прич. прош. вр. от гл. smell**

smile¹ /smaɪl/ **verb** [I] B1 to make a happy or friendly expression in which the corners of your mouth curve up **улыбаться** *She* ***smiled at*** *me.*

smile² /smaɪl/ **noun** [C] B1 a happy or friendly expression in which the corners of your mouth curve up **улыбка** *"I passed my driving test," she said with a smile.*

> Слова-партнеры к **smile (noun)**
> **a beaming/faint/radiant/rueful/wry** smile • **break into/force/give/wear** a smile • a smile **broadens/flickers across sb's face/fades**

smiley /ˈsmaɪli/ **noun** [C] an image such as :-) which looks like a face when you look at it from the side, made using keyboard symbols and used in emails to express emotions **смайлик (электронный символ, используемый для**

S

передачи эмоций) → See Study Page **Emailing and texting** on page Centre 37

smirk /smɜːk/ **verb** [I] to smile in an annoying or unkind way **ухмыляться** *What are you smirking at?*
• **smirk noun** [C] **ухмылка**

smitten /ˈsmɪtᵊn/ **adjective** [never before noun] loving someone or liking something very much **по уши влюбленный** *He's absolutely **smitten with** this Carla woman.*

smog /smɒg/ **noun** [U] air pollution in a city that is a mixture of smoke, gases, and chemicals **смог**

smoke[1] /sməʊk/ **noun 1** [U] B1 the grey or black gas that is produced when something burns **дым 2** [no plural] when someone smokes a cigarette **курение** *I'm just going outside for a smoke.*

smoke[2] /sməʊk/ **verb 1** [I, T] A1 to breathe smoke into your mouth from a cigarette **курить** *Do you mind if I smoke?* ◦ *She smokes thirty cigarettes a day.* **2** [T] to give meat or fish a special taste by hanging it over burning wood **коптить** *smoked ham/salmon* **3** [I] to produce or send out smoke **дымиться** *smoking chimneys* → See also **chain-smoke**

smoker /ˈsməʊkəʳ/ **noun** [C] B2 someone who smokes cigarettes regularly **курильщик** *He used to be a **heavy smoker** (= someone who smokes a lot).* → Opposite **non-smoker**

smoking /ˈsməʊkɪŋ/ **noun** [U] A1 when someone smokes a cigarette or regularly smokes cigarettes **курение** *The new law will restrict smoking in public places.* → See also **passive smoking**

Слова-партнеры к **smoking**

give up/stop/quit smoking • **ban** smoking • **heavy** smoking • **the dangers/effects of** smoking

smoky /ˈsməʊki/ **adjective 1** filled with smoke **полный дыма, прокуренный** *a smoky bar/room* **2** having the smell, taste, or appearance of smoke **пахнущий дымом** *That ham has a delicious, smoky flavour.*

smolder /ˈsməʊldəʳ/ **verb** [I] US spelling of smoulder **тлеть, затаивать (о чувстве)**

smooth[1] /smuːð/ **adjective 1** B1 having a regular surface that has no holes or lumps in it **гладкий, ровный** *soft, smooth skin* ◦ *a smooth wooden table* **2** B1 A substance that is smooth has no lumps in it. **однородный, без комков** *Mix the butter and sugar together until smooth.* **3** happening without any sudden movements or changes **плавный** *The plane made a smooth landing.* **4** happening without problems or difficulties **легкий, спокойный** *Her job is to help students make a smooth transition from high school to college.* **5** too polite and confident in a way that people do not trust **вкрадчивый, сладкоголосый** *a smooth salesman*
• **smoothness noun** [U] → See also take the **rough[2]** with the smooth **гладкость, однородность, плавность**

smooth[2] /smuːð/ **verb** [T] (also **smooth down/out, etc**) to move your hands across something in order to make it flat **разглаживать, приглаживать** *He straightened his tie and smoothed down his hair.*

PHRASAL VERB **smooth sth over** to make a disagreement or problem seem less serious, especially by talking to the people involved in it **улаживать (конфликт)** *Would you like me to smooth things over between you and Nick?*

smoothie /ˈsmuːði/ **noun** [C, U] a thick, cold drink made mainly from fruit, sometimes with milk, cream, or ice cream (= cold, sweet food) **охлажденный напиток из свежих фруктов, иногда с добавлением молока, сливок или мороженого**

smoothly /ˈsmuːðli/ **adverb 1 go smoothly** B2 to happen without any problems or difficulties **идти гладко, благополучно** *Everything was going smoothly until Darren arrived.* **2** without any sudden movements or changes **плавно** *The car accelerated smoothly.*

smother /ˈsmʌðəʳ/ **verb** [T] **1** to kill someone by covering their face with something so that they cannot breathe **душить 2** to give someone too much love and attention so that they feel they have lost their freedom **душить заботой, излишне опекать** *I try not to smother him.* **3** to prevent something from happening **сдерживать, подавлять** *I tried to smother my cough.* **4** to make a fire stop burning by covering it with something **гасить, тушить**

PHRASAL VERB **smother sth in/with sth** to cover something completely with a substance **густо покрывать что-либо чем-либо** *She took a slice of chocolate cake and smothered it in cream.*

smoulder UK (US **smolder**) /ˈsməʊldəʳ/ **verb** [I] **1** to burn slowly, producing smoke but no flames **тлеть** *a smouldering bonfire* **2** to have a strong feeling, especially anger, but not express it **затаить (о чувстве)** *I could see he was **smouldering with** anger.*

SMS /esemˈes/ **noun** [U] abbreviation for short message service: a system for sending written messages from one mobile phone to another **служба кратких сообщений (система для отправки сообщений с одного мобильного телефона на другой)**
• **SMS verb** [T, I] **отправлять СМС**

smudge[1] /smʌdʒ/ **noun** [C] a dirty mark **пятно, клякса** *a smudge of ink*

smudge[2] /smʌdʒ/ **verb** [I, T] If ink, paint, etc smudges, or if it is smudged, it becomes dirty or not clear because someone has touched it. **пачкать, размазывать** *Be careful you don't smudge the drawing.*

smug /smʌg/ **adjective** too pleased with your

S

skill or success in a way that annoys other people **самодовольный** *a smug smile*
• **smugly adverb самодовольно** *"I've never lost a match yet," she said smugly.*

smuggle /ˈsmʌgl/ **verb** [T] to take something into or out of a place in an illegal or secret way **провозить контрабандой, тайно проносить** *He was arrested for smuggling cocaine into Britain.*
• **smuggler noun** [C] **контрабандист** ***drug smugglers*** • **smuggling noun** [U] **контрабанда**

snack¹ /snæk/ **noun** [C] A2 a small amount of food that you eat between meals **легкая закуска** *Do you want a quick snack before you go out?* ◦ ***snack food***

Слова-партнеры к snack
have a snack • a **light** snack

snack² /snæk/ **verb** [I] informal to eat a snack **подкрепляться, закусывать** *I've been* ***snacking on*** *chocolate and biscuits all afternoon.*

snag¹ /snæg/ **noun** [C] informal a problem or difficulty **затруднение, загвоздка** *I'd love to come –* ***the only snag is*** *I have to be home by 3 o'clock.*

Слова-партнеры к snag
hit a snag • the (only) snag is • a snag in/with sth

snag² /snæg/ **verb** [T] (present participle **snagging**, past tense and past participle **snagged**) **1** If you snag something, it becomes stuck on a sharp object and tears. **зацепить, порвать** *I* ***snagged*** *my coat* ***on*** *the wire.* **2** US informal to get, catch, or win something **достать, ухватить** *She managed to snag a seat in the front row.*

snail /sneɪl/ **noun** [C] a small creature with a long, soft body and a round shell **улитка**
IDIOM **at a snail's pace** very slowly **черепашьим шагом** *There was so much traffic that we were travelling at a snail's pace.*

ˈsnail ˌmail noun [U] humorous informal letters or messages that are not sent by email but by post **обычная почта (не электронная)**

snake¹ /sneɪk/ **noun** [C] A2 a long, thin creature with no legs that slides along the ground **змея**

snake² /sneɪk/ **verb snake across/around/through, etc** to follow a route that has a lot of bends **извиваться по/вокруг/сквозь и т. д.** *The river snakes through some of the most spectacular countryside in France.*

snap¹ /snæp/ **verb** (present participle **snapping**, past tense and past participle **snapped**) **1** [I, T] If something long and thin snaps, it breaks making a short, loud sound, and if you snap it, you break it, making a short, loud sound. **ломать(ся), отламывать(ся) с треском** *The twigs snapped as we walked on them.* **2 snap (sth) open/shut/together, etc** to suddenly move to a particular position, making a short, loud noise, or to make something do this **открывать(ся) с щелчком/защелкивать(ся), захлопывать(ся)** *The suitcase snapped open and everything fell out.* **3** [I, T] to say something suddenly in an angry way **рявкать, огрызаться** *I was* ***snapping at*** *the children because I was tired.* **4** [I] to suddenly be unable to control a strong feeling, especially anger **взрываться, терять самообладание** *She asked me to do the work again and I just snapped.* **5** [T] informal to take a photograph of someone or something **фотографировать** *Photographers snapped the Princess everywhere she went.* **6** [I] If an animal snaps, it tries to bite someone. **кусаться, хвататься зубами** *The dog was barking and* ***snapping at*** *my ankles.* → See also snap your fingers (**finger¹**)
PHRASAL VERBS **snap out of sth** informal to force yourself to stop feeling sad, angry, upset, etc **выходить из какого-либо состояния** *He's in a bad mood now but he'll soon snap out of it.* • **snap sth up** informal to buy or get something quickly because it is cheap or exactly what you want **раскупать, хватать** *The dress was perfect, so I snapped it up.* • **snap sb up** informal to immediately accept someone's offer to join your company or team because you want them very much **ухватываться за кого-либо** *She was snapped up by a large law firm.*

snap² /snæp/ **noun 1** [no plural] a sudden, short, loud sound like something breaking or closing **щелчок, треск** *I heard a snap as I sat on the pencil.* **2** [C] UK informal (also UK/US **snapshot**) a photograph **фотография** ***holiday snaps*** **3** [C] US (UK **popper**) a metal or plastic object made of two parts which fit together with a short, loud sound, used to fasten clothing **кнопка (для одежды)** **4** [U] a card game in which you say "snap" when you see two cards that are the same **снап** **5 be a snap** US informal to be very easy **быть очень легким, простым** *The French test was a snap.*

snap³ /snæp/ **adjective snap decision/judgment** A snap decision or judgment is made very quickly and without careful thought. **скоропалительное решение/суждение**

snappy /ˈsnæpi/ **adjective 1** written or spoken in a short and interesting way **остроумный** *a snappy title* **2** Snappy clothes are fashionable. **модный, щегольской** *a snappy new suit*
IDIOM **make it snappy** informal used to tell someone to hurry **быстро! живо!**

snapshot /ˈsnæpʃɒt/ **noun** [C] a photograph that

you take quickly without thinking **любительский снимок**

snare¹ /sneəʳ/ **noun** [C] a piece of equipment used to catch animals **западня, ловушка**

snare² /sneəʳ/ **verb** [T] **1** to catch an animal using a snare **поймать в западню, ловушку** **2** to trick someone so that they cannot escape from a situation **заманивать в ловушку** *She's trying to snare a rich husband.*

snarl /snɑːl/ **verb** **1** [I, T] to speak angrily **рычать, огрызаться** *"Go away!" he snarled.* ◦ *She **snarled at** me.* **2** [I] If an animal snarls, it shows its teeth and makes an angry sound. **рычать**

• **snarl noun** [C] **рычание**

snatch¹ /snætʃ/ **verb** [T] **1** to take something or someone quickly and suddenly **хватать, вырывать** *Bill snatched the telephone from my hand.* ◦ *The child was snatched from his bed.* **2** to do or get something quickly because you only have a short amount of time **урвать, сделать наспех** *I managed to snatch some lunch.*

snatch² /snætʃ/ **noun** [C] a short part of a conversation, song, etc that you hear **обрывок** *I keep hearing **snatches of** that song on the radio.*

sneak¹ /sniːk/ **verb** (past tense and past participle **sneaked**, also US **snuck**) **1 sneak into/out/around, etc** to go somewhere quietly because you do not want anyone to hear you **прокрадываться в/из/по и т. д.** *I sneaked into his bedroom while he was asleep.* **2 sneak sth into/out of/through, etc** to take something somewhere without anyone seeing you **тайком приносить в/выносить из/проносить через и т. д.** *We tried to sneak the dog into the hotel.* **3 sneak a look/glance at sb/sth** to look at someone or something quickly and secretly **смотреть украдкой на кого-либо/что-либо** *I sneaked a look at the answers.*

PHRASAL VERB **sneak up** to move close to someone without them seeing or hearing you **подкрадываться** *Don't **sneak up on** me like that – you scared me!*

sneak² /sniːk/ **noun** [C] informal UK someone who you do not like because they tell people when someone else has done something bad **ябеда**

sneaker /ˈsniːkəʳ/ **noun** [C] US (UK **trainer**) a soft sports shoe **спортивная туфля** → See **Clothes** on page Centre 9

sneaking /ˈsniːkɪŋ/ **adjective** **1 have a sneaking feeling/suspicion** to think that something is true but not be sure **иметь смутное чувство/подозрение** [+ (that)] *I have a sneaking feeling that the English test is going to be very difficult.* **2 have a sneaking admiration/fondness for sb** UK to like someone secretly, especially when you do not want to **тайно восхищаться кем-либо/любить кого-либо**

sneaky /ˈsniːki/ **adjective** doing things in a secret and unfair way **тайный, сделанный исподтишка**

sneer /snɪəʳ/ **verb** [I] to talk about, or look at someone or something in a way that shows you do not approve of them **насмехаться** *Carlos **sneered at** my attempts to put the tent up.*

• **sneer noun** [C] **насмешка**

sneeze /sniːz/ **verb** [I] B2 When you sneeze, air suddenly comes out through your nose and mouth. **чихать** *He had a cold and was sneezing a lot.*

• **sneeze noun** [C] **чиханье**

snicker /ˈsnɪkəʳ/ **verb** [I] US (UK **snigger**) to laugh quietly in a rude way **хихикать**

• **snicker noun** [C] **хихиканье**

snide /snaɪd/ **adjective** A snide remark criticizes someone in an unpleasant way. **ехидный**

sniff /snɪf/ **verb** **1** [I] to breathe air in through your nose in a way that makes a noise **шмыгать носом** *Sam had a cold and she kept sniffing.* **2** [I, T] to breathe air in through your nose in order to smell something **нюхать** *She sniffed the flowers.*

• **sniff noun** [C] **вдох, втягивание носом**

snigger /ˈsnɪgəʳ/ **verb** [I] UK (US **snicker**) to laugh quietly in a rude way **хихикать, посмеиваться** *The boys were **sniggering at** the teacher.*

• **snigger noun** [C] **хихиканье**

snip¹ /snɪp/ **verb** [I, T] (present participle **snipping**, past tense and past participle **snipped**) to cut something using scissors (= tool with two flat blades) with quick, small cuts **отрезать, вырезать ножницами** *She snipped the article out of the magazine.*

snip² /snɪp/ **noun** **1** [C] a small, quick cut with scissors (= tool with two flat blades) **разрез** **2 be a snip** UK informal to be very cheap **быть очень дешевым**

snipe /snaɪp/ **verb** [I] **1** to criticize someone in an unpleasant way **язвить** *I hate the way politicians **snipe at** each other.* **2** to shoot people from a place that they cannot see **вести снайперский огонь** *Rebels were indiscriminately **sniping at** civilians.*

• **sniping noun** [U] **снайперская стрельба**

sniper /ˈsnaɪpəʳ/ **noun** [C] **1** someone who shoots at people from a place they cannot see **снайпер** **2** on a website, someone who makes an offer for an item just before the end of an auction (= a sale in which things are sold to the person who offers the most money) **человек, перебивающий сделку перед самым окончанием аукциона**

snippet /ˈsnɪpɪt/ **noun** [C] a small piece of information, news, conversation, etc **отрывок, обрывок** *I kept hearing **snippets of** conversation.*

snob /snɒb/ **noun** [C] someone who thinks they are better than other people because they are in a higher social position **сноб**

• **snobbery** /ˈsnɒbᵊri/ **noun** [U] behaviour and opinions that are typical of a snob **снобизм**

S

snobbish /ˈsnɒbɪʃ/ **adjective** (also **snobby**) like a snob **снобистский** *a snobbish attitude*

snog /snɒg/ **verb** [I, T] (present participle **snogging**, past tense and past participle **snogged**) UK informal If two people snog, they kiss each other for a long time. **целоваться**

• **snog noun** [C] UK informal **поцелуй**

snooker /ˈsnuːkəʳ/ **noun** [U] a game in which two people use long sticks to hit coloured balls into holes at the edge of a table **снукер**

snoop /snuːp/ **verb** [I] to look around a place secretly in order to find out information about someone **подсматривать, вынюхивать** *I found her* ***snooping around*** *in my bedroom.*

• **snoop noun** [no plural] **человек, сующий нос в чужие дела**

snooty /ˈsnuːti/ **adjective** Someone who is snooty behaves in an unfriendly way because they think they are better than other people. **важничающий, задирающий нос**

snooze /snuːz/ **verb** [I] informal to sleep for a short time, especially during the day **вздремнуть, прикорнуть** *Grandpa was snoozing in his chair.*

• **snooze noun** [C] informal **короткий сон** *Why don't you* ***have a snooze****?*

snore /snɔːʳ/ **verb** [I] (B2) to breathe in a very noisy way while you are sleeping **храпеть** *I couldn't sleep because my brother was snoring.*

• **snore noun** [C] **храп**

snorkel¹ /ˈsnɔːkəl/ **noun** [C] a tube that you use to help you breathe if you are swimming with your face under water **дыхательная трубка (для подводного плавания)**

snorkel² /ˈsnɔːkəl/ **verb** [I] (present participle UK **snorkelling**, past tense and past participle **snorkelled**, present participle US **snorkeling**, past tense and past participle **snorkeled**) to swim using a snorkel **плавать с дыхательной трубкой**

S

snort /snɔːt/ **verb** [I, T] to breathe out noisily through your nose, especially to show that you are annoyed or think something is funny **фыркать** *"Stupid man!" he snorted.* ◦ *Rosie started* ***snorting with*** *laughter.*

• **snort noun** [C] **фырканье**

snot /snɒt/ **noun** [U] informal the thick liquid that is produced in your nose **сопли**

snout /snaʊt/ **noun** [C] the long nose of some animals, such as pigs **рыло**

snow¹ /snəʊ/ **noun** [U] (A1) soft white pieces of frozen water that fall from the sky when the weather is cold **снег** *children playing in the snow*

> **Слова-партнеры к snow (noun)**
> snow **falls/melts** • a snow **flurry/shower** • **deep/heavy** snow • **[walk/tramp, etc] through** the snow

snow² /snəʊ/ **verb 1 it snows** (A2) If it snows, snow falls from the sky. **идет снег** *It snowed all day yesterday.* **2 be snowed in** to be unable to leave a place because there is too much snow **быть занесенным снегом** *We were snowed in for two days.*

IDIOM **be snowed under** to have too much work **быть заваленным работой** *I'm snowed under with homework.*

snowball¹ /ˈsnəʊbɔːl/ **noun** [C] a ball made from snow that children throw at each other **снежок**

snowball² /ˈsnəʊbɔːl/ **verb** [I] If a problem, idea, or situation snowballs, it quickly grows bigger or more important. **расти как снежный ком** *The whole business idea snowballed from one phone call.*

snowboard /ˈsnəʊbɔːd/ **noun** [C] (B1) a large board that you stand on to move over snow **сноуборд** → See **Sports 1** on page Centre 14

snowboarding /ˈsnəʊbɔːdɪŋ/ **noun** [U] (A2) a sport in which you stand on a large board and move over snow **сноубордизм**

• **snowboarder noun** [C] → See **Sports 1** on page Centre 14 **сноубордист**

snowdrift /ˈsnəʊdrɪft/ **noun** [C] a deep pile of snow that the wind has blown **сугроб**

snowdrop /ˈsnəʊdrɒp/ **noun** [C] a small, white flower that you can see at the end of winter **подснежник**

snowfall /ˈsnəʊfɔːl/ **noun** [C, U] the snow that falls at one time, or the amount of snow that falls **снегопад** *a heavy snowfall (= a lot of snow)*

snowflake /ˈsnəʊfleɪk/ **noun** [C] a small piece of snow that falls from the sky **снежинка**

snowman /ˈsnəʊmæn/ **noun** [C] (plural **snowmen**) something that looks like a person and is made from snow **снеговик** *The kids made a snowman in the garden.*

snowplough UK (US **snowplow**) /ˈsnəʊplaʊ/ **noun** [C] a vehicle used for moving snow off roads and railways **снегоочиститель**

snowstorm /ˈsnəʊstɔːm/ **noun** [C] a storm when a lot of snow falls **снежная буря, вьюга**

snowy /ˈsnəʊi/ **adjective** snowing or covered with snow **снежный** *a cold, snowy day*

Snr UK (also UK/US **Sr**) written abbreviation for senior (= the older of two men in a family with the same name) **старший** *Thomas Smith, Snr*

snub /snʌb/ **verb** [T] (present participle **snubbing**, past tense and past participle **snubbed**) to be rude to someone, especially by not speaking to them **осадить, отбрить**

• **snub noun** [C] **пренебрежительное отношение**

snuck /snʌk/ US past of sneak **прош. вр. и прич. прош. вр. от гл. sneak**

snuff¹ /snʌf/ **noun** [U] tobacco powder that people breathe in through their noses, especially in the past **нюхательный табак**

snuff² /snʌf/ **verb**

PHRASAL VERB **snuff sth out 1** informal to suddenly end something **уничтожать, прекращать**

England's chances were snuffed out by three brilliant goals from the Italians. **2** to stop a candle flame from burning by covering it or pressing it with your fingers **гасить свечу**

snug /snʌg/ **adjective 1** warm and comfortable **уютный** *a snug little house* **2** Snug clothes fit tightly. **обтягивающий** *a pair of snug brown shoes*
• **snugly adverb уютно, в обтяжку**

snuggle /ˈsnʌgl/ **verb snuggle up/down/into, etc** to move into a warm, comfortable position **уютно располагаться** *I* ***snuggled up to*** *him on the sofa.*

so¹ /səʊ/ **adverb 1** A2 used before an adjective or adverb to emphasize what you are saying, especially when there is a particular result **так, до такой степени** *I was so tired when I got home.* ◦ [+ (that)] *I was so upset that I couldn't speak.* **2** A2 used to give a short answer to a question to avoid repeating a phrase **употребляется для избежания повтора предшествующего высказывания, да** *"Is Ben coming to the party?" "I hope so."* **3 so did we/so have I/so is mine, etc** B1 used to say that someone else also does something or that the same thing is true about someone or something else **и мы тоже/и я тоже/и мой тоже и т. д.** *"We saw the new Star Trek movie last night." "Oh, so did we."* **4** used to get someone's attention when you are going to ask them a question or when you are going to start talking **ну так, ну и** *So, when are you two going to get married?* **5** used with a movement of your hand to show someone how to do something or show them the size of something **вот такой, вот так** *The box was so big.* ◦ *For this exercise, you have to put your hands* ***like so***. **6 so it is/so they are, etc** used to agree with something that you had not noticed before **так оно и есть, в самом деле, действительно** *"The cat's hiding under the chair." "So it is."* **7 or so** B1 used after a number or amount to show that it is not exact **или около того** *"How many people were at the party?" "Fifty or so, I guess."* **8 I told you so** used to say that you were right and that someone should have believed you **я же говорил тебе** **9 So (what)?** used to say that you do not think something is important, especially in a rude way **ну и что?** *"She might tell Emily." "So what?"* **10 and so on/forth** A2 used after a list of things to show that you could have added other similar things **и так далее** *She plays a lot of tennis and squash and so on.* **11 so as (not) to do sth** B2 used to give the reason for doing something **чтобы (не) сделать что-либо** *He went in very quietly so as not to wake the baby.* **12 only so much/many** used to say that there are limits to something **есть предел чему-либо, только до какой-либо степени** *There's only so much help you can give someone.* **13 so much for...** informal used to say that something has not been useful or successful **вот вам и ...** *"The computer's crashed again." "So much for modern technology."*

so² /səʊ/ **conjunction 1** A2 used to say that something is the reason why something else happens **так что, поэтому** *I was tired so I went to bed.* ◦ *Greg had some money so he bought a bike.* **2 so (that)** B1 in order to make something happen or be possible **для того чтобы** *He put his glasses on so that he could see the television better.* **3** A2 used at the beginning of a sentence to connect it with something that was said or happened previously **так** *So we're not going away this weekend after all?*

so³ /səʊ/ **adjective be so** to be correct or true **быть правдой** *"Apparently, she's moving to Canada." " Is that so?"*

soak /səʊk/ **verb** [I, T] **1** B2 If you soak something, or let it soak, you put it in a liquid for a period of time. **замачивать** *He left the pan in the sink to soak.* ◦ *Soak the bread in the milk.* **2** If liquid soaks somewhere or soaks something, it makes something very wet. **промачивать, пропитываться** *The rain soaked my clothes.* ◦ *The ink* ***soaked through*** *the paper onto the table.*

PHRASAL VERB **soak sth up** B2 If a dry substance soaks up a liquid, the liquid goes into the substance. **впитывать** *Fry the potatoes until they soak up all the oil.*

soaked /səʊkt/ **adjective** B2 completely wet **промокший до нитки** *My shirt was soaked.*

soaking /ˈsəʊkɪŋ/ **adjective** B2 completely wet **промокший до нитки** *You're soaking – why didn't you take an umbrella?* ◦ *The dog was* ***soaking wet***.

so-and-so /ˈsəʊəndsəʊ/ **noun** [C] **1** used to talk about someone or something without saying a particular name **такой-то** *It was the usual village news – so-and-so got married to so-and-so, and so-and-so's having a baby.* **2** informal someone who you do not like **такой-сякой** *He's a lazy so-and-so.*

soap /səʊp/ **noun 1** [U] A2 a substance that you use for washing **мыло** *a* ***bar of soap*** ◦ *soap powder* → See **The Bathroom** on page Centre 3 **2** [C] (also ˈ**soap ˌopera**) B1 a television programme about the lives of a group of people that is broadcast several times every week **сериал, мыльная опера**

ˈ**soap ˌopera** noun [C] (informal **soap**) B1 a series of television or radio programmes that continues over a long period and is about the lives of a group of characters **мыльная опера**

soapy /ˈsəʊpi/ **adjective** containing soap, or covered with soap **мыльный** *soapy hands*

soar /sɔːʳ/ **verb** [I] **1** to increase to a high level very quickly **взлетать, взмывать** *House prices have soared.* **2** to move quickly and smoothly in the sky, or to move quickly up into the sky **парить** *The birds were soaring high above.*
• **soaring adjective взлетающий, парящий**

S

sob /sɒb/ **verb** [I] (present participle **sobbing**, past tense and past participle **sobbed**) B2 to cry in a noisy way **рыдать**
• **sob noun** [C] **рыдание**

sober[1] /ˈsəʊbəʳ/ **adjective 1** Someone who is sober is not drunk. **трезвый 2** Someone who is sober is serious and thinks a lot. **рассудительный** *He was in a sober mood.* **3** UK Clothes or colours that are sober are plain and not bright. **неяркий, неброский** *a sober, grey dress*
• **soberly adverb рассудительно, неброско**

sober[2] /ˈsəʊbəʳ/ **verb**

PHRASAL VERB **sober (sb) up** to become less drunk or to make someone become less drunk **отрезвлять, протрезвляться** *You'd better sober up before you go home.*

sobering /ˈsəʊbərɪŋ/ **adjective** making you feel serious **отрезвляющий** *a **sobering thought***

so-called /ˌsəʊˈkɔːld/ **adjective** [always before noun] B2 used to show that you think a word that is used to describe someone or something is wrong **так называемый** *My so-called friend has stolen my girlfriend.*

soccer /ˈsɒkəʳ/ **noun** [U] (also UK **football**) a game in which two teams of eleven people kick a ball and try to score goals **футбол** → See **Sports 2** on page Centre 15

sociable /ˈsəʊʃəbl/ **adjective** B1 Someone who is sociable enjoys being with people and meeting new people. **общительный**

social /ˈsəʊʃəl/ **adjective 1** B2 relating to society and the way people live **общественный, социальный** *social problems ◦ social and political changes* **2** B1 relating to the things you do with other people for enjoyment when you are not working **светский** *I have a very good **social life**.* → Compare **anti-social**
• **socially adverb в обществе, в общении**

S

socialism /ˈsəʊʃəlɪzəm/ **noun** [U] a political system in which the government owns important businesses and industries, and which allows the people to share the money and opportunities equally **социализм**

socialist /ˈsəʊʃəlɪst/ **noun** [C] someone who supports socialism **социалист**
• **socialist adjective социалистический** *socialist principles*

socialize (also UK **-ise**) /ˈsəʊʃəlaɪz/ **verb** [I] B2 to spend time enjoying yourself with other people **общаться, встречаться** *The cafe is a place where students can **socialize with** teachers.*

ˌsocial ˈnetworking noun [U] B1 using a website to communicate with friends and to meet other people **использование веб-сайта для общения с друзьями и знакомства с новыми людьми**

ˌsocial ˈscience noun [C, U] the study of society and the way people live **социология**

ˌsocial seˈcurity noun [U] money that the government gives to people who are old, ill, or not working **социальное обеспечение**

ˈsocial ˌworker noun [C] someone whose job is to help people who have problems because they are poor, old, have difficulties with their family, etc **работник сферы социальных проблем**
• **social work noun** [U] **работа в сфере социальных проблем**

society /səˈsaɪəti/ **noun 1** [C, U] B1 a large group of people who live in the same country or area and have the same laws, traditions, etc **общество** *The US is a multicultural society.* **2** [C] B2 an organization for people who have the same interest or aim **общество, организация** *the London Zoological Society* → See also **building society**

> **Слова-партнеры к society**
>
> a democratic/free/modern/multicultural/ secular society

socio- /səʊʃiəʊ-/ **prefix** relating to society **социо-, социальный/общественный** (как компонент сложных слов) *socio-economic*

sociology /ˌsəʊʃiˈɒlədʒi/ **noun** [U] the study of society and the relationship between people in society **социология**
• **sociologist** /ˌsəʊʃiˈɒlədʒɪst/ **noun** [C] someone who studies sociology **социолог**

sociopath /ˈsəʊʃiəʊpæθ/ **noun** [C] someone who is completely unable to behave in a way that is acceptable to society **социопат**

sock /sɒk/ **noun** [C] (plural **socks**, also US **sox**) A2 something that you wear on your foot inside your shoe **носок** [usually plural] *a pair of black socks* → See **Clothes** on page Centre 9

socket /ˈsɒkɪt/ **noun** [C] **1** the place on a wall where you connect electrical equipment to the electricity supply **штепсельная розетка 2** a hollow place where one thing fits inside another thing **впадина, углубление** *Your eyeball is in your eye socket.*

soda /ˈsəʊdə/ **noun 1** [U] (also **ˈsoda ˌwater**) water with bubbles in it that you mix with other drinks **содовая вода 2** [C, U] (also **ˈsoda ˌpop**) US a sweet drink with bubbles **сладкий газированный напиток** *a can of soda*

sodden /ˈsɒdən/ **adjective** extremely wet **промокший** *Your shoes are sodden!*

sodium /ˈsəʊdiəm/ **noun** [U] a chemical element that is found in salt and food (symbol Na) **натрий** *a low-sodium diet*

sofa /ˈsəʊfə/ **noun** [C] A2 a large, comfortable seat for more than one person **диван** → See **The Living Room** on page Centre 4

sofa
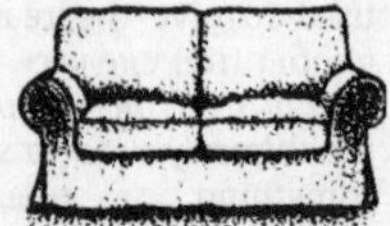

soft /sɒft/ **adjective**
1 A2 not hard, and easy to press **мягкий** *a soft cushion ◦ Cook the*

onion until it's soft. **2** A2 smooth and pleasant to touch **мягкий, нежный** *soft hair/skin* **3** B1 A soft sound is very quiet. **тихий, приглушенный** *He spoke in a soft voice.* **4** B1 A soft colour or light is not bright. **нежный, неяркий** *soft lilac paint* **5** too kind and not angry enough when someone does something wrong **нестрогий, снисходительный** *The kids are naughty because she's too* ***soft on*** *them.* **6** Soft drugs are illegal drugs that some people think are not dangerous. **не вызывающий привыкания (о наркотике)**
• **softness noun** [U] B2 **мягкость, нежность**
→ See also have a soft **spot**[1] for sb

softball /ˈsɒftbɔːl/ **noun** [U] a game that is like baseball but played with a larger and softer ball **софтбол**

ˌsoft ˈdrink UK (US **ˈsoft ˌdrink**) **noun** [C] A2 a cold, sweet drink that does not have alcohol in it **безалкогольный напиток**

soften /ˈsɒfᵊn/ **verb** [I, T] **1** to become softer or to make something become softer **размягчать(ся)** *Heat the butter until it softens.* **2** to become more gentle or to make someone or something become more gentle **смягчать(ся)** *Her voice softened.*

softly /ˈsɒftli/ **adverb** B1 in a quiet or gentle way **тихо, спокойно** *"Are you OK?" she said softly.*

ˌsoft ˈoption noun [C] UK a choice that is easier than other choices **линия наименьшего сопротивления, самое легкое решение** *The cookery course is not a soft option.*

soft-spoken /ˌsɒftˈspəʊkᵊn/ **adjective** having a quiet, gentle voice **говорящий тихим голосом** *a small, soft-spoken man*

software /ˈsɒftweəʳ/ **noun** [U] A2 programs that you use to make a computer do different things **программное обеспечение** *educational software*

soggy /ˈsɒgi/ **adjective** very wet and soft **очень мокрый** *soggy ground*

soil[1] /sɔɪl/ **noun** [C, U] B2 the top layer of earth that plants grow in **почва** *clay/sandy soil*

soil[2] /sɔɪl/ **verb** [T] formal to make something dirty **пачкать**
• **soiled adjective** dirty **запачканный, грязный** *soiled clothes*

solace /ˈsɒləs/ **noun** [U, no plural] formal comfort when you are feeling sad **утешение** *Music was a great solace to me.*

solar /ˈsəʊləʳ/ **adjective** B2 relating to, or involving, the sun **солнечный** ***solar panels***

ˌsolar ˈenergy noun [U] energy that uses the power of the sun **солнечная энергия**

ˌsolar ˈpanel noun [C] a piece of equipment that changes light from the sun into electricity **солнечная панель**

the ˈsolar ˌsystem noun the sun and planets that move around it **Солнечная система**

sold /səʊld/ past of sell **прош. вр. и прич. прош. вр. от гл. sell**

soldier /ˈsəʊldʒəʳ/ **noun** [C] B1 a member of an army **солдат**

sole[1] /səʊl/ **adjective** [always before noun] **1** only **единственный** *the sole survivor* **2** not shared with anyone else **полный, исключительный** *She has* ***sole responsibility*** *for the project.*

sole[2] /səʊl/ **noun 1** [C] the bottom part of your foot that you walk on **ступня 2** [C] the part of a shoe that is under your foot **подошва 3** [C, U] (plural **sole**) a small, flat fish that you can eat **камбала, палтус**

solely /ˈsəʊlli/ **adverb** only, and not involving anyone or anything else **исключительно** *I bought it solely for that purpose.*

solemn /ˈsɒləm/ **adjective 1** serious or sad **серьезный, торжественный** *solemn music* **2** A solemn promise, warning, etc is serious and sincere. **серьезный, торжественный**
• **solemnly adverb серьезно, торжественно**
• **solemnity** /səˈlemnəti/ **noun** [U] **серьезность, торжественность**

solicit /səˈlɪsɪt/ **verb 1** [T] formal to ask someone for money, information, or help **просить, ходатайствовать** *to solicit donations for a charity* **2** [I] to offer sex for money, usually in a public place **предлагать сексуальные услуги**

soliciting /səˈlɪsɪtɪŋ/ **noun** [U] when someone offers to have sex for money **предложение сексуальных услуг**

solicitor /səˈlɪsɪtəʳ/ **noun** [C] in Britain, a lawyer who gives legal advice and help, and who works in the lower courts of law **адвокат**

solid[1] /ˈsɒlɪd/ **adjective 1** B2 hard and firm without holes or spaces, and not liquid or gas **твердый, плотный** *solid ground* ◦ *solid food* **2** B2 strong and not easily broken or damaged **прочный, крепкий** *solid furniture* **3 solid gold/silver/wood, etc** gold/silver/wood, etc with nothing added **чистое золото/серебро/массив дерева и т. д.** *a solid silver bracelet* **4** continuing for a period of time without stopping **непрерывный** *The noise continued for two solid hours/two hours solid.* **5** [always before noun] Solid information, proof, etc is based on facts and you are certain that it is correct. **веский, убедительный** *This provides* ***solid evidence*** *that he committed the crime.* **6** honest and able to be trusted **солидный, надежный**
• **solidity** /səˈlɪdəti/ **noun** [U] **твердость, убедительность, солидность** • **solidly adverb прочно, непрерывно, надежно**

solid[2] /ˈsɒlɪd/ **noun** [C] **1** a substance or object that is not a liquid or a gas **твердое вещество 2** a shape that has length, width, and height, and is not flat **трехмерная геометрическая фигура**

solidarity /ˌsɒlɪˈdærəti/ **noun** [U] agreement

and support between people in a group who have similar aims or beliefs **солидарность**

solidify /sə'lɪdɪfaɪ/ **verb** [I] If a liquid solidifies, it becomes solid. **затвердевать**

solids /'sɒlɪdz/ **noun** [plural] food that is not liquid **твердая пища** *Three weeks after the operation he still couldn't eat solids.*

solipsism /'sɒlɪpsɪzᵊm/ **noun** [U] the belief that in life you can only really know yourself and your own experiences **солипсизм**

solitaire /ˌsɒlɪ'teəʳ/ (US) /'sɒləteər/ **noun** [U] US (UK **patience**) a card game for one person **пасьянс**

solitary /'sɒlɪtᵊri/ **adjective 1** A solitary person or thing is the only person or thing in a place. **одинокий, единственный** *a solitary figure/walker* **2** A solitary activity is done alone. **уединенный, одинокий** *solitary walks*

ˌsolitary conˈfinement **noun** [U] when a prisoner is kept in a room alone as a punishment **одиночное заключение** *He was kept in solitary confinement for ten days.*

solitude /'sɒlɪtju:d/ **noun** [U] being alone **одиночество** *He went upstairs to read the letter* ***in solitude.***

solo¹ /'səʊləʊ/ **adjective, adverb** (B2) done alone by one person only **сольный, соло** *a* ***solo performance*** ◦ *to* ***perform solo***

solo² /'səʊləʊ/ **noun** [C] (B2) a piece of music for one person or one instrument **соло**

soloist /'səʊləʊɪst/ **noun** [C] a musician who performs a solo **солист**

solstice /'sɒlstɪs/ **noun** [C] the longest day or the longest night of the year **солнцестояние** *the* ***summer/winter solstice***

soluble /'sɒljəbl/ **adjective** If a substance is soluble, it will dissolve in water. **растворимый** *soluble vitamins* ◦ *These tablets are soluble in water.*

S

solution /sə'lu:ʃᵊn/ **noun** [C] **1** (B1) the answer to a problem **решение** *There's no easy* ***solution to*** *this problem.* **2** a liquid which a substance has been dissolved into **раствор**

> Слова-партнеры к **solution**
>
> **find/offer/provide/seek** a solution • a **diplomatic/good/long-term/peaceful/simple/workable** solution • a solution **to** sth

solve /sɒlv/ **verb** [T] (B1) to find the answer to something **решать, раскрывать** *to* ***solve*** *a* ***problem*** ◦ *to* ***solve*** *a* ***mystery/puzzle*** ◦ *Police are still no nearer to* ***solving*** *the* ***crime.***

solvent¹ /'sɒlvənt/ **noun** [C] a liquid which is used to dissolve other substances **растворитель**

solvent² /'sɒlvənt/ **adjective** having enough money to pay your debts **платежеспособный**

sombre UK (US **somber**) /'sɒmbəʳ/ **adjective 1** sad and serious **мрачный, унылый** *a* ***sombre expression/mood*** **2** dark and without bright colours **темный, мрачный** *a* ***sombre colour***

some¹ strong /sʌm/ weak /sᵊm/ **pronoun, quantifier 1** (A1) used to refer to an amount of something without saying exactly how much or how many **какое-то количество, немного, несколько** *You'll need a pair of scissors and some glue.* ◦ *I can't eat all this chocolate, would you like some?* ◦ *Could I have* ***some more*** *(= an extra amount of) paper, please?* **2** (A1) used to refer to part of a larger amount or number of something and not all of it **некоторый** *In some cases it's possible to fix the problem right away.* ◦ ***Some of*** *the children were frightened.* **3** used to refer to someone or something when you do not know the name of it or exact details about it **какой-то** *Some girl phoned for you, but she didn't leave a message.* **4 some time/distance, etc** (B2) a large amount of time, distance, etc **некоторое время/расстояние и т. д.** *I'm afraid it'll be some time before it's ready.*

some² strong /sʌm/ weak /sᵊm/ **adverb** used before a number to show that it is not the exact amount **приблизительно** *He died some ten years ago.*

somebody /'sʌmbədi/ **pronoun** (A2) another word for someone **кто-то, кто-нибудь**

someday /'sʌmdeɪ/ **adverb** US at an unknown time in the future **когда-то, когда-нибудь** *We plan to get married someday.*

somehow /'sʌmhaʊ/ **adverb** (B1) in a way which you do not know or do not understand **как-то, как-нибудь, тем или иным образом** *Don't worry, we'll fix it somehow.* ◦ ***Somehow or other*** *(= I do not know how) they managed to get in.*

someone /'sʌmwʌn/ **pronoun** (also **somebody**) **1** (A2) used to refer to a person when you do not know who they are or when it is not important who they are **кто-то, кто-нибудь** *There's someone at the door.* ◦ *Will someone please answer the phone?* **2 someone else** (A2) a different person **кто-то другой** *Sorry, I thought you were talking to someone else.*

someplace /'sʌmpleɪs/ **adverb** US used to refer to a place when you do not know where it is or when it is not important where it is **где-то, куда-то, откуда-то** *They live someplace in the South.* ◦ *If they don't like it here, they can go* ***someplace else*** *(= to a different place).*

somersault /'sʌməsɔ:lt/ **noun** [C] when you roll your body forwards or backwards so that your feet go over your head and come back down to the ground again **сальто**

• **somersault verb** [I] **делать сальто**

something /'sʌmθɪŋ/ **pronoun 1** (A1) used to refer to a thing when you do not know what it is or when it is not important what it is **что-то, что-нибудь, кое-что** *As soon as I walked in, I noticed that something was missing.* ◦ *We know about the problem and we're trying to do something about it.* ◦ *It's not something that will be easy to change.* ◦ *There's* ***something else***

(= *another thing*) *I wanted to tell you.* **2 or something (like that)** A2 used to show that what you have just said is only an example or you are not certain about it **или что-то в этом роде** *Why don't you go to a movie or something?* **3 something like** similar to or approximately **что-то вроде, около** *He paid something like $2000 for his car.* **4 be something** informal to be a thing which is important, special, or useful **нечто важное, особенное, лучше, чем ничего** *The President visiting our hotel – that would really be something.* **5 something of a sth** used to describe a person or thing in a way which is partly true but not completely or exactly **нечто вроде, в какой-то степени** *It came as something of a surprise.* **6 be/have something to do with sth/sb** to be related to something or a cause of something but not in a way which you know about or understand exactly **иметь какое-то отношение к чему-либо/кому-либо** *It might have something to do with the way it's made.*

sometime /ˈsʌmtaɪm/ **adverb** used to refer to a time when you do not know exactly what it is or when it is not important what it is **когда-нибудь, как-нибудь** *sometime before June* ◦ *You must come over and visit sometime.*

sometimes /ˈsʌmtaɪmz/ **adverb** A1 on some occasions but not always or often **иногда** *He does cook sometimes, but not very often.* ◦ *Sometimes I feel like no one understands me.*

somewhat /ˈsʌmwɒt/ **adverb** formal slightly **слегка** *We were somewhat disappointed with the food.*

somewhere /ˈsʌmweəʳ/ **adverb 1** A2 used to refer to a place when you do not know exactly where it is or when it is not important exactly where it is **где-то, куда-то, откуда-то** *They had difficulties finding somewhere to live.* ◦ *He comes from somewhere near London.* ◦ *Can you think of **somewhere else** (= a different place) we could go?* **2 somewhere around/between, etc** B2 approximately **что-то около/между и т. д.** *He earns somewhere around £50,000 a year.*

IDIOM **get somewhere** to achieve something or to make progress **делать успехи, продвигаться вперед** *Right, that's the printer working. Now we're getting somewhere!*

son /sʌn/ **noun** [C] A1 your male child **сын**

sonar /ˈsəʊnɑːʳ/ **noun** [U] a system, used especially on ships, which uses sound waves to find the position of things in the water **сонар**

sonata /səˈnɑːtə/ **noun** [C] a piece of music written to be played on a piano or on another instrument and the piano together **соната**

song /sɒŋ/ **noun** [C] A2 words that go with a short piece of music **песня** *a folk/**love song*** ◦ *to **sing a song***

> Слова-партнеры к **song**
>
> sing/write a song • a song **about** sth • a love song

songwriter /ˈsɒŋˌraɪtəʳ/ **noun** [C] someone who writes songs **поэт-песенник**

sonic /ˈsɒnɪk/ **adjective** relating to sound **звуковой**

son-in-law /ˈsʌnɪnlɔː/ **noun** [C] (plural **sons-in-law**) B2 your daughter's husband **зять**

sonnet /ˈsɒnɪt/ **noun** [C] a poem with 14 lines, written in a particular pattern **сонет** *Shakespeare's sonnets*

soon /suːn/ **adverb 1** A2 after a short period of time **скоро, вскоре** *I've got to leave quite soon.* ◦ *It's too soon to make a decision.* ◦ *He joined the company soon after leaving college.* **2 as soon as** B1 at the same time or a very short time after **как только** *As soon as I saw her, I knew there was something wrong.* ◦ *They want it as soon as possible.* **3 sooner or later** B2 used to say that you do not know exactly when something will happen, but you are sure that it will happen **рано или поздно** *Sooner or later they'll realize that it's not going to work.* **4 would sooner** would prefer **предпочел бы** *I'd sooner spend a bit more money than take chances with safety.* **5 no sooner ... than** used to show that something happens immediately after something else **не успел и ..., как** *No sooner had we got home than the phone rang.*

soot /sʊt/ **noun** [U] a black powder produced when coal, wood, etc is burnt **сажа**

soothe /suːð/ **verb** [T] **1** to make something feel less painful **облегчать боль** *I had a long, hot bath to soothe my aching muscles.* **2** to make someone feel calm or less worried **успокаивать** *to soothe a crying baby*

• **soothing adjective** making you feel calm or in less pain **успокаивающий** ***soothing music*** ◦ *a **soothing effect/voice***

sophisticated /səˈfɪstɪkeɪtɪd/ **adjective 1** B2 well-educated and having experience of the world or knowledge of culture **искушенный, утонченный 2** B2 A sophisticated machine or system is very advanced and works in a clever way. **сложный, тонкий** *a sophisticated computer system*

• **sophistication** /səˌfɪstɪˈkeɪʃən/ **noun** [U] **утонченность, сложность**

sophomore /ˈsɒfəmɔːʳ/ **noun** [C] US a student studying in the second year of a course at a US university or high school (= school for students aged 15 to 18) **студент второго курса или ученик второго из четырех последних классов средней школы в США**

soprano /səˈprɑːnəʊ/ **noun** [C] a female singer who sings the highest notes **сопрано**

sordid /ˈsɔːdɪd/ **adjective** unpleasant, dirty, or immoral **гнусный** *a sordid affair*

sore[1] /sɔːʳ/ **adjective 1** B1 painful, especially

S

when touched **болезненный, воспаленный** *a sore throat/knee* ◦ *Her eyes were red and sore.* **2 sore point/spot/subject** a subject which causes disagreement or makes people angry when it is discussed **больной вопрос** *Money is a bit of a sore point with him at the moment.* → See also stick/stand out like a sore **thumb**[1]

sore[2] /sɔːʳ/ **noun** [C] an area of skin which is red and painful because of an infection **язва, нарыв**

sorely /ˈsɔːli/ **adverb** formal very much **крайне, очень** *to be* ***sorely disappointed/tempted*** ◦ *He will be* ***sorely missed*** *by everyone.*

sorrow /ˈsɒrəʊ/ **noun** [C, U] formal when someone feels very sad **печаль**
• **sorrowful adjective** formal **печальный**

sorry /ˈsɒri/ **adjective 1 (I'm) sorry** B2 something that you say to be polite when you have done something wrong, or when you cannot agree with someone or accept something **извини(те)! прошу прощения!** *Sorry I'm late.* ◦ *Oh, I'm sorry. I didn't see you there.* ◦ *Tom, I'm so* ***sorry about*** *last night – it was all my fault.* ◦ *I'm sorry, but I just don't think it's a good idea.* **2** A2 used to show sympathy or sadness for a person or situation **очень жаль** *I* ***feel sorry for*** *the children – it must be very hard for them.* ◦ *I was* ***sorry to hear*** *about your brother's accident.* ◦ [+ (that)] *I'm sorry that things didn't work out for you.* **3 Sorry?** mainly UK used as a polite way to say that you did not hear what someone has just said **простите?** *Sorry? What was that?* **4** used to say that you wish something in the past had not happened or had been different **сожалеющий** [+ (that)] *I'm sorry that I ever met him.* **5 a sorry sight/state/tale** a bad condition or situation **жалкое зрелище/состояние/печальная история** *Her car was in a sorry state after the accident.*

S

sort[1] /sɔːt/ **noun 1** A2 [C] a type of something **тип, вид, сорт** *We both like the same* ***sort of*** *music.* ◦ *What sort of shoes does she wear?* ◦ *I'm going to have a salad* ***of some sort***. **2 all sorts of sth** A2 many different types of something **всевозможный, разнообразный 3 sort of** informal B2 used to describe a situation approximately **что-то вроде** *It's a sort of pale orange colour.* **4 (and) that sort of thing** informal B1 used to show that what you have just said is only an example from a larger group of things **и тому подобное** *They sell souvenirs, postcards, that sort of thing.* **5 of sorts** informal used to describe something which is not a typical example **нечто вроде** *He managed to make a curtain of sorts out of an old sheet.*

sort[2] /sɔːt/ **verb 1** B2 [T] to arrange things into different groups or types or into an order **сортировать, классифицировать** *They* ***sort*** *the paper* ***into*** *white and coloured for recycling.* ◦ *The names are sorted alphabetically.* **2 be sorted/get sth sorted** UK informal If something is sorted or you get something sorted, you successfully deal with it and find a solution or agreement. **быть улаженным/улаживать что-либо** *Did you manage to get everything sorted?*

PHRASAL VERBS **sort sth out** B2 to successfully deal with something, such as a problem or difficult situation **разбираться с чем-либо, улаживать что-либо** *Have you sorted out your schedule yet?* • **sort through sth** to look at a number of things to organize them or to find something **разбирать что-либо** *I had the sad task of sorting through her papers after she died.*

so-so /ˈsəʊsəʊ/ **adjective** informal not very good, but not bad **так себе, неважно** *"Are you feeling better today?" "So-so."*

soufflé /ˈsuːfleɪ/ US /suːˈfleɪ/ **noun** [C, U] a light food made by baking the white part of eggs **суфле** *chocolate/cheese soufflé*

sought /sɔːt/ past of seek **прош. вр. и прич. прош. вр. от гл. seek**

sought-after /ˈsɔːtˌɑːftəʳ/ **adjective** wanted by lots of people, but difficult to get **пользующийся большим спросом, престижный** *a house in a sought-after location*

soul /səʊl/ **noun 1** [C] B2 the part of a person which is not their body, which some people believe continues to exist after they die **душа 2** [U] (also ˈ**soul** ˌ**music**) A2 popular music which expresses deep feelings, originally performed by Black Americans **соул 3** [C] informal B2 a person **душа, человек** *I didn't see a soul when I went out.* → See also **heart and soul**

soulful /ˈsəʊlfəl/ **adjective** expressing deep feelings, often sadness **томный** ***soulful eyes***

soulless /ˈsəʊlləs/ **adjective** without any interesting or attractive characteristics **бездушный** *a soulless housing estate*

soul-searching /ˈsəʊlˌsɜːtʃɪŋ/ **noun** [U] when you think very carefully about something to decide if it is the right thing to do **самокритический анализ, самокопание** *After much soul-searching, he decided to leave his job.*

sound[1] /saʊnd/ **noun 1** A2 [C, U] something that you hear or that can be heard **звук** *I could* ***hear*** *the* ***sounds*** *of the city through the open window.* ◦ *She stood completely still, not* ***making a sound****.* ◦ *Can you turn the sound up (= make a radio, television, etc louder)?* **2 the sound of sth** informal how something seems to be, from what you have been told or heard **впечатление, звучание, вид** *I like the sound of the beef in red wine sauce.* ◦ *He's really enjoying college,* ***by the sound of it****.*

> **Слова-партнеры к sound**
> emit/make/produce a sound • hear/listen to a sound • the sound of sth

sound[2] /saʊnd/ **verb 1 sound good/interesting/strange, etc** A2 to seem good/interesting/strange, etc, from what you have heard or read звучать хорошо/интересно/странно и т. д. *Your job sounds really interesting.* **2 sound like/as if/as though** B1 to seem like something, from what you have heard or read звучать как что-либо, производить какое-либо впечатление *That sounds like a really good idea.* **3 sound angry/happy/rude, etc** B2 to seem angry/happy/rude, etc when you speak казаться сердитым/радостным/грубым и т. д. *You don't sound too sure about it.* **4** [I, T] to make a noise звучать, производить звук *It looks and **sounds like** a real bird.* ◦ *If the alarm sounds, you must leave the building immediately.*

sound³ /saʊnd/ **adjective** good or safe and able to be trusted здравый, исправный ***sound advice/judgment*** ◦ *The building is quite old, but still **structurally sound**.* → Opposite **unsound**

sound⁴ /saʊnd/ **adverb sound asleep** in a deep sleep крепко спящий

soundbite /ˈsaʊndbaɪt/ **noun** [C] a short statement which is easy to remember, usually used by a politician to get attention on television, in newspapers, etc лозунг

ˈsound ˌcard noun [C] a small piece of electronic equipment inside a computer that makes it able to record and play sound звуковая карта

soundly /ˈsaʊndli/ **adverb 1 sleep soundly** to sleep well крепко спать **2 soundly beaten/defeated** beaten/defeated easily and by a large amount совершенно разбитый/потерпевший полное поражение

soundtrack /ˈsaʊndtræk/ **noun** [C] B2 the music used in a film звуковое сопровождение

soup /suːp/ **noun** [U] A1 a hot, liquid food, made from vegetables, meat, or fish суп *chicken/tomato soup* → See **Food** on page Centre 11

sour¹ /saʊəʳ/ **adjective 1** B1 having a sharp, sometimes unpleasant, taste or smell, like a lemon, and not sweet кислый, прокисший *These plums are a bit sour.* **2** very unfriendly or unpleasant враждебный, недовольный *Their relationship suddenly **turned sour**.*

sour² /saʊəʳ/ **verb** [T] to make something unpleasant or unfriendly портиться, омрачать *This affair has **soured relations** between the two countries.*

source /sɔːs/ **noun** [C] **1** B2 where something comes from источник *a source of income/information* ◦ *Oranges are a good **source of** vitamin C.* **2** someone who gives information to the police, newspapers, etc информатор, источник информации

> Слова-партнеры к **source**
>
> a [good/important/major, etc] source of sth

south, South /saʊθ/ **noun** [U] **1** A2 the direction that is on your right when you face towards the rising sun юг **2 the south** A2 the part of an area that is further towards the south than the rest юг, южная часть
• **south adjective** A2 южный *the south side of the house* • **south adverb** A2 towards the south на юг *Birds fly south in winter.*

southbound /ˈsaʊθbaʊnd/ **adjective** going or leading towards the south идущий, движущийся на юг

southeast, Southeast /ˌsaʊθˈiːst/ **noun** [U] **1** B1 the direction between south and east юго-восток **2 the southeast** B1 the southeast part of a country юго-восток, юго-восточная часть
• **southeast, Southeast adjective, adverb** B1 юго-восточный, на юго-восток

southeastern, Southeastern /ˌsaʊθˈiːstən/ **adjective** in or from the southeast движущийся на юго-восток, с юго-востока

southerly /ˈsʌðəli/ **adjective 1** towards or in the south движущийся на юг, южный *We continued in a southerly direction.* **2** A southerly wind comes from the south. южный

southern, Southern /ˈsʌðən/ **adjective** B1 in or from the south part of an area движущийся с юга, на юг, южный *the southern half of the country*

southerner, Southerner /ˈsʌðənəʳ/ **noun** [C] someone from the south part of a country южанин

southernmost /ˈsʌðənməʊst/ **adjective** The southernmost part of an area is the part furthest to the south. самый южный

south-facing /ˈsaʊθˌfeɪsɪŋ/ **adjective** [always before noun] positioned towards the south обращенный на юг *a south-facing garden/window*

the ˌSouth ˈPole noun a point on the Earth's surface which is furthest south Южный полюс

southward, southwards /ˈsaʊθwəd/, /ˈsaʊθwədz/ **adverb** B1 towards the south на юг
• **southward adjective** движущийся на юг *a southward direction*

southwest, Southwest /ˌsaʊθˈwest/ **noun** [U] **1** B1 the direction between south and west юго-запад **2 the southwest** B1 the southwest part of the country юго-запад, юго-западная часть
• **southwest, Southwest adjective, adverb** B1 юго-западный, на юго-запад

southwestern, Southwestern /ˌsaʊθˈwestən/ **adjective** in or from the southwest движущийся с юго-запада, на юго-запад, юго-западный

souvenir /ˌsuːvənˈɪəʳ/ **noun** [C] B1 something which you buy or keep to remember a special event or holiday сувенир *a **souvenir shop*** ◦ *I kept the ticket as a **souvenir of** my trip.*

sovereign /ˈsɒvərɪn/ **adjective** A sovereign country or state is completely independent. суверенный, независимый
• **sovereignty** /ˈsɒvrənti/ **noun** [U] the power of a country to control its own government суверенитет

S

sovereign, Sovereign /ˈsɒvᵊrɪn/ **noun** [C] formal a king or queen **монарх**

sow¹ /səʊ/ **verb** [T] (past tense **sowed**, past participle **sown**, **sowed**) to put seeds into the ground **сеять** *to* ***sow seeds/crops***

sow² /saʊ/ **noun** [C] a female pig **свинья**

soya bean /ˈsɔɪəˌbiːn/ **noun** [C] UK (US **soybean** /ˈsɔɪbiːn/) a bean used to produce oil, and which is used in many foods **соя**

soy sauce /ˌsɔɪˈsɔːs/ **noun** [U] a dark brown sauce made from soya beans, used in Chinese and Japanese cooking **соевый соус**

spa /spɑː/ **noun** [C] a place where people go to improve their health by exercising or by having baths in special water **курорт с минеральными водами, оздоровительный центр** *a* ***health spa*** ◦ *a* ***spa town***

space¹ /speɪs/ **noun 1** [C, U] (A2) an empty area which is available to be used **место, пространство** *a* ***parking space*** ◦ *We need more* ***open spaces*** *for children to play in.* ◦ *There wasn't enough* ***space for*** *everyone.* ◦ [+ to do sth] *We don't have the space to store it all.* **2** [U] (B1) the area outside the Earth **космос** *They plan to send another satellite into space.* ◦ *space travel* **3 in the space of six weeks/three hours, etc** during a period of six weeks/three hours, etc **в течение шести недель/трех часов и т. д.** *It all happened in the space of 10 minutes.* → See also **breathing space**, **outer space**

> **Слова-партнеры к space**
>
> create/make space • fill a/occupy a/take up space • space for sb/sth • an open space

space² /speɪs/ **verb** [T] to arrange things so that there is some distance or time between them **расставлять с промежутками** [often passive] *They will have to be spaced at least two metres apart.*

S

spacecraft /ˈspeɪskrɑːft/ **noun** [C] (plural **spacecraft**) a vehicle which can travel outside the Earth and into space **космический корабль**

spaceship /ˈspeɪsʃɪp/ **noun** [C] a vehicle which can travel outside the Earth and into space, especially one which is carrying people **космический корабль**

ˈspace ˌshuttle **noun** [C] a vehicle in which people travel into space (= the area outside the Earth) and back again **космический корабль многоразового использования**

spacious /ˈspeɪʃəs/ **adjective** large and with a lot of space **просторный** *a spacious apartment/office*

spade /speɪd/ **noun** [C] **1** a tool with a long handle and a flat, metal part at one end used for digging **лопата** **2 spades** playing cards with black leaf shapes on them **пики, пиковая масть** *the ace of spades*

spaghetti /spəˈgeti/ **noun** [U] long, thin pieces of pasta **спагетти**

spam /spæm/ **noun** [U] emails that you do not want, usually advertisements **спам**
• **spam verb** [T] **рассылать спам** • **spammer noun** [C] a person who sends spam **тот, кто рассылает спам**

span /spæn/ **noun** [C] **1** the period of time that something exists or happens **интервал, промежуток времени** *a short* ***attention span*** ◦ *an average* ***life span*** *of seventy years* **2** the length of something from one end to the other **размах, ширина** *a* ***wing span*** *of five metres*
• **span verb** [T] (present participle **spanning**, past tense and past participle **spanned**) to exist or continue for a particular distance or length of time **продолжаться, охватывать** *Her acting* ***career spanned*** *almost forty years.*

spaniel /ˈspænjəl/ **noun** [C] a dog with long hair and long ears **спаниель**

spank /spæŋk/ **verb** [T] to hit someone, usually a child, on their bottom **шлепать**

spanner /ˈspænəʳ/ **noun** [C] UK (US **wrench**) a tool with a round end that is used to turn nuts and bolts (= metal objects used to fasten things together) **гаечный ключ** → See picture at **tool**

spar /spɑːʳ/ **verb** [I] (present participle **sparring**, past tense and past participle **sparred**) to fight or argue with someone in a friendly way **пикироваться, препекаться**

spare¹ /speəʳ/ **adjective 1** (B1) If something is spare, it is available to use, because it is extra and not being used. **запасной, лишний** *a spare bedroom* ◦ *spare cash* ◦ ***spare parts*** **2 spare time** (A2) time when you are not working **свободное время** *I enjoy gardening* ***in my spare time***.

spare² /speəʳ/ **noun** [C] an extra thing which is not being used and which can be used instead of a part which is broken, lost, etc **запасная часть**

spare³ /speəʳ/ **verb 1** [T] to give time or money to someone **уделять (время), давать (деньги)** *I have to go soon, but I can spare a few minutes.* ◦ [+ two objects] *Can you spare me some change?* **2** [+ two objects] to prevent someone from having to experience something unpleasant **избавлять кого-либо от чего-либо** [often passive] *I was spared the embarrassment of having to sing in front of everybody.* **3 to spare** If you have time, money, etc to spare, you have more than you need. **иметь в излишке** *I arrived at the station with more than an hour to spare.* **4 spare no effort/expense, etc** to use a lot of effort/expense, etc to do something **не жалеть трудов/затрат и т. д.** [+ to do sth] *We will spare no effort to find out who did this.* **5 spare sb's life** to not kill someone **сохранять кому-либо жизнь** → See also spare a **thought¹** for sb

sparingly /ˈspeərɪŋli/ **adverb** carefully using

only a very small amount of something **умеренно** *to eat/drink sparingly*

• **sparing** adjective **умеренный**

spark[1] /spɑːk/ **noun** [C] **1** a very small, bright piece of burning material **искра** *The fire was caused by a spark from a cigarette.* **2** a small flash of light caused by electricity **искра** **3** a small idea or event which causes something bigger to start **проблеск** *a spark of hope/inspiration*

spark[2] /spɑːk/ **verb** [T] (also **spark off**) to cause an argument, fight, etc to start happening **вызывать, становиться причиной** *to **spark** a **debate/protest*** ◦ *to **spark criticism/fears***

sparkle[1] /ˈspɑːkl/ **verb** [I] **1** to shine brightly because of reflected light **искриться, сверкать** *water sparkling in the sun* ◦ *Her **eyes sparkled** with excitement.* **2** to do something in a special or exciting way **блистать, отличаться** *The concert gave her an opportunity to sparkle.*

sparkle[2] /ˈspɑːkl/ **noun** **1** [C, U] the light from something reflecting on a shiny surface **блеск, сверкание** **2** [U] the quality of being special or exciting **блеск, оживленность** *The performance lacked a bit of sparkle.*

sparkling /ˈspɑːklɪŋ/ **adjective** **1** (B2) shining brightly because of reflected light **блестящий, сверкающий** **2** special or exciting **блестящий, блистательный** *a **sparkling performance*** ◦ ***sparkling conversation*** **3 sparkling water/wine** (B1) water/wine with bubbles in it **газированная вода/шипучее вино**

ˈspark ˌplug **noun** [C] a part in an engine that makes the fuel burn **свеча зажигания**

sparrow /ˈspærəʊ/ **noun** [C] a small, brown bird which is common in towns and cities **воробей**

sparse /spɑːs/ **adjective** **1** existing only in small amounts over a large area **скудный, редкий** ***sparse population/vegetation*** **2** A room that is sparse contains little furniture and does not seem very comfortable. **спартанский, неуютный**

• **sparsely** adverb **скудно, по-спартански** ***sparsely populated/furnished***

spartan /ˈspɑːtən/ **adjective** very simple and not comfortable or luxurious **спартанский, простой** *The rooms were clean but spartan.*

spasm /ˈspæzəm/ **noun** [C, U] when a muscle suddenly gets tight in a way that you cannot control **спазм, судорога** *a back/muscle spasm* ◦ *to **go into spasm***

spasmodic /spæzˈmɒdɪk/ **adjective** happening suddenly for short periods of time and not in a regular way **прерывистый, судорожный**

spat /spæt/ past of spit **прош. вр. и прич. прош. вр. от гл. spit**

spate /speɪt/ **noun a spate of accidents/crimes/thefts, etc** a large number of bad things which happen at about the same time **волна несчастных случаев/преступлений/краж и т. д.**

spatial /ˈspeɪʃəl/ **adjective** relating to the position, area, and size of things **пространственный**

• **spatially** adverb **в пространственном отношении**

spatter /ˈspætər/ **verb** [T] to cover someone or something with small drops of liquid without intending to **забрызгивать** [often passive] *His shirt was **spattered with** blood.*

spatula /ˈspætjələ/ **noun** [C] a tool with a wide flat blade, used in cooking for mixing, spreading, or lifting food **лопатка (кухонная принадлежность)** → See **The Kitchen** on page Centre 2

spawn /spɔːn/ **verb** [T] to cause a lot of other things to be produced or to exist **порождать** *Her death spawned several films and books.*

speak /spiːk/ **verb** (past tense **spoke**, past participle **spoken**) **1** [I] (A1) to say something using your voice **говорить** *to speak loudly/quietly* ◦ *There was complete silence – nobody spoke.* **2 speak to sb** mainly UK (mainly US **speak with sb**) (A1) to talk to someone **говорить с кем-либо** *Could I speak to Mr Davis, please?* ◦ *Have you spoken with your new neighbors yet?* **3 speak about/of sth** to talk about something **говорить о чем-либо** *He refused to speak about the matter in public.* **4 speak English/French/German, etc** (A1) to be able to communicate in English/French/German, etc **говорить по-английски/по-французски/по-немецки и т. д.** *Do you speak English?* **5** [I] to make a speech to a large group of people **выступать с речью** *She was invited to speak at a conference in Madrid.* **6 speak for/on behalf of sb** to express the feelings, opinions, etc of another person or of a group of people **говорить от чьего-либо лица** *I've been chosen to speak on behalf of the whole class.* **7 generally/personally, etc speaking** (B2) used to explain that you are talking about something in a general/personal, etc way **вообще говоря/лично я и т. д.** *Personally speaking, I don't like cats.* **8 so to speak** used to explain that the words you are using do not have their usual meaning **так сказать** → See also speak/talk of the **devil**, speak your **mind**[1]

PHRASAL VERBS **speak out** to give your opinion about something in public, especially on a subject which you have strong feelings about **высказывать свою точку зрения** *He decided to speak out against the bombing.* • **speak up** **1** (B2) to say something in a louder voice so that people can hear you **говорить громче** *Could you speak up a bit? I can't hear you.* **2** to give your opinion about something, especially about a problem or to support someone else **высказывать свою точку зрения** *It's getting bad – it's time someone spoke up about it.*

speaker /ˈspiːkər/ **noun** [C] **1** (A2) the part of a

S

radio, CD player, etc which the sound comes out of **динамик** → See **The Living Room** on page Centre 4 **2 an English/French/German, etc speaker** B1 someone who can speak English/French, etc **человек, говорящий по-английски/по-французски/по-немецки и т. д.** **3** B1 someone who makes a speech to a group of people **оратор, докладчик** *a **guest speaker***

spear /spɪəʳ/ **noun** [C] a long weapon with a sharp point at one end used for hunting **копье**

spearhead /ˈspɪəhed/ **verb** [T] to lead an attack or series of actions **возглавлять** *to spearhead a campaign*

spearmint /ˈspɪəmɪnt/ **noun** [U] a type of mint (= a herb used as a flavour for sweets) **мята** *spearmint chewing gum*

special[1] /ˈspeʃəl/ **adjective** **1** A2 better or more important than usual things **особенный** *a special friend* ◦ *I'm cooking **something special** for her birthday.* **2 special attention/care/treatment** B2 treatment that is better than usual **особое внимание/особая забота/особое обращение** **3 special offer** UK B1 a price which is lower than usual **распродажа, сниженная цена** *I bought them because they were **on special offer**.* **4** B1 different from normal things, or used for a particular purpose **специальный, особенный** *You need to use a special kind of paint.*

> **Другие способы сказать special**
>
> Если кто-то или что-то лучше среднего уровня и этим отличается от сходных с ним объектов, его можно охарактеризовать как **exceptional** или **outstanding**.
>
> *Their standard of acting was very high but there was one **exceptional/outstanding** performance.*
>
> Прилагательное **extraordinary** можно использовать для описания кого-то или чего-то особенного.
>
> *Her capacity to remember things is **extraordinary**.*
>
> *She has an **extraordinary** talent.*
>
> Прилагательные **deluxe** и **superior** можно употребить, если речь идет о предмете очень высокого качества, который можно купить за деньги.
>
> *The shop assistant tried to sell us the **deluxe/superior** model.*
>
> Прилагательные **rare** и **unique** можно использовать вместо **special** в значении 'необычный'.
>
> *This is a **rare/unique** opportunity to see inside the building.*
>
> Если что-то является особенным по причине очень высокого качества, его можно описать как **out of this world**.
>
> *Their chocolate cake is just **out of this world**.*

special[2] /ˈspeʃəl/ **noun** [C] **1** a television programme made for a particular reason or occasion and not part of a series **специальная/праздничная программа** *The Christmas special had 24.3 million viewers.* **2** a dish in a restaurant which is not usually available **дежурное блюдо** *Today's **specials** are written on the board.*

ˌspecial efˈfects **noun** an unusual type of action in a film, or an entertainment on stage, created by using special equipment **спецэффекты** *The new Harry Potter film includes some very frightening special effects.*

specialist /ˈspeʃəlɪst/ **noun** [C] B2 someone who has a lot of experience, knowledge, or skill in a particular subject **специалист** *a cancer/software specialist* ◦ *He's **a specialist in** childhood illnesses.*

> **Слова-партнеры к specialist**
>
> a **leading** specialist • a specialist **in sth** • specialist **knowledge**

speciality /ˌspeʃiˈæləti/ **noun** [C] UK (US **specialty** /ˈspeʃəlti/) a product, skill, etc that a person or place is especially known for **местная достопримечательность, фирменное блюдо** *We tasted a local speciality made from goat's cheese.*

specialize (also UK **-ise**) /ˈspeʃəlaɪz/ **verb** [I] B2 to spend most of your time studying one particular subject or doing one type of business **специализироваться** *She works for a company **specializing in** business law.*
• **specialization** /ˌspeʃəlaɪˈzeɪʃən/ **noun** [U] **специализация**

specialized (also UK **-ised**) /ˈspeʃəlaɪzd/ **adjective** relating to a particular subject or activity and not general **специальный** *specialized equipment/language*

specially /ˈspeʃəli/ **adverb** B1 for a particular purpose **специально** *They searched the building with specially trained dogs.* ◦ *I made this **specially for** you.*

ˌspecial ˈneeds **adjective** describes something that is intended for people who have an illness or condition that makes it difficult for them to do the things that other people do **что-либо для людей с ограниченными возможностями или нуждающихся в дополнительном уходе** *a special needs school*

species /ˈspiːʃiːz/ **noun** [C] (plural **species**) B2 a group of plants or animals which share similar characteristics **род, вид, порода** *a rare species of bird*

specific /spəˈsɪfɪk/ **adjective** **1** B2 used to refer to a particular thing and not something general **определенный, особый** *a **specific purpose/reason*** ◦ *Could we arrange a specific time to meet?* **2** exact or containing details **конкретный** *Could you **be** more **specific about** the problem?*

specifically /spəˈsɪfɪkəli/ **adverb** **1** for a particular reason, purpose, etc **специально** *They're designed* ***specifically for*** *children.* ◦ [+ to do sth] *She bought it specifically to wear at the wedding.* **2** exactly or in detail **особенно** *I specifically told them that she doesn't eat meat.*

specification /ˌspesɪfɪˈkeɪʃən/ **noun** [C] formal a detailed description of how something should be done, made, etc **спецификация, подробный перечень** *They are made exactly* ***to*** *the customer's* ***specifications.***

specifics /spəˈsɪfɪks/ **noun** [plural] exact details about something **детали, подробности** *I can't comment on the specifics of the case.*

specify /ˈspesɪfaɪ/ **verb** [T] B2 to say or describe something in a detailed way **уточнять, оговаривать** [+ question word] *They didn't specify what colour they wanted.*

specimen /ˈspesəmɪn/ **noun** [C] **1** an animal, plant, etc used as an example of its type, especially for scientific study **образец, экземпляр** *This is one of the museum's finest specimens.* **2** a small amount of a substance, such as blood, that is used for a test **образец**

speck /spek/ **noun** [C] a very small spot or a very small amount of something **пятнышко, частичка** *a* ***speck of dirt/dust*** ◦ *I watched the car until it was just a tiny speck in the distance.*

speckled /ˈspekld/ **adjective** covered in a pattern of very small spots **в крапинку, пестрый** *a speckled egg*

specs /speks/ **noun** [plural] informal short for spectacles **очки**

spectacle /ˈspektəkl/ **noun** [C] **1** an event that is exciting or unusual to watch **зрелище** **2 make a spectacle of yourself** to do something that makes you look stupid and that makes other people look at you **выставлять себя на посмешище** *He got drunk and made a real spectacle of himself.*

spectacles /ˈspektəklz/ **noun** [plural] old-fashioned glasses **очки** *a pair of spectacles*

spectacular /spekˈtækjələʳ/ **adjective** B1 extremely good, exciting, or surprising **впечатляющий, захватывающий** *a* ***spectacular success*** ◦ *a* ***spectacular view*** ◦ ***spectacular scenery***
• **spectacularly adverb впечатляюще, захватывающе** *a spectacularly beautiful country*

spectator /spekˈteɪtəʳ/ **noun** [C] B2 someone who watches an event, sport, etc **зритель** *They won 4-0 in front of over 40,000 cheering spectators.*
• **spectate** /spekˈteɪt/ **verb** [I] to watch an event, sport, etc **быть зрителем**

spectre UK (US **specter**) /ˈspektəʳ/ **noun** **1 the spectre of sth** the idea of something unpleasant that might happen in the future **предзнаменование, угроза чего-либо** *This attack* ***raises the spectre of*** *a return to racial violence.* **2** [C] literary a ghost (= dead person's spirit) **призрак**

spectrum /ˈspektrəm/ **noun** [C] (plural **spectra**) **1** all the different ideas, opinions, possibilities, etc that exist **диапазон, спектр** *He has support from* ***across the*** *whole political* ***spectrum.*** **2** the set of colours into which light can be separated **спектр**

speculate /ˈspekjəleɪt/ **verb** [I, T] to guess possible answers to a question when you do not have enough information to be certain **строить предположения, заниматься домыслами** *The police refused to* ***speculate about*** *the cause of the accident.* ◦ [+ that] *The newspapers have speculated that they will get married next year.*

speculation /ˌspekjəˈleɪʃən/ **noun** [U] when people guess about something without having enough information to be certain **предположение, домысел** [+ that] *She has dismissed the claims as* ***pure speculation.***

speculative /ˈspekjələtɪv/ **adjective** based on a guess and not on information **основанный на предположениях, домыслах** *The article was dismissed as* ***highly/purely speculative.***
• **speculatively adverb умозрительно, предположительно**

sped /sped/ past of speed **прош. вр. и прич. прош. вр. от гл. speed**

speech /spiːtʃ/ **noun** **1** [U] B1 someone's ability to talk, or an example of someone talking **(устная) речь** *His speech was very slow and difficult to understand.* ◦ *These changes can be seen in both speech and writing.* **2** [C] B2 a formal talk that someone gives to a group of people **речь, выступление** *I had to* ***make a speech*** *at my brother's wedding.* **3 free speech/freedom of speech** the right to say or write what you want **свобода слова** → See also **figure of speech, reported speech**

> **Слова-партнеры к speech**
> **careful/continuous/human/normal** speech • **slur your** speech

speechless /ˈspiːtʃləs/ **adjective** unable to speak because you are so angry, shocked, surprised, etc **лишившийся дара речи** *I couldn't believe what he was telling me – I was speechless.*

speed¹ /spiːd/ **noun** **1** [C, U] B1 how fast something moves or happens **скорость** ***high/low speed*** ◦ *He was travelling* ***at a speed of*** *90 mph.* **2** [U] B2 very fast movement **скорость** *He put on a sudden burst of speed.*

IDIOM **up to speed** having all the most recent information about a subject or activity **в курсе** *The course should bring you up to speed with the latest techniques.*

> **Слова-партнеры к speed**
> **gain/gather/pick up** speed • **lower/reduce** sb's/sth's speed • **reach a** speed **of** [100kph/70mph, etc] • **at a** speed **of** [100kph/70mph, etc]

speed² /spiːd/ **verb** (past tense and past participle **sped, speeded**) **1 speed along/down/past, etc**

to move somewhere or happen very fast **мчаться по/к/мимо и т. д.** *The three men jumped into a car and sped away.* **2 be speeding** to be driving faster than you are allowed to **превышать скорость**

PHRASAL VERB **speed (sth) up** to move or happen faster, or to make something move or happen faster **ускорять(ся), торопить(ся)** *Can you try to speed up a bit please?*

speedboat /ˈspiːdbəʊt/ **noun** [C] a small, fast boat with an engine **быстроходный катер**

ˈspeed ˌdating noun [U] a way to meet people for possible romantic relationships, in which you talk with lots of people for a short amount of time to see if you like them **экспресс-знакомства**

ˈspeed ˌdial noun [U] a feature on a telephone that makes it possible for you to call a number by pressing only one button **быстрый набор номера**
• **speed dial** verb [I, T] **набирать номер телефона при помощи клавиш быстрого набора номера**

speeding /ˈspiːdɪŋ/ **noun** [U] driving faster than you are allowed to **превышение скорости** *They were stopped by the police for speeding.*

ˈspeed ˌlimit noun [C] the fastest speed that a vehicle is allowed to travel on a particular road **дозволенная скорость** *to* ***break*** *the* ***speed limit***

speedometer /spiːˈdɒmɪtəʳ/ **noun** [C] a piece of equipment in a vehicle that shows how fast it is moving **спидометр** → See **Car** on page Centre 7

speedy /ˈspiːdi/ **adjective** done quickly **быстрый, поспешный** *a* ***speedy recovery***
• **speedily adverb быстро, поспешно**

spell¹ /spel/ **verb** (past tense and past participle **spelled**, also UK **spelt**) **1** [T] A2 to write down or tell someone the letters which are used to make a word **произносить или писать слово по буквам** *How do you spell that?* ◦ *Her name's spelt S-I-A-N.* **2** [I] If you can spell, you know how to write the words of a language correctly. **писать орфографически правильно** *My grammar's all right, but I can't spell.* **3 spell disaster/trouble, etc** If something spells disaster, trouble, etc, you think it will cause something bad to happen in the future. **влечь за собой беду/проблемы и т. д.** *The new regulations could spell disaster for small businesses.*

PHRASAL VERB **spell sth out** to explain something in a very clear way with details **разъяснять что-либо** *They sent me a letter,* ***spelling out the details*** *of the agreement.*

spell² /spel/ **noun** [C] **1** a period of time **промежуток времени, период** *a short spell in Australia* ◦ *a spell of dry weather* **2** a magic instruction **заклинание, заговор** *The witch* ***cast a spell*** *over him and he turned into a frog.*

spell-check (also **spellcheck**) /ˈspeltʃek/ **verb** [T] to use a computer program to make certain that the words in a document have the correct letters in the correct order **использовать компьютерную программу для проверки написания слов**
• **spell-check** noun [C] **проверка написания слов при помощи компьютерной программы** *to run a spell-check*

spelling /ˈspelɪŋ/ **noun 1** [C] A2 how a particular word is spelt **написание** *There are two possible spellings of this word.* ◦ ***spelling mistakes*** **2** [U] A2 someone's ability to spell words **правописание, орфография** *My spelling is terrible.*

spelt /spelt/ UK past of spell **прош. вр. и прич. прош. вр. от гл. spell**

spend /spend/ **verb** [T] (past tense and past participle **spent**) **1** A2 to use money to buy or pay for something **тратить (деньги)** *The company has* ***spent*** *£1.9 million* ***on*** *improving its computer network.* ◦ *She* ***spends*** *too much* ***money*** *on clothes.* ◦ *How much did you spend?* **2** A2 to use time doing something or being somewhere **проводить (время)** *He spent 18 months working on the project.* ◦ *He's planning to* ***spend*** *some* ***time*** *at home with his family.* ◦ *How long did you spend in Edinburgh?*

> **Другие способы сказать spend**
>
> Наиболее частая замена – глагол **pay**.
> *When you booked the tickets, how much did you* ***pay****?*
> *I* ***paid*** *an extra £30 to get a double room.*
>
> Глагол **invest** употребляют, когда кто-то вкладывает во что-то деньги с расчетом получить прибыль или отдачу.
> *She's* ***invested*** *all her savings in the business.*
>
> Если на что-то тратят большую сумму денег, можно употребить фразовый глагол **pay out**.
> *I've just* ***paid out*** *£700 to get the car fixed.*
>
> Если тратят большую сумму денег на что-то, в чем нет необходимости, можно употребить фразовый глагол **splash out**.
> *We've just* ***splashed out*** *£12,000 on a new kitchen.*
>
> Фразовый глагол **dip into** употребляют, когда говорят об использовании на что-то части сбережений.
> *We had to* ***dip into*** *our savings to pay for the repairs.*
>
> Когда человек тратит деньги на что-то против своего желания, то употребляют фразовые глаголы **fork out** и **shell out**.
> *We had to* ***shell out*** *two thousand pounds to get the roof fixed.*
> *I'm not going to* ***fork out*** *another five-hundred quid for their tickets.*

spending /ˈspendɪŋ/ **noun** [U] the money which is used for a particular purpose, especially by a government or organization **расходы** *government spending on health* ◦ ***spending cuts***

spent[1] /spent/ **adjective** already used, so not useful or effective any more **использованный** *spent bullets*

spent[2] /spent/ past of spend **прош. вр. и прич. прош. вр. от гл. spend**

sperm /spɜːm/ **noun** [C] (plural **sperm**) a small cell produced by a male animal which joins an egg from a female animal to create a baby **сперматозоид**

spew /spjuː/ **verb** [I, T] (also **spew out**) If something spews liquid or gas, or liquid or gas spews from something, it flows out in large amounts. **извергать(ся)** *The factory spews out clouds of black smoke.*

SPF /ˌespiːˈef/ **noun** [C] abbreviation for sun protection factor: the letters and numbers on a bottle of sunscreen (= a substance which protects your skin in the sun) which shows how effective the sunscreen is **коэффициент защиты от воздействия солнечных лучей**

sphere /sfɪəʳ/ **noun** [C] **1** a subject or area of knowledge, work, etc **сфера, поле (деятельности)** *the political sphere* **2** a round object shaped like a ball **сфера**

> **Слова-партнеры к sphere**
>
> in a sphere • a sphere of activity/influence/life

spice[1] /spaɪs/ **noun 1** [C, U] B1 a substance made from a plant, which is used to give a special taste to food **специя, пряность** ***herbs and spices*** **2** [U] something that makes something else more exciting **острота, пикантность** *A scandal or two **adds** a little **spice to** office life.*

spice[2] /spaɪs/ **verb** [T] to add spice to something **приправлять специями** [often passive] *The apples were **spiced with** nutmeg and cinnamon.*

PHRASAL VERB **spice sth up** to make something more interesting or exciting **придавать живость, остроту** *You can always spice up a talk with a few pictures.*

spicy /ˈspaɪsi/ **adjective** B1 containing strong flavours from spice **пряный, острый** ***spicy food*** ◦ *a spicy sauce*

spider /ˈspaɪdəʳ/ **noun** [C] B1 a small creature with eight long legs which catches insects in a web (= structure like a net) **паук**

spidery /ˈspaɪdəri/ **adjective** thin and often untidy, looking like a spider **тонкий, неразборчивый** ***spidery handwriting***

spike /spaɪk/ **noun** [C] a long, thin piece of metal, wood, etc with a sharp point at one end **зубец, шип**

• **spiky adjective** covered with spikes or having that appearance **утыканный шипами, заостренный** ***spiky hair***

spill /spɪl/ **verb** [T] (past tense and past participle **spilled**, also UK **spilt**) B1 to pour liquid somewhere without intending to **проливать** *Someone at the party spilled red wine on the carpet.*

• **spill noun** [C] **что-либо пролитое** *an oil spill*

PHRASAL VERBS **spill out 1** to flow or fall out of a container **выливаться, рассыпаться** *The contents of the truck spilled out across the road.* **2** If people spill out of a place, large numbers of them move out of it. **высыпать (о толпе)** *The crowd spilled out onto the street.* • **spill over** If a bad situation spills over, it begins to have an unpleasant effect on another situation or group of people. **выходить за пределы чего-либо** *There are fears that the war could spill over into neighbouring countries.*

spin[1] /spɪn/ **verb** [I, T] (present participle **spinning**, past tense and past participle **spun**) **1** If something spins or you spin something, it turns around and around quickly. **крутить(ся), вертеть(ся)** *The car **spun across** the road.* **2** to make thread by twisting together cotton, wool, etc **прясть**

PHRASAL VERBS **spin (sb) around/round** If you spin around, or someone spins you around, your body turns quickly to face the opposite direction. **резко поворачивать(ся)** • **spin sth out** to make something such as a story or an activity last as long as possible **затягивать, растягивать**

spin[2] /spɪn/ **noun 1** [C, U] the movement of something turning round very quickly **кружение, вращение** *The skater did a series of amazing spins and jumps.* **2** [no plural] when an idea is expressed in a clever way that makes it seem better than it really is, especially in politics **выгодный ракурс** *This report **puts** a different **spin on** the issue.* **3** [no plural] old-fashioned a short journey by car **непродолжительная поездка на автомобиле**

spinach /ˈspɪnɪtʃ/ **noun** [U] B1 a vegetable with large, dark green leaves and a strong taste **шпинат**

spinal /ˈspaɪnᵊl/ **adjective** relating to the spine **спинной, позвоночный** *a spinal injury*

ˈ**spin** ˌ**doctor noun** [C] informal someone whose job is to make ideas, events, etc seem better than they really are, especially in politics **специалист по контактам с прессой**

spine /spaɪn/ **noun** [C] **1** the long structure of bones down the centre of your back, which supports your body **позвоночник 2** the narrow part of a book cover where the pages are joined together and which you can see when it is on a shelf **корешок (книги)**

spineless /ˈspaɪnləs/ **adjective** A spineless person has a weak personality and is frightened easily. **бесхарактерный, мягкотелый**

spin-off /ˈspɪnɒf/ **noun** [C] a product that develops from another more important product **побочный продукт**

spinster /ˈspɪnstəʳ/ **noun** [C] old-fashioned a

S

woman who has never married **старая дева**

spiral /ˈspaɪərᵊl/ **noun** [C] a shape made by a curve turning around and around a central point **спираль** *a spiral staircase*

IDIOM **a downward spiral** a situation which is getting worse very quickly, and which is difficult to control **резкое ухудшение**

spire /spaɪəʳ/ **noun** [C] a tall, pointed tower on the top of a building such as a church **шпиль**

spirit[1] /ˈspɪrɪt/ **noun 1** [no plural] B2 the way people think and feel about something **настроение** *a spirit of optimism* ◦ *Everyone soon **got into the spirit of** (= started to enjoy) the carnival – singing, dancing, and having fun.* **2 community/team, etc spirit** when you feel enthusiasm about being part of a group **командный дух 3 in good/high/low spirits** B2 feeling good/excited/unhappy **в хорошем/приподнятом/подавленном настроении 4** [C] B2 the part of a person which is not their body, which some people believe continues to exist after they die **душа 5** [C] B2 something which people believe exists but does not have a physical body, such as a ghost **дух, привидение** *evil spirits* **6 the spirit of the law/an agreement, etc** the intended meaning of the law/an agreement, etc and not just the written details **дух, суть закона/соглашения и т. д. 7** [C] a strong alcoholic drink, such as whisky or vodka **крепкий напиток** [usually plural] *I don't often drink spirits.*

spirit[2] /ˈspɪrɪt/ **verb be spirited away/out/to, etc** to be moved somewhere secretly **тайно увозить, похищать** *He was spirited away to a secret hideout in Mexico.*

S

spirited /ˈspɪrɪtɪd/ **adjective** enthusiastic and determined, often in a difficult situation **воодушевленный** *a spirited performance*

spiritual /ˈspɪrɪtʃuəl/ **adjective** B2 relating to deep feelings and beliefs, especially religious beliefs **духовный** *a spiritual leader*

spiritualism /ˈspɪrɪtʃuᵊlɪzᵊm/ **noun** [U] the belief that living people can communicate with people who are dead **спиритизм**
• **spiritualist noun** [C] someone who is involved with spiritualism **спирит**

spit[1] /spɪt/ **verb** (present participle **spitting**, past tense and past participle **spat**, also US **spit**) **1** [I, T] to force out the liquid in your mouth **плевать(ся)** *I don't like to see people spitting in public.* ◦ *He took a mouthful of coffee and then **spat** it **out**.* **2 Spit it out!** informal used to tell someone to say more quickly what it is they want to say **колись! говори быстрее!** *Come on, spit it out!*

spit[2] /spɪt/ **noun 1** [U] informal the liquid that is made in your mouth **слюна 2** [C] a long, thin stick used for cooking meat over a fire **вертел, шампур**

spite /spaɪt/ **noun 1 in spite of sth** B1 although something exists or happens **несмотря на** *He still smokes, in spite of all the health warnings.* **2** [U] a feeling of anger towards someone which makes you want to hurt or upset them **злоба** *He hid my new jacket **out of spite**.*

spiteful /ˈspaɪtfᵊl/ **adjective** intentionally hurting or upsetting someone **злобный** *That was a very spiteful thing to do.*
• **spitefully adverb злобно**

splash[1] /splæʃ/ **verb** [I, T] **1** B2 If a liquid splashes or you splash a liquid, drops of it hit or fall on something. **брызгать(ся)** *The paint splashed onto his new shirt.* ◦ *She splashed some cold water on her face.* **2 splash about/around/through, etc** B2 to move in water so that drops of it go in all directions **плескаться, бултыхаться** *The children splashed about in the puddles.* **3 be splashed across/all over sth** to be the main story in a newspaper, usually on the front page, which many people will see **быть помещенным на видном месте (в газете)** *His picture was splashed across the front pages of all the newspapers the next morning.*

PHRASAL VERB **splash out (sth)** UK to spend a lot of money on something which you want but do not need **разоряться на что-либо** *He **splashed out on** the best champagne for the party.*

splash[2] /splæʃ/ **noun** [C] **1** a drop of liquid which has fallen on something, or the mark made by it **брызги, капелька** *There were several small splashes of paint on the carpet.* **2** B2 the sound of something falling into or moving in water **плеск, всплеск** *They sat listening to the splash of raindrops on the lake.* **3 a splash of colour** a small area of colour which makes something look brighter **яркое пятно** *The flowers added a splash of colour to the room.*

IDIOM **make a splash** informal to get a lot of public attention **производить сенсацию** *The film made quite a splash in the US.*

splatter /ˈsplætəʳ/ **verb** [I, T] If a liquid splatters or you splatter it, it falls onto a surface, often in many small drops. **забрызгивать, разбрызгиваться** [often passive] *His clothes were **splattered with** blood.*

splendid /ˈsplendɪd/ **adjective** very good or very beautiful, special, etc **чудесный** *a splendid idea* ◦ *a splendid view*
• **splendidly adverb чудесно**

splendour UK (US **splendor**) /ˈsplendəʳ/ **noun** [C, U] when something is extremely beautiful or luxurious **великолепие** *Tourists marvelled at the splendour of the medieval cathedral.*

splinter /ˈsplɪntəʳ/ **noun 1** [C] a small, sharp piece of wood, glass, etc which has broken from a large piece **осколок, заноза** *I've got a splinter in my finger.* **2 a splinter group** a small group of people that forms after leaving a larger organization, such as a political party **отколовшаяся группа**

• **splinter** verb [I] to break into small, sharp pieces **разбиваться, раскалываться**

split[1] /splɪt/ **verb** (present participle **splitting**, past tense and past participle **split**) **1** [I, T] B2 If something splits or if you split it, it tears so that there is a long, thin hole in it. **рвать(ся)** *He split his trousers when he bent over.* ◦ *Her shoes were **splitting apart** at the sides.* **2** [I, T] (also **split up**) B2 to divide into smaller parts or groups, or to divide something into smaller parts or groups **раскалывать(ся), разделять(ся)** *The children **split up into** three groups.* **3** [T] to share something by dividing it into smaller parts **делить, распределять** *The cost of the wedding will be **split between** the two families.* **4** [I, T] If a group of people splits, or something splits them, they disagree and form smaller groups. **раскалывать(ся), разделять(ся)** [often passive] *The government is **split on** the issue of hunting.*
→ See also split hairs (**hair**)

PHRASAL VERB **split up** B1 If two people split up, they end their relationship. **расставаться, расходиться** *She **split up with** her boyfriend.*

split[2] /splɪt/ **noun** [C] **1** a long, thin hole in something where it has broken apart **прорезь, трещина** *There's a **split in** my trousers.* **2** when a group of people divides into smaller groups because they disagree about something **раскол, раздор** *This issue is likely to cause a major **split in** the party.* **3** when a marriage or relationship ends **расставание, окончание отношений** *Very few of their friends were surprised when they announced their split last week.*

> **Слова-партнеры к split (noun)**
>
> cause/create a split • a split develops • a split between sb and sb • a split in sth • a split on/over sth

split[3] /splɪt/ **adjective a split second** a very short period of time **мгновение ока** *It was all over in a split second.* ◦ *a **split second decision***

ˌsplitting ˈheadache noun [C] a very bad pain in your head **сильная головная боль** *I've got a splitting headache.*

splurge /splɜːdʒ/ **verb** [I, T] to spend a lot of money on something which you want but do not need **транжирить** *We could either save the money or **splurge on** a new car.*

• **splurge** noun [C] **транжирство**

spoil /spɔɪl/ **verb** (past tense and past participle **spoiled**, **spoilt**) **1** [T] B1 to stop something from being enjoyable or successful **портить** *The picnic was spoiled by the bad weather.* **2** [T] If you spoil a child, you let them have anything they want or do anything they want, usually making them badly behaved. **баловать 3** [T] to treat someone very well, buying them things or doing things for them **баловать** *He's always sending flowers – he absolutely spoils me!* **4** [I] formal If food spoils, it starts to decay and you cannot eat it. **портиться, гнить**

> **Другие способы сказать spoil**
>
> Глагол **ruin** часто используют вместо **spoil**.
>
> *I put too much salt in the sauce and **ruined** it.*
>
> Глагол **disfigure** употребляют, когда хотят сказать, что что-то испортило внешность человека.
>
> *Her face was **disfigured** by the scar.*
>
> Если хотят сказать, что что-то разрушает дружбу или другие взаимоотношения, то употребляют глаголы **sour** или **poison**.
>
> *The long dispute has **poisoned/soured** relations between the two countries.*
>
> Если хотят сказать, что что-то испорчено, в неформальной ситуации употребляют фразовые глаголы **mess up** и **screw up**.
>
> *Laurie's illness has completely **messed up** all our holiday plans.*
>
> *That new software has really **screwed up** my computer.*

spoils /spɔɪlz/ **noun** [plural] formal things which are taken by the winners of a war **военная добыча, трофеи** ***the spoils of war***

spoilt /spɔɪlt/ **adjective** UK (US **spoiled** /spɔɪld/) badly behaved because you are always given what you want or allowed to do what you want **избалованный** *He was behaving like a **spoilt child**.*

spoke[1] /spəʊk/ **noun** [C] one of the thin pieces of metal which connects the middle of a wheel to the outside edge, for example, on a bicycle **спица (колеса)**

spoke[2] /spəʊk/ past tense of speak **прош. вр. гл. speak**

spoken /ˈspəʊkən/ past participle of speak **прич. прош. вр. от гл. speak**

spokesman, spokeswoman /ˈspəʊksmən/, /ˈspəʊksˌwʊmən/ **noun** [C] (plural **spokesmen**, **spokeswomen**) a man/woman who is chosen to speak officially for a group or organization **представитель, представительница** *A spokesman for the company refused to comment on the reports.*

spokesperson /ˈspəʊksˌpɜːsən/ **noun** [C] (plural **spokespeople**) someone who is chosen to speak officially for a group or organization **представитель, представительница**

sponge /spʌndʒ/ **noun** [C, U] **1** a soft substance full of small holes, which absorbs liquid very easily and is used for washing things **губка 2** (also **ˈsponge ˌcake**) a soft, light cake **бисквит**

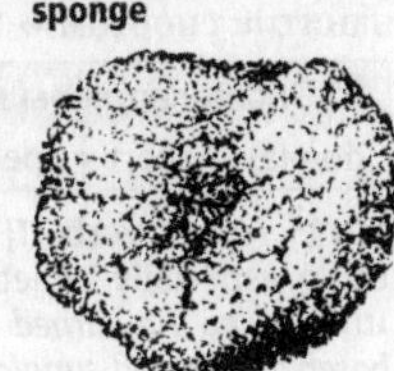
sponge

S

spongy /ˈspʌndʒi/ **adjective** soft and full of small holes **губчатый, пористый**

sponsor[1] /ˈspɒnsəʳ/ **verb** [T] B2 to give money to someone to support an activity, event, or organization, sometimes as a way to advertise your company or product **финансировать, спонсировать** *The event is sponsored by First National Bank.* ◦ UK *a sponsored walk (= a walk for charity)*

• **sponsorship noun** [U] when someone gives money to support something **финансирование**

sponsor[2] /ˈspɒnsəʳ/ **noun** [C] B2 a person or organization that gives money to support an activity, event, etc **спонсор**

spontaneous /spɒnˈteɪniəs/ **adjective** happening naturally and suddenly and without being planned **спонтанный, стихийный** *a spontaneous reaction* ◦ *The crowd broke into spontaneous applause.*

• **spontaneity** /ˌspɒntəˈneɪəti/ **noun** [U] when something is spontaneous **спонтанность** • **spontaneously adverb спонтанно**

spoof /spuːf/ **noun** [C] a funny television programme, film, article, etc that copies the style of a real programme, film, article, etc **пародия** *They did a* ***spoof of*** *the Oscars, giving awards for the worst films of the year.*

spooky /ˈspuːki/ **adjective** informal strange and frightening **страшный, жуткий** *There's something spooky about that place.*

spoon /spuːn/ **noun** [C] A2 an object with a handle and a round, curved part at one end, used for eating and serving food **ложка** *knives, forks, and spoons*

• **spoon verb** [T] to move or serve food using a spoon **черпать, разливать ложкой** *Spoon the sauce over the fish.*

spoonful /ˈspuːnfʊl/ **noun** [C] the amount of something which can be held on a spoon **полная ложка чего-либо** *Then add a spoonful of yoghurt.*

sporadic /spəˈrædɪk/ **adjective** not happening regularly or happening in different places **спорадический** *sporadic violence*

• **sporadically adverb спорадически**

sport[1] /spɔːt/ **noun 1** [C] A1 a game or activity which people do to keep healthy or for enjoyment, often competing against each other **спорт** *winter sports* ◦ ***team sports*** → See **Sports 1 & 2** on page on pages Centre 14, 15 **2** [U] UK A1 all types of physical activity which people do to keep healthy or for enjoyment **занятие спортом** → See also **blood sport**

> Слова-партнеры к **sport**
>
> do/play a sport • spectator/team sports

sport[2] /spɔːt/ **verb** [T] humorous to wear something, especially something which people notice **щеголять** *He turned up sporting a bright red baseball cap and sunglasses.*

sporting /ˈspɔːtɪŋ/ **adjective** relating to sports **спортивный** *a* ***sporting hero***

ˈsports ˌcar noun [C] a car designed to go very fast, often with only two seats and an open roof **спортивный автомобиль**

ˈsports ˌcentre noun [C] UK (US **sports center**) A2 a building with places where you can play different sports **спортивный центр**

sportsman, sportswoman /ˈspɔːtsmən/, /ˈspɔːtsˌwʊmən/ **noun** [C] (plural **sportsmen, sportswomen**) a man/woman who is good at sport **спортсмен, спортсменка**

sportsmanship /ˈspɔːtsmənʃɪp/ **noun** [U] behaviour in sport which is fair and shows respect for other players **честная игра** *We hope to teach children* ***good sportsmanship.***

sportswear /ˈspɔːtsweəʳ/ **noun** [U] clothes, shoes, etc for people to wear when they play sports **спортивная одежда** *a sportswear shop*

sporty /ˈspɔːti/ **adjective 1** Sporty cars, clothes, etc are attractive, comfortable, and stylish. **спортивный, стильный 2** Sporty people are good at sports. **спортивный**

spot[1] /spɒt/ **noun** [C] **1** B1 a small, round mark which is a different colour to the surface it is on **пятно, крапинка** *a blue shirt with white spots* ◦ *I noticed a small spot of oil on my jacket.* **2** UK (US **pimple**) an unpleasant, small, red mark on your skin **прыщ** *He suffered badly with spots as a teenager.* **3** B2 a place **место** *We found a good spot to sit and have our picnic.* **4 a spot of sth** UK old-fashioned a small amount of something **небольшое количество чего-либо** *a spot of lunch/shopping* **5 on the spot a** immediately **сразу же** *I accepted the job on the spot.* **b** in the place where something happens **на месте происшествия** *The police were called and they were on the spot within three minutes.*

IDIOMS **have a soft spot for sb** to like someone a lot **питать слабость к кому-либо** *I've always had a soft spot for her.* • **put sb on the spot** to ask someone a question which is difficult or embarrassing to answer at that time **ставить кого-либо в затруднительное положение**

→ See also **beauty spot, blind spot**

spot[2] /spɒt/ **verb** [T] (present participle **spotting**, past tense and past participle **spotted**) B2 to see or notice something or someone **замечать** *They were spotted together in London last week.* ◦ *She soon* ***spotted*** *the* ***mistake.***

spotless /ˈspɒtləs/ **adjective** completely clean **сверкающий чистотой** *By the time I'd finished, the whole room was spotless.*

• **spotlessly adverb без единого пятнышка, идеально чисто** ***spotlessly clean***

spotlight /ˈspɒtlaɪt/ **noun 1** [C] a strong light which can be pointed in different directions **прожектор 2 the spotlight** when someone gets public attention by being on television, in the newspapers, etc **всеобщее внимание, центр внимания** *to be* ***in the spotlight***

◦ *She's rarely* **out of the** *media* **spotlight** *these days.*

• **spotlight** verb [T] (past tense and past participle **spotlighted**, **spotlit**) **освещать прожектором, привлекать всеобщее внимание**

> **Слова-партнеры к spotlight**
>
> **be under/come under** the spotlight • the spotlight **falls on/is on sb/sth** • **put/turn the** spotlight **on sb/sth** • **in/out of the** spotlight • the **media/public** spotlight

ˌspot ˈon adjective [never before noun] UK exactly correct **точный, в самую точку** *Her imitation of Ann was spot on.*

spotty /ˈspɒti/ adjective **1** UK having a lot of unpleasant, small, red marks on your skin **прыщавый** *a spotty young man with greasy hair* **2** UK with a pattern of round marks **пятнистый, в крапинку** *a spotty dress* **3** US (UK **patchy**) If an action, quality, supply, etc is spotty, it is not all good or regular. **неравномерный, нерегулярный** *Sales of tickets for the concert have been spotty.*

spouse /spaʊs/ noun [C] formal your husband or wife **супруг, супруга**

spout¹ /spaʊt/ noun [C] an opening of a container, in the shape of a tube which liquid flows out through **носик, горлышко (сосуда)** *the spout of a teapot*

spout² /spaʊt/ verb [I, T] **1** If a liquid spouts or if something makes it spout, it flows out of something with force. **бить струей, хлестать** **2** informal to talk a lot about something, often when other people are not interested **разглагольствовать** *He was spouting his usual rubbish about politics.*

sprain /spreɪn/ verb [T] to injure part of your body by twisting it, but not so badly that it breaks **растянуть связки** *I slipped on the ice and sprained my ankle.*

• **sprain** noun [C] **растяжение сустава**

sprang /spræŋ/ past tense of spring **прош. вр. гл. spring**

sprawl /sprɔːl/ verb [I] **1** (also **sprawl out**) to sit or lie in a relaxed, untidy position with your arms and legs stretched out **сидеть или лежать развалившись** *He sprawled out on the sofa.* **2** to cover a large area, often in a way which is not tidy or not planned **беспорядочно простираться, раскидываться** ***sprawling suburbs***

• **sprawl** noun [U] **небрежная поза, беспорядочная застройка** *urban sprawl*

spray¹ /spreɪ/ noun **1** [C, U] (B2) liquid in a container that is forced out in small drops **аэрозоль, жидкость для распыления** *hair spray* ◦ *spray paint* **2** [U] many small drops of liquid blown through the air **брызги, водяная пыль** *sea spray*

spray² /spreɪ/ verb **1** [T] (B2) to force liquid out of a container in many small drops **опрыскивать, брызгать** *The fields are* **sprayed with** *pesticides.* ◦ *She sprayed a little perfume on her wrists.* **2** [I, T] If small pieces of something spray somewhere or if something sprays them, they are sent through the air in all directions. **разлетаться (об осколках и т. д.)** *A brick shattered the window,* **spraying** *the room* **with** *pieces of broken glass.*

spread¹ /spred/ verb (past tense and past participle **spread**) **1 spread sth across/over/through, etc** (B2) to arrange something so that it covers a large area **раскладывать, расстилать, разбрасывать** *He* **spread** *the cards* **out** *on the table.* **2** [T] (also **spread out**) (B2) to arrange for something to happen over a period of time and not at once **давать рассрочку, распределять** *The* ***payments*** *will be* **spread** *over two years.* **3** [I] (B2) to increase, or move to cover a larger area or affect a larger number of people **распространяться, разноситься** *The virus is spread by rats.* **4** [T] to move a soft substance across a surface so that it covers it **намазывать** *What I really like is hot buttered toast* **spread with** *strawberry jam.* ◦ *He* **spread** *a thin layer of glue* **on** *the paper.* **5** [I, T] (B2) If information spreads or if someone spreads it, it is communicated from one person to another. **распространяться** ***News*** *of his death* **spread** *quickly.*

PHRASAL VERB **spread out** (B2) If people spread out, they move from being close together in a group to being in different places across a larger area. **рассредоточиваться, рассыпаться** *They spread out to search the whole area.*

spread² /spred/ noun **1** [U] (B2) when something moves to cover a larger area or affect a larger number of people **распространение** *They are looking for ways to slow down* **the spread of** *the disease.* **2** [C, U] a soft food which you put on bread **паста, паштет, плавленый сыр, джем, масло и т. д.** *cheese spread* **3** [C] an article which covers one or more pages of a newspaper or magazine **разворот (газеты, журнала)** *a double-page spread*

> **Слова-партнеры к spread (noun)**
>
> the spread of sth • **control/halt/limit/prevent** the spread of sth

spreadsheet /ˈspredʃiːt/ noun [C] (B2) a computer program which helps you to do business calculations and planning **крупноформатная электронная таблица**

spree /spriː/ noun **a shopping/spending, etc spree** a short period when someone does a lot of shopping/spending, etc **поход по магазинам/бурная трата денег**

sprig /sprɪg/ noun [C] a small piece of a plant with leaves **веточка** *a sprig of parsley*

sprightly /ˈspraɪtli/ adjective A sprightly person is able to move about easily and quickly although they are old. **бодрый, энергичный**

S

spring¹ /sprɪŋ/ **noun 1** [C, U] A2 the season of the year between winter and summer, when the weather becomes warmer and plants start to grow again **весна** *I'm starting a new course* ***in the spring****.* ◦ *spring flowers/weather* **2** [C] a piece of metal which curves round and round and which returns to its original shape after being pushed or pulled **пружина** *bed springs* **3** [C] a place where water comes out of the ground **родник, источник** *hot springs* **4** [C, U] when someone or something suddenly moves or jumps somewhere **прыжок, скачок**

> Слова-партнеры к **spring**
> in (the) spring • early/late spring • last/next spring

spring² /sprɪŋ/ **verb** (past tense **sprang**, also US **sprung**, past participle **sprung**) **1 spring back/forward/out, etc** to jump or move somewhere suddenly **отпрыгивать назад/прыгать вперед/выпрыгивать из и т. д.** *The cat sprang onto the sofa.* ◦ *I tried to shut the door, but it kept springing open.* **2 spring to life** to suddenly become very active **внезапно оживать** *After about 8 o'clock, the city springs to life.* **3 spring to mind** If a word or idea springs to mind, you suddenly think of it. **приходить в голову** *He asked if I knew any good places to go, but nothing sprang to mind.*

PHRASAL VERBS **spring from sth** to come from or be the result of something **происходить, проистекать из чего-либо** *Many of his problems spring from his strict religious upbringing.* • **spring sth on sb** to suddenly tell or ask someone something when they do not expect it **обрушивать что-либо на кого-либо** *I'm sorry to spring this on you, but could you give a talk at tomorrow's meeting?* • **spring up** to appear suddenly **быстро расти, возникать** *A lot of new hotels have sprung up along the coast recently.*

ˌspring ˈclean **noun** [no plural] UK (also UK/US **ˌspring ˈcleaning**) when you clean a place more carefully and using more effort than usual **генеральная уборка** *I gave the kitchen a spring clean at the weekend.*
• **spring clean** verb [I, T] UK **делать генеральную уборку**

ˌspring ˈonion **noun** [C, U] UK (US **scallion**) a small onion with a white part at the bottom and long, green leaves, which is eaten in salads **зеленый лук**

sprinkle /ˈsprɪŋkl/ **verb** [T] to gently drop small pieces of something over a surface **обрызгивать, посыпать** *Sprinkle the cake with sugar before serving.*
• **sprinkling** noun [no plural] a small amount of a powder or liquid that has been sprinkled on a surface **небольшое количество, щепотка, горстка** *a sprinkling of pepper/snow*

sprinkle

sprinkler /ˈsprɪŋklər/ **noun** [C] a piece of garden equipment which automatically spreads drops of water over grass and plants **дождевальная установка**

sprint /sprɪnt/ **verb** [I] to run very fast for a short distance **быстро бежать, рвануться** *She sprinted along the road to the bus stop.*
• **sprinter** noun [C] someone who runs short distances in competitions **спринтер** • **sprint** noun [C] **спринт** *a 100m sprint*

sprout¹ /spraʊt/ **verb** [I, T] If a plant sprouts, or if it sprouts something, it begins to produce leaves, flowers, etc. **пускать ростки** *The seeds I planted are just beginning to sprout.*

PHRASAL VERB **sprout up** If a large number of things sprout up, they suddenly appear or begin to exist. **возникать, вырастать** *New buildings are sprouting up all over the city.*

sprout² /spraʊt/ **noun** [C] **1** (also **brussel sprout**) a small, green vegetable which is round and made of leaves **брюссельская капуста** **2** a part of a plant that is just beginning to grow **росток, побег**

spruce /spruːs/ **verb**

PHRASAL VERB **spruce sb/sth up** to make someone or something cleaner or more tidy **приводить в порядок, прихорашиваться** [often reflexive] *I'd like to spruce myself up a bit before we go out.*

sprung /sprʌŋ/ **1** past participle of spring **прич. прош. вр. от гл. spring** **2** US past tense of spring **прош. вр. гл. spring**

spun /spʌn/ past tense of spin **прош. вр. и прич. прош. вр. от гл. spin**

spur¹ /spɜːr/ **verb** [T] (present participle **spurring**, past tense and past participle **spurred**) (also **spur on**) to encourage someone to do something or something to happen **поощрять, побуждать** *Spurred on by his fans, he won the next three games easily.*

spur² /spɜːr/ **noun** [C] a sharp, pointed piece of metal fixed to the boot of someone riding a horse **шпора**

IDIOM **on the spur of the moment** If you do something on the spur of the moment, you do it suddenly, without planning it. **экспромтом, мгновенно**

spurious /ˈspjʊəriəs/ **adjective** formal false and not based on the truth **ложный, кажущийся**

spurn /spɜːn/ **verb** [T] formal to not accept someone or something **отвергать, отклонять** *He* ***spurned*** *my* ***offer/suggestion****.* ◦ *a* ***spurned*** *lover*

spurt¹ /spɜːt/ **verb 1** [I, T] (also **spurt out**) If something spurts liquid or fire, or if liquid or fire spurts from somewhere, it flows out sud-

S

denly with force. **бить струей, валить** *Blood was spurting out of his stomach.* **2 spurt ahead/into/past, etc** to increase your speed, effort, or activity **делать рывок вперед/в/мимо и т. д.** *She spurted ahead in the final lap.*

spurt[2] /spɜːt/ **noun** [C] **1** a sudden, short increase in speed, effort, or activity **рывок** *He works in short spurts.* **2** a sudden, powerful flow of liquid **струя** *The water came out of the tap **in spurts**.*

sputter /ˈspʌtəʳ/ **verb** [I] to make several quick, explosive sounds **фыркать, чихать** *The car sputtered to a halt.*

spy[1] /spaɪ/ **noun** [C] (B1) someone who secretly tries to discover information about a person, country, etc **шпион**

spy[2] /spaɪ/ **verb 1** [I] to secretly try to discover information about a person, country, etc **заниматься шпионажем, следить за кем-либо 2** [T] literary to see someone or something, often from a distance **разглядеть, увидеть** *I spied him on the dance floor.*

PHRASAL VERB **spy on sb** to secretly watch someone **подсматривать за кем-либо** *He spied on her through the keyhole.*

sq written abbreviation for square in measurements **квадратный** *an area of 70 sq km (= square kilometres)*

squabble /ˈskwɒbl/ **verb** [I] to argue about something that is not important **препекаться** *They're always **squabbling over** money.*
• **squabble** noun [C] **перебранка**

squad /skwɒd/ **noun** [C] **1 bomb/drug/fraud, etc squad** a group of police officers who have special skills to deal with particular problems **отдел по борьбе с терроризмом/распространением наркотиков/ мошенничеством и т. д. 2 death/firing/hit, etc squad** a group of people who are trained to kill, usually with guns **расстрельная команда/спецназ 3** a sports team **спортивная команда** *the England rugby squad*

squadron /ˈskwɒdrᵊn/ **noun** [C] a group of soldiers, ships, aircraft, etc in a military organization **эскадрон, эскадра, эскадрилья** *a squadron of fighter jets*

squalid /ˈskwɒlɪd/ **adjective 1** very dirty and unpleasant **убогий, нищенский** *squalid conditions* **2** morally bad **гнусный, подлый** *a squalid affair*

squall /skwɔːl/ **noun** [C] a sudden storm with strong winds **шквал**

squalor /ˈskwɒləʳ/ **noun** [U] extremely dirty and unpleasant conditions **убожество, нищета** *They were found living in absolute squalor.*

squander /ˈskwɒndəʳ/ **verb** [T] to waste time, money, etc **растрачивать, проматывать** *He **squandered** all his money **on** alcohol and drugs.*

square[1] /skweəʳ/ **noun** [C] **1** (A2) a shape with four equal sides and four 90° angles **квадрат** → See picture at **shape 2** (A2) an open area with buildings around it, often in the centre of a town **площадь** *Trafalgar Square* **3** a number that results from multiplying a number by itself **квадрат величины** *The square of 3 is 9.*

IDIOM **back to square one** back to the beginning of a long process or piece of work **с самого начала** *None of the applicants were suitable, so we had to go back to square one and advertise the job again.*

→ See also **fair**[3] and square

square[2] /skweəʳ/ **adjective 1** (A2) having the shape of a square **квадратный** *a square room ◦ He has broad shoulders and a square jaw.* **2 square centimetre/metre/mile, etc** the area of a square with sides that are a centimetre/metre/mile, etc long **квадратный сантиметр/метр/квадратная миля и т. д.** *3000 square feet of office space*

IDIOM **a square meal** a big, healthy meal **сытная, обильная еда** *You need three square meals a day.*

square[3] /skweəʳ/ **verb 2/3/4, etc squared** 2/3/4, etc multiplied by itself **2/3/4 и т. д. в квадрате** *Four squared is sixteen.*

PHRASAL VERBS **square off** US to prepare to fight, compete, or argue with someone **готовиться к бою** *The two teams will square off in the finals next Saturday.* • **square up** UK **1** to prepare to fight, compete, or argue with someone **готовиться к бою** *The players squared up to each other and started shouting.* **2** informal to pay someone the money that you owe them **возвращать долг, расплачиваться** *If you pay for it now, I'll **square up with** you later.* • **square with sth** to match or to agree with something **соответствовать чему-либо** *Her story doesn't quite square with the evidence.*

squarely /ˈskweəli/ **adverb** directly **прямо** *I looked him squarely in the eye. ◦ The report put the blame squarely on the police.*

ˌsquare ˈroot noun **the square root of 16/64/144, etc** the number you multiply by itself to get 16/64/144, etc **квадратный корень 16/64/144 и т. д.** *The square root of 144 is 12.*

squash[1] /skwɒʃ/ **noun 1** [U] (B1) a sport in which two people hit a small rubber ball against the four walls of a room **сквош** *a game of squash ◦ a squash court/racket* **2 it's a squash** UK used to say that there are too many people or things in a small space **теснота, давка** *We managed to get in but it was a squash.* **3** [U] UK a sweet drink that tastes like fruit **фруктовый напиток 4** [C, U] a fruit with hard skin, a soft inside, and large seeds, that you cook and eat as a vegetable **тыква**

squash[2] /skwɒʃ/ **verb 1** [T] (B2) to crush something into a flat shape **раздавливать, расплющивать** *I stepped on a spider and squashed it.* **2** [I, T] (B2) to push someone or something into

S

a small space заталкивать, запихивать [often passive] *The kids were all* ***squashed into*** *the back seat.*

squat[1] /skwɒt/ **verb** [I] (present participle **squatting**, past tense and past participle **squatted**) **1** (also **squat down**) to bend your legs so that you are sitting with your bottom very close to the ground **сидеть на корточках** *He squatted down beside me.* **2** to live in an empty building without the owner's permission **вселяться в пустой дом без разрешения владельца**

squat[2] /skwɒt/ **adjective** short and wide **приземистый, коренастый** *a squat little man*

squat[3] /skwɒt/ **noun** [C] a building that people are living in without the owner's permission **здание, занятое незаконно**

squatter /ˈskwɒtəʳ/ **noun** [C] someone who lives in a building without the owner's permission **скваттер, незаконный жилец**

squawk /skwɔːk/ **verb** [I] If a bird squawks, it makes a loud, unpleasant noise. **пронзительно кричать**

• **squawk noun** [C] **пронзительный крик**

squeak /skwiːk/ **verb** [I] to make a short, high sound **скрипеть** *His shoes squeaked loudly as he walked.*

• **squeak noun** [C] **скрип**

squeaky /ˈskwiːki/ **adjective 1** making short, high sounds **скрипучий** *a* ***squeaky voice*** **2 squeaky clean** very clean **очень чистый**

squeal /skwiːl/ **verb** [I] to make a loud, high sound, often because of fear or excitement **визжать** *She* ***squealed with*** *delight.*

• **squeal noun** [C] **визг** *squeals of laughter*

squeamish /ˈskwiːmɪʃ/ **adjective** If you are squeamish about something such as blood, you find it very unpleasant and it makes you feel ill. **брезгливый**

S

squeeze[1] /skwiːz/ **verb 1** (B2) [T] to press something firmly **сжимать, стискивать** *She squeezed his hand and said goodbye.* **2 squeeze into/through/past, etc** (B2) to move somewhere where there is very little space **протискиваться в/сквозь/мимо и т. д.** *She squeezed through a narrow gap in the wall.* **3 squeeze a lemon/orange, etc** to press a lemon/orange, etc to get juice from it **выжимать лимонный/апельсиновый и т. д. сок** ***freshly squeezed*** *orange juice*

PHRASAL VERB **squeeze sth/sb in** to manage to do something or see someone when you are very busy **находить время для кого-либо/чего-либо** *The doctor will try to squeeze you in this afternoon.*

squeeze[2] /skwiːz/ **noun 1** [C] when you press something firmly **сжатие, пожатие** *He* ***gave*** *her hand a little* ***squeeze.*** **2 it's a squeeze** used to say that there are too many people or things in a small space **теснота, давка** *We all got in, but it was a* ***tight squeeze.*** **3 a squeeze of lemon/orange, etc** a small amount of juice from a lemon/orange, etc **немного лимонного/апельсинового и т. д. сока**

squid /skwɪd/ **noun** [C] (plural **squid**) a sea creature with a long body and ten long arms **кальмар**

squiggle /ˈskwɪgl/ **noun** [C] informal a short, curly line **загогулина, закорючка** *Her signature just looks like a squiggle.*

squint /skwɪnt/ **verb** [I] to look at something with your eyes partly closed **щуриться** *She was* ***squinting at*** *her computer screen.*

squirm /skwɜːm/ **verb** [I] to twist your body because you are embarrassed, nervous, etc **дергаться, поеживаться**

squirrel /ˈskwɪrəl/ (US) /ˈskwɜːrəl/ **noun** [C] a small animal with a big, fur tail, that climbs trees and eats nuts **белка**

squirrel

squirt /skwɜːt/ **verb**

1 [I, T] If liquid squirts, it comes out suddenly and with force, and if you squirt liquid, you make it come out suddenly and with force. **бить струей, разбрызгивать(ся)** *Water* ***squirted out*** *all over the floor.* **2 squirt sb with sth** to hit someone with a liquid **брызгать на кого-либо чем-либо**

Sr (also UK **Snr**) written abbreviation for senior (= the older of two men in a family with the same name) **старший** *Joseph Kennedy, Sr.*

St 1 written abbreviation for street (= a road in a town or city that has houses or other buildings) **улица** *42 Oxford St* **2** written abbreviation for saint (= a dead person who has been officially respected by the Christian Church for living their life in a holy way) **святой** *St Patrick*

stab[1] /stæb/ **verb** [T] (present participle **stabbing**, past tense and past participle **stabbed**) (B2) to push a knife into someone **наносить удар ножом** *He was stabbed several times in the chest.*

stab[2] /stæb/ **noun** [C] **1** the act of pushing a knife into someone **удар ножом** *He had a deep* ***stab wound*** *in his neck.* **2 a stab of guilt/jealousy/regret, etc** a sudden, unpleasant emotion **приступ вины/ревности/сожаления и т. д.** *She felt a stab of guilt.* **3 have a stab at sth/doing sth** informal to try to do something, or to try an activity that you have not done before **предпринимать попытку сделать что-либо** *She had a stab at solving the problem.*

stabbing /ˈstæbɪŋ/ **noun** [C] when someone stabs someone **убийство или ранение ножом** *Where were you on the night of the stabbing?* ◦ US *a stabbing death*

ˌstabbing ˈpain noun [C] a sudden, strong pain **острая боль**

stability /stəˈbɪləti/ **noun** [U] when something is not likely to change or move **стабильность**

political/financial stability → Opposite **instability**

stabilize (also UK **-ise**) /ˈsteɪbəlaɪz/ **verb** [I, T] If you stabilize something, or if something stabilizes, it stops changing or moving. **стабилизировать(ся)** *The economy has finally stabilized.*
• **stabilization** /ˌsteɪbəlaɪˈzeɪʃən/ **noun** [U] **стабилизация**

stable[1] /ˈsteɪbl/ **adjective 1** not likely to change or end suddenly **постоянный, стабильный** *a stable relationship* ◦ *The doctor said his* ***condition*** *was* ***stable***. **2** fixed or safe and not likely to move **устойчивый** *Be careful! That chair isn't very stable.* **3** mentally calm and not easily upset **спокойный, уравновешенный** → Opposite **unstable**

stable[2] /ˈsteɪbl/ **noun** [C] a building where horses are kept **конюшня**

stack[1] /stæk/ **noun** [C] **1** a tidy pile of things **стопка** *a stack of books/CDs* **2 stacks of sth** informal a lot of something **множество, огромное количество** *There are stacks of studies linking salt to high blood pressure.*

stack[2] /stæk/ **verb** [T] (also **stack up**) to arrange things in a tidy pile **складывать в стопку** *Can you help me* ***stack*** *these* ***chairs***?

stadium /ˈsteɪdiəm/ **noun** [C] (A2) a large, open area with seats around it, used for playing and watching sports **стадион** *a football/baseball stadium*

staff[1] /stɑːf/ **noun** [group] (A2) the people who work for an organization **персонал, штат** *The company has a staff of over 500 employees.* ◦ *Please talk to a* ***member of staff***.

> **Слова-партнеры к staff**
> administrative/experienced/extra/full-time/senior staff • employ/lay off/train staff • join the staff • on the staff

staff[2] /stɑːf/ **verb** [T] to provide workers for an organization **обеспечивать персоналом** [often passive] *The charity was staffed by volunteers.*

stag /stæg/ **noun** [C] a male deer **олень-самец**

stage[1] /steɪdʒ/ **noun 1** [C] (B2) a period of development, or a particular time in a process **этап, стадия, фаза** *an* ***early stage*** *in his career* ◦ *Our project is in its* ***final stages***. ◦ *I'm not prepared to comment* ***at this stage***. **2** [C] (A2) the raised area in a theatre where actors perform **сцена** *He's* ***on stage*** *for most of the play.* **3 the stage** performances in theatres **театр, сцена** *He's written plays for television and the stage.*

IDIOM **set the stage for sth** to make something possible or likely to happen **создавать благоприятные условия для чего-либо** *The meeting set the stage for future cooperation between the companies.*

> **Слова-партнеры к stage**
> reach a stage • at [one/some/this/that] stage • the closing/early/final stages • a stage in/of sth

stage[2] /steɪdʒ/ **verb 1 stage a demonstration/protest, etc** to organize and take part in a public meeting to complain about something **организовывать демонстрацию/протест и т. д. 2 stage a concert/show, etc** to organize and produce a performance of music or a play, etc **организовывать концерт/представление и т. д.** *They staged a free concert in Central Park.*

stagger /ˈstægər/ **verb 1** [I] to walk as if you might fall **идти шатаясь** *He staggered drunkenly towards the door.* **2** [T] to arrange events so that they do not happen at the same time **составлять скользящий график** *We stagger our lunch breaks at work.*

staggered /ˈstægəd/ **adjective** [never before noun] very shocked or surprised **ошеломленный, потрясенный** *I was staggered at the prices.*

staggering /ˈstægərɪŋ/ **adjective** very shocking and surprising **ошеломительный, потрясающий** *He earns a staggering amount of money.*

stagnant /ˈstægnənt/ **adjective 1** Stagnant water or air does not flow and becomes dirty and smells unpleasant. **стоячий, спертый** *a stagnant pond* **2** A stagnant economy, society, or organization does not develop or grow. **косный, застойный**

stagnate /stægˈneɪt/ (US) /ˈstægneɪt/ **verb** [I] to stay the same and not grow or develop **быть косным, застойным** *He expects the economy to stagnate and unemployment to rise.*
• **stagnation** /stægˈneɪʃən/ **noun** [U] **застой, стагнация**

ˈstag ˌnight noun [C] a night when a group of men go out just before one of them gets married **мальчишник** → Compare **hen night**

staid /steɪd/ **adjective** serious and old-fashioned **степенный** *a staid, middle-aged man*

stain[1] /steɪn/ **noun 1** [C] (B2) a dirty mark on something, that is difficult to remove **пятно** *a blood/grass stain* ◦ *a stain on the carpet* **2** [C, U] a thin, clear paint that you put on wood to make it darker **краска, морилка** *wood stain*

stain[2] /steɪn/ **verb 1** [I, T] to leave a dirty mark on something which is difficult to remove, or to become dirty in this way **пачкать(ся)** *That wine I spilt has stained my shirt.* **2** [T] to paint a wooden surface with a thin paint in order to change its colour **покрывать морилкой** *She stained the bookcase to match the desk.*

ˌstained ˈglass noun [U] coloured glass that is used to make pictures in windows **витражное стекло** *a stained-glass window*

stainless steel /ˌsteɪnləsˈstiːl/ **noun** [U] a type of

S

steel (= strong metal) that is not damaged by water **нержавеющая сталь**

stair /steəʳ/ **noun** [C] one of the steps in a set of steps **ступенька**

staircase /ˈsteəkeɪs/ **noun** [C] a set of stairs and the structure around them **лестница** *a spiral staircase*

stairs /steəz/ **noun** [plural] A2 a set of steps from one level in a building to another **лестница** *to **climb** the **stairs** ◦ a **flight** (= set) **of** stairs*

> Слова-партнеры к **stairs**
>
> **climb/fall down/go down/go up** the stairs • the **bottom of/foot of** the stairs • the **head of/top of** the stairs • **on** the stairs • a **flight** of stairs

stairway /ˈsteəweɪ/ **noun** [C] a set of stairs and the structure around them **лестница**

stake¹ /steɪk/ **noun 1 be at stake** If something is at stake, it is in a situation where it might be lost or damaged. **находиться под угрозой** *We have to act quickly – people's lives are at stake.* **2** [C] a part of a business that you own, or an amount of money that you have invested in a business **доля (в компании)** *He has a 30 percent **stake in** the company.* **3** [C] a strong stick with a pointed end that you push into the ground **кол, столб** *a wooden stake*

stake² /steɪk/ **verb stake a/your claim** to say that you want something and that you should have it **заявлять о своих правах**

PHRASAL VERBS **stake sth on sth** to risk something on the result of a competition or situation **ставить что-либо на карту** *He has staked his reputation on the film's success.* • **stake sth out** to watch a place in order to catch criminals or to see a famous person **вести наблюдение за чем-либо** *The police are staking out the house where the terrorists are hiding.*

stakes /steɪks/ **noun** [plural] money or other advantages that you may get or lose in a competition or situation **ставки** *People get very competitive because the **stakes** are so **high**.*

stale /steɪl/ **adjective 1** old and not fresh **черствый, несвежий** *stale bread ◦ Cake **goes stale** quickly if it's not covered.* **2** boring or bored, and not producing or feeling excitement or enthusiasm like before **утративший новизну, затасканный** *I'd been too long in the same job and was getting stale.*

stalemate /ˈsteɪlmeɪt/ **noun** [C, U] a situation in which neither side in an argument can win **тупик, мертвая точка** *The talks **ended in a stalemate.***

stalk¹ /stɔːk/ **verb 1** [T] to follow a person or animal closely and secretly, often to try to catch or attack them **выслеживать, преследовать** *She claimed that the man had been stalking her for a month.* **2 stalk out/off, etc** to walk in an angry or proud way **торжественно удалиться** *She stalked out of the restaurant.*

stalk² /stɔːk/ **noun** [C] the main stem of a plant **стебель**

stalker /ˈstɔːkəʳ/ **noun** [C] someone who follows a person or animal closely and secretly, often to try to catch or attack them **упорный преследователь**

stall¹ /stɔːl/ **noun** [C] **1** mainly UK B1 a small shop with an open front or a table from which goods are sold **лоток, палатка** *a **market stall*** **2** US a small area in a room for washing or using the toilet **кабина** *a shower stall*

stall² /stɔːl/ **verb 1** [I, T] If an engine stalls, or if you stall it, it stops working suddenly. **заглушать, глохнуть (о двигателе)** *The car stalled when I stopped at the traffic lights.* **2** [I] to stop making progress **не двигаться с места, застопориться** *The peace talks have stalled over the issue of nuclear weapons.* **3** [T] to intentionally make someone wait or make something happen later so that you have more time **тянуть время** *She wanted an answer immediately, but I managed to stall her.*

stallion /ˈstæljən/ **noun** [C] an adult male horse **жеребец**

the stalls /stɔːlz/ **noun** [plural] UK (US **orchestra**) the seats on the main floor near the front of a theatre or cinema **партер** *a seat in the stalls*

stalwart /ˈstɔːlwət/ **noun** [C] someone who supports an organization, team, etc in a very loyal way **стойкий приверженец**
• **stalwart adjective стойкий, непоколебимый**

stamina /ˈstæmɪnə/ **noun** [U] the physical or mental energy that allows you to do something for a long time **выносливость** *Marathon runners need a lot of stamina.*

> Слова-партнеры к **stamina**
>
> **have** stamina • **build up/improve/increase** stamina • **mental/physical** stamina • stamina **for** sth • **a test of** stamina

stammer /ˈstæməʳ/ **verb** [I] to pause a lot and repeat sounds because of a speech problem or because you are nervous **запинаться, бормотать** *He blushed and began to stammer.*
• **stammer noun** [C] **бормотание** *He has a stammer.*

stamp¹ /stæmp/ **noun** [C] **1** (also **postage stamp**) A2 a small, official piece of paper that you buy and stick onto a letter or parcel before you post it **почтовая марка** **2** a tool for putting a special ink mark on something, or the mark made by it **штамп, печать** *a stamp in a passport* **3 stamp of approval** official, public approval **официаль-**

ное одобрение *The president has put his stamp of approval on the proposal.*

stamp[2] /stæmp/ **verb** **1** [T] B2 to make a mark on something with a tool that you put ink on and press down **ставить штамп, печать** *She stamped the date on the invoice.* **2** [I, T] to put your foot down on the ground hard and quickly, often to show anger **топать ногой** *"No!" she shouted, stamping her foot.* → See also **rubber-stamp**

PHRASAL VERB **stamp sth out** to get rid of something that is wrong or harmful **искоренять** *a campaign to stamp out racism*

stampede /stæm'piːd/ **noun** [C] when a large group of animals or people suddenly move in an uncontrolled way, often in the same direction **паническое бегство** *Gunfire caused a stampede in the marketplace.*

• **stampede verb** [I] **обращать(ся) в паническое бегство**

stance /stæns/ **noun** [C] **1** an opinion or belief about something, especially if you say it in public **позиция, мнение** [usually singular] *What's their* ***stance on*** *nuclear energy?* ◦ *They are* ***taking*** *a very tough* ***stance against*** *drugs.* **2** formal the way that someone stands **поза** [usually singular] *an awkward stance*

Слова-партнеры к stance

take a stance • **change** your stance • a **hard-line/tough** stance • a stance **against** sb/sth • sb's stance **on** sth

stand[1] /stænd/ **verb** (past tense and past participle **stood**) **1** [I] A2 to be in a vertical position on your feet **стоять** *We'd been standing for hours.* **2** [I] (also **stand up**) A2 to rise to a vertical position on your feet from sitting or lying down **вставать** *I get dizzy if I stand up too quickly.* ◦ *Please stand when the bride arrives.* → See **Phrasal Verbs** on page Centre 16 **3 stand in line** US (UK **queue**) to wait for something as part of a line of people **стоять в очереди** *We stood in line all afternoon.* **4 stand (sth) in/against/by, etc sth** B2 to be in or to put something in a particular place or position **стоять, ставить что-либо в/около/у и т. д.** *His walking stick stood by the door.* ◦ *You'll have to stand the sofa on its end to get it through the door.* **5 can't stand sb/sth** informal B1 to hate someone or something **не выносить кого-либо/что-либо** *I can't stand him.* ◦ [+ doing sth] *She can't stand doing housework.* **6** [T] to be able to accept or deal with a difficult situation **выдерживать, терпеть** *She couldn't stand the pressures of the job.* **7 stand at sth** to be at a particular level, amount, height, etc **быть на каком-либо уровне** *Inflation currently stands at 3 percent.* **8 where you stand on sth** what your opinion is about something **придерживаться какого-либо мнения о чем-либо** *We asked the senator where she stood on gun control.* **9 where you stand (with sb)** what someone thinks about you, how they expect you to behave, and how they are likely to behave **знать как себя вести (по отношению к кому-либо)** *She said she will never leave her husband, so now at least I know where I stand.* **10** [I] If an offer still stands, it still exists. **оставаться в силе** *You're welcome to visit any time – my invitation still stands.* **11 as it stands** as something is now, without changes in it **при данном положении вещей** *The law as it stands is very unclear.* **12 stand trial** If someone stands trial, they appear in a law court where people decide if they are guilty of a crime. **находиться под судом** *to stand trial for murder* **13 stand to gain/lose sth** to be in a situation where you can get/lose money or an advantage **иметь шанс получить/потерять что-либо** *He stands to gain a fortune if the company is sold.* **14** [I] UK (US **run**) to compete in an election for an official position **баллотироваться, выставлять свою кандидатуру** *to stand for office* → See also stand your **ground**[1], not have a **leg** to stand on, it stands to **reason**[1], stand on your own two feet (**foot**[1]), stand sb in good **stead**

PHRASAL VERBS **stand about/around** to spend time standing somewhere and doing very little **болтаться, торчать** *They stood around waiting for the store to open.* • **stand aside** to leave a job or position so that someone else can do it instead **уходить с должности** • **stand back** B2 to move a short distance away from something or someone **отходить (в сторону)** *Stand back while I light the fire.* • **stand by 1** to be ready to do something or to help **стоять наготове** *Doctors were standing by to treat the injured passengers.* **2** to do nothing to prevent something unpleasant from happening **безучастно взирать на что-либо** *We can't stand by while millions of people starve.* • **stand by sb** B2 to continue to support someone when they are in a difficult situation **поддерживать, оставаться верным кому-либо** *She stood by him throughout his troubled career.* • **stand by sth** If you stand by an agreement, decision, etc, you do not change it. **не отступаться от своих слов** *The government stood by its promise to improve education.* • **stand down** UK to leave a job or position so that someone else can do it instead **уходить с должности** *He stood down as party leader.* • **stand for sth 1** B2 If a letter stands for a word, it is used to represent it. **расшифровываться как, означать** *UFO stands for 'unidentified flying object'.* **2** B2 If a group of people stand for a set of ideas, they support those ideas. **стоять за что-либо, поддерживать** *The party stands for low taxes and individual freedom.* **3 not stand for sth** B2 If you will not stand for something, you will not accept a situation or someone's behaviour. **не потерпеть чего-либо** *He can't speak to me like that – I won't stand for it!* • **stand in** to do something that someone else was going to do because they cannot be there **заменять кого-**

S

либо *She* ***stood in for*** *me when I was sick.* • **stand out 1** (B2) to be very easy to see or notice выделяться *The bright blue letters really stand out on the page.* **2** (B2) to be better than other similar things or people выгодно отличаться *His application* ***stood out from*** *all the rest.* → See also stick/stand out like a sore **thumb** • **stand up** If an idea or some information stands up, it is proved to be correct. подтверждаться • **stand sb up** (B2) to fail to meet someone when you said you would не прийти на встречу, продинамить *He's stood me up twice now.* • **stand up for sth/sb** (B2) to support an idea or a person who is being criticized заступаться за кого-либо, отстаивать что-либо [often reflexive] *Never be afraid to stand up for yourself.*

stand² /stænd/ **noun 1** [C] a small shop with an open front or a table from which goods are sold лоток, ларек, стенд *a hot dog stand* ◦ *Visit our stand at the trade fair.* **2** [C] UK (US **stands**) a structure in a sports ground where people can stand or sit to watch an event трибуна **3** [C] a piece of furniture for holding things стойка, вешалка *a music/hat stand* **4 the (witness) stand** (UK also **the dock**) the place in a law court where people sit or stand when they are being asked questions место для дачи свидетельских показаний в суде *The judge asked her to* ***take the stand*** *(= go into the witness stand).* **5** [C] an opinion or belief about something, especially if you say it in public позиция, точка зрения [usually singular] *What's the President's* ***stand on*** *gun control?* **6 take a stand** to express your opinion about something publicly высказывать свою точку зрения *He refuses to take a stand on this issue.* **7 make a stand** to publicly defend something or stop something from happening выступать в защиту или против чего-либо

S

standard¹ /ˈstændəd/ **noun** [C] **1** (B2) a level of quality, especially a level that is acceptable норма, стандарт, уровень, критерий *a* ***high standard*** *of service* ◦ *low* ***safety standards*** ◦ *His work was* ***below standard*** *(= not acceptable).* ◦ *She* ***sets*** *very high* ***standards*** *for herself.* **2** a level of behaviour, especially a level that is acceptable критерий, норма [usually plural] *high moral standards* → See also **double standard**

> **Слова-партнеры к standard**
>
> come up to standard • below/(not) up to standard • set standards • comply with/conform to/meet standards • exacting/high/low/rigorous standards • standards of sth

standard² /ˈstændəd/ **adjective** (B2) usual and not special стандартный, обычный ***standard procedure/practice***

standardize (also UK **-ise**) /ˈstændədaɪz/ **verb** [T] to change things so that they are all the same стандартизировать *I wish someone would standardize clothing sizes.*
• **standardization** /ˌstændədaɪˈzeɪʃᵊn/ **noun** [U] стандартизация *the standardization of computer terms*

ˌstandard of ˈliving noun [C] (plural **standards of living**) (B2) how much money and comfort someone has уровень жизни *a high standard of living*

standby /ˈstændbaɪ/ **noun 1** [C] (plural **standbys**) someone or something extra that is ready to be used if needed что-либо, имеющееся в запасе *We kept our old TV as a standby in case the new one broke.* **2 be on standby** to be ready to do something or to be used if needed стоять наготове, быть в запасе *Police were on standby in case there was any trouble after the game.*

stand-in /ˈstændɪn/ **noun** [C] someone who does what another person was going to do because the other person cannot be there дублер, замена

standing¹ /ˈstændɪŋ/ **noun** [U] Your standing is the opinion that other people have of you. репутация, положение *Last week's speech has improved the Prime Minister's standing in the polls.*

standing² /ˈstændɪŋ/ **adjective** [always before noun] **1** permanent and not only created when necessary постоянный *a standing committee* ◦ *He has a* ***standing invitation*** *to stay at our house.* **2 a standing joke** a situation that a group of people often make jokes about дежурная шутка *The poor quality of his work has become a standing joke in the office.* → See also **long-standing**

ˌstanding ˈorder noun [C] UK an instruction to a bank to pay someone a fixed amount of money at regular times from your account распоряжение о постоянных платежах

ˌstanding oˈvation noun [C] when people stand while clapping to show that they have enjoyed a performance very much бурная овация *She* ***got a standing ovation*** *for her speech.*

stand-off UK (US **standoff**) /ˈstændɒf/ **noun** [C] when an argument or fight stops for a period of time because no one can win or get an advantage тупик, мертвая точка

standpoint /ˈstændpɔɪnt/ **noun** [C] a particular way of thinking about a situation or problem точка зрения *to look at something* ***from*** *a political/religious* ***standpoint***

standstill /ˈstændstɪl/ **noun** [no plural] a situation in which all movement or activity has stopped полная остановка, бездействие *The traffic* ***came to a standstill*** *in the thick fog.*

stand-up /ˈstændʌp/ **adjective** [always before noun] A stand-up comedian is someone who stands in front of a group of people and tells jokes as a performance. эстрадный (комик и т. д.) ***stand-up comedy***

stank /stæŋk/ past tense of stink прош. вр. гл. stink

staple¹ /ˈsteɪpl/ **adjective** [always before noun] A staple food, product, etc is basic and very important. **основной** *a **staple diet** of rice and fish*

staple² /ˈsteɪpl/ **noun** [C] a small piece of wire that you put through pieces of paper to join them together **(проволочная) скобка**
• **staple verb** [T] to join pieces of paper together with staples **скреплять степлером**

stapler /ˈsteɪpləʳ/ **noun** [C] a piece of equipment used for putting staples through paper **степлер**

star

star¹ /stɑːʳ/ **noun** [C] **1** (A2) a ball of burning gases that you see as a small point of light in the sky at night **звезда** **2** (A2) a famous singer, actor, sports person, etc **звезда (о человеке)** *a **pop star*** **3** someone in a group of people who is the best at doing something **звезда, ведущий (актер, игрок и т. д.)** *Baggio is one of our **star players**.* **4** (A2) a shape that has five or more points **звезда (фигура)** → See picture at **shape** **5 two-star/three-star, etc** used to show how good a restaurant or hotel is **двухзвездочный/трехзвездочный и т. д.** *a five-star hotel* **6 sb's stars/the stars** UK informal something you read that tells you what will happen to you based on the position of the stars in the sky **гороскоп** *My stars said it would be a good month for romance.*
→ See also **co-star**, **film star**, **rock star**

> Слова-партнеры к **star**
>
> become/make sb a star • a big star • a pop star

star² /stɑːʳ/ **verb** [I, T] (present participle **starring**, past tense and past participle **starred**) (B1) If a film, play, etc stars someone, or if someone stars in a film, play, etc, they are the main person in it. **играть главную роль** *a film starring Meg Ryan* ◦ *Tom Hanks **starred in** 'Sleepless in Seattle'.*
→ See also **co-star**

starboard /ˈstɑːbəd/ **noun** [U] the right side of a ship or aircraft **правый борт**

starch /stɑːtʃ/ **noun 1** [C, U] a substance in foods such as rice, bread, and potatoes **крахмал** **2** [U] a substance used to make cloth stiff **крахмал**
• **starchy adjective** containing a lot of starch **содержащий крахмал, крахмальный**

stardom /ˈstɑːdəm/ **noun** [U] when someone is very famous for acting, singing, etc **положение звезды**

stare /steəʳ/ **verb** [I] (B2) to look at someone or something for a long time and not move your eyes **пристально смотреть** *Sean was **staring at** me.*
• **stare noun** [C] **пристальный взгляд**

stark¹ /stɑːk/ **adjective 1** unpleasantly clear and obvious **совершенно очевидный** *His death is a **stark warning** to other people about the dangers of drugs.* **2 stark difference/contrast** a total difference **большая разница/разительный контраст** *Jerry is very lazy, in stark contrast to his sister who works very hard.* **3** with a very plain and simple appearance and not very attractive **пустынный, бесплодный** *a stark, snowy landscape*
• **starkly adverb совершенно, полностью**

stark² /stɑːk/ **adverb stark naked** wearing no clothes **совершенно голый**

starry /ˈstɑːri/ **adjective** A starry sky or night is one in which you can see a lot of stars. **звездный**

ˈstar ˌsign noun [C] UK (US **sign**) one of the twelve signs that are based on star positions when you are born, which some people believe shows what type of person you are **знак зодиака** *"What star sign are you?" "I'm Capricorn."*

start¹ /stɑːt/ **verb 1** [I, T] (A1) to begin doing something **начинать** [+ doing sth] *He started smoking when he was eighteen.* ◦ [+ to do sth] *Maria started to laugh.* ◦ *We start work at nine o'clock.* **2** [I, T] (B1) to begin to happen or to make something begin to happen **начинаться** *The programme starts at seven o'clock.* ◦ *Police believe the fire started in the kitchen.* **3** [I, T] (also **start up**) (B2) If a business, organization, etc starts, it begins to exist, and if you start it, you make it begin to exist. **основывать, открывать(ся)** *She started her own computer business.* ◦ *A lot of new restaurants have started up in the area.* **4** [I, T] (also **start up**) (B2) If a car or engine starts, it begins to work, and if you start it, you make it begin to work. **заводить(ся)** *The car won't start.* ◦ *Start up the engine.* **5 to start with a** used to talk about what a situation was like at the beginning before it changed **в первое время, сначала** *I was happy at school to start with, but later I hated it.* **b** used before saying the first thing in a list of things **во-первых, прежде всего** *To start with, we need better computers. Then we need more training.* **6** [I] to move suddenly because you are frightened or surprised **вздрагивать** → See also set/start the **ball** rolling, get/start off on the wrong **foot¹**

PHRASAL VERBS **start (sth) off** (B1) to begin by doing something, or to make something begin by doing something **начинать, открывать** *She started off the meeting with the monthly sales report.* • **start on sth** to begin doing something

S

приступать к чему-либо *Have you started on your homework yet?* • **start out** to begin your life or the part of your life when you work, in a particular way **начинать** *My dad started out as a sales assistant in a shop.* • **start over** US to begin something again **начинать сначала** *If you make a mistake, you'll have to start over.*

> Слова-партнеры к **start**
>
> at the start • from the start • the start of sth

start² /stɑːt/ **noun 1** [C] B1 the beginning of something **начало** [usually singular] *Our teacher checks who is in class **at the start of** each day.* ◦ *Ivan has been involved in the project **from the start**.* ◦ *The meeting **got off to a bad start** (= began badly).* **2 make a start** mainly UK to begin doing something **приступать к чему-либо** *I'll **make a start on** the washing-up.* **3 for a start** UK used when you are giving the first in a list of reasons or things **во-первых, для начала** *I won't be going – I've got too much homework for a start.* **4** [C] an advantage that you have over someone else when you begin something **преимущество** [usually singular] *I'm grateful for the start I had in life.* **5 the start** the place where a race begins **старт 6** [no plural] a sudden movement that you make because you are frightened or surprised **вздрагивание** *Kate sat up **with a start**.* → See also **false start**

starter /ˈstɑːtəʳ/ **noun 1** [C] UK (US **appetizer**) something that you eat as the first part of a meal **закуска 2** [C] US in sports, a member of a team who is involved in a competition from the beginning **участник состязания** *At only 20, he's the team's youngest starter.* **3 for starters** informal used to say that something is the first in a list of things **для начала** *Try this exercise for starters.* → See also **non-starter**

starting-point /ˈstɑːtɪŋˌpɔɪnt/ **noun** [C] an idea, subject, etc that you use to begin a discussion or process **отправная точка**

startle /ˈstɑːtl/ **verb** [T] to suddenly surprise or frighten someone **ошеломить, испугать** *The sound startled me.*
• **startled adjective ошеломленный, испуганный** *a **startled expression***

startling /ˈstɑːtlɪŋ/ **adjective** making you feel very surprised **ошеломляющий, потрясающий** *startling news*

start-up /ˈstɑːtʌp/ **adjective** [always before noun] relating to starting a business **стартовый, первичный** ***start-up costs***

starve /stɑːv/ **verb** [I, T] to become ill or die because you do not have enough food, or to make someone ill or die because they do not have enough food **страдать, умирать от голода, морить голодом** *Many people have **starved to death** in parts of Africa.*
• **starvation** /stɑːˈveɪʃən/ **noun** [U] **голод, голодание** *Children were dying of starvation.*

starved /stɑːvd/ **adjective 1 be starved of sth** UK (US **be starved for sth**) to not have enough of something that you need very much **остро нуждаться в чем-либо** *a child starved of love* **2** mainly US informal very hungry **голодный как волк**

starving /ˈstɑːvɪŋ/ **adjective 1** B2 dying because there is not enough food **умирающий от голода** *starving people* **2** informal B2 very hungry **голодный как волк** *I'm absolutely starving.*

stash¹ /stæʃ/ **verb** [T] (also **stash away**) to keep a lot of something in a safe, secret place **припрятывать** *His money was stashed away in a cupboard.*

stash² /stæʃ/ **noun** [C] informal a lot of something that you keep in a safe, secret place **тайник, тайный запас** *He had a stash of whisky under the bed.*

state¹ /steɪt/ **noun 1** [C] B2 the condition that something or someone is in **состояние** *the state of the economy* ◦ *The building is in a terrible state.* **2 in/into a state** informal very upset or nervous **в ужасном возбуждении, в большом волнении** *Ben was in a real state before the exam.* **3** [C] (also **State**) one of the parts that some countries such as the US are divided into **штат** *Washington State* ◦ *Alaska is the largest state in the US.* **4** [C] a country **государство** *a union of European states* **5 the state** the government of a country **государство, правительство** *financial help from the state* **6 state visit/occasion, etc** an important visit/occasion, etc involving the leader of a government **государственный визит/праздник 7 the States** the United States of America **Соединенные Штаты Америки**
→ See also **police state**, **welfare state**

state² /steɪt/ **verb** [T] B2 to officially say or write something **утверждать, констатировать** [+ (that)] *Two medical reports stated that he was mentally ill.*

stately /ˈsteɪtli/ **adjective** formal and slow **величественный** *a **stately procession** through the streets*

ˌstately ˈhome noun [C] a big, old house in the countryside that people pay to visit in Britain **старинное поместье**

statement /ˈsteɪtmənt/ **noun** [C] **1** B2 something that someone says or writes officially **заявление** *The pop star is expected to **make a statement** about his involvement with drugs.* **2** (also **bank statement**) a piece of paper that shows how much money you have put into your bank account and how much you have taken out **выписка из счета**

> Слова-партнеры к **statement**
>
> issue/make/prepare/release a statement • a false/joint/public/sworn statement • a statement about/on sth

ˌstate of afˈfairs noun [no plural] a situation **положение дел** *a sad state of affairs*

ˌstate of ˈmind noun [C] (plural **states of mind**) how you are feeling at a particular time **состояние, настроение** *to be in a positive state of mind*

state-of-the-art /ˌsteɪtəvðiˈɑːt/ **adjective** using the newest ideas, designs, and materials **новейший, современный** *a computer system that uses* ***state-of-the-art technology***

ˌstate ˈschool noun [C] UK (US **public school**) a school that is free to go to because the government provides the money for it **государственная школа**

statesman /ˈsteɪtsmən/ **noun** [C] (plural **statesmen**) an important politician, especially one who people respect **государственный деятель**

static[1] /ˈstætɪk/ **adjective** not moving or changing **неподвижный, неизменный** *The number of students on the course has remained static.*

static[2] /ˈstætɪk/ **noun** [U] **1** (also **ˌstatic elecˈtricity**) electricity that you get when two surfaces rub together **статическое электричество 2** noise on a radio or television that is caused by electricity in the air **атмосферные помехи**

station[1] /ˈsteɪʃən/ **noun** [C] **1** A1 a building where trains stop so that you can get on or off them **вокзал** *Dad met me at the station.* **2 bus station** (also UK **coach station**) A2 a building where a bus starts or ends its journey **автобусная станция 3** a building where a particular service is based **станция, пункт** UK *a petrol station*/US *a gas station* **4** B1 a company that broadcasts television or radio programmes **телекомпания, радиостанция** *a classical music station* → See also **filling station**, **fire station**, **police station**, **polling station**, **power station**, **service station**

station[2] /ˈsteɪʃən/ **verb be stationed at/in, etc** If someone such as a soldier is stationed somewhere, they are sent there to work for a period of time. **размещаться у/в и т. д.** *US soldiers stationed in Germany*

stationary /ˈsteɪʃənəri/ **adjective** not moving **неподвижный** *stationary cars*

stationer's /ˈsteɪʃənəz/ **noun** [C] UK a shop where you can buy pens, paper, and other things for writing **магазин канцелярских товаров**

stationery /ˈsteɪʃənəri/ **noun** [U] things that you use for writing, such as pens and paper **канцелярские товары**

ˈstation ˌwagon noun [C] US (UK **estate car**) a big car with a large space for bags behind the back seat **автомобиль с кузовом универсал**

statistic /stəˈtɪstɪk/ **noun** [C] a fact in the form of a number that shows information about something **статистическая величина** [usually plural] ***Statistics show*** *that skin cancer is becoming more common.*

• **statistical** adjective relating to statistics **статистический** ***statistical evidence*** • **statistically** adverb **статистически**

> Слова-партнеры к **statistic**
>
> collect/gather statistics • statistics **confirm/indicate/reveal/show** sth • **according to** statistics • statistics **on** sth

statistics /stəˈtɪstɪks/ **noun** [U] B2 the subject that involves collecting and studying numbers to show information about something **статистика**

statue /ˈstætʃuː/ **noun** [C] B1 a model that looks like a person or animal, usually made from stone or metal **статуя**

stature /ˈstætʃər/ **noun** [U] formal **1** the importance that someone has because of their work **калибр, масштаб** *a scientist of international stature* **2** your height **рост** *a man of small stature*

status /ˈsteɪtəs/ **noun** [U] **1** the position that you have in relation to other people because of your job or social position **общественное положение** *The pay and status of nurses has improved.* **2** the legal position of someone or something **статус, положение** *What's your* ***marital status*** *(= are you married or not)?*

the status quo /ˌsteɪtəsˈkwəʊ/ **noun** formal the situation that exists now, without any changes **статус-кво** *They only want to* ***maintain*** *the* ***status quo.***

ˈstatus ˌsymbol noun [C] something that someone owns that shows they have a high position in society **показатель положения в обществе**

statute /ˈstætʃuːt/ **noun** [C] formal a law or rule **закон, устав**

statutory /ˈstætjətəri/ **adjective** formal decided or controlled by law **установленный законом** *a statutory minimum wage*

staunch /stɔːnʃ/ **adjective** [always before noun] very loyal in your support for someone or your belief in something **непоколебимый, стойкий** *a* ***staunch supporter*** *of the Communist party*

stave /steɪv/ **verb**

PHRASAL VERB **stave sth off** to stop something bad from happening now although it may happen later **предотвращать, оттягивать** *He had a bar of chocolate to* ***stave off*** *his* ***hunger.***

stay[1] /steɪ/ **verb 1** [I] A1 to continue to be in a place, job, etc and not leave **оставаться** *The weather was bad so we stayed at home.* ◦ *Do you want to stay in teaching?* **2** [T] B1 to continue to be in a particular state **оставаться (в каком-либо состоянии), продолжать (делать что-либо)** *The supermarket stays open late.* ◦ *I was tired and couldn't stay awake.* **3** [I, T] A2 to spend a short period of time in a place **останавливаться, гостить** *We* ***stayed in*** *a hotel.* ◦ *We're going to* ***stay with*** *my grandmother.* **4 stay put**

S

informal to continue to be in the same place **оставаться на месте** *He told me to stay put while he fetched the car.*

PHRASAL VERBS **stay behind** B1 to not leave a place when other people leave **оставаться (после окончания чего-либо)** *I stayed behind after class to speak to the teacher.* • **stay in** B1 to stay in your home **оставаться дома** *Let's stay in tonight and watch a DVD.* • **stay on** to continue to be in a place, job, or school after other people have left **оставаться где-либо** *I stayed on an extra two years at school.* • **stay out** B2 to not go home at night, or to go home late **не возвращаться домой, гулять допоздна** *He stayed out all night.* • **stay out of sth** to not become involved in an argument or discussion **не вмешиваться во что-либо** *It's better to stay out of their arguments.* • **stay up** B2 to go to bed later than usual **не ложиться спать** [+ to do sth] *She stayed up to watch a film.*

stay² /steɪ/ **noun** [C] B1 a period of time that you spend in a place **пребывание, визит** *Did you enjoy your stay in Tokyo?*

stead /sted/ **noun**

IDIOM **stand sb in good stead** to be useful to someone in the future **пригодиться кому-либо, сослужить кому-либо службу** *The course will stand you in good stead.*

steadfast /ˈstedfɑːst/ **adjective** formal refusing to change your beliefs or what you are doing **стойкий, упорный** *He is* ***steadfast in*** *his support for political change.*
• **steadfastly adverb стойко, упорно**

steady¹ /ˈstedi/ **adjective** **1** B2 happening at a gradual, regular rate **стабильный, постоянный** ***steady*** *economic* ***growth*** ◦ *He has had a* ***steady flow/stream*** *of visitors.* **2** B2 still and not shaking **твердый, устойчивый** *You need steady hands to be a dentist.* → Opposite **unsteady** **3** not changing **постоянный, ровный** *She drove at a* ***steady speed.*** **4 steady job/work** a job that is likely to continue for a long time and pay you regular money **постоянная работа**
• **steadily adverb** B2 **стабильно, постоянно** • **steadiness noun** [U] **стабильность**

steady² /ˈstedi/ **verb** **1** [T] to make something stop shaking or moving **придавать устойчивость** *He managed to steady the plane.* **2 steady yourself** to stop yourself from falling **удержать равновесие** *She grabbed hold of the rail to steady herself.*

steak /steɪk/ **noun** [C, U] A2 a thick, flat piece of meat or fish **бифштекс** *steak and chips*

steal /stiːl/ **verb** (past tense **stole**, past participle **stolen**) **1** A2 [I, T] to secretly take something that does not belong to you, without intending to return it **красть** *Burglars broke into the house and stole a computer.* ◦ *stolen cars* **2 steal away/in/out, etc** to move somewhere quietly and secretly **незаметно ускользнуть/прокрасться/выскользнуть и т. д.**

stealth /stelθ/ **noun** [U] secret, quiet behaviour **действия украдкой, втихомолку**
• **stealthy adjective** behaving in a secret, quiet way **тайный, скрытый** • **stealthily adverb тайком, втихомолку**

steam

steam¹ /stiːm/ **noun** [U] B2 the gas that water produces when you heat it **пар**

IDIOMS **let off steam** to get rid of your anger, excitement, etc by being noisy or using a lot of energy **давать выход чувствам** • **run out of steam** to not have enough energy to finish doing something **выдохнуться, измотаться**

steam² /stiːm/ **verb** **1** [T] to cook something using steam **готовить на пару** *steamed rice* **2** [I] to produce steam **выделять пар** *a steaming bowl of soup*

PHRASAL VERB **steam (sth) up** If glass steams up, or if you steam it up, it becomes covered in steam. **запотевать**

steamer /stiːməʳ/ **noun** [C] **1** a pan used for cooking food using steam **пароварка** **2** a ship that uses steam power **пароход**

steamy /ˈstiːmi/ **adjective** **1** hot and full of steam **полный пара** *a steamy kitchen* **2** sexually exciting **эротический** *a steamy love story*

steel¹ /stiːl/ **noun** [U] B2 a very strong metal made from iron, used for making knives, machines, etc **сталь** → See also **stainless steel**

steel² /stiːl/ **verb** **steel yourself** to prepare yourself to do something difficult or unpleasant **собираться с силами** *He was steeling himself for an argument.*

steely /ˈstiːli/ **adjective** [always before noun] very strong and determined **непреклонный, несгибаемый** *a* ***steely determination*** *to succeed*

steep¹ /stiːp/ **adjective** **1** B1 A steep slope, hill, etc goes up or down very quickly. **крутой** *The* ***hill*** *was too* ***steep*** *to cycle up.* **2** A steep increase or fall in something is very big and quick. **резкий** *a* ***steep rise*** *in prices* **3** informal very expensive **дорогой** *Hotel prices are steep at $300 for a room.*
• **steeply adverb круто, резко** *Food prices have* ***risen steeply.*** • **steepness noun** [U] **крутизна, резкость**

steep² /stiːp/ **verb be steeped in sth** to have a lot of something around or to be strongly influenced by something **быть насыщенным,**

пропитанным чем-либо *The town is steeped in history.*

steeple /ˈstiːpl/ **noun** [C] a church tower that has a point at the top **колокольня**

steer /stɪəʳ/ **verb 1** [I, T] B2 to control the direction of a vehicle **управлять рулем** *I tried to steer the boat away from the bank.* **2** [T] to influence the way a situation develops **направлять** *I managed to* ***steer the conversation*** *away from my exam results.* **3 steer sb into/out of/towards, etc** to guide someone somewhere, especially by putting your hand on their back **направлять кого-либо в/из/к и т. д.** *He steered me towards the door.* → See also steer **clear**[3] of sb/sth

steering /ˈstɪərɪŋ/ **noun** [U] the parts of a vehicle that control its direction **рулевое управление**

ˈsteering ˌwheel noun [C] B2 a wheel that you turn to control the direction of a vehicle **руль** → See **Car** on page Centre 7

stem[1] /stem/ **noun** [C] the long, thin part of a plant that the leaves and flowers grow on **стебель**

stem[2] /stem/ **verb** [T] (present participle **stemming**, past tense and past participle **stemmed**) to stop something from continuing or increasing **останавливать** *The new procedures are intended to* ***stem the flow*** *of drugs into the country.*

PHRASAL VERB **stem from sth** to develop as the result of something **возникать, происходить** *Her problems stem from childhood.*

ˈstem ˌcell noun [C] a cell, especially one taken from a person or animal in a very early stage of development, that can develop into any other type of cell **стволовая клетка**

stench /stenʃ/ **noun** [C] a very unpleasant smell **зловоние** *the stench of rotten fruit*

stencil /ˈstensᵊl/ **noun** [C] a piece of paper or plastic with patterns cut into it, that you use to paint patterns onto a surface **трафарет, шаблон**

• **stencil verb** [I, T] (present participle UK **stencilling**, past tense and past participle **stencilled**, present participle US **stenciling**, past tense and past participle **stenciled**) to use a stencil to paint patterns onto a surface **наносить узор/надпись по трафарету**

step[1] /step/ **noun** [C] **1** B1 one of the movements you make with your feet when you walk **шаг** *She* ***took*** *a few* ***steps*** *forward and then started to speak.* **2** B2 one of the things that you do to achieve something **мера, действие** *This meeting is the* ***first step*** *towards a peace agreement.* ◦ *The company has* ***taken steps*** *to improve its customer service.* **3** B1 one of the surfaces that you walk on when you go up or down stairs **ступенька 4 in step (with sb/sth)** having the same ideas, opinions, etc as other people **в ногу (с кем-либо/чем-либо)** *This time, Britain is in step with the rest of Europe.* **5 out of step (with sb/sth)** having different ideas, opinions, etc from other people **не в ногу (с кем-либо/чем-либо)** *Her views are out of step with government policy.*

IDIOMS **be one step ahead (of sb)** to have done something before someone else **опережать кого-либо** • **watch your step a** used to tell someone to be careful about where they are walking **идти осторожно b** to be careful about what you say and do **действовать осторожно**

> **Слова-партнеры к step (noun)**
>
> take steps to do sth • a **big/important/major** step • the **first/next** step • a step **towards** sth • a step **in (doing)** sth

step[2] /step/ **verb** (present participle **stepping**, past tense and past participle **stepped**) **1 step back/forward/over, etc** B1 to move somewhere by lifting your foot and putting it down in a different place **делать шаг назад/вперед/перешагивать через и т. д.** *She stepped carefully over the dog.* **2 step on/in sth** B1 to put your foot on or in something **наступать на/во что-либо** *I accidentally stepped on her foot.*

PHRASAL VERBS **step down** to leave an important job **уходить в отставку** *He stepped down as manager of the Italian team.* • **step in** to become involved in a difficult situation in order to help **вмешиваться** [+ to do sth] *A Japanese bank stepped in to provide financial help.* • **step sth up** to increase what you are doing to try to achieve something **усиливать, увеличивать** *Police have stepped up their efforts to find the man.*

stepbrother /ˈstepˌbrʌðəʳ/ **noun** [C] not your parent's son but the son of the person your parent has married **сводный брат**

step-by-step /ˌstepbaɪˈstep/ **adjective** [always before noun] A step-by-step method, plan, etc, deals with one thing and then another thing in a fixed order. **поэтапный** *a* ***step-by-step guide*** *to buying a house*

ˈstep ˌchange noun [C] when a very big change happens **кардинальное изменение** *There is a step change taking place in communications technology.*

stepchild /ˈsteptʃaɪld/ **noun** [C] (plural **stepchildren**) the child of your husband or wife from an earlier marriage **пасынок, падчерица**

stepdaughter /ˈstepˌdɔːtəʳ/ **noun** [C] the daughter of your husband or wife from an earlier marriage **падчерица**

stepfather /ˈstepˌfɑːðəʳ/ **noun** [C] B2 the man who has married your mother but is not your father **отчим**

stepmother /ˈstepˌmʌðəʳ/ **noun** [C] B2 the woman who has married your father but is not your mother **мачеха**

stepping-stone /ˈstepɪŋstəʊn/ **noun** [C] **1** an event or experience that helps you achieve

S

something else **средство для достижения цели** *Education is a* ***stepping-stone to*** *a good job.* **2** one of several stones that you walk on to cross a stream **камень для перехода (через ручей и т. д.)**

stepsister /ˈstepˌsɪstəʳ/ **noun** [C] not your parent's daughter but the daughter of the person your parent has married **сводная сестра**

stepson /ˈstepsʌn/ **noun** [C] the son of your husband or wife from an earlier marriage **пасынок**

stereo /ˈsteriəʊ/ **noun 1** [C] a piece of equipment for playing CDs, listening to the radio, etc that has two speakers (= parts where sound comes out) **стереосистема** *a car stereo* → See **The Living Room** on page Centre 4 **2** [U] a system for hearing music, speech, etc through two speakers (= parts where sound comes out) **стереофоническая система** *The concert was broadcast* ***in stereo.*** ◦ *stereo sound*

stereotype¹ /ˈsteriəʊtaɪp/ **noun** [C] a fixed idea that people have about what a particular type of person is like, especially an idea that is wrong **стереотип** ***racial stereotypes***

• **stereotypical** /ˌsteriəʊˈtɪpɪkəl/ **adjective** having the qualities that you expect a particular type of person to have **типичный** *a stereotypical student*

> **Слова-партнеры к stereotype**
>
> **challenge/fit** a stereotype • a **negative** stereotype • a stereotype **of** sth • a **racial** stereotype

stereotype² /ˈsteriəʊtaɪp/ **verb** [T] to have a fixed idea about what a particular type of person is like, especially an idea that is wrong **стереотипировать, придавать шаблонность** [often passive] *Young people are often* ***stereotyped as*** *being lazy.*

sterile /ˈsteraɪl/ **adjective 1** completely clean and without any bacteria **стерильный** *a sterile needle* **2** unable to produce children **бесплодный 3** not having enough new ideas **безрезультатный, бесплодный** *a sterile discussion*

• **sterility** /stəˈrɪləti/ **noun** [U] **стерильность, бесплодие, безрезультатность**

sterilize (also UK **-ise**) /ˈsterəlaɪz/ **verb** [T] **1** to make something clean and without bacteria **стерилизовать** *a sterilized needle* **2** to perform a medical operation on someone to make them unable to have children **стерилизовать**

• **sterilization** /ˌsterəlaɪˈzeɪʃən/ **noun** [U] **стерилизация**

sterling /ˈstɜːlɪŋ/ **noun** [U] British money **стерлинг**

stern¹ /stɜːn/ **adjective** very serious and without any humour **суровый, строгий** *a* ***stern expression/face*** ◦ *stern criticism*

• **sternly adverb сурово, строго**

stern² /stɜːn/ **noun** [C] the back part of a ship **корма**

steroid /ˈsterɔɪd/ **noun** [C] a drug for treating injuries that some people use illegally in sport to make their muscles stronger **стероид**

stethoscope /ˈsteθəskəʊp/ **noun** [C] a piece of equipment that a doctor uses to listen to your heart and breathing **стетоскоп**

stew /stjuː/ **noun** [C, U] a dish made of vegetables and meat cooked together slowly in liquid **тушеное мясо с овощами** *beef/lamb stew*

• **stew verb** [T] to cook food slowly in liquid **тушить** *stewed fruit*

steward /ˈstjuːəd/ **noun** [C] **1** a man who looks after people on an aircraft, boat, or train **стюард, (борт)проводник** *an air steward* **2** someone who helps to organize a race or big event **распорядитель**

stewardess /ˈstjuːədes/ **noun** [C] a woman who looks after people on an aircraft, boat, or train **стюардесса, проводница** *an air stewardess*

sth written abbreviation for something **сокращ. от something**

• **sth's** written abbreviation for something's **сокращ. от something's**

stick¹ /stɪk/ **verb** (past tense and past participle **stuck**) **1** [I, T] (B1) to become joined to something else or to make something become joined to something else, usually with a substance like glue **приклеивать(ся)** *Anne stuck a picture of her boyfriend on the wall.* ◦ *The stamp wouldn't* ***stick to*** *the envelope.* **2 stick sth in/on/under, etc** informal to put something somewhere **засовывать что-либо в/на/под и т. д.** *Just stick your bag under the table.* **3 stick (sth) in/into/through, etc** (B2) If something sharp sticks into something, it goes into it, and if you stick something sharp somewhere, you push it into something. **втыкать(ся) (что-либо) в/сквозь и т. д.** *She stuck the needle into his arm.* **4** [I] to become fixed in one position and not be able to move **застревать** *This drawer has stuck – I can't open it.* **5 can't stick sb/sth** UK informal to not like someone or something **не терпеть, не выносить кого-либо/что-либо** *I can't stick her.* → See also stick to your guns (**gun¹**), poke/stick your **nose¹** into sth, stick/put your **oar** in

stick

The boy stuck his tongue out.

PHRASAL VERBS **stick around** informal to stay somewhere for a period of time **оставаться, не уходить** *Stick around after the concert and you might meet the band.* • **stick at sth** to continue trying hard to do something difficult **упорно продолжать что-либо** *I know it's hard learning to drive but stick at it.* • **stick by sb** to continue to support someone when they are

S

having problems **оставаться верным кому-либо** • **stick out 1** (B2) If part of something sticks out, it comes out further than the edge or surface. **торчать** *His ears stick out a bit.* **2** to be very easy to notice **бросаться в глаза, выделяться** *She certainly sticks out in a crowd.* → See also stick/stand out like a sore **thumb**[1] • **stick sth out** to make part of your body come forward from the rest of your body **высовывать** *The little boy stuck his tongue out.* • **stick it out** informal to continue doing something that is boring, difficult, or unpleasant **терпеть, стоять до конца** • **stick to sth** (B2) to continue doing or using something and not change to anything else **придерживаться чего-либо, ограничиваться чем-либо** *I'll stick to lemonade – I'm driving.* • **stick together** (B2) If people stick together, they support and help each other. **держаться вместе** • **stick up** to point up above a surface and not lie flat **торчать** *I can't go out with my hair sticking up like this.* • **stick up for sb/sth** informal to support someone or something when they are being criticized **заступаться за кого-либо, выступать за что-либо** • **stick with sb/sth** (B2) to continue using someone or doing something and not change to anyone or anything else **оставаться верным, придерживаться кого-либо/чего-либо** *He's a good builder – I think we should stick with him.*

stick[2] /stɪk/ **noun** [C] **1** (B1) a long, thin piece of wood, usually broken or fallen from a tree **палка** **2 walking/hockey, etc stick** (B1) a long, thin piece of wood that you use when you are walking/playing hockey, etc **трость/клюшка и т. д.** **3** a long, thin piece of something **палочка** *a stick of candy/celery* → See also **carrot** and stick, get (hold of) the wrong **end**[1] of the stick

sticker /ˈstɪkəʳ/ **noun** [C] a piece of paper or plastic with writing or a picture on it that you stick onto a surface **наклейка** *a car sticker* → See also **bumper sticker**

sticky /ˈstɪki/ **adjective** **1** (B1) made of or covered with a substance that can stick to other things **липкий, клейкий** ***sticky fingers*** ◦ ***sticky tape*** **2** Sticky weather is unpleasantly hot. **жаркий и влажный** **3 a sticky moment/problem/situation, etc** informal a moment/problem/situation, etc that is difficult or embarrasses you **неприятный момент/неприятная проблема/ситуация и т. д.**

stiff[1] /stɪf/ **adjective** **1** (B2) hard and difficult to bend **жесткий** *stiff material* **2** (B2) A door, drawer, etc that is stiff does not move as easily as it should. **тугой (о двери, ящике и т. д.)** **3** If a part of your body is stiff, it hurts and is difficult to move. **онемевший** *I've got a **stiff neck**.* **4** very severe or difficult **тяжелый, ожесточенный** ***stiff competition/opposition*** ◦ *We need **stiffer penalties** for drink driving.* **5** behaving in a way that is formal and not relaxed **чопорный** **6** A stiff substance is thick and does not move around easily. **густой, плотный** *Whip the cream until it is stiff.* **7 stiff drink/whisky/vodka, etc** a strong alcoholic drink **крепкий напиток/крепкое виски/крепкая водка и т. д.** *I need a stiff brandy.* **8 stiff wind/breeze** a wind that is quite strong **сильный ветер**

• **stiffly adverb жестко, с трудом, чопорно, навытяжку** • **stiffness noun** [U] **жесткость, неподвижность, чопорность**

stiff[2] /stɪf/ **adverb bored/scared/worried, etc stiff** (B2) extremely bored, worried, etc **изнемогающий от скуки/испуганный до смерти/обеспокоенный до смерти и т. д.** *The lecture was awful – I was bored stiff.*

stiffen /ˈstɪfᵊn/ **verb** **1** [I, T] to become stiff or to make something become stiff **делать(ся) жестким, густым, чопорным, неподвижным** **2** [I] to suddenly stop moving because you are frightened or angry **застывать, замирать** *She stiffened at the sound of the doorbell.*

stifle /ˈstaɪfl/ **verb** [T] to stop something from happening or continuing **подавлять, сдерживать** *to **stifle** a **sneeze/yawn*** ◦ *Large supermarkets **stifle competition**.*

stifling /ˈstaɪflɪŋ/ **adjective** extremely hot **душный, жаркий** *a stifling summer in Rome*

stigma /ˈstɪgmə/ **noun** [C, U] when people disapprove of something, especially when this is unfair **клеймо позора** *There is still **a stigma attached** to being mentally ill.*

• **stigmatize** (also UK **-ise**) **verb** [T] to treat someone or something unfairly by disapproving of them **клеймить позором** [often passive] *Unmarried mothers were often stigmatized by society in the past.*

> Слова-партнеры к **stigma**
>
> sth **carries** a stigma • the stigma **attached to/surrounding** sth • sth **loses** its stigma • a **social** stigma • the stigma **of (doing)** sth

stiletto /stɪˈletəʊ/ **noun** [C] a shoe with a very high, pointed heel (= part at the bottom and back of a shoe) **туфли на шпильках** *a pair of stilettos*

still[1] /stɪl/ **adverb** **1** (A2) used to say that something is continuing to happen now or that someone is continuing to do something now **все еще** *He's still here if you want to speak to him.* ◦ *Do you still play basketball?* **2** used to say that something continues to be possible **еще** *We could still catch the train if we leave now.* **3** (B1) used to emphasize that you did not expect something to happen because something else makes it surprising **тем не менее** *He didn't do much work but still came top of the class.* ◦ *The weather was terrible. Still, we had a good holiday.* **4 better/harder/worse, etc still** (B2) better/harder/worse, etc than something else **еще лучше/труднее/хуже и т. д.**

S

still[2] /stɪl/ **adjective 1 stand/stay/sit, etc still** B1 to stand, stay, sit, etc without moving **не двигаться/оставаться неподвижным/сидеть смирно и т. д.** *Sit still so I can brush your hair.* **2** A still place is calm and quiet. **спокойный, тихий** *It was night and the whole village was still.* **3** UK B1 A still drink does not have any bubbles in it. **негазированный**
• **stillness noun** [U] **спокойствие, тишина**

still[3] /stɪl/ **noun** [C] a photograph from one moment in a film **кадр из фильма**

stillborn /ˌstɪlˈbɔːn/ US /ˈstɪlˌbɔːn/ **adjective** born dead **мертворожденный** *a **stillborn baby***

stilt /stɪlt/ **noun** [C] **1** one of two long poles that you can stand on and use to walk above the ground **ходуля** [usually plural] *a clown on stilts* **2** one of several poles that support a building above the ground **свая** [usually plural] *a house on stilts*

stilted /ˈstɪltɪd/ **adjective** talking or writing in a formal way that does not sound natural **чопорный** *a **stilted conversation***

stimulant /ˈstɪmjələnt/ **noun** [C] a drug that makes you feel more active and awake **возбуждающее средство** *Coffee contains caffeine which is a stimulant.*

stimulate /ˈstɪmjəleɪt/ **verb** [T] **1** B2 to make something happen or develop more **усиливать деятельность** *It stimulates the production of red blood cells.* **2** B2 to make someone feel interested and excited **возбуждать, стимулировать** *Colourful pictures can stimulate a child.*
• **stimulation** /ˌstɪmjəˈleɪʃən/ **noun** [U] **возбуждение, стимуляция**

stimulating /ˈstɪmjəleɪtɪŋ/ **adjective** interesting and making you think **интересный** *a **stimulating discussion***

stimulus /ˈstɪmjələs/ **noun** [C, U] (plural **stimuli** /ˈstɪmjəlaɪ/) something that makes something else happen, grow, or develop more **стимул** *The report **provided** the **stimulus** for more studies.*

> Слова-партнеры к **stimulus**
>
> act as/provide a stimulus • a stimulus for/to sth

sting[1] /stɪŋ/ **verb** (past tense and past participle **stung**) **1** [T] If an insect, plant, etc stings you, it causes pain by putting poison into your skin. **жалить** *He was stung by a wasp.* **2** [I, T] If your eyes, skin, etc sting, or if something makes them sting, you feel a sudden, burning pain. **жечь, саднить** *That shampoo really made my **eyes sting**.* **3** [T] to upset someone **задевать, уязвлять** [often passive] *She was clearly stung by his criticism.*

sting[2] /stɪŋ/ **noun 1** [C] a painful wound that you get when an insect, plant, etc puts poison into your skin **укус, ожог** *a **wasp/bee sting*** **2** [no plural] a sudden, burning pain in your eyes, skin, etc **ожог, острая боль 3** [no plural] the feeling of being upset by something **мука, боль** *the sting of defeat*

stingy /ˈstɪndʒi/ **adjective** informal not generous **жадный, скаредный** *He's too stingy to buy any drinks.*

stink[1] /stɪŋk/ **verb** [I] (past tense **stank**, also US **stunk**, past participle **stunk**) **1** to smell very bad **вонять** *The kitchen **stinks of** fish.* **2** informal to be very bad and dishonest **быть отвратительным, подозрительным** *If you ask me, the whole affair stinks.*

stink[2] /stɪŋk/ **noun 1 make/cause/create, etc a stink** informal to complain about something in a forceful way **поднимать шум, устраивать скандал 2** [no plural] a very bad smell **вонь**

stint /stɪnt/ **noun** [C] a period of time spent doing something **период времени** *He had a two-year stint as a teacher in Spain.*

stipulate /ˈstɪpjəleɪt/ **verb** [T] formal to say exactly what must be done **предписывать** [+ (that)] *The rules stipulate that smoking is not allowed.*
• **stipulation** /ˌstɪpjəˈleɪʃən/ **noun** [C] **предписание**

stir[1] /stɜːʳ/ **verb** (present participle **stirring**, past tense and past participle **stirred**) **1** [T] B1 to mix food or liquid by moving a spoon round and round in it **мешать, взбалтывать** ***Stir** the **mixture** until it is smooth.* **2** [I, T] to move slightly or make someone move slightly **шевелить(ся)** *The baby stirred in its sleep.* **3** [T] to make someone feel a strong emotion **волновать, возбуждать** *The case has **stirred** great **anger** among the public.*

PHRASAL VERB **stir sth up 1** to cause arguments or bad feelings between people, often intentionally **сеять раздор** *I think she just likes to **stir up trouble**.* **2** If something stirs up memories, it makes you remember events in the past. **вызывать, будить (воспоминания)** *The photographs **stirred up** some painful **memories**.*

stir[2] /stɜːʳ/ **noun 1 cause/create a stir** to make people excited or surprised **вызывать сенсацию** *Her new book has caused quite a stir.* **2** [no plural] when you mix food or liquid with a spoon **помешивание** *Could you give the soup a stir?*

stir-fry /ˈstɜːˌfraɪ/ **verb** [T] to fry small pieces of vegetable, meat, etc very quickly while mixing them around **обжаривать**
• **stir-fry noun** [C] **блюдо из обжаренных овощей, мяса и т. д.**

stirring /ˈstɜːrɪŋ/ **adjective** making people feel excitement or other strong emotions **волнующий** *a **stirring** performance/**speech***

stirrup /ˈstɪrəp/ **noun** [C] one of the two metal parts that support your feet when you are riding a horse **стремя**

stitch[1] /stɪtʃ/ **noun 1** [C] a short line of thread that is sewn through a piece of material **шов 2** [C] one of the small pieces of thread that is used to sew together a cut **шов** *She needed 50 stitches in her head.* **3** [C] one of the small circles of wool that you make when you are knitting (= making something from wool) **петля (в вязанье)** **4** [no plural] a sudden pain that you get in the side of your body when you exercise too much **острая боль** *to get a stitch* **5 in stitches** laughing a lot **(смеяться) до колик** *He had the whole audience in stitches.*

stitch² /stɪtʃ/ **verb** [I, T] to sew two things together or to repair something by sewing **сшивать, зашивать** *I need to get my shoes stitched.*

PHRASAL VERB **stitch sth up** to sew together the two parts of something that have come apart **накладывать швы** *The nurse stitched up my finger.*

stock¹ /stɒk/ **noun** **1** [U] B2 all the goods that are available in a shop **ассортимент** *We're expecting some new stock in this afternoon.* **2 be in stock/out of stock** B2 to be available/not available in a shop **иметься/не иметься в наличии** **3** [C] a supply of something that is ready to be used **запас** [usually plural] *stocks of food/weapons* **4** [C, U] the value of a company, or a share in its value **акция, акционерный капитал** *to buy/sell stock* ◦ *falling/rising* ***stock prices*** **5** [U] a liquid made by boiling meat, bones, or vegetables and used to make soups, sauces, etc **бульон** *chicken/vegetable stock* **6 take stock (of sth)** to think carefully about a situation before making a decision **обдумывать что-либо** → See also **laughing stock**

stock² /stɒk/ **verb** [T] to have something available for people to buy **иметь в продаже** *They stock a wide range of books and magazines.*

PHRASAL VERB **stock up** to buy a lot of something **запасаться** *We'd better* ***stock up on*** *food for the holiday.*

stock³ /stɒk/ **adjective** **stock answer/phrase, etc** an answer/phrase, etc that is always used and so is not really useful **шаблонный ответ/избитая фраза и т. д.**

stockbroker /ˈstɒkˌbrəʊkəʳ/ **noun** [C] someone whose job is to buy and sell stocks and shares in companies for other people **биржевой маклер**

the ˈstock exˌchange **noun** (also **the ˈstock ˌmarket**) **1** the place where stocks and shares in companies are bought and sold **фондовая биржа** **2** the value of stocks and shares being bought and sold **стоимость акций (на бирже)**

stocking /ˈstɒkɪŋ/ **noun** [C] a very thin piece of clothing that covers a woman's foot and leg **чулок** *a pair of stockings*

stockpile /ˈstɒkpaɪl/ **verb** [T] to collect a lot of something, usually so that it can be used in the future **делать запас** *to stockpile food*
• **stockpile noun** [C] **запас, резерв** *a* ***stockpile of weapons***

stocky /ˈstɒki/ **adjective** having a wide, strong, body **приземистый, коренастый** *a short, stocky man*

stoic /ˈstəʊɪk/ **adjective** formal dealing with pain, problems, etc, but never complaining **стоический, стойкий**
• **stoically adverb стоически** • **stoicism** /ˈstəʊɪsɪzəm/ **noun** [U] **стоицизм**

stole /stəʊl/ past tense of steal **прош. вр. гл. steal**

stolen /ˈstəʊlən/ past participle of steal **прич. прош. вр. от гл. steal**

stolid /ˈstɒlɪd/ **adjective** calm and not showing emotion or excitement **бесстрастный, вялый**

stomach¹ /ˈstʌmək/ **noun** [C] (plural **stomachs**) **1** A2 the organ inside your body where food goes after it has been eaten and where it starts to be digested **желудок** **2** A2 the front part of your body just below your chest **живот** *He punched me in the stomach.* → See **The Body** on page Centre 13 **3 have no stomach for sth** to not feel brave enough to do something unpleasant **не испытывать желания что-либо сделать** → See also **have butterflies (in your stomach)**

stomach² /ˈstʌmək/ **verb** informal **can't stomach sth** to be unable to deal with, watch, etc something unpleasant **не выносить чего-либо** *I can't stomach horror movies.*

ˈstomach ˌache **noun** [C, U] A2 pain in your stomach **боль в животе** *I've got terrible stomach ache.*

stomp /stɒmp/ **verb** [I] to put your foot down on the ground hard and quickly, or to walk with heavy steps, usually because you are angry **топать** *He stomped off to his room.*

stone¹ /stəʊn/ **noun** **1** [U] B1 a hard, natural substance that is found in the ground **камень** *a stone wall* **2** [C] B1 a small rock or piece of rock **камень** **3** [C] B1 a hard, valuable substance that is often used in jewellery **драгоценный камень** *precious stones* **4** [C] (plural **stone**) UK a unit for measuring weight, equal to 6.35 kilograms or 14 pounds **стоун** *I gained two stone when I was pregnant.* → See Study Page **Measurements** on page Centre 31 **5** [C] the hard seed that is at the centre of some fruits **косточка (сливы, вишни и т. д.)** *a cherry stone* → See also **stepping-stone**

stone² /stəʊn/ **verb** [T] to kill or hurt someone by throwing stones (= small rocks) at them, usually as a punishment **побить камнями, забить камнями** [often passive] *Two men were* ***stoned to death*** *by the crowd.*

stoned /stəʊnd/ **adjective** informal **1** relaxed or excited because of the effect of drugs **находящийся под действием наркотиков** **2** drunk **пьяный**

stonemason /ˈstəʊnˌmeɪsən/ **noun** [C] someone who makes things from stone **каменщик**

stony /ˈstəʊni/ **adjective** **1** covered with or containing stones (= small rocks) **каменистый**

S

a stony path/road **2** not friendly, usually because you are angry **холодный** *a* ***stony silence***

stood /stʊd/ past of stand **прош. вр. и прич. прош. вр. от гл. stand**

stool /stuːl/ **noun** [C] B2 a seat that does not have a back or arms **табуретка** *a piano/bar stool*

stool

stoop¹ /stuːp/ **verb** [I] to bend the top half of your body forward and down **наклоняться** *He stooped to pick up the letter.*

PHRASAL VERB **stoop to sth/doing sth** to do something bad that will give you an advantage **опуститься до чего-либо** *I can't believe he would stoop to blackmail.*

stoop² /stuːp/ **noun** **1** [no plural] when the upper part of your body is bent forwards **сутулость** *He has a slight stoop.* **2** [C] US a raised area in front of the door of a house, with steps leading up to it **крыльцо**

stop¹ /stɒp/ **verb** (present participle **stopping**, past tense and past participle **stopped**) **1** [I, T] A1 to finish doing something that you were doing **прекращать, останавливаться** [+ doing sth] *Stop laughing – it's not funny.* ◦ *He started to say something and then stopped.* ◦ *I'm trying to work but I keep having to stop to answer the phone (= stop so that I can answer the telephone).* **2** [I] A2 to stop a journey or an activity for a short time **делать остановку, перерыв** *He stopped at a pub for lunch.* **3** [I, T] B1 to not continue to operate, or to make something not continue to operate **останавливать(ся)** *My watch has stopped.* ◦ *Can you stop the video for a minute?* **4** [I, T] B1 to not move any more, or make someone or something not move any more **останавливать(ся)** *A car stopped outside the house.* ◦ *I stopped someone in the street to ask for directions.* **5** [I] A2 If a bus, train, etc stops at a particular place, it pauses at that place so that people can get on and off. **останавливаться** *Does this train* ***stop at*** *Cambridge?* **6** [T] B1 to make something end **прекращать** *We must find a way to stop the war.* **7** [T] B1 to prevent something from happening or someone from doing something **предотвращать** [+ from + doing sth] *Health workers are trying to stop the disease from spreading.* **8 Stop it/that!** A1 used to tell someone to finish doing something, usually something annoying **прекрати!** *Stop it! I can't concentrate if you keep making a noise.* **9 stop a cheque** UK (US **stop a check**) to prevent money from being paid from a cheque (= a piece of paper that you sign to pay for things) **останавливать платеж по чеку** → See also stop at **nothing**, stop the **rot²**

PHRASAL VERBS **stop by (sth)** to visit a person or place for a short time **заходить, навещать** *If you're passing our house, why don't you stop by sometime?* • **stop off** to visit a place for a short time when you are going somewhere else **заезжать** *We stopped off in Paris for a couple of days before heading south.*

stop² /stɒp/ **noun** [C] **1** A1 a place where a bus or train stops so that people can get on or off **остановка (автобуса и т. д.)** *We need to get off at the next stop.* **2 put a stop to sth** to end something unpleasant **положить конец чему-либо** *We must put a stop to the violence.* **3** a place where you stop on a journey, or the time that you spend there **остановка** *We had an overnight stop in Singapore.* **4 come to a stop** B1 to stop moving **останавливаться** *The car came to a stop in front of an old cottage.*

IDIOM **pull out all the stops** to do everything you can to make something succeed **ни перед чем не останавливаться, ничего не жалеть**

→ See also **bus stop**, **full stop**

stoplight /ˈstɒplaɪt/ **noun** [C] US a set of red, green, and yellow lights that is used to stop and start traffic **светофор**

stopover /ˈstɒpˌəʊvəʳ/ **noun** [C] B2 a short stop between parts of a journey, especially a plane journey **остановка, пересадка**

stoppage /ˈstɒpɪdʒ/ **noun** [C] when people stop working because they are angry about something their employers have done **прекращение работы, забастовка**

stopwatch /ˈstɒpwɒtʃ/ **noun** [C] a watch that can measure exactly how long it takes to do something and that is often used in sports activities **секундомер**

storage /ˈstɔːrɪdʒ/ **noun** [U] B2 when you put things in a safe place until they are needed **хранение** *We had to put our furniture into storage.*

store¹ /stɔːʳ/ **noun** [C] **1** mainly US B1 a shop **магазин** *a book store* ◦ *She works at a men's clothing store.* **2** a supply of something that you are keeping to use later **запас** *a store of grain* **3 be in store (for sb)** If something is in store for you, it will happen to you in the future. **ждать кого-либо, предстоять кому-либо** *There's a surprise in store for you!*

IDIOM **set great store by sth** UK to believe that something is very important **придавать большое значение чему-либо** *Martina sets great store by physical strength and fitness.*

→ See also **chain store**, **convenience store**, **department store**, **liquor store**

store² /stɔːʳ/ **verb** [T] **1** (also **store away**) B2 to put something somewhere and not use it until you need it **хранить** *We have a lot of old clothes stored in the attic.* **2** B2 to keep information on a computer **хранить, сохранять** *All the data is stored on a server.*

storeroom /ˈstɔːruːm/ **noun** [C] a room where goods are kept until they are needed **кладовая**

storey UK (US **story**) /ˈstɔːri/ **noun** [C] B2 a level of a building **этаж** *a three-storey house*

stork /stɔːk/ **noun** [C] a large, white bird with very long legs which walks around in water to find its food **аист**

storm¹ /stɔːm/ **noun** [C] **1** A2 very bad weather with a lot of rain, snow, wind, etc **буря, ураган** *a snow/thunder storm* **2 a storm of controversy/protest, etc** a strong, negative reaction to something that has been said or done **взрыв негодования/буря протеста и т. д.**

> **Слова-партнеры к storm**
>
> an **approaching/gathering** storm • a **fierce/severe/violent** storm • a storm **breaks** • a storm **abates/passes**

storm² /stɔːm/ **verb 1** [T] to attack a building, town, etc, using violence **штурмовать** *Armed police stormed the embassy and arrested hundreds of protesters.* **2 storm into/out of, etc** to enter or leave a place in a very noisy way because you are angry **врываться/выскакивать и т. д.** *He stormed out of the meeting.*

ˈstorm ˌsurge noun [C] when a lot of water is pushed from the sea onto the land, usually caused by a hurricane (= a violent storm with very strong winds) **штормовой нагон (воды)**

stormy /ˈstɔːmi/ **adjective 1** If it is stormy, the weather is bad with a lot of wind and rain. **штормовой, грозовой** *a* ***stormy night*** ◦ ***stormy seas*** **2** A stormy relationship or situation involves a lot of anger and arguments. **бурный, яростный** *a* ***stormy relationship*** ◦ *a stormy meeting/debate*

story /ˈstɔːri/ **noun** [C] **1** A2 a description of a series of real or imaginary events which is intended to entertain people **рассказ, повесть, история** *a horror/detective story* ◦ *the story of the revolution* ◦ ***Tell** us **a story**, Mum.* ◦ *She* ***reads stories*** *to the children every night.* **2** a report in a newspaper, magazine, or news programme **репортаж** *Today's main story is the hurricane in Texas.* **3** an explanation of why something happened, which may not be true **байка, россказни** *Did he tell you the same story about why he was late?* **4** US spelling of storey **этаж**

> **Слова-партнеры к story**
>
> **read/listen to** a story • **tell** sb a story • a story **about/of** sth

stout¹ /staʊt/ **adjective 1** quite fat **полный, тучный** *a short, stout man* **2** If shoes or other objects are stout, they are strong and thick. **крепкий, прочный**

stout² /staʊt/ **noun** [C, U] a very dark beer **крепкий портер**

stove /stəʊv/ **noun** [C] **1** a piece of equipment that you cook on **кухонная плита** *I've left some soup* ***on the stove*** *for you.* → See **The Kitchen** on page Centre 2 **2** a piece of equipment that burns coal, gas, wood, etc and is used for heating a room **печь**

stow /stəʊ/ **verb** [T] (also **stow away**) to put something in a particular place until it is needed **убирать, хранить** *Our camping equipment is stowed away in the loft.*

stowaway /ˈstəʊəˌweɪ/ **noun** [C] someone who hides on a ship or aircraft so that they can travel without paying **безбилетный пассажир (на корабле, самолете)**

straddle /ˈstrædl/ **verb** [T] **1** to sit or stand with one leg on either side of something **сидеть верхом, оседлать** *He straddled the chair.* **2** to be on both sides of a place **находиться по обе стороны чего-либо** *Niagara Falls straddles the Canadian border.*

straggle /ˈstrægl/ **verb** [I] **1** to move more slowly than other members of a group **отставать, отбиваться** *Some runners are straggling a long way behind.* **2** to grow or spread out in an untidy way **быть разбросанным, беспорядочно расти** *I could see a line of straggling bushes.*

straggly /ˈstrægli/ **adjective** growing or spreading out in an untidy way **неаккуратный, беспорядочный** *a* ***straggly beard***

straight¹ /streɪt/ **adjective 1** A2 not curved or bent **прямой** *a straight road* ◦ *straight hair* **2** B2 in a position that is level or vertical **ровный** *That shelf's not straight.* **3** [always before noun] one after another **идущий подряд** *They've won five straight games so far.* **4** B2 honest **честный, откровенный** *a* ***straight answer*** **5** An alcoholic drink that is straight is not mixed with water, ice, etc. **неразбавленный 6 get sth straight** to make sure that you completely understand a situation **разобраться в чем-либо** *Let me get this straight – am I paying for this?* **7** informal not homosexual **гетеросексуальный** → See also keep a straight **face¹**

straight² /streɪt/ **adverb 1** A2 in a straight line **прямо** *It's* ***straight ahead.*** ◦ *He was looking straight at me.* **2** B1 immediately **сразу** *I went straight back to sleep.* **3 sit up/stand up straight** B2 to sit or stand with your body vertical **сидеть/стоять прямо 4 not think straight** If you cannot think straight, you are not thinking clearly about something. **быть не в состоянии собраться с мыслями** *I was so tired, I couldn't think straight.* **5 tell sb straight (out)** to tell someone the truth in a clear way **говорить прямо** *I told him straight that he wasn't getting a pay increase.* **6 straight away** B1 immediately **немедленно** *Go there straight away.*

straighten /ˈstreɪtᵊn/ **verb** [I, T] to become straight or to make something straight **выпрямлять(ся)**

PHRASAL VERBS **straighten sth out** to successfully deal with a problem or a confusing situation **разобраться, выяснить** *We need to straighten a few things out.* • **straighten sth up** to make a

S

place tidy **приводить в порядок** *Could you straighten up your room?* • **straighten up** to stand so that your back is straight **выпрямляться**

straightforward /ˌstreɪtˈfɔːwəd/ **adjective 1** B2 easy to do or understand **простой, понятный** *The task looked fairly straightforward.* **2** saying clearly and honestly what you think **прямой, откровенный** *She's very straightforward.*

strain[1] /streɪn/ **noun 1** [C, U] B2 when you feel worried and nervous about something **напряжение** *The strain of the last few months had exhausted her.* **2 put a strain on sb/sth** to cause problems for someone or to make a situation difficult **усложнять что-либо, подвергать стрессу** *Children put tremendous strains on a marriage.* **3** [C, U] an injury to part of your body that is caused by using it too much **растяжение** *back strain* **4** [U] B2 when something is pulled or stretched too tightly **натяжение** *The rope broke* ***under the strain***. **5** [C] a type of disease or plant **разновидность** *a new strain of virus*

> **Слова-партнеры к strain**
>
> **feel** the strain • be **under** strain • the strain **of doing sth**

strain[2] /streɪn/ **verb 1** [I, T] to try hard to do something, usually to see or hear something **напрягать (зрение, слух)** [+ to do sth] *I had to strain to hear the music.* **2** [T] B2 to injure part of your body by using it too much **растягивать** *I think I've strained a muscle.* **3** [T] to cause problems for a situation or relationship **усложнять** *The incident has strained relations between the two countries.* **4** [T] to cause too much of something to be used, especially money **истощать** *The war is straining the defence budget.* **5** [T] to separate solids from a liquid by pouring the mixture into a container with small holes in it **процеживать** *Strain the sauce to remove the seeds and skins.*

strained /streɪnd/ **adjective 1** showing that someone is nervous or anxious **напряженный** *We had a rather* ***strained conversation***. **2** If a relationship is strained, problems are spoiling that relationship. **напряженный** ***Relations*** *are still* ***strained*** *between the two countries.* ◦ *They have a rather* ***strained relationship***.

strait /streɪt/ **noun** [C] a narrow area of sea that connects two large areas of sea **пролив** [usually plural] *the straits of Florida*

strait-jacket /ˈstreɪtˌdʒækɪt/ **noun** [C] a special jacket used for mentally ill people that prevents them from moving their arms **смирительная рубашка**

strand /strænd/ **noun** [C] **1** a thin piece of hair, thread, rope, etc **прядь, нитка, веревка** *She tucked a* ***strand of hair*** *behind her ear.* **2** one part of a story, situation, idea, etc **сюжетная линия** *There are a number of different strands to the plot.*

stranded /ˈstrændɪd/ **adjective** unable to leave a place **застрявший, оказавшийся в затруднительном положении** *We were stranded at the airport for ten hours.*

strange /streɪndʒ/ **adjective 1** A2 If something is strange, it is surprising because it is unusual or unexpected. **странный** [+ (that)] *It's strange that she hasn't called.* ◦ *It's midnight and he's still at work – that's strange.* ◦ *What a strange-looking man.* **2** B1 A strange person or place is one that you are not familiar with. **незнакомый, чужой** *I was stuck in a strange town with no money.*

• **strangely adverb** B2 **странно** *She's been behaving very strangely (= in an unusual way) recently.*

> **Другие способы сказать strange**
>
> Синонимами прилагательного **strange** являются **odd, bizarre** и **weird.**
>
> *I always thought there was something a bit* ***odd*** *about her.*
>
> *I had a really* ***bizarre/weird*** *dream last night.*
>
> Если какой-то объект странен, поскольку отличается от общепринятого, то его можно охарактеризовать как **curious**, **funny** и **peculiar**.
>
> *This lemonade tastes* ***funny***.
>
> *The chicken had a* ***peculiar*** *smell.*
>
> *A* ***curious*** *thing happened to me yesterday.*
>
> Если кто-то постоянно странно себя ведет, то его можно охарактеризовать как **eccentric.**
>
> *The whole family are* ***eccentric***.

stranger /ˈstreɪndʒəʳ/ **noun** [C] **1** B1 someone you have never met before **незнакомец** *I can't just walk up to a complete stranger and start speaking to them.* **2 be no stranger to sth** to have a lot of experience of something **хорошо знать что-либо, знать не понаслышке** *He's no stranger to hard work himself.*

strangle /ˈstræŋgl/ **verb** [T] **1** to kill someone by pressing their throat with your hands, a rope, wire, etc **задушить** [often passive] *Police believe the victim was strangled.* **2** to prevent something from developing **подавлять, душить** *High-level corruption is strangling the economy.*

stranglehold /ˈstræŋglhəʊld/ **noun** [no plural] a position of complete control that prevents something from developing **мертвая хватка** *Two major companies have a* ***stranglehold on*** *the market.*

strap /stræp/ **noun** [C] a narrow piece of material used to fasten two things together or to carry something **ремешок, лямка** *a watch strap* ◦ *a bra strap* ◦ *I want a bag with a shoulder strap.*

• **strap verb** [T] (present participle **strapping**, past tense and past participle **strapped**) to fasten something using a strap **скреплять ремнями**

strategic /strəˈtiːdʒɪk/ **adjective** **1** helping to achieve a plan, usually in business or politics **стратегический** ***strategic planning*** **2** related to fighting a war **стратегический** ***strategic weapons*** **3** If something is in a strategic position, it is in a useful place for achieving something. **стратегически важный**
• **strategically adverb стратегически**

strategy /ˈstrætədʒi/ **noun** **1** [C] (B2) a plan that you use to achieve something **стратегия, подход** *an* ***economic strategy*** ◦ *a* ***long-term strategy*** **2** [U] the act of planning how to achieve something **стратегия** *a* ***military strategy***

> Слова-партнеры к **strategy**
>
> **adopt/develop/have** a strategy • a strategy **for** doing sth • the strategy **of** doing sth • an **economic** strategy • a **long-term/short-term** strategy • a **sales** strategy

straw /strɔː/ **noun** **1** [U] the long, dried stems of plants such as wheat (= plant for grain), often given to animals for sleeping on and eating **солома** *a straw hat* **2** [C] a thin plastic or paper tube that you use for drinking through **соломинка**

IDIOM **the final/last straw** the last in a series of unpleasant events which finally makes you stop accepting a bad situation **последняя капля** *Last week he came home drunk at five in the morning, and that was the last straw.*

strawberry /ˈstrɔːbəri/ **noun** [C] (B1) a small, red fruit with a green leaf at the top and small, brown seeds on its surface **клубника**

stray¹ /streɪ/ **verb** [I] **1** to move away from the place where you should be, without intending to **сбиться с пути, заблудиться** *I suddenly realized that I had* ***strayed*** *far* ***from*** *the village.* **2** to start thinking or talking about a different subject from the one you should be giving attention to **отклоняться, отвлекаться** *We seem to have* ***strayed from*** *the original* ***subject****.*

stray² /streɪ/ **adjective** [always before noun] **1** A stray animal is lost or has no home. **бродячий, бездомный** *a* ***stray dog*** **2** A stray piece of something has become separated from the main part. **отдельный, случайный** *a stray hair*

stray³ /streɪ/ **noun** [C] an animal that is lost or has no home **заблудившееся или бездомное животное**

streak¹ /striːk/ **noun** [C] **1** a thin line or mark **полоска, прядь** *She has a streak of white hair.* **2** a quality in someone's character, especially a bad one **черта характера** *Tom has a* ***mean/ruthless streak****.* **3 a winning/losing streak** a period of always winning/losing a game **полоса удач/неудач** *I'm* ***on a winning streak****.*

streak² /striːk/ **verb** **1 streak across/down/through, etc** to move quickly **мчаться, проноситься по/к/через и т. д.** *The plane streaked across the sky.* **2 be streaked with sth** to have thin lines of a different colour **быть с вкраплениями, прожилками, тронутые (сединой)** *His dark hair was lightly streaked with grey.*

stream

stream¹ /striːm/ **noun** [C] **1** (B1) a small river **ручей** **2 a stream of sth a** (B2) a line of people or vehicles moving in the same direction **поток, вереница** *a constant stream of traffic* **b** a large number of similar things that happen or appear one after another **вереница, череда** *He has produced a steady stream of books.* **c** (B2) a moving line of liquid, gas, smoke, etc **струя, поток** *A stream of smoke was coming from the chimney.*

stream² /striːm/ **verb** **1 stream down/in/through, etc** to move or flow continuously in one direction **течь, струиться** *Tears were streaming down her face.* **2** [T] to listen to or watch something on a computer directly from the Internet **слушать или смотреть на компьютере что-либо, напрямую взятое из Интернета**

streamer /ˈstriːməʳ/ **noun** [C] a long, narrow piece of coloured paper that you use to decorate a room or place for a party **серпантин**

streamline /ˈstriːmlaɪn/ **verb** [T] **1** to make an organization or process simpler and more effective **рационализировать** *We need to streamline our production procedures.* **2** to give a vehicle a smooth shape so that it moves easily through air or water **придавать обтекаемую форму**

street /striːt/ **noun** [C] (A1) a road in a town or city that has houses or other buildings **улица** *We live on the same street.* ◦ *a street map*

IDIOMS **the man/person, etc in the street** a typical, ordinary person **обыкновенный, средний человек** • **be right up sb's street** UK informal (US **be right up sb's alley**) to be exactly the type of thing that someone knows about or likes to do **быть по чьей-либо части**

S

I've got a little job here which should be right up your street. • **be streets ahead (of sb/sth)** UK to be much better or more advanced than someone or something else **намного опережать кого-либо/что-либо** *American film companies are streets ahead of their European rivals.*

→ See also **high street**, **Wall Street**

streetcar /ˈstriːtkɑːʳ/ **noun** [C] US (UK/US **tram**) an electric vehicle for carrying passengers, mostly in cities, which runs along metal tracks in the road **трамвай**

ˈstreet ˌlight noun [C] (also **ˈstreet ˌlamp**) a light on a tall post next to a street **уличный фонарь** → See picture at **light**

streetwise /ˈstriːtwaɪz/ **adjective** (US also **street-smart**) Someone who is streetwise knows how to manage dangerous or difficult situations in big towns or cities. **тот, кто знает, как действовать в опасных или сложных ситуациях, возникающих в большом городе**

strength /streŋθ/ **noun 1** [U] B2 when someone or something is strong **сила** *upper-body strength* ◦ *A good boxer needs skill as well as strength.* **2** [U] the power or influence that an organization, country, etc has **могущество** *economic strength* **3** [U] when you are brave or determined in difficult situations **сила воли, решительность** *I think she showed great **strength of character**.* **4** [C] a good quality or ability that makes someone or something effective **достоинство, сильная сторона** *We all have our **strengths and weaknesses**.* ◦ *The great strength of this arrangement is its simplicity.* **5** [U] how strong a feeling or opinion is **сила** *There is great **strength of feeling** against tax increases.* **6** [U] the value of a country's money **стабильность, устойчивость** *The strength of the dollar has traders worried.* **7 at full strength** with the necessary number of people **в полном составе** *Our team is now at full strength.* **8 on the strength of sth** If you do something on the strength of facts or advice, you do it because of them. **в силу, на основании чего-либо** *On the strength of this year's sales figures, we've decided to expand the business.*

IDIOM **go from strength to strength** UK to continue to become more successful **постоянно расти, улучшаться**

→ See also a **tower**[1] of strength

Слова-партнеры к strength

full/great/superhuman strength • **draw/have/muster/regain/sap** strength

strengthen /ˈstreŋθᵊn/ **verb** [I, T] B2 to become stronger or make something become stronger **укреплять(ся)** *exercises to strengthen the leg muscles*

strenuous /ˈstrenjuəs/ **adjective** using or needing a lot of effort **требующий усилий** ***strenuous exercise***

stress[1] /stres/ **noun 1** [C, U] B1 feelings of worry caused by difficult situations such as problems at work **напряжение, стресс** *work-related stress* ◦ *She's been **under** a lot of **stress** recently.* **2** [U] special importance that you give to something **значение** *At school, they **laid** great **stress** on academic achievement.* **3** [C, U] physical force on something **нагрузка** *Jogging **puts** a lot of **stress on** your knee joints.* **4** [U] B2 when you say one part of a word more strongly **ударение** *In the word 'blanket', the **stress** is **on** the first syllable.*

Слова-партнеры к stress

be **under** stress • **cope with/deal with/handle** stress • **alleviate/combat/reduce/relieve** stress • stress **levels**

stress[2] /stres/ **verb 1** [T] B2 to emphasize something in order to show that it is important **подчеркивать** [+ (that)] *I stressed that this was our policy.* **2** [I] informal to be worried **беспокоиться** *Stop stressing about tonight – it'll be fine.*

stressed /strest/ **adjective** (also **stressed out**) B1 worried and not able to relax **напряженный, подверженный стрессу** *Tanya's really stressed out about her exams.*

stressful /ˈstresfᵊl/ **adjective** B1 making you stressed **напряженный, ведущий к стрессу** *a **stressful job***

stretch[1] /stretʃ/ **verb 1** [I, T] B2 to become longer or wider, or to pull something so that it becomes longer or wider **растягивать(ся)** *Don't pull my sweater – you'll stretch it.* **2** [I, T] B2 to make your body or part of your body straighter and longer **тянуть(ся), вытягивать** *Stretch your arms above your head.* **3 stretch away/into, etc** to cover a large area **простираться** *The fields stretched away into the distance.* **4 stretch into/over, etc** to continue for a long period of time **затягиваться до/на и т. д.** *The discussions will probably stretch into next month.* → See also stretch your legs (**leg**), bend/stretch the rules (**rule**[1])

PHRASAL VERB **stretch out** to lie with your legs and arms spread out in a relaxed way **растягиваться**

stretch[2] /stretʃ/ **noun** [C] **1** C1 an area of land or water **протяжение, участок** *a stretch of coastline* **2** a continuous period of time **срок, промежуток времени** *He often worked ten hours **at a stretch**.* **3** when you stretch part of your body **потягивание** *I always **do** a few **stretches** before I go jogging.*

IDIOM **not by any stretch of the imagination** used to say that something, often a description, is certainly not true **при большом воображении** *She was never a great player, not by any stretch of the imagination.*

S

stretcher /ˈstretʃəʳ/ noun [C] a flat structure covered with cloth which is used to carry someone who is ill or injured **носилки**

stricken /ˈstrɪkᵊn/ adjective suffering from the effects of something bad, such as illness, sadness, etc **пораженный, оцепеневший** *a child stricken by fear* → See also **panic-stricken, poverty-stricken**

strict /strɪkt/ adjective **1** Ⓑ1 A strict person makes sure that children or people working for them behave well and does not allow them to break any rules. **строгий, требовательный** *a strict teacher* ◦ *My parents were very* ***strict with*** *us.* **2** Ⓑ2 If a rule, law, etc is strict, it must be obeyed. **строгий, точный** *She gave me* ***strict instructions*** *to be there by ten.* **3** [always before noun] Ⓑ2 always behaving in a particular way because of your beliefs **строгий** *a strict Muslim* **4** exactly correct **точный** *a strict translation of a text*

strictly /ˈstrɪktli/ adverb **1** Ⓑ2 exactly or correctly **строго, точно** *That's not* ***strictly*** *true.* ◦ ***Strictly speaking*** *(= The rules say), we're not allowed to give you any advice.* **2** done or existing for a particular person or purpose **исключительно** *Her visit is strictly business.* **3 strictly forbidden/prohibited** Ⓑ2 used to emphasize that something is not allowed **строго запрещается**

stride[1] /straɪd/ verb (past tense **strode**) **stride across/down/into, etc** to walk somewhere with long steps **шагать через/по/в и т. д.** *She strode across the stage.*

stride[2] /straɪd/ noun [C] a long step when walking or running **широкий шаг**

IDIOMS **get into your stride** UK (US **hit your stride**) to start to do something well and with confidence because you have been doing it for a period **приниматься за дело** *Once I get into my stride, I'm sure I'll work much faster.* • **take sth in your stride** UK (US **take sth in stride**) to calmly deal with something that is unpleasant and not let it affect what you are doing **спокойно воспринимать что-либо, легко переносить что-либо** *There are often problems at work but she seems to take it all in her stride.*

strident /ˈstraɪdᵊnt/ adjective **1** expressed in a strong way **резкий, громогласный** ***strident criticism*** **2** loud and unpleasant **пронзительный, резкий** *a* ***strident voice***

strife /straɪf/ noun [U] formal trouble or disagreement between people **конфликт, борьба**

strike[1] /straɪk/ verb (past tense and past participle **struck**) **1** [T] Ⓑ1 to hit someone or something **ударять, стукнуть** *His car went out of control and struck a tree.* ◦ *I've never heard of anyone being* ***struck by lightning****.* **2** [T] Ⓑ2 If a thought or idea strikes you, you suddenly think of it. **приходить в голову, осенять** [+ (that)] ***It struck me*** *that I'd forgotten to order the champagne.* **3 strike sb as sth** If someone strikes you as having a particular quality, they seem to have that quality. **производить какое-либо впечатление, казаться каким-либо** *He didn't strike me as a passionate man.* **4** [I] Ⓑ2 to stop working for a period of time because you want more money, etc **бастовать** *Bus drivers are threatening to strike.* **5** [T] If something bad strikes something or someone, it affects them strongly and quickly. **обрушиваться** *The hurricane struck the coast at about eight in the morning.* **6** [I] to attack suddenly **нападать, атаковать** *The marines will strike at dawn.* **7** [I, T] If a clock strikes, a bell rings to show what the time is. **бить (о часах)** **8 strike gold, oil, etc** to find a supply of gold, oil, etc in the ground **открывать месторождение золота, нефти и т. д.** **9 strike a match** to light a match in order to produce fire **зажигать спичку** **10 strike a balance** to give two things the same amount of attention **добиваться равновесия** *It's important to* ***strike a balance between*** *spending and saving.* **11 strike a deal** If two people strike a deal, they promise to do something for each other which will give them both an advantage. **заключать сделку** *The book's author has struck a deal with a major film company.* → See also strike a **chord** (with sb), be struck **dumb**

PHRASAL VERBS **strike back** to attack someone who has attacked you **наносить ответный удар** • **strike out 1** to start moving towards somewhere in a determined way **быстро направляться, устремляться** *She* ***struck out for*** *the opposite bank.* **2** US informal to fail at something **терпеть неудачу** *I really struck out with her – she wouldn't even let me kiss her goodbye.* • **strike sth out** to draw a line through something wrong that you have written **вычеркивать, зачеркивать** • **strike up sth** to start a conversation or relationship with someone **завязывать разговор или знакомство** *I* ***struck up*** *a* ***conversation*** *with a guy who worked behind the bar.*

strike[2] /straɪk/ noun **1** [C, U] Ⓑ1 a period of time when people are not working because they want more money, etc **забастовка** *Teachers are planning to* ***go on strike*** *next month.* **2** [C] a sudden military attack **удар, атака, налет** *an air strike* → See also **hunger strike**

> Слова-партнеры к **strike (noun)**
> be on/go on strike • a strike over sth • strike action

striker /ˈstraɪkəʳ/ noun [C] **1** someone who is on strike **забастовщик** **2** a football player whose job is to score goals **нападающий**

striking /ˈstraɪkɪŋ/ adjective **1** Ⓑ2 easily noticed **поразительный** *There's a* ***striking resem-***

S

blance between them. **2** very attractive эффектный *She's very striking.*

string¹ /strɪŋ/ **noun** **1** [C, U] B2 very thin rope used for tying things веревка, бечевка *a ball of string* **2** [C] B2 a piece of wire that is part of a musical instrument струна *guitar strings* **3** **a string of beads/pearls** a set of decorative things joined together on a thread, worn as jewellery нитка бус/жемчуга **4** **a string of sth** a number of similar things вереница, ряд *a string of questions* ◦ *As a writer, she's enjoyed a string of successes.*

IDIOMS **no strings (attached)** If there are no strings attached to an offer or arrangement, there is nothing that is unpleasant that you have to accept. без каких-либо условий *I'll drive you home – no strings attached.* • **pull strings** to secretly use the influence that you have over important people to get something or to help someone пускать в ход связи, знакомства

string² /strɪŋ/ **verb** [T] (past tense and past participle **strung**) to hang something somewhere with string вешать, протягивать *They had strung flags across the entrance to welcome us home.*

PHRASAL VERBS **string sb along** to deceive someone for a long time about what you are intending to do водить кого-либо за нос • **be strung out** If a group of things or people are strung out somewhere, they are in a line with spaces between them. расставлять что-либо в ряд, растягивать вереницей *There were chairs strung out across the room.*

stringent /ˈstrɪndʒənt/ **adjective** Stringent controls, rules, etc are very strict or extreme. строгий

the strings /strɪŋz/ **noun** [plural] the people in a musical group who play instruments with strings on them such as the violin струнные инструменты (оркестра)

strip¹ /strɪp/ **verb** (present participle **stripping**, past tense and past participle **stripped**) **1** [I, T] (also UK **strip off**) to remove all your clothes, or to remove all someone else's clothes раздевать(ся) *She was stripped and searched by the guards.* ◦ *He stripped off his clothes and ran into the sea.* **2** [T] (also **strip off**) to remove a covering from the surface of something сдирать, счищать *to strip paint/wallpaper off the wall*

PHRASAL VERB **strip sb of sth** to take something important away from someone as a punishment отбирать что-либо у кого-либо, лишать кого-либо чего-либо *He was **stripped of** his gold **medal**.*

strip² /strɪp/ **noun** [C] **1** a long, narrow piece of something лента, полоска *a strip of paper/plastic* **2** a long, narrow area of land or water полоса земли или воды **3** entertainment in which someone takes off their clothes in a sexually exciting way стриптиз *a strip club/show* → See also **comic strip**

stripe /straɪp/ **noun** [C] B1 a long, straight area of colour полоска *white with blue stripes* → See picture at **horizontal**

striped /straɪpt/ **adjective** with a pattern of stripes полосатый, в полоску *a striped shirt*

stripey /ˈstraɪpi/ **adjective** another spelling of stripy полосатый, в полоску

stripper /ˈstrɪpəʳ/ **noun** [C] someone who takes off their clothes in a sexually exciting way to entertain people стриптизер, стриптизерша

striptease /ˈstrɪptiːz/ **noun** [C, U] entertainment in which someone takes off their clothes in a sexually exciting way стриптиз

stripy (also **stripey**) /ˈstraɪpi/ **adjective** with a pattern of stripes полосатый, в полоску *stripy trousers*

strive /straɪv/ **verb** [I] (past tense **strove**, **strived**, past participle **striven**, **strived**) formal to try very hard to do or achieve something стремиться *to **strive for** happiness/peace* ◦ [+ to do sth] *We are constantly striving to improve our service.*

strode /strəʊd/ past of stride прош. вр. и прич. прош. вр. от гл. stride

stroke¹ /strəʊk/ **noun** [C] **1** B2 a sudden problem in your brain that changes the flow of blood and makes you unable to move part of your body инсульт *to **have/suffer** a **stroke*** **2** a movement that you make against something with your hand, a pen, brush, etc штрих, мазок *a **brush stroke*** **3** a style of swimming стиль плавания **4** when you move your arm and hit the ball in sports such as tennis, golf, etc удар

IDIOM **a stroke of luck** something good that happens to you by chance удача, везение *He had exactly the part that I needed so that was a stroke of luck.*

stroke² /strəʊk/ **verb** [T] B2 to gently move your hand over a surface гладить (рукой) *to stroke a cat/dog* ◦ *He stroked her hair.*

stroll /strəʊl/ **verb** **stroll along/down/through, etc** to walk somewhere in a slow and relaxed way прогуливаться по/к/через и т. д. *They strolled along the beach.*

• **stroll noun** [C] прогулка *Shall we **go for a stroll** around the garden?*

stroller /ˈstrəʊləʳ/ **noun** [C] US (UK **pushchair**) a chair on wheels which is used to move small children прогулочная детская коляска

strong /strɒŋ/ **adjective** **1** A2 A strong person or animal is physically powerful. сильный *Are you strong enough to lift this table on your own?* **2** B1 A strong object does not break easily or can support heavy things. прочный, крепкий *a strong box/chair* **3** B2 of a good quality or level and likely to be successful сильный *a strong competitor/team* ◦ *a strong economy* **4** B2 A strong feeling, belief, or opinion is felt in a very deep and serious way. сильный, глубо-

S

кий *a strong sense of pride* **5** B1 If a taste, smell, etc is strong, it is very noticeable. **резкий, сильный** *There's a strong smell of burning.* **6** B2 If a person or their personality is strong, they are confident and able to deal with problems well. **твердый, решительный** **7** containing a lot of alcohol **крепкий** *a strong drink* **8** B1 If a friendship, relationship, etc is strong, it is likely to last for a long time. **крепкий, прочный** **9 strong chance/possibility, etc** something that is very likely to happen **большая вероятность** *There's a strong possibility of rain this afternoon.* **10 strong opposition/support, etc** a lot of opposition/support, etc **сильная оппозиция/решительная поддержка и т. д.** **11 strong language** words that some people might consider to be offensive **сильные выражения, ругательства** **12 sb's strong point** something that someone is very good at **чья-либо сильная сторона** *Cooking is not my strong point.* **13 be still going strong** continuing to be successful after a long time **быть в полной силе, процветать**

strongly /ˈstrɒŋli/ **adverb** B2 very much or in a very serious way **решительно** *He is **strongly opposed** to violence of any sort.* ◦ *I **strongly believe** that we should take action.*

strong-willed /ˌstrɒŋˈwɪld/ **adjective** very determined to do what you want to do **волевой, решительный**

stroppy /ˈstrɒpi/ **adjective** UK informal angry or arguing a lot **несговорчивый** *a stroppy teenager*

strove /strəʊv/ past tense of strive **прош. вр. гл. strive**

struck /strʌk/ past of strike **прош. вр. и прич. прош. вр. от гл. strike**

structural /ˈstrʌktʃərəl/ **adjective** relating to the structure of something **структурный, конструкционный** ***structural damage*** ◦ *The last five years have seen big **structural changes** in the company.*
• **structurally adverb структурно, конструктивно**

structure¹ /ˈstrʌktʃəʳ/ **noun** **1** [C, U] B2 the way that parts of something are arranged or put together **структура** *cell structure* ◦ *grammatical structure* **2** [C] a building or something that has been built **здание, строение**

structure² /ˈstrʌktʃəʳ/ **verb** [T] to arrange something in an organized way **организовывать** *How is the course structured?*

struggle¹ /ˈstrʌgl/ **verb** [I] **1** B2 to try very hard to do something difficult **стараться изо всех сил** [+ to do sth] *He's struggling to pay off his debts.* **2** B2 to fight someone when they are holding you **сопротивляться, отбиваться** *She struggled but couldn't break free.*

PHRASAL VERB **struggle on** to continue doing something that is difficult **продолжать делать усилия**

struggle² /ˈstrʌgl/ **noun** [C] **1** B2 when you try very hard to do something difficult **усилие** *It was a real struggle to stay awake during the film.* **2** B2 a fight between people **борьба**

> Слова-партнеры к **struggle (noun)**
> **a constant/ongoing/uphill** struggle • a struggle **for** [justice/survival, etc]

strum /strʌm/ **verb** [I, T] (present participle **strumming**, past tense and past participle **strummed**) to move your fingers across the strings of a guitar **бренчать**

strung /strʌŋ/ past of string **прош. вр. и прич. прош. вр. от гл. string**

strut /strʌt/ **verb** (present participle **strutting**, past tense and past participle **strutted**) **strut along/around/down, etc** to walk somewhere with big steps in a proud way **ходить с важным видом, шествовать** → See also strut your **stuff¹**

stub¹ /stʌb/ **noun** [C] the short end piece of something such as a cigarette or pencil that is left after it has been used **окурок, огрызок** *There were **cigarette stubs** all over the floor.*

stub² /stʌb/ **verb** (present participle **stubbing**, past tense and past participle **stubbed**) **stub your toe** to hit your toe against a hard surface by accident **удариться ногой обо что-либо твердое**

PHRASAL VERB **stub sth out** to stop a cigarette from burning by pressing the burning end against a hard surface **гасить (окурок)**

stubble /ˈstʌbl/ **noun** [U] **1** very short, stiff hairs, usually on a man's face **щетина** **2** the short bits of dried plant stems left in a field after it has been cut **стерня, жнивье**

stubborn /ˈstʌbən/ **adjective** B2 determined not to change your ideas, plans, etc, although other people want you to **упрямый**
• **stubbornly adverb упрямо** • **stubbornness noun** [U] **упрямство**

stubby /ˈstʌbi/ **adjective** short and thick **короткий и толстый** ***stubby legs/fingers***

stuck¹ /stʌk/ **adjective** [never before noun] **1** B2 not able to move anywhere **застрявший** *My car **got stuck in** a ditch.* ◦ *We were stuck at the airport for twelve hours.* **2** not able to continue reading, answering questions, etc because something is too difficult **спотыкающийся, запинающийся** *I keep **getting stuck** on difficult words.* **3 be stuck with sb/sth** to have to deal with someone or something unpleasant because no one else wants to **быть вынужденным иметь дело с кем-либо/чем-либо** *Whenever we eat out, I always get stuck with the bill.*

stuck² /stʌk/ past of stick **прош. вр. и прич. прош. вр. от гл. stick**

stud /stʌd/ **noun** [C] **1** a small, metal piece of jewellery that is put through a part of your body such as your ear or nose **серьга гвоздиком** → See picture at **jewellery** **2** a small piece of metal that is fixed to the surface of something, usually for decoration **кнопка, заклепка** **3** (also ˈ**stud** ˌ**farm**) a place where horses are kept for breeding **конный завод, племенная ферма**

student /ˈstjuːdᵊnt/ **noun** [C] A1 someone who is studying at a school or university **студент, школьник** *a law student* ◦ *a foreign student* → See also **mature student**

studio /ˈstjuːdiəʊ/ **noun** [C] **1** B2 a room where an artist or photographer works **студия, мастерская** **2** B1 a room where television/ radio programmes or musical recordings are made **телестудия, радиостудия** **3** B1 a film company or a place where films are made **киностудия**

studious /ˈstjuːdiəs/ **adjective** spending a lot of time studying **прилежный**
• **studiously adverb прилежно**

study[1] /ˈstʌdi/ **verb** **1** [I, T] A1 to learn about a subject, usually at school or university **учить, изучать** *I studied biology before going into medicine.* **2** [T] B2 to look at something very carefully **рассматривать** *He studied his face in the mirror.*

> **Типичная ошибка: study**
>
> **Внимание!** Проверьте написание окончаний глагола.
> Многие русскоязычные студенты делают ошибки в написании формы на **-ing** глагола **study**.
> Правильное написание – **studying**, а не 'studing'.

study[2] /ˈstʌdi/ **noun** **1** [C] B2 when someone studies a subject in detail in order to discover new information **исследование** *For years, **studies** have **shown** the link between smoking and cancer.* **2** [U] B2 when you learn about a subject, usually at school or university **изучение** *the study of English literature* **3** [C] B1 a room in a house where you can read, write, etc **кабинет (комната)** → See also **case study**

> **Слова-партнеры к study (noun)**
>
> **carry out/conduct/undertake** a study • a study **examines/focuses on** sth • a study **concludes/finds/shows/suggests** sth • a study **into** sth

stuff[1] /stʌf/ **noun** [U] informal B1 used to refer to a substance or a group of things or ideas, etc without saying exactly what they are **штука, нечто, вещи** *There's some sticky stuff on the carpet.* ◦ *They sell bread and cakes and stuff like that.* ◦ *Can I leave my stuff at your house?*

IDIOMS **know your stuff** informal to know a lot about a subject, or to be very good at doing something **знать свое дело** *She's an excellent teacher – she really knows her stuff.* • **strut your stuff** humorous informal to dance **танцевать**

stuff[2] /stʌf/ **verb** [T] **1 stuff sth in/into/behind, etc** to push something into a small space, often quickly or in a careless way **засовывать, запихивать** *He stuffed the papers into his briefcase and left.* **2** to completely fill a container with something **набивать, заполнять** *an envelope stuffed with money* **3** to fill meat, vegetables, etc with a mixture of food before you cook them **начинять, фаршировать** *stuffed peppers* **4** to fill the body of a dead animal with special material so that it looks as if it is still alive **набивать чучело**

stuffing /ˈstʌfɪŋ/ **noun** [U] **1** a mixture of food which is put into meat, vegetables, etc before they are cooked **начинка** **2** material which is used to fill the inside of things such as soft chairs, beds, toys, etc **набивка**

stuffy /ˈstʌfi/ **adjective** **1** If a room or a building is stuffy, it is hot and unpleasant and the air is not fresh. **душный** **2** old-fashioned, formal, and boring **чопорный, скучный** *a stuffy club for wealthy old men*

stumble /ˈstʌmbl/ **verb** [I] **1** to step badly and almost fall over **спотыкаться** *Mary stumbled on the loose rocks.* **2** to make a mistake, such as pausing or repeating a word, while speaking or performing **запинаться** *He kept **stumbling over** the same word.*

PHRASAL VERB **stumble across/on/upon sth/sb** to discover something by chance, or to meet someone by chance **случайно натыкаться на что-либо/кого-либо** *I stumbled across these photographs while I was cleaning out my desk.*

ˈ**stumbling** ˌ**block noun** [C] a problem which makes it very difficult to do something **камень преткновения** *Lack of money has been the main stumbling block.*

stump[1] /stʌmp/ **noun** [C] **1** the short part of something that is left after most of it has been removed **пень, огрызок** *a **tree stump*** **2** one of the three vertical wooden sticks that you throw a ball at in the game of cricket **столбик калитки (в крикете)** → See **Sports 2** on page Centre 15

stump[2] /stʌmp/ **verb** **1 be stumped by sth** informal to not be able to answer a question or solve a problem because it is too difficult **быть озадаченным чем-либо** *Scientists are completely stumped by this virus.* **2** [I] US to travel to different places to get political support **совершать агитационную поездку**

PHRASAL VERB **stump up (sth)** UK informal to provide money for something, especially when you do not want to **выкладывать деньги на что-либо**

stun /stʌn/ **verb** [T] (present participle **stunning**, past tense and past participle **stunned**) **1** to shock or surprise someone very much **ошеломить, потрясти** [often passive] *Friends and family were stunned by her sudden death.* **2** to make a person or animal unconscious, usually by hitting them on the head **оглушать ударом**

stung /stʌŋ/ past of sting **прош. вр. и прич. прош. вр. от гл. sting**

stunk /stʌŋk/ **1** past participle of stink **прич. прош. вр. от гл. stink 2** US past tense of stink **прош. вр. гл. stink**

stunning /ˈstʌnɪŋ/ **adjective** B2 very beautiful **потрясающий** *stunning views over the city ◦ She's stunning.*

• **stunningly adverb потрясающе** *a **stunningly beautiful** woman*

stunt[1] /stʌnt/ **noun** [C] **1** when someone does something dangerous that needs great skill, usually in a film **(каскадерский) трюк** *He always **does** his own **stunts**.* **2** something that is done to get people's attention **трюк** *Their marriage was just a cheap **publicity stunt**.*

stunt[2] /stʌnt/ **verb** [T] to stop the normal growth or development of something **замедлять рост** *They say that smoking **stunts** your **growth**.*

stupefied /ˈstjuːpɪfaɪd/ **adjective** so shocked, tired, etc that you cannot think **отупевший, оцепеневший**

• **stupefying adjective** making you stupefied **отупляющий** • **stupefy verb** [T] **притуплять (ум)**

stupendous /stjuːˈpendəs/ **adjective** extremely good or large **колоссальный** *a stupendous performance*

• **stupendously adverb колоссально** *stupendously successful*

stupid /ˈstjuːpɪd/ **adjective 1** B1 silly or not intelligent **глупый** *That was a really stupid thing to do. ◦ How could you be so stupid?* **2** [always before noun] informal used to show that you are annoyed about something which is causing a problem **дурацкий** *I can never get this stupid machine to work!*

• **stupidity** /stjuːˈpɪdəti/ **noun** [U] **глупость** • **stupidly adverb глупо**

stupor /ˈstjuːpər/ **noun** [no plural] when someone is almost unconscious and cannot think clearly, especially because they have drunk too much alcohol **оцепенение** *He staggered into the room in a **drunken stupor**.*

sturdy /ˈstɜːdi/ **adjective** very strong and solid **крепкий, прочный** *sturdy walking boots*

stutter /ˈstʌtər/ **verb** [I, T] to repeat the first sound of a word several times when you talk, usually because you have a speech problem **заикаться** *"C-c-can we g-go now?" she stuttered.*

• **stutter noun** [no plural] **заикание** *He has a really bad stutter.*

style[1] /staɪl/ **noun 1** [C, U] B1 a way of doing something that is typical of a particular person, group, place, or period **стиль, слог** *a **style of** painting/writing* **2** [C, U] B1 a way of designing hair, clothes, furniture, etc **стиль, фасон** *She's had her hair cut in a really nice style.* **3** [U] the quality of being attractive and fashionable or behaving in a way which makes people admire you **стиль, вкус** *She's got style.* **4 do sth in style** to do something in a way that people admire, usually because it involves spending a lot of money **делать что-либо с шиком** *If we ever get married we'll do it in style.*

IDIOM **cramp sb's style** to prevent someone from enjoying themselves, especially by going somewhere with them **не давать кому-либо развернуться**

Слова-партнеры к style

a distinctive style • in a style • a style of doing sth

style[2] /staɪl/ **verb** [T] to shape or design hair, clothes, furniture, etc in a particular way **укладывать волосы, шить по моде, оформлять стильно** *He spends hours in the bathroom styling his hair.*

-style /staɪl/ **suffix** used at the end of words to mean 'looking or behaving like something or someone' **в каком-либо стиле** *antique-style furniture ◦ Japanese-style management* → See also **old-style**

stylish /ˈstaɪlɪʃ/ **adjective** B1 fashionable and attractive **стильный, модный** *a stylish, black suit*

• **stylishly adverb стильно, модно** *stylishly dressed*

Styrofoam /ˈstaɪrəfəʊm/ **noun** [U] trademark polystyrene (= light plastic material used to protect objects when they are packed) **стиропорм, пенополистирол, пенопласт**

suave /swɑːv/ **adjective** If someone, especially a man, is suave, they are polite and confident in a way that is attractive but may be false. **учтивый, обходительный** *suave and sophisticated*

sub- /sʌb-/ **prefix 1** under or below **под-** *substandard workmanship* **2** less important or a smaller part of a larger whole **менее значительная/меньшая по размеру часть чего-либо** *a subsection*

subconscious[1] /sʌbˈkɒnʃəs/ **adjective** Subconscious thoughts and feelings influence your behaviour without you being aware of them. **подсознательный** *a subconscious fear*

• **subconsciously adverb подсознательно**

subconscious[2] /sʌbˈkɒnʃəs/ **noun** [no plural] the part of your mind which contains thoughts and feelings that you are not aware of but which influence your behaviour **подсознание** *The memory was buried deep within my subconscious.*

subcontract /ˌsʌbkənˈtrækt/ **verb** [T] to pay someone else to do part of a job that you have agreed to do **заключать субдоговор**

subculture /ˈsʌbˌkʌltʃər/ **noun** [C] a group of people with beliefs, interests, etc that are different from the rest of society **субкультура**

subdivide /ˌsʌbdɪˈvaɪd/ **verb** [T] to divide something into smaller parts **подразделять** [often

S

passive] *Each chapter is* ***subdivided into*** *smaller sections.*

• **subdivision** /ˌsʌbdɪˈvɪʒᵊn/ **noun** [C, U] **подразделение**

subdue /səbˈdjuː/ **verb** [T] (present participle **subduing**, past tense and past participle **subdued**) to start to control someone or something, especially by using force **подавлять, подчинять**

subdued /səbˈdjuːd/ **adjective** **1** quiet because you are feeling sad or worried **подавленный** *She seemed a bit subdued.* **2** Subdued lights or colours are not bright. **смягченный, приглушенный** ***subdued lighting***

subject¹ /ˈsʌbdʒɪkt/ **noun** [C] **1** B1 what someone is writing or talking about **тема, предмет** *a series of programmes* ***on the subject of*** *homelessness* **2** A1 an area of knowledge studied in school or university **предмет (учебный)** *Chemistry is my favourite subject.* **3** B1 the person or thing which performs the action described by the verb. In the sentence 'Bob phoned me yesterday.', 'Bob' is the subject. **подлежащее** **4** someone who is from a particular country, especially a country with a king or queen **подданный** *a British subject*

> **Слова-партнеры к subject**
>
> **bring up/broach/raise** a subject • **get onto** a subject • **change/drop/get off** a subject • **on** the subject (of sth)

subject² /ˈsʌbdʒɪkt/ **adjective** **subject to sth** **a** often affected by something, especially something unpleasant **подлежащий чему-либо** *Departure times are subject to alteration.* **b** only able to happen if something else happens **зависящий от чего-либо** *The pay rise is subject to approval by management.*

subject³ /səbˈdʒekt/ **verb**

PHRASAL VERB **subject sb/sth to sth** to make someone or something experience something unpleasant **подвергать кого-либо/что-либо чему-либо** *In prison, he was subjected to beatings and interrogations.*

subjective /səbˈdʒektɪv/ **adjective** influenced by someone's beliefs or feelings, instead of facts **субъективный** *a subjective judgment*

• **subjectively** **adverb** **субъективно** • **subjectivity** /ˌsʌbdʒekˈtɪvəti/ **noun** [U] when someone or something is influenced by beliefs or feelings instead of facts **субъективность**

ˈsubject ˌmatter **noun** [U] what is being talked or written about **тема, предмет** *I'm not sure whether the subject matter is suitable for children.*

subjunctive /səbˈdʒʌŋktɪv/ **noun** [no plural] the form of the verb which is used to express doubt, possibility, or wish. In the sentence 'I wish I were rich.', 'were' is in the subjunctive. **сослагательное наклонение**

• **subjunctive** **adjective** **сослагательный**

sublime¹ /səˈblaɪm/ **adjective** extremely good, beautiful, or enjoyable **великолепный, возвышенный** *sublime scenery*

• **sublimely** **adverb** **великолепно, возвышенно**

sublime² /səˈblaɪm/ **verb** [T, I] to change a substance directly from a solid to a gas, or to change in this way **испарять, сублимировать**

• **sublimation** /ˌsʌblɪˈmeɪʃᵊn/ **noun** [U] **испарение твердых веществ, сублимация**

submarine /ˌsʌbmᵊrˈiːn/ **noun** [C] a boat that travels under water **подводная лодка**

submerge /səbˈmɜːdʒ/ **verb** [I, T] to cause something to be under the surface of water, or to move below the surface of water **погружать(ся) в воду** *The floods destroyed farmland and submerged whole villages.*

• **submerged** **adjective** **погруженный в воду**

submission /səbˈmɪʃᵊn/ **noun** **1** [U] when you accept that someone has complete control over you **повиновение, покорность** *They tried to starve her* ***into submission.*** **2** [C, U] when you send a document, plan, etc to someone so that they can consider it, or the document, plan, etc that you send **подача (документов и т. д.)** *The deadline for submissions is 29 April.*

submissive /səbˈmɪsɪv/ **adjective** always doing what other people tell you to do **покорный** *a quiet, submissive wife*

submit /səbˈmɪt/ **verb** (present participle **submitting**, past tense and past participle **submitted**) **1** [T] B2 to send a document, plan, etc to someone so that they can consider it **подавать (документы и т. д.)** *Applications must be submitted before 31 January.* **2** [I] to accept that someone has control over you and do what they tell you to do **подчиняться, покоряться** *He was forced to* ***submit to*** *a full body search.*

subordinate¹ /səˈbɔːdᵊnət/ **adjective** less important or lower in rank **второстепенный** *a* ***subordinate position/role*** ◦ *An individual's needs are* ***subordinate to*** *those of the group.*

subordinate² /səˈbɔːdᵊnət/ **noun** [C] someone who has a less important position than someone else in an organization **подчиненный**

subordinate³ /səˈbɔːdɪneɪt/ **verb** [T] formal to put someone or something into a less important position **подчинять**

• **subordination** /səˌbɔːdɪˈneɪʃᵊn/ **noun** [U] **подчинение**

subˌordinate ˈclause **noun** [C] in grammar, a clause which cannot form a separate sentence but adds information to the main clause **придаточное предложение**

subpoena /səbˈpiːnə/ **noun** [C] a legal document ordering someone to go to court **повестка в суд**

• **subpoena** **verb** [T] to give someone a subpoena **вызывать в суд повесткой**

subscribe /səbˈskraɪb/ **verb** [I] to pay money to an organization so that you regularly receive a

service or product, such as a magazine or newspaper **подписываться (на получение продукта, услуги)** *to* ***subscribe to*** *a magazine/ an internet service*
• **subscriber noun** [C] **подписчик**

PHRASAL VERB **subscribe to sth** formal to agree with an opinion, belief, etc **соглашаться, присоединяться** *I certainly don't subscribe to the view that women are morally superior to men.*

subscription /səbˈskrɪpʃən/ **noun** [C] an amount of money that you pay regularly to receive a product or service or to be a member of an organization **подписная цена, взнос** *an* ***annual subscription***

> **Слова-партнеры к subscription**
> **cancel/pay/take out** a subscription • a subscription **to** sth • an **annual** subscription

subsequent /ˈsʌbsɪkwənt/ **adjective** [always before noun] happening after something else **последующий, более поздний** *The mistakes were corrected in a subsequent edition of the book.*
• **subsequently adverb впоследствии**

subservient /səbˈsɜːviənt/ **adjective** always doing what other people want you to do **раболепный, подобострастный**

subside /səbˈsaɪd/ **verb** [I] **1** to become less strong or extreme **утихать, идти на убыль** *The violence seems to be subsiding at last.* **2** If a building subsides, it sinks down to a lower level. **оседать**

subsidence /səbˈsaɪdəns/ **noun** [U] when buildings subside or land sinks down to a lower level **оседание**

subsidiary /səbˈsɪdiəri/ **noun** [C] a company which is owned by another larger company **дочерняя компания**

subsidize (also UK **-ise**) /ˈsʌbsɪdaɪz/ **verb** [T] If a government or other organization subsidizes something, it pays part of the cost of it, so that prices are reduced. **субсидировать, дотировать** *We have a subsidized restaurant at work.*

subsidy /ˈsʌbsɪdi/ **noun** [C] money given by a government or other organization to pay part of the cost of something **субсидия, дотация** *housing subsidies for the poor*

subsist /səbˈsɪst/ **verb** [I] to manage to live when you only have a very small amount of food or money **выживать, кормиться**
• **subsistence noun** [U] **средства к жизни, пропитание**

substance /ˈsʌbstəns/ **noun 1** [C] B2 a solid, liquid, or gas **вещество** *a* ***dangerous substance*** ◦ *illegal substances (= illegal drugs)* **2** [U] truth or importance **правда, значение** *There's no* ***substance to*** *the allegations.* **3 the substance of sth** the most important part of what someone has said or written **суть, сущность**

> **Слова-партнеры к substance**
> a **dangerous/hazardous/toxic** substance • a **powdery/sticky/waxy** substance

substandard /sʌbˈstændəd/ **adjective** Something that is substandard is not as good as it should be. **низкокачественный** *substandard conditions/housing*

substantial /səbˈstænʃəl/ **adjective 1** B2 large in amount **существенный, значительный** *a substantial change/increase* ◦ *a substantial amount of money/time* **2** large and strong **прочный, солидный** *a substantial building* → Opposite **insubstantial**

substantially /səbˈstænʃəli/ **adverb** by a large amount **значительно** *House prices are substantially higher in the south.*

substantiate /səbˈstænʃieɪt/ **verb** [T] formal to provide facts which prove that something is true **подкреплять доказательствами** *His* ***claims*** *have never been* ***substantiated****.*

substantive /ˈsʌbstəntɪv/ **adjective** formal important or serious **существенный, значимый** *a* ***substantive issue***

substitute[1] /ˈsʌbstɪtjuːt/ **noun** [C] B2 someone or something that is used instead of another person or thing **заместитель, замена** *Margarine can be used as* ***a substitute for*** *butter.* ◦ *a substitute teacher*

substitute[2] /ˈsʌbstɪtjuːt/ **verb 1** B2 [T] to use someone or something instead of another person or thing **заменять** *You can* ***substitute*** *pasta* ***for*** *the rice, if you prefer.* **2 substitute for sb** to do someone's job because they are not there **замещать кого-либо** *I'm substituting for her while she's on holiday.*
• **substitution** /ˌsʌbstɪˈtjuːʃən/ **noun** [C, U] **замена**

subsume /səbˈsjuːm/ **verb** [T] formal to include someone or something as part of a larger group **поглощать, включать** [often passive] *The company has been subsumed by a large US bank.*

subterfuge /ˈsʌbtəfjuːdʒ/ **noun** [C, U] formal a trick or a dishonest way of achieving something **уловка, хитрость** *They obtained the information by subterfuge.*

subterranean /ˌsʌbtərˈeɪniən/ **adjective** under the ground **подземный** *subterranean passages*

subtitles /ˈsʌbˌtaɪtlz/ **noun** [plural] words shown at the bottom of a cinema or television screen to explain what is being said **субтитры** *It's a French film with English subtitles.*

subtle /ˈsʌtl/ **adjective 1** not obvious or easy to notice **тонкий, неуловимый** *a subtle change/ difference* ◦ *a* ***subtle hint*** **2** A subtle flavour, colour, etc is delicate and not strong or bright. **нежный, тонкий 3** clever in a way that does not attract attention **хитроумный, ловкий** *a subtle way of solving the problem*
• **subtly adverb тонко, нежно, хитроумно**

subtlety /ˈsʌtlti/ **noun 1** [U] the quality of being

S

subtle **тонкость, нежность, хитроумие** **2** [C] something that is subtle **тонкость, нежность, хитрость**

subtract /səbˈtrækt/ **verb** [T] to take a number or amount away from another number or amount **вычитать (в математике)** *You need to* ***subtract*** *25%* ***from*** *the final figure.*
• **subtraction** /səbˈtrækʃᵊn/ **noun** [C, U] **вычитание**

suburb /ˈsʌbɜːb/ **noun** [C] Ⓑ2 an area where people live outside the centre of a city **пригород, окраина** *a suburb of New York*
• **suburban** /səˈbɜːbᵊn/ **adjective** relating to a suburb **пригородный** *a suburban area/home*

suburbia /səˈbɜːbiə/ **noun** [U] the suburbs of towns and cities generally **пригороды**

subversive /səbˈvɜːsɪv/ **adjective** trying to destroy the authority of a government, religion, etc **подрывной** *subversive literature*
• **subversive noun** [C] someone who is subversive **человек, ведущий подрывную деятельность**

subvert /sʌbˈvɜːt/ **verb** [T] formal to try to destroy the authority of a government, religion, etc **свергать, разрушать** *a plot to subvert the government*
• **subversion** /səbˈvɜːʃᵊn/ **noun** [U] formal **свержение, подрывная деятельность**

subway /ˈsʌbweɪ/ **noun** [C] **1** UK (also UK/US **underpass**) Ⓑ2 a passage under a road or railway for people to walk through **подземный переход** **2** US (UK **underground**) a system of trains that travel underground **метро** *We can* ***take the subway*** *to Grand Central Station.*

sub-zero /ˌsʌbˈzɪərəʊ/ **adjective** Sub-zero temperatures are temperatures below zero degrees. **(температура) ниже нуля**

succeed /səkˈsiːd/ **verb** **1** [I] Ⓑ1 to achieve what you are trying to achieve **добиваться успеха** *She has the skill and determination to succeed.* ◦ [+ in + doing sth] *He has finally succeeded in passing his exams.* **2** [T] to take an official job or position after someone else **быть преемником, наследовать** *The Queen was succeeded by her eldest son when she died.*

success /səkˈses/ **noun** **1** [U] Ⓑ1 when you achieve what you want to achieve **успех** *Her success is due to hard work and determination.* **2** [C] Ⓑ1 something that has a good result or that is very popular **что-либо, пользующееся успехом** *His first film was a great success.*

> **Слова-партнеры к success**
> achieve/have success • the key to/secret of success • success in (doing) sth • without success

successful /səkˈsesfᵊl/ **adjective** **1** Ⓑ1 achieving what you want to achieve **успешный** *If the operation is successful, she should be walking within a few months.* **2** Ⓑ2 having achieved a lot or made a lot of money through your work **удачливый, процветающий** *a successful businessman* **3** Ⓑ2 very popular **пользующийся успехом** *a successful book/film*
→ Opposite **unsuccessful**
• **successfully adverb** Ⓑ2 **успешно**

succession /səkˈseʃᵊn/ **noun** **1** [no plural] a number of similar events or people that happen, exist, etc after each other **цепь, непрерывный ряд** *to suffer a* ***succession of*** *injuries* ◦ *a succession of boyfriends* **2 in quick/rapid succession** If several things happen in quick/rapid succession, they happen very quickly after each other. **один за другим, подряд** *She had her first three children in quick succession.* **3** [U] when someone takes an official position or job after someone else **преемственность, наследование**

successive /səkˈsesɪv/ **adjective** happening after each other **следующий подряд** *He has just won the World Championship for the third* ***successive year.***

successor /səkˈsesəʳ/ **noun** [C] **1** someone who has a position or job after someone else **преемник, наследник** *He is her most likely successor.* **2** an organization, product, etc that follows and takes the place of an earlier one **преемник, что-либо, пришедшее на замену**

> **Слова-партнеры к successor**
> appoint/choose/find a successor • a natural/worthy successor • a successor to sb

succinct /səkˈsɪŋkt/ **adjective** said in a very clear way using only a few words **краткий, сжатый** *a succinct explanation*
• **succinctly adverb** **кратко, сжато**

succulent /ˈsʌkjələnt/ **adjective** If food is succulent, it is good to eat because it has a lot of juice. **сочный** *a succulent piece of meat*

succumb /səˈkʌm/ **verb** [I] formal **1** to not be able to stop yourself doing something **не выдержать, не устоять** *I* ***succumbed to*** *temptation and had some cheesecake.* **2** to die or suffer badly from an illness **страдать, умереть (от болезни)**

such /sʌtʃ/ **pronoun, determiner** **1** Ⓑ2 used to refer to something or someone that you were just talking about, or something or someone of that type **такой, подобный** *It's difficult to know how to treat such cases.* **2** Ⓐ2 used to emphasize a quality of someone or something **такой** *She's such a nice person.* ◦ *It's such a shame that he's leaving.* **3 such as** Ⓐ2 for example **такой как, как например** *She can't eat dairy products, such as milk and cheese.* **4 as such** used after a word or phrase in negative statements to mean in the exact meaning of that word or phrase **как таковой** *There are no rules as such, just a few guidelines.* **5 such...that** used to talk about the result of something **такой ..., что** *The whole thing was such a worry that I began to lose sleep*

S

over it. **6 there's no such thing/person (as)...** B2 used to say that something or someone does not exist **ничего подобного не существует** *There's no such thing as ghosts.*

such-and-such /ˈsʌtʃənsʌtʃ/ **determiner** informal used instead of referring to a particular or exact thing **такой-то** *If they tell you to arrive at such-and-such a time, get there a couple of minutes before.*

suck /sʌk/ **verb 1** [I, T] to have something in your mouth and use your tongue, lips, etc to pull on it or to get liquid, air, etc out of it **сосать** *to suck a sweet/lollipop ◦ to suck your thumb* **2 suck sth in/under/up, etc** to pull something somewhere using the force of moving air, water, etc **засасывать, всасывать** *He was sucked under the boat and drowned.* **3 be sucked into sth** to become involved in something bad when you do not want to **быть втянутым во что-либо** **4 he/it/this, etc sucks!** US very informal If someone or something sucks, they are bad or unpleasant. **он мерзкий/это мерзко**

PHRASAL VERB **suck up to sb** very informal to try to make someone who is in authority like you by doing and saying things that will please them **подлизываться к кому-либо**

sucker /ˈsʌkəʳ/ **noun** [C] **1** informal someone who believes everything that you tell them and is easy to deceive **простофиля** **2** something that helps an animal or object stick to a surface **присоска**

suction /ˈsʌkʃən/ **noun** [U] when something is forced into a container or space by removing air **всасывание**

sudden /ˈsʌdən/ **adjective 1** B2 done or happening quickly and unexpectedly **внезапный** *a sudden change/increase ◦ His sudden death was a great shock to us all.* **2 all of a sudden** B2 unexpectedly **внезапно** *All of a sudden she got up and walked out.*
• **suddenness noun** [U] **внезапность**

ˌsudden ˌinfant ˈdeath ˌsyndrome noun [U] SIDS **синдром внезапной смерти младенца**

suddenly /ˈsʌdənli/ **adverb** B1 quickly and unexpectedly **внезапно, вдруг** *I suddenly realized who she was. ◦ It all happened so suddenly that I can't remember much about it.*

Sudoku (also **Su Doku**) /ˌsuːˈdɒkuː/ **noun** [C, U] a number game in which you have to write a number between 1 and 9 in each small box of a 9x9 square **судоку**

suds /sʌdz/ **noun** [plural] small bubbles made from soap and water **мыльная пена**

sue /suː/ **verb** [I, T] (present participle **suing**, past tense and past participle **sued**) to take legal action against someone and try to get money from them because they have harmed you **подавать в суд, предъявлять иск** *He's threatening to* ***sue*** *the newspaper* ***for*** *slander.*

suede /sweɪd/ **noun** [U] leather that has a slightly rough surface **замша**

suffer /ˈsʌfəʳ/ **verb 1** [I, T] B2 to experience pain or unpleasant emotions **страдать** *I can't bear to see animals suffering.* **2 suffer from sth** B1 to have an illness or other health problem **страдать от чего-либо** *She suffers from severe depression.* **3 suffer a broken leg/a heart attack, etc** B2 to experience an injury or other sudden health problem **сломать ногу/перенести инфаркт и т. д.** *He suffered a serious neck injury in the accident.* **4 suffer damage/defeat/loss, etc** B2 to experience something bad such as damage/defeat/loss, etc **получать повреждения/терпеть поражение/нести потери и т. д.** **5** [I] to become worse in quality **ухудшаться, страдать** *If you're tired all the time, your work tends to suffer.*

sufferer /ˈsʌfərəʳ/ **noun** [C] someone who suffers from an illness or other health problem **больной** *AIDS/cancer sufferers*

suffering /ˈsʌfərɪŋ/ **noun** [U] B2 when someone experiences pain or unpleasant emotions **страдание** ***human suffering***

> **Слова-партнеры к suffering**
>
> create/endure/relieve suffering • **human** suffering • **unnecessary/unspeakable** suffering • the suffering of sb

suffice /səˈfaɪs/ **verb** [I] formal to be enough **быть достаточным** *You don't need to give a long speech – a few sentences will suffice.*

sufficient /səˈfɪʃənt/ **adjective** B2 as much as is necessary **достаточный** *She didn't have sufficient time to answer all the questions.* → Opposite **insufficient**
• **sufficiently adverb достаточно** *I was sufficiently close to hear what they were saying.* → See also **self-sufficient**

suffix /ˈsʌfɪks/ **noun** [C] B2 a group of letters that you add to the end of a word to make another word. In the word 'slowly', '-ly' is a suffix. **суффикс** → Compare **prefix** → See Study Page **Word formation** on page Centre 28

suffocate /ˈsʌfəkeɪt/ **verb** [I, T] to die because you cannot breathe or to kill someone by stopping them from breathing **душить, задохнуться** *He suffocated her with a pillow.*
• **suffocation** /ˌsʌfəˈkeɪʃən/ **noun** [U] **удушение**

sugar /ˈʃʊgəʳ/ **noun 1** [U] A1 a very sweet substance used to give flavour to food and drinks **сахар** *coffee with milk and sugar* **2** [C] a spoon of sugar in a cup of tea or coffee **ложка сахара** *He likes two sugars in his tea.*

suggest /səˈdʒest/ **verb** [T] **1** B1 to express an idea or plan for someone to consider **предлагать, советовать** [+ (that)] *I suggest that we park the car here and walk into town.* ◦ [+ doing sth] *He suggested having the meeting at his house.* **2** B1 to say that someone or something is suitable for something **выдвигать, предла-**

S

гать *to suggest someone for a job* ◦ *Can you suggest a good hotel?* **3** (B2) to make something seem likely to be true **наводить на мысль** *All the evidence suggests that she did it.*

! Типичная ошибка: suggest

Запомните: после глагола **suggest** никогда не употребляется инфинитив с частицей 'to'.

Правильно говорить **suggest doing something**, а не 'suggest to do something'.

~~*I suggest to visit the Science Museum on Monday.*~~

I suggest visiting the Science Museum on Monday.

Также можно сказать **suggest someone does something**.

I suggest you visit the Science Museum on Monday.

+ Другие способы сказать suggestion

Rebecca has a few ***ideas*** *about how we could improve things.*

I've had a ***thought*** *about what we might do this summer.* Если предлагают какой-либо план действий, особенно в деловой сфере, то можно использовать слова **proposal** или **proposition**.

The ***proposal*** *for a new sports hall has been rejected.*

He wrote to me with a very interesting business ***proposition****.*

suggestion /sə'dʒestʃən/ **noun 1** (B1) [C] an idea or plan that someone suggests **предложение, совет** *to* ***make*** *a* ***suggestion*** ◦ *Have you got any suggestions for improvements?* **2 a suggestion of/that sth** something that makes something seem likely to be true **намек, указание на что-либо** *There's no suggestion of any connection between the two men.* **3 at sb's suggestion** following the advice that someone has given you **по чьему-либо предложению** *We went to that restaurant at Paul's suggestion.*

Слова-партнеры к suggestion

bristle at/deny/make/reject/welcome a suggestion • an **alternative/constructive/helpful/ridiculous/sensible** suggestion • **at** sb's suggestion

suggestive /sə'dʒestɪv/ **adjective 1** making you think about sex **двусмысленный** *suggestive comments/remarks* **2 suggestive of sth** formal similar to something and making you think about it **напоминающий что-либо, похожий на что-либо** *The shapes are suggestive of human forms.*

• **suggestively** adverb **двусмысленно**

suicidal /ˌsuːɪ'saɪdəl/ **adjective 1** so unhappy that you want to kill yourself **склонный к самоубийству** *to feel suicidal* **2** likely to have an extremely bad result **губительный, роковой** *a suicidal decision*

suicide /'suːɪsaɪd/ **noun 1** [C, U] (B2) when you intentionally kill yourself **самоубийство** *He* ***committed suicide*** *after a long period of depression.* **2** [U] when you do something that will have an extremely bad result for you **самоубийство, крах** ***political suicide***

'suicide ˌbomber noun [C] a person who has a bomb hidden on their body and who kills themselves in the attempt to kill others **террорист-смертник**

suit[1] /suːt/ **noun** [C] **1** (A2) a jacket and trousers or a jacket and skirt that are made from the same material **костюм** *She wore a dark blue suit.* → See **Clothes** on page Centre 8 **2** one of the four types of cards with different shapes on them in a set of playing cards **масть (в картах)**

IDIOM **follow suit** to do the same as someone else has just done **следовать примеру** *If other shops lower their prices, we will have to follow suit.*

→ See also **bathing suit**, **pant suit**, **trouser suit**, **wet suit**

suit[2] /suːt/ **verb** [T] **1** (B2) to make someone look more attractive **быть к лицу** *Green really suits you.* **2** (B2) to be acceptable or right for someone **подходить, устраивать** *It would suit me better if we left a bit earlier.* **3 be suited to/for sth** to be right for someone or something **подходить, годиться для чего-либо** *These plants are better suited to a warm climate.* → See also suit sb down to the **ground**[1]

+ Другие способы сказать suitable

Вместо прилагательного **suitable** можно использовать его синоним **appropriate**.

Is this film ***appropriate*** *for young children?*

You should bring ***appropriate*** *footwear.*

Если кто-то или что-то является подходящим в конкретной ситуации, также можно употребить прилагательное **right**.

I'm not sure that she's the ***right*** *person for the job.*

Is this the ***right*** *way to do it?*

Если кто-то или что-то идеально (для чего-то) подходит, можно употребить прилагательное **perfect**.

It's a ***perfect*** *day for a picnic.*

She'd be ***perfect*** *for the job.*

Выражение **in keeping with** употребляют, когда что-то соответствует определенному стилю или традиции.

The antique desk was very much ***in keeping with*** *the rest of the furniture in the room.*

suitable /'suːtəbl/ **adjective** (B1) acceptable or right for someone or something **подходящий, удобный** *a suitable time to call* ◦ *This film is* ***suitable for*** *children.* → Opposite **unsuitable**

S

• **suitably** adverb B2 **подходяще, соответственно** *suitably dressed*

suitcase /'su:tkeɪs/ **noun** [C] A2 a rectangular case with a handle that you use for carrying clothes when you are travelling **чемодан** *to **pack** your **suitcase*** → See picture at **luggage**

suite /swi:t/ **noun** [C] **1** several pieces of furniture which go together **мебельный гарнитур** *a bedroom suite* **2** a set of hotel rooms which are used together **номер люкс (в отеле)** → See also **en suite**

suitor /'su:tər/ **noun** [C] old-fashioned a man who wants to marry a particular woman **поклонник, жених**

sulfur /'sʌlfər/ **noun** [U] US spelling of sulphur **сера**

sulk /sʌlk/ **verb** [I] to look unhappy and not speak to anyone because you are angry about something **дуться** *He's upstairs sulking in his bedroom.*

• **sulky** adjective **надутый, обиженный** *a sulky teenager*

sullen /'sʌlən/ **adjective** in an unpleasant mood and not smiling or speaking to anyone **угрюмый, мрачный**

sulphur UK (US **sulfur**) /'sʌlfər/ **noun** [U] a yellow chemical element that has an unpleasant smell (symbol S) **сера**

sultan /'sʌltən/ **noun** [C] a ruler in some Muslim countries **султан**

sultana /sʌl'tɑ:nə/ **noun** [C] UK a dried grape (= small round fruit) often used in cakes **кишмиш**

sultry /'sʌltri/ **adjective** **1** If a woman is sultry, she behaves in a sexually attractive way. **сладострастный, знойный** *a sultry voice* **2** If the weather is sultry, it is hot and wet. **знойный, душный** *a sultry summer night*

sum¹ /sʌm/ **noun** [C] **1** B1 an amount of money **сумма** *a large/small sum of money* **2** UK a simple mathematical calculation such as adding two numbers together **арифметическая задача, пример** *Kids these days can't **do sums** without a calculator.* **3** the total amount that you get when you add two or more numbers together **сумма** *The sum of six and seven is thirteen.* → See also **lump sum**

sum² /sʌm/ **verb** (present participle **summing**, past tense and past participle **summed**)

PHRASAL VERBS **sum (sth/sb) up** B2 to describe briefly the important facts or characteristics of something or someone **суммировать, резюмировать** *The purpose of a conclusion is to sum up the main points of an essay.* • **sum sth/sb up** to quickly decide what you think about something or someone **оценивать что-либо/кого-либо** *I think she summed up the situation very quickly.*

summarize (also UK **-ise**) /'sʌmərаɪz/ **verb** [I, T] B2 to describe briefly the main facts or ideas of something **суммировать, резюмировать**

summary¹ /'sʌmәri/ **noun** [C] B2 a short description that gives the main facts or ideas about something **краткое изложение** *He **gave a** brief **summary of** what happened.*

> Слова-партнеры к **summary (noun)**
>
> give/produce/provide a summary • a **brief/quick/short** summary • a summary **of** sth

summary² /'sʌmәri/ **adjective** [always before noun] formal decided or done quickly, without the usual discussions or legal arrangements **скорый, сделанный без промедления** *a summary arrest/execution*

summer /'sʌmər/ **noun** [C, U] A1 the season of the year between spring and autumn, when the weather is warmest **лето** *We usually go away **in the summer.*** ◦ *a long, hot summer*

• **summery** adjective typical of or suitable for summer **летний, легкий**

> Слова-партнеры к **summer**
>
> in (the) summer • **last/next** summer • **early/late** summer • the summer **months**

ˌsummer 'holiday noun [C] (US **summer vacation**) the time during the summer when you do not have to go to school **летние каникулы**

'summer ˌschool noun [C] an educational course that happens during the summer when other courses have finished **летние курсы**

summertime /'sʌmətaɪm/ **noun** [U] when it is summer **летнее время** ***In the summertime**, we often eat outside.*

summit /'sʌmɪt/ **noun** [C] **1** an important meeting between the leaders of two or more governments **саммит, встреча на высшем уровне** *a two-day summit* ◦ *a summit meeting* **2** the top of a mountain **вершина** *The climbers hope to **reach the summit** before nightfall.*

summon /'sʌmən/ **verb** [T] **1** formal to officially order someone to come to a place **официально вызывать** *He was summoned to a meeting.* **2 summon (up) the courage/strength, etc** to make a great effort to do something **собираться с духом/с силами и т. д.** [+ to do sth] *He tried to summon up the courage to speak to her.*

summons /'sʌmənz/ **noun** [C] an official order saying that you must go to a court of law **судебная повестка**

Sun written abbreviation for Sunday **воскресенье**

sun¹ /sʌn/ **verb** (present participle **sunning**, past tense and past participle **sunned**) **sun yourself** to sit or lie in the sun **загорать** *She was sitting on the deck sunning herself.*

sun² /sʌn/ **noun** **1 the sun** A1 the large, bright star that shines in the sky during the day and provides light and heat for the Earth **солнце** **2** A1 [U, no plural] the light and heat that comes

S

from the sun **солнечный свет** *I can't sit* ***in the sun*** *for too long.*

sunbathe /ˈsʌnbeɪð/ **verb** [I] B1 to sit or lie in the sun so that your skin becomes brown **загорать**

• **sunbathing noun** [U] **солнечная ванна**

sunbed /ˈsʌnbed/ **noun** [C] (US **tanning bed**) a piece of equipment with a flat area like a bed and a strong light, which you lie on in order to make your skin go darker **солярий**

sunblock /ˈsʌnblɒk/ **noun** [C, U] sunscreen **крем от загара**

sunburn /ˈsʌnbɜːn/ **noun** [U] when your skin becomes painful and red from being in the sun too long **солнечный ожог**

• **sunburnt** (also **sunburned**) **adjective обожженный солнцем, загорелый дочерна**

sundae /ˈsʌndeɪ/ **noun** [C] a sweet dish made of ice cream with fruit and nuts **мороженое с фруктами и орехами**

Sunday /ˈsʌndeɪ/ **noun** [C, U] (written abbreviation **Sun**) A1 the day of the week after Saturday and before Monday **воскресенье**

sundry /ˈsʌndri/ **adjective 1** [always before noun] of different types **различный** ***sundry items*** **2 all and sundry** UK informal (US **various and sundry**) everyone **все без исключения** *I don't want all and sundry knowing about my problems.*

sunflower /ˈsʌnflaʊəʳ/ **noun** [C] a tall, yellow flower with a large, black centre full of seeds **подсолнечник**

sung /sʌŋ/ past participle of sing **прич. прош. вр. от гл. sing**

sunglasses /ˈsʌnˌɡlɑːsɪz/ **noun** [plural] A2 dark glasses that you wear to protect your eyes from the sun **солнцезащитные очки** → See **Clothes** on page Centre 9

sunk /sʌŋk/ **1** past participle of sink **прич. прош. вр. от гл. sink 2** US past tense of sink **прош. вр. гл. sink**

sunken /ˈsʌŋkən/ **adjective** [always before noun] **1** at a lower level than the surrounding area **ниже какого-либо уровня** *a sunken bath* **2** having fallen down to the bottom of the sea **утонувший** *a sunken ship* **3 sunken eyes/cheeks** eyes or cheeks that make you look ill because they go too far into your face **запавшие глаза/впалые щеки**

sunlight /ˈsʌnlaɪt/ **noun** [U] B2 the light from the sun **солнечный свет**

sunlit /ˈsʌnlɪt/ **adjective** [always before noun] A sunlit place is bright because of light from the sun. **залитый солнцем** *a sunlit room*

ˈsun ˌlotion noun [C, U] sunscreen **крем от загара**

Sunni /ˈsʊni/ **noun** [C] a member of a large group within the Islamic religion **суннит (последователь многочисленного направления в исламе)**

• **Sunni adjective** describing the Sunni or their type of Islam **суннитский**

sunny /ˈsʌni/ **adjective 1** A2 bright because of light from the sun **солнечный** *a lovely* ***sunny day*** **2** behaving in a happy way **веселый, счастливый** *a sunny smile/personality*

sunrise /ˈsʌnraɪz/ **noun** [C, U] B1 when the sun appears in the morning and the sky becomes light **восход**

sunroof /ˈsʌnruːf/ **noun** [C] part of a roof of a car which you open to allow air and light from the sun to come in **люк в крыше автомобиля**

sunscreen /ˈsʌnskriːn/ **noun** [C, U] a substance that protects your skin in the sun **крем от загара**

sunset /ˈsʌnset/ **noun** [C, U] B1 when the sun disappears in the evening and the sky becomes dark **закат**

sunshine /ˈsʌnʃaɪn/ **noun** [U] B1 the light from the sun **солнечный свет** *Let's sit over there in the sunshine.*

sunstroke /ˈsʌnstrəʊk/ **noun** [U] an illness caused by spending too much time in the sun **солнечный удар**

suntan /ˈsʌntæn/ **noun** [C] (also **tan**) when your skin is brown from being in the sun **загар** *suntan oil*

• **suntanned** (also **tanned**) **adjective загорелый**

super /ˈsuːpəʳ/ **adjective, adverb** informal old-fashioned very good **отличный** *We had a super time.*

super- /suːpəʳ-/ **prefix** extremely or more than usual **сверх-, супер-** *a supermodel ◦ super-rich*

superb /suːˈpɜːb/ **adjective** B2 excellent **великолепный** *a superb performance/restaurant*

• **superbly adverb великолепно**

superbug /ˈsuːpəbʌɡ/ **noun** [C] a type of bacteria (= very small living things that cause disease) that is very difficult to destroy **стойкие к лекарствам микробы, вызывающие опасные заболевания**

superficial /ˌsuːpəˈfɪʃəl/ **adjective 1** If someone is superficial, they never think about things that are serious or important. **поверхностный, несерьезный 2** not complete and involving only the most obvious things **поверхностный, неглубокий** ***superficial knowledge*** *◦* ***a superficial resemblance*** **3** only on the surface of something **поверхностный, внешний** ***superficial damage/injuries***

• **superficially adverb поверхностно**

superfluous /suːˈpɜːfluəs/ **adjective** not needed, or more than is needed **излишний, чрезмерный** ***superfluous details/information***

superhuman /ˌsuːpəˈhjuːmən/ **adjective superhuman effort/strength, etc** more effort/strength, etc than a normal human being **сверхчеловеческое усилие/сверхчеловеческая сила и т. д.**

superimpose /ˌsuːpᵊrɪmˈpəʊz/ **verb** [T] to put an image, text, etc over something so that the thing under it can still be seen **накладывать (одно поверх другого)**

superintendent /ˌsuːpᵊrɪnˈtendənt/ **noun** [C] **1** in Britain, a police officer of high rank **суперинтендант (полиции)** **2** in the US, an official responsible for a place, event, etc **управляющий, распорядитель**

superior[1] /suːˈpɪəriəʳ/ **adjective** **1** better than other things **лучший** *superior quality* ◦ *This car is far* ***superior to*** *the others.* **2** thinking that you are better than other people **высокомерный** *She has a very superior manner.*

superior[2] /suːˈpɪəriəʳ/ **noun** [C] someone in a higher position than you at work **начальник** *I will have to report this to my superiors.*

superiority /suːˌpɪəriˈɒrəti/ **noun** [U] **1** when something is better than other things **превосходство** *the superiority of modern design* **2** when you think that you are better than other people **высокомерие** *She has an* ***air of superiority.***

superlative /suːˈpɜːlətɪv/ **noun** [C] (A2) the form of an adjective or adverb that is used to show that someone or something has more of a particular quality than anyone or anything else. For example 'best' is the superlative of 'good' and 'slowest' is the superlative of 'slow'. **превосходная степень (в грамматике)** → Compare **comparative**

supermarket /ˈsuːpəˌmɑːkɪt/ **noun** [C] (A1) a large shop that sells food, drink, products for the home, etc **супермаркет**

supermodel /ˈsuːpəˌmɒdᵊl/ **noun** [C] a very famous model (= someone whose job is to wear fashionable clothes for photographs) **супермодель**

the supernatural /ˌsuːpəˈnætʃᵊrᵊl/ **noun** (B2) things that cannot be explained by our knowledge of science or nature **сверхъестественное (явление)**
• **supernatural adjective** (B2) **сверхъестественный** ***supernatural forces/powers***

superpower /ˈsuːpəˌpaʊəʳ/ **noun** [C] a country that has great military and political power in the world **сверхдержава**

supersede /ˌsuːpəˈsiːd/ **verb** [T] to take the place of someone or something that went before **вытеснять, заменять** [often passive] *Records were superseded by CDs.*

supersonic /ˌsuːpəˈsɒnɪk/ **adjective** faster than the speed of sound **сверхзвуковой** *supersonic aircraft*

superstar /ˈsuːpəstɑːʳ/ **noun** [C] a very famous singer, performer, etc **суперзвезда**

superstition /ˌsuːpəˈstɪʃᵊn/ **noun** [C, U] when someone believes that particular actions or objects are lucky or unlucky **суеверие**

superstitious /ˌsuːpəˈstɪʃəs/ **adjective** believing that particular objects or events are lucky or unlucky **суеверный** *Are you superstitious about the number 13?*

superstore /ˈsuːpəstɔːʳ/ **noun** [C] a very large shop that sells many different things, often outside a town **огромный супермаркет**

supervise /ˈsuːpəvaɪz/ **verb** [I, T] (B2) to watch a person or activity and make certain that everything is done correctly, safely, etc **наблюдать, руководить** *Students must be supervised by a teacher at all times.*
• **supervisor noun** [C] someone who supervises **руководитель**

supervision /ˌsuːpəˈvɪʒᵊn/ **noun** [U] when you supervise someone or something **наблюдение, руководство** *He needs* ***constant supervision.***

> Слова-партнеры к **supervision**
> be **under** supervision • **close/constant** supervision • the supervision **of** sb/sth

supper /ˈsʌpəʳ/ **noun** [C, U] (A2) a meal that you eat in the evening **ужин** *What are we having for supper?*

supplant /səˈplɑːnt/ **verb** [T] formal to take the place of someone or something **вытеснять**

supple /ˈsʌpl/ **adjective** able to bend or move easily **гибкий** *a supple body*

supplement /ˈsʌplɪmənt/ **noun** [C] an extra amount or part added to something **дополнение, приложение** *to take a* ***vitamin supplement*** ◦ *a newspaper with a* ***colour supplement***
• **supplement** /ˈsʌplɪment/ **verb** [T] **дополнять, сопровождать(ся)** *She works part-time to supplement her pension.*

supplementary /ˌsʌplɪˈmentᵊri/ **adjective** (also US **supplemental**) added to something **дополнительный** ***supplementary materials***

supplier /səˈplaɪəʳ/ **noun** [C] (B2) someone who provides things that people want or need, often over a long period of time **поставщик**

supplies /səˈplaɪz/ **noun** [plural] (B2) the food, equipment, etc that is needed for a particular activity, holiday, etc **продовольствие, принадлежности**

supply[1] /səˈplaɪ/ **verb** [T] (B2) to provide things that people want or need, often over a long period of time **снабжать, поставлять** *to supply food/drugs to people* ◦ *This lake* ***supplies*** *the whole town* ***with*** *water.*

supply[2] /səˈplaɪ/ **noun** **1** [C] (B2) an amount of something that is ready to be used **запас** *a* ***supply of*** *water* ◦ *food supplies* **2 in short supply** If something is in short supply, there is little of it available. **недостаточный** **3** [C] the system of supplying something to people **подача, снабжение** *Someone has turned off the electricity supply.*

> Слова-партнеры к **supply (noun)**
> a supply **of** sth • a **constant/endless/plentiful** supply

S

support¹ /səˈpɔːt/ **verb** [T] **1** B2 to agree with an idea, group, or person **поддерживать, соглашаться** *Do you **support** their **views** on nuclear weapons?* **2** to help to show that something is true **подтверждать** *There's no evidence to **support** his **story**.* **3** B2 to hold the weight of someone or something **выдерживать** *Is this ladder strong enough to support me?* **4** B1 to look after someone by paying for their food, clothes, etc **содержать, обеспечивать** *She has three children to support.* **5** mainly UK B1 to like a particular sports team and want them to win **болеть (за команду)** *Who do you support?*

support² /səˈpɔːt/ **noun 1** [U] B2 agreement with an idea, group, or person **поддержка** *Is there much public **support for** the death penalty?* **2 in support of sb/sth** agreeing with someone or something **в поддержку, в защиту кого-либо/чего-либо** *The minister spoke in support of military action.* **3** [U] B1 help or encouragement **поддержка, помощь** ***emotional/financial support*** **4** [C] an object that can hold the weight of something **опора** → See also **child support**, **income support**, **moral support**

> Слова-партнеры к **support (noun)**
>
> **enlist/express/give/lose/rally** support • **overwhelming/public/strong/tacit/widespread** support • support **for** sb/sth

supporter /səˈpɔːtəʳ/ **noun** [C] **1** B2 someone who supports a particular idea, group, or person **сторонник** *a **strong supporter of** the government* **2** mainly UK B1 someone who likes a particular sports team and wants them to win **болельщик** *English football supporters*

> Слова-партнеры к **supporter**
>
> a **keen/loyal/staunch/strong** supporter • a supporter **of** sth

S

supportive /səˈpɔːtɪv/ **adjective** giving help or encouragement **оказывающий поддержку, верный** *a very supportive friend*

suppose /səˈpəʊz/ **verb 1 be supposed to do sth a** B1 to be expected or intended to do something, especially when this does not happen **предполагаться, подразумеваться** *These drugs are supposed to reduce the pain.* ◦ *He was supposed to be here by nine.* **b** B2 If you are supposed to do something, the rules say that you should do it. **быть обязанным сделать что-либо** *You're supposed to pay by the end of the month.* ◦ *You're not supposed to (= you should not) smoke in here.* **2 be supposed to be sth** B2 to be considered by many people to be something **считаться каким-либо** *The scenery is supposed to be fantastic.* **3** [T] B1 to think that something is likely to be true **предполагать** [+ (that)] *I suppose that you've already heard the news?* **4 suppose/supposing (that)** used to introduce an idea for someone to consider **допустим ..., а что если ...?** *Suppose he phones tonight. What should I say?* **5 I suppose** A2 used to show that you are not certain or not completely happy about something **по-видимому** *It was quite interesting, I suppose.* **6 I suppose so** B1 used to show agreement to something when you do not really want to **ну, ладно! так и быть!** *"Can I come with you?" "I suppose so."*

> ! Типичная ошибка: **suppose or think?**
>
> **Внимание!** Используйте правильный глагол.
>
> Если вы полагаете, что что-то может быть правдой, используйте глагол **suppose**.
>
> *I suppose it will rain at the weekend.*
>
> Если вы сами верите, что что-то правда, используйте **think**, а не 'suppose'.
>
> ~~*I suppose you will have a lovely time in England.*~~
>
> *I think you will have a lovely time in England.*

supposed /səˈpəʊzd/ **adjective** [always before noun] used to show that you do not believe that someone or something really is what many people consider them to be **мнимый, предполагаемый** *a supposed genius*

• **supposedly** /səˈpəʊzɪdli/ **adverb** **предположительно** *The building is supposedly in good condition.*

supposition /ˌsʌpəˈzɪʃᵊn/ **noun** [C, U] formal when someone believes that something is true although there is no proof **предположение**

suppress /səˈpres/ **verb** [T] **1** to control feelings so that they do not show **сдерживать, подавлять** *I could barely suppress my anger.* **2** to prevent information from being known **скрывать, утаивать** *to suppress evidence/news* **3** to stop someone or something by using force **подавлять** [often passive] *The rebellion was suppressed by government forces.*

• **suppression** /səˈpreʃᵊn/ **noun** [U] **подавление, утаивание**

supremacy /suːˈpreməsi/ **noun** [U] when a country or group of people is more powerful, successful, etc than anyone else **господство, превосходство** *a battle/struggle for supremacy*

supreme /suːˈpriːm/ **adjective 1** of the highest rank or greatest importance **верховный, высший** *the **supreme ruler*** **2** very great **величайший** ***supreme confidence/effort***

• **supremely adverb** very **чрезвычайно** *supremely confident*

the suˌpreme ˈcourt noun the court of law that has the most authority in a state or country **верховный суд**

surcharge /ˈsɜːtʃɑːdʒ/ **noun** [C] an extra amount of money that you have to pay for something **дополнительная плата** *There is a surcharge for single rooms.*

sure /ʃɔːʳ/ **adjective 1** A2 [never before noun] certain **уверенный** [+ (that)] *I'm sure that he won't mind.* ◦ [+ question word] *She's **not sure***

what she's going to do next. ◦ *I'm quite* ***sure about*** *the second answer.* → Opposite **unsure 2 make sure (that)** Ⓐ2 to take action so that you are certain that something happens, is true, etc **убедиться, удостовериться** *Make sure that you close all the windows before you leave.* **3 be sure of sth** Ⓑ2 to be confident that something is true **быть уверенным в чем-либо** *He'll win, I'm sure of it.* **4 for sure** Ⓑ1 without any doubts **точно, наверняка** *I think he's from Korea but don't know for sure.* **5 be sure of yourself** Ⓑ2 to be confident of your own abilities, qualities, etc **быть уверенным в своих силах** *She's always been very sure of herself.* **6 be sure to do sth a** If you are sure to do something, it is certain that you will do it. **обязательно сделать что-либо** *He's sure to go back there again.* **b** used to tell someone what they must remember to do **обязательно сделать что-либо** *Be sure to tell her I called.* **7 a sure sign of/that sth** something that makes something seem certain to be true **верный признак 8 a sure thing** something that is certain to happen **что-либо неизбежное, бесспорное** *Death is the one sure thing about life.* **9 sure** (also US **sure thing**) Ⓐ2 used to show agreement **конечно** *"Can I borrow your pen please?" "Sure."* **10 sure enough** Ⓑ2 as expected **на самом деле** *He said the book was on his desk, and sure enough, there it was.*

surely /ˈʃɔːli/ **adverb** Ⓑ2 used to express surprise that something has happened or is going to happen **ведь, конечно же** *You surely didn't tell him, did you?* ◦ *Surely you're not going to go out dressed like that?*

surf[1] /sɜːf/ **verb 1** Ⓑ1 [I] to ride on a wave in the sea using a special board **заниматься серфингом 2 surf the Internet/Net/Web** Ⓐ2 to look at information on the Internet by moving from one page to another using electronic links (= connections) **заниматься поиском чего-либо в Интернете** → See Study Page **The Web and the Internet** on page Centre 36

• **surfer noun** [C] someone who surfs **серфингист** • **surfing noun** [U] **серфинг**

surf[2] /sɜːf/ **noun** [U] the top of the waves in the sea as it moves onto the coast **прибой**

surface[1] /ˈsɜːfɪs/ **noun 1** [C] Ⓑ2 the top or outside part of something **поверхность** *the Earth's surface* ◦ *The sun was reflected on the surface of the water.* **2** [no plural] Ⓑ2 what someone or something seems to be like when you do not know much about them **внешность, наружность** ***On the surface*** *he seemed very pleasant.* → See also **work surface**

> **Слова-партнеры к surface**
>
> a **flat/hard/level/smooth/uneven** surface • **cover** the surface • **above/below/beneath/on** the surface

surface[2] /ˈsɜːfɪs/ **verb 1** [I] to appear or become public, often after being hidden **внезапно появляться, обнаруживаться** *This problem* ***first surfaced*** *about two weeks ago.* ◦ *So when did these* ***allegations surface****?* **2** [I] to rise to the surface of water **всплывать** *The submarine surfaced a few miles off the coast.* **3** [T] to cover a road with a hard substance **делать дорожное покрытие**

ˈsurface ˌmail noun [U] letters, parcels, etc that are sent by road, sea, or train and not by aircraft **обычная (наземная) почта**

surfboard /ˈsɜːfbɔːd/ **noun** [C] a long piece of wood or plastic that you use to ride on waves in the sea **доска для серфинга**

surfeit /ˈsɜːfɪt/ **noun** [no plural] formal too much of something **излишек, избыток** *We've had* ***a surfeit of*** *applications from women for this job.*

surfing /ˈsɜːfɪŋ/ **noun** [U] **1** Ⓐ2 the sport of riding on a wave on a special board **серфинг, скольжение на прибойной волне 2** the activity of looking at a lot of different things on the Internet **просмотр большого количества интернет-сайтов**

surge[1] /sɜːdʒ/ **verb 1 surge forward/into/through, etc** to move somewhere with great strength **хлынуть вперед/в/через и т. д.** *The crowd surged against the barriers.* **2** [I] to increase very quickly **резко увеличиваться** ***Prices surged*** *on the stock exchange.*

surge[2] /sɜːdʒ/ **noun** [C] **1** a large increase in something **резкое увеличение** *a* ***surge in*** *spending* **2** a sudden movement forward **наплыв, резкий скачок**

surgeon /ˈsɜːdʒən/ **noun** [C] a doctor who does medical operations **хирург** → See also **veterinary surgeon**

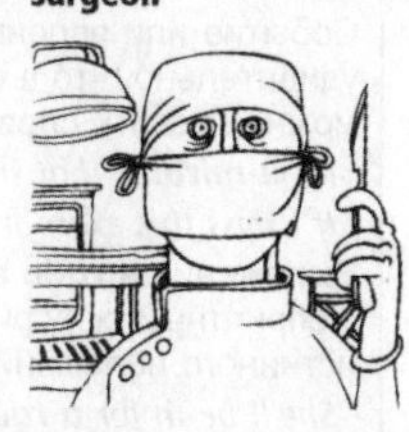
surgeon

surgery /ˈsɜːdʒəri/ **noun 1** [U] Ⓑ2 when a doctor cuts your body open and repairs or removes something **хирургическая операция** *to* ***have surgery*** ◦ *heart/knee surgery* **2** [C] UK Ⓑ2 a place where doctors or other medical workers treat people **кабинет врача, поликлиника** → See also **plastic surgery**

surgical /ˈsɜːdʒɪkəl/ **adjective** relating to medical operations **хирургический** *surgical instruments/gloves*

• **surgically adverb хирургически**

surly /ˈsɜːli/ **adjective** unfriendly and rude **угрюмый** *a surly teenager*

surmount /səˈmaʊnt/ **verb** [T] formal to deal successfully with a problem **преодолевать**

surname /ˈsɜːneɪm/ **noun** [C] Ⓐ2 the name that you and other members of your family all have **фамилия** *His surname is Walker.*

surpass /səˈpɑːs/ **verb** [T] formal to be or do better than someone or something else **пре-**

S

восходить *The book's success **surpassed** everyone's **expectations**.*

surplus /ˈsɜːpləs/ **noun** [C, U] an amount of something that is more than you need **излишек, избыток** *Every year we produce a huge **surplus of** meat.*

• **surplus adjective излишний, избыточный** *surplus wheat*

surprise¹ /səˈpraɪz/ **noun 1** [C] A2 an event that you did not expect to happen **неожиданность, сюрприз** *I didn't know that my parents were coming – it was a lovely surprise.* ◦ *Her resignation **came as a** complete **surprise** (= was very surprising).* ◦ *a **surprise party*** **2** [U] B2 the feeling that you get when something happens that you did not expect **удивление, изумление** *He agreed to everything, much **to** my **surprise**.* **3 take/catch sb by surprise** to be unexpected and make someone feel surprise **захватывать кого-либо врасплох** *I wasn't expecting her to be so angry – it took me by surprise.*

> **Слова-партнеры к surprise**
>
> come as a surprise • a **big/nice/unpleasant** surprise • a surprise **to sb** • a surprise **party**

> **Другие способы сказать surprise**
>
> Неприятный сюрприз можно назвать существительным **shock**.
>
> *We got a nasty **shock** when he gave us the bill.*
>
> *His death came as a terrible **shock**.*
>
> Событие или явление, которое настолько удивительно, что в него трудно поверить, можно назвать словом **miracle**.
>
> *It's a **miracle** that she survived the accident.*
>
> *If I pass this exam it'll be a **miracle**.*
>
> Выражение **a rude awakening** означает 'неприятный сюрприз после обнаружения истинного положения дел'.
>
> *She'll be in for **a rude awakening** when she has to pay her own bills.*
>
> Когда хотят сказать, что какое-то событие явилось сюрпризом, в неформальной ситуации можно употребить выражение **be news to**.
>
> *Sarah is leaving? Well that**'s news to** me.*

surprise² /səˈpraɪz/ **verb** [T] **1** B1 to make someone feel surprise **удивлять** *I didn't tell her I was coming home early – I thought I'd surprise her.* **2** to find or attack someone when they are not expecting it **неожиданно нагрянуть или напасть**

surprised /səˈpraɪzd/ **adjective** A2 feeling surprise because something has happened that you did not expect **удивленный** [+ to do sth] *I'm surprised to see you here.* ◦ *She wasn't **surprised at** his decision.* ◦ [+ (that)] *I'm surprised that you've decided to leave.*

surprising /səˈpraɪzɪŋ/ **adjective** B1 not expected and making someone feel surprised **удивительный** *It's not surprising you're putting on weight, the amount you're eating!*

• **surprisingly adverb** B1 **удивительно** *surprisingly good*

surreal /səˈrɪəl/ **adjective** (also **surrealistic** /səˌrɪəˈlɪstɪk/) strange and not real, like something in a dream **сюрреалистический** *His paintings have a surreal quality.*

surrender /sᵊrˈendəʳ/ **verb 1** [I] to stop fighting and admit that you have been beaten **сдаваться** *Rebel troops are refusing to surrender.* **2** [T] formal to give something to someone else because you have been forced or officially asked to give it to them **сдавать, отказываться от чего-либо** *He was released on the condition that he surrendered his passport.*

• **surrender noun** [C, U] **капитуляция, сдача**

surreptitious /ˌsʌrəpˈtɪʃəs/ **adjective** done secretly so that other people do not see **сделанный тайком** ***surreptitious glances** at the clock*

• **surreptitiously adverb тайком, незаметно**

surrogate /ˈsʌrəgɪt/ **adjective** [always before noun] used instead of someone or something else **заменяющий** *Twenty years older than her, he effectively became a surrogate father.*

• **surrogate noun** [C] someone or something that is used instead of someone or something else **замена, заменитель** *He seemed to regard her as a **surrogate for** his dead mother.*

ˌsurrogate ˈmother noun [C] a woman who has a baby for a woman who is not able to have a baby herself **суррогатная мать**

surround /səˈraʊnd/ **verb** [T] **1** B1 to be or go everywhere around something or someone **окружать** *The house is surrounded by a large garden.* ◦ *The police have surrounded the building.* ◦ *the surrounding countryside* **2 be surrounded by sb/sth** to have a lot of people or things near you **быть окруженным кем-либо/чем-либо** *She's surrounded by the people she loves.* **3** If a feeling or situation surrounds an event, it is closely connected with it. **окружать, покрывать** ***Mystery** still **surrounds** the exact circumstances of his death.*

surroundings /səˈraʊndɪŋz/ **noun** [plural] B2 the place where someone or something is and the things that are in it **среда, окружение, окрестности** *Have you got used to your new surroundings?*

surveillance /sɜːˈveɪləns/ **noun** [U] when someone is watched carefully, especially by the police or army, because they are expected to do something wrong **надзор, наблюдение** *The police have **kept** the man **under** strict **surveillance**.*

survey¹ /ˈsɜːveɪ/ **noun** [C] **1** B2 an examination of people's opinions or behaviour made by asking people questions **опрос общественного мнения** *Holidays in the UK are becoming*

S

*more popular, according to a **recent survey**.* **2** UK an examination of the structure of a building in order to find out if there is anything wrong with it **техническая инспекция здания** *The bank have refused a loan until we've had a survey done on the property.* **3** when an area of land is looked at, and its measurements and details recorded, especially in order to make a map **межевание, съемка**

> **Слова-партнеры к survey**
>
> **carry out/conduct/take part in** a survey • a survey **finds/reveals/shows/suggests** sth • a survey **of** sth • **in** a survey • **according to** a survey • a **recent** survey

survey² /sə'veɪ/ **verb** [T] **1** to look at or examine something carefully **осматривать, исследовать** *I got out of the car to **survey** the **damage**.* **2** to ask people questions in order to find out about their opinions or behaviour **опрашивать** *75% of midwives surveyed were in favour of home births.* **3** to measure and record the details of an area of land **межевать, производить съемку** **4** UK to examine the structure of a building in order to find out if there is anything wrong with it **проводить техническую инспекцию здания**

surveyor /sə'veɪəʳ/ **noun** [C] **1** UK someone whose job is to examine the structure of buildings **инспектор** **2** someone whose job is to measure and record the details of an area of land **топограф**

survival /sə'vaɪvəl/ **noun** [U] (B2) when someone or something continues to live or exist, especially after a difficult or dangerous situation **выживание** *Flood victims had to fight for survival.*

survive /sə'vaɪv/ **verb** **1** [I, T] (B2) to continue to live after almost dying because of an accident, illness, etc **выживать** *He was born with a heart problem and only survived ten days.* ◦ *No one survived the plane crash.* **2** [I, T] to continue to exist after being in a difficult or dangerous situation **уцелеть** *Only two buildings survived the earthquake.* **3** [T] If you survive someone, you continue to live after they have died. **пережить**

survivor /sə'vaɪvəʳ/ **noun** [C] (B2) someone who continues to live after almost dying because of an accident, illness, etc **оставшийся в живых** *Rescuers have given up hope of finding any more survivors.*

susceptible /sə'septəbl/ **adjective** easily influenced or harmed by something **восприимчивый, впечатлительный** *Older people are more **susceptible to** the virus.* ◦ *a susceptible young teenager*
• **susceptibility** /səˌseptə'bɪləti/ **noun** [U] when someone is susceptible **восприимчивость, впечатлительность**

sushi /'suːʃi/ **noun** [U] Japanese food made of cold rice and fish which has not been cooked **суши** *a sushi bar*

suspect¹ /'sʌspekt/ **noun** [C] (B2) someone who may have committed a crime **подозреваемый** *He's the **prime suspect** (= the most likely suspect) in the murder case.*

IDIOM **the usual suspects** the people you would expect to be present somewhere or doing a particular thing **завсегдатаи** *"Who was at the party?" "Oh, Adrian, John, Dave – the usual suspects."*

> **Слова-партнеры к suspect**
>
> the **chief/main/prime** suspect • a suspect **for/in** sth

suspect² /'sʌspekt/ **adjective** difficult to trust or believe **подозрительный** *His explanation was highly suspect.*

suspect³ /sə'spekt/ **verb** [T] **1** (B2) to think that someone may have committed a crime or done something bad **подозревать** *He was **suspected of** drug dealing.* ◦ *suspected terrorists* **2** (B2) to think that something is probably true, or is likely to happen **предполагать** [+ (that)] *They suspected that he was lying.* **3** to not trust someone or something **сомневаться в истинности, не доверять** *She **suspected** his **motives** for offering to help.*

suspend /sə'spend/ **verb** [T] **1** to stop something happening for a short time **откладывать, приостанавливать** *The semifinal was suspended because of bad weather.* **2 suspend sth from/between, etc** to hang something from somewhere **вешать, подвешивать на/между и т. д.** [often passive] *A light bulb was suspended from the ceiling.* **3** (B2) to not allow someone to go to work or school for a period of time because they have done something wrong **временно исключать, отстранять** [often passive] *She was **suspended from** school for fighting.*

suspenders /sə'spendəz/ **noun** [plural] **1** UK (US **garters**) pieces of elastic fixed to a belt that hold up a woman's stockings (= very thin pieces of clothing that cover a woman's foot and leg) **подвязки** **2** US (UK **braces**) two straps fixed to a pair of trousers that go over your shoulders and stop the trousers from falling down **подтяжки**

suspense /sə'spens/ **noun** [U] the feeling of excitement that you have when you are waiting for something to happen **напряжение, тревога ожидания** *What's your answer then? Don't **keep** me **in suspense**.*

suspension /sə'spenʃən/ **noun** **1** [U] when someone stops something happening for a period of time **временное прекращение** *an immediate suspension of all imports and exports* **2** [C, U] when someone is not allowed to go to work or school for a period of time **временное исключение, отстранение** **3** [C, U] equipment which is fixed to the wheels of a vehicle in

S

order to make it move more smoothly подвеска

suspicion /sə'spɪʃən/ **noun** **1** [C, U] B2 a feeling or belief that someone has done something wrong **подозрение** *They were arrested **on suspicion of** drug dealing.* ◦ *Several members of staff are **under suspicion** of stealing money.* **2** [C] B2 an idea that something may be true **предположение, подозрение** [+ (that)] *I had a **sneaking suspicion** that the two events might be connected.*

> **Слова-партнеры к suspicion**
> have a suspicion • confirm sb's suspicion • a deep/sneaking/strong suspicion

suspicious /sə'spɪʃəs/ **adjective** **1** B2 making you feel that something is wrong or that something bad or illegal is happening **подозрительный** ***suspicious behaviour/circumstances*** ◦ *I called airport security after noticing a **suspicious package**.* **2** B2 not trusting someone **недоверчивый** *Many of them remain **suspicious of** journalists.*

• **suspiciously adverb** B2 **подозрительно, недоверчиво** *She's been acting very suspiciously lately.*

sustain /sə'steɪn/ **verb** [T] **1** to cause or allow something to continue for a period of time **поддерживать** *The team may not be able to sustain this level of performance.* **2** to support someone or something so that they can live or exist **обеспечивать, содержать** *The money he received was hardly enough to sustain a wife and five children.* **3 sustain damage/injuries/losses** formal If someone or something sustains damage/injuries/losses, etc, they are damaged/injured, etc. **получать повреждение/переносить травму/нести потери**

sustainable /sə'steɪnəbl/ **adjective** **1** able to continue over a period of time **устойчивый** *sustainable development/growth* **2** causing little or no damage to the environment and therefore able to continue for a long time **не причиняющий вреда окружающей среде, и вследствие этого способный существовать продолжительное время**

sustained /sə'steɪnd/ **adjective** continuing for a period of time without getting weaker **длительный, непрерывный** *a sustained attack* ◦ *sustained pressure*

SUV /ˌesjuː'viː/ **noun** [C] abbreviation for sports utility vehicle: a large vehicle with an engine that supplies power to all four wheels, so that the vehicle can travel easily over rough ground **автомобиль повышенной проходимости, обычно предназначенный для активного отдыха**

svelte /svelt/ **adjective** thin in an attractive way **стройный**

swab /swɒb/ **noun** [C] a small piece of material used for cleaning an injury or for taking a small amount of a substance from someone's body so that it can be tested **тампон**

swagger /'swægər/ **verb** [I] to walk in a way that shows that you are confident and think that you are important **расхаживать с самодовольным видом** *A group of young men swaggered around in leather jackets.*

• **swagger noun** [no plural] **самодовольная походка**

swallow¹ /'swɒləʊ/ **verb** **1** [T] B2 to move your throat in order to make food or drink go down **глотать** *The snake swallowed the bird whole.* **2** [I] to make a movement with your throat as if you are eating, sometimes because you are nervous **глотать** *Claire swallowed hard, opened the door and stepped inside.* **3** [T] to accept something unpleasant **смириться с чем-либо** *They found the final decision **hard to swallow**.* **4** [T] informal to believe something, usually something which is not true **принимать на веру** *I told him we were journalists and he seemed to swallow it.*

→ See also swallow your **pride¹**

PHRASAL VERB **swallow sth up** to make something disappear **поглощать** *Many small businesses are being swallowed up by large international companies.*

swallow² /'swɒləʊ/ **noun** [C] **1** a small bird with long, pointed wings and a tail with two points **ласточка** **2** the movement of swallowing **глоток**

swam /swæm/ past tense of swim **прош. вр. гл. swim**

swamp¹ /swɒmp/ **noun** [C, U] an area of very wet, soft land **болото, трясина**

swamp² /swɒmp/ **verb** [T] **1** to give someone more of something than they can deal with **заваливать, засыпать** [often passive] *The company was **swamped with** calls about its new service.* ◦ *The market has been **swamped by** cheap imports.* **2** If an area is swamped, it becomes covered with water. **затоплять** *Heavy rain has swamped many villages in the region.*

swan /swɒn/ **noun** [C] B2 a large, white bird with a long neck which lives on lakes and rivers **лебедь**

swap /swɒp/ **verb** [I, T] (present participle **swapping**, past tense and past participle **swapped**) to give something to someone and get something from them in return **обмениваться** *Would you mind if Dave **swapped** places **with** you for a bit?*

• **swap noun** [C] **обмен** *We'll **do a swap**.*

swarm¹ /swɔːm/ **noun** [C] a large group of things, usually insects, moving together **рой** *a swarm of bees*

swarm² /swɔːm/ **verb** [I] to move in a large group **толпиться** *TV reporters swarmed outside the pop star's home.*

PHRASAL VERB **swarm with sb/sth** If a place is swarming with people, insects, etc, there are a lot of them moving around it. **кишеть** *The house was swarming with police.*

swarthy /ˈswɔːði/ **adjective** having dark skin **смуглый**

swat /swɒt/ **verb** [T] (present participle **swatting**, past tense and past participle **swatted**) to hit something, especially an insect, with a flat object **ударять, прихлопывать** *He swatted a fly with his newspaper.*

sway /sweɪ/ **verb** **1** [I] to move slowly from one side to the other **качаться** *The trees swayed gently in the wind.* **2** [T] to persuade someone to change their opinion or decision **оказывать влияние, склонять** *I think I was swayed by what James said.*

swear /sweəʳ/ **verb** (past tense **swore**, past participle **sworn**) **1** [I] B2 to use language which people think is rude or offensive **ругаться** *He was sent home because he* ***swore at*** *the teacher.* **2** [I, T] B2 to make a serious promise **клясться** [+ to do sth] *I swear to tell the truth.* ◦ [+ (that)] *She swore that she was at home at the time of the accident.* **3** [T] used to say that you are sure something is true **клясться, быть уверенным** [+ (that)] *I* ***could have sworn*** *that she said she lived in Canterbury (= I was sure she lived in Canterbury, but now I have found that it is not true).*

PHRASAL VERBS **swear by sth** to believe strongly that something is useful or effective **свято верить во что-либо** *Have you tried using vinegar to clean windows? My Mum swears by it.* • **swear sb in** to make someone such as a president, judge, etc officially promise to be honest and responsible when they start their job **приводить к присяге** [often passive] *Mr Stein was sworn in as City Council president yesterday.*

swearing /ˈsweərɪŋ/ **noun** [U] using rude or offensive language **ругань, сквернословие** *He was always getting into trouble for swearing.*

ˈswear ˌword **noun** [C] a word which people think is rude or offensive **ругательство**

sweat /swet/ **verb** [I] B2 to produce liquid through your skin because you are hot or nervous **потеть** *I'd been running and I was sweating.*
• **sweat noun** [U] B2 **пот** *The sweat was running down his face.*

PHRASAL VERBS **sweat it out** informal to wait nervously for an unpleasant situation to improve or end **ожидать с тревогой** *I don't get my exam results till the end of June so I'll just have to sweat it out till then.* • **sweat over sth** to work hard at something **потеть над чем-либо** *She's been sweating over the preparations for the party all weekend.*

sweater /ˈswetəʳ/ **noun** [C] (also UK **jumper**) A2 a warm piece of clothing which covers the top of your body and is pulled on over your head **свитер** → See **Clothes** on page Centre 8

sweats /swets/ **noun** [plural] US a sweatshirt and sweatpants (= loose, comfortable trousers), often worn for exercising **тренировочный костюм** → See **Clothes** on page Centre 9

sweatshirt /ˈswetʃɜːt/ **noun** [C] B1 a piece of clothing made of soft cotton which covers the top of your body and is pulled on over your head **фуфайка** → See **Clothes** on page Centre 9

sweatshop /ˈswetʃɒp/ **noun** [C] a small factory where workers are paid very little and work many hours in very bad conditions **мастерская, в которой рабочие получают крайне низкую зарплату и работают в тяжелых условиях**

sweaty /ˈsweti/ **adjective** covered in sweat **потный** *He was hot and sweaty from working in the garden.*

swede /swiːd/ **noun** [C, U] UK a round, yellow vegetable which grows in the ground **брюква**

sweep[1] /swiːp/ **verb** (past tense and past participle **swept**) **1** [I, T] (also **sweep up**) B2 to clean the floor using a brush **подметать** *She's just swept the floor.* ◦ *He swept up the pieces of broken glass (= removed them from the floor with a brush).* **2 be swept along/away, etc** B2 to be pushed or carried along, often by something strong which you cannot control **тащить, волочить, сметать, увлекать** *Many trees were swept away in the flood.* **3** [I, T] to quickly affect a large area **охватывать** *The disease is* ***sweeping the country.*** ◦ *Panic* ***swept through*** *the crowd.* **4 sweep along/into/past, etc** to move quickly, especially in a way that shows you think you are important **проноситься по/в/мимо и т. д.** *She swept past me in the corridor.*

sweep[2] /swiːp/ **noun** [C] **1** a long movement **взмах** [usually singular] *With a sweep of his arm, he gestured towards the garden.* **2** something shaped in a long curve **изгиб, контур** *a long sweep of sandy beach* → See also **chimney sweep**

sweeping /ˈswiːpɪŋ/ **adjective** **1** [always before noun] affecting many things or people **радикальный** *sweeping changes/reforms* **2 sweeping statement/generalization** when someone says something that is very general and has not been carefully thought about **обобщающее заявление/широкое обобщение**

sweepstake /ˈswiːpsteɪk/ **noun** [C] UK (US **sweepstakes**) a type of betting (= risking money on a competition) in which the winner receives all the money **тотализатор**

sweet[1] /swiːt/ **adjective** **1** A1 with a taste like sugar **сладкий** *It was covered in a very sweet chocolate sauce.* **2** A2 attractive, often because of being small **милый, прелестный** *Look at that kitten – isn't she sweet?* **3** B1 kind and friendly **любезный, милый** *It was really sweet of you to come.* **4** A sweet smell or sound is pleasant. **душистый, мелодичный**
• **sweetness noun** [U] **сладость, приятность**

S

sweet² /swiːt/ **noun** [C] UK (US **candy**) A2 a small piece of sweet food, often made of sugar or chocolate **конфета** *You shouldn't eat so many sweets – they're bad for your teeth.*

sweetcorn /ˈswiːtkɔːn/ **noun** [U] UK (US **corn**) the sweet, yellow seeds of maize (= a plant) which are eaten as a vegetable **сладкая кукуруза** → See **Fruit and Vegetables** on page Centre 10

sweeten /ˈswiːtᵊn/ **verb** [T] to make something sweeter, for example by adding more sugar **подслащивать** *She gave me a hot lemon drink, sweetened with honey.*

sweetener /ˈswiːtᵊnəʳ/ **noun** [C] **1** something which is used to make something taste sweeter **подслащивающее вещество** *an* ***artificial sweetener*** **2** something that is used to persuade someone to do something **взятка**

sweetheart /ˈswiːthɑːt/ **noun** [C] You call someone 'sweetheart' to show affection or to be friendly. **дорогой, любимый** *Come here, sweetheart.*

sweetly /ˈswiːtli/ **adverb** in an attractive or kind way **мило** *She smiled sweetly.*

ˌsweet poˈtato (plural **sweet potatoes**) UK (US **ˈsweet poˌtato**) **noun** [C, U] a long, red vegetable like a potato but that tastes slightly sweet **батат**

swell¹ /swel/ **verb** (past tense **swelled**, past participle **swollen**, **swelled**) **1** [I] (also **swell up**) to increase in size **опухать, раздуваться** *One side of his face had swollen up where he'd been stung.* **2** [I, T] to increase in amount because more things are added **увеличиваться** *The population of the region was swollen by refugees from across the border.*

swell² /swel/ **noun** **1** [C, U] the movement of waves in the sea, or the waves themselves **накат волн, волна** *ocean swells* **2** [C] an increase **увеличение, нарастание**

swell³ /swel/ **adjective** US old-fashioned good or pleasant **отличный** *Everyone's having a swell time.*

swelling /ˈswelɪŋ/ **noun** [C, U] a part of your body which has become bigger because of illness or injury **опухоль, припухлость** *The doctor gave me drugs to reduce the swelling in my ankle.*

sweltering /ˈsweltərɪŋ/ **adjective** so hot that you feel uncomfortable **знойный, душный** *It was a sweltering afternoon in August.*

swept /swept/ past of sweep **прош. вр. и прич. прош. вр. от гл. sweep**

swerve /swɜːv/ **verb** [I] to change direction suddenly, especially when you are driving a vehicle **резко сворачивать в сторону** *He swerved to avoid a cyclist and hit another car.*

swift /swɪft/ **adjective** happening or moving quickly **быстрый** *a swift response*
• **swiftly adverb быстро**

swig /swɪg/ **verb** [T] (present participle **swigging**, past tense and past participle **swigged**) informal to drink something, taking a lot of liquid into your mouth at a time **пить большими глотками**
• **swig noun** [C] **большой глоток** *He* ***took a swig of*** *his beer and carried on with the story.*

swill¹ /swɪl/ **verb** [T] **1** (also **swill out**) to clean something by making liquid move around it **полоскать** *The dentist handed me a glass of water to swill my mouth out.* **2** to quickly drink a large amount of something, especially alcohol **хлебать, напиваться**

swill² /swɪl/ **noun** [U] waste food that is fed to pigs **пойло (для свиней)**

swim¹ /swɪm/ **verb** (present participle **swimming**, past tense **swam**, past participle **swum**) **1** [I, T] A1 to move through water by moving your body **плавать, плыть** *I learnt to swim when I was about 5 years old.* ◦ *I swim thirty lengths of the pool most mornings.* → See **Sports 1** on page Centre 14 **2** [I] If your head swims, you feel confused and are unable to see or think clearly. **чувствовать головокружение** **3** [I] to seem to move about **плыть перед глазами** *I got up suddenly and the room started swimming.*
• **swimming noun** [U] A2 **плавание** *I usually* ***go swimming*** *about twice a week.* • **swimmer noun** [C] B1 **пловец** *I'm not a very* ***strong swimmer.***

swim² /swɪm/ **noun** [C] A2 a time when you swim **плавание, купание** *I* ***went for a swim*** *before breakfast.*

ˈswimming ˌcostume noun [C] UK (US **bathing suit**) A2 a piece of clothing that you wear to go swimming **купальник** → See **Clothes** on page Centre 9

ˈswimming ˌpool noun [C] A1 an area of water that has been made for people to swim in **бассейн**

ˈswimming ˌtrunks noun [plural] a piece of clothing that boys and men wear when they swim **плавки** → See **Clothes** on page Centre 9

swimsuit /ˈswɪmsuːt/ **noun** [C] a piece of clothing that girls and women wear to go swimming **купальник** → See **Clothes** on page Centre 9

swindle /ˈswɪndl/ **verb** [T] to get money from someone by cheating or deceiving them **надувать, выманивать** [often passive] *She was* ***swindled out of*** *thousands of dollars.*
• **swindle noun** [C] **надувательство, мошенничество** *a multi-million-pound swindle* • **swindler noun** [C] **мошенник**

swine /swaɪn/ **noun** **1** [plural] formal pigs **свинья** **2** [C] informal an unpleasant person **хам, свинья**

swing¹ /swɪŋ/ **verb** (past tense and past participle **swung**) **1** [I, T] B2 to move smoothly backwards and forwards, or to make something do this **качать(ся), размахивать** *She really swings her arms when she walks.* **2** [I, T] to move smoothly in a curve, or to make something do this **делать**

замах, распахивать(ся), захлопывать(ся) *The door swung shut.* ◦ *Watch the ball as you swing the bat.* **3** [I] If someone's opinion or their feelings swing, they suddenly change. **резко меняться** *Her moods swing with absolutely no warning.*

PHRASAL VERBS **swing around/round** to turn around quickly **резко оборачиваться** • **swing at sb** informal to try to hit someone **замахиваться на кого-либо**

swing² /swɪŋ/ **noun** [C] **1** B2 a chair hanging on two ropes that children sit on and swing backwards and forwards **качели** **2** an attempt to hit someone **попытка ударить** *Isn't that the boy Mark* ***took a swing at*** *(= tried to hit)?* **3** a sudden change **резкая перемена** *He suffered terrible* ***mood swings.***

IDIOM **be in full swing** If an event is in full swing, everything has started and there is a lot of activity. **быть в полном разгаре** *By ten o'clock, the party was in full swing.*

swipe¹ /swaɪp/ **verb** [T] **1** (also **swipe at**) to move your arm in order to try to hit someone or something **замахиваться** **2** informal to steal something **красть**

swipe² /swaɪp/ **noun** [C] an attempt to hit someone **попытка ударить**

ˈswipe ˌcard **noun** [C] UK a small piece of plastic that contains electronic information, used to open doors, etc **электронный ключ**

swirl /swɜːl/ **verb** [I, T] to move around and around quickly, or to make something do this **кружить(ся), нестись вихрем** *The mist swirled round the castle.*
• **swirl noun** [C] **вихрь, водоворот**

swish /swɪʃ/ **verb** [I, T] to move quickly through the air making a soft sound, or to make something do this **рассекать воздух со свистом**
• **swish noun** [C] **свист, шелест** *the swish of curtains closing*

switch¹ /swɪtʃ/ **verb** [I, T] **1** B2 to change from one thing to another **менять, переключаться (с одного на другое)** *We're trying to encourage people to* ***switch from*** *cars* ***to*** *bicycles.* ◦ *He's just switched jobs.* **2** to exchange something with someone else **меняться** *After a couple of months we switched roles.*

PHRASAL VERBS **switch (sth) off** B1 to turn off a light, television, etc by using a switch **выключать** *Have you switched the computer off?* • **switch off** UK to stop giving your attention to someone or something **отключаться, не обращать внимания** *I'm afraid I just switch off when she starts telling me about her problems.* • **switch (sth) on** B1 to turn on a light, television, etc by using a switch **включать** • **switch over 1** UK to change from one television or radio station to another **переключать (каналы)** **2** to change from doing one thing to another **переходить на что-либо** *We've decided to* ***switch over to*** *low fat milk.*

switch² /swɪtʃ/ **noun** [C] **1** B1 a small object that you push up or down with your finger to turn something electrical on or off **выключатель** **2** a change **изменение, перемена** *There has been a switch in policy.*

> Слова-партнеры к **switch**
>
> flick/press a switch • the on/off switch

switchboard /ˈswɪtʃbɔːd/ **noun** [C] a piece of equipment that is used to direct all the telephone calls made from and to a building **коммутатор**

swivel /ˈswɪvəl/ **verb** [I, T] (present participle UK **swivelling**, past tense and past participle **swivelled**, present participle US **swiveling**, past tense and past participle **swiveled**) (also **swivel around**) to turn round, or to make something turn round **вращать(ся)**

swollen¹ /ˈswəʊlən/ **adjective** B2 bigger than usual **опухший, вздувшийся** *a swollen wrist/ankle* ◦ *swollen rivers*

swollen² /ˈswəʊlən/ past participle of swell **прич. прош. вр. от гл. swell**

swoop /swuːp/ **verb** [I] **1** to suddenly move very quickly down through the air **устремляться вниз** *Huge birds* ***swoop down*** *from the sky.* **2** to suddenly attack **совершать налет** *The day before police had* ***swooped on*** *his home.*
• **swoop noun** [C] **падение вниз, налет**

swop /swɒp/ **verb** [I, T] (present participle **swopping**, past tense and past participle **swopped**) another UK spelling of swap (= to give something to someone and get something from them in return) **обмениваться**

sword /sɔːd/ **noun** [C] B2 a weapon with a long, metal blade and a handle, used especially in the past **меч, шпага**

swordfish /ˈsɔːdfɪʃ/ **noun** [C, U] (plural **swordfish**) a large fish with a long, pointed part at the front of its head, that can be eaten as food **меч-рыба**

swore /swɔːʳ/ past tense of swear **прош. вр. гл. swear**

sworn¹ /swɔːn/ **adjective** **1 sworn statement/testimony, etc** something that you have officially said is true **заявление/показание и т. д. под присягой** **2 sworn enemies** two people, or two groups of people who are completely against each other **заклятые враги**

sworn² /swɔːn/ past participle of swear **прич. прош. вр. от гл. swear**

swot¹ /swɒt/ **noun** [C] UK informal someone who studies too much **зубрила**

swot² /swɒt/ **verb** [I] (present participle **swotting**, past tense and past participle **swotted**) UK informal

S

(US **cram**) to study a lot **зубрить** *I'm swotting for tomorrow's exam.*

PHRASAL VERB **swot up (on sth)** to learn as much as you can about a subject, especially before an examination **зубрить что-либо**

swum /swʌm/ past participle of swim **прич. прош. вр. от гл. swim**

swung /swʌŋ/ past of swing **прош. вр. и прич. прош. вр. от гл. swing**

sycamore /ˈsɪkəmɔːʳ/ **noun** [C, U] a tree with leaves that are divided into five parts and with seeds that turn around as they fall **платан**

sycophantic /ˌsɪkəʊˈfæntɪk/ **adjective** formal Someone who is sycophantic praises people in authority in a way that is not sincere, especially in order to get an advantage for themselves. **льстивый, подхалимский**
• **sycophant** /ˈsɪkəfænt/ **noun** [C] **льстец, подхалим**

syllable /ˈsɪləbl/ **noun** [C] B2 a word or part of a word that has one vowel sound **слог** *'But' has one syllable and 'apple' has two syllables.*

syllabus /ˈsɪləbəs/ **noun** [C] (plural **syllabuses, syllabi**) a list of the subjects that are included in a course of study **программа (обучения)**

symbol /ˈsɪmbəl/ **noun** [C] **1** B2 a sign or object that is used to represent something **символ** *A heart shape is the symbol of love.* **2** a number, letter, or sign that is used instead of the name of a chemical substance, another number, etc **знак, условное обозначение** *The symbol for oxygen is O.* → See also **status symbol**

symbolic /sɪmˈbɒlɪk/ **adjective** representing something else **символический** *The blue, white, and red of the French flag are symbolic of liberty, equality, and fraternity.*
• **symbolically adverb символически**

symbolism /ˈsɪmbəlɪzəm/ **noun** [U] the use of signs and objects in art, films, etc to represent ideas **символизм**

symbolize (also UK **-ise**) /ˈsɪmbəlaɪz/ **verb** [T] to represent something **символизировать** *The lighting of the Olympic torch symbolizes peace and friendship among the nations of the world.*

symmetrical /sɪˈmetrɪkəl/ **adjective** (also **symmetric**) having the same shape or size on both halves **симметричный** *Faces are roughly symmetrical.*

symmetry /ˈsɪmətri/ **noun** [U] when something is symmetrical **симметрия**

sympathetic /ˌsɪmpəˈθetɪk/ **adjective** **1** B2 showing that you understand and care about someone's problems **относящийся с сочувствием** *My boss is very* ***sympathetic about*** *my situation.* **2** agreeing with or supporting someone's ideas or actions **относящийся с одобрением** *He was* ***sympathetic to*** *their views.* → Opposite **unsympathetic**
• **sympathetically adverb с сочувствием, с одобрением**

sympathize (also UK **-ise**) /ˈsɪmpəθaɪz/ **verb** [I] **1** to understand and care about someone's problems **сочувствовать** *It's a really bad situation – I do* ***sympathize with*** *her.* **2** to agree with or support someone's ideas or actions **поддерживать, одобрять** *I* ***sympathize with*** *the general aims of the party.*

sympathizer (also UK **-iser**) /ˈsɪmpəθaɪzəʳ/ **noun** [C] someone who supports a particular political organization, or believes in a particular set of ideas **сторонник, сочувствующий** *a communist sympathizer*

sympathy /ˈsɪmpəθi/ **noun** [U] **1** B2 when you show that you understand and care about someone's problems **сочувствие** *I* ***have no sympathy for*** *people who say they can't find work but are really just too lazy to look.* **2** agreement with or support for someone's ideas or actions **одобрение** *Scott was* ***in sympathy with*** *this view.*

> **Слова-партнеры к sympathy**
>
> **have/express/feel [every/little/no, etc] sympathy for sb** • **look for** sympathy • **deep/great/heartfelt** sympathy • **words of** sympathy

symphony /ˈsɪmfəni/ **noun** [C] a long piece of music for an orchestra (= large group of different musicians) **симфония**

symptom /ˈsɪmptəm/ **noun** [C] **1** B2 a physical feeling or problem which shows that you have a particular illness **симптом** *The inability to sleep is often a* ***symptom of*** *some other illness.* **2** a problem that is caused by and shows a more serious problem **проявление** *The drinking was just a* ***symptom of*** *his general unhappiness.*
• **symptomatic** /ˌsɪmptəˈmætɪk/ **adjective** relating to a symptom **симптоматичный**

synagogue /ˈsɪnəgɒg/ **noun** [C] a building in which Jewish people pray **синагога**

sync /sɪŋk/ **noun** informal **1 be in sync** to be happening at the same time **совпадать по времени** **2 be out of sync** to not be happening at the same time **не совпадать по времени**

synchronize (also UK **-ise**) /ˈsɪŋkrənaɪz/ **verb** [T] **1** to make something happen at the same time as something else **синхронизировать, согласовывать** *We had a problem synchronizing the music and the images.* **2 synchronize watches** to make two or more watches show exactly the same time **сверять часы**
• **synchronization** /ˌsɪŋkrənaɪˈzeɪʃən/ **noun** [U] **синхронизация**

syndicate /ˈsɪndɪkət/ **noun** [C] a group of people or companies who join together in order to achieve something **синдикат, консорциум** *a bank syndicate* ◦ *a crime syndicate*

syndrome /ˈsɪndrəʊm/ **noun** [C] a combination of physical problems that often go together in a particular illness **синдром**

synergy /ˈsɪnədʒi/ **noun** [C, U] when two

companies or groups work together and achieve more success than they would separately **совместная деятельность** *a synergy between the two software companies*

synonym /ˈsɪnənɪm/ **noun** [C] a word or phrase that means the same as another word or phrase **синоним**

synonymous /sɪˈnɒnɪməs/ **adjective 1** If one thing is synonymous with another, they are very closely connected with each other in people's minds. **равнозначный, тождественный** *It is a country where wealth is **synonymous with** corruption.* **2** If one word is synonymous with another, they have the same meaning. **синонимичный**

synopsis /sɪˈnɒpsɪs/ **noun** [C] (plural **synopses**) a short description of a book, film, etc **резюме, краткое изложение**

syntax /ˈsɪntæks/ **noun** [U] the grammatical arrangement of words in a sentence **синтаксис**

synthesis /ˈsɪnθəsɪs/ **noun** [C, U] (plural **syntheses** /ˈsɪnθəsiːz/) formal the mixing of several things to make another whole new thing **синтез**

synthesize (also UK **-ise**) /ˈsɪnθəsaɪz/ **verb** [T] to mix several things in order to make something else **синтезировать**

synthesizer (also UK **-iser**) /ˈsɪnθəsaɪzər/ **noun** [C] an electronic musical instrument that can copy the sounds made by other musical instruments **синтезатор**

synthetic /sɪnˈθetɪk/ **adjective** not made from natural substances **синтетический, искусственный** *synthetic rubber*

• **synthetically adverb синтетически, искусственно**

syphilis /ˈsɪfɪlɪs/ **noun** [U] a serious disease caught during sex that spreads slowly from the sex organs to all parts of the body **сифилис**

syringe /sɪˈrɪndʒ/ **noun** [C] a piece of medical equipment used to push liquid into or take liquid out of someone's body **шприц**

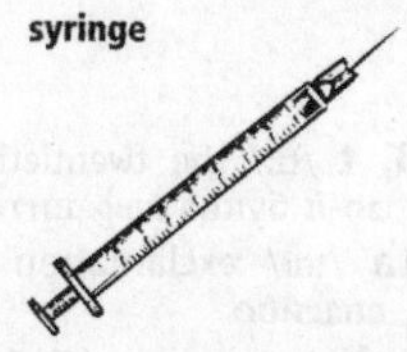

syrup /ˈsɪrəp/ **noun** [U] a very sweet liquid made from sugar and water **сироп**

system /ˈsɪstəm/ **noun** [C] **1** (B2) a way or method of doing things **система, метод** *the American **legal system** ◦ the public transport system* **2** (B1) a set of connected pieces of equipment that operate together **система, устройство** *They've had an alarm system installed at their home.* **3** parts of the body that work together in order to make something happen **система, организм** *the body's **immune system*** **4 the system** the laws and rules of a society **система**

IDIOM **get sth out of your system** to get rid of a strong feeling or a need to do something, especially by expressing that feeling or doing the thing you want to do **избавляться от какого-либо чувства, навязчивой идеи** *It's not a bad idea to travel before getting a job – that way you get it out of your system.*

→ See also **immune system**, **nervous system**, **operating system**, **public address system**, **the solar system**

systematic /ˌsɪstəˈmætɪk/ **adjective** done using a fixed and organized plan **систематический** *the systematic collection and analysis of information*

• **systematically adverb систематически**

T

T, t /tiː/ the twentieth letter of the alphabet **20-я буква алфавита**

ta /tɑː/ **exclamation** UK informal thank you **спасибо**

tab /tæb/ **noun** [C] **1** a small piece of paper, metal, etc that is fixed to something and that you use to open it or find out information about it **ярлык, язычок** *Pull tab to open.* **2** an amount of money that you owe for something you have bought or for a service you have used **счет, расходы** *Officials said the tab for the new bridge would be $8 million.* **3 pick up the tab** to pay for something, especially a meal in a restaurant **брать на себя оплату счета**

IDIOM **keep tabs on sb/sth** informal to watch someone or something carefully to check they do nothing wrong **следить за кем-либо/чем-либо**

tabby /ˈtæbi/ **noun** [C] a cat that has stripes in its fur **полосатая кошка**

ˈtab ˌkey noun [C] the key on a computer keyboard which allows you to move the cursor (= a symbol which shows you where you are working) forward a few spaces

table[1] /ˈteɪbl/ **noun** [C] **1** (A1) a piece of furniture with four legs, used for eating off, putting things on, etc **стол** *the kitchen table* **2 lay the table** UK (also UK/US **set the table**) (B1) to put plates, knives, forks, etc on the table to prepare for a meal **накрывать на стол** **3** (B1) a set of numbers or words written in rows that go across and down the page **таблица** *The table below shows the results of the experiment.* **4** a collection of a particular kind of information in a database **список, строка таблицы**

IDIOM **turn the tables on sb** to change a situation so that you have an advantage over someone who before had an advantage over you **поменяться ролями с кем-либо**

→ See also put/lay your cards **(card)** on the table, **coffee table**, **dressing table**

table[2] /ˈteɪbl/ **verb** [T] **1** UK to formally suggest that a particular subject is discussed **выносить на обсуждение** **2** US to decide to discuss something later **откладывать обсуждение**

tablecloth /ˈteɪblklɒθ/ **noun** [C] a piece of material that covers a table, especially during a meal **скатерть**

tablespoon /ˈteɪblspuːn/ **noun** [C] a large spoon used for measuring or serving food, or the amount this spoon can hold **столовая ложка**

tablet /ˈtæblət/ **noun** [C] **1** (B1) a small, round object containing medicine that you swallow **таблетка** → See picture at **medicine** **2** a square piece of stone that has words cut into it **мемориальная доска** **3** US (UK/US **pad**) sheets of paper that have been fastened together at one edge, used for writing or drawing **блокнот**

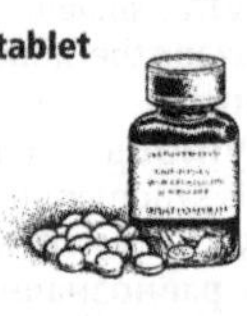
tablet

Слова-партнеры к tablet

take a tablet • a tablet for sth • **sleeping** tablets • **headache** tablets

ˈtable ˌtennis noun [U] (A2) a game in which two or four people hit a small ball over a low net on a large table **настольный теннис**

tabloid /ˈtæblɔɪd/ **noun** [C] (B2) a small newspaper with a lot of pictures and short, simple news stories **бульварная газета**

taboo /təˈbuː/ **noun** [C, U] something that you should not say or do because people generally think it is morally wrong, unpleasant, or embarrassing **табу** *Sex is a taboo in this country.* • **taboo adjective запретный** *Suicide is a taboo subject.*

tacit /ˈtæsɪt/ **adjective** formal understood without being said **подразумеваемый, молчаливый** *a* ***tacit agreement***

taciturn /ˈtæsɪtɜːn/ **adjective** formal saying very little and not seeming friendly **неразговорчивый**

tack[1] /tæk/ **noun** **1 take/try a different tack** to try to deal with a problem in a different way **действовать иначе, изменять тактику** *I've tried being nice to her and it doesn't work so I might take a different tack.* **2** [C] a small, sharp nail with a flat top **гвоздь с широкой шляпкой** *carpet tacks* **3** [C] US (UK **drawing pin**) a short pin with a flat, round top, used for fastening pieces of paper to the wall **(канцелярская) кнопка**

tack[2] /tæk/ **verb** [T] **1** to fasten something to a wall with a tack **прикреплять кнопками, прибивать** **2** to sew something loosely **сшивать, сметывать**

PHRASAL VERB **tack sth on** to add something that you had not planned to add **добавлять, присоединять**

tackle[1] /ˈtækl/ **verb** [T] **1** (B2) to try to deal with a problem **решать проблему, браться за что-либо** *new ways to* ***tackle crime*** **2** UK to speak to someone about something bad that they have done **поднимать вопрос, объясняться** *I decided to tackle him about his absences.* **3** (B2) to try to get the ball from someone in a game such as football **перехватывать (мяч)**

tackle² /ˈtækl/ **noun 1** [C] an attempt to get the ball from someone in a game such as football **блокировка (в футболе) 2** [U] all the things you need for a particular activity **снаряжение, снасти** ***fishing tackle***

tacky /ˈtæki/ **adjective 1** informal cheap and of bad quality **безвкусный** *tacky holiday souvenirs* **2** slightly sticky **липкий**

tact /tækt/ **noun** [U] the ability to talk to people about difficult subjects without upsetting them **такт, тактичность**

tactful /ˈtæktfᵊl/ **adjective** careful not to say or do anything that could upset someone **тактичный**
• **tactfully adverb тактично**

tactic /ˈtæktɪk/ **noun** [C] a way of doing something that you plan in order to achieve what you want **тактика** [usually plural] *These bomb attacks represent a* ***change of tactics*** *by the terrorists.*

> **Слова-партнеры к tactic**
> **adopt/employ/use** tactics • **a change of** tactics • **bullying/underhand** tactics

tactical /ˈtæktɪkᵊl/ **adjective** relating to tactics, or done in order to achieve something **тактический** ***tactical voting*** ◦ *a* ***tactical error***
• **tactically adverb тактически**

tactless /ˈtæktləs/ **adjective** not being careful about saying or doing something that could upset someone **бестактный**

tad /tæd/ **noun** informal **a tad** a little **чуть-чуть** *It was a tad expensive, I thought.*

tadpole /ˈtædpəʊl/ **noun** [C] a small, black animal that lives in water and will become a frog (= green jumping animal) **головастик**

taffeta /ˈtæfɪtə/ **noun** [U] a stiff, shiny cloth used in women's formal dresses **тафта**

TAFN internet abbreviation for that's all for now: used at the end of an email or message **это пока все (используется в конце сообщения)**

tag¹ /tæg/ **noun** [C] a small piece of paper or plastic with information on it that is fixed to something **ярлык, этикетка** *a* ***price tag***

tag² /tæg/ **verb** [T] (present participle **tagging**, past tense and past participle **tagged**) to put a tag on something **навешивать ярлык, этикетку**

PHRASAL VERB **tag along** informal to go somewhere with someone, especially when they have not asked you to **увязываться за кем-либо**

t'ai chi /taɪˈtʃiː/ **noun** [U] a form of Chinese exercise that involves a series of slow movements **тай чи (китайская гимнастика)**

tail¹ /teɪl/ **noun** [C] **1** B2 the long, narrow part that sticks out at the back of an animal's body **хвост** *The dog's pleased to see you – he's* ***wagging*** *his* ***tail.*** **2** the back part of something long, such as a plane **конец, хвост**

IDIOM **the tail end of sth** the last part of something **самый конец чего-либо** *the tail end of the eighties*

tail² /teɪl/ **verb** [T] to secretly follow someone, especially because you think they have done something wrong **следить, ходить по пятам за кем-либо**

PHRASAL VERB **tail off** to gradually become quieter, smaller, less frequent, etc **замолкать, убывать, замирать** *His voice tailed off.*

tailback /ˈteɪlbæk/ **noun** [C] UK a line of cars that have stopped or are moving very slowly because of an accident or other problem on the road in front of them **хвост автомобилей в пробке**

tailcoat /ˈteɪlˌkəʊt/ **noun** [C] a formal coat that has a short front part and a long back part that is divided in two **фрак**

tailgate /ˈteɪlgeɪt/ **verb** [I, T] to drive too closely to the car in front of you **не соблюдать дистанцию (об автомобилях)**
• **tailgating noun** [U] **несоблюдение дистанции**

ˌ**tail** ˈ**light noun** [C] US one of the two red lights on the back of a car **задний габаритный фонарь** → See **Car** on page Centre 7

tailor¹ /ˈteɪləʳ/ **noun** [C] someone whose job is to make or repair clothes, especially men's clothes **портной**

tailor² /ˈteɪləʳ/ **verb** [T] to make or change something so that it is suitable **приспосабливать, делать на заказ** *The kitchen can then be* ***tailored*** *exactly* ***to*** *the customer's needs.*

tailor-made /ˌteɪləˈmeɪd/ **adjective 1** perfect for a particular person or purpose **идеально подходящий** *It sounds as if you're* ***tailor-made for*** *the job.* **2** Tailor-made clothes are made by a tailor. **сшитый на заказ**

tailpipe /ˈteɪlpaɪp/ **noun** [C] US (UK **exhaust pipe**) the pipe that waste gas from a vehicle's engine flows through **выхлопная труба** → See **Car** on page Centre 7

tails /teɪlz/ **noun** [plural] **1** the side of a coin that does not have someone's head on it **решка** *Let's toss a coin –* ***heads or tails?*** **2** a formal coat that has a short front part and a long back part that is divided in two **фрак**

taint /teɪnt/ **verb** [T] **1** to spoil people's opinion of someone **порочить** [often passive] *a government tainted by scandal* **2** to spoil something, especially food or blood, by adding a harmful substance **портить, заражать**

take /teɪk/ **verb** [T] (past tense **took**, past participle **taken**) **1** A1 to get and carry something with you when you go somewhere **брать, носить с собой** *I always* ***take*** *my mobile phone* ***with*** *me.* **2** A1 to go somewhere with someone, often

T

paying for them or being responsible for them **брать кого-либо с собой, водить/возить кого-либо куда-либо** *I* ***took*** *the kids* ***to*** *the park.* → See Note **bring 3** B1 to remove something without permission **брать (без разрешения), присваивать** *Someone's taken my coat.* **4** B1 to get hold of something and move it **забирать, отнимать** *He reached across and took the glass from her.* **5** B1 to accept something **принимать, соглашаться на что-либо** *So, are you going to take the job?* ◦ *Do you take credit cards?* **6** A2 If something takes a particular amount of time, or a particular quality, you need that amount of time or that quality in order to be able to do it. **занимать, требоваться (о времени)** [+ to do sth] *It's taken me three days to get here.* ◦ *It takes a lot of courage to stand up and talk in front of so many people.* **7** A2 to swallow or use medicine **принимать (лекарство)** *Take two tablets, three times a day.* **8** to measure something **измерять** *Have you taken her temperature?* **9** B1 to wear a particular size of clothes **носить (размер одежды)** *I take a size 12 in trousers.* **10** to have enough space for a particular number of people or things **вмещать** *There's six of us and the car only takes five.* **11** A2 to travel somewhere by using a bus, train, car, etc, or by using a particular road **ехать (на автобусе, поезде и т. д.)** *Are you taking the train to Edinburgh?* **12 take a break/rest, etc** B1 to stop working for a period **делать перерыв/передышку и т. д.** **13 take pleasure/pride/an interest, etc** B2 to have a particular, good feeling about something that you do **получать удовольствие от чего-либо/гордиться чем-либо/интересоваться чем-либо и т. д.** *I take great pleasure in cooking.* ◦ *These women take their jobs very seriously (= think their jobs are very important).* **14 take a look** B1 to look at something **взглянуть на что-либо** *Take a look at these photos.* **15** to understand something in a particular way **понимать, толковать что-либо каким-либо образом** *Whatever I say she'll take it the wrong way.* **16 I take it (that)** used when you think that what you say is probably true **надо полагать** *I take it you're not coming with us.* **17 can't take sth** B2 to not be able to deal with an unpleasant situation **быть не в состоянии терпеть, выносить что-либо** *We argue all the time – I really can't take it any more.* **18 take it from me** accept that what I say is true, because I know or have experienced it **поверь мне** *You could be doing a much less interesting job, take it from me.* **19 take sth as it comes** to deal with something as it happens, without planning for it **решать проблемы по мере их поступления, не забегать вперед** **20** to get control of something by force **захватывать** *By morning they had taken the city.*

PHRASAL VERBS **take after sb** B2 to be similar to an older member of your family **пойти в кого-либо** *Peter's very tall – he takes after his father.* • **take sth apart** to separate something into its different parts **разбирать что-либо на части** *He spent the whole afternoon taking his bike apart.* • **take sth away 1** B2 to remove something **забирать, отнимать** *The waitress took our plates away.* ◦ *Supermarkets are* ***taking*** *business* ***away from*** *small local shops.* **2** B1 to subtract a number **вычитать** ***Take*** *3* ***away from*** *20.* • **take sb away** to make someone leave a place and go with you **уводить, забирать кого-либо** • **take sth back 1** B1 to return something to the place you borrowed or bought it from **возвращать что-либо** **2** to admit that your opinion was wrong **брать назад (сказанное)** *You're right, he's nice – I take back everything I said about him.* • **take sth down 1** to write something **записывать** *Did you take down the telephone number?* **2** B2 to remove something that is on a wall or something that is temporary **снимать, убирать** *I've taken the pictures down.* • **take sth in 1** to understand something **понимать, усваивать** *It was an interesting lecture but there was just too much to take in.* **2** to go to see a film, visit an interesting building, etc for enjoyment **сходить куда-либо (чтобы развлечься)** *I thought we might get something to eat and then take in a movie.* **3** to make a piece of clothing narrower **ушивать что-либо** • **take sb in 1** If the police take someone in, they take that person to the police station. **арестовывать, задерживать** **2** to let someone stay in your house **брать (жильцов), принимать (гостей)** *You could earn some extra cash by taking in foreign students.* **3 be taken in** B2 to be deceived by someone **быть одураченным** • **take sth off 1** A2 to remove something **снимать, убирать** *If you're hot, take your jacket off.* → See **Phrasal Verbs** on page Centre 16 **2** B2 to spend time away from your work **брать выходной** *I'm taking Friday off to get some things done around the house.* • **take off 1** A2 If an aircraft takes off, it begins to fly. **взлетать** **2** B2 to suddenly become successful **резко идти вверх** *Her career had just taken off.* **3** to suddenly leave without telling anyone where you are going **срываться с места, исчезать** *He took off in the middle of the night.* • **take sth on** B2 to accept a responsibility **брать на себя** *I don't want to take on too much work.* • **take sb on 1** B2 to begin to employ someone **нанимать** *We'll be taking on two new members of staff.* **2** to compete against someone **мериться силами, сражаться** *I might* ***take*** *you* ***on at*** *tennis sometime.* • **take on sth** to begin to have a particular quality **приобретать (качество)** *Her voice took on a tone of authority.* • **take sth out** B1 to remove something from somewhere **вынимать** *He reached into his bag and took out a book.* • **take sb out** B1 to go somewhere with someone and pay for them **приглашать кого-либо куда-либо** *Are you taking her out for her birthday?* • **take sth out on sb** to unfairly treat someone badly because you are upset срывать (гнев и т. д.) на ком-либо *Don't take it out on me!* • **take (sth) over** B2 to get control of or responsibility for something **принимать (руководство, должность и т. д.)** *They've recently been taken over by a larger company.* ◦ *Who'll be **taking over from** Cynthia when she retires?* • **take sb through sth** to explain something to someone **объяснять что-либо кому-либо** • **take to sb/sth** to start to like someone or something **понравиться, почувствовать симпатию к кому-либо/чему-либо** *For some reason, I just didn't take to him.* • **take to sth/doing sth** to start doing something **начать заниматься чем-либо** *Dad's taken to swimming every morning.* • **take sth up 1** B1 to start doing a particular job or activity **начать заниматься чем-либо** *I thought I might take up cycling.* **2** B2 to use an amount of time or space **занимать (время, место)** *This desk takes up too much space.* • **take sb up on sth** to accept an offer **принимать чье-либо предложение или приглашение** *Could I take you up on your offer of a ride home?* • **take sth up with sb** to discuss something with someone **обсуждать что-либо с кем-либо** *You'll have to take the matter up with your manager.*

takeaway /ˈteɪkəweɪ/ **noun** [C] UK (US **takeout** /ˈteɪkaʊt/) B1 a meal that you buy in a restaurant but eat at home, or a shop that sells this type of meal **еда на вынос**

take-off /ˈteɪkɒf/ **noun 1** [C, U] when an aircraft leaves the ground and begins to fly **взлет 2** [C] a film, book, etc that copies someone else's style in a way that is funny **пародия**

takeover /ˈteɪkˌəʊvəʳ/ **noun** [C] when a company gets control of another company **поглощение одной компании другой, установление контроля**

takings /ˈteɪkɪŋz/ **noun** [plural] UK (US **receipts**) all the money that a business gets from selling things **выручка**

talcum powder /ˈtælkəmˌpaʊdəʳ/ **noun** [U] (also **talc**) white powder that you put on your skin after a bath **тальк**

tale /teɪl/ **noun** [C] B2 a story, especially one which is not true or is difficult to believe **история** *My grandfather used to **tell** us **tales** of his time as a pilot during the war.* → See also **fairy tale**

talent /ˈtælənt/ **noun** [C, U] B1 a natural ability to do something **талант** *She showed an early **talent for** drawing.*

• **talented adjective** B1 showing natural ability in a particular area **талантливый** *a talented young musician*

> **Слова-партнеры к talent**
>
> have/show a talent for sth • a natural talent • sb's talent as sth

talisman /ˈtælɪzmən/ **noun** [C] (plural **talismans**) an object that people think will make them lucky **талисман**

talk¹ /tɔːk/ **verb 1** [I] A1 to say things to someone **говорить, разговаривать** *We were just **talking about** Simon's new girlfriend.* ◦ *It was nice **talking to** you.* ◦ US *It was nice **talking with** you.* → See Note **speak 2** [I] B2 to discuss something with someone, often to try to find a solution to a disagreement **обсуждать, вести переговоры** *The two sides have agreed to talk.* **3 talk about sth/doing sth** to think about or make plans to do something in the future **обсуждать, планировать что-либо** *They're talking about building a new fire station just up the road.* **4 talk business/politics, etc** to discuss a particular subject **говорить о работе/политике и т. д.** *I don't like to talk business over lunch.* **5 talking of sth** UK (US **speaking of sth**) used when you are going to start talking about something that is related to what has just been said **кстати, говоря о ...** *Talking of holidays, did you hear about Lesley's skiing trip?* → See also **speak/talk of the devil**

> **Другие способы сказать talk**
>
> Наиболее часто упоребимые синонимы – глаголы **speak** и **say**.
>
> *Could you **speak** more quietly, please?*
>
> *I couldn't hear what they were **saying**.*
>
> Глагол **chat** и выражение **have a chat** употребляют, когда говорят о неформальной дружеской беседе.
>
> *We were just **chatting** about the party on Saturday.*
>
> *Give me a call and we'll **have a chat**.*
>
> Если люди разговаривают на протяжении долгого времени о чем-то маловажном, можно употребить глаголы **chatter** и **natter** (*Великобритания, разговорный*) или выражение **have a natter** (*Великобритания, разговорный*)
>
> *She spent the morning **chattering** away to her friends.*
>
> *We **had a** long **natter** over coffee.*
>
> Если кто-то говорит о чем-либо слишком долго и в раздражающей манере, можно употребить фразовый глагол **go on** (*Великобритания*).
>
> *He's always **going on** about how much he hates his work.*
>
> Если кто-то говорит тихо и неразборчиво, при этом выражая жалобы на что-либо, то употребляют глаголы **mumble** и **mutter**.
>
> *She walked past me, **muttering** to herself.*
>
> *He **mumbled** something about it being a waste of time.*
>
> Глагол **whisper** означает, что кто-то говорит очень тихо, так что другим людям его не слышно.
>
> *What are you two girls **whispering** about?*

T

PHRASAL VERBS **talk at sb** to talk to someone without letting them say anything or without listening to them **говорить напористо, не давая собеседнику вставить слово** • **talk back** If a child talks back to an adult, they answer them rudely. **огрызаться** • **talk down to sb** to talk to someone in a way that shows you think they are not intelligent or not important **говорить с кем-либо свысока** • **talk sb into/out of (doing) sth** B2 to persuade someone to do or not do something **уговаривать кого-либо сделать/не делать что-либо** *We managed to talk Lisa into doing the cooking.* • **talk sth over** B2 to discuss something with someone, often to find out their opinion or to get advice before making a decision **обсуждать что-либо**

talk² /tɔːk/ **noun 1** [C] B1 a conversation between two people, often about a particular subject **разговор** *I **had a long talk with** Chris at the weekend about going to university.* **2** [U] when people talk about what might happen or be true **разговоры, толки** *There's been some **talk of** possible job losses.* **3** [C] B2 when someone speaks to a group of people about a particular subject **лекция, доклад** *Someone's coming to the school to **give a talk about** road safety.*

IDIOM **be all talk (and no action)** If someone is all talk, they never do the brave or exciting things they often say they will do. **быть болтуном**

→ See also **small talk**

> **Слова-партнеры к talk (noun)**
>
> have a talk • a talk **with** sb • a talk **about** sth • a long/serious talk

talkative /ˈtɔːkətɪv/ **adjective** A talkative person talks a lot. **разговорчивый, болтливый**

talks /tɔːks/ **noun** [plural] formal meetings, especially between political leaders, to discuss a problem and to try to reach an agreement **переговоры** *peace talks* ◦ *US officials are **holding talks with** EU leaders over trade.*

> **Слова-партнеры к talks**
>
> attend/have/hold/resume talks • talks **break down/take place** • lengthy/secret/urgent talks • talks **about/on** sth

ˈtalk ˌshow noun [C] US (UK **chat show**) an informal television or radio programme where people are asked questions about themselves and their lives **ток-шоу**

tall /tɔːl/ **adjective 1** A1 having a greater than average height. **высокий** *He's tall and thin.* ◦ *It's one of the tallest buildings in the city.* **2** A2 used to describe or ask about the height of someone or something **имеющий такой-то рост** *How tall is she?* ◦ *He's almost 2 metres tall.*

tally¹ /ˈtæli/ **noun** [C] the number of things you have achieved, used, won, etc until now **итог, общее количество** *This adds to his **tally of** 12 race wins so far this year.*

tally² /ˈtæli/ **verb 1** [I] If two numbers or stories tally, they are the same. **соответствовать** **2** [T] (also **tally up**) to find out the total number **подсчитывать, подводить итог**

the Talmud /ˈtælmʊd/ **noun** the ancient Jewish written laws and traditions **Талмуд**

talon /ˈtælən/ **noun** [C] a sharp nail on the foot of a bird that it uses to catch animals **коготь**

tambourine /ˌtæmbᵊrˈiːn/ **noun** [C] a musical instrument with a wooden ring and small metal discs loosely fixed to it which you play by shaking or hitting **тамбурин**

tame¹ /teɪm/ **adjective 1** If an animal is tame, it is not wild and not frightened of people. **ручной, укрощенный** **2** too controlled and not exciting **скучный, неяркий** *His TV show is very tame in comparison with his live performances.*

tame² /teɪm/ **verb** [T] to make a wild animal tame **укрощать, приручать**

tamper /ˈtæmpəʳ/ **verb**

PHRASAL VERB **tamper with sth** to touch or make changes to something which you should not, often in order to damage it **(тайно) подделывать, изменять что-либо**

tampon /ˈtæmpɒn/ **noun** [C] a small roll of cotton which a woman puts in her vagina to absorb her monthly flow of blood **тампон**

tan¹ /tæn/ **noun** [C] (also **suntan**) B2 when your skin is brown from being in the sun **загар**

tan² /tæn/ **verb** [I, T] (present participle **tanning**, past tense and past participle **tanned**) to become brown from the sun, or to make a person or body part become brown **загорать** *I tan quite easily.*

tan³ /tæn/ **adjective 1** being a pale yellow-brown colour **светло-коричневый** *a tan jacket* **2** US (UK/US **tanned**) having darker skin because you have been in the sun **загорелый**

tandem /ˈtændəm/ **noun 1 in tandem (with sb)** If someone does something in tandem with someone else, they do it together or at the same time. **вместе с кем-либо** **2** [C] a bicycle for two people **тандем**

tangent /ˈtændʒᵊnt/ **noun** [C] a straight line which touches but does not cross a curve **касательная**

IDIOM **go off at/on a tangent** to suddenly start talking about a different subject **отклоняться от темы**

tangerine /ˌtændʒᵊrˈiːn/ **noun** [C] a fruit like a small orange **мандарин**

tangible /ˈtændʒəbl/ **adjective** Something which is tangible is real and can be seen, touched, or measured. **реальный, ощутимый** ***tangible benefits/evidence*** → Opposite **intangible**

T

tangle[1] /ˈtæŋgl/ **noun** [C] several things which have become twisted together in an untidy way **спутанный клубок** *a tangle of hair/wires*

tangle[2] /ˈtæŋgl/ **verb** [I, T] to become twisted together, or to make things become twisted together **спутывать(ся), переплетать(ся)** → Opposite **disentangle**, **untangle**

tangled /ˈtæŋgld/ **adjective 1** (also **tangled up**) twisted together in an untidy way **спутанный** *The wires are all tangled.* **2** confused and difficult to understand **сложный, запутанный** *tangled finances* **3 be tangled up in/with sth** to be involved in something unpleasant or complicated that is difficult to escape from **впутываться во что-либо**

tango /ˈtæŋgəʊ/ **noun** [C] a South American dance **танго**

tangy /ˈtæŋi/ **adjective** having a strong, sharp but pleasant taste or smell **терпкий** *a tangy lemon drink*
• **tang noun** [no plural] **терпкий вкус**

tank /tæŋk/ **noun** [C] **1** a large container for storing liquid or gas **цистерна, бак** UK *a **petrol tank***/US *a **gas tank*** ◦ *a hot-water tank* **2** a large, strong military vehicle with a gun on it which moves on wheels inside large metal belts **танк** → See also **think tank**

tanker /ˈtæŋkəʳ/ **noun** [C] a ship or truck used to carry large amounts of liquid or gas **танкер** *an **oil tanker***

tanned /tænd/ **adjective** (also US **tan**) having darker skin because you have been in the sun **загорелый**

ˈtanning ˌbed noun [C] US a sun bed **горизонтальный солярий**

tannoy /ˈtænɔɪ/ **noun** [no plural] UK trademark (also UK/US **public address system**) a system of equipment used in public places that someone speaks into in order to make their voice loud enough to be heard **громкоговоритель**

tantalizing (also UK **-ising**) /ˈtæntəlaɪzɪŋ/ **adjective** Something that is tantalizing is very attractive and makes you want it, although often you cannot have it. **дразнящий, волнующий** *a tantalizing glimpse of blue sea*

tantamount /ˈtæntəmaʊnt/ **adjective be tantamount to sth** to be almost as bad as something else **быть равносильным чему-либо** *Resignation would be tantamount to admitting he was guilty.*

tantrum /ˈtæntrəm/ **noun** [C] when someone, especially a child, suddenly shows that they are very angry, usually because they cannot have something **капризы, истерика** *Tom **threw a tantrum** in the middle of the supermarket.*

tap[1] /tæp/ **noun** [C] **1** mainly UK (also US **faucet**) B1 the part at the end of a pipe which controls the flow of water **кран** *the **cold/hot tap*** ◦ *to **turn** a **tap on/off*** ◦ *She rinsed the cup **under** the **tap**.* **2** B2 a gentle knock or touch, or the noise made by knocking something gently **стук, легкий удар** *I felt a tap on my shoulder.* ◦ *There was a tap at the door.* **3** a small piece of equipment that can be fixed to someone's telephone in order to listen to their telephone calls **подслушивающее устройство (на телефоне)** **4 on tap** easily available **под рукой** *They have all that sort of information on tap.*

tap *UK*, **faucet** *US*

> **Слова-партнеры к tap**
>
> **turn on/turn off** a tap • a tap **is dripping/running** • the **cold/hot** tap • **under** the tap • tap **water**

tap[2] /tæp/ **verb** (present participle **tapping**, past tense and past participle **tapped**) **1** [I, T] B2 to knock or touch something gently **стучать, легко ударять** *I **tapped on** the window to try and get her attention.* **2** [T] If you tap a supply of something, you use what is available. **использовать** *There are immense natural resources here waiting to be tapped.* **3** [T] to use a special piece of equipment to listen to someone's telephone calls **подслушивать** [often passive] *I think the phone's been tapped.*

PHRASAL VERB **tap into sth** to use part of a large supply of something for your own advantage **подключаться к чему-либо**

ˈtap ˌdancing noun [U] a type of dancing where the dancer wears special shoes with pieces of metal on the bottom which make a noise **чечетка**
• **tap dance verb** [I] **отбивать чечетку** • **tap dancer noun** [C] **чечеточник**

tape[1] /teɪp/ **noun 1** [C, U] a long, thin piece of plastic which is used to store sound, pictures, or information, or a plastic box containing it **пленка (с видео-, аудиозаписью)** *I've got the match **on tape**.* **2** [U] a thin piece of plastic which has glue on one side and is used for sticking things together **клейкая лента** ***adhesive/sticky tape*** **3** [C, U] a long, thin piece of material used, for example, in sewing or to tie things together **лента, тесьма** → See also **red tape**, **Scotch tape**

tape[2] /teɪp/ **verb 1** [T] to record something onto tape **записывать на пленку** *I often tape programmes and watch them later.* **2 tape sth to/onto, etc** to stick something somewhere using tape **приклеивать что-либо клейкой лентой**

ˈtape ˌmeasure noun [C] a long, thin piece of

T

cloth, metal, or plastic used to measure lengths **сантиметр**

taper /ˈteɪpəʳ/ **verb** [I, T] to become gradually narrower at one end **сужаться**
• **tapered adjective сужающийся**

PHRASAL VERB **taper off** to become gradually smaller or less frequent **уменьшаться, сокращаться** *Sales have gradually tapered off.*

ˈtape reˌcorder noun [C] a machine used to record sound onto tape **магнитофон**
• **tape recording noun** [C] something which has been recorded on tape **магнитофонная запись**

tapestry /ˈtæpɪstri/ **noun** [C] a picture or pattern created by sewing different coloured threads onto heavy cloth **гобелен**

ˈtap ˌwater noun [U] water which comes out of a tap (= part at the end of a pipe) **водопроводная вода**

tar /tɑːʳ/ **noun** [U] **1** a thick, black substance that is sticky when hot and is used to cover roads **гудрон 2** a black, sticky substance that is produced when tobacco burns **смола**
• **tar verb** [T] (present participle **tarring**, past tense and past participle **tarred**) to cover something with tar **гудронировать**

tarantula /təˈræntjələ/ **noun** [C] a large, hairy spider that is often poisonous **тарантул**

target¹ /ˈtɑːgɪt/ **noun** [C] **1** B2 something or someone that you attack, shoot at, try to hit, etc **мишень** *It's very difficult to* ***hit*** *a moving* ***target***. ◦ *Foreign businesses in the region have become a* ***target for*** *terrorist attacks.* **2** B2 something that you intend to achieve **цель** *I'm hoping to save £3,000 by June – that's my target.* ◦ *If you want to lose weight, you have to* ***set*** *yourself (= decide) a* ***target***. **3** the person or thing that people are criticizing or blaming for something **объект, предмет** *Such extreme views have recently made him the target of criticism.* **4 be on target** to have made enough progress in order to achieve something that you intended to achieve **быть на правильном пути, выходить на цель** [+ to do sth] *We're on target to finish the project in June.* **5 target audience/market, etc** the group of people that a programme, product, etc is aimed at **целевая аудитория/целевой рынок и т. д.**

> Слова-партнеры к **target**
> attack/hit/miss/strike a target • an **obvious/prime** target • a target for sth

target² /ˈtɑːgɪt/ **verb** [T] **1** to aim an attack at a particular person or place **направлять удар** *They mostly targeted military bases.* **2** to aim advertising, criticism, or a product at someone **направлять, предназначать** [often passive] *The products are* ***targeted at*** *people in their late twenties.*

tariff /ˈtærɪf/ **noun** [C] **1** an amount of money that has to be paid for goods that are brought into a country **пошлина** *import tariffs* **2** a list of prices **прейскурант**

tarmac /ˈtɑːmæk/ **noun** trademark **1** [U] UK (US **asphalt**) a thick, black substance that is sticky when hot and is used to cover roads **дегтебетон 2 the tarmac** the area at an airport where aircraft land and take off **взлетное поле**

tarnish /ˈtɑːnɪʃ/ **verb 1** [T] to spoil the way in which people think of someone so that they do not respect them **порочить, бросать тень** *to* ***tarnish*** *someone's* ***image/reputation*** **2** [I, T] If a metal tarnishes or something tarnishes it, it becomes less bright and shiny. **тускнеть, вызывать потускнение**

tarpaulin /tɑːˈpɔːlɪn/ **noun** [C, U] (also US **tarp**) a large piece of plastic or cloth that water cannot go through which is used to cover and protect things **брезент**

tart¹ /tɑːt/ **noun** [C] **1** an open pastry case with a sweet filling, often of fruit **открытый пирог (с фруктами или вареньем)** *an apple tart* **2** UK very informal a woman who dresses or behaves in a way to attract a lot of attention from men **вульгарная женщина**

tart

tart² /tɑːt/ **adjective** having a sour, bitter taste **кислый, терпкий**

tartan /ˈtɑːtən/ **noun** [C, U] cloth with a pattern of different coloured squares and crossing lines **шотландка (ткань)** *a tartan kilt*

task /tɑːsk/ **noun** [C] B2 a piece of work, especially something unpleasant or difficult **задание** [+ of + doing sth] *I was given the task of sorting out all the stuff in the garage.*

taskbar /ˈtɑːskbɑːʳ/ **noun** [C] on a computer screen, a set of symbols that shows the programs you are using and allows you to change them **панель задач (на экране компьютера)**

ˈtask ˌforce noun [C] a group of people, often a military group, who are brought together in order to do a particular job **оперативная группа**

tassel /ˈtæsəl/ **noun** [C] a decoration, made of a group of short threads tied together, which is hung on curtains, furniture, etc **кисточка (украшение)**

taste¹ /teɪst/ **noun 1** [C, U] B1 the flavour of a particular food in your mouth **вкус** *a sweet/bitter taste* ◦ *It's got quite a* ***strong taste***. **2** [U] B2 the ability to feel different flavours in your mouth **вкус** *When you've got a cold you often lose your* ***sense of taste***. **3 a taste** a small amount of food that you have in order to try it **проба,**

кусочек *Could I **have** just **a taste** of the sauce?* **4** [C, U] B2 the particular things you like, such as styles of music, clothes, decoration, etc **вкус** *I don't like his **taste in** music.* ◦ *It's okay, but it's not really **to** my **taste**.* **5** [U] the ability to judge what is attractive or suitable, especially in things related to art, style, beauty, etc **вкус** *Everything in his house is beautiful – he's got very **good taste**.* **6 be in good taste** to be acceptable in a way that will not upset or anger people **быть в хорошем вкусе** **7 be in bad/poor taste** to be unacceptable in a way that will upset or anger people **быть в дурном вкусе** *He told a joke about a plane crash which I thought was in rather poor taste.* **8 a taste for sth** when you like or enjoy something **склонность, пристрастие к чему-либо** *I've developed a bit of a taste for opera.* **9 taste of sth** B2 when you do or experience something new for a short time **представление, образчик** *That was my first taste of Mexican culture.*

> Слова-партнеры к **taste**
>
> **disguise/improve/like/spoil** a taste • a **bitter/pleasant/strong/unpleasant/unusual** taste

taste[2] /teɪst/ **verb** **1 taste funny/nice/sweet, etc** B1 If food tastes a particular way, it has that flavour. **иметь странный/приятный/сладкий и т. д. вкус** *This sauce tastes strange.* ◦ *It **tastes of** chocolate.* **2 can taste sth** to be able to experience a particular flavour in a food **чувствовать, различать вкус чего-либо** *You can really taste the garlic in it.* **3** B1 [T] to put food or drink in your mouth to find out what its flavour is like **пробовать (на вкус)** *I always taste food while I'm cooking it.*

ˈtaste ˌbuds **noun** [plural] the cells on your tongue that allow you to taste different foods **вкусовые луковицы**

tasteful /ˈteɪstfəl/ **adjective** attractive and chosen for style and quality **сделанный со вкусом** *a tasteful beige suit*
• **tastefully adverb со вкусом** *tastefully dressed/decorated*

tasteless /ˈteɪstləs/ **adjective** **1** ugly or without style **безвкусный** **2** likely to upset or anger people **бестактный, дурного вкуса** *a tasteless joke* **3** having no flavour **пресный, безвкусный** *The meat was dry and tasteless.*

tasty /ˈteɪsti/ **adjective** B1 Food which is tasty has a good flavour and is nice to eat. **вкусный**

tattered /ˈtætəd/ **adjective** old and badly torn **оборванный** ***tattered clothes***

tatters /ˈtætəz/ **noun** **in tatters** badly torn, damaged, or spoilt **изорванный в клочья, разбитый в пух и прах** *The yacht finally made it to the harbour, its sails in tatters.* ◦ *His reputation is in tatters.*

tattoo /tætˈuː/ **noun** [C] a design on someone's skin that is put on using ink and a needle **татуировка**
• **tattoo verb** [T] (past tense and past participle **tattooed**) **татуировать**

tattoo

tatty /ˈtæti/ **adjective** UK informal untidy and in bad condition **потрепанный** *He turned up wearing a pair of tatty old jeans.*

taught /tɔːt/ past of teach **прош. вр. и прич. прош. вр. от гл. teach**

taunt /tɔːnt/ **verb** [T] to repeatedly say unkind things to someone in order to upset them or make them angry **дразнить, насмехаться** *He was taunted by his classmates because of his size.*
• **taunt noun** [C] **насмешка**

Taurus /ˈtɔːrəs/ **noun** [C, U] the sign of the zodiac which relates to the period of 21 April – 22 May, or a person born during this period **Телец** → See picture at **zodiac**

taut /tɔːt/ **adjective** stretched very tight **туго натянутый** *My skin feels taut.*

tavern /ˈtævən/ **noun** [C] mainly US a place where people go to drink alcohol **таверна**

tawdry /ˈtɔːdri/ **adjective** **1** unpleasant and immoral **грязный, занюханный** **2** cheap and of bad quality **дешевый, безвкусный**

tawny /ˈtɔːni/ **adjective** being a light yellow-brown colour **светло-коричневый**

tax[1] /tæks/ **noun** [C, U] B1 money that you have to pay to the government from what you earn or when you buy things **налог** *They're putting up the **tax on** cigarettes.* ◦ *Do you have to **pay tax** on that?* → See also **income tax**

> Слова-партнеры к **tax**
>
> **deduct/increase/pay** tax • **high/low** taxes • a tax **on** sth • **after/before** tax

tax[2] /tæks/ **verb** [T] **1** to make someone pay a tax **облагать налогом** *Goods such as clothes are taxed at 15%.* **2** to need a lot of effort **обременять** *It's only a short report – it shouldn't tax me too much.*

taxable /ˈtæksəbl/ **adjective** If something is taxable, you have to pay tax on it. **подлежащий обложению налогом** ***taxable income***

taxation /tækˈseɪʃən/ **noun** [U] the system of making people pay taxes **налогообложение**

tax-free /ˌtæksˈfriː/ **adjective** If something is tax-free, you do not pay tax on it. **не облагаемый налогом**

taxi /ˈtæksi/ **noun** [C] A1 a car with a driver who you pay to take you somewhere **такси** *a **taxi driver*** ◦ *I'll **take** a **taxi** to the airport.*

> Слова-партнеры к **taxi**
>
> **call/get/hail/order/take** a taxi • a taxi **driver/fare/firm**

T

taxing /ˈtæksɪŋ/ **adjective** difficult and needing a lot of thought or effort to do or understand **обременительный**

ˈtaxi ˌrank noun [C] UK (US **ˈtaxi ˌstand**) a place where you can go to get a taxi **стоянка такси**

taxpayer /ˈtæksˌpeɪəʳ/ **noun** [C] a person who pays tax **налогоплательщик**

TB /ˌtiːˈbiː/ **noun** [U] abbreviation for tuberculosis (= a serious infectious disease of the lungs) **туберкулез**

tbsp written abbreviation for tablespoonful: the amount that can be held by a large spoon used for measuring food **столовая ложка**

tea /tiː/ **noun** [C, U] **1** A1 a hot drink that you make by pouring water onto dried leaves, or the leaves that you use to make this drink **чай** ***herbal teas*** ◦ *Would you like* ***a cup of tea*** *or coffee?* **2** UK B1 a small afternoon meal of cakes, biscuits, etc and tea to drink **чаепитие** *They invited us for* ***afternoon tea****.* **3** UK a word used by some people for the meal that is eaten in the evening **ужин**

teabag /ˈtiːbæg/ **noun** [C] a small paper bag with dried leaves inside, used for making tea **чайный пакетик**

teach /tiːtʃ/ **verb** (past tense and past participle **taught**) **1** [I, T] A1 to give lessons in a particular subject at a school, university, etc **преподавать** *She taught at Harvard University for several years.* ◦ *He teaches history.* **2** [T] A2 to show or explain to someone how to do something **учить, обучать** [+ to do sth] *My dad taught me to drive.* ◦ *Can you* ***teach*** *me* ***how to*** *knit?* **3** [T] B1 If a situation teaches you something, it gives you new knowledge or helps you to understand something. **научить** [+ to do sth] *The whole experience taught him to be more careful with money.* → See also teach sb a **lesson**

T

teacher /ˈtiːtʃəʳ/ **noun** [C] A1 someone whose job is to teach in a school, college, etc **учитель, преподаватель** *a history/science teacher* → See **The Classroom** on page Centre 6

teaching /ˈtiːtʃɪŋ/ **noun** [U] B1 the job of being a teacher **преподавание** *He decided to* ***go into teaching*** (= *become a teacher*).

teachings /ˈtiːtʃɪŋz/ **noun** [plural] the ideas or beliefs of someone, such as a political or religious leader **учение** *the teachings of Martin Luther King*

teacup /ˈtiːkʌp/ **noun** [C] a cup that you drink tea from **чайная чашка**

team¹ /tiːm/ **noun** [group] **1** A2 a group of people who play a sport or game together against another group of players **команда** *a basketball/football team* **2** B1 a group of people who work together to do something **группа, команда** *a management team* ◦ *a team of advisers*

> **Слова-партнеры к team**
>
> be **in/on a team** • **join/play for a team** • team **captain/coach/member**

team² /tiːm/ **verb**

PHRASAL VERB **team up** to join someone else and work together with them to do something **объединяться с кем-либо** *I* ***teamed up with*** *Brendan for the doubles tournament.*

teammate /ˈtiːmmeɪt/ **noun** [C] a member of your team **член той же команды**

teamwork /ˈtiːmwɜːk/ **noun** [U] when a group of people work well together **совместная работа**

teapot /ˈtiːpɒt/ **noun** [C] a container used for making and serving tea, which has a lid, a handle, and a spout (= tube that liquid comes out of) **чайник (для заварки)** → See **The Kitchen** on page Centre 2

teapot

tear¹ /teəʳ/ **verb** (past tense **tore**, past participle **torn**) **1** [T] B1 to pull paper, cloth, etc into pieces, or to make a hole in it by accident **рвать, разрывать** *The nail had* ***torn a hole in*** *my skirt.* **2** [I] B1 If paper, cloth, etc tears, it becomes damaged because it has been pulled. **рваться** **3 tear sth out of/off/down, etc** to remove something by pulling it quickly and violently **вырывать/отрывать/срывать и т. д.** *She tore his picture down from the wall.* **4 tear along/about/past, etc** informal to move somewhere very quickly **носиться по/нестись мимо и т. д.** *The kids were tearing around the house.* **5 be torn between sth and sth** to be unable to decide between two choices **разрываться, колебаться между чем-либо** *I'm torn between the apple pie and the chocolate mousse.* → See also pull/tear your **hair** out

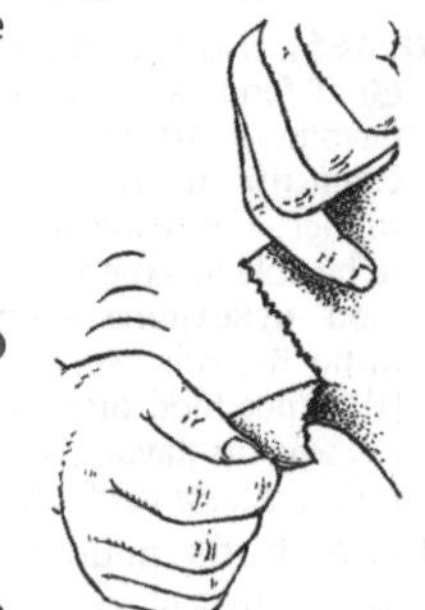
tear

PHRASAL VERBS **tear sth apart 1** to make a group of people argue or fight with each other **раскалывать, раздирать** *The country was torn apart by 12 years of civil war.* **2** to destroy something **разрушать что-либо** *The building was torn apart by the bomb blast.* • **tear sb apart** to make someone very unhappy **терзать, мучить кого-либо** • **tear sb away** to make someone stop doing something that they enjoy, in order to do something else **отрывать кого-либо от чего-либо (интересного)** *I'll bring Ian, if I can* ***tear*** *him* ***away from*** *his computer* games. • **tear sth down** to intentionally destroy a building or structure **сносить (здание)** *They tore down the old hospital and built some offices.* • **tear sth off** to quickly remove your clothes **срывать с себя что-либо (об одежде)** *He tore off his shirt and jumped into the stream.* • **tear sth up** B2 to tear paper into a lot of small pieces **разрывать что-либо на кусочки** *He tore up her photograph.*

tear² /teəʳ/ **noun** [C] a hole in a piece of cloth, paper, etc where it has been torn **дыра, прореха**

tear³ /tɪəʳ/ **noun** [C] B1 a drop of water that comes from your eye when you cry **слеза** *Suddenly he **burst into tears** (= started crying).* ◦ *I was **in tears** (= crying) by the end of the film.* → See also in floods **(flood²)** of tears
• **tearful adjective** crying **плачущий, слезливый** *a tearful goodbye* • **tearfully adverb** **слезливо**

ˈ**tear** ˌ**gas noun** [U] a gas that makes people's eyes hurt, used by the police or army to control violent crowds **слезоточивый газ**

tease /tiːz/ **verb** [I, T] B2 to laugh at someone or say unkind things to them, either because you are joking or because you want to upset them **дразнить** *They were **teasing** Dara **about** her new haircut.* ◦ *Don't get upset, I'm only teasing.*

teaspoon /ˈtiːspuːn/ **noun** [C] B2 a small spoon that is used for mixing drinks and measuring small amounts of food, or the amount this spoon can hold **чайная ложка**

teatime /ˈtiːtaɪm/ **noun** [C, U] UK the time in the afternoon or evening when people have a meal **время ужина**

ˈ**tea** ˌ**towel noun** [C] UK (US **dishtowel**) a cloth that is used for drying plates, dishes, etc **кухонное полотенце**

tech¹ /tek/ **adjective** mainly US short for technical **технический** *online tech support*

tech² /tek/ **noun** mainly US **1** [U] short for technology **технология** *high/low tech* ◦ *tech stocks* **2** [C] informal short for technician **специалист, техник, лаборант** *Bill was a lab tech at NYU.*

techie /ˈteki/ **noun** [C] informal someone who has a strong interest in technology, usually computers **человек, интересующийся техникой, технарь**

technical /ˈteknɪkəl/ **adjective 1** B2 relating to the knowledge, machines, or methods used in science and industry **технический** *We're having a few **technical problems**.* **2** relating to the knowledge and methods of a particular subject or job **специальный** *There are a few **technical terms** here that I don't understand.* **3** B2 relating to practical skills and methods that are used in a particular activity **технический** *As a dancer she had great technical skill.*

technicalities /ˌteknɪˈkælətiz/ **noun** [plural] the exact details of a system or process **техническая сторона дела** *the technicalities of photography*

technicality /ˌteknɪˈkæləti/ **noun** [C] a small detail of a law or rule **техническая деталь, формальность**

technically /ˈteknɪkəli/ **adverb 1** relating to the knowledge, machines, or methods used in science and industry **технически** *technically advanced weapons* **2** according to the exact details of a rule, law, or fact **формально, официально** *Irvine is technically British but lives in Dublin and races for the Irish team.*

technician /tekˈnɪʃən/ **noun** [C] someone whose job involves practical work with scientific or electrical equipment **специалист, техник, лаборант** *a **lab technician***

technique /tekˈniːk/ **noun** [C, U] B1 a particular or special way of doing something **метод, техника** [+ for + doing sth] *Scientists have developed a new technique for taking blood samples.*

techno /ˈteknəʊ/ **noun** [U] UK a type of electronic dance music **техно (стиль музыки)**

techno- /teknəʊ-/ **prefix** relating to technology **техно-** *a technophile (= a person who loves technology)*

technology /tekˈnɒlədʒi/ **noun** [C, U] B1 knowledge, equipment, and methods that are used in science and industry **технология** *computer technology* → See also **information technology**
• **technological** /ˌteknəˈlɒdʒɪkəl/ **adjective** B2 relating to, or involving technology **технологический** *technological developments* • **technologically adverb технологически**

> Слова-партнеры к **technology**
> **advanced/cutting-edge/modern technology • develop/harness technology**

teddy bear /ˈtediˌbeəʳ/ **noun** [C] (also UK **teddy**) a soft, toy bear **плюшевый медвежонок**

tedious /ˈtiːdiəs/ **adjective** boring **скучный** *a tedious job*
• **tediously adverb скучно**

tee /tiː/ **noun** [C] a small stick that is used for holding a golf ball **метка для мяча (в гольфе)**

teem /tiːm/ **verb**

PHRASAL VERB **be teeming with sb/sth** to contain large numbers of people or animals **кишеть, изобиловать кем-либо/чем-либо**

teeming /ˈtiːmɪŋ/ **adjective** full of people **многолюдный, переполненный, кишащий** *the teeming city*

teen¹ /tiːn/ **noun** [C] mainly US short for teenager **подросток**

teen² /tiːn/ **adjective** [always before noun] informal relating to, or popular with, people who are between 13 and 19 years old **молодежный** *a **teen idol***

teenage /ˈtiːneɪdʒ/ **adjective** [always before noun]

T

B1 aged between 13 and 19 or suitable for people of that age **находящийся в возрасте от 13 до 19 лет, предназначенный для подростков** *a teenage daughter ◦ a teenage disco*

teenager /ˈtiːnˌeɪdʒəʳ/ **noun** [C] A2 someone who is between 13 and 19 years old **подросток**

teens /tiːnz/ **noun** [plural] the part of your life between the age of 13 and 19 **возраст от 13 до 19 лет, юношеский возраст** *Her youngest daughter is still* ***in her teens.***

ˈtee ˌshirt noun [C] another spelling of T-shirt (= a piece of cotton clothing for the top part of the body with short sleeves and no collar) **майка, футболка**

teeter /ˈtiːtəʳ/ **verb 1 be teetering on the brink/edge of sth** to be in a situation where something bad might happen very soon **балансировать на грани чего-либо** *The economy is teetering on the brink of collapse.* **2 teeter about/across/around, etc** to look as if you are going to fall **идти пошатываясь по/через/вокруг и т. д.** *She teetered around the room in six-inch heels.*

teeter-totter /ˌtiːtəˈtɒtəʳ/ **noun** [C] US (UK/US **seesaw**) a long board that children play on by sitting at each end and using their feet on the ground to push the board up and down **качели**

teeth /tiːθ/ plural of tooth **мн. ч. сущ. tooth**

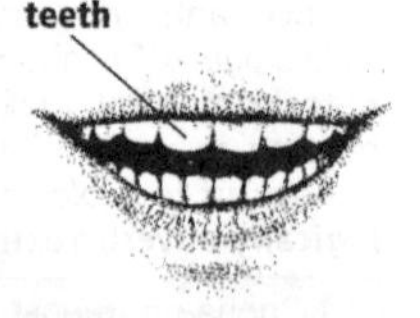

teethe /tiːð/ **verb 1 be teething** If a baby is teething, it is getting its first teeth. **у кого-либо режутся зубы** **2 teething problems/troubles** problems that happen because something is new and has not been done before **первоначальные проблемы/ затруднения**

teetotal /ˌtiːˈtəʊtᵊl/ **adjective** never drinking any alcohol **непьющий**

• **teetotaller** UK (US **teetotaler**) **noun** [C] someone who never drinks alcohol **трезвенник**

TEFL /ˈtefl/ **noun** [U] abbreviation for Teaching English as a Foreign Language **преподавание английского языка как иностранного**

tel written abbreviation for telephone number **телефонный номер** *Tel 0113 246369*

tele- /telɪ-/ **prefix 1** done using a telephone **выполняемый с использованием телефона** *telesales* **2** connected with television **телевизионный** *telecast* (= *something that is broadcast on television*) **3** over a long distance **теле-, действующий на расстоянии** *telephoto lens* (= *a camera lens that makes distant objects look nearer*)

telecommunications /ˌtelɪkəˌmjuːnɪˈkeɪʃᵊnz/ **noun** [U, group] B2 the process or business of sending information or messages by telephone, radio, etc **связь**

telecommuting /ˌtelɪkəˈmjuːtɪŋ/ US /ˈtelɪkəˌmjuːtɪŋ/ **noun** [U] US (UK **teleworking**) working at home, while communicating with your office by computer and telephone **работа дома, предусматривающая связь с офисом по телефону и через компьютерную сеть**

• **telecommuter noun** [C] US **человек, работающий дома и связанный с офисом по телефону и через компьютерную сеть**

telecoms /ˈtelɪkɒmz/ **noun** [U] short for telecommunications **связь**

teleconference /ˌtelɪˈkɒnfᵊrᵊns/ **noun** [C] when people in different places have a meeting using computers, telephones, televisions, etc to allow them to talk to each other and see each other **телеконференция**

telegram /ˈtelɪgræm/ **noun** [C] a message that is sent by telegraph and printed on paper **телеграмма**

telegraph /ˈtelɪgrɑːf/ **noun** [U] an old-fashioned system of sending messages using radio or electrical signals **телеграф**

telemarketing /ˈtelɪˌmɑːkɪtɪŋ/ **noun** [U] (also UK **telesales**) the selling of goods or services by telephone **продажа чего-либо по телефону**

telepathy /təˈlepəθi/ **noun** [U] the ability to know what someone is thinking or to communicate thoughts without speaking or writing **телепатия**

• **telepathic** /ˌtelɪˈpæθɪk/ **adjective** having or involving telepathy **телепатический**

telephone

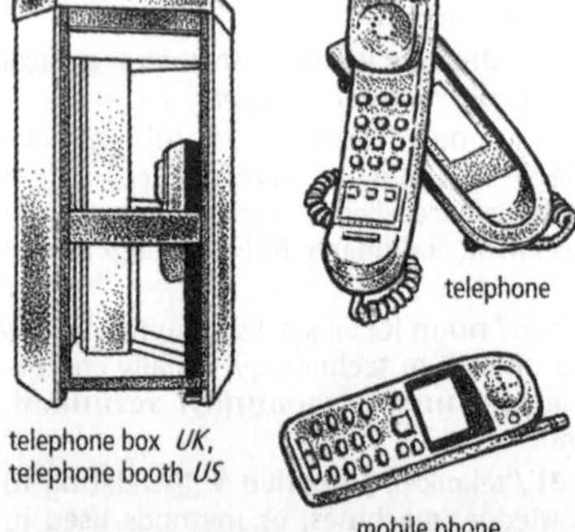

telephone¹ /ˈtelɪfəʊn/ **noun** (also **phone**) **1** [U] A2 a communication system that is used to talk to someone who is in another place **телефон** *a* ***telephone call*** *◦ I'm sorry, he's* ***on the telephone*** *(= using the telephone) at the moment.* **2** [C] A2 a piece of equipment that is used to talk to someone who is in another place **телефон** *The* ***telephone rang*** *and she hurried to pick it up. ◦ Could you* ***answer the telephone?***

Слова-партнеры к telephone

answer/pick up/put down the telephone • the telephone **rings** • **on** the telephone • a telephone **call**

telephone² /ˈtelɪfəʊn/ **verb** [I, T] (also **phone**) A2 to communicate with someone by telephone **звонить по телефону**

ˈtelephone diˌrectory noun [C] a book that contains the telephone numbers of people who live in a particular area **телефонный справочник**

ˈtelephone ˌnumber noun [C] (also **phone number**) the number of a particular telephone **телефонный номер**

telesales /ˈtelɪseɪlz/ **noun** [U] UK (also UK/US **telemarketing**) the selling of goods or services by telephone **продажа чего-либо по телефону**

telescope /ˈtelɪskəʊp/ **noun** [C] B2 a piece of equipment, in the shape of a tube, that makes things which are far away look bigger or nearer **телескоп**

telescope

Teletext /ˈtelɪˌtekst/ **noun** trademark a system that gives written information on many subjects, such as news, on a television screen **телетекст (система передачи текстовой и графической информации на экраны по телевизионным каналам)**

televise /ˈtelɪvaɪz/ **verb** [T] to show something on television **передавать по телевидению** *The concert will be **televised live** around the world.*

television /ˈtelɪvɪʒən/ **noun** **1** [C] A1 a piece of equipment with a screen on the front, used for watching programmes **телевизор** **2** [U] A1 the programmes that are shown on a television **телевизор** *I mostly **watch television** in the evening.* ◦ *I **saw it on television**.* ◦ *a **television programme*** **3** [U] B1 the system or business of making and broadcasting programmes for television **телевидение** → See also **closed-circuit television**, **satellite television**

Слова-партнеры к television

watch television • see/watch sth **on** television • **on** television • a television **channel/presenter/programme/series**

teleworking /ˈtelɪˌwɜːkɪŋ/ **noun** [U] UK (US **telecommuting**) working at home, while communicating with your office by computer and telephone **работа дома, предусматривающая связь с офисом по телефону и через компьютерную сеть**
• **teleworker** noun [C] UK **человек, работающий дома и связанный с офисом по телефону и через компьютерную сеть**

tell /tel/ **verb** (past tense and past participle **told**) **1** [T] A1 to say something to someone, usually giving them information **говорить, сообщать, рассказывать** *He **told** me **about** his new school.* ◦ [+ (that)] *Sally told me that the play didn't start until 9 o'clock.* ◦ [+ question word] *Can you tell me what time the next bus leaves?* → See Note **say** **2 tell sb to do sth** A2 to order someone to do something **велеть, приказывать** *I told you to stay here.* **3 can tell** B2 to know or recognize something from what you hear, see, etc **видеть, понимать** [+ (that)] *You could tell that he was tired.* ◦ [+ question word] *You can never tell whether Hajime's being serious or not.* ◦ *I can't **tell the difference between** them.* **4** [T] B2 If something tells you something, it gives you information. **говорить, показывать, свидетельствовать** *What does the survey tell us about the lives of teenagers?* **5 (I'll) tell you what** used to suggest a plan **знаешь что ...** *Tell you what, let's go swimming and then get a pizza.* **6** [I] to have a bad effect on someone **сказываться** *The worry of the last few months was starting to **tell on** him.* **7 (I) told you so!** informal used when someone has caused problems for themselves by doing something that you told them not to **я же говорил!** → See also tell sb's **fortune**

PHRASAL VERBS **tell sb/sth apart** to be able to see the difference between two things or people that are very similar **различать кого-либо/что-либо** *It's impossible to tell the twins apart.* • **tell sb off** B2 to tell someone that they have done something wrong and that you are angry about it **ругать кого-либо** [+ for + doing sth] *Darren **got told off** for talking in class.* → See **Phrasal Verbs** on page Centre 16

teller /ˈteləʳ/ **noun** [C] US someone who works in a bank and gives out or takes in money **кассир (в банке)** → See also **fortune-teller**

telling /ˈtelɪŋ/ **adjective** showing the truth about a situation, or showing what someone really thinks **говорящий о многом, показательный** *a telling comment*

telltale /ˈtelteɪl/ **adjective** [always before noun] showing something that someone is trying to keep secret **свидетельствующий, выдающий, предательский** *She was showing all the **telltale signs** of pregnancy.*

telly /ˈteli/ **noun** [C, U] UK informal short for television **телевизор**

temp /temp/ **noun** [C] someone who works in an office for a short time while someone else is away, ill, etc **временный сотрудник**
• **temp verb** [I] to work as a temp in an office **временно работать**

temper¹ /ˈtempəʳ/ **noun** **1** B2 [C, U] when someone becomes angry very easily **вспыльчивость** *He's got a really **bad temper**.* **2 be in a bad/foul, etc temper** to be feeling angry **быть в плохом/раздраженном настроении** *I'd*

T

avoid her if I were you – she's in a foul temper. **3 lose your temper (with sb)** B2 to suddenly become very angry **выходить из себя** *I lost my temper with the children this morning.* **4 keep your temper** to succeed in staying calm and not becoming angry **владеть собой, не терять самообладания**

temper² /ˈtempəʳ/ **verb** [T] formal to make something less strong, extreme, etc **умерять, смягчать** *I learnt to temper my criticism.*

temperament /ˈtempᵊrəmənt/ **noun** [C, U] the part of your character that affects your moods and the way you behave **темперамент, нрав** *I don't think he's got the right temperament to be a teacher.*

temperamental /ˌtempᵊrəˈmentᵊl/ **adjective** **1** becoming angry or upset very often and suddenly **вспыльчивый, раздражительный** **2** A machine, vehicle, etc that is temperamental does not always work correctly. **капризный**

temperate /ˈtempᵊrət/ **adjective** formal having weather that is not very hot and not very cold **умеренный** *a* ***temperate climate***

temperature /ˈtemprətʃəʳ/ **noun** **1** A2 [C, U] how hot or cold something is **температура** *The room's kept at* ***a temperature of*** *around 20°C.* **2 sb's temperature** A2 how hot or cold someone's body is **температура (тела)** *The doctor examined him and* ***took*** *his* ***temperature*** *(= measured his temperature).* **3 have a temperature** to be hotter than usual because you are ill **иметь повышенную температуру**

> Слова-партнеры к **temperature**
>
> **average/extreme/high/low** temperatures • temperatures **drop/fall/rise/soar**

template /ˈtempleɪt/ **noun** [C] **1** a metal, plastic, etc pattern that is used for making many copies of a shape **шаблон** **2** a system that helps you arrange information on a computer screen **шаблон**

temple /ˈtempl/ **noun** [C] **1** B1 a building where people in some religions go to pray or worship **храм** *a Buddhist temple* **2** the area on each side of your head in front of the top of your ear **висок**

tempo /ˈtempəʊ/ **noun** **1** [U, no plural] the speed at which an activity happens **темп** *The tempo of the game increased in the second half.* **2** [C, U] formal the speed of a piece of music **темп**

temporary /ˈtempᵊrᵊri/ **adjective** B1 existing or happening for only a short or limited time **временный** *a temporary job ◦ temporary accommodation/housing*
• **temporarily adverb** B2 **временно**

> Другие способы сказать **temporary**
>
> Выражение **for now** употребляют, если в данный момент что-то нужно сделать определенным образом, но позднее это можно будет изменить.
>
> *Just put everything on the table* ***for now*** *– I'll sort it all out later.*
>
> Прилагательное **disposable** употребляют, когда говорят о чем-то одноразового использования.
>
> *I bought a* ***disposable*** *camera at the airport.*
>
> Что-то временного характера и невысокого качества можно охарактеризовать как **makeshift**.
>
> *We built a* ***makeshift*** *shelter under the trees.*
>
> Прилагательное **short-lived** можно использовать вместо **temporary** в значении 'продолжающийся в течение короткого периода времени'.
>
> *I had a few relationships at college, most of which were fairly* ***short-lived.***
>
> Словосочетанием **acting manager/chairman** называют сотрудника, временно исполняющего обязанности начальника/директора в его отсутствие.
>
> *He'll be the* ***acting*** *director until they appoint a permanent one.*

tempt /tempt/ **verb** [T] B2 to make someone want to have or do something, especially something that they do not need or something that is wrong **уговаривать, склонять** [+ to do sth] *She's trying to tempt me to go shopping with her.*

temptation /tempˈteɪʃᵊn/ **noun** **1** [C, U] B2 a feeling that you want to do or have something, although you know you should not **соблазн, искушение** [+ to do sth] *I* ***resisted the temptation*** *to (= I did not) have another piece of chocolate cake.* **2** [C] something that makes you want to do or have something although you know you should not **соблазн, искушение** *He knew crime was wrong but the money was too great a temptation.*

> Слова-партнеры к **temptation**
>
> **avoid/resist** (the) temptation • **give in to/succumb to** temptation • **a strong** temptation • the temptation **of doing sth**

tempting /ˈtemptɪŋ/ **adjective** Something that is tempting makes you want to have or do it. **заманчивый** *a* ***tempting invitation/offer***

ten /ten/ A1 the number 10 **десять**

tenacious /tɪˈneɪʃəs/ **adjective** very determined to do something and not wanting to stop **упорный, настойчивый**
• **tenaciously adverb** **упорно, настойчиво** • **tenacity** /tɪˈnæsəti/ **noun** [U] **упорство, настойчивость**

tenancy /ˈtenənsi/ **noun** [C, U] the period of time when someone rents a room, house, etc **срок аренды**

tenant /ˈtenənt/ **noun** [C] someone who pays rent to live in a room, house, etc **арендатор, квартиросъемщик**

tend /tend/ **verb** **1 tend to do sth** B2 to often do a particular thing or be likely to do a particular

T

thing иметь тенденцию, склонность делать что-либо *I tend to wear dark colours.* ◦ *July and August tend to be our busiest months.* **2** [T] (also **tend to**) to look after someone or something **ухаживать, заботиться** *He spends most afternoons tending his vegetable garden.*

tendency /ˈtendənsi/ **noun** [C] something that someone often does, or something that often happens **тенденция** [+ to do sth] *She* ***has a tendency*** *to talk for too long.* ◦ *There is a growing* ***tendency for*** *companies to employ people on short contracts.*

tender[1] /ˈtendəʳ/ **adjective 1** kind and gentle **нежный, любящий** *a tender kiss/look* **2** Tender meat or vegetables are soft and easy to cut. **нежный, мягкий 3** If part of your body is tender, it is painful when you touch it. **болезненный 4 at the tender age of 8/17/25, etc** literary at the young age of 8/17/25, etc **в нежном возрасте 8/17/25 лет**
• **tenderness noun** [U] **нежность**

tender[2] /ˈtendəʳ/ **verb** formal **1** [I] to make a formal offer to do a job or to provide a service **подавать (заявление, заявку) 2** [T] formal to formally offer a suggestion, idea, money, etc **подавать (заявление, предложение и т. д.)** *He* ***tendered his resignation*** *(= offered to leave his job).*

tender[3] /ˈtendəʳ/ **noun** [C, U] a formal offer to do some work **тендер, официальное предложение** *The work has been* ***put out to tender*** *(= people have been asked to make offers to do the work).*

tenderly /ˈtendəli/ **adverb** in a kind and gentle way **нежно** *He looked at her tenderly.*

tendon /ˈtendən/ **noun** [C] a strong piece of tissue in your body that connects a muscle to a bone **сухожилие**

tenement /ˈtenəmənt/ **noun** [C] a large building that is divided into apartments, usually in a poor area of a city **многоквартирный дом**

tenet /ˈtenɪt/ **noun** [C] a principle or belief of a theory or religion **догмат** *one of the basic tenets of Islam*

tenner /ˈtenəʳ/ **noun** [C] UK informal a piece of paper money that has a value of £10 **десятка, десятифунтовая банкнота**

tennis /ˈtenɪs/ **noun** [U] Ⓐ1 a sport in which two or four people hit a small ball to each other over a net **теннис** → See **Sports 2** on page Centre 15 → See also **table tennis**

tenor /ˈtenəʳ/ **noun** [C] a male singer with a high voice **тенор**

tense[1] /tens/ **adjective 1** Ⓑ2 nervous, worried, and not able to relax **напряженный** *The students looked tense as they waited for their exam results.* **2** Ⓑ2 A tense situation makes you feel nervous and worried. **напряженный** *There were some tense moments in the second half of the game.* **3** A tense muscle feels tight and stiff. **напряженный**

tense[2] /tens/ **verb** [I, T] (also **tense up**) If your muscles tense, they become tight and stiff, and if you tense them, you make them do this. **напрягать(ся)**

tense[3] /tens/ **noun** [C, U] Ⓑ1 the form of a verb which shows the time at which an action happened. For example 'I sing' is in the present tense and 'I will sing' is in the future tense. **время (глагола)**

tension /ˈtenʃən/ **noun 1** [C, U] Ⓑ2 a feeling of fear or anger between two groups of people who do not trust each other **напряженность** ***ethnic/racial tension*** ◦ *There are growing* ***tensions between*** *the two countries.* **2** [U] Ⓑ2 a feeling that you are nervous, worried, and not relaxed **напряжение, натянутость** *You could feel the tension in the room as we waited for her to arrive.* **3** [U] when a muscle, rope, etc, is tight or stiff **напряжение, натяжение**

> Слова-партнеры к **tension**
> create/defuse/ease tension • tension **mounts** • growing/increased/mounting tension • tension **between** sb and sb • ethnic/racial tensions

tent /tent/ **noun** [C] Ⓑ1 a structure made of metal poles and cloth which is fixed to the ground with ropes and used as a cover or to sleep under **палатка** *It only took twenty minutes to* ***put the tent up*** *(= make it ready to use).*

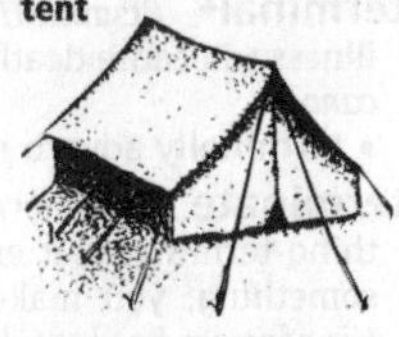

tentacle /ˈtentəkl/ **noun** [C] one of the long, arm-like parts of some sea creatures **щупальце**

tentative /ˈtentətɪv/ **adjective 1** A tentative idea, plan, agreement, etc is not certain. **предварительный, ориентировочный** *The two companies have announced a tentative deal.* **2** doing something in a way that shows you are not confident **нерешительный** *a child's tentative first steps*
• **tentatively adverb предварительно, нерешительно**

tenth[1] /tenθ/ 10th written as a word **десятый**

tenth[2] /tenθ/ **noun** [C] one of ten equal parts of something; ⅒; 0.1 **одна десятая**

tenuous /ˈtenjuəs/ **adjective** A tenuous connection, idea, or situation is weak and possibly does not exist. **шаткий, слабый** *The court is unlikely to accept such tenuous evidence.*
• **tenuously adverb шатко, слабо**

tenure /ˈtenjəʳ/ **noun** [U] **1** the legal right to live in a building or use a piece of land for a period **срок владения 2** the period of time when someone has an important job **срок пребывания в должности** *his tenure as president* **3** If you have tenure in your job, your job is permanent. **постоянная должность**

T

tepid /ˈtepɪd/ **adjective** A tepid liquid is slightly warm. **чуть теплый**

term¹ /tɜːm/ **noun 1** [C] B2 a word or phrase that is used to refer to a particular thing, especially in a technical or scientific subject **термин** *a **legal/technical term*** **2** [C] the fixed period of time when someone does an important job or is in a particular place **срок** *a prison term* ◦ *The government has been elected for another four-year term.* **3** [C] A2 one of the periods of time that the school or university year is divided into **семестр, четверть** *We've got a test at the **end of term**.* **4 in the long/short, etc term** B2 a long/short, etc period of time from now **в долгосрочной/ краткосрочной перспективе** → See also **half-term**

term² /tɜːm/ **verb** [T] formal to use a particular word or phrase to describe something **называть, давать определение** *Critics termed the movie a 'disaster'.*

terminal¹ /ˈtɜːmɪnᵊl/ **noun** [C] **1** B2 a building where you can get onto an aircraft, bus, or ship **вокзал** *a terminal building* **2** a screen and keyboard with which you can use a computer **терминал**

terminal² /ˈtɜːmɪnᵊl/ **adjective** A terminal illness will cause death. **неизлечимый** *terminal cancer*

• **terminally adverb неизлечимо** *terminally ill*

terminate /ˈtɜːmɪneɪt/ **verb** [I, T] formal If something terminates, it ends, and if you terminate something, you make it end. **завершать(ся)** *His contract has been terminated.*

• **termination** /ˌtɜːmɪˈneɪʃᵊn/ **noun** [C, U] **завершение**

terminology /ˌtɜːmɪˈnɒlədʒi/ **noun** [C, U] the special words and phrases that are used in a particular subject **терминология** *medical/ scientific terminology*

terminus /ˈtɜːmɪnəs/ **noun** [C] the place where a train or bus finishes its journey **конечная станция, конечная остановка**

terms /tɜːmz/ **noun** [plural] **1** B2 the rules of an agreement **условия** ***Under the terms of** their contract, employees must give 3 months notice if they want to leave.* **2 be on good/bad/friendly, etc terms** to have a good/bad, etc relationship with someone **быть в хороших/плохих/ дружеских и т. д. отношениях** **3 not be on speaking terms** to not speak to someone because you have argued with them **не разговаривать с кем-либо** **4 in ... terms** (also **in terms of sth**) B2 used to explain which part of a problem or situation you are referring to **в каком-либо отношении, с какой-либо точки зрения** *In financial terms, the project was not a success.* **5 in no uncertain terms** in a direct and often angry way **недвусмысленно** *I told him to go away in no uncertain terms.* **6 come to terms with sth** to accept a sad situation **примириться с чем-либо** *He still hasn't come to terms with his brother's death.* → See also a **contradiction** in terms

> **Слова-партнеры к terms**
>
> agree terms • **break/meet the terms of** sth • **under the terms of** sth

terrace /ˈterɪs/ **noun** [C] **1** B2 a flat area outside a house, restaurant, etc where you can sit **терраса** **2** UK a row of houses that are joined together **ряд домов, построенных вплотную друг к другу**

ˌterraced ˈhouse noun [C] UK (US **row house**) one of a row of houses that are joined together **один из ряда домов, построенных вплотную друг к другу**

the terraces /ˈterɪsɪz/ **noun** [plural] in the UK, wide, concrete steps where people stand to watch a football game **спортивные трибуны без сидений**

terrain /təˈreɪn/ **noun** [C, U] a particular type of land **местность** *rough terrain*

terrestrial /təˈrestriəl/ **adjective** formal relating to the Earth, not space **земной**

terrible /ˈterəbl/ **adjective** A2 very bad, of low quality, or unpleasant **ужасный** *a terrible accident* ◦ *The weather was terrible.*

terribly /ˈterəbli/ **adverb 1** B1 very **ужасно, очень** *She seemed terribly upset.* **2** B2 very badly **ужасно** *I slept terribly last night.*

terrier /ˈteriəʳ/ **noun** [C] a type of small dog **терьер**

terrific /təˈrɪfɪk/ **adjective 1** B1 excellent **прекрасный, замечательный** *a terrific opportunity* ◦ *I thought she looked terrific.* **2** [always before noun] very large, great, or serious **ужасающий** *a terrific increase in prices* ◦ *a terrific storm*

• **terrifically adverb ужасающе**

terrified /ˈterəfaɪd/ **adjective** B1 very frightened **испуганный, перепуганный** *I'm **terrified of** flying.* ◦ [+ (that)] *Maggie was terrified that her parents would discover the truth.*

terrify /ˈterəfaɪ/ **verb** [T] B2 to make someone feel very frightened **пугать, внушать ужас** *The idea of parachuting out of an aircraft terrifies me.*

• **terrifying adjective** B2 **ужасающий** *a terrifying experience*

territorial /ˌterɪˈtɔːriəl/ **adjective** relating to the land that is owned or controlled by a particular country **территориальный** *a territorial dispute*

territory /ˈterɪtᵊri/ **noun 1** [C, U] B2 land that is owned or controlled by a particular country **территория** *Spanish territory* **2** [C, U] B2 an area that an animal or person thinks belongs to them **территория** *Cats like to protect their territory.* **3** [U] an area of knowledge or experience **область знаний, поле деятельности** *With this project we'll be moving into unknown territory.*

terror /ˈterəʳ/ **noun** [U] B2 a feeling of being very

T

frightened ужас *There was a look of terror on his face.* → See also **reign of terror**

terrorism /ˈterərɪzəm/ **noun** [U] B2 the use of violence for political purposes, for example putting bombs in public places **терроризм** *an **act of terrorism***

terrorist /ˈterərɪst/ **noun** [C] B2 someone who is involved in terrorism **террорист** *a **terrorist attack***

terrorize (also UK **-ise**) /ˈterəraɪz/ **verb** [T] to make someone feel very frightened by saying that you will hurt or kill them **терроризировать** *A gang of young men with knives have been terrorizing local people.*

terse /tɜːs/ **adjective** said or written in a few words, often showing that you are annoyed **краткий, лаконичный**
• **tersely adverb кратко, лаконично**

tertiary /ˈtɜːʃəri/ **adjective** UK formal Tertiary education is education at university or college level. **высший (об образовании)** *a tertiary institution*

TESOL /ˈtiːsɒl/ **noun** [U] abbreviation for Teaching English to Speakers of Other Languages **преподавание английского языка носителям других языков**

test[1] /test/ **noun** [C] **1** A1 a set of questions to measure someone's knowledge or ability **экзамен, контрольная работа** *a driving test* ◦ *You have to **take a test**.* ◦ *Only two students in the class **failed the test**.* ◦ *Did you **pass the** biology **test**?* **2** B1 a short medical examination of part of your body **анализ, обследование** *an eye test* ◦ *a pregnancy test* **3** something that you do to discover if something is safe, works correctly, etc **испытание, проверка** *a safety test* **4** B2 a situation that shows how good something is **испытание** *This will be a real **test of** his ability.*

> Слова-партнеры к **test**
>
> do/sit/take a test • fail/pass a test • a test on sth

test[2] /test/ **verb** [T] **1** B2 to do something in order to discover if something is safe, works correctly, etc **проводить испытания** *None of our products are **tested on** animals.* **2** to do a medical examination of part of someone's body **обследовать** *I'm going to get my hearing tested.* **3** B1 to give someone a set of questions, in order to measure their knowledge or ability **экзаменовать** *You'll be **tested on** all the things we've studied this term.* **4** B2 If a situation tests someone, it proves how good, strong, etc they are. **испытывать, проверять**

testament /ˈtestəmənt/ **noun a testament to sth** formal proof of something good **свидетельство** *It's a testament to Jane's popularity that so many people are celebrating with her today.* → See also **the New Testament, the Old Testament**

testicle /ˈtestɪkl/ **noun** [C] one of the two round, male sex organs that produce sperm **яичко**

testify /ˈtestɪfaɪ/ **verb** [I] to say what you know or believe is true in a law court **давать показания** [+ that] *Elliott testified that he had met the men in a bar.*

testimony /ˈtestɪməni/ **noun 1** [C, U] a formal statement about what someone knows or believes is true, especially in a law court **свидетельские показания** *the testimony of a witness* **2 testimony to sth** formal proof of something good **доказательство, свидетельство чего-либо** *The book's continued popularity is testimony to the power of clever marketing.*

ˈtest ˌtube noun [C] a glass tube that is closed at one end and used in scientific experiments **пробирка**

tetanus /ˈtetənəs/ **noun** [U] a serious disease that makes your muscles stiff and is caused by an infection that gets into the body through a cut **столбняк**

tether /ˈteðər/ **verb** [T] to tie an animal to something so that it cannot move away **привязывать (животное)**
• **tether noun** [C] → See also at the **end**[1] of your tether **привязь**

text[1] /tekst/ **noun 1** [C, U] B1 the written words in a book, magazine, etc, not the pictures **текст** *a page of text* **2** [C] B2 a book or piece of writing that you study as part of a course **учебный материал 3** [C] A2 a written message sent from one mobile phone to another **текстовое сообщение, отправляемое с мобильного телефона**

text[2] /tekst/ **verb** [I, T] A2 to send a text message (= written message from a mobile phone) **отправлять текстовое сообщение с мобильного телефона**

textbook /ˈtekstbʊk/ **noun** [C] A2 a book about a particular subject, written for students **учебник** *a chemistry/French textbook* → See **The Classroom** on page Centre 6

textile /ˈtekstaɪl/ **noun** [C] any type of cloth that is made by weaving (= crossing threads under and over each other) **текстиль, ткань**

ˈtext ˌmessage noun [C] A2 a written message, sent from one mobile phone to another **текстовое сообщение, отправляемое с мобильного телефона**
• **text messaging noun** [U] **отправка текстовых сообщений с мобильного телефона**

> Слова-партнеры к **text message**
>
> get/send a text message • a text message saying sth • a text message from/to sb

texture /ˈtekstʃər/ **noun** [C, U] the way that something feels when you touch it **текстура, фактура** *wood with a rough texture*

than strong /ðæn/ weak /ðən/ **preposition, conjunction** A1 used to compare two different things or amounts **чем** *Susannah's car is bigger*

T

than mine. ◦ Tom's a bit taller than Sam. ◦ It cost less than I expected.

> **!** Типичная ошибка: **then or than?**
>
> **Внимание!** Используйте правильное слово.
>
> Эти два слова могут казаться похожими, но их написание различно и они имеют совершенно разные значения.
>
> При сравнении двух понятий или величин используйте **than**, а не 'then'.
>
> ~~*There were more then 5,000 people at the concert.*~~
>
> *There were more than 5,000 people at the concert.*

thank /θæŋk/ **verb** [T] **1** (A2) to tell someone that you are grateful for something they have done or given you **благодарить** *I haven't **thanked** her **for** her present yet.* ◦ [+ for + doing sth] *Yu Yin thanked the boys for helping her.* **2 thank God/goodness/Heavens, etc** (B1) something that you say when you are happy because something bad did not happen **слава богу!** *Thank goodness you're okay – I was really worried.*

thankful /ˈθæŋkfəl/ **adjective** pleased or grateful about something **благодарный** [+ (that)] *We were thankful that none of the children saw the accident.*

thankfully /ˈθæŋkfəli/ **adverb** used at the beginning of a sentence to show that you are pleased or grateful about something **к счастью** *Thankfully, nobody was hurt.*

thankless /ˈθæŋkləs/ **adjective** A thankless job is difficult or unpleasant and no one thanks you for doing it. **неблагодарный** *Nursing can be a **thankless job**.*

thanks[1] /θæŋks/ **exclamation** informal **1** (A1) used to tell someone that you are grateful because they have given you something or done something for you **спасибо** *Can you pass me the book? Thanks very much.* ◦ ***Thanks for** all your help.* **2 thanks/no, thanks** (A2) used to accept or refuse someone's offer **спасибо/спасибо, нет** *"Would you like a cup of coffee?" "No, thanks."*

thanks[2] /θæŋks/ **noun** [plural] **1** (B2) words that show you are grateful for something someone has given to you or done for you **благодарность** *He sent a message of thanks.* **2 thanks to sb/sth** (B2) because of someone or something **благодаря кому-либо/чему-либо** *I passed my driving test, thanks to the extra help my Dad gave me.*

Thanksgiving /ˌθæŋksˈgɪvɪŋ/ **noun** [C, U] a holiday in the autumn in the US and Canada, when families have a big meal together **День благодарения**

ˈthank ˌyou exclamation **1** (A1) used to tell someone that you are grateful because they have given you something or done something for you **спасибо** ***Thank you** very much **for** the birthday card.* ◦ *"Here's the money I promised you." "Thank you."* **2 thank you/no, thank you** (A2) used to accept or refuse someone's offer **спасибо/спасибо, нет** *"Would you like something to eat?" "No, thank you."*

thank-you /ˈθæŋkju/ **noun** [C] (B1) something that you say or do to thank someone for doing something **благодарность** [+ for + doing sth] *I bought Emma some chocolates as a thank-you for looking after the dog.* ◦ *a **thank-you present***

that[1] /ðæt/ **determiner** (plural **those**) **1** (A1) used to refer to something or someone that has already been talked about or seen **этот, эта, это** *Did you know that woman in the post office?* ◦ *How much are those shoes?* **2** (A1) used to refer to something or someone that is not near you **тот, та, то** *He went through that door.* ◦ *Have you seen that man over there?*

that[2] /ðæt/ **pronoun** (plural **those**) **1** (A1) used to refer to something that has already been talked about or seen **это** *That looks heavy.* ◦ *You can't possibly wear those!* **2** (A1) used to refer to something that is not near you **это** *What's that in the corner?* **3 that's it a** (B2) used to say that something is correct **точно! правильно!** *You need to push the two pieces together. That's it.* **b** (B1) used to say that something has ended **вот и все** *Well that's it then, we've finished.* **4 that's that** used to say that something has happened or a decision has been made and there is nothing more to say or do **на этом точка, дело с концом** *I won't agree to it and that's that.* **5 that is (to say)** used to correct something you have said or give more information about something **то есть** *Everybody was at the meeting, well everyone except Jeanne, that is.*

that[3] /ðæt/ **adverb** **1** (B2) used when describing the size, amount, or state of something or someone **такой, до такой степени** *I've never seen a fish that big before.* **2 not (all) that big/good/warm, etc** (B2) not very big/good/warm, etc **не очень большой/хороший/теплый и т. д.** *It hasn't been all that cold this winter.*

that[4] strong /ðæt/ weak /ðət/ **conjunction** **1** (A2) used after some verbs, nouns, and adjectives to introduce a new part of a sentence **что** *He said that he'd collect it later.* ◦ *Is it true that she's pregnant?* **2** (B1) used instead of 'who' or 'which' at the beginning of a relative clause **который** *Have you eaten all the cake that I made yesterday?*

thatched /θætʃt/ **adjective** A thatched building has a roof that is made of straw (= dried grass-like stems). **покрытый соломенной крышей** *a **thatched cottage***

thaw /θɔː/ **verb** **1** [I, T] (also **thaw out**) If something that is frozen thaws, it becomes warmer and softer or changes to liquid, and if you thaw something that is frozen, you make it do this. **таять, размораживать** *Allow the meat to thaw before cooking it.* **2** [I] If a relationship between people thaws, it becomes more friendly after being bad. **теплеть**

• **thaw noun** [C] **оттепель**

the strong /ðiː/ weak /ði/, /ðə/ **determiner 1** A1 used before nouns to refer to particular things or people that have already been talked about or are already known **опред. артикль, указывает на то, что предмет известен собеседнику** *Can you pass the salt?* ◦ *I'll pick you up at the station.* ◦ *That's the new restaurant I told you about.* **2** A1 used before nouns when only one of something exists **опред. артикль, указывает на то, что предмет является единственным в своем роде** *Have you seen the Eiffel Tower?* ◦ *I'd love to travel round the world.* **3** used before a singular noun to refer to all the things or people described by that noun **опред. артикль, указывает на то, что речь идет о классе однородных предметов** *The tiger has become extinct in many countries.* **4** used before some adjectives to make them into nouns **опред. артикль, придает имени прилагательному значение имени существительного** *a home for the elderly* ◦ *relatives of the deceased* **5** B2 used before each of two adjectives or adverbs to show how one thing changes depending on another **чем ..., тем** *The longer we live here, the more we like it.* **6** used with units or measurements to mean each or every **опред. артикль, употребляется с названиями единиц измерения, придает значение представителя определенного класса предметов** *How many Swiss francs to the pound?* **7** B1 used when referring to a part of the body **опред. артикль, употребляется с названиями частей тела** *He held her tightly by the arm.* **8** B2 used before numbers which refer to dates or periods of time **опред. артикль, употребляется с датами и периодами времени** *the sixties* ◦ *Thursday the 29th of April* **9** used with the names of musical instruments or dances to mean the type of instrument or dance in general **опред. артикль, употребляется с названиями музыкальных инструментов и танцев** *Can you play the violin?*

theatre UK (US **theater**) /ˈθɪətəʳ/ **noun 1** [C] A2 a building with a stage where people go to watch plays **театр** *the Arts Theatre* **2** [C] US a building where people go to watch films **кинотеатр** *a movie theater* **3** [U] the work of writing, acting in, and producing plays **театр, драматургия, режиссура** **4** [C, U] UK a room in a hospital where doctors do operations **операционная**

> **Слова-партнеры к theatre**
>
> **go to** the theatre • **at** the theatre • **musical** theatre • **street** theatre • a theatre **company/director**

theatrical /θiˈætrɪkəl/ **adjective 1** [always before noun] relating to the theatre **театральный** *theatrical make-up* **2** doing and saying things in a very obvious way that is intended to make people notice you **театральный, показной**

theft /θeft/ **noun** [C, U] B2 the action or crime of stealing something **кража** *car theft*

their /ðeəʳ/ **determiner 1** A1 belonging to or relating to a group of people, animals, or things that have already been talked about **их** *It was their problem, not mine.* **2** B1 used to refer to what belongs to or relates to a person when you want to avoid saying 'his' or 'her' or when you do not know if the person is male or female **его, ее, свое** *Did this person give their name?*

theirs /ðeəz/ **pronoun** A2 the things that belong or relate to a group of people, animals, or things that have already been talked about **их** *I think she's a relation of theirs.*

them strong /ðem/ weak /ðəm/ **pronoun 1** A1 used after a verb or preposition to refer to a group of people, animals, or things that have already been talked about **им, ими, их** *I'm looking for my keys – have you seen them?* **2** B1 used after a verb or preposition to refer to a person when you want to avoid saying 'him' or 'her' or when you do not know if the person is male or female **его, ему, ее, ей** *When each passenger arrives we ask them to fill in a form.*

theme /θiːm/ **noun 1** B2 [C] the subject of a book, film, speech, etc **тема** *The* ***theme of*** *loss runs through most of his novels.* **2 theme music/song/tune** the music that is played at the beginning and end of a particular television or radio programme **лейтмотив**

> **Слова-партнеры к theme**
>
> a theme **runs through** sth • the **central/main** theme • a **recurring** theme • the theme of sth • **on the theme of** sth

ˈtheme ˌpark noun [C] a park with entertainments, such as games, machines to ride on, restaurants, etc, that are all based on one idea **парк отдыха**

themselves /ðəmˈselvz/ **pronoun 1** A2 the reflexive form of the pronoun 'they' **себя, себе, собой** *They're both 16 – they're old enough to look after themselves.* **2** B2 used to emphasize the pronoun 'they' or the particular group of people you are referring to **сами** *They've decided to run the club themselves.* **3 (all) by themselves** A2 alone or without anyone else's help **сами, одни** *The kids arranged the party all by themselves.* **4 (all) to themselves** for their use only **для себя, в своем распоряжении** *They had the whole campsite to themselves.*

then[1] /ðen/ **adverb 1** A1 at that time **тогда, то время** *Call me tomorrow – I'll have time to speak then.* ◦ *Tim and I were at school together, but I haven't seen him* ***since then****.* **2** A1 next, or after something has happened **после этого, потом** *She trained as a teacher and then became a lawyer.* ◦ *Let me finish my drink, then we'll go.* **3** A2 so or because of that **тогда, в таком случае** *Have a rest now, then you won't be tired this evening.* ◦ *"My interview's at 9 o'clock." "You'll be catching*

T

an early train, then?" **4** (B2) used in order to add something to what you have just said **кроме того** *I've got two essays to write and then my science project to finish.* **5 now then/right then/ okay then** used to introduce a question or a suggestion **ну вот/итак** *Right then, what do you want to drink?*

then² /ðen/ **adjective** [always before noun] used to refer to something which was true in the past but which is not true now **тогдашний** *the then Prime Minister Margaret Thatcher*

thence /ðens/ **adverb** formal from there **оттуда** *The oil is shipped to Panama and thence to Texan refineries.*

theology /θiˈɒlədʒi/ **noun** [U] the study of religion and religious belief **теология**
• **theological** /ˌθiːəˈlɒdʒɪkəl/ **adjective теологический** *theological college*

theoretical /θɪəˈretɪkəl/ **adjective 1** based on the ideas that relate to a subject, not the practical uses of that subject **теоретический** *theoretical physics* **2** related to an explanation that has not been proved **теоретический**

theoretically /θɪəˈretɪkəli/ **adverb** in a way that obeys some rules but is not likely **теоретически** *It is **theoretically possible**.*

theorist /ˈθɪərɪst/ **noun** [C] someone who develops ideas about the explanation for events **теоретик** *a political theorist*

theorize (also UK **-ise**) /ˈθɪəraɪz/ **verb** [I, T] to develop a set of ideas about something **строить теорию** [+ that] *Investigators theorized that the crash was caused by engine failure.*

theory /ˈθɪəri/ **noun 1** [C] (B2) an idea or set of ideas that is intended to explain something **теория** *Darwin's theory of evolution* **2** [U] the set of principles on which a subject is based **теория** *economic theory* **3 in theory** (B2) If something is possible in theory, it should be possible but often it does not happen this way. **теоретически**

> Слова-партнеры к **theory**
>
> **challenge/formulate/prove/test** a theory • a **popular/plausible/new** theory • a theory **about** sth

therapeutic /ˌθerəˈpjuːtɪk/ **adjective 1** helping to cure a disease or improve your health **терапевтический, лечебный** *the **therapeutic benefits** of massage* **2** helping you to feel happier and more relaxed **целебный** *I find gardening very therapeutic.*

therapist /ˈθerəpɪst/ **noun** [C] someone whose job is to treat a particular type of mental or physical illness **врач** *a speech therapist*

therapy /ˈθerəpi/ **noun** [C, U] (B2) the work of treating mental or physical illness without using an operation **терапия, лечение** *cancer therapy* ◦ *She's now **in therapy** to help her deal with her alcohol problem.* → See also **physical therapy**

there¹ strong /ðeər/ weak /ðər/ **pronoun there is/are/was, etc** (A1) used to show that something exists or happens **указывает на существование, наличие чего-либо, есть, имеется** *There are three pubs in the village.* ◦ *There's not much room in the back of the car.* ◦ *There have been a lot of accidents on this road.* ◦ *Is there any milk?*

there² /ðeər/ **adverb 1** (A1) in or at a particular place **там, туда** *We live in York because my wife works there.* ◦ *I went to the party but I didn't know anyone there.* ◦ *We'll never **get there** (= arrive) in time!* **2** (A1) used when you are pointing or looking at something in order to make someone look in the same direction **вон там, вон туда** *Put them in that box there.* ◦ *Your bag's **over there** by the door.* **3** present or available **указывает на наличие чего-либо** *They were all there – Mark, Jill, and the three kids.* ◦ *That money is there for you if you need it.* **4** (B2) at a particular point in a process or activity **здесь, на этом, там, туда** *Do you want to play another game or do you want to stop there?* ◦ *Keep on trying – you'll **get there** (= succeed) in the end.* **5 there and then** If you do something there and then, you do it immediately. **тут же** *I showed James the ring I liked and he bought it there and then.* **6 There you are/go. a** (A2) used when you are giving something to someone **вот, держите** *Do you want a tissue? There you are.* **b** used to emphasize that you were right **ну вот** *There you go – I told you you'd win!*

thereabouts /ˈðeərəbaʊts/ **adverb** mainly UK near the number, amount, or time that has just been given **около того** *For this recipe you'll need 1kg of tomatoes, **or thereabouts**.*

thereafter /ˌðeəˈrɑːftər/ **adverb** formal after a particular amount, time, or event **после этого** *Faxes cost $1.20 for the first page, and 60 cents for each page thereafter.*

thereby /ˌðeəˈbaɪ/ **adverb** formal as a result of a particular action or event **таким образом** *The new dam will improve the water supply and thereby reduce hunger and disease.*

therefore /ˈðeəfɔːr/ **adverb** (B1) for that reason **поэтому, следовательно** *The region has suffered severe flooding and tourists are therefore advised not to travel there.*

therein /ˌðeəˈrɪn/ **adverb** formal **1** in a particular document or place **там, в этом** *We recommend that you study the report and the proposals contained therein.* **2 therein lies sth** because of the reason that has just been given **в этом заключается что-либо** *But the medicines are expensive, and therein lies the problem.*

thereof /ˌðeəˈrɒv/ **adverb** formal relating to what has just been said **этого, из этого** *It's gospel music, traditional country, jazz, and some strange combinations thereof.*

thermal /ˈθɜːməl/ **adjective** [always before noun] **1** relating to heat **тепловой** *thermal energy* **2** Thermal clothes are made to keep you warm. **теплый** ***thermal underwear***

thermo- /ˈθɜːməʊ-/ **prefix** relating to heat or temperature **термо-** *a thermostat (= a piece of equipment that controls temperature)* ∘ *a thermometer*

thermometer /θəˈmɒmɪtəʳ/ **noun** [C] B2 a piece of equipment that measures the temperature of the air or of your body **термометр**

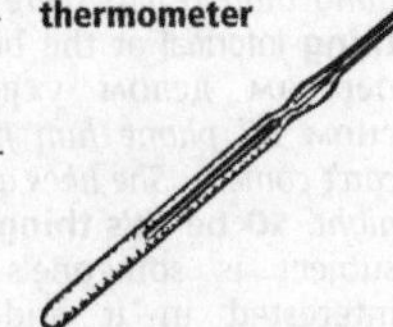

Thermos /ˈθɜːmɒs/ **noun** [C] trademark a container that keeps hot liquids hot or cold liquids cold **термос** UK *a Thermos flask*/US *a Thermos bottle* → See picture at **flask**

thermostat /ˈθɜːməstæt/ **noun** [C] a piece of equipment that controls the temperature of something or of a place **термостат**

thesaurus /θɪˈsɔːrəs/ **noun** [C] a book in which words with similar meanings are put together in groups **тезаурус**

> **!** Типичная ошибка: **this or these?**
>
> Многие русскоязычные студенты делают ошибки при употреблении слова **this**.
> **Запомните: this** употребляется только с существительными в единственном числе. Если речь идет о двух и более предметах, используйте **these**.
>
> ~~*After all this problems, I was glad to get home.*~~
>
> *After all these problems, I was glad to get home.*

these /ðiːz/ **pronoun, determiner** A1 plural of this **эти**

thesis /ˈθiːsɪs/ **noun** [C] (plural **theses** /ˈθiːsiːz/) **1** B2 a long piece of writing that you do as part of an advanced university course **диссертация** *a master's/PhD thesis* **2** formal a theory that is suggested and can then be argued with or agreed with **тезис** *That is the central thesis of the book.*

they /ðeɪ/ **pronoun 1** A1 used as the subject of the verb when referring to a group of people, animals, or things that have already been talked about **они** *I saw Kate and Nigel yesterday – they came over for dinner.* ∘ *"Have you seen my car keys?" "They're on the kitchen table."* **2** B1 used to refer to a person when you want to avoid saying 'he' or 'she' or when you do not know if the person is male or female **он, она** *Someone I met at a party said they knew you.* **3** B2 people in general **употребляется в значении неопределенного местоимения, люди** *They say that breaking a mirror brings you seven years' bad luck.*

they'd /ðeɪd/ **1** short for they had **сокращ. от they had** *They'd just moved in when I saw them.* **2** short for they would **сокращ. от they would** *They'd like to take us out to dinner.*

they'll /ðeɪl/ short for they will **сокращ. от they will** *They'll be in Scotland next week.*

they're /ðeəʳ/ short for they are **сокращ. от they are** *They're both from Washington.*

they've /ðeɪv/ short for they have **сокращ. от they have** *They've got three children – two girls and a boy.*

thick[1] /θɪk/ **adjective**
1 B1 Something that is thick is larger than usual between its opposite sides. **толстый** *a thick slice of meat* ∘ *a thick layer of snow* **2 10cm/2m, etc thick** B1 being 10cm/2m, etc thick **толщиной в 10 см/2 м и т. д.** *a piece of wood 2cm thick* **3** B1 growing very close together and in large amounts **густой** *thick, dark hair* **4** B2 Thick smoke, cloud, or fog is difficult to see through. **густой, плотный** *Thick, black smoke was pouring out of the chimney.* **5** A thick substance or liquid has very little water in it and does not flow easily. **густой** *Stir the sauce over a low heat until thick.* **6** UK informal not intelligent **тупой** **7 be thick with sth** If something is thick with a particular substance, it is covered in or full of that substance. **быть наполненным, насыщенным чем-либо** *The air was thick with petrol fumes.*

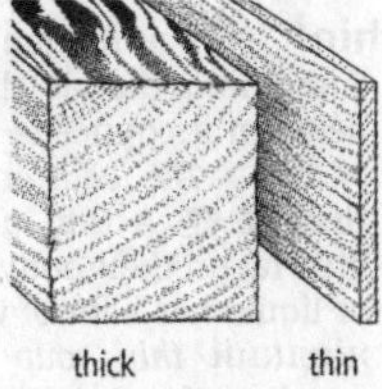

IDIOM **thick and fast** quickly and in large numbers **один за другим, в большом количестве** *Calls were coming in thick and fast by the end of the programme.*

→ See also have (a) thick **skin**[1]

thick[2] /θɪk/ **noun be in the thick of sth** to be involved in a situation at the point where there is most activity **быть в гуще чего-либо** *He loves being in the thick of the action.*

IDIOM **through thick and thin** If you support or stay with someone through thick and thin, you always support or stay with them in easy and difficult situations. **до конца, несмотря ни на какие препятствия** *She'd stuck by (= stayed with) Neil through thick and thin.*

thicken /ˈθɪkᵊn/ **verb** [I, T] to become thicker, or to make something thicker **густеть, сгущать** *Boil the sauce until it thickens.*

thickly /ˈθɪkli/ **adverb** in thick pieces, or in a thick layer **густо, толстым слоем** *toast **thickly spread** with butter*

thickness /ˈθɪknəs/ **noun** [C, U] the distance between the opposite sides of something **толщина**

thick-skinned /ˌθɪkˈskɪnd/ **adjective** If someone is thick-skinned, they do not get upset when other people criticize them. **толстокожий**

thief /θiːf/ **noun** [C] (plural **thieves** /θiːvz/) B1

T

someone who steals things **вор** *a car thief* ◦ *Thieves stole $500,000 worth of computer equipment.*

thigh /θaɪ/ **noun** [C] B2 the top part of your leg above your knee **бедро** → See **The Body** on page Centre 13

thimble /ˈθɪmbl/ **noun** [C] a small metal or plastic object that you use to protect your finger when you are sewing **наперсток**

thin[1] /θɪn/ **adjective** (**thinner**, **thinnest**) **1** A2 Something that is thin is smaller than usual between its opposite sides. **тонкий** *a thin slice of ham* ◦ *The walls are very thin.* → See picture at **thick** **2** A2 A thin person or animal has very little fat on their body. **худой** **3** A thin substance or liquid has a lot of water in it and flows easily. **жидкий** *thin soup* **4** having only a small number of people or a small amount of something **малочисленный, редкий** *His hair is going thin on top.* **5** Thin air does not have enough oxygen in it. **разреженный (о воздухе)**

IDIOM **wear thin a** If your patience wears thin, you become less and less patient with someone who is annoying you. **иссякать, быть на исходе** **b** If a joke or explanation wears thin, it becomes less effective because it has been used too much. **приедаться, утрачивать силу**

→ See also disappear/vanish into thin **air**[1], be thin on the **ground**[1], through **thick**[2] and thin

thin[2] /θɪn/ **verb** [T] (present participle **thinning**, past tense and past participle **thinned**) to make a substance less thick, often by adding a liquid to it **разбавлять**

PHRASAL VERB **thin out** If a large number of people or things thin out, they become fewer in number. **редеть, сокращаться**

thing /θɪŋ/ **noun** **1** [C] A1 used to refer to an object without saying its name **вещь, штука** *How do I switch this thing off?* ◦ *I need to get a few things in town.* **2** [C] B2 used to refer to a person or animal when you are expressing your feelings towards them **человек, создание** *You look tired, you poor thing.* **3** [C] A2 used to refer to an idea, event, or activity **вещь, штука, событие** *I can't believe Nick would say such a thing!* ◦ *Meeting Nina was the best thing that's ever happened to me.* **4 for one thing** used to give a reason for something **во-первых, потому что** *You can't give Amy that shirt – for one thing it's too small for her.* **5 the thing is** informal B2 used to introduce a problem which relates to something that you have just said **дело в том, что …** *I'd love to go out tonight, but the thing is, I've got to finish my report.* **6 a thing** B1 used instead of 'anything' in order to emphasize what you are saying **ничего (в отриц. предложении)** *I haven't got a thing to wear!* **7 have a thing about sth/sb** informal to like or dislike something or someone very much **питать слабость /неприязнь к чему-либо/ кому-либо** *He's got a thing about blonde women.* **8 it's a good thing** informal B2 If it is a good thing that something happened, it is lucky that it happened. **к счастью** [+ (that)] *It's a good thing that Jo was there to help you.* **9 first/last thing** informal at the beginning/end of the day **первым делом утром/напоследок перед сном** *I'll phone him first thing and tell him I can't come.* ◦ *She likes a glass of milk last thing at night.* **10 be sb's thing** informal If an activity or subject is someone's thing, they are very interested in it and like doing it. **быть интересным для кого-либо** *Jogging's just not my thing – I prefer team sports.*

IDIOM **the best/greatest thing since sliced bread** humorous extremely good **величайшее достижение человечества** *When I first got this computer I thought it was the best thing since sliced bread.*

things /θɪŋz/ **noun** [plural] **1** B1 what is happening in your life **дела, обстоятельства** *Don't worry – things will get better soon.* **2** A1 the objects that you own **чьи-либо вещи** *I'll just gather my things and then I'll be ready.* **3 be hearing/seeing things** to imagine that you can hear or see things that do not exist **мерещиться**

thingy /ˈθɪŋi/ **noun** [C] UK informal used to refer to something or someone when you cannot remember their name **штука, человек** *We ate that beef thingy for lunch.*

think[1] /θɪŋk/ **verb** (past tense and past participle **thought**) **1** [I, T] A1 to have an opinion about something or someone **думать, полагать** *Do you think it's going to rain?* ◦ [+ (that)] *I don't think that Emma will get the job (= I believe she will not get it).* ◦ *What did you **think of** the film?* ◦ *What do you **think about** modern art?* **2** [I] B1 to consider an idea or a problem **думать, раздумывать** *He thought for a few seconds before answering.* ◦ *You should **think about** where you want to live.* **3** [I, T] A1 to believe that something is true, or to expect that something will happen, although you are not sure **думать, полагать** *I think she's called Joanna.* ◦ *"Does this train stop at Oxford?" "Yes, I **think so**."* ◦ [+ (that)] *I never thought that I would see Steven again.* **4 think about/of doing sth** A2 to consider doing something **подумывать о чем-либо** *I'm thinking of moving to Sydney.* ◦ *We thought about getting married, but decided not to.* **5 think about/of sb/sth** B1 to use your mind to imagine a situation **мысленно быть с кем-либо, представлять себе что-либо** *I'm sorry I can't be at the wedding, but I'll be thinking of you.* **6 think of sth** B1 to use your imagination and intelligence to produce an idea, a solution to a problem, or an answer to a question **придумывать что-либо** *When did you first think of the idea?* **7 think a lot of sb/sth** A1 to admire someone, or to believe that something is good quality **быть высокого мнения о ком-**

T

либо/чем-либо *Simon thinks a lot of you, you know.* **8 not think much of sb/sth** A1 to not like someone, or to believe that something is not good quality **быть невысокого мнения о ком-либо/чем-либо** *I don't think much of the food here.* **9 I think** used to introduce a suggestion or explanation in order to be polite **я думаю** [+ (that)] *It's getting late – I think that we should go.* **10 Who would have thought...?** used to express how surprising something is **кто бы подумал, что ...?** [+ (that)] *Who would have thought that buying a house could take so long!* → See also think the **world**[1] of sb

IDIOM **think outside the box** to use new ideas instead of traditional ideas when you think about something **мыслить нетрадиционно**

PHRASAL VERBS **think back** to remember something that happened in the past **мысленно возвращаться к чему-либо** *I* ***thought back to*** *the time when I was living in Toronto.* • **think sth out** to consider all the possible details of something **продумывать что-либо** *The scheme was well thought out.* • **think sth over** B2 to consider an idea or plan carefully before making a decision **обдумывать что-либо** • **think sth through** B2 to carefully consider the possible results of doing something **продумывать что-либо** • **think sth up** to produce a new idea or plan **придумывать что-либо** *I don't want to go tonight and I'm trying to think up an excuse.*

think[2] /θɪŋk/ **noun** UK **have a think** to consider something carefully **подумать о чем-либо** *Have a think about it and then tell me what you've decided.*

thinker /ˈθɪŋkəʳ/ **noun** [C] someone who considers important subjects or produces new ideas **мыслитель** *a political/religious thinker*

thinking /ˈθɪŋkɪŋ/ **noun** [U] **1** when you use your mind to consider something **размышление** *This problem requires careful thinking.* **2** someone's ideas or opinions **взгляды, мнение** *The book discusses the impact of Christian thinking on western society.* → See also **wishful thinking**

> Слова-партнеры к **thinking**
>
> the thinking **behind/on** sth • the **current** thinking

ˈthink ˌtank noun [C] a group of people who advise the government or an organization about particular subjects and who suggest new ideas **мозговой центр**

thinly /ˈθɪnli/ **adverb 1** in thin pieces, or in a thin layer **тонко** *She sliced the bread thinly.* **2** with only a small number of people or things **редко, мало** *thinly populated areas*

third[1] /θɜːd/ A2 3rd written as a word **третий**

third[2] /θɜːd/ **noun** [C] **1** B2 one of three equal parts of something; ⅓ **треть 2 a third** in the UK, one of the lowest exam results you can achieve at the end of a university course **диплом третьей степени (в Великобритании)**

thirdly /ˈθɜːdli/ **adverb** used in order to introduce the third thing in a list **в-третьих**

ˌthird ˈparty noun [C] someone who is not one of the two main people or groups that are involved in a situation **третье лицо, третья сторона**

theˌ third ˈperson noun B2 the form of a verb or pronoun that is used when referring to the person or thing being spoken about or described. For example 'she' and 'they' are third person pronouns. **третье лицо (в грамматике)**

the ˌThird ˈWorld noun the countries in Africa, Asia, and South America, which do not have well-developed economies **страны третьего мира**

thirst /θɜːst/ **noun 1** B2 [U, no plural] the feeling that you want to drink something **жажда** *I had a long, cold drink to* ***quench*** *my* ***thirst*** *(= stop me feeling thirsty).* **2 a thirst for sth** a strong wish for something **жажда чего-либо** *a thirst for adventure*

thirsty /ˈθɜːsti/ **adjective** A2 wanting or needing a drink **испытывающий жажду** *I felt really hot and thirsty after my run.*
• **thirstily adverb жадно**

thirteen /θɜːˈtiːn/ A1 the number 13 **тринадцать**
• **thirteenth** 13th written as a word **тринадцатый**

thirty /ˈθɜːti/ **1** A2 the number 30 **тридцать 2 the thirties** the years from 1930 to 1939 **тридцатые годы 3 be in your thirties** to be between the ages of 30 and 39 **быть в возрасте от тридцати до тридцати девяти лет**
• **thirtieth** 30th written as a word **тридцатый**

this[1] /ðɪs/ **determiner** (plural **these**) **1** A1 used to refer to something that you have already talked about **этот, эта, это** *Most people don't agree with this decision.* ◦ *How did you hear about this course?* **2** A1 used to refer to something or someone that is near you or that you are pointing to **этот, эта, это** *How much does this CD cost?* ◦ *David gave me these earrings for my birthday.* **3** A1 used to refer to the present week, month, year, etc or the one that comes next **этот, эта, это** *I'll see you this evening.* ◦ *Kate and Nigel are getting married this June.* **4** informal used to refer to a particular person or thing that you are going to talk about **один, одна** *We went to this really great club last night.* → See also be out of this **world**[1]

this[2] /ðɪs/ **pronoun** (plural **these**) **1** A2 used to refer to something that you have already talked about **это** *When did this happen?* ◦ *This is the best news I've heard all week!* **2** A2 used to refer to something or someone that is near you or

T

that you are pointing to **вот это** *Try some of this – it's delicious.* ◦ *Are these your keys?* ◦ *This is my girlfriend, Beth.* **3** used to say or ask who someone is when speaking on the telephone, radio, etc **это** *"Hello, is this Julie Hawkins?" "Yes, who's this?"*

IDIOM **this and that** different things which are not very important **то да се** *"What are you doing today?" "Oh, just this and that."*

this[3] /ðɪs/ **adverb** used when describing the size, amount, or state of something or someone **так, до такой степени, такого (размера и т. д.)** *I need a piece of wood this big.* ◦ *I've never seen her this angry.*

thistle /'θɪsl/ **noun** [C] a wild plant with purple flowers and sharp points **чертополох**

THNX informal written abbeviation for thank you: used in emails and text messages **сокращ. от thank you (используется в электронных сообщениях и SMS)**

thong /θɒŋ/ **noun** [C] **1** a piece of underwear or the bottom part of a bikini (= a piece of clothing with two parts that women wear for swimming) which does not cover the bottom **трусики-бикини** **2** US a flip-flop **резиновый шлепанец с ремешком между пальцами**

thorn /θɔːn/ **noun** [C] a small, sharp point on the stem of a plant **колючка, шип**

thorny /'θɔːni/ **adjective** **1** covered in thorns **колючий** **2** A thorny problem, question, subject, etc is difficult to deal with. **тернистый, тяжелый**

thorough /'θʌrə/ (US) /'θɜːrəʊ/ **adjective** B2 careful and covering every detail **тщательный, доскональный** *The government has promised a thorough investigation of the matter.*

• **thoroughness noun** [U] **тщательность, скрупулезность**

thoroughbred /'θʌrəbred/ **noun** [C] a horse especially bred for racing **чистокровный, породистый**

thoroughly /'θʌrəli/ **adverb** **1** B2 very carefully **тщательно** *Wash the spinach thoroughly before cooking.* **2** B2 very, or very much **очень, совершенно** *We thoroughly enjoyed ourselves.*

those /ðəʊz/ **pronoun, determiner** A1 plural of that **те**

though[1] /ðəʊ/ **conjunction** **1** B1 used to introduce a fact or opinion that makes the other part of the sentence seem surprising **несмотря на, хотя** *And though she's quite small, she's very strong.* ◦ *Nina didn't phone,* ***even though*** *she said she would.* **2** B2 but **но** *They're coming next week, though I don't know when.* ◦ *The restaurant serves good, though extremely expensive, food.*

though[2] /ðəʊ/ **adverb** B2 used to add a new fact or opinion which changes what you have just said **но, однако, все же** *Okay, I'll come to the party – I'm not staying late though.*

thought[1] /θɔːt/ **noun** **1** [C] B1 an idea or opinion **мысль, идея** *Do you have any* ***thoughts about/on*** *where you want to spend Christmas?* ◦ [+ of + doing sth] *The thought of seeing her again filled him with happiness.* ◦ informal *"Why don't we invite Ben?"* ***"That's a thought*** *(= That's a good idea)."* **2** [U] B2 the activity of thinking, or when you think about something carefully **мысли, обдумывание** *She sat staring at the picture,* ***deep in thought.*** ◦ *You'll need to* ***give the matter some thought.*** **3** [no plural] when you do something that shows you care about someone **забота, внимание** *Thanks for the card – it was a really kind thought.* **4** [U] a set of ideas about a particular subject **мысль, воззрения** *The book examines his influence on recent political thought.*

IDIOM **spare a thought for sb** to think about someone who is in a bad situation **подумать о ком-либо** *Spare a thought for all the people who have lost their homes.*

→ See also **school** of thought, **second thought**

> **Слова-партнеры к thought**
> **give sth some thought • have a thought • a secret/sobering/terrible thought**

thought[2] /θɔːt/ past of think **прош. вр. и прич. прош. вр. от гл. think**

thoughtful /'θɔːtfəl/ **adjective** **1** quiet because you are thinking about something **задумчивый** *You look thoughtful.* **2** B2 kind and always thinking about how you can help other people **внимательный, заботливый** *Thank you for the card – it was very* ***thoughtful of*** *you.*

• **thoughtfully adverb задумчиво, заботливо** *She gazed thoughtfully into the distance.* • **thoughtfulness noun** [U] **задумчивость, внимательность**

thoughtless /'θɔːtləs/ **adjective** not considering how your actions and words might upset someone else **эгоистичный, опрометчивый** *I should have called her to say we'd be late – it was a bit thoughtless of me.*

• **thoughtlessly adverb эгоистично, опрометчиво**

thought-provoking /'θɔːtprəˌvəʊkɪŋ/ **adjective** making you think a lot about a subject **заставляющий задуматься** *a thought-provoking book/film*

thousand /'θaʊzənd/ **1** A2 the number 1000 **тысяча** **2 thousands** informal B2 a lot **множество** *She tried on* ***thousands of*** *dresses but didn't like any of them.*

thousandth[1] /'θaʊzəndθ/ 1000th written as a word **тысячный**

thousandth[2] /'θaʊzəndθ/ **noun** [C] one of a thousand equal parts of something; 1⁄1000; .001 **одна тысячная** *a thousandth of a second*

thrash /θræʃ/ **verb** **1** [T] to hit a person or animal several times as a punishment **пороть, хлестать** **2** [I] to move from side to side in a violent way **биться, метаться** *He was scream-*

ing in pain and ***thrashing around*** *on the floor.* **3** [T] informal to win against someone very easily **разбить наголову**

PHRASAL VERB **thrash sth out** to discuss a plan or problem in detail until you reach an agreement or find a solution **обстоятельно обсуждать**

thrashing /ˈθræʃɪŋ/ **noun** [C] **1** informal when you win against someone very easily **разгром** **2** old-fashioned when someone hits a person or animal several times as a punishment **порка**

thread[1] /θred/ **noun** **1** [C, U] a long, thin piece of cotton, wool, etc that is used for sewing **нитка** *a needle and thread* **2** [C] the connection between different events or different parts of a story or discussion **связь, ход, нить** *By that point I'd* ***lost the thread*** *of the conversation.* **3** [C] a group of pieces of writing on the Internet in which people discuss one subject **сообщения по одной теме в интернет-форуме**

thread[2] /θred/ **verb** [T] **1** **thread a needle** to push thread through the hole in a needle **продевать нитку** **2** **thread your way through/between, etc** to move carefully through a crowded place, changing direction in order to avoid people or things **пробираться сквозь/между и т. д.**

threadbare /ˈθredbeəʳ/ **adjective** Threadbare material or clothes are very thin because they have been used too much. **потертый, изношенный** *a threadbare carpet*

threat /θret/ **noun** **1** [C] B2 when someone says they will kill or hurt you, or cause problems for you if you do not do what they want **угроза** *a* ***death threat*** ◦ *I was scared he would* ***carry out*** *his* ***threat*** *(= do what he said he would do).* **2** [C] B2 someone or something that is likely to cause harm or damage **угроза** [usually singular] *a* ***threat to*** *the environment* ◦ *Smoking* ***poses*** *(= is) a serious* ***threat*** *to your health.* **3** [no plural] the possibility that something bad will happen **опасность, угроза** *the threat of invasion*

> **Слова-партнеры к threat**
>
> a threat to sb/sth • **pose** a threat • a **potential** threat • a **growing/serious** threat • a **security/terrorist** threat

threaten /ˈθretᵊn/ **verb** **1** [T] B2 to tell someone that you will kill or hurt them, or cause problems for them if they do not do what you want **угрожать** *He* ***threatened*** *the staff* ***with*** *a gun and demanded money.* ◦ [+ to do sth] *He threatened to report her to the police.* **2** [T] to be likely to cause harm or damage to something or someone **грозить, быть угрозой** *His knee problem is threatening his cycling career.* **3** [I] If something bad threatens to happen, it is likely to happen. **грозить** [+ to do sth] *The conflict threatened to spread to neighbouring countries.*

• **threatening** **adjective** **угрожающий** *threatening behaviour* • **threateningly** **adverb** **угрожающе**

three /θriː/ A1 the number 3 **три**

three-dimensional /ˌθriːdɪˈmenʃᵊnᵊl/ **adjective** (also **3-D** /θriːˈdiː/) having length, depth, and height **трехмерный** *three-dimensional computer graphics*

threshold /ˈθreʃhəʊld/ **noun** **1** [C] the level at which something starts to happen **порог, предел** *He had a low* ***boredom threshold.*** **2** **on the threshold of sth** at the start of a new and important time or development **на заре, на пороге чего-либо** *We're on the threshold of a new era in European relations.* **3** [C] the floor of an entrance **порог**

threw /θruː/ past tense of throw **прош. вр. гл. throw**

thrift /θrɪft/ **noun** [U] careful use of money so that you do not spend too much **бережливость**

• **thrifty** **adjective** **экономный**

ˈthrift ˌshop **noun** [C] US (UK **charity shop**) a shop which sells goods given by the public, especially clothes, to make money for a particular charity **магазин бывших в употреблении вещей**

thrill[1] /θrɪl/ **noun** [C] a strong feeling of excitement and pleasure **нервное возбуждение, глубокое волнение** *It was a* ***big thrill*** *meeting the stars of the show.* ◦ [+ of + doing sth] *the* ***thrill of*** *winning a competition*

> **Слова-партнеры к thrill**
>
> feel a thrill • **get a thrill from/out of** doing sth • a **big/great** thrill • the thrill **of** (doing) sth • a thrill **seeker**

thrill[2] /θrɪl/ **verb** [T] to make someone feel excited and happy **приводить в восторг** *Woods thrilled the golf world with his performance.*

thrilled /θrɪld/ **adjective** very excited and pleased **в восторге** *She was thrilled with your present.*

thriller /ˈθrɪləʳ/ **noun** [C] B1 a book or film with an exciting story, often about crime **остросюжетный фильм или роман**

thrilling /ˈθrɪlɪŋ/ **adjective** very exciting **захватывающий** *a thrilling game*

thrive /θraɪv/ **verb** [I] to grow very well, or to become very healthy or successful **процветать** *The business is thriving.* ◦ *He seems to* ***thrive on*** *hard work.*

• **thriving** **adjective** **процветающий** *a* ***thriving economy***

throat /θrəʊt/ **noun** [C] **1** B1 the back part of your mouth and the passages inside your neck **горло** *a* ***sore throat*** **2** B1 the front of your neck **горло** *He grabbed her round the throat.* → See **The Body** on page Centre 13 **3** **clear your throat** to cough once so that you can speak more clearly **откашляться**

throb /θrɒb/ **verb** [I] (present participle **throbbing**, past tense and past participle **throbbed**) **1** If a part of your body throbs, you feel pain in it in a

T

series of regular beats. **сильно болеть, пульсировать** *My head was throbbing.* **2** to make a strong, regular sound or movement **сотрясаться** *The whole house* ***throbbed with*** *the music.*

• **throb** noun [C] **боль, стук, вибрация** *the throb of the engine*

throes /θrəʊz/ **noun in the throes of sth** in a difficult or unpleasant situation **во власти чего-либо** *a country in the throes of war*

throne /θrəʊn/ **noun 1** [C] the special chair that a king or queen sits on **трон 2 the throne** the position of being king or queen **престол** *He* ***came to the throne*** *in 1936.*

throng[1] /θrɒŋ/ **noun** [C] literary a large group of people **толпа**

throng[2] /θrɒŋ/ **verb** [I, T] to be or go somewhere in very large numbers **толпиться, ходить толпами** *drunken people thronging the streets* ◦ *The street was* ***thronged with*** *shoppers and tourists.*

throttle[1] /ˈθrɒtl/ **verb** [T] to press someone's throat tightly so they cannot breathe **душить**

throttle[2] /ˈθrɒtl/ **noun** [C] the part of a vehicle that controls how much fuel or power goes to the engine **дроссель**

through[1] /θruː/ **preposition 1** A2 from one end or side of something to the other **через, сквозь** *The River Seine flows through Paris.* ◦ *The sun was shining through the window.* ◦ *She cut through the wire.* **2** B1 from the start to the end of something **в течение, весь период** *He worked through the night.* ◦ *The phone rang halfway through the programme.* **3** B1 because of someone or something, or with someone's help **благодаря кому-либо, из-за чего-либо** *I got the job through my mum's friend.* ◦ *He became ill through eating undercooked meat.* **4** US (UK **to**) from a particular time until and including another time **до, по** *The store is open Monday through Friday.*

through[2] /θruː/ **adverb 1** B1 from one end or side to another **указывает на движение сквозь что-либо, через, сквозь** *He opened the door and walked through.* **2 read/think/talk, etc sth through** to read/think/talk to someone, etc very carefully about something from the start to the end **указывает на совершение действия до конца, дочитать/обдумать/обсудить и т. д.** *I've thought it through and decided not to take the job.* **3** connected to someone by telephone **указывает на установление телефонной связи, передается глаголом дозвониться, связаться** *I tried to phone David but I couldn't* ***get through.*** ◦ *Can you* ***put*** *me* ***through*** *to the manager, please?*

through[3] /θruː/ **adjective 1 be through with sth** informal to have finished using something or doing something **закончить использовать что-либо** *Let me know when you're through with the iron.* **2 be through (with sb)** informal to not have a relationship with someone any more **порвать отношения с кем-либо 3** [always before noun] UK A through train goes all the way from one place to another place without the passenger having to change trains. **прямой, прямого сообщения**

throughout /θruˈaʊt/ **adverb, preposition 1** in every part of a place **повсюду, везде** *The same laws apply throughout much of Europe.* ◦ *The house was painted pink throughout.* **2** B2 during the whole of a period of time **все время, на всем протяжении какого-либо периода** *He yawned throughout the performance.*

throw[1] /θrəʊ/ **verb** [T] (past tense **threw**, past participle **thrown**) **1** A2 to make something move through the air by pushing it out of your hand **бросать** *Amy* ***threw*** *the ball* ***to*** *the dog.* ◦ *He* ***threw*** *the book* ***at*** *the wall.* ◦ [+ two objects] *Throw me a chocolate.* ◦ *How far can you throw?* **2 throw sth in/on, etc** to put something somewhere quickly and without thinking about it **швырять что-либо в/на и т. д.** *He threw his clothes on the floor and got into bed.* **3 throw sth around/down/on, etc** to suddenly and quickly move your body or a part of your body **обвивать/бросаться на что-либо** *She threw her arms around the child.* ◦ *Gabriela threw herself onto the bed and started to cry.* **4 throw sb from/forward, etc** to make someone move somewhere suddenly or fall down **отбрасывать кого-либо/бросать кого-либо вперед** [often passive] *The bus suddenly stopped and we were thrown forward.* **5** to make someone feel shocked or confused **смущать, сбивать с толку** *It threw me completely when he asked me to marry him.* **6** to make light or shadows (= dark shapes) appear on something **отбрасывать (тень), бросать (свет)** *The trees threw shadows across the road.* → See also throw **caution[1]** to the wind, throw sb in at the deep **end[1]**, throw down the **gauntlet**, throw in the **towel**, throw your **weight** around

throw

PHRASAL VERBS **throw sth away 1** B1 to get rid of something that you do not want any more **выбрасывать, выкидывать** *He read the magazine and then threw it away.* → See **Phrasal Verbs** on page Centre 16 **2** to waste a skill or opportunity **тратить впустую, давать пропасть зря** *You've spent three years studying – don't throw it all away.* • **throw sth in** to add something extra when you sell something and not increase the price **давать в придачу** *They're selling computers with a free printer*

T

thrown in. • **throw sth out** B1 to get rid of something that you do not want any more **выбрасывать** *I must throw some of my old clothes out.* • **throw sb out** B2 to force someone to leave **выгонять, исключать** *He was thrown out of school for taking drugs.* • **throw (sth) up** informal B2 to vomit **стошнить** • **throw sth up** to produce new problems or ideas **создавать, порождать** *The meeting threw up some interesting ideas.*

throw² /θrəʊ/ **noun** [C] when you throw something **бросок** *a throw of the dice*

throwback /ˈθrəʊbæk/ **noun** [C] something that is like something of the same type in the past **возврат к прошлому** *Her style of playing is* ***a throwback to*** *the early days of jazz.*

thru /θruː/ **adjective, adverb, preposition** mainly US informal another spelling of through, used in signs and advertisements **см. through**

thrust¹ /θrʌst/ **verb** (past tense and past participle **thrust**) **thrust sth behind/into/through, etc** to push something somewhere suddenly and with force **засовывать/всовывать/просовывать что-либо** *She thrust a letter into my hand and told me to read it.*

PHRASAL VERB **thrust sth on/upon sb** to force someone to accept or deal with something **навязывать что-либо кому-либо** [often passive] *Fatherhood had been thrust on him.*

thrust² /θrʌst/ **noun 1** [C, U] a strong push or the power used to push something forward **толчок 2 the thrust of sth** the main part or ideas of what someone says or does **направление, суть** *The main thrust of our work involves helping victims of crime.*

thud /θʌd/ **noun** [C] the sound that is made when something heavy falls or hits something else **глухой стук** *There was a thud as he fell on the floor.*

• **thud verb** [I] (present participle **thudding**, past tense and past participle **thudded**) **ударяться с глухим стуком**

thug /θʌg/ **noun** [C] an unpleasant person who behaves violently **хулиган**

thumb¹ /θʌm/ **noun** [C] B1 the short, thick finger on the side of your hand that can touch the top of all your other fingers **большой палец** → See **The Body** on page Centre 13

IDIOMS **have a green thumb** US (UK **have green fingers**) to be good at gardening and making plants grow well **быть умелым садоводом** • **be under sb's thumb** If you are under someone's thumb, they control you completely. **быть у кого-либо под каблуком** • **stick/stand out like a sore thumb** to be very different from all the other people or things around **бросаться в глаза, выделяться** *I was the only one in uniform and I stuck out like a sore thumb.*

→ See also a **rule¹** of thumb

thumb² /θʌm/ **verb** → See thumb your **nose¹** at sth/sb

PHRASAL VERB **thumb through sth** to quickly turn the pages of a book or magazine **пролистать что-либо**

thumbtack /ˈθʌmtæk/ **noun** [C] US (UK **drawing pin**) a pin with a wide, flat top, used for fastening pieces of paper to a wall **кнопка**

thump /θʌmp/ **verb 1** [T] UK to hit someone with your fist (= closed hand) **ударять кулаком 2** [I, T] to hit something and make a noise **ударять, барабанить** *She thumped the tambourine.* **3** [I] If your heart thumps, it beats very quickly because you are excited or frightened. **тяжело биться**
• **thump noun** [C] **тяжелый удар**

thunder¹ /ˈθʌndəʳ/ **noun** [U] B1 the loud noise in the sky that you hear during a storm **гром** ***thunder and lightning***

> **Слова-партнеры к thunder**
>
> a **clap/crack/crash/roll/rumble of** thunder • thunder **rumbles/rolls** • thunder **and lightning**

thunder² /ˈθʌndəʳ/ **verb 1 it thunders** When it thunders during a storm, a loud noise comes from the sky. **гремит гром 2 thunder along/down/through, etc** to move in a way that makes a deep, loud, continuous sound **грохотать вдоль/по/через и т. д.** *Traffic thunders through the village all day.*

thunderous /ˈθʌndᵊrəs/ **adjective** extremely loud **оглушительный** *the* ***thunderous roar*** *of the aircraft's engine*

thunderstorm /ˈθʌndəstɔːm/ **noun** [C] A2 a storm that has thunder (= loud noise) and lightning (= sudden flashes of light in the sky) **гроза**

Thursday /ˈθɜːzdeɪ/ **noun** [C, U] (written abbreviation **Thur, Thurs**) A1 the day of the week after Wednesday and before Friday **четверг**

thus /ðʌs/ **adverb** formal **1** B2 used after saying a fact to introduce what then happened as a result **следовательно** *The guard fell asleep, thus allowing Bates to escape.* **2** in this way **таким образом** *They limit the number of people allowed into the forest, thus preventing damage to the trails.*

thwart /θwɔːt/ **verb** [T] to prevent someone from doing what they have planned to do **срывать планы**

thyme /taɪm/ **noun** [U] a herb used in cooking **чабрец**

thyroid /ˈθaɪrɔɪd/ **noun** [C] an organ in the neck that produces a substance that helps your body to grow and develop **щитовидная железа**

TIA internet abbreviation for thanks in advance: used in an email when you have asked someone for something **заранее спасибо (используется в интернет-общении)**

tick¹ /tɪk/ **noun** [C] **1** the sound that some clocks

T

or watches make every second **тиканье** **2** UK (US **check**) B1 a mark (✓) that shows something is correct or has been done **галочка** **3** a small insect that sucks the blood of animals **клещ** **4** UK informal a short time **секунда, мгновение** *Wait a tick!*

tick² /tɪk/ **verb** **1** [I] If a clock or watch ticks, it makes a sound every second. **тикать** **2** [T] UK B1 to mark something with a tick **ставить галочку**

IDIOM **what makes sb tick** informal the reasons for someone's behaviour **что движет кем-либо**

PHRASAL VERBS **tick away/by** If seconds or minutes tick away or by, they pass. **проходить (о времени)** *With the final seconds ticking away, Milan scored a goal.* • **tick sth off** UK (US **check sth off**) to put a small mark next to something on a list to show that you have dealt with it **ставить галочку** • **tick sb off** informal **1** UK to tell someone that they have done something wrong and that you are angry about it **ругать, отчитывать кого-либо** *I got ticked off for not going to the meeting.* **2** US to annoy someone **раздражать, сердить кого-либо** • **tick over/along** UK If a business or system ticks over, it continues to work but makes little progress. **выживать в трудных обстоятельствах** *Carlton managed to **keep** the business **ticking over**.*

> **Слова-партнеры к ticket**
>
> **book/buy/get/purchase** a ticket • a ticket **for** sth

ticket /ˈtɪkɪt/ **noun** [C] **1** A1 a small piece of paper that shows you have paid to do something, for example travel on a bus, watch a film, etc **билет** *a lottery ticket* ◦ *plane tickets* **2** a piece of paper that orders you to pay money because you have put your car in an illegal place, driven too fast, etc **уведомление о штрафе** *a parking ticket* → See also **round-trip ticket**, **season ticket**

tickets

tickle /ˈtɪkl/ **verb** **1** [T] to touch someone lightly with your fingers, in order to make them laugh **щекотать** **2** [I, T] If a part of your body tickles, or if something tickles it, it feels uncomfortable and you want to rub it. **чесаться, щекотать** *My nose is tickling.* **3** [T] to make someone smile or laugh **забавлять** *I was very tickled by his comments.*

• **tickle noun** [C] **щекотание**

tidal /ˈtaɪdəl/ **adjective** relating to the regular rising and falling of the sea **связанный с приливом и отливом**

ˈtidal ˌwave noun [C] a very large wave that destroys things, often caused by an earthquake (= when the Earth shakes) **приливная волна**

tidbit US /ˈtɪdbɪt/ (UK **titbit**) **noun** [C] a small piece of nice food, or an interesting piece of information **лакомый кусочек, интересная новость**

tide¹ /taɪd/ **noun** **1** [C] B2 the regular rise and fall in the level of the sea **прилив и отлив** ***high/low tide*** **2** [no plural] an increase in something that is developing **увеличение** *the **rising tide** of drug-related deaths*

> **Слова-партнеры к tide**
>
> the tide **comes in/goes out** • the tide **is in/out** • **at high/at low** tide

tide² /taɪd/ **verb**

PHRASAL VERB **tide sb over (sth)** to help someone through a difficult time, especially by giving them money **поддерживать кого-либо в трудных обстоятельствах**

tidy¹ /ˈtaɪdi/ **adjective** **1** A2 having everything in the right place and arranged in a good order **опрятный** *Her room was clean and tidy.* **2** A2 liking to keep things in the correct place and arranged in a good order **опрятный** *I'm afraid I'm not very tidy.* → Opposite **untidy**

• **tidily adverb опрятно** • **tidiness noun** [U] **опрятность**

tidy² /ˈtaɪdi/ **verb** [I, T] (also **tidy up**) UK A2 to make a place tidy **приводить в порядок** *I'm tidying up before our guests arrive.*

PHRASAL VERB **tidy sth away** UK to put things back in drawers, cupboards, etc after you have used them **убирать что-либо на место**

tie

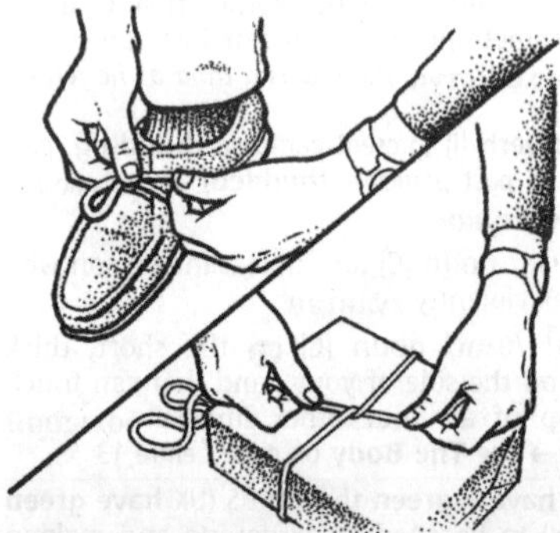

tie¹ /taɪ/ **verb** (present participle **tying**, past tense and past participle **tied**) **1 tie sth to/together/around, etc** B1 to fasten something with string, rope, etc **привязывать/связывать/перевязывать** *The dog was tied to a tree.* **2** [T] B1 to make a knot in a piece of string, rope, etc **завязывать** *She tied the scarf.* → Opposite **untie** **3** [I] to have the same score as someone else at the end of a competition or game **сыграть**

ничью *Sweden* ***tied with*** *France in the winter sports competition.* → See also tie the **knot[1]**

PHRASAL VERBS **tie sb down** to limit someone's freedom **обременять** *I don't want to be tied down by having children.* • **tie in** If one idea or statement ties in with another one, they have some of the same information in them. **соответствовать** *His story* ***ties in with*** *what Gemma told me.* • **tie sb/sth up** B2 to tie a part of someone's body with a rope or something similar so they cannot move **связывать кого-либо** → Opposite **untie** • **tie sth up** to fasten something together using string, rope, etc **завязывать что-либо** • **be tied up** to be very busy and unable to speak to anyone, go anywhere, etc **быть занятым**

tie[2] /taɪ/ **noun** [C] **1** A2 a long, thin piece of cloth that a man wears around his neck with a shirt **галстук** → See **Clothes** on page Centre 9 **2** a relationship that connects you with a place, person, etc **узы, связи** [usually plural] *The two countries have* ***close ties with*** *each other.* **3** when a game or competition ends with two people or teams having the same score **ничья** → See also **bow tie**

> **Слова-партнеры к tie**
>
> create/forge ties • cut/sever (all) ties • have ties with sb/sth • close/strong ties • ties between sb and sb • ties to/with sb/sth

tie-break /ˈtaɪbreɪk/ **noun** [C] an extra part that is played when a game or competition ends in a tie, to decide who is the winner **дополнительное время (в игре)**

tier /tɪəʳ/ **noun** [C] one of several rows or layers **ряд, ярус** *the upper tier of seats in a stadium*

tiger /ˈtaɪɡəʳ/ **noun** [C] B1 a large wild cat that has yellow fur with black lines on it **тигр**

tight[1] /taɪt/ **adjective 1** B2 firm and difficult to move **тугой** *Make sure the knot is tight.* **2** B1 fitting your body very closely **узкий, облегающий** *a tight skirt* **3** B2 controlled and obeying all rules completely **строгий, жесткий** *tight security ◦ They kept tight control of the school budget.* **4** If cloth, wire, skin, etc is tight, it has been pulled so that it is straight or smooth. **туго натянутый 5** If money, time, or space is tight, there is only just enough of it. **недостаточный, тесный** *We should get six people into the car but it will be tight.*

• **tightly adverb** B2 **туго, плотно** • **tightness noun** [U] → See also keep a tight **rein** on sb/sth **напряженность**

tight[2] /taɪt/ **adverb** B2 very firmly or closely **крепко** *He held her tight.*

tighten /ˈtaɪtᵊn/ **verb** [I, T] B2 to become tighter or to make something become tighter **сжимать(ся)** *His hand tightened around her arm.* → See also tighten your **belt[1]**

PHRASAL VERBS **tighten sth up** to make something become firmer and less easy to move **затягивать, закручивать** *Tighten up the screws.* • **tighten (sth) up** to make a rule, system, or law more difficult to avoid **делать что-либо строже** *I think they should* ***tighten up*** *the laws* ***on*** *gun ownership.*

tightrope /ˈtaɪtrəʊp/ **noun** [C] a rope high above the ground that a performer walks along at a circus (= show) **канат**

tights /taɪts/ **noun** [plural] UK (US **pantyhose**) A2 a piece of women's clothing made of very thin material that covers the legs and bottom **колготки** *a pair of black tights* → See **Clothes** on page Centre 9

tile /taɪl/ **noun** [C] one of the flat, square pieces that are used for covering roofs, floors, or walls **черепица, кафель**

• **tile verb** [T] **крыть черепицей, кафелем** *a tiled kitchen*

till[1] /tɪl/ **preposition, conjunction** A2 until **до** *The supermarket is open till midnight. ◦ I lived with my parents till I was twenty.*

till[2] /tɪl/ **noun** [C] **1** UK a machine that holds the money in a shop and shows how much you have to pay **касса 2** US a drawer where money is kept in a store **касса**

tilt /tɪlt/ **verb** [I, T] to move into a position where one end or side is higher than the other, or to make something move into this position **наклонять(ся), откидывать(ся)** *He tilted backwards on his chair.*

• **tilt noun** [no plural] **наклонное положение**

timber /ˈtɪmbəʳ/ **noun 1** [U] UK (US **lumber**) wood that is used for building **древесина 2** [U] US trees that are grown to provide wood for building **(строевой) лес 3** [C] UK a large piece of wood **балка** *The roof was supported by timbers.*

time[1] /taɪm/ **noun 1** [U] A2 Time is what we measure in minutes, hours, days, etc. **время** *He wants to* ***spend*** *more* ***time*** *with his family. ◦* ***Time*** *seems to* ***pass*** *so slowly when you're unhappy.* **2** [C, U] A1 a particular point in the day or night **время, час** ***What time*** *is it? ◦* ***What time*** *do you leave for school in the mornings? ◦ Can you tell me the times of the trains to London, please?* **3 it's time (for/to do sth)** used to say that something should happen or be done now **пора делать что-либо** *It's time to get up.* **4 in (good) time** B1 early or at the right time **вовремя** *We arrived in time to catch the train.* **5 on time** B1 not early or late **вовремя** *I got to school on time.* **6 can tell the time** to be able to know what time it is by looking at a clock or watch **уметь определять время по часам 7** [no plural] A2 a period of minutes, hours, years, etc **время** *I lived in Switzerland for a* ***long time****. ◦* ***It takes time*** *(= takes a long time) to make friends at a new school.* **8 have time** B1 to have enough time to

T

do something **иметь время** *Do you have time for a cup of coffee?* ◦ [+ to do sth] *I never have time to eat breakfast.* **9 in no time** very soon **очень скоро** *We'll be home in no time.* **10** [C] Ⓐ2 an occasion when something happens **раз** *Give me a call the **next time** you're in Seattle.* ◦ *I can't remember the **last time** we went away.* ◦ ***How many times** have you been to Germany?* **11 at the same time** Ⓑ1 If two things happen at the same time, they happen together. **одновременно** *We arrived at the same time.* **12 one/two/six, etc at a time** one/two/six, etc on one occasion **1/2/6 и т. д. за раз** *He carried the chairs, three at a time.* **13 time after time** again and again on repeated occasions **снова и снова** **14 all the time a** Ⓐ2 very often **все время, постоянно** *"She's been late twice this week." "It happens all the time."* **b** Ⓐ2 during the whole of a period of time **все время** *He was ill all the time we were in Spain.* **15 three/eight/nine, etc times** Ⓑ1 used to say how much bigger/better/worse, etc one thing is than another thing **в три/восемь/девять и т. д. раз** *Ben earns three times more than me.* **16 in a day's/two months', etc time** Ⓑ1 a day/two months, etc from now **через день/два месяца и т. д.** *I have to go to the doctor again in a month's time.* **17 at times** sometimes **иногда, порой** *At times, I wish I didn't have to go to school.* **18 for the time being** for now but not permanently **временно, пока** *I'm living with my parents for the time being.* **19** [C] Ⓑ2 a period of time in the past **время** *Did you enjoy your time in Japan?* **20 at one time** at a time in the past **когда-то, одно время** *At one time, you could drive without taking a driving test.* **21 before sb's time** before someone was born **до чьего-либо рождения** **22 from time to time** Ⓑ2 sometimes, but not often **время от времени** *I still see my ex-boyfriend from time to time.* **23** [C] the amount of time that someone takes in a race **время, результат** *a winning time of three minutes* **24** [U] the time in a particular place **время (в часовом поясе)** *The plane arrives at 20.50, New York time.*

IDIOMS **be ahead of your time** to have new ideas a long time before other people think that way **опережать свое время** • **behind the times** not fashionable or modern **отставать от времени** *Dad's a bit behind the times.* • **bide your time** to wait for an opportunity to do something **выжидать** *She was biding her time until she could get her revenge.* • **give sb a hard time** to criticize someone and make them feel guilty about something they have done **не давать кому-либо жизни** *Ever since I missed the goal, the other players have been giving me a hard time.* • **have no time for sb/sth** to have no respect for someone or something **не терпеть кого-либо/что-либо** *I have no time for people who are racist.* • **kill time** to do something while you are waiting for something else **убивать время** *I went shopping to kill some time before my job interview.* • **play for time** UK to try to make something happen more slowly because you want more time or because you do not want it to happen **тянуть время** • **take your time** to do something without hurrying **не торопиться**

→ See also **half-time**, **local time**, in the **nick**[2] of time, **night-time**, **prime time**, a **race**[1] against time/the clock

time[2] /taɪm/ **verb** [T] **1** to decide that something will happen at a particular time **выбирать, рассчитывать время** *They timed production of the CD so it was in the shops just before Christmas.* ◦ *Her comment was **well timed**.* **2** Ⓑ2 to measure how long it takes for something to happen or for someone to do something **засекать время** *It's a good idea to time yourself while you do the exercises.* → See also **two-time**

time-consuming /ˈtaɪmkənˌsjuːmɪŋ/ **adjective** needing a lot of time **требующий много времени** *The legal process was time-consuming and expensive.*

time-honoured UK (US **time-honored**) /ˈtaɪmˌɒnəd/ **adjective** [always before noun] A time-honoured tradition or way of doing things is one that has been used for a long time. **освященный временем**

ˈtime ˌlag noun [C] a period of time between two things happening **временной разрыв**

timeless /ˈtaɪmləs/ **adjective** not changing because of time or fashion **неустаревающий, вечный** *Her clothes have a **timeless quality**.* ◦ *a **timeless classic***

timely /ˈtaɪmli/ **adjective** happening or done at exactly the right time **своевременный** → Opposite **untimely**

time-out /ˌtaɪmˈaʊt/ **noun** [C] a short period during a sports game in which players can rest **тайм-аут, перерыв**

timer /ˈtaɪməʳ/ **noun** [C] a piece of equipment that measures time **таймер**

times /taɪmz/ **preposition** Ⓑ2 used to say that one number is multiplied by another number **умножить на (какое-либо число)** *Two times three is six.*

timescale /ˈtaɪmskeɪl/ **noun** [C] (also **time frame**) the amount of time that something takes or during which something happens **отрезок времени**

timetable /ˈtaɪmˌteɪbl/ **noun** [C] **1** (also US **schedule**) Ⓑ1 a list of times when buses, trains, etc arrive and leave **расписание** **2** Ⓑ2 a list of dates and times that shows when things will happen **расписание** → See **The Classroom** on page Centre 6

> **Слова-партнеры к timetable**
> **draw up/give/keep to/set** a timetable • a timetable **for** (doing) sth

ˈtime ˌzone noun [C] one of the areas of the

world that has a different time from all the other areas **часовой пояс** *London and New York are five time zones apart.*

timid /ˈtɪmɪd/ **adjective** shy and easily frightened **робкий** *a timid little boy*
• **timidly adverb робко** • **timidity** /tɪˈmɪdəti/ noun [U] **робость**

timing /ˈtaɪmɪŋ/ **noun** [U] **1** B2 the time when something happens **выбор времени** *the timing of the announcement* **2** the ability to do something at exactly the right time **координация** *You need great timing to be a good football player.*

tin /tɪn/ **noun 1** [C] UK (also UK/US **can**) B1 a metal container in which food is sold **консервная банка** *a tin of beans/soup* → See picture at **container 2** [C] UK B2 a metal container with a lid that you keep food or other substances in **жестяная коробка, банка** *a biscuit tin* ◦ *a paint tin* **3** [C] (US **pan**) a flat pan that you cook food in **противень** *a roasting tin* **4** [U] a soft, silver metal that is often combined with other metals or used to cover them (symbol Sn) **олово**

tinfoil /ˈtɪnfɔɪl/ **noun** [U] metal made into very thin sheets like paper and used mainly for covering food **фольга**

tinge /tɪndʒ/ **noun** [C] a small amount of a sad feeling or colour **оттенок, тон** *"Goodbye," he said, with a tinge of sadness.*
• **tinged adjective окрашенный** *Her dark hair is now* ***tinged with*** *grey.*

tingle /ˈtɪŋgl/ **verb** [I] If a part of your body tingles, the skin feels slightly uncomfortable. **покалывать, онеметь** *My hands are starting to tingle with the cold.*
• **tingle** noun [C] **покалывание, онемение**

tinker /ˈtɪŋkəʳ/ **verb** [I] to make small changes to something in order to improve or repair it **чинить, возиться с чем-либо** *Tim loves* ***tinkering with*** *car engines.*

tinkle /ˈtɪŋkl/ **verb** [I] to make a soft, high, ringing sound **звенеть, звякать**
• **tinkle** noun [C] **звон, звяканье**

tinned /tɪnd/ **adjective** UK (also UK/US **canned**) Tinned food is sold in metal containers. **консервированный**

ˈtin ˌopener noun [C] UK (also UK/US **can opener**) a piece of kitchen equipment for opening metal food containers **консервный нож** → See **The Kitchen** on page Centre 2

tinsel /ˈtɪnsəl/ **noun** [U] long, shiny, coloured string, used as a decoration at Christmas (= a Christian holiday) **блестки, мишура**

tint¹ /tɪnt/ **noun** [C] a particular colour **краска, оттенок** *the yellow and red tints of autumn*

tint² /tɪnt/ **verb** [T] to add a small amount of a colour to something **подкрашивать** *Do you think he tints his hair?*

tinted /ˈtɪntɪd/ **adjective** Tinted glass has colour added to it. **цветной** *tinted sunglasses*

tiny /ˈtaɪni/ **adjective** B1 extremely small **крошечный** *a tiny baby* ◦ *a tiny little room*

tip¹ /tɪp/ **noun** [C] **1** the end of something long and narrow **кончик, верхушка** *the tips of your fingers* **2** B1 a piece of useful advice **совет** *gardening tips* ◦ *Emma was giving me some* ***tips on*** *how to grow tomatoes.* **3** B1 an extra amount of money that you give to a driver, someone working in a restaurant, etc to thank them **чаевые** *We* ***left*** *a* ***tip*** *because the waiter was so friendly.* **4** UK (also UK/US **dump**) a place where people take things that they want to get rid of **свалка** *We took our old fridge to the tip.* **5** UK informal (also UK/US **dump**) a place that is dirty and untidy **помойка** *His bedroom is an absolute tip.*

IDIOMS **be on the tip of your tongue** If a word is on the tip of your tongue, you want to say it but cannot remember it. **вертеться на языке** • **be the tip of the iceberg** to be a small part of a very big problem **быть верхушкой айсберга**

> **Слова-партнеры к tip**
>
> **give/pass on/pick up** tips • **a handy/helpful/hot/useful** tip • tips **for/on** sth

tip² /tɪp/ **verb** (present participle **tipping**, past tense and past participle **tipped**) **1** [I, T] to move so that one side is higher than the other side, or to make something move in this way **наклонять(ся)** *The table tipped and all the drinks fell on the floor.* **2 tip sth into/onto/out of sth** to make the contents of a container fall out by holding the container in a position where this happens **вываливать что-либо в/на/из и т. д.** *She tipped the contents of her purse onto the table.* **3** [I, T] to give an extra amount of money to a driver, someone working in a restaurant, etc to thank them **давать чаевые 4 be tipped as/to do/for sth** UK If someone is tipped to achieve something, most people say it will happen. **быть по общему мнению наиболее вероятным (претендентом и т. д.)** *Christie was tipped to win the race.*

PHRASAL VERBS **tip sb off** to warn someone secretly about something so that they can take action or prevent it happening **предупреждать кого-либо** • **tip (sth) over** If something tips over, or if you tip it over, it falls onto its side. **опрокидывать(ся)**

• **tip-off** /ˈtɪpɒf/ **noun** [C] a piece of information that you give someone secretly, so that they can take action or prevent something happening **предупреждение**

tiptoe¹ /ˈtɪptəʊ/ **noun on tiptoe** standing on your toes with the rest of your feet off the ground **на цыпочках**

tiptoe² /ˈtɪptəʊ/ **verb tiptoe across/down/through, etc** to walk quietly on your toes **идти на цыпочках по/через и т. д.**

tire[1] /taɪəʳ/ **noun** [C] US spelling of tyre **шина**
→ See **Car** on page Centre 7

tire[2] /taɪəʳ/ **verb** [I, T] to become tired or to make someone become tired **уставать, утомлять** *He tires easily.*

PHRASAL VERBS **tire of sth/doing sth** to become bored with something **потерять интерес к чему-либо** *He never tires of playing games on his computer.* • **tire sb out** to make someone very tired **утомлять**

tired /taɪəd/ **adjective** **1** (A1) feeling that you want to rest or sleep **усталый** *He was* ***tired out*** *(= very tired) by the end of the day.* ◦ *She never seems to* ***get tired****.* **2 tired of doing sth** (B1) bored or annoyed by something that has happened too often **надоело делать что-либо** *I'm tired of listening to her problems.*
• **tiredness noun** [U] (B2) **усталость**

Другие способы сказать tired

О человеке, который испытывает сильнейшую усталость, можно сказать **exhausted**, **worn-out** или (*разговорное, Великобритания*) **shattered**.

I'm too ***exhausted*** *to take the dog for a walk tonight.*

By the time I got home, I was absolutely ***shattered****.*

Прилагательные **burnt-out** и **drained** можно употребить для описания человека, который очень устал, поскольку слишком много работал.

He was completely ***burnt-out*** *after a full week of performances.*

I'd worked a twelve-hour day and was absolutely ***drained****.*

Если кто-то устал и хочет спать, его состояние можно описать как **drowsy** или **sleepy**.

The heat had made me ***drowsy/sleepy****.*

T

tireless /ˈtaɪələs/ **adjective** working very hard at something and not stopping **неутомимый** *He was a* ***tireless campaigner/worker*** *for children's organizations.* ◦ *I want to thank James for his* ***tireless efforts*** *on behalf of the company.*

tiresome /ˈtaɪəsəm/ **adjective** formal making you feel annoyed or bored **утомительный** *a tiresome little boy*

tiring /ˈtaɪərɪŋ/ **adjective** (B1) making you feel tired **утомительный** *a long and tiring day*

tissue /ˈtɪʃuː/ **noun** **1** [C, U] the material that animals and plants are made of **ткань** *human brain tissue* **2** [C] (B1) a soft piece of paper that you use for cleaning your nose **бумажный носовой платок** **3** [U] (also ˈ**tissue** ˌ**paper**) soft, thin paper that you cover things with in order to protect them **тонкая оберточная бумага**

tit /tɪt/ **noun** [C] very informal a woman's breast **грудь**

IDIOM **tit for tat** informal when you do something bad to someone because they have done something bad to you **зуб за зуб**

titbit UK /ˈtɪtbɪt/ (US **tidbit**) **noun** [C] a small piece of nice food, or an interesting piece of information **лакомый кусочек, интересная новость**

title /ˈtaɪtl/ **noun** [C] **1** (B1) the name of a book, film, etc **название, заглавие** **2** what you get if you win an important sports competition **звание** *He* ***won*** *the 1999 world motor racing* ***title****.* **3** a word such as 'Lord', 'Dr', etc that is used before someone's name **титул, звание**

Слова-партнеры к title

defend/lose/retain/take/win the title • the **world** title

titled /ˈtaɪtld/ **adjective** having a title such as 'Lord', 'Lady', or 'Duke' that shows you have a high social position **титулованный**

title-holder /ˈtaɪtlˌhəʊldəʳ/ **noun** [C] someone who has won a sports competition **чемпион** *the World Grand Prix title-holder*

ˈ**title** ˌ**role** **noun** [C] the person in a play or film who has the same name as the play's or film's title **заглавная роль**

titter /ˈtɪtəʳ/ **verb** [I] to laugh in a nervous way **хихикать**
• **titter noun** [C] **хихиканье**

T-junction /ˈtiːˌdʒʌŋkʃən/ **noun** [C] UK (US **intersection**) a place where two roads join and make the shape of the letter 'T' **Т-образный перекресток**

to[1] /tə/ **1** (A1) used with a verb to make the infinitive **частица, употребляется при инфинитиве** *I want to learn Spanish.* ◦ *He forgot to feed the cat.* **2** (A2) used to give the reason for doing something **чтобы, для** *I'm just going out to get some milk.*

Типичная ошибка: to or too?

Внимание! Используйте правильное слово.

Эти два слова могут казаться похожими, но их написание различно и они имеют совершенно разные значения.

Если вы хотите сказать 'также/тоже' или 'больше, чем допустимо/необходимо/возможно и т.п.', пишите **too**, а не 'to'.

~~My house is to far away from the city centre.~~

My house is too far away from the city centre.

to[2] strong /tuː/ weak /tʊ/, /tə/ **preposition** **1** (A1) in the direction of somewhere **в, к** *Dimitri is going to Germany next week.* ◦ *I ran to the door.* **2** (A2) used to show who receives something or experiences an action **указывает на лицо, к которому направлено действие, передается дат. падежом** *Could you give these* keys to Pete? ◦ *Anna was speaking to her mother on the phone.* ◦ *I lent my bike to Tom.* **3** (B1) almost touching or facing something к *She stood with her back to the window.* **4 from ... to ... a** (A2) used to give information about periods of time and distances **с ... по ..., с ... до ..., от ... до ..., из ... в ...** *The museum is open from Monday to Saturday.* ◦ *The bus goes from London to Cambridge.* **b** (B2) including **от ... до ..., с ... до ...** *The book deals with everything from childhood to old age.* **5** (A1) used to say 'before' the hour when you are saying what time it is **без** (**при указании времени**) *It's five to three.* **6** (B1) used to compare two things **указывает на предпочтение чего-либо чему-либо, передается дат. падежом** *I prefer football to cricket.* **7** (B1) until a particular time or state **до** *It's only two weeks to my birthday.* ◦ *She nursed him back to health.* **8** used to say what someone's opinion is **для** *Fifty pounds is nothing to Matthew (= he would not think it was a lot of money).* **9 to sb's disappointment/relief/surprise, etc** used to say that someone feels disappointed/relieved/surprised, etc by something **к чьему-либо разочарованию/облегчению/удивлению и т. д.** *To Pierre's disappointment, Monique wasn't at the party.* **10** used to say how many parts make up a whole unit of measurement or money **в** *There are 100 pence to the British pound.* **11** (B1) belonging to or connected with **от** *Can you give me the keys to the car?*

to[3] /tuː/ **adverb** UK If you push or pull a door to, you close it. **употребляется с глаголами push или pull в значении 'закрывать'**

IDIOM **to and fro** backwards and forwards **туда и обратно, туда-сюда** *The sign was swinging to and fro in the wind.*

toad /təʊd/ **noun** [C] a small, brown animal with long back legs for swimming and jumping **жаба**

toadstool /ˈtəʊdstuːl/ **noun** [C] a poisonous fungus (= organism like a plant) with a short stem and a round top **поганка**

toast[1] /təʊst/ **noun 1** [U] (A2) bread that has been heated to make it brown **тост, гренок** *a slice of toast* **2** [C] a time when people lift their glasses and drink because they want someone to be successful, happy, etc **тост** *At the wedding, there was a* ***toast to*** *the happy couple.*

toast[2] /təʊst/ **verb** [T] **1** to lift your glass and drink with other people because you want someone to be successful, happy, etc **пить за кого-либо/что-либо 2** to heat bread so that it becomes brown **поджаривать (хлеб)**

toaster /ˈtəʊstəʳ/ **noun** [C] a machine that heats bread so that it becomes brown **тостер** → See **The Kitchen** on page Centre 2

toasty /ˈtəʊsti/ **adjective** warm and comfortable **теплый** *It's nice and toasty near the fire.*

tobacco /təˈbækəʊ/ **noun** [U] dried leaves that are inside cigarettes **табак**

toboggan /təˈbɒgᵊn/ **noun** [C] a board that you sit or lie on, used for going down a hill on a surface of snow **санки**

today /təˈdeɪ/ **noun** [U], **adverb 1** (A1) this day, or on this day **сегодняшний день, сегодня** *It's Johann's birthday today.* ◦ *Today is Friday.* **2** (B2) the period of time that is happening now or in this period of time **настоящее время, сейчас** *More young people smoke today than in the past.*

toddle /ˈtɒdl/ **verb toddle down/off/to, etc** informal to walk somewhere **брести, ковылять по/к/в и т. д.** *Sophie said goodbye and toddled off towards the station.*

toddler /ˈtɒdləʳ/ **noun** [C] a child who has just learned to walk **ребенок, начинающий ходить**

toe /təʊ/ **noun** [C] **1** (A2) one of the five separate parts at the end of your foot **палец ноги** *your* ***big toe*** *(= largest toe)* ◦ *your* ***little toe*** *(= smallest toe)* → See **The Body** on page Centre 13 **2** the part of a shoe or sock that covers your toes **носок (ботинка, чулка и т. д.)**

IDIOM **keep sb on their toes** to make sure that someone gives all their attention to what they are doing and is ready for anything that might happen **не давать кому-либо расслабиться, держать кого-либо в напряжении**

toenail /ˈtəʊneɪl/ **noun** [C] (B2) one of the hard, flat parts on top of the end of your toes **ноготь на пальце ноги** → See **The Body** on page Centre 13

toffee /ˈtɒfi/ **noun** [C, U] a sticky sweet, made by boiling sugar and butter together **ирис (конфета)**

tofu /ˈtəʊfuː/ **noun** [U] (also **bean curd**) a soft pale food made from the soya bean plant **тофу, соевый творог**

together[1] /təˈgeðəʳ/ **adverb 1** (A1) with each other **вместе** *We went shopping together.* ◦ *They live together.* **2** (B2) used to say that two or more things are joined to each other, mixed with each other, etc **вместе, воедино** *She tied the two pieces of rope together.* **3** (B2) in the same place or close to each other **вместе** *We all sat together.* **4** (B1) at the same time **одновременно** *We'll deal with the next two items on the list together.* **5 together with sth** in addition to something **вместе с чем-либо** *She sent some flowers together with a card.* → See also get your **act**[2] together, **get-together**

together[2] /təˈgeðəʳ/ **adjective** informal Someone who is together thinks clearly and organizes their life well. **собранный, уравновешенный**

togetherness /təˈgeðənəs/ **noun** [U] a feeling of friendship **близость, единение**

toil /tɔɪl/ **verb** [I] literary to do difficult work for a long time **усиленно трудиться**

• **toil noun** [U] literary **тяжелый труд**

toilet /ˈtɔɪlɪt/ **noun** [C] **1** (A1) a bowl that you sit on or stand near when you get rid of waste substances from your body **унитаз** → See **The**

Bathroom on page Centre 3 **2** UK (US **bathroom**) a room with a toilet in it **туалет**

> **Слова-партнеры к toilet**
> **be on/go to/flush/need** the toilet • toilet **facilities** • a toilet **seat**

ˈtoilet ˌpaper **noun** [U] paper used for cleaning your body after you have used the toilet **туалетная бумага** → See **The Bathroom** on page Centre 3

toiletries /ˈtɔɪlɪtriz/ **noun** [plural] things such as soap, toothpaste (= substance for cleaning teeth), etc that you use for making yourself clean **туалетные принадлежности**

ˈtoilet ˌroll **noun** [C] UK paper for cleaning your body after using the toilet, that is folded around a tube **туалетная бумага** → See **The Bathroom** on page Centre 3

token[1] /ˈtəʊkən/ **noun** [C] **1** something that you give to someone in order to show them love, to thank them, etc **знак, символ (благодарности и т. д.)** *I gave Helen some chocolates as* ***a token of*** *thanks for all her help.* **2** a round piece of metal or plastic that you put in some machines instead of money **жетон** *You need a token to get out of the car park.* **3** UK (US **gift certificate**) a piece of paper that you give someone which they can exchange for a book, CD, etc **талон, купон** *a* ***book/record/gift token***

token[2] /ˈtəʊkən/ **adjective** [always before noun] **1** A token person is chosen so that an organization can pretend that they care about that type of person. **номинальный, символический** *a token woman* **2** A token action is small or unimportant and may show your future intentions or may only pretend to. **символический, условный** *He made a* ***token effort*** *to find a job.*

told /təʊld/ past of tell **прош. вр. и прич. прош. вр. от гл. tell**

tolerable /ˈtɒlərəbl/ **adjective** acceptable but not excellent **терпимый, сносный** *The food was just about tolerable but the service was terrible.* → Opposite **intolerable**
• **tolerably adverb терпимо**

tolerance /ˈtɒlərəns/ **noun** [U] the quality of allowing people to do or believe what they want although you do not agree with it **терпимость** ***religious/racial tolerance*** → See also **zero tolerance**

> **Слова-партнеры к tolerance**
> **show** tolerance • tolerance **of/towards** sb/sth • sb's tolerance **level** • **racial/religious** tolerance

tolerant /ˈtɒlərənt/ **adjective** allowing people to do what they want especially when you do not agree with it **терпимый** *a tolerant attitude* ◦ *I think we're becoming more* ***tolerant of*** *children in public places.* → Opposite **intolerant**

tolerate /ˈtɒləreɪt/ **verb** [T] **1** (B2) to accept or allow something although you do not like it **терпеть, выносить** *We will not tolerate racism of any sort.* **2** to be able to deal with something unpleasant and not be harmed by it **выносить, выдерживать** *These plants can tolerate very low temperatures.*
• **toleration** /ˌtɒlərˈeɪʃən/ **noun** [U] **терпимость**

toll[1] /təʊl/ **noun 1** [C] money that you pay to use a bridge, road, etc **пошлина, сбор 2** [no plural] the number of people who are killed or injured **количество пострадавших**

IDIOM **take its toll** to have a bad effect on someone or something, especially over a long period of time **сказываться** *The stress was starting to* ***take its toll on*** *him.*

→ See also **death toll**

toll[2] /təʊl/ **verb** [I] When a bell tolls, it rings slowly, especially because someone has died. **звонить (в колокол)**

toll-free /ˌtəʊlˈfriː/ **adjective** US (UK **freephone**) A toll-free number is a telephone number that you can connect to without paying. **бесплатный**

tomato /təˈmɑːtəʊ/ (US) /təˈmeɪtəʊ/ **noun** [C, U] (plural **tomatoes**) (A1) a soft, round, red fruit eaten in salad or as a vegetable **помидор** → See **Fruit and Vegetables** on page Centre 10

tomb /tuːm/ **noun** [C] (B2) a place where a dead person is buried, usually with a monument (= stone structure) **могила**

tomboy /ˈtɒmbɔɪ/ **noun** [C] a young girl who behaves and dresses like a boy **девчонка-сорванец**

tombstone /ˈtuːmstəʊn/ **noun** [C] a stone that shows the name of a dead person who is buried under it **надгробная плита**

tomcat /ˈtɒmkæt/ **noun** [C] a male cat **кот**

tomorrow /təˈmɒrəʊ/ **noun** [U], **adverb 1** (A1) the day after today or on the day after today **завтрашний день, завтра** *It's my birthday tomorrow.* ◦ *Tomorrow is Friday.* **2** the future, or in the future **будущее, в будущем** *the children of tomorrow*

ton /tʌn/ **noun** [C] (plural **tons, ton**) **1** (B2) a unit for measuring weight, equal to 1016 kilograms in the UK and 907 kilograms in the US **тонна** → Compare **tonne 2 tons of sth** informal (B2) a lot of something **куча, уйма** *We've got tons of cheese left.* **3 weigh a ton** informal to be very heavy **быть как камнями набитым**

tone[1] /təʊn/ **noun 1** [C, U] (B2) the quality of a sound, especially of someone's voice **тон** *I knew by her* ***tone of voice*** *that she was serious.* **2** [U, no plural] the general feeling or style that something has **обстановка, атмосфера** *Then the director arrived and the whole tone of the meeting changed.* **3** [C] (B2) an electronic sound made by a telephone **сигнал, гудок** *a dialling tone/an engaged tone* **4** [C] one of the many types of a particular colour **оттенок**

tone[2] /təʊn/ **verb** [T] (also **tone up**) to make your

T

muscles or skin firmer and stronger **укреплять, делать упругим** *Try these exercises to tone up your stomach muscles.*

PHRASAL VERB **tone sth down** to make a piece of writing, a speech, etc less offensive or rude **смягчать, делать что-либо менее резким** *The show was toned down for television.*

tone-deaf /ˌtəʊnˈdef/ (US) /ˈtəʊndef/ **adjective** unable to sing the correct musical notes or hear the difference between musical notes **лишенный музыкального слуха**

tongs /tɒŋz/ **noun** [plural] a tool used for picking things up, that has two pieces joined together at one end **щипцы**

tongue /tʌŋ/ **noun 1** [C] B1 the soft thing inside your mouth that you move and use for tasting and speaking **язык 2** [C, U] the tongue of some animals that you can eat as meat **язык 3** [C] formal a language **язык, речь** *Japanese is her **native tongue** (= the language she learnt to speak as a child).* → See also **mother tongue**, a **slip²** of the tongue, be on the **tip¹** of your tongue

tongue-in-cheek /ˌtʌŋɪnˈtʃiːk/ **adjective, adverb** said or done as a joke **иронический, в шутку**

tongue-tied /ˈtʌŋtaɪd/ **adjective** unable to say anything because you are nervous **лишившийся дара речи**

ˈtongue ˌtwister noun [C] a phrase or sentence that is difficult to say quickly because it has many similar sounds in it **скороговорка**

tonic /ˈtɒnɪk/ **noun 1** [C, U] (also **ˈtonic ˌwater**) a drink with bubbles in it that has a slightly bitter taste and is often added to alcoholic drinks **тоник 2** [no plural] something that makes you feel better **тонизирующее средство** *Spending time with Leo is always a tonic.*

tonight /təˈnaɪt/ **noun** [U], **adverb** A1 the night of this day, or during the night of this day **сегодня вечером, сегодняшний вечер** *What are you doing tonight? ◦ I'm looking forward to tonight.*

tonne /tʌn/ **noun** [C] (plural **tonnes, tonne**) UK a metric ton (= unit for measuring weight, equal to 1000 kilograms) **тонна** → Compare **ton**

tonsil /ˈtɒnsəl/ **noun** [C] one of the two small, soft parts at the back of your mouth **миндалина**

tonsillitis /ˌtɒnsəlˈaɪtɪs/ **noun** [U] an illness that makes your tonsils very painful **тонзиллит**

too /tuː/ **adverb 1 too small/heavy/much, etc** A1 used before adjectives and adverbs to mean 'more than is allowed, necessary, possible, etc' **слишком маленький/тяжелый/много и т. д.** *The film is also far too long. ◦ There are too many cars on the roads these days. ◦* [+ to do sth] *I decided it was too early to get up and went back to sleep.* **2** A1 also **тоже** *Do you know Jason too? ◦ I'll probably go there next year too.* **3 not too** A2 used before adjectives and adverbs to mean 'not very' **не очень** *"How was your exam?" "Not too bad, I suppose." ◦ I didn't play too well today.*

took /tʊk/ past tense of take **прош. вр. гл. take**

tools

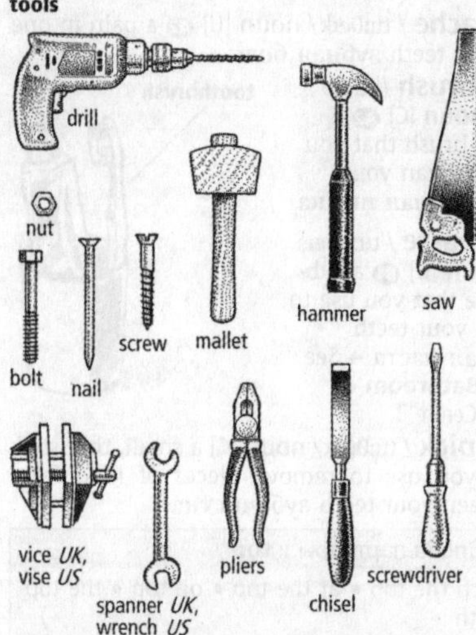

tool /tuːl/ **noun** [C] **1** B2 a piece of equipment that you use with your hands in order to help you do something **инструмент 2** something that helps you to do a particular activity **инструмент, средство** *Computers are an essential tool for modern scientists.* → See also **power tool**

toolbar /ˈtuːlbɑːr/ **noun** [C] on a computer screen, a row of icons (= small pictures that you choose in order to make the computer do something) **панель инструментов (на экране компьютера)**

ˈtool ˌbox noun [C] a container in which you keep and carry small tools **ящик для инструментов**

toot /tuːt/ **verb** UK (also UK/US **honk**) **toot your horn** If a driver toots their horn, they make a short sound with the horn (= thing you press to make a warning noise). **гудеть**
• toot noun [C] **гудок**

tooth /tuːθ/ **noun** [C] (plural **teeth**) **1** A1 one of the hard, white objects in your mouth that you use for biting and crushing food **зуб** *You should **brush your teeth** twice a day.* **2** one of the row of metal or plastic points that stick out from a tool such as a comb (= thing used to make your hair tidy), or saw (= thing used to cut wood) **зуб, зубец**

IDIOM **grit your teeth** to accept a difficult situation and deal with it in a determined way **стиснуть зубы**

→ See also a **kick²** in the teeth, do sth by the **skin¹** of your teeth, **wisdom tooth**

T

Слова-партнеры к tooth

brush/clean your teeth • your back/front teeth • have a tooth removed/taken out • a set of teeth

toothache /'tu:θeɪk/ **noun** [U] (A2) a pain in one of your teeth **зубная боль**

toothbrush /'tu:θbrʌʃ/ **noun** [C] (A2) a small brush that you use to clean your teeth **зубная щетка**

toothpaste /'tu:θpeɪst/ **noun** [U] (B1) a substance that you use to clean your teeth **зубная паста** → See **The Bathroom** on page Centre 3

toothpick /'tu:θpɪk/ **noun** [C] a small, thin stick that you use to remove pieces of food from between your teeth **зубочистка**

Слова-партнеры к top

reach the top • at the top • on top • the top of sth

top¹ /tɒp/ **noun 1** [C] (A2) the highest part of something **верх, верхняя часть** *They were waiting for him* ***at the top of*** *the stairs.* ◦ *I want a cake with cherries* ***on top****.* **2** [C] the flat, upper surface of something **поверхность** *the table top* **3** [C] the lid or cover of a container, pen, etc **крышка, колпачок** *Put the top back on the bottle.* **4** [C] (B1) a piece of women's clothing worn on the upper part of the body **верхняя деталь одежды 5** [C] a toy that turns round and round when you move its handle up and down **волчок, юла 6 the top** the most important position in a company, team, etc **высокое, видное положение** *At forty he was already* ***at the top of*** *his profession.* **7 at the top of your voice** UK (US **at the top of your lungs**) shouting very loudly **во весь голос**

IDIOMS **from top to bottom** completely **сверху донизу** *I've searched the house from top to bottom and still can't find it.* • **get on top of sb** UK If a difficult situation gets on top of someone, it upsets them. **удручать, огорчать кого-либо** • **off the top of your head** informal If you say a fact off the top of your head, you say it immediately, from memory. **по памяти, без подготовки** *"What date is their wedding?" "I couldn't tell you off the top of my head."* • **on top of sth a** (B2) in addition to something else that is bad **вдобавок к чему-либо** *And then, on top of everything else, her car was stolen.* **b** able to deal with or in control of something **справляющийся, контролирующий что-либо** *I'm not at all sure that he's on top of the situation.* • **be on top of the world** informal to be very happy **быть на седьмом небе** • **over the top** mainly UK informal too extreme and not suitable **чересчур, слишком экстравагантно** *I thought her performance was way over the top.*

top² /tɒp/ **adjective** [always before noun] **1** (B1) the best, most important, or most successful **лучший** *He's one of the country's top athletes.* **2** (B1) at the highest part of something **верхний** *I can't reach the top shelf.*

top³ /tɒp/ **verb** [T] (present participle **topping**, past tense and past participle **topped**) **1** to be better or more than something **превосходить** *I don't think film makers will ever top 'Gone With The Wind'.* **2 be topped with sth** to be covered with something **быть покрытым чем-либо** *lemon tart topped with cream*

PHRASAL VERBS **top sth off** informal to finish something in an enjoyable or successful way **увенчивать** • **top sth up** UK (US **top sth off**) **1** to add more liquid to a container in order to make it full **доливать 2** to add more of something, especially money, to an existing amount to create the total you need **пополнять (напр., счет)** *Can I top up my mobile phone here?*

ˌtop 'hat UK (US **'top ˌhat**) **noun** [C] a tall, black or grey hat worn by men on some formal occasions **цилиндр (шляпа)**

topic /'tɒpɪk/ **noun** [C] (B1) a subject that you talk or write about **тема**

Слова-партнеры к topic

cover/discuss/raise a topic • a controversial/hot topic • the (main) topic of sth • a topic of conversation/discussion

topical /'tɒpɪkəl/ **adjective** relating to things that are happening now **актуальный**

topless /'tɒpləs/ **adjective** without clothes on the upper part of your body **с обнаженной грудью**

topmost /'tɒpməust/ **adjective** [always before noun] highest **самый верхний** *the topmost branches of a tree*

topography /tə'pɒgrəfi/ **noun** [U] the shape and other physical characteristics of a piece of land **топография**

topping /'tɒpɪŋ/ **noun** [C, U] food that is put on top of other food in order to give it more flavour, or to make it look attractive **топпинг (напр., на пиццу)**

topple /'tɒpl/ **verb 1** [I, T] to fall, or to make something or someone fall **падать, опрокидывать, валить 2** [T] to make a leader lose their position of power **свергать**

top-secret /ˌtɒp'si:krət/ **adjective** Top-secret information is very important and must not be told to anyone. **совершенно секретный**

topsy-turvy /ˌtɒpsi'tɜ:vi/ **adjective** informal confused or badly organized **беспорядочный, хаотичный**

ˈ**top-up ˌcard** **noun** [C] a card you can buy which gives you a special number so that you can use your mobile phone for longer **карта для пополнения счета (напр., мобильного телефона)**

the Torah /ˈtɔːrə/ **noun** the holy books of the Jewish religion, especially the first five books of the Bible **Тора**

torch[1] /tɔːtʃ/ **noun** [C] **1** UK (US **flashlight**) B2 a small electric light that you hold in your hand **карманный фонарь** **2** a long stick with material that burns tied to the top of it **факел**

torch[2] /tɔːtʃ/ **verb** [T] informal to destroy something by burning it **уничтожать огнем** *A number of houses were torched.*

tore /tɔːʳ/ past tense of tear **прош. вр. гл. tear**

torment[1] /tɔːˈment/ **verb** [T] to make someone suffer or worry a lot **мучить** *All evening the question tormented her.*
• **tormentor noun** [C] **мучитель**

torment[2] /ˈtɔːment/ **noun** [C, U] extreme unhappiness or pain **мучение**

torn /tɔːn/ past participle of tear **прич. прош. вр. от гл. tear**

tornado /tɔːˈneɪdəʊ/ **noun** [C] (plural **tornados**, **tornadoes**) (also US **twister**) B2 an extremely strong and dangerous wind that blows in a circle and destroys buildings as it moves along **смерч**

torpedo /tɔːˈpiːdəʊ/ **noun** [C] (plural **torpedoes**) a long, thin bomb that is fired from a ship and moves under water to destroy another ship **торпеда**

torrent /ˈtɒrᵊnt/ **noun** [C] **1 a torrent of sth** a lot of something unpleasant **поток чего-либо** *a* ***torrent of abuse*** **2** a large amount of water that is moving very fast **поток**

torrential /təˈrenʃᵊl/ **adjective** Torrential rain is very heavy rain. **проливной (дождь)**

torso /ˈtɔːsəʊ/ **noun** [C] the main part of a human body without its arms, legs, or head **туловище**

tortilla /tɔːˈtiːə/ **noun** [C] a type of thin round Mexican bread **тортийя (мексиканская лепешка)**

tortoise /ˈtɔːtəs/ **noun** [C] an animal with a thick, hard shell that it can move its head and legs into for protection **черепаха**

tortoise

tortuous /ˈtɔːtʃuəs/ **adjective** formal **1** very complicated or difficult **сложный, запутанный** *Gaining permission to build was a long and* ***tortuous process****.* **2** A tortuous road has many turns in it. **извилистый** *a* ***tortuous path/route***

torture[1] /ˈtɔːtʃəʳ/ **verb** [T] to cause someone severe pain, often in order to make them tell you something **пытать**
• **torturer noun** [C] **мучитель, палач**

torture[2] /ˈtɔːtʃəʳ/ **noun** [C, U] **1** when someone is tortured **пытка** **2** a very unpleasant experience **испытание, пытка** *I had to sit there listening to her for two whole hours – it was torture!*

Tory /ˈtɔːri/ **noun** [C] someone who supports the Conservative Party in the UK **член или сторонник консервативной партии (в Великобритании)** *a Tory voter*

toss[1] /tɒs/ **verb** **1 toss sth away/into/on, etc** to throw something somewhere carelessly **выбрасывать/швырять в/на и т. д.** *He read the letter quickly, then tossed it into the bin.* **2** [I, T] (also **toss up**) to throw a coin in the air and guess which side will land facing upwards as a way of deciding something **подбрасывать монету**

toss[2] /tɒs/ **noun** **1 a toss of a coin** when you throw a coin in the air and guess which side will land facing upwards as a way of deciding something **жеребьевка** **2 a toss of your head/hair** when you move your head quickly backwards **вскидывание головы/откидывание волос**

tot /tɒt/ **noun** [C] informal **1** a small child **малыш** **2** UK a small amount of strong alcohol **глоток (алкоголя)**

total[1] /ˈtəʊtᵊl/ **adjective** [always before noun] **1** B1 including everything **суммарный** *The total cost of the work was $800.* **2** B2 extreme or complete **абсолютный, полный** *The whole evening was a total disaster.*

total[2] /ˈtəʊtᵊl/ **noun** [C] B1 the amount you get when you add several smaller amounts together **итог** ***In total*** *we made over £3,000.*

> Слова-партнеры к **total (noun)**
>
> sth **brings/takes the total to** [500/4000, etc] • **reach a total of** [500/4000, etc] • **the final/overall/sum total** • [500/4000, etc] **in total**

total[3] /ˈtəʊtᵊl/ **verb** [T] (present participle UK **totalling**, past tense and past participle **totalled**, present participle US **totaling**, past tense and past participle **totaled**) to add up to a particular amount **составлять в сумме**

totalitarian /təʊˌtælɪˈteəriən/ **adjective** belonging to a political system in which the people in power have complete control and do not allow anyone to oppose them **тоталитарный**
• **totalitarianism noun** [U] **тоталитаризм**

totally /ˈtəʊtᵊli/ **adverb** B1 completely **совершенно, полностью** *They look totally different.* ◦ *I totally disagree.*

tote bag /ˈtəʊtˌbæg/ **noun** [C] US a large bag with handles and an open top **большая сумка**

totter /ˈtɒtəʳ/ **verb** [I] to walk in a way that looks as if you are going to fall **идти нетвердой походкой** *She tottered around the dance floor.*

touch[1] /tʌtʃ/ **verb** **1** [T] B1 to put your hand on something **трогать** *You can look at them but please don't touch them.* **2** [I, T] B2 If two things touch, they are so close to each other that there is no space between them. **соприкасаться** *These two wires must not touch.* **3** [T] B2 If

T

something kind that someone says or does touches you, it makes you feel pleased or a little sad. **волновать, трогать** [often passive] *I was deeply touched by her letter.* **4 not touch sth** to not eat or drink something **не притрагиваться (к еде)** **5 not touch sb/sth** to not harm someone or not damage something **не причинять вред кому-либо/чему-либо** → See also touch/cover all the bases (**base**[1]), hit/touch a (raw) **nerve**

PHRASAL VERBS **touch down** When a plane touches down, it lands. **приземляться** • **touch on sth** to briefly talk about something **затрагивать (вопрос)** *We only touched on the subject.* • **touch sth up** to improve something by making small changes **добавлять последний штрих**

touch[2] /tʌtʃ/ **noun 1** [no plural] B2 when you put your hand on something **прикосновение** *I felt the touch of his hand on my face.* **2** [U] B2 the ability to feel things by putting your hand on them **осязание, ощупь** *It was cold **to the touch** (= when I touched it).* **3** [C] a small detail that makes something better **деталь, штрих** *Having flowers on the tables was a **nice touch**.* **4 a touch** a little **немного** *Add a little olive oil and **a touch of** vinegar.* **5 be/get/keep, etc in touch** B1 to communicate or continue to communicate with someone by telephoning, or writing to them **быть в контакте/связаться/поддерживать связь с кем-либо** **6 lose touch** B2 to stop communicating with someone, usually because they do not live near you now **потерять связь с кем-либо** **7 be out of touch** to know little about what has recently happened **быть не в курсе**

touchdown /ˈtʌtʃdaʊn/ **noun 1** [C, U] when an aircraft lands **посадка самолета** **2** [C] when the ball is carried or thrown over a line in order to score points in rugby or American football **гол (в регби, американском футболе)**

touched /tʌtʃt/ **adjective** pleased or a little sad because someone has done something kind **взволнованный, тронутый** *She was touched that he had remembered her birthday.*

touching /ˈtʌtʃɪŋ/ **adjective** making you feel sadness or sympathy **трогательный** *a touching performance*

ˈtouch ˌscreen **noun** [C] a screen that works when you touch it **сенсорный дисплей**

touchstone /ˈtʌtʃstəʊn/ **noun** [no plural] something that other things can be judged against **критерий**

touchy /ˈtʌtʃi/ **adjective 1** easily upset **обидчивый** *Why are you so touchy today?* **2 touchy subject/issue, etc** a subject that you have to talk about carefully because it is likely to upset someone **щекотливая тема/больной вопрос и т. д.**

tough /tʌf/ **adjective 1** B2 difficult **трудный** *He's had a **tough time** at work recently.* ◦ *We've had to make some **tough decisions**.* **2** Tough rules are severe. **строгий, жесткий** ***tough new laws** on noise pollution* **3** B2 not easily damaged, cut, etc **прочный, жесткий** *Children's shoes have to be tough.* ◦ *This meat's very tough.* **4** B2 physically strong and not afraid of violence **крепкий, стойкий** *a **tough guy*** **5** determined and not easily upset **выносливый, упорный** *You have to be tough to survive in politics.* **6** unfair or unlucky **тяжелый, тяжкий** *It can **be tough on** kids when parents get divorced.*

toughen /ˈtʌfᵊn/ **verb** [I, T] (also **toughen up**) to become stronger, or to make something or someone stronger **набирать силу, закалять** *School tends to toughen kids up.*

toupee /ˈtuːpeɪ/, /tuːpˈeɪ/ **noun** [C] a piece of artificial (= not natural) hair worn by a man to cover part of his head where there is no hair **накладка из искусственных волос**

tour[1] /tʊəʳ/ **noun** [C, U] A2 a visit to and around a place, area, or country **путешествие, турне** *a **tour of Europe*** ◦ *We went on a **guided tour** of the cathedral.* ◦ *The band are **on tour** (= travelling and performing in different places).*

> **Слова-партнеры к tour**
> be on/go on a tour • a guided/sightseeing/world tour • a tour of sth

tour[2] /tʊəʳ/ **verb** [I, T] B1 to travel around a place for pleasure **совершать путешествие, турне** *to tour the States*

tourism /ˈtʊərɪzᵊm/ **noun** [U] B1 the business of providing services for tourists, including organizing their travel, hotels, entertainment, etc **туризм**

tourist /ˈtʊərɪst/ **noun** [C] A2 someone who visits a place for pleasure and does not live there **турист**

tournament /ˈtʊənəmənt/ **noun** [C] B1 a competition with a series of games between many teams or players, with one winner at the end **турнир** *a golf/tennis tournament*

> **Слова-партнеры к tournament**
> host/play in/pull out of/take part in/win a tournament • in a tournament • a major tournament • a round/stage of a tournament

tourniquet /ˈtʊənɪkeɪ/ (US) /ˈtɜːrnɪkɪt/ **noun** [C] a long piece of cloth that you tie tightly around an injured arm or leg to stop the blood coming out **турникет, жгут**

tousled /ˈtaʊzld/ **adjective** Tousled hair is untidy. **взъерошенный**

tout[1] /taʊt/ **verb 1** [T] to praise someone or something in order to make people think that they are important **расхваливать** [often passive] *He is being **touted as** the next big star.* **2** [I, T] mainly UK to try to persuade people to buy something **навязывать товар** *Drug dealers were seen **touting for business** outside schools.*

tout² /taʊt/ **noun** [C] UK (US **scalper**) someone who unofficially sells tickets outside theatres, sporting events, etc **перекупщик (билетов)**

tow¹ /təʊ/ **verb** [T] to pull a car, boat, etc, using a rope or chain connected to another vehicle **буксировать** *His car was **towed away** by the police.*

tow² /təʊ/ **noun** informal **in tow** If you have someone in tow, you have them with you. **иметь с собой (кого-либо)** *Shopping can be very stressful with young children in tow.*

towards /təˈwɔːdz/ **preposition** mainly UK (mainly US **toward**) **1** B1 in the direction of someone or something **(по направлению) к, на** *She stood up and walked towards him.* **2** near to a time or place **ближе к** *Your seats are towards the back of the theatre.* ◦ *He only became successful towards the end of his life.* **3** B2 used when talking about feelings about something or someone **(по отношению) к** *His attitude towards work needs to improve.* **4** for the purpose of buying or achieving something **в счет, на, в** *We're asking people for a contribution towards the cost.* ◦ *This piece of work counts towards your final mark.*

towel /taʊəl/ **noun** [C] A2 a soft piece of cloth or paper that you use for drying yourself or for drying something **полотенце** *a **bath/beach towel*** ◦ *a paper towel* → See **The Bathroom** on page Centre 3

IDIOM **throw in the towel** to stop trying to do something because you do not think you can succeed **сдаваться, признавать себя побежденным**

→ See also **sanitary towel**, **tea towel**

ˈtowel ˌrail **noun** [C] UK (US **ˈtowel ˌrack**) a horizontal bar on the wall that you hang towels on **вешалка для полотенец** → See picture at **rail**

tower¹ /taʊəʳ/ **noun** [C] B1 a very tall, narrow building, or part of a building **башня** *a church tower* ◦ *the Eiffel Tower*

IDIOM **a tower of strength** someone who helps you a lot during a difficult time **надежная опора**

tower² /taʊəʳ/ **verb** **tower over/above sb/sth** to be much taller or higher than someone or something else **возвышаться над кем-либо/чем-либо** *David towers over his mother.*

ˈtower ˌblock **noun** [C] UK a very tall building divided into apartments or offices **высотное здание**

towering /ˈtaʊərɪŋ/ **adjective** [always before noun] very tall **возвышающийся** *towering mountains/trees*

town /taʊn/ **noun** **1** [C] A1 a place where people live and work, usually larger than a village but smaller than a city **город, городок** *It's a small town in the north of England.* **2** [U] A2 the central area of a town where the shops are **центр (города)** *I usually **go into town** on a Saturday.* ◦ *Shall I meet you **in town**?*

IDIOMS **go to town (on sth)** to spend a lot of money or time doing something in order to make it special **развернуться вовсю** *They've really gone to town on the decorations.* • **out on the town** informal enjoying yourself in bars, restaurants, etc in the evening **проводящий вечер в развлечениях**

→ See also **ghost town**, **shanty town**

Слова-партнеры к **town**

go into town • in town • a part of/side of town • the town centre

ˌtown ˈhall **noun** [C] a large building where local government is based **ратуша**

township /ˈtaʊnʃɪp/ **noun** [C] in South Africa in the past, an area where only black people lived **негритянский район (в Южной Африке)**

toxic /ˈtɒksɪk/ **adjective** B2 poisonous **токсический, ядовитый** ***toxic chemicals/fumes*** ◦ ***toxic waste*** *(= poisonous waste materials produced by industry)*

• **toxicity** /tɒkˈsɪsəti/ **noun** [U] formal how poisonous a substance is **токсичность**

toxin /ˈtɒksɪn/ **noun** [C] formal a poisonous substance **токсин, яд**

toy¹ /tɔɪ/ **noun** [C] A2 an object for children to play with **игрушка** *a toy car/train* ◦ *He was happily playing with his toys.*

toy² /tɔɪ/ **verb**

PHRASAL VERB **toy with sth 1** to briefly think about doing something, but not really intend to do it **играть с какой-либо идеей** *I've toyed with the idea of going to work abroad.* **2** to move something around in your hands without any clear purpose **вертеть в руках** *He sat toying with his empty glass.*

trace¹ /treɪs/ **verb** [T] **1** to find someone or something that was lost **находить, обнаруживать** *Police have so far failed to trace the missing woman.* **2** to find the origin of something **устанавливать происхождение чего-либо** *She's **traced** her family **back** to the sixteenth century.* ◦ *They were able to **trace** the **call** (= find out the number of the telephone used).* **3** to describe the way something has developed over time **прослеживать** *The book traces the development of women's art since the start of the century.* **4** to copy a picture by putting transparent paper on top and following the outer line of the picture with a pen **калькировать** *tracing paper*

trace² /treɪs/ **noun** **1** [C, U] B2 proof that someone or something was in a place **след** *There was **no trace** of her anywhere.* ◦ *Ships have **disappeared without trace** (= completely).* **2** [C] a small amount of something **небольшое количество** *They found traces of blood on his clothing.*

T

Слова-партнеры к trace

find no/leave no trace (of sth) • disappear without/vanish without trace

track¹ /træk/ **noun** **1** [C] B1 a narrow path or road **тропа** *We followed a dirt track off the main road.* **2** [C] the long metal lines which a train travels along **рельсовый путь** UK *a railway track*/US *a railroad track* **3** [C] B1 a path, often circular, used for races **беговая дорожка, трек** *a race track* ◦ *track events* **4** [U] US B2 the sport of running in races around a wide circular path made for this sport **бег** **5** [C] B2 one song or piece of music on a CD, record, etc **музыкальное произведение (на компакт-диске и т. д.)** **6 keep track** to continue to know what is happening to someone or something **следить за ходом чего-либо** *He changes jobs so often – I find it hard to keep track of what he's doing.* **7 lose track** B2 to not know what is happening to someone or something any more **терять счет, быть не в курсе** *I've lost track of how much we've spent.* **8 on track** making progress and likely to succeed **на пути к чему-либо** [+ to do sth] *A fighter from Edinburgh is on track to become world heavyweight boxing champion.*

IDIOMS **a fast track (to sth)** a very quick way of achieving or dealing with something **легкий путь к чему-либо, быстрый способ добиться чего-либо** *These intensive courses claim to offer a fast track to wealth and success.* • **off the beaten track** in a place where few people go **расположенный в стороне, удаленный**

track² /træk/ **verb** [T] **1** to follow a person or animal by looking for proof that they have been somewhere, or by using electronic equipment **выслеживать** *The wolves are tracked by using radio collars.* **2** to record the progress or development of something over a period **устанавливать, прослеживать** *The project tracks the effects of population growth on the area.*

PHRASAL VERB **track sth/sb down** to find something or someone after looking for them in a lot of different places **разыскать, выследить** *The man was finally tracked down by French police.*

ˌtrack and ˈfield **noun** [U] US (UK **athletics**) the sports which include running, jumping, and throwing **легкая атлетика** → See **Sports 1** on page Centre 14

ˌtrack ˈrecord UK (US **ˈtrack ˌrecord**) **noun** [C] how well or badly you have done in the past **послужной список, достижения** *This company has an impressive track record in completing projects on time.*

tracks /træks/ **noun** [plural] B2 the marks left on the ground by a person, animal, or vehicle **следы** *We followed their tracks in the snow.*

tracksuit /ˈtræksuːt/ **noun** [C] UK B1 loose, comfortable clothes, usually trousers and a top, especially worn for exercising **тренировочный костюм** → See **Clothes** on page Centre 9

tract /trækt/ **noun** [C] **1** a system of connected tubes in someone's body which has a particular purpose **тракт** *the* ***digestive/respiratory tract*** **2** a large area of land **участок**

tractor /ˈtræktəʳ/ **noun** [C] a strong vehicle with large back wheels used on farms for pulling things **трактор**

trade¹ /treɪd/ **noun** **1** [U] B1 the buying and selling of large numbers of goods or services, especially between countries **торговля** *a* ***trade agreement/dispute*** ◦ *They rely heavily on* ***trade with*** *Europe.* ◦ *The laws ban the international* ***trade in*** *ivory.* **2** [C] a particular area of business or industry **отрасль** *the building/tourist trade* **3** [C] B2 someone's job, especially one which needs skill in using their hands **профессия** *He's a builder* ***by trade.***

Слова-партнеры к trade (noun)

trade **agreement/deal/policy** • trade **between** [two countries/regions] • trade **with** [a country] • trade **in** sth • a trade **dispute**

trade² /treɪd/ **verb** **1** [I] B2 to buy and sell goods or services, especially between countries **торговать** *This will increase costs for companies* ***trading with*** *Asia.* **2** [T] mainly US to give something to someone and receive something else in exchange **обмениваться** *He* ***traded*** *his guitar* ***for*** *a leather jacket.*
• **trading noun** [U] **торговля**

PHRASAL VERB **trade sth in** to give something as part of your payment for something else **сдавать старую вещь в счет оплаты новой** *He traded his old car in for a new model.*

trademark /ˈtreɪdmɑːk/ **noun** [C] the name of a particular company or product which cannot be used by anyone else **торговая марка**

trade-off /ˈtreɪdɒf/ **noun** [C] a situation where you accept something bad in order to have something good **компромисс** *There's always* ***a trade-off between*** *speed and quality.*

tradesman /ˈtreɪdzmən/ **noun** [C] (plural **tradesmen**) UK someone who works in trade or in a trade which needs skill in using their hands, usually in the building industry **торговец, мастер**

ˌtrade ˈunion **noun** [C] (also US **labor union**) an organization that represents people who do a particular job **профсоюз**

tradition /trəˈdɪʃən/ **noun** [C, U] B2 a custom or way of behaving that has continued for a long time in a group of people or a society **традиция** *There is a* ***strong tradition*** *of dance in St Petersburg.* ◦ *We decided to* ***break with tradition*** *(= not behave as usual) this year and go away for Christmas.*

T

Слова-партнеры к tradition

break with/follow/revive/uphold a tradition • an **ancient/old/proud/rich/strong** tradition

traditional /trəˈdɪʃənəl/ **adjective** B1 following the customs or ways of behaving that have continued in a group of people or society for a long time **традиционный** *traditional Hungarian dress* ◦ *traditional farming methods*
• **traditionally adverb** B2 **традиционно**

traditionalist /trəˈdɪʃənəlɪst/ **noun** [C] someone who believes in traditional ideas and ways of doing things **приверженец традиций**

traffic /ˈtræfɪk/ **noun** [U] **1** A2 the cars, trucks, etc using a road **дорожное движение** ***Traffic** is **heavy*** *(= there are a lot of cars, etc) in both directions.* ◦ *a **traffic accident*** ◦ *Sorry we're late – we got **stuck in traffic**.* **2** the planes or ships moving around an area **движение воздушных и морских судов** *air traffic control* **3** the illegal buying and selling of goods, such as drugs, weapons, etc **незаконная торговля** *the **traffic in** illegal drugs*

Слова-партнеры к traffic

reduce/ease/divert/slow down traffic • **bad/heavy** traffic • **be stuck in** traffic • a traffic **accident**

ˈtraffic ˌcircle noun [C] US (UK **roundabout**) a circular place where roads meet and where cars drive around until they arrive at the road that they want to turn into **кольцевая транспортная развязка** → See picture at **roundabout**

ˈtraffic ˌjam noun [C] B1 a line of cars, trucks, etc that are moving slowly or not moving at all **транспортная пробка** *They got stuck in a traffic jam.*

trafficking /ˈtræfɪkɪŋ/ **noun** [U] the activity of illegally buying and selling goods, such as drugs or weapons **незаконная торговля** ***arms/drug trafficking***
• **trafficker noun** [C] **делец**

ˈtraffic ˌlight noun [plural] (also **lights**) A2 a set of red, green, and yellow lights that is used to stop and start traffic **светофор** [usually plural] *Turn left at the traffic lights.* → See picture at **light**

ˈtraffic ˌwarden noun [C] UK someone whose job is to make sure that people do not leave their cars in illegal places **инспектор дорожного движения**

tragedy /ˈtrædʒədi/ **noun 1** [C, U] B2 an event or situation which is very sad, often involving death **трагедия** *the tragedy of their daughter's death* **2** [C] a play with a sad end **трагедия** *a Greek tragedy*

tragic /ˈtrædʒɪk/ **adjective** B2 very sad, often relating to death and suffering **трагический** *a **tragic accident/death***
• **tragically adverb трагически** *He was tragically killed in a flying accident at the age of 25.*

trail¹ /treɪl/ **noun** [C] **1** a line of marks that someone or something leaves behind as they move **след** *He left a trail of muddy footprints across the kitchen floor.* **2** B2 a path through the countryside, often where people walk **тропа** *a **nature trail***

trail² /treɪl/ **verb 1** [T] to follow someone, especially without them knowing, in order to watch or catch them **следить (за кем-либо)** *He suspected he was being trailed by undercover police.* **2** [I, T] UK to hang down and touch the ground, or to make something do this **волочить(ся)** *Your coat's trailing in the mud.* **3** [I, T] to have a lower score than someone else, especially in a sporting event **отставать** *City were trailing United 2-1 at half time.*

PHRASAL VERB **trail away/off** If someone's voice trails away or off, it gradually becomes quieter until it stops. **умолкать, замирать**

trailer /ˈtreɪləʳ/ **noun** [C] **1** a container with wheels that can be pulled by a car or a truck **прицеп 2** mainly US a house on wheels which can be pulled by a car **жилой автоприцеп 3** short parts of a film or television programme which are shown in order to advertise it **рекламный ролик кинофильма**

ˈtrailer ˌpark noun [C] US a place where trailers (= vehicles that people live in) can park **стоянка для жилых автоприцепов**

train¹ /treɪn/ **noun 1** A1 [C] a long, thin vehicle which travels along metal tracks and carries people or goods **поезд** *a train journey* ◦ *We could go **by train**.* ◦ *You'll have to **catch/get** the next **train**.* **2 train of thought/events** a series of connected thoughts, ideas, or events which come or happen one after the other **ход мыслей/цепь событий** *I was interrupted and lost my train of thought.*

train² /treɪn/ **verb 1** [T] B2 to teach someone how to do something, usually a skill that is needed for a job **обучать, готовить** *We are **training** all our staff **in** how to use the new computer system.* ◦ [+ to do sth] *The aid workers trained local people to give the injections.* **2** [I] B2 to learn the skills you need to do a job **обучаться, готовиться** *He **trained as** a lawyer in Vienna.* ◦ *I'm **trained in** basic first aid.* **3** [I, T] B1 to practise a sport or exercise, often in order to prepare for a sporting event, or to help someone to do this **тренировать(ся)** *He's been training hard for the race for several weeks now.*

trainee /ˌtreɪˈniː/ **noun** [C] someone who is learning how to do something, especially a job **стажер, практикант** *a trainee accountant/teacher*

trainer /ˈtreɪnəʳ/ **noun** [C] **1** B1 someone who trains people **инструктор, тренер** *a fitness trainer* **2** B1 a person who trains animals **дрессировщик** *a racehorse trainer* **3** UK (US **sneaker**) A2 a soft sports shoe **кроссовка** *a pair of trainers* → See **Clothes** on page Centre 9

training /ˈtreɪnɪŋ/ **noun** [U] **1** B1 the process of

T

learning the skills you need to do a particular job or activity **обучение, подготовка** *a **training course*** ◦ *computer/management training* **2** (B1) preparation for a sport or competition **тренировка** *weight training* ◦ *He's **in training** for the big match next month.*

> **Слова-партнеры к training**
> **have/receive/undergo** training • **give sb / provide** training • training **in/on** sth • a training **course/day/programme/session**

trait /treɪt/ **noun** [C] a quality, good or bad, in someone's character **черта, особенность** *a family trait*

traitor /ˈtreɪtəʳ/ **noun** [C] someone who is not loyal to their country or to a group which they are a member of **предатель**

trajectory /trəˈdʒektəri/ **noun** [C] formal the curved line that something follows as it moves through the air **траектория**

tram /træm/ **noun** [C] (A2) an electric vehicle for carrying passengers, mostly in cities, which moves along metal lines in the road **трамвай**

tramp¹ /træmp/ **noun** [C] someone who has no home, job, or money and who lives outside **бродяга**

tramp² /træmp/ **verb** [I, T] to walk a long way, or to walk with heavy steps because you are tired **устало бродить** *We spent all day tramping around the city looking for somewhere cheap to stay.*

trample /ˈtræmpl/ **verb** [T] (also **trample on**) to walk on something, usually damaging or hurting it **топтать** *She shouted at the boys for trampling on her flowers.* ◦ *Two people were **trampled to death** in the panic.*

trampoline /ˈtræmpəliːn/ **noun** [C] a piece of sports equipment that you jump up and down on, made of a metal structure with a piece of strong material fixed to it **батут**

trance /trɑːns/ **noun** [C] a condition in which you are not completely conscious of what is happening around you or able to control what you are doing **транс** *He sat staring out of the window as if **in a trance**.*

tranquil /ˈtræŋkwɪl/ **adjective** calm and quiet **спокойный** *a tranquil garden*
• **tranquility** (also **tranquillity**) /træŋˈkwɪləti/ **noun** [U] **спокойствие** *I love the tranquility of the woods.*

tranquilizer (also UK **-iser**) /ˈtræŋkwɪˌlaɪzəʳ/ **noun** [C] a drug which is used to make people or animals sleep or to make them calm **успокоительное средство**

trans- /træns-/, /trænz-/ **prefix 1** across **транс-, через** *transatlantic flights* **2** showing a change **пере-, пре- (указывает на изменение формы, состояния)** *to transform* ◦ *to translate*

transaction /trænˈzækʃən/ **noun** [C] formal when someone buys or sells something, or when money is exchanged **сделка** *a **business/financial transaction***

transatlantic /ˌtrænzətˈlæntɪk/ **adjective** crossing the Atlantic **трансатлантический** *a **transatlantic flight**/phone call*

transcend /trænˈsend/ **verb** [T] formal to be better or more important than something else **превышать, переступать пределы** *Somehow her appeal transcends class barriers.*

transcribe /trænˈskraɪb/ **verb** [T] to make a written record of something you hear, such as speech or music **расшифровывать, записывать** *I later transcribed the tapes of the interviews.*
• **transcription** /trænˈskrɪpʃən/ **noun** [C, U] a written record of speech, music, etc, or the process of making it **расшифровка записи**

transcript /ˈtrænskrɪpt/ **noun** [C] an exact written record of speech, music, etc **письменный вариант (речи и т. д.)**

transfer /trænsˈfɜːʳ/ **verb** (present participle **transferring**, past tense and past participle **transferred**) **1** [T] (B1) to move someone or something from one place to another **переводить(ся), перемещать(ся)** *She was later **transferred to** a different hospital.* ◦ *I'll **transfer** some money **into** my other account.* **2** [I, T] (B2) to change to a different job, team, place of work, etc, or to make someone do this **переводить(ся)** *After a year he **transferred to** University College, Dublin.* **3** [T] to change who owns or controls something **передавать, переоформлять на чье-либо имя** *We had all the documents transferred to my name.*
• **transfer** /ˈtrænsfɜːʳ/ **noun** [C, U] (B2) **перенос, перевод, перемещение** *I'm hoping for a transfer to the Brussels office.*

transfixed /trænsˈfɪkst/ **adjective** unable to move or stop looking at something because you are so interested, surprised, or frightened **зачарованный** *We all sat in silence, transfixed by what we saw on the screen.*

transform /trænsˈfɔːm/ **verb** [T] (B2) to change something completely, usually to improve it **превращать, преобразовывать** *Within weeks they had **transformed** the area **into** a beautiful garden.*
• **transformation** /ˌtrænsfəˈmeɪʃən/ **noun** [C, U] a complete change **превращение, преобразование** *The company has **undergone** a dramatic **transformation** in the past five years.*

transformer /trænsˈfɔːməʳ/ **noun** [C] a piece of equipment that changes the strength of an electrical current **трансформатор**

transfusion /trænsˈfjuːʒən/ **noun** [C] (also **blood transfusion**) when blood is put into someone's body **переливание крови**

transgress /trænzˈgres/ **verb** [I, T] formal to do something which is against a law or rule **нарушать**
• **transgression** /trænzˈgreʃən/ **noun** [C] **нарушение**

transient[1] /ˈtrænziənt/ **adjective** formal **1** lasting only for a short time **мимолетный** *transient pleasures* **2** staying in one place only for a short time **временный**

transient[2] /ˈtrænziənt/ **noun** [C] US someone who has no home and stays in a place for only a short time **бродяга**

transistor /trænˈzɪstəʳ/ **noun** [C] a small piece of electrical equipment used in radios, televisions, etc **транзистор**

transit /ˈtrænzɪt/ **noun** [U] formal the movement of goods or people from one place to another **перевозка, транзит** *Some things got damaged **in transit** (= while they were being moved).*

transition /trænˈzɪʃᵊn/ **noun** [C, U] formal when something changes from one system or method to another, often gradually **переход** *The country is in the process of **making the transition from** military rule **to** democracy.*

• **transitional adjective переходный** *a **transitional period/phase*** ◦ *a **transitional government***

transitive /ˈtrænsətɪv/ **adjective** B2 A transitive verb always has an object. In the sentence 'I'll make a drink.', 'make' is a transitive verb. **переходный (в грамматике)** → See Study Page **Verb patterns** on page Centre 27 → Compare **intransitive**

transitory /ˈtrænsɪtᵊri/ **adjective** formal lasting only for a short time **преходящий** *the transitory nature of life*

translate /trænzˈleɪt/ **verb** [I, T] **1** B1 to change written or spoken words from one language to another **переводить (с одного языка на другой)** *The book has now been **translated from** Spanish **into** more than ten languages.* **2** formal If an idea or plan translates into an action, it makes it happen. **воплощаться** *So how does this theory **translate into** practical policy?*

translation /trænzˈleɪʃᵊn/ **noun** [C, U] B1 something which has been translated from one language to another, or the process of translating **перевод, переведенное произведение**

translator /trænzˈleɪtəʳ/ **noun** [C] someone whose job is to change written or spoken words from one language to another **переводчик**

translucent /trænzˈluːsᵊnt/ **adjective** If something is translucent, light can pass through it and you can almost see through it. **просвечивающий** *translucent fabric*

transmission /trænzˈmɪʃᵊn/ **noun** **1** [C, U] the process of broadcasting something by radio, television, etc, or something which is broadcast **передача, трансляция** *radio/satellite transmission* **2** [U] formal the process of passing something from one person or place to another **передача, распространение** *There is still a risk of transmission of the virus through infected water.* **3** [U] the system in a car that moves power from its engine to its wheels **переключение скоростей** *automatic/manual transmission*

transmit /trænzˈmɪt/ **verb** [T] (present participle **transmitting**, past tense and past participle **transmitted**) **1** to broadcast something, or to send out signals using radio, television, etc **передавать, транслировать** [often passive] *The information is transmitted electronically to the central computer.* **2** formal to pass something from one person or place to another **передавать, распространять** *The **disease is transmitted** by mosquitoes.*

• **transmitter noun** [C] **передатчик, переносчик (болезней)** *a radio/television transmitter*

transparency /trænˈspærᵊnsi/ **noun** [C] a photograph or picture printed on plastic which you can see on a screen by shining a light through it **диапозитив**

transparent /trænˈspærᵊnt/ **adjective** B2 If a substance or material is transparent, you can see through it. **прозрачный** *transparent plastic*

transpire /trænˈspaɪəʳ/ **verb** formal **1 it transpires that** If it transpires that something has happened, this fact becomes known. **выясняться, становиться известным** *It later transpired that he had known about the plan from the beginning.* **2** [I] to happen **происходить**

transplant /ˈtrænsplɑːnt/ **noun** [C] an operation in which a new organ is put into someone's body **пересадка (органа)** *a heart/kidney transplant*

• **transplant** /trænˈsplɑːnt/ **verb** [T] to remove an organ or other body part from one person and put it into someone else's body **трансплантировать**

> Слова-партнеры к **transplant**
>
> **have/perform/undergo** a transplant • a transplant **donor/operation/patient/surgeon**

transport[1] /ˈtrænspɔːt/ **noun** [U] **1** B1 a vehicle or system of vehicles, such as buses, trains, aircraft, etc for getting from one place to another **транспорт** *He can't drive so he has to rely on **public transport**.* ◦ *the city's **transport system*** **2** B2 when people or goods are moved from one place to another **перевозка** *the transport of live animals*

> Слова-партнеры к **transport**
>
> **provide/arrange/improve** transport • **free/cheap** transport • **public** transport • the transport **system**

transport[2] /trænˈspɔːt/ **verb** [T] B2 to move people or goods from one place to another **перевозить**

transportation /ˌtrænspɔːˈteɪʃᵊn/ **noun** [U] **1** US (UK **transport**) a vehicle or system of vehicles, such as buses, trains, etc for getting from one place to another **транспорт** **2** when people or goods are moved from one place to another **перевозка** *transportation costs*

T

transvestite /trænzˈvestaɪt/ **noun** [C] someone, especially a man, who likes to wear the clothes of someone of the opposite sex **трансвестит**

trap¹ /træp/ **noun** [C] **1** B2 a piece of equipment for catching animals **ловушка, капкан** *a mouse trap* **2** B2 a dangerous or unpleasant situation which is difficult to escape from **ловушка** [usually singular] *Such families* ***get caught in*** *the poverty* ***trap***. → See also **booby trap**

trap² /træp/ **verb** [T] (present participle **trapping**, past tense and past participle **trapped**) **1** B2 If someone or something is trapped, they cannot move or escape from a place or situation. **заманивать в ловушку, замуровывать** *The car turned over, trapping the driver underneath.* **2** to catch an animal using a trap **ловить капканом** **3** to trick someone into doing or saying something that they do not want to **заставлять проговориться, обманом вовлекать во что-либо**

ˌtrap ˈdoor noun [C] a small door that you cannot see in a floor or ceiling **люк**

trappings /ˈtræpɪŋz/ **noun** [plural] things that you usually get when you are rich and successful, such as a big house and car **атрибуты** *the trappings of success/power*

trash¹ /træʃ/ **noun** [U] **1** US (UK **rubbish**) things that you throw away because you do not want them **мусор, хлам** **2** informal something that is of bad quality **дрянь, халтура** *It's better than the trash she usually reads.*

trash² /træʃ/ **verb** [T] informal to destroy something **громить** *Vandals broke in and trashed the place.*

ˈtrash ˌcan noun [C] US a container for waste, often one that is kept outdoors **мусорный бак** → See **The Office** on page Centre 5

trashy /ˈtræʃi/ **adjective** informal of very bad quality **дрянной, дешевый** *a trashy novel/movie*

trauma /ˈtrɔːmə/ **noun** [C, U] severe shock caused by an unpleasant experience, or the experience which causes this feeling **травма, шок** *the trauma of marriage breakdown*

traumatic /trɔːˈmætɪk/ **adjective** If an experience is traumatic, it makes you feel very shocked and upset. **травмирующий** *His parents split up when he was eight, which he found very traumatic.*

traumatized (also UK **-ised**) /ˈtrɔːmətaɪzd/ **adjective** very shocked and upset for a long time **травмированный** *The violence that he witnessed left him traumatized.*

travel¹ /ˈtrævᵊl/ **verb** (present participle UK **travelling**, past tense and past participle **travelled**, present participle US **traveling**, past tense and past participle **traveled**) **1** [I, T] A1 to make a journey **путешествовать** *I spent a year travelling around Asia.* ◦ *He has to travel abroad a lot on business.* **2** [I] B1 If light, sound, or news travels, it moves from one place to another. **распространяться** *News of the accident travelled fast.*

travel² /ˈtrævᵊl/ **noun** **1** B1 [U] the activity of travelling **путешествие** ***air rail travel*** ◦ ***travel expenses/insurance*** **2** **sb's travels** someone's journey **чьи-либо путешествия, странствия** *I meet all kinds of interesting people* ***on my travels***.

ˈtravel ˌagency noun [C] (also **ˈtravel ˌagent's**) a company or shop that makes travel arrangements for people **туристическое агентство**

ˈtravel ˌagent noun [C] B1 someone whose job is making travel arrangements for people **сотрудник туристического агентства**

traveller /ˈtrævᵊləʳ/ **noun** [C] **1** (also US **traveler**) B1 someone who is travelling or who often travels **путешественник** *We're doing a survey of business travellers.* **2** UK another word for gypsy (= a member of a race of people who travel from place to place, especially in Europe) **цыган**

ˈtraveller's ˌcheque UK (US **traveler's check**) **noun** [C] a special piece of paper which you buy at a bank and exchange for local money when you are in another country **дорожный чек**

traverse /trəˈvɜːs/ **verb** [T] formal to move across something **пересекать**

travesty /ˈtrævəsti/ **noun** [C] formal If something is a travesty, it is very badly done or unfair and does not represent how that thing should be. **пародия, издевательство** *She described the trial as* ***a travesty of justice***.

trawl /trɔːl/ **verb**

PHRASAL VERB **trawl through sth** mainly UK to look through a lot of things in order to find something **прочесывать что-либо в поисках** *to trawl through data*

trawler /ˈtrɔːləʳ/ **noun** [C] a large ship which is used for catching fish by pulling a large net through the sea behind it **траулер**

tray /treɪ/ **noun** [C] B2 a flat object with higher edges, used for carrying food and drinks **поднос** *She came back carrying a tray of drinks.*

treacherous /ˈtretʃᵊrəs/ **adjective** **1** very dangerous, especially because of bad weather conditions **опасный, коварный** *Ice had made the roads treacherous.* **2** formal If someone is treacherous, they deceive people who trust them. **вероломный, предательский**

treachery /ˈtretʃᵊri/ **noun** [U] formal when a person deceives someone who trusts them **предательство**

treacle /ˈtriːkl/ **noun** [U] UK (also UK/US **molasses**) a sweet, thick, dark liquid used in sweet dishes **патока**

tread¹ /tred/ **verb** (past tense **trod**, past participle **trodden**) **1** [I, T] mainly UK to put your foot on something or to press something down with your foot **наступать, топтать** *I* ***trod on*** *a piece of broken glass.* ◦ *David* ***trod in*** *some paint.* ◦ *The kids were* ***treading*** *cake crumbs* ***into*** *the carpet.*

2 tread carefully/gently/lightly, etc to be careful what you say so that you do not upset someone **действовать осторожно/мягко/тактично и т. д.** **3 tread water** to float vertically in the water by moving your arms and legs up and down **плыть стоя**

tread² /tred/ **noun 1** [C, U] the pattern of lines on the surface of a tyre **протектор (покрышки)** **2** [no plural] the sound of someone putting their feet down when walking **походка, звук шагов**

treadmill /ˈtredmɪl/ **noun** [C] **1** a machine with a moving part which you walk or run on for exercise **беговая дорожка (тренажер)** **2** a job which is boring because you have to repeat the same thing again and again **однообразная механическая работа**

treason /ˈtriːzᵊn/ **noun** [U] the crime of doing something that harms your country or government, especially by helping its enemies **государственная измена**

treasure¹ /ˈtreʒəʳ/ **noun 1** [U] B2 a collection of gold, silver, jewellery, and valuable objects, especially in children's stories **сокровища** *buried treasure* **2** [C] a very valuable object **сокровище** [usually plural] *art treasures*

treasure² /ˈtreʒəʳ/ **verb** [T] If you treasure something, it is very important to you and gives you a lot of pleasure. **хранить, дорожить** *I shall treasure those memories of her.*

treasurer /ˈtreʒᵊrəʳ/ **noun** [C] someone who is responsible for the money of an organization **казначей, глава финансового отдела**

treasury /ˈtreʒᵊri/ **noun** [C] the government department which controls a country's money supply and economy **министерство финансов**

treat¹ /triːt/ **verb** [T] **1** B2 to behave towards or deal with someone in a particular way **обращаться, обходиться (с кем-либо)** *He* ***treats*** *her really* ***badly***. ◦ *She felt she'd been* ***unfairly treated*** *by her employer.* ◦ *They* ***treat*** *her* ***like*** *one of their own children.* **2** B2 to consider something in a particular way **относиться, воспринимать** *He* ***treated*** *my suggestion* ***as*** *a joke.* **3** B2 to give medical care to someone for an illness or injury **лечить** *He's being* ***treated for*** *cancer at a hospital in Manchester.* **4** B2 to do or buy something special for someone **угощать, доставлять удовольствие** *I'm going to* ***treat*** *her* ***to*** *dinner at that nice Italian restaurant.* **5** to put a substance on something in order to protect it **обрабатывать** *The wood is then* ***treated with*** *a special chemical to protect it from the rain.*

treat² /triːt/ **noun** [C] something special which you buy or do for someone else **подарок, угощение** *a* ***birthday treat*** ◦ *As a* ***special treat*** *I'm taking him out for dinner.* ◦ *Annie, put your money away, this is* ***my treat*** *(= I am paying).* → See also **Trick or treat!**

treatise /ˈtriːtɪz/ **noun** [C] a formal piece of writing that examines a particular subject **трактат**

treatment /ˈtriːtmənt/ **noun 1** [C, U] B2 something which you do to try to cure an illness or injury, especially something suggested or done by a doctor **лечение** *She's* ***receiving treatment*** *for a lung infection.* **2** [U] B2 the way you deal with or behave towards someone or something **обращение, обхождение** *There have been complaints about the treatment of prisoners.*

> **Слова-партнеры к treatment**
> get/have/receive/undergo treatment • give/provide treatment • respond to treatment • treatment for sth

treaty /ˈtriːti/ **noun** [C] a written agreement between two or more countries **соглашение, договор** *a* ***peace treaty*** ◦ *an* ***international treaty***

> **Слова-партнеры к treaty**
> draw up/ratify/sign a treaty • the terms of a treaty • under a treaty • a treaty between sb and sb • a treaty on sth • a peace treaty • an international treaty

treble /ˈtrebl/ **verb** [I, T] to increase three times in size or amount, or to make something do this **утраивать**

tree

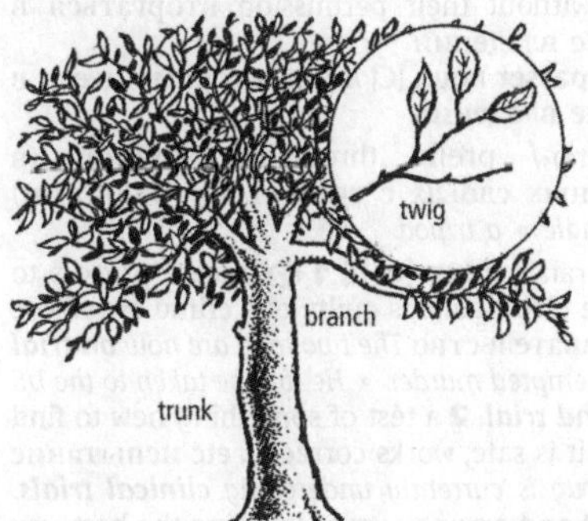

tree /triː/ **noun** [C] A1 a tall plant with a thick stem which has branches coming from it and leaves **дерево** → See also **Christmas tree, family tree, palm tree**

trek /trek/ **noun** [C] a long, difficult journey that you make by walking **поход** *They started out on the long trek across the mountains.*
• **trek verb** [I] (present participle **trekking**, past tense and past participle **trekked**) **совершать поход**

trellis /ˈtrelɪs/ **noun** [C] a wooden structure fixed to a wall for plants to grow up **шпалера**

tremble /ˈtrembl/ **verb** [I] B2 to shake slightly, especially because you are nervous, frightened, or cold **дрожать, трястись** *My hands were trembling so much I could hardly hold the pen.*

tremendous /trɪˈmendəs/ **adjective 1** B2 extremely good **потрясающий** *I think she's doing a tremendous job.* **2** B2 very large, great, strong, etc **огромный** *a tremendous amount of money*
• **tremendously adverb** B2 very much **чрезвычайно**

tremor /ˈtreməʳ/ **noun** [C] **1** a slight earthquake (= when the Earth shakes) **толчок землетрясения** **2** a slight shaking of part of your body which you cannot control **тремор, дрожание**

trench /trenʃ/ **noun** [C] a long, narrow hole dug into the ground **канава, траншея**

trenchant /ˈtrenʃənt/ **adjective** formal expressing strong criticism **резкий, язвительный** ***trenchant criticism/views***

trenchcoat /ˈtrentʃˌkəʊt/ **noun** [C] a long coat that does not let water through, similar in style to a military coat **шинель**

trend /trend/ **noun** [C] B1 a general development or change in a situation **тенденция** *There's a **trend towards** more locally produced television programmes. ◦ I'm not familiar with the latest **trends in** teaching methodology.*

trendy /ˈtrendi/ **adjective** informal fashionable at the moment **модный, стильный**

trepidation /ˌtrepɪˈdeɪʃən/ **noun** [U] formal fear or worry about something you are going to do **тревога, беспокойство** *It was **with trepidation** that I accepted Klein's invitation.*

trespass /ˈtrespəs/ **verb** [I] to go on someone's land without their permission **вторгаться в чужие владения**
• **trespasser noun** [C] **лицо, вторгающееся в чужие владения**

tri- /traɪ-/ **prefix** three **три/тройной** (в сложных словах с греч. и лат. корнями) *a triangle ◦ a tripod*

trial /traɪəl/ **noun** [C, U] **1** B2 a legal process to decide if someone is guilty of a crime **судебное разбирательство** *The two men are now **on trial for** attempted murder. ◦ He will be taken to the US to **stand trial**.* **2** a test of something new to find out if it is safe, works correctly, etc **испытание** *The drug is currently undergoing **clinical trials**.* **3 trial and error** a way of learning the best way to do something by trying different methods **метод проб и ошибок** *There aren't any instructions with it – it's just a matter of trial and error.*

> **Слова-партнеры к trial**
> **be on/stand trial (for sth)** • **be awaiting/be facing trial** • a **trial court/date/judge**

trials /traɪəlz/ **noun** [plural] a sports competition to find out how good a player is **предварительные соревнования**

IDIOM **trials and tribulations** problems and suffering **испытания и треволнения** *the trials and tribulations of growing up*

triangle /ˈtraɪæŋgl/ **noun** [C] **1** B2 a flat shape with three sides **треугольник** → See picture at **shape 2** a small musical instrument made of a piece of metal with three sides which you hit with a metal bar **треугольник**
• **triangular** /traɪˈæŋgjələʳ/ **adjective** shaped like a triangle **треугольный**

tribe /traɪb/ **noun** [C] B2 a group of people who live together, usually in areas far away from cities, and who share the same culture and language and still have a traditional way of life **племя** *Native American tribes*
• **tribal adjective** relating to a tribe **племенной** *a tribal dance*

tribunal /traɪˈbjuːnəl/ **noun** [C] an official court or group of people whose job is to deal with a particular problem or disagreement **трибунал** → See also **industrial tribunal**

tributary /ˈtrɪbjətəri/ **noun** [C] a river or stream which flows into a larger river **приток**

tribute /ˈtrɪbjuːt/ **noun** [C, U] **1** something which you do or say to show that you respect and admire someone, especially in a formal situation **дань, честь** *The concert was organized as **a tribute to** the singer who died last year. ◦ The President **paid tribute to** (= expressed his admiration for) the brave soldiers who had defended the country.* **2 be a tribute to sb/sth** to show how good someone or something is **делать честь кому-либо/чему-либо, быть чьей-либо заслугой** *It's a tribute to Mark's hard work that the project is finished.*

ˈtribute ˌband noun [C] a group of musicians who play the music of a famous pop group and pretend to be that group **музыкальная группа, исполняющая песни и играющая роль какой-либо знаменитой поп-группы** *a Rolling Stones tribute band*

trick[1] /trɪk/ **noun** [C] **1** B1 something you do to deceive or cheat someone, or to make someone look stupid as a joke **хитрость, обман** *a **trick question** ◦ I wasn't really ill – it was just a trick. ◦ My little brother liked to **play tricks on** me (= do things to deceive me as a joke).* **2** B2 an effective way of doing something **прием, способ** *What's the **trick to** pulling out this sofa bed?* **3** B1 something that is done to entertain people and that seems to be magic **фокус** *a card trick*

IDIOM **do the trick** If something does the trick, it solves a problem or has the result you want. **сработать, помочь** *If I've got a headache, a couple of aspirins usually do the trick.*

→ See also **hat trick**

> **Слова-партнеры к trick**
> **play a trick (on sb)** • a **cheap/cruel/dirty/sneaky trick** • a **trick question**

trick[2] /trɪk/ **verb** [T] B2 to deceive someone **обманывать, надувать** [+ into + doing sth] *They tricked him into signing the papers.*

trickery /ˈtrɪkəri/ **noun** [U] the use of tricks to deceive or cheat people **надувательство**

trickle /ˈtrɪkl/ **verb 1 trickle down/from/out of, etc** If liquid trickles somewhere, it flows slowly and in a thin line. **струиться по/из и т. д.** *She could feel the sweat trickling down her back.* **2 trickle in/into/out, etc** to go somewhere slowly in small numbers **постепенно, небольшими группами заходить/выходить** *People began to trickle into the classroom.*
• **trickle noun** [C] **струйка** *a trickle of blood*

ˌ**Trick or** ˈ**treat! 1** something that children say on Halloween (= a holiday on 31 October), when they dress to look frightening and visit people's houses to ask for sweets **угощай или пожалеешь! 2 go trick or treating** If children go trick or treating, they visit people's houses on Halloween to ask for sweets. **ходить по домам в канун дня всех святых**

tricky /ˈtrɪki/ **adjective** Ⓑ2 difficult to deal with or do **сложный** *a **tricky question/situation***

tricycle /ˈtraɪsɪkl/ **noun** [C] a bicycle with one wheel at the front and two at the back **трехколесный велосипед**

trifle /ˈtraɪfl/ **noun 1 a trifle** formal slightly **немного** *It does seem a trifle odd.* **2** [C, U] UK a cold, sweet dish that has layers of cake, fruit, custard (= sweet, yellow sauce), and cream **десерт из бисквита, фруктов и сливок 3** [C] formal something silly or unimportant **пустяк**

trigger[1] /ˈtrɪgəʳ/ **verb** [T] (also **trigger off**) to make something begin to happen **вызывать, давать начало** *His arrest triggered mass protests.*

trigger[2] /ˈtrɪgəʳ/ **noun** [C] **1** the part of a gun that you pull when you shoot **курок 2** an event or situation that makes something else happen **импульс** *Stress can be a **trigger for** many illnesses.*

trillion /ˈtrɪljən/ the number 1,000,000,000,000 **триллион**

trilogy /ˈtrɪlədʒi/ **noun** [C] a series of three books, plays, etc with the same characters or subject **трилогия**

trim[1] /trɪm/ **verb** [T] (present participle **trimming**, past tense and past participle **trimmed**) **1** (also **trim off**) to cut a small amount from something to make it tidy or to remove parts that you do not need **подравнивать, подстригать, подрезать** *I've had my hair trimmed.* ◦ *Trim the fat off the meat.* **2** to reduce something **урезать, уменьшать** *to trim costs* **3 be trimmed with sth** to be decorated with something around the edges **быть отделанным чем-либо** *a silk dress trimmed with lace*

trim[2] /trɪm/ **noun 1** [no plural] when you cut something to make it tidy **подравнивание, стрижка** *The hedge needs a trim.* **2** [U, no plural] decoration that is added to something such as clothes or a car **отделка** *The car has a stereo, sunroof, and leather trim.*

trim[3] /trɪm/ **adjective** looking thin and healthy **стройный**

trimester /trɪˈmestəʳ/ Ⓤⓢ /traɪˈmestər/ **noun** [C] mainly US one of the periods of time that the school or university year is divided into **триместр**

trimming /ˈtrɪmɪŋ/ **noun** [C, U] decoration on the edge of something such as a piece of clothing **отделка**

trimmings /ˈtrɪmɪŋz/ **noun** [plural] extra dishes that are often eaten with a main dish **гарнир** *a roast dinner **with all the trimmings***

the Trinity /ˈtrɪnəti/ **noun** the existence of God in three forms, Father, Son, and Holy Spirit, in the Christian religion **Троица**

trio /ˈtriːəʊ/ **noun** [C] a group of three things or people, especially three musicians who play together **трио**

trip[1] /trɪp/ **noun** [C] Ⓐ2 a journey in which you visit a place for a short time and come back again **поездка** *a **business trip*** ◦ *a **day trip** to Paris* ◦ *We might **take a trip to** Spain later in the summer.* → See also **round trip**

Слова-партнеры к trip

go on/take a trip • a **day/two-day/weekend** trip • **on** a trip • a trip **around/to** sth • a **business** trip

trip[2] /trɪp/ **verb** (present participle **tripping**, past tense and past participle **tripped**) **1** [I] Ⓑ2 to fall or almost fall because you hit your foot on something when you are walking or running **спотыкаться** *Careful you don't **trip over** the cat!* ◦ *He **tripped on** a stone and hurt his ankle.* **2** [T] to make someone fall by putting your foot in front of their foot **ставить подножку**

PHRASAL VERB **trip (sb) up 1** UK to fall because you hit your foot on something, or to make someone fall by putting your foot in front of their foot **падать, споткнувшись обо что-либо, ставить подножку 2** to make a mistake, or to cause someone to make a mistake **делать ошибку, сбивать с толку** *I tripped up on the last question.*

triple[1] /ˈtrɪpl/ **adjective** having three parts of the same type, or happening three times **тройной** *a triple world champion*

triple[2] /ˈtrɪpl/ **verb** [I, T] to increase three times in size or amount, or to make something do this **утраивать** *Sales have tripled in the past five years.*

triplet /ˈtrɪplət/ **noun** [C] one of three children who are born to the same mother at the same time **тройняшка**

tripod /ˈtraɪpɒd/ **noun** [C] a piece of equipment with three legs, used for supporting a camera or a container in a science laboratory **штатив, треножник**

trite /traɪt/ **adjective** A trite remark, idea, etc does not seem sincere or true because it has

T

been used so much before or is too simple. **избитый, банальный**

triumph[1] /ˈtraɪəmf/ **noun 1** [C] an important success, achievement, or victory **победа, триумф** *Barcelona's 2-0 triumph over Manchester United* **2** [U] the feeling of happiness that you have when you win something or succeed **радость победы**

triumph[2] /ˈtraɪəmf/ **verb** [I] to win or succeed **одерживать победу** *The Democrats once again triumphed in recent elections.*

triumphant /traɪˈʌmfənt/ **adjective** feeling very pleased because you have won something or succeeded **победоносный** *the President's triumphant return to the White House*
• **triumphantly adverb победоносно**

trivia /ˈtrɪviə/ **noun** [U] small facts or details that are not important **мелочи, пустяки**

trivial /ˈtrɪviəl/ **adjective** (B2) small and not important **незначительный** *a* ***trivial matter/offence***

trivialize (also UK **-ise**) /ˈtrɪviəlaɪz/ **verb** [T] to make something seem less important or serious than it really is **преуменьшать значение** *I don't mean to trivialize the problem.*

trod /trɒd/ past tense of tread **прош. вр. гл. tread**

trodden /ˈtrɒdᵊn/ past participle of tread **прич. прош. вр. от гл. tread**

trolley

trolley /ˈtrɒli/ **noun** [C] **1** UK (US **cart**) (B2) a metal structure on wheels that is used for carrying things **тележка** *a supermarket trolley* ◦ *a luggage trolley* **2** US (UK/US **tram**) an electric vehicle for carrying passengers, mostly in cities, which runs along metal tracks in the road **трамвай**

IDIOM **off your trolley** informal mad **не в себе, помешанный, спятивший**

trombone /trɒmˈbəʊn/ **noun** [C] a metal musical instrument that you play by blowing into it and sliding a tube up and down **тромбон**

troop[1] /tru:p/ **noun** [C] a group of people or animals **группа, стадо**

troop[2] /tru:p/ **verb** informal **troop into/through/out of, etc** to walk somewhere in a large group **двигаться толпой в/через/из и т. д.** *We all trooped into the hall in silence.*

trooper /ˈtru:pər/ **noun** [C] a police officer in the US state police force **полицейский (в США)**

troops /tru:ps/ **noun** [plural] soldiers **войска** *UN troops have been sent to help in the rescue effort.*

trophy /ˈtrəʊfi/ **noun** [C] (B2) a prize, such as a silver cup, that you get for winning a race or competition **трофей, приз**

tropical /ˈtrɒpɪkᵊl/ **adjective** (B2) from or in the hottest parts of the world **тропический** *a tropical climate*

the tropics /ˈtrɒpɪks/ **noun** [plural] the hottest parts of the world, near to the Equator (= imaginary line around the Earth's middle) **тропики**

trot[1] /trɒt/ **verb** (present participle **trotting**, past tense and past participle **trotted**) **1** [I] If a horse trots, it runs slowly with short steps. **идти рысью 2 trot down/up/along, etc** to walk with quick, short steps **семенить** *The little boy trotted along behind his father.*

PHRASAL VERB **trot sth out** informal to say something that has been said many times before and does not seem sincere **выкладывать, предъявлять что-либо общеизвестное** *They always trot out the same old statistics.*

trot[2] /trɒt/ **noun 1** [no plural] the speed that a horse moves when it trots **рысь (шаг лошади) 2 on the trot** If you do several things on the trot, you do them one after the other. **подряд** *They won three games on the trot.*

trouble[1] /ˈtrʌbl/ **noun 1** [C, U] (B1) problems, difficulties, or worries **проблемы, трудности** [+ doing sth] *We* ***had trouble*** *finding somewhere to park.* ◦ *She's been having a lot of* ***trouble with*** *her boss recently.* ◦ *I'd like to go to the party, but* ***the trouble is*** *my parents won't let me.* **2 the trouble with sb/sth** (B2) used to say what is wrong with someone or something **недостаток кого-либо/чего-либо в том, что ..., кто-либо/что-либо плох/плохо тем, что ...** *The trouble with a white floor is that it gets dirty so quickly.* **3** [U] a problem that you have with a machine or part of your body **болезнь, неисправность** *back trouble* ◦ ***car trouble*** **4** [U] (B2) a situation in which people are fighting or arguing **беспорядки, ссора** *The trouble started after a group of drunken football fans started to throw bottles.* **5** [U] (B2) a difficult or dangerous situation **затруднение** *The company was* ***in trouble*** *and had huge debts.* **6** [U] (B1) when you have done something wrong and are likely to be punished **неприятности** *Her children are always* ***in trouble.*** ◦ *They* ***got into trouble*** *with the* police. **7** [U] **B2** when you use extra time or energy to do something **заботы, хлопоты** [+ to do sth] *He **took the trouble** to write to each of them personally.*

> **Слова-партнеры к trouble**
> **have trouble with** sth • **get into/run into trouble** • **the trouble is** • **without any trouble**

trouble[2] /ˈtrʌbl/ **verb** [T] **1** If something troubles you, you think about it a lot and it makes you worry. **тревожить, волновать** *The situation has been troubling me for a while.* **2** formal used to ask someone politely to help you **беспокоить, затруднять** *I'm sorry to trouble you, but could you tell me how to get to the station?*

troubled /ˈtrʌbᵊld/ **adjective** worried or having a lot of problems **беспокойный, измученный проблемами** *You look troubled.*

troublemaker /ˈtrʌblˌmeɪkəʳ/ **noun** [C] someone who intentionally causes problems **нарушитель порядка, смутьян**

troublesome /ˈtrʌblsəm/ **adjective** causing a lot of problems, especially over a long period of time **причиняющий беспокойство** *a troublesome knee injury*

trough /trɒf/ **noun** [C] **1** a long, narrow container that animals eat or drink from **корыто, кормушка** **2** formal a low point in a series of high and low points **низкая точка, падение** ***peaks and troughs***

troupe /tru:p/ **noun** [C] a group of singers, dancers, etc who perform together **труппа**

trousers /ˈtraʊzəz/ **noun** [plural] (also US **pants**) **A1** a piece of clothing that covers the legs and has a separate part for each leg **брюки** *a **pair of trousers*** → See **Clothes** on page on pages Centre 8, 9

ˈ**trouser** ˌ**suit** **noun** [C] UK (US **pant suit**) a woman's jacket and trousers made of the same material **брючный костюм (женский)**

trout /traʊt/ **noun** [C, U] (plural **trout**) a type of river fish, or the meat from this fish **форель**

truant /ˈtru:ənt/ **noun** [C] a child who stays away from school without permission **прогульщик**

IDIOM **play truant** UK to stay away from school without permission **прогуливать**

• **truancy** /ˈtru:ənsi/ **noun** [U] when children are truants **прогул**

truce /tru:s/ **noun** [C] an agreement between two enemies to stop fighting for a period of time **перемирие**

> **Слова-партнеры к truce**
> **agree/call/offer a truce** • **a fragile/uneasy truce** • **a truce between** sb **and** sb • **a truce with** sb

truck /trʌk/ **noun** [C] (also UK **lorry**) **B1** a large road vehicle for carrying goods from place to place **грузовик** → See picture at **vehicle**

trucker /ˈtrʌkəʳ/ **noun** [C] mainly US someone whose job is driving trucks **водитель грузовика**

trudge /trʌdʒ/ **verb** **trudge along/through/up, etc** to walk slowly with heavy steps, especially because you are tired **тащиться по/пробираться сквозь/вверх и т. д.** *We trudged back up the hill.*

true /tru:/ **adjective** **1** **A2** based on facts and not imagined **правдивый** *a true story* ◦ [+ (that)] *Is it true that Martin and Sue are getting married?* → Opposite **untrue** **2** [always before noun] **B1** real **настоящий** *a true friend* ◦ ***true love*** **3** **come true** **B1** If a dream or hope comes true, it really happens. **сбываться** **4** **be true to sb/sth** to be loyal and sincere even in a difficult situation **быть верным кому-либо/чему-либо** *It's important to be true to your principles.*

IDIOM **ring true** to seem to be the truth **быть похожим на правду** *Something about the story didn't ring true.*

truffle /ˈtrʌfl/ **noun** [C] **1** a soft sweet that is made with chocolate **трюфель (конфета)** **2** a fungus (= organism like a plant) that you can eat, which grows under the ground **трюфель (гриб)**

truly /ˈtru:li/ **adverb** **1** used to emphasize that something is true in every way **в самом деле** *The project was truly a team effort.* **2** **B2** used to emphasize a description of something **действительно** *It's truly amazing to watch a baby being born.* **3** used to emphasize that something is sincere or honest **искренне** *I truly believe that he is innocent.*

trump /trʌmp/ **noun** [C] a card that has a higher value than other cards in some card games **козырь**

IDIOM **come/turn up trumps** UK to be successful, or provide something that is needed, especially when people do not expect you to **окончиться благополучно, оказаться удачным** *He's really come up trumps with this latest book.*

ˈ**trump** ˌ**card** **noun** [C] an advantage that will help you succeed, especially one that other people do not know about **козырь (в рукаве)**

trumpet /ˈtrʌmpɪt/ **noun** [C] **B1** a metal musical instrument that you play by blowing into it and pressing buttons to make different notes **труба**

trumpet

• **trumpeter** **noun** [C] **трубач**

truncheon /ˈtrʌnʃᵊn/ **noun** [C] UK (US **nightstick**) a short stick that police officers carry to use as a weapon **дубинка**

trundle /ˈtrʌndl/ **verb** **trundle (sth) along/down/up, etc** to move

T

slowly on wheels, or to push something slowly on wheels **медленно катить(ся) вдоль/по/вверх и т. д.** *The bus trundled along the lane.*

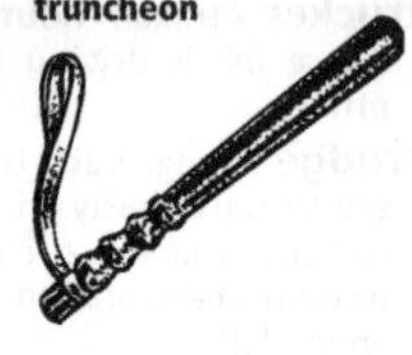

trunk /trʌŋk/ **noun** [C] **1** B2 the thick stem of a tree that the branches grow from **ствол** → See picture at **tree 2** US (UK **boot**) a closed space at the back of a car for storing things in **багажник** → See **Car** on page Centre 7 **3** the long nose of an elephant (= large, grey animal) **хобот 4** a large box with a lid that you store things in **сундук 5** the main part of your body, not your head, legs, or arms **туловище**

ˈtrunk ˌroad noun [C] UK a main road across a country or area **магистральная дорога**

trunks /trʌŋks/ **noun** [plural] **1** (also **swimming trunks**) a piece of clothing that boys and men wear when they swim **плавки 2** underwear worn by men **мужские трусы** → See **Clothes** on page Centre 9

trust[1] /trʌst/ **verb 1** B1 [T] to believe that someone is good and honest and will not harm you **доверять** *My sister warned me not to trust him.* → Opposite **distrust**, **mistrust 2 trust sb to do sth** to be sure that someone will do the right thing or what they should do **быть уверенным, что кто-либо сделает что-либо** *I trust them to make the right decision.* **3 trust sb with sb/sth** to allow someone to look after someone or something because you believe they will be careful **доверять что-либо кому-либо** *I wouldn't trust him with my car.* **4 Trust sb (to do sth)!** mainly UK informal used to say that it is typical of someone to do something stupid **как всегда** *Trust Chris to leave the tickets at home!* **5 I trust (that)** formal used to say that you hope something is true **надеюсь** *I trust that you had an enjoyable stay.*

trust[2] /trʌst/ **noun 1** [U] B2 the belief that you can trust someone or something **доверие** *a marriage based on love and trust* ◦ *They **showed** a lot of **trust in** me right from the beginning.* → Opposite **distrust**, **mistrust 2** [C, U] a legal arrangement that allows a person or organization to control someone else's money **доверительная собственность**

> **Слова-партнеры к trust (noun)**
>
> have/show trust in sb • earn/gain/win sb's trust • betray sb's trust • trust between [two people]

trustee /trʌsˈtiː/ **noun** [C] someone who has legal control over someone else's money or possessions **попечитель**

trusting /ˈtrʌstɪŋ/ **adjective** always believing that other people are good or honest and will not harm or deceive you **доверчивый**

trustworthy /ˈtrʌstˌwɜːði/ **adjective** Someone who is trustworthy can be trusted. **заслуживающий доверия**

truth /truːθ/ **noun** (plural **truths** /truːðz/) **1 the truth** B1 the real facts about a situation **правда** *Do you think he was **telling the truth**?* ◦ *I don't think we'll ever know **the truth about** what really happened.* **2** [U] B2 the quality of being true **правда** *There may be some truth in their claim.* **3** [C] a fact or idea that people accept is true **истина** *moral/religious truths* → Opposite **untruth**

> **Слова-партнеры к truth**
>
> **tell** the truth • **discover/find out/learn/uncover** the truth • the truth **comes out/emerges** • the **awful/honest/simple** truth • the truth **about** sb/sth

truthful /ˈtruːθfəl/ **adjective** honest and not containing or telling any lies **правдивый** *a truthful answer*
• **truthfully adverb правдиво** • **truthfulness noun** [U] **правдивость**

try[1] /traɪ/ **verb 1** [I] A2 to attempt to do something **пытаться, стараться** [+ to do sth] *I tried to open the window but couldn't.* ◦ *Try not to drop anything this time.* **2** [T] B1 to do, test, taste, etc something to discover if it works or if you like it **пробовать** *I tried that recipe you gave me last night.* ◦ [+ doing sth] *Why don't you try using a different shampoo?* **3** [T] to examine facts in a court of law to decide if someone is guilty of a crime **судить** [often passive] *He was **tried for** attempted murder.*

PHRASAL VERBS **try sth on** A2 to put on a piece of clothing to discover if it fits you or if you like it **примерять** *Could I try this dress on, please?* • **try sth out** B2 to use something to discover if it works or if you like it **испытывать, опробовать** *We're going to try out that new restaurant tonight.*

try[2] /traɪ/ **noun 1** [C] B2 an attempt to do something **попытка** *She suggested I should **have a try**.* **2 give sth a try** to do something in order to find out if it works or if you like it **попробовать что-либо 3** [C] when a team scores points in rugby (= game played with an oval ball) by putting the ball on the ground behind the other team's goal line **выигрыш очков при проходе с мячом (в регби)**

trying /ˈtraɪɪŋ/ **adjective** annoying and difficult **утомительный, трудный** *I've had a very **trying day/time**.*

tsar UK (also UK/US **czar**) /zɑːr/ **noun** [C] **1** a male Russian ruler before 1917 **царь 2** a powerful official who makes important decisions for the government about a particular activity **высокопоставленный чиновник**

T-shirt (also **tee shirt**) /ˈtiːʃɜːt/ **noun** [C] A1 a piece of cotton clothing for the top part of the body with short sleeves and no collar **майка, футболка** → See **Clothes** on page Centre 8

tsp written abbreviation for teaspoonful: the amount that can be held by a small spoon used for measuring food **чайная ложка**

tub /tʌb/ **noun** [C] **1** a large, round container with a flat base and an open top **кадка** *Outside was a stone patio with tubs of flowering plants.* **2** a small, plastic container with a lid, used for storing food **контейнер, упаковка** *a tub of ice cream/margarine* → See picture at **container 3** US (UK **bath**) a large container that you fill with water and sit in to wash **ванна** → See **The Bathroom** on page Centre 3

tuba /ˈtjuːbə/ **noun** [C] a large, metal musical instrument that produces low notes, and is played by blowing into it **туба**

tube /tjuːb/ **noun 1** [C] B2 a pipe made of glass, plastic, metal, etc, especially for liquids or gases to flow through **труба, трубка 2** [C] B1 a long, thin container for a soft substance, that you press to get the substance out **тюбик** *a tube of toothpaste* → See picture at **container 3 the Tube** B1 the system of railways under the ground in London **метро (в Лондоне)** *I got the Tube to Oxford Circus.* → See also **test tube**

tuberculosis /tjuːˌbɜːkjəˈləʊsɪs/ **noun** [U] (abbreviation **TB**) a serious infectious disease of the lungs **туберкулез**

tubing /ˈtjuːbɪŋ/ **noun** [U] a long piece of metal, plastic, etc in the shape of a tube **труба** *steel tubing*

tubular /ˈtjuːbjələʳ/ **adjective** in the shape of a tube **трубчатый**

tuck /tʌk/ **verb 1 tuck sth into/behind/under, etc** to push a loose piece of clothing or material somewhere to make it tidy **заправлять что-либо в/за/под и т. д.** *Tuck your shirt in.* **2 tuck sth behind/under/in, etc** to put something in a small place so that it is safe and cannot move **припрятывать что-либо за/под/в и т. д.** *I found an old letter tucked in the back of the book.*

PHRASAL VERBS **tuck sth away** to put something in a safe place **убирать, прятать** *Helen tucked the money away in her purse.* • **be tucked away** to be in a place that is hidden, or in a place that few people go to **находиться на отшибе** *He lives in a cottage tucked away in the Suffolk countryside.* • **tuck in/tuck into sth** UK informal to start eating something, especially with enthusiasm **приступать (к еде)** *I was just about to tuck into a huge bowl of pasta.* • **tuck sb in/up** to make someone, especially a child, comfortable in bed by putting the covers around them **подтыкать одеяло у кого-либо**

Tuesday /ˈtjuːzdeɪ/ **noun** [C, U] (written abbreviation **Tue, Tues**) A1 the day of the week after Monday and before Wednesday **вторник**

tuft /tʌft/ **noun** [C] a small group of hairs, grass, etc **пучок**

tug[1] /tʌg/ **verb** [T] (present participle **tugging**, past tense and past participle **tugged**) to pull something suddenly and strongly **дергать** *Tom **tugged at** his mother's arm.*

tug[2] /tʌg/ **noun** [C] **1** a sudden, strong pull on something **рывок 2** (also **tugboat** /ˈtʌgbəʊt/) a boat used for pulling larger ships **буксирное судно**

tuition /tjuˈɪʃən/ **noun** [U] **1** the teaching of one person or of a small group of people **индивидуальное обучение** *French tuition* **2** mainly US money that you pay for being taught, especially at college or university **плата за обучение**

> **Слова-партнеры к tuition**
>
> **get/be given/offer/receive tuition • expert tuition • individual/one-to-one/private tuition • tuition in sth**

tulip /ˈtjuːlɪp/ **noun** [C] a brightly coloured spring flower in the shape of a cup **тюльпан**

tumble /ˈtʌmbl/ **verb** [I] **1** to suddenly fall **свалиться, скатиться** *He **tumbled down** the stairs.* **2** If the price or value of something tumbles, it suddenly becomes lower. **резко падать, обрушиваться** *Share prices tumbled by 20%.*

• **tumble noun** [C] **падение**

ˌtumble ˈdryer noun [C] UK (US **dryer**) a machine that dries clothes **барабанная сушилка**

tumbler /ˈtʌmbləʳ/ **noun** [C] a glass that you drink out of, that has straight sides and no handle **стакан**

tummy /ˈtʌmi/ **noun** [C] informal stomach **живот**

tumour UK (US **tumor**) /ˈtjuːməʳ/ **noun** [C] a group of cells in someone's body which are not growing normally **опухоль**

tumultuous /tjuːˈmʌltjuəs/ **adjective** full of noise and excitement **бурный, шумный** ***tumultuous applause*** ◦ *a **tumultuous reception/welcome***

tuna /ˈtjuːnə/ **noun** [C, U] (plural **tuna**) B1 a large sea fish, or the meat from this fish **тунец**

tune[1] /tjuːn/ **noun 1** B1 [C] a series of musical notes that are pleasant to listen to **мелодия** *He was **humming a tune** as he dried the dishes.* **2 in tune** singing or playing the right notes **в тон, настроенный 3 out of tune** singing or playing the wrong notes **не в тон, расстроенный** *The piano is out of tune.*

IDIOMS **change your tune** to suddenly change your opinion about something **запеть на другой лад** • **be in tune with sb** to be able to understand what someone wants or needs **понимать чьи-либо нужды** *The government is not in tune with the voters.*

Слова-партнеры к tune
hum/play/sing/whistle a tune • a **catchy** tune

tune² /tju:n/ **verb** [T] **1** to make slight changes to a musical instrument so that it plays the right notes **настраивать (музыкальный инструмент)** **2** to make changes to a television or radio so that it receives programmes from a particular company **настраивать на канал/волну** ***Stay tuned for*** *(= continue watching or listening for) more details.* ◦ *The radio is* ***tuned to*** *Radio 5.*

PHRASAL VERBS **tune in** to watch or listen to a particular television or radio programme **смотреть, слушать (передачу)** *Be sure to* ***tune in to*** *next week's show.* • **tune (sth) up** to make slight changes to a musical instrument before you play it so that it produces the right notes **настраивать (музыкальный инструмент)** *The orchestra were tuning up.*

tunic /ˈtju:nɪk/ **noun** [C] a loose piece of clothing that covers the top part of your body **блузка, китель**

tunnel¹ /ˈtʌnəl/ **noun** [C] B1 a long passage under the ground or through a mountain **тоннель** *The train went into the tunnel.* → See also **light¹** at the end of the tunnel

tunnel

tunnel² /ˈtʌnəl/ **verb** [I, T] (present participle UK **tunnelling**, past tense and past participle **tunnelled**, present participle US **tunneling**, past tense and past participle **tunneled**) to dig a tunnel **прокладывать тоннель**

turban /ˈtɜ:bən/ **noun** [C] a long piece of cloth that men from some religions fold around their heads **тюрбан, чалма**

turbine /ˈtɜ:baɪn/ **noun** [C] a large machine that produces power by using gas, steam, etc to turn a wheel **турбина**

turbulent /ˈtɜ:bjələnt/ **adjective** **1** A turbulent situation, time, etc is one in which there are a lot of sudden changes, arguments, or violence. **бурный, беспокойный** *a* ***turbulent relationship*** **2** Turbulent air or water moves very strongly and suddenly. **турбулентный**
• **turbulence** /ˈtɜ:bjələns/ **noun** [U] **бурность, турбулентность**

turf¹ /tɜ:f/ **noun** [U] short, thick grass and the soil it is growing in **дерн**

turf² /tɜ:f/ **verb**

PHRASAL VERB **turf sb out** UK informal to make someone leave **вышвыривать кого-либо**

turkey /ˈtɜ:ki/ **noun** [C, U] B1 a bird that looks like a large chicken, or the meat of this bird **индюк, индейка**

turmoil /ˈtɜ:mɔɪl/ **noun** [U, no plural] a situation in which there is a lot of trouble, confusion, or noise **смятение** *The whole region is* ***in turmoil.***

Слова-партнеры к turmoil
be in/be thrown into turmoil • **a state of** turmoil • **emotional/political** turmoil • **the** turmoil **of (doing)** sth

turn¹ /tɜ:n/ **verb** **1** [I] B1 to move your body so that you are facing a different direction **поворачиваться, оборачиваться** *Ricky turned and saw Sue standing in the doorway.* **2** [I, T] A2 to change direction when you are moving, or to make a car do this **поворачивать, заворачивать** *Turn left at the traffic lights.* **3** [T] to move something round so that it faces a different direction **поворачивать, разворачивать** *Ella turned the cup to hide the crack in it.* **4** [I, T] B2 to move around a central point in a circle, or to make something do this **поворачивать** *Turn the steering wheel as quickly as you can.* **5 turn blue/cold/sour, etc** B2 to become blue, cold, etc **посинеть/замерзнуть/прокиснуть и т. д.** *The sky turned black and it started to rain.* **6 turn 16/21, etc** to become a particular age **исполнилось 16/21 и т. д.** *He turned 18 last May.* **7 turn a page** B1 to move a page in a book or magazine in order to see the next one **перевернуть страницу** → See also turn your **back²** on sb/sth, turn/put the **clock¹** back, turn a blind **eye¹** (to sth), turn over a new **leaf¹**, turn your **nose¹** up at sth, turn the tables (**table¹**) on sb, come/turn up trumps (**trump**), turn sth **upside down¹**

PHRASAL VERBS **turn sb away** to not allow someone to enter a place **не впускать кого-либо** *By 10 o'clock the club was already full and they were turning people away.* • **turn (sb) back** B2 to return in the direction you have come from, or to make someone do this **повернуть (кого-либо) назад, вернуться** *They had to turn back because of the bad weather.* • **turn sb/sth down** B2 to refuse an offer or request **отказывать кому-либо/отклонять что-либо** *They did offer me the job, but I turned it down.* • **turn sth down** B1 to reduce the level of sound or heat that a machine produces **убавлять (звук и т. д.)** *Could you turn the radio down, please?* • **turn (sb/sth) into sb/sth** B1 to change and become someone or something different, or to make someone or something do this **превращать(ся) в кого-либо/во что-либо** *There are plans to turn his latest book into a film.* • **turn off (sth)** to leave the road you are driving along and drive on a different road **сворачивать (с дороги)** • **turn sth off** A2 to move the switch on a machine, light, etc so that it stops working, or to stop the supply of water, electricity, etc **выключать что-либо** *How do you turn the computer off?* → See **Phrasal Verbs** on page Centre 16 • **turn sth on** A2 to move the switch on a machine, light, etc so that it starts working, or to start the supply of water, electricity, etc **включать что-либо** *Ben turned the TV on.* → See **Phrasal Verbs** on page Centre 16 • **turn out 1** B2 to happen in a particular way, or to have a particular result **оказываться, заканчиваться** *The bomb warning* ***turned out to be*** *a false alarm.* ◦ [+ (that)] *I got talking to her and* ***it turned out*** *that we'd been to the same school.* **2** B2 If people turn out for an event, they go to be there or watch. **прибывать, собираться** *Over 800 people* ***turned out for*** *the protest.* • **turn sth out 1** to produce something **выпускать что-либо** *The factory turns out more than 600 vehicles a month.* **2** to move the switch on a light so that it stops working **выключать что-либо** • **turn (sth) over** UK to change to a different television station **переключать (на другой канал)** *Are you watching this or can I turn over?* • **turn to sb** B2 to ask someone for help or advice **обращаться к кому-либо** *Eventually she* ***turned to*** *her aunt* ***for*** *help.* • **turn to sth 1** to find a page in a book **открывать книгу на какой-либо странице** *Turn to page 105.* **2** to start to do something bad, especially because you are unhappy **пристраститься к чему-либо, начать злоупотреблять чем-либо** *She turned to drugs after the break-up of her marriage.* • **turn up 1** informal B2 to arrive **появляться, приходить** *Fred turned up late again.* **2** If something that you have been looking for turns up, you find it. **находиться, обнаруживаться** • **turn sth up** B1 to increase the level of sound or heat that a machine produces **увеличивать (звук и т. д.)** *I'm cold, could you turn the heating up please?*

turn² /tɜːn/ **noun 1** [C] B1 the time when you can or must do something, usually before or after someone else **очередь** [+ to do sth] *It's your turn to feed the rabbit – I did it yesterday.* ◦ *You'll have to be patient and* ***wait*** *your* ***turn****.* **2 take turns** (also UK **take it in turns**) B2 If two or more people take turns, one person does something, then another person does something, etc. **делать что-либо по очереди** [+ doing sth] *They all took turns carrying the suitcase.* ◦ [+ to do sth] *The children took it in turns to hold the baby.* **3 in turn** one after another **по очереди** *He spoke to the three boys in turn.* **4** [C] B2 a change in the direction in which you are moving or facing **поворот** *a* ***right/left turn*** **5** [C] a bend or corner in a road, river, etc **поворот** *Take the next turn on the right.* **6 turn of events** the way in which a situation develops, especially a sudden or unexpected change **поворот событий, оборот дел** **7 take a turn for the better/worse** to become better or worse suddenly **принимать хороший/дурной оборот** **8 do sb a good turn** to do something to help someone **оказывать кому-либо услугу** **9 the turn of the century** the start of a new century **начало века** → See also **U-turn**

turnaround /ˈtɜːnəraʊnd/ **noun** [C] when a bad situation changes into a good one **поворот к лучшему**

turning /ˈtɜːnɪŋ/ **noun** [C] UK B1 a corner where one road meets another **перекресток** ***Take the second turning*** *on the left.*

ˈturning ˌpoint noun [C] a time when an important change begins to happen **поворотный пункт** *This event* ***marked*** *a* ***turning point*** *in the country's history.*

> **Слова-партнеры к turning point**
>
> **mark/prove/reach** a turning point • the turning point **came** • **be at** a turning point • the turning point **in/of sth** • the turning point **for sb** • a **crucial/important/major/real** turning point

turnip /ˈtɜːnɪp/ **noun** [C, U] a large, round, pale yellow vegetable that grows under the ground **репа**

turn-off /ˈtɜːnɒf/ **noun 1** [C] a place where you can leave a main road to go onto another road **съезд с дороги** **2** [no plural] informal something which you dislike or which makes you feel less interested, especially sexually **что-либо, вызывающее неприязнь** *Greasy hair is a real turn-off.*

turnout /ˈtɜːnaʊt/ **noun** [C] the number of people at an event, such as a meeting or election **явка** [usually singular] *They blamed the* ***low turnout*** *on the bad weather.*

turnover /ˈtɜːnˌəʊvəʳ/ **noun 1** [no plural] how much money a business earns in a period of time **оборот капитала** **2** [U, no plural] the rate at which workers leave an organization and new workers join it **текучесть (кадров)** *a* ***high turnover*** *of staff*

ˈturn ˌsignal noun [C] US (UK **indicator**) a light that flashes on a vehicle to show that the driver intends to turn right or left **указатель поворота (на машине)** → See **Car** on page Centre 7

turnstile /ˈtɜːnstaɪl/ **noun** [C] a gate that only allows one person to go through it at a time **турникет**

turpentine /ˈtɜːpᵊntaɪn/ **noun** [U] (also UK **turps** /tɜːps/) a clear liquid that has a strong smell and is used for removing paint **скипидар**

turquoise /ˈtɜːkwɔɪz/ **noun** [U] a blue-green colour **бирюзовый цвет**
• **turquoise adjective бирюзовый**

turret /ˈtʌrɪt/ **noun** [C] a small tower that is part of a building **башенка**

turtle /ˈtɜːtl/ **noun** [C] an animal with four legs and a hard shell that lives mainly in water **черепаха**

turtleneck /ˈtɜːtlnek/ **noun** [C] US (UK **polo neck**) a piece of clothing that covers the top part of the body and has a tube-like part covering the neck **свитер-водолазка** *a turtleneck sweater* → See picture at **polo neck**

tusk /tʌsk/ **noun** [C] one of the two long, pointed

T

teeth that come out of the mouth of some animals **клык, бивень**

tussle /ˈtʌsl/ **noun** [C] a fight or argument, especially between two people who want the same thing **перебранка**

tut /tʌt/ **exclamation** (also **tut-tut**) a sound you make when you do not approve of something **ай-ай-ай!**

tutor /ˈtjuːtəʳ/ **noun** [C] **1** Ⓑ2 someone who teaches one person or a very small group of people **частный преподаватель, репетитор** *a private tutor* **2** UK a university teacher who is responsible for a small group of students **преподаватель-куратор**
• **tutor verb** [T] **давать частные уроки, обучать**

tutorial /tjuːˈtɔːriəl/ **noun** [C] **1** a class in which a small group of students talks about a subject with their tutor, especially at a British university **семинар (в Великобритании) 2** a set of instructions and exercises that teaches you how to use a computer program **пособие по использованию компьютерной программы**

tux /tʌks/ **noun** [C] US short for tuxedo **смокинг**

tuxedo /tʌkˈsiːdəʊ/ **noun** [C] US (UK **dinner jacket**) a black or white jacket that a man wears on a very formal occasion **смокинг** → See picture at **dinner jacket**

TV (also **tv**) /ˌtiːˈviː/ **noun** [C, U] Ⓐ1 abbreviation for television **телевизор** *What's **on TV** tonight?* ◦ *We could stay in and **watch TV**.* → See **The Living Room** on page Centre 4

twang /twæŋ/ **noun** [C] the sound that is made by pulling a tight string or wire **резкий звенящий звук**
• **twang verb** [I, T] **издавать резкий звенящий звук**

tweak /twiːk/ **verb** [T] **1** to change something slightly to try to improve it **усовершенствовать 2** to pull or twist something quickly and suddenly **пощипывать** *Dad sat there tweaking his beard.*
• **tweak noun** [C] **щипок**

tweed /twiːd/ **noun** [U] a thick, rough cloth made of wool **твид**

tweezers /ˈtwiːzəz/ **noun** [plural] a small tool with two narrow pieces of metal joined at one end, used for picking up or pulling out very small things **пинцет**

tweezers

twelfth¹ /twelfθ/ 12th written as a word **двенадцатый**

twelfth² /twelfθ/ **noun** [C] one of twelve equal parts of something; 1/12 **одна двенадцатая**

twelve /twelv/ Ⓐ1 the number 12 **двенадцать**

twenty /ˈtwenti/ **1** Ⓐ1 the number 20 **двадцать 2 the twenties** the years from 1920 to 1929 **двадцатые годы 3 be in your twenties** to be aged between 20 and 29 **быть в возрасте от 20 до 29 лет**
• **twentieth** 20th written as a word **двадцатый**

twice /twaɪs/ **adverb** Ⓐ2 two times **дважды, два раза** *I've been there twice.* ◦ *I have to take the tablets twice a day.*

twiddle /ˈtwɪdl/ **verb** [I, T] to move your fingers around, or turn something around many times, especially because you are bored **вертеть, крутить** *Karen just sat there **twiddling with** her hair.*

twig /twɪg/ **noun** [C] a small, thin branch on a tree **веточка** → See picture at **tree**

twilight /ˈtwaɪlaɪt/ **noun** [U] the time just before it becomes completely dark in the evening **сумерки**

twin¹ /twɪn/ **noun** [C] Ⓑ1 one of two children who are born to the same mother at the same time **близнец** → See also **identical twin**

> **Слова-партнеры к twin**
>
> a set of twins • sb's twin brother/sister • identical twins

twin² /twɪn/ **adjective** [always before noun] used to describe two similar things that are a pair **состоящий из двух частей, составляющих пару** ***twin beds***

twin³ /twɪn/ **verb** UK **be twinned with sth** If a town in one country is twinned with a town in another country, the two towns have a special relationship. **быть городом-побратимом с каким-либо городом** *Leeds in England is twinned with Dortmund in Germany.*

twinge /twɪndʒ/ **noun** [C] **1** a sudden, slight emotion **приступ, угрызения, укол** *a **twinge of** guilt* **2** a sudden, slight pain **укол, боль**

twinkle /ˈtwɪŋkl/ **verb** [I] **1** If light twinkles, it shines and seems to be quickly flashing on and off. **мерцать** *The lights of the town twinkled in the distance.* **2** If someone's eyes twinkle, they look bright and happy. **сверкать**
• **twinkle noun** [C] **мерцание, огонек (в глазах)**

twirl /twɜːl/ **verb** [I, T] to turn around and around quickly, or to make something do this **кружить(ся), вертеть(ся)**
• **twirl noun** [C] **кружение**

twist¹ /twɪst/ **verb 1** [T] to turn something using your hand **крутить** *She sat there nervously twisting the ring around on her finger.* **2** [T] to bend and turn something many times and change its shape **искривиться, изогнуться** *The wheels of the bike had*

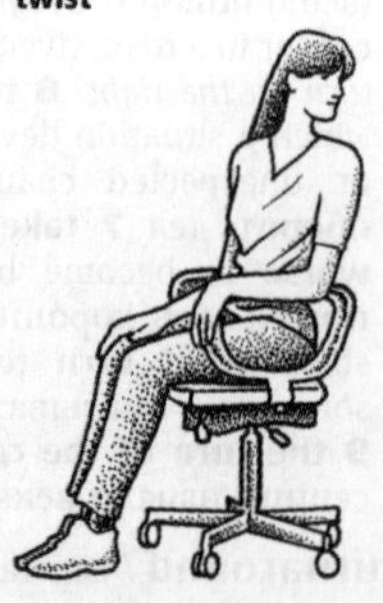
twist

been twisted in the accident. **3** [I, T] to turn part of your body to face a different direction **поворачивать, изгибать** *She twisted her head so she could see what was happening.* **4** [I] If a road, river, etc twists, it has a lot of bends in it. **виться, изгибаться** *The path* ***twisted and turned*** *up the side of the mountain.* **5** [T] If you twist a part of your body, such as your knee, you injure it by turning it suddenly. **растягивать (связки и т. д.)** **6** [T] to unfairly change the meaning of something that someone has said **искажать** *Journalists had twisted his remarks.* → See also twist sb's **arm¹**

twist² /twɪst/ **noun** [C] **1** a sudden change in a story or situation that you do not expect **неожиданный поворот (в сюжете)** *The story has an unusual twist at the end.* **2** when you twist something **кручение, скручивание** **3** a part of something that is twisted **петля, узел** *There's a twist in the wire.* **4** a shape that is made by twisting something **что-либо скрученное** *Finally, add a twist of lemon for decoration.* **5** a bend in a river, road, etc **изгиб, поворот**

twisted /ˈtwɪstɪd/ **adjective** **1** B2 Something that is twisted is bent a lot of times and does not have its usual shape. **искривленный** **2** strange and slightly unpleasant or cruel **извращенный** *He'd become* ***bitter and twisted****.*

twister /ˈtwɪstəʳ/ **noun** [C] US another word for tornado (= an extremely strong and dangerous wind that blows in a circle) **торнадо** → See also **tongue twister**

twit /twɪt/ **noun** [C] informal a silly person **олух**

twitch /twɪtʃ/ **verb** [I] If a part of your body twitches, it suddenly makes a slight movement in a way that you cannot control. **дергаться, подергиваться** *His face twitched nervously.*
• **twitch noun** [C] **подергивание, судорога**

twitter /ˈtwɪtəʳ/ **verb** [I] If a bird twitters, it makes a series of short, high sounds. **щебетать, чирикать**

two /tuː/ **1** A1 the number 2 **два** **2** **in two** B2 into two pieces **пополам** *She broke the chocolate in two.*

IDIOM **put two and two together** to guess the truth from details that you notice about a situation **сообразить что к чему** *She didn't tell me she was pregnant – I just put two and two together.*

→ See also the **lesser** of two evils, be in two minds **(mind¹)**, stand on your own two feet **(foot¹)**

two-time /ˌtuːˈtaɪm/ **verb** [T] informal If someone two-times their partner, they secretly have a romantic relationship with someone else. **изменять (мужу, жене)**

two-way /ˈtuːˌweɪ/ **adjective** moving, or allowing something to move or work in two directions **двусторонний** *a two-way street*

tycoon /taɪˈkuːn/ **noun** [C] someone who is very successful and powerful in business and has a lot of money **магнат** *a* ***media tycoon*** ◦ *a* ***property/shipping tycoon***

tying /ˈtaɪɪŋ/ present participle of tie **прич. наст. вр. от гл. tie**

Tylenol /ˈtaɪlənɒl/ **noun** [C, U] trademark a common drug used to reduce pain and fever **тайленол (анальгетическое ненаркотическое средство)**

type¹ /taɪp/ **noun** [C] **1** A2 a person or thing that is part of a group of people or things that have similar qualities, or a group of people or things that have similar qualities **тип, род, сорт** *They sell over 20* ***different types*** *of cheese.* ◦ *Illnesses* ***of this type*** *are very common in children.* **2** someone who has particular qualities or interests **тип человека** *He's the outdoor type (= enjoys being outside).* **3** **not be sb's type** informal to not be the type of person that someone thinks is attractive **не быть в чьем-либо вкусе** *I like Bertrand but he's not really my type.* → See also **blood type**

> Слова-партнеры к **type**
>
> of this type • **all types of** sth • **different/various types**

type² /taɪp/ **verb** [I, T] B1 to write something using a keyboard **печатать**
• **typing noun** [U] **печатание**

typewriter /ˈtaɪpˌraɪtəʳ/ **noun** [C] a machine with keys that you press to produce letters and numbers on paper **пишущая машинка**
• **typewritten** /ˈtaɪpˌrɪtᵊn/ **adjective** printed using a typewriter **напечатанный** *a typewritten letter*

typhoid /ˈtaɪfɔɪd/ **noun** [U] a serious infectious disease that is caused by dirty water or food **брюшной тиф**

typhoon /taɪˈfuːn/ **noun** [C] a violent storm with very strong winds **тайфун**

typical /ˈtɪpɪkᵊl/ **adjective** B1 having all the qualities you expect a particular person, object, place, etc to have **типичный** *typical German food* ◦ *This style of painting is* ***typical of*** *Monet.*

typically /ˈtɪpɪkᵊli/ **adverb** **1** B2 used for saying that something is typical of a person, thing, place, etc **типично** *behaviour that is typically English* **2** B1 used for saying what usually happens **обычно** *Schools in the area typically start at 8.30.*

typify /ˈtɪpɪfaɪ/ **verb** [T] to be a typical example or quality of something **быть типичным представителем, служить типичным примером** *Emma's opinions typify the attitude of many young people.*

typist /ˈtaɪpɪst/ **noun** [C] old-fashioned someone who types (= writes using a machine) **машинистка**

T

tyranny /ˈtɪrᵊni/ **noun** [U] when a leader or government has too much power and uses that power in a cruel and unfair way **тирания**
• **tyrannical** /tɪˈrænɪkᵊl/ **adjective** using or involving tyranny **тиранический**

tyrant /ˈtaɪərənt/ **noun** [C] someone who has total power and uses it in a cruel and unfair way **тиран**

tyre UK (US **tire**) /taɪəʳ/ **noun** [C] A2 a thick, round piece of rubber filled with air, that fits around a wheel **шина** *It's got a **flat tyre** (= tyre with no air in it).* → See **Car** on page Centre 7

U

U, u /juː/ the twenty-first letter of the alphabet **21-я буква алфавита**

uber- /uːbəʳ-/ **prefix** humorous used before nouns to mean 'extreme' or 'extremely good or successful' **сверх-, крайне** *uber-billionaire*

ubiquitous /juːˈbɪkwɪtəs/ **adjective** formal seeming to be in all places **вездесущий, повсеместный** *the ubiquitous security cameras*

udder /ˈʌdəʳ/ **noun** [C] the part of a female cow, goat, etc that hangs under its body and produces milk **вымя**

UFO /ˌjuːefˈəʊ/ **noun** [C] abbreviation for unidentified flying object: something strange that you see in the sky that could be from another part of the universe **НЛО**

ugh /ʌg/ **exclamation** used to show that you think something is very unpleasant **фу! брр!** *Ugh! What a smell!*

ugly /ˈʌgli/ **adjective 1** (B1) unpleasant to look at **уродливый** *an ugly city* **2** An ugly situation is very unpleasant, usually because it involves violence. **скверный, безобразный** *There were **ugly scenes** outside the stadium.* → See also raise/rear its ugly **head**[1]
• **ugliness noun** [U] **уродство, безобразие**

uh US (UK **er**) /ə/ **exclamation** something that you say when you are thinking what to say next **э-э-э** *It's not too far – it's about, uh, five miles from here.*

UK /ˌjuːˈkeɪ/ **noun** abbreviation for United Kingdom **Соединенное Королевство**

ulcer /ˈʌlsəʳ/ **noun** [C] a painful, infected area on your skin or inside your body **язва** *a **mouth/stomach ulcer***

ulterior /ʌlˈtɪəriəʳ/ **adjective ulterior motive/purpose, etc** a secret purpose or reason for doing something **скрытый мотив/цель и т. д.**

ultimate[1] /ˈʌltɪmət/ **adjective** [always before noun] **1** (B2) better, worse, or greater than all similar things **предельный, крайний** *Climbing Mount Everest is the ultimate challenge.* ◦ *the ultimate insult* **2** final or most important **конечный, окончательный** *the ultimate aim/solution*

ultimate[2] /ˈʌltɪmət/ **noun the ultimate in sth** the best or greatest example of something **предел чего-либо** *It describes the hotel as 'the ultimate in luxury'.*

ultimately /ˈʌltɪmətli/ **adverb 1** finally, after a series of things have happened **в конце концов** *a disease that ultimately killed him* **2** used to emphasize the most important fact in a situation **в конечном итоге** *Ultimately, he'll have to decide.*

ultimatum /ˌʌltɪˈmeɪtəm/ **noun** [C] when someone says they will do something that will affect you badly if you do not do what they want **ультиматум** *The children were **given an ultimatum** – finish their work quietly or stay behind after class.*

> **Слова-партнеры к ultimatum**
>
> deliver/give sb /issue an ultimatum • an ultimatum **demands** sth • an ultimatum **from/to** sb

ultra- /ʌltrə-/ **prefix** extremely **ультра-, сверх-, крайне** *ultra-modern architecture* ◦ *ultra-careful*

ultrasonic /ˌʌltrəˈsɒnɪk/ **adjective** involving ultrasound **ультразвуковой**

ultrasound /ˈʌltrəsaʊnd/ **noun 1** [U] very high sound waves, especially those that are used in medical examinations to produce an image of something inside your body **ультразвук** *an **ultrasound scan*** **2** [C] a medical examination which produces an image of something that is inside the body, especially a baby, using sound waves **ультразвуковое исследование** *An ultrasound revealed a perfectly healthy baby.*

ultraviolet /ˌʌltrəˈvaɪələt/ **adjective** Ultraviolet light makes your skin become darker. **ультрафиолетовый**

umbilical cord /ʌmˈbɪlɪkl̩ˌkɔːd/ **noun** [C] the tube that connects a baby to its mother before it is born **пуповина**

umbrella /ʌmˈbrelə/ **noun** [C] **1** (A2) a thing that you hold above your head to keep yourself dry when it is raining **зонт** **2 umbrella group/organization, etc** a large organization that is made of many smaller organizations **головная организация**

umbrella

umpire /ˈʌmpaɪəʳ/ **noun** [C] someone whose job is to watch a sports game and make sure that the players obey the rules **судья (в спорте)** *a tennis/cricket umpire*
• **umpire verb** [I, T] **судить (в спорте)**

umpteen /ʌmˈtiːn/ **quantifier** informal very many **бесчисленное количество** *I've been there **umpteen times** and I still can't remember the way.*
• **umpteenth энный, сотый** *I drank my umpteenth cup of coffee.*

un- /ʌn-/ **prefix** not or the opposite of **не-, придает слову противоположное значение** *unhappy* ◦ *unfair* ◦ *to unfasten*

the UN /juːˈen/ **noun** abbreviation for the United

Nations: an international organization that tries to solve world problems in a peaceful way **Организация Объединенных Наций**

unable /ʌnˈeɪbl/ **adjective be unable to do sth** B1 to not be able to do something **быть не в состоянии делать что-либо** *Some days he is unable to get out of bed.*

unabridged /ˌʌnəˈbrɪdʒd/ **adjective** An unabridged book, play, etc is in its original form and has not been made shorter. **несокращенный (о книге и т. д.)**

unacceptable /ˌʌnəkˈseptəbl/ **adjective** B2 too bad to be allowed to continue **неприемлемый** *The water contains unacceptable levels of pollution.* ◦ *I find that sort of behaviour* ***completely unacceptable.***

• **unacceptably adverb неприемлемо**

> Слова-партнеры к **unacceptable**
>
> **find** sth unacceptable • **completely/totally/wholly** unacceptable • unacceptable **to** sb

unaccompanied /ˌʌnəˈkʌmpənid/ **adjective** not having anyone with you when you go somewhere **не сопровождаемый кем-либо** *Unaccompanied children are not allowed in the museum.*

unaccountable /ˌʌnəˈkaʊntəbl/ **adjective** **1** impossible to explain **необъяснимый** *For some* ***unaccountable reason****, I've got three copies of the same book.* **2** not having to give reasons for your actions or decisions **неподотчетный**

• **unaccountably adverb необъяснимо**

unadulterated /ˌʌnəˈdʌltᵊreɪtɪd/ **adjective** **1** complete **полнейший** *I've never heard such unadulterated nonsense in all my life!* **2** pure and with nothing extra added **чистейший, не разбавленный** *People using drugs can never be sure that they're using unadulterated substances.*

unaffected /ˌʌnəˈfektɪd/ **adjective** not changed by something **не подвергшийся влиянию** *Smaller colleges will be* ***unaffected by*** *the new regulations.*

unaided /ʌnˈeɪdɪd/ **adjective, adverb** without help **без посторонней помощи** *He's now well enough to* ***walk unaided.***

unanimous /juːˈnænɪməs/ **adjective** agreed by everyone **единодушный, единогласный** *The jury was unanimous in finding him guilty.*

• **unanimity** /ˌjuːnəˈnɪməti/ **noun** [U] when everyone agrees about something **единодушие**

• **unanimously adverb единодушно, единогласно** *The members* ***unanimously agreed*** *to the proposal.*

unannounced /ˌʌnəˈnaʊnst/ **adjective, adverb** without telling anyone first **без предупреждения** *an* ***unannounced visit***

unappealing /ˌʌnəˈpiːlɪŋ/ **adjective** not attractive or enjoyable **непривлекательный, несоблазнительный** *Five hours on a train with Mike is a fairly* ***unappealing prospect.*** ◦ *an* ***unappealing character***

unarmed /ʌnˈɑːmd/ **adjective** not carrying a weapon **безоружный**

unashamedly /ˌʌnəˈʃeɪmɪdli/ **adverb** in a way that shows you are not embarrassed or worried about what other people think of you **без стеснения** *Galliano is unashamedly romantic.*

unassuming /ˌʌnəˈsjuːmɪŋ/ **adjective** not wanting to be noticed **непритязательный, скромный** *a shy, unassuming man*

unattached /ˌʌnəˈtætʃt/ **adjective** not married or having a romantic relationship **одинокий**

unattended /ˌʌnəˈtendɪd/ **adjective** not being watched or looked after **оставленный без присмотра** *Passengers should not* ***leave*** *bags* ***unattended.***

unattractive /ˌʌnəˈtræktɪv/ **adjective** **1** not beautiful or nice to look at **непривлекательный** *I felt old and unattractive.* **2** not interesting or useful **неинтересный, малопривлекательный** *an unattractive proposition*

unauthorized (also UK **-ised**) /ʌnˈɔːθᵊraɪzd/ **adjective** done without official permission **несанкционированный** *an unauthorized use of company money*

unavailable /ˌʌnəˈveɪləbl/ **adjective** **1** not able to talk to someone or meet them, especially because you are doing other things **недосягаемый, занятый** *The manager was* ***unavailable for comment.*** **2** B2 impossible to buy or get **не имеющийся в продаже, в наличии** *The book is unavailable in Britain.*

unavoidable /ˌʌnəˈvɔɪdəbl/ **adjective** impossible to avoid or prevent **неизбежный** *an unavoidable delay*

unaware /ˌʌnəˈweəʳ/ **adjective** [never before noun] B2 not knowing about something **не знающий, не подозревающий** *He seems* ***totally unaware of*** *the problem.*

> Слова-партнеры к **unaware**
>
> **blissfully/completely/seemingly/totally** unaware • unaware **of** sth

unawares /ˌʌnəˈweəz/ **adverb catch/take sb unawares** If something catches or takes you unawares, it happens when you do not expect it to. **настигнуть/застать кого-либо врасплох** *The rain caught me unawares and I didn't have my umbrella.*

unbalanced /ʌnˈbælənst/ **adjective** **1** slightly mentally ill **неуравновешенный** **2** false and not fair **предвзятый, несправедливый** *He gave an unbalanced view of the situation.*

unbearable /ʌnˈbeərəbl/ **adjective** B2 too painful or unpleasant for you to continue to experience **невыносимый** *The heat was almost unbearable.*

• **unbearably adverb невыносимо**

unbeatable /ʌnˈbiːtəbl/ **adjective** much better

than everyone or everything else **непревзойденный** *We aim to sell the best products at unbeatable prices.*

unbeaten /ʌnˈbiːtᵊn/ **adjective** in sports, having won every game **не испытавший поражения** *Manchester United **remain unbeaten** this season.*

unbelievable /ˌʌnbɪˈliːvəbl/ **adjective 1** (B1) extremely bad or good and making you feel surprised **невероятный** *It's unbelievable how lucky she's been.* **2** (B2) not probable and difficult to believe **неправдоподобный**
• **unbelievably adverb невероятно**

unborn /ʌnˈbɔːn/ **adjective** not yet born **(еще) не рожденный** *the **unborn child***

unbreakable /ˌʌnˈbreɪkəbl/ **adjective** impossible to break **небьющийся, неломкий** *unbreakable glass/plastic*

unbridled /ʌnˈbraɪdld/ **adjective** An unbridled feeling is one that you do not try to hide or control. **необузданный** ***unbridled enthusiasm/passion***

unbroken /ʌnˈbrəʊkᵊn/ **adjective** continuous and with no pauses **непрерывный** *unbroken sunshine*

unbutton /ʌnˈbʌtᵊn/ **verb** [T] to open the buttons on a piece of clothing **расстегивать (пуговицы)** *He unbuttoned his jacket.*

uncalled for /ʌnˈkɔːldfɔːʳ/ **adjective** If an action or remark is uncalled for, it is unfair or unkind. **ничем не вызванный, незаслуженный** *That was uncalled for, Tess – apologize to your brother.*

uncanny /ʌnˈkæni/ **adjective** strange and impossible to explain **поразительный** *an **uncanny resemblance***
• **uncannily adverb поразительно**

uncaring /ʌnˈkeərɪŋ/ **adjective** without sympathy for people with problems **безразличный, равнодушный** *victims of an uncaring society*

uncertain /ʌnˈsɜːtᵊn/ **adjective 1** (B2) not sure or not able to decide about something **неуверенный, сомневающийся** *Bridie was **uncertain about** meeting him.* **2** (B2) not known, or not completely certain **неопределенный, неизвестный** *The museum faces an **uncertain future**.*
• **uncertainly adverb неуверенно, неопределенно** • **uncertainty noun** [C, U] **неуверенность, неопределенность**

uncertainty /ʌnˈsɜːtᵊnti/ **noun** [C, U] when something is uncertain **неопределенность, неясность** *Life is full of uncertainties.*

> **Слова-партнеры к uncertainty**
> face uncertainty • the uncertainty surrounding sth • uncertainty about/as to/over sth • continuing/great/growing uncertainty • the uncertainty of sth

unchanged /ʌnˈtʃeɪndʒd/ **adjective** (B2) staying the same **неизменившийся** *The area has **remained** virtually **unchanged** in fifty years.*

uncharacteristic /ˌʌnkærəktəˈrɪstɪk/ **adjective** not typical **нетипичный, нехарактерный**
• **uncharacteristically adverb нетипично, нехарактерно**

unchecked /ʌnˈtʃekt/ **adjective** If something bad continues unchecked, it is not stopped. **беспрепятственный**

uncle /ˈʌŋkl/ **noun** [C] (A2) the brother of your mother or father, or the husband of your aunt **дядя**

unclean /ʌnˈkliːn/ **adjective** morally bad, as described by the rules of a religion **нечистый**

unclear /ʌnˈklɪəʳ/ **adjective 1** (B2) not easy to understand **неясный, непонятный** *The situation at the moment is unclear.* ∘ [+ question word] *It's unclear what actually happened that night.* **2** (B2) If you are unclear about something, you do not understand it exactly. **неуверенный, непонимающий** *I'm **unclear about** exactly who's doing what.*

uncomfortable /ʌnˈkʌmftəbl/ **adjective 1** (B1) not feeling comfortable and pleasant, or not making you feel comfortable and pleasant **испытывающий неудобство, неудобный** *These shoes are really uncomfortable.* **2** slightly embarrassed, or making you feel slightly embarrassed **испытывающий неловкость, неловкий** *an uncomfortable silence*
• **uncomfortably adverb неудобно, неловко**

uncommon /ʌnˈkɒmən/ **adjective** unusual **редкий, необычный** [+ for + to do sth] *It's not uncommon for people to become ill (= they often become ill) when they travel.*
• **uncommonly adverb необычно**

uncompromising /ʌnˈkɒmprəmaɪzɪŋ/ **adjective** determined not to change your ideas or decisions **непреклонный** *an **uncompromising attitude***

unconcerned /ˌʌnkənˈsɜːnd/ **adjective** not worried by something **безразличный, равнодушный** *The baby seemed **unconcerned by** all the noise.*

unconditional /ˌʌnkənˈdɪʃᵊnᵊl/ **adjective** done or given without any limits and without asking for anything for yourself **безоговорочный, не ограниченный какими-либо условиями** ***unconditional love***
• **unconditionally adverb безоговорочно**

unconfirmed /ˌʌnkənˈfɜːmd/ **adjective** An unconfirmed report or story may not be true because there is no proof yet. **неподтвержденный**

unconnected /ˌʌnkəˈnektɪd/ **adjective** If two or more things are unconnected, there is no connection between them. **не связанный (с чем-либо)** *The stomach ailment was **unconnected with** his cancer.*

unconscious[1] /ʌnˈkɒnʃəs/ **adjective 1** (B2) in a state as though you are sleeping, for example because you have been hit on the head **потерявший сознание** *She was **knocked unconscious**.* **2** An unconscious thought or feeling is one that you do not know you have. **невольный, неосознанный** *an unconscious fear*

• **unconsciousness** noun [U] **бессознательное состояние**

unconscious² /ʌnˈkɒnʃəs/ **noun** [no plural] the part of your mind that contains feelings and thoughts that you do not know about, and that influences the way you behave **подсознание**

unconsciously /ʌnˈkɒnʃəsli/ **adverb** If you do something unconsciously, you do it without knowing that you are doing it. **невольно**

unconstitutional /ʌnˌkɒnstɪˈtjuːʃənəl/ **adjective** not allowed by the rules of an organization or political system **неконституционный**

uncontrollable /ˌʌnkənˈtrəʊləbl/ **adjective** unable to be controlled **неудержимый** *uncontrollable anger* ◦ *an uncontrollable desire to cry*

• **uncontrollably** adverb **неудержимо**

unconventional /ˌʌnkənˈvenʃənəl/ **adjective** doing things in a way that is different from most people **нетрадиционный, чуждый условностям** *an unconventional lifestyle*

unconvincing /ˌʌnkənˈvɪntsɪŋ/ **adjective** not seeming true or real **неубедительный** *an unconvincing explanation*

uncool /ʌnˈkuːl/ **adjective** embarrassing and not stylish or fashionable **несдержанный, неотесанный**

uncountable noun /ʌnˌkaʊntəbəlˈnaʊn/ **noun** [C] (also **uncount noun**) (B1) a noun which does not have a plural form and cannot be used with 'a' or 'one'. For example 'music' and 'furniture' are uncountable nouns. **неисчисляемое имя существительное** → See Study Page **Countable and uncountable nouns** on page Centre 20

uncouth /ʌnˈkuːθ/ **adjective** behaving in a rude, unpleasant way **грубый, неотесанный**

uncover /ʌnˈkʌvər/ **verb** [T] **1** to discover something that had been secret or hidden **обнаруживать, раскрывать** *The inspectors **uncovered evidence** of corruption.* **2** to remove a cover from something **снимать (покров, крышку и т. д.)**

> Слова-партнеры к **uncover**
>
> uncover **evidence/ a plot/ a secret/the truth**
> • **an investigation** uncovers sth

undaunted /ʌnˈdɔːntɪd/ **adjective** not frightened to do something that is difficult or dangerous **не утративший присутствия духа** *Keiko spoke, **undaunted by** the crowd.*

undecided /ˌʌndɪˈsaɪdɪd/ **adjective** If you are undecided about something, you have not made a decision yet. **нерешительный, колеблющийся** *I'm still undecided about whether to apply for the job.*

undefeated /ˌʌndɪˈfiːtɪd/ **adjective** in sports, having won every game **непобежденный, не потерпевший поражения** *Both teams **remain undefeated** in the final weeks of the season.*

undeniable /ˌʌndɪˈnaɪəbl/ **adjective** certainly true **неоспоримый** *an undeniable fact*

• **undeniably** adverb **неоспоримо**

under¹ /ˈʌndər/ **preposition** **1** (A1) below something **под** *She pushed her bag under the table.* ◦ *The children were sitting under a tree.* **2** (A1) below the surface of something **под** *He could only keep his head under the water for a few seconds.* **3** (A2) less than a number, amount, or age **меньше, ниже, младше** *You can buy the whole system for just under $2000.* ◦ *We don't serve alcohol to anyone under 18.* **4** controlled or governed by a particular person, organization, etc **под руководством, под началом** *a country under military rule* ◦ *The restaurant is under new management.* **5** according to a rule, law, etc **по, согласно** *Under the new law, all new buildings must be approved by the local government.* **6** (B2) in a particular state or condition **под (давлением), при, в (обстоятельствах)** *The President is under pressure to resign.* ◦ *Students are allowed to miss school under certain circumstances.* **7** (B2) used to say that something is happening at the moment but is not finished **указывает на осуществление действия, передается глаголом** *A new 16-screen cinema is **under construction**.* ◦ *Several different plans are **under discussion**.* **8** using a particular name, especially one that is not your usual name **под (именем)** *He also wrote several detective novels under the name Edgar Sandys.* **9** used to say which part of a list, book, library, etc you should look in to find something **в (разделе)** *Books about health problems are under 'Medicine'.*

under² /ˈʌndər/ **adverb** **1** below the surface of something **указывает на движение вниз или на нахождение внизу** *The child was swimming and suddenly started to go under.* **2** less than a particular number, amount, or age **меньше, ниже, младше** *I want a computer that is £500 or under.*

under- /ʌndər-/ **prefix** **1** not enough **в сложных словах указывает на недостаточность, неполноту** *undercooked potatoes* **2** below **в сложных словах указывает на положение под чем-либо, ниже чего-либо** *underwear* ◦ *an underpass*

under-age /ˌʌndərˈeɪdʒ/ **adjective** younger than the legal age when you are allowed to do something **несовершеннолетний** ***under-age drinking/sex***

undercover /ˌʌndəˈkʌvər/ **adjective, adverb** working secretly in order to get information for the police or government **тайный, секретный** *an **undercover police officer***

undercut /ˌʌndəˈkʌt/ **verb** [T] (present participle **undercutting**, past tense and past participle **under-**

U

cut) to sell something at a lower price than someone else **продавать по более низким ценам**

the underdog /ˈʌndədɒg/ **noun** the person or team that is expected to lose a race or competition **предполагаемый аутсайдер**

underestimate /ˌʌndərˈestɪmeɪt/ **verb** [T] **1** B2 to not understand how large, strong, or important something is **недооценивать** *Many people underestimate the cost of owning a car.* **2** to not understand how powerful or clever someone is **недооценивать** *I thought it would be an easy game but I had underestimated my opponent.* → Opposite **overestimate**

underfoot /ˌʌndəˈfʊt/ **adverb** under your feet as you walk **под ногами** *Several people were* ***trampled underfoot*** *in the rush to escape.*

undergo /ˌʌndəˈgəʊ/ **verb** [T] (present participle **undergoing**, past tense **underwent**, past participle **undergone**) to experience something, especially a change or medical treatment **переносить, подвергаться** *The country is currently* ***undergoing major political change.*** ∘ *He is* ***undergoing surgery*** *for a heart problem.*

undergraduate /ˌʌndəˈgrædʒuət/ **noun** [C] (informal **undergrad** /ˈʌndəgræd/) a student who is studying for their first university degree (= qualification) **студент университета**

underground[1] /ˈʌndəgraʊnd/ **adjective, adverb 1** B2 under the surface of the ground **подземный, под землей** *underground caves* ∘ *an animal that lives underground* **2** Underground political activities are secret and illegal. **подпольный, подпольно** *an underground political organization*

underground[2] /ˈʌndəgraʊnd/ **noun** [no plural] UK (US **subway**) A2 a system of trains that is built under a city **метро** *the London Underground*

> Слова-партнеры к **underground (noun)**
> take the underground • on the underground • an underground **station/train**

undergrowth /ˈʌndəgrəʊθ/ **noun** [U] short plants and bushes that grow around trees **подлесок**

underhand /ˌʌndəˈhænd/ **adjective** (also **underhanded**) secret and not honest **тайный, сомнительный** ***underhand business deals***

underline /ˌʌndəˈlaɪn/ **verb** [T] **1** B1 to draw a line under a word or sentence **подчеркивать** **2** B2 to emphasize the importance or truth of something **подчеркивать, придавать особое значение** *The report* ***underlines the need*** *for more teachers in schools.*

underlying /ˌʌndəˈlaɪɪŋ/ **adjective** [always before noun] An underlying reason or problem is the real reason or problem, although it is not obvious. **лежащий в основе чего-либо** *We need to look at the* ***underlying reasons*** *for ill health.*

undermine /ˌʌndəˈmaɪn/ **verb** [T] to make someone less confident or make something weaker **подрывать, разрушать** *A series of scandals have* ***undermined people's confidence*** *in the government.*

underneath[1] /ˌʌndəˈniːθ/ **adverb, preposition** B1 under something **под, внизу** *Florian was wearing a jacket with a red shirt underneath.* ∘ *Deborah pushed her shoes underneath the bed.*

underneath[2] /ˌʌndəˈniːθ/ **noun the underneath** the bottom part of something **нижняя часть чего-либо**

underpaid /ˌʌndəˈpeɪd/ **adjective** not earning enough for your work **низкооплачиваемый**

underpants /ˈʌndəpænts/ **noun** [plural] B1 a piece of underwear that covers the area between your waist and the top of your legs **трусы** → See **Clothes** on page Centre 9

underpass /ˈʌndəpɑːs/ **noun** [C] a road or path that goes under another road **уличный тоннель**

underprivileged /ˌʌndəˈprɪvəlɪdʒd/ **adjective** poor and having fewer opportunities than most people **лишенный привилегий, неимущий** *underprivileged families*

underrate /ˌʌndəˈreɪt/ **verb** [T] to think that someone or something is not as good as they really are **недооценивать** *Critics have continued to underrate Murray.*
• **underrated adjective недооцененный** *I think he's really underrated as an actor.* → Opposite **overrated**

underscore /ˌʌndəˈskɔːr/ **verb** [T] mainly US to emphasize the importance of something **подчеркивать**

undershirt /ˈʌndəʃɜːt/ **noun** [C] US (UK **vest**) a piece of underwear that you wear under a shirt **нижняя рубашка, майка**

the underside /ˈʌndəsaɪd/ **noun** the bottom surface of something **низ, дно** *There was some damage to the underside of the car.*

understand /ˌʌndəˈstænd/ **verb** [I, T] (past tense and past participle **understood**) **1** A1 to know the meaning of something that someone says **понимать** *I don't understand half of what he says.* ∘ *She didn't understand so I explained it again.* **2** A2 to know why or how something happens or works **понимать, представлять** [+ question word] *We still don't fully understand how the brain works.* **3** B1 to know how someone feels or why they behave in a particular way **понимать** *I don't understand James sometimes.* ∘ [+ question word] *I understand why she's so angry.* **4 I/we understand (that)...** formal used to say that you believe something is true because someone has told you it is **насколько мне/нам известно** *I understand that the school is due to close next year.* **5 make yourself understood** to say something to someone in a way that they understand **объясняться** *I had a little difficulty making myself understood.*

U

understandable /ˌʌndəˈstændəbl/ **adjective** (B2) An understandable feeling or action is one that you would expect in that particular situation. **понятный** *It's understandable that he's angry.*

• **understandably adverb понятно, неудивительно** *She's understandably upset.*

understanding[1] /ˌʌndəˈstændɪŋ/ **noun 1** [U, no plural] (B2) knowledge about a subject, situation, etc or about how something works **понимание** *We now **have a better understanding of** this disease.* **2** [C] an informal agreement between two people **договоренность, соглашение** [usually singular, + that] *We **have an understanding** that we don't discuss the subject in front of his mother.* **3** [U] (B2) sympathy **понимание, сочувствие** *Thank you for your understanding.* **4 my/her/his, etc understanding** what you thought to be true **как я считаю/как он/она считает** *It was my understanding that she was coming alone.* **5** [U] the ability to learn or think about something **интеллект, понимание**

> Слова-партнеры к **understanding**
>
> **develop/gain/have an understanding (of sth)** • **a better/clear** understanding • an understanding **of sth**

understanding[2] /ˌʌndəˈstændɪŋ/ **adjective** (B2) showing sympathy for someone's problems **отзывчивый** *Fortunately, my girlfriend is very understanding.*

understated /ˌʌndəˈsteɪtɪd/ **adjective** simple and attractive in style **сдержанный, простой** *an understated black dress*

understatement /ˌʌndəˈsteɪtmənt/ **noun** [C, U] when you say that something is less extreme than it really is **преуменьшение, сдержанное высказывание** *'Quite big', did you say? That's an understatement – he's enormous!*

understood /ˌʌndəˈstʊd/ past of understand **прош. вр. и прич. прош. вр. от гл. understand**

understudy /ˈʌndəˌstʌdi/ **noun** [C] an actor in the theatre who learns the words and actions of another character so that they can perform if the usual actor is ill **дублер**

undertake /ˌʌndəˈteɪk/ **verb** (past tense **undertook**, past participle **undertaken**) formal **1** [T] to start work on something that will take a long time or be difficult **предпринимать, браться за что-либо** *Max has undertaken the task of restoring an old houseboat.* **2 undertake to do sth** to promise to do something **ручаться**

undertaker /ˈʌndəˌteɪkər/ **noun** [C] someone whose job is to organize funerals and prepare dead bodies to be buried or burned **владелец или сотрудник похоронного бюро**

undertaking /ˈʌndəˌteɪkɪŋ/ **noun** [C] **1** a difficult or important piece of work, especially one that takes a long time **предприятие, дело** [usually singular] *Building your own house is a **major undertaking**.* **2** UK a legal or official promise to do something **гарантия, обязательство** [usually singular] *The newspaper has **given an undertaking** not to print the story.*

> Слова-партнеры к **undertaking**
>
> **give/sign** an undertaking • **a written** undertaking • an undertaking **by/from** sb

undertone /ˈʌndətəʊn/ **noun** [C] a feeling or quality that exists but is not obvious **подтекст, скрытый смысл** *an article with worrying political undertones*

undertook /ˌʌndəˈtʊk/ past tense of undertake **прош. вр. гл. undertake**

undervalued /ˌʌndəˈvæljuːd/ **adjective** If someone or something is undervalued, they are more important or useful than people think they are. **недооцененный**

underwater /ˌʌndəˈwɔːtər/ **adjective, adverb** under the surface of water **подводный, под водой** *an underwater camera* ◦ *Seals can hear very well underwater.*

underwear /ˈʌndəweər/ **noun** [U] (B1) the clothes that you wear next to your skin, under your other clothes **нижнее белье**

underweight /ˌʌndəˈweɪt/ **adjective** too light **слишком легкий или худой**

underwent /ˌʌndəˈwent/ past tense of undergo **прош. вр. гл. undergo**

underworld /ˈʌndəwɜːld/ **noun** [no plural] criminals and their activities **преступный мир** *the **criminal underworld*** ◦ *the London underworld*

undesirable /ˌʌndɪˈzaɪərəbl/ **adjective** formal Something that is undesirable is not wanted because it is bad or unpleasant. **нежелательный, неприятный** *an undesirable influence*

undeveloped /ˌʌndɪˈveləpt/ **adjective** Undeveloped land has no buildings on it and is not used for anything. **незастроенный, необработанный**

undid /ʌnˈdɪd/ past tense of undo **прош. вр. гл. undo**

undisclosed /ˌʌndɪsˈkləʊzd/ **adjective** If official information is undisclosed, it is secret. **неизвестный, тайный** *The meeting is taking place at an undisclosed location.*

undisputed /ˌʌndɪˈspjuːtɪd/ **adjective** If something is undisputed, everyone agrees about it. **бесспорный** *an **undisputed fact*** ◦ *the **undisputed champion/master***

undisturbed /ˌʌndɪˈstɜːbd/ **adjective** not interrupted or changed in any way **непотревоженный, ненарушенный** *undisturbed sleep*

undivided /ˌʌndɪˈvaɪdɪd/ **adjective undivided attention/loyalty/support, etc** complete attention/support, etc **безраздельное внимание/абсолютная преданность/полная поддержка и т. д.** *There, now you can have my undivided attention.*

undo /ʌnˈduː/ **verb** [T] (present participle **undoing**, past tense **undid**, past participle **undone**) **1** (B2) to open something that is tied or fastened **расстегивать, развязывать** *I took off my hat and undid my coat.* **2** (B2) to get rid of the effects of something that has been done before **уничтожать сделанное, аннулировать** *Some of the **damage** caused by pollution cannot be **undone**.*

undoing /ʌn'du:ɪŋ/ **noun be sb's undoing** to be the thing that makes someone fail **причина гибели, падения** *It was a policy that proved to be the President's undoing.*

undone /ʌn'dʌn/ **adjective 1** not fastened or tied **расстегнутый, развязанный** *Her coat was undone.* **2** not done **несделанный, недоделанный** *I don't think I've **left** anything **undone**.*

undoubted /ʌn'daʊtɪd/ **adjective** [always before noun] used to emphasize that something is true **несомненный** *The project was an **undoubted success**. ◦ her **undoubted ability/talent***

undoubtedly /ʌn'daʊtɪdli/ **adverb** (B2) used to emphasize that something is true **несомненно** *Stress has undoubtedly contributed to her illness.*

undress /ʌn'dres/ **verb** [I, T] (B1) to remove your clothes or someone else's clothes **раздевать(ся)**

• **undressed adjective** (B2) **раздетый** *I **got undressed** and went to bed.*

undue /ʌn'dju:/ **adjective** [always before noun] formal more than is necessary **чрезмерный** *I don't want to cause **undue alarm**.*

undulating /'ʌndjəleɪtɪŋ/ **adjective** formal having slight slopes or curves, or moving slightly up and down **холмистый, волнистый** *undulating roads*

unduly /ʌn'dju:li/ **adverb** formal more than necessary **чрезмерно** *She didn't seem **unduly concerned/worried**.*

unearth /ʌn'ɜ:θ/ **verb** [T] **1** to find something in the ground **выкапывать** [often passive] *Thousands of dinosaur bones have been unearthed in China.* **2** to find something that has been secret or hidden **выявлять, раскрывать** *Reporters **unearthed evidence** of criminal activity.*

unearthly /ʌn'ɜ:θli/ **adjective** strange and frightening **неземной, сверхъестественный** *an **unearthly light/beauty***

unease /ʌn'i:z/ **noun** [U] when you feel worried because you think something bad might happen **тревога, беспокойство**

uneasy /ʌn'i:zi/ **adjective** (B2) worried because you think something bad might happen **тревожный, беспокойный** *I feel a bit **uneasy about** her travelling alone.*

uneconomic /ʌnˌi:kə'nɒmɪk/ **adjective** (also **uneconomical**) **1** using too much money, fuel, time, etc **неэкономный** *a car that is uneconomic to run* **2** not making enough profit **нерентабельный** *plans to close uneconomic factories*

unemployed /ˌʌnɪm'plɔɪd/ **adjective** (B1) not having a job **безработный** *I've been unemployed for six months. ◦ The government is helping to create jobs for **the unemployed**.*

unemployment /ˌʌnɪm'plɔɪmənt/ **noun** [U] **1** (B1) the number of people who are unemployed **безработица, число безработных** *a **rise/fall in unemployment** ◦ The **unemployment rate** has increased to 20 percent.* **2** when you do not have a job **безработица**

> Слова-партнеры к **unemployment**
>
> unemployment **drops/falls/increases/rises** • **high/low/rising/soaring** unemployment • the unemployment rate • a **drop/fall/increase/rise** in unemployment

unending /ʌn'endɪŋ/ **adjective** seeming to continue forever **бесконечный, нескончаемый** *an **unending series** of problems*

unequal /ʌn'i:kwəl/ **adjective 1** different in size, level, amount, etc **неравный 2** unfair **неравноправный, несправедливый** *the unequal distribution of wealth*

• **unequally adverb неравноценно, несправедливо**

unequivocal /ˌʌnɪ'kwɪvəkəl/ **adjective** formal clear and certain **недвусмысленный** *an unequivocal answer*

• **unequivocally adverb недвусмысленно**

unethical /ʌn'eθɪkəl/ **adjective** morally bad **неэтичный** *unethical business methods*

uneven /ʌn'i:vən/ **adjective** not level or smooth **неровный, шероховатый** *an uneven floor*

• **unevenly adverb неровно**

uneventful /ˌʌnɪ'ventfəl/ **adjective** without problems and without anything exciting happening **тихий, не богатый событиями** *The journey itself was fairly uneventful.*

unexpected /ˌʌnɪk'spektɪd/ **adjective** (B1) Something that is unexpected surprises you because you did not know it was going to happen. **неожиданный** *His death was completely unexpected.*

• **unexpectedly adverb** (B2) **неожиданно**

unfailing /ʌn'feɪlɪŋ/ **adjective** An unfailing quality or ability is one that someone always has. **неизменный, верный** ***unfailing support/courtesy***

• **unfailingly adverb неизменно, верно**

unfair /ʌn'feər/ **adjective 1** (B1) not treating people in an equal way **несправедливый** *an unfair system ◦ The test was unfair because some people had seen it before.* **2** (B2) not true and morally wrong **нечестный** [+ to do sth] *It's unfair to blame Frank for everything.*

• **unfairly adverb** (B2) **несправедливо** • **unfairness noun** [U] **несправедливость**

unfaithful /ʌn'feɪθfəl/ **adjective** having sex with someone who is not your wife, husband, or usual sexual partner **неверный (о муже, жене и т. д.)** *She was **unfaithful to** me.*

U

unfamiliar /ˌʌnfəˈmɪljəʳ/ **adjective 1** B2 not known to you **незнакомый** *an unfamiliar face* ◦ *His name was* ***unfamiliar to*** *me.* **2 be unfamiliar with sth** B2 to not have any knowledge or experience of something **быть незнакомым с чем-либо, не уметь обращаться с чем-либо** *Many older people are unfamiliar with computers.*

unfashionable /ʌnˈfæʃᵊnəbl/ **adjective** not fashionable or popular at a particular time **немодный**

unfasten /ʌnˈfɑːsᵊn/ **verb** [T] to open something that is closed or fixed together **расстегивать** *to unfasten a seat belt*

unfavourable UK (US **unfavorable**) /ʌnˈfeɪvᵊrəbl/ **adjective 1** negative and showing that you do not like something **неблагосклонный** ***unfavourable publicity*** **2** not good and likely to cause problems **неблагоприятный** ***unfavourable*** *weather* ***conditions***

• **unfavourably adverb неблагосклонно, неблагоприятно**

unfeeling /ʌnˈfiːlɪŋ/ **adjective** not having sympathy for other people **бесчувственный, жестокий**

unfettered /ʌnˈfetəd/ **adjective** formal not limited by rules **неограниченный** *The UN inspectors were given* ***unfettered access*** *to all nuclear sites.*

unfinished /ʌnˈfɪnɪʃt/ **adjective** not completed **незаконченный** *an unfinished novel/portrait*

unfit /ʌnˈfɪt/ **adjective 1** B2 not suitable or good enough **непригодный** *The food was judged* ***unfit for*** *human consumption.* **2** UK B1 not healthy because you do too little exercise **нездоровый, в плохой физической форме**

unflattering /ʌnˈflætᵊrɪŋ/ **adjective** making someone look less attractive or seem worse than usual **нелестный, нелицеприятный** *an unflattering photo/dress/colour*

unfold /ʌnˈfəʊld/ **verb 1** [I] If a situation or story unfolds, it develops or becomes known. **развертываться, развиваться** *The nation watched on TV as the tragic events unfolded.* **2** [I, T] to become open and flat, or to make something become open and flat **разворачивать(ся)** *I unfolded the map.*

unforeseen /ˌʌnfɔːˈsiːn/ **adjective** not expected **непредвиденный** *The concert was cancelled due to* ***unforeseen circumstances.***

unforgettable /ˌʌnfəˈgetəbl/ **adjective** B1 Something that is unforgettable is so good, interesting, etc that you remember it for a long time. **незабываемый** *Seeing Niagara Falls was an* ***unforgettable experience.***

unfortunate /ʌnˈfɔːtʃᵊnət/ **adjective 1** B2 used to show that you wish something was not true or had not happened **достойный сожаления, прискорбный** *an unfortunate mistake* ◦ [+ (that)] *It was unfortunate that she lost her job just as her husband became ill.* **2** B2 unlucky **невезучий** *One unfortunate person failed to see the hole and fell straight into it.*

unfortunately /ʌnˈfɔːtʃᵊnətli/ **adverb** A2 used to say that you wish something was not true or that something had not happened **к сожалению** *I'd love to come, but unfortunately I have to work.*

unfounded /ʌnˈfaʊndɪd/ **adjective** not based on facts **необоснованный, беспочвенный** ***unfounded allegations/rumours***

unfriendly /ʌnˈfrendli/ **adjective** B1 not friendly **недружелюбный**

unfulfilled /ˌʌnfʊlˈfɪld/ **adjective 1** An unfulfilled wish, hope, promise, etc is one that has not happened or not been achieved. **неосуществленный, невыполненный** *an* ***unfulfilled ambition/dream*** ◦ ***unfulfilled potential*** **2** unhappy because you think you should be achieving more in your life **неудовлетворенный**

ungainly /ʌnˈgeɪnli/ **adjective** moving in a way that is not attractive **неуклюжий** *an ungainly walk*

ungrateful /ʌnˈgreɪtfᵊl/ **adjective** not thanking or showing that you are pleased with someone who has done something for you **неблагодарный**

> **Другие способы сказать unhappy**
>
> Слова **sad** и **miserable** означают то же самое, что и **unhappy**.
>
> *I felt so* ***sad*** *after he left.*
>
> *I just woke up feeling* ***miserable.***
>
> Если кто-то **upset**, это означает, что он/она несчастлив/а, поскольку произошло что-то плохое.
>
> *They'd had an argument and she was still* ***upset*** *about it.*
>
> *Mike got very* ***upset*** *when I told him the news.*
>
> О человеке, находящемся в подавленном состоянии, потому что его/ее оставил/а любимый/ая, говорят **broken-hearted** или **heartbroken**.
>
> *She was* ***broken-hearted*** *when Richard left.*
>
> Если кто-то очень расстроен, можно сказать, что он **devastated** или **distraught**.
>
> *She was* ***devastated*** *when he died.*
>
> *The missing child's* ***distraught*** *parents made an emotional appeal for information on TV.*

unhappy /ʌnˈhæpi/ **adjective 1** A2 sad **несчастливый** *an unhappy childhood* **2** B1 not satisfied **недовольный** *Giorgio was* ***unhappy with*** *his test results.* ◦ *I'm* ***unhappy about*** *the situation.*

• **unhappily adverb несчастливо, к сожалению** • **unhappiness noun** [U] B2 **несчастье, грусть**

unharmed /ʌnˈhɑːmd/ **adjective** [never before noun] not harmed or damaged **неповрежденный, невредимый** *Both children* ***escaped unharmed*** *from the burning building.*

unhealthy /ʌnˈhelθi/ **adjective 1** B1 likely to damage your health **вредный для здоровья** *Eating too much is unhealthy.* **2** B1 not strong, and likely to become ill **нездоровый** *She looks pale and unhealthy.* **3** not normal and slightly unpleasant **нездоровый, патологический** *an **unhealthy interest** in weapons*

unheard /ʌnˈhɜːd/ **adjective** not listened to or considered **неуслышанный, невыслушанный** *Her cries **went unheard**.*

unˈheard ˌof adjective [never before noun] never having happened before **неслыханный, неизвестный** *Thirty years ago the disease was unheard of.*

unhelpful /ʌnˈhelpfʊl/ **adjective 1** not improving a situation **бесполезный** *an unhelpful remark* **2** B2 not wanting to help someone, in a way that seems unfriendly **не оказывающий помощи** *The taxi driver was rude and unhelpful.*

unhurt /ʌnˈhɜːt/ **adjective** not harmed **невредимый**

unicorn /ˈjuːnɪkɔːn/ **noun** [C] an imaginary white horse with a horn growing from the front of its head **единорог**

unidentified /ˌʌnaɪˈdentɪfaɪd/ **adjective** not recognized **неопознанный** *The body of an unidentified woman was found in a field last night.*

unification /ˌjuːnɪfɪˈkeɪʃᵊn/ **noun** [U] when two or more countries join together and become one country **объединение** *the unification of East and West Germany*

uniform[1] /ˈjuːnɪfɔːm/ **noun** [C, U] A2 a special set of clothes that are worn by people who do a particular job or people who go to a particular school **форменная одежда, форма** *a **school uniform*** ◦ *a nurse's uniform* ◦ *Tom looks completely different **in uniform** (= wearing a uniform).*

• **uniformed adjective одетый в форму** *uniformed police officers*

uniform[2] /ˈjuːnɪfɔːm/ **adjective** being the same size, shape, amount, etc **одинаковый, однородный** *a row of houses of uniform height*

• **uniformity** /ˌjuːnɪˈfɔːməti/ **noun** [U] **единообразие** • **uniformly adverb одинаково**

unify /ˈjuːnɪfaɪ/ **verb** [T] to join together two or more countries or groups to make a single one **объединять** *We need a leader who can unify the party.*

• **unified adjective объединенный** *Many people want a more unified Europe.*

unilateral /ˌjuːnɪˈlætᵊrᵊl/ **adjective** A unilateral action or decision is done or made by one country, group, etc without waiting for others to agree. **односторонний** *unilateral nuclear disarmament*

• **unilaterally adverb односторонне**

unimaginable /ˌʌnɪˈmædʒɪnəbl/ **adjective** Something that is unimaginable is difficult to imagine because it is so bad, good, big, etc. **невообразимый** *unimaginable pain/wealth*

• **unimaginably adverb невообразимо**

unimportant /ˌʌnɪmˈpɔːtᵊnt/ **adjective** B1 not important **неважный, незначительный**

uninhabitable /ˌʌnɪnˈhæbɪtəbl/ **adjective** too cold, dangerous, etc to live in **непригодный для жилья**

uninhabited /ˌʌnɪnˈhæbɪtɪd/ **adjective** If a place is uninhabited, no one lives there. **необитаемый, ненаселенный** *an uninhabited island*

uninhibited /ˌʌnɪnˈhɪbɪtɪd/ **adjective** feeling free to behave in any way that you want without worrying about other people's opinions **раскованный**

uninstall /ˌʌnɪnˈstɔːl/ **verb** [T] to remove a computer program from a computer **деинсталлировать (программу)**

unintelligible /ˌʌnɪnˈtelɪdʒəbl/ **adjective** impossible to understand **неразборчивый, неясный**

unintentional /ˌʌnɪnˈtentʃᵊnᵊl/ **adjective** not planned or intended **ненамеренный, неумышленный** *If I did offend her, it was entirely unintentional.*

uninterested /ʌnˈɪntrəstɪd/ **adjective** B1 not interested **не интересующийся** *He's completely **uninterested in** politics.*

uninterrupted /ʌnˌɪntᵊrˈʌptɪd/ **adjective** continuous **непрерывный** *I want a radio station that offers uninterrupted music.*

union /ˈjuːnjən/ **noun 1** [C] (also **trade union**) (also US **labor union**) B1 an organization that represents people who do a particular job **профсоюз** *a teachers'/firefighters' union* **2** [U, no plural] B2 when two or more countries, groups, etc join together to make one country, group, etc **союз, объединение** *a move towards full economic union of EU countries* → See also **the European Union**

> **Слова-партнеры к union**
>
> join a union • a union **member/official/leader/representative**

ˌUnion ˈJack noun [C] (also **Union flag**) the red, white and blue flag of the United Kingdom **государственный флаг Соединенного Королевства Великобритании и Северной Ирландии**

unique /juːˈniːk/ **adjective 1** B2 different from everyone and everything else **уникальный** *Everyone's fingerprints are unique.* **2** B2 unusual and special **исключительный, замечательный** *a **unique opportunity*** **3 be unique to sb/sth** to exist in only one place, or be connected with only one person or thing **быть присущим исключительно кому-либо/чему-либо** *It's a method of education that is unique to this school.*

• **uniquely adverb уникально** • **uniqueness noun** [U] **уникальность**

unisex /ˈjuːnɪseks/ **adjective** for both men and women **подходящий для обоих полов** *unisex clothes ◦ a unisex hairdresser*

unison /ˈjuːnɪsən/ **noun in unison** If people do something in unison, they all do it at the same time. **вместе, хором**

unit /ˈjuːnɪt/ **noun** [C] **1** a group of people who are responsible for a particular part of an organization **подразделение, отдел** *an anti-terrorist unit* **2** a measure used to express an amount or quantity **единица (измерения)** *The kilogram is a **unit of** weight.* **3** B1 a single, complete thing that may be part of a larger thing **часть, раздел** *a French course book with ten units* **4** a piece of furniture that fits together with other pieces **секция** ***kitchen units*** **5** a small machine, or part of a machine, that has a particular purpose **процессор, блок, механизм** *a computer's central processing unit* **6** a single apartment, office, etc in a larger building **квартира, офис, секция, блок**

unite /juːˈnaɪt/ **verb** [I, T] to join together as a group, or to make people join together as a group **объединять(ся)** *We need a leader who can unite the party.*

united /juːˈnaɪtɪd/ **adjective** **1** B2 If people are united, they all agree about something. **объединенный** *On the issue of education the party is united.* **2** B2 joined together **объединенный** *a united Germany*

the Uˌnited ˈNations noun [group] an international organization that tries to solve world problems in a peaceful way **Организация Объединенных Наций**

unity /ˈjuːnəti/ **noun** [U] when everyone agrees with each other or wants to stay together **единство, согласие** *national unity ◦ family unity*

> **Слова-партнеры к unity**
>
> achieve/maintain/restore unity • unity among/between sb • a show of unity

universal /ˌjuːnɪˈvɜːsəl/ **adjective** B2 relating to everyone in the world, or to everyone in a particular group **всеобщий, повсеместный** *Kittens and puppies have an almost **universal appeal**.*
• **universally adverb повсеместно** *It's a style of music that is universally popular.*

the universe /ˈjuːnɪvɜːs/ **noun** B1 everything that exists, including stars, space, etc **вселенная** *Many people believe that there is life elsewhere in the universe.*

university /ˌjuːnɪˈvɜːsəti/ **noun** [C, U] A1 a place where students study at a high level to get a degree (= type of qualification) **университет** *the University of Cambridge ◦ I applied to three universities.* ◦ mainly UK *Sarah studied chemistry **at university**.* ◦ mainly UK *I want to **go to university** when I finish school.*

> **Слова-партнеры к university**
>
> go to university • at university • a university course

unjust /ʌnˈdʒʌst/ **adjective** not fair **несправедливый** ***unjust treatment/laws/sanctions***
• **unjustly adverb несправедливо**

unjustified /ʌnˈdʒʌstɪfaɪd/ **adjective** done without a reason and not deserved **неоправданный, неправомерный** ***unjustified criticism***

unkempt /ʌnˈkempt/ **adjective** untidy **неопрятный, растрепанный** *Her hair was long and unkempt.*

unkind /ʌnˈkaɪnd/ **adjective** B1 slightly cruel **жестокий** *I didn't tell her the truth because I thought it would be unkind.*
• **unkindly adverb жестоко** • **unkindness noun** [U] **жестокость**

unknown¹ /ʌnˈnəʊn/ **adjective** **1** B1 not known **неизвестный** *The cause of his death is still unknown.* **2** not famous **неизвестный** *an unknown actor* → See also an unknown **quantity**

unknown² /ʌnˈnəʊn/ **noun** **1 the unknown** things that you have not experienced and know nothing about **неизвестное, неизвестность** *It's normal to fear the unknown.* **2** [C] someone who is not famous **неизвестный человек** *The game was won by a complete unknown.*

unlawful /ʌnˈlɔːfəl/ **adjective** formal illegal **незаконный** ***unlawful possession of** guns*
• **unlawfully adverb незаконно**

unleaded /ʌnˈledɪd/ **adjective** Unleaded fuel does not contain lead (= a metal). **неэтилированный**

unleash /ʌnˈliːʃ/ **verb** [T] to suddenly cause a strong reaction **вызывать, развязывать** *The newspaper report unleashed a storm of protest from readers.*

unless /ənˈles/ **conjunction** B1 except if **если не** *I won't call you unless there are any problems.*

unlike /ʌnˈlaɪk/ **preposition** **1** B2 different from someone or something **в отличие от, не похожий на что-либо/кого-либо** *Jackie's really clever, unlike her sister. ◦ The furniture was unlike anything she had ever seen.* **2** not typical of someone or something **непохоже, несвойственно** *It's unlike her to be quiet – was there something wrong?*

unlikely /ʌnˈlaɪkli/ **adjective** **1** B1 not expected to happen **маловероятный** [+ (that)] *It's unlikely that I'll be able to come to the party.* ◦ [+ to do sth] *He's unlikely to arrive before midday.* **2** probably not true **неправдоподобный** *an unlikely explanation*

unlimited /ʌnˈlɪmɪtɪd/ **adjective** B2 without any limits **неограниченный** *a service that offers unlimited Internet access*

unload /ʌnˈləʊd/ **verb** **1** [I, T] to remove things from a vehicle **разгружать** *Can you help me unload the car?* **2** [I] If a ship, aircraft, etc

U

unloads, goods are taken off it. **разгружать(ся)**

unlock /ʌn'lɒk/ **verb** [T] (B2) to open something which is locked using a key **отпирать (ключом)**

unlucky /ʌn'lʌki/ **adjective** (B1) having or causing bad luck **неудачный, невезучий** [+ to do sth] *The team played well and was unlucky to lose.* ◦ *Some people think it's unlucky to walk under ladders.*

• **unluckily adverb к несчастью**

unmarked /ʌn'mɑ:kt/ **adjective** having no signs or words that show what something is **необозначенный, неотмеченный** *an* ***unmarked grave***

unmarried /ʌn'mærɪd/ **adjective** not married **неженатый, незамужняя**

unmatched /ʌn'mætʃt/ **adjective** better than anyone or anything else **не имеющий себе равного** *Horses have an athletic beauty* ***unmatched by*** *any other animal.*

unmistakable /ˌʌnmɪ'steɪkəbl/ **adjective** Something that is unmistakable is very obvious and cannot be confused with anything else. **явный** *an unmistakable look of disappointment*

• **unmistakably adverb явно**

unmoved /ʌn'mu:vd/ **adjective** not feeling any emotion **безразличный, равнодушный** *It's impossible to* ***remain unmoved*** *by pictures of starving children.*

unnamed /ʌn'neɪmd/ **adjective** An unnamed person or thing is talked about but their name is not said. **неназванный, неупомянутый** *The money was given by an unnamed businessman.*

unnatural /ʌn'nætʃərəl/ **adjective** (B2) not normal or right **неестественный** *an unnatural interest in death*

• **unnaturally adverb неестественно** *unnaturally thin*

unnecessary /ʌn'nesəsəri/ **adjective 1** (B1) not needed **ненужный, излишний** *You don't want to make any unnecessary car journeys in this weather.* **2** unkind **излишне жестокий** *Why did she say that? That was unnecessary.*

• **unnecessarily** /ʌn'nesəsərəli/ **adverb излишне**

unnerve /ʌn'nɜ:v/ **verb** [T] to make someone feel nervous or frightened **нервировать**

unnerving /ʌn'nɜ:vɪŋ/ **adjective** making you feel nervous or frightened **нервирующий** *He kept looking at me, which I found unnerving.*

unnoticed /ʌn'nəʊtɪst/ **adjective** without being seen or noticed **незамеченный** *We managed to slip away unnoticed.*

unobtrusive /ˌʌnəb'tru:sɪv/ **adjective** not attracting attention **скромный, ненавязчивый** *He was quiet and unobtrusive.*

• **unobtrusively adverb скромно, ненавязчиво**

unoccupied /ʌn'ɒkjəpaɪd/ **adjective** An unoccupied building, room, seat, etc has no one in it. **свободный, незанятый (о месте и т. д.)**

unofficial /ˌʌnə'fɪʃəl/ **adjective** not said or done by the government or someone in authority **неофициальный** ***Unofficial reports*** *suggest the death toll from the earthquake is around 600.*

• **unofficially adverb неофициально**

unorthodox /ʌn'ɔ:θədɒks/ **adjective** unusual and different from most people's opinions, methods, etc **необщепринятый, оригинальный** ***unorthodox ideas/views*** ◦ *an* ***unorthodox style*** *of teaching*

unpack /ʌn'pæk/ **verb** [I, T] (B1) to take things out of a bag, box, etc **распаковывать** *Bella* ***unpacked*** *her* ***suitcase.*** ◦ *I haven't had time to unpack yet.*

unpack

unpaid /ʌn'peɪd/ **adjective 1** An unpaid debt, tax, etc has not been paid. **неуплаченный 2** working without getting any money **не получающий платы** ***unpaid work***

unpalatable /ʌn'pælətəbl/ **adjective** formal shocking and difficult to accept **шокирующий, неприятный** *an* ***unpalatable fact***

unparalleled /ʌn'pærəleld/ **adjective** formal better, greater, worse, etc than anything else **беспримерный, не имеющий себе равного** *an act of unparalleled cruelty*

unplanned /ʌn'plænd/ **adjective** not planned or expected **незапланированный** *an* ***unplanned pregnancy***

unpleasant /ʌn'plezənt/ **adjective 1** (B1) not enjoyable or pleasant **неприятный** *an unpleasant experience/smell* **2** rude and angry **грубый** *The waiter got quite unpleasant with us.*

• **unpleasantly adverb неприятно, грубо**

unplug /ʌn'plʌg/ **verb** [T] to stop a piece of electrical equipment being connected to an electricity supply by pulling its plug (= object with pins) out of the wall **отключить от сети, выдернуть вилку из розетки**

unpopular /ʌn'pɒpjələr/ **adjective** (B2) disliked by most people **непопулярный** *an unpopular idea* ◦ *an unpopular teacher*

• **unpopularity** /ʌnˌpɒpjə'lærəti/ **noun** [U] **непопулярность**

unprecedented /ʌn'presɪdəntɪd/ **adjective** never having happened before **беспрецедентный** *The Internet has given people unprecedented access to information.*

unpredictable /ˌʌnprɪ'dɪktəbl/ **adjective** (B2) changing so much that you do not know what will happen next **непредсказуемый** *unpredictable weather conditions*

U

• **unpredictability** /ˌʌnprɪˌdɪktəˈbɪlɪti/ **noun** [U] **непредсказуемость**

unprofessional /ˌʌnprəˈfeʃənəl/ **adjective** behaving badly at work **непрофессиональный** *an unprofessional attitude*

unprovoked /ˌʌnprəˈvəʊkt/ **adjective** An unprovoked attack is one in which the person who is attacked has done nothing to cause it. **неспровоцированный, ничем не вызванный**

unqualified /ʌnˈkwɒlɪfaɪd/ **adjective 1** without the qualifications or knowledge to do something **не имеющий соответствующей квалификации** [+ to do sth] *She was totally unqualified to look after children.* **2** [always before noun] formal total and not limited in any way **безоговорочный, безусловный** *an* ***unqualified success***

unquestionably /ʌnˈkwestʃənəbli/ **adverb** in a way that is obvious and causes no doubt **бесспорно** *She is unquestionably the best person for the job.*

unravel /ʌnˈrævəl/ **verb** [I, T] (present participle UK **unravelling**, past tense and past participle **unravelled**, present participle US **unraveling**, past tense and past participle **unraveled**) **1** If you unravel a difficult situation or story, or if it unravels, it becomes clear and easier to understand. **разрешать(ся), разгадывать** *No one has yet unravelled the mystery of his death.* **2** to stop being twisted together, or to move pieces of string, etc so that they are not twisted together **распутывать(ся)**

unreal /ʌnˈrɪəl/ **adjective** Something that is unreal seems so strange that it is difficult to believe. **нереальный** *For a while I couldn't believe she was dead – it all seemed unreal.*

• **unreality** /ˌʌnriˈæləti/ **noun** [U] **нереальность**

unrealistic /ˌʌnrɪəˈlɪstɪk/ **adjective** B2 not thinking about what is likely to happen or what you can really do **нереальный, нереалистический** *She has a totally unrealistic view of life.* ◦ [+ to do sth] *It's unrealistic to expect their decision before Tuesday.*

unreasonable /ʌnˈriːzənəbl/ **adjective** B2 not fair **чрезмерный, необоснованный** ***unreasonable demands/behaviour*** ◦ [+ to do sth] *It seems unreasonable to expect one person to do both jobs.*

• **unreasonably** **adverb** **чрезмерно, необоснованно**

unrelated /ˌʌnrɪˈleɪtɪd/ **adjective** having no connection **несвязанный, не имеющий отношения** *Police said his death was* ***unrelated to*** *the attack.*

unrelenting /ˌʌnrɪˈlentɪŋ/ **adjective** formal never stopping or getting any less extreme **неумолимый, неослабный** *unrelenting pressure* ◦ *The heat was unrelenting.*

unreliable /ˌʌnrɪˈlaɪəbl/ **adjective** B2 not able to be trusted or depended on **ненадежный, не заслуживающий доверия** *an* ***unreliable witness*** ◦ *The trains were noisy, dirty, and unreliable.*

unremarkable /ʌnrɪˈmɑːkəbl/ **adjective** ordinary and not interesting **ничем не примечательный** *an unremarkable town*

unremitting /ˌʌnrɪˈmɪtɪŋ/ **adjective** formal never stopping or getting any less extreme **неослабный, беспрестанный** ***unremitting hostility/pressure*** ◦ *unremitting efforts*

unrepentant /ˌʌnrɪˈpentənt/ **adjective** not feeling sorry about something bad that you have done **нераскаивающийся**

unreservedly /ˌʌnrɪˈzɜːvɪdli/ **adverb** completely **безоговорочно, полностью** *The minister has* ***apologized unreservedly.***

unresolved /ˌʌnrɪˈzɒlvd/ **adjective** formal If a problem or question is unresolved, there is still no solution or answer. **нерешенный** *The question of who owns the land* ***remains unresolved.***

unrest /ʌnˈrest/ **noun** [U] when a lot of people are angry about something and are likely to become violent **волнения, беспорядки** ***political/social unrest***

> **Слова-партнеры к unrest**
>
> cause unrest • continuing/growing unrest • unrest among sb • unrest over sth • a wave of unrest • political/social unrest

unrestrained /ˌʌnrɪˈstreɪnd/ **adjective** not limited or controlled **несдержанный, необузданный** *unrestrained anger*

unrivalled UK (US **unrivaled**) /ʌnˈraɪvəld/ **adjective** better than any other of the same type **не имеющий себе равных, непревзойденный** *The museum has an* ***unrivalled collection*** *of modern American paintings.* ◦ *an* ***unrivalled reputation***

unroll /ʌnˈrəʊl/ **verb** [T] to open something that was rolled into a tube shape and make it flat **развертывать, раскатывать** *He unrolled the carpet.*

unruly /ʌnˈruːli/ **adjective 1** behaving badly and difficult to control **непослушный** ***unruly children*** **2** Unruly hair is difficult to keep tidy. **непослушный**

unsafe /ʌnˈseɪf/ **adjective 1** dangerous **опасный** *The building is unsafe.* ◦ [+ to do sth] *The water was dirty and unsafe to drink.* **2** If you feel unsafe, you feel that you are in danger. **подвергающийся опасности** *Many women feel unsafe on the streets at night.*

unsatisfactory /ʌnˌsætɪsˈfæktəri/ **adjective** B2 not good enough to be acceptable **неудовлетворительный** *Many school buildings are in an unsatisfactory condition.*

unsavoury UK (US **unsavory**) /ʌnˈseɪvəri/ **adjective** unpleasant and morally offensive **сомнительный, дурной** *an* ***unsavoury reputation/incident/character***

unscathed /ʌnˈskeɪðd/ **adjective** [never before noun] not harmed **невредимый** *The driver of the* *car was killed but both passengers* ***escaped unscathed.***

unscrew /ʌnˈskruː/ **verb** [T] **1** to remove something by twisting it **отвинчивать** *I can't unscrew the lid.* **2** to remove something by taking the screws (= small, metal pieces) out of it **вывинчивать**

unscrupulous /ʌnˈskruːpjələs/ **adjective** behaving in a way that is dishonest or unfair in order to get what you want **недобросовестный, беспринципный** *an unscrupulous financial adviser*

unseat /ʌnˈsiːt/ **verb** [T] to remove someone from a powerful position **лишать места, положения** *Kennedy has a good chance of unseating the President at the next election.*

unseen /ʌnˈsiːn/ **adjective, adverb** not seen or noticed **невидимый, незамеченный** *an exhibition of previously unseen photographs*

unsettled /ʌnˈsetld/ **adjective 1** changing often **неустойчивый, неустановившийся** *The* ***weather*** *continues to be* ***unsettled.*** **2** anxious and not able to relax or feel happy in a situation **беспокойный** *Children tend to get unsettled if you keep changing their routine.*

unsettling /ʌnˈsetlɪŋ/ **adjective** making you feel anxious **беспокоящий, тревожащий** *an* ***unsettling experience/feeling***

unsightly /ʌnˈsaɪtli/ **adjective** unpleasant to look at **уродливый, неприглядный** *unsightly piles of litter*

unskilled /ʌnˈskɪld/ **adjective 1** without special skills or qualifications **неквалифицированный** *an* ***unskilled labourer/worker*** **2** Unskilled work does not need people with special skills or qualifications. **неквалифицированный**

unsociable /ʌnˈsəʊʃəbl/ **adjective** not wanting to be with other people **необщительный, нелюдимый**

unsolicited /ˌʌnsəˈlɪsɪtɪd/ **adjective** not asked for and often not wanted **непрошеный** ***unsolicited advice/offer***

unsolved /ʌnˈsɒlvd/ **adjective** having no answer or solution **нерешенный, неразгаданный** *an* ***unsolved mystery/murder/crime***

unsound /ʌnˈsaʊnd/ **adjective 1** based on ideas, facts, and reasons that are wrong **необоснованный** *an* ***unsound practice*** **2** in a bad condition **ненадежный, дефектный** *The bridge was* ***structurally unsound.***

unspeakable /ʌnˈspiːkəbl/ **adjective** extremely bad or shocking **невыразимый, неописуемый** *unspeakable crimes/suffering*
• **unspeakably adverb невыразимо, неописуемо**

unspecified /ʌnˈspesɪfaɪd/ **adjective** If something is unspecified, you are not told what it is. **неуточненный** *The court awarded her an unspecified amount of money.*

unspoiled (also UK **unspoilt**) /ʌnˈspɔɪlt/ **adjective** An unspoiled place is beautiful because it has not been changed or damaged by people. **девственный, неиспорченный** *an island with clean, unspoiled beaches*

unspoken /ʌnˈspəʊkən/ **adjective** not said, but thought or felt **невысказанный** *unspoken doubts*

unstable /ʌnˈsteɪbl/ **adjective 1** likely to change or end suddenly **непрочный, нестабильный** *an* ***unstable situation*** ◦ *an unstable economy* **2** If someone is unstable, their moods and behaviour change suddenly, especially because they are mentally ill. **неуравновешенный** **3** not fixed or safe and likely to move **неустойчивый** *That chair looks a bit unstable.*

unsteady /ʌnˈstedi/ **adjective** moving slightly from side to side, as if you might fall **нетвердый, шаткий** *The alcohol had made her unsteady on her feet.*

unstuck /ʌnˈstʌk/ **adjective come unstuck a** If something comes unstuck, it stops being fixed to something. **отклеиваться** *One of the photos has come unstuck.* **b** UK informal to experience difficulties and fail **попасть в беду, затруднительное положение** *The negotiations came unstuck at a crucial stage.*

unsubscribe /ˌʌnsəbˈskraɪb/ **verb** [I, T] to remove your name from an Internet mailing list (= a list of names and addresses that an organization sends information to) **отменять подписку (на получение новостей, информации и т.д.)**

unsuccessful /ˌʌnsəkˈsesfəl/ **adjective** (B2) not achieving what was wanted or intended **безуспешный** *an unsuccessful attempt/effort*
• **unsuccessfully adverb безуспешно**

unsuitable /ʌnˈsuːtəbl/ **adjective** (B2) not acceptable or right for someone or something **неподходящий** *My parents considered the programme unsuitable for children.*

unsung /ʌnˈsʌŋ/ **adjective** not famous or praised although you have done something very well **невоспетый** *He was the* ***unsung hero*** *of the match.*

unsure /ʌnˈʃʊər/ **adjective 1** (B2) not certain or having doubts **неуверенный** *I'm a bit* ***unsure about*** *what to do.* **2 unsure of yourself** without confidence **неуверенный в себе**

unsuspecting /ˌʌnsəˈspektɪŋ/ **adjective** [always before noun] not aware that something bad is happening **неподозревающий, доверчивый** *In each case the* ***unsuspecting victim*** *had been invited into Cooper's home.*

unsustainable /ˌʌnsəˈsteɪnəbəl/ **adjective 1** Something that is unsustainable cannot continue at the same rate **истощимый, неустойчивый** **2** causing damage to the environment by using more of something than can be replaced naturally **нерациональный (метод использования природных ресурсов)** *unsustainable fishing methods*

unsympathetic /ˌʌnsɪmpəˈθetɪk/ **adjective 1** showing that you do not understand or care

U

about someone's problems **несочувствующий** *I told him I'd got a cold but he was completely unsympathetic.* **2** not agreeing with or supporting someone's ideas or actions **не поддерживающий кого-либо/что-либо**

untangle /ʌnˈtæŋgl/ **verb** [T] **1** to separate pieces of string, hair, wire, etc that have become twisted together **распутывать** *I'm trying to untangle these wires.* **2** to understand the different parts of a situation that has become confused or very complicated **распутывать, разбираться в чем-либо** *Historians have tried to untangle the complex issues behind the events.*

untapped /ʌnˈtæpt/ **adjective** not yet used **неиспользованный** ***untapped potential***

untenable /ʌnˈtenəbl/ **adjective** formal If an argument, action, or situation is untenable, it cannot be supported or defended from criticism. **несостоятельный, неубедительный** *an* ***untenable position***

unthinkable /ʌnˈθɪŋkəbl/ **adjective** If something is unthinkable, it is so strange that you cannot imagine it will ever happen. **невообразимый, немыслимый** *Thirty years ago a no-smoking restaurant would have been unthinkable.*

untidy

untidy /ʌnˈtaɪdi/ **adjective** B1 not tidy **неопрятный, неряшливый** *an untidy room* ◦ *She's really untidy at home.*

untie /ʌnˈtaɪ/ **verb** [T] (present participle **untying**, past tense and past participle **untied**) B2 to open a knot or something that has been tied with a knot **развязывать** *I untied my shoelaces and kicked off my shoes.*

untie

until /ənˈtɪl/ **preposition, conjunction** (also **till**) **1** A1 continuing to happen before a particular time or event and then stopping **до, до тех пор пока** *The show will be on until the end of the month.* ◦ *Whisk the egg whites until they look white and fluffy.* **2** A2 as far as **до** *Carry on until you reach the traffic lights and turn right.* **3 not until** B1 not before a particular time or event **до тех пор пока не** *It doesn't open until 7.* ◦ *We won't start until Jeanne arrives.*

untimely /ʌnˈtaɪmli/ **adjective** happening too soon **преждевременный, безвременный** *her* ***untimely death*** *from cancer*

untold /ʌnˈtəʊld/ **adjective** [always before noun] too much to be measured or counted **бессчетный, неисчислимый** ***untold riches*** ◦ ***untold damage***

untouched /ʌnˈtʌtʃt/ **adjective** **1** not changed or damaged in any way **нетронутый** *Most of the island remains* ***untouched by*** *tourism.* **2** If food is untouched, it has not been eaten. **нетронутый**

untoward /ˌʌntəˈwɔːd/ **adjective** formal unexpected and causing problems **плохой, неудачный** *If nothing* ***untoward happens,*** *we should be there by midday.*

untrained /ʌnˈtreɪnd/ **adjective** **1** never having been taught the skills for a particular job **необученный, неподготовленный** *untrained staff* **2 the untrained eye** someone without the skill or knowledge to judge what they see **неспециалист** ***To the untrained eye,*** *most fake diamonds look real.*

untried /ʌnˈtraɪd/ **adjective** not yet used or tested **неиспытанный** *new and untried technology*

untrue /ʌnˈtruː/ **adjective** false **ложный, неверный**

untruth /ʌnˈtruːθ/ **noun** [C] formal a lie, or something that is not true **ложь, неправда**

unused¹ /ʌnˈjuːzd/ **adjective** not used now or not used before now **неиспользованный** *an unused room*

unused² /ʌnˈjuːst/ **adjective** **be unused to sth** to not have experience of something **быть непривыкшим к чему-либо** *I was unused to city life.*

unusual /ʌnˈjuːʒuəl/ **adjective** A2 different and not ordinary, often in a way that is interesting or exciting **необычный** *an unusual name* ◦ [+ to do sth] *It's fairly unusual to keep insects as pets.*

unusually /ʌnˈjuːʒuəli/ **adverb** **1 unusually big/strong/good, etc** B2 bigger/stronger/better, etc than is normal **необыкновенно большой/сильный/хороший и т. д.** *unusually warm weather* **2 unusually for sb** in a way that is not usual for someone **необычно, нехарактерно для кого-либо** *Unusually for me, I actually couldn't finish my meal.*

unveil /ʌnˈveɪl/ **verb** [T] **1** to tell the public about an idea or plan that was secret before **раскрывать, обнародовать** *The new policy is due to be unveiled later this month.* **2** to remove the cover from an object as part of an official ceremony **торжественно открывать (памятник и т. д.)**

unwanted /ʌnˈwɒntɪd/ **adjective** not wanted **нежеланный** *an* ***unwanted gift***

unwarranted /ʌnˈwɒrᵊntɪd/ **adjective** formal without a good reason **неоправданный, необоснованный** ***unwarranted intrusion***

unwary /ʌnˈweəri/ **adjective** not aware of possible dangers **неосмотрительный, неосторожный, излишне доверчивый** ***Unwary travellers*** *can easily get lost in these parts.*

unwelcome /ʌnˈwelkəm/ **adjective** not wanted **непрошеный, нежеланный** *unwelcome publicity ◦ an unwelcome visitor*

unwell /ʌnˈwel/ **adjective** [never before noun] formal ill **нездоровый** *to feel/look unwell*

unwieldy /ʌnˈwiːldi/ **adjective** An unwieldy object is difficult to carry because it is heavy, large, or a strange shape. **громоздкий**

unwilling /ʌnˈwɪlɪŋ/ **adjective** B2 not wanting to do something **нежелающий** [+ to do sth] *A lot of people are unwilling to accept change.*
• **unwillingly adverb неохотно** • **unwillingness noun** [U] **нерасположенность, нежелание**

unwind /ʌnˈwaɪnd/ **verb** (past tense and past participle **unwound**) **1** [I] informal to relax, especially after working **расслабляться, успокаиваться** *Music helps me to unwind.* **2** [I, T] If you unwind something, or if something unwinds, it stops being curled round or twisted round something else and is made straight. **разматывать(ся)** *He unwound the bandage.*

unwise /ʌnˈwaɪz/ **adjective** stupid and likely to cause problems **неразумный** *an unwise decision*
• **unwisely adverb неразумно**

unwittingly /ʌnˈwɪtɪŋli/ **adverb** without intending to do something **невольно, нечаянно** *I apologized for the chaos I had unwittingly caused.*

unworkable /ʌnˈwɜːkəbl/ **adjective** A plan that is unworkable is impossible. **невыполнимый, неосуществимый** *The policy has been described as unworkable.*

unwrap /ʌnˈræp/ **verb** [T] (present participle **unwrapping**, past tense and past participle **unwrapped**) to remove the paper, cloth, etc that is covering something **разворачивать, снимать обертку** *She carefully unwrapped the present.*

unwrap

unwritten /ʌnˈrɪtᵊn/ **adjective an unwritten agreement/law/rule** an agreement/law, etc that is accepted and obeyed by most people but is not formally written **неписаное соглашение/неписаный закон/неписаное правило**

unzip /ʌnˈzɪp/ **verb** [T] (present participle **unzipping**, past tense and past participle **unzipped**) **1** to open something by using its zip (= two rows of metal or plastic points that fasten two sides together) **расстегивать молнию** *He unzipped his trousers.* **2** to make a file bigger again after it has been zipped (= made smaller so that you can send or store it) so that it can easily be used **разархивировать файл**

up[1] /ʌp/ **adverb, preposition 1** A2 towards or in a higher place **указывает на движение снизу вверх, может передаваться глагольными приставками под-, в-** *He ran up the stairs. ◦ Pick up your clothes and put them away. ◦ She looked up and smiled at me.* **2** A1 vertical or as straight as possible **указывает на изменение положения из горизонтального на вертикальное, передается глагольными приставками вс-, вы-** *He stood up. ◦ She opened her eyes and sat up.* **3** B2 to a greater degree, amount, volume, etc **указывает на усиление или увеличение чего-либо, часто передается глагольной приставкой под-** *Inflation keeps pushing prices up. ◦ Can you turn up the heat? I'm freezing! ◦ Please speak up (= speak louder), I can't hear you.* **4** B2 used to emphasize that someone completes an action or uses all of something **указывает на завершение действия, выраженного глаголом, до конца, полностью, часто передается глагольными приставками** *I used up all my money. ◦ Eat up the rest of your dinner.* **5 up the road/street, etc** A2 along or further along the street/road, etc **дальше по дороге/улице и т. д.** *My best friend lives up the street from me. ◦ He ran up the path and hugged her.* **6 go/walk, etc up to sb/sth** B1 to walk directly towards someone or something until you are next to them **подходить к кому-либо/чему-либо** *He walked straight up to me and introduced himself.* **7** in or towards a particular direction, usually north **на севере, в северном направлении** *We moved from London* ***up to*** *Scotland. ◦ Chris lives up north.* **8 up and down** B2 If something or someone moves up and down, they move repeatedly in one direction and then in the opposite direction. **вверх и вниз, взад и вперед** *The children were constantly running up and down the stairs.* **9 up to 10/20, etc** B1 any amount under 10/20, etc **до десяти, двадцати и т. д.** *We can invite up to 65 people.* **10 up to** B1 until a particular time **до** *You can call me up to midnight.* **11 up to sth** equal in quality or achievement **в соответствии с** *His work wasn't up to his usual standard.* **12 up to sth/doing sth** able to do something **в состоянии делать что-либо** *It'll be a while before I feel up to walking again.* **13 be up to sth** informal B1 to be doing or planning something, often something secret and bad **задумать что-либо** *Joe, what* *are you up to?* **14 be up to sb** B1 If an action or decision is up to someone, they are responsible for doing or making it. **зависеть от кого-либо, быть чьим-либо решением** *I can't decide for you Jack, **it's up to you**.* ◦ [+ to do sth] *It's up to her to decide whether she wants to enter the competition.* **15 be up against sb/sth** If you are up against a situation or a person, they make it very difficult for you to achieve what you want to achieve. **сталкиваться, иметь дело с кем-либо/чем-либо** *We were up against some of the best players in the world.*

up² /ʌp/ **adjective** [never before noun] **1** B1 not in bed **на ногах** *I was up all night with the baby.* ◦ *Is she up yet?* **2 be up and around/about** to be well enough after an illness to get out of bed and move around **быть на ногах, встать (после болезни)** **3** If a period of time is up, it has ended. **истекший, закончившийся** *My health club membership is up.* **4** If a level or amount is up, it has increased. **увеличивающийся, поднимающийся** *Profits are up by 26%.* **5** UK If a road is up, it is being repaired. **ремонтируемый** **6** If a computer system is up, it is operating. **работающий** **7** US In baseball and similar sports, if a player is up, they are taking a turn to play. **чья-либо очередь подачи (в бейсболе и т. д.)** **8 be up and running** If a system, organization, or machine is up and running, it is operating. **работающий**

IDIOM **be up for sth** informal to want to do something **иметь желание сделать что-либо** *We're going clubbing tonight if you're up for it.*

up³ /ʌp/ **verb** [T] (present participle **upping**, past tense and past participle **upped**) to increase something **увеличивать, повышать** *Dad's upped my allowance by fifty cents a week.*

up-and-coming /ˌʌpᵊŋˈkʌmɪŋ/ **adjective** [always before noun] becoming popular and likely to achieve success **многообещающий, перспективный** *He's a young, up-and-coming DJ.*

upbeat /ˈʌpˌbiːt/ **adjective** informal positive and expecting a situation to be good or successful **оптимистичный** *He remains upbeat about the future.*

upbringing /ˈʌpˌbrɪŋɪŋ/ **noun** [no plural] B2 the way your parents treat you when you are growing up **воспитание** *a middle-class/religious upbringing*

upcoming /ˈʌpˌkʌmɪŋ/ **adjective** [always before noun] An upcoming event will happen soon. **предстоящий** *the upcoming elections*

update¹ /ʌpˈdeɪt/ **verb** [T] **1** B1 to add new information **дополнять новыми данными** *We've just updated our website.* ◦ *I'll **update** you **on** (= tell you about) any developments.* **2** B2 to make something more modern **модернизировать** *They need to update their image.*

update² /ˈʌpdeɪt/ **noun** [C] **1** B2 new information **последние данные** *I'll need regular **updates on** your progress.* **2** B2 a new form of something which existed at an earlier time **новая версия** *It's an **update of** an old 60's movie.*

> Слова-партнеры к **update (noun)**
> get/give an update • an update on sth • an update from sb

upfront¹ /ˌʌpˈfrʌnt/ **adjective** **1** paid or obtained before work starts **предварительный** *an **upfront payment/fee*** **2** behaving in a way that makes your beliefs and intentions obvious to other people **прямой, открытый** *She's very **upfront about** her dislike of men.*

upfront² /ˌʌpˈfrʌnt/ **adverb** If you pay someone upfront, you pay them before they work for you. **авансом**

upgrade /ʌpˈgreɪd/ **verb** [T] B2 to improve something so that it is of a higher quality or a newer model **модернизировать** *to upgrade a computer*

• **upgrade** /ˈʌpgreɪd/ **noun** [C] B2 **модернизация**

upheaval /ʌpˈhiːvᵊl/ **noun** [C, U] a very big change that causes difficulty or confusion **переворот** ***political/social upheaval***

uphill¹ /ʌpˈhɪl/ **adjective** **an uphill battle/struggle/task** something that is difficult to do and needs a lot of effort **тяжелая борьба/задача** *I can lose weight but it's a real uphill struggle.*

uphill² /ʌpˈhɪl/ **adverb** towards the top of a hill **в гору** *We'd walked half a mile uphill.*

uphold /ʌpˈhəʊld/ **verb** [T] (past tense and past participle **upheld**) **1** to agree with a decision, especially a legal one, and say it was correct **подтверждать, утверждать** *The court **upheld** the **ruling**.* **2** to support a decision, principle, or law **поддерживать, способствовать соблюдению** *Police officers are expected to **uphold the law**.*

upholstery /ʌpˈhəʊlstᵊri/ **noun** [U] the material that covers chairs and other types of seats **обивка**

upkeep /ˈʌpkiːp/ **noun** [U] the process of keeping something in good condition, or of keeping a person or animal healthy **содержание, уход**

upland /ˈʌplənd/ **adjective** [always before noun] existing on a hill or mountain **(на)горный** *upland areas*

uplands /ˈʌpləndz/ **noun** [plural] high areas of land **гористая часть страны** *the uplands of Nepal*

uplifting /ʌpˈlɪftɪŋ/ **adjective** making you feel happy and full of good feelings **поднимающий настроение** *an uplifting film*

upload /ʌpˈləʊd/ **verb** [T] B1 to copy computer programs or information electronically, usually from a small computer to a larger one or to the Internet **выгружать (информацию с персо-**

нального компьютера или медиа-устройства в Интернет) → Compare **download** → See Study Page **The Web and the Internet** on page Centre 36

upmarket /ˌʌpˈmɑːkɪt/ **adjective** UK (US **upscale**) expensive and used by people who are rich and from a high social class **элитарный** *an upmarket hotel/restaurant*

upon /əˈpɒn/ **preposition** formal B2 on **см. on**

upper /ˈʌpəʳ/ **adjective** [always before noun] **1** B1 at a higher position **верхний** *an upper floor* ◦ *the upper lip* ◦ *the upper body* **2** of a higher social class **высший 3 the upper limit** the highest amount or level, or the longest time that something is allowed **крайний предел** → See also get/gain the upper **hand**[1]

ˌupper ˈcase noun [U] letters written as capitals **прописные буквы**

ˌupper ˈclass noun [C] the highest social class of people **высшее общество** *members of the upper classes*
• **upper-class adjective относящийся к высшему обществу** *an upper-class accent*

uppermost /ˈʌpəməʊst/ **adjective 1** highest **самый верхний** *the building's uppermost floors* **2 be uppermost in sb's mind** to be the most important thing someone is thinking about **больше всего занимать чьи-либо мысли** *The safety of her children was uppermost in her mind.*

upright[1] /ˈʌpraɪt/ **adverb** B2 vertical and as straight as possible **прямо** *to sit/stand upright* → See also **bolt upright**

upright[2] /ˈʌpraɪt/ **adjective 1** B2 straight up or vertical **прямой, вертикальный** *Please return your seat to an upright position and fasten your seat belt.* **2** honest and morally good **честный** *an upright citizen*

uprising /ˈʌpˌraɪzɪŋ/ **noun** [C] when a large group of people try to make political changes or change the government by fighting **восстание** [usually singular] *a **general/popular uprising***

uproar /ˈʌprɔːʳ/ **noun** [U, no plural] when many people complain about something angrily **возмущение, волнение** *The book **caused** an **uproar** in the United States.* ◦ *Local residents are UK **in uproar**/US **in an uproar** over plans for the new road.*

> Слова-партнеры к **uproar**
>
> cause/provoke (an) uproar • be **in/in an** uproar • uproar **among** sb • uproar **at/over** sth

uproot /ʌpˈruːt/ **verb** [T] **1** to pull a tree or plant out of the ground **вырывать с корнем** *Hundreds of trees were uprooted in the storm.* **2** to make someone leave a place where they have been living for a long time **заставлять кого-либо покинуть родные места** *The war has uprooted nearly half the country's population.*

ˌups and ˈdowns noun [plural] the mixture of good and bad things that happen to people **взлеты и падения, хорошее и плохое** *Like most married couples, we've **had our ups and downs**.*

upscale /ˈʌpˌskeɪl/ **adjective** US (UK **upmarket**) expensive and used by people who are rich and from a high social class **элитарный** *an upscale restaurant/neighborhood*

upset[1] /ʌpˈset/ **adjective 1** A2 unhappy or worried because something unpleasant has happened **расстроенный, огорченный** *They'd had an argument and she was still **upset about** it.* ◦ *Mike **got** very **upset** when I told him the news.* **2 upset stomach/tummy** an illness in the stomach **расстройство желудка**

upset[2] /ʌpˈset/ **verb** [T] (present participle **upsetting**, past tense and past participle **upset**) **1** B2 to make someone feel unhappy or worried **расстраивать, огорчать** *The phone call had clearly upset her.* **2** to cause problems for something **расстраивать, нарушать** *If I arrived later, would that upset your plans?* **3 upset sb's stomach** to make someone feel ill in the stomach **вызывать расстройство желудка**

upset[3] /ˈʌpset/ **noun** [C] **1** when someone beats the player or team that was expected to win **неожиданное поражение** *After Harding won the second set, a major upset seemed likely.* **2 a stomach/tummy upset** UK an illness in the stomach **расстройство желудка 3** a difficulty or problem **неприятность, затруднение** *We had the usual upsets but overall the day went well.*

upsetting /ʌpˈsetɪŋ/ **adjective** making you feel unhappy or worried **расстраивающий, огорчительный** *I found the programme very upsetting.*

the upshot /ˈʌpʃɒt/ **noun** the final result of a discussion or series of events **заключение, итог** *The upshot is that we've decided to move to Sydney.*

ˌupside ˈdown[1] **adverb** B2 turned so that the part that is usually at the top is now at the bottom **вверх ногами, вверх дном** *One of the pictures had been hung upside down.* ◦ ***Turn** the jar **upside down** and shake it.*

IDIOM **turn sth upside down a** to make a place very untidy while looking for something **приводить в беспорядок b** to change someone's life or a system completely **радикально менять что-либо** *Their lives were turned upside down when their son was arrested.*

ˌupside ˈdown[2] **adjective** B2 turned so that the part that is usually at the top is now at the bottom **перевернутый вверх дном** *Why is this box upside down?*

upstage /ʌpˈsteɪdʒ/ **verb** [T] to do something that takes people's attention away from someone or something and gives it to you instead **затмевать** *You mustn't upstage the bride.*

upstairs /ʌpˈsteəz/ **adverb** A2 on or to a higher

U

upside down

level of a building **наверху, наверх** *He ran upstairs to answer the phone.*
• **upstairs adjective** B1 **находящийся наверху, на верхнем этаже** *an upstairs bedroom*

upstart /ˈʌpstɑːt/ **noun** [C] someone who has just started a job but already thinks they are very important **выскочка**

upstate /ˌʌpˈsteɪt/ **adjective** US in the northern part of a US state (= one of the parts into which the country is divided) **находящийся в северной части штата** *upstate New York*
• **upstate adverb в северной части штата** *She's taken a trip upstate with some friends.*

upstream /ʌpˈstriːm/ **adverb** along a river in the opposite direction to the way that the water is moving **против течения**

upsurge /ˈʌpsɜːdʒ/ **noun** [C] a sudden increase **подъем, резкое увеличение** *an **upsurge in** violent crime*

uptake /ˈʌpteɪk/ **noun** informal **be slow/quick on the uptake** to be slow/quick to understand something **медленно/быстро соображать**

uptight /ʌpˈtaɪt/ **adjective** informal worried or nervous and not able to relax **скованный, напряженный**

up-to-date /ˌʌptəˈdeɪt/ **adjective 1** B1 modern, and using the most recent technology or knowledge **современный, новейший 2** B1 having the most recent information **содержащий новейшую информацию** *The Internet **keeps** us **up-to-date**.*

up-to-the-minute /ˌʌptəðəˈmɪnɪt/ **adjective** most recent **самый последний, только что случившийся** *up-to-the-minute news*

uptown /ʌpˈtaʊn/ **adjective, adverb** US in or to the northern part of a city **расположенный в северной части города** *She lives uptown.*

upturn /ˈʌptɜːn/ **noun** [C] an improvement, especially in economic conditions or a business **подъем, улучшение** *There's been a sharp **upturn in** sales.*

upturned /ʌpˈtɜːnd/ **adjective** pointing up, or turned so the under side faces up **повернутый кверху, перевернутый** *an upturned boat*

upward /ˈʌpwəd/ **adjective** [always before noun] moving towards a higher place or level **направленный или движущийся вверх** *an upward glance ◦ an upward trend in sales*

upwards /ˈʌpwədz/ **adverb** mainly UK (mainly US **upward**) **1** towards a higher place or level **вверх** *House prices have started moving upwards again.* **2 upwards of sth** more than a particular amount **свыше** *Double rooms cost upwards of £70 a night.*

uranium /jʊəˈreɪniəm/ **noun** [U] a heavy, grey metal that is used in the production of nuclear power (symbol U) **уран**

Uranus /ˈjʊərənəs/ **noun** [no plural] the planet that is seventh from the Sun, after Saturn and before Neptune **Уран**

urban /ˈɜːbən/ **adjective** B2 belonging or relating to a town or city **городской** *urban areas ◦ urban development*

urbane /ɜːˈbeɪn/ **adjective** confident, relaxed, and polite **светский, изысканный** *With his good looks and urbane manner, he was very popular.*

urge¹ /ɜːdʒ/ **verb** [T] **1 urge sb to do sth** to try to persuade someone to do something **уговаривать кого-либо сделать что-либо** *His parents urged him to go to university.* **2** formal to strongly advise an action **призывать** *Financial experts are **urging caution**.*

PHRASAL VERB **urge sb on** to encourage someone to do or achieve something **побуждать** *The crowd was cheering and urging her on.*

urge² /ɜːdʒ/ **noun** [C] a strong wish or need **страстное желание, порыв** [+ to do sth] *I **resisted a powerful urge** to slap him.*

> Слова-партнеры к **urge (noun)**
>
> **feel/have/resist/satisfy** an urge • an **irresistible/overwhelming/strong/sudden/uncontrollable** urge

urgency /ˈɜːdʒənsi/ **noun** [U] when something is very important and needs you to take action immediately **срочность** *a **matter of** great **urgency***

> Слова-партнеры к **urgency**
>
> **a matter of** urgency • **a sense of** urgency • the urgency **of** sth

urgent /ˈɜːdʒənt/ **adjective** B1 very important and needing you to take action immediately

срочный *an urgent message* ◦ *The refugees were* ***in urgent need of*** *food and water.*
• **urgently adverb** B1 **срочно** *I need to* ***speak to*** *you* ***urgently.***

urinate /ˈjʊərɪneɪt/ **verb** [I] to get rid of urine from your body **мочиться**

urine /ˈjʊərɪn/ **noun** [U] the liquid that comes out of your body when you go to the toilet **моча**

URL /ju:ɑ:rˈel/ abbreviation for uniform resource locator: a website address **унифицированный указатель ресурса, адрес веб-сайта** → See Study Page **The Web and the Internet** on page Centre 36

urn /ɜ:n/ **noun** [C] **1** a round container that is used for plants or to store someone's ashes (= the powder that is left after a dead body has been burned) **урна 2** a metal container that is used to make a large amount of coffee or tea and to keep it hot **электрический чайник или кофейник с подогревом**

us strong /ʌs/ weak /əs/, /s/ **pronoun** A1 used after a verb or preposition to refer to the person who is speaking or writing and one or more other people **нам, нас, собой** *She gave us all a present.* ◦ *Would you like to have dinner with us next Saturday?*

USA /ˌju:esˈeɪ/ **noun** abbreviation for United States of America **США**

usage /ˈju:sɪdʒ/ **noun 1** [C, U] the way that words are used **употребление** *a guide to English grammar and usage* **2** [U] the amount of something that is used, or the way that something is used **использование, расход** *restrictions on water usage*

use¹ /ju:z/ **verb** [T] (past tense and past participle **used**) **1** A1 If you use something, you do something with it for a particular purpose. **использовать** *Can I use your pen?* ◦ *She* ***uses*** *her car* ***for*** *work.* ◦ [+ to do sth] *Nick used the money to buy a new phone.* **2** B1 to take an amount from a supply of something **расходовать** *A shower uses less water than a bath.* **3** to treat someone badly in order to get what you want **использовать кого-либо** *He was just using me to make his girlfriend jealous.* **4** to say or write a particular word or phrase **употреблять** *'Autumn' is used in British English and 'fall' in American English.* **5 could use sth** mainly US informal something that you say when you want or need something **не отказаться от чего-либо (помощи и т. д.)** *I could use some help with these packages, please.*

PHRASAL VERB **use sth up** B2 to finish a supply of something **израсходовать** *Someone's used up all the milk.*

use² /ju:s/ **noun 1** [U] A2 when you use something, or when something is being used **использование** *an increase in the use of mobile phones* ◦ *Guests have free use of the hotel swimming pool.* ◦ *Turn the machine off when it's not* ***in use*** (= being used). **2** [C] B1 a purpose for which something is used **применение** *A food processor has a variety of uses in the kitchen.* ◦ *Can you* ***find a use for*** *this box?* **3 be (of) any/some use** B2 to be useful **быть полезным** *Is this book of any use to you?* **4 be (of) no use** B2 to not be useful **быть бесполезным** *His advice was no use at all.* **5 be no use; be no use doing sth** B2 used to say that trying to do something has no effect **быть бесполезным, бессмысленным** *It was no use talking to him – he wouldn't listen.* **6** [C] B1 one of the meanings of a word, or the way that a particular word is used **употребление, значение** *Can you list all the uses of the verb 'go'?* **7 the use of sth** permission to use something, or the ability to use something **право или способность пользоваться чем-либо** *Martin has offered me the use of his car.* **8 make use of sth** to use something that is available **пользоваться чем-либо** *We were encouraged to make use of all the facilities.*

used¹ /ju:st/ **adjective used to sth/doing sth** B1 If you are used to something, you have done it or experienced it many times before. **быть привыкшим к чему-либо/делать что-либо** *He's used to working long hours.* ◦ *We've been living here for two years and we've* UK ***got used to***/US ***gotten used to*** *the heat.* → Opposite **unused**

used² /ju:zd/ **adjective** Something that is used is not new and has been owned by someone else. **подержанный** *a* ***used car*** → Opposite **unused**

used to /ˈju:sttu:/ **modal verb used to do/be sth** B1 If something used to happen or a situation used to exist, it happened regularly or existed in the past but it does not happen or exist now. **иметь в прошлом обыкновение делать что-либо/быть в прошлом каким-либо** *I used to go out every night when I was a student.* ◦ *He used to be a lot fatter.*

useful /ˈju:sfəl/ **adjective 1** A2 helping you to do or achieve something **полезный** *useful information* **2 come in useful** UK to be useful and help someone do or achieve something, especially when there is nothing else to help them **пригодиться** *You should keep that paint – it might come in useful.*
• **usefully adverb с пользой** • **usefulness noun** [U] **польза**

> **!** Типичная ошибка: **useful**
>
> **Внимание!** Типичная ошибка в словообразовании.
> Прилагательные, оканчивающиеся на суффикс **-ful**, пишутся с одной 'l'.
> Правильное написание – **useful**, а не 'usefull'.

useless /ˈju:sləs/ **adjective 1** B1 If something is useless, it does not work well or it has no effect. **бесполезный, никуда не годный** *This umbrella's useless – there's a big hole in it.* ◦ [+ doing sth] *It's useless arguing with her.* **2** UK informal having no skill in an activity **никудышный** *Dave's* ***useless at*** *football.*

U

Другие способы сказать useful

Если что-то является полезным для достижения какой-то цели, его можно охарактеризовать как **helpful** или **valuable**.

*They gave us some really **helpful** advice.*

*He was able to provide the police with some **valuable** information.*

Прилагательное **invaluable** означает 'исключительно полезный'.

*The Internet is an **invaluable** resource for teachers.*

Требующее больших усилий, но приносящее пользу действие можно охарактеризовать как **worthwhile**.

*It's a difficult course but it's very **worthwhile**.*

Если что-то полезно из-за простоты в использовании, то его можно охарактеризовать как **handy**.

*That's a **handy** little gadget.*

Выражение **come in handy** используют, когда говорят о чем-то, что может быть полезным в будущем.

*Don't throw that away – it'll **come in handy** for the party.*

О тексте с большим количеством полезной информации можно сказать **informative** или **instructive**.

*It's an interesting and highly **informative** book.*

user /ˈjuːzəʳ/ **noun** [C] (B1) someone who uses a product, machine, or service **человек, пользующийся чем-либо** *drug users* ◦ *a new service for Internet users*

user-friendly /ˌjuːzəˈfrendli/ **adjective** A machine or system that is user-friendly is easy to use or understand. **удобный в употреблении** *user-friendly software*

ˈuser ˌname noun [C] (also **username**) a name or other word that you sometimes need to use together with a password (= secret word) before you can use a computer or the Internet **имя пользователя**

usher¹ /ˈʌʃəʳ/ **verb usher sb into/to/across, etc** to show someone where to go or sit **провожать, направлять кого-либо в/к/через и т. д.** *She ushered me into her office.*

PHRASAL VERB **usher in sth** formal to be at the start of a period when important changes happen, or to cause important changes to start happening **возвещать что-либо** *His presidency ushered in a new era of democracy.*

usher² /ˈʌʃəʳ/ **noun** [C] someone who shows people where to sit in a theatre or at a formal event **билетер**

usual /ˈjuːʒuəl/ **adjective 1** (B1) normal and happening most often **обычный** *I went to bed at my usual time.* ◦ *This winter has been much colder than usual.* → Opposite **unusual 2 as usual** (A2) in the way that happens most of the time **как обычно** *As usual, Ben was the last to arrive.*

usually /ˈjuːʒəli/ **adverb** (A2) in the way that most often happens **обычно** *I usually get home at about six o'clock.* ◦ *Usually I just have a sandwich.*

usurp /juːˈzɜːp/ **verb** [T] formal to take someone else's job or power when you should not **узурпировать**

utensil /juːˈtensəl/ **noun** [C] a tool that you use for doing jobs in the house, especially cooking **утварь, принадлежность** *wooden cooking utensils* → See **The Kitchen** on page Centre 2

uterus /ˈjuːtərəs/ **noun** [C] the organ inside a woman's body where a baby grows **матка**

utilitarian /ˌjuːtɪlɪˈteəriən/ **adjective** designed to be useful and not beautiful **утилитарный, практичный** *utilitarian furniture*

utility /juːˈtɪləti/ **noun** [C] (also **public utility**) an organization that supplies the public with water, gas, or electricity **коммунальное или муниципальное предприятие**

utilize formal (also UK **-ise**) /ˈjuːtɪlaɪz/ **verb** [T] to use something in an effective way **использовать** *The vitamins come in a form that is easily utilized by the body.*

utmost¹ /ˈʌtməʊst/ **adjective** [always before noun] formal used to emphasize how important or serious something is **крайний, предельный** *a matter of the **utmost importance*** ◦ *The situation needs to be handled **with** the **utmost** care.*

utmost² /ˈʌtməʊst/ **noun do your utmost** to try as hard as you can to do something **делать все возможное** [+ to do sth] *We did our utmost to finish the project on time.*

utopia /juːˈtəʊpiə/ **noun** [C, U] an imaginary place where everything is perfect **утопия**

utopian /juːˈtəʊpiən/ **adjective** A utopian idea or plan is based on the belief that things can be made perfect. **утопический** *a **utopian vision** of society*

utter¹ /ˈʌtəʳ/ **adjective** [always before noun] used to emphasize something **полный, совершенный** *She dismissed the article as utter nonsense.*

utter² /ˈʌtəʳ/ **verb** [T] formal to say something **издавать (звук), произносить** *She left without **uttering a word**.*

utterance /ˈʌtərəns/ **noun** [C] formal something that you say **высказывание**

utterly /ˈʌtəli/ **adverb** completely **совершенно** *It's **utterly ridiculous**.*

U-turn /ˈjuːtɜːn/ **noun** [C] **1** a change of direction that you make when driving in order to travel in the opposite direction **разворот (автомобиля) 2** a complete change from one opinion or plan to an opposite one **резкое изменение (мнения, политики и т. д.)** *the government's **U-turn on** economic policy*

V

V, v /viː/ the twenty-second letter of the alphabet **22-я буква алфавита**

V written abbreviation for volt (= a unit for measuring an electric current) **вольт** *a 9V battery*

v UK (also UK/US **vs**) /viː/ **preposition** abbreviation for versus (= used to say that one team or person is competing against another) **против** *Germany v France*

vacancy /ˈveɪkənsi/ **noun** [C] **1** a room that is not being used in a hotel **свободный номер (в гостинице)** *Do you have any vacancies?* **2** a job that is available for someone to do **вакансия** *Tell me if you hear of any vacancies for secretaries.*

vacant /ˈveɪkənt/ **adjective 1** B2 Somewhere that is vacant is available because it is not being used. **незанятый, свободный** *a vacant building* **2** B2 A vacant job is available for someone to do. **вакантный (о должности) 3** A vacant expression on someone's face shows they are not thinking about anything. **отсутствующий, бессмысленный**
• **vacantly adverb с отсутствующим видом, бессмысленно**

vacate /vəˈkeɪt/ US /ˈveɪkeɪt/ **verb** [T] formal to leave a room, building, chair, etc so that someone else can use it **освобождать (комнату, стул и т. д.)**

vacation[1] /vəˈkeɪʃən/ US /veɪˈkeɪʃən/ **noun** [C, U] **1** US (UK **holiday**) a period of time when you are not at home but are staying somewhere else for enjoyment **отпуск, отдых** *We're* ***taking a vacation*** *in Florida.* ◦ *We met Bob and Wendi* ***on vacation****.* **2** mainly US a period of the year when schools or colleges are closed **каникулы** *the summer vacation* ◦ *He's* ***on vacation*** *for three months.*

vacation[2] /vəˈkeɪʃən/ US /veɪˈkeɪʃən/ **verb** US (UK **holiday**) **vacation in/on/by, etc** to go on vacation **проводить отпуск, отдыхать в/на/у и т. д.** *Sam was vacationing in Guatemala.*

vaccinate /ˈvæksɪneɪt/ **verb** [T] to give someone a vaccine to stop them from getting a disease **делать прививку** *Have you been* ***vaccinated against*** *polio?*
• **vaccination** /ˌvæksɪˈneɪʃən/ **noun** [C, U] **прививка**

vaccine /ˈvæksiːn/ **noun** [C, U] a substance that is given to people to stop them from getting a particular disease **вакцина**

vacuum[1] /ˈvækjuːm/ **noun 1** [C] a space that has no air or other gas in it **вакуум 2** [no plural] when someone or something important is not now in your life and you are unhappy **пробел, пустота** *When her husband died, it left a big vacuum in her life.*

vacuum[2] /ˈvækjuːm/ **verb** [I, T] to clean somewhere using a vacuum cleaner **пылесосить**

ˈvacuum ˌcleaner noun [C] (also UK **Hoover**) an electric machine that cleans floors by sucking up dirt **пылесос**

vagaries /ˈveɪgəriz/ **noun** [plural] sudden changes that are not expected or known about before they happen **капризы, причуды** ***the vagaries of*** *the English weather*

vagina /vəˈdʒaɪnə/ **noun** [C] the part of a woman's body that connects her outer sex organs to the place where a baby grows **влагалище**

vagrant /ˈveɪgrənt/ **noun** [C] formal someone who has no job and no home and who lives outside **бродяга, бомж**

vague /veɪg/ **adjective 1** not clear or certain **смутный, туманный** *I have a* ***vague idea*** *of where the hotel is.* ◦ *He was a bit vague about directions.* **2** showing that someone is not thinking clearly or does not understand **рассеянный, отсутствующий** *a vague expression*
• **vaguely adverb смутно, неопределенно** *I* ***vaguely remember*** *(= slightly remember) meeting her.* • **vagueness noun** [U] **смутность, неопределенность**

> **Слова-партнеры к vague**
>
> a vague **feeling/idea/impression/memory/promise**

vain /veɪn/ **adjective 1 in vain** without any success **тщетно** *I tried in vain to start a conversation.* **2 vain attempt/effort/hope** A vain attempt/effort, etc does not have the result you want. **тщетная попытка/тщетное усилие/тщетная надежда 3** too interested in your own appearance and thinking you are very attractive **тщеславный, самовлюбленный**
• **vainly adverb тщетно**

Valentine /ˈvæləntaɪn/ **noun** [C] (also **ˈValentine ˌcard**) a card (= stiff, folded paper with a message inside) that you give someone on Valentine's Day **открытка, посылаемая в день святого Валентина**

Valentine's Day /ˈvæləntaɪnzˌdeɪ/ **noun** [C, U] 14 February, a day when you give a Valentine to someone you have a romantic relationship with or want a romantic relationship with **день святого Валентина**

valet /ˈvæleɪ/ **noun** [C] **1** someone who parks your car when you arrive at a restaurant, hotel, or airport **работник автостоянки 2** a male servant who looks after a man's clothes and helps him to dress **камердинер**

valiant /ˈvæliənt/ **adjective** formal very brave **храбрый, отважный** *a valiant effort*
• **valiantly adverb храбро, отважно**

valid /ˈvælɪd/ **adjective 1** (B2) based on good reasons or facts that are true **веский, серьезный** *a **valid argument*** **2** (B2) A valid ticket or document is legally acceptable. **действительный, имеющий силу** *The ticket is valid for three months.* → Opposite **invalid**
• **validity** /vəˈlɪdəti/ **noun** [U] **действительность, вескость**

validate /ˈvælɪdeɪt/ **verb** [T] formal to prove that something is true **признавать действительным, подтверждать**
• **validation** /ˌvælɪˈdeɪʃᵊn/ **noun** [C, U] **утверждение, подтверждение**

valley /ˈvæli/ **noun** [C] (B1) an area of low land between hills or mountains **долина**

valley

valour UK literary (US **valor**) /ˈvæləʳ/ **noun** [U] when someone is very brave, especially during a war **отвага, доблесть**

valuable /ˈvæljuəbl/ **adjective 1** (B1) Valuable objects could be sold for a lot of money. **ценный, дорогой** *valuable paintings and antiques* **2** (B2) Valuable information, help, advice, etc is very helpful. **полезный, ценный**

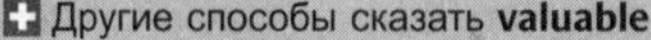

Другие способы сказать valuable

Что-то полезное для достижения определенной цели можно охарактеризовать как **helpful** или **useful**.

*They gave us some really **helpful** advice.*

*She made a really **useful** contribution to the project.*

Что-то, что имеет ценность благодаря приносимой им пользе, можно охарактеризовать как **constructive** или **productive**.

*It was a very **constructive** discussion.*

*We had a very **productive** meeting and sorted out a lot of problems.*

Требующее больших усилий, но приносящее пользу действие можно охарактеризовать как **worthwhile**.

*It's a difficult course but it's very **worthwhile**.*

О тексте с большим количеством полезной информации можно сказать **informative** или **instructive**.

*It's an interesting and highly **informative** book.*

valuables /ˈvæljuəblz/ **noun** [plural] small things that you own which could be sold for a lot of money **ценности** *valuables such as jewellery and watches*

valuation /ˌvæljuˈeɪʃᵊn/ **noun** [C, U] when someone judges how much money something could be sold for **оценка стоимости**

value¹ /ˈvæljuː/ **noun 1** [C, U] (B1) how much money something could be sold for **цена, стоимость** *The new road has affected the **value of** these houses.* ◦ *Cars quickly **go down in value**.* **2** [U] (B1) how useful or important something is **ценность, важность** *a document of great historical value* **3 good value (for money)** (B1) If something is good value, it is of good quality or there is a lot of it so you think the amount of money you spent on it was right. **выгодная цена, покупка** *The meal was very good value.* → See also **face value**

Слова-партнеры к value

the value **of** sth • **of** [any/great/real] value • values **go up/increase** • values **decrease/go down** • a **drop/fall/increase/rise in** value

value² /ˈvæljuː/ **verb** [T] (present participle **valuing**, past tense and past participle **valued**) **1** (B2) If you value something or someone, they are very important to you. **дорожить, ценить** *I always value his opinion.* **2** to judge how much money something could be sold for **оценивать** *The ring was **valued at** $1000.*

values /ˈvæljuːz/ **noun** [plural] (B2) your beliefs about what is morally right and wrong and what is most important in life **ценности (моральные)**

valve /vælv/ **noun** [C] something that opens and closes to control the flow of liquid or gas **клапан**

vampire /ˈvæmpaɪəʳ/ **noun** [C] in stories, a dead person who bites people's necks and drinks their blood **вампир**

van /væn/ **noun** [C] (B1) a vehicle that is used for carrying things but which is smaller than a truck **автофургон** → See picture at **vehicle**

vandal /ˈvændᵊl/ **noun** [C] someone who intentionally damages things in public places **варвар, вандал, громила** *Vandals had smashed the shop window.*

vandalism /ˈvændᵊlɪzᵊm/ **noun** [U] the crime of intentionally damaging things in public places **варварство, вандализм**

vandalize (also UK **-ise**) /ˈvændᵊlaɪz/ **verb** [T] to intentionally damage things in public places **портить, разрушать**

vanguard /ˈvæŋɡɑːd/ **noun in the vanguard of sth** involved in the most recent changes in technology and understanding **в авангарде, в первых рядах чего-либо** *Libraries are in the vanguard of the electronic revolution.*

vanilla /vəˈnɪlə/ **noun** [U] a substance that is used to give flavour to some sweet foods **ваниль** *vanilla ice cream*

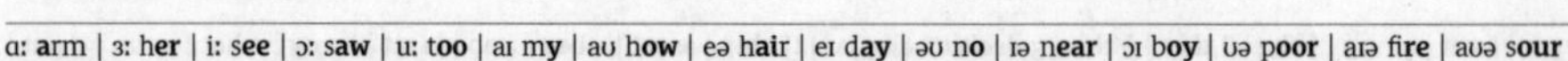

vanish /ˈvænɪʃ/ **verb** [I] B2 to disappear suddenly **скрываться, исчезать** *The sun vanished behind the trees.* ◦ *The report mysteriously vanished from the files.* → See also disappear/vanish into thin **air**¹

vanity /ˈvænəti/ **noun** [U] when someone thinks they are very attractive and is too interested in their own appearance **тщеславие**

vantage point /ˈvɑːntɪdʒˌpɔɪnt/ **noun** [C] **1** the way you think about a subject when you are in a particular situation **точка зрения** *From my vantage point, it is difficult to see how things can improve.* **2** a place from which you can see something very well **место, дающее хороший обзор**

vapour UK (US **vapor**) /ˈveɪpəʳ/ **noun** [U] many small drops of liquid in the air, which look like a cloud **туман, пар**

variable¹ /ˈveəriəbl/ **adjective** changing often **изменчивый, непостоянный** *The sound quality on the recording is variable.*
• **variability** /ˌveəriəˈbɪləti/ **noun** [U] **изменчивость**

variable² /ˈveəriəbl/ **noun** [C] a number, amount, or situation which can change **переменная величина** *A patient's recovery time depends on so many variables, such as age, weight, and general health.*

variance /ˈveəriəns/ **noun** formal **at variance with sb/sth** If two things or people are at variance with each other, they do not agree or are very different. **расходиться во мнениях с кем-либо/противоречить чему-либо** *The statement seems to be at variance with government policy.*

variant /ˈveəriənt/ **noun** [C] something that is a slightly different form from the usual one **разновидность, вариант** *There are several **variants of** the virus.* ◦ *spelling variants*

variation /ˌveəriˈeɪʃən/ **noun** **1** [C, U] B2 a difference in amount or quality **изменение, колебание** ***variations in** price* **2** [C] something that is slightly different from the usual form **разновидность, вариация** *It's a **variation on** the standard apple pie.*

varied /ˈveərɪd/ **adjective** B2 consisting of many different types of things **разнообразный** *a long and varied career*

variety /vəˈraɪəti/ **noun** **1 a variety of sth/sb** A2 many different types of things or people **множество чего-либо/кого-либо** *Ben has done a variety of jobs.* **2** [C] a different type of something **вид, сорт** *a new variety of potato* **3** [U] B1 a lot of different activities, situations, people, etc **разнообразие** *I need more variety in my life.*

> **Слова-партнеры к variety**
>
> a **bewildering/great/infinite/wide** variety • **offer/provide** variety

various /ˈveəriəs/ **adjective** A2 many different **разный, различный** *They have offices in various parts of the country.* ◦ *I started learning Spanish for various reasons.*

variously /ˈveəriəsli/ **adverb** in many different ways **по-разному** *The event was variously described as "terrible", "shocking", and "unbelievable".*

varnish¹ /ˈvɑːnɪʃ/ **noun** [C, U] a clear liquid that you paint onto wood to protect it and make it shine **лак** → See also **nail varnish**

varnish² /ˈvɑːnɪʃ/ **verb** [T] to put varnish on a surface **лакировать**

vary /ˈveəri/ **verb** **1** [I] B2 If things of the same type vary, they are different from each other. **разниться, отличаться** *Car prices vary greatly across Europe.* ◦ *Roses vary widely in size and shape.* **2** [I] B2 to change **изменять(ся)** *Temperatures vary depending on the time of year.* **3** [T] B2 to often change something that you do **разнообразить** *I try to vary what I eat.*

vase /vɑːz/ (US) /veɪs/ **noun** [C] B1 a container that you put flowers in **ваза**

vasectomy /vəˈsektəmi/ **noun** [C] a medical operation that is done to stop a man having children **вазэктомия**

vast /vɑːst/ **adjective** B2 extremely big **огромный, обширный** *a vast amount of money* ◦ *vast forest areas*

vastly /ˈvɑːstli/ **adverb** very much **очень, крайне** *Life now is vastly different from 100 years ago.*

VAT /ˌviːeɪˈtiː/ **noun** [U] abbreviation for value added tax: a tax on goods and services in the UK **НДС**

vault¹ /vɔːlt/ **noun** [C] **1** a special room in a bank where money, jewellery, and other valuable objects are kept **хранилище (в банке)** **2** a room under a church where people are buried **склеп**

vault² /vɔːlt/ **verb** [I, T] to jump over something by first putting your hands on it **перепрыгивать** *Rick vaulted the gate and ran off.* → See also **pole vault**

VCR /ˌviːsiːˈɑːʳ/ **noun** [C] mainly US (UK **video**) abbreviation for video cassette recorder: a machine that you use for recording television programmes and playing videos (= recorded films or programmes) **видеомагнитофон** → See **The Living Room** on page Centre 4

VDU /ˌviːdiːˈjuː/ **noun** [C] UK abbreviation for visual display unit: a machine with a screen that shows information from a computer **дисплей (компьютера)**

've /v/ short for have **сокращ. от have** *I've already eaten.*

veal /vi:l/ **noun** [U] meat from a very young cow **телятина**

veer /vɪəʳ/ **verb veer across/off/towards, etc** to suddenly change direction **делать вираж, резко двигаться через/от/к и т. д.** *The car veered off the road and hit a tree.*

veg /vedʒ/ **noun** [C, U] (plural **veg**) UK informal short for vegetables **овощи** ***fruit and veg***

vegan /'vi:gən/ **noun** [C] someone who does not eat meat, fish, eggs, milk, or cheese **строгий вегетарианец**
• **vegan adjective строго вегетарианский**

vegetable /'vedʒtəbl/ **noun** [C] Ⓐ1 a plant that you eat, for example potatoes, onions, beans, etc **овощ** → See **Fruit and Vegetables** on page Centre 10

vegetarian[1] /ˌvedʒɪ'teəriən/ **noun** [C] Ⓑ1 someone who does not eat meat or fish **вегетарианец**

vegetarian[2] /ˌvedʒɪ'teəriən/ **adjective** Ⓑ1 not eating, containing, or using meat or fish **вегетарианский** *All her children are vegetarian.* ◦ *a vegetarian restaurant/pizza*

vegetation /ˌvedʒɪ'teɪʃən/ **noun** [U] the plants and trees that grow in a particular area **растительность**

veggie /'vedʒi/ **noun** [C] UK informal a vegetarian **вегетарианец**
• **veggie adjective вегетарианский**

vehement /'vi:əmənt/ **adjective** formal showing strong, often negative, feelings about something **яростный, ожесточенный** *vehement criticism/opposition*
• **vehemently adverb яростно, ожесточенно**

vehicles

vehicle /'vi:ɪkl/ **noun 1** Ⓑ1 [C] formal something such as a car or bus that takes people from one place to another, especially using roads **транспортное средство 2 a vehicle for sth/doing sth** something that you use as a way of telling people your ideas or opinions **средство, орудие** *The paper was merely a vehicle for his political beliefs.*

veil /veɪl/ **noun** [C] a thin piece of material that covers a woman's face **вуаль**

IDIOM **draw a veil over sth** UK to not talk any more about a subject because it could cause trouble or embarrassment **замалчивать, обходить что-либо молчанием**

veiled /veɪld/ **adjective** said so that the true meaning or purpose is not clear **завуалированный** ***veiled criticism***

vein /veɪn/ **noun** [C] **1** one of the tubes in your body that carries blood to your heart **вена 2** one of the thin lines on a leaf **жилка**

IDIOM **in the same vein** in the same style of speaking or writing **в том же духе**

Velcro /'velkrəʊ/ **noun** [U] trademark material that consists of two pieces of cloth that stick together, used to fasten clothes **липучка (застежка)**

velocity /vɪ'lɒsəti/ **noun** [C, U] the speed at which something moves **скорость**

velvet /'velvɪt/ **noun** [U] cloth that has a thick, soft surface on one side **бархат** *a black velvet jacket*

vendetta /ven'detə/ **noun** [C] when someone tries to do something bad to someone over a period of time because they have been treated badly by them **вендетта, месть** *He had a* ***vendetta against*** *the company after he lost his job.*

vending machine /'vendɪŋməˌʃi:n/ **noun** [C] a machine that sells drinks, cigarettes, etc **торговый автомат**

vendor /'vendɔ:ʳ/ **noun** [C] **1** someone who sells something outside **продавец (с лотка)** *an ice cream vendor* **2** formal a company that sells goods or services **фирма, торгующая чем-либо или предоставляющая какие-либо услуги**

veneer /və'nɪəʳ/ **noun 1** [C, U] a thin layer of wood that covers a piece of furniture that is made of a cheaper material **шпон 2 a veneer of sth** formal a way of behaving that is not sincere and hides someone's real character or emotions **видимость, налет чего-либо** *a thin veneer of calm/respectability*

venerable /'venərəbl/ **adjective** old and very much respected **почтенный** *a* ***venerable institution****/tradition*

venetian blind /vənˌi:ʃən'blaɪnd/ **noun** [C] a covering for a window that is made from long, flat, horizontal pieces of metal or wood which you can move to let in light **жалюзи**

vengeance /'vendʒəns/ **noun 1** [U] when you do something bad to someone who has done something bad to you, or the feeling of wanting to do this **месть, возмездие** *an act of vengeance* **2 with a vengeance** If something happens with a vengeance, it happens a lot or in a very strong way. **с удвоенной силой** *The disease swept across the country with a vengeance.*

vengeful /ˈvendʒfəl/ **adjective** formal wanting vengeance **мстительный**

venison /ˈvenɪsən/ **noun** [U] meat from a deer **оленина**

venom /ˈvenəm/ **noun** [U] **1** poison that some snakes and insects produce **яд 2** a feeling of extreme anger or hate **злоба, желчь** *Much of his venom was directed at his boss.*

• **venomous adjective** containing or involving venom **ядовитый, злобный**

vent[1] /vent/ **noun** [C] a hole in a wall or machine that lets air in and allows smoke or smells to go out **вентиляционное отверстие**

vent[2] /vent/ **verb vent your anger/frustration, etc** to do or say something to show your anger or another strong, bad feeling **изливать, срывать злобу/разочарование и т. д.**

ventilate /ˈventɪleɪt/ **verb** [T] to let air come into and go out of a room or building **вентилировать, проветривать**

• **ventilation** /ˌventɪˈleɪʃən/ **noun** [U] **вентиляция** *a ventilation system*

venture[1] /ˈventʃər/ **noun** [C] a new activity that may not be successful **рискованное предприятие** *a* ***business venture*** → See also **joint venture**

venture[2] /ˈventʃər/ **verb** formal **1 venture into/out/outside, etc** to leave a safe place and go somewhere that may involve risks **отважиться войти/выйти и т. д.** *If the snow stops I might venture out.* **2** [T] to be brave enough to say something that might be criticized **осмелиться сказать что-либо** *I didn't dare* ***venture an opinion.***

venue /ˈvenjuː/ **noun** [C] (B2) a place where a sports game, musical performance, or special event happens **место (соревнования, концерта и т. д.)**

Venus /ˈviːnəs/ **noun** [no plural] the planet that is second from the Sun, after Mercury and before the Earth **Венера**

veranda (also **verandah**) /vəˈrændə/ **noun** [C] a room that is joined to the outside of a house and has a roof and floor but no outside wall **веранда, терраса**

verb /vɜːb/ **noun** [C] (A2) a word that is used to say that someone does something or that something happens. For example the words 'arrive', 'make', 'be', and 'feel' are verbs. **глагол** → See also **auxiliary verb**, **modal verb**, **phrasal verb**

verbal /ˈvɜːbəl/ **adjective 1** spoken and not written **устный, словесный** *a verbal promise* **2** relating to words or the use of words **словесный, языковой** *verbal ability/skills*

• **verbally adverb устно, на словах**

verbatim /vɜːˈbeɪtɪm/ **adjective, adverb** using the exact words that were originally used **дословный, дословно**

verdict /ˈvɜːdɪkt/ **noun** [C] **1** a decision in a court of law saying if someone is guilty or not **приговор** *a* ***guilty verdict*** ◦ *The jury took nine hours to* ***reach a verdict.*** **2** someone's opinion about something after experiencing it, often for the first time **заключение, мнение** *You tried out that Italian restaurant? What was the verdict?*

> **Слова-партнеры к verdict**
>
> **deliver/reach/return** a verdict • a **guilty/not guilty** verdict

verge[1] /vɜːdʒ/ **noun** [C] **1** UK the edge of a road or path that is usually covered in grass **край 2 be on the verge of sth/doing sth** to be going to happen or to do something very soon **быть на грани чего-либо** *a company on the verge of financial disaster*

verge[2] /vɜːdʒ/ **verb**

PHRASAL VERB **verge on sth** to almost be a particular state or quality **граничить с чем-либо** *His constant questions verged on rudeness.*

verify /ˈverɪfaɪ/ **verb** [T] to prove that something is true, or do something to discover if it is true **подтверждать** *It was impossible to verify her statement.*

• **verification** /ˌverɪfɪˈkeɪʃən/ **noun** [U] **подтверждение**

veritable /ˈverɪtəbl/ **adjective** [always before noun] formal used to emphasize how extreme something is **настоящий, сущий** *Their house was a veritable palace (= was very large).*

vermin /ˈvɜːmɪn/ **noun** [plural] small animals that damage crops and can give people diseases **паразиты, вредители**

versatile /ˈvɜːsətaɪl/ (US) /ˈvɜːrsətəl/ **adjective 1** having many different skills **разносторонний** *a versatile player/performer* **2** useful for doing a lot of different things **универсальный, многоцелевой** *a versatile tool*

• **versatility** /ˌvɜːsəˈtɪləti/ **noun** [U] **разносторонность, универсальность**

verse /vɜːs/ **noun 1** [C] (B2) one of the parts that a song or poem is divided into **куплет, строфа** *I only know the first verse.* **2** [U] words that are in the form of poetry **стихи** *The story was told in verse.*

version /ˈvɜːʃən/ **noun** [C] **1** (B2) one form of something that is slightly different to other forms of the same thing **версия, вариант** *I saw the original version of the film.* **2** someone's description of what has happened **версия, интерпретация** *Bates gave his version of events to the police.*

> **Слова-партнеры к version**
>
> a **new/the latest** version • a version **of** sth • **in** a version

versus /ˈvɜːsəs/ **preposition 1** used to say that one team or person is competing against another **против** *Tomorrow's game is Newcastle versus Arsenal.* **2** used to compare two things or ideas, especially when you have to choose

V

between them **в отличие от, в сравнении с** *private education versus state education*

vertical /ˈvɜːtɪkᵊl/ **adjective** pointing straight up from a surface **вертикальный** *a vertical line*
• **vertically** adverb → See picture at **horizontal** **вертикально**

vertigo /ˈvɜːtɪgəʊ/ **noun** [U] when you feel slightly ill because you are in a high place and feel as if you might fall **страх высоты**

verve /vɜːv/ **noun** [U] formal energy and enthusiasm **энтузиазм, подъем**

very[1] /ˈveri/ **adverb 1** A1 used to emphasize an adjective or adverb **очень** *She was very pleased.* ◦ *Marie speaks very slowly.* ◦ *Thank you very much.* **2 not very good/tall/happy, etc** A1 not good/happy, etc **не очень хороший/высокий/счастливый и т. д.** *The film wasn't very good.*

very[2] /ˈveri/ **adjective** [always before noun] used to emphasize a noun **тот самый** *This is the very house where we stayed.*

vessel /ˈvesᵊl/ **noun** [C] **1** formal a ship or large boat **судно, корабль 2** old-fashioned a container for liquids **сосуд** → See also **blood vessel**

vest /vest/ **noun** [C] **1** UK (US **undershirt**) a piece of underwear that you wear under a shirt **майка 2** US (UK **waistcoat**) a piece of clothing with buttons at the front and no sleeves, that you wear over a shirt **жилет** → See **Clothes** on page Centre 9

vested interest /ˌvestɪdˈɪntrest/ **noun** [C] If you have a vested interest in something, you want it to happen because it will give you advantages. **кровная заинтересованность**

vestige /ˈvestɪdʒ/ **noun** [C] a very small amount of something that still exists after most of it has gone **остаток** *There is still a vestige of hope that she might be found alive.*

vet[1] /vet/ **noun** [C] B1 someone whose job is to give medical care to animals that are ill or hurt **ветеринар**

vet[2] /vet/ **verb** [T] (present participle **vetting**, past tense and past participle **vetted**) to look at details of someone's life, in order to make sure that they are suitable for a particular job **проверять (кандидата на должность)** [often passive] *Applicants for the job are carefully vetted.*

V

veteran /ˈvetᵊrᵊn/ **noun** [C] **1** someone who has been in an army or navy during a war **ветеран** *a veteran of World War Two* **2** someone who has done a job or activity for a long time **ветеран** *a 20-year veteran of BBC news*

veterinarian /ˌvetᵊrɪˈneəriən/ **noun** [C] US a vet **ветеринар**

veterinary /ˈvetᵊrɪnᵊri/ **adjective** formal relating to medical care given to animals that are ill or hurt **ветеринарный**

ˈveterinary ˌsurgeon noun [C] UK formal a vet **ветеринарный врач**

veto[1] /ˈviːtəʊ/ **verb** [T] (present participle **vetoing**, past tense and past participle **vetoed**) If someone in authority vetoes something, they do not allow it to happen, although other people have agreed to it. **налагать вето** *The plan was vetoed by the President.*

veto[2] /ˈviːtəʊ/ **noun** [C, U] (plural **vetoes**) when someone in authority does not allow something to happen **вето**

vexed /vekst/ **adjective vexed question/issue, etc** a situation that causes problems and is difficult to deal with **больной вопрос** *the vexed issue of unemployment*

via /vaɪə/ **preposition 1** B1 going through or stopping at a place on the way to another place **через, с остановкой в** *The train to Utrecht goes via Amsterdam.* **2** B1 using a particular machine, system, or person to send or receive something **путем, с помощью** *I receive all my work via e-mail.*

viable /ˈvaɪəbl/ **adjective** effective and able to be successful **практически осуществимый, жизнеспособный** *a* ***viable alternative*** *to nuclear power* ◦ *an economically viable plan*
• **viability** /ˌvaɪəˈbɪləti/ **noun** [U] **осуществимость, жизнеспособность**

viaduct /ˈvaɪədʌkt/ **noun** [C] a long, high bridge across a valley **виадук**

vibes /vaɪbz/ **noun** [plural] informal the way a person or place makes you feel **флюиды, ощущения** *I get* ***bad/good vibes*** *from her.*

vibrant /ˈvaɪbrənt/ **adjective 1** full of excitement and energy **полный жизни** *a vibrant city* ◦ *a vibrant, young performer* **2** A vibrant colour is very bright. **яркий**

vibrate /vaɪˈbreɪt/ (US) /ˈvaɪbreɪt/ **verb** [I, T] to shake with small, quick movements or to make something shake this way **дрожать, вибрировать** *The music was so loud that the floor was vibrating.*
• **vibration** /vaɪˈbreɪʃᵊn/ **noun** [C, U] **вибрация**

vicar /ˈvɪkəʳ/ **noun** [C] a priest in some Christian churches **приходский священник**

vicarage /ˈvɪkᵊrɪdʒ/ **noun** [C] the house where a vicar lives **дом священника**

vicarious /vɪˈkeəriəs/ **adjective** [always before noun] A vicarious feeling is one you get from seeing or hearing about another person's experiences. **косвенный, опосредованный** *It gives me* ***vicarious pleasure*** *to watch him eat.*

vice /vaɪs/ **noun 1** [C] something bad that someone often does **порок, зло** *Smoking is his only vice.* **2** [U] crime that involves sex or drugs **преступление, связанное с проституцией или наркотиками 3** [C] UK (US **vise**) a tool used for holding something tightly while you cut it, make it smooth, etc **тиски** → See picture at **tool**

ˌvice ˈpresident noun [C] **1** the person who is a rank lower than the president of a country **вице-президент 2** US someone who is responsible for part of a company **вице-президент** *She's vice president of sales and marketing.*

vice versa /ˌvaɪsˈvɜːsə/ **adverb** used for referring to the opposite of what you have just said **наоборот** *Never use indoor lights outside and vice versa.*

vicinity /vɪˈsɪnəti/ **noun in the vicinity (of sth)** formal in the area near a place **поблизости, по соседству** *A number of buildings in the vicinity of the fire were damaged.*

vicious /ˈvɪʃəs/ **adjective 1** violent and dangerous **жестокий, злой** *a vicious attack on a child* ◦ *a vicious dog* **2** intended to upset someone **злонамеренный** *a **vicious rumour***
• **viciously** adverb **жестоко, злонамеренно**

ˌvicious ˈcircle noun [no plural] (also **ˌvicious cycle**) when one problem causes another problem, which then makes the first problem worse **порочный круг**

victim /ˈvɪktɪm/ **noun** [C] B2 someone who has suffered the effects of violence, illness, or bad luck **жертва** *victims of crime* ◦ *hurricane/flood victims*

victimize (also UK **-ise**) /ˈvɪktɪmaɪz/ **verb** [T] to treat someone unfairly because you do not like or approve of them **подвергать преследованиям, изводить** *Ben feels he has been victimized by his teacher.*

victor /ˈvɪktəʳ/ **noun** [C] formal the person who wins a fight or competition **победитель**

Victorian /vɪkˈtɔːriən/ **adjective** from or relating to the period between 1837 and 1901 in Britain **викторианский** *a Victorian house*

victorious /vɪkˈtɔːriəs/ **adjective** having won a fight or competition **победоносный, победивший** *a victorious army*

victory /ˈvɪktəri/ **noun** [C, U] B2 when you win a fight or competition **победа** *Phoenix managed a 135-114 **victory over** Denver.*

> Слова-партнеры к **victory**
> claim/secure victory • a comfortable/easy/impressive victory • a victory for/over sb

video¹ /ˈvɪdiəʊ/ **noun 1** [U] A2 a film or television programme recorded on videotape **видеокассета** *'Pride and Prejudice' has just come out **on video**.* **2** [C] A2 something that you have recorded on videotape using a video camera **видеозапись** *Caroline and Yann showed us their wedding video last night.* **3** [C] (also **VCR**) (also **video recorder**) a machine that you use for recording a television programme or watching a video **видеомагнитофон** → See **The Living Room** on page Centre 4

video² /ˈvɪdiəʊ/ **verb** [T] (present participle **videoing**, past tense and past participle **videoed**) **1** to record a television program using a video recorder **записывать на видео 2** to film something using a video camera **делать видео**

ˈvideo ˌcamera noun [C] a piece of equipment used to record something onto videotape **видеокамера**

ˈvideo ˌclip noun [C] B1 a short video recording **видеоклип**

ˈvideo ˌgame noun [C] A2 a game in which you make pictures move on a screen **видеоигра**

videophone /ˈvɪdiəʊfəʊn/ **noun** [C] a telephone with a small screen so that you can see the person you are talking to **видеофон**

ˈvideo reˌcorder noun [C] a video machine **видеомагнитофон**

videotape /ˈvɪdiəʊteɪp/ **noun** [C, U] a thin strip of material inside a plastic box, that is used for recording television programmes and films **видеопленка**

vie /vaɪ/ **verb** [I] (present participle **vying**, past tense and past participle **vied**) to try hard to do something more successfully than someone else **соперничать, состязаться** *The children were **vying for** attention.* ◦ [+ to do sth] *Film crews were **vying with** each other to get the best pictures.*

view¹ /vjuː/ **noun 1** [C] B1 your opinion **мнение, взгляд** *We have different **views about/on** education.* ◦ ***In her view** this is wrong.* **2** [C] A2 the things that you can see from a place **вид, панорама** *There was a lovely view of the lake from the bedroom window.* **3** [no plural] B2 how well you can see something from a particular place **обзор** *We had a great view of the procession.* **4** [U] a position from which something can be seen **видимость, поле зрения** *The house was hidden from view behind a wall.* ◦ *He turned the corner and the harbour **came into view**.* **5 in full view of sb** happening where someone can easily see **на глазах у кого-либо** *All this happened in full view of the cameras.* **6 in view of sth** formal B2 because of **ввиду, из-за чего-либо** *In view of recent events, we have decided to cancel the meeting.* **7 with a view to doing sth** formal so that you can do something **с целью, с намерением** *He's doing some improvements on the house with a view to selling it.* → See also **point of view**

> Слова-партнеры к **view**
> express/have/hold a view • strong views • in sb's view • sb's views about/on sth • an exchange of views

view² /vjuː/ **verb** [T] formal **1** to have a particular opinion about someone or something **считать, рассматривать** *In all three countries he is **viewed as** a terrorist.* **2** to watch something **осматривать, обозревать** *They were able to view the city from a helicopter.*

viewer /ˈvjuːəʳ/ **noun** [C] B2 someone who watches a television programme **зритель**

viewpoint /ˈvjuːpɔɪnt/ **noun** [C] a way of thinking about a situation **точка зрения** ***From his viewpoint** the action seemed entirely justified.*

vigil /ˈvɪdʒɪl/ **noun** [C, U] when people stay somewhere quietly in order to show that they support someone, disagree with someone, etc **демонстрация** *an all-night vigil for peace*

vigilant /ˈvɪdʒɪlənt/ **adjective** watching carefully and always ready to notice anything dangerous or illegal **бдительный** *Police have asked people to be vigilant after yesterday's bomb attack.*

• **vigilance** /ˈvɪdʒɪləns/ **noun** [U] **бдительность**

vigilante /ˌvɪdʒɪˈlænti/ **noun** [C] a member of a group of people who try to catch criminals and punish them without having any legal authority **виджиланте, член комитета бдительности**

vigor /ˈvɪgəʳ/ **noun** [U] US spelling of vigour **решительность, энергичность**

vigorous /ˈvɪgərəs/ **adjective** **1** showing or needing a lot of physical energy **энергичный** ***vigorous exercise*** **2** showing strong, often negative, feelings about something **решительный, неустанный** *a vigorous debate* ◦ *He was a **vigorous opponent** of the government.*

• **vigorously** **adverb** **энергично** *Bates **vigorously denies** (= strongly denies) murdering his wife.*

vigour UK (US **vigor**) /ˈvɪgəʳ/ **noun** [U] strength and energy **решительность, энергичность** *She set about her work **with** great **vigour**.*

vile /vaɪl/ **adjective** extremely unpleasant **отвратительный, подлый** *a vile attack* ◦ *The bathroom was vile.*

vilify /ˈvɪlɪfaɪ/ **verb** [T] formal to say bad things about someone so that other people will not like or approve of them **поносить, чернить**

villa /ˈvɪlə/ **noun** [C] a large house, especially one used for holidays in a warm country **вилла**

village /ˈvɪlɪdʒ/ **noun** [C] A1 a place where people live in the countryside that includes buildings such as shops and a school but which is smaller than a town **деревня** *She lives in a small village outside Oxford.* ◦ *a village shop*

villager /ˈvɪlɪdʒəʳ/ **noun** [C] someone who lives in a village **деревенский житель**

villain /ˈvɪlən/ **noun** [C] a bad person in a film, book, etc **злодей**

vindicate /ˈvɪndɪkeɪt/ **verb** [T] formal to prove that what someone said or did was right after people generally thought it was wrong **доказывать, оправдывать**

• **vindication** /ˌvɪndɪˈkeɪʃən/ **noun** [C, U] formal **доказательство, оправдание**

vindictive /vɪnˈdɪktɪv/ **adjective** intending to harm or upset someone who has harmed or upset you **мстительный**

vine /vaɪn/ **noun** [C] a plant that grapes (= small, green or purple fruit used for making wine) grow on **виноградная лоза**

vinegar /ˈvɪnɪgəʳ/ **noun** [U] B2 a sour liquid that is used in cooking, often made from wine **уксус**

vineyard /ˈvɪnjəd/ **noun** [C] an area of land where someone grows grapes (= small, green or purple fruit) for making wine **виноградник**

vintage[1] /ˈvɪntɪdʒ/ **adjective** **1** Vintage wine is wine of a good quality that was made in a particular year. **марочный, выдержанный** **2** having all the best or most typical qualities of something, especially from the past **старинный, классический** *a vintage Hollywood movie* **3** A vintage car was made between 1919 and 1930. **относящийся к периоду между 1919 и 1930 гг. (об автомобиле)**

vintage[2] /ˈvɪntɪdʒ/ **noun** [C] the wine that was made in a particular year **вино урожая определенного года** *The 1993 vintage is one of the best.*

vinyl /ˈvaɪnəl/ **noun** [U] a type of very strong plastic **винил**

viola /viˈəʊlə/ **noun** [C] a wooden instrument, larger than a violin, that you hold against your neck and play by moving a special stick across strings **альт**

violate /ˈvaɪəleɪt/ **verb** [T] formal **1** to not obey a law, rule, or agreement **нарушать, преступать** *Countries that violate international law will be dealt with severely.* **2** to not allow someone something that they should morally be allowed to have **нарушать, попирать** *They were accused of violating human rights.*

• **violation** /ˌvaɪəˈleɪʃən/ **noun** [C, U] **нарушение** *a violation of privacy*

violence /ˈvaɪələns/ **noun** [U] **1** B2 when someone tries to hurt or kill someone else **насилие** *an act of violence* ◦ *A number of people were killed in the violence.* ◦ ***Violence against** women has increased in recent years.* **2** extreme force and energy, especially of something causing damage **сила** *Such was the violence of the explosion that three buildings collapsed.*

> **Слова-партнеры к violence**
>
> erupt into/renounce/use violence • escalating/extreme/gratuitous violence • violence against/towards sb

violent /ˈvaɪələnt/ **adjective** **1** B2 involving violence **насильственный, ожесточенный** *a victim of **violent crime*** ◦ *a violent protest* ◦ *I don't like violent films (= films that show violence).* **2** B2 likely to hurt or kill someone else **опасный, жестокий** *a violent criminal* **3** sudden and causing damage **сильный** *a violent explosion/storm* **4** showing very strong feelings, especially anger **яростный, неистовый** *violent emotions*

• **violently** **adverb** B2 **насильственно, жестоко, яростно** → See also **non-violent**

violet /ˈvaɪələt/ **noun** **1** [C] a small plant with a small, purple flower **фиалка** **2** [U] a pale purple colour **лиловый**

violin /ˌvaɪəˈlɪn/ **noun** [C] A2 a wooden musical instrument that you hold against your neck and play by moving a bow (= special stick) across strings **скрипка**

• **violinist** /vaɪəˈlɪnɪst/ noun [C] someone who plays a violin **скрипач**

VIP /ˌviːaɪˈpiː/ **noun** [C] abbreviation for very important person: someone who is famous or powerful and is treated in a special way **высокопоставленное лицо** *The airport has a separate lounge for VIPs.*

viper /ˈvaɪpəʳ/ **noun** [C] a small, poisonous snake **гадюка**

viral /ˈvaɪrəl/ **adjective** caused by or relating to a virus (= infectious organism) **вирусный** *a viral infection*

virgin[1] /ˈvɜːdʒɪn/ **noun** [C] someone who has never had sex **девственница**

virgin[2] /ˈvɜːdʒɪn/ **adjective** Virgin land, forest, etc has not been used or damaged by people. **девственный, нетронутый**

virginity /vəˈdʒɪnəti/ **noun** [U] when someone has never had sex **девственность** *Emma **lost her virginity** (= had sex for the first time) at sixteen.*

Virgo /ˈvɜːgəʊ/ **noun** [C, U] the sign of the zodiac which relates to the period of 23 August – 22 September, or a person born during this period **Дева** → See picture at **zodiac**

virile /ˈvɪraɪl/ Ⓤⓢ /ˈvɪrəl/ **adjective** A virile man is strong and has sexual energy. **сильный, мужественный**

• **virility** /vɪˈrɪləti/ noun [U] **мужественность**

virtual /ˈvɜːtʃuəl/ **adjective** [always before noun] **1** almost a particular thing or quality **фактический, действительный** *They played the game in virtual silence.* **2** B2 using computer images and sounds that make you think an imagined situation is real **виртуальный** *a virtual art gallery*

virtually /ˈvɜːtʃuəli/ **adverb** B2 almost **фактически, практически** *They're virtually the same.* ◦ *I've virtually finished.*

virtual reˈality **noun** [U] B2 when a computer produces images and sounds that make you feel an imagined situation is real **виртуальная действительность**

virtue /ˈvɜːtjuː/ **noun** **1** [C, U] an advantage or useful quality **достоинство, преимущество** *The great **virtue of** having a small car is that you can park it easily.* **2** [C] a good quality that someone has **достоинство, хорошее качество** *Patience is not among his virtues.* **3** [U] behaviour that is morally good **добродетель** **4 by virtue of sth** formal because of something **вследствие чего-либо** *She succeeded by virtue of hard work rather than talent.*

virtuoso /ˌvɜːtjuˈəʊsəʊ/ **noun** [C] someone who is extremely good at doing something, especially playing a musical instrument **виртуоз**

virtuous /ˈvɜːtʃuəs/ **adjective** behaving in a good and moral way **добродетельный**

• **virtuously adverb добродетельно**

virulent /ˈvɪrʊlənt/ **adjective** **1** A virulent disease or poison causes severe illness very quickly. **вирулентный, опасный** **2** formal criticizing or hating someone or something very much **яростный, злобный** *a virulent attack on the government*

virus /ˈvaɪərəs/ **noun** [C] **1** B2 an infectious organism too small to be seen that causes disease, or an illness that it causes **вирус** *The doctor says I've got a virus.* **2** B1 a program that is secretly put onto a computer in order to destroy the information that is stored on it **вирус (компьютерный)**

> **Слова-партнеры к virus**
>
> **carry/contract/have/transmit a virus • a deadly/rare virus**

visa /ˈviːzə/ **noun** [C] B1 an official mark in your passport (= document which proves your nationality) that allows you to enter or leave a particular country **виза** *She went to Miami **on** a tourist **visa**.*

vis-à-vis /ˌviːzəˈviː/ **preposition** relating to something, or in comparison with something **в отношении чего-либо** *I have to speak to James vis-à-vis the conference arrangements.*

vise /vaɪs/ **noun** [C] US spelling of vice (= a tool used for holding something tightly while you cut it, make it smooth, etc) **тиски** → See picture at **tool**

visibility /ˌvɪzəˈbɪləti/ **noun** [U] how far or how well you can see because of weather conditions **видимость** *good/poor visibility* ◦ *It was foggy and visibility was down to 50 metres.*

visible /ˈvɪzəbl/ **adjective** B2 able to be seen **видимый** *The fire was **visible from** five kilometres away.* → Opposite **invisible**

• **visibly adverb заметно** *She was visibly upset.*

vision /ˈvɪʒən/ **noun** **1** [C] B2 an idea or image in your mind of what something could be like in the future **мечта, образ** *a vision of a better society* **2** [U] B2 the ability to see **зрение** *He has poor vision in his left eye.* **3** [U] the ability to make plans for the future that are imaginative and wise **дальновидность, прозорливость** *As a leader, he lacked vision.* **4** [C] when you see someone or something that no one else can see as part of a religious experience **явление, видение**

visionary /ˈvɪʒənəri/ **adjective** able to make plans for the future that are imaginative and wise **дальновидный, прозорливый** *a visionary leader*

• **visionary noun** [C] **провидец, пророк**

visit[1] /ˈvɪzɪt/ **verb** [I, T] **1** A1 to go to someone's home and spend time with them **навещать, ходить в гости** *We have friends coming to visit this weekend.* **2** A1 to go to a place and spend a

V

short amount of time there **посещать, бывать где-либо** *Did you visit St Petersburg while you were in Russia?* **3** (A2) to look at a website **заходить (на веб-сайт)**

PHRASAL VERB **visit with sb** US to spend time talking with someone who you know **заходить к кому-либо** *Mom was visiting with our neighbor.*

visit² /ˈvɪzɪt/ **noun** [C] (B1) when you visit a place or a person **визит, посещение** *the President's **visit to** Hong Kong* ◦ *Why don't you **pay** him **a visit** (= visit him)?*

Слова-партнеры к visit

a visit **to** sth • a visit **from** sb • **on** a visit • **pay** sb a visit • **have a visit from** sb • a **brief/flying** visit

visitor /ˈvɪzɪtəʳ/ **noun** [C] (A2) someone who visits a person or place **посетитель, гость** *The museum attracts large numbers of visitors.*

visor /ˈvaɪzəʳ/ **noun** [C] **1** the part of a helmet (= hard hat that protects your head) that you can pull down to cover your face **забрало 2** (also ˈ**sun** ˌ**visor**) a hat that has a curved part above your eyes to protect them from the sun **кепка с козырьком** → See **Clothes** on page Centre 9 **3** the parts in the front window of a car that you pull down to protect your eyes from the sun **защитный козырек** → See **Car** on page Centre 7

vista /ˈvɪstə/ **noun** [C] a view, especially a beautiful view that you look at from a high place **вид**

visual /ˈvɪʒuəl/ **adjective** (B2) relating to seeing **зрительный, визуальный** *The film has some powerful **visual effects**.*
• **visually adverb зрительно, визуально** *visually appealing*

ˌ**visual** ˈ**aid noun** [C] something that helps you understand or remember information, such as a picture or film **наглядное пособие**

visualize (also UK **-ise**) /ˈvɪʒuəlaɪz/ **verb** [T] to create a picture in your mind of someone or something **мысленно представлять себе** *I was very surprised when I met Geoff – I'd visualized someone much older.*
• **visualization** /ˌvɪʒuəlaɪˈzeɪʃən/ **noun** [U] **мысленный образ**

vital /ˈvaɪtəl/ **adjective 1** (B2) necessary **крайне необходимый, жизненно важный** *Tourism is **vital to** the country's economy.* ◦ [+ (that)] *It's vital that you send off this form today.* **2** formal full of energy **энергичный, полный жизни**

vitality /vaɪˈtæləti/ **noun** [U] energy and strength **энергичность** *At 48, he still projects an image of youth and vitality.*

vitally /ˈvaɪtəli/ **adverb** in a very important way **крайне, очень** *Safety at work is **vitally important**.*

vitamin /ˈvɪtəmɪn/ (US) /ˈvaɪtəmɪn/ **noun** [C] (B2) one of a group of natural substances in food that you need to be healthy **витамин** *Oranges are full of vitamin C.*

vitriolic /ˌvɪtriˈɒlɪk/ **adjective** formal criticizing someone in a very severe and unpleasant way **злобный, язвительный**

viva /ˈvaɪvə/ **noun** [C] UK a spoken examination at university **устный экзамен (в университете)**

vivacious /vɪˈveɪʃəs/ **adjective** A vivacious person, especially a woman, is full of energy and enthusiasm. **оживленный, жизнерадостный**

vivid /ˈvɪvɪd/ **adjective 1** (B2) Vivid descriptions or memories produce strong, clear images in your mind. **живой, яркий** *He gave a very **vivid description** of life in Caracas.* **2** (B2) A vivid colour is very bright. **яркий**
• **vividly adverb** (B2) **живо, ярко** *I remember my first day at school very vividly.*

vivisection /ˌvɪvɪˈsekʃən/ **noun** [U] when living animals are used in scientific experiments, especially in order to discover the effects of new drugs **вивисекция**

vixen /ˈvɪksən/ **noun** [C] a female fox (= wild dog with red-brown fur) **лисица**

V-neck /ˈviːnek/ **noun** [C] a V-shaped opening for your neck on a piece of clothing, or a sweater, dress, etc with this opening **треугольный вырез ворота, вырез воротника в форме буквы V** *a V-neck jumper*
• **V-necked** /viːˈnekt/ **adjective с треугольным вырезом ворота** *a V-necked dress*

vocabulary /vəʊˈkæbjələri/ **noun 1** [C, U] (A2) all the words you know in a particular language **словарный запас** *Reading helps to widen your vocabulary.* **2** [no plural] all the words that exist in a language, or that are used when discussing a particular subject **лексика** *Computing has its own specialist vocabulary.* **3** [no plural] a list of words and their meanings **словарь, перечень слов с переводом или пояснением**

Слова-партнеры к vocabulary

a **limited/wide** vocabulary • **be in** sb's vocabulary • **widen** your vocabulary

vocal /ˈvəʊkəl/ **adjective 1** expressing your opinions in a strong way **громогласный** *She is a **vocal supporter** of women's rights.* **2** involving or relating to the voice, especially singing **голосовой, вокальный** *vocal music*

ˈ**vocal** ˌ**cords** (also **vocal chords**) **noun** [plural] folds of skin at the top of your throat that make sounds when air from your lungs moves over them **голосовые связки**

vocalist /ˈvəʊkəlɪst/ **noun** [C] the person who sings in a group of people who play popular music **вокалист, певец**

vocals /ˈvəʊkəlz/ **noun** [plural] the part of a piece of music that is sung **вокальное произведение**

vocation /vəʊ'keɪʃᵊn/ **noun** [C, U] a strong feeling that you are right for a particular type of work, or a job that gives you this feeling **призвание** *He knew that teaching was his true vocation.*

vocational /vəʊ'keɪʃᵊnᵊl/ **adjective** Vocational education and skills prepare you for a particular type of work. **профессиональный** *The college offers both vocational and academic courses.*

vociferous /və'sɪfᵊrəs/ **adjective** formal expressing your opinions in a loud and strong way **громогласный** *She has become increasingly* ***vociferous in*** *her opposition to the scheme.*

vodka /'vɒdkə/ **noun** [C, U] a strong alcoholic drink that is popular in Russia and Poland **водка**

vogue /vəʊg/ **noun** [U, no plural] If there is a vogue for something, it is very fashionable. **мода** *This period saw a* ***vogue for*** *Japanese painting.* ◦ *Flat shoes are* ***in vogue*** *(= fashionable) this spring.*

voice[1] /vɔɪs/ **noun 1** [C] (B1) the sounds that you make when you speak or sing **голос** *I could hear voices in the next room.* ◦ *Jessie has a beautiful singing voice.* ◦ *Could you please* ***keep your voices down*** *(= speak more quietly)?* ◦ *He* ***raised his voice*** *(= spoke more loudly) so that everyone could hear.* **2 lose your voice** (B2) to become unable to speak, often because of an illness **потерять голос** *She had a bad cold and was losing her voice.* **3** [C] someone's opinion about a particular subject **мнение** *The programme gives people the opportunity to make their voices heard.* **4** [no plural] someone who expresses the opinions or wishes of a group of people **голос** *It's important that students have a voice on the committee.* → See also **the passive voice**

> **Слова-партнеры к voice**
> a deep/husky/low voice • lose your voice • lower/raise your voice • in a [bored/stern, etc.] voice • your tone of voice

voice[2] /vɔɪs/ **verb** [T] to say what you think about a particular subject **выражать (мнение)** *He has voiced concern about the new proposals.*

voice-activated /ˌvɔɪs'æktɪveɪtɪd/ **adjective** A machine that is voice-activated can recognize and follow spoken instructions. **управляемый голосом**

'voice ˌmail noun [U] an electronic telephone answering system **голосовая почта**

void[1] /vɔɪd/ **adjective 1** [never before noun] not legally or officially acceptable **недействительный, не имеющий силы** *The contracts were* ***declared void.*** **2 be void of sth** formal to be without something **быть лишенным чего-либо** *His last statement was entirely void of meaning.*

void[2] /vɔɪd/ **noun** [no plural] **1** when someone or something important is not now in your life and you are unhappy **пустота, опустошенность** *Her husband's death* ***left a void*** *in her life.* **2** a large hole or empty space **пустое место, дыра**

vol written abbreviation for volume **см. volume**

volatile /'vɒlətaɪl/ (US) /'vɑːlətᵊl/ **adjective 1** A volatile person can suddenly become angry or violent. **легко выходящий из себя 2** A volatile situation might suddenly change. **критический, взрывоопасный** *a volatile political situation*

• **volatility** /ˌvɒlə'tɪləti/ **noun** [U] **взрывоопасность**

volcano /vɒl'keɪnəʊ/ **noun** [C] (plural **volcanoes, volcanos**) (B2) a mountain with a large hole at the top which sometimes explodes and produces hot, melted rock and smoke **вулкан**

volcano

• **volcanic** /vɒl'kænɪk/ **adjective** relating to a volcano **вулканический** *volcanic ash*

vole /vəʊl/ **noun** [C] a small animal like a mouse **полевка**

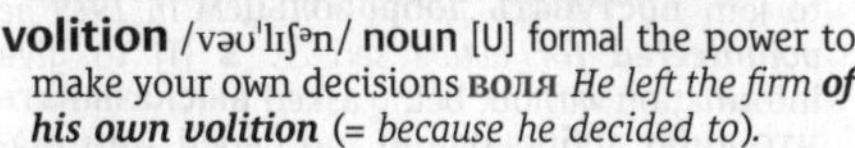

volition /vəʊ'lɪʃᵊn/ **noun** [U] formal the power to make your own decisions **воля** *He left the firm* ***of his own volition*** *(= because he decided to).*

volley[1] /'vɒli/ **noun 1** [C] in sports, a kick or hit in which a player returns a ball before it touches the ground **удар с лета 2 a volley of shots/gunfire, etc** when a lot of bullets are shot at the same time **беглый огонь** *A volley of bullets ripped through the floorboards.* **3 a volley of abuse/complaints, etc** a lot of insults/complaints, etc said at the same time **поток брани/жалоб и т. д.**

volley[2] /'vɒli/ **verb** [I, T] in sports, to return a ball by kicking or hitting it before it touches the ground **ударять с лета**

volleyball /'vɒlibɔːl/ **noun** [U] (A2) a game in which two teams use their hands to hit a ball over a net without allowing it to touch the ground **волейбол** → See **Sports 2** on page Centre 15

volleyball

volt /vɒlt/ **noun** [C] (written abbreviation **V**) a unit for measuring the force of an electric current **вольт**

voltage /'vəʊltɪdʒ/ **noun** [C, U] the force of an electric current, measured in volts **электрическое напряжение**

volume /'vɒljuːm/ **noun 1** [U] (B1) the level of sound produced by a television, radio, etc **громкость** *to turn the volume up/down* **2** [U]

V

(B2) the number or amount of something, especially when it is large **количество, объем** *the volume of work involved* **3** [U] the amount of space inside an object **емкость, вместимость** *Which of the bottles has the larger volume?* **4** [C] a book, especially one of a set **том** *a new dictionary in two volumes*

voluminous /vəˈlu:mɪnəs/ **adjective** formal very large **объемистый, широкий** *voluminous trousers*

voluntary /ˈvɒlənt^ə^ri/ **adjective 1** Voluntary work is done without being paid and usually involves helping people. **благотворительный, неоплачиваемый** *She does **voluntary work** for the Red Cross.* ◦ ***voluntary organizations*** **2** done or given because you want to and not because you have been forced to **добровольный** *voluntary contributions* → Opposite **involuntary**

• **voluntarily** /ˌvɒlənˈteər^ə^li/ **adverb добровольно** *She left voluntarily.*

volunteer¹ /ˌvɒlənˈtɪəʳ/ **verb 1** [I, T] to offer to do something without being asked or told to do it **вызваться сделать что-либо** [+ to do sth] *Rob volunteered to look after the kids.* **2** [I] to join the army, navy, etc without being officially told to join **поступать добровольцем** *In 1939 he **volunteered for** active service.* **3** [T] to give information without being asked **высказывать что-либо добровольно, по своей инициативе** *No one volunteered the truth.*

volunteer² /ˌvɒlənˈtɪəʳ/ **noun** [C] **1** (B2) someone who does work without being paid, especially work that involves helping people **доброволец, волонтер** *a Red Cross volunteer* **2** someone who does or gives something because they want to and not because they have been forced to **доброволец** *Any volunteers to help me move these books?*

voluptuous /vəˈlʌptʃuəs/ **adjective** A voluptuous woman has a sexually attractive body, often with large breasts. **пышный, чувственный**

vomit¹ /ˈvɒmɪt/ **verb** [I, T] If someone vomits, the food or liquid that was in their stomach comes up and out of their mouth. **тошнить, рвать** *She was vomiting blood.*

vomit² /ˈvɒmɪt/ **noun** [U] the food or liquid that comes from your mouth when you vomit **рвота**

voodoo /ˈvu:du:/ **noun** [U] a religion involving magic and praying to spirits **колдовство, шаманство**

voracious /vəˈreɪʃəs/ **adjective** wanting to do something a lot, especially wanting to eat a lot of food **ненасытный, жадный** *She has a **voracious appetite**.* ◦ *a voracious reader of historical novels*

• **voraciously adverb ненасытно, жадно** • **voracity** /vəˈræsəti/ **noun** [U] **ненасытность, жадность**

vote¹ /vəʊt/ **verb** [I, T] (B1) to show your choice or opinion in an election or meeting by writing a cross on an official piece of paper or putting your hand up **голосовать** *Who did you **vote for**?* ◦ *The unions **voted against** strike action.* ◦ [+ to do sth] *Staff have voted to accept the pay offer.*

vote² /vəʊt/ **noun** [C] **1** (B1) when someone shows their choice or opinion in an election or meeting by writing a cross on an official piece of paper or putting their hand up **голос** *He lost the election by twenty votes.* **2** (B2) a way of making a decision by asking a group of people to vote **голосование** *We called a meeting in order to **take a vote on** the proposal.* **3 the vote a** the total number of votes given or received in an election **голоса, количество поданных голосов** *The Green party got 10% of the vote.* **b** when someone is officially allowed to vote **право голоса** *In some countries women still don't have the vote.*

> Слова-партнеры к **vote**
>
> **cast** your vote • a vote **against/for** sb/sth • a vote **on** sth

voter /ˈvəʊtəʳ/ **noun** [C] someone who votes or who is officially allowed to vote **избиратель**

vouch /vaʊtʃ/ **verb**

PHRASAL VERB **vouch for sb/sth** to say that you know from experience that something is true or good, or that someone has a good character **ручаться за кого-либо/что-либо**

voucher /ˈvaʊtʃəʳ/ **noun** [C] a piece of paper that can be used instead of money to pay for goods or services **талон** *a discount voucher*

vow¹ /vaʊ/ **verb** [T] to make a serious promise or decision **давать обет, клясться** [+ (that)] *She vowed that she would never leave the children again.* ◦ [+ to do sth] *I've vowed never to go there again.*

vow² /vaʊ/ **noun** [C] a serious promise or decision **обет, клятва** *marriage vows* ◦ *I **made a vow** that I would write to him once a week.*

vowel /vaʊəl/ **noun** [C] (B1) a speech sound that you make with your lips and teeth open, shown in English by the letters 'a', 'e', 'i', 'o' or 'u' **гласный звук**

voyage /ˈvɔɪɪdʒ/ **noun** [C] (B2) a long journey, especially by ship, or in space **путешествие, плавание** *The ship sank on its **maiden voyage** (= first journey).*

vs (also UK **v**) **preposition** written abbreviation for versus (= used to say that one team or person is competing against another) **против**

vulgar /ˈvʌlgəʳ/ **adjective 1** rude and likely to upset or anger people, especially by referring to sex and the body in an unpleasant way **вульгарный, пошлый** *vulgar jokes/language* **2** not showing good judgment about what is suitable or pleasant to look at **вульгарный, безвкусный** *a vulgar shade of yellow*

• **vulgarity** /vʌlˈgærəti/ **noun** [U] **вульгарность**

vulnerable /ˈvʌlnᵊrəbl/ **adjective** easy to hurt or attack physically or emotionally **уязвимый, ранимый** *She was a vulnerable sixteen-year-old.* ◦ *The troops are in a vulnerable position.* ◦ *He's more* ***vulnerable to*** *infection because of his injuries.*

• **vulnerability** /ˌvʌlnᵊrəˈbɪləti/ **noun** [U] **уязвимость, ранимость**

vulture /ˈvʌltʃəʳ/ **noun** [C] a large bird with no feathers on its head or neck, that eats dead animals **гриф**

vying /ˈvaɪɪŋ/ present participle of vie **прич. наст. вр. от гл. vie**

V

W

W, w /ˈdʌbljuː/ the twenty-third letter of the alphabet **23-я буква алфавита**

W written abbreviation for watt (= a unit for measuring electrical power) **ватт** *a 40W light bulb*

wacky /ˈwæki/ **adjective** informal unusual in a funny or surprising way **эксцентричный** *a wacky sense of humour*

wad /wɒd/ **noun** [C] **1** a thick pile of pieces of paper, especially paper money **пачка (денег)** *a wad of cash* **2** a piece of soft material in the shape of a ball **комок, шарик** *a wad of* UK *cotton wool*/US *cotton*

waddle /ˈwɒdl/ **verb** [I] A duck (= water bird) or fat person that waddles walks with short steps, moving from side to side. **ковылять, ходить вразвалку**

wade /weɪd/ **verb wade across/through, etc** to walk through water **переходить вброд** *He waded across the river.*

PHRASAL VERB **wade through sth** to read a lot of boring or difficult information **с трудом преодолевать, осиливать что-либо**

wafer /ˈweɪfəʳ/ **noun** [C] a light, thin biscuit **тонкое печенье**

waffle[1] /ˈwɒfl/ **noun 1** [U] informal speech or writing that says nothing important **пустая болтовня 2** [C] a square, flat cake with a pattern of holes in it, eaten especially in the US **вафля**

waffle[2] /ˈwɒfl/ **verb** [I] (also **waffle on**) to talk or write a lot and say nothing important **болтать попусту, лить воду**

waft /wɒft/ **verb waft from/through, etc** to gradually move through the air **доноситься, разноситься (о звуке, запахе)** *The smell of coffee wafted through the room.*

wag /wæg/ **verb** [I, T] (present participle **wagging**, past tense and past participle **wagged**) **1** If a dog wags its tail, it moves it from side to side. **вилять (хвостом) 2** If you wag your finger, you move it from side to side, often to tell someone not to do something. **грозить пальцем**

wage[1] /weɪdʒ/ **noun** [no plural] (also **wages** [plural]) B1 the amount of money a person regularly receives for their job **зарплата** *weekly wages* ◦ *the **minimum wage***

> **Слова-партнеры к wage**
>
> earn a wage • a decent wage • a wage increase/rise • the minimum wage

wage[2] /weɪdʒ/ **verb wage a battle/campaign/war, etc** to fight or organize a series of activities in order to achieve something **бороться/проводить кампанию/вести войну и т. д.** *They're currently waging a campaign to change the law.*

wager /ˈweɪdʒəʳ/ **verb** [T] to risk money on the result of a game, race, competition, etc **ставить на что-либо**
• **wager noun** [C] **ставка, пари**

wagon /ˈwægən/ **noun** [C] a large vehicle with four large wheels pulled by horses **повозка, фургон**

wail /weɪl/ **verb 1** [I, T] to cry loudly because you are very unhappy **вопить, рыдать** *"I've lost my mummy," she wailed.* **2** [I] If a siren (= loud noise to warn of danger) wails, it makes a noise. **выть, завывать** *Somewhere in the distance a police siren was wailing.*
• **wail noun** [C] **вопль, рыдание, вой**

waist /weɪst/ **noun** [C] **1** B2 the part around the middle of your body where you wear a belt **талия** *She had a 26 inch waist.* → See **The Body** on page Centre 13 **2** the part of a piece of clothing that fits round the waist **талия**

waist

waistband /ˈweɪstbænd/ **noun** [C] the strip of material at the top of a pair of trousers or a skirt that goes around the waist **пояс (юбки или брюк)**

waistcoat /ˈweɪstkəʊt/ **noun** [C] UK (US **vest**) a piece of clothing with buttons at the front and no sleeves, that you wear over a shirt **жилет** → See **Clothes** on page Centre 9

waistline /ˈweɪstlaɪn/ **noun** [C] how big or small your waist is, or the part of a piece of clothing that goes around the waist **обхват талии**

wait[1] /weɪt/ **verb** [I] **1** A1 to stay in a place until someone or something arrives or someone or something is ready for you **ждать** *I'm **waiting for** Clive.* ◦ *How long did you wait for a taxi?* ◦ [+ to do sth] *I'm still waiting to use the phone.* **2** to not do something until something else happens **ждать, откладывать** *We'll wait till Jane gets here before we start eating.* **3 can't wait** informal A2 used to say how excited you are about something that you are going to do **сгорать от нетерпения** [+ to do sth] *I can't wait to see him.* **4 keep sb waiting** B1 to be late so that someone has to wait for you **заставлять кого-либо ждать** *I'm sorry to have kept you waiting.* **5 wait and see** to wait to discover what will happen **подождать и увидеть** *We'll wait and see what she says.* → See also be waiting in **the wings**

W

> **! Common mistake:** Типичная ошибка: **wait**
>
> За глаголом **wait** не может сразу следовать существительное. Запомните: между глаголом **wait** и существительным должен быть предлог **for**.
> Правильно говорить **wait for something**, а не 'wait something'.
>
> ~~*Tell Mr Ruiz to wait me in the waiting room.*~~
> *Tell Mr Ruiz to wait for me in the waiting room.*

PHRASAL VERBS **wait about/around** to stay in a place and do nothing while you wait for someone to arrive or something to happen **поджидать, околачиваться в ожидании** • **wait in** UK to stay at home because you are expecting someone to visit or telephone you **оставаться дома в ожидании чего-либо** • **wait on sb** to bring a meal to someone, especially in a restaurant **обслуживать кого-либо (покупателей, посетителей)** • **wait up** to not go to bed at night until someone has come home **не ложиться спать в ожидании кого-либо** *I'll be quite late, so don't* ***wait up for*** *me.*

wait² /weɪt/ **noun** [no plural] (B2) when you stay in a place until someone or something arrives or someone or something is ready for you **ожидание** *We* ***had a long wait*** *at the airport.*

> **Слова-партнеры к wait**
>
> face/have a wait • an **agonizing/anxious/long wait** • the wait for sth • sth is (well) worth the wait

waiter /ˈweɪtəʳ/ **noun** [C] (A1) a man who works in a restaurant, bringing food to customers **официант**

ˈ**waiting ˌlist noun** [C] a list of people who are waiting until it is their time to have or do something **список ожидающих очереди** *a hospital waiting list*

ˈ**waiting ˌroom noun** [C] a room in which people wait for something, for example to see a doctor or take a train **зал ожидания, приемная**

waitress /ˈweɪtrəs/ **noun** [C] (A1) a woman who works in a restaurant, bringing food to customers **официантка**

waive /weɪv/ **verb** [T] **1** to allow someone not to obey the usual rule or not to pay the usual amount of money **делать исключение, позволять не делать что-либо** *He agreed to waive his fee to help us.* **2** to decide not to have something that you are allowed by law to have **отказываться (от права и т. д.)** *She* ***waived*** *her* ***right*** *to have a lawyer representing her.*

wake¹ /weɪk/ **verb** [I, T] (past tense **woke**, past participle **woken**) (also **wake up**) (A1) to stop sleeping or to make someone else stop sleeping **просыпаться, будить** *I've only just woken up.* ◦ *Could you wake me up before you go?* ◦ *You woke me up making so much noise.* → See **Phrasal Verbs** on page Centre 16

PHRASAL VERB **wake up to sth** to start to understand something that is important **осознавать что-либо** *We need to wake up to the fact that the Earth's resources are limited.*

wake² /weɪk/ **noun 1 in the wake of sth** after something has happened, and often because it has happened **после, вследствие чего-либо** *Airport security was extra tight in the wake of last week's bomb attacks.* **2** [C] the waves behind a moving ship **кильватер 3** [C] when people come together to remember someone who has recently died **поминки**

ˈ**wake-up ˌcall noun** [C] **1** a telephone call to wake you in the morning, especially when you are staying in a hotel **телефонный звонок с целью разбудить кого-либо 2** something bad that happens and shows you that you need to take action to change a situation **какое-то неприятное событие, побуждающее к действиям или изменениям (напр., образа жизни)**

walk¹ /wɔːk/ **verb 1** (A1) [I, T] to move forward by putting one foot in front of the other and then repeating the action **ходить, идти пешком** *She walks to school.* ◦ *We walked twenty miles in all.* **2 walk sb home/to sth** to walk with someone in order to guide them or keep them safe **провожать кого-либо домой/куда-либо** *He walked me to my house.* **3 walk the dog** to walk with a dog to give the dog exercise **гулять с собакой**

IDIOM **walk all over sb** informal to treat someone badly **третировать кого-либо, не считаться с кем-либо**

PHRASAL VERBS **walk into sth** to get a job easily **легко устраиваться на работу** • **walk off with sth** to win something easily **легко выигрывать что-либо** *She walked off with the top prize.* • **walk out** to leave a job, meeting, or performance because you are angry or do not approve of something **демонстративно уходить откуда-либо** *He was so disgusted by the film he walked out.* • **walk out on sb** to suddenly leave your husband, wife, or partner and end your relationship with them **бросать, покидать кого-либо** *He walked out on his wife and kids.*

walk² /wɔːk/ **noun 1** [C] (A2) a journey that you make by walking, often for enjoyment **прогулка** *We usually* ***go for a walk*** *on Sunday afternoons.* ◦ *He took the dog for a walk.* **2 a short/ten-minute, etc walk** a journey that takes a short time/ten minutes, etc when you walk **короткая/десятиминутная и т. д. прогулка** *The station is just a five-minute walk from the house.* **3** [C] a path or route where people can

W

walk for enjoyment **тропа, маршрут** *There are some lovely walks in the forest.*

IDIOM **walk of life** People from different walks of life have different jobs and different experiences in life. **сфера деятельности, занятие**

Слова-партнеры к walk

go for/take a walk • a **brisk** walk • a **long/short** walk

walker /ˈwɔːkəʳ/ **noun** [C] someone who walks for exercise or enjoyment **человек, любящий ходить пешком**

walkie talkie /ˌwɔːkiˈtɔːki/ **noun** [C] a radio that you carry with you and that lets you talk to someone else with a similar radio **портативная рация**

Walkman /ˈwɔːkmən/ **noun** [C] trademark a small piece of equipment with parts that you put in your ears which allows you to listen to music that no one else can hear **портативный магнитофон-кассетник с легкими наушниками**

wall /wɔːl/ **noun** [C] **1** (A1) one of the vertical sides of a room or building **стена** *There were several large paintings on the wall.* **2** (A1) a vertical structure made of brick or stone that divides areas that are owned by different people **ограда** *a garden wall*

IDIOM **drive sb up the wall** informal to make someone very angry **приводить кого-либо в бешенство** *She drives me up the wall.*

→ See also **fly²** on the wall, be banging your **head¹** against a brick wall

walled /wɔːld/ **adjective walled garden/city** a garden/city with walls around it **обнесенный стеной сад/город**

wallet /ˈwɒlɪt/ **noun** [C] (also US **billfold**) (A2) a small, flat container for paper money and credit cards (= plastic cards used for paying with), usually used by a man **бумажник**

wallop /ˈwɒləp/ **verb** [T] informal to hit someone or something hard **сильно ударить, отдубасить**

• **wallop noun** [no plural] informal **сильный удар**

wallow /ˈwɒləʊ/ **verb** [I] **1** to allow yourself to feel too much sadness in a way that stops people respecting you **упиваться чем-либо, погрязнуть в чем-либо** *There's no use* ***wallowing in*** *self-pity.* **2** to lie or move around in soil or water, especially for pleasure **валяться, барахтаться**

W

wallpaper /ˈwɔːlˌpeɪpəʳ/ **noun** [C, U] paper, usually with a pattern, that you decorate walls with **обои**

• **wallpaper verb** [T] **оклеивать обоями**

ˈ**Wall ˌStreet noun** the financial area of New York where shares (= small, equal parts of the value of a company) are bought and sold **Уолл-стрит** *The company's shares rose* ***on Wall Street*** *yesterday.*

wally /ˈwɒli/ **noun** [C] UK informal a silly person **болван**

walnut /ˈwɔːlnʌt/ **noun 1** [C] a nut that is in two halves inside a brown shell, and whose surface has curves and folds in it **грецкий орех 2** [U] the hard wood of the tree that produces walnuts, used to make furniture **древесина орехового дерева**

walrus /ˈwɔːlrəs/ **noun** [C] a large sea animal that has two tusks (= long, pointed teeth that come out of the mouth) **морж**

waltz¹ /wɒls/ **noun** [C] a dance for two partners performed to music that has a rhythm of three beats, or the music for the dance **вальс**

waltz² /wɒls/ **verb** [I] **1** to dance a waltz **танцевать вальс 2 waltz in/off, etc** to walk somewhere quickly and confidently, often in a way that annoys other people **впорхнуть/выпорхнуть** *You can't just waltz into my bedroom – it's private!*

wan /wɒn/ **adjective** pale and looking ill or tired **бледный**

wand /wɒnd/ **noun** [C] a thin stick that someone who performs magic tricks holds in their hand **волшебная палочка**

wander /ˈwɒndəʳ/ **verb 1** [I, T] (B2) to walk slowly about a place without any purpose **бродить** *They wandered aimlessly around the town.* **2** [I] (also **wander off**) to walk away from the place where you should be **отходить** *He was here a moment ago – he must have wandered off.* **3 sb's attention/mind/thoughts, etc wander** If someone's attention/mind, etc wanders, they start thinking about one subject when they should be thinking about a different subject. **кто-либо отвлекается/чьи-либо мысли блуждают и т. д.** *I was bored and my thoughts started to wander.*

wane /weɪn/ **verb** [I] to become less powerful, important, or popular **убывать, слабеть** *Interest in the product is starting to wane.*

wangle /ˈwæŋgl/ **verb** [T] informal to succeed in getting something that a lot of people want, by being clever or tricking someone **заполучить что-либо** *He managed to wangle an invitation to the party.*

want¹ /wɒnt/ **verb** [T] **1** (A1) to hope to have or do something, or to wish for something **хотеть** *He wants a new car.* ◦ [+ to do sth] *I don't want to talk about it.* ◦ *You can't always do what you want.* ◦ *We can go later if you want.* ◦ *I want him to explain why.* **2** to need something **нуждаться** *This soup wants more salt.* **3 want to do sth** UK informal used to give advice to someone **нужно, необходимо сделать что-либо** *You want to go to bed earlier and then you won't be so tired.* **4 be wanted** to be needed for a particular activity or in a particular place **быть вызванным, разыскиваемым, требуемым** *You're wanted on the phone.*

want² /wɒnt/ **noun want of sth** when there is

not enough of something **недостаток чего-либо** *If we fail, it won't be* ***for want of*** *effort (= it is not because we have not tried).*

wanted /ˈwɒntɪd/ **adjective** If someone is wanted, the police think they have committed a serious crime and are trying to find them. **разыскиваемый полицией** *He is* ***wanted for*** *murder.*

wanton /ˈwɒntən/ **adjective** formal done in order to cause suffering or destruction but with no other reason **бессмысленный, необоснованный** *wanton cruelty/violence*

wants /wɒnts/ **noun** [plural] the things you want or need **потребности, запросы**

war /wɔːʳ/ **noun 1** [C, U] (A2) fighting, using soldiers and weapons, between two or more countries, or two or more groups inside a country **война** *They've been* ***at war*** *for the past five years.* ◦ *He was only a child when the* ***war broke out*** *(= started).* ◦ *If this country* ***goes to war*** *(= starts to fight in a war), thousands of people will die.* **2** [C, U] when two or more groups are trying to be more successful than each other **борьба, соперничество** *a* ***price war*** *between supermarkets* **3** [no plural] an attempt to stop something bad or illegal **война, борьба** *the* ***war against*** *crime/drugs* → See also **civil war**, **prisoner of war**, **world war**

> **Слова-партнеры к war**
>
> all-out/full-scale war • declare/go to war • wage war on sb • war breaks out • war against sb

ˈwar ˌcrime noun [C] a crime during a war that breaks the international rules of war **военное преступление**
• **war criminal noun** [C] someone guilty of a war crime **военный преступник**

ward[1] /wɔːd/ **noun** [C] (B2) a room in a hospital where people receiving treatment stay, often for the same type of illness **больничная палата** *the maternity ward*

ward[2] /wɔːd/ **verb**

PHRASAL VERB **ward sth off** to prevent something unpleasant happening **предотвращать, предупреждать** *I take vitamin C to ward off colds.*

-ward, -wards /-wəd/, /-wədz/ **suffix** makes an adverb meaning 'towards a direction or place' **образует прилагательные и наречия со значением направления движения** *inward* ◦ *forward* ◦ *homeward*

warden /ˈwɔːdᵊn/ **noun** [C] **1** US (UK **governor**) someone who is responsible for controlling a prison **начальник тюрьмы 2** UK someone who is responsible for looking after a particular building or the people in it **комендант** → See also **traffic warden**

warder /ˈwɔːdəʳ/ **noun** [C] UK a prison guard **надзиратель**

wardrobe /ˈwɔːdrəʊb/ **noun 1** [C] UK (US **closet**) (B1) a large cupboard for keeping clothes in **гардероб, шкаф 2** [no plural] all the clothes that you own **гардероб (об одежде)**

warehouse /ˈweəhaʊs/ **noun** [C] (plural **warehouses** /ˈweəhaʊzɪz/) a large building for storing goods that are going to be sold **склад**

wares /weəz/ **noun** [plural] literary goods that are for sale, especially not in a shop **товары, изделия** *People were selling their wares at the side of the road.*

warfare /ˈwɔːfeəʳ/ **noun** [U] fighting in a war, especially using a particular type of weapon **война, боевые действия** ***chemical/modern warfare***

warhead /ˈwɔːhed/ **noun** [C] the part of a missile (= weapon) that explodes when it reaches the place it is aimed at **боеголовка** *a* ***nuclear warhead***

warlord /ˈwɔːlɔːd/ **noun** [C] a military leader who controls a particular area of a country **военный диктатор, глава вооруженной группировки**

warm[1] /wɔːm/ **adjective 1** (A1) having a temperature between cool and hot **теплый** *It's nice and warm in here.* ◦ *Are you warm enough?* ◦ *Make sure you* ***keep warm***. **2** (A2) Warm clothes or covers keep your body warm. **теплый** *a warm sweater* **3** (B1) friendly and showing affection **теплый, радушный** *a warm smile/welcome*

warm[2] /wɔːm/ **verb** [I, T] (B2) to become warm or to make something become warm **нагревать(ся), согревать(ся)** *She warmed her feet against his.* ◦ *I'll warm the soup.*

PHRASAL VERBS **warm to sb/sth** to start to like a person or idea **начать чувствовать расположение, интерес к кому-либо/чему-либо** • **warm up** to do gentle exercises in order to prepare yourself for more energetic exercise **разминаться** *They were warming up before the match.*
• **warm-up** /ˈwɔːmʌp/ **noun** [C] **разминка** • **warm (sb/sth) up** to become warmer or to make someone or something warmer **нагревать(ся), согревать(ся)** *The house soon warms up with the heating on.*

warmly /ˈwɔːmli/ **adverb** (B2) in a friendly way **тепло, радушно**

warmth /wɔːmθ/ **noun** [U] **1** (B2) the heat that is produced by something **тепло, теплота** *the warmth of the fire* **2** (B2) when someone is friendly and shows affection **тепло, радушие** *There was no warmth in his eyes.*

warn /wɔːn/ **verb** [T] **1** (B1) to tell someone that something bad may happen in the future, so that they can prevent it **предупреждать** [+ that] *I warned you that it would be cold but you still wouldn't wear a coat.* ◦ *I've been warning him for months.* **2** to advise someone not to do something that could cause danger or trouble

W

предостерегать [+ to do sth] *I **warned** you **not** to tell her.*

warning /ˈwɔːnɪŋ/ **noun** [C, U] **B1** something that tells or shows you that something bad may happen **предупреждение, предостережение** *All cigarette packets carry a warning.* ◦ *The bombs fell completely **without warning**.*

Слова-партнеры к warning

deliver/give/heed/ignore/issue a warning • a blunt/final/stern warning • without warning

warp¹ /wɔːp/ **verb 1** [I, T] to become bent into the wrong shape or to make something do this **коробить(ся), искривлять(ся)** *The window frames had warped.* **2** [T] If something warps your mind, it makes you strange and cruel. **извращать, уродовать, ожесточать**

warp² /wɔːp/ **noun the warp** the threads that go from one end to the other in a piece of cloth and which the other threads are twisted over and under **основа (ткани)**

warpath /ˈwɔːpɑːθ/ **noun**

IDIOM **be on the warpath** informal to be trying to find someone in order to be angry with them **быть в воинственном настроении**

warped /wɔːpt/ **adjective** strange and cruel **извращенный, уродливый, жестокий** *You've got a warped mind!*

warplane /ˈwɔːˌpleɪn/ **noun** [C] an aircraft for carrying bombs **военный самолет**

warrant¹ /ˈwɒrᵊnt/ **noun** [C] an official document that allows someone to do something, for example that allows a police officer to search a building **ордер** *The police have a **warrant for** his arrest.* → See also **search warrant**

warrant² /ˈwɒrᵊnt/ **verb** [T] to make something necessary **оправдывать, служить основанием** *None of her crimes is serious enough to warrant punishment.*

warranty /ˈwɒrᵊnti/ **noun** [C, U] a written promise made by a company to change or repair one of its products if it has a fault **гарантия** *a five-year warranty*

warren /ˈwɒrᵊn/ **noun** [C] (also ˈ**rabbit** ˌ**warren**) a group of connected underground holes where rabbits live **кроличья нора**

warring /ˈwɔːrɪŋ/ **adjective warring factions/parties/sides, etc** groups that are fighting against each other **враждующие фракции/партии/стороны и т. д.**

warrior /ˈwɒriəʳ/ **noun** [C] a person who has experience and skill in fighting in a war, especially in the past **воин**

warship /ˈwɔːʃɪp/ **noun** [C] a ship with weapons, used in war **военный корабль**

wart /wɔːt/ **noun** [C] a small, hard lump that grows on the skin **бородавка**

wartime /ˈwɔːtaɪm/ **noun** [U] a period when a country is fighting a war **военное время**

war-torn /ˈwɔːˌtɔːn/ **adjective** damaged by war **опустошенный, разоренный войной** *a war-torn country*

wary /ˈweəri/ **adjective** If you are wary of someone or something, you do not trust them completely. **относящийся с недоверием, настороженный** *She's still **wary of** strangers.* • **warily adverb** с недоверием, настороженно • **wariness noun** [U] недоверие, настороженность

was /wɒz/ past simple I/he/she/it of be **прош. вр. гл. be для I/he/she/it**

wash¹ /wɒʃ/ **verb 1** [T] **A1** to make something clean using water, or water and soap **мыть** *Dad was washing the dishes.* **2** [I, T] **A1** to clean part of your body with water and soap **мыть(ся)** *Have you washed your hands?* ◦ *I **got washed** and dressed.* **3 be washed away/out/up, etc** If something is washed away/out, etc, it is moved there by water. **быть унесенным в море/смытым водой/ вынесенным на берег и т. д.** *A lot of the waste is washed out to sea.* **4 wash against/on, etc** If water washes somewhere, it flows there. **плескаться у чего-либо/биться о что-либо** *Waves washed against the base of the cliff.*

PHRASAL VERBS **wash sth away** If water washes something away, it removes that thing. **смывать что-либо** *Floods washed away much of the soil.* • **wash sth down** to drink something with food or medicine to make it easier to swallow **запивать что-либо** *I had a plate of sandwiches, washed down with a glass of cool beer.* • **wash out** If a colour or dirty mark washes out, it disappears when you wash something. **смываться, линять** *Most hair dye washes out after a few weeks.* • **wash (sth) up** UK **A2** to wash the dishes, pans, and other things you have used for cooking and eating a meal **мыть посуду** → See **Phrasal Verbs** on page Centre 16 • **wash up** US to wash your hands, especially before a meal **мыть руки** *Go and wash up – your dinner's ready.*

wash² /wɒʃ/ **noun 1 a wash a A2** when you wash a part of your body **мытье** *Have you **had a wash**?* **b** mainly UK **A2** when you wash something **мытье** *Could you **give** the car **a wash**?* **2** [C, U] clothes, sheets, etc that are being washed together **стирка** *Your jeans are **in the wash**.*

washable /ˈwɒʃəbl/ **adjective** Something that is washable will not be damaged by being washed. **моющийся, стирающийся**

washbasin /ˈwɒʃˌbeɪsᵊn/ **noun** [C] UK (also UK/US **sink**) a bowl in a bathroom that water can flow into, used for washing your face or hands **раковина**

washcloth /ˈwɒʃklɒθ/ **noun** [C] US (UK **flannel**) a small cloth that you use to wash your face and body **мочалка из махровой ткани** → See **The Bathroom** on page Centre 3

washed-out /ˌwɒʃtˈaʊt/ **adjective** looking pale and tired **изможденный, бледный**

washer /ˈwɒʃəʳ/ **noun** [C] **1** a thin, flat ring that is put between a nut and a bolt (= metal objects used to fasten things together) **шайба, прокладка 2** a machine that washes clothes **стиральная машина**

washing /ˈwɒʃɪŋ/ **noun** [U] clothes, sheets, and similar things that are being washed or have been washed, or when you wash these **стирка** *I'm **doing** the **washing** this morning.* ◦ *He does his own washing and ironing.*

ˈwashing maˌchine noun [C] A2 a machine that washes clothes **стиральная машина**

ˈwashing ˌpowder noun [C] UK (US **laundry detergent**) a soap in the form of a powder that is used to wash clothes **стиральный порошок**

washing-up /ˌwɒʃɪŋˈʌp/ **noun** [U] UK A2 when you wash the dishes, pans, and other things you have used for cooking and eating a meal **мытье посуды** *He was **doing the washing-up**.*

ˌwashing-ˈup ˌliquid noun [C, U] UK (US **dish soap**) a thick liquid soap used to wash pans, plates, knives and forks, etc **жидкое мыло для мытья посуды**

washout /ˈwɒʃaʊt/ **noun** [no plural] informal an event that fails badly **провал** *No one came to the fete – it was a complete washout.*

washroom /ˈwɒʃruːm/ **noun** [C] US a room where you can go to the toilet or wash your hands and face **ванная комната**

wasn't /ˈwɒzᵊnt/ short for was not **сокращ. от was not** *I wasn't hungry this morning.*

wasp /wɒsp/ **noun** [C] B2 a flying insect with a thin, black and yellow body **оса** *a wasp sting*

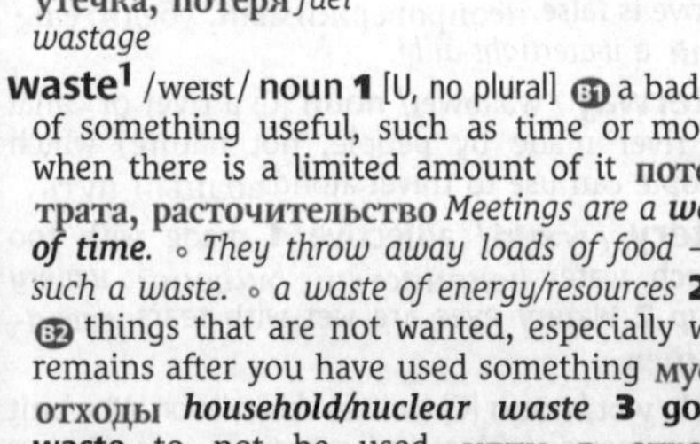

wastage /ˈweɪstɪdʒ/ **noun** [U] when you waste something **утечка, потеря** *fuel wastage*

waste¹ /weɪst/ **noun 1** [U, no plural] B1 a bad use of something useful, such as time or money, when there is a limited amount of it **потеря, трата, расточительство** *Meetings are a **waste of time**.* ◦ *They throw away loads of food – it's such a waste.* ◦ *a waste of energy/resources* **2** [U] B2 things that are not wanted, especially what remains after you have used something **мусор, отходы** ***household/nuclear waste*** **3 go to waste** to not be used **идти в отходы, тратиться попусту** *I hate to see good food go to waste.*

> **Слова-партнеры к waste**
>
> a waste of sth • a waste **of effort/money/time** • **household/nuclear/toxic** waste • waste **disposal** • **go to** waste

waste² /weɪst/ **verb** [T] **1** B1 to use too much of something or use something badly when there is a limited amount of it **терять, тратить впустую** *I don't want to waste any more time so let's start.* ◦ *Why waste your money on things you don't need?* **2 be wasted on sb** to be clever or of high quality in a way that someone will not understand or enjoy **быть попусту растраченным на кого-либо** *Good coffee is wasted on Joe – he prefers instant.*

PHRASAL VERB **waste away** to become thinner and weaker **чахнуть**

waste³ /weɪst/ **adjective** [always before noun] B1 Waste material is not now needed and can be got rid of. **использованный, отработанный** *waste paper*

wasteful /ˈweɪstfᵊl/ **adjective** using too much of something, or using something badly when there is a limited amount of it **расточительный, неэкономный**

wasteland /ˈweɪstlænd/ **noun** [C, U] an area of land that cannot be used in any way **пустырь, пустошь**

ˈwastepaper ˌbasket noun [C] UK (US **wastebasket**) a container that is used inside buildings for putting rubbish such as paper into **корзина для бумаг**

watch¹ /wɒtʃ/ **verb 1** [I, T] A1 to look at something for a period of time **смотреть, наблюдать** *I watched him as he arrived.* ◦ *The kids are watching TV.* ◦ *I want to watch the news (= programme on television).* → See Note **look 2** [T] B2 to be careful about something **быть осторожным, проявлять осмотрительность** *She has to watch what she eats.* ◦ *Watch how you cross the road!* **3** [T] to give attention to a situation which is changing **наблюдать, следить** *We'll be watching the case with interest.* → See also **bird-watching**, watch your **step¹**

PHRASAL VERBS **watch out** B2 used to tell someone to be careful because they are in danger **остерегаться, беречься** *Watch out! There's a car coming!* ◦ *Drivers were told to **watch out for** black ice on the road.* • **watch over sb** to look after someone and protect them if it is necessary **приглядывать за кем-либо**

> **Слова-партнеры к watch (noun)**
>
> wear a watch • **glance at/look at** your watch

watch² /wɒtʃ/ **noun** **1** [C] A1 a small clock on a strap that you fasten round your wrist (= lower arm) **наручные часы** *I don't **wear a watch**.* **2** [U, no plural] when you watch or give attention to something or someone, especially to make sure nothing bad

watch

W

happens **надзор, присмотр, наблюдение** *We're* ***keeping a*** *close* ***watch*** *on the situation.*

watchdog /ˈwɒtʃdɒg/ **noun** [C] an organization whose job is to make sure that companies behave legally and provide good services **контролирующая организация**

watchful /ˈwɒtʃfᵊl/ **adjective** careful to notice things and ready to deal with problems **бдительный, внимательный** *They were playing outside under the* ***watchful eye*** *of a teacher.*

watchword /ˈwɒtʃwɜːd/ **noun** [no plural] a word or phrase that describes the main ideas or most important part of something **лозунг, девиз** *As regards fashion, the watchword this season is simplicity.*

water[1] /ˈwɔːtəʳ/ **noun** [U] **1** (A1) the clear liquid that falls from the sky as rain and that is in seas, lakes, and rivers **вода** ***hot/cold water*** ◦ *a drink of water* **2** (also **waters**) (A2) an area in the sea or in a river or lake **вода** *coastal waters*

IDIOMS **be in deep water** to be in a difficult situation which is hard to deal with **быть в трудной ситуации** *They tried to adopt a baby illegally and ended up in very deep water.* • **be (like) water off a duck's back** If criticisms, insults, etc are like water off a duck's back to you, they do not affect you at all. **как с гуся вода** *She calls him lazy and useless, but it's like water off a duck's back.*

→ See also **drinking water**, **mineral water**, **tap water**

water[2] /ˈwɔːtəʳ/ **verb 1** [T] (B2) to pour water over plants **поливать 2** [I] If food makes your mouth water, it makes you want to eat it, sometimes making your mouth produce liquid. **возбуждать аппетит** *The smells from the kitchen are making my mouth water.* **3** [I] If your eyes water, they produce liquid because something is hurting them. **слезиться** *The smoke was making my eyes water.*

PHRASAL VERB **water sth down 1** to add water to a drink, especially an alcoholic drink **разбавлять водой 2** to make a plan or idea less extreme, usually so that people will accept it **смягчать, ослаблять**

W

watercolour UK (US **watercolor**) /ˈwɔːtəˌkʌləʳ/ **noun** [C] a type of paint that is mixed with water, or a picture made with this paint **акварель**

ˈ**water** ˌ**cooler noun** [C] a machine for providing cool drinking water, usually in an office or other public place **контейнер с охлажденной питьевой водой (в офисах)**

watercress /ˈwɔːtəkres/ **noun** [U] a small, strong-tasting plant that is eaten in salads **кресс водяной**

waterfall /ˈwɔːtəfɔːl/ **noun** [C] (B1) a stream of water that flows from a high place, often to a pool below **водопад**

waterfront /ˈwɔːtəfrʌnt/ **noun** [C] a part of a town which is next to the sea, a lake, or a river **прибрежная часть города** *waterfront restaurants*

waterhole /ˈwɔːtəhəʊl/ **noun** [C] a small pool of water in a dry area where animals go to drink **пруд, водопой**

ˈ**watering** ˌ**can noun** [C] a container used for watering plants in the garden **лейка**

waterlogged /ˈwɔːtəlɒgd/ **adjective** Waterlogged land is too wet. **затопленный, заболоченный**

watermark /ˈwɔːtəmɑːk/ **noun** [C] a pattern or picture on paper, especially paper money, which you can only see when a strong light is behind it **водяной знак**

watermelon /ˈwɔːtəˌmelən/ **noun** [C, U] a large, round, green fruit that is pink inside with a lot of black seeds **арбуз**

waterproof /ˈwɔːtəpruːf/ **adjective** (B2) Waterproof material or clothing does not let water through. **непромокаемый** *a waterproof sleeping bag*

waters /ˈwɔːtəz/ **noun** [plural] the part of a sea around the coast of a country that legally belongs to that country **воды, водное пространство**

watershed /ˈwɔːtəʃed/ **noun** [no plural] an important event after which a situation completely changes **переломный, поворотный момент** *The discovery marked* ***a watershed in*** *the history of medicine.*

water-skiing /ˈwɔːtəskiːɪŋ/ **noun** [U] a sport in which someone is pulled behind a boat while standing on skis (= long, narrow pieces of wood or plastic fastened to the feet) **водные лыжи спорт**

watertight /ˈwɔːtətaɪt/ **adjective 1** Something that is watertight prevents any water from entering it. **водонепроницаемый 2** A watertight reason or excuse is one that no one can prove is false. **неопровержимый, убедительный** *a watertight alibi*

waterway /ˈwɔːtəweɪ/ **noun** [C] a river or canal (= river made by people, not nature) which people can use to travel along **водный путь**

watery /ˈwɔːtᵊri/ **adjective 1** made with too much water **водянистый, жидкий** *watery soup* **2** Watery eyes are wet with tears. **слезящийся**

watt /wɒt/ **noun** [C] (written abbreviation **W**) a unit for measuring electrical power **ватт** *a 60 watt light bulb*

wave[1] /weɪv/ **verb 1** [I] (B1) to raise your hand and move it from side to side in order to attract someone's attention or to say goodbye **махать** ***Wave goodbye*** *to Grandma.* ◦ *She* ***waved at*** *him.* **2 wave sb in/on/through, etc** to show which way you want someone to go by moving your

wave

a wave She' s waving.

hand in that direction **указывать кому-либо взмахом руки пройти внутрь/дальше/через и т. д.** *The police waved him on.* **3** [I, T] (also **wave about/around**) to move from side to side in the air or make something move this way **качать(ся), развевать(ся), махать** *The long grass waved in the breeze.* ◦ *He started waving his arms about wildly.*

PHRASAL VERBS **wave sth aside** to refuse to consider what someone says **отмахиваться, отвергать** *She waved aside all my objections.* • **wave sb off** to wave your hand to someone as they are leaving in order to say goodbye **помахать кому-либо рукой на прощание** *We went to the station to wave him off.*

wave² /weɪv/ **noun** [C] **1** B1 a line of higher water that moves across the surface of the sea or a lake **волна** *I could hear the waves crashing against the rocks.* **2** a group of people or things that arrive or happen together or in a short period of time **волна, наплыв** *There has been a **wave of** kidnappings in the region.* ◦ *Another **wave of** refugees is arriving at the border.* **3 a wave of hatred/enthusiasm/sadness, etc** when you suddenly feel an emotion **прилив ненависти/энтузиазма/грусти и т. д.** *She felt a sudden wave of sadness.* **4** when you raise your hand and move it from side to side in order to attract someone's attention or say goodbye **взмах, помахивание** *She **gave a** little **wave** as the train left.* **5** B2 a piece of sound, light, or other energy that travels up and down in a curved pattern **волна** *a radio wave* → See also **new wave**, **tidal wave**

wavelength /ˈweɪvleŋθ/ **noun** [C] **1** the length of radio wave used by a radio company for broadcasting its programmes **длина волны** **2** the distance between one sound or light wave, etc and the next **длина волны**

IDIOM **be on the same wavelength** If two people are on the same wavelength, they have the same way of thinking and it is easy for them to understand each other. **одинаково смотреть на вещи**

waver /ˈweɪvəʳ/ **verb** [I] **1** to start to be uncertain about a belief or decision **колебаться** *Her support for him never wavered.* ◦ *I'm **wavering between** the blue shirt and the red.* **2** to shake slightly or lose strength **дрогнуть** *His voice wavered and I thought he was going to cry.*

wavy /ˈweɪvi/ **adjective** with slight curves **волнистый** *wavy hair*

wax¹ /wæks/ **noun** [U] a solid substance that becomes soft when warm and that melts easily, often used to make candles **воск**

wax² /wæks/ **verb** [T] **1** to put wax on something, especially to make it shiny **натирать воском** *They cleaned and waxed my car.* **2** If you wax your legs, you remove the hair from them by using wax. **удалять волосы при помощи воска**

way¹ /weɪ/ **noun** **1** [C] A2 how you do something **путь, способ** [+ to do sth] *I must **find a way** to help him.* ◦ [+ of + doing sth] *We looked at various ways of solving the problem.* ◦ [+ (that)] *It was the way that she told me that I didn't like.* **2** [C] A2 the route you take to get from one place to another **путь, дорога** [usually singular] *Is there another way out of here?* ◦ *I must buy a paper **on the way** home.* ◦ *Can you **find your way** back to my house?* ◦ *I took the wrong road and **lost my way** (= got lost).* **3 make your way to/through/towards, etc** B2 to move somewhere, often with difficulty **пробираться в/сквозь/к и т. д.** *We made our way through the shop to the main entrance.* **4 be on her/my/its, etc way** to be arriving soon **быть уже в пути** *Apparently she's on her way.* **5 in/out of the/sb's way** B2 in/not in the area in front of someone that they need to pass or see through **на чьем-либо пути/с чьего-либо пути** *I couldn't see because Bill was in the way.* ◦ *Sorry, am I in your way?* ◦ *Could you move out of the way, please?* **6 a third of the way/most of the way, etc** used to say how much of something is completed **первая треть/большая часть и т. д. чего-либо** *A third of the way through the film she dies.* **7 get in the way of sth/sb** to prevent someone from doing or continuing with something **вставать на пути чего-либо/кого-либо, мешать чему-либо/кому-либо** *Don't let your new friends get in the way of your studies.* **8 be under way** to be already happening **происходить, совершаться** *Building work is already under way.* **9 give way (to sb/sth) a** to allow someone to get what they want, or to allow something to happen after trying to prevent it **уступать кому-либо/чему-либо, сдаваться перед кем-либо/чем-либо** *The boss finally gave way when they threatened to stop work.* **b** UK (US **yield**) to allow other vehicles to go past before you move onto a road **уступать дорогу** **10 give way to sth** to change into something else **сменяться чем-либо** *Her excitement quickly gave way to horror.* **11 give way** If something gives way, it falls because it is not strong enough to support the weight on top of it. **проваливаться, обрушиваться** *Suddenly*

W

the ground gave way under me. **12 get sth out of the way** to finish something **заканчивать что-либо, разделываться с чем-либо** *I'll go shopping when I've got this essay out of the way.* **13** [C] B1 a direction something faces or travels **сторона, направление** *This bus is going the* ***wrong way.*** ◦ *Which* ***way up*** *does this picture go (= which side should be at the top)?* ◦ UK *He always wears his baseball cap* ***the wrong way round*** *(= backwards).* **14** [no plural] B1 an amount of space or time **расстояние** *We're* ***a long way*** *from home.* ◦ *The exams are still* ***a long way away/off.*** **15 make way** to move away so that someone or something can pass **посторониться, дать пройти** **16 make way for sth** If you move or get rid of something to make way for something new, you do so in order to make a space for the new thing. **освобождать место для чего-либо** *They knocked down the old houses to make way for a new hotel.* **17 in a way/in many ways** B2 used to say that you think something is partly true **в некотором отношении/во многих отношениях** *In a way his behaviour is understandable.* **18 in no way** not at all **никоим образом, ничуть** *This is in no way your fault.* **19 there's no way** informal B1 If there is no way that something will happen, it is certainly not allowed or not possible. **ни в коем случае** *There's no way that dog's coming in the house.* **20 No way!** informal B1 certainly not **ни за что!** *"Would you invite him to a party?" "No way!"* **21 get/have your (own) way** to get what you want, although it might upset other people **добиваться своего** *She always gets her own way in the end.* **22 in a big/small way** informal used to describe how much or little you do a particular thing **на широкую ногу/скромно** *They celebrate birthdays in a big way.* **23 a/sb's way of life** B1 the way someone lives **образ жизни, что-либо обычное** *Violence has become a way of life there.*

IDIOMS **by the way** A2 used when you say something that does not relate to what is being discussed **кстати, между прочим** *Oh, by the way, my name's Julie.* • **go out of your way to do sth** to try very hard to do something pleasant for someone **делать все возможное, выкладываться** *He went out of his way to make us feel welcome.* • **rub sb up the wrong way** UK (US **rub sb the wrong way**) to annoy someone without intending to **раздражать**

→ See also **the Milky Way**

W

way² /weɪ/ **adverb** informal used to emphasize how extreme something is **слишком** *The room was* ***way too*** *hot.* ◦ *He's in second place but he's* ***way behind/off.***

ˌway ˈout noun [C] **1** UK (also UK/US **exit**) a door that takes you out of a building **выход** **2** a way of avoiding doing something unpleasant **выход, способ увильнуть** *I'm supposed to be going to this meeting at 2.00 and I'm looking for a way out.*

wayside /ˈweɪsaɪd/ **noun**

IDIOM **fall by the wayside** to fail to complete something or be completed **выбывать** *Many students fall by the wayside during their first year at college.*

wayward /ˈweɪwəd/ **adjective** literary behaving badly in a way that causes trouble for other people **своенравный, своевольный**

WC /ˌdʌbljuːˈsiː/ **noun** [C] UK abbreviation for water closet: a toilet, especially in a public place **туалет**

we strong /wiː/ weak /wi/ **pronoun 1** A1 used as the subject of the verb when the person speaking or writing is referring to themselves and one or more other people **мы** *My wife and I both play golf and we love it.* **2** B1 people generally **мы, люди** *The world in which we live is very different.*

weak /wiːk/ **adjective 1** B1 not physically strong **слабый** *He felt too weak to sit up.* ◦ *The children were* ***weak with/from*** *hunger.* **2** B2 not powerful, or not having a strong character **нерешительный, безвольный** *a weak government/leader* **3** likely to fail **неустойчивый** *a weak economy* ◦ *a weak team* **4** B2 likely to break and not able to support heavy things **непрочный** *a weak bridge* **5** B2 A weak drink has little taste or contains little alcohol. **слабый, некрепкий** *weak coffee/beer* **6** B2 A weak reason or excuse is one that you cannot believe because there is not enough proof to support it. **неубедительный** **7** B1 not good at something **слабый** *She reads well but her spelling is weak.* **8** B2 difficult to see or hear **слабый** *He spoke in a weak voice.* ◦ *a weak light*

• **weakly adverb слабо**

weaken /ˈwiːkᵊn/ **verb** [I, T] **1** to become less strong or powerful, or to make someone or something less strong or powerful **ослабевать, ослаблять** *A number of factors have weakened the economy.* **2** to become less certain or determined about a decision, or to make someone less determined **утрачивать решимость, не выдерживать** *I told him he wasn't having any more money but then I weakened.*

weakling /ˈwiːklɪŋ/ **noun** [C] someone who is physically weak **слабый, хилый человек**

weakness /ˈwiːknəs/ **noun 1** [U] B2 when someone or something is not strong or powerful **слабость** *Asking for help is not a* ***sign of weakness.*** **2** [C] B2 a particular part or quality of something or someone that is not good **слабое место, недостаток** *What do you think are your weaknesses as a manager?* ◦ *There are a number of weaknesses in this proposal.* **3 have a weakness for sth/sb** to like a particular thing or person very much **питать слабость к чему-либо/кому-либо** *She has a real weakness for ice cream.*

wealth /welθ/ **noun 1** B2 [U] when someone has a lot of money or valuable possessions **богатство** *He enjoyed his new wealth and status.* **2** a

wealth of sth a large amount of something good **обилие чего-либо** *a wealth of experience/information*

wealthy /ˈwelθi/ **adjective** B2 rich **богатый** *a wealthy businessman/nation* ◦ *Only* ***the*** *very* ***wealthy*** *can afford to live here.*

wean /wiːn/ **verb** [T] to start to give a baby food to eat instead of its mother's milk **отнимать от груди (ребенка)**

PHRASAL VERB **wean sb off sth** to make someone gradually stop using something that is bad for them **отучать кого-либо от чего-либо** *I'm trying to wean myself off fatty food generally.*

weapon /ˈwepən/ **noun** [C] B2 a gun, knife, or other object used to kill or hurt someone **оружие** ***nuclear weapons*** ◦ *Police have found the murder weapon.*
• **weaponry noun** [U] weapons **вооружение**

> Слова-партнеры к **weapon**
>
> biological/chemical/nuclear weapons • deadly/lethal/offensive weapons • **carry/possess** a weapon

wear¹ /weəʳ/ **verb** (past tense **wore**, past participle **worn**) **1** [T] A1 to have a piece of clothing, jewellery, etc on your body **носить, быть одетым во что-либо** *I wear jeans a lot of the time.* ◦ *She wears glasses.* ◦ *I don't usually wear make-up for work.* **2** [T] to show a particular emotion on your face. **иметь вид** *He was wearing a smile/frown.* **3** [T] to arrange or grow your hair in a particular way **причесываться, стричься каким-либо образом** *She usually wears her hair in a ponytail.* **4** [I, T] to become thin and damaged after being used a lot, or to make this happen **изнашивать(ся), протирать(ся)** *The carpet is already starting to wear in places.* ◦ *He keeps* ***wearing holes in*** *his socks.* → See also wear **thin¹**

PHRASAL VERBS **wear (sth) away** to disappear after a lot of time or use, or to make something disappear in this way **стирать(ся), исчезать** *The words on the gravestone had worn away completely.* • **wear sb down** to make someone feel tired and less able to argue **изматывать кого-либо** *Their continual nagging just wears me down.* • **wear off** B2 If a feeling or the effect of something wears off, it gradually disappears. **проходить, переставать действовать** *The anaesthetic is starting to wear off.* • **wear on** If a period of time wears on, it passes, especially slowly. **медленно тянуться, проходить** *As time wore on she became more and more unhappy.* • **wear sb out** B2 to make someone extremely tired **изнурять, утомлять** *All this walking is wearing me out.* • **wear (sth) out** B1 to use something so much that it is damaged and cannot be used any more, or to become damaged in this way **изнашивать(ся)** *He's already worn out two pairs of shoes this year.*

wear² /weəʳ/ **noun** [U] **1** (also **wear and tear**) damage that happens to something when it is used a lot **износ, изнашивание** *The furniture is already showing signs of wear.* **2** how much you wear a piece of clothing **ношение** *These clothes are not for everyday wear.* **3 be the worse for wear** to be in a bad state or condition **выглядеть потрепанным** *He looked a little the worse for wear this morning.*

-wear /weəʳ/ **suffix** used at the end of words that describe a particular type of clothes **одежда (как компонент сложных слов)** *menswear/swimwear*

wearing /ˈweərɪŋ/ **adjective** making you tired or annoyed **утомительный**

weary /ˈwɪəri/ **adjective 1** tired **усталый** *You look weary, my love.* **2 weary of sth/sb** bored with something or someone **уставший от чего-либо/кого-либо** *She* ***grew weary of*** *the children and their games.*
• **wearily adverb усталo** • **weariness noun** [U] **усталость, скука**

weasel /ˈwiːzəl/ **noun** [C] a small animal with a long body, that kills and eats other small animals **горностай, ласка**

weather¹ /ˈweðəʳ/ **noun** [U] A1 the temperature or conditions outside, for example if it is hot, cold, sunny, etc **погода** *The flight was delayed because of* ***bad weather.***

IDIOM **be/feel under the weather** to feel ill **плохо себя чувствовать**

> Слова-партнеры к **weather**
>
> bad/cold/good/hot/stormy/warm/wet weather • weather **brightens up/improves/worsens**

weather² /ˈweðəʳ/ **verb** [T] to deal with a difficult situation or difficult conditions **выносить, переживать** *to weather criticism/a recession*

weathered /ˈweðəd/ **adjective** looking rough and old **повидавший виды** *a weathered face*

ˈweather ˌforecast noun [C] B1 a description of what the weather will be like **прогноз погоды**

weave /wiːv/ **verb 1 weave in and out; weave through** (past tense and past participle **weaved**) to go somewhere by moving around a lot of things **петлять, пробираться** *to weave in and out of the traffic* ◦ *to weave through the crowd* **2** [I, T] (past tense **wove**, past participle **woven**) to make cloth on a machine by crossing threads under and over each other **ткать**

web /web/ **noun** [C] **1** B1 a type of net made by a spider (= small creature with eight legs) to catch other insects **паутина** *a spider's web* **2 the Web** A2 (also **the World Wide Web**) part of the Internet that consists of all the connected websites (= pages of text and pictures) **всемирная паутина** → See Study Page **The Web and the Internet** on page Centre 36

W

ˈweb ˌaddress noun [C] (US **ˈweb ˌaddress**) an email or website address **электронный адрес** → See Study Page **The Web and the Internet** on page Centre 36

ˈweb ˌbrowser noun [C] a computer program which allows you to look at pages on the Internet **веб-браузер, система навигации и просмотра информации в Интернете**

webcam /ˈwebkæm/ **noun** [C] B1 a camera which records moving pictures and sound and allows these to be shown on the Internet as they happen **веб-камера**

webcast /ˈwebkɑːst/ **noun** [C] a broadcast made on the Internet **онлайн-конференция**

ˈweb ˌpage noun [C] A2 a part of a website that can be read on a computer screen **страничка в Интернете** → See Study Page **The Web and the Internet** on page Centre 36

website /ˈwebsaɪt/ **noun** [C] A1 an area on the Web (= computer information system) where information about a particular subject, organization, etc can be found **сайт в Интернете** → See Study Page **The Web and the Internet** on page Centre 36

Wed (also **Weds**) written abbreviation for Wednesday **среда**

we'd /wiːd/ **1** short for we had **сокращ. от we had** *By the time she arrived we'd eaten.* **2** short for we would **сокращ. от we would** *We'd like two tickets for the three o'clock show, please.*

wedding /ˈwedɪŋ/ **noun** [C] B1 an official ceremony at which a man and woman get married **свадьба** *We're **going to a wedding** on Saturday.* ◦ ***a wedding dress/ring*** → See also **golden wedding**

> Слова-партнеры к **wedding**
>
> **go to/be invited to/plan a wedding • at a wedding • sb's wedding to sb • sb's wedding day • a wedding dress/guest/present/reception/ring**

wedge¹ /wedʒ/ **noun** [C] a piece of something that is thin at one end and thicker at the other **что-либо клинообразное, треугольный кусок** *a big wedge of cheese*

wedge² /wedʒ/ **verb** [T] **1 wedge sth open/shut** to use a wedge or similar shaped object to keep a door or window firmly open or closed **закреплять открытую/закрытую дверь или окно с помощью клина** *The room was hot so I wedged the door open.* **2** to push something into a narrow space **втискивать** *I was wedged between Andy and Pete in the back of the car.*

Wednesday /ˈwenzdeɪ/ **noun** [C, U] (written abbreviation **Wed, Weds**) A1 the day of the week after Tuesday and before Thursday **среда**

wee¹ /wiː/ **noun** [no plural] mainly UK informal when you urinate **употребляется с глаголами have или need в значении 'писать'** *to have a wee* ◦ *I need a wee.*

• **wee verb** [I] (present participle **weeing**, past tense and past participle **weed**) **писать**

wee² /wiː/ **adjective** small, usually used by Scottish speakers **крошечный** *a wee girl*

weed¹ /wiːd/ **noun** [C] a wild plant that you do not want to grow in your garden **сорняк** *Dandelions are common weeds.*

weed² /wiːd/ **verb** [I, T] to remove wild plants from a garden where they are not wanted **полоть**

PHRASAL VERB **weed sb/sth out** to get rid of people or things that you do not want from a group **искоренять, устранять кого-либо/что-либо** *The government plans to weed out bad teachers.*

weedy /ˈwiːdi/ **adjective** UK informal thin and weak **хилый** *He looks too weedy to be an athlete.*

week /wiːk/ **noun 1** A1 [C] a period of seven days **неделя** *last week/next week* ◦ *I've got three exams this week.* ◦ *We get paid every week.* **2 the week** A1 the five days from Monday to Friday when people usually go to work or school **рабочая неделя** *I don't go out much during the week.*

weekday /ˈwiːkdeɪ/ **noun** [C] A2 one of the five days from Monday to Friday, when people usually go to work or school **рабочий день** *This road is very busy on weekdays.*

weekend /ˌwiːkˈend/ US /ˈwiːkend/ **noun** [C] **1** A1 Saturday and Sunday, the two days in the week when many people do not work **выходной день** *Are you doing anything this weekend?* ◦ *I'm going home for the weekend.* **2 at the weekend** UK (US **on the weekend**) on Saturday or Sunday **в выходной день** *He's going to a football match at the weekend.*

weekly /ˈwiːkli/ **adjective, adverb** A2 happening once a week or every week **еженедельный, еженедельно** *a weekly newspaper* ◦ *We're paid weekly.*

weep /wiːp/ **verb** [I, T] (past tense and past participle **wept**) literary to cry, usually because you are sad **плакать**

weigh /weɪ/ **verb 1 weigh 200g/75 kg/10 stone, etc** B1 to have a weight of 200g/75 kg/10 stone, etc **весить 200 грамм/75 килограмм/10 стоунов и т. д.** *How much do you weigh?* **2** [T] B1 to measure how heavy someone or something is **взвешивать(ся)** *Can you weigh that piece of cheese for me?* ◦ *She weighs herself every day.* **3** [T] (also UK **weigh up**) B2 to consider something carefully, especially in order to make a decision **взвешивать, обдумывать** *The jury must weigh the evidence.* ◦ *He needs to weigh up the pros and cons of going to college.*

PHRASAL VERBS **weigh sth against sth** to judge which of two things is more important before making a decision **сопоставлять что-либо с чем-либо** *The advantages have to be weighed against the possible disadvantages.* • **be weighed**

W

down by/with sth 1 to be carrying or holding too much **быть нагруженным чем-либо** *She was weighed down with shopping bags.* **2** to be very worried about something **быть обремененным чем-либо** *be weighed down by problems/debts* • **weigh on/upon sb/sth** If a problem or responsibility weighs on you, it makes you worried or unhappy. **угнетать, лежать бременем** *Problems at work are weighing on me.* • **weigh sth out** to measure an amount of something **взвешивать, отвешивать** *Weigh out 8 ounces of flour.*

weight /weɪt/ **noun 1** [U] B1 how heavy someone or something is **вес** *He's about **average height and weight.*** **2 lose weight** If someone loses weight, they become lighter and thinner. **худеть** *I need to **lose a bit of weight.*** **3 put on/gain weight** If someone puts on weight or gains weight, they become heavier and fatter. **толстеть 4** [U, no plural] B2 the quality of being heavy **тяжесть** *The shelf collapsed under the weight of the books.* **5** [C] B2 something that is heavy **тяжесть** *You're not supposed to lift heavy weights after an operation.*

IDIOMS **carry weight** to be considered important and effective in influencing someone **иметь вес, авторитет** *His opinions carry a lot of weight with the scientific community.* • **pull your weight** to work as hard as other people in a group **честно выполнять свою долю работы** *The rest of the team complained that Sarah wasn't pulling her weight.* • **throw your weight around** to behave as if you are more important or powerful than other people **держаться заносчиво, распоряжаться** • **a weight off your mind** when a problem which has been worrying you stops or is dealt with **с души камень свалился** *Finally selling that house was a weight off my mind.*

→ See also **paper weight**

> Слова-партнеры к **weight**
>
> **gain/lose/put on weight • carry/lift/support a weight • average/excess/heavy/ideal/light weight**

weighted /ˈweɪtɪd/ **adjective be weighted in favour of/towards/against sth** to give one group an advantage or disadvantage over other people **складываться в пользу/против чего-либо** *The system is weighted in favour of families with young children.*

weights /weɪts/ **noun** [plural] heavy pieces of metal that you lift up and down to make your muscles stronger **штанга, гиря**

weighty /ˈweɪti/ **adjective** very serious and important **важный, веский** *The film deals with the **weighty issues** of religion and morality.*

weir /wɪəʳ/ **noun** [C] UK a low wall built across a river to control the flow of water **плотина**

weird /wɪəd/ **adjective** B2 very strange **странный, непонятный** *I had a really weird dream last night.*

weirdo /ˈwɪədəʊ/ **noun** [C] informal a person who behaves strangely **человек со странностями**

welcome¹ /ˈwelkəm/ **exclamation** A2 used to greet someone who has just arrived somewhere **добро пожаловать** *Welcome home! ◦ Welcome to the UK.*

welcome² /ˈwelkəm/ **verb** [T] **1** B1 to greet someone who has arrived in a place **встречать** *Both families were there to welcome us.* **2** B2 to be pleased about something and want it to happen **приветствовать** *The decision was welcomed by everybody. ◦ I would welcome your advice.*

welcome³ /ˈwelkəm/ **adjective 1** B2 If something is welcome, people are pleased about it and want it to happen. **желанный, ценный** *a **welcome change** ◦ Your comments are very welcome.* → Opposite **unwelcome 2 You're welcome.** A2 used to be polite to someone who has thanked you **не за что, пожалуйста** *"Thank you." "You're welcome."* **3 make sb (feel) welcome** B1 to make a visitor feel happy and comfortable in a place by being kind and friendly to them **радушно принимать кого-либо** *They made me very welcome in their home.* **4 be welcome to do sth** B1 used to tell someone that they can certainly do something, if they want to **иметь разрешение делать что-либо** *Anyone who is interested is welcome to come along.* **5 be welcome to sth** used to tell someone that they can certainly have something, if they want it, because you do not **иметь разрешение взять что-либо**

welcome⁴ /ˈwelkəm/ **noun** [no plural] B1 when someone is greeted when they arrive somewhere **прием, приветствие** *He was **given a warm** (= friendly) **welcome** by his fans.*

IDIOM **outstay/overstay your welcome** to stay somewhere too long so that people want you to leave **злоупотреблять гостеприимством**

> Слова-партнеры к **welcome (noun)**
>
> **get/be given a [big/friendly/warm, etc] welcome**

weld /weld/ **verb** [T] to join pieces of metal together by heating them until they almost melt and then pressing them together **сваривать, приваривать**

welfare /ˈwelfeəʳ/ **noun** [U] **1** B2 Someone's welfare is their health and happiness. **благополучие, благосостояние** *He is concerned about the welfare of young men in prison.* **2** US (UK **social security**) money paid by a government to people who are poor, ill, or who do not have jobs **пособие** *to be **on welfare** (= getting welfare)*

ˌwelfare ˈstate UK (US ˈ**welfare ˌstate**) **noun** [no plural] a system in which the government looks after and pays for people who are ill, old, or who cannot get a job **система социального обеспечения**

W

well[1] /wel/ **adjective** [never before noun] (**better**, **best**) **1** Ⓐ1 healthy **здоровый** *to feel/look well* ◦ *I'm not very well.* ◦ *Are you feeling better now?* → Opposite **unwell 2 all is well** Ⓑ1 everything is in a good or acceptable state **все в порядке** *I hope all is well with Jack.* **3 be all very well** used to show that you do not agree with something or that you are annoyed about something **легко сказать** *It's all very well for her to say everything's fine, she doesn't have to live here.* **4 be (just) as well** used to say that something might be a good thing to do or happen **быть к лучшему** [+ (that)] *It was just as well that you left when you did.* → See also be **alive** and kicking/well

well[2] /wel/ **adverb** (**better**, **best**) **1** Ⓐ1 in a successful or satisfactory way **хорошо** *I thought they played well.* ◦ *He's* ***doing well*** *at school/work.* **2** Ⓐ2 in a complete way or as much as possible **хорошо, тщательно** *I know him quite well.* ◦ *Stir the mixture well.* → See Note **good 3 as well** Ⓐ1 also **тоже** *Are you going to invite Steve as well?* **4 as well as sth** Ⓐ1 in addition to something **а также, кроме того** *They have lived in the United States as well as Britain.* **5 may/might as well do sth** Ⓑ2 If you may/might as well do something, it will not spoil the situation if you do that thing. **вполне можно сделать что-либо** *If we're not waiting for Karen, we might as well go now.* **6 may/might/could well** Ⓑ2 used to say that something is likely to be true **вполне может быть** *He could well be at Michelle's house.* **7 well above/ahead/below, etc** Ⓑ2 above/ahead/below, etc by a large amount **значительно выше/далеко впереди/далеко внизу и т. д.** *It was well after seven o'clock when we got home.* **8 can't/couldn't very well do sth** used to say that something is not a suitable or practical thing to do **никак нельзя/нельзя было сделать что-либо** *I couldn't very well tell her while he was there.* **9 Well done!** Ⓐ1 used to tell someone how pleased you are about their success **молодец!** *"I passed my exams." "Well done!"*

well[3] /wel/ **exclamation 1** Ⓐ1 used at the beginning of a sentence to pause slightly or to express doubt or disagreement **ну, вообще-то** *"You'll go, won't you?" "Well, I'm not sure."* ◦ *"You said the food was bad." "Well, I didn't exactly say that."* **2** (also **well, well**) used to express surprise **ну и ну! вот те на!** *Well, well, I never expected that to happen.* **3 oh well** Ⓑ1 used to say that a situation cannot be changed although it might be disappointing **ну, ладно, ну, ничего** *Oh well, it doesn't matter, I can always buy another one.*

well[4] /wel/ **noun** [C] a deep hole in the ground from which you can get water, oil, or gas **колодец, источник**

we'll /wiːl/ short for we shall or we will **сокращ. от we shall или we will** *We'll be home on Friday.*

well-balanced /ˌwelˈbælənst/ **adjective 1 a well-balanced diet/meal** Ⓑ2 food which includes all the different types of food that the body needs to be healthy **сбалансированное питание/рациональная пища 2** Well-balanced people are calm and have good judgment. **уравновешенный**

well-behaved /ˌwelbɪˈheɪvd/ **adjective** behaving in a polite and quiet way **хорошо ведущий себя, послушный** *a well-behaved child*

well-being /ˈwelˌbiːɪŋ/ **noun** [U] when someone is healthy, happy, and comfortable **здоровье, благосостояние**

well-built /ˌwelˈbɪlt/ **adjective** Ⓑ2 having a large, strong body **хорошо сложенный**

well-connected /ˌwelkəˈnektɪd/ **adjective** having important or powerful friends **имеющий хорошие связи**

well-done /ˌwelˈdʌn/ **adjective** Meat that is well-done has been cooked completely and is not pink inside. **хорошо прожаренный**

well-dressed /ˌwelˈdrest/ **adjective** Ⓑ1 wearing attractive, good quality clothes **элегантный**

well-earned /ˌwelˈɜːnd/ **adjective well-earned break/holiday/rest, etc** a rest that you deserve because you have been working hard **заслуженный отпуск/отдых и т. д.**

well-educated /ˌwelˈedʒʊkeɪtɪd/ **adjective** having had a good education **образованный**

well-established /ˌwelɪˈstæblɪʃt/ **adjective** having existed for a long time **укоренившийся** *a well-established tradition*

well-fed /ˌwelˈfed/ **adjective** having eaten enough good food **откормленный** *a well-fed cat*

well-heeled /ˌwelˈhiːld/ **adjective** having a lot of money, expensive clothes, etc **богатый**

wellies /ˈweliz/ **noun** [plural] UK informal (US **rubber boots**) large rubber boots that you wear outside when the ground is wet and dirty **резиновые сапоги** *a pair of wellies*

well-informed /ˌwelɪnˈfɔːmd/ **adjective** knowing a lot of useful information **сведущий, эрудированный**

wellingtons /ˈwelɪŋtənz/ **noun** [plural] UK wellies **резиновые сапоги**

well-intentioned /ˌwelɪnˈtenʃənd/ **adjective** trying to be helpful and kind but not improving a situation **действующий из лучших побуждений**

well-kept /ˌwelˈkept/ **adjective 1 a well-kept secret** something that has been carefully and successfully kept secret **что-либо, содержащееся в тайне** *The recipe is a well-kept secret.* **2** tidy and organized **содержащийся в порядке** *a well-kept kitchen*

well-known /ˌwelˈnəʊn/ **adjective** Ⓐ2 famous **известный, знаменитый** *a well-known actor*

well-meaning /ˌwelˈmiːnɪŋ/ **adjective** trying to be helpful and kind but not improving a situation **действующий из лучших побуждений** *well-meaning friends*

W

well-off /ˌwelˈɒf/ **adjective** having a lot of money **состоятельный** *His parents are very well-off.*

well-organized (also UK **-ised**) /ˌwelˈɔːɡənaɪzd/ **adjective** B2 working in an effective and successful way because of good organization **хорошо организованный**

well-paid /ˌwelˈpeɪd/ **adjective** B2 earning a lot of money **высокооплачиваемый**

well-placed /ˌwelˈpleɪst/ **adjective** in a very convenient position or in a position that gives someone an advantage **занимающий выгодную позицию** [+ to do sth] *She's very well-placed to find out what's going on.*

well-read /ˌwelˈred/ **adjective** having read a lot of books on different subjects **начитанный**

well-to-do /ˌweltəˈduː/ **adjective** old-fashioned having a lot of money **состоятельный** *a well-to-do family*

well-wisher /ˈwelˌwɪʃəʳ/ **noun** [C] someone who wants another person to be happy, successful, or healthy **доброжелатель** *A crowd of well-wishers gathered outside the hospital.*

Welsh /welʃ/ **noun** [U] **1** a language that is spoken in some parts of Wales **валлийский язык** **2 the Welsh** the people of Wales **валлийцы**

went /went/ past tense of go **прош. вр. гл. go**

wept /wept/ past of weep **прош. вр. и прич. прош. вр. от гл. weep**

were /wɜːʳ/ past simple you/we/they of be **прош. вр. гл. be для you/we/they**

we're /wɪəʳ/ short for we are **сокращ. от we are** *Hurry! We're late!*

weren't /wɜːnt/ short for were not **сокращ. от were not** *They weren't there.*

west, West /west/ **noun** [U] **1** A2 the direction that you face to see the sun go down **запад** **2 the west** A2 the part of an area that is further towards the west than the rest **запад, западная часть** **3 the West** B2 the countries of North America and western Europe **страны Северной Америки и Западной Европы**
• **west adjective** A2 **западный** *the west coast of Ireland* • **west adverb** A2 towards the west **на запад** *They lived in a village four miles west of Oxford.*

the ˌWest ˈEnd noun a part of central London that has a lot of shops, theatres, restaurants, etc **Уэст-Энд**

westerly /ˈwestəli/ **adjective** **1** towards or in the west **западный** *Senegal is the most westerly country in Africa.* **2** A westerly wind comes from the west. **западный** *westerly breezes*

western, Western /ˈwestən/ **adjective** [always before noun] **1** B1 in or from the west part of an area **западный** *western France* **2** B1 related to the countries of North America and western Europe **западный** *a Western diplomat*

western /ˈwestən/ **noun** [C] a film or story that happens in the west of the US at the time when Europeans started living there **вестерн**

westerner, Westerner /ˈwestənəʳ/ **noun** [C] someone who is from a country in North America or western Europe **житель Северной Америки или Западной Европы**

westernized (also UK **-ised**) /ˈwestənaɪzd/ **adjective** having a culture like North America and western Europe **ведущий западный образ жизни** *Some Asian countries are becoming increasingly westernized.*

ˌWest ˈIndian adjective belonging or relating to the West Indies **вест-индский** *a West Indian island*
• **West Indian noun** [C] someone from the West Indies **житель Вест-Индии**

the ˌWest ˈIndies noun [plural] a group of islands in the Caribbean Sea **Вест-Индия**

westward, westwards /ˈwestwəd/, /ˈwestwədz/ **adverb** towards the west **на запад** *They were travelling westward.*
• **westward adjective движущийся на запад**

wet[1] /wet/ **adjective** (**wetter**, **wettest**) **1** A2 covered in water or another liquid **мокрый** *a wet towel* ◦ *We **got** soaking **wet** in the rain.* ◦ UK *Look at you – you're **wet through** (= very wet)!* **2** A2 raining **дождливый** *a wet and windy day* **3** B1 not dry yet **свежий (о краске и т. д.)** *wet paint* **4** UK informal Someone who is wet has a weak personality. **плаксивый**

wet[2] /wet/ **verb** [T] (present participle **wetting**, past tense and past participle **wet**, **wetted**) **1 wet the bed/your pants/yourself, etc** to urinate in your bed or in your underwear without intending to **мочиться в постель/мочиться в штаны/писаться** **2** to make something wet **мочить**

ˈwet ˌsuit noun [C] a piece of clothing covering the whole body that keeps you warm and dry when you are under water **костюм для подводного плавания**

we've /wiːv/ short for we have **сокращ. от we have** *We've bought a house.*

whack /wæk/ **verb** [T] informal to hit someone or something in a quick, strong way **ударять** *She whacked him on the head with her book.*
• **whack noun** [C] informal **удар**

whale /weɪl/ **noun** [C] B1 a very large animal that looks like a large fish, lives in the sea, and breathes air through a hole at the top of its head **кит**

whale

whaling /ˈweɪlɪŋ/ **noun** [U] hunting whales **охота на китов**

wharf /wɔːf/ **noun** [C] (plural **wharves** /wɔːvz/) an area next to the sea or a river where goods can be put on or taken off ships **верфь, причал**

what /wɒt/ **pronoun, determiner** **1** A1 used to ask for information about something **что?**

What's this? ◦ *What time is it?* ◦ *What happened?* → See Note **how 2** B1 used to refer to something without naming it **что** *I heard what he said.* ◦ *Do you know what I mean?* ◦ *What I like most about her is her honesty.* **3** informal used when you have not heard what someone has said and you want them to repeat it. Some people think this use is not very polite. **что?** *"Do you want a drink Tom?" "What?"* **4** informal used to ask what someone wants when they call you **что?** *"Hey Jenny?" "Yes, what?"* **5 what a/an ...** B1 used to give your opinion, especially when you have strong feelings about something **какой ...! какая ...! какое ...!** *What a mess!* ◦ *What an awful day!* **6 what about...?** A2 used to suggest something **как насчет ...?** *What about asking Martin to help?* **7 what ... for?** B2 used to ask about the reason for something **зачем?** *What are you doing that for?* ◦ *"We really need a bigger car." "What for?"* **8 what if...?** B1 used to ask about something that could happen in the future, especially something bad **что будет, если ...?** *What if I don't pass my exams?* **9 what's up (with sb)** informal used to ask why someone is unhappy or angry **что случилось?** *What's up, Angie? You look troubled.* **10 what with** informal used to talk about the reasons for a particular situation, especially a bad or difficult situation **из-за, в связи с** *I'm tired, what with travelling all day yesterday and sleeping badly.* **11 what's more** B2 used to add something surprising or interesting to what you have just said **к тому же**

whatever /wɒtˈevəʳ/ **adverb, pronoun, determiner 1** B1 anything or everything **всё, что** *Do whatever you want.* ◦ *He eats whatever I put in front of him.* **2** B2 used to say that what happens is not important because it does not change a situation **что бы ни** *Whatever happens I'll still love you.* ◦ *We'll support you, whatever you decide.* **3** used to ask for information when you are surprised or angry about something **и что же** *Whatever do you mean?* **4** informal something that you say when you are angry with someone who is asking you something **неважно!, все равно!** *'Isabel, will you just listen when I'm talking to you?' 'Whatever.'* **5 or whatever** B2 or something similar **или что-то в этом роде** *The children are usually outside playing football or whatever.*

W

whatnot /ˈwɒtnɒt/ **and whatnot** informal and other things of a similar type **и все такое** *They sell cards and wrapping paper and whatnot.*

whatsoever /ˌwɒtsəʊˈevəʳ/ **adverb** (also **whatever**) **no...whatsoever** none at all **абсолютно ничего** *There's no evidence whatsoever that she was involved.*

wheat /wiːt/ **noun** [U] B2 a plant whose grain is used for making flour, or the grain itself **пшеница**

wheel¹ /wiːl/ **noun 1** A2 [C] a circular object fixed under a vehicle so that it moves smoothly over the ground **колесо** *My bike needs a new front wheel.* **2 the wheel** B2 a steering wheel (= circular object you turn to direct a vehicle) **руль** *You should drive with both hands on the wheel.* ◦ *He fell asleep* ***at the wheel*** *(= while driving).*

IDIOM **reinvent the wheel** to waste time trying to create something that has been done before **изобретать колесо**

→ See also **Ferris wheel**

wheel² /wiːl/ **verb wheel sth around/into/to, etc** to push something that has wheels somewhere **катить что-либо по/в/к и т. д.** *He wheeled his bicycle into the garden.*

PHRASAL VERB **wheel around/round** to quickly turn around **быстро оборачиваться** *She wheeled around to face him.*

wheelbarrow /ˈwiːlˌbærəʊ/ **noun** [C] a big, open container with a wheel at the front and handles, that is used to move things, especially around in a garden **тачка**

wheelchair /ˈwiːltʃeəʳ/ **noun** [C] B1 a chair with wheels used by someone who cannot walk **инвалидная коляска**

wheeze /wiːz/ **verb** [I] to make a noisy sound when breathing because of a problem in your lungs **дышать с присвистом**

when¹ /wen/ **adverb** A1 used to ask at what time something happened or will happen **когда?** *When's your birthday?* ◦ *When did he leave?* ◦ *When are you going away?*

when² /wen/ **conjunction 1** A2 used to say at what time something happened or will happen **когда** *I found it when I was cleaning out the cupboards.* ◦ *We'll go when you're ready.* **2** B2 although **в то время как, несмотря на то, что** *Why are you doing this when I've asked you not to?*

whenever /wenˈevəʳ/ **conjunction** B1 every time or at any time **когда бы ни** *You can go whenever you want.* ◦ *I try to help them out whenever possible.*

where¹ /weəʳ/ **adverb** A1 used to ask about the place or position of someone or something **где?** *Where does she live?* ◦ *Where are my car keys?*

where² /weəʳ/ **conjunction 1** A2 at, in, or to a place or position **где, куда** *He's not sure where they are.* ◦ *I know where to go.* **2** B2 relating to a particular part of a process or situation **когда** *We've now reached the point where we can make a decision.*

whereabouts¹ /ˌweərəˈbaʊts/ **adverb** used to ask in what place or area someone or something is **где?** *Whereabouts does he live?*

whereabouts² /ˈweərəbaʊts/ **noun sb's whereabouts** the place where someone or something is **чье-либо местопребывание** *His whereabouts are unknown.*

whereas /weəˈræz/ **conjunction** B2 compared with the fact that **в то время как, тогда как**

His parents were rich, whereas mine had to struggle.

whereby /weəˈbaɪ/ **adverb** formal by which **в соответствии с чем** *They've introduced a system whereby people share cars.*

wherein /weəˈrɪn/ **adverb** formal in which **в чем**

whereupon /ˈweərəpɒn/ **conjunction** formal after which **после чего** *We decided to have a picnic, whereupon it started to rain.*

wherever[1] /weəˈrevəʳ/ **conjunction** **1** B1 in or to any place or every place **где бы ни, в любом месте, в любое место** *You can sit wherever you like.* **2 wherever possible** B2 every time it is possible **где/когда возможно** *We try to use natural fabrics wherever possible.*

wherever[2] /weəˈrevəʳ/ **adverb** used to ask in what situation or place something happened, especially when the person asking feels surprised **где? откуда?** *Wherever did you get that idea?*

wherewithal /ˈweəwɪðɔːl/ **noun the wherewithal to do sth** the money, skills, or other things that are needed to do something **необходимые средства для чего-либо**

whether /ˈweðəʳ/ **conjunction** **1** B1 used to talk about a choice between two or more possibilities **или, ли** *Someone's got to tell her,* ***whether*** *it's you* ***or*** *me.* ◦ *I didn't know* ***whether or not*** *to go.* **2** B1 **if употребляется в косвенных вопросах, передается частицей ли** *I wasn't sure whether you'd like it.*

whew /fjuː/ **exclamation** used when you are happy that something is not going to happen, or when you are tired or hot **уф!**

which /wɪtʃ/ **pronoun, determiner** **1** A2 used to ask or talk about a choice between two or more things **какой? который?** *Which of these do you like best?* ◦ *Which way is it to the station?* ◦ *I just don't know which one to choose.* **2** A2 used at the beginning of a relative clause to show what thing is being referred to **который** *These are principles which we all believe in.* **3** B1 used to give more information about something **который** *The book, which includes a map, gives you all the information you need about Venice.* **4** B2 used when you give an opinion about what you have just said **что** *He took us both out for lunch, which I thought was very kind of him.*

> **!** Типичная ошибка: **which**
>
> **Внимание!** Проверьте написание.
>
> **Which** – одно из 10 слов, при написании которых русскоязычные студенты наиболее часто допускают ошибки.
>
> Запомните: нужно писать 'h' после 'w'.

whichever /wɪˈtʃevəʳ/ **pronoun, determiner** **1** B2 used to say that what happens is not important because it does not change a situation **какой бы ни** *Whichever option we choose there'll be disadvantages.* ◦ *It's a sad situation whichever way you look at it.* **2** B2 any of a group of similar things **какой бы ни, любой** *Choose whichever bedroom you want.*

whiff /wɪf/ **noun** [no plural] a smell which you only smell for a short time **запах** *I just caught* ***a whiff of*** *garlic from the kitchen.*

while[1] /waɪl/ **conjunction** (also UK **whilst** /waɪlst/) **1** A2 during the time that **в то время как, пока, когда** *I read a magazine while I was waiting.* ◦ *I can't talk to anyone while I'm driving.* ◦ *While you're away, I might decorate the bathroom.* **2** B2 although **хотя, несмотря на то, что** *And while I like my job, I wouldn't want to do it forever.* **3** B1 used to compare two different facts or situations **тогда как** *Tom is very confident while Katy is shy and quiet.*

while[2] /waɪl/ **noun a while** B1 a period of time **время, промежуток времени** *a long/****short*** ***while*** ◦ *I'm going out* ***for a while.***

> Слова-партнеры к **while (noun)**
>
> **take/wait a while • after/for/in a while • quite a while • a short while • a while ago**

while[3] /waɪl/ **verb**

PHRASAL VERB **while sth away** to spend time in a relaxed way because you are waiting for something or because you have nothing to do **проводить, коротать (время)** *We played a few games to while away the time.*

whim /wɪm/ **noun** [C] when you suddenly want to do something without having a reason **прихоть** *We booked the holiday* ***on a whim.***

whimper /ˈwɪmpəʳ/ **verb** [I] to make quiet crying sounds because of fear or pain **хныкать, скулить** *The dog was whimpering with pain.*

whimsical /ˈwɪmzɪkəl/ **adjective** unusual in a way that is slightly funny **причудливый** *a whimsical tale*

whine /waɪn/ **verb** [I] **1** to complain in an annoying way **ныть, жаловаться** *She's always whining about something.* **2** to make a long, high, sad sound **скулить** *The dog whined and scratched at the door.*
• **whine noun** [C] **нытье, вой**

whinge /wɪndʒ/ **verb** [I] (present participle **whingeing, whinging**) UK informal to complain in an annoying way **ныть, жаловаться** *Oh, stop whingeing!*
• **whinge noun** [C] UK **нытье** *He was just* ***having a whinge.***

whip[1] /wɪp/ **noun** [C] a long piece of leather fixed to a handle and used to hit an animal or person **плеть, кнут**

whip[2] /wɪp/ **verb** (present participle **whipping**, past tense and past participle **whipped**) **1** [T] to hit a person or animal with a whip **хлестать, сечь** **2** [T] to make a food such as cream more solid by mixing it hard with a kitchen tool **взбивать (крем и т. д.)** **3 whip (sth) away/off/out, etc**

W

informal to move or make something move in a fast, sudden way **вырывать(ся)/вытаскивать и т. д.** *She opened the bag and whipped out her camera.*

PHRASAL VERB **whip up sth 1** to try to make people have strong feelings about something **возбуждать, разжигать (какие-либо чувства)** *to whip up enthusiasm/hatred* **2** to prepare food very quickly **готовить на скорую руку** *I could whip up a plate of spaghetti if you like.*

whir /wɜːʳ/ **noun, verb** (present participle **whirring**, past tense and past participle **whirred**) US spelling of whirr **жужжание, жужжать**

whirl¹ /wɜːl/ **verb** [I, T] to move or make something move quickly round and round **кружить(ся)**

whirl² /wɜːl/ **noun** [no plural] **1** when a lot of exciting or confusing things happen at the same time **вихрь, водоворот, суматоха** *a whirl of activity* **2** a sudden turning movement **оборот** **3 give sth a whirl** informal to try to do something, often for the first time **делать попытку** *I've never danced salsa before but I'll give it a whirl.*

whirlpool /ˈwɜːlpuːl/ **noun** [C] an area of water that moves round and round very quickly **водоворот**

whirlwind¹ /ˈwɜːlwɪnd/ **adjective a whirlwind romance/visit/tour, etc** a relationship/visit, etc that only lasts a short time **скоротечный роман/мимолетный визит/стремительное путешествие и т. д.**

whirlwind² /ˈwɜːlwɪnd/ **noun 1 a whirlwind of sth** a lot of sudden activity, emotion, etc **вихрь, суматоха** *a whirlwind of activity* **2** [C] a strong wind that moves round and round very quickly **вихрь, смерч, ураган**

whirr UK (US **whir**) /wɜːʳ/ **noun** [no plural] a low, continuous sound **жужжание** *the whirr of machinery*
• **whirr** UK (US **whir**) **verb** [I] **жужжать**

whisk¹ /wɪsk/ **verb** [T] **1 whisk sb away/off/into, etc** informal to take someone somewhere quickly **быстро увозить, увлекать кого-либо** *They whisked him off to the police station.* **2** to mix food such as eggs, cream, etc very quickly using a fork or whisk **сбивать (крем и т. д.)** *Whisk the mixture until smooth.*

whisk² /wɪsk/ **noun** [C] a kitchen tool made of wire that is used to mix eggs, cream, etc, or to make such food thicker **сбивалка** → See **The Kitchen** on page Centre 2

whisker /ˈwɪskəʳ/ **noun** [C] one of the long, stiff hairs that grows around the mouths of animals such as cats **ус**

whiskers /ˈwɪskəz/ **noun** [plural] old-fashioned hairs growing on a man's face **усы**

whiskey /ˈwɪski/ **noun** [C, U] whisky in Ireland or the United States **виски**

whisky /ˈwɪski/ **noun** [C, U] **B2** a strong, alcoholic drink made from grain **виски**

whisper /ˈwɪspəʳ/ **verb** [I, T] **B2** to speak extremely quietly so that other people cannot hear **шептать** *She whispered something to the girl sitting next to her.*
• **whisper noun** [C] **шепот**

whistle¹ /ˈwɪsl/ **verb 1** [I, T] **B2** to make a sound by breathing air out through a small hole made with your lips or through a whistle **свистеть** *Someone whistled at her as she walked past.* **2** [I] to produce a sound when air passes through a narrow space **завывать, свистеть (о ветре)** *He could hear the wind whistling through the trees.*

whistle² /ˈwɪsl/ **noun** [C] **1 B2** a small, simple instrument that makes a high sound when you blow through it **свисток** *The referee **blew** the **whistle** to end the game.* **2** the sound made by someone or something whistling **свист**

white¹ /waɪt/ **adjective 1 A1** being the colour of snow or milk **белый** *a white T-shirt ◦ white walls* → See **Colours** on page Centre 12 **2 B1** Someone who is white has skin that is pale in colour. **белый, белокожий** *He's described as a white man in his early thirties.* **3** relating to white people **белый** *the white community* **4** having a pale face because you are ill or you are feeling shocked **бледный** *He was white with shock.* **5** UK **A2** White coffee has milk or cream added to it. **с молоком** *Two coffees please, one black and one white.* **6 A2** White wine is a pale yellow colour. **белый**
• **whiteness noun** [U] → See also **black¹** and white **белизна**

white² /waɪt/ **noun 1** [C, U] **A2** the colour of snow or milk **белый цвет** → See **Colours** on page Centre 12 **2** [C] a white person **белый человек** *For a long time, whites controlled the economy here.* **3** [C] the part of an egg that is white when it is cooked **белок** *Mix the egg whites with the sugar.* → See also in **black²** and white

whiteboard /ˈwaɪtbɔːd/ **noun** [C] **1** (also **interactive whiteboard**) a white screen on which you can write with a special pen and which allows other people with computers to see what you have written **интерактивная доска 2** a large board with a white surface that teachers write on **белая классная доска** → See **The Classroom** on page Centre 6

white-collar /ˌwaɪtˈkɒləʳ/ **adjective** relating to work in an office or in a job that needs special knowledge and education **относящийся к офисной работе или умственному труду** *white-collar jobs/workers*

the ˈWhite ˌHouse noun 1 the US president and government **правительство США 2** the building that is the official home and offices of the US president **Белый дом**

• **White House adjective правительственный (в США)** *a White House spokesman*

ˌwhite ˈlie noun [C] a lie which is not important and is usually said to avoid upsetting someone **невинная ложь**

ˌwhite ˈmeat noun [U] a meat that is pale in colour, such as chicken **белое мясо (напр., мясо курицы)**

whiten /ˈwaɪtᵊn/ **verb** [I, T] to become white or to make something become white **белеть, отбеливать**

ˌWhite ˈPaper noun [C] a government report in the UK giving information or suggestions on a subject **правительственный отчет (в Великобритании)** *a White Paper on employment*

whitewash /ˈwaɪtwɒʃ/ **noun** [no plural] when the truth about a serious mistake, crime, etc is hidden from the public **попытка скрыть ошибку, преступление и т. д.** *The newspaper accused the government of a whitewash.*

• **whitewash verb** [T] **пытаться скрыть ошибку, преступление и т. д.**

whizz (also **whiz**) /wɪz/ **verb whizz by/past/through, etc** informal to move somewhere very quickly **мчаться, проноситься мимо/через и т. д.** *She whizzed down the street in her new sports car.*

whizzkid (also **whizkid**) /ˈwɪzˌkɪd/ **noun** [C] a young person who is very successful or good at doing something **вундеркинд** *a computer whizzkid*

who /huː/ **pronoun 1** (A1) used to ask about someone's name or which person or group someone is talking about **кто?** *Who told you?* ◦ *Who's that?* **2** (A2) used at the beginning of a relative clause to show which person or group of people you are talking about **который** *That's the man who I saw in the bank.* **3** (B1) used to give more information about someone **который** *My brother, who's only just seventeen, has already passed his driving test.* → See Note **which**

who'd /huːd/ **1** short for who had **сокращ. от who had** *I was reading about a man who'd sailed around the world.* **2** short for who would **сокращ. от who would** *Who'd have thought we'd still be friends?*

whoever /huːˈevəʳ/ **pronoun 1** (B2) the person who **тот, кто** *Whoever broke the window will have to pay for it.* ◦ *Could I speak to whoever is in charge please?* **2** (B2) used to say that it is not important which person or group does something **кто бы ни, тот, кто** *Can whoever leaves last lock up, please?* **3** used to ask who a person is when expressing surprise **кто только ...? кто бы ...?** *Whoever could that be phoning at this time?* ◦ *Whoever would believe such a ridiculous story?*

whole¹ /həʊl/ **adjective 1** [always before noun] (A2) complete, including every part **целый, весь** *She spent the whole afternoon studying.* ◦ *The whole family went to the show.* **2** [never before noun] as a single object and not in pieces **целый** *The chick swallowed the worm whole.* → See also a whole new **ball game,** the whole **world¹**

whole² /həʊl/ **noun 1 the whole of sth** (B1) all of something **весь** *His behaviour affects the whole of the class.* **2 as a whole** (B2) when considered as a group and not in parts **в целом** *The population as a whole is getting healthier.* **3 on the whole** (B1) generally **в целом, вообще** *We've had a few problems, but on the whole we're very happy.*

wholefood /ˈhəʊlfuːd/ **noun** [U] UK food that is as natural as possible, without artificial things added to it **натуральные продукты** *a wholefood shop*

wholehearted /ˌhəʊlˈhɑːtɪd/ **adjective wholehearted agreement/approval/support, etc** complete agreement/approval/support, etc without any doubts **полное согласие/одобрение/полная поддержка и т.д.**

• **wholeheartedly adverb полностью** *I agree wholeheartedly.*

wholemeal /ˈhəʊlmiːl/ **adjective** UK (also UK/US **whole wheat**) made using whole grains, or made from flour that contains whole grains **сделанный из цельного зерна** ***wholemeal bread/flour***

wholesale /ˈhəʊlseɪl/ **adjective 1** relating to products which are sold in large amounts, usually at a cheaper price **оптовый** ***wholesale prices*** **2** [always before noun] complete or affecting a lot of things, people, places, etc **массовый** ***wholesale changes***

• **wholesale adverb оптом**

wholesaler /ˈhəʊlˌseɪləʳ/ **noun** [C] a company that sells products in large amounts to shops which then sell them to customers **оптовый торговец**

wholesome /ˈhəʊlsᵊm/ **adjective 1** Wholesome food is good for your health. **полезный, здоровый 2** morally good **нравственный** *wholesome family entertainment*

ˈwhole ˌwheat adjective (also UK **wholemeal**) made using whole grains, or made from flour that contains whole grains **сделанный из цельной пшеницы** ***whole wheat bread/flour***

who'll /huːl/ short for who will **сокращ. от who will** *Who'll be at your party?*

wholly /ˈhəʊlli/ **adverb** completely **совершенно, совсем** *His behaviour is wholly unacceptable.*

whom /huːm/ **pronoun** formal (B2) used instead of 'who' as the object of a verb or preposition **кого, кому, кем, о ком** *I met a man with whom I used to work.*

whoop /wuːp/ **noun** [C] a loud, excited shout **возглас** *He gave a loud whoop of delight.*

whooping cough /ˈhuːpɪŋˌkɒf/ **noun** [U] a serious children's disease in which a cough is followed by a 'whoop' noise **коклюш**

W

whoops /wʊps/ **exclamation** used when you make a mistake or have a small accident **ой!**

whopping /ˈwɒpɪŋ/ **adjective** [always before noun] informal extremely large **огромный** *a whopping 50 percent increase*

whore /hɔːʳ/ **noun** [C] an offensive word for someone whose job is having sex with people **проститутка, шлюха**

who're /ˈhuːəʳ/ short for who are **сокращ. от** who are *Who're the people we're going to see?*

who's /huːz/ **1** short for who is **сокращ. от** who is *Who's your new friend?* **2** short for who has **сокращ. от** who has *Who's been using my computer?*

whose /huːz/ **pronoun, determiner 1** B1 used to ask who something belongs to or who someone or something is connected with **чей? чья? чье? чьи?** *Whose gloves are these?* ◦ *Whose car shall we use?* **2** B1 used to say that something or someone is connected with or belongs to a person **чей, чья, чье, чьи** *She has a brother whose name I can't remember.*

who've /huːv/ short for who have **сокращ. от** who have *I know people who've bought their homes on the Internet.*

why /waɪ/ **adverb 1** A1 used to ask or talk about the reasons for something **почему?** *Why didn't you call me?* ◦ *I wonder why he didn't come.* ◦ *So that's **the reason why** he asked her!* **2 Why don't you?/Why not do sth?** A2 used to make a suggestion **почему бы тебе не ...**/**почему бы не сделать что-либо?** *Why don't you come with us?* ◦ *Why not give it a try?* **3 why not?** informal B1 used to agree with something that someone has suggested **почему бы и нет?** *"Let's have an ice cream." "Yes, why not?"*

wicked /ˈwɪkɪd/ **adjective 1** extremely bad and morally wrong **порочный, безнравственный** *a wicked man* **2** funny or enjoyable in a way that is slightly bad or unkind **остроумный, насмешливый** *a wicked sense of humour* **3** very informal extremely good **потрясающий** *They sell some wicked clothes.*

wicker /ˈwɪkəʳ/ **adjective** made from thin branches crossed over and under each other **плетеный** *a wicker basket*

wicket /ˈwɪkɪt/ **noun** [C] in cricket, an arrangement of three long, vertical poles with two short poles across the top **воротца (в крикете)**

wide[1] /waɪd/ **adjective 1** A2 measuring a long distance or longer than usual from one side to the other **широкий** *a wide river/road* ◦ *I have very wide feet.* → See picture at **narrow 2 5 miles/3 inches/6 metres, etc wide** B1 having a distance of 5 miles/3 inches/6 metres, etc from one side to the other **шириной в 5 миль/3 дюйма/6 метров и т.д.** *The swimming pool is five metres wide.* **3 a wide range/selection/variety, etc** B1 a lot of different types of thing **широкий выбор/большое разнообразие** *The library is a good source of a wide range of information.* **4** If your eyes are wide, they are completely open. **широко открытый** *Her eyes were wide with fear.* **5** If a ball, shot, etc is wide, it does not go near enough to where it was intended to go. **далекий от чего-либо, мимо цели** → See also be wide of the **mark**[1]

wide[2] /waɪd/ **adverb 1 wide apart/open** B2 as far apart/open as possible **находящийся далеко друг от друга/широко распахнутый** *The window was wide open.* **2 wide awake** completely awake **бодрствующий**

wide-eyed /ˌwaɪdˈaɪd/ **adjective** with your eyes completely open because of surprise, fear, happiness, etc **с широко раскрытыми глазами** *The children looked on, wide-eyed with wonder.*

widely /ˈwaɪdli/ **adverb 1** B2 including a lot of different places, people, subjects, etc **широко** *widely known* ◦ *He has travelled widely in Europe.* **2 differ/vary widely** B2 to be very different **сильно отличаться/разниться** *Prices vary widely from shop to shop.*

widen /ˈwaɪdᵊn/ **verb** [I, T] **1** B2 to become wider or make something become wider **расширять(ся)** *The road is being widened to two lanes.* **2** B2 to increase or make something increase in number or degree **увеличивать(ся)** *to widen choice*

wide-ranging /ˌwaɪdˈreɪndʒɪŋ/ **adjective** including a lot of subjects **разносторонний** *a **wide-ranging discussion/interview***

widescreen /ˈwaɪdskriːn/ **adjective** describes a very wide cinema or television screen which shows very clear pictures **широкоэкранный** ***widescreen TV***

widespread /ˈwaɪdspred/ **adjective** affecting or including a lot of places, people, etc **широко распространенный** *a **widespread problem*** ◦ *widespread support*

widow /ˈwɪdəʊ/ **noun** [C] **1** B2 a woman whose husband has died **вдова** **2** in printing, the last line of a paragraph, separated from the rest which is on the page before **висячая строка**

widowed /ˈwɪdəʊd/ **adjective** If someone is widowed, their husband or wife has died. **овдовевший**

widower /ˈwɪdəʊəʳ/ **noun** [C] a man whose wife has died **вдовец**

width /wɪtθ/ **noun 1** [C, U] B2 the distance from one side of something to the other side **ширина** *a **width of** 2 metres* ◦ *height, length, and width* → See picture at **length 2** [C] the distance across the shorter side of a swimming pool when you swim across it **ширина**

> **Слова-партнеры к width**
>
> the width of sth • [1 metre/5 feet, etc] **in width** • the **full width of** sth

wield /wiːld/ **verb** [T] **1** to hold a weapon or tool and look as if you are going to use it **держать в руках (оружие)** *They were confronted by a man* *wielding a knife.* **2 wield influence/power, etc** to have a lot of influence or power over other people **обладать влиянием/властью и т.д.**

wiener /ˈwiːnəʳ/ **noun** [C] US a long thin sausage (= tube of meat and spices) that is usually eaten in bread **сосиска**

wife /waɪf/ **noun** [C] (plural **wives** /waɪvz/) A1 the woman that a man is married to **жена** *I've never met William's wife.*

wi-fi /ˈwaɪfaɪ/ **noun** [U] a system for connecting electronic equipment such as computers and electronic organizers to the Internet without using wires **технология беспроводного доступа в Интернет**

wig /wɪg/ **noun** [C] a covering of real or artificial hair that you wear on your head **парик** *She was **wearing** a blonde **wig**.*

wiggle /ˈwɪgl/ **verb** [I, T] to make small movements from side to side or to make something else move from side to side **вилять, покачивать** *He was wiggling his hips to the music.*

• **wiggle** noun [no plural] **виляние, покачивание**

wild¹ /waɪld/ **adjective 1** A2 A wild animal or plant lives or grows in its natural environment and not where people live. **дикий, полевой** *a wild dog* ◦ ***wild flowers*** **2** B2 Wild land is in a completely natural state. **некультивированный** *a wild garden* **3** B2 very energetic and not controlled **необузданный** *a wild party* ◦ *wild dancing* **4** with a lot of wind, rain, etc **бурный** *a wild and stormy night* **5 a wild accusation/guess/rumour, etc** something that you say which is not based on facts and is probably wrong **нелепое обвинение/предположение/нелепый слух и т.д.** **6 be wild about sth** informal to be very enthusiastic about something **быть без ума от чего-либо** *He's wild about jazz.*

IDIOM **run wild** If someone, especially a child, runs wild, they behave as they want to and no one controls them. **быть оставленным без присмотра, быть предоставленным самому себе** *Their nine-year-old son is left to run wild.* → See also beyond your wildest dreams **(dream¹)**

• **wildness** noun [U] **дикость**

wild² /waɪld/ **noun 1 in the wild** in a natural environment **в естественных условиях** *Animals are better off in the wild than in a zoo.* **2 the wilds** an area which is far from where people usually live **дебри** *the wilds of Alaska*

ˌwild ˈboar noun [C] a wild pig **кабан**

wildcard /ˈwaɪldˌkɑːd/ **noun** [C] a sign that is used to represent any letters, numbers, or symbols **универсальный символ** *a **wildcard** search*

ˈwild ˌcard noun [C] someone or something that you know nothing about **неизвестный человек** *a **wild-card candidate** in the election*

wilderness /ˈwɪldənəs/ **noun** [C] a place that is in a completely natural state without houses, industry, roads, etc **дикая местность** [usually singular] *a beautiful mountain wilderness*

wildlife /ˈwaɪldlaɪf/ **noun** [U] B1 animals, birds, and plants living in their natural environment **живая природа** *a wildlife park*

wildly /ˈwaɪldli/ **adverb 1** B2 in a very energetic way and without control **бурно** *They cheered wildly.* **2** extremely **безумно, чрезвычайно** *It hasn't been wildly successful.*

wiles /waɪlz/ **noun** [plural] tricks or clever ways of making other people do what you want **хитрости, уловки** *I'll use my **womanly wiles**.*

wilful UK (US **willful**) /ˈwɪlfᵊl/ **adjective** doing what you want to do, although you are not allowed to or other people tell you not to **своевольный** *wilful disobedience*

• **wilfully adverb своевольно**

will¹ strong /wɪl/ weak /wᵊl/, /ᵊl/ **modal verb 1** A2 used to talk about what is going to happen in the future, especially things that you are certain about **вспом. гл. для образования формы будущего времени** *Claire will be five next month.* ◦ *I'll see him on Saturday.* ◦ *She'll have a great time.* **2** A1 used to talk about what someone or something is willing or able to do **намереваться, собираться** *Ask Susie if she'll take them.* ◦ *I've asked her but she won't come.* ◦ *The car won't start.* **3** A2 used to ask someone to do something or to politely offer something to someone **выражает вежливую просьбу или приглашение, не могли бы вы, не хотели бы вы** *Will you give me her address?* ◦ *Will you have a drink with us, Phil?* **4** A2 used in conditional sentences that start with 'if' and use the present tense **вспом. гл., используется в условных предложениях** *If he's late again I'll be very angry.* **5** used to talk about something that often happens, especially something annoying **указывает на часто повторяющееся действие, особенно вызывающее раздражение** *Accidents will happen.* ◦ *He will keep talking when I'm trying to concentrate.* **6 it/that will be** mainly UK used to talk about what is probably true **это, должно быть, ...** *That will be Helen at the front door.* ◦ *That will be his mother with him.* → See Study Page **Modal verbs** on page Centre 22

will² /wɪl/ **noun 1** [C, U] B2 the mental power to control your thoughts and actions or to succeed in doing something difficult **сила воли** *She has a very strong will.* ◦ [+ to do sth] *He lacks the will to win.* **2** [no plural] what someone wants **воля, желание** *She was forced to marry him **against** her **will**.* **3** [C] a legal document that gives instructions about what should happen to your money and possessions after you die **завещание** *She left me some money **in** her **will**.* → See also **free will**, **ill will**

W

> **Слова-партнеры к will**
> make/write a will • in sb's will • leave sb sth in your will

willful /ˈwɪlfəl/ **adjective** US spelling of wilful **своенравный**

willing /ˈwɪlɪŋ/ **adjective 1 be willing to do sth** B1 to be happy to do something, if you need to **быть готовым с радостью сделать что-либо** *He's willing to pay a lot of money for that house.* **2** wanting to do something **обязательный, старательный** *He is a very willing assistant.* → Opposite **unwilling**
• **willingly adverb** B2 **охотно, с удовольствием** *He would willingly risk his life for her.* • **willingness noun** [U] B2 **готовность**

willow /ˈwɪləʊ/ **noun** [C] a tree with long, thin leaves that grows near water **ива**

willowy /ˈwɪləʊi/ **adjective** tall and attractively thin **стройный** *a willowy blonde*

willpower /ˈwɪlpaʊər/ **noun** [U] the ability to make yourself do difficult things or to stop yourself from doing enjoyable things that are bad for you **сила воли** *It takes great willpower to lose weight.*

wilt /wɪlt/ **verb** [I] If a plant wilts, it starts to bend because it is dying or needs water. **вянуть**

wily /ˈwaɪli/ **adjective** good at getting what you want, especially by deceiving people **хитрый**

wimp /wɪmp/ **noun** [C] informal someone who is not brave and tries to avoid dangerous or difficult situations **трус** *I'm too much of a wimp to go rock climbing.*
• **wimpy adjective** informal **трусливый**

win¹ /wɪn/ **verb** (present participle **winning**, past tense and past participle **won**) **1** [I, T] A2 to get the most points in a competition or game, or the most votes in an election **побеждать, выигрывать** *Barcelona won the game 6-0.* ◦ *Who do you think will win the election?* **2** [I, T] B2 to be successful in a war, fight, or argument **побеждать** *Protesters have won their battle to stop the road being built.* **3** [T] A2 to get a prize in a game or competition **выигрывать** *He won $500.* ◦ *She won a gold medal at the Olympics.* **4 win approval/respect/support, etc** to get approval/respect/support, etc because of your skill and hard work **заслуживать одобрение/уважение/поддержку и т.д.** *Her plans have won the support of many local people.* **5 sb can't win** informal used to say that nothing someone does in a situation will succeed or please people **быть не в состоянии угодить** *Whatever I do seems to annoy her – I just can't win.*

> **Слова-партнеры к win (noun)**
> a comfortable/convincing/emphatic win • a win against/over sb • a win for sb

PHRASAL VERB **win sb over** to persuade someone to support you or agree with you **убеждать, уговаривать**

win² /wɪn/ **noun** [C] when someone wins a game or competition **победа, выигрыш** *The Jets have only had three wins this season.*

wince /wɪns/ **verb** [I] to suddenly look as if you are suffering because you feel pain or because you see or think about something unpleasant **морщиться** *It makes me wince just to think about eye operations.*

winch /wɪnʃ/ **noun** [C] a machine with a thick chain, used for lifting heavy things **лебедка**
• **winch verb** [T] to lift someone or something with a winch **поднимать с помощью лебедки** *The injured climber was* ***winched to safety*** *by a helicopter.*

wind¹ /wɪnd/ **noun 1** [C, U] A1 a natural, fast movement of air **ветер** *The weather forecast said there would be* ***strong winds*** *and rain.* **2** [U] UK (US **gas**) gas or air in your stomach that makes you feel uncomfortable and sometimes makes noises **газы, метеоризм 3 get wind of sth** to discover something that is intended to be a secret **пронюхать о чем-либо** *Dad got wind of our plans for a party.* **4 get your wind (back)** to breathe easily again, for example after you have been running **отдышаться** → See also throw **caution¹** to the wind, **second wind**

> **Слова-партнеры к wind**
> the wind **blows** • a **gust of** wind • a **biting/light/strong** wind • **high** winds • **in** the wind

wind² /wɪnd/ **verb** [T] to make someone have difficulty breathing, often by hitting them in the stomach **нанести удар в солнечное сплетение**

wind³ /waɪnd/ **verb** (past tense and past participle **wound**) **1 wind sth around/round, etc sth** B2 to turn or twist something long and thin around something else several times **наматывать что-либо на что-либо** *She wound the rope around the tree.* → Opposite **unwind 2 wind (up) a clock/toy/watch, etc** to make a clock/toy/watch, etc work by turning a small handle or button several times **заводить часы/игрушку и т.д.** *Did you remember to wind the alarm clock?* **3 wind along/down/through, etc** B2 If a river, road, etc winds somewhere, it bends a lot and is not straight. **виться вдоль/по/через и т.д.** *The path winds along the edge of the bay.*

PHRASAL VERBS **wind (sth) down** to gradually end, or to make something gradually end **сходить/сводить на нет** *to wind down a business* • **wind down** (also **unwind**) to gradually relax after doing something that has made you tired or worried **отдыхать, расслабляться** • **wind up** to finally be somewhere or do something, especially without having planned it **оказаться, окончить** *If he carries on like this,*

W

he'll wind up in prison. ◦ [+ doing sth] *I wound up having to start the course from the beginning again.* • **wind (sth) up** to end, or to make something end **заканчивать** *It's time to wind up the game now.* • **wind sb up** UK informal **1** to tell someone something that is not true, as a joke **подшучивать над кем-либо** *Have I really won or are you winding me up?* **2** to annoy someone **раздражать, взвинчивать кого-либо** *He keeps complaining and it really winds me up.*

windfall /ˈwɪndfɔːl/ **noun** [C] an amount of money that you get that you did not expect **непредвиденный доход** *Investors each received a windfall of £1000.*

winding /ˈwaɪndɪŋ/ **adjective a winding path/road/street, etc** B2 a path/road, etc that bends a lot and is not straight **петляющая тропинка/дорога/улица и т.д.**

ˈwind ˌinstrument noun [C] a musical instrument that you play by blowing into it **духовой инструмент** *A flute is a wind instrument.*

windmill /ˈwɪndmɪl/ **noun** [C] a building with long parts at the top that turn in the wind, used for producing power or crushing grain **ветряная мельница**

windmill

window /ˈwɪndəʊ/ **noun** [C] **1** A1 a space in the wall of a building or vehicle that has glass in it, used for letting light and air inside and for looking through **окно** ***Open the window*** *if you're too hot.* ◦ *I could see the children's faces* ***at the window.*** ◦ *a* ***window frame/ledge*** → See **The Living Room** on page Centre 4 **2** B1 a separate area on a computer screen showing information and which you can move around **окно** *to minimize/maximize a window* → See also **French windows**

windowpane /ˈwɪndəʊpeɪn/ **noun** [C] a piece of glass in a window **оконное стекло**

ˈwindow ˌshopping noun [U] when you look at things in shops but do not buy anything **рассматривание витрин**

windowsill /ˈwɪndəʊsɪl/ **noun** [C] a shelf at the bottom of a window **подоконник** → See **The Living Room** on page Centre 4

windpipe /ˈwɪndpaɪp/ **noun** [C] the tube that carries air from your throat to your lungs **дыхательное горло**

windscreen /ˈwɪndskriːn/ **noun** [C] UK (US **windshield** /ˈwɪndʃiːld/) B1 the window at the front end of a car, bus, etc **ветровое стекло** → See **Car** on page Centre 7

ˈwindscreen ˌwiper noun [C] UK (US **ˈwindshield ˌwiper**) one of two long, metal and rubber parts that move against a windscreen to remove rain **дворник (на ветровом стекле)** → See **Car** on page Centre 7

windsurfing /ˈwɪndsɜːfɪŋ/ **noun** [U] B1 a sport in which you sail across water by standing on a board and holding onto a large sail **виндсерфинг**
• **windsurfer** noun [C] **виндсерфингист**

windswept /ˈwɪndswept/ **adjective 1** A windswept place often has strong winds. **открытый ветру** *a remote, windswept hill* **2** looking untidy because you have been in the wind **растрепанный** *windswept hair*

ˈwind ˌturbine noun [C] a machine with long parts at the top that are turned by the wind, used to make electricity **ветряная турбина**

windy /ˈwɪndi/ **adjective** A2 with a lot of wind **ветреный** *a windy day* ◦ *Outside it was cold and windy.*

wine /waɪn/ **noun** [C, U] A1 an alcoholic drink that is made from the juice of grapes (= small, green or purple fruit), or sometimes other fruit **вино** *a* ***glass of wine*** ◦ ***red/white wine***

> Слова-партнеры к **wine**
>
> a bottle of/glass of wine • dry/red/sparkling/sweet/white wine

wing

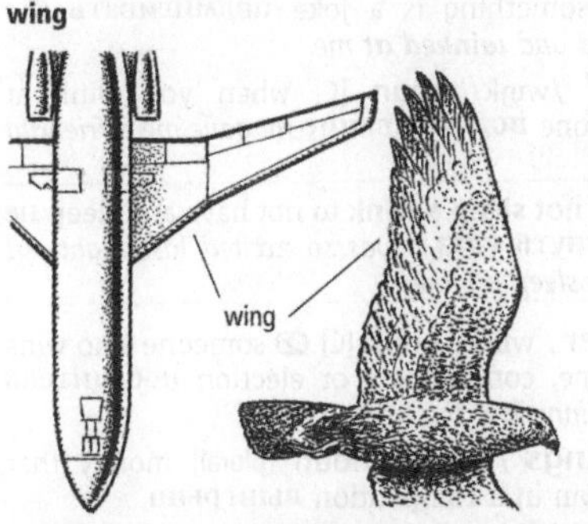

wing /wɪŋ/ **noun** [C] **1** B1 one of the two parts that a bird or insect uses to fly **крыло** **2** B2 one of the two long, flat parts at the sides of an aircraft that make it stay in the sky **крыло** **3** UK (US **fender**) one of the parts at each corner of a car above the wheels **крыло** **4** a part of a large building that is joined to the side of the main part **крыло** *Their offices are in the West wing.* **5** a group of people in an organization or political party who have the same beliefs **крыло, группировка** *the nationalist wing of the party*

IDIOM **take sb under your wing** to help and protect someone who is younger than you or who has less experience than you **брать кого-либо себе под крыло**

winged /wɪŋd/ **adjective** with wings **крылатый** *a winged insect*

ˈwing ˌmirror **noun** [C] UK (US **side mirror**) a small mirror on the side of a car or truck **боковое зеркало** → See **Car** on page Centre 7

the wings /wɪŋz/ **noun** [plural] the area behind the sides of a stage where actors wait just before they perform **помещение за кулисами**

IDIOM **be waiting in the wings** to be ready to do something or be used at any time **ждать своего часа, поджидать удобного случая**

wink

wink¹ /wɪŋk/ **verb** [I] to quickly close and then open one eye, in order to be friendly or to show that something is a joke **подмигивать** *She smiled and **winked at** me.*

wink² /wɪŋk/ **noun** [C] when you wink at someone **подмигивание** *He gave me a friendly wink.*

IDIOM **not sleep a wink** to not have any sleep **не сомкнуть глаз** *I was so excited last night – I didn't sleep a wink.*

winner /ˈwɪnəʳ/ **noun** [C] Ⓐ2 someone who wins a game, competition, or election **победитель** *the winners of the World Cup*

winnings /ˈwɪnɪŋz/ **noun** [plural] money that you win in a competition **выигрыш**

winter /ˈwɪntəʳ/ **noun** [C, U] Ⓐ1 the coldest season of the year, between autumn and spring **зима** *We went skiing **last winter**. ◦ a **mild winter***
• **wintry** /ˈwɪntri/ **adjective** cold and typical of winter **зимний, морозный** ***wintry showers*** (= *snow mixed with rain*) → See also the **dead³** of night/winter

Слова-партнеры к winter

in (the) winter • a **cold/severe** winter • a **mild** winter • **last/next** winter • the winter **months**

win-win /ˈwɪnwɪn/ **adjective** A win-win situation is one in which something good happens to everyone. **с выгодой для обеих сторон**

wipe¹ /waɪp/ **verb** [T] **1** Ⓑ2 to clean or dry something by moving a cloth across it **вытирать** *I had a job wiping tables in a cafe. ◦ She wiped her hands on the towel.* **2 wipe sth from/away/off, etc** Ⓑ2 to remove dirt, water, a mark, etc from something with a cloth or your hand **стирать с чего-либо/вытирать/утирать что-либо** *He wiped a tear from his eye.*

PHRASAL VERBS **wipe sth out** to destroy something completely **уничтожать, стирать с лица земли** *The earthquake wiped out many villages.* • **wipe sth up** to remove a substance, usually liquid, with a cloth **вытирать** *Have you got something I could wipe this mess up with?*

wipe² /waɪp/ **noun** [C] **1** when you clean or dry something with a cloth **вытирание** *I'll **give** the table **a wipe**.* **2** a thin cloth or piece of paper used for cleaning **салфетка** ***baby wipes***

wiper /ˈwaɪpəʳ/ **noun** [C] (also **windscreen wiper**) a long, metal and rubber part that removes rain from the front window of a vehicle **дворник (на ветровом стекле)**

wire¹ /waɪəʳ/ **noun** **1** [C, U] Ⓑ2 thin, metal thread, used to fasten things or to make fences, cages, etc **проволока** **2** [C] Ⓑ2 a long, thin piece of metal thread, usually covered in plastic, that carries electricity **электрический провод** *electrical wires* → See also **barbed wire**

wire² /waɪəʳ/ **verb** [T] **1** (also **wire up**) to connect wires so that a piece of electrical equipment will work **подсоединять, прокладывать (проводку)** *Do you know how to wire a burglar alarm?* **2** to join two things together using wire **скреплять проволокой** **3** US to send a message or money using an electrical communication system **телеграфировать**

wireless /ˈwaɪələs/ **adjective** without a cable **радио**

wiring /ˈwaɪərɪŋ/ **noun** [U] the system of wires that carry electricity around a building **электропроводка** *The fire was caused by **faulty wiring**.*

wiry /ˈwaɪəri/ **adjective** **1** Someone who is wiry is strong but quite thin. **жилистый** **2** Wiry hair is thick and stiff, like wire. **жесткий (о волосах)** *a wiry beard*

wisdom /ˈwɪzdəm/ **noun** **1** Ⓑ2 [U] the ability to use your knowledge and experience to make good decisions and judgments **мудрость** **2 the wisdom of sth/doing sth** If you doubt the wisdom of something, you think it is probably not a good plan. **благоразумие чего-либо/какого-либо действия** *Many people have questioned the wisdom of spending so much money on weapons.*

ˈwisdom ˌtooth **noun** [C] (plural **wisdom teeth**) one of the four teeth at the back of your mouth that are the last to grow **зуб мудрости**

wise¹ /waɪz/ **adjective** **1** Ⓑ1 A wise decision or action shows good judgment and is the right thing to do. **разумный** *I think we've made a wise choice.* ◦ [+ to do sth] *It's always wise to see a* *doctor if you're worried about your health.* → Opposite **unwise 2** (B1) A wise person is able to use their knowledge and experience to make good decisions and give good advice. **мудрый 3 be none the wiser** informal to still not understand something after someone has tried to explain it to you **ничего не понять из объяснений**

• **wisely adverb мудро, разумно**

wise² /waɪz/ **verb**

PHRASAL VERB **wise up** informal to start to understand the truth about a situation **осознавать** *Employers are starting to* ***wise up to*** *the fact that people want flexible working hours.*

-wise /-waɪz/ **suffix** changes a noun into an adverb meaning 'relating to this subject' **в связи с чем-либо/в отношении чего-либо (в составе наречий)** *Weather-wise, the holiday was great.* ◦ *How are we doing time-wise?*

wish¹ /wɪʃ/ **verb 1 wish (that)** (B1) to want a situation that is different from the one that exists **хотеть (чтобы)** *I wish that I didn't have to go to work.* ◦ *I* ***wish*** *he* ***would*** *leave.* ◦ *I* ***wish*** *I* ***had*** *been there.* **2 wish to do sth** formal (B2) to want to do something **хотеть сделать что-либо** *I wish to speak to the manager.* **3 wish sb luck/success, etc** (B1) to say that you hope someone will be lucky/successful, etc **желать кому-либо удачи/успеха и т.д.** *I wished him luck for his test.* **4 I/you wish!** informal used to say that you would like something to be true although you know it is not true **если бы!** *"Have your exams finished yet?" "I wish!"*

wish² /wɪʃ/ **noun** [C] **1** (B2) what you want to do or what you want to happen **желание** *The hospital always tries to* ***respect the wishes*** *of its patients.* ◦ *I* ***have no wish*** *to travel the world.* **2** something that you say secretly to yourself about what you want to have or happen **желание** *She closed her eyes and* ***made a wish.*** **3 best wishes** (A2) something you say or write at the end of a letter, to show that you hope someone is happy and has good luck **наилучшие пожелания** *Please give her my best wishes when you see her.*

> Слова-партнеры к **wish (noun)**
>
> ignore/respect sb's wishes • get your wish • have no wish to do sth • according to/against sb's wishes

wishful thinking /ˌwɪʃfəlˈθɪŋkɪŋ/ **noun** [U] when you want something to happen or be true but it is impossible **принятие желаемого за действительное, самообман**

wisp /wɪsp/ **noun** [C] **1 a wisp of cloud/smoke/steam** a small, thin line of cloud/smoke/steam **тонкая полоска облаков/струйка дыма/пара 2 a wisp of hair/grass, etc** a thin piece of hair/grass, etc **прядь волос/пучок травы и т.д.**

• **wispy adjective** in the form of wisps **легкий, тонкий** ***wispy hair*** ◦ *a* ***wispy cloud***

wistful /ˈwɪstfəl/ **adjective** slightly sad because you are thinking about something you cannot have **задумчивый, мечтательный** *a* ***wistful*** ***look/smile***

• **wistfully adverb задумчиво, мечтательно**

wit /wɪt/ **noun** [U] the ability to say things that are funny and clever **остроумие** *a woman of great intelligence and wit*

witch /wɪtʃ/ **noun** [C] in stories, a woman who has magical powers that she uses to do bad or strange things **ведьма**

witch

witchcraft /ˈwɪtʃkrɑːft/ **noun** [U] the use of magic to make bad or strange things happen **колдовство**

witch-hunt /ˈwɪtʃhʌnt/ **noun** [C] when a group of people try to blame someone and punish them for something, in a way that is unfair **охота на ведьм, несправедливое преследование**

with /wɪð/ **preposition 1** (A1) used to say that people or things are in a place together or are doing something together **(вместе) с** *Emma lives with her boyfriend.* ◦ *Hang your coat with the others.* **2** (A1) having or including something **с** *a house with a swimming pool* ◦ *a woman with brown eyes* **3** (A2) using something **указывает на орудие действия, передается твор. падежом** *She hit him over the head with a tennis racket.* **4** (B1) used to describe the way someone does something **с** *He plays with great enthusiasm.* ◦ *She shut the drawer with a bang.* **5** (B1) used to say what fills, covers, etc something **указывает на вещество, содержащееся, покрывающее, украшающее что-либо, передается твор. падежом** *a bucket filled with water* ◦ *shoes covered with mud* **6** (B2) because of something **от, из-за** *She was trembling with fear.* **7** (B2) relating to something or someone **указывает на отношение к чему-либо/кому-либо, передается твор. падежом или предлогом с** *There's something wrong with the car.* ◦ *The doctors are very pleased with his progress.* **8** used to describe the position of someone's body **указывает на положение тела, передается деепричастным оборотом** *She sat with her legs crossed.* **9 be with me/you** informal to understand what someone is saying **понимать кого-либо** *Sorry, I'm not with you – can you say that again?*

withdraw /wɪðˈdrɔː/ **verb** (past tense **withdrew**, past participle **withdrawn**) **1** [T] to take money out of a bank account **снимать со счета (деньги)** *She withdrew $50.* **2** [T] to remove something, especially because of an official decision **отменять, изымать, отказываться** *This product has been* ***withdrawn from*** *sale.* ◦ *He has threatened to withdraw his support.* **3** [I, T] If a military force withdraws, or if someone with-

W

draws it, it leaves the place where it is fighting. **отступать, отводить (войска)** *The President has ordered troops to be* ***withdrawn from*** *the area.* **4** [I] to decide that you will not now be in a race, competition, etc **отказываться от участия** *Christie was forced to* ***withdraw from*** *the race because of injury.* **5** [T] formal to say that you want people to ignore something you said before because it was not true **отказываться, брать назад** *He admitted taking the money, but later* ***withdrew his confession.***

withdrawal /wɪð'drɔːəl/ **noun 1** [C] when you take money out of a bank account **снятие денег со счета** *This account allows you to* ***make withdrawals*** *whenever you want to.* **2** [C, U] when someone stops doing something, for example helping someone or giving money **прекращение, отмена** [usually singular] *the withdrawal of financial support* **3** [C, U] when a military force moves out of an area **отступление** [usually singular] *the withdrawal of troops* **4** [U] the unpleasant feelings that someone gets when they stop taking a drug that they have taken for a long time **ломка (у наркоманов)** ***withdrawal symptoms*** **5** [U] when someone prefers to be alone and does not want to talk to other people **замкнутость** *Withdrawal can be a symptom of depression.*

withdrawn /wɪð'drɔːn/ **adjective** [never before noun] quiet and not talking to other people **замкнутый**

wither /'wɪðər/ **verb** [I] (also **wither away**) If a plant withers, it becomes dry and starts to die. **вянуть**

withering /'wɪðərɪŋ/ **adjective withering attack/contempt/look** criticism or an expression that shows that someone strongly disapproves of someone or something **уничтожающее нападение/убийственное презрение/испепеляющий взгляд** *He published a withering attack on the government's policies.*

withhold /wɪð'həʊld/ **verb** [T] (past tense and past participle **withheld**) to not give someone the information, money, etc that they want **умалчивать, удерживать** *The company has decided to* ***withhold payment*** *until the job has been finished.*

within¹ /wɪ'ðɪn/ **preposition 1** B1 before a particular period of time has finished **в течение, не позже чем** *The ambulance arrived within 10 minutes.* ◦ *Consume within two days of purchase.* **2** B1 less than a particular distance from something **в пределах, не дальше чем** *She was born within 20 miles of New York.* ◦ *The hotel is* ***within easy reach of*** *(= near) the airport.* **3** inside an area, group, or system **в, внутри** *a dispute within the department* ◦ *There's a pharmacy within the hospital building.* **4** B2 not outside the limits of something **в пределах, в рамках** *The project was completed well within budget.* **5 within the law/the rules/your rights, etc** allowed according to the law/the rules/your rights, etc **в рамках закона/по правилам/по праву и т.д.** *You're perfectly within your rights to complain.*

within² /wɪ'ðɪn/ **adverb** inside something **внутри, изнутри** *The organization needs to change from within.*

without /wɪ'ðaʊt/ **preposition 1** A2 not having, using, or doing something **без, не делая чего-либо** *I did the test without any problems.* ◦ *I can't see without my glasses.* ◦ *He went to school without eating any breakfast.* **2** A2 when someone is not with someone else **без** *You can start the meeting without me.* **3 go/do without (sth)** to not have something important **обходиться без чего-либо** *They went without sleep for three days.*

withstand /wɪð'stænd/ **verb** [T] (past tense and past participle **withstood**) to not be damaged or broken by something **выдержать, устоять** *a bridge designed to withstand earthquakes*

witness¹ /'wɪtnəs/ **noun** [C] **1** someone in a court of law who says what they have seen and what they know about a crime **свидетель** *The witness was called to the stand.* **2** B2 someone who sees an accident or crime **очевидец** *Police are appealing for* ***witnesses to*** *the shooting.* **3** someone who signs their name on an official document to say that they were present when someone else signed it **свидетель**

> **Слова-партнеры к witness**
>
> **appeal for** a witness • a witness **to sth** • a **character/key** witness • a witness **account/testimony**

witness² /'wɪtnəs/ **verb** [T] **1** B2 to see something happen, especially an accident or crime **быть свидетелем, очевидцем** *Did anyone witness the attack?* **2** to sign your name on an official document to say that you were present when someone else signed it **быть свидетелем, заверять**

'witness ˌbox noun [C] UK (also UK/US **'witness ˌstand**) the place in a court of law where a witness stands or sits when they are answering questions **место для дачи свидетельских показаний в суде**

wits /wɪts/ **noun** [plural] **1** intelligence and the ability to think quickly **сообразительность** **2 keep/have your wits about you** to be ready to think quickly in a situation and react to things that you are not expecting **быть начеку** *You have to keep your wits about you when you're cycling.*

IDIOMS **be at your wits' end** to be very worried about something and not know what you should do next **не знать, что делать, потерять голову** • **scare/frighten sb out of their wits** to make someone very frightened **напугать кого-либо до смерти**

witty /'wɪti/ **adjective** B2 using words in a funny

W

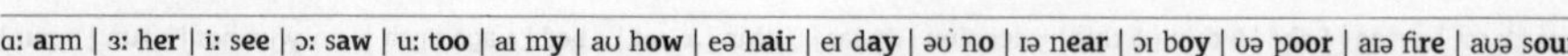

and clever way **остроумный** *a witty comment* ◦ *He was witty and charming.*

wives /waɪvz/ plural of wife **мн. ч. сущ. wife**

wizard /ˈwɪzəd/ **noun** [C] **1** in stories, a man who has magical powers **волшебник, колдун 2** informal someone who is very good at something or knows a lot about something **гений** *a computer wizard* **3** a computer program that gives the user a series of questions or instructions to help them use a particular system **"мастер" настройки, установки (напр., компьютерной программы)**

WMD /ˌdʌbəljuːemˈdiː/ **noun** [plural] abbreviation for weapons of mass destruction: weapons, such as nuclear bombs, which cause a lot of damage and death when used **оружие массового поражения**

wobble /ˈwɒbl/ **verb** [I, T] If something wobbles or you make something wobble, it moves from side to side, often because it is not on a flat surface. **шатать(ся)** *The ladder started to wobble.* ◦ *Stop wobbling the table.*

• **wobbly adjective** likely to wobble **шаткий** *a **wobbly chair***

woe /wəʊ/ **noun** [U] literary sadness **скорбь, печаль** *full of woe*

woeful /ˈwəʊfəl/ **adjective** very bad and showing no skill **прискорбный, удручающий** *a woeful attempt/performance*

• **woefully adverb прискорбно, удручающе**

woes /wəʊz/ **noun** [plural] formal **your woes** your problems and worries **беды, неприятности**

wok /wɒk/ **noun** [C] a large, bowl-shaped pan that is used for frying Chinese food **котелок с выпуклым днищем**

woke /wəʊk/ past tense of wake **прош. вр. гл. wake**

woken /ˈwəʊkən/ past participle of wake **прич. прош. вр. от гл. wake**

wolf¹ /wʊlf/ **noun** [C] (plural **wolves** /wʊlvz/) Ⓑ2 a wild animal like a large dog **волк**

wolf² /wʊlf/ **verb** [T] (also **wolf down**) to eat something very quickly **заглатывать с жадностью** *I gave her a plate of pasta and she wolfed it down.*

woman /ˈwʊmən/ **noun** [C] (plural **women** /ˈwɪmɪn/) Ⓐ1 an adult female person **женщина** *a 30-year-old woman* ◦ *There were two women at the bus stop.*

• **womanhood noun** [U] the state of being a woman **женская зрелость**

womanly /ˈwʊmənli/ **adjective** having the qualities and appearance that people think a woman should have **женственный, женский** *womanly charms*

womb /wuːm/ **noun** [C] the organ inside a woman's body where a baby grows **матка**

women /ˈwɪmɪn/ plural of woman **мн. ч. сущ. woman**

won /wɒn/ past of win **прош. вр. и прич. прош. вр. от гл. win**

wonder¹ /ˈwʌndəʳ/ **verb 1** Ⓑ1 [I, T] to want to know something or to try to understand the reason for something **интересоваться, желать знать** [+ question word] *I wonder what he's making for dinner.* ◦ *I wonder why she left so suddenly.* **2 I/we wonder if/whether ...** Ⓑ1 used to politely ask someone for something or to suggest something **выражает вежливую просьбу или приглашение, не могли бы вы ...? не хотели бы вы ...?** *I wonder if you could help me?* ◦ *We were wondering if you'd like to come over for a meal sometime.*

wonder² /ˈwʌndəʳ/ **noun 1** [U] surprise and admiration **изумление, восхищение** *The boys gazed **in wonder** at the shiny, red Ferrari.* **2** [C] something that makes you feel surprise or admiration **чудо** [usually plural] ***the wonders of*** *modern medicine* **3 no wonder** Ⓑ2 used to say that you are not surprised about something **неудивительно** *No wonder she failed the test if she didn't do any work.* **4 it's a wonder (that)** used to say that you are surprised about something **удивительно, поразительно** *It's a wonder he's still alive.*

wonderful /ˈwʌndəfəl/ **adjective** Ⓐ2 very good **чудесный** *a wonderful idea* ◦ *We had a wonderful time in Spain.*

• **wonderfully adverb чудесно**

won't /wəʊnt/ short for will not **сокращ. от will not** *I won't be home before midnight.*

woo /wuː/ **verb** [T] (present participle **wooing**, past tense and past participle **wooed**) to try to persuade someone to support you or to use your business **уговаривать, обхаживать** *a political party trying to woo young voters*

wood /wʊd/ **noun 1** [C, U] Ⓐ2 the hard material that trees are made of **дерево, древесина** *a piece of wood* **2** [C] (also **woods** [plural]) Ⓐ2 a large area of trees growing near each other **лес** *We went for a walk in the woods.*

wooded /ˈwʊdɪd/ **adjective** covered with trees **лесистый** *a wooded area*

wooden /ˈwʊdən/ **adjective** Ⓐ2 made of wood **деревянный** *a wooden chair*

woodland /ˈwʊdlənd/ **noun** [C, U] an area of land with a lot of trees **лесистая местность**

woodwind /ˈwʊdwɪnd/ **noun** [U] the group of musical instruments that you play by blowing into them **деревянные духовые инструменты** ***woodwind instruments***

woodwork /ˈwʊdwɜːk/ **noun** [U] **1** the parts of a building that are made from wood **деревянные части (строения) 2** the activity of making things from wood **столярная работа**

woof /wʊf/ **noun** [C] the sound made by a dog **гавканье**

wool /wʊl/ **noun** [U] **1** the soft, thick hair on a sheep **шерсть, руно 2** Ⓐ2 thick thread or material that is made from the hair of a sheep

W

шерсть, шерстяная пряжа *a wool suit* ◦ *a ball of wool* → See also **cotton wool**

woollen UK (US **woolen**) /ˈwʊlən/ **adjective** made of wool **шерстяной** *woollen gloves*

woolly UK (US **wooly**) /ˈwʊli/ **adjective** made of wool, or made of something that looks like wool **шерстяной** *a green woolly hat*

word[1] /wɜːd/ **noun 1** Ⓐ1 [C] a group of letters or sounds that mean something, or a single letter or sound that means something **слово** *'Hund' is the German word for 'dog'.* ◦ *He has difficulty spelling long words.* **2 not believe/understand/hear, etc a word** Ⓑ1 to not believe/understand/hear, etc anything **не верить ни одному слову/не понимать ни слова/не слышать ни слова и т.д.** *I don't believe a word he says.* **3 a word of warning/advice/thanks, etc** something that you say to warn someone/give them advice/thank them, etc **предостережение/совет/благодарность и т.д.** *Just a word of warning – he doesn't like people being late.* **4 have a word with sb** Ⓑ2 to talk to someone for a short time **переговорить с кем-либо** *I'll have a word with Ted and see if he wants to come.* **5 put in a good word for sb** to praise someone, often to someone who might be able to employ them **замолвить словечко за кого-либо** **6 give sb your word** to promise someone something **давать слово** *He gave me his word that he wouldn't tell anyone.* **7 take sb's word for it** Ⓑ2 to believe what someone says without any proof **верить кому-либо на слово** **8 in other words** Ⓑ2 used to explain what something means in a different way **иначе говоря, другими словами** *He said he's too busy, in other words, he isn't interested.* **9 in sb's words** used when you repeat what someone said **как сказал кто-либо** *In the manager's words, the game was 'a total disaster'.* **10 word for word** using the exact words that were originally used **слово в слово** *She repeated word for word what he had told her.*

IDIOMS **have the last word** to say the last thing in a discussion or argument or make the final decision about something **оставлять последнее слово за кем-либо** • **not breathe a word** to not tell people a secret **не заикнуться о чем-либо** *Don't breathe a word about this to anyone.* • **not get a word in edgeways** UK (US **not get a word in edgewise**) to be unable to say anything because someone else is talking so much **не удается вставить ни словечка**

→ See also a **play**[2] on words, **swear word**

word[2] /wɜːd/ **verb** [T] to choose the words you use when you are saying or writing something **формулировать, подбирать слова** *How should I word this letter?*

> **Слова-партнеры к wording**
> change the wording • the exact wording • the wording of sth • a form of wording

wording /ˈwɜːdɪŋ/ **noun** [U] the words that are used when someone says or writes something **формулировка**

ˌword ˈprocessor **noun** [C] a computer or computer program that you use for writing letters, reports, etc **текстовый процессор** • **word processing noun** [U] **обработка текста на компьютере**

wore /wɔːʳ/ past tense of wear **прош. вр. гл. wear**

work[1] /wɜːk/ **verb 1** [I, T] Ⓐ1 to do a job, especially the job you do to earn money **работать** *Helen **works for** a computer company.* ◦ *He **works as** a waiter in an Italian restaurant.* ◦ *My dad works very long hours (= he works a lot of hours).* **2** [I] Ⓐ2 If a machine or piece of equipment works, it is not broken. **работать, функционировать** *Does this radio work?* ◦ *The washing machine isn't working.* **3** [I] Ⓑ1 If something works, it is effective and successful. **срабатывать, приводить к результату** *Her plan to get rid of me didn't work.* **4 can work sth; know how to work sth** to know how to use a machine or piece of equipment **уметь пользоваться чем-либо** *Do you know how to work the video recorder?* **5** [I, T] to do something that needs a lot of time or effort, or to make someone do this **работать, заставлять работать** [+ to do sth] *He's been working to improve his speed.* ◦ *Our teacher works us very hard.* **6 work your way around/through/up, etc sth** to achieve something gradually **пробираться обходным путем/прорабатывать/пробиваться вверх и т.д.** *I have a pile of homework to work my way through.*

PHRASAL VERBS **work against sb** to make it more difficult for someone to achieve something **работать против кого-либо** *Age can work against you when you are looking for a job.* • **work at sth** to try hard to achieve something **прилагать усилия для чего-либо** [+ doing sth] *You need to work at improving your writing.* • **work on sth** to spend time repairing or improving something **работать с/над чем-либо** *Tim loves working on old cars.* • **work sth out 1** Ⓑ2 to calculate an amount **вычислять** *I'm trying to work out the total cost.* **2** to understand something or decide something after thinking very carefully **соображать, придумывать** [+ question word] *I haven't worked out what to do yet.* • **work out 1** Ⓑ2 If a problem or difficult situation works out, it gradually becomes better. **решаться, улаживаться** *Don't worry – everything will work out in the end.* **2** Ⓑ1 to do exercises to make your body stronger **заниматься спортом, тренироваться** → See **Phrasal Verbs** on page Centre 16 **3 work out badly/well, etc** to happen or develop in a particular way **кончаться плохо/хорошо и т.д.** *Changing schools worked out really well for me.* **4 work out at**

sth to be the result when you calculate something **составлять какое-либо количество** *If we share the costs, it works out at $10 per person.* • **work sb out** UK to understand the reasons for someone's behaviour **понимать кого-либо** *I can't work him out at all.* • **work up to sth** to gradually prepare yourself for something difficult **готовиться к чему-либо**

work[2] /wɜːk/ **noun 1** [U] B1 when you use physical or mental effort to do something **работа, труд** *Decorating that room was* ***hard work.*** **2** [U] A1 the place where you go to do your job **работа, место работы** *He had an accident* ***at work.*** **3** [U] A1 something you do as a job to earn money **работа** *Has she got any work yet?* ◦ *Many young people are* ***out of work*** *(= they do not have a job).* **4** [U] A2 the activities that you have to do at school, for your job, etc **работа, занятия** *Have you got a lot of work to do?* ◦ *The teacher said she was pleased with my work.* **5 get/set to work (on sth)** to start doing something **приниматься за дело 6** [C, U] B2 a painting, book, piece of music, etc **работа, произведение** *The exhibition includes works by Picasso and Klee.* ◦ *the* ***complete works*** *of Shakespeare*

IDIOMS **do sb's dirty work** to do something unpleasant or difficult for someone else because they do not want to do it themselves **выполнять грязную работу за кого-либо** • **have your work cut out** to have something very difficult to do **иметь перед собой трудную задачу** *It's a demanding job – she's going to have her work cut out for her.*

→ See also **donkey work**, **work of art**

Слова-партнеры к **work**

do/find/finish/have work • **clerical/dirty/hard/part-time/pioneering** work • **at** work

workable /ˈwɜːkəbl/ **adjective** A workable plan or system can be used or done easily and is effective. **осуществимый** → Opposite **unworkable**

workaholic /ˌwɜːkəˈhɒlɪk/ **noun** [C] informal someone who works too much and does not have time to do anything else **трудоголик**

workbook /ˈwɜːkbʊk/ **noun** [C] a book with questions and exercises in it that you use when you are learning something **рабочая тетрадь**

ˌworked ˈup adjective very nervous, angry, or excited **возбужденный, взвинченный**

worker /ˈwɜːkər/ **noun 1** A2 [C] someone who works for a company or organization but does not have a powerful position **служащий, рабочий** *an office worker* **2 a quick/slow/good, etc worker** B1 someone who works quickly/slowly/well, etc **быстрый/медленный/хороший и т.д. работник** → See also **social worker**

workforce /ˈwɜːkfɔːs/ **noun** [group] **1** all the people who work for a company or organization **работники, персонал 2** all the people in a country who are able to do a job **трудоспособное население** *10% of the workforce are unemployed.*

working /ˈwɜːkɪŋ/ **adjective** [always before noun] **1** B1 relating to your job **связанный с работой** *good working conditions* **2 a working man/woman, etc** someone who has a job **работающий мужчина/работающая женщина и т.д.** *a working mother* **3 a working knowledge of sth** B2 knowledge about something which is good enough to be useful **достаточные знания в какой-либо области** *She has a working knowledge of German and Russian.* → See also **hard-working**

ˌworking ˈclass noun [C] the social class of people who have little money and who usually do physical work **рабочий класс** • **working-class** /ˌwɜːkɪŋˈklɑːs/ **adjective относящийся к рабочему классу** *a working-class family*

workings /ˈwɜːkɪŋz/ **noun the workings of sth** how something works **работа, действие** *the workings of the mind*

workload /ˈwɜːkləʊd/ **noun** [C] the amount of work that you have to do **нагрузка** *Nurses have a very* ***heavy workload*** *(= they work hard).*

workman /ˈwɜːkmən/ **noun** [C] (plural **workmen**) someone who does a physical job such as building **рабочий**

workmanship /ˈwɜːkmənʃɪp/ **noun** [U] the skill that is used in making something **мастерство**

ˌwork of ˈart noun [C] (plural **works of art**) **1** a very beautiful and important painting, drawing, etc **произведение искусства** *They stole several valuable works of art.* **2 be a work of art** to be something which is beautiful or needed a lot of skill to create **быть произведением искусства** *Have you seen the wedding cake? It's a work of art.*

workout /ˈwɜːkaʊt/ **noun** [C] B1 when you do a series of exercises to make your body strong and healthy **зарядка, тренировка** *a daily workout at the gym*

workplace /ˈwɜːkpleɪs/ **noun** [C] the place where you work **рабочее место** *We are trying to get rid of bullying* ***in the workplace.***

worksheet /ˈwɜːkʃiːt/ **noun** [C] a piece of paper with questions and exercises for students **письменное задание**

workshop /ˈwɜːkʃɒp/ **noun** [C] **1** when a group of people meet to learn more about something by discussing it and doing practical exercises **семинар** *a workshop on crime prevention* **2** a place where people use tools and machines to make or repair things **мастерская, цех**

workstation /ˈwɜːkˌsteɪʃən/ **noun** [C] a computer and the area around it where you work in an office **рабочее место с компьютером**

ˈwork ˌsurface noun [C] (also **worktop** /ˈwɜːktɒp/) a flat surface for preparing food in a

W

kitchen рабочий стол (на кухне) → See **The Kitchen** on page Centre 2

world[1] /wɜːld/ **noun 1 the world** A1 the Earth and all the people, places, and things on it **мир, земной шар** *Everest is the highest mountain **in the world**.* ◦ *She's travelled all over the world.* **2** B1 [C] the people and things that are involved in a particular activity or subject **мир, сфера** [usually singular] *the entertainment world* ◦ *the world of politics* **3 the developing/industrialized/Western, etc world** a particular area of the Earth **развивающиеся /индустриально развитые/западные и т.д. страны 4 the plant/animal, etc world** plants/animals, etc as a group **животный/растительный и т.д. мир 5 your world** A2 your life and experiences **жизнь** *His whole world fell apart when she left.*

IDIOMS **do sb a/the world of good** informal to make someone feel much happier or healthier **приносить кому-либо огромную пользу** *That swim has done me a world of good.* • **be out of this world** informal to be of extremely good quality **быть таким, какого свет не видывал** *Their chocolate cake is just out of this world!* • **think the world of sb** to like and admire someone very much **быть чрезвычайно высокого мнения о ком-либо** • **the whole world** informal everyone **все, весь мир** *The whole world knew she was getting married before I did.*

→ See also have the **best**[3] of both worlds, not be the **end**[1] of the world, **the Old World, the outside world, the Third World,** be on **top**[1] of the world

> Слова-партнеры к **world**
>
> **travel the world • in the world • across/all over the world**

world[2] /wɜːld/ **adjective** [always before noun] relating to the whole world **всемирный, во всем мире** *world peace* ◦ *the world championships*

world-class /ˌwɜːldˈklɑːs/ **adjective** one of the best in the world **мирового класса** *a world-class swimmer*

world-famous /ˌwɜːldˈfeɪməs/ **adjective** known by people everywhere in the world **всемирно известный** *The Eiffel Tower is a world-famous landmark.*

worldly /ˈwɜːldli/ **adjective 1 sb's worldly goods/possessions** everything that someone owns **чье-либо имущество** *She lost all her worldly possessions in a fire.* **2** having had a lot of experience of life **умудренный, искушенный в жизни** *a worldly woman*

ˌworld ˈwar noun [C] a war in which several large or important countries fight **мировая война**

worldwide /ˌwɜːldˈwaɪd/ **adjective, adverb** B2 in all parts of the world **всемирный, по всему миру** *10 million copies have been sold worldwide.*

the ˌWorld Wide ˈWeb noun all the websites (= pages of text and pictures) on the Internet **Всемирная паутина** → See Study Page **The Web and the Internet** on page Centre 36

worm[1] /wɜːm/ **noun** [C] B2 a small creature with a long, thin, soft body and no legs **червяк** → See also a **can**[2] of worms

worm[2] /wɜːm/ **verb worm your way into sth** to gradually get into a situation by making people like you and trust you, especially by deceiving them **втираться во что-либо, примазываться к чему-либо** *He wormed his way into the family.*

worn[1] /wɔːn/ **adjective** Worn clothing or objects have been used a lot and show damage. **изношенный, потертый** *a worn leather chair*

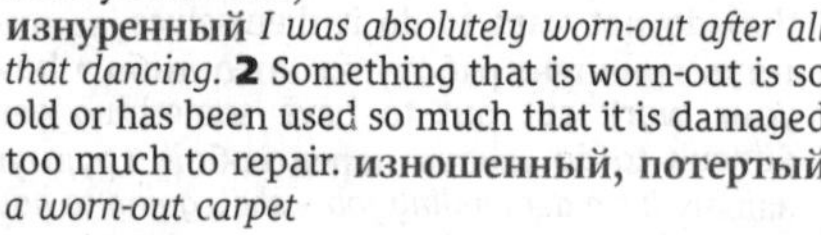

worn[2] /wɔːn/ past participle of wear **прич. прош. вр. от гл. wear**

worn-out /ˌwɔːnˈaʊt/ **adjective 1** extremely tired **уставший, изнуренный** *I was absolutely worn-out after all that dancing.* **2** Something that is worn-out is so old or has been used so much that it is damaged too much to repair. **изношенный, потертый** *a worn-out carpet*

worried /ˈwʌrid/ **adjective** A2 anxious because you are thinking about problems or unpleasant things that might happen **встревоженный, обеспокоенный** *She's really **worried about** her son.* ◦ [+ (that)] *I'm worried that she'll tell Maria.*

worry[1] /ˈwʌri/ **verb 1** [I] A2 to think about problems or unpleasant things that might happen in a way that makes you feel anxious **волноваться, беспокоиться** ***Don't worry** – she'll be all right.* ◦ *She's always **worrying about** something.* ◦ [+ (that)] *I worry that he might run away.* **2** [T] B2 to make someone feel anxious because of problems or unpleasant things that might happen **волновать, беспокоить** *It worries me that he hasn't phoned yet.*

worry[2] /ˈwʌri/ **noun 1** [C] B1 a problem that makes you feel anxious **забота, неприятность** *health worries* **2** [U] B2 when you are anxious about something **волнение, тревога** *She's been sick with worry.*

> Слова-партнеры к **worry (noun)**
>
> allay/ease/express a worry • a **constant/lingering/nagging/real** worry • a worry **about/over** sth

worrying /ˈwʌriɪŋ/ **adjective** B2 making you feel anxious **тревожный** *a worrying situation* • **worryingly adverb тревожно** *She's worryingly thin.*

W

worse¹ /wɜːs/ **adjective 1** A2 comparative of **bad**: more unpleasant or difficult than something else that is also bad **хуже, сильнее, больше** *The exam was* ***worse than*** *I expected.* ◦ *We'll have to stop the game if the rain* ***gets*** *any* ***worse***. **2** B1 more ill **хуже** *The drugs aren't working, he just seems to be* ***getting worse***. **3 be none the worse for sth** to not be harmed or damaged by something **не пострадать от чего-либо, выйти невредимым из какой-либо ситуации** *He seemed none the worse for the experience.* **4 worse luck** UK informal used to show that you are annoyed or unhappy about something **как это ни неприятно, к сожалению** *I've got to work on Saturday, worse luck!*

worse² /wɜːs/ **noun** [U] **1** something that is more unpleasant or difficult **худшее** *It was a nasty accident, although I've seen worse.* **2 for the worse** If a situation changes for the worse, it becomes worse. **к худшему**

worse³ /wɜːs/ **adverb** B1 comparative of **badly**: less well **хуже** *He was treated much worse than I was.*

worsen /ˈwɜːsən/ **verb** [I, T] to become worse or to make something become worse **ухудшаться** *His condition suddenly worsened last week.*

ˌworse ˈoff adjective [never before noun] poorer or in a more difficult situation **в худшем положении** *If Rick loses his job we'll be even worse off.*

worship /ˈwɜːʃɪp/ **verb** (present participle **worshipping**, past tense and past participle **worshipped**, also US present participle **worshiping**, past tense and past participle **worshiped**) **1** [I, T] to show respect for a god by saying prayers or performing religious ceremonies **поклоняться** **2** [T] to love and respect someone very much **боготворить** *She worshipped her mother.*
• **worship noun** [U] **поклонение, богослужение** *a* ***place of worship*** *(= a religious building)* • **worshipper** (also US **worshiper**) **noun** [C] **верующий**

worst¹ /wɜːst/ **adjective** A2 superlative of **bad**: the most unpleasant or difficult **превосходная степень от bad** *What's the worst job you've ever had?*

worst² /wɜːst/ **noun 1 the worst** B1 the most unpleasant or difficult thing, person, or situation **наихудшее** *I've made some mistakes in the past, but this is definitely the worst.* **2 at worst** used to say what the most unpleasant or difficult situation could possibly be **в худшем случае** *At worst, we might lose our money.* **3 if the worst comes to the worst** UK (US **if worse/worst comes to worst**) if a situation develops in the most unpleasant or difficult way **в самом худшем случае**

worst³ /wɜːst/ **adverb** B2 superlative of **badly**: the most badly **наихудший** *the* ***worst affected*** *area*

worth¹ /wɜːθ/ **adjective 1 be worth sth** B1 to have a particular value, especially in money **имеющий ценность, стоящий** *Our house is worth about £600,000.* **2 be worth doing/seeing/trying, etc** B1 to be useful or enjoyable to do/see/try, etc **стоит сделать/посмотреть/попробовать и т.д.** *It's not as good as his last book but it's definitely worth reading.* **3 be worth it** B1 to be useful or enjoyable despite needing a lot of effort **стоить того** *It was a long climb up the mountain but the view was worth it.* ◦ *Don't bother complaining – it's really not worth it.* **4 be worth your while** If it is worth your while doing something, it is useful or enjoyable despite needing a lot of effort. **стоить труда, затраченных усилий** *It isn't worth my while going all that way just for one day.*

worth² /wɜːθ/ **noun 1 £20/$100, etc worth of sth** the amount of something that you can buy for £20/$100, etc **на сумму в 20 фунтов/100 долларов и т.д.** *I've put £2 worth of stamps on the letter.* **2 a month's/year's, etc worth of sth** the amount of something that can be done or used in a month/year, etc **на месяц/год и т.д.** *an hour's worth of free phone calls* **3** [U] how important or useful someone or something is **ценность, значение** *She's finally proved her worth.*

worthless /ˈwɜːθləs/ **adjective 1** not important or useful **ничего не стоящий, никудышный** *He made me feel stupid and worthless.* **2** having no value in money **не имеющий никакой ценности** *The painting's a fake – it's completely worthless.*

worthwhile /ˌwɜːθˈwaɪl/ **adjective** B2 useful and enjoyable, despite needing a lot of effort **стоящий** *It's a difficult course but it's very worthwhile.*

worthy /ˈwɜːði/ **adjective 1** deserving respect, admiration, or support **достойный** *a worthy cause* ◦ *a worthy champion* **2 be worthy of attention/respect, etc** to deserve attention/respect, etc **быть достойным внимания/уважения и т.д.**

would strong /wʊd/ weak /wəd/ **modal verb 1** B1 used to say what might happen if something else happens **вспом. гл. для образования форм сослагательного наклонения** *What would you do if you lost your job?* **2** B1 used as the past form of 'will' to talk about what someone has said or thought **вспом. гл., в придаточном предложении служит для выражения будущего времени, согласованного с прошедшим временем в главном предложении** *Sue promised that she would help.* ◦ *They thought that she would never recover.* **3** B1 used as the past form of 'will' to talk about what someone was willing to do or what something was able to do **отказываться, не хотеть** *I asked her to talk to him, but she wouldn't.* ◦ *The car wouldn't start this morning.* **4 would like/love sth** A1 used to say politely that you want something **вспом. гл., выражает вежливую просьбу** *I'd (= I would) like a cup of coffee, please.* **5 would you** A1 used to

W

politely ask someone something **вспом. гл., выражает просьбу или предложение** *Would you like a drink?* ◦ *Would you come with me, please?* **6** B1 used to talk about a situation that you can imagine happening **вспом. гл., выражает предположение** *It would be lovely to go to New York.* **7 I would imagine/think, etc** used to give an opinion in a polite way **думаю, что ...** *I would imagine she'll discuss it with her husband first.* **8** B2 used to talk about things that happened often in the past **вспом. гл., обозначает действие, часто повторявшееся в прошлом** *He would always turn and wave at the end of the street.* **9 She/he/you would!** mainly UK used to show that you are not surprised by someone's annoying behaviour **это на нее/него/тебя похоже!** *Margot spent £200 on a dress for the occasion but she would, wouldn't she?* → See Study Page **Modal verbs** on page Centre 22

wouldn't /ˈwʊdᵊnt/ short for would not **сокращ. от would not** *She wouldn't let us watch TV.*

wound¹ /wuːnd/ **noun** [C] B2 an injury, especially one that is made by a knife or bullet **рана**

> Слова-партнеры к **wound (noun)**
>
> **inflict/sustain** a wound • a wound **heals (up)** • **bullet/gunshot/stab** wounds • a wound **on/to** [sb's arm/back, etc] • an **open** wound

wound² /wuːnd/ **verb** [T] **1** B2 to injure someone, especially with a knife or gun **ранить** [often passive] *He was badly wounded in the attack.* ◦ *wounded soldiers* **2** to upset someone **ранить, причинять боль** [often passive] *She was deeply wounded by his rejection.*

wound³ /waʊnd/ past of wind³ **прош. вр. и прич. прош. вр. от гл. wind**

ˌ**wound** ˈ**up adjective** very nervous, worried, or angry **на взводе, раздраженный** *He gets very wound up before an important match.*

wove /wəʊv/ past tense of weave² **прош. вр. гл. weave**

woven /wəʊvᵊn/ past participle of weave² **прич. прош. вр. от гл. weave**

wow /waʊ/ **exclamation** informal A2 something that you say to show surprise, excitement, admiration, etc **ух ты!** *Wow! Look at that car!*

wrangle¹ /ˈræŋgl/ **noun** [C] a long and complicated argument **пререкания, спор** *a **legal** wrangle*

> Слова-партнеры к **wrangle**
>
> **be involved in/get into** a wrangle • a **bitter/legal** wrangle • a wrangle **over** sth • a wrangle **between** sb and sb • a wrangle **with** sb

wrangle² /ˈræŋgl/ **verb** [I] to argue with someone for a long time **пререкаться** *They're still **wrangling over** money.*

wrap /ræp/ **verb** [T] (present participle **wrapping**, past tense and past participle **wrapped**) **1** B1 (also **wrap up**) to cover something or someone with paper, cloth, etc **обертывать, укутывать** *to wrap a present* ◦ *They wrapped him in a blanket.* → Opposite **unwrap** **2 wrap sth around sb/sth** B1 to fold paper, cloth, etc around something to cover it **обворачивать что-либо вокруг кого-либо/чего-либо** *He wrapped a towel around his waist.* **3 wrap your arms/fingers, etc around sb/sth** to put your arms/fingers, etc around someone or something **обнимать, обхватывать руками/обхватывать пальцами и т.д. кого-либо/что-либо** *She wrapped her arms around my neck.*

PHRASAL VERBS **wrap sth up 1** to fold paper, cloth, etc around something to cover it **обертывать, укутывать** *Have you wrapped up Jenny's present?* **2** to finish an activity successfully **успешно завершать что-либо** *We hope to have this deal wrapped up by Monday.* • **wrap up** B2 to dress in warm clothes **тепло одеваться** *Wrap up well – it's cold outside.* • **be wrapped up in sth** to give so much of your attention to something that you do not have time for other things or people **быть поглощенным чем-либо** *She's so wrapped up in her work that she hardly sees her kids.*

wrapper /ˈræpəʳ/ **noun** [C] a piece of paper or plastic that covers something that you buy, especially food **обертка** UK *sweet wrappers*/US *candy wrappers*

wrapping /ˈræpɪŋ/ **noun** [C, U] paper or plastic that is used to cover and protect something **обертка, упаковка**

ˈ**wrapping** ˌ**paper noun** [U] decorated paper that is used to cover presents **оберточная бумага**

wrath /rɒθ/ US /ræθ/ **noun** [U] literary extreme anger **гнев, ярость**

wreak /riːk/ **verb** (past tense and past participle **wrought**, **wreaked**) **wreak havoc** to cause a lot of damage or harm **наносить ущерб** *Floods have wreaked havoc in central Europe.*

wreath /riːθ/ **noun** [C] (plural **wreaths** /riːðz/) a large ring of leaves and flowers used as a decoration or to show respect for someone who has died **(похоронный) венок**

wreck¹ /rek/ **verb** [T] to destroy something completely **разрушать** *The explosion wrecked several cars and damaged nearby buildings.*

wreck² /rek/ **noun** [C] **1** a car, ship, or aircraft that has been very badly damaged **обломки (машины, самолета и т.д.)** **2** informal someone who is in a bad physical or mental condition **развалина** [usually singular] *I was a complete wreck by the end of my exams.* **3** mainly US a bad accident involving a car or train **авария, крушение** *a car/train wreck*

W

wreckage /ˈrekɪdʒ/ **noun** [U] the parts that remain of a car, ship, or aircraft that has been destroyed **обломки (машины, самолета и т.д.)** *Two survivors were* ***pulled from the wreckage****.*

> Слова-партнеры к **wreckage**
>
> be **cut (free) from/pulled from/recovered from** the wreckage • be **trapped in** the wreckage • a **piece of** wreckage • the **tangled** wreckage **of** sth

wren /ren/ **noun** [C] a very small, brown bird **вьюрок**

wrench[1] /renʃ/ **verb** [T] **1 wrench sth from/off, etc sb/sth** to pull something violently away from a fixed position **срывать что-либо с кого-либо/чего-либо** *The phone had been wrenched off the wall.* **2** to injure part of your body by turning it suddenly **вывихнуть** *I wrenched my right shoulder playing tennis.*

wrench[2] /renʃ/ **noun 1** [no plural] when you are very sad because you have to leave someone or something **тоска, боль** *She found leaving home a real wrench.* **2** [C] US (UK **spanner**) a tool with a round end that is used to turn nuts and bolts (= metal objects used to fasten things together) **гаечный ключ** → See picture at **tool**

wrestle /ˈresl/ **verb** [I] to fight with someone by holding them and trying to push them to the ground **бороться**

PHRASAL VERB **wrestle with sth** to try very hard to deal with a difficult problem or decision **бороться, биться с чем-либо** *He's still wrestling with his conscience.*

wrestling /ˈreslɪŋ/ **noun** [U] a sport in which two people fight and try to push each other to the ground **борьба (вид спорта)**
• **wrestler noun** [C] **борец**

wretched /ˈretʃɪd/ **adjective 1** very unhappy or ill **несчастный** *I'd been feeling wretched all day so I went to bed early.* **2** very bad or of poor quality **нищенский, жалкий, ужасный** *The refugees were living in* ***wretched conditions****.* **3** [always before noun] used to show that something or someone makes you angry **несносный** *This wretched phone won't work!*

wriggle /ˈrɪgl/ **verb** [I, T] **1** to twist your body or move part of your body with short, quick movements **извивать(ся), шевелить(ся)** *She wriggled her toes in the warm sand.* **2 wriggle out of sth/doing sth** to avoid doing something that you have agreed to do **увиливать от чего-либо** *Are you trying to wriggle out of going to the meeting?*

wring /rɪŋ/ **verb** [T] (past tense and past participle **wrung**) (also **wring out**) to twist a cloth or piece of clothing with your hands to remove water from it **выжимать** *He wrung out his socks and hung them up to dry.* → See also wring your hands (**hand**[1])

wrinkle /ˈrɪŋkl/ **noun** [C] **1** a small line on your face that you get when you grow old **морщина 2** a small fold in a piece of cloth **складка**
• **wrinkle verb** [I, T] **морщить, мять** *a wrinkled face*

wrist /rɪst/ **noun** [C] B2 between your hand and your arm **запястье**

wristband /ˈrɪstbænd/ **noun** [C] **1** a piece of material which goes around the wrist (= the part of your body between your hand and your arm), for example to hold a watch **ремешок, браслет (напр., для часов) 2** a piece of material in a particular colour which goes around the wrist and shows that the person wearing it supports a certain charity **повязка на запястье**

wristwatch /ˈrɪstwɒtʃ/ **noun** [C] a watch which you wear on your wrist (= the part of your body between your hand and your arm) **наручные часы**

writ /rɪt/ **noun** [C] a legal document that orders someone to do something **судебный приказ**

write /raɪt/ **verb** (past tense **wrote**, past participle **written**) **1** [I, T] A1 to produce words, letters, or numbers on a surface using a pen or pencil **писать** *Write your name at the top of the page.* ◦ *She can't read or write.* **2** [I, T] B1 to create a book, story, article, etc or a piece of music **писать, сочинять** *He's writing a book on Russian literature.* ◦ *She writes for Time magazine.* **3** [I, T] A2 to send someone a letter **писать (письмо)** [+ two objects] *I wrote her a letter last week.* ◦ *Has Bill* ***written to*** *you recently?* **4** [T] (also **write out**) to put all the information that is needed on a document **заполнять, выписывать** *He wrote out a cheque for £250.*

> ! Типичная ошибка: **write**
>
> **Внимание:** Проверьте написание окончаний глагола!
>
> Многие русскоязычные студенты делают ошибки при написании формы на **-ing** и формы прошедшего времени глагола **write**.
>
> Форма на **-ing** пишется с одной 't' – **writing**.
>
> Причастие прошедшего времени пишется с 'tt'. Обратите внимание: правильная форма – **written**, а не 'writen' или 'writed'.

PHRASAL VERBS **write back** to reply to someone's letter **отвечать на письмо** • **write sth down** B1 to write something on a piece of paper so that you do not forget it **записывать** *Did you write Jo's phone number down?* • **write in** to write a letter to a newspaper, television company, etc

W

обращаться с письмом (куда-либо) *Lots of people have written in to complain about the show.* • **write off** to write a letter to an organization asking them to send you something **заказывать** *I've* ***written off for*** *an information pack.* • **write sth off 1** to accept that an amount of money has been lost or will never be paid to you **списывать (со счетов)** *to write off debts* **2** UK to damage a vehicle so badly that it cannot be repaired **списывать автомобиль (после аварии)** • **write sb/sth off** to decide that someone or something is not useful or important **сбрасывать кого-либо/что-либо со счетов** *They had written him off before they even met him.* • **write sth up** B2 to write something in a complete form, usually using notes that you made earlier **придавать законченный вид, подробно излагать** *Have you written up that report yet?*

write-off /ˈraɪtɒf/ **noun** [C] UK a vehicle that is damaged so badly in an accident that it cannot be repaired **автомобиль, не подлежащий восстановлению** *I wasn't hurt, but the car was a complete write-off.*

writer /ˈraɪtəʳ/ **noun** [C] B1 someone whose job is writing books, stories, articles, etc **писатель**

write-up /ˈraɪtʌp/ **noun** [C] an article in a newspaper or magazine in which someone gives their opinion about a performance, product, etc **отзыв (в печати)** *The film* ***got*** *a very good* ***write-up*** *in yesterday's paper.*

writhe /raɪð/ **verb** [I] to twist your body in a violent way, often because you are in pain **корчиться, извиваться** *She lay on her bed, writhing in agony.*

writing /ˈraɪtɪŋ/ **noun** [U] **1** A1 the skill or activity of producing words on a surface **письмо, написание** *Teachers focus on reading and writing in the first year.* **2** A2 words that have been written or printed **надпись** *The writing was too small to read.* **3** B1 the way that someone writes **почерк** *You've got very neat writing.* **4** B2 the books, stories, articles, etc written by a particular person or group of people **произведения, сочинения** *She's studying women's writing of the 1930s.* **5** B2 the activity or job of creating books, stories, or articles **писательский труд** **6 in writing** B2 An agreement that is in writing is official because it has been written and not only spoken. **в письменной форме** *Please confirm your reservation in writing.*

written¹ /ˈrɪtᵊn/ **adjective** [always before noun] B1 presented as a document on paper **письменный** *a* ***written statement warning***

written² /ˈrɪtᵊn/ past participle of write **прич. прош. вр. от гл. write**

wrong¹ /rɒŋ/ **adjective 1** A1 not correct **неправильный, неверный** *the* ***wrong answer*** ◦ *We're going the* ***wrong way.*** **2 be wrong** A2 to think or say something that is not correct **ошибаться** *You were* ***wrong about*** *the party – it's today, not tomorrow.* **3 get sth wrong** B1 to produce an answer or result that is not correct **дать неверный ответ, неправильно сделать что-либо** *I got most of the answers wrong.* **4** [never before noun] B1 If something is wrong, there is a problem. **не в порядке, неладный** *There's something* ***wrong with*** *my computer.* ◦ ***What's wrong?*** **5** [never before noun] B2 morally bad **дурно, нехорошо** [+ to do sth] *It's wrong to tell lies.* **6** not suitable **неподходящий** *I think she's* ***wrong for*** *this job.* → See also get (hold of) the wrong **end¹** of the stick, get/start off on the wrong **foot¹**, not put a **foot¹** wrong, rub sb up the wrong **way¹**

wrong² /rɒŋ/ **adverb 1** A2 in a way that is not correct **неправильно** *He always says my name wrong.* **2 go wrong** B1 to develop problems **складываться неудачно, быть не в порядке** *Something's gone wrong with my computer.* **3 Don't get me wrong.** informal used when you do not want someone to think that you do not like someone or something **пойми меня правильно** *Don't get me wrong, I like her, but she can be very annoying.*

wrong³ /rɒŋ/ **noun 1** [U] when something is not morally right **зло** *She's old enough to know the difference between* ***right and wrong.*** **2 be in the wrong** to be responsible for a mistake or something bad that has happened **быть виноватым в чем-либо**

wrong⁴ /rɒŋ/ **verb** [T] formal to treat someone unfairly **причинять зло, быть несправедливым к кому-либо** *a wronged man*

wrongdoing /ˈrɒŋˌduːɪŋ/ **noun** [C, U] formal when someone does something that is illegal or not honest **проступок, правонарушение**

wrongful /ˈrɒŋfᵊl/ **adjective wrongful arrest/conviction/imprisonment, etc** when someone is accused of something or punished for something unfairly or illegally **незаконный арест/неправомерный приговор/незаконное тюремное заключение и т.д.** • **wrongfully adverb незаконно** ***wrongfully arrested***

wrongly /ˈrɒŋli/ **adverb 1** B2 in a way that is not correct **неправильно, неверно** *The letter was wrongly addressed.* **2 wrongly accused/convicted/imprisoned, etc** accused or punished unfairly or illegally **ложно обвиненный/невинно осужденный/ незаконно заключенный в тюрьму и т.д.** *She was wrongly convicted of drug smuggling.*

wrote /rəʊt/ past tense of write **прош. вр. гл. write**

wrought /rɔːt/ past of wreak **прош. вр. и прич. прош. вр. от гл. wreak**

ˌwrought ˈiron noun [U] iron that can be bent into shapes and used to make gates, furniture, etc **кованое железо**

wrung /rʌŋ/ past of wring **прош. вр. и прич. прош. вр. от гл. wring**

W

wry /raɪ/ **adjective** A wry expression or remark shows your humour despite being in a difficult or disappointing situation. **иронический, насмешливый** *a wry smile*
• **wryly adverb иронически, насмешливо**

www /ˌdʌbljuːˌdʌbljuːˈdʌbljuː/ **noun** abbreviation for World Wide Web (= part of the Internet that consists of all the connected websites) **Всемирная паутина** → See Study Page **The Web and the Internet** on page Centre 36

W

X, x /eks/ **1** the twenty-fourth letter of the alphabet **24-я буква алфавита** **2** used to show that an answer is wrong **обозначение неправильного ответа (на экзамене)** **3** used to represent a kiss at the end of a letter **поцелуй, целую (в конце письма)** **4** used to represent an unknown person or thing **кто-либо неизвестный, что-либо неизвестное**

xenophobia /ˌzenəʊˈfəʊbiə/ **noun** [U] extreme dislike or fear of people from other countries **ксенофобия**
• **xenophobic** /ˌzenəʊˈfəʊbɪk/ **adjective** **ненавидящий иностранцев**

XL /ˌeksˈel/ abbreviation for extra large: the largest size of clothes **самый большой размер (одежды)**

Xmas /ˈkrɪstməs/ **noun** [U] informal used as a short way of writing 'Christmas', mainly on signs or cards **Рождество** *Happy Xmas!*

XML /eksemˈel/ **noun** abbreviation for extensible markup language: a system of organizing information on computers **язык XML**

X-ray /ˈeksreɪ/ **noun** [C] **1** (B2) a photograph that shows the inside of your body **рентгеновский снимок** *They* ***took an X-ray of*** *his leg.* **2** a wave of energy that can pass through solid materials **рентгеновские лучи**
• **X-ray verb** [T] to take a photograph that shows the inside of something **делать рентген**

xylophone /ˈzaɪləfəʊn/ **noun** [C] a musical instrument consisting of a row of flat, metal bars that you hit with sticks **ксилофон**

Y

Y, y /waɪ/ the twenty-fifth letter of the alphabet **25-я буква алфавита**

ya /jə/ **pronoun** informal you **ты, тебя, тебе и т. д.** *See ya later.*

yacht /jɒt/ **noun** [C] Ⓑ2 a large boat with sails used for pleasure or in races **яхта** *a luxury yacht*

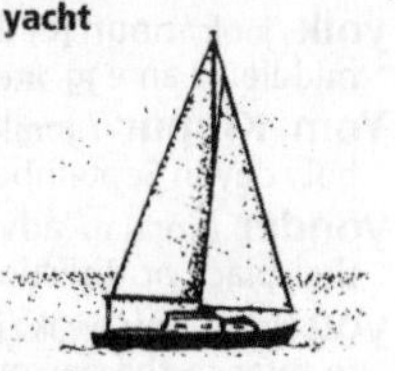
yacht

Yank /jæŋk/ **noun** [C] informal someone from the US, sometimes considered an offensive word **янки**

yank /jæŋk/ **verb** [T] informal to pull something with a strong, sudden movement **дергать** *She yanked the drawer open.* ∘ *He* ***yanked at*** *the rope.*

yap /jæp/ **verb** [I] (present participle **yapping**, past tense and past participle **yapped**) If a small dog yaps, it makes a lot of short, high sounds. **тявкать**

yard /jɑːd/ **noun** [C] **1** (written abbreviation **yd**) Ⓑ1 a unit for measuring length, equal to 0.9144 metres or 3 feet **ярд** *There's a bus stop a few hundred yards up the road.* → See Study Page **Measurements** on page Centre 31 **2** US (UK **garden**) an area of land in front of or behind a house **двор 3** a small area of ground next to a building, often with a fence or wall around it **двор** *a school yard*

yardstick /ˈjɑːdstɪk/ **noun** [C] something that you use to judge how good or successful something else is **мерило, критерий** *If popularity is the yardstick of success, he's done very well.*

yarn /jɑːn/ **noun 1** [U] thread used for making cloth **пряжа 2** [C] informal a long story that is probably not true **история, байка**

yawn /jɔːn/ **verb** [I] Ⓑ2 to take a deep breath with your mouth wide open, because you are tired or bored **зевать** *She yawned and looked at her watch.*

• **yawn noun** [C] **зевок**

yawn

yawning /ˈjɔːnɪŋ/ **adjective a yawning gap** a very big gap (= space or difference) **зияющий пробел**

yd written abbreviation for yard (= a unit for measuring length) **ярд**

yeah /jeə/ **exclamation** informal spoken Ⓐ2 yes **да** *Yeah, I agree.*

year /jɪəʳ/ **noun** [C] **1** Ⓐ1 a period of 12 months, or 365 or 366 days, especially from 1 January to 31 December **год** ***last year/next year*** ∘ *He joined the company a year ago.* **2 the academic/financial, etc year** Ⓐ2 the period of a year that is used by universities/businesses, etc to organize their activities **учебный/финансовый и т. д. год 3 be two/twelve/37, etc years old** Ⓐ1 to be a particular age **быть в возрасте двух/двенадцати/тридцати семи и т. д. лет** *Her son is six years old.* **4 a two-/twelve-/37-, etc year-old** someone who is a particular age **двухлетний/двенадцатилетний/тридцатисемилетний и т. д. 5** UK a group of students who start college or a course together **курс, класс** *He was* ***in my year*** *at school.* **6 years** Ⓑ1 a long time **сто лет, целая вечность** *I haven't seen Linda* ***for years.*** → See also for **donkey**'s years, **leap year, new year**

> **Слова-партнеры к year**
>
> each/every/last/next year • the **past** year • [2/5, etc] years **ago**

yearbook /ˈjɪəbʊk/ **noun** [C] a book produced every year by a school or organization, containing information about its activities, members, etc **ежегодник**

yearly /ˈjɪəli/ **adjective, adverb** happening once a year or every year **ежегодный, раз в год** *a yearly fee* ∘ *Interest is paid yearly.*

yearn /jɜːn/ **verb yearn for sth; yearn to do sth** to want something very much with a feeling of sadness **тосковать по чему-либо, жаждать сделать что-либо** *They yearned for peace.* ∘ *She yearned to get away.*

• **yearning noun** [C, U] **тоска, жажда**

yeast /jiːst/ **noun** [U] a substance used to make bread rise and to make beer and wine **дрожжи**

yell /jel/ **verb** [I, T] Ⓑ2 to shout something very loudly **кричать, вопить** *The policeman* ***yelled at*** *them to stop.*

• **yell noun** [C] Ⓑ2 **крик, вопль**

yellow /ˈjeləʊ/ **adjective** Ⓐ1 being the same colour as a lemon or the sun **желтый** *a bright yellow tablecloth*

• **yellow noun** [C, U] Ⓐ2 the colour yellow **желтый цвет** → See **Colours** on page Centre 12

ˌyellow ˈcard noun [C] in football, a small card shown to a player as a warning that the player has not obeyed a rule **желтая карточка (при игре в футбол)** → Compare **red card**

the ˌYellow ˈPages UK trademark (US **the ˈYellow ˌPages**) **noun** [plural] a big, yellow book containing telephone numbers of shops and businesses **"Желтые страницы", телефонный справочник**

yelp /jelp/ **verb** [I] If a dog yelps, it gives a

sudden cry because of pain or shock. **взвизгивать, скулить**

yep /jep/ **exclamation** informal spoken yes **да**

yes¹ /jes/ **exclamation 1** (A1) used to agree with something, or to give a positive answer to something **да** *"Can I borrow your pencil?" "Yes, of course."* ◦ *"Are you feeling better?" "Yes, thanks."* ◦ *"Coffee?" " Yes, please."* **2** (A1) used as an answer when someone calls you **что? да?** *"Jack!" "Yes?"* **3** (A2) used to disagree with a negative announcement **нет (выражает несогласие с отрицательным высказыванием)** *"He's not here yet." "Yes he is, I've just seen him."*

yes² /jes/ **noun** [C] a positive reaction or agreement with something **утвердительный ответ, согласие** *Was that a yes or a no?*

yesterday /ˈjestədeɪ/ **noun** [U], **adverb** (A1) the day before today **вчерашний день, вчера** *I went to see the doctor yesterday.* ◦ *yesterday morning/afternoon*

yet¹ /jet/ **adverb 1** (A2) before now or before that time **уже, еще** *Have you read his book yet?* ◦ *"Has he called?" "No, not yet."* **2** (A2) now or as early as this time **еще, пока** *I don't want to go home yet.* **3 the best/worst, etc yet** (B2) the best/worst, etc until now **лучший/худший и т. д. до сих пор** *That was my worst exam yet.* **4 be/have yet to do sth** to not have done something that was expected before this time **еще предстоять, пока еще не сделать чего-либо** *They have yet to make a decision.* **5 yet again/another/more, etc** (B2) used to show that you are surprised or annoyed that something is being repeated or increased **еще раз/еще больше и т. д.** *He's given us yet more work to do.* **6 could/may/might, etc yet** used to say there is still a possibility that something will happen **еще может/мог бы и т. д.** *He may win yet.*

yet² /jet/ **conjunction** (B1) used to add something that seems surprising because of what you have just said **но, и в то же время** *simple yet effective*

yew /juː/ **noun** [C, U] a tree with dark, needle-shaped leaves, or the wood of this tree **тис**

yield¹ /jiːld/ **verb 1** [T] to produce or provide something **производить, приносить** *to* ***yield a profit*** ◦ *The investigation* ***yielded*** *some* ***unexpected results.*** **2 yield to demands/pressure, etc** to be forced to do something **уступать требованиям/поддаваться давлению и т. д.** **3** [I] US (UK **give way**) to stop in order to allow other vehicles to go past before you drive onto a bigger road **уступать дорогу**

> **Слова-партнеры к yield**
> yield **clues/information/ a profit/ a result**

yield² /jiːld/ **noun** [C] the amount of something that is produced **урожай, выход (продукции)**

yo /jəʊ/ **exclamation** mainly US informal used as a greeting **эй! привет!**

yob /jɒb/ **noun** [C] UK informal a rude or violent young man **грубиян, хулиган**

yoga /ˈjəʊgə/ **noun** [U] (B1) a set of exercises for the mind and body, based on the Hindu religion **йога** *She does yoga three times a week.*

yoghurt (also **yogurt**) /ˈjɒgət/ (US) /ˈjəʊgərt/ **noun** [C, U] (A2) a thick, liquid food with a slightly sour taste which is made from milk **йогурт** *a low-fat strawberry yoghurt* → See **Food** on page Centre 11

yolk /jəʊk/ **noun** [C] the round, yellow part in the middle of an egg **желток**

Yom Kippur /ˌjɒmkɪˈpʊəʳ/ **noun** [U] a Jewish holy day in September or October **Йом Киппур**

yonder /ˈjɒndəʳ/ **adverb, determiner** literary in that place or direction **вон там, вон туда**

you strong /juː/ weak /ju/, /jə/ **pronoun 1** (A1) used to refer to the person or people you are talking to **ты, вы** *I love you.* ◦ *You said I could go with you.* **2** (A2) people generally **ты, вы (в грам. значении неопр. местоимения)** *You learn to accept these things as you get older.*

> **Типичная ошибка: you or your?**
> **Внимание!** Используйте правильное слово.
> Хотя эти два слова похожи, они пишутся по-разному и имеют разные значения.
> Когда говорят о принадлежности чего-то, нужно использовать **your**, а не 'you'.
> ~~*I hope you are enjoying you new job.*~~
> *I hope you are enjoying your new job.*

you'd /juːd/ **1** short for you had **сокращ. от you had** *You'd better go home now.* **2** short for you would **сокращ. от you would** *I expect you'd like some lunch.*

you'll /juːl/ short for you will **сокращ. от you will** *I hope you'll come again.*

young¹ /jʌŋ/ **adjective** (A1) having lived or existed for only a short time and not old **молодой, юный** *young children/people* ◦ *We were very young when we met.*

young² /jʌŋ/ **noun** [plural] **1 the young** (B2) young people generally **молодежь** *It's the sort of music that appeals mainly to the young.* **2 sth's young** an animal's babies **детеныши, птенцы**

youngster /ˈjʌŋstəʳ/ **noun** [C] a young person, especially an older child **подросток, молодой человек** *He talked to the youngsters about the dangers of drugs.*

your strong /jɔːʳ/ weak /jəʳ/ **determiner 1** (A1) belonging or relating to the person or people you are talking to **твой, ваш** *Can I borrow your pen?* ◦ *It's not your fault.* **2** (B1) belonging or relating to people in general **твой, ваш (в грам. значении неопр. местоимения)** *You never stop loving your children.*

you're /jɔːʳ/ short for you are **сокращ. от you are** *You're my best friend.*

yours /jɔːz/ **pronoun 1** (A2) the things that belong or relate to the person or people you are talking to **твой, ваш** *Is this pen yours?* ◦ *Our tent's smaller than yours.* **2 Yours faithfully/sincerely, etc** UK **B1** used just before your name at the end of a polite or formal letter **искренне Ваш (в конце письма) 3 yours truly** humorous I or me **ваш покорный слуга**

yourself /jɔːˈself/ **pronoun** (plural **yourselves**) **1** **A2** the reflexive form of the pronoun 'you' **себя, себе, собой** *Don't cut yourself with that sharp knife.* **2** **B2** used to emphasize the pronoun 'you' when talking about the actions of the person you are speaking to **сам, сама, сами** *Did you make the dress yourself?* **3 (all) by yourself/yourselves** **A2** alone or without anyone else's help **сам, один** *I'm amazed you managed to move those boxes all by yourself.* **4 (all) to yourself** for your use only **в своем распоряжении** *So you've got the whole house to yourself this weekend?*

youth /juːθ/ **noun** (plural **youths** /juːðz/) **1** [C] a young man **юноша** *gangs of youths* **2** [group] **B1** young people generally **молодежь** *the youth of today* ◦ *a youth club* **3 sb's youth** **B2** the period of time when someone is young **молодость** *I was very shy **in** my **youth**.* **4** [U] the quality of being young **молодость**

Слова-партнеры к youth

recapture/relive your youth • **in** sb's youth

youthful /ˈjuːθfəl/ **adjective** typical of a young person **свойственный молодости, юношеский** *youthful energy/good looks*

ˈyouth ˌhostel noun [C] a cheap, simple hotel, especially for young people who are travelling around **молодежная гостиница**

you've /juːv/ short for you have **сокращ. от you have** *If you've finished your work, you can go.*

yo-yo /ˈjəʊjəʊ/ **noun** [C] a small, round toy that you make go up and down on a string that you hang from your finger **йо-йо**

yuck /jʌk/ **exclamation** informal used to say that something looks or tastes very unpleasant **фу! гадость!**

yum /jʌm/ **exclamation** (also **ˌyum ˈyum**) used to say that something tastes very good **ням-ням!**

yummy /ˈjʌmi/ **adjective** informal If food or drink is yummy, it tastes very good. **вкусный**

yuppie /ˈjʌpi/ **noun** [C] a young person who earns a lot of money and likes expensive things **преуспевающий молодой человек**

Y

Z

Z, z /zed/ the twenty-sixth and last letter of the alphabet 26-я буква алфавита

zany /ˈzeɪni/ **adjective** funny in a strange way нелепый, абсурдный ***zany humour***

zap /zæp/ **verb** [T] (present participle **zapping**, past tense and past participle **zapped**) informal to attack or destroy something in a fast and powerful way наносить удар, уничтожать

zeal /ziːl/ **noun** [U] extreme enthusiasm рвение, усердие *religious zeal*

zealous /ˈzeləs/ **adjective** extremely enthusiastic ревностный, усердный
• **zealously adverb** рьяно, усердно

zebra /ˈzebrə/ (US) /ˈziːbrə/ **noun** [C] (B2) an animal like a horse with black and white lines зебра

ˌ**zebra ˈcrossing noun** [C] UK a part of the road painted with black and white lines where people can cross over safely наземный пешеходный переход

Zen /zen/ **noun** [U] a religion that developed from Buddhism дзэн

zenith /ˈzenɪθ/ (US) /ˈziːnɪθ/ **noun** [no plural] literary the highest or most successful point of something зенит, расцвет *The city* ***reached its zenith*** *in the 1980s.*

zero /ˈzɪərəʊ/ (A2) the number 0 ноль

Слова-партнеры к **zero**
sth **drops to/falls to** zero • **above/below** zero

ˌ**zero ˈtolerance noun** [U] when you do not accept any bad behaviour, often by using laws to prevent it нетерпимость, неприятие *zero tolerance of crime*

zest /zest/ **noun** [U] **1** excitement and enthusiasm пыл, энтузиазм *a zest for life* **2** the outer skin of a lemon or orange used to give flavour to food цедра

zigzag /ˈzɪgzæg/ **noun** [C] a line that changes direction from left to right and back again at sharp angles зигзаг
• **zigzag verb** [I] (present participle **zigzagging**, past tense and past participle **zigzagged**) to make a movement or pattern like a zigzag делать зигзаги

zillion /ˈzɪljən/ **quantifier** informal a very large number миллионы, тьма-тьмущая *a zillion times*

zinc /zɪŋk/ **noun** [U] a blue-white metal that is used to make or cover other metals (symbol Zn) цинк

zip[1] /zɪp/ **noun** [C] UK (US **zipper**) (B2) a thing for fastening clothes, bags, etc consisting of two rows of very small parts that connect together молния (застежка) *Your zip's undone.*

zip[2] /zɪp/ **verb** (present participle **zipping**, past tense and past participle **zipped**) **1** [T] (also **zip up**) to fasten something with a zip застегивать на молнию *He zipped up his jacket.* **2** [T] (also **zip sth up**) to reduce the size of a computer file (= collection of information) so that it uses less space and can be sent or stored more easily упаковывать, уплотнять файл **3 zip along/around/past, etc** informal to move somewhere very quickly проноситься по/вокруг/мимо и т. д.

ˈ**zip ˌcode noun** [C] a set of numbers that go after someone's address in the US почтовый индекс (в США) → Compare **postcode**

ˈ**zip ˌdrive noun** [C] a device used for copying large documents onto special disks дисковод для специальных дисков емкостью 100 мегабайтов и более → See also **Memory Stick**

ˈ**zip ˌfile noun** [C] a computer file (= collection of information) that has been made smaller so that it uses less space заархивированный файл

zipper /ˈzɪpəʳ/ **noun** [C] US a zip[1] молния (застежка)

zodiac

Capricorn

Aquarius

Pisces

Aries

Taurus

Gemini

Cancer

Leo

Virgo

Libra

Scorpio

Sagittarius

the zodiac /ˈzəʊdiæk/ **noun** the twelve signs representing groups of stars which are thought by some people to influence your life and personality зодиак *What* ***sign of the zodiac*** *are you?*

zombie /ˈzɒmbi/ **noun** [C] **1** a dead body that walks around because of magic зомби **2 like a zombie** informal in a very tired, slow way как зомби, в ступоре *The day after the party I was walking around like a zombie.*

zone /zəʊn/ **noun** [C] (B1) an area where a particular thing happens зона *a* ***war zone*** ◦ *a nuclear-free zone* → See also **buffer zone**

zoo /zuː/ **noun** [C] (A1) a place where wild animals

are kept and people come to look at them зоопарк

zoological /ˌzəʊəʊˈlɒdʒɪkəl/ **adjective** relating to the scientific study of animals зоологический

zoology /zuˈɒlədʒi/ (US) /zəʊˈɒlədʒi/ **noun** [U] the scientific study of animals and how they behave зоология
• **zoologist noun** [C] someone who studies zoology зоолог

zoom /zuːm/ **verb** informal **zoom along/down/past, etc** to travel somewhere very fast, especially with a loud noise проноситься с гулом по/мимо и т. д.

PHRASAL VERB **zoom in** to make something appear much closer and larger when using a camera or computer давать изображение крупным планом *The TV cameras zoomed in on her face.*

ˈzoom ˌlens noun [C] a lens (= part of a camera) that can make something appear much closer and larger объектив с переменным фокусным расстоянием

zucchini /zuˈkiːni/ **noun** [C, U] (plural **zucchini**, **zucchinis**) US (UK **courgette**) a long, green vegetable which is white inside цуккини

Приложения

Часто употребляемые имена

В круглых скобках приведены уменьшительные/неофициальные формы имен.

Мужские имена

Adam /ˈædəm/
Alan /ˈælən/
Alexander /ˈælɪˈgzɑːndər/
(Alex) /ˈælɪks/
Andrew /ˈændruː/
(Andy) /ˈændi/
Anthony
UK /ˈæntəni/
US /ˈænθəni/
(Tony) /ˈtəʊni/
Benjamin /ˈbendʒəmɪn/
(Ben) /ben/
Charles /tʃɑːlz/
(Charlie) /ˈtʃɑːli/
Christopher /ˈkrɪstəfər/
(Chris) /krɪs/
Daniel /ˈdænjəl/
(Dan) /dæn/
Darren /ˈdærən/
David /ˈdeɪvɪd/
(Dave) /deɪv/
Edward /ˈedwəd/
(Ed) /ed/
(Ted) /ted/
Geoffrey /ˈdʒefri/
(Geoff) /dʒef/
George /dʒɔːdʒ/
Harry /ˈhæri/
Jack /dʒæk/
James /dʒeɪmz/
(Jim) /dʒɪm/
John /dʒɒn/
Jonathan /ˈdʒɒnəθən/
Joseph /ˈdʒəʊzɪf/
(Joe) /dʒəʊ/
Joshua /ˈdʒɒʃjuə/
(Josh) /dʒɒʃ/
Ian /ˈiːən/
Kevin /ˈkevɪn/
Liam /ˈliːəm/
Mark /mɑːk/
Martin /ˈmɑːtɪn/
Matthew /ˈmæθjuː/
(Matt) /mæt/
Michael /ˈmaɪkəl/
(Mike) /maɪk/
(Mick) /mɪk/
Nicholas /ˈnɪkələs/
(Nick) /nɪk/
Patrick /ˈpætrɪk/
Paul /pɔːl/
Peter /ˈpiːtə/
(Pete) /piːt/
Philip /ˈfɪlɪp/
(Phil) /fɪl/
Richard /ˈrɪtʃəd/
(Ricky) /ˈrɪki/
(Dick) /dɪk/
Robert /ˈrɒbət/
(Bob) /bɒb/
(Rob) /rɒb/
Samuel /ˈsæmjʊəl/
(Sam) /sæm/
Simon /ˈsaɪmən/
Thomas /ˈtɒməs/
(Tom) /tɒm/
Timothy /ˈtɪməθi/
(Tim) /tɪm/
William /ˈwɪljəm/
(Billy) /ˈbɪli/
(Will) /wɪl/

Женские имена

Alice /ˈælɪs/
Alison /ˈælɪsən/
Amanda /əˈmændə/
(Mandy) /ˈmændi/
Amy /ˈeɪmi/
Ann/Anne /æn/
Bridget /ˈbrɪdʒɪt/
Carol /ˈkærəl/
Caroline /ˈkærəlaɪn/
Catherine/Kathryn
/ˈkæθrɪn/
(Kate) /keɪt/
(Katie) /ˈkeɪti/
(Cath) /kæθ/
Charlotte /ˈʃɑːlət/
Chloe /ˈkləʊi/
Christine /ˈkrɪstiːn/
(Chris) /krɪs/
Clare/Claire /kleər/
Deborah /ˈdebrə/
(Debbie) /ˈdebi/
Diane /daɪˈæn/
Elizabeth /ɪˈlɪzəbəθ/
(Beth) /beθ/
(Liz) /lɪz/
Emily /ˈemɪli/
Emma /ˈemə/
Hannah /ˈhænə/
Helen /ˈhelən/
Jane /dʒeɪn/
Jennifer /ˈdʒenɪfə/
(Jenny) /ˈdʒenɪ/
Joanne /dʒəʊˈæn/
(Jo) /dʒəʊ/
Julie /ˈdʒuːli/
Karen /ˈkærən/
Laura /ˈlɔːrə/
Linda /ˈlɪndə/
Lucy /ˈluːsi/
Margaret /ˈmɑːgərət/
(Maggie) /ˈmægi/
Mary /ˈmeəri/
Rachel /ˈreitʃəl/
Rebecca /rɪˈbekə/
(Becky) /ˈbeki/
Ruth /ruːθ/
Sarah /ˈseərə/
Sharon /ˈʃærən/
Sophie /ˈsəʊfi/
Susan /ˈsuːzən/
(Sue) /suː/
Tracy /ˈtreɪsi/
Valerie /ˈvæləri/

Географические названия

Далее приведен список стран, регионов и континентов, а также их произношение по-английски. Справа от каждого из географических названий приведено соответствующее ему прилагательное. В большинстве случаев оно используется для обозначения человека из данного места. В тех случаях, когда для обозначения человека нужно использовать другое слово, оно здесь приведено после слова "Человек" (например, **Finland**, **Finnish**, **Finn**).

Когда говорят о двух и более людях одной национальности, то к прилагательному прибавляют **-s**, за исключением:

- слов, оканчивающихся на **-ese** или **-s**, которые остаются без изменений (**Chinese**, **Swiss**)
- слов, оканчивающихся на **-man** или **-woman**, которые изменяются на **-men** и **-women** (**Irishman**).

Данный перечень приводится только для справки. Включение в него не является признанием суверенного статуса той или иной нации.

Географическое название	Прилагательное/Человек (если отличается от прилагательного)
Afghanistan /æfˈgænɪstæn/	Afghan /ˈæfgæn/
Africa /ˈæfrɪkə/	African /ˈæfrɪkən/
Albania /ælˈbeɪniə/	Albanian /ælˈbeɪniən/
Algeria /ælˈdʒɪəriə/	Algerian /ælˈdʒɪəriən/
Central America /ˌsentrᵊl əˈmerɪkə/	Central American /ˌsentrᵊl əˈmerɪkən/
North America /ˌnɔːθ əˈmerɪkə/	North American /ˌnɔːθ əˈmerɪkən/
South America /ˌsaʊθ əˈmerɪkə/	South American /ˌsaʊθ əˈmerɪkən/
Andorra /ænˈdɔːrə/	Andorran /ænˈdɔːrən/
Angola /æŋˈgəʊlə/	Angolan /æŋˈgəʊlən/
Antarctica /ænˈtɑːktɪkə/	Antarctic /ænˈtɑːktɪk/
Antigua and Barbuda /ænˌtiːgə ᵊnd bɑːˈbjuːdə/	Antiguan /ænˈtiːgən/, Barbudan /bɑːˈbjuːdᵊn/
The Arctic /ˈɑːktɪk/	Arctic /ˈɑːktɪk/
Argentina /ˌɑːdʒᵊnˈtiːnə/	Argentine /ˈɑːdʒᵊntaɪn/, Argentinian /ˌɑːdʒᵊnˈtɪniən/
Armenia /ɑːˈmiːniə/	Armenian /ɑːˈmiːniən/
Asia /ˈeɪʒə/	Asian /ˈeɪʒᵊn/
Australasia /ɒstrəˈleɪʒə/	Australasian /ɒstrəˈleɪʒᵊn/
Australia /ɒsˈtreɪliə/	Australian /ɒsˈtreɪliən/
Austria /ˈɒstriə/	Austrian /ˈɒstriən/
Azerbaijan /ˌæzəbaɪˈdʒɑːn/	Azerbaijani /ˌæzəbaɪˈdʒɑːni/; *Человек*: Azeri /əˈzeəri/
The Bahamas /bəˈhɑːməz/	Bahamian /bəˈheɪmiən/
Bahrain /bɑːˈreɪn/	Bahraini /bɑːˈreɪni/
Bangladesh /ˌbæŋgləˈdeʃ/	Bangladeshi /ˌbæŋgləˈdeʃi/
Barbados /bɑːˈbeɪdɒs/	Barbadian /bɑːˈbeɪdiən/
Belarus /ˌbeləˈruːs/	Belorussian /ˌbeləˈrʌʃᵊn/
Belgium /ˈbeldʒəm/	Belgian /ˈbeldʒən/
Belize /bəˈliːz/	Belizean /bəˈliːziən/
Benin /beˈniːn/	Beninese /ˌbenɪˈniːz/
Bhutan /buːˈtɑːn/	Bhutanese /ˌbuːtəˈniːz/
Bolivia /bəˈlɪviə/	Bolivian /bəˈlɪviən/

Bosnia-Herzegovina /ˌbɒzniəˌhɜːtsəˈgɒvɪnə/	**Bosnian** /ˈbɒzniən/
Botswana /bɒtˈswɑːnə/	**Botswanan** /bɒtˈswɑːnən/; *Человек:* **Motswana** /mɒtˈswɑːnə/
Brazil /brəˈzɪl/	**Brazilian** /brəˈzɪliən/
Britain /ˈbrɪtᵊn/	**British** /ˈbrɪtɪʃ/; *Человек:* **Briton** /ˈbrɪtᵊn/
Brunei /bruːˈnaɪ/	**Bruneian** /bruːˈnaɪən/
Bulgaria /bʌlˈgeəriə/	**Bulgarian** /bʌlˈgeəriən/
Burkina Faso /bɜːˌkiːnə ˈfæseʊ/	**Burkinabe** /bɜːˈkiːnəˌbeɪ/
Burma /ˈbɜːmə/	**Burmese** /bɜːˈmiːz/
Burundi /bʊˈrʊndi/	**Burundian** /bʊˈrʊndiən/
Cambodia /ˌkæmˈbəʊdiə/	**Cambodian** /ˌkæmˈbəʊdiən/
Cameroon /ˌkæməˈruːn/	**Cameroonian** /ˌkæməˈruːniən/
Canada /ˈkænədə/	**Canadian** /kəˈneɪdiən/
Cape Verde /ˌkeɪp ˈvɜːd/	**Cape Verdean** /ˌkeɪp ˈvɜːdiən/
The Caribbean /ˌkærɪˈbiːən/	**Caribbean** /ˌkærɪˈbiːən/
The Central African Republic /ˌsentrᵊl ˌæfrɪkən rɪˈpʌblɪk/	**Central African** /ˌsentrᵊl ˈæfrɪkən/
Chad /tʃæd/	**Chadian** /ˈtʃædiən/
Chile /ˈtʃɪli/	**Chilean** /ˈtʃɪliən/
China /ˈtʃaɪnə/	**Chinese** /tʃaɪˈniːz/
Colombia /kəˈlɒmbiə/	**Colombian** /kəˈlɒmbiən/
Comoros /ˈkɒmərəʊz/	**Comoran** /kəˈmɔːrən/
The Democratic Republic of Congo /ˌdeməˌkrætɪk rɪˌpʌblɪk əv ˈkɒŋgəʊ/	**Congolese** /ˌkɒŋgəˈliːz/
The Republic of Congo /rɪˌpʌblɪk əv ˈkɒŋgəʊ/	**Congolese** /ˌkɒŋgəˈliːz/
Costa Rica /ˌkɒstə ˈriːkə/	**Costa Rican** /ˌkɒstə ˈriːkən/
Côte d'Ivoire /ˌkəʊt diːˈvwɑːʳ/	**Ivorian** /aɪˈvɔːriən/
Croatia /krəʊˈeɪʃə/	**Croatian** /krəʊˈeɪʃᵊn/; *Человек:* **Croat** /ˈkrəʊæt/
Cuba /ˈkjuːbə/	**Cuban** /ˈkjuːbən/
Cyprus /ˈsaɪprəs/	**Cypriot** /ˈsɪpriət/
The Czech Republic /ˌtʃek rɪˈpʌblɪk/	**Czech** /tʃek/
Denmark /ˈdenmɑːk/	**Danish** /ˈdeɪnɪʃ/; *Человек:* **Dane** /deɪn/
Djibouti /dʒɪˈbuːti/	**Djiboutian** /dʒɪˈbuːtiən/
Dominica /dəˈmɪnɪkə/	**Dominican** /dəˈmɪnɪkən/
The Dominican Republic /dəˌmɪnɪkən rɪˈpʌblɪk/	**Dominican** /dəˈmɪnɪkən/
East Timor /ˌiːst ˈtiːmɔːʳ/	**East Timorese** /ˌiːst ˌtiːmɔːˈriːz/
Ecuador /ˈekwədɔːʳ/	**Ecuadorian** /ˌekwəˈdɔːriən/
Egypt /ˈiːdʒɪpt/	**Egyptian** /ɪˈdʒɪpʃᵊn/
El Salvador /ˌel ˈsælvədɔːʳ/	**Salvadoran** /ˌsælvəˈdɔːrən/
England /ˈɪŋglənd/	**English** /ˈɪŋglɪʃ/; *Человек:* **Englishman** /ˈɪŋglɪʃmən/
Equatorial Guinea /ˌekwətɔːriəl ˈgɪni/	**Equatorial Guinean** /ˌekwətɔːriəl ˈgɪniən/
Eritrea /ˌerɪˈtreɪə/	**Eritrean** /ˌerɪˈtreɪən/
Estonia /esˈtəʊniə/	**Estonian** /esˈtəʊniən/
Ethiopia /ˌiːθiˈəʊpiə/	**Ethiopian** /ˌiːθiˈəʊpiən/
Europe /ˈjʊərəp/	**European** /ˌjʊərəˈpiːən/
Fiji /ˈfiːdʒiː/	**Fijian** /fɪˈdʒiːən/
Finland /ˈfɪnlənd/	**Finnish** /ˈfɪnɪʃ/; *Человек:* **Finn** /fɪn/

France /frɑ:ns/	French /frentʃ/;
	Человек: Frenchman /ˈfrentʃmən/
Gabon /gæbˈɒn/	Gabonese /ˌgæbəˈni:z/
Gambia /ˈgæmbiə/	Gambian /ˈgæmbiən/
Georgia /ˈdʒɔ:dʒə/	Georgian /ˈdʒɔ:dʒən/
Germany /ˈdʒɜ:məni/	German /ˈdʒɜ:mən/
Ghana /ˈgɑ:nə/	Ghanaian /gɑ:ˈneɪən/
Great Britain /ˌgreɪt ˈbrɪtᵊn/	British /ˈbrɪtɪʃ/;
	Человек: Briton /ˈbrɪtᵊn/
Greece /gri:s/	Greek /gri:k/
Greenland /ˈgri:nlənd/	Greenland /ˈgri:nlənd/;
	Человек: Greenlander /ˈgri:nləndəʳ/
Grenada /grəˈneɪdə/	Grenadian /grəˈneɪdiən/
Guatemala /ˌgwɑ:təˈmɑ:lə/	Guatemalan /ˌgwɑ:təˈmɑ:lən/
Guinea /ˈgɪni/	Guinean /ˈgɪniən/
Guinea-Bissau /ˌgɪnibɪˈsaʊ/	Guinea-Bissauan /ˌgɪnibɪˈsaʊən/
Guyana /gaɪˈænə/	Guyanese /ˌgaɪəˈni:z/
Haiti /ˈheɪti/	Haitian /ˈheɪʃᵊn/
Honduras /hɒnˈdjʊərəs/	Honduran /hɒnˈdjʊərən/
Hungary /ˈhʌŋgᵊri/	Hungarian /hʌŋˈgeəriən/
Iceland /ˈaɪslənd/	Icelandic /aɪsˈlændɪk/;
	Человек: Icelander /ˈaɪsləndəʳ/
India /ˈɪndiə/	Indian /ˈɪndiən/
Indonesia /ˌɪndəˈni:ʒə/	Indonesian /ˌɪndəˈni:ʒᵊn/
Iran /ɪˈrɑ:n/	Iranian /ɪˈreɪniən/
Iraq /ɪˈrɑ:k/	Iraqi /ɪˈrɑ:ki/
Ireland /ˈaɪələnd/	Irish /ˈaɪrɪʃ/;
	Человек: Irishman /ˈaɪrɪʃmən/
Israel /ˈɪzreɪl/	Israeli /ɪzˈreɪli/
Italy /ˈɪtᵊli/	Italian /ɪˈtæliən/
Jamaica /dʒəˈmeɪkə/	Jamaican /dʒəˈmeɪkən/
Japan /dʒəˈpæn/	Japanese /ˌdʒæpᵊnˈi:z/
Jordan /ˈdʒɔ:dᵊn/	Jordanian /dʒɔ:ˈdeɪniən/
Kazakhstan /ˌkæzækˈstɑ:n/	Kazakh /ˈkæzæk/
Kenya /ˈkenjə/	Kenyan /ˈkenjən/
Kiribati /ˌkɪrəˈbæs/	Kiribati /ˌkɪrəˈbæs/
North Korea /ˌnɔ:θ kəˈri:ə/	North Korean /ˌnɔ:θ kəˈri:ən/
South Korea /ˌsaʊθ kəˈri:ə/	South Korean /ˌsaʊθ kəˈri:ən/
Kuwait /ku:ˈweɪt/	Kuwaiti /ku:ˈweɪti/
Kyrgyzstan /ˌkɜ:gɪˈstɑ:n/	Kyrgyz /ˈkɜ:gɪz/
Laos /laʊs/	Laotian /ˈlaʊʃᵊn/
Latvia /ˈlætviə/	Latvian /ˈlætviən/
Lebanon /ˈlebənən/	Lebanese /ˌlebəˈni:z/
Lesotho /ləˈsu:tu:/	Basotho /bəˈsu:tu:/;
	Человек: Mosotho /məˈsu:tu:/
Liberia /laɪˈbɪəriə/	Liberian /laɪˈbɪəriən/
Libya /ˈlɪbiə/	Libyan /ˈlɪbiən/
Liechtenstein /ˈlɪktᵊnstaɪn/	Liechtenstein /ˈlɪktᵊnstaɪn/;
	Человек: Liechtensteiner /ˈlɪktᵊnstaɪnəʳ/
Lithuania /ˌlɪθjuˈeɪniə/	Lithuanian /ˌlɪθjuˈeɪniən/
Luxembourg /ˈlʌksᵊmbɜ:g/	Luxembourg /ˈlʌksᵊmbɜ:g/;
	Человек: Luxembourger /ˈlʌksᵊmbɜ:gəʳ/
The Former Yugoslav Republic of Macedonia /ˌfɔ:mə ˌju:gəslɑ:v rɪˌpʌblɪk əv ˌmæsəˈdəʊniə/	Macedonian /ˌmæsəˈdəʊniən/

Madagascar /ˌmædəˈgæskəʳ/	Malagasy /ˌmæləˈgæsi/
Malawi /məˈlɑːwi/	Malawian /məˈlɑːwiən/
Malaysia /məˈleɪziə/	Malaysian /məˈleɪziən/
The Maldives /ˈmɔːldiːvz/	Maldivian /mɔːlˈdɪviən/
Mali /ˈmɑːli/	Malian /ˈmɑːliən/
Malta /ˈmɔːltə/	Maltese /mɔːlˈtiːz/
The Marshall Islands /ˈmɑːʃᵊl ˌaɪləndz/	Marshallese /ˌmɑːʃᵊlˈiːz/
Mauritania /ˌmɒrɪˈteɪniə/	Mauritanian /ˌmɒrɪˈteɪniən/
Mauritius /məˈrɪʃəs/	Mauritian /məˈrɪʃᵊn/
Mexico /ˈmeksɪkəʊ/	Mexican /ˈmeksɪkᵊn/
Micronesia /ˌmaɪkrəˈniːziə/	Micronesian /ˌmaɪkrəˈniːziən/
Moldova /mɒlˈdəʊvə/	Moldovan /mɒlˈdəʊvən/
Monaco /ˈmɒnəkəʊ/	Monégasque /mɒneɪˈgæsk/
Mongolia /mɒŋˈgəʊliə/	Mongolian /mɒŋˈgəʊliən/
Montenegro /ˌmɒntɪˈniːgrəʊ/	Montenegrin /ˌmɒntɪˈniːgrən/
Morocco /məˈrɒkəʊ/	Moroccan /məˈrɒkən/
Mozambique /ˌməʊzæmˈbiːk/	Mozambican /ˌməʊzæmˈbiːkən/
Myanmar /ˈmjænmɑːʳ/	Burmese /bɜːˈmiːz/
Namibia /nəˈmɪbiə/	Namibian /nəˈmɪbiən/
Nauru /nɑːˈuːruː/	Nauruan /nɑːuːˈruːən/
Nepal /nəˈpɔːl/	Nepalese /ˌnepᵊlˈiːz/
The Netherlands /ˈneðələndz/	Dutch /dʌtʃ/; *Человек:* Dutchman /ˈdʌtʃmən/
New Zealand /ˌnjuː ˈziːlənd/	New Zealand /ˌnjuː ˈziːlənd/; ***Person:*** New Zealander /ˌnjuː ˈziːləndəʳ/
Nicaragua /ˌnɪkᵊrˈægjuə/	Nicaraguan /ˌnɪkᵊrˈægjuən/
Niger /niːˈʒeəʳ/	Nigerien /niːˈʒeəriən/
Nigeria /naɪˈdʒɪəriə/	Nigerian /naɪˈdʒɪəriən/
Northern Ireland /ˌnɔːðᵊn ˈaɪələnd/	Northern Irish /ˌnɔːðᵊn ˈaɪrɪʃ/; *Человек:* Northern Irishman /ˌnɔːðᵊn ˈaɪrɪʃmən/
Norway /ˈnɔːweɪ/	Norwegian /nɔːˈwiːdʒᵊn/
Oman /əʊˈmɑːn/	Omani /əʊˈmɑːni/
Pakistan /ˌpɑːkɪˈstɑːn/	Pakistani /ˌpɑːkɪˈstɑːni/
Palau /pəˈlaʊ/	Palauan /pəˈlaʊən/
Palestine /ˈpæləstaɪn/	Palestinian /ˌpæləˈstɪniən/
Panama /ˈpænəmɑː/	Panamanian /ˌpænəˈmeɪniən/
Papua New Guinea /ˌpæpuə njuː ˈgɪni/	Papua New Guinean /ˌpæpuə njuː ˈgɪniən/
Paraguay /ˈpærəgwaɪ/	Paraguayan /ˌpærəˈgwaɪən/
Peru /pəˈruː/	Peruvian /pəˈruːviən/
The Philippines /ˈfɪlɪpiːnz/	Philippine /ˈfɪlɪpiːn/; *Человек:* Filipino /ˌfɪlɪˈpiːnəʊ/, Filipina /ˌfɪlɪˈpiːnə/
Poland /ˈpəʊlənd/	Polish /ˈpəʊlɪʃ/; *Человек:* Pole /pəʊl/
Portugal /ˈpɔːtʃəgᵊl/	Portuguese /ˌpɔːtʃəˈgiːz/
Qatar /ˈkʌtɑːʳ/	Qatari /kʌˈtɑːri/
Romania /rʊˈmeɪniə/	Romanian /rʊˈmeɪniən/
Russia /ˈrʌʃə/	Russian /ˈrʌʃᵊn/
Rwanda /ruˈændə/	Rwandan /ruˈændən/
St Kitts and Nevis /sᵊnt kɪts ᵊnd ˈniːvɪs/	Kittsian /ˈkɪtsiən/, Nevisian /niːˈvɪsiən/
St Lucia /sᵊnt ˈluːʃə/	St Lucian /sᵊnt ˈluːʃᵊn/
St Vincent and the Grenadines /sᵊnt ˌvɪnsᵊnt ᵊnd ðə ˌgrenəˈdiːnz/	Vincentian /vɪnˈsɪntiən/

Samoa /səˈməʊə/	**Samoan** /səˈməʊən/
San Marino /ˌsæn məˈriːnəʊ/	**Sanmarinese** /ˌsænmærɪˈniːz/
São Tomé and Príncipe /ˌsaʊ təˌmeɪ ənd ˈprɪnsɪpeɪ/	**São Tomean** /ˌsaʊ təˈmeɪən/
Saudi Arabia /ˌsaʊdi əˈreɪbiə/	**Saudi** /ˈsaʊdi/
Scandinavia /ˌskændɪˈneɪviə/	**Scandinavian** /ˌskændɪˈneɪviən/
Scotland /ˈskɒtlənd/	**Scottish** /ˈskɒtɪʃ/; *Человек:* **Scot** /skɒt/, **Scotsman** /ˈskɒtsmən/
Senegal /ˌsenɪˈgɔːl/	**Senegalese** /ˌsenɪgəˈliːz/
Serbia /ˈsɜːbiə/	**Serbian** /ˈsɜːbiən/; *Человек:* **Serb** /sɜːb/
The Seychelles /seɪˈʃelz/	**Seychelles** /seɪˈʃelz/; *Человек:* **Seychellois** /ˌseɪʃelˈwɑː/
Sierra Leone /siˌerə liˈəʊn/	**Sierra Leonean** /siˌerə liˈəʊniən/
Singapore /ˌsɪŋəˈpɔːʳ/	**Singaporean** /ˌsɪŋəˈpɔːriən/
Slovakia /sləˈvækiə/	**Slovak** /ˈsləʊvæk/
Slovenia /sləˈviːniə/	**Slovenian** /sləˈviːniən/; *Человек:* **Slovene** /ˈsləʊviːn/
The Solomon Islands /ˈsɒləmən ˌaɪləndz/	**Solomon Islander** /ˈsɒləmən ˌaɪləndəʳ/
Somalia /səˈmɑːliə/	**Somali** /səˈmɑːli/
South Africa /ˌsaʊθ ˈæfrɪkə/	**South African** /ˌsaʊθ ˈæfrɪkən/
Spain /speɪn/	**Spanish** /ˈspænɪʃ/; *Человек:* **Spaniard** /ˈspænjəd/
Sri Lanka /ˌsriː ˈlæŋkə/	**Sri Lankan** /ˌsriː ˈlæŋkən/
Sudan /suːˈdɑːn/	**Sudanese** /ˌsuːdənˈiːz/
Suriname /ˌsʊərɪˈnæm/	**Surinamese** /ˌsʊərɪnæmˈiːz/
Swaziland /ˈswɑːzilænd/	**Swazi** /ˈswɑːzi/
Sweden /ˈswiːdən/	**Swedish** /ˈswiːdɪʃ/; *Человек:* **Swede** /swiːd/
Switzerland /ˈswɪtsələnd/	**Swiss** /swɪs/
Syria /ˈsɪriə/	**Syrian** /ˈsɪriən/
Taiwan /ˌtaɪˈwɑːn/	**Taiwanese** /ˌtaɪwəˈniːz/
Tajikistan /tɑːˌdʒiːkɪˈstɑːn/	**Tajik** /tɑːˈdʒiːk/
Tanzania /ˌtænzəˈniːə/	**Tanzanian** /ˌtænzəˈniːən/
Thailand /ˈtaɪlænd/	**Thai** /taɪ/
Tibet /tɪˈbet/	**Tibetan** /tɪˈbetən/
Togo /ˈtəʊgəʊ/	**Togolese** /ˌtəʊgəˈliːz/
Tonga /ˈtɒŋə/	**Tongan** /ˈtɒŋən/
Trinidad and Tobago /ˌtrɪnɪdæd ənd təˈbeɪgəʊ/	**Trinidadian** /ˌtrɪnɪˈdædiən/
Tunisia /tjuːˈnɪziə/	**Tunisian** /tjuːˈnɪziən/
Turkey /ˈtɜːki/	**Turkish** /ˈtɜːkɪʃ/; *Person:* **Turk** /tɜːk/
Turkmenistan /tɜːkˌmenɪˈstɑːn/	**Turkmen** /ˈtɜːkmen/
Tuvalu /tuːˈvɑːluː/	**Tuvaluan** /ˌtuːvɑːˈluːən/
Uganda /juːˈgændə/	**Ugandan** /juːˈgændən/
Ukraine /juːˈkreɪn/	**Ukrainian** /juːˈkreɪniən/
The United Arab Emirates /juːˌnaɪtɪd ˌærəb ˈemɪrəts/	**Emirati** /emɪˈrɑːti/
The United Kingdom (UK) /juːˌnaɪtɪd ˈkɪŋdəm/	**British** /ˈbrɪtɪʃ/; *Человек:* **Briton** /ˈbrɪtən/
The United States of America (USA) /juːˌnaɪtɪd ˌsteɪts əv əˈmerɪkə/	**American** /əˈmerɪkən/
Uruguay /ˈjʊərəgwaɪ/	**Uruguayan** /ˌjʊərəˈgwaɪən/
Uzbekistan /ʊzˌbekɪˈstɑːn/	**Uzbek** /ˈʊzbek/

Vanuatu /ˌvænuˈɑːtuː/	**Vanuatuan** /ˌvænuɑːˈtuːən/
Vatican City /ˌvætɪkən ˈsɪti/	**Vatican** /ˈvætɪkən/
Venezuela /ˌvenɪˈzweɪlə/	**Venezuelan** /ˌvenɪˈzweɪlən/
Vietnam /ˌvjetˈnæm/	**Vietnamese** /ˌvjetnəˈmiːz/
Wales /weɪlz/	**Welsh** /welʃ/;
	Человек: **Welshman** /ˈwelʃmən/
Western Sahara /ˌwestən səˈhɑːrə/	**Sahrawian** /sɑːˈrɑːwiən/
Yemen /ˈjemən/	**Yemeni** /ˈjeməni/
Zambia /ˈzæmbiə/	**Zambian** /ˈzæmbiən/
Zimbabwe /zɪmˈbɑːbweɪ/	**Zimbabwean** /zɪmˈbɑːbwiən/

Образование времен правильных глаголов

Простые времена The simple tenses

Настоящее простое время Present Simple

Употребляется для описания регулярно повторяющегося действия или при описании ситуации, которая имеет место вообще, а не только в настоящий момент времени; также употребляется при выражении мнения или убеждения.

I/we/you/they arrive (**do not** arrive)
he/she/it arrives (**does not** arrive)

Прошедшее простое время Past Simple

Употребляется для описания действия или события, которое произошло в прошлом.

I/we/you/they arrived (**did not** arrive)
he/she/it arrived (**did not** arrive)

Будущее простое время Future Simple

Употребляется для описания действия или события, которое произойдет в будущем.

I/we/you/they **will** arrive (**will not** arrive)
he/she/it **will** arrive (**will not** arrive)

Настоящее совершенное время Present Perfect

Употребляется для описания действия или события, произошедшего в прошлом и имеющего связь с настоящим.

I/we/you/they **have** arrived (**have not** arrived)
he/she/it **has** arrived (**has not** arrived)

Прошедшее совершенное время Past Perfect

Употребляется для описания действия или события, которое завершилось до определенного момента в прошлом.

I/we/you/they **had** arrived (**had not** arrived)
he/she/it **had** arrived (**had not** arrived)

Будущее совершенное время Future Perfect

Употребляется для описания действия, которое будет завершено к определенному моменту времени в будущем.

I/we/you/they **will have** arrived (**will not have** arrived)
he/she/it **will have** arrived (**will not have** arrived)

Продолженные времена The continuous/progressive tenses

Настоящее продолженное время Present Continuous/Progressive

Употребляется для описания действия или события, которое происходит в настоящий момент, а также для описания планов на будущее и для обозначения повторяющегося действия.

I	**am** arriv**ing** (**am not** arriv**ing**)
we/you/they	**are** arriv**ing** (**are not** arriv**ing**)
he/she/it	**is** arriv**ing** (**is not** arriv**ing**)

Прошедшее продолженное время Past Continuous/Progressive

Употребляется для описания действия или события, которое находилось в процессе развития в определенный момент в прошлом, или в процессе развития которого произошло какое-то другое событие.

I	**was** arriv**ing** (**was not** arriv**ing**)
we/you/they	**were** arriv**ing** (**were not** arriv**ing**)
he/she/it	**was** arriv**ing** (**was not** arriv**ing**)

Будущее продолженное время Future Continuous/Progressive

Употребляется для описания действия, которое будет находиться в процессе развития в определенный момент времени в будущем.

I/we/you/they	**will be** arriv**ing** (**will not be** arriv**ing**)
he/she/it	**will be** arriv**ing** (**will not be** arriv**ing**)

Настоящее совершенное продолженное время Present Perfect Continuous/Progressive

Употребляется для описания действия или события, которое началось в прошлом и продолжается по настоящий момент, а также для описания действия, которое недавно завершилось и имеет результат в настоящем.

I/we/you/they	**have been** arriv**ing** (**have not been** arriv**ing**)
he/she/it	**has been** arriv**ing** (**has not been** arriv**ing**)

Прошедшее совершенное продолженное время Past Perfect Continuous/Progressive

Употребляется для описания действия или события, развивавшегося в течение некоторого периода времени и закончившегося до определенного момента в прошлом.

I/we/you/they	**had been** arriv**ing** (**had not been** arriv**ing**)
he/she/it	**had been** arriv**ing** (**had not been** arriv**ing**)

Будущее совершенное продолженное время Future Perfect Continuous/Progressive

Употребляется для описания действия или события, которое начнется до определенного момента времени в будущем и все еще будет происходить к этому моменту времени.

I/we/you/they	**will have been** arriv**ing** (**will not have been** arriv**ing**)
he/she/it	**will have been** arriv**ing** (**will not have been** arriv**ing**)

Неправильные глаголы

Далее приведен список неправильных глаголов с указанием форм инфинитива, прошедшего времени и причастия прошедшего времени. Если в одном столбике приведены две различные формы, уточните по словарю, нет ли различия в значении этих форм.

Инфинитив	Прошедшее время	Причастие прошедшего времени
arise	arose	arisen
awake	awoke	awoken
be	was/were	been
bear	bore	borne
beat	beat	beaten, also *US* beat
become	became	become
befall	befell	befallen
begin	began	begun
bend	bent	bent
bet	bet, betted	bet, betted
bid	bid, bade	bid, bidden
bind	bound	bound
bite	bit	bitten
bleed	bled	bled
blow	blew	blown
break	broke	broken
breed	bred	bred
bring	brought	brought
broadcast	broadcast, also *US* broadcasted	broadcast, also *US* broadcasted
build	built	built
burn	burnt, burned	burnt, burned
burst	burst	burst
bust	bust, *US* busted	bust, *US* busted
buy	bought	bought
cast	cast	cast
catch	caught	caught
choose	chose	chosen
cling	clung	clung
come	came	come
cost	cost	cost
creep	crept	crept
cut	cut	cut
deal	dealt	dealt
dig	dug	dug

Инфинитив	Прошедшее время	Причастие прошедшего времени
dive	dived, also *US* dove	dived
draw	drew	drawn
dream	dreamed, dreamt	dreamed, dreamt
drink	drank	drunk
drive	drove	driven
dwell	dwelt, dwelled	dwelt, dwelled
eat	ate	eaten
feed	fed	fed
fall	fell	fallen
feel	felt	felt
fight	fought	fought
find	found	found
flee	fled	fled
fling	flung	flung
fly	flew	flown
forbid	forbade	forbidden
forecast	forecast, forecasted	forecast, forecasted
foresee	foresaw	foreseen
forget	forgot	forgotten
forgive	forgave	forgiven
forgo	forwent	forgone
forsake	forsook	forsaken
freeze	froze	frozen
get	got	got, also *US* gotten
give	gave	given
go	went	gone
grind	ground	ground
grow	grew	grown
hang	hung, hanged	hung, hanged
have	had	had
hear	heard	heard
hide	hid	hidden
hit	hit	hit
hold	held	held

Инфинитив	Прошедшее время	Причастие прошедшего времени
hurt	hurt	hurt
input	inputted, input	inputted, input
keep	kept	kept
kneel	knelt, kneeled	knelt, kneeled
know	knew	known
lay	laid	laid
lead	led	led
lean	leaned, also *UK* leant	leaned, also *UK* leant
leap	leapt, leaped	leapt, leaped
learn	learned, also *UK* learnt	learned, also *UK* learnt
leave	left	left
lend	lent	lent
let	let	let
lie	lay	lain
light	lit, lighted	lit, lighted
lose	lost	lost
make	made	made
mean	meant	meant
meet	met	met
mislay	mislaid	mislain
mislead	misled	misled
misread	misread	misread
misspell	misspelled, also *UK* misspelt	misspelled, also *UK* misspelt
mistake	mistook	mistaken
misunderstand	misunderstood	misunderstood
mow	mowed	mown, mowed
outdo	outdid	outdone
outgrow	outgrew	outgrown
overcome	overcame	overcome
overdo	overdid	overdone
overhang	overhung	overhung
overhear	overheard	overheard
override	overrid	overridden
overrun	overrun	overrun
oversee	oversaw	overseen
oversleep	overslept	overslept
overtake	overtook	overtaken
overthrow	overthrew	overthrown
pay	paid	paid
plead	pleaded, also *US* pled	pleaded, also *US* pled
prove	proved, proven	proved, proven

Инфинитив	Прошедшее время	Причастие прошедшего времени
put	put	put
quit	quit	quit
read	read	read
rebuild	rebuilt	rebuilt
repay	repaid	repaid
rethink	rethought	rethought
rewind	rewound	rewound
rewrite	rewrote	rewritten
rid	rid	rid
ride	rode	ridden
ring	rang	rung
rise	rose	risen
run	ran	run
saw	sawed	sawn, also *US* sawed
say	said	said
see	saw	seen
seek	sought	sought
sell	sold	sold
send	sent	sent
set	set	set
sew	sewed	sewn, sewed
shake	shook	shaken
shed	shed	shed
shine	shone	shone
shoot	shot	shot
show	showed	shown, showed
shrink	shrank	shrunk
shut	shut	shut
sing	sang	sung
sink	sank	sunk
sit	sat	sat
slay	slew	slain
sleep	slept	slept
slide	slid	slid
slit	slit	slit
smell	smelled, also *UK* smelt	smelled, also *UK* smelt
sow	sowed	sown, sowed
speak	spoke	spoken
speed	sped, speeded	sped, speeded
spell	spelled, also *UK* spelt	spelled, also *UK* spelt
spend	spent	spent

Инфинитив	Прошедшее время	Причастие прошедшего времени
spill	spilled, also *UK* spilt	spilled, also *UK* spilt
spin	spun	spun
spit	spat, also *US* spit	spat, also *US* spit
split	split	split
spoil	spoiled, spoilt	spoiled, spoilt
spread	spread	spread
spring	sprang	sprung
stand	stood	stood
steal	stole	stolen
stick	stuck	stuck
sting	stung	stung
stink	stank, also *US* stunk	stunk
stride	strode	strode
strike	struck	struck
string	strung	strung
strive	strove	striven
swear	swore	sworn
sweep	swept	swept
swell	swelled	swollen, swelled
swim	swam	swum
swing	swung	swung
take	took	taken
teach	taught	taught

Инфинитив	Прошедшее время	Причастие прошедшего времени
tear	tore	torn
tell	told	told
think	thought	thought
thrust	thrust	thrust
throw	threw	thrown
tread	trod	trodden
undercut	undercut	undercut
undergo	underwent	undergone
understand	understood	understood
undertake	undertook	undertaken
undo	undid	undone
unwind	unwound	unwound
uphold	upheld	upheld
upset	upset	upset
wake	woke	woken
wear	wore	worn
weave	wove, weaved	woven, weaved
weep	wept	wept
wet	wet, wetted	wet, wetted
win	won	won
wind	wound	wound
withdraw	withdrew	withdrawn
withstand	withstood	withstood
withhold	withheld	withheld
wring	wrung	wrung
write	wrote	written

Префиксы и суффиксы слов

В английском языке значение многих слов можно изменить путем прибавления группы букв к началу или к концу слова.

Префиксы / Prefixes

Группа букв, прибавляемая к началу слова, называется **prefix**. Далее приводятся наиболее употребимые префиксы, а также примеры их использования.

Anglo- relating to the UK or England *an Anglophile* (= someone who loves England)
anti- 1 opposed to or against *anti-racist laws* **2** preventing or destroying *an anti-aircraft missile*
astro- relating to stars or outer space *astronomer* • *astrophysics*
audio- relating to hearing or sound *audiotape*
auto- 1 operating without being controlled by humans *autopilot* (= a computer that directs an aircraft) **2** self *an autobiography* (= a book that someone writes about their own life)
bi- two *bilingual* (= speaking two languages) • *bimonthly* (= happening twice in a month or once every two months)
bio- relating to living things or human life *biodiversity* • *bioethics*
centi-, cent- hundred *a centimetre* • *a century*
co- with or together *a co-author* • *to coexist*
contra- against or opposite *to contradict* (= say the opposite) • *contraception* (= something that is used to prevent pregnancy)
counter- opposing or as a reaction to *a counter-attack* (= an attack on someone who has attacked you)
cross- 1 across *cross-border* **2** including different groups or subjects *a cross-party committee* (= one formed from many political parties) • *cross-cultural*
cyber- relating to electronic communications, especially the Internet *cyberspace*
de- to take something away *deforestation* (= when the trees in an area are cut down)
deca- ten *decade*
demi- half, partly *demitasse* (= a small coffee cup) • demigod (= a creature that is part god and part human)
dis- not or the opposite of *dishonest* • *disbelief* • *to disagree*
e- electronic, usually relating to the Internet *email* • *e-commerce*
eco- relating to the environment *eco-friendly tourism* (= tourism which does not damage the environment)
equi- equal, equally *equidistant* (= the same distance from two or more places)
Euro- relating to Europe *Europop* (= modern, young people's music from Europe)
ex- from before *an ex-boyfriend* • *an ex-boss*
extra- outside of or in addition to *extracurricular activities* (= activities that are in addition to the usual school work)
geo- of the earth *geothermal* (= of or connected with the heat inside the earth)
hydro- relating to water *hydroponic* (= a method of growing plants in water)
hyper- having a lot of or too much of a quality *hyperactive* • *hypersensitive* (= more than normally sensitive)
ill- in a way which is bad or not suitable *ill-prepared* • *an ill-judged remark*
in-, il-, im-, ir- not *incorrect* • *illegal* • *impossible* • *irregular*
inter- between or among *international* • *an interdepartmental meeting*
intra- within *an intranet*
kilo- a thousand *a kilometre* • *a kilogram*
macro- on a large scale *macroeconomics* (= the study of financial systems at a national level)
maxi- most, very large *maximum*
mega- 1 *informal* extremely *megarich* (= extremely rich) **2** one million *40 megabytes*
micro- very small *a microchip* • *microscopic* (= extremely small)
mid- in the middle of *mid-July* • *a man in his mid-forties* • *mid-afternoon/-morning*
milli- a thousandth *a millisecond*
mini- small *a miniskirt* (= very short skirt) • *a minibus*
mis- not or badly *mistrust* • *to misbehave*
mono- one or single *monolingual* • *a monologue*
multi- many *a multi-millionaire* • *a multi-storey car park*
nano- 1 one billionth *nanometre* **2** extremely small *nanotechnology*
neo- new *neo-fascists*
non- not or the opposite of *non-alcoholic drinks* • *non-smokers*
out- more than or better than *to outgrow* • *to outnumber* • *to outdo someone* (= to show that you are better than someone)
over- too much *to overeat* • *overpopulated*
poly- many *polygamy* (= having more than one husband or wife at the same time) • *a polygon* (= shape with many sides)
post- after or later than *postwar* • *a postgraduate*

pre- before or earlier than *pre-tax profits* • *pre-school*
pro- supporting *pro-democracy demonstrations*
pseudo- false *a pseudonym* (= false nameused especially by a writer) • *pseudo-academic*
quasi- partly *quasi-religious ideas*
re- again *to remarry* • *a reusable container*
semi- half or partly *a semicircle* • *semi-frozen*
socio- relating to society *socio-economic*
sub- 1 under or below *subzero temperatures* **2** less important or a smaller part of a larger whole *a subsection*
super- extremely or more than usual *a supermodel* • *super-rich*
techno- relating to technology *technophile* (= a person who loves technology)
tele- 1 done using a telephone *telesales* **2** connected with television *telecast* (= something that is broadcast on television) **3** over a long distance *telephoto lens* (= a camera lens that makes distant objects look nearer)
thermo- relating to heat or temperature *a thermostat* (= piece of equipment thatcontrols temperature) • *a thermometer*
trans- 1 across *transatlantic flights* **2** showing a change *to transform* • *to translate*
tri- three *a triangle* • *a tripod*
ultra- extremely *ultra-modern architecture* • *ultra-careful*
uber- *humorous* used before nouns to mean 'extreme' or 'extremely good or successful' *uber-billionare*
un- not or the opposite of *unhappy* • *unfair* • *to unfasten*
under- 1 not enough *undercooked potatoes* • *underprivileged children* **2** below *underwear* • *an underpass*

Суффиксы / Suffixes

Группа букв, прибавляемая к концу слова и изменяющая его значение, а часто и часть речи слова, называется suffix. Далее приводятся наиболее употребимые суффиксы, а также примеры их использования.

-able, -ible changes a verb into an adjective meaning 'able to be' *avoid → avoidable* • *admire → admirable* • *like → likeable*
-age changes a verb into a noun meaning 'the action described by the verb or the result of that action' *marry → marriage* • *break → breakage* • *spill → spillage*
-aholic unable to stop doing or taking something *chocaholic* (= someone who cannot stop eating chocolate)
-al 1 changes a noun into an adjective meaning 'relating to' *culture → cultural* • *nation → national* • *nature → natural* **2** changes a verb into a noun meaning 'the action described by the verb'' *approve → approval* • *remove → removal*
-an, -ian 1 makes a noun meaning 'a person who does something' *historian* • *politician* **2** makes an adjective meaning 'belonging somewhere' *American*
-ance, -ence, -ancy, -ency makes a noun meaning 'an action, state, or quality' *performance* • *independence* • *preference*
-athon an event or activity that lasts a long time, usually to raise money for charity *a walkathon* (= a long walk)
-ation, -ion changes a verb into a noun meaning 'the process of the action described by the verb, or the result of that action' *educate → education* • *explain → explanation* • *connect → connection*
-ed makes an adjective meaning, 'having this thing or quality' *bearded* • *coloured* • *surprised*
-ee changes a verb into a noun meaning 'someone that something is done to' *employ → employee* • *interview → interviewee* • *train → trainee*
-en changes an adjective into a verb meaning 'to become or make something become' *thick → thicken* • *fat → fatten* • *soft → soften*
-ence, -ency See **-ance**
-er, -or changes a verb into a noun meaning 'the person or thing that does the activity' *dance → dancer* • *employ → employer* • *act → actor* • *cook → cooker* (= a machine for cooking) • *time → timer*
-ese of a place, the language spoken there *Lebanese* • *Chinese*
-esque in the style of *Kafka-esque* (= in the style of writer Franz Kafka)
-est makes superlative adjectives and adverbs *bravest* • *latest*
-ful changes a noun into an adjective meaning, 'having a particular quality' *beauty → beautiful* • *power → powerful* • *use → useful*
-hood makes a noun meaning 'the state of being something and the time when someone is something' *childhood* • *motherhood*
-ian See **-an**
-ible See **-able**
-ical changes a noun ending in **-y** or **-ics** into an adjective meaning 'relating to' *history → historical* • *politics → political*

-ify to produce a state or quality *simplify*

-in an activity in which many people take part *a sit-in*

-ing makes an adjective meaning 'making someone feel something' *interest* → *interesting* • *surprise* → *surprising* • *shock* → *shocking*

-ion See **-ation**

-ise See **-ize**

-ish makes an adjective meaning **1** slightly *a greyish colour* • *a smallish* (= quite small) *house* **2** typical of or similar to *a childish remark* **3** approximately *fiftyish* (= about fifty)

-ist 1 makes a noun meaning 'a person who does a particular activity' *artist* • *novelist* • *scientist* **2** makes a noun and an adjective meaning 'someone with a particular set of beliefs' *communist* • *feminist*

-ive changes a verb into an adjective meaning 'having a particular quality or effect' *attract* → *attractive* • *create* → *creative* • *explode* → *explosive*

-ize, -ise changes an adjective into a verb meaning 'to make something become' *modern* → *modernize* • *commercial* → *commercialize*

-less changes a noun into an adjective meaning 'without' *homeless people* • *a meaningless statement* • *a hopeless situation*

-let small, not very important *piglet*

-like changes a noun into an adjective meaning 'typical of or similar to' *childlike trust* • *a cabbage-like vegetable*

-ly 1 changes an adjective into an adverb describing the way that something is done *She spoke slowly.* • *Drive safely.* **2** makes an adjective and an adverb meaning 'happening every day, night,week, etc' *a daily newspaper* • *We hold the meeting weekly.* **3** changes a noun into an adjective meaning 'like that person or thing' *mother* → *motherly* • *coward* → *cowardly*

-ment changes a verb into a noun meaning 'the action or process described by a verb, or its result' *develop* → *development* • *disappoint* → *disappointment*

-ness changes an adjective into a noun meaning 'the quality or condition described by the adjective' *sweet* → *sweetness* • *happy* → *happiness* • *dark* → *darkness* • *ill* → *illness*

-ology makes a noun meaning 'the study of something' *psychology* (= the study of the mind) • *sociology* (= the study of society)

-or See **-er**

-ous changes a noun into an adjective meaning 'having that quality' *danger* → *dangerous* • *ambition* → *ambitious*

-phile makes a noun meaning 'enjoying or liking something' *a Francophile* (= someone who loves France) • *a bibliophile* (= someone who loves books)

-phobe someone who hates something *commitment-phobe* (= a person who hates commitment)

-ship makes a noun showing involvement between people *friendship* • *a relationship* • *partnership*

-ster a person who is associated with something *gangster*

-ward, -wards makes an adverb meaning 'towards a direction or place' *inward* • *forward* • *homeward*

-wise changes a noun into an adverb meaning 'relating to this subject' *Weather-wise, the holiday was great.* • *How are we doing time-wise?*

-y changes a noun into an adjective meaning 'having a lot of something (often something bad)' *noise* → *noisy* • *dirt* → *dirty* • *smell* → *smelly*

1000 наиболее часто употребляемых русских слов

и	and	*tea and coffee | We were tired and hungry.*
не	not	*She was not there. | I'm not coming with you.*
я	I	*I got on the bus. | I was born in 1993.*
быть	be	*Are you there? | It was a cold night.*
он	he	*He lives in London.*
что	what, that	*What's this? | I heard what he said. | Is it true that she's pregnant?*
а	and, not	*Here is a pen and here is a sheet of paper. | It is his book, not yours.*
это	this	*This is the person I told you about.*
этот	this	*Could you sign this paper please?*
но	but	*It was cold but sunny. | I would have gone to your party but I was ill.*
они	they	*They stopped at the traffic lights.*
мы	we	*We had lunch in a little cafe by the sea.*
она	she	*What's she doing? | She doesn't look very happy.*
как	how	*How did you get here?*
который	which	*These are principles which we all believe in.*
свой	(my/your/his, etc.) own	*Each student has their own dictionary. | Petra makes all her own clothes.*
вы	you	*Are you coming? | You're right.*
весь	all	*All the plates were broken.*
мочь	can	*Can you drive? | They can't speak French.*
так	so	*I was so tired when I got home. | 'Is Ben coming to the party?' 'I hope so.'*
ты	you	*I love you.*
год	year	*It will take five years to build the bridge. | He graduated last year.*
всё	everything	*They lost everything in the fire.*
человек	person	*Several people left the game early. | Only one person stayed.*
тот	that	*Have you seen that man over there?*
такой	such	*It's difficult to know how to treat such cases. | She's such a nice person.*
или	or	*Would you like beer or wine? | Either Jim or Sally can help you.*
если	if	*If the weather's OK we can have a picnic. | If you throw a coin in the fountain you can make a wish.*
один	one	*There's only one cake left.*
только	only	*It'll only take a few minutes. | The offer is available to UK residents only.*
его	his, him	*I'm his brother. | His hands were very cold. | Give him something to eat.*
себя	myself/yourself/ himself, etc.	*I looked at myself in the mirror. | Don't cut yourself with that sharp knife.*

время	time	*What's the time? / If he has time he'll come later. / How much time will it take?*
еще	more, else	*Would anyone like some more food? / What else did he say?*
уже	already	*A few people were already there. / Have you finished already?*
когда	when	*When's your birthday? / I'm not sure when it will start.*
другой	other, different	*I don't think he's funny, but other people do. / She looked different from when I last saw her*
сказать	say	*What did you say? / She said she will be here soon.*
до	till	*Wait till we get there.*
мой	my, mine	*Where's my bag? / She's a very good friend of mine.*
наш	our, ours	*Our house is about 10 miles away. / Matt's a friend of ours.*
чтобы	in order to	*You need to enter your password in order to access the website.*
говорить	say, speak	*She didn't say anything.*
самый	most	*She's the most beautiful girl I've ever seen.*
знать	know	*He didn't know where she had gone.*
вот	here, there	*Look, here's our bus. / Here she is at last. / She's over there.*
очень	very	*It's very cold outside. / Thank you very much!*
кто	who	*Who was that boy you were talking to?*
стать	become	*They became great friends.*
день	day	*The next day, a package arrived.*
первый	first	*Who was the first man on the moon?*
можно	(I, you, he, etc.) can	*Ask your mother if you can go out tonight.*
жизнь	life	*I'm not sure I want to spend the rest of my life with him.*
сам	myself, yourself, himself, etc.	*Did you make the dress yourself? / Joe made that snowman all by himself.*
дело	matter	*My father said nothing further about the matter.*
два	two	*Two birds sat on the windowsill.*
новый	new	*Do you like my new shoes?*
хотеть	want	*He wants a new car.*
даже	even	*He wouldn't even look at me.*
должен	must	*The meat must be cooked thoroughly.*
раз	time, one	*Ben earns three times more than me. / One, two, three, four.*
какой	what (kind)	*What kind of computer do you use?*
их	their, theirs	*It was their problem, not mine. / I think she's a friend of theirs.*
работа	work, job	*What's your job? / What kind of work does she do?*
иметь	have	*Do you have any change?*
там	there	*I've never been there.*
после	after	*After dinner we all went for a walk.*
где	where	*Where are my car keys? / He's not sure where they are.*
вопрос	question	*It was a very easy question.*
рука	hand, arm	*Jill waved her hand in the air. / He raised his arm.*
город	town, city	*It's a very big city/town.*
ее	her, hers	*She threw her coat down on the chair. / These books are mine and those are hers.*

слово	word	*Some words are more difficult to spell than others.*
каждый	every	*He knows the name of every child in the school.*
место	place	*This is a very strange place!*
без	without	*I can't see without my glasses.*
ребенок	child	*The child looked very upset.*
более	more	*It's much more expensive than the others.*
друг	friend	*Helen is my best friend.*
большой	big	*I came from a big family. | We're looking for a bigger house.*
чем	than	*It cost less than I expected.*
ваш	your, yours	*How do you spend your free time? | I think this book is yours.*
идти	walk, go	*They walked across the field. | He was going faster than me.*
просто	simply	*It was simply amazing!*
надо	need	*Do you need some help?*
здесь	here	*'Where are you?' 'Over here!'*
делать	do	*I stopped what I was doing and listened.*
видеть	see	*Can you see anything?*
потом	later	*Later we watched a movie.*
да	yes	*'Did you talk to Tom yesterday?' 'Yes.'*
ничто	nothing	*I've had nothing to eat since breakfast.*
сейчас	now	*She's finished her degree and now she teaches English. | I don't want to wait – I want it now!*
много	many, much	*How many people were there? | I've got too much work to do.*
мир	world, peace	*The UN sent troops to the region to keep the peace. | Everest is the biggest mountain in the world.*
теперь	now	*She's finished her degree and now she teaches English.*
думать	think	*Do you think it's going to rain? | He thought for a few seconds before answering.*
потому что	because	*I didn't go because I was too tired.*
ни	neither	*Neither he nor his mother would talk to the police.*
случай	occasion	*She didn't see him on that occasion.*
сторона	side	*The side of the car was badly scratched.*
хороший	good	*We saw a very good film last night.*
тоже	too	*Do you know Jason too?*
глаз	eye	*Sarah has black hair and brown eyes.*
тогда	then	*Call me tomorrow - I'll have time to speak then. | Have a rest now, then you won't be tired this evening.*
тут	here	*Does Jane live here?*
дом	house	*a three-bedroomed house*
несколько	several	*Several people have complained about the scheme.*
страна	country	*European countries*
последний	last	*What was the last film you saw? | That's the last programme of the series.*
сила	strength, force	*A good boxer needs skill as well as strength. | I think she showed great strength of character. | The force of the explosion shattered every window in the street.*

работать	work	*Helen works for a computer company. / The washing machine isn't working.*
также	also	*The book also has a chapter on grammar.*
лицо	face	*She's got a long, thin face.*
жить	live	*They live in New York. / She only lived a few days after the accident.*
часть	part	*Part of this form is missing.*
женщина	woman	*There were two women at the bus stop.*
система	system	*the public transport system / They've had an alarm system installed at their home.*
всегда	always	*I always walk to work. / I will always remember you.*
являться	be	*He is the director of our company. / That was the cause of his death.*
вид	appearance, view	*She's very concerned with her appearance. / There was a lovely view of the lake from the bedroom window.*
голова	head	*He fell and hit his head on the table. / All these thoughts were going round in my head.*
хотя	although	*She walked home by herself, although she knew it was dangerous.*
проблема	problem	*I'm having problems with my computer. / health problems*
конец	end	*I'll pay you at the end of next month. / They were standing at opposite ends of the room.*
конечно	of course	*'Can you help me?' 'Of course!' / Of course, the Olympics are not just about money.*
смотреть	look, watch	*He was looking out of the window. / The kids are watching TV.*
отношение	attitude	*He has a very bad attitude to work.*
давать	give	*Can you give me that pen? / We didn't really give him a chance to explain.*
три	three	*I've got three sisters.*
второй	second	*You're second on the list. / This is my second piece of chocolate cake.*
именно	especially	*I cooked this meal especially for you.*
лишь	only	*It'll only take a few minutes.*
образ	image	*I have an image in my mind of the way I want the garden to look.*
деньги	money	*How much money have you got?*
поэтому	therefore	*The region has suffered severe flooding and tourists are therefore advised not to travel there.*
почему	why	*Why didn't you call me? / I wonder why he didn't come.*
понимать	understand	*I don't understand half of what he says.*
любой	any	*Any of those shirts would be fine.*
однако	however	*He had always been a successful businessman. Recently, however, things have not been going well for him.*
никто	nobody	*There was nobody I could talk to.*
час	hour, o'clock	*The job pays $5 an hour. / It was ten o'clock when we got home.*
нет	no	*'Have you ever been to Ireland?' 'No.' / Oh no! It's gone all over the carpet. / There were no signposts anywhere.*

считать	count, consider	*I counted the money on the table. / Can you count to twenty in French? / I don't consider myself to be a great athlete.*
взять	take	*He reached across and took a glass from her.*
земля	land	*agricultural land / to travel over land and sea*
сегодня	today	*It's Johann's birthday today.*
русский	Russian	*an exhibition of paintings by Russian artists*
вообще	in general	*I still have a sore throat, but I feel much better in general.*
книга	book	*a book about animals / an address book*
хорошо	well	*I thought they played well. / I know him quite well.*
возмож-ность	opportunity	*Don't miss this opportunity to win a million pounds.*
некоторый	some	*In some cases it's possible to fix the problem right away.*
компания	company	*a telephone company / I enjoy his company.*
история	story, history	*Tell a story, Mum. / The Civil war was a terrible time in American history. / a history book*
любить	love	*I've only ever loved one woman. / He loves his music.*
высокий	high, tall	*a high building/mountain / He's tall and thin.*
нужно	need	*I need some new shoes. / The country still desperately needs help.*
почти	almost	*He's almost always late.*
все	all	*We were all dancing. / He spends all of his money on clothes.*
твой	your, yours	*Can I borrow your pen? / Is this pen yours?*
результат	result	*Most accidents are the result of human error. / The election results will be known by Saturday. / She's waiting for the results of a blood test.*
больше	more	*There are a lot more people here today than yesterday. / He knows more about computers than I do.*
например	for example	*Some people, students for example, can get cheaper tickets.*
группа	group	*She went camping with a small group of friends. / a pop group*
писать	write	*She can't read or write.*
пока	bye, for now	*Bye, see you tomorrow. / We have enough for now.*
сидеть	sit	*Emma was sitting on a stool.*
путь	way	*Is there another way out of here? / I must buy a paper on the way home.*
машина	machine, car	*sewing machine / washing machine / She goes to work by car.*
право	right	*the right to vote*
находиться	be situated	*The hotel is situated by lake Garda.*
война	war	*He was only a child when the war broke out.*
что-то	something	*As soon as I walked in, I noticed that something was missing.*
казаться	seem	*She seemed happy enough. / It seems to me that she's in the wrong job.*
стоять	stand	*We've been standing here for hours.*
имя	name	*My name's Alexis. / He didn't mention her by name.*
никогда	never	*She'll never be able to have children.*
маленький	small	*We teach the children in small groups. / a woman with three small children*

стоить	cost	*How much do these shoes cost? / It costs $5 to send the package by airmail.*
бог	god	*the ancient Greek gods and goddesses*
вода	water	*hot/cold water / a drink of water / coastal waters*
решение	decision	*She has had to make some very difficult decisions. / It was his decision to leave.*
ответ	answer	*Please give me your answer by next week. / I rang the bell but there was no answer. / Did you get the answer to Question 6?*
совсем	entirely	*I'm not entirely convinced that it will work.*
язык	language, tongue	*How many languages do you speak? / I burnt my tongue on some soup last night.*
далеко	far	*It's the first time I've been so far away from home. / How far is it to the supermarket?*
нужный	necessary	*Does he have the necessary skills and experience?*
российский	Russian	*The Russian president will attend the conference.*
народ	nation	*Asian nations / The entire nation mourned her death.*
власть	power	*He likes to have power over people. / When did this government come to power?*
полный	full	*The shelves were full of books. / Please give your full name and address.*
сразу	immediately	*She asked him to come home immediately.*
уровень	level	*the water level / Chess requires a high level of concentration.*
ночь	night	*I didn't get any sleep last night.*
часто	often	*I often see her there. / How often do you go to the gym?*
развитие	development	*The nurse will do some tests to check on your child's development.*
программа	programme	*a TV programme / a health education programme*
никакой	no	*I have no idea. / No man could stop him.*
начало	beginning	*We met at the beginning of 1998.*
главный	chief	*The wonderful weather was our chief reason for coming here. / chief economic adviser to the government*
оно	it	*I can't open the window. I think it's broken.*
дверь	door	*Please shut the door behind you. / Most of the deals were done behind closed doors.*
вместе	together	*We went shopping together. / She tied the two pieces of rope together.*
момент	moment	*I'm afraid she's not here at the moment.*
число	number	*Think of a number smaller than 100. / Scientists have noticed a drop in the number of song birds in Britain.*
цель	aim	*The aim of the film was to make people laugh. / He went to Paris with the aim of improving his French.*
следующий	next	*I'm planning to visit California next year. / What time's the next train to London?*
закон	law	*You're breaking the law. / It's against the law not to wear seatbelts. / the laws of nature*
отец	father	*My father took me to watch the football on Saturday.*

нога	foot, leg	*He broke his leg in the accident. | He stepped on my foot. | bare feet*
старый	old	*an old man/woman | an old house | an old friend/enemy*
помощь	help	*I was too embarrassed to ask for help.*
информация	information	*Police are urging anyone with information about the crime to contact them.*
подобный	like, similar	*They were acting like children. | The style of cooking is similar to that of Northern India.*
разный	different	*I had to go to three different shops to find the book she wanted.*
тысяча	thousand	*She tried on thousands of dresses but didn't like any of them. | There were over a thousand people in the audience.*
общий	common, general	*a common goal/interest | These leaflets contain some general information about the school.*
месяц	month	*last/next month*
минута	minute	*She was ten minutes late for her interview. | I'll be with you in a minute.*
кроме	except	*The boat sails every day from Oban except Sunday.*
ситуация	situation	*economic/political situation | He is in a difficult situation.*
процесс	process	*Buying a house can be a long and complicated process. | the ageing process*
голос	voice	*Jessie has a beautiful singing voice. | lose your voice*
автор	author	*a popular author of children's fiction*
форма	shape	*You can recognise trees by the shape of their leaves. | She runs every day so she's in pretty good shape.*
начинать	begin	*The children began to cry. | She began her career as a journalist for a local newspaper. | To begin with, the two girls got on well.*
собствен-ный	own	*Each student has their own dictionary. | 'Is that your mum's car?' 'No, it's my own.'*
мысль	thought	*The thought of seeing her again filled him with happiness. | 'Why don't we invite Ben?' 'That's a thought.'*
свет	light	*bright/dim light | Light was streaming through the open door.*
школа	school	*Which school do you go to? | I like school. | a dance/language/riding school*
действие	action	*She has to accept the consequences of her actions. | It was the first time I'd seen firemen in action. | He likes films with a lot of action.*
всякий	any, every	*Any advice that you can give me would be greatly appreciated. | Every time I go past this house I think of my grandma.*
качество	quality	*good/high quality | poor/low quality | leadership qualities*
область	region	*China's coastal region | pain in the lower abdominal region*
внимание	attention	*Attention, please! | pay attention | bring/draw attention*
мужчина	man	*a young man | men and women*
следовать	follow	*The dog followed me to the door of my house. | I followed your advice and stayed at home.*
дорога	road	*Be careful when you cross the road. | along/down/up the road*
связь	connection	*The connection between smoking and heart desease is well known. | A man has been arrested in connection with the murder.*

использовать	use	*She uses her car for work. / Nick used the money to buy a CD player.*
условие	condition	*One of the conditions of the contract is that we can't keep pets. / working/living conditions / severe weather conditions*
молодой	young	*young people / We were very young when we met.*
взгляд	look, view	*She gave me a questioning look. / We have different views about/on education.*
снова	again	*I'll see you again next week. / He played the same song again and again.*
скоро	soon	*I've got to leave quite soon.*
становиться	become	*This style of skirt is becoming fashionable.*
основной	main	*the main problem/reason*
ждать	wait	*I'm waiting for Clive. / I'm sorry to have kept you waiting.*
важный	important	*Listen, Donna has something important to say. / an important person/decision*
вдруг	suddenly	*I suddenly realized who she was.*
читать	read	*I've been reading about John F Kennedy. / I read him a story at bedtime.*
организация	organization	*a charitable organization / Who was responsible for the organization of the conference?*
статья	article	*a newspaper/magazine article*
пора	it's time	*Put your toys away now, it's time for bed.*
средство	means	*We had no means of communication. / It was a means of making money.*
душа	soul	*She suffered greatly while she was alive, so let us hope her soul is now at peace.*
игра	game	*a computer game / Do you want to play a different game? / Who won yesterday's game?*
пытаться	try	*I tried to open the window but I couldn't.*
тело	body	*the human body / Police found the body in the field.*
общество	society	*The US is a multicultural society. / the London Zoological Society*
жена	wife	*I've never met William's wife.*
существовать	exist	*Poverty still exists in this country. / You can't exist without water for more than a week.*
любовь	love	*Nothing is as strong as the love you have for your kids. / He was my first love. / his love of books*
государство	state	*a union of European states / financial help from the state*
оставаться	stay	*The weather was bad so we stayed at home. / Do you want to stay in teaching?*
совершенно	absolutely	*The food was absolutely delicious.*
письмо	letter	*I got a letter from Paul this morning.*
состояние	condition	*My bike's a few years old but it's in really good condition. / He's in no condition to travel.*
настоящий	real	*What was the real reason she didn't come? / Is that your real name? / real fur/leather*
вечер	evening	*Are you doing anything this evening? / Good evening!*

назад	back	*When do you go back to college? / Anna stepped back.*
смысл	meaning, point	*She felt that her life had no meaning. / What's the point of studying if you can't get a job afterwards? / There's no point inviting her - she never comes to parties.*
семья	family	*Her family are originally from Ireland. / have/start/support a family*
мера	measure	*This arrangement is only a temporary measure. / preventative measures / security measures*
вещь	thing	*How do I switch this thing off? / I'll just gather my things and then I'll be ready.*
затем	then, next	*You'll never guess what happened next. / She trained as a teacher and then became a lawyer.*
причина	reason	*He left without giving a reason.*
простой	simple	*a simple task / a simple life / a simple black dress*
утро	morning	*Friday morning / tomorrow morning / I listen to the radio in the morning. / Good morning.*
рынок	market	*a cattle/fish/flower market / South America is our largest market. / black market / free market*
действительно	really	*She tried to hide what she was really thinking.*
происходить	happen	*We can't let a mistake like this happen again. / Did you hear what happened to Jamie last night?*
мать	mother	*My mother and father are divorced.*
девушка	girl	*Two girls showed us round the classrooms.*
данный	this	*in this case / in this situation*
вести	lead	*You lead and we'll follow. / We followed a path that led us up the mountain.*
стол	table	*the kitchen table / lay the table*
тема	theme, topic	*The theme of loss runs through most of his novels. / everyday topic / to discuss a topic*
улица	street	*We live on the same street.*
государственный	state	*state visit/occasion*
помнить	remember	*I don't remember signing a contract.*
точка	dot, full stop	*a pattern of green and blue dots / You need to put a full stop at the end of the sentence.*
хотеться	want	*I don't want to talk about it.*
нельзя	not allowed	*Smoking is not allowed in the restaurant.*
называть	name, call	*We named our first son Mike. / I want to call the baby Alex.*
опять	again	*I'll see you again next week. / He played the same song again and again.*
центр	centre	*She stood in the centre of the room. / a centre for the homeless / an industrial centre*
равный	equal	*equal opportunities/rights*
неделя	week	*I've got three exams this week.*
куда	where (to)	*Where are we going to?*
идея	idea	*That's a good idea.*

особенно	especially	*She's especially interested in American poetry.*
комната	room	*His book collection occupies most of the room.*
иной	(an)other	*She finished with that boyfriend and found herself another one. / Ask me some other time, when I'm not so busy.*
белый	white	*a white T-shirt / He's described as a white man in his early thirties.*
наконец	eventually	*We all hope that the agreement can be reached eventually.*
среди	among	*He dissappeared among the crowd. / The decision will not be popular among students.*
известный	well-known	*a well-known actor*
цена	price	*high/low prices / House prices are falling/rising. / Suspension from the club was a high/small price to pay for his mistake.*
деятель-ность	activity	*criminal/terrorist activities*
узнавать	learn, recognize	*She's learnt a lot about computers in the last three months. / I recognized her from her picture.*
играть	play	*You play tennis, don't you Sam? / Tim was playing the piano.*
сын	son	*We have two sons and three daughters.*
против	against	*Andrew wants to change offices but I'm against it. / Liverpool is playing against AC Milan.*
лучший	best	*She's one of our best students. / best wishes*
движение	movement	*the women's movement / a movement towards democracy / His movements were rather clumsy.*
заниматься	study	*I studied biology before going into medicine.*
огромный	huge	*a huge house*
мама	mum, mummy	*I asked my mum but she said no. / My mummy and daddy came too.*
великий	great	*a great statesman/novelist*
количество	quantity	*They are now developing ways to produce the vaccine in large quantities and cheaply.*
чувство	feeling	*guilty feelings / a feeling of joy/sadness*
слишком	too	*There are too many cars on the roads these days.*
иногда	sometimes	*He does cooking sometimes, but not very often. / Sometimes I feel like no one understands me.*
правило	rule	*to break/obey the rules / an exception to the rule / the rules of grammar*
смерть	death	*Do you believe in life after death? / She's scared to death of dogs.*
достаточно	enough	*They had enough fuel for one week.*
труд	work, labour	*Decorating that room was hard work / manual labour*
мнение	opinion	*What's your opinion on/about the matter? / In my opinion he's the best football player in this country. / public opinion*
лежать	lie	*to lie in bed / to lie on your side / The pen lay on the desk.*
пять	five	*I work five days a week.*
бывать	be, visit	*He's always at home in the evenings. / Did you visit St Petersburg while you were in Russia?*

сильный	strong	*Are you strong enough to lift this table on your own? / a strong economy*
замечать	notice	*If the sign's too small, no one will notice it.*
быстро	quickly	*I quickly shut the door.*
порядок	order	*in alphabetical order / We ranked the tasks in order of importance. / I want to put all my things in order before I go away.*
чувствовать	feel	*feel embarrassed about sth. / feel a strong pain / feel better/ different/strange*
третий	third	*They got married on the third of June.*
готовый	ready	*Are you ready to go yet? / Is dinner ready? / We are ready to die for our country.*
черный	black	*a black jacket / black athletes/Americans / black humour / Black tea or coffee has no milk or cream added to it.*
проект	project	*a research project / The new building project will cost $45 million.*
пример	example	*This is a good example of medieval Chinese architecture. / He is a very good example to the rest of the class.*
положение	position	*I go to sleep on my back but I always wake up in a different position. / She's in a very difficult position.*
продолжать	continue	*Ann continued working part-time until June. / We'll have to continue this discussion tomorrow.*
век	century	*the twentieth century*
поскольку	since, because	*He drove quite slowly since we had plenty of time. / I phoned because I needed to talk to you.*
муж	husband	*Janet's husband is in the Navy.*
речь	speech	*His speech was very slow and difficult to understand. / I had to make a speech at my brother's wedding.*
совет	(piece of) advice	*She asked me for advice about writing a book. / Can I give you a piece of advice?*
полити-ческий	political	*There are two main political parties in my country.*
предста-влять	represent, imagine	*The union represents over 200 employees. / Imagine being able to do all your shopping from your armchair.*
стена	wall	*There were several large paintings on the wall. / a garden wall*
слышать	hear	*I can't hear - can you turn the sound up? / Have you heard the news? Jane's back.*
окно	window	*Open the window if you're too hot.*
ходить	walk, go	*We walked twenty miles in all. / At the weekend they went to see the new Bond film.*
рядом	near	*They live in a small apartment near Times Square.*
тип	type	*They sell over 20 different types of cheese.*
опыт	experience	*Do you have any experience of working with children? / My trip to Australia was an experience I'll never forget.*
оба	both	*Both of my sisters are teachers. / Would you like cream, ice-cream, or both?*
план	plan	*Do you have any plans for the weekend? / a street plan*

интерес	interest	*After a while he simply lost interest in his studies. / A union looks after the interests of its members.*
отвечать	answer	*I asked when she was leaving but she didn't answer.*
современный	modern	*modern society / the stresses of modern life / modern art/ architecture*
плохой	bad	*bad weather / bad news / bad service / bad person*
задача	task, exercise	*She was always finding more tasks for me to do. / For your homework, please do exercise 3 on page 24.*
из-за	because of, from behind	*We got into all this trouble because of you. / A little boy jumped from behind the sofa.*
сердце	heart	*Isabel's heart was beating fast. / heart disease/failure / She has a kind heart.*
наука	science	*computer science / Chemistry, physics, and biology are all sciences.*
данные	data	*financial data*
управление	management	*The zoo needed better management rather than more money.*
сообщение	message	*Did you get my message?*
просить	ask	*They've asked me to look after their dog while they're away.*
газета	newspaper	*a local/national newspaper*
интересный	interesting	*an interesting person / The museum was very interesting.*
материал	material	*building materials / Her dress was made of a soft, silky material. / I'm collecting material for an article that I'm writing.*
роль	role	*This part of the brain plays an important role in learning. / In his latest film, he plays the role of a violent gangster.*
необходимый	necessary	*Does he have the necessary skills and experience?*
вполне	quite	*He's quite attractive but not what you'd call gorgeous.*
открывать	open	*to open a door/window / Karen opened the box and looked inside.*
рано	early	*It is too early to say whether he will recover completely.*
выходить	come out	*They were each handed a leaflet as they came out of the building.*
давно	long ago	*Long ago, there lived a girl called Cinderella. / We stopped seeing each other a long time ago.*
оставлять	leave	*Why don't you leave your jacket in the car?*
армия	army	*the British Army / an army of cleaners/helpers*
получать	receive, get	*Occasionally, he receives letters from fans. / Did you get anything nice for your birthday?*
бояться	be afraid	*She's afraid of water. / Many people are afraid that they might lose their jobs.*
точно	exactly	*The train got in at exactly 10 o'clock.*
четыре	four	*Most animals have four legs.*
долго	(for) a long time	*We've known about it for a long time. / Do you know how long the film is?*
военный	military	*military action/service*
либо	or	*Would you like beer or wine? / Either Jim or Sally can help you.*

различный	different	*I had to go to three different shops to find the book she wanted.*
президент	president	*President Obama*
менее	less	*Plastic bottles are less expensive to produce.*
событие	event	*Local people have been shocked by recent events in the town.*
социальный	social	*social problems | social and political changes*
большинство	majority	*The majority of people in this country own their own houses. | The Labour party has a strong majority.*
искать	look (for)	*I'm looking for my keys. | I've looked everywhere but I can't find my bag.*
правда	truth	*Do you think he was telling the truth?*
красный	red	*a red shirt | Red wine is made from black grapes.*
легко	easily	*She makes friends easily.*
правительство	government	*The government has cut taxes.*
глава	head	*Her father is the head of an oil company.*
член	member	*He was a member of the university rowing club.*
суд	court	*The suspect appeared in court charged with robbery. | Crown Court | Magistrate's Court*
возможно	possibly	*Someone, possibly Tom, had left the window open.*
рубль	rouble	*I paid 500 roubles to visit the Hermitage in St Petersburg.*
фильм	film	*Titanic was one of the most popular Hollywood films ever made.*
приходить	come	*Come and see what I've done.*
бизнес	business	*My uncle runs a small decorating business.*
обычно	usually	*I usually get home at about six o'clock.*
целый	whole	*She spent the whole afternoon studying.*
счет	bill, account	*Have you paid the electricity bill? | I paid the money into my account.*
спать	sleep	*Did you sleep well?*
миллион	million	*His album has sold seven million copies.*
принимать	take, accept	*Do you take credit cards? | She's been accepted by two universities. | The hardest part is accepting the fact that you will never see that person again.*
культура	culture	*American/Japanese culture | popular culture*
текст	text	*a page of text*
документ	document	*Please sign and return the insurance documents enclosed.*
телефон	telephone	*The telephone rang and she hurried to pick it up.*
принцип	principle	*He must be punished - it's a matter of principle. | They have approved the changes in principle.*
небольшой	small	*They live in a small apartment near Times Square. | a small mistake*
брать	take	*I always take my mobile phone with me.*
способ	method	*What's the best method of/for solving this problem?*
течение	flow	*the flow of a river*
живой	alive, live	*Are your grandparents still alive? | Millions of live animals are shipped around the world each year.*

родитель	parent	*Her parents live in Oxford.*
покупать	buy	*I went to the shop to buy some milk. / They bought me a camera for my birthday.*
проходить	pass	*She passed me this morning in the corridor. / I know he's angry now but it'll pass.*
ряд	row	*a row of chairs/houses / to sit on the back/front row*
единст-венный	only	*You're the only person here I know. / He was an only child and his mother doted on him.*
метр	metre	*Our bedroom is 5 metres wide.*
немного	a little	*I only know a little about my grandparents. / 'More dessert?' 'Just a little, please.'*
партия	party	*a political party*
образование	education	*We expect a good level of education for our children.*
сколько	how many, how much	*How many hours a week do you work? / How much was that dress?*
зачем	what for	*What are you doing that for? / 'We really need a bigger car.' 'What for?'*
наверное	probably	*I'll probably be home by midnight.*
разговор	conversation	*telephone conversation / We had a conversation about football.*
правый	right	*your right hand*
сайт	website	*For more information about other Cambridge publications, visit our website at www.cambridge.org.*
кстати	by the way, handy	*Oh, by the way, my name's Julie. / The jars came in handy when we made our own strawberry jam.*
период	period	*a 24-hour period*
пара	pair, couple	*a pair of socks/scissors/trousers / For the next exercise you need to work in pairs. / a married couple*
квартира	flat	*a large block of flats*
забывать	forget	*I've forgotten his name. / Oh no, I've forgotten my passport.*
значение	meaning	*The word 'squash' has several meanings. / The meaning of her gesture was clear.*
позволять	allow	*You are not allowed to use calculators in the exam. / They have allowed the problem to get worse. / The extra money will allow me to upgarade my computer.*
внутренний	internal	*internal injuries / an internal flight*
далее	further	*Have you got any further with your research?*
основа	base	*a solid economic base / paints with an oil base*
возможный	possible	*That's one possible solution to the problem.*
желание	wish, desire	*The hospital always tries to respect the wishes of its patients. / She closed her eyes and made a wish. / There's a strong desire for peace among the people. / sexual desire*
слушать	listen	*What kind of music do you listen to? / Listen, if you need money, I'm happy to lend you some.*
номер	number	*What's your phone number?*
чуть-чуть	a little bit	*There's a little bit more pasta left.*
изменение	change	*There is no change in the patient's condition. / I've notified the school of our change of address.*

политика	politics	*He has little interest in local politics. / I try not to get involved in office politics.*
требовать	demand	*I demanded an explanation. / This job demands a high level of concentration.*
класс	class	*Katie and Sarah are in the same class at school. / He was told off for talking in class. / She's from a working-class background.*
очередь	queue, turn	*Are you in the queue? / jump the queue / It's your turn to feed the rabbit - I did it yesterday. / You'll have to be patient and wait your turn.*
связывать	tie together, connect	*tie together the ends of the rope / Ferries connect the mainland with the islands. / There is no evidence to connect him with the crime.*
относиться	treat	*They treat her like one of their own children. / He treated my suggestion as a joke.*
факт	fact	*No decision will be made until we know all the facts.*
брат	brother	*an older/younger brother / my big/little brother*
собираться	be going, gather	*The clock is going to strike. / They gathered around the speaker.*
довольно	quite	*He's quite attractive but not what you'd call gorgeous.*
опреде-ленный	particular	*Is there any particular restaurant you'd like to go to?*
произво-дство	production	*the production of glass / The new model goes into production next year.*
создание	creation	*the creation of a new political party / The museum contains some of his best creations.*
район	district	*the fashion district of New York*
особый	special	*special attention/care/treatment / special offer*
верить	believe	*They believe that their health has suffered because of the chemicals. / believe in God*
близкий	close	*close friends / a close relative / I'm still in close contact with my school friends.*
челове-ческий	human	*the human body / human behavior*
экономи-ческий	economic	*economic growth / economic policies*
местный	local	*the local newspaper/radio station*
небо	sky	*a beautiful blue sky*
туда	there	*We'll never get there in time!*
направление	direction	*I think we are going in the wrong direction. / Our careers have gone in very different directions.*
удаваться	succeed	*He has finally succeeded in passing his exams.*
встреча	meeting	*He's in a meeting - I'll ask him to call you back later.*
шаг	step	*She took a few steps forward and then started to speak. / This meeting is the first step towards a peace agreement.*
предпри-ятие	factory, enterprise	*a textile factory / a state-owned enterprise*
попадать	hit, manage to get (somewhere)	*If you manage to hit the target three times, you are given a prize. / I only just managed to get there on time.*
добрый	kind	*She has a kind heart.*

исследование	research	*research into language development*
остальной	remaining	*Mix in half the butter and keep the remaining 50g for later.*
команда	team	*basketball/football team*
общественный	public	*Public opinion has turned against him. / public parks/toilets/ transport*
мальчик	boy	*We have three children - a boy and two girls.*
пусть	let	*Let them play outside.*
метод	method	*traditional teaching methods*
мало	little	*There is so little choice.*
рост	growth	*population growth / A balanced diet is essential for healthy growth.*
повод	excuse	*Nick was just looking for an excuse to call her.*
сначала	first	*I can go to the cinema, but I've got to do my homework first.*
сон	dream, sleep	*I had a very strange dream last night. / He died peacefully in his sleep.*
рассказывать	tell	*He told me about his new school.*
поле	field	*a wheat field / a football field*
служба	service	*financial/medical services / He retired last week after 25 years' service.*
уходить	walk away	*He walked away from me without saying a word.*
воздух	air	*air pollution / He went outside to get some fresh air.*
кровь	blood	*a blood test / I've got some Spanish blood in me. / Sailing is in my blood.*
население	population	*What's the population of Brazil?*
спрашивать	ask	*Can I ask you a few questions? / I asked why the plane was so late.*
зрение	eyesight	*My eyesight is getting worse.*
врач	doctor	*I have to go to the doctor's for a check-up.*
ехать	ride, drive	*I ride my bike to work. / He drives a red sports car.*
нравиться	like	*I like to paint in my spare time. / What do you like about him?*
пол	floor	*a wooden/tiled floor*
приходиться	have to	*I have to go to Manchester tomorrow.*
знание	knowledge	*He has a detailed knowledge of naval history.*
какой-то	some, a	*Some girl phoned you, but she didn't leave a message. / There's a Ms Leeming to see you.*
использование	usage	*restrictions on water usage*
все-таки	nevertheless	*I know a lot about the subject already, but her talk was interesting nevertheless.*
палец	finger, toe	*I cut my finger chopping onions last night. / your big toe / your little toe*
десять	ten	*We moved to France ten years ago.*
обычный	usual	*I went to bed at my usual time.*
орган	organ	*The liver is a vital organ.*

доллар	dollar	*a hundred dollars*
необходимо	necessary	*Is it really necessary to give so much detail?*
похожий	similar	*The style of cooking is similar to that of Northern India.*
дорогой	dear, expensive	*Dear Mrs Simpson / my dear Peter / It's more expensive to live in the city than in the country.*
название	name	*I can't remember the name of the street he lives on.*
участие	participation	*Both shows encourage audience participation.*
держать	hold	*He was holding a glass of wine. / Can you hold the door open please?*
реальный	real	*Romance is never like that in real life.*
наиболее	most	*the most important/popular, etc.*
приезжать	arrive	*We were the last to arrive at the station.*
девочка	girl	*We have three children - a boy and two girls.*
род	kind, gender	*Her travel company was the first of its kind. / French has two genders and German has three.*
крупный	large	*a large sum of money*
море	sea	*I'd like to live by the sea.*
как-то	somehow	*Don't worry, we'll fix it somehow.*
хоть	although, at least	*She walked home by herself, although she knew it was dangerous. / Even if you didn't want to send a present, you could at least have sent a card.*
природа	nature	*the laws of nature / I like to get out and enjoy nature. / What was the nature of his inquiry?*
магазин	shop	*a book shop / a shoe shop / to go to the shops*
весьма	very	*She was very pleased.*
больший	bigger	*We are looking for a bigger house.*
объект	object	*a bright, shiny object*
свобода	freedom	*freedom of choice/speech / You have the freedom to do what you want to do.*
борьба	struggle	*a struggle for justice / He struggled with his attacker who then ran off.*
касаться	touch	*You can look at them but please don't touch them. / We only touched on the subject.*
отдельный	separate	*a separate compartment*
проводить	spend (time)	*He spent 18 months working on the project.*
успевать	be in time, have time (to do sth)	*Don't worry, I'll be in time for dinner. / He had time to finish his work by the deadline.*
продукт	product, foodstuff	*Does she eat dairy products? / They need basic foodstuffs like rice and corn.*
предмет	object, subject	*a bright, shiny object / Chemistry is my favourite subject.*
представитель	representative	*The company has two representatives in every European city.*
плечо	shoulder	*He put his arm around my shoulder.*
музыка	music	*pop/dance/classical music / He likes listening to music.*
национальный	national	*to threaten national security / national newspaper*

позиция	position	*What's the company's position on recycling?*
америка-нский	American	*an American accent*
вспоминать	remember	*I can't remember his name.*
стараться	try	*Try not to drop anything this time.*
размер	size	*It's an area about the size of Oxford. / What size shoes do you take?*
средний	middle, medium	*a middle-aged man / people of medium weight / The shirt comes in short, medium and large.*
самолет	aeroplane (UK) / airplane (US)	*She has her own private airplane.*
пить	drink	*Would you like something to drink? / He doesn't smoke or drink.*
память	memory	*John has an amazing memory for historical facts. / He recited the poem from memory.*
институт	institute	*the Massachusetts Institute of Technology*
герой	hero	*He became a national hero for his part in the revolution. / the hero of her new novel*
срок	term, deadline	*The government has been elected for another four-year term. / to meet/miss a deadline*
солнце	sun	*The sun rises in the East and sets in the West./ I can't sit in the sun for too long.*
сеть	net	*Dolphins often get caught in the nets that are used to catch tuna fish. / a basketball net*
дух	spirit	*The players have a very strong team spirit. / The spirits of the dead warriors seemed to haunt the area.*
лес	forest	*We went for a walk in the forest.*
показывать	show	*Show your passport to the officer.*
журнал	magazine	*a fashion/news magazine*
союз	union, alliance	*an alliance between France and Britain / the European Union*
степень	degree	*I agree with you to a degree.*
март	March	*The meeting will be one day in March.*
предлагать	offer	*They offered me a job. / He offered to get me a cab.*
территория	territory	*Spanish territory / Cats like to protect their territory.*
характер	character	*a colourful/lovable/strong character*
успех	success	*Her success is due to hard work and determination.*
искусство	art	*fine/modern art / art exhibition/gallery / the art of conversation*
парень	lad	*a nice young lad*
словно	like	*They were acting like children.*
участник	participant	*All participants finishing the race will receive a medal.*
гость	guest	*It gives me great pleasure to introduce our next guest.*
впрочем	however	*He had always been a successful businessman. Recently, however, things have not been going well for him.*
судьба	destiny	*At last she feels in control of her own destiny. / Nick said it was destiny that we met.*
предло-жение	offer, sentence	*to accept/refuse an offer / This special offer ends on Friday. / I wasn't able to complete my sentence.*

составлять	compile	*to compile a book/report*
товар	goods	*radios, stereos and other electrical goods*
надеяться	hope	*I hope that the bus won't be late. | 'Is he coming?' 'I hope so.'*
действовать	act	*We have to act now to stop the spread of this disease. | Caffeine acts as a stimulant.*
способный	talented	*He's a talented young musician.*
междуна-родный	international	*an international organization*
практически	practically	*We see her practically every day. | We need to think practically.*
полностью	completely	*I completely forgot that you were coming.*
директор	director	*Meet the new sales director.*
песня	song	*a pop song | He sang my favourite song.*
Интернет	internet	*Cambridge dictionaries are available on the Internet.*
поздний	late	*We had a late dinner.*
лучше	better	*I'd like to get to know you better.*
случаться	happen	*Were you anywhere nearby when the accident happened?*
ум	mind	*She has a very logical mind.*
кто-то	someone	*There's someone at the door.*
выбор	choice	*If I had a choice, I'd give up work. | have/make a choice | a wide choice*
модель	model	*a fashion model | He made a model of a ship.*
река	river	*Two rivers flow through the town.*
фирма	firm	*He works for a law firm.*
гражданин	citizen	*My husband became a British citizen in 1984.*
нормальный	normal	*to lead a normal life*
сознание	consciousness	*He lost consciousness for several minutes.*
умирать	die	*Many of the refugees died of hunger.*
картина	picture	*to draw/paint a picture | I've got a much clearer picture of what's happening now.*
сильно	strongly, heavily	*I strongly believe that we should take action. | She's heavily involved in politics.*
вариант	version	*I saw the original version of the film.*
источник	source	*a source of income/information | Oranges are a good source of vitamin C.*
граница	border	*the border between France and Spain*
апрель	April	*I did a course in London last April.*
вместо	instead (of)	*If you don't want pizza, we can have pasta instead. | Why don't you help instead of just complaining?*
состоять	consist (of)	*a dessert consisting of fruit and cream*
операция	operation	*a heart/lung operation | a military/peacekeeping operation*
половина	half	*Cut the apple in half. | 'What's half of ninety-six?' 'Forty-eight.'*
свободный	free	*free trade | a free society*
оценка	mark, evaluation	*She always gets good marks in English. | He was promoted after positive evaluation of his work.*

огонь	fire	*We built a fire on the beach. / If your home was on fire and you could save only one thing, what would it be? / The police opened fire on the protesters.*
постоянно	constantly	*She has the television on constantly.*
собака	dog	*We've got a pet dog.*
специалист	specialist	*She's a specialist in modern French literature.*
компьютер	computer	*We've put all our records on computer.*
рабочий	working	*good working conditions / a working day*
красивый	beautiful, handsome	*a beautiful woman / beautiful scenery / a handsome man*
технология	technology	*computer technology / Modern technology is amazing, isn't it?*
дерево	tree	*an apple tree*
выход	exit, solution	*a fire exit / an emergency exit / There's no easy solution to this problem.*
научный	scientific	*a scientific discovery*
мировой	worldwide	*a worldwide success*
личный	private	*In interviews he refuses to talk about his private life. / Although I support the project in public, my private opinion is that it will fail.*
входить	come in	*Do you want to come in for a cup of tea?*
гора	mountain	*The Matterhorn is one of the biggest mountains in Europe.*
детский	children's	*children's books/toys/party*
уметь	can	*My younger sister is only three and she can't yet read or write.*
берег	bank, shore	*We found a shady spot on the river bank. / They had to abandon the boat and swim back to shore.*
корабль	ship	*a cargo ship*
желать	wish	*I wished him luck for his test.*
широкий	wide	*a wide road / They sell a wide range of books and magazines.*
низкий	low	*low fence / low income / low temperatures*
прекрасный	beautiful	*a beautiful woman / beautiful scenery / beautiful music / It's a beautiful day.*
убивать	kill	*My sister would kill me if she heard me say that.*
внешний	external	*Female kangaroos carry their young in pouches that are external to their bodies. / Most news magazines have a section devoted to external affairs.*
литература	literature	*Wuthering Heights is a classic of English literature. / They handed out literature at the meeting about their new software.*
среда	Wednesday	*The restaurant is always closed on Wednesdays.*
сотрудник	colleague	*He always got on well with his colleagues in the university.*
помогать	help	*Shall I help you to set the table?*
серьезный	serious	*Drugs have become a serious problem in a lot of schools. / I remember her as a very serious child. / We've got some serious talking to do, you and me.*
тяжелый	heavy	*heavy suitcases / How heavy is that box?*
зал	hall	*I'm playing in a concert at the village hall. / I've left my bags in the hall.*
сложный	complicated	*I had to fill in a really complicated form.*

несмотря на	in spite of	*He still smokes, in spite of all the health warnings.*
короткий	short	*It's only a short walk to the station. / I work much better if I take a short break every hour or so. / It's a very short book - you'll read it in an hour.*
странный	strange	*What a strange-looking man. / I was stuck in a strange town with no money.*
бумага	paper	*Dictionaries are usually printed on thin paper. / The photo was on the front page of all the papers. / The geography paper is not till next week. / He's giving a paper on climate change at a conference at Manchester University.*
начальник	boss	*She is the boss of a large international company.*
защита	defence	*A good diet helps build the body's natural defences. / I play in defence. / All I can say, in defence of my actions, is that I had little choice. / a defence lawyer*
будущее	future	*He likes to plan for the future. / the future continuous tense*
устанавливать	install	*The school has installed a burglar alarm.*
край	edge	*Rick was sitting on the edge of the bed. / a sharp edge*
церковь	church	*We used to go to church every Sunday morning. / the Catholic Church*
ошибка	mistake	*a spelling mistake / He made a lot of mistakes in his written test. / I picked up someone else's book by mistake.*
сюда	here	*Come here - I've got something to show you.*
состав	composition	*the composition of the atmosphere*
структура	structure	*the grammatical structure of a sentence / The new office tower is a steel and glass structure 43 storeys high.*
пользоваться	use	*Can I use your pen?*
сообщать	inform	*I informed my boss that I was going to be away next week.*
разве	really, isn't?/don't?/ etc.	*Will they really all get in this car? / Isn't it clear? / Didn't you know that he is Russian?*
прошлый	last, previous	*last week*
понятие	idea, concept	*My husband and I have very different ideas about school discipline. / the concept of free speech*
объяснять	explain	*The teacher explained the rules to the children.*
поддержка	support	*Environmental groups are fast gaining support among young people. / Liz gave me a lot of support when I lost my job. / He is dependent on his father for support.*
возраст	age	*The show appeals to people of all ages. / She left India at the age of 12.*
вставать	get up	*The whole audience got up and started clapping. / I got up at five o'clock this morning!*
трудно	hard, difficult	*It's hard/difficult to think with all that noise.*
быстрый	quick	*I tried to catch him but he was too quick for me.*
длинный	long	*long, brown hair / a long dress*
линия	line	*a horizontal/straight/vertical line*
поднимать	lift (up)	*I can't lift you up - you're a big boy now! / She lifted the cigarette up to her lips.*

счастье	happiness	*The thought of seeing her again filled him with happiness.*
услуга	service	*to provide a service / The hotel provides a dry-cleaning service.*
выглядеть	look	*Do I look silly in this hat?*
иметься	be available	*Is this dress available in a larger size?*
ветер	wind	*There isn't enough wind to fly a kite.*
оказываться	turn out	*The bomb warning turned out to be a false alarm.*
возникать	arise	*The whole problem arose from a lack of communication.*
английский	English	*Is she English? / an English teacher*
курс	course	*She did a ten-week course in computing. / a course of antibiotics / During the storm, the boat was blown off course.*
папа	daddy	*Mummy and Daddy are taking me to the circus on Saturday.*
высший	highest	*He has been promoted to the highest rank.*
теория	theory	*He has a theory that the hole was caused by a meteorite. / scientific theory / She took a course in modern political theory. / In theory, the journey ought to take three hours, but in practice it usually takes four because of roadworks.*
вокруг	around	*You have to walk around the house to get to the garden.*
добавлять	add	*Add the eggs to the cream. / She said she liked him but added that he was difficult to work with.*
простра-нство	space	*He was absent-mindedly staring into space.*
поиск	search	*We're doing a computer search for all words beginning with 'high'.*
отмечать	mark	*X marks the spot where the treasure is buried. / Tomorrow's parade will mark the fiftieth anniversary of the battle. / The signing of the treaty marked a major milestone on the road to European union.*
бывший	former	*the former president of the United States*
учиться	learn, study	*'Can you drive?' 'I'm learning.' / Which university are you studying at?*
специаль-ный	special	*The car has a number of special safety features. / You need special tyres on your car for snow.*
бросать	throw, abandon	*My friend threw the ball back over the fence. / We had to abandon the car. / They had to abandon their attempt to climb the mountain.*
терять	lose	*I've lost my ticket. / At least 600 staff will lose their jobs if the firm closes. / She lost a lot of blood in the accident. / We lost valuable time stuck in traffic.*
поведение	behaviour	*Did you notice anything odd about his behaviour?*
спина	back	*He was lying on his back.*
экономика	economy	*Tourism contributes millions of pounds to the country's economy.*
оружие	weapons	*The youths were dragged from their car and searched for weapons.*
служить	serve	*He served in the army in India for twenty years. / The minister said she did not consider that a public enquiry would serve any useful purpose.*

страница	page	*For details on how to enter the competition, see page 134. | I printed off a page about leg exercises.*
страх	fear	*I have a fear of heights*
враг	enemy	*Max stole Lee's girlfriend and they've been enemies ever since*
иначе	differently	*We want to do things differently.*
вызывать	cause	*What caused the fire?*
двадцать	twenty	*She's twenty years old.*
руково-дитель	manager	*I want to speak to the manager.*
откуда	where from	*Where are you from?*
чистый	clean	*Make sure your hands are clean before you have your dinner.*
гораздо	much, far	*Their old house was much bigger. | Young people are far more independent these days.*
страшный	scary	*a scary story*
камень	stone	*They cut enormous blocks of stone out of the hillside. | Some demonstrators were arrested for throwing stones at the police. | The large central diamond is surrounded by eight smaller stones.*
ожидать	wait	*I'm waiting for Harry.*
анализ	analysis	*A sample of soil was sent for analysis.*
рассказ	short story	*He published a book of short stories.*
обнару-живать	discover	*Doctors later discovered (that) he had a cut on his left ankle. | She discovered (that) her husband was having an affair.*
вновь	again	*I'll see you again next week. | He played the same song again and again.*
солдат	soldier	*There are 100,000 soldiers in the country's army.*
звук	sound	*Suddenly we heard a loud knocking sound from the engine.*
хозяин	master, owner	*With careful training, a dog will obey its master completely. | Are you the owner of this car?*
карта	map	*a map of the world*
единый	united	*On that issue, we're united. | a united Germany*
господин	Mr	*Good morning, Mr Smith. | This package is addressed to Mr Gordon Harper.*
садиться	sit down	*I sat down on the sofa next to Barbara.*
попытка	attempt	*This is my second attempt at the exam.*
однажды	once	*We have lunch together once a month. | I went sailing once, but I didn't like it.*
коммен-тарий	comment	*He read my essay and made a few comments.*
круг	circle	*We cut the coloured paper into circles. | We sat in a circle. | She's not one of my close circle of friends.*
удар	blow	*Losing his job was a terrible blow to him. | He suffered serious blows to the head during the attack.*
крайний	extreme	*in the extreme north*
база	base	*a solid economic base | an American Air force base*
цвет	colour	*Green is my favourite colour.*

останав-ливаться	stop	*Once I start eating chocolate, I can't stop. / Does this train stop at Finsbury Park?*
клиент	client	*Mr Black has been a client of this firm for many years.*
глядеть	look (at)	*They looked at the picture and laughed.*
дочь	daughter	*Liz and Phil have a daughter and three sons.*
означать	mean	*The red light means stop.*
появляться	appear	*He suddenly appeared in the doorway. / Laptop computers first appeared in the 1990s.*
республика	republic	*France is a republic.*
предста-вление	show, idea	*We went to see a new show in London. / rough idea / to get some idea*
пожалуйста	please, you are welcome	*Could you fill in the form, please? / Yes, please. / 'Thanks for your help!' 'You're welcome.'*
ставить	put down	*I put my bags down while we spoke.*
волосы	hair	*a girl with long, fair hair*
приносить	bring	*'Shall I bring anything to the party?' 'Oh, just a bottle.' / She's brought us so much happiness over the years.*
отсутствие	absence	*Lisa will be acting as manager in Phil's absence. / In the absence of any proof, it is impossible to accuse her.*
называться	be called	*My daughter is called Katherine.*
прямой	straight	*long, straight hair*
процент	percent	*You got 20 percent of the answers right.*
масса	bulk, mass	*It was a document of surprising bulk. / The bulk of the book is taken up with criticizing other works. / The forest is a mass of colour in autumn. / The sauce was now a sticky mass at the bottom of the pan. / There were masses of people in town today.*
долгий	long	*Do you know how long the film is. / a long conversation / a long happy life*
студент	student	*She is a student at the University of Cambridge.*
выбирать	choose	*It's difficult choosing where to live.*
здание	building	*an office building*
ребята	children, lads	*'Play nicely, children!' said mum. / He's having a night out with the lads.*
конкретный	specific	*I asked you for a specific reason. / Can you be more specific about where your back hurts?*
угол	corner, angle	*I've got a bruise where I hit my leg against the corner of the table. / an angle of 90 degrees*
скорость	speed	*The car has a top speed of 155 miles per hour. / I get a real thrill from speed.*
соглашаться	agree	*My father and I don't agree on very much. / They agreed to meet on Sunday. / She agreed to help him.*
требование	demand	*You can't give in to children's demands all the time.*
подходить	approach, suit	*The train now approaching platform 2 is the 5.35 to London, Kings Cross. / I'm not sure how to approach the problem. / These plants are better suited to a warm climate.*
видно	apparently	*Apparently he's had enough of England and is going back to Australia. / There were two apparently unrelated deaths.*

новость	a piece of news	*That's the best piece of news I've heard for a long time!*
открытый	open	*an open door/window*
адрес	address	*I need your home address. / I've changed my e-mail address,*
список	list	*a shopping list / Is your name on the list? / Make a list of everything you need.*
учитель	teacher	*My mum is a maths teacher.*
возвра-щаться	return	*She returned to America in 1954. / I returned to work 3 months after Susie was born.*
необхо-димость	necessity	*In my work, a computer is a necessity. / You can come early if you want to, but there's no necessity for it.*
договор	agreement, contract	*an international agreement / They signed the contract for the new building project on Tuesday.*
снимать	take off, take down	*He took off his clothes and got into the bath. / I've taken the pictures down.*
энергия	energy	*Since I started eating more healthily I've got so much more energy. / nuclear energy*
вывод	conclusion	*The conclusion of the film is confusing. / At first I thought he was a bit rude but I've come to the conclusion that he's just shy.*
положить	put (down)	*Where have you put the keys? / He put his arm on her shoulder. / I'll just put my bag down for a minute, it's rather heavy.*
зависеть	depend	*I might go to the cinema tomorrow - it depends what time I get home from work.*
обязательно	it is obligatory	*The medical examination before you start work is obligatory.*
немецкий	German	*A German bank has donated $175,000 to the hospital.*
боль	pain	*I felt a sharp pain in my foot.*
примерно	approximately	*The job will take approximately three weeks to do.*
безопас-ность	security	*The tighter security measures include video cameras in the city centre. / Most children need the security of a stable family life.*
сфера	sphere	*The organization will increase its sphere of influence by offering a wider range of services.*
функция	function	*The function of the veins is to carry blood to the heart.*
плохо	badly	*They played badly in the first half.*
май	May	*My mother's birthday is in May.*
удоволь-ствие	pleasure	*It gives me great pleasure to introduce our next guest. / Food is one of life's great pleasures.*
некий	some, a	*Some girl phoned you, but she didn't leave a message. / There's a Ms Leeming to see you.*
способность	ability, capability	*natural ability / exceptional ability / Both players have the capability to win this match.*
прежде	before	*He was a teacher before he became famous. / It took a few moments before I realized that he was lying. / I've never seen her before.*
банк	bank	*Most banks are reluctant to lend money to new businesses. / a blood bank*
дома	at home	*I tried to ring him, but he wasn't at home. / Will you be at home tomorrow evening?*
основание	base, reason	*I felt a sharp pain at the base of my thumb. / There is every reason to believe the project will be finished on time.*

ощущение	sensation	*The disease causes a loss of sensation in the fingers. / I had the odd sensation that someone was following me.*
показываться	appear	*He suddenly appeared in the doorway.*
писатель	writer	*She is a well-known writer of children's books.*
противник	opponent, adversary	*He saw her as his main adversary within the company. / In the second game, her opponent hurt her leg and had to retire. / Opponents of the project will meet tomorrow.*
любимый	favourite	*My favourite colour is green.*
спасибо	thank you	*Thank you for my birthday present.*
вперед	forward	*She leaned forward to make sure I could hear her. / I always look forward, not back. / This is a big step forward for democracy.*
бежать	run	*I run about three miles every morning. / He ran away when I tried to pick him up.*
знак	sign	*She pointed to her watch as a sign that it was getting late and she wanted to leave. / a road sign / £ is the sign for the British pound. / His inability to handle the situation is a sure sign of weakness.*
вовсе	not at all	*I'm not at all happy about it.*
уверенный	confident	*It was a confident performance. / Are you confident that enough people will attend the event?*
грудь	chest	*He folded his arms across his chest. / chest pains*
влияние	influence	*He has a huge amount of influence over the city council. / Picasso had a big influence on art in the twentieth century.*
создавать	create	*The project will create more than 500 jobs*
объем	volume	*Which of these bottles do you think has the greater volume? / I was put off by the volume of work involved.*
двор	yard	*The house has a small yard at the back.*
никак	(in) no way	*There's no way I can finish this job by Saturday.*
контроль	control	*The new teacher has no control over the class. / Soldiers took control of the airport. / The government has introduced tighter immigration controls.*
радость	joy, gladness	*They were filled with joy when their first child was born. / Listening to music is one of his greatest joys.*
одновременно	simultaneously	*Two children answered the teacher's question simultaneously.*
чужой	somebody else's, foreign	*It's not my bag. It must be somebody else's. / The whole concept of democracy was utterly foreign to the present government.*
получаться	result, succeed	*There was a food shortage resulting from the lack of rainfall. / He has finally succeeded in passing his exams.*
определять	define	*In this dictionary 'reality' is defined as 'the way things and situations really are and not the way you would like them to be'. / Your rights and responsibilities are defined in the citizens' charter.*
практика	practice	*I need to get some more practice before I take my driving test. / It seemed like a good idea before we started, but in practice it was a disaster.*
заявлять	declare	*Scientists have declared that this meat is safe to eat.*

западный	western	*western Europe / western medicine*
руководство	manual, management	*The computer comes with a 600-page instruction manual. / Management has/have offered staff a 3% pay increase. / The company has suffered from several years of bad management.*
содержание	content	*The content of the article was controversial. / We've discussed the unusual form of the book - now, what about the content? / Chocolate has a high fat content.*
вчера	yesterday	*I saw her yesterday afternoon.*
январь	January	*His birthday is January 25th.*
звезда	star	*It was a very dark night and we couldn't see the stars. / a pop star / The children cut stars out of paper to make decorations.*
прямо	straight	*He was walking staight at me. / Go straight along this road and turn left at the traffic lights.*
хватать	grab	*A mugger grabbed her handbag as she was walking across the park. / If you don't grab this opportunity, you might not get another one.*
режим	routine, regime	*There's no fixed routine at work - every day is different. / the former Communist regime / The regime in this office is hard work and more hard work.*
воля	will	*He lacks the will to win. / Against their will, they were forced to hold a meeting.*
отдавать	give (away)	*She gave us all her books as she was leaving for Africa. / They gave away their old sofa when they moved house.*
километр	kilometre	*He lives in a village a few kilometres outside Moscow.*
стоимость	cost, price	*House prices have been falling. / When you buy a new computer, you usually get software included at no extra cost.*
личность	personality	*He has a friendly, outgoing personality.*
расти	grow	*She's grown three centimetres this year. / There were roses growing up against the wall of the cottage. / Football's popularity continues to grow.*
роман	novel, romance	*Have you read any of Jane Austen's novels? / It was just a holiday romance.*
звать	call	*He called her name softly.*
шесть	six	*I've got six grandchildren.*
завтра	tomorrow	*I've arranged to see Rachel tomorrow.*
здоровье	health	*Regular exercise is good for your health.*
итог	result	*We were expecting to win, so a draw was a disappointing result for us. / The results of the opinion poll showed that most women supported this action.*
регион	region	*the semi-desert regions of Australia*
предел	limit	*I think we ought to put a limit on the amount of time we can spend on the project. / We set a time limit of thirty minutes for the test.*
читатель	reader	*Many readers of our magazine have contacted us about the last issue on climate change.*
старик	old man	*Even though he's an old man now, he rides his bike every day.*
физический	physical	*physical fittness/strength*

знакомый	familiar	*It's nice to see a few familiar faces. / Anyone who's familiar with his poetry will find the course easy.*
медленно	slowly	*He walked slowly across the room.*
рот	mouth	*Open your mouth wide and say 'Ah'.*
победа	victory	*He led his team to yet another victory.*
занимать	occupy, borrow	*His book collection occupies most of the room. / Could I borrow your bike?*
элемент	element	*basic/essential/vital element / Iron is one of the elements of the Earth's crust.*
естественно	naturally	*Naturally, he was very dissapointed. / Relax and try to behave naturally.*
постоянный	permanent	*a permanent job*
женский	women's, female, feminine	*She's a strong advocate of women's rights. / We are trying to increase the number of female board members. / The English language doesn't generally have masculine or feminine genders in the way other languages do.*
встречаться	meet	*We met for coffee last Sunday.*
впервые	first, for the first time	*I first heard the song on the radio. / They went abroad last year for the first time since having children.*
счастливый	happy	*She seemed happy enough.*
секунда	second	*I'll be back in just a second. / There are sixty seconds in a minute.*
житель	inhabitant	*a city with 10 million inhabitants*
множество	multitude	*a multitude of problems/questions*
праздник	festival	*the Jewish festival of Hanukkah*
сумма	sum	*Huge sums of money are spent on national defence. / The sum of thirteen and eight is twenty-one.*
видимо	apparently, evidently	*Apparently he's had enough of England and is going back to Australia. / The intruder evidently got in through an open window.*
кажется	it seems that	*It seems that she can't come.*
сцена	stage	*He's on stage for most of the play.*
насколько	as far as	*She can come whenever she likes, as far as I'm concerned.*
техника	equipment, technique	*This is a really useful piece of equipment. / We have developed a new technique for detecting errors in the manufacturing process.*
подготовка	preparation	*Did you do much preparation for your interview?*
историческиий	historic	*The capital city has many historic monuments.*
легкий	light, easy	*a light bag / I only had a light lunch. / an easy choice/task*
сожаление	regret	*It is with great regret that I announce Steve Adam's resignation.*
ухо	ear	*The child whispered something in her mother's ear.*
август	August	*We're going to Australia on the first of August*
надежда	hope	*a message full of hope / someone's best/last/only hope*

занятие	occupation	*You have to give your name, age, and occupation on the application form. | It seems to me his favourite occupation is eating.*
соответ-ствующий	corresponding, suitable	*Company losses were 50 per cent worse than in the corresponding period last year. | It's a nice dress but it's not really suitable for a wedding.*
правильный	correct	*Check that you have the correct information.*
сущест-вование	existence	*She never doubted the existence of God. | We could have a much more peaceful existence in the countryside.*
городской	urban	*urban areas | urban development*
октябрь	October	*We're leaving for Italy on October the ninth.*
мужик	man, bloke	*a young/tall man | Jake's a nice bloke.*
недавно	recently	*Have you seen any good films recently?*
нос	nose	*a big/broken nose | She paused to blow her nose.*
существо	creature	*Dolphins are intelligent creatures.*
абсолютно	absolutely	*The food was absolutely delicious. | 'Do you think it helped his career?' 'Absolutely.'*
есть	eat	*Who ate all the cake? | Let's have something to eat.*
генерал	general	*My grandfather was a general in the war.*
благодаря	thanks to	*Thanks to Sandy, I found this great apartment.*
начинаться	start	*The programme starts at seven o'clock.*
значить	mean	*The red light means stop. | You don't know what it means to me to get this letter.*
многое	a great deal	*We have done a great deal for them already and we are not prepared to do any more.*
пробовать	try	*I tried that recipe you gave me last night. | Why don't you try using a different shampoo?*
сентябрь	September	*We're leaving for France on September the ninth.*
обладать	possess	*In the past the root of this plant was thought to possess magical powers.*
рамка	frame	*a picture frame*
правильно	correctly	*Have I pronounced your name correctly?*
известно	it is known	*It is known that he lived in Bologna between 1946 and 1948.*
старший	elder, older, senior	*My elder brother went to Leeds University. | senior accountant*
университет	university	*She teaches at the University of Chicago.*
клуб	club	*I've just joined the local tennis club. | Manchester United Football Club | On Friday night I went to that new club that's just opened.*
глубокий	deep	*The hole is so deep you can't see the bottom. | Their son has been a deep disappointment to them. | a wonderfully deep voice | His films are generally a bit deep for me.*
считаться	be considered	*He is currently considered (to be) the best British athlete.*
принад-лежать	belong (to)	*This book belongs to Sarah. | They belong to the same chess club.*
поднима-ться	go up, get up	*The whole audience got up and started clapping. | The average cost of a new house has gone up by 5% to £276 500.*

частный	private	*You can't park here - this is private property. / Charles went to a private school.*
заставлять	make	*You can't make me go.*
лето	summer	*We usually go away in the summer. / a long, hot summer*
выражение	expression	*Mark always has such a miserable expression on his face. / He wrote her a poem as an expression of his love. / 'A can of worms' is an expression which means 'a difficult situation'. /*
спокойно	calmly	*He spoke slowly and calmly.*
платить	pay	*How much did you pay for the tickets? / I pay my taxes. / Accountancy may be boring but at least it pays well.*
приводить	bring	*When they visit us they always bring their dog with them.*
одежда	clothes	*She usually wears smart clothes.*
автомобиль	car	*They don't have a car.*
ради	for the sake (of)	*For the sake of convenience, they combined the two departments. / He begged her to stay for the sake of the children. / For heaven's sake, stop moaning!*
продажа	sale	*The sale of alcohol is now banned.*
закрывать	close	*Jane closed the window. / Lie down and close your eyes.*
театр	theatre	*the Lyceum Theatre / She made her career in the theatre. / His latest play has delighted theatre audiences and theatre critics alike.*
декабрь	December	*It was one of the coldest Decembers ever.*
деревня	village	*a mountain village*
произве-дение	work (of art)	*The exhibition includes works by Picasso and Klee. / the complete works of Shakespeare*
где-то	somewhere	*They had difficulties finding somewhere to live. / He earns somewhere around £50,000 a year.*
малый	small, little, slow	*the Little Bear / slow speed*
строить	build	*build a house/wall / They have built a solid friendship over the years.*
сестра	sister	*an older/younger sister / my big/little sister*
нести	carry	*He was carrying my bags. / She still carries his photo in her purse.*
направлять	direct, aim	*The demonstrators' anger was directed at the police. / Can you direct me to the manager's office please?*
кричать	shout	*'Look out!' she shouted. / I was angry and I shouted at him.*
запад	west	*The sun rises in the east and sets in the west. / We live in the west of the city.*
встречать	meet	*Guess who I met in town today. / Will you meet me at the airport?*
фонд	fund	*The hospital has set up a special fund to buy new equipment.*
финансовый	financial	*He's having some financial problems at the moment. / financial success*
отказаться	refuse	*He's in trouble but he's refused all my offers of help.*
наблюдать	observe, watch	*The role of scientists is to observe and describe the world, not to try to control it. / We'll be watching the case with interest.*
июнь	June	*I went to visit my father in June.*

отличаться	differ (from)	*How does the book differ from the film?*
обращаться	appeal (to)	*They appealed to the commission to keep the hospital open.*
темный	dark	*He's got dark hair and blue eyes.*
версия	version	*I saw the original version of the film.*
министр	minister	*a finance/health minister*
обстоятельства	circumstances	*I think they coped very well under the circumstances. / Under no circumstances should you approach the man.*
целое	whole	*The population as a whole is getting healthier.*
немец	German	*We have a group of Germans staying at the hotel.*
губа	lip	*She kissed me on the lips.*
акция	share	*We own shares in a number of companies.*
пустой	empty	*Shall I take the empty bottles for recycling? / They're just empty promises.*
дополнительный	additional	*There will be an extra charge for any additional passengers.*
холодный	cold	*You'll feel cold if you don't wear a coat.*
судить	judge	*I can't judge whether he's telling the truth or not. / What gives you the right to judge people?*
зато	but	*It was cold but sunny.*
суть	main point	*You'll find the main points of my proposal in the report. / She missed the main point of the article.*
цветок	flower	*a vase of flowers*
профессиональный	professional	*Chris, you're a nurse, so can I ask your professional opinion on bandaging ankles? / She's a professional dancer. / You've done a very professional job stripping that floor!*
завод	factory	*a car factory*
федерация	federation	*The United States is a federation of 50 individual states.*
федеральный	federal	*the federal government / Federal law regulates trade with other countries.*
технический	technical	*The computer company had some last-minute technical problems with its new product. / Personally, I found some parts of the book a little too technical to understand. / In her performance as the Snow Queen the dancer showed great technical brilliance.*
прием	welcome	*We received a very warm welcome when we arrived.*
особенность	feature	*This phone has several new features.*
понимание	understanding	*She doesn't have any understanding of politics*
рождение	birth	*The application form will ask for your place of birth. / He remembered the birth of their first child. / She gave birth to twins.*
февраль	February	*I was born on the fifth of February.*
ближайший	closest	*Mira is one of my closest friends. / Mercury is the planet closest to the sun.*
впечатление	impression	*I got/had the impression that he was bored.*
левый	left	*Step forward on your left leg.*
носить	wear	*I wear jeans a lot of the time. / She wears glasses.*

болезнь	illness	*a serious/terminal illness*
площадь	square, area	*Trafalgar Square / total area (of) / the area of a rectangle / Meadow Farm is 50 square kilometres in area.*
подход	approach	*Liam has a different approach to the problem.*
родной	native	*Your native language is the first language you learn.*
отправлять	send	*I sent him a letter last week. / I sent him into the house to fetch some glasses.*
золотой	golden	*a golden ring / bright golden hair*
станция	station	*Dad met me at the station. / bus station / TV/radio station*
выступать	perform	*She has performed all over the world.*
стремиться	aspire (to/after)	*He has never aspired to a position of power.*
обучение	training, education	*computer/management training / We expect a good level of education for our children.*
настолько	so	*I was so upset that I couldn't speak.*
падать	fall	*Huge drops of rain were falling from the sky. / She fell off the bike and broke her arm.*
запись	entry	*a diary entry / The official checked the entry in the birth register.*
централь-ный	central	*central Africa/America / Her role is central to the film.*
напоминать	remind	*Will you remind me to buy some eggs?*
народный	national	*national dress/customs*
вниз	down	*I bent down to have a look.*
поддер-живать	support	*Do you support their views on nuclear weapons? / Is this ladder strong enough to support me?*
ответст-венность	responsibility	*It is your responsibility to make sure that your homework is done on time. / take/accept/claim responsibility for sth*
значите-льный	significant	*These measures will save a significant amount of money.*
ученый	scientist	*political scientist / social scientist*
решать	decide	*She decided to take the job. / This match will decide the tournament.*
июль	July	*The film festival is during July.*
соответ-ствие	(in) accordance	*Both companies have insisted that they were acting in accordance with the law.*
выборы	election	*a presidential election / Who do you think will win the election?*
поэт	poet	*Wordsworth is my favourite poet.*
революция	revolution	*the French Revolution / the technological revolution*
реклама	advertisement	*a newspaper/television advertisement*
звонить	call	*Has anyone called the police?*
европейский	European	*European countries/languages*
явление	phenomenon	*storms, lightning, and other natural phenomena*
вскоре	soon	*He joined the company soon after leaving college.*
утверждать	claim	*She claims to have seen a ghost.*
офицер	officer	*Mike's father was an officer in the army. / the chief financial officer / a police officer*

отдел	department	*the sales department / She works in the HR department./ the finance department*
фронт	(weather) front, battle-front	*A cold front is moving across the Atlantic./ We need to put up a united front.*
передавать	pass	*Could you pass the salt, please?*
художник	artist	*Monet is my favourite artist.*
животное	animal	*a wild animal / Are humans the only animals to use language?*
информационный	information	*information technology*
пользователь	user	*a new service for Internet users*
стиль	style	*She's had her hair cut in a really nice style.*
норма	norm	*Short-term job contracts are the norm nowadays. / social/ cultural norms*
двигаться	move	*Someone was moving around upstairs.*
сто	hundred	*Hundreds of people wrote in to complain. / We've driven one hundred miles in the last two hours. / Water boils at one hundred degrees Celsius.*
этап	phase	*The first phase of the project is scheduled for completion next year.*
ценность	value	*a document of great historical value*
передача	programme, broadcast	*Did you see that programme about spiders last night? / a news broadcast*
фраза	phrase	*I think the phrase 'bundle of energy' describes Maria very well.*
изменять	change	*The course changed my life. / The doctor has recommended changing my diet.*
французский	French	*I love French food.*
едва	hardly	*I was so tired that I could hardly walk.*
зеленый	green	*Green is my favourite colour.*
работник	worker	*a factory worker*
определение	definition	*What is the definition of 'mood'?*
петь	sing	*She sings in the church choir.*
будущий	future	*in future years / What will we leave for future generations? / future tense*
дата	date	*Please give your name, address and date of birth.*
семь	seven	*We went away for seven days.*
фотография	photo	*I took a photo of Jack lying on the beach.*
волна	wave	*I listened to the sound of the waves crashing against the rocks. / a crime wave / A wave of panic swept through the crowd and people started running. / radio waves*
находить	find	*I couldn't find Andrew's telephone number. / I've just found a ten-pound note in my pocket. / Many plant and animal species are found only in the rainforests. / She doesn't find it easy to talk about her problems.*
доход	income	*Average incomes have risen by 4.5% over the past year.*

собирать	gather	*They interviewed a 1000 people to gather data on TV viewing habits. / She gathered the children together and began to tell them a story.*
усилие	effort	*He was making an effort to be sociable. / It would take too much effort to tidy my bedroom.*
столько	so much, so many	*I've got so much work to do that I don't know when I'll be finished.*
разработка	development	*the development of new drugs*
ясный	clear	*clear instructions / The evidence against him was clear. / a clear sky*
профессор	professor	*She is a professor of history at Cambridge.*
ноябрь	November	*He's starting his new job in November.*
перевод	translation	*The children do one French translation a week. / I'm reading an English translation of Tolstoy's War and Peace.*
фактор	factor	*Money was an important factor in their decision to move.*
тихо	quietly	*'Don't worry,' she said quietly.*
канал	canal, channel	*TV/radio channel / an irrigation channel / The Panama Canal provides a crucial shipping link between the Atlantic and Pacific oceans.*
сравнение	comparison	*She's so tall that he looks tiny by/in comparison.*
указывать	point (at/to)	*She pointed at/to a bird flying overhead.*
что-нибудь	something	*Let's go and get something to eat.*
кабинет	study, office	*The meeting is in my office at 3:30. / Alec was in the study, reading.*
северный	northern	*Northern England / northern accent*
чай	tea	*herbal teas / Would you like a cup of tea or coffee?*
полезный	useful, good (for someone)	*useful information / Exercise is good for you.*
родиться	be born	*She was born in London in 1973.*
рассматривать	examine, consider	*She picked up the knife and examined it closely. / We are considering buying a new car.*
духовный	spiritual	*a spiritual leader*
лично	personally	*I'd like to personally apologize for the delay. / Personally, I'd rather stay at home and watch TV.*
подробно	in detail	*He explained it all in great detail.*
слабый	weak	*He felt too weak to sit up. / a weak government/leader / a weak economy / weak coffee*
наоборот	the other way (round)	*The recipe said to add the sugar before the butter, but I did it the other way round.*
журналист	journalist	*She began her career as a journalist in a local newspaper.*
итак	so, therefore	*His train's delayed so he's going to be late.*
проведение	organization	*Who was responsible for the organization of the conference?*
форум	forum	*a forum for debate/discussion / Discussion forums are a way of contacting people with similar interests from all over the world.*
нынешний	present	*the present situation / What's your present occupation?*

граждан-ский	civil	*They married in a civil ceremony. / a civil court*
комиссия	commission	*The government have set up a commission to investigate the problem of violence in cities.*
обеспечение	provision	*We need to increase the provision of health care for the elderly.*
снег	snow	*children playing in the snow*
выполнять	fulfil, carry out	*He has failed to fulfil his duties as a father. / I was only carrying out orders.*
лист	leaf, sheet	*an oak leaf / a sheet of paper/metal*
использо-ваться	be used	*'Autumn' is used in British English and 'fall' in American English.*
заканчивать	finish	*When I finish my homework, can I watch TV? / They finished their drinks and left the bar.*
обращать	pay (attention)	*You weren't paying attention to what I was saying.*
явно	obviously, evidently	*They're obviously in love. / He evidently loves her.*
древний	ancient	*ancient Greece/Rome / This computer is ancient.*
зуб	tooth	*You should brush your teeth twice a day.*
бить	beat	*She beat the dog with a stick. / She was beaten to death.*
традиция	tradition	*Fireworks have long been an American tradition on the Fourth of July.*

Произношение

iː	s**ee**	aɪ	m**y**	f	**f**at
i	bab**y**	ɔɪ	b**oy**	v	**v**an
ɪ	s**i**t	aʊ	h**ow**	θ	**th**in
e	b**e**d	ɪə	n**ear**	ð	**th**is
æ	c**a**t	eə	h**air**	s	**s**un
ɑː	f**a**ther	ʊə	p**ure**	z	**z**oo
ɒ	h**o**t	aɪə	f**ire**	ʃ	**sh**e
ɔː	s**aw**	aʊə	s**our**	ʒ	deci**s**ion
uː	t**oo**			h	**h**at
u	infl**u**ence	p	**p**en	m	**m**ap
ʊ	p**u**t	b	**b**ee	n	**n**ame
ʌ	r**u**n	t	**t**en	ŋ	ri**ng**
ɜː	b**ir**d	d	**d**o	l	**l**ight
ə	**a**go	k	**c**at	r	**r**ed
		g	**g**o	j	**y**es
eɪ	d**ay**	tʃ	**ch**ip	w	**w**et
əʊ	n**o**	dʒ	**j**ar		

ᵊ как в слове **sudden** /sʌdᵊn/, можно произносить или не произносить. Говорите /ˈsʌdən/ или /ˈsʌdn/.

ʳ как в слове **teacher** /ˈtiːtʃəʳ/, в британском английском произносится, если за r следует гласный звук; не произносится, если за r следует согласный звук. В американском английском всегда произносится.

ˈ указывает, какая часть слова должна произноситься с ударением, например: **about** /əˈbaʊt/.

ˌ указывает, какая часть слова должна произноситься с дополнительным ударением (более сильно, чем безударный слог, но менее сильно, чем слог, следующий заˈ), например, первый слог слова **information** /ˌɪnfəˈmeɪʃən/.